LAS LEGIONES MALDITAS

Santiago Posteguillo

LAS LEGIONES MALDITAS

Santiago Posteguillo

EDICIONES B
GRUPO ZETA

Barcelona • Bogotá • Buenos Aires • Caracas • Madrid • México D.F. • Montevideo • Quito • Santiago de Chile

© Santiago Posteguillo, 2008
© Ediciones B, S. A., 2008
  Bailén, 84 - 08009 Barcelona (España)
  www.edicionesb.com

Impreso en Argentina-Printed in Argentine
ISBN: 978-84-666-2674-3
Depósito legal: B. 20-2008

Supervisión de Producción: Carolina Di Bella
Impreso por Printing Books, Mario Bravo 835,
Avellaneda, Buenos Aires, en el mes de febrero de 2008.

A las primeras palabras de Elsa.
A los maravillados ojos de su madre.

Agradecimientos

Gracias a Yolanda Cespedosa por confiar en esta novela, al igual que al resto de profesionales de Ediciones B y mi reconocimiento a Verónica Fajardo por su amabilidad y eficacia durante todo el proceso de creación y edición de esta obra.

Mi agradecimiento muy especial a Salvador Pons, por sus consejos, por sus revisiones y sus comentarios y, por encima de todo, por su amistad. Gracias a los profesores Jesús Bermúdez y Rubén Montañés de la Universitat Jaume I por su ayuda con los textos latinos y griegos.

Gracias a todos aquellos que con sus comentarios positivos me dieron ánimos para dar término a *Las legiones malditas,* en particular a todos los lectores de *Africanus, el hijo del cónsul,* que con sus mensajes por correo electrónico o desde diferentes foros de Internet me han insistido una y otra vez en que deseaban saber más sobre la épica figura de Escipión el Africano y todo su entorno.

Gracias a mis familiares y amigos por estar siempre ahí. Y, por encima de todo, gracias a Lisa por apoyarme constantemente cada día de escritura, por animarme y por ayudarme. Y, por fin, gracias a nuestra pequeña hija, Elsa, por ser muy buena y dormir mucho, pues en sus horas de sueño las «legiones malditas» marchaban hacia Cartago.

Roma a finales del siglo III a.C.

Ampliación del área del Foro

1. Rostra
2. Graecostasis
3. Senaculum
4. Cárcel
5. Scalae Germoniae
6. Templo de la Concordia
7. Lago de Juturna
8. Templo de Saturno
9. Tabernae veteres
10. Lapis Níger
11. Templo de Jano
12. Templo de Venus
13. Tabernae novae
14. Templo de Cástor
15. Templo de Vesta
16. Arboleda de Vesta

Proaemium

Si fas endo plagas caelestium ascendere cuiquam est
Mi soli caeli maxima porta patet

Palabras puestas en boca
de Publio Cornelio Escipión
por el poeta ENNIO en sus *Elogia*

[Si es lícito a un mortal llegar allí donde viven los dioses,
Para mí solamente se abre la gran puerta del cielo]

Publio Cornelio Escipión sólo tenía 26 años cuando aceptó comandar las tropas romanas en Hispania. Su padre y su tío habían muerto durante la eterna guerra que Roma libraba contra Cartago y a Escipión le correspondió dirigir el destino de una de las más apreciadas, y también envidiadas, familias de Roma en medio de los terribles vaivenes de aquel conflicto bélico. Por su juventud buscó el apoyo de su amada esposa Emilia Tercia y del veterano Cayo Lelio, un oficial que antaño prometiera al padre del joven Escipión proteger a su hijo y luchar con él el resto de su vida. Publio Cornelio Escipión contaba con el apoyo de oficiales valientes que veían en él la reencarnación misma de sus legendarios padre y tío que durante años comandaron a los romanos contra las huestes de Aníbal, pero el joven general también tenía enemigos temibles: en el campo de batalla, Asdrúbal y Magón, hermanos de Aníbal, y el general púnico Giscón esperaban reunir sus tres ejércitos para masacrar sus legiones en Hispania, mientras que en una intrigante Roma, el viejo senador Quinto Fabio Máximo intentaba aprovechar la interminable guerra para eliminar a todos sus adversarios políticos, entre los que destacaban los Escipiones. En medio de ese tumultuoso escenario, las pasiones y los anhelos de Plauto, el famoso comediógrafo, Netikerty, una hermosa esclava egipcia, Sofonisba, la hija de un general cartaginés, Masinisa, un rey destronado, Sífax, un monarca tan lascivo como astuto, o Imilce, la esposa ibera de Aníbal, no son sino piezas de un complejo rompecabezas que sólo alcanzan a comprender en toda su fastuosa complejidad la incisiva mente de Quinto Fabio Máximo y la intuitiva personalidad del propio Escipión, al tiempo que el todopoderoso Aníbal sigue acechando, esperando el momento idóneo para lanzar su más mortífero ataque. Mientras tanto, en Sicilia, desterradas para siempre, las legiones V y VI permanecen olvidadas por todos. Son legionarios desmoralizados, indisciplinados, desarrapados, sin provisiones ni tribunos que los gobiernen, pues representan la vergüenza de Roma: son los derrotados de Cannae que sobrevivieron y huyeron para ser luego condenados al destierro por una despechada Roma para quien aquellos hombres sólo encarnaban el espíritu más despreciable de la derrota y el fracaso. Por eso todos llamaban a aquellas tropas las «legiones malditas». Sólo un desesperado podría estar tan loco como para asumir su mando.

Dramatis personae

Publio Cornelio Escipión, *Africanus*, protagonista de esta historia, general en jefe de las tropas romanas destacadas en Hispania y en África, cónsul en el 205 a.C., procónsul el 204, 203 y 202 a.C.
Emilia Tercia, hija de Emilio Paulo, mujer de Publio Cornelio Escipión
Lucio Cornelio Escipión, hermano menor de Publio Cornelio Escipión
Pomponia, madre de Publio Cornelio Escipión
Cayo Lelio, tribuno y almirante bajo el mando de Publio Cornelio Escipión
Lucio Emilio Paulo, hijo del dos veces cónsul Emilio Paulo, caído en Cannae; yerno de Publio Cornelio Escipión
Cornelia mayor, hija de Publio Cornelio Escipión
Publio, hijo de Publio Cornelio Escipión
Cornelia menor,* hija pequeña de Publio Cornelio Escipión

Netikerty, esclava egipcia
Calino, esclavo al servicio de Lelio
Icetas, pedagogo griego

Quinto Fabio Máximo, cónsul en el 233, 228, 215, 214, 209 a.C., censor en el 230 a.C. y dictador en el 217 a.C., *princeps senatus* y augur vitalicio
Quinto Fabio, hijo de Quinto Fabio Máximo, pretor en el 214 a.C. y cónsul en el 213 a.C.

---

* Las mujeres en Roma sólo recibían el nombre de su *gens*, en este caso ambas pertenecían a la *gens* Cornelia y de ahí sus nombres, pero no recibían un *praenomen* como los hombres, por ello se las distinguía dentro de una familia con apelativos como *mayor* o *menor*.

Marco Porcio Catón, protegido de Quinto Fabio Máximo, *quaestor* de las legiones

Claudio Marcelo, cónsul en el 222, 215, 214, 210 y 208 a.C.
Quincio Crispino, cónsul en el 208 y pretor en el 209 a.C.
Claudio Nerón, cónsul en el 207
Q. Cecilio Metelo, cónsul en el 206
P. Licinio Craso, cónsul en el 205
Cneo Cornelio Léntulo, cónsul en el 201
Cneo Octavio, procónsul en el 201
Cayo Léntulo, *praetor urbanus*

Lucio Marcio Septimio, centurión y tribuno al servicio de Escipión
Mario Juvencio Tala, centurión y tribuno al servicio de Escipión
Quinto Terebelio, centurión y tribuno al servicio de Escipión
Sexto Digicio, oficial de la flota romana
Cayo Valerio, *primus pilus* de la V legión
Silano, tribuno al servicio de Escipión

Cayo Albio Caleno, centurión de la guarnición de Sucro
Cayo Atrio Umbro, centurión de la guarnición de Sucro
Marco Sergio, centurión de la VI legión
Publio Macieno, centurión de la VI legión
Pleminio, pretor de Rhegium
Décimo, centurión renegado al servicio de Aníbal
Atilio, médico de las legiones romanas
Marco, *proximus lictor* al servicio de Escipión

Quinto Fulvio, viejo senador proclive a las ideas de Fabio Máximo, cónsul en el 237, 224 y 209 a.C y pretor en el 215 y 214 a.C.
Cneo Bebio Tánfilo, tribuno de la plebe

Marco Pomponio, pretor y senador
Marco Claudio, tribuno de la plebe
Marco Cincio, tribuno de la plebe

Indíbil, líder celtíbero
Mandonio, líder celtíbero

Tito Macio Plauto, escritor de comedias y actor
Nevio, escritor, amigo de Plauto
Ennio, escritor
Livio Andrónico, escritor
Casca, patrón de una compañía de teatro
Aulo, actor

Aníbal Barca, hijo mayor de Amílcar, general en jefe de las tropas cartaginesas en Italia
Asdrúbal Barca, hermano menor de Aníbal
Magón Barca, hermano pequeño de Aníbal
Asdrúbal Giscón, general cartaginés
Hanón (1), general cartaginés en Hispania
Hanón (2), general cartaginés en África
Maharbal, general en jefe de la caballería cartaginesa bajo el mando de Aníbal
Imilce, esposa ibera de Aníbal
Sofonisba, hija de Asdrúbal Giscón

Sífax, númida de los masaessyli, rey de Numidia occidental
Masinisa, númida de los maessyli, general de caballería, hijo de Gaia, reina de Numidia oriental
Búcar, oficial númida al servicio de Sífax
Tiqueo, jefe de la caballería númida de Aníbal en África

Filipo V, rey de Macedonia
Antíoco III, rey de Siria y señor de todos los reinos del Imperio Seléucida
Epífanes, consejero del rey Antíoco III
Ptolomeo V, rey de Egipto
Agatocles, tutor de Ptolomeo V

LIBRO I

LAS INTRIGAS DE ROMA

209 a.C.
(año 545 desde la fundación de la ciudad)

Qui periurum convenire volt hominem ito in comitium;
qui mendacem et gloriosum, apud Cloacinae sacrum, ditis
damnosos maritos sub basilica quaerito. Ibidem erunt scorta
exoleta quique stipulari solent, symbolarum collatores
apud forum piscarium. In foro infimo boni homines atque
dites ambulant, in medio propter canalem, ibi ostentatores
meri; confidentes garrulique et malevoli supera lacum,qui
alteri de nihilo audacter ducunt contumeliamet qui ipsi sat
habent quod in se possit vere dicier. Sub veteribus, ibi sunt
qui dant quique accipiunt faenore. Pone aedem Castoris,
ibi sunt subito quibus credas male. In Tusco vico, ibi sunt
homines qui ipsi sese venditant, vel qui ipsi vorsant vel qui
aliis ubi vorsentur praebeant.

PLAUTO
de su obra *Curculio*, versos 470 a 485

[Si quieres encontrar un perjuro, ve al *Comitium**; si
buscas un mentiroso o un fanfarrón, inténtalo en el templo
de Venus Cloacina; y si buscas a maridos ricos malgastado-
res, ve a la Basílica. Allí también habrá putas, algunas ya
muy envejecidas, y hombres dispuestos a negociar, mien-

---

* Donde se reúnen lo senadores antes de cada sesión del Senado.

tras que en el mercado del pescado encontrarás a los organizadores de banquetes. En la parte baja del foro pasean ciudadanos de reputación y riqueza; en la parte media del foro, cerca del canal, sólo encontrarás los que van a exhibirse. Al otro lado del lago se encuentran los personajes cínicos, charlatanes y malvados que siempre critican a otras personas sin razón alguna y que, sin embargo, ellos mismos podrían ser objeto de verdaderas críticas. Más abajo, en las *tabernae veteres* están los prestamistas que ceden y cobran dinero en condiciones de auténtica usura. Tras el templo de Cástor están aquellos en los que harías mal en confiar demasiado a la ligera. En el *Vicus Tuscus* están los hombres que se venden, ya sean los que se entregan a sí mismos, o los que dan a otros la oportunidad de entregarse ellos.]

1

Los estandartes clavados en la tierra

Siete años antes de la batalla de Zama
Lilibeo, Sicilia,
agosto* del 209 a.C.

Iba tambaleándose de un lado a otro. Por su *gladio*, una espada oxidada y sin filo, que sonaba al ser zarandeado por los vaivenes de su propietario, y por una vieja malla sucia de cuero se adivinaba que aquel borracho era o había sido legionario de Roma. Sus ojos semicerrados buscaban con mirada turbia un punto donde aliviarse y descargar parte del líquido ingerido. Como un perro se detuvo junto a dos enormes postes de madera que se alzaban inermes ante él.

—Éste es... un buen... sitio...

Dijo en voz alta, entrecortada, y soltó una carcajada que resonó absurda entre las tiendas que rodeaban el lugar. Empezó a orinar, pero apenas había comenzado sintió que lo alzaban del suelo con una furia inusitada. Con su miembro al descubierto aún rezumando vino barato filtrado por su ser, fue arrojado a varios pasos de distancia. El hombre lanzó un grito de agonía mientras rodaba por el suelo. Cuando su cuerpo se detuvo, apoyó sus manos empapadas de orina sobre el polvo del suelo que se le pegó a la piel como un manto de miseria. Se alzó y vociferó con odio dirigiéndose a su atacante.

—¡Por Cástor y Pólux y todos los dioses! ¿Estás loco? ¡Te voy a matar!

---

* Hacemos referencia a los meses del calendario actual, pero hay que tener presente que en aquella época el calendario romano se regía por los ciclos lunares, tenía sólo diez meses y luego dos meses añadidos al principio más uno intercalar que se añadía según se estimara necesario para mantener la consonancia con el paso de las estaciones (*véase* calendario en el capítulo 14).

Su oponente no pareció impresionado. Se acercó despacio con la espada desenvainada, dispuesto a ensartarlo como a un jabalí al que fuera luego a asar a fuego lento sobre una hoguera de brasas incandescentes.

El legionario ebrio echó entonces mano de su arma. La sacó de su vaina y la blandió torpemente. Fue entonces cuando un instante de lucidez le ayudó a reconocer las *faleras* de bronce y los *torques* de oro que colgaban del cuello de Cayo Valerio, el *primus pilus*, el primer centurión de los *triari*, el oficial de mayor rango de la V legión de Roma desterrada en Sicilia, quien, espada en ristre, se abalanzaba sobre él con la mirada envenenada, asesina. ¿Pero qué había hecho para que aquel centurión la tomara así con él? El legionario levantó la espada para frenar el primer golpe que se cernía sobre sus maltrechos huesos pero fue insuficiente para detener el pulso firme de su superior. El arma cedió al empuje del centurión y saltó por los aires sin apenas desviar el golpe certero que asestó el maduro oficial sobre el hombro derecho del legionario.

Un grito de dolor rasgó el amanecer en el campamento de las legiones V y VI de Roma junto a Lilibeo en la costa oeste de Sicilia. Una multitud de legionarios salió de sus tiendas para contemplar cómo el *primus pilus* escarmentaba a uno de los suyos con una saña fuera de lo común. Un centurión de menor rango se acercó a Cayo Valerio e intentó calmarlo.

—¡Es suficiente, Valerio! ¡Por Júpiter, vas a matarlo!

Valerio se revolvió como un felino.

—¡El muy insensato ha orinado sobre los estandartes de la legión!

Un silencio denso se apoderó de la muchedumbre de legionarios. El *primus pilus* estaba a punto de matar a uno de los suyos pero tenía razón: orinar sobre las insignias del ejército era un acto insólito y sacrílego.

—Estoy... borracho... y... aaggh... no sabía lo que hacía...

El legionario herido por Valerio gimoteaba e imploraba en el suelo, consciente a golpes y sangre de la terrible felonía que había perpetrado. El primer centurión de la legión giró sobre sí mismo, lentamente, observando a todos los soldados que se habían arremolinado aquella mañana junto a los estandartes, en el centro del campamento. No había tribunos en aquel ejército desterrado, desarbolado, olvidado. Nadie más para imponer orden. En el rostro de los soldados el centurión comprendió que habían entendido la gravedad de la ofensa de su compañero. Nadie osaba interceder ya. Valerio se volvió de nuevo hacia su víctima y antes de que ningún otro oficial pudiera decir nada, ensartó de nuevo al borracho retorciendo su espada al sacarla, asegurándose de hacer el mayor destrozo posible. Un grito seco, ahogado, culminó la operación. El legionario había sido juzgado, condenado y ejecutado. El cuerpo inerme quedó encogido sobre el polvoriento suelo de Sicilia. Los soldados, poco a poco, fueron dispersándose. Era la hora del desayuno. Las cornetas no se hacían sonar ya entre aquellas tropas, pero los estómagos de todos sabían adivinar el horario de cada escasa comida.

Cayo Valerio se quedó a solas junto al muerto, al lado de los estandartes. Él era el centurión que había ordenado clavar aquellos estandartes en aquel lugar. Parecía que sus astas de madera se hundieran en las entrañas de la tierra. Allí, varados en el destierro, llevaban las insignias más de siete años, desde la terrible derrota de Cannae. Sí, ése era el secreto de aquel destierro, la mancha que impregnaba las almas de todos los legionarios de aquellas dos legiones: eran los supervivientes de la derrota de Cannae. Demasiado humillante para Roma verlos vivos. Su pena fue el destierro. Un castigo dictado por Quinto Fabio Máximo, cinco veces cónsul de Roma, una vez dictador. Una sentencia refrendada por el Senado reunido en la *Curia*. Los tribunos supervivientes que los sacaron de la masacre de Cannae fueron perdonados. Patricios como el propio hijo de Fabio Máximo, o el joven Publio Cornelio Escipión, su amigo Cayo Lelio y otros tribunos que el Senado perdonó, pero los legionarios y el resto de los oficiales fueron condenados a un ostracismo permanente: «¡Hasta que Aníbal fuera derrotado!», dicen que había sentenciado Fabio Máximo. Cayo Valerio se sentó junto a los estandartes. Estaba agotado. No del esfuerzo sino vencido en su ánimo. La indisciplina se apoderaba de todos sus hombres. Vino, mujeres traídas con dinero o la fuerza, saqueos en las poblaciones vecinas, hombres que no cuidaban las armas o las vendían por un trago de licor, legionarios sin uniforme, empalizadas troceadas para calentarse en invierno, guardias que no se cumplían. Apenas tenía un grupo de fieles que mantenía cierto orden dentro de aquel caos de deshonra y podredumbre. Y mucho peor era todo en la VI legión. Allí Marco Sergio y Publio Macieno, que ejercían como centuriones al mando, hacía tiempo que habían cedido a las presiones de sus subordinados y consentían el pillaje, los robos y las violaciones en toda la comarca. Más aún, ahora lideraban las salidas de saqueo y terror por toda la región. Por su parte, Valerio se esforzaba por mantener un ápice de orden y dignidad en la V, pero aquello ya no eran dos legiones de Roma, sino salvajes abandonados, sin esperanza ni jefes, aguardando a que el tiempo pasara. La guerra se desarrollaba a su alrededor pero nadie los reclamaba para ningún frente. En Hispania combatía el joven Escipión; en Italia, el hijo de Máximo luchaba contra el ejército de Aníbal, y lo mismo con el resto de los tribunos perdonados; todos parecían tener su oportunidad de redimirse, pero ellos no. Las legiones V y VI de Roma estaban condenadas a pudrirse hasta que todos les olvidaran. Rogaron en vano al cónsul Marcelo tras su conquista de Siracusa; creyeron ver en él a alguien que intercedería en su favor; y lo hizo: un general clemente que se apiadó de su lenta tortura, pero a quien Fabio Máximo denegó posibilidad alguna de perdón para aquellos soldados manchados de deshonra y cobardía, según dicen que había sentenciado el viejo senador. Desde entonces ningún otro general se había interesado por ellos. Roma ganaría o perdería aquella guerra, pero antes de recurrir a las «legiones malditas» la ciudad del Tíber había sacado de las cárceles a los reos de muerte o liberado y armado a los propios esclavos o a legionarios casi niños. Cualquier hombre por vil o inexperto que pudiera ser era mejor a los ojos de Roma que los legionarios de las «legiones malditas». Cayo Valerio sintió que algo le cegaba los ojos. Una de las *faleras* brillaba y reflejaba en su rostro curtido la luz del sol. El veterano centurión sonrió con lástima. De su pecho colgaban las viejas condecoraciones testigo de su valentía contra los piratas de Iliria o los galos del norte. Allí parecían fuera de lugar. Sin embargo, él, tozudo, se esmeraba en sacarles brillo cada mañana. Hoy acababa de matar a uno de sus hombres que de borracho que estaba no sabía ni lo que hacía. Aquello no tenía sentido. ¿Por qué albergar esperanza alguna de redención?

Cayo Valerio, sentado sobre la seca tierra de Sicilia, carraspeó con profundidad sonora. Escupió en el suelo. Cerró los ojos. Un legionario, dubitativo, se acercó al centurión. El soldado llevaba un cuenco con el rancho. Valerio olisqueó en silencio. Percibió el olor intenso de la pasta de algarrobas que tenían para desayunar. Llevaban varios días con la misma comida cada mañana. Era alimento para bueyes, pero los suministros de Agrigento o Siracusa se retrasaban *sine die*. Sus cartas de reclamación estaban sin respuesta. Valerio abrió los ojos, tomó el cuenco que le acercó el legionario y con la cuchara de madera que venía con el tazón empezó a comer con disciplina. No tenía hambre, pero debía dar ejemplo.

2

Publio Cornelio Escipión

**Cartago Nova, Hispania,
agosto del 209 a.C.**

—Hay mucha sangre —dijo el general Publio Cornelio Escipión. Un hombre joven, de apenas ventiséis años. Una juventud casi insultante para sus subordinados y, sin embargo, todo había cambiado desde la conquista de aquella ciudad, desde la caída de Cartago Nova—. Mucha sangre —repitió el joven general, como hablando para sí mismo. A sus espaldas Lucio Marcio Septimio, un veterano tribuno de cuarenta años, le escuchaba con respeto.

Se hizo el silencio.

Ambos caminaban por lo alto de la muralla norte de aquella ciudad conquistada apenas unos días atrás. Marcio pensó que el general esperaba una explicación.

—Estaba repleto de cadáveres, mi general. Estuvieron retirando cartagineses muertos hasta ayer mismo.

Publio se detuvo y se giró de súbito encarando al experimentado tribuno.

—Debió de ser una lucha temible, Marcio, la que tuvo lugar aquí. Terebelio se ganó a pulso la *corona mural*. Viendo esto me alegro de que se la hayamos concedido. Igual que a Digicio, por lo hecho junto con Lelio en la muralla sur —y de nuevo, dándole la espalda al tribuno, el joven general continuó hablando, como distante, meditabundo—. Fue un combate glorioso pero tan doloroso para ellos y para nosotros...

Marcio no sabía bien qué añadir. No sabía ni siquiera si debía añadir algo. El joven general volvió a mirarle.

—Tenía un buen plan, Marcio, un plan perfecto. Sólo así hemos podido conquistar esta ciudad en apenas seis días, pero sin el valor vuestro, Marcio, el tuyo, el de Lelio, el de Terebelio, Digicio... sin vuestra sangre esto no habría sido posible. Ahora es cuando creo por primera vez que tenemos una posibilidad, Marcio: los cartagineses nos triplican en número, pero yo tengo mejores oficiales, mejores soldados.

Marcio hinchó el pecho sin casi darse cuenta. Estaba claro que el joven general sabía hacer que todos se sintieran bien, importantes, respetados. Qué diferente al vanidoso Nerón, que tuvo el mando temporalmente en Hispania tras la caída de Cneo y Publio Cornelio Escipión, el tío y el padre del joven general. Marcio le miraba atento mientras este nuevo líder de las legiones romanas escrutaba el horizonte desde lo alto de la muralla. El general volvió a hablar.

—Hay que acelerar los trabajos para levantar este muro. Hay que hacerlo y hacerlo rápido.

—Estamos en ello, mi general, pero no creo que los cartagineses vayan a atacar pronto...

El joven Escipión le interrumpió.

—Ellos tampoco esperaban que nosotros atacáramos y ahora están muertos. Que se aceleren los trabajos, Marcio. Toma el doble de hombres si hace falta.

—De acuerdo, mi general. —Y Marcio bajó del muro para dar las órdenes a sus legionarios.

Publio Cornelio Escipión oteaba el paisaje húmedo y pantanoso de la laguna desde lo alto de la muralla norte de Cartago Nova. A su alrededor, decenas de legionarios se afanaban en traer más piedras y argamasa con la que cumplir las órdenes de su general: elevar ese sector del muro veinte pies más para proteger así la ciudad recién conquistada de un posible ataque cartaginés de represalia. Publio arrugaba la frente y las comisuras de los ojos en un vano esfuerzo por descubrir alguna patrulla púnica en lontananza, pero no se veía nada. Los cartagineses, de momento, sólo habían respondido con silencio y una cada vez más fastidiosa quietud a su heroico asalto a la capital de la región. Todo aquel vasto territorio no era sino tierra enemiga, hacia el interior, donde se encontraban las grandes minas de plata, hacia el sur e incluso hacia el norte. Sólo unas pequeñas fortificaciones y poblaciones de la costa eran fieles a los romanos: la retomada Sagunto, aunque debilitada y en ruinas, y el campamento militar de Sucro, establecido por el propio Escipión para salvaguardar sus rutas de abastecimiento desde el norte del Ebro. Sólo allí, cruzado el gran río, aumentaban las fuerzas de Roma, pero aun así, con una frontera débil y permeable a los ataques púnicos organizados. Y quedaba Tarraco, como capital romana en Hispania, donde su mujer embarazada y su hija pequeña le esperaban ansiosas por verle de nuevo junto a ellas. Hacía meses desde que partiera y las dejara allí, lo mejor protegidas que podía en aquel terreno hostil a la causa romana, ya por los propios cartagineses como por los mismísimos iberos, los pobladores originarios de aquel país. Eran demasiados los enemigos a batir, demasiados los peligros y escasos sus recursos. Pensó que la toma de Cartago Nova azuzaría el caliente temperamento de Asdrúbal, el hermano de Aníbal, y le conduciría a alguna acción descabellada contra la ciudad caída, una batalla de asedio que Escipión aprovecharía para debilitar a los cartagineses, pero nada de todo aquello había ocurrido. Asdrúbal había encajado la pérdida de Cartago Nova con inteligencia y se había contenido, a la espera de atacar a los romanos en campo abierto, donde les triplicaban en número. Publio bajó la mirada y suspiró. La lucha en Hispania iba a ser mucho más complicada de lo que había imaginado. Ahora lo único que podía hacer era reconstruir y fortalecer las fortificaciones de Cartago Nova, dejar en ella una guarnición lo suficientemente poderosa como para resistir cualquier ataque y replegarse hacia el norte, por la costa, pasando por Sucro y Sagunto, hasta alcanzar el Ebro y luego Tarraco, con sus dos legiones, con sus dos únicas legiones. Necesitaba refuerzos. Necesitaba refuerzos como un árbol necesita agua para vivir. Necesitaba que Cayo Lelio, a quien había enviado a Roma con todo tipo de prisioneros púnicos y riquezas extraídas de Cartago Nova, convenciera al Senado de lo preciso de enviar nuevas tropas a Hispania: dos legiones más. Eso era todo. Tan poco y tanto a la vez. Dos legiones más e Hispania sería suya. Sin refuerzos, por el contrario, los cartagineses, advertidos ya de su audacia, desconfiarían y no buscarían entrar en combate con él hasta unir sus tres ejércitos, el de Asdrúbal Barca, el de Magón Barca y el de Asdrúbal Giscón, y sólo entonces se lanzarían contra él en un golpe único pero mortal y definitivo. Sin refuerzos tendría que hacer una guerra de ataques y repliegues agotadora para sus hombres y de resultados inciertos. Sacudió la cabeza. No. Esto no tendría por qué ser así. Estaba Lelio. En el Senado. Quizá lo consiguiera. Al menos una legión. Sí. Y forzó una sonrisa. Sí. Habría refuerzos. Tenía que pensar de esa forma. Si no, sólo cabría esperar la intercesión de los dioses en su favor o verse abandonado por ellos y, como su padre y su tío tres años atrás, perecer en la cruel tierra de aquella región. Quizá fuera buena ocasión aquella mañana para hacer un sacrificio. Eso nunca estaba de más. A los legionarios les gustaba. Les daba seguridad.

Publio Cornelio Escipión comenzó a descender de la muralla. Sus *lictores* le seguían. Todos se apartaban a su paso y le saludaban con respeto. Pese a su enorme juventud para ostentar el mando de dos legiones se había ganado la lealtad de todos, por su habilidad como estratega, por su valor en la batalla y porque se había corrido la voz de que los dioses le protegían. Sólo así podía explicarse el prodigio de tomar una ciudad inexpugnable en tan sólo seis días, sin traición en el interior de la misma, sino sólo por la fuerza del asalto emprendido. Los dioses estaban con él, de eso estaban convencidos sus hombres, y Publio lo leía en sus ojos. No se esforzó nunca en desmentir esa creencia. Él, no obstante, se sentía más perdido, más solo que nunca. Con Lelio lejos, su mejor hombre, se encontraba solo, aunque Lucio Marcio Septimio, quien ya combatiera con su padre y su tío, se había mostrado como un muy fiel tribuno. A lo mejor debió haber mandado a Marcio al Senado. Se le veía más hábil con las palabras, pero tenía más confianza en Lelio. Además, con el botín y los prisioneros de Cartago Nova exhibidos en Roma, no deberían hacer falta muchas palabras para persuadir a los senadores. Esas pruebas deberían abrir las puertas a los refuerzos; claro que estaba Fabio Máximo. Quinto Fabio Máximo. Publio frunció el ceño. Máximo ya negó refuerzos a su padre y su tío, pese a las victorias iniciales de éstos en Hispania, y ahora su padre y su tío yacían muertos en aquellas tierras, abatidos en derrotas tremendas, fruto de la traición y la falta de recursos, sin tan siquiera haber recibido los funerales que merecían como procónsules de Roma. Publio, hijo, sobrino y nieto de cónsules, se sintió amargo en su soledad. Sin su padre y su tío, muertos, sin su mejor oficial, Lelio, ahora en Roma, y sin un hijo varón. Sobre Publio recaía todo el peso de la impresionante historia de una de las más poderosas familias de Roma. La responsabilidad le abrumaba. Tenía a su hija Cornelia, pero necesitaba un varón para preservar el clan, su familia, su historia. Emilia estaba embarazada. Ésas habían sido buenas noticias que celebrara bebiendo con Lelio poco antes de la partida de éste hacia Roma. Publio tenía puestas sus ilusiones en este nuevo embarazo de su amada Emilia. Podría tratarse ahora de un niño. Llegó al pie de la muralla y se adentró en las calles de la ciudad en dirección a la gran puerta este, la que daba acceso al istmo. Allí tenía las tropas de maniobras. No había dejado que sus hombres tuvieran un momento para la holgazanería pese a la gran victoria conseguida. Los necesitaba fuertes y preparados. Permitía, no obstante, que tomaran vino por la noche, con moderación, que disfrutaran de mujeres y que comieran en abundancia. Los hombres así se sentían bien tratados y, a la vez, estaban preparados y dispuestos para el ataque o la defensa, según aconteciera. Publio ensanchó el pecho mientras andaba.

No debía dar sensación de desánimo ante sus legionarios. Cuando paseaba por la ciudad o entre sus tropas era el centro de todas las miradas. Su apariencia, su porte, su seguridad eran importantes. Eso se lo enseñaron su padre y su tío. Sí, quizá tuviera un hijo, y pudiera ser que Lelio regresara con refuerzos. Había esperanzas en el horizonte. Todo era posible.

3

El amigo de Plauto

Roma, septiembre del 209 a.C.

Tito Macio Plauto había decidido cruzar el foro. Era más frecuente que rehuyera aquella ruta y que bordeara el centro de la ciudad, pero era temprano y pensó que apenas habría gente. Entró al foro desde el norte, atravesando las *tabernae novae* donde los carniceros y pescadores empezaban a exponer su mercancía. El olor a carne cruda y pescado fresco era penetrante, pero a Plauto aquello no le molestaba. Ahora era un reconocido autor de teatro, de comedias, como les gustaba enfatizar con cierta ironía despechada a algunos de sus colegas escritores, autores de tragedias, de teatro serio, digno, eso decían. Pero Plauto creció entre las penurias y la miseria y el olor a plebe no le asustaba. Esa gente que trasladaba jabalíes abiertos en canal y colgaba pollos ensartados en grandes ganchos de hierro era la misma que le aclamaba las tardes de teatro, la que le alimentaba, la que había hecho que su vida cambiara. Dejó las *tabernae novae* y cruzó el foro en perpendicular. En el centro de la gran explanada tuvo que rodear un nutrido grupo de libertos que se arremolinaban ya en las primeras horas del día en torno a la estatua de Sileno o, como el pueblo la llamaba, el *Marsias*. Los esclavos que eran manumitidos y aquellos que conseguían comprar su propia libertad seguían la tradición de visitar el cercado que rodeaba la estatua, y pasando junto a la vid, el olivo y la higuera que crecían junto a la misma, aproximarse hasta tocar el *pileus*, el gorro frigio de aquel ser de piedra que simbolizaba la libertad recién obtenida. Desde que la ciudad se veía obligada a recurrir a esclavos para completar sus ejércitos en la interminable guerra contra Aníbal, los desfiles de libertos frente a aquella estatua se habían quintuplicado. Plauto siguió avanzando y llegó al lado sur del foro. Allí, en las *tabernae veteres* los cambistas abrían sus pequeños comercios, mirando con ojos nerviosos a un lado y a otro, siempre distantes, siempre temerosos del hurto o del engaño. Plauto había saboreado el amargo negocio de sus actividades prestatarias cuando en el pasado dependió de ellos para su fracasado intento de comerciar en telas. Los puestos de los cambistas habían crecido en número con la ampliación de los dominios de Roma, y aún ahora, en medio de la guerra contra Aníbal, sus servicios de cambio de moneda y créditos varios eran más necesarios que nunca.

Plauto paseaba despacio, en parte porque el peso de sus cuarenta y un años se dejaba notar y en parte porque estaba tranquilo. Roma ya no era aquella urbe cruel con él, que le despreciara, una ciudad en la que antaño se arrastrara mendigando limosna o algo para comer. Todo aquello había pasado. Qué diferentes parecían las cosas ahora. Y, sin embargo, aquella guerra amenazaba con llevárselo todo por delante. Nueve años de combates. Batallas en las que él mismo se vio involucrado para poder subsistir. Se sonrió con pena al recordar su paso por el ejército de Roma como miembro de las tropas auxiliares que salieron junto con las legiones hacia el norte para detener el avance de Aníbal. De aquel tiempo sólo recordaba con añoranza la amistad del joven Druso. Su único amigo de verdad. La guerra era cruel y fría. Ni siquiera tuvieron tiempo de ver de dónde venía el enemigo, entre aquella densa niebla, aquel fatídico amanecer, junto al lago Trasimeno. Los legionarios siempre estaban en manos de patricios aventureros que arriesgaban las vidas de los soldados sin conocimiento ni justificación. Eran más de una decena las legiones que habían ido cayendo ante Aníbal y varios los cónsules muertos. Cayo Flaminio o Emilio Paulo eran los caídos más renombrados, pero junto con ellos habían perecido decenas de senadores. Eso le hizo sentir un poco mejor a Plauto mientras seguía esperando junto a las *tabernae veteres* la llegada de su nuevo amigo: Nevio.

Cneo Nevio era un escritor de tragedia y poesía épica algo mayor que él y que había disfrutado del éxito desde hacía más tiempo. Plauto le apreciaba porque era de los pocos escritores que veían en sus comedias algo más que un mero pasatiempo para el populacho. Plauto vio la figura gruesa de Nevio coronada con su cabeza casi sin pelo y su andar pesado cruzando el foro desde la explanada del *Comitium*, abriéndose paso entre el tumulto de libertos arremolinados junto al *Marsias* y alcanzando los puestos de los cambistas. Plauto cruzó la explanada del foro y le sorprendió por detrás mientras Nevio observababa a los libertos haciendo cola frente a la estatua del guerrero frigio.

—Se les ve felices —dijo Plauto.

Nevio reconoció la voz de su amigo. Le respondió sin sobresalto, con una voz pausada y manteniendo su mirada fija en los esclavos recién manumitidos.

—Pobres libertos. No saben que van a algo peor que la esclavitud.

—¿Qué quieres decir? —inquirió Plauto.

Nevio se volvió hacia su amigo.

—Tú, tú más que otros deberías saberlo: antes eran esclavos y malvivían, eso es cierto, pero ahora son sólo carnaza para esta guerra inacabable, tropas auxiliares, primera línea de combate, los primeros en caer heridos o muertos.

Plauto asintió. Rememoró sus tiempos en el ejército. Trató de borrar los funestos recuerdos sacudiendo la cabeza.

—Es contradictorio, pero tienes razón, Nevio: mejor esclavo que legionario. Claro que hay algo peor.

—¿Algo peor? —Esta vez era Nevio el confundido.

—Sí, por todos los dioses: ser *calon*, esclavo de un legionario.

Nevio rio a carcajadas lanzando su cabeza hacia atrás.

—Cierto, cierto, por Júpiter, Plauto, siempre te superas. No es extraño que triunfes en Roma con tus comedias. Esclavo de un legionario, las dos desgracias juntas, no lo había pensado.

Plauto miró a su alrededor con el rabillo del ojo. Su amigo seguía riendo y había levantado demasiado el volumen de su voz.

—Quizá no debiéramos hablar de estas cosas en público...

—Muy al contrario —intervino Nevio con rapidez—, deberíamos hablar mucho más de estas cosas y siempre en público, incluso deberíamos mencionar estos asuntos frente a nuestro público, en nuestras obras.

Plauto vio acercarse una patrulla de *triunviros* que rondaban a esa hora por el foro. Habían aparecido girando por el templo de Cástor y estaban cruzando el foro en diagonal marchando directos hacia ellos. Plauto miró nuevamente a su alrededor. ¿Les habría delatado alguien? ¿Tan rápido?

—Estamos en guerra y criticar al ejército es peligroso, Nevio —dijo Plauto sin dejar de vigilar la ruta de los *triunviros*.

El aludido asintió, pero se rebeló en sus palabras.

—Es peligroso vivir, querido Plauto. Y sí, es especialmente peligroso criticar al ejército y a los senadores y a los patricios y los cónsules. Nadie relacionado con el poder puede ser criticado porque estamos en guerra. Es un magnífico orden de cosas... para los que mandan. Y, sin embargo, querido amigo, en tu última obra, y no lo niegues porque lo recuerdo perfectamente, dices: *opulento homini hoc servitus dura est, hoc magis miser est divitis servos.* [¡Qué duro es ser esclavo de un poderoso! ¡Qué terriblemente desgraciado es el esclavo de un rico!]

—Ya. Dudé antes de ponerlo. Y sigo preocupado desde que se estrenó la obra. A veces siento que me vigilan. —Y señaló hacia la espalda de Nevio—. Los *triunviros*... vienen hacia aquí.

Nevio se volvió despacio. Los soldados se acercaban con paso firme. Ambos amigos contuvieron la respiración. Los legionarios pasaron ante ellos con paso veloz sin deternerse. Se dirigían a la *Curia Hostilia*, donde se reunía el Senado de Roma.

—¡Al final conseguiste que me pusiera nervioso yo también, por Júpiter! —exclamó Nevio dejando salir el aire contenido en sus pulmones durante unos segundos—. Eres un loco y además te crees el centro del mundo: ¿acaso crees que los *triunviros* no tienen otra cosa de qué preocuparse que de lo que tú escribes en tus obras?

—Lo siento, pero a veces pienso que jugamos con fuego. Tengo dudas sobre esta reunión.

Nevio abrazó a su amigo por la espalda.

—Nadie dice, querido Plauto, que no sea peligroso, pero debemos hablar, primero entre nosotros, entre los que sabemos en esta ciudad y luego, una vez que estemos de acuerdo, debemos hablar en público, al público. No podemos quedarnos de brazos cruzados esperando que toda Roma termine como cadáveres en los campos de batalla. Al principio de la guerra había casi doscientos cincuenta mil ciudadanos romanos. Hoy apenas son doscientos mil. ¿Cuál es el límite?

—Visto así... supongo que necesitamos preservar a nuestro público, no podemos perderlos a todos o nadie vendrá a nuestras obras.

—Eso es bueno —Nevio volvió a reír—, eso no lo había pensado: si todos mueren nos quedamos sin público; espera que se lo cuente a Livio: eso sería quizá lo único que le persuada. Seguro que no lo ha pensado. Anda, vamos, acompáñame y, por todos los dioses, alegra esa cara. Pareces culpable de algo, de todo, y ya sabes que en Roma lo que importa son las apariencias.

Plauto intentó relajar un poco la adusta expresión de su rostro, irguió su espalda y se alejó del foro caminando junto a su amigo. Cruzaron el foro transversalmente, dejaron a su derecha las *tabernae veteres* y bajaron por las calles que discurrían paralelas a la *Cloaca Máxima* en dirección al *Foro Boario*, donde a esas horas se compraba y vendía el ganado. El hedor de la gran cloaca de Roma y la imagen de los corderos en venta para ser sacrificados se mezclaron en su mente de forma convulsa. Eso era Roma: hedor y ganado con el que comerciar. Y, sin embargo, había empezado a amar a esa misma ciudad que tanto le había hecho sufrir. Las ideas de Nevio, no obstante, proponían alterar este inicio de paz y estabilidad que su vida había encontrado en Roma. Tenía, una vez más en su agitada existencia, miedo. Sentía que de nuevo se estaba metiendo en problemas pero, como en otras ocasiones, se dejaba llevar por los acontecimientos pese a sentir presagios nefastos. Además estaba seguro de que Casca, su protector y el que financiaba sus obras, no estaría nada contento si se enteraba de su amistad con Nevio.

—¡Cuidado!

Plauto sintió que Nevio le cogía por la espalda. Un carro tirado por caballos pasó casi al galope y tras él un segundo vehículo. Plauto no tuvo tiempo de ver quién iba en el primero, pero el segundo parecía llevar a un oficial del ejército. Estaban en la intersección entre el *Vicus Tuscus* y el *Clivus Victoriae*.

—Aquí siempre hay que ir con mil ojos —añadió Nevio—. Y tú, mi querido Plauto, siempre tan distraído.

Plauto asintió.

—No deberían permitir esos vehículos y a esas velocidades por el centro mismo de la ciudad —dijo el comediógrafo.

—¿A Catón, protegido de Quinto Fabio Máximo? —Nevio hablaba entre risas—. Yo sólo quiero poder hacer públicas mis críticas a esta guerra y tú ya quieres prohibir circular por Roma a uno de sus hombres más poderosos. Por cosas como ésta me encanta hablar contigo.

—¿Estás seguro de que era Catón? —preguntó Plauto en voz baja.

—El mismo —aseveró su amigo Nevio—, pero tranquilo, que a esa velocidad no pueden oír cómo les critica el pueblo.

Siguieron caminando. Nevio dio unas palmadas en la espalda de

Plauto y se adentraron entre los puestos de ganado del *Foro Boario*, el cual cruzaron rápido, molestos entre otras cosas por el mal olor de los animales hacinados y el gentío que se arremolinaba en cada esquina. Siguieron hacia el sur, dejando a su izquierda el gran altar, el *Ara Maxima Herculis Invicti*, en honor del todopoderoso Hércules. Tras él, ambos amigos sabían que se encontraban las cárceles del circo de Roma, un lugar desagradable del que era mejor alejarse, aunque todos sabían que más horribles eran las mazmorras de la cárcel subterránea excavada en tiempos arcanos junto a la plaza del *Comitium*, lejos, al norte, en el foro, desde donde habían empezado su caminata en busca de la casa del poeta Ennio. Entraron así en las callejuelas del Aventino y ante sus ojos desfilaron los templos que los antiguos reyes y cónsules levantaran en aquel viejo barrio de la ciudad hacía decenas de años, en algunos casos siglos: el templo de Diana y el templo de la Luna, erigidos ambos por el rey Servio Tulio; el templo de Minerva, y luego el de Juno Regina, cuya construcción fue ordenada por el cónsul Camilo tras los acontecimientos del asedio de Veyes y, finalmente, el moderno templo de *Iuppiter Libertas*, levantado por mandato de Sempronio Graco no hacía ni veinte años. Plauto no pudo evitarlo.

—Tanta religión, tantos templos levantados en honor de tantos dioses y qué poco se acuerdan ellos de nosotros.

—Te equivocas, querido Plauto, ahí te equivocas. Se acuerdan cada día y cada noche de nosotros. Es sólo que los dioses se regocijan mortificándonos. Por eso esta guerra, por eso tanto sufrimiento.

Plauto pensó en argumentar sobre la sacrílega sentencia de su amigo, pero, examinando su vida, aquella visión de Nevio sobre los dioses era, a fin de cuentas, la que mejor explicaba la mayor parte de las cosas que le habían sucedido. Un pensamiento le atemorizó: ahora que le iba tan bien y que era un escritor respetado y amado por el pueblo de Roma, ¿sería que los dioses se habían olvidado de él? Mejor así. Se encogió de hombros sin decir nada y siguió a su amigo. Estaba cansado. En casa de Ennio habría buena comida y bebida. *Carpe diem*.

Llegaron en pocos minutos. La casa del poeta era una pequeña *domus*, sin apenas vestíbulo, de modo que en cuanto un esclavo les abrió la puerta y les dejó pasar, Plauto y Nevio se encontraron en medio del atrio de la casa. Allí les recibió con afecto Ennio, el joven poeta que había aceptado la propuesta de Nevio de acoger a todos los escritores importantes de la ciudad para debatir sobre política. Eso era lo mismo que decir que quería cuestionar el actual curso de los acontecimientos, pero dicho de un modo más suave. Ennio se había esmerado: en los diferentes divanes que conformaban el *triclinium* ya se encontraban otros escritores, entre los que destacaba la vieja figura del respetado Livio Andrónico: el más veterano de todos ellos, también el más conservador. Plauto recordó las palabras de su amigo Nevio al describir a Livio: «un hueso duro de roer, mejor dicho, un hueso viejo y duro de roer, mejor aún, un hueso del que apenas queda ya nada por roer». La carcajada de Nevio retumbaba aún en la mente de Plauto, pero en aquel momento, al ver al viejo escritor allí reclinado, comiendo aceitunas en espera de la comida que había organizado el joven Ennio, aquel anciano no parecía alguien tan temible. Y, sin embargo, el desenlace de la velada no hizo sino confirmar los temores de Nevio.

Se sirvió lechuga y atún de entrantes, pollo de plato principal y uva de postre. Con los postres comenzó la larga *comissatio* o sobremesa en la que Nevio no tardó en exponer sus ideas: había que hacer ver al pueblo la sangría que estaba suponiendo aquella guerra sin fin; lo mejor era intentar detener aquella locura, incitar al Senado para que pactara una paz con Cartago, sembrar ese mensaje en sus obras, difundirlo en cada representación hasta que calara en el pueblo. Plauto apoyó a Nevio como pudo. Sentía sus palabras torpes al lado de la depurada retórica de su colega. Ennio aludió a su condición de anfitrión para proclamarse neutral en el debate y se limitó a invitar a que el resto participara en la discusión con sus opiniones, pero todos callaron y miraron a Livio Andrónico. El viejo escritor era para los poetas y dramaturgos de Roma lo que Fabio Máximo representaba para los senadores y demás políticos, por eso, cuando carraspeó antes de hablar, todos dejaron de comer fruta, de masticarla e incluso, algunos, hasta dejaron de respirar unos instantes.

—La guerra es una sangría, sí —empezó Livio Andrónico—. Eso es un hecho incuestionable, pero esta guerra la empezó Aníbal. Roma se defiende. Eso también es un hecho irrefutable que ni vuestras palabras ni las mías podrán cambiar. Ese argumento tan sólo, en manos de un senador mediocre, será suficiente para diluir cualquier idea en el sentido de alcanzar una paz con Cartago y, en manos de alguien como Fabio Máximo, la idea de que Roma tan sólo se defiende será un arma tan poderosa que, si nos oponemos abiertamente a luchar, nos barrerá de un solo soplido. Somos sólo escritores, poetas. Entretengamos los unos al pueblo, como hace nuestro amigo Plauto con tanto acierto, y cantemos las hazañas de nuestros héroes, como tan bien sabe hacer nuestro anfitrión. —Y miró a Ennio, que le respondió con un cabeceo de asentimiento—. La guerra es inevitable, su final, incierto. Roma, amigos míos, es un enigma que se encuentra en una encrucijada. Hemos perdido cincuenta mil ciudadanos en esta guerra. Nevio pregunta cuántos más habrán de morir antes de que esta contienda concluya. Yo os responderé: tantos como haga falta hasta que se derrote a Aníbal y todos, incluidos nosotros, si es él el que nos vence. Las palabras tienen cierto poder, pero el de las armas es muy superior y el tiempo de las palabras se desvanceció cuando Fabio Máximo declaró la guerra ante el mismísimo Senado de Cartago. Me sorprende aún que los cartagineses le dejaran salir con vida de allí, pero divago... ésa es otra historia. Mi respuesta, en conclusión, a lo que propone Nevio es que no seré yo quien empiece a cuestionar a los cónsules y a los senadores sobre el modo de conducir esta guerra. En mi caso me limitaré a escribir, a asistir a vuestras obras cuando éstas se representen y a cenar con vosotros cuando me invitéis. Para eso me tendréis siempre, para lo otro nunca. —Con esto se levantó y se dirigió hacia Ennio—. Y debéis perdonarme, pero mi edad me obliga a retirarme temprano. Espero que paséis una hermosa velada. Con permiso de nuestro anfitrión os dejo. Que los dioses os sean propicios.

Livio se levantó, saludó a Ennio y se despidió de todos sin decir más. Plauto observó la decepción anclada en el rostro de su amigo Nevio, que le musitó un comentario en voz baja.

—Valiente mentiroso está hecho. Se va pronto porque se va de putas. Y encima dice que es viejo. Sólo para lo que le interesa.

Y Nevio tenía motivos para su desilusión. A los pocos minutos, el resto de los invitados fue desapareciendo. El intento de Nevio por alimentar la rebeldía entre sus colegas había quedado en nada. Plauto no pudo evitarlo: en el fondo se sentía más tranquilo. Ya había padecido hambre, miseria y esclavitud en el pasado y tenía pavor a revivir una situación similar. A fin de cuentas, quizás el propio Livio tuviera razón. En cualquier caso, Plauto se sintió mal por su pobre amigo. Nevio estaba desolado. Por un momento, Plauto temió que su amigo estuviera tramando alguna insensatez.

4

El futuro de Lelio

Roma, septiembre del 209 a.C.

El sol de aquel final de verano caía implacable sobre la sudorosa frente de Cayo Lelio, tribuno de las legiones desplazadas a Hispania bajo el mando de Publio Cornelio Escipión. Lelio se secó algunas gotas que se deslizaban sobre las mejillas con la propia toga blanca inmaculada que vestía. No quería que el sudor llegara a su barba, eso le molestaba sobremanera. Pero no era el calor lo que le agobiaba, sino el fracaso. Había procurado engalanarse oportunamente para acudir al Senado; sin embargo, ni sus ropas ni sus argumentos ni la gran conquista de Cartago Nova, ni los rehenes cartagineses ni el botín conseguido parecían haber impresionado a los senadores, al menos lo suficiente como para conseguir esos refuerzos que su general y amigo Publio Cornelio Escipión le había encargado conseguir. El sudor era pues el fruto agrio del vano esfuerzo por intentar convencer a un Senado sorprendentemente reacio a escuchar peticiones provenientes de un general victorioso. Aquello le había sorprendido. Una cosa es que los senadores no quisieran empeñar más recursos del Estado en empresas que se prueban infructuosas, pero no era frecuente negar refuerzos allí donde las cosas empezaban a ir bien después de varias terribles derrotas, allí donde un general romano estaba enderezando el curso de los acontecimientos.

Se detuvo junto a la higuera *Ruminal*, en medio de la explanada del *Comitium*, frente al edificio de la *Curia*. Aquélla era la higuera en la que la tradición dictaba que el Tíber, en una de sus legendarias crecidas, había depositado la canastilla con Rómulo y Remo, los fundadores de la ciudad. Bajo aquel árbol de leyenda Lelio sentía una mezcla de calor y desazón. Sentía que había fallado a su general. Incluso, por un instante, temió que el joven Escipión se lo echaría en cara, pero sacudió la cabeza; aquélla no sería su reacción. Seguro que, aunque frustrado y dolido con el Senado, como el propio Lelio, Publio le quitaría importancia; el joven general haría alguna broma y se retiraría a preparar una nueva campaña en Hispania contra tres ejércitos cartagineses con las exiguas dos legiones de las que disponía, buscando alianzas con las tribus indígenas, maquinando algún nuevo plan, alguna insospechada estratagema y, cuando todo estuviera diseñado, Publio le llamaría un atardecer a su casa de Tarraco para desvelárselo y recoger su opinión. Así serían las cosas. Lelio apretó los labios mientras contemplaba el suelo y su mente navegaba hacia Hispania.

—¿Cayo Lelio, enviado de Publio Cornelio Escipión? —Una voz de hombre, pero aguda y rasgada, le interpelaba a su espalda.

Lelio se volvió lentamente, seguro de sí, un poco molesto por verse interrumpido en su meditación en medio de su tiempo de recuperación del fracaso recién cosechado en el Senado. Al girarse, el adusto militar romano vio varias decenas de magistrados saliendo del edificio del Senado, algunos reunidos en pequeños grupos en el *senaculum* junto a la *Curia* y otros difuminando sus siluetas por las calles de Roma. Frente a él estaba un joven ciudadano, aproximadamente de la misma edad que el propio Publio, pero con otra expresión en el rostro y con un aspecto muy diferente: era un hombre joven y delgado, demasiado delgado, casi cadavérico, con un entrecejo profundo dibujado entre los ojos que mantenía a la espera de recibir respuesta a su pregunta.

—Eres Cayo Lelio —se respondió a sí mismo el que había preguntado ante el obstinado silencio del propio Lelio—. Te he esperado hasta que salieras del Senado. Yo soy Marco Porcio Catón. Me envía Quinto Fabio Máximo, cónsul de Roma. Quin-to, Fa-bio, Má-xi-mo.

El joven mensajero repitió el nombre de quien le mandaba sílaba por sílaba, dejando salir cada sonido despacio y rematando el nombre completo con una tenue y extraña sonrisa plasmada entre unos finísimos labios.

Evidentemente, Cayo Lelio reconoció el nombre de Fabio Máximo, el viejo y experimentado senador de Roma, elegido cinco veces cónsul y una vez dictador de la República y ahora *princeps senatus* permanente en razón de su edad y su experiencia; un hombre en todo extremo poderoso, respetado por sus colegas y temido por sus enemigos. Según algunos, igual de temido por sus amigos. La cuestión con el viejo cónsul era saber de qué lado consideraba Fabio Máximo que se encontraba uno, si a su favor o en su contra. El anciano senador no parecía dejar demasiado espacio para opiniones intermedias.

—¿Qué desea el cónsul? —preguntó al fin Lelio.

Catón esperó unos segundos con su sonrisa en los labios. Estaba devolviendo con silencio el silencio anteriormente recibido. Lelio sabía reconocer el rencor en los ojos de un hombre y, sin duda, aquél era un hombre profundamente vengativo. Lo tendría presente para el futuro.

—Bien —dijo al fin el joven enviado desdibujando su sonrisa con inusitada rapidez y retornando a su semblante rígido y serio con un nuevo ceño fruncido—. Fabio Máximo desea entrevistarse contigo, en privado. Hay más asuntos de Hispania que le interesan, además del tema de los refuerzos que el Senado ha negado, pero desea plantearte sus... propuestas... en su casa. ¿O es que tienes algo más importante que atender?

No era una pregunta. Lelio llevaba muchos años dando y recibiendo órdenes y sabía cuándo una pregunta no esperaba respuesta. El comandante romano respondió lo único que podía decirse.

—Estoy a tu disposición.

—Bien, sígueme entonces.

Catón se giró y comenzó a caminar con celeridad en dirección opuesta al edificio de la *Curia* donde tenían lugar las deliberaciones del Senado. Lelio le siguió. Detrás de ellos varios esclavos armados con espadas y *pila* propios de legionarios les escoltaban. Estaba claro que aquel hombre no confiaba demasiado en las calles de Roma. La cuestión era si confiaba en alguien, esto es, más allá del propio cónsul que le enviaba. ¿Propuestas?

Cruzaron el foro, pasando por encima de la *Cloaca Máxima*, cuyo hedor era especialmente desagradable en las postrimerías del verano. Lelio vio el agua sucia discurriendo por el canal y pensó cuánta razón tenían aquellos que proponían que debía taparse de una vez, pero la guerra imponía trabajos y ocupaciones más urgentes para los ingenieros que la sanidad y el bienestar de los ciudadanos de la urbe.

Así caminaron durante unos doscientos pasos más por el *Vicus Tuscus*, una concurrida calle que transcurría en paralelo a la *Cloaca Máxima* hasta llegar a dos carros tirados por sendos caballos y custodiados por tres hombres, parados en la intersección con el *Clivus Victoriae*. Catón subió en el primero de los carros junto a un conductor y un esclavo gigante que actuaba a modo de guardaespaldas e indicó a Lelio que hiciera lo propio con el otro carro. Nada más subir, escoltado por uno de los guardias y otro conductor, el vehículo de Lelio se puso en marcha persiguiendo velozmente el carruaje de Catón. Salieron tan rápido que casi arrollaron a dos ciudadanos que se cruzaban en su ruta. Lelio agradeció que al menos uno de aquellos hombres fuera de reflejos rápidos y retuviera a su compañero evitando así ser aplastados por los caballos del carro.

Casi al galope, rodeando la colina del Palatino, presidida por el templo de Júpiter Víctor, llegaron a la puerta Capena, al sureste de la ciudad, y entraron en la *Via Appia*. Por ella rodaron unos cinco minutos hasta desviarse en uno de los múltiples caminos de tierra que partían de la calzada romana, justo antes de alcanzar el desdoblamiento de la *Via Appia* y la *Via Latina*. Avanzaron durante otros veinte minutos hasta alcanzar una colina sobre la cual se dibujaba el perfil de una inmensa villa, rodeada de varias casas para esclavos, cercados para el ganado e imponentes y altos cipreses que, afilados, se erguían como vigilantes perpetuos de aquel camino: la villa personal de Quinto Fabio Máximo, una gigantesca mansión desde donde Lelio podía respirar en el aire el poder que emanaba desde cada piedra, desde cada ventana, desde cada habitación de aquel majestuoso recinto. Y pensar que Aníbal estuvo acampado allí cerca apenas hacía dos años.

A medida que se acercaban, Lelio observó la extensa plantación de viñedos que poblaba las laderas de la colina. Sin duda, una de las mayores del entorno de la gran ciudad. Aquello le hizo recordar que su primera idea al salir del Senado había sido la de tomar un buen vaso de vino fresco y mitigar así un poco su sensación de derrota. Quizás el viejo senador tuviera al menos la cortesía de regalarle con algo de buen vino de cosecha propia. No obstante, algo le decía al veterano oficial romano que si Fabio Máximo invitaba a alguien a una copa en su casa esa copa sería de elevado coste personal. Lelio se sentía incómodo en aquella situación, pero rechazar una invitación de uno de los hombres más poderosos de Roma, no, del más poderoso hombre de Roma, no parecía una buena estrategia para hacer amigos en la ciudad. Había hecho lo correcto: aceptar la invitación, acudir adonde se le llevase y escuchar. Las circunstancias y su criterio dictarían por dónde conducirse durante la entrevista. Bueno, quizá restaba otro hombre de igual importancia en la ciudad: el aguerrido senador Marcelo, cuatro veces cónsul. Sí, sin duda, los dos hombres se disputaban ser el senador más respetado o más temido de Roma. Sólo que Marcelo parecía concentrar más sus esfuerzos en el campo de batalla, frente a las tropas de Aníbal, mientras que Máximo parecía repartir sus energías entre la guerra y las intrigas por controlar Roma.

Mientras Lelio entretenía su mente con estos pensamientos, fue conducido por varios guardias a través de un cercado primero y luego un muro que rodeaba la gran casa del senador. Llegaron así al vestíbulo de la villa y, por fin, a un gran atrio adornado con diferentes mosaicos encargados por Fabio Máximo a los mejores artesanos del momento. En los mosaicos se recogían diversas escenas donde se advertía la figura del propietario de aquella gran *domus* derrotando a diferentes enemigos de Roma. Destacaba especialmente un gran conjunto de miles de pequeñas teselas que recreaba el primer gran *triunfo* celebrado por Fabio Máximo para festejar su victoria sobre los ligures en el año 521 *ab urbe condita* según rezaba al pie del mosaico. De eso hacía ya... Lelio se entretuvo calculando el tiempo... veintitrés años. Unos artesanos trabajaban con tesón en una esquina del atrio en otro gran mosaico.

—Ya está aquí, mi señor —comentó Catón con tiento.

Fabio Máximo le miró desde su butaca.

—Bien, querido Marco —empezó el cónsul—, ha llegado el momento del día en el que se compra la voluntad de un hombre.

Catón asintió, pero el viejo cónsul percibió duda en el gesto de su joven pupilo.

—Crees que ese hombre es incorruptible, ¿verdad, Marco? —preguntó Fabio Máximo—. Crees que nada hay en este mundo que pueda quebrar su lealtad a ese infausto joven Escipión que nos importuna desde Hispania con sus cada vez más extravagantes acciones militares, ¿no es así?

Catón no quería admitir que, en efecto, en esta ocasión, disentía del plan de su mentor.

—Llevan muchos años juntos, desde Tesino —empezó Catón a modo de justificación—. Tesino, Trebia, Cannae y ahora la campaña en Hispania. El campo de batalla une a los hombres de forma extraña. Y está también esa promesa que hizo el tribuno Lelio al padre del joven Escipión, la de protegerlo siempre.

El cónsul le escuchó atento. Tomó un sorbo de la copa de vino que sostenía en la mano, la dejó entonces en una pequeña mesita y tomó la palabra.

—Tu juicio es ajustado, joven Marco: no hay nada que una más a dos hombres que compartir victorias en el campo de batalla y, más aún, sobrevivir juntos a una o, como es el caso, varias derrotas. Además está el juramento que mencionas. Eso tampoco es desdeñable. No lo es. Pero volvamos al campo de batalla, ahí es donde se forja el destino de los hombres. Estos hombres, Escipión y Lelio, han sobrevivido a varias derrotas y de entre ellas a la peor de todas, a la temible masacre de Cannae. En eso te doy la razón: nos encontramos ante un profundo lazo entre ellos, pero aquí es donde tu experiencia se queda corta frente a la mía, querido Marco. Verás: todo hombre es corruptible, Marco, absolutamente cualquier hombre, hasta el más honesto es corrompible, pues, de un modo u otro, todos tenemos un punto débil. La sagacidad del que te habla, joven Marco, reside en la destreza que tengo de detectar el punto débil de cualquier hombre. Ésa es la tarea difícil. Una vez detectado ese punto, el resto es trabajo para principiantes, casi una tarea inapropiada para mí, aunque me ocuparé de la misma, me ocuparé, por todos los dioses que lo haré, pero que pase ya ese oficial. Será un agradable entretenimiento dilucidar cuál es la ambición o la duda o el sentimiento que hace débil a quien tú juzgas indomable.

Catón asintió y partió en busca de la presa con disciplina, aunque cuando consideró que, una vez dentro del *tablinium*, no estaba ya a la vista del cónsul, Marco negó con la cabeza en claro desacuerdo con su mentor: aquel oficial no sería una pieza tan sencilla de cazar. Era cierto, no obstante, que el experimentado cónsul ya le había sorprendido en más de una ocasión, pero se hacía viejo, demasiado anciano para esgrimir su poder con la maestría habitual. En todo caso, en un rato se vería quién de los dos estaba en lo cierto: la voluntad de un hombre estaba en la partida.

Lelio paseaba por el atrio con las manos a la espalda, estudiando con atención los impresionantes muros de teselas diminutas con sus batallas, asedios, conquistas. El viejo senador parecía no tener prisa en hacer acto de aparición y de Catón no sabía nada desde que hablaran en el foro antes de subir a los carros. Sin duda, el carro de Catón llegó antes que el suyo, que había ido ralentizando su marcha de forma deliberada para que así el enviado del cónsul pudiera advertir a Fabio Máximo de la llegada del tribuno romano con tiempo suficiente. Lelio imaginaba a Catón relamiéndose al transmitir con orgullo el cumplimiento de la misión encargada.

Allí, en aquel amplio atrio, no había apenas plantas, sólo los mosaicos y pinturas al fresco. Las pinturas también estaban dedicadas a cantar las glorias del poder adquirido por el actual cónsul en el transcurso de sus diferentes máximas magistraturas. Un cuadro mural que cubría gran parte de una de las paredes estaba nuevamente centrado en mostrar la victoria de Fabio Máximo en su campaña contra los ligures del norte. Y así con cada pintura, con cada conjunto de teselas. Si la intención de toda aquella parafernalia del atrio era la de hacer ver a cualquiera que allí esperara la grandeza del dueño de aquella casa y, a un tiempo, empequeñecer al visitante, sin duda resultaba efectiva. El propio Lelio, pese a ser tribuno, jefe de la caballería romana e incluso almirante de la flota de Hispania, no podía sino sentir admiración y respeto ante una vida de combate y victorias; claro que allí no estaban recogidos numerosos episodios oscuros de diferentes mandatos del cónsul, como sus controvertidas campañas contra Aníbal en territorio itálico, de discutibles resultados para muchos, como la extraña batalla de los desfiladeros de Casilinum.

Lelio se aproximó despacio a los artesanos que trabajaban en el nuevo mosaico. Eran tres hombres: dos aprendices jóvenes y un artesano mayor, de unos cuarenta años, que examinaba con minuciosidad las teselas que sus pupilos acababan de depositar en la base del nuevo gran panel sobre el suelo. Lelio se dirigió a este último.

—¿Y esta nueva obra a qué está dedicada?

El veterano artesano se giró y evaluó la figura de quien le preguntaba antes de responder. La robusta presencia del oficial romano le pareció digna de consideración, de modo que, separándose un par de pasos de la obra en curso, se situó frente a Lelio.

—Está dedicada a la toma de Tarento por el cónsul Quinto Fabio Máximo, señor de esta casa.

Lelio asintió con reconocimiento y miró la parte que ya llevaban elaborada. En el mosaico a medio realizar se veían las murallas de lo que representaba la ciudad de Tarento elevándose por encima de hombres y bestias destacando así lo inexpugnable de aquella fortaleza. En el otro extremo del mosaico se representaba con nitidez las legiones dirigidas por Fabio Máximo asaltando aquellas murallas pese a lo aparentemente imposible de su empeño. Lelio pensó en preguntar si los brucios que traicionaron a los tarentinos abriendo las puertas de la ciudad para permitir al viejo cónsul la toma de la fortaleza iban a aparecer también representados en la obra, pero estimó al fin que no venía al caso incomodar a unos artesanos que, a fin de cuentas, no podían sino ejecutar su labor según las instrucciones recibidas.

—Impresionante —contestó Lelio.

El artesano se sintió alabado e iba a empezar una explicación sobre su técnica a aquel interesado visitante cuando una voz le impidió disfrutar de unos minutos de gloria.

—Por aquí —Catón hizo acto de aparición de nuevo e, ignorando a los artesanos, se dirigió de modo seco a Cayo Lelio—. El cónsul te recibirá en el jardín.

Lelio se volvió hacia Catón. Decididamente, aquel joven y esquelético mensajero del cónsul poseía el don del sigilo. Aparecía y desaparecía casi como un druida galo en los bosques del norte. Al menos eso había oído Lelio que contaban de los druidas.

El oficial romano pasó por el *tablinium* que daba acceso al peristilo porticado de dos plantas que rodeaba un bello jardín. Era una tarde agradable y el sol acariciaba cada rincón de aquella verde isla en aquella fortaleza de mármol, piedra y ladrillo. En una esquina, a la sombra de una inmensa higuera que emergía por encima del propio pórtico y que impreganaba todo de su espeso aroma, refrescante e inconfundible, el viejo cónsul de Roma, recostado en un *triclinium*, degustaba con aparente aire distraído una copa. Junto a él dos hermosas esclavas. Una sostenía un jarrón con vino, preparada para rellenar la copa del cónsul cuando éste así lo indicara, y otra portaba un ancho plato de cerámica lleno de frutas diversas, algunas desconocidas a los ojos de Lelio, pero de entre las que destacaban unas hermosas uvas frescas.

No había otro *triclinium* donde reclinarse sino tan sólo un austero *solium* de madera de respaldo alto y recto, frente al cónsul. Catón señaló la butaca a Lelio y desapareció tan sigilosamente como había entrado. Lelio, no obstante, no se sentó. Antes se dirigió al cónsul.

—Te saludo, Quinto Fabio Máximo, noble cónsul de Roma, que los dioses te guarden y te sean propicios.

—Salve, salve —empezó el cónsul, acompañando sus palabras con un breve gesto de la mano—, y siéntate, siéntate. Un valeroso soldado de Roma es siempre bienvenido en esta casa, siempre bienvenido...

Cayo Lelio se sentó. Lo de «soldado» le había herido, pero cómo discutir con un ex dictador cinco veces cónsul. Además, de sobrenombre «Máximo», un apelativo obtenido por el bisabuelo de Quinto Fabio al derrotar a los sabinos, de eso hacía ya decenas de años, pero la familia Fabia no había dejado de usar aquel título que los destacaba por encima de los demás. Sí, quizá para Fabio, Lelio sólo alcanzaba la categoría de soldado. Además, su familia no era patricia, ni nadie había llegado a ejercer la máxima magistratura entre sus antepasados. Sin duda, hoy el cónsul consideraba que se estaba rebajando.

—Cayo Lelio. Un leal a Roma. Gran combatiente. Has servido en numerosas y difíciles batallas. —El cónsul enumeraba los acontecimientos a los que se refería despacio—. Unas cuantas derrotas, como Tesino, o Trebia... alguna victoria, como la reciente conquista de Cartago Nova. En cualquier caso, un leal a Roma. Es esta lealtad tuya, esta característica la que me ha impulsado a llamarte hoy. ¿Puedo invitarte a una copa de vino?

Lelio había pensado que esa pregunta no iba a llegar nunca.

—Sí y lo agradezco. Hace calor y seguro que tu vino apaciguará mi sed, noble cónsul.

Una de las esclavas acercó una copa de vino a Lelio y una tercera esclava entró en el jardín con otra jarra, diferente a la del cónsul, y le llenó la copa. Lelio saboreó el vino. Era bueno, sabroso, algo suave para su gusto, demasiado rebajado con agua, pero quizá lo suyo no era el refinamiento que se estilaba en los banquetes y comidas senatoriales. También le quedó la duda de si aquel vino sería el mismo que el cónsul estaba tomando o si quizás el cónsul regalaba diferentes vinos en función de la alcurnia de sus huéspedes. En cualquier caso, aquel vino era mejor que el de una taberna. Él no necesitaba más. Lo que sí le sorprendió fue la extremada belleza de las esclavas de tez infinitamente bronceada por el sol. Tanta belleza contrastaba con el rostro arrugado por el tiempo de su dueño, quien además veía cómo emergía de su labio inferior la protuberancia de una añeja verruga, rasgo que le valió el apodo de *Verrucoso*, sobrenombre, por otro lado, que nadie osaba utilizar en su presencia. La admiración de Lelio por las esclavas no fue pasada por alto por el cónsul.

—¿Hermosas, verdad? Esclavas arrebatadas a los piratas en Iliria. Jóvenes muchachas procedentes de Egipto, de sangre noble, confesaba su dueño, al menos eso dijo antes de morir. El imbécil creía que con esa confesión salvaría su miserable vida. —Fabio Máximo echó otro trago y dispuso su copa para ser rellenada; una de las esclavas diligentemente vertió más vino en el cáliz—. En fin, ningún mensaje ha llegado para reclamarlas desde aquellos territorios, así que me quedé con ellas. Son muy, como podríamos decirlo, complacientes. Yo soy estricto, pero parece ser que se sienten mejor acogidas en mi casa que en Iliria.

Lelio observó marcas de latigazos en las zonas del cuerpo que quedaban al descubierto, en los antebrazos y parte de la espalda, ya que llevaban unas ajustadas túnicas nada romanas y desde luego nada apropiadas ni para una joven romana, ni tan siquiera para una esclava. Las miradas tristes de las jóvenes tampoco parecían estar acordes con las palabras del cónsul. Sin embargo, no era el momento de contradecir al viejo senador en cuestiones domésticas.

—Hermosas. Un gran combatiente como el cónsul merece disponer de su botín de campaña a su gusto —comentó Lelio con tono conciliador.

—Sí, en efecto, así lo veo yo. El reparto de un botín de guerra puede resultar fastidioso en ocasiones. Recuerdo una vez, contra los ligures que... pero no, has de tener cuidado con un anciano o puede aturdirte con viejas historias, casi ya leyendas de la historia de Roma. Hablemos de sucesos más actuales, de Hispania, por ejemplo, o de algo aún más próximo: hablemos de hoy en el Senado. Supongo que te habrás llevado una gran decepción.

Lelio guardó silencio meditando una respuesta adecuada. La diplomacia no era lo suyo. Deseó no haber terminado su copa. Ahora necesitaba toda la agilidad mental de la que pudiera disponer.

—Bien... sí... —empezó dubitativo— en cierto modo sí. Escipión ha conseguido una gran victoria, se puede revertir la situación en Hispania —Lelio empezó a sentirse más seguro— con unas pocas tropas adicionales...

—¡Tropas de las que no podemos prescindir! ¡Por Júpiter! —interrumpió el cónsul arrojando su copa contra el suelo. Una de las esclavas se arrodilló y empezó a limpiar, pero Fabio Máximo dio una palmada y las tres jóvenes salieron corriendo dejando solos a Lelio, asombrado e inmóvil ante la poderosa reacción del senador y cónsul de Roma.

—Lo siento, no he querido ofender al cónsul...

—¡Pues hay ofensa! Porque la estupidez es la mayor de las ofensas. Tenemos aquí, aquí, en la península itálica, a Aníbal, el mayor enemigo que nunca jamás ha tenido Roma y se necesitan todas nuestras fuerzas para combatir a ese salvaje cruel y sanguinario que asesina y arrasa por doquier. No damos abasto para contener sus continuos ataques y se nos piden más tropas por parte de un Escipión desde Hispania; esto lo entiendo, pero de un leal de Roma como tú, Cayo Lelio, eso sí me ha decepcionado a mí.

Cayo Lelio no supo qué contestar. No tenía tampoco muy claro que el cónsul deseara una respuesta.

—Mi buen Lelio —Máximo serenó su rosotro y adoptó una voz más sosegada—, no interpretes la vehemencia de mis palabras como un ataque a un valeroso soldado de Roma, pero es que me enerva ver cómo leales a Roma como tú son absorbidos por la locura propugnada por insensatos como ese Escipión al que tanto pareces defender. —El cónsul estudió el impacto de sus palabras y al observar el silencio de su interlocutor prosiguió con su razonamiento—. Sé que estimas su persona, Lelio, y que le crees grande, igual que creías grande a su padre. Y, sin embargo, qué han hecho estos Escipiones por Roma. Perder legiones. ¡Perder legiones! Miles de jinetes en Tesino y miles de legionarios en Trebia y al final el inmenso desastre de Hispania. Sí, nos dicen que los dos Escipiones, el padre y el tío del actual Publio, combatieron hasta la muerte, pero parecen todos olvidar que con ellos perdimos a legiones enteras y además no se ciñeron a su objetivo esencial: evitar que los cartagineses puedan abrir una ruta de suministro desde Hispania hasta la península Itálica para hacer llegar víveres, armas y refuerzos a Aníbal. En su lugar, llevados de ese loco afán de gloria que corre en la sangre de su familia, condujeron a nuestras legiones a la aniquilación completa. Y ahora el hijo se lanza a conquistar ciudades. ¿Cuántos cayeron en Cartago Nova? ¿Cuántos? Incluso tú, me consta, estuviste a punto de perder la vida en esa locura de ataque. No. No digas nada ahora. Escúchame bien, Cayo Lelio. Sí, se toma una ciudad, pero los tres ejércitos púnicos permanecen vagando a sus anchas por Hispania, esperando el momento para abalanzarse sobre Roma, unirse a Aníbal y terminar con todos nosotros. ¿No ves el absurdo, Cayo Lelio? En Hispania no hay que conquistar ciudades, sino matar a los enemigos de Roma, masacrar a esos tres ejércitos púnicos y no pasearse por la región como asustado, esquivando a los enemigos, sin salirles al encuentro.

Lelio quiso articular una defensa. La toma de Cartago Nova había debilitado enormemente las alianzas de los cartagineses con las tribus de Hispania al liberar Escipión a todos los cautivos iberos. Y las derrotas de su padre y su tío en Hispania habían sido fruto de la traición al abandonar los celtas e iberos a los romanos en pleno campo de batalla...

—Sí, sí, te veo luchando en tu interior Lelio. —El cónsul prosiguió su argumentación con la misma intensidad que empleaba en sus discursos ante el Senado—. Sinceramente crees en la habilidad militar y estratégica de tu general, pero, en realidad, pensemos, pensemos juntos, Lelio, ¿qué ha hecho ese joven Escipión por Roma? —Y sin detenerse prosiguió—: Yo te lo diré: salvar a un cónsul, meritorio, sí, pero ¿quién salvó realmente a ese cónsul en Tesino, a su padre? ¿Él o tú, Cayo Lelio? Tengo mis informadores en el Estado. Sé lo que pasó allí. Una acción de un joven e inexperto loco que sólo se salvó por tu intervención. Y de Cartago Nova ya he dicho lo que pienso. Una pérdida de recursos y de refuerzos, un desvío del objetivo principal y que si llegó a un desenlace positivo fue, una vez más, gracias a tu inestimable intervención.

El cónsul se tomó un breve respiro antes de continuar. Lelio permaneció sentado. Sostenía su copa vacía sin decir nada. Miraba al suelo. No entendía adónde quería llegar el cónsul. Muchos de esos argumentos ya los habían esgrimido varios miembros del Senado aquella misma mañana. ¿Por qué citarle ahora en su casa para insistir en lo mismo?

—Mi buen Lelio. Un hombre leal. Eso eres, así me consta. Los buenos dioses romanos no quieren que los hombres leales a Roma y su causa se pierdan en compañía de generales confundidos por costumbres y lenguas extranjeras importadas por sus familiares...

Esta alusión fue demasiado para Lelio. El comandante romano se levantó de su butaca e interrumpió al cónsul.

—El interés de Publio Cornelio Escipión por el teatro y por los autores griegos no empaña su lealtad a Roma que, tal y como he presenciado en persona, es la que preside y dirige todas sus decisiones militares y políticas.

Lelio se encontró frente a la figura del cónsul, recostado en su *triclinium*, mirándole con intensidad, sus labios muy apretados, tensos.

Fue entonces el cónsul quien se levantó despacio. Sus sandalias hicieron añicos los restos de la copa quebrada que había quedado sin recoger. Fabio Máximo era un hombre alto, extrañamente fuerte para sus largos setenta y cinco años y con una penetrante y aterradora mirada, especialmente cuando, como ahora, intentaba contener la ira. El oficial romano retrocedió hasta toparse con su *solium* y de nuevo tomó asiento. Se había dejado llevar por los sentimientos... y ante el propio Fabio Máximo. Tragó saliva. Del semblante desgarrado del viejo cónsul, sin embargo, salió una voz dulce y acaramelada.

—Lelio, Lelio, Lelio. La vida puede ser infinitamente difícil para un oficial romano en estos tiempos de guerra, o sorprendentemente agradable. Hay pocos espacios intermedios. Si sigues con ese Escipión acabarás junto a él, en la misma tumba que su locura encuentre, con toda probabilidad en algún campo de batalla en Hispania, pues Escipión no regresará de Hispania vivo. He consultado los auspicios, he hecho sacrificios especiales que sólo un cónsul puede hacer. Sabes que soy augur vitalicio. Sé más que el resto de los mortales, mi buen Lelio. Escipión no regresará vivo de Hispania y los que le acompañen alimentarán con sus cuerpos a los buitres de aquella región sobre un desolado campo de batalla. Así lo quieren los dioses; así será. ¿Es ése el futuro que quieres, Lelio, para ti, para los tuyos? ¿Es así como deseas que tu persona sea recordada, como el perrito faldero de un joven loco y perdido entre influencias extranjeras perniciosas?

Lelio observaba sin responder al cónsul mientras éste se acercaba despacio y proseguía con su discurso.

—¿O quieres una vida diferente, especial, una auténtica vida de un senador de Roma? ¿Dime, Lelio, qué es lo que deseas, qué mueve tus plegarias a los dioses, cuál es tu anhelo, tu ambición?

El cónsul se detuvo y dio una fuerte palmada. Las tres jóvenes esclavas egipcias aparecieron y velozmente se acercaron al anciano cónsul. El viejo senador dio una palmada más y las tres, sin esperar más instrucciones, se arrodillaron a los pies del cónsul. Una de las esclavas, la más bella a los ojos de Lelio, se clavó los trozos del vaso roto que su amo había arrojado al suelo y cuyos restos permanecían diseminados a su alrededor. Lelio vio cómo la sangre manaba de una de las rodillas de la joven esclava y, sin embargo, ésta ni gemía ni se quejaba. Lelio la vio cerrar los ojos y tragarse su dolor empapado en la miseria de su servidumbre a aquel cruel anciano.

—¿Deseas placer, esclavas fieles, hermosas, deseas su obediencia, sus favores, sus cuerpos, sus almas? Todo eso puede tener quien trabaje conmigo si eso es lo que te mueve. —El cónsul analizaba con su profunda mirada las reacciones de su silencioso interlocutor—. Te sobrecoge el dolor contenido de una esclava joven, ¿verdad? Tienes un corazón noble, repudias el sufrimiento sin sentido. Eso te ennoblece. Es digno de respeto. ¿Te gustaría salvar a estas esclavas de su existencia bajo mi poder? Sí, lo leo en tus ojos y... sin embargo... no es ésa tu ambición máxima... ¿o sí...? —Dos palmadas y las tres esclavas se alzaron y con la misma velocidad y sigilo con el que habían entrado desaparecieron tras los pórticos del jardín. Una de ellas esforzándose por disimular su cojera, con una mano en la rodilla—. Te gusta el buen vino, la buena mesa. Todo eso es digno de un líder de Roma, de un leal al Estado. El mejor de los vinos. Eso te gusta. Y no está mal. Yo mismo encuentro un sincero placer en los frutos de Baco. Catón me lo echa en cara, no de palabra, pero leo en sus ojos su desaprobación. Catón tolera mis debilidades porque sabe que mi fin último es servir a Roma, igual que él; pero debo reconocer que sería agradable tener a alguien con quien compartir estas pequeñas debilidades. Catón es tan recto que puede aburrir —aquí el cónsul alzó la voz y la proyectó hacia el *tablinium* cuyo acceso estaba vedado por una espesa cortina oscura—; no es nada personal, querido Marco, pero eres tan recto... —Y volviéndose una vez más al oficial romano continuó—: Lelio, tú puedes estar junto a mí, junto a nosotros. Luchar por una Roma limpia de influencias extranjeras. Tu mando, tus hombres, tu valor al servicio de Roma, no de un joven patricio que sólo busca una venganza personal en Hispania usando las tropas, los recursos que necesita Roma para defenderse del invasor. Dime, Lelio, ¿qué decides? ¿Roma o la locura? ¿Roma, el favor de los dioses y del Senado, o la muerte en tierra extraña?

Lelio retó entonces con la mirada los inquisitivos ojos del cónsul. Quería combatir en silencio aquel torrente de palabras al que no sabía cómo responder. Quería que su negativa a dar respuesta se transformara en desafío. No pensaba ceder. Nada le haría cambiar su lealtad a Escipión. Nada.

Y de pronto, como si el cónsul leyera sus pensamientos, el anciano aderezó su voz con un tono que consiguió hacer zozobrar la voluntad de Lelio.

—Nada. Ninguna respuesta. Nada parece ser capaz de hacer torcer tu obcecación, tu fidelidad obtusa a una causa sin sentido. O... ¿quizá sí? —Y el cónsul asintió con la cabeza lentamente primero y luego más rápidamente, varias veces, acompañando su diagnóstico—. Sí, ahora lo veo: hay algo que te mueve, Cayo Lelio, más allá de tus fidelidades; por todos los dioses, ¿cómo he tardado tanto en verlo? Sin duda me hago viejo. Cayo Lelio, más que otra cosa en este mundo, deseas ser un hombre nuevo, un hombre que llega a cónsul, a la magistratura máxima del Estado pese a que nadie de su familia antes lo haya conseguido. Ése y no otro es tu gran anhelo. Y por eso estás dispuesto a arriesgar todo y crees que bajo el loco mando de ese Escipión y sus victorias insospechadas algún día llegará ese reconocimiento, el consulado. Ahora todo encaja. Eso te mueve.

Lelio sintió su corazón palpitar con inusitada rapidez. Presentía el camino que iban a tomar las próximas palabras del senador.

—Pues bien, Lelio. Cónsul quieres ser, cónsul serás. Te lo garantiza quien ejerce la magistratura por quinta vez, el senador más podero-so de Roma, el *princeps senatus*, pero sólo si hoy, aquí y ahora eliges sabiamente. Creo que ya sobran las palabras. Sólo decirte que si optas por tu fidelidad a ese Escipión extranjerizado, igual que te he garanti-zado la máxima magistratura, con la misma intensidad velaré porque ni tú ni nadie de tu familia jamás llegue al consulado. Jamás, Cayo Le-lio. Jamás. Y no sólo eso, sino que me ocuparé personalmente de hacer que tu existencia en Roma y en todos sus dominios te resulte profun-damente ingrata.

Lelio digirió el último mensaje, las últimas palabras del senador. Pasaron cinco largos, lentos e infinitos segundos hasta que Lelio, bajo la atenta mirada del cónsul, decidió levantarse.

—Entiendo perfectamente el alcance de tus palabras y lo que ellas implican. Lamento profundamente que tengas una visión tan... tan... tan distante, diferente de la mía en lo referente a las acciones de mi ge-neral en jefe, Publio Cornelio Escipión. Y, sí, eres muy sagaz, como no podía ser de otra manera en alguien de tanta experiencia e inteligencia, eso es indiscutible. Sí, mi gran anhelo es ser cónsul, una ambición que me mueve... pero... estoy *voti reus*, me debo a la promesa que hice la víspera de la batalla de Tesino al padre del joven Escipión. Prometí de-fenderle con mi vida y juré hacerlo siempre y puse como testigo a los dioses. Y seré fiel a mi palabra, como no podría ser de otra forma.

El cónsul parecía no dar crédito a lo que escuchaba. ¿Hasta qué punto era capaz aquel joven Escipión de hechizar a los que lo seguían? Nadie se le había resistido nunca tanto. ¿Qué veían en él aquellos hom-bres valientes como Lelio que estaban dispuestos a seguirlo hasta el fi-nal horrible al que sin duda los conducía, como antes hicieran su padre y su tío con las legiones de las anteriores campañas en Hispania?

—Así que, Quinto Fabio Máximo, pido tu permiso para partir de tu casa.

El cónsul no respondió. Lentamente, se dio la vuelta e hizo un ges-to rápido de desdén con la mano indicándole que partiera. Lelio em-prendió la marcha hacia el atrio cuando a sus espaldas escuchó alta y clara la poderosa voz grave del cónsul.

—Cayo Lelio, sólo recuerda que *voti reus* también se expresa como *voti damnatus, voti condemnatus*. Ése es el camino que has ele-gido.

Lelio se detuvo un momento. Escuchó las palabras. Se volvió hacia el cónsul, pero éste se alejaba cruzando el jardín con parsimonia sin mirar atrás. Allí sólo estaban los árboles, las plantas, el suave sonido del viento entre las ramas y los restos del vaso roto desparramados sobre el suelo. Un trozo de arcilla manchado de sangre de la joven esclava relucía bajo el sol. En ese justo instante, sin saber exactamente por qué, como llevado por una extraña fuerza, Lelio lanzó su voz con potencia.

—¡Una cosa más, cónsul de Roma! ¡Una cosa más! —Y quedó allí quieto esperando respuesta. Y el cónsul detuvo su marcha. Arropado por la sombra de su cuerpo, una sonrisa extraña pobló su rostro, pero el anciano senador se cuidó mucho de borrar aquel gesto y tornarlo en un ceño fruncido, entre sorprendido y molesto con el que se volvió de nuevo hacia su interlocutor de aquella intensa tarde.

—No hace falta gritar, y mucho menos en mi casa. Soldado, no tientes mi paciencia. Si tienes algo que decir, dilo y márchate. Si quieres cambiar de decisión, ésta es tu última oportunidad.

Las fuerzas que habían acompañado a Lelio en sus últimas palabras parecían diluirse con inesperada celeridad ante la magnífica presencia del cónsul. Sin embargo, aun siendo consciente de jugar con fuego, se dirigió una vez más al viejo senador.

—Sí... sí... una cosa más... esa esclava... la esclava... ¿está a la venta? Pagaré lo que pidas.

El senador mantuvo la sorpresa en el semblante y, por un momento, pareció que su respuesta iba a ir acompañada de furia y desdén. Fabio Máximo parecía no dar crédito a sus oídos.

—¿Te llamo para hablar de gloria o de muerte y tú, Lelio, vas de compras? A lo mejor sigues a ese loco general porque estás igual de loco... —Pero el senador meditó y, antes de seguir en esa línea, modificó su razonamiento; quedaba una última posibilidad—. Aunque dices que me pagarás con lo que pida. Un momento.

El senador dio una palmada. Las tres jóvenes esclavas egipcias reaparecieron al segundo. Una de ellas llegó un poco rezagada. Cojeaba y sangraba aún, algo menos ya, pero todavía de forma patente, por una de sus rodillas. Las tres quedaron tras el cónsul.

—¿Es ésta, Netikerty, la que ha despertado tus apetitos, Cayo Lelio? —dijo el senador señalando a la joven esclava herida. Netikerty, como las demás, apenas iba cubierta con una muy fina túnica de lino blanco que contrastaba con el oscuro color bronceado de su piel. El vestido apenas cubría hasta los muslos, dejando al descubierto la mayor parte de sus piernas, delgadas y estilizadas. Netikerty no osaba mirar al cónsul ni a Lelio pese a que se hablara de ella, sino que mantenía sus ojos fijos en el suelo—. Te alabo el gusto. Netikerty es, de las tres, sin duda, la más bella y la más servicial. No sé si son hermanas o familia o conocidas. Nunca me he interesado por averiguar el origen o las relaciones de mis esclavas, sólo me ocupo de saber hasta dónde pueden proporcionar placer, y Netikerty es de las mejores, de las mejores, Lelio. —Y dejando de mirar a la esclava, volviéndose hacia el oficial romano, continuó—: «Lo que me pidas», ¿has dicho, Lelio? Bien. Ya sabes lo que quiero. Yo no necesito dinero, pero me interesa tu alejamiento de ese hombre de la familia Cornelia. Te lo aconsejo por última vez: quédate aquí, junto a mí en Roma, Lelio, combate conmigo a Aníbal y te cedo gratamente a Netikerty. Así de sencillo. Puedo arreglarlo todo para que muestres a ese Escipión que te ves obligado a permanecer aquí. Puedo hacer que el Senado reclame tus servicios para luchar en Italia. Eso no será complicado. En cierta forma te debes a un voto, sí, pero si el Estado dictamina de forma distinta es la voluntad del Estado la que debe prevalecer por encima de los intereses del individuo, Lelio. Escipión lo entenderá. Él seguirá en Hispania y hará lo que sea que quiera hacer y tú te quedarás aquí, serás un general victorioso de la guerra contra Aníbal, respetado por todos y... bien... tendrás a la joven, dulce y preciosa... Netikerty. Ven, Netikerty, acércate para que un futuro cónsul de Roma pueda verte y gozar de la sensualidad que desprendes.

Netikerty avanzó hasta ponerse entre el viejo cónsul y Lelio. Mantuvo la mirada en el suelo por temor a provocar la ira de su amo y, a un tiempo, para evitar pisar más restos del vaso roto y volver a herirse.

—Te doy seis ases por la esclava —fue la respuesta de Lelio.

En el rostro del cónsul volvió a dibujarse una furia contenida.

—Lelio, sabes el precio que pido. No me humilles ofreciéndome el pobre sueldo de unos días de paga de un legionario.

—Lo siento. Llevas razón. —Inspiró y lanzó una cifra sobrecogedora que multiplicaba por veinte el precio de cualquier esclavo—. Te ofrezco treinta dracmas.

«Este hombre está loco de atar.» La conclusión de Fabio Máximo era definitiva. Lo malo es que locos como aquél, bajo el mando del joven Escipión, podrían suponer un enorme peligro para los nobles de Roma, para el Estado, para su propio hijo Quinto y todos los planes que tenía pensados, un peligro para todos. El caso es que aquel hombre no respondía a lo que se pedía. Esta vez fue el soldado quien leyó sus pensamientos.

—No puedo pagarte con la moneda que me pides, cónsul. Mi lealtad a Publio Cornelio Escipión es definitiva. Esa esclava, no obstante, me interesa. Me interesa mucho, hasta el punto de ofrecer un precio que nunca nadie te volverá a ofrecer. Si lo deseas, aquí llevo treinta dracmas en monedas de oro acuñadas en Sagunto, parte de mis ganancias por la conquista de Cartago Nova. —Y alargó el brazo ofreciendo la bolsa con el oro a Fabio Máximo.

Netikerty escuchaba en silencio entre aterrada, por la posible reacción de su amo, y totalmente sorprendida por la oferta. Los piratas que la secuestraron en las costas de Egipto la vendieron a otros, que luego caerían en una batalla naval contra el viejo cónsul, por sólo dos ases. Desde que estaba en Roma, Netikerty había aprendido el valor de las monedas, entre otras muchas cosas agradables, las menos, y muy desagrables, la mayoría. Un dracma tenía doce ases, luego aquel oficial romano estaba ofreciendo 180 veces más de lo que sus primeros amos pagaron e infinitamente más de lo que su actual amo había pagado por ella: nada. Alguna vez, en alguna fiesta algún invitado borracho había pujado por ella ante el viejo senador hasta ofrecer doce ases. Pero el oficial romano que ahora pujaba por ella ni siquiera parecía ebrio.

—Márchate, márchate de aquí, soldado, y vete con tu promesa de fidelidad al que pronto no será otra cosa que un muerto, ve rumbo a tu propia tumba...

Lelio retiró la bolsa lentamente del alcance del cónsul y se dispuso a atarla de nuevo a su cinturón, pero el viejo senador continuó.

—Pero si deseas llevarte a esta puta por treinta dracmas, tuya es. Déjame ver ese dinero.

Lelio lanzó la bolsa al aire hacia el pecho del cónsul, pensando que caería al suelo por la falta de reflejos del viejo senador pero, con una agilidad poco común para su avanzada edad, Fabio Máximo cazó la bolsa en el aire, la abrió y examinó las monedas de su interior.

—Netikerty, vete con este hombre, con este cadáver. Con este dinero se pueden comprar treinta o más como tú. —Y con esas palabras, acompañado de las otras dos esclavas, el cónsul dio la vuelta y desapareció.

La muchacha quedó en el centro del jardín sin entender bien exactamente lo que acababa de ocurrir. Entonces habló el oficial romano.

—Ven. Sígueme. Nos marchamos de esta casa.

5

El león agazapado

Aníbal leía atentamente la tablilla que le habían traído unos mensajeros desde Hispania. Su hermano Asdrúbal le escribía. Estaba preparándolo todo. Se tomaría el invierno para organizar una campaña contra el nuevo Escipión que había tomado Cartago Nova. Lamentaba la pérdida de la ciudad pero le aseguraba a su hermano mayor que en la próxima primavera reuniría sus tropas con las del hermano pequeño de ambos, Magón, y con las de Asdrúbal Giscón, el otro general púnico de Hispania. Con los tres ejércitos reunidos, sus setenta y cinco mil hombres y sus cuarenta elefantes aplastarían al joven general romano.

Aníbal dejó la tablilla en el suelo. La mesa grande con todos los mapas de Italia estaba demasiado lejos. Asdrúbal parecía estar seguro y prometía venir a Italia, siguiendo su ejemplo y su ruta, por el norte. Y Asdrúbal siempre cumplía sus promesas. Vendría. De eso no había duda.

—¿Todo bien?

Era la voz de Maharbal, el noble púnico jefe de la caballería africana de Aníbal. Su más fiel oficial. Su confidente y, a veces, el único que se atrevía a discutir con Aníbal y, a su vez, el único, aparte de sus hermanos, al que Aníbal toleraba que le planteara una duda.

—Todo bien —respondió Aníbal—. Con la ayuda de Baal y, especialmente, de mi hermano Asdrúbal, las próximas campañas serán duras para Roma. Muy duras.

—También para nosotros —añadió Maharbal, mirando los planos extendidos sobre la gran mesa de madera de pino.

—Sí, Maharbal, para nosotros también, pero nunca dije que doblegar a Roma fuera sencillo.

Maharbal sonrió levemente.

—No, nunca lo dijiste.

El tono ligeramente irónico no pasó desapercibido para el general.

—¿Hay algún problema, Maharbal? —preguntó Aníbal.

—Nada especial. Es sólo que...

—Habla. Quiero saber lo que piensas y lo que crees que piensan los hombres.

Alentado por Aníbal, Maharbal se aventuró a expresarse con mayor libertad.

—Los hombres, yo, todos nos sentimos un poco como atrapados, aquí, refugiados en una esquina de Italia, mientras los romanos preparan nuevas levas. Llevamos meses de inactividad.

Todo lo dijo Maharbal rápido, sin respirar. Suspiró al terminar sus breves frases. Aníbal le miró de soslayo.

—Somos un león agazapado, Maharbal. Pronto saldremos de caza, pero los leones no se mueven por un pequeño cervatillo. Esperaremos a que aparezca un gran ciervo o, mejor aún, un poderoso jabalí.

—Tus enigmas me confunden.

—Es cierto. Dicho de forma clara: esperaremos a que llegue un cónsul. Ya sabes que Marcelo y Fabio están en mi lista. No los quiero vivos si es posible para cuando llegue Asdrúbal por el norte. Quiero que Roma, en medio de su miedo, no tenga generales veteranos a los que recurrir.

Maharbal asintió.

—¿Y mientras tanto?

—Mientras tanto, paciencia, pero si los hombres están inquietos saldremos a saquear la región y las ciudades más próximas leales a Roma.

Maharbal volvió a asentir. Aquello pareció satisfacerle.

—¿Un león agazapado? —repitió el oficial de caballería.

Aníbal asintió y recogió del suelo la carta de su hermano. Empezó a leerla de nuevo. Maharbal se inclinó levemente en una reverencia que pensó que había pasado inadvertida y dejó solo al general en jefe de las tropas cartaginesas en Italia. Aníbal observó la salida de Maharbal y su señal de reconocimiento con el rabillo del ojo. Luego volvió a concentrarse en la carta de Asdrúbal. Hacía cuentas. Invierno de este año. Preparativos. Al año siguiente Asdrúbal caería sobre Escipión y rompería de un modo u otro el bloqueo romano en el Ebro para cruzar a la Galia. Luego la travesía con el ejército tardaría varios meses. Asdrúbal llegaría por el norte en unos dos años. Lo difícil era saber cuándo exactamente. Eso era clave. Esencial. Eso y no otra cosa era lo que preocupaba a Aníbal. Sabía que la coordinación entre los dos ejércitos cartagineses, el del sur y el que debería traer su hermano por el norte, sería fundamental para el éxito de aprisionar a Roma con la terrible tenaza de dos temibles falanges africanas, las grandes fauces de una fiera cerrándose sobre su enemigo atemorizado. Era algo tan simple pero a un tiempo tan descomunal como ejecutar la misma táctica de Cannae pero no sobre un espacio de unas decenas de estadios sino maniobrando sobre todo un inmenso país. Si Asdrúbal estuviera a la altura, aquello era cosa hecha, pero ¿estaría su hermano al mismo nivel? Sabía del compromiso fraterno que los unía y de su lealtad y de su destreza, pero combatir contra Roma requería una astucia perfecta, milimetrada, fría. A Asdrúbal le hervía en ocasiones la sangre con demasiada rapidez. Aníbal sonrió. Quizás hicieran falta dos Aníbales para vencer a Roma y arrodillarla. Pero sólo había uno.

Sólo había un Aníbal y tendría que ser suficiente.

Pensó en yacer con una esclava y recordó a la bella meretriz de Arpi pero, como de refilón, se introdujo en su mente el recuerdo de Imelcea, su esposa ibera, o Imilce, como la llamaba él los pocos días que pasaron juntos, aquella princesa ibera hija del rey de Cástulo. Una hermosa joven, casi una niña, con la que se casó en sus tiempos de conquista en Iberia con el fin de congraciarse con los guerreros de aquel vasto territorio. Apenas pasaron unos días juntos después de la boda. Luego vino la guerra. ¿Qué sería ahora de ella? La dejó a cargo de Asdrúbal Giscón. Aquél no era un hombre de fiar, pero cuando partió de Iberia ésa pareció una solución razonable. Era un general veterano y de prestigio y quería que sus hermanos estuvieran libres de aquella responsabilidad, la de velar por su esposa, y pudieran moverse según requirieran las circunstancias por toda Iberia, por África o, como tendría que ser el caso, por la mismísima Galia e Italia. Además, Imilce no se había quedado embarazada. No había hijos que cuidar. Si hubiera habido algún niño, sin duda habría dejado a la joven esposa a cargo de su hermano Asdrúbal, pero sin hijos... No había hijos. Aníbal suspiró despacio. Aquél era un tema del que no se había ocupado. Siempre pensó primero en resolver el asunto de Roma, luego vendría lo demás. Los hijos eran un arma de doble filo: te daban fuerza pero te hacían más vulnerable. Un hijo te daba algo por lo que luchar, pero también podía ser un rehén que te impidiera combatir. Imilce. Una joven y hermosa princesa en un momento inadecuado. El matrimonio, no obstante, fue eficaz en su objetivo esencial: miles de iberos se alistaron en su ejército para invadir Italia y ahora allí estaban con él. Aníbal asintió en silencio. Quizá, si tenía la ocasión, debería resarcir a esa joven muchacha. Le había servido bien a sus fines. Y fue dócil. El general cartaginés sonrió con un ápice de ternura. La pobre muchacha estaba aterrada la noche de bodas. Él la trató con suavidad. La joven no sabía ni moverse. ¡Qué noches tan distintas las que pasó en Arpi con aquella voluptuosa meretriz! Y, sin embargo, después de tanto tiempo, el rostro que recordaba, el olor que percibía traído por su memoria, el tacto suave de la piel que casi podía palpar al cerrar los ojos, era el de aquella joven princesa ibera. Aníbal sacudió la cabeza y abrió los ojos. Se hacía viejo, nostálgico, melancólico. No había hijos, la princesa ibera estaba muy lejos de allí y tenía una guerra entre manos. Sus ojos repararon de nuevo en la tablilla que aún sostenía en su mano. En la carta de Asdrúbal no se decía nada negativo de forma directa con relación al general Giscón, pero había una frase que dejaba traslucir tensión entre líneas: «Reuniré los tres ejércitos para la próxima campaña. Es de esperar la cooperación de Magón y Giscón», había escrito Asdrúbal. Por eso había releído la carta en tantas ocasiones. «Es de esperar la cooperación de Magón y Giscón.» Esa frase no podía estar por Magón. Los tres hermanos eran uña y carne. Esa frase estaba por Giscón. «Era de esperar su cooperación.» El hecho de ponerlo era igual que manifestar una duda. Con certeza, Asdrúbal no quiso ser más explícito por escrito, pues la tablilla, transportada por un mensajero, podía perderse, caer en manos del enemigo o, peor aún, en manos de amigos de Giscón. Aníbal sabía de la ambición de Giscón. Un general que podría haber sido el líder del ejército púnico de no ser por los Barca, primero por su padre Amílcar y luego por el propio Aníbal. Imilce estaba bajo su vigilancia. ¿Debería haberla traído? En aquel momento pareció mejor que se quedara allí, como un baluarte de su paso por Iberia, como una señal de su posible regreso. La echó de menos por motivos militares la víspera de la batalla de Cannae. Las tropas iberas estaban inseguras, insatisfechas por la falta de provisiones después de dos años de encarnizadas luchas en Italia. En aquellos días lamentó su decisión de no haberse traído consigo a la joven princesa ibera, pues pensó que su presencia habría contribuido a fortalecer el vínculo de los iberos con él mismo, pero luego vino la gran victoria de Cannae y los iberos se mostraron encantados y entusiasmados de haberse alistado en aquel ejército. En fin. Aníbal volvió a suspirar. Imilce tendría que velar por sí misma. En cualquier caso, Giscón, al menos mientras él estuviera vivo, la cuidaría, aunque sólo fuera por mantener la diplomacia con las tribus iberas. La otra cuestión era más delicada: saber hasta qué punto Giscón actuaría en coordinación con Asdrúbal y Magón. Era peor tener a alguien socavando la unidad en el interior que estar rodeado de feroces enemigos. Asdrúbal tendría que actuar con cuidado.

altar dedicado a los Lares y Penates, los dioses protectores de su familia, y rezó en silencio. Luego se sentó en un *solium* en el *tablinium* y esperó hasta que Calino le trajo una buena jarra de vino fresco y un vaso. El esclavo se retiró y por fin, con las primeras horas de la tarde, pareció que iba a poder degustar una copa de vino con algo de sosiego y paz. Mientras saboreaba el caldo, proveniente de algunas de las pocas vides de Campania supervivientes a aquella larga guerra, Lelio evaluó la situación: el Senado le había negado los refuerzos que tan encarecidamente le había solicitado Publio y, para colmo, el cónsul de Roma le había maldecido y poco menos que deseado su muerte, a ser posible más bien pronto que tarde. No, definitivamente, aquél no era su día. Y, luego, sin saber bien por qué, había dilapidado gran parte de su capital en la absurda compra de una esclava que, si bien era hermosa, no lo era tanto como para pagar todo lo que se había gastado. A un primer vaso, le siguió un segundo. Una de las normas casi sagradas de Cayo Lelio. Bien, sobre lo hecho ya no restaba nada que hacer sino recibir la bronca e incluso el castigo que Publio considerase oportuno a su regreso a Hispania por su incapacidad en las gestiones políticas con el Senado. En cuanto a la entrevista con el cónsul, mejor omitirla de su relato al joven general. Era curioso el enorme temor que la persona de Escipión concitaba en alguien tan poderoso como Fabio Máximo. Y qué insistencia con acusar al joven general de influido por los extranjeros, por su interés en la cultura griega. Lo hecho hecho estaba. Quedaba el segundo encargo de Publio: asistir al estreno de la nueva obra de aquel autor de tanta fama, de Umbría, creía que le había dicho que era de aquella región, un tal Plauto, que escribía tragedias o comedias, o no sabía bien qué. La cuestión era asistir al estreno para luego comentar al general de qué iba la obra y cuál era la reacción del público. Se tomó un tercer vaso de vino. Saboreó el licor con deleite. Decidió que esa tarde se emborracharía. Mañana sería otro día y empezaría a ocuparse de organizar su regreso a Hispania y de averiguar cuándo tendría lugar la próxima representación de Plauto. Podría llenar los barcos de los que disponía de provisiones y armas. Eso lo podría conseguir si no tiraba más dinero. No serían dos legiones pero al menos mostraría a Publio que había hecho cuanto había podido. Visitaría también a Lucio, el hermano de Publio. Había pensado hacerlo ese mismo día, pero primero la entrevista con Máximo y ahora el sinsabor del fracaso por la negativa del Senado le retenían. Ya habría tiempo para eso. Seguramente el propio Lucio informaría a su hermano de lo desastroso de su intervención ante el Senado. Quizá mejor así. Cuando llegase, las malas noticias le habrían precedido. Sólo quedaría dar explicaciones.

Estaba agotado. Netikerty. Extraño nombre. Preciosa piel. Dulce mirada. Ojos miel. Algo había sacado de toda aquella tarde. Algo bueno, sentía que algo bueno, pero era aquél un mundo tan complicado, el de la política. Se desenvolvía mejor en un campo de batalla que entre las calles e intrigas de Roma. Publio debía haber enviado a otro. A Marcio o a Mario. Terebelio y Digicio desde luego que no: demasiado rudos, pero Marcio o Mario eran buenos hablando en público. El vino empezó a aturdirle. Fue a rellenar la copa, pero la jarra estaba vacía. Pensó en llamar a Calino. Tenía sueño.

Se quedó dormido y soñó con el viento, el mar y un largo viaje más allá de todas las guerras.

7

Las dudas de Catón

Roma, septiembre del 209 a.C.

Catón entró en el jardín cuando la figura de Lelio seguida por aquella esclava herida aún se recortaba en el umbral del atrio. Fabio Máximo estaba de nuevo reclinado en su *triclinium*.

—No ha podido ser —comentó Catón, sin ocultar cierto aire de satisfacción por haber tenido razón.

—¿Qué quieres decir, querido Marco, exactamente? —preguntó el viejo cónsul con un tono de sorprendente calma, como distraído, entretenido en reorganizar los cojines de su *triclinium* para estar más cómodo.

A Catón le parecía innecesario dar detalles, pero no dudó en aclarar su comentario.

—Que no ha habido forma de torcer la voluntad de ese terco soldado. Es obvio que está cegado por su lealtad a ese Escipión. No se ha conseguido nada.

—¿Nada? ¿Tú crees? Yo estoy más bien satisfecho.

El cónsul parecía divertido contemplando la faz de sorpresa que se adivinaba en los abiertos ojos de su joven pupilo. Estaba claro que Marco no parecía compartir la misma opinión. El viejo senador decidió precisar su enigmática aseveración.

—Esta tarde, querido Marco, esta tarde no hemos cosechado, eso es cierto, pero hemos sembrado, hemos sembrado y con buena simiente. Veo en tu rostro que no entiendes mi punto de vista, pero es sencillo. Esta tarde hemos sembrado la duda en el corazón de ese hombre. Es cierto que hoy se nos ha manifestado como un oficial de férrea voluntad, indomable, inflexible en su lealtad, pero acaba de decir no a un consulado y eso, querido amigo, eso pesará en su ánimo: se ha visto obligado a renunciar a lo que más anhelaba por seguir ciegamente a quien le ha enviado desde Hispania, a ese Escipión. Veremos qué sentimientos se cruzan en su persona cuando Escipión continúe con su extraña campaña militar y la Fortuna deje de favorecerle como lo hizo en Cartago Nova. ¿Qué crees que pasará entonces por la mente de Cayo Lelio cuando Escipión comience a tomar decisiones discutibles o en conflicto con la voluntad del Senado? ¿Hasta dónde crees tú que le seguirá fielmente y sabiendo que al hacerlo se negó a sí mismo el acceso a la máxima magistratura que, sin duda, con mi apoyo habría logrado bien pronto?

Marco, despacio, aún negaba con la cabeza.

—¿Crees, sinceramente, Marco, que incluso entonces le seguirá?

—Eso pienso, aunque el cónsul de Roma tiene más experiencia.

—Eso piensas... entiendo... más experiencia, desde luego que tengo. Bastante más que tú, Marco. No hace falta que me lo recuerdes. Mis huesos lo hacen a cada minuto. Me hago mayor, pero no creas que pierdo mi intuición en estas cosas y menos aún en el arte de juzgar a las personas. Por ejemplo, sé que hace tiempo que dudas de mi capacidad y me sigues por una mezcla de afecto e interés en la que adivino que a cada momento aumenta el interés y se reduce el afecto. No, no digas nada, no añadas a tu menosprecio a mi persona la carga de la mentira, Marco. Sé cómo son las personas: los que llamo mis enemigos y los que están a mi lado. No me canses con excusas ni explicaciones. El único en el que confío plenamente es en mi hijo. Sé que el me sigue por afecto sincero, como debe ser por la sangre que nos une.

Máximo se quedó mirando al vacío, pensando en su hijo, ahora en el frente de guerra en Italia. Catón bajó la mirada. El viejo cónsul continuó.

—Esta tarde se ha sembrado bien en el corazón de ese hombre y la simiente germinará en el momento apropiado —concluyó el viejo senador.

Marco Porcio Catón asintió al fin, aunque su alma no acompañaba el gesto. El cónsul le incitó a hablar una vez más.

—Pero, amigo Marco, dime, ¿qué es lo que aún corroe tu espíritu? Aunque sepa de tus dudas hacia mí, siguen interesándome tus apreciaciones porque yo, al contrario que tú, no infravaloro ni a mis enemigos ni a los que me rodean, pues ése es el principio de todos los fracasos.

Azuzado por el cónsul, Catón se animó a hacer tangible su pensamiento.

—¿Y si Cayo Lelio, pese a las dudas que hayas incitado en su espíritu, se mantiene firme junto a Escipión? ¿Entonces qué?

El cónsul se recostó en su *triclinium* e inhaló y expulsó aire con profundidad.

—En ese caso, estimado Marco, en ese caso pondremos en marcha un segundo plan para demoler de raíz la confianza de Escipión en su apreciado segundo en el mando, en su inefable Cayo Lelio. Cuando no se puede quebrar una soga por un extremo conviene que intentemos cortarla por el contrario. De hecho, lo idóneo es intentar segarla a un tiempo por ambos extremos. Y, aunque tú no te hayas dado cuenta, eso es exactamente lo que hemos empezado a hacer esta tarde. Ahora sólo nos resta esperar y entretenernos intentando discernir cuál de los dos extremos de esa amistad se quebrará antes. No digo bien, más que entretenernos, lo que al menos yo pienso hacer es divertirme al ver cómo cada pieza del mecanismo que he puesto en marcha hoy se va activando hasta que de modo inexorable quiebren el destino de esos dos hombres, el de ese Escipión y su fiel Cayo Lelio.

Y con estas palabras el cónsul lanzó una sonora carcajada que reverberó entre las piedras y los ladrillos del peristilo de aquella enorme villa en las afueras del sur de Roma. Tras la risa, Máximo despidió a su joven interlocutor.

Catón desapareció entre las sombras de los arcos que daban acceso al atrio, ensimismado y confundido, pero con un encendido interés por saber hasta qué punto estaba a las órdenes de un loco o del más genial de los líderes. En cualquier caso, ser cauto era buena política. Así se lo había enseñado el propio Fabio Máximo. Fue en ese momento cuando Catón decidió tomar algunas medidas suplementarias para asegurarse de que Lelio no regresara junto a Publio Cornelio en la lejana Hispania. Entre las sombras, el joven Catón se concedió una tímida sonrisa. Le costó mover las comisuras de los labios en aquella dirección tan poco acostumbrada.

Quinto Fabio Máximo, *princeps senatus* y augur permanente de Roma, salió del ciclópeo edificio de su *domus* y paseó entre las construcciones de su gran villa, dejando a un lado las porquerizas y al otro las pequeñas viviendas de los esclavos. Ascendió por un estrecho paseo en cuyos lados crecían altos cipreses como centinelas del pasado anclados en el tiempo. La senda, por la que no cabía un carro, condujo a Fabio Máximo hasta lo alto de una colina en el centro de su inmensa hacienda. En su lento ascenso, Máximo se ayudaba en ocasiones del *lituus*, un largo bastón terminado en forma curva, necesario para la ceremonia que iba a realizar. Una vez llegado al final del sendero dio unos pasos más hasta situarse justo en medio del pequeño altozano. A su alrededor podía ver sus tierras, rodeadas de un poderoso muro y, más allá de aquella pared, las grandes murallas de Roma, ante las que su fortaleza quedaba empequeñecida. Pero en ese momento, Máximo no estaba interesado en el paisaje terrenal. Trazó con el *lituus* una larga línea en el suelo, el *cardo*, de norte a sur, con la que dividía el espacio celeste en dos regiones, y luego dibujó de igual forma otra perpendicular de este a oeste, *decumanus*. A continuación fue trazando líneas paralelas a las ya marcadas para tener así al fin un gran prisma constituido por cuatro cuadrados, las cuatro regiones celestes en las que dividía el mundo desde el punto en el que se encontraba y, al fin, se situó en el centro donde se cruzaban las dos líneas centrales, donde el *cardo* y el *decumanus* formaban una cruz. Máximo inspiró letamente y cerró los ojos alzando la cabeza. Técnicamente aquél no era un campamento *augurale* aceptado comúnmente, pero él ya había hecho levantar allí mismo un pequeño templo a Júpiter para que aquel altozano quedase como un *auguraculum*, un lugar purificado, un sitio desde el que observar el futuro en el vuelo de las aves, esto es, si uno era de los pocos augures elegidos en Roma, y él era el más antiguo. Máximo giró despacio sin salirse de la cruz de las dos líneas clave de su espacio dibujado en el suelo hasta quedar encarado hacia el sur, hacia el sol del mediodía. Para ello, el *princeps senatus* se dejó guiar simplemente por la intensidad de la luz que atravesaba la fina y gastada piel de sus viejos párpados cerrados. Todo lo que estaba ante sí era el *antica* y lo que quedaba a sus espaldas era el *portica*. Normalmente, habría venido acompañado de alguien que le habría planteado aquellas cuestiones que querían consultarse a los dioses, pero en aquel día era él, Quinto Fabio Máximo, el que deseaba consultar personalmente a las divinidades.

—Sea, por Júpiter —dijo sin levantar la voz y abrió los ojos mirando al cielo, con cuidado de evitar la luminosidad directa y cegadora del sol, pero escrutando en silencio el cielo. Cualquier ruido, cualquier chasquido de una rama al quebrarse, el relincho de un caballo en aquel momento darían por terminado el augurio, pero los dioses estaban con Fabio aquel día, y sólo el zumbido suave de la brisa llegaba tranquilo a aquella colina. En aquel instante, lo importante era observar el vuelo de las aves. Si éstas venían de su izquierda, de oriente, el augurio sería bueno, positivo para sus designios, pero si venían de occidente, de su derecha, sus planes se truncarían irremisiblemente. Fabio no pudo evitar una sonrisa de cierto desprecio al recordar cómo para los griegos esto era al revés, pues se situaban mirando hacia el septentrión. ¿Qué podía esperarse de un pueblo que ni tan siquiera sabía predecir el futuro con propiedad? También era importante que las aves no volaran demasiado bajas, *aves inferae*, pues éstas sólo traían consigo malos augurios. Por el contrario, las *aves praepetes*, de vuelo alto, confirmaban un presagio positivo. Fabio Máximo volvió a cerrar un instante sus ojos y se centró en sus planes sobre Lelio. Los abrió entonces de golpe y levantó el *lituus* en el aire y, casi por ensalmo, se recortó en el cielo la figura inconfundible de una bandada de aves. Podrían ser gansos o quizá patos, pensó, pero aquello era lo de menos. Lo esencial es que venían de su izquierda, de oriente. Sus planes estaban en marcha. Todo transcurriría según lo planeado. Fabio dejó caer despacio el *lituus*. ¡Qué simple era Catón!, pensó. Simple pero leal, un fiel servidor, pero servidor al fin y al cabo. Se había forjado grandes expectativas para Marco Porcio Catón, pero cada vez veía más claro que sería su propio hijo el que debería sucederle, el que estaba a la altura de comprender hacia dónde debía ir Roma. Un buen hijo. Un fiel a Roma. Sangre de su sangre.

Quinto Fabio Máximo echó a andar y en tres pasos salió del *auguraculum* dibujado en el suelo. El *princeps senatus* se encaminó hacia el sendero para, satisfecho, emprender el camino de regreso a su *domus* y, por qué no, solazarse con alguna de sus jóvenes y bellas esclavas egipcias. Aún le quedaban dos y de la otra había conseguido un precio absurdamente enorme. Máximo sonreía con buen ánimo cuando tropezó con una piedra que le hizo perder el equilibrio y a punto estuvo de caer, pero el *lituus* le ayudó a mantener la vertical al apoyarse con él en el suelo. Una vez recuperado de la sorpresa, pues no era Fabio, pese a su edad, proclive a semejantes tropiezos, se reajustó la *trabea* de augur, la toga nacional con decoraciones en púrpura y rojo escarlata, y miró al suelo. A sus pies una piedra grande, del tamaño de su puño, se erguía impertinente. Fabio le asestó un calculado puntapié con su sandalia y la piedra cayó rodando por la ladera de la colina. Era raro que no la hubiera visto. Y es que Máximo hacía gala de su excelente vista que, pese a sus años, le permitía discernir con nitidez el vuelo de los pájaros más distantes. Lo que el *princeps senatus* desconocía es que una parte de su nervio óptico estaba dañada por la edad y, aunque mantenía una excelente vista, había una pequeña parte del ángulo de visión que había perdido precisamente en la parte inferior derecha, justo donde había estado aquella inoportuna piedra. De igual forma, el anciano senador y augur no había visto cómo, al tiempo que observaba el lento y elegante vuelo de la bandada de aves altas venidas de oriente, un pequeño gorrión, sin duda menos exótico y menos interesante, había volado a ras de suelo desde occidente, pero, quizás esto no fuera importante, pues ¿qué puede hacer un pequeño gorrión para contravenir el curso de la historia?

8

El hijo de Publio

Tarraco, otoño del 209 a.C.

—¡Paso, abrid paso!

Los legionarios que actuaban a modo de *lictores* gritaban por las calles de Tarraco mientras ascendían hacia el centro de la población en busca de la *domus* sede de la familia del joven Publio Cornelio Escipión, general *cum imperio* sobre las dos legiones desplazadas a Hispania.

Detrás de los *lictores* caminaba a buen paso el joven general. Publio, tal y como ya hiciera cuando partieron hacia el sur hacía unos meses, marchaba a pie, al igual que los legionarios, para dar ejemplo y mostrar a sus hombres que compartía con ellos el duro esfuerzo de las eternas jornadas a paso ligero con las que había habituado a sus legionarios a desplazarse por las agrestes tierras hispanas. El sudor que poblaba su frente atestiguaba el ejercicio físico al que el general sometía a sus tropas y a sí mismo, pero había quedado demostrado con el éxito de la campaña de aquel año, especialmente mediante la conquista de Cartago Nova, contra todo pronóstico, que aquellas durísimas marchas eran la mejor forma de sorprender a un enemigo, los cartagineses, aún demasiado confiado en su superioridad numérica y en las alianzas con los iberos de la región. Publio, a la vez que ascendía de regreso a su residencia en Hispania, en Tarraco, donde se disponía a pasar el invierno, acantonado con el grueso de sus tropas, meditaba sobre cómo atajar esos dos problemas: la superioridad numérica de los tres ejércitos cartagineses de la península ibérica, con venticinco mil hombres cada uno, y las fuertes alianzas que éstos mantenían con gran número de tribus celtas e iberas de la región. Contra el primero de estos problemas no podía ya hacer mucho sino esperar que las gestiones de Lelio ante el Senado dieran sus esperados frutos y que su segundo en el mando regresase a Tarraco con un par de legiones más, pues los hombres de las dos legiones de las que ya disponía, más las tropas auxiliares que había traído consigo y la marinería de la flota romana estacionada en Tarraco, no alcanzaban los treinta mil hombres, y eso contando con las tropas que encontró cuando llegó a Hispania, los restos de las unidades supervivientes a las terribles batallas en las que tanto su padre como su tío perecieron. La ausencia de ambos seguía pesando sobre su ánimo enturbiando los destellos de felicidad a los que tenía acceso en su atribulada vida como general romano en territorio hostil en medio de la más cruenta de todas las guerras a las que el Estado romano había tenido que hacer frente. Esos destellos habían sido la conquista de Cartago Nova, en el ámbito militar, y el nacimiento de su segundo hijo, esta vez un varón, en lo familiar. Un hijo. Ver a su recién nacido vástago era lo que insuflaba fuerzas adicionales a sus exhaustas piernas. Algo que el resto de los legionarios admiraba y sufría al tiempo, pues les resultaba sorprendente la energía de su general, algo que respetaban, pero que también padecían al tener que mantener el enérgico ritmo de marcha que éste se marcaba para sí mismo. En cualquier caso, la victoria de Cartago Nova y el reparto del botín entre legionarios y marineros había dejado ampliamente satisfechos a todos los hombres. Nadie estaba descontento por tener que deslomarse en largas jornadas si eso culminaba en victoria y riqueza para todos.

Pero Publio, además de los pensamientos en su hijo, al que aún no había conocido al nacer éste mientras estaba en campaña en el sur, seguía meditando sobre el segundo de los problemas al que debía hacer frente: quebrar las alianzas entre los cartagineses y los indígenas de la región. A ello se había entregado en cuerpo y alma desde la toma de Cartago Nova. Allí mismo empezó su estrategia de liberar a decenas de rehenes iberos que mantenían presos los cartagineses en las cárceles de su capital hispana, para de esa forma conseguir el joven general romano congraciarse con aquellas tribus que, de momento, en gran medida, se habían mantenido o bien al lado de los cartagineses, por gusto o por presión, o bien habían estado al margen del conflicto entre Cartago y Roma. Con acciones como la sistemática liberación de presos, Publio estaba seguro de poder ganarse la simpatía de muchos de esos pueblos y, si bien quizá no consiguiera que se pusieran a su lado, ya sería una gran victoria que éstos dejaran de combatir junto a los cartagineses engrosando las filas del enemigo con aguerridos luchadores que, para colmo, eran los mejores conocedores de aquel territorio. Había tratado ya con la mayoría de los jefes iberos del sur, pero ahora quería tratar con los del este y el centro de Hispania. Por eso esperaba que durante el invierno llegaran enviados de estos pueblos iberos y celtas a Tarraco, para buscar la forma de pactar con ellos para que se unieran a él contra los cartagineses o para que, al menos, no interfirieran en la contienda que aún quedaba por librar. Sí, aquí Publio se pasó una mano por la frente y se quitó parte del sudor: quedaba mucho por hacer; de hecho, lo peor estaba por venir. Unos ochenta mil cartagineses, cuando éstos juntaran sus tres ejércitos, contra sus escasos treinta mil. Era una gesta imposible. Aunque lo mismo dijeron de la posibilidad de tomar la inexpunable Cartago Nova por la fuerza; pero aquello fue distinto. Con Cartago Nova tenía un plan elucubrado con sosiego durante años y ejecutado con gallardía por sus generales, por Lucio Marcio Septimio y, por encima de todo, por Cayo Lelio. Y luego la valentía de centuriones como Quinto Terebelio o Sexto Digicio y también el tribuno Mario Juvencio. Sí, fue una conquista épica, pero ahora todo el valor de aquellos hombres sería insuficiente si no se conseguía equilibrar las fuerzas de los unos y los otros. Los refuerzos que debía traer Lelio eran necesarios, absolutamente imprescindibles.

Llegaron a su destino. La *domus* en la que Publio Cornelio Escipión y su familia se alojaban en Tarraco había sufrido varias ampliaciones desde que el general dejara la residencia apenas unos meses atrás. Estaba claro que su mujer, Emilia Tercia, además de dar a luz a su hijo, no había estado indolente durante ese tiempo y se había concentrado en mejorar la vivienda que para la familia había procurado el joven Publio, que no era otra sino la que de modo incipiente empezó a edificar su fallecido tío Cneo. El joven general entró en el atrio de su casa acompañado tan sólo por los doce *lictores* de su escolta y por sus oficiales de mayor confianza: los tribunos Lucio Marcio y Mario Juvencio y los centuriones Quinto Terebelio y Sexto Digicio. El *impluvium* estaba rebosante de agua clara y fresca de la lluvia de la tarde anterior, las paredes, limpias, y en dos de ellas el general descubrió nuevas puertas que debían de dar a las dependencias añadidas a la *domus* por Emilia, pero en el centro, junto al *impluvium*, pequeño y desnudo, sobre una manta de lana que lo protegía del frío de la piedra del suelo, yacía el cuerpo de un niño. El pequeño agitaba sus diminutos brazos como si mantuviera un combate con un enemigo invisible: se le veía sano y fuerte y, para sorpresa de todos los presentes, excepto si acaso para su madre, el bebé se agitaba llorando con tal fuerza que su llanto penetraba en los oídos de los que lo rodeaban como alfileres punzantes. Aguardaba asustado, confundido. Su madre, Emilia Tercia, hija del que fuera dos veces cónsul de Roma, el senador Emilio Paulo que cayera en la batalla de Cannae, permanecía al fondo del atrio, junto a la puerta que daba acceso al *tablinium*. Emilia, al igual que su pequeño retoño, esperaba también pero, a diferencia del niño, sin decir nada. Los *lictores* y los oficales de Publio se quedaron junto al vestíbulo de entrada y los sirvientes y esclavos que atendían a la familia se apretujaban en los umbrales de las puertas laterales, de modo que cuando el joven general dio varios pasos al frente para situarse junto al bebé de apenas un mes de edad, el atrio era sólo de ellos, padre e hijo. Publio se arrodilló entonces y tomó al pequeño entre sus brazos. Al instante, el niño detuvo su llanto y asió con una de sus pequeñas manos uno de los dedos de su padre.

—¡Es sano y fuerte! —exclamó Publio con el corazón encendido—. ¡Sano y fuerte como un legionario! —Y se echó a reír. Los *lictores* acompañaron a su general con gruesas carcajadas de soldados orgullosos por la comparación que su general acababa de hacer y a las risas se unieron los oficiales y luego el resto de los presentes.

Publio se acercó al pequeño altar de los dioses Lares protectores de la casa cuando su joven y bella esposa se aproximó y le detuvo cogiéndolo del brazo. El tacto suave de la mano de su mujer hizo que Publio sintiera unas irrefrenables ansias de estar con su esposa a solas, pero se vio obligado a contenerse en medio de tantos presentes. No se besaron. Las muestras de afecto en público iban contra la tradición romana, incluso entre marido y mujer, y ambos sabían de la importancia de cumplir con las tradiciones. Había legionarios fieles al general por lealtad pura y legionarios fieles a la tradición de Roma. Cumplir con las tradiciones, al menos en público, garantizaba lealtades inquebrantables.

—Antes de aceptarlo como tu hijo, te ruego que me prometas algo —dijo Emilia.

El general se detuvo. Con el niño entre sus brazos miró a los ojos de su preciosa mujer romana con intensidad. Se perdió en los ojos oscuros que lo enamoraron cuando ella apenas tenía dieciséis años, en la villa de su padre, Emilio Paulo. Hacía tan poco y hacía tanto tiempo. Aquél era su segundo hijo. Ya tenían a Cornelia. Y ahora un niño. Un niño. Por fin. La familia de los Escipiones perduraría más allá de sí mismo.

—¿Qué he de prometer? —Publio, para sorpresa de todos, no preguntó con enfado o indignación, algo que habría sido natural ante la intromisión de la madre en el momento en el que el *pater familias* estaba aceptando a su hijo. Pero Publio sabía, igual que Marcio y algunos otros oficiales que habían seguido al general hasta su casa, que Emilia Tercia no era una mujer más. Aquélla era una matrona romana patricia hija de un cónsul caído en la guerra contra Aníbal, una auténtica matriarca que, pese a su juventud y belleza, transmitía una enorme sensación de fuerza y poder, y una mujer que, sin lugar a dudas, influía con determinación en un hombre bajo cuyo mando estaban dos legiones romanas completas. Aquélla no era una mujer normal. Y además, tenía intuición. Algunos decían que percibía el futuro. Se comentaba que cuando el general hablaba de que había tenido un sueño premonitorio, en realidad era su mujer, Emilia, la que lo había tenido.

—Sólo pido, mi señor —dijo Emilia en voz alta—, que me prometáis que este niño quedará a salvo de la guerra contra Aníbal.

Publio la miró. Era aquélla una extraña petición. Entre otras cosas porque aquel bebé sólo tenía un mes y la guerra ya duraba nueve años. No era previsible que el conflicto perdurase durante dieciséis o diecisiete años más como para que aquel bebé alcanzara la edad militar con el conflicto aún activo.

—No creo que dure tanto la guerra contra Aníbal, Emilia.

—No importa. Sólo júramelo, por los dioses Lares de nuestra casa y por Júpiter Óptimo Máximo. Jura que Aníbal nunca podrá hacer daño a nuestro hijo.

Publio mantuvo la mirada intensa de su mujer. Todos escuchaban atentos aquel inesperado debate entre los cónyuges. El niño no lloraba, sino que se aferraba a su padre y cerraba los ojos, respirando tranquilo, lejos ya del frío del suelo. Sólo quería dormir.

—Con Cornelia no me hiciste jurar nada.

—Las niñas no van a la guerra, los niños se hacen hombres, los hombres van a la guerra y muchos no vuelven.

—Así es la vida, Emilia.

—Sí, y lo acepto. Pero Aníbal ya me ha arrebatado a mi padre, mi hermano le combate en Italia, tú combates a sus hermanos en Hispania, mi suegro, tu padre, y tu tío también han caído. Quiero que al menos los dioses preserven a mi hijo. Júrame que este niño quedará a salvo de Aníbal.

Publio bajó la mirada. Inspiró y expiró. Sintió el calor del bebé acurrucado contra su pecho y creyó percibir la extensión de su sangre en el tiempo.

—Esta guerra —empezó Publio alzando la mirada—, esta guerra terminará antes de que el niño sea soldado. Antes. Y Aníbal ya nunca será un peligro para él. Lo juro por nuestros dioses Lares y por Júpiter Óptimo Máximo.

Emilia cerró los ojos y se arrodilló ante su marido.

Publio levantó al niño en sus brazos, proclamó que en quince días habría un gran banquete de celebración e hizo las ofrendas oportunas para agradecer a las divinidades la feliz llegada a su vida de aquel pequeño que daba paso a una nueva generación. Arrodillado en el altar, Publio tuvo que contener las lágrimas. Ya no era el último de los Escipiones. Tragó saliva. Se levantó y sin derramar una sola lágrima se volvió hacia sus oficiales que se acercaban para felicitarle. Publio los sorprendió. No podía contenerse más, así que los abrazó uno a uno. Primero a Lucio Marcio y le dijo:

—¡Tengo un hijo, Marcio, un hijo!

A continuación hizo lo mismo con el tribuno Mario Juvencio.

—¡Un hijo, Mario, un hijo!

Y repitió la escena con los rudos Quinto Terebelio y Sexto Digicio, incómodos, pero contentos, ante las muestras de efusividad de su general en jefe. Al fin Publio se dirigió a todos.

—¡Tengo un hijo! —Y se volvió con el rostro feliz y agradecido a su joven esposa—. ¡Tenemos un hijo! De aquí a quince días, en cuanto nos hayamos establecido en nuestros cuarteles y asegurado las provisiones para el invierno, celebraremos este acontecimiento con un banquete. Marcio, Mario, Quinto, Sexto os quiero a todos aquí. Deberíamos esperar a Lelio, pero si hace falta celebraremos otro banquete entonces a su llegada. Así celebraremos también la llegada de los refuerzos que necesitamos.

Emilia, aparentemente más tranquila tras el juramento de su marido sobre la protección que el niño recibiría, ordenó que sirvieran agua, vino, *mulsum*, que dispusieran varios *triclinia* y que, a la espera del anunciado banquete, se sacara toda la comida posible para agasajar a su marido y a sus oficiales a su feliz regreso tras haber conquistado la inexpugnable fortaleza de Cartago Nova. Emilia supervisó los trabajos de los esclavos para atender a todos los oficiales de su marido, pero en su cabeza permanecía la duda sobre si aquel juramento bastaría para salvaguardar a su recién nacido de la larga mano de Aníbal y su sempiterna guerra contra Roma.

9

El ejército de Asdrúbal

**Campamento general de Asdrúbal,
proximidades de Cástulo, Sierra Morena, Hispania,
otoño del 209 a.C.**

Los bramidos de los elefantes despertaron a Asdrúbal. Eran animales jóvenes que necesitaban adiestramiento. Aún no se habían aclimatado bien al clima más frío del centro de Iberia. El hermano de Aníbal se levantó y se vistió solo, sin ayuda de ningún esclavo. Le gustaba hacer las cosas por sí mismo. Tenía la teoría de que recurrir demasiado a los esclavos debilitaba el espíritu de un guerrero. Tenía una misión que llevar cabo, una promesa que cumplir: seguir la misma ruta que su hermano mayor y cruzar la Galia y los Alpes para lanzarse desde el norte contra Roma. Era el plan de su hermano. Era un buen plan. Como todo lo que ideaba Aníbal. Hacía un par de años había conseguido terminar con los dos generales romanos que impedían su avance hacia el norte. Todo estaba dispuesto para empezar el gran viaje cuando apareció un nuevo general, el hijo y sobrino de los que habían muerto. Un nuevo Escipión. Un joven guerrero que les había sorprendido con la toma de Qart Hadasht. Su primer impulso había sido el de salir a toda prisa y marchar contra la caída de Qart Hadasht, pero sus oficiales le hicieron ver que era mejor reagruparse primero, reunir a los tres ejércitos para de esa forma conseguir una superioridad numérica total, de modo que en una batalla en campo abierto pudieran masacrar a las dos legiones de ese nuevo e inoportuno general romano. Sus oficiales tenían razón. Aníbal siempre decía que tenía el temperamento demasiado caliente, pero había aprendido a escuchar. Lo que no podía evitar era estar nervioso. Hacía quince días que había remitido mensajeros hacia el sur y hacia el oeste. Su hermano pequeño, Magón, ya había enviado respuesta desde Gades explicando que en unas semanas se reuniría con él en Cástulo, pero, como siempre, no había llegado respuesta alguna de Giscón. Giscón siempre se hacía de rogar. Le gustaba desesperarle y por Baal y Tanit que lo conseguía.

Asdrúbal salió de su tienda y preguntó a los guardias apostados en la puerta.

—¿Ha llegado ya algún mensajero de Lusitania?

—Nada, mi general —respondió uno de los centinelas africanos mirando al suelo, temeroso de la reacción de su superior—. Lo siento.

Asdrúbal se contuvo. El Asdrúbal de unos años atrás habría arremetido a empujones con el pobre soldado. Ahora se limitaba a escupir en el suelo y maldecir entre dientes.

—Giscón miserable. Tendrás que venir aquí con tus hombres o iré a buscarte antes de emprenderla con el romano...

Asdrúbal añadió unas pocas palabras más, pero éstas ya resultaron inaudibles para los guerreros. El general estaba rabioso. Estaba irritable, tenso. La única ventaja era que todos sabían que pronto volcaría toda esa rabia contra el joven general romano, una vez que los tres ejércitos estuvieran reunidos. En el fondo de sus almas, todos los cartagineses acampados en Cástulo daban por muerto a aquel general romano.

Lusitania. Campamento general de Giscón, otoño del 209 a.C.

Giscón era un hombre corpulento, tosco y decidido. Tenía un andar pesado, lento, pero que infundía temor con su mirada de ojos apretados, como estudiándolo todo para preparar un ataque. Giscón era desconfiado por naturaleza y por necesidad. Sólo él había podido abrirse camino con brillantez entre el domino creciente de la familia de los Barca y sólo él había conseguido el mando de uno de los tres ejércitos de Hispania sin ser hermano del todopoderoso Aníbal. No, no lo había tenido fácil. Tampoco le importaba. Sólo pensaba en ello como quien constata un hecho. La densa barba y su frente arrugada resaltaban aún más la ferocidad del rostro y todos, oficiales, soldados y esclavos se guardaban de importunarle con preguntas irrelevantes. El problema era que para Giscón todo parecía ser irrelevante excepto tres cosas: primero, derrotar al nuevo general romano; dos, a ser posible, derrotarlo solo, sin colaborar con los Barca, para de esa forma superarles en prestigio y seguir en su ascenso al poder, y tres, su hija Sofonisba, una hermosa y particularmente inteligente hija. Giscón tenía planes y su hija era el eje mismo de todas sus maquinaciones, pero, al contrario que en la mayoría de los casos, la propia hija estaba al tanto y era favorable, más aún, parecía deleitarse en confabular con su padre, aunque en los planes se comerciara con ella misma. El general terminó su paseo y se detuvo frente a las tiendas en donde se encontraban las dos mujeres a su cargo: por un lado Imilce, la mujer ibera de Aníbal que el propio Barca dejara atrás para marchar a Italia. El mismísimo Aníbal había insistido en que al final Imilce quedara a su cargo. En cierta forma pensaba que era un cebo que le tendían los Barca. Habían argüido hábilmente que era mejor distanciarla de su ciudad, Cástulo, para tenerla a modo de rehén y asegurarse la lealtad de aquella fortaleza próxima a las minas de oro y plata de Sierra Morena que explotaban los cartagineses dirigidos por Asdrúbal. Pero él sabía más. Estaba convencido de que Asdrúbal y Magón querían que picara, que se delatara causando daño a aquella mujer, pero Giscón hacía tiempo que había decidido cumplir su cometido de cuidar a esa esposa ibera de un poderoso marido ausente. Y no había que olvidar que Imilce representaba un lazo de unión con las tribus iberas y hacerle daño o humillarla sólo podía conducir a perder fuerza en Iberia, y eso tampoco le interesaba. Además, el propio Giscón se vio sorprendido al ver cómo aquella joven ibera se conducía con discreción, sin dar problemas y sin hacer requerimientos fastuosos o absurdos. No, aquella mujer era callada y sencilla. Salía poco por el campamento, lo cual era mejor, pues su belleza agitaba las filas de guerreros eternamente insatisfechos en sus apetitos carnales. No, Imilce no daba motivos para molestarla o para las murmuraciones. Giscón decidió recompensar esa discreción de Imilce tratándola con respeto y benevolencia. A fin de cuentas, ella no tenía culpa de estar casada con quien lo estaba. Había sido moneda de cambio en un mundo en guerra y había aceptado su papel con dignidad. Lo mismo que su hija, Sofonisba, dispuesta a seguir los planes en los que había estado trabajando durante los últimos años. Ahora bien, aquí Giscón suspiró con profundidad, allí donde Imilce se presentaba como discreta, su hija representaba el polo opuesto: altiva, independiente, decidida, saliendo por el campamento de día o de noche, haciendo que todos los soldados iberos, númidas o africanos dejaran de beber, comer, jugar, luchar o lo que fuera que estuvieran haciendo para observarla en un silencio babeante henchido de anhelo y puro deseo por poseerla. Sin embargo, como era lógico, nadie se atevía a dirigirse a ella, pues todos sabían que una palabra de más significaría la muerte. Así, todos miraban y callaban. Todos menos uno. Giscón se giró hacia la tienda de su hija. Todos menos uno. Ése era un pensamiento que no podía quitarse de la cabeza. El general cartaginés Asdrúbal Giscón frunció el ceño y con esa expresión en el rostro entró en la tienda de Sofonisba.

La encontró sentada, de espaldas a la puerta, donde cuatro fieros africanos seleccionados por su padre apartaron las telas que aislaban a la joven de las miradas lascivas de todos cuantos la deseaban. Sofonisba dejaba que una esclava mayor le cepillara el pelo.

—¡Ay! —exclamó la joven—, ¡eres una bestia, por Tanit! ¡Sal de aquí y deja ya de torturarme, estúpida!

La madura esclava, delgada, casi escuálida, asustada, dejó el cepillo frente a la mesita de su ama y, aún más aterrorizada al ver la figura imponente del general Giscón en la puerta, se desvaneció entre reverencias por la cortina de entrada a la tienda.

—Si esta esclava no te satisface puedo traerte otras —dijo Giscón con lo que él entendía era ternura. Su hija se volvió.

—Todas son unas estúpidas, padre —respondió Sofonisba con lo que sí era una voz dulce y melosa, una voz que como la de las sirenas, hacía que los hombres que la escuchaban se sintieran honrados de que aquella voz se dirigiera a ellos—. Sólo tú, padre, eres capaz de entenderme y de tratarme, pero claro, no tienes tiempo para mí, siempre luchando, siempre combatiendo.

Giscón se sentó en una silla amplia de madera cubierta de pieles de lobo. El suelo estaba acolchado por tupidas pieles de oso y en una esquina ardía incienso en un pequeño cuenco, mientras que junto a su hija, en la mesita donde ésta se estaba aderezando, una lámpara de aceite completaba la fina luz del día que se filtraba por las rendijas de las cortinas de la puerta. Su hija estaba tan hermosa como siempre: piel oscura, casi de ébano, ojos grandes como dos lunas envueltas en una noche negra; una nariz pequeña, suave, redondeada; un pelo rizado y denso, espeso, que caía sobre unos hombros desnudos, curvos, incitantes. En ocasiones, para Giscón, Sofonisba sólo tenía un defecto: ser su hija.

—Estás enfadado, padre, pero no sé si es conmigo, con los romanos o con los Barca.

—¿Enfadado?

—Lo llevas escrito en la frente, padre.

Giscón relajó los músculos del rostro. Al menos, lo intentó.

—Todo un poco, supongo. Asdrúbal Barca me ha escrito para que prepare las tropas para unirnos a él, junto con Magón y atacar todos juntos a ese nuevo general romano.

—¿El nuevo Escipión? —preguntó la joven al tiempo que tomaba el cepillo y reemprendía la tarea que su supuestamente torpe esclava había dejado a medias por orden suya.

—Exacto.

—Pero, ¿cuántos son en esa familia? ¿No matasteis a dos hace unos años?

—Eran su padre y su tío.

—Por Tanit, parece que los Escipión se reproducen como los Barca.

Giscón sonrió ante el comentario de su hija; sin embargo, paseando la mirada por la estancia sus ojos descubrieron, en la mesita donde su hija se arreglaba, algo que le perturbó.

—¿Y eso? —preguntó señalando con un dedo acusador.

Sofonisba no se puso nerviosa. Ni tan siquiera se inmutó. Siguió cepillándose el pelo con cuidado de no hacerse daño. Realmente era difícil no tirar de él.

—Es un brazalete, padre —respondió sin añadir más.

Giscón se levantó y se acercó despacio. Era un brazalete que reproducía el cuerpo sinuoso de una serpiente con una cabeza ancha al final, como la cobra.

—Es de él, ¿verdad?

—Sí, padre, es del príncipe Masinisa, el jefe de la caballería númida, el único hombre, además de ti, que se atreve a dirigirse a mí en cuanto tiene oportunidad y que insiste en entregarme todo tipo de regalos.

Giscón se dio cuenta de cómo su hija se deleitaba en torturarle. Cualquier otro hombre habría sido atravesado por su espada, pero Masinisa era príncipe, o así gustaba considerarse, hijo de la reina Gaia, enfrentado al rey Sífax por el trono de Numidia. Masinisa insistía en que ese trono era suyo por linaje y sería suyo por la fuerza si era necesario. El rey Sífax, claro, era de opinión bastante opuesta.

—Es un príncipe sin reino —añadió su padre para humillar al autor de aquel regalo y así, aunque más toscamente, menospreciar ante su hija a quien le había entregado aquel presente.

—Lo sé, padre, pero él jura y perjura que Numidia será suya y que yo debo ser su reina. Es un osado y me gusta. Me sorprende que aún no le hayas castigado por las confianzas que se toma conmigo. Es más, yo diría que cada vez es más atrevido.

Pero la pasividad de su padre realmente no sorprendía a Sofonisba. Ella sabía, y su padre también, que la caballería númida que comandaba Masinisa era clave en todas las operaciones militares que se estaban realizando en Iberia. Si había un punto débil entre los romanos era la caballería y ya en Cannae se vio lo esencial que la caballería podía resultar. Giscón estaba atado de pies y manos en todo lo relacionado con ese maldito príncipe númida. Masinisa, bendecido por el Senado cartaginés desde que contribuyera a frenar un ataque de Sífax contra Cartago en el pasado reciente, era un protegido del poder púnico en África. En resumen: Masinisa era intocable. Y el muy cerdo lo sabía y se aprovechaba cortejando sin discreción a Sofonisba y, lo peor de todo, con la aparente connivencia de la joven. Pero la política de alianzas de Cartago con los reyes númidas era cambiante y quedaba por ver hasta cuándo perduraría la inmunidad de Masinisa.

—Sabes que es con Sífax con quien deberás casarte en el futuro, no con Masinisa. Ése es el plan.

Sofonisba se giró y sonrió a su padre. Le hablaba como quien hablaba a un niño.

—Lo sé, padre, lo sé. Y cumpliré con mi cometido y me casaré con ese viejo gordo y feo y bestia de Sífax si con ello te ayudo a ti y ayudo a Cartago, pero no veo por qué no puedo, al menos ahora, divertirme un poco y torturar a ese Masinisa al que tanto odias. Recibirle, escucharle, aceptar sus regalos le da esperanzas, eso acrecienta su deseo por mí y eso le hace sufrir aún más que si le hubiera despreciado desde un principio.

Su padre la admiró con los ojos bien abiertos. Nunca lo había pensado así. Por una vez veía que compartía algo con el presuntuoso de Masinisa: ambos amaban a Sofonisba y ambos, por motivos distintos, nunca podrían tenerla, sólo que el númida sufriría un extra por poder concebir esperanzas. Sí, su hija tenía razón, como solía ser el caso: hablando con Masinisa, dejando que la cortejara, agradeciendo sus atenciones, incrementando su deseo, sin lugar a dudas, su sufrimiento, su ansia se vería llevada a límites de angustia insospechados. Giscón vio cómo su hija se ponía el brazalete en su brazo derecho.

—Además, estimado padre, deberás reconocer que el regalo bien valía la pena —comentó Sofonisba exhibiendo su botín al estirar su brazo que, desde el codo hasta casi el hombro, quedaba cubierto por tres vueltas de aquella serpiente dorada. Giscón se acercó para examinar la alhaja con el detenimiento que merecía.

—Oro puro —comentó el general ensimismado—, y bien tallado. Cada escama está trazada con delicadeza y precisión, sobre oro reblandecido a golpe de martillo para hacerlo fino y flexible. Una obra excelente. Ese hombre te ama. No hay duda.

—Y no lo has visto todo —añadió la joven girando un poco su brazo para que su padre pudiera observar bien la cabeza de la serpiente que constituía el remate final del brazalete. Una cabeza de cobra, meticulosamente esculpida sobre el oro que le miraba con dos ojos brillantes aparentemente inyectados en sangre pues se trataba de dos resplandecientes rubíes igual de altivos que su hija o que el propio príncipe Masinisa.

—Veo que al fin he podido sorprender a mi padre. Creo que la joya merecía que la aceptara. Has de admitir que Masinisa me aprecia. Sí, seguramente me ama, como aman los hombres: me quiere poseer, pero ya le he dicho que sólo puedo ser del rey de Numidia.

—¿Y qué te ha dicho? —preguntó el general cerrando la boca que había tenido abierta no sabía bien por cuánto tiempo.

—Eso es lo curioso —continuó Sofonisba mirando y remirando su recién adquirida alhaja—, ha dicho que eso es algo que se arreglará a su debido tiempo... que eso es lo que seré, la reina de Numidia.

Giscón guardó silencio. Se despidió de su hija, no sin antes rogarle que procurara no exhibirse por el campamento cada noche, a lo que la muchacha respondió que intentaría ser más recatada en sus paseos, una respuesta apropiada de alguien que nunca hace lo que dice. Su padre suspiró y salió de la tienda. Algo que se arreglaría a su tiempo. Giscón volvió a fruncir el ceño. La seguridad de aquel joven príncipe le producía arcadas. Un pensamiento le tranquilizó por dentro: la guerra pone a todos en su sitio, especialmente a los soberbios.

Masinisa vio cómo el general Giscón salía de la tienda donde descansaba su hermosa y, también, terrible hija. Sofonisba le torturaba pero lo hacía con tanta gracia, con tal elegancia que le divertía y le encendía a la vez. Sí, estaba loco por ella y la codiciaba, pero había algo que todavía no había conseguido hacer entender a aquella joven caprichosa y mimada noble púnica de apenas dieciocho años: él la quería tanto en cuerpo como en alma. Ella sería una delicia con la que deleitarse en la cama tras un día de guerra o de caza o de viaje, pero algo le decía que más allá del fuego existía una llama más profunda en el espíritu de aquella mujer. Sofonisba había nacido para ser reina y él haría que aquellos designios de los dioses se cumplieran, pero él no se sentiría satisfecho con tan sólo poseer el cuerpo de la joven; no, él quería más, mucho más. Él lo quería todo: anhelaba los pensamientos y la voluntad de Sofonisba. Todos ansiaban su piel, sus brazos, sus senos, su boca. Él quería eso y también sus sentimientos más ocultos. Tanta frialdad, tanta risa frívola, tanto desdén para con todos, excepto para con su padre, no era más que una fachada en la que se protegía una mujer vulnerable como las demás, que se había construido una muralla de piedra helada para que ningún hombre, aunque la poseyera, pudiera tan siquiera atisbar el más mínimo recoveco de pasión auténtica, de ternura, de amor. Él, Masinisa, príncipe de los maessyli, hijo de la reina Gaia, y futuro rey de Numidia, pese a Sífax, pese a los cartagineses y a los romanos, él, sólo él conquistaría esas murallas y tendría el honor de contemplar su interior. Y no tenía miedo de hacerlo. Aquél era un asedio que le entretenía de modo sublime. Sofonisba creía que sabía tanto, que lo sabía todo de él, y, sin embargo, sabía tan poco de sus planes...

Imilce era una reina alejada de su reino, una esposa separada de su marido, una mujer distanciada del amor. Tuvo una infancia feliz, mimada por su madre y con un padre que le concedía todos los caprichos. Ahora, en sus largos días de soledad, se aferraba a aquellos recuerdos con la intensidad de la melancolía. No se consideraba desgraciada, pero ansiaba un retorno al pasado o, al menos, el regreso de su marido. Su relación con Aníbal fue muy breve. Él la tomó siendo casi una niña. La eligió porque era hija de los reyes de Cástulo y en Cástulo había minas de oro y plata. Imilce no era ingenua. Cedió al mandato de su padre porque, a fin de cuentas, qué otra cosa podía hacer. Había más de un joven guerrero íbero del ejército de Cástulo que la cortejaba y más de uno del agrado de la pequeña Imilce, pero tenía el deber de obedecer a su padre y quizá la falta de valor para oponerse. Aníbal, además, era el señor de toda Iberia, el hombre más poderoso de aquellos territorios. También el más temido. Imilce se entregó a aquel desconocido de veintiocho años que casi le doblaba en edad, pero aquel guerrero africano se mantenía fuerte y joven.

Imilce se sentó en la puerta de su tienda. Dejaba la cortina a medio cerrar y se entretenía en ver el ir y venir de los hombres de Asdrúbal Giscón. Sus ojos estaban allí, sobre aquellos soldados, pero su mente viajaba hacia el pasado. Aníbal se mantuvo distante y frío durante la presentación de Imilce por sus padres y también durante toda la larga ceremonia. Luego vino la temida noche de bodas. El gran guerrero africano estuvo comiendo y bebiendo horas enteras con sus generales y sus oficiales y con los padres de Imilce. Ella permanecía acurrucada, asustada, hecha un ovillo al pie del lecho nupcial. Pasó la medianoche y aquel inmenso hombre entró en la habitación. Dijo algo en su lengua e Imilce escuchó los guardias que custodiaban la puerta del dormitorio reír mientras se alejaban. Imilce se sentó en la cama. No quería mostrar todo su terror. Sintió la mirada de aquel hombre fija sobre su pequeño cuerpo apenas cubierto por una túnica fina de lana blanca, impoluta como su piel, como todo su ser. Aníbal dio un paso adelante y se detuvo contemplándola. Imilce recordaba cómo en aquel momento esperaba el dolor. Su madre le había dicho que había algo de dolor en la noche de bodas pero no le había explicado ni cómo ni cuándo. Imilce, en su desconocimiento, pensaba que la sola presencia de su marido traería el dolor pero, de momento, no pasaba nada. Aníbal le habló en su lengua, con acento extraño, pero le entendió.

—Ahora eres mi mujer.

Ella asintió sin decir nada.

—Soy hombre de pocas palabras, pero creo que debemos dejar algunas cosas claras desde el principio.

Imilce volvió a asentir sin abrir la boca.

—Veo que hablas poco. Eso es una virtud en cualquiera. Verás...
—Y se sentó a su lado; la cama se dobló por el peso de Aníbal e Imilce se estremeció al recordar cómo su cuerpo cayó hacia el del gran guerrero, quien la asió pasando un poderoso brazo por su espalda sin hacer nada más, sólo sosteniéndola—. Sólo te pido —decía su grave voz— que seas fiel y que me des un hijo. Lo primero es fundamental, pues si me eres infiel eso se interpretará como que no me respetas y si no me respeta mi mujer nadie me respetará y tendría que renegar de ti. Lo segundo es importante porque necesito un heredero. Ésas son tus dos obligaciones. Por lo demás, yo cuidaré de ti. Sé que siempre has tenido de todo, eres hija de reyes y como tal te han tratado. Yo haré que no te falte de nada. Cuando quieras algo sólo tienes que pedírmelo. ¿Has entendido todo lo que te he dicho?

Imilce volvió a asentir sin decir palabra. Aníbal arrugó la frente.

—Esta vez no me vale tu silencio. Dime que has entendido todo lo que he dicho.

Imilce habló sin mirarle. Fue una frase corta y rápida, pero sencilla y clara.

—He entendido todo lo que has dicho, mi señor. Sé lo que tengo que hacer y lo que no puedo hacer. Y...

Aquí la joven se detuvo.

—¿Y...? —inquirió Aníbal con el gesto ya más relajado.

—Y... gracias por cuidar de mí. No me hagáis mucho daño... por favor.

Aníbal la miró con detenimiento esta vez. Imilce sabía escudriñar la mirada de un hombre de reojo y adivinó en el semblante de aquel gran guerrero, su marido, un anhelo extraño que ya había visto en varios de los jóvenes que la habían cortejado aunque infructuosamente al encontrar la oposición de su padre.

—No te haré daño.

Imilce recordaba en silencio mientras la tarde se desplegaba sobre el campamento general de Asdrúbal Giscón. Aníbal no le hizo daño. Sólo sintió un tirón fuerte y seco en un momento, cuando estaba desnuda, debajo de él. Todavía se sorprendía de que aquel enorme hombre apenas le hubiera hecho daño. Ni aquella vez ni las siguientes en las que estuvo con él. Pero luego, de pronto, llegó la gran guerra y de la separación de sus padres y de su reino, pues Aníbal se la llevó a Qart Hadasht, pasó a la separación de su marido. Ahora Aníbal estaba en la lejana Italia, sus padres en Cástulo, Qart Hadasht había caído en manos de los romanos y ella estaba acogida en un campamento cartaginés en la remota Lusitania. Todo estaba del revés. Se sentía sola, pero, por algún extraño motivo, no se sentía abandonada. Oyó un relincho que le hizo sonreír. Aníbal, a la mañana siguiente de poseerla por primera vez, la condujo al campamento cartaginés acampado frente a Cástulo. La llevó hasta las tiendas que hacían de establo de los lustrosos y ágiles caballos africanos.

—Espera aquí —es todo lo que dijo. Y ella esperó. Aníbal desapareció en el interior de aquella gigantesca tienda y salió con una hermosa yegua negra azabache.

—Es del color de tu pelo, del color de tus ojos —le dijo Aníbal—. Tus padres me han dicho que te gusta montar. Es tuya. Es la mejor de mis bestias, con la excepción de Sirius, pero ése es un elefante y... —Pero Aníbal se vio sorprendido porque la muchacha tomó la yegua de las riendas, y sin saber muy bien cómo, la ágil muchacha, de un salto fruto de la experiencia, se montó sobre el animal.

—Es preciosa, mi señor —dijo Imilce sonriendo. Era feliz. Aníbal también sonrió y no lo hacía a menudo.

La yegua dejó de relinchar. Mañana saldría a dar un paseo con ella, caída la noche, escoltada por dos guerreros de Giscón, para evitar miradas inoportunas. A sus ventitrés años las miradas anhelantes de los hombres que la veían aún eran frecuentes. Imilce no había podido cumplir con la segunda de sus obligaciones: dar un hijo a Aníbal, pero tenía la firme decisión de cumplir la primera con exquisita pulcritud. Viviría sola, sería una reina sin reino, una esposa sin marido y una mujer sin pasión, pero sería fiel a Aníbal. No tenía nada más a que aferrarse. Sentía que mientras fuera fiel a aquel guerrero que tenía al mundo entero en guerra, tenía algo, algo fuerte y poderoso que era lo único que alimentaba su monótona existencia, algo que hacía que todos la respetaran y no quería hacer nada que pudiera alterar eso, su único tesoro.

10

El *nimbus*

Netikerty estaba vestida con una túnica azul de lana suave. Se había bañado y aún tenía el pelo mojado. Las nuevas ropas le cubrían el cuerpo con decencia, de forma que ya no parecía una prostituta sino una esclava de alguna familia acomodada de Roma. Las suaves líneas del rostro, su pequeña nariz y sus marcados labios oscuros seguían allí. El volumen de sus pechos aún se adivinaba bajo la túnica, pero esta vez de forma mucho más difusa. Lelio seguía, no obstante, sintiendo esa tremenda atracción por la muchacha que lo había conducido a regatear con el cónsul por su posesión apenas hacía unas semanas.

—¿Aún te duele la herida?

La joven miraba al suelo y no respondía.

—Te he preguntado si te duele la herida. Puedes responderme... y puedes mirarme. Nadie te va a pegar por responder a una simple pregunta ni por mirarme.

Netikerty dudaba, no estaba segura de haber entendido bien. Aún se le escapaban muchas palabras del latín. Su lengua materna era el egipcio. También entendía la lengua griega, hablada por los gobernantes de su país, pero el latín sólo lo había aprendido a base de golpes de su amo y gritos de otros esclavos. Lelio se acercó a la muchacha y puso su mano en la barbilla. Suavemente empujó el rostro de la chica hasta que ésta lo subió lo suficiente como para que sus ojos quedasen a la altura de los de su nuevo amo.

—¿Te duele la herida? —Lelio preguntó a unos ojos almendrados, dulces en medio de un mar de tristeza por el sufrimiento acumulado, de mirada intensa, como el viento del mar.

Netikerty miró los ojos de aquel hombre y no percibió odio ni rencor ni temor. Todo lo contrario a lo que estaba acostumbrada a ver en los de su anterior amo.

—No —dijo al fin—. Está mucho mejor. Gracias, mi señor.

Lelio se quedó mirándola sosteniendo la cabeza de la muchacha con la mano, sin permitirle que la bajara. Estaba sorprendido de su intensa belleza y de su fuerte espíritu pese a la adversidad en la que se había visto envuelta. No había podido ver a la muchacha en un par de semanas porque se había dedicado a preparar su regreso a Hispania manteniendo incontables negociaciones en el foro para conseguir suministros para su barco, víveres para el viaje, nuevas armas.

Netikerty, por su parte, no resistió la mirada así que, como no podía bajar su rostro, cerró los ojos. Lelio la liberó retirando su mano y acariciando con su dorso la barbilla de la joven. Sintió la suavidad infinita de una piel tersa y se sobrecogió. Era una tarde aún cálida de otoño. Calino y el resto de los esclavos habían salido a comprar comida y bebida para un pequeño banquete que Lelio quería dar con algunos amigos antes de su regreso hacia Hispania. Estaban solos en medio del atrio de una casa desierta. Él era dueño y señor de aquella joven y hermosa esclava. Estaba sobrio y hacía días que no gozaba de ninguna mujer, desde que la semana anterior se desahogara con una prostituta en casa de la gran *lena* de Roma. No había querido gozar de Netikerty por una confusa conjunción de sensaciones o sentimientos que le habían inducido a dejarla tranquila unos días, pero aquello no podría seguir así siempre. Aquella esclava había costado una pequeña fortuna y ya era hora de sacar rendimiento a su inversión.

Lelio, desde su *sella*, un pequeño asiento sin respaldo, se estiró hacia un lado y tomó un cestillo que estaba junto a él. Cogió la canastilla en sus manos y la situó frente a Netikerty.

—Ábrela —dijo Lelio.

La joven miró y dudó, pero era una esclava.

—Sí, mi señor —respondió, y se arrodilló ante su amo para tomar la canastilla en sus manos. Fue a levantarse pero sintió la mano poderosa de Lelio sobre su hombro. Su señor no deseaba que se alzara. De rodillas, abrió con sus manos morenas la canastilla. Miró en su interior. Algo resplandecía a la luz del sol que inundaba el pequeño atrio de la *domus*.

—Cógelo —dijo Lelio.

La joven introdujo sus manos y sacó una preciosa alhaja de oro. La extendió en las palmas de sus manos, dejando que la hermosa joya brillase en todo su esplendor cubriendo sus manos y dedos. Era una hermosa lámina de oro de la que colgaban innumerables perlas, todo unido a una fina cinta de lino con la que sin duda se ceñía a la cabeza.

—¿Sabes lo que es? —preguntó Lelio con curiosidad.

Netikerty asintió antes de responder y mientras lo hacía no despegaba su mirada de aquella suntuosa joya.

—Es un *nimbus*, mi señor, para ceñir en la cabeza, dejando que cuelgue por la frente. Su nombre, *nimbus*, procede de la luz que rodea la cabeza de vuestros dioses.

Lelio se quedó sorprendido.

—Para ser una esclava proveniente de un país tan lejano sabes mucho de nuestras costumbres. Y sabes mucho de nombres.

—Los nombres son importantes, mi señor, y de forma especial en mi país, Egipto, donde...

—Bien, bien —la interrumpió Lelio aburrido de aquella conversación—. No te he comprado para hablar. Ponte la joya.

Netikerty calló, asintió y tomó el *nimbus* por la cinta de lino y pasó la fina cuerda por detrás de su cabeza ligando con un suave nudo ambos extremos. Había visto a muchas romanas ricas, invitadas en la casa de su anterior amo Quinto Fabio, acudir a banquetes con joyas similares, aunque ninguna tan lujosa como la que se estaba probando ahora ante su nuevo amo. Estaba desconcertada, pero se ajustó bien el *nimbus*, de modo que la lámina de oro con las perlas colgando cubrieran la mayor parte de su frente. En Roma se consideraba que las frentes pequeñas eran un rasgo claro de hermosura en una mujer. Por eso las romanas patricias dejaban caer rizos de su cabello por la frente o, las que se lo podían permitir, lucían hermosos *nimbi* con piedras preciosas.

—Esa joya me ha costado una fortuna y tú otra. —Lelio la miraba admirado—. Supongo que lo idóneo es que estéis juntas. Los dioses saben que no miento y saben también que si sigo así voy a dilapidar todo lo que he ganado en la conquista de Cartago Nova en menos de dos o tres meses, pero he de reconocer que el gasto ha merecido la pena. Una hermosa joya para una preciosa esclava. Poseerte me hace sentir bien.

Hubo un breve silencio que terminó bruscamente con una palabra lanzada por Lelio, como una orden más a sus hombres en el campo de batalla.

—Desnúdate.

Las palabras de su nuevo dueño no parecieron sorprender a Netikerty. Se separó un paso para poder retirarse la túnica. Ésta cayó con pesada lentitud sobre el frío suelo de piedra del atrio. Netikerty no llevaba nada más, de forma que su escultural cuerpo quedó descubierto por completo ante los ávidos ojos de su amo. Ella, no obstante la aparente tranquilidad de su gesto, encogió los hombros en un vano intento de protegerse ante lo inevitable.

—Haré lo que mi señor quiera, pero por todos los dioses de Roma, no me pegue —acertó a musitar la joven mirando al suelo.

Lelio paseaba su mirada por los hombros bien formados, redondeados, la piel fina, bronceada, los pechos prietos como manzanas, el vientre plano, la cintura estrecha, una generosa cadera y unas largas piernas apoyas en sus pequeños pies calzados con sandalias romanas. Al escuchar la interpelación de la joven, hizo ascender de nuevo sus ojos por el cuerpo de la esclava y, más allá de su ansia física por poseerla, reparó en los cardenales de las piernas, las pequeñas cicatrices en la cintura y la cadera y en, lo peor de todo, las quemaduras próximas a los pezones hechas con toda probabilidad con algún afilado hierro candente al rojo vivo. Eran recuerdos de su reciente pasado con su anterior viejo y cruel amo Fabio Máximo. Eran heridas que su joven y fuerte cuerpo había sabido digerir y envolver con la belleza del conjunto al igual que la yedra cubre una casa ocultando las grietas de sus muros cansados por el tiempo. Este segundo examen añadió unas gotas espesas de amargura en el corazón de Lelio, que salpicaron su apetito por la muchacha agriándolo, impregnando sus ansias sexuales de misericordia.

—Vístete y déjame solo.

Netikerty, con rauda destreza, se tapó con la túnica azul con tal rapidez que Lelio se quedó dudando de si realmente había llegado a estar desnuda ante él aquellos breves segundos. La joven desapareció del atrio y Lelio se quedó acompañado por el silencio y unos poderosos latidos de su corazón. Aquella muchacha, desnuda e indefensa ante él, le había recordado a un humilde gorrión herido, un pequeño gorrión sin rumbo, sin origen ni destino.

11

Una gran celebración

Tarraco, noviembre del 209 a.C.

En la residencia de Publio Cornelio Escipión en Tarraco todo era un ir y venir de esclavos, un continuo trasiego de personas cargadas con platos, vasijas, ánforas, vasos, cacerolas y todo tipo de viandas: carnes, pescados, frutas. Los primeros invitados estaban llegando y eran recibidos por tres esclavas que arrodilladas les limpiaban los pies y los perfumaban, mientras les retiraban las togas de modo que todos quedaran simplemente con su túnicas, más cómodos y libres para poder disfrutar de los diversos manjares que se estaban preparando para su deleite. A la invitación del joven Publio habían venido sin falta todos sus oficiales, Marcio Septimio, Sexto Digicio, Quinto Terebelio, Mario Juvencio, en su mayoría solos, excepto el primero, pues Marcio, que era el que más tiempo llevaba en Hispania, había hecho traer a su familia de Roma para que estuviese con él. Claudia, su esposa, era una matrona de aspecto frágil y delicado y actitud discreta con la que Emilia Tercia, la mujer de Publio, gustaba de conversar. Acudieron más oficiales y también representantes de las autoridades de la ciudad de Tarraco así como incluso algunos líderes iberos con los que los romanos tenían relaciones particularmente buenas. Publio no desperdiciaba ocasión para mostrar a los iberos de la región su interés por mantener con ellos la mejor de las amistades y ahondar así aún más en las lealtades que intentaba cultivar para asegurarse el dominio, primero al norte del Ebro, y luego del resto de Hispania.

Publio recibía a sus invitados en el atrio de la *domus* cuya edificación iniciara su tío Cneo y que luego, bajo la supervisión de Emilia Tercia, se había transformado en una residencia razonablemente confortable para una familia patricia romana obligada por las circunstancias de la guerra a residir fuera de la capital durante un largo periodo de tiempo. Emilia, además de añadir varias estancias, había insistido en hacer construir un gran horno fijo en un lateral de la casa, aprovechando la ladera natural, excavando debajo del suelo de la propia *domus*, para que así el calor de la leña quemada en aquel horno se distribuyera por toda la residencia, pasando por espacios que abrieron entre los tabiques y por debajo mismo de los suelos. De esa forma, la mujer del general había conseguido un sistema de calefacción similar al de las grandes residencias patricias de Roma y aunque se aproximara ya el invierno, todos los invitados podían sentirse confortables sin necesidad de tener que arroparse con pesadas túnicas.

Publio era un mar de confusos sentimientos. Se sentía orgulloso de lo que había conseguido, la conquista de Cartago Nova, un gran triunfo para Roma en una Hispania esencialmente púnica, feliz por tener ya un heredero pero, a la vez, le habían llegado rumores de mercaderes que trataban con Roma sobre la decisión del Senado de no enviar más refuerzos a Hispania. Los mercaderes seguían con atención estas decisiones, pues el establecimiento de más legionarios en Tarraco sería algo muy positivo para sus negocios centrados en su mayoría en ser los proveedores oficiales de todo tipo de recursos para unas insaciables tropas de guerra; pero de igual forma, con frecuencia, sus informaciones llegaban deformadas por sus intereses económicos y bien pudiera ser que Lelio hubiera conseguido algunos refuerzos pero no tantos como los mercaderes deseaban y eso bastaba para que se propagase el rumor de la ausencia de tropas de apoyo para las campañas romanas en Hispania.

El banquete empezó con una larga serie de aperitivos con lechuga, menta, puerros y atún fresco, para pasar luego a la *prima mensa* donde se sirvieron habas y albóndigas, luego, como *secunda mensa,* pollo y jamón, y así varios platos más con tordos, col, salchichas sobre gachas blancas y judías con magro, para al fin llegar al *fundamentum cenae*, el plato fuerte de la noche, tres enormes cabritos servidos en una riquísima salsa de aceite de oliva y vino. Todo acompañado por los mejores caldos que Publio había podido encontrar en la región junto con las ánforas que había conseguido traer desde Roma. Se sirvió uva, peras, manzanas e higos para terminar presentando largas bandejas repletas de *bellaria,* un amplio surtido de dulces de confección ligera para no indigestar más a unos ya completamente saciados invitados. Entraron entonces flautistas y músicos que acompañaron durante media hora el final de la cena, hasta que, bien entrada la noche, éstos se retiraron para dejar que una larga sobremesa, la *comissatio,* tuviera lugar, durante la que uno a uno, todos los oficiales de Publio alzaron sus copas y ofrecieron brindis en honor del recién nacido vástago de la familia Escipión.

Publio y Emilia se acostaron cansados pero felices. El joven general en jefe de las tropas romanas desplazadas a Hispania encontró en el sopor del vino y el *mulsum* descanso para sus preocupaciones sobre la guerra durante gran parte de la noche pero, al amanecer, sus sueños se tornaron turbulentos, agitados por su persistente preocupación por la necesidad de refuerzos para conseguir sobrevivir en aquel lejano y complejo país rodeado por indígenas de lealtad difusa y siempre acosados por los pertinaces enemigos cartagineses que, con toda seguridad, debían de estar preparándose para contraatacar y devolver el golpe recibido en Cartago Nova.

12

La nueva obra de Plauto

Roma, noviembre del 209 a.C.

Lelio pensó que ya era hora de cumplir con el segundo de los encargos que había recibido de Publio Cornelio Escipión: ir al teatro a ver la nueva obra de Plauto, ese autor que tanto le interesaba. Lelio fue en busca de su recién adquirida esclava. La encontró donde debía estar, en la cocina. Entró en la estancia y la muchacha, que estaba de espaldas con un cuchillo en una mano mientras que con el otro tomaba zanahorias, dio un respingo al escuchar la potente voz de su nuevo amo.

—¿Dónde está Calino? —preguntó Lelio. Netikerty volvió su rostro hacia su amo, sin dejar el cuchillo y la zanahoria que sostenían sus manos.

—Ha salido al mercado, creo, no sé si ha vuelto.

—Entiendo. Bien. No importa. Deja lo que estás haciendo. Ya terminará él de cocinar. Sígueme. Nos vamos. Nos vamos al teatro. Así lo llaman. —Y gritando—: ¡Calino! ¡Calino!

El esclavo, un poco encorvado por el peso de los años, pero aún recio y con fortaleza, apareció en la cocina.

—Me marcho esta noche al teatro. Esta nueva esclava viene conmigo. Y quiero que nos acompañes. Regresaremos tarde.

Y sin esperar respuesta, Lelio, veloz, salió de la cocina y cruzó el atrio. Netikerty le seguía de cerca. El oficial romano empezó a hablarle.

—Mira, esta tarde vamos al teatro. Es una especie de... no sé... es... salen unas personas... actores los llaman y representan algo... una historia, eso es, cuentan una historia entre todos. Eso es lo que tengo entendido. Yo no he visto nunca una representación de éstas, pero esta noche tengo que ver una e intentar recordar la historia para contársela a... a un general... a un amigo. Sí, a un amigo.

Lelio dejó de hablar. Estaba confuso. Por un lado era agradable tener alguien a quien contarle el sentido de sus idas y venidas por aquella ciudad; por otro se daba cuenta de que hablaba a una esclava que poco podía entender de todo aquello. En cualquier caso, dentro de lo incómodo del encargo, se sentía mejor acompañado que solo y, teniendo en cuenta el precio que había pagado por la muchacha, al menos, tenía sentido aprovecharse del acompañamiento de aquella esclava. A decir verdad, la sensación de soledad que había sentido desde que partió de Cartago Nova sólo se había diluido desde que esa joven se acurrucara a sus pies en el carro que los llevó desde casa de Fabio Máximo hasta el foro. Calino era un buen esclavo, pero nunca sintió por él nada especial. Lo había adquirido ya adulto, cuando su carrera militar, plagada de ascensos, le permitió mejorar su nivel de vida. Salir con él no era salir acompañado, era salir algo más protegido. Calino era formidable con una estaca en la mano y ésa no era una destreza desdeñable en las peligrosas noches romanas, pero no era compañía para un alma melancólica. Calino apenas hablaba y Lelio de por sí tampoco era un gran conversador. Quizá por eso llevaban tanto tiempo juntos.

Zigzagueando entre las calles de Roma, dejando el *Macellum* atrás, y enfilando al fin por el *Argiletum*, llegaron al foro. Allí, poco a poco, una multitud se iba congregando. Había gente de todo tipo y condición: libertos con humildes andrajos que pululaban de un lugar a otro, mendigos pidiendo limosna, comerciantes ofreciendo productos que habían traído desde el mismísimo *Macellum* para aprovechar la gran cantidad de público reunida en torno al recinto del teatro; patricios acompañados de escoltas y esclavos, senadores solos, senadores con sus esposas y senadores con sus amantes.

Lelio se acercó hasta un puesto donde se podían retirar las *letterae* o entradas que daban autorización para acceder al recinto donde tendría lugar la obra de teatro. La admisión era gratuita pues el Estado financiaba aquellas representaciones como parte del entretenimiento que se brindaba al pueblo de Roma. Había una cola larga. Lelio y Netikerty esperaron en la fila durante unos minutos distraídos ambos en sus pensamientos y en admirar el desfile de diferentes personajes que circundaban todo el recinto. Al fin les llegó su turno.

—Dos —dijo Lelio.

El encargado de las entradas no dijo nada y alargó unas *letterae*.

Lelio tomó dos pequeñas tablillas de piedra en donde podía leerse lo siguiente: *Amphitruo* de Plauto. Bueno, aquello estaba bastante claro: así, al menos, recordaría el título de la obra. Sin duda alguna debía de haber antiguos militares entre aquellos artistas, al menos parecían organizados. Aquello le gustó. Un poco de orden en medio de aquel aparente caos.

Avanzaron siguiendo al tumulto de gente que se agolpaba a las puertas del teatro. Allí antes no había nada y, de pronto, casi como por arte de magia, en unos días, habían levantado un notable entramado de madera que acotaba gran parte del foro de la ciudad. Entraron en su interior y observaron la estructura del recinto. A la izquierda había una especie de escena levantada sobre un andamio de madera, de unos veinte pasos de longitud. A la derecha sólo un gran espacio vacío donde la gente se repartía para asisitir en pie a la representación. Lelio se situó próximo al escenario y nadie se interpuso en el camino del veterano y robusto oficial. Netikerty seguía a Lelio de cerca. Tenía miedo de perderse entre aquel gentío. Lelio, de pronto, la cogió de la mano, sin decir nada. Ella lo agradeció. Estaban en un lateral del recinto pero razonablemente próximos a la escena. No es que Lelio no pudiera obtener una posición aún mejor, es que no quería estar justo en el centro, frente a los actores. No podía evitar sentirse fuera de lugar. Estar acompañado de Netikerty le ayudaba, pues muchos podían pensar que estaba allí por ella, por la curiosidad que ella pudiera tener por el teatro. Ese pensamiento le hizo sentirse algo más relajado. Publio le había comentado en más de una ocasión cómo en Grecia y en muchas de sus colonias había auténticos teatros de piedra, inmensos, edificados en las laderas de las montañas para aprovechar mejor la... ¿cómo lo llamaba él? Sí, la acústica... es decir, que se oía mejor a los actores. Teatros enormes de piedra con capacidad para miles de personas. En aquel recinto, no obstante, también habría unas dos mil personas. Sin duda, si aquel fenómeno del teatro terminaba calando entre los romanos, tendrían que pensar en hacer algún teatro de esos de los que Publio le había hablado. Él nunca había visto uno. Decían que al sur de la península itálica, en las colonias de la Magna Grecia o en las colonias griegas de Sicilia también había teatros de ese tipo. En Siracusa había uno gigante, levantado por uno de los tiranos de aquella ciudad. Allí, aguardando el principio de la representación, sintió curiosidad por poder algún día visitar una de esas inmensas edificaciones bárbaras. En cualquier caso, sólo por ver toda aquella gente reunida tenía su gracia haber ido a aquel lugar.

Netikerty permanecía en silencio y meditaba sobre los más recientes acontecimientos de su azarosa vida. Hacía unos días era la esclava sexual de Quinto Fabio Máximo, un importante noble de esa ciudad. Recordando las personas que vio desfilar por casa de su anterior amo debía de tratarse de uno de los hombres más influyentes de aquella gran ciudad. Sin embargo, para ella toda esa influencia y poder sólo se habían traducido en tormentos y humillaciones. Múltiples noches las había tenido que pasar con aquel anciano haciendo toda clase de cosas para excitarle. Y lo peor no era el sexo sino los azotes y la tortura. El viejo parecía gozar más causando dolor que buscando placer. Y, en unos instantes, de aquella vida de tortura y vejaciones había pasado a manos de un desconocido que, de momento, se preocupaba por sus heridas y le proporcionaba un baño y ropa digna. De todas formas habría que ver cómo era una noche con aquel nuevo amo antes de tener una idea más precisa de lo que le esperaba. Hasta la fecha se había contenido de tomarla y hacerla suya, pero eso llegaría. De hecho, la contención de Lelio la tenía confundida. Ahora estaba aturdida por el gran número de gente y aquel extraño lugar al que habían ido.

El teatro ya estaba lleno hacía minutos. El sol brillaba aún en el atardecer lento de aquel otoño romano. Un actor salió a escena. Lelio intentó ver si podía identificar a Plauto, pero el maquillaje que el cómico lucía en su rostro imposibilitaba reconocer a su portador. Fuera quien fuera aquel actor empezó a declamar con voz poderosa para hacerse oír por encima de los centenares de personas que, aún ajenos a la salida del cómico, continuaban enfrascados en sus conversaciones privadas.

—*Ut vos in vostris voltis mercimoniis* —empezó Plauto con potente voz— *emundis vendundisque me laetum lucris /adficere /atque adiuvare in rebus omnibus /et ut res rationesque vostrorum omnium /bene ‹me› expedire voltis peregrique et domi /bonoque atque amplo auctare perpetuo lucro /quasque incepistis res /quasque inceptabitis, /et uti bonis vos vostrosque omnis nuntiis /me adficere voltis, ea adferam, ea uti nuntiem /quae maxime in rem vostram communem sient —/nam vos quidem id iam scitis /concessum et datum /mi esse ab dis aliis, nuntiis praesim et lucro—: /haec ut me voltis adprobare adnitier, /[lucrum ut perenne vobis semper suppetat] /ita huic facietis fabulae silentium /itaque aequi et iusti hic eritis omnes arbitri /Nunc cuius iussu venio et quam ob rem venerim / dicam simulque ipse eloquar nomen meum. / Iovis iussu venio, nomen Mercurio est mihi...*

[... Si queréis que yo, propicio, os proporcione beneficios en vuestras compras y vuestras ventas y os ayude en todas las cosas; si queréis que saque adelante los negocios y finanzas de todos vosotros en el extranjero y en vuestra patria y que haga prosperar continuamente con grandes y cuantiosos beneficios vuestras empresas, tanto las presentes como las futuras; si queréis que os proporcione a vosotros y a todos los vuestros noticias buenas, que os transmita y comunique las noticias más favorables para vuestro bien común (pues sin duda sabéis que los otros dioses me han dado y otorgado plenos poderes sobre las noticias y las ganancias); si queréis que os conceda estos favores y que ponga todo mi esfuerzo en que tengáis siempre constantes y copiosos beneficios, en este caso guardaréis silencio durante esta representación y seréis todos jueces justos e imparciales. Ahora os voy a decir por orden de quién vengo y a qué he venido, y al mismo tiempo os voy a decir mi nombre. Vengo por orden de Júpiter y mi nombre es Mercurio...]* —Aquí Plauto se detuvo un momento, en parte para recuperar el aliento, en parte para deleitarse en el silencio que sus palabras habían conseguido extraer del público y, en parte, porque estaba preocupado por los altos *coturnos* que como dios Mercurio le correspondía llevar. Una vez ya se torció un tobillo representando a Júpiter y no quería correr la misma suerte de nuevo.

Lelio estaba admirado. El actor declamaba su papel con viva pasión y había conseguido captar el interés del publico, incluido él mismo. Hablaba elevado sobre unos *coturnos* altos, adornados con borlas doradas, tal y como correspondía a su rol de dios en la obra, pero andaba con cierta torpeza. Lelio se dispuso a prestar máxima atención para comprender la trama de la obra desde un principio cuando una mano firme se posó sobre su hombro. El veterano tribuno se giró molesto pero al ver al hermano de Publio, Lucio Cornelio Escipión, sonriéndole con afabilidad, Lelio se relajó y saludó al joven senador.

* Traducción según la versión de José Román Bravo en el volumen *Comedias I* de Plauto publicado en 1998 (véase la bibliografía).

13

Una carta de Lucio

Tarraco, diciembre del 209 a.C.

Estimado Publio,

Querido hermano, ésta es la tercera carta que envío. Otros dos mensajeros partieron semanas atrás, pero tu última misiva me ha hecho ver que no llegaron, las rutas son peligrosas, los galos están en rebeldía en el norte y los piratas campan a sus anchas por el mar. Sólo temen a nuestros barcos de guerra y éstos deben concentrarse en combatir a la flota cartaginesa. Espero que este mensaje sí que llegue a tus manos. Tampoco he querido recurrir a los mensajeros oficiales para evitar que mis comentarios caigan en manos que los trasladen a nuestro querido enemigo Fabio Máximo.

Lamento tener malas noticias que comunicarte: Lelio no ha conseguido persuadir al Senado para que enviaran refuerzos a Hispania. Tendrás que seguir la lucha sólo con las dos legiones de que dispones. Lelio fue persistente. Es cierto que no es un gran orador, pero realmente la conquista de Cartago Nova, el botín y los prisioneros deberían haber sido causa suficiente para que el Senado cediera pero, como siempre, Máximo insistió en que se necesitan todos los recursos en Italia para mantener a Aníbal alejado de Roma. Como te imaginarás, el miedo hizo el resto. La verdad es que no creo que un orador mejor hubiera podido hacer cambiar de opinión al Senado dirigido por Fabio Máximo, que ya parece ser *princeps senatus* vitalicio. Sé que Lelio, junto con mi ayuda y la de nuestros amigos, está intentando cargar las *trirremes* con las que vino con provisiones y armamento para no regresar a Tarraco con las manos vacías. Ayer estuvo en casa para cenar y estaba claro que teme tu reacción. Como te he dicho antes, no creo que se le pueda culpar de la debilidad y el temor de los senadores. Nuestra madre es de la misma opinión y ruega a los dioses para que te protejan en todo momento. Lo hacemos todos. Y no hace falta que te diga lo orgullosos que nos sentimos de ser tu hermano y tu madre. En el foro, para desazón de Máximo, se sigue hablando aún de la toma de Cartago Nova en tan sólo seis días. De ese modo apenas si se alaba la reconquista de Tarento por Fabio y los suyos. Por mi parte, puedo asegurarte que no hay día que vaya al foro en el que no me saluden varios patricios y plebeyos de renombre y me insistan en que te haga llegar su agradecimiento por tu victoria en Hispania.

Ahora recuerdo que también vi a Lelio en el teatro. Supongo que por influencia tuya. Incluso le vi conversando con el propio Plauto tras la representación. Por cierto, Lelio iba acompañado por una muy hermosa esclava egipcia. No me extrañaría que se la llevara consigo a Hispania. Yo lo haría. No sé dónde la ha comprado, pero si lo averiguas házmelo saber.

Que los dioses te guarden con salud y te preserven de la ira del enemigo.

Tu hermano,

LUCIO CORNELIO ESCIPIÓN

—¿Y bien? —preguntó Emilia con vivo interés—, ¿qué cuenta Lucio?

Publio dejó la tablilla en la mesa y suspiró. Estaban sentados en el amplio jardín de su *domus* en Tarraco. Emilia llevaba una túnica teñida de verde y ceñida a su cuerpo. Publio la miró con intensidad. Era increíble lo rápidamente que su mujer recuperaba su aspecto lozano después de un parto. Ya le sorprendió cuando nació su hija mayor, Cornelia, y de nuevo le resultaba admirable aquella pronta recuperación tras el nacimiento del pequeño Publio.

—Dice que Lelio no ha conseguido convencer al Senado para que nos envíen refuerzos. Piensa que no es culpa suya. No sé... quizá no debí mandarle a él. A lo mejor Marcio o incluso Mario habrían sido más convicentes, aunque Lucio opina que da igual a quién hubiera enviado. Lo cierto es que creí que los hechos expuestos con la concisión propia de un militar como Lelio serían más que suficientes para conseguir esos refuerzos, pero se ve que Fabio Máximo hizo prevalecer su opinión: todas las legiones deben permancer en Italia para salvaguardar Roma. Supongo que debemos estar agradecidos de que no nos quiten las legiones que tenemos. No ven que la guerra se ganará si conseguimos sacar el conflicto de Italia, no ven que así luchamos la guerra que Aníbal quiere que luchemos. No lo ven. No lo ven —concluyó Publio, y pegó un puñetazo en la mesa. La tablilla y una copa que había sobre la misma cayeron. La tablilla se partió y la copa se hizo añicos esparciendo su contenido de vino y miel por el suelo.

Emilia le miró con cierta preocupación. Publio no era hombre que se dejara llevar por sus pasiones y menos que dejara salir muestras incontenidas de dolor o frustración. Fue la primera vez en que Emilia se percató con nitidez de que la guerra estaba cambiando a su marido y, con la clarividencia que da el amor, comprendió que aquella transformación no había hecho sino comenzar. Era lenta y sutil, pero estaba teniendo lugar. Poco a poco el objetivo de poner fin a aquella guerra ejecutando el plan de su padre y su tío parecía ir convirtiéndose en una obsesión y cualquier obstáculo que dificultara dicha meta turbaba a su marido sobremanera, de una forma desbocada.

Publio miraba el suelo empapado en *mulsum*. Un esclavo recogía con una pala pequeña y una escoba los restos del recipiente mientras otro ponía los dos pedazos de la tablilla sobre la mesa.

Publio guardó silencio y su mujer también. Emilia creyó haber visto una pincelada de deseo en los ojos de su marido hacía apenas unos segundos, pero si así había sido ahora ya no estaba aquel anhelo. No, la mirada de Publio se perdía en el vacío. Emilia sabía que estaba calculando, pensando, buscando la forma de derrotar a los cartagineses que le triplicaban en número con las escasas tropas de las que disponía. Emilia prefería la otra mirada, pero sabía que, al menos esa noche, los otros pensamientos tendrían prioridad. La cuestión era hasta cuándo. Pero la voz de su marido la sorprendió al desvelar que su mente no estaba exactamente concentrada en cómo derrotar a los cartgineses sino en cómo sobreponerse a algo peor: los enemigos internos.

—A veces me pregunto —dijo Publio ensimismado, mirando al suelo—, ¿hasta dónde estarán dispuestos a llegar Fabio Máximo y sus seguidores para terminar con todos nosotros?

14

Una noche de fuego

Roma, noviembre del 209 a.C.

*Eodem tempore septem tabernae quae postea quinque, et argentariae
quae nunc novae appellantur, arsere; comprensa postea privata aedificia
—neque enim tum basilicae erant— conprehensae lautumiae forumque
piscatorium et atrium regium. Aedis Vestae vix defensa est tredecim maxime servorum opera, qui in publicum redempti ac manu missi sunt. Nocte
ac die continuatum incendium fuit, nec ulli dubium erat humana id frau-
de factum esse...*

TITO LIVIO, AB URBE CONDITA, 26, 27, 1-4

[Al mismo tiempo, las *tabernae septem*, que luego fueron cinco, y los
puestos de los cambistas, ahora conocidos como *tabernae novae*, se incendiaron; luego prendieron casas privadas —en aquella época no había
basílicas—, luego las canteras, el mercado del pescado y el templo de
Vesta. El altar de Vesta se salvó con dificultad gracias a la intervención
de trece esclavos que, posteriormente, fueron comprados por el Estado y
liberados. El incendio continuó por la noche y el día siguiente y todos estaban convencidos de que se debió a algún acto criminal...]

Lelio se extrañó de encontrar tan poca gente al dejar el foro y en-
filar por el *Argiletum*. Se detuvo en seco, obligando a que sus esclavos se tropezaran entre sí al imitarle. Había pedido a Calino que, a la
hora del término de la representación, viniera acompañado con otros
esclavos para así, todos juntos, regresar a casa. En caso de un mal encuentro sólo se podía confiar en la lealtad de Calino, pues el resto
eran jóvenes esclavos recién adquiridos para tareas menores de la
casa, pero el ir escoltado por varios servidores era con frecuencia un
modo eficaz de desalentar a los grupos de malhechores nocturnos
que, sigilosos, se movían entre las sombras de las calles de Roma. Netikerty, más atenta a todo lo que sucedía a su alrededor, quedó a unos
centímetros de su amo y contuvo la respiración. Sin saberlo, ella y su
amo compartían la misma sensación de que algo no marchaba bien.

Por la calle bajaban un par de carros que sin duda venían del *Macellum*, el gran mercado al nordeste de la ciudad. Lelio arrancó de nuevo, pero esta vez dejando la gran avenida del *Argiletum* y se adentró en el laberinto de callejuelas que se extendía tras las *tabernae novae*, cruzando por las *tabernae septmen*. Pensó que por aquellas callejuelas, acercándose siempre hacia el mercado, encontraría el abrigo de los mercaderes, los pescadores y los artesanos que en aquellas horas aún trajinarían preparando las mercancías del nuevo día que habría de venir. Y al principio fue así, pero cuando giraron de nuevo hacia el norte, pasada ya la ubicación del *Macellum* se encontraron de pronto en una calle completamente desierta. Lelio ya no tuvo dudas. Con rapidez se llevó la mano debajo de su *sagum* para palparse la espada. Allí estaba. Se alegró de no llevar toga. Aquélla fue una sabia decisión, como probaría el desenlace de aquella noche. La toga siempre resultaba una ropa incómoda para luchar, mientras que el *sagum* permitía mucha mayor libertad de movimientos. La calle estaba a oscuras salvo las sombras débiles que proyectaba la luna blanca del cielo, hasta que poco a poco, por ambos extremos de la estrecha callejuela, crecieron unas siluetas negras temblorosas a la luz de las antorchas que las mismas sombras portaban. Lelio contó cinco, seis, quizá siete hombres por cada extremo. Demasiados para él, Calino y los dos jóvenes esclavos que traía consigo. Netikerty en aquel momento no contaba o si lo hacía, era más una carga que un aliado. Lelio se pasó el dorso de la mano por la boca. La tenía seca. Pensaba quién podría atreverse a organizar un ataque contra un tribuno de la las legiones de Roma, contra el segundo de Escipión, pues aquello tenía toda la pinta de algo premeditado y no un encuentro fortuito con atracadores y las ideas que le venían a la mente no le tranquilizaban. No podía tratarse de una banda de ladrones. No era normal que fueran tantos bandidos juntos. Los perseguidores se hicieron visibles por ambos extremos. Lelio, en el centro de la callejuela, con los esclavos a sus espaldas, miraba a uno y otro lado. Buscaba el refugio de una de las paredes laterales. Eran casas de madera lo que les rodeaba, mal construidas, apiladas una contra la otra sin la magnificencia de los grandes edificios del foro que, irónicamente, se encontraba tan próximo y, sin embargo, para Lelio, en aquel momento, tan lejano. Desenvainó la espada. Los dos grupos de atacantes se acercaron hasta quedar a diez pasos por cada lado.

—Soy Cayo Lelio, tribuno de las legiones de Hispania, a las órdenes de Publio Cornelio Escipión. No sabéis lo que hacéis. Por Hércules, retiraos todos antes de que vengan los *triunviros* y acabéis todos crucificados.

No hubo respuesta por parte de aquellos hombres, sino que se mantuvieron en sus posiciones. No eran bandidos. Aquello habría sido suficiente para disuadir a cualquier banda nocturna de desalmados. En la noche se escuchó una docena de espadas desenvainándose a un tiempo. Por el sonido, inconfundible para sus experimentados oídos, el tribuno reconoció que eran *gladios* militares. Lelio ya sabía con quién se las veía: antiguos legionarios a sueldo de un particular. No era gente dispuesta a retirarse ante las palabras, no importaba quién las pronunciara. Tenían una misión y un dinero que cobrar que no estaría entre sus manos hasta cumplir las órdenes recibidas. Lelio miró a sus esclavos: estaban aterrados, los jóvenes en especial y Calino, aunque mantenía la sangre fría, estaba igual de asustado, tal vez porque era el único de entre aquellos siervos que comprendía la gravedad de la situación. La muchacha se le había pegado como una lapa. Así no podría luchar.

—Tomad a la chica y protegedla.

No tenía sentido pedir que le ayudaran en aquella pelea. Ninguno sabía combatir, sería como echar carne a lobos hambrientos. Lelio optó por la única estrategia que podía sorprender a sus enemigos: atacar. No estaba dispuesto a dejarse matar en medio de aquel infame olor a pescado rancio que descendía desde las proximidades del *Macellum*.

Los hombres vieron la sombra de Lelio dando cinco pasos rápidos plantando cara al grupo que le cortaba el camino hacia el norte de la callejuela. Nada más alcanzarles, la espada del tribuno atravesó a uno de los sorprendidos atacantes, pero el arma ya estaba de nuevo fuera del cuerpo ensartado para frenar los golpes de dos de los cinco que quedaban en ese grupo. Lelio detuvo ese golpe, se volvió hacia los otros tres agachándose al girar y segó dos piernas de atacantes distintos. Éstos cayeron aullando al suelo, inutilizados, arrastrándose hacia la pared opuesta, dejando uno de ellos la antorcha que los había iluminado hasta allí, perdida en el suelo polvoriento. Quedaban tres armados. Lelio retrocedió entonces para acometer al grupo que estaba al sur de la calle. Éstos no habían intervenido entre sorprendidos y divertidos por lo que esperaban una rápida caída de su presa, pero al ver que el tribuno se acercaba ellos, dos de ellos le salieron al encuentro. Lelio repitió el movimiento de agacharse para intentar cortar alguna pierna de sus oponentes, o pinchar en ellas, pero se encontró con las espadas de sus enemigos, advertidos ya de la destreza militar de Lelio. El tribuno frenó su embestida y se situó en el centro, junto a la antorcha perdida por el atacante herido. El asunto se complicaba. Aquello empezaba a parecerse demasiado a la toma de las murallas de Cartago Nova, pero ahora no disponía de Sexto Digicio y sus hombres. En ese momento, cuando se acercaban dos por el norte y dos por el sur y Lelio meditaba sus opciones, Calino se puso a su lado, tomó la antorcha y embistió a los atacantes del norte, lo que permitió que Lelio se centrara de nuevo en arremeter contra los del sur, esta vez sin agacharse, sino con estocadas rápidas que se abrieron paso hasta que su espada pinchó el rostro de uno de los atacantes y con el brazo libre golpeó en el pecho del contrario tumbándolo, quien, para su mala fortuna, cuando quiso levantarse se encontró con la espada de Lelio resquebrajando su esternón. Dos menos, pero aún quedaban siete en pie en total, tres a un lado y cuatro al otro. Lelio se volvió y vio que Calino se defendía blandiendo la antorcha con furia, manteniendo a raya a los tres que quedaban en aquel extremo, pero no podría resistir mucho así que partió en su ayuda. Uno de los atacantes cortó de cuajo la antorcha que salió despedida como una bola de fuego y se perdió entre las casas de madera apoyadas sobre las *tabernae septem*. Aun así Calino acertó a golpear con el asta que le quedaba de la antorcha tronchada clavándola en el hombro de uno de los tres enemigos, pero ni su osadía ni la intervención de Lelio le salvaron de que una gélida espada le rajara por la espalda. Calino cayó sin gritar. Lelio mató entonces a su vez al que había ejecutado a Calino. Sólo quedaban uno al norte, con dos heridos en la pierna, arrinconados, y otro encogido con la mano intentando arrancarse el asta de la antorcha. Era el lugar por donde huir. El sur seguía defendido por cuatro. Estaba decidido. Miró hacia Netikerty, acurrucada en el portal de una de las tiendas de la callejuela. Los esclavos jóvenes habían echado a correr: uno hacia el norte, que escapó, no era el objetivo que los atacantes perseguían, y otro hacia el sur que sí fue ensartado por dos espadas que no gustaban de dejar testigos. La joven esclava había sido más inteligente y se quedó a la espera de ver lo que hacía su amo. Lelio agradeció aquel comportamiento, de la misma forma que se sentía agradecido y sorprendido, por qué no admitirlo, por la valerosa y leal intervención de Calino. Ahora no tenía tiempo para llorar su muerte.

El tribuno hizo una señal a la joven esclava y ésta, sin dudarlo, se levantó y fue hacia él. Lelio se encaró de nuevo con el atacante que quedaba al norte de la calle, ya se ocuparía Netikerty de seguirle para escapar, cuando sintió un dolor punzante en su gemelo izquierdo: uno de los heridos se había revuelto y le estaba rasgando la pierna con su espada. Lelio, furioso, le remató clavando su arma en la cerviz de aquel hombre que se convulsionó como un buey al ser sacrificado y luego quedó quieto. Lelio volvió a encarar al enemigo del norte sin perder de vista el avance de los cuatro oponentes que ascendían por la calle para, entre todos, rodearle a él y a Netikerty, cuando algo ocurrió que les dejó a todos paralizados. De súbito, como una explosión, una de las *tabernae septem* prendió en llamas. La antorcha perdida había encendido un fuego que con un golpe del aire que bajaba de norte a sur se había avivado culminando en un incendio. Lelio, sobrepuesto de la sorpresa, pudo examinar los rostros de los hombres que le rodeaban a la luz de las llamas. Eran guerreros de mediana edad, veteranos de alguna de las múltiples campañas de Roma, de rostros enjutos en su mayoría, acostumbrados a las penurias, que aún no habían saboreado durante suficiente tiempo la molicie de ser asesinos a sueldo como para hinchar sus panzas y perder destreza con las armas. Una lástima, pensó Lelio mientras cojeaba en busca de su enemigo al norte, pero su caminar era ahora más lento y pronto él y Netikerty se vieron rodeados por los cinco hombres que quedaban en pie. Lelio se pasó la mano por la barba. La joven esclava seguía a sus espaldas. Aquello pintaba mal. Estaba cansado y herido y ya no era posible sorprender a sus atacantes con trucos de viejo militar. Lelio fue retrocediendo, Netikerty a su lado, hacia la tienda en llamas. Los hombres que los rodeaban se acercaban, espadas en ristre, apuntando a la garganta de su presa. El incendio se extendía y la segunda de las *tabernae septem* prendió también. El aire llevaba humo y pavesas. Lelio se giró ciento ochenta grados, tomó a Netikerty en sus brazos, volvió a girarse para observar por última vez a sus atacantes que se abalanzaban sobre ellos y empujó con su espalda la puerta en llamas de la segunda tienda incendiada. Ésta, quebrantada por la furia del fuego, se partió y cedió al empuje del tribuno, que con la muchacha en los brazos entró en medio del incendio. Los hombres intentaron seguirles pero una de las vigas de madera cedió a la vorágine de las llamas y les cerró el paso momentáneamente. En el interior, Lelio cruzó las dependencias de la tienda a toda velocidad, conteniendo la respiración hasta salir

—Bien. Entonces pasaremos aquí la noche y mañana partiremos de Roma. Esta ciudad empieza a ser más peligrosa que un frente de batalla. En Hispania estaremos más seguros.

Netikerty pensó en preguntar sobre quién creía él que eran los hombres que les habían atacado, pero lo pensó mejor y calló. En cierta forma, estaba segura de que tanto ella como él pensaban lo mismo. Netikerty estaba algo confusa con aquel ataque, aunque nadie la había agredido personalmente, pero le quedaba la oscura duda de qué habría pasado si Lelio hubiera sido abatido. En cualquier caso, ahora no debía preocuparse por eso, sino por cuidar de su amo. La muchacha, de nuevo de rodillas junto al *triclinium*, se sacó unos rollos de entre su túnica mojada y los depositó con cuidado sobre el suelo.

—¿Están bien? —preguntó Lelio.

—Sí, mi señor —respondió la joven esclava—. Los he preservado del fuego y del agua. Están bien, mi señor.

Lelio se recostó exhalando aire, aliviado. La muchacha levantó despacio el *sagum* del tribuno.

—Hay que curar esa herida, mi señor.

Lelio se incorporó un poco apoyándose sobre los codos y se miró el corte: no era demasiado profundo pero sí doloroso. Él no sabía mucho de medicina, pero lavar las heridas bien con agua era lo que siempre recomendaba el médico griego de las legiones en Hispania.

—Trae agua y unos paños y límpiala bien. Luego ponme una venda.

Netikerty asintió y en un minuto regresó con todo lo necesario. Puso una bacinilla con agua fresca al pie del *triclinium* y con un paño limpio fue lavando la herida frotando con suavidad. Sintió cómo su amo tensaba los músculos, cerraba la boca con fuerza y no decía nada. La joven intentó aplicar el lavado con mayor suavidad, pero sin dejar de limpiar la herida bien con el agua y luego secando la sangre con otro paño limpio que había traído. Su amo giró la cabeza hacia un lado y se quedó con la mirada fija en una de las paredes contemplando una larga serie de símbolos latinos en tinta negra la mayoría y algunos en tinta roja que para la joven no tenían ningún sentido. Reconocía largas columnas de letras del alfabeto latino, que debían de seguir algún patrón pero que ella no había acertado a descifrar. Podía leer alguna palabra suelta de latín pero poco más.

AKJAN	FK FEB N	BK MAR	AK APR F	FK MAI F	FK IVN	B K QVI	AK SEX	Fk SEP F	C K OCT	BK NOV	GK DEC	G INTER
B	G N	C F	B F	G	F	C	B F	G C	D F	C	H	H
C	H N	D C	C C	H	G	D	C	H C	E C	D	A	A
D	A N	E C	D C	A	H C	E	D	A C	F	E C	B	B
E NON F	B NON	F	E NON	B C	A NON	F	E NON	B NON F	G	F NON	C NON	C NON
F	C N	G	F N	C C	B N	G	F C	C F	H C	G	D	D
G	D N	H NON F	G N	D NON N	E	H NON	G C	D	A NON	H	E	E
H	E N	A	H	E F	F	A N	H C	E CM	B	A	F C	F
A	F N	B	A	FLEMVRN	G MATR N	B N	A	F CM	C	B C	G C	G
B	G N	C	B N	G C	H	C	B	G CM	D C	C	H C	H
C CAR	H N	D	C N	HLEMVRN	A EIDVS	D C	C C	H	E MED	D	A AGONN	A
D C	A N	E C	D N	A C	B N	E C	D C	A	F C	E	B	B
E EIDVS	B EIDVS	F	EEIDVS N	B LEMVR	C Q STDF	F C	E EIDVS	BEIDVS N	G FONT	F EIDVS	CBDVSN	C EIDVS
F EN	C	G EQVIR	F N	C	D C	G	F F	C F	H	G	D F	D F
G CAR	D LVPER	H EIDVS	GFORD N	D EIDVSN	E C	H EIDVS	G C	D	EN	H	E CONS	E
H C	E	A F	H N	E F	F C	A F	H CA	F	A EIDVS	A	F C	F
A C	F QVIR	B LIBER	A N	F C	G C	B C	A	G	B EN	B C	G SATVR	G
B C	G C	C QVIN	B N	G	H	C C	B	H	C	C C	H C	H
C C	H C	D	C CERIA	H C	A	D LVC N	C VIN	A	D	D	A GTA	A
D C	A	E	D N	A C	B	E C	D	B	E ARM	E	B	B
E	B FERA F	F	E PARIL	B AGON	C	F LVC N	E CONS	C	F	F C	CDVAL	C
F	C C	G	F N	C TVBIL	D	G	F EN	D	G	G C	D C	D
G	D TERMIN	H	G VINAL	D	E	H	C VOL	E	H C	H C	E LAREN	E R
H C	E	A	H C	E	F	A N	H C	F C	A C	A C	F	F
A C	F	B	A ROBIG	F	G C	B FVR	A CPIC	G	B C	B C	G C	G
B C	G	C	B C	G	H C	C C	B	H	C C	C C	H C	H
C C	H EQVIR	D	C	H	A	D C	C VOLTV	A	D	D	A C	A
D	A C	E	D C	A C		E	D	B	E	E C	B C	
E C		F C	E C	B		F	E		F	F C	C C	
		G C		C		G C			G C			
		H C		D		H C			H			
									A C			

—¿Qué son esas letras, mi amo?

Lelio se giró despacio, sorpendido por la pregunta.

—Es un calendario, un calendario romano.

—Ah —respondió la joven muchacha, mientras apartaba el trapo húmedo y se esmeraba ya sólo en secar la herida.

—Es un calendario. En él están los meses, arriba, *Ianuarius, Februarius, Martius, Aprilis, Maius, Iunius, Quintilis, Sextilis, September, October, Nouember, December* y un mes adicional *intercalar*... para completar el año. —Hablar le hacía bien, le alejaba del dolor, quizá por eso la propia Netikerty le preguntaba. La muchacha escuchaba atenta mientras seguía secando la herida.

—¿Pero...?

—Sí —invitó Lelio a que siguiera con su pregunta. Sentía curiosidad por las dudas de su joven esclava.

—Pues que si *quintilis* significa el quinto y *sextilis*, el sexto y así el resto, no lo entiendo, porque *Quintilis* es el séptimo mes de vuestra lista y el siguiente el octavo y así... no tiene sentido.

Lelio sonrió. Era cierto.

—Es que antiguamente... sólo teníamos diez meses en el calendario... empezando por *Martius*, pero como eran insuficientes para el año agrícola y las estaciones... se añadieron dos al principio: *Ianuarius* y *Februarius*. Y luego se añadió también el mes intercalar... para completar los días que según los sacerdotes eran necesarios para mantener el calendario de acuerdo con las cosechas y las estaciones... —Lelio detuvo sus explicaciones. Estaba cansado.

Netikerty escuchaba, pero no parecía satisfecha.

—Pero entonces los nombres de *Quintilis* en adelante han perdido su sentido. Y los nombres deben tener sentido.

Lelio la miró. ¿Los nombres deben tener sentido? Los egipcios eran gente peculiar. La muchacha mantenía la mano con el paño suavemente sobre la herida. El dolor se había disipado en gran medida y sentía el calor de la piel de la joven a través del fino paño. Era un calor vital, igual que la mirada de la muchacha con sus pupilas brillantes e inquisitivas estudiando la pared donde estaba el calendario. Qué extraña era la vida. Acababan de ser atacados por desconocidos en medio de las calles de Roma, a punto de perder la vida, rodeados de un mundo en guerra, en medio de una misión que no había podido cumplir pues había fracasado en su intento de recibir refuerzos para la lucha en Hispania, y en todo lo que podía pensar ahora era en el cuerpo caliente y moreno de aquella esclava.

—Miraba el calendario —continuó Lelio—, porque quería saber cuándo sería un día propicio para partir de Ostia de regreso a Hispania.

—¿Y eso puede saberse mirando esas letras? —preguntó Netikerty bajando su mirada hacia el paño y la herida, y, al ver la tela ensangrentada, cambió el trapo por otro nuevo que fue poniendo alrededor del corte a modo de venda.

—Cada día tiene asignada una letra, desde la A hasta la H. La H indica que es día de mercado. Así van sucediéndose los días del mes. Luego la K indica que son las *kalendae*, el primer día del mes, y NON marca las *nonae* que es cuando la luna está en el cuarto creciente. EIDVS señala el día decimotercero o decimoquinto de cada mes coincidiendo con la luna llena. Y luego verás que unos días hay una C, una N o una F. La C marca los días *comitiales* en los que se puede celebrar cualquier acto público, los días N son *nefasti* y en ellos no es legal hacer nada público pues están reservados para adorar a los dioses, en cambio los días F son los que me interesan, pues son los días *fasti*, aquellos en los que se permite emprender cualquier cosa. Ésos son días buenos para partir. Para los soldados y las tripulaciones de los barcos que comando estas cosas son importantes.

Netikerty vendaba despacio la herida de Lelio. El tribuno la miraba. Ella, para ir pasando los paños que estaba usando de venda alrededor de su pierna, apoyaba las palmas de sus manos sobre el muslo o sobre la pantorrilla, levantando la pierna de su amo. Lelio sentía la tersa piel de la joven y comprendía que pese a su esclavitud, Fabio no la había usado para trabajos en la cocina o de limpieza. La había preservado de esas tareas para mantener su piel intacta y suave y gozar de ella en otras actividades. La muchacha, aparentemente ajena a las intensas miradas de Lelio, seguía observando la pared de forma intermitente.

—También hay otras palabras en algunos días, ¿no?, como LEMVR o AGON o TUBIL.

Lelio respondió sin dejar de mirarla, sin volverse al calendario.

—¿LEMVR, AGON, TUBIL...? Estás en el mes de *Maius*, decicado a la diosa *Maia* y en él se indican las fiestas principales: LEMVR para referirse a las *Lemuria* cuando adoramos a los *lemures*, los espíritus de los difuntos, AGON por *Agonium Veiouis* cuando sacrificamos un carnero a *Veiouis*, una divinidad de los infiernos, y TUBIL para referirse al *Tubilustrium*, cuando purificamos las trompetas de la guerra. Y así con cada nombre que ves en el calendario.

Netikerty había terminado de vendar a su amo. Lelio la veía de rodillas, sus pequeñas manos cruzadas sobre su pierna herida, como queriendo calmar el dolor y, se sorprendió, parecía que así fuera, como si la muchacha absorbiese su sufrimiento.

—¿Y los días en rojo? —preguntó la joven.

—Son días especiales, los primeros de la semana, de cada ciclo lunar o fiestas especiales. Con rojo marcamos aquellos días de particular importancia. Es una costumbre como cualquier otra. No sé cuándo empezó ni cuándo dejará de usarse.

Y no había terminado de pronunciar aquellas palabras cuando

Lelio alargó su brazo derecho y tomó a la muchacha por la cintura, asiéndola con firmeza pero sin hacer daño a la joven, la hizo levantarse hasta quedar en pie a su lado y luego sentarse junto a él. La miró a los ojos. Ella bajó la mirada pero no quitaba sus manos pequeñas de la pierna de Lelio. Justo allí, en la entrepierna, algo pareció moverse y la muchacha sintió cómo el miembro de su amo crecía de tamaño. No pensó que aquel hombre herido pudiera tener fuerzas para poseerla en aquel momento. Se equivocaba.

15

Catón y Fabio

Roma, diciembre del 209 a.C.

A Fabio Máximo las noticias le llegaban con rapidez, pero hasta el propio Catón se admiró de que ya tuviera conocimiento de lo que estaba ocurriendo aquella noche en Roma, por eso no pudo evitar que cierta sorpresa se dibujara en su faz cuando el viejo cónsul le lanzó aquella pregunta.

—¿Es cierto lo que he oído, que Roma está en llamas?

Caton asintió y, ante la mirada sostenida de su intelocutor, completó la información con lo que sabía.

—Es un incendio en el barrio del *Macellum*. Parece que ya está controlado pero han ardido las *tabernae septem* y dicen que se han visto afectadas las *tabernae novae* e incluso algo el edificio de la *Regia*, aunque eso está por confirmar. El templo de Vesta se ha salvado por la intervención de un grupo de esclavos.

—Esos esclavos deberán ser recompensados.

—¿Dándoles la libertad? —preguntó Catón.

—Sí. Eso gustará al pueblo.

—Así se hará. Me ocuparé de ello.

—¿Y se sabe el origen del fuego?

Catón guardó silencio un instante antes de responder.

—No. Incendiarios quizá.

Máximo no preguntó más. Tenía la punzante sensación de que Marco no decía todo lo que sabía. En cualquier caso, el viejo cónsul decidió no indagar más. Hay veces que es mejor dejar la verdad oculta y Catón, con su silencio, parecía compartir aquella visión, incluso Fabio Máximo quiso ver cierto alivio en el rostro de su discípulo político cuando éste vio que no se preguntaba más sobre el tema.

—Voy a ocuparme del asunto de los esclavos —dijo Catón, y partió sin decir más.

Máximo se quedó a solas. Habría que reconstruir lo quemado y con celeridad. Estaban en medio de una guerra atroz y un centro urbano devastado por un misterioso incendio era lo último que necesitaban para animar la moral del pueblo. Y necesitaban al pueblo. Necesitaban soldados.

LIBRO II

PUBLIO CORNELIO ESCIPIÓN
IMPERATOR

208 a.C.

Cuius aures veritati clausae sunt, ut ab amico verum audire nequeat, huius salus despernada est.

CICERÓN
en *Laelius, de amicitia*, 24, 90

[Aquel cuyos oídos están tan cerrados a la verdad hasta el punto que no puede escucharla de boca de un amigo, puede darse por perdido.]

16

El regreso de Lelio

Tarraco, enero del 208 a.C.

Publio se levantó de su diván y le recibió con los brazos abiertos. Lelio suspiraba de alivio al sentir el abrazo de su general, de su amigo, del joven patricio a cuyo padre había prometido defender y proteger por siempre. Sabía que le había fallado al no conseguir las dos legiones extra que Publio le había solicitado, pero aquel afectuoso abrazo diluía sus dudas y le sosegaba el alma. ¿O es que acaso Publio aún no sabía lo ocurrido? No, eso no tenía sentido porque el propio Lucio le dijo que escribiría a Publio para que tuviera conocimiento de lo acontecido tras aquella pérfida sesión en el Senado. ¿Qué más sabría o no sabría Publio de todo su periplo en Roma? ¿Cuánto debía contarle?

—Pero pasa, Lelio, pasa a nuestra casa y descansa. Pareces aturdido. —La voz de Publio sonaba sincera y pacífica, con una honesta intención de animarle—. Pero dime, ¿cómo está Roma?, ¿de qué se habla? Del Senado ya me ha contado mi hermano por carta pero quiero oírlo de ti. ¿Qué ocurrió exactamente?

Emilia vino al rescate.

—Si no le dejas ni tiempo para respirar, ¿cómo esperas que te responda, Publio?

—Tienes razón, Emilia, como siempre, tienes razón. Ven, Lelio, pasa y siéntate junto a nosotros. —Dirigiéndose a un esclavo que se hallaba en pie en el atrio, junto a los *triclinia*— y traed vino, vino solo, y *mulsum*, y por todos los dioses, rápido. Tenemos en casa a un amigo, el mejor de los amigos, que seguro estará sediento después del largo viaje.

Lelio, conducido por un afable Publio, tomó asiento en el *triclinium sumus* que quedaba a la derecha del anfitrión de la casa y que era el lecho reservado para comer sólo para los invitados de mayor rango. La conversación empezó y Lelio fue dando respuesta a la larga batería de preguntas lanzada por Publio. Narró su fracasada intervención en el Senado, cómo por un momento pensó que se iba a conseguir el objetivo de obtener los esperados y tan necesarios refuerzos para Hispania hasta que intervino Quinto Fabio Máximo haciendo valer su categoría de *princeps senatus* y su gran oratoria para persuadir a todos de que el verdadero enemigo era Aníbal y que no se podían enviar más tropas fuera de Italia. Publio escuchó con atención asintiendo con regularidad para mostrar su interés y su aceptación de los hechos descritos. Luego Lelio, en un intento por cambiar de tema, introdujo el asunto de *Amphitruo*, la última representación de Plauto, realizando una muy pobre recreación de los eventos que narraba la obra del popular escritor.

—Había un esclavo, y éste era engañado por los dioses, por Mercurio y también por Júpiter para que así Júpiter pudiera yacer con la mujer del amo del esclavo, o algo así, pero lo curioso es que aunque aparecían los dioses aquello no era una tragedia sino más bien una comedia, o eso me pareció a mí.

—¿Una comedia con los dioses presentes en escena? —le interrumpió Publio incrédulo—, veo que te confundes en el teatro aún más de lo que yo esperaba.

Lelio se defendió con audacia.

—Sabía que si no traía pruebas no se me creería, así que me procuré una irrefutable. Toma y juzga por ti mismo, Publio.

Sacó entonces Lelio de entre los pliegues de su toga los rollos de la copia que el propio Plauto le había entregado. Publio tomó los rollos entre sus manos con admiración.

—¿Un original, escrito por el propio autor? En este caso te has superado, has superado todo lo esperable —comentó Publio mientras desplegaba uno de los rollos con auténtica ansia en la mirada.

Pasó un minuto de silencio en el que tanto Lelio como Emilia respetaron el deleite de Publio sin decir nada. Lelio se decidió a añadir unas palabras.

—Me hice tanto lío con el argumento que tras la representación hablé con Plauto y le pedí una copia de la obra. Al principio se extrañó, pero al decir que era para ti se mostró entre sorprendido y halagado, creo. Bueno, lo esencial es que me dio esa copia.

Publio asentía mientras no dejaba de examinar el primero de los

rollos. Lelio, por su parte, omitió la milagrosa contribución de Netikerty para preservar esos rollos intactos de las llamas o del agua en su
huida nocturna entre los callejones del *Macellum*. Al fin, el propio
Publio dejó los rollos sobre la mesa, cuidadosamente plegados, luegó
dudó, los volvió a tomar e hizo una indicación con la mano a uno de
los esclavos presentes durante la cena. El aludido se acercó con rapidez
a su amo.

—Llevad estos rollos al *tablinium* y dejadlos allí, sobre mi mesa, y
hacedlo con mucho cuidado de no dañar estos hermosos y muy preciados rollos. —Y mirando a Lelio y su esposa alternativamente añadió—: No es ahora momento para que me solace en la lectura atenta de
esta obra y que así compruebe si lo que Lelio nos cuenta, Emilia, es
cierto o no, aunque admito que aquí salen dioses y que en el prólogo
de la obra detecto un tono sarcástico impropio de una tragedia... pero
dejemos esto y sepamos más cosas de tu estancia en Roma, querido
Lelio. Me han dicho que no regresaste solo. No trajiste contigo un
ejército pero tampoco viniste igual de solo que cuando marchaste a
Roma.

Lelio frunció el ceño. No sabía bien a qué quería hacer referencia
Publio con aquellas palabras. Pensó en Netikerty, pero le sorprendió
que la adquisición de una esclava pudiera levantar tanto revuelo, si
bien, admitía para sus adentros, era consciente de que la belleza y sensualidad de su recién adquirida esclava egipcia no había pasado desapercibida entre la tripulación de la *quinquerreme* en la que regresaron
de Roma. Incluso él mismo le prohibió que saliera a cubierta, salvo
por la noche para refrescarse un poco, y así no ser vista por todos
constantemente. ¿Era posible que la fama de la belleza de aquella esclava hubiera llegado ya a oídos de Publio?

Ante el silencio de Lelio, Publio continuó hablando.

—Me han dicho, nos han dicho —mirando a su esposa—, que has
regresado acompañado de una muy hermosa esclava.

Lelio tragó vino de su copa. Era posible. No quería ocultar nada
sobre Netikerty pero explicarlo todo parecía algo embarazoso. Quizá
pudiera salir del tema sin tener que precisar el lugar donde la había
comprado.

—A Lucio, mi hermano —prosiguió Publio—, le encantaría saber
dónde la compraste. Creo que quiere una igual para él.

Lelio se atragantó. Tosió y terminó escupiendo grumos de vino y
babas en el suelo. Lelio pidió un poco de agua. No porque la necesita-

ra sino por ganar tiempo. Sin embargo, mientras le traían el líquido, aquello no hizo sino despertar aún más el interés de Publio, pues Lelio nunca pedía agua. No obstante, el general decidió guardar silencio y dar tiempo a que su gran amigo se rehiciera o pensara o decidiera callar sobre el tema. Sabía que Lelio ya había estado muy preocupado con aquel encuentro por el penoso asunto de las legiones que no consiguió del Senado como para agobiarle más con algo que, aunque no lo pensó en un inicio, parecía ser un tema sensible para el más fiel de sus oficiales.

—Es sólo una esclava egipcia. Muy bella, sí, eso es cierto, pero tan sólo una esclava.

Publio sabía que esa explicación merecía una pregunta como «¿y por eso te atragantas?», pero mantuvo su línea de discreción. En el espeso silencio que siguió, Lelio, que se debatía entre sincerarse o callar por completo, decidió que con Publio sólo la honestidad mantenía la fortaleza de su alianza, por ello, tomó de nuevo la palabra y narró con concisión pero con detalle suficiente su salida del Senado, el modo en el que el joven Catón le abordó, la entrevista con Quinto Fabio Máximo en su gigantesca villa, incluyendo la oferta de apoyo político por abandonar a Publio, su propia negativa a dejarse comprar, el episodio de la compra de Netikerty y el ataque nocturno en las calles angostas próximas al foro y el incendio de la ciudad. Lelio narró los acontecimientos como un torrente. Publio y Emilia entendieron con rapidez que su amigo se estaba desahogando y que el desconocimiento por Publio de aquella entrevista le pesaba en el ánimo y que sólo ahora, al verter toda la verdad como una jarra que se vuelca de golpe quedaba su espíritu apaciguado en su interior.

—Y ésa es la historia de dónde y cómo conseguí comprar a esa esclava. Ésa fue mi visita a Roma. Eso es todo.

Publio y Emilia le miraban atónitos. Fue el general el que intervino para dar expresión a sus sentimientos.

—Fabio te intenta comprar, te lo ha ofrecido todo, incluso el consulado, y tú te has negado.

Lelio asintió sin decir más.

Publio le miraba con admiración. Así permanecieron unos segundos hasta que Publio rompió a reír.

—Y no sólo eso —empezó entre carcajadas—, sino que en medio de ese debate por comprar tu voluntad tú le espetas una puja por una de sus esclavas. Fabio Máximo, estoy seguro, no daría crédito a tu propuesta.

Lelio empezó a sonreír.

—Al principio no, pero luego sí; se ve que el dinero le sigue interesando al viejo senador.

—Nunca hay que despreciar el poder del dinero, así es —confirmó Publio, y se echó a reír—. El viejo Fabio te ofrece un consulado y tu pujas por una de sus esclavas. Luego, envía a un montón de asesinos para acabar contigo y tú incendias Roma entera para escapar. Por Júpiter y todos los dioses, Lelio, eres insuperable, insuperable. Levanto mi copa en tu honor y propongo un brindis: estás aquí conmigo, con nosotros y eso es lo único que importa. Cayo Lelio, me eres leal. Lealtad es lo que ofreces cada día y si de todo esto, después de los trabajos que te he encomendado, has conseguido una bella esclava, te la has ganado; que la disfrutes con salud, mi buen amigo. Aún me acuerdo cuando brindamos por nuestra amistad aquella noche junto al río Trebia, ¿lo recuerdas, Lelio?

—Nunca lo olvidaré. Creo que me ata a ti aquel brindis tanto como el juramento a tu padre.

Publio asintió orgulloso.

—Sea pues, bebamos de nuevo juntos por la amistad, Lelio. Creo que cualquier otro que hubiera enviado a Roma, no habría regresado: o bien se habría aliado con Fabio Máximo o bien estaría muerto. —Y alzó su copa recién repleta de vino, esta vez sin miel. Emilia y Lelio le imitaron y los tres bebieron con placer saboreando en sus paladares el deleite de la amistad sincera.

La conversación, conducida ahora por algunas preguntas de Emilia sobre el día a día en la Roma que añoraba, transcurrió relajada mientras Publio se perdía en pensamientos más oscuros. Tenía a su gran amigo junto a él, habiendo superado la tentación del éxito político y el lujo propuestos por Fabio. Era algo de lo que sentirse satisfecho, pero de nuevo la dura realidad de la carencia de tropas suficientes para enfrentarse o, incluso, para defenderse de los cartagineses, le golpeó en toda su crudeza. ¿Cómo es que Fabio Máximo y el Senado no veían la necesidad de detener a los cartagineses allí mismo, en Hispania? ¿Qué pretendía Máximo? De súbito una sensación deslumbradora y trágica a la vez invadió su alma: Máximo estaba dispuesto a arriesgar Roma, a permitir incluso que los cartagineses se apoderasen de Hispania y que avanzaran por la Galia, como había hecho ya Aníbal, si con eso conseguía eliminar a sus enemigos políticos: a él mismo, Publio Cornelio Escipión, y a cuantos le apoyaban. La certidumbre tornó en amargo el sabor del vino, pero Publio mantuvo una sonrisa suave mientras Lelio intentaba, de modo torpe, describir la forma en la que las mujeres vestían y se peinaban en Roma.

—Quizá deba hablar con tu esclava —comentó Emilia divertida ante las inconexas explicaciones de Lelio—; seguramente ella sabrá ser más precisa en todo lo tocante a la ropa y peinados femeninos. ¿Tiene un nombre esa muchacha?

—Netikerty —respondió Lelio con las mejillas ligeramente enrojecidas, quizá por el alcohol, quizá por sentirse azorado ante su incapacidad en aquel tema en el que se le preguntaba.

Publio enarcó una ceja al escuchar aquel nombre y pensar en su significado. Netikerty. Pero no dijo nada. Qué curioso que cosas aprendidas de niño, bajo la tutela de los preceptores griegos contratados por su padre, de pronto, se tornaran interesantes. Siempre entendió la utilidad de hablar griego, pero nunca le vio el sentido a estudiar egipcio y otras lenguas bárbaras. Emilia se dirigió a él entre risas.

—Por Cástor y Pólux, Publio, has de pedir a Lelio que la próxima vez que venga se haga acompañar de esa esclava. Tengo que hablar con ella. Necesito noticias frescas de Roma sobre temas en los que claramente tu mejor oficial es bastante poco experto.

Publio asintió sonriendo. Lelio cabeceó también en sentido afirmativo. Todos se sentían bien por estar juntos, aunque a cada uno le palpitaba el corazón con una intensidad especial por motivos diferentes. Publio, olvidado ya el destello sobre el significado de aquel nombre egipcio, seguía en esencia preocupado por la carencia de las dos legiones que tanto necesitaba; Lelio no sabía si había hecho bien en hablar tanto de Netikerty y dudaba de cómo sería tratada por Emilia y por Publio; Emilia, por su parte, estaba llena de curiosidad por conocer a aquella esclava que había cautivado el corazón del más fiel oficial de su marido. Porque algo era evidente en aquella cena, aunque aquellos dos hombres que la acompañaban fueran ciegos: Cayo Lelio se había enamorado.

17

La rebelión de Etruria

Roma, febrero del 208 a.C.

El nuevo año llevó a Marcelo a ser elegido cónsul por quinta vez. Una vez más el Senado buscaba alguien con experiencia para asegurarse una defensa adecuada frente a la incontenible furia de Aníbal. El año anterior dicho cargo había recaído en Quinto Fabio Máximo y ahora se elegía a otro senador que, de igual forma que Máximo, alcanzaba ahora su quinto consulado. La otra magistratura se decidió que fuera para Quincio Crispino, más joven, sin tanta veteranía en la guerra, pero algo necesario: Roma buscaba ir preparando a hombres nuevos que pudieran ir adquiriendo la destreza precisa en previsión de la continuidad de aquel conflicto bélico cuyo principio parecía ya casi remoto y cuyo final nadie acertaba a vislumbrar, ni los augures oficiales ni los *auspex* más reconocidos.

Aquella mañana el Senado estaba repleto. Poco a poco se habían ido incorporando nuevos senadores para ir reemplazando a todos los que habían ido cayendo en el campo de batalla. Fabio Máximo, en calidad de *princeps senatus*, observaba desde su privilegiado lugar en la primera fila de bancadas de la *Curia Hostilia* cómo el resto de sus colegas iba incorporándose a la reunión. Hoy había temas más que importantes de los que ocuparse. Ya se había decidido sobre el reparto de las legiones: dos para cada cónsul para operar en Italia y acosar a Aníbal, o defenderse, según cómo se mire; y el resto de las legiones que debían permanecer en sus posiciones del año anterior repartidas entre las guarniciones de Capua, Tarento, Cerdeña, la frontera con la Galia y las fuerzas desplazadas a Hispania bajo el mando de Publio Cornelio Escipión. A Terencio Varrón se le concedió el mando de las *legiones urbanae*. Después de su desastrosa dirección en la batalla de Cannae, nadie parecía dispuesto a conceder a Varrón grandes misiones. Fabio observaba a su colega caído en desgracia. Terencio aparentaba dignidad, con su *toga virilis* bien ceñida; sin duda, esclavos no le faltaban a Varrón aun en medio de su catástrofe. Al menos, pensaba Fabio, el otro cónsul al mando en aquel desastre de Cannae, Emilio Paulo, se inmoló en medio de aquella terrible batalla en lo que todos recordaban como una épica *devotio*. Si no fuera porque los Emilio-Paulos se habían aliado tan estrechamente con los Escipiones —el joven Publio Cornelio se había casado con Emilia Tercia, hija de Emilio Paulo—, Máximo incluso se habría mostrado más respetuoso con la actuación de Emilio Paulo. De hecho su *devotio* había lavado la imagen de los patricios ante el pueblo y, mínimamente, salvado el honor del Senado. Fabio miró al suelo. En cualquier caso los temas que debían tratar en ese día eran otros: el asunto de Etruria y la concesión de recompensas a Livio, el centurión al mando de la guarnición de la ciudadela de Tarento cuando la ciudad cayó en manos de Aníbal.

El debate se inició con el asunto de Etruria. Éste era un tema importante, desde el punto de vista militar, pues se trataba de una rebelión que se extendía desde Arrentium por toda la región etrusca, donde las ciudades se negaban a propocionar refuerzos a Roma, algo que no se podían permitir en medio de aquella guerra contra Cartago, sobre todo porque había que evitar que dicha rebelión se contagiase a otras regiones, como ya ocurriese hacía unos años con el levantamiento de varias ciudades latinas. Unos defendían que había que negociar, pues no era conveniente enfrentarse militarmente con regiones aliadas. Sin embargo, la oposición de los senadores de Arrentium a ceder más hombres, víveres y suministros a Roma, era cada vez mayor. Todas las regiones que apoyaban a los romanos estaban exhaustas.

Maximo escuchaba y con cada nuevo informe que se leía, comprendía cada vez mejor la sabiduría con la que Aníbal estaba luchando: asediar Roma directamente era una locura y por eso sólo amagó el cartaginés y sólo como distracción para que los romanos trasladaran las tropas que asediaban Capua para defender a Roma; sí, Fabio Máximo hacía tiempo que lo intuía pero ahora estaba claro: Aníbal buscaba derrotar a Roma por puro agotamiento. El cartaginés estaba llevando a todos los aliados de Roma a la mismísima extenuación. De ahí a la rebelión sólo había un paso. Ya habían tenido que aplacar el levantamiento de las ciudades latinas y luego recurrir a enrolar a esclavos y hasta a reos de muerte para proseguir combatiendo al invasor cartaginés y, pese a todos los esfuerzos, Aníbal seguía allí. Y si la diosa Fortuna aún no se había decantado definitivamente a favor del cartaginés era porque éste todavía no había recibido los refuerzos necesarios ya por el sur, desde Cartago, o por el norte, si su hermano Asdrúbal conseguía doblegar las legiones de Escipión en Hispania. Todo estaba por ver. Pero ahora era Etruria. Máximo compartía la opinión de intentar evitar la guera abierta contra Arrentium y toda la región de Etruria, pero también aceptaba que los que proponían mano dura llevaban razón: había que controlar aquella revuelta con rapidez, antes de que se extendiese por toda Italia. Fabio Máximo se levantó, se situó en el centro de la *Curia* y aguardó que se hiciera silencio. Pronto todos esperaban el consejo del más veterano, del *princeps senatus*.

—Todos lleváis razón: los que promulgáis que debemos atacar Etruria y castigar la rebelión y aquellos que os mostráis más cautos. Todos lleváis razón y, sin embargo, debemos decidir y decidir rápido, pues la enfermedad que supone un levantamiento se contagia con rapidez de una población a otra y de una región a otra. Esto, sin duda alguna, es lo que desea Aníbal y esto es lo que en modo alguno debemos permitir nosotros que ocurra. ¿Qué hacer? —Y Máximo miró a los senadores girando su cuerpo, dejando que el silencio pesase sobre sus ánimos—. Yo os diré qué hacer. —Máximo disfrutaba tratándoles como niños; su edad y su condición de príncipe del Senado se lo permitía y la admiración de los unos y el temor de los otros fomentaba su actitud paternalista y cínica—. No atacaremos pero enviaremos una legión y esa legión cortará la rebelión sin derramamiento de sangre, o, al menos, sin guerra abierta. La legión tomará rehenes de entre los hijos de los senadores de Arrentium o entre otros prohombres de la ciudad. Ciento veinte me parece un número suficiente para asegurarnos las voluntades de su Senado entero. Rehenes jóvenes, niños mejor. Traeremos a Roma los rehenes y los trataremos como corresponde a su noble origen, con dignidad, incluso con generosidad, pues hemos de hacer entender que Roma paga con generosidad la lealtad, igual que pagamos con crueldad extrema la rebelión. Si Etruria permanece leal, nada habrán de temer los padres de los rehenes y si Etruria se obstina en su defección, primero descuartizaremos a los niños no ya de senadores sino de traidores a Roma y luego... luego exterminaremos Arrentium, pero esto último, esto último seguro que no será necesario. Ya se ocuparán los senadores de Arrentium de que esto no sea preciso y trasladaremos así nuestras preocupaciones por dominar Etruria de nuestro ejército a sus propios gobernantes, liberando así a una legión, o más que serían necesarias para doblegar por la guerra las voluntades etruscas, liberando digo estas legiones para lo realmente importante: la guerra con Aníbal.

Los senadores aceptaron de buen grado el consejo de Máximo. Sólo quedaba por decidir quién se haría cargo de aquella nada memorable misión: capturar niños para usarlos como rehenes. No había demasiado honor en aquella táctica, por muy eficaz que pudiera ser y que, en efecto, resultó ser. Todos cruzaban miradas pero nadie se postulaba como voluntario. Los *patres conscripti* miraron de nuevo a Máximo y éste les respondió en silencio, sus ojos fijos en Terencio Varrón. El mensaje fue entendido y Varrón fue puesto al mando de la legión que acudiría a Arrentium. Aquél era un hombre marcado por su desastrosa dirección en Cannae, sin posibilidad ya de carrera política y militar, pues la confianza de todos en él era nula. Raptar niños parecía algo muy apropiado para su nivel de destreza. Se le ofreció el cargo con palabras oficiales y de gran sonoridad y Terencio Varrón se levantó y lo aceptó de buen grado si con ello era útil a su patria. Se tragó la vergüenza. Máximo le había encumbrado hasta comandar ocho legiones y partir hacia Cannae. Ahora le hundía. Y todos compartían ese conocimiento. Así era la política en Roma y así era Quinto Fabio Máximo. En aquellos días, además, todos sabían que Fabio había puesto su empeño en promocionar a su propio hijo Quinto, y a un joven advenedizo que le seguía a todas partes: Marco Porcio Catón. Ambos eran temidos, no por ser quienes eran, sino porque todos sabían que detrás de ellos estaba el mismísimo Fabio Máximo.

El Senado prosiguió su larga sesión de aquella mañana y pasaron a la segunda cuestión por la que se habían reunido aquel día. Este segundo asunto era menor: premiar a Livio, el oficial al mando de la ciudadela de Tarento, pero tocaba el orgullo de Fabio de forma directa y personal, pues Máximo era el que había liberado Tarento del dominio cartaginés y no quería compartir el honor de tal liberación con nadie. De hecho, ya procuró cercenar de raíz el rumor de que sólo había conquistado la ciudad gracias a la traición de un regimiento brucio que desertó del bando cartaginés y se pasó a los romanos abriendo las puertas de la ciudad para que entrasen las tropas de Fabio. Todos daban por hecho que con seguridad algo así habría ocurrido, ya el propio Aníbal usó una estrategia similar para tomar la ciudad, pero sea como fuere, porque aquello era mentira o porque Fabio Máximo fue meticuloso en no dejar testigos, no se había encontrado a nadie que defendiera semejante versión en público. En cuanto a Livio, el caso era particular: estaba al mando de Tarento cuando Aníbal fue ayudado por ciudadanos tarentinos que anhelaban liberarse del yugo de Roma y por ello asistieron al general cartaginés para que tomara la ciudad. Livio resistió lo que pudo, pero al ser traicionado y quedar la puerta Teménida abierta los cartagineses irrumpieron por toda la ciudad. Livio optó entonces por, en lugar de combatir hasta la muerte, atrincherarse en la fortaleza interior de la ciudad, en una pequeña ciudadela en el extremo noroccidental de la ciudad y que controlaba el acceso al puerto. Con aquella maniobra Livio había rendido la ciudad, pero dificultaba en gran medida que Tarento pudiera ser usado por Aníbal como puerto donde recibir refuerzos. El Senado estaba dividido entre los familiares y amigos de Livio, que defendían que aquélla había sido una maniobra inteligente, y un mayor servicio al Estado que si Livio hubiera optado por una inmolación ante el enemigo, pero del otro lado estaban los que interpretaban la pérdida de la ciudad como una funesta derrota que no hizo sino aumentar el poder de Aníbal en el sur de Italia, favoreciendo que multitud de poblaciones brucias y de la Magna Grecia se pasaran al bando cartaginés y que, en consecuencia, Livio no debía ser recompensado por esconderse como una alimaña durante varios años, sino que, muy al contrario, debía ser castigado con severidad. La discusión se prolongó durante varias horas sin que ninguna de las partes cediera en sus posiciones. Al cabo de ese tiempo, como siempre en aquellos casos de duda, los senadores buscaron de nuevo a Fabio Máximo. El viejo senador había estado elucubrando con tiento cuál debía ser su posición. El rumor de que Tarento había vuelto a sus manos por una traición de los brucios era demasiado fuerte para ser ignorado. Si decidía apoyar que se castigara a Livio por cobardía, sus enemigos no harían más que azuzar al pueblo con la idea de que era la envidia la que le movía, que no deseaba compartir con nadie la gloria de recuperar una ciudad tan importante como Tarento. Alimentar esos rumores y habladurías no era positivo. Una posición diferente, la de premiar a Livio, le revolvía las tripas. Y no era fácil encontrar una postura intermedia. Máximo se pasó su arrugada mano derecha por su blanquecino y fino pelo dejando que los dedos lo acariciasen hasta descender por la nuca. No había, no obstante, seguía meditando, que perder el norte de lo que era y no era importante. Llevaba años de guerra empujando al Senado en la dirección que estimaba siempre como más oportuna, y lo que ahora se debatía era, aunque le hiriese en su amor propio, algo muy menor, de nula implicación militar y escaso valor político. Ceder ahora era invertir en el futuro. Sus enemigos perderían fuerza, no podrían describirlo como alguien siempre radical, inflexible. Sus adeptos respetarán lo que decida y aquellos que siempre van de un lado a otro le considerarán un hombre que no se rige por su ambición personal sino por lo que interesa al Estado. Cerró el puño de su mano derecha y asintió para sí mismo. Se levantó y tomó la palabra.

—Llevamos ya un tiempo dilatado dirimiendo sobre lo que es oportuno hacer con relación a la actuación de Livio. Y todos me miráis de reojo, no, no digáis que no. Me miráis así los que soléis coincidir con mi forma de analizar las cosas y los que por el contrario no soléis estar de acuerdo conmigo. —Esbozó una tenue amable sonrisa que, a su vez, extendió sonrisas por el Senado, incluso entre alguno de los Emilio-Paulos presentes, enemigos acérrimos de Máximo—. Y me miráis porque, a fin de cuentas, yo recuperé Tarento. Esto, sin duda, otorga a mi opinión un valor especial. —Guardó entonces silencio; pasaron un par de largos segundos—. Yo estimo que debemos premiar a Livio. —Unos miraban sorprendidos, los amigos de Fabio, otros, sus enemigos, fruncían el ceño entre confundidos y recelosos—. Por favor, por favor, premiad a Livio y hacedlo con todas mis bendiciones y con todas las bendiciones de los dioses, pues sin duda Livio fue clave para la recuperación de la ciudad por mi parte, ya que si Livio no hubiera perdido Tarento en un principio yo no habría podido recuperarla para el Estado después. —Un centenar de carcajadas inundó el interior de la *Curia Hostilia* procedentes de las gargantas de los aliados de Fabio; por el contrario, en la faz de sus enemigos, las tenues sonrisas desaparecieron—. Es más, por Cástor y Pólux, cuanto más le premiéis más dichoso me haréis.

Y Quinto Fabio Máximo se sentó en su banco. Varios amigos se acercaron y formaron un corro en torno a su persona donde las risas iban y venían con facilidad. Pasaron unos minutos antes de que la sesión pudiera proseguir. Se acordó mantener a Livio en su rango militar, concederle el mando de una guarnición y una gratificación económica, asuntos que quedarían por precisar para una futura sesión, pero ya daba igual. Por Roma corrieron las palabras de Máximo como esparcidas por el viento. «Sin duda Livio fue clave para la recuperación de la ciudad pues si Livio no hubiera perdido Tarento en un principio, yo no habría podido recuperarla para el Estado después.» Livio, en efecto, recibió recompensas, pero pocos premios habían generado tanta burla y escarnio público en la ciudad de Roma.

18

El resurgir de Aníbal

Apulia, en las proximidades de Venusia.
Finales del invierno del 208 a. C.

Una colina boscosa, alta y oscura a la luz del amanecer. El sol se deslizaba sobre la tierra de Apulia, pero sus rayos de momento sólo lamían levemente la ladera este de aquel promontorio cubierto de verde. Claudio Marcelo, cónsul de Roma por quinta vez, un honor que le igualaba con Fabio Máximo, observaba aquella elevación del terreno. Marcelo se encontraba rodeado por un nutrido grupo de *lictores*, oficiales y legionarios que le acompañaban en su recorrido por el campamento levantado en las proximidades de Venusia que le había conducido hasta la *porta praetoria.* Allí se detuvo, contemplando la colina de la que tanto le habían hablado y que parecía interponerse entre ellos y las fuerzas de Aníbal. Y allí, bebiendo un poco de agua, con la frente despejada, esperaba a su colega en el mando, el cónsul Crispino, con el que había unido fuerzas en un intento más de enfrentarse a Aníbal y, de una vez por todas en el campo de batalla, poner fin a esa guerra.

Sabía que todos le observaban. Marcelo mantenía su figura recta, pese a sus cincuenta años, y hacía gala de un porte entre distinguido y terrible que abrumaba a sus oficiales y despertaba la admiración entre los legionarios. Todos le miraban con asombro: era el único general que había derrotado en alguna ocasión a Aníbal, aunque fueran pequeñas *victorias pírricas,* era el conquistador de Siracusa y era cinco veces cónsul. Ni siquiera Máximo podía igualarle, al menos, en el campo de batalla. Marcelo pensó unos segundos en Fabio Máximo. No lo consideraba pusilánime, como algunos decían, ni débil. No. Máximo, para Marcelo, era un estratega, pero demasiado precavido. Siguiendo sus pautas aquella guerra duraría infinitamente. Por el otro extremo estaban los Escipiones y su osada idea de llevar la guerra a África. En ese punto, Marcelo coincidía con Máximo: la guerra debía ganarse en Italia derrotando a Aníbal de forma rotunda, apresándolo vivo si era posible y, si no, abatiéndolo en el lance de un combate. No, ni la exagerada precaución de Máximo ni la osadía sin límites del joven Escipión eran los caminos a seguir. Marcelo sentía que en él residía la esperanza del pueblo de Roma. Sus pensamientos se recogieron de lo más lejano a lo más próximo y volvieron a posarse sobre aquella colina que se interponía entre los ejércitos consulares y las tropas mercenarias y africanas de Aníbal.

—¿Es ésa la colina? —preguntó el cónsul Crispino al llegar junto a Marcelo. El interpelado se volvió y le saludó con respeto. Claudio Marcelo era escrupuloso con las formas. Luego pasó a exponer su plan.

—Los informes de los grupos de reconocimiento son confusos. Ya no sé si esa colina nos conviene o si es mejor que alejemos el campamento de aquí.

—Entiendo —convino Crispino—, ¿tienes alguna sugerencia? Me inclino a seguir lo que tu experiencia intuya como más apropiado.

Marcelo echó un último trago de agua y arrojó la copa a sus espaldas. Un *calon* la recogió y la guardó junto con el ánfora de agua que llevaba a sus espaldas.

—Creo que lo mejor sería que fuéramos juntos y la exploráramos. Sólo así nos formaremos una opinión adecuada sobre lo que conviene hacer. Es quizás algo arriesgado, pero no sé qué decisión tomar de otro modo.

Crispino asintió despacio.

—Puede ser lo mejor. Los cartagineses se están quietos. Nadie ha informado de tropas púnicas en movimiento. ¿Cuántos hombres crees que deben acompañarnos?

—Doscientos jinetes serán suficientes para protegernos en caso de un ataque sorpresa y no demasiados para permitirnos movernos con rapidez.

—Sea. Doscientos jinetes. Vamos allá —aceptó Crispino.

Era una mañana con bruma densa. Los caballos númidas piafaban entre los árboles. Sus jinetes se afanaban en calmarlos acariciándoles el cuello y susurrando palabras de consuelo casi mágico. El vacuo sonido del silencio, igual que el vapor espeso del amanecer, envolvía a aquellas sombras sobre sus monturas. Parecían estatuas de otro tiempo, detenidas en el bosque de la colina. Vieron pasar a los caballeros romanos por el camino que serpenteaba hacia lo alto de aquella suave montaña, pero permanecieron impasibles, quietos. Miraban a su jefe de caballería. Maharbal, curtido noble cartaginés, con su caballo ligeramente adelantado a la línea de jinetes númidas, estaba si cabe aún más inmóvil que el resto, como si bestia y hombre estuvieran congelados por un alba fría.

Los romanos ascendían en columna de a cuatro. Una *turma* ampliada a cuarenta caballeros de Fregellae abría el camino. Les seguían los dos cónsules con los *lictores* de su guardia personal y luego el resto de jinetes de origen etrusco. Los primeros parecían confiados, los etruscos, sin embargo, recelaban de los bosques: les recordaban sus luchas contra los galos en la región cisalpina y los árboles y las colinas nunca les habían traído nada bueno, pero seguían a sus generales, leales y atentos. Quizá sólo fueran miedos de malos recuerdos. Nada de lo que preocuparse. Y una guerra no se podía luchar como mujeres atemorizadas. Algunos de los etruscos se sintieron avergonzados por sus temores. Otros seguían mirando nerviosos a ambos lados del camino.

—Los cónsules han salido hacia la colina —comentó un veterano oficial africano a su general en jefe. Aníbal se volvió y le miró con aire incrédulo.
—¿Los dos cónsules?
—Los dos, mi general. Así lo confirman sus uniformes púrpura.
—No puede ser tan fácil —continuó Aníbal perplejo. Luego calló. No podía luchar contra los dos ejércitos consulares. De hecho su plan era seguir con las pequeñas escaramuzas y luego retirarse de nuevo hacia el sur, hacia el Bruttium o acosar Locri una vez más, pero los dos cónsules en una avanzadilla... aquello era un regalo de los dioses Baal, Melqart y Tanit juntos.
—Mi caballo, rápido —ordenó Aníbal con decisión—, y quiero mil hombres a caballo en dirección a la colina ya, ¡ya!
El oficial se desvaneció como una centella. Aníbal escuchó el tronar de su caballería despegando del campamento en menos de un minuto. Azuzó a su montura y en un momento estaba con ellos, galopando, y se sintió joven, pese a sus cuarenta y un años. Era el amanecer y pronto entrarían en combate. Si aquello salía bien, sería un duro golpe contra la moral romana. Una estocada certera que atravesaría la yugular del corazón de Roma. Un mandoble temible que dolería más por estar los cartagineses en inferioridad numérica y de recursos. Era lo

que necesitaba para resarcirse de los últimos años indecisos y para animar a sus mercenarios a dilatar la contienda hasta la llegada de su hermano Asdrúbal por el norte.

Claudio Marcelo percibió algo indefinido, difuso, en el aire. De pronto comprendió lo que le confundía: el silencio. No era un silencio normal sino denso, pesado, como estancado. Amanecía y no se escuchaban los pájaros, como si hubieran volado asustados por algo o por alguien. Escuchó los primeros gritos en la retaguardia. El general, cinco veces cónsul de Roma, y único miembro de la *nobilitas* que había puesto en apuros a Aníbal en un campo de batalla, hizo que su montura girara ciento ochenta grados. Los *lictores* le imitaron y le siguieron cuando, al trote, marchaba hacia atrás en busca de los gritos que habían surgido en la retaguardia de la caballería romana. Crispino y sus *lictores* le emularon tras ordenar a la *turma* de Fregellae que permaneciera en vanguardia, vigilante y preparada para la defensa en caso de ataque frontal.

Marcelo alcanzó en veinte segundos la retaguardia romana, que ya no era una formación, sino una batalla en curso donde los jinetes etruscos, cazados por sorpresa desde ambos flancos, habían perdido una decena de hombres mientras otros tantos caían heridos atravesados por dardos y jabalinas. Marcelo escuchó el silbido inconfundible que anunciaba su muerte pero su instinto guerrero hizo que levantara el escudo y agachara su cuerpo pegándose al cuello de su caballo. La lanza chocó lateralmente con su arma defensiva y luego se perdió por encima de él, sin ya casi fuerza, sin herir a nadie. No hubo tiempo para respirar ni para dar órdenes. Dos númidas surgieron de entre las ramas bajas de los árboles contiguos y aullando como salvajes arremetieron contra el cónsul, delatado por el vistoso púrpura de su uniforme. Marcelo los recibió con la espada desenvainada. A uno lo derribó de un golpe y al otro lo esquivó, pero no tuvo tiempo de hacer que su montura girase en busca del que se le había escapado porque tras sus dos atacantes aparecieron tres más. Los dioses se apiadaron por un instante del cónsul y los *lictores* de su guardia embistieron a los tres nuevos jinetes númidas. Esto le dio unos segundos a Marcelo para mirar a su alrededor. Ya no había formación alguna, sino que toda la columna estaba siendo atacada por la retaguardia y por los flancos. La única salida era hacia lo alto de la colina. Marcelo dudó entre reagrupar sus fuerzas y lanzar a todos sus jinetes supervivientes contra el ataque de la retaguardia en un intento desesperado por acercarse hacia el campamento del modo más directo u ordenar que ascendieran al galope hacia lo alto de la colina y luego descender rodeando la montaña para regresar a la seguridad de las cuatro legiones acampadas apenas a cinco mil pasos de aquel lugar. No era momento para dudas.

—¡Hacia lo alto de la colina! ¡Por Júpiter, replegaos hacia lo alto de la colina! ¡Seguidme todos!

Y cuantos podían se zafaban de sus atacantes y hacían que sus caballos siguieran al gran Claudio Marcelo en su ascenso por aquel camino que parecía conducirlos a todos hacia la supervivencia. Crispino no tenía claro que aquélla fuera la mejor de las maniobras, pero tampoco era momento de discutir ni de dividir fuerzas y siguió a su colega camino arriba.

Los númidas se vieron de pronto sin enemigos contra los que luchar pero azuzaron sus animales y persiguieron de cerca a los caballeros de Etruria y Fregellae, a los *lictores* y a sus dos cónsules en su desesperada huida.

—¡Seguidles, rápido! —ordenó Maharbal, aunque la instrucción ya estaba siendo ejecutada antes de que su voz inundase la ladera con su anuncio de persecución sin cuartel.

Claudio Marcelo vio el fin de su vida ante sus ojos minutos antes de que ocurriera, cuando al aproximarse a lo alto de aquella nefasta colina adivinó cómo se perfilaba contra el horizonte del amanecer la figura de centenares de jinetes cartagineses, en lo que parecía el grueso de la caballería púnica. No había más remedio que volver a dar la vuelta y luchar contra los númidas que les seguían, aprovechando ahora la fuerza del ataque desde una posición más alta. Era una locura, pero las otras alternativas eran la rendición o la muerte. Marcelo miró a su colega y sin decir más los dos hombres se entendieron en medio de su desgracia sin límites: un cónsul de Roma lucha o muere, pero nunca se rinde.

—¿De nuevo contra los númidas? —preguntó Crispino de forma algo retórica. Ésa había sido la primera idea de Marcelo, en efecto, pero ahora el veterano cónsul se daba cuenta, viendo ascender al galope a los númidas, que aquélla tampoco era la ruta a seguir.

—Por entre la espesura, descendiendo en diagonal. Nos cazarán como a jabalíes entre los árboles, pero quizás alguno sobrevivamos —respondió Marcelo con los ojos brillantes y un sudor frío por la frente.

Crispino le miró asombrado por la frialdad con la que Marcelo hablaba de lo que iba a acontecer. Eran ya apenas unos ciento cincuenta jinetes contra trescientos o cuatrocientos al menos que ascendían por el camino y más de mil que estaban formando en todo lo alto de la colina. Crispino asintió.

—Sea y que los dioses estén con nosotros.

Marcelo no respondió nada. Lo único en lo que podía pensar es que muy probablemente ellos estarían camino del infierno cruzando el río Aqueronte muy pronto.

El descenso entre los árboles fue como había predicho el cinco veces cónsul de Roma: los númidas y los cartagineses se dedicaron a cazar con lanzas y flechas a los jinetes romanos en franca huida. Los caballeros de Fregellae se rindieron sin seguir a los etruscos. De esa forma sólo ciento veinte se adentraron en el bosque. De ésos, fueron cayendo uno aquí otro allá, en el fuego cruzado de dardos y jabalinas. Una lanza hirió al cónsul Crispino, pero éste mantuvo el equilibrio sobre su caballo y continuó cabalgando junto con los únicos seis *lictores* supervivientes de su guardia. Marcelo hizo por seguirlos, pero una jabalina se clavó en su pierna y otra en la espalda. El caballo continuaba galopando, pero el veterano cónsul sintió un profundo dolor por todo su hombro derecho y una gran debilidad que se apoderaba de él. Soltó las riendas y se aferró a la crin de su montura, pero el animal dio un salto para evitar un tronco seco que se cruzaba en su camino y el cónsul de Roma cayó rodando al suelo. Al rodar, las jabalinas se partieron, y al resquebrajarse se movieron con violencia en el interior del cuerpo de Marcelo rasgando y cortando músculos, venas y piel. Marcelo encontró fuerzas para reincorporarse y, apoyado en un árbol, alzarse aunque algo encogido y con temblores que no podía controlar. Dos *lictores* pusieron pie a tierra y se situaron a ambos lados del general. El cónsul les miró con aprecio y respeto. El resto de su guardia había muerto. Seis lanzas llovieron de entre los árboles y los dos *lictores* cayeron ensartados como fruta madura sin haber tenido la oportunidad de defender a su general. Marcelo, herido de muerte, se mantuvo en pie. Era lo único que podía hacer: morir con dignidad. Sólo rogaba a los dioses tener fuerzas para no recibir el último golpe de rodillas. Él no. Una decena de jinetes africanos le rodearon. El que parecía un oficial al mando desmontó y le miró a los ojos. Le vio sonreír. El oficial dijo algo en su lengua y los jinetes respondieron con risas. Claudio Marcelo, cónsul de Roma, se mantuvo firme, apoyado en el árbol. En su interior imploraba porque el fin fuera rápido. No sabía cuánto tiempo más podría resistir, pero aquellos hombres reían y reían y no parecían decidirse a dar la última estocada. Alrededor, el fragor de la batalla se alejaba. Si alguien se había salvado estaría ya lejos. De súbito las carcajadas frenaron y Marcelo vio cómo los jinetes númidas desmontaban y apartaban sus caballos para dejar paso a un hombre cubierto de pieles de lobo. Era un hombre férreo, con una faz seria de poblada barba y con un parche en el ojo izquierdo. Marcelo comprendió enseguida ante quién estaba. Aníbal caminó hasta ponerse delante del cónsul de Roma. El oficial dijo algo y de nuevo los jinetes africanos empezaron a reír, pero Aníbal lanzó un grito potente y seco diciendo una frase en su lengua que Marcelo no pudo entender pero que hizo que todos los hombres callaran. Incluso el cónsul, no sabía si por el agotamiento y la pérdida de sangre, quiso ver que algunos de los jinetes se asustaron al escuchar a su general en jefe. El oficial dijo algo que parecía una disculpa. Marcelo no podía más, así que se dejó caer hasta quedar sentado, siempre evitando caer de rodillas. Sostenía la espada como señal de lucha pero no podía levantarla. La sangre manaba de su cuerpo a borbotones y la vida se le escapaba por momentos. Aníbal se acercó al moribundo cónsul de Roma y le habló en griego.

—Estos hombres... mis soldados... no volverán a burlarse de ti —dijo, y esperó alguna señal de su interlocutor. Marcelo asintió moviendo ligeramente la cabeza como signo de que entendía lo que se le decía. Aníbal volvió a hablarle—: ¿Quieres morir en pie o sentado?

Claudio Marcelo quiso hablar, pero sólo salió sangre de su boca. Entonces, en último esfuerzo empujó con sus pies para intentar alzarse, pero las fuerzas le fallaron y tras haberse levantado apenas unos centímetros del suelo volvió a desplomarse y, al caer, la mano le traicionó y soltó la espada.

Aníbal miró con intensidad a aquel hombre. Se había enfrentado a él en numerosas ocasiones. Era el único general que se había atrevido a plantarle batalla campal cara a cara y que alguna vez le había puesto en situaciones difíciles. El general en jefe de las tropas cartaginesas en Italia dio una orden en su lengua y dos de los jinetes africanos se acercaron y, tomando al cónsul moribundo y desangrado por los brazos, lo alzaron. Luego Aníbal se agachó, cogió la espada del cónsul tomándola por el filo para así acercarle el mango a su dueño. Marcelo, al sentir la empuñadura de su arma en la palma de su mano, cerró con fuerza y la aprisionó con los dedos. Miró entonces a su mortal enemigo y volvió a asentir.

Aníbal desenvainó su arma. El filo chirrió en el nuevo día de una nueva derrota romana y al segundo se estrelló contra la coraza enrojecida del cónsul. Claudio Marcelo dejó de respirar cuando el general cartaginés extrajo su espada del cuerpo del romano. Aníbal miró entonces a los hombres que lo sostenían y éstos, a una señal suya, depositaron el cuerpo de Claudio Marcelo en el suelo del bosque. Aníbal contemplaba el cadáver de su oponente de forma enigmática para sus hombres, con una intensidad y una atención extrañas, como si buscara algo. El general cartaginés se agachó y estiró de la espada del cónsul. Tuvo que tirar con fuerza para desasirla de la mano de Marcelo. Examinó entonces los dedos y no encontró lo que buscaba. Dejó esos dedos y tomó la otra mano del cónsul. Estaba cerrada con fuerza. Intentó abrirla pero no pudo. Giró el puño de Marcelo. No se veía nada. Era extraño. Debía estar allí. Aníbal frunció el ceño y, agachado junto al cadáver de su gran oponente ya abatido, meditó un instante. Se volvió hacia los guerreros africanos que le observaban sin atreverse a decir nada. Les parecía peculiar la actitud de su general, pero nadie osaba abrir la boca.

—Un puñal —pidió Aníbal.

Varios soldados se acercaron con diversos cuchillos en manos nerviosas que estiraban para acercar su arma al gran general de Cartago. Aníbal tomó el que le pareció más afilado y volvió a centrar su atención en el cadáver de Marcelo. Cogió de nuevo el puño cerrado del cónsul muerto con una mano, sosteniendo el brazo del romano por la muñeca, mientras que con la otra mano hundía el puñal entre los dedos del general enemigo. La sangre, aún caliente, pero escasa ya, de Marcelo, empezó a fluir por el filo de la daga. Aníbal se sorprendió al ver que el cepo de los dedos del cónsul no cedía un ápice. El cartaginés hundió con potencia el arma hasta que se clavó una docena de centímetros entre los heridos dedos del cónsul. Una vez asegurado el puñal en el corazón del puño cerrado del cónsul muerto, Aníbal lo giró en un intento por separar los dedos de Claudio Marcelo, pero la hoja del arma se partió y el general cartaginés, sorprendido, se quedó con el mango de la daga en la mano sin haber conseguido su objetivo. Aníbal se sentó y lanzó a un lado el arma rota y ya inservible. Se pasó el dorso de su mano derecha por debajo de la nariz. Hacía algo de fresco aquella mañana y arrastraba un resfriado que le molestaba al respirar. Escupió en el suelo, lejos del cadáver. Pensó en tomar una roca y estrellarla contra el puño pero temió dañar lo que buscaba. Tomó entonces el dedo índice del cónsul con una mano y con la otra apretó hacia abajo la mano del cónsul para hacer más fuerza y tiró del dedo con toda la furia de su alma. El dedo, al fin, cedió, se escuchó un chasquido de las falanges quebradas y el índice del cónsul quedó flojo, como suelto. Aníbal repitió la operación con el dedo anular. Nada. Segía sin ver nada. Rompió entonces otros dos dedos. Fue en ese momento cuando, entre la sangre y los dedos rotos, aún aprisionado por el pulgar firmemente doblado sobre sí mismo, Aníbal vio lo que tanto anhelaba. Quebró al fin el pulgar del cónsul y su trofeo quedó libre. El general cartaginés, con cuidado, despacio, tomó el anillo de oro del cónsul de Roma, el anillo de Claudio Marcelo, empapado en su sangre, se levantó y alzó en el aire la joya para observarla en todo su esplendor: la sangre goteaba por el interior del anillo pero el exterior de oro, ya limpio, resplandeció a la luz del sol. Aníbal bajó el anillo, lo limpió un poco contra las pieles de lobo y sin importarle que aún tuviera restos de sangre de Marcelo, se puso el anillo en el dedo anular. Encajó perfectamente. En el índice y en el corazón de esa misma mano derecha exhibía otros dos anillos similares, los de los cónsules Cayo Flaminio y Emilio Paulo, abatidos en campañas anteriores, que acompañaban a otro anillo de plata más pequeño rematado en una turquesa que lucía en el meñique. Sólo entonces los soldados que le rodeaban parecieron entender lo que había estado buscando. Aníbal les miró con seriedad.

—Os reíais de un hombre que es capaz de luchar aun después de muerto. Si cada uno de vosotros tuviera en su pecho la mitad de espíritu que ese cónsul muerto, hace tiempo que acamparíamos en medio del foro de Roma. —Los hombres bajaban la mirada—. Ahora eso no importa. Coged su cuerpo y llevadlo a lo alto de esta colina y allí haced una pira con leña y quemad su cadáver. Un hombre que ha sido capaz de plantarme cara tantos años en el campo de batalla no merece que su cuerpo sea pasto de los lobos y las alimañas carroñeras del cielo. Al menos mostradle ahora el respeto que no habéis sabido mostrar cuando luchaba él solo y herido contra diez de vosotros.

Cuatro, cinco, hasta seis guerreros africanos hicieron falta para levantar el cadáver de Marcelo. Aníbal observaba cómo lo alzaban cuando llegó Maharbal con noticias.

—Crispino, el otro cónsul —dijo el oficial de la caballería púnica— ha escapado, herido, creo que de gravedad, en una pierna y en el costado, pero ha escapado.

Aníbal asintió. No recibió aquel informe con desagrado.

—No importa. Crispino es un segundón. Lo que importa es que

hemos abatido a Marcelo. Roma temblará. Ahora sólo les quedan generales inexpertos y Fabio Máximo, pero este último es ya demasiado viejo para el combate. Hoy es un gran día. Un gran día, Maharbal. Para cuando Asdrúbal llegue por el norte y nosotros ascendamos por el sur, Marcelo ya no mandará sus tropas. Y además... —levantó su mano mostrando los anillos que lucía con orgullo—, además tenemos su anillo.

Maharbal comprendía lo que eso significaba y sonrió compartiendo la alegría de su general.

El cónsul Quincio Crispino yacía gravemente herido sobre un lecho ensangrentado en la tienda del *praetorium* del campamento romano. Su cuerpo estaba dolorido y su espíritu quebrado. Marcelo había caído. Aquello era terrible, desolador, definitivo. Crispino era consciente de su posición en aquella guerra, en el Senado, en su vida y sabía que no era un gran general. Sabía además algo más: era consciente de que iba a morir. No era sólo el sufrimiento que sentía y la sangre que no dejaba de manar empapando todos los paños con los que los médicos intentaban detener la hemorragia mortal, sino el rostro desencajado de aquellos sanadores del campamento cuyas muecas de desesperanza hablaban por sí solas. Le mentían y le intentaban animar, pero él sabía que ya era tarde para él. De nuevo Aníbal había sabido engañarlos a todos, incluso al propio Marcelo, desconfiado siempre: se confió una sola vez y esa sola vez bastó para que Aníbal le envolviese en una enloquecida emboscada. Las noticias debían llegar a Roma y, más importante aún: a todas las ciudades de alrededor, pues si Aníbal había abatido a Marcelo eso implicaba que tendría su anillo consular, y podría usarlo como sello para falsificar cartas o documentos con los que engañar a las guarniciones romanas próximas, confundiéndolas, sembrando el más completo de los desórdenes. Quincio Crispino sabía que la historia no le guardaba un lugar muy grande, pero tenía una gran virtud romana: era un comandante disciplinado. Se incorporó un poco y ordenó que se convocara a los tribunos de su estado mayor. Aunque fuera lo último que hiciera haría que se enviaran mensajeros a todas las poblaciones cercanas y a la propia Roma. Todos debían estar advertidos de que Aníbal poseía el anillo de Marcelo.

En menos de una hora, las cartas fueron escritas y los mensajeros salían por las puertas *praetoria, decumana, pincipalis sinistra* y *pincipalis dextra* en dirección a Salapia, Forentum, Numistro, Luceria, Arpi,

Cannae, Herdonea, Compsa, Geronium, Nola, Benvenutum, Capua y la mismísima Roma. Luego, Quincio Crispino ordenó que le dejaran descansar y se dedicó a respirar, sólo a respirar. Respirar. Dormir.

19

Baecula

**Tarraco, Hispania,
primavera del 208 a.C.**

El campamento de las legiones romanas a las afueras de Tarrraco era un hervidero de preparativos. A los legionarios, por mandato expreso de Publio Cornelio Escipión, se les había unido la mayor parte de la marinería, pues aquélla iba a ser una campaña de interior, donde la flota no era necesaria, pero donde se precisaba del mayor número posible de hombres. Por eso Publio decidió que los marineros se integrasen en las legiones y que se distribuyera entre ellos el armamento capturado en Cartago Nova. Era una forma de encontrar refuerzos, de suplementar sus tropas con algunos miles de hombres más. Publio Cornelio Escipión había dado la orden de marchar hacia el sur y, en esta ocasión, hacia el interior de aquel vasto territorio. Todas las tropas, legionarios y marineros, animados por la conquista de Cartago Nova durante la campaña del año anterior, se mostraron dispuestos y diligentes en el cumplimiento de las órdenes. Así, cuando Publio y Lelio llegaron al campamento no era de sorprender que los manípulos en perfecta formación recibieran a sus generales golpeando sus escudos con los *pila* y los *gladios*.

—La moral de las tropas es alta —comentó Lelio a un emocionado Publio mientras desfilaban ante los manípulos en formación. El general en jefe asintió. Por un lado se sentía abrumado por aquella muestra de lealtad y júbilo ante una nueva campaña, pero por otra parte no podía evitar sentir la pesada carga de la responsabilidad. La energía de todos aquellos hombres le seguiría a ciegas, eso estaba claro. Nadie había conquistado antes una ciudad como Cartago Nova, prácticamente inexpugnable, en tan sólo seis días. Aquello tenía maravillados a sus hombres. Fue sin lugar a dudas una hazaña impresionante, fruto de su inteligencia y de su estrategia, pero también conseguida por el pundonor de aquellos legionarios que confiaron en él por el solo hecho de llevar el nombre de Escipión, por ser hijo y sobrino de quien era. Paseando entre el estruendo de aquellos escudos el joven general tenía la sensación de que aquel clamor de respeto y furia era no sólo para él sino dedicado a su padre y a su tío, muertos a manos de Asdrúbal y sus generales hacía tan sólo tres años. Los legionarios parecían leer en su mente y sabían que esta campaña sería diferente a la del año anterior: era como si supieran que pronto estarían frente a Asdrúbal, el hermano de Aníbal, sus nuevos elefantes, su infantería africana, su caballería númida y sus mercenarios iberos. Cualquiera sentiría pavor de partir hacia su encuentro y, sin embargo, aquellos hombres golpeaban sus escudos y saludaban a su general. De forma espontánea, el grito de guerra que resonó entre las calles de Cartago Nova tras la caída de la misma volvió a resonar con fuerza en el campamento de las legiones de Tarraco.

—¡Hasta el infierno! ¡Hasta el infierno! ¡Hasta el infierno!

Hasta allí estaban dispuestos a seguirle. Publio pensó en dar un discurso, pero pronto comprendió que era innecesario. No había ánimos que encender, sino sólo hombres que guiar. El tribuno Lucio Marcio le presentó un hermoso caballo blanco para ponerse al frente de las tropas, pero Publio declinó con palabras de agradecimiento.

—Gracias, Marcio, pero no. Vamos todos al frente. Lelio, tú y los demás tribunos, pero a pie. Marchas forzadas. Al interior de este país. Vamos a barrer a Asdrúbal. Que los legionarios reciban la orden.

Y la orden corrió de boca en boca, de tribunos a *primus pilus*, y de los primeros centuriones al resto de los oficiales hasta alcanzar a cada uno de los legionarios de las dos legiones. Marchas forzadas. A por Asdrúbal. El general al frente, caminando como ellos, resistiendo la misma velocidad de avance que el resto de las tropas, igual que hiciera el año anterior. Todos los legionarios sabían que ninguno andaría ni más ni menos de lo que anduviese su propio general en jefe. Al sur, al interior, a por Asdrúbal.

Los millares de sandalias levantaron el polvo del camino tortuoso que descendía hacia el Ebro. Una espesa nube de tierra blanquecina anunciaba el avance decidido e inexorable de las legiones de Roma.

Los que traían aquellos informes eran iberos y celtas del noreste de Carpetania. Habían estado apostados junto a los pasos del Ebro. Informes concluyentes. El nuevo joven Escipión marchaba esta vez hacia el interior. No iba a por ninguna ciudad, como en la campaña del año precedente, sino que se dirigía directo hacia las minas de oro y plata de Sierra Morena, hacia Cástulo.

Asdrúbal Barca meditó largo tiempo. Deambuló por las calles de la población y revisó las murallas de la ciudad. Al mediodía tomó una determinación.

—Salimos de aquí —comentó a su estado mayor—. En esta ciudad no podemos hacer uso de nuestra infantería y tampoco de los elefantes, y el terreno es demasiado agreste para una batalla campal. Iremos a Baecula, a las colinas que rodean aquella ciudad. Es un emplazamiento próximo. En unas horas nos podremos instalar allí, tomar una posición de ventaja y dejar que los hombres descansen mientras los romanos se agotan en su rápido avance hacia el sur. A la vez enviaremos mensajeros a mi hermano Magón en Gades y a Asdrúbal Giscón en Lusitania, para que se unan a nosotros según les informé meses atrás. Los romanos tendrán que luchar agotados contra nosotros y, o les vencemos en la primera acometida, o simplemente resistiremos desgastándoles hasta que lleguen Giscón y mi hermano. Entonces, reunidas nuestras fuerzas, los masacraremos. Ese general romano es hombre muerto. Un nuevo Escipión que regará con su sangre esta tierra que nos pertenece desde que mi padre y mi hermano Aníbal la sometieran al poder de Cartago. Luego, restablecido el orden natural en la región, Giscón asediará y recuperará Cartago Nova mientras Magón y yo marchamos hacia el norte a arrasar Tarraco y los aliados romanos del norte del Ebro. Después nos reuniremos los tres ejércitos y organizaremos la campaña sobre Italia para cumplir la promesa a mi hermano de reunirnos con él y atacar Roma. Ése es el futuro. En marcha.

Todos los oficiales asintieron con firmeza. Había un nuevo ejército romano que exterminar y un nuevo general, vástago de los anteriores, que ejecutar. Los buitres pronto saciarían su apetito infinito con roja y brillante sangre romana esparcida sobre las colinas de Baecula.

En territorio de los ilergetes, al norte del Ebro

Los jefes iberos Indíbil y Mandonio, líderes de los ilergetes y los ausetanos del norte de la península, salieron al paso de las tropas romanas. En esta ocasión el joven general sí aceptó la montura que el tribuno Marcio le ofreció. Así, acompañado por Cayo Lelio y una *turma* de experimentados jinetes, Publio cabalgó raudo al encuentro con los líderes iberos. En unos minutos quedaron frente a frente: el joven general romano y los dos curtidos y maduros jefes iberos. Los hispanos habían adelantado una veintena de jinetes que arropaban a sus jefes frente a la treintena de caballeros romanos que cabalgaban con Publio y Lelio.

El general romano levantó la mano y la *turma* de caballeros se detuvo. Desmontó entonces de su caballo y se dirigió a Lelio.

—Ven conmigo, Lelio. El resto de los hombres que espere aquí, pero que estén atentos a nuestras señales.

Lelio asintió y transmitió las órdenes. En el tono vibrante de la voz del general había detectado cierto nerviosismo. Lelio sabía que Publio había pasado el invierno preparando aquella entrevista, pero en el palpitar de la voz del joven general había sentido que Publio no podía olvidar que, al fin y al cabo, aquellos líderes iberos habían formado parte de las alianzas que los cartagineses trazaron para acabar con su padre y su tío apenas hacía un par de años.

A pie, Publio Cornelio Escipión y Cayo Lelio avanzaron hasta quedar a unos pasos de Indíbil y Mandonio, quienes, imitando los movimientos del general romano, se habían adelantado solos y a pie también para parlamentar.

Publio probó primero en griego pero no hubo suerte. Intentó entonces el latín pero los jefes iberos se miraron y no dijeron nada. Luego hablaron éstos en su propia lengua pero ni Publio ni Lelio sacaron nada en claro. El general romano no se desesperó e hizo una señal. Uno de los jinetes de la *turma* se adelantó, desmontó del caballo y se acercó corriendo. Los jefes iberos no se sintieron nerviosos y esperaron a ver en qué devenía la aparición del nuevo interlocutor.

Lelio observó que se trataba de Mario Juvencio Tala, centurión de la legión, testigo de la muerte del tío de Publio en Hispania y mensajero de las terribles noticias en casa de los Escipiones en Roma. Sabía que era un hombre curtido en la guerra de Hispania y sería posible que supiera algo de la lengua de aquellos bárbaros. Las palabras que Publio dirigió al recién llegado Mario confirmaron las deducciones de Lelio.

—Diles —empezó Publio—, que los romanos no queremos la guerra con los iberos... que los cartagineses son nuestros únicos enemigos.

Mario asintió y tradujo despacio. Al principio los jefes iberos fruncieron el ceño pero se mantuvieron atentos a las explicaciones. Publio prosiguió mientras que Mario iba traduciendo.

—Debéis juzgarme por lo que sabéis de mis actos, no por lo que oigáis que cuentan de mí los cartagineses. Conquistamos Cartago Nova y liberamos a todos los iberos, todos los rehenes quedaron libres y fueron escoltados a sus pueblos... respetamos a todas las mujeres. Y así será siempre con todos aquellos que nos ayuden a echar de esta tierra a los cartagineses. Ellos atacan nuestras ciudades en Italia. Hemos tenido que venir a luchar aquí para debilitarles y obligarles a abandonar nuestra tierra.

Mario terminó con la traducción y tanto Publio como Lelio se quedaron expectantes. ¿Qué efecto causarían aquellas palabras en aquellos rudos hombres hechos a la guerra y desconocidos para los romanos como negociadores?

Indíbil, el que parecía mayor de los dos miró al primero; éste asintió y entonces empezó a hablar. Fue una respuesta breve, tres frases sencillas. Quería hacerse entender. Mario escuchó con atención y tradujo con la mayor precisión que supo.

—Dicen, mi general, que os respetan por vuestros actos en Cartago Nova y durante este invierno, que ellos no quieren ni cartagineses ni romanos en sus tierras, pues son sus tierras y que mientras vayáis a luchar contra los cartagineses, ellos no se opondrán a nosotros y nos dejarán pasar.

—Bien —aceptó Publio—. Diles que cruzaremos este territorio para enfrentarnos a los cartagineses y que luego nos retiraremos, y que sabremos recompensar su neutralidad con generosidad.

Mario volvió a hablar en ibero.

Esta vez los dos jefes iberos se separaron un poco de los tres romanos y hablaron en voz baja. Luego regresaron junto a sus interlocutores e Indíbil planteó sus condiciones.

—Piden caballos —dijo Mario—. Dicen que quieren doscientos caballos como los nuestros. Sólo entonces nos dejarán pasar y no combatirán contra nosotros.

—¡Por Cástor y Pólux y todos los dioses! —exclamó Lelio indignado—. ¡Los muy...! —Pero Publio le hizo callar poniéndose delante de él.

—¡Silencio! —dijo Publio, y le cogió del brazo. Lelio se contuvo. Publio se volvió de nuevo a Mario.

—Diles que tendrán no doscientos sino trescientos caballos iguales a los nuestros una vez que derrotemos a los cartagineses.

Mario tradujo. Los jefes iberos abrieron los ojos, luego se miraron entre sí una vez más y se echaron a reír con fuerza. Era una carcajada tenebrosa, potente, temible. Hablaron a Mario y sin esperar nada se volvieron sobre sus pasos.

Publio y Lelio miraban a Mario, tensos.

—Dicen que de acuerdo. Nos dejarán pasar.

—¿De qué se reían? —preguntó Lelio.

—No sé... no han dicho más. Creo que les ha hecho gracia que el general ofrezca más de lo que pedían... o...

—¿O qué? —inquirió de nuevo Lelio. Estaba claro que no se sentía cómodo en conversaciones cuya lengua no comprendía.

Mario fue a responder pero Publio le interrumpió.

—O les ha hecho gracia que dijera «después de que derrotemos a los cartagineses». En cualquier caso, por Júpiter, qué más da. Hagamos como ellos y regresemos junto a los nuestros.

Así hicieron.

Una vez sobre sus caballos, Lelio pareció darse cuenta de otro detalle y le preguntó a Publio:

—¿Y de dónde vamos a sacar nosotros trescientos caballos con los que pagar a esos salvajes?

—De la victoria sobre Asdrúbal.

—Ya... pero... ¿y si no vencemos?

Fue ahora Publio el que se echó a reír.

—Si no vencemos, querido Lelio, los iberos serán el menor de nuestros problemas, ¿no crees? Seguramente ya no estaremos vivos.

El general habló con sosiego, casi con lágrimas en los ojos por su forzada carcajada. Lelio le conocía bien. Aparentaba estar animado, pero tenía miedo. Era un temor profundo el que corroía al joven general, algo diferente a su nerviosismo cuando se acercaban a Cartago Nova el año anterior. Iban a enfrentarse contra el hombre que había segado las vidas de su padre y de su tío. En el caso de este último, fue la espada del propio Asdrúbal la que lo atravesó. Era lógico que estuviera temeroso y era apropiado que ante los legionarios intentara aparentar seguridad. Quedaba por saber qué les preparaba la diosa Fortuna. Lelio miró al horizonte. El sol se ponía en el oeste, justo allí donde se recortaban el perfil de los jinetes iberos que se alejaban al trote.

Puestos de guardia cartagineses

El oficial cartaginés observaba desde lo alto de su montura la sinuosa estela que el camino de tierra dibujaba en la distancia. Le había parecido ver polvo en suspensión, una nube que, juraría él, crecía por momentos. A su alrededor el resto de los jinetes a su mando se esforzaban por discernir en el horizonte lo mismo que él buscaba. De momento aún no se veía nada con claridad. Podían ser refuerzos de las tribus iberas aliadas de la región o podrían ser los romanos. El oficial era, por naturaleza, incrédulo ante las acciones sorprendentes. Según todas las noticias que les llegaban, el joven general romano apenas habría salido de Tarraco hacía una semana o diez días. Era imposible que hubiera atravesado ya media Hispania y menos aún con las diferentes tribus iberas hostiles a su causa. Aunque era cierto que los iberos, tras la caída de Cartago Nova el año anterior, parecían vacilar en sus fidelidades. Eran gente inconstante. El oficial los despreciaba. Escupió al suelo. Cuando alzó de nuevo la mirada la polvareda había dado paso a figuras de soldados avanzando. Estaban fuertemente armados, con los *pila* y los escudos propios de los ejércitos de Roma. Increíble. Aquello no tenía sentido; pero se sobrepuso y reaccionó. El sentido se lo tendrían que buscar sus superiores. Su misión era avisar del avance romano al propio Asdrúbal, detener allí mismo las tropas enemigas y quedar a la espera de refuerzos.

—Tú, rápido —dijo dirigiéndose a uno de sus subordinados—, ve a los puestos de retaguardia y solicita refuerzos y luego sigue hacia Baecula: dile a Asdrúbal que los romanos han llegado.

El jinete azuzó su montura, el caballo relinchó nervioso y salió como si le hubieran clavado una lanza en un costado. El oficial se sintió seguro. En pocos minutos su mensaje llegaría a los diferentes puestos de caballería que Asdrúbal había ordenado distribuir por todos los caminos que llevaban a Baecula para estar informado de los movimientos de ese nuevo joven general romano y, al mismo tiempo, interceptar su avance. Además, los romanos que se aproximaban a pie eran infantería ligera, una avanzadilla de las legiones desplazadas a Iberia y que, sin duda, llevarían días de marchas forzadas. Estarían agotados.

—¡Serán presa fácil! —gritó a sus hombres. Éstos rieron mientras se ponían en dos hileras de veinte jinetes, dispuestos al ataque, extendiendo su formación más allá de los lindes del camino sobre la pradera seca de aquella llanura.

Alto mando romano

—Los hombres necesitan descanso —decía Lelio. Marcio, Mario y otros oficiales parecían estar de acuerdo.

Publio, desde la pequeña colina a la que todos sus tribunos le habían acompañado, oteaba el paisaje. Una pequeña patrulla de jinetes númidas y cartagineses se interponía en el avance de las primeras líneas de *velites*. Había que decidir qué hacer.

—Los hombres quieren luchar. Lo siento en sus miradas —dijo el joven general.

Los tribunos se miraron unos a otros. Nuevamente fue Lelio quien habló, pero parecía hacerlo por todos.

—Es posible. Los hombres te admiran, tienen fe ciega en ti desde lo de Cartago Nova. Mayor motivo para hacer uso adecuado de sus fuerzas. Es prematuro lanzar un ataque.

—¡Mirad! —exclamó Lucio Marcio señalando hacia donde se encontraban los cartagineses—. Llegan más destacamentos de caballería. Cien, doscientos, quizá junten ya varios cientos de jinetes. Necesitaríamos lanzar a todos los *velites*, apoyados por tropas auxiliares de infantería ligera y por los *hastati* si queremos que tengan alguna oportunidad. Nuestra caballería está demasiado retrasada para llegar tan rápido.

Publio asintió. Volvió a mirar al horizonte y lanzó su orden.

—Atacaremos, *oppugnatio repentina* —dijo, sin levantar el tono de su voz, pero con rotundidad.

Lelio parecía desesperarse y se giró hacia el resto de los oficiales a su alrededor. Encontró miradas cómplices pero nadie se atrevía a secundar sus dudas.

—He dado una orden... —insistió Publio.

—Vamos allá, pues —dijo Lelio, y exhaló un profundo suspiro—. Vamos a por esos cartagineses y rápido.

Publio no se volvió hacia sus oficiales, pero esbozó una suave sonrisa que despuntaba en la comisura de sus labios. Todos llevaban razón en plantear dudas sobre un enfrentamiento contra aquellos destacamentos de caballería púnica, pero había algo por encima de la lógica que todos habían olvidado: la pasión de los hombres. Los legionarios estaban enardecidos por la conquista de Cartago Nova y, desde aquel día, meses atrás, sólo anhelaban el momento de batirse contra las huestes cartaginesas en campo abierto. Bien: aquel día había llegado. Sus oficiales entenderían el descanso y la preparación del combate, pero los legionarios no. Por alguna razón Publio había empezado a sentir que existía un vínculo directo entres sus soldados y su persona que parecía pasar por encima incluso de sus oficiales. Aquéllas eran sus legiones. Harían lo que él dijese. Y lo esencial ahora era una victoria en un primer enfrentamiento que reforzara aún más la confianza ciega de su ejército en él. Era arriesgado: podía perderse mucho. Lanzar aquel ataque improvisado parecía pasión desatada, pero, en realidad, era la fuerza del corazón de los hombres fríamente filtrada por la cabeza y el pensamiento. Ojalá los dioses lo vieran igual. No había tiempo para sacrificios.

Vanguardia de la infantería romana

Quinto Terebelio, centurión, se había adelantado con los *velites*. No era frecuente ver al *primus pilus* de la legión entre los infantes más jóvenes, pero, sin duda, impresionaba a aquellos legionarios y daba idea de la importancia de la acción que estaban realizando si el mando de la misma era encomendada a un oficial de tan alto rango.

—¡La caballería púnica se lanzará sobre nosotros! —gritaba Terebelio—. ¡Resistiremos con el pie en tierra, protegidos con los escudos y las lanzas en alto! Tras el impacto de su primer embite lucharemos cuerpo a cuerpo. Herid a los jinetes en las piernas si no llegáis al cuello, y pinchad los vientres de los caballos! ¡Un caballo malherido del enemigo es nuestro mejor aliado! ¡Y, por Júpiter, mantened la formación! ¡Manteneos juntos o nos masacrarán! ¡La vida de cada uno depende del resto! ¡Y por todos los dioses: si alguien se retira, un paso tan sólo, yo personalmente lo mataré al final de la batalla! ¡Si seguimos vivos, claro! —Y aquí el centurión se echó a reír como poseído por alguna de las temidas divinidades infernales.

Los jóvenes legionarios primero sintieron miedo ante aquellas palabras, pero había algo enigmático y contagioso en aquella profunda carcajada gutural del veterano oficial que impregnó sus espíritus y de pronto toda la formación se echó a reír generando un clamoroso estruendo que parecía sacudir el viento.

Vanguardia de la caballería cartaginesa

—No se retiran —comentaba un joven oficial númida al caballero al mando de la vanguardia púnica.

—No importa. Pasaremos por encima de ellos.

—¿Qué es ese ruido que trae el viento? —preguntó intrigado otro de los jinetes.

Todos callaron.

—Se están riendo —musitó el oficial númida, sorprendido.

—¡Así es! —Esta vez el oficial al mando sonó más enérgico—. ¡Pues morirán riendo! ¡Por Baal y Tanit, a la carga! ¡Al galope!

Centenares de jinetes asestaron golpes secos con sus talones a los vientres de sus monturas. Los animales relincharon y como resortes de catapultas salieron disparados hacia su destino.

Vanguardia romana

Los jóvenes *velites* sudaban bajo el sol. Eran gotas frías fruto del calor de la primavera hispánica y producto de sus nervios. La caballería cartaginesa y númida se lanzaba contra ellos a toda velocidad. La tierra empezaba a vibrar, suave primero y luego intensamente. Las risas cesaron entre los hombres. Clavaron los escudos en el suelo. Se escondieron tras ellos. Desplegaron sus lanzas largas a media altura, buscando caballos y jinetes. Algunos se ajustaban el casco con rapidez. Muchos recordaban a sus familias en Roma; otros rezaban a Marte, a Júpiter o a sus dioses Penates. La silueta del ejército púnico se transformó en una inmensa nube de ruido y polvo donde brillaban las lanzas afiladas de los caballeros africanos y númidas. Algún legionario cerró los ojos.

—¡No os mováis! —Escuchaban todos a Quinto Terebelio desgañitándose para mantener toda la formación sin retrasarse nadie un ápice—. ¡Por Júpiter, no os mováis! ¡Manteneos quietos! ¡Tensad las armas! ¡Asidlas con fuerza! ¡Apoyadlas en el suelo! ¡Protegeos! ¡Ya están aquí! ¡Ya llegan! ¡Por Roma! ¡Por nuestro general! ¡Por Publio Cornelio Escipión! ¡Por todos los dioses! ¡No os mováis! ¡No...!

Su voz seguía escuchándose pero sus palabras dejaron de ser comprensibles. La caballería había llegado. El choque fue terrible. Hombres y bestias impactaron con la fuerza descomunal de la locura colec-

Turma *romana en misión de reconocimiento*

Era una noche clara, con luna llena. La pálida luz del astro nocturno bañaba las praderas de Baecula. El cielo limpio dejaba ver las estrellas. Los jinetes se detuvieron en el último puesto de guardia en la vanguardia del ejército romano. Publio y Lelio desmontaron y dejaron sus caballos en manos de los *lictores* del general. Avanzaron unos pasos. En lontananza se vislumbraba la silueta de la colina en la que Asdrúbal había establecido su campamento. Era una meseta con una terraza inferior y una segunda planicie en la que el cartaginés había levantado el campamento.

—Es una posición de fuerza —dijo Lelio.

—Sí, pero defensiva —apuntó Publio—. Desde ahí poco le valen sus elefantes. Para eso tendría que descender a la llanura.

—No lo hará. No lo ha hecho en dos días y seguirá sin hacerlo.

—Eso es cierto —concedió Publio—. Está dispuesto a esperar la llegada de los otros dos ejércitos cartagineses. —Aquí el joven general romano suspiró con profundidad—. Nosotros no podemos esperar.

—Tampoco podemos atacar —interrumpió Lelio—; no mientras siga fuerte, refugiado en esas terrazas que les protegen como murallas.

Publio volvió a examinar con detalle la colina. Habían pasado ya dos días, en blanco, sin batalla. Había arrastrado a sus hombres hasta el corazón de Hispania. Tenían la moral alta. Deseaban atacar, querían luchar. Era ahora o nunca.

—Mañana al amanecer hablaré a los hombres —concluyó Publio—. Mañana atacaremos.

—Supongo que tiene que ser así. Eso o retirarse antes de que lleguen Magón y Giscón.

—Exacto. Eso o retirarse. —Y Publio miró a Lelio, como quien busca una respuesta.

—Atacar —respondió el veterano tribuno.

—Sea, y que los dioses nos acompañen.

Los dos hombres regresaron junto a sus caballos y, escoltados por los *lictores,* sus figuras se perdieron en dirección al campamento romano.

Campamento general romano

La luz del alba despuntaba entre las encinas del bosque próximo que descendía desde el norte de la colina y se perdía en la distancia. Las sombras eran tenues y alargadas. Un momento casi fantasmagórico del día. Los legionarios vieron la silueta de su general erguida sobre una tarima de maderas y troncos que, apresuradamente, habían levantado un grupo de *velites* durante los turnos de guardia nocturna. Publio Cornelio Escipión, general *cum imperio* sobre las dos legiones desplazadas a Hispania en una misión imposible, detener a los cartagineses e impedir que avanzaran sobre Italia, esperaba mientras sus tropas se desplegaban mostrando toda su fortaleza a lo largo de una milla. No podrían escucharle todos, su voz no llegaría tan lejos, pero muchos sí le oirían y harían que su mensaje llegara al resto. Había indicado a Lelio que se levantara una tarima desde la que hablar a las tropas. Quería asegurarse de que al menos todos los legionarios le vieran bien. El desayuno, por orden suya, había sido adelantado dos horas. Los legionarios comieron a la luz de las hogueras una ración doble de gachas de trigo con leche de cabra abundante. Los quería saciados, los necesitaba fuertes. El general miró a sus espaldas, sin girarse, por encima del hombro. La colina donde estaba el campamento cartaginés permanecía en calma. Bien. Así debía ser. Se sabían fuertes y seguros los púnicos. Y así era. Volvió de nuevo su mirada hacia sus tropas. Ya estaban en formación. Pronto los vigías púnicos, cuando la luz del sol descubriese las legiones preparadas para el ataque, darían la voz de alarma y prepararían sus defensas en las terrazas de la elevada colina que los protegía.

—¡Legionarios! ¡Legionarios! ¡Legionarios de Roma! —gritó Publio para reclamar su atención—. ¡Hoy, mientras vosotros desayunabais he hecho un sacrificio a Marte! ¡He sacrificado un hermoso buey y su sangre se ha vertido sobre esta tierra! ¡Sé que los dioses están con nosotros! ¡He soñado con una gran victoria y esa victoria será hoy! ¡Está en vuestras manos! —Publio miró a su alrededor. Los soldados le escuchaban atentos. Tenían interés, pero tenía que darles algo más, algo a lo que aferrarse más allá de los dioses y de su lealtad a Roma. Algo tangible, algo que pudieran sentir cercano—. ¡Nos tienen miedo! ¡Los cartagineses nos... os tienen miedo, tienen miedo de vosotros! —Se detuvo para observar el impacto de sus palabras; iba por el buen camino; hasta Lelio, que estaba al pie de aquel improvisado escenario, se giró para mirarle. Ése era el camino a seguir. A partir de ese momento las palabras fluyeron solas—. ¡Tienen tanto miedo que se refugian en lo alto de una colina, tienen tanto miedo que no se atreven a salir a campo abierto! ¿Y sabéis por qué? ¿Sabéis por qué están tan asustados? —Se detuvo, una pausa retórica, degustó el sabor de la expectación en los ojos abiertos de sus legionarios fijos en su persona—. ¡Os tienen miedo porque nada más llegar derrotasteis a su caballería! ¡Aún más, os tienen miedo porque el año pasado conquistasteis lo inconquistable: tomasteis al asalto su ciudad más segura, su capital en Hispania! ¡Cartago Nova fue vuestra por las armas, cayó bajo el poder de vuestras espadas! ¡Por eso se esconden: os tienen terror! ¡Y Asdrúbal el primero! ¡Se refugian en lo alto de una colina! ¡Y se creen seguros allí! ¡Pero os diré una cosa: tienen miedo pero no son estúpidos los cartagineses, no lo son! ¡Son traicioneros! ¡Están esperando, siempre están esperando que el viento sople a su favor, que sus dioses vengan en su ayuda, pero hoy es el día de Marte, lo he soñado, lo siento en mi corazón y sé que vosotros podéis sentirlo palpitar en vuestros pechos! —Se detuvo un instante e inspiró con fuerza; tenía sed, pero no era el momento, no podía callar ahora—. ¡Los cartagineses esperan refuerzos, aguardan que sus dos ejércitos del sur y del oeste se les unan, porque os tienen tanto miedo que no se atreven a entrar en combate en una batalla de igual a igual, donde las fuerzas estén equilibradas y sea el temple de los brazos y las espadas el que decida el vencedor! ¡No, eso es demasiado sencillo para ellos, y no se arriesgarán frente a quien temen tanto, frente a los conquistadores de Cartago Nova! ¡Anteayer, nada más llegamos aquí, comprobaron el amargo sabor de la derrota cuando su caballería tuvo que retroceder ante el empuje de nuestros *velites*! ¡Y éstos son los más jóvenes de entre nosotros! ¿Os dais cuenta? ¿Os imagináis qué podremos hacer si nos juntamos todos a una: *velites, hastati, principes, triari*, marinería y caballería? ¡Todos juntos podemos pasar por encima de ellos, destrozar sus filas y acabar con todos ellos antes de que caiga el sol de este día! ¡Podemos hacerlo! ¡Debemos hacerlo! ¡Por Roma y por todos los dioses! ¡Ellos sólo saben esperar hasta que sus refuerzos lleguen y cuando nos superen en número, cuando nos tripliquen, sólo entonces, bajarán de su colina para rodearnos y atacarnos, pero yo digo que nosotros no vamos a esperar, no vamos a dejar que eso ocurra y os diré por qué! ¡Sois los mejores hombres, los soldados más fuertes, pero es justo que luchemos de igual a igual y eso es lo que os ofrezco! ¡Os hice marchar a toda velocidad, sin rigía para prepararlos ante una nueva batalla. Nunca antes había hablado a legionarios a su mando que ya hubieran servido con él y que ya hubieran vencido con él. Era algo inexplicable: en la voz y en las miradas de aquellos hombres, Publio detectó una fe ciega en su persona, una lealtad más allá de las palabras y los juramentos de los soldados, una conexión casi mística que le empapaba el espíritu: todos eran él y él era todos y cada uno de aquellos soldados. Decidió concluir su discurso.

—¡Por Roma y por todos los dioses! ¡Esos que allí se esconden son los que mataron a nuestros hermanos hace dos años, los mismos que no tuvieron agallas ni para defender su capital, son los que mataron a mi padre y a mi tío, los que masacraron a nuestras legiones al comprar a los iberos para que éstos traicionaran a nuestros generales! ¡Son sólo traidores! ¡Vamos a por esos cobardes, vamos a por los cartagineses y sus númidas y sus iberos y sus baleáricos y todos los que luchan bajo el gobierno de su dinero, y hagamos trizas su alianza y sus tropas! ¡Trepemos por esas laderas y arrastrémoslos por la tierra como animales, porque somos más fuertes, porque nosotros no tenemos miedo, porque Roma nos lo exige! ¡Por Roma, por Roma, por Roma!

—¡Por Roma! ¡Por Roma! ¡Por Roma! —respondieron los legionarios nerviosos, resueltos, ávidos por entrar en combate. Los centuriones mezclaron sus voces con las de sus subordinados, incluidos el *primus pilus* Terebelio y el oficial al mando de la marinería armada, Sexto Digicio, y hasta los tribunos Marcio, o el propio Cayo Lelio, todos gritando a una, todos impulsados por un joven general que se llevaba la mano al pecho y aullaba con ellos dejando salir saliva por las comisuras de sus labios y lágrimas por los ojos.

—¡Por Roma, por Roma, por Roma!

Publio Cornelio Escipión descendió de forma apresurada, restregándose los ojos con el dorso de la mano. Al pie le recibió Lelio.

—Vamos allá, por Cástor y Pólux y todos los dioses —dijo Publio.

—Vamos allá, por Júpiter —respondió Lelio.

Empezaron a marchar rápidos hacia un extremo de la formación.

—Que salgan ya, los *velites* y los *hastati*, contra la primera de las planicies —ordenó Publio—; que crucen el arroyo y el río; que vayan los manípulos de Terebelio y los de Digicio, con sus marineros.

Lelio asentía, pero al escuchar las últimas instrucciones, dudó.

—¿Terebelio y Digicio, juntos?

—Sí —aclaró Publio—. Sé que hay mucha competencia entre los marineros alistados de Digicio y las tropas de Quinto Terebelio, especialmente desde lo de Cartago Nova, pero ambos tienen *coronas murales*, necesitamos de su valor y de la fuerza de los suyos. Su ambición por mostrarse mejor los unos sobre los otros puede ser un acicate para doblegar al enemigo antes.

Lelio aceptó las explicaciones, aunque tenía sus dudas.

—También quiero que Lucio Marcio y Mario Juvencio se lleven varios manípulos de hombres expertos y se atrincheren en los caminos que descienden de la colina por la retaguardia cartaginesa. Hay que controlar sus movimientos por ese sector y evitar una huida cartaginesa sin lucha alguna. Asdrúbal buscaría otro lugar donde esperar a su hermano Magón y al general Giscón y todo nuestro esfuerzo no habría servido para nada.

—¿Quieres que lleven *principes* y *triari*?

Publio asintió.

—De acuerdo —concluyó Lelio, y partió hacia los tribunos que esperaban las órdenes de ataque.

Campamento general cartaginés en lo alto de la colina

Asdrúbal estaba desayunando en su tienda cuando irrumpieron los oficiales. Estaban nerviosos y les acompañaba un númida de los puestos de guardia de la planicie inferior. El hermano de Aníbal no necesitó palabras. Dejó su comida a medio terminar y se envainó la espada mientras un esclavo le ajustaba la coraza que ya llevaba puesta.

—¿Es una avanzadilla o el grueso de las tropas? —preguntó Asdrúbal.

—Es difícil de decir aún —empezó uno de los oficiales—. Desde luego han sacado todo el ejército del campamento, pero de momento parece que sólo la infantería ligera está cruzando el río.

—¿Infantería ligera...? Bien. —El general púnico meditó unos instantes. Tenían desplegados jinetes númidas por la planicie que rodeaba el campamento. No sería suficiente—. Honderos baleáricos, todos los que tenemos, e infantería ligera nuestra, africana, que bajen a la planicie. Eso será suficiente para detener el avance romano, eso si llegan a escalar la ladera. Con eso los detendremos. Sólo necesitamos ganar dos o tres días más y llegarán Giscón y Magón y los aplastaremos como ratas.

El general y sus oficiales salieron raudos de la tienda. Una batalla estaba a punto de dar comienzo.

Vanguardia romana. Río Guadiel

A Quinto Terebelio le llegaba el agua por la cintura. Maldijo su suerte.

—¡Por Cástor y Pólux! ¡Siempre agua! ¡Este general debe pensar que somos ranas!

Algunos soldados rieron al comprender que el *primus pilus* recordaba cómo habían tenido que vadear una laguna para atacar Cartago Nova el año anterior. En todo caso, el agua no cubría ya más del pecho y la notable distancia que separaba el río de la escarpada ladera que debían ascender para acceder a la primera planicie dominada por los cartagineses permitía que la operación de vadear el río se realizase sin peligro de ataque enemigo.

—¿Ranas? —Era la voz de Sexto Digicio, que comandaba los infantes de marina alistados en la legión por orden del general—. Más bien patos asustados, eso es lo que parecéis.

Los marineros de Digicio se echaron a reír viendo cómo los hombres de Terebelio parecían adentrarse con miedo y asco en el agua del río. Ellos, por el contrario, eran marineros acostumbrados al mar y los ríos. Estaban en su elemento.

Terebelio y sus hombres ignoraron las provocaciones de Digicio. A fin de cuentas la ladera era territorio seco y era allí donde se debía evaluar el valor de cada uno.

Vanguardia cartaginesa

Los honderos baleáricos cargaron sus hondas y empezaron a hacerlas girar. Pronto un denso zumbido de centenares de hondas en movimiento, girando y girando para que los proyectiles adquirieran una velocidad mortal, se apoderó de la cima de la ladera. Tras ellos la infantería ligera africana preparaba sus jabalinas y, al fondo, los caballos de los jinetes númidas piafaban y agitaban sus cabezas inquietos. Los animales olían la antesala del combate y tensaban sus músculos.

Los hombres de Terebelio llegaron al pie de la ladera. Miraron un instante hacia arriba, pero un zumbido intenso les hizo protegerse con sus escudos de forma instintiva, agachándose en cuclillas y conteniendo la respiración. Una lluvia de piedras bajó del cielo estrellándose contra sus escudos, cascos y protecciones de brazos y piernas. Algún grito se escapó, pero apenas cayó ningún hombre. Quinto Terebelio observó el ala de marineros dirigidos por Digicio. Hacían lo propio.

—¡Esperad! —gritó Quinto a sus hombres—. ¡Ahora lloverán jabalinas! ¡Esperad, mantened los escudos en alto! ¡Mantenedlos en alto!

Y un silbido cruzó el aire. Las lanzas caían por todas partes. Algunas atravesaron escudos y seccionaron brazos. Los aullidos de dolor se multiplicaron. La andanada de proyectiles cesó. Terebelio sabía que ahora vendrían las piedras de los honderos una vez más. Era mejor intentar ascender contra piedras que contra jabalinas.

—¡Ahora, rápido! ¡Ascended protegidos por los escudos! ¡Los escudos por delante! ¡Ahora!

Los legionarios empezaron a trepar por la ladera, un brazo sosteniendo el escudo en alto y la otra mano agarrándose a los matorrales y los resquicios de roca para poder ayudarse y trepar mejor por aquella escarpada ladera. No era un ascenso especialmente difícil, pero sostener el escudo, resistir la lluvia de piedras y las intermitentes andanadas de jabalinas dificultaban la subida enormemente. Muchos perdían el equilibrio, soltaban el escudo para no caer hacia atrás rodando, pero entonces eran golpeados por varios proyectiles y atravesados por lanzas; caían heridos de muerte rodando en su descenso como troncos recién cortados y arrastraban consigo a varios compañeros de armas. No iban a conseguirlo. Terebelio se detuvo a mitad de camino. La ladera era una acusada pendiente de sesenta grados con unos cuarenta pasos de longitud. Miró hacia Digicio y los suyos. Estaban al igual que ellos enfrascados en medio del ascenso, pero parecían encontrar los mismos problemas. Pero no cejaban. Había que admitir que aquellos marineros tenían agallas.

—¡Por Hércules! —clamó Terebelio—. ¡Esos marineros van a alcanzar la cima antes que nosotros! ¿Vamos a permitir semejante humillación? —Y sin esperar respuesta de sus hombres se lanzó en una larga carrera, asiendo el escudo con energía y trepando como un gato. Varias piedras golpearon contra su arma defensiva y un proyectil, rebotado del escudo de algún legionario que seguía sus órdenes, le pegó en un ojo abriéndole una tremenda brecha. Terebelio se detuvo un instante. Se sintió mareado, pero percibía cómo varios de sus hombres le rebasaban continuando el ascenso. Eran unos valientes. No podía quedarse atrás. Era el *primus pilus* de la legión. Sacudió la cabeza y recuperó el resuello y la noción del equilibrio. Se alzó de nuevo y lanzando un grito infernal ascendió los últimos pasos hasta alcanzar la cima de la ladera.

—¡A la carga, a la carga! ¡Acabad con todos estos miserables!

La llegada de Terebelio a lo alto de la planicie animó a los pocos legionarios que habían llegado a la cumbre. Se reagruparon y en un instante empezaron una lucha cuerpo a cuerpo, primero contra los confundidos honderos y luego contra los infantes africanos. Los baleáricos cedían terreno con rapidez, lo suyo no era el combate cara a cara, sino el bombardeo a una distancia segura. Esta retirada de los baleáricos fue un grave error para el conjunto de las tropas cartaginesas, pues mientras los honderos eran relevados por la infantería ligera africana, los romanos tuvieron un minuto clave de tregua en su ascenso por la ladera, consiguiendo así que todas sus tropas ligeras accedieran a la planicie y pudieran disponerse en formación ante la infantería africana.

Retaguardia romana

—¿Por qué no usa la caballería númida? —Lelio no comprendía bien las maniobras de las tropas enemigas.

—No tienen espacio para una carga —explicó Publio—. Están encajonados entre la segunda ladera y la línea del frente de batalla al borde de la primera planicie. No hay espacios en la primera terraza para movimientos de gran número de tropas. La caballería, igual que los elefantes, no son de gran utilidad en espacios cerrados como las dos mesetas en las que Asdrúbal se ha atrincherado. Era una posición defensiva, una buena posición defensiva, pero poco adecuada para el contraataque.

—Pues parece que Terebelio y Digicio están consiguiendo el objetivo —apostilló Lelio con orgullo.

—Así es, así es... y ahora debemos ayudarles. Mira. —Y Publio señaló hacia lo alto de la planicie superior donde se encontraba el grueso de las tropas cartaginesas—. Asdrúbal está sacando todas sus tropas del campamento y las está empezando a desplegar.

—Sí, diría que con los africanos, su infantería pesada en el centro y en las alas los mercenarios iberos... —confirmaba Lelio mientras se cubría los ojos para protegerse del sol.

Publio meditó unos instantes. Estaba dudando. Lo lógico sería hacer que sus tropas ascendieran a la primera planicie en bloque para reforzar la línea de ataque frontal que Terebelio y Digicio habían iniciado con éxito, pero eso terminaría en una lucha por tomar la segunda ladera contra las tropas pesadas de Asdrúbal, con los púnicos en lo alto y ellos intentando ascender y, aunque sin la misma eficacia que en una gran llanura, con los jinetes númidas y los elefantes acosándoles por todas partes. Eso era lo que esperaba Asdrúbal. Al cabo de una hora tendrían que retirarse sin poder tomar la segunda ladera, agotados y retirando centenares de heridos. Luego el cartaginés sólo tendría que sentarse en su colina y esperar la llegada de sus refuerzos del sur y del oeste para perseguirlos en una penosa huida de vuelta a Tarraco. Publio tragó saliva. Tenía la garganta seca.

—¡Agua! —exclamó.

Lelio se volvió raudo hacia los *lictores* que los escoltaban.

—¡Agua para el general! ¡Rápido, por Hércules! ¡Agua para el general!

Un aguador joven, de apenas diecisiete años, apareció a todo correr con un odre de piel lleno de agua. Vertió líquido en un cazo de arcilla, con muescas y una pequeña grieta, que traía para servir al general, y le acercó con brazo un poco tembloroso el vaso. El general asió la copa y bebió con ansia. Luego, antes de devolver el vaso se quedó contemplando las muescas. Nerón, el anterior general en jefe *cum imperio* en Hispania, sólo bebía de copas de plata u oro, pero Publio había insistido en usar el mismo material de intendencia que emplearan sus hombres.

—Tenemos que mejorar la vajilla de nuestras tropas, Lelio, recuérdame eso después de que hagamos salir a Asdrúbal de su madriguera. Además ese odre pierde agua —concluyó Publio señalando un vértice de la piel de cabra que servía de continente del agua por donde se veía un reguero de gotas viajando por la superficie del recipiente hasta ir cayendo sobre un pequeño charco que se había formado mientras el joven aguador sostenía el odre. El joven muchacho sintió vergüenza y miró al suelo.

Publio fue a decir algo más, pero su mente regresó al campo de batalla.

—Lelio, vamos a llevar el grueso de las legiones a lo alto de la primera planicie, pero no vamos a ayudar a Terebelio y a Digicio en su segundo ataque a la segunda ladera. Tendrán que valerse por sí solos contra las tropas africanas. Una vez que accedamos a la primera planicie nos dividiremos, tú hacia el norte y yo hacia el sur con los *príncipes* y los *triari*. Bordearemos la línea del frente de batalla hasta alcanzar los extremos de la segunda ladera y ascenderemos por los límites laterales para subir a esa segunda ladera confrontándonos contra sus fuerzas auxiliares, no contra la infantería pesada. El despliegue tendrá que ser rápido. Quiero atacar sus flancos. ¿Está claro?

Lelio asentía pero estaba confundido.

—Terebelio y Digicio lo pasarán mal.

—Lo pasaremos mal todos si no hacemos esto.

—De acuerdo.

—¿Y los manípulos de Lucio Marcio y Mario Juvencio están desplegados ya en la retaguardia cartaginesa? —preguntó Publio con cierta tensión. Necesitaba saber que sus órdenes se seguían al pie de la letra. Cualquier confusión sería fatal.

—Sí —confirmó Lelio, meditabundo. Publio parecía querer rodear a los cartagineses y atacarles por todos lados a la vez. Pero los legionarios que se habían llevado Marcio y Mario no eran suficientes para un ataque.

—Bien, envíales un mensajero: que no ataquen y que se embosquen. Si todo sale bien los cartagineses terminarán saliendo por su retaguardia y quiero que les sorprendan.

La nueva orden sosegó el ánimo de Lelio. Eso tenía más sentido, pero era tan improbable que Asdrúbal decidiera retirarse...

Publio se quedó contemplando a Cayo Lelio taciturno, inquieto. Le asió con aprecio por el brazo.

—Vamos a por ellos, Lelio, les haremos salir de allí, ya lo verás. Ten fe en mí. —Y le sonrió. Lelio respondió con una sonrisa un poco forzada pero sincera en sus sentimientos.

—¡Vamos allá, por Hércules! —replicó el veterano tribuno con fuerza—. Es una buena mañana para cazar cartagineses. —Y se volvió hacia las tropas caminado ligero, erguido, pisando firme la tierra de Hispania. Publio comprendió que ya no tenía nada que temer sobre el flanco norte. Ahora quedaba por ver si él era capaz de cumplir con la parte que le tocaba. Tenían que conseguir ascender por los dos extremos a un tiempo. Eso era clave.

*Campamento cartaginés, en lo alto de la colina,
por encima de la segunda ladera*

Asdrúbal estaba algo incómodo. No eran nervios sino molestia. Ese testarudo Escipión había decidido suicidarse aquella mañana y tenía que hacerlo contra sus tropas.

—Que se replieguen los númidas y los africanos, y lo que quede de los baleáricos, que suban todos a la segunda planicie. Si los romanos quieren la primera terraza que la tengan. Eso no cambia las cosas en lo sustancial. Nos haremos fuertes aquí.

Asdrúbal quería todas sus tropas concentradas en lo alto de la colina. Estaban en igualdad numérica con los romanos pero con una posición mejor. Aquel combate que el Escipión había iniciado era absurdo. Su tío Cneo también le sorprendió por su irritante resistencia a morir. ¿Cuántas cargas númidas hicieron falta para abatirle? Y aun así se volvía a levantar, herido, atravesado por una lanza, envuelto en un mar de sangre. Había que reconocer que eran una raza, los Escipiones, que sabía sufrir. Pero nada más.

Asdrúbal, brazos en jarras, desde su posición central en la retaguardia, admiró el despliegue de su infantería pesada en el centro. Aquello era un muro infranqueable. Luego estaban los mercenarios iberos en las alas. Una nota de color. Sonrió. Y siempre quedaba bien parecer más de los que en realidad eran. La fortaleza de su ejército residía en la infantería africana pesada. Hombres rudos y completamente leales a Cartago que no cederían un ápice de terreno sin combatir hasta la muerte. Los romanos chocarían contra ellos y perecerían en aquella segunda ladera.

—¡Vino! —exclamó el general cartaginés. Pudiera ser que el joven romano al mando quisiera fastidiarle el día de descanso que tenía planeado, pero él no iba a dejarse importunar por la locura de un familiar despechado. Era la ira por vengar la muerte de su padre y su tío la que había ofuscado la mente de aquel general romano con toda seguridad. Bien, la ira sin control conduce al fracaso. El vino llegó. Asdrúbal bebió con placer. Aquélla era una mañana que sabía a victoria.

Primera planicie

Las legiones habían accedido por completo a la primera meseta de la gran colina. En pocos minutos, siguiendo las instrucciones de Publio, la infantería pesada de la legión se dividió en dos grandes bloques de manípulos que, a marchas forzadas, se encaminaban en direcciones opuestas, hacia el norte y el sur respectivamente. Los hombres de Terebelio y Digicio se quedaban solos en el centro. Un mensajero a caballo llegó hasta donde se encontraban el *primus pilus* y el oficial en jefe de la marinería armada. Sin duda, traía órdenes del general. Centurión y marinero en jefe se miraron extrañados por los movimientos de los legionarios de la infantería pesada. Habían esperado que éstos tomaran el testigo y los relevaran en la lucha por acceder a lo alto de la segunda ladera y ahora veían que se alejaban en direcciones opuestas dejándolos solos. El mensajero desmontó. Era un jinete de la caballería, joven, hijo de algún patricio. Terebelio lo miró con respeto pero no pudo ocultar una dosis de arrogancia y orgullo. El *primus pilus* sangraba por un brazo y por la sien y tenía restos de piel de algún enemigo desparramados por la coraza. Además, un ojo estaba horriblemente hinchado. Estaba sudoroso, pegajoso y maloliente. Escupió en el suelo, a un lado del mensajero, y no se molestó en excusarse. Digicio no tenía mejor pinta.

—Un mensaje del general. —El joven caballero con coraza impoluta, brillante, el pelo rasurado y limpio y la espada envainada, se sintió un poco intimidado; además el mensaje era incómodo en aquellas circunstancias.

—Habla, te escuchamos. No tenemos todo el día, estamos en una batalla, ¿sabes? —dijo Terebelio, y miró a Sexto Digicio. Los dos veteranos oficiales se echaron a reír. Una carcajada rotunda que se quebró en seco, casi al tiempo, dejando sólo la mirada fría de ambos guerreros.

—El general dice... —el mensajero pensó en suavizar el mensaje, pero recordó la insistencia del general y su voz diciendo «di exactamente esto y no otra cosa», así que tragó un poco de saliva y soltó su mensaje como una andanada de jabalinas enemigas—. El general dice que ha visto nenas asustadas trepar mejor por una montaña y que espera que lo hagáis mejor en esta segunda ladera. Y que os espera en lo alto a media mañana. Ése es el mensaje.

El jinete trepó veloz a su caballo, azuzó al animal y desapareció antes de que los boquiabiertos oficiales de la infantería pudieran reaccionar.

—¿Nenas asustadas? —preguntó en alto Terebelio—. ¿Ha dicho nenas asustadas, por todos los dioses, o he oído yo mal?

—Ha dicho nenas asustadas —repitió Digicio asintiendo con la cabeza.

—¡Maldito sea...! —Y aquí Terebelio se contuvo—. ¿Y adónde va? ¿Tú, marinero, que tan tranquilo estás, adónde va el general con las tropas? ¡Por los dioses!

—Adónde va no lo sé, centurión, pero nos ha dejado claro que tenemos que tomar la segunda ladera.

—Ya sé lo que ha dicho, lo que me revienta es no entender por qué.

—Bueno, él es el general.

Aquí Terebelio se calló unos segundos. Tampoco entendió las órdenes en Cartago Nova y al final todo tuvo sentido.

—Va a ser más difícil que la primera ladera —comentó al fin el *primus pilus* mirando hacia lo alto de la cima de la colina—. Los cartagineses están concentrando todas sus tropas pesadas en el centro. No podremos. Nos van a matar.

Digicio miró a lo alto.

—Eso parece.

—No pensé yo que moriría esta mañana —continuó Terebelio— rodeado de marineritos.

—Ni yo de soldaditos que trepan como nenas.

—Lo de nenas lo ha dicho por los dos.

—Puede ser.

—¿Puede ser? —Terebelio estaba a punto de desenvainar su espada.

—Podemos matarnos aquí mismo o dejar que lo hagan los cartagineses —respondió Digicio llevándose la mano a la empuñadura de su arma.

Terebelio se relajó y volvió a mirar hacia lo alto de la cima.

—Sinceramente, marinero, ¿crees que tenemos alguna posibilidad?

Digicio miró hacia la segunda ladera y vio la infantería pesada africana disponiendo las lanzas y las picas en la primera línea, asomando en el borde mismo donde terminaba aquella infinita segunda ladera por la que debían trepar bajo una lluvia de jabalinas y proyectiles enemigos.

—Sinceramante, no, centurión: no tenemos ninguna posibilidad.

Terebelio y Digicio se miraron.

—¿Vamos allá entonces? —preguntó el *primus pilus*.

—Vamos allá —respondió Sexto Digicio, y le tendió la mano, sucia, ensangrentada, fría.

Terebelio le miró fijamente.

—El día que le dé la mano a un marinero dejaré de luchar. —Y se volvió sin más hacia sus hombres gritando que formaran, que movieran el culo y que cogieran las armas, que tenían una nueva posición que tomar y que ya estaba bien de descansar mirando al cielo.

Digicio se quedó allí, un poco perplejo por el enorme desprecio que Terebelio mantenía ante los marineros. Se limpió un poco el sudor de la frente con la misma mano que había tendido al centurión y, más despacio que Terebelio, pero con la misma decisión, fue hacia sus hombres.

—¡Por Cástor y Pólux! ¡Todos en marcha! ¡Hay que tomar la nueva ladera y no quiero oír ninguna queja! ¡Esta batalla no ha hecho más que empezar!

Campamento cartaginés, en lo alto de la colina

Asdrúbal se había retirado a su tienda unos instantes. Quería relajarse un poco. Si la tozudez de aquel Escipión era similar a la de su tío estaría atacando y dejando morir a legionarios durante todo el día. Aquello podía terminar resultando tedioso. El general cartaginés sintió el ansia de los hombres y decidió complacerse. Una vez en el recinto cerrado de su tienda hizo que le trajeran a dos jóvenes iberas. Éstas llegaron de mano de cuatro soldados africanos. Los guerreros las empujaron ante su general y éstas cayeron de rodillas ante él. Luego los soldados se retiraron. Las jóvenes apenas tenían quince años. Estaban maniatadas por la espalda. Las dos, arrodilladas, hundían su cabeza en el suelo y respiraban con dificultad.

—¡Miradme! ¡Quiero ver vuestros rostros! ¡He de saber qué tipo de presente me han mandado vuestros padres!

Las dos jóvenes eran regalos de las tribus del interior, hijas de jefes iberos vacceos que buscaban un pacto de amistad con el que daban en llamar el «rey de los iberos». Asdrúbal había dejado que los indígenas de Iberia le concedieran tal título. Al fin y al cabo era él quien gobernaba sus vidas. Y le gustaba oírse aclamado como rey. Como todos, tenía su dosis de vanidad.

Las muchachas temblaban. Eran muy parecidas. Quizás hermanas. Rasgos suaves, labios carnosos, tez morena, ojos oscuros, pelo negro, lacio, piel tersa. El ansia creció en el cuerpo de Asdrúbal. De pronto, un oficial africano descubrió la tela de acceso a la tienda.

—¿Por qué me molestas, imbécil? ¿No ves que estoy ocupado?

—Los romanos, mi general... los romanos están maniobrando...

—¿Maniobrando? ¿Maniobrando cómo?

—La infantería pesada se está desplazando por la primera de las terrazas sin atacarnos, hacia los extremos, dividida en dos, como si fueran a rodearnos.

Asdrúbal se atusó la barba con una mano. Las muchachas volvieron a agachar sus rostros.

—¿Hacia los extremos? ¿Estás seguro de lo que dices? ¿Y quién ataca el centro de nuestra infantería?

—Los mismos que lideraron el primer ataque. Sin refuerzos.

Asdrúbal era vanidoso, orgulloso e impulsivo, pero no era imbécil. Saltó del lecho en el que estaba sentado, apartó a las muchachas de un golpe, y salió de la tienda maldiciendo.

—¡Por Baal y por Tanit! ¿Cuánto tiempo llevan con esa maniobra?

El oficial le seguía de cerca mientras el general aceleraba el paso en dirección a la salida del campamento, hacia el frente de batalla.

—Unos veinte minutos. Al principio no sabíamos lo que hacían, pero luego nos pareció extraño. Con los soldados que dejan en el centro nunca superarán a nuestra infantería pesada y las alas están protegidas por los iberos y la propia ladera...

Asdrúbal se detuvo en seco y se giró hacia su oficial.

—Precisamente: el romano busca confrontar su infantería pesada con los iberos en las alas y eludir así el combate contra nuestros africanos, nuestros mejores hombres. Si las alas ceden, y pueden ceder, tendremos un problema serio. Tendremos una batalla campal en toda regla. Aquí arriba, en lo alto de la colina. Y eso no debe ocurrir. No debe ocurrir.

Asdrúbal reemprendió la marcha hacia el frente. El oficial le siguió a poca distancia. Pensó que el general estaba viejo, exageraba. Los flancos del ejército resistirían. Los iberos eran un poco inconstantes, pero ayudados por la ventaja de su posición en la cima de la colina detendrían a los legionarios romanos igual que lo harían los africanos del centro.

Ala derecha del ataque romano, al norte de la colina

Los *príncipes* regresaban de su primera acometida contra los cartagineses apostados en lo alto de la segunda pendiente que daba acceso a la cima de la colina. Publio los vio arrastrando algunos heridos por jabalina, muchos ensangrentados, pero con ánimo de lucha en sus ojos. Estaba asombrado de cómo la fe de aquellos legionarios en él mantenía su espíritu de lucha incluso cuando los hacía combatir en una posición tan desventajosa. Sin duda, permanecía en la mente de los soldados romanos el recuerdo del asalto de Cartago Nova, y sus palabras haciéndoles ver que si habían podido con aquellas murallas podrían también con estas encrespadas laderas habían surtido un profundo efecto.

—¡Los *triari*, a la carga! —ordenó Publio con energía.

Las trompas de la legión subrayaron la orden de su general y los *principes* que descendían por la pendiente fueron reemplazados por el más lento y pesado avance de los *triari*. Éstos, protegidos por sus escudos y con sus alargadas picas atadas a la espalda, fueron trepando por la ladera. Primero llovieron las jabalinas, luego una andanada de flechas mezclada con piedras, pero al cabo de unos minutos estaban al borde mismo de la cima. Los *triari* soltaron entonces los escudos y tomaron las picas con ambas manos. Y gatearon hacia la cumbre de la ladera en un último impulso. Los iberos se esforzaron en detener la acometida romana, pero las picas se abrían camino resquebrajando brazos, piernas, incluso ensartando más de una cabeza hispana. Los *triari* alcanzaron la cima. Arrojaron las picas o dejaron que éstas se fueran clavadas en sus víctimas que serpeaban por el suelo mutiladas, retorciéndose de dolor y desenvainaron las espadas. Los iberos reemprendieron la defensa de su colina en una denodada lucha cuerpo a cuerpo. Era un combate cruel, despiadado. Los hispanos se defendían con vigor y no cedían terreno hasta que por la cima ya desprotegida asomaron los refuerzos romanos de los *principes* supervivientes del primer ataque contra la segunda ladera. Los iberos sabían que necesitaban más hombres para frenar a los romanos que ascendían a centenares, pero los africanos del centro no maniobraban para llegar a aquel lugar. Se sintieron solos y sus ánimos empezaron a desfallecer.

Centro del ejército cartaginés

Asdrúbal asistía nervioso al desarrollo de la contienda. El empeño de aquel romano por materializar una batalla campal estaba dando sus frutos. El general cartaginés se dio cuenta de lo complicado de la situación: no había terminado de desplegar aún todas sus tropas, pero la mayoría estaban concentradas en el centro, frente al campamento, en espera de una gran acometida frontal, mientras que el nuevo Escipión había llevado a su infantería pesada a los extremos de la formación cartaginesa. Así, las alas iberas de su ejército cedían por falta de hombres y empuje y los romanos accedían a la colina por ambos lados, norte y sur. En el centro, como era de esperar, sus africanos veteranos resistían, pero tendría que hacerles maniobrar hacia las alas para evitar el desastre. Miró hacia su espalda y de nuevo al frente. No había espacio suficiente entre el campamento y el borde de la ladera, para una maniobra de aquella envergadura, y tampoco había tiempo con la presión que los romanos ejercían sobre ambos flancos. Se podría intentar. Quizás aún se podría revertir el curso de la batalla, pero no estaba claro. Lo único que era evidente es que el romano había venido a combatir contra él antes de que llegaran los refuerzos de Magón y Giscón, y lo estaba consiguiendo. Incluso si aquello terminara en una victoria púnica, Asdrúbal comprendía que ésta no se lograría ya sin un enorme coste de vidas. Tendría que emplear a sus mejores hombres. En cambio, si se retiraba ahora, se podía organizar una maniobra de repliegue en relativas buenas condiciones y salvaguardar el grueso de sus tropas. El corazón le pedía luchar, pero su razón y, más aún, el juramento que hizo a su hermano Aníbal de alcanzar Italia y ayudarle desde el norte a atacar Roma, pesaba más que su enfurecido ánimo. Y los elefantes no podían ayudar ya en el ataque, pues la línea del frente era una confusa maraña de soldados romanos, iberos y cartagineses entremezclados en un combate mortal. Las enormes bestias causarían tantas bajas entre los suyos como entre los enemigos. Sin embargo... los elefantes podrían... Asdrúbal asintió para sí mismo.

—¡Coged los elefantes y cargad el tesoro en ellos! ¡Tomad las tropas de reserva que aún están en el campamento y salid por el este de la colina! ¡Nos replegamos! —espetó a un sorprendido oficial—. ¡Y que se ordene el repliegue de la infantería pesada que pasará de estar en la vanguardia del ataque a actuar de nuestra escolta de retaguardia! ¡Si nos salen tropas romanas para impedirnos el paso que los elefantes y la caballería númida despejen el camino! ¡Hemos de salir de aquí cuanto antes! ¡Moveos, por Baal! ¡Moveos, por Cartago!

Los elefantes bramaban mientras sobre sus lomos se apilaba el oro y la plata procedentes de las minas de Sierra Morena. Allí estaba el dinero necesario para pagar a un gigantesco ejército de mercenarios iberos y galos con el que desplazarse hasta el norte de Italia. Era un tesoro que debía salvarse a toda costa. Los jinetes númidas se pusieron al frente de la formación. La infantería africana de la vanguardia empezó a replegarse lo más ordenadamente que podía, salvando así la gran parte de su formación en el centro frontal de la misma, pero perdiendo gran cantidad de iberos en los flancos norte y sur por donde atacaban el grueso de las tropas romanas.

Centro del ataque romano

Tanto los hombres de Digicio como los de Terebelio estaban exhaustos. Tras tres embestidas contra la densa formación cartaginesa habían sido rechazados sin apenas conseguir nada. Estaban sin resuello. Agotados, asustados. Tenían órdenes de seguir atacando hasta tomar la colina pero ambos habían comprendido que era una orden suicida. ¿Qué hacer? Entonces ocurrió algo inexplicable. Los cartagineses empezaban a retirarse. ¿Era una trampa?

Digicio miró hacia donde se encontraba Quinto Terebelio y lo vio dando instrucciones a sus soldados y una patada a un legionario que parecía demasiado cansado para obedecer con celeridad.

—¡Vamos, perros! ¡A lo alto de la colina! ¡Los cartagineses se repliegan! ¡Éste es el momento! ¡Todos arriba, por Hércules! ¡Coged los escudos y arriba!

La voz de Quinto llegó hasta los hombres de Digicio y los marineros se volvieron hacia su oficial en jefe. Digicio se levantó del suelo donde se había sentado para recuperar el aliento y bramó sus órdenes con fuerza.

—¡Vamos allá, por todos los dioses! ¡Hemos hecho lo difícil y no vamos a dejar ahora lo fácil a Terebelio y los suyos! ¡A por la cima! ¡Podemos hacerlo! ¡Por el general, por Roma!

Los marineros se levantaban y raudos seguían a su jefe que ya emprendía el ascenso de la segunda pendiente de aquella maldita colina.

Sector este de la colina. Tropas de Mario y Marcio

Lucio Marcio Septimio y Mario Juvencio Tala habían emboscado sus hombres en torno a los caminos angostos que descendían de la colina cartaginesa por la vertiente oriental de la misma. Los legionarios se ocultaron entre los matorrales del monte bajo, al abrigo de las encinas desperdigadas que salpicaban la región, entre los peñascos y rocas de aquella tierra escarpada. Desde sus posiciones se escuchaba el fragor de la batalla en lo alto de la colina. Vislumbraron algunos de los efectivos del general ascendiendo por la ladera norte y lo que parecían ser otros legionarios haciendo lo propio por el sur, comandados por Lelio, pero desde la distancia era difícil saber lo que estaba pasando, cómo se estaba desarrollando el combate. Pasó una larga hora de espera e indefinición, hasta que Marcio vio uno de sus exploradores que descendía de la primera pendiente a toda velocidad, como perseguido por los espíritus del Hades. El joven legionario pronto llegó hasta la posición del tribuno.

—Los cartagineses descienden, tribuno. Descienden con sus elefantes y la caballería númida al frente. Detrás viene la infantería. —El soldado terminó su mensaje e inspiró intentando recuperar el aliento. Estaba tenso y agotado por la carrera.

—¿Quieres decir que descienden con todas sus tropas? ¿Que se retiran en esta dirección?

—Así es, tribuno. Eso creo.

Marcio asintió. Dio instrucciones para que se informara a Mario, el otro oficial al mando, y a sus hombres, y ordenó que todos permanecieran emboscados hasta nuevo aviso.

En pocos minutos el bramido tenebroso y gutural de los elefantes empezó a escucharse descendiendo ya por la segunda pendiente. La tierra parecía temblar bajo el peso de aquellas pisadas descomunales. A su alrededor centenares de númidas cabalgaban al trote, escoltando a aquellas gigantescas bestias. Marcio esbozó una sonrisa que quedó más en mueca que otra cosa. Como si esas bestias necesitaran protección. Sería mejor dejarlas pasar junto con los númidas y luego abalanzarse sobre la confiada infantería cartaginesa. Con un poco de suerte, Mario pensaría lo mismo. Ya no había tiempo para comunicar. Los primeros elefantes y jinetes africanos pasaron sin ser molestados, pero cuando llegaba un segundo grupo de paquidermos, los hombres de Mario arrojaron una andanada de *pila*. El ataque había empezado. Marcio escupió en el suelo.

—¡Por todos los dioses! —Sacudió la cabeza negando con fuerza pero ordenando lo que ya era inevitable—. ¡Al ataque, por el general, por Roma!

20

Salapia

Un soldado, vestido de centurión romano, hablaba con Aníbal, quien, rodeado de sus oficiales, le escuchaba atento.

—Nos esperan por la noche. Parecen encantados de que el cónsul Marcelo haya seleccionado su ciudad para acantonar sus tropas. Es cosa hecha, mi general.

Aníbal asintió pero no mostró complacencia.

—Seguid adelante. Ve con todos tus hombres, romano, ¿cuántos son?

—Mil doscientos, mi general —respondió Décimo, que así era como se llamaba el centurión renegado, aunque ya estaba acostumbrado a que Aníbal se dirigiera a él con el genérico de «romano», aliñado con un cierto tono despectivo, pero todo eso iba a cambiar, e iba a cambiar pronto.

—Bien, bien. Por Baal, deberán ser suficientes. Salapia no tiene una guarnición poderosa. Son sus murallas las que les protegen.

Decimo asintió y partió raudo para cumplir con aquella misión. Estaba contento porque la toma de aquella ciudad sería cosa sencilla una vez que hubieran conseguido acceso al interior de la misma al hacerse pasar por una avanzadilla del cónsul Claudio Marcelo. Nada sabrían aún los habitantes de Salapia de la muerte del mismo. La estratagema de Aníbal redactando una carta con el sello del anillo consular de Marcelo había surtido efecto. El centurión aún recordaba la mirada de asombro y admiración de los guardias de Salapia ante aquel sello. Todo marchaba perfectamente. Tomada Salapia, Aníbal confiaría más en su regimiento de desertores romanos. Vería cuán útiles le podían ser para tomar otras ciudades y aquello sólo podía culminar en mucho oro, mujeres y vino para todos. El centurión sonrió con auténtico placer. Esa noche tendría de todo eso, aunque antes debería atravesar con su espada unas cuantas decenas de ciudadanos de Salapia, incautos e ingenuos. Arropado por sus pensamientos, Décimo se encontró frente a las murallas de Salapia a la hora de la cuarta guardia, en medio de una noche plagada de sombras inciertas proyectadas por una luna llena que habría de ser testigo de la caída de aquella ciudad. Al alcanzar la puerta, uno de los hombres de Décimo gritó hacia lo alto.

—¡Gentes de Salapia! ¡Por todos los dioses de Roma, abrid las puertas a las tropas del cónsul Marcelo!

Pasaron unos segundos sin respuesta. Un minuto. El soldado romano volvió a aullar en la noche su requerimiento, pero no parecía que nadie estuviera escuchando desde las murallas. Se giró hacia Décimo. Éste suspiró. No sabía bien qué hacer. El emisario que habían enviado durante el día había confirmado la predisposición de Salapia a recibir las supuestas legiones de Marcelo. ¿A qué venía aquel silencio? Pero cuando más dudas surcaban su mente, un crujido lento y prolongado, sostenido, cruzó el aire nocturno. Las puertas de Salapia se abrían, pesada pero decididamente. Dos enormes paneles de madera que se separaban hacia el interior hasta quedar apoyados contra sus respectivos lados del muro. De la ciudad emergió luz de antorchas que caía sobre el suelo en forma de pequeños cuadros, pues aún quedaba una gigantesca puerta de hierro forjada en poderosas barras que se entrecruzaban perpendicularmente y que, pese a haber abierto las puertas de madera, impedía el paso de los hombres: era una salvaguarda contra posibles ataques que incendiaran las puertas, pues si éstas caían siempre permanecería aquella enorme verja que sólo podía ser levantada desde dentro tirando con varios caballos de dos fuertes cadenas de gruesos eslabones. Un nuevo sonido llegó a los oídos de los romanos renegados formados frente a la muralla a la espera de obtener vía libre para entrar en la ciudad. Décimo comprendió que las cadenas de la gigantesca verja se tensaban primero y, unos segundos después, empezaban a tirar con fuerza levantando los hierros de aquel último obstáculo. La gran verja se alzaba despacio, poco a poco. Unos centímetros, luego el espacio suficiente para que pasara un gato, un niño, y, al fin, se levantó hasta casi dos metros. Quedaba al menos un par de metros más de verja por levantar pero el chirrido desapareció y todo parecía indicar que los hombres de Salapia no iban a abrir más aquella verja. Décimo no concedió importancia al asunto. En cualquier caso, aquélla era toda la altura que necesitaban para que sus hombres pasaran. Décimo dio las órdenes y sus soldados empezaron a desfilar penetrando en el interior de la ciudad. Al cruzar por debajo de la verja, se veían obligados a bajar sus *pila* que de otro modo no pasarían por debajo de los hierros. Décimo sonrió y miró hacia sus espaldas. Fijó los ojos en una colina lejana, a varios estadios de las murallas, donde se veía un grupo de jinetes que sin duda los habitantes de Salapia tomarían por Marcelo y sus oficiales.

Aníbal, rodeado de sus mejores hombres, con Maharbal a su derecha, todos montados sobre ágiles caballos africanos, contemplaban cómo Salapia abría sus puertas y levantaba la verja que daba acceso a su ciudad.

—Los hombres de Décimo están entrando —comentó Maharbal—. Parece que el romano lo va a conseguir.

—Así parece —confirmó Aníbal en lo que Maharbal intuyó como un tono de alegría contenida, cuando de súbito se escuchó un chasquido seco en la noche al que siguieron gritos lejanos que ascendían desde el valle. Ni Aníbal ni sus hombres necesitaban explicaciones para saber que era el sonido de un combate campal. El general cartaginés enarcó la ceja de su ojo sano. Era demasiado pronto. Los romanos desertores aún no habrían tenido tiempo de entrar todos en la ciudad. Aquello no le gustaba.

La verja de la puerta de Salapia había caído como una guillotina. Varios de los legionarios de Décimo yacían bajo la misma atravesados por sus punzantes agujas oxidadas. Los que más suerte habían tenido habían muerto por el impacto o las heridas mortales de los hierros, pero algunos estaban malheridos y obligados a contemplar cómo por un lado sus compañeros en el exterior intentaban levantar aquellos pesados hierros y cómo, por otro, los que habían conseguido entrar se veían sorprendidos por continuas andanadas de todo tipo de proyectiles: jabalinas, dardos y piedras que llovían por todas partes.

Décimo, aún fuera del recinto amurallado, no entendía lo que estaba sucediendo. En un primer instante pensó que, por accidente, alguna cadena había cedido y por eso se había desplomado la gran verja sobre sus indefensos hombres, pero al acercarse y ver entre los heridos los proyectiles que caían sobre los manípulos que habían entrado en la ciudad, comprendió lo que estaba ocurriendo. Décimo miró a su alrededor. En una rápida evaluación vio que unos quinientos hombres habían entrado pero que el resto, otros tantos, permanecía en el exterior. No serían suficientes. Necesitaban ayuda, pero entonces empezaron a caer proyectiles hacia el exterior de la ciudad también lanzados con furia desde las murallas. Décimo, impotente, vio a sus legionarios batirse en retirada abandonando sus vanos intentos por levantar la verja. Miró hacia lo alto de la colina. Quizá si Aníbal acudiera en su ayuda con la caballería númida aún tuvieran opciones.

Aníbal exhaló aire. Se pasó la palma de su mano derecha por la boca y la nariz. Escupió en el suelo y con su mano izquierda hizo que su montura diera media vuelta.

—El cónsul Crispino ha cumplido con su deber incluso malherido. Son duros estos nuevos cónsules de Roma, más que los primeros. Tardaremos más tiempo del que pensaba en doblegarles. Seguiremos en el empeño pero no en Salapia.

—¿Y Décimo? —preguntó Maharbal.

Aníbal siguió cabalgando sin mirar atrás.

—Son desertores de Roma; los más cobardes y que sobrevivan volverán a nosotros, por el resto no podemos hacer ya nada. Era una buena idea la de usar el sello de Marcelo, pero no ha salido bien. Iremos ahora a Locri. Allí nos necesitan para levantar el asedio de los romanos. Hemos de apoyar a las ciudades que se han pasado a nuestro bando, como Locri.

Maharbal asintió y puso su caballo en paralelo con el de su general. La luna les acariciaba con un manto de luz pálida mientras se alejaban de Salapia.

Décimo vio a Aníbal y sus oficiales alejándose y comprendió que todo estaba ya perdido. Sus sueños de gloria, poder, oro y mujeres se desvanecían esparcidos por el viento nocturno. Buscó su caballo, pero los hombres que debían haber estado esperándole habían huido ya hacía rato. Estaba junto a la muralla y su figura quedaba escondida por la sombra de la misma, pero no podía permanecer allí por mucho tiempo. Estaba sudando copiosamente y las gotas de líquido salado salpicaban su frente. En el interior y en el exterior se escuchaban los silbidos de los proyectiles y los gritos de sus hombres al caer abatidos. Apenas quedaban ya legionarios en el exterior. Todos se habían desvanecido entre las sombras de la noche. Décimo decidió probar suerte y se lanzó a una veloz carrera hacia la colina por donde se había perdido la silueta de los oficiales de Aníbal. Al principio todo fue bien y consiguió separarse casi treinta pasos de la muralla sin ser alcanzado por ningún proyectil. Algunos silbidos pasaron muy próximos pero las flechas caían sobre el suelo a ambos lados de su camino, hasta que de pronto sintió un golpe seco en su espalda y, pese a que siguió corriendo, notó que le faltaba el resuello, así que tuvo que detenerse contra su voluntad. Se desplomó de rodillas. Los aullidos de sus hombres muriendo en Salapia fue lo último que escuchó antes de quedar inmóvil, con los ojos abiertos, tumbado de lado, solo.

21

Imperator

Baecula, Hispania. En lo alto de la colina, primavera del 208 a.C.

Publio accedió a lo alto de la cima rodeado por su guardia personal, sus *lictores* no oficiales, ya que no era magistrado, sino sólo general *cum imperio*, aunque en cualquier caso, aquellos soldados seleccionados por Lelio para salvaguardar la vida del general, desvinculados de las tareas ordinarias del campamento y con un *stipendium* superior, protegían en todo momento al general con sus escudos, con sus armas, con sus vidas si era preciso. Ya lo hicieron en Cartago Nova y lo seguían haciendo desde entonces. Antes por obligación, ahora con orgullo.

El general observó, una vez sobre la meseta de la cima de la colina, el repliegue veloz de las tropas de Asdrúbal cuyos últimos efectivos descendían ya hacia el oriente, en dirección adonde los manípulos de Marcio y Mario estaban apostados. Algunos oficiales miraron al general. Necesitan instrucciones. Muchos esperaban que ordenara que las legiones siguieran a los cartagineses que se retiraban.

—¡Saquead el campamento! —dijo a los soldados bajo su mando, que habían ascendido por el sector norte. Vio entonces a Lelio, que llegaba tras haber accedido a la meseta por el otro extremo de la misma. Venía a caballo para recibir órdenes lo más rápido posible.

—¿Qué hacemos?

—Seguidlos —respondió Publio señalando la infantería cartaginesa en retirada—, pero sólo hasta las posiciones de Marcio y Mario. Haced prisioneros, todos los que podáis, de entre los que caigan en la emboscada al pie de la colina, pero no vayáis más allá. Ya decidiremos qué hacer con el resto del ejército de Asdrúbal más tarde.

—¡De acuerdo! —confirmó Lelio, e hizo que su montura girase para volver con sus hombres.

Al atardecer de aquel día, el campamento de la colina que apenas unas horas antes era el bastión de los cartagineses, se había transformado en un emplazamiento bajo dominio romano. En el centro del mismo los legionarios habían levantado el *praetorium* desde el que los romanos habían trazado, derribando tiendas cartaginesas abandonadas por el enemigo a toda prisa o levantando tiendas romanas según procediera, dos grandes calles, una que cruzaba el campamento de norte a sur, la *via principalis*, y otra que la cruzaba transversalmente de este a oeste, el *decumanus maximus*. Publio había ordenado levantar un campamento romano completo, para lo cual los legionarios, una vez saqueado el campamento cartaginés, se enfrascaron en la ardua tarea de levantar las empalizadas necesarias para completar la protección del mismo. El general no quería que un contraataque de Asdrúbal, al abrigo de la noche, les sorprendiera sin las medidas necesarias. No era probable que el cartaginés contraatacase, pero no quería pasar riesgos innecesarios y todavía quedaban los refuerzos de Magón y Giscón que aún podrían llegar, seguramente no en una semana, pero era mejor prevenir. Los legionarios estaban exhaustos por la batalla; sin embargo, acometieron la tarea de levantar las empalizadas con cierto sosiego de ánimo por la victoria conseguida. El general, por su parte, había prometido comida extra y algo de vino aquella noche, en cuanto estuvieran terminadas las fortificaciones. Era un incentivo que surtió efecto. Llegado el anochecer, había empalizadas dispuestas en los cuatro lados del campamento, no las definitivas, pero sí unas fortificaciones provisionales razonables, y guardias apostados en la *porta praetoria*, en la *porta decumana* y en las puertas *principales sinistra* y *dextera*. Los tribunos y los *praefecti sociorum* de las tropas auxiliares fueron acomodados en tiendas levantadas a lo largo de la *via principalis* y las tropas legionarias fueron acantonadas entre estas tiendas y la *porta praetoria.* Las tiendas se diseminaban en filas dobles con decenas de pequeñas calles secundarias que discurrían paralelas al *decumanus maximus*, tras el que se habían instalado las fuerzas de caballería, divididas según sus *turmae*, tras las cuales, en orden de dignidad y veteranía estaban los *triari*, los *principes* y los *hastati*. Las tropas auxiliares eran las que acampaban más alejadas del *decumanus maximus*, más próximas a las empalizadas de la fortificación, junto a las puertas *principalis sinistra* y *dextera*. Más allá de las puertas del campamento, en el exterior, se levantaban las tiendas de la infantería ligera, los *velites*, que de esta forma actuaban de puestos de guardia avanzados en torno al campamento. En este caso, el general ordenó que parte de la infantería ligera quedara próxima a las empalizadas del campamento, mientras que otros grupos se apostaran bajando la pendiente superior, instalándose en la primera terraza. Con ello se aseguraba no ser sorprendidos en modo alguno por una incursión nocturna del enemigo.

En el centro de campamento, frente al *praetorium* se levantó el *quaestorium*, donde, *sub hasta*, se arremolinaban centenares de prisioneros cartagineses e iberos a la espera de ser vendidos como esclavos bajo la supervisión del *quaestor* de las legiones desplazadas a Hispania. El sol ya había caído enterrado en el horizonte pero el general había dado órdenes de empezar aquella misma noche con la venta. Quería saber el número de prisioneros, el dinero que suponían como botín y cuánta fuerza habían restado a Asdrúbal en su repliegue.

A la puerta del *praetorium*, el joven general Publio Cornelio Escipión repasaba con sus oficiales las acciones a tomar con respecto a los prisioneros por un lado y con relación a los ejércitos cartagineses que acechaban: el huido de Asdrúbal y las tropas de Magón y Giscón, cuyo paradero era aún incierto. El general había hecho traer *sellae*, pequeños asientos, para sus tribunos Cayo Lelio, Lucio Marcio Septimio, Mario Juvencio Tala y otros y, de este modo, sentados en torno a una hoguera y rodeados de antorchas clavadas en la tierra entre las que se diseminaban los centuriones de más alto rango, como el primípulo Terebelio o el centurión Digicio, y el resto de los oficiales y *praefecti sociorum* de las tropas auxiliares, Publio empezó a tomar determinaciones y a recibir informes de sus subordinados. A su derecha, como era costumbre, estaba sentado Lelio, satisfecho, orgulloso, saboreando un vaso de buen vino.

Fue Marcio el que empezó a informar al general de lo acontecido en su posición, en la ladera occidental de la colina.

—Quisimos detenerles al pie de la segunda pendiente, pero resultó imposible, mi general. Llevaban consigo más de treinta elefantes y se abrieron camino aplastando a muchos legionarios. Era una lucha desigual en una posición de desventaja. Las bestias descendían azuzadas por sus conductores y protegidas por la caballería. Tuvimos que dejarles pasar. Fue luego, cuando descendía la infantería, cuando pudimos abalanzarnos sobre ellos y, en la confusión, causarles numerosas bajas. Era todo cuanto podíamos hacer.

En la voz de Marcio, el joven Publio adivinaba cierto desconsuelo y una agria sensación de decepción. Marcio, como otros oficiales, quizás el propio Lelio, habrían esperado que se hubiese ordenado que las dos legiones siguieran a Asdrúbal en su huida, sin importarles la dirección que el cartaginés hubiera podido tomar, menospreciando los riesgos de adentrarse por la noche en territorios que desconocían.

Publio asintió, como aceptando por satisfactorio el informe de Marcio. Éste, que se había alzado de la *sella*, volvió a tomar asiento, un poco más relajado. Aceptó una copa de vino que le ofrecía un *calon*. El joven general tomó la palabra.

—Hiciste lo que podía hacerse y fue más que suficiente. Tenemos centenares de prisioneros que supondrán un buen botín. No hemos conseguido, sin embargo, hacernos con el tesoro de oro y plata de Asdrúbal. Sin duda, debía de viajar a lomos de esos elefantes resguardados por su fortaleza y por la caballería númida, pero el gran número de esclavos africanos que hemos conseguido hoy nos resarcirá con creces.

El general subrayó con intensidad lo de «africanos», aun cuando habían apresado también a iberos de Carpetania, Celtiberia, baleáricos y de otras regiones de Hispania. No tuvo tiempo de explicarse, pues un torrente de voces, como un mar de júbilo que se arrojara contra un navío en medio de la tempestad, llegó hasta el círculo de oficiales procedentres de la próxima tienda del *quaestorium*. El general se limitó a mirar un segundo a uno de sus *lictores* y éste salió disparado para averiguar lo que ocurría. Varios centuriones y tribunos se giraron hacia el *quaestorium* con mirada inquisitiva. Se veía entre las sombras a varios grupos de hombres entre los apresados que saltaban y gritaban en su lengua bárbara. Al principio todo eran sonidos discordes y entremezclados en un tumulto desordenado de voces, pero al cabo de un minuto, aun desconociendo la lengua ibera, los oficiales romanos comenzaron a discernir que aquel sonido adquiría una cadencia rítmica y repetitiva, como si todos aquellos prisioneros clamaran al unísono una misma frase.

El *lictor* regresó, se detuvo a espaldas del general y, agachándose, le musitó al oído lo que había averiguado. El joven Publio asintió y esbozó una cálida sonrisa de satisfacción. Decidió hacer público lo que acontecía para tranquilizar a sus desconcertados oficiales.

—Son los prisioneros iberos, o mejor dicho, los que eran prisioneros iberos. He dado orden de que los liberen.

Varios centuriones y tribunos miraron confundidos al general. Sabían de su magnanimidad para con los vencidos. Ya lo demostró en Cartago Nova, pero allí se liberó a rehenes iberos sometidos por los cartagineses y aquello les pareció aceptable, pero ahora estaba dejando libres a guerreros hispanos que habían combatido contra ellos activamente durante aquel mismo día. El general leía en las miradas de sus confundidos oficiales y sabía que debía persuadirlos, que debía hacerles comprender su política en la región.

—¡Escuchadme todos! —Y se levantó para, así, a medida que hablaba, ir ganando el centro del círculo de oficiales—. Somos dos legiones perdidas en un territorio hostil. Tenemos tres ejércitos cartagineses que derrotar con una fuerza que nos triplica en número. No podemos luchar contra cartagineses e iberos a un tiempo. Hemos de convencer a los iberos de que nuestra guerra no es contra ellos, pues además es así; no luchamos contra los iberos sino contra los cartagineses. La liberación de los rehenes de Cartago Nova nos ha permitido ganar aliados entre los bárbaros de este país y que otros nos dejaran libre el paso hasta alcanzar esta colina donde hoy hemos derrotado a Asdrúbal, pero tenemos que afianzar estos lazos y, decidme, ¿cómo nos van a ayudar estos pueblos en nuestra lucha contra Cartago si vendemos como esclavos a sus hermanos? —Publio giró, despacio, trescientos sesenta grados, sosteniendo la mirada de cada uno de sus oficiales. En el resplandor de la hoguera central, la figura del general parecía envuelta de un aura mágica y todopoderosa. En el silencio de sus subordinados llegó hasta sus oídos la cadencia del canto de los recién liberados iberos. Publio se dirigió entonces a Marcio. Era de los más veteranos en la región.

—¿Entiendes qué dicen?

Marcio miró a su general. Dudó. Publio sostuvo la mirada y el tribuno respondió.

—Te aclaman como rey.

El silencio se hizo aún más denso. Las ramas de encina de la hoguera crujieron y se resquebrajaron lanzando al cielo oscuro destellos rojizos de pavesas incandescentes. Marcio añadió algo más.

—Hasta ayer esos hombres aclamaban a Asdrúbal Barca como su rey, pero ahora proclaman su lealtad hacia ti.

Publio estaba digiriendo las palabras de Marcio. Aquello no hacía sino darle la razón. Bien era cierto que las lealtades iberas eran volubles y traidoras. Aquél era un ejemplo más. En su recuerdo brillaba intensamente cómo miles de iberos abandonaron a su tío en medio del campo de batalla pero, en cualquier caso, siempre era mejor que dijeran que se decantaban a favor de uno que en su contra. Estaba, no obstante, el problema de la palabra «rey». Publio advirtió de nuevo recelo entre sus oficiales. Sabía lo que se preguntaban. ¿Luchaban para la república o para un general que se creía rey? ¿Había olvidado el general la revolución del 570 o se creía heredero de Rómulo, Tarquino y el resto de los reyes legendarios? No, no podía permitir que los iberos se dirigiesen a él como rey. Si tal hecho llegaba a oídos del Senado y, en particular, a oídos de Fabio Máximo, aquello sólo podría traerle problemas, recortes en los suministros e incluso una orden de regreso a Roma, pues en Roma, desde el año 244 de la fundación de la ciudad, ya no había reyes y de eso hacía ya más de trescientos años. Ni podría haberlos jamás. Pero los iberos habían decidido aclamarle y no debía tampoco despreciar aquel gesto. Debía darles algún nombre, alguna forma en la que dirigirse a él, pero ¿qué era él? Los pensamientos se agolpaban como caballos desbocados en la mente del joven general. No podía decirles que le aclamaran como cónsul o procónsul porque Fabio Máximo ya se ocupó de que no pudiera ir a Hispania con rango de magistrado o promagistrado, ni siquiera como pretor o propretor, aduciendo su juventud. A Publio sólo se le concedió permiso para acudir a Hispania como *privatus,* como un ciudadano particular sin rango más allá que algo clave, necesario para llevar su misión: *imperium,* mando sobre dos legiones. Era *imperator* del ejército de Hispania. Publio respondió a Marcio.

—El título de rey es inaceptable. Ve al *quaestorium* y hazte entender entre los iberos. Diles que no soy su rey, que soy su *imperator* y que sólo así pueden llamarme.

Marcio se levantó, se llevó la mano al pecho y partió con celeridad hacia la tienda del *quaestor.* Publio se quedó allí en pie. En pocos segundos empezó a escucharse la voz de Marcio gritando, dirigiéndose a las huestes de recién liberados iberos. Publio creía tener la situación de nuevo bajo control cuando Lelio decidió intervenir.

—Y si tenemos el apoyo de los iberos, ¿por qué no salimos en persecución de Asdrúbal y terminamos lo que empezamos esta mañana?

Después de lo de hoy, la moral de nuestros soldados está muy alta y los cartagineses parecían mujerzuelas y niños acobardados —concluyó Lelio con una profusa carcajada a la que se unieron el resto de los centuriones y tribunos.

Publio suspiró. Cerró un instante los ojos y caminó con lentitud en torno a la hoguera. Sabía que alguien iba a sacar ese asunto más bien pronto que tarde en aquella reunión de su estado mayor, pero lamentó profundamente que hubiera sido Lelio. Ahora debía contradecirle y lo último que deseaba era tener que desautorizar a su mejor oficial, a su más leal guerrero, a su mejor amigo, delante de todos, pero no había otra posibilidad. Publio esperó con paciencia a que la risa que se había desatado entre sus hombres se disipara.

—No vamos a salir en persecución de Asdrúbal —dijo Publio, pronunciando cada palabra despacio, sin levantar el tono de voz. Sabía que aquella orden sería impopular.

Lelio se levantó entonces y se situó en el centro del corro de oficiales, encarándose con Publio.

—Sabes que te seguiré siempre, Publio; eres mi general, nuestro general, mi amigo —añadió Lelio volviéndose hacia el resto—, pero en esto no estoy de acuerdo: dejar escapar a Asdrúbal es una muestra de debilidad. Debemos perseguirle y debemos hacerlo ahora.

Publio observó con el rabillo del ojo, sin mover un ápice su rostro, cómo varios centuriones y tribunos asentían en señal de aprobación. Como temía, Lelio no hacía más que poner voz al sentir general de sus oficiales. Tenía que ser cauto y ojalá Lelio no hubiera bebido tanto vino.

—No podemos salir en su persecución porque Asdrúbal se dirige hacia el norte y el interior de este país y no tenemos el apoyo de los iberos de esa región...

—¡Los cartagineses tampoco! —le interrumpió Lelio en público, la primera vez que el veterano guerrero lo hacía desde que estaban en Hispania. Publio no recordaba un enfrentamiento así con Lelio desde la batalla de Tesino.

—Los cartagineses —continuó Publio, aún sin levantar el volumen de su voz— llevan más años en este territorio. Aníbal, el hermano de Asdrúbal, llegó hace pocos años tan lejos como Helmandica o Arbucala en el norte. Allí temen a los cartagineses y poco saben aún de nosotros. Además... —Lelio parecía exasperado, con los brazos en jarras, frente a él. Publio prosiguió—: Además, los otros dos ejércitos púnicos pueden unirse a Asdrúbal en cualquier momento y triplicarnos en número...

—¡Por eso mismo! —volvió a interrumpirle Lelio—. ¡Más a mi favor, por Cástor y Pólux y todos los dioses! ¡Por eso mismo debemos asestar un golpe rápido ahora!

Publio estaba poniéndose nervioso, algo poco habitual en él. Si alguien sabía de la importancia de los desplazamientos rápidos de tropas era él. Así había conquistado Cartago Nova y así habían conseguido aquella reciente victoria sobre Asdrúbal, pero hasta esa estrategia tenía unos límites.

—La rapidez sólo vale sobre la base de la sorpresa, Lelio —continuó el joven general, aún controlando su tono—; Magón y Giscón, los otros generales, ya están advertidos de nuestra presencia aquí hace tiempo y deben de estar a punto de llegar con sus tropas; el factor sorpresa se ha perdido, debemos... —Publio dudó un instante—, debemos replegarnos... replegarnos y aguardar mejor ocasión.

—¿Mejor ocasión que ésta? —Lelio insitía—. ¿Cúando vamos a tener mejor ocasión que ésta? Asdrúbal se ha ido corriendo como un perro apaleado. ¡Por Júpiter, ése es el mismo hombre que derrotó a tu padre y que personalmente mató a tu tío Cneo! ¿Y lo vas a dejar escapar?

De pronto los murmullos que habían ido surgiendo cesaron. Sólo se escuchaba el chisporroteo de las ramas ardiendo en la hoguera en torno a la cual estaban reunidos. Publio Cornelio Escipión avanzó despacio hacia Lelio.

—Ya sé que Asdrúbal Barca fue el causante de la caída de mi padre y que mató al procónsul Cneo Cornelio Escipión, mi tío, con su propia espada y no necesito que nadie me lo recuerde y mucho menos tú, Cayo Lelio. Te lo perdono porque sé que es más el vino el que habla por tu boca que tus pensamientos. —Publio hablaba con volumen controlado, algo más fuerte que antes, mucho más intenso, aún sin levantar la voz.

Lelio dio un paso atrás. La insinuación de Publio sobre su posible embriaguez le había pillado por sorpresa. Hizo ademán de girarse y volver a su asiento, pero quizás el vino o quizá la intensidad del momento hicieron que cambiase de opinión y volvió a dirigirse a Publio.

—Cneo lo haría, él habría perseguido a Asdrúbal.

Publio digirió aquella respuesta. Tragó saliva y respondió con sequedad.

—Es probable, pero Cneo está muerto y yo y nadie más es el general en jefe de las tropas romanas en Hispania. Tropas, por otro lado, insuficientes, Lelio. No tenemos bastantes tropas para adentrarnos hacia el norte en persecución de Aníbal. Me faltan dos legiones, las dos legiones que tú deberías haber conseguido del Senado y que no lograste traerme.

Publio no necesitó increpar a los dioses ni alzar su voz para desarmar a su mejor oficial. Lelio recibió aquellas últimas palabras como lo que eran: una enorme humillación pública. Sintió cómo el resto de los oficiales no estaba ya con él. Lo que había dicho Publio era cierto. Aquella vez falló él. Debería haber persuadido al Senado pero no hubo forma. Nunca hasta entonces se lo había echado en cara el joven general y ahora, ahora lo hacía y lo hacía en público delante de todos.

—Quizá... —dijo Lelio cabizbajo, entrecortadamente— quizá tengas razón. Tú eres el que mandas... pensaba distinto... eso es todo... seguramente... estoy equivocado. —Lelio retrocedió, llegó junto a su asiento, pero pasó de largo. Varios centuriones se hicieron a un lado y Cayo Lelio se esfumó entre las sombras.

Publio Cornelio Escipión se quedó entonces solo en el centro del corro de oficiales. Hacia él retornaron todas las miradas. Se dirigió a Marcio.

—Que se tomen las medidas de costumbre para la vigilancia del campamento. Además, quiero varias patrullas en las cuatro direcciones: norte, sur, este y oeste. Quiero saber si hay movimientos de tropas. Que salgan de noche. Quiero informes al amanecer. Mañana nos replegaremos hacia Cartago Nova y allí decidiremos sobre el resto de la campaña de lo que queda de primavera y del verano.

Publio se dirigió hacia su tienda mientras los *lictores* de su guardia le abrían paso entre la multitud de legionarios que se había ido arremolinado en torno a la tienda del *praetorium*. Desde atrás, Publio escuchó cómo centenares de gargantas empezaban a corear una palabra. Al principio no le prestó demasiada atención, pero, poco a poco, el término era tan claro que no pudo escapar a sus oídos.

¡Imperator, imperator, imperator!

Los iberos le aclamaban como su gran jefe. Aquélla había sido una gran victoria y, sin embargo, no se sentía tan solo desde el día en que le comunicaron la muerte de su padre y de su tío. Sí, Cneo habría salido en persecución de Asdrúbal. En eso llevaba razón Lelio. A Publio su corazón le pedía salir en busca de Asdrúbal sin atender a más consideraciones, pero ese deseo se encontraba una y otra vez con las palabras de su padre: «Las batallas se pueden ganar con el corazón, pero las guerras sólo se pueden ganar con la cabeza.» Y su cabeza decía que no tenía tropas suficientes, que debía esperar. Puede que Asdrúbal escapara hacia al norte, incluso que alcanzara Italia, aunque eso era complicado, pues tendría que hacerlo por el interior de Hispania y luchar contra los vacceos o negociar con ellos, pues por el Ebro tendría enfrente a las tropas de Tarraco. En cualquier caso, aun a riesgo de incumplir con el mandato del Senado sobre su obligación de impedir que Asdrúbal alcanzara Italia, no podía perseguirle. No debía hacerlo. Mañana sería otro día. Lelio estaría con resaca pero más sosegado. Sí, ése sería buen momento para hablar con él y hacerle entender. Mañana.

22

Las calles pintadas

Roma, abril del 208 a.C.

Plauto abría los ojos de par en par. Miraba a un lado y otro de cada calle y no podía creer lo que veía. Roma había amanecido repleta de pintadas. Las primeras las había visto en algunos de los puestos de ganado del *Foro Boario*, pero a medida que avanzaba por el *Vicus Tuscus,* las cosas no hacían sino empeorar. En paredes sucias, en muros en construcción, en el suelo, en cualquier lado, menos en los templos, se podía leer las palabras que su amigo Nevio había pronunciado en la última cena en casa de Ennio, donde, pese a la negativa del joven poeta a unirse a ellos en una lucha de palabras contra aquella guerra interminable, seguían reuniéndose con frecuencia. En las cenas se empezaba hablando de literatura y se terminaba siempre discutiendo sobre política y sobre la guerra. Nevio, en medio de una de sus tremendas borracheras, se había levantado y pronunció aquel brindis en el que todos rieron, incluso Livio Andrónico, al apreciar el doble sentido de aquel verso saturnio: «*Fato Metelli Romae fiunt consules.*» Y es que si bien aquella frase podría traducirse como «los Metelos son nombrados cónsules en Roma por la ley del destino», a nadie escaparía que ese mismo verso podía significar «es fatal para Roma que los Metelos sean nombrados cónsules». Por la noche todos rieron la gracia con profusión y se bebió abundantemente alabando la ocurrencia de Nevio. Nevio. Plauto sacudía la cabeza nervioso. Estaba llegando al foro. Nevio seguía criticando en público a los patricios que conducían aquella guerra según sus intereses particulares. Había criticado a los Emilio-Paulos y a los Escipiones, al mismísimo Fabio Máximo y ahora la emprendía con la familia de los Metelos por su enriquecimiento durante el tiempo de guerra. Podía tener razón. La tenía, sin duda, pero estaba solo. Ahora alguno de los jóvenes escritores asistentes a la cena, seguramente aún borracho, habría pensado que sería una travesura graciosa pasarse pintando toda la noche, embadurnando las calles de Roma con las palabras de Nevio, rehuyendo furtivamente a las patrullas nocturnas de los *triunviros*. Nevio no había podido hacer tantas pintadas en una sola noche. De hecho, era imposible que Nevio hubiera podido hacer ni una sola de aquellas pintadas, pues Plauto vio cómo se quedó en casa de Ennio completamente vencido por el poder de Baco. Y lo peor de todo es que, en su creciente inconsciencia y osadía, Nevio no se percataría de lo peligroso de todas aquellas pintadas.

Plauto llegó al foro. Para su mayor desesperanza, no había lugar entre el templo de Vesta y la tumba de Rómulo que no estuviera salpicado con la maldita pintada. *Fato Metelli Romae fiunt consules*. Muchos iban a sonreír aquella mañana con aquellas palabras. Pero los Metelos no. Ellos no.

23

El alejamiento de Lelio

Baecula, primavera del 208 a.C.

Publio se alzó antes de la salida del sol. Apenas habían pasado cuatro horas desde que se recostó en el lecho de su tienda. Un joven esclavo semidormido le asistió mientras se ponía la coraza y le ayudó a ajustarse bien las grebas de las piernas. El general salió rápido de la tienda acompañado por una sorprendida escolta de *lictores*. En unos minutos dejó atrás el *praetorium* y llegó a la tienda de su oficial de mayor confianza. Había un legionario apostado justo en medio de la entrada. El soldado vio acercarse al general e instintivamente se hizo a un lado, pero Publio se lo pensó un instante y se detuvo sin llegar a entrar.

—Legionario, entra y di a Cayo Lelio que quiero hablar con él —dijo el general. Publio no quería sorprenderlo si estaba disfrutando de la preciosa esclava que se había traído consigo. Por el campamento había corrido ya el rumor de que el veterano oficial estaba enamorado de aquella egipcia, incluso que deseaba manumitirla y casarse con ella. En el fondo de su ser, Publio esperaba que aquello no fuera cierto, al menos la segunda parte. Si quería enamorarse o jugar o lo que sea con aquella esclava, eso no le concernía, pero casarse con una esclava manumitida sería el final de la carrera política de Lelio y eso no podía ser, pero no debía dejarse llevar por sus ideas sobre el matrimonio y la política. No había venido a discutir con Lelio de ese tema, sino a hacer las paces por la agitada bronca de la noche anterior.

—Cayo Lelio no está, mi general —respondió el legionario algo nervioso. Tenía la sensación de que aquello iba a contrariar al *imperator* de las legiones.

—Por todos los dioses, ¿cómo que no está? Aún no ha salido ni el sol.

—Lo sé, mi general —respondió el legionario aún más nervioso—. Marchó hace una hora. Pidió su caballo y partió hacia la *porta praetoria* del campamento. Eso es lo que me ha dicho su esclava. Debió de salir en el turno de guardia anterior al mío, mi general.

—Entiendo... —Escipión se quedó pensativo. Lelio no quería hablar con él. Le había herido más de lo que pensaba, pero no le dejó margen. Le estaba cuestionando delante de todos. Como si él mismo no quisiera perseguir a Asdrúbal, el verdugo de su padre y de su tío... pero había que mantener la cabeza fría y no dejarse llevar por impulsos. Los impulsos sólo conducirían a la derrota. Publio dio media vuelta. Iba a marcharse cuando de pronto tuvo una idea. Volvió a girar y se dirigió a la entrada de la tienda de Lelio. El guardia que había vuelto a tomar su posición apenas si tuvo tiempo de retirarse para dejar pasar al general que cruzó el umbral como una centella.

En el interior de la tienda de Lelio sólo había un lecho grande cubierto de pieles de lobo, una mesa pequeña en el centro con una jarra grande de vino, dos *sellae*, un *triclinium* y tres baúles abiertos. En uno se veían espadas, dagas y otras armas. En el segundo había una toga *virilis* y otras ropas de Lelio y un cofre pequeño donde seguramente guardaría joyas y otros bienes preciados procedentes de los botines de guerra. En el tercer baúl había ropa de mujer. Lelio se acercó despacio a la mesita. La jarra estaba vacía. En la esquina vio varias ánforas apiladas. Una yacía aparte, rota. Publio sintió una presencia y se giró desenvainando la espada de forma instintiva. De entre las pieles surgió el rostro de tez morena y facciones suaves de Netikerty. Al lado del lecho se veía una túnica blanca de mujer. La muchacha, que abrazaba fuertemente las pieles para cubrirse, debía de estar desnuda. Publio la miró un segundo. Y nerviosa. El general envainó la espada.

—Busco a Lelio —dijo secamente.

Netikerty, al contrario de lo que podría esperarse de una esclava, le miró fijamente mientras respondía. No era, no obstante, una mirada impertinente, sino curiosa, inquisitiva y, en gran medida, embriagadora. Publio recordó los ojos oscuros de Emilia cuando la conoció en el jardín del cónsul Emilio Paulo.

—Salió hace más de una hora —explicó la muchacha.

—¿Dijo adónde iba?

—A salir en una misión de reconocimiento, dijo algo de que había que vigilar que los cartagineses no organizaran un contraataque.

—Comprendo —dijo Publio. Se sintió cansado. Tomó asiento en una de las *sellae* vacías junto a la mesa.

—¿Puedo ofreceros algo, mi señor? —preguntó Netikerty.

—Algo de agua estaría bien, pero no sé si Lelio guarda agua por aquí.

—Tenemos agua, mi señor —dijo Netikerty, y se sentó en la cama cubriéndose con las pieles. Quería ponerse la túnica, pero era tarea imposible sin soltar en algún momento las pieles y dejar al descubierto su cuerpo desnudo. Por otro lado era una esclava y no podía pedir a un patricio y menos aún al general en jefe de aquel ejército que se volviera. Publio pareció leer en sus pensamientos y se dio media vuelta. Rápida, dejó las pieles y se vistió con la túnica, fue detrás de la cabecera del lecho y tomó una jarra con agua y un vaso limpio. Puso el vaso en la mesa y escanció el agua. Luego se separó del general un par de pasos. Publio bebió con avidez.

—¿Estaba enfadado, Lelio quiero decir, estaba enfadado? —preguntó dejando el vaso vacío sobre la mesa, junto al que Lelio había usado durante la noche para beber vino.

Netikerty callaba.

—Tú le conoces, muchacha. ¿Estaba enfadado... conmigo? Habla.

Netikerty dio un paso hacia atrás. Estaba claro que no le gustaba aquella conversación.

—Nervioso, mi señor, estaba nervioso. Pidió vino y bebió más de lo que acostumbra. Luego...

—¿Luego...?

—Luego... estuvo conmigo y se durmió. Se levantó hará poco más de una hora y me dijo lo de la misión de reconocimento. Es cuanto sé, mi señor.

Publio la miró detenidamente. Había llegado a una conclusión. Aquélla era una mujer hermosa, algo que saltaba a la vista, pero también inteligente. Entre otras cosas no había respondido a su pregunta.

—No me has respondido a lo que te he preguntado —insistió el general—, ¿estaba Lelio enfadado conmigo? Y no me digas que no habló del tema. Tú no necesitas que él te hable para saber lo que piensa. Sólo respóndeme lo que crees. Dímelo y me marcharé. No quiero molestarte; Lelio te estima y sólo por eso te mereces que no te trate mal, pero no me iré sin que me respondas a esa pregunta.

Netikerty asintió despacio, en señal de que comprendía la situación. Así también ganaba unos preciosos segundos con los que organizar sus pensamientos.

—Lelio, mi señor, en mi opinión, estaba muy nervioso y aunque no habló sobre nada en concreto actuaba como alguien que se siente traicionado por una persona a la que aprecia mucho y sé que la persona a la que más aprecia es al general en jefe de estas legiones, mi señor.

Publio la miró y digirió cada palabra. Eran sólo las conjeturas de una esclava pero coincidían tanto con su propia lectura de la reacción de Lelio que casi le daba miedo, miedo por tanta coincidencia, miedo al ver sus peores sensaciones confirmadas.

—Bien —comentó el joven Publio—. Bien. Me marcho. —Y se levantó y encaminó sus pasos hacia la puerta, pero cuando alcanzó el umbral se detuvo y se volvió de nuevo hacia Netikerty que, inmóvil, le contemplaba en silencio—. Dile, cuando vuelva, dile a Lelio que me pasé por aquí, para hablar con él... para... disculparme, para explicarme, que sé que él no tiene culpa de lo de las legiones de refuerzo que no trajo, ¿de acuerdo?

Netikerty asintió dos veces.

—Bien. Que los dioses... que tus dioses velen por ti. —Y el general

Publio Cornelio Escipión salió de la tienda. Netikerty se acercó a la mesa y tomó el vaso de agua en su mano. Se quedó meditando unos segundos. Se giró y caminó hacia la cabecera de la cama y depositó el vaso donde lo había cogido. Luego se quitó la túnica despacio y, desnuda, volvió a meterse en la cama. Lelio volvería pronto y le gustaba encontrarla desnuda en la cama. Preparada, decía él. A ella no le importaba. Desde que estaba con él nadie la golpeaba. Apenas sí tenía que trabajar y todo dependía de hacer feliz a aquel hombre. Se sentía cómoda en aquella situación, pero la vida era tan complicada. Tan complicada. Hundió su cabeza en la almohada y se echó a llorar.

Publio regresó al *praetorium* con la primera luz del alba. Marcio les estaba esperando frente a la puerta junto con varios legionarios que custodiaban a un joven númida de mirada nerviosa. Publio se paró un segundo y observó al númida un instante; luego entró en el *praetorium* seguido de Marcio. Publio tomó asiento mientras Marcio, en pie, comenzó a hablar.

—Ese númida dice llamarse Masiva y asegura que es sobrino de Masinisa.

Publio consideró el tema con atención, aunque su mente no dejaba de dar vueltas al asunto de Lelio. No debería haberle echado en cara lo de las legiones, pero los dos se pusieron nerviosos y una cosa llevó a la otra.

—¿Mi general...? —La voz de Marcio devolvió a Publio al tiempo presente. Masinisa era el rey de los maessyli, en disputa con Sífax por el trono de Numidia, alguien importante en África; alguien cuya confianza podía ser importante en el futuro.

—¿Le crees? —preguntó Publio—, ¿crees que es el sobrino de Masinisa?

—Varios iberos lo han confirmado. Parece que Masinisa no quería que viniera a Hispania a luchar pero vino de incógnito y se puso al servicio de Asdrúbal. Sé que siempre quieres estar informado de los nobles que caen prisioneros, por eso he pensado en informar.

—Y has hecho bien —confirmó Publio con rotundidad. Macio era leal y con un sentido más sútil del deber y la responsabilidad, mucho más que Lelio. Si su padre hubiera hecho jurar a alguien como Marcio que velara por él, en lugar de a Lelio, todo sería más sencillo. Sin embargo, Cayo Lelio era invencible en el campo de batalla, pero luego carecía de visión global, de perspectiva política y estratégica—... Que lo liberen, a Masiva, al sobrino de Masinisa, que lo liberen, Marcio —añadió el general con determinación—; y que salgan mensajeros hacia el norte, al Ebro, para informar a Indíbil de que pronto tendrá sus trescientos caballos prometidos.

Marcio asintió y salió de la tienda. Publio se quedó a solas con sus reflexiones. Debía proseguir con esa política de intentar estrechar vínculos con todos los pueblos de Hispania y, si se le daba la oportunidad, con los pueblos de África. Todos debían ver que los enemigos de Roma eran los cartagineses, ni los iberos ni los númidas, sólo Cartago.

Cayo Lelio tardó más de lo esperado pero al fin regresó. Desplegó con energía la cortina de la puerta de la tienda, entró y se sentó en una de las *sellae* junto a la mesa. Netikerty se había dormido pero sintió la llegada de su amo y se incorporó en la cama. No se tapó, de modo que al sentarse sus senos quedaron descubiertos.

—¿Quieres vino, mi amo? —preguntó la joven.

—No. Ayer bebí demasiado —dijo Lelio. Netikerty quedó a la espera de recibir instrucciones de su amo, sentada en la cama, medio desnuda.

—Ha venido el general... buscándote, mi amo —dijo la esclava egipcia.

Lelio se levantó de su asiento.

—¿Y qué ha dicho?

Netikerty recitó la respuesta que había elaborado y memorizado entre lágrimas.

—El general no ha dicho nada. Sólo que os buscaba. Nada más.

—¿Nada más?

—Eso es cuanto ha dicho, mi amo.

—Entiendo. —Y añadió Lelio—: Entonces sí, ponme algo de vino.

Netikerty se levantó y, desnuda, sin ponerse la túnica, tomó un ánfora y vertió parte de su contenido en la jarra de la mesa. Luego tomó la jarra y sirvió a Lelio. Éste la tomó por la cintura y la sentó en su regazo. Ella no opuso resistencia.

—Menos mal que te tengo a ti. —Y la cogió del pelo tirando de su cabeza hacia atrás. Lelio besó el cuello de piel suave que Netikerty se veía obligada a dejar al descubierto. Primero fue brusco, pero la mansedumbre de Netikerty al recibir de buen grado aquel tratamiento le apaciguó un poco, pero aún tenía demasiada ansia en su ser. La tomó entonces en sus fuertes brazos y la llevó a la cama, donde la depositó de golpe. La muchacha quedó boca arriba, quieta.

—Vuélvete. Ya sabes lo que quiero —dijo Lelio con voz dura.

Netikerty se volvió y se puso a cuatro patas sobre la cama de espaldas a Lelio. El rudo oficial se desnudó con rapidez. Netikerty escuchó el ruido de las armas al caer sobre el suelo de la tienda; golpes metálicos amortiguados por las pieles que rodeaban el entorno del lecho. De pronto sintió a Lelio en su interior, sin avisar, poderoso, empujando con fuerza, al tiempo que las grandes y ásperas manos del guerrero la asían por la cintura. Netikerty cerró los ojos y se dejó poseer y más, pues cuando al cabo de unos minutos el empuje del oficial romano pareció aflojar, ella tomó la iniciativa e hizo algo que sólo hacían las putas, y pagando bien, pues ninguna mujer romana que se preciara se atrevería a humillarse de esa forma. Netikerty se arrodilló a los pies de su amo, tomó el miembro viril de su amo con sus manos suaves, lo introdujo en la boca y empezó a mover la cabeza rítmicamente hacia delante y hacia atrás, complementando la falta de energía de su amo con sus propios movimientos. Lelio, tumbado, sudoroso, agradeció la entrega de la muchacha y se quedó en reposo. Ahora era ella la que dirigía, pero a Lelio no le importó. El veterano tribuno mantenía los ojos cerrados meditando por qué las romanas se negaban a entregarse de esa forma.

Netikerty se empleó a fondo. Lelio empezó a gemir y ella hundió su rostro en el regazo de su señor sin dejar de moverse, aunque ahora ya más despacio, alargando los dulces instantes. Ya que no podía entregarse a su amo, al que quería, en alma, Netikerty decidió entregarse por completo en cuerpo.

En la puerta de la tienda, un legionario vigilaba y sonreía.

LIBRO III
LA SANGRE DE ANÍBAL

207 a.C.

Iucunda macula est ex inimici sanguine

PUBLILIUS SYRUS

[Deja una mancha agradable la sangre del enemigo]

24

Orongis

Orongis, Hispania, diciembre del 207 a.C.

Estaban en las proximidades de Orongis. Publio estudiaba las murallas de la ciudad desde un altozano. A unos pasos estaba su guardia personal. La campaña militar del nuevo año estaba siendo provechosa pero no decisiva. Publio se sentó en una roca y repasó los últimos acontecimientos. Necesitaba ubicarse. Lucio, su hermano menor, había venido ese año y había conseguido traer refuerzos, dos legiones, las dos legiones que no consiguió Lelio. Había que entender que la victoria de Baecula había hecho cada vez más difícil que Máximo pudiera mantener una constante negativa del Senado a enviar tropas a una región en la que no hacía Publio otra cosa que obtener importantes victorias. Los refuerzos fueron una gran noticia que agradó a todos, pero que hundió aún más a Lelio en su melancolía. De un tiempo a esta parte se mostraba cada vez más distante, y que su joven hermano hubiera conseguido lo que él no había podido hacer le debía de haber desmoralizado aún más. Para colmo, Silano, un recio oficial que había venido de Roma con los refuerzos de Lucio y que Publio había enviado como avanzadilla con parte de las tropas, había conseguido una sonada victoria sobre los cartagineses apresando a uno de sus comandantes, un tal Hanón, que ahora tenían preso en Tarraco. Publio sabía que Lelio había esperado recibir el encargo de esa misión y, sin embargo, tuvo que ver cómo él prefería dar el mando a un recién llegado, a un recomendado de su hermano. Publio carraspeó y escupió en el suelo. No se puede confiar en quien está ofuscado y distante y, además, la victoria de Silano había confirmado que su decisión había sido la correcta. Luego vino lo más difícil: partir junto a su hermano para reunirse con Silano y con todas las tropas, cuatro legiones, para marchar contra Giscón y así acabar de una vez por todas con los ejércitos púnicos en Hispania, pero, una vez más, dejando a Lelio al mando de la retaguardia. En la cabeza de Publio persistía el rostro impasible de Lelio recibiendo las órdenes.

—Necesito alguien de confianza en la retaguardia, por si pasa un desastre. Si caemos derrotados necesito que cuides las fronteras y, si es necesario, que lo organices todo para que mi mujer y mis hijos regresen seguros a Roma.

Lelio había asentido con la cabeza, pero Publio necesitaba una confirmación.

—¿Te encargarás de eso, verdad?

—Siempre he cumplido tus órdenes —respondió un lacónico Lelio—. Me debo a un juramento. —Y se dio media vuelta para alejarse, pero se detuvo un segundo y añadió una frase—: Tu familia estará segura, por Hércules, de eso no debes preocuparte. —Y partió.

Aquellas palabras reconfortaron algo el ánimo de Publio. No tanto por su contenido, pues estaba claro que Lelio defendería a su familia de todo mal con su propia vida si era preciso, sino por el mero hecho de que Lelio las pronunciase. Publio se debatía en la forma de poder reconciliarse con él y sabía que sus decisiones durante la nueva campaña, oportunas desde el punto de vista militar, no habían ayudado a corregir el enfriamiento de su relación desde la discusión de Baecula. Sólo quedaba pendiente el asunto de Asdrúbal Barca, quien después de Baecula, tras reunirse con Giscón y Magón, había pactado con los otros dos generales cartagineses que éstos permanecerían en Hispania mientras él cruzaba los Pirineos y la Galia para atacar Italia por el norte. Si eso ocurría, el Senado no se lo perdonaría nunca y todo sería aún mucho más difícil para él. Pero ahora debía ocuparse de lo que estaba en su mano: Giscón y Magón, y que Roma se ocupara de Asdrúbal Barca si llegaba a Italia y, si no, haberle enviado refuerzos antes de Baecula... Eso no le dejaba dormir por las noches... La voz de su hermano Lucio irrumpiendo en su mente hizo que Publio regresara a la realidad que le rodeaba: Orongis, Hispania y la lucha contra Giscón y Magón.

—¿Has decidido ya qué debemos hacer? —Era la voz de su hermano menor, Lucio, que había llegado junto a él pasando entre los *lictores* que no habían dudado en hacerse a un lado para dejar paso al hermano de su general en jefe.

Publio le miró hacia arriba, desde su improvisado asiento.

—Algo he pensado, sí, hermano. Creo que debemos replegarnos.

Lucio le miró intrigado. Giscón estaba apenas a unas jornadas de marcha tras los poderosos muros de Gades. Publio decidió completar su comentario con una detallada explicación para que su hermano comprendiera el porqué de su decisión.

—Giscón ha repartido su ejército por las ciudades de toda la Bética. Los cartagineses están atrincherados en diferentes fortalezas. No tenemos tropas para asediarlos a todos, incluso con los refuerzos que has traído, y ellos no quieren combatir en campo abierto, no después de la derrota de Hanón de este año. Están agazapados, esperando mejor oportunidad. Así que concentraremos nuestros esfuerzos en tomar una sola de esas ciudades, como mensaje para el resto de las poblaciones que aún les apoyan. Será ésta, Orongis, la que asediaremos, mejor dicho, la que asediarás tú, hermano, con dos legiones. Yo me retiraré al norte con las otras dos legiones. Si detectas movimientos de tropas cartaginesas, retírate al norte sin dudarlo. Yo debo buscar nuevas alianzas con los iberos y afianzar nuestro dominio en el este y en la región del Ebro. Si dejamos a Lelio con pocas tropas mucho tiempo los iberos pueden rebelarse. Por tu parte, ocúpate de Orongis. Es una de las fortalezas más accesibles de todas las que han usado los cartagineses para refugiarse y desde Orongis tendremos el control de algunas de las minas de plata de la región. Eso agradará al Senado. Eso es lo que haremos. Tengo que hacer algo para compensar que Asdrúbal Barca se nos haya escapado.

Lucio estaba asintiendo cuando un mensajero a caballo llegó levantando el polvo del camino. Por sus ropas sucias y su faz sudorosa parecía que aquel jinete llevaba días sin parar de cabalgar. Venía escoltado por otros jinetes que se habían detenido a cien pasos de distancia. Parecía traer noticias de vital importancia. Publio se situó delante de su hermano, de Silano y del resto de los oficiales. El jinete desmontó y se puso frente al general en jefe de las tropas romanas en Hispania. Parecía nervioso, feliz, orgulloso, una mezcla confusa de sentimientos. Publio le estudió con atención mientras el soldado alargaba la mano con unas tablillas con el sello del Senado. Un correo oficial.

25

El encarcelamiento de Nevio

Roma, diciembre del 207 a.C.

—¡Imbéciles! ¡Hoy me detenéis a mí y mañana seréis más carnaza para esta guerra! —Nevio luchaba por zafarse de los fuertes brazos de los dos *triunviros* que lo arrastraban hacia la puerta. Estaban en casa de Casca, el patricio que financiaba las obras de Plauto, quien se lanzó contra los legionarios para socorrer a su amigo, pero el propio Casca, ayudado por dos de sus esclavos, se interpuso entre el comediógrafo y los legionarios. Nevio seguía gritando. A Plauto, aunque la irrupción de los *triunviros* le había sobresaltado, no le sorprendía que Nevio fuera finalmente prendido. Desde que Roma apareciera cubierta de pintadas con los ingeniosos versos de Nevio contra los Metelos, éstos no habían cesado en solicitar la detención del escritor. En un principio, todo pareció que iba a quedar en anécdota, pues a las pintadas de Nevio, parecía que los Metelos sólo responderían con más pintura: *dabunt malum Metelli Naevio poetae*, que dependiendo de cómo se interpretara *malum*, como manzana, símbolo de regalo, o como mal, daba lugar a lecturas muy distintas: «los Metelos darán un regalo al poeta Nevio» o, lo que sin duda querían decir, «los Metelos darán su merecido al poeta Nevio». Hasta el propio aludido concedió a sus colegas escritores que los Metelos habían estado elegantes en la respuesta, pero Plauto no compartía la ligereza con la que Nevio y el resto de los amigos interpretaba aquellas palabras. La irrupción de los *triunviros* en casa de Casca, cogiendo con violencia a Nevio y llevándoselo preso con dirección, muy probablemente, a las horribles cárceles de Roma, era una contestación mucho más acorde con lo que Plauto había estado temiendo en las últimas semanas.

—¿Sabías tú algo de esto? —preguntó Plauto a Casca con una mirada furiosa, asido aún por los esclavos del patricio.

—No, te lo juro por los dioses.

Nevio desapareció por la puerta. Plauto se deshizo entonces del abrazo de los esclavos de Casca y salió al umbral. Nevio había cedido y caminaba rodeado de media docena de *triunviros*. Se volvió y al ver a su amigo en el dintel de la puerta le lanzó una petición.

—¡Llévame al menos algo para escribir! ¡Y comida!

Giraron la calle para perderse por el camino sagrado que transcurría junto al templo de Júpiter Státor. Plauto comprendió que tendría que terminar pronto una nueva obra para con el dinero de la misma obtener los recursos necesarios para sobornar a los guardias de la cárcel y poder visitar a su amigo. Se sintió impotente, iracundo, traicionado. Los dioses volvían a cebarse en cualquier hombre que se dijera amigo suyo.

26

El mensaje más cruel

**Campamento general romano junto a Canusium,
noviembre del 207 a.C.
Un mes antes de que Publio reciba
el correo oficial del Senado**

Nerón estaba satisfecho consigo mismo. No sólo por la victoria absoluta contra Asdrúbal Barca y todo lo que eso suponía en la larga guerra contra Cartago, sino por el plan que debía ejecutar esa mañana en la que acababa de retornar desde el norte al campamento general romano emplazado frente a los cuarteles de Aníbal y sus tropas, en las proximidades de Canusium. Nerón apenas había dormido un par de horas, pero con la primera luz del alba salió del *praetorium* y ordenó que trajeran la cesta en la que traía el mensaje para Aníbal Barca. Un centurión trajo la cesta y la puso a los pies de Nerón. El cónsul se agachó para examinar su contenido. Al inclinarse un olor nauseabundo le produjo arcadas.

—Que lancen esta cesta contra el campamento de ese condenado Aníbal. Usad una catapulta. Pero antes exhibid a los prisioneros encadenados delante de las empalizadas. Luego lanzad la cesta. Eso será suficiente —dijo, y se retiró un par de pasos. Vio cómo el centurión le saludaba con la mano en el pecho y cómo se inclinaba para levantar la cesta al tiempo que mantenía su rostro girado para evitar el mal olor.

En un principio Nerón había pensado que todo aquello era innoble; sin embargo, fue la carta de Fabio Máximo la que le persuadió. Para acabar con Aníbal no era bastante derrotar a su hermano, como habían hecho en el Metauro, al norte de Italia, y que el mayor de los Barca lo supiera. No, todos los mercenarios iberos, galos, númidas y africanos debían sentir el oscuro manto de la derrota completa apoderándose de su almas.

Campamento general de Aníbal junto a Canusium, noviembre del 207 a.C., finales

Aníbal descendió de la empalizada de su campamento. No necesitaba ver más. Los romanos se entretenían haciendo que centenares de galos, iberos y africanos cubiertos de cadenas, muchos de ellos malheridos, pasearan por el exterior del campamento romano. Estaba claro lo que eso significaba: Asdrúbal había sido derrotado. Los romanos habían evitado que sus fuerzas y las de Asdrúbal se unieran. Luego habían acorralado a su hermano y derrotado su ejército. Quizá los romanos habían atrapado a alguno de los mensajeros enviados por él para coordinarse con Asdrúbal.

Aníbal aún rumiaba sobre el tamaño auténtico del desastre en el que había incurrido su hermano cuando una especie de piedra cayó del cielo, apenas a cien pasos de donde se encontraba. ¿Iban ahora a atacar los romanos y empezaban usando las catapultas? Eso no les conseguiría victoria alguna. Dispersaría a sus tropas hasta que se les agotaran los proyectiles. Pero no cayeron más piedras. Un negro presentimiento rasgó el corazón del temible guerrero. Aníbal sintió un dolor punzante por lo tenebroso de sus pensamientos. No se atreverían a tanto. ¿O sí? Por primera vez desde que empezara sus luchas en Iberia, Aníbal se quedó petrificado. No se había sentido así de impotente desde la muerte de su padre Amílcar junto al Tajo. Vio cómo Maharbal, que le seguía, le adelantaba y se aproximaba hacia la piedra. Aníbal lo vio acercarse primero y luego perderse entre el círculo de soldados africanos curiosos que habían formado un corro en torno al proyectil lanzado por los romanos. De pronto, se escuchó como un grito ahogado procedente de las gargantas de todos aquellos hombres y luego Aníbal vio los rostros de espanto de los que se alejaban, tomando distancia del lugar donde había caído el proyectil, como quien busca distanciarse de una desgracia que no le incumbe. Aníbal presenció cómo todos los guerreros se iban apartando e incluso impedían que otros se aproximaran murmurando palabras que helaban los rostros de los recién llegados. Sólo Maharbal permanecía arrodillado junto al proyectil. Aníbal se fue aproximando despacio. Primero unos pasos. Luego se detenía. Daba un paso más y volvía a detenerse. Cuando apenas estaba a diez pasos del proyectil Maharbal se levantó y al hacerlo dejó visible lo que parecía ser una manta vieja teñida de rojo de forma irregular, como a manchas. Una amplia pieza de tela que cubría algo... algo que aterrorizaba a todos sus hombres. Aníbal buscó la mirada de Maharbal pero éste, incapaz de mirarle a los ojos, había cerrado los suyos y parecía sollozar del modo más contenido que podía. Aníbal tragó saliva. Sus peores presagios parecían cobrar vida, pero no lo dudó y avanzó un paso, dos, tres, cuatro, cinco, seis, se frotó el rostro con el dorso de la mano derecha, siete, se restregó el ojo sano con el dorso de la otra mano, ocho, inspiró aire, nueve, empezó a agacharse, diez, se arrodilló, tomó la manta y empezó a descubrir aquello que tanto pavor había causado a todos. Con la pesada lentitud del que se sabe curtido por el sufrimiento decidió encarar con decisión aquel horror. Debajo de un pliegue había otro y luego otro, así que al final, tiró con fuerza de la manta para terminar con la tortura de la incertidumbre y, girando, como una piedra redonda, rodó por el suelo la cabeza cortada de un hombre, dando dos, tres, hasta cuatro vueltas y quedar con la faz hacia el cielo, un rostro herido, cortado por varias espadas romanas y podrido por los días de viaje desde el norte, pero pese a las facciones desfiguradas y el rictus hierático de aquella cara, ante sí Aníbal reconoció, con la infinita paciencia del que se sabe dispuesto a sufrir más allá de lo imaginable, el rostro de su amado hermano Asdrúbal. Sólo entonces comprendió Aníbal la auténtica dimensión del desastre que había acontecido junto al río Metauro, donde su hermano se había batido, leal a su causa, a su familia, leal a él, hasta la mismísima muerte. Pero él, Aníbal, siempre enterraba con honor a cuantos generales y cónsules romanos había abatido y cuando los romanos cumplían las leyes de intercambio de prisioneros él también las contemplaba. Había incinerado en enormes piras funerarias los cuerpos de Cayo Flaminio, Emilio Paulo y hasta al propio Claudio Marcelo y, sin embargo, los romanos le devolvían aquellos gestos de nobleza y respeto por sus generales decapitando a su hermano y arrojando su cabeza desde una catapulta.

Los hombres temieron la reacción de su general. Algunos oficiales veteranos recordaban aún el grito desgarrador que Aníbal lanzara en Iberia cuando descubrió el cuerpo de su padre muerto en la batalla junto al Tajo y esperaban escuchar aquel temible alarido, pero los segundos pasaban y Aníbal permanecía arrodillado ante la cabeza de su hermano muerto. Al cabo de un minuto de denso y pesado silencio llegó algo más doloroso aún que la muerte y el horror. A los oídos de todos los cartagineses presentes llegaron las risas, carcajada a carcajada, de las crecidas legiones romanas, y si todas aquellas risas atravesaron sus almas, en la cabeza de Aníbal aquellas carcajadas dejaron para siempre la indeleble marca del odio frío y calculador, más allá de la razón y la lógica. Era aquél un odio que sólo se diluiría con sangre vertida en un momento indicado en un momento concreto, allí donde más daño hiciera al hombre u hombres, no sólo que hubieran ejecutado a su hermano sino también a los que hubieran tomado la decisión de tratarlo con aquella vileza aun después de muerto.

Aníbal toma la cabeza de Asdrúbal y la abraza en su regazo y en silencio, sin que nadie oiga palabra alguna, en secreto, ante los ojos atónitos de sus dioses, Aníbal jura que se tomará la más pérfida de las venganzas contra la mente que hubiera elucubrado semejante humillación.

Algunos dicen que aquella mañana Aníbal, arrodillado, abrazado a la cabeza de su hermano muerto, lloró, pero otros aseguran que no hubo ni una lágrima vertida por el general en jefe de Cartago: sólo silencio, un silencio largo y espeso que oscureció el día. Un trueno resonó en el cielo y en unos minutos empezó a llover. No una tormenta henchida de relámpagos sino una lluvia fina e intensa que lo empapaba todo pero que a la vez parecía limpiarlo todo: los recuerdos, la memoria, el dolor. Maharbal se acercó a Aníbal y, con tiento, le habló al oído. Aníbal asintió y se levantó.

—Que tras la lluvia tomen leña seca de la que tenemos guardada para las hogueras y en cuanto amaine que levanten una pira funeraria y que en ella quemen la cabeza de Asdrúbal, mi hermano, un gran general de Cartago, un leal a nuestra causa, sangre de mi sangre. ¿Te encargarás de que así se haga, Maharbal?

El interpelado asintió y Aníbal le cedió la manta ensangrentada con la cabeza decapitada de Asdrúbal. Maharbal la tomó como el padre que toma un recién nacido por primera vez: con la misma torpeza y con el mismo cuidado. Aníbal le miró a los ojos y supo que sus órdenes serían ejecutadas como había indicado. Siempre había apreciado tener a Maharbal a su lado, incluso cuando discutieron en el pasado, pero ahora más que nunca, agradecía tener a un noble cartaginés de su capacidad y de su lealtad para apoyarse porque, por primera vez desde que comenzara aquella guerra, Aníbal comprendió que todos sus planes se habían quebrado y que ahora nadarían contracorriente, enfrentándose a una Roma más vanidosa y henchida por la sangre púnica derramada en el Metauro. Para cualquiera aquel golpe sería definitivo. Para cualquier otro general aquella muerte, aquella cabeza decapitada, significaría el desplome de su espíritu de lucha, pero Aníbal, mientras se alejaba solo, seguido a distancia por su guardia personal, observado por todos los iberos, africanos, númidas y galos de sus tropas, empezó a maquinar la forma de rehacer sus fuerzas, de contraatacar y de mantenerse en Italia, acechando, combatiendo hasta que se le ocurriese la forma de volver a acorralar a los romanos por un lado, y, por otro, discernir la mejor forma de ejecutar su decidida venganza. De su firmeza nacería de nuevo el pavor en Roma, pues alguien que ha sido castigado como había sido castigado él no debería de poder rehacer su ánimo, pero él, Aníbal Barca, pese a todo y pese a todos los romanos, se reharía y con su reacción, que con toda seguridad no encajaría en lo esperado por Roma, la propia Roma tendría un nuevo temor: Aníbal no es un hombre, no se detiene ni ante la muerte ni ante la tortura de su hermano. Sólo entonces entenderán los romanos que con él sólo había ya una paz posible y aquélla pasaba porque o bien Roma se rindiera o bien Roma le aniquilara, pero a él mismo, no a otro hermano, general, amigo o ciudad. Aquel día decidió Aníbal, al tiempo que entraba en su tienda y se sentaba en su butaca cubierta de pieles de león traídas de África, que incluso si Cartago caía derrotada, eso no sería el final de su lucha. Una Roma que combatía de aquella forma no merecía regir el mundo. Él lucharía hasta el final. Sólo los dioses sabían quién sería más fuerte. O quizá ni ellos mismos lo sabían y se entretenían contemplando la lucha. Aníbal se sirvió una copa de vino. Los esclavos no habían entrado por respeto. Aníbal levantó su copa en alto y brindó mirando al cielo.

—Espero que disfrutéis, dioses del mundo, romanos y cartagineses, espero, Baal, que encuentres gozo y diversión en este combate porque aquí, desde hace tiempo, sólo se siente el cansancio de la lucha y el sufrimiento por los seres queridos perdidos en combate. Primero mi padre y luego mi hermano. Pero ya no me importa. Ya apenas nada importa. —Bebió de la copa con ansia y vació su contenido. Volvió a servirse y volvió a brindar mirando al cielo—. Sentaos todos, divinas criaturas que regís nuestros destinos, porque aunque penséis que esta lucha entre Roma y yo puede estar llegando a su fin sólo os anuncio algo que puede que os sorprenda: esto no ha hecho más que empezar, esto no ha hecho más que empezar.

Y Aníbal volvió a vaciar su copa. Aníbal miró su mano derecha cubierta de anillos consulares, pero se quedó mirando el anillo de plata y con una turquesa que lucía en su dedo meñique. Era diferente a los demás, de plata y rematado en una piedra que podía abrirse para vaciar el polvo que contenía su interior. Aníbal pensó, por primera vez en su vida, en suicidarse, pero la idea pasó y se fue. Quedaba su hermano Magón. Él debería reemplazar a Asdrúbal y atacar por el norte. El plan no había fracasado por completo, sólo se había detenido. En el exterior la lluvia arreciaba torrencialmente. Llovía sobre los vivos como si todos los dioses de Cartago no hicieran otra cosa que llorar y llorar.

27

Ansia

Tarraco, diciembre del 207 a.C.

Publio estaba en pie, con las manos apoyadas sobre la mesa del *tablinium* de su *domus* en Tarraco. Por su cabeza paseaba el recuerdo de aquel correo oficial que trajo la noticia de la muerte de Asdrúbal Barca. Eso debía significar un punto de inflexión en aquella guerra, pero ni Aníbal había abandonado Italia ni él había conseguido desbloquear la situación en Hispania. Era cierto que su hermano Lucio había logrado conquistar la ciudad de Orongis con sus minas, y que Giscón se había retirado, pero Publio sentía que todo estaba en una calma extraña, incierta. Cartago no daba señal alguna de agotamiento y todo apuntaba a que la guerra continuaría como si la batalla del Metauro no hubiera tenido lugar. Aníbal estaba sufriendo ahora en sus propias carnes el derramamiento de sangre de su mismísima familia, como años atrás le ocurriera a él, a Publio, cuando padeció la muerte de su padre y de su tío a manos del propio Asdrúbal Barca. ¿Cuántos más habrían de morir en uno y otro bando hasta que o bien el Senado de Roma o bien el Senado de Cartago dieran su brazo a torcer? Publio tenía la imprecisa sensación de estar perdiendo perspectiva sobre los orígenes o sobre el fin último de aquella contienda que estalló cuando él tenía apenas diecisiete años y que a sus veintiocho años, con decenas de miles de soldados muertos por ambas partes, seguía dilatándose en el tiempo.

—¿Es cierto lo del decapitamiento de Asdrúbal? —Emilia le hablaba detenida en el umbral del *tablinium*, su pequeña y delgada figura asomando entre la pared y la cortina que separaba el despacho del atrio. No había tenido tiempo para compartir con ella detalles, como era su costumbre, sobre los últimos informes de Roma desde su llegada del sur. Publio levantó la mirada de los mapas pero no dejó de apoyarse sobre la mesa con las manos.

—Eso parece.

—No creo que haya sido buena idea, cebarse así con el hermano de Aníbal, es decir —y Emilia dudó antes de añadir algo más—, incluso si fue el que mató a tu padre y a tu tío.

—Un error, sí —confirmó Publio con seriedad—. Yo no lo habría hecho. Se equivocan en Roma. Además, Asdrúbal abatió a mi padre y mi tío en batalla. Aquí le han cortado la cabeza después de muerto y arrojarla al campamento de Aníbal no hará sino enfurecer al general cartaginés. La verdad es que prefiero estar ahora en Hispania y saber que así sabrá él que nosotros no tenemos nada que ver con lo de su hermano.

—¿Cómo crees que habrá reaccionado? —preguntó Emilia.

Publio meditó su respuesta y frunció el ceño.

—No lo sé, pero estoy seguro de que intentará averiguar quién es el culpable e irá a por él. Yo lo haría.

—Dicen que fue Nerón —apostilló Emilia.

—Sí. —Publio dejó de apoyarse sobre la mesa y se sentó en una butaca; Emilia seguía en el umbral—. Sí, puede que le tuviera ganas desde que Asdrúbal lo engañó en Hispania y se le escapara de aquel desfiladero, pero no me encaja. Es algo demasiado retorcido —ahora hablaba ensimismado, como si nadie le escuchara—... demasiado retorcido para ser idea de Nerón... pero no es nuestro problema y la guerra transforma a la gente y llevamos tantos años de guerra...

Emilia sintió que era como si Publio hablara de sí mismo sin saberlo. Desde que había llegado del sur apenas habían hablado. Publio sólo parecía tener tiempo para sus oficiales, para asegurar los suministros de las tropas para el invierno, para organizar los planes de una nueva campaña... Era como si tuviera prisa por acabar con todo aquello y la única forma que hubiera encontrado era la de preparar una gran campaña final contra Giscón. Emilia estaba algo asustada, pero no sabía cómo decírselo a su marido, no sabía si decírselo a su marido.

—¿Cómo va todo? —preguntó al fin en voz baja. Publio enfocó con sus ojos la silueta de su mujer. Era como si viniera de algún lugar lejano.

—Bien. Bien. Voy a mandar a Lucio a Roma con el botín de Orongis y con los prisioneros cartagineses. El Senado debe ver que aquí conseguimos avances, pese a que dejara que Asdrúbal se escapara por el norte cuando aún no teníamos refuerzos suficientes, y además necesito a Lucio en Roma para que me informe de las maniobras de Fabio Máximo en el Senado. Y luego he de organizar un ataque frontal contra Giscón. Esto dura demasiado. Llevamos tres años en Hispania y el objetivo es África. —Aquí Publio se aceleraba al hablar—. África. Todo este tiempo en Hispania nos distrae de lo realmente importante.

Emilia sentía que estaba molestando a su marido, pero el miedo le hacía ser aún más inquisitiva.

—Si envías a Lucio a Roma, ¿contarás con Lelio en la próxima primavera?

Publio la miró con intensidad. Emilia bajó la mirada.

—No —dijo el general romano con dureza. Emilia hizo ademán de irse y Publio se sintió mal con respecto a su mujer, así que completó su seca respuesta con algunas palabras en tono más suave—. No debes hacer caso de mis modales, Emilia. Estoy cansado y nervioso. Quiero terminar con esta guerra y quiero hacerlo pronto. Tú misma me hiciste jurar que acabaría con ella lo antes posible y en ello estoy, para que nuestro hijo no tenga ya que enfrentarse a Aníbal, para que no herede de mí lo que yo recibí de mi padre y de mi tío. Con Lelio no contaré, al menos no en primera línea, porque está extraño, lejano, desde que se enfrentara conmigo en Baecula y, hasta cierto punto, que Asdrúbal llegara a Italia le da parte de razón, aunque sigo pensando que hicimos bien en no seguir a Asdrúbal porque no teníamos bastantes tropas, pero eso es ya el pasado. Tengo a Silano y a Marcio, y a Terebelio, y a Digicio y a Mario. Todos ellos excelentes tribunos y centuriones. Y leales. Con ellos puedo dirigir la campaña de primavera.

Emilia pensó en defender a Lelio y en interceder por él para que el enojo de su marido se redujera. En el fondo de su alma, Emilia estaba segura de que sin Lelio la victoria final sería imposible, pero estaban enfadados el uno con el otro por una estúpida discusión y el orgullo de ambos parecía haber levantado una muralla insalvable para todos. Una muralla que se mantenía como si alguien la alimentara en secreto, pero Emilia no entendía quién podía querer una cosa así y menos aún por qué. Emilia asintió y cubrió su rostro con una sonrisa. Su pequeña silueta desapareció tras la cortina. Publio se quedó sentado, contemplando los mapas, mientras su mente intentaba decidir cuál sería el enclave perfecto donde librar una batalla campal contra Giscón. Estaba ahíto de luchar y luchar sin fin. Sus ojos se detuvieron sobre la localidad de Ilipa. Tenía prisa. Hispania le alejaba de África. Prisa. Ansia.

28

Un astuto consejo

Gades, Hispania, diciembre del 207 a.C.

Giscón, sentado frente a su tienda, meditaba. No estaba contento, pero tampoco se sentía derrotado. Orongis había caído y los iberos reclutados por Magón y el ejército del general Hanón habían sido masacrados por los romanos. El propio Hanón había sido apresado y en esas fechas ya debía de estar cubierto de cadenas en el fondo de alguna *quinquerreme* enemiga camino de Roma. Giscón sonrió. Eso por imbécil. Recién ascendido a general y recién llegado a Hispania, el impetuoso Hanón creía que acabar con el nuevo general romano era cosa de niños. Giscón dejó de sonreír. Eso sí, Magón, como su hermano mayor, se las ingeniaba bien para sobrevivir y escapar. Algo que no había conseguido su otro hermano, Asdrúbal. La derrota del Metauro era un duro revés para Cartago, pero era aún mucho peor para los Barca. Aníbal acababa de perder a uno de sus dos hermanos, los únicos generales en los que Aníbal confiaba realmente, junto con Maharbal. Pero Cartago era más que los Barca. Para empezar, estaba él mismo: Giscón. Pronto los romanos comprenderían que debían temer no sólo por Aníbal, sino por otro general púnico. Con Asdrúbal Barca muerto, su ejército aniquilado, con Magón retirado y casi sin tropas y con Hanón prisionero de los romanos, la lucha contra el joven Escipión en Iberia era cosa suya. Sin embargo, Giscón tenía dudas. Había recibido noticias de Cartago. El Senado púnico estaba dispuesto a realizar nuevas levas y enviar más tropas de refuerzo, esta vez ya sólo bajo su mando, pero aun así eso podía no ser suficiente para enfrentarse con un general romano que cada vez contaba con más y más apoyos entre los iberos. El general cartaginés Asdrúbal Giscón decidió hacer lo que hacía siempre que estaba confuso. Se levantó y fue directo en busca de la tienda de su hija.

Sofonisba le recibió envuelta en una fina túnica de lana blanca de Tarento inmaculada que constrastaba con el tono oscuro de su suave piel. Llevaba el pelo negro largo, recién peinado, liso, brillante. En el brazo izquierdo lucía la preciosa alhaja de oro y rubíes en forma de larga serpiente cobra retorciéndose alrededor de su piel. Masinisa estaría contento si la viera, pero Giscón sabía que su hija sólo se la ponía en privado y que en público, especialmente si el númida Masinisa iba a estar presente, nunca se ponía aquella joya. La joven gozaba aceptando los regalos del joven líder de los maessyli para luego despreciarlos en público. Gozaba torturándole.

—Mi padre busca consejo —dijo Sofonisba con una sonrisa de satisfacción mientras se estiraba entre los almohadones del suelo de la tienda donde yacía medio tumbada, medio sentada—. Me alegro, porque es tan aburrido estar aquí... sola...

—¿Cómo sabes que busco consejo?

—Porque, querido padre, sólo vienes a reñirme si me he exhibido en exceso delante de tus soldados o cuando buscas consejo. Y hoy no he salido. Estaba perezosa. Montar a caballo, el polvo de los caminos... demasiado esfuerzo.

Giscón se sentó en una pequeña silla frente a su hija.

—Sea. Busco consejo.

Sofonisba se incorporó y se sentó recta sobre los almohadones esparcidos por el suelo de la tienda.

—Te escucho, padre.

Giscón la miraba. Siempre se sorprendía de volver allí, a comentar a una joven de apenas diecinueve años, sus planes, sus dudas, pero Sofonisba, desde siempre, desde que era una adolescente, parecía tener un don para dar consejos, no importaba de qué se tratara, de estrategia militar o de política y su padre, hombre pragmático donde los hubiera, no tenía reparos ni sentía vergüenza en acudir a ella en busca de alguna idea. Y casi siempre salía de aquella tienda con alguna nueva forma de encarar sus problemas de la guerra, con algún plan en el que no había pensado. Así que Giscón descargó en su jovencísima hija todos los datos sobre la guerra con los romanos en Iberia: las legiones de las que disponía el general Escipión, el reciente desastre de la derrota de Hanón y Magón, la posibilidad de recibir más refuerzos de Cartago, la creciente popularidad del general romano entre los iberos...

—No hace falta que sigas, padre —le interrumpió Sofonisba al tiempo que se reclinaba de lado sobre los almohadones y se miraba distraída la valiosa joya regalo de Masinisa—. Está muy claro lo que debes hacer.

Giscón la miró incrédulo. Estaba acostumbrado a las burlas de su hija y a su constante aire de superioridad. Se lo tenía consentido y eso no le molestaba, pero lo que no veía era qué pudiera haber tan claro en todo aquello que él no acertara a detectar con tanta rapidez. Sofonisba continuó hablando. Sabía que su padre, como todos los hombres, como los niños, necesitaban que lo evidente les fuera explicado despacito.

—Tenías superioridad numérica frente al general romano, pero poco a poco la habéis ido perdiendo: primero se marchó Asdrúbal con gran parte del ejército, para hacerse matar en Italia, luego Magón y Hanón han mostrado su incapacidad y han perdido innumerables tropas, tú, padre mío, al menos, con tu cautela has preservado a gran parte de tu ejército y sobre eso debes fundamentar nuestra victoria. Pero es cierto que el romano es listo y ha sabido granjearse el favor de muchos de los pueblos iberos. Estáis igualados en tropas, aunque con las nuevas levas quizá le superes de nuevo, pero está claro que necesitas lo que él ha conseguido, padre.

Y Sofonisba calló. Giscón levantó las palmas de las manos hacia arriba y como su hija seguía distraída recocijándose en el brillo de su precioso brazalete, Giscón no tuvo más remedio que insistir.

—¿Y qué es lo que necesito?

—Necesitas, padre, más iberos. Tendrás igual o más soldados africanos que legionarios tenga él, pero no puedes permitirte presentarle batalla sin conseguir refuerzos de los iberos. Necesitas más iberos.

—Bien, eso ya lo había pensado yo —dijo un irritado Giscón, aunque no fuera cierto que hubiera concluido que ése pudiera ser su punto más débil—. La cuestión es cómo conseguir esos iberos.

Sofonisba le miró levantado las cejas y suspirando, como quien se esfuerza en ser infinitamente paciente.

—Pídeselos a Imilce, padre.

Giscón frunció el ceño y guardó silencio. Sofonisba apostilló unas palabras más.

—Llevas años cuidando de ella. Que te sea útil al menos una vez en su vida. Imilce es la esposa de Aníbal, Imilce es una princesa ibera, la hija del rey de Cástulo, o de eso se jacta. Si haces que les pida ayuda a sus padres, sus padres no se negarán. Tú no me niegas nada. Seguro que sus padres tampoco, si no por amor a su hija, por temor a ti y, si no, por un temor aún mayor.

Giscón la miró inquisitivo.

—Por temor a Aníbal —concluyó Sofonisba divirtiéndose al ver cómo aquellas palabras herían el amor propio de su padre. Pero Giscón era diestro, a fuerza de experiencia, en encajar las cada vez más hirientes indirectas de su hija sobre su menor valía con respecto a Aníbal. Lo fundamental era que Sofonisba, una vez más, tenía razón. Asintió y, sin decir más, se dirigió a la puerta de la tienda. Sofonisba se levantó entonces de un respingo, como una leona que teme un peligro inminente.

—Padre —dijo, y Giscón se detuvo sin volverse—, mis últimas palabras eran una broma. Pero sé que compararte con Aníbal es de las pocas cosas que te mueven a ser más valiente.

Giscón se volvió hacia ella y afirmó con la cabeza con una expresión algo más relajada. Sofonisba se quedó tranquila. Su padre salió y la dejó de nuevo a solas. La joven regresó a sus almohadones. Debía controlar sus ataques de desdén. A veces tenía miedo de tensar demasiado la cuerda.

Imilce escribía bajo la atenta mirada de Giscón. El general había insistido en que aquellos refuerzos eran fundamentales. En un principio, la joven princesa ibera pensó en resistirse, pero no veía con qué podía argumentar no pedir la ayuda que el general cartaginés le pedía. Giscón insistía en que pidiera aquellas tropas en nombre de Imilce y en nombre de su marido, Aníbal. La joven, al igual que Giscón, sabía que de ese modo sus padres no se negarían y enviarían a sus mejores guerreros y no sólo eso, sino que reunirían hombres de todas las ciudades y pueblos de alrededor. Lo harían por ella. Quizá todo fuera para bien. A lo mejor, aquellos refuerzos, junto con todas las tropas de los cartagineses, consiguieran al fin derrotar al joven general romano, como antaño hicieran, e Iberia estaría libre de los romanos, sometida a los cartagineses, eso sí, pero con su ciudad protegida por la alianza entre ella y su más poderoso general. Y, sin embargo... cuando Imilce alargó la mano con aquella tablilla de cera y vio cómo el general Giscón la tomaba en su mano, Imilce sintió miedo.

—Si no responden como deben lo pasarás mal.

Imilce no dijo nada. Se limitó a ver cómo el general salía de su tienda. De su cárcel. Imilce no temía por ella. Sabía que sus padres responderían con todo lo que pudieran y aún más. Traerían caballos, suministros, armas. Imilce temía por ellos, por todo su pueblo. Tenía la extraña sensación de no haber escrito una simple carta, sino de haber redactado una sentencia de muerte.

29

Algo peor que la muerte

Canusium, Italia, diciembre del 207 a.C.

El frío del invierno se hacía sentir por todo el campamento. Aníbal salió de su tienda y se acercó a una de las grandes hogueras que sus hombres habían encendido para calentarse durante el amanecer mientras se distribuía el desayuno. Al aproximarse Aníbal, el grupo de africanos e iberos que se habían arremolinado en torno a la gran hoguera se distanció de la misma para dejar un espacio prudencial entre ellos y su general en jefe. La dura figura de Aníbal se recortaba entre el resplandor trémulo de las llamas, proyectando una larga sombra sobre la tierra de Canusium. El sol no había despuntado, de modo que el fulgor de las llamas era aún intenso. En otro momento, la mayoría de los soldados que se habían apartado para dejar sitio a su general, habría ido a buscar el calor de otra hoguera, pero en aquellos días de incertidumbre y dolor parecían encontrar más abrigo en observar la resuelta silueta de Aníbal, firme y sereno, frotándose las manos ante los leños ardiendo. Sólo uno de entre todos aquellos hombres se atrevió a aproximarse al gran líder. Maharbal dio varios pasos hasta situarse junto al general, pero siempre guardando un par de pasos de distancia.

—Nerón nos ha enviado a dos de los nuestros, dos soldados que estuvieron en el Metauro. Supongo que quiere que nos cuenten lo que pasó para... —Maharbal se detuvo, pero Aníbal concluyó la frase sin dejar de mirar al fuego.

—Para que sepamos lo completa que ha sido nuestra derrota en el norte, ¿no es eso? —Y se volvió a mirar a su lugarteniente.

—Supongo que eso será. ¿Por qué si no liberar a dos de los nuestros? También nos hemos enterado de que Crispino, el cónsul que acompañaba a Marcelo en Venusia, ha muerto por las heridas de aquella batalla. —Maharbal añadió aquellas palabras con la esperanza de proporcionar alguna información que reconfortara a su general.

Aníbal se giró de nuevo hacia las llamas y asintió antes de hablar.

—Eso son buenas noticias, pero ahora lo importante son los mensajeros de los que me has hablado. Que los traigan. Poco importa lo que tengan que añadir. Nada será ya peor de lo que hemos visto y —de pronto el tono de Aníbal dejó de ser monocorde, cansado y se tornó en un timbre vivo, intenso—... y es posible que averigüemos alguna cosa interesante.

Maharbal empezó a retirarse confuso. Conocía bien el timbre resuelto que acababa de escuchar y le había extrañado descubrirlo cuando el general debía estar aún completamente abatido por la muerte de su hermano y, en especial, por la forma de su muerte. ¿Qué esperaba averiguar el general hablando con aquellos hombres? Si Nerón los enviaba no sería sino para acrecentar más su dolor. Quizá fue la noticia de la muerte de Crispino la que a fin de cuentas le había animado algo. La voz del general se dirigió a él desde la hoguera.

—¿Son africanos, iberos o galos... los prisioneros? —preguntó Aníbal.

—Africanos, mi general.

—Bien. Siempre serán más de fiar que los iberos o los galos.

Maharbal atravesó el campamento envuelto en sus reflexiones. En la puerta principal se encontró con los dos prisioneros africanos. Ordenó que le siguieran. Los cautivos recién liberados caminaron cabizbajos entre las miradas de repulsa de los veteranos de Aníbal. Sabían lo que pensaba cada uno de aquellos experimentados guerreros: «Llevamos aquí once años resistiendo a los romanos y vosotros caéis en el primer combate, ¿ahora qué haremos sin refuerzos?, ¿ahora qué haremos?»

Los dos africanos caminaban con cierto esfuerzo, pues ambos estaban heridos, uno en un costado y el otro en una pierna. Los médicos romanos les habían cosido las heridas de forma rápida y desinteresada. Sólo les preocupaba que sobrevivieran unas horas, las justas para transmitir su mensaje de horror. Lo que les pasara luego les traía sin cuidado. Agotados, llegaron frente a Aníbal.

El sol había nacido y cabalgaba sobre el horizonte mientras la hoguera estaba moribunda tras el general. Aníbal examinó a aquellos soldados: ambos estaban tatuados en brazos y piernas, siguiendo la costumbre de los soldados de su patria, y, de igual forma, de acuerdo con lo habitual en los ejércitos africanos, vestían una larga túnica blanca que abrochaban con un cinturon del que ya no colgaba arma alguna; las cabezas rapadas dobladas hacia el suelo ocultaban la tradicional pequeña barba común en aquellas unidades. Eran hombres que aún preservaban su origen, muy distintos a sus propias tropas africanas quienes, de tanto batallar en Iberia primero y luego en Italia, calzaban y vestían con una amalgama de ropas y armas de ataque y defensa producto de los botines de pasadas victorias. Aquellos derrotados le recordaron de golpe a Aníbal que existía una lejana patria que se llamaba África, pero no había tiempo para la melancolía.

—Decidme lo que ocurrió.

Los dos soldados se miraron entre sí. Al fin, el mayor, de unos cuarenta años, el que estaba herido en el costado, inició el penoso relato, que transmitió de forma entrecortada, pues la herida empezaba a sangrar de nuevo y parecía faltarle la respiración.

—Al principio fue bien, mi general... nuestra falange de africanos, de africanos e iberos, estaba doblegando a los romanos en su flanco izquierdo... y eso que eran más que nosotros, pero... los galos... los galos, los ligures no intervenían apenas... luego dijeron que el terreno era rocoso, complicado... se ve que un general romano, Nerón, eso dicen... estaba frente a los galos y al ver que no había apenas combate en esa zona... se llevó parte de sus hombres y rodeó sus propias tropas por la retaguardia... llegó entonces hasta nuestra falange derecha, la que avanzaba y nos atacó por el costado y por detrás... nos masacró y quisimos retirarnos pero los galos no ayudaban... luego todo fue un desastre... cayeron millares... todo el ejército está perdido, muerto, hecho prisionero o en huida por el norte...

El soldado se detuvo y se dobló hacia delante con la mano en el costado. Aníbal le miró atento. La túnica de lana blanca estaba empapada de sangre roja fresca. Aquel hombre no fingía su dolor.

—¿Y mi hermano? —preguntó Aníbal.

El soldado más joven fue a responder, pero el veterano se había recuperado e irguiéndose retomó el relato.

—El general Asdrúbal Barca luchó con gran valor, mi señor. Estuvo combatiendo en todo momento y en varias ocasiones consiguió rehacer nuestras líneas, pero cuando todo estaba perdido no quiso huir... se adentró cabalgando al galope contra las filas romanas... eso es lo último que vimos de él hasta...

Aquí el soldado interrumpió la narración, pero no porque le faltara el resuello.

—¿Hasta...? —inquirió impaciente Aníbal.

Esta vez el joven tomó el testigo con rapidez.

—Hasta el día después, mi general. Los romanos nos agruparon a todos los prisioneros y vimos cómo al amanecer del día siguiente traían el cuerpo de Asdrúbal, del general quiero decir, y lo dejaron delante de nosotros. Su cuerpo estaba atravesado por un montón de flechas y una lanza. Lo dejaron allí, delante de nosotros para que supiéramos lo que le había pasado...

—Pero no se atrevían a tocarlo, mi general —irrumpió el soldado veterano con vigor renovado—. No sabemos por qué. Yo creo que no sabían qué hacer con él. Así hasta el mediodía. Luego llegaron unos mensajeros de Roma y uno de los cónsules regresó junto al cadáver y ordenó que le cortaran la cabeza. Eso es lo que pasó. No pudimos hacer ya nada. Lo siento mucho, mi general, lo siento...

Y el soldado veterano volvió a llevarse la mano al costado para intentar reducir la hemorragia a la vez que se arrodillaba y repetía con insistencia sus últimas palabras.

—Lo siento, mi general... lo siento... lo siento de veras...

El guerrero más joven no comprendía bien aquello, pero pensó que era mejor imitar lo que su compañero más experimentado estaba haciendo y también se arrodilló y añadió sus disculpas a las de su compañero.

—Lo siento también yo, mi general.

Aníbal se dirigió al veterano.

—¿No tocaron el cuerpo de mi hermano hasta que llegaron los mensajeros de Roma? ¿Es eso exacto, soldado? Piénsalo bien, necesito la verdad en ese punto, la necesito por Baal, Tanit y todos los dioses. Piénsalo bien.

El soldado veterano calló un instante y, al fin, levantando la mirada se dirigió al general.

—Eso fue lo que ocurrió. Tal y como lo hemos contado.

Y volvió a bajar la cabeza.

Aníbal se giró una vez más hacia la ya inexistente hoguera. El sol iluminaba el mundo. La vida seguía como si no hubiera pasado nada, cuando todo ya había cambiado. El general en jefe de las tropas cartaginesas inspiró y exhaló aire profundamente. Habló sin mirar a nadie, de pie, con sus ojos cerrados hacia el sol.

—Que se lleven a estos hombres y que se les curen esas heridas.

Los dos guerreros se retiraron casi de rodillas dando gracias y pidiendo perdón, solapándose sus voces una con otra. Maharbal se dirigió a Aníbal con un tono de abatimiento completo.

—Ahora ya estamos seguros de que la derrota ha sido absoluta. Eso es lo que Nerón quería y no hemos aprendido nada más. Los hombres, sobre todo el veterano, parecían sinceros.

Aníbal le hizo un gesto con la mano a su lugarteniente y se encaminó a su tienda. Una vez en el interior, lejos de las miradas de todos, el general se sentó en su gran butaca de madera de pino cubierta de pieles de lobo y se permitió un suspiro y un gesto de enorme decepción. Maharbal comprendió que el general no quería que los soldados le vieran así. Fue, no obstante, tan sólo cuestión de unos segundos, pues, al instante, el semblante de Aníbal se tornó adusto y grave, preocupado pero con un remanente de rebeldía, unas gotas de resistencia que alimentaban el ánimo más allá de la deseperación y el agotamiento. Cuando Aníbal empezó a hablar, Maharbal entendió mejor que en ningún otro momento de su vida junto a aquel hombre, por qué Aníbal era quien era, por qué la todopoderosa Roma había estado de rodillas ante él y por qué aún no había nada decidido.

—Hemos perdido una batalla, Maharbal, no la guerra. Los romanos están satisfechos. Es lógico. Ha sido una gran victoria para ellos y una terrible y especialmente dolorosa derrota para nosotros, para mí, pero a medida que el tiempo dilate nuestra retirada, cada día que pase en el que permanezcamos en Italia será un día más que sumar a la angustia desbordada que ya han vivido los romanos. La angustia acumulada produce efectos devastadores. Asdrúbal ha caído, eso es cierto, pero queda Magón en Hispania; incluso queda el ambicioso Giscón. Aún quedan generales y recursos. Aún queda guerra. Los romanos han conseguido alargar la lucha, pero están impacientes por concluir la pugna. A diferencia de ellos, yo ya no tengo prisa alguna. Antes sí. Hubo un momento en que pensé que una guerra rápida sería lo mejor, pero ahora el tiempo, la prolongación de la guerra, juega a nuestro favor. Buscaremos un refugio en el sur y una vez más esperaremos refuerzos, asestando golpes aquí y allá. Mientras la guerra sea en sus tierras, son éstas las que se quedan baldías, son sus granjas las que esquilmamos, son sus ciudades las que sufren los asedios, son sus aliados los que deben decidir a cada momento si siguen leales o ceden a nuestros ataques. —Aníbal había hablado como un torrente. Se frenó un segundo y respiró un par de veces antes de continuar—. Además, yo creo que sí hemos aprendido de las palabras de esos hombres algo más allá de la intención de Nerón.

Maharbal no dijo nada pero abrió los ojos inquisitivo. Su general no dudó en complacer su curiosidad.

—Ahora, sólo ahora, Maharbal, sabemos, sé que no fue Nerón quien ideó la decapitación de mi hermano. No, no me mires con ese gesto de incredulidad. Sé lo que piensas: que Nerón estaba resentido contra mi hermano porque éste se le escapó de aquel desfiladero en Hispania, es cierto, es posible, pero si un hombre se deja llevar por su resentimiento actúa al momento; si Nerón hubiera sido el que quería humillar y vejar el cuerpo de mi hermano habría cortado la cabeza de Asdrúbal nada más localizar su cadáver. Pero ahora sabemos que no fue así, sabemos que pasó un día entero y que sólo después de que llegaran mensajeros de Roma se actuó en ese sentido. Alguien, Maharbal, alquien ordenó a Claudio Nerón, cónsul de Roma, que cortaran la cabeza de mi hermano y que la arrojaran contra nuestro campamento en Canusium.

Maharbal empezó a asentir, pero en su faz todavía se leía cierta duda.

—¿Pero quién puede dar órdenes a un cónsul? —preguntó Maharbal—, ¿el Senado?

—Podría ser... podría ser... a un cónsul cualquiera, en un momento difícil, es posible, pero no a un cónsul que acaba de conseguir una enorme victoria. No, sólo hay un hombre en Roma con el ascendente suficiente para poder ordenar una felonía tan humillante como decapitar a un general enemigo y catapultar su cabeza para que la vea su hermano. Sólo alguien que ha sido cónsul en multitud de ocasiones e into en lugar de en Tarraco. No era querido en el frente. Publio prescindía una y otra vez de sus servicios y, tal y como se desarrollaban los acontecimientos, con las brillantes victorias de Lucio, el hermano del general, y de Silano, el nuevo tribuno incorporado a las tropas de Hispania con los refuerzos que Lucio sí pudo conseguir, estaba claro que el general no precisaba de su ayuda para nada. Era curioso. Aquello desmontaba por completo el argumento que Fabio Máximo utilizara para intentar quebrar su lealtad a los Escipiones. Máximo insistió una y otra vez en que las grandes victorias de Publio se debían a su intervención, como el rescate de su padre en Tesino o la toma de Cartago Nova, pero Lelio había analizado las cosas desde aquella conversación con el viejo cónsul y senador de Roma. No, Publio era el auténtico estratega y no necesitaba ni de su ayuda ni de la de nadie. Publio sólo precisaba de tropas y de oficiales leales. Con eso conseguiría todos sus objetivos. Seguramente por eso Máximo le temía tanto. Quedaba la nueva campaña de la próxima primavera. Publio buscaba un enfrentamiento definitivo con las tropas de Giscón y Magón. Tenía prisa por salir de Hispania. Lo presentía. Publio seguía hechizado con su idea, con la idea de su padre y de su tío de llevar la guerra a África. Una locura según todos. Él... él mismo ya no sabía qué pensar. Publio se había mostrado acertado en muchas cosas. Quizá también tuviera razón en eso. Quizá no y, si así fuera, conduciría a la muerte, a la aniquilación total, a cuantos le siguieran y, si esa circunstancia se daba, él estaría allí, en los barcos que navegaran hacia África, siempre siguiendo a Publio, siempre con él. Netikerty se movió. Se estiraba para tomar una manta y tapar su cuerpo desnudo. Aquello le distrajo. Netikerty. La dulce Netikerty. Había estado haciendo el amor con ella toda la tarde. Estaba exhausto. Netikerty era lo único que le quedaba en la vida que le daba fuerzas. Nunca pensó que padecería tanto con el distanciamiento de Publio, pero le dolía hasta el infinito. Él sólo quiso manifestar que dejar pasar a Asdrúbal Barca hacia la Galia era un error y que el Senado lo usaría contra el propio Publio. Era cierto que cuando lo dijo había bebido demasiado y que se puso en contra del propio Publio en público, delante del resto de los tribunos, centuriones y legionarios. Ahora, todo aquello estaba superado por los recientes acontecimientos: con Asdrúbal Barca muerto, que Escipión le hubiera dejado pasar ya no parecía tan importante. Fue un error enfrentarse a Publio en público, pero el general ni siquiera vino luego a interesarse por él. Nunca. Desde entonces sólo distanciamiento. Había pensado en disculparse él, pero su orgullo se lo impedía y parecía que Publio tenía a su vez el orgullo de los patricios. Ahora, irónicamente, estaba condenado a defender la vida de alguien que apenas le hablaba, de alguien que ya no contaba con él para nada de auténtico valor. *Voti damnatus, voti condemnatus.* Y lo más curioso de todo es que ahora, lo único que le congraciaba con la vida, la dulce, hermosa y siempre dispuesta Netikerty, era algo que le había proporcionado Quinto Fabio Máximo.

Libro IV

LA CONQUISTA DE HISPANIA

206 a.C.

Fortunam insanam esse et caecam et brutam perhibent philosophi
Saxoque instare in globoso praedicant volubilei,
Quia quo id saxum impulerit fors, eo cadere Fortunam autumant,
Insanam autem aiunt, quia atrox, incerta instabilisque sit,
Caecam ob eam rem esse iterant quia nil cernat quo sese adplicet;
Brutam quia dignum atque indignum nequeat internoscere.

MARCO PACUVIO

[La diosa Fortuna es loca, ciega, irracional, dicen los filósofos.
Nos la presentan encima de un globo pétreo móvil; dicen que viene a
caer allí donde el azar impele al globo de piedra.
Dicen que es loca porque es cruel, incierta y mudable; añaden además
que es ciega porque no ve adonde se dirige; irracional porque
no sabe distinguir al que es digno del que es indigno de ella.]*

---

* De la tragedia *Paulo* del escritor Marco Pacuvio, contemporáneo de Escipión el
Africano; traducción de Manuel Segura Moreno, ligeramente modificada por el autor
de esta novela. Texto recogido en Manuel Segura Moreno (1989), *Épica y tragedias arcaicas latinas*, Granada, Universidad de Granada.

31

Ilipa

Campamento general romano

Faltaban aún dos horas para el amanecer, pero Publio Cornelio Escipión ya había desayunado y sus hombres debían de estar terminando. El general observaba el movimiento de los legionarios yendo y viniendo con los preparativos que había ordenado. Lelio no estaba con ellos. Una vez más había dispuesto otra tarea para él: entrevistarse con el rey Sífax de Numidia, mientras él y Silano reclutaban tropas iberas en ruta hacia al sur para enfrentarse a Giscón; pero el encargo de entrevistarse con Sífax era una misión importante aunque la mirada de decepción con la que Lelio recibió aquella orden mostraba a las claras que el veterano tribuno no lo percibía así. Publio quería ir preparando el camino para la guerra en África. Puede que Giscón le derrotara aquella mañana, pero si no era así y él vencía, tenía que ir poniendo en marcha todas las alianzas necesarias en África. Luego, con el seguro enfrentamiento en el Senado de Roma, no tendría ni el tiempo ni las manos tan libres para establecer esas negociaciones. Los dioses decidirían al final del camino si estaba acertado o equivocado.

Publio sostenía aún su cuenco donde había terminado su doble ración de gachas de trigo con leche de cabra. También había tomado carne de jabalí seca y queso y pan y había sido meticuloso en dar instrucciones para que todos, desde los tribunos hasta el último de los legionarios de la infantería ligera, comiera un desayuno similar. Necesitaba hombres fuertes y bien nutridos, en especial aquel día. Llevaban una semana en aquellas lomas que los iberos de la región denominaban Pelagatos, acampados frente al cuartel general de las tropas cartaginesas concentradas por Giscón en las proximidades de Ilipa. Varios días en los que no pasaba nada que pudiera hacer avanzar la contienda de Hispania. A media mañana, Publio hacía salir a sus soldados, con las legiones en el centro y los aliados iberos en las alas y, como respuesta, Giscón hacía salir a sus soldados púnicos, también en el centro, y en las alas sus mercenarios hispanos. Ambos generales situaban sus respectivas fuerzas de caballería detrás de la infantería de cada ala, y a esto Giscón añadía unos pocos elefantes, insuficientes para desequilibrar un posible combate, en ambos extremos de su formación, pero luego no pasaba nada. Los ejércitos permanecían el uno frente al otro durante el resto del día sin que ocurriera nada. Eso iba a cambiar con el nuevo amanecer. Los legionarios estaban terminando el desayuno y empezaban a salir hacia el exterior del campamento. Primero cada manípulo formaba en la calle central o *principia*, justo frente al gran *praetorium*, bajo la atenta mirada de su general, para luego girar noventa grados hacia la derecha y encaminarse hacia la *porta principalis dextera*. Escipión había conseguido reunir unos cuarenta y cinco mil hombres, al sumarse a sus cuatro legiones diversos contingentes de tropas iberas, en su mayoría guerreros de infantería, pero también un regimiento de quinientos jinetes hispanos. Sin embargo, los cartagineses habían podido sumar hasta setenta mil hombres al reunir las tropas de Giscón junto con las nuevas levas llegadas de África y un elevado número de hispanos llegados de todas aquellas poblaciones donde el poder púnico aún ejercía una notable influencia, muchos procedentes de Cástulo.

Publio estiró su mano y un *calon* le retiró el cuenco vació y lo sustituyó por un cáliz de plata lleno de agua fresca. Nada de vino o *mulsum*. Eso llegaría a la noche si es que sobrevivían a lo que debía acontecer aquel día. Silano y Marcio llegaron, cada uno desde un extremo opuesto del campamento. Marcio fue el primero en informar al general.

—Todo estará dispuesto en poco tiempo. Los iberos ya han salido y las legiones lo están haciendo ahora. ¿Es seguro lo del cambio en la formación, mi general?

Publio asintió dos veces, con seguridad, y luego subrayó su voluntad con palabras.

—Atacaremos primero y atacaremos con una formación diferente a la que esperan. Llevaremos la iniciativa dos veces. Son más. Hemos de ser mejores, más fuertes, más inteligentes. Y estoy cansado de esperar. Vamos allá. —Y echó andar hacia la *porta principalis dextera* sin esperar respuesta alguna. Silano y Marcio se miraron levantando ambos las cejas y, sin dudarlo, siguieron a su general. A medio camino entre el *praetorium* y la *porta principalis*, Publio retomó la palabra.

—Yo dirigiré el ataque desde el ala derecha; vosotros conduciréis el ala izquierda y los iberos del centro serán dirigidos por sus jefes. Desde el centro, les resultará difícil abandonar la formación y huir. Por si acaso he ordenado a la caballería que vigile que no retrocedan. —Publio vivía con temor la reacción de los aliados iberos. El abandono de éstos en los ejércitos que comandaban su padre y su tío años atrás fue el factor decisivo que terminó con ellos muertos sobre las praderas de Hispania. Por eso los quería ahora en el centro, donde no pudieran escapar con facilidad. La clave, sin embargo, estaba en las alas. Siguió explicándose—. Les envolveremos. Hemos de doblegar sus flancos.

Campamento general cartaginés

Con la primera luz del amanecer, el general Giscón salió de su tienda. Hacía algo de fresco y se veía alguna nube oscura en el horizonte, pero en aquella parte del mundo aquello podía significar cualquier cosa. Igual podía llover torrencialmente durante horas, como despejar a lo largo de la mañana y hacer un sol radiante. Era un clima extraño el de aquel país. En las hogueras próximas a su tienda veía cómo se estaba calentado comida para el desayuno que aún no se había empezado a distribuir. No había prisa. Hasta el mediodía el romano no desplegaba sus tropas. Tenía sed.

—Traed agua —dijo, mientras un esclavo le traía su coraza y otro se situaba a su espalda para ayudarle a ajustarla bien al pecho anudando con firmeza las correas, cuando desde el ala este del campamento llegó un soldado corriendo a toda velocidad. Se detuvo en seco frente a él y entre grandes aspavientos para recuperar el resuello anunció su mensaje.

—Mi general... los romanos... todos... han formado ya... las cuatro legiones y sus aliados... y avanzan... avanzan hacia nuestro campamento en formación de ataque. Están a sólo cinco mil pasos...

Giscón abrió bien los ojos. Se zafó del esclavo que seguía ajustando las cinchas de su coraza y rechazó el agua que le ofrecía otro sirviente.

—¿Estás seguro?

—Sí, mi general. Todos sus hombres... y avanzan hacia nosotros. Es un ataque en toda regla.

Giscón salió en dirección a la empalizada del campamento cartaginés y a buen paso, en menos de un minuto, se encaramó a lo alto de la fortificación. Allí se topó con Magón Barca, quien advertido por sus propios oficiales, había acudido al igual que él, a comprobar que los romanos estaban realmente lanzando un ataque en toda regla. El soldado no había exagerado. Allí, ante los ojos de ambos generales púnicos, a menos de cinco mil pasos, en una progresión lenta pero constante, avanzaban todas las legiones de Roma desplazadas a Hispania. Giscón se pasó el dorso de su mano por sus labios resecos de la noche y, sin bajar de la fortificación y sin consultar a Magón, se dirigió a sus oficiales que se habían congregado a sus pies, debajo de la empalizada, en la parte interior del campamento.

—¡Que salga todo el ejército! ¡Ya! ¡Ya! ¡Por Baal, no tenemos un minuto que perder o no podremos ni usar los elefantes y la caballería! ¡Sacadlos a todos ya! —terminó gritando y levantando sus brazos. Los oficiales de Giscón desaparecieron y el campamento cartaginés se transformó en un torbellino de ir y venir de hombres y bestias.

Magón le cogió por el brazo y apretó con fuerza. Algunos de los oficiales leales a Magón dudaban en cumplir las órdenes de Giscón sin recibir confirmación del más joven de los Barca, y más aún ante la actitud tensa de su jefe que, en voz baja, discutía con Giscón.

—La formación romana no es la habitual —dijo Magón—. No sabemos lo que está planeando el general romano. Quiere que salgamos. Es mejor quedarse. Defendiendo el campamento desgastaremos sus tropas. Se retirarán y mañana tendremos oportunidad de atacarles sin haber sufrido apenas bajas.

Giscón negaba con rotundidad sacudiendo la cabeza con furia. Si por él fuera, habría arrojado a Magón Barca por encima de la empalizada. Dos razones de peso le hacían controlar sus impulsos: no estaba bien dar una imagen de división ante las tropas y, aunque le dolía admitirlo, no tenía claro que fuera capaz de realizar semejante empresa; no parecía fácil doblegar al joven Magón Barca, el pequeño de los hermanos de Aníbal.

Magón veía cómo era imposible razonar con aquel ofuscado Giscón. Apretó los dientes y, mirando a los oficiales que aún dudaban qué hacer, asintió una sola vez, con claridad y decisión. Lo único que compartía Magón con Giscón era la seguridad de que no podían dar órdenes contradictorias, no podían sacar medio ejército y dejar medio dentro. Eso era suicida. Toda vez que Giscón había puesto en marcha la maquinaria del inmenso ejército cartaginés en Hispania, Magón ya no podía hacer otra cosa sino seguir la corriente y rogar a Baal por su ayuda en medio de aquella vorágine.

La salida del ejército de Giscón y Magón aquella mañana no fue ejemplar, pero sí efectiva. En poco menos de media hora todas las tropas estaban formadas frente al campamento. No tuvieron problemas durante su despliegue por dos motivos: porque formaron a sus tropas de la misma forma que los días anteriores, con los iberos en las alas y los africanos en el centro, sin introducir variaciones. Giscón aún no se había percatado con claridad del cambio en la formación romana al que había aludido Magón, donde las legiones estaban en las alas y los iberos en el centro; y, en segundo lugar, porque salieron a toda prisa sin ni siquiera perder tiempo en distribuir el alimento del desayuno. Además, para sorpresa de todos, el general romano ordenó detener el avance de las legiones cuando éstas se encontraban a tan sólo mil pasos de distancia, aun cuando podría haberse aprovechado del cierto desorden que aún reinaba entra la formación cartaginesa que no se había podido constituir aún en todas sus unidades. Una decisión la del romano que Giscón juzgó absurda pero que agradeció sobremanera. Los dioses cartagineses estaban con él aquella mañana. Así Giscón, en la retaguardia del centro de su gran ejército, sonreía entre confuso y satisfecho. Les habían intentado sorprender pero habían reaccionado con rapidez, pese a la estúpida duda de Magón, y, para mayor alegría, al final, en el momento clave, el general romano había tenido miedo y había detenido el ataque dando un respiro a sus hombres que ahora ya sí habían podido formar todas sus unidades y regimientos, dispuestos todos para la contienda. Aquel romano no sabía lo que hacía. Peor aún: no sabía ni lo que quería hacer. Igual ni siquiera habría combate. Giscón no tenía prisa alguna. Su ejército estaba muy bien abastecido y los lugares de aprovisionamiento eran ciudades cercanas amigas a su causa, mientras que el ejército romano combatía lejos de su área de mayor influencia, al norte del Ebro, y, si se dilataba la espera antes del gran combate, sus líneas de aprovisionamiento se debilitarían por la larga distancia entre Ilipa y Tarraco. Por eso Giscón no pensaba tomar la iniciativa. Sólo le fastidiaba no haber podido desayunar. La noche anterior cenó mal y bebió algo de más y un buen desayuno siempre le ponía el cuerpo a tono, pero aquello eran minucias que se solventarían en unas horas, cuando el romano volviera a retirar sus tropas, como ayer, como anteayer y como todos los días que habían precedido a aquella mañana.

Ala izquierda del ejército romano

Llevaban una hora en formación de ataque. Silano y Marcio se miraban de cuando en cuando y no decían nada. Volvían entonces sus ojos al otro extremo del ejército, en busca de la figura del general. Éste permanecía quieto, impasible, sin dar la orden de ataque. Ambos tribunos esperaron con paciencia media hora más antes de que Silano se atreviera a plantear una pregunta a Marcio. Silano dudaba porque era un recién llegado; sólo llevaba una campaña bajo el mando del joven general Escipión, mientras que Marcio había luchado varios años primero bajo las órdenes del padre y el tío del nuevo general y luego había estado a su lado en la toma de Cartago Nova y en la victoria de Baecula. Silano temía que su pregunta pareciera inoportuna o fruto de la inexperiencia.

—¿A qué esperamos?

Lucio Marcio Septimio se volvió hacia Silano, le miró un segundo sin decir nada, luego se giró hacia el general y de nuevo miró a Silano.

—No lo sé —dijo Marcio.

Y es que ninguno de los dos tribunos terminaba de entender bien a qué venía tanta prisa para levantarse si luego, una vez todos dispuestos, el general había detenido el avance, dando así tiempo a los cartagineses a ponerse en formación, para terminar luego permaneciendo, como cualquier otro día, allí, detenidos, como pasmarotes.

Pasó una hora más. Dos horas. Tres horas. Cuatro horas. Silano y Marcio dieron orden de que se distribuyera agua con frecuencia entre los hombres. El sol del mediodía caía de plano. Fue entonces Marcio el que tomó la iniciativa y se dirigió a Silano mientras montaba en un caballo que había mandado traer.

—Voy un momento a hablar con el general. Voy a preguntarle qué espera para atacar.

Silano asintió.

Retaguardia del ejército cartaginés. Alto mando púnico

Asdrúbal Giscón se quitó el casco y dejó que el aire envolviera su cabeza, pero el viento estaba detenido y el sol pegaba con tal fuerza que chorreaba sudor por los cuatro costados de su ser. Era desagradable aquella espera. Para no hacer nada sería más lógico que el romano hubiera salido al mediodía a formar su ejército y no hacer ese avance que parecía un ataque antes del amanecer. Definitivamente aquel general romano no sabía cómo llevar una guerra. Aquél era un día de sufrimiento inútil para todos.

Ala derecha del ejécito romano

Marcio desmontó de su caballo en cuanto llegó a la altura del general. Lucio Marcio estaba sudoroso, como todos, y cubierto por el polvo que su montura había levantado al galopar. Publio Cornelio Escipión no pareció sorprendido de su llegada.

—Mi general —preguntó Marcio—, por todos los dioses, y con el debido respeto, ¿a qué estamos esperando?

El joven Publio le miró y le respondió con concisión.

—A que tengan hambre. —Y señaló a los cartagineses.

Marcio empezó a comprender. Asintió despacio, pero aún tenía dudas.

—Pero, mi general, nuestros hombres también llevan horas sin probar bocado...

—Es cierto —le interrumpió el general de forma tajante—, pero ¿cómo está tu estómago, tribuno?, ¿realmente estás muerto de hambre o puedes aguantar?

—Puedo aguantar, general, y supongo que el resto de los hombres también.

—Bien, porque ellos llevan desde la noche anterior sin comer nada y el sol es igual de implacable para todos. Pronto empezarán a querer distribuir comida. Entonces atacaremos con todo lo que tenemos. Ataque frontal con los iberos y con las legiones haremos una maniobra envolvente. Quiero rodearlos. Sus elefantes son pocos y los han puesto en los extremos, rodeados de iberos que les tienen tanto o más miedo que nosotros. Nuestras legiones, con el apoyo de la caballería, deberán acabar con elefantes e iberos. Ésas son las órdenes.

Marcio se llevó el puño derecho cerrado al pecho.

—Sí, mi general.

Retaguardia del ejército cartaginés. Alto mando púnico

Magón Barca llegó junto al general Giscón y le propuso repartir comida entre los hombres.

—Llevan demasiadas horas sin comer. Si hay combate estarán agotados —dijo con aire de preocupación.

Giscón no odiaba nada tanto como tener que dar la razón a un miembro de la familia de los Barca, pero el hermano pequeño de Aníbal tenía razón, así que asintió sin decir nada. Magón partió para poner en marcha el avituallamiento de las tropas. A los pocos minutos se abrían las puertas del campamento general cartaginés para que esclavos y siervos de los púnicos llevaran cestas con comida a las diferentes unidades diseminadas por la llanura. Los soldados se alegraron al ver llegar los primeros cestos con pan, carne seca, queso y algunas frutas, pero apenas habían iniciado las unidades de la última línea a hincar el diente en algún pequeño pedazo de pan cuando las cuatro legiones de Roma y sus aliados iberos empezaron a avanzar de nuevo, a buen paso, haciendo que sus espadas golpearan los escudos hasta transformar todo el valle en un ensordecedor trueno de ruido y alaridos de guerra.

Asdrúbal Giscón montó en un caballo y ordenó que se interrumpiera el reparto de comida. No había ya tiempo para eso.

—¡Al ataque! ¡Avanzad! —aulló con todas sus fuerzas; sabía que éste era el choque definitivo; eran más, casi doblaban en número a los romanos. Acabarían con ellos—. ¡Por Baal, por Cartago! ¡Al ataque! ¡Exterminadlos! ¡Que no quede un romano vivo en toda la región!

Ala derecha del ejército romano. Vanguardia

Quinto Terebelio comandaba a los *triari* de la tercera línea de combate. Éstos permanecían inactivos mientras los *hastati* de primera línea arremetían contra el gigantesco tumulto de iberos, acompañados de unos quince elefantes, que se les echaba encima, pero los hispanos no estaban acostumbrados a combatir con aquellas bestias entre sus filas y, en ocasiones, entorpecían los movimientos de los paquidermos, anticipándose a ellos, interponiéndose en su camino, o los confundían con su mar de voces guerreras que inundaba todo lo que les rodeaba con la pretensión de infundir temor entre sus enemigos. El resultado era que para cuando los iberos al servicio de los cartagineses llegaban a confrontarse con los *hastati*, los hispanos de Cartago debían luchar a un tiempo contra los romanos y contra alguno de los elefantes que, en su locura, se había vuelto contra ellos. Por el contrario, los elefantes que sí habían alcanzado a los romanos antes de que se les interpusieran los iberos eran recibidos con diferentes andanadas de armas arrojadizas de todo tipo y, si bien alguno de los elefantes embistió a varios manípulos de la formación romana, en su mayoría fueron repelidos y puestos en fuga con dirección hacia los iberos del ejército púnico. Al cabo de media hora, todos los elefantes habían perecido, unos a manos de los romanos y otros por las lanzas de los mercenarios cartagineses que se defendían de aquellas bestias que no hacían más que impedirles combatir contra las legiones de Roma.

Retaguardia romana, ala derecha

Publio observó cómo se había conjurado el peligro de los dos pequeños grupos de elefantes, no sólo por la confusión de los animales al ser ubicados por Giscón entre los inexpertos iberos, en lugar de con la experimentada falange africana del centro, donde habrían sido más hostiles y operativos, sino porque, además, el terreno en los extremos de la formación de ambos ejércitos era más abrupto y, en consecuencia, menos conveniente para los propios elefantes. Otra cosa hubiera sido si Giscón hubiese dispuesto no de unos venticinco elefantes, sino de cincuenta o sesenta pero, pese a aquella victoria parcial, el enemigo aún le superaba en número y los *hastati* habían sufrido ya mucho en aquel choque inicial. Publio hizo una señal con su mano derecha a sus oficales.

—Que entren en combate los *principes* —dijo, con serenidad, sin gritar. Las trompas y tubas de las legiones empezaron a sonar y el general vio cómo en el campo de batalla, sus manípulos obedecían con férrea disciplina, retirándose los *hastati* y dejando que las unidades de *principes* los reemplazaran. De ese modo, los soldados que recibían a los iberos de Cartago, que aún estaban aturdidos por el fiasco de los elefantes, eran legionarios frescos y, también, mejor alimentados en las últimas horas que los propios iberos, a quienes los estómagos vacíos empezaban a crujirles en las entrañas. El general dio una orden más.

—Que la infantería ligera de ambas alas rodee al enemigo y ascienda por los extremos apoyados por la caballería. Quiero que empiecen a atacar a esos iberos por los flancos.

Ala izquierda del ejército púnico

Los iberos de Cartago estaban hambrientos, sin embargo, tenían un orgullo guerrero que les hacía combatir con furia; pero los romanos iban sustituyendo las unidades de primera línea por nuevas unidades de refresco de forma continuada, mientras que ellos se veían obligados a combatir a destajo sin una organización similar que les permitiera intercambiarse unos por otros. En su lugar, los iberos de primera línea combatían hasta la extenuación o, en muchos casos, hasta que caían heridos por el enemigo, y entonces eran reemplazados por los que estaban detrás. No era un sistema tan eficaz como el romano, pero aun así podrían haber mantenido las posiciones durante mucho tiempo de no ser porque por su flanco izquierdo llegaron nuevas tropas del enemigo, respaldados por una poderosa carga de la caballería romana. Las bajas en aquel extremo fueron incontables y la confusión inicial entre los iberos sobre el resultado final de aquella batalla empezó a tornarse en profundo temor.

Centro de la batalla. Retaguardia cartaginesa

Giscón contemplaba cómo su bien organizada falange africana contenía a los aliados hispanos de los romanos, aunque aquéllos tampoco cedían demasiado terreno. En cualquier caso estaba satisfecho. Con los iberos siempre era así: resistían una o dos horas y luego empezaban a ceder terreno. Era cuestión de tiempo. Un jinete, escoltado por varios númidas, se acercó hacia la posición del alto mando. Giscón reconoció la inconfudile silueta de uno de los Barca sobre aquel caballo y sabía que si había abandonado su posición en una de las alas de la formación era porque traía malas noticias.

Magón desmontó de su caballo y se dirigió con vehemencia hacia Giscón.

—Hay que replegarse al campamento y atrincherarse allí. Las alas ceden. Los romanos nos sobrepasan por ambos flancos. Algunos iberos comienzan a huir del campo de batalla. Si nos replegamos los mantendremos con nosotros, pero si no, corremos el riesgo de una desbandada general.

Giscón le escuchó sin mirarle, concentrado como estaba en contemplar cómo su falange africana mantenía bien el tipo en el corazón de la batalla. Magón comprendió que Giscón estaba ofuscado.

—¡Lo que tienes delante de tus ojos es sólo un espejismo! —le gritó Magón—. ¡La batalla se está decidiendo en las alas, pero, por Baal, aún podemos evitar el desastre y dejarlo todo en un desenlace confuso! ¡Además, nuestros hombres, incluidos la falange, empezarán a dar signos de agotamiento por la falta de comida antes que los suyos! ¡Hay que retirarse!

Giscón se resistía a dar su brazo a torcer, pero los dioses iban a decidir por ellos. El cielo, que en la última hora de aquella tarde se había ido llenando de nubes, se rasgó en sus entrañas con un potente trueno que estalló encima de cartagineses, númidas, iberos y romanos, ajeno a sus pasiones, a sus odios y a su guerra. El agua se desparramó sobre guerreros y caballos, sobre heridos y cadáveres como un torrente inundándolo todo en cuestión de minutos.

Ala derecha romana. Alto mando

Publio Cornelio Escipión estaba calado hasta los huesos. Con una mano protegiéndose los ojos, apenas si alcanzaba a ver cómo las unidades de primera línea pugnaban por continuar con el combate en medio del fango mezclado con agua y sangre que lo empapaba todo y en donde las sandalias de los legionarios se hundían dificultándoles toda maniobra útil. En los extremos, los caballos, molestos por la intensa lluvia, perdían reflejos y resultaban menos combativos. Publio levantó la cabeza. Quería ver el cielo, buscar si había claros, pero ni tan siquiera pudo abrir los ojos de tanta agua como caía sobre él. Aquello no era lluvia, sino un diluvio brutal. Publio apretó los dientes con rabia. Suspiró y dio una patada en el suelo. Levantó su brazo derecho y *bucinatores* y *tubicines* tocaron retirada general. La victoria absoluta había estado tan cerca, tan cerca. No era momento para aflojar. Se retirarían al campamento y atacarían de nuevo en cuanto escampara.

32

La retirada de Giscón

Ilipa, primavera del 206 a.C.

Los romanos, tras la obligada retirada que forzó aquel gigantesco aguacero, no cejaban en su empeño y atacaban a diario y, sin dejar tiempo para el descanso, por la noche lanzaban flechas incendiarias que mantenían a todos los cartagineses e iberos del campamento de Giscón ocupados en apagar los fuegos que prendían por todas partes. Ése era el modo en el que llevaban luchando varios días. Los cartagineses estaban agotados, pero no vencidos. Giscón tenía que admitir que Magón había supervisado con notable éxito el refuerzo de las fortificaciones del campamento, lo que, unido a la posición en alto en la que estaba levantado, hacía del mismo una plaza difícil de conquistar; no obstante, los ánimos entre los mercenarios hispanos estaban calientes y las dudas impregnaban sus corazones siempre vacilantes.

Magón Barca entró en la tienda del general Giscón con aire cansado por las tareas interminables de defensa. Giscón le invitó a sentarse en una silla frente a él. Magón aceptó de la misma forma en la que aceptó el agua que le ofrecía un esclavo. Saciada su sed, empezó a hablar.

—La situación no es buena, Giscón, pero el problema no es ése; podemos aguantar así unos cuantos días, quizá semanas. Tenemos suministros abundantes. El problema es que irá a peor. Los iberos están recelosos. Han empezado las deserciones. De momento en pequeña escala, pero cada vez temo más que amanezca un día y que miles de ellos nos hayan dejado solos. En el campamento corre el rumor de que el general romano perdona a todos los iberos que nos abandonan.

—¿Y qué quieres que hagamos?

—Atacar ahora que aún están con nosotros —respondió Magón rápido.

—Cuando ordené el ataque te oponías, querías que nos mantuviéramos en las fortificaciones, y ahora que estamos dentro, quieres atacar —espetó Giscón desairado.

—Sí, está claro que tú y yo no compartimos cuál es el momento para el ataque y cuál es mejor para defenderse.

Tras el último comentario de Magón el silencio se apoderó de la estancia. El viento soplaba y agitaba la tela de las paredes de la tienda. En el exterior se oían algunos gritos. Había anochecido y los romanos volvían a arrojar flechas que prendían en diferentes puntos del campamento.

—Creo que es mejor que te ocupes de las tareas de defensa —dijo al fin Giscón— y que me dejes a mí la estrategia.

Magón sonrió con desprecio al tiempo que negaba con la cabeza. Se levantó y salió sin decir nada. Giscón se quedó a solas engullendo el menosprecio de su colega en el mando. No podía matarlo porque era un Barca y Aníbal era aún muy poderoso, pero en aquel momento se juró a sí mismo que si la guerra no acababa con aquel joven orgulloso bárquida, sería él quien maquinaría su muerte.

Giscón se levantó a su vez y salió de la tienda. Al salir se le unieron un pequeño grupo de guerreros africanos, su escolta personal, que lo acompañaron en su paseo por un agitado campamento donde brotaban pequeños incendios en distintos lugares mientras centenares de soldados corrían de un lugar a otro dando voces. Aquello era un desatino. Los romanos estaban jugando a volverlos locos y por Baal que iban por el buen camino. Giscón pasó por delante de la vigilada tienda de Imilce pero pasó de largo y continuó caminando unos pasos más hasta plantarse frente a la puerta de la tienda de su hija. Los guardias de la misma le apartaron la cortina de acceso y el general entró en el interior. Sofonisba estaba en una esquina entretenida en leer, a la luz de varias velas, un rollo que parecía escrito en caracteres griegos.

—¿Qué haces? —preguntó su padre mientras se sentaba en una pequeña butaca en el otro extremo de la tienda.

Sofonisba respondió sin mirarle, sin apartar sus hermosos grandes ojos negros del rollo que sostenían sus manos.

—Leo... una comedia de Aristófanes... sobre cómo unas mujeres son capaces de detener una guerra...

Su padre hizo una mueca de desdén que no pasó desapercibida para Sofonisba. La muchacha apartó el rollo y lo depositó sobre el suelo.

—Estoy de acuerdo contigo, padre, en que es una tontería —dijo sonriendo de forma malévola—. Sería mucho más entretenido si esas mujeres manipularan para iniciar una guerra.

Giscón había hecho aquel gesto de desprecio porque no entendía qué utilidad podía tener la lectura de viejos rollos en lenguas extrañas, aunque toleraba aquellas extravagancias de su hija porque la mantenían alejada de pasearse por el campamento exhibiéndose tentadora a los ojos de todos sus hombres. Sofonisba continuó hablando.

—Aunque, padre, con todo ese tumulto constante ahí fuera, es difícil poder leer con tranquilidad.

Giscón se encogió de hombros. Su hija sabía que aquel gesto no era de indiferencia, sino de impotencia. La joven frunció un suave ceño entre sus depiladas cejas y apretó los carnosos labios antes de volver a separarlos para hablar.

—Los iberos nos van a abandonar, padre. Lo leo en sus ojos cuando pasan por delante de mi tienda. Es duro lo que voy a decirte, padre, pero has perdido la guerra en Iberia. ¿Quieres que te diga lo que yo haría?

Su padre asintió despacio.

—Yo me escaparía con el ejército africano, el más capaz, el más leal a ti y, bueno, los iberos que aún quieran seguirnos... siempre hará falta carnaza para ir entregando a ese romano..., pero lo esencial, padre, es que debemos regresar a Gades y abandonar este país. Hay que preparar África para que cuando la guerra llegue allí, estemos en posición de ganarla. El general romano está envalentonado, pero África no será Hispania, no si consigues, si conseguimos a Sífax y los sesenta mil hombres de su ejército númida. Con Sífax a tu lado, el Senado te respetará, ganarás la guerra allí en África, Cartago te reconocerá como su mayor general, podremos reconquistar Iberia y, bien... yo seré reina de Numidia.

Su padre la miraba entre incrédulo y atónito. Era duro, como había dicho ella, aceptar que todo se había perdido en Iberia pero, en el fondo de su ánimo, estaba de acuerdo. Y siempre era mejor una huida ordenada y a tiempo que ser lentamente aniquilado por el enemigo. Asdrúbal Barca optó por la huida tras Baecula y fue capaz de recomponer un gran ejército y poner en peligro a Roma, aunque finalmente la incapacidad de poder comunicarse entre él y Aníbal le llevó a la muerte. Él podía optar por una retirada similar y recomponer su ejército no en el norte de Liguria y la Galia como hizo Asdrúbal, sino en África, con el superpoderoso Sífax. Quedaban, no obstante, un par de cabos sueltos.

—¿Y Magón? ¿Y Masinisa? —preguntó Giscón.

Sofonisba no tenía dudas.

—Llévalos contigo. No hay que confesarles todo lo que tenemos planeado, pero a los enemigos es mejor tenerlos cerca. Así siempre sabes lo que van a hacer.

Cuando Publio Cornelio Escipión fue informado de que Giscón abandonaba el campamento con el ejército que aún poseía, no tuvo dudas y, al contrario que en Baecula, ordenó la persecución de las tropas enemigas. Desde el *praetorium* dio las primeras instrucciones de forma apresurada, pero no eran órdenes que diera sin haber meditado. Llevaba días, desde que Giscón se encerrara en el campamento cartaginés, ponderando cuál debía ser su reacción en caso de que los púnicos intentaran replegarse en dirección a Gades.

—Que Silano tome el mando de la caballería y que ésta les acose y les salga al paso, que los entretenga —y mirando directamente a Silano—, debes hacer que el ejército cartaginés se detenga o que al menos ralentice su marcha para protegerse de las cargas de la caballería. Eso dará tiempo a las legiones. —Ahora miraba a Marcio, Terebelio, Digicio y Mario—. Avanzaremos a marchas forzadas para cogerles por la espalda y allí donde les encontremos, los masacraremos. Sin cuartel. Si la marcha dura días no levantaremos campamentos fijos por las noches sino que usaremos las tiendas pequeñas de campaña y antes del alba reemprenderemos la marcha para seguirles.

Todos asintieron. Los preparativos de la caza se pusieron en funcionamiento. Publio se quedó frente al *praetorium* con los brazos en jarras. Aquello no era Baecula: Giscón no era Asdrúbal, no tenía otros ejércitos que pudieran acudir en su ayuda, los iberos empezaban a estar más de parte romana... qué lástima que Lelio no estuviera allí para verlo todo.

33

La deserción de Masinisa

**Sur de Hispania,
primavera del 206 a.C.**

Sólo habían sobrevivido seis mil hombres a la gran masacre de la humillante retirada de Ilipa. Masinisa contemplaba el desfile de soldados cartagineses e iberos heridos ante su tienda y comprendía que aquello significaba el final del poder de Cartago en Hispania y quién sabe si el final de algo más. Ya lo había intuido durante la desastrosa planificación que Giscón había hecho durante la batalla antes de la gran tormenta, pero ahora ya no había dudas: estaba luchando en el bando perdedor. El general romano los había cercado. Les cortó el paso con su caballería y aunque él mismo, Masinisa, con sus valientes jinetes númidas les plantó cara, el cobarde de Giscón, en lugar de darles el apoyo necesario de la infantería africana, continuó con la huida dejándoles solos. Eso los sentenció a todos. Masinisa y sus jinetes contuvieron la caballería romana pero, cuando las legiones se incorporaron, no les quedó más remedio que retroceder y al hacerlo dejaron el camino expedito para que los romanos arremetieran contra la retaguardia del ejército cartaginés en fuga. Masinisa sacudía la cabeza. Giscón no sabía ni huir. El resto fue sangre, muerte, horror. Sólo habían sobrevivido seis mil hombres. Y las deserciones continuaban. Los pocos iberos que aún se encontraban entre las filas cartaginesas aprovechaban cualquier confusión para desvanecerse en pequeños grupos entre aquellas colinas que, a fin de cuentas, ellos conocían mucho mejor que sus aliados púnicos. Giscón y Magón se habían instalado en unos remontes encrespados en la confianza de que lo abrupto del terreno imposibilitara las maniobras de las legiones romanas que persistían en su persecución.

Frente a la tienda de Sofonisba sólo había un centinela. Las circunstancias habían obligado a Giscón a recurrir a sus más fieles para vigilar las deserciones, de modo que ahora sólo un soldado custodiaba la seguridad de la preciosa hija del general. Era un guerrero africano alto y fuerte que llevaba bajo las órdenes de Asdrúbal Giscón desde las primeras campañas de la conquista de Iberia, en aquellos ya lejanos tiempos cuando la presencia romana era del todo inexistente en la península. El guerrero estaba cansado y herido. El corte que tenía en la pierna derecha no era profundo, pero le hacía cojear cuando, para desentumecer los músculos, caminaba de un lado a otro frente a la tienda de la hija del general. Estaba cansado porque había combatido con energía durante la batalla, en Ilipa, luego había tenido que apagar fuegos durante varios días de asedio en el campamento y, para colmo, con las permanentes marchas forzadas para escapar de las legiones romanas, no había tenido tiempo de recuperarse. Decidió sentarse un momento, apoyando su espalda en uno de los postes de madera que sostenían la estructura de la tienda que vigilaba. Cerró los ojos un instante. No debía quedarse dormido. Eso era importante.

Sofonisba dormía un sueño suave. Tumbada boca arriba, sus brazos reposando a lo largo de las dulces curvas de su cuerpo, apenas tapado por una fina túnica de lana blanca, quedaban dibujadas las onduladas colinas de sus pechos. «Qué diferentes a los agrestes montes en los que se escondían», pensó Masinisa mientras se acercaba con el puñal aún ensangrentado goteando líquido oscuro y espeso sobre las pieles ditribuidas alrededor del lecho de la más hermosa de las jóvenes. Masinisa se arrodilló junto a Sofonisba y posó su mano izquierda sobre la boca de la joven apretando con fuerza. La muchacha abrió los ojos y fue a gritar, pero la mano de Masinisa era implacable y ni un sonido consiguió zafarse de aquella férrea presión. El rey en el exilio levantó despacio su mano derecha para que su presa viera el puñal manchado de sangre.

—Un solo grito, un gemido y te mataré —dijo Masinisa y, mirándola fijamente a los ojos, retiró con cuidado su mano de la boca de la muchacha, aunque lamentó dejar de sentir el contacto de la piel de aquellos carnosos labios en la piel de sus dedos gruesos de guerrero. Sofonisba se mantuvo en silencio y se acurrucó en la cabecera del lecho abrazando sus rodillas con sus largos brazos de tersa piel. Masinisa la miraba con deseo. Ella estaba aterrada, pero, por primera vez desde que dejara de ser niña, no sabía bien qué hacer. Aquel hombre estaba loco. Nadie nunca se había atrevido a atacarla. La joven comprendió entonces lo mal que debía de estar la situación del ejército de su padre para que alguien como Masinisa se atreviera a irrumpir por la fuerza en su tienda.

Masinisa miró a su alrededor y encontró lo que buscaba. Se levantó y tomó el brazalete de oro y rubíes que le había regalado a Sofonisba y que yacía sobre una pequeña mesita junto a la cama.

—Póntelo —dijo, y se quedó de cuclillas junto a la cama viendo cómo la muchacha, aterrada y confusa, estiraba la mano para coger el brazalete que le ofrecía su atacante. Sofonisba se puso la joya con la destreza de quien ha hecho ese mismo gesto en muchas ocasiones. Aquella práctica llenó de satisfacción al orgulloso númida. Eso no pasó desapercibido a la aturdida joven, pero aún no sabía bien qué hacer. Eso era lo que más rabia le daba. Estaba a solas con un hombre y no sabía cómo manejarlo.

—Estáis hechos el uno para el otro —comentó Masinina—; esa joya y tú. Las dos sois muy hermosas y las dos sois serpientes, pero aún no sé cuál de las dos es más venenosa, si tú o la cobra.

Sofonisba se aventuró a responder pero sin levantar la voz.

—¿Para eso has venido aquí?, ¿para insultarme? Te tenía por más hombre y por más ambicioso.

Masinisa, que hasta entonces se había mostrado lascivo pero afectuoso, transformó su faz en un horrible entrecejo de furia contenida.

—Crees que lo sabes todo y no sabes nada. —Y la cogió por el pelo y tirando brutalmente la sacó de la cama; la muchacha fue a gritar pero de nuevo se encontró una poderosa mano del guerrero númida tapándole la boca. Estaba de rodillas ante él, con la cabeza a la altura de sus pies, pero él no podía tener la daga, pues con una mano la sostenía por el pelo y con la otra le tapaba la boca. Sofonisba buscaba de reojo dónde había dejado su atacante el puñal ensangrentado.

—Sólo he venido a despedirme, preciosa hija del general Giscón —le dijo Masinisa escupiendo saliva y lascivia en sus oídos—. He venido a decirte que hoy estás de rodillas ante mí por la fuerza, pero llegará el día en que te arrodillarás ante mí por ti misma, en que tú me rogarás por ti, por tu vida, en el que me implorarás. Ese día llegará y ese día empezará el resto de tu vida. Crees que lo sabes todo y no sabes nada.

De un empujón la arrojó sobre la cama. Sofonisba fue a gritar, pero la puerta de la tienda se abrió. Otro númida, uno de los maessyli de Masinisa.

—Mi rey —dijo el nuevo guerrero dirigiéndose a Masinisa—, debemos partir ya. Se acercan soldados cartagineses, de Giscón.

—De acuerdo —respondió Masinisa, y sin mirar ya a Sofonisba le dio la espalda y se dirigió a la puerta. La muchacha vio en el suelo el puñal ensangrentado y como una gata saltó sobre él. Se levantó y se lanzó con toda su rabia y su ira para apuñalar el corazón del exiliado rey númida que la había insultado y humillado en su propia tienda, pero Masinisa, rey de los maessyli del nordeste de Numidia, tenía el instinto guerrero de los mejores luchadores de África y percibió el movimiento de su presa humillada, se revolvió, detuvo con su mano la mano de la muchacha que empuñaba la daga con furia, apretó entonces la tierna muñeca con tal fuerza que la joven abrió sus dedos y el arma cayó al suelo en un segundo. Masinisa tomó entonces a la preciosa hija del general Giscón, la arrimó con el brazo izquierdo contra su enorme cuerpo, y con la mano derecha estirando del pelo de Sofonisba, hizo que el rostro de la muchacha quedara descubierto, sin defensa, vulnerable, acercó su boca a la boca de la joven y la besó larga y apasionadamente y, contrariamente a lo que Masinisa había temido,

Sofonisba ni le mordió ni se mostró indiferente a aquel beso, sino que el cuerpo de la muchacha pareció erizarse, estremecerse con tal intensidad que, cuando ella se vio libre de aquel abrazo, se quedó de pie en medio de la tienda, quieta, con los ojos muy abiertos viendo cómo un sonriente Masinisa se escapaba por la puerta escoltado por dos de sus hombres.

Sofonisba tardó unos segundos en reponerse de lo que había pasado. Salió entonces de la tienda y vio cómo unos jinetes se alejaban por la izquierda en dirección al valle, alejándose de las posiciones del campamento, al tiempo que por la derecha se aproximaba un regimiento de soldados de su padre. De pronto sintió que chapoteaba. Miró al suelo y descubrió el cuerpo inerte del que hasta la fecha había sido uno de los fieles guardianes de su tienda, con el cuello seccionado y su sangre vertida por todo el umbral de la puerta.

Al amanecer los romanos enviaron patrullas de reconocimiento a las agrestes montañas que ascendían desde el valle y se interponían entre su campamento y el mar. No encontraron nada.

—¿Nada? —preguntó un incrédulo Marcio. Detrás de él Publio Cornelio Escipión, sentado en un pequeño taburete, terminaba su desayuno de gachas de trigo.

—Nada, tribuno —repetía el decurión de caballería que traía los informes sobre las colinas que habían examinado aquella mañana—. Se han evaporado. Sólo quedan algunas tiendas vacías, abandonadas, hogueras a medio apagar, armas rotas, restos de un ejército, pero no queda ningún cartaginés. Los exploradores dicen que se han ido rumbo al mar.

Marcio levantó las manos en señal de impotencia. Silano permanecía junto a él, serio, con el ceño fruncido. El general en jefe de las legiones terminó su último bocado y dejó su cuenco en el suelo.

—Que traigan algo de vino —dijo el general. Marcio y Silano se volvieron hacia él. Llegaban también Quinto Terebelio, Mario Juvencio y Sexto Digicio. Todos querían saber si era cierto lo que se comentaba por el campamento. El general les respondió antes de que preguntaran—. Sí, centuriones y tribunos de las legiones: Giscón se ha esfumado. Seguramente habrá huido a Gades, en barco. Debería haber hecho venir la flota para impedirle la huida. Siempre pensé que todo se decidiría en el campo de batalla, pero Giscón se nos ha esfumado. —Publio parecía relajado, como si aquello no fuera con él.

—Una vez más... —dijo Silano.

—No —le interrumpió Publio—. Una vez más, no. Los iberos les han abandonado, y por lo que dicen los centinelas nocturnos, los númidas abandonaron el campamento por la noche. Giscón y Magón acudirán por barco al único bastión que les queda en Hispania: Gades.

—Vayamos entonces a Gades —dijo Marcio.

El general guardó silencio. Trajeron el vino. Publio indicó a los esclavos que distribuyeran copas entre todos sus tribunos y centuriones presentes frente a la tienda del *praetorium*. Una vez que las copas estaban servidas, el general levantó la suya y todos le imitaron.

—Hispania, tribunos y centuriones de Roma, es nuestra —dijo, y bebió un sorbo. Marcio, Silano y el resto de los oficiales le imitaron, excepto Quinto Terebelio que de un solo trago se bebió la copa de golpe. Luego, sin poder evitarlo, eructó.

—Perdón —dijo, mirando al suelo. El general se levantó y fue junto a su centurión. Le puso una mano en el hombro y le habló con una sonrisa amplia en el rostro.

—Quinto Terebelio puede eructar siempre que quiera en mi presencia —y mirando al resto—, como podéis hacerlo todos. Entre todos hemos liquidado el poder de Cartago en Hispania. Hispania, romanos, es nuestra. Gades es un reducto poco importante. ¿Ir a Gades? —y como si hablara para sí mismo, mirando al cielo un instante—, no sé...

Llegaron entonces nuevos exploradores. Uno de ellos desmontó y, vigilado por los atentos *lictores,* se posicionó frente al general. Publio le miró e hizo un ademán con la mano derecha para indicar al legionario que hablara.

—Hay unos númidas frente al campamento. Dicen que quieren hablar con el general. Uno de ellos dice que es rey.

—¿Un rey númida? —Publio hizo una mueca de aprobación—. Eso me interesa. Traedlo.

El general volvió a tomar asiento en su pequeño taburete mientras sus oficiales compartían el vino y se miraban intrigados. Aquel númida debía de ser uno de los mercenarios de Cartago que habían abandonado a Giscón por la noche. No tenía mucho sentido hablar con ellos, a no ser que fuera para matarlos, pero todos estaban acostumbrados a las extrañas formas de dirigir la guerra de su general y, a la luz de los éxitos cosechados, nadie podía criticar ninguna de sus estrategias. Si el general quería hablar con esos númidas, pues que hablara.

Masinisa desmontó del caballo en la *porta principalis sinistra* y siguiendo la *via principalis* a pie, rodeado por varios legionarios armados, paseó entre las decenas, centenares de tiendas de aquel inmenso campamento militar. El rey númida se quedó impresionado al ver aquella masa ingente de hombres ocupados en tareas de todo tipo: afilando armas, limpiado corazas, reparando lanzas, cocinando, dando de comer a sus caballos, reparando sandalias, cociendo pan... todo estaba perfectamente organizado. No le resultaba tan sorprendente la victoria romana sobre los cartagineses de Giscón. Los legionarios que le custodiaban se detuvieron frente a una tienda mucho mayor que las demás. Frente a la puerta había varios oficiales y en un pequeño taburete estaba el que, por la forma en que todos le miraban, debía de ser el general en jefe. No parecía nadie temible, pero el respeto en aquellas miradas, miradas de hombres rudos y fuertes hacia aquel joven general, advirtieron a Masinisa que no debía menospreciar a aquel hombre, que eso podría ser un grandísimo error.

—Dicen que eres rey —le dijo el joven general, sorprendiendo a Masinisa en medio de sus pensamientos.

—Así es, general de Roma. Soy Masinisa, rey de los maessyli, rey de todo el nordeste de Numidia.

—Entiendo —le respondió el general mirándole con intensidad; le estaba estudiando. Se mantuvo firme—. Entiendo, joven rey de los maessyli, pero parece que el rey Sífax de Numidia no piensa lo mismo que tú.

Se hizo un silencio tenso. Masinisa respondió con sosiego.

—Sífax es un miserable y un usurpador que no reconoce mis legítimos derechos al trono de los maessyli y que sólo ayudado por los cartagineses ha podido subyugar a mi pueblo y obligarme a luchar en el exilio...

—A luchar en el exilio a favor de los mismos cartagineses que apoyan a quien te ha destronado —le interrumpió el general romano—. Eso es extraño, ¿no crees, joven rey?

Masinisa parpadeó un par de veces y miró al suelo. No estaba acostumbrado a que nadie le interrumpiera, pero, al menos, aquel general se dirigía a él como rey, algo que no hacía nadie, salvo sus hombres leales, desde hacía mucho tiempo.

—Pensé —empezó a explicarse Masinisa— que mostrando a los cartagineses mi valor en su guerra contra los romanos me permitirían recuperar mi trono, pero ahora comprendo que he estado equivocado todos estos años.

—Y eso lo has comprendido ahora que los cartagineses están derrotados —apostilló el general.

—Ahora que están derrotados en Iberia sí, pero también ahora que he visto cómo el general romano trata a sus aliados, con lealtad, con generosidad, ahora que he visto que en lugar de enviar preso a mi sobrino Masiva, años atrás, lo liberasteis, pese a que, igual que yo, luchaba contra ti y tus legiones. Eres un hombre extraño, general, pero los iberos te aprecian y no aprecian a los cartagineses. Tú cumples lo que dices y he aprendido que los cartagineses no cumplen sus promesas. Después de tres años luchando con ellos sé que nunca me ayudarán frente a Sífax, pero si tú te comprometes a ayudarme a recuperar mi trono, cuando la guerra llegue a África yo combatiré al lado de tus hombres. Mi caballería es la mejor del mundo.

—¿Cómo sabes que esta guerra llegará a África?

—Eso es lo que se ha debatido varias veces en el Senado de Roma y en todo el mundo se habla de lo que se discute en el Senado de Roma.

Publio Cornelio Escipión se levantó. Aquel hombre le intrigaba. Y era cierto que su caballería podía llegar a ser muy valiosa en un campo de batalla, podía desequilibrar un enfrentamiento entre grandes ejércitos y, por todos los dioses, si había algún punto débil en los ejércitos romanos era la caballería. Una alianza con aquel hombre podría ser interesante. Publio se detuvo frente a Masinisa, encarándolo, a tan sólo un paso de distancia.

—De acuerdo, rey Masinisa. Cuando desembarque con tropas en África tú me ayudarás a luchar contra los cartagineses y, a cambio, tras su derrota total, recuperarás la región de Numidia que te pertenece por linaje. Ése es el pacto que te ofrezco y ése es un pacto que cumpliré si tú cumples tu parte.

Masinisa miró al general, luego alrededor, al rostro de cada uno de los oficiales que allí se habían congregado y de nuevo al general.

—Yo cumpliré mi parte.

Publio asintió sin añadir más. El númida dio media vuelta y, escoltado reemprendió la marcha hacia el exterior del campamento. Publio se percató de que el joven rey iba sin espada.

—¿Por qué no lleva espada un rey númida? —Masinisa se detuvo y se volvió para responder, pero uno de los legionarios se anticipó.

—Mi general, le hemos desarmado en la puerta, por seguridad.

—El rey de los maessyli no debe ser desarmado en mi presencia —dijo Publio Cornelio Escipión, y tomando la espada que pendía de uno de los tahalíes de uno de sus *lictores* se la ofreció a Masinisa. El númida dudó pero alargó la mano y tomó el arma en su mano—. Es una espada romana —dijo Publio mientras el númida la examinaba—. Eso te recordará siempre para quién luchas ahora.

34

La carta de Lelio

**Sur de Hispania,
primavera del 206 a.C.**

El destino es a veces curioso. En la *porta decumana* Masinisa se cruzó aún a pie con un jinete que irrumpió en el campamento al galope. Los legionarios de guardia se hicieron a un lado para dejarle pasar, pues ya estaban advertidos por los exploradores que patrullaban los alrededores de la fortificación de que un correo oficial se acercaba procedente de Cartago Nova. Masinisa miró a aquel jinete con curiosidad, un poco perplejo porque se le dejara pasar sin oposición alguna, pero no le concedió mayor importancia. En la puerta se reunió con el grupo de maessyli que le habían acompañado. Los legionarios, siguiendo las instrucciones del general, les devolvieron las armas y los caballos. El rey de los maessyli montó sobre su corcel negro y sus hombres le imitaron y con la destreza de su ágil arte para montar se alejaron del campamento galopando en dirección a poniente.

El correo oficial desmontó frente al *praetorium* y entregó unas tablillas al general que le recibió en pie.

—Vengo de Cartago Nova, de parte del tribuno Cayo Lelio, mi general.

Publio tomó las tablillas, asintió, se dio media vuelta y echó a caminar hacia la entrada del *praetorium*. Era el momento de saber qué había respondido Sífax a Lelio.

Sífax se alzó contra los cartagineses, recibió ayuda en forma de asesoramiento militar de centuriones de su padre y su tío pero, en aquella ocasión, los cartagineses, con Asdrúbal Barca al mando, y Masinisa a su lado, le derrotaron; pero de aquello hacía ya tiempo y desde entonces Sífax se había rehecho y, aprovechando la lejanía de los ejércitos púnicos, desplazados a Hispania e Italia, y la ausencia también del propio Masinisa, también en Hispania, había recuperado el noreste de Numidia, el territorio de los maessyli expulsando a todos los leales a Masinisa, cuando no matándolos sin piedad. Sífax era ahora, sin lugar a dudas, no ya más poderoso que Masinisa, sino el hombre fuerte de aquel inmenso país y, como los cartagineses no querían abrir otro frente de guerra en África mientras luchaban contra los romanos en Hispania e Italia, habían aceptado las conquistas de Sífax como un nuevo *statu quo*, tal y como el propio Masinisa había lamentado hacía apenas unos minutos ante la misma tienda del *praetorium*. Cartago quería a Sífax como aliado y Publio también, por eso envió a Lelio a negociar con él. Aquellas tablillas desvelarían en un minuto cuál había sido el resultado de la entrevista. Sífax debía de estar disfrutando al ser ahora tan temido como deseado por todos. Masinisa no parecía ya nadie tan importante, pero Publio había estimado conveniente aceptar el ofrecimiento del rey exiliado, ya que cualquier refuerzo de caballería podía venir bien y Masinisa combatiría con ansia a favor de los romanos con la esperanza de recuperar así su reino perdido. Lo que parecía más complicado era cómo ganarse la confianza de Sífax, conseguir su ayuda o al menos su neutralidad y, al mismo tiempo, recuperar parte de Numidia arrebatándosela para dársela luego a Masinisa. Publio se encontró a solas en el interior del *praetorium* y se sentó en una pequeña *sella*. Cada cosa a su debido tiempo. De momento tenía la alianza de Masinisa. Un pacto con Sífax sería jugar a dos bandas al mismo tiempo, pero en aquella larga guerra todo era incierto.

—Veamos qué cuenta Lelio —dijo en voz alta, como para sacudirse el torrente de pensamientos que se acumulaban en su cabeza.

Publio Cornelio Escipión, Imperator *de las legiones de Hispania*

He hablado con Sífax, rey de Numidia, en el puerto de Siga. La entrevista fue corta. Se mostró ofendido. Insistió en que él es rey y que sólo negocia con reyes, sufetes o generales cartagineses o con cónsules romanos o generales de Roma investidos con el grado de *Imperator*. Dijo que, si Publio Cornelio Escipión quiere algo de él, debe ir en persona a negociar. No hubo forma de hablar más. En mi opinión, Sífax ha vendido ya sus servicios a Cartago. Estoy sorprendido de que nos dejara regresar con vida.

CAYO LELIO, tribuno

Publio dejó la tablilla sobre sus rodillas. Estaba sentado en su taburete, a solas. Necesitaba pensar. Lelio siempre tan parco en palabras. ¿Ir a Numidia? ¿Cruzar el mar en medio de una guerra? ¿Abandonar Hispania para ir a negociar con un rey loco? Y, sin embargo, Sífax permitió el regreso de Lelio. Había varias posibles razones: para que el mensaje le llegara alto y claro o porque no quería, en el fondo, dar razones para que Roma tuviera motivos para atacar Numidia directamente. De hecho, si Sífax hubiera matado a Lelio ahora tendría un motivo que presentar al Senado de Roma como causa justa para enviar legiones a África. La muerte de un tribuno enviado como negociador sería algo que muchos senadores considerarían un ultraje que no podía quedar sin respuesta. Publio sintió una sensación amarga en su estómago. Por un instante era como si hubiera deseado la muerte de Lelio.

Marcio y Silano entraron en la tienda, despacio, y se detuvieron nada más cruzar el umbral. Publio los vio y les habló con determinación.

—En una semana debemos estar en Cartago Nova. Allí embarcaremos en unas *quinquerremes*.

—¿Regresamos a Tarraco por mar? —preguntó Marcio. Publio, mientras, se pasaba la palma de la mano por la barbilla.

—No —respondió—. Tú iras a Tarraco y Silano permanecerá en Cartago Nova.

Los dos oficiales se miraron entre sí.

—¿Y qué va a hacer el general? —inquirió Silano.

—Yo iré a África.

35

Gades

**Gades, sur de Hispania,
verano del 206 a.C.**

Habían llegado órdenes del Senado de Cartago. Magón Barca parecía agitado, pero resuelto a ponerse en marcha. Debía partir hacia Baleares y de allí, una vez reclutado un ejército de mercenarios, desembarcar en el norte de Italia. El plan inicial de Aníbal parecía seguir obteniendo algo de apoyo entre los senadores púnicos. Quedaba sólo un asunto pendiente.

Magón se presentó ante Giscón que, a su vez, había recibido también instrucciones del Senado cartaginés de regresar a África. El joven Barca encontró al veterano general enfrascado en los preparativos para embarcar las tropas rumbo al sur.

—Las calles de la ciudad están revueltas —empezó Magón sin esperar a que el general de mayor edad le dirigiera la palabra.

Giscón engulló la ofensa, una más de los vanidosos Barca que se apuntó en la memoria.

—Saben que nos vamos —respondió sin mirarle, fingiendo estar ocupado en revisar las tablillas que contenían los inventarios de las provisiones para el tránsito de regreso a África.

—Saldré para Menorca con la próxima marea —anunció Magón.

—Sea —concedió Giscón sin mirarle.

—Queda una cosa pendiente.

Giscón levantó los ojos de las tablillas. Aquellos Barca le irritaban.

—¿Y bien?

—Imilce, la esposa de mi hermano. No puedo llevármela conmigo, pero tampoco nos interesa que se quede aquí y caiga en manos de los romanos.

Giscón inundó su rostro con una amplia sonrisa.

—No me parece que Aníbal la tenga en gran estima. Ni siquiera ha escrito preguntando por ella.

Magón negó con la cabeza.

—No se trata de algo personal, sino de una cuestión política y de poder. Imilce es la esposa de un general cartaginés. Puede que ya no nos sea útil, pero no podemos abandonarla a su suerte.

Giscón frunció el ceño. Odiaba que los Barca tuvieran razón. Decidió dar término a aquella conversación.

—Sea —dijo—. Se quedará conmigo y me acompañará a África. Será custodiada como esposa de un general cartaginés, como hasta ahora.

Magón asintió un par de veces. Dio media vuelta y se marchó.

Asdrúbal Giscón arrojó las tablillas al suelo. Una se quebró en varios pedazos. Un esclavo se acercó para recogerlas, pero el general le espetó un grito y éste se alejó corriendo dejando solo a su amo.

36

El rey de Numidia

**Bahía de Siga, norte de África,
verano del 206 a.C.**

Lelio estaba en la proa del barco. Habían avistado *trirremes* enemigas, pero desde cubierta aún no eran visibles. Era la segunda vez en poco tiempo que hacía la misma ruta. Una vez más de regreso a las costas de Numidia. La travesía había sido convulsa. Publio había decidido navegar sólo con dos *quinquerremes*. No quería llevarse toda la flota y desproteger las bahías de las ciudades hispanas, especialmente de Cartago Nova, por su valor estratégico, y de Tarraco, porque Emilia y sus hijos estaban allí. Aún recordaba Lelio las palabras de Publio al embarcar ante su mirada de preocupación por partir con tan sólo dos naves.

—Así iremos más rápidos. Una flota siempre es lenta.

En el horizonte empezaron a vislumbrarse los mástiles y las velas desplegadas de los barcos enemigos. Dos, cuatro, seis... siete en total. Siete *trirremes* contra dos *quinquerremes*. Las naves romanas eran de mayor envergadura y opondrían gran resistencia si eran alcanzados, pero el mayor número y la mayor capacidad de maniobra de las ligeras naves púnicas no presagiaban nada bueno. Si una de las *trirremes* conseguía embestir por un flanco, abriría una gran vía de agua y estarían condenados al naufragio o, aún peor, a caer presos.

—¿Qué ocurre? ¿Por qué me habéis despertado...? —empezó a preguntar Publio, que se había situado en la proa a la espalda de Lelio, pero no terminó de hablar. Las *trirremes* cartaginesas eran ya bien visibles. Hubo unos segundos de silencio hasta que el propio Publio volvió a preguntar—. ¿Y la costa? Debemos de estar ya cerca.

Lelio miró hacia su derecha. Habían navegado mar adentro precisamente para evitar las patrullas de barcos cartagineses que costeaban toda Numidia y África. De hecho la presencia de aquellos barcos debía de ser también anuncio de que se acercaban a su destino.

—Sí, debemos de estar cerca —confirmó Lelio—, pero nos alcanzarán antes de que lleguemos a Siga.

Publio miró a su alrededor. El barco estaba repleto de provisiones y armas. Miró hacia arriba. Las velas apenas estaban infladas por el viento.

—No hay viento casi —dijo entonces Publio, y empezó a hablar con rapidez—. Eso es bueno. Ellos tampoco tendrán viento. Se trata de la fuerza de nuestros remos contra la suya.

—Pero estos barcos son mucho más pesados —replicó Lelio.

—Eso es cierto... es cierto... tendremos que remar más fuerte. —Publio volvía a mirar a su alrededor—. Que arrojen todas las provisiones al mar. Todo lo que no sea un arma que valga para defendernos en caso de abordaje. Todo lo demás al mar. Y luego a los remos. Todos.

El mar empezó a recibir ánforas repletas de aceite o agua, sacos de trigo, grandes cestos con carne seca de jabalí, cestos de pescado envuelto en sal, todo por la borda. Y, acto seguido, todos acudieron a los remos. La segunda *quinquerreme* recibió las órdenes a gritos y, aunque algo incrédulos, al ver cómo desde la nave del general se arrojaban todos los víveres, siguieron el ejemplo de la nave capitana sin plantear dudas.

Los marineros bogaban al máximo de sus fuerzas, pero no era suficiente. Las *trirremes* cartaginesas se acercaban. Publio se desesperaba: tenía más hombres que remos. Ordenó entonces que los legionarios embarcados relevaran a los marineros cuando éstos empezaron a flojear. De esta forma consiguió un ritmo uniforme y poderoso que durante unas millas marinas mantuvo a los cartagineses a una distancia constante, pero fue un espejismo, porque al cabo de dos relevos, las *trirremes* volvían a recuperar distancia. El general tomó entonces una decisión insólita: en el siguiente relevo ocupó el lugar de uno de los legionarios y se puso a remar con todas sus fuerzas para dar ejemplo.

Lelio hizo lo propio y se sentó al lado del general. Los fornidos brazos del veterano tribuno y las musculosas y más jóvenes extremidades de Publio se estiraban y contraían a un ritmo brutal que el resto de los legionarios se esforzaba en seguir a duras penas. Pronto emergió el sudor en la frente del general y del tribuno. Lelio le miró un instante y, entre los entrecortados resoplidos de su agitada respiración, dirigió un comentario al hombre que los había puesto en aquella situación.

—Estás más loco de lo que yo pensaba.

Publio sonrió sin dejar de remar. No había ironía ni cinismo en las palabras de Lelio. Era lo que el veterano tribuno opinaba de verdad.

—Es cierto... —respondió Publio—, pero me reconocerás que conmigo no te aburres...

—¿Que no me aburro...? ¡Por los dioses...! —Y se echó a reír.

—No te rías, que pierdes fuerza —apostilló el general.

Pero la risa de Lelio era contagiosa y pronto se extendió entre todos los legionarios y marineros por igual aunque, al cabo de unos segundos, el continuado esfuerzo de los que remaban y la persistente preocupación de los que vigilaban en cubierta, mientras recuperaban el resuello antes de volver a reemplazar a los remeros, hizo que las carcajadas fueran remitiendo. Pronto sólo se oía la voz del general.

—¡Remad! ¡Remad! ¡Remad!

La línea de costa se vislumbraba al fin, acercándose, pero también lo hacían las *trirremes* púnicas.

Publio y Lelio fueron reemplazados en el siguiente relevo y ambos subieron de nuevo a cubierta.

—Se están separando —dijo Lelio.

—Quieren embestirnos y van a aproximarse por ambos flancos —comentaba Publio en voz baja. Calló un segundo y luego empezó a dar órdenes a gritos, como para que le oyesen también en la segunda *quinquerreme*, que a duras penas se las arreglaba para navegar en paralelo con ellos—. ¡No hay más relevos! ¡Marineros a los remos, legionarios a las armas! ¡Preparad los *corvus*! ¡Si se acercan los abordaremos! —Y de nuevo, en voz baja, a Lelio—: Si nos embisten y abren una vía de agua, abordaremos una de las *trirremes* y la usaremos para llegar a Siga.

Lelio asintió con los ojos repletos de asombro. Publio no parecía estar dispuesto a darse por vencido nunca, pero algo llamó su atención y señaló hacia la costa. Publio se volvió: Siga, la bahía de Siga, el gran puerto de Numidia se aparecía ante ellos, repleto de pequeñas embarcaciones de transporte y de decenas de barcos de pesca, los muelles, donde marineros y pescadores descargaban mercancías y donde al menos un centenar de soldados númidas custodiaban las instalaciones que alimentaban de pescado y otras mercancías al inmenso ejército de Sífax acampado en las proximidades.

—Siga —dijo Publio—. Estamos allí, estamos allí. Remad. ¡Por todos los dioses, remad! ¡Remad! ¡Remad! ¡Remad!

—¡Se detienen! —gritó Lelio.

Publio se giró para observar las *trirremes*. El general asintió mientras apostillaba lacónicamente.

—Eso es o porque temen a Sífax o porque ya tienen algún pacto. Sea lo que sea, lo averiguaremos pronto.

El rey Sífax aceptó recibir al *imperator* romano de las legiones de Hispania. Su piel negra y su gran altura, evidente pese a estar sentado en su pesado trono dorado, impresionaron al joven Publio quien, no obstante, no se arredró un ápice y se situó frente al rey. Sífax fue el primero en hablar usando un griego más o menos aceptable.

—Parece que has tenido una travesía complicada, joven general romano.

—Estamos en guerra y en las guerras hay sobresaltos, pero agradezco la protección de tu hospitalidad y tu consideración al aceptar recibirme.

Sífax sabía que aquellas muestras de respeto sólo buscaban congraciarse con él, pero las recibió de buen grado. Le gustaban los aduladores.

—Puedo ofrecerte comida y bebida y un lugar donde descansar hasta que decidáis reemprender el viaje de regreso, pero, romano, es difícil que pueda ofecerte nada más.

Publio aceptó el vino que se le ofrecía y Lelio, muy agradecido, hizo lo propio. Sólo estaban ellos dos ante el gran Sífax. El resto de los legionarios que les habían acompañado desde el barco había tenido que permanecer fuera de aquel palacio real de adobe y piedra donde Sífax gustaba recibir últimamente a todos los embajadores que buscaban conversar con él.

Publió mojó los labios en el vino y devolvió la copa a una hermosa esclava que permanecía de rodillas junto a él.

—Te agradezco la comida, la bebida y el alojamiento pero, aunque te sea difícil, vengo a pedir algo más.

—¿A pedir? —El rey Sífax puso en pie sus dos largos metros de estatura y repitió una vez más, elevando su voz hasta que ésta retumbó por toda la estancia—: ¿A pedir?

Publio respondió con serenidad.

—A pedir, sí, a pedir que el rey Sífax de Numidia sea neutral en esta guerra entre Cartago y Roma.

Sífax quedó confuso. Aquel joven general no parecía haberse visto intimidado por haber desatado su furia.

—Debería ordenar que te mataran ahora mismo —amenazó, y los guardias númidas que estaban tras el trono avanzaron unos pasos situándose entre su rey y los altos oficales romanos.

—No harás tal cosa, noble rey —dijo Publio manteniendo aún un tono sereno—, porque el rey Sífax no quiere la guerra con Roma y matar a uno de sus generales no será considerado como un gesto muy pacífico por el Senado de Roma. He venido a negociar.

Sífax se contuvo y tomó de nuevo asiento en su trono. Los guerreros númidas se hicieron a un lado.

—Di lo que tengas que decir y márchate —apostilló el rey, aún visiblemente enfadado.

—Roma respeta a Sífax y Roma sólo quiere la amistad de un rey tan noble y poderoso como Sífax, pero Roma está en guerra con Cartago y, tarde o temprano, las legiones de Roma desembarcarán en África. Sólo te propongo que el rey Sífax permanezca neutral durante este enfrentamiento. Una vez derrotados los cartagineses, el rey Sífax podrá ampliar sus fronteras hacia el este, tomando bajo su poder gran cantidad de ciudades que ahora están gobernadas por los designios de Cartago. Es un buen premio por no hacer nada.

Sífax calló primero y luego se echó a reír. Carcajadas grandes, graves, hondas que terminaron en seco. Nadie más rio en la sala. Publio y Lelio se miraron con miradas confusas.

—¿Y si los romanos son derrotados? —preguntó entoces el rey—, ¿debo esperar entonces premios de los cartagineses o quizás hacer frente a su ira por no ayudarles?

—Ésa es una derrota que no va a ocurrir y, ¿desde cuándo el rey de Numidia tiene miedo de los cartagineses?

—¿Miedo de...? —El rey volvió a reír, esta vez de modo más relajado, más natural—. Tienes agallas, romano. Las tienes de verdad. ¿Neutralidad es lo que pides? Sea, romano. Tendrás mi neutralidad, pero no porque tú me lo pidas. Ésta no es mi guerra y tampoco quiero regalos de Roma. Cuando quiera ampliar las fronteras de mi reino lo haré como siempre: por la fuerza de las armas de mi ejército.

—De acuerdo, ¿tengo entonces tu palabra? —insistió Publio arrugando la frente.

—Sí —respondió Sífax, que acompañó su respuesta con una señal; los guardias rodearon a Publio y Lelio—. Ahora márchate de aquí y, lo antes posible, abandonad Siga. No quiero romanos en Numidia, ni ahora ni nunca.

Publio y Lelio dieron media vuelta y volvieron sobre sus pasos. El rey levantó su mano derecha y todos los guerreros númidas salieron del salón real. Sífax habló al aire.

—Ya puedes salir. No es necesario que te sigas ocultando, Giscón.

Y el general cartaginés apareció por detrás de las largas cortinas que se levantaban detrás del trono.

—El general romano te engaña, ¿por qué has tenido que darle tu palabra? —empezó Giscón—. Te promete recompensas si no ayudas a Cartago, pero si Cartago cae, Numidia será el siguiente objetivo de sus legiones. La ambición de Roma no conoce límites.

Sífax se reclinó dejando caer el peso de su pecho sobre su brazo izquierdo apoyado en el posabrazos real.

—La ambición de Giscón también parece no tener límites, pero en cualquier caso mi palabra, como mi voluntad, es voluble —respondió Sífax—. Admito que es posible que el romano esté mintiendo.

—Es seguro —insistió Giscón ignorando el comentario anterior sobre su ambición—. Rey de Numidia, él sólo te ofrece palabras. Yo te ofrezco algo más tangible, algo que tú mismo puedes palpar y... disfrutar. Y una alianza permanente con Cartago, Cartago, que dominaba el mar antes de que Roma tuviera una sola colonia y que al final de esta guerra volverá a regir el destino de todo el Mediterráneo occidental. Sífax, no te equivoques al elegir.

El rey Sífax se levantó y echó a andar hacia la gran puerta que daba acceso al salón.

—No te preocupes, Giscón, que no me equivocaré al elegir. Nunca lo hago —dijo mientras salía, sin mirar al general cartaginés que quedaba a su espalda—. Ahora ve y tráeme mi regalo. Luego... luego, ya veremos.

37

Descenso a los infiernos

Roma, verano del 206 a.C.

Tito Macio Plauto caminaba con los hombros encogidos y la mirada hundida en el suelo sucio de las calles de Roma. Regresaba del Aventino, de casa de Ennio, donde había cosechado una negativa más. Ennio tampoco se atrevía a ayudarle. Nadie osaba interceder ante los poderosos senadores de Roma en favor del encarcelado Nevio. Ennio se había mostrado más comprensivo, más atento, más compasivo hacia la preocupación de Plauto por su amigo que el resto, especialmente que el distante Livio Andrónico, pero, en definitiva, la negativa había sido la misma. Plauto llegó al *Foro Boario* y allí, rodeado de decenas de mercaderes y centenares de compradores de todo tipo de ganado, entre los balidos de ovejas a punto de ser sacrificadas, de carneros descuartizados, de sangre de centenares de animales impregnando el aire de un olor que le hacía recordar el de un campo de batalla tras el combate, Plauto se sintió más abandonado que nunca. Todos los que llegaban a hacerse realmente amigos de él durante su complicada vida terminaban muertos o, peor, encarcelados, como ahora Nevio. Enfiló por el *Clivus Victoriae* para escapar de aquel hedor de muerte en venta y también para evitar la peste de la *Cloaca Máxima*, que contaminaba la otra avenida paralela, el *Vicus Tuscus*, que además estaría ya lleno de maricones ofreciendo sus servicios al mejor postor. Ya tenía bastante miseria inundando su ánimo como para añadirse más sufrimiento con los malos olores de aquella ciudad y la prostitución que parecía palpitar entre la sangre de animales muertos y la putrefacción de sus cloacas. Roma. La gran Roma. Plauto llegó al foro por el este, dando un rodeo, entrando en la gran explanada pasando junto al templo de las vestales. Allí se detuvo. Quizás el único lugar puro de toda la ciudad. Qué pena que fuera él tan poco religioso, tan sacrílego y que no conociera ni a sacerdotes ni sacerdotisas. En aquellos años de guerra, religión y superstición entremezcladas eran temidas por el pueblo y usadas por los senadores para manipular a todos a sus anchas. En eso Máximo era muy hábil, utilizando sus supuestas facultades de augur para predecir nefandos horrores si no se le hacía caso. Pero todos los patricios usaban la religión de igual forma. Escipión también. Quizá con algo más de sutileza, pero con la misma finalidad. Las vestales. Si conociera a una vestal, ésta podría interceder por Nevio y conseguir su libertad con más facilidad aún que el propio Quinto Fabio Máximo. Una vestal que se conservara pura a ojos del pueblo era sagrada y tenía la potestad de liberar a un hombre incluso de ser ejecutado si se cruzaba con él por las calles de Roma y su espíritu así la impulsaba. Plauto reemprendió la marcha. Eran sueños pueriles. Las vestales estaban vigiladas de cerca por el *pontifex maximus* y por legionarios de las *legiones urbanae*. Si quería ayuda, tendría que conseguirla entre los patricios, tendría que encontrar algún patricio que estuviera dispuesto a enfrentarse al resto para liberar a un despreciable escritor. Todo parecía imposible. Cruzó el foro, inmaculado de pintadas. Desde el encarcelamiento de Nevio, los meses pasaban y nadie se atrevía a plasmar sus ideas en las otrora frecuentes calles pintadas de Roma. Roma estaba en guerra y ni tan siquiera el disenso anónimo en una pintada era permitido. Llegó a las puertas de la cárcel de Roma y, tras el consabido soborno, los centinelas de la prisión le dejaron pasar. Plauto penetró así en las entrañas de la ciudad, hundiendo su figura en los túneles de la cárcel, sintiendo cómo la humedad que se filtraba por las angostas paredes de aquel lugar de perdición consumían el aire y asfixiaban toda esperanza. A cada paso que daba se plasmaba en su rostro el pavor de tener que confesar a Nevio que no había conseguido nada, que nadie les iba a ayudar. Comprendió que eso era demasiado cruel. Sólo quedaba una posibilidad: mentir. Mentir y dar falsas esperanzas y luego salir de allí y buscar la forma de que esas mentiras se hicieran realidad. Sólo conocía un patricio lo suficiente como para suplicarle ayuda, Publio Cornelio Escipión, y estaba en Hispania y también había sido objetivo de las críticas de Nevio, ¿y qué senador no lo había sido? Plauto se detuvo un momento para recuperar el resuello. Era casi imposible respirar allí. Se alegró de llevar un *stilus* para que Nevio pudiera escribir, un frasco de *attramentum*, una tinta espesa negra, varias velas y un grueso fajo de *schedae*, hojas sueltas de papiro. Sobornando a los guardias con regularidad conseguiría que Nevio tuviera un suministro regular de velas. Escribir le ayudaría a pasar las horas, los días, los años quizá, sin perder la razón. La luz de las antorchas era escasa y ante la falta de oxígeno las llamas erán trémulas, como cansadas de arder entre aquellas grutas del final del mundo. ¿Arderían bien las velas? Escipión. Sí, pensó Plauto. Sintió cómo el legionario que le acompañaba para indicarle dónde estaba la celda de Nevio se impacientaba. Plauto reemprendió la marcha. Escipión. Sí, pese a todo era su mejor opción, pero ¿regresaría vivo aquel patricio de Hispania? De momento llegaban buenas noticias de aquel frente de guerra, pero la Fortuna era tan voluble, tan voluble...

38

La sombra de la muerte

Cartago Nova, Hispania, verano del 206 a.C.

Habían terminado los juegos que Publio había ordenado que tuvieran lugar para festejar su triunfo absoluto sobre los cartagineses en Hispania y sobre los propios iberos, pues desde su regreso de Numidia, había conquistado las últimas ciudades iberas que se resistían al dominio romano. Entre otras, había sido especialmente cruel, contrariamente a su política general, con Iliturgis y Cástulo, dos poblaciones que había ordenado arrasar por su pertinaz lealtad a los cartagineses, primero, y luego por su permanente resistencia a reconocer el poder de Roma establecido en la región. Después llegó la rendición incondicional de Gades, toda vez que abandonada por Giscón y Magón, no disponía ni de tropas ni de recursos suficientes para resistir un asedio. Aquí, Publio fue, de nuevo, generoso, pues evitar un asedio suponía un ahorro de legionarios y recursos que vendría bien para las futuras campañas que estaba diseñando en su mente.

Cartago Nova estaba tranquila aquel amanecer después de varios días de festejos. Escipión se levantó temprano. Tenía ganas de emprender el regreso a Tarraco y abrazar a Emilia y a sus hijos, Cornelia y el pequeño Publio. Al salir del palacio del gobernador de la ciudad, encontró a Cayo Lelio y los *lictores* y un caballo. Todo dispuesto. Un manípulo de soldados estaba en formación en la plaza. El resto del ejército esperaba acampado en el istmo, junto a las murallas. Publio subió a su caballo.

—Buenos días, Lelio.

—Buenos días, mi general. Una mañana hermosa. Los dioses desean facilitarnos el regreso —respondió Lelio con respeto pero aún algo distante.

—Hemos cumplido bien nuestra labor —dijo Publio haciendo como que no percibía la frialdad del recibimiento de Lelio. El episodio del viaje a Numidia, remando juntos para salvarse de las *trirremes* cartaginesas les había vuelto a acercar, pero aún no parecía olvidada por ninguno de los dos la discusión de Baecula—. Los hombres han cumplido bien —añadió en voz bien alta de forma que muchos de los soldados allí reunidos oyesen sus palabras de satisfacción. Aquéllos eran soldados que habían venido con él desde Italia hacía ya cuatro años y que habían conquistado ciudades y derrotado a varios ejércitos bajo su mando. Aquellas tropas veían a su general y sentían el valor en sus venas. Con cada victoria sobre los cartagineses y sobre los diferentes pueblos de Iberia que se les habían opuesto se había creado una química especial entre aquellas legiones y Publio Cornelio Escipión.

Empezaron a cabalgar. Muchos ciudadanos de Cartago Nova se asomaban a las ventanas para despedir al que era ahora el indubable dueño de la ciudad. Publio erguía su cuerpo como solía hacer cuando montaba, aunque aquella mañana le costaba algo más que de costumbre. Se encontraba algo cansado, como dormido. Y tenía algo de frío. Una sensación extraña que no encajaba con el cálido sol que despuntaba en el horizonte. Lelio dijo algo sobre los juegos y los combates que habían tenido lugar, pero calló al observar que el general no estaba predispuesto a la conversación. Parecía que las cosas seguían algo difíciles entre ellos. No pensó más en ello. Además, de cuando en cuando, Escipión pasaba algunos días meditabundo y silencioso. Cayo Lelio había aprendido a respetar aquellos silencios, incluso ahora que estaban más alejados el uno del otro. Si él hubiera tenido que pensar en cómo conquistar una región tan vasta como Hispania, cómo apoderarse de diferentes ciudades y cómo derrotar a tres ejércitos cartagineses y sus aliados en apenas cuatro años, habría necesitado infinitas horas de reflexión para, sin duda, no alcanzar ni la mínima parte de los éxitos que aquel joven general había logrado. Es cierto que le humilló en Baecula. Aquello era algo no resuelto entre ellos. Ninguno lo comentaba, pero ninguno de los dos lo olvidaba. Lelio recordó la entrevista con Fabio Máximo y cómo quiso convencerle de que él, Lelio, era el gran artífice de las victorias, intentando despertar su vanidad para alejarlo de aquel hombre. También recordó la profecía del viejo cónsul:

«Escipión no regresará vivo de Hispania y los que le acompañen alimentarán con sus cuerpos a los buitres de aquella región sobre un desolado campo de batalla.» Después de las victorias de Baecula, Ilipa, la toma de Iliturgis y Cástulo, después de la derrota infligida a cada uno de los tres ejércitos cartagineses, con Giscón en África, Magón oculto en alguna isla del Mediterráneo, y habiendo conseguido sendos pactos con Sífax y Masinisa y celebrada la gloriosa victoria con los juegos de la semana pasada, aquellas palabras sólo parecían el rencor innoble de un viejo sin sentido. Lelio lamentó más que nunca que las palabras del viejo Fabio hubieran, en algún momento pasado, alimentado sus dudas, especialmente tras la decisión de Publio de no adentrarse hacia el norte después de enfrentarse con Asdrúbal. Ahora ya parecía tarde para pedir disculpas.

Llegaron a la puerta de la ciudad, fuertemente custodiada por decenas de soldados. Ni con dos legiones a las puertas ni con los ejércitos cartagineses derrotados, Escipión nunca bajaba la guardia. Su meticulosa cautela le había otorgado victorias y supervivencia allí donde nadie pensaba que un general romano podía triunfar y no pensaba ahora cambiar su estilo de actuar. Además sentía que los propios soldados habían aprendido a valorar aquellas normas estrictas y se sentían más seguros siguiéndolas y siéndoles ordenado que las siguieran. Cruzaron la puerta y pese a que el sol ya apuntaba poderoso desde el mar, el frío que sentía desde que se levantó se transformaba en punzadas intensas de dolor que azuzaban su frente. Publio se llevó la mano a la cabeza y notó gotas de sudor recorriendo su piel. Y, sin embargo, persistía la absurda sensación de frío. No, definitivamente no se encontraba bien. Quizás alguna cosa que hubiera comido la noche anterior, alguno de esos manjares del mar, las pesadas salsas, demasiado *garum*, o simplemente tantas cosas diferentes y, por supuesto, el vino. Observó de reojo a Lelio cabalgando a su lado. Estaba perfectamente, contento y satisfecho. Era increíble el vino que aquel hombre podía ingerir una noche y luego estar tan resuelto al día siguiente. Publio sonrió en su interior, pero vigiló que su sonrisa no llegara a asomar en su rostro. De pronto sintió un mareo extraño y perdió la noción del espacio. Era como si se balanceara en el caballo. Había perdido el sentido del equilibrio. No quería caer allí, delante de los *lictores* y los tribunos de las legiones, que ya estaban allí formados. Así que tiró de las riendas y detuvo al caballo. Los *lictores* y Lelio pararon. El mareo persistía y una sensación de querer vomitar, pese a haber desayunado frugalmente, y más sudor frío. Ahora sentía las gotas deslizándose libremente por el rostro, pero no podía secarlas porque sin saber cómo se había abrazado al cuello de su caballo para mantenerse sobre la montura y no caer; apenas tenía ya fuerzas y no sabía por qué, de forma que se rindió sin querer y soltó los brazos. Su cuerpo resbalaba despacio, cayendo hacia un lado del caballo. Lelio saltó de su montura y se situó junto al general y cogió su cuerpo a medida que se desvanecía cayendo hacia la derecha del caballo. Antes de que los propios *lictores* reaccionaran Lelio había recogido el cuerpo desvanecido y sudoroso de Publio y lo sostenía en sus brazos. Los *lictores*, los oficiales Silano, Marcio, Terebelio, Digicio y Mario, a quienes el general había vuelto a reunir en Cartago Nova para las celebraciones de aquellos días, y otros centuriones se aproximaron para ayudar, pero Lelio no permitió que nadie le tocara. Su voz resonó con fuerza.

—El general se encuentra indispuesto. ¡Abrid paso! —Y acto seguido, con Publio en brazos, entró andando de regreso a la ciudad. Los *lictores* rodearon a Lelio, abriendo camino. Los soldados del manípulo de escolta recibieron órdenes de Marcio de proteger a Lelio, que ya marchaba de regreso al palacio.

Cayo Lelio sentía temblar sus brazos por el peso del general pero en ningún momento pasó por su mente pedir ayuda. También luchaba por borrar de su rostro cualquier signo externo de preocupación. Un mareo, una indisposición la puede sufrir cualquiera. No había que dar más importancia a aquello que no la tenía. Los soldados eran gente supersticiosa y pese a encontrarse en una situación idónea en la Hispania en la que ahora se hallaban, era mejor no mostrar debilidad de ningún tipo desde los mandos. En unos minutos llegaron al palacio. Dentro, Lelio, una vez seguro de que las puertas estaban cerradas y que sólo estaban los *lictores* y él, ordenó a dos de aquellos que llevasen el cuerpo del general a su habitación. Una vez liberado del peso del cuerpo desfallecido de Publio, ordenó a otro que fuera raudo en busca de los médicos de la legión.

—¿Qué hacemos con las tropas? —preguntó Marcio. A su lado Silano, Terebelio, Mario y el resto de los oficiales miraban a Lelio nerviosos.

Cayo Lelio respondió con precisión y seguridad.

—El general necesita descansar. Las legiones se quedan en el campamento junto a la ciudad hasta nueva orden. —Y miró a todos los que le rodeaban. Marcio asintió y tras él el resto de los tribunos. Lelio se separó y con una señal invitó a Marcio y a Silano a que se acercaran. Marcio y Silano le entendieron. Los tres hombres parlamentaron separados del resto.

—He mandado llamar a los médicos —dijo Lelio en voz baja.

—Me parece bien —respondió Marcio en el mismo tono susurrante—. Quizá no sea nada.

—Eso pienso yo. Una indisposición. A todos nos ha pasado alguna vez —añadió Silano.

—A todos, sí —confirmó Marcio.

—Quizá bebió demasiado vino —concluyó Lelio, aunque sin convencimiento.

Marcio y Silano callaron. Publio nunca bebía demasiado y además era comedido con la comida. Aquel desmayo era extraño, pero no tenía sentido pronunciarse hasta escuchar la opinión de los médicos.

Al cabo de media hora, el médico de la legión, Atilio, nacido en Roma pero de familia tarentina y formación griega, salía de la habitación donde reposaba el general en jefe de las tropas de Hispania, acariciándose la barba con su mano derecha. Era un hombre de mediana edad, respetado en su profesión y curtido en las enfermedades de los legionarios tras varias duras campañas en Hispania. Atilio era un hombre apreciado entre los oficiales y los soldados por igual que en momentos de necesidad, tras un combate, tras una intensa batalla, se desdoblaba para acudir allí donde sus servicios eran requeridos. Desde que en la batalla de Cartago Nova ayudara en la recuperación de las heridas de Cayo Lelio, el general Publio Cornelio Escipión siempre se había portado con él con enorme generosidad. Ahora, al ver al propio general postrado y enfermo, Atilio se sentía apesadumbrado.

—Por todos los dioses, ¿qué tiene? —preguntó Lelio.

Atilio levantó la mirada y vio a todos los tribunos de las legiones congregados a su alrededor. Meditó un instante antes de responder.

—El general ha enfermado de unas fiebres que ya he visto en varios de nuestros hombres. La cercanía de la laguna al norte de la ciudad quizás influya. Estas fiebres son más frecuentes en zonas pantanosas, no sabemos por qué, pero es así. He visto a otros legionarios caer abatidos igual que el general. He recomendado que no se beba agua de allí sino de los pozos y las fuentes que usan los iberos.

—Ya, pero eso ¿qué significa? —insistió Lelio.

—Los otros hombres —intervino Marcio—, ¿se han recuperado todos?

Atilio miró al tribuno con aire preocupado.

—Unos sí, pero otros no. Y los que más tiempo llevan recuperados aún tienen ataques febriles intermitentes, pero éstos parece que van remitiendo. Los que no se han recuperado han... han... han muerto.

El silencio se apoderó de la asamblea allí reunida. Marcio y Silano miraban al suelo.

—¿Qué se puede hacer? —preguntó al fin Lelio.

—Bueno..., sugiero que el general beba mucha agua clara, de las fuentes de Cartago Nova, e infusiones con manzanilla. Convendría que algún esclavo de confianza estuviera siempre junto al general y le refrescara la frente y los brazos con paños húmedos, sobre todo si la fiebre sube, y es probable que lo haga. Es posible que tenga delirios. El general es un hombre fuerte y tiene voluntad de vivir. Tengo esperanza pero ésta es una batalla que el general tendrá que luchar solo. Nosotros no podemos hacer mucho más. Rezar a los dioses por él y ofrecerles sacrificios. Siento no poder proporcionar más ayuda, pero estas fiebres son nuevas para mí. El agua y las infusiones ayudan, pero pueden no ser suficientes.

Nadie criticó a Atilio. Todos sabían de su aprecio por el general y de su buen hacer siempre que podía ayudar. Los tribunos despidieron al médico, quien marchó indicando que volvería en un par de horas para ver cómo evolucionaba el enfermo, a no ser que hubiera cualquier crisis, en cuyo caso se le llamaría al instante.

—Yo me ocuparé de que el general esté debidamente atendido —dijo Lelio dirigiéndose a Marcio—. Ocúpate tú de las legiones.

Marcio asintió y acompañado por Silano y el resto de los oficiales desapareció descendiendo por la escalinata del palacio. Lelio se quedó con los *lictores*. Se dirigió a uno de ellos, al *proximus lictor*, el de más confianza.

—Marco, ve a mis aposentos y trae a mi esclava Netikerty. Ella atenderá al general.

El legionario salió diligente en busca de la joven esclava. Lelio intentaba organizar sus pensamientos mientras entraba en la alcoba donde yacía Publio, enfermo, tendido sobre la cama, con los ojos cerrados. Era la misma habitación que ocuparan tiempo atrás los anteriores generales en jefe cartagineses en Hispania, incluido el propio Aníbal. En aquel momento, sin embargo, era el hospital improvisado de un general romano. Varios esclavos habían traído ya toda suerte de bacinillas con agua fresca y un par de ánforas más que habían dejado de reserva. Había una mesita junto a la cama y una *solium* con respaldo para la persona que fuera a velar por el general. Sobre la mesita se habían apilado varias decenas de paños limpios. En el otro extremo de la habitación se había encendido el fuego de la chimenea y se había dispuesto un horno con hierro forjado y una cazuela de barro. Junto a la chimenea se había dispuesto un par de frascos de vidrio con especias. Manzanilla proporcionada por Atilio. Lelio estaba examinándolo todo cuando oyó a sus espaldas la voz de Netikerty.

—Me has hecho llamar, mi señor.

Lelio se volvió y contempló a Netikerty entre la penumbra de las sombras de la habitación. El *proximus lictor*, cumplida su misión, había desaparecido. Lelio sabía que los doce guardianes estarían apostados a la puerta de la habitación impidiendo que nadie no autorizado pudiera acercarse al general. Publio estaría seguro. Ahora faltaba que lo cuidaran bien, pero los soldados no valían para eso. Por eso había hecho llamar a la joven Netikerty.

—Te necesito, Netikerty —dijo Lelio—. El general está muy enfermo. No sabemos bien lo que es. Tiene mucha fiebre. Quiero que estés a su lado día y noche, que no te separes de él ni un momento. Has de humedecerle la frente y los brazos con agua y darle infusiones de manzanilla. Si tienes cualquier duda puedes hacer llamar al médico y siempre que necesites algo sólo tienes que pedirlo.

Netikerty se acercó despacio a la cama. Lelio la observó mirando al general. Parecía inquieta. La muchacha empezó a hablar y lo que dijo no satisfizo a Lelio.

—Creo, mi amo, que es mejor que busquéis a otra persona de más experiencia. Alguna otra esclava mayor. Saben más de cuidar enfermos y el general es alguien tan importante... No sé si seré yo la persona más adecuada para...

Lelio la interrumpió. Hasta ese momento Netikerty nunca se había negado a nada. Nunca había manifestado la más mínima de las dudas y ahora que la necesitaba como jamás había necesitado a alguien se encontraba con esta respuesta... y de una esclava.

—Eres una esclava y es una orden. Cuidarás del general y no vuelvas a replicarme nunca. Nunca.

Netikerty abrió la boca pero no dijo nada. Comprendió que era inútil oponerse, que no haría otra cosa sino enfurecer aún más a un ya muy preocupado amo. La joven asintió y se quedó mirando al suelo.

Lelio, más apaciguado, adoptó un tono más conciliador.

—Netikerty, sabes que te... que te aprecio mucho. No confío en nadie más como confío en ti. El general... bueno, estamos algo distanciados ahora, no sé, son cosas que pasan —Lelio hablaba pasándose la palma de la mano derecha por detrás de la nuca—, pero el general es mi vida. Buena o mala, pero es mi vida. Una vez... hace tiempo... juré... bien, juré a su padre que le protegería siempre. Ahora he de ir y hablar con Marcio, Silano y los otros tribunos. Hemos de hablar de la campaña y las legiones. No me iré tranquilo si el general se queda en manos de cualquier esclava que no conozco. Sé que tú me aprecias y sé que cuidarás bien de él. El médico irá viniendo, incluso puede que se quede, pero para velarle tengo más confianza en ti que en nadie. Qué sé yo de ese Atilio. Su familia es de Tarento. Una ciudad que ha pasado de unos a otros tres veces en esta guerra. No sé. A ti te conozco. Tú y nadie más estará al lado del general. Y se pondrá bien. Se pondrá bien. —Esto último lo dijo Lelio mirando al suelo, como queriendo convencerse a sí mismo.

Netikerty empezó a llorar. Lágrimas brillantes chisporroteaban por sus mejillas morenas. El sollozo semisilencioso de la muchacha atrajo la atención de su amo.

—¿Por qué lloras? —preguntó Lelio.

Netikerty se limitó a sacurdir la cabeza. Lelio exhaló aire de golpe. No entendía a las mujeres, y a una mujer esclava aún menos. Tampoco le había ordenado nada tan terrible. ¿A qué tanto negarse primero y luego llorar? No era una tarea tan terrible... ¿la responsabilidad?

—Escucha —aclaró Lelio—. Tú sólo tienes que cuidarle. Es posible que se recupere o no, pero eso no te afectará, ¿entiendes?

Netikerty continuó mirando al suelo y sollozando, pero asintió.

Lelio volvió a suspirar.

—Bien, por todos los dioses, entonces todo aclarado. Ahora humedece esos paños y refréscale.

Netikerty se giró hacia la mesita y empezó a empapar varios paños en una de las bacinillas. Lelio la miró un instante y luego partió raudo en busca de Marcio.

Publio se agitaba incómodo entre las sábanas de la cama. Sentía un calor asfixiante y de pronto un frío gélido que le recorría las entrañas. Se incorporó un poco y echado a un lado contrajo su cuerpo movido por las arcadas que le punzaban en el estómago. Vomitó dos, tres, cuatro veces. Una voz suave le hablaba.

—Recuéstate, mi señor, y descansa.

Una voz dulce de mujer y una mano de piel tersa que se posaba en sus sienes.

—¿Emilia? —preguntó Publio.

—No, mi señor. Soy Netikerty. Me envía Lelio.

—¿Netikerty? —A Publio le costaba respirar. Y hablar—. ¿Dónde estamos? ¿Qué día es hoy?

—Estáis en vuestro palacio, en Cartago Nova. Está anocheciendo. Lleváis unas horas enfermo. Tenéis fiebre. A veces deliráis. Tomad. Debéis beber esto.

La mano se posaba en su espalda, un brazo firme y joven que le ayudaba a incorporarse. Publio se sentó y recostó su espalda en unos almohadones que surgían sin saber bien de dónde venían. Veía sombras. Estaba agotado. La muchacha le acercó un cuenco con una infusión caliente. Publio bebió tres sorbos largos. El líquido sosegó su ánimo. Se durmió.

Lelio salió aquella misma noche y en un altar levantado en honor a Júpiter mandó que se sacrificaran diez bueyes y diez corderos. Supervisó que los soldados dieran con eficacia el golpe de gracia a las reses y los corderos antes de degollarlos, para evitar quejas y lamentos del animal mientras se desangraba en honor del dios supremo. Y todo fue bien, hasta el último cordero. Éste, fuera porque hubiera sido testigo del destino de sus compañeros, o porque era él el destino, movió la cabeza para evitar el golpe, que debió de ser menos fuerte de lo que era necesario. Los soldados que ejecutaban la maniobra no se percataron de que el animal estaba despierto y tenso, de forma que cuando Lelio hundió el cuchillo de sacrificar en el cuello del animal éste se revolvió y baló de dolor al tiempo que se agitaba y salpicaba de sangre a todos cuantos le rodeaban. Aquél no fue un buen sacrificio y no auguraba nada bueno. Sin embargo, ya nada podía hacerse. Lelio elevó sus súplicas a Júpiter.

—¡Oh, Júpiter Óptimo Máximo! ¡A ti te imploro que no abandones a nuestro general y que le ayudes en esta oscura pugna suya contra la enfermedad! ¡A ti y al resto de los dioses ruego que le ayudéis en este trance! —Y ya en voz baja, de forma que no se oían sus palabras, continuó—: Ayudad a mi general y ayudadme a mí, pues yo ya no sé ni qué hacer ni adónde recurrir. Y si... si en algo os hemos ofendido, llevadme a mí al Averno y dejad al general con vida, si eso sirve para aplacar vuestra ira.

Lelio bajó del altar cabizbajo y derrotado. No tenía demasiadas esperanzas en aquel sacrificio terminado con aquellas malas maneras con el último animal. Ni en que los dioses quisieran tomar su vida en lugar de la del general. Lelio estaba desolado por la inmensa sensación de impotencia. Si se tratara de luchar contra un millar de enemigos a solas, pese a lo imposible de la empresa, sabría reunir fuerzas y acometer aquella locura. Él sabía combatir contra ejércitos, pero ante aquel enemigo invisible que atenazaba al general sentía que sólo hacía que dar palos al aire, era como luchar contra el viento con la espada desnuda. Y ¿quién puede herir al viento? De nuevo las palabras de Fabio Máximo resonaron en su mente: «Escipión no regresará vivo de Hispania y los que le acompañen alimentarán con sus cuerpos a los buitres de aquella región sobre un desolado campo de batalla.» Aquél no era, no obstante, un campo de batalla pero, a menudo, los augurios son imprecisos; lo que importa es el fondo que transmiten, y desde luego, en lo sustancial, aquel mal presagio, aquella maldición que Fabio había anticipado, se estaba cumpliendo. Pero Lelio, en su fuero interno, se rebelaba contra aquel desatino: Publio Cornelio Escipión no podía morir así, como un perro, enfermo en una esquina del mundo, sino combatiendo al frente de sus legiones, derramando su sangre para derrotar al mayor de los enemigos de Roma.

Netikerty llevaba una hora inmóvil. Era difícil tomar la decisión pero aún más horrible parecía no hacer nada. El general dormía plácidamente. Seguía con fiebre alta pero resistiría. No podía esperar más. Pensó que quizá la enfermedad decidiera por ella, pero aquel patricio romano al que tanto admiraba su amo Lelio tenía una voluntad férrea que aquellas fiebres no acertaban a doblegar. Fue entonces cuando, muy despacio, Netikerty se levantó y a pequeños pasos alcanzó la puerta que daba acceso a la estancia. Abrió la pesada puerta de madera, que crujió sobre sus viejas bisagras de hierro, y se asomó. Como imaginaba, allí, apostados a ambos lados del umbral, había varios *lictores*. Dos a cada lado de la puerta. El resto estaría vigilando en el pasillo y en el acceso principal al palacio desde la plaza del foro. Uno de los soldados, el *proximus lictor*, se giró al verla aparecer.

—Necesito algo más de agua, un ánfora llena. Y más paños —dijo Netikerty.

El soldado asintió.

—Y un cuchillo... bien afilado —añadió Netikerty cuando el legionario estaba a punto de marchar a por lo que había solicitado. Los cuatro *lictores* se volvieron hacia la chica. El que iba a partir la miró fijamente.

—¿Un cuchillo?

Netikerty respondió con un tono tranquilo.

—Sí. Lo necesito para trocear algunas hojas de manzanilla. Para que se diluya mejor y haga más efecto para aliviar al general.

El *proximus lictor* estuvo quieto un instante.

—Bien. Ahora te traeremos lo que pides. El *imperator*... ¿está mejor?

Netikerty dudó antes de contestar, pero al fin se atrevió a aventurar una respuesta.

—No soy el médico, pero diría que el general está mejor, sí; pero aún necesitará bastante tiempo, creo, para recuperarse por completo.

—Bien —respondió el legionario con más seguridad que al principio, dio media vuelta y marchó a por lo que la joven esclava había solicitado pero, de camino a las cocinas del palacio, donde esperaba obtener todo lo requerido, se detuvo en el aposento de Cayo Lelio. Era media tarde y el tribuno estaría descansando. El *lictor* llamó a la puerta. La voz de Lelio se escuchó potente.

—Adelante.

El legionario entró.

—Por Hércules —empezó Lelio levantándose del *triclinium* en el que estaba recostado—, ¿hay algún problema, Marco?

—No, no es eso. El *imperator* parece encontrarse mejor, según nos dice la joven esclava.

—Por Júpiter Óptimo Máximo. Eso son excelentes noticias. Es fuerte el general. Fuerte.

—Sí, tribuno. Así es —añadió el *lictor* sin decir más pero sin marcharse.

—¿Y bien?

—Es la joven esclava.

—¿Netikerty? —preguntó Lelio frunciendo el ceño—. ¿Qué pasa con ella?

El *proximus lictor* no sabía si hacía bien en plantear sus dudas. Sabía, todos sabían lo mucho que el veterano tribuno apreciaba a aquella joven esclava egipcia, era muy hermosa, pero... ¿un cuchillo?

—La esclava ha pedido agua y más paños...

—Llevádselos.

—... y un cuchillo.

—¿Un cuchillo? ¿Para qué? —indagó Lelio, pero despejando el ceño de su frente.

—Dice que es para cortar mejor las hojas de manzanilla y que se diluyan mejor en el agua o algo parecido, tribuno.

Lelio respondió con rapidez.

—Pues llevádselo entonces. Ya tardas. Todo eso debería estar ya en manos de esa esclava.

—Voy enseguida, tribuno. Siento haber dudado.

Pero Lelio lo despachaba ya con un gesto de su mano derecha indicándole que partiera raudo a por todo lo que la muchacha había solicitado. Una vez que se quedó a solas, Cayo Lelio se sentó en un lado del *triclinium*. El general estaba mejor. Mejor. Y contuvo una lágrima mientras en silencio agradecía el favor de los dioses.

El *proximus lictor* entró en la habitación y dejó los paños y el cuchillo sobre la mesita junto a la cama del general pero se quedó con el ánfora en la mano izquierda.

—¿Y esto?

Netikerty señaló la chimenea. Estaba entretenida volcando sobre un plato de barro el contenido de uno de los frascos que el médico había traído. El soldado vio cómo un montón de hojas secas, pequeños tronquitos de ramas y flores amarillentas se repartían por todo el plato y vio tomar el cuchillo a la muchacha y trocear aquellos pedazos hasta conseguir casi un picadillo donde ya no se distinguía lo que eran hojas, rama o flor. El soldado dejó a la joven esclava sola con el general.

La puerta se cerró dejando escapar un chasquido seco que retumbó en la penumbra de la habitación. El sol de la tarde apenas entraba por la ventana, pues Netikerty había corrido la espesa cortina de lana gruesa. Se filtraba el aire y corría una refrescante brisa por la sala, pero la luz era tenue. Netikerty continuó cortando las hojas y flores de manzanilla hasta reducirlas a polvo y cuando ya sólo eran polvo siguió pasando el cuchillo por encima sin detenerse, como asustada de acabar con aquella tarea. Las lágrimas brotaron de sus ojos y se deslizaron por su rostro hermoso pero contraído. Ahogó un gemido de sufrimiento. «Tenía que hacerlo, tenía que hacerlo», se decía una y otra vez. Había hecho todo lo posible por evitarlo, por no estar allí, por esperar, pero ya no quedaba más tiempo. El general se restablecía. Aquello nunca debía haber pasado. Todo marchaba más o menos bien hasta que el general enfermó. Luego todo se había complicado. Todo. Netikerty se volvió hacia el general con el cuchillo en la mano.

Publio Cornelio Escipión, general *cum imperio* sobre las legiones romanas desplazadas a Hispania, respiraba con más firmeza que hacía unos días, pero aún de modo agitado. Movía la cabeza de un lado a otro. Estaba soñando. El calor era infinito. El sol demoledor caía sobre todas sus tropas. Estaban en una tierra extraña y el enemigo había lanzado el ataque. Las legiones estaban dispuestas para resistir la acometida pero de pronto el suelo parecía temblar. Los elefantes bramaban con tal furia que el estruendo de sus salvajes gritos resultaba atronador. Él desenvainó la espada para dar la señal, y, de forma sorprendente, el sol se reflejó en la hoja de su *gladio* cegándole los ojos. Giró la cabeza y cuando volvió a mirar, la espada era un cuchillo y el cuchillo no lo sostenía él sino otra persona. Era una mano pequeña, de mujer. Pensó en Emilia, igual que hiciera hacía unos días, cuando deliraba, pero pronto se acordó de que estaba enfermo y que era la bella Netikerty, la esclava de Lelio, la que le cuidaba.

—¿Netikerty? —Publio pronunció su nombre despacio. El cuchillo permanecía en alto, apenas a unos centímetros de su rostro. Los pensamientos de Publio aún se confundían unos con otros. Se preguntaba qué hacía ahí ese cuchillo pero estaba intentando a un tiempo entender el significado de su sueño, atormentado aún por el bramido de los elefantes, ¿o quizás aún seguía dormido? A la vez, se sentía contento porque había recordado al fin algo que buscaba en su memoria de cuando era niño y estudiaba con Tíndaro, su tutor griego.

—Netikerty —volvió a decir hablando despacio y mirando al cuchillo que le parecía ver y que se acercaba lentamente—. Ahora recuerdo... lo que significa tu nombre... me lo enseñó el viejo Tíndaro... insistía siempre en que todo nombre egipcio... tiene un significado especial... el tuyo también...

El cuchillo se detuvo y, poco a poco descendió, pero no sobre el general sino sobre la mesa. Netikerty, con la mano temblorosa, lo depositó despacio. Esperó unos segundos a que el temblor desapareciera. Poco a poco. Más en calma, tomó el plato con la manzanilla cortada, triturada y la volcó en el cuenco de barro.

—Tiene razón, mi señor —respondió Netikerty en voz baja, susurrante—. Todos los nombres egipcios significan algo.

Netikerty se levantó y puso el cuenco de barro sobre el hornillo de hierro dispuesto en la chimenea encendida en el otro extremo de la habitación. Ya no lloraba. Sentía una paz extraña. Ya nunca conseguiría lo que anhelaba, lo que era justo, pero no podía ser porque no podía hacer lo que tenía que hacer.

—Sí, mi señor —repitió Netikerty desde la chimenea—. Todos los nombres egipcios significan algo.

Publio giró con lentitud su rostro hacia la chimenea. Vio a la muchacha calentando la infusión al fuego de la lar. Ahora debía de estar despierto y no antes. Entre ellos, no obstante, sobre la mesa, respladeciente, había un cuchillo tumbado sobre la madera, impasible, inmóvil. El general no sabía distinguir lo que había sido sueño y lo que había sido realidad. Todo era confuso. Netikerty regresó junto a la cama con un cuenco caliente.

—Bebed, mi señor. Esto os hace mucho bien.

Publio se incorporó en la cama hasta quedar medio sentado. Se sentía más fuerte, así que tomó el cuenco con sus propias manos y bebió a sorbos pequeños.

39

El motín de Sucro

Cartago Nova, Hispania, verano del 206 a.C.

La luz del sol le cegó los ojos. Publio se protegió de la intesidad de aquel resplandor llevando su mano derecha hacia la frente, usándola a modo de visera. Se detuvo en el umbral del palacio que antaño fuera de

Aníbal en el corazón de Cartago Nova. Era la primera vez que salía desde su enfermedad. Le parecía que habían pasado años y, sin embargo, sólo habían sido unas semanas las que había estado postrado a causa de aquellas fiebres que hicieron que su cuerpo se debatiera entre la vida y la muerte durante días. Hacía calor. Hizo bien en haber bebido abundante agua, como le sugirieron los médicos. En su mente se dibujaba la constante presencia de Netikerty a su lado, atendiéndole en todo momento. Aquélla era una extraña esclava. Era atractiva y servicial, inteligente pero discreta. Era normal que Lelio se sintiera atraído por ella y era de agradecer que el propio Lelio hubiera dispuesto que fuera ella la que le atendiera durante su enfermedad en todo momento. Pero ¿qué veía aquella esclava en Lelio? Desde su lecho, aturdido por la fiebre, Publio tuvo mucho tiempo para meditar sobre la guerra, su familia, sus amigos, sus enemigos, Lelio, el mundo, Roma... Aquella esclava, en las pocas palabras que habían intercambiado esas semanas, o en otras ocasiones, destilaba auténtico aprecio por Lelio y algo más. Publio no acertaba a ver el fondo de aquella mujer y eso le incomodaba. Seguramente ella albergaba la esperanza no sólo de ser manumitida sino incluso de casarse con Lelio, algo del todo inaceptable. Intuía que Lelio pensaba algo similar y que no se atrevía a compartirlo con él. Sabía que él nunca aceptaría eso. Publio observó el *praetorium*, levantado justo enfrente del palacio, sede del general de Roma en Hispania. Sus pensamientos abandonaron las pequeñas historias personales y retornaron sobre lo acuciante: la guerra, Cartago, Aníbal.

Publio descendió las escaleras despacio, acompañado por los *lictores* de su guardia personal. Frente al *praetorium* había un par de jóvenes legionarios en pie, sudorosos, firmes pero exhaustos. Habrían pasado toda la noche castigados, firmes frente a la tienda de mando por alguna falta menor. La disciplina era esencial. Publio ignoró su presencia y entró en el *praetorium*. Estaba satisfecho consigo mismo. Antes de caer enfermo sabía que había cumplido sus objetivos: había derrotado a los cartagineses por completo y los había expulsado de Hispania, primero con la conquista de su capital en la región, Cartago Nova, y luego en las cruciales batallas de Baecula e Ilipa. Por eso esperaba encontrar caras felices entre sus oficiales al entrar en el *praetorium*, contentos por todo lo conseguido y satisfechos con la recuperación de su general en jefe. Por el contrario, Publio, nada más entrar, comprendió que algo no iba bien: Lelio, Marcio y Silano, con aire de preocupación, sentados tras una mesa, escuchaban a un mensajero cubierto de polvo hasta las cejas; y en sendos lados de la tienda el resto de los centuriones de primer rango, como Mario Juvencio, Quinto Terebelio, Sexto Digicio y otros, miraban al suelo apesadumbrados. Lelio y Marcio se levantaron enseguida al ver entrar a Publio. Él les lanzó una mirada inquisitiva. Lelio guardó silencio y fue Marcio el que empezó a hablar.

—Los dioses nos envían a nuestro general de regreso. Ésta es sin duda una gran noticia.

Publio asintió sin decir nada. Marcio comprendió que el general no buscaba cumplidos sino una puesta al día rápida sobre los acontecimientos en Hispania desde su enfermedad, algo que explicara la preocupación en el semblante de todos los allí reunidos. Marcio se aclaró la garganta y añadió algunos comentarios a su escueta bienvenida.

—Tenemos problemas, mi general. En el norte Indíbil y Mandonio se han rebelado y acosan a nuestras fuerzas del Ebro. La región es insegura.

Publio se sentó en un robusto *solium* que Terebelio y Mario le aproximaron. Lo agradeció porque aunque procuraba aparentar que se encontraba plenamente restablecido, en realidad aún se sentía débil. De hecho había abandonado el lecho contra el parecer de los médicos.

—¿Es eso todo? —La voz de Publio fue clara, seria, adusta. Marcio sabía que el general era hombre sagaz. Sin duda, la rebelión de los iberos era un problema de compleja solución pero no algo que justificara tanta preocupación entre los oficiales, especialmente toda vez que los cartagineses se habían retirado de Hispania y el general tampoco debía temer por su familia porque había suficientes fuerzas en el norte para hacer de Tarraco un bastión que resistiera hasta la llegada de las legiones de Cartago Nova.

—Hay un motín —añadió Lelio mirando fijamente a los ojos a Publio—. La guarnición de Sucro ha expulsado a los tribunos militares y se ha levantado en armas. No reconocen ningún mando. Controlan la ruta de abastecimiento entre Cartago Nova y Tarraco y no sabemos si piensan unirse a las tropas de Indíbil y Mandonio. Eso es lo que nos preocupa.

Un motín. Por todos los dioses. Publio comprendía entonces la tremenda magnitud de los acontecimientos.

—¿Cómo ha ocurrido eso? —preguntó el joven general. Su voz era menos firme. El impacto de la noticia se hizo patente en el vibrar de sus palabras. Y no era para menos: un motín sería usado por sus enemigos en el Senado para cuestionar toda su campaña, algo que añadir a su decisión de permitir que Asdrúbal escapara de Hispania. Publio se imaginaba a Fabio Máximo frotándose las manos. Un motín podía suponer el final de su carrera militar y política. Más aún: el final de su proyecto de conducir la guerra a África. ¿Cómo iba el Senado a apoyar a un hombre en una campaña tan arriesgada si ni tan siquiera era capaz de mantener el orden entre sus propias filas?

—Parece ser que ha habido retrasos en las pagas. —Era Marcio ahora el que retomaba las explicaciones—. Se quejaron de que hubiera dinero para los festejos en Cartago Nova y que, sin embargo, no lo hubiera para pagarles. Además, se sienten menospreciados por no haber participado activamente en las batallas de Baecula e Ilipa, por estar siempre en la retaguardia. Luego el rumor de que... —aquí Marcio dudó unos segundos; tragó saliva y prosiguió—, el rumor sobre la muerte del general, el mismo rumor que alimentó la rebelión de los iberos, hizo que varios centuriones de Sucro se levantaran contra los tribunos y tomaran la decisión de amotinarse. Parece que han decidido empezar una guerra por su cuenta, una guerra de saqueo en la región que controlan para resarcirse de los retrasos en las pagas.

—¿Es cierto lo del retraso en las pagas?

—Sí —intervino Lelio, y se detuvo un instante para continuar, esta vez bajando la mirada—. Me dejaste al mando... había muchas decisiones que tomar, estábamos todos preocupados por tu salud... todos los trámites administrativos se retrasaron... estuve... estuve negligente en mis funciones.

El silencio se hizo espeso. Nadie miraba a nadie. Sólo Publio observaba a Lelio. Fue el general el que quebró el ruido del aire que se filtraba por entre las telas de la tienda del *praetorium*.

—Un retraso justificado en todo caso: es lógico que la enfermedad del general en jefe conlleve a su vez una serie de retrasos en la toma de decisiones.

Todos exhalaron un suspiro. Con aquellas palabras el general estaba exonerando de responsabilidad en lo sucedido a Cayo Lelio. Publio sintió que la faz de los presentes se relajaba. Lelio era muy apreciado por todos y había demostrado valor al no ocultar su parte de responsabilidad, pero a su vez todos sabían de la tirantez de las relaciones entre aquellos dos hombre que, sin embargo, tan bien combatían juntos. Ningún tribuno ni oficial de los presentes quería que aquel perfecto tándem se quebrara. Con aquellos dos hombres unidos se sentían capaces de enfrentarse a cualquier crisis, pero su distanciamiento les había llenado de dudas y todos habían temido la reacción del general al ser informado de los últimos acontecimientos, en particular del motín de Sucro.

—Además —continúo el joven Publio—, ningún retraso en el cobro del *stipendium* puede justificar la rebelión: el motín es el peor de los crímenes que un legionario puede cometer. Es traición a Roma. Peor aún: es traición a mí.

Publio vio cómo todos le miraron con cierta sorpresa, con algún ceño fruncido. Era la primera vez que Publio parecía ponerse por encima de Roma, pero lejos de corregirse, reafirmó sus palabras.

—Ninguna guarnición romana se ha rebelado nunca contra un Escipión, y mucho menos contra mi padre o contra mi tío. Nadie se rebela contra un Escipión. Nadie. Eso es una ignominia que no puedo tolerar y que no toleraré. —Y lo subrayó de nuevo levantándose de su asiento—. Nadie.

Publio estaba iracundo, nervioso, tenso.

—¿Quién encabeza esta rebelión? —preguntó el joven general, su rostro sudoroso, enrojecido por los nervios.

—Cayo Albio Caleno y Cayo Atrio Umbro son los que los lideran —dijo Silano—. A éstos se les han unido unos treinta o treinta y cinco oficiales más. Luego el resto, hasta unos ocho mil hombres, les siguen como cegados por la locura.

Publio asintió varias veces con la cabeza antes de dar su primera orden tras su grave enfermedad.

—Quiero a esos dos hombres vivos... aquí, ante mí... no, quiero a esos ocho mil hombres aquí, en el foro de Cartago Nova, vivos, todos, y quiero oír de sus bocas cómo me reclaman los pagos atrasados y cómo justifican su traición. En menos de un mes, los quiero aquí a todos. Es una orden. Tomo de nuevo el mando. —Miró a Lelio. Éste asintió con la cabeza. Publio se volvió hacia todos los presentes—. Dos mensajeros: que salgan raudos hacia Sucro. El general en jefe está vivo y quiere hablar con Cayo Albio y Cayo Atrio. —Todos se soprendieron de la facilidad con la que el general parecía haber grabado los nombres de aquellos dos hombres y nadie pensó que aquello presagiara nada bueno para esos dos oficiales en rebeldía.

—Y... —Era la voz de Marcio. Publio se volvió hacia él.

—¿Y...?

—¿Y los iberos?

—¿Los iberos? —Publio trazó la pregunta como quien recuerda

algo ya lejano en el tiempo—. Los iberos ahora, Marcio, no importan. Traedme a los amotinados de Sucro. Una vez limpia nuestra casa ya entraremos en la de los demás. Tarraco tiene suficientes fuerzas para resistir. Y no se atreverán a atacar Tarraco. Y cuando regrese al norte no se atreverán a volver a rebelarse contra mí.

Y con estas palabras Publio Cornelio Escipión abandonó el *praetorium*. A la salida se le unieron sus *lictores*. El general caminaba deprisa, pero de súbito se detuvo ante los legionarios castigados frente a la tienda de mando. Publio se dirigió a uno de ellos.

—¿Cuál ha sido vuestra falta?

El legionario, sorprendido, respondió entrecortadamente.

—Nuestro centurión... vio que... le pareció... no teníamos las armas bien limpias, mi general, eso es todo.

—¿Eso es todo? ¿Te parece excesiva la *munerum indictio*? —preguntó el general.

—No, mi señor, no. El castigo es justo.

—Bien, ¿qué has aprendido esta noche en pie frente al *praetorium*?

—Que debo mantener mis armas limpias.

—Las armas son todo en la vida de un legionario. Deben estar siempre preparadas. Nunca se sabe cuándo atacará el enemigo. ¿Le guardas rencor a tu centurión?

—No, mi general.

—¿Quién es tu centurión?

—Quinto... Quinto Terebelio, mi general.

—Un hombre valiente. Es posible que más de una vez te salve la vida en el campo de batalla. Debes respetarlo.

—Así lo haré, mi general.

—Bien, legionario, bien. —Publio se sintió de pronto agotado. Debía regresar al lecho lo antes posible y descansar un poco. No debía jugar con sus escasas fuerzas ni desvanecerse de nuevo ante todos. La debilidad nunca es respetada. El general se retiró sin volver la mirada atrás.

Los dos legionarios castigados frente al *praetorium* estaban más firmes que nunca. Hasta se sentían orgullosos de haber sido castigados. El general había hablado con ellos.

Mario Juvencio, centurión y experimentado mensajero, escoltado por varios jinetes, partió aquella misma tarde desde Cartago Nova hacia Sucro. En dos días a caballo, tras largas jornadas cabalgando, alcanzaron el destacamento junto al río Sucro. Antes de poder cruzar el río les salió al encuentro una *turma* de caballería romana cuyos caballeros, con espadas desenvainadas, hicieron que se detuvieran.

—¿Quiénes sois? ¿De dónde venís? —fueron las palabras, pronunciadas con un tono que destilaba desconfianza y nerviosismo, con las que recibieron al mensajero y su escolta.

Mario hizo que su montura avanzara un par de pasos antes de responder.

—Soy Mario Juvencio Tala, centurión de las legiones de Hispania, bajo el mando de Publio Cornelio Escipión, quien me envía para saber de vuestras reclamaciones y por qué habéis expulsado del campamento a los tribunos militares elegidos por el pueblo de Roma. Vengo para ordenaros que os presentéis ante el general Escipión en Cartago Nova para reclamar vuestras pagas.

Las palabras de Mario cayeron como un helado jarro de decepción.

—¿Entonces... —empezó, esta vez con tono menos hostil, el que parecía actuar como decurión de aquella *turma*—... el general está vivo?

—El general Publio Cornelio Escipión está vivo y esperando respuesta al mensaje que os acabo de expresar.

El decurión asintió varias veces.

—Seguidnos entonces. —E hizo girar a su caballo. Todos cabalgaron al trote en dirección al campamento de Sucro. Mario se sintió bien. Los amotinados aún no estaban seguros de que el general hubiera sobrevivido a su enfermedad. Ahora era cuestión de esperar a que la noticia se propagase entre las tropas rebeldes y observar quién de entre todos aquellos hombres se mantenía firme en su actitud de rebeldía. ¿Aceptarían presentarse frente al general? Tendrían que estar o muy locos o muy ofuscados para ello, pero los hombres que caen en la traición son capaces ya de cualquier cosa.

Las tropas amotinadas llegaron a las puertas de Cartago Nova. Cayo Albio y Cayo Atrio, pese a las instrucciones recibidas por Mario, habían retrasado su llegada a Cartago Nova hasta asegurarse por medio de sus exploradores de que Cayo Lelio había partido hacia el norte con el grueso de las legiones de Escipión. Eso les daba superioridad numérica, una situación en la que Cayo Albio, el cabecilla de aquel motín, se sentía a gusto. La enormidad de aquella fortaleza, no obstante, impresionó a aquellos soldados que apenas habían participado en las campañas de Hispania. Muchos habían oído hablar de la capital púnica de aquel vasto territorio que su general, Publio Cornelio Escipión, el mismo general contra el que se habían rebelado, había conseguido conquistar en tan sólo seis días. Admirando los elevados muros que resguardaban el acceso a Cartago Nova desde el istmo, el único punto de tierra firme que conectaba la ciudad con el resto del territorio, a todos les parecía imposible aquella conquista. La mente de los soldados rebeldes se llenaba de dudas y temor. ¿Quién era realmente aquel hombre contra el que se habían amotinado? Repasando las campañas pasadas, todos sacaban cuentas: aquel general con sólo cuatro legiones y sus tropas auxiliares, junto con alguna ayuda adicional, pero inconstante, de ciertas tribus iberas, había derrotado y expulsado de Hispania a tres ejércitos cartagineses comandados por los hermanos del legendario Aníbal y por el general púnico Giscón. Al tiempo que los amotinados cruzaban las puertas que se abrían de par en par para dejarles el paso libre, muchos se planteaban hasta qué punto había sido sabia su decisión de respaldar a Cayo Albio, Cayo Atrio y el resto de los cabecillas de aquella rebelión. «El general está muy enfermo —dijeron—, el general va a morir y ésta es nuestra ocasión para resarcirnos y cobrarnos nuestras pagas y nuestro botín de guerra por las penurias pasadas durante estos años de carencia y sufrimientos.» Entonces aquella manera de pensar pareció tener sentido, pero ahora, ascendiendo por las calles de Cartago Nova, en dirección al foro de aquella fortaleza, a punto de ver al propio general, todo aquello ya no parecía estar tan claro.

—Leo dudas en el rostro de muchos de los hombres —dijo Cayo Atrio en voz baja.

—Puede ser —respondió Cayo Albio—, pero las legiones de Escipión estarán ya lejos, cerca del Ebro, y el general sólo tiene una pequeña guarnición en Cartago Nova. Les quintuplicamos en número. Mientras los hombres vean que somos muchos más que los soldados de los que dispone el general no hay nada que temer.

Atrio asintió, sin mucha seguridad.

—Quizá debiéramos decirles algo de todo esto... —añadió.

Cayo Albio le miró unos segundos. Cabeceó y sin esperar más comentarios por parte de su compañero de rebelión empezó a hablar en voz alta y potente dirigiéndose a los soldados amotinados bajo su mando a medida que éstos pasaban delante de ellos.

—¡Ánimo, soldados! ¡Esta misma tarde cobraréis todos vuestras pagas atrasadas! ¡Habrá dinero y con él conseguiréis mujeres y vino y días de descanso merecido! ¡Hoy es el día en que nuestras justas demandas serán atendidas! ¡El general nos otorgará lo que es justo, lo que es nuestro o nosotros lo tomaremos con nuestras manos! ¡Somos los hombres de Sucro y somos muchos! ¡Ánimo, soldados! ¡Hoy será un gran día para todos!

Albio no era un gran orador pero sus palabras impregnaron de esperanza los corazones de los soldados, ávidos por cobrar el dinero por el que se habían rebelado, ansiosos por descansar y beber y yacer con una mujer. Apenas habían entrado en combate, sólo en pequeñas escaramuzas. Para la gran mayoría, aquella marcha desde Sucro hasta Cartago Nova era lo más duro a lo que se habían enfrentado. Albio tenía razón. Sus reclamaciones eran justas y si aquel general había perdonado incluso a los propios enemigos, pues de todos era conocida la generosidad de Escipión para con los iberos derrotados, más aún sería su generosidad para con ellos, legionarios de Roma, soldados a su servicio, sólo en rebeldía para demandar lo que era justo: sus pagas y un mayor reconocimiento a su trabajo y a su participación en aquel conflicto manteniendo las líneas de abastecimiento entre Tarraco y el sureste de Hispania. Y además, eran muchos más. El general apenas se habría quedado con un pequeño destacamento, quizás unos mil hombres, pues las legiones que marchaban hacia al norte, con las que se habían cruzado a más de un día de marcha de Cartago Nova, iban al completo, con su infantería ligera de *velites*, los *hastati*, *principes* y los veteranos *triari*. Más de uno de los oficiales próximos a Escipión había comentado que si hubiera habido alguno de estos veteranos quizá la rebelión no hubiera tenido lugar y, sin embargo, Cayo Albio y Cayo Atrio, los líderes del motín, eran *triari*.

Publio Cornelio Escipión contemplaba el atardecer sobre el foro de Cartago Nova. Las sombras del antiguo palacio de Aníbal y de los templos se extendían pesadas y alargadas sobre la extensa explanada del centro de la ciudad. Las calles que daban a la gran ágora estaban desiertas y en el mismo foro sólo se veía a los legionarios de la guarnición que el general había ordenado que se quedaran en la fortaleza para vigilar la población, defenderla de ataques enemigos y, en este momento, recibir a las tropas amotinadas de Sucro.

Publio estaba sentado en una amplia y confortable *cathedra* con respaldo ligeramente curvo. Era un asiento que en invierno solía cubrir con pieles de lobo, pero que en aquellos días de estío dejaba desnudo a excepción de un par de cojines en la parte trasera de sus riñones. El hecho de que hubiera pedido que se sacara esa cómoda silla en lugar de una simple *sella* sin respaldo parecía enviar a todos un mensaje de que el general pensaba que aquel asunto iba para largo. Junto al joven Publio se encontraban de pie, firmes, Lucio Marcio Septimio, que, con Lelio desplazado al norte, ejercía de segundo en el mando, Silano, con su mente fría y calculadora, y Quinto Terebelio, que como *primus pilus* actuaba de centurión al frente de las tropas emplazadas en el foro: doscientos hombres armados a espaldas del general y diferentes manípulos en cada una de las esquinas de la plaza. Hombres seleccionados con cuidado por el propio Terebelio y por Cayo Lelio, antes de su partida, pero en cualquier caso insuficientes, no importaba su demostrado valor, si las negociaciones con los sublevados se transformaban en un enfrentamiento civil entre tropas romanas.

Terebelio había advertido a sus hombres de lo peligroso de la situación y había solicitado al general la posibilidad de reducir la guardia de la puerta y de la muralla para así poder disponer de más hombres en el foro, pero el general había desestimado tal opción en todo momento insistiendo en que necesitaba estar seguro de que el control de la puerta sería de los legionarios leales. El veterano *primus pilus* ya había aprendido, a veces a las duras, que el general siempre tenía sus razones para actuar como lo hacía, de modo que no insistió más y puso hasta quinientos hombres, algo más de la mitad de todas sus fuerzas, controlando la gran puerta en el sector este de la muralla de Cartago Nova. ¿Por qué era la puerta tan importante cuando no había ya cartagineses en la región ni iberos en rebeldía?

Cayo Albio entró al fin en Cartago Nova con los últimos manípulos de sus tropas amotinadas. Se sentía seguro. Ocho mil hombres bajo su mando habían accedido a la ciudad. El general apenas disponía de mil. La situación estaba bajo su control. Negociaría en una posición de fuerza. Quizá podría plantear no sólo el pago de las pagas atrasadas y el perdón por la sublevación, algo que ya daba por hecho, sino un porcentaje del botín de guerra obtenido en aquellas campañas en las que ellos mantuvieron abiertas las líneas de abastecimiento.

—Deberíamos poner hombres en la puerta. —Era la voz de Cayo Atrio a sus espaldas—. No me gusta que sean ellos, los hombres del general, los que decidan cuándo abrir o cerrar las puertas.

Cayo Albio miró hacia lo alto de la muralla. Decenas de legionarios de la primera legión desplazada a Hispania se asomaban apostados entre los recovecos de la muralla y junto a las almenas próximas a la gran puerta de entrada a la ciudad.

—Que cierren las puertas si quieren —espetó Cayo Albio con desprecio y en voz alta. Un manípulo de los amotinados se había detenido junto a Albio y Atrio, que debatían sobre la cuestión del control de la puerta. Albio se percató y decidió sacar provecho de la situación—. ¡Pues sea, por todos los dioses, por Marte y Júpiter, si quieren cerrar las puertas que las cierren! ¡No tenemos miedo a quedarnos encerrados con los hombres del general!

Y Albio lanzó al aire una poderosa carcajada que pronto fue arropada por las risas de los legionarios de aquel último manípulo de los legionarios amotinados. El viento hizo su trabajo y elevó las risas hacia el cielo y en su vuelo regaron los corazones de los legionarios leales a Escipión en lo alto de la muralla de odio y desprecio, pero también de algo de temor. Pero Albio no tuvo bastante con las palabras y se plantó con los brazos en jarras y las piernas abiertas separadas, clavadas, frente a las puertas.

—¡Venga, cerradlas de una vez, malditos! ¡Cerradlas y quedémonos a solas vuestro general y yo, sus hombres y los míos!

Hubo dudas entre los legionarios en lo alto de la muralla, hasta que el centurión de guardia asintió con la cabeza y sendas decenas de legionarios empezaron a tensar las cadenas que hicieron crujir los goznes de las inmensas puertas de Cartago Nova. Al cabo de un pesado minuto de chirriar de bisagras sucias por su escaso uso, las gigantescas puertas de Cartago Nova quedaron selladas. Publio Cornelio Escipión se había encerrado con unas tropas sublevadas que le sobrepasaban ocho veces en número.

Un mensajero llevó raudo la noticia del cierre de las puertas a Terebelio y éste, con el ceño fruncido, pasó la información a Marcio, quien, a su vez, con voz seria, lo transmitió al general. Publio Cornelio Escipión asintió despacio.

—Bien, los dioses están con nosotros, ellos velarán por los que les son fieles y no transgreden los juramentos sagrados —fue la respuesta de Publio.

Marcio, Silano y Terebelio habrían agradecido palabras menos sacras y una acción más audaz. El general parecía convencido de que los dioses, al igual que lo ayudaron a conquistar Cartago Nova contra los cartagineses, les ayudarían ahora a preservarla de las tropas sublevadas, pero antes de que ninguno de los dos pudiera decir algo, los primeros manípulos de los amotinados empezaron a irrumpir en el foro de la ciudad. Lo hacían de forma ordenada, como queriendo mantener la apariencia de disciplina, de ejército romano. Y lo conseguían. A medida que entraban en la gran explanada iban tomando posición de ataque, infantería ligera al frente, *hastati* y *principes* detrás y al fondo los manípulos de los *triari*. Tanto Terebelio como Marcio y Silano hubieran deseado mayor indisciplina y desorden. Cuanto más próximos al ejército romano en su organización y actitud, más compleja sería la situación. Iban formando los manípulos dejando un pasillo en el centro del foro, como si dicha disposición de las tropas hubiera sido prediseñada por sus mandos en rebeldía. No reconocían a Escipión como general en jefe pero reconocían algún mando. Marcio y Silano miraron a Publio. El general permanecía impasible, observando la exhibición de orden militar de aquellas tropas rebeldes sin mostrar emoción, atento, pero contenido. ¿Cómo pensaba el general resolver aquello? ¿Cediendo a todas las peticiones? Quizá. De hecho en el actual estado de cosas ésa parecía ser la única salida, pero eso no haría sino animar la indisciplina y la sublevación en cuantas guarniciones romanas había diseminadas por Hispania. No podía hacerse semejante cosa, pero ¿qué otra salida quedaba? El enfretamiento contra un número tan superior de tropas era en todo punto suicida. ¿Estaba realmente bien el general? ¿Se había restablecido por completo de su enfermedad o le habían quedado secuelas, no en su cuerpo, que parecía recuperado, sino en su mente, allí donde los ojos de los hombres no alcanzan?

Por el pasillo central que habían dejado las tropas amotinadas, entraron en la plaza del foro de Cartago Nova Cayo Albio y Cayo Atrio, como generales en un *triunfo*, aclamados por sus tropas que gritaban sus nombres como súbditos que aclaman a sus reyes.

Publio, sentado en su *cathedra*, aguardaba sin decir nada.

Cayo Albio y Cayo Atrio, respaldados por un nutrido grupo de unos treinta hombres, el resto de los cabecillas de aquella rebelión, se aproximaron hasta quedar a unos diez pasos del general. Los hombres de Escipión que actuaban como *lictores* fueron a adelantarse y situarse entre el general y los oficiales rebeldes, pero Publio Cornelio Escipión alzó la mano y los *lictores* se detuvieron en seco.

—No es necesario que me proteja, ¿verdad? —dijo Publio mirando a Cayo Albio directamente a los ojos.

Albio meditó un segundo su respuesta. Se había visto sorprendido por la rápida interpelación del general.

—Venimos en son de paz —dijo al fin.

—Entiendo —dijo Publio, se relajó en la *cathedra* y tras un gesto de su mano los *lictores* se replegaron y quedaron junto al general, pero a sus espaldas. Entre Publio y sus interlocutores sublevados sólo había diez pasos y nadie interponiéndose entre ellos. El general habló de nuevo.

—Habla entonces, te escucho.

Cayo Albio hinchó sus pulmones y se preparó para soltar el largo discurso de reclamaciones, demandas y justificaciones a sus actos que tenía aprendido y preparado desde hacía días. Cada jornada de marcha desde Sucro la había dedicado a redactar de memoria ese discurso. Ahora era el momento de exponerlo en voz alta y clara. Sabía que todos sus hombres, sus compañeros de rebelión, le escuchaban atentos, ansiosos.

—¡Venimos aquí... venimos aquí porque...!

—Disculpa —le interrumpió Publio—, pero, exactamente, ¿con quién hablo?

Cayo Albio le miró confundido. Publio se levantó despacio y habló con un tono resuelto y potente que resonó entre las últimas casas al fondo mismo del foro.

—¡Me explicaré! ¡Yo soy Publio Cornelio Escipión, general *cum imperio* sobre todas las tropas romanas desplazadas a Hispania, con mandato directo del Senado de Roma para expulsar a los cartagineses de esta región! ¡Soy el conquistador de Cartago Nova, la ciudad en la que ahora os encontráis porque yo la arrebaté antes a los cartagineses, y soy el vencedor sobre los ejércitos de Asdrúbal y Magón, hermanos de Aníbal, y sobre el ejército de Asdrúbal Giscón en las batallas de Baecula e Ilipa, y soy también el conquistador de cuantas ciudades iberas se encuentran entre el Ebro y la ciudad de Gades, tengo bajo mi mando varias legiones completas con sus tropas auxiliares y también la guarnición de Sucro! ¡Sin embargo... —aquí el general rodeó caminando en un semicírculo en torno a la figura de Albio, que estaba adelantado al resto de sus compañeros de motín—, sin embargo, no reconozco con quién tengo el gusto de hablar! ¡Por Cástor y Pólux, he de admitir que veo que en tu mano están las *fasces*, los símbolos de mando de un tribuno militar, y, es curioso, no reconozco en ti a ninguno de los tribunos militares que el pueblo de Roma escogió para estas funciones entre las tropas que tengo bajo mi mando! —En este punto, Escipión se detuvo, quedando en diagonal con respecto a la posición de Cayo Albio, mirándole al girar levemente la cabeza hacia un lado, como quien contempla algo extraño que no acierta a interpretar, o como quien observa a un ser deforme y siente cierto asco—. ¡Por eso, soldado, pregunto con quién estoy hablando, porque no lo sé y eso... eso... de momento me... cómo te diría, por Júpiter, eso me perturba!

Cayo Albio escuchó primero confundido las disquisiciones del general, luego con cierto desprecio y finalmente con ira contenida.

—¡Yo soy Cayo Albio! ¡Cayo Albio, el que tiene actualmente a su mando la guarnición de Sucro, los ocho mil hombres armados que están a mis espaldas y que vienen a reclamar lo que es suyo!

—Cayo... Albio... —dijo despacio el general sin dejar de mirarle con la cabeza ladeada—; he ahí un nombre que no olvidaré.

Albio no supo bien cómo interpretar esas últimas palabras. Parecían una amenaza. Algo absurdo. Ellos tenían ocho veces más hombres en Cartago Nova que el general. En cierta forma la ciudad estaba en su poder, sólo quedaba la cuestión de arrebatárselo a ese testarudo y estúpido general si no se atenía a razones. Sus hombres, todo el regimiento de Sucro, estaban ansiosos por cobrar dinero y resueltos a conseguirlo de una forma u otra. Aquella actuación del general era una pantomima absurda. En cualquier caso, Albio había olvidado ya su discurso.

—Vienes a pedir lo que es justo. —La voz del general volvió a cogerle por sorpresa mientras Albio sopesaba si seguir hablando con aquel fantoche o lanzar la orden de ataque y hacerse con toda la ciudad de Cartago Nova. Aquélla era una magnífica fortaleza. Podrían ejercer el poder con seguridad durante años. Roma estaba demasiado ocupada en la guerra con Aníbal como para ocuparse de ellos. Podrían ser unos nuevos *mamertinos* y vivir en el lujo y la opulencia el resto de su vida—. ¿Qué es lo justo, Cayo Albio? —La voz del general seguía allí, interrogándole, aturdiéndole.

Albio habló por fin como un torrente cuando se levanta un dique y el agua sale a chorro, con furia desatada.

—¡Lo justo es cobrar nuestras pagas atrasadas de este último año y recibir una parte razonable del botín conseguido en estas campañas porque ha sido con nuestro esfuerzo con el que se han mantenido las líneas de abastecimiento abiertas! ¡Eso es lo justo, eso es lo que pedimos y eso es lo que queremos ya!

El general escuchó de pie. Dejó, despacio, de ladear la cabeza y caminando con irritante lentitud volvió a su *cathedra* y se sentó de nuevo. Contempló a los cabecillas que acompañaban a Cayo Albio. Tras él se adelantaba otro supuesto oficial algo más que el resto. Sin duda sería el otro líder de la rebelión del que ya le habían hablado: Cayo Atrio. A este otro se le veía algo mayor, más veterano, más cauto. Lo tendría presente. El otro, Albio, el que hablaba, era un peligro, pero un peligro estúpido. Publio observó cómo los soldados de las primeras líneas de los amotinados, hasta donde alcanzaba su vista, asentían a la perorata de demandas de Cayo Albio. Aquello fue lo que más le pesó en el corazón. ¿A cuántos debería dar muerte para terminar con aquella sublevación? Se dio cuenta de que nunca antes había derramado sangre romana. Al menos no directamente. Es posible que hubiera habido algún condenado a muerte en las legiones bajo su mando por dormirse en las guardias o por no estar a la altura en el campo de batalla, pero eran casos que nunca habían llegado hasta él. Siempre se habían resuelto por sus tribunos o, como mucho, por Lelio o Marcio. Pero ahora era distinto. No había intermediarios entre el crimen cometido, sus criminales y él como juez.

—¡Llevas razón, Cayo Albio, llevas razón! —dijo al fin Publio Cornelio Escipión. Las palabras del general pillaron por sorpresa tanto a Albio y al resto de los sublevados como a los *lictores* y los legionarios que se encontraban a espaldas del general. Sólo Lucio Marcio, Silano y Quinto Terebelio mantuvieron su adusta expresión sin mostrar sentimiento alguno ante las explicaciones de Escipión.

»¡Llevas razón, Cayo Albio! —repitió el general, y se alzó nuevamente de su *cathedra* para que todos le vieran—. ¡Deberíais haber tenido participación en el botín de guerra tras vuestros grandes trabajos de protección de las líneas de abastecimiento y es sólo por negligencia mía y de mis mandos que se ha retrasado el pago de vuestro *stipendium*! ¡Todo esto debe remediarse! ¡Espero que entendáis que la negligencia se debe a mi enfermedad y que esto ha sido lo que ha retrasado vuestras pagas, pero todo puede y debe arreglarse!

Albio y Atrio se miraron extrañados. Ninguno de los dos había esperado que el general cediera con tanta facilidad. Albio concluyó que el general había atendido a lo obvio: la total superioridad numérica de sus hombres y de ahí ese repentino cambio de actitud por parte de Escipión. Atrio, más desconfiado, miraba a su alrededor, pero sólo alcanzaba a ver a las centenas, millares de soldados de Sucro que los acompañaban, frente a los cuatro o cinco manípulos de legionarios que el general había distribuido por los extremos del foro. Albio retomó la palabra.

—¡Queremos también que, una vez satisfechas nuestras demandas, no se tomen medidas de castigo contra ninguno de nosotros! ¡Sólo así reconoceremos de nuevo el mando del general! ¡Ningún castigo! —Y aquí Albio alzó las manos con la espada desenvainada volviéndose hacia los sublevados—. ¡Ningún castigo!

Los soldados amotinados golpearon sus escudos con los *pila* y repitieron las palabras de su líder como hombres resueltos y decididos a conseguir lo que exigían.

—¡Ningún castigo, ningún castigo, ningún castigo!

Publio esperó, suspirando despacio, a que la inmensa algarabía cediera poco a poco. Cuando los soldados sublevados callaron, Albio se giró de nuevo hacia él esperando respuesta.

—Bien, por todos los dioses —espetó Cayo Albio—, creo que todo está dicho.

—Sí, así es. Todo está dicho —respondió el general—. Lo oportuno será que paséis por escrito la cuantía exacta de vuestras demandas a Lucio Marcio y Silano. Es tarde, el sol está cayendo en el horizonte y estoy cansado, y vosotros debéis de estarlo aún más. Durante la noche repasaré con mis oficiales las demandas formuladas por escrito y mañana al amanecer nos veremos para satisfacer, una a una, todas vuestras peticiones. Entretanto, podéis acampar aquí, será una noche cálida, agradable, y ordenaré que distribuyan comida y vino entre tus hombres para que puedan relajarse y recuperarse. Mañana todo quedará resuelto. ¿Satisface esto vuestras reclamaciones, Cayo Albio?

Albio miró a los suyos. Los cabecillas se miraban entre sí, algo confusos, pero contentos por las palabras del general. Uno a uno iban asintiendo con rapidez. Atrio fue el que más tardó en conceder con su cabeza mientras miraba al general que, como distraído, alzaba sus ojos hacia el cielo del horizonte rojo de aquella tarde.

—¡Estamos de acuerdo! —dijo Albio al fin—. En una hora entregaremos nuestras peticiones a Marcio y mañana esperamos la satisfacción de las mismas.

—¡Sea! —respondió el general, y saltó como propulsado por un resorte de su *cathedra* y sin decir más se volvió en dirección al palacio. Los *lictores* se hicieron a un lado y, una vez que el general les hubo superado, todos le siguieron. Publio se detuvo junto a Marcio, Silano y Terebelio, que se habían acercado para recibir instrucciones. Publio les habló en voz baja, apenas un suave murmullo de órdenes precisas.

—Marcio, con Silano, recoged las peticiones de estos hombres y que reciban comida y vino, bastante más vino que comida. —Marcio y Silano sonrieron y asintieron; el general se volvió entonces hacia Terebelio—. Quinto, ¿tus hombres siguen controlando las puertas?

—Así es, mi general. Tal y como ordenaste.

—Bien. Que eso siga así. Estamos encerrados entre serpientes. Será una noche peligrosa, pero el amanecer nos traerá un nuevo día. Montad guardias en torno a los sublevados. Que no abandonen la explanada del foro. El que quiera salir, persuadidlo con más comida, con dinero, con vino, con mujeres si es necesario.

Marcio, Silano y Terebelio asintieron una vez más. El general les devolvió el saludo y se retiró hacia el palacio escoltado por los *lictores*, cuyas hachas afiladas resplandecieron al reflejar los últimos rayos de aquel sanguinolento sol del atardecer.

Mientras el astro solar languidecía en un horizonte entre rojo y añil, los legionarios leales al general empezaron a llevar grandes cestos con comida para las tropas amotinadas acampadas en el foro de la ciudad. A los amotinados empezó a derretírseles la boca cuando sacaban la comida de los cestos: estaban llenos de panes con su *cresta superior* empapada de huevo, granos de anís y comino y partidos en sus *quadrae* al más auténtico estilo romano; hacía años que no habían tomado pan semejante. Publio había solicitado la ayuda de todos los panaderos de la ciudad para preparar raciones extra de pan, primero para proveer a las legiones que partían hacia el norte y luego para recibir a los amotinados de Sucro con abundantes manjares con los que calmar sus quejas.

—No nos confiemos —dijo Cayo Atrio cuando los primeros cestos llegaron a manos de los cabecillas de la rebelión—. El general sólo busca ablandar nuestros corazones con un poco de comida y bebida.

—Puede ser —respondió otro de las oficiales—, pero hace años que no comía al modo romano y no me importa lo que pretenda el general. Además, mira, hay *circuli* y *laganum*.

Y el oficial hundió sus manos en una enorme canasta repleta de roscones hechos con agua, harina y queso, mezclados con otras pastas de diversas formas preparadas con una base de pasta de harina puesta a remojo con vino, aceite, miel y leche. Aquello no era comida, sino auténticos manjares para unos hombres que junto con la ausencia de sus pagas habían sufrido una carencia notable de provisiones durante los últimos meses, pues los suministros pasaban de largo en dirección al sur, allí donde fuera que estuvieran combatiendo las legiones del general.

—¿Y si está envenenada... la comida? —dijo Atrio mirando al resto de los líderes de la rebelión. Con sus palabras muchos dejaron de comer. Fue entonces Albio el que intervino con rapidez.

—¡Que cojan los nuestros a varios de los legionarios del general y que les fuercen a comer!

Se montó entonces una algarada en una de las esquinas, la más próxima a Albio y sus oficiales cuando decenas de soldados amotinados empezaron a obligar a legionarios del general a que comieran de los cestos de comida que estaban distribuyendo. Lucio Marcio, que junto con Silano estaba supervisando la distribución de comida a los amotinados, se hizo oír por encima de los gritos de los unos y los otros.

—¡Por Cástor y Pólux! ¡Silencio! ¿Qué ocurre aquí?

Varios legionarios leales le informaron de las dudas de los amotinados con respecto a la comida. Cayo Albio y Cayo Atrio, con las espadas desenvainadas, se habían aproximado ya al lugar donde Marcio intentaba mantener el orden.

—¡Si esa comida es buena, tribuno, come de ella! —dijo Albio mirando a Lucio Marcio. El tribuno, lugarteniente de Escipión en Cartago Nova, hizo un ademán alzando la mano para que sus legionarios depusiesen la actitud de enfrentamiento y se retirasen.

—¿Es eso entonces lo que os preocupa? ¿La comida? —preguntó Marcio.

—¡Come y calla! —dijo Albio blandiendo la espada amenazadoramente hacia Marcio. El tribuno asintió cabeceando un par de veces. Dio dos pasos y se situó junto a uno de los cestos de comida. Una cincuentena de soldados leales y varios centenares de amotinados observaban sus movimientos con ansiedad. Marcio se agachó hacia un lado, lentamente, y hundió su mano entre los panes amontonados. Extrajo uno y se lo llevo a la boca. En el intenso silencio que se había creado se escuchó el crujido de la corteza del pan quebrado por las mandíbulas del tribuno. Marcio masticó y tragó. Luego fue a otra cesta y tomó uno de los *circuli*. Repitió la operación y engulló el roscón en dos bocados grandes, y lo mismo hizo con otros cestos con carne seca de jabalí, queso y uva.

—Es mejor comida de la que merecéis. Si por mí fuera no os daría ni algarrobas, pero tenéis la inmensa suerte de beneficiaros de la generosidad y benevolencia del general —espetó Marcio con la boca aún llena, escupiendo comida mientras hablaba. Se acercó entonces adonde sus hombres habían amontonado varias docenas de ánforas.

—¡Un vaso! —pidió el tribuno alargando la mano a la espera de que uno de sus hombres cumpliera la orden. En ningún momento el tribuno dejó de mirar a Albio y a Atrio. Un legionario trajo un vaso. El propio tribuno se sirvió vino y lo bebió de un largo trago. Luego rompió el ánfora en el suelo.

—Me puedes obligar a que coma y beba para que estéis tranquilos y todo porque el general ha dicho que se os respete y se os alimente, pero nunca consentiré compartir un ánfora de vino con rebeldes como vosotros. De donde yo he bebido ya no beberá ninguno de vosotros—. Y se giró a sus hombres.

—Dejad la comida y la bebida aquí. Si quieren que coman y beban y si no quieren que se pudran ellos, la comida y el vino. —Y Lucio Marcio Septimio se abrió paso entre sus legionarios y dejó a los cabecillas de la rebelión a solas con las decenas de cestas de pan y pastas y las docenas de ánforas de vino.

—Comamos y bebamos —dijo Atrio.

Y centenares de soldados se abalanzaron sobre la comida y el licor. Lo que había comenzado siendo una ordenada distribución de víveres se transformó en un trifulca caótica donde el primero que llegaba a una cesta cogía de sus manos todo cuanto podía, pero ni Albio ni Atrio ni el resto de los líderes se preocuparon por el tema. La mayoría de los oficiales se dedicó a reclamar más comida y más vino y los legionarios del general se limitaron a satisfacer la petición trayendo más provisiones. Albio por su parte estaba entretenido en vanagloriarse de su hazaña.

—¿Habéis visto quién manda aquí? Pero, por Júpiter, ¿lo habéis visto? —decía—. El tribuno hacía todo lo que le pedíamos. Están más atemorizados de lo que pensaba. Mañana obtendremos todo cuanto pidamos y aún más... y aún más...

Dejó de hablar porque Atrio le pasó una pasta de *laganum* y una jarra de vino.

—Brindemos por mañana —propuso Atrio.

—Sí, brindemos —aceptó Albio. Y tres docenas de jarras alzadas por los cabecillas de la rebelión chocaron en el aire para festejar con júbilo el principio de sus tiempos de abundancia y recompensa.

—De todas formas —dijo Atrio tras el brindis—, deberíamos controlar que los hombres no beban en exceso. Y nosotros tampoco.

—En eso llevas razón —confirmó Albio. Y con el resto de los cabecillas acordaron que los soldados comieran cuanto quisieran pero que tuvieran cierto comedimiento con el vino. Las órdenes fueron transmitiéndose de un manípulo a otro, pero los soldados, aunque asentían a las órdenes, cogían cuanta comida y bebida podían y daban buena cuenta de ella sin atender a una disciplina que hacía meses estaba ausente entre sus filas.

40

La justicia de Escipión

Cartago Nova, Hispania, verano del 206 a.C.

El amanecer trajo un rocío fresco. Los soldados amotinados dormían despreocupados. Albio y Atrio habían conseguido, a duras penas, que un pequeño grupo se contuviera en la bebida e hiciese guardia durante la noche en torno al improvisado campamento del foro.

—Es posible que el general haya querido debilitar nuestra determinación a la hora de reclamar lo que nos pertenece con esta comida —empezó Cayo Albio dirigiéndose a su compañero en el mando, Atrio, mientras éste se desperezaba aún medio dormido—, pero se equivoca si cree que con un poco de pan y vino vamos a ceder en nuestras reclamaciones. Esto es sólo una pequeña muestra de lo injusto que ha sido hasta ahora el reparto entre sus legiones y nosotros.

Cayo Atrio asintió mientras se rascaba un ojo. Albio continuaba hablando, como enardecido por las horas de espera mientras aguardaban la decisión final del general sobre sus peticiones. Estaba decidido a no aceptar más dilaciones.

—O el general empieza el reparto de las pagas esta misma mañana o tendrá problemas.

—Me parece bien —confirmó Atrio, y luego, mirando hacia el palacio, añadió—: el general y sus oficiales... salen ya.

En efecto, Publio Cornelio Escipión, escoltado por su guardia personal y en compañía de Lucio Marcio Septimio, Silano y Quinto Terebelio, salían del palacio y descendían por las escaleras del mismo en dirección al foro. En ese momento, los cuatro manípulos leales al general formaron con rapidez en cada una de las esquinas de la gran explanada. Una vez que Publio quedó frente a las tropas amotinadas, desde las cuatro esquinas, sus hombres hicieron sonar las tubas con fuerza, como si estuvieran en el campo de batalla. El estruendo de las trompas, con su juego de ecos entre las casas colindantes, resultó atronador y los soldados amotinados vieron interrumpido su descanso de forma abrupta. La mayoría desenvainó las espadas pensando que estaban siendo atacados, pero en cuanto se dieron cuenta de que eran sólo los pocos hombres que el general había distribuido en las esquinas del foro metiendo ruido, pronto pasaron del miedo a la irritación. Sin embargo, no tuvieron tiempo de quejarse, ni siquiera tuvieron sus jefes, Albio o Atrio, tiempo de decir nada, pues el general, desde los primeros peldaños de la escalinata del palacio, empezó a hablar.

—¡Soldados de Sucro, pues no sé de qué otra forma dirigirme a vosotros, pues ni sois legionarios, ni ciudadanos de Roma ni enemigos! ¡No sois legionarios pues habéis roto todos vuestros juramentos al levantaros en armas contra vuestros mandos legítimos, ni sois ciudadanos de Roma pues habéis traicionado las leyes de esta ciudad, y no os puedo llamar enemigos porque sois mil veces peores que el peor de nuestros enemigos! ¡Pero basta ya, por todos los dioses, de palabrería! ¡Ya he tomado mi decisión con respecto a vuestras peticiones, Cayo Albio y Cayo Atrio! —añadió el general mirando fijamente a los dos líderes de la rebelión, confusos e irritados por el tono áspero del discurso del general, el cual, no obstante, continuó hablando—. Pero antes de avanzar más en la que será vuestra sentencia, Lucio Marcio os expondrá el actual estado de cosas.

Y con ello se separó de Marcio, al que dejó en la escalinata, y se sentó en la *cathedra* que su guardia nuevamente había traído consigo. Lucio Marcio observó la multitud en armas de los amotinados: ocho mil soldados dispuestos a todo, nerviosos, casi todos con resaca, muchos con las espadas en la mano, ávidos por acabar con aquellas negociaciones y dispuestos a tomarse la justicia por su mano y apoderarse si era necesario de aquella ciudad pasando por encima del general y sus hombres. Marcio nunca había tenido ante sí una muchedumbre armada de romanos tan hostil y peligrosa, pero las órdenes del general eran precisas y todo estaba saliendo según lo diseñado por Escipión. Comenzó su breve parlamento.

—Hace dos días, hombres de Sucro, os cruzasteis con las legiones que marchaban hacia el norte para enfrentarse a la rebelión ibera de Indíbil y Mandonio. Lo que no sabéis es que esas legiones tenían la orden explícita del general de girar y volver sobre sus pasos una vez que al cruzarse con vuestra marcha hubierais quedado fuera de su campo de visión. De esta forma, Cayo Lelio, siguiendo las órdenes del general, os siguió durante un día, acampando a cincuenta estadios de la ciudad, mientras vosotros entrabais en Cartago Nova. Y esta madrugada, apenas hace una hora, mientras dormíais en el foro, las puertas de la ciudad han sido abiertas de par en par por los legionarios bajo el mando de Quinto Terebelio. Así las dos legiones comandadas por Cayo Lelio y leales a Publio Cornelio Escipión, único general *cum imperio* en Hispania, han accedido a la ciudad y esperado la señal de las tubas con la que os habéis despertado. En este mismo momento, más de quince mil hombres armados leales al general ascienden por las calles que dan acceso a esta explanada y, al tiempo que termino, estas tropas rodearán el foro, cerrando todos sus accesos y tomando los tejados de todas las construcciones que hay levantadas en torno al mismo. ¡Los dioses están con Roma y Roma en Hispania es Publio Cornelio Escipión! ¡Salve, general!

Y, como de forma mágica, las palabras finales de Marcio fueron subrayadas por el estruendo de miles de sandalias que se escuchaban desde todos los extremos del foro. Y desde cada esquina los soldados de los cuatro manípulos respondieron al grito de Marcio envalentonados por saberse ahora arropados por dos legiones de compañeros leales a su misma causa.

—¡Salve, el general! ¡Salve! ¡Salve!

A decenas primero y en un instante a centenares, entraban legionarios por todas partes, resueltos, perfectamente armados con sus hastas, *pila* y espadas, protegidos por escudos, cascos, corazas y grebas relucientes, frescos, decididos, hombres que habían dormido temprano, cenado ligero y desayunado bien, sobrios, fieles, en tensión de guerra, expertos en el combate cuerpo a cuerpo, conquistadores de ciudades, vencedores contra los cartagineses y los iberos, unidos a su general, obedientes a Roma. Por los tejados de las edificaciones contiguas al foro, asomaban arqueros preparados con sus saetas en los arcos, aguardando todos la orden de un único hombre, que, al pie de la escalinata del palacio, frente a las tropas amotinadas del centro del foro, sentado en la *cathedra*, se palpaba el pelo de su cabeza con parsimonia. Sólo el gesto serio del rostro dejaba entrever una intensa emoción de poder y desprecio entremezclados que se debatía en una lucha interna de inimaginables proporciones.

Publio Cornelio Escipión deja de acariciarse la cabeza. Su mano cae despacio hasta alcanzar la empuñadura de la espada, se levanta y se acerca lentamente hacia Cayo Albio y Cayo Atrio que, estupefactos, retroceden intentando difuminar sus cuerpos entre la multitud de amotinados. Entretanto, Cayo Lelio ha llegado hasta la posición de Marcio y consulta con él las órdenes que ha dejado Publio. Marcio le responde en voz baja sin dejar de mirar al general. Este último sigue caminando en busca de Albio y Atrio. Los oficiales rebeldes siguen retrocediendo, pero no alcanzan al grueso de sus tropas amotinadas, porque éstas, a su vez, se están replegando desde todos los puntos de la plaza, apiñándose en el centro de forma desordenada, cediendo así terreno a las legiones que van cerrando cada vez un cerco más estrecho sobre los hombres en rebeldía.

—¿Adónde vas, Cayo Albio? —dice el general al tiempo que desenvaina la espada y traza un arco en cielo girando trescientos sesenta grados con el arma, el mismo giro que le enseñara antaño su tío Cneo, el mismo gesto con el que indicaba a sus hombres que entraba en combate, un giro que, sin embargo, nunca antes había exhibido contra un romano. Albio se detiene. Está de espaldas a Publio porque busca por dónde adentrarse entre el mar de amotinados que ahora, preocupados por salvar sus propias vidas, se olvidan de él y lo dejan solo ante la ira del general. Cayo Albio se vuelve y, al ver a Publio Cornelio Escipión apenas a cinco pasos, blandiendo su espada, desenvaina su propia arma. Lelio, Marcio, Silano y Terebelio contemplan la escena desde la escalinata del palacio. Lelio lanza una rápida mirada a la guardia personal del general. El oficial al mando de los *lictores*, confuso, pues el general no ha indicado nada, interpreta con rapidez la mirada de Lelio y ordena a sus hombres que vayan en ayuda del general, pero no han empezado a aproximarse con sus espadas en ristre para defender al *imperator* cuando el propio general alza su mano indicando que se mantengan a distancia.

—¡Tranquilo, Albio! —La voz de Publio confirma a todos que aquel lance es algo personal—. ¡No necesito de mi guardia personal para hacer lo que tengo que hacer! ¡La escoria como tú no merece la atención de tantos hombres! Pero ¿por qué dudas ahora, Cayo Albio? Ayer por la tarde te mostraste muy decidido en tus demandas y también lo fuiste cuando obligaste a que mis oficiales comieran de la comida que os serví. ¿Crees acaso, infame miserable, que alguna vez contemplé otra posibilidad que no fuera la de ensartarte con mi espada? ¿Y creías acaso que me importa más resolver una sublevación ibera que un motín de mis tropas? Cayo Albio, eres aún más estúpido que vil. Traidor, corrupto, desertor de Roma. ¿Envenenarte con la comida? No, no, eso no saciaría para nada mis deseos. Tengo que verte atravesado por mi espada, y pronto, y luego iré a por todos y cada uno de los cabecillas de esta rebelión. ¡Uno a uno os voy a matar a todos, yo en persona! —Aquí el general eleva el tono de voz para que todos le oigan bien—. ¡Quiero que todos sepan lo que les ocurre a los que se amotinan estando bajo mi mando! ¡Quiero que lo sepan bien y quiero que lo cuenten, los que sobrevivan, si es que dejo que alguno sobreviva! ¡Venga, Albio, no retrocedas más, por Júpiter y todos los dioses, éste es tu momento de gloria! ¡Si alguna vez alguien te recuerda será porque te alzaste contra mí y ahora me ocuparé de que te recuerden por tu muerte y la de todos los que te siguieron!

Cayo Albio marca la distancia entre él y el general con el brazo estirado y la espada en el aire, algo temblorosa. Publio, por el contrario, habla con los brazos relajados, con el arma junto a su cuerpo, sereno pero en tensión, como un león al acecho, a punto de lanzarse sobre su presa. Albio mira nervioso a su alrededor pero nadie sale para ayudarle. Atrio se ha agrupado con el resto de los compañeros de rebelión y queda lejos igual que queda lejos el día de ayer, cuando los acontecimientos parecían desarrollarse a su favor. ¿Cómo ha cambiado todo en tan poco tiempo? ¿Las legiones dieron media vuelta y les siguieron? ¿Y la rebelión de los iberos? ¿Acaso eso no importa al general? ¿Quién es ese hombre que deja que los iberos se hagan con el norte de Hispania para concentrarse en atacarles? No tiene sentido, no tiene sentido, pero preocuparse ahora de todo eso no ayuda en nada. El general se acerca y lanza su espada contra la suya. Albio la detiene. Ambos luchan sin escudos, da un paso atrás, el general vuelve a atacar, esta vez por la derecha y Albio vuelve a parar el golpe pero acto seguido Escipión le está atacando por la izquierda. Demasiado rápido. Albio gira pero demasiado lento por una fracción de segundo. Un corte seco en la entrepierna izquierda hace que la sangre brote cálida. Le duele al pisar con su pie izquierdo, pero como experimentado *triari* sabe que no puede ni debe mirar su herida o en ese instante llegará el golpe fatal. Es un traidor, pero Albio sabe luchar. Aquel maldito general vuelve a atacar. Es tan rápido. Está por todas partes. Albio para un golpe que de nuevo viene por su izquierda y luego otro por la derecha y se prepara para uno más por la izquierda, pero Escipión ha cambiado de estrategia y repite dos golpes por el mismo flanco derecho. Un nuevo corte esta vez en su brazo derecho hace que su mano quede sin fuerzas y la espada cae al suelo. Está desarmado. El general se acerca.

—¡No puedes matar a un hombre herido y desarmado! —exclama Albio retorciéndose de dolor, medio encogido, retrocediendo, pero sabe que todo es en vano. Cierra los ojos. Percibe el olor de la sudorosa piel del general cuando éste se aproxima para hundir su espada en su pecho. Albio siente cómo el filo del arma le parte la carne, los músculos, el corazón. Cayo Albio inspira aire y se atraganta. No sabe con qué hasta que empieza a escupir sangre sobre el cuerpo de su verdugo. Siente cómo el general gira la espada en su interior mientras la saca despacio.

—Es cierto —le dice Publio Cornelio Escipión al oído—, no puedo matar a un hombre herido y desarmado, pero, querido Albio, tú... Albio, no eres un hombre, sólo eres un traidor; los hombres, Albio, honran sus juramentos. —Y Albio ve la espada salir de su cuerpo y con ella sus últimas fuerzas, un borbotón de sangre y la vida, la luz, la plaza, el grito de los amotinados, las voces de los oficiales del general, el olor de aquel hombre, todo se desvanece y cae derrumbado como había visto hacía años caer a los piratas de Iliria que, vencidos y presos, eran despeñados desde lo alto de la Roca Tarpeya en el mismo corazón de Roma.

Publio Cornelio Escipión giró ciento ochenta grados sobre los talones de sus sandalias. Fue un giro veloz, con la espada desenvainada, salpicando sangre fresca a su alrededor. A unos pasos encontró lo que buscaba. Cayo Atrio, el rostro pálido, sudorosa la frente, retrocediendo hacia sus hombres. El general le señaló con el dedo. Tras el gesto de Escipión los amotinados parecían encogerse dejando a Cayo Atrio solo en un círculo vacío de hombres. Atrio comprendió lo que venía. Pensó con rapidez. Desenvainó su espada.

—¡Un escudo! —gritó, dirigiéndose hasta los que no hacía más que unos minutos se decían sus hombres, pero nadie le lanzó el arma defensiva que solicitaba. El general tampoco llevaba escudo. Era un combate igualado. Para Lelio, Marcio, Silano y Terebelio, los *lictores* y el resto de los legionarios de las dos legiones leales, aquello era mucho más de lo que merecía aquel traidor.

Atrio no retrocedió más ni volvió a clamar por el escudo. Con el dorso de la mano libre se secó las gotas de sudor que se deslizaban por su frente coronada con un profundo entrecejo. Atrio caminó hacia el palacio.

Publio entendió el movimiento. Su oponente quería evitar combatir contra el sol. Publio sintió desazón en su alma. Eran buenos guerreros aquellos y, no obstante, debía matarlos a todos. A todos. Uno a uno. Exterminarlos para erradicar la rebelión y la indisciplina. No había otra solución. Dio varios pasos hacia Atrio. El oficial rebelde mantenía su espada en alto. Estaba en guardia. Era un oponente más cauto que Albio, más sagaz, más atento. El general contuvo la respiración y lanzó su ataque. Fue un avance fulgurante. Dos golpes secos que Atrio detuvo con la espada, un nuevo giro, esta vez completo, para atacar por el lado contrario que de nuevo Atrio detuvo. El general inhaló aire, retrocedió y dejó espacio entre él y su contrincante. Atrio avanzó despacio, pero estaba claro que dudaba en cómo lanzar su ataque. Publio decidió simplificar la toma de decisiones de Atrio. Raudo se abalanzó sobre el oficial rebelde y golpeó, al igual que había hecho antes, con su espada la espada de Atrio. Éste mantuvo tenso el brazo con el arma esperando un segundo golpe pero éste no llegó por arriba sino que el general, rodilla en tierra, pinchó en el muslo justo donde terminaba la greba protectora de Atrio. Éste gimió al sentir el filo penetrando en su piel. Se tambaleó, pero mantuvo la espada firme en su brazo para protegerse de una nueva acometida. Cerró, no obstante, un breve segundo los ojos para digerir el dolor de la herida abierta y cuando los abrio sintió el hierro frío del arma del general como una caricia extraña paseándose por la piel de su cuello. Atrio observó cómo el general se alejaba, dándole la espalda, como si buscara ya otro hombre al que enfrentarse, y no lo entendía. Se alzó y pensó en arrojarle su espada por la espalda. Podría herirle así y luego aproximarse rápido y rematarlo antes de que los *lictores* se acercaran para defenderle. Sí, eso debía hacer. Luego vendría una batalla campal. La espada pesaba tanto. Era extraño. Se sintió mareado. No veía bien. Fue a hablar. Escupió sangre. La espada. La oyó caer sobre el suelo. El general se alejaba sin mirarle. Se llevó las manos a la garganta. La sangre brotaba a raudales, desbocada, sin rumbo. Cayó de bruces. Su cuerpo convulsionó un par de veces y luego quedó quieto, inerte, inmóvil.

El general caminaba en busca de más cabecillas de la rebelión a los que matar. Necesitaba sangre. Uno a uno. Todos.

Lelio, desde la distancia, pensó en intervenir, pero Publio se había mostrado preciso y persistente en las instrucciones. No quería que nadie interviniese. ¿Cuántos hombres más debería matar antes de que la reciente enfermedad de la que apenas se había recuperado le hiciera entrar en razón? Lelio sacudió la cabeza. A su lado Marcio, Silano y Terebelio compartían en silencio su confusión.

Escipión apuñaló por la espalda con su espada a un oficial rebelde que huía. Eran alimañas. No importaba cómo matarlos. Sólo importaba acabar con todos. Pero aquello era demasiado lento, tedioso. Tenía sangre en la empuñadura del arma, entre los dedos, en las manos, en los brazos, por la coraza, en la frente, en sus sienes, por las piernas. Sangre de traidores a Roma, de traidores a su persona.

—¡Por todos los dioses! —clamó Publio Cornelio Escipión con todas las fuerzas de las que disponía después de haber matado ya a tres hombres—. ¡Coged a todos los cabecillas! ¡Apresadlos a todos!

Y el general se quedó quieto. A su alrededor, decenas de legionarios de las legiones leales se lanzaban sobre los treinta oficiales rebeldes supervivientes a sus ejecuciones en combate personal. Algunos intentaban esconderse entre la gran masa de soldados amotinados, pero éstos cada vez con más despecho empujaban a los que antes habían elegido como oficiales y los devolvían hacia los legionarios del general.

Publio Cornelio Escipión caminó despacio hacia la escalinata del palacio. Ascendió varios escalones y se detuvo en el centro, volviéndose hacia los amotinados. En las primeras filas había remolinos de hombres que luchaban. Unos a la caza de los cabecillas de aquella rebelión, éstos intentando escabullirse sin éxito entre la ingente maraña de rebeldes y estos últimos replegándose cada vez más.

—¡Miserables de Sucro! —La voz de Publio Cornelio Escipión sobrecogió a todos. Era terrible, implacable y con un vibrar temible en cada palabra. Todos le escuchaban, amotinados y leales, legionarios y centuriones—. ¡Sois miseria! ¡Y estúpidos! ¡Por todos los dioses!, ¿habéis olvidado lo que ocurrió con la legión que se rebeló en Rhegium? ¿No lo recordáis? —Aquí Escipión se detuvo para dejar que la memoria de los rebeldes encendiera su terror—. Sí. Lo veo en vuestros ojos. Muchos empezáis a recordar. Se alzaron en armas y bajo el mando del tribuno Décimo Vibelio se mantuvieron diez años en rebeldía sin reconocer la autoridad de su patria, de Roma, a la que, como vosotros, debían obediencia absoluta por nacimiento y por juramento. Y esos hombres al menos no negociaron con los enemigos de Roma, no pactaron ni con Pirro, ni con los samnitas ni con nuestros enemigos de Lucania. Se atrincheraron en esa ciudad y pretendieron vivir allí para siempre. Un anhelo absurdo. ¿Dónde están ahora todos ellos, dónde?, os pregunto. —Un breve silencio y la cruda verdad a continuación—: ¡Muertos, todos muertos, apresados, juzgados y ejecutados uno a uno en el foro de Roma, la ciudad a la que osaron traicionar! ¡Nadie traiciona a Roma y vive para contarlo! Y yo os pregunto, traidores, ¿no es más terrible aún vuestro crimen cuando vosotros no sólo os rebelasteis contra la autoridad de Roma, sino que además habéis negociado y pactado con Indíbil y Mandonio, nuestros enemigos en tierra enemiga? ¿O creéis que no sé de las negociaciones de Albio y Atrio con ellos? Veo que algunos me miráis extrañados. ¿Es que Albio y Atrio no compartían con vosotros la profundidad de su traición a Roma? Me da igual que lo supierais o no, me da igual todo, todo salvo castigar la rebelión con la muerte, pues, ¿qué otra sentencia sería justa ante tales crímenes? ¡Dioses, decidme qué debo hacer! ¿Qué debo hacer?

Publio alzó los brazos en alto, con su espada desenvainada apuntando al cielo. La sangre de los cabecillas atravesados por su arma recorría su piel como si se hubiera bañado en sangre de sacrificios. Para los legionarios leales de sus legiones aquél era un hombre ungido por los mismos dioses. Para los amotinados era la peor de sus pesadillas.

Pasados unos segundos, dos esclavos, por orden de Lelio, le trajeron una pequeña *sella*, una bacinilla con agua y una toalla. El general aceptó la *sella* y se sentó, dejando caer el peso de su cuerpo agotado, pero declinó usar el agua y la toalla. Lelio y Marcio se acercaron. Fue Lelio el que le informó.

—Todos los líderes de la rebelión están en nuestras manos. ¿Qué hacemos?

—¿Cuántos... cuántos son?

Lelio miró a Marcio y Silano. Marcio preguntó a Terebelio, que acababa de llegar, algo sudoroso pues él mismo había atrapado personalmente a más de uno de los oficiales rebeldes. Terebelio dio una cifra.

—Treinta, mi general. Treinta miserables.

—Que los maten a todos —sentenció Publio sin dudarlo un instante—; crucificadlos.

Terebelio iba a partir para cumplir las órdenes recibidas cuando el general continuó:

—Pero crucificadlos en el suelo, con clavos. Quiero oír cómo quebráis sus huesos al clavarlos a la tierra y quiero que sufran.

Terebelio asintió y se deslizó veloz hacia donde sus legionarios tenían presos a los condenados.

Lelio observaba al joven general. Respiraba entrecortadamente. No estaba plenamente recuperado. Combatir contra aquellos rebeldes no había sido una buena idea, o quizá sí. Los amotinados estaban aterrorizados y cuando empezase el suplicio del resto de los cabecillas aún lo estarían más y con razón. Parecía que el general no guardaba más que odio y rencor para cada uno de ellos. Rencor merecido, pero Lelio estaba nervioso. Nunca había visto tanta violencia reflejada en la faz de Publio. En otro tiempo habría intervenido. Era mejor rendir las tropas rebeldes y luego, con más sosiego, decidir qué hacer. Publio parecía, contrario a su costumbre, obrar a impulsos. Los aullidos de los primeros crucificados irrumpieron en su mente. Lelio se giró hacia los amotinados. A veinte pasos de donde se encontraban estaban clavando a varios rebeldes en el suelo. Pataleaban como cobardes que eran. Algunos rogaban increpando o maldiciendo a los dioses.

—¿Qué vamos a hacer con el resto? —preguntó Marcio mirando al general—. Son más de ocho mil hombres.

—Más de ocho mil. Sí. Son muchos. —Publio respondía así, mirando al suelo.

Marcio dudó antes de preguntar de nuevo, pero al fin se decidió.

—¿A todos? ¿Los matamos a todos?

El silencio en el cónclave de altos mandos se veía sazonado por los alaridos de los crucificados. Terebelio retornó y volvió a informar.

—Todos han sido crucificados. El sol y el hambre harán el resto. Agonizarán durante días. —Terebelio parecía satisfecho.

—Que los decapiten —contestó Publio todavía mirando al suelo—. Necesito silencio... para pensar.

—¿Decapitarlos? —Terebelio parecía contrariado.

Lelio intervino con rapidez.

—¡Todos decapitados, ya, Quinto! ¡El general no quiere escuchar más aullidos! ¡Esos perros tienen hoy su día de suerte!

Terebelio se llevó el puño firmemente cerrado al pecho y partió para cumplir las órdenes. Con él se llevó a dos de los *lictores* armados con hachas. Los dos guardianes del general, convertidos en verdugos, fueron de crucificado a crucificado dejando caer sus pesadas hachas sobre los cuellos desnudos de aquellos infelices. Hasta treinta veces se escuchó el chasquido inequívoco de un cuello seccionado por el poderoso filo de las hachas. El silencio se propagó por el foro manso, mientras la sangre de los recién decapitados regaba la tierra de Cartago Nova.

—Ocho mil hombres y muchos buenos guerreros, otros no, pero muchos podrían ayudarnos. —Publio parecía no escuchar a nadie, hablaba solo—. Necesitamos a esos hombres para atacar a Indíbil y los suyos y, sin embargo, debemos matarlos.

Silano aventuró una posible solución.

—Podríamos diezmarlos.

Publio alzó la mirada.

—¿Diezmarlos? —Miró entonces a Lelio—. Tú tienes más experiencia. ¿Qué te parece la idea de Silano?

Lelio se sintió sobrecogido. Era la primera vez, desde Baecula, que Publio preguntaba por su parecer. Quizá la enfermedad hubiera borrado parte de la distancia que los había separado en los últimos años.

—Diezmarlos. Es una buena idea —concluyó Lelio.

—Supongo que así es —aceptó Publio—. Necesitamos hombres. Incluso estos miserables nos pueden ser útiles para acabar con la rebelión de Indíbil y Mandonio. —A medida que hablaba, Publio parecía convencerse de la idea—. Diezmadlos y los que sobrevivan los usaremos de primera línea de combate. Así, los que tengan valor, redimirán su crimen... al menos, en parte.

Lelio, Silano y Marcio asintieron.

—Estoy agotado —continuó Publio, y se levantó despacio—. Que me traigan agua al palacio. Voy a descansar. Terminad con las ejecuciones lo antes posible. Mañana partiremos al alba, dirección norte, a Tarraco y allí decidiremos qué hacer con los iberos. Ya nos hemos retrasado bastante.

Y el general ascendió pesadamente las escaleras que le restaban flanqueado por los *lictores* de su guardia personal.

Lelio, Marcio y Silano se miraron.

—Creo que te corresponde a ti dirigirte a los hombres —dijo Marcio mirando a Lelio.

—De acuerdo —respondió Lelio; se puso firme, carraspeó y escupió en los escalones, y desde allí mismo pronunció la sentencia, una sentencia que nunca jamás pensó que pronunciaría en su vida, una sentencia con la que condenaba a ochocientos hombres, uno de cada diez de los rebeldes, a morir ejecutados en las próximas horas—. ¡Traidores de Sucro, el general Publio Cornelio Escipión, en una muestra de magnanimidad fuera de lo común, ha decidido que vuestro destacamento va a ser diezmado! —Lelio observó cómo muchos de los rebeldes suspiraban y cómo otros, más precavidos, mantenían la respiración pues aún no se había indicado quién iba a ser ejecutado y quién no—. ¡Para ello pasaréis a formar ahora mismo según vuestros manípulos! Una vez formados os numeraremos y uno de cada diez, a partir del punto en el que empecemos a contar, será ejecutado sin misericordia. Si alguien intenta cambiar de posición una vez que empecemos la cuenta, será ejecutado también. Los demás, los que sobreviváis aun sin merecerlo, me seguiréis para integraros en la fuerza de castigo que partirá mañana hacia el norte para enfrentarnos con los iberos. ¡Y dad gracias a los dioses por vuestra suerte!

Desde su habitación, Publio escuchaba los alaridos de los hombres a los que la Fortuna había abandonado durante el mortal sorteo, los soldados que debían ser diezmados; unos eran gritos de terror que se mezclaban con las súplicas infructuosas de otros. Así, lento y doloroso, fue pasando el resto de la mañana, del mediodía y de la tarde. El sol del anochecer acarició la tierra con los últimos rayos acompañando las ejecuciones finales de aquella sangrienta jornada. Publio no recibió a nadie en aquellas horas. Permaneció encerrado en su habitación. Se sentó primero en un *solium*, el mismo que usara Netikerty cuando le veló en su larga enfermedad, luego en el *triclinium* y finalmente en su lecho. Allí, se acurrucó como un niño, abrazando sus rodillas con sus manos y, sin que nadie lo viera, lloró en sollozos silenciosos pero convulsos. Estaba aturdido y cansado. Aquel castigo ejemplar era necesario, se decía, pero el gemido de ochocientas gargantas romanas seccionadas martilleaba en su ser como si estuviera preso en la mismísima fragua de Vulcano. Así, agitado y con remordimientos y dudas, su mente se adentró en un tortuoso sueño que le hizo moverse de un lado a otro de la cama durante varias horas, hasta que ya entrada la madrugada, de alguna forma, su alma encontró cierto sosiego, una paz endeble pero que su cuerpo recibió con ansia.

Publio Cornelio Escipión nunca más volvió a sufrir un motín.

41

Indíbil y Mandonio

**Junto al Ebro, al este de Hispania,
otoño del 206 a.C.**

A los pocos días de resolver el motín de la guarnición de Sucro, Publio congregó a las legiones en el istmo de Cartago Nova y arengó a los legionarios con gran vehemencia.

—¡Legionarios de Roma! ¡Habéis conquistado esta ciudad inexpugnable, y habéis derrotado a Asdrúbal Barca en Baecula y a Giscón y Magón en Ilipa! ¡Bajo el poder de vuestras armas han caído las últimas ciudades iberas que apoyaban a nuestros enemigos! ¡Deberíamos poder decir que Hispania es nuestra, pero no es así! ¡Por Júpiter Óptimo Máximo, no es así! ¡Hemos sido clementes con los iberos! ¿Y qué ha ocurrido? Yo os lo diré. La mayoría de los pueblos de todo este vasto territorio nos han jurado lealtad, pero de entre todos estos innumerables pueblos, los iberos liderados por Indíbil y Mandonio se han rebelado de nuevo contra nosotros! ¿Y sabéis por qué? —Aquí detuvo su discurso mirando a sus tropas desde el estrado de madera desde el que les hablaba—. ¡Yo os lo diré! ¡Porque me creían muerto! ¡Y yo os pregunto, yo os pregunto alto y claro! ¿Estoy muerto, os parezco un general muerto? —Y los soldados replicaron a miles.

—¡No, no, no!

—¡No, no estoy muerto, pero eso daría igual porque lo que importa es que no estáis muertos vosotros y vosotros sois los que gobernáis este país ahora! ¡Hispania es vuestra y los que se rebelan deben perecer bajo vuestras armas porque vosotros sois Roma y Roma gobierna en Hispania y los que no lo entiendan o se nieguen a aceptar ese hecho sólo merecen morir! ¡Morir! ¡Morir!

Y las legiones replicaron con potencia.

—¡Muerte, muerte, muerte! —Mientras, su general, con las manos en alto, ordenaba que se sacrificara doce bueyes para que los dioses bendijeran la nueva campaña.

Publio Cornelio Escipión, completamente restablecido de su enfermedad, se puso al frente de sus cuatro legiones y ascendió desde Cartago Nova hasta alcanzar el Ebro en unos pocos días de tremendas marchas forzadas. De ese modo, días antes de lo que podían esperar los líderes iberos en rebeldía, el general romano avanzaba contra ellos. Publio no se detuvo ante nada y no sólo eso, sino que ordenó, una vez cruzado el Ebro, que sus tropas lo arrasaran todo, granjas, pequeñas poblaciones, plantaciones, todo, quemando, destruyendo, y confiscando el ganado y el grano. Indíbil y Mandonio no tuvieron mucho tiempo para pensar en una estrategia. Siempre pensaron que el general romano, siempre tan avenido a negociar con ellos, haría, una vez más, lo mismo, y cuando vieron que las legiones lo arrasaban todo a su paso, no supieron bien cómo reaccionar, más allá de plantarles cara lo antes posible para intentar detener toda aquella destrucción.

El primer enfrentamiento fue bestial. La infantería ligera de las legiones no se detuvo cuando Indíbil y Mandonio plantificaron su ejército enfrente, sino que arremetieron repitiendo el ataque al asalto de Baecula. Los iberos lucharon con bravía, hasta el punto que los *velites* padecieron un incalculable número de bajas, hasta que la caballería romana comandada por un Lelio enfervorizado al verse de nuevo en el centro de un ataque de las legiones, intervino haciendo retroceder a los hispanos. La noche sorprendió a todos y el combate se detuvo. Sin embargo, al amanecer los iberos no habían disminuido su ansia por combatir contra las legiones y una vez más plantaron todo su ejército frente a las tropas romanas, pero cuando Publio vio que en su incapacidad como generales, Indíbil y Mandonio habían mezclado su caballería con la infantería, comprendió que aquello era sólo cuestión de unas horas. El general romano ordenó que las cuatro legiones avanzaran frontalmente contra la infantería y caballería ibera. El enfrentamiento estuvo igualado durante una hora, hasta que, una vez más, la caballería romana de Lelio emergió por la retaguardia ibera, una vez que hubo rodeado las posiciones hispanas. Los iberos, que debían combatir en dos frentes al mismo tiempo, fueron perdiendo terreno y el combate terminó en una de las mayores masacres que Publio Cornelio Escipión dirigiría en aquella interminable guerra.

Al anochecer, Indíbil y Mandonio estaban ante el *praetorium* del campamento provisional que Escipión había levantado junto al Ebro. El general recibió sentado a sus nuevos prisioneros. Les habló con despecho:

—De rodillas —dijo en un tono sereno y, como fuera que los orgullosos iberos no se humillaban, el general se alzó y bramó su orden con furia brutal—. ¡De rodillas!, he dicho, ¡de rodillas!

Y, sin que los legionarios que custodiaban a los iberos tuvieran que intervenir, Indíbil y Mandonio, seguros ya de su próxima muerte, sin saber bien por qué, se arrodillaron, quizá con la fútil esperanza de que aquel gesto pudiera aún contribuir a salvar sus vidas.

Publio Cornelio Escipión se levanta de su *sella* y se acerca a los dos jefes iberos que tienen sus rostros casi hundidos en la tierra de Hispania. Les habla no ya con rencor, sino con amargura.

—Os traté bien, os di hasta trescientos caballos de regalo, respeté vuestras tierras y, ¿qué hacéis vosotros? ¿Qué hacéis? Por todos los dioses. Os levantáis contra mí, os rebeláis contra mi generosidad y ahora, sin embargo, ahora que he arrasado vuestros campos y aniquilado vuestro ejército, os arrodilláis ante mí. ¿Es esto lo único que entendéis? Me habéis tenido como amigo y ahora me tenéis como enemigo. Decidme, los dos, decidme alto y claro, ahora que me habéis conocido como amigo y como enemigo, ¿cómo me preferís, iberos?

Indíbil y Mandonio se miran entre sí, confusos. Es Indíbil el que aventura una respuesta.

—Como amigo, *imperator*, como amigo.

—Como amigo —repite Publio asintiendo de forma exagerada con su cabeza—. Y ahora lo veis. Y, digo yo, ¿no creéis que es un poco tarde para daros cuenta de eso? ¿No lo creéis? —Y calla para entretenerse viendo el sudor frío que se desliza en pesadas gotas por las frentes de los dos jefes iberos—. Debería mataros a los dos, aquí y ahora. Debería crucificaros y dejaros morir de inanición lentamente. Eso me complacería y sé que complacería a mis hombres. —Y vuelve a callar; ve cómo Indíbil y Mandonio miran al suelo de su patria, arrodillados ante él, tragando saliva y miedo—. Pero no lo haré. Os perdonaré y os daré una segunda oportunidad si me juráis aquí y ahora lealtad absoluta para siempre. ¡Juradlo! ¡Juradme lealtad y seréis libres!

—Lo juro, *imperator* —dice Indíbil, rápido.

—Lo juro, *imperator*, lo juro, lo juro, por mis dioses —añade Mandonio.

Publio se vuelve hacia el *praetorium* y habla a los *lictores* de su escolta, dando la espalda a los jefes iberos arrodillados ante él.

—Liberad a estos hombres y lleváoslos de mi presencia —y luego, mirando a Lelio, Marcio, Silano, Terebelio y el resto de los tribunos y centuriones—, y vámonos de aquí. Es hora de regresar a Roma.

Dos noches después, Publio yacía en la cama de su *domus* en Tarraco. No podía dormir. A su lado podía escuchar la respiración suave y rítmica de su esposa. Pensaba que estaba dormida. Se alegró de que al menos uno de los dos pudiera conciliar el sueño con sosiego.

—¿Estás bien? —le preguntó su esposa en un dulce susurro.

—Pensaba que dormías —respondió, girándose de costado para verla mientras le hablaba.

—¿Qué te preocupa? —insistió Emilia.

—Creo que debo presentarme a cónsul en las próximas elecciones, este año.

—El pueblo te apoyará —respondió Emilia, nada sorprendida por la idea de su marido—, aunque tendrás más de medio Senado en contra, con Fabio Máximo al frente.

—Lo sé —dijo Publio—, pero debo intentarlo.

—Lo conseguirás. Después de tus victorias en Hispania no podrán negarse. Ni siquiera Máximo podrá oponerse a eso, pero...

—¿Pero...? —preguntó Publio.

—Pero Máximo se negará a que te den permiso para invadir África con un ejército consular.

Publio calló. Emilia tenía razón. De todas formas, debía intentarlo. Quizá pudiera persuadir al Senado si, investido como cónsul, le dejaban exponer sus razones a todos los senadores en una reunión plenaria en la *Curia*. Se podría hacer.

—Los niños y yo te seguiremos siempre, donde quiera que vayas. Eso debes saberlo —añadió Emilia para intentar animarle. Publio sonrió. La lealtad inquebrantable de su mujer, después de batallas, asedios, motines y rebeliones, era como una bahía en la que refugiarse en medio de la interminable tempestad en la que se había convertido su vida.

42

El templo de Bellona

Roma, invierno del 206 a.C.

Publio ascendió por la pequeña escalinata que daba acceso al templo de Bellona, diosa de la guerra. Pasó entre las columnas y se quedó en pie frente al altar de la vieja deidad romana. Allí, en medio del campo de Marte, fuera del recinto de la muralla servia, hacía casi un siglo que Apio Claudio el Ciego levantó aquel templo. En el silencio del interior Publio se recogió con sus pensamientos. Buscaba sosiego y calma para debatir con Máximo, que pronto llegaría presidiendo la comisión del Senado que debía recibirles. Afuera esperaban sus más fieles oficiales, Cayo Lelio, Lucio Marcio Septimio, Sexto Digicio, Mario Juvencio, Silano y el siempre intempestivo Terebelio, entre otros. Todos anhelaban que se les concediera el honor de celebrar un triunfo por las calles de Roma. Habían luchado duro, con enorme tenacidad y contra adversidades ante las que la gran mayoría habría sucumbido y, sin embargo, aquellos hombres, con sus legiones, todos bajo su mando, habían invertido el curso de los acontecimientos y de la guerra en Hispania. Llegaron a una región bajo control cartaginés y regresaban de un territorio que ahora quedaba regulado por las leyes de Roma. Merecían un *triunfo*. Lo merecían, pero Fabio Máximo se opondría. ¿Hasta qué punto, con qué saña? Eso es lo que no sabía Publio. ¿Sería posible negociar con el resto de los senadores o todos seguirían al viejo *princeps senatus* como corderos asustados? Según le había informado su hermano Lucio se haría lo que Máximo aconsejara. Tal era su control y su poder en Roma. Publio esbozó una sonrisa lacónica. Lástima que contra el viejo Fabio no se pudieran emplear las armas. Funestos pensamientos. Sin duda insuflados por la diosa de la guerra en cuyo templo se encontraba. Quizás aquél no fuera el mejor lugar para encontrar el autocontrol que precisaba para un nuevo debate con Fabio Máximo. Estaba cansado de aquel hombre. Todo empezaba en él y todo terminaba en él. Cuando Publio era niño aquel hombre ya era cónsul. Había conquistado toda Hispania y aquel hombre seguía controlando Roma. Era el mismo hombre que negó los refuerzos que su padre y su tío reclamaban, y su padre y su tío perecieron al tener que buscar los hombres que les faltaban en volátiles alianzas con los siempre volubles iberos. Fue Máximo el que se opuso a que se le concediera luego el mando sobre las legiones de Hispania y cuando Publio, pese a todo, lo consiguió recurriendo al pueblo, pasando por encima del Senado, fue de nuevo Máximo quien maniobró para evitar que fuera a Hispania con el rango de magistrado proconsular; a instancias de Máximo, Publio quedó con el *imperium* sobre las legiones, para evitar enfrentarse con el pueblo que le respaldaba, pero despojado de la nobleza de la promagistratura. Ése sería el punto donde Quinto Fabio Máximo se centraría y Publio, con desazón, no por él sino por ver truncada la justa aspiración de recompensa de sus oficiales y legionarios, no veía defensa posible. No la había. Habría que saltarse la ley y eso implicaba saltarse a Máximo y eso, sencillamente, en el corazón de la mismísima Roma, era imposible.

Publio salió algo más sereno que cuando entró en el templo. Desde el pórtico del santuario observó a sus oficiales arremolinados entre las columnas del espacio enlosado que se extendía a unas decenas de pasos del templo de Bellona. Aquella pequeña plaza, cubierta en uno de sus extremos y descubierta en otro, rodeada de viejas pero firmes columnas, era uno de los tres *senaculum* erigidos en Roma. Eran espacios que se usaban a modo de salas de espera para importantes invitados. Había uno junto al edificio de la *Curia*, que los propios senadores usaban como antesala y donde a menudo se reunían en pequeños grupos antes y después de las sesiones, y había otro junto a la puerta Capena, al sureste de la ciudad. El tercero era donde se encontraban Lelio, Marcio y Terebelio con el resto de los oficiales, esperándole y esperando a su vez a la comitiva de senadores que debía recibirles después de aquella tan exitosa serie de campañas militares en Hispania. Publio vio cómo Lelio señalaba algo a Marcio en dirección sur, el general fijó su mirada en el horizonte y vislumbró la comitiva de senadores que se recortaba contra las paredes del templo de Apolo. Estaban a doscientos pasos de distancia. Los senadores caminaban despacio. Todos seguían al anciano pero todopoderoso Quinto Fabio Máximo.

Los senadores se habían dado cita frente al edifico de la *Curia Hostilia*. Quinto Fabio Máximo dio las órdenes con concisión.

—Bien, por todos los dioses, vamos a recibir a esos oficiales de Roma.

Al usar el plural con «esos oficiales» diluía el protagonismo de Escipión. En la ciudad, no obstante, no se hablaba de otra cosa que no fuera la llegada de Publio Cornelio Escipión, victorioso tras derrotar en repetidas ocasiones a los cartagineses en Hispania. Fabio lo sabía y a conciencia evitaba nombrarle.

Era una comitiva de quince senadores, en su mayoría proclives a las ideas más conservadoras. Fabio ya se había preocupado de hacer la selección adecuada. Sabía que el joven Escipión insistiría en obtener un *triunfo* y si había algo que Fabio Máximo tenía claro era que aquel joven general sólo obtendría un *triunfo* en Roma pasando por encima de su cadáver.

Todos los senadores seguían al anciano pero firme *princeps senatus*, escoltados por una veintena de legionarios armados asignados de las *legiones urbanae* y por un puñado de esclavos con agua, vino, bacinillas para aseo personal y algo de comida. Cruzaron la explanada del Comitium hacia el suroeste y ascendieron la cuesta que daba al Vucanal. Fabio se detuvo ante los dos grandes árboles que, como vigías del tiempo, presidían aquel amplio espacio dedicado al dios Vulcano. Se trataba de un gigantesco, alargado y altísimo ciprés que se cimbreaba en su copa mecido por el viento. A su lado estaba el antiquísimo *lotus* plantado por el mismísimo Rómulo si la tradición no mentía. Fabio, sin embargo, admiraba más la estilizada e imponente figura del enorme ciprés. Allí estaba aquel árbol presenciando el devenir de los años, los siglos, las guerras, los hombres, a Roma entera mientras ésta crecía en gloria y poder y también en aquellos días, cuando la ciudad pugnaba por sobrevivir a Aníbal. Fabio se detuvo y señaló al enorme ciprés.

—Roma crecerá junto con este árbol y un día, cuando se sienta dueña del mundo y crea que nada le puede ocurrir, el árbol sufrirá y con él toda la ciudad. Lo presiento. Lo veo en su forma de mecerse, lo siento en la profundidad de sus raíces y lo leo en el vuelo de los pájaros. —Y señaló a una bandada de gansos que surcaba el cielo. Luego, por unos segundos, el viejo senador cerró los ojos. Parecía como transportado a otro mundo, a otro tiempo. Al fin, reemprendió la marcha. Era un vaticinio. Todos le miraron con respeto. Máximo era augur permanente y sus opiniones en todo lo que tenía que ver con el futuro, incluso si se trataba de un futuro lejano, eran respetadas con gran profundidad. Ninguno sabía que aquel ciprés aún había de vivir dos siglos y medio más. Lo miraron uno a uno, cada senador al pasar a su lado, calculando al observarlo la altura de aquel ser vivo clavado en el centro mismo de Roma. Un árbol que vería el desenlace de la guerra contra Aníbal, la conquista de Grecia, Egipto, Asia Menor, el Egeo, África, la mismísima Galia, los Balcanes; un ciprés que asistiría impasible a las guerras sociales, al enfrentamiento entre Mario y Sila, y a la lucha contra Espartaco y su ejército de esclavos sublevados; un ciprés que se mecería bajo el viento cuando Julio César paseara por el foro, un árbol bajo el que Cicerón repasaría sus discursos contra Catilina; un vigía que sería testigo de las cruentas guerras civiles y del final de la República, que disfrutaría de la paz de Augusto, cuando el emperador cerró las puertas del templo de Jano, y que presenciaría el advenimiento de Tiberio, su impetuoso reinado al que le sucederían los desmanes y las locuras de un perverso Calígula; un ciprés que vería partir al emperador Claudio para conquistar Britania y que, finalmente, un día caería consumido en las terribles llamas de un incendio que arrasaría el corazón de Roma bajo el reinado del emperador Nerón. Del *lotus*, el viejo senador no dijo nada, aunque aquel árbol sobreviviría al nefando incendio y perduraría más allá incluso de los tiempos de Trajano. Pero de todo esto nada sabían aquellos senadores, preocupados más por el inmediato presente que por los vaticinios de aquel intuitivo augur que los guiaba sobre un futuro ignoto. Tenían otros asuntos más urgentes de los que ocuparse.

Tomaron el *Vicus Jugarius* dejando a su derecha el templo de Júpiter Capitolino en lo alto de la colina que nunca había sido conquistada por los enemigos de la ciudad ni en sus tiempos más antiguos. Alcanzaron la puerta Carmenta y cruzaron la muralla servia. Allí se les unió un manípulo completo de soldados que los escoltó en su ruta hacia el templo de Apolo y luego, cuando cruzaron el campo de Marte en dirección al *senaculum* levantado al pie del templo de Bellona.

Fabio ascendió despacio la pendiente sobre la que se había construido el *senaculum* hasta quedar frente a aquel joven general Escipión que esperaba rodeado de sus fieles oficiales.

—¡Salve, Publio Cornelio Escipión! —dijo con voz rotunda Fabio Máximo—. Roma te saluda, a ti y a tus oficiales y os está agradecida por vuestros leales servicios al Estado.

El *princeps senatus* navegó entonces con su mirada escrutando los corazones de los oficiales más próximos al general: Terebelio, un hombre recio, un buen centurión en las manos adecuadas, sin lugar a dudas; Marcio, un astuto tribuno, buen soldado, leal por oficio; Sexto Digicio, curtido en el mar, disciplinado; Silano, un tribuno callado, introvertido; Mario Juvencio, otro centurión, atento, con la mirada del viajero, y Cayo Lelio, valeroso al límite, y fiel por convicción más allá de la razón, un loco al que se le ofrecía una magistratura y respondía pujando por una torpe esclava. Fabio no olvidaba aquella entrevista del pasado. En él detuvo el viejo Fabio su mirada un segundo más hasta que su interlocutor visual cedió y bajó sus ojos. Vino entonces el momento de mirar al joven Escipión. Fabio vio sus peores augurios confirmados. Ambición y arrogancia sin límites y algo... algo peculiar: una fe en sí mismo descomunal, más allá de toda lógica, ¿alguien que se cree ungido por los dioses? No estaba claro. Fabio comprendió entonces qué era lo que le ponía nervioso de aquel muchacho: había heredado la misma destreza que su padre, la habilidad de hacer difícil que otro supiera lo que pensaba. En Fabio, acostumbrado a mentes más débiles, aquello despertaba una profunda ira.

—Debéis de estar agotados —continuó Fabio con la más conciliadora de sus persuasivas voces—. Traemos algo de vino y comida, algo frugal, fruta y carne de ave, y agua para lavaros. Siempre encuentro el polvo de los caminos enojoso...

—Gracias por pensar en nuestra comodidad, Quinto Fabio Máximo, *princeps senatus* de Roma —le interrumpió Publio—, pero ya habrá tiempo para lavarnos y para comer más tarde. Se trata ahora de saber si se nos concede lo que con nuestro esfuerzo nos hemos ganado en el campo de batalla.

—Ya —respondió seco Fabio; no le gustaba que le interrumpieran; eso lo sabían todos, hasta el propio Escipión—. ¿Y qué es eso que tanto os habéis ganado, si puede saberse?

—Un *triunfo*.

—¿Un *triunfo*? —espetó Fabio levantando los brazos y volviéndose hacia la comitiva de senadores—. Ya os dije que vendría con esas pretensiones —y de nuevo mirando a Escipión—, ¿un *triunfo*? Por Cástor y Pólux y todos los dioses. Un *triunfo* no es posible, mi querido oficial.

Publio no se arredró y alegó sus méritos, los méritos de todos los que le rodeaban.

—Fuimos a Hispania con sólo dos legiones y con ellas y las que luego trajo mi hermano Lucio conquistamos primero Cartago Nova y luego cuantas ciudades se opusieron a la ley de Roma. Y derrotamos a tres ejércitos cartagineses, uno tras otro, pues no podíamos luchar contra los tres a un tiempo al no tener más refuerzos y suministros

—aquí miró fijamente a Máximo para luego proseguir dirigiéndose al resto de *patres conscripti*, pasando sus ojos por encima de los hombros del anciano senador—, y a todos los derrotamos. Hemos expulsado a los cartagineses de Hispania y apaciguado a los iberos para que...

—¡Pero no detuvisteis a Asdrúbal Barca en su avance hacia Roma! —interrumpió uno de los senadores de la comitiva. Publio vio cómo Máximo miraba al suelo para ocultar una sonrisa.

—¡No teníamos fuerzas suficientes, por Júpiter! —exclamó Publio visiblemente nervioso. En aquel momento sólo tenía dos legiones.

—¡Pero ésa era vuestra orden! —exclamó otro senador.

«Una orden suicida», pensó Publio, pero se contuvo. Inspiró profundamente y exhaló aire antes de continuar.

—En cualquier caso —prosiguió con el sosiego retomado—, la cantidad de ciudades conquistadas, las derrotas infligidas a cartagineses e iberos, el número de enemigos abatidos, todo ello nos hace merecedores a mis hombres y a mí, nos hace merecedores de un *triunfo* y lo sabéis. Lo sabéis. ¡Lo sabéis!

—Es una pobre retórica la que recurre a la repetición y a elevar el tono —dijo Fabio Máximo reincorporándose al debate—. Sé que eres capaz de mucho más a la hora de argumentar, mi querido general. La cuestión no reside en lo que habéis hecho o no, en lo que habéis conquistado o no. El *quid* es que no has conseguido estas victorias o conquistas como cónsul o procónsul en ninguna de estas campañas en Hispania y la ley es taxativa: sólo aquel general que, ejerciendo una magistratura o una promagistratura consular y que haya sido excepcionalmente victorioso contra el enemigo, puede disfrutar de un *triunfo* por la calles de Roma, como, por ejemplo, fue lo que ocurrió en uno de mis varios consulados tras mi exitosa campaña contra los lígures. Ya torcimos la ley al daros el *imperium* sobre las tropas de Hispania y fue positivo porque fue en beneficio del Estado, pero torcer ahora la ley de nuevo sólo redunda en tu propio beneficio. Las leyes sólo pueden flexibilizarse por algo más importante que para satisfacer la ambición personal de un ciudadano.

Era la ley. La ley *sibilinamente* interpretada por Máximo. Publio calló unos segundos. Para sus adentros, sonreía lacónicamente: Fabio obtuvo un *triunfo* al machacar a los lígures, pero con qué habilidad el anciano senador omitía el detalle de que eran sólo tribus sublevadas y desorganizadas; mientras que él, Publio Cornelio Escipión, había conquistado ciudades defendidas por guarniciones púnicas y derrotado a tres ejércitos regulares de Cartago y, no obstante, por un subterfugio legal, se le negaba el *triunfo*.

—¿Qué merecen entonces, a vuestro juicio, estos hombres? —preguntó Publio con sequedad.

Fabio enarcó una ceja. ¿No iba a insistir más el Escipión sobre el asunto del *triunfo*? Aquello era peculiar.

—Puede desfilar por la ciudad una selección de tus tropas —respondió Fabio con cautela, frunciendo sus dudas en el entrecejo de su rostro ajado por las grietas del tiempo—. Y puedes exhibir el botín con el que desees contribuir al tesoro del Estado.

—¿Eso es todo? —preguntó Publio, serio, distante.

—Eso es lo justo —dijo Fabio con serenidad.

—Quiero tierras para mis veteranos. Las han ganado con sangre —insistió Publio.

—¿Tierras? —preguntó Máximo con desconfianza. En una Italia arrasada por años de guerra las tierras de labor útiles escaseaban.

—En Hispania, en el sur, en Itálica —añadió Publio con rapidez.

Fabio Máximo ponderó la petición con cautela. Era mucho ceder, pero también era mucho lo que le había quitado: no habría *triunfo,* eso era lo esencial, y lo de las tierras en Hispania era inteligente y estúpido por parte de Escipión. Era inteligente, porque Publio Cornelio sabía que había escasez de tierras apropiadas en la Italia actual, con las tropas de Aníbal aún acechando cada ciudad, cada granja, cada villa... y era estúpido porque si el Senado aceptaba ceder terrenos a los veteranos de Escipión en Hispania, éstos se irían allí en poco tiempo, alejando de Roma a gran número de ciudadanos que podrían votar a favor de los Escipiones en las numerosas elecciones que se celebraban en la ciudad. Máximo asintió despacio mientras respondía.

—Sea. Terrenos en Hispania, en esa ciudad para tus veteranos.

Publio asintió también y se alejó unos pasos mientras le seguían sus oficiales. Fabio se volvió hacia los senadores.

—Un general que consulta a sus subordinados —dijo iluminando su faz con una amplia sonrisa, mezcla de desprecio y aparente sorpresa.

En un extremo del *senaculum* quedó la comitiva de senadores, y en el otro ángulo Escipión con sus oficiales.

—Es una vergüenza que no se nos conceda el *triunfo* —dijo Lelio en lo que él entendía que era voz baja.

—Es una lástima —continuó Marcio—. Los hombres se sentirán desilusionados, pero lo de las tierras es bueno.

—Nunca les prometí un *triunfo* —dijo Publio mientras exhalaba aire.

—No, pero los hombres lo esperaban. Lo merecen —se reafirmó Lelio.

—Lo merecemos todos, pero no podemos... no debemos insistir y, como dice Marcio, los lotes de tierra los agradecerán más a medio plazo. Hay debates más importantes en los que oponerse a Fabio y los suyos —añadió Publio de forma enigmática. Se percató de que había captado la atención de Lelio, Marcio, Mario, Silano, Digicio y hasta el propio Terebelio. Todos le miraron con respeto.

—Lo que decidas estará bien —dijo Lelio con seguridad, y añadió más—. Tú siempre ves más lejos que los demás y creo que ahí hablo por todos.

El resto asintió.

—Bien —aceptó Publio con satisfacción interna por su parte. En gran medida, la confianza ciega de sus oficiales era de por sí el mayor de los *triunfos*. Escipión se volvió raudo hacia los senadores que esperaban y, sin tan siquiera acercarse a ellos, respondió desde donde se encontraba.

—¡Sea! ¡Mañana entraré en la ciudad con unos manípulos de mis mejores hombres y ofreceremos al tesoro más de catorce mil libras de plata, para todos, para Roma! —Giró ciento ochenta grados de nuevo y, envuelto en su capa de general, desapareció en dirección al templo de Bellona rodeado de todos sus oficiales. Tras él quedaban unos estupefactos senadores admirados por la gigantesca cantidad de libras de plata que Escipión había anunciado donar al tesoro de Roma. Lelio se detuvo un instante, dejando pasar al resto de los oficiales de Publio por delante y aprovechó para mirar a Fabio Máximo.

El viejo *princeps senatus* estaba en pie, firme, erguido como un centinela de guardia, con la expresión fría, meditando. Cayo Lelio se incorporó con rapidez a los suyos y, dando pasos rápidos, llegó hasta la altura de Publio. El general guiaba a los suyos hacia el norte, bordeando la muralla servia, en busca de la *Via Flaminia* que los conduciría hasta el campamento donde estaban esperando las tropas.

—Fabio se huele algo, por Júpiter —dijo Lelio.

—Lo imagino —respondió Publio sin dejar de caminar velozmente.

Todos callaron manteniendo el paso rápido del general hasta que Marcio se atrevió a preguntar lo que todos querían saber.

—¿Cuál es el debate que te interesa, en el que todos debemos enfrentarnos a Fabio?

Publio Cornelio Escipión se detuvo en seco. Casi tropezaron unos con otros ante lo inesperado de la reacción del general. Publio miró a Marcio y pronunció una única palabra.

—África.

Todos callaron.

—¿Invadir África? —quiso aclarar Lelio.

Publio afirmó con la cabeza. Los miraba valorando su reacción. ¿Le seguirían?

—Pero antes debo ser cónsul —añadió Publio como quien añade que quizá llueva aquella tarde.

—Por todos los dioses, por eso has mencionado la enorme cantidad de dinero que aportamos al tesoro, ¿verdad? —preguntó Marcio.

Publio sonrió.

—Pero Fabio —intervino Lelio— se ocupará de que no se difunda el dato.

—Y nuestros amigos de lo contrario, Lelio —explicó Publio—. Mañana al amanecer, toda Roma no hablará de otra cosa y no sólo eso, sino que, además, sabrán que se nos ha negado el derecho al *triunfo*. El Senado puede que no lo controlemos, pero el pueblo, querido Lelio, el pueblo estará con nosotros. Seré cónsul y no pediré combatir ni en Cerdeña, ni en Italia, ni en la Galia. Pediré África. África.

Uno a uno, cada uno de sus oficiales asintió despacio. Lelio, el último, pero quizá Publio sintió mayor firmeza en el gesto. Estaban con él. Mientras aquellos hombres le siguieran, todo era posible. Ahora quedaba hablar con Emilia. Necesitaba su apoyo, su comprensión... y su intuición.

Quinto Fabio Máximo regresaba hacia Roma. No habló mucho durante el camino de vuelta hacia el *Comitium*. El joven general no había insistido en el asunto del *triunfo*. Era extraño. De pronto Fabio lo comprendió todo. Las piezas del rompecabezas encajaban poco a poco, pero necesitaba más información. En el *Comitium* se separó del resto de los senadores, de los que se despidió con un breve gesto de su cabeza y, rodeado por varios esclavos de su confianza que lo escoltaban, se dirigió al foro pasando entre los *Rostra* y la *Graecostasis*. Una vez en el foro, junto al *Lapis Niger*, la tumba de Rómulo, Marco Porcio Catón le aguardaba. Máximo se sintió más seguro. Necesitaba de algo de juventud a su lado. Las fuerzas, aunque se negaba a admitirlo públicamente, empezaban a escasearle y con su hijo Quinto en el frente, Catón era su apoyo inmediato en las intrigas de Roma. En cualquier caso, si el joven Escipión creía que ya tenía el camino expedito hacia sus últimos objetivos se equivocaba de medio a medio. La guerra se lucharía en Italia, nunca en África, y sabía que para ello contaría con el apoyo del Senado y con algo más valioso: con el persistente miedo de Roma.

LIBRO V
CÓNSUL DE ROMA

205 a.C.

Quod quisque possit, nisi tentando nesciat.

PUBLILIUS SYRUS

[No se puede saber de lo que cada uno es capaz si no se pone a prueba.]

43

Duelo en el Senado

Roma, enero del 205 a.C.

Roma era un hervidero. Dos nuevos cónsules habían sido elegidos: C. Licinio Craso y Publio Cornelio Escipión; pero eso no era lo que comentaba la gente en el foro. El pueblo, los patricios, hasta los libertos y esclavos no hablaban de otra cosa que no fuera sino la intención de Escipión de invadir África. El nuevo y joven cónsul quería desembarcar en las costas dominadas por Cartago con uno de los ejércitos consulares que le correspondían ese año y obligar así a que Aníbal abandonara Italia al tener que acudir en ayuda de su ciudad y los suyos. No era un plan sorprendente. Ése fue de hecho el primer plan del propio Senado al estallar la guerra, cuando enviaron al cónsul Sempronio Longo a Sicilia para preparar aquel desembarco en África mientras que el padre de Escipión intentaba detener el avance de Aníbal en la Galia. La imposibilidad de frenar al gran general cartaginés obligó entonces, en el primer año de aquella interminable guerra, a reclamar el ejército consular de Sempronio, quien tuvo que olvidar sus preparativos para conquistar África y acudir a toda prisa hacia el norte de Italia. Desde entonces, nadie había planteado de nuevo con decisión la vieja idea de atacar el corazón del enemigo, de asestar un golpe allí de donde provenían todos los males de Roma. La política romana había sido la de defenderse. Sólo los Escipiones, apoyados por los Emilio-Paulos, habían proseguido con la guerra en el exterior como un objetivo útil para conseguir derrotar a los ejércitos de Cartago. El pueblo había visto cómo el joven Publio Cornelio Escipión, ahora cónsul, siguiendo el ejemplo de su padre y de su tío, conseguía terminar lo que sus progenitores iniciaron: la conquista de Hispania, desalojando a los cartagineses de aquel país y recortando así los suministros, provisiones, oro, plata y mercenarios que tanto habían alimentado las huestes de Aníbal en Italia. El pueblo también había visto cómo el Senado le negaba un *triunfo* al joven Escipión apoyándose en la letra de la ley: un no magistrado no puede celebrar sus victorias, por muy impactantes que éstas fueran, con un *triunfo*. Se aceptó aquello porque la ley era la ley, pero el Senado no podía impedir que la figura de Escipión, recién elegido cónsul, despertara una intensa simpatía, un sentimiento que hacía ver con buenos ojos cualquier plan que aquel hombre propusiera, e invadir África era algo que a los ojos de los exhaustos ciudadanos de Roma parecía un dulce sueño que les era difícil no anhelar. Publio, a sabiendas de aquellos sentimientos de la plebe, había aprovechado su recién adquirida condición de magistrado para convocar al Senado. De forma ordinaria, sólo un cónsul o un pretor podía convocar al Senado y, extraordinariamente, un dictador, un *magister equitum*, los decemviros *legibus condendis*, es decir, para redactar leyes, un tribuno militar *consulari potestate*, o sea, con autoridad excepcional consular, un *interrex* o magistrado provisional en período de elecciones, o el *praetor urbanus*. Y no era nada sencillo conseguir uno de esos cargos, de modo que Publio vio en su consulado la posibilidad de conducir el destino de Roma en la dirección que tanto tiempo atrás soñaran ya su padre y su tío. Decidió empezar pisando con fuerza, usando su poder para convocar al Senado.

Publio era sensible a las sensaciones positivas que emanaban de la plebe con relación a un ataque a África cuando salió aquella mañana fresca de marzo de su gran *domus* en el centro mismo de la ciudad, entre el templo de Saturno y las *tabernae veteres*. Caminaba acompañado por su hermano Lucio y por Cayo Lelio, Lucio Marcio, Quinto Terebelio, Sexto Digicio, Mario Juvencio, Silano y otros oficiales de su confianza, todos veteranos de los combates en Hispania. Para el pueblo, ver a aquellos hombres andando por el foro de su ciudad era como un desfile casi triunfal: eran esos y no otros los tribunos, oficiales y el *imperator* que habían derrotado a Asdrúbal Barca, Asdrúbal Giscón y Magón Barca. Publio sabía de lo importante de los gestos públicos, por eso hizo que todos ralentizaran el paso, cuando cruzaron entre el *senaculum* y la *Graecostasis* para acceder a la gran plaza del *Comitium* frente a la *Curia Hostilia*, sede del Senado. Publio se detuvo un momento junto a la *Graecostasis* y saludó con respeto a los embajadores de Sagunto que habían acudido a la ciudad para mostrar su agradecimiento a Roma por haber recuperado su ciudad y devuelto a los supervivientes del asedio de Aníbal los dominios de aquella región. Los embajadores le contaron algo que él ya sabía, pero Publio les escuchó con atención y paciencia durante unos minutos mientras éstos le relataban cómo habían ofrecido y regalado al Senado y a Roma una hermosa corona de oro para el templo de Júpiter en atención por todo lo que Roma había hecho por ellos y cómo se encontraban abrumados al haber recibido del Senado de Roma no sólo el permiso para visitar las ciudades italianas que desearan, sino por haberles entregado la cantidad de diez mil ases a cada uno de ellos como recompensa por la lealtad de Sagunto. Publio se despidió al fin de los saguntinos y prosiguió su camino atravesando la plaza del *Comitium* de sureste a noroeste. Pasó junto a la estatua del legendario augur Atto Navio, dejó a otro lado el *puteal* que encuadraba el espacio donde se suponía que Navio había enterrado la piedra y la navaja de afeitar con las que mostró su poder al incrédulo rey Tarquino, y pasó por fin junto al *Picus Ruminalis*, una moribunda higuera partida por un rayo bajo la que se suponía que la loba amamantó a los gemelos Rómulo y Remo. Frente a aquel lugar se erigía la estatua de plata que rememoraba aquel legendario acontecimiento levantada apenas hacía diez años, para sustituir el ya muy deteriorado memorial de bronce. Publio miraba de reojo todos aquellos monumentos del pasado de una ciudad centenaria y sentía que le arropaban. ¿Sería él un nuevo augur con el mismo poder que Atto Navio? ¿Le pediría Fabio Máximo, como hiciera el rey Tarquino antaño, que mostrara su poder cortando una piedra húmeda por la mitad usando tan sólo una navaja de afeitar? No. Con toda seguridad Fabio Máximo pensaría que sus palabras, demoledoras como siempre, serían suficientes para persuadir al Senado y quitarle el apoyo necesario para emprender la conquista de África.

Finalmente, el joven cónsul pasó bajo la *Columna Maenia* levantada para celebrar por siempre la victoria de Maenio sobre los latinos y que supuso el principio del dominio de Roma sobre la Italia central. Publio saludaba a todos los que se le acercaban, siempre rodeado por sus oficiales y bajo la atenta mirada de Cayo Lelio, pues desde el ataque que él mismo sufriera en Roma apenas hacía cuatro años, todos los amigos de Publio se afanaban en proteger la vida de su joven líder, ahora cónsul, del ataque de un sicario, pues una mañana en la que iba a enfrentarse con el todopoderoso Quinto Fabio Máximo, cualquier cosa era posible. Pero fuera porque había demasiada gente en el foro y el *Comitium*, o porque Publio iba bien protegido, o quizá porque los seguidores a ultranza de Fabio Máximo, como el joven Catón, confiaban aún plenamente en la capcidad del viejo *princeps senatus* para desarbolar al nuevo Escipión en el Senado y dejarlo sin casi seguidores, sea por lo que fuera, nadie se acercó a Publio Cornelio Escipión sino para felicitarle y agradecerle sus trabajos y esfuerzos por proteger y engrandecer Roma. Y Publio saludaba a unos y a otros y recibía con una amplia sonrisa las muestras de aprecio y las continuas imprecaciones a los dioses a los que los romanos rogaban que le preservara sano y salvo por mucho tiempo o, al menos, hasta que el terror de Aníbal desapareciese por siempre de sus vidas. Tantas debieron de ser las oraciones aquella mañana, pronunciadas por tantos miles de gargantas, que más de un dios decidió aquel día ligar el destino de aquellos dos generales, Aníbal y Escipión, en vida y en el momento de la muerte.

El Senado estaba reunido en pleno. Ya se había celebrado el sacrificio preceptivo de un buey; así lo había solicitado Escipión, que quería subrayar con el tamaño de la bestia seleccionada la importancia que concedía al asunto que se iba a tratar. Las entrañas habían sido analizadas por los augures y nada extraño se había descubierto en ellas. El Senado podía reunirse y tomar las decisiones oportunas. Publio permaneció en la escalinata de acceso a la *Curia Hostilia*. No quería dar sensación de tener prisa.

En la gran sala aún nadie había tomado asiento; los senadores estaban dispersos en diferentes grupos, donde se consideraba cuál podía ser la posición más adecuada a tomar. Ya se había decidido en una sesión anterior el reparto de las provincias: Sicilia para Escipión y el sur de Italia, en especial la región del Bruttium, donde se encontraba atrincherado Aníbal, para Licinio Craso. Algo en lo que Craso había estado de acuerdo, porque al deber compatibilizar su magistratura consular con el puesto de *pontifex maximus* de Roma, era indispensable para él no alejarse de Italia. Como, por otro lado, Escipión no deseaba sino lo contrario para preparar una invasión de África, Sicilia se ajustaba perfectamente a sus fines. Hubo acuerdo entre las partes y no se hizo el tradicional sorteo para adjudicar a cada cónsul una provincia, sino que el Senado aceptó el pacto entre ambos magistrados. Pero Escipión había llevado para muchos senadores demasiado lejos su idea de que al tener asignada Sicilia eso implicaba el permiso, más aún, el encargo del Senado y del pueblo de Roma, de atacar África. En eso gran parte del Senado no estaba de acuerdo y, en particular, si había alguien que consideraba aquella idea como descabellada, ése no era otro que Quinto Fabio Máximo. El joven cónsul Publio Cornelio había hecho correr por la ciudad su idea de que iba a invadir África. Por su parte, Fabio Máximo había trabajado con intensidad en que por cada calle, por cada tienda, por cada barrio de Roma, se supiera que Quinto Fabio Máximo y con él el Senado, aquella mañana, iban a explicar al joven Escipión por qué aquello no era posible y cuál, con precisión, era el encargo y las órdenes que el Senado y el pueblo de Roma tenían para el cónsul. El enfrentamiento estaba servido. Gran parte del pueblo estaba con Publio, como la muchedumbre que lo arropaba en su camino al Senado demostraba, pero la opinión de Fabio Máximo pesaba aún, y mucho, sobre los romanos: fue él, a fin de cuentas, el viejo *princeps senatus*, el que salvara a Roma en sus horas más bajas, cuando Aníbal llegó hasta las mismísimas puertas de la ciudad cuando nadie sabía ya qué hacer. Sólo él preservó la calma, la cabeza fría y supo tomar las decisiones necesarias para salvaguardarlos a todos. Por eso los romanos, si bien sus corazones se decantaban por el joven Escipión, y hacia él volcaban su afecto, tenían sus sentimientos divididos y el alma repleta de dudas. En su fuero interno, todos compartían el sentir de los senadores más veteranos: había que escuchar a Máximo y también dejar hablar a Escipión y que luego senadores y tribunos de la plebe tomaran la decisión final. Ellos eran más sabios. Ellos sabrían qué era lo conveniente.

Publio había llegado a las puertas del Senado embriagado por el calor del pueblo de Roma, pero no tanto como para no percibir las dudas que también acuciaban a aquella gente y que sus planes, la invasión de África, dependían de lo que se decidiese aquella mañana en el Senado, más allá del fervor del pueblo hacia su persona por las victorias de Hispania. Tenía que enfrentarse a Fabio Máximo, el más experimentado y hábil político de Roma, contra el que ya había perdido en otras ocasiones: cuando fue elegido procónsul para ir a Hispania, Máximo, con su majestuosa oratoria, manipuló al Senado para que se le despojara de la magistratura y así, aunque se le concediera el *imperium* sobre las legiones de Hispania, si vencía no podría celebrar un *triunfo*. Ley que Máximo había sabido esgrimir con maestría justo tras su regreso de Hispania. Dos derrotas flagrantes las que ya le había infligido el viejo ex cónsul y ex dictador. Publio luchó en la primera ocasión y perdió la promagistratura; en la segunda ocasión, para sorpresa de sus oficiales y del propio Máximo, en el templo de Belona, Publio no planteó batalla, sino que se reservó, pero ahora debía volver a plantar cara a Máximo. Roma esperaba, anhelaba aquel combate dialéctico. Querían saber quién tenía razón: si la experiencia de Máximo o la osadía de Escipión.

Publio se despidió de sus oficiales de confianza a la puerta del Senado, abrazándolos uno a uno. Al pueblo le conmovía el aprecio que el general sentía por sus hombres. Luego dio media vuelta, inspiró profundamente y, acompañado tan sólo por Lucio, su hermano y Lucio Emilio Paulo, su cuñado, entró en el Senado de Roma.

Así como en su paseo por las calles colindantes al foro Publio había sentido el calor del pueblo, entre los espesos muros del Senado de Roma, el joven cónsul sintió el peso del silencio, pues nada más aparecer él junto con su hermano y su cuñado todos los senadores callaron y se dirigieron a sus sitios en las gradas de la gran sala dividida en dos amplias secciones de bancos en línea ascendente, separados por un amplio pasillo que los oradores podían usar para hablar y desplazarse con libertad mientras se dirigían a sus colegas si así lo deseaban, aunque muchos preferían permanecer de pie en su lugar sin moverse. Los senadores no tenían un escaño asignado fijo, sino que se sentaban según su costumbre y podían cambiar de sitio si lo deseaban, aunque la tradición y las afinidades habían hecho que a un lado de la sala se acumularan todos los partidarios de Fabio Máximo y enfrente se sentaran los que solían estar o bien a favor de los Escipiones o, al menos, con posturas más moderadas, los que oscilaban y votaban a favor de los unos o de los otros en función de las razones que se expusieran en cada debate. Solamente algunos senadores y representantes tenían espacios fijos asignados: los cónsules ocupaban cada uno una *sella curulis*, sin respaldo pero con patas curvas de marfil que se cruzaban para poder cerrarse como una tijera y así facilitar su transporte allí donde fuera cada cónsul, y los tribunos de la plebe, que tenían la posibilidad de asistir siempre, un banco específico para ellos. Otros magistrados que asistieran debían sentarse entre los senadores libremente, fueran ediles, cuestores o censores. Junto a la *sella curulis* ocupada por Publio se sentaron su hermano y su cuñado y, alrededor de ellos, un nutrido grupo de partidarios de los Escipiones y los Emilio-Paulos. Fabio Máximo se sentó en el extremo opuesto, en su asiento de siempre, el que gustaba ocupar en calidad de *princeps senatus*, que, si bien no tenía por qué ser el mismo sitio siempre, nadie se atrevía a ocupar, de modo que incluso si el anciano Fabio Máximo, por enfermedad, no podía asistir al Senado, el asiento quedaba vacante, como una señal de que aunque aquel día Máximo no hubiera acudido, su presencia, de algún modo, seguía allí, vigilante. Claro que, bien pensado, eso no ocurría con frecuencia. La fortaleza de la salud del viejo ex cónsul y ex dictador que ya rondaba los setenta y ocho años era un asunto de legendaria discusión entre los ciudadanos de Roma.

Pero aquel día, Quinto Fabio Máximo ya estaba sentado en su lugar, en la primera línea de asientos, con su cuerpo ligeramente grueso, arrugado por los años, y su mirada aguda, encendida y segura. Era la mirada que nadie desea ver en un enemigo. Publio sostuvo con sus ojos un breve pulso visual con el viejo senador mientras se acomodaba en su *sella curulis*, más o menos frente a él, pero en el otro extremo de la sala, pero al fin fue el propio Publio quien cedió y bajó la mirada. Publio parecía turbado y eso era exactamente lo que quería parecer. Sabía que Fabio se sentiría más seguro, que atacaría aún con más fuerza. No importaba. Publio tenía preparada su respuesta y sería tan fulminante que ni la más depurada y punzante de las diatribas de Fabio podría contra sus razones. Esa jornada el Senado debería ceder. Tendría que ceder. Cederían a su voluntad. No importaban las acusaciones que Máximo desparramara por su boca. Y serían muchas. De eso no tenía Publio la menor duda.

De pronto, desde el fondo de la sala, encaramado en un podio, Cayo Léntulo, el *praetor urbanus*, encargado de presidir aquella histórica sesión, carraspeó con profundidad dando a entender que ya era hora de iniciar el debate. Estando los cónsules en la ciudad lo lógico es que aquel de los dos al que le correspondiera por turno —turnos que cambiaban de mes en mes—, presidiera la sesión. Le correspondía a Publio presidir, pero en un acto en el que buscaba congraciarse no ya con la facción de Fabio Máximo, algo a todas luces imposible, sino al menos con aquellos senadores más moderados dispuestos a analizar cada palabra, cada gesto, cada propuesta con detenimiento, y que sólo en función de esos datos tomarían decisión última sobre el sentido de su voto, había decidido ceder la presidencia al *praetor urbanus*, Léntulo en ese momento, quien normalmente sólo la ejercía cuando los cónsules estaban ausentes de la ciudad. Era una cesión importante, pues el presidente concedía la palabra a cada interviniente y controlaba el orden en el Senado; también era obligación del presidente de la sesión enunciar la *relatio*, es decir, la descripción concisa pero clara del asunto sobre el que se iba a deliberar. Léntulo no era hombre de Máximo, como era lógico si lo había nombrado Publio ejerciendo su poder, pero tampoco era un claro seguidor de los postulados de los Escipiones. Una nueva concesión del cónsul en su política de conseguir el mayor número de adeptos a su propuesta de invadir África. Así, Léntulo, *praetor urbanus* de Roma, se levantó en su podio y aclaró una vez más su garganta. Los *lictores,* que en todo momento rodeaban al presidente de la sala, se pusieron firmes, tensos: una sesión del Senado de Roma iba a dar comienzo. Las puertas de la *Curia Hostilia,* no obstante, permanecieron abiertas de par en par. No era una sesión secreta y aquélla era una señal de que los senadores velaban por los ciudadanos y los ciudadanos podían escuchar lo que allí se hablaba. De hecho, la plaza del *Comitium,* frente a la *Curia,* estaba repleta de una muchedumbre de ciudadanos ansiosos por saber lo que se diría y, más aún, lo que se decidiría. Ante el estado de cierto nerviosismo y la división entre los que defendían la idea de la invasión y los que preferían que las legiones se concentraran en Aníbal, el *praetor urbanus* había ordenado que dos manípulos de las *legiones urbanae* formaran ante la sede del Senado para, en caso de necesidad, mantener el orden e impedir que ningún ciudadano no autorizado entrara en el edificio de la *Curia Hostilia* pero, eso sí, las puertas, según mandaba la tradición, debían permanecer abiertas por completo. El Senado exigía respeto a sus deliberaciones pero no ocultaba lo que allí se discutía.

Léntulo, al fin, con el prestigio y la veteranía de sus cincuenta años, empezó a hablar y su voz resonó profunda. Comenzó pronunciando la fórmula acostumbrada para abrir cualquier sesión del Senado de Roma.

—*Quod bonum felixque sit populo Romano Quiritium referimos ad vos, patres conscripti...* [Referimos a vosotros, padres conscriptos, cuál es el bien y la dicha para el pueblo romano de los Quirites.] El asunto que nos compete en esta mañana es el siguiente: una vez asignadas las provincias, la región próxima al Bruttium por un lado, y Sicilia por otro, a cada uno de los cónsules, que el magistrado que tenga asignada Sicilia no sólo se ocupe de asentar por completo nuestro poder en dicha provincia sino que se le permita preparar desde allí un ataque a África con el supuesto fin de perturbar el abastecimiento de provisiones y refuerzos al ejército de Aníbal y, si le es posible, con el fin incluso de atacar a cuantos ejércitos púnicos o aliados de los púnicos se le opongan durante dicha acción militar. —Léntulo se tomó un respiro tras enunciar la *relatio*. Habría agradecido un vaso de agua, pero no era el momento. Todos estaban tan pendientes de él que debía concentrarse en su tarea. Prosiguió—. En función de mi cargo de presidente de esta sesión me corresponde además precisar quién propone esta moción ante el Senado y quién, si es el caso, se opone a la misma. Bien. Es el cónsul electo Publio Cornelio Escipión el que presenta por voz mía ahora esta moción ante el Senado de Roma para su deliberación y votación que, si procede, regularé en su momento. Y es Quinto Fabio Máximo, *princeps senatus*, el que ha transmitido a esta presidencia su total y absoluta oposición a esta moción por razones y motivos que expondrá a continuación. A mí me corresponde ahora callar y conceder la palabra a los que deseen expresarse a favor o en contra de esta moción y que el Senado se pronuncie *de ea re quid fieri placeat*, sobre el asunto y diga qué es lo que desea hacer. Ahora, Quinto Fabio Máximo, en honor a su rango de *princeps senatus*, tiene en primer lugar el uso de la palabra durante el tiempo que estime necesario para exponer su punto de vista.

En el silencio de la sesión y con la respiración de muchos de los presentes contenida aun sin saberlo ellos mismos, Quinto Fabio Máximo, cinco veces cónsul de Roma y un dictador de la ciudad, *princeps senatus* y augur vitalicio, se levantó y dando un par de pasos al frente, para que su figura fuera bien vista por todos y para que su bien templada voz, pese a los años, resonara clara y vigorosa en aquella sala, en aquel templo de las decisiones de Roma, en aquella que él sentía, más que ninguno, como su propia casa.

—Gracias al presidente de la sala, *praetor* de esta gran ciudad, por su concisa pero muy exacta *relatio* y gracias por concederme la palabra como, efectivamente, me corresponde por años, experiencia y rango en el Senado de Roma. Algunos quizás esperen de mí un largo preámbulo, pero ése no es mi estilo. Otros quizá penséis que haré una larga exposición antes de entrar en el asunto que nos ha reunido aquí, pero todos sabéis que ése no es mi estilo. Sé que muchos me acusan de retrasarme a la hora de atacar en el campo de batalla, aunque luego mis estrategias son las que han preservado a Roma en esta larga guerra mejor que la impetuosa arrogancia de otros inexpertos generales, pero si hay una ocasión en la que no concedo espacio a los circunloquios es cuando se trata de decidir sobre el futuro y la seguridad del Estado, y ésta es una de esas ocasiones. Y es que, estimados *patres et conscripti* de la patria —a Fabio Máximo le gustaba marcar la diferencia entre los *patres* patricios, miembros del Senado desde tiempos inmemoriales, y los recién elegidos senadores entre otros ciudadanos libres de Roma ajenos a la nobleza, denominados *conscripti*; los había que usaban el término *patres conscripti* para referirse a todos de forma genérica, como había hecho Léntulo en su *relatio*, pero a Máximo le gustaba dejar claras las diferencias mientras hablaba—, Roma está en peligro, en peligro mortal. Muchos pensáis, lo leo en vuestros ojos, que no os descubro nada, pues Aníbal sigue aquí en Italia, pero no lo digo por eso, que también, sino porque teniendo a nuestro peor y más vil enemigo en nuestro territorio hay quien de entre nosotros alberga la absurda idea de llevarse decenas de miles de nuestros soldados fuera de Italia, lejos de Roma para embarcarlos en un desventurado e imposible proyecto, especialmente en las actuales circunstancias: atacar e invadir África. —Aquí surgieron los primeros comentarios en voz baja, especialmente entre las filas de los que apoyaban a Escipión, pero Léntulo les dirigió una mirada fulminante y el silencio pronto volvió a reinar en la magna sala—. África. Por eso estamos aquí todos reunidos. Porque tenemos dos cónsules y uno de ellos, en lugar de querer luchar contra Aníbal, lo que plantea, y no abiertamente, sino haciendo que sus ideas se propaguen entre la plebe en forma de murmullos y rumores, es invadir África con el ejército consular que le corresponde: dos legiones más todas sus tropas auxiliares. Una locura. Una temible idea impregnada de fracaso y dolor para todos, para nosotros, para el pueblo, para Roma. Ya se decidió hace tiempo que esta guerra se combatiría aquí en Italia, pese a nuestro sufrimiento, pues es aquí donde ha venido el enemigo, donde se encuentra Aníbal. Cuando el rey Pirro del Épiro nos atacó pasando a Italia, le derrotamos aquí, aunque nos costara. A nadie de nuestros insignes antepasados, cuyas estatuas adornan nuestras calles, se le ocurrió la descabellada idea de atacar el reino de este rey, sino que nos defendimos aquí y aquí, al fin, le derrotamos, hasta que el osado rey extranjero tuvo que huir vencido y humillado. No, Roma no quiere reyes extranjeros que la gobiernen. Lo mismo debe ser, lo mismo debe ocurrir con Aníbal. ¿O es que acaso nosotros no podremos estar a la altura de nuestros antepasados? —Fabio se detuvo, por un lado para inhalar aire y recobrar fuerzas, y por otro para permitir que desde las filas de los que le apoyaban se escucharan voces de asentimiento con sus últimas palabras. Léntulo les miró, pero como eran voces surgidas desde las propias filas de Máximo y el propio Máximo parecía agradecerlas, permaneció en silencio. Cuando los comentarios, una vez más, remitían, el anciano *princeps senatus*, decidió continuar—. Claro, diréis algunos, incautos y cegados por seguir los impulsos de nuestro joven electo cónsul Publio Cornelio Escipión, diréis «lo que ocurre es que el viejo Máximo es cobarde», o pensaréis «lo que pasa es que Máximo no quiere que nadie le supere en méritos y por eso desea detener el proyecto de invadir África». Ingenuos. Vuestra ingenuidad me deja perplejo. ¿Cobarde alguien que ha luchado en repetidas ocasiones contra Aníbal? ¿Cobarde alguien que ha sido cinco veces cónsul y una vez dictador de Roma? ¿Cobarde quien supo tener la sangre fría para dirigir la defensa de esta ciudad cuando el propio Aníbal llegó hasta las mismísimas puertas de Roma? Son éstas, entiendo yo, preguntas que se responden por sí solas. Sin embargo queda pendiente dar respuesta al otro razonamiento, más sutil, más retorcido: «el viejo Máximo desea evitar que otro alcance más gloria que él al, por ejemplo, invadir África». Pero, por Júpiter Óptimo Máximo y por todos los dioses, ¿hay alguien en esta sala que realmente piense que este viejo anciano tiene por qué competir con un recién elegido cónsul por primera vez que es incluso aún más joven que mi propio hijo? Yo ya he salvado a Roma de Aníbal y la he salvado para que otros puedan proseguir haciendo de Roma una Roma aún más grande, fuerte y poderosa. Sin mi intervención y la ayuda de los dioses quizás hoy ya no estuviésemos ninguno aquí. ¿Creéis que busco honor más grande que haber salvado a esta ciudad? ¿Qué puede haber más grande? No, yo no deseo más. Otros sí. Son jóvenes, ambiciosos y, por edad, les corresponde crecer en la política y en el campo de batalla; a mí, a mis años, sólo me resta una pequeña pero cuán noble tarea: velar por el Estado, velar por que lo que se haga, sea quien sea el brazo ejecutor de lo que designe esta noble reunión de senadores, sea para bien de todos, no para bien de uno o de unos pocos y he aquí, *patres et conscripti*, que invadir ahora África mermando las fuerzas de las que disponemos en Italia para protegernos y luchar contra Aníbal no es algo que vaya a favor del bienestar y la seguridad de todos los aquí presentes y de los miles y miles que esperan anhelantes nuestra decisión sobre este asunto. —Fabio se detuvo una vez más, sólo un segundo, lo suficiente para sentirse a gusto consigo mismo por tener a todos los senadores, incluido el propio Escipión, pendientes de sus palabras; retomó su discurso—. Pero veamos: nuestro noble joven cónsul desea, dicen los rumores extendidos por la ciudad, mediante su plan de invasión de África, dar término a esta guerra. Bien. Pero yo os digo, os pregunto, si el que empezó esta interminable guerra es Aníbal y Aníbal está aquí, atrincherado en el Bruttium, ¿por qué ir a buscarlo adonde no está? Que nuestro joven, fuerte y vigoroso cónsul derrote aquí y ahora a Aníbal y luego, si quiere, que invada África para castigar a los que han financiado a nuestro enemigo mortal. Ése debe ser el orden natural de las cosas. Lo contrario es querer hacerlo todo al revés. Lo contrario carece de sentido. Pero por si éstas, que son las razones que el sentido común nos proporciona para saber discernir entre lo oportuno y lo absurdo, por si estas explicaciones aún no han sido suficientes para todos aquellos que, imbuidos de una pasión por vuestro joven líder, aún creéis que el orden debe ser otro, primero África y luego Aníbal, examinemos entonces, tan siquiera por un momento, la imposibilidad de vuestro proyecto. Veamos por qué invadir África es una completa locura. Vayamos por partes. En primer lugar, no disponemos de recursos suficientes para semejante empresa y, al mismo tiempo, mantener la lucha sin cuartel contra Aníbal en Italia. No. Para atacar África tendríamos que utilizar todas nuestras fuerzas y eso es algo que, hoy por hoy, con Aníbal agazapado, no podemos permitirnos. ¿O acaso deba recordaros que no hace ni tres años, cuando veíamos a Aníbal acorralado, éste se las ingenió para emboscar y asesinar a los dos cónsules de aquel año, a Claudio Marcelo y Quincio Crispino? Aníbal, como todas las fieras, es aún más peligroso cuando está acorralado y lucha por su supervivencia. Un zarpazo suyo, incluso en su agonía, podría conllevar tremendos males para Roma que sólo podemos impedir manteniendo el grueso de nuestras fuerzas en Italia, o en Sicilia, pero no en la hostil África. Pero hay más. En segundo lugar, invadir África es invadir territorio extranjero que luchará a muerte con una saña aún desconocida por nosotros. Y son infinidad los fracasos que la historia nos cuenta de reyes que intentaron invadir territorios extranjeros y vieron sus planes truncados, sus supuestas victorias malogradas, sus soldados muertos: los atenienses en Sicilia, el propio Pirro aquí en Italia... —se detuvo, se giró y señaló a Escipión—, tu mismísimo padre y tu tío en Hispania. —Y se giró de nuevo para evitar confrontar la mirada del aludido—. Invadir un país extranjero es tarea que suele concluir en el mayor de los desastres. No se puede acometer sin primero reunir todos los medios necesarios y un año no da margen para tal tarea y menos cuando aún estamos siendo atacados por Aníbal. Pero sé... sé —y elevó el tono de su voz para acallar los murmullos que habían surgido entre los seguidores de Escipión, aunque Publio permanecía callado, eso sí con lo que a todas luces era una mirada enfurecida pero aún contenida, por la alusión directa a su padre y su tío—, ¡sé! —y gritó aquí a pleno pulmón Máximo haciendo callar a todos—, ¡sé que me diréis que luego lo consiguió el joven Escipión, doblegar a nuestros enemigos en Hispania, y que ahora busca hacer lo mismo al invadir África! Pero, amigos míos, *patres et conscripti* de la patria, parece que todos buscan olvidar algo que resplandece como una hoguera en una noche sin luna: África, senadores de Roma, África os digo, no es Hispania. —Y se volvió de nuevo hacia Escipión; Publio le miraba con intensidad, los labios apretados, un rictus serio de formidable entereza frente al ataque al que estaba siendo sometido; pocos recordaban una crítica tan dura contra un cónsul electo desde hacía años—. No, África no es Hispania —espetó Máximo mirándole a los ojos—. En Hispania navegaste por las aguas amigas de nuestra Italia y las colonias griegas del sur de la Galia; arribaste al puerto amigo de Emporiae, encontraste una base segura en Tarraco y tropas disciplinadas ya acantonadas por todo el norte de aquel terriotorio, con una frontera delimitada en el Ebro, luego tomaste una capital, Cartago Nova, que los tres ejércitos púnicos decidieron no defender y sí, veo que tus amigos aquí consideran que conquistaste y derrotaste a los cartagineses, pero, pregunto yo, ¿qué victoria fue esa que permitió que el más temible de aquellos generales allí establecidos, Asdrúbal Barca, hermano de Aníbal, consiguiese zafarse de tus tropas y acudir en ayuda de su hermano aquí en Italia? ¿Es así la forma en la que Escipión va a protegernos siempre, atacando allí donde le place, sin preocuparse por los enemigos que le rodean y vienen a destruirnos? ¿Y más cuando ahora sabemos que es posible que sea Magón, el hermano pequeño de Aníbal, el que quizá nos ataque de nuevo por el norte? —Máximo escuchaba de nuevo los murmullos creciendo a su alrededor y cuando Léntulo iba a intervenir para pedir silencio, Máximo soltó una sonora carcajada que partió la sala y todos callaron confusos—. Sí, me río porque a veces la locura de nuestro joven cónsul me conmueve tanto que hasta me hace gracia: con su estrategia un día este joven se hará merecedor de un *triunfo*, no lo dudo, sólo los dioses saben qué ciudades conquistará para merecerlo, pero lo gracioso es que para cuando nuestro victorioso general regrese a Roma sólo encontrará ruinas y cadáveres ante los que desfilar, pues todos los enemigos que le hubieran sobrepasado ya habrían llegado hasta aquí para hacenos pagar con nuestra sangre y nuestro sufrimiento su osadía y altanería. Su *triunfo* sería un desfile entre muertos. —Aquí se levantaron los senadores del bando de Escipión, con su hermano Lucio y su cuñado Emilio Paulo a la cabeza, profiriendo gritos mezclados con decenas de imprecaciones a los dioses.

—¡Por Júpiter Óptimo Máximo, eso es inaceptable!

—¡Esto es una afrenta miserable, por Cástor y Pólux!

—¡Infame!

—¡Mentiras!

—¡No se puede dirigir así a un cónsul de Roma!

Pero Publio no se levantó. Veía cómo Fabio Máximo disfrutaba al conseguir sacar de sus casillas a todos los que le apoyaban. Máximo sonreía a placer, paseándose con los brazos en jarras por en medio de la sala, viendo cómo le señalaban, le gritaban y le amenazaban con los puños. Era una *altercatio* como pocas veces había conseguido levantar en el Senado. Máximo estaba feliz. Miró por un lado a un impotente Léntulo, que gritaba desde su podio de presidente exigiendo silencio y, por otro, observó al joven Publio levantar las manos y dirigirse a los suyos pidiendo que obedecieran las indicaciones del presidente. Aquello contrarió ligeramente a Máximo, pero fingió, con una leve inclinación de su cabeza, agradecer el gesto de su oponente en aquel debate y decidió continuar con sus razonamientos. Léntulo pudo también sosegarse y sentarse de nuevo tras su podio. Con un paño empezó a secarse el sudor que le corría por la frente. Aquélla iba a ser una sesión dura de dirigir. Ya lo había imaginado, pero ahora veía hasta qué punto iba a resultar compleja su tarea.

—Veo —continuaba Máximo— que la verdad descrita en su completa desnudez solivianta a los que te apoyan, joven Escipión, pero admiro tu frialdad al recibir mis críticas —y para sus adentros, Máximo pensó a un tiempo, «veremos si te mantienes igual de sereno para cuando termine con mi exposición»; y continuó hablando—, pero he descrito Hispania. ¿Qué hay de África? Os lo diré en pocas palabras: en África no hay aguas tranquilas, sino *trirremes* púnicas, en África no hay ni un solo puerto o bahía en la que atracar sin ser atacados, en África no hay aliados, ni siquiera aliados dudosos como los iberos... ah, pero veo que algunos se levantan de nuevo... entiendo... mencionáis a Sífax y a Masinisa. Cierto, cierto. Nuestro joven cónsul ha pactado con ambos, pero parece que todos olvidan que ambos, Sífax y Masinisa, se odian a muerte pues ambos pugnan desde hace años por ser el único y todopoderoso rey en Numidia; decidme, pues, ¿cómo va a ser que dos enemigos mortales luchen del mismo lado? Sin duda, uno de los dos se pasará al bando cartaginés nada más desembarcar nuestras tropas y es muy posible que otro se recluya hasta que nuestros legionarios sean masacrados para luego emerger y volver a su lucha anterior, la que les interesa: Numidia, no Cartago. Además, ¿qué garantías puede ofrecer alguien que viene de una familia que vio cómo nuestras legiones eran derrotadas al ser abandonadas por las tropas con las que habían establecido una alianza, como es el caso de los Escipiones y los iberos? Así fue como murieron el padre y el tío de nuestro joven y ambicioso cónsul. —De nuevo las voces y los gritos desde los bancos de Escipión se hicieron escuchar, pero a ellos se enfrentaron voces de apoyo a Fabio y, emergiendo sobre todo aquel escándalo, la voz firme del anciano *princeps senatus* lanzó una nueva y aún más mortífera acusación—. ¿Y cómo, puede saberse, pregunto yo, por todos los dioses, cómo hemos de fiarnos de unas alianzas establecidas por un joven e inexperto cónsul al que incluso sus propias tropas se le amotinaron en sus campañas de Hispania, en Sucro, *patres et conscripti*? —El escándalo se apoderó de toda la sala; Fabio Máximo caminó despacio hacia su asiento, los insultos y las amenazas surcaban el Senado como saetas cargadas de veneno. Sólo dos hombres parecían ajenos a aquellos gritos: Publio, serio, con el semblante casi hierático, como ausente, sentado en su *sella curulis*, y Fabio Máximo, de espaldas a él, caminando despacio hasta alcanzar su asiento, donde pasó una mano para sacudir el polvo de uno de los almohadones que traía a la *Curia* para evitar el frío de la piedra en sus cansados huesos. Léntulo, una vez más, se desgañitaba desde el podio de la presidencia, al fondo de la gran sala de la *Curia Hostilia*.

—¡Silencio, silencio, silencio! ¡Ordenaré que abandonen la sala aquellos que no guarden silencio! ¡Por Júpiter que lo haré!

La advertencia del presidente surtió efecto y los gritos fueron deshaciéndose como la lluvia se diluye tras una tormenta de verano, pero cuando todos habían pensado, incluido el propio Léntulo, que Máximo había terminado, el viejo senador se levantó de nuevo y habló otra vez, aunque en esta ocasión sin separarse ya de los suyos, como por si acaso, temiendo quizá que el efecto de las que iban a ser las últimas palabras de su bien meditado discurso pudiera hacer que de las amenazas se pasara a los golpes.

—África ahora es inconquistable. Aníbal esta aquí, entre nosotros.

Si el joven cónsul quiere acabar con esta guerra, me parece bien, pero que lo haga aquí, en Italia, derrotando a Aníbal. Si quiere tanta gloria para sí, sea: ahí la tiene, al alcance de su mano. Pero no en África, abandonándonos a todos, al Senado y al pueblo, y lo digo mirando fijamente a los tribunos de la plebe aquí presentes en representación de todos los ciudadanos libres de esta gran ciudad; ir a África es abandonar Roma, y debo deciros tan sólo una cosa más. Sólo una cosa más: cuando se es cónsul de Roma se es cónsul para servir, para cumplir órdenes, para salvaguardar la patria, no para decidir por uno mismo qué ciudades atacar o qué pueblos conquistar. No, no según nuestras leyes. Cuando se es cónsul de Roma hay que servir al Estado y hoy por hoy se sirve al Estado, se sirve a Roma, se sirve al pueblo, luchando aquí en Italia contra Aníbal y, querido joven cónsul de esta ciudad, debo recordarte tan sólo algo que pareces haber olvidado: Publio Cornelio Escipión: eres cónsul de Roma... —un segundo de pausa—, no su rey. No eres rey.

Lo que siguió ya no eran gritos normales, ni insultos habituales en una clásica *altercatio* de las muchas que las intervenciones de Fabio Máximo habían provocado en el Senado. Aquello era algo más. El presidente tuvo que intervenir a voz en grito, ayudado por sus *lictores*, para devolver el orden a una sala que, primero entre las filas de los Escipiones y luego, como respuesta, entre los bancos de los partidarios de Máximo, parecía haberse vuelto histérica. La sesión se había transformado de tal forma que no era ya otra cosa sino una contienda verbal de gritos, agravios y otras afrentas donde la distancia entre las simples palabras y los actos violentos quedaba ya muy reducida. Los gritos de Léntulo, con una nueva amenaza de desalojar a los que no respetasen el silencio, los propios gestos llamando a la calma del propio Publio y la presencia de los *lictores* fueron consiguiendo el objetivo de devolver al Senado a un cierto estado de calma: la calma que precede a una tempestad.

Al fin el presidente del Senado tomó de nuevo la palabra desde la profundidad de la sala.

—Tiene la palabra el cónsul Publio Cornelio Escipión, igual que en el caso anterior, sin límite de tiempo.

Publio no se levantó inmediatamente. Permanecía sentado con las palmas de sus manos sobre los muslos. Estaba mirando al suelo, digiriendo aún el último y más vil de los insultos de Fabio Máximo y considerando cuál sería la mejor forma de comenzar su discurso. Lo tenía todo pensado y había preparado una entrada en la que exponía una a una todas las razones por las que convenía al Estado la invasión de África, pero los ataques directos de Máximo hacían que aquel enfoque no quedara a la altura adecuada como respuesta a una crítica tan feroz como la que los senadores acababan de escuchar. No. Necesitaba algo más directo, algo diferente. Se levantó al fin de su *sella curulis* y, despacio, fue aproximándose hacia la pared próxima a la entrada de la *Curia*, justo a la zona conocida como *ad tabulam Valeriam*, pues allí Valerio Mesala ordenó que se pintara una de las paredes del Senado para conmemorar su victoria sobre Hierón de Siracusa. Publio se quedó junto a la enorme pintura. Un gigantesco haz de luz solar entraba por las puertas abiertas. El cónsul se situó justo bajo aquella poderosa exhibición de luz. Los senadores veían al magistrado, de pie, rodeado de una gran nube de minúsculas partículas de polvo en suspensión, mirando al gran cuadro de Valerio, sin decir nada, como si estuviera solo, transportado quizás a la batalla que allí se representaba. Pasaron así unos segundos. El presidente estaba a punto de intervenir para preguntar al cónsul si deseaba exponer ya su argumentación frente al discurso de Fabio Máximo, cuando, sin moverse de donde se encontraba, Publio, aún mirando el cuadro, empezó a hablar con una voz grave y seria, pero a su vez henchida de la poderosa energía innata de la juventud, que se elevaba por las paredes del edificio hasta alcanzar a cada uno de los senadores.

—*Patres conscripti* de Roma, a vosotros me dirijo, con la venia del presidente de esta sesión del Senado, contemplando una hermosa pintura que viene acompañando nuestras reuniones desde hace más de cincuenta años, cincuenta y nueve años para ser exactos si mi memoria no me falla. —Se volvió entonces hacia los senadores y, caminando con lentitud ensayada, fue acercándose hasta quedar en el centro del gran pasillo que dividía los dos grandes grupos de bancos de piedra, tomando la posición que minutos antes ocupara Fabio Máximo—. Una pintura que recrea nada más y nada menos que nuestra victoria sobre un extranjero en el extranjero, el gran rey Hierón, que gobernaba Siracusa y con ella la práctica totalidad de Sicilia. Hoy, sin embargo, Sicilia es romana. Nuestro querido *princeps senatus* ha tenido a bien recordarnos cuán peligroso puede ser intentar una conquista en territorio extranjero y nos ha puesto diversos ejemplos de pueblos y reyes que lo intentaron y fracasaron, los atenienses, Pirro y otros. Es cierto. No lo niego. Tiene razón: sin duda, conquistar un territorio extranjero entraña aún más dificultad que proteger y defender el territorio que durante decenios ha pertenecido a Roma, como es el caso de Italia y las ciudades aliadas a Roma, pero al fin, si nuestros antepasados nunca hubieran luchado por conquistar y ampliar los territorios sobre los que hoy día gobernamos, Roma nunca sería lo que hoy es. Siracusa y Sicilia, allí representadas —y señaló al gran cuadro de la entrada pero sin mirarlo, sino manteniendo sus ojos sobre los senadores—, eran territorios extranjeros y hoy son parte de Roma, una provincia de Roma sobre la que vosotros, *patres conscripti*, decidís quién gobernará durante el próximo año. La cuestión no es si invadir África, territorio bárbaro para la Roma de hoy, es o no una empresa difícil; nadie mejor que yo, que he meditado durante días, semanas, años, sobre esta empresa, sabe a lo que me puedo tener que enfrentar allí; no, no, ésa no es la cuestión; el punto clave es qué Roma tenemos cada uno de nosotros en la cabeza, el asunto es en qué Roma creemos cada uno de nosotros. Se ve —y aquí se giró ciento ochenta grados para mirar a Máximo— que los hay que creen en una Roma con sus actuales dimensiones y fronteras. Sea, es una visión razonable: preservar lo que nuestros antepasados nos legaron ganado con sudor y sangre en el campo de batalla. Pero, queridos *patres conscripti*, queridos senadores de Roma —y fue girando sobre sí mismo para dirigirse a todos—, los hay que creemos en una Roma aún mucho más grande, una Roma donde las fronteras actuales no tienen por qué ser las mismas que nosotros heredamos de nuestros gloriosos antepasados, los hay que pensamos, como Valerio Mesala, los hay que pensamos que se puede atacar y conquistar aquello que aún no se había atacado o conquistado antes y más aún cuando se tiene causa justificada por ser África el territorio del que se nutre de fuerzas nuestro mortal enemigo Aníbal. Y si en el fondo de vuestro espíritu no pensarais de esa forma, si en el fondo de su ánimo nuestros antepasados no hubieran pensado de este modo, ¿sobre qué gobernaríamos? ¿Sobre nuestras siete colinas? ¿O sólo sobre el capitolio? Pensad y pensad bien: ¿en qué Roma creéis: en la Roma pequeña, asustada y encogida que nos presenta Quinto Fabio Máximo, o en una Roma grande y poderosa que rija los designios del mundo? —Desde las filas de los partidarios de Máximo empezaron los primeros gritos. El presidente tuvo que intervenir por primera vez desde que Publio había tomado la palabra para pedir silencio. Pronto callaron todos y el cónsul pudo proseguir con su discurso. Publio estuvo a punto de bajar un poco el tono furibundo con el que había empezado a defender su estrategia de invadir África, pero las palabras hirientes de Máximo recordando la muerte de su padre y de su tío aún retumbaban en su cabeza—. Máximo nos ha recordado a todos cómo mi padre y mi tío murieron en Hispania. Es cierto. Fabio siempre utiliza datos exactos. Datos exactos, sí, pero los envuelve con palabras ajenas a los hechos mismos. Mi padre y mi tío murieron en Hispania luchando por esa Roma grande, épica, en la que mi familia y todos los que me apoyan creen con toda su alma y su cuerpo. Pero no seré yo quien devuelva alusión personal por alusión personal. De la familia de nuestro insigne *princeps senatus* sólo conozco personalmente a su hijo, pues luché junto a él en Cannae. Sé de su valor y su templanza, porque sólo en el peor de los desastres conoce uno la auténtica valía de los hombres. No aludiré, por mi parte, a nadie más de la familia de mi noble oponente hoy aquí en la sagrada *Curia* de Roma. —Ningún seguidor de Máximo se atrevió a decir nada, por miedo a parecer desconsiderado ante lo que de modo directo eran elogios hacia el hijo de su líder, claro que, de modo indirecto, el cónsul había recordado a todos que, si bien él mismo había combatido en Cannae, la más vergonzosa de las derrotas romanas de toda la historia, el hijo del *princeps senatus* también. Era un velado y sutil ataque que Máximo recibió con el rostro serio y los labios apretados, pero sin mover un ápice ni un solo músculo de su anciano y curtido cuerpo. Publio proseguía. El *princeps senatus* tenía curiosidad por ver hasta dónde estaba dispuesto a llegar el joven cónsul en su réplica—. Pero sigamos con todo lo que aquí hoy se ha expuesto: se me acusa de cobarde, de tener miedo a enfrentarme a Aníbal. Bien, ya llegaré a ello, al asunto de mi supuesta cobardía, pero vaya por delante que yo no creo que el *princeps senatus* sea cobarde. Queda, por otro lado, lo que comentabas —y nuevamente aquí Publio miró fijamente a los ojos de Máximo— sobre el hecho de que el pueblo considere que intentas detenerme en mi carrera política y militar al impedirme invadir África. No, no creo que te opongas a ello por envidia, aunque algunos lo puedan pensar; no, insisto en mi argumentación anterior: te opones a que ataquemos África porque crees en una Roma débil mientras que yo creo en una Roma fuerte. Tú crees que Roma sólo tiene fuerzas para hacer una cosa cada vez: primero Aníbal, luego África; y yo creo en una Roma capaz de ambas empresas al tiempo. Me dirás, me diréis: dividir las fuerzas de uno en ocasiones puede ser un error. Creedme, por todos los dioses, que cuando recuerdo la muerte de mi padre y mi tío, que dividieron sus fuerzas y murieron en el campo de batalla, comprendo muy bien el sentido de las consecuencias de ese tipo de error. No, no necesito que nadie me recuerde lo peligroso que esa estrategia puede resultar en según qué circunstancias. Pero juzgadme por mis acciones y no por lo que oigáis decir de mí. Varios años estuve en Hispania y prácticamente nunca dividí mis fuerzas, y ¿por qué? Porque las circunstancias no lo recomendaban, porque durante mucho tiempo sólo disponía de dos legiones para luchar contra tres ejércitos enemigos a un tiempo, por eso no dividí las fuerzas hasta recibir algunos refuerzos que trajo mi hermano aquí presente. Pero Roma es más grande y poderosa que las fuerzas expedicionarias que dispuse bajo mi mando en Hispania. Roma tiene en la actualidad más de veinte legiones en activo para hacer frente a los galos en el norte, a los movimientos macedonios en el Adriático, para mantener nuestro recién adquirido dominio sobre Hispania y nuestro control sobre Cerdeña y Sicilia, para asediar las ciudades italianas que se han pasado al bando cartaginés y para proteger aquellas que siguen con nosotros y, por fin, para atacar y acosar a Aníbal. Roma, como veis, es muy capaz de hacer más de una cosa al tiempo. Y si no, pensad de nuevo con detenimiento en cómo nuestros padres del pasado constituyeron la Roma en la que hoy vivimos: una república no con un cónsul, sino con dos; una Roma no con un ejército consular anual, sino con dos, porque en el origen de la sabiduría y el poder de nuestras leyes está grabado de forma clara e indiscutible la utilidad que en ocasiones tiene dividir nuestras fuerzas para acometer objetivos distintos a un mismo tiempo. Lo que planteo, invadir África a la vez que luchamos en Italia contra Aníbal, no es contrario al interés del Estado sino que encaja perfectamente con la forma en que nuestro Estado está organizado. No hay que recurrir a torcer ninguna ley o a promulgar una nueva, no hay que crear una magistratura nueva, simplemente basta con usar las magistraturas y las leyes que nos legaron nuestros antepasados en su impresionante conocimiento. Y, sin embargo... sin embargo, se propone hoy aquí tratar a Aníbal como si fuera alguien diferente a todos los enemigos contra los que hemos luchado. ¿Es que contra Aníbal no valen las estructuras legadas por nuestros mayores? ¿Es que contra Aníbal todo ha de ser diferente? ¿Es que contra Aníbal no se pueden emplear dos ejércitos consulares en acciones diferentes como tantas veces se hizo en el pasado? Se me acusa de tener miedo a Aníbal. ¿Y no será, digo yo, que contra Aníbal hay otros que sí tienen miedo, tal terror que no quieren que se le combata como en el pasado? Y yo os digo, por Júpiter Óptimo Máximo, que contra Aníbal hay que combatir sin miedo y con osadía, pues esa y no otra es la forma en la que él combate contra nosotros. Pero hay más, hay más... —Publio se pasó la mano por el pelo de la cabeza que, al volver a Roma, había vuelto a cortar para no llamar la atención con su larga y profusa melena que durante un tiempo luciera en Hispania y que aún le hacía parecer más joven de lo que era—. Hay más. Sí. Quinto Fabio Máximo me acusa por un lado de tener miedo, pero luego me acusa de ser un loco por proponer algo que para él es completamente imposible: atacar África con éxito, y pasa a enumerar todos los obstáculos e impedimentos con los que me encontraré en mi camino. ¿Miedo? Dice que tengo miedo a Aníbal y por lo que describe luego parece que invadir África es aún peor. Estimados *patres conscripti*, creo que nuestro *princeps senatus* debe decidirse: o tengo miedo o soy un loco, pero creo que ambas cosas a la vez no se sostienen. —Aquí surgieron algunas risas entre los bancos de los que apoyaban a Escipión; por su parte, Máximo permanecía serio, contenido, intrigado aún por dónde iba a terminar toda aquella larga perorata de su contrincante: el cónsul se defendía pero, de momento, Máximo estaba convencido de que su discurso aún pesaba más en el ánimo de los senadores. Publio continuó hablando—. Por todos los dioses, senadores, llevamos catorce años de guerra y no hemos atacado África, cuando la primera vez que estuvimos en guerra con Cartago y la lucha era en Sicilia, no en Italia, no hicimos otra cosa más que acechar las costas africanas con constantes ataques e incursiones y ahora, ahora que nuestro enemigo asola nuestras tierras, ahora que deja yermos nuestros campos y masacra a nuestros aliados, ahora, sin embargo, elegimos no acercarnos a las costas africanas. Eso es absurdo. Más aún: es una vergüenza para con nuestros mayores, una indignidad, una cobardía. Esto no puede, no debe seguir así por más tiempo. *Patres conscripti*, ¿no es hora ya de que África sienta en su propia carne las ásperas heridas de la guerra que lleva catorce años financiando? ¿No es momento ya de que sean los campos de África los que queden baldíos? ¿No es ya hora de que sean las ciudades de África las que sufran los asedios, el hambre, la miseria de esta guerra? —De entre los bancos de Escipión emergieron gritos a su favor que el presidente intentaba acallar.

—¡Por Cástor y Pólux, la guerra debe ir a África!

—¡África, África, África!

—¡Invasión, sangre, todo en África!

Una vez más, pasado un minuto, la voz de Léntulo se hacía con el orden en la sala y el cónsul prosiguió con su intervención, más firme, más seguro de sí mismo, aunque la impenetrable mirada de Máximo no dejaba de hacerle sentir que no había conseguido derrotarle. Debía ser aún más agresivo. Más.

—No hay recursos, dice Máximo. Yo no pido más que los de un ejército consular, lo que me corresponde con relación a mi cargo. No hay puerto donde desembarcar, dice Máximo. Esto no es un viaje de placer. Si no hay amigos en la costa, tomaré la costa por la fuerza. No hay aliados o los que he conseguido son de poca confianza. También se decía que todos los pueblos de Hispania eran unos inconstantes y hoy mismo hemos recibido la mejor prueba de lealtad por parte de los embajadores saguntinos que he podido saludar antes del inicio de esta sesión. Sagunto, una ciudad que prefirió ser arrasada antes que pasarse al bando de nuestros enemigos. Está claro que Sífax o Masinisa son aliados inseguros, pero quizás alguno de ellos se pruebe tan valioso como los saguntinos u otros pueblos iberos que me ayudaron a terminar con el poder púnico en Hispania. En cualquier caso, es un riesgo que estoy dispuesto a asumir, pues ninguna gran empresa se ha conseguido sobre una base de completa seguridad. Además, si hasta Aníbal encontró apoyos entre ciudades itálicas que creíamos completamente fieles a nuestra causa, ¿por qué no voy yo a poder encontrar algunos pueblos de África o Numidia que se decidan a apoyarnos a nosotros? Muchos son los rencores que el poder de Cartago ha sembrado entre sus vecinos. Pero se insiste en que África es un territorio peligroso. Por supuesto. Hemos sido derrotados en África antes. Desde luego, pero también fuimos derrotados antaño por los pueblos del Lacio, de Etruria, de la Magna Grecia, por los epirotas, por los galos o los iberos y ahora todos están sometidos o mantenidos alejados de nuestras fronteras. ¿Por qué África ha de ser diferente? Quinto Fabio Máximo dice que un cónsul debe servir al Estado. Estoy de acuerdo, pero hoy al Estado se le sirve mejor atacando África. África es la llave del fin de esta guerra. África es el camino de nuestra victoria. África es la ruta para derrotar a Aníbal. —Estaba cansado, sudoroso. Publio se detiene. Inspira un par de veces. Empieza a dar pasos pequeños de regreso a su *sella curulis*, junto a los suyos, pero a mitad de camino se detiene, levanta de nuevo la mirada y dirigiéndose a todos, dando un círculo completo, termina su discurso—. Máximo se ha esforzado en minimizar y hasta menospreciar mis conquistas y mis victorias en Hispania.

—Habla muy despacio; quiere que cada una de sus últimas palabras permeen en las mentes de los senadores—, yo podría hacer lo mismo con las campañas de Quinto Fabio Máximo, pero no lo haré. Al menos, aunque sólo sea en humildad, en algo superaré al *princeps senatus*. Yo he nacido para servir a Roma. Soy cónsul y como tal sé que debo aún más servir a Roma. Soy cónsul, no rey. Lo que ocurre es que quizás haya entre nosotros quien de tanto ser cónsul y hasta dictador de Roma se crea él rey y piense que los demás sólo somos sus súbditos.

Con esa frase final, Publio dio por concluida su respuesta y se sentó al tiempo que desde los bancos de los partidarios de Máximo le llovían las amenazas, los insultos y los ataques de todo tipo. Léntulo se desgañitaba desde su podio sin conseguir que la paz regresara a la gran sala de la *Curia Hostilia*. Fabio Máximo navegaba con su mirada entre los bancos donde se sentaban los senadores más moderados y que, como en tantas otras ocasiones, tenían la llave de la decisión final del Senado. En su mayoría permanecían sentados y con el rostro tenso. Aquello relajó a Máximo. Tuvo que controlarse para no dejar escapar una sonrisa, un gesto inapropiado para el momento. Si los moderados estaban nerviosos era porque no les había convencido el discurso del joven cónsul y, ante la duda, Máximo sabía que muchos de ellos se decantarían por la opción más conservadora, más tradicional, más segura. Además, aquello de que Publio le hubiera devuelto el insulto de rey había sido algo poco elaborado, demasiado simple, hasta incluso torpe, pues Máximo, con setenta y ocho años, ya no estaba en edad de promover una revolución para hacerse con el control absoluto de Roma; en cambio, su contrincante, el joven cónsul, sí que podría tener esas pretensiones. Aquello era lo que los senadores estaban meditando. Al final, Quinto Fabio Máximo había conseguido lo que se proponía: alejar de la mente de los senadores el asunto central del debate, la invasión de África, la guerra contra Aníbal, y hacer que todos pensaran en el miedo que despertaba la infinita ambición de aquel joven cónsul. En eso pensarían los senadores cuando votaran y en nada más. Tenía la votación ganada, pero quedaba algo por resolver, quedaba algo clave. ¿Se atendría el joven e impetuoso cónsul a lo que allí se decidiera? El tumulto proseguía y los alaridos de Léntulo intentaban dominar la situación aún sin conseguirlo. Máximo se giró y habló con un viejo senador que se sentaba a su lado: Quinto Fulvio, quien fuera cuatro veces cónsul y una censor, otro de los senadores más veteranos y respetados de la cámara. Fulvio le escuchaba atento. Asintió un par de veces.

—Cuando se calme el ambiente —respondió al fin Fulvio— intervendré yo.

—De acuerdo —dijo Máximo—. Tenemos que terminar con esto aquí y ahora. El árbol está ya maduro para ser talado. —Y le lanzó una mirada llena de satisfacción. Fulvio le sonrió asintiendo de nuevo.

Léntulo volvía a intervenir para encauzar el debate.

—Bien, *patres conscripti*, llegados a este punto y rogando a los dioses por que nos concedan sabiduría a la hora de decidir, una vez expuestas las opiniones del cónsul Publio Cornelio Escipión por un lado y del *princeps senatus* por otro, nos corresponde votar sobre lo aquí debatido. La votación será nominal...

—Un momento, presidente, con su permiso, con la aquiescencia de los dioses y con la venia de mis colegas, desearía añadir algo —dijo rápido el anciano Fulvio, alzándose de su banco.

Léntulo parecía molesto. Aquella sesión parecía no tener fin. Debería haber declinado presidirla, pero, por otra parte, no todo el mundo era elegido para presidir una sesión; era un honor difícil de rechazar. La vanidad, ahora lo veía claro, le había puesto en aquel trance.

—Si el ilustre Quinto Fulvio —empezó Léntulo— desea intervenir antes de la votación, no seré yo quien me oponga a ello.

Fulvio permaneció en pie sin moverse de su banco, junto a Fabio Máximo.

—Gracias, presidente del Senado en la sesión de hoy. Tengo... me siento en el deber de solicitar que el cónsul Publio Cornelio Escipión aclare ante todos y ante los dioses cuál es su auténtica intención al presentar la moción de no sólo obtener el mando de la provincia de Sicilia, algo que ya tiene, sino también de la de África para así tener la posibilidad de atacar aquel país. Me explicaré: todos hemos oído en el foro, vamos, en Roma no se habla de otra cosa, que nuestro joven cónsul piensa atacar África con o sin el consentimiento del Senado y que si el Senado no le concede el permiso, presentará entonces su moción directamente al pueblo ante los tribunos de la plebe aquí presentes. Por eso, por eso, por Cástor y Pólux, por eso me niego a votar si antes el cónsul no se compromete a obedecer lo que aquí se decida. Si sólo nos está sondeando para luego dirigirse a los tribunos de la plebe y al pueblo, que sea a ellos desde un principio a los que les plantee la moción. Si el Senado no gobierna ya Roma, si es eso lo que piensa nuestro cónsul, que lo diga con claridad. De forma que solicito formalmente que los tribunos de la plebe me amparen a mí y a cuantos senadores nos neguemos a votar hasta que el cónsul aclare si va a obedecer o no al Senado. Los tribunos de la plebe están para defender al pueblo de decisiones injustas que pudieran emanar de aquí contra el pueblo romano, pero no para gobernar en lugar del Senado. Así ha sido siempre y así debe seguir siéndolo.

Una vez más quejas y amenazas surgían de entre los bancos de unos y otros. La algarabía era tal que Léntulo decidió operar esta vez de forma diferente. Mientras dejaba que sus *lictores* se esforzaran en rebajar la tensión y hacer que los senadores se callaran, el presidente bajó de su podio y caminó hasta donde se encontraban sentados los tribunos de la plebe. Alrededor suyo se formó un corro de senadores, la mayoría favorables a la visión de Máximo y Fulvio. Publio permanecía sentado en su *sella curulis*. Su hermano Lucio le habló al oído.

—Con esto no contábamos.

—No —respondió Publio entre nervioso pero contenido.

—Léntulo y los de Máximo están con los tribunos, les están presionado —añadió Lucio.

—Ya veo. Nada bueno saldrá de ahí para nuestros intereses —confirmó Publio entre cansado y confuso. Máximo le estaba ganando la batalla. El joven cónsul veía que había caído en el más viejo de todos los errores posibles: había infravalorado la capacidad de oposición de su enemigo. Publio había considerado la posibilidad de perder el debate ante el Senado, pero tenía pensada la alternativa de presentar la moción de invadir África ante los tribunos de la plebe si los viejos senadores no tenían agallas para respaldar aquel plan. Sin duda, Fabio Máximo era el más formidable de los enemigos, puede que no en el campo de batalla, pero sí en el Senado. Máximo había intuido su estrategia y se le había adelantado. Así de simple y así de sencillo: se le había adelantado. Le había superado en oratoria, o aunque hubieran estado igualados, Publio debía haber sido mucho más persuasivo para que los acoquinados senadores se atrevieran a votar en contra de los postulados de Fabio Máximo. Y encima, su segundo plan, recurrir al pueblo, estaba en jaque.

Léntulo retornó a su podio. El resto de los senadores y los tribunos de la plebe hicieron lo propio regresando a sus respectivos asientos. El presidente tomó la palabra una vez que la algarabía quedó reducida a murmullos.

—Quinto Fulvio ha planteado una duda importante antes de proceder a la votación y en este punto parece lógico escuchar lo que tienen que decirnos los tribunos de la plebe, a los que les concederé la palabra en esta sesión de forma excepcional y luego, si lo desea, podrá hablar también el cónsul Publio Cornelio Escipión —concluyó Léntulo mirando al aludido. Publio asintió. Léntulo suspiró algo aliviado y concedió la palabra a los tribunos.

Cneo Bebio Tánfilo, el tribuno de mayor edad, se levantó y sin alejarse de su asiento empezó a hablar. Publio le miraba como si sus ojos pudieran atravesarle. Cneo Bebio midió sus palabras. Navegaba entre dos aguas: entre la tumultuosa tempestad de los Escipiones y la profundidad insondable de Fabio Máximo.

—Como se ha dicho y se ha dicho bien, los tribunos asistimos aquí para velar por que no se vulneren los derechos del pueblo. La proposición sobre si se le permite al cónsul Publio Cornelio Escipión la posibilidad de atacar o no África es una cuestión que entendemos que no atañe de modo directo a los derechos del pueblo. Por ello pensamos que debe ser el Senado el que decida y si el Senado decide en sentido negativo a lo propuesto por el cónsul... —aquí el tribuno se detuvo un instante— y el cónsul acude a presentar de nuevo dicha propuesta ante nosotros, los tribunos de la plebe declinaremos aceptar toda moción que sobre el respecto ya haya sido debatida y votada en el Senado. De este modo amparamos al senador Quinto Fulvio según ha demandado públicamente ante los *patres conscripti*... ahora bien —y se hizo un silencio de un par de segundos en los que todos clavaron sus miradas en Cneo Bebio, en particular, tanto Fabio Máximo como el joven cónsul Escipión—, ahora bien... si el cónsul retira la moción del Senado y si esta moción, la de la invasión de África, llega ante nosotros sin haber sido votada por los senadores, entonces los tribunos de la plebe... sí que darán su opinión sobre la misma.

El tribuno se sentó. Léntulo miró al cónsul. Publio sentía cómo los murmullos habían emergido en ambos lados de la *Curia,* pero no había gritos. El cónsul, con las palmas de sus manos sobre los muslos, miraba al suelo. En un extremo de la gran sala, Máximo, que se mordía la lengua con sus afilados dientes de viejo lobo, a través de Fulvio, había creído cercenar de cuajo su estrategia de acudir al pueblo en caso de fracasar en el Senado, pero las últimas palabras del tribuno abrían la posibilidad de una crisis institucional, un enfrentamiento entre el tribunado y el Senado, entre el pueblo y los representantes de la *Curia.* En el otro extremo, Publio percibía cómo el fracaso de la propuesta de la moción en el Senado se palpaba ya en el ambiente. Era muy improbable que su discurso hubiera convencido a la mayoría necesaria de senadores para conseguir sus objetivos. La voz de Léntulo le llegó como si viniera desde otro mundo.

—... el cónsul de Roma debe dirigirse ahora a todos y responder a la cuestión planteada: ¿reconoces o no, Publio Cornelio Escipión, la autoridad del Senado para decidir sobre la asignación de las provicias a cada cónsul, así como la capacidad del Senado para delimitar las acciones a llevar a cabo por cada cónsul en cada una de esas provincias? ¿Reconoces esa autoridad o no? ¿O decide el cónsul retirar la moción y presentarla, y aquí he de ser claro, contra mi parecer y estoy seguro que el de la gran mayoría de los senadores, decide, digo, presentar la moción sólo ante el tribunado de la plebe? Y he de insistir: nunca antes el tribunado de la plebe ha decidido sobre las acciones militares de un cónsul. El magistrado Publio Cornelio Escipión tiene la palabra, pero, como presidente de esta sesión, debo advertirle que sus palabras deben ser mesuradas pues, de lo contrario, pueden conducir a Roma a una crisis de instituciones como no se ha conocido jamás.

Todos miraban a Publio y él lo sabía. Su hermano iba a decirle algo pero Publio levantó su mano izquierda separándola levemente de su pierna y Lucio guardó silencio, mientras veía cómo su hermano mayor, cónsul de Roma, se levantaba para dirigirse una vez más al Senado.

—Creo que la sesión de hoy ha sido ya muy larga y llena de demasiadas tensiones innecesarias para debatir sobre el bien del Estado. Pido un día de reflexión para responder a esas preguntas.

Desde las bancadas de Máximo emergieron una vez más los gritos, pero Fabio levantó sus manos y sus seguidores callaron inmediatamente. El *princeps senatus* bajó las manos y se limitó a mirar hacia donde se encontraba Léntulo y asentir una vez. El presidente asintió también y decidió levantar aquella pesada y compleja sesión, al menos por aquel día.

—El cónsul ha pedido un día de reflexión y es potestad mía como presidente concederlo. Entendiendo que la reflexión simpre es buena y más aún si ésta puede impedir un enfrentamiento entre el tribunado de la plebe y el Senado, entre el pueblo y los *patres conscripti*. De modo que levanto la sesión hasta mañana a la misma hora, *nihil vos teneo*, no tengo nada más que tratar con vosotros.

Y todos los senadores de Roma fueron saliendo en pequeños grupos del edificio de la *Curia Hostilia*. La sombra de la *Curia* se desparramaba alargada y en diagonal por la gran plaza del *Comi-*

tium. La muchedumbre rodeaba a los senadores que salían de la maratoniana sesión y preguntaban a los *patres conscripti.* Así se extendió, boca a boca, el resultado aún incierto de aquel debate. Del *Comitium* los comentarios viajaban entre los *Rostra* y la *Graecostasis* y el *senaculum* y alcanzaban a una multitud aún mayor congregada en la enorme explanada del foro. En menos de una hora, en toda Roma no se hablaba de otra cosa: el joven cónsul Publio Cornelio Escipión había defendido una y otra vez la necesidad de invadir África y Fabio Máximo se había opuesto por completo. No había tenido lugar aún votación alguna y se murmuraba que el cónsul podría retirar la moción y presentarla directamente ante el pueblo dirigiéndose a los tribunos de la plebe. Bebio había dicho que si el cónsul la retiraba del Senado considerarían la moción. Era un enfrentamiento entre el Senado y el pueblo. Entre Máximo y Escipión. Los unos defendían a Fabio Máximo, a su sabiduría que los salvó del ataque de Aníbal, y defendían la autoridad del Senado. Otros, hartos de la guerra interminable, estaban con Escipión: que los cartagineses tomaran algo de su propia medicina, que la guerra llegara a África. Fue en medio de aquel tumultuoso anochecer cuando Publio, rodeado de miles de personas, unas que le aclamaban y otras que le increpaban, escoltado por su hermano, su cuñado, Lelio y sus oficiales, llegó a su *domus* en el extremo sur del foro. Varios esclavos, apostados a la puerta de su casa, abrieron las puertas de la residencia de par en par para facilitar el acceso a toda la comitiva que acompañaba al señor de la casa en su regreso del Senado. Una vez que Publio y su séquito de familiares y amigos hubo entrado, los esclavos cerraron las grandes puertas, y anclaron los cierres de la misma con un enorme travesaño de madera de roble reforzada con remaches de bronce. En su interior, su familia y amigos. La casa de Publio Cornelio Escipión estaba cerrada ya para todos los demás, fueran clientes, curiosos, viajeros o senadores, daba igual su condición o su necesidad. Publio no recibiría a nadie en toda aquella larga y lenta noche. Ésas eran sus instrucciones. Los esclavos quedaron apostados a la puerta. No se debía molestar al amo con ningún requerimiento de nadie.

44

Una visita inesperada

Roma, enero del 205 a.C.

Emilia, ayudada por Pomponia, la madre de Publio, dispuso que en el atrio se distribuyeran divanes suficientes para acoger a su marido Publio, su cuñado Lucio, a su hermano Lucio Emilio, a Cayo Lelio y al resto de los oficiales amigos del cónsul. Como algo excepcional, permitió que la pequeña Cornelia de siete años y el benjamín de la casa, Publio hijo, de sólo cuatro, jugaran entre los amigos de su padre, junto al *impluvium*. Las obligaciones de su marido, siempre en campaña todos estos años y cuando estaba en Roma, siempre ocupado con el Senado y luego con los centenares de clientes plebeyos que se aproximaban a la casa de los Escipiones a pedir ayuda o consejo, no permitían que Publio pudiera disfrutar de un mínimo tiempo con sus hijos; por eso, siempre que éste estaba en casa, Emilia facilitaba que los niños permanecieran cerca de su padre, aunque eso implicara saltarse los horarios de dormir que, de otro modo, Emilia hacía que ambos, Cornelia y Publio hijo, cumplieran de forma escrupulosa. Los niños estaban encantados cuando su padre estaba en casa.

—Hay que acudir a los tribunos, no hay otra solución —comentaba Lelio con vehemencia.

Publio le miraba y asentía despacio pero era evidente que tenía grandes dudas. Miró a su hermano, reclinado en el *triclinium* a su derecha.

—No sé... —respondió Lucio dubitativo.

Publio miró entonces a su cuñado, Lucio Emilio Paulo, hermano de su esposa, hijo del gran cónsul Emilio Paulo, de quien siempre valoraba y mucho sus opiniones sobre las decisiones políticas, y aquélla, sin duda, era la decisión política más importante que debía tomar en su vida.

—Pienso como tu hermano, Publio —comenzó Emilio Paulo—; saltarse al Senado, retirando la moción ya presentada para acudir a los tribunos... será un enorme conflicto. Fabio Máximo puede echar mano incluso de las *legiones urbanae*, exigir una nueva dictadura para reinstaurar el poder del Senado si considera que se está vulnerando la capacidad decisoria del Senado en política exterior y asignación de legiones. Publio, el pueblo está contigo en su mayoría, pero a medida que Fabio Máximo recurra a más estratagemas políticas e incluso a la fuerza, el apoyo popular decrecerá. Y lo cierto es que ante Aníbal, necesitamos unión. Eso también lo valora el pueblo. Fabio Máximo hará correr el bulo de que sólo buscas poder y gloria a costa incluso de saltarse las leyes. Creo que es mejor dejar que la moción se vote en el Senado... tu discurso fue bueno y que aceptes someterte al Senado lo verán bien muchos de los senadores moderados y los predispondrás a tu favor. Pero la votación será complicada. ¿Alguien ha calculado cuántos votos...?

—Yo —dijo Lucio, el hermano de Publio—. Siendo optimista no tendremos más de ciento diez o ciento veinte. Máximo cuenta seguro con más de ciento cuarenta. Unos pocos más y tendrá el control completo. Y los indecisos caerán muchos de su lado. Es una votación perdida. África tendrá que esperar o tendremos que enfrentarnos con el Senado y...

—¿Y...? —preguntó Publio.

—No me gusta la idea —concluyó su hermano.

—A mí tampoco —confirmó Publio—. ¿Alguien tiene otra opinión?

Publio paseó su mirada entre sus oficiales. Lelio no dijo nada, pero ya había dejado claro que él estaba por la labor de no cejar en el empeño de invadir África. El resto, Marcio, Silano, Mario, Terebelio y Digicio, callaba. No sabían bien a qué atenerse. El poder del Senado era sagrado en cuestiones militares, pero ellos estaban con Publio hasta la muerte. Si Publio decidía enfrentarse al Senado le seguirían, pero no eran capaces de promover esa idea por sí mismos. Publio comprendía sus sentimientos y no les culpaba por sus dudas.

En medio del denso silencio, resonaron varios golpes secos y firmes sobre la gran puerta de la *domus* de los Escipiones en el corazón de Roma. Publio no le prestó mayor atención aunque los golpes se repitieron un par de veces más. Ya se ocuparían sus esclavos de deshacerse del inoportuno o inoportunos visitantes. Publio bajó la mirada mientras seguía meditando qué hacer. Todos callaban. Lelio bebía algo de vino aunque los nervios no le permitían degustarlo como acostumbraba. Lucio y Emilio Paulo tomaban algo de uva, más por entretener el paso de los segundos que por hambre, y Marcio, Silano y el resto de los oficiales no se atrevían ni tan siquiera a echar mano de la fruta que se les ofrecía. De pronto, uno de los esclavos de la puerta, el *atriense*, que en razón de su cargo era a quien le correspondía dirigirse al amo en aquellas circunstancias, apareció junto al *impluvium* donde los pequeños, ajenos a las pugnas políticas de Roma, jugaban con pequeños barcos de madera que habían confeccionado con su tío la tarde anterior, aunque percibían una sensación extraña diferente a otras reuniones que su padre había celebrado con todos aquellos hombres. Nadie reía.

Publio miró al *atriense* con claras muestras de irritación y es que, aunque el cónsul contuviera sus impulsos, estaba especialmente tenso aquella noche y cualquier desliz de un sirviente podía desatar su ira y a punto estuvo aquel esclavo de ser objetivo de la furia del cónsul, que se levantaba despacio, dispuesto a hacer azotar a aquel imbécil, cuando el sirviente se arrodilló y habló rápido mirando al suelo.

—Sé que habéis dicho que no se os moleste, lo sé, mi señor, pero es... Quinto Fabio Máximo. —Y el esclavo se arrodilló como un ovillo junto a los niños que lo miraban sorprendidos. Nunca habían visto a aquel hombre tan asustado. Miraron a su padre. El cónsul, en pie, reflejó en su faz un cambio de expresión: de la ira pasó a la confusión y de la confusión a su innata curiosidad. Todos le miraban.

—¿Le has dejado pasar? —preguntó Publio.

El esclavo respondía con su rostro hundido en el suelo.

—Está en el vestíbulo, mi amo, en el vestíbulo. —La voz le temblaba. Había incumplido la orden de su amo, pero no podía ser que su amo incluyera en su orden al propio *princeps senatus*.

Publio se sentó.

—Has obrado bien, *atriense*. Puedes estar tranquilo.

El esclavo suspiró aún sin atreverse a mover un músculo de su encogido cuerpo.

—Hazle pasar —apostilló el cónsul, y el esclavo partió casi gateando desde el *impluvium* en dirección al vestíbulo de la casa. Publio no añadió más de momento y se limitó a mirar a su alrededor. Todos compartían la confusión y la incertidumbre en el rostro por aquella inesperada visita.

—No te fíes —le dijo su hermano Lucio al oído—. Máximo no dice dos frases seguidas que sean verdad.

Publio asintió.

Con estudiada lentitud y paso en apariencia débil entró Quinto Fabio Máximo en el atrio de la casa del más mortal de sus enemigos políticos. Se acercó al *impluvium* y, al tener su mirada en alto, estudiando el cónclave de hombres allí reunidos, no vio al pequeño hijo de Publio con el que tropezó. El niño se apartó y se puso tras su hermana. El anciano senador trastabilló, pero con agilidad extraña para su edad se mantuvo en pie apoyado sobre su *lituus*, el viejo palo de augur que con frecuencia portaba consigo para recordar a todos su capacidad de leer el futuro. Máximo se detuvo y miró hacia el pequeño. Sin decir nada sonrió en lo que intentó que fuera una mueca afable y su boca exhibió una dentadura decrépita de dientes afilados por el uso y de su labio inferior emergió aún más su pesada verruga por la cual lo apodaban el *Verrucoso*. El pequeño Publio de cuatro años, en un gesto que conmovió a su padre, no se arredró ante aquel acontecimiento sino que reapareció de detrás de su hermana y se plantó ante ella, como intentando protegerla, recto en su escaso metro de estatura, tieso, serio. Máximo, que no vio su sonrisa correspondida, enarcó las cejas y se dirigió hacia el señor de aquella casa. A dos pasos de Publio, se detuvo y le saludó como correspondía a su condición.

—Te saludo, joven Publio Cornelio Escipión, cónsul de Roma, y te pido disculpas por mi intromisión en tu vida familiar a estas horas de la noche y más aún después de una tan larga jornada en el Senado.

—Te saludo, Quinto Fabio Máximo. El *princeps senatus* es siempre bienvenido a esta casa —respondió Publio con cordialidad, al menos en la superficie de su expresión.

—Eso está bien —replicó Máximo—, que en esta casa se reconozca la autoridad del Senado y sus humildes representantes.

A nadie pasó inadvertida aquella indirecta. Lelio casi rompe la copa de apretarla con la mano. Máximo le dedicó una rápida mirada. Lelio bajó los ojos, pero el viejo senador ya había leído todo cuanto juzgaba necesario en la faz del veterano tribuno.

Por su parte, Marcio y el resto de los oficiales allí reunidos miraban a Máximo con desprecio que procuraban ocultar, pero todos reconocían que tenía agallas aquel viejo. Estaba allí solo, en medio de todos ellos, y, en apariencia, desarmado. Aunque seguramente tendría una poderosa escolta a la puerta, pero allí estaba solo. Claro que, ¿quién en Roma podría atreverse a tocar un solo pelo de aquel hombre? Un ataque a Fabio Máximo supondría una condena de muerte automática para todos los implicados, sin importar su condición. No, Máximo era valiente, pero no un loco. Sabía medir hasta dónde arriesgarse y, en cualquier caso, aquél era el mismo hombre que declaró la guerra contra Cartago hacía años en el mismo Senado de Cartago rodeado de centenares de enfurecidos senadores púnicos. No iba a tener miedo entonces de un puñado de oficiales romanos.

—He venido a advertirte, Publio Cornelio Escipión. —Máximo se irguió mientras hablaba—. No te atrevas a soslayar la autoridad del Senado. La moción sobre la invasión de África debe ser decidida en el Senado y sólo en el Senado.

—¿Es una amenaza? —preguntó Publio con frialdad.

—Es un consejo, cónsul de Roma, un consejo de un anciano augur...

—A mí me predijiste que Publio no volvería vivo de Hispania y aquí estamos todos —interrumpió Cayo Lelio, que tenía enquistado en las entrañas a Fabio Máximo desde aquella hostil entrevista en su villa de las afueras de Roma.

Fabio Máximo se giró y se encaró al veterano tribuno. Le respondió sin un ápice de nervios en su voz bien atemperada y controlada.

—Por lo que he oído, Cayo Lelio, poco faltó, muy poco, pero la diosa Fortuna decidió interceder y devolvernos a nuestro joven cónsul de las horribles manos de la enfermedad, de lo que me congratulo, pero mis augurios se cumplen y se mantienen en su sustancia. —Máximo examinaba una vez más el iracundo rostro del tribuno al tiempo que hablaba despacio. La mente de Lelio se había hecho más compleja, más proclive a la duda—. Quizás el cónsul haya regresado vivo, pero parece haber perdido la razón y querer llevarnos a todos a la muerte y la destrucción. Eso es casi como estar muerto —concluyó mirando ya a Publio.

La tensión se podía cortar con un cuchillo. La dulce y suave voz de Emilia emergió salpicando de calma la tempestad de sentimientos confrontados.

—El *princeps senatus* pensará que hemos olvidado nuestros modales romanos. ¿Puedo ofrecer algo de comer o de beber a nuestro insigne visitante?

Máximo se volvió hacia la señora de aquella casa y se inclinó levemente mientras le respondía.

—Veo que hay aquí quien mantiene el orden y la tradición romana y eso me hace albergar esperanzas de que la cordura pueda volver a reinar entre estas muy nobles y respetables paredes. Las de los Escipiones y los Emilio-Paulos son familias de gran renombre y linaje y sólo anhelo que reencontremos el acuerdo general para acabar con nuestro enemigo común: Aníbal.

Una pausa en la que Emilia hizo que un esclavo llevara algo de agua al viejo senador, la cual aceptó enjugando los labios y la prominente verruga en el líquido fresco y transparente que se le ofrecía en un cáliz de plata. En todo momento, los ojos de Publio seguían fijos sobre la figura de piel seca y arrugada por el tiempo que permanecía plantada ante él, en medio de sus amigos y su familia, como un espino incómodo que crece en el mejor de los jardines.

—Pasemos al *tablinium* —dijo Publio en pie señalando hacia la cortina detrás de donde se encontraba ubicado su *triclinium*—. Hablemos en privado.

Quinto Fabio Máximo volvió a mojar sus labios en el caliz de plata. Necesitaba un segundo para pensar. Esa estrategia no la había esperado. ¿En privado? ¿Quería el cónsul decir cosas que no quería que ni los suyos oyeran? Eso podía ser bueno. Podía estar dispuesto a ceder. Eso le interesaba. Cuando alguien quiere retractarse es más fácil hacerlo en privado que ante familiares y amigos. ¿Quería atentar contra él y que no hubiera testigos? Improbable y absurdo y, sobre todo, eso pondría fin a todo plan de invadir África. Si así ocurría, al menos su muerte sería cumpliendo con el bien del Estado. Y Quinto Fabio Máximo no tenía miedo y mucho menos de un Escipión. Se palpó con la mano izquierda la daga que llevaba oculta bajo su toga, mientras que con la derecha depositaba su copa de agua en una bandeja que sostenía un esclavo.

—Sea. —Y Quinto Fabio Máximo, pasando entre Emilia y el *triclinium* vacío de su esposo, pasó siguiendo a Publio Cornelio Escipión que, apartando la cortina del *tablinium,* aguardaba la llegada del *princeps senatus*. El viejo senador entró en el despacho y tomó asiento en un sobrio *solium* junto a la mesa. Publio corrió la pesada cortina y ambos hombres quedaron a solas.

Pese a la quietud de aquella estancia, a través de la cortina llegaban los murmullos de los que habían quedado fuera, y más aún, se escuchaba el tumulto permanente de la noche romana.

—Te respeto, Publio Cornelio —empezó Máximo—, por mantenerte viviendo en el centro de Roma. A mi edad necesito reposo y mi sueño débil y demasiado ligero es incompatible con el ruido constante de las calles romanas por la noche. Por eso vivo en mi villa desde hace años. Algún día deberías venir y visitarme.

Publio se sentó en otro *solium* al otro extremo de la mesa, que, situada entre los dos, parecía representar el muro que separaba a ambos hombres, por muy educados que ambos quisieran mostrarse. El cónsul tardó en responder al comentario de su interlocutor y Máximo no mostró prisa alguna. Publio fue directamente al asunto.

—No quiero recurrir a los tribunos, pero lo haré si no me dejas otra opción.

—¿Y qué otra opción puedo dejarte, cónsul de Roma? —Máximo se echaba sobre la mesa al hablar—. No puedo permitir que por tu locura el Estado, en medio de esta cruenta y larga guerra, pierda dos legiones recién armadas y adiestradas, con todas sus tropas auxiliares y sus suministros, todo un ejército consular en una descabellada aventura cuyo único final es el mismo que padeció Régulo hace años: la aniquilación en África. Eso es lo único que hay en África.

Publio inspiró profundamente. Para conseguir el mando de la misión en Hispania ya tuvo que ceder ante Fabio Máximo. En aquella ocasión aceptó no ser nombrado procónsul y eso, aunque consiguió la victoria absoluta en la península ibérica, le privó del merecido *triunfo* por las calles de Roma. Publio veía que si quería conseguir que Fabio aceptara la idea de la invasión, una vez más, debería volver a ceder algo... ¿pero qué?

—¿Y si los ejércitos consulares se quedan en Italia, los dos, el de Licinio Craso y el que me corresponde? —preguntó Publio de forma enigmática—. ¿Permitirías entonces que se aprobara en el Senado mi moción de invadir África?

Fabio Máximo se reclinó hacia atrás. Aquello era absurdo.

—¿Y con qué, si puede saberse, con qué tropas invadirías África? ¿Tú solo? No te sabía tan fuerte. —Y sonrió con cinismo.

Publio no se arredró y mantuvo la compostura.

—Con voluntarios, con los que me quieran seguir, no reclutados por levas, sino sólo aquellos que me quieran seguir y con las tropas que ya tenemos acantonadas en Sicilia.

Fabio Máximo ponderó el asunto. ¿Cuántos voluntarios podría conseguir el cónsul para aquella empresa? No muchos. África inspiraba terror. Sólo los muy leales a los Escipiones le seguirían. Quizás unos pocos miles. Insuficientes para la invasión, una insignificancia, teniendo en cuenta que los cartagineses podían juntar con facilidad treinta mil o cuarenta mil hombres en pocas semanas y que podrían tener de su parte el poderoso ejército de Sífax, de más de cincuenta mil hombres. Eso para empezar. ¿Y en Sicilia, qué había?

—En Sicilia no hay tropas, más allá de pequeñas guarniciones para la defensa de Siracusa o Lilibeo y otras pequeñas ciudades —respondió Máximo a la conclusión de sus pensamientos.

—Están las legiones V y VI —dijo Publio y, nada más decirlo, su estómago se le hizo pequeño, como si al pronunciar aquel nombre estuviera ratificando un pacto secreto que lo acercaba más y más al reino de los muertos.

—Ésas son «legiones malditas». Son tropas que no existen, que no cuentan en esta guerra.

—Por eso —defendió Publio con vehemencia—. Si no cuentan para nadie, si Roma no las quiere, que Roma me deje usarlas. O hago de ellas tropas adecuadas para una invasión o moriré al poco tiempo con todos ellos nada más desembarcar en África. Cedo mucho, Quinto Fabio Máximo, cedo mucho, cedo todo mi ejército consular, pero no pienso ceder en la idea de la invasión de África. Es esto o los tribunos de la plebe.

Quinto Fabio Máximo se levantó despacio y le dio la espalda mientras pensaba. En aquel despacho sólo se veían rollos y más rollos con caracteres en griego. Tanto griego había hechizado a aquellos Escipiones. Los había trastornado por completo, corría en su sangre decadente, pero el pacto que le ofrecía el cónsul era bueno. Bastante bueno, aunque podía ser aún mejor. Podía ser perfecto. Máximo se giró ciento ochenta grados y volvió a sentarse.

—De acuerdo —empezó—, la *senatum consulere* será la siguiente —y calló un instante mientras ponía en orden sus palabras; Maximo había usado el término de *senatum consulere* en lugar de *relatio*, porque el segundo era genérico aplicable a cualquier moción presentada por el pueblo u otros magistrados, pero la *relatio* que se iba a votar era por petición de un cónsul y el término exacto era *senatum consulere*, y la precisión para Máximo era clave tanto en las formas como en el contenido, y el contenido era el que ahora buscaba su aún ágil mente—: sí... el presidente propondrá votar que se te conceda permiso para invadir África desde Sicilia con los voluntarios que consigas aquí en Roma y los recursos que obtengas sin tocar un solo as del tesoro público, lo que implica que tendrás que conseguir tu propia flota y armas para transportar a esos voluntarios hasta Sicilia y, eso sí, una vez en la isla podrás sumar a tus tropas expedicionarias las «legiones malditas» si tanto aprecio les tienes, pero no podrás sumar ni las guarniciones de las ciudades ni hacer levas en la isla. Eso y sólo eso estoy dispuesto a apoyar ante todos los senadores. Tú tendrás el camino libre a África y no presentarás la moción de hoy a los tribunos.

Publio tragó saliva. Decir que con aquella moción tenía el camino libre a África era una clara hipérbole, pero era eso o recurrir a los tribunos y generar una gran fractura social en Roma de consecuencias incalculables. Además, existía la posibilidad de que los tribunos se vieran tan presionados por Fabio y los suyos que, en el último momento, tampoco se atrevieran a apoyar la invasión y entonces lo tendría todo perdido. Sería cónsul para nada. Poco a poco Publio asentía aún sin decir nada, como para convencerse a sí mismo de que hacía lo correcto, mientras repasaba de cuánto dinero disponía su familia para poder costearse una flota y no terminaba de verlo claro, pero no había margen para la negociación.

—De acuerdo —dijo, cuando todavía no tenía bien hechos los cálculos, pero ya lo había dicho. Ya estaba.

Quinto Fabio Máximo se levantó satisfecho.

—Sea —confirmó el anciano *princeps senatus*—, sólo una condición más.

Publio le miró con incredulidad. No podía exigirle nada más. Fabio moduló su discurso. Era un buen pacto lo conseguido y tampoco quería estirar la cuerda más allá de lo necesario.

—Realmente no es una condición más, sino una forma en la que el Senado se asegure de que se cumplen las condiciones impuestas en el *senatum consulere* que aprobaremos mañana.

—¿Qué es...?

—El Senado nombrará al *quaestor* de la expedición, que ejercerá de *quaestor* de las legiones de Sicilia y de los voluntarios que alistes en Roma. Sólo así aceptaré que se apruebe la moción.

Ciertamente, no era una nueva condición, pero sí un inconveniente añadido. Un *quaestor* hostil a la idea de la invasión sería como intentar hacer avanzar un carro con palos entre las ruedas. Además, Publio ya había estado pensando en cómo saltarse alguna de aquellas limitaciones de la compleja *relatio* que había propuesto Máximo, pero si el *quaestor* era nombrado por el Senado...

—De acuerdo —aceptó seco, frío, ahíto de aquel hombre.

Quinto Fabio Máximo se irguió con su orgullo henchido. Otra victoria que sumar a su dilatada carrera política. Cuando se despidió de Escipión se contuvo, pero sentía que despedía a alguien que ya nunca más iba a volver a ver. Su intuición de augur así se lo dictaba. Y no solía equivocarse: Escipión había regresado en cuerpo con vida de Hispania, pero su mente estaba tan entregada a la locura, que aquel cónsul era sólo pasto para los buitres.

El cónsul, todavía sentado en su *solium*, vio salir a Máximo del *tablinium*, corriendo de un tirón la cortina, y cruzar entre sus invitados sin apenas entretenerse en los saludos reglamentarios. Publio se quedó con la extraña sensación de haber negociado mal. Más tarde, cuando, rodeado por todos, en medio del atrio, fue desglosando las condiciones del acuerdo, su intuición se vio ratificada por los rostros apesadumbrados de sus familiares y amigos, en especial la sombría faz de su madre, aunque Pomponia, siempre discreta, se cuidó mucho de criticar la estrategia de su hijo mayor, y menos aún en público.

Publio percibía que, pese a todo, muchos le seguirían en su epopya a África porque le eran leales hasta el infinito, pero era evidente que nadie pensaba que aquella invasión pudiera tener éxito alguno, no sin un ejército consular, sin suministros apropiados y menos aún si el cuerpo central del ejército expedicionario tenía que ser las «legiones malditas».

45

La votación

Roma, enero del 205 a.C.

Al día siguiente, un nervioso y aún no del todo recuperado Cayo Léntulo, *praetor urbanus*, presidiendo una vez más la continuación de la sesión interrumpida el día anterior, se alzó en su podio y modulando su voz se dirigió, una vez más, al cónclave completo de senadores de Roma.

—*Quod bonum felixque sit populo Romano Quiritium referimos ad vos, patres conscripti....* [Referimos a vosotros, padres conscriptos, cuál es el bien y la dicha para el pueblo romano de los Quirites], una vez más. Hoy vamos a votar una moción modificada que el cónsul, después de sus horas de reflexión, me ha presentado corregida en varios puntos, una moción que parece haber sido consensuada y que quizá pueda ser aceptada por los *patres conscripti*, quiero decir por los *patres et conscripti* aquí reunidos, una *senatum consulere.* —Y aquí Léntulo miró un instante a Fabio Máximo, mirada que no pasó desapercibida para Publio; estaba claro que la visita de Máximo a su casa no fue la última visita nocturna del *princeps senatus* la pasada noche. Publio se preguntó si aquel anciano descansaba alguna hora del día o de la noche, pero Léntulo seguía hablando—. Bien, la moción que ha de ser votada será la siguiente: Publio Cornelio Escipión, cónsul de Roma, con mando de las tropas en Sicilia, cede su derecho a disponer de un ejército consular propio que quedará en Italia para que estas tropas sigan en su lucha contra Aníbal o contra cualquier otro enemigo que nos ataque en Italia y... —Voces indignadas emergieron entre las filas de los partidarios de los Escipiones y Emilio-Paulos. Publio se levantó con las manos en alto con las palmas extendidas hacia abajo haciendo el gesto mediante el que reclamaba silencio a sus seguidores. Éstos, aunque confusos y enfadados, enmudecieron. Cayo Léntulo pudo proseguir con la lectura de la moción—. Bien, bien... agradezco la intervención del cónsul... a ver si es posible que terminemos hoy con esto. Veamos..., ¿por dónde iba? Sí, el cónsul Publio Cornelio Escipión recibe el mando de Sicilia, pero sin ejército consular, que queda en Italia, aunque a cambio el cónsul podrá contar con todos aquellos voluntarios que le quieran seguir y con la flota que él mismo, por sus medios, pueda procurarse sin recurrir al Estado. Una vez en Sicilia el cónsul Publio Cornelio Escipión tendrá la potestad de lanzar un ataque contra África si lo estima oportuno, pero para ello no podrá sumar a su ejército de voluntarios ni las guarniciones allí acantonadas para proteger las ciudades sicilianas ni podrá tampoco realizar levas; en su lugar, y de modo excepcional, aunque estas tropas están desterradas y apartadas de la contienda, el cónsul podrá emplear las legiones V y VI para esta empresa —y aquí la voz de Léntulo, una vez más, se desvaneció bajo un mar de gritos e improperios de los seguidores de Publio—, esas legiones, esas legiones —aulló Léntulo casi dando saltos en su podio—, esas legiones que llaman las «legiones malditas». —Publio volvió a alzarse de su asiento y reclamó silencio una vez más. A regañadientes los senadores proclives a su causa acataron sus órdenes, pero cada vez estaban más enfadados y confundidos, pues no veían a qué conducía todo aquello sino a votar una absurda moción que prácticamente reducía a cero las posibilidades de que Publio Cornelio Escipión pudiera llevar a cabo un ataque contra África con unas mínimas garantías de éxito. Una vez restablecido no ya un silencio, sino un nivel de murmullos que permitía la expresión en voz muy alta, Cayo Léntulo retomó la palabra.

»Y para terminar, el Senado se reserva el derecho de nombrar el *quaestor* de las legiones V y VI que velará por que estas condiciones se sigan al pie de la letra. Y por último y muy importante —ahora se dirigió al viejo senador Fulvio—, el cónsul me ha manifestado su firme voluntad de aceptar la votación del Senado como definitiva y de no recurrir a los tribunos de la plebe para presentar ninguna moción alternativa a la que acabo de exponer. Y esto es lo que hay que votar.

Y Cayo Léntulo tomó asiento y dejó que durante unos minutos los gritos, insultos, amenazas e injurias fueran proferidas por los unos y los otros hasta que el cansancio mismo de los que gritaban fue haciendo mella en los *patres conscripti*. La votación debía tener lugar a continuación, por ello en esta ocasión el *praetor urbanus* decidió tomarse todo el tiempo necesario hasta que se hizo el silencio en la sala. Cuando los unos y los otros se cansaron de gritar y retomaban sus asientos haciendo al fin caso a los gestos de Lucio Emilio Paulo, los seguidores de Publio, y del viejo Fulvio, los partidarios de Máximo, pues ni el cónsul ni el *princeps senatus* se levantaron más de sus asientos, sino que se mantenían quietos, inmóviles, estudiándose con sus ojos el uno al otro, como si quisieran leerse el pensamiento mutuamente y comprender quién de los dos estaba a punto de ceder y aceptar una locura. Máximo estaba persuadido de que ése no era otro que el impulsivo joven cónsul, y el propio Publio, toda vez que la reacción de sus seguidores, igual que la noche anterior en su propia casa con sus familiares y amigos, había sido de tanto rechazo hacia lo que él mismo estaba dispuesto a aceptar, empezaba a pensar que tanta gente no podía equivocarse y que, seguramente, el único que estaba ganando algo en aquella sesión no era otro, una vez más, sino el viejo y eterno Quinto Fabio Máximo. Léntulo se alzó de nuevo y se dirigió a todos desde su podio.

—Sea, toda vez que la moción ha sido definida y hecha pública, procederemos a la votación, que será en voz alta y nominal utilizando las formas de respuesta tradicionales, *uti tu rogas*, como solicitas, o, en este caso, *consentio Scipioni*, de acuerdo con Escipión, para el que esté de acuerdo con la propuesta del cónsul, o *nequaquam ita siet*, que de ningún modo sea sí, para el que esté en contra. Empezaré, como no puede ser de otra forma, relcamando el voto del más veterano de todos nosotros, del *princeps senatus*. Así que le llamaré por su nombre. ¡Quinto Fabio Máximo!

Y el viejo Máximo se levantó. Todos tenían bastante claro que Máximo aceptaría aquella propuesta que dejaba al cónsul prácticamente desprovisto de medios con los que ejecutar su plan de África y sólo entre los seguidores de Publio había algunos que alimentaban la esperanza de que, en su ofuscación por negarse a todo lo que provenía de Escipión, el mismísimo Máximo se negara también a esta propuesta y así, por su tozudez, salvara al joven cónsul de un consulado inoperante en el mejor de los casos y, en el peor, de un destino abocado a la muerte. Pero eran vanas esas esperanzas. Quinto Fabio Máximo se levantó y, ponderando muy bien la elección de las palabras, evitando decir el nombre de Escipión, en lugar de emplear la opción de *consentio Scipioni*, optó por la más impersonal de las fórmulas.

—*Uti tu rogas* —dijo, y lo dijo en voz casi baja, como un susurro, pero que retumbó en los tímpanos de todos, pues tal era el silencio que se había apoderado de la gran sala del Senado de Roma ante la expectación por saber la opinión de Máximo—. *Uti tu rogas* —repitió, y se sentó despacio en su asiento.

Tras el voto favorable del *princeps senatus* llegó la cascada del resto de los votos favorables de los seguidores del viejo senador así como de unos abatidos partidarios de Publio Cornelio Escipión, que no entendían por qué un tan valiente general aceptaba una tan humillante condición para su primer consulado.

Publio, por su parte, comprendió, al ver tan sumamente satisfecho a su eterno enemigo y al contemplar las sonrisas de Fulvio y el resto de los senadores próximos al anciano *princeps senatus*, que, sin duda, una vez más, Quinto Fabio Máximo le había derrotado en el Senado, como ya hiciera en el pasado, cuando le arrebató el título de procónsul antes de partir para Hispania. Y ahora le dejaba ser cónsul, pero le había quitado el ejército, le había prohibido hacer levas y sólo le dejaba el mando de unas tropas despreciadas por todos, por inútiles, cobardes e inservibles. Publio supo en aquel instante que, una vez más, debería recuperar en el campo de batalla todo lo que había perdido en el Senado, sólo que esta vez tendría que ser ante el mismísimo Aníbal, y que bajo su mando sólo tendría las legiones V y VI. Tragó saliva mientras la votación seguía su curso implacable. Tenía la garganta seca. Llegó el último voto. Era un partidario de Máximo.

—*Uti tu rogas.*

Todos favorables.

Cayo Léntulo, el agotado presidente de aquella sesión, dio por terminado el cónclave de los senadores.

—Ahora sí —dijo—, al fin, que los dioses estén con todos y os acompañen, *nihil vos teneo*. —Y no se sentó, sino que se derrumbó en su asiento, casi incrédulo de que al fin hubiera podido dar término a aquel galimatías de votación.

Por su parte, mientras todos salían de la gran sala, incluido Quinto Fabio Máximo, un concentrado Publio se mantenía sentado en su *sella curulis*, meditando. Su destino había quedado, para bien o para mal, unido al de las «legiones malditas».

46

La larga espada de la venganza

Quin ut quisque est meritus,
praesens pretium pro factis feras.

NEVIO

[Por cuanto que cualquier hombre merece el premio que sus obras merecen.]

Roma, febrero del 205 a.C.

Fabio Máximo estaba cómodo en su inmensa villa a las afueras de Roma. Era cierto que el pueblo no dejaba de sorprenderle en su afán por apoyar la aventura del joven Escipión, la absurda idea de invadir África, y que el cónsul estaba consiguiendo reclutar varios miles de hombres entre ciudadanos y aliados de las ciudades latinas. Había conseguido un ejército de siete mil almas. Siete mil. Máximo sonreía mientras bebía un largo sorbo de vino. Siete mil locos. Siete mil cadáveres. De hecho, Escipión se llevaba consigo a todos sus oficiales de confianza, a Lucio Marcio, aquel tribuno de Hispania que contuvo a los cartagineses tras la muerte del tío y el padre del cónsul actual. Y también se llevaba a otros fieles a su causa y a su familia: Mario Juvencio, Quinto Terebelio, Sexto Digicio, Silano... y, por supuesto, a Cayo

Lelio. Lelio. Eso era lo mejor de todo. Pese a lo debilitada que estaba esa amistad. Fabio había visto la distancia que les separaba ahora a Escipión y a Lelio, lo había leído en la mirada fría de Lelio cuando visitó al cónsul en su *domus* próxima al foro: aquélla ya no era la mirada ciega de antaño; aún había notable lealtad, pero se había sembrado cierta duda en el ánimo de Lelio que había germinado en Hispania, aunque aún estaba por dar mayores frutos. Tiempo al tiempo. No, aquélla ya no era aquella indisoluble amistad, aquel lazo incorruptible. De hecho, Fabio Máximo había considerado volver a dirigirse a Cayo Lelio para intentar una vez más alejarlo por completo de Escipión, pero luego lo pensó con más calma pasados los intensos debates en el Senado y tuvo un momento de sórdida lucidez. La iluminación que a él más le gustaba: era mejor dejarlos juntos. Dos amigos que han visto deteriorarse su amistad son sujetos debilitados, susceptibles al error fácil, siempre desconfiados el uno del otro, obsesionados por ello y más aún cuando se esfuerzan en hacer como si su amistad permaneciera intacta al devenir del tiempo y los acontecimientos torcidos de la guerra; sí, ofuscados por sus propios sentimientos confusos, hasta el punto de que, con frecuencia, no ven la red de enemigos que les acecha desde dentro y desde fuera de su círculo de relaciones. No. Estaba claro que era mejor dejarlos marchar juntos. Todos a Sicilia y luego a África. Incluso el Escipión le había hecho el grandísimo favor de decidir llevarse consigo a su propia mujer con sus hijos. En una sola campaña la *gens* Cornelia vería cómo su rama Escipión quedaba cercenada de cuajo, todo su árbol genealógico arrancado de raíz, muerto, sobre las arenas de África.

Fabio bebía y en cada sorbo saboreaba con deleite el suave dulzor de la victoria que se forja día a día, poco a poco. Ver hundirse a tu mayor enemigo político en la locura y en la más total de las autodestrucciones era un placer que le sosegaba el alma. Las dos esclavas egipcias estaban a sus pies, como siempre medio desnudas. Era un momento adecuado para disfrutar de otros placeres.

—Trae el látigo —le dijo a una de las muchachas. La joven se levantó mirando a su amo con horror—. El látigo, he dicho, ¿o es que además de azotaros deberé mataros a las dos aquí y ahora? —La joven partió a por el látigo corriendo, sus pies descalzos casi resbalan sobre la fría piedra—. Debería haber preguntado al estúpido Lelio si no querría también compraros a vosotras. Así habría salido ganando algo tras sacaros de las manos de los piratas de Iliria.

Fabio Máximo puso su mano izquierda arrugada bajo la barbilla de la otra esclava egipcia obligándola a levantar la cara.

—Abre la boca.

La muchacha, más sometida que su compañera, entreabrió los labios. Fabio vertió entonces el contenido de su copa sobre la boca de la esclava. La joven empezó a beber el vino, pero el *princeps senatus* volcó más la copa de modo que el vino caía con demasiada rapidez como para poder ser ingerido por la muchacha. El licor resbalaba por la barbilla, el cuello y la piel de la chica hasta impregnar la fina tela que cubría sus senos. Los pezones quedaron marcados y la muchacha, instintivamente se llevó una mano a los pechos para cubrirse.

—Quieta —dijo Fabio Máximo con una voz gélida que heló el corazón de la esclava—, me gusta ver cómo cae el vino sobre tu piel. Tu compañera parece tardar demasiado en traer el látigo. El retraso le costará, os costará varios azotes extra a cada una. Parece mentira que las esclavas nunca aprendáis. Hoy, pequeña —y dejó de verter vino sobre la muchacha—, hoy vamos a hacer muchas cosas juntos, los tres, ¿qué bien, verdad? Hoy gozaremos a la salud de los dioses... los dioses romanos, por supuesto. Los dioses egipcios, está claro, hace tiempo que se olvidaron de vosotras.

La otra esclava llegó con el látigo solicitado. Fabio Máximo estiró el brazo derecho y tomó el flagelo. Se levantó despacio. No tenía que hablar. Las dos muchachas se arrodillaron a sus pies y, en un último intento por conseguir clemencia, se abrazaron a sus rodillas. Fue así como recibieron los primeros cintarazos de aquel día.

Liguria, norte de Italia

Liguria estaba agitada. Los galos de la región y de los pueblos vecinos esperaban que un nuevo hermano de Aníbal llegara al norte de Italia. Pese al desastre del Metauro, los cartagineses no parecían ceder y entre los galos no se hablaba de otra cosa: Magón, el hermano pequeño de Aníbal, llegaría al norte de Italia en cualquier momento.

Quinto Fabio Máximo hijo cabalgaba a lomos de su precioso caballo negro. Tras él, sesenta jinetes de las dos *turmae* con las que exploraba la región de Liguria. Había aceptado aquella misión por consejo de su padre.

—Aníbal está en el sur; por eso tú debes ir al norte; cuando Roma se canse de enviar a insensatos a luchar contra el cartaginés, propondré tu nombre y el Senado lo aceptará, por necesidad, incluso por convencimiento. Eres un general respetado y tu nombre, hijo mío, pesa ya mucho en Roma.

—Pesa por ti —le había replicado él, pero su padre fue contundente en la respuesta.

—Pesa por nuestra familia entera, pesa porque los Fabios llevamos siglos preservando las tradiciones de Roma; pesa por mi experiencia, pero pesa también por tu valentía. Tú mismo fuiste cónsul hace ocho años y te comportaste con dignidad, sin perder ninguna legión en los enfrentamientos contra Aníbal ni caer en ninguna de sus múltiples emboscadas que a tantos otros han sorprendido, incluido al que consideran legendario Marcelo. Y cuando fuiste pretor el año precedente, lo mismo. Sí, el Senado apreciará que en mi propuesta hay una buena posibilidad de derrotar a Aníbal. Y así será, hijo mío, así será. El secreto está en esperar el momento adecuado. Aníbal aún no es fruta madura, aún le falta un poco para ser cosechada. Por eso debes marchar al norte. Marcelo se equivocó y quiso cortar el fruto del árbol demasiado pronto y el árbol acabó con él.

—De eso hace tres años, padre.

—¿Tres años...? ¿Tanto tiempo? Bien, puede ser, pero debemos esperar que pase este consulado. Los Escipiones están demasiado fuertes, son demasiado populares. El joven Escipión será cónsul, querrá seguir adelante con su locura de invadir África. Le dejaremos, hijo, le dejaremos y perecerá allí. Eso desalentará al pueblo y confundirá al Senado. Entonces llegaremos nosotros, padre e hijo: la salvación de Roma, los Fabios, como debe ser. Así lo auguro, hijo, así lo quieren los dioses.

—¿Por eso debo marchar al norte?

—Por eso —terminó su padre de forma concluyente. Él le abrazó, como hacía siempre, por respeto y por aprecio. Sabía que era una de las pocas personas que realmente estimaban ya a aquel anciano. Su padre era respetado, temido, odiado, admirado, pero apenas era querido. Su carácter distante, su forma fría de presentar los acontecimientos, su enorme poder, lo alejaban del amor de todos. Su padre estaba preso de su propia leyenda. Era un anciano todopoderoso que vivía en la más absoluta de las soledades. A veces temía volverse como él. Pero siempre había seguido sus consejos políticos, pues nadie mejor que su padre sabía desentrañar el futuro de la vida política en Roma y especialmente ahora, en medio de aquella lucha sin fin contra Cartago. Aceptó acudir al norte, a patrullar la región y velar porque los galos no reavivaran las llamas de la guerra animados por falsas esperanzas en la llegada de refuerzos africanos. Era una misión en cierto modo humillante para alguien de su nivel y alcurnia, pero era lo que su padre quería.

—No importa lo que piensen de ti, no importa que piensen que huyes o que te escondes de Aníbal; la mayoría, hijo mío, la gran mayoría de todos los que piensen y murmuren en ese sentido habrán muerto en el sur antes de que acabe el año. Entonces llegarás tú y sobre sus cadáveres conseguirás el gran triunfo que mereces, que merecemos.

Los galos ligures, nerviosos por los rumores de una próxima llegada de Magón Barca, acechaban a las poblaciones fieles a los romanos. Aquella mañana, Quinto Fabio Máximo hijo tenía la misión de explorar treinta *millas* ascendiendo el curso del río Trebia desde Placentia en dirección a Genoa. Llevaban toda la mañana sin detenerse. Ningún decurión se había dirigido a él solicitando descanso, pero Quinto era un hombre experimentado y sabía combinar la disciplina con el sentido común. Levantó la mano derecha y toda la columna se detuvo en pocos segundos.

—Que los jinetes desmonten y que den de beber a los caballos. Descansaremos unos minutos —dijo Quinto Fabio Máximo hijo a uno de los decuriones.

Los caballeros romanos obedecieron con agrado y, caminando junto a sus animales, se acercaron al río. El Trebia bajaba lleno de agua fresca y clara. Los caballos piafaban de satisfacción mientras bebían. Algunos hombres se arrodillaron y hundían la cabeza en el agua del río para limpiarse el sudor y saciar su sed. Fabio Máximo hijo se agachó y formó un cuenco con sus manos. Se echó agua fría por el cogote y luego bebió dos veces. Un caballo relinchó. Al principio no le dio importancia, pero algo, en el fondo de su cabeza, se quedó intranquilo. Se levantó y miró a su alrededor. Los caballos bebían y los hombres se lavaban. De pronto comprendió lo que le perturbaba. Aquel relincho había venido de la otra orilla del río. Se puso la mano sobre la frente para protegerse del sol y poder escudriñar mejor el otro lado del Trebia. Fue entonces cuando cayeron las primeras flechas.

Catón irrumpió con furia en la *domus* de su mentor. Los esclavos que hacían guardia se apartaban ante la rauda figura del enjuto romano que se abría paso sin mirar a nadie ni atender a las llamadas que alguno de aquellos hombres le hacía. Al llegar al gran atrio de la mansión de Fabio Máximo vio a dos esclavos apostados frente a una de las puertas que daban al atrio. Catón dirigió sus pasos hacia allí cuando uno de los esclavos se interpuso entre él y la puerta.

—El amo está descansando. No se pasa —dijo el esclavo.

—Aparta de ahí, imbécil, si no quieres que te deslome a golpes —respondió Catón con una mirada asesina en su rostro. El esclavo empezó a sudar sin moverse de la puerta; sin embargo, su compañero, a sus espaldas, comenzó a alejarse. Catón, sorprendido por la obstinada persistencia del esclavo, movió con agilidad sus manos y debajo de su larga toga extrajo una daga.

—Es tu última oportunidad de seguir con tu miserable existencia, esclavo, o te apartas de ahí o por Júpiter que regaré este suelo con tu sangre innoble...

La advertencia de Catón se vio interrumpida por el chasquido de un látigo y el gemido desgarrado de una voz femenina. Luego siguió un sollozo ahogado y la carcajada inconfundible del anciano Quinto Fabio Máximo. El esclavo que permanecía en la puerta vio la punta de la daga que sostenía el brazo de Catón aproximarse hacia su pecho. El esclavo fue separándose de la puerta hasta que dejó el camino despejado. Catón dio tres pasos rápidos y entró en la estancia donde estaba el viejo *princeps senatus*.

Marco Porcio Catón suspiró al contemplar la escena que encontró en el interior. Fabio Máximo sostenía una copa de vino en su mano izquierda mientras que en la derecha blandía un largo látigo cuya cinta estaba enrojecida de sangre. Frente al ex cónsul y ex dictador de Roma dos jóvenes esclavas yacían arrodilladas y desnudas, mirando hacia la pared con la piel de su espalda cruzada por decenas de cortes finos y profundos por los que emergía un cálido líquido rojo que navegaba por los muslos de las muchachas hasta salpicar el suelo de piedra.

—¡He dicho que no se me moleste! —rugió el *princeps senatus* con una potencia aparentemente ajena a sus setenta y ocho años volviéndose para condenar con su mirada al inesperado intruso que le interrumpía en su diario disfrute de las esclavas de su propiedad—. Pero si es nuestro querido Marco Porcio Catón... como ves estoy ocupado.

—Pero pese al vino y a que la mente de Máximo estaba centrada en menesteres muy mundanos y, como observaba en los ojos de su joven discípulo, claramente condenados por un Catón siempre tan pulcro, tan puritano, tan aburrido, el viejo senador no dejó de percatarse de que Catón, contrariamente a su costumbre, se había presentado por sorpresa, interrumpiéndole en su descanso y en sus entretenimientos y, lo que era aún mucho más sospechoso, había llegado sin afeitar, con polvo en los pies y con la toga mal ajustada—. ¿Pasa algo, mi buen Catón, algo que deba saber y que sea tan urgente como para interrumpirme y como para que salgas de tu casa sin afeitarte?

Catón, que ya había ocultado su daga bajo la toga, se llevó la mano derecha al mentón. Tal había sido su urgencia que ni siquiera había reparado en ese detalle. Por su parte, Máximo arrojó el látigo al suelo y dio instrucciones a sus atormentadas esclavas sin dejar de mirar a Catón.

—Marchaos, las dos. Esta noche proseguiremos con nuestro juego.

Las esclavas salieron agachadas casi a gatas, y no pararon hasta llegar a las cocinas, donde una a la otra fueron limpiándose las heridas con agua caliente y paños limpios, ambas con una terrible mueca de asco, dolor y odio plasmada sobre su rostro, hasta el punto que ningún otro esclavo o esclava se atrevió a acercarse a ellas, ya fuera para ayudarlas o para preguntarles qué quería aquel enfurecido Catón que había osado interrumpir al amo.

En el patio, Fabio Máximo hizo un gesto con la mano invitando a su joven discípulo a que hablara de una vez. Catón parecía dudar. Los dos hombres se encontraban frente a frente, en pie, junto al *impluvium* en el centro del atrio.

—¿Vas a decirme ya a qué debo esta inesperada actuación por tu parte? —insistió Máximo—. Marco, tú siempre eres un hombre retraído y mesurado en tus acciones. Tu porte y tu forma de entrar en esta casa no son propias de ti.

—Quizá... deberías... sentarte... —empezó un aún muy dubitativo Catón.

Fabio Máximo sacudió la cabeza.

—No, Marco —respondió con firmeza el viejo senador—. De pie, de pie he recibido siempre todas las grandes noticias de mi vida, las buenas y las malas: el nacimiento de mi hijo, la concesión por el Senado de mi primer consulado, el permiso para disfrutar de un gran *triunfo*, la caída de Sagunto, la llegada de Aníbal al norte de Italia, las derrotas de Tesino, Trasimeno, Trebia y Cannae, mi nombramiento como dictador y el posterior humillante nombramiento de Minucio

Rufo como mi igual; la llegada de Aníbal a las puertas de Roma, el acceso al consulado de mi hijo, sus victorias, la conquista de Tarento, la muerte de Marcelo, todo lo he escuchado firme y sereno y ahora no ha de ser diferente. Pero tú, querido Marco, tú que me conoces tanto... leo duda en tus ojos y... —Máximo frunció el ceño y arrugó los ojos como indagando en la mente de su interlocutor—. Marco, no sabía que en tu ánimo cupiera ese sentimiento sólo propio de los débiles: miedo. Hay miedo en tu mirada. Eso, eso sí me sorprende.

Catón decidió desparramar sus noticias como quien vuelca un cántaro repleto y ve cómo el recipiente se quiebra en su caída y vierte todo su líquido por todas partes, sin freno, sin control.

—*Princeps senatus*, tu hijo ha muerto. Ha caído abatido por las flechas en una misión de reconocimiento contra los ligures, junto al río Trebia.

Quinto Fabio Máximo, ex cónsul, ex dictador, el hombre más poderoso de Roma, el más experto, el más temido, el que declaró el principio de aquella guerra ante el mismísimo Senado de Cartago, el que acababa de derrotar en el Senado al popular Escipión, enmudeció. Toda su rica y elevada oratoria, toda su pericia en las palabras zozobró como una flota entera engullida por el furor del dios de las aguas. Máximo sintió los latidos de su corazón por todo su cuerpo, largos y pesados al principio y de súbito rápidos. Giró la cabeza y buscó dónde sentarse. Encontró un *triclinium* y fue a ayudarse de su mano izquierda pero todo ese brazo parecía haber muerto, haberle abandonado. No lo sentía. Entonces empezó el dolor agudo, punzante desde el brazo, que subía por el pecho, alcanzaba su cuello y luego se deslizaba cruel de regreso por el brazo inerme. Se ayudó del brazo derecho, que sí le respondía. Una vez sentado abrió la boca para respirar. Le faltaba el aire. Marco se había acercado a su lado y le había puesto una mano fría en la frente y hablaba, pero no le podía escuchar. Sólo quería respirar. Pasaron así varios segundos que a Fabio Máximo le parecieron una dolorosa y profunda eternidad, pero cuando pensaba que iba ya camino del reino de los muertos, cerró los ojos y concentrado en su respiración encontró que el aire volvía a entrar en su cuerpo, y que el dolor, aún fuerte y agudo, parecía remitir en su crudeza.

—¡Traed agua! ¡Rápido!

Máximo vio movimiento de esclavos a su alrededor y oía la voz de Marco dando órdenes a los mismos. Sintió agua fresca por su rostro. Su ánimo se fue sosegando. El corazón latía regularmente. Respiraba mejor. Sí. Se incorporó un poco. Estaba en el suelo, ahora apoyado con su espalda en la pared. Debía de haber caído del *triclinium* sin darse cuenta. Levantó un poco su mano derecha.

—¡Apartaos todos! —gritó Catón—. ¡Dejad espacio para que respire, por Cástor y Pólux y todos los dioses!

Máximo agradeció tener a alguien con sentido común a su lado en aquel momento. Luego entró en su ser la rabia y la sensación de humillación, ahí caído, en el suelo, ante sus esclavos.

—Que... que... se vayan todos... todos... —fueron las primeras palabras que acertó a pronunciar. Catón las amplificó y en un minuto quedaron solos el viejo senador y su discípulo, solos maestro y alumno.

—Ayúdame a levantarme.

Catón pasó un brazo por detrás de la espalda del viejo ex cónsul y estiró hacia arriba. Quinto Fabio Máximo consiguió erguirse. Luego se zafó con cierta brusquedad del brazo que le había ayudado. Catón se separó del ex cónsul. No se sintió ofendido. El viejo senador tenía derecho a su espacio, a su momento de debilidad, a su duelo. Su hijo había muerto. Sus esperanzas, Catón lo sabía, estaban todas puestas en él y Quinto hijo se había mostrado como un fiel y disciplinado vástago, lo que sin duda en aquel momento no hacía sino incrementar el dolor del *princeps senatus*. Catón le vio caminar hasta uno de los divanes, recostarse y cerrar los ojos.

—Ya has cumplido con tu misión, querido Marco, ya has entregado tus funestas noticias. No te culpo por ellas. Eres sólo el mensajero, pero ahora necesito estar solo. Sé que tú lo entenderás. Y agradezco que fueras tú quien viniera con semejante infortunio. Has evitado los rodeos absurdos. El golpe ha sido duro para un viejo como yo pero no podía ser de otra forma.

—Lo sé, mi señor —respondió Catón, y dudó antes de continuar pero al fin se decidió a añadir algo—. Daremos con los que han osado organizar ese ataque en Liguria contra tu hijo y sus *turmae* y te traeré su cabeza.

Fabio Máximo escuchó con pesadumbre aquellas palabras pues sabía de lo incierto de su cumplimiento. Era una promesa vana.

—No prometas, querido Marco, aquello que está más allá de tus posibilidades.

Catón insitió en su oferta.

—Se puede hacer: organizaré partidas expedicionarias hacia el norte. Daremos con ese grupo de galos. Se puede hacer. Se puede hacer, *princeps senatus*. Especialmente, lo he pensado ya mientras venía hacia aquí, si hacemos correr la voz de que habrá una buena recompensa a quien nos dé información de su paradero, de sus cabecillas, del líder que ordenó la matanza... no sería la primera vez que los galos se traicionan entre sí por un poco de oro.

—No, Marco, no. —Fabio, todavía reclinado sobre el *triclinium*, continuaba hablando sin abrir los ojos—. Quien ha ordenado este ataque tan preciso no está a tu alcance. Ni al alcance de ningún romano, por lo que se ve, de momento. Dime, Marco, ¿ha habido otros ataques similares en los últimos días, semanas quizá?

Marcó arrugó la frente mientras pensaba.

—No, lo cierto es que no, por eso esta emboscada es aún más sorprendente. Los galos esán agitados. Quizá sea el principio de la revuelta a mayor escala que están preparando para unirse a Magón si al final éste desembarca en el norte.

—Ya. ¿Y ha habido más ataques desde esta emboscada?

—No. No los ha habido.

—¿Y no te parece algo peculiar todo eso? —Y Fabio abrió al fin los ojos.

—Peculiar... sí. Algo extraño, pero es difícil entender a esos bárbaros.

—No tanto, Marco, no tanto. Es un ataque premeditado para acabar con la vida de mi hijo. Hay alguien en este mundo, Marco, que ha sabido causarme más dolor del que me hubiera producido si me hubiera matado. Ese ataque no es trivial ni espontáneo. Y sólo hay alguien que puede haber acumulado tanto odio contra mi persona en estos años de guerra.

De súbito, Catón lo comprendió todo, pero como no podía asumir lo que su mente se esforzaba en hacerle entender, su respuesta se transformó en pregunta. Necesitaba la confirmación de su mentor.

—¿Aníbal?

Fabio fue capaz de esbozar una tibia sonrisa de satisfacción por tener un interlocutor medianamente inteligente con el que debatir.

—Sólo Aníbal me odia tanto, Marco, bueno, y quizás el joven Escipión, pero Aníbal en particular, especialmente desde la ejecución y decapitación de su hermano a instancias mías. El ejecutor fue Nerón, más vale que se cuide, por cierto, pero el instigador fui yo. Mi error fue jactarme de ello en el foro y en el Senado. La soberbia, la vanidad siempre nos pierde. Podría haber mantenido en secreto mi acción, mi consejo de ser implacable e innoble con el cuerpo caído de Asdrúbal, pero la vanidad me pudo. ¿Quién no querría apuntarse ese éxito ante el Senado y ante el pueblo? La cabeza de Asdrúbal rodando hasta llegar a los pies de Aníbal. El pueblo estuvo feliz, yo me pavoneé ante todos y eso, de algún modo, ha llegado a oídos de Aníbal, y ahora Aníbal me devuelve su venganza, bien fría, dos años después. Es toda una lección. Vete, Marco, necesito estar a solas con mi dolor y con mi fracaso.

Nunca antes Fabio Máximo había sentido la necesidad de suicidarse, pero en aquel momento lo consideró una opción razonable. Ya había vivido demasiado. Los padres deben morir antes que sus hijos. Ése era el orden natural. Aníbal había sabido asestar el golpe en su punto más débil, más aún, en su único punto débil. Aquel pensamiento le hizo reflexionar. Ahora ya no tenía más puntos débiles y tampoco le importaba ya vivir o morir. Sólo le había quedado ilusión por ver a su hijo reelegido cónsul una vez más, y luego censor, y disfrutar de verle desfilar tras un gran *triunfo* sobre Aníbal. Aníbal. Todo volvía al fin siempre al mismo nombre: Aníbal. Pero para terminar con Aníbal debía controlar Roma, preservar Roma y gestionar sus recursos con inteligencia y no permitir que un loco como Escipión dilapidara legiones y provisiones en ataques absurdos. Quinto Fabio Máximo se levantó. Su hijo había muerto. Era un mal día. Era el peor de los días, pero él era el *princeps senatus* y Roma, como siempre, le seguía necesitando. Y ya sólo luchar por Roma era lo único que podía dar sentido a su existencia. En consecuencia, debía aplicarse a la tarea con más esmero que nunca.

Catón caminaba hacia atrás. Aún dudaba de la salud del viejo ex cónsul, pero era la segunda vez que éste le rogaba que se marchara. No podía, no debía insistir en contrariarle. Estaba llegando al vestíbulo cuando la voz de Máximo le llamó.

—Marco, no te vayas —dijo el viejo senador, y Catón detuvo su marcha, dio media vuelta y regresó junto a su mentor—. Marco, ya velaré luego mi pérdida, pero Roma no puede, no debe esperar. Roma, Marco, aprende esto bien, apréndelo bien, Roma, Marco, está siempre por encima de todo. Sólo a ella debemos fidelidad eterna. Y esa fidelidad nos obliga a cuidar de la seguridad de Roma: Marco, quiero que seas el *quaestor* de las legiones V y VI de Sicilia. Has de controlar a ese maldito Escipión, has de controlar que no quebrante las precisas instrucciones que el Senado ha dictado con referencia a la invasión de África. Hemos de hablar de ese asunto largo y tendido. Siéntate, Marco, siéntate mientras recompongo mi mente y apaciguo mis pensamientos.

Marco Porcio Catón le miraba sin parpadear y boquiabierto. Ahora era él el que recibía las malas noticias: iba a embarcar en un viaje sin regreso posible como *quaestor* de las «legiones malditas».

47

Las «legiones malditas»

Lilibeo, costa occidental de Sicilia, finales de marzo del 205 a.C.

El aluvión de generosidad con la que no sólo los romanos, que alistaron a varios miles de voluntarios, sino de todas las partes del Lacio y las regiones vecinas, emocionó a Publio. Desde Caere llegaron grano y provisiones que pudieran servir de alimento para las tripulaciones y los soldados que se habían adherido voluntariamente a la expedición con destino a Sicilia primero y luego a la temida África. Pero hacían falta tantas cosas. El cónsul vio admirado cómo llegaba hierro para forjar centenares de nuevas armas enviado desde Populonium y la flota para transportar a sus soldados la pudo construir con telas para los velámenes procedentes de Tarquinii y madera cedida por Volaterrae, desde donde también se envió más trigo. Pero es que llegaban armas procedentes de todas los rincones de Italia: tres mil escudos, tres mil cascos y hasta cincuenta mil lanzas, jabalinas y *pila* enviadas desde Arrentium, y desde otras ciudades llegaban centenares de hachas, palas, picos y todo tipo de herramientas con las que poder construir barcos y que luego podrían emplear para levantar los campamentos de las tropas expedicionarias. Y se enviaba más madera desde Perusia, Clusium y Rusellae. Y, lo que más ansiaba Publio: llegaron algunos centenares más de voluntarios desde Umbría, Reate, Amiternum y el territorio de los sabinos. Desde Camerinum se presentaron seiscientos soldados perfectamente armados y dispuestos para el combate. Publio puso a sus hombres a trabajar día y noche con la supervisión de sus oficiales, de Lelio, Silano, Marcio, Terebelio y Digicio; en tan sólo cuarenta y cinco días, se contruyeron veinte *quinquerremes* y diez *cuatrirremes*. El día siguiente partieron rumbo a un viaje en el que todos tenían puestas mil esperanzas, pero en el fondo de sus corazones todos sabían que, pese a la generosidad de muchas ciudades y pueblos de Italia, la expedición era reducida en número de barcos y efectivos. Publio, mejor que nadie, sabía que tenía bastantes armas y unos pocos hombres ilusionados, pero estaba seguro de que, sin las legiones V y VI fuertemente armadas, bien dotadas y, sobre todo, bien predispuestas para entrar en combate, la expedición navegaba rumbo al más estrepitoso de los fracasos. Pero debía intentarlo. Se lo debía a su padre y a su tío, se lo debía a toda su familia, al pueblo de Roma y a todas aquellas ciudades y regiones de Italia que confiaban en su idea de invadir África para alejar de una vez por todas la destrucción, el saqueo y el pillaje permanente al que Aníbal Barca los tenía sometidos. Todos necesitaban a las legiones V y VI, las necesitaban como el aire para respirar, las necesitaban por muy malditas que éstas fueran.

Publio desembarcó en Lilibeo con los siete mil voluntarios que se habían unido a su causa. El cónsul examinaba la silueta de sus oficiales recortada en un extremo de cubierta mientras admiraban la bahía del puerto más importante al oeste de Sicilia: Lucio Marcio Septimio, reflexivo e inteligente; Mario Juvencio, leal y valiente; Quinto Terebelio, fuerza bruta y decisión disciplinadas hasta sus últimas consecuencias; Sexto Digicio, siempre intentando hacer valer que los marineros de Roma eran tan o más valientes que los legionarios; Silano, hábil y seguro, un gran combatiente, y Cayo Lelio, aún algo distante, todavía dolido por haberse visto relegado por él en las últimas batallas de Hispania y, sin embargo, allí estaba. Y haría lo que se le pidiera, como siempre, y de hecho fue el que primero reaccionó cuando cayó enfermo en Cartago Nova. Allí estaban todos. Todos bravos, firmes, preparados, pero eran pocos, insuficientes para la magna empresa que Publio deseaba acometer. Todos sus pensamientos daban círculos para volver a lo mismo: Necesitaba las dos legiones acantonadas a pocas millas de Lilibeo. Necesitaba las legiones V y VI de Roma y las necesitaba tan leales, tan preparadas y tan dispuestas como los siete mil hombres que ahora le acompañaban en el desembarco en aquel puerto en el extremo occidental de Sicilia. A su pesar, a las dudas sobre la disposición de las «legiones malditas», había que añadir la presencia entre los oficiales de Marco Porcio Catón en calidad de *quaestor*. La última artimaña de Quinto Fabio Máximo, quien, no satisfecho por haber mermado las fuerzas de las que Publio disponía para poner en marcha su plan de atacar África, había introducido a su más fiel pupilo como *quaestor* de aquellas fuerzas. Publio podría haber luchado por impedir que Catón fuera el seleccionado para esa cuestura, pero era lo que había pactado con el propio Máximo y ya no había marcha atrás. Tenía sólo un año para, al menos, reunir un ejército fuerte, adiestrarlo y desembarcar en África. Publio sorprendió a todos cuando no puso ninguna oposición a la presencia de Catón entre sus fuerzas.

Si el plan de Máximo era embarcarlo en disputas largas y manipuladas con el inoportuno *quaestor*, él debía estar atento a no dejarse llevar por esa estrategia y no perder nunca el objetivo final de aquella campaña: África. Y si lo que Máximo buscaba con la presencia de Catón era intimidarle, también fallaría. Publio estaba decidido a hacer lo que fuera necesario para invadir África, independientemente de la acusadora y siempre entrometida mirada de Marco Porcio Catón.

Todo estaba tan en contra del éxito de su empresa que Publio, cada vez que surgía un nuevo impedimento, no hacía sino pensar que ya nada podía empeorar las cosas. En esos momentos sentía que se estaba equivocando y, al mismo tiempo, para su sorpresa, seguía estando seguro de que desembarcaría aquel año en África. De lo que ya no estaba tan seguro era del desarrollo final de aquella campaña una vez que las sandalias de sus legionarios pisaran aquella inhóspita y hostil tierra.

Publio había pasado la mañana saludando a los mandatarios de Lilibeo y organizando la estancia de su mujer y sus hijos en aquella ciudad, pues había decidido que éstos debían quedarse en Lilibeo hasta que se asegurara de cuál era la situación real de aquellas dos legiones por tantos años desterradas de Roma. Emilia aceptó quedarse en Lilibeo con la misma docilidad que su obstinada resistencia a quedarse en Roma. Su mujer sabía distinguir la frontera entre estar junto a su marido siempre que fuera posible y suponer un riesgo para que su esposo desempeñase los objetivos que se había marcado. Nadie sabía exactamente la posición de las legiones V y VI, ni nadie garantizaba que fueran a aceptar ya mando alguno procedente de una Roma que los había condenado a un ostracismo durante once largos y eternos años. Así de concluyentes se mostraron las autoridades del gobierno de Lilibeo.

—Que los dioses velen por ti —fueron las únicas palabras que dijo Emilia al despedirse de él, sin abrazos, sin besos, pues estaban rodeados por todos los oficiales de Publio.

El cónsul respondió mientras se alejaba hacia la puerta de la *domus* que le habían cedido las autoridades de la ciudad con palabras llenas de afecto pese a su brevedad.

—Y que os cuiden a vosotros. Volveré en unos días.

Y el cónsul partió. Comenzó a andar por las calles de Lilibeo buscando la puerta oriental. Tras él caminaban todos sus tribunos, Lelio al frente, y luego Marcio, Mario, Terebelio, Silano y Digicio. Catón caminaba tras todos ellos, deprisa, mirando siempre a un lado y a otro, como si quisiera escudriñarlo todo, como si tomara nota de cada gesto, de cada palabra del cónsul.

A la puerta de Lilibeo, había apostados varios caballos para el cónsul y sus oficiales, pero Publio, siguiendo su costumbre, los descartó y prosiguió la marcha a pie, en lo que, como no podía ser de otro modo, le imitaron todos sus oficiales, pero si alguien pensaba que aquello retrasaría el avance, al menos lo hizo mucho menos de lo que podía imaginarse. Publio marcó un paso acelerado, similar al que había usado en sus rápidos desplazamientos en Hispania previos a la toma de Cartago Nova o al de la batalla de Baecula. Sus oficiales, acostumbrados a aquellas agotadoras marchas, igual que la mayoría de los voluntarios que ya habían luchado con el joven cónsul, asumieron la ardua tarea con una mezcla de resignación y orgullo: pocos eran los que entre las legiones de Roma podían resistir unas marchas forzadas como aquéllas. Además, los tribunos, encontraron un deleite especial al percibir el sudor que poblaba la frente de un sorprendido Catón, más acostumbrado a los desplazamientos en cuádriga o a caballo que a las largas y penosas marchas legionarias envueltos en una nube de polvo y arena, pues polvo y arena fue lo que les envolvió en poco tiempo a todos. Los campos por los que pasaban, donde antaño se cultivaban abundantes cosechas de trigo que luego se exportaban rumbo a Roma, estaban yermos, vacíos, convertidos todos ellos en un infinito erial ocre de tierras desnudas, semidesiertas. El sol de finales de marzo era poderoso anunciando la llegada de la primavera y el cielo despejado de nubes incrementaba su inclemente azote sobre los esforzados soldados. Catón sufría de forma desmedida y ya estaba seguro de que al final del día tendría ampollas en los pies, pero se cuidó mucho de ni tan siquiera musitar la más mínima palabra de queja. No le daría él esa satisfacción al engreído cónsul. Además, Catón estaba seguro de reír el último, pues al final de aquella absurdamente veloz marcha no encontraría el cónsul otra cosa que hastío, desesperanza y el final de todos sus planes, pero no dijo nada: quería disfrutar presenciando cómo el cónsul descubría por sí mismo lo imposible que resultaba ya para ningún general rescatar de la vergüenza y el abandono a aquellas dos legiones de cobardes y miserables derrotados de Cannae.

Publio, seguido de sus oficiales y de su ejército de voluntarios, continuó avanzando hacia el interior de la gran isla. Los terrenos baldíos les rodeaban cada vez más mientras se adentraban en Sicilia. Se veían pequeñas chozas quemadas y casas de piedra y adobe más grandes semiderruidas. No había ganado ni animales salvajes. Los árboles habían desaparecido, muchos talados años atrás para construir parte de las flotas romanas y cartaginesas de la anterior guerra púnica. Los unos y los otros habían contribuido al desgaste de aquel territorio, pero Sicilia era una tierra rica y productiva en otras regiones de la isla. Allí, por el contrario, sólo se percibía vacío, abandono, olvido. Publio miró al cielo y se detuvo un momento.

—Descansaremos un poco —dijo quitándose el casco y pasándose una mano por su cabello empapado de sudor. Luego miró al cielo. Había algo que le tenía intranquilo—. No hay pájaros.

Nadie se había percatado, pero al decirlo el general todos se dieron cuenta de que en efecto así era: desde que habían dejado Lilibeo atrás, no habían visto pájaro alguno. Al detenerse la marcha, el silencio se hizo aún más evidente. Todos callaron para escuchar mejor, pero no había nada. Ni siquiera viento.

—No es buen augurio —dijo Terebelio, el más supersticioso de los oficiales; también el más osado en el campo de batalla. Marcio y Lelio le echaron una mirada de reprobación, pero el general seguía mirando al cielo. Parecía que no había escuchado aquel comentario, pero sus palabras mostraron hasta qué punto el cónsul estaba atento a todo y a todos.

—No es ni un buen ni un mal augurio, Quinto Terebelio —dijo Publio—. Sin pájaros no tenemos augurio que leer, ni bueno ni malo, ¿no crees? —Y se echó a reír. El resto de los oficiales acompañó a su general en aquella risa contagiosa y cálida con la que siempre sabía relajar el ánimo de los suyos. Terebelio sonrió mientras se rascaba la cabeza metiendo los dedos por debajo del casco. Catón permanecía unos pasos atrás y pensó en decir algo sobre lo incoveniente de hacer bromas sobre asuntos religiosos, pero se contuvo y encontró alivio pensando que el final de aquella jornada supondría una decepción completa para las vanas pretensiones de aquel cónsul de encontrar en las «legiones malditas» tropas preparadas para la guerra. Era obvio que los mal llamados legionarios de la V y la VI se habían dedicado al pillaje y el saqueo de toda la región, un territorio supuestamente amigo de Roma. Hombres así ya no eran romanos, ni siquiera soldados, sólo bandidos sin disciplina inhabilitados para el combate, en otras palabras, inútiles para Escipión.

Las risas terminaron y el denso silencio volvió a rodearlos con su pesado manto de ausencia de todo. El general ordenó reanudar la marcha. El ruido de las miles de sandalias pisando la arena de Sicilia ahuyentaba el vacío del viento inexistente, de los pájaros que no había y del miedo de todos a no encontrar lo que andaban buscando, lo que tanto necesitaban.

Los dos se arrastraban por el suelo. Eran un niño de doce años y su hermana mayor de trece. Estaban aterrorizados, pero el hambre es aún más poderosa que el miedo. Habían descendido desde las colinas, desde las cuevas en las que sus tíos se ocultaban junto con el resto de los granjeros supervivientes al ataque de los demonios de la VI legión. Sabían que eran la VI legión porque lo repetían en cada ataque. El último fue el definitivo. Hasta ese momento se habían conformado con robar el ganado, el trigo y las verduras, pero la última vez lo arrasaron todo: incendiaron la granja, se llevaron todo lo que había para comer y mataron a sus padres. Ellos habían sobrevivido escondidos en un agujero en el suelo del establo que su padre había preparado para ocultar comida, como había hecho con otro zulo similar bajo la casa de piedra.

Los dos niños reptaban arropados por las sombras del atardecer, pero todavía había demasiada luz.

—Esperaremos a que anochezca —dijo la muchacha en la lengua local que hablaban salpicada de palabras fenicias y griegas y, más recientemente, con algún vocablo latino aprendido a sangre y fuego, como *far*, grano, o *puls*, gachas de trigo, o *panis militaris*. Antes ésas eran palabras asociadas a un próspero negocio: la venta de comida a los cuestores de las legiones allí atrincheradas; pero los soldados cada vez tenían menos dinero y el hambre era la misma. Primero pedían prestado, luego robaban por la noche y al fin venían en bandas organizadas de unos veinte hombres, armados hasta los dientes, con sus corazas, cascos y *gladios*. Su padre fingía que le robaban todo pero escondía siempre comida debajo de la casa y en el agujero del establo. Un día descubrieron el hueco de la casa y, como castigo, violaron y mataron a su madre. Su padre no resistió más y cuando montaban en sus caballos negros, tomó un cuchillo y se lo clavó en la espalda al líder de aquellos miserables. No pudo matarlo pero le dejó malherido. Los otros legionarios se revolvieron y asesinaron al padre también. Ellos lo vieron todo escondidos en el establo. Al caer la noche vinieron sus tíos y les condujeron a las cuevas de las colinas. Allí, los niños encontraron decenas de familias como ellos: arruinadas, diezmadas, destrozadas. Se consolaron en esa compañía tragando el dolor de su desdicha, pero llegó un día que el hambre reclamaba algo más que llanto y tristeza. Los dos niños sabían que quedaba comida escondida bajo el establo, así que, sin decir nada a nadie, al atardecer, se deslizaron entre los hombres y las mujeres dormidos de la cueva en la que se refugiaban y se adentraron en la espesura de los matorrales. Tenían hambre. Hambre.

—En una hora o dos será de noche —continuó la muchacha—. Entonces iremos al establo. Allí encontraremos comida.

Su hermano no decía nada pero asintió. Su hermano no hablaba desde que mataron a sus padres, pero ella sabía que él entendía. La muchacha se alegraba de que su pequeño hermano estuviera allí con ella. Pese a su duro silencio era una compañía reconfortante. Y, además, juntos podrían transportar más comida de vuelta a la cueva. La niña se deleitaba pensando en la cara de felicidad que pondrían sus tíos y el resto de los granjeros al ver el queso y el jamón, las hogazas grandes de pan, todas escondidas bajo la casa, en tinajas grandes volcadas para ocupar menos espacio; y podrían traer al menos un saco o dos de harina. Con eso podrían aguantar un poco más. Luego... cerró los ojos. Había que pasar el día a día, el día a día. Quizás ir todos juntos, unidos, para defenderse mejor, a Lilibeo. Eso era lo que habían hecho otros, pero la niña tenía miedo de alejarse de allí. No conocía otra vida, otro sitio.

—Por Hércules, mira lo que he encontrado. —La voz del centurión resonó como un trueno que anuncia la peor de las tempestades.

Los dos niños intentaron echar a correr, pero el gigantesco centurión se abalanzó sobre ellos y cogió a cada uno con una mano. El niño le mordió el brazo así que el centurión lo lanzó al aire y el pequeño cuerpo del muchacho se estrelló contra las piedras del suelo. Se oyó el golpe seco al caer el niño contra el suelo. Se quedó quieto. Sin moverse. Su hermana, sobrecogida, entró en pánico y comenzó a gritar.

—¡Calla, mujerzuela! ¡Por los dioses, calla o te mato! —Y el centurión reventó la cara de la muchacha con un sonoro bofetón. La niña dejó de gritar. El dolor era lo de menos. Su hermano parecía haber muerto. Pronto aparecieron más soldados. Los legionarios formaron un corro en torno a la joven. En sus rostros la niña leyó las mismas miradas que había visto en los hombres que habían matado a su madre. El instinto le hizo entender lo que le esperaba.

—Primero yo —dijo el centurión mientras se quitaba la coraza.

—¡Siempre igual! ¡Por los dioses que no es justo! —replicó uno de los legionarios. El centurión se giró hacia el que replicaba sin soltar a la chica, que se acurrucaba en el suelo, a sus pies.

—¡Publio Macieno es el centurión al mando y si tienes algo en contra te lo tragas o por Hércules que te atravieso aquí mismo! —Y se llevó la mano a la empuñadura del *gladio*. Los legionarios retrocedieron un par de pasos. El centurión, más tranquilo, se centró de nuevo en su ya dócil presa. Iba a disfrutar de lo lindo antes de matarla. La soltó.

—¡Desnúdate, puta! —espetó Macieno escupiendo saliva que llovió sobre el rostro aterrado de la joven. La muchacha, aterida por el horror, obedeció sin musitar palabra alguna. Su cuerpo quedó desnudo en apenas unos segundos al dejar caer su túnica de lana gris y sucia sobre la tierra de Sicilia. Se cubrió su delgado cuerpo como pudo, un brazo cruzando los pechos y una mano sobre su vello púbico. El fresco de la incipiente noche que reptaba desde las colinas la abrazó y sintió un escalofrío. El centurión avanzó hacia ella. La muchacha se arrodilló y llevó sus manos a las rodillas de aquel soldado. Quería implorar pero no tenía voz. Fue otra voz la que habló.

—¿Quién está al mando de este... grupo de... de esta expedición?

Macieno, centurión de la VI legión, se enfureció. Pensaba disfrutar de aquella muchacha con auténtica parsimonia y si para ello tenía que ensartar el corazón de varios de sus hombres no dudaría en hacerlo. Macieno desenvainó la espada y se giró hacia su inoportuno interlocutor. Al volverse vio la figura alta y joven de un soldado desconocido cubierto con una toga púrpura, la toga propia sólo de un cónsul. Macieno detuvo su espada. Un sol agónico se arrastraba por detrás de aquella silueta y le confundía los ojos. No podía ver bien a quién le estaba hablando.

—¿He de repetir mi pregunta, centurión?

—¿Quién eres tú? ¿Por qué no os deshacéis de él? —dijo Macieno dirigiéndose hacia sus hombres. Éstos desenvainaron las espadas. Aparecieron entonces algunos oficiales detrás de la extraña silueta púrpura que volvió a hablar.

—Ya que lo preguntas, te diré quién soy, pues yo no tengo por qué ocultar mi persona, como parece que debes hacer tú. Hablas con Publio Cornelio Escipión, cónsul de Roma, y estos que ves a mis espaldas son mis doce *lictores* y mis oficiales.

Macieno tragó saliva pero no se arredró. Estaban nivelados en cuanto a número. ¿Un cónsul de Roma? ¿Después de tantos años? Aquello parecía una broma.

—No ha llegado mensaje alguno al campamento sobre un cónsul de Roma en Lilibeo —respondió Macieno, y se sacudió a la joven muchacha que, llorando, gateó hasta acurrucarse bajo un gran olivo a unos pasos de donde tenía lugar aquel extraño encuentro.

Publio Cornelio Escipión no respondió a Macieno y se limitó a mirar la espada que éste blandía en alto.

—Es tarde para enviar un cónsul aquí —añadió Macieno—. Hace tiempo que no reconocemos el mando de Roma sobre nosotros.

—Entiendo... —dijo Publio, y dudó antes de continuar. Tras de sí estaban sus oficiales y también estaría Catón disfrutando ante la osadía de aquel centurión—. Ya veo, ¿y eso impide también saber con quién hablo?

—Soy Publio Macieno, centurión de la VI legión, segundo en el mando después de Marco Sergio, *primus pilus* de la legión.

Escipión ponderó las ironías y contradicciones de aquella respuesta: primero aquel renegado llevaba su mismo *praenomen* y luego, pese a no reconocer el mando de Roma, apelaba a la jerarquía propia de las legiones romanas para justificar su mando. Publio Cornelio Escipión miró a su alrededor y detuvo la mirada en la muchacha. Sin dejar de observarla, volvió a hablar.

—¿Y qué haces, Macieno, tan lejos del campamento?

—Buscamos comida. Roma hace tiempo que no envía suministros.

De súbito la niña lanzó un grito mirando al cónsul.

—¡*Tintu, tintu, rapi, rapi!* —Y calló y miró al suelo volviendo a acurrucarse.

—¿Coméis carne humana ahora? —preguntó Escipión.

Macieno fue a responder, pero el cónsul se había cansado de hablar. Dio la espalda a Macieno y se dirigió a los *lictores* y sus oficiales.

—Por Cástor y Pólux y todos los dioses, acabad con todos, menos con ese estúpido centurión. —Y se retiró unos pasos caminando hacia la niña asustada. Los *lictores* dejaron sus *fasces* en el suelo mientras desenvainaban las espadas. Entretanto Marcio, Lelio, Terebelio, Digicio, Mario y Silano, arropados por una docena de legionarios, ya se habían echado encima de los hombres de Macieno. La contienda no fue heroica. Los legionarios de la VI apenas opusieron resistencia más de dos golpes de espada antes de empezar a arrojar sus *gladios* y pedir clemencia. Los oficiales se volvieron hacia Escipión y éste negó con la cabeza. Las espadas atravesaron uno a uno el corazón de todos los hombres de Macieno. Publio estaba entonces junto a la niña y pidió que llamaran a alguien que entendiera a aquella chica. El centurión superviviente de la VI permanecía rodeado de los *lictores* del cónsul. Empezó a llorar. Se arrodilló.

—Por favor, por favor... —empezó a gimotear—, tengo familia e hijos... tenemos hambre... no hay suministros...

Lelio llegó junto a Publio con un joven de Lilibeo, un voluntario recién añadido al ejército del cónsul. Escipión había hecho correr la voz de que cualquiera que quisiera luchar y conseguir riquezas y gloria podía unirse a sus tropas. Muchos dudaban de aquella promesa, pues todos pensaban que sólo encontrarían la muerte en África, pero algunos, desesperados y abandonados de la diosa Fortuna, se habían unido a las tropas del cónsul. El joven se acercó y escuchó a la niña que volvía a hablar repitiendo las mismas palabras que había dicho antes y que ahora subrayaba señalando a Macieno.

—¡*Tintu, tintu, rapi, rapi!*

—Habla en la lengua local, mi general —dijo el joven que habían traído como intérprete—. No sé exactamente lo que quiere decir, pero *tintu* es un insulto, como perverso, malvado y creo que lo otro significa robar. Es todo cuanto puedo decir, mi general.

Escipión asintió.

—Dile a la niña que no tenga miedo, y hazle entender si puedes que ya no habrá más ataques a las granjas.

Publio dejó entonces a la niña hablando con el joven nuevo voluntario y se acercó a Macieno, que no dejaba de aullar entre sollozos y gemidos. Se dirigió a él empleando el mismo tono que había usado al principio de aquel encuentro, como si no hubiera ocurrido nada.

—Publio Macieno, centurión de la VI. Soy Publio Cornelio Escipión, cónsul de Roma, con mando en Sicilia y África. Vengo a tomar el mando de las legiones V y VI de Roma. Ahora ve al campamento e informa a tus superiores, al *primus pilus* de la VI y también al de la V... ¿hay *primus pilus* en la V?

—Cayo Valerio —musitó Macieno mirando al suelo, henchido de pánico.

—Bien, pues informa a ambos, a Marco y a Valerio, ya que tribunos no hay, de mi llegada. Diles también que espero más disciplina y más reconocimiento a mi mando del que he encontrado aquí. Puedes ilustrarles sobre el efecto de la rebeldía a mi persona explicándoles con detalle lo que ha pasado aquí. Llegaré al campamento mañana al mediodía, cuando el sol esté en lo alto del cielo.

Macieno no daba crédito a su suerte. Gateó para abrazarse a las rodillas del cónsul, pero Publio dio un paso atrás. Macieno se detuvo en su avance y habló mientras se incorporaba despacio.

—Por supuesto, mi general. Mañana al mediodía. Los hombres estarán formados a las puertas del campamento. Las dos legiones. Todos... esperando al cónsul... gracias, cónsul de Roma, no defraudaré al cónsul...

Publio Macieno tomó la espada que le tendía un Lelio que ardía en deseos de patear a aquel miserable, pero que se contenía por disciplina; Macieno envainó el arma y echó a andar sin mirar atrás. Despacio primero y luego corriendo como perseguido por los lobos.

—Allá va un cobarde —dijo Terebelio.

Publio le miró y Terebelio no añadió más. En ese momento apareció Catón que, por cautela, se había quedado en la retaguardia mientras tenía lugar la refriega entre los legionarios rebeldes de la VI y los hombres del cónsul. Marco Porcio Catón contó los cadáveres antes de hablar.

—Diecinueve muertos. Veo que el cónsul de Roma tiene una forma curiosa de ampliar su ejército. —Y sonrió con amplitud antes de sacar sus conclusiones—. A este paso conseguirá el cónsul un gran ejército de cadáveres.

Lelio fue a replicarle, pero Publio le tomó por el brazo y Lelio se contuvo, una vez más. Catón se alejó por donde había venido. Estaba satisfecho. Las cosas iban mejor de lo que nunca había imaginado. El cónsul tendría que combatir con cobardes o con muertos. Ninguno de los dos serían grandes aliados una vez desembarcados en África. Aquélla era una empresa abocada al más estrepitoso de los fracasos. Su sonrisa desapareció. Tendría que ver la forma de escabullirse de la misma antes de que fuera demasiado tarde. Eso era lo único que le quitaba el sueño, pero ya encontraría un subterfugio con el que retirarse de África cuando las cosas empezaran a torcerse definitivamente para el engreído cónsul. Volvió a sonreír. Mañana al mediodía, había dicho el cónsul. Eso significaba que descansarían esa noche. Sus pies lo agradecerían.

Publio se quedó con sus oficiales. Sabía que las palabras de Catón habían sembrado dudas sobre su actuación, pero no tenía ganas de dar explicaciones. Tendrían que confiar en él, como hacían siempre.

—¡En marcha todos! —ordenó Publio.

—¿Pero no has dicho que llegaremos mañana al mediodía al campamento? —preguntó Lelio—. Los exploradores dicen que estamos a menos de siete u ocho horas de marcha. Podemos hacer noche y llegar mañana al mediodía como has dicho a ese centurión, hay tiempo de sobra...

—Eso he dicho, Lelio, pero seguiremos la marcha y llegaremos allí de madrugada. La V y la VI se van a levantar más pronto de lo que suelen hacerlo.

Y con esas palabras el cónsul echó a andar y tras él su escolta de *lictores* con las *fasces* en alto, seguidos por los tribunos y, poco a poco, los miles de voluntarios.

Marco Porcio Catón estaba descansando sentado junto a unas piedras de lo que había sido un muro de una granja cuando observó que el ejército seguía con la marcha. Se había quitado las sandalias para aliviarse pero, maldiciendo su suerte, empezó a abrochárselas de nuevo a toda prisa.

La niña vio cómo los legionarios se alejaban con aquel extraño jefe al mando. Salió del abrigo del olivo y fue corriendo en busca de su hermano. Lo encontró tumbado sobre las piedras en las que había caído. Le llamó por su nombre un par de veces. El niño abrió los ojos y sonrió. Hermano y hermana se abrazaron. Parecía que la esperanza retornaba a sus vidas.

Era noche cerrada aún cuando bajo la tenue luz de una tímida luna menguante, Publio y sus oficiales avistaron el mítico campamento de las «legiones malditas». La luminosidad escasa no dejaba que uno se aperbiera del mal estado de las empalizadas, pero, incluso en medio de la noche, los veteranos mandos del ejército de Publio vislumbraban algunos huecos que los legionarios de la V y la VI no habían tapado con nuevos troncos. Asimismo, el foso, a medida que se acercaban descendiendo por una larga colina próxima al campamento, se hizo visible con zonas de poca profundidad. Posteriormente el mal olor de esas zonas hizo comprender a los hombres del cónsul que el foso estaba siendo utilizado de vertedero. Y lo más lamentable era que apenas si se veían hogueras encendidas y guardias. El ejército de voluntarios del cónsul de Roma se había acercado a quinientos pasos de las empalizadas y ningún centinela había dado la voz de alarma. Las «legiones malditas» dormían. Publio detuvo el avance de sus hombres. Miró a su alrededor. La faz de sus oficiales era seria. Sabía lo que pensaban. Catón, por el contrario, parecía el hombre más satisfecho del mundo. Si atacaran ahora a aquellos hombres, aun siendo el ejército del cónsul menos de la mitad en número de efectivos, podrían acabar con aquellas dos legiones antes del amanecer. Además, quedaba por saber cuántos de los legionarios de la V y la VI se habían acostado ebrios. Era evidente que las «legiones malditas» no esperaban ni temían a enemigo alguno. Se sentían olvidados, más aún, sentían que ellos eran el olvido mismo. Y los pobres granjeros asustados que se escondían entre los peñascos de las colinas no eran amenaza para aquellos veinte mil legionarios y tropas auxiliares transformados en bandidos. El desánimo en Publio no vino por todo lo que estaba observando, sino que provenía de otro origen. En su esperanza por convertir a aquellos hombres en soldados de Roma de nuevo, pensó que encontraría algo más de reacción tras la llegada del centurión al que habían perdonado la vida aquella tarde para que informara de su llegada, pero si había regresado al campamento y notificado el avance del cónsul, aquello no parecía haber alterado en lo más mínimo el devenir decadente de las legiones V y VI. No se inmutaban ni aunque tuvieran a un cónsul a medio día de marcha. La mirada brillante en el rostro de Catón era algo demasiado hiriente para el joven cónsul. Tendría que ser más duro con aquellas legiones de lo que había planeado. Tendría que ser implacable.

Cayo Valerio dormía siempre con un sueño ligero, un duermevela que se quebraba ante el más mínimo chasquido. Aquella noche se acostó preocupado. Macieno había regresado solo de su batida habitual para saquear las granjas del contorno. Cayo Valerio lo había visto cruzar el campamento al atardecer con su coraza manchada de sangre. Estaba claro que alguien les había atacado, pero Macieno no dijo nada y su figura se desvaneció en la tienda de Marco Sergio, el *primus pilus*, de la VI. Sea como fuere, Valerio sabía que no tendrían información sobre lo ocurrido. ¿Bandidos? Era extraño, porque no había más ladrones en aquella región de Sicilia que ellos mismos. ¿Se habrían armado los granjeros? Era posible, pero ¿cuántos campesinos harían falta para acabar con una *turma* de la VI? Más de un centenar, y aun así, era muy extraño que fueran capaces de acabar con todos menos con uno. ¿Cartagineses? ¿Un desembarco en Lilibeo? Las autoridades de la ciudad habrían enviado algún mensajero. Incluso siendo las «legiones malditas», era mejor dirigirse a ellos que dejarse arrasar por los cartagineses. ¿O tan mala era ya la opinión de los ciudadanos de Lilibeo que ni amenazados por tropas enemigas se dignaban recurrir a la V y la VI? Cayo Valerio se despertó de su medio sueño, medio vigilia y se sentó pasando los brazos por encima de sus rodillas. La paja seca del lecho era el mayor confort al que podían aspirar en aquel infinito destierro. No. Si estuvieran amenazados por tropas enemigas, Macieno y Marco Sergio habrían advertido al resto, a todos, y habrían hecho poner centinelas. En su cobardía y su miedo recurrirían a todos. Era otra cosa la que había ocurrido. ¿Una pelea entre ellos mismos, por algún botín? O también cabía otra posibilidad completamente distinta: quizás habían encontrado algo realmente interesante y el resto se había quedado guardando lo requisado, quizás un buen lote de ganado, mientras Macieno había regresado para solicitar refuerzos a Marco. Sí. Cayo Valerio empezó a asentir con fuerza cuando el mayor estruendo que nunca jamás había escuchado le hizo dar un respingo y ponerse en pie, desenfundando su espada, todo al tiempo. Aquello eran cornetas y tubas, decenas de ellas, en plena noche. Les atacaban.

Cayo Valerio salió de su tienda con la espada desenvainada, nervioso pero resuelto al tiempo, decidido a vender cara su piel. Casi estaba contento de poder luchar, aunque fuera para morir. En el exterior le recibió el caos más absoluto. Miles de legionarios corrían de un lugar a otro sin orden, como poseídos por las deidades infernales. Uno de sus hombres se dirigió a Valerio. Le habló como pidiendo consejo, buscando alguien a quien seguir en medio de aquel desatino.

—¡Mi centurión, dicen que hay mensajeros en todas las puertas! ¡Dicen que ha venido un cónsul de Roma!

Cayo Valerio le miró con incredulidad. ¿Un cónsul de Roma? Y el caso es que aquello sería lo único que podía dar sentido a aquella situación absurda: ningún enemigo despierta a sus oponentes antes de matarlos. Si eran víctimas de un ataque sorpresa, ¿dónde estaban los proyectiles y las flechas y las lanzas? El cielo estaba raso y plagado de estrellas. Era una buena noche para haberles atacado, como tantas otras, pero sólo se escuchaban tubas y trompetas. Y el correr de miles de soldados aturdidos, confundidos. Para desazón del legionario que acababa de dirigirse a Cayo Valerio, éste le dejó atrás y echó a andar hacia la puerta *decumana*. Tuvo que abrirse camino a empujones, pero su corpulencia y el tener un propósito definido le hizo avanzar rápido entre los legionarios perdidos y sin mandos. Observó que muchos empezaban a dirigirse a las empalizadas para observar así, de primera mano, lo que estaba ocurriendo en el exterior del campamento. Eso mismo quería él. Así se plantó en cinco minutos en la *porta decumana* y allí vio a un grupo de unos treinta legionarios bien armados y perfectamente uniformados al otro lado del foso. Demasiado pulcros y organizados como para pertenecer a las desvencijadas V o VI. Eran soldados recién alistados, aunque por su edad aparentaban veteranía. Una combinación peculiar. Parecían venidos ya de otro mundo, un mundo que Cayo Valerio había casi olvidado por completo: Roma. Uno de aquellos hombres parecía repetir un mensaje una y otra vez, rodeado por sus compañeros que, espadas en mano, estaban preparados para protegerle por si era atacado.

—¡Legionarios de la V y la VI, el cónsul Publio Cornelio Escipión de Roma ha venido a tomar el mando de estas legiones y el cónsul de Roma os ordena formar frente a la *porta praetoria* del campamento antes de que despunte el alba!

Callaba unos instantes y volvía a repetir el mismo mensaje. Cayo Valerio no comprendía por qué los legionarios seguían tan interesados en observar desde las empalizadas, por eso siguió avanzando hasta que sus ojos pudieron vislumbrar desde el suelo lo que otros ya admiraban desde lo alto de las semiderruidas fortificaciones del campamento. Tras los mensajeros, a unos quinientos pasos, en la ladera de la gran colina que se extendía frente al campamento de la V y la VI, se discernía un millar de antorchas distribuidas por toda la colina. Estaba claro que el cónsul no había venido solo, arropado por unos pocos hombres y confiado en una carta del Senado que persuadiera a los hombres de la V y la VI de sus obligaciones para con el general que reclamaba asumir su mando. Cayo Valerio siguió andando hacia el mensajero que repetía la orden del cónsul hasta que quedó frente a él apenas a unos diez pasos. Se detuvo cuando varios de los legionarios que acompañaban al mensajero se interpusieron entre él y el heraldo.

—No es necesario que repitas más tu mensaje, centurión —dijo Cayo Valerio dirigiéndose al mensajero e identificando su rango al hablarle—. Dile al cónsul que la V y la VI formarán frente al campamento de inmediato.

Valerio no dio tiempo a que el centurión interpelado respondiera. Tampoco éste sabía bien qué decir, pero dejó de repetir el mensaje y al poco ordenó al resto de los hombres que le acompañaban que se retiraran con él para volver con los suyos.

Cayo Valerio regresó al campamento con el ánimo encendido. Eso es lo que le había pasado a la *turma* de Maciano. Y no le habían informado de la llegada de un cónsul. La ira de Valerio iba en aumento. El cuerpo le pedía ir adonde Publio Maciano y su superior, Marco Sergio, y ensartarlos como salchichas, pero aquélla no sería la mejor forma de presentarse ante el cónsul. Valerio, reconcomiéndose sus ansias, llegó hasta su tienda en el centro del campamento y a voz en grito empezó a dar las órdenes precisas.

—¡Hombres de la V! ¡Todos a formar delante de la *porta praetoria*, ya, por Hércules, Júpiter y por todos los dioses, o voy a mataros uno a uno hasta que me hagáis caso! ¡A formar todos, por Hércules!

Los hombres le miraban y empezaban a enfundar espadas, buscar cascos olvidados, corazas desparramadas por el suelo, grebas, los que disponían de ellas, lanzas desperdigadas entre las tiendas... los hombres de la V habían seguido practicando la instrucción militar bajo el mando de Valerio, pero nerviosos como estaban, no les resultaba una tarea fácil organizarse y más, en medio de una noche, con apenas hogueras en el campamento. Mientras, los hombres intentaban uniformarse.

Cayo Valerio encendió una antorcha y con ella en alto se dirigió al centro mismo del campamento frente al abandonado *praetorium*, clavó la antorcha en el suelo y, cuando estuvo seguro de que varios centenares de sus hombres le observaban, tomó con ambas manos la insignia de la V legión de Roma, que llevaba once largos y lentos años clavada en aquel lugar, y tiró de ella con todas sus fuerzas. Para asombro de todos los legionarios de la V y sorpresa del propio *primus pilus*, el hasta hundida de la insignia pareció resbalar por las entrañas de la tierra de Sicilia y, casi sin oponerse, salió suave, desclavándose de aquel punto quedando así firmemente asida por el centurión, quien exhibió la insignia en alto y volvió a repetir las órdenes, esta vez con un punto vibrante en su garganta desconocido para todos:

—¡Todos a formar, por Júpiter! ¡Ha llegado un cónsul de Roma!

Publio estudiaba la salida de las legiones V y VI de su campamento. Pronto el desánimo más completo se adueñó de su espíritu, pero mantuvo la cara altiva y el semblante serio, casi inexpresivo, con el fin de no acrecentar la incipiente sonrisa que adivinaba de reojo en el rostro ácido de Catón. De sus hombres percibía una honda preocupación: aquellos soldados que estaban formando de modo desorganizado y sin prisa eran los contigentes de tropas que debían reforzarles para la campaña de África. Sus oficiales, al igual que el resto de los legionarios del ejército de voluntarios venidos desde Italia, estaban desolados. Empezaba a entender que la campaña dependería de ellos y sólo de sus propias fuerzas. Nada podría hacerse con aquellos vividores, desaliñados, sucios y torpes que salían del campamento, una vez ya seguros de que no les atacaban, entre risas y con aires de desdén hacia el recién llegado cónsul. Publio Cornelio Escipión tragó saliva. Aquello era mucho peor de lo que había esperado encontrar. Era como si ante sí tuviera las tropas de Sucro de nuevo, pero más envalentonadas por el largo período de tiempo que habían pasado sin mandos efectivos. ¿Cómo recuperar aquellos hombres para el combate, para la causa de Roma, de una Roma que los había desterrado y condenado al olvido? ¿Por qué debían ahora luchar de nuevo por aquella ciudad? Publio repasaba en su mente las palabras que había pensado pronunciar para presentarse ante aquellos hombres, pero se daba cuenta de que el discurso que había diseñado no infundiría ni ánimos ni interés en aquellas tropas acantonadas durante once años en una esquina remota de Sicilia. La guerra para ellos era ya algo distante, indiferente, ajeno.

Publio Cornelio Escipión no pudo evitar un profundo suspiro mientras se pasaba la mano derecha por el mentón y bajaba la mirada hacia el suelo. Las legiones V y VI eran incapaces hasta formar sus manípulos; simplemente salían del campamento como quien sale de una visita en una villa en el campo. Había pensado que las antorchas, la oscuridad, el ser despertados en medio de la noche, les infundiría temor, pero aquello sólo había durado unos minutos, hasta que los legionarios desterrados habían entendido lo que estaba ocurriendo. Parecían hasta molestos porque el cónsul les hubiera interrumpido el sueño. Y, sin embargo, aquéllos eran los mismos hombres que habían solicitado, rogado, implorado al cónsul Marcelo que intercediera en el Senado para permitirles de nuevo luchar y rehabilitar así sus nombres y ganarse de ese modo el derecho a regresar a Roma y volver a ver a sus familias y amigos. Pero eso, claro, fue al principio de su destierro. Fabio Máximo se opuso entonces a conceder tal posibilidad a los derrotados de Cannae, a las «legiones malditas». Y ahora hasta el cónsul Marcelo había caído abatido por Aníbal. Publio dibujó una sonrisa extraña e irónica. Viendo a los legionarios de la V y la VI deambulando por delante de su campamento, con algunos centenares de ellos sentados en el suelo, contraviniendo las órdenes de formar, Publio empezó a entender por qué Fabio Máximo había aparentemente cedido en la negociación en su casa y le había dejado el mando de estas tropas. Máximo, siempre tan informado, debía de estar al tanto de lo inútiles que eran ya aquellos hombres, de lo inservibles que resultarían en una campaña militar, y más aún en una campaña militar en nombre de Roma, de la misma Roma que los había castigado.

En medio de la más profunda desazón que embargaba el ánimo de Publio, Cayo Lelio se acercó entonces por detrás y señaló hacia el ala izquierda de la V legión. Publio agudizó la mirada y allí, en la penumbra de un amanecer escondido aún tras las colinas, divisó tres, cuatro, no, cinco, seis, varias decenas de manípulos en perfecta formación de combate: se distinguía perfectamente a las tropas ligeras, los *velites*, en primera línea, preparados para marchar, y detrás de ellos los *hastati, principes* y *triari*, todos dispuestos, con uniformes no impecables, pero sí razonablemente dignos y, lo más importante, todos armados hasta las cejas, pero no con los *pila* de las nuevas legiones itálicas o las *falaricas* iberas que llevaban muchos de sus voluntarios veteranos de las campañas de Hispania, sino con viejas armas arrojadizas, como el *verutum* o el *gaesum* gálico, las mismas que se usaron en Cannae y que poco a poco se habían ido reemplazando por las romanas durante aquella larga guerra en las nuevas legiones. Aquellos manípulos estaban en perfecta formación como parados en el tiempo. Por un momento Publio pensó estar de nuevo junto a las ruinas de la fortaleza de Cannae, con Emilio Paulo, su suegro, en medio de la infinita formación romana, a la espera de las órdenes del enloquecido Terencio Varrón que los condujo a la más horrible de las derrotas. Esos hombres habían formado con exquisita corrección, como si hubieran estado practicando durante todo el destierro esperando aquel momento. Eran sólo unos quinientos hombres de los veinte mil que allí había, pero eran algo: eran una semilla.

Publio asintió sin volverse hacia Lelio, pero éste comprendió que el cónsul había identificado lo mismo que él había detectado: un remanente de pundonor en medio de tanta desidia.

—Es un principio, Lelio, esos hombres son un principio. Empezaremos por ellos, esta misma mañana —comentó el joven cónsul—. Entérate de quién está al mando de esos manípulos. Quiero verlo cuando termine de hablar.

Lelio asintió y desapareció entre los oficiales. Habían hablado en voz baja, de modo que ni Catón ni el resto pudo apercibirse bien de sus palabras, pero todos, al igual que Lelio y Publio, habían obervado con alegría aquellos manípulos que aún parecían recordar lo que era pertenecer a las legiones de Roma. Todos menos Marco Porcio Catón, que no dejaba de estar sorprendido por aquellos recalcitrantes derrotados que se empeñaban aún en intentar hacer creer al resto que eran legionarios; pero eran muy pocos, demasiado pocos hombres aún fieles a la legión y muchos millares de insatisfechos, villanos, bandidos, corruptos y cobardes. Catón escupió en el suelo en dirección a los manípulos del ala izquierda de la V legión.

Publio Cornelio Escipión inspiró aire con profundidad y dio varios pasos hacia delante. Los doce *lictores* de su escolta le rodearon con antorchas llameantes, resplandecientes en el albor de la madrugada. El cónsul de Roma avanzó unos quince pasos hasta ubicarse en lo que parecía ser un lugar al azar, pero que en realidad era el punto desde el que su voz, aprovechando la caída suave de la colina, se proyectaba mejor hacia todos los hombres de la V y la VI. De algo le tenía que valer todo lo que había leído sobre los teatros griegos y su forma de aprovechar la acústica natural de las laderas de las montañas. Tendría que hablar a voz en grito, pero al menos su esfuerzo valdría para que su mensaje llegara a todos aquellos desaliñados que antaño fueran legionarios. De alguna forma, la desorganización casi total de aquellas tropas era su aliada, pues al no guardar la distancia preceptiva entre un legionario y otro, los millares de hombres de la V y la VI ocupaban mucho menos espacio del que habría sido necesario para su perfecta formación manipular. Eso era un desastre militar, pero una gran ventaja para hacerse oír por todos.

Los legionarios de la V y la VI vieron al cónsul, rodeado de su escolta de antorchas, situarse frente a ellos. Todos esperaban un discurso pomposo y espeso del que no pensaban hacer el más mínimo caso. Además, la luz del día empezaba a hacer visibles las auténticas fuerzas que acompañaban al cónsul y los legionarios de la V y la VI eran más. Eso les hacía sentirse seguros.

Publio había pensado muchas veces cuáles podrían ser sus primeras palabras ante aquellos hombres con los que antaño combatiera y con los que compartiera una humillante huida del campo de batalla, pero al verlos allí, desastrados, distraídos y muchos de ellos pertinazmente sentados sobre la tierra de aquella isla, la ira se apoderó de su ser.

—¡En pie, malditos, en pie, por Hércules! ¡En pie todos o lanzo ahora mismo a todos mis hombres contra vosotros y regaremos todos con nuestra sangre esta mañana! ¡En pie, por Júpiter, en pie! ¡Prefiero morir matando a cuantos pueda de vosotros antes que permitir que permanezcáis sentados ante un cónsul de Roma! ¿Estáis vosotros también dispuestos a luchar hasta la muerte por permanecer con vuestros culos pegados al suelo? ¿Lo estáis?

Ningún hombre de la V o la VI esperaba esas palabras. Los que estaban en pie tensaron los músculos, y los que estaban sentados, unos empezaron a levantarse y otros, los más rebeldes, se miraban entre sí sin saber bien qué hacer. Entre ellos estaba el propio *primus pilus* de la VI, Marco Sergio, y su centurión, segundo en el mando, Publio Macieno.

—¡Por última vez: en pie todos o empezamos una batalla campal aquí mismo! —repitió el cónsul de Roma—. ¡Yo estoy acostumbrado a luchar pero creo que a vosotros os va a costar responder a nuestro ataque! ¡En pie, malditos de los dioses, en pie!

Marco Sergio y Publio Macieno se alzaron al fin, con desgana, pero se levantaron y con ellos los últimos reacios a ello. El cónsul no había conseguido mucho de momento, pero al menos tenía dos cosas: primero a todos los legionarios en pie, y, segundo, había despertado el interés y la curiosidad en muchos de aquellos hombres, por la extraña forma de empezar a dirigirse a ellos.

—¡Me debéis la vida, todos y cada uno de vosotros me debéis la vida! —gritó Publio Cornelio Escipión—. ¡Incluso esta miserable existencia en el destierro me la debéis! ¡Yo lideré las tropas que salieron vivas de Cannae, junto con otros tribunos, pero yo fui uno de esos hombres y por esos tribunos y por mí hoy estáis vivos, aunque viéndoos ahora me pregunto si no habría sido mejor para todos, para vosotros, para Roma y para mí, haberos dejado allí para que Aníbal y sus hombres os ensartaran como alimañas, para que os dejaran heridos agonizando en el campo de batalla durante días hasta que los buitres os sacaran los ojos, o, mejor aún, para que una vez presos por Aníbal sus hombres se hubieran entretenido haciéndoos luchar entre vosotros hasta que unos a otros os sacarais las entrañas para su divertimento, que es lo que les ocurrió a todos aquellos que allí se quedaron, a todos aquellos que no salieron de la masacre de Cannae! —Aquí Publio detuvo unos instantes su discurso para tomar aliento y para pensar, pues estaba improvisando, dejándose llevar, por primera vez en mucho tiempo, desde el motín de Sucro, por sus sentimientos; pero la pausa le sirvió también para comprobar que con sus palabras encendidas había captado la atención de los legionarios desterrados de las «legiones malditas». Más seguro del terreno que pisaba, pensando con mayor frialdad, pero manteniendo la intensidad emocional, prosiguió con sus palabras—. ¡Y vosotros os lamentáis y sentís lástima de vuestro destierro! ¡Miserables, miserables y mil veces miserables! ¡Se os perdona la vida y pagáis con desdén y rebelión la compasión de Roma! ¡Doblabais en número a vuestro enemigo y tuvisteis, tuvimos, que salir huyendo! ¡Todos deberíamos haber muerto aquel día! ¡Todos! ¡Pensáis que Roma es injusta, lo leo en vuestros ojos y no entendéis nada! ¡Roma es severa, estricta, implacable, pero nunca injusta! ¡Roma nunca lucha una guerra injusta y Roma nunca es injusta en sus castigos! ¡Lleváis años acumulando odio y desprecio hacia Roma cuando vuestro verdadero enemigo, el que os humilló, el que os condujo a esta situación, cabalga libre por las ciudades itálicas, asola a nuestros aliados, acecha las propias murallas de la ciudad natal de vuestros padres, madres, hermanos, esposas, hijos... todos los que queríais y amabais y habéis dejado atrás por vuestra incapacidad en el campo de batalla... todos perdidos pero no por Roma, sino por Aníbal y sus hombres; sí, los hombres de Aníbal, sus veteranos de guerra! —Nuevamente aquí Publio se contuvo durante unos segundos; el silencio era intenso, sus palabras resonaban enormes en aquella ladera, las legiones le escuchaban—. ¡Sí, los hombres de Aníbal! ¡Iberos, galos, africanos y númidas que se reúnen en las noches cálidas de Italia y, al abrigo de sus incontables victorias, narran sus hazañas, se ríen mientras rememoran cómo os hicieron huir, cómo herían a vuestros compañeros, cómo decapitaban a vuestros amigos, y cómo corríais asustados, cómo corríamos todos aquel día para escapar de sus espadas, de su odio! ¿Os duele lo que os digo? ¿Os duele saber que hay miles de hombres que se ríen de vosotros? Lo veo en vuestros semblantes serios. ¿Es dura la verdad? Quizás en el destierro os habéis esforzado en ovidar de dónde venís, pero mi deber como cónsul, mi primer deber al tomar el mando de las legiones V y VI de Roma es el de recordaros quiénes sois: no os importa ser la vergüenza de Roma, eso ya lo he visto, pero yo me pregunto, ¿tampoco os importa ser el hazmerreír de los veteranos de Aníbal? ¿No os importan los chistes, las bromas que se cuentan unos a otros, no os importan las carcajadas de esos galos, iberos, númidas? ¿No los oís en la distancia? Yo creo que si por las noches no os acostarais ebrios, escucharíais en vuestros oídos las carcajadas siniestras de los hombres de Aníbal pavoneándose de su victoria aplastante sobre vosotros y haciendo leyenda de su valor y de vuestra cobardía. ¿O quizá sí las oís y por eso bebéis, para ocultar en el sueño de la bebida el horror de esas risas que os despiertan en mitad de la noche? No sois la vergüenza de Roma porque Roma ya os ha olvidado. Ha enterrado vuestra derrota bajo infinidad de combates contra los veteranos de Aníbal, unas veces con batallas indecisas, otras con grandes victorias y otras también con derrotas, pero derrotas sin la humillante huida de sus legiones. Vosotros no existís ya para Roma, estáis enterrados en el olvido. Por eso no os llegan provisiones ni suministros ni os llegarán nunca. Nunca. Nunca si no es bajo mi mando. Vosotros sólo sois los personajes de las narraciones divertidas de los hombres de Aníbal, sus personajes favoritos: sus cobardes preferidos. Y yo os pregunto: ¿queréis ser eso, protagonistas cobardes y miserables de las historias que vuestros enemigos cuenten a sus hijos y a sus nietos, o queréis otra oportunidad? ¿Queréis ser miseria o queréis otra cosa? ¿Queréis ser miseria o queréis venganza? —Y Publio elevó el tono de su voz mirando al cielo azul del amanecer, gritando con todas su fuerzas—. ¿Queréis miseria o venganza? ¿Miseria o venganza? ¿Miseria o venganza?

Y calló y cerró los ojos, esperando durante uno, dos, tres, cuatro largos segundos de silencio que alguien de entre las «legiones malditas» rompiera aquel pérfido vacío, hasta que desde el ala izquierda el *primus pilus* de la V, Cayo Valerio, hinchó sus pulmones y respondió a gritos:

—¡Venganza, venganza, venganza, mi general, venganza, por todos los dioses!

Publio mantuvo los ojos cerrados, levantando despacio sus brazos extendidos hacia el cielo como si rezara al mismísimo Júpiter, mientras decenas, centenares, miles de gargantas de las «legiones malditas», empezaron a gritar al unísono.

—¡Venganza, venganza, venganza!

Sólo unos pocos, entre perplejos y sorprendidos, callaban y miraban extrañados lo que ocurría a su alrededor: Marco Porcio Catón, entre las filas de los hombres del cónsul, y los centuriones Marco Sergio y Publio Macieno de la VI, entre las legiones, quienes, con aire confundido, miraban a izquierda y derecha sin entender bien lo que allí estaba ocurriendo.

48

Cayo Valerio

**Oeste de Sicilia,
finales de marzo del 205 a.C.**

Cayo Valerio estaba nervioso, sudoroso, incómodo, mientras esperaba junto a los *lictores* que custodiaban la nueva tienda del *praetorium* que el cónsul había hecho levantar para reemplazar los harapos de tela que quedaban en pie del antiguo puesto de mando. Valerio paseaba de un lado a otro en pequeños pasos y meditaba qué decir al cónsul. ¿Por qué le había convocado tan pronto? Bien, era el *primus pilus* de la V y ante la ausencia de tribunos era el centurión de mayor rango. ¿Pero por qué le había citado a solas y no con Sergio Marco, el otro centurión *primus pilus* de la VI? Por lo que fuera, el cónsul quería verlo a solas, o, al menos, entrevistarse con cada centurión por separado. Estaría tanteando cómo estaban los ánimos. Sin duda. Más seguro, los pasos de Valerio se tornaron más amplios, pero de golpe le asaltó otro motivo para el nerviosismo: de su uniforme colgaban sus viejas *faleras* y *torques*, sus antiguas condecoraciones de guerra. En aquel sitio, en aquel destierro, parecían fuera de lugar. Veloz, Valerio se quitó todas las condecoraciones pero, ¿dónde guardarlas? Estaba aún pensando en ello cuando le llamó uno de los *lictores*.

—Centurión, ya puedes pasar. El cónsul te recibirá ahora.

Cayo Valerio apretó las condecoraciones entre los dedos de su mano izquierda y la puso detrás, a su espalda, mientras entraba en la tienda del nuevo *praetorium*. Valerio se encontró ante Publio Cornelio Escipión, cónsul de Roma, pero no a solas, como había pensado, sino que el general estaba acompañado de varios de los oficiales que éste había traido consigo. Valerio aún no conocía sus nombres, pero junto al cónsul, sentado sobre un sencillo taburete, estaban, en pie, Cayo Lelio, Lucio Marcio Septimio, Quinto Terebelio, Sexto Digicio, Mario Juvencio Tala y Silano, los oficiales de más alto rango y de mayor confianza de Publio. Valerio, hombre experto en juzgar a oficiales, adivinó con rapidez que entre esos hombres y el cónsul había algo más que una relación militar. Debía ser cauto en sus palabras y no molestar a nadie de los presentes.

—¿Eres Cayo Valerio? —preguntó Publio Cornelio Escipión con voz grave—, ¿el *primus pilus* de la V?

—Así es, mi general.

—Eso, en las circunstancias en las que ha vivido la V en los últimos años es lo mismo que decir que eres el hombre que ha estado al mando de la V todo este tiempo, ¿no es así?

—Sí, mi general. Desde que Roma no envía nuevos tribunos, he estado al mando de la V.

—Entiendo —dijo Publio mirando fijamente a su interlocutor. Luego guardó unos segundos de silencio durante los que Valerio bajó la mirada al suelo y continuó hablando—. La situación de la V legión no es muy buena, y el estado general del campamento es deplorable.

Valerio fue a hablar, a decir que hacía años que no había reabastecimiento, que sin provisiones para el invierno habían tenido que cultivar ellos mismos o negociar con los granjeros de la región cuando no saquear como hacían los hombres de la VI y algunos de su propia legión a sus espaldas; pensó en decir que sin suministros y sin tribunos era imposible hacer más, que..., pero el cónsul levantó su mano derecha y Valerio se tragó todas sus explicaciones con su propia saliva.

—Pese a todo, centurión —continuó Publio—, te las has arreglado para que varias decenas de tus manípulos aún recuerden lo que es una formación manipular de la legión y que preserven también sus armas en buen estado. Eso te honra. Y me consta también que los hombres de esos manípulos son los que mejor reaccionaron a mi discurso de esta mañana. Todo eso te hace acreedor de cierta confianza por mi parte en tu capacidad de mando, aunque la desorganización general del campamento, la falta de guardias, los saqueos en la región, hacen patente que es necesario reconducir la disciplina de estas tropas y que nuevos mandos son necesarios, ¿estarás de acuerdo en eso?

—Sí, mi general.

—Bien —respondió Publio con satisfacción en el momento en que una de las condecoraciones de Cayo Valerio se deslizó entre los sudorosos dedos de su mano izquierda cayendo sobre el suelo, tras su pies, produciendo un gran chasquido metálico. El centurión se quedó firme, pero ya todos habían advertido que algo había caído de su manos.

—¿Qué es eso que ha caído y que escondes tras tu mano izquierda? —preguntó Publio al tiempo que se alzaba y que Cayo Lelio, desenvainando su espada, se cruzaba interponiéndose entre el cónsul y el veterano centurión, pues el sonido era similar al que una daga habría producido al chocar con el suelo. Por su parte, Silano y Mario Juvencio se abalanzaron sobre Valerio y le asieron fuertemente de los brazos. Valerio comprendió que todos temían que se tratara de un puñal, de un intento de agredir al cónsul.

—¡No es nada, mi general, no es nada! —exclamó Valerio entre asustado y avergonzado—. ¡Son sólo mis *faleras* y *torques*! ¡Condecoraciones de otros tiempos!

Lelio enfundó la espada y recogió la cadena de oro del suelo.

—No miente —dijo—, y en la mano izquierda tiene varias más. Son sólo condecoraciones.

Todos se relajaron. Silano y Mario soltaron al confundido Valerio, que tomó de manos de Lelio su *falera* caída y la puso con las demás en su mano izquierda.

—¿Por qué escondes tus condecoraciones, centurión? —respondió Publio, más tranquilo, sentándose de nuevo.

—No sé, mi general, siempre las llevo puestas; más por imponer respeto a mis hombres que por otra cosa. Hace tiempo que perdí mi orgullo de soldado, lo admito. Son viejas condecoraciones ganadas contra los galos del norte y los piratas de Iliria, pero de eso hace ya tanto tiempo... y con el discurso de esta mañana, sabiendo de las carcajadas y risas de los hombres de Aníbal, me parecía fuera de lugar que alguien como yo se presentara luciendo condecoraciones, alguien que huyó como un perro de Cannae.

Cayo Valerio hablaba mirando al suelo, desolado, deseando que la tierra se lo tragara allí mismo.

—Yo también huí de Cannae, centurión de la V —respondió Publio Cornelio Escipión.

—Sí, pero por todos los dioses, como dijiste, nos salvaste a todos, nos guiaste, recompusiste nuestras filas para poder escapar. Eso tiene mérito en sí mismo, pero simplemente huir como hicimos los demás... y además, están todas las victorias que has conseguido en Hispania. Incluso aquí se sabe de la conquista de Cartago Nova o de las batallas de Baecula e Ilipa. Estoy ante un general temible, temido, y sólo soy un cobarde más de las «legiones malditas». Por eso escondía mis condecoraciones del pasado.

—Servid una copa de vino a este centurión —ordenó el cónsul dirigiéndose a un esclavo a sus espaldas—, y que traigan vino para todos. Escucha, Cayo Valerio, estos hombres que ves a mi alrededor, todos han sufrido derrotas contra los cartagineses, todos, y ahora, sin embargo, son mis mejores oficiales y creo que, por Cástor y Pólux, tú puedes estar entre ellos; ¿te gustaría formar parte de ellos, Cayo Valerio? Veo que asientes, eso está bien. Bien, toma la copa que te ofrece ese esclavo y beberás conmigo, con nosotros, pero ahora necesito respuestas rápidas y sinceras. Sólo me vales si puedo fiarme plenamente de ti, ¿me entiendes?

Valerio volvió a asentir.

—Perfecto, dime, Cayo Valerio, ¿me puedo fiar de los hombres de la V? ¿Es la V una legión leal a Roma?

—Yo creo que sí, mi general. Están desmoralizados y descontentos, pero sólo con la comida que habéis distribuido con vuestra llegada ya tienen otra cara. Desean un general. Son hombres que quieren una oportunidad, sólo que hace tanto tiempo que rogaron por eso que ya no saben ni lo que quieren, pero el nombre del general inspira temor y respeto a la vez. La V será de nuevo una legión de Roma bajo el mando de Escipión. Puedo asegurarlo.

—Bien, Cayo Valerio, lo que me dices resulta muy alentador. La instrucción será dura, voy a imponer pena de muerte por cualquier acto de rebeldía o insubordinación, ¿crees que los hombres resistirán esas normas, esa rigidez?

—Pienso que si se les trata con justicia aceptarán todo.

—¿Y qué es justicia para el *primus pilus* de la V legión de Roma? Aquí Valerio meditó un instante.

—Justicia, mi general, es un rancho decente, comida suficiente, ropa limpia, un lecho de paja seca donde dormir y quizás algo de vino de cuando en cuando y... —Aquí se detuvo el centurión.

—Habla, por Hércules, habla, centurión, he de saber qué es lo que hará que estos hombres sean leales legionarios de Roma.

—Bien... está el tema de las mujeres... alguna mujer de cuando en cuando también sosegaría a más de uno. Comida, algo de vino y alguna mujer. Con eso la V aguantará la instrucción más dura. Aguantarán que el que incumpla las normas sea castigado con toda severidad. Y más si saben que existe la posibilidad de poder combatir de nuevo para terminar con el destierro.

—Esa posibilidad existe, Cayo Valerio; esa posibilidad se la daré a todos los hombres de la V, así que difunde esa información entre tus hombres. Y también habrá comida y, ocasionalmente, vino y mujeres. Me ocuparé de ello, pero a cambio tus hombres deben serme fieles hasta el final.

Las últimas palabras las pronunció el cónsul con una intensidad especial en los ojos. Valerio se vio sorprendido por aquel fulgor y, una vez más bajó la mirada, pero se lo pensó dos veces antes de responder. El silencio se prolongó unos segundos.

—Hasta el final, mi general —confirmó en voz firme Valerio, alzando de nuevo la cabeza y devolviendo la mirada al cónsul.

—Bien, sea, entonces bebamos todos juntos por Cayo Valerio, *primus pilus* de la V legión de Roma, por todos nosotros y por África.

Todos los oficiales del cónsul bebieron, pero el cónsul no, pues se quedó esperando a que Cayo Valerio hiciera lo propio, pero éste, al escuchar el nombre de África, se quedó como petrificado.

—¿África? —preguntó en voz baja Valerio.

—África —repitió con voz potente, decidida, Publio Cornelio Escipión—, África, centurión, África.

Valerio asintió un par de veces despacio, se llevó la copa a los labios y bebió un sorbo, dos. El vino estaba bueno. Cerró los ojos mientras la palabra África retumbaba en su mente entre trago y trago. La voz del cónsul le hizo volver a despegar los párpados y retirar la copa, ya vacía, de su boca.

—¿Y de la VI, Cayo Valerio, qué puedo esperar de la VI?

Valerio miró a su alrededor. Por un segundo se sintió atrapado, acorralado por todos aquellos poderosos oficiales y por el cónsul. Como si se tratara de una encerrona.

—¿La VI? —repitió dubitativo Valerio.

—Repetir mis preguntas, centurión, no es forma de responderlas. Has brindado con nosotros, eres uno de los nuestros, o vas a serlo pronto; ahora te pregunto por la VI y he de saber con precisión lo que puedo esperar de la VI. Quiero información, Cayo Valerio, la quiero clara, exacta y rápida y la quiero ahora mismo, centurión.

—Sí, mi general, sí... la legión VI, la legión VI es algo distinto... los hombres... los hombres de la VI son buenos hombres, pueden serlo, pueden combatir bien, pero allí la disciplina ha decaído aún más que en la V...

—¿Por qué o por quién, Valerio? —El cónsul interrogaba con tal velocidad que Valerio no veía otro camino que responder tal cual eran las cosas.

—Es Marco, Sergio Marco, el *primus pilus* de la VI, y Macieno, Publio Macieno, su centurión de mayor confianza...

—A Macieno lo conozco; háblame de Sergio Marco, centurión.

—Marco es un hombre vengativo, valiente, pero ha torcido su vida. Es él el que inició los saqueos de la región cuando los suministros empezaron a escasear, pero se hizo popular entre sus hombres y entre parte de los míos, lo he de admitir, sobre todo al principio, porque con los saqueos conseguía comida, provisiones, trigo y sobre todo vino y mujeres, mujeres que raptaba entre los granjeros, pero ahora todos los campesinos se han recluido en las motañas y en Lilibeo son pocos los que quieren comerciar con nosotros porque no tenemos dinero, de modo que Marco consiguió provisiones un tiempo, pero ahora todo está destruido alrededor de nuestro campamento, en decenas, centenares, miles de estadios entorno a nuestro campamento no hay un alma, ni comida. Marco, o Macieno, sólo consiguen nuevos botines ocasionalmente. Marco mantiene cierta popularidad entre los hombres de la VI, pero los de mi legión están resentidos con él.

—¿Se puede recuperar a los hombres de la VI para la guerra contra Aníbal?

—Es posible, sí, pero con Sergio Marco y Macieno al mando será muy complicado. En cualquier momento pueden montar una rebelión. Las normas estrictas, la pena de muerte por insubordinación pueden ser una forma de asustar a gran parte de los hombres de la VI, pero Marco y Macieno han vivido como reyes durante los últimos años. No creo que quieran volver a ser sólo centuriones. Lo harán de mal grado...

—Termina lo que estás pensando, Valerio.

—Quizá no esté bien... no me gusta criticar a otros... pero Sergio Marco y Macieno siempre han sido y siempre serán un problema, mi general. No son recuperables para la legión, pero... pero son los dos centuriones más antiguos de la VI. Sus hombres tampoco dejarán que se les sustituya por otros.

Publio, que había escuchado a Valerio con el cuerpo echado hacia delante, se retiró hacia atrás y suspiró despacio.

—Bien, Valerio, me has servido bien y me servirás mejor aún en el futuro. Espero grandes cosas de ti. Ponte tus condecoraciones y recupera el orgullo. Un oficial sin orgullo no es nada. Debes seguir como hasta ahora. Tus hombres tendrán el trato del que hemos hablado y a cambio tendré la lealtad de la V legión de Roma. Tenemos un pacto. Pareces hombre de honor. Confío en ti y en tu palabra, ahora retírate y cumple y haz cumplir mis órdenes en todo momento.

—Sí, mi general. —Y, tras llevarse la mano al pecho a modo de saludo militar, dio media vuelta, y Cayo Valerio, *primus pilus* de la V, salió de la tienda, se puso sus *faleras* y *torques* y se encaminó hacia los oficiales de la V que le esperaban ansiosos por saber de su entrevista con el cónsul de Roma.

49

Campamento general de las legiones V y VI

**Sicilia,
principios de abril del 205 a.C.**

Pasados unos días, Publio paseaba entre las hogueras del campamento. Los *lictores* le seguían, pero a una distancia de diez pasos, de modo que la silueta del general vestido con el *paludamentum* resultaba bien visible para los leginarios de la V y la VI. El cónsul quería que quedara plasmado en la mente de aquellos hombres que, de nuevo, después de once años de destierro, volvían a tener un general, un general que les ordenaba, que les exigía, que era duro, intransigente, pero que a la vez les había devuelto la dignidad, un rancho abundante, bueno y pequeñas recompensas en forma de vino, sobre todo. Sabía que si se dejaba ver a menudo, pronto todos asumirían la existencia del líder al que ahora debían lealtad, una obediencia que unos seguirían por convencimiento y otros por imperiosa necesidad ante los temibles castigos impuestos a los que se rebelaran. Publio no estaba cómodo en aquella situación, pero no había tiempo para dudas. Tenía apenas unos meses para recuperar aquellas dos legiones, para conseguir una flota de más de trescientos barcos y transportes y necesitaba más hombres. Más hombres. Pero el Senado, instigado por Fabio Máximo, había sido contundente: dispondría de las fuerzas deplegadas en Sicilia, excepto las guarniciones para proteger las ciudades, es decir, disponía sólo de las «legiones malditas», y no podía hacer nuevas levas. Tenía sus siete mil voluntarios y las legiones V y VI. Publio se detuvo a veinte pasos de una de las hogueras donde varios de sus oficiales se arremolinaban en medio de la noche. Un pensamiento le amargaba en particular: no tenía caballería, y sin caballería no tenía nada. En Cannae Aníbal destruyó sus flancos, primero el ala defendida por Emilio Paulo y luego la caballería de Terencio Varrón, que, al huir, los dejó desguarnecidos por la retaguardia. El resto fue pura masacre. Publio no podía quitarse esa imagen de la cabeza. No podía permitir que aquello se repitiera, que lo mismo volviera a ocurrirles a los mismos hombres. No, la V y la VI deberían tener un cuerpo de caballería aliada y otro de caballería romana. Sólo así podría tener sentido iniciar la campaña de África. Publio se acercó a los oficiales. Los *lictores* se mantuvieron a distancia. Alrededor de la hoguera estaban Cayo Lelio, Lucio Marcio, Mario Juvencio, Cayo Valerio y Silano. Terebelio y Digicio estaban comprobando que todos los puestos de guardia tuvieran a los centinelas en posición y despiertos. Desde que se ejecutó a dos legionarios que no habían entregado sus *tesserae* a la *turma* de caballería nocturna encargada de recogerlas como modo de comprobar que cada centinela estaba despierto en su puesto de guardia nocturna, no había más incumplimientos, pero tanto Terebelio como Digicio estaban muy interesados en que aquello no volviera a repetirse, especialmente en la VI, y aunque confiaban, como el cónsul y Cayo Lelio, en Valerio y sus hombres, no tenían la misma seguridad con Sergio Marco y los suyos.

—¿Dónde andan Terebelio y Digicio? —preguntó el cónsul acercándose a la hoguera con las manos extendidas.

Los oficales le hicieron sitio.

—Se están asegurando del cumplimiento de las guardias —comentó Lelio.

El cónsul asintió. Un tiempo de silencio siguió en el que todos escucharon cómo chisporroteaban las ramas de olivo y ciprés seco mientras se retorcían en el centro de la hoguera. Algunas pavesas saltaban al aire y ascendían en zigzag hasta desvanecerse en la negrura de la noche.

—Mañana me voy a Siracusa —dijo el cónsul, frotándose ambas manos próximas a las llamas.

Todos le miraron. Lelio asintió. El cónsul añadió algunas explicaciones y órdenes concretas.

—He de preparar una flota adecuada para embarcar las tropas. En Lilibeo tomaré la flota que nos trajo y tantos transportes como pueda reunir. Iré en barco, bordeando la costa norte para evitar encuentros con los cartagineses. Luego está el asunto de la caballería. —Aquí el cónsul calló unos segundos que todos respetaron; el chisporroteo de las pavesas volvió escucharse en el corazón de aquel círculo de hombres—. Por Cástor y Pólux, necesito... necesitamos un cuerpo de caballería —insistió el cónsul, y Cayo Valerio asintió con decisión, pero observó que el resto de los oficiales no hacía gesto alguno; más bien parecían sorprendidos. El cónsul los miró a todos de uno en uno, como escrutando sus pensamientos—. ¿Alguien tiene alguna pregunta?

El silencio salpicado por el resplandor de las llamas fue su respuesta.

—Bien. —Publio se giró y volvió sobre sus pasos. Los *lictores* le siguieron y su figura se perdió entre las temblorosas sombras de las tiendas del campamento.

Cayo Valerio fue el que primero comentó las palabras del cónsul.

—A mí me parece bien lo de la caballería. En Cannae no tuvimos suficientes *turmae* y eso fue un desastre.

El veterano *primus pilus* de la V había esperado conseguir un consenso general hacia su comentario, pero en su lugar se encontró miradas de confusión y extrañeza. El resto se miraban unos a otros hasta que al fin Marcio se aventuró a responder a Cayo Valerio.

—El Senado prohibió terminantemente al cónsul hacer levas o reclutar efectivos nuevos en Sicilia. Sólo puede disponer de nosotros, el ejército de voluntarios que consiguió en Italia y de las legiones V y VI.

—Así es —añadió Mario—. El cónsul se está buscando un problema.

—Pero es cierto que necesitamos la caballería, en eso Valerio tiene razón —confirmó Marcio—. El problema será cuando Catón se entere de su intención al viajar a Siracusa para reclutar hombres.

—Y se enterará —continuó Mario—. Últimamente parece como si el *quaestor* tuviera oídos en todas partes.

—Eso no es difícil en este campamento —explicó Valerio—. Macieno tiene una red de informadores por toda la VI legión y todo lo que sabe se lo pasa a Sergio Marco y creo que Marco a ese *quaestor* del que habláis, Catón; he observado que han hecho buenas migas, Marco y el *quaestor*.

Todos, menos Lelio que permanecía callado con su mirada fija en el fuego, miraron hacia sus espaldas. No se veía a nadie, pero las sombras espesas les rodeaban. ¿Podía alguien haber escuchado aquella conversación entre el cónsul y sus oficiales?

—¿Qué piensas de todo esto, Lelio? —preguntó Marcio una vez que todos se volvieron una vez más hacia el corazón de fuego de aquel cónclave.

Lelio parpadeó un par de veces, como si se despertara. Miró a Marcio y luego a las llamas, mientras hablaba.

—El cónsul me ha conferido el mando de la V y la VI, me lo ha comentado antes de que viniera aquí a hacer público lo de su viaje a Siracusa, y tengo obligación de recuperarlas para el combate. Pensaba en la mejor forma de hacerlo y hacerlo rápido. Tú, junto con Mario y Silano, marcháis a Siracusa con él. Aquí me quedarán Valerio, Terebelio y Digicio. De lo que vaya a hacer el cónsul en Siracusa, nada que decir. Él está al mando. Ya tengo bastantes preocupaciones. Si Catón tiene algo que decir ya le responderá el propio cónsul.

Marcio pensó en insistir. Tenía curiosidad por saber qué pensaba realmente Lelio sobre la intención del cónsul de contravenir las instrucciones del Senado, pero desde Baecula, Lelio se pensaba mucho antes de opinar sobre cualquier decisión de Publio. Lelio, desde aquella batalla, se había tornado algo distante y frío, no sólo para con el propio cónsul, sino incluso entre ellos. Todos sabían que la relación entre el cónsul y Lelio no era la misma desde la discusión tras aquella batalla, pero estaban sorprendidos de que el enfriamiento se hubiera estigmatizado, y eso que todos vieron cómo el propio Lelio fue el que más sufrió cuando el cónsul cayó enfermo en Hispania. No obstante, nadie cuestionaba que Lelio era el más veterano de entre todos ellos y el segundo en el mando, especialmente en tiempos de crisis, y toda aquella campaña de Sicilia y África parecía una continua y eterna crisis militar. Silano, Mario y Valerio se despidieron para acostarse. Marcio miró un instante a Lelio. Quizás ese distanciamiento le permitía a Lelio cumplir las órdenes con su acostumbrada precisión, mientras que los demás se implicaban tanto emocionalmente con el cónsul que siempre padecían por todas sus decisiones, en particular cuando éstas podían entrar en conflicto con los mandatos del Senado. Sacudió la cabeza.

—Buenas noches, Lelio —dijo Marcio—. Que los dioses estén contigo.

—Buenas noches —respondió Lelio sin dejar de mirar el fuego—. Que los dioses estén con todos. Nos hará falta.

Marcio asintió y desapareció entre la oscuridad. Cayo Lelio, ahora tribuno al mando de las «legiones malditas», se quedó solo y solo era como se sentía. Publio marchaba hacia Siracusa con expresa intención de contravenir las instrucciones del Senado, que es lo mismo que decir Fabio Máximo. Máximo se enteraría, para eso estaba allí Catón. Las dudas de Lelio se agitaban en su mente al igual que las llamas bailaban en la hoguera. ¿Tendría razón al final aquel viejo y obstinado senador, ex cónsul y ex dictador? ¿Se creía Publio por encima del Senado? ¿Estaba loco? Si el Senado se enteraba de que pensaba reclutar hombres en Sicilia le depondrían del mando de aquella provincia y la campaña de África sería, una vez más, fulminada de los planes de Roma. Quizás eso fuera lo mejor. Lelio suspiró. Tenía un nuevo encargo de Publio: tenía que recuperar la V y la VI para el combate y tenía que hacerlo rápido. Ésa debía ser su preocupación y no otra. Siempre le había ido bien obedeciendo órdenes y era ya demasiado mayor para cambiar de forma de ser. Tenía alguna idea. Hablaría con los legionarios una vez que se hubiera ido el cónsul y precisaría cuál iba a ser el día a día en aquel campamento hasta que estuvieran preparados para embarcar hacia Siracusa. O marchar a pie.

En los ojos de Lelio resplandeció un fulgor profundo. Netikerty entró en su memoria. Ante sí tenía una noche de placer. Esa intimidad, esas caricias, era todo lo que le quedaba.

Cayo Valerio entró en su tienda. Hacía frío, pero la paja del lecho estaba seca. Se quitó la coraza, las grebas y las sandalias, pero se dejó el resto de la ropa. Se acurrucó entre la paja y cerró los ojos. Así que el cónsul iba a reclutar caballería en contra de las órdenes del Senado. Estaba claro que esos senadores no iban a combatir contra los cartagineses en África. Valerio esbozó una sonrisa mientras buscaba el refugio del sueño. Ese cónsul era un rebelde. Si alguien podía liderar aquellas tropas tendría que ser alguien como ese cónsul: dispuesto a todo. Al final se sabría todo en el campamento, como siempre, y los hombres de la V y la VI, en el fondo, lo comentaran en alto o no, agradecerían al cónsul que buscara un cuerpo de caballería que cubriera las alas en los próximos combates contra el enemigo. Pudiera ser que eso irritara al Senado pero, sin duda, encantaría a los legionarios de las «legiones malditas».

50

El amor de Netikerty

Sicilia, abril del 205 a.C.

Lelio entró en su tienda cansado. Estaba un poco abrumado por la gigantesca tarea que Publio le había encomendado: la instrucción de las legiones V y VI de Roma sería una labor para titanes, casi para Hércules. Eran hombres desesperados, desmoralizados, de vuelta de todo, difíciles de recuperar, pero la magnitud de la tarea hacía crecer en el cansado Lelio una nueva sensación, la impresión de que, de algún modo, el joven cónsul estaba recuperando la confianza en él. No se sentía así desde que recibió la orden de atacar la muralla norte de Cartago Nova, o desde que se pusieron a remar juntos para alcanzar la bahía de Siga antes de que aquellas *trirremes* púnicas se echaran encima de ellos, y esa sensación era buena, pues con ese espíritu conquistaron Cartago Nova y desembarcaron en Siga; en ambas ocasiones el cónsul se salió con la suya y él estuvo a su lado para celebrarlo.

Lelio esbozó una sonrisa mientras se sentaba en la butaca cubierta de piel de oveja que los *calones* a su servicio le habían preparado. Al minuto llegó Netikerty, con una túnica ajustada con un cinto por la cintura, de forma que la hermosa complexión de la joven egipcia quedaba dibujada bajo el manto suave de una lana blanca y pura comprada por Lelio a mercaderes que le aseguraron la procedencia tarentina de la misma, aunque siempre decían eso todos los mercaderes cuando tenían lana que destacaba por su pureza. La mejor lana para abrigar al más hermoso cuerpo, pensó Lelio cuando la compró. Lelio, por un momento, se sintió feliz. Netikerty escanciaba vino en la copa que el veterano tribuno sostenía en la mano. Cayo Lelio mantenía la sonrisa. Sí, triunfaba allí donde los encargos parecían imposibles: en la conquista de Cartago Nova, o en la toma de aquella posición en Baecula, pero cuando los encargos parecían más factibles la Fortuna le había abandonado, como con Sífax en Numidia en su primera visita, o, su peor fracaso, cuando no consiguió los refuerzos para la campaña de Hispania cuando el Senado, a la vista de todo lo conseguido por Publio, debería haberlos cedido sin mayor oposición. La figura de Fabio Máximo ensombreció la sonrisa de Lelio y, no obstante, ligada a la persona del temible *princeps senatus*, estaba el haber conseguido a la bella esclava que ahora le acompañaba de campaña en campaña y con la que se acostaba cada noche y con la que, casi cada noche, hacía el amor con intensidad y fuerza.

—Mi señor parece satisfecho esta noche —dijo con voz dulce Netikerty mientras se arrodillaba a los pies de su amo.

Lelio echó un trago y, relamiéndose, respondió a su esclava.

—El cónsul me ha confiado el mando de las dos legiones. Soy responsable de su instrucción.

Netikerty, mirando al suelo, hablaba despacio, como si sopesara el contenido de cada palabra.

—Ése es un gran honor y una gran responsabilidad para mi señor.

Lelio se entretenía acariciando el pelo azabache y lacio de la muchacha con la mano izquierda, mientras que con la derecha dejaba que el vino reposara en su copa.

—Una responsabilidad honrosa, importante, sólo propia de alguien en quien el cónsul confía por completo. Creo que sus dudas sobre mí se van disipando. Eso es lo que me tiene tan satisfecho.

—Me alegro por mi señor...

Y Netikerty calló dejando su voz en suspenso.

—Di lo que tengas que decir, Netikerty. No me gusta cuando te quedas en la boca palabras que piensas que pueden herirme. Sabes que me gusta saber lo que piensas, no sé exactamente por qué, pero parece siempre que tus observaciones son, no sé, ajustadas, sí, ajustadas. ¿Qué ibas a decir?

La joven esclava alzó suavemente los ojos, miró a su amo con ternura y habló con tiento.

—Es sólo que os veo tan ilusionado y... el mando de estas legiones parece tan bueno como peligroso... he oído que las llaman las «legiones malditas»... no parece un buen presagio.

Lelio la miró un segundo, luego soltó el pelo de la chica y echó otro largo trago de vino. No sabía por qué concedía valor a las palabras pronunciadas por una esclava, por muy complaciente que ésta fuera en la cama, no dejaba de ser una esclava. ¿Qué sabía ella del mando de legiones o de lo que mueve a un hombre como Publio Cornelio Escipión a dar el mando de unas tropas a un veterano como él mismo? Y, pese a todo... las «legiones malditas» era una expresión que le traía a la mente su discusión con Fabio Máximo. «Cayo Lelio, sólo recuerda que *voti reus* también se expresa como *voti damnatus, voti condemnatus*. Ése es el camino que has elegido», eso dijo Máximo y esas palabras perduraban en la mente de Lelio como grabadas con punzón y martillo, como cinceladas por un artesano escultor en lo más profundo de su ser. Quizá Publio sólo buscaba un motivo para desilusionarle ya de forma definitiva de él, para desembarazarse de él. Si no era capaz de enderezar el comportamiento de los legionarios de la V y la VI, Publio estaría completamente justificado ante todos, ante Marcio, Mario, Terebelio, Digicio, Silano, ante todos, para apartarlo del mando, para retirarlo de la próxima campaña en África. Sí, quizá todo fuera así de sencillo y aquella esclava que yacía con él cada noche lo presentía y estaba intentando advertirle. Estiró su mano y la puso debajo de la barbilla de la joven tirando hacia arriba, de modo que Netikerty quedó mirando fijamente a su amo. En aquellos ojos Lelio leyó dolor, sufrimiento. Soltó a la muchacha, que volvió a esconder su mirada bajo el manto brillante de su larga melena oscura. El corazón de Lelio palpitaba con fuerza. Si las insinuaciones de la joven esclava eran ciertas... Se sintió triste. La voz de Netikerty penetró en sus oídos como un bálsamo de agua fresca y clara.

—Mi amo ahora se muestra triste. Ya sabía yo que no debía hablar. Mis palabras a veces le causan dolor y eso es lo último que deseo. Ruego que me perdone. Debo hablar menos y rezar más a Isis por mi amo y ahogar en las oraciones mis pensamientos.

Lelio la miró conmovido. Aquélla quizá fuera la única criatura en el mundo que le amaba desinteresadamente. La amistad de Publio se había tornado en una asociación de interés y aquello, como decía Aristóteles, la amistad por interés, ya no era amistad. ¿Había dejado Publio de leer las lecturas que le pasaba al propio Lelio? Netikerty volvió a hablarle.

—Mi amo me mira con deseo. ¿Quiere yacer conmigo el amo?

—Sí, por Hércules, ésa parece una buena idea.

Netikerty se levantó despacio. Tiró del cinto deshaciendo el nudo con una sencillez estudiada. Se quitó la túnica sacándola por encima de su cabeza y quedó desnuda ante Lelio. Estiró la mano. y, cuando Lelio se levantó, como a un niño, lo condujo al lecho, sólo que no iba a contarle ningún cuento.

Durante una hora suave y pausada, Cayo Lelio escapó de sus dudas y elucubraciones y los nombres de Publio Cornelio o Fabio Máximo parecieron sólo ser protagonistas de una vida ajena a la suya, protagonistas lejanos de un pesadilla en la que él ya no parecía formar parte. Era libre.

51

Las dudas del *quaestor*

Sicilia, abril del 205 a.C.

Publio Cornelio Escipión estaba reunido en su gran tienda del *praetorium* dando las últimas explicaciones a sus oficiales sobre la mejor forma de organizarse antes de su marcha a Siracusa, cuando un tumulto en el exterior le interrumpió de forma súbita.

—Parece que alguien quiere entrar y los *lictores* se lo están impidiendo —comentó Cayo Lelio. Marcio asintió. El resto, Silano, Terebelio, Digicio, Mario y Cayo Valerio, se volvió hacia la puerta de la tienda. Publio dejó de hablar y con gesto contrariado dio un paso hacia atrás, retirándose de la mesa de los mapas y se sentó en el asiento que tenía a su espalda. Los gritos de Catón desde fuera de la tienda aclararon a todos a qué se debía la algarabía.

—¡Imbéciles, tenéis que dejarme pasar! ¡Soy *quaestor* de estas legiones, nombrado directamente por el Senado de Roma y tengo que hablar con el cónsul al mando! ¡Por todos los dioses, apartaos de mi vista!

En el exterior, los *lictores* dudaron ante la seguridad y la vehemencia de Catón, pero pronto prevaleció sobre su ánimo la orden máxima a la que se debían: preservar al cónsul al que servían y obedecerle en todo, y lo último que les había dicho el cónsul es que no entrara nadie en la tienda hasta nueva orden, de tal modo que ninguno de ellos se retiró de la puerta del *praetorium*. Por otro lado, todos eran conscientes de que aquél era el *quaestor*, el máximo representante administrativo de las legiones y que le debían un respeto, por eso ninguno de los *lictores* se abalanzó sobre él para expulsarlo de allí a patadas, que es lo que habrían hecho con cualquier otro, incluido un centurión. Sólo se contenían en sus actuaciones ante los oficiales de máximo rango o ante el *quaestor*, como era el caso, pero nunca dejaban de cumplir sus órdenes. Incluso si hubiera venido el otro cónsul de aquel año, Craso, en aquel momento en el sur de Italia, no le habrían dejado pasar, no sin antes morir. En el espíritu de los *lictores*, aturdido por los gritos incesantes de Catón, crecía la esperanza de que la algarabía del *quaestor*, que no podía pasar ya inadvertida en el interior del *praetorium*, hiciera que el cónsul tomase una determinación que ratificase su orden de no dejar pasar a nadie o que les indicase lo contrario con relación a aquel impertinente y agrio *quaestor* que los miraba uno a uno como si quisiera grabarse en la memoria el rostro de cada uno de los legionarios que se estaban oponiendo a su entrada.

Para alivio de los legionarios, Marcio salió de la tienda y se dirigió a los *lictores*.

—¡Dejad pasar al *quaestor*!

Marco Porcio Catón se deslizó como una oscura anguila entre los *lictores* y el propio Marcio irrumpiendo en el *praetorium* con una habilidad y velocidad que sorprendió a todos. Una vez dentro sus palabras resonaron con estruendo en el interior de la tienda.

—¿Desde cuándo se le prohíbe a un *quaestor* dirigirse al cónsul de las legiones, por Júpiter? ¡Daré cuenta a Roma de cómo se trata aquí a sus representantes!

Todos los tribunos y centuriones dieron un par de pasos atrás, de modo que Catón quedó encarado con Publio, que desde su asiento daba muestras en su rostro de cierto divertimento ante el enfado de su *quaestor*.

—Mi muy apreciado Marco Porcio Catón —comenzó el cónsul con voz suave, conciliadora—, no me cabe duda de que mis *lictores*, en un exceso de celo, han malinterpretado mis instrucciones al ordenarles que no se me interrumpiera durante una hora. Evidentemente, esa instrucción no iba dirigida al *quaestor* de las legiones, para quien siempre estoy disponible. ¿Qué problema administrativo se te ofrece, Marco Porcio Catón? —Aquí el tono varió hacia la ironía—. Disculpa que sea tan directo, pero estoy intentando organizar una invasión contra nuestro enemigo, por mandato del Senado, por mandato de Roma, ¿recuerdas? Tenemos una guerra, estamos en guerra desde hace trece años y algunos trabajamos para darle término, pero claro, si hay algún problema administrativo, supongo que debemos dejar nuestras vanas ocupaciones militares y centrarnos en resolver aquello que tanto preocupa a nuestro *quaestor*. ¿Hay alguna cuenta que no te cuadra? ¿El recuento de los sacos de sal da de menos? ¿Alguien ha escamoteado trigo en el último envío desde Lilibeo? ¿Dime, *quaestor*, qué es lo que te quita el sueño? —Un segundo de silencio y el cónsul concluyó con un tinte de irritación en el timbre de su voz—. Así podremos volver a ocuparnos de cómo invadir África, derrotar a Aníbal y terminar con esta guerra con una gran victoria para Roma.

Los tribunos y centuriones contuvieron su risa, aunque la mueca de desprecio que se dibujaba en sus rostros no cogió por sorpresa al *quaestor*. Catón no entró a discutir sobre lo pertinente o no de su interrupción, ni a justificar la gran importancia de su cargo. Catón fue directo, como una espada gala en los bosques de Liguria.

—No puedes reclutar un cuerpo de caballería en Siracusa, cónsul.

Publio Cornelio Escipión retuvo el aire que acababa de inhalar un instante más de lo normal. Exhaló despació y sin mover una ceja de su rostro, con un tono serio, respondió igual de directo.

—Esperaba tu oposición, pero no la esperaba tan pronto. Está claro que las noticias en este campamento vuelan como empujadas por el viento.

—No puedes reclutar más hombres —insistió Catón, en pie, firme, ante el cónsul—. Es una orden expresa del Senado y yo estoy aquí para velar que se cumplan las condiciones bajo las cuales tienes permiso del Senado para preparar esa maldita invasión.

Publio mantuvo silencio uno, dos, tres segundos y retomó el discurso mientras sus ojos y los de Catón se escudriñaban mutuamente.

—El mandato que tengo del Senado es el de gobernar la provincia de Sicilia y preparar, con los recursos de esta isla, como tú bien dices, una invasión de África que quizá sea maldita para todos, eso no lo sé. Pero lo que sí sé es que para invadir África necesito caballería. Es imposible una victoria contra los ejércitos púnicos sin caballería. Eso lo sabemos todos.

—Eso es cierto —concedió Catón, para sorpresa de todos, incluso del propio cónsul—, pero tendrás que recurrir a otros medios. En el Senado dijiste que conseguirías aliados entre los príncipes númidas. Que éstos formen tu caballería, pues no está permitido reclutar hombres y menos caballeros ni en Sicilia ni en ningún territorio dominado por Roma.

—Dispondremos de caballería aliada —confirmó Publio—, pero en una batalla hay dos alas que defender y no puedo permitir que ambas estén bajo control aliado. Necesito un cuerpo de caballería romano o filorromano. Los caballeros sicilianos pueden darme ese cuerpo. No puedo presentarme en un campo de batalla con los dos flancos en manos de los númidas. Son inconstantes, como los iberos. Eso sería un tremendo error militar.

—Y reclutar caballeros en Sicilia será un enorme error político, cónsul. No puedes hacerlo y punto, por todos los dioses! —respondió Catón gritando; en el exterior los *lictores* oyeron el vocerío del *quaestor* y dudaron si debían entrar, pero sabían que el cónsul estaba arropado por sus hombres de mayor confianza y su orden era la de permanecer en el exterior guardando la puerta. Se quedaron firmes en sus posiciones.

En el interior, Publio Cornelio Escipión, cónsul de Roma, se levantó con lentitud estudiada de su asiento, apartó de un estirón brusco la mesa a un lado, volcándola de forma que los mapas quedaron desparramados por el suelo, y avanzó tres pasos hasta colocarse a un metro de Marco Porcio Catón quien, impasible, permaneció clavado en su ubicación, eso sí, con cierto gesto de sorpresa en su rostro y llevándose la mano derecha a la empuñadura de su espada, al igual que estaban haciendo todos los tribunos y centuriones del cónsul.

—Por Cástor y Pólux, Catón, soy Publio Cornelio Escipión y soy cónsul. Tengo una misión encargada por Roma y voy a cumplirla y si para cumplirla he de reclutar caballería, reclutaré caballería y ni tú ni nadie podrá impedirlo, ¿hablo con suficiente claridad?

—No puedes hacerlo. Ni tan siquiera un cónsul está por encima del Senado. Incluso en los *triunfos*, el Senado desfila primero, precisamente para recordar al general victorioso que el gobierno del Senado está por encima de todos.

—No me importan los *triunfos*, *quaestor*, sino la seguridad de la misión. Voy a reclutar caballería en Siracusa y no puedes impedirlo.

—Informaré a Roma.

—Haz lo que tengas que hacer, *quaestor*, y yo haré lo mismo.

Marco Porcio Catón mantuvo la mirada del cónsul durante unos instantes y al final dio media vuelta y se encaminó hacia la puerta del *praetorium*. Iba a salir cuando la voz del cónsul habló una vez.

—¡*Quaestor*!

Catón detuvo su marcha, pero no se giró, dando la espalda al cónsul que se dirigía a él. Publio pasó por alto la impertinencia de Catón y le habló recuperando el tono conciliador con el que había iniciado aquel agrio debate.

—Que los dioses estén contigo...

Catón, sin decir nada, reemprendió su marcha y salio de la tienda con rapidez. El cónsul aprovechó para teminar su despedida.

—... si es que alguno soporta tu compañía —concluyo el cónsul, y todos sus oficiales se echaron a reír.

En el exterior, Marco Porcio Catón, bajo la inquisitiva mirada de un centenar de hombres, atraídos a los aledaños del *praetorium* por los gritos de la discusión entre el *quaestor* y el cónsul, escuchó aquellas sonoras carcajadas que a los ojos de todos los presentes no hacían sino acrecentar su humillación. Catón guardó para siempre aquellas risas en el fondo de su alma, en el espacio recogido y prieto que tenía reservado para el rencor. Ahora no podía ocuparse de aquellos oficiales, quizá la guerra lo hiciese por él. Ahora debía concentrarse en redactar su informe para que éste llegara a Roma lo antes posible, pero en el fondo de su alma se repetía a sí mismo, una y otra vez, «algún día, Publio Cornelio Escipión, algún día te has de arrepentir de haberte reído de mí, algún día, Publio Cornelio Escipión, algún día...».

52

La disciplina de las legiones

Sicilia, abril del 205 a.C.

Al amanecer del día siguiente, con los primeros rayos del alba, Publio se dirigió desde un podio de madera levantado frente al *praetorium* a los hombres de la V y la VI. El pedestal, de unos cinco metros de altura, permitía que el orador fuera visto por todos los legionarios, si bien sus palabras, al no estar arropadas por la ladera de la colina, quedaban a merced del viento. Para asegurarse de que el mensaje llegara a todos, los centuriones lo repetían en voz alta y así el cónsul se aseguraba de que nadie quedara sin entender lo que se había dicho.

Aquella mañana Publio fue conciso. Se limitó a informar a los legionarios que marchaba hacia Siracusa con el fin esencial de reclutar un cuerpo de caballería con el que reforzar y dar apoyo a los manípulos de infantería de las legiones y que, en su lugar, el mando de las dos legiones quedaba en manos de Cayo Lelio, que tenía potestad para llevar la instrucción según le pareciera mejor así como capacidad para ejecutar cualquier tipo de pena disciplinaria, incluida la pena de muerte en caso necesario. El cónsul se encomendó a los dioses, bajó del podio y, al frente de tres mil efectivos de su ejército de voluntarios, desfiló ante las «legiones malditas» saliendo por la *porta praetoria* en dirección a Lilibeo.

Cayo Lelio reemplazó al cónsul en lo alto del gran pedestal de madera y, mano en alto, saludó al cónsul y sus soldados mientras éstos marchaban hacia el exterior del campamento. Publio le había sugerido que ése era el momento indicado para dirigirse él mismo, como nuevo oficial al mando, a los hombres de la V y la VI. Lelio, tras una primera parte de la noche envuelto en las caricias de Netikerty, había pasado el resto de las horas oscuras meditando qué decir a aquellos hombres. Él no era un orador como el cónsul. Una vez que las tropas de Publio Cornelio Escipión se perdían por la cima de la colina de las proximidades del campamento, Lelio sintió cómo todas las miradas de los legionarios se volvían hacia él. Había llegado el momento. Inspiró profundamente y lanzó sus palabras con potencia.

—Yo no soy un orador como el cónsul. Soy Cayo Lelio, tribuno al mando de las legiones V y VI por orden del cónsul de Roma, Publio Cornelio Escipión. El cónsul marcha a Siracusa para conseguir caballería. Es más de lo que merecéis, pero hoy es vuestro día de suerte porque vuestro destino no está en mis manos sino en las del cónsul, que tiene un alma más joven y más generosa que la mía. Mi forma de actuar es muy sencilla: recibo órdenes y las cumplo; doy órdenes y se cumplen. Así es el ejército y así ha sido siempre. Así funciona. Yo cumplo las órdenes del cónsul y el cónsul las del Senado. Vosotros cumpliréis las mías. La disciplina es la base del éxito en cualquier campaña militar. Pero vosotros habéis olvidado lo que es la disciplina y el cónsul quiere que seáis de nuevo aptos para el combate en menos de tres meses. Tres meses. No tengo tiempo para instruir a los que no recuerden qué es un legionario de Roma, por eso el que no cumpla no llegará vivo al final de estos tres meses. —Aquí Lelio se detuvo un poco; los hombres le escuchaban con atención; estaba sorprendido. Decidió pronunciar ahora el listado de castigos que había meditado durante la noche—. Por todo esto, por la premura de tiempo más que nada y porque no estoy dispuesto a tolerar tonterías suprimo la *castigatio* y la *optio carceris*. —Los legionarios iban a gritar de júbilo pero se contuvieron porque preveían algo negativo y porque Lelio hablaba rápido y sus palabras siguientes aclararon el sentido de aquella supresión—. No tengo tiempo para que unos oficiales se entretengan azotándoos o para tener a unos legionarios encarcelando a otros. En su lugar, aquellas faltas penadas con el látigo o la cárcel conducirán directamente a la pena de muerte. El legionario muerto ya no vuelve a incumplir ninguna orden. También suprimo la *pecuniaria multa* y la *munerum indictio*. No me interesa quitaros vuestro dinero ni que realicéis trabajos impropios de un legionario. Recibiréis vuestras pagas y haréis tareas de legionario y sólo de legionario, y el que mereciera una pena de este tipo recibirá como castigo la pena de muerte. La *ignominia missio* queda abolida, porque para muchos sería un alivio ser expulsados de aquí con deshonor pero con vida. De aquí, o se sale legionario o se sale muerto. Así pues, sólo quedan dos penas para vuestras faltas: la *gradus deiectio* para los oficiales, que serán degradados si no cumplen a plena satisfacción mis órdenes —esto lo dijo mirando directamente hacia las posiciones de Sergio Marco y Publio Macieno de la VI—, y la pena de muerte, que será en la cruz para el resto. ¿Véis la colina pelada frente al campamento? De vosotros depende que no se convierta en un bosque de cruces con vagos y perezosos muriendo de hambre y sed para terminar como pasto de los buitres. Habrá pena de muerte para el que pierda su espada o cualquier otra arma de ataque o defensa, para el que se duerma en una guardia o abandone su puesto sin entregar las preceptivas *letterae*, para los que desobedezcan o se insubordinen y, por supuesto, para los que promuevan un motín o cualquier tipo de traición. Os lo dije, no soy un orador. Sólo un oficial de Roma. He pasado toda mi vida recibiendo órdenes y obedeciendo, y viendo cómo mis órdenes han sido cumplidas por aquellos bajo mi mando. Así he sobrevivido a innumerables campañas en Italia y en Hispania. Sólo así se sobrevive. Aunque sólo sea eso, eso lo aprenderéis. El cónsul prefie-

—¿Temprano? —Estaba amaneciendo, pero Publio repetía su pregunta—. ¿Temprano? ¿Estamos llegando a la gran Siracusa y los niños duermen?

—Cornelia tiene siete años y el pequeño Publio tan sólo cuatro. Dales tiempo a crecer antes de intentar enseñarles el mundo entero.

Publio sonrió.

—Puede ser. Es posible que lleves razón, pero mira. —Y el cónsul señaló al norte—. El *Portus Magnus* de Siracusa.

En el horizonte se divisaba la gran bahía de la capital de Sicilia. Un inmenso puerto natural para dar cobijo al ingente tráfico mercante de uno de los mayores puertos de todo el Mediterráneo. Emilia se quedó admirada ante la extensión de la bahía natural, el gran tamaño de aquel puerto, el enorme número de naves de todo tipo que acogía y las grandes murallas que rodeaban la ciudad.

—Impresionante, ¿verdad? —dijo Publio satisfecho de que su mujer apreciara el espectáculo.

—No pensé que fuera tan grande...

—Más grande aún que Roma y desde hace mucho tiempo. Marcelo tardó años en rendir esas murallas. En parte por su altura y en parte por las defensas que construyó Arquímedes para mantener a nuestros barcos alejados de la base de las murallas.

—Ya me has hablado de Arquímedes en más de una ocasión. Es ese filósofo griego, ¿no?

—Matemático, filósofo, un sabio. Lástima que uno de los estúpidos legionarios de Marcelo lo matara. Ahora habríamos tenido ocasión de hablar con él, de conocerle... —Publio hablaba con brillo en los ojos, imaginando lo que podría haber sido, pero que ya resultaba del todo imposible—. En cualquier caso —continuó—, he pensado en localizar a algunos de los discípulos de Arquímedes. Quizás uno de ellos podría actuar como tutor de los niños. Como el viejo Tíndaro conmigo y Lucio...

Emilia veía cómo su marido se retrotraía a su feliz infancia, bajo la vigilancia de sus padres, la instrucción militar de su tío Cneo y la tutela en filosofía, geografía, latín y griego del anciano Tíndaro.

—Me hizo aprender, el viejo Tíndaro —añadió Publio—, los nombres de todos los gobernantes de Siracusa... creo que aún me acuerdo: Gelo, Hierón I, Thrasybulus, un período de sesenta años de democracia y de nuevo los tiranos de Siracusa con Dionisio I y Dionisio II, Dion y de nuevo Dionisio II, Callipus, Hipparinus y Aretaeus, Nysaeus, Timoleón, veinte años de oligarquía, Agatocles, Icetas, Toimón, Sosistratus, el rey Pirro del Épiro que conquistó la ciudad y la retuvo bajo su poder un par de años y el gran Hierón II. Sí, es increíble lo de Tíndaro. Aún puedo recordar la lista entera. Luego de Hierón vinieron las luchas internas entre Hieronymus, Andranodorus, Hipócrates y Epycides, unos con la idea de apoyar a Cartago y otros a nosotros. Al final nuestra intervención con la conquista de Marcelo puso fin a todo aquello. La ciudad misma debe de ser aún más espectacular que su puerto...

Emilia escuchó con el interés de una alumna aplicada todas y cada una de las explicaciones de su marido. Si Publio sabía de estrategia militar tanto como de historia y geografía, su plan de África tendría éxito. Emilia mantenía una fe ciega en su marido, aunque por momentos su corazón se afligía cuando a su alrededor escuchaba los murmullos de los esclavos acerca de la imposibilidad de conquistar aquel territorio. Pero Publio seguía hablando.

—Lo primero que haremos será buscar una casa apropiada para ti y los niños en el centro de la Isla Ortygia. Es la zona más segura de la ciudad. Después me ocuparé de los asuntos militares.

—¿Como reclutar caballeros pese a la negativa del Senado?

Publio la miró con un atisbo de sorpresa. Emilia siempre se enteraba de todo, más tarde o más temprano.

—Entre otras cosas —respondió al fin Publio.

—¿Y Catón, y Máximo y el Senado?

Publio sonrió ante la insistencia de Emilia.

—Supongo que tendrán que fastidiarse o enviar una delegación entera de senadores para quitarme el mando. .

—¿Y no temes que lo hagan?

—Bueno, es una posibilidad, pero a los senadores no les gusta viajar, y menos en tiempos de guerra. —Y se rio, y con su risa pasó una mano por la espalda de su mujer acariciándola suavemente, sin permitirse más muestras públicas de afecto para no despertar las críticas de sus oficiales más tradicionales.

La mañana siguiente, cercano ya el mediodía, Publio cruzaba la ciudad de Siracusa. Salió de la casa que el pretor de la ciudad le había cedido para él y su familia en el corazón de la Isla Ortygia. Iba acompañado por Marcio, Silano y Mario y escoltado por sus doce *lictores* y varios manípulos de sus mejores legionarios. Juntos cruzaron la Isla

Ortygia de sur a norte. Atrás dejaron el templo de Atenea, el templo de Artemio y la ciudadela de Dionisio y pasaron así por el pequeño istmo que separaba el Puerto Pequeño del enorme *Portus Magnus*. Giraron entonces hacia el oeste y sus pasos les condujeron a la explanada del gran foro de Siracusa. Allí encontraron una multitud de soldados y de ciudadanos de Siracusa. Por un lado, en el lado norte del foro se encontraban dos mil hombres de las mejores tropas que el cónsul había traído consigo desde Roma y Lilibeo, frente a quienes se situaron Publio, Marcio, Silano y Mario y la escolta del cónsul y, tras ellos, unos trescientos soldados de los manípulos que habían acompañado al cónsul desde la Isla Ortygia y, tras estos últimos, dos mil hombres fuertemente armados de las tropas de voluntarios itálicos. Frente a ellos, en el lado sur del foro y por requerimiento expreso del cónsul de Roma, que ejercía de gobernador de la ciudad mientras permanecía en ella, por encima de la autoridad del pretor, se encontraban unos trescientos jinetes, a pie, junto a sus monturas, caballos hermosos, negros en su mayoría, jóvenes, recios, fuertes. Todos los jinetes eran caballeros de la mejor nobleza de Siracusa. Publio observó con detenimiento a hombres y bestias. Aquellos jóvenes caballeros habían acudido a su cita de forma puntual, tal y como se les había ordenado, y es que el joven cónsul había exigido que todos los nobles de Siracusa presentasen en el foro a uno de sus hijos equipado militarmente y con una montura para pasar a formar parte de su ejército expedicionario a África en calidad de cuerpo de caballería. Publio sabía que aquélla era una medida impopular, además de contraria a las directrices del Senado, pero necesitaba un contigente de caballería para la campaña africana y sabía que los nobles de Siracusa, tras siete años desde la caída de su ciudad en manos de Marcelo, sometidos a Roma y viendo que Aníbal no era capaz de doblegar las legiones itálicas, no se levantarían en armas contra esa orden, por muy terrible y mezquina que les pareciera. No obstante, como medida de seguridad, el cónsul había dispuesto docenas de arqueros y otros legionarios armados con *pila* por todos los sectores del foro, con la orden expresa de masacrar a los caballeros de Siracusa si éstos montaban en sus caballos y decidían cargar contra el ejército de voluntarios romanos e itálicos. Publio avanzó unos pasos por dos motivos: primero para hacerse visible a los ojos de los caballeros de Siracusa y del resto de los ciudadanos de aquella gran ciudad que se habían congregado en las inmediaciones del foro aquella mañana para ver cómo se desarrollaban los acontecimientos. En segundo lugar, Publio se adelantó para poder escudriñar las miradas de aquellos caballeros con mayor detenimiento. Entre ellos y el cónsul apenas quedaban cincuenta pasos. Demasiada distancia para mirarles a los ojos. Acercarse más era peligroso, pero necesitaba leer las miradas de esos hombres. Publio se giró hacia sus *lictores*. No necesitó decir nada. Al instante sus doce escoltas estaban a dos pasos, tras él. Así, arropado por su guardia personal, el cónsul se aventuró a aproximarse a treinta, veinte, diez, cinco pasos de los jinetes de Siracusa. Ahora podía leer en sus rostros. No había miedo. Aquéllos serían excelentes en el campo de batalla si su ánimo les acompañara, pero en sus entrecejos se leía la sombra de la duda, el desprecio y la ira contenidas. Demasiado contra lo que luchar con tan poco tiempo para ganarse el respeto de aquellos hombres para convencerles de que lucharan en tierra extranjera, África, por una ciudad, Roma, que no era la suya, sino la que los tenía sometidos. Demasiado complicado. Pero aquéllos eran buenos jinetes, bien equipados y con excelentes caballos, fruto de los años de guerra en Sicilia y del poder y el dinero de los ricos nobles de la ciudad que habían sobrevivivdo al enfrentamiento primero contra Cartago, sus guerras civiles y luego al asedio de Roma. Algo distrajo la concentración del cónsul. Por el extremo norte del foro llegaba un pequeño grupo de legionarios protegiendo al *quaestor* de la V y la VI. Publio suspiró. Era de esperar. Marco Porcio Catón había llegado a la explanada del foro de Siracusa. Le había prohibido intervenir en sus acciones, pero era potestad del *quaestor* moverse con libertad y observar y, como sin lugar a dudas haría, remitir los informes que considerase pertinentes para el Senado de Roma. Publio regresó sobre sus pasos e, ignorando la mirada fija y cargada de ira del *quaestor*, se situó, de nuevo, al frente de sus tropas encarando a los caballeros de Siracusa. Inspiró despacio y, henchidos sus pulmones de fuerza y ansia a un tiempo, proclamó sus intenciones:

—¡Ciudadanos de Siracusa, caballeros de esta noble ciudad! ¡Habéis acudido aquí esta mañana por mandato mío y vuestra obediencia os honra! ¡Siracusa y sus ciudadanos han sido aliados de Roma legendarios y pese a nuestras diferencias recientes, Siracusa vuelve a estar en el centro de las alianzas de Roma, algo que honra a Roma y algo que repercutirá siempre en el bienestar de esta hermosa ciudad! —El desprecio que había leído en los ojos de los caballeros no descendía. Aquellas palabras de un cónsul romano sonaban a ironía y sarcasmo después de que Marcelo se llevara de Siracusa todas las estatuas de la ciudad para decorar las rústicas calles de Roma. Publio decidió ir al grano—. ¡Nobles caballeros de esta ciudad, os ofrezco la posibilidad de participar en el engrandecimiento de Roma y, por ello, de Siracusa también! ¡Como sabéis, estoy preparando una expedición a África con el fin de castigar a nuestro enemigo común más mortal: Cartago! ¡Cartago os ha atacado en el pasado y la alianza temporal con dicha ciudad os trajo desdicha, sufrimiento y derrota! ¡Ahora yo vengo a ofreceros que os cobréis esa deuda que Cartago os debe: marchad conmigo a África como cuerpo de caballería y allí tendréis derecho a participar del botín y del honor de nuestras victorias; vuestra alianza con nosotros será, como siempre lo fue en el pasado, origen de riqueza para vosotros y vuestra ciudad! ¡Ciudadanos de Siracusa: os ofrezco gloria y venganza bajo mi servicio, victoria y riqueza! ¿Qué decís a mis palabras, caballeros de Siracusa?

El cónsul calló y esperó respuesta, pero sólo obtuvo el silencio total de los caballeros salpicado de los murmullos que se extendían por la explanada del foro entre los ciudadanos que habían acudido a observar el desenlace de aquel reclutamiento forzoso. Publio sabía que sus palabras sonaban a huecas en los oídos de aquellos hombres. Lo había revestido todo de hermosos adjetivos, pero en la campaña de África habría combates terribles, dolor y muerte e, incluso si se conseguía la victoria, ¿cuántos de aquellos jinetes sobrevivirían para contarlo? No querían marchar a África a luchar en una guerra que no era la suya por una causa en la que no creían, bajo el mando de un líder que no era de los suyos. Pero necesitaba a aquellos caballeros, los necesitaba como el agua que bebía, como la lealtad de sus legiones. Publio estaba nervioso y el silencio perfecto de los caballeros de Siracusa, que, pudiera ser que le siguieran por miedo al castigo contra ellos mismos o sus familias si se negaban, era un aguijón en el ánimo del cónsul. ¿Cómo confiar la defensa de un ala en el campo de batalla a hombres tan indispuestos, tan poco proclives a la causa de luchar contra Cartago o, peor aún, poco estimulados para luchar a favor de Roma? Publio les dio la espalda. No quería que los caballeros de Siracusa leyeran en su rostro las facciones que la preocupación trazaba sobre su cara, pero al volverse se encontró con la mirada cínica de Catón, que sin hablar parecía unir su silencio al silencio de los nobles de aquella ciudad. Sabía lo que pensaba: «El Senado no te permite reclutar en Sicilia y aunque lo intentes, contraviniendo esas órdenes, nadie te seguirá a esa campaña de locura y suicidio.» Publio se revolvió de nuevo y se encaró a los nobles de Siracusa una vez más.

—¡Una cosa me queda por añadir! ¡No quiero conmigo a nobles asustados ni nostálgicos de su hogar que se pasen las noches de campaña añorando su amada Sicilia! ¡No quiero conmigo hombres que no estén seguros de querer luchar conmigo contra Cartago! ¡No quiero conmigo jinetes que duden en el campo de batalla! ¡Necesito saber si queréis realmente acompañarme o si sólo estáis aquí porque yo os lo he ordenado! ¡Por todos los dioses, maldita sea, por última vez, hablad, hablad y decid lo que pensáis! ¡Sois caballeros, tenéis valor, se os supone valientes, pues hablad, pues sólo los valientes se atreven a decir lo que piensan! ¿O es que acaso en Siracusa no queda ningún caballero con la osadía suficiente para decirle a un cónsul de Roma lo que realmente piensa? ¿Tan desarbolada, tan desasistida ha quedado la ciudad de Siracusa? ¿Tan cobardes son sus nobles? ¿Tanto miedo me tenéis?

Publio calló de nuevo. Esta vez respiraba de forma agitada y sentía cómo las gotas de sudor, fruto del calor del sol del mediodía y de la intensidad de su discurso, surcaban los pliegues suaves de su frente. El silencio de los caballeros parecía inquebrantable cuando uno de los nobles, joven, alto, moreno de tez y cabellos, con barba incipiente, avanzó unos pasos y habló alto y claro.

—¡El cónsul de Roma no está ante cobardes! —Publio fingió sorprenderse y retuvo en su interior la sonrisa que alimentaba su espíritu; su plan estaba en marcha; el cónsul avanzó hacia el joven caballero hasta situarse frente a él.

—Habla entonces, caballero de Siracusa, habla de una vez.

El joven, ante la presencia próxima del cónsul, sintió que su decisión inicial se debilitaba, pero en aquel momento ya era demasiado tarde para callar sin caer en el ridículo, y si había algo que no podía permitirse un noble era hacer el ridículo. Así que el joven retomó la palabra, con menos vigor que al principio, pero con firmeza.

—¡No somos cobardes...! ¡El cónsul pide nuestra opinión...! ¡Nosotros no... no... yo, al menos, yo, si se me permitiera decidir...! ¡Yo, al menos, no iría a África con el cónsul! ¡Y no sería ni por cobardía ni por falta de preparación! ¡Esta guerra entre Cartago y Roma es una guerra interminable y Siracusa está en medio y hemos sido y podemos volver a ser atacados por los unos o por los otros! ¡Somos vuestros aliados, eso es cierto, pero queremos estar junto a nuestras familias, en nuestra ciudad, para proteger mejor a los nuestros! ¡Os deseamos la victoria en África, pero yo, si pudiera elegir, me quedaría en Siracusa! —Y, bajando la voz, concluyó su diatriba—. Te he hablado con sinceridad porque me pareció que eso es lo que demandabas; ahora haz conmigo, cónsul de Roma, lo que tengas que hacer. Sólo te pido que respetes a mi familia y al resto de los nobles. He hablado por mí; por nadie más.

Publio Cornelio Escipión se mantuvo en pie, sin decir nada, unos instantes, frente a aquel joven noble; unos segundos que para el aristócrata parecieron años. Al fin, el cónsul de Roma respondió con tono sereno.

—¡Has hablado alto y claro y has hablado con sinceridad, como pedía y, con sinceridad, me has dicho que no, me has contrariado, pero has sido honesto y honestidad es lo que yo pedía ahora! —Publio elevó aún más su voz y se dirigió a todos los nobles a la vez paseando su mirada de este a oeste, por toda la formación de jinetes y monturas—. ¡Antes he dicho que con dudas y añorando vuestra casa no me valéis en África y así es, pero necesito un cuerpo de caballería y pienso tener un cuerpo de caballería de una forma u otra! —Entonces se centró de nuevo en el joven caballero que le había hablado y le hizo una propuesta—. ¡No quieres venir conmigo, de acuerdo, sea; acepto tu negativa: puedes quedarte en casa con tu familia y los tuyos para defender tu ciudad en caso de necesidad, pero a cambio te pido que tomes a uno de mis hombres, que lo acojas en tu casa, que lo instruyas en el arte de la caballería, que le enseñes a montar y a luchar como un auténtico jinete y que le entregues tus armas y que en tres meses me lo devuelvas hecho un perfecto guerrero, un caballero para mis legiones! ¡Acepta este pacto y te dejo marchar!

El cónsul se volvió y señaló a uno de los trescientos infantes que estaban tras la línea de *lictores*. El aludido avanzó hasta la línea de la guardia personal del cónsul que se hizo a un lado para dejarle pasar y, ante la insistencia del cónsul, el soldado se puso frente al caballero de Siracusa con el que Publio estaba negociando.

—¿Qué me dices, noble de esta ciudad, qué dices a mi propuesta? —preguntó de nuevo el cónsul

El joven no lo dudó. Había esperado la cárcel e incluso la muerte y todo lo que se le pedía era el caballo, las armas e instruir a un hombre. En su casa su padre tenía una decena de caballos más y docenas de armas. Era aquél un precio que su padre pagaría a gusto.

—Acepto, cónsul de Roma.

—Sea entonces, por Cástor y Pólux. —Y se volvió hacia el resto de los trescientos infantes y les ordenó que avanzaran hasta situarse frente al resto de los caballeros de Siracusa.

—¿Qué me decís, nobles de esta ciudad, qué respondéis a mi propuesta? —gritó el cónsul, y para su sorpresa y alivio, con gran rapidez, uno a uno, los trecientos caballeros de Siracusa empezaron a responder «acepto», «acepto», «acepto», y Publio cerró los ojos y dejó que cada aceptación cayera sobre sus oídos como agua de lluvia tras una larga y penosa sequía de estío. Al cabo de unos minutos, todos los caballeros de la ciudad dejaron el foro, cada uno acompañado por uno de los soldados voluntarios de las tropas del cónsul; junto con ellos, los ciudadanos que habían venido a observar lo que presentían iba a ser un terrible enfrentamiento, se dispersaron relajados y contentos porque se había llegado a un acuerdo aceptable con el cónsul y la explanada del foro de Siracusa quedó en calma y sosiego, pero con la imponente presencia de los dos mil hombres del cónsul que, atónitos y felices, habían presenciado cómo su general en jefe había conseguido reclutar lo que debería ser en poco tiempo un eficaz regimiento de caballería de treinta *turmae* sin derramamiento de sangre y sin entrar en conflicto con los nobles de aquella ciudad. Estaban admirados y contentos y su interés por alcanzar África bajo el mando de aquel hombre no había hecho sino acrecentarse. Muy al contrario, Marco Porcio Catón caminó hacia el cónsul y una vez frente a él le acusó con más virulencia de la acostumbrada.

—Acabas de incumplir el mandato del Senado.

—No he incumplido nada, *quaestor* —respondió Publio, y mirando fugazmente a sus oficiales—, y tengo testigos que así lo ratificarán ante el Senado. —El cónsul observó cómo Marcio, Silano y Mario asentían—. No he reclutado a nadie de Sicilia, sino que he conseguido caballos, armas e instrucción apropiada para transformar a trescientos de mis voluntarios en un cuerpo de caballería de apoyo para las legiones. Eso es lo que he hecho y sin coste para el Estado. De hecho, creo que cuando informes al Senado, éste quedará contento de conseguir trescientos jinetes sin recurrir al tesoro.

—Les has engañado, les has hecho creer que podías llevártelos.

Publio dejó su tono irónico y respondió con más contundencia.

—He hecho, *quaestor*, lo que tenía que hacer y lo he hecho cumpliendo con el mandato del Senado. He aumentado la efectividad de nuestras tropas y eso es bueno para mí, para el Senado y para Roma.

—Escipión —respondió Catón saltándose el tratamiento de cónsul que le debía ante la sorpresa y el enfado de los oficiales y los *lictores* presentes testigos de aquel nuevo debate entre el cónsul y el *quaes-*

tor—, te crees por encima de todos, te crees por encima del Senado y el Senado un día, un día el Senado acabará con tu soberbia y tus bravatas. El Senado está por encima de todos y tú te ríes de sus decisiones y las manipulas a tu antojo.

—El Senado existe porque existe Roma y Roma existe, *quaestor*, porque existen sus legiones y ahora yo y mis hombres somos sus legiones y haré lo que tenga que hacer para preservar a Roma y, con Roma, al Senado; incluso lucharé por preservarte a ti, porque eres parte de Roma, Marco Porcio Catón, *quaestor* de las legiones V y VI de Roma.

—Pensar que las legiones están en lo alto de la pirámide es el camino equivocado, Escipión, y me ocuparé de que más tarde o más temprano aprendas esa lección.

Publio se encaró entonces con el *quaestor* y llevó su rostro a un palmo del de Catón.

—A partir de ahora te dirigirás a mí sólo como cónsul y ahora márchate y desaparece de mi vista antes de que mi ira se desate y decida eliminar la vida de un *quaestor* impertinente bajo la excusa de insubordinación e intromisión en los asuntos que sólo competen a la autoridad del cónsul. Te mataría a gusto, Catón, aquí y ahora, y no me importaría luego tener que excusarme ante el Senado, ante Roma o ante los dioses, porque al menos ya no tendría que volver a aguantar tus impertinencias. Has acabado con mi paciencia y a partir de aquí sólo te queda conocer mi ira incontrolada que sólo reservo para el campo de batalla, pero que si he de usar la usaré contigo como lo hice con los hombres de Sucro.

Catón dio un paso hacia atrás. Por primera vez en mucho tiempo recuperó una sensación que tenía olvidada. El miedo. Aquel hombre estaba tan loco, se creía tan superior, que muy bien podía acabar haciendo lo que anunciaba. Catón tragó saliva, dio media vuelta y, protegido por unos pocos hombres fieles a su causa, se adentró por el oeste del foro, en las calles de Siracusa.

—Ese hombre es peligroso —dijo Marcio en voz baja.

—Sin duda —confirmó Mario al tiempo que Silano asentía.

—Sí, pero debemos respetarle —añadió Publio con sosiego recuperado—. Me he dejado llevar. No debería haberle amenazado, pero su insolencia acaba con mi tolerancia. Pero no dejemos que sus palabras huecas nos agüen la fiesta que vamos a celebrar esta noche —continuó Publio con voz más alegre—. Lo esencial es que tenemos en marcha la creación de un buen cuerpo de caballería. La campaña de África cabalga.

Y el cónsul recibió las felicitaciones de sus oficiales mientras, sin poder evitarlo, y traicionando el sentido de las palabras que acababa de pronunciar, no podía evitar sentirse aturdido por la discusión con Marco Porcio Catón. Tendría que ver la forma de deshacerse de aquella nefasta compañía de algún modo, pero por mucho que lo pensaba, no veía cómo hacerlo. Una cosa era discutir con él, incluso amenazarle, pero no podía deshacerse de un *quaestor* nombrado por el Senado. No, Catón estaba allí para quedarse. Escupió en el suelo.

54

Sífax

Numidia, mayo del 205 a.C.

La boda fue rápida porque el rey Sífax quería abreviar los preliminares e ir directo al asunto que realmente le importaba: Sofonisba, la bella hija de su ahora cartaginés suegro, el general Asdrúbal Giscón. Sífax cruzó entre el mar de tiendas plantadas en los alrededores de Cirta, su capital en Numidia, que constituía el campamento general de su ejército. Un campamento desordenado y caótico, pero inmenso y móvil, lo que le permitía trasladar a su poderoso y cada vez más numeroso ejército de una punta a otra de Numidia para así hacer frente a sus enemigos, en especial, los maessyli de Masinisa. Sólo recordar aquel nombre le revolvía el estómago, pero no aquella noche. Masinisa, el pretencioso joven hijo de la depuesta reina Gaia reclamaba para sí el reino entero de Numidia. Masinisa había pasado de ser un molesto incordio a una auténtica preocupación. El joven príncipe había estado primero bajo las órdenes de los ejércitos púnicos, incluso del propio Giscón con cuya hija se acababa de casar, pero ahora, con el cambio del viento que parecía soplar algo más a favor de los romanos, al menos en Hispania, Masinisa se había aproximado a los romanos, buscando una alianza con la que reunir aliados para atacarle a él y arrebatarle Numidia.

Sífax caminaba con pasos largos gracias a su gran estatura, pero en ocasiones su cuerpo oscilaba un poco de un lado a otro, no mucho, pero lo justo para que sus guardias estuvieran atentos por si su rey tropezaba, y es que Sífax había bebido mucho, pues mucho tenía que celebrar. Tenía un tratado de no agresión firmado con el general romano Escipión y sabía que ese romano cumpliría su palabra y ahora, al casarse con Sofonisba, además de añadir una hermosa hembra a sus varias esposas jóvenes y bellas, se aseguraba una cierta lealtad con el general cartaginés más poderoso en África en ausencia de Aníbal. Era un equilibrio difícil el que Sífax buscaba: no quería enfrentarse ni con los romanos ni con los cartagineses y, por otro lado, tenía fuerzas suficientes para intimidar a cualquiera de ambos bandos y para lanzarse ya muy pronto hacia el nordeste y masacrar a Masinisa, que había regresado de Iberia con sus tropas rebeldes. Pronto todo estaría en su sitio. Numidia sería un reino unido bajo su poder, fuerte e independiente, mientras los romanos y los cartagineses se desgastaban en una guerra que ya duraba más de diez años, que recordara él; no estaba seguro. El vino le embotaba un poco los pensamientos, pero no las ansias. Sofonisba. Tenía también aquella noche el placer de celebrar haber arrebatado a Masinisa la mujer que aquél anhelaba y es que Sífax hacia tiempo que sabía que el joven príncipe númida del norte pretendía a la hermosa hija del general cartaginés. Aquello no le importaba demasiado a Sífax hasta que los cartagineses volvieron a intentar congraciarse con él; por eso no lo dudó cuando Giscón le ofreció a su hija en señal de buena amistad. Sífax sabía que aquella hija del general púnico era pretendida por Masinisa, y Sífax no podía por menos de relamerse de satisfacción pensando en la cara que pondría Masinisa cuando éste se enterase de que la mujer de sus sueños era ya otra hembra más en propiedad de su odiado enemigo Sífax, el gran rey de los númidas. Sífax lanzó una carcajada al aire. Sus escoltas rieron con él, sin saber muy bien por qué reía su rey pero con la intuición que da la experiencia de los muchos años al servicio de un errático monarca, de humor cambiante, que no dudaba en castigar con la muerte al que no seguía sus chanzas o al que se atrevía a dudar de una orden suya. De ese modo, rey y guardias de su escolta llegaron riendo hasta la gran tienda preparada en el centro del campamento para la noche nupcial entre el rey Sífax y la joven púnica Sofonisba.

El gigantesco monarca desplegó con violencia el lienzo de tela que daba acceso a la tienda. Dio dos pasos, entró en el interior de aquella habitación improvisada sobre el desierto y dejó que la cortina volviera a caer de forma que ocultara a la vista de sus soldados tanto su gran figura como la delgada y sinuosa silueta de su recién adquirida esposa. Sofonisba le esperaba recostada sobre un tamiz de mantas suaves de lana. Su cuerpo de tez morena y piel suave parecía estar desnudo, sólo cubierto por una piel de león con cuya cabeza la joven muchacha se entretenía examinando, divertida, las enormes fauces de la fiera muerta. Sífax tuvo la sensación de que aquella joven jugaría con el felino de igual forma aunque hubiera estado vivo, pero rápido desechó el pensamiento como propio de las elucubraciones absurdas del licor. Sífax iba a hablar, pero su joven esposa levantó la mirada, que no la cabeza, y se dirigió a él con una voz melosa que hizo vibrar la espina dorsal del gran rey.

—¿Ves, pequeño león? Te dije que no podría estar mucho contigo, pues mi rey vendría pronto a verme, mi rey, al que debo servir.

Sofonisba terminó sus palabras arrojando la piel de león a un lado. Sus pechos quedaron al descubierto, firmes, prietos, con pezones duros rodeados de una areola pequeña y sobre ellos quedaron clavados los ojos del perplejo rey que había pensado en enfadarse, ¿dónde se ha visto que una esposa hable primero a un rey y menos aún en la noche de bodas? Pero era aquélla una mujer aún más hermosa de lo que había imaginado y su voz susurrante era relajante, agradable.

—¿Por qué no se sienta mi rey, mi señor? —continuó Sofonisba señalando con un largo y estilizado brazo engalanado con varias pulseras de plata y un precioso brazalete de oro que rodeaba hasta cuatro veces la circunferencia de su extremidad culminando en la imagen misma de una serpiente.

Sífax se sentó en una butaca cubierta de pieles de cabra y oveja y disfrutó del paisaje: Sofonisba, a cuatro patas, como una gata, se acercó a él, despacio, haciendo oscilar sus caderas y sus senos con el avance de su grácil cuerpo. Cruzó así Sofonisba la estancia iluminada por decenas de velas de la tienda hasta quedar de rodillas frente a su marido.

—¿Qué desea mi rey de mí? ¿Qué quiere mi rey que haga? —continuó la joven alargando las sílabas y dejando que su lengua paseara por sus labios húmedos al hablar—, pues mi señor ha de saber que soy su mujer y soy suya para lo que desee y que no hay nada que me haga a partir de ahora más feliz que complacer a mi rey en todo aquello que mi rey desee de mí.

Sífax no habló ni dijo nada, pero de debajo de sus túnica roja, de entre sus piernas, emergió una protuberancia que dejó muy claro qué ansias consumían en aquel momento al monarca de Numidia. Sofonisba sonrió y le miró como la madre que mira al niño que por primera vez ha dicho una palabra. La joven cartaginesa tomó con los dedos de sus manos la parte inferior de la túnica real y la estiró hacia arriba con una parsimonia infinita que no hizo sino prolongar la dulce tortura de su señor hasta que la muchacha liberó de su presidio el miembro erecto y viril del rey. Mientras Sofonisba trabajaba en proporcionar placer a su señor, éste observaba el hermoso brazalete que su recién adquirida esposa exhibía con aparente orgullo en su antebrazo.

—Ésa es una hermosa joya —dijo el rey.

—Aha —respondió Sofonisba, pues en su boca ya no cabían las palabras.

—¿Regalo de alguien?

La joven asintió sin detenerse en lo que estaba haciendo. El rey empezó a gemir y entre el placer y la satisfacción su pregunta quedó sin respuesta y cayó en el olvido.

Aquélla fue una noche larga y, sin embargo, tan corta para el rey Sífax. Sofonisba le acarició, le lamió, le chupó, le besó, a la vez que se dejaba tocar, besar, morder, poseer, acariciar, pegar, azotar y vuelta a ser besada, tomada, disfrutada... Sífax, veterano en el arte amatorio, descubrió sensaciones, posturas y posibilidades totalmente desconocidas y todo ello guiado por las pequeñas, juguetonas, dóciles y seguras manos de su joven esposa. Fue así como al amanecer, aún despierto, mientras Sofonisba continuaba acariciando su pecho desnudo con fingida pero cuán dulce ternura, que el rey Sífax concluyó que no había adquirido una esposa más, sino que aquella noche se había casado con una reina, la reina Sofonisba que gobernaría con él sobre toda una Numidia reunificada que él levantaría sobre el cadáver de Masinisa y sus rebeldes.

—Mi rey sonríe, ¿mi rey está satisfecho? —preguntó Sofonisba con su dulce voz, tranquila, sosegada, como si no hubiera pasado nada en aquellas largas horas de lujuria sin control.

—El rey está contento, esposa —respondió Sífax complacido—. Recordaba que ese miserable de Masinisa te pretendía y estaba sonriendo pensando en cómo sufrirá cuando se entere de que ahora ya nunca serás suya.

Sofonisba sonrió y mirándose de forma distraída el brazalete dorado que recubría su antebrazo derecho respondió lacónicamente.

—Eso es lo que tienen los rebeldes como Masinisa, mi señor, que están condenados a sufrir.

La respuesta agradó al gran rey Sífax, satisfacción que se unía al hecho de sentirse, por primera vez en mucho tiempo, saciado en su lascivia por completo. Sífax se sintió generoso.

—¿Y en qué piensa mi joven y nueva reina en la noche de su boda con el rey de Numidia? —preguntó.

Cuando Sofonisba escuchó de labios del rey la palabra reina, no movió un solo músculo de su faz, pero en su interior se desató el mismo júbilo que sienten los generales cuando se saben victoriosos.

—Pensaba en cuánto poder tiene mi rey, en cuánto le temen todos, pensaba en que mi rey puede conseguir cualquier cosa.

Sífax se incorporó levemente, se apoyó en un almohadón y, contemplando el cuerpo desnudo, sudoroso e impregnado de todo tipo de efluvios íntimos de Sofonisba, respondió con la seguridad del hombre que se cree lo que escucha.

—Cualquier cosa, así es... —tardó un poco en atar cabos, pero Sofonisba era paciente—, ¿es que...? —empezó al fin Sífax—, ¿es que hay algo que mi joven reina desea? Porque si así es, pide Sofonisba, pídeme lo que quieras.

Y Sofonisba, abrazándose a la piel del gran león, como quien siente vergüenza, con voz baja pero clara, resuelta, zalamera, pidió. Pidió. Pidió.

55

Miles Gloriosus

Siracusa, Sicilia, junio del 205 a.C.

Plauto estaba sobrecogido. Se había situado en el centro mismo de la escena del gran teatro de Siracusa. Había llegado hasta allí por la invitación que el cónsul Publio Cornelio Escipión le había cursado como respuesta a su carta en la que le solicitaba una entrevista. El cónsul había sido más que generoso: le había ofrecido costearle de su propio bolsillo el desplazamiento hasta Siracusa de él y de toda su compañía de actores. «Quiero ver una de tus comedias representada en el gran teatro de Siracusa.» Así había concluido su carta el cónsul. Cuando la leyó, en casa de Casca, saboreando una de las famosas largas y eternas orgías de su protector en Roma, Plauto pensó con qué grandilocuencia el joven cónsul había empleado la palabra «gran» para referirse al teatro de Siracusa. Ahora, varado allí en el centro mismo de su escena, absorbiendo las dimensiones de aquella construcción, comprendía y compartía el sentido de las palabras del cónsul. Las gradas del teatro se extendían a ambos lados, excavadas sobre la ladera de la montaña, talladas en piedra, en un extensísimo diámetro de 140 metros. Estaban divididas en nueve secciones, nueve *cúneos,* separados por hasta diez escaleras para facilitar el acceso y la distribución del público por todo el recinto con rapidez. El coro, como era costumbre en los teatros griegos, era un amplio semicírculo para dar cabida a tantos cantantes y músicos como se deseara y la escena era de una enorme amplitud también. Todo en aquel teatro era megalítico, enorme, espacioso. Plauto se sonrió pensando en las estrechas plataformas de madera sobre las cuales estaba acostumbrado a actuar en el foro de Roma. Aquello era otro mundo, otra civilización. Por algo los griegos llamaban bárbaros al resto de los pueblos e incluían a Roma en el calificativo. Pero además de las dimensiones, todo el teatro estaba engalanado con estatuas, inscripciones, grabados en piedra... había paseado por las gradas y había observado cómo en cada pared se podían ver tallados los nombres de diferentes dioses en unos lugares y, en otros, los nombres de los parientes de la familia del gran Hierón II, el tirano bajo cuyo gobierno se construyó aquel teatro hacía ya treinta años.

El público empezaba a llegar. Las puertas de acceso se acababan de abrir. Eran soldados de las legiones V y VI. Plauto sólo había tenido tiempo de cruzar unas palabras con el cónsul.

—Actuarás para mis legionarios —le dijo Publio Cornelio—. Quiero que se diviertan, después de la obra tienen prometido por mí vino y mujeres, o sea que los tendrás bien dispuestos. No espero que mis hombres sacien sus ansias sólo con teatro, pero quiero que se entretengan, Plauto, quiero que se diviertan. La mayoría de estos hombres van, vamos todos a una misión casi imposible. Muchos aún no lo saben, pero caminan directos a la muerte. Merecen un poco de diversión. ¿Crees que lo conseguirás, Tito Macio Plauto?

Plauto no dudó en su respuesta.

—Los hombres de la V y la VI pasarán un buen rato... y espero que el cónsul también.

—Bien, bien, por Cástor y Pólux, tu seguridad me da ánimos. Eso está bien... sé que quieres que hablemos con más calma sobre otras cosas, pero hoy no podrá ser. Tengo que ocuparme de otros asuntos relacionados con esta guerra. Sé que lo entenderás. Hablaremos de lo que tengas en mente, pero después de la representación. Eso tiene la ventaja de que si tu obra complace a todos estaré más predispuesto a favorecerte en aquello en lo que me quieras consultar.

Plauto aceptó, porque ¿qué otra cosa se puede hacer ante la sugerencia de un cónsul de Roma? Y se despidió. Estaría mejor predispuesto. Si gustaba la obra. Por el contrario, la misma frase conllevaba la otra cara de la moneda: si la obra no gustaba a los legionarios de la V y la VI, el cónsul ya le estaba anunciando que no esperara generosidad por su parte para sus ruegos o peticiones. Aquellas palabras hicieron mella en el espíritu de Plauto e introdujeron dudas sobre qué obra representar. En un principio había pensado recurrir a *Amphitruo*, que pese a su polémica mezcla de comedia y tragedia, había cosechado un gran éxito en Roma; luego pensó en traer una obra nueva, con tema militar, algo con un ambiente en el que los soldados se identificaran, pero era una obra demasiado atrevida, demasiado directa y crítica con algunas cosas... claro que en casi todas sus piezas se le escapaban críticas, no tan duras como las del pobre Nevio. Nevio. Seguía encarcelado en Roma. Las dudas crecían. Quiza sería bueno recurrir a la *Asinaria*, su primera obra, la que le valió el reconocimiento por todo el pueblo de Roma, pero, por otro lado, se había representado tanto que no sólo el cónsul sino que otros muchos la conocían ya casi de memoria. El cónsul esperaría algo nuevo. Nuevo. Plauto, clavado en el centro de la gran escena, confirmó la decisión que había tomado hacía días. Sí, sería su obra militar, el *Miles Gloriosus*, la pieza que representarían aquella tarde y que había representado en Roma un par de veces, no sin levantar ciertas críticas entre algunos senadores, pero, a fin de cuentas aquello no tenía por qué ser algo negativo: las acciones del cónsul también suscitaban la crítica de los viejos *patres conscripti*.

Ya habían entrado varios centenares de soldados y aún quedaban muchos más por irrumpir en las gradas que deberían dar cabida a varios miles. Y es que aquellos hombres irrumpían, no entraban, pues aunque el cónsul hubiera prometido vino para después de la representación, era evidente que muchos legionarios habían decidido agasajarse a cuenta de su paga con una degustación previa de los caldos de la región en las tabernas abiertas por toda la ciudad. Aquello, como siempre, era un arma de doble filo, como las espadas hispanas: si les gustaba la obra, por efecto del alcohol, reirían el doble, pero si la obra les aburría, también abuchearían e insultarían el doble. Plauto dio media vuelta y fue en busca de sus actores. Tenía que revisar que todo estuviera preparado.

El cónsul, custodiado por los doce *lictores*, se abrió paso entre los túneles del gran teatro que daban acceso a las gradas. Lo cierto es que sus guardias no debían esforzarse demasiado para avanzar, pues en cuanto los legionarios veían las *fasces* de su escolta, no tanto por miedo como por respeto hacia su general en jefe, todos se hacían a un lado y se llevaban la mano al pecho. Publio caminaba saboreando cómo Lelio había conseguido insuflar aquellas fuertes dosis de disciplina militar en unos soldados que todos habían dado por perdidos hace años. Faltaba ver si recordaban también cómo combatir.

Llegaron a uno de los dos *cúneos* centrales y el cónsul tomó asiento junto a sus oficiales que ya habían llegado. Allí estaban todos, una vez más reunidos: Lelio, Marcio, Mario, Silano, Terebelio, Digicio y Cayo Valerio. Sus hombres de confianza. Con aquellos tribunos y centuriones a su alrededor, Publio sentía que todo era posible. Todo. Emilia no le acompañaba en esta ocasión.

—Demasiados soldados, demasiados militares —había dicho ella—. Es una representación para tus hombres; debes disfrutarla con ellos. Yo me quedaré con los niños. Ya pediremos a Plauto que nos haga una representación en casa.

Publio no insistió. En el fondo llevaba razón. Era un día para estar él junto a sus hombres. Los demás tampoco habían traído a sus esposas. Las mujeres que se veían aquella tarde eran esclavas, libertas o prostitutas. No era aquélla la ocasión para exhibir a una matrona de Roma. Los niños. Ése era un tema que ocupaba la mente de Publio de modo intermitente y que siempre le acuciaba más cuando pasaba unos días con Emilia. Los niños crecían, decía su mujer constantemente, y llevaba razón. Cornelia tenía ya siete años y el pequeño Publio cuatro. Tal y como habían hablado en el barco de camino a Siracusa, había llegado el momento de buscar un tutor para ellos. Uno de los *lictores* se dirigió al cónsul por la espalda, en voz baja.

—Hay aquí un griego que quiere hablar con el cónsul. Dice que está citado aquí. Dice llamarse Icetas.

Publio asintió sin volverse.

—Que venga, dejadle pasar.

Los *lictores* se retiraron y permitieron que un hombre alto pero delgado, de unos cuarenta años, pasara entre ellos, hasta situarse frente al cónsul y sus oficiales. Fue Publio quien habló primero.

—Soy Publio Cornelio Escipión. ¿Eres tú Icetas?

—Así es, cónsul —respondió el aludido, e inclinó ligeramente la cabeza en señal de reconocimiento a la autoridad que le hablaba; no demasiado pero lo justo.

—¿Eras discípulo de Arquímedes? —preguntó Publio.

—Discípulo es una palabra muy grande para alguien que apenas llegaba a comprender sus teoremas más sencillos, pero si lo que preguntas es si me beneficié de sus enseñanzas, así es; asistía a sus charlas y debates hasta que los romanos tuvisteis a bien matarlo.

El ambiente distendido se esfumó y todos los oficiales, incluido el propio Publio, tensaron sus músculos.

—Aquello fue un lamentable error —apostilló el cónsul.

—Un lamentable error, sin duda —confirmó lacónicamente Icetas.

Publio pensó en despedir a aquel hombre. Era osado. Atrevido. Por otro lado, era lógico que estuviera dolido por la estúpida muerte de Arquímedes tras el asedio de Marcelo a manos de un soldado imbécil que no supo reconocer al grandísimo matemático griego mientras repasaba sus teoremas dibujando en la arena. El cónsul tomó aire un par de veces antes de volver a hablar.

—Tienes derecho a mostrarte resentido contra Roma por la muerte de tu maestro. Yo también lamento y mucho su desaparición, pero no era de eso de lo que deseo hablar contigo.

El cónsul calló e Icetas intervino.

—¿De qué desea hablar el cónsul con un humilde filósofo de Siracusa?

—Necesito un tutor, un pedagogo para mis hijos. Tengo un hijo de cuatro años... y también una niña. Quiero que ambos sean educados por alguien como tú, especialmente mi hijo. Quiero que aprendan griego, historia, latín, matemáticas, astronomía, geografía, filosofía. Quiero que sepan quién era Alejandro, Aristóteles, Dífilo, Filemón, Menandro, Aristófanes... Arquímedes.

Icetas había venido con la idea de rechazar cualquier solicitud de aquel cónsul, pero estaba sorprendido por la pasión con la que el joven general romano mencionaba los nombres de los filósofos, escritores y líderes griegos. Ante su silencio el cónsul continuó hablando.

—Podría ordenarte que fueras su tutor, pero un pedagogo que va obligado a enseñar sólo puede transmitir resentimiento. Si no puedes aceptar libremente este encargo, no te obligaré a ello. Pero piénsalo, Icetas: soy uno de los hombres más poderosos de Roma, y puedes instruir a mis hijos, puedes hacerles ver la importancia de cosas que ni yo mismo entendería. Respeto tus conocimientos y sólo quiero que mis hijos aprendan un poco de todo lo mucho que tú sabes. Puedes contribuir a que la próxima generación de líderes romanos sea menos... bárbara.

Icetas bajó la cabeza mientras meditaba. El cónsul respetó su concentración. El filósofo alzó de nuevo el rostro y miró fijamente a Publio.

—Eres un cónsul poco común, para lo que yo he oído de los cónsules de Roma. Instruiré a tus hijos, pero si éstos me faltan al respeto o no atienden a mis enseñanzas dejaré el encargo de su educación. Hay muchos que desean que les enseñe a ellos mismos o a sus hijos como para perder el tiempo con quien no tiene interés.

—De acuerdo —respondió Publio—. Te escucharán, te respetarán. Puedes venir mañana a nuestra casa, en la Isla Ortygia, junto a...

—Todo el mundo sabe dónde vive el cónsul de Roma —interrumpió Icetas. El cónsul no se molestó. Aquél era un hombre seguro de sí mismo y si acertaba a transmitir a su hijo esa misma seguridad eso sería bueno. Icetas volvió a inclinar la cabeza y, atravesando la guardia de *lictores*, desapareció entre la multitud que ya poblaba todas las gradas del gran teatro.

—Emilia estará contenta —dijo Cayo Lelio al oído de Publio.

—Eso espero.

—Y seguro que tus hijos le respetan. A mí me daba hasta un poco de miedo. Esos filósofos son seres extraños. Parecen no temer a nada ni a nadie, como si supieran cosas que los demás desconocemos —continuó Lelio.

—Las saben, amigo mío, las saben —concluyó Publio.

Plauto puso la mano en la espalda de un hombre joven. Se trataba de un campano liberto que, a causa de la defección de Capua durante la guerra, se había cambiado el nombre y se hacía llamar Aulo. Pese a su juventud, era veterano en el arte de la representación y Plauto le había confiado la lectura del argumento, al principio de la obra, y el papel central del esclavo Palestrión de la comedia *Miles Gloriosus* que iban a representar.

—En cuanto terminen los músicos, sales —le decía Plauto al oído—. Sal y habla en voz alta y clara, como tú sabes. Son muchos y tenemos que hacernos con su interés. Si no lo consigues no desfallezcas. Mi entrada les hará callar.

El joven asintió sin decir nada. Estaba un poco nervioso. Nunca había actuado para una audiencia tan grande y menos compuesta toda ella de miles de legionarios de Roma. Aulo se angustiaba pensando qué serían capaces de hacer todos aquellos soldados si se enteraran de que quien estaba ante ellos actuando no era sino un campano de la ciudad que desde el principio de la guerra se pasó al bando cartaginés y que sólo fue recuperada para la causa romana tras un interminable asedio.

Plauto, como si le leyera la mente, intentó tranquilizarle.

—No pienses en otra cosa que no sea la obra. Todo irá bien.

El joven volvió a asentir.

Entre las gradas del teatro Publio intentaba escuchar, en un vano esfuerzo, la música de los numerosos flautistas que desde la escena y el coro interpretaban como obertura introductoria a la comedia que iba a representarse. Era una música que no amansaba a las fieras de sus soldados que, distraídos, seguían hablando entre sí, más interesados por lo que algún fanfarrón contaba sobre sus hazañas bélicas pasadas o sobre sus conquistas amorosas, que sobre lo que estaba ocurriendo en el escenario. Al cónsul le asaltaron varias dudas que se atropellaban en su mente. ¿Había sido aquélla una buena idea o esa afición suya por el teatro no era más que una manera de perder el tiempo, especialmente cuando se trataba de distraer a sus hombres? Y... ¿eran sus soldados fieras? Más les valía. Más les valía a todos. La inaudible música cesó, o eso pensó Publio, más porque los flautistas desaparecían de la escena que por cualquier señal auditiva al respecto. Un joven actor subía al escenario. Sus hombres seguían, entre risas, ignorando la representación. Plauto tendría que superarse si quería captar la atención de sus hombres.

Aulo se situó en el centro del gran escenario del teatro de Siracusa y con la frente sudorosa cerró los ojos y empezó a recitar su prólogo:

Meretrices Athenis Ephesum miles auehit.
Id dum ero amanti seruos nuntiare uolt

Legato peregre, ipsus captust in Mari
Et eidem illi militi dono datust.
Suum arecesit erum Athenis et forat
Geminis communen clam parietem in aedibus,
Licere ut quiret...

[... A una cortesana la llevó raptada de Atenas a Éfeso un
    militar.
Cuando Palestrión, un esclavo, quiso contarlo a su amo,
    amante de ella
Pero de viaje como embajador, cae cautivo el esclavo en alta
    mar
Y lo regalan a aquel mismo militar.
Avisa el esclavo, pese a todo, a su amo de Atenas y perfora
En secreto la pared de las dos casas contiguas (la casa del
    militar ladrón y la casa de al lado),
Para que pudiesen reunirse los amantes.
Desde un tejado, el guardián de la cortesana los ve
    abrazándose:
Pero jocosamente le engañan, como si ella fuese otra.
E igualmente Palestrión persuade al militar
Para que deseche a la concubina porque —le dice—
La esposa del viejo vecino desea casarse con él.
Pide el militar a la cortesana que raptó que parta y la colma de
    regalos.
Él, sorprendido en casa del viejo vecino, paga su culpa por
    adúltero.]*

Aulo dio por concluido su recitado. El parloteo constante del público había decrecido un poco, pero muy poco. Pese a sus esfuerzos no
estaba seguro de haberse hecho oír. Las cosas no marchaban bien. O la
entrada de Plauto captaba el interés de aquellos legionarios o aquello
acabaría mal.

---

* El texto latino y la traducción de referencia para los extractos de la obra de
Plauto *Miles Gloriosus* siguen la edición y traducción de José-Ignacio Ciruelo. *Véase* la
referencia completa en la bibliografía. La traducción ha sufrido algunas modificaciones
estilísticas por parte del autor de la novela.

Publio se había concentrado para intentar entender el prólogo de la obra, pero el tumulto de sus hombres, sus carcajadas y su continuo hablar, sólo le habían permitido entender palabras sueltas: esclavo, viaje, cortesana, amantes, militar, viejo, adulterio...

—¿Alguien ha entendido de qué va la obra? —preguntó el cónsul a sus oficiales.

—Parece que va de amantes y adulterios —respondió Marcio, el más culto de entre sus oficiales y, en apariencia, el más interesado por seguir el desarrollo de la obra.

—Esto no interesará a nuestros soldados —añadió Lelio.

Publio guardó silencio. Compartía la visión de Lelio, pero se negaba a admitirlo.

Plauto, vestido ya para interpretar el papel de Pirgopolinices, el militar griego protagonista de aquella obra, recibió a Aulo tras el escenario. Plauto llevaba un escudo pequeño y una gran espada, colgando de su cintura, y estaba rodeado de varias decenas de hombres armados al estilo de los hoplitas de las legendarias falanges macedónicas.

—No te preocupes, Aulo. Lo has hecho bien.

Y sin dar tiempo a que el joven campano le replicara, Plauto irrumpió en escena a paso militar seguido de cerca por una treintena de actores ataviados con el uniforme y las largas picas características de los soldados del rey Filipo. A Plauto le había costado una pequeña fortuna hacerse con aquellas lanzas arrebatadas a los macedonios en Apolonia, la colonia ilírica de Roma, en frontera con el estado del rey Filipo, pero el dinero que el cónsul le había enviado a través de su hermano Lucio en Roma había sido abundante y Plauto quería mostrar que lo había empleado en la obra y no en orgías o fiestas nocturnas.

Los legionarios de la V y la VI, al ver el escenario tomado por treinta soldados macedonios armados callaron de golpe. Al frente de ellos iba un veterano que debía de ser su líder, acompañado por un par de esclavos que se encogían ante su amo. Los legionarios estaban confusos. Plauto no dudó en aprovechar aquel instante dubitativo para hacerse con la escena, con el público, con el gran teatro de Siracusa.

—*Curate ut splendor meo sit clipeo clarior quam solis radii esse...* [Mirad, esclavos, que tenga mi escudo mayor brillo del que los rayos del sol, cuando está el tiempo despejado; que cuando llegue la ocasión deslumbre las miradas de los enemigos en formación. Que ya tengo yo ganas de desenvainar también mi sable para que no se queje ni pierda moral porque ya ha tiempo que lo llevo ocioso; pobrecillo, se impacienta por hacer picadillo a los enemigos. Pero ¿dónde está Artótrogo?]

El esclavo aludido, retorcido, acurrucado en el suelo, como si adorase a su en apariencia poderoso amo, respondía con tono adulador.

—*Artótrogo está junto a un hombre fuerte y afortunado y además de regio porte, el gran Pirgopolinices, hasta tal punto aguerrido que no osaría Marte abrir la boca ante él ni equiparar sus méritos a los suyos.*

En el silencio que se había apoderado del teatro, las palabras de aquel diálogo llegaban diáfanas a todos los recovecos de la grada y la exagerada alabanza del esclavo no pasó inadvertida para un público que empezaba a sonreír. Plauto, metido en el papel de Pirgopolinices, siguió rápido con la conversación que mantenía con su esclavo en escena.

—*¿Acaso no indulté yo a Marte en los campos Curcolionenses, cuando Bumbomáquides Clitimistaridesárquides, nieto de Neptuno, era el general en jefe?*

Los soldados de la V y la VI comenzaron a reír por la fanfarronada, por un lado, de que aquel militar se vanagloriaba de haber derrotado a dioses e hijos de dioses y, por otro, por los absurdos nombres que recitaba, inventados y que, no obstante, ellos acertaban a desentrañar con facilidad, pues, aunque ellos no lo supieran, el autor había traducido los complejos nombres griegos a raíces latinas que todos ellos podían reconocer con facilidad, y así todos identifican con rapidez que *Curcolionenses* se refería a «gorgojo» y que el interminable nombre del supuesto hijo de Neptuno significaba «guerrero que sólo vocea y que es famoso hijo de príncipe mercenario».

El diálogo proseguía con las exageraciones de las supuestas hazañas de Pirgopolinices, el *miles gloriosus*, el gran soldado fanfarrón.

—*Lo recuerdo* —le respondía Artótrogo—; *desde luego, te refieres al de las armas de oro, cuyas legiones tú dispersaste de un soplido, como el viento las hojas o la veleta de un tejado.*

—*Aunque eso no es nada, por Pólux* —replicaba Plauto situándose en el centro del escenario mientras desenfudaba su espada y daba mandobles al aire como si combatiera contra un enemigo invisible.

—*Eso no es nada, desde luego, por Hércules* —repetía a su vez el actor que hacía de Artótrogo—, *nada entre lo restante que contaré.*

—Entonces el esclavo se encaminó hacia un lado del escenario y en un aparte, hablando al público pero como si lo hiciera a escondidas para que su vanidoso amo no le escuchara, distraído como estaba en su exhibición de espada—. *Si hubiese alguien visto un hombre más embustero que éste o más henchido de fanfarronerías de lo que está éste, poséame, yo mismo me entregaré como esclavo suyo. Pero hay una salvedad: da de comer unas olivas locamente buenas.*

—*¿Dónde te has metido, Artótrogo?* —preguntó Plauto en el papel del *miles gloriosus* desde el centro de la escena, mientras enfundaba su espada.

—*Heme aquí* —respondió el aludido retornando hacia el centro desde la esquina del escenario donde se había dirigido al público—. *Heme aquí... por ejemplo en... en la India, donde hay que ver cómo le rompiste la pata a un elefante.*

—*¿Cómo la pata?*

—*Quise decir el muslo entero.*

—*Y eso* —añadía Plauto— *que le di sin fijarme.*

Todos reían. Los legionarios de la V y la VI, los oficiales del cónsul, y hasta el propio Publio, aunque la referencia a los elefantes ensombreció su frente con un suave ceño que no fue a más porque uno de sus *lictores* se acercó y le dijo unas palabras al oído. El cónsul asintió y se dirigió a Lelio.

—Ven. Tenemos unos embajadores de Locri. Algo pasa en el Bruttium.

Cayo Lelio se levantó y siguió a Publio, que ya se había puesto en camino hacia el túnel que daba acceso a las gradas. Tras ellos los doce *lictores* les escoltaban. Marcio y el resto de los oficiales se miraron entre sí, pero permanecieron en sus asientos a la espera del regreso del cónsul y Lelio.

En el escenario Plauto y sus actores seguían con la representación.

Una vez en los túneles del teatro, Publio, Lelio y los guardias de la escolta del cónsul ascendieron hasta un pasadizo que se encontraba en la parte superior del teatro, excavado casi en la misma piedra y adornado con estatuas de los familiares de Hierón, obras de arte que los hombres de Marcelo olvidaron coger en su saqueo de Siracusa. Allí, entre las sombras de la luz trémula de las antorchas que iluminaban los túneles del teatro, aguardaban dos hombres. El cónsul se percató de inmediato de que no eran soldados y sus manos de dedos delgados adornados con anillos de oro y plata informaban con claridad de que estaba ante hombres de poder e influencia de la ciudad a la que representaban, Locri. Sólo había algo que no encajaba: Locri estaba en manos de los cartagineses.

—Me dicen que venís de Locri, que sois embajadores de esa ciudad. Hablad, decid lo que tengáis que decir.

El tono agrio, brusco, del cónsul no pareció soprender a los embajadores. El cónsul, como representante de Roma, mostraba su rencor hacia una ciudad que se había pasado a su mortal enemigo.

—Gracias por recibirnos, cónsul —empezó el mayor de ambos hombres, de aspecto grueso y lozano pese a sus cincuenta años, alguien que sin duda no pasaba hambre ni tenía intención de hacerlo—. El cónsul se muestra desconfiado y es lógico, pero antes que nada y con los dioses como testigos, quiero que el cónsul sepa que habla con dos leales a Roma desde siempre. Representamos a Locri pero no venimos de Locri, sino de Rhegium, la ciudad en la que nosotros y muchos más ciudadanos locrenses leales a Roma nos refugiamos cuando nuestra querida ciudad cayó en manos de Aníbal. Desde entonces hemos estado allí, esperando, aguardando una oportunidad para recuperar nuestra ciudad y devolverla a la alianza con Roma.

Publio asintió.

—Te escucho entonces con más interés, ciudadano de Locri —apostilló el cónsul invitando a su interlocutor a que prosiguiera con su relato.

El embajador, más seguro, se lanzó a hablar con una voz vibrante. Estaba claro que aquel hombre había esperado ese momento largo tiempo y los nervios que sentía se delataban en el tono tenso de sus palabras.

—Gracias, cónsul de Roma, gracias por escucharnos. Hace unos días, en un combate entre las tropas romanas de Rhegium y las púnicas acantonadas en nuestra ciudad de Locri, cayeron presos unos hombres que nosotros reconocimos enseguida como ciudadanos de nuestra ciudad. Ellos aseguran que trabajan como artesanos para los cartagineses establecidos en una de las dos ciudadelas que hay en Locri. Locri está en el centro y a ambos lados se encuentran las dos fortalezas desde las que se controla la ciudad y el valle. Y estos hombres nos aseguran que a cambio de que se les perdone la vida, podrían proporcionar acceso a las murallas de una de esas ciudadelas. Sería una forma de recuperar, sin gran dificultad, al menos parte del control de la ciudad y estamos seguros de que si el gran Escipión acude en nuestra ayuda, también caerá la otra ciudadela. Tu solo nombre, cónsul, inspira temor entre los cartagineses. Las victorias del cónsul en Hispania sobre los propios hermanos de Asdrúbal o sobre el general Giscón son conocidas por todos. Por eso ya hemos pactado la venta de estos artesanos a los cartagineses de Locri por un rescate, para que no sospechen de su regreso con vida. ¿Nos ayudará el cónsul de Roma? ¿Nos ayudará Publio Cornelio Escipión?

Publio se quedó pensativo. Entonces, en voz baja, el embajador que había permanecido en silencio se dirigió a su compañero.

—No le has dicho lo de Pleminio y sus legionarios.

—Es cierto, es cierto. Cónsul, además he de añadir que el pretor Pleminio de Rhegium, que cuenta con una guarnición en su ciudad de tres mil soldados, está informado de todo y está dispuesto a ayudarnos, pero sólo si el gran Escipión se pone a la cabeza de esta empresa. Tres mil legionarios, cónsul.

Publio asintió, se giró despacio dando la espalda a los embajadores y tomando por el hombro a Lelio se apartó unos pasos. El cónsul y Lelio quedaron en el espacio en sombra entre dos antorchas. En la semioscuridad debatieron en un murmullo inaudible para los impacientes embajadores de Locri.

—¿Qué piensas, Lelio?

—Parece una buena oportunidad, pero Locri está en Italia y ése es el terreno adscrito a Craso, el otro cónsul. No podemos intervenir fuera de Sicilia.

Publio asentía varias veces, despacio.

—Además —añadió Lelio—, Pleminio es un loco. Luché con él en el norte, hace tiempo. Es un irresponsable y un saqueador. No me fío de él. Sólo tiene ambición. Si sale bien se vanagloriará de ser el conquistador de Locri y si sale mal nos culpará a nosotros. Y no dudará en traicionarnos ante el Senado y decir que le obligamos a intervenir. Ese hombre no vale ni lo que una nuez podrida.

—Sí, he oído hablar de Pleminio. Es como dices —respondió Publio, y guardó silencio. Lelio no entendía por qué seguía Publio meditando sobre aquel tema. Era absurdo planteárselo. Al cabo de un minuto, el cónsul se volvió de nuevo hacia los embajadores y caminó hacia ellos. Lelio le siguió de cerca.

—¿Por qué no habéis recurrido a Craso, el otro cónsul? —preguntó Publio al embajador—. Es el que tiene asignada Italia para combatir a los cartagineses.

El ciudadano de Locri en exilio parecía tener respuesta para todo.

—Sólo tu persona nos produce suficiente confianza. Craso... Craso... es... inexperto. Necesitamos al mejor. El mejor es Escipión, cónsul.

Publio tenía claro que aquéllas eran alabanzas exageradas. Craso había sido pretor hacía tres años. No era mal general. Quizá tuvieran razón en confiar más en él, pero como Lelio había comentado, cruzar el estrecho y desembarcar tropas en Italia era ir más allá del poder que le había conferido el Senado. Por otra parte, Locri era una ciudad apetecible, una conquista accesible si lo que contaba aquel embajador era cierto. Una buena forma de comprobar la capacidad de combate de las legiones V y VI. En particular, podría practicar el asedio. El asedio. Aquello era clave. Publio dio la espalda a todos y se alejó solo entre las sombras. Los *lictores* habían cortado todos los accesos a aquella sección del túnel, de modo que el cónsul podía moverse con tranquilidad y no ser interrumpido en sus meditaciones. Publio se apoyó con una mano en la fría piedra de aquel pasadizo del teatro de Siracusa y cerró los ojos. Locri. Asedio. Las legiones V y VI. Pleminio, un pretor loco. La VI. La VI seguía siendo un problema. Tenía que hacerse. El Senado se le echaría encima. Catón informaría a Roma. Fabio Máximo atacaría en el Senado... pero si conseguía la ciudad de Locri... una victoria siempre apacigua los ánimos de todos. Una victoria daría moral a las «legiones malditas». Era arriesgado. Era peligroso. Era un error.

Publio regresó de entre las sombras.

—Os ayudaremos —dijo el cónsul al embajador, que abría los ojos de par en par como para asegurarse de que no estaba soñando—. En una semana desambarcaré en el Bruttium, cerca de Rhegium, con tropas suficientes para retomar Locri. Uniremos nuestras fuerzas a las de Pleminio y atacaremos. Ahora puedes marchar.

El embajador se arrodilló ante el cónsul y le abrazó las rodillas mientras por sus mejillas fluían lágrimas entremezcladas con emoción y alegría.

—Gracias, gracias, gracias... que los dioses os protejan y os sean siempre favorables... gracias... gracias... gracias...

El otro embajador le imitó y también se arrodilló e inclinaba su cabeza hacia el suelo humillándose. Publio retiró de sus rodillas las manos del embajador que aún seguía llorando, dio media vuelta y se encaminó junto con un confundido Lelio hacia el túnel que daba acceso de nuevo al teatro. Lelio fue a hablar pero un *lictor* se aproximó al cónsul y le informó de que aún había otra persona más que quería hablar con él.

—¿Quién es? —preguntó Publio.

—No ha querido dar nombre ni decir de parte de quién viene, cónsul. Sólo ha dicho que debe hablar con Publio Cornelio Escipión en persona... y a solas, pero por su aspecto se trata de un númida.

Publio y Lelio se miraron. Lelio aún no había digerido bien lo de embarcar tropas hacia Italia cuando ahora llegaba una nueva sorpresa, esta vez desde Numidia quizá. Publio suspiró.

—Está claro —empezó el joven cónsul— que hoy no veré la obra de Plauto. Lelio, tú regresa al teatro y vuelve con los demás. De momento no comentes nada de lo que se ha hablado aquí. En su momento informaré al resto. Ahora veré a ese enviado tan enigmático.

—Que los *lictores* no estén lejos —respondió Lelio aún dudando en si marcharse o quedarse.

Publio sonrió.

—Aún te preocupas por mí. Eso me alegra. Los *lictores* estarán cerca. Te lo aseguro.

Cayo Lelio aceptó al final la sugerencia de Publio y volvió sobre sus pasos en dirección al teatro. Mientras se alejaba se giró un momento para ver a Publio rodeado de los *lictores* marchando en dirección contraria. Lelio sacudía la cabeza al tiempo que caminaba. Italia, Locri, una locura. Una terrible locura. ¿Por qué querría Publio meterse en aquella guarida de lobos, con tropas aún no preparadas del todo como la V y la VI, con otros soldados al mando de un loco como Pleminio, en un territorio que le correspondía al otro cónsul? La gigantesca preocupación de toda aquella empresa hacía que cayera en el olvido de su mente la llegada de aquel otro embajador que deseaba hablar con el cónsul a solas.

De nuevo en el corazón del pasadizo, Publio esperó entre las sombras la llegada del nuevo embajador. Uno de los *lictores* se anticipó para informar al cónsul.

—Le hemos retirado todas las armas. Llevaba un espada africana y una daga corta. Nos las ha entregado sin oponer resistencia.

—Bien. Traedlo.

Al segundo, el embajador númida, alto, fuerte, musculoso, de tez muy morena, curtida por el sol abrasador del desierto, se presentó, escoltado por dos de los guardias del cónsul, ante Publio.

—Soy Publio Cornelio Escipión, cónsul de Roma. Dicen que querías hablar conmigo. Bien, aquí estoy.

El númida no habló y se limitó a mirar a ambos guardias. Publio hizo una señal a los *lictores* y éstos se alejaron varios pasos hasta quedar ocultos más allá del fulgor de las antorchas de aquella húmeda gruta en las entrañas del gran teatro de Siracusa.

—Ahora estamos a solas —continuó Publio—. ¿Entiendes mi lengua?

—La entiendo —empezó al fin el guerrero númida—, pero prefiero hablar en griego. Me explicaré mejor y quien me envía dice que habláis bien el griego.

—En griego, pues —respondió Publio cambiando de idioma—. ¿Quién te envía?

—El rey Sífax.

Publio guardó silencio. Sífax. Se esforzó en mantener su rostro inmutable. El númida entregó su mensaje con concisión.

—El rey quiere entevistarse con el cónsul.

—¿Aquí?

—No. El cónsul debe ir a Cirta.

Publio ya había visitado a Sífax el año anterior. ¿De nuevo un viaje a Numidia, justo cuando acababa de prometer desembarcar en Rhegium para atacar y recuperar Locri? No podía estar en todas partes. Además, desconfiaba de las intenciones de Sífax.

—Dile a tu rey que no me es posible acudir ahora a Cirta.

—Eso no agradará a mi rey —respondió el númida con sequedad.

Publio pronunció con tiento las siguientes palabras.

—Lo entiendo. Dile a tu rey que no es por mi voluntad que no voy, sino porque como cónsul de Roma, mis movimientos están sujetos a las directrices del Senado de Roma. Yo no soy rey y no disfruto por tanto de la libertad de un rey. Transmite al rey Sífax que lamento no poder acudir en esta ocasión a su invitación pero... —Publio hizo una pausa antes de seguir con la misma parsimonia y autocontrol que antes—, pero dile también que le recuerdo que tenemos un pacto y que tengo su palabra de que será siempre fiel a la causa romana, y que tengo su promesa de no atacarnos nunca, incluso si vamos a territorio africano.

Fue entonces el númida el que guardó silencio antes de responder.

—Yo sólo sé que mi rey me ha insistido en que os diga que debéis entevistaros con él de inmediato. Debo entender que no vais a venir.

—No voy a ir, pero espero que transmitas al rey todo lo que te he dicho.

—Lo transmitiré todo tal y como me lo habéis dicho, pero nada de lo que habéis dicho mitigará su enfado.

Publio se encaró con aquel númida y dio un paso adelante hasta quedar con su rostro apenas a unos centímetros de la faz del guerrero africano.

—Sólo asegúrate de decirle una cosa a tu rey: dile a Sífax que es mejor para todos que sigamos siendo amigos. Sólo dile eso. —Y Publio levantó su mano y como por ensalmo varios *lictores* emergieron de entre las sombras y rodearon al númida—. Lleváoslo de mi presencia y aseguraos de que esté en un barco en menos de una hora con destino a Numidia.

El guerrero se sacudió las manos de los guardias y sin decir nada les siguió mientras Publio se quedaba acompañado con el resto de los *lictores*. El cónsul emprendió el camino de regreso a la *cavea* del teatro, pero se detuvo. Necesitaba pensar. Lo de Locri era una oportunidad... una oportunidad para resolver varios asuntos, pero el último mensajero, el númida, le había dejado intranquilo. Tenía que hacerse todo y todo a la vez. Debía desdoblarse y sólo podía hacerlo recurriendo, una vez más, al único hombre en el que podía confiar para aquella situación. Publio estuvo detenido en el pasadizo central del gran teatro de Siracusa durante varios minutos. Los *lictores* se mantenían a una distancia prudente, asegurándose de que nadie se aproximara a la posición del cónsul por ninguno de los dos extremos del túnel. Cuando Publio reemprendió al fin la marcha de regreso a las gradas del teatro no tenía clara la noción del tiempo que había pasado entre aquellos pasadizos en penumbra, pero sabía que poco quedaría ya por ver de la obra de Plauto. A medida que se acercaba, se escuchaba una gran algarabía entre el público. Los legionarios de la V y la VI reían con gran estruendo. Parecía que Plauto había cumplido bien la misión de entretener a los soldados. Eso estaba bien. El cónsul sonrió de forma enigmática. Un hombre extraño, Plauto, pensó. Y ya estaba llegando al final del pasadizo, se veía la luz brillante del exterior empapando las paredes de la salida del túnel, cuando el cónsul observó varias personas que se hacían a un lado, apretando sus cuerpos contra la pared, para dejar que el cónsul de Roma pasara sin ser molestado. Entre los que se hacían a un lado, Publio reconoció a Icetas, el que debería ser el tutor de sus hijos. El cónsul se paró frente al sabio griego.

—¿Tan malo es el teatro romano que un griego no lo soporta hasta el final? —inquirió el cónsul mirándole a los ojos. Icetas no se arredró y respondió de modo directo, de la misma forma en que había sido interpelado.

—Como supongo que el cónsul de Roma es autoridad que anhela recibir respuestas sinceras a sus preguntas, deberé responder que he encontrado la obra más tosca y brutal de lo que esperaba, al tiempo que he observado que el texto y la puesta en escena, no obstante, hacen de la misma algo que no deja de proporcionar entretenimiento, un pasatiempo algo mucho menos pulido que las grandes comedias de Aristófanes, pero un espectáculo que no me ha dejado indiferente e indiferencia era lo que esperaba sentir. Me marcho temprano porque el final es evidente y porque me gusta rehuir a las grandes masas de legionarios romanos empujando por los estrechos pasadizos del teatro. Los humildes griegos no tenemos escolta que nos abra camino.

Publio le escuchó con interés. Desde luego, se confirmaba que no era Icetas un hombre apocado ni servil, y eso le gustaba. Un pedagogo con espíritu de siervo transmitiría servilismo a su hijo; un sabio con sentido de su propia dignidad enseñaría autoestima. El cónsul sonrió abiertamente.

—Una respuesta sincera y cargada de significados. Meditaré sobre cada palabra que has dicho, aunque la política me ha mantenido alejado de las graderías y tengo pocos elementos para juzgar sobre la obra.

Icetas asintió e hizo una leve reverencia. Publio dirigió de nuevo sus pasos hacia el exterior. La luz del sol de la tarde era aún intensa y lo inundaba todo. Publio volvió a tomar asiento junto a Marcio, Lelio y el resto de los oficiales. Los legionarios aplaudían y reían. El cónsul miró hacia el escenario: Plauto, en el papel del *miles gloriosus,* estaba siendo azotado por otros actores, y no sólo eso, sino que uno de los actores que vestía como un cocinero exhibía un largo y afilado cuchillo con el que amenazaba a Plauto.

—¿*Cuándo empiezo a cortar?* —decía el actor con el cuchillo en la mano mirando al actor que hacía de su señor mientras con la mano libre buscaba bajo la túnica de Plauto.

—Creo que me he debido de perder muchas cosas —dijo Publio a Marcio, que le escuchó sin dejar de mirar la escena, pero comprendió que el cónsul buscaba una explicación rápida a lo que acontecía en la representación.

—El *miles gloriosus*, el soldado fanfarrón —empezó Marcio—, ha sido apresado mientras intentaba cometer adulterio con la mujer de ese hombre cuyo cocinero amenaza con castrar al soldado por pretender a la mujer de su señor.

—Entiendo —respondió Publio asintiendo; sí que parecía ser algo brutal la obra; el comentario de Icetas no parecía tan exagerado viendo la representación en directo... pero la mente de Publio retornó a los problemas de la guerra y, mientras Plauto suplicaba en medio del escenario para salvar los órganos de su virilidad ante un enfervorecido público, se volvió hacia el otro lado y habló en voz baja a Lelio—. Debes marchar a África, Lelio. Tenemos que acelerar el desembarco y necesito que explores la costa en busca del lugar adecuado para desembarcar con una flota de casi quinientos barcos. Llévate legionarios de la V. Yo marcharé a Locri con la VI.

Lelio dejó de mirar al escenario, meditó y, con el ceño cubierto de arrugas, planteó una alternativa.

—¿No sería mejor que fueses a Locri con la V? Son más leales.

—No. Es la VI la que debo llevarme a Locri, con Macieno y Sergio Marco incluidos. Tú búscame una bahía en África y, si es posible, haz alguna incursión para atemorizar la región. Debemos alimentar el miedo de Cartago a nuestra llegada.

—Pero juntar a Macieno y Marco con Pleminio puede ser peligroso —insistió aún Lelio.

—Seguramente, seguramente —concedió Publio de modo misterioso, pero con una firmeza que no dejaba lugar a más debate.

Lelio calló y asintió. Los dos volvieron a concentrar su atención por un momento en el escenario. Plauto, en su papel de *miles gloriosus*, se había librado de ser castrado en público humillándose ante sus enemigos, que no dejaban de reírse de él y, junto con ellos, todo el público. Plauto está tumbado en la escena, de lado, hecho un ovillo, casi llorando. Los legionarios de la V y la VI, al fin, ceden en sus carcajadas y callan. Parece que, por un instante, sienten hasta pena del pobre fanfarrón del que todos han hecho mofa durante toda la representación. Plauto se levanta despacio y mira a un lado y otro del escenario con los ojos nerviosos mientras extiende sus lamentos por todos los rincones de la escena.

—*Vae misero mihi! Verba mihi data esse uideo...* [¡Ay, mísero de mí! Ya veo que me han engañado. Maldito Palestrión. Él me metió en este engaño. Creo que me lo merezco. Si se hiciese igual con todos los adúlteros habría menos adúlteros; pues tendrían más miedo y menos ganas de meterse en estos lances. Vayamos a casa.] —Y se calla y mira hacia el público y se agudiza el silencio en todo el gran teatro de Siracusa, se queda inmóvil e inspira fuerte y grita con toda la potencia de su voz—. *¡Plaudite, plaudite, plaudite...!* [¡Aplaudid, aplaudid, aplaudid...!]

Y como un resorte, todos los legionarios de las legiones V y VI de Roma juntan sus manos y aplauden atronadoramente haciendo que las *cavea* del teatro de Siracusa tiemblen con el estruendo de sus palmadas.

56

Locri

Locri, sur de Italia, verano del 205 a.C.

Publio se ajustó el *paludamentum* para abrigarse. La noche era extrañamente fresca para aquellas latitudes del sur de Italia entrados ya en el verano. Había cenado poco. Quizá fuera eso. Sus hombres, sin embargo, fueron alimentados con una doble ración de gachas de trigo y carne seca de cerdo. Los necesitaba fuertes. Era la primera vez que los hombres de la VI iban a entrar en combate desde la derrota de Cannae. Para Silano y Mario, que le acompañaban en aquella incursión para reconquistar Locri, todo aquello era un error y, una vez puestos a meterse en aquella aventura, así habían denominado la campaña de Locri, habían insistido, al igual que hizo Lelio en el teatro, que habría sido mejor haber contado con los hombres de la V. Pudieran llevar razón. Sólo el pretor Pleminio y sus hombres parecían contentos de todo aquello. Esperaban sacar botín y gloria de todo aquello.

Publio se sentó en un tronco abatido por un rayo. Desde allí, gracias a la altura de la colina sobre la que se encontraba y a la luz de la luna creciente, podía observar con detalle las murallas de la ciudadela de Locri que debían conquistar aquella misma noche. Traerse a la V. Sí, seguramente, pero Lelio ya se había llevado a parte de la V para la misión de reconocimiento de las costas africanas para cuando le entraron al propio Publio las dudas sobre su complejo plan y traerse al resto de la V dejando a toda la VI con los conflictivos Marco y Macieno en Siracusa no era de su agrado. Por eso, definitivamente, se había reafirmado en su idea inicial, y había viajado a Locri con gran parte de los manípulos de la VI, aunque reforzó el contingente de tropas con soldados procedentes de sus voluntarios itálicos, completamente leales a su voluntad. Además, si Locri resultaba una conquista fácil, los legionarios de la VI empezarían a confiar más en él mismo, en Publio Cornelio Escipión, y dejarían de escuchar las insidias de Sergio Marco y Publio Macieno, pero era verdad que desde la colina Publio estaba detectando ciertos problemas en su gran plan: Locri era una ciudad que se extendía por un valle rodeado por dos mesetas encima de las cuales se habían levantado dos imponentes fortalezas. La idea era conquistar mediante traición uno de aquellos dos fortines, pero incluso si eso salía bien, quedaría el segundo por conquistar y éste debería ya de ser tomado a fuerza de sangre y fuego. ¿Estarían los hombres de la VI a la altura?

Mario Juvencio se acercó al general y le indicó con el dedo un punto del horizonte oscuro de la noche. Publio alzó la mirada que, distraídamente, absorto en su mundo de dudas y decisiones confusas, había bajado hasta hundirla en la hierba bajo sus pies. En la distancia, el cónsul de Roma vio una luz intensa moviéndose de lado a lado en lo alto de las murallas de la ciudadela.

—¿Es la señal? —dijo Mario en voz baja, como inseguro, buscando la confirmación de su general antes de atreverse a lanzar un ataque.

—Es la señal —confirmó con serenidad y voz más firme Publio. No dijo más. Mario habría preferido que el general se hubiera mostrado más cauto o inseguro y así poder retrasar el ataque. Se retiró unos pasos caminando hacia atrás y llegó junto a Silano, que esperaba igual de nervioso que él.

—¿Qué hacemos? —preguntó Silano a Mario.

—El general dice que es la señal.

Silano suspiró y a continuación escupió en el suelo.

—Sea entonces, por todos los dioses —añadió—. Vamos allá.

Ambos tribunos descendieron de la colina y fueron al encuentro de los centuriones Sergio Marco y Publio Macieno y los legionarios de la VI.

Publio permaneció en la colina rodeado de sus *lictores*. Desde allí se veía la masa de soldados avanzar hacia la ciudadela como una enorme serpiente oscura que ascendía lenta pero decidida hacia los pies de la muralla.

Sergio Marco y Publio Macieno tampoco tenían confianza en

aquella empresa pero no habían dicho nada a sus hombres. Esperaban que el duro encuentro con la cruda realidad, acompañada de dolor, sangre y muerte, les hiciera entender que estaban bajo las órdenes de un loco. La rebelión sería mucho más fácil tras un infructuoso y estúpido ataque nocturno. Sergio Marco veía a sus hombres con cuerdas y escaleras preparadas para la ocasión como si se tratara de niños estúpidamente ilusionados en una excursión al campo de Marte por primera vez. Sin dificultad alcanzaron el pie de las murallas, pero cuando tanto él como el propio Publio Macieno habían considerado que empezarían todos los problemas, en lugar de pez hirviendo, o flechas o lanzas o piedras, de lo alto de los muros sólo llovieron escalas que caían desenrrollándose por toda la extensión de aquellas altas paredes. Por ellas treparon sus hombres sin encontrar ninguna oposición, para ser recibidos arriba por ciudadanos de Locri, amigos de la causa romana, que les indicaban dónde estaban los puestos de guardia cartagineses, quienes, incautos, los habían cedido a aquella hora de la noche, para que vigilaran a unos ciudadanos que no pensaban en otra cosa sino en traicionarles. Sergio Marco y Publio Macieno asisitieron impotentes a la carnicería que con tremenda facilidad llevaban a cabo sus hombres entre los desprevenidos y durmientes centinelas africanos. Además, cuando alguno de los púnicos quedaba herido era rematado con saña por los locrenses. En poco tiempo toda la ciudadela estaba en sus manos y los cartagineses que habían acertado a reagruparse, en lugar de dar batalla optaron por huir abriendo una de las puertas de la fortaleza y buscando refugio en la otra ciudadela de Locri, todavía bajo su poder. Con la luz del amanecer, Marco y Macieno presenciaron la entrada triunfal de Publio Cornelio Escipión en aquella ciudadela liberada y reconquistada. Los legionarios de la VI, los soldados de Pleminio y los voluntarios itálicos le aclamaban.

—Esto ha sido un desastre para nuestros fines —comentó Macieno a Marco en voz baja mientras el general desfilaba triunfante entre los legionarios por las calles de aquella fortaleza.

Marco se mostro frío en su respuesta.

—El trabajo está a la mitad. Queda la otra ciudadela y los cartagineses ya no se verán sorprendidos por más traiciones. ¿Has visto estas murallas o las de la otra ciudadela? Será imposible tomarlas. Veremos cómo de agradecidos están los hombres cuando empiecen a caer uno tras otro y sus cadáveres se apilen bajo las murallas dominadas por los cartagineses del otro fortín. Veremos entonces. Por todos los dioses. Veremos.

Y se alejó ensimismado y maldiciendo, mientras Macieno ponderaba el alcance de aquella premonición.

Pasados unos días, Publio Cornelio Escipión miraba con gesto de preocupación cómo retiraban los últimos heridos bajo las lanzas púnicas de la ciudadela que los cartagineses aún preservaban junto a Locri. Todo empezó bien, muy bien, demasiado bien, con la caída en una noche de la primera fortaleza, pero ahora llevaban más de una semana atacando sin cesar el otro fuerte amurallado y todos los intentos no sólo habían sido completamente infructuosos, sino que habían diezmado las tropas que había traído para la misión. Además, los heridos se contaban ya por centenares. La misión comenzaba a complicarse más allá de lo imaginable. Todo lo contrario de lo que le había sucedido a Lelio en África. Habían llegado informes muy positivos desde Siracusa: Lelio había desembarcado en las costas africanas, en Hippo Regium, y desde allí había asolado los territorios próximos, saqueando, minando las defensas cartaginesas en la región y acumulando un sustancioso botín de guerra con el que impresionar al Senado de Roma. Y no sólo eso, sino que Lelio había aprovechado para entrevistarse con el impetuoso príncipe númida Masinisa, quien había reiterado su promesa de ayudar a los romanos cuando éstos desembarcaran con todas sus tropas en África. Más aún. Masinisa estaba impaciente por la llegada de Escipión y sus legiones. Según dejaba entrever Lelio en su informe, parecía que el joven númida sólo reprochaba la tardanza de los romanos por atacar África.

Publio exhalaba el aire despacio. Buscaba un sosiego que no podía encontrar. Quizá todos tuvieran razón y se había equivocado al ir a Locri. Sólo estaba retrasando la campaña de África que era lo realmente sustancial y encima la resistencia de los cartagineses en la segunda ciudadela estaba transformando aquel ataque en una carnicería. Publio había buscado reforzar la moral de sus tropas con una victoria fácil y, sin embargo, se estaba encontrando con una larga y lenta sangría. Era cierto que entre sus objetivos al atacar Locri había algo más que buscar una fácil victoria, pero para conseguir llevar a buen fin todos sus planes la victoria completa en Locri era necesaria. Tenía que conquistar aquella segunda fortaleza y tenía que hacerlo pronto, antes de que se complicaran más la cosas y Sergio Marco y Publio Macieno azuzaran la rebelión. Esto no había ocurrido ya por haberse traído también los hombres de Pleminio y parte de los voluntarios itálicos, cuerpos de ejército sobre los que el ascendente de los centuriones de la VI era nulo, pero si la carnicería perduraba, las insidias de Marco y Macieno pronto impregnarían las almas de los hombres de Pleminio, tropas poco acostumbradas a la lucha. Sólo le quedaría entonces la lealtad de Silano y Mario y la de los voluntarios de Italia. Publio empezó a considerar la posibilidad de construir una torre de asedio aunque aquello retrasara el ataque final, pero mantendría a los hombres ocupados con un objetivo definido y si levantaban una empalizada alrededor de la ciudadela cortarían toda fuente de suministros a los asediados. Publio era consciente de que por la noche los púnicos habían hecho salidas de aprovisionamiento que sus hombres no habían acertado siempre a impedir por completo. Aquellos cartagineses eran guerreros bastante más curtidos en el arte de la guerra y la lucha por la supervivencia que sus legionarios de la VI. Los púnicos habían luchado en Hispania durante años y habían tenido al mejor de los generales muchos años: Aníbal.

Publio escuchó los cascos de un caballo ascendiendo hacia la colina en la que se encontraba frente a la ciudadela púnica. Junto con él, Silano, Mario y un nervioso Pleminio aguardaban órdenes con las que dar continuidad al ataque sobre la fortaleza. El cónsul de Roma se giró y vio a un legionario sudoroso y cubierto de polvo desmontando de un caballo agotado. Era uno de los exploradores que Publio mandaba siempre para recorrer el territorio próximo allí donde fuera que estuviera realizando acciones militares. Le gustaba estar informado de todo lo que ocurría en las regiones próximas, para evitar sorpresas. Igual que aquellos púnicos, él también había aprendido a guerrear con cierta destreza.

El jinete se aproximó al cónsul pero los *lictores* se interpusieron en su camino.

—Dejadle pasar. Es de los nuestros. Es de confianza.

El explorador pasó por el estrecho pasillo que le abrieron los escoltas del cónsul.

—Saludo al cónsul de Roma, Publio Cornelio Escipión... —Tomó aire; jadeaba; llevaba horas cabalgando sin parar—. Aníbal, mi general... viene Aníbal... con todo su ejército.

Y no pudo más y se dobló apoyando sus manos en las rodillas para recuperar el aire.

Silano y Mario se miraron con sorpresa y cierto temor. Y Publio percibió una sensación similar entre sus *lictores* y aún mucho más nítida en la faz del pretor Pleminio. Publio guardó un segundo de silencio que empleó en ordenar sus ideas. Lo de la torre de asedio acababa de desvanecerse. Ahora eran otras las prioridades. Sergio Marco y Publio Macieno, como buitres que olfatean la catástrofe, ascendían por la colina. No se les había pasado por alto la estela de polvo que el galope del caballo de aquel explorador había levantado en el horizonte. Aquel legionario, en su afán de servirle bien y rápido, había levantado el polvo del miedo que pronto salpicaría a todos los hombres de su pequeño ejército desplazado a Locri.

—¿A cuantós días está Aníbal de aquí? —preguntó Publio.

El explorador se reincorporó, ya con el aliento más sosegado.

—Dos días, tres a lo sumo. Llevo cabalgando toda la noche sin parar, pero la mayor parte de sus tropas son de infantería, aunque la caballería númida podría adelantarse y alcanzar Locri mañana.

Publio vio cómo Marco y Macieno llegaban a lo alto de la colina. Sus miradas inquisitivas buscaban saber cuál era el problema.

—De acuerdo —continuó Publio—. Me has servido bien, explorador —y se dirigió a uno de sus *lictores*—, que den de comer y beber a este hombre, vino si lo desea y buena comida y que se le permita descansar en la fortaleza que dominamos; bajo techo y en un buen lecho. —Luego Publio se volvió hacia Mario, Silano y Pleminio, pero antes de que pudiera hablar, mientras el explorador se retiraba, se escuchó la voz de Sergio Marco desde detrás de los *lictores* que les impedían aproximarse más al cónsul.

—¿Qué ocurre, cónsul? Tenemos derecho a saber si hay un problema.

Aquellas palabras eran merecedoras de un castigo pero Publio, mientras se giraba hacia el centurión de la VI, cruzó sus ojos con la mirada tensa y agobiada de Pleminio, recordó sus planes iniciales y, como un destello, vio con nitidez confirmada la única forma en la que ahora podría ejecutarlos.

—Dejad pasar a los centuriones de la VI —dijo el cónsul. Una vez más los *lictores* se retiraron. Marco y Macieno se acercaron despacio.

Publio Cornelio Escipión, cónsul de Roma, explicó con concisión lo que ocurría a Sergio Marco y Publio Macieno.

—No ocurre nada especial en una guerra. Los sitiados han pedido ayuda y Aníbal acude con todo su ejército de veteranos y la caballería númida para ayudarles. Estarán aquí en dos días. Eso es lo que ocurre, Sergio Marco.

El general se quedó mirando a los centuriones con intensidad. Sergio Marco tragó saliva. Estaba confuso. Debería alegrarse porque aquélla era una catástrofe aún mayor de la que nunca podía haber imaginado y, algo curioso, en lugar de alegría, sentía un frío gélido que le helaba las venas. Aníbal. Venía Aníbal. Pese a todo guardó la compostura y soltó aquello que tenía pensado decir.

—Por Hércules, esto no es bueno. Deberíamos retirarnos ahora que estamos a tiempo.

—¿Retirarnos? —preguntó Publio despacio mientras rodeaba a Sergio Marco y le miraba girando muy despacio la cabeza—. ¿Quieres decir que los hombres de la VI legión de Roma vuelvan a retirarse ante el ataque de Aníbal tal y como ya hicieron en Cannae y por lo que sufieron años y años de destierro? ¿Es ésa la gran idea del gran Sergio Marco?

El interpelado dudó unos segundos pero se reafirmó.

—Debemos marcharnos. No como en Cannae. Debemos marcharnos antes de que Aníbal comience a masacrarnos. Eso debemos hacer.

—Comprendo —dijo Publio; se frenó en su recorrido alrededor de Marco, levantó la cabeza y habló a gritos y escupiendo saliva y bilis con cada palabra—. ¡Pues escúchame, especie de miserable rata de río inmunda! ¡Por todos los dioses que no nos vamos a retirar! ¡Mientras yo esté al mando, los hombres de las legiones V y VI de Roma nunca, nunca, nunca volverán a replegarse ante la llegada de Aníbal! ¡Ese y no otro fue el principio de todos nuestros problemas y eso va a empezar a cambiar a partir de hoy mismo! ¡Tú no eres más que un centurión, un centurión que por cierto no cumple las órdenes recibidas y cuya incompetencia será juzgada por mí próximamente, y que los dioses se apiaden de ti cuando mi ira se desplome sobre ti y tu estupidez! —Sergio Marco retrocedía y junto con él Publio Macieno le acompañaba, andando los dos hacia atrás. Publio caminaba hacia ellos. Su rostro encendido por la furia, una furia que Silano y Mario recordaban en su general cuando éste se lanzó a luchar cara a cara contra los amotinados de Sucro, una furia que el pretor Pleminio desconocía y que le dejó perplejo. El general continuó aullando ante los cada vez más encogidos Marco y Macieno—. ¡Ahora marchaos de aquí y ocupaos de cumplir mis órdenes: trepad por esas malditas murallas y abridme las puertas de esa ciudadela de una maldita vez! ¡Y de Aníbal ya me ocuparé yo, porque por eso vosotros sólo sois unos míseros centuriones de una legión maldita por todos y olvidada por Roma y yo, sin embargo, soy cónsul de Roma! ¡Ya me ocuparé yo de Aníbal y de detenerle como hice en Tesino o como hice con su hermano y sus generales en Hispania! ¡Ahora desapareced de mi vista y hacedlo a buen paso! ¡O por los dioses que ordenaré que os ensarten como a dos jabalíes recién cazados!

Sergio Marco y Publio Macieno se dieron la vuelta y a paso de marchas forzadas descendieron colina abajo. En lo alto de la misma, Publio, más sosegado de ánimo, se volvió hacia Silano, Mario y Pleminio.

—Que salgan mensajeros hacia Siracusa en barco. En dos, no, en tres embarcaciones distintas para asegurarnos de que lleguen las órdenes. Hay que decirles a Marcio y Lelio que vengan en barco lo antes posible con el resto de la VI y con la V legión al completo y con un tercio más de los voluntarios itálicos. Que vengan también Terebelio y Cayo Valerio y Sexto Digicio y el propio Lelio. Que se quede Marcio al mando de Siracusa con el último tercio de voluntarios y las tropas que ya se encontraban allí. Parece ser que las «legiones malditas» se enfrentarán a Aníbal antes de lo previsto.

Silano dudó pero asintió y marchó hacia la ciudadela que dominaban para organizarlo todo. Mario fue a acompañarle pero se detuvo. Mario había sido el hombre que años atrás anunció al joven cónsul la muerte de su padre y su tío. Por eso siempre Publio Cornelio había sido especialmente afectivo con él y le había permitido una proximidad que sólo le había concedido a Lelio, sobre todo al Lelio de antes de Baecula.

—Mi general —empezó Mario en voz baja—, esto puede acabar mal. Los hombres de la V y la VI aún no están preparados para volver a enfrentarse a Aníbal.

Publio no se alteró.

—Eso que dices es cierto, pero tampoco puedo permitir que los hombres de la VI retrocedan ante Aníbal. Eso nunca volverá a ocurrir. Si han de morir, moriremos todos, pero las «legiones malditas» ya nunca retrocederán, esas palabras no son retórica —Publio escudriñó el rostro serio de Mario y el muy pálido de Pleminio, el pretor de Rhegium, y decidió añadir algo más—; pero enviaremos mensajeros también al cónsul Craso y a Metelo, para que sepan de los movimientos de Aníbal. Nosotros seremos el cebo. Las legiones de Craso y Metelo pueden coger a Aníbal por la retaguardia y así le tendremos rodeado. ¿Eso no suena tan mal, no, Mario Juvencio Tala?

Mario asintió, pero aún tenía dudas.

—Pero al traer las dos legiones de Siracusa estamos incumpliendo el mandato del Senado.

—Sin duda, Mario, pero para ser más precisos, estaremos incumpliendo el mandato que Quinto Fabio Máximo con sus ideas sobre esta guerra forzó en el Senado y con sus ideas esta guerra no ha hecho sino alargarse sin fin. Ahora tenemos una oportunidad, una oportunidad —repitió el cónsul con énfasis— y la utilizaremos. La utilizaremos. Y no se hable más de este asunto.

Mario se llevó el puño derecho al pecho, dio media vuelta y desaparecio entre los *lictores*. Pleminio, sacudiendo la cabeza de un lado a otro, le siguió. Había buscado botín con una victoria fácil y se había metido en la boca del lobo con un general loco por jefe.

Publio Cornelio Escipión se volvió de nuevo hacia la ciudadela dominada por los cartagineses. Qué pequeño parecía ahora aquel objetivo. El cónsul de Roma miró al cielo y cerró los ojos. Existía la penosa posibilidad de que Craso y Metelo, por envidia o por rencor, o por ambos motivos juntos, decidieran no mover sus legiones y dejar que Aníbal masacrara a las legiones V y VI de Roma y con ellos a su impetuoso cónsul, pero Publio confiaba en la ambición de aquellos generales romanos: una posible victoria sobre Aníbal debería empujarles por encima de sus envidias. ¿O no? Si fuera Fabio Máximo abriría los ojos y buscaría en el vuelo de las aves desentrañar los designios de los dioses, pero como no era augur, Publio se mantuvo en aquella posición y rezó, rezó intensa y vehementemente a Júpiter todopoderoso, a Marte, el dios de la guerra, y a Minerva, que siempre había protegido a Roma y guiado los pasos de aquel pobre y humilde cónsul. No solía rezar en privado, sino en público, ante sus tropas, ante el pueblo, ante el Senado, pero aquélla era una ocasión especial. Aquel día, por primera vez en mucho tiempo, desde la muerte de su padre y su tío en Hispania, aquella tarde, con la próxima llegada de Aníbal, con las legiones V y VI divididas y mal preparadas, en aquella ocasión, Publio se sentía desesperado, desamparado y, aún distanciado de Lelio, profundamente solo.

Lelio se encontraba en la proa de la veloz *trirreme*. Estaba anocheciendo, pero una creciente luna y un cielo sin nubes les ayudarían en la navegación nocturna mientras rodeaban la costa más al sur de Italia rumbo a Locri. Tenían que llegar antes del amanecer o las tropas de

Aníbal dificultarían el desembarco primero y luego la unión con los legionarios de Publio en la ciudadela. No hacía ni venticuatro horas desde que habían recibido el mensaje del cónsul pidiendo que embarcaran al resto de la VI y a toda la V legión y más voluntarios itálicos para unirse con él en Locri ante la inminente llegada de Aníbal. Una vez más Aníbal. Aquello, sin duda, no estaba en los planes del cónsul. ¿O sí? Hacía tiempo que la amistad de tantos años no se veía coronada con el adorno de la confianza ciega y Publio no compartía con él sus planes últimos para cada campaña, aunque luego recurría a él siempre, pero sólo como una herramienta más de su estrategia. Lelio escudriñaba el horizonte marino oscuro mientras pensaba. Él había encontrado consuelo en la joven Netikerty, pero ¿y Publio? Emilia, seguramente, Emilia sería ahora su mejor confidente. Una gran mujer. Pero aun así, ¿cuánto sabía ella de cómo llevar una campaña militar? Las cosas no se habrían complicado tanto si Publio le hubiera consultado. Marcio, Mario, Terebelio, Digicio, Silano, incluso el Valerio de la V, todos eran leales, pero Lelio sabía que Publio tampoco mantenía con ninguno de ellos la misma relación que tuvo con Lelio en tiempos, como cuando le confesaba los auténticos planes para conquistar Cartago Nova. Aquéllos fueron los mejores tiempos. Ahora, sin embargo, el cónsul, impetuoso como siempre, no tenía nadie que le recondujera en sus impulsos. Y pese a todo había conseguido el consulado y luego el mando de Sicilia y el permiso para lanzarse sobre África y hasta había conseguido reclutar una notable fuerza de caballería sorteando los impedimentos del Senado, pero sin control, sin dejarse aconsejar, los había empujado a todos a un enfrentamiento contra Aníbal con unas tropas faltas aún de moral y de adiestramiento y, lo peor de todo, en terreno itálico, contraviniendo el mandato del Senado: Italia era para Craso y Sicilia y África para Publio; y contraviniendo su propio plan de llevar la guerra a África. Ahora tenían que conseguir llegar y desembarcar durante la noche para incorporarse a las fuerzas romanas de Rhegium y de la VI en la ciudadela de Locri que dominaba Publio. Y mañana debían enfrentarse a Aníbal: si caían derrotados sólo les aguardaba la muerte o el tormento si eran apresados; y si, contra toda posibilidad, conseguían una victoria, Publio se vería negado de poder disfrutarla al hacerlo contra el mandato del Senado. Lelio sonrió. Nadie había derrotado a Aníbal, al menos de forma clara. En general, todo era una larga sucesión de derrotas infames ante el ejército del general cartaginés, algún empate quizá, y Claudio Marcelo, el único cónsul que había conseguido hacer huir a Aníbal en alguna ocasión, había sido abatido luego por los mercenarios del cartaginés en una emboscada que éste le tendió. Bueno, sí, quedaba el enfrentamiento entre Fabio Máximo y Aníbal, que se saldó con empate. Pero con empates sólo nunca se conseguiría que Aníbal abandonara Italia. Era todo demasiado complicado y confuso. Aquí era donde Lelio se perdía. Él podía leer con nitidez el desarrollo de una batalla, pero no la lenta progresión de una guerra cada vez más larga y dolorosa para todos. Ahí, no obstante, era donde Publio emergía siempre sin dudas, con decisión, diciendo a todos lo que se tenía que hacer y todos le seguían. Así conquistó Cartago Nova y luego toda Hispania. Hace unos días le dijo que fuera a África de reconocimiento y que él marcharía sobre Locri con parte de la VI, parte de los voluntarios y los hombres del pretor Pleminio de Rhegium. Lo dijo con la misma seguridad de siempre. En África todo marchó bien, mejor de lo que había esperado, pero Locri era un hervidero, un sinsentido hacia el que todos juntos navegaban sin freno.

Los jinetes númidas cabalgaban alrededor de la fortificación de Locri donde se habían refugiado todas las tropas romanas.

—¿Cuántos son? —preguntó Sergio Marco al resto de los oficiales que se habían encaramado junto al cónsul en lo alto de la muralla.

—Varios miles —contestó secamente Silano.

—Unos tres mil —confirmó Mario.

—La mejor caballería del mundo —añadió el cónsul—, pero la caballería vale para combatir en campo abierto, por eso nos refugiaremos aquí, dentro de la ciudadela. Además, los númidas son sólo la avanzadilla del ejército de Aníbal.

Mario y Silano no entendían la actitud del cónsul. Era como si Publio se regocijara en incrementar el temor ya de por sí muy grande de Sergio Marco y Publio Macieno, un miedo que no dudarían en compartir con las tropas de la VI y, en consecuencia, un pánico que se apoderaría de todos los legionarios en cuanto aquellos centuriones descendiesen de la muralla. Y de Pleminio, oculto por alguna esquina de la fortaleza, se podía decir otro tanto.

Aún no había terminado el cónsul de pronunciar aquellas palabras cuando los rayos del sol de la tarde que se arrastraban por la tierra del Bruttium iluminaron la silueta de centenares, miles de soldados que emergían desde detrás de las colinas que rodeaban el valle de Locri.

—¿Aníbal? —preguntó en voz baja Publio Macieno.

—Aníbal —confirmó Mario, y luego miró al cónsul como dudando de si había hecho bien en confirmar lo que por otro lado era evidente, pero el joven general no parecía estar escuchando la conversación que tenía lugar entre sus oficiales. Sus ojos se perdían en la aún lejana maraña de soldados iberos, galos, africanos, renegados de Roma, esclavos liberados y cartagineses que, al mando del temible Aníbal, avanzaba hacia ellos.

—¿Ha venido con todo su ejército? —preguntó una vez más Sergio Marco.

Mario asintió en silencio y fue el cónsul el que habló esta vez, pero no sobre lo que preguntaba Marco.

—¿Cuántas catapultas hay en la fortaleza?

—Dos en buen estado y dos más que necesitan ser reparadas —respondió el siempre eficiente Silano.

—Pues que las reparen rápido. Nos harán falta —continuó el cónsul—. Y las dos que están bien, que las dispongan detrás de la puerta, a unos cincuenta pasos. Ése es el punto más débil de esta ciudadela. Atacarán por ahí primero y luego por todas partes.

Mientras hablaba el cónsul, los jinetes númidas, que hasta ese momento se habían limitado a cabalgar alrededor de la ciudadela, empezaron a aproximarse en pequeños grupos y a arrojar lanzas hacia lo alto de las murallas. Eran hábiles y la mayoría de las mismas sorprendió a los romanos porque pasaban por encima de las almenas cayendo sobre la ciudad como una lluvia intermitente de dardos mortales. Muchas no daban en blanco alguno, pero unas decenas se clavaron en legionarios que no esperaban un ataque tan fulgurante. Los gritos de los que eran atravesados sobrecogieron el alma de todos en la pequeña fortificación de Locri. Pleminio, el pretor de Rhegium, ascendió la muralla buscando al cónsul. Llegó aullando y escupió a los *lictores* que le impidieron acercarse hasta el general y sus oficiales.

—¡Por Hércules! ¿Qué hacemos aquí dentro con todas las tropas en lugar de salir y acabar con esos malditos númidas?

A una señal de Publio, los *lictores* dejaron pasar al pretor. Éste avanzó hacia el cónsul con el rostro rojo de ira cuando sus ojos se percataron del ejército de Aníbal aproximándose hacia la ciudad. Eran más de veinte mil hombres, más la caballería númida que los acosaba. En la ciudadela, entre las tropas de la VI y los voluntarios desplazados por el cónsul y los hombres del pretor no habría más de seis mil hombres. Pleminio se quedó petrificado ante el inmenso ejército cartaginés, cada vez más próximo.

El cónsul respondió al pretor con tranquilidad.

—Cuando tú quieras, Pleminio, tienes mi permiso para salir con tus hombres de Rhegium y enfrentarte a Aníbal. Por mi parte, mis hombres y yo mismo nos quedaremos aquí dentro y esperaremos al resto de las tropas que he mandado traer de Siracusa. Pero si tú tienes prisa en salir, no seré yo quien te lo impida.

Pleminio guardó silencio. Todos callaban. En otro momento y circunstancia, Mario y Silano se habrían reído, pero la situación era demasiado grave para chanzas, aunque el cónsul parecía muy seguro de tenerlo todo controlado.

—Que retiren a los heridos y que habiliten un lugar en el centro de la fortaleza donde cuidarlos. He traído a nuestro mejor médico con nosotros. Él se ocupará de organizarlo todo. —El cónsul daba órdenes con la serenidad manifiesta de quien está acostumbrado a hacerlo desde hacía mucho tiempo; todos le escuchaban—. Los hombres de Pleminio, si no tienen interés en salir, que defiendan desde el interior. Que se encarguen de las catapultas y de proteger la puerta. La mitad de ellos en esas funciones. La otra mitad que descanse refugiándose de las lanzas y las flechas. Tendremos que hacer turnos para defendernos. La VI —continuó dirigiéndose a Sergio Marco y Publio Macieno— que se divida también en dos grupos. Un primer contingente a las murallas y el otro que descanse para ser el relevo durante la noche.

Los centuriones de la VI asintieron y se alejaron sin sus habituales impertinencias. Rodeados por el ejército de Aníbal no era el momento de mostrarse locuaces ni de promover una rebelión. Al menos no hasta ver cómo se desarrollaban los acontecimientos de aquel asedio.

Silano se acercó al cónsul y le habló en voz baja.

—Habíamos venido para asediar y ahora somos los asediados. —Pero lo dijo sin traslucir reproche en sus palabras, como quien reflexiona entre dientes.

—Así es, Silano —le respondió el cónsul—. Así es. La guerra con Aníbal siempre está llena de sorpresas. Es difícil saber cuáles serán sus reacciones o sus movimientos, pero lo importante ahora es resistir su embestida y confiar en que se sienta lo suficientemente seguro por su superioridad numérica como para no cercarnos por la noche. De esa forma podremos abrir las puertas y dejar que Lelio y sus tropas se unan a nosotros antes del amanecer.

—¿Llegará Lelio a tiempo? —preguntó Mario.

Publio Cornelio Escipión se giró hacia Mario y le miró como quien mira a alguien que ha dicho algo absurdo.

—Lelio llegó a tiempo en Tesino y en Cartago Nova. Llegará a tiempo también en Locri. Siempre lo ha hecho.

Mientras hablaban, Aníbal había dispuesto a todas sus tropas en formación de ataque: iberos y galos al frente, africanos y púnicos tras ellos. La caballería númida, una vez retirada de las murallas en un ala, y el otro extremo, otro fuerte contingente de caballería cartaginesa, aunque algo más escaso en número.

—¿Qué espera para lanzar el ataque? —preguntó Silano.

—Nada —dijo el cónsul y, al pronunciar aquella palabra, los mercenarios hispanos y galos se lanzaron al ataque con un enorme vocerío. No llevaban escalas, sino lanzas, flechas y espadas.

—Tenemos que resistir este primer ataque. Aníbal sólo busca desmoralizar a nuestros hombres. No ha reunido aún material de asedio. Eso lo hará en los próximos días con ayuda de los cartagineses de la otra fortaleza y de todo aquello que pueda coger de la ciudad. Ahora tenemos que resistir.

El cónsul tuvo que terminar su comentario elevando su voz con gran potencia para hacerse oír por encima de los alaridos irrefrenables de los iberos y galos que cargaban contra los muros de Locri arrojando lanzas y flechas en llamas por encima de las almenas y contra la puerta de la fortaleza.

—¡Aseguraos de que se apague el fuego de la puerta! —gritó el cónsul—. ¡Lo demás no importa, pero por todos los dioses, asegurad la puerta!

Lelio veía cómo la costa itálica se dibujaba en la negrura de la noche. Aún les quedaban varias horas de navegación y el viento había amainado.

—¡Remad con más fuerza! —espetó a los oficiales de la *trirreme*. Los marineros redoblaron sus esfuerzos para compensar las velas inútiles desinfladas ante la ausencia de viento—. ¡Remad, remad, remad! ¡Por Hércules! ¡Hemos de llegar esta noche! —y luego sin gritar ya, para sí mismo, a la vez que se volvía hacia la proa—, hemos de llegar esta noche, esta noche...

En el silencio de un mar sin olas y sin viento, el choque rítmico de los remos contra la superficie del agua de decenas de barcos repletos de soldados acompañó la mirada nerviosa de un preocupado y aturdido Cayo Lelio, abrumado por la responsabilidad a la que le ataba un juramento, proteger siempre a Publio Cornelio Escipión hasta el final de sus días, hasta que la muerte se llevara al propio Lelio por delante, *damnatus est*, le dijo Fabio Máximo. *Damnatus*. Sí. Maldito. Igual que aquellas legiones, igual que toda aquella guerra.

Aníbal contemplaba expectante el ataque de sus tropas. Era un tanteo. Sólo quería saber hasta qué punto pensaban resistir esos romanos. ¿Estaba Escipión realmente entre aquellos muros? Le costaba creerlo. Tenía asignada Sicilia. Eran Craso o Metelo los que debían haber atacado Locri. ¿Dónde estaban las legiones de Craso y Metelo? ¿Cuántos hombres había en la ciudadela dominada por los romanos?

Maharbal regresaba de la ciudadela dominada por los cartagineses y que había lanzado la llamada de auxilio a Aníbal.

—Tienen unos cinco mil hombres. Somos cuatro veces más que ellos por lo menos, si no más. Será cosa de tiempo que se rindan —explicó el jefe de la caballería púnica.

—¡Por Baal y Tanit, Maharbal! No tenemos tiempo para un asedio —respondió Aníbal—. Craso o Metelo pueden poner en movimiento sus legiones en dirección a Locri en cualquier momento. Tenemos que entrar en esa ciudadela antes de que lleguen. Sólo entonces podremos asegurar nuestra posición. La puerta parece el punto más débil. Mañana nos lanzaremos sobre ella. Al amanecer.

Una andanada de piedras llovió del cielo. Aníbal y Maharbal estaban hablando a unos doscientos pasos de la muralla, rodeados por una decena de soldados africanos. Varias piedras impactaron sobre tres de los guardias, uno en pie apenas a tres pasos de Aníbal. Los soldados africanos cayeron abatidos por el golpe mortal de las piedras. Sus cuerpos se retorcían de dolor mientras la sangre fluía por debajo de sus cascos abollados. Aníbal levantó la mirada hacia las murallas.

—Tienen catapultas. —Luego guardó un segundo de silencio y se volvió hacia Maharbal—. ¿Se ha confirmado la presencia de Escipión en la ciudadela?

Maharbal asintió al tiempo que respondía.

—Así es, mi general.

Aníbal volvió a mirar las murallas.

—Es raro que haya venido con sólo esos hombres...

—No esperaría que respondiésemos a su ataque trayendo todas nuestras fuerzas.

—Sin duda —concedió Aníbal mientras nuevas andanadas de piedras caían a su alrededor—. Nos retiraremos cien pasos, lejos del alcance de sus catapultas. Veremos cómo de firmes se muestran después de una noche apagando los incendios y amontonando heridos. Y que todos nuestros hombres se mantengan alejados del alcance de las catapultas. Que arrojen flechas en llamas y que se requise en la ciudad todo el material propicio para escalar esos muros. Y difunde entre todas las tropas que si mañana atrapamos a Escipión, vivo o muerto, habrá grandes recompensas para todos.

Aníbal dio media vuelta y se alejó de las murallas seguido por su guardia, que había sido reforzada por nuevos soldados que sustituían a los que acababan de caer. Maharbal se dirigió a la ciudad en busca del material que había solicitado el general. Mañana al amanecer derribarían la puerta de la ciudadela romana y entrarían a sangre y fuego. Se impondrían por la veteranía de sus hombres y por su tremenda superioridad numérica. Habría bajas, eso estaba claro, en todo asalto las había, pero la idea de cazar a Escipión, el general que había derrotado a los ejércitos de Asdrúbal y Giscón, era un gran aliciente y si encima el general prometía recompensas, todos, iberos, galos, númidas y los propios cartagineses, se mostrarían especialmente despiadados y crueles. Cuánto se alegraba Maharbal de no ser un romano bajo las órdenes de aquel joven cónsul de Roma que olía ya más a cadáver pasto de los buitres que a general de las legiones.

—¿Se sabe algo de Lelio? —Era Silano el que preguntaba a Mario Juvencio. Habían regresado a lo alto de la muralla después de una desmoralizadora inspección de la puerta de la ciudad.

—No, no sabemos nada. Ningún mensajero. Nada —respondió Mario—. Parece que se retiran.

—Nos dejarán dormir con nuestro miedo. —Silano hablaba con frialdad, pero incluso en su voz se dejaba entrever una creciente desazón.

—¿Y el cónsul? —preguntó Mario.

—Visitando a los heridos, que son muchos.

—Eso está bien.

—Sí, pero no resuelve nuestros problemas —sentenció Silano.

—¿Y no ha preguntado por Lelio?

—No.

—Es extraño —continuó Mario—. Yo supondría que debe de estar tan preocupado como nosotros, como todos.

—Es posible, pero se esfuerza en no aparentarlo. Lo único que les queda a nuestros hombres es la tranquilidad que da verlo caminando entre los incendios de los almacenes, dando órdenes, animando a unos, escuchando a los heridos... —Silano elaboraba sus pensamientos mientras los pronunciaba—. Es como si luchar contra Aníbal fuera algo normal para él. Todos estamos preocupados, tenemos al mayor de nuestros enemigos a quinientos pasos, con un ejército que nos quintuplica en número y nuestro cónsul se pasea por la ciudadela como si al amanecer estos muros fueran a resistir cualquier ataque. Y las puertas..., ¿has visto las puertas?

—Las puertas están en ruinas —confirmó Mario—. Los cartagineses han arrojado tantas flechas en llamas contra ellas que me sorprende que los hombres de Pleminio hayan conseguido apagar las llamas. No sé qué haremos mañana.

—¿Qué tendrá pensado?

—¿Aníbal? —inquirió Mario confundido.

—No, el cónsul.

Mario tardó unos instantes en responder. Se giró hacia el interior de la ciudadela. Escipión caminaba hacia ellos escoltado por los *lictores*.

—No lo sé, Silano, pero pronto podrás preguntárselo a él mismo.

En un minuto, el cónsul ascendió la muralla para reunirse con sus dos oficiales de confianza en Locri. Una vez con ellos miró hacia el campamento cartaginés.

—Se han retirado al fin —comentó Publio.

—Así es, mi general... —confirmó Silano, pero su voz quedó colgando; quería preguntar al cónsul sobre qué hacer al día siguiente, pero no sabía cómo hacerlo sin dejar traslucir su preocupación.

—Las puertas, ¿las habéis visto? —comentó Publio Cornelio Escipión a sus dos tribunos. Éstos asintieron—. No resistirán ni media hora. No nos queda más remedio que salir antes de que entren. Atacaremos al amanecer. Preparadlo todo para organizar una salida. Sólo nos queda usar el factor sorpresa. Los cartagineses no esperan que salgamos a campo abierto. Eso nos dará algo de ventaja.

El cónsul dio media vuelta y no hubo tiempo para hacer preguntas. Silano y Mario se miraron entre sí. Luego dirigieron su vista hacia el inmenso campamento de Aníbal. La sorpresa no sería suficiente para sobrevivir a todo el ejército púnico, ibero, galo y númida si la relación era de cinco a uno a favor del enemigo.

Todo estaba preparado para el combate. Aníbal desfilaba por delante de sus tropas dispuestas en formación de ataque a mil pasos de la ciudadela romana. Locri, la ciudad en litigio, se extendía a los pies de aquellas colinas como un testigo mudo a la espera de saber quién de los dos contendientes sería su nuevo dueño. En el otro extremo de la ciudad, las puertas de la ciudadela cartaginesa se habían abierto para dejar salir a sus soldados para unirse al gran ejército de Aníbal, el general temido por todos los romanos, que no había dudado en venir a rescatarlos del ataque nocturno del cónsul Escipión.

Aníbal ordenó que una avanzadilla de trescientos iberos ascendiera directo hacia la puerta cargados con más dardos incendiarios, lanzas y otras armas arrojadizas. En poco tiempo las llamas consumirían el endeble portalón de madera que daba acceso al corazón de la ciudadela. Por el agujero abierto en la protección de la fortaleza el resto de iberos y todos los galos entrarían en tropel y, una vez sembrado el desorden, miles de africanos se lanzarían a escalar unos muros desprotegidos al tener que combatir sus defensores en el interior. Luego vendría la matanza. Tenía curiosidad por encontrar el cuerpo del cónsul, el más joven cónsul que nunca Roma había elegido, y que, sin embargo, había derrotado en el pasado a su hermano Asdrúbal y también a Giscón. Lo de Giscón no le sorprendía. Aníbal no le tenía en gran valía, pero sí le sorprendía que, en Baecula, su hermano no hubiera podido detener el empuje de las legiones comandadas por ese Escipión. Podría él ahora cortar el dedo de la mano del cadáver del joven magistrado y extraer así otro anillo consular romano que añadir a su colección de trofeos que sus dedos exhibían orgullosos, junto con los anillos de Cayo Flaminio, Emilio Paulo y Claudio Marcelo. Anillos deslumbrantes que el general acariciaba con la otra mano mientras observaba cómo la avanzadilla de iberos se acercaba a la puerta de la ciudadela romana. Junto a esos anillos deslumbrantes, el anillo de plata remachado en una turquesa en el que Aníbal guardaba una dosis mortal de veneno parecía una pobre compañía para colegas tan majestuosos como víctimas de la soberbia o de la mala fortuna de sus anteriores amos.

Los iberos estaban a doscientos, ciento cincuenta, cien pasos de las puertas cuando varias andanadas de piedras y grava cayeron sobre ellos lanzadas desde las catapultas del interior de la fortificación. Una decena de guerreros fueron heridos y quedaron atrás, mientras sus compañeros seguían avanzando hasta situarse a escasos setenta pasos de las puertas desde donde arrojaron flechas y lanzas en llamas que se clavaban entre la vetusta madera de los portones de la ciudadela. El incendio empezó y los iberos iban a cantar victoria por haber alcanzado su objetivo con tan poca oposición justo en el instante en que las pesadas y heridas puertas se abrieron crujiendo por sus entrañas desencajadas y medio consumidas y envueltas en el fragor de las llamas y su calor abrasador. Al abrirlas, cada portón quedó bajo sendos andamios de madera, dispuestos al efecto, para que desde lo alto de los mismos arrojaran varios calderos gigantes de agua fresca que amortiguaron el efecto de las llamas en pocos segundos. Los iberos esperaban que las puertas fueran a cerrarse de nuevo una vez apagado el fuego por los romanos tras su hábil estratagema, por lo que sin pensarlo dos veces se lanzaron hacia la puerta abierta de par en par desenvainando sus sedientas espadas de doble filo. No habían alcanzado aún su objetivo cuando de entre el humo de los portones desvencijados emergió un torrente de legionarios armados con sus *pila,* protegidos por sus escudos, en perfecta formación, que los embistió con furia. El impacto de los hispanos con el inesperado enemigo que, contra todo pronóstico, salía a luchar fuera de las murallas, fue sangriento. Por un lado, los *pila* se abrieron camino entre las carnes desprotegidas de los valientes pero poco precavidos guerreros iberos y, por otro, desde lo alto de las murallas, lanzas y saetas romanas descendían afiladas y en tropel hacia el corazón de los iberos. Pese a todo, los guerreros traídos por Aníbal desde Hispania resistieron y habrían podido hacer regresar a los manípulos de legionarios que habían salido a luchar para defender la puerta, de no ser porque tras esos primeros manípulos emergieron, como escupidos por la ciudadela, más y más manípulos de legionarios, dos, tres, cuatro, seis, ocho, diez, más de trescientos legionarios ante ellos y seguían saliendo más y más, hasta el punto que se vieron rodeados por romanos en una acción tan rápida como inesperada que los hizo replegarse en un vano intento por escapar de aquella trampa mortal.

Aníbal lo contemplaba todo desde la distancia. Las puertas estaban abiertas, sí, pero ante ellas habían caído muertos más de doscientos de sus guerreros, una pérdida grave en aquella guerra en la que tanto le costaba conseguir refuerzos que apenas llegaban desde África y que ya no podían llegar más desde una Hispania que ese mismo Escipión que ahora le había sorprendido había conquistado cercenando sus fuentes de aprovisionamiento en la península ibérica.

Escipión salió con los últimos manípulos y a paso de marchas forzadas se puso al frente de sus tropas. Junto a él, Pleminio, sudoroso, asustado, a un lado y Mario y Silano al otro, encararon al ejército de Aníbal. Macieno y Marco estaban entre las unidades legionarias.

El general cartaginés les observaba no sin cierta sorpresa.

—Hay que reconocerle agallas a ese romano —dijo Aníbal.

—No tiene nada que hacer —respondió el jefe de la caballería cartaginesa—. Ha sacado todas sus tropas y ha conseguido sorprendernos, pero en cuanto empiece la batalla les masacraremos.

—Así es —dijo Aníbal, pero de pronto una duda le recorrió el cuerpo como si de un escalofrío se tratara—. ¿Sabemos algo de Craso o Metelo?

Maharbal comprendió lo que preocupaba al general.

—No se han movido de sus posiciones. Siguen a dos días de marcha al menos. Eso decían los últimos exploradores.

Aníbal asintió más tranquilo.

—Entonces no entiendo qué espera ese general romano —añadió mirando hacia la posición de Publio y sus oficiales.

Aníbal respiraba con profundidad. Aquel general romano ya se había cruzado con él en el pasado; cierto que entonces no era cónsul, sino apenas un muchacho, en Tesino y Trebia, o un joven tribuno en Cannae. Luego supo de aquel Escipión por sus batallas en Hispania: la conquista de Cartago Nova, su victoria en Baecula sobre Asdrúbal y luego la batalla de Ilipa donde puso en fuga al mismísimo Giscón. Asdrúbal era demasiado impetuoso pero inteligente y no pudo con el romano, aunque se las arregló para rodearlo y llegar a Italia evitando más enfrentamientos. Y Giscón, aunque siempre vanidoso, era tenaz y hábil para aprovechar los recursos de un buen ejército. No tenía sentido que el general que había conseguido doblegar a todos aquellos líderes de Cartago estuviera ahora dispuesto a suicidarse combatiendo contra un ejército más veterano, mejor preparado y cinco veces más numeroso.

—¿Atacamos? —preguntó Maharbal, presionado por las miradas impacientes del resto de los oficiales—. Los iberos están deseosos de vengar a los suyos. Es un buen momento para dejarlos que se resarzan cortando cabezas romanas.

Aníbal quería asentir pero seguía firme, rígido, tenso. Algo no estaba bien. Entonces, en la distancia, justo detrás de las posiciones romanas, surgiendo desde más allá de las murallas de Locri, ascendiendo desde la playa, apareció un regimiento de caballería romana. No eran muchos, quizá cuatrocientos o quinientos jinetes, pero eso no era lo importante. ¿Quiénes eran? ¿De dónde venían?

—Están llegando refuerzos —dijo Aníbal—. ¿Seguro que Craso y Metelo no se han movido?

—Eso es lo que decían los exploradores —respondió Maharbal—, y aunque lo hubieran hecho, es demasiado pronto. Además, éstos vienen de la playa.

—La playa... —Aníbal comprendió su error en un segundo. Puso las manos en jarras y miró al suelo. Había estado siempre pendiente de Craso y Metelo, que también podrían llegar, pero Publio Cornelio Escipión, cónsul de Roma con tropas asignadas para Sicilia, igual que había llegado a Locri desde aquella isla, había reclamado refuerzos allí mismo, donde tenía control pleno, y estos refuerzos habían llegado por mar. Por mar. Aníbal sonrió. Aquel romano seguía siendo hábil. Ya salvó a su propio padre en Tesino y luego detuvo la persecución de los númidas deshaciendo el puente. Y en Cannae se las ingenió para salir con vida con casi dos legiones enteras...

Cuando Aníbal volvió a levantar la cabeza no se sorprendió, al contrario que sus oficiales. Tras la serie de *turmae* de caballería romana, venían decenas, centenares de legionarios que se incorporaban a las filas del general romano. Aníbal volvió a sonreír cuando veía que el cónsul ni tan siquiera miraba atrás. Él ya sabía quién estaba llegando.

—Ha traído todas sus tropas de Siracusa —dijo Aníbal a Maharbal—. Dos legiones enteras. Ahora ambos tenemos aproximadamente el mismo número de soldados.

Maharbal asintió, pero se negaba a ceder con facilidad.

—Pero si son las tropas de Sicilia, eso quiere decir que son la V y la VI, las que los romanos llaman «malditas». Son los que huyeron de Cannae. Podemos volver a vencerles y esta vez no dejaremos ninguno con vida.

Aníbal escudriñaba el ejército del cónsul. La idea de Maharbal resultaba de lo más tentadora, pero quién sabía si aquel general romano no guardaba más sorpresas. Ya había tenido dudas en acudir a Locri, y cuando parecía que tenían ante ellos una fácil victoria, todo cambiaba y se transformaba en un complejo reto. Las «legiones malditas». Sí, así las llamaban. Hombres desmoralizados y desterrados y, sin embargo...

—El cónsul que comanda esas legiones no parece un cobarde —dijo Aníbal—, y también huyó de Cannae. No estoy seguro de querer entrar en batalla campal, cuando tenemos a cuatro legiones más a nuestras espaldas sin localizar con exactitud. Craso y Metelo pueden decidir venir en ayuda de Escipión y entonces nos cercarán por delante y por detrás. Todavía tenemos la posibilidad de unir nuestras fuerzas a las que Magón está reuniendo en el norte y volver a hacernos fuertes en Italia. Una derrota aquí terminaría con todo eso. Incluso aunque ganáramos a ese romano, tendríamos muchas bajas y al amanecer, tras la batalla, podrían llegar Craso y Metelo. No, Locri no merece tanto esfuerzo. Quizá sea mejor replegarse, pero no lo sé, he de meditarlo. Mantén las tropas en formación de ataque. Si el cónsul quiere batalla la habrá. No puedo permitirme tampoco el lujo de hacer huir a mis hombres ante un enemigo que ataca, pero si el cónsul no se decide, quizá nos retiraremos durante la noche. Envía un mensajero a la pequeña guarnición que aún queda en nuestra ciudadela y diles que esperen instrucciones. En cualquier caso, el viaje habrá servido para ganar refuerzos al recuperar a los soldados que teníamos en Locri. Eso compensará algo las bajas de esta mañana.

—Pero no compensará a los iberos —apostilló un apesadumbrado Maharbal.

—Eso es cierto, por eso necesito tiempo para pensar, pero si cada vez que los galos o los iberos han deseado algo les hubiéramos hecho caso ya no quedaría nadie con vida de nuestro ejército. Hay que saber cuándo la venganza es posible y cuándo ésta debe esperar. Si se muestran rebeldes, diles que les prometo que tendrán mejor ocasión de vengar a los suyos. Mi palabra aún tiene algo de valor entre ellos. Si hace falta, recuérdales que mi esposa es de los suyos. —Aníbal recapacitó un instante y recordó su manifiesta infidelidad con esclavas de toda índole y, especialmente, con la hermosa mujer de Arpi—. No. Mejor de eso no digas nada. Mi palabra deberá bastarles.

Maharbal se retiró para cumplir las órdenes y con él se reunieron los oficiales. Era raro que otro oficial se dirigiera directamente a Aníbal, con excepcion de Maharbal. Aníbal se quedó solo al frente de su ejército, rodeado por sus guardias. El recuerdo de sus infidelidades le hizo ir más allá aún y traerle a la memoria su noche de bodas. Imilce fue una joven dócil y hermosa. Nunca planteó problemas. Y, en su momento, fue útil en las campañas de Iberia. ¿Qué sería de ella? Había recibido alguna noticia desde Cartago indicándole que Giscón, cumpliendo con su misión de protegerla, la había llevado consigo a la capital púnica. Si así había sido quizá sus amigos, los pocos que aún le quedaban allí, la protegerían. También había oído que el mismo general romano que estaba ahora ante ellos con las legiones V y VI había ordenado la destrucción de Cástulo, la ciudad de Imilce. La amistad o la unión con él, con el supuestamente gran Aníbal, no parecía ser fuente de grandes premios: su hermano Asdrúbal había muerto y su esposa se había quedado sin ciudad y sin familia. ¿Qué les depararía el destino a Magón, su hermano pequeño, o a Maharbal, que tan lealmente le servía? Miró hacia arriba. El sol estaba en lo alto. Había ascendido en ángulo desde su derecha y bajaría por la izquierda. Si los romanos atacaban, nadie lo tendría de frente. Y no había viento ni se veían nubes que presagiaran lluvia. Era un buen día para una batalla. Bien, todo está en manos de aquel cónsul. Si entraban en combate lo más posible era que derrotaran a esas legiones. El problema vendría luego, si, Craso y Metelo venían con rapidez. Aníbal exhaló algo de aire de golpe. Siempre podrían refugiarse en las ciudadelas de Locri y resistir. Era la única solución y pasaba por ensartar con su espada a un cónsul más. La caída de un cónsul, por otro lado, siempre motivaba a sus tropas. Era como un revulsivo. Les hacía sentir que eran superiores. Nadie antes había estado en un ejército que hubiera dado muerte a tantos cónsules de Roma, cuatro al menos si se contaba a Crispino, que murió no en el campo de batalla pero sí por las heridas sufridas contra aquel ejército, su ejército. Además, la muerte del joven Escipión sería un golpe de efecto contra la agotada moral de Roma. Sí, era tentadora la idea de Maharbal de atacar de todas formas, pero algo en su fuero interno le decía que era arriesgarlo todo. Era como dejarse llevar por una posible victoria en una batalla dejando de lado la posible victoria total en la guerra. Quizá debía dar más tiempo a Magón y a la rebelión gala que estaba azuzando su hermano pequeño en el norte, que ya había dado algunos jugosos frutos, como la muerte del hijo de Quinto Fabio Máximo.

Aníbal Barca meditaba bajo el sol de aquel verano. Tras él su poderoso ejército. Frente a él, Publio Cornelio Escipión, cónsul de Roma.

Había anochecido. El ejército romano mantenía sus posiciones. Publio, rodeado de todos sus oficiales, observaba cómo las tropas de Aníbal parecían replegarse para pasar la noche.

—Esta noche ya no atacarán —dijo el joven cónsul, y se llevó la mano al cuello. Hacía media hora que apenas se movía y llevaba varias horas en pie, aguardando, esperando la decisión de Aníbal.

—Seguramente dejarán centinelas toda la noche —continuó Lelio—. Habrán levantado tiendas y pasarán la noche junto a las hogueras. —Y señaló un poco más atrás de donde habían estado situados los cartagineses. Allí se vislumbraban pequeñas hogueras que iban creciendo en número y en tamaño.

—¿Qué hacemos nosotros? —preguntó Silano al cónsul. Publio tardó en responder. Ahora sentía cómo todos estaban algo más tranquilos. La llegada *in extremis* de los refuerzos de Lelio había apaciguado un poco los ánimos, pero en el fondo seguía percibiendo dudas entre sus hombres. Al menos, recurrían a él. Eso estaba bien. Sólo desde la lealtad podrían salir todos indemnes de aquella situación.

—Mantendremos un fuerte contingente aquí fuera, toda la noche —comenzó al fin el cónsul—. Que enciendan antorchas a lo largo de toda la formación. Quiero que Aníbal sepa que no vamos a retroceder. Que sean los *velites* de ambas legiones los que se encarguen de esta guardia nocturna. El resto de los hombres que se refugien en la ciudadela y que duerman bajo techo todos los que puedan. A medianoche, que los *velites* sean relevados por los *principes* y antes del alba, que éstos sean reemplazados por los *hastati*. Con el nuevo día saldremos todos de nuevo. Todos. Para luchar contra Aníbal.

Publio miró a sus tribunos y centuriones. Asintieron y se retiraron. A todos les parecía un buen plan. A todos menos a Lelio. Éste, recordando lo ocurrido en Baecula, donde le contradijo en público, esperó a que el resto se marchara y cuando se quedó a solas con Publio le hizo una pregunta.

—¿Por qué Aníbal mantiene a sus tropas al raso y no aprovecha la otra ciudadela para que sus hombres descansen?

Publio miró hacia las hogueras del improvisado campamento cartaginés. Luego se volvió hacia Lelio.

—No lo sé —dijo—. No lo sé... quizá quiera estar preparado por si lanzamos un ataque sorpresa, como hicimos esta mañana, pero no lo sé... —Y ambos se quedaron forzando sus ojos para intentar ver en la negrura de la noche aquello que sus mentes no acertaban a entender.

57

Fantasmas entre la niebla

Locri, sur de Italia, verano del 205 a.C.

El amanecer fue lento. Una espesa niebla acompañaba los primeros brillos de un sol al que parecía costarle mostrarse por encima de las colinas. Desde lo alto de la muralla de la ciudadela, cada centinela se concentraba en ser el primero en poder transmitir al resto los movimientos de las tropas cartaginesas. El cónsul había ordenado que se distribuyera un rancho una hora antes del alba y que cada manípulo, según terminara el desayuno de gachas de trigo con leche y pan, saliera para formar en el exterior de la fortaleza. Así, con el nuevo día aún anunciándose en el horizonte, las legiones V y VI ya estaban de nuevo en formación preparadas para recibir el embate de los temidos hombres de Aníbal. Publio, fiel a su costumbre, se situó al frente, pero protegido de cerca por sus oficiales más leales y por los doce *lictores* de su escolta. Hacía fresco en aquel amanecer, pese a estar en junio, y el cónsul, de pie, se ajustaba el *paludamentum* de modo que le tapara bien brazos y muslos.

—No se ve nada —comentó Silano, junto al general. Alrededor estaban, como de costumbre, Lelio, Marcio y Mario como tribunos de confianza del cónsul y Sergio Marco quien, recordando el pasado enfrentamiento con Aníbal en Cannae, pensó que era mejor estar próximos a Publio Cornelio Escipión. Terebelio y Cayo Valerio estaban ubicados comandando la V. Digicio, por expresa voluntad del cónsul, había marchado junto a Publio Macieno en el otro extremo de la formación para supervisar el mando de la VI. Pleminio se había mantenido al lado del cónsul y había enviado a un subordinado a encabezar a sus tropas de Rhegium.

Las palabras de Silano fueron sólo respondidas por el silencio de los demás. Todos miraban hacia delante. ¿Qué habría detrás de aquella espesa niebla? Todos temían a esa densa blancura que más de una vez había sido aprovechada por Aníbal para masacrar a los romanos en el pasado, como ocurrió junto al lago Trasimeno. Todos compartían ese mismo temor, pero ninguno se atrevía a expresarlo, al menos no delante del cónsul, quien, impasible, permanecía junto a ellos, oteando como uno más el horizonte en busca de respuestas.

—Que avancen los *velites* —ordenó Publio—. Si Aníbal piensa atacar aprovechando la confusión de la niebla quiero que se encuentre con el obstáculo de nuestra infantería ligera antes de lo que tenía pensado.

Cayo Lelio miró a Publio.

—Cuando avancen les perderemos de vista —dijo Lelio poniendo en su boca las mismas dudas que tenía el resto.

—Lo sé —respondió Publio—, pero si ataca Aníbal, sus gritos servirán de aviso para las legiones. Sabremos por dónde atacan, si por el flanco derecho, el izquierdo o... por todas partes. Además, esta espera es peor para los hombres. Su miedo no hace sino crecer. Y que vaya Cayo Valerio al frente. Es el más experto en el combate cuerpo a cuerpo de la V, el *primus pilus*, el hombre al que más respetan. Lo quiero al frente de la formación. Aunque no le vean, su voz se hará sentir por encima del fragor de la lucha cuando ésta empiece. Que Terebelio, Digicio y Macieno permanezcan retrasados.

Lelio iba a seguir con sus dudas, aunque lo que decía Publio tenía sentido, cuando un explorador enviado a la ciudad de Locri a recabar información llegó hasta el puesto de mando. Detuvo su caballo, bajó de su montura y, cruzando entre los *lictores*, llegó hasta el cónsul.

—Te escucho, soldado —dijo el cónsul.

—He cabalgado siguiendo la formación de nuestras tropas, mi general. La niebla espesa es tan densa que en la ciudad apenas si se ve de una casa a otra. Todos los ciudadanos están encerrados en sus casas. Dicen que los cartagineses de la otra ciudadela bajaron ayer por la noche y saquearon algunas granjas próximas a la ciudad y que incluso intentaron apropiarse del tesoro del templo de Perséfone, pero un grupo de ciudadanos armados lo impidió. Los cartagineses se retiraron riendo diciendo que ya regresarían al amanecer para coger toda la plata y el oro del templo, violar a las mujeres y matar a todos los hombres por haber hecho venir a nuestras tropas. Decían que al amanecer atacaría Aníbal y eso sería el fin de los romanos y luego de todos ellos, mi general, eso es lo que dicen en la ciudad.

Silano y Mario contenían la respiración. Lelio miraba de nuevo hacia la espesa niebla pero sin conseguir ver nada. Sergio Marco empezaba a considerar la posibilidad de huir. Pleminio apretaba los labios y ponderaba algo similar. Podría decir que va junto a los suyos y luego escabullirse entre la misma niebla. Era una buena idea. Una vez muertos todos los legionarios de la V y la VI y el propio cónsul no quedarían testigos para hablar de su traición, pero, claro, ¿dónde esconderse de Aníbal y sus mercenarios? La misma duda le mantuvo junto al resto de los oficiales.

—¿Has hablado con alguien más de esto? —preguntó el cónsul al explorador.

—No, mi general. Mis órdenes decían que debía informar sólo al general de lo que averiguara.

—Has hecho bien, por todos los dioses. Tu servicio tendrá recompensa. Ahora te ordeno que te quedes aquí, junto a mis oficiales —añadió Publio mirando a sus *lictores* para asegurarse de que éstos harían cumplir aquella orden en caso de que el joven explorador tuviera dudas al respecto en medio del fragor de la batalla o, peor aún, antes de que ésta comenzase. El soldado se alejó unos pasos, de modo que el cónsul pudo quedar de nuevo a solas con sus tribunos para deliberar sobre cómo plantear la batalla.

»Ahora ya no debe haber dudas —insistió el cónsul mirando a Lelio—. Que avancen de una maldita vez los *velites,* por Cástor y Pólux, y que los dioses nos amparen y que guíen a Cayo Valerio en la espesura de la niebla.

Lelio no replicó más y asintió. No quería repetir el enfrentamiento de Baecula. Además, en Baecula discutió con Publio después de una victoriosa batalla, no antes. Discutir antes era minar la autoridad del cónsul y eso era algo que no quería hacer y que no interesaba y menos con Aníbal a mil o dos mil pasos de distancia. Quién sabe si menos. Lelio abandonó la posición del puesto de mando y mandó mensajeros a Terebelio y Valerio en la V y a Digicio y Macieno en la VI para que hicieran avanzar la infantería ligera al mando de Cayo Valerio.

Valerio recibió las instrucciones con cierta sorpresa, pero su rostro no lo desveló. Con la disciplina forjada en la derrota y el destierro, aceptó sin discusión la misión y su voz resonó imperiosa en aquella mañana de luz filtrada entre una niebla densa que los abrazaba como si quisiera estrangularlos.

Los *velites* avanzaron despacio. Eran los soldados más jóvenes e inexpertos, los primeros en entrar en combate, los primeros en caer. Sin embargo, en las «legiones malditas», tras once años de destierro, muchos de los *velites* tenían casi treinta años. Eso hacía de aquella infantería ligera un cuerpo especial entre las legiones romanas. De hecho la V y laVI estaban constituidas por tropas entre los veinticinco y los cuarenta y cinco años. Muy distintas a las nuevas legiones de esclavos, libertos y jóvenes, a veces casi niños, que Roma había tenido que ir alistando para sustituir a las tropas que iban sucumbiendo ante las fuerzas de Aníbal y sus hermanos.

Cayo Valerio gritó entre las nubes de vapor de agua.

—¡Avanzad, malditos, avanzad, por Roma, por el cónsul! ¡Avanzad!

Los *velites* de la V y la VI avanzaban con cinco lanzas atadas a la espalda y la sexta fuertemente asida por sus manos apuntando hacia delante para protegerse de una posible carga de la invencible caballería númida. Cada legionario buscaba clavar aquella *hasta velitaris* en un enemigo invisible que se ocultaba tras aquella tupida y húmeda niebla que parecía ascender desde el reino de los muertos. ¿Acaso no se adoraba a Perséfone, la diosa reina del Hades, en aquella ciudad por la que estaban luchando? ¿Se había aliado Perséfone con los cartagineses? Si así era, estaban perdidos.

La infantería ligera de la V y la VI había avanzado casi cien pasos sin encontrar oposición alguna, más allá de la bruma que los envolvía ahora ya por completo. Algunos miraban atrás y su terror aumentaba: ya no veían a sus tropas. Estaban solos. Mirar a los lados era algo más reconfortante, ya que podían ver hasta dos, tres, casi cuatro legionarios más como ellos, avanzando, todos sosteniendo el *hasta velitaris* con tensión. Algunos la agitaban, otros la mantenían firme, quieta, preparada, y algunos la retiraban hacia atrás y luego la lanzaban hacia delante como si quisieran pinchar a una sombra que creían haber vislumbrado ante ellos.

Cayo Valerio, en medio de aquella formación de fantasmas empapados de agua y terror, blandía su espada en alto y, como un espectro, repetía las órdenes recibidas con su voz atronadora e inmisericorde.

—¡Avanzad, avanzad, por Hércules! ¡No os detengáis o yo mismo ensartaré con mi espada a los rezagados!

Luego miró a su alrededor. No podía saber si había quien se hubiera quedado atrás. Siguió avanzando con su espada en alto. Elevó su escudo para protegerse. También podían llover flechas.

—Les hemos perdido de vista —dijo Lelio, subrayando lo evidente.

—Los hombres se detendrán en cuanto se den cuenta de que han perdido contacto visual con el resto del ejército —comentó Silano—, aunque las órdenes sean que sigan avanzando, se detendrán. Cayo Valerio no podrá ver nada. No sabrá qué ocurre a su alrededor.

Publio se volvió y miró a Silano.

—Es posible que tengas razón —dijo el cónsul—. ¡Que hagan sonar las tubas con la orden de avance! ¡Eso reforzará la orden!

Los *velites* estaban nerviosos. La formación parecía romperse en su lento avance pues los había que se habían detenido al perder de vista las tropas de retaguardia. Ahora, al mirar a ambos lados, en ocasiones veían a otros legionarios con sus lanzas en ristre al igual que ellos, pero los había que se veían completamente solos. De forma intermitente se escuchaban los gritos de los centuriones azuzados a su vez por la voz de Cayo Valerio, el *primus pilus* al mando.

En ese momento de confusión se escucharon las tubas. Avanzar. Avanzar. Ésa era la única orden que las enormes trompetas de la legión repetían una y otra vez. El sonido era transportado despacio entre la densa niebla que les rodeaba, pero no dejaba lugar a dudas.

Los *velites* de las «legiones malditas» avanzaron a ciegas, alejándose cada vez más de las legiones a sus espaldas, seguros de caminar hacia su muerte. Cien pasos, ciento cincuenta, doscientos pasos, doscientos cincuenta, trescientos pasos, trescientos cincuenta, cuatrocientos pasos... Y seguían, seguían...

—¿Qué distancia habrán recorrido ya los *velites*? —preguntó Publio.

—Cuatrocientos, quizá quinientos pasos algunos —afirmó Lelio con rotundidad—. Las líneas siempre se rompen en la niebla y unos andan más rápido que otros.

—¿Quinientos pasos? —preguntó de nuevo el cónsul, pero esta vez en voz baja, como si más que hablar, mascullara entre dientes sus pensamientos—. Deben de estar ya a mitad de camino entre sus tropas y nuestra formación... —Entonces elevó el tono de voz—. ¡Que las tubas hagan sonar el tono de alto! ¡No deben alejarse más!

Las tubas resonaron una vez más, pero esta vez con una música diferente.

Cayo Valerio aulló traduciendo el mensaje para los torpes o los sordos por el miedo que embotaba sus mentes.

—¡Alto, malditos! ¡Alto! ¡Por Hércules y todos los dioses, deteneos todos! ¡Firmes en vuestra posición! ¡Deteneos!

Los *velites* frenaron su avance de pesadilla. Cayo Valerio escuchaba atento. Podía llegar una nueva orden, quizá de repliegue, pero no se oía nada. Sólo un silencio tan espeso como la misma niebla que parecía haberlos engullido a todos en aquel amanecer inhóspito y despiadado. Cayo Valerio bajó la mano derecha con la que empuñaba la espada y, sin soltarla, con el dorso de la propia mano se secó el sudor que fluía por su frente. De nuevo iban a luchar contra Aníbal y una vez más iba a ser a ciegas, sin ver el rostro de los enemigos, como en Cannae. Allí fue el viento que los cegaba al arrastrar consigo la arena de la tierra seca de Apulia. Aníbal aprovechó el viento aquella vez, ahora empleaba la niebla. Las «legiones malditas» parecían estar condenadas a no poder nunca ver a su enemigo cara a cara. Así era imposible luchar. De pronto una ráfaga de viento y un sonido metálico. Cayo Valerio se sobrecogió, pero al momento se dio cuenta de que el ruido provenía de sus *torques* y *faleras*, sus condecoraciones del pasado, que, agitadas por la inesperada racha de aire, se habían movido y chocado entre sí. En la densa niebla su sonido se había amplificado hasta parecer el golpe de una espada contra otra. Aún no se había repuesto, cuando nuevas ráfagas de viento se levantaron a su alrededor. La niebla se movía deprisa y enormes masas de vapor de agua se acercaban a él como si quisieran atropellarle como un carro de caballos desbocados en el campo de Marte, pero era sólo viento y niebla y ni lo uno ni lo otro hería su cuerpo. El miedo, no obstante, permancecía con él igual que con el resto de los *velites* de aquella irregular formación que el cónsul había hecho adelantar. Cayo Valerio sabía que estaban allí para avisar a las legiones de cuándo empezaría el combate. El viento crecía en fuerza y la niebla desfilaba ante ellos como una gigantesca alma que ascendiera desde el Hades en busca de venganza mortificando a los pobres infantes de las «legiones malditas». Pero el viento, al fin, levantó la niebla y tras ella apareció ante Cayo Valerio huecos vacíos de nubes en donde se veía... en donde se veía... nada. Nada. No había nada que ver. Valerio dudó y mantenía su escudo en alto, su rostro tras él y la espada desenvainada y preparada para la lucha. Así durante medio minuto hasta que, al fin, relajó los músculos. La niebla se disipaba por la fuerza de la brisa que entraba desde el mar. No había nadie contra quien luchar. El campamento cartaginés se levantaba apenas a mil pasos más de distancia, pero allí ya no había nadie. Sólo hogueras apagadas, basura y otros pertrechos abandonados por viejos o inútiles. Nada. Nadie.

—Aníbal se ha ido —dijo Lelio.

—Y a lo que se ve se ha llevado todos sus hombres y también los de la ciudadela cartaginesa —precisó Silano—. Hasta han dejado las puertas abiertas.

—Se han ido a lo largo de la noche —concluyó Mario—. Se han ido sin más.

El cónsul permanecía callado. Sergio Marco no cabía en sí de alegría.

—Aníbal ha tenido miedo y se ha ido —comentó—. Aníbal ha tenido miedo de las legiones V y VI. Se ha ido. Se ha ido. —Marco parecía tener que repetirlo una y otra vez para convencerse de que el todopoderoso general cartaginés había dejado de asediar Locri—. Me marcho a hablar con mis hombres... me marcho... si al cónsul le parece bien...

La victoria, o más bien, la ausencia de lucha con la retirada de Aníbal había transformado a Marco en un aparente fiel oficial. Publio le miró sin relajar los músculos de su rostro, aún en tensión por los momentos vividos esperando la anunciada carga del ejército púnico y sus mercenarios. El cónsul asintió y Sergio Marco se alejó en dirección al flanco donde estaba en formación la VI legión de Roma.

—Imbécil —dijo Lelio mientras lo veía distanciarse.

Publio lo observó también unos instantes y luego se pronunció.

—Bueno, si cree que Aníbal se ha ido por miedo a nuestras legiones, está bien que difunda esa idea entre los legionarios. Eso les subirá la moral. De hecho esperaba que el asedio de Locri y su conquista sirviera de revulsivo para su mermada moral tras once años de destierro, pero esto es mucho mejor. Inesperado, pero mejor. Los dioses han estado con nosotros esta mañana. Ojalá sean siempre compañeros tan leales. —Y miró al cielo unos segundos.

—¿Y por qué se ha marchado Aníbal si no es por miedo a nuestras legiones? —preguntó Pleminio.

Publio dejó de mirar al cielo y fijó sus ojos en aquel veterano oficial que parecía haber dejado de sudar.

—Aníbal no se ha ido por miedo a las legiones V y VI. Aníbal se ha ido por miedo a las nuevas legiones de Craso y Metelo. Y masacrar nuestras legiones no le ha parecido un premio que mereciera el riesgo de un combate que le retrasara en su necesario repliegue hacia el norte antes de que Craso y Metelo le corten el camino de regreso a alguna de las ciudades que controla. Aníbal se ha retirado porque no considera Locri importante. Pero lo que es peor y lo que no debemos olvidar —y aquí el cónsul miró al resto de los oficiales y no sólo a Pleminio—: se ha retirado porque tampoco nos considera importantes. Nadie considera importantes a las «legiones malditas». Antes pensábamos que era Roma, con Fabio Máximo a la cabeza, los que menospreciaban a estas legiones, ahora sabemos que no es así. Ahora sabemos que ni el propio Aníbal nos considera valiosos como trofeo. Es como si fuéramos un venado enfermo que no interesa a los cazadores. —El cónsul hablaba con cierta desesperanza, lo que contrastaba con el ambiente de felicidad que parecía extenderse entre los legionarios que empezaban a gritar «victoria, victoria, victoria». Publio se volvió hacia ellos antes de continuar—. Cantan victoria y ni siquiera fueron capaces de tomar la ciudadela defendida por los cartagineses, y ahora se creen que Aníbal se ha ido por miedo a ellos. —El cónsul suspiró—. En cualquier caso, eso es parte de lo que buscaba. Ya no dudarán en seguirme. Vosotros, sin embargo, si lo hacéis, será por lealtad.

—Bien, y ahora ¿qué hacemos? —preguntó Lelio.

—¿Ahora...? —Publio se quedó pensativo unos segundos. De pronto no se encontraba bien. Cerró los ojos un instante y los volvió a abrir para responder a Lelio—. Ahora nos marchamos. Tenemos que invadir África. —Todos asintieron levemente. No parecía dejar el cónsul demasiado tiempo para saborear la retirada de Aníbal y, como si Publio hubiera leído en sus mentes, se volvió hacia ellos para añadir unas palabras—. Pero antes celebraremos un banquete en Siracusa. Lo de hoy, da igual el motivo de la retirada de Aníbal, debe celebrarse. Y el avance de Cayo Valerio en medio de esa niebla... eso ha sido épico.

—La retirada de Aníbal hay que celebrarla, sí —subrayó Silano.

—No —le contradijo el cónsul—. Lo que hay que celebrar es que Aníbal nos haya permitido seguir con vida... una vez más. Eso, por Júpiter, merece un buen brindis y una buena comida a la que invitaremos a todos los dioses.

Y con esas palabras el cónsul se encaminó hacia la ciudadela escoltado por los *lictores*, no sin antes cruzar su mirada con la de Lelio. Sí, quiza sólo Lelio había podido entender su discurso hasta el final. Una vez más. Aníbal les había dejado con vida una vez más. Publio caminaba despacio mientras repasaba sus recuerdos. Se escaparon de Aníbal en Tesino y luego en Trebia, y en Cannae y ahora en Locri. Aníbal les concedía de nuevo más tiempo, pero ¿hasta cuándo sería Aníbal tan generoso con ellos? De súbito, Publio se detuvo y con él su escolta. El cónsul se giró y miró a su espalda, hacia el horizonte, allí donde hasta hacía sólo unas horas se había encontrado el ejército completo de Aníbal. No había nada. Nada. Por un momento temió que el repliegue del general cartaginés sólo hubiera sido una maniobra más de distracción, para que se confiaran, para engañarlos, pero no. Era lógica la retirada por temor a la llegada de los refuerzos de Craso y Metelo. Ellos sí que habían ganado aquella batalla y sin presentarse. Era a ellos a los que Aníbal temía. Nunca nadie había ayudado tanto sin tan siquiera moverse. El cónsul reemprendió la marcha, pero los mareos volvieron. No se asustó. Era una desagradable sensación la que invadía su cuerpo, pero eran unos síntomas conocidos. Las fiebres de Hispania parecían atenazarle con intermitencia. Quizá después de la tensión de aquella mañana se cebaban en él con algo más de fuerza que la usual. El cónsul, no obstante, siguió caminando sin detenerse. Debía descansar. Por la tarde llamaría a Atilio, el médico de las legiones. Miró de reojo a los *lictores*. Nadie parecía haber notado nada. Mejor así.

Al día siguiente Publio se encontró mejor. Una noche de sosiego, durmiendo bajo el techo de una amplia casa de una ciudad conquistada y segura y unas infusiones aconsejadas por Atilio restablecieron sus fuerzas. Se levantó con la energía propia de su edad y decidió primero visitar la ciudad y luego hacer los correspondientes sacrificios públicos a los dioses como señal de agradecimiento. En su visita por los alrededores de la ciudad le acompañaron Silano y Mario. Cayo Lelio permaneció en la ciudadela con la misión de organizarlo todo para reembarcar las tropas y regresar a Siracusa en un par de días. Al mando de Locri quedaría Pleminio, el pretor de Rhegium con algunos manípulos de los legionarios que se trajo desde su ciudad, apoyado por Sergio Marco y Publio Macieno con un contingente de tropas de la VI. Ninguno de sus oficiales, empezando por el propio Lelio, pareció entender el interés del cónsul en dejar a Marco y Macieno con aquellos manípulos de la VI en Locri, pero en los últimos días, el cónsul se mostraba oscuro y reacio a compartir sus planes con nadie. Además,

Sergio Marco y Publio Macieno recibieron con gran agrado aquella orden y era ya entonces de difícil revocación. Y es que tanto Marco como Macieno no veían grandes horizontes de riqueza en la campaña de África y sí, en cambio, muchos peligros, de modo que la posibilidad de poder quedarse en una ciudad conquistada en el sur de Italia, donde si bien podía regresar Aníbal, siempre había legiones a las que pedir ayuda, les parecía algo mucho más gratificante que adentrarse en el territorio completamente hostil y mortífero de África.

Silano y Mario acompañaron al cónsul con la idea de asistirle en los sacrificios a los dioses, pero Publio les llevó antes de visita por los alrededores de Locri para poder entrar en el gran teatro griego de aquella ciudad por la que habían estado combatiendo. Y es que Locri, como tantas otra ciudades griegas, poseía un imponente teatro de piedra levantado en la ladera de una de las colinas que rodeaban la ciudad. No era tan grande como el de Siracusa, pero seguía su modelo y daba cabida a cuatro mil quinientas personas. Lo impresionante era ver cómo parte del teatro estaba excavado en la misma roca, en las mismísimas entrañas de la montaña, algo sorprendente teniendo en cuenta que aquella obra civil tenía más de un siglo de antigüedad.

—Hemos reconquistado no sólo una ciudad, sino un lugar de renombre en el mundo griego —les explicó el cónsul a Mario y Silano, que le escuchaban con admiración. No podían entender cómo alguien tan joven para ser cónsul, además de haberse ganado el puesto por méritos propios con su hábil estrategia militar, podía además ser un hombre tan culto en literatura, historia, filosofía...—. Locri es la ciudad de Zaleuco, el gran legislador que empezó a poner por escrito normas que evitaran la arbitrariedad de los jueces, para evitar que un día dictaminaran en un sentido y otro día en otro. Y en Locri nació el filósofo Timeo o la poetisa Nosis, a la que llegaron a llamar la competidora de Safo, por sus preciosos epigramas, ¿cómo era...? Sí:

Ἅδιον οὐδὲν ἔρωτος· ἃ δ᾽ ὄλβια, δεύτερα πάντα
ἐστίν· ἀπὸ στόματος δ᾽ ἔπτυσα καὶ τὸ μέλι.

[Nada excede al amor en dulzura, y no hay dicha alguna
que aventajarle pueda, ni la miel en la boca.]*

* Traducción de ambos epigramas de Manuel Fernández-Galiano (1978).

O aquel otro...

Αὐτομέλιννα τέτυκται· ἴδ᾽, ὡς ἀγανὸν τὸ πρόσωπον
ἁμὲ ποτοπτάζειν μειλιχίως δοκέει·
ὡς ἐτύμως θυγάτηρ τᾷ ματέρι πάντα ποτῴκει.
ἦ καλόν, ὄκκα πέλη τέκνα γονεῦσιν ἴσα.

[Aquí está Melina en persona; mirad qué bonita
su faz, que contemplarnos dulcemente parece;
¡Qué fielmente la niña a su madre aseméjase en todo!
¡Qué bien, cuando los hijos reflejan a sus padres!]

Pero veo que os aburro...
—No, no... —respondieron los dos oficiales al unísono.
El cónsul sonrió. Parecía feliz.
—Bueno, pues sabed también que los ciudadanos de Locri también consiguieron grandes victorias en los juegos olímpicos con Euthymus y Hagesidamus. Euthymus consiguió la victoria como púgil en tres ocasiones seguidas, eso quizá sea más de vuestro interés. En Locri se sabe luchar. No, no hemos conquistado un sitio cualquiera. Y también hemos quitado un puerto donde Aníbal podría recibir refuerzos desde Cartago. Pero basta de cháchara y vayamos a ofrecer nuestros sacrificios a los dioses y hagámoslo en grande que grande ha sido, sin duda, su ayuda.

De allí el cónsul dirigió los pasos de sus oficiales y de los *lictores*, al centro de Locri. En el sur de la Magna Grecia era frecuente la adoración a Perséfone, pero en Locri era donde quizá se venerara con mayor pasión a la reina del Hades, aunque allí, según el dialecto local, la llamaban Proserpina, de donde los propios romanos habían adoptado el nombre de la diosa. En el centro de la ciudad se levantaba un inmenso templo jónico, que en tiempos sustituyó a otro de planta más antigua. El nuevo templo tenía una imponente estampa con sus doce metros de altura, sus seis gigantescas columnas jónicas en la parte frontal y sus diecisiete columnas en cada lateral. Publio había elegido aquel templo por ser uno de los más adorados en la ciudad y ante sus puertas hizo los sacrificios para que pudieran asistir a los mismos todos los ciudadanos de Locri que así lo desearan, además de un gran número de soldados de sus legiones y de las tropas de Pleminio. El cónsul elevó sus plegarias a Júpiter y Marte y luego las hizo extensivas a Proserpina para congraciarse con los ciudadanos de la ciudad, cuyos sentimientos estaban aún dispersos entre las simpatías de los unos con los romanos y las preferencias de algunos otros por los cartagineses. Al hacer los sacrificios en el exterior del templo evitó también que sus oficiales y cuantos le acompañaban aquella mañana vieran en detalle las riquezas que los ciudadanos de Locri habían ido depositando a lo largo del tiempo en aquel lugar. El tesoro de Proserpina era legendario, pero de igual forma, aquella riqueza era sagrada para los ciudadanos de Locri. Por eso la defendieron a muerte cuando los cartagineses, en su huida, intentaron entrar en el templo. Y el caso es que ni él mismo pudo dejar de pensar en todo aquel oro, plata y piedras preciosas que se ocultaba tras aquellas inmensas columnas. Ése sería un buen complemento para financiar su campaña en África, pero ya había ejecutado demasiadas acciones sin permiso del Senado como para incrementar aún más los informes que Catón estaría enviando sin descanso hacia Roma. No, lo mejor era dejar el tesoso de Proserpina con su gente, en su ciudad, en su templo. Además, aunque Publio, en lo más profundo de su ser, no tuviera claros sus sentimientos religiosos, no podía dejar de pensar que robar a la reina del Hades, a la reina del reino de los muertos, debía traer consigo alguna temible maldición con la que prefería no tener que luchar.

Aquella tarde todos se retiraron temprano a descansar. Lelio dejó centinelas junto a los barcos ya preparados para el embarque de las legiones, mientras que pequeños grupos de legionarios, a modo de *triunviros*, patrullaban la ciudad nocturna. Los ciudadanos, que habían visto su población caer en manos púnicas y ahora regresar al poder romano, se cobijaron en sus casas confiando en que su amada diosa los protegiera de la interminable avaricia de los unos y los otros y les concediera un ansiado tiempo de paz.

Al amanecer, Publio, Lelio y las legiones V y VI, excepto unos pocos manípulos que quedaron al mando de Sergio Marco y Publio Macieno en Locri, junto con Pleminio y su pequeño destacamento, partieron de regreso a Siracusa.

58

El templo de Proserpina

Locri, finales del verano del 205 a.C.

Entre las sombras de las casas un hombre caminaba embozado en una túnica oscura. Sus sandalias desgastadas le delataban como un legionario, pero era difícil saber si se trataba de un soldado de la V, la VI o del destacamento del pretor Pleminio. El legionario escuchó las pisadas firmes de una de las patrullas nocturnas que custodiaban el templo de Proserpina. Allí era más frecuente su paso para disuadir a las mentes codiciosas de intentar un robo sacrílego que levantara los ánimos de los locrenses contra las tropas romanas que habían reconquistado la ciudad. Pero la avaricia, el ansia de riqueza conseguida sin apenas esfuerzo y la posibilidad de desertar de un ejército en permanente guerra eran sentimientos demasiado poderosos para apaciguarlos con tan sólo unas patrullas nocturnas. Los *triunviros* de Locri se desvanecieron tras el ruido de sus pisadas y la plaza que daba acceso al gran templo jónico quedó desierta. El soldado, ocultando su rostro tras la túnica negra que vestía, cruzó en una corta pero intensa carrera aquel espacio abierto donde apenas hacía una horas se habían sacrificado diez bueyes en honor a los dioses de Roma y a la diosa Proserpina. Aún había sangre de los animales muertos esparcida por la arena de la plaza. El soldado llegó junto a las gigantescas columnas del templo. Las pisadas de los vigilantes *triunviros* regresaban. Iba a esconderse entre las columnas, pero pensó en abreviar y entró en el templo... a fin de cuentas, Helios, el dios del sol que todo lo ve, estaba durmiendo. Se olvidó, claro, de que la diosa del reino de los muertos no descansa.

El interior del templo parecía desnudo, sólo había una fuente de luz pálida: la del fuego del altar. El soldado se acercó despacio. Le pareció extraño que los habitantes de aquella ciudad, después de levantar un templo tan enorme, apenas iluminaran su interior. El legionario avanzó despacio. Sus pesadas sandalias militares chocaban contra la piedra del suelo y cada paso reverberaba por todo el templo. Se detuvo. No parecía haber nadie. Se aproximó hasta llegar a la llama que ardía de forma perenne en aquel lugar sagrado. Fue allí donde la vio: una copa dorada, con pequeños rubíes rojos incrustados en el oro. Era preciosa. ¿La utilizarían los sacerdotes para escanciar la sangre de los animales sacrificados o para ofrecer vino a los dioses? Aquello no le importaba. La copa sí. Miró a su alrededor. Aquellas columnas, aquellas paredes debían de esconder aún muchos más tesoros, pero éste era el que estaba a su alcance. Rodeó el pedestal sobre el que ardía la llama y se acercó a coger la copa. Entonces vio una sombra unos pasos más hacia el fondo del templo. Se asustó, pero enseguida comprendió que su miedo era innecesario. Se trataba sólo de una estatua de Proserpina, la diosa. La reina del Hades, la diosa de la fertilidad también. Curiosa mezcla. Se sonrió. La estatua parecía mirarle. El soldado estiró el brazo lentamente, hasta que las yemas de los dedos tocaron el metal dorado de la copa. La tomó en su mano. La estatua permanecía inerte. Tan muerta como los muertos sobre los que se supone que gobiernas, pensó el legionario. Aún sonriendo se dio media vuelta para marcharse con su trofeo cuando una voz grave proveniente de una sombra oscura al otro lado del pedestal le sobrecogió.

—¡Alto ahí! ¡No puedes entrar aquí! ¡No puedes llevarte esa co...!

Pero el sacerdote no pudo terminar sus palabras. El legionario extraía ya la espada de su cuerpo sagrado retorciéndola y la sangre del inoportuno vigilante del templo se escanció sobre la piedra del pedestal y del suelo. El sacerdote murió con sus ojos abiertos pronunciando palabras incomprensibles mientras dirigía su última mirada a la estatua de Proserpina. El legionario no se quedó para ver qué pasaba, sino que salió corriendo del templo. Estaba nervioso, y su huida, mal planificada, le hizo salir de entre las columnas del templo sin asegurarse de que no pasaba ninguna patrulla y, como un estúpido, su cuerpo fue a dar de bruces con los *triunviros* que cruzaban la plaza. Se detuvo y miró hacia dónde correr. Para entonces ya era tarde. Varias sacerdotisas salían del templo gritando y las voces de aquellas mujeres despertaron a todos los que residían en torno a la gran plaza frente al templo de Proserpina. En un minuto, decenas, centenares de ciudadanos encolerizados rodeaban a los *triunviros* que custodiaban al ladrón y a su botín en espera de instrucciones. Los *triunviros* eran hombres de la VI y habían mandado un mensajero a Publio Macieno y Sergio Marco. Macieno fue el primero en llegar. Protegido por un centenar de legionarios, se abrió paso entre la multitud. Unos y otros habían encendido antorchas y las sombras temblorosas de todos cuantos poblaban la plaza se agitaban como fantasmas nocturnos, como si las almas del reino del Hades estuvieran emergiendo desde el infierno.

El ladrón era un legionario de Pleminio, de la guarnición de Rhegium acantonada ahora allí en Locri. Por eso Publio Macieno no lo dudó al llegar y ver lo ocurrido. Antes de que el hombre pudiera decir nada en su defensa, lo atravesó con su espada con la misma frialdad con la que aquél acababa de matar al sacerdote del templo. Aquella ejecución rápida pareció sosegar los ánimos de los ciudadanos, pero todos estaban expectantes por lo que fuera a ocurrir con la copa sagrada del templo. Publio Macieno la tomó en sus manos y la contempló con admiración. Aquél era, sin lugar a dudas, el mejor botín que nunca hubiera estado entre sus dedos. ¿Por qué devolverlo ahora al templo, lejos de su alcance? En esas meditaciones estaba Macieno cuando llegó Pleminio con varios manípulos de Rhegium, unos ochenta hombres.

—¿Qué ha ocurrido aquí? —preguntó con furia, viendo cómo uno de sus hombres se desangraba rodeado por los legionarios de Macieno. Este último no dudó en responder con igual vehemencia.

—Ese imbécil estaba robando en el templo. Le hemos ejecutado.

—¿Has ejecutado a uno de mis hombres sin tan siquiera consultarme? —Pleminio parecía fuera de sí. Él era pretor, por lo tanto la autoridad máxima en la ciudad—. ¡Soy yo el que gobierna en esta ciudad!

Publio Macieno se hizo hacia atrás. Estaba ponderando la situación cuando Sergio Marco llegó a la plaza con refuerzos: otros doscientos hombres más, armados y dispuestos para la lucha.

—La ciudad la gobernamos los tres —interrumpió Sergio Marco—. Macieno, tú y yo. Así lo dictaminó el cónsul y si eres incapaz de controlar a tus hombres es justo que Macieno imponga orden entre las filas de tus legionarios.

Marco parecía haber llegado a la plaza con toda la información. El mismo mensajero que había avisado a Macieno había ido después a informar a su superior. Publio Macieno dejó de retroceder. Ahora eran ellos los que triplicaban en número a los hombres de Plemenio. Miró a Marco y se entendieron. Aquél era un buen momento para hacerse con el dominio completo de la ciudad.

—¡Yo soy pretor y mi rango es superior al vuestro...! —empezó a argüir Pleminio, pero sus palabras se hundieron en el abismo de los golpes de espada, lo silbidos de las flechas y el aullido de muchos de sus hombres sorprendidos por una impetuosa andanada de *pila* y saetas que mató e hirió a más de una veintena. Los legionarios de Marco y Macieno les atacaban sin más aviso. Era como si lo hubieran hablado antes y sólo hubieran estado esperando una oportunidad.

Aprovechando la superioridad numérica, los legionarios de la VI masacraron a los hombres de Pleminio, de los que sólo diez pudieron escabullirse entre los ciudadanos de Locri que, atónitos y confusos, contemplaban aquella batalla sin saber bien a qué atenerse. De entre los hombres de la VI sólo cayeron cinco. Marco y Macieno estaban encantados. El factor sorpresa había funcionado como habían planeado. Al marchar Escipión, habían quedado cuatrocientos hombres de la VI y trescientos de Rhegium en Locri. Ahora eran trescientos ochenta y cinco contra unos doscientos veinte. Todo marchaba bien. Faltaba enviar un mensaje bien claro al resto de la guarnición de Rhegium. Sergio Marco se acercó a Pleminio quien, herido en un brazo, custodiado por varios legionarios de la VI, se encogía por el dolor de la herida.

—Duele, ¿verdad? —le preguntó Sergio Marco entre risas. El resto de los legionarios acompañó a su tribuno con gusto. Mortificar a la gente, sí, aquello empezaba a recordarles los «buenos» tiempos en Sicilia, antes de que llegara ese duro cónsul. Entonces tenían más diversión. Mujeres. Muchos de los legionarios volvieron sus miradas hacia las sacerdotisas del templo. Marco y Macieno no tardaron en comprender las ansias de sus hombres. Necesitaban de su plena lealtad para terminar de acometer aquella rebelión con éxito.

Pleminio, en el suelo, no se había dignado responder. Publio Macieno se acercó y le dio un puntapié en la cara. Se escuchó un grito de dolor apagado por unas manos que intentaban proteger el rostro de más golpes imprevistos.

—El tribuno Marco te ha hecho una pregunta —repitió Publio Macieno—, y por todos los dioses que vas a responder. ¿Duele?

Pero Pleminio, terco, permanecía en silencio. Publio Macieno miró a Sergio Marco y éste asintió. Se lo estaba poniendo muy fácil. Macieno desenvainó entonces su espada y la llevó junto al rostro de Pleminio.

—Sólo te lo preguntaré una vez, pretor —le dijo en voz alta Macieno sosteniendo el filo de su espada a menos de un dedo del cuello de Pleminio—. ¿Quién tiene el mando en Locri?

Parecía que Pleminio iba a optar por el silencio, pero, ingenuo aún, desconocedor de la fría crueldad de sus enemigos, tradujo su obstinación en palabras funestas para su persona.

—Yo, el pretor Pleminio.

Publio Macieno soltó su espada, que golpeó el suelo con un sonido metálico que se escuchó en toda la plaza, pues todos, legionarios de la VI y ciudadanos de Locri, expectantes, guardaban silencio. Macieno rebuscó entonces debajo de su coraza y sacó una afilada daga. No habló más ni volvió a preguntar sino que se limitó a clavar el filo cortante del puñal en la carne de la cabeza de Pleminio, justo allí donde sobresalía una oreja. El alarido del pretor fue tan descomunal como su sufrimiento. Macieno se separó entonces un par de pasos de su víctima y exhibió su trofeo con orgullo. Una ensangrentada oreja del pretor pendía de su mano izquierda, mientras que con la derecha blandía la daga ejecutora con la que la había extraído.

Pleminio, sollozando y gimiendo de dolor, se arrastraba por el suelo, gateando, apoyándose en las rodillas y en una mano, mientras que con la otra mano intentaba frenar la hemorragia de la oreja segada. La pequeña herida del brazo, fruto del combate de hacía unos minutos, ya no parecía molestarle. El pretor gateó hasta llegar a los pies de varios ciudadanos de Locri, que, sin darse cuenta, retrocedían aterrados.

—¡Ayudadme, malditos, ayudadme o lo pagaréis caro...! —les espetó Pleminio mientras dos hombres de la VI lo arrastraban tirando de los pies del pretor en dirección adonde Publio Macieno, su verdugo, le esperaba para seguir torturándole.

Sergio Marco aprovechó la confusión para dar órdenes.

—¡Todos a vuestras casas! —gritó—. ¡Esto es un asunto que no os compete! ¡Todos a vuestras casas o por Hércules que lo lamentaréis!

Muchos ciudadanos hicieron caso con rapidez, pero algunos aún dudaban. La copa del tesoro del templo aún resplandecía, ahora en las manos de Sergio Marco, pero nadie se atrevía a decir nada. Pronto todos se desvanecieron tras las puertas de sus hogares, que aseguraron con pestillos y muebles cruzados tras los cerrojos. Las que quedaron solas fueron las sacerdotisas del templo que, por puro instinto, se recogieron entre las columnas buscando en sus oraciones el amparo de Proserpina. Mientras Macieno seguía ocupado en torturar a Pleminio, Sergio Marco ordenó que bajaran de la ciudadela el resto de las tropas de la VI.

—Nos conviene estar todos juntos, por si los hombres de Rhegium deciden contraatacar, aunque mientras tengamos a su jefe, dudarán en hacerlo. —Y se volvió a Macieno que ya exhibía divertido la otra oreja del pretor arrancada con el mortal filo de su daga—. Pásatelo bien, Macieno, pero no lo mates. Lo necesitamos con vida para controlar la furia de sus tropas.

Macieno asintió, pero se volvió de nuevo hacia su víctima. Sergio Marco hizo que se aseguraran todas las entradas a la plaza levantándose barricadas con sacos, carros, piedras, madera de los tenderetes del mercado del pueblo y todo cuanto pudieran utilizar. Asegurada la posición y con Macieno distraído en despellejar al pretor, Sergio Marco, rodeado por una veintena de sus hombres, entró en el templo de Proserpina. Tenía que ver cómo de importante era el legendario tesoro del que tan celosos se mostraban los ciudadanos de aquella ciudad. Sus hombres, como imaginó, salieron corriendo detrás de las aterrorizadas sacerdotisas. Entre los aullidos de pavor que aquellas jóvenes emitían mientras eran ultrajadas, Sergio Marco, satisfecho de todo lo conseguido aquella noche, se adentró en las profundidades del templo en busca del tesoro de Proserpina.

La estatua de la diosa todo lo observaba en un silencio petrificado. Sergio Marco pasó por encima del cadáver desangrado del sacerdote del templo, junto a la llama permanente del pedestal y junto a la estatua de la diosa inerte. Como imaginaba, tras la representación en piedra de la deidad, había una puerta. Costaría derribarla, pero cuando sus hombres hubieran satisfecho sus ansias carnales, sólo sería cuestión de tiempo y golpes. Sergio Marco sonrió divertido. Podrían usar a la propia estatua de la diosa como ariete. Y lanzó una sonora carcajada que, en muchos casos, fue lo último que muchas de las sacerdotisas escucharon aquella noche antes de perder el conocimiento, aunque muchas de ellas encontraron fuerzas para imprecar a Proserpina para que la diosa maldijera a aquellos miserables.

59

Una cena privada

Siracusa, otoño del 205 a.C.

Plauto llegó a la residencia que Publio Cornelio Escipión había seleccionado para vivir con su familia durante su estancia en Siracusa. Era una amplia casa a medio camino entre el gusto griego y el romano, con un amplio atrio y un más grande peristilo con jardín al fondo. Ya habían llegado varios de los invitados principales entre los que se encontraban todos los oficiales de mayor rango bajo mando del cónsul. Plauto se lavaba las manos en una bacinilla que le ofrecía un esclavo mientras con sus ojos podía ver el gran atrio de aquella mansión poblado de tribunos y centuriones. Vio al respetado Lucio Marcio Septimio, quien quedara al mando de Siracusa cuando el cónsul llevó a las legiones a conquistar Locri, conquista, por otro lado, que servía de excusa para aquel banquete. Plauto vio también al intrépido Cayo Lelio, que ya había tomado asiento junto al cónsul. En una sencilla *sella*, justo detrás de Lelio, se veía a una joven de extraña belleza. El viejo escritor ya había oído hablar de la hermosura de la esclava egipcia de Lelio, pero incluso allí, desde la distancia, no dejó de sorprenderle la figura serena y el rostro de rasgos suaves, con labios carnosos, ojos grandes y piel morena de aquella sirvienta. Supuso que alguien que llevaba tantos años al lado del cónsul había de haber acumulado el dinero suficiente como para adquirir las más hermosas esclavas. Plauto no pudo eliminar una oleada de envidia que, como un escalofrío, recorrió su cuerpo. Él, a lo más que aspiraba, era conseguir una buena cocinera; los precios de las esclavas hermosas sólo estaban al alcance de los patricios o de los senadores más corruptos de Roma. En cualquier caso, la envidia igual que vino se fue, pues pronto pensó en los trabajos que aquel oficial, almirante de la flota, jefe de caballería y ahora tribuno de las «legiones malditas», había tenido que desempeñar para poder disfrutar de las mieles después de tantos riesgos en aquella guerra sin cuartel: escalar las murallas de Cartago Nova, dirigir las legiones en múltiples enfrentamientos contra los cartagineses en Tesino, Trebia, Hispania; sofocar motines, entrevistarse con crueles reyes extranjeros, incluso desembarcar en África y atacar a los cartagineses en su mismísima tierra. No. Plauto concluyó con celeridad que prefería esclavas menos llamativas y una vida de mayor sosiego. Él ya disfrutó de su ración de guerra en el pasado y no tenía ganas de repetir.

Tito Macio Plauto entró en el atrio y un esclavo le condujo hasta uno de los *triclinium* dispuestos en el centro del gran patio, pero bastante más alejado de los anfitriones. El escritor vio cómo el cónsul le miraba y Plauto inclinó su cabeza en señal de saludo. Iba a decir algo, pero el cónsul, tras asentir levemente con la cabeza dejó de mirarle para continuar una conversación que tenía con Marcio y Lelio. Una conversación militar. Una conversación de importancia, concluyó Plauto al tiempo que se reclinaba en el lecho que se le había ofrecido. Una esclava le acercó una copa y otra le sirvió vino. No eran de la hermosura de la esclava egipcia de Lelio pero eran jóvenes bonitas y agradables de mirar. Plauto saboreó el vino y lo apreció en su justa medida. Al menos el cónsul no era de los que escatimaba entre sus invitados o de los que gustaba servir mejores vinos y viandas a sus invitados más próximos y productos de segunda calidad a aquellos invitados de menor rango. Allí había de todo para todos: alubias frescas, pato con nabos, *defritum* y pimienta, cabrito asado y adobado, lentejas con acanto, pollo con claras de huevo rotas, liebre deshuesada con miel, cochinillo caliente con salsa cruda... Plauto estaba un poco nervioso. A él, todo aquel festín, aquella exhibición de poder, toda esa suntuosidad culinaria que empezó a desfilar por delante de sus ojos, le importaba poco. Él sólo deseaba unos minutos a solas con el cónsul. Para eso había aceptado venir a Siracusa, pero primero tuvo que montar representaciones para sus tropas y luego, cuando parecía que se había ganado, una vez más, la confianza del general, éste se fue a Locri para emprender una conquista extraña y le tocó, de nuevo, esperar con paciencia el regreso del cónsul. Ahora, a su vez, le correspondía aguardar su oportunidad en el devenir de aquel banquete, y lo que más le fastidiaba es que encima debía estar agradecido por haber sido invitado y por poder estar allí sentado en el centro mismo del atrio en uno de los *triclinium* cuando se veía a otros invitados que se esforzaban por disfrutar de la comida de pie, tomando trozos de faisán, de pavo, de cerdo en salsa o de cabrito, según éstos desfilaban por entre las decenas de invitados.

Plauto volvió su mirada hacia el núcleo central de invitados. Se sorprendió al ver cómo el cónsul se había mantenido con las pasas y aceitunas gran tiempo, aperitivos con los que entretuvo su estómago sin adentrarse en los platos más fuertes, en los que ya se sumergían hace tiempo sus oficiales más rudos.

Además de Marcio y Lelio, allí estaban Silano, Mario Juvencio, Quinto Terebelio y Sexto Digicio, veteranos de las campañas de Hispania, y, por fin, Cayo Valerio, uno de los pocos centuriones de la V y la VI que había accedido al círculo de confianza del cónsul. Un raro honor. Círculo que se completaba con el propio Plauto y con un espacio vacío en los *triclinia* que llamaba en especial la atención por encontrarse justo al lado de Emilia Tercia, la esposa del cónsul. Emilia Tercia, una mujer valiente y leal a su esposo y cordial, pensó Plauto. Le atendió con exquisita corrección en sus momentos de desesperación por hablar con el cónsul y le aseguró que el general le recibiría cuando regresara de Locri. En su palabra tenía puestas el escritor todas sus esperanzas más allá de una ofrenda a los dioses que hizo aquella misma mañana por aquello de quién sabe. Él ya había renegado de los dioses en el pasado, en medio de un campo de batalla rodeado de cadáveres, pero luego parecían haberle redimido de sus faltas al concederle el éxito como comediógrafo y, por ello, en ocasiones concretas, Plauto realizaba algún modesto sacrificio con el que sólo pedía mantener aquel *statu quo*, algo así como «no os metáis en mis asuntos y yo no me meteré en los vuestros», pero aquella mañana fue diferente. Rompiendo su costumbre, aquel amanecer, bien temprano, Plauto hizo una ofrenda a Júpiter, Juno y Quirino para que intercedieran en favor de su amigo Nevio, quien continuaba pudriéndose en las más oscuras mazmorras de la cárcel del foro de Roma. Allí, en cambio, cuando Plauto pensaba que el festín ya estaba servido, empezó una procesión completamente inusual de viandas exóticas y sorprendentes: erizos de mar, almejas de diferentes tamaños y tipos, ostras recién cogidas, pastel elaborado con las mismas ostras trituradas y mezcladas con carne de marisco molido, tordos con espárragos, y más carne de caza, de ciervo, de jabalí y de diferentes aves difíciles de identificar por su aspecto, ya que venían copiosamente rebozadas en harinas y *garum*, una densa salsa de pescado a la que el cónsul se había aficionado en sus campañas de Hispania, y, cuando ya nadie podía apenas comer algo más, llegaron almejas de un color rojo, *murex*, un exquisito manjar del que Plauto había oído hablar pero que nunca había podido ni ver ni mucho menos degustar. Incluso él, ajeno a los deleites del paladar en la gran cocina que los patricios disfrutaban con frecuencia, no pudo evitar estirar sus brazos y coger un par de aquellas almejas para confirmar que su fama era justa y merecida. Todo ello además se servía con diferentes tipos de panes que unos y otros no dudaban en aprovechar para hundir con ellos sus dedos en las untuosas salsas y así saborear hasta el último de aquellos placeres degustativos con los que el cónsul había decidido regalarles aquella tarde, casi noche, pues el convite llevaba ya varias largas horas de orgía gastronómica sin freno ni medida. Fue en ese momento cuando llegó el invitado que faltaba y para el que el cónsul había preservado un espacio vacío junto a él y su esposa.

Marco Porcio Catón entró en el atrio sereno, serio, con su toga *virilis* impoluta, cuyo inmaculado estado destacaba aún más en comparación con las togas y el *sagum* de aquellos que se habían puesto más cómodos, en todos los casos llenos de manchas de incontables colores y, lógicamente, sabores.

—Llegas un poco tarde, mi querido *quaestor* de las legiones, ¿no crees? —dijo Publio Cornelio Escipión en un tono jovial que denotaba su estado de incipiente aunque aún controlada embriaguez.

—En estos convites tienes por costumbre ofrecer comida sin moderación, algo que no se acomoda bien a mi estilo de vida ni a mi estómago —respondió el enjuto Catón con sequedad—. He supuesto que incluso llegando a esta hora todavía tendría más que suficiente con lo que degustar un poco de alimento con moderación.

El cónsul no parecía inclinado a discutir.

—Por supuesto, por supuesto. —Y se levantó para indicarle el espacio que tenía reservado junto a su esposa—. Como verás te hemos guardado sitio y comida y bebida. Que no le falte nada al *quaestor* de mis legiones y que éste acuda a mis invitaciones cuando lo estime más conveniente. ¿Comida? Por supuesto. Aquí tienes la que quieras a tu disposición.

El cónsul volvió a sentarse. Catón cruzó entre los comensales y el resto de los invitados que habían callado, al igual que lo habían hecho los flautistas que, aunque apenas nadie lo hubiera percibido, llevaban más de una hora acompañando a todos con sus melodías. El cónsul los miró y éstos retomaron su música de inmediato. Aquello funcionó a modo de señal y todos continuaron comiendo y bebiendo, aunque el tono de las conversaciones descendió notablemente, pues todos tenían una oreja para sus propias charlas y otra dispuesta para intentar escuchar lo que el cónsul y el *quaestor* se decían.

Catón, una vez acomodado en su *medius lectus*, lugar preferente que el cónsul le había reservado para que no pudiera esgrimir en sus informes que su autoridad como *quaestor* no era reconocida, tomó algo de ave con una mano y se la llevó a la boca. Masticaba con cuidado mientras miraba con desdén el torrente de bandejas de plata repletas de comida y las jarras de vino que se escanciaban a su derecha e izquierda. Le acercaron una *patina* fría de espárragos, pero él la despreció, igual que rechazó el licor que le ofrecía otro esclavo. Quería estar bien sobrio. Se sentía incómodo sentado en medio de aquel festín que consideraba un derroche y más incómodo aún por tener que sentarse al lado de una mujer. No importaba que aquélla fuera Emilia Tercia, esposa del cónsul, e hija de Emilio Paulo, quien a su vez fuera cónsul en el pasado reciente. A Catón le molestaba cualquier cosa que transgrediera las tradiciones, y en la tradición romana más clásica las mujeres nunca se reclinaban en los *triclinia*, sino que tomaban asiento en *sellae* junto a sus esposos, pero claro, a un cónsul que ni siquiera obedecía al Senado, ¿qué podía importarle ya la tradición?

—Por Cástor y Pólux —empezó Catón—, todo esto es un exceso inútil, toda esta comida, las salsas, los dulces, el vino...

—Mis oficiales han conseguido una conquista y se merecen una celebración —respondió Publio, sin mostrar que se sintiera ofendido, tomando un sorbo de su copa de vino.

—En un ataque no permitido por el Senado, más aún: una intervención en contra de las instrucciones del Senado. Publio Cornelio Escipión, no tenías permiso para abandonar Sicilia y menos aún para desembarcar tropas en Italia y, lo peor de todo, ¿qué tropas?

—¿Qué les pasa a mis tropas? —preguntó con aire distraído el cónsul, ocultando su rostro una vez más tras la copa de vino, como si aquel debate no fuera con él.

—La V y la VI, las «legiones malditas» —precisó Catón con énfasis—. ¡Por todos los dioses, son legiones desterradas de Italia y tú las has llevado a combatir a territorio itálico en contra de la sentencia del Senado que pesa sobre ellas por su ignominia!

—Las he conducido a una victoria —respondió Publio aún con serenidad—, una victoria para Roma.

—Una victoria para ti en contra del Senado.

—Gracias por reconocer lo de victoria. —Y el cónsul sonrió mirando a sus oficiales, que rieron con fuerza. Se los veía nerviosos por los comentarios de Catón. Las carcajadas los relajaron. Marco Porcio Catón, sin embargo, se sintió ofendido.

—Con la comida y la bebida, con estos excesos, reblandeces a tus hombres. No es de extrañar que en Hispania se terminaran rebelando contra ti.

Todos callaron. Los músicos, una vez más, dejaron de tocar. Publio Cornelio Escipión dejó su copa en la bandeja que le ofrecía un tembloroso esclavo. Emilia Tercia posó su mano en el antebrazo del cónsul. Éste, con delicadeza, la apartó. Tomó un vaso de agua y bebió un trago lento. Luego miró fijamente a Catón.

—Todos los oficiales que se rebelaron contra mí fueron ajusticiados, muchos de ellos por mí personalmente. Los atravesé con mi espada como si fueran aceitunas maduras. Creo que todos los presentes saben lo que significa rebelarse contra mí.

Catón no se amedrentó por el cambio de tono, ahora mucho más serio y duro, de su interlocutor.

—Si no envilecieras primero a tus oficiales y legionarios luego éstos no se rebelarían contra ti. Tú mismo provocas el germen de la rebelión con estos absurdos e innecesarios banquetes y con tu incumplimiento de las órdenes del Senado. Si tú eres el primero que no obedeces una orden, ¿por qué otros deben obedecerte?

El cónsul se incorporó, separando su espalda del respaldo y acercando su rostro hacia donde estaba Catón. Emilia Tercia, entre ambos, se retiró hacia atrás.

—Mide tus palabras, *quaestor*. Hablas con un cónsul de Roma que sólo acumula victorias, una tras otra, a favor de Roma. Locri, que tanto criticas, hace unas semanas estaba dominada por las tropas de Aníbal, y nosotros se la arrebatamos en sus propias narices. Aníbal ahora ha perdido un puerto importante en el sur a través del cual recibía refuerzos y provisiones de África. Eso, querido *quaestor*, se denomina victoria estratégica. Tú lo puedes llamar desobediencia al Senado, pero ahora, gracias a mí y las legiones que tú llamas «malditas», gracias a las legiones V y VI de Roma, Aníbal ha visto debilitadas sus posiciones en el sur de Italia. Eso es lo que celebramos aquí y ahora y ni tus palabras ni tus insultos ni tu envidia nos amargarán este día.

—Ya veremos qué dice de todo esto el Senado —concluyó Catón.

—Ya veremos.

Y cuando todos pensaban que lo peor había pasado el *quaestor* volvió a la carga.

—Como las obras de teatro a las que llevas a tus hombres y que financias con dinero de Roma.

—Por Hércules —replicó con aire divertido Publio—, ahora Marco Porcio Catón se interesa por el teatro. Esto es nuevo. Quizás aún podamos entendernos.

—Sólo me interesa saber que haces que se representen obras en las que se menosprecia el servicio militar, en las que los actores se mofan de la oficialidad y en las que miles de legionarios asisten borrachos y locos riendo como posesos cuando debían enfurecerse y matar a palos a todos los que intervienen en semejante desatino. Una obra en la que incluso los actores se atreven a criticar el encarcelamiento de Nevio, el poetastro que se mofó de los patricios, ¿cómo decía el actor...? —Y Catón cerró los ojos un instante antes de activar su portentosa memoria y recitar el texto—. *Columnam mento suffigit suo. Apage, non placet profecto mihi illaec aedificatio; nam os columnatum poetae esse inaudiui barbaro, cui bini custodes semper totis horis occubant...* [Le ha puesto una columna a su mentón. ¡Diantre! No me gusta nada semejante edificio; pues he oído decir que un poeta latino tiene la cara sobre una columna y dos guardias lo vigilan sin cesar a todas horas.]

El cónsul iba a añadir algo, pero la referencia que había recitado Catón le había pillado a trasmano, pues se trataba de un extracto que Publio no escuchó durante la representación al encontrarse en los pasadizos del teatro hablando con los embajadores de Locri y de Numidia. Así que el cónsul, en lugar de defender al autor de la obra, se limitó a mirar al propio Tito Macio Plauto y hacerle una sugerencia.

—Es tu obra la que critica el *quaestor*, escritor, ¿no vas a defenderte?

Plauto se vio sorprendido. No era plato de buen gusto verse invitado a participar en aquella tremebunda confrontación dialéctica, pero aquella tarde se combatía con palabras y no con espadas y *pila*. Era su territorio, o eso creía. Plauto aventuró una respuesta.

—El *Miles Gloriosus* no se mofa de las legiones, sino de los oficiales fanfarrones, que los hay. Los que se sientan aludidos deberían preocuparse por su forma de actuar en el campo de batalla y no por el modo en que actúan mis actores en el escenario.

Marco Porcio Catón se sintió ultrajado y lo remarcó con claridad enrojeciendo en sumo grado su rostro. Estaba encolerizado: una cosa era ser insultado por el cónsul, un cónsul loco y megalómano, pero otra ya del todo inadmisible era verse afrentado por un miserable actor.

Catón lanzó una mirada gélida y asesina a Plauto al tiempo que le replicaba.

—El *quaestor* de Roma en Sicilia no se ha dirigido a ti, escritor. —Esta última palabra la pronunció Catón como escupiéndola, como si se tratara del peor de los insultos—. Nunca, ¿me oyes? Nunca jamás vuelvas a dirigirte a mí. Jamás. O maldecirás el día en que naciste.

Tito Macio Plauto ya había tenido multitud de ocasiones en el pasado para maldecir no sólo el día en el que había nacido, sino también el día en el que fue engendrado, el día en que llegó a Roma, el día en el que se alistó en las legiones y hasta el día en el que, una vez terminada su primera obra, fue apaleado por patricios borrachos junto al río Tíber. Pero ahora las cosas le iban bien, razonablemente bien, y abrir un frente de disputa con aquel *quaestor*, protegido del todopoderoso Quinto Fabio Máximo, era, a todas luces, apuntar demasiado alto. Plauto calló y bajó la mirada con cautela bien aprendida.

Catón estaba nervioso y no iba a darse por satisfecho. Iba a exigir disculpas a aquel miserable cuando Cayo Valerio, primer centurión de la V legión, se levantó de su lecho, eso sí, algo tambaleante por el obvio efecto del vino en su cuerpo, y se dirigió a Catón.

—¿Y el *primus pilus* de la V legión puede hablar con el *quaestor* o tampoco? Porque... por Cástor y Pólux y todos los dioses, creo que es a mí al que le corresponde cotejar con el *quaestor* todo lo referente a los suministros de la legión. Bien, pues a mí... —le costaba continuar; se apoyó con el brazo izquierdo en el *triclinium*, pues en la mano derecha sostenía una copa de vino de la que no se había separado en toda la comida—, a mí... a mí, me gustó la obra... mucho... y no la encuentro ofensiva, ni deni... deni...

—Denigrante —le ayudó Marcio a concluir la palabra.

—Eso, deni... deni... eso; lo que ha dicho el tribuno. Yo me lo pasé muy bien y mis legionarios también y estuvo, eso... estuvo bien.

—Yo no hablo de teatro con los centuriones de la legión —respondió Catón seco.

—Sea... —continuó un encendido Cayo Valerio; percibía las miradas de todos clavadas en él; sentía cómo le admiraban por enfrentarse al *quaestor*, por hacer lo que sólo el cónsul se atrevía a hacer; Publio también le miraba intrigado, curioso—. Sea, *quaestor*, pues hablemos de suministros. Fuimos a Locri y tuvimos que ir sin todos los pertrechos que debían haber llegado y eso es falta tuya... falta tuya... enviarnos a combatir sin todo el material... teníamos que asediar una ciudad y apenas teníamos escalas...

—El material, por orden del Senado, es para invadir África —se justificó Catón con firmeza.

—Vale, pues para África... pero ver a Aníbal desaparecer ante nosotros... ver a Aníbal irse... dejarnos con la ciudad para nosotros... nosotros que hemos sido heridos bajo las espadas de sus hombres... verlo huir en Locri... —Cayo Valerio, en pie, apoyado en el *triclinium*, veterano centurión donde los haya, cubierto de *faleras* y *torques* por sus hazañas pasadas, se puso a llorar—. Eso fue... precioso... se retiró... el cónsul nos ordenó atacar y nosotros atacamos y Aníbal... Aníbal... se retiró...

Cayo Valerio cayó entre sollozos en su lecho.

Marco Porcio Catón lanzó una carcajada y se levantó.

—Sí, *primus pilus*, sin duda Aníbal debió de tener miedo de un centurión que llora como una niña asustada. ¿No sería que Aníbal se retiró para evitar enfrentarse a las legiones romanas de Craso y Metelo, que podían llegar en cualquier momento? Eso y no otra cosa —añadió mirando al cónsul— sí es estrategia. Mala suerte para el Senado no disponer de generales tan hábiles y tan sensatos y en su lugar tener que mandar órdenes que no se cumplen a cónsules que no hacen sino convertir en niñas lloricas a sus centuriones.

Cayo Valerio se levantó enfurecido y se llevó la mano a la espada, pero Terebelio y Digicio saltaron como gatos y lo asieron antes de que pudiera desenfundar.

—Veo, cónsul de Roma, que tus centuriones ya se rebelan contra el *quaestor*. Es sólo cuestión de tiempo que se rebelen contra ti, como ya pasó en Sucro. Tendrás noticias mías. Pronto.

Con esas palabras cruzó por en medio de todos, sin mirar ni a Plauto ni a Valerio, y desapareció por el vestíbulo que daba acceso a la salida de la gran *domus*.

Cayo Valerio se zafó de Terebelio y Digicio, que habían aflojado ya su firme abrazo de sujeción. El *primus pilus* de la V estaba avergonzado. Había no sólo insultado al *quaestor* de la legión, sino que además lo había hecho frente al cónsul, en casa del propio cónsul, delante de todos y delante de todos había estado a punto de atacarle llevado por la locura del vino que fluía por sus venas y que le había nublado la razón.

—Lo siento... lo siento... mi general. —Era cuanto el aturdido centurión acertaba a decir, con su mirada hundida en el suelo y el dorso de sus manos secando las estúpidas lágrimas fruto de la confusión de sus pensamientos—; he insultado al *quaestor*... he bebido demasiado... digo cosas sin sentido... por todos los dioses, pido perdón, mi cónsul.

—No hay nada de lo que pedir perdón —le respondió con serenidad y para sorpresa de todos Publio Cornelio Escipión—. Estás invitado por el cónsul de Roma, eres uno de sus oficiales y estamos celebrando la conquista de una ciudad. Es un banquete, una fiesta y has bebido de mi vino. Eso es lo que hay que hacer y espero que lo hayas disfrutado. Y en cuanto al *quaestor*, ya llegó sintiéndose afrentado desde un principio y sus palabras no han hecho sino encender el ánimo de todos. Aunque está bien que Terebelio y Digicio hayan impedido que lo ensartaras con tu espada y que luego te lo comieras: se te habría indigestado y, además, me resultaría complicado explicarlo al Senado.

Todos los oficiales del cónsul rieron. Hasta Emilia esbozó una suave sonrisa al tiempo que con su mano tomaba unas uvas de un enorme frutero que dos esclavas habían dispuesto frente a ella. Sus sirvientas sabían que la esposa de su amo prefería comer fruta y menos platos de carne y pescado adobados y guisados como los que estaban nuevamente circulando por el atrio.

Pese a las plabras del cónsul y a las numerosas carcajadas, Cayo Valerio aún parecía abatido, de modo que Publio añadió una reflexión final a su comentario anterior.

—Además, Cayo Valerio, *primus pilus* de la V legión, hace unos días apenas te ordené que te adentraras en una densa niebla con los *velites*, para que los lideraras en un avance a ciegas atravesando una niebla tras la cual debías encontrar al más mortal de los enemigos de Roma, al mismísimo Aníbal. Y lo hiciste. Obedeciste sin rechistar, sin mirar atrás, siguiendo mis instrucciones con disciplina férrea, con lealtad completa. Escúchame, Cayo Valerio, y esto va también por todos los que estáis aquí conmigo: mientras me obedezcas, mientras me obedezcáis así en el campo de batalla, no me importa cómo os comportéis en mi casa: podéis comer hasta vomitar o beber hasta caer ebrios, o tomar a mis esclavas y solazaros con ellas. Mi casa y mis propiedades son vuestras, mientras vuestra lealtad en el campo de batalla sea sin límites, sin dudas, inflexible. Lo que piense el *quaestor*, lo que diga el Senado, lo que se diga en Roma aquí no importa, igual que no importará cuando pronto nos volvamos a encontrar en un campo de batalla, en África, y tengamos enfrente a innumerables enemigos. Allí, tribunos y centuriones de las legiones V y VI, allí estaremos solos, allí no estará el *quaestor*, ni estarán los senadores, ni estará el pueblo de Roma. Estaremos solos, todos vosotros y yo. A solas lucharemos y a solas venceremos.

—¡Brindo por eso! —dijo un apasionado Quinto Terebelio. Y todos le respaldaron. Cayo Valerio se había sentado, más tranquilo, y tras el brindis decidió levantarse de nuevo y tomar una vez más la palabra.

—Yo, mi general, si me lo permite, desearía proponer también un brindis.

—Sea, por Cástor y Pólux —concedió Publio—, hoy es un día para brindar.

—Pues brindo... —y Valerio miró a todos los presentes uno a uno mientras hablaba—, brindo por Publio Cornelio Escipión, y por los dioses que lo han traído hasta nosotros, brindo por la conquista de Locri y brindo por que las deidades nos hayan enviado a un general que haya sacado del destierro y devuelto a esta guerra a las legiones V y VI. Nos llaman «legiones malditas», mi general, y puede que lo seamos, pero no le defraudaremos en el campo de batalla, no le defraudaremos nunca.

—Brindo por ello —respondió el cónsul y, una vez más, el vino corrió por las gargantas de todos los que allí se encontraban.

Llegó entonces un esclavo, se aproximó al cónsul y le habló al oído. Emilia vio cómo su marido fruncía levemente el ceño y cómo su semblante se tornaba serio.

—Ahora mismo vuelvo —le dijo Publio, y lo vio levantarse y pasar entre sus oficiales saludando y sonriendo hasta alcanzar el vestíbulo. Una vez allí, vio cómo un esclavo a una señal de su esposo corría las cortinas del vestíbulo para que desde el atrio no se viera lo que allí ocurría. Emilia miró a Lelio y Marcio. Eran los únicos que estaban atentos. También Netikerty. Eso le llamó la atención, pero claro, Netikerty siempre miraba allí donde miraba su amo. Una fiel y hermosa esclava donde las hubiera. Demasiado hermosa. Lelio debía de estar albergando ideas sobre ella más allá de mantenerla como esclava. Y el caso es que Netikerty era muy del agrado de la propia Emilia. La esposa del cónsul se dio entonces cuenta de que se había distraído y volvió a mirar hacia el vestíbulo, pero las cortinas lo tapaban tódo.

Tras las tupidas telas, el cónsul escuchaba a un embajador recién llegado de Locri. El relato de aquel ciudadano fue breve pero intenso. El cónsul no mostró sorpresa ante sus palabras. Era un mensaje que esperaba desde el mismo día en el que emprendieron el viaje de regreso a Siracusa.

—No te preocupes —le respondió Publio buscando sosegar el ánimo de aquel mensajero, perturbado por los acontecimientos que se estaban viviendo en su ciudad—. Enviaré de nuevo tropas allí, al mando de un oficial de mi máxima confianza. Éste reinstaurará el orden en la ciudad, detendrá a los que hayan cometido los delitos y ultrajes que comentas y, por supuesto, devolverá el tesoro de Proserpina íntegro al templo sagrado.

El mensajero asentía, aunque su rostro denotaba aún cierta duda y nerviosismo.

—Que le den agua y vino y comida si lo desea, y una habitación donde descansar esta noche.

—No, no... partiré enseguida... he de llevar la respuesta del cónsul de inmediato.

—Sea, pero al menos aceptarás asearte y comer un poco —insistió Publio—. Un mensajero hambriento no suele llegar muy lejos.

El enviado de Locri asintió y aceptó una bacinilla con agua limpia que uno de los esclavos le ofrecía y algo de pan y queso, pero comió deprisa.

60

La petición de Plauto

Siracusa, otoño del 205 a.C.

Plauto asistió con discreción al resto de la cena de su anfitrión. Él, al igual que Marcio o Lelio, se había percatado de la extraña salida y vuelta del cónsul al y del vestíbulo, aunque Emilia Tercia no lo advirtiera. El escritor pensó que alguien importante había traído un mensaje de relevancia para el cónsul, pero podía tener que ver con tantas cosas que dejó de pensar en ello y se limitó a escuchar en silencio los debates sobre la guerra, sobre la campaña de Aníbal en Italia y sobre la próxima invasión de África que Escipión estaba preparando. Hablaban todos los oficiales, pues todas sus lenguas estaban avivadas por el vino, todos los tribunos y centuriones de confianza del cónsul: Cayo Lelio, Lucio Marcio, Quinto Terebelio, Mario Juvencio, Sexto Digicio, Cayo Valerio... Plauto los miraba con interés. Hombres curtidos en la guerra, unos veteranos de campañas pasadas en Italia, otros expertos en la guerra forjados en la lucha contra los cartagineses en Hispania y contra los propios iberos. De todo aquello, Plauto no quería hablar. Y de teatro, el único debate que había habido fue con el *quaestor* y no le había dejado demasiado buen sabor de boca. Además era otro el motivo que le había traído allí y no debía dejar que el vino le hiciera olvidar su objetivo de aquel día. Escipión le miraba de cuando en cuando. Había asistido a su representación del *Miles Gloriosus* y el cónsul había participado con alegría del evento y luego, aunque no le había defendido ante Catón, no parecía que el general tuviera en mucha estima las opiniones del *quaestor*. Plauto recordaba cómo vio reír al cónsul durante el principio de la representación, pero también observó que frunció el ceño en más de una ocasión. Sabía que su obra era atrevida y más en aquellos tiempos, pero era un buen prólogo para la petición que tenía que hacerle. Al menos, gracias a los dioses, los soldados y la mayor parte de los oficiales habían encontrado cómica la obra y habían dejado pasar por alto las pequeñas indirectas contra la guerra en sí misma, o ni siquiera las habían advertido, como probablemente fuera el caso de Cayo Valerio, que tan positivamente se había manifestado con relación a la obra. Quién sabe. Quizás en su fuero interno, más de un veterano compartiese esa sensación contradictoria: la guerra nos lleva a la gloria, pero la guerra nos conduce por la miseria y el dolor. Plauto bebió vino con moderación y saboreó algo más de los excelentes manjares que se servían a su alrededor: jabalí con pimienta, orégano, bayas de mirto sin hueso, cilantro y cebollas y unas buenas chuletas de cerdo ensartadas en brochetas espolvoreadas con pimienta, levístico, chufas y comino y, cómo no, abundante salsa *garum*.

El cónsul vivía bien. No le gustaban las privaciones. Como Fabio Máximo, como Casca, como todos los patricios que conocía. Excepto Catón, claro. En ese sentido no había diferencias entre ellos. Eso sí, unos como Escipión luchaban en primera línea de combate, otros usaban de la traición para conseguir sus victorias, como Máximo en Tarento y, los más, vivían en la opulencia sin tener que ir a la guerra, como hacía su, por otro lado, benefactor, Casca. Plauto despreciaba a todos estos hombres, a unos en mayor medida que a otros, pero en el fondo, aunque fuera desprecio lo que sentía, sin embargo, necesitaba de los unos y de los otros. Unos le financiaban, otros eran su público. Esa eterna contradicción le corroía por dentro.

Los comensales fueron dejando la residencia del cónsul. Pronto sólo quedaron Escipión y su esposa Emilia Tercia, Cayo Lelio, acompañado por la hermosa esclava, Netikerty, que Plauto ya viera en Roma, y Lucio Marcio. Plauto sabía que su permanencia resultaba ya extraña, pero no tenía otra forma de acceder al cónsul que aquella cena y su casi eterna *commissatio*. Marcio se levantó y se despidió de todos. Plauto comprendió que no podía alargar más su estancia, así que se alzó también y se dirigió al cónsul.

—Sé que he dilatado mi presencia más allá de lo que la cortesía y vuestra paciencia requieren, pero, por un lado, la compañía y los manjares que nos has servido, cónsul de Roma, eran un lujo demasiado agradable como para alejarse de él con celeridad.

Publio asintió y le interrumpió.

—Estimado Plauto, aprecio tus esfuerzos, pero para alguien que escribe con tanta fluidez obras satíricas y que luego actúa con gracia ante un público de miles de personas, continúan resultando forzados tus halagos ante un patricio.

Plauto sonrió lacónicamente. En cierta forma se sintió aliviado.

—Es cierto. Bien. Iré entonces al otro asunto por el cual he esperado al final de la cena, pero me pregunto... quisiera saber si sería posible una entrevista, con el debido respeto a todos los presentes lo digo, por todos los dioses, una entrevista en privado, ¿sería esto posible?

Publio dejó la copa de vino y miró a su alrededor antes de responder.

—Plauto, esto es una entrevista privada: aquí sólo veo a mi esposa, a mi mejor oficial, una esclava de su confianza y luego los esclavos que nos sirven que, sinceramente, no creo que vayan a traicionar lo que sea que vayas a pedirme pero... —dio una palmada fuerte y todos los esclavos y esclavas que habían estado atendiendo el banquete y que ahora andaban de una mesa a otra recogiendo platos medio terminados, vasos, copas y jarras de vino, *mulsum* o agua fresca, desaparecieron por las puertas que daban al gran atrio de aquella casa—, ¿estás más cómodo así?

Plauto miró a un lado y a otro. Las paredes oyen, pensó, pero comprendía que no era razonable ni útil para su causa presionar más al cónsul. Era ofensivo dudar de la presencia de su mujer o de Cayo Lelio y su esclava-amante. Quizás algún otro sirviente de la casa espiara tras alguna de las esquinas, pero, si eso era así, cuando eso se supiera, él ya no estaría allí para saber de la reacción del cónsul, que, sin duda, sería tan temible como la que tuvo con los legionarios de Sucro.

—He de solicitar tu ayuda y tu poder como cónsul de Roma para que liberes a un amigo mío, otro escritor que, de modo injusto, se pudre en los miserables calabozos de la cárcel en el foro de Roma.

—Te refieres a Nevio —dijo el cónsul, distante.

—Así es.

—Ya escuché las referencias que hiciste a su cautiverio durante la obra y que el *quaestor* ha tenido a bien recordarnos. Esa referencia, Plauto, no ayuda a mejorar mi imagen ante Catón.

—Los cónsules habláis mediante la fuerza de vuestras legiones, nosotros los escritores sólo tenemos las palabras de nuestras comedias.

—Y las pintadas de Roma —añadió Lelio.

Plauto suspiró. Hasta allí había llegado la algarabía de las pintadas que cubrieron Roma con el insulto a los Metelos atribuido a Nevio.

—Esas pintadas no las escribió Nevio —se defendía Plauto.

—Pero las dictó él —contravino Lelio.

—La frase es suya, lo admito, pero es una crítica a los Metelos y los Metelos no son amigos de los Escipiones y, desde luego, no son amigos de Roma. Los Metelos son sólo amigos de sí mismos.

—Si sigues por ahí —intervino Emilia intentando conciliar los ánimos, mientras que Netikerty, por su parte, permanecía callada escuchando las intervenciones de los demás pero, por supuesto, sin atreverse a participar—, Plauto, corres el peligro de terminar como Nevio.

—Creía que estaba entre amigos, gente de confianza, que se podía hablar con claridad.

—Pero, realmente, Plauto, ¿nos consideras tus amigos? —preguntó Publio mirándole fijamente, pero sólo obtuvo el silencio por parte del aludido, por lo que le presionó para obtener una respuesta—. Has dicho que hablemos claro, pues hagámoslo: te cedí el acceso a nuestra biblioteca, siempre he asistido a tus obras, yo contraté tu primera obra cuando era edil de Roma. Me debes mucho, no, todo. Puede que otros, como Casca, te hayan ayudado hasta hacer llegar tus obras a mí en aquel momento, pero al final la decisión era mía y podía haber decidido que tus obras no se representaran y, sin embargo, siempre muestras altanería y distancia a mi persona, a mis oficiales, a todos los que me rodean. ¿Te consideras amigo nuestro? Porque yo ayudo a mis amigos pero no sé por qué debo ayudar a quien no es amigo mío.

A Plauto, contrariamente a lo que pudiera esperarse de él, en aquel preciso momento, le costaba expresarse. Decidió dar rienda suelta a sus sentimientos y ponerlos en un latín claro, pero se esforzó en ser meticuloso en la selección de sus palabras. No quería herir, pero no quería faltar a la verdad, ya que, al menos, el cónsul mostraba interés por la sinceridad, por su sinceridad

—Yo sólo he tenido tres amigos, dos están muertos, Praxíteles y Druso, y uno en la cárcel, Nevio. Praxíteles me enseñó latín y griego y me cuidó de niño. Druso fue un soldado que combatió conmigo en Trebia y Trasimeno y que esta guerra que con tanto interés promovéis los cónsules y los senadores se llevó de mi lado en una gélida mañana junto a un lago que ni siquiera llegué a ver por la niebla en la que nos sorprendieron los cartagineses. Los enemigos eran sombras que se arrojaron sobre nosotros porque un cónsul soberbio e incompetente decidió conducir a millares de hombres a una muerte cruel. Me es difícil ser amigo de quien encuentra en la guerra su camino de crecer en la vida, de modo que, por definición, me resulta difícil ser amigo de un cónsul o de un senador o de un patricio. Tú, Publio Cornelio Escipión, eres las tres cosas. Debo, no obstante, a Casca su ayuda para promover mis obras y a tu persona debo mi primera representación y que, a la vez que combates en esta guerra, promuevas el teatro en los juegos de Roma o ahora aquí, en tu estancia en Siracusa. Me muevo entre dos sentimientos contradictorios: aprecio alguna de las cosas en las que crees pero detesto muchas otras que tu persona representa, las detesto por completo como detesto esta guerra.

—Yo no empecé esta guerra; la empezó Aníbal y he perdido a mi padre y a mi tío en ella. Deseo, como tú, que esta guerra termine cuanto antes. De ahí mi plan de África. —Publio se explicaba de igual a igual. Plauto apreció el gesto. Se sentó en uno de los *triclinia* que había quedado libre. Lelio, Emilia y Netikerty escuchaban absorbidos por la intensidad del debate.

—De acuerdo —concedió Plauto—, pero fue un senador, un cónsul, el que declaró la guerra en Cartago.

—Quinto Fabio Máximo —confirmó Publio—, eso es correcto.

—No fue un panadero o un pescador o un labrador, ni un liberto o un esclavo el que declaró la guerra, y mucho menos un escritor, sino uno de los de tu clase acompañado de una comitiva de hombres iguales a él, que se vieron con hombres iguales a ellos, nobles, senadores de Cartago. Vosotros sois los que decís que ha de haber una guerra y en ella mueren millares de personas que no han tenido parte alguna en dicha decisión.

—Pero en Roma se eligen a los cónsules y a los senadores...

—Pero los cónsules son casi siempre elegidos entre los senadores y los senadores por un *censor* que ha sido senador antes. Es un sistema cerrado.

—También hay cónsules que vienen del pueblo.

—Los menos, y pronto son absorbidos por el sistema senatorial, domesticados.

—Y están los tribunos de la plebe que pueden vetar las acciones del Senado o de los cónsules.

—En teoría, pero nunca se oponen cuando el Estado está en guerra. La guerra es la excusa perfecta en donde todo se justifica. Por eso Nevio no puede criticar a senadores, patricios, cónsules o ex cónsules, porque estamos en guerra y esas críticas, nos dicen los patricios, debilitan al Estado.

La discusión había transcurrido veloz, encendida, apasionada, pero sin resultar agria. Era sincera. Publio tardó en responder unos segundos. Bebió algo de vino. Dejó la copa sobre la mesa frente a su *triclicium*.

—Entonces, Plauto —continuó despacio—, no eres mi amigo.

—Ni tu enemigo. Aprecio tu afán por buscar el final de la guerra, final en el que creo, pero me desagrada que en esa búsqueda anheles gloria y recompensas políticas, algo que no me negarás.

—Los esfuerzos requieren recompensas, especialmente los esfuerzos ímprobos, descomunales, y poner fin a esta guerra lo es.

—De acuerdo. Y aprecio tu apoyo al teatro, pero tú mismo te contradices porque no buscas apoyar al teatro en sí, sino sólo al teatro que te place. Si una obra es crítica, la cuestionas.

—Pero he aceptado tu representación, incluso delante de mis hombres, aun cuando sé que Catón andará en alguna esquina oscura escribiendo un informe a Máximo que éste transformará en una diatriba contra mí, por miles de cosas que no le gustan de mí y entre ellas por dejar representar tu obra.

Plauto respiró con profundidad.

—Eso es verdad, por los dioses. Supongo que los dos tenemos contradicciones. —Y guardó un instante de silencio antes de concluir—. Sinceramente, creía que te despreciaba, pero he de admitir que, examinando con detenimiento mis pensamientos, siento respeto y crítica hacia tu persona, cónsul. Crítica a muchas de las cosas que haces o que has hecho, respeto por algunas que promueves y me siento confuso porque me dejes hablar así. Intento entenderte y no lo consigo.

Aquí Publio Cornelio Escipión estalló en una carcajada que relajó el ambiente.

—Yo también intento entederte, Plauto, y tampoco lo consigo. Creo que estamos empatados. Pero tus obras me gustan y creo en el teatro y admito que puede criticar, pero pienso también que las críticas deben tener unos límites. Nevio está acostumbrado a sobrepasar todos los límites. Critica a los Metelos, y puedo hasta estar de acuerdo con él; yo también he tenido mis diferencias con alguno de ellos, pero Nevio también ha criticado a mi familia abiertamente. Me pides que te ayude a liberarlo y no veo la razón por la que debiera hacerlo. Tampoco parece que deba hacerlo por amistad.

Plauto se levantó.

—No he sabido persuadirte, pero espero que aprecies que al menos no he intentado mentir para hacerlo.

—Eso te honra —concedió Publio.

Plauto se dirigió a Emilia.

—Una cena exquisita. Siento que mis hoscos modales y mis opiniones críticas no sean la mejor de las compañías, pero agradezco que se me invitara y que se me escuchara. —Esto último lo dijo mirando a Publio. Emilia asintió con la cabeza. Luego Plauto saludó con un gesto de su cabeza a Lelio, quien levantó su copa en respuesta. El escritor pensó en dirigir una mirada a Netikerty, pero temió que el oficial romano que acababa de saludarle tomase a mal dicho gesto, así que dio media vuelta y se dirigió hacia el vestíbulo que daba acceso al atrio. Cuando estaba a punto de alcanzarlo, la voz de Publio Cornelio Escipión resonó con fuerza a sus espaldas. Plauto se giró para escuchar.

—No, no me has persuadido, pero veré lo que se puede hacer. En cualquier caso, lo que dijo Nevio de Metelo es cierto. Pero no creo que pueda ayudar a tu amigo encarcelado hasta que concluya esta guerra.

—Un motivo más para terminarla cuanto antes —respondió Plauto desde la distancia y saludó con una leve inclinación. Estuvo a punto de decir gracias, pero si lo hubiera hecho ya no sería el mismo Plauto que entró en aquella casa. Una vez fuera, se dio cuenta de que aunque no hubiera dado las gracias, sin duda, ya no era el mismo ni veía con la misma frialdad a aquel extraño cónsul.

En el atrio del gran banquete, sin Plauto en escena, la conversación de los presentes se centró en la personalidad del escritor.

—Un hombre peculiar, pero inteligente —dijo Publio.

—Hay que reconocerle cierto valor —afirmó Lelio—, al defender sus opiniones con tanta dureza y ante un cónsul, aunque sepa de tu tolerancia. No deja de sorprenderme. Pocos se atreven a tanto.

—Y tú, Emilia —preguntó Publio—, ¿qué piensas de Plauto?

—No sé... es alguien que ha sufrido mucho, guarda mucho rencor y luego sus obras son tan divertidas. Parece imposible que alguien tan amargado pueda escribir lo que escribe.

Publio asintió con aprecio. Su mirada se quedó sobre Netikerty. ¿Qué pensaría ella de aquel comediógrafo?

—¿Y qué piensa nuestra querida Netikerty de Plauto? —preguntó Publio. No esperaba una respuesta meditada, sino alguna ambigüedad o algunas palabras nerviosas y esquivas.

Netikerty alzó los ojos levemente y los volvió a bajar para, mirando al suelo, pronunciar su valoración, con voz serena y clara.

—Creo que Plauto es un hombre acostumbrado a abrirse camino allí donde no es posible. En eso se parece al cónsul.

Emilia, Lelio y Publio se quedaron mirándola.

61

Un aviso

Siracusa, otoño del 205 a.C.

Los días que siguieron al banquete fueron de gran trabajo para Publio. Necesitaba más trigo, más aceite, más carne, más pescado, más ganado, más barcos, más caballos, más hombres, más adiestramiento, más tiempo... Catón no había molestado en unas semanas, aunque estaba seguro de que algo estaría maquinando, pero no tenía ni energía ni minutos para ocuparse de las posibles maniobras del *quaestor*. Tuvo el cónsul, además, que enviar a Lelio con parte de las tropas a Locri. El relato de los enviados de la ciudad recién conquistada había sido demoledor y debía reinstaurar el orden lo antes posible. Pero al menos había conseguido desembarazarse de Sergio Marco y Publio Macieno, quienes por su rebelión contra Pleminio quedarían ahora en Locri bajo arresto y en manos de un encolerizado y vengativo pretor.

Seguía informado de los acontecimientos en Roma por correos públicos con información del Senado y por cartas privadas, las más valiosas, que le llegaban escritas por su hermano Lucio. Recién llegado de revisar las tropas acantonadas junto a las murallas de Siracusa, el cónsul recibió de manos de su esposa unas tablillas grandes.

—Han llegado mientras estabas fuera —le dijo su esposa ofreciendo en sus manos la preciada carga.

Publio le dio un beso en la mejilla, tomó las tablillas, pesadas, en esta ocasión en lugar de dos debían de ser tres o más y se dirigió al *tablinium*, al fondo del atrio, donde tenía centralizado su despacho para asuntos oficiales. Se encerró en él corriendo las cortinas. Emilia se recostó en un diván en el atrio y esperó, como hacía siempre, a que su marido le transmitiera las noticias que venían de Roma. Lucio, sin falta, incluía información sobre su suegra, Pomponia, pero también sobre el otro Lucio, el hermano de Emilia, Lucio Emilio Paulo. Y en tiempos de guerra el corazón de una esposa o de una hermana permanecía constantemente en vilo. ¿Marcharía todo bien? Su hermano luchaba en el norte y los galos de Liguria estaban en rebelión. Ya habían matado al hijo de Fabio Máximo.

En el *tablinium*, Publio desató el cordel que anudaba el paño que cubría las tablillas para protegerlas y descubrió que su hermano, en efecto, no sólo había incluido tres tablillas engarzadas por un extremo, sino que además había escrito con letra muy pequeña. Mucho sería lo que había de contar. Eso, normalmente, no era bueno.

Querido hermano:

Espero que los dioses te guarden y te protejan pues se avecinan tiempos complicados para todos y, en particular, para nuestros planes de llevar la guerra a África. Fabio Máximo ha debido de recibir cuantiosa información a través de Catón y la ha usado con habilidad en el Senado para socavar tu autoridad y, en fin, proponer que una embajada del Senado con plenos poderes vaya primero a Locri y luego a Siracusa. La finalidad de dicha embajada es confirmar tu incapacidad, cito sus palabras, para llevar a cabo la invasión de África y relevarte del cargo. Sé que parece una locura, pero lee con atención: llegaron a Roma varios mensajeros de Locri y lo cierto es que lo que relataron conmovió al Senado. Empezaron con la brutal dictadura que Sergio Marco y Publio Macieno implantaron en la ciudad tras retirarte tú a Siracusa. Parece ser que primero atacaron a Pleminio, al que le arrancaron las orejas y la nariz y luego encerraron para que sufriera en prisión el horror de sus mutilaciones mientras, a sangre y fuego, asesinaban al resto de los legionarios del pretor. Todo esto debes de saberlo porque enviaste a Lelio con tropas y restableciste a Pleminio en el poder, arrestando a los tribunos de la VI en rebeldía. Como imaginarás, los actos de Marco y Macieno dieron pie a que Máximo recordara al Senado la rebelión de Sucro, lo que reiteró una y otra vez. Pero la cosa empeoró cuando los embajadores de Locri relataron cómo Pleminio, seguramente enloquecido por su cara desfigurada, lleno de odio, primero sacó a Marco y Macieno de la cárcel y los torturó a plena luz del día frente al templo de Proserpina. Allí les arrancó las orejas y la nariz, y luego los ojos y la lengua y mientras gritaban hizo que ataran sus extremidades a cuatro caballos que tiraron de ellos en direcciones opuestas hasta desmembrarlos. Luego tomó los pedazos y los arrojó a los cerdos sin sepultura alguna. Eran rebeldes pero eran tribunos. Tu arresto fue correcto, pero la actuación de Pleminio también enfureció al Senado. Y para mayores males, el pretor desató a continuación su ira contra los ciudadanos de Locri, según él por no haber impedido la rebelión de los tribunos, por no haberle ayudado cuando éstos le atacaron. Locri ha sufrido primero la crueldad de los cartagineses, luego la de Sergio Marco y Publio Macieno, pero las atrocidades con las que se ensañó Pleminio con los ciudadanos de Locri y que sus embajadores comunicaron a los senadores son demasiado extensas y demasiado terribles para ponerlas por escrito. He de decir que los enviados de Locri nunca te echaron la culpa, pero Fabio Máximo subrayó una y otra vez que fuiste tú el que puso primero a Marco y Macieno en Locri, contraviniendo el mandato de destierro que pesaba sobre todos los miembros de la V y la VI, y luego remarcó con insistencia que Lelio, por orden tuya, repuso a Pleminio en el mando de la ciudad. No entiendo por qué, hermano, decidiste lanzarte a esa conquista en Italia. Te conozco bien y estoy seguro de que habrás tenido tus motivos, pero he de decirte que desde el punto de vista político ha resultado muy negativo.

Hay más. Una vez que los enviados de Locri nos dejaron solos en la Curia, Fabio Máximo añadió más acusaciones, como tu sabida pasión por el teatro, acusándote de distraer a los legionarios con representaciones obscenas y que se mofan de la guerra, de los oficiales, de la disciplina; añadió que envileces a tus hombres con banquetes suntuosos, que regalas vino a raudales y que, en fin, haces todo aquello que un buen general no debería hacer nunca. Sentenció que permitirte que sigas al mando era perder dos legiones enteras a manos de un loco y concluyó con un dato que, si bien es algo anecdótico, añadió aún más leña al fuego. Dijo que habías llegado a un pacto secreto con el escritor Tito Macio Plauto para liberar a Nevio de su prisión en Roma, lo cual, como estoy seguro que entenderás, puso a los Metelos del lado de Máximo sin dudarlo. Nosotros no teníamos ni fuerza ya ni argumentos para defenderte, pero se nos ocurrió maniobrar utilizando la influencia que nos quedaba para incluir entre los miembros de la embajada a los dos tribunos de la plebe, Marco Claudio y Marco Cincio. Éstos son hombres ecuánimes, representan al pueblo y el pueblo está contigo. Con ellos tienes la oportunidad de, al menos, recibir una evaluación justa. Incluso Marco Pomponio, el senador que encabeza la misión, aún siendo proclive a las ideas conservadoras de Máximo, no es ni mucho menos el más radical de entre ellos. Creo que Fabio Máximo lo ve tan fácil que decidió ceder en estos aspectos. La embajada acudirá primero a Locri para arrestar a Pleminio y restablecer el orden en aquella ciudad y luego acudirán directos a Siracusa. La visita a Locri te da un poco de tiempo y he hecho todo lo que está en mi mano para intentar que esta carta te llegue lo antes posible y puedas así, con tu habitual y sorprendente astucia, querido hermano, idear la forma de impresionar a la embajada del Senado para mantenerte en el gobierno de la isla y al mando de las legiones V y VI. Te deseo que con ellas acudas a África y que en África, contra todo lo que pronostican nuestros enemigos en Roma, encuentres la forma de alcanzar la victoria.

Los asuntos de la familia están en orden. Madre se encuentra bien, preocupada por ti pero bien. Si por ella fuera se escaparía por la noche para sacarle los ojos a Fabio Máximo, pero creo que aunque se lo permitiera Máximo es inalcanzable. Sólo viene a Roma a las sesiones del Senado y luego se refugia en su gran *domus* a las afueras de la ciudad donde un pequeño ejército de veteranos de la campaña de Tarento le custodian como si de un dios se tratara. La muerte de su hijo le ha hecho aún más mordaz en sus diatribas y más rencoroso.

A tu esposa mándale mis saludos y dile que su hermano está bien. Ha participado en varias misiones con las legiones en el norte y aunque los galos están revueltos ha regresado para estar unos días en Roma. Como siempre su presencia contribuyó a reforzar nuestras débiles posiciones en el Senado. A él le debes la idea de la presencia de los tribunos de la plebe en la embajada que te visitará pronto.

Cuídate. Ruego a Júpiter, a Quirino, a Marte y a Juno y a todos los dioses que velen por ti y que te guíen en tus planes y que te ayuden para que no desfallezcas en tu ánimo pese a las noticias de esta carta.

Tu hermano que te quiere y te admira,

Lucio Cornelio Escipión

Publio arrojó las tablillas contra la pared.

—¡Por todos los dioses! —exclamó, y se quedó con los brazos en jarras mirando a la pared del *tablinium*. Emilia, que había escuchado el golpe de las tablillas al chocar contra la piedra del muro, dejó la lana que estaba tejiendo, despacio, y con el alma en vilo, asomó su pequeña y delgada figura por entre los cortinajes que daban acceso al despacho de su marido desde el atrio. Publio permanecía en pie, tenso, pero al verla relajó un tanto su expresión y respondió a la inquisitiva y nerviosa mirada de su mujer.

—Tu hermano está bien, tu hermano está bien —dijo, y Emilia tranquilizó las tensionadas facciones de su rostro.

—¿Qué ocurre entonces? —preguntó con sincero interés.

—¡Por Júptiter Óptimo Máximo! —reinició Publio llevándose ahora las manos a la nuca y dejándolas allí, entrelazados los dedos, durante unos segundos. Emilia le observaba sin interrumpirle en sus imprecaciones a todos los dioses que se prolongaron durante un minuto entero, en pie, sin dejar de mirar la pared. Un esclavo entró algo agitado, pensando que algo de lo que habían servido a su señor estaba en mal estado o roto o mal cocinado. Sobre la mesa del *tablinium* había una copa de vino con *mulsum* y un cuenco con sopa de ave, bebida y comida que el cónsul gustaba de tener a mano en todo momento. Pero el esclavo no tuvo tiempo de preguntar nada. Apenas si había aparecido desde el atrio cuando Publio se giró hacia él y como si persiguiera un enemigo en medio de una batalla le maldijo a voz en grito.

—¡Fuera, fuera, por Hércules, fuera todos de mi vista! ¡No quiero ver a ningún esclavo en todo el día! ¡A ninguno! ¡Al que vea lo mato!

El esclavo, conducido por su experiencia y por la agilidad de sus piernas, desapareció por donde había venido como una hoja arrastrada por un viento de tormenta. Emilia decidió intervenir.

—Ya es suficiente, Publio. ¿Qué ocurre? No quiero quedarme sin esclavos y tu furia parece que quiera llevárselos a todos por delante.

Publio la miró. Suspiró, salió del *tablinium* y se sentó en un *triclinium* pero sin reclinarse. Emilia se sentó a su lado en el mismo *triclinium*.

—¿Qué ocurre? —repitió—. ¿Por qué arremetes contra los esclavos? Siempre nos han servido bien. ¿No era una carta de Lucio, tu hermano? ¿Tu madre está bien? ¿Tu hermano también?

Publio asintió con lentitud.

—Están bien, están bien. No es eso.

Y calló mirando a su alreddor. Emilia le comprendió.

—¿Temes que nos escuchen? —preguntó en voz baja.

Publio asintió.

—Bien —respondió Emilia, bajando aún más la voz, hasta conventirla en un susurro apenas perceptible por su marido—. Dime qué dice Lucio.

Publio habló mirando hacia el suelo, en un tono muy suave, de forma que sus palabras quedaban quebradas por el aire a más de un par de pasos de distancia, pero eran perfectamente audibles para su esposa.

—Lucio me habla del Senado, de la última intervención de Fabio Máximo. Ha utilizado toda la información de la que disponía, era de esperar, para atacarme y más aún, para atacar la invasión de África. Aún lucha contra esa idea. Quiere detenerla a toda costa. Ha utilizado mi desembarco en Locri y ha incidido en que las legiones V y VI son indisciplinadas, ha recordado al Senado el motín de Sucro, insistiendo en mi incapacidad para devolver esas tropas a la disciplina legionaria, ha criticado que vivamos en Siracusa, que fomente representaciones de teatro cuestionables, se refiere al *Miles Gloriosus*, que recibimos a escritores, en fin, que más que preparar una invasión dilapidamos los recursos del Estado en un retiro de lujo mientras Roma está luchando por su supervivencia. El Senado envía una embajada con un pretor al frente de diez *legati*, al que acompañan, gracias a los dioses y a la astucia de tu propio hermano, los dos tribunos de la plebe, menos mal, y un edil, todos juntos para examinar la situación y, según vienen aleccionados, para detener el desembarco en África. Ahora, cuando lo teníamos todo tan cerca. Pero eso ya lo esperaba. Puedo luchar contra todo esto. Tengo ideas. Contaba con ello, no sabía con qué, pero esperaba un golpe de Catón y su amo, Máximo. Algo iban a hacer y lo han hecho, pero ése no es el peor de los problemas. Hay más. Algo que me preocupa más.

—¿Qué más, por Cástor y Pólux, qué más, Publio?

Publio giró entonces el cuello y la miró a los ojos.

—Tenemos un espía entre nosotros, entre los esclavos, supongo. Máximo ha dicho que hasta he pactado con Plauto la liberación de

Nevio y esa conversación fue aquí, contigo y con Lelio y su esclava. Eso es todo. Nos escuchan. Máximo ha infiltrado uno o más esclavos en esta casa y nos escuchan. Al final las palabras de la obra de Plauto van a ser verdad.

—¿Qué palabras eran ésas?

Publio recitó de memoria unas líneas de la intervención del esclavo Palestrión al principio del III acto del *Miles Gloriosus* que se le quedaron especialmente grabadas en la memoria, al leer días después de la representación una copia escrita que el propio Plauto le había facilitado.

—*Nam bene consultum consilium surripitur saepissime, si minus cum cura aut cautela locus loquendi lectus est...* [con frecuencia se frustra aquella decisión bien tomada cuando se ha elegido con poca cautela el lugar donde hablar]. Me llamó la atención la profundidad de esa frase. No sabía hasta qué punto iba a parecerme tan acertada. Sin duda, Emilia, no fuimos lo suficientemente cautos al elegir hablar con Plauto en este atrio rodeado de decenas de orejas.

Emilia se quedó un instante pensativa.

—¿No será el propio Plauto el que haya vendido esa información a Máximo?

Publio meditó antes de responder, pero cuando lo hizo negaba con la cabeza.

—No, no tiene sentido. Sabe que tiene más posibilidades conmigo que con cualquier otro senador y, desde luego, sabe que no tiene nada que hacer con Fabio. Fabio detesta a los escritores, como Catón. Si por él fuera estarían todos en la cárcel con Nevio o, mejor aún, ensartados y muertos como los brucios que ayudaron a Fabio en Tarento. No. Es alguien de aquí dentro. Lo presiento. —Y miró a su alrededor.

—Son todos esclavos que viven con nosotros desde que viajamos a Hispania, algunos incluso nos acompañan desde casa de tus padres. Son fieles a tu familia. Les tratas bien. Cumplen bien. Incluso creo que están orgullosos de servirte. Y has manumitido a alguno de ellos al ser mayor. Lo saben y saben que nadie los tratará mejor.

—Todos son susceptibles de venderse por su libertad y un puñado de ases. Eso siempre es posible.

—Es posible —concedió Emilia—. Son muchos, unos veinte diría yo, tendría que contarlos y no conozco a todos en profundidad. ¿Quieres que hable con ellos?

—No —dijo Publio con resolución; mientras hablaba con Emilia había tomado una decisión—. Será Lelio quien lo haga. De la forma en la que hay que hablar con ellos, tendrá que ser Lelio quien lo haga. Ahora es mediodía —añadió mirando al cielo—. Al anochecer. Al anochecer Lelio me dirá quién es el traidor. Y, si es necesario, morirán todos.

Publio se levantó y se dirigió con paso firme hacia el vestíbulo en busca de uno de los *lictores* apostados a la puerta de la casa. Emilia le observó mientras daba instrucciones al soldado, seguramente indicándole que fuera raudo a por Lelio. Esa tarde iba a correr sangre. Emilia lo lamentó profundamente. Conocía a aquellos esclavos desde hacía años y le dolía lo que Lelio haría allí para saber la verdad, pero aquí Emilia irguió su cuello con orgullo romano y se alisó la *stola* que llevaba como vestido: si había un traidor era necesario descubrirlo, en eso su marido tenía razón. Emilia despreciaba aquella guerra. Era como un gigantesco mar de odio y envidia y dolor que lo impregnaba todo: su familia, la de su marido, y ahora sus sirvientes. Todo. Temía por sus hijos, sobre todo por el pequeño Publio. Crecía y crecía y la guerra no terminaba. No tenía fin.

62

Un espía de Fabio Máximo

Siracusa, otoño del 205 a.C.

Lelio apareció acompañado de Netikerty, pues el mensaje que había recibido del *lictor* enviado por Publio no transmitía nada urgente, sólo que viniera para charlar. Lelio solía venir con su joven esclava cuando visitaba a Publio porque, por un lado, le gustaba verla todo el tiempo que le fuera posible, le sosegaba el espíritu ver a aquella preciosa muchacha siguiéndole, dócil, obediente, después, como aquella tarde, de haber estado haciendo el amor con ella durante una hora. Para ser exactos, era ella la que hacía cosas y él sólo tenía que echarse en el lecho y disfrutar, primero de un masaje relajante, las manos de Netikerty esparciendo aceite perfumado por su fuerte espalda de guerrero de Roma; luego los besos, los labios de la joven rozando cada recoveco de sus músculos, para terminar dándose él la vuelta y dejar que ella se montara sobre él y contemplarla en todo su esplendor mientras ella se arqueaba entre gemidos y cerraba los ojos vertiendo lágrimas por sus mejillas. Netikerty se acurrucaba entonces junto a su amo y Lelio se entretenía acariciándole el cabello negro y largo, despeinado, apenas sujeto por el *nimbus* de oro y perlas que Lelio le regalara años atrás a los pocos días de comprarla. Tras una tarde como ésa, para él era un dulce orgullo pasear a aquella joven a su lado y llevarla a ver al cónsul de Roma. En su fuero interno, Lelio quería que ella viera, una y otra vez, el poder de los hombres con los que él trataba y que de esa forma la muchacha comprendiera hasta qué punto era afortunada por pertenecer a quien pertenecía. Lelio era torpe en palabras, pero mediante su trato amable con la muchacha, para algunos en exceso, para Catón de forma escandalosa, buscaba que Netikerty se sintiera querida, apreciada... amada. Lelio no sabía si lo conseguía, pero lo intentaba. Publio, por su parte, había observado Lelio, toleraba la relación con la muchacha; de hecho, Lelio sentía que Publio estaba agradecido a los cuidados de la joven cuando estuvo gravemente enfermo en Cartago Nova. Y, por fin, quedaba la circunstancia, nada desdeñable, de que Emilia parecía haberle tomado un afecto sincero a Netikerty y gustaba de entrar en conversación con ella cuando ambas quedaban a solas. ¿De qué hablaban? Netikerty no decía demasiado, pero conociendo a Emilia no sería ni de guerra ni de política. ¿Hablarían de ellos, de él mismo y de Publio?

Lelio irrumpió en el atrio y saludó amigablemente al cónsul. Netikerty se quedó un par de pasos por detrás de su amo.

—¡Que los dioses bendigan esta casa y a todos cuantos viven en ella! Querías verme, Publio. Aquí me tienes.

El cónsul de Roma comprendió por el tono satisfecho de la voz de Lelio lo que su oficial había estado haciendo aquella tarde con su joven esclava. No le culpaba. Probablemente él, en sus mismas circunstancias, haría lo mismo. Eso le trajo, de modo fugaz, a su mente, cómo ya no hacían el amor con tanta frecuencia Emilia y él. La política, la magistratura, la guerra, no eran buenas semillas para la pasión. Pero todo aquello fue un destello que se apagó por los problemas que le acuciaban en ese momento. Publio tomó del brazo a Lelio y lo llevó a una esquina.

—Tenemos un espía —dijo el cónsul en voz baja.

—¿Un espía? ¿Dónde?

Publio no dijo nada y se limitó a señalar al suelo. Lelio asintió. El cónsul puso en antecedentes a Lelio resumiendo los datos de la carta de su hermano haciendo especial hincapié en el hecho de que Fabio tuviera conocimiento de la conversación que sostuvieron con Plauto sobre la encarcelación de Nevio. Lelio asentía con la faz seria, atento, asimilando los datos y las instrucciones.

—Me marcho, Lelio, y te dejo con los esclavos y seis *lictores*. Me llevo a Emilia y los niños. No quiero que interfieran. Haz lo que tengas que hacer, pero, por Júpiter, encuentra al traidor y tráemelo vivo.

—Y con esto el magistrado dejó a Lelio y partió con su esposa y los otros seis *lictores* rumbo al *Portus Magnus*: a los niños les encantaba ver los grandes barcos de transporte entrando y saliendo de la bahía.

Lelio ordenó llamar a todos los esclavos de la residencia de Publio Cornelio Escipión en Siracusa y que se alinearan junto a una de las paredes del atrio, la opuesta al altar levantado en honor de los dioses Lares de la familia. Había un total de veintidós esclavos. El mayor número pertenecía a la cocina, con tres cocineros y seis esclavas que les asistían. Luego estaban las esclavas personales de Emilia Tercia, cuatro, y tres esclavos que se ocupaban del magistrado, de su ropa, sus armas y su aseo; había un esclavo mayor, una especie de secretario que asistía en la redacción de cartas y otros documentos y tres esclavas más, que se ocupaban de la limpieza de la residencia y los jardines; un hombre de mediana edad, fuerte, con la mente despejada y mirada inteligente que actuaba como *atriense*, y, por fin, un niño pequeño que, con toda seguridad, sería hijo resultado del amor entre una de las esclavas y otro miembro de la servidumbre. Todos estaban nerviosos, pues aquella convocatoria en el atrio era totalmente inesperada y fuera de lo común. Además, si hubieran tenido frente a ellos al amo o a la señora de la casa, quizá pudiera tratarse de que se les anunciara la visita de prohombres importantes o algún asunto similar, pero la ausencia de los amos y verse encarados con un rudo oficial rodeado de media docena de los guardias personales del cónsul de Roma no auguraba nada bueno. Lelio les confirmó sus peores vaticinios con rotundidad y precisión.

—Hay un traidor entre vosotros, un espía que aprovecha su presencia en esta casa para pasar información sobre lo que aquí ocurre a los enemigos del cónsul en Roma y quién sabe si más allá de Roma. El cónsul me ha ordenado que averigüe quién de vosotros se ha dedicado a perpetrar tal traición y que se lo entregue. Tengo, para esta tarea, plenos poderes y haré lo que tenga que hacer. ¿Está claro, por Hércules?

Todos callaron. Varios de los hombres empezaron a sudar y alguna de las mujeres se esforzaba infructuosamente en contener un sollozo. Una de las esclavas más jóvenes tomó al niño pequeño, de unos siete años, y agachándose, lo apretó contra su pecho.

—¿Hay alguien que quiera, que tenga algo que decir? —preguntó Lelio con furia—, ¿o será necesario que empieza a torturaros uno a uno hasta que el traidor hable? Si hace falta que acabe con todos así lo haré. No seréis ni los primeros ni los últimos hombres o... a los que mate. —Lelio había pensado en añadir «mujeres», pero nunca antes había tenido que matar a una mujer o a un niño, pese a tantos años de guerra. Nunca participó personalmente en las contadas ocasiones en que se castigó una ciudad enemiga masacrando a la mayor parte de sus habitantes, como en Iliturgis o Cástulo en Hispania. También pensó que aquellos esclavos no lo sabían. Eso jugaba a su favor. ¿Por dónde empezar?

Netikerty había quedado tras los *lictores*. Lelio no le había dicho nada. Ella hubiera preferido no estar allí. Pensó que acompañaba a Lelio a una visita más a casa del cónsul y que ahora se habría encontrado envuelta en alguna pequeña e intranscendente pero siempre cálida conversación con Emilia Tercia. Por el contrario, se veía obligada a presenciar a su amo Cayo Lelio presionando, gritando, amenazando a un grupo de esclavos y esclavas, indefensos, como ella. Se sentía incómoda. Nerviosa. ¿Qué debía hacer?

Cayo Lelio lo pensó despacio. Podía ir uno a uno pero aquello podía llevar horas, días, y Publio quería resultados rápidos. Tomó entonces una determinación arriesgada pero práctica. Se acercó en tres pasos largos y rápidos adonde estaba el niño esclavo, lo agarró por el brazo y, haciéndolo volar, lo desgarró del abrazo de su madre esclava. Ésta profirió un alarido.

—¡Noooooo! ¡Piedad, mi hijo no, es inocente! ¡Inocente!

Lelio habló sin que su voz temblase.

—O sale ahora mismo el traidor que ha pasado información sobre esta casa o empezaré por cortarle las manos a este niño. —Y alzó al pequeño estirando del bracito infantil hasta que el crío quedó con sus pies colgando a un metro del suelo. La criatura estaba pálida y de puro terror ni siquiera lloraba. La madre se separó de la fila de esclavos e intentó ayudar a su hijo pero uno de los *lictores* se abalanzó sobre ella, la detuvo en seco y ante la pujanza de la esclava y su pertinaz insistencia en acudir en ayuda de su hijo, la empujó con violencia arrojándola contra el muro del atrio. La joven se golpeó en la cabeza y cayó sin sentido. Un par de esclavas mayores, asistentes de la cocina, se acercaron y tomaron el cuerpo de la joven en sus brazos acurrucándola contra la pared y comprobando que aún respiraba. El niño empezó a gritar.

—¡Madre, madre, madre!

Lelio no se ocupó de hacer callar al pequeño sino que se limitó a elevarlo aún más estirando del brazo. El niño empezó a llorar bailando del poderoso brazo del oficial romano como un cordero colgado de un pincho de hierro en el mercado. Así, Lelio se paseó por delante de todos los esclavos. El *atriense*, en el centro de la fila de esclavos, miraba a un lado y a otro. Nadie parecía que fuera a moverse. Lelio dejó caer al niño en el suelo. El muchacho se golpeó con fuerza contra las baldosas frías y se hizo sangre en las rodillas, pero lejos de quedarse quieto, se levantó y fue a correr hacia su madre, pero la mano de Lelio lo cazó por el cuello de su pequeña túnica, lo echó al suelo, le puso el pie en el pecho impidiéndole que se volviera a levantar, desenvainó la espada y se dirigió de nuevo a los esclavos.

—¡Las manos, por todos los dioses, le voy a cortar las manos a este niño si no me decís algo!

El silencio era aterrador. El niño lloriqueaba en una mezcla de miedo por su madre desvanecida y por la visión del enorme *gladio* que aquel soldado acercaba más y más hacia su dolorido brazo, del que hasta hace unos segundos había estado colgado. La espada se aproximaba más y más. Lelio dejó de mirar a los esclavos, apretó los dientes, el *gladio* tocó la piel de la muñeca del niño. Pensó en hacer un corte rápido para que sangrara y aterrar aún más a los esclavos. Sintió asco de sí mismo. Para esto le había dejado Publio, para ocuparse de matar a niños y mujeres y esclavos. Todo había cambiado desde Baecula. Todo. Máximo tenía razón. *Votus damnatus*. Lelio se sentía maldito entre legiones malditas.

—¡Deja al niño! —gritó el *atriense*—. ¡Deja al niño! ¡Yo soy el traidor que buscas! ¡Deja al niño!

Lelio mantuvo la espada tensa, su filo sobre la muñeca infantil, el niño aterrado, sus ojos cerrados, su llanto... el oficial comprendió las palabras del *atriense* que le llegaron como si viniesen desde muy lejos.

Aflojó la presión sobre la espada, relajó los músculos, se incorporó, quitó su pie del pecho del niño, envainó despacio el arma, vio cómo el crío se arrastraba y gateaba hacia donde las esclavas mayores atendían a su joven madre. Era un niño valiente. Sintió algo de alegría entre tanta miseria. Aquel niño, sin duda, merecía vivir. Ni siquiera había implorado por él mismo; sólo había estado preocupado por su madre. Lelio había visto a hombres más curtidos vender a sus propios padres en situaciones similares. Y de pronto la faz de Lelio se tornó nuevamente en un duro rictus de miseria. Un par de firmes pasos, agarró al *atriense* por los hombros de su túnica y asiéndolo con un vigor furibundo lo separó primero del resto de los esclavos y luego lo arrojó contra la pared opuesta, más allá de los *lictores*. El *atriense,* toda vez que vio cómo el niño quedaba libre, no opuso resistencia más allá de procurarse la mejor de las caídas posibles al estrellar sus huesos contra la pared de ladrillo.

—¡Los demás esclavos, fuera de mi vista! —vociferó Lelio. Todos salieron raudos del atrio. Cayo Lelio fue de nuevo donde el *atriense* se medio incorporaba, arrodillado, apoyando una mano en el suelo y, sin previo aviso, le dio una patada en la cara. El esclavo vio cómo del golpe su cabeza y detrás el resto de su cuerpo giraban ciento ochenta grados hasta toparse una vez más con el muro de ladrillo en mitad de su frente. El golpe fue seco y escuchó un chasquido en el interior de su nariz. Perdió el conocimiento un instante y cuando abrió los ojos se palpó la nariz notando un chorro de líquido caliente que brotaba con fluidez. Se mareó. Lelio le dio un respiro.

—La única razón por la que no te mato ahora mismo es porque el cónsul ha pedido que te entregue con vida. —Pero acompañó las últimas palabras con un nuevo puntapié en el pecho del dolorido esclavo. Éste quedó recogido en el suelo, en posición fetal, en un charco de sangre y espumarajos que brotaban de su boca. Era un hombre duro y resistente, pero si aquello continuaba no sabía cuánto más resistiría. Tenía que pensar en algo, pero como no se le hacían preguntas no sabía qué decir. Pensó en pedir perdón, pero aquello quizá no hiciese sino enfurecer aún más a aquel oficial romano al que tantas veces había abierto la puerta de aquella casa. ¿Qué había pasado, qué estaba ocurriendo? El niño estaba bien. Eso era lo importante ahora.

—Amo, déjale, por favor, os lo ruego, lo vais a matar. —Netikerty habló desde lejos, con una voz suave y suplicante, pero lo suficientemente clara para ser percibida por su amo con nitidez. Lelio se volvió hacia ella, nervioso. ¿Qué hacía ella allí? Se había olvidado de su presencia por completo, absorbido por resolver el asunto de la traición. No le gustó que hubiera presenciado todo aquello.

—¡Silencio, Netikerty! ¡No te metas en lo que no te incumbe!

Netikerty calló y vio cómo Lelio volvía a patear con saña al esclavo tendido en el suelo.

—¡Habla, miserable! ¿Desde cuándo pasas información a Roma, con qué frecuencia, a través de quién, por qué, para quién?

El *atriense,* con las manos en su cogote para protegerse la cabeza, estaba aturdido. Antes nada y ahora demasiadas preguntas de golpe. ¿Por dónde empezar? ¿Para quién, por qué?

Netikerty volvió a interceder a favor del esclavo.

—Mi señor, ¿no veis que ese hombre no hace sino proteger la vida de su hijo?

Lelio, agitado, se volvió hacia ella.

—¡Cállate, he dicho!

—Pero, mi amo, ¿no veis el parecido de ese hombre con el niño al que amenazabas antes? Es su padre, sin duda, y sólo busca protegerle de tu ira. Por eso se ha confesado. Golpeándole no conseguirás más que mentiras.

Lelio se giró hacia el *atriense.* Éste se había sentado y empezó a hablar entre chorretones de sangre que caían de su nariz.

—¡No hagáis caso a esa mujer, mi señor! ¡Yo soy el traidor! ¡He pasado información... siempre... que he podido... a senadores de Roma!

—¿A qué senadores? Dame nombres.

El *atriense* sacudía la cabeza e intentaba detener la hemorragia de la nariz con sus manos.

—No sé. Ellos me enviaban mensajeros, me pagaban, no sé para quién era la información.

—¿Y cuándo empezaste? ¿Aquí en Siracusa, en Hispania, en Roma? ¿Cuál fue tu primer mensaje?

El *atriense* guardó silencio. Estaba pensando.

—Os miente, mi señor. Se lo inventa todo —insistió Netikerty—. Traed al niño y veréis el parecido. Es fácil de comprobar.

—¡Maldita sea! —exclamó Lelio.

—¡No, dejad al niño, mi señor! —aulló el esclavo golpeado.

—¡Entonces decidme cuál fue vuestro primer mensaje!

—¡No me acuerdo, no me acuerdo! ¡Estoy confuso! ¡Dadme tiempo!

Lelio se dirigió a los *lictores.*

—¡Traed al niño!

Netikerty dio varios pasos hacia atrás hasta quedar entre las sombras del atrio, en el lugar opuesto adonde estaba el *atriense*, que la miraba con odio.

El niño regresó al atrio llorando, fuertemente asido por la cintura por uno de los legionarios. El *lictor* lo llevaba como quien lleva un saco de sal y como tal saco lo dejó caer junto al *atriense*. El esclavo abrazó al niño de modo instintivo y el crío ocultó su rostro entre los dobleces de la ensangrentada túnica del *atriense*.

—Mírame, niño —dijo Lelio en el tono más conciliador posible. Pero el crío se apretujaba aún más contra el pecho de su padre. Lelio le cogió de la pierna y tiró de él con fuerza. El niño, arrastrado por los pies, quedó separado de su padre. Dos *lictores* cogieron al *atriense* y lo mantuvieron en la pared. Lelio giró el cuerpo del niño y lo puso tumbado boca arriba. El niño, blanco como la cal de puro pánico, no decía nada. Pensaba que ahora sí iba a morir. Lelio examinó el rostro del niño y luego el del *atriense,* que hizo por esconder su cara pero le resultó imposible porque un *lictor* se la mantenía en alto asiéndole con fuerza de la barbilla. Cayo Lelio examinó la nariz puntiaguda, las orejas desplegadas de la cabeza en su parte final, como dobladas hacia fuera, los ojos marrones, la mente despejada de ambos. Eran iguales, salvo que el *atriense* ya no tenía la nariz puntiaguda. Netikerty tenía razón. Aquel miserable sólo buscaba proteger al niño, su hijo.

—¿Has recordado ya cuál fue tu primer mensaje, esclavo? —preguntó Lelio dejando al niño en el suelo, asustado, encogido.

—No... sí... en... Roma... sí, sobre... cuando el amo preparaba su partida a Hispania... dije... escuché que... que...

Lelio se desesperó. Desenvainó la espada de nuevo.

—Antes merecías morir por ser un traidor, pero no podía matarte porque la orden del cónsul me lo impedía, pero ahora mereces morir por haberme querido engañar, y si no eres el espía que busco puedo matarte sin contravenir la orden del cónsul. Estás muerto, *atriense.*

El esclavo se arrodilló ante Lelio y suplicó, pero no por él.

—De acuerdo, sea... pero dejad al niño. Matadme, pero dejad al niño.

Lelio le miró con cierta sorpresa. Siempre había considerado que los esclavos eran gente débil. Pensó que iba a rogar por su vida y en su lugar pedía por la del niño.

—Al niño no le pasará nada. No tiene culpa de nada —le confirmó

Lelio, pero alzó su espada para asestar un golpe contra aquel esclavo que, pese a lo inminente de su muerte, respiraba tranquilo por primera vez desde hacía rato.

Netikerty observaba, confusa y asustada, el extraño desenlace de los acontecimientos. ¿Ahora Lelio iba a matar a aquel hombre por mentir? ¿Pero en qué pensaban los romanos? ¿De qué forma buscaban mantener sus lealtades? Y el hombre, una vez salvado su hijo, aceptaba su destino sin más. No tenía fuerzas para luchar, para oponerse por más tiempo. Y su mente abrumada no daba de sí para seguir inventando su posible pasado de traidor.

Netikerty había querido salvarle y no había conseguido nada. Pensó que con desvelar el obvio parecido del niño con su padre sería suficiente para salvar la vida del esclavo, pero no era así. Ya no quedaba nada por hacer. O sí. Netikerty mira al suelo y cierra los ojos. Por su mente desfilan los recuerdos de toda una vida de felicidad y de miseria, de libertad y satisfacción y de esclavitud y tortura, hasta llegar a unos últimos años confusos, donde la pasión y el cariño se mezclaban con el dolor de la mentira y la duda. Está cansada, harta de tanto esconderse, de tanto ocultar, de tanto engañar. De pronto, siente que no puede fingir más. Hasta aquí. Hasta aquí. Dejará de mentir y de nuevo, aun en la más cruel de las desazones, volverá a ser, tan siquiera por unos instantes, libre. Total y completamente libre.

—¡Cayo Lelio, deja de una vez a ese hombre! —dijo Netikerty, la esclava, como si ya no fuera esclava.

Lelio se detuvo. La espada quedó a un palmo del pecho del *atriense*. El oficial se detuvo no tanto por las palabras sino por el tono de las mismas y por el imperativo. Era una esclava la que se dirigía así a él, una esclava la que osaba darle una orden y en presencia de los *lictores* del cónsul.

—Ese hombre no es quien ha tracionado al cónsul, ni tampoco ninguno de los otros esclavos de esta casa. Aquí no hay más espías que yo. Yo soy la que paso información desde que me compraste en la villa de Quinto Fabio Máximo y es a él a quien envío los mensajes: lo hago a través de enviados que me buscan en los mercados de las ciudades en las que hemos vivido, en Roma, en Tarraco, en Cartago Nova y si no a través de algún legionario que me aborda en los campamentos durante las campañas militares de los veranos en Hispania. Mi primer mensaje fue... sobre cómo buscabas un día *fasto* para partir hacia Hispania —Lelio recordó entonces las preguntas de Netikerty acerca del calendario romano; entonces pensó qué bien se sentía al responder a aquella joven esclava—, y mi último mensaje fue el que informó a Máximo sobre la posible ayuda del cónsul para liberar a Nevio a petición de Plauto.

Para Lelio el mundo se detuvo en aquel momento. Era como si no hubiera un antes o un después. Eran tantos los detalles, todas las respuestas a cada una de sus preguntas sobre la traición, que Lelio no tuvo dudas de que Netikerty decía la verdad. Lelio dejó libre al *atriense*. El esclavo gateó hasta tomar a su hijo y abrazarlo y acurrucarse con él junto a la pared. Los *lictores* les miraron pero esperaban alguna instrucción de Cayo Lelio. Éste, no obstante, estaba de pie, sus ojos clavados en Netikerty. No decía nada. No sabía qué decir. Desde Roma. Todo este tiempo. Desde que la compró. Pero ¿por qué? Sólo había quedado esa pregunta por responder, pero qué importaba ya aquello. La joven esclava a la que había estado protegiendo desde hacía años y con la que yacía todas las noches, la que le cuidaba las heridas, la que le acariciaba, la que le vestía y lo desnudaba, la que se movía como una gata en la cama, la que le escuchaba, la que había pensado en manumitir, convertir en liberta, incluso en desposarse con ella. Aquella misma mujer era la que le había estado traicionando día a día, noche a noche, caricia a caricia. Todo falso. Todo mentira. Qué importaban los motivos. Nada podía justificar aquella traición para con él y, aun si eso se pudiera justificar, no era lo más grave. Lo peor era la traición al cónsul, la deslealtad completa hacia Publio. Había jurado cuidar, velar por Publio Cornelio Escipión y era él el que había traído consigo la traición, el espionaje, la mentira al mismo corazón de la familia Cornelia, en Hispania, en Roma y ahora en Sicilia. Y todo por su debilidad con las mujeres. Y el vino. Netikerty siempre le servía vino. Sabía que Publio pensaba que últimamente bebía más y ahora se daba cuenta de que era Netikerty la que promovía aquello. Lo había estado haciendo desde el primer día. Y las noches en vela haciendo el amor. Luego se sentía cansado. Decía cosas inadecuadas, como en Baecula. Entonces llegó el distanciamiento de Publio, y cómo el general le alejó de las campañas hispanas durante un año, trayendo a Lucio, su hermano, y a Silano para sustituirle como tribuno. Todo encajaba en su mente. Netikerty daba pasos hacia atrás aunque Lelio permanecía inmóvil, como un estandarte romano clavado en la tierra de aquel atrio. Nadie decía nada. El niño sollozaba en la esquina junto a su padre ensangrentado. Los *lictores* aguardaban una orden, una señal. Lelio giró despacio su cabeza hacia la derecha y encontró lo que buscaba. Los *triclinia*, dos, dispuestos junto al *impluvium*. Fue hacia ellos y se sentó en el extemo final de uno de ellos, el más próximo.

Netikerty siguió retrocediendo hasta que su espalda chocó contra la pared del atrio. Allí se detuvo. Sabía que iba a morir. Su traición era completa y la mirada funesta de Lelio no presagiaba nada más, ningún otro desenlace posible. Netikerty pensó en dar explicaciones, pero sabía que su mentira estaba más allá de toda justificación para aquel hombre. No le culpaba. No podía permitir que Lelio matara a un inocente delante de sus ojos y ante los ojos de un niño pequeño y no podía impedirlo sin decir ya toda la verdad. En cierto modo, se sentía aliviada. La espada de Lelio sería rápida. O quizá fuera el hacha de uno de los guardianes que estaban allí detenidos como pasmarotes, aturdidos y confusos. Sólo ella y Lelio comprendían todo lo que se estaba descubriendo. Asistían como espectadores incultos, desinformados. Vigías ciegos pero obedientes. La voz de Lelio llegó como si viniera del mundo de Caronte, donde los romanos decían que viajaban sus muertos.

—No te puedo matar porque debo entregarte viva al cónsul de Roma, pero para mí estás muerta. Muerta. Muerta. —Y dirigiéndose a los *lictores* añadió la orden que tanto esperaban—. Prendedla, pero no la dañéis... de momento. El cónsul debe hablar con ella. Quedaos aquí y guardad el orden.

Lelio se levantó y, como Netikerty más temía, sin mirarla, partió de aquella casa. Dos de los legionarios de la guardia del cónsul la tomaron por los hombros y la obligaron a arrodillarse en la esquina. Uno le escupió y otro estuvo a punto de darle un puntapié, pero recordó las instrucciones de Cayo Lelio y se contuvo. Netikerty sabía que aquello era sólo el principio.

En la calle Lelio caminaba con pesadez. Tenía que ir a los muelles, buscar a Publio y decirle que ya sabía quién era el traidor, la traidora. Había cumplido su misión. Por una vez. Por una vez. Sonrió con una mueca retorcida. Miraba al suelo. Las calles de Siracusa no tenían nada que pudiera interesarle. ¿Qué haría ahora Publio con él? Él, Lelio, siempre empeñado en seguirle para cumplir con el juramento que había hecho al padre de Publio. Mejor le habría ido al joven cónsul sin su ayuda estos últimos años. Imbécil. Engañado por una esclava, por una puta. Estúpido. Sintió arcadas. Se detuvo y se apoyó en una equina. Su estómago se contrajo y vomitó dos, tres, cuatro veces. Puso una rodilla en tierra. Escupió en el suelo. Una última arcada. Bilis. Cerró los ojos. Se sintió mejor. Mejor en su cuerpo. Igual de mal en su alma. Algunos viandantes le miraban curiosos pero al ver su uniforme militar de alto ofical romano ninguno se atrevía a preguntar nada. No era extraño ver a un legionario o a uno de sus oficiales vomitando por la calle después de una noche de permiso y juerga. Lelio sabía lo que todos pensaban de él. Ojalá tuvieran razón. Ojalá sólo fuera una resaca. Ojalá todo fuera una maldita pesadilla.

63

El corazón de Netikerty

Siracusa, otoño del 205 a.C.

Las sombras resbalaban nerviosas por las paredes y el suelo del atrio. El cielo nocturno estaba despejado. Las antorchas chisporroteaban en las paredes. El agua del *impluvium* reflejaba en su quietud las estrellas del firmamento. Publio Cornelio Escipión estaba sentado frente a Netikerty, quien de rodillas esperaba el dictamen final, su sentencia de muerte. Cayo Lelio, detrás de la joven esclava, con aire taciturno y rostro pálido entre las sombras de la noche, era una figura pavorosa en su tristeza. En cada esquina del atrio un *lictor* presenciaba la escena sin interferir, discretos, expectantes, atentos. El resto estaba apostado en el vestíbulo y la puerta de la *domus* del cónsul de Roma en Siracusa.

Publio ya había sido puesto en antecedentes por un derrotado Lelio en los muelles del puerto. El ascenso fue una lenta y pesada caminata hacia la colina en donde se levantaba su residencia en medio de la Isla Ortygia.

—¿Así que eres tú la que ha estado pasando información a Máximo? —preguntó Publio, sentado en una sólida *cathedra*, sin más preámbulos, sin que aquello fuera una pregunta sino más bien un acusación, un juicio y casi una sentencia. Netikerty respondió con la serenidad de los que se saben muertos. Estaba muerta ya para la persona que más había amado; qué importaba ya lo demás.

—Así es, mi señor y... —Pero no dijo más.

—No, no, habla, quiero saber, es bueno saber —la animó Publio con cierto tono cínico—, ¿por qué cuando una esclava es tratada como una concubina, tratada casi como una matrona, por qué entonces ésta paga con la traición semejante trato? Es bueno saberlo. Lelio está demasiado aturdido y confuso para preguntarte, pero yo no. ¿Qué hay que pueda justificar tus acciones? ¿Qué puede haber que haga que te aparte de la tortura y la muerte en la cruz?

Netikerty levantó la cara y miró al cónsul de Roma directamente a los ojos.

—Sé que para vosotros nada hay que justifique una traición como la mía, pero Fabio Máximo tiene a mis dos hermanas pequeñas. Nos ha maltratado siempre, a las tres, desde que nos confiscó como botín de guerra cuando nos capturó en un barco de piratas de Iliria que nos había apresado unas semanas antes. Los piratas nos secuestraron en las costas de Alejandría y nos llevaban para vendernos a los ligures cuando Máximo les atacó en la costa gala con sus legiones. Pero eso ya no importa. Lo sé. Lo importante, para mí, es que él retiene a mis hermanas. —Netikerty detuvo aquí su relato, pero al ver interés en los ojos del cónsul prosiguió sin dilación. Las palabras brotaron con facilidad. Llevaban demasiados años escondidas en las profundidades de su corazón, atormentándola. Hablar era liberarse. Morir limpia la animaba—. Todo ha sido idea suya, de Fabio Máximo. Un plan que me he visto obligada a seguir al pie de la letra a riesgo de que la vida de mis hermanas se convirtiera en algo peor que la muerte. Tenía que atraer la atención de Cayo Lelio cuando éste fue llamado por Máximo a Roma. Por eso me herí ante él. Máximo me había instruido sobre el carácter noble de Cayo Lelio y se acordó que me heriría para llamar su atención. Al principio pareció que no funcionó, pero al final resultó y Lelio quiso comprarme. Máximo fingió no querer venderme al principio y enfadarse, pero mi venta a Lelio era lo que buscaba. Fingía no querer venderme para no levantar sospechas. Desde entonces mi misión era triple: primero enviar mensajes a Roma, a Máximo, sobre las acciones que llevabais a cabo, mensajes no filtrados por el cónsul, mi señor; después debía intentar alejar, distanciar a Lelio de tu afecto, mi señor; por eso nunca le dije que quisisteis disculparos y reconciliaros con él después de vuestra disputa en Baecula; sé que eso le ha estado, os ha estado corroyendo a ambos; tenía que alimentar esa distancia de modo que cada vez confiarais menos en Lelio o le confiaseis misiones de menor importancia; ahora, aunque me desprecio por ello, sé que conseguí gran parte de esa misión. A cambio, los mensajeros de Máximo, siempre alguien distinto, en lugares siempre diferentes, me confirmaban por carta que guardaba la salud de mis hermanas y que no las maltrataba. Sé que puede mentirme, pero sé que si fallaba en mis misiones las torturaría de forma horrorosa. Por eso, por ellas, me he visto obligada a traicionar al único hombre que me ha tratado como una mujer amada desde que caí en la esclavitud, incluso desde antes de ser esclava. De él, de Lelio, sólo he conocido afecto y cariño y cada día me he visto obligada a alejarlo del mejor de sus amigos y a traicionarle a él y al cónsul, mi señor, transmitiendo a vuestro peor enemigo en Roma todos vuestros pensamientos y planes; al menos, de todo aquello de lo que he podido enterarme. Y quería enterarme de cuantas más cosas mejor, pues pensaba que cuanta más información pasara a Máximo, más valiosa sería mi persona para él y, en cierta medida, más valiosas mis hermanas como forma de tenerme atrapada en su trama de mentira y traición. He cumplido las misiones con toda mi alma y he amado con todo mi ser a Cayo Lelio. Y del cónsul de Roma aquí presente y que me ha de juzgar y de su esposa sólo he recibido atenciones y aprecio, pese a no ser más que una esclava. A todos os he pagado con la mentira, y habría seguido haciéndolo, pero cuando he visto que Lelio iba a matar con su espada a un inocente por mis faltas no he podido resistirlo más, o quizá ya no podía resistir más tanta mentira entre personas que me tenían afecto y que se tenían afecto sincero entre ellas y que por mí y mis acciones torcidas se alejaban el uno del otro. Sé que voy a morir, pero espero que Máximo vea en mi muerte que le he servido bien hasta el final y que preserve la vida de mis hermanas en pago a mis servicios. No he podido hacer más, no he podido hacer más. Rezo a Serapis e Isis y todos los dioses de Egipto por ellas.

Netikerty se dobló entonces y, de rodillas, postrada en el suelo, ante un Publio Cornelio Escipión serio y un Cayo Lelio boquiabierto y absorto, lloró amargamente un llanto contenido durante días, meses, años.

Pasó un largo minuto de sombras temblorosas y antorchas humeantes bajo las estrellas del cielo de Siracusa. Publio Cornelio Escipión, inclinándose un poco sobre la *cathedra*, lanzó una pregunta que Netikerty esperó no tener que responder nunca.

—Has dicho que Máximo te dio tres misiones, pero sólo me has hablado de dos: mensajes a Roma y distanciar a Lelio de mí; ¿cuál era entonces la tercera misión?

Netikerty no despegaba el rostro del suelo y continuaba llorando. ¿Qué más podía hacer? Pero el cónsul puso palabras a sus lágrimas con una clarividencia que traspasó el alma de la joven esclava.

—Tu tercera misión era matarme, ¿verdad? —Netikerty dejó de llorar—. No, no hace falta que digas nada. —Netikerty había alzado su rostro cubierto de llanto amargo y miraba al cónsul con sorpresa—. Ésa era tu tercera misión: matarme si ello era posible. Por eso, por eso soñé yo con un cuchillo en mis delirios de Cartago Nova, cuando estaba con aquellas terribles fiebres. No soñaba. Eras tú. Estuviste a punto de hacerlo, a punto de matarme. Lo intentaste, pero por algún motivo, por alguna razón, desististe, o no pudiste...

Lelio se sintió morir. ¿Hasta dónde había traído miseria? Él personalmente insistió en que fuera Netikerty la que cuidara a Publio en su enfermedad, cuando ella insistía en que fuera otra persona. Ella misma intentaba evitar el mayor de los peligros, ella no quería esa oportunidad y fue él con su obcecación el que prácticamente le puso el puñal en sus manos, el que le dio el momento, la oportunidad, el permiso para tener un cuchillo junto al cónsul, pese a las dudas de los propios *lictores*.

—Y no lo hiciste —repitió una vez más Publio Cornelio Escipión reclinándose en la espaciosa *cathedra*—. No lo hiciste. Tuviste ese momento y no lo hiciste. Me cuidaste. Me curé. Y seguiste como antes. No lo hiciste.

—No pude, mi señor —dijo al fin la joven esclava con la voz quebrantada por su llanto—. Nunca he matado a nadie y no pude hacerlo así, con frialdad. Estabais indefenso, enfermo. No pude. No supe. Y pensé en que Máximo no tenía por qué enterarse de mi falta en esa misión. No lo sabría nunca. Eso me contuvo, creo.

—No, Netikerty, eso y algo más. Máximo, en toda su inteligencia, olvidó un detalle, un pequeño detalle: olvidó algo sobre lo que mi mente siempre vuelve una y otra vez cuando te veo. Máximo olvidó o, peor aún para él, menospreció lo que significa tu nombre. En Egipto todos los nombres tienen un significado y es un significado que acompaña a cada persona durante toda su vida. Tú lo has demostrado ahora con tus plegarias por tus hermanas, eres una persona religiosa. De forma consciente o inconsciente no podías ir contra tu nombre, contra tu ser, contra tu alma. Tu nombre es lo que te ata a tu país, a tus padres, a tus antepasados. Tu nombre impedía que me mataras, como tú dices, a un hombre enfermo, desvalido. Hasta ahí no podías llegar. Tu nombre te detuvo. —Y Publio sonrió entre un suspiro—. Y Máximo no reparó en ello —concluyó, y volvió a suspirar ahora ya con la sonrisa borrada—. Ahora sólo resta decidir qué hacer contigo... qué hacer contigo...

El cónsul de Roma miró a uno de los *lictores*. Esto fue suficiente. El *lictor* asintió en señal de reconocimiento y salió de su esquina y se encaminó hacia el vestíbulo. El resto de los guardias hizo lo mismo. Publio Cornelio Escipión, Cayo Lelio y Netikerty se quedaron a solas, al abrigo de las estrellas, arropados por las sombras que proyectaban las antorchas del atrio. Ninguno hablaba. Lelio estaba desolado. Se sentía traidor y traicionado a un tiempo: una mezcla terrible para cualquiera. Había sido traidor a quien más apreciaba, a Publio, al que había jurado proteger siempre, a su amigo, a su mejor amigo, y había sido traicionado por Netikerty, a quien amaba, a quien protegía, a quien quería haber protegido toda la vida, manumitirla, incluso, por qué no, desposarse con ella. Ahora todo estaba destruido, aniquilado. No había salida digna. Era el final de su mundo, el final de su mejor amistad con uno, no, con el hombre más valiente que nunca había conocido, y también el más inteligente. Y era el final de su pasión por aquella esclava. Estaba, de súbito, arrolladoramente solo.

Netikerty había dejado de llorar. Su pesadumbre estaba ya más allá de donde se vierten las lágrimas. Uno llora cuando siente la pena próxima; sus penas eran lejanas y duraderas. Lo único que había cambiado es que las había puesto al descubierto. Su sufrimiento era ahora visible para todos, pero sabía que los que la rodeaban en ese momento no tenían ojos para una visión tan profunda y que se limitarían a escrutar la superficie, allí donde flotaba su traición y su mentira. Estaba sola y a punto de morir.

Publio Cornelio Escipión, cónsul de Roma, tenía ante sí el desmoronamiento de todos sus planes: el que debía protegerle, en quien más debía confiar, había traído consigo la traición a su lado, la mujer que debía sosegar el ánimo del que debía ser su gran amigo y guardián era la fuente de la traición y, mientras, su mayor enemigo en Roma, Quinto Fabio Máximo, que había urdido todo aquello, preparaba su ataque final para terminar con su gran proyecto de llevar la guerra a África: una embajada de senadores envenenados por las palabras de Máximo vendría en pocos días a valorar su capacidad para acometer la empresa en la que el Senado ya se había retractado en el pasado, al principio de aquella interminable guerra. ¿Qué quedaba por hacer? La aplicación de la ley romana le conducía hacia un callejón sin salida: Netikerty debía morir por traicionarle; Lelio aceptaría, incluso puede que de buen grado, la sentencia pero, a medio plazo, la muerte de la joven pesaría sobre su conciencia porque la amaba, eso era evidente por los cuatro costados. Lelio estaba enamorado de aquella esclava, aunque en ese momento sintiera despecho e ira, como era lógico. Tanta afectación en su reacción no hacía sino subrayar cuánto le había dolido que la traición viniera de ella y no de otra persona. Lelio estaba descompuesto y la esclava, aceptando su final de forma fría, casi asusente. Publio miraba a la joven: era una estatua oscura hermosa en medio de aquella noche donde tantas cosas terminaban. Entendía la pasión de Lelio. Y, a fin de cuentas, la muchacha no había hecho sino intentar proteger a sus hermanas. Era una causa noble por la que mentir, por la que traicionar. Una esclava no tiene más que su cuerpo y su inteligencia para sobrevivir y para luchar por los suyos. Netikerty era culpable de ser lo suficientemente inteligente, brillante en opinión de Publio, como para haber usado tanto su cuerpo como su pensamiento con maestría. Había conseguido dilapidar poco a poco la mutua confianza entre Lelio y él mismo, algo que habría sido una tarea imposible si se hubiera intentado acometer frontalmente, como hizo Máximo en Roma al ofrecerle dinero y apoyo político. Pero Máximo, oh, por todos los dioses, siempre Máximo, era astuto como un zorro y sabía de esa imposibilidad. La entrevista con Lelio se lo confirmó. Publio lo veía todo ahora de forma nítida. A sabiendas de esa dificultad, de que romper esa ligazón entre Lelio y él era imposible, había preparado un plan alternativo sutil usando a Netikerty. Y ya sabía Máximo lo inteligente que era aquella muchacha y hasta dónde podría llegar: «Amistad destrozada entre generales que Máximo desea hundir y todo tipo de valiosa información.» Un excelente botín. Sólo en el final, en la posibilidad de que Netikerty le hubiera dado muerte, sólo allí erró Máximo. Hasta allí no llegó. En cualquier caso era una gran victoria para el *princeps senatus*. Y, sin embargo... allí, en medio de la zozobra completa, Publio encontró espacio para una sonrisa en la que ni Lelio ni Netikerty repararon, aturdidos como estaban por sus propios pensamientos. Sí, pensó Publio. Al menos había habido un fallo en el perfecto plan de Máximo: Netikerty no le mató cuando tuvo la ocasión y ahora él, Publio Cornelio Escipión, seguía vivo. Ése era el único fallo del plan, pero era un fallo inmenso, descomunal. Estaba vivo. Podía pensar. Podía cambiar las cosas, el curso de los acontecimientos, como hizo al salvar a su padre en Tesino contra toda posibilidad de victoria, como cuando luchó por ser elegido para mandar las legiones en Hispania pese a que su juventud lo hacía imposible, como cuando conquistó Cartago Nova en seis días aunque aquello era imposible, como cuando derrotó a todos los ejércitos púnicos en aquel territorio, uno tras otro, uno tras otro, siempre cambiando el curso de la historia, siempre modificándola, con sus ideas, con sus esfuerzos, con su fe en sí mismo. Y como en aquellas ocasiones, no tenía nada más, y nada menos, que a sí mismo... y a sus amigos... y a Emilia... y a Lelio. Lelio era recuperable. Era recuperable, pero no matando a Netikerty. Ése era el camino que Máximo desearía que cogiera si alguna vez la muchacha era descubierta, y si algo no debía hacer era aquello que Máximo deseara. No.

Publio se levantó y empezó a pasear por el atrio ante la mirada sorprendida de Netikerty y Lelio, que le observaban sin decir nada. El cónsul cruzaba de un extremo a otro, pasando junto al *impluvium* con sus ojos en el suelo. Publio meditaba con intensidad. Se detuvo. Cerró los ojos. Empezó a asentir despacio. Luego más rápidamente. Una, dos, tres veces, cabeceando con decisión. Levantó la cabeza, abrió los ojos y miró a las estrellas del cielo.

—Así tendrá que hacerse, así —dijo, sin levantar la voz, pero con una seguridad en la que Lelio vio la sentencia de muerte de Netikerty y se sorprendió al sentir un dolor agudo en su vientre y desprecio de sí mismo por sentir semejante sentimiento. Netikerty, por su parte, se preparó para escuchar la sentencia del cónsul. Pensó que, más allá de la mentira y la traición, hubo momentos en los que fue muy feliz con Lelio. Quitando los años de esclavitud bajo la tortuosa mano de Máximo, su vida había sido bastante buena. Sólo le quedaba un sufrimiento angustioso por sus hermanas. Ojalá una o las dos pudieran alguna vez disfrutar aunque sólo fuera de la mitad de la felicidad que ella había vivido al lado de aquel rudo oficial de los ejércitos de Roma. Pero Netikerty y Lelio no tuvieron más tiempo para pensar, pues Publio, tomando de nuevo asiento en su *cathedra* frente a ambos, empezó a explicar qué iban a hacer a partir de esa noche.

—Lo he pensado bien y creo que he encontrado una solución para salir todos adelante después de esta horrible noche, con la ayuda de todos los dioses, de los nuestros y de los tuyos —dijo mirando a Netikerty—. Necesitaremos de tanta ayuda que no desdeño lo que Serapis o Isis puedan hacer. Además, Netikerty, Isis es una diosa que en vuestra creencia es capaz de cambiar el destino, ¿no es así?

Netikerty no sabía qué decir. Había esperado cualquier cosa menos un debate sobre religión; además, estaba estupefacta por el enorme conocimiento de aquel cónsul romano por las cosas de su país: primero sabía el significado de su nombre y lo que eso implicaba y luego sabía de las atribuciones de Isis.

—Sí, así es, mi señor.

—Bien. Nos vendrá bien esa ayuda, pues nosotros los romanos, como los griegos, no creemos que el destino, el *fatum*, pueda cambiarse, ni siquiera por los dioses, así que esa ayuda extra nos vendrá bien. Esta noche —y aquí miró a Lelio—; esta noche no ha existido, Lelio. Esta noche no nos hemos visto, no hemos hablado. Aquí no hay traidores ni traición. No hay condena para nadie. Mañana todo seguirá igual. Tú y Netikerty vendréis por la tarde a cenar, como tantas otras tardes, y celebraremos una comida agradable, y hablaremos de esta guerra y de teatro y de política y de África. Viene una embajada del Senado. Bien: hablaremos mañana, Lelio, de cómo prepararlo todo. Sé qué haremos: prepararemos unas maniobras, las mejores maniobras que nunca antes haya visto una embajada del Senado, pero eso, como he dicho, lo hablaremos mañana. Y Netikerty —y ahora miró a la joven esclava que permanecía boquiabierta—, te voy a explicar lo que vas a hacer tú. Cada vez que pases un mensaje a Roma, a Máximo, me lo dirás primero y yo confirmaré punto por punto lo que puedes o no decir en cada mensaje. Dicho de otra forma: seguirás suministrando información, como si todo siguiera igual y continuaras trabajando para Máximo, pero esta vez seremos nosotros los que te diremos qué decirle exactamente. Y eso será lo que harás porque hay algo en lo que no has pensado pero que yo te voy a aclarar. ¿Qué crees que hará Fabio Máximo si se entera de que te hemos descubierto, qué crees que hará con tus hermanas? ¿Crees que las cuidará, que no las maltratará? Por todos los dioses romanos y egipcios, muchacha loca, piensa bien: tú has estado años bajo el servicio, en la esclavitud de Máximo: el viejo cerdo las matará, por despecho, por ira, porque se habrá cansado de ellas y ya no le son útiles al no poder usarlas como rehenes para mantenerte bajo su poder. No, sacrificarte por ellas, como pensabas hacer, es un sacrificio sin sentido, pues morirán en cuanto las noticias de tu propia muerte lleguen a Roma y más cuando Máximo sepa que te hemos matado porque supimos de tu espionaje y de tus servicios para con él. Máximo querrá borrar todo recuerdo de ti, toda posible prueba de su traidora estrategia. ¿Qué hizo acaso con los brucios que le ayudaron a reconquistar Tarento? Dime, Netikerty, tú que viviste en su casa, ¿qué ha sido de todos aquellos brucios que le abrieron las puertas de Tarento, que tanto le ayudaron?

—Todos... todos están muertos —respondió la joven con la mirada gélida al percatarse de la realidad que el cónsul le estaba descubriendo. Se había vendido para salvar a otro esclavo que iba a morir por ser confundido por ella, por su traición, pero había condenado a sus hermanas y a ella misma.

—Pero hay una solución, Netikerty —continuó el cónsul—, si ahora continúas igual que antes, todo seguirá igual: Máximo seguirá preservando la vida de tus hermanas; yo, con la ayuda de Lelio, prepararé todo lo necesario para resolver la visita de la embajada de Roma e invadiremos África y, no sé aún cómo, pero o moriremos todos allí o acabaremos de una vez con esta guerra y, si consigo esto, te prometo que al volver a Roma compraremos a tus hermanas y las pondremos bajo la protección de Lelio o las liberaremos, lo que desees. Sólo tienes que hacer como si trabajaras para Máximo, pero en realidad lo harás ahora para mí. Y trabajando para mí no creo que tus sentimientos estén en una lucha tan dolorosa, pues ya no tendrás que continuar traicionándome a mí, que es lo mismo que traicionar a Lelio. Entre vosotros no puedo meterme. Es cosa vuestra —dijo mirando un instante a Lelio y enseguida volviendo sobre Netikerty—. Eso es algo que tienes que resolver con Lelio, pero ahora necesito que me confirmes que entiendes todo lo que he dicho y que veas que lo que te planteo es lo correcto, lo mejor, lo bueno. Netikerty, sé fiel a tu nombre y únete a mí como Lelio. Es la única forma de salvarte, de salvar a tus hermanas, de salvarnos a todos.

Lelio miró a Netikerty. El cónsul mantenía su mirada también sobre la muchacha. La esclava, arrodillada entre ambos bajó la cabeza. Las antorchas chisporrotearon unos segundos. La madrugada refrescaba. Unas nubes cruzaron el cielo conducidas por Éolo. El aire levantó suaves curvas en el agua remansada del *impluvium*. Netikerty alzó la cabeza y miró al cónsul a los ojos. Algo inesperado en una esclava, algo que al cónsul no le importaba en aquella noche donde la frontera entre un esclavo y un cónsul era difusa en el complejo concierto de los acontecimientos humanos.

—Entiendo todo lo que me dices, mi señor, y entiendo que ayudarte es la forma de ayudarme a mí misma y a mis hermanas. Eres un hombre tan extraño como poderoso. Ahora entiendo el aprecio que Cayo Lelio tiene al cónsul, mi señor. Nadie he visto que pueda ver las cosas de un modo tan diferente y que así consiga que, donde todo parecía terminado, todo pueda volver a empezar. Enviaré los mensajes que Lelio me indique, según sean tus órdenes.

Y se plegó, postrándose por completo ante el cónsul de Roma. La joven había pensado añadir algo sobre que deseaba reconciliarse con Lelio, su protector, pero comprendió, sabiamente, que aquel no era el lugar ni el momento. Lelio, su Lelio, no era un hombre con el intelecto de aquel cónsul. Lelio necesitaría de tiempo, pero si de algo dispondría ahora nuevamente era de tiempo: una prórroga, un tiempo regalado por aquel hombre, por Publio Cornelio Escipión. No le extrañó nada que el todopoderoso Fabio Máximo temiera a aquel joven cónsul de Roma. Netikerty comprendió que su vida estaba condenada a transcurrir entre el pulso de dos mentes prodigiosas. Rogó en silencio, allí arrodillada, que Isis, tal y como decía el cónsul, se aliara con ellos para cambiar lo que hasta hace un momento parecía inexorable: que la empresa de la conquista de África no se pusiese en marcha y si se ponía en funcionamiento que fracasara y que Lelio la repudiara. Ahora todo eso podría ser distinto. Debía ser distinto. Y rezó, rezó, rezó: «Oh, Isis, todopoderosa, derrota al *eimarmené*, el destino de los hombres, y que el *eimarmené*, como en tantas otras ocasiones, te obedezca y sea él el que se pliegue a tus designios al amparo de mis oraciones.»

Cuando se levantó, Netikerty se vio custodiada por dos legionarios que la acompañaron fuera de la *domus* del cónsul. Lelio había ordenado que la condujeran de regreso a su morada, mientras él se quedaba a recibir las órdenes del cónsul.

—Mañana prepararemos todo el asunto de la embajada —comentó Publio llevándose una mano a la frente—. Ahora estoy demasiado agotado para ello. Debo descansar, pero ocúpate de decirle a mi *atriense* que si lo desea le manumitiremos, y también a su hijo y a la esclava que sea su madre. Siempre nos han servido con lealtad y no se la hemos pagado bien. Es justo que reciban una compensación. ¿Te ocuparás de ello, Lelio? —Terminó sin mirarle, con el rostro oculto tras su mano; parecía que fuera a caer en manos del sueño en cualquier momento, allí mismo, sentado en aquella *cathedra*.

—Me ocuparé de ello, por supuesto —respondió Lelio—, y añadiré una bolsa de oro de mi parte y le diré algo que nunca creí que diría a un esclavo.

—¿Y qué es eso, si puede saberse? —inquirió el cónsul con curiosidad quitándose la mano del rostro y mirando de nuevo a Lelio.

—Le diré que tiene un hijo valiente.

Publio asintió un par de veces. Lelio sonrió un poco, aunque enseguida su rostro volvió a tornarse triste. La traición de Netikerty era una herida demasiado profunda para cicatrizar con tan poco tiempo. Lelio iba a marcharse, pero una pregunta le hervía aún en su mente. No sabía si era el momento adecuado, pero su curiosidad le pudo y, antes de marchar, decidió preguntar al cónsul.

—Mi general...

—¿Sí...?

—¿Qué significa el nombre de Netikerty?

—Ah... —Publio no esperaba esa pregunta, no al menos en ese momento, pero no importaba. Sonrió con una satisfacción dulce que le recordaba que habían infligido una derrota al *princeps senatus* en la compleja trama de intrigas que Máximo urdía contra ellos—. Con frecuencia los egipcios ponen nombres a sus hijas que subrayan su belleza, empezando muchos de ellos por la expresión *nefer* y viendo lo hermosa que es tu esclava, bien podrían haber hecho lo mismo, pero por alguna razón que desconocemos, sus padres la llamaron *Netikerty*, que significa «la que es excelente, la que hace lo correcto, la que es buena». Máximo no debe conceder importancia al significado de los nombres extranjeros, pero los egipcios sí la conceden, para nuestra fortuna, los egipcios piensan que los nombres de cada uno son como son por algo y sienten que deben honrar ese significado. Para nuestra fortuna, Lelio, para nuestra fortuna.

64

La embajada del Senado

Siracusa, finales de otoño del 205 a.C.

La *quinquerreme* romana navegaba de norte a sur en paralelo a las inaccesibles murallas de la Achradina de Siracusa, las mismas que el cónsul Marcelo tardase años en conquistar. Ante la próxima visión de aquellos muros que se alzaban una decena de metros sobre el mar, hundiendo sus antiquísimos cimientos entre la roca sumergida bajo las aguas oscilantes, el pretor Marco Pomponio, que encabezaba aquella comitiva, los diez *legati* del Senado, el edil que los acompañaba y los dos tribunos de la plebe, se admiraban aún más de la gran conquista de Marcelo. Todos sabían además que esas murallas fueron protegidas por las extrañas y temibles invenciones del ingeniero Arquímedes y por las mentes de los embajadores romanos pasaban los relatos entonces increíbles de gigantescas *quinquerremes* romanas volando por los aires al ser ensartadas por enormes ganchos que pendían de poleas ciclópeas que los defensores de la sitiada Siracusa usaban para izar a los grandes barcos de guerra romanos. Admirados como estaban por el espectáculo de aquellas defensas y las historias de hazañas memorables que les traía a la memoria, no vieron cómo una pequeña *trirreme* se acercaba por estribor, algo en lo que sí repararon el piloto y el capitán de la embarcación en la que navegaban. Fue el capitán el que escuchó las instrucciones de un centurión enviado por el propio Publio Cornelio Escipión. El capitán asintió y la *trirreme* se alejó. El oficial al mando de la nave fue a comunicar a Marco Pomponio las órdenes recibidas. Se sentía orgulloso, pues traía una comitiva lo suficientemente importante como para que el propio Escipión enviara un centurión con una *trirreme* para darles instrucciones sobre cómo y dónde atracar el barco. Y es que, si bien los senadores de la embajada venían predispuestos a condenar las activides de Escipión en Sicilia y su intervención en Locri, para la mayoría de los oficiales de las legiones y la marina de Roma, así como para la totalidad de los legionarios, Publio Cornelio Escipión no era alguien a quien se debiera condenar, sino alguien merecedor de la mayor de las admiraciones: era un general que había derrotado a los cartagineses en repetidas batallas en Hispania, que los había sacado de la península ibérica y que había conquistado infinidad de ciudades en aquella región, empezando por la inexpugnable Cartago Nova, la capital púnica en aquel país; y no sólo eso, sino que era el único general que insistía una y otra vez en querer llevar la guerra a África y así devolver con la misma moneda los ataques y miserias que Aníbal diseminaba por Italia. Por eso el capitán no dudó en aceptar las instrucciones remitidas por el propio Escipión; se sentía honrado: era como estar a sus órdenes, algo que muchos querían pero que el Senado no permitía; sólo le habían dejado el mando de las «legiones malditas» y de voluntarios que no estuvieran enrolados en el ejército. El capitán llegó junto al pretor Marco Pomponio, que continuaba distraído, admirando las murallas de la Achradina.

—Salve, pretor Marco Pomponio.

El pretor se giró, un poco molesto por verse interrumpido en su observación de las murallas. El capitán transmitió el mensaje sin buscar una disculpa.

—Nos han dado instrucciones de atracar en el Puerto Pequeño de la ciudad. Es el más próximo y nos ahorramos rodear la Isla Ortygia.

—¿Ordenado? —preguntó el pretor indignado, mirando al resto de los legados y enviados de la embajada.

—Bueno, pretor, son las órdenes que he recibido de un centurión remitido por el propio Publio Cornelio Escipión. Supongo que si el cónsul está al mando de Sicilia deberíamos seguir esas instrucciones.

El pretor no se sintió satisfecho con aquella precisión.

—Precisamente esta embajada viene a decidir si el cónsul debe seguir con su magistratura o si, como es muy probable, debe ser depuesto de su poder y enviado a Roma a responder de su cuestionable forma de actuar. Yo digo que debemos atracar en el *Portus Magnus*, que es la categoría que merece esta embajada. Cualquier otra cosa es inaceptable.

El capitán quedó confundido. No sabía qué hacer. Miró a su alrededor, buscando entre los diferentes miembros de la embajada alguien que le aclarara qué era lo correcto. Detestaba a aquel pretor aunque debía seguir sus órdenes, pero, por otro lado, estaban en la bahía de Siracusa y se debía a las órdenes del cónsul que gobernaba Sicilia, al mando de la isla al menos por el momento. Marco Claudio, uno de los dos tribunos de la plebe, se apiadó del confundido capitán.

—Comparto la opinión del pretor —empezó dirigiéndose a Marco Pomponio y consiguiendo el asentimiento de reconocimiento del mismo—, pero, por otro lado, el cónsul Publio Cornelio Escipión sigue al mando y creo que hasta que la embajada no evalúe el actual estado de cosas, debemos, incluso aunque nos parezcan inadecuadas, seguir las órdenes del cónsul. Quizás haya algún motivo por el que el cónsul considere mejor para nuestra comitiva atracar en el Puerto Pequeño de la ciudad.

—Humillarnos, eso es todo lo que Escipión persigue —respondió con desprecio Marco Pomponio.

—No lo creo, y aun así —insistió Marco Claudio— reitero mi opinión.

—Yo confirmo la visión de mi colega —añadió Marco Cincio, el otro tribuno de la plebe. El resto de los *legati* y el edil callaron. Todos sabían de la capacidad de veto que los tribunos de la plebe tenían y Marco Pomponio cedió con desgana. A fin de cuentas qué importaba dónde atracar el barco y no quería incomodar a los tribunos, sino ganarlos para su causa, para la causa de Roma, como le dijo Fabio Máximo antes de salir en aquella misión: deponer a Escipión de su cargo de cónsul y detener la locura de la invasión de África, donde sólo se iban a perder hombres y recursos que Roma necesitaba para la guerra en Italia contra Aníbal. Pomponio asintió y se volvió para fingir que continuaba admirando las impresionates murallas de la Achradina, mientras que con su mente repasaba todo lo acontecido desde que habían partido de Roma, en especial la llegada a Locri y el desastroso estado en el que encontraron la ciudad, la forma en que tuvieron que detener a Pleminio, recurriendo a la fuerza de la legión que les acompañó hasta allí. Estaba claro que Escipión había sembrado cizaña por donde pasaba: Sucro, Locri... y, no obstante, el capitán de su *quinquerreme* parecía admirar a aquel general. Máximo tenía razón al advertir del peligro que el joven cónsul suponía para el Estado. ¿Sería necesaria también la fuerza de las armas para deponer al joven Escipión de su cargo de cónsul? Deberían haber venido acompañados por tropas; menos senadores y tribunos de la plebe y más tropas.

Por su parte, el capitán, ajeno a las disquisiciones de Pomponio y agradecido a la intervención de Marco Claudio, saludó, llevándose la mano al pecho, a los dos tribunos de la plebe por permitirle seguir con las órdenes enviadas por Escipión, y se dirigió hacia el timonel.

—¡A estribor! ¡Y plegad velas! ¡Avanzaremos con los remeros! ¡Dirigíos hacia el dique de entrada al Puerto Pequeño! ¡Entramos en Siracusa!

Publio Cornelio Escipión estaba de pie en medio de los muelles del Puerto Pequeño de la imponente Siracusa. A sus espaldas se encontraban sus oficales de más confianza: Cayo Lelio, Lucio Marcio Septimio, Silano, Mario Juvencio, Quinto Terebelio, Sexto Digicio y Cayo Valerio. La *quinquerreme* con los embajadores acababa de echar amarras y la pasarela ya había sido dispuesta. Al minuto, los diez *legati,* los dos tribunos y el edil de Roma, todos ellos encabezados por la pomposa y gruesa figura del pretor Marco Pomponio, descendían por el puente de madera dispuesto para su paso a tierra. Publio se adelantó a sus oficiales y se puso al pie de la pasarela.

—Salve, pretor Marco Pomponio, tribunos, senadores y edil de Roma. Espero que los dioses os hayan proporcionado una travesía segura. ¿Deseáis descansar un poco y comer algo o preferís comenzar vuestra misión lo antes posible?

—Salve, salve —respondió Pomponio. Era ahora a él a quien le correspondía decidir. Tenía pensado acudir a los baños de la ciudad primero, poder así empaparse del ambiente de la ciudad, ver cómo se sentían los habitantes de Siracusa bajo el mando de aquel extraño y extranjerizado cónsul de Roma que, sin embargo, al menos, los había recibido vestido con la coraza militar propia de los generales romanos y armado con su espada, rodeado de sus oficiales y protegido por sus *lictores*. El caso es que, viendo al cónsul tan preparado, proponer cualquier cosa que no fuera empezar la misión parecería trivial. Pomponio no lo dudó, pese al cansancio que sus huesos doloridos debían soportar, obligados a cargar con un peso excesivo para su poco adiestramiento físico.

—Empecemos cuanto antes, cuanto antes, cónsul —respondió Pomponio con seguridad y cierta altanería—. Además, no creo que tardemos demasiado en evaluar vuestra capacidad o incapacidad para la misión que se os asignó: recuperar las legiones V y VI para el combate activo y preparar la invasión efectiva e inminente de África.

Varios de los *legati* sonrieron profusamente. El edil permaneció serio y los tribunos ocultaron sus sentimientos, pero coincidieron con Pomponio en empezar de forma inmediata la evaluación para la que se habían desplazado.

—Sea, por Hércules —aceptó Publio, y volviéndose hacia sus oficiales añadió una simple instrucción a los embajadores—. Seguidme.

El cónsul se adelantó con sus tribunos y centuriones y los embajadores le siguieron. Pomponio y los tribunos de la plebe que iban al principio de la comitiva de embajadores vieron cómo el cónsul impartía una rápida serie de órdenes a sus oficiales y cómo éstos asentían y, veloces, se desvanecían entre las calles de Siracusa, unos a pie, en dirección al *Portus Magnus*, hacia el suroeste y otros a caballo hacia el noroeste, en dirección al barrio que los ciudadanos de aquella urbe denominaban Neápolis. Por su parte, el general conducía a los embajadores por las calles de la Isla Ortygia y tanto senadores como tribunos como el edil de Roma no podían dejar de admirar los impresionantes templos, edificios y plazas por los que pasaban. Al parecer de Pomponio, el cónsul estaba dando un rodeo innecesario, pero el paseo por la ciudad le pareció igual de interesante que a sus compañeros, por lo que permaneció callado mientras cruzaban la gran Ágora de Siracusa o cuando cruzaban por la ciudadela de Dionisio.

Publio dirigía a aquel grupo de distinguidos mandatarios romanos con celeridad, sin darles respiro. Ése era su plan. No darles un momento de resuello. Eso entre otras cosas. Habían venido a evaluar su capacidad, pues lo harían, lo harían durante todo el día, sin detenerse. ¿Querían ver si estaba capacitado para dirigir una invasión? Bien, pues les daría todos los datos, toda la información. De hecho, Publio se sorprendió a sí mismo: estaba empezando a disfrutar. Para empezar, un paseo por la ciudad, esa ciudad que tanto subestimaban en Roma, la urbe de Siracusa. Una ciudad aún más antigua que Roma y que durante años dominó Sicilia y gran parte de las costas de su entorno. Una fortaleza y un puerto, no obstante, menospreciados porque no fueron conquistados por Máximo sino por Marcelo y, en consecuencia, de la misma forma que los aduladores de Fabio Máximo habían engrandecido la importancia de Tarento, que sí tomó Máximo, habían reducido la importancia militar y política de conquistar y dominar Siracusa. Por eso los llevaba por la ciudad en un primer paseo que pusiera a aquellos embajadores en situación. Dejaron la ciudadela de Dionisio y pasaron junto al templo de Artemisa hasta llegar al inmenso templo de Atenea donde, sin volverse, escuchó la exclamación de asombro de alguno de los senadores, petrificado, ante las elevadas y gruesas columnas jónicas sobre las que se levantaba aquella mole de piedra.

Aún estaban los embajadores sobrecogidos por la pesada silueta del templo de Atenea cuando al girar en una calle vieron ante sí la magnitud de la bahía del *Portus Magnus* de Siracusa, donde el cónsul no les había permitido atracar. Pero si antes era alguno de los senadores el que había exclamado de sorpresa ante el templo de Atenea, ahora era el propio Pomponio el que se quedó asombrado.

—¡Por todos los dioses! —dijo, y calló.

Y es que ante los embajadores estaba el amplísimo *Portus Magnus* de la eterna Siracusa, reina de los mares durante siglos, completamente repleto de embarcaciones de todo tipo, de carga, de pesca y militares. Una infinidad de buques que resultaba incontable para los senadores y tribunos.

—Son cuatrocientos barcos de carga y cuarenta navíos de guerra entre *trirremes* y *quinquerremes* —explicó Publio con confianza en sí mismo—. Son los que necesito para transportar a unos venticinco mil hombres más los pertrechos militares necesarios para la campaña y las provisiones para emprender las primeras acciones bélicas hasta que podamos reabastecernos de los propios recursos de África. Venid.

Publio caminaba seguido por sus *lictores* y luego por los embajadores. Lelio, Terebelio y Cayo Valerio habían ido a caballo hacia el oeste de la ciudad, siguiendo sus instrucciones, mientras que Marcio, Mario, Silano y Sexto Digicio se habían adelantado a la comitiva para llegar al *Portus Magnus* con antelación. Digicio habría llegado el primero y partido en una veloz *trirreme* hacia mar abierto, tal y como habían planeado, mientras que Marcio Septimio, Silano y Mario Juvencio le esperaban a él y los embajadores junto a los muelles del *Portus Magnus*, justo allí donde se levantaban los enormes almacenes que los siracusanos habían utilizado durante años para abastecer su temible flota y que ahora usaba Publio como punto de partida de su próxima invasión a África. Publio esperó a que los embajadores llegaran adonde Marcio y Mario estaban, frente a uno de los grandes almacenes y, cuando el pretor y sus acompañantes alcanzaron aquel lugar, aún distraídos contemplando el mar cubierto de centenares de embarcaciones, admirando la mayor flota que nunca antes ninguno de ellos hubiera visto, ordenó a Marcio, Silano y Mario que abrieran las puertas de los graneros, no sin antes reclamar la atención de los distraídos senadores que no dejaban de mirar la bahía.

—Por favor, os ruego que examinéis estos graneros de los muelles para que podáis dar constancia a Roma de sus contenidos y de la capacidad que he tenido para reunir las suficientes provisiones para alimentar a venticinco mil hombres durante un mínimo de cuarenta y cinco días, que es el margen suficiente para poder establecerse en África y comenzar un reaprovisionamiento tomando alguna de las plazas fuertes o de las ciudades de la costa.

Marcio ordenó que un grupo de diez legionarios corriera los portones de madera que daban acceso a los graneros de los muelles. Ante los embajadores aparecieron decenas, centenares, miles de sacos de trigo apilados en unos almacenes que se extendían a lo largo de todo el *Portus Magnus*.

—Entrad, entrad, por favor, os lo ruego —les invitó Publio Cornelio Escipión.

La comitiva se paseó entonces por las sombras de los almacenes. A cada cinco pasos había apostado un legionario armado de guardia. Sin duda, el cónsul no quería poner en peligro la enorme fuente de recursos que había estado reuniendo durante los largos meses de su estancia en Sicilia, pensaron los tribunos, y apreciaron la organización y disposición de cuanto se les enseñaba. Los senadores callaban y escuchaban, sorprendidos, pero aún recelosos.

—Tenemos trigo, harina, pan, carne seca de jabalí, carne de ave, sal, agua, vino, miel, frutos secos, todo ello repartido entre comida cocinada o preparada para ser consumida en los primeros quince días y luego alimento que ha de ser preparado para treinta días más. A esto hay que añadir el ganado que transportaremos, sobre todo cabras, ovejas, cerdos y vacas para mantener el aprovisionamiento de carne y leche durante las primeras semanas de campaña. Por favor, tomaos el tiempo que queráis para examinar estos víveres. Probad lo que queráis, Marcio o Silano o Mario os abrirán el contenido de cualquier saco que deseéis; podéis llevaros muestras, un saco entero si así lo queréis, pero os lo advierto, pesan mucho. —Y Publio salió sonriendo de los almacenes en dirección a los muelles del *Portus Magnus*. Quería comprobar que todo estuviera dispuesto para partir enseguida mar adentro.

Marco Pomponio no dudó en aceptar la invitación del cónsul para inspeccionar el contenido de algunos de los sacos e hizo que ante los ojos de todos los embajadores se abrieran diversos fardos. En todos encontraron lo que se suponía que debía de haber según el almacén en el que se encontraban: sal, trigo, carne seca de jabalí y cerdo, nueces, almendras y otros víveres diversos. Cuando el pretor pidió saborear el líquido de diferentes ánforas, encontraron agua fresca, vino, aceite, vinagre y *mulsum*. Y cuando llegaron a los establos habilitados en los muelles, hallaron varios rebaños de cabras, ovejas, gallinas y bueyes en perfecto estado, además de innumerables sacos de heno, grano y algarrobas acumulados para alimentar a los animales durante la travesía y, si era necesario, durante las primeras semanas de la campaña en África. Todo aquello estaba en perfecto orden. Pomponio salió de los almacenes siguiendo a Marcio, que los dirigía hacia la *quinquerreme* atracada en el centro del muelle principal del *Portus Magnus*. Pomponio empezaba a sentir una extraña mezcla de sentimientos: venía persuadido de la incapacidad de aquel hombre para poner en marcha una operación de tal envergadura como una imposible conquista de África, pero hasta el momento lo que había visto era una inmensa flota y un montón de provisiones. Eso no era suficiente para superar una peligrosa travesía surcando aguas hostiles infestadas de *trirremes* púnicas. Lo más posible es que si concedían permiso para que la expedición partiera, ésta fuera masacrada en medio del mar o, peor aún, que todos aquellos suministros cayeran en manos del enemigo. Pomponio caminaba ensimismado y no se dio cuenta de que estaban al pie de la pasarela de una *quinquerreme*. Levantó los ojos. Por la torre central del puente, más elevada de lo normal y por las dimensiones del buque, ligeramente más grande que una *quinquerreme* habitual, el pretor concluyó que aquél era el buque insignia de la armada que el general Escipión había construido para su loco sueño de guerra. El oficial que los acompañaba invitó a los embajadores a que subieran al barco. Pomponio aceptó. No estaría de más inspeccionar los buques que debían proteger todas aquellas provisiones en su travesía hacia África. De modo que Marco Pomponio ascendió lentamente y en unos segundos volvió a encontrarse en un barco, cuando apenas hacía una hora que habían descendido de la embarcación que los había traído de Roma. Empezó a examinar los remeros: había más de trescientos, como correspondía a una nave de aquellas dimensiones y, se sorprendió, empezaban a remar y con el impulso de los centenares de remos el barco comenzó a navegar. Pomponio se giró y comprobó cómo se alejaban del muelle y observó cómo el resto de los embajadores parecía igual de sorprendido. Pomponio buscó con sus ojos al capitán del barco y encontró al propio Publio Cornelio Escipión que descendía del puente de mando hasta la cubierta principal en donde se encontraba la comitiva.

—Vamos a navegar. Me gustaría que presenciarais el tipo de maniobras navales en las que hemos estado adiestrando a los pilotos de los barcos, a los remeros y a los legionarios de a bordo.

Aquello no era del agrado de Pomponio, pero pensó que un paseo por el *Portus Magnus*, entre embarcaciones amigas, pondría en ridículo al cónsul: si ésas eran las maniobras que acostumbraba practicar, su capacidad para dirigir la flota con posibilidades de éxito quedaría en entredicho.

—Sea, paseemos por la bahía, si eso es de vuestro agrado —respondió Marco Pomponio.

—Sea, por todos los dioses, paseemos —confirmó Publio, y repitió la palabra «paseemos» con cierto tono entre irónico y divertido.

La *quinquerreme* fue navegando hábilmente pilotada entre la infinidad de buques anclados en el *Portus Magnus* circundando la bahía en paralelo con la Vía Helorina que por tierra une las poblaciones de la costa hasta llegar a las murallas de Siracusa. Así hasta alcanzar la altura de Plemyrium, la última ciudad de la bahía antes de poner rumbo hacia el este, mar adentro.

—Como veréis, vamos en vanguardia de una pequeña formación de veinte naves de carga —empezó a explicar Publio a los hasta entonces tranquilos embajadores—. Una vez que emboquemos hacia el mar nos seguirán cuatro *quinquerremes* más que, junto con la nuestra, irán rodeando y protegiendo a las veinte embarcaciones de carga. Es un modo de simular lo que luego será la gran travesía con la flota al completo: cuarenta barcos de guerra protegiendo a más de cuatrocientos transportes. Bien. Una vez que superemos Plemyrium entraremos en mar abierto y allí nos atacará Sexto Digicio con una flotilla de cinco *trirremes*. Su objetivo será inutilizar nuestras *quinquerremes* para así poder abordar los transportes y llevarse las provisiones como botín. Nosotros, claro, tendremos que evitarlo, pero Sexto es un hábil marino. No resultará fácil. Espero que el ejercicio os resulte entretenido. Ahora, os ruego que me disculpéis.

Con estas palabras, Publio Cornelio Escipión concluyó su explicación de la maniobra naval que iba a tener lugar y bajó de la torre de mando para, una vez en cubierta, dar instrucciones a diversos oficiales de la nave. Marco Pomponio había escuchado con curiosidad pero sin impresionarse. El cónsul iba a simular un ataque. Bueno, habría que ver qué es lo que aquel hombre más apegado a vivir entre escritores y acudir a funciones de teatro entendía por ataque. El barco empezó a oscilar con vaivenes mayores que los habituales.

—La mar está algo agitada —comentó uno de los senadores de la embajada—. Esto dificultará las maniobras de los barcos. Espero que el cónsul sepa lo que se hace.

Marco Pomponio no dijo nada, pero en su estómago notaba cómo el barco ascendía y descendía rítmicamente. Daba gracias a los dioses por la fuerza de los trescientos remeros, que con su constante batir las aguas con sus remos conseguían que la nave embistiera las olas mitigando la sensación de mareo que comenzaba a surgir en su interior.

—¡Mirad! —exclamó Marco Claudio, uno de los dos tribunos de la plebe.

A un costado de la flotilla, a babor, apareció la silueta de un grupo de naves más pequeñas que, a toda velocidad, se aproximaba hacia ellos. Se trataba de las *trirremes* de Sexto Digicio anunciadas por el cónsul. Las *trirremes*, más pequeñas, sólo contaban con ciento setenta remeros, pero eran más ágiles y muy ligeras y en pocos minutos se situaron a la altura de la flotilla del cónsul. De pronto, una de las *trirremes* se separó del resto y se encaminó directamente a lo que parecía ser una embestida frontal contra la nave capitana, donde estaba el propio cónsul y los embajadores.

—¿Por todos los dioses, no irán a embestirnos con el espolón? —preguntó un agitado Marco Pomponio, sin percatarse de que unas gotas de sudor frío empezaban a delatar su confuso estado de ánimo.

—No, vamos, espero que no —aclaró Publio subiendo por las escaleras que daban acceso al puente—. Ésa no es la idea. Eso sería lo que harían en una batalla naval en toda regla y seguramente en su fase final, pero en un ataque que busca apoderase de los transportes lo lógico es que busquen inutilizar nuestros pesados barcos de guerra y luego abalanzarse sobre los barcos de carga. Para ello Sexto Digicio realizará una peligrosa pero espléndida maniobra de ataque propia de la armada cartaginesa: su *trirreme* barrerá nuestro costado, rozándonos casi para así destrozar todos nuestros remos de un lado y de ese modo dejarnos inutilizados, pasando a toda velocidad, sin detenerse, para una vez que nos haya dejado atrás dirigirse a por los mercantes. El resto de las *trirremes* hará lo mismo.

—¿Y no hay peligro en esta maniobra? —preguntó el edil.

—¿Peligro? —Publio preguntó al viento, mientras se protegía con su mano derecha del sol y observaba la maniobra de ataque de Digicio sobre su propia nave—. Sí, por Hércules, ya lo creo que hay peligro. Eso es lo que la hace interesante. Y es que, estimados embajadores, esto son maniobras de guerra que, por otra parte —y se volvió hacia Pomponio—, es lo que se supone que debo estar preparando, ¿no?

Pomponio fue a replicar, pero no tuvo tiempo, pues la nave de Digicio, a una velocidad sorprendente, se les echaba encima, frontalmente, por babor. El pretor escuchó el crujir de todos los remos de la *quinquerreme* al partirse en mil pedazos.

—¡Ahora! —gritó Publio a sus oficiales, y desde el centro del barco se lanzó el *corvus*, un gigantesco gancho asido a una muy gruesa y poderosa soga que, hábilmente lanzado, cayó en el centro de la *trirreme* de Digicio, destrozando las tablas de la cubierta y quedando enganchado entre ellas, de modo que la nave atacante viró bruscamente detenido su impulso cuando la soga llegó a su límite máximo. De esta forma, los dos buques quedaron unidos por el *corvus* y sus moles de madera chocaron entre sí haciendo chirriar y crujir todos y cada uno de los listones de ambas embarcaciones. La sacudida fue brutal y todos los embajadores cayeron por cubierta.

—¡Adelante! —añadió el cónsul, y los senadores, Pomponio entre ellos, se agarraban a las barandillas del puente para no caerse de nuevo por los latigazos que la *trirreme* enganchada creaba al intentar zafarse del *corvus*. Observaron entonces cómo, desde la parte frontal de la *quinquerreme*, un grupo de legionarios descolgaba la *manus ferrea*, un puente levadizo que hicieron girar con rapidez hacia el lado donde estaba la *trirreme* para, una vez desplazado y situado a la altura de la embarcación que les había atacado, soltar las cuerdas que lo sostenían plegado y dejarlo caer de golpe sobre la *trirreme*. De ese modo el puente quedó tendido entre las dos naves y, acto seguido, varias decenas de legionarios montaron sobre el puente y, en formación, como si estuvieran en tierra firme, avanzaron hacia la *trirreme*, donde por un lado unos marineros intentaban infructuosamente cortar la gran soga del *corvus* empapada en aceite, lo que dificultaba que fuera cortada, y otros se afanaban por preparar una defensa contra el abordaje que se les venía encima.

—En cada *quinquerreme* —continuó explicando Publio a voz en grito a los embajadores—, he ordenado instalar un *corvus* y una *manus ferrea* similares a las que veis aquí y cada nave lleva, como nosotros, además de los trescientos remeros, un manípulo de cien *triari*, expertos y veteranos. Esto nos hace lentos pero fuertes defensores de los transportes. Las *trirremes* podrán acudir a por las naves que no apresemos con los *corvus* en caso de ataque, además de ir por delante de la flota y avistar enemigos con tiempo suficiente para preparar una defensa adecuada. Además, ya habéis visto que Digicio es un hacha en eso de destrozar los remos de los enemigos. Ésa es una maniobras que han practicado todas las *trirremes*. Como son maniobras, los soldados sólo llevan espadas y lanzas de madera sin punta.

Los embajadores fueron testigos de cómo los marineros de la *trirreme* eran incapaces de cortar el *corvus* o de detener el empuje de los *triari*. En pocos minutos la nave de Digicio estaba rendida y lo mismo había ocurrido con el resto de las *trirremes* de la flotilla atacante.

—¡Bien, es suficiente por hoy! —exclamó el cónsul a sus oficiales—. ¡Regresamos a puerto!

Marco Pomponio quería sentarse, pero no había asiento alguno en aquel puente de mando. Los barcos estaban detenidos en alta mar mientras se realizaban las operaciones de desenganche y el vaivén de las olas en medio de aquella marejadilla creciente empezaba a resultar insoportable para su cabeza y, peor aún, para su estómago. El pretor se asomó por la barandilla del puente de mando. Las arcadas vinieron enseguida, su cuerpo se contrajo y empezó a vomitar sin reparar en que el puesto de mando estaba en el centro del barco y que se alzaba sobre el interior de la propia cubierta principal, de modo que su vómito no caía sobre el mar, sino sobre los marineros que se afanaban en las tareas de desenganche y en las de sustituir los remos dañados por otros de repuesto que cada barco llevaba en caso de ser embestido por un lateral.

Publio observó cómo el pretor se aliviaba y cómo los marineros se alejaban del lugar de aquella inesperada lluvia de jugos gástricos y bilis. Una vez que Marco Pomponio hubo terminado de vaciar su estómago por la cubierta del buque el cónsul se apiadó de él.

—¡Una bacinilla con agua y una *sella* para el pretor, rápido, por Cástor!

Las órdenes del cónsul se cumplieron con celeridad.

Una vez sentado y limpio el pretor agradeció el agua y la *sella* con concisión.

—Gracias.

Publio asintió sin añadir más. El pretor se había puesto en evidencia. Tampoco era inteligente ahondar en la herida y humillar a quien tenía el poder, junto con los tribunos, de votar a favor o en contra de su capacidad para dirigir la invasión de África, tal y como había dispuesto el Senado de Roma. Por primera vez en aquel día, Publio tuvo dudas sobre la forma en la que estaba llevando el asunto de la embajada. Había querido impresionarlos pero no humillarlos y menos al pretor, por muy hombre de Fabio que fuera; por eso, cuando llegaron al muelle central del *Portus Magnus*, Publio ofreció alternativas a la comitiva.

—Habéis visto nuestras fuerzas navales y la preparación para la defensa de los transportes de la invasión. Tengo preparadas las legiones V y VI para unas maniobras terrestres, al oeste de la ciudad, en la meseta de Epipolae y más allá de las murallas de Dionisio, pero quizá sea mejor que descanséis esta tarde y ya mañana podréis ver estos ejercicios. Se pueden posponer.

Todos en la embajada sabían que aquellos comentarios iban dirigidos a Marco Pomponio, pero que el cónsul, en un acto de discreción, los había dirigido a la colectividad de los senadores y tribunos de la plebe. El pretor agradeció en su fuero interno la oferta del cónsul y sobre todo la discreta forma de proponerla, pero, pese a la palidez del rostro, Pomponio se sentía ya algo mejor con sus pies sobre tierra firme. Pese a todo lo que había dicho Fabio, aquel general había demostrado su capacidad para realizar una travesía como la que había planteado en el Senado. Pomponio no tenía demasiadas dudas de que aquel hombre conseguiría desplazar los cuatrocientos transportes y descargarlos en África, pero quedaba lo más importante: las tropas y su capacidad real para luchar y vencer en África a los númidas aliados de Cartago, a sus mercenarios de diferentes regiones y a los propios púnicos. Y las legiones con las que contaba aquel hombre no eran otras que las «legiones malditas», la V y la VI, como había dicho el cónsul. Quizá, sólo quizá, pensó Pomponio por un instante, quizá con otras tropas... pero no con aquéllas, con los derrotados de Cannae y de Herdonea. No, no con esos legionarios. ¿Legionarios? ¡Qué absurdo! Llevaban once años de destierro. Demasiados para ser recuperables.

—No, cónsul. Hemos venido a tomar una grave decisión que puede afectar el curso de esta guerra y cuanto antes tengamos toda la información necesaria para tomar dicha decisión, mejor. De modo que si las legiones están dispuestas para ser revisadas por la embajada y si al resto de los *legati* y a los tribunos de la plebe y al edil no les parece inapropiado, me parece bien seguir la revisión de las fuerzas terrestres, toda vez que ya nos has mostrado las fuerzas navales de las que dispones y tu modo de utilizarlas para la defensa y el ataque —y, mirando fijamente a Publio, añadió—, y si te preocupa mi salud, sólo debo decirte, joven cónsul, que yo ya mataba galos en Liguria cuando tú aún eras amamantado por tu nodriza.

Publio no pudo por menos que reconocer cierta vieja bravura en las últimas palabras del pretor y no tomó a mal la indirecta que hacía hincapié en la excesiva juventud de un general al que se le podía encomendar, o no, la invasión del territorio del mayor enemigo de Roma. Publio no mordió ese cebo y decidió no enfrascarse en un debate estéril sobre su edad. Palabras. Ahí volvió a detectar Publio la alargada mano de Fabio Máximo. Contra las palabras, Publio hacía tiempo que había decidido sólo oponer hechos, como lo que acababa de hacer en el mar. Ahora debía hacer lo mismo en tierra.

Por su parte, los tribunos de la plebe y el resto de los miembros de la embajada accedieron también a continuar con la revisión de todo lo relacionado con la proyectada invasión de África.

—Sea —dijo Publio, y se dirigió a varias cuádrigas dispuestas para desplazar a los miembros de la embajada con rapidez por la amplia ciudad de Siracusa—. Montad a los carros. Cruzaremos la Isla Ortygia, el foro de la ciudad y el barrio de Neápolis.

Escipión subió al primero de los carros y los embajadores le imitaron montando en las diferentes cuádrigas dispuestas para ellos. La travesía por la ciudad fue rápida. Los caballos trotaban con premura siguiendo la ruta que el cónsul les había anunciado: del *Portus Magnus* ascendieron hacia el centro de la Isla Ortygia, pasando frente a todos sus grandes templos hasta cruzar a la Achradina fuera ya de la isla; luego atravesaron el foro sin detenerse hasta que los carros, siempre avanzando hacia el oeste, les llevaron al lugar donde se levantaba la inmensa *ara* de Hierón II, dedicada al dios Zeus. Pomponio se quedó impresionado ante los doscientos metros de altar, pero no tuvo tiempo de analizar con más detenimiento la estructura, pues los caballos seguían su ruta sin tregua. Del altar de Hierón pasaron, ya en la zona de Neápolis, al gran teatro griego, allí donde Pomponio sabía que el cónsul había entretenido a sus tropas asistiendo a representaciones de cuestionable contenido, en lugar de centrarse en el adiestramiento diario de la tropa. Sí, sería interesante ver a esas legiones desterradas y mal dirigidas por aquel cónsul ambicioso. Era cierto que Escipión había hecho gala de cierto dominio sobre las artes de la guerra naval, pero era en tierra donde tendría que doblegar a los cartagineses, y en su propio territorio. Cuanto más lo volvía a pensar, más absurda le volvía a parecer a Pomponio toda aquella idea de la invasión de África. Era un hecho, no obstante, que aquel general había derrotado en varias ocasiones a los cartagineses en Hispania, pero aquél era un país extranjero también para los púnicos y Escipión se había ayudado de las alianzas con los iberos, mientras que en África sería prácticamente imposible conseguir aliados de confianza, aunque el cónsul se empeñara en presentar su pacto con el rey Sífax como un aval más de su futura campaña. Sífax era un hombre colérico, de humor cambiante, del que podía esperarse poco o nada bueno para Roma. Pomponio, a bordo de su cuádriga, negaba en silencio. Además, las tropas con las que consiguió victorias Escipión en Hispania eran otras: legionarios nuevos por un lado, con pasión por Roma, y legionarios veteranos heredados de las legiones de su padre y su tío, con ansia por vengar su derrota anterior. Sin embargo, ahora, ¿de qué dispondría aquel joven nuevo Escipión? Sólo de las «legiones malditas». La V y la VI no eran tropas, sino carnaza de destierro y vergüenza.

Distraído en sus pensamientos, el pretor no se percató de que ya habían cruzado toda Neápolis y gran parte de la meseta de Epipolae hasta llegar a unas imponentes murallas que se extendían ante ellos hacia el noroeste y hacia el sureste: las murallas que Dionisio levantara hacía más de un siglo para proteger una ampliada y hegemónica Siracusa, centro del poder en Sicilia y gran parte del Mediterráneo occidental de antaño. Los carros se detuvieron y primero el cónsul y luego el resto de los miembros de la comitiva senatorial fueron bajando de sus cuádrigas. Ante ellos, a medio centenar de pasos de las murallas se acumulaban en dos filas decenas de catapultas y escorpiones, preparados para ser disparados por varios centenares de legionarios que se afanaban en acumular lo que parecía ser grava y tierra. Todo estaba dispuesto como si se preparara la defensa de un asedio.

—Seguidme, os lo ruego, a lo alto de la muralla. Desde allí lo podréis ver mejor todo —les invitó un visiblemente concentrado Publio al que se le acercaban oficiales a los que escuchaba y despachaba con una o dos rápidas instrucciones. Los oficiales asentían y partían a cumplir las órdenes recibidas. Los embajadores ascendieron por una escalinata de madera que los condujo a lo alto de la muralla occidental de Siracusa. Ante ellos se presentó un espectáculo inesperado. Las legiones V y VI de Roma estaban en formación de combate, con los *velites* ligeramente adelantados al resto de los legionarios; tras ellos, venían los manípulos de los *hastati*, mil doscientos hombres en cada legión, y a continuación otros tantos legionarios en los manípulos de los *principes*. En la retaguardia se encontraban los *triari*, seiscientos por cada legión, los hombres más veteranos y expertos y, por fin, unos seiscientos jinetes agrupados en diversas *turmae*, unos procedentes de los supervivientes de Cannae y otros voluntarios formados en Sicilia por los caballeros de Siracusa. En las alas se acumulaban los millares de tropas auxiliares de ambas legiones.

El pretor oteaba el paisaje que se dibujaba ante sus ojos: la formación era apropiada e impresionaba al que no estuviera acostumbrado a presenciar a un ejército consular, pero para los viejos huesos de Pomponio aquello no dejaba de ser una fachada. De pronto, algo fue lanzado desde el interior de la ciudad. Pomponio levantó la vista y observó una flecha incandescente cruzando el cielo de la tarde siciliana. Tras la señal, las legiones empezaron su avance. Pomponio se percató de que los *velites* tenían ante sí montones de hojarasca, ramas e incluso troncos de árboles recién cortados ante los que se detenían, tomaban ramas pequeñas y grandes y proseguían con su avance hacia las murallas. El pretor miró hacia abajo: las murallas terminaban en un foso profundo que dificultaba el acceso a la base de los muros. El foso parecía de reciente factura o, al menos, haber sido reparado en las últimas semanas o meses. Las legiones avanzaban.

—¡Ahora! —ordenó con voz potente Publio Cornelio Escipión.

Las decenas de catapultas empezaron a escupir grava y tierra compactada en terrones secos que volaban por encima de las murallas y caían sobre los *velites,* que se veían obligados a levantar con una mano sus escudos y protegerse de la lluvia de grava y tierra y, con la otra mano, seguir arrastrando su pesada carga de ramas, troncos y hojarasaca. Fue un avance penoso y agotador para aquellos hombres, pero que en ningún momento cejaron hasta llegar a la base de la muralla, donde, por turnos, arrojaban todos los troncos y ramas hasta que a fuerza de arrastrar madera, hojas, tallos y troncos, fueron rellenando el vacío del foso en diversos puntos de la muralla. Una vez cumplida su misión, cegados muchos por la tierra, otros con sangre en la cabeza por la lluvia de grava, fueron retirándose con rapidez dejando paso entre su formación de repliegue a los manípulos de *hastati* y varias unidades de tropas auxiliares, que se lanzaban sobre la muralla con escalas y cuerdas a sus hombros. Los *hastati* sufrieron la misma lluvia de grava y tierra, pero no se detenían y continuaban hacia delante, hasta cruzar el foso por encima de las ramas y troncos dispuestos por sus compañeros legionarios de avanzadilla. Una vez al pie de la muralla lanzaban escalas y cuerdas, muchas de las cuales alcanzaban sus objetivos, pero que eran sistemáticamente soltadas por dos manípulos de legionarios repartidos por lo alto de las murallas, cuya misión era dificultar el acceso a las mismas de las legiones atacantes. El trabajo de los *hastati* proseguía de forma constante pero infructuosa cuando los *principes,* reforzados por más tropas auxiliares, entraron en acción agrupándose para atacar las puertas de la ciudad en aquel extremo del recinto amurallado. Los *principes* se lanzaron con pesados arietes con los que arremetieron contra los grandes portones de la ciudad pero, pese al empuje de los soldados, tanto las puertas como las murallas, bien defendidas por los manípulos de legionarios dispuestos por el general para oponerse a las legiones, parecían inexpugnables. Fue entonces cuando el pretor y el resto de los miembros de la embajada vieron emerger en la distancia dos lentas, altas y pesadas moles móviles que se deslizaban en dirección a la muralla. Eran dos ciclópeas torres de asedio de las que tiraban decenas de fornidos *triari*. Las torres, tambaleándose como gigantes ebrios, fueron aproximándose lenta pero inexorablemente hacia dos extremos de la muralla quedando varadas por los legionarios a apenas unos veinte pasos del muro. La lluvia de grava y tierra no cejaba, pero tanto los *velites* y los *hastati* persistían en sus esfuerzos por trepar hasta lo alto de los muros, como los *principes* pugnaban por derribar las puertas y asediar las murallas próximas a las mismas. Los legionarios de la defensa trabajaban a destajo y sin descanso; eran tantos los que asediaban y con tal furia que aquello ya no parecía un ejercicio: era como si las legiones V y VI se hubieran planteado tomar aquellas murallas en aquellas maniobras como algo que afectaba a su orgullo personal. Los legionarios sabían que una embajada del Senado había acudido allí para evaluar su fortaleza en la lucha así como la capacidad de su general para dirigirles, el mismo general que les había dado, por fin, una segunda oportunidad. Y todos sabían que ese mismo general no se lo iba a poner fácil, pues un ejercicio sencillo no impresionaría a los senadores; por eso, pese a la tormenta de piedras que caía sobre sus cabezas, a las escalas que de forma continua caían desenganchadas de los muros y pese a lo aparentemente imposible que resultaba la tarea encomendada, todos aquellos hombres, los derrotados de Cannae, defenestrados y despreciados por Roma, se empecinaban en doblegar aquella pertinaz defensa con una tozudez aún mayor que la de los propios impertérritos e insensibles muros de Siracusa.

Así, de las torrres de asedio cayeron sendos puentes levadizos que descargaron a plomo su terrible peso sobre las almenas más altas del muro y, al instante, sobre el puente, decenas de sandalias de los *triari* desfilaron mientras sus propietarios, protegidos por sus escudos, avanzaban hacia lo alto del muro. En pocos minutos los *triari* habían despejado de defensores amplios espacios de la muralla, que a su vez eran aprovechados por *velites* y *hastati* para trepar raudos al muro y sumarse a sus compañeros, al tiempo que un chasquido ensordecedor anunciaba que las puertas de la ciudad cedían a los arietes y se quebraban por la mitad dando paso a que los *principes* entraran en Siracusa. El ejercicio estaba completado.

Desde lo alto de la muralla, rodeados ya por atacantes en vez de defensores, el pretor y los *legati* presenciaban el desenlace de la maniobra. Tal era el arrojo con el que los legionarios de la V y la VI habían tomado la muralla que algunos de los senadores se sintieron perturbados y algo confusos con respecto a su seguridad, pero en cuanto los *triari* alcanzaron la posición en la que se encontraban los embajadores, acompañados por el general en jefe de aquellas legiones, vieron cómo de entre los atacantes surgía el oficial al mando, el tribuno Cayo Lelio, por todos conocido en Roma como el segundo de Escipión, y veían cómo este veterano se dirigía a su joven general y le saludaba con la mano en el pecho.

—¡Salve, Publio Cornelio Escipión, cónsul de Roma! ¡Las murallas han sido tomadas según tus órdenes!

—¡Y por todos los dioses que mis órdenes han sido bien cumplidas! —respondió Publio, y se volvió hacia los embajadores—, supongo que todos conocéis a mi segundo en el mando, Cayo Lelio.

Publio vio cómo tanto el pretor como los *legati*, el edil y los tribunos de la plebe asentían en señal de reconocimiento. El cónsul se sintió, por primera vez en aquel día, plenamente satisfecho y orgulloso no sólo de ser quien era, sino de algo más importante, de tener la lealtad de los hombres que le rodeaban. Al girarse hacia Lelio y darle las nuevas instrucciones, que las legiones se reagruparan y formaran ante las murallas que habían tomado para que saludaran a la embajada, el propio Lelio leyó en los ojos de su general la sensación de felicidad que lo embargaba. Parecía que, poco a poco, los insultos de Baecula iban desapareciendo, como si la traición de Netikerty nunca hubiera existido, y que se encontraran tan cerca en sus almas el uno del otro como cuando luchaban en las murallas de Cartago Nova.

Trajeron agua y vino para los embajadores que todos aceptaron con agrado. El día había sido intenso. Seguían en lo alto de las murallas siendo testigos de la rapidez con la que los hombres adiestrados bajo el mando de aquel general se replegaban y formaban posicionándose cada legionario en su manípulo, pese a que algunos estaban heridos por las piedras y otros con tobillos torcidos por caerse al trepar los muros. También los había con piernas o brazos rotos que eran llevados al interior de la ciudad por un manípulo de soldados que el general parecía haber reservado para retirar a los heridos de consideración, junto con los cadáveres de tres hombres que se habían despeñado desde lo alto de las torres de asedio. Habían sido unas maniobras especialmente cruentas, pero necesarias. La realidad de la guerra, todos los sabían, sería aún mucho peor. Todo se hizo en pocos minutos y ante los embajadores, que aún vaciaban las copas de agua y vino que se les había traído, las legiones V y VI de Roma, las «legiones malditas», quedaron en perfecta formación. El general alzó su brazo y un silencio espeso pareció desparramarse por todo el oeste de Siracusa y alcanzar las tropas formadas ante sus murallas. Publio Cornelio Escipión dejó caer entonces su brazo y unas veinte mil gargantas, entre *velites, hastati, principes, triari*, voluntarios veteranos de la guerra en Hispania, jinetes de las *turmae*, soldados de las tropas auxiliares y hasta los propios *calones*, que unieron sus voces a las de sus amos, gritaron al unísono, al tiempo que todos golpeaban sus lanzas contra los escudos elevando hacia las murallas de Siracusa un ensordecedor rugido de guerra que el viento transportaba como si de las fauces de un colosal león se tratara. Las murallas temblaron y los embajadores dejaron de beber. El general alzó de nuevo su mano y el grito cesó tan abruptamente que un sorprendido senador dejó caer su copa, cuyo ruido al chocar sobresaltó al resto al resaltar tanto aquel sonido entre el silencio que nuevamente había vuelto a establecerse.

—Éstas son mis legiones, malditas para muchos, legiones de combate para mí y para Roma, al servicio del Estado, preparadas para invadir África —dijo Publio mirando a los embajadores uno a uno de un modo enigmático, como si sus palabras transportaran un contenido incontestable, como si quisiera decir que sus tropas estaban más allá de toda evaluación; una mirada, por primera vez desde que llegó la embajada, altiva, segura, poderosa, inquebrantable. Muchos de los *legati* terminaron mirando al suelo, pero no así Marco Pomponio ni los tribunos de la plebe, aunque, claramente, el primero no la bajó por orgullo y los otros, por admiración hacia el cónsul—. En cualquier caso —continuó Publio con un tono nuevamente conciliador—, sois vosotros los que debéis decidir sobre mi capacidad para el mando de estas tropas, pero me gustaría precisar que es sobre mí sobre quien debéis decidir, no sobre estos hombres que habéis visto hoy tomando estas murallas: estos legionarios, y así los llamo, legionarios de Roma, se merecen una segunda oportunidad: dadme a mí el mando o quitádmelo, pero no cercenéis una vez más la esperanza de estos soldados. Y ahora, si queréis acompañarme, creo que es el momento de celebrar un sacrificio por vuestra visita y por la invasión de África, sea ésta bajo mi mando o bajo el mando del general que estiméis más apropiado.

Con estas palabras todos quedaron entre admirados y perplejos de la forma en que el cónsul escindía la evaluación de los embajadores del futuro de las tropas y su misión, y hacía que la decisión de los *legati* tuviera que centrarse sobre su persona. Pomponio meditaba mientras descendía por la escalinata de madera en dirección a los carros que les esperaban al pie de las murallas para conducirles, según les había explicado el cónsul, al altar de Hierón II, donde tendría lugar el sacrificio. El pretor estaba intrigado: ¿era aquél un hombre audaz o un vanidoso, o quizás ambas cosas a un tiempo? ¿Y eran la audacia y la vanidad las características necesarias para dirigir una invasión de África? La decisión era complicada, más de lo que había pensado cuando aceptó la misión de encabezar aquella embajada. Fabio Máximo le había insistido en que negara el mando de Escipión y que prohibiera aquel desembarco en África por la locura que suponía y, pensaba el pretor, seguramente fuera una locura, pero ¿qué era mejor: mantener a ese loco en Roma, intrigando con el pueblo, o dejarlo que de una vez por todas marchara hacia su destino como antaño lo hicieran su padre y su tío en Hispania y así poner fin a los desatinos de aquel hombre? Y si para ello debía arrastrar consigo a todos los desterrados de la derrota de Cannae, ¿era eso acaso un problema o una bendición? Pomponio sonrió como pensó que lo habría hecho Máximo: era casi como cazar dos jabalíes en un mismo bosque. Además, los tribunos de la plebe, resultaba obvio, estaban claramente decantados a favor de Escipión.

La comitiva había llegado al altar de Hierón II: la ciclópea *ara* estaba levantada sobre una base cuadrada de roca pulcramente tallada en bloques, con dos amplias rampas en los laterales y unos canales que permitían recoger la sangre de todos los animales que allí se sacrificaban. En cada una de las rampas se veían las figuras de atlantes que parecían vigilar todo lo que allí acontecía y en la cornisa del altar, unas enormes cabezas de león lo observaban todo, atentas, frías, intemporales. Por los casi doscientos pasos de altar fueron desfilando hasta cien bueyes enormes, especialmente engordados para la ocasión que, uno a uno, eran sacrificados por el *popa* con certeros golpes de su pesada maza. El cónsul, al final del sangriento ceremonial, elevó una plegaria a Júpiter Óptimo Máximo, a Marte, dios de la guerra, y a todas las divinidades para que le ayudaran en su misión de derrotar a los cartagineses en su propia tierra, en el mismísimo corazón de África. Hasta el altar se habían desplazado centenares de legionarios de las legiones que habían obtenido permiso de Lelio para asistir a dichos sacrificios y, con su presencia, presionar en el ánimo de los embajadores. El sacrificio fue tan numeroso que la sangre de los animales muertos fluía por los canales como si de acueductos de agua roja se tratara. Para los tribunos de la plebe de la embajada era evidente que aquel general lo llevaba todo a la desmesura: las maniobras navales, el número de barcos preparados para el transporte, los víveres almacenados, las maniobras en tierra, el adiestramiento de las tropas y los sacrificios. Posiblemente, también había llevado a la exageración su pasión por el entretenimiento, por el teatro, por su trato demasiado complaciente con los escritores, pero, a fin de cuentas, el mero hecho de invadir o intentar invadir África era una desmesura en sí misma. ¿Quién mejor que alguien como aquel general para acometer algo que a todos los demás les parecía inverosímil? Y si esas tropas parecían dispuestas a seguirle, ¿quiénes eran ellos para impedirlo?

Publio Cornelio Escipión presidió los sacrificios y, una vez que éstos hubieron terminado, descendió del gran altar y se reencontró con los miembros de la embajada. En las manos, brazos, y rostro del cónsul había sangre de las víctimas en la que él mismo se había bañado en busca del favor de los dioses. Unos *calones* trajeron agua y paños para que el cónsul se limpiara. Mientras se aseaba se dirigió a un visiblemente cansado Marco Pomponio.

—Esto es cuanto quería mostraros, al pretor, a los *legati*, al edil y a los tribunos de Roma. Ha sido un día agitado, lo sé, pero quería que tuvierais toda la información necesaria para tomar vuestra decisión y quería que la tuvieras pronto. Por todos los dioses, sólo faltaría que se me acusara de no facilitaros la tarea. Ahora os acompañarán a vuestros aposentos en una de las casas principales en el centro de la Isla Ortygia. Allí podréis descansar y meditar sobre...

—Por mi parte no hay mucho que pensar —dijo Pomponio interrumpiendo al cónsul y disfrutando al interrumpirle y al sorprenderle. Era una de las pocas satisfacciones que le quedaban después de ver lo que había visto. Vio los ojos de Escipión interesados y nerviosos, mirándole, interrogándole. Disfrutó del momento unos instantes, pero luego dejó salir de su boca su dictamen. No tenía interés por alargar su estancia allí. No podía hacer lo que había venido a hacer. Lo leía en el rostro confiado de los tribunos de la plebe: estaban a favor de la invasión y seguros de la capacidad de aquel Escipión, al igual que muchos de los senadores. Oponerse sería oponerse a los tribunos del pueblo y crear un conflicto de poderes en la embajada y, visto lo que se había visto, cuando los tribunos hablaran en Roma, el pueblo se volvería contra el Senado y a favor de Escipión. No, ya no se podía hacer nada más que dejar que la historia siguiera su curso. Los dioses dictaminarían el resto—. No, por mi parte no hay mucho que pensar —repitió retóricamente Pomponio—. Sigo en contra de esta misión, de la invasión de África.

Para mí, como para muchos en el Senado, es una locura, pero esto ya se debatió y a mí, a esta embajada, sólo debe ocuparnos dictaminar si tú, Publio Cornelio Escipión, estás o no capacitado para llevar a cabo esta empresa. En mi opinión has reunido los transportes necesarios y la flota de guerra suficiente para la travesía a África y los marineros tienen la preparación para desembarcar con éxito todos los víveres acumulados en los graneros de esta ciudad junto con las legiones y el resto de las tropas auxiliares y de voluntarios de las que dispones. Y también admito que me ha sorprendido la fuerza, el vigor con el que los hombres de la V y la VI se han ejercitado esta tarde en el asalto a las murallas de Siracusa. Ha sido un ejercicio notable. Por todo ello no puedo negar mi voto de aceptación hacia tu capacidad para esta locura, pero dudo mucho que todo esto sea suficiente para derrotar a los cartagineses en su territorio. Creo, joven general, que caminas hacia tu muerte, con una decisión y una ceguera propias de la inmadurez y que te has rodeado de un grupo de oficiales que, por alguna extraña razón que desconozco, parecen compartir tu ilógica forma de ver las cosas; pero sea, como he dicho antes, eso ya no me compete. Por mi parte ya he visto bastante. Que los dioses de Roma estén contigo, general, porque en África... en África nadie más lo estará. Y ahora me marcho a descansar. Por mi parte, no veo inconveniente en partir mañana al mediodía de regreso a Roma.

Pomponio no esperó la respuesta de nadie. Estaba, en efecto, agotado. Maniobras navales por la mañana, paseos al trote en cuádriga y asedios por la tarde. Era una demasiado apretada agenda de actividades para su edad, pero se había esforzado en mantener la dignidad para que nadie pudiera cuestionar su intención en el caso de que hubiera solicitado posponer alguna de las maniobras para descansar. El pretor se abrió paso entre oficiales, legionarios y miembros de la embajada. Todos se hicieron a un lado, dejando un gran pasillo por el que Pomponio se alejó en busca de la cuádriga que le esperaba. No miró atrás. No le gustaba despedirse de los que pensaba que iban a morir. Creía que traía mala suerte.

Publio vio alejarse primero a Pomponio, luego a los tribunos de la plebe, que sí se acercaron a saludarle y a desearle suerte en su invasión de África, y al resto de los representantes de la embajada. Luego vio cómo los legionarios retornaban hacia el oeste de la ciudad, hacia el campamento de las legiones. Todos fueron marchando hasta que quedó, al pie del inmenso altar de Hierón II, rodeado tan sólo por los *lictores* de su guardia personal y junto a Lelio.

—Lo has conseguido, lo hemos conseguido —dejó escapar al fin Cayo Lelio.

—Así es, hemos conseguido lo más fácil —respondió un enigmático Publio.

—¿Lo más fácil? No entiendo qué quieres decir —indagó Lelio.

—Hemos conseguido convencer a la embajada de que nos permitan partir hacia el sur para la invasión de África. Eso, querido Lelio, era lo fácil.

—¿Y qué será lo difícil, ahora que tenemos el permiso de Roma para invadir África?

Publio le miró en silencio antes de responder.

—Sobrevivir a la invasión de África, Lelio, sobrevivir.

65

Una segunda embajada

Siracusa, finales de otoño del 205 a.C.

Todo estaba preparado. Publio había ordenado que los barcos de transporte y militares fueran desplazándose en pequeños grupos hacia el puerto occidental de Lilibeo. Las legiones se desplazarían por el interior de la isla a pie. Les iría bien practicar aún más las marchas forzadas. En África el tiempo en trasladar las tropas de un lugar a otro, ya fuera para atacar o para buscar refugio, podría llegar a ser un factor clave. Las legiones V y VI se mostraban razonablemente satisfechas. Incluso los legionarios más rebeldes de la VI, que habían sido nuevamente expulsados de Italia, en esta ocasión de Locri, se mostraban más dóciles después de que sus impertinentes oficiales Sergio Marco y Publio Macieno habían sido despedazados ante sus ojos por orden del pretor Pleminio, quien a su vez había sido depuesto por una embajada del Senado. A aquellos hombres, un nuevo destierro o una campaña en África les parecía algo bueno en comparación con la muerte segura que habrían obtenido de Pleminio si las tropas de Roma al mando del pretor Pomponio no hubieran irrumpido en Locri para imponer orden.

El cónsul estaba contento y daba por bueno todo el episodio de Locri.

—Error político, sí —había confesado a Lelio mientras ultimaban los preparativos de la travesía a África—, error político, pero un acierto militar: el puerto de Locri está en manos de Roma, reducimos así las líneas de aprovisionamiento de Aníbal, y yo me he deshecho de los dos oficiales más desleales de las «legiones malditas» sin tener que enfrentarme con el despecho de sus legionarios.

Publio ordenó que las pequeñas flotillas fueran a Lilibeo bordeando Sicilia por la costa norte, buscando alejarse de las flotas militares púnicas de África. Algunos de sus oficiales percibían todo aquel trasiego como un esfuerzo innecesario y un nuevo retraso de la invasión de África, pero Publio desconfiaba de todos. Sabía que si Máximo había conseguido infiltrar espías hasta entre los esclavos más próximos a él, a través de la esclava de Lelio, ¿qué no habrían intentado los cartagineses? Aquella maniobra de desplazar la flota a Lilibeo parecía retrasar la invasión. Eso es precisamente lo que dirían los espías, y, sin embargo, nada más concentrar toda la flota en Lilibeo saldría con los más de cuatrocientos buques, las dos legiones y su ejército de voluntarios, todos directos a África, mientras en Cartago aún se hablaría de que el cónsul romano en Sicilia no hace más que llevar sus tropas y barcos de un lugar a otro sin atreverse a cruzar el mar. Conseguir ese factor sorpresa era algo clave para sus propósitos. En un territorio infestado de enemigos y sin tan siquiera un puerto amigo o una ciudad en la que refugiarse, la sorpresa debía ser su aliada en conseguir la conquista de algún enclave portuario importante y fortificado. Sí, cuanto más lo pensaba, más claro lo veía. Además, todo hacía presagiar más informes funestos para la invasión. Había salido de su gran *domus* en el centro de Siracusa camino del *Portus Magnus*. Una nueva embajada había llegado a la ciudad. Una vez más, Sífax enviaba un mensajero para entrevistarse con él. En la última ocasión se zafó de las miradas curiosas al verse con el enviado del rey de Numidia en las entrañas del teatro de Siracusa mientras todos estaban ocupados en la representación de la última obra de Plauto. Ahora había citado a aquel nuevo mensajero en los almacenes de los muelles del *Portus Magnus*. El cónsul estaba seguro de que entre el tumulto que a diario se desarrollaba en aquel inmenso puerto, y más en aquellos momentos en los que cada día partían varias decenas de barcos hacia Lilibeo, los movimientos del númida pasarían más inadvertidos. E incluso Publio decidió salir de incógnito, sin lucir una toga púrpura que lo delatara o el *paludamentum* militar que le correspondía. En su lugar salió vestido con coraza, pero sin casco; armado con una espada, pero sin ningún tipo de aditamento, acompañado por tan sólo dos *lictores* armados con *gladios* a los que había requerido abandonar sus símbolos tradicionales. De esa forma, el cónsul, caminando a paso rápido, parecía un centurión más de la V y la VI arropado por dos de sus oficiales.

El encuentro con el mensajero númida tuvo lugar en un almacén de sal, pescado y ánforas de aceite. El olor a pescado ahuyentaba de por sí a muchos curiosos. A las puertas del almacén había una decena de legionarios custodiando la puerta y al mensajero oculto tras ella. Al ver llegar al que tomaron en principio por centurión le dieron el alto, pero al reconocer el oficial al mando de la vigilancia del almacén al cónsul de Roma en Sicilia, enmudeció y se hizo a un lado llevándose la mano al pecho. Publio pasó ante los legionarios en posición de firmes como una exhalación y tras él entraron los dos *lictores*.

Allí, entre centenares de ánforas, sacos de sal y cestos con pescado en salazón, un hombre negro, alto y musculoso aguardaba. No iba armado porque se había visto obligado a entregar su lanza, su espada y dos dagas a los legionarios que vigilaban la entrada al almacén. Vestía una túnica larga de color arena y por los hombros le colgaban pieles de algún animal que el cónsul no acertó a reconocer. Podría ser un león, pensó, o alguna otra bestia salvaje de África. Publio estudió a aquel hombre con detenimiento antes de decir nada. Había algo evidente: no estaba nervioso. La seguridad en tus posibles enemigos es mal síntoma. Publio se acercó un par de pasos más hasta quedar a tan sólo dos metros del númida. Por complexión parecía el mismo mensajero con el que se entrevistó en los pasadizos del gran teatro de Hierón unos meses atrás, mientras la representación de Plauto tenía lugar y sus legionarios se entretenían a carcajadas. Pero no estaba seguro. En aquella ocasión, la tenue luz de las antorchas y la faz oscura del interlocutor no le permitieron discernir los rasgos del mensajero con nitidez.

—Te escucho —dijo Publio en latín con voz segura pero suave, clara, pero no en alto. Aquélla debía ser una conversación muy privada.

—Me envía Sífax —respondió el aludido en griego. La inflexión de las consonantes, la voz profunda... era el mismo mensajero que la vez anterior. Ahora ya no había duda.

—¿Cómo te llamas? —preguntó Publio; si aquel hombre gozaba de la confianza del rey Sífax como para enviarlo en repetidas ocasiones de embajador debía de ser alguien de importancia y era importante registrar su nombre.

El númida se tomó unos segundos antes de responder. Aquella pregunta le había pillado por sorpresa.

—Mi nombre no es importante, lo importante es lo que vengo a deciros y en nombre de quién vengo.

—Sin duda, pero es la segunda ocasión que el rey Sífax te envía, lo que te hace a mis ojos como un fiel servidor de tu rey. Me gusta conocer los nombres de aquellos que sirven bien a mis amigos.

Publio enfatizó con su voz la última palabra.

—Amigo es mi rey, sí, y por ello me envía para transmitir un aviso: los romanos no deben desembarcar en África. Si lo hacen, mi rey os atacará.

Publio se separó un par de pasos hacia atrás y le dio la espalda. Necesitaba pensar. Sífax había cambiado por completo. De ofrecer un pacto de no agresión a atacar en caso de desembarco había mucho camino recorrido. ¿Qué le había hecho cambiar de opinión de forma tan rotunda? Publio se volvió de nuevo hacia su interlocutor y se aproximó hasta quedar a sólo un metro. El númida no se movió un ápice de su posición.

—Tengo la palabra de tu rey de no atacarme. Me lo dijo a la cara, ¿por qué he de creerte a ti? Es un cambio demasiado grande para no oírlo de su propia persona.

—Si el cónsul hubiera venido a África la última vez que hablamos, Sífax, mi rey, se lo habría dicho a la cara también, pero el cónsul no vino. Eso no ayudó.

—No puedo moverme con libertad y eso lo sabes tú y lo sabe tu rey.

—Es posible, pero ése es el mensaje que tengo.

—¿Y por qué tu rey ha cambiado de opinión?

—Eso tiene respuesta y se me ha dado permiso para informarte: mi rey ha tomado por esposa a Sofonisba, hija del general cartaginés Asdrúbal Giscón, con el que ha firmado un tratado de ayuda mutua. Si los romanos desembarcan en África, mi rey acudirá en ayuda de los cartagineses con un ejército de cincuenta mil hombres y diez mil jinetes y os arrasará. Y lo que he visto en vuestro puerto no me impresiona y no impresionará tampoco a mi rey. El cónsul de Roma no debe ir a África. Mi rey se toma la licencia de avisaros porque os estima, pero su pacto con Cartago es definitivo.

Publio sonrió en su interior en parte. Su plan de trasladar las tropas a Lilibeo daba frutos. Más de la mitad del ejército y de los barcos de transporte y *trirremes* militares ya no se encontraban en el *Portus Magnus* de Siracusa. Lo que había visto el númida sólo era la mitad de sus fuerzas, más de lo que vio la primera vez, por lo que consideraría que era el reagrupamiento de los romanos antes de partir, pero mucho menos de lo que en realidad disponía Publio para la invasión. Pero cincuenta mil hombres era una fuerza ya superior a sus legiones, a la que se sumarían soldados de Cartago y, lo peor de todo, diez mil jinetes, diez mil jinetes o más. ¿Mentía Sífax a través de aquel mensajero? ¿Fanfarroneaba de sus fuerzas? Lamentablemente, todas las informaciones de las que disponían los romanos apuntaban en la dirección de que el rey Sífax podía reunir un ejército de esas dimensiones en pocos días; un ejército, además, acostumbrado a trasladarse con velocidad de un punto a otro de la inmensa Numidia y que en poco tiempo podría llegar hasta allí donde los romanos desembarcaran. Publio se encaró con el mensajero.

—Aún no me has dicho tu nombre.

—Búcar.

—Búcar, ¿tu rey ha cambiado de aliados por una mujer?

—Mi rey hace lo que le parece mejor. Yo sólo transmito sus mensajes. Y mi rey, ya que lo preguntas, ha firmado un tratado con Giscón, no con una mujer.

—No te engañes, Búcar; pareces un hombre inteligente. Giscón y yo nos entrevistamos con tu rey y el rey Sífax pactó conmigo. Y ahora, cuando Roma es más fuerte, cuando los cartagineses están retrocediendo en Italia y cuando ya han perdido Hispania, ¿tu rey pacta con Giscón? No, lo único nuevo que hay ahora es una mujer, esa Sofonisba. Búcar, ¿sirves a un rey que obedece a una mujer?

Por primera vez el mensajero tensionó los músculos de su rostro. Publio estaba satisfecho. Había puesto el dedo en la llaga. Eso era exactamente lo que aquel mensajero pensaba pero no se atrevía a reconocer. Debía seguir presionándole.

—Búcar, puedes quedarte aquí y servirme a mí. Tu información me será útil y yo soy un hombre generoso. En Hispania fui muy generoso con los iberos que me ayudaron. Los cartagineses son malos pagadores y unirse a ellos suele traer muerte y destrucción.

Búcar callaba. Miró al suelo. Se pasó una mano por la incipiente barba negra, rizada y recia, que emergía por toda su barbilla. Luego negó con la cabeza.

—Es una oferta interesante, pero he visto ambos ejércitos. Romano, serás cónsul, pero tu país no te ha dado suficientes tropas. Si desembarcas en África morirás. No quiero estar a tu lado cuando mi rey te encuentre y te torture hasta morir. No es una buena oferta la tuya. Los cartagineses ya gobernaban en el Mediterráneo mientras vosotros os las componíais para sobrevivir contra los etruscos o los latinos o los galos. En mi país hemos visto ir y venir a los cartagineses, a veces victoriosos y a veces derrotados, pero siempre están ahí. Las pocas veces que habéis desembarcado en África siempre ha sido un desastre.

—Mi segundo en el mando, Cayo Lelio, desembarcó con éxito y regresó con un buen botín.

—Lelio escapó antes de que los cartagineses y mi rey reaccionasen. Tú quieres ir para conquistar y África no es Hispania. África está gobernada por Cartago y Numidia por mi rey. Ambas unidas os destruirán. Puede que mi rey esté ahora algo cegado por yacer con la joven púnica hija de Giscón, pero eso no cambia las cosas. Puede que no me guste, pero no cambia las cosas: os triplicamos en número y luchamos por nuestra tierra. No volveréis con vida ni uno de vosotros. Moriréis todos y los que no hayáis muerto y caigáis presos, desearéis haber muerto.

Entonces llegó un largo y tenso silencio.

El mensajero se había sincerado. Publio le miraba y el númida mantenía la mirada con decisión. Publio se dio cuenta de que aquel hombre podría ser comprado pero por alguien que realmente, a sus ojos, pudiera doblegar a su rey. Era desconsolador observar cómo su análisis militar, muy preciso, mostraba a las claras que la misión de África era una total locura. Publio pensó en amenazar con violencia, en gritar, pero luego tuvo la sensación de que aquella guerra se manejaba con demasiadas variables y que lo que hoy parecía blanco al día siguiente podía ser negro, negro como la faz de aquel mensajero. A Publio le quedaba la baza de Masinisa. Era una apuesta arriesgada, pero la única que le quedaba al cónsul de Roma.

—Dile a tu rey —empezó al fin—, dile sólo que se lo piense mucho antes de atacarme. Dile que acudiré a África con mis legiones y que si me ataca... dile sólo que se lo piense mucho.

El númida lanzó una pequeña risa que resultó ofensiva para el cónsul, pero Publio no respondió, ni añadió más. Se sentía impotente, pero no quería sumar palabras de agravio que hicieran crecer la animadversión de Sífax hacia él, una animadversión suculentamente alimentada, parecía ser, por las lujuriosas caricias de una joven mujer. Pero aquella risa merecía alguna respuesta.

—También podría ordenar que te mataran. Así no tendrías ya la posibilidad de informar a tu rey. Y quizás así le llegase a Sífax más claro mi mensaje.

Búcar cerró la boca y apretó los labios. Instintivamente se llevó la mano derecha hacia su cintura, pero allí no había espada alguna, pues ésta había sido requisada por los legionarios antes de dejarle a solas con el cónsul. El númida miró a su alrededor. Todo estaba cerrado. Las ventanas eran pequeños orificios en lo alto de las paredes por las que entraba luz, pero demasiado pequeñas para un hombre. Tras el cónsul estaban los *lictores* vigilando la puerta en el interior del almacén y fuera había más legionarios. Huir era imposible.

—Eso no haría sino reafirmar el pacto de mi rey con Cartago y harían ciertas todas las cosas que Giscón cuenta del cónsul: que sois un traidor, que no tenéis palabra, que tras luchar contra Cartago lucharéis contra Numidia, que no sois de fiar... —Búcar hablaba rápido. Ahora sí estaba nervioso.

—Es cierto todo lo que dices, pero tu risa me ha ofendido y a un cónsul ofendido se le ofusca la razón y si me dejo llevar por mis sentimientos y no por mi razón, haría que te cortaran la cabeza, la ensartaran en una lanza y que la enviaran mis hombres de regreso a tu barco. Por los dioses que no sé por qué no hacerlo, pues cuanto más pienso en ello más satisfacción siento.

—Sífax ha pactado con los cartagineses, pero si no le dais motivos de ofensa que añadir a las palabras de Giscón, mi rey es un hombre que se forja sus propias opiniones en función de los actos de los demás. Matadme y Sífax ya no dudará en atacaros.

Publio no movió un músculo de su cara, pero en su interior se encendió una pequeña llama de esperanza. Sífax aún tenía dudas, incluso después de haber pactado con Giscón y aun después de haber tomado por esposa a la hija de aquél. ¿Habría pactado sólo para acostarse con aquella joven y luego haría lo que le viniera en gana? Era una posibilidad. Era la única posibilidad a la que poder aferrarse. Estaba, por otro lado, el hecho de que las informaciones del mensajero no serían precisas, al haber visto menos de la mitad de sus fuerzas y eso, como había pensado antes, haría que tanto Giscón como Sífax se sintieran más confiados.

—Márchate y nunca más vuelvas ante mis ojos —dijo Publio dándole la espalda y haciendo una señal a los *lictores*.

El númida, con grandes gotas de sudor resbalando por sus sienes, salió del almacén custodiado por varios legionarios de confianza del cónsul.

El númida embarcó en media hora y su barco fue escoltado por una *trirreme* hasta mar adentro. Allí lo perdieron en la distancia del horizonte. El cónsul permaneció en el muelle como si estuviera supervisando el embarco de nuevas tropas y víveres hacia su destino en Lilibeo pero, en realidad, mantenía sus pensamientos fijos en asegurarse de que aquel mensajero no regresaba. Sífax con sesenta mil hombres. ¿Cuántos reuniría Giscón? ¿Veinte mil, venticinco mil? ¿Más, menos? Él apenas conseguiría juntar treinta mil reuniéndolos a todos, a los voluntarios y las «legiones malditas». Y habría elefantes. Habría elefantes. Puede que, después de todo, los cartagineses no necesitaran para nada reclamar a Aníbal. Sífax y Giscón podrían dar buena cuenta de sus legiones sin apenas esfuerzo. Publio Cornelio Escipión se acercó hasta el borde mismo del muelle. Cerró los ojos e inspiró con profundidad. El olor a la sal del mar lo embriagó. Tenía un plan y debía seguir adelante con él. Era un buen plan. Pese a todo. Aunque si Sífax era persuadido para atacar junto con los cartagineses... entonces todo resultaría imposible. La clave era conseguir una victoria rápida en algún punto de África que impresionara a Sífax lo suficiente como para pensarse dos veces acudir en ayuda de Cartago. Necesitaba una ciudad en África. Una ciudad donde hacerse fuerte, desde la que atacar y donde poder refugiarse, una ciudad con puerto para reabastecerse de suministros. Una ciudad como Cartago Nova en Hispania, desde la que iniciar la conquista de toda África. Una ciudad. Sífax dudaría y eso le daría tiempo, el tiempo justo para empezar a doblegar a los cartagineses.

Publio abrió los ojos, dio media vuelta y en voz baja, mientras retomaba el camino de regreso a su *domus,* masculló dos palabras entre dientes.

—Una ciudad.

66

El manantial de Aretusa

Siracusa, invierno del 205 a.C.

Emilia se dejaba conducir por su marido. Éste la llevó por las estrechas calles de la Isla Ortygia, pasando junto a la imponente figura de las catorce gigantescas columnas laterales del templo de Atenea, hasta descender a la bahía del *Portus Magnus*, justo donde se encontraba el manantial de Aretusa. Emilia sabía que no era necesario pasar junto al templo de Atenea para alcanzar aquel manantial, pero a Publio le gustaba pasear por Siracusa, especialmente con ella, según decía siempre, y admirar los impresionantes edificios de aquella ciudad. Más de una vez, Publio se había entretenido en explicarle cómo para abrazar una de aquellas inmensas columnas jónicas se necesitaban al menos dos personas. Incluso hubo un día que, ante la mirada de sorpresa de los *lictores* y de los viandantes de la ciudad, el cónsul se empeñó en demostrárselo físicamente, haciendo que ella abrazara una de las seis columnas jónicas frontales por un extremo mientras él hacía lo propio por el otro lado. Acciones como aquélla eran las que habían dado pie a las críticas de los enemigos de su marido: se pasea por la ciudad como un viajero de visita en vez de ocuparse de la invasión de África, del adiestramiento de las tropas. Emilia sabía que su marido era capaz de atender a sus responsabilidades políticas y militares y, al mismo tiempo, apreciar la belleza de una ciudad griega, de una ciudad cuya cultura respetaba y admiraba, pero aquello era una actitud y un comportamiento demasiado complejos para ser bien interpretados por unos senadores manipulados por las informaciones de Catón y los discursos de Fabio. Y, sin embargo, su marido había sido capaz de revertir, una vez más, el curso de los acontecimientos y persuadir a la embajada del Senado de que todo estaba convenientemente dispuesto para invadir África. El pecho de Emilia estaba henchido de amor y respeto a partes iguales hacia su marido, alguien tan poderoso, tan ocupado y que, contrariamente a lo que pudiera esperarse, siempre la hacía partícipe de todo. Hubo un momento, poco después de su boda, cuando tuvo que luchar con él por que la dejara acompañarle a Hispania, pero al fin él cedió con rapidez. Desde entonces siempre había estado junto a él, en Roma, en Hispania y ahora en Sicilia, pero el silencio con el que ahora paseaba su marido junto a ella, una vez que había conseguido resolver el tema de la embajada de Roma era algo que le preocupaba.

Llegaron junto al manantial. El agua fresca del río, que emergía fundiéndose con la del mar en un escenario rodeado del frescor de las plantas verdes y exuberantes que circundaban el manantial, lo empapaba todo. Era una humedad embriagadora y dulce que se mezclaba con la brisa de sal del mar, un festín para los sentidos. Pese a encontrarse ya en el principio del invierno la temperatura era templada, agradable.

—¿Sabes por qué lo llaman el manantial de Aretusa? —preguntó Publio sin mirarla, con sus ojos puestos en el agua de aquella gran fuente natural.

—No, me has contado muchas cosas de Siracusa, pero ésta no me la has explicado.

Publio la miró y sonrió.

—Aretusa era una ninfa, una ninfa de la diosa Artemisa —empezó a contar Publio, despacio, sus palabras fundiéndose con el ruido del agua al correr hacia el mar—. Alfeo, un río del Peloponeso, en Grecia, hijo de Océano y Tetis como la mayoría de los ríos griegos, se enamoró perdidamente de esa joven ninfa, pero esto enfadó a Artemisa de modo que transportó a su ninfa hasta aquí, hasta la Isla Ortygia y, no contenta con alejarla de Alfeo, decidió convertir a su ninfa en un manantial, el manantial de Aretusa. Desde entonces están separados por esa distancia enorme. ¿Entiendes?

Emilia asintió despacio, pero no estaba segura de entender. Publio prosiguió con su relato cuando Emilia pensaba que ya había concluido.

—Pero convertir a Aretusa en manantial fue el gran error de Artemisa, pues dicen que desde entonces el dios Alfeo empuja sus aguas hacia el mar y viaja cada día hasta llegar aquí y mezclar su agua con la del manantial de su amada y así, al unir sus aguas, se aman eternamente.

Publio pronunció estas palabras mirando a los ojos de su mujer. Emilia no pudo evitar sonrojarse y bajó la mirada. Después giró la cabeza hacia el manantial primero y luego hacia el mar.

—Cuando te pones tan cariñoso es que me vas a decir algo que no quiero oír —dijo ella.

—¿Es que no soy atento contigo normalmente? —preguntó Publio sorprendido por la respuesta.

—Claro que lo eres, pero no así de especial. Así eres cuando me vas a decir algo que sabes que no quiero hacer.

Publio suspiró. A veces se le olvidaba hasta qué punto lo conocía su mujer.

—Seguramente tendrás razón.

—La tengo, para mi desdicha, la tengo —se reafirmó ella sin mirarle, observando el mar en calma de la bahía del *Portus Magnus*.

Publio se dio cuenta. No iba a ser fácil.

—Bien... en cuanto a África... —empezó el cónsul.

—Quiero ir, igual que te acompañé a Hispania o aquí en Sicilia. Siempre he estado junto a ti, no veo por qué ahora ha de ser diferente.

Publio guardó silencio un momento. Luego tomó la palabra con una decisión casi gélida que mostraba una determinación desconocida para su bella esposa.

—No, Emilia, por Hércules, esta vez sí es diferente. Cuando quise que te quedaras en Roma por primera vez me hiciste ver, y mi madre se alió contigo, que el sitio de una esposa está junto a su marido y así es, así es... pero en Hispania y también aquí, en Sicilia, siempre hemos viajado a territorio fronterizo, sí, pero conquistado, con ciudades fieles a Roma en donde podía darte una seguridad razonable, a ti y a los niños, primero en Tarraco y luego aquí en Siracusa. Pero África es disitinto. En África no tenemos ciudades conquistadas, ni tan siquiera amigas.

—Está Siga, ¿no es ésa la ciudad en la que te entrevistaste con Sífax, el rey de Numidia? ¿No ha enviado Sífax embajadores hace unos días confirmando su alianza contigo? Allí podría estar segura.

Publio resopló. Tomó aire y decidió que no había margen para ocultar nada a su esposa. Si quería que entendiera la gravedad de la situación debía contarle la realidad tal cual era.

—La embajada númida no era para confirmar el pacto de Sífax, eso es lo que dije a todos, excepto a Lelio y Marcio, para que se extendiera ese rumor. Tampoco te lo dije a ti porque no quería que supieras del auténtico peligro de esta misión, no quería preocuparte tanto, pero no puedes acompañarme y si para eso he de hacerte ver lo terriblemente difícil de esta campaña, lo haré. Los embajadores númidas vinieron a comunicarme la defección de Sífax, y lo han hecho en dos ocasiones. Sífax no sólo se niega a apoyarme en la invasión sino que además se ha pasado al bando cartaginés y ha jurado a su mujer, Sofonisba, hija del géneral Giscón, que si tomo tierra en África, luchará junto a las tropas de Cartago para acabar conmigo. Ésa, ésa y no otra es la situación de la invasión de África: tengo tropas escasas, como en Hispania, pero a diferencia de Hispania, no tengo ni un puerto ni una ciudad amiga; quizá consiga ayuda ahora de Masinisa, el enemigo de Sífax, pero sus fuerzas son menores y tampoco es una alianza segura. No es que no quiera que me acompañes, es que no tengo un lugar seguro donde protegerte a ti y, además, ahora están los niños. Te preocupa la seguridad de ellos, en especial te preocupa la seguridad del pequeño Publio. Me hiciste jurar que acabaría con esta guerra y que evitaría que tuviera que enfrentarse a Aníbal, y así lo haré, pero ahora debes tú pensar en ellos y protegerles yendo a Roma. Podrías quedarte aquí, pero la situación de la guerra es tan volátil que prefiero que regreses a Roma y allí, junto con tu hermano y mi madre, estés con los niños, resguardada de los avatares de esta guerra. En África no tengo ni una bahía en la que atracar los barcos. Todo lo que obtenga tendrá que ser por la fuerza y no tengo ningún plan para tomar una ciudad en seis días como hice en Hispania. Todo será mucho más difícil, más costoso. Sólo cuento con la determinación de mis oficiales y de mis hombres y con la ayuda de los dioses si éstos quieren. En África debo derrotar a Sífax, a las tropas mercenarias que reclute Cartago, que serán muchas, a los generales púnicos que decidan convocar para detenerme, y si consigo superar todas esas pruebas, Emilia, que ya de por sí es muy difícil, los sufetes de Cartago llamarán a Aníbal. En esta campaña no tengo sitio para ti más que en mi corazón, Emilia. No hay otra posibilidad. Debes entenderlo y debes ayudarme protegiendo a los niños. Son nuestro futuro y son el futuro de Roma.

Emilia calló. Publio se quedó algo más sosegado. Al menos su mujer no replicaba. Era un progreso.

—Además —añadió Publio—, me gustaría que acompañaras a mi madre. He pedido a Lucio, mi hermano, que venga conmigo. Necesito de su ayuda, de la ayuda de todos en los que más puedo confiar, y tú puedes ayudarme cuidando de los niños y de mi madre.

Emilia permaneció aún en silencio.

—¿Volverás de África? —preguntó la joven romana al cabo de unos segundos donde el rumor del agua amortiguaba los pensamientos tristes de separación.

—No lo sé —respondió Publio, y con amarga sinceridad añadió—: no lo creo, la verdad es que no lo creo, pero debo intentarlo. Debo intentarlo.

—¿Y no hay otro camino, por Cástor? ¿Otra forma de terminar esta guerra?

—Si lo hay no lo veo. Aníbal nunca abandonará Italia a no ser que le obligue su propio Senado y el Senado cartaginés no lo hará si no se ven en peligro inminente, y eso sólo lo puede crear una invasión como la que hemos preparado, incluso si ésta resulta infructuosa.

Emilia dudó antes de pronunciar las palabras que continuaron, pero al final lo hizo muy a su pesar. Estaba luchando por la supervivencia de su marido, de sus hijos, de su familia, de su vida.

—¿Y no sería mejor luchar en Italia, aunque eso sea lo que diga Fabio? ¿No podría tener razón?

Publio no se molestó. Entendía lo que empujaba a Emilia a ponerse incluso a favor, aunque tan sólo fuera por un momento, de las ideas de su mayor enemigo en Roma.

—Regresar a Italia —explicó Publio despacio— es dar agua y vida y tiempo a Aníbal. Es lo que llevamos haciendo durante catorce años sin conseguir derrotarlo. Y Aníbal no es el rey Pirro. Aníbal no cejará hasta que uno de los dos bandos sea derrotado. Aníbal puede seguir acechando a nuestros aliados en Italia durante años y Cartago, ya sea por el norte o por el sur, seguirá nutriéndole de refuerzos, quizá no todos los que Aníbal pide, pero seguirá proporcionándole más y más tropas. ¿Cuántos años más hemos de estar así? ¿Cinco, diez, veinte? Dijiste que no querías que tu hijo luchara contra Aníbal. Ésta es la única forma de evitarlo. Debes elegir entre la seguridad de tus hijos o la mía. No puedes tenerlo todo. No mientras Aníbal siga en Italia. Sé que parece injusto lo que digo, pero la vida, a veces, con frecuencia, es injusta. La diosa Fortuna nos ha sido propicia en innumerables ocasiones, pero esta vez debemos afrontar por separado nuestros destinos. Haré todo lo que esté en mi mano por regresar a Roma y volver a abrazarte. Te lo juro por todos los dioses y por nuestros hijos y por el amor que te tengo, pero ahora debes marchar con ellos a Roma y yo debo ir a África, con mis legiones y con mis oficiales y crear tal confusión en aquel territorio como para que Cartago reclame a su mejor general.

Cuando Emilia respondió, la resignación había germinado al fin en su voz.

—Si alguna vez eso ocurre, y espero que así sea, si alguna vez Cartago reclama a Aníbal, me alegraré porque sabré que has triunfado en la primera parte de tu plan, pero tendré entonces aún más miedo, porque Aníbal acabó con mi padre en Cannae y temo tanto que acabe contigo, lo temo tanto... —Y se echó a llorar. Publio la abrazó. Entre sus sollozos escuchó las últimas palabras que su esposa pronunció aquella tarde.

—Haré lo que dices, contra mi voluntad, pero haré lo que dices.

Publio la apretó con fuerza.

—Por las noches, cuando estés en Roma, yo seré Alfeo, navegaré por el mar desde África y me uniré a ti a través del Tíber, en Roma. Piensa en ello por las noches, cuando todo sea temor y distancia piensa en ello, Emilia, y volveré a ti, volveré a ti desde el mismo corazón de África.

67

Un amargo cáliz

Lilibeo, invierno del 205 a.C.

Lelio mandó llamar a Netikerty. La joven esclava egipcia entró en el dormitorio. Por un momento pensó que su amo la reclamaba para yacer con ella, algo que no había hecho desde que fuera descubierta su traición, pero el tono helado con el que Lelio le habló le hizo entender que no era para eso para lo que la había hecho venir.

—El cónsul quiere que transmitas un mensaje a Roma a través de los mensajeros que te envía Fabio Máximo. ¿Sabrás hacerlo, esclava?

Era la primera vez que Lelio empleaba la palabra «esclava» para dirigirse a ella, la primera vez en los cuatro años que llevaban juntos. No le culpó.

—Sí, mi señor. Lo haré.

Lelio no la miraba, sino que fijaba sus ojos de forma casi obsesiva en el cáliz de plata que sostenía. Echó un trago largo. Luego volvió a hablar.

—Has de transmitir que Sífax ha reafirmado su alianza con Roma, con el cónsul, ¿entiendes bien el mensaje, esclava?

La segunda vez dolió más, pero Netikerty asentía al tiempo que respondía mirando al suelo.

—Sí, mi amo. Sífax ha reafirmado su pacto, su alianza con el cónsul. Sífax está con Roma.

—Bien. Pues márchate. Cuando hayas comunicado el mensaje házmelo saber. Hasta entonces no quiero saber nada de ti y procura que no te vea cuando entre o salga de mi dormitorio.

—Sí, mi amo.

Netikerty retrocedió agachada como estaba, sin levantar la mirada del suelo, hasta llegar a la entrada del dormitorio. Allí dio media vuelta y, deslizando sus pies cubiertos por finas sandalias de cuero, desapareció.

Cayo Lelio terminó el cáliz de vino de un lento, largo y amargo trago. Luego se levantó despacio y, de forma brusca, arrojó la copa contra una de las paredes con todas sus fuerzas. El estuco del muro se desprendió en un par de palmos de pared y la copa mellada cayó rodando por el suelo de la habitación con un sonido metálico y agudo que Netikerty pudo escuchar aun cuando ya se encontraba en el otro extremo del atrio. La joven egipcia miró hacia el lugar de donde había venido el ruido. Su corazón la empujaba a regresar, pero su mente se impuso. Sólo el tiempo podría darle otra oportunidad y aun así debería ser infinitamente paciente y esperar. Quizá todo estuviera ya perdido con aquel hombre que la rescatara de la tortura y la esclavitud en Roma.

LIBRO VI

EL DESEMBARCO

204 a.C.

Mundus caeli uastus constitit silentio
et Neptunos saeuus undis asperis pausam dedit.
Sol equis iter repressitungulis uolantibus;
constituere amnes perennes, arbores uento uacant.

ENNIO,
fragmento de los *Anales* que describe
el paso de Escipión a África
con las legiones V y VI

[El inmenso mundo celeste se quedó en silencio
y el feroz Neptuno calmó las encrespadas olas.
El Sol detuvo la carrera de sus caballos de veloces pies;
Se detuvieron los ríos de continua corriente y el viento
dejó de agitar los árboles.]

seseque ei perire mauolunt ibidem
quam cum stupro redire ad suos populares

NEVIO,
describiendo la resistencia suicida
de las legiones de Régulo en África,
el único y funesto referente
de una campaña romana en África
previa a la de Escipión

[Prefieren morir en su puesto
antes que regresar cubiertos de deshonra ante sus
conciudadanos.]*

* Ambas traducciones de Manuel Segura Moreno.

68

Rumbo a África

La navegación sería nocturna en gran parte del recorrido. Por eso Publio pensó en ello mucho tiempo. Desde Lilibeo hasta la costa norte de África necesitaría al menos dos días y dos noches y, con suerte, al amanecer del tercer día avistarían la costa dominada por Cartago y sus aliados. No debían errar en el rumbo, ni marchar hacia el sur, una región inhóspita y alejada de los objetivos de la guerra, ni muy al norte, a costas dominadas por los númidas. Debía conducir toda la flota cerca de Cartago, pero no a Cartago mismo. El promontorio de Apolo, a un par de días de marcha de Cartago, era el lugar escogido por el cónsul.

Lilibeo era un hervidero de tropas, de legionarios cargando bultos, suministros de todo tipo, sacos, ánforas, armas, caballos, ganado. Marco Pomponio, que después de la embajada había recibido la orden del Senado de permanecer como pretor de Siracusa tras la partida de Escipión hacia África, junto con el siempre escéptico Marco Porcio Catón, *quaestor* de las legiones, supervisaban todo el proceso. Y, por encima de ellos, Publio, enérgico, decidido, iba de un lugar a otro comprobando cada pequeño detalle, abriendo a veces sacos, pasando su mano por el filo de espadas recién traídas desde las herrerías, repasando el número de remos de un barco, las velas de otro, las linternas que había ordenado que cada buque llevara para la navegación nocturna. Le acompañaban Lucio, su hermano, y Cayo Lelio.

—Es una flota excelente —comentaba un admirado Lucio—. No me extraña que convencieras al viejo de Marco Pomponio. —Esto lo dijo en voz baja y mirando a un lado y a otro—. Es la mejor flota que he visto nunca.

Publio le respondió con seguridad y orgullo mientras ordenaba que abrieran para él un ánfora de aceite.

—Cuatrocientos barcos de transporte y cuarenta navíos de guerra entre *trirremes, cuatrirremes* y *quinquerremes*. Es una de las mayores flotas de transporte que ha montado Roma, quizá la mayor, pero tenemos pocos buques de guerra para protegerla. Por eso quiero que naveguemos de día y de noche, sin parar; de hecho, cuanto más naveguemos por la noche mejor. Ni los piratas ni los cartagineses gustan de navegar por la noche; será más seguro.

—Pero los barcos pueden perderse —le respondió Lucio.

—No se perderán —dijo el joven cónsul, ahora procónsul tras recibir la prórroga de su mandato por el Senado, mientras bebía un sorbo del aceite que le habían escanciado en un cáliz. Publio asintió. Estaba bueno. Un esclavo tapó el ánfora y los soldados continuaron con la carga del barco con centenares de ánforas como las que acababa de probar el general en jefe de aquel ejército.

Pasado el mediodía todo estaba preparado, así que Publio no dudó en subir a su nave capitana, una de las grandes *quinquerremes* de la flota y desde la misma hizo todos los sacrificios en honor a los dioses. Luego, con sus propias manos, vertió las entrañas del buey sacrificado por la borda del buque a las aguas del mar, buscando así congraciarse con las divinidades del mar y las aguas que tan favorables le habían sido en otras ocasiones, especialmentre en Cartago Nova. Los legionarios de las legiones V y VI escucharon absortos las imprecaciones que el procónsul dirigía a los dioses a los que les requería el favor en la guerra y a los que les pedía que les permitieran asestar a los cartagineses el mismo daño y sufrimiento en su tierra con el que Aníbal llevaba años torturando a Roma y sus aliados en Italia. Los soldados estaban sobrecogidos. Iban, por fin, a África. La esperada, la anhelada, la ansiada África.

El mar se llenó de una capa sin fin de buques repartidos en dos grandes grupos: en un ala de la formación naval iban los transportes y los navíos de guerra comandados por el propio procónsul y su hermano y, en el ala opuesta, navegaba el resto de los buques bajo el mando de Cayo Lelio y el *quaestor* Marco Porcio Catón. Pronto Lilibeo se fue desdibujando en el horizonte y todos los barcos quedaron rodeados sólo de las interminables aguas del mar.

Publio miró al cielo.

—Está despejado —dijo desde la proa de la nave capitana.

—Sí —respondió su hermano—; al menos este día y esta noche no debería haber problemas.

Y así fue. El primer día de navegación transcurrió sin mayores incidencias. Al caer la noche, el cónsul ordenó que encendieran las tres grandes linternas que estaban ubicadas junto al *corvus* de la nave. Publio había ordenado que cada buque de transporte llevara una de esas linternas y que cada barco de guerra llevara dos. Finalmente, la nave capitana, para poder ser identificada por todos en todo momento, encendería tres de esas luces. Eran todas linternas portátiles, pero de gran tamaño, ideales para la navegación en el mar por encerrar la llama de luz entre finas paredes de cuerno unas, *laterna cornea*, y de vejiga de cordero otras, *laterna de uesica*.

Paradójicamente, las mejores, aquellas de piel más fina, eran las que provenían de Cartago mismo, donde se fabricaban las mejores linternas, por eso las llamaban «linternas púnicas». Pero Publio pensaba que, al igual que habían copiado las espadas de doble filo ibéricas para armar a muchos de sus hombres, por qué no usar las mejores linternas para guiar a sus barcos en la noche.

Tras la navegación en las sombras nocturnas bajo una luna menguante llegó el amanecer y, para sosiego de Publio y Lucio, vieron cómo a su alrededor estaban todas las naves, surcando el mar despacio pero seguras, como si acabaran de zarpar. Pero todo estaba siendo demasiado sencillo. El segundo día, con la caída de la tarde se levantó una espesa niebla que los envolvió a todos bajo un manto gris y húmedo que apenas dejaba ver a más de treinta o cuarenta pasos. El cónsul ordenó encender entonces las linternas antes de que anocheciera. Las luces cumplieron con su cometido de forma espectacular y, pese a la densa niebla, eran visibles a unos cien pasos.

—Que naveguen todos más próximos los unos de los otros —ordenó el cónsul—. Y que cada barco controle que los que están a su lado no pierdan el ritmo.

Y así hicieron. Mientras los remeros bogaban sin detenerse en toda la noche, siendo sustituidos unos por otros y cuando éstos ya no podían por agotamiento, por los propios soldados, sendos grupos de legionarios observaban a ambos lados de cada barco asegurándose de que las naves del costado mantenían la formación. De esa forma, pese a la niebla y la noche, al amanecer del tercer día, la flota de las legiones V y VI de Roma emergió indemne e intacta para, cuando la niebla se disipó por la fuerza de un fuerte viento que se había levantado proveniente del este, avistar juntos la línea gris en el horizonte del amanecer: África.

Se divisaba una punta de tierra que daba lugar a dos fachadas de roca, una hacia el norte y otra hacia el sur. Era el promontorio de Apolo. Los pilotos no habían errado el rumbo.

—Hacia el sur —dijo Publio.

Las linternas se apagaron, la niebla se alejaba, el territorio enemigo estaba cerca y la línea de costa crecía ante los atónitos ojos de los legionarios de Roma. Sólo algunos habían estado ya en aquel territorio hostil, con el ataque exploratorio de Lelio, pero incluso éstos se veían absorbidos por un mundo especial de sensaciones, pues ahora no iban allí para hacer una rápida incursión y luego partir a toda prisa con el botín incautado. Ahora iban todos en aquellos barcos para quedarse y conquistar aquella tierra, la patria del mayor y más temible de sus enemigos. Iban a desembarcar en África, iban a atacar la tierra que vio nacer a Aníbal.

Quinto Terebelio y Sexto Digicio compartían el viaje en una de las veloces *trirremes*.

—Eneas estuvo aquí —dijo Terebelio. Era de las pocas cosas de historia de Roma que sabía.

—Y hasta él tuvo que huir —respondió Digicio.

—Sí —concluyó Terebelio.

Eran tribunos valientes hasta el límite, algo que ambos habían demostrado hasta la extenuación en el campo de batalla y aun así... aun así... sus corazones latían con un temor extraño, premonitorio.

A una señal, los remeros detuvieron sus remos. Todos menos los de la nave capitana, que siguió bogando hasta alcanzar una playa al sur del promontorio de Apolo. De pronto, Publio y Lucio sintieron un enorme crujir de maderas. El pesado vientre de la *quinquerreme*, henchido de armas, ganado y provisiones, había chocado contra la dura tierra de África. Descolgaron una pequeña embarcación y a ella descendieron el cónsul, su hermano y los doce *lictores* que tomaron el papel de remeros improvisados para conducir aquel bote hasta la misma arena. Publio Cornelio Escipión fue el primero en descender y poner pie a tierra. Sus pesadas sandalias militares se hundieron en el agua que ascendió por sus piernas hasta la altura del muslo. El *paludamentum* púrpura se extendió flotando a su espalda mientras el procónsul se abría camino hacia la costa. Tras él saltó su hermano y a continuación los doce *lictores* que empujaron la barca hasta encallarla en la arena.

Publio caminó hasta salir del agua y dejar atrás el mar, las olas y su espuma. Sus sandalias se hundían ahora en la arena húmeda de la costa de África dejando a su paso las huellas de las pisadas de un procónsul de Roma.

69

Los maessyli

Norte de Numidia, primavera del 204 a.C.

El joven Masinisa, rey en el exilio de los maessyli del nordeste de Numidia, cabalgó todo un día y una noche sin apenas detenerse. Llegó a las playas del norte acompañado por su pequeño grupo de incondicionales. Eran apenas cien jinetes surcando la arena de África con sus caballos negros y blancos en las horas tibias del amanecer. Los animales estaban agotados, de modo que Masinisa ordenó aflojar la marcha. Al paso, los jinetes ascendieron por unas elevadas dunas que se interponían entre ellos y la parte sur del promontorio de Apolo. Al llegar a lo alto, Masinisa dio por bueno el esfuerzo de haber cabalgado sin descanso. A sus pies, a lo largo de varias millas de costa, decenas, centenares de embarcaciones permanecían ancladas a pocos pasos de la playa y la arena misma era apenas visible, pues toda ella estaba cubierta de soldados, centenares, miles de legionarios descargando las naves, y distribuyendo todo cuanto sacaban de los barcos en diferentes lugares de la costa. A doscientos pasos del mar, los romanos habían levantado una imponente empalizada con materiales que habían traído consigo y con centenares de palmeras que habían abatido para completar la fortificación. También habían ubicado varios puestos de guardia más hacia el interior, a modo de avanzadilla, uno de los cuales se encontraba muy próximo al lugar en el que Masinisa y sus guerreros se encontraban. El joven rey comprendió que no debía hacer nada, sino esperar.

Y así fue. A los pocos minutos, la empalizada se abrió en su parte central donde al parecer los legionarios habían construido una amplia puerta por la que emergieron más de trescientos jinetes de la caballería romana. Éstos cabalgaron al trote hasta situarse a escasos cincuenta pasos de Masinisa y sus hombres y allí se detuvieron. Era una distancia prudente: en el límte del alcance de las lanzas y con el campo justo para lanzar una carga al galope. Los romanos permanecían quietos, en espera. Masinisa ordenó a los suyos que se quedaran detrás y él azuzó su montura. El caballo condujo al rey númida exiliado, a trote ligero, hasta quedar frente al oficial al mando de aquellas *turmae* romanas.

—Soy Masinina —dijo el monarca en un latín algo hosco pero comprensible—. Rey de los maessyli, y he venido aquí para reunirme con Publio Cornelio Escipión, general de Roma.

Los caballos romanos piafaron y arañaron con sus cascos la arena de África. El oficial al mando, con su pesado casco cubriéndole la cara, se adelantó con su montura hasta quedar a unos pasos de Masinisa.

—¿No me reconoces, joven rey?

Masinisa le miró con más detenimiento, sonrió y respondió.

—Como verás, Cayo Lelio, tribuno de las legiones de Roma, Masinisa ha venido, fiel a su palabra.

Lelio le contestó satisfecho.

—Eso te honra. Ahora acompáñame. Tus hombres pueden acampar aquí. Nadie les molestará y les traeremos agua y provisiones. Parece que habéis cabalgado mucho tiempo sin descanso.

—Como sabes, ardo en deseos de combatir a las órdenes del general.

Lelio le miró y asintió. Pronto tendría aquel joven rey oportunidad de hartarse de luchar contra númidas, cartagineses y todo tipo de mercenarios al servicio del imperio púnico. A Lelio, ya veterano y no sólo de aquella guerra sino de otras anteriores, le empezaba a sorprender esa ansia de los jóvenes por entrar en combate; claro que aquél era un rey depuesto por los aliados de Sífax en el nordeste de Numidia y la rabia por recuperar un trono robado era siempre una inagotable fuente de fortaleza y tenacidad. Lelio cabalgaba al lado de Masinisa sin mirarle. Sabía que el joven rey estaba admirado del poder de Roma, pero que al mismo tiempo cuantificaba hombres y bestias y máquinas de guerra en un esfuerzo por confirmar si aquel ejército sería suficiente para doblegar a Cartago y a Sífax.

Publio se encontraba en la tienda del *praetorium* levantada en el centro de la bahía donde sus hombres estaban desembarcando todas las provisiones, animales y armas que habían traído de Sicilia. Con él

estaban Lucio Marcio y Silano. El resto de los oficiales, Quinto Terebelio, Sexto Digicio, Cayo Valerio y Mario Juvencio estaban en diferentes puntos de la playa controlando que el desembarco se hiciera en
orden al tiempo que levantaban las fortificaciones necesarias para evitar que un ataque por sorpresa supusiera un peligro para los barcos
que aún quedaban por descargar. Catón se mantenía alejado del *praetorium* aquellos días, algo que todos agradecían, absorbido por sus tareas de *quaestor,* controlando que no se perdieran suministros ni armas en todo el proceso de desembarco.

Un *lictor* entró en la tienda y se dirigió al cónsul.

—El tribuno Cayo Lelio regresa, procónsul.

—¿Viene con él Masinisa?

—Así es, mi general.

—De acuerdo… eso son grandes noticias… —pero el *lictor* completó su mensaje con cierto tono de amargura.

—Sí, mi general, pero Masinisa apenas ha traído consigo cien jinetes.

—¿Cien jinetes? —preguntó incrédulo Marcio.

El soldado asintió y se quedó mirando al suelo. El procónsul le ordenó salir y el legionario dio media vuelta y dejó a Publio a solas con
Marcio y Silano.

—Cien jinetes no nos serán de mucha ayuda —añadió Silano.

El procónsul asentía mientras empezaba a hablar.

—Masinisa se ha alzado en armas varias veces contra Sífax y Sífax
le ha derrotado en varias ocasiones; incluso le han dado por muerto
más de una vez, pero la última ocasión consiguió armar un ejército de
cuatro mil jinetes. Masinisa viene con pocos hombres ahora. Escuché-
mosle antes de juzgarle.

Los dos tribunos confirmaron con la cabeza que estaban de acuerdo con el procónsul. Al poco tiempo entraron en el *praetorium* Cayo
Lelio y el propio rey Masinisa. Este último fue el primero en hablar.

—Me alegra volver a verte, Publio Cornelio Escipión, procónsul
de Roma. Con tus legiones y mi pueblo conseguiremos al fin derrotar,
juntos, a nuestros enemigos comunes.

Publio le respondió con cierta frialdad. Él, igual que sus tribunos,
había esperado… necesitaba más jinetes. La caballería romana era buena pero escasa, pese a sus estratagemas en Siracusa para reforzarla, y
los cartagineses tendrían miles de jinetes númidas proporcionados por
Sífax. ¿Qué caballería iba él a contraponer contra esas fuerzas? Había
confiado primero en que Sífax no le atacaría, algo que parecía que ya

no podría evitar, y luego había puesto esperanzas en Masinisa y éste llegaba sin apenas jinetes. El joven rey exiliado empezó a explicarse y Publio dejó de elucubrar para escucharle con atención.

—Sabes que me he enfrentado varias veces contra Sífax para recuperar la parte de Numidia que legítimamente me pertence, pero Sífax, ayudado por los cartagineses, me ha derrotado en dos ocasiones. He perdido muchos hombres, buenos soldados, buenos y leales amigos y patriotas, y, es cierto, me he quedado con sólo un puñado de jinetes. Los maessyli están sometidos por las tropas de Sífax que dominan ahora toda Numidia, pero nadie en mi pueblo le quiere como rey, le ven como lo que es, un usurpador y un tirano. Es cruel y egoísta y maltrata a mi pueblo. Dos veces he conseguido que los maessyli se levantaran en armas contra él guiados por mí y dos veces les he fallado, pero sé que cuento aún con el respaldo y el aprecio de mi gente. Saben que he perdido porque siempre me he tenido que enfrentar a ejércitos mucho más numerosos y mejor armados, pero saben de mi honor y de mi valentía. Sé que si ahora los maessyli ven que tengo el apoyo de Roma, sé que cuando se oiga en los campos y ciudades del norte de Numidia que Masinisa tiene el apoyo de Publio Cornelio Escipión, que ha desembarcado en África, sé que entonces volveré a conseguir más jinetes, un auténtico ejército de caballería para servirte. Sé que ante tus ojos y ante los ojos de tus oficiales no veis ahora más que un pobre exiliado sin apenas poder ni fuerza, pero sabéis de mi honor. Dije que en cuanto desembarcaras en África vendría para ponerme bajo tus órdenes y aquí estoy, aquí me tienes. Un día perdonaste la vida de uno de mis familiares en Hispania. A partir de entonces decidí juzgarte por tus acciones conmigo y no por lo que los cartagineses contaban de ti, y sé que hice bien. Sólo te pido que hagas lo mismo conmigo. Júzgame por lo que veas y no por lo te digan o te cuenten de mí los cartagineses o los hombres de Sífax. Yo he cumplido mi palabra. Sólo te pregunto una cosa, noble procónsul de Roma, ¿ha cumplido Sífax las promesas que te hizo?

Para entonces Publio ya había informado a sus oficiales de que Sífax no estaba dispuesto a apoyarles en su campaña de África y que incluso existía la posibilidad de que les atacara. Aquellas noticias cayeron en su momento como un terrible jarro de agua fría sobre todos los tribunos y centuriones, aunque las digirieron y las aceptaron, pero tener dicha información les hizo apreciar a Marcio y a Silano el auténtico alcance de las palabras del joven rey exiliado por Sífax. Publio puso voz a los pensamientos de sus oficiales.

—Tienes razón en todo lo que dices, joven rey de los maessyli. Tus actos hablan de tu honor y tu nobleza. Has cumplido conmigo y yo siempre cumpliré contigo mientras tus acciones refrenden tus votos de lealtad a Roma. Es sólo que la lucha que se cierne sobre todos nosotros va a ser una tarea de cíclopes y las escasas fuerzas de caballería que nos has traído están muy por debajo de las expectativas que tú mismo nos diste a entender en Hispania.

—Lo sé, pero no es por mi voluntad. Déjame luchar bajo tu mando, dame esa oportunidad y en cuanto consigamos una mínima victoria, por pequeña que ésta sea, decenas, centenares de maessyli se unirán a mí para luchar bajo tus órdenes. Te lo juro por mis dioses.

El procónsul miró a sus oficiales. Éstos asintieron, y Publio respondió al joven rey.

—Al menos, tú, Masinisa, rey de los maessyli, no cambiarás tu lealtad por los besos de una mujer, ¿no?

Esta alusión a Sofonisba pilló por sorpresa al rey númida en el exilio, que bajó un momento la mirada, algo que no pasó desapercibido al cónsul, y, rápido, volvió a alzar su rostro para encararlo con la seria faz del general romano.

—Mi lealtad estará siempre contigo.

Publio le miró de arriba abajo, ponderando el valor de aquella respuesta y el tono de emoción con el que había sido pronunciada. ¿Era lealtad a prueba de todo la que le ofrecía aquel númida? Había algo que le hacía dudar a Publio, pero necesitaba refuerzos, aliados, por pequeños que éstos pudieran ser y despreciar en ese momento a Masinisa no haría sino crearle un enemigo más en África, así que Publio suspiró y respondió ocultando bajo el manto de sus palabras sus dudas y sus preguntas. Sólo los dioses sabrían si estaba haciendo lo correcto.

—Sea, rey Masinisa —concedió al fin el cónsul—. Entras al servicio de Roma. A partir de ahora me servirás como fuerza de caballería de apoyo en las acciones de la campaña que las legiones V y VI de Roma inician para la conquista de África y, como dices, que sean tus actos en la guerra los que me hagan ver que la de hoy ha sido una buena decisión. Y si te muestras valioso en la campaña que emprendemos, yo personalmente te apoyaré para que recuperes la parte de Numidia que te corresponde. Y pongo a Júpiter y Marte y el resto de los dioses por testigo de este pacto.

Luego Publio se acercó a Masinisa y le dio un abrazó que sorprendió al joven monarca exiliado, pero que aceptó con gratitud. Se separaron del abrazo cuando uno de los *lictores* entró en la tienda.

—Mi general, han atrapado a varios pescadores de las ciudades próximas, quizá de Útica. ¿Qué hacemos con ellos?

Publio miró a su alrdedor. Ni Lelio ni Silano ni Marcio dijeron nada y Masinisa guardó un respetuoso silencio. No quería empezar su servicio al procónsul inmiscuyéndose en asuntos que no le competían. A partir de ahora, al menos durante un tiempo, debía acostumbrarse a recibir órdenes y cumplirlas.

El cónsul fijó sus ojos entonces en el *lictor*.

—¿Qué han visto esos hombres?

El soldado comprendió que la vida de aquellos hombres dependía de su respuesta, pero aquel hecho no podía menoscabar el cumplimiento de su deber, que no era otro sino el de informar al cónsul con precisión.

—Lo han visto todo, mi general. Los detuvieron al emerger por el promontorio de Apolo. Debían de navegar de regreso hacia su ciudad y se toparon con nuestra flota. Han pasado entre las *trirremes*, las barcazas de transporte, han visto nuestro ejército, las armas de asedio, las catapultas, el ganado, las provisiones. Lo han visto todo.

—Por Cástor y Pólux, entiendo... —dijo el procónsul, y se detuvo pensativo.

Todos aguardaban la sentencia del general, cuando Publio Cornelio Escipión soltó una sonora carcajada.

—Perfecto —continuó el cónsul de Roma—. Soltadlos, dejadlos libres y que cuenten todo lo que han visto. Que siembren el miedo en su ciudad y que de su ciudad se propague a toda África. Que sean nuestros mensajeros del terror que se avecina sobre toda esta tierra hasta que Cartago caiga o se rinda sin condiciones. Soltadlos, que vean hasta qué punto no nos importa que sepan que venimos.

El *lictor* saludó al cónsul y salió raudo del *praetorium*. Lelio intervino.

—Creía que la sorpresa era importante —dijo—. Ahora todos nos esperarán.

—Sí —dijo Publio—, todos nos esperarán... en Cartago... pero nosotros, nosotros, Lelio, Silano, Marcio, rey Masinisa, nosotros no marcharemos sobre Cartago.

—¿No? —preguntó Lelio.

—No, querido Lelio. No. Nosotros marcharemos sobre Útica. Mañana. Al amanecer.

70

El asedio de Útica

África, abril del 204 a.C.

Los ciudadanos de Útica habían cerrado las puertas de su ciudad. Ésta era una fortaleza levantada en las proximidades de la desembocadura del río Bragadas de camino hacia Cartago desde el lugar en el que Publio Cornelio Escipión había desembarcado con sus tropas. Todos tenían miedo, pero durante los días que precedieron a la llegada de los romanos, se consolaron pensando que las legiones del procónsul pasarían junto a su ciudad, saqueando sus campos y sus granjas de camino a Cartago pero sin detenerse, para dirigirse, con toda seguridad, al que debía de ser su objetivo principal: conquistar la capital del imperio púnico. Cuál no sería su sufrimiento y su dolor cuando vieron que el cónsul, en lugar de proseguir el avance con sus tropas, se detenía frente a las murallas de su ciudad y enviaba mensajeros para parlamentar.

Los habitantes de Útica no abrieron las puertas a estos mensajeros pero, en un intento por reducir los daños que los romanos pudieran ocasionarles, hablaron con ellos desde las murallas. El mensaje de los enviados del cónsul fue demoledor: o rendían su fortaleza o la arrasarían. Como era de esperar, los ciudadanos de Útica se negaron a rendirse y los mensajeros se retiraron. En Útica se reunieron los gobernantes de la ciudad y acordaron prepararse para la defensa de la ciudad. Las murallas que les protegían eran poderosas, no tanto como la inexpugnable Cartago, pero sí lo suficientemente recias y altas como para resistir un largo asedio, ya fuera por tierra, por mar o por ambas partes a un tiempo. Acordaron también enviar mensajeros por tierra y mar cuando el amparo de la oscuridad de la noche se lo permitiera, aunque aquello era, hasta cierto punto, innecesario, pues toda África sabía ya de la llegada de las legiones romanas, las legiones que llamaban «malditas» los propios romanos por estar constituidas por los restos de las tropas que huyeron de la masacre de Cannae en la que Aníbal aniquiló seis legiones de Roma en un solo día. No eran éstas pues tropas que les infundieran tanto temor. Sólo tendrían que resistir un tiempo hasta que Cartago organizara el ejército que en pocos días se presentaría en Útica para poner en fuga a aquellos romanos que tan locos estaban como para desembarcar en África y pensar que con sólo dos legiones y unos pocos voluntarios más podrían doblegar la fuerza y el poder de una metrópoli, Cartago, que mantenía en jaque a Roma desde hacía más de catorce años.

Ésa y no otra fue la respuesta de Útica. No se rendirían.

—Útica —dijo Publio señalando las murallas tras las que se refugiaban todos los cartagineses y africanos de la región de la desembocadura del río Bragadas.

Los oficiales del procónsul se dispersaron. Todos sabían cuál era su cometido, de modo que sólo quedaron junto al cónsul sus *lictores*, Lucio, su hermano, el rey Masinisa, intrigado por ver qué planes desarrollaban los romanos para tomar esa fortaleza, y Lelio. Catón, por su parte, se mantenía en la retaguardia: su misión no era la de dirigir ningún ataque, sino la de supervisar las provisiones y las armas hasta que éstas fueran requeridas.

Varios manípulos de la V empezaron, bajo las órdenes de Cayo Valerio, a levantar dos grandes torres de asedio, que construían próximas a las murallas de la ciudad, pero a suficiente distancia para estar a salvo de cualquier tipo de arma arrojadiza. Silano, al mando del ejército de voluntarios, inició una serie de cargas sobre la puerta de la ciudad que eran repelidas por los defensores con el lanzamiento de lanzas, flechas y, cuando los legionarios de Silano llegaban a las murallas, arrojando aceite hirviendo. Quinto Terebelio en un extremo y Mario Juvencio en otro, con los hombres de la VI, empezaron a remover la tierra en torno a las murallas, acumulando enormes cantidades, de modo que fueron creando un gigantesco terraplén que, poco a poco, a medida que se acercaban a las murallas de la ciudad, crecía y crecía con el objetivo de quedar casi a su altura. Los trabajos llevarían días, pero el rey Masinisa desplegaba sus ojos muy abiertos intentando digerir con auténtica pasión todo lo que estaba viendo. Además, desde donde se encontraban podían ver cómo por mar se acercaba parte de la flota del procónsul, al mando de la cual iba Marcio, apoyado por Digicio.

—¿Voy a lo mío? —preguntó Lelio al cónsul.

—Sí —respondió Publio—. Tienes un día para montarla y mañana al amanecer atacaremos por todos lados. Útica tiene que caer antes de que Cartago reaccione y nos rodee con sus tropas.

Cayo Lelio aceptó la orden y se encaminó hacia la playa. En cierta forma estaba contento. Aquel asedio le mantendría alejado de Netikerty. La última persona con la que quería estar en aquellos momentos y que Publio se había empeñado en llevar a África por si les era de utilidad. En su recorrido hacia la playa, el veterano tribuno escupió en el suelo y maldijo su suerte. Se sentía solo. Con Publio aún distante y sus sentimientos traicionados por Netikerty, empezó a acariciar la idea de que una muerte en el campo de batalla sería la forma más noble de dar por terminada su vida al servicio de Roma.

Desde lo alto de un promontorio, el procónsul, acompañado ahora sólo por su hermano Lucio, observaba las maniobras de sus legiones. Masinisa le interpeló con curiosidad.

—¿Adónde va Cayo Lelio?

—Va a levantar una torre de asedio que montará sobre nuestras dos naves más grandes, dos *quinquerremes*, que luego aproximará por mar para acometer la conquista de las murallas de Útica que dan al mar. Es parecido a lo que hizo en Cartago Nova y que consiguió, aunque casi le costó la vida. Ésa es su misión.

—¿Y lo volverá a conseguir?

—En eso confío —concluyó el cónsul.

—Yo creo que sí —confirmó Lucio—. Lelio es de una pasta especial.

Luego se hizo el silencio por unos minutos hasta que, de nuevo, Masinisa volvió a preguntar al procónsul.

—Todos te sirven, todos están trabajando para conquistar esta ciudad para ti, todos menos yo. ¿Es que no puedo hacer nada?

Publio le respondió sin mirarle. Estaba demasiado atento a supervisar que los trabajos de sus legiones se llevaran a término tal y como había ordenado.

—Tú y tus hombres sois parte ahora de mi caballería y la caballería no me es útil en un asedio, pero ya habrá tiempo para combatir en campo abierto. Entonces, joven rey, entonces me servirás.

Masinisa aceptó la respuesta, aunque no se sintió cómodo, quieto, sin hacer nada, mientras venticinco mil legionarios trabajaban a destajo atacando unos y construyendo otros torres y terraplenes desde los que continuar el acoso y derribo de las defensas de aquella ciudad. Aún estaba en esas meditaciones cuando se vio sorprendido por el estruendo de varias rocas estrellándose contra la muralla alrededor de la gran puerta de Útica. Las catapultas de Silano habían comenzado a disparar.

71

La reina de Numidia

Cirta, abril del 204 a.C.

—¿A qué esperas para ayudar a mi pueblo? —preguntó la reina Sofonisba al todopoderoso rey de Numidia. Sífax la miró con cierto aire de diversión. La joven estaba desnuda para él, al pie de su lecho, con un collar de oro y perlas, unas pulseras de plata y un brazalete de oro por todo abrigo. Collar y pulseras regalo de él mismo y un misterioso brazalete por el que Sífax preguntara en una ocasión sin obtener respuesta. Eso fue en la noche de bodas. Días más tarde el rey volvió a insistir y su joven esposa le explicó que el brazalete era regalo de su padre. Hizo además de quitárselo en aquel momento.

—Si a mi rey le molesta el brazalete me lo quitaré y no lo llevaré más, pero es un recuerdo de mi padre, de mi patria y, si no le importa a mi bello y fuerte rey, me gustaría poder llevarlo.

Sífax, como en tantas otras cosas, cedió. ¿Qué importaba que una hija quisiera llevar la joya que su padre le había regalado? Hasta cierto punto le enternecía. Tan descarada en el lecho y luego con esos gestos de tierna inocencia filial... la hacían aún más deseable a los ojos de Sífax. Pero aquello fue hace tiempo. Ahora los requerimientos de Sofonisba eran más exigentes. Empezó con que se le permitiera llevar una joya que no era regalo del rey, continuó después rogando por que abandonara el pacto al que había llegado con el general romano Escipión, y ahora, cuando el romano había desembarcado en África, desoyendo todas las advertencias que le había hecho, Sofonisba le pedía, una y otra vez, que le atacara.

Sífax era un hombre cauto, receloso de entrar en guerra si no era estrictamente necesario. Entre otras cosas, porque la guerra le era fastidiosa: se comía peor, había que combatir, aunque él cada vez lo hiciera menos y se limitara a mandar sus ejércitos y, sobre todo, se veía privado de hacer el amor tanto como a él le gustaba, pues las largas cabalgadas, la preocupación de conducir la guerra, el evitar levantamientos, el conquistar ciudades, eran tareas que si bien daban gloria y poder, menoscababan sus energías en la cama, el lugar donde más disfrutaba y en el que más tiempo le gustaba estar.

—¿Qué espera mi rey para cumplir sus promesas con su humilde y servicial esposa? El general romano os desafía; pese a tus advertencias ha desembarcado, lo que es en sí una agresión.

Sofonisba era hábil con las palabras, casi tanto como con su cuerpo desnudo. Sífax la miraba como quien admira un maravilloso trofeo de caza que lleva de un lugar a otro para que todos vean lo que ha sido capaz de atrapar con sus propias manos.

—Espero que me lo pidan —respondió al fin el rey.

—Yo te lo estoy pidiendo, rogando, suplicando —dijo Sofonisba entre aparentes lágrimas de sufrimiento.

—Que me lo pidan desde Cartago —apostilló Sífax.

No había terminado de pronunciar aquella sentencia cuando un soldado pidió permiso desde el exterior de la tienda para hablar con su rey. Sífax miró a su joven esposa y ésta se tapó con unas pieles de león. El rey dio una voz y el guerrero númida entró en la tienda.

—Habla —dijo el rey.

—Cartago envía mensajeros. Solicitan la ayuda del rey Sífax para expulsar al romano de África.

Sofonisba sonrió. El rey la miró serio. Hizo una señal con la mano y el guerrero partió. Esperaba una respuesta, pero si su rey no quería darla en ese momento y ordenaba salir, salir era lo que se debía hacer. Sífax seguía mirando a Sofonisba que, ya sin sonreír, miraba al suelo.

—¿Qué va a hacer ahora mi rey? —preguntó la joven al tiempo que muy despacio se iba descubriendo, tirando poco a poco de la gran piel de león con la que había tapado su hermoso cuerpo. Fue entonces el rey el que sonrió.

—Primero poseerte hasta que no pueda más. Después dormir hasta recuperarme. Luego comer hasta hartarme y luego acudir a la llamada de Cartago. Además, hay algo más que yo sé que tú no sabes aún.

Sofonisba, ya completamente desnuda, le miró intrigada.

—¿Qué más sabe mi rey?

—Sé que el rebelde Masinisa, después de escapárseme por segunda vez de entre las puntas de mis dedos, se ha refugiado con el general romano. Eso añade un punto de especial interés para mí. Atacar al romano ya no será sólo cosa de política y alianzas, sino que será algo mucho más personal. Ardo en deseos de decapitar a ese maessyli y pinchar su desleal cabeza en una jabalina. Ésa será la única forma en la que los maessyli dejarán de alzarse en armas contra mí cada vez que reduzco la presencia de mis ejércitos en el nordeste.

—Comprendo —dijo Sofonisba pensativa, dejando que de modo inconsciente su mano izquierda acariciara suavemente el brazalete dorado que abrazaba su antebrazo derecho. El gesto no pasó desapercibido para el veterano rey de los númidas. Sífax frunció el ceño y se quedó meditabundo.

—¿Y cuándo desea mi rey empezar a poseerme? —preguntó Sofonisba, reptando desnuda hacia su rey como una leona en celo, disipando con su sensualidad los interrogantes de Sífax al ahogarlo en un mar de besos lascivos y caricias excitantes que transportaron al númida a los rincones más perversos del placer. En el momento culminante, el rey de Numidia pensó que aquellos momentos bien valían una guerra.

72

La resistencia de Útica

Útica, mayo del 204 a.C.

Los romanos atacaban sin descanso las murallas de Útica, pero los defensores combatían con su fe puesta en un pronto auxilio desde Cartago y con gran destreza militar. Los embates contra la puerta eran repelidos con flechas, lanzas y, cuando el viento les era favorable, con fuego con el que conseguían incendiar los grandes troncos que, a modo de ariete, los legionarios de la V, a las órdenes de Silano, utilizaban para golpear con enorme furia los gigantescos portones de madera y hierro de la ciudad. Los terraplenes estaban prácticamente terminados, pues los hombres de la VI, apremiados por Quinto Terebelio y Mario Juvencio, habían trabajado sin descanso, pero los defensores habían comenzado a hacer uso de catapultas, arrojando enormes piedras desde el interior de Útica que caían a plomo sobre el enorme terraplén, derribando grandes bloques de tierra apelmazada haciendo de la tarea de los legionarios de la VI una obra eternamente inacabada.

—Las torres de asedio ya están —anunció Cayo Valerio con orgullo.

—Sea, pues —respondió con tensión el procónsul de Roma—. Por

Cástor y Pólux, adelante con ellas. —Y es que la ofensiva sobre Útica llevaba ya varios días, las bajas eran cuantiosas, al igual que los heridos, y los avances en la posible conquista de la ciudad eran más bien escasos. Cayo Lelio ascendía por la colina hasta el puesto del *praetorium*. Parecía cansado pero satisfecho.

—Ya está hecho —dijo.

—Perfecto —respondió Publio, ahora más seguro de que el éxito de aquella empresa militar estaba más próximo—. ¡Adelante! ¡Por Hércules, las tres torres a la vez! ¡Sí! ¡Y Útica cederá!

El rey Masinisa vio cómo una vez más los oficiales del procónsul partían para poner en marcha las órdenes recibidas, excepto Lucio, el hermano del general romano, que se quedaba junto a él. Observó con asombro cómo dos gigantescas torres de asedio, que los legionarios de la V habían estado levantando durante las últimos días, empujadas por caballos y hombres, se movían, pesada pero firmemente, hacia las murallas de Útica. Marco Porcio Catón se situó a su lado. El *quaestor* había decidido aventurarse aquella mañana a observar el nuevo intento del procónsul de doblegar a los ciudadanos de Útica. Su feroz resistencia alimentaba los ánimos de Catón y quería ver el nuevo despliegue del general con más detenimiento. El *quaestor* tenía el buen presentimiento de que todo iba a fracasar.

En la ciudad, los defensores vieron lo que sabían que tenía que llegar, pues habían sido testigos de cómo día a día los romanos iban erigiendo aquellos enormes mostruos de madera que ahora empujaban hacia sus murallas. Pero su sorpresa y desesperanza fue aún mayor cuando vieron cómo por mar, sobre dos inmensas *quinquerremes* que los romanos habían anclado y ocultado tras un recodo de la bahía, navegaba una tercera descomunal torre de asedio, suspendida sobre una compleja plataforma elaborada con los dos *corvus* y *manus ferrea* de ambos buques entrelazados y afianzados por más troncos y sogas y refuerzos de hierro. Cayo Lelio dirigía las operaciones de aproximación a las murallas marinas de Útica.

Publio, junto a su hermano, miraba nervioso pero más confiado que en los últimos días. Después de todo, quizá los inacabados terraplenes no fueran a ser necesarios. Por tierra las enormes torres de asedio se acercaban pesadamente con su carga de hombres y armas hacia las murallas de Útica; por mar las *quinquerremes* navegaron hasta que sus proas impactaron contra el muro de la ciudad que se hundía en las entrañas del mar. Cayo Lelio ascendió desde una de las grandes naves, por el interior de la torre marina, hasta llegar al último de sus pisos. Desde allí dio las órdenes a voz en grito.

—¡Abrid el portón! ¡Por Hércules, bajad el maldito puente!

Y los legionarios cortaron con hachas las cuerdas que sostenían el largo portón de madera, que a modo de gigantesca *manus ferrea* elevada, caía a plomo sobre las fortificaciones de lo alto de la muralla que defendía la ciudad de los ataques por mar. Por ella empezaron a salir legionarios a borbotones, animados por las voces de Lelio.

—¡Al ataque, al ataque! ¡Por Roma! ¡Por el procónsul! ¡Por las legiones!

Pero los defensores habían tenido tiempo de observar dónde iba a caer el puente de la torre marina, pues las *quinquerremes*, henchidos sus vientres por el peso de la enorme torre, se habían aproximado con gran lentitud hacia el muro, de modo que los legionarios fueron recibidos por varias andanadas de lanzas y flechas que parecían no tener fin. Decenas de legionarios cayeron al mar atravesados como fruta madura, mientras otros detenían la carga y con sus escudos se protegían como podían.

—¡Mantened la formación! —se desgañitaba Lelio, protegiéndose a su vez con un gran escudo de piel endurecida reforzado con hierro—. ¡Mantened la posición y avanzad, malditos! ¡Avanzad!

Pero entonces pasó algo que ninguno esperaba. Los habitantes de Útica dejaron de disparar para abrirse y dar paso a un regimiento de sus mejores soldados que se abalanzaron sobre el puente de la torre marina y entraron en combate con los legionarios que, sorprendidos por el repentino ataque de quienes sólo esperaban que se defendieran desde las murallas, cedían terreno, paso a paso. Cayo Lelio, no obstante, se abrió camino entre sus hombres y alcanzó la primera línea de combate. Clavó su espada en el hombro de uno de los cartagineses, se agachó, pinchó en la rodilla de otro, que se encogió por el dolor, lo que Lelio, a su vez, aprovechó para segarle la garganta que había dejado desprotegida. Se hizo sitio entonces en el hueco que el cartaginés había dejado y Cayo Lelio empezó a liderar el contraataque de sus hombres que, encorajinados por la presencia del tribuno, se rehacían y volvían de nuevo hacia el puente.

Los defensores del muro no estaban ociosos, sino que desde las murallas la emprendieron con flechas de fuego sobre las *quinquerremes*. Al principio Marcio y sus hombres se las compusieron para apagar los pequeños incendios que surgían por todas partes, pero tal fue la lluvia de flechas de fuego que al fin las llamas prendieron por todos los flancos de ambas naves y empezaron a ascender por la torre lamiendo sus vigas de madera.

Marcio miró hacia arriba. En lo alto de la torre Cayo Lelio luchaba enconadamente en el puente, pero abajo ya todo estaba perdido. El fuego lo consumía todo y sus hombres se arrojaban al mar para, nadando entre flechas y lanzas, alcanzar las *trirremes* que Digicio, en una sabia decisión, había aproximado lo suficiente para que los legionarios pudieran llegar a nado a las mismas y refugiarse, pero, al tiempo, no las había desplazado tan cerca como para ser pasto de la misma lluvia de lanzas, piedras y dardos incendiarios que habían destrozado las *quinquerremes*. Marcio gritó a Lelio.

—¡Lelio, al mar, al mar, al mar! ¡Por Júpiter, arrojaos al mar! ¡Todos!

En ese momento, una de las dos naves que sostenían la torre lanzó un crujido largo y profundo que sonó a muerte, preludio de su agonía. Marcio sintió el suelo de la cubierta temblando bajo sus pies y, sin esperar más, se lanzó por la borda junto con los pocos marineros que aún quedaban a su lado. El temblor de la nave resquebrajándose sacudió a su vez las endebles vigas de la torre ya medio consumidas por las llamas haciendo que varias se quebraran. Cayo Lelio pinchaba, cortaba y se protegía con su escudo rodeado por un nutrido grupo de legionarios cuando el suelo del puente se levantó de izquierda a derecha y, para cuando romanos y cartagineses fueron a percatarse de lo que estaba pasando, todos volaban por los aires rumbo a las aguas del mar.

En tierra firme, la suerte de las otras dos torres de asedio no había sido mucho mejor. Publio Cornelio Escipión, acompañado por el joven Masinisa, contemplaba cómo eran pasto del fuego provocado por los innumerables racimos de flechas en llamas que los cartagineses habían lanzado desde el interior de la ciudad y desde las propias murallas. Los legionarios de la V retrocedían despavoridos buscando refugio en la lejanía de aquellos muros que sólo escupían fuego, pez hirviendo y muerte. Cayo Valerio era una pobre figura en medio de todo aquel desastre intentando poner orden y rehacer las filas de sus manípulos.

—¡Deteneos, malditos, deteneos y regresad a las torres! ¡Por Hércules, hay que volver a ascender por las torres! —Pero los hechos re-batían las palabras del *primus pilus* con la terquedad de la realidad incontestable: las torres, envueltas en un mar de llamas, casi al mismo tiempo, caían en ruinas hacia un lado, como árboles abatidos por la constante hacha de un leñador de fuego.

Publio se pasó la palma de su mano derecha por el pelo de su cabeza, de arriba abajo, y miró al suelo. Suspiró. Luego se pasó la mano izquierda por su barbilla perfectamente rasurada y volvió a tomar aire. Lucio no decía nada. No quería añadir más dolor a su hermano con comentarios inoportunos. A sus espaldas dos mensajeros llegaron cabalgando a la vez. El procónsul se volvió hacia ellos. Los *lictores*, que reconocían en aquellos hombres sendos centuriones de la V, se hicieron a un lado. Los dos oficiales se miraron entre sí como preguntándose quién hablaba primero, pero el procónsul no tenía tiempo para dudas y se dirigió al que había llegado desde la playa primero.

—Habla, centurión.

—Sí, mi general. La torre de asedio de las *quinquerremes* ha caído y con ella han muerto muchos hombres, pero el tribuno Cayo Lelio, que estaba en lo alto de la torre junto con algunos más, ha sobrevivido milagrosamente y se encuentra bien, mi general.

Publio asintió repetidas veces. Ya había visto desde la distancia lo de la torre marina, pero saber que Lelio estaba bien pese a todo aquel fiasco era una información muy relevante que agradeció recibir.

—Bien, centurión, bien... muchos hombres... ¿cuánto es muchos hombres?

—No lo sé, mi general, Marcio y Lelio calculan que unos cien han muerto, más unos treinta heridos.

Cien, ciento treinta hombres fuera de combate, más otros tantos al menos, si no más, que habían caído con las torres de asedio que dirigía Cayo Valerio. Habían perdido más de doscientos hombres y no habían conseguido nada. Nada. El procónsul sentía la figura erguida de Catón moviéndose despacio a sus espaldas y percibía la felicidad del *quaestor*. En todo caso, de momento al menos, Catón permanecía callado. Pero quedaba el segundo mensajero. Publio se limitó a mirarle y éste empezó a hablar.

—Los cartagineses han enviado un ejército de caballería desde Cartago. Son unos cuatro mil jinetes, mi general.

Cuatro mil jinetes. Cuatro mil.

—¿Y nada más? —preguntó el cónsul—. ¿No han enviado infantería con ellos?

—Eso es lo que hemos visto. Se han resguardado en la ciudad de Saleca, a un día a caballo de aquí.

—¿En una ciudad? —Publio estaba sorprendido y miró a Lucio, que se encogió de hombros, y luego al rey de los maessyli—. ¿Un ejército de caballería acampado en una ciudad en plena primavera, casi verano?

Masinisa compartía la misma sorpresa. La caballería no valía para nada entre las murallas de una ciudad. Con buen tiempo, como el que hacía en aquellos días, su lugar era acampada en campo abierto, donde rápidamente los jinetes pudieran montar sus caballos y lanzarse a una carga en una amplia llanura. Allí era donde el potencial devastador de una fuerza de caballería tan numerosa resultaba prácticmente invencible.

—¿Sabemos quién es el genio que lidera ese ejército de caballería? —preguntó Publio.

—Atrapamos a unos mercaderes que salían de Saleca. Dicen que han llegado bajo el mando de Hanón.

El cónsul se giró hacia Masinisa.

—Es un inútil —confirmó el rey exiliado—. Es vanidoso e incompetente en lo militar.

Publio asintió. El hecho de llevar la caballería a una ciudad confirmaba la valoración de Masinisa.

—Bien —dijo Publio entonces dirigiéndose a Masinisa—. Ardías en deseos de servirme, ¿no, joven rey de los maessyli? Pues ésta es tu ocasión. Cogerás a tus hombres y atacarás Saleca.

El rey le miró confundido. Sólo disponía de doscientos jinetes y eso gracias a que algunos maessyli más se habían incorporado recientemente, atraídos por la presencia de las legiones romanas, pero Hanón, aunque fuera un inútil, tenía cuatro mil; sin embargo, el procónsul no le dejó replicar.

—Partirás al amanecer —apostilló Publio al tiempo que se alejaba colina abajo para reorganizar su ejército en medio de aquel desastre de asedio, pero sin volverse ya hacia atrás, añadió unas palabras—. Te daré algunos refuerzos para que puedas regresar con vida de Saleca.

El joven rey Masinisa se quedó contemplando cómo el procónsul, rodeado de sus doce *lictores* y acompañado por su hermano Lucio y los dos centuriones que habían traído todas aquellas noticias, descendía de la colina dejándole a solas con dos de sus guardias númidas y un silencioso Marco Porcio Catón que no dejaba de admirar las llamas que consumían las derribadas torres de asedio romanas.

Masinisa sacudía la cabeza. De hecho, todo alrededor de Útica eran llamas, centenares de romanos se afanaban en retirar heridos y recoger armas que habían quedado desperdigadas por los alrededores de las consumidas torres. En la playa, varias *trirremes* descargaban más heridos y muertos. El asedio estaba siendo un total y completo desastre y ahora aquel hombre le enviaba con sus pocos jinetes contra un ejército veinte veces más numeroso. ¿Unos refuerzos? ¿Qué entendía el cónsul por unos refuerzos? ¿Era aquél el mismo hombre que había conquistado Hispania? Uno de los guardias númidas se acercó al rey.

—¿Qué hacemos? —le preguntó en su lengua.

—Nos preparamos para el combate —respondió Masinisa—. Quizá sea nuestro último combate. —Y le puso una mano en la espalda. El joven guardia se sintió halagado y orgulloso de que su rey le tratara con aquella familiaridad. Descendieron de la colina. Catón se sentó sobre una roca. El espectáculo dantesco de las «legiones malditas» replegándose y retirando heridos era apasionante. Tenía buenas noticias para Quinto Fabio Máximo.

En su tienda, recostado de lado mientras el médico Atilio le curaba algunas heridas, el tribuno Cayo Lelio maldecía su mala suerte. En aquel momento irrumpió Publio en su tienda. El médico, Netikerty y el par de esclavos que había ayudando a Atilio salieron ante la intensa mirada del procónsul. Lelio se volvió y vio al general sentándose a su lado.

—¿Estás bien? —preguntó Publio.

—He estado mejor, pero si lo que preguntas es si puedo combatir, sí, sí que puedo.

—Bien.

—Aunque ahora que lo de las torres de asedio ha salido tan mal, no sé qué vamos a hacer.

Publio miró al suelo buscando una respuesta. Levantó al fin el rostro despacio y habló con la seguridad propia del hombre tenaz.

—Haremos, Lelio, lo mismo que Aníbal lleva haciendo en Italia durante catorce años: resistir.

Lelio asintió mientras se palpaba un enorme cardenal en una de sus piernas y contraía el rostro compungido por el dolor.

—Sea —dijo el tribuno entre dientes.

—Por de pronto nos envían cuatro mil jinetes, los cartagineses, y he pensado —continuó Publio— que Lucio se quede al mando aquí en Útica y que tú y yo nos encarguemos de ese ejército de caballería.

Lelio asintió una vez más y apretó los labios. Publio le puso entonces la mano derecha en el hombro y sin decir más salió de la tienda. Tenía muchas cosas en las que pensar. La invasión de África no había empezado bien. Todo lo contrario que en Hispania. El procónsul de Roma avanzaba por el campamento bajo las atentas miradas de sus hombres. Se esforzó por caminar erguido, decidido, como un líder que no pierde la esperanza.

73

La caballería de Hanón

Norte de África, junio del 204 a.C.

Masinisa cabalgaba ligero, resuelto, seguido por sus doscientos jinetes númidas directos hacia las puertas de Saleca. Habían llegado al anochecer y allí varios legionarios, exploradores de la V, que mantenían vigilada la ciudad para tener informado en todo momento al procónsul de los posibles movimientos de los cartagineses, recibieron con cierta sorpresa al joven rey de los maessyli.

—¿Siguen en la ciudad? —preguntó Masinisa aún sobre su caballo.

—Así es —respondió el centurión al mando de aquel puesto de guardia.

—Bien —respondió el rey—. El procónsul me envía para atacar Saleca.

El centurión no dijo nada y se limitó a mirar los escasos hombres con los que llegaba el rey exiliado del nordeste de Numidia al servicio del procónsul. Masinisa se dio cuenta de que el centurión estaba a punto de reírse, pero no lo hizo, seguramente por respeto, no a su persona, sino al procónsul que había ordenado aquella maniobra, y un oficial romano no podía hacer mofa de lo que el procónsul había ordenado, aunque pareciera absurdo.

El sol ya había desaparecido y las sombras de la noche se cernían sobre Saleca. Masinisa decidió olvidarse de esos legionarios. Era evidente que el procónsul sólo hacía partícipes de la complejidad de sus planes a unos pocos elegidos y él estaba entre ellos, pero no aquellos exploradores. Si el general romano llegaba alguna vez a vencer en África, estaba claro que él volvería a ser rey. Claro que lo visto en Útica no presagiaba nada en ese sentido, pero no tenía más caminos ni más aliados. Sífax había puesto precio a su cabeza, apenas tenía hombres leales, su pueblo estaba sometido y los cartagineses dependían del propio Sífax para luchar contra Roma. Sólo Roma era su aliado y Roma había enviado a aquel general, aquel procónsul.

Masinisa vio que los legionarios habían encendido una hoguera.

—¿No han enviado a nadie a investigar esa hoguera? —preguntó el rey númida a los romanos.

El centurión negó con la cabeza.

—Deben de sentirse muy seguros esos cartagineses. Bien. Pues la usaremos nosotros ahora. —Y a una señal suya, sus doscientos jinetes encendieron antorchas acercándose a la gran hoguera de los exploradores.

El regimiento númida de Masinisa, con él al frente, se lanzó al galope hacia la ciudad de Saleca ante la perpleja mirada del centurión y su pequeño grupo de legionarios.

—Los van a masacrar —sentenció, aunque para entonces Masinisa ya estaba lejos—, pero hay que reconocerles coraje.

Los númidas avivaban si cabe aún más su galope sosteniendo en alto sus antorchas. A medida que se acercaban a la ciudad se desplegaron y se separaron, de modo que desde las fortificaciones de Saleca, los sorprendidos cartagineses que vigilaban el horizonte en torno a la ciudad, sólo acertaban a ver antorchas que avanzaban hacia ellos en una larga formación que abarcaba casi media milla. Imposible cuantificar en la noche recién caída sobre el desierto de África la cantidad de enemigos que les atacaban. Los cartagineses se pusieron en pie de guerra y acudieron en tropel a lo alto de las no muy elevadas y poco protegidas murallas de Saleca. Aquella ciudad no era Útica, sino un pequeño enclave donde los mercaderes se detenían a intercambiar productos en sus grandes rutas por el norte de África. Saleca no estaba pensada para resistir un gran ataque y de ahí el temor de Hanón, el general púnico al mando, que, advertido por los gritos de sus hombres, ascendió con rapidez a una de las pequeñas torres de madera que se habían levantado hacía tiempo junto a las mismas puertas de la ciudad. Hanón no podía creer lo que veía. Ellos habían salido de Cartago para atacar a los romanos y ahora eran ellos los atacados. No lo esperaba. Estaba aguardando la llegada de la infantería que Asdrúbal Giscón debía traer en poco tiempo y también la incorporación del ejército del rey Sífax. Todos unidos arrasarían a las dos legiones romanas, pero ¿quiénes eran aquellos jinetes que se lanzaban sobre ellos en la noche con aquellos terribles alaridos?

—Son númidas, general —dijo uno de los centinelas de la puerta, que reconoció algunos de los gritos.

—Númidas... —repitió Hanón intentando serenarse y encontrar sentido a todo aquello—. Maessyli, seguro, rebeldes, seguro.

Los jinetes de Masinisa llegaban hasta las fortificaciones y arrojaban sus antorchas hacia las mismas, prendiendo las empalizadas en las que culminaban las murallas de adobe, y, sobre todo, iniciando un importante incendio en las mismas puertas de la ciudad. Los cartagineses, bajo las órdenes de Hanón, se ocuparon más en extinguir los fuegos que surgían en las defensas de Saleca que en contrarrestar las jabalinas y flechas que los númidas atacantes les lanzaban tras las antorchas, pero una vez que los incendios empezaron a remitir por los esforzados trabajos de los púnicos, Masinisa ordenó que sus hombres se replegaran. En menos de media hora de loco ímpetu y batalla, el rey rebelde del nordeste de Numidia regresaba junto al centurión que había sentenciado su muerte.

—Esta noche los cartagineses dormirán poco —dijo Masinisa al centurión—. Nosotros, por el contrario, descansaremos. Mañana será un día de guerra.

El centurión, con sudor en las manos y la frente, replicó con cierto enfado al rey númida.

—¿Y si salen a contraatacar ahora? Acabarán con todos nosotros, maldito númida.

Masinisa desmontó de su caballo, se acercó al centurión, le cogió de la coraza, lo levantó un metro en el aire y lo arrojó contra el suelo a varios pasos de distancia. El centurión rodó como un tronco rueda por la ladera de una montaña. Se levantó y desenfundó su espada al tiempo que lo hacían sus hombres, pero Masinisa, arropado por decenas de sus jinetes, ni se inmutó y se limitó a responder al oficial romano.

—No saldrán, imbécil. No saben cuántos somos. Sólo saben que tienen miedo y dormirán mal. Mañana al amanecer continuaremos. Ahora vamos a descansar y tú y tus hombres haréis lo mismo. El procónsul me ha ordenado que ataque Saleca hasta que los cuatro mil jinetes de Hanón salgan y eso pienso hacer.

La mención una vez más de las órdenes del procónsul surtieron el efecto que Masinisa buscaba. El centurión escupió en el suelo pero se tragó su orgullo y envainó la espada y junto a sus legionarios se separó de los númidas para regresar a sus tres tiendas donde recluirse y pasar la noche. Dejarían a un par de hombres de guardia y que los dioses velaran por ellos. Al amanecer buscarían refugio en las ruinas de una torre que había a menos de una hora de marcha en dirección a Útica y que los númidas se las compusieran como pudieran con toda la guarnición cartaginesa y mercenaria de Saleca. El cónsul sólo les había ordenado a ellos vigilar y no pensaban hacer otra cosa.

Cayo Lelio desmontó de su caballo. Pronto amanecería. El resto de los hombres de las diferentes *turmae* de la V legión le imitó. Habían descansado unas horas y ahora les tocaba esperar el nuevo día. Cayo Lelio dejó las riendas de su caballo a un soldado y caminó unos pasos para estirar las piernas. Le dolía el hombro y un poco el muslo, pero había tenido mucha suerte. Ninguna de las vigas de la torre de asedio cayó sobre él cuando la gigantesca estructura se desplomó en medio del mar. Luego sólo tuvo que matar con su daga a un par de cartagineses que había caído junto a él. Después nadar y subir a la *trirreme* que comandaba Digicio. Digicio siempre fue un buen soldado. Valiente en el combate. Excelente marinero. Todos tuvieron suerte, excepto los que cayeron abatidos. Un par de centenares caídos en el infructuoso intento de tomar Útica con las torres de asedio. Las cosas no marchaban bien. Pero no había descanso. De la torre de asedio a conducir la caballería de la V hasta aquellas colinas donde una fortificación en ruinas se levantaba olvidada por el tiempo. ¿Quién levantaría esas murallas agrietadas y pulidas por el viento hasta dejarlas en pequeños testimonios de un poder perdido? Se adivinaba también una torre justo en el otro extremo de aquel pequeño valle, justo allí donde Publio debía estar esperando con las *turmae* de la VI y el resto de la caballería reclutada en Siracusa. Aquella campaña no dejaba ni un día para el descanso. Lo bueno es que la caballería no había intervenido en el asedio de Útica y estaban frescos todos y deseosos de entrar en combate. Él también estaba contento allí. Salir del asedio y pasar directamente a comandar la caballería de la V le evitaba tener que regresar cada noche a su tienda y ver a Netikerty. Podría ordenar que estuviese en otra tienda, pero Publio estaba empeñado en que la protegiera personalemte y en que aparentemente entre ellos dos, amo y esclava, todo estuviera como si la traición de la egipcia nunca se hubiera descubierto.

—Has de cuidar de esa esclava como de mí mismo, ¿me entiendes, Lelio?

Eso había dicho Publio. Así que la mantenía en su tienda vigilada por dos esclavos de su confianza. Eso, claro, hacía inevitable tener que verla si regresaba a su tienda. No. Allí, en medio de aquel valle, entre ruinas olvidadas, estaba mejor. Esperando el amanecer, a punto de entrar en combate de nuevo. Seguramente ésta sería su última campaña. Lelio olía la muerte. La presentía cercana. Estaban en territorio enemigo, no como en Hispania, que, a fin de cuentas, era territorio enemigo tanto para romanos como para cartagineses, pero no allí. Allí ellos, los romanos, eran los que todos querían ver muertos: cartagineses, númidas y todos los pueblos del norte de África. Nadie quería que el poder de Roma llegara hasta sus costas y todos se aliaban contra ellos y ellos eran pocos. Pocos.

Cayo Lelio, tribuno y jefe de la caballería romana de las «legiones malditas», se enfundó el casco. El alba estaba despuntando. Pronto sería hora de combatir.

Publio se abrigó con el *paludamentum*. Eran extrañamente frías las noches pese a estar en medio del verano y un viento proveniente del interior agudizaba la sensación de frío. Apenas había una tímida luna creciente, pero era suficiente para proyectar una alargada sombra bajo la que había encontrado refugio del viento. Era la silueta de la torre fortificada que Agatocles, tirano de Siracusa, ordenara levantar en ese lugar para tener un posición protegida en sus incursiones por África. Agatocles. Publio miró hacia arriba. No era mucho lo que quedaba de aquella torre pero era testimonio de que lo que él mismo estaba ahora intentado era una buena idea. Agatocles, un pobre miserable de Siracusa que con habilidad y astucia ascendió en la escala social, primero casándose con una rica viuda, para terminar controlando gran parte del comercio de la metrópoli griega y desde ese poder lanzar diatribas contra la nobleza dominante, contra la que desencadenó un golpe de Estado apoyado por el pueblo hasta convertirse en el amo y señor de Siracusa. Publio pasó la palma de su mano desnuda por las piedras de la base de aquella torre. Agatocles, que consiguió casarse con una hijastra de Ptolomeo I Sóter, general que fuera de Alejandro Magno reconvertido en rey de Egipto; Agatocles, que en medio de su reinado consiguió casar a su propia hija con el audaz Pirro, rey del Épiro. Tal fue el poder de Agatocles, soberano de Siracusa, que bajo su reinado el imperio de Cartago tembló. Agatocles dominaba Siracusa y desde allí toda Sicilia, y desde Sicilia todos los mares del Mediterráneo occidental gracias a una compleja trama de alianzas con las ciudades costeras griegas. El enfrentamiento con Cartago era inevitable y el choque fue descomunal. Al final, los cartagineses, tras varios años de guerra despiada, acorralaron a Agatocles en Siracusa y la suerte parecía estar echada. Fue entonces cuando la auténtica genialidad de aquel tirano de Siracusa quedó patente: asediado por los cartagineses en Sicilia, en lugar de defender su propio territorio, embarcó un pequeño pero bien adiestrado ejército en una flota, cruzó el mar y desembarcó las tropas en África, cerca de Cartago. Los cartagineses, que gracias a su poder y dominio centenario en la región carecían de enemigos próximos a sus tierras, se vieron sorprendidos. Agatocles inició una rápida serie de incursiones salvajes y terroríficas por toda África que obligaron a los cartagineses a replegarse de Sicilia y traer sus ejércitos y flotas de regreso a África para, finalmente, verse obligados a pactar una paz con el propio Agatocles, que se aseguró así el dominio de toda Sicilia durante casi veinte años más ininterrumpidos. Publio admiraba aquellas piedras. Eran obra de un genio. La idea, pues, de su propio padre y de su tío, Publio y Cneo Escipión, de llevar la guerra a África no era tan nueva. Era sólo que Roma ya lo intentó una vez en el pasado con Régulo y salió mal, pues los cartagineses, que habían aprendido de su error pasado, habían conformado nuevas alianzas para asegurarse una defensa de su propio territorio en caso de invasión. En aquella nueva ocasión, Cartago recurrió al espartano Jantipo quien, con su destreza militar, masacró las legiones de Régulo. Roma nunca más volvió a intentar nada en África, pues para cuando debía desembarcar Sempronio con varias legiones, Aníbal emergió en el norte de Italia y sus tropas fueron reclamadas por el Senado romano para apoyar a las legiones del norte. Nunca más se volvió a intentar la invasión de África. Hasta ahora. Hasta ese momento. Pero si a Agatocles le salió bien el plan, ¿por qué no a ellos? Quizá porque ahora los cartagineses tenían a Sífax, como antes tuvieron a Jantipo... quizá porque, si todo les fallaba, recurrirían a Aníbal.

Publio había dormido mal. El desastre de Útica pesaba sobre su ánimo, en particular los más de doscientos hombres perdidos. No tenía tantos legionarios como para permitirse errores como aquél. Además, entre las tropas estaba esparciéndose el mal de la desesperanza. Muchos oficiales, a sus espaldas, hablaban de que si las legiones V y VI no habían conseguido que cayera la segunda ciudadela de Locri, mucho menos fortificada, ¿cómo iban ahora a conseguir que Útica sucumbiera a sus armas? La primera ciudadela de Locri fue tomada gracias a la traición de parte de sus ciudadanos, pero con Útica esto era del todo imposible. Útica era un firme y leal aliado de Cartago desde hacía decenios y la propia Cartago no tardaría en envíar refuerzos. Publio sabía que eso era lo que se comentaba a su alrededor, de momento sólo en voz baja, en cuchicheos que callaban cuando el procónsul aparecía, pues en cuanto salía del *praetorium* y caminaba entre sus legionarios las conversaciones se interrumpían y, aunque eso pasaba con frecuencia, ahora, en lugar de mirarle con admiración, como ocurría en Hispania, se le saludaba por la inercia que el respeto a la figura del procónsul despertaba entre ellos. Al menos, eso habían conseguido: que los legionarios respetaran a un procónsul. Pero, ¿por cuánto tiempo? ¿Cuántos muertos más tolerarían las «legiones malditas» a los pies de las impenetrables murallas de Útica?

Publio Cornelio Escipión salió de entre las sombras. Su rostro serio, adusto, de facciones marcadas, con una piel ya algo ajada para sus treinta y un años, era visible no ya por la luna, sino por los primeros reflejos del alba que emergía en el horizonte del desierto. Se había escuchado ruido de cascos de caballos al galope. El procónsul miró hacia su espalda, por encima del hombro. Mil quinientos jinetes montaron en sus caballos con tan sólo esa mirada. Las bestias piafaban y algunas, nerviosas, empezaron a relinchar. El procónsul miró entonces hacia el frente: se distinguían las sombras de Lelio y las *turmae* de la V. Necesitaba una victoria y esa victoria la necesitaba ya.

—Mi caballo —dijo sin elevar el tono de voz, y un *lictor* le acercó las riendas de un precioso corcel negro—. Que se preparen los hombres. Atacaremos a mi señal y que los dioses nos protejan.

Los doce *lictores* montaron en sus propios caballos. Iban a entrar en combate. No era frecuente que un cónsul tomara posiciones en la primera línea, pero tampoco era frecuente invadir África.

Hanón vigilaba sin descanso patrullando con sus oficiales desde la madrugada por las fortificaciones de Saleca. Quería ver si el que había atacado a la caballería púnica y númida de Cartago seguía allí, frente a la ciudad. La luz del sol, aún oculto tras las dunas del desierto, certificó sus presagios. Ante ellos se veía a un par de cientos de jinetes númidas rebeldes y un líder a su mando.

—¿Es Masinisa? —preguntó Hanón a uno de los oficiales númidas al servicio de Cartago. El oficial llevaba unas brillantes pieles de león a modo de capa, dos largas jabalinas cruzadas a su espalda y un escudo ligero de cuero grueso y seco atado a su antebrazo izquierdo. El númida examinó la figura del joven rey de los maessyli mientras éste levantaba su espada en señal de desafío. El oficial escuchó cómo Masinisa gritaba unas palabras al aire henchidas de odio y fuerza.

—Es Masinisa, sí —concluyó.

—¿Qué ha dicho? —inquirió Hanón.

El oficial númida respondió al general cartaginés sin dejar de mirar a Masinisa.

—Ha dicho que hoy morirán todos los númidas que no saben reconocer a su auténtico rey y todos los cartagineses que les ayudan.

Hanón lanzó una sonora carcajada a la que se unió el resto de los oficiales cartagineses. El oficial númida, no obstante, permaneció en silencio.

—¿Y eso nos lo dice con sólo doscientos jinetes a su mando? —Hanón preguntaba aún entre risas—. ¿Cuál es tu nombre, númida?

El oficial le miró entonces.

—Búcar, mi general, mi nombre es Búcar.

—¡Pues por Baal, Búcar, hoy vamos a cenar cabeza de rey rebelde servida en salsa! —Y todos los oficiales cartagineses volvieron a reír—. ¡Sacamos toda la caballería! ¡Mis cuatro mil jinetes salen de caza! ¡Que las mujeres de Saleca estén dispuestas para nosotros al atardecer!

Búcar esbozó una pequeña sonrisa con cierto esfuerzo. Pensó en decir que las órdenes de Cartago y Numidia eran que la caballería debía esperar a la llegada del grueso de los ejércitos al mando de Giscón y Sífax; pensó en decir que Masinisa era experto en sobrevivir a cacerías como aquélla; pensó en decir que él mismo, Búcar, siguiendo las instrucciones del rey Sífax, ya había salido a la caza de Masinisa en más de una ocasión y que incluso llegaron a dar por muerto al maldito rebelde de los maessyli, pero que una vez más estaba allí. Pero Búcar no dijo nada, porque no había nadie con quien hablar ya. En unos segundos, Hanón había descendido de las fortificaciones y, montado sobre su caballo blanco, cruzaba ya las puertas con sus oficiales púnicos. Búcar no tenía prisa. Que los cartagineses vayan en vanguardia. Él, con sus jinetes númidas, cabalgaría tras ellos. Búcar hacía tiempo que había dejado de ambicionar la gloria. Últimamente se concentraba en su supervivencia.

Masinisa vio salir a la caballería púnica de la fortaleza de Saleca.

—Vienen al galope, mi rey —dijo uno de sus leales jinetes con una mezcla de nervios y ansia.

—¡Pues al galope los recibiremos! —respondió Masinisa, y golpeando con todas las fuerzas de sus talones en los costados de su caballo inició una carga contra la caballería cartaginesa que, al estar aún saliendo de la ciudad por la estrecha puerta, no había tenido tiempo material para posicionarse en una larga línea de combate—. ¡Por Numidia! ¡Por los maessyli!

Sus guerreros, enfervorizados por los gritos de guerra de su joven rey, le imitaron y todos a una, como una avalancha de nieve en una montaña rocosa, cayeron sobre los caballeros púnicos mientras seguían saliendo por las puertas de la ciudad.

Los cartagineses en el exterior de las murallas ya eran más de quinientos, frente a los tan sólo doscientos jinetes de Masinisa, pero se vieron sorprendidos por la rapidez del ataque de los maessyli y también por su violento empuje que hizo que muchos guerreros púnicos hicieran retroceder a sus caballos hasta refugiarse bajo las fortificaciones de la ciudad. Masinisa se dirigió a por el general de sus enemigos, pero Hanón reculó con su caballo y una decena de jóvenes jinetes púnicos salió a cortar el paso del joven rey de los maessyli. Masinisa se sintió contrariado y con golpes certeros abatió a uno, dos, tres jinetes, antes de que nadie tuviera oportunidad para responder con un golpe. Al fin, uno de los cartagineses blandió su espada con cierta agilidad y la hizo chocar contra el escudo del rey númida. Fue lo último que hizo, pues uno de los maessyli que acudían en ayuda de su señor clavó al osado cartaginés una jabalina que le atravesó de parte a parte, entre el corazón y los pulmones. El cartaginés se atragantó entre los borbotones de su propia sangre y con los ojos bien abiertos, mirando a un cielo que para él quedaba ya vacío, cayó de su caballo para ser pisoteado por los animales de los unos y los otros, enfrascados en una batalla sin cuartel a las puertas mismas de Saleca. Pronto el empuje de los maessyli dejó de ser suficiente para abatir a sus enemigos, pues éstos, a los gritos de su general, continuaban saliendo a decenas por las puertas de la ciudad. En poco tiempo, ya había más de setecientos jinetes púnicos y varios grupos se alejaban del centro de la lucha para, rodeando a guerreros y bestias entretenidos en su mortal disputa, intentar alcanzar a los maessyli por la retaguardia y así transformar lo que se había iniciado a modo de victoria para aquéllos en su exterminio colectivo y sistemático a manos de las espadas púnicas que clamaban venganza por sus compañeros caídos en los primeros compases de aquella batalla.

Masinisa repartía mandobles a ambos lados de su montura, pero ni los golpes que lanzaba contra sus enemigos ni los que frenaba o evitaba con rápidos movimientos sobre su caballo, le impedían mirar de reojo a todos lados para no perder ni la orientación ni el sentido de lo que estaba ocurriendo en el conjunto del enfrentamiento. Pronto comprendió la maniobra que Hanón estaba realizando, así que, igual de súbito que inició el ataque, aulló con todas sus fuerzas palabras en su lengua que todos sus guerreros comprendieron al instante. En un segundo, los maessyli supervivientes, unos ciento ochenta, daban media vuelta a sus caballos, lanzaban una andanada de jabalinas mientras las bestias giraban, y al momento las azuzaban para empezar a galopar en dirección opuesta a la ciudad.

Los cartagineses vieron cómo se replegaban los maessyli a gran velocidad, alejándose a toda prisa. Tras ellos dejaban una cincuentena de jóvenes jinetes púnicos, demasiado bisoños y mal entrenados, muertos, atravesados por espadas y jabalinas de los rebeldes maessyli. Hanón miró a su alrededor con rabia y odio. Entre los muertos aquella mañana había varios caballeros hijos de importantes nobles de Cartago que se habían apuntado para lo que todos pensaron que iba a ser una campaña fácil de aniquilamiento de las legiones romanas, como antaño hiciera Jantipo con Régulo y los suyos, toda vez que, juntados los ejércitos de Giscón y Sífax triplicarían en número a los malditos romanos. Hanón consideró por un instante que había infravalorado la capacidad destructiva de aquellos pocos rebeldes maessyli, pero tenía claro que lo único que podía borrar aquel episodio y suprimir las duras críticas de los gobernantes de Cartago a lo que allí acababa de ocurrir era el extermino completo de aquellos maessyli. Hanón miró a su espalda y comprobó que sus dos mil jinetes estaban ya en el exterior de la ciudad y dispuestos para emprender la persecución, mientras que las tropas de masaessyli de Búcar estaban empezando a incorporarse al resto de la formación.

—¡Al ataque, por Baal y Tanit! —exclamó el general cartaginés—. ¡Que no quede ni uno vivo! ¡Muerte a todos los maessyli rebeldes! ¡Muerte a los amigos de Roma!

El centurión romano del puesto de guardia había visto el ataque inicial de Masinisa y la retirada que emprendía a toda velocidad en dirección hacia donde ellos mismos se encontraban.

—¡Malditos sean todos los dioses! —gritó y ordenó a todos sus hombres que se desperdigaran y se perdieran por entre las grandes dunas que se levantaban a unos centenares de pasos—. ¡Escondeos y que los dioses os protejan!

Los veinte legionarios del puesto de guardia se escondieron justo a tiempo de hacer desaparecer sus siluetas entre las dunas escuchando cómo las bestias de los maessyli pasaban cerca de ellos a galope tendido en una huida que pronto debería acabar en masacre y muerte.

Publio Cornelio Escipión alzó su brazo derecho. Los decuriones de todas las *turmae* estaban atentos a su brazo en alto. Los *bucinatores* y *tubicines*, legionarios encargados de hacer sonar las tubas con las que transmitir la orden de ataque a las *turmae* de la otra vertiente de aquel valle, donde se encontraba el tribuno Cayo Lelio, inspiraron para tener sus pulmones henchidos y dispuestos para hacer funcionar sus instrumentos. El ruido de los cascos de caballos sobre la tierra prieta del centro del valle que se había oído lejano se había transformado ya en un atronador eco de decenas, centenares de jinetes al galope. Tras unos instantes de expectación para todos, el rey de los maessyli surgió en medio del valle cabalgando a toda prisa, mirando atrás de cuando en cuando, asiendo con sendas manos y gran firmeza las riendas de su montura. Pegados a él venían sus jinetes númidas, luego una enorme polvareda y, de súbito, emergiendo a través del polvo, decenas, centenares de jinetes cartagineses en persecución ciega a por Masinisa y sus guerreros. Pasaron cien, doscientos, trescientos caballeros púnicos. Se hizo entonces visible la figura del que debía de ser su general, por su casco rematado en vistoso penacho y su larga capa militar diferente y de más longitud que la del resto, además de que a su alrededor se levantaba una decena de insignias de las diferentes unidades púnicas que componían aquel interminable destacamento de caballería cartaginesa. Tras aquel general enemigo, emergían más y más jinetes, cuatrocientos, quinientos, seiscientos... Publio mantenía el brazo en alto, tenso, con una gota de sudor que empezó a resbalarle por entre los dedos de su mano extendida. Unos setecientos, ochocientos, novecientos... Publio Cornelio Escipión, procónsul de Roma *cum imperio* sobre las legiones de África, bajó con un movimiento rápido y seco su brazo. Las tubas de sus legionarios resonaron en medio de aquel valle, apretó entonces con sus talones la panza de su caballo negro, éste relinchó, alzó las dos patas delanteras levantando al procónsul en el aire, pero Publio, jinete bien adiestrado por su propio tío Cneo Cornelio Escipión cuando él apenas era un niño en las laderas del campo de Marte de Roma, tiró de las riendas de su caballo hacia abajo con fuerza, el animal agachó la cabeza y volvió a poner sus patas sobre el suelo, transformando sus nervios en movimiento, creando una hermosa y acelerada carrera en busca de los enemigos de su amo. Tras el procónsul, los doce *lictores*, preocupados de que su general fuera el primero en salir, pues sabían de la velocidad de su caballo negro y temían no poder estar con el general cuando éste llegara a encontrarse con los primeros enemigos. Y tras los *lictores*, mil quinientos caballeros de las «legiones malditas», galopando y gritando consignas de destrucción.

Publio se acercaba hacia el grueso del cuerpo de caballería cartaginesa, cuyos jinetes apenas empezaban a darse cuenta de que estaban siendo atacados por los dos flancos. El cónsul tomó con su mano derecha un *pilum* que llevaba atado al caballo y, sin dejar de galopar lo arrojó contra la nutrida hueste de enemigos en movimiento. La jabalina surcó el aire con precisión mortífera y encontró su destino en la garganta de uno de los caballeros púnicos que no pudo ni gritar mientras escupía sangre por la boca, perdía el equilibrio y caía sobre la tierra de África. Fue arrollado como lo fueron varias decenas de guerreros cartagineses que caían abatidos por la lluvia de *pila* que los jinetes de la V y la VI, a imitación del cónsul, arrojaban sobre las filas enemigas. Los cartagineses empezaron a ralentizar el ritmo de su marcha. Publio había llegado a unos pasos de los primeros caballeros cartagineses que ahora se revolvían hacia él, hacia ambos flancos, para defenderse. Un par de lanzas pasó rozando al cónsul, pero éste las esquivó haciendo virar a su caballo con destreza y al fin se plantó cara a cara frente a sus enemigos. Con la espada desenvainada trazó un giro de trescientos sesenta grados en el aire haciéndola girar en su mano para terminar frenando el arma con firmeza y esgrimiéndola con habilidad rumbo al rostro de uno de los jinetes púnicos que más se había aproximado. El casco protegió al cartaginés, que a su vez respondió con un golpe seco de su espada que el cónsul detuvo con su escudo. Publio iba a contraatacar, pero para entonces estaba rodeado por varios enemigos que buscaban el momento de rajarle con sus armas. El procónsul de Roma aguijoneó su caballo con los talones, la bestia se levantó en el aire a dos patas, relinchando y sacudiendo las patas delanteras, de modo que el resto de los animales retrocedió y con ellos sus jinetes. El corcel negro del cónsul puso sus patas en tierra de nuevo y su amo lanzó una daga que reventó el rostro del cartaginés que antes había salvado la vida gracias al casco. Sin lanza y sin daga, Publio se concentró de nuevo en blandir su espada. Dirigió su caballo hacia otro de los jinetes, que respondió alzando su espada. Las dos armas chocaron, pero Publio fue más rapido en asestar el segundo golpe y su arma pinchó el estómago del guerrero cartaginés por debajo de su coraza de piel y metal. Debía de ser alguien de importancia en Cartago para permitirse tales protecciones militares, pero no había tiempo para pensar en otra cosa que no fuera girar su caballo y recibir al nuevo atacante que se cernía sobre él, pero no hubo necesidad ya de que el cónsul se defendiera. Los *lictores* le rodearon y a mandobles hicieron un hueco en aquel lugar de la batalla abatiendo enemigos que aún ni siquiera se habían respuesto de la sorpresa. Había muerto casi un par de centenares de cartagineses en el ataque sorpresa por los flancos y la lluvia de *pila* y ahora, en el combate cuerpo a cuerpo, los veteranos de la V y la VI se mostraban más capaces y destructivos que unos bisoños jóvenes jinetes cartagineses que habían sido reclutados a toda prisa o que se habían alistado voluntarios orgullosos con ansia de defender su tierra del invasor romano, pero que no habían calculado la incapacidad de su líder.

Publio observó a su alrededor. Cartagineses y romanos se habían detenido y se luchaba cara a cara con saña y furia. Sus hombres llevaban la iniciativa. Al otro lado de la gruesa columna de jinetes cartagineses se veía a las *turmae* de la V que bajo la experimentada dirección de Lelio estaban sembrando de cadáveres africanos toda su línea de ataque. Miró entonces hacia el final de la columna cartaginesa y vio que se interrumpía, más o menos donde terminaba la formación de sus hombres, y a unos centenares de pasos se dibujaba una segunda columna de caballería enemiga detenida. Eran parte de las fuerzas de Hanón que se habían frenado antes de entrar en el valle, pero vestían con más pieles y menos corazas... eran númidas, ¿refuerzos enviados por Sífax? Pero no intervenían. Publio salió de la zona de combate y se encaminó hacia la torre de Agatocles, siempre custodiado por sus *lictores* y por dos *turmae* de la VI que tenían orden de seguir al cónsul en todos sus movimientos por el campo de batalla. Publio detuvo su caballo, se puso la mano sobre los ojos para protegerse del resplandor del sol y escudriñó el horizonte. Estaba valorando dar la orden de replegarse para evitar que el nuevo contingente númida embistiera a sus jinetes mientras éstos estaban concentrados en masacrar las filas cartaginesas, pero no fue necesario. Los númidas daban la vuelta y emprendían la huida. Abandonaban a los cartagineses a su suerte. El cónsul se dirigió a los dos decuriones de las *turmae* que le seguían.

—¡Que una *turma* vaya a la entrada del valle y que confirme la retirada de los númidas! ¡Y si cambian de idea y regresan hacia el valle informadme enseguida!

Uno de los dos decuriones partió hacia la boca del valle seguido de treinta jinetes. El otro decurión se dirigió al cónsul.

—Y con los cartagineses, mi general, ¿qué hacemos?

Publio Cornelio Escipión miró hacia el centro del valle donde tenía lugar aquella cruenta batalla.

—Matadlos a todos —replicó el cónsul sin alzar la voz—. Que no quede ni uno. Luego nos ocuparemos de los númidas.

Masinisa frenó el alocado galopar de su caballo en cuanto los romanos se lanzaron sobre los cartagineses. Sus hombres pensaron que permanecerían allí durante el combate, pues habían cumplido a la perfección la misión que se les había encomendado: atraer hasta aquel valle a la caballería cartaginesa, pero el joven rey de los maessyli estaba ávido por dejar patente su valía ante los ojos del cónsul, de modo que sin mirar a sus hombres golpeó el costado de su animal con violencia y éste respondió con una carrera rápida en dirección al centro de la batalla. Sus leales no lo dudaron y, pese al cansancio, siguieron a su jefe hacia el fragor de sangre y horror donde combatían los cartagineses. Masinisa se adentró en las mismas entrañas de la formación púnica. No le interesaba abatir enemigos, apenas si blandía su espada, sino que buscaba, en el corazón de la formación cartaginesa, el penacho del casco del general en jefe de aquella caballería. Los cartagineses, ocupados en defenderse del empuje romano de ambos flancos no esperaban que los jinetes maessyli perseguidos se revolvieran y retornaran hacia ellos para atacarles, de modo que ayudado por la sorpresa y la distracción de los cartagineses, en apenas un minuto y con la poca oposición de unos pocos jinetes púnicos, Masinisa se encontró en el círculo que rodeaba al general Hanón. El rey de los maessyli lo vio dando gritos, enronqueciendo al intentar poner orden en una lucha que tenía perdida. Masinisa atajó con su espada una jabalina que le apuntaba al pecho, la partió, se revolvió y con una descomunal potencia paseó su espada por el cuello de su atacante que, con la garganta abierta, se derrumbó como un saco a los pies de su caballo. La bestia, sin control, como otras muchas de las que habían quedado sin amo, emprendió una carrera nerviosa buscando una salida en medio de todo aquel círculo de aullidos, dolor y miedo.

Masinisa quedó frente a un incrédulo Hanón, que no podía entender lo que había ocurrido. El joven rey de los maessyli no tenía pensado dar explicaciones. Se sabía protegido por sus hombres, que habían matado a los enemigos de alrededor. Masinisa se tomó su tiempo. Éstos eran momentos que convenía disfrutar. Era rey y lo habían destronado, perseguido y casi asesinado los hombres de Sífax con la connivencia de los cartagineses en varias ocasiones. Era momento de empezar a cobrar deudas. Envainó la espada. Tomó entonces con la mano izquierda una jabalina de su espalda. La pasó de mano y la sopesó con la derecha asiéndola por el centro. Hanón miraba a ambos lados. Su escolta estaba muerta o luchando contra los romanos que venían por ambos flancos. El númida le miraba fijamente con aquella jabalina en su mano, pero Hanón tenía su escudo. Con él se protegería y luego retrocedería hacia las filas de sus jinetes; retirarse antes de que el númida lanzara la jabalina era arriesgarse a que se la clavara por la espalda.

Masinisa estiró su brazo derecho hacia atrás para tomar impulso, luego hacia delante con toda la energía que da la rabia y el odio. Aquella fuerza hizo que la lanza volara feroz en busca del pecho de Hanón, éste interpuso su escudo, pero la energía del rey númida depuesto y humillado era demasiada y su odio, irrefrenable. La jabalina atravesó el escudo como si de un trapo se tratara y siguió su curso hasta hundirse en el esternón del general cartaginés. El hueso crujió al resquebrajarse y las costillas cedieron, se doblaron y se clavaron en los pulmones como dagas afiladas. Hanón se vio morir, con la lanza clavada en su pecho, sin poder respirar, oliendo su propia sangre hasta caer de lado sobre el suelo de su patria, con los ojos abiertos, pasmado.

El campo olía a muerte. Publio Cornelio Escipión, en pie, en medio de aquel mar de cadáveres, miró al cielo. Los buitres descendían en círculos. En torno al procónsul, los *lictores* y, a su alrededor, decenas de jinetes romanos que, dejando sus caballos en manos de otros caballeros, se afanaban en retirar los muertos, casi todos cartagineses, apilando los cuerpos inertes en grandes montones hacia donde las bestias de rapiña del cielo concentraban sus ojos hambrientos y anhelantes. Llegaron entonces varios manípulos de infantería que habían permanecido en la retaguardia. Los legionarios levantaron un improvisado *praetorium* en mitad del valle donde la torre de Agatocles, semiderruida, había asistido como testigo a la gran victoria de los romanos. Publio observó las ruinas de aquella fortificación y se alegró de que los cartagineses no hubieran encontrado, al menos de momento, un general con la capacidad del antiguo tirano de Siracusa o del legendario Jantipo. Cuatro númidas maessyli se acercaron hacia el *praetorium* portando el cadáver de Hanón. Tras ellos, orgulloso, satisfecho, se erguía la joven y fuerte figura del depuesto rey de los númidas del nordeste. Legionarios y *lictores* hicieron un pasillo por donde los maessyli pasaron exhibiendo el cuerpo sin vida del general cartaginés. Para facilitar el transporte, los númidas habían partido la lanza, dejando tan sólo la parte de la jabalina que estaba atravesada en el pecho del púnico. Al llegar frente a Publio Cornelio Escipión los maessyli se detuvieron y a una señal de su rey dejaron caer el cadáver a los pies del cónsul de Roma.

—Aquí tiene el procónsul de Roma el cuerpo de su general enemigo —dijo Masinisa, pero conteniendo su vanidad, hablando como el soldado que ha cumplido fielmente una orden—. ¿Cuál es nuestra siguiente misión, mi general?

Publio le miró sin preocuparse por ocultar su admiración. Con que Masinisa y sus pocos jinetes hubieran conseguido atraer a la caballería cartaginesa al valle para caer en la emboscada habría sido más que suficiente. Traer al general cartaginés muerto era mucho más de lo que se podía esperar de un pequeño regimiento de jinetes númidas exiliados.

—¿Esa lanza es tuya? —preguntó el cónsul señalando la punta de hierro que asomaba por la espalda del general abatido.

—Así es, mi general.

Publio asintió un par de veces antes de volver a hablar. Luego, al hacerlo, se dirigió no sólo a Masinisa, sino a los *lictores*, a los legionarios y a Cayo Lelio que, cabalgando, acababa de llegar desde el otro extremo del valle flanqueado por varios jinetes de su *turmae* de confianza.

—¡Que todos sepan que los dioses nos han bendecido con una gran victoria! —empezó el cónsul—. ¡Y que se escriba en los anales de Roma que la lanza del joven rey Masinisa, rey de los maessyli, fue la que atravesó el corazón de nuestro general enemigo! —Entonces miró a Masinisa—. ¡Joven rey, tienes mi reconocimiento y mi respeto y tendrás *torques* y *faleras* que recuerden a todos los que te vean que serviste bien a las legiones de Roma, aunque por encima de eso tendrás una corona de rey que yo mismo pondré sobre tu cabeza cuando Cartago capitule por fin ante mi ejército!

Masinisa se inclinó levemente, lo justo para reconocer el aprecio del procónsul de Roma y no más de lo que resultaría indigno de alguien que aspira a rey de toda una nación. A continuación el procónsul se volvió hacia Lelio que, una vez que había desmontado de su caballo, se había acercado para admirar el cadáver del general cartaginés muerto por los maessyli.

—¡Y que se escriba también que esta victoria fue fraguada gracias también a la disciplina de las *turmae* de la V legión al mando de Cayo Lelio, tribuno, almirante y jefe de mi caballería! ¡Que Júpiter y Marte y el resto de los dioses, Lelio, te preserven junto a mí por mucho tiempo!

Cayo Lelio apretó los labios y asintió una sola vez sin dejar de mirar el cadáver de Hanón. Eran palabras hermosas las que le dedicaba Publio, palabras que hacía tiempo que no escuchaba y que ya ni siquiera esperaba, palabras que le devolvieron de nuevo un poco de alegría por vivir, por estar allí y por conseguir una victoria. Palabras, en suma, que lo alejaron de su agobiante y perturbador sentimiento de culpa y decepción por el episodio de la traición de su esclava Netikerty. Volvía a ser útil para Publio. Alejado de esclavas y vino, volvía a tener valor para Publio. Si no hubiera estado rodeado de tantos legionarios habría llorado allí mismo. Publio se percató de la emoción que embargaba a Lelio y, hábil, entabló rápidamente conversación con sus oficiales con relación a las nuevas acciones que debían ejecutarse sin falta. Empezó dirigiéndose a Masinisa.

—Bien, joven rey de los maessyli, me has pedido una nueva misión y la tendrás ahora mismo. Estamos en guerra y en territorio enemigo y eso no deja mucho tiempo para la celebración o el descanso. Varios centenares de jinetes númidas, massaessyli sin duda, hombres de Sífax, y algunos caballeros cartagineses han escapado a la emboscada. Tu misión será dirigir la persecución de los restos de la caballería enemiga hasta matarlos a todos o hasta hacer que se desperdiguen por los confines de la frontera entre los dominios de Cartago y Numidia. Te llevarás a tus hombres y la caballería de mis voluntarios y parte de las *turmae* de la VI legión. Te pongo al mando porque has mostrado tu valía, porque conoces el terreno mejor que nadie y porque confío en tu lealtad. Al cabo de siete días deberás presentarte junto con la caballería que te adjudico de nuevo al pie de las murallas de Útica.

Masinisa no preguntó ni se quedó a escuchar qué otras órdenes recibía el resto de los oficiales. Saludó al cónsul y partió raudo con sus cuatro jinetes. El procónsul estaba contento y tenía una misión que cumplir. Había entrado de pleno en el servicio del ejército de Roma. Ya no cabía marcha atrás alguna. El camino hacia su victoria, hacia el inicio de su reinado en Numidia, pasaba por conseguir la victoria de los romanos. A cambio del riesgo que suponía ligar su futuro al de Escipión, el romano le prometía no ya recuperar su antiguo territorio, sino ser rey de toda Numidia. Su destino y el de aquel procónsul, para bien o para mal, estaban unidos para siempre por la sangre cartaginesa derramada en aquel valle y que fluía humillada por los barrancos en busca del mar.

Publio y Cayo Lelio se quedaron mirando al joven rey de los maessyli mientras éste se alejaba veloz para reunir a sus hombres y a los jinetes de la VI legión. Lelio fue el primero en hablar.

—Por Hércules que ese númida ha luchado con valor. Al final resultará ser un valioso aliado. Lástima que disponga de tan pocos hombres.

—Lástima, sí —corroboró Publio—, pero su conocimiento del terreno es ya en sí mismo un arma y deberemos utilizarla siempre que nos sea útil, como ahora.

Lelio asintió. Estaba cansado. Había matado a seis o siete cartagineses aquella mañana. Tenía sangre en la coraza, en los antebrazos y en la espada envainada que goteaba salpicando sus sandalias enrojecidas de pisar cadáveres. Publio presentaba una estampa similar, sólo que llevaba las manos limpias, pulcras, después de que unos esclavos le trajeran una bacinilla con agua con la que lavarse. El cónsul se limitó a hundir sus manos en el agua fresca. No quería perder más tiempo en su higiene personal. Había asuntos más importantes que debatir.

Lelio miraba alrededor. Las pilas de cadáveres cartagineses eran cada vez mayores, así como las de espadas, lanzas y otras armas arrebatadas a los muertos que los legionarios acumulaban en un gran montículo en el centro del valle.

—Esto ha sido una gran victoria —dijo el tribuno.

—Sí, los dioses han estado con nosotros —respondió Publio—. Es una pena que se olviden de ayudarnos en las murallas de Útica. —Y suspiró antes de continuar—. No tiene sentido que seamos capaces de masacrar un ejército entero de caballería enemiga y que nuestra presencia en África se quede en una larga serie de ataques fracasados en el asedio de Útica. —Publio había empezado hablando a Lelio, pero luego su mirada se perdió entre la multitud de pilas de cadáveres enemigos que se levantaban por todo el valle. Lelio comprendió que más que hablarle a él, Publio estaba pensando en voz alta—. Hemos perdido dos centenares de legionarios en Útica —continuaba el procónsul—, dos centenares y no tengo con quién reemplazarlos; los cartagineses sustituirán a sus jinetes muertos esta mañana con otros que reclutarán en la propia Cartago o que harán traer de las naciones vecinas. Giscón se está encargando de reunir un imponente ejército con el que atacarnos y sé que Sífax acudirá en su ayuda. Juntos, Giscón y Sífax, serán casi invencibles. Invencibles. Nos triplicarán en número, lucharán en su territorio, por su territorio y, lo peor de todo: no nos temen. No nos tienen miedo.

—Esta derrota, la muerte de su general Hanón, les dará algo en qué pensar —replicó Lelio con tiento, pues sabía que interrumpía los pensamientos de su amigo, de su general, de su procónsul.

Publio volvió a mirarle a la cara.

—Eso es cierto. Ahora tienen algo en lo que pensar, pero no es suficiente. —Y calló en seco. Lelio sabía interpretar esos súbitos silencios. Publio había tomado una determinación—. ¿Sabes lo que haremos? —preguntó el procónsul.

Lelio negó, despacio, con la cabeza.

Publio mantuvo la mirada fija en él un segundo antes de decir nada.

—Vamos a arrasar la región —dijo Publio con una frialdad que helaba la respiración de los propios *lictores*—. Todo, Lelio, lo vamos a arrasar todo. Todo lo que se levante entre Saleca y Útica. No ha de quedar nada. Saqueo y destrucción. No nos tienen miedo. Se atreven a perseguir a nuestros aliados con avanzadillas de caballería sin reunir sus fuerzas. Nos menosprecian. Eso va a cambiar, Lelio. Todo. Lo quiero todo arrasado. Cogerás a la V legión; no, mejor a la VI. Llevan el ansia de saquear, matar y destruir en la sangre. Estuvieron años haciéndolo en Sicilia. Ahora podrán hacerlo nuevamente, pero bajo tus órdenes, con disciplina, ciudad a ciudad, pueblo a pueblo, cada granja, cada cobertizo, cada campo de labor. Todo. —Publio posó su mano derecha sobre el hombro de Lelio mientras le hablaba, como había hecho en la tienda del tribuno cuando le visitó tras su caída de la torre de asedio en el mar—. Quiero que reúnas el mayor botín posible: necesitamos grano y ganado, aceite, todos los víveres que se puedan reunir, para nosotros y para enviar a Roma. Y coge todo el oro, plata y piedras preciosas que guarden en Saleca, sus puertas están incendiadas y no tienen defensores. Cógelo todo y al que se oponga que lo maten, no, mejor, que lo torturen y que luego lo maten. Crucifica a todos los que se levanten contra la VI legión. Nos llaman las «legiones malditas». Y se ríen de nosotros. Llevan razón en una cosa, Lelio: tengo el mando de unas legiones malditas, pero vamos a cambiar el motivo de ese sobrenombre. Los cartagineses han de saber que estas legiones no son malditas ya por su destierro del pasado, sino por su crueldad, por su efectividad en la lucha, por el dolor y la muerte y el sufrimiento que extienden a su paso. Quiero que hagas que los senadores de Cartago se reúnan en unos días y, al saber de tu ataque, tiemblen y nos tengan miedo. Si quieren venir contra nosotros que reúnan todas sus fuerzas. Veremos entonces quién es el más fuerte. ¿Podrás hacerlo, Lelio? ¿Crees que podrás hacerlo?

—Por Hércules, cuenta con ello, mi general —respondió Lelio encendido por las palabras de Publio y por la confianza que el general depositaba en él. El cónsul apretó sus dedos contra el hombro de su tribuno.

—Al final siempre he de contar contigo —dijo Publio, y sonrió.

Lelio asintió intentando ocultar cierta emoción.

—Ahora bebamos un trago antes de que te marches —añadió Publio.

Los mismos esclavos que habían traído la bacinilla con agua limpia, sacaron rápidamente unas copas y un ánfora de vino de la improvisada tienda del *praetorium*, y allí, bajo las insiginias de las «legiones malditas», Cayo Lelio y Publio Cornelio Escipión bebieron en un silencio especial que sólo ellos podían interpretar, un silencio bajo el que ambos, sin decirlo, recordaron la primera vez que en el norte de Italia, junto a una hoguera, próximos al río Trebia, la noche antes de combatir contra los ejércitos de Aníbal, brindaron por su amistad eterna. De eso hacía ya catorce años. Y año a año habían compartido batallas y penurias, luchas en el Senado, intrigas en Roma, espías en los campamentos, la sorpresa de la traición, la injusticia de una rebelión y la impotencia ante la enfermedad.

Cuando al cabo de unos minutos, Lelio partió para cumplir con su misión, Publio se quedó con cierto sabor amargo: acababa de ordenar la muerte y destrucción de decenas de pequeños pueblos, de campesinos, de tierras de labranza, el pillaje del ganado y el saqueo de las riquezas de toda la región. Sacudió la cabeza y escupió en el suelo. Aníbal llevaba catorce años usando aquella estrategia en Italia. Ya era hora de que los cartagineses sintieran en su propia piel el áspero látigo de la guerra. Ahora él debía regresar a Útica.

Tenía una ciudad que conquistar. Necesitaba el control de esa población y sus murallas, pues esos mismos muros que ahora le impedían terminar con éxito su asedio debían ser los muros que les protegieran del ataque de Giscón y Sífax. Sin la caída de Útica, el paso de las «legiones malditas» por África sería un nuevo fracaso romano que añadir al desastre de Régulo y sus hombres. Publio recordó entonces las palabras del poeta Nevio, el mismo por el que Plauto había intercedido en Siracusa y que ahora debía de pudrirse en las cárceles de Roma por criticar a los Metelos en especial y a los patricios en general, el mismo al que había prometido ayudar si regresaba vivo de África. Eran las palabras en las que Nevio hacía referencia a la épica muerte de Régulo y sus legiones: *seseque ei perire mauolunt ibidem quam cum stupro redire ad suos populares...* [Prefieren morir en su puesto antes que regresar cubiertos de deshonra ante sus conciudadanos].* Si no querían ser sólo el recuerdo de poetas caídos en desgracia, Útica debía ser conquistada.

---

* Traducción de Manuel Segura Moreno en su edición sobre *Épica y tragedia arcaicas latinas.*

74

El ejército de Cartago

Útica, norte de África, otoño del 204 a.C.

Cayo Valerio plantó su escudo en el suelo y miró atrás. Los manípulos de la V legión le seguían con disciplina. Miró a su derecha, asomando su cabeza protegida por el casco un centímetro por encima del escudo, y observó cómo los legionarios de la VI, al mando de Quinto Terebelio, habían ascendido también por el otro terraplén. Miró entonces al frente. A cien pasos estaban las murallas de Útica. Al haber levantado aquellas colinas de tierra, el final de su camino terminaba reduciendo la altura de los muros a tan sólo un par de metros. No se veía ningún movimiento especial de los defensores. Les recibirían con flechas y lanzas. Una gran lluvia de las mismas. Los escudos deberían resistir. Luego el asalto.

Cayo Valerio, *primus pilus* de la V legión, blandió su espada en alto. Sabía que todos le observaban. No iba a ser original. No era momento de palabras brillantes, sino de luchar.

—¡Al ataque! ¡Al ataque! ¡Al ataque, por el procónsul, por Roma, por los dioses!

Los trescientos soldados que le seguían ascendieron el pequeño espacio que les quedaba antes de alcanzar las murallas a la carrera. Al llegar al muro se detuvieron y pusieron sus escudos en alto para protegerse. Los dardos y las jabalinas no tardaron en llegar. Chocaban contra sus escudos como rocas afiladas. Alguna lanza de especial envergadura conseguía traspasar un escudo más endeble de piel seca reforzada apenas con algo de metal y atravesaba el pecho o el brazo de un legionario. Gritos de dolor. Al minuto sólo silencio. La andanada de armas arrojadizas había terminado. Era el momento. Cayo Valerio volvió a hacer resonar su voz a los pies de las murallas de Útica.

—¡Ahora! ¡A por los muros! ¡Ahora, por Júpiter!

Y decenas de legionarios se lanzaron a escalar las murallas, ayudándose los unos en los otros, pero los que ascendían eran embestidos por jabalinas que los defensores usaban a modo de picas con las que los ensartaban. Los romanos sustituían a los que caían con nuevos legionarios, pero nuevas andanadas de flechas y lanzas caían del cielo y, de pronto, desde un ángulo de la muralla, emergió un enorme caldero que los ciudadanos de Útica volcaron haciendo que su espeso líquido llameante resbalara por las hasta entonces frías piedras del muro que, tras el paso de aquella sustancia, quedaban ennegrecidas y humeantes. La pez ardiendo alcanzaba los pies semidescubiertos de las *caligae* de los legionarios y éstos, abrasados y torturados por el insoportable dolor de sus extremedidades en llamas, se arrojaban desde lo alto del terraplén, rodando, sin protegerse ya con sus escudos que habían soltado en su huida para perecer pasto de las flechas y las jabalinas que llovían incesantemente sobre ellos como una tormenta de locura sin fin.

A CayoValerio le temblaba la barbilla. Tenía órdenes de intentarlo hasta lo razonable y de ordenar la retirada si la defensa era demasiado poderosa. Cuando recibió esa orden la consideró absurda, pues pensaba que sus hombres de la V estaban lo suficientemente motivados como para exhibirse ante el procónsul, pero ahora, al ver a decenas de sus legionarios como cuerpos inertes por todo aquel campo de batalla, sus cadáveres ensaetados hasta el delirio, inspiró aire, se tragó el orgullo y aulló desde lo más profundo de su alma las nuevas instrucciones a sus soldados heridos, rajados, acribillados.

—¡Retirada, retirada, retirada! ¡Nos replegamos! ¡Descended! ¡Retroceded!

Y así, ensangrentado por una flecha que le había rozado la sien, con lágrimas en los ojos por la rabia y la vergüenza, Cayo Valerio, *primus pilus* de la V legión, una legión maldita, retrocedió con sus legionarios sin haber conseguido tomar las murallas de Útica. Tras él, cadáveres.

Lelio, tal y como le ordenara el propio procónsul, había conseguido tomar Saleca y multitud de poblaciones cartaginesas en toda la región y había regresado con un imponente botín en forma de oro, plata, grano, víveres de todo tipo, aceite, vino y ganado, pero pese a la caída de Saleca y esas poblaciones púnicas, la resistencia de Útica era un problema que estaba poniendo nerviosos a todos.

—Las fortificaciones de Útica son poderosas y muy resistentes. Así no conseguiremos nada —dijo Lelio a un abatido Publio y a un muy preocupado Lucio, su hermano, que también les acompañaba en aquel altozano desde el que observaban el frustrado asedio de Útica.

El procónsul de Roma se volvió hacia Lelio y admitió la dificultad de la empresa.

—Es cierto. Además, nuestros hombres no combaten con fe. Les falta confianza en sí mismos. Así no se puede conquistar una ciudad.

—Y calló mientras seguía contemplando el repliegue de los hombres de Valerio.

—¿Qué hacemos?

Publio iba a responder cuando Marco Porcio Catón, que terminaba de ascender hasta la colina en la que Publio y Lelio se encontraban, se inmiscuyó en la conversación. El *quaestor*, a la vista de los pobres resultados del asedio, se sentía con ínfulas y ganas de atormentar al general.

—Parece que las murallas de Útica no son como las de Locri o las de Saleca, ¿verdad? —Catón acompañó su pérfido comentario con una mueca de su rostro que pretendía simular una torpe sonrisa. Era un gesto tan poco frecuente en su persona que su faz se contraía de un modo extraño, antinatural.

Publio ignoró sus palabras y se dirigió a su hermano Lucio.

—Hermano, ha llegado una pequeña flota de reaprovisionamiento desde Sicilia y pienso que podemos aprovechar su viaje de vuelta: Quiero que vayas a Roma en esos mismos barcos, con el botín que hemos conseguido tras nuestra victoria sobre la caballería de Hanón y con las incursiones que ha realizado Lelio en Saleca y toda su región. Es importante que Roma vea que vamos consiguiendo resultados tangibles. —Esto último lo dijo mirando al *quaestor*. Catón dejó de forzar las facciones de su rostro y se mantuvo en silencio, mientras se volvía para mirar hacia atrás. Se escuchaban cascos de caballos. ¿Un mensajero?

Un explorador de los que el cónsul había ordenado que patrullaran en torno al campamento, adentrándose hasta medio día de marcha en tierra africana, llegó, polvoriento, cansado y algo nervioso, hasta el puesto de observación del alto mando romano. El jinete desmontó y se situó frente al procónsul.

—¿Y bien, soldado? —preguntó Publio.

El legionario miró a derecha e izquierda. Dudaba.

—Puedes hablar. Estás ante mi estado mayor y ante el *quaestor* de las legiones —dijo Publio con aplomo. En realidad, le habría gustado sobremanera que aquel explorador se hubiera presentado en otro momento, cuando Catón no hubiera estado presente, pero eso ya no era posible e intentar entrevistarse con el explorador a solas no habría hecho sino despertar la sospechas de Catón. Era osado hacerle hablar ante todos, pero era digno de su *autoritas* y esos desplantes le hacían sentirse superior al *quaestor*, una sensación que el cónsul disfrutaba con deleite, aunque en aquella ocasión, su vanidad le iba a traicionar. Quizás hubiera suerte y el legionario sólo fuera a anunciar el regreso de Masinisa, que, por cierto, llevaba días de retraso, lo que había incrementado también la preocupación de Publio, pues si a la resistencia de Útica se añadiera la defección de Masinisa con las fuerzas de caballería que el procónsul le había cedido o que dicha caballería hubiera sido aniquilada por los númidas de Sífax, eso significaría una dificultad añadida, quizá la piedra de toque final, a toda aquella complicada y agotadora campaña militar.

—Los cartagineses vienen de camino, mi general. Dos ejércitos: Giscón por el este, con unos cuarenta mil hombres, y el rey Sífax por el oeste, con unos sesenta mil. Son muchísimos, mi general.

No se trataba de Masinisa. Eran peores noticias aún. Y el último comentario sobraba, pero ya estaba dicho. El propio legionario se dio cuenta al ver la indignación en la cara del procónsul, pero ya era tarde para desdecir lo dicho. El soldado miró al suelo y rogó a los dioses que lo mataran allí mismo y se lo llevaran al Hades, pero el procónsul estaba ante la presencia de todos sus oficiales incluidos la molesta e inoportuna visita del *quaestor*. Publio se contuvo.

—Está bien, legionario. Ya has informado. Ahora márchate y descansa. Pronto entraremos todos en combate... aunque soy yo quien debe decidir cuándo el enemigo son demasiados.

—Sí, mi general —dijo el explorador, y se retiró sin levantar sus ojos del suelo.

Catón, como era de imaginar, fue el primero en romper el denso e incómodo silencio que se había apoderado de todos en lo alto de aquella colina.

—Cien mil hombres contra treinta mil. Esto va a ser una gran hazaña, procónsul. —Y dio media vuelta sin esperar respuesta y empezó a alejarse colina abajo al tiempo que su cuerpo se convulsionaba de forma peculiar en lo que quizá pudiera ser una carcajada entrecortada y medio oculta, cuando de súbito se detuvo, desanduvo unos pasos y volvió a dirigirse al cónsul—. Por cierto, creo que en calidad de *quaestor* acompañaré al hermano del cónsul en su viaje a Roma. Debo hacer recuento de todo lo sustraído en los ataques a Saleca y creo que debo velar por que el botín llegue intacto a Roma. Sí, procónsul, creo que aprovecharé mi rango para ponerme a salvo. Las cosas en África las veo mal. Además, parece que has perdido a gran parte de la caballería en manos de un rey númida exiliado y rebelde. —Y volvió a dar media vuelta y, esta vez ya sí, no pudo controlar que una sonora carcajada perturbase los oídos de todos.

—Deberíamos matarlo y olvidarnos de que es un *quaestor* —dijo Lelio con la sangre hirviéndole en las entrañas y la mano en la empuñadura de su espada.

—Pero es *quaestor* —dijo Publio—. En cualquier caso, será un alivio verlo marcharse. Combatiremos mejor sin sus comentarios.

Lelio retomó el tema del mensaje del explorador, evitando referirse a la alusión de Catón sobre Masinisa, un tema sobre el que todos los tribunos de Publio mantenían un profundo silencio, sobre todo porque el general le había cedido al rey de los maessyli varios centenares de jinetes de las legiones, algo que pronto necesitarían para defenderse de los ejércitos de Giscón y Sífax y cada día que pasaba se extendía más y más el convencimiento silencioso de que Masinisa o les había traicionado o había sucumbido a una encerrona de Búcar y su caballería númida.

—Cien mil hombres... —dijo Lelio sin terminar la frase. No quería arrogarse la capacidad de concluir que ésos eran demasiados enemigos, como había hecho el explorador, pero era lo que todos pensaban.

Publio se giró hacia las murallas de Útica. Ahora era ya del todo imposible conquistar aquella ciudad antes de la llegada de los refuerzos enemigos. Los cartagineses se habían tomado su tiempo, pero ya estaban de camino. Sin mirar a nadie, el cónsul respondió a la frase inacabada de Lelio.

—Nos triplican en número, sí, pero como dice Catón, eso hará que nuestra hazaña tenga aún más mérito.

Todos los oficiales se miraron entre sí. Eran palabras valerosas las que pronunciaba el procónsul, pero las palabras por sí mismas no serían suficientes para detener a los cartagineses y a los númidas del rey Sífax. Todos, Lelio, Lucio, y el resto de los oficiales que allí se habían congregado, Digicio, Terebelio, Valerio, Silano y Mario, todos, menos Publio, miraban al suelo y sentían que aquellas legiones estaban malditas de verdad.

Publio Cornelio Escipión mantenía su mirada oteando el horizonte. Nadie sabía qué buscaba.

75

Una nueva vida

Roma, invierno del 204 a.C.

—¡Aaaaahhhh!

—Empuja, mujer, empuja.

Las voces de Secunda, la matrona romana que Pomponia, la madre de Publio, había hecho traer para ayudar a Emilia en el parto, resonaban en las sienes de la joven esposa del procónsul tanto o más que sus propios gritos. Aquél era su tercer alumbramiento pero estaba resultando, con mucho, el más doloroso. Y eso que todo se había dispuesto con tiento. Estaban en una amplia habitación, bien ventilada, con todo lo necesario para el parto preparado hacía días: aceite de oliva que no se había usado previamente para cocinar, agua caliente, aceites para el cuerpo, esponjas de mar suaves, paños de lana, vendajes, una almohada donde colocar al recién nacido, todo tipo de cosas para oler, desde barro a manzanas, limones, pepinos, melones, para ser utilizados cuando fuera preciso despertar a la parturienta si perdía el sentido, un asiento especial de matrona, que la propia Secunda había traído, pues las matronas gustaban de tener en propiedad dicho material tan necesario para su profesión, dos camas, una dura para el parto y otra blanda para después del alumbramiento, y todo ello en una habitación de tamaño medio y templada de temperatura.

—Viene al revés —dijo la mujer que la ordenaba empujar.

—¿Se puede hacer algo? —preguntó Pomponia mientras consolaba con un paño húmedo la arrugada frente de su nuera, derrotada tras varias horas de contracciones interminables.

—Puedo tirar de las piernas y si la madre empuja más quizá lo resolvamos, con la ayuda de los dioses pero... es un mal presagio, un mal presagio... y eso que lo primero que hice fue poner las plumas de buitre bajo los pies de la parturienta. Quizás haga falta más ayuda de la que pensé... como era su tercer parto, pensé que todo sería más fácil, pero algo podremos hacer...

Y la matrona se alejó de la cama y fue a un cesto donde tenía todo tipo de extraños objetos y amuletos. Regresó victoriosa con una amplia sonrisa en la boca.

—Poned esto encima de su vientre. —Y Secunda esgrimió una pata de hiena aún ensangrentada que alargó para que Pomponia la tomara y la pusiera sobre el hinchado vientre de Emilia.

Pomponia obedeció y puso la pata de aquel animal en el lugar requerido por la matrona, pero no se sentía satisfecha, y parecía ser que la matrona tampoco porque observó cómo Secunda regresaba a su cesto y extraía pequeños frascos de vidrio y mezclaba varios líquidos en un pequeño cuenco en el que luego introdujo una cuchara para revolver los fluidos con rapidez.

—Que beba esto —afirmó Secunda con rotundidad, con esa seguridad que da la experiencia y los años—. Es semen de oca con los fluidos del útero de una comadreja. Eso la salvará.

Emilia bebió, se atragantó y regurgitó parte de lo bebido. Secunda sacudió la cabeza con desdén.

—Así no avanzaremos —musitó la matrona ofendida.

Pomponia empezaba a estar cansada de los comentarios, amuletos y brebajes de aquella maldita matrona, por muy bien considerada que estuviera entre las mejores familias patricias de Roma. La madre de Publio apartó el cuenco de la matrona y lo reemplazó por otro que ella tenía preparado con leche de cerda mezclada con miel y vino. Emilia bebió y pareció encontrar algo de sosiego en la sustitución. Lo que parecía un diminuto pie emergió por la vagina de la exhausta Emilia.

—¡Tira del niño, por Júpiter! —replicó Pomponia con furia—. ¡Y déjate de presagios y amuletos! ¡Tira ahora! —Y continuó bajando la voz, con ternura, mirando a Emilia—. Y tú, pequeña, empuja con fuerza. Empuja. ¡Empuja!

—¡Aaaahhh!

En un último esfuerzo desesperado Emilia empujó con todas sus fuerzas, la matrona tiró del bebé y, milagrosamente, en pocos segundos, el llanto de una criatura lo inundó todo. Emilia escuchó los primeros sollozos, sonrió y perdió el sentido. Secunda tomó el bebé y lo miraba con cara de disgusto. No era varón. Una esclava acercó un trozo de vidrio roto y sucio con el que Secunda pretendía cortar el cordón umbilical, cuando Lucio Emilio, el hermano de Emilia, acompañado por Icetas, el pedagogo griego de los niños, entraron.

—¿Qué ocurre, por los dioses, por qué tardáis tanto y por qué esos gritos? —exclamó Lucio, pero al ver a su hermana envuelta en un mar de sangre, rodeada de todo tipo de restos de animales muertos, se detuvo sin saber qué hacer o qué decir. Él nunca había visto un parto y no sabía lo que era normal o extraño. Ante su indecisión, Icetas avanzó y empezó a retirar las plumas de buitre, la pata de hiena y otros trozos de animales que arrojaba a una esquina de la habitación mientras pedía paños limpios y un cuchillo afilado y lavado. Secunda sostenía a la criatura, que no dejaba de llorar, pero Icetas le ordenó que no usara aquel vidrio sucio para cortar el cordón umbilical. En su lugar, en cuanto llegó el cuchillo limpio, lo examinó, empapó uno de los paños con agua clara, lo pasó varias veces por el filo y luego, con rapidez, cortó el cordón umbilical. Con sus manos, presionó el segmento final del cordón hasta extraer toda su sangre, extrajo un hilo de uno de los paños de lana y ató el cordón dejándolo caer encima del ombligo de la pequeña criatura.

—¡Que limpien todo esto y que den leche y agua a la madre y que la dejen descansar, por todos los dioses, y que retiren todos esos animales muertos!

La irrupción de Icetas había sido del todo inusual y contra todo lo acostumbrado, pero el tutor griego se había ganado la confianza de Pomponia y Lucio Emilio con su amable a la vez que exigente trato con los pequeños Cornelia y Publio y nadie, en medio de los sollozos de dolor de Emilia, se atrevió a discutir sus instrucciones.

—Es una niña —dijo sin demasiada ilusión una humillada Secunda buscando así recuperar algo de la atención que todos le estaban negando pese a lo que ella entendía que habían sido unos excelentes servicios prestados por su persona en aquella difícil situación—. Es una niña —repitió. Roma necesitaba soldados, no niñas.

Pomponia no la escuchaba, aunque había registrado que era una nieta lo que acababa de nacer. Estaba más preocupada por el estado de Emilia. Además, había mucha sangre.

Lucio Emilio Paulo se retiró de la habitación junto a Icetas una vez que ambos comprobaron que Pomponia se hacía con la dirección de lo que ocurría allí dentro.

Lucio había estado horas esperando. Ya había oído a su hermana gritar de dolor en otros partos, pero no de aquella forma. Ante la ausencia del padre, Publio, y del hermano del mismo, Lucio, ambos en África, le correspondía a él como tío materno recibir a la nueva criatura y aceptarla o no en el seno de la familia de los Escipiones y los Emilio-Paulos, pero aquellos desgarradores aullidos le habían aturdido y se sentía ofuscado. Pensó en beber algo, pero todos los esclavos estaban absorbidos por el parto, corriendo de un lado a otro, trayendo más agua fría, caliente, paños... Lucio respiraba algo más tranquilo tras la intervención final de Icetas en el desenlace del parto, pero no dejaba de sentirse inquieto.

Pomponia emegió al fin en el atrio con la pequeña recién nacida envuelta en un manto blanco y la depositó en el suelo a sus pies. Él la miró con tiento. Se la veía sana y a decir por la potencia de su llanto, fuerte.

—Es una niña —insistió una implacable Secunda que se incorporó al atrio tras Pomponia—. Y ha venido del revés. Es un mal presagio para esta familia, yo...

Pomponia se giró hacia la mujer y le lanzó una mirada fulminante y ésta calló y se quedó mirando al suelo sin añadir ya nada más. Lucio Emilio Paulo se arrodilló ante la niña que, de forma desconsolada, continuaba llorando sin parar. El joven tribuno acarició la sien de la pequeña y ésta pareció remitir en su congoja. Lucio la tomó entonces en sus brazos y la levantó en alto.

—Esta niña es de la *gens* Cornelia y de la familia de los Escipiones y los Emilio-Paulos. No importa cómo haya venido al mundo. Es una de los nuestros y hará fuerte a nuestra familia. Como hija de Publio Cornelio Escipión y de acuerdo con nuestra costumbre, al ser una niña se la conocerá también, como su hermana, por el nombre de su *gens* y todos la llamarán Cornelia, siendo, a partir de ahora, Cornelia la mayor, su hermana, y ella, la recién nacida, Cornelia la menor.

Pomponia asintió satisfecha mirando a Lucio. La matrona romana a sus espaldas, sin levantar su mirada del suelo, sacudía la cabeza una y otra vez. Aceptar a aquella niña traería mala suerte.

—¿Y mi hermana? —preguntó Lucio devolviendo la criatura a manos de su abuela.

—Perdió el conocimiento por los esfuerzos del parto, pero se ha recuperado. Ha perdido mucha sangre. Estará débil unos días, pero tu hermana es fuerte como las rocas. Ahora debo llevarle a su nueva hija. Verla la animará.

Lucio confirmó su consentimiento con un cabeceo y volvió a preguntar.

—¿Cuándo podré hablar con ella?

—Mañana, por la tarde, mañana —dijo Pomponia.

Lucio iba a aceptar las instrucciones, pero el amor por su hermana y su preocupación eran demasiado poderosos.

—No, prefiero verla ahora.

Pomponia no estaba acostumbrada a que la contradijeran y un leve ceño se dibujó en su frente. Se volvió lentamente hacia Lucio Emilio.

—Por favor... —añadió Lucio.

La niña había dejado de llorar. Aquello apaciguó a su vez el ánimo de su abuela.

—Pasa entonces. —Y se hizo a un lado abrazando con mimo a la recién nacida para que Lucio pudiera pasar. El joven entró en la habitación de su hermana y la encontró aturdida, pero consciente, envuelta en una montaña de paños blancos ensangrentados que dos esclavas se afanaban en ir reemplazando por otros limpios. Lucio se sentó en un taburete junto a Emilia, en el mismo sitio que durante el parto había ocupado Pomponia.

—¿Estás bien?

—Sí... cansada... no... agitada, pero sí, bien. Sólo necesito dormir. ¿La niña está bien?

—Está bien. Es guapa, como su madre.

Emilia sonrió. El único que además de su marido se atrevía a lanzarle un cumplido era su hermano.

—¿Se sabe algo de África? —preguntó Emilia.

Su hermano dudó antes de responder. Era malo mintiendo y su hermana siempre sabía cuándo lo hacía. Desde niños. Dijo la verdad.

—Se sabe poco. Sabemos que ha desembarcado, con las legiones V y VI y sus voluntarios itálicos y sus veteranos de las campañas de Hispania. Sabemos que ni las tormentas ni los cartagineses se opusieron a su travesía. Los dioses le amparan, como siempre. Se sabe también que está asediando la ciudad de Útica.

Emilia sonrió. Era enternecedora la forma en que Lucio intentaba sosegarla.

—Pero desde el desembarco... ¿no se sabe nada más?

—No —admitió Lucio Emilio—. Sólo lo de Útica.

—¿Y eso es bueno? ¿Tan pocas noticias?

Lucio volvió a pensar su respuesta.

—Es pronto aún para tener más noticias, y las rutas no son seguras. Hay que esperar.

Emilia iba a replicar, pero una fulminante sensación de extenuación se apoderó de su cuerpo.

—Debemos dejarla descansar —dijo Pomponia, en pie, tras Lucio.

—Sí —concedió el tribuno, y dejó a las tres mujeres, de tres generaciones distintas, que se acompañaran y se protegieran mutuamente. En el atrio, Lucio vio salir a la mujer que había ayudado en el parto. Secunda dejaba la casa cabizbaja, sin alegría, y Lucio Emilio recordó sus palabras: «Es un mal presagio.» Lo cierto es que Publio debería haber enviado ya mensajeros. ¿Qué estaba pasando en África?

LIBRO VII

LA GUERRA DE ÁFRICA

203 a.C.

Victa pugnaci iura sub ense iacent.

OVIDIO, *Tristia*, 5, 7, 48

[Las leyes yacen vencidas bajo la espada guerrera.]

[*Castra Cornelia...*] *Id autem est igum directum emi-nems in mare, utraque ex parte praeruptum atque aspe-rum, sed tamen paulo leniore fastigio ab ea parte, quae ad Uticam vergit. Abest directo itinere ab Utica paulo amplius passuum milibus III. Sed hoc itinere est fons quo mare suc-cedit longius, lateque is locus restagnat; quem si qui vitare voluerit, sex milium circuito in oppidum pervenit.*

JULIO CÉSAR, *Bellum Civile*, II, 24, 3-4

[(Castra Cornelia...) Es, en efecto, un peñón cortado que se cierne sobre el mar, abrupto y escarpado por ambos lados, si bien con pendiente algo más suave por la parte que mira a Útica. Dista en línea recta de Útica poco más de tres millas. Pero en este trayecto se encuentra un fontanal, donde el mar penetra un tanto, y queda este paraje empan-tanado en bastante extensión.]*

* Palabras de Julio César describiendo el lugar donde Publio Cornelio Escipión se refugió en su campaña de África, al visitarlo intrigado por saber por qué lo eligió el antiguo procónsul Publio Cornelio Escipión cuando le rodeaban dos ejércitos enemigos que le triplicaban en número, recogido en *Bellum Civile*, II, 24, 3-4. Traducción de Javier Cabrero.

76

Castra Cornelia

Costa norte de África, primavera del 203 a.C.

Publio era un hombre valiente, pero no un loco. Rodeado por las fuerzas de Giscón y Sífax decidió abandonar el asedio de Útica y buscar refugio para sus tropas en un lugar donde poder fortificarse adecuadamente para pasar el invierno resistiendo si ello era necesario un asedio del enemigo. De esa forma, reunida información por todos los exploradores romanos que el cónsul había distribuido por la región, hizo que las legiones V y VI de Roma marcharan hasta una pequeña península muy próxima a la propia ciudad de Útica, con la ventaja de ser un promontorio elevado, lo que lo protegía de ataques por mar, aunque en un lado quedaba algo más bajo el terreno, dando lugar a una pequeña bahía natural donde ordenó fondear la flota. Luego fortificó el istmo con varias empalizadas y dispuso las tropas por las mismas a la espera de un ataque inminente por parte del enemigo. Confiaba en que al ser rechazados eso enfriaría un poco los enardecidos ánimos de cartagineses y númidas y así, ganado algo de tiempo, poder concebir un plan para poder salir de allí con vida. De pronto, la victoria, derrotar a Cartago, hacer que Aníbal regresara de Italia, todo eso, pensó Publio con amargura, todas esas maravillosas ideas, no parecían sino un sueño inalcanzable. Ahora debían luchar por sobrevivir. Y también debía ganar tiempo con relación al Senado de Roma. Si Máximo averiguaba que la situación era desesperada, seguramente haría que los senadores aprobaran la retirada de las legiones y su regreso a Sicilia. Quizás eso fuera hasta sensato, pero el orgullo de Publio se negaba a admitir esa opción. Debía hacer algo, pues Catón o bien habría llegado a Roma, o bien habría remitido ya mensajes a Máximo con correos urgentes. Publio llamó a Lelio al *praetorium*.

—Netikerty sigue contigo, ¿no es así?

Lelio, aunque con cierta desgana, asintió.

—Bien. Pues es hora de que nos vuelva a ser útil. Tráemela.

Pasaron unos minutos, pero al poco, Lelio regresaba a la tienda del general en jefe con la joven esclava. La muchacha avanzó un par de pasos por delante de Lelio y se arrodilló a los pies del procónsul.

—¿Han vuelto a comunicar contigo, alguien, algún agente de Máximo?

La joven egipcia asintió un par de veces sin dejar de mirar al suelo.

—¿Dónde, cómo?

Netikerty habló sin levantar el rostro.

—Cuando salgo con los otros esclavos del tribuno Lelio a buscar suministros en el *quaestorium*, a veces se me acerca un hombre y me dice: «¿Sabes algo de la guerra?» Es la contraseña que me indica que es un hombre de Máximo. Nunca es el mismo y se guardan de que les vea bien, normalmente van con el casco puesto, mi general.

—Sea —aceptó Publio—. Pues acudirás al *quaestorium* con frecuencia estos días y cuando te interpelen deberás decir que la posición y la moral de las tropas es alta, que el general es muy respetado y que ninguno de los oficiales del cónsul duda del éxito de la misión, que los hombres están animados por las victorias de Saleca y contra la caballería de Hanón. Y dirás que el general y el tribuno Lelio se muestran muy esperanzados en la victoria final. Todo eso deberás decir. Y también que esperamos refuerzos... —Aquí Publio se detuvo un instante, pero al fin se lanzó—. Sí, que esperamos gran cantidad de refuerzos de Masinisa. Eso debes decir. Y que Sífax duda en atacarnos y que, seguramente, terminará siendo neutral. Eso también. Eso es todo. ¿Lo has entendido?

—Sí, mi general.

—Bien, pues ya puedes marcharte.

La joven salió por la tienda y tras ella Lelio, que un instante antes se giró hacia el procónsul; pero, al ver a Publio mirando al suelo, apretando los labios y concentrado, pensó mejor en no decir nada.

Pasados unos días, Lelio concluyó que, de alguna forma, Publio se comunicaba con los dioses, pues dos amaneceres después de que el procónsul dictara aquel mensaje a Netikerty, Masinisa apareció frente a las puertas de las nuevas fortificaciones de aquel campamento que todos daban en llamar Castra Cornelia, en honor a la *gens* del general que les comandaba. Y no sólo eso, sino que el rey de los maessyli había regresado de su incursión no sólo con los jinetes romanos que le había cedido el cónsul, sino con varios miles de guerreros de su pueblo. La voz había corrido por el noreste de Numidia: Masinisa había regresado, estaba vivo y estaba acompañado por los romanos. Eso hizo que por todo el nordeste de Numidia, centenares de maessyli se unieran a las filas del rey rebelde para recuperar la libertad y zafarse del yugo de Sífax.

—Te dije que volvería y sé que me he retrasado —se explicaba Masinisa ante Publio Cornelio Escipión en el *praetorium*, rodeados por las atentas miradas de Lelio, Silano, Marcio, Mario, Cayo Valerio, Terebelio y Digicio—, pero ha sido por una buena causa: he conseguido reunir varios miles de guerreros maessyli para servirte mejor.

Publio se levantó y avanzó hacia Masinisa; éste no sabía bien qué hacer, pero las palabras del procónsul, poniendo su mano sobre su hombro, le tranquilizaron.

—Has llegado tarde, pero me has traído todo un ejército de caballería. Masinisa, rey de los maessyli, doy mis órdenes por cumplidas y aprecio el valor de tu lealtad. Me has servido bien y me servirás aún mejor. Lo presiento. Y no dudes que sabré recompensarte más allá de lo que puedas imaginar.

Masinisa dudó, pero no lo pudo evitar.

—Puedo imaginar mucho.

Publio sonrió.

—Eso está bien. Un rey con ambición. No te preocupes, joven rey. Yo soy capaz de imaginar aún mucho más. Créeme.

Y con aquellas enigmáticas palabras, despidió al rey de los maessyli, que se retiró algo confundido, pensando con intensidad, pero satisfecho de que el procónsul se sintiera bien dispuesto hacia él. Sentía que la recuperación del nordeste de Numidia podía estar más cerca, aunque la enormidad del ejército de Sífax y Giscón reunidos a escasa distancia de las fortificaciones romanas le tenían confuso.

Tras aquel feliz regreso, que animó un poco a las acorraladas legiones de Escipión, Lelio vio cómo otra parte del mensaje que el procónsul dictó a Netikerty parecía cumplirse: el rey Sífax, en lugar de atacar, envió emisarios para parlamentar. Sífax se erigía como mediador entre los cartagineses y los romanos y ofrecía al procónsul de Roma una tregua para poder parlamentar y así pactar una salida negociada a aquel conflicto. Una negociación que, sin duda, Sífax dirigiría a favor de los intereses de Cartago dada su tremenda posición de fuerza. Lelio, como el resto de los oficiales, observó que Publio hacía lo que debía hacer dadas las circunstancias: aceptó negociar. Los legionarios de la V y la VI compartieron aquella decisión con una mezcla extraña de sensaciones: por un lado, veían su recién recuperado orgullo herido, pero, por otro lado, comprendían que existía la posibilidad real de que se pactara una retirada y salvar así la vida, aunque como eso sólo conllevaría el regreso al destierro de Sicilia, nadie tenía claro que no luchar fuera el camino. Pero les triplicaban en número. Eran tres enemigos contra uno. No se podía hacer nada. A no ser que al general se le ocurriera algo, pero todos, aunque tenían esa pequeña llama de esperanza en sus almas, entendían que nada podía hacerse, ni siquiera alguien como el procónsul podría conseguir algo más allá de una humillante retirada pactada.

El invierno fue frío y el viento arreciaba en lo alto de aquella pequeña península. La humedad del mar trepaba por las rocas de los acantilados y los barcos debían ser asegurados con cadenas y gruesas amarras. El viento helado se colaba por todas las rendijas de las tiendas y la comida, aunque aún abundante, se racionó. Entretanto, los emisarios de Sífax visitaban el campamento romano y establecían las condiciones para la paz y, a su vez, Publio enviaba mensajeros, encabezados por Mario y Cayo Valerio, para dar respuesta a las propuestas del rey de Numidia con la posibilidad de un acuerdo modificando Publio y sus tribunos algunas de las cláusulas iniciales de la propuesta de Sífax.

Sífax se había comprometido a permitir a los romanos embarcar en sus barcos y retirarse sin ser molestados; a cambio, exigía que se le entregara a Masinisa y su caballería. Publio contrapropuso que antes el rey de Numidia debía firmar un pacto de no agresión con Roma y comprometerse a no ayudar a Cartago en su guerra fuera de África. Sífax no cedió e insistió en ofertar, por última vez, la retirada de las tropas romanas, a cambio de que el procónsul abandonara a su suerte a los cuatro mil jinetes de los maessyli, que, tras la partida de las legiones V y VI, quedarían rodeados por los cien mil guerreros de Sífax y Giscón. Los últimos emisarios insistieron en que con ello Sífax se mostraba generoso e imparcial, pues su propia esposa Sofonisba, hija de Giscón, así como su suegro, no dejaban de insistirle en que debía atacar sin dilación y que, si no lo hacía, era por responder con elegancia al valor que el procónsul mostró en el pasado al acudir a Siga y que, además, ya había advertido en varias ocasiones al propio cónsul, cuando estaba en Siracusa, de que no debía desembarcar en África.

Publio, sentado en su butaca, reflexiona en silencio. En torno a sí están congregados todos sus tribunos y centuriones de confianza. Cayo Lelio mira al suelo, Marcio y Silano aprietan los dientes, Mario se pasa una mano por la parte posterior de la cabeza, Terebelio y Digicio fruncen el ceño, Cayo Valerio, al igual que los doce *lictores* que velan por la seguridad del procónsul, mira atento a Masinisa y este último, con la boca abierta, no puede creer que el cónsul esté considerando seriamente partir y abandonarlos a su suerte, una muerte segura después de haberse rebelado una vez más contra Sífax. Los emisarios del rey de Numidia, por su parte, parecen inquietos, miran al procónsul y luego a Masinisa. Tienen prisa, pero no se atreven a hablar.

Publio Cornelio Escipión levanta la mano derecha y con el gesto consigue la atención inmediata de cuantos están en la tienda.

—Podéis decir al rey Sífax... —empieza el procónsul, y aquí se detiene un segundo para mirar fijamente a los ojos de Masinisa—; podéis decirle que acepto sus condiciones y que en cuanto pasen unos días, a lo sumo unas semanas, en cuanto tengamos un día de buen tiempo, para que podamos organizarlo todo convenientemente y podamos tener una navegación segura, partiremos de regreso a Sicilia.

La mayoría de los tribunos y centuriones niega con la cabeza pero sin osar contradecir con sus palabras la decisión del cónsul. Cayo Lelio mira a Publio con la frente arrugada, inquisitiva. Masinisa vocifera.

—¡Eres un traidor! ¡Publio Cornelio Escipión traiciona a aquellos que mejor le han servido! ¡He luchado para ti, he matado para ti y he traído todo un cuerpo de caballería para ti y ahora tú me abandonas frente al peor de mis enemigos! ¡Eres un miserable, un miserable! —Y se lleva la mano a la espada, pero antes de que el puño del exiliado rey de los maessyli llegue a la empuñadura, la firme mano de Cayo Valerio le detiene. En un segundo, Masinisa es rodeado y reducido por los *lictores*, Publio se levanta de su butaca y grita con potencia.

—¡Cállate, rey de los maessyli! ¡Cállate! ¡Nadie grita en mi *praetorium* excepto yo mismo y, por todos los dioses, que nadie me llama traidor sin pagar por ello!

Masinisa, desarmado, asido por brazos y piernas, deja de gritar, pero sólo la furia y el odio fluyen por sus venas, mientras respira con vehemencia.

Los emisarios de Sífax miran al joven rey rebelde y sonríen como hienas que babean deleitándose en la que saben será su próxima presa herida ya de muerte. El más veterano responde a Publio con brevedad.

—El procónsul de Roma ha elegido sabiamente. Informaré a mi rey y a los cartagineses de esta decisión.

Publio levanta un brazo y los oficiales abren un pasillo para que los emisarios abandonen el *praetorium*.

Nada más salir los emisarios de Sífax, Publio se aproxima al inmovilizado Masinisa.

—¡Soltadle! —Valerio y los *lictores* aflojan, pero permanecen atentos a cualquier movimiento del regio maessyli. Publio se dirige a él con voz serena y segura—. Y ahora, haz el favor de escuchar con atención y en silencio y no se te ocurra volver a insultarme hasta que termine de exponer cuál va a ser nuestra forma de actuar. ¿Está claro?

Masinisa permanece en el silencio forzado de quien se contiene para no empezar a gritar sin posibilidad ya de detener el flujo de su furia.

—Te-he-he-cho-u-na-pre-gun-ta —pronuncia el cónsul sílaba a sílaba.

—¡Sí, te he oído, te he oído...! —responde en un ladrido Masinisa escupiendo saliva sobre el rostro del procónsul. Valerio va a golpear al joven rey de los maessyli, pero Publio levanta su brazo izquierdo y el *primus pilus* de la V legión se detiene.

—Bien, eso es lo que quería oír —responde Publio Cornelio Escipión limpiándose la saliva de Masinisa con el dorso de una mano. Se vuelve entonces hacia sus oficiales y continúa hablando con la misma serenidad con la que lo hacía siempre que explicaba un plan de acción—. Vamos a atacar y vamos a hacerlo muy, muy pronto y... —se vuelve hacia Masinisa—, vamos a atacar todos juntos, pero había pensado que quizás era mejor no decir esto a los emisarios de Sífax, más que nada porque en la sorpresa reside nuestra única posibilidad de victoria. —Masinisa le mira con los ojos cada vez más abiertos, va a hablar, quiere hacer la evidente pregunta «Entonces... ¿no vas a entregarme?», pero el cónsul levanta la mano derecha para que guarde silencio y continúa explicando el plan de ataque, girando sobre sí mismo, mirando uno a uno a sus tribunos y centuriones—. Ellos son más. Entre cartagineses y númidas leales a Sífax tenemos casi cien mil hombres. Nosotros, contando los refuerzos de Masinisa, las legiones V y VI, los voluntarios de Hispania, la caballería reclutada en Sicilia y las tropas auxiliares de las legiones no llegamos a treinta y cinco mil hombres. Además, hasta ahora, ellos han llevado la iniciativa, pero si he estado negociando todo este largo tiempo no ha sido para escapar, sino para conseguir que Mario y Cayo Valerio pudieran entrar en los campamentos enemigos para transmitir nuestras respuestas. En esas misiones de negociación, les pedía a Mario y a Valerio que se fijaran en todo lo que allí vieran: en cómo están armados, en cuál es el estado de las tropas, cuál es su moral, cómo están organizados los campamentos enemigos... y bien, esto es lo que sabemos. —Publio fue a la mesa de los mapas y allí se congregaron todos, incluidos un Masinisa algo más sereno, pero aún desconfiado. Publio continuaba sus explicaciones señalando en un mapa en que había dibujado los campamentos enemigos—. Han constituido dos campamentos muy diferentes. Por un lado está Giscón con su ejército cartaginés, en un campamento algo fortificado y más o menos organizado, pero aun así atacable. Tan seguros están de su fuerza que no se han molestado en protegerse de un posible ataque. Pero lo de Sífax es aun mejor: el campamento númida está completamente desorganizado, centenares de tiendas en su mayoría levantadas con madera y hojarasca, ramas secas que prenderán como aceite hirviendo en cuanto les apliquemos una llama.

Publio terminó su exposición y, satisfecho, dejó de apoyarse sobre la mesa y miró a sus oficiales. Lelio asentía despacio. Desde que se descubriera lo de Netikerty, Lelio andaba ensimismado en cuanto a su estado de ánimo, pero estaba mucho más dispuesto a aceptar cualquier plan de Publio; el resto parecía tener más dudas. Fue Silano el primero que planteó un problema.

—Pero nos verán acercarnos. Es imposible sorprenderles.

—No, eso no es así —respondió Publio con determinación—. Sí que es posible sorprenderles y lo haremos. Les sorprenderemos porque atacaremos de noche. Esta noche.

—¿Una batalla nocturna? —repitió Valerio, confuso, incrédulo, con incertidumbre.

—Así escapó Aníbal al cerco de Fabio Máximo en Casilinum —ilustró Publio recordándoles a todos la magnífica estratagema de Aníbal en Italia cuando estaba en clara inferioridad numérica al estar acorralado por las legiones al mando del *princeps senatus*—. Atacó de noche y nosotros haremos lo mismo. —Publio veía que sus hombres aún dudaban, pero a la vez empezaban a mostrarse más y más atraídos por una idea que alejaba el fantasma de la humillante huida; continuó con el plan—. Yo, con la V legión y la caballería romana atacaré el campamento mejor organizado, el de Giscón, mientras que Lelio, con la VI legión, apoyado por la caballería de los maessyli —aquí miró a Masinisa, que asintió con lo que ahora era una boca muy cerrada—, atacarán a Sífax. No, no te voy a traicionar, sino que muy al contrario, lo que hago es brindarte en bandeja que destruyas con tus propias manos y todo nuestro apoyo a tu peor enemigo, a quien te ha arrancado tu tierra, ha matado a los tuyos y te ha condenado al destierro perpetuo y a quien quería comprarme para que te vendiera como un esclavo. Masinisa, te estoy dando la posibilidad de que emerjas en la noche y arrases el campamento de Sífax respaldado por todos mis hombres. Sífax me ha traicionado, mientras que tú me has mostrado lealtad. Si Sífax hubiera sido fiel a su pacto, me habría conformado con que al final de esta guerra hubiera cedido el noreste de Numidia para ti, pero la mayor parte de Numidia continuaría bajo su poder; eso si se hubiera mantenido neutral, pero ahora eso ya no me vale. Creo, joven Masinisa, que ya ha llegado la hora de que haya un nuevo rey de toda Numidia. —Masinisa abre aún más los ojos y arruga la frente; Publio asiente para reforzar el significado de sus palabras—. Ya te dije que yo podía imaginar aún mucho más que tú, Masinisa, rey de los maessyli y, pronto, muy pronto, rey de toda Numidia.

Tribunos y centuriones observaban a su general en jefe con una admiración sin límites. Aquel procónsul, rodeado de una fuerza que les triplicaba en número, estaba nombrando rey a quien no lo era, daba por muerto a quien lo era, planeaba una batalla nocturna y a todos les transmitía la sensación de que la realidad no era la que era, sino que la realidad era o iba a ser pronto lo que él anunciaba. En medio de aquel admirativo silencio, Cayo Valerio se atrevió a hacer una pregunta complicada.

—Pero... —el cónsul le miró y asintió para invitarle a que planteara su duda—, ¿cómo llevaremos fuego para incendiar sus campamentos en medio de la noche sin que nos vean?

Publio Cornelio Escipión pasó su lengua por debajo del labio superior con lentitud y tomó asiento en su butaca. Todos se hicieron un paso atrás. El procónsul, por primera vez en toda la tarde, habló con algo de incertidumbre.

—Sí. Eso me ha tenido ofuscado un tiempo... no podemos utilizar lentes para ayudarnos del sol porque será de noche y pensé en ir sin fuego y prender antorchas cuando estemos cerca de los campamentos, pero al empezar a distribuirlas nos verían y necesitamos muchas llamas para encender no sólo antorchas, sino lanzas y flechas. No... no... hay que llevar fuego, muchas llamas y que no nos vean al acercarnos... eso, es cierto, me ha tenido unas semanas alargando las negociaciones... pero ya se me ha ocurrido algo... algo que teníamos a nuestro alcance todo el tiempo y que ya hemos usado... pero hasta ayer mismo no lo pensé... pero eso valdrá. Tendrá que valer...

77

Las dudas de Máximo

Roma, primavera del 203 a.C.

Quinto Fabio Máximo, sentado en el amplio atrio de su gran villa a las afueras de Roma, sostenía dos tablillas diferentes, una en cada mano. En la izquierda, tenía la carta que Marco Porcio Catón le había remitido por correo militar desde Sicilia, para que llegara antes que él, pues debía permanecer unas semanas en Sicilia en razón de su cargo de *quaestor* de las legiones V y VI cuya base era aquella isla. En su carta, Catón era rotundo: la situación de Escipión y sus legiones era desesperada, acorralados en las proximidades de Útica y rodeados por fuerzas enemigas que los triplicaban en número, abandonados por los númidas de Masinisa y con Sífax aliado junto a los cartagineses. Su derrota y la consecuente pérdida de todas las tropas era cuestión de semanas. Según ese informe, lo sensato era solicitar al Senado que se le ordenara a Escipión que regresara, haciendo uso de la flota o, si persistía obstinadamente en su actitud de no abandonar la campaña africana, recurrir a lo que Fabio más deseaba: votar en el Senado una *senatum consulere* o moción que presentara uno de los nuevos cónsules de aquel año, Cneo Servilio o Servilio Gémino, que propusiera el relevo en el mando de aquel cónsul joven, rebelde y desproporcionadamente querido por una plebe romana dada a engrandecer cualquier victoria contra los cartagineses, por pequeña que ésta fuera. Pero en la mano derecha, Quinto Fabio Máximo tenía un informe procedente de Netikerty en el que se explicitaba todo lo contrario: la moral de las legiones era alta, Masinisa había traído una poderosa y numerosa caballería de maessyli y el rey Sífax estaba a punto de declararse neutral, lo que dejaría a los cartagineses y romanos en posiciones muy equilibradas.

Quinto Fabio Máximo meditaba en el silencio de su atrio. Una de las jóvenes esclavas egipcias, hermana de la que le suministraba información secreta desde el mismísimo campamento de Escipión, entró y le trajo un vaso de agua para refrescar a su amo en una tarde especialmente calurosa de aquella primavera romana. ¿Mentiría Netikerty? ¿Mentiría sabiendo que la vida de sus hermanas estaba en juego? No. Eso no era probable. Pero, ¿cómo entonces era posible tener dos informes tan dispares? La carta de Catón bien pudiera ser un poco anterior y quizá las condiciones hubieran cambiado en unos pocos días, pero ¿tanto?

Quinto Fabio Máximo, *princeps senatus*, cinco veces cónsul y augur, por primera vez en mucho tiempo, no sabía qué hacer. Y ya había acudido al *auguraculum* esa misma mañana para leer en el vuelo de los pájaros, pero su vista... suspiró... su vista no era la de antes. No lo admitía en público, pero era consciente de que no veía bien, sobre todo con su ojo derecho, de modo que su lectura del vuelo de los pájaros era indecisa, forzada, incierta. Le inquietaba no saber desde cuándo exactamente no discernía bien el vuelo de las aves en la distancia, pero la cuestión era que no sabía qué hacer. Las dos cartas tan contrapuestas le dejaban sumido en una confusión casi desconocida para él, acostumbrado siempre a disponer de suficiente información y de tomar decisiones rápidas y frías. Quinto Fabio Máximo se sentía bloqueado. Era extraño. Lo mejor sería que África misma decidiera por él. La misma África que había masacrado las legiones de Régulo en el pasado, volvería a hacerlo con las tropas de Escipión en el presente. África no era para Roma. No lo era. Escipión, sencillamente, no entendía bien dónde estaban los límites. Ni los aceptaba en las leyes romanas y así forzó su elección como edil, como *imperator* o como cónsul siempre antes de los límites de edad establecidos por la tradición, ni tampoco sabía el rebelde Escipión entender los límites razonables del poder de Roma. África sería su tumba. Una tumba repleta de arena. Una tumba de dimensiones apropiadas para enterrar tan inconmensurable ambición.

78

Una batalla nocturna

Norte de África, primavera del 203 a.C.

Castra Cornelia

En el campamento romano tocaron a retreta. El sol había caído por el horizonte, pero aún se adivinaba un leve resplandor por occidente, tierra adentro, justo detrás de donde se levantaban los inconmensurables campos de tiendas númidas y púnicas. Entre los romanos se había distribuido una cena robusta, sin vino, pero con abundante líquido y rica en carne, frutos secos y pan. El cónsul los quería fuertes y sobrios. Los *bucinatores* y *tubicines* insistían en repetir el toque de retreta, pero en las tiendas de los legionarios nadie se retiraba a dormir, era de las pocas veces en las que hacer caso omiso de lo que indicaban las tubas era la forma de obedecer las órdenes; en su lugar, en vez de retirarse a descansar, todos se equipaban con espadas, lanzas, flechas, arcos, dagas... nada de provisiones. No era una marcha larga. Sólo debían llevar todo lo necesario para incendiar y matar. Fuego y muerte. Y si fracasaban, nunca tendrían ni tiempo ni ocasión de comer los víveres que hubieran cargado. El enemigo habría acabado con ellos mucho antes. Sólo armas. Y agua, eso sí, que transportarían los aguadores en grandes odres de piel de oveja y carnero, aunque siendo como debía ser un enfrentamiento nocturno, el calor del sol tampoco haría especialmente preciso el servicio de los aguadores, pero tampoco sabía el general cuánto iba a durar aquella batalla. Había, no obstante, dos productos que los legionarios cargaron como algo extraordinario: gran cantidad de antorchas apagadas de momento y una pequeña *linterna púnica* por manípulo, de las mismas que usaran para iluminar los barcos durante la navegación nocturna desde Sicilia a África. Cada linterna estaba encendida, llevando el preciado fuego con el que luego deberían encender antorchas y dardos incendiarios, pero para evitar que las linternas fueran detectadas por el enemigo, éstas iban tapadas en sus cuatro costados por paños húmedos de lino, dejando descubierta tan sólo la parte superior para que el calor no incendiara la tela. Cada centurión estaba encargado de la custodia de una de esas pequeñas linternas, que avanzaría con cada manípulo junto al *signifer* portador del estandarte de la unidad. La linterna debía estar situada en el centro del manípulo, de modo que el pequeño resplandor que aún pudiera emitir por la parte superior descubierta quedara oculto entre la cerrada formación de legionarios armados hasta los dientes.

Las puertas del campamento romano se abrieron y no chirriaron porque hasta eso había vigilado el procónsul ordenando que se engrasara triplemente cada gozne, cada bisagra. De la fortificación romana empezaron a emerger decenas de manípulos que desfilaban como una procesión de *lemures*, como espíritus de los infiernos que surcaran la noche, como sombras, fantasmas, miles de ellos, en un silencio profundo, pues las sandalias se hundían en la arena de las dunas que separaban la fortificación romana de los bastiones númida y cartaginés que se alzaban, frente a ellos, orgullosos, repletos de jolgorio, con innumerables luces de hogueras, ruido y alboroto de todo tipo y condición. Los legionarios romanos comprendieron hasta qué punto, tal y como les había vaticinado el procónsul, aquellos enemigos no podían concebir la idea de que pudieran ser atacados por un enemigo que, tres veces menor en número, debía de estar asustado, encogido, tembloroso detrás de sus fortificaciones. A cada paso, el orgullo de cada legionario de las legiones V y VI crecía. El pecho les palpitaba con fuerza. Eran «legiones malditas», sí, pero malditas para quién, ¿para ellos mismos o para sus enemigos?

Campamento general del rey Sífax

Al rey Sífax le gustaba estar rodeado de cierto ambiente relajado a su alrededor y, de modo particular, cuando estaba de campaña. Las obligadas largas, para él eternas, salidas militares para mantener su poder sobre sus vastos dominios eran, para pesar suyo, necesarias, pero si por él fuera viviría recluido en Cirta, rodeado de una amplia cornucopia de placeres gastronómicos y sexuales, pero últimamente el acompañamiento de la siempre tórrida y lasciva Sofonisba, su actual esposa, le compensaba un poco de todas aquellas inoportunas penurias. Pero así debía ser, pues si había pasado el último invierno desplazado hasta las costas de África era, más que nada, por ella, por dejar de oír sus permanentes ruegos por su padre, el general Giscón: «Debes ayudarle, mi rey, mi señor, haré todo lo que tú quieras, pero debes ayudar a mi pueblo, a Cartago y yo te serviré como ninguna esclava lo haya hecho antes.» Y lo hacía. Sofonisba rogaba tan bien y cumplía con tanta entrega a cada gesto, a cada movimiento de estrategia militar que hiciera él en apoyo de los cartagineses, que Sífax se dejaba conducir por su lascivia bien satisfecha que, en aquel momento, era lo mismo que decir que se dejaba guiar por los anhelos de su joven y felina esposa. Acababa de anochecer y Sofonisba dormía plácidamente a su lado. No era para menos. Para su deleite personal había hecho el amor con ella durante un par de horas, con un largo intermedio para que el rey se repusiera. Estuvieron en ello toda la tarde. Y Sofonisba cumplió y cumplió, como siempre, a plena satisfacción de Sífax. Después de aquella entrega, de aquella exhibición, era ya difícil negarse a atacar al general romano, pero había conseguido de sus emisarios un mensaje del procónsul romano anunciando que aceptaba retirarse. Sabía que ese pacto no iba a ser del agrado perfecto de su joven esposa, pero tampoco la defraudaría del todo: retirados los romanos de África, con la sola presencia de su ejército haría que Giscón incrementara su popularidad en Cartago y eso era algo que, no lo dudaba, Sofonisba apreciaría. Sífax contemplaba el cuerpo sudoroso y exhausto de su joven esposa, de su esclava de alta cuna, y se preguntaba qué más cosas podría conseguir de aquel muy corruptible aunque infinitamente hermoso cuerpo. Sin duda, aunque no la mantuviera satisfecha por sus acciones militares a favor de su padre Giscón, podría obligarla a satisfacerle, pero era algo que él ya había hecho con otras, con decenas de esclavas. Era la forma de ofrecerse de Sofonisba, el modo en que ella rendía a su rey lo que, con toda seguridad, era una personalidad férrea, era esa sumisión voluntaria la que enardecía la pasión más lujuriosa de Sífax.

En el exterior de la tienda real se escuchaban risas y algarabía general. El rey, seguro ya de la retirada romana, había permitido que se distribuyera comida abundante y algo de vino. Estaba tan feliz que se sentía extraordinariamente generoso y deseaba compartir esa felicidad con sus hombres. Además eso era una inversión en su futuro como monarca más poderoso entre Mauritania y Cartago. De hecho, ya concebía la idea de conquistar a sus inoportunos vecinos de occidente, incluso rumiaba la idea de obligar a los cartagineses a que le cedieran en el oriente de sus dominios, como pago a su apoyo en aquella guerra, algunas de las ciudades próximas adonde se encontraban, como Saleca, que tan incapaces se habían mostrado para defender. ¿Y cómo podrían negarse, con Aníbal en Italia y el peligro de que los romanos pudieran regresar, si él, el gran Sífax, hiciera público que dejaba de apoyar a Cartago? ¿Por qué contentarse sólo con Numidia cuando se podía ampliar tanto las fronteras de su reino anexionándose nuevos territorios? De pronto dejaron de escucharse las risas y un silencio abrupto interrumpió el fluido de voces y carcajadas que se venían escuchando en las últimas horas. Un silencio siniestro al que siguieron nuevas voces, pero éstas nerviosas. Voces que se tornaban en gritos de pánico. Gritos que se transformaban en aullidos de dolor y aullidos, al fin, que terminaban siendo alaridos de espanto.

Sofonisba abrió los ojos.

—¿Qué ocurre? —preguntó la joven, con sus ojos rápidos, mirando de un lado a otro.

—No lo sé —respondió Sífax, inmóvil, reclinado junto a ella, sin atreverse a levantarse.

Sofonisba, decidida, se alzó, cubrió su hermoso cuerpo desnudo con un manto de lana blanca y se asomó al exterior de la tienda. Lo que vio la sobrecogió pero, rápida, se volvió hacia el rey.

—Hay que escapar. Todo el campamento está en llamas.

Los romanos habían arrojado centenares de dardos incendiarios, antorchas encendidas y lanzas humeantes desde todos los ángulos. Una vez incendiado el campamento por todas partes, vieron cómo los númidas salían de sus tiendas medio desnudos y cómo a los que les había pillado el ataque despiertos, comiendo o bebiendo, no entendían bien qué pasaba. Todos parecían creer que se trataba de un incendio fortuito, aunque no entendían cómo prendía todo por cada rincón del campamento, hasta que algunos empezaron a señalar al cielo negro de la noche desde el que no dejaba de caer una lluvia constante de fuego. Para cuando empezaron a concebir la idea de un ataque, millares de maessyli al mando de Masinisa y millares de legionarios de la VI emergían de entre las sombras más oscuras que rodeaban el campamento, blandiendo espadas veloces y dagas afiladas con las que se entregaron a la mayor masacre que nunca hubieran presenciado. Los númidas de Sífax caían a centenares, heridos, muertos, sobrecogidos por el terror, gateando entre los cadáveres de sus compañeros abatidos, buscando escudos, armas con las que protegerse o luchar, pero cuando las encontraban ya era tarde porque una lanza les atravesaba el corazón. Miles murieron con flechas o *pila* en su espalda, miles envueltos en llamas, agitándose como pavesas incandescentes crepitando entre terribles gemidos de dolor y tortura indescriptibles.

Campamento cartaginés del general Giscón

Giscón vio interrumpida su cena por el agitado movimiento de sus soldados. Dos oficiales entraron en su tienda y, con tiento, para no importunar a su general, le transmitieron lo que ocurría.

—Parece que hay un incendio en el campamento del rey Sífax, mi general. ¿Debemos ayudarles?

Giscón dejó el plato de carne de caza bien condimentado con abundantes salsas, y, mientras se chupaba los dedos, dio su respuesta en forma de otra pregunta.

—¿Cómo... cómo... de grande... es... esta carne está buenísima... ese incendio, cómo de grande es?

—Bastante grande, mi general, y parece extenderse.

Giscón pensó en su hija, pero su preocupación se disipó con rapidez. Ya se ocuparía Sífax de su seguridad.

—Mejor, que se encarguen ellos mismos de poner orden en su campamento —concluyó Giscón. Uno de los oficiales iba a salir, pero el otro dudaba hasta que decidió atreverse a insistir en el asunto.

—Con el debido respeto, creo que el general debería ver el tamaño del incendio... —Y no terminó su frase porque Giscón enarcó la ceja derecha y le miró con furia por atreverse a contravenir su deseo ya manifestado con claridad, pero antes de que el general Asdrúbal Giscón pudiera descargar su ira sobre aquel oficial, los mismos gritos que los cartagineses habían estado escuchando, provenientes del campamento de Sífax, parecían extenderse ahora por su propio campamento. Un tercer oficial entró en la tienda, sudoroso, sucio, desaliñado. Giscón le miró con la boca abierta.

—Las empalizadas... mi general... todas están ardiendo... y llueven flechas del cielo. Nos atacan... mi ge... —Y no terminó la frase, cayó de bruces con un golpe seco, dejando al descubierto su espalda con dos flechas enemigas clavadas a la altura del corazón. Por entre las rendijas de las heridas manaba sangre roja que brillaba a la luz de las linternas de la tienda del general. Giscón se levantó, raudo al fin, tomó su casco y salió al exterior. Olvidó por completo a su hija y se concentró en asegurar su propia supervivencia. Todo era fuego y gemidos de dolor y hombres corriendo de un lugar a otro sin dirección ni destino. Era como encontrarse en el infierno.

79

La última carta de Publio

Roma, abril del 203 a.C.

Querida Emilia:

Sé que me has escrito pero creo que no han llegado todas tus cartas, algo demasiado frecuente en estos días, pero por uno de los correos oficiales que me han llegado a través de Lucio desde el Senado, sé que estás bien y que tenemos otra hija. Las dos cosas me hacen muy feliz. Dile al pequeño Publio y a Cornelia que los quiero mucho y que no me olviden. Diles que su padre piensa en ellos todas las noches.

La campaña de África, como supuse, no tiene nada que ver con la de Hispania. Vamos de un sitio a otro y nos vemos obligados a levantar campamentos en lugares casi impracticables, como cuando tuve que retirarme de Útica para protegernos del ataque del rey Sífax y las tropas de Giscón. Pero ahora ya todo eso pasó. No debes preocuparte por mí. Les hemos derrotado en varias ocasiones y hemos puesto en fuga sus ejércitos. Nuestra suerte cambió cuando incendiamos sus campamentos por la noche. Lelio y el rey de los maessyli, Masinisa, prendieron el campamento de Sífax, y yo mismo al mando de la V incendiamos el campamento de Giscón. Sé que no te gustan las descripciones bélicas, por ello no me alargo más en el asunto, pero baste con decir que derrotamos a sus ejércitos. Giscón, el general cartaginés, se ha tenido que recluir en Cartago y Sífax ha sido hecho prisionero por Lelio. Lelio, como tú misma vaticinaste, se ha mostrado más leal que nunca. De hecho todos los tribunos y centuriones están mostrando una gran lealtad, incluso en los momentos de mayor dificultad. Eso me da fuerzas para seguir: ver el rostro de todos esos oficiales atentos a mis órdenes y dispuestos para el combate en cualquier momento es la mejor de las energías. La moral está alta y sé que ahora podremos hacer frente incluso a Aníbal, cuando sea que el Senado de Cartago le reclame.

Te quiero cada día más y sueño con el día ya no tan lejano de mi regreso a Roma. Pronto estaré contigo y prometo no marcharme de tu lado en mucho tiempo. Regresaré, no lo dudes, y cada noche, cariño, recuerda lo que hablamos junto al manatial de Aretusa. En Siracusa pasamos días felices. Volverán.

PUBLIO

Emilia caminaba orgullosa por el foro de Roma. Aún estaba asombrada del respeto que le mostraba todo el pueblo. Todos se hacían a un lado para dejarla pasar. Las victorias de su marido eran ya casi leyenda, aunque todos temían el desenlace final si Aníbal, por fin, era reclamado por Cartago para protegerles de los ataques de Publio. Pero Emilia sólo comprendió el auténtico alcance de la popularidad de su marido cuando una de las mismísimas vestales, al cruzarse con ella a la altura del templo de Saturno, se hizo a un lado para cederle toda la calle para ella. ¡Una vestal! ¡Una vestal a la que hasta los mismos magistrados, los propios cónsules de Roma, le ceden el paso, una vestal se había humillado ante la esposa de Escipión! Emilia, en un estado de euforia rayando la más pura vanidad, se encontró con su cuñado Lucio. El hermano de su esposo la saludó con aparente felicidad.

—Me complace verte ya tan recuperada después del parto —dijo él con afecto.

—Sí. Pomponia ha sido, como siempre, una gran ayuda; un gran apoyo.

—Es agradable escucharte siempre hablar tan bien de tu suegra. Por experiencia sé que nuestra madre puede ser algo... estricta.

—Pomponia es una gran matrona de Roma y la tomo como ejemplo, pero ¿sabes que recibí carta de Publio? Todo parece ir tan bien...

Lucio asintió sin añadir nada. Emilia detectó una sombra en su mirada.

—Porque todo va bien, ¿verdad, Lucio? —insistió Emilia.

—Yo también recibí carta y sí, todo va bien. —Pero entonces fingió tener prisa por llegar al *Comitium*—. Debo marchar a la *Curia* y velar por que Máximo no planee ninguna barbaridad.

Emilia le sonrió. Él se inclinó y partió en dirección al *senaculum*, donde se detuvo para saludar a varios senadores que se arremolinaban en torno a algún embajador extranjero que aguardaba turno para poder hablar ante el Senado. Emilia reemprendió la marcha, pero la alegría festiva que la había acompañado se había impregnado de incertidumbre.

Querido hermano:
Gracias por tus informes regulares sobre el Senado. De modo que Máximo se muestra indeciso sobre qué hacer con las legiones de África y no propone nada. Estará confuso y te aseguro que algo tengo que ver yo en su confusión, de lo que me enorgullezco enormemente, pero hay asuntos que es mejor no tratar por escrito.
La victoria sobre Sífax y Giscón en nuestro ataque nocturno fue total. Incendiamos sus dos campamentos y salieron huyendo unos pocos, pues a la mayoría los matamos allí mismo. Ha sido la mayor carnicería que he visto en mi vida, descontando Cannae. Espero no tener que ver nada igual en lo que dure esta guerra, pero quién sabe. A veces, hermano, me siento cansado y echo de menos nuestra infancia, ¿recuerdas? Cuando el bueno del tío Cneo nos adiestraba en el campo de Marte. A veces temo defraudarle, a él y a padre; pero de esto ni una palabra a Emilia. No quiero que se preocupe. Tengo escalofríos y no sé cómo dormir por la noche. El médico del campamento dice que son episodios de fiebre relacionados con la enfermedad que padecí en Hispania, pero parece que tomando mucha agua, manzanilla y otras infusiones me encuentro bien. No he dicho nada a los hombres, ni siquiera a Lelio. No quiero que piensen que tienen un general débil o enfermo. Pero me encuentro bastante bien.
Tras incendiar los campamentos enemigos, Sífax huyó, pero se alió con varios miles de celtíberos mercenarios que Cartago había hecho traer de Hispania y regresó para plantar batalla de nuevo. El rey de Numidia reclutó nuevas tropas y Giscón también. Nos enfrentamos en la región que llaman aquí las «grandes Llanuras», Campi Magni. El enemigo posicionó a los celtíberos en el centro y en las alas se situaron Sífax con su númidas y Giscón con sus nuevos soldados. Las tropas de Sífax y Giscón eran campesinos unos y jóvenes sin experiencia los otros. Sólo los mercenarios de

Hispania mantuvieron la línea. Es irónico: los pusieron en el centro porque tanto Sífax como Giscón temían que los iberos se retiraran y, sin embargo, fueron los que se mantuvieron más firmes. Si los hubieran situado en las alas, el resultado de la batalla podría haber sido diferente. Lelio machacó a los númidas y Masinisa hizo lo mismo con la falange de Giscón. Fue una gran victoria y lo celebramos por todo lo alto con los oficiales. Lucio, estos hombres, mis tribunos y centuriones, son los mejores del mundo: Lelio, Marcio, Silano, Mario, Terebelio, Digicio y Valerio. Siento que con ellos todo es posible y espero que lo sea, porque sé que aún han de venir empresas más complicadas. Queda Aníbal.

Después de la batalla de Campi Magni ordené a Lelio y Masinisa que salieran en perscución de Sífax que, una vez más, como una anguila, se escabulló en medio de la derrota. No quería darle más oportunidades de rehacerse y volverse una vez más contra nosotros. Sé que Aníbal terminará regresando y sería terrible que cuando eso ocurriera, Sífax nos hubiera podido atacar por la retaguardia. Mientras tanto, hemos saqueado toda la región, sembrando un terror que sé que sacude las piedras mismas del Senado de Cartago. Me consta que ya han reclamado el regreso de Aníbal y también harán lo mismo con las tropas de Magón en el norte de Italia. Y eso es lo que me inquieta: no sé si tendremos fuerzas suficientes con estas dos legiones para enfrentarnos a las nuevas levas de Giscón, más los ejércitos de Magón y Aníbal juntos. Y el problema no será el número, eso lo sé, sino que Cartago ya no pondrá a Giscón a la cabeza de ese nuevo ejército, ya le he derrotado en demasiadas ocasiones, sino que darán el mando a Aníbal. Incluso si Aníbal tiene enemigos entre los senadores púnicos, él será el que comande ese nuevo ejército. He de reconocer que el nombre de Aníbal me quita el sueño. Y mis exploradores dicen que han visto a patrullas cartaginesas capturando elefantes salvajes. Ya sabes lo que eso quiere decir. Si le dan elefantes a Aníbal y tropas cuantiosas... Como te comenté antes, de esto ni una palabra a Emilia. La moral de los hombres es alta y el miedo de los cartagineses, cada vez mayor. Se nos han rendido infinidad de poblaciones con lo que no tenemos problemas de sumisitros. Los dioses parecen estar con nosotros. Hasta la propia Túnez ha caído, pero luego sufrimos un tremendo ataque de la flota cartaginesa. Desde las murallas de Túnez vi a todos los barcos enemigos saliendo de Cartago. Navegaban rumbo a Útica. Tuve que salir con las legiones a marchas forzadas para llegar a tiempo de preparar una defensa adecuada. Nuestros barcos de guerra no estaban preparados para una batalla naval, porque los habíamos cargado de materiales de asedio, torres, catapultas, y hasta teníamos algunos arrimados a las murallas de la ciudad allí donde éstas se hundían en el mar. La flota cartaginesa estaba a punto de llegar para intentar desbloquear nuestro interminable asedio de Útica, así que dispuse a todos los barcos mercantes en cuatro hileras, atados unos a otros, como una gran muralla, protegiendo a nuestras trirremes y quinquerremes de guerra. Los cartagineses atacaron con furia y consiguieron, mediante enormes garfios, desgajar varias decenas de barcos de transporte de la formación que habíamos establecido. También perecieron bastantes legionarios y marineros pero conseguimos dos grandes victorias morales: el ataque de la flota cartaginesa no consiguió que levantáramos el asedio de Útica y tampoco consiguió destruir nuestra flota militar, tan necesaria para mantener mis líneas de aprovisionamiento con Sicilia. Fue un empate, pero en tierra soy yo quien lleva la iniciativa. Lelio y Masinisa cumplieron bien su misión y atraparon, por fin, a Sífax. En unos días me lo traerán cubierto de cadenas. Será un gran espectáculo para los hombres. Les animará aún más ver a uno de nuestros grandes enemigos arrodillado ante su general. Sólo hay algo que me preocupa de los númidas: Masinisa se ha casado con Sofonisba, la cartaginesa hija de Giscón, esposa de Sífax. Sé que no puedo permitir que esa mujer vuelva a poner en mi contra a otro rey númida, pero si Masinisa se ha casado con ella es porque el embrujo de esa cartaginesa le ha hechizado. Es como si ella fuera la reencarnación de la reina Dido.

He interrumpido la redacción porque ha llegado Lelio, que se ha adelantado a Masinisa. Ha confirmado mis peores intuiciones. Masinisa parece transformado por Sofonisba. Mañana llegará este nuevo Masinisa y me ocuparé de este asunto.

Pronto reunirán los cartagineses sus tres nuevos ejércitos: las nuevas levas de Giscón, con las experimentadas tropas de Magón y los veteranos de Aníbal. Yo, sin embargo, hermano, estoy intentando no perder el único aliado que tengo en la región. Si Masinisa nos abandona no tendré caballería y sin caballería no podré contrarrestar la caballería púnica y, peor aún, los elefantes que están entrenando para Aníbal. Te dije que la moral de mis hombres es alta y es cierto, pero porque creo que soy el único que realmente se da cuenta de que, pese a nuestras victorias, caminamos unidos hacia nuestra muerte. Si eso ocurre, querido hermano, te ruego que cuides de Emilia y los niños y de madre. Sé que lo harás. Sólo espero que mi muerte valga para debilitar a los cartagineses lo suficiente como para que Roma se imponga al final de todo. Te aseguro, por todos los dioses, que no me iré al Hades sin que mis legiones se lleven por delante al mayor número de cartagineses y númidas que consigan poner al mando de Aníbal, y te juro por Júpiter que no retrocederemos ante sus tropas. No habrá otro Cannae. Puede que nos masacren, pero no huiremos. Quizás ésta sea la última carta que escriba en mi vida. Quiero que sepas que has sido el mejor de los hermanos. El mejor.

Cuídate, Lucio. Tu hermano desde África,

PUBLIO

Lucio Cornelio Escipión enrolló despacio el largo papiro en el que, de modo excepcional, le había escrito aquella larga carta su hermano Publio en lugar de recurrir a las habituales tablillas. Sin duda, la extensión de la misma requería el papiro para hacerla transportable por el mensajero que había traído el preciado documento. Lucio apretó el papiro contra su pecho. Estaba solo en el *tablinium* de su *domus* en medio de una noche ruidosa de Roma, cuyos sonidos de mercaderes, carros, borrachos y *triunviros* patrullando, penetraban por todas las ventanas de la casa. Lucio Cornelio Escipión, con el papiro apretado en su pecho, se encogió, sentado en aquel solitario *solium* del despacho y lloró en silencio. Lloró como no lo había hecho desde que dejara de ser niño.

80

El embrujo de Sofonisba

Útica, mayo del 203 a.C.

Útica era fruta madura. Sus ciudadanos así lo presentían. Tras el fracaso de la flota cartaginesa en su vano intento por levantar el eterno bloqueo al que estaba sometida la ciudad por tierra y mar, los habitantes miraban con desesperación desde lo alto de sus agrietadas y torturadas murallas. Ante ellos, las legiones V y VI de Roma permanecían acampadas en una enorme extensión de terreno. Ni los ejércitos de Giscón y Sífax ni la flota de Cartago habían conseguido liberarles del permanente acoso romano. Y las legiones levantaban nuevas torrres de asedio y preparaban decenas de miles de nuevas armas arrojadizas que en pocas horas lloverían, una vez más, sobre su ciudad. Toda la región parecía haberse rendido al general romano que comandaba aquellas malditas tropas y así sus enemigos nadaban en la abundancia con todo tipo de provisiones y materiales para su abastecimiento y para la construcción de nuevas fortificaciones o nuevas máquinas de guerra, mientras que ellos, en el interior de sus desvencijadas murallas, sentían cómo la escasez de alimentos y agua empezaba, después de meses y meses de asedio sin fin, a causar estragos entre civiles y soldados por igual. Y decían que venían aún más tropas romanas que acababan de apresar al que debía haberlos salvado en primer lugar: el mismísimo rey Sífax había caído prisionero de esa pesadilla de general romano. Y Giscón refugiado en Cartago y Aníbal sin regresar. Estaban perdidos.

Campamento romano junto a Útica

Sífax entró en el campamento romano levantado frente a Útica por la *porta principalis sinistra*. Caminaba a duras penas, pues llevaba grilletes en los tobillos enlazados entre sí por una gruesa cadena de hierro oxidado. Otros grilletes le atenazaban las muñecas y uno más pendía de su cuello. Todos ellos unidos también por una larga ristra de eslabones férreos. Los grilletes de los pies habían descarnado la piel de los tobillos y el rey sangraba por sendas llagas cubiertas de arena y polvo. Sudaba con profusión, pues por orden de Lelio, recibía abundante agua, ya que el tribuno había querido asegurarse de que el rey númida apresado llegara con vida hasta el campamento del procónsul. Sífax avanzó con paso cansado, pero aún erguido, con orgullo regio, entre las tiendas de las tropas auxiliares primero, y luego de los *hastati* y *principes,* que no dudaron en aprovechar la ocasión para abuchearle y escupirle. A la altura de las tiendas de los *triari* y la caballería, los escupitajos y los gritos desaparecían. En su lugar, el rey caído en desgracia se veía rodeado de una fastuosa panoplia de miradas de hondo desprecio. Para aquellos hombres era un traidor que no había cumplido la palabra dada a su procónsul de no intervenir en la guerra. Estaba claro que para aquellos legionarios veteranos, las cadenas eran poco castigo. Sífax fue obligado a detenerse en el centro del campamento frente al *praetorium*. El rey sabía quién iba a salir a hablar con él, pero el general romano tardó en presentarse. El sol caía de plano y ya no le daban agua. Estaba agotado. Sífax comprendió que aquello formaba parte de la penitencia que le tocaba pagar. Esperó con paciencia. Escipión no salió en dos horas.

Al emerger del *praetorium*, Publio apareció con el aspecto saludable de quien ha comido hace poco y descansado. Se plantó delante de Sífax y pidió que trajeran agua. Un esclavo vino raudo con un jarro de agua fresca y se lo ofreció al general, pero el cónsul señaló al encadenado rey y el esclavo se giró hacia él con el jarro en la mano. Sífax no comprendía bien aquello.

—¿Primero me haces esperar dos horas y luego me ofreces agua?

Publio le miró y le replicó sin responder a su pregunta.

—Creo que no has hablado con corrección. Tienes una segunda y última oportunidad, rey Sífax.

El númida se irguió con aire de quien no entiende, pero era hombre rápido en entender indirectas y reformuló su pregunta.

—¿Primero me haces esperar dos horas y luego me ofreces agua, procónsul de Roma?

Publio asintió.

—Ahora sí. Te he hecho esperar porque ya no eres un asunto primordial en esta campaña. Tengo otras muchas cosas de las que ocuparme antes de tener una conversación contigo, una conversación ya innecesaria tal y como se han desarrollado los acontecimientos. Y te ofrezco agua porque no te odio.

Sífax sonrió. Tomó el agua y la bebió con ansia. Con la barba aún empapada, volvió a hablar.

—El agua te la acepto, como has visto, pero te equivocas en pensar que una conversación conmigo es del todo innecesaria. Tus problemas en África no han hecho más que empezar. Tú crees que lo sabes todo de esta tierra y es posible que sepas mucho, pero a la vez no sabes nada. Crees que de un tiempo a esta parte estás combatiendo contra Giscón o contra mí, pero eso no es cierto. Tu enemigo es otro y es aún más poderoso, más inclemente e inmisericorde de lo que tú o yo podamos ser nunca y para nada está derrotado. —Y se lanzó a reír con grandes carcajadas que le hicieron saltar las lágrimas.

Publio se quedó mirándole con creciente curiosidad. No había esperado para nada una respuesta de ese tipo. Pensó que Sífax imploraría por su persona, pero se mostraba orgulloso. Bien, cada uno era dueño de cómo afrontar sus desgracias, pero aquella premonición extraña sobre enemigos invisibles todopoderosos...

—Te refieres a Aníbal, supongo —dijo el cónsul con cautela.

Sífax negó con la cabeza.

—Entonces... ¿a quién te refieres?

—¿Ves cómo esta conversación no era tan innecesaria? —Sífax parecía feliz de tener algo con lo que confundir al hombre que le había derrotado, apresado y encadenado.

Publio pidió su *sella curulis* y dos esclavos la trajeron enseguida. El procónsul se sentó. Tras él, en pie, se agrupaban Lelio, Silano, Mario y Marcio. A izquierda y derecha se veía a gran parte de los principales centuriones de las legiones, entre ellos a Cayo Valerio, Quinto Terebelio y Sexto Digicio. Todos los hombres de confianza del procónsul estaban allí. Sólo faltaba Masinisa, que aún no había llegado al campamento. Se estaba tomando el regreso tras derrotar a Sífax con gran sosiego. Publio intuyó que Sífax se refería al nuevo rey de Numidia.

—Te refieres, entonces, a Masinisa.

Sífax sacudió la cabeza divertido porque aun en medio de su más humillante derrota podía ver cómo de equivocado estaba el general romano que le había apresado, lo que le hacía, en consecuencia, un ser vulnerable a las artimañas del auténtico enemigo. Sífax vio tan perdido a Escipión o, lo que es lo mismo, tan cercano a su próximo fin, que se aventuró a ponerle en aviso, pues incluso a sabiendas del auténtico peligro, éste ya era demasiado fuerte como para que el romano pudiera pararlo.

—Me refiero a Sofonisba, la mujer que hasta hace unos pocos días era mi esposa. ¿Quién crees que me ha seducido noche tras noche para que deshiciera mi pacto de no atacarte, romano? Tú crees que llevas meses, años, combatiendo contra los cartagineses, contra Giscón y Magón y los iberos en Hispania, y luego contra mí en Numidia, pero no es así: desde que Asdrúbal Barca saliera de la península ibérica, tu enemigo no ha sido otro que Sofonisba. Ella planea, ella seduce, ella decide. Lo hizo con su padre en Hispania y lo hizo conmigo aquí, en África. La pasión por su cuerpo, no, más aún, por poseer lo que yo creía que era la voluntad de su precioso joven cuerpo de hembra henchida de lascivia me ha reducido a esta condición. —Y aquí Sífax levantó las manos exhibiendo los grilletes y las cadenas con el orgullo de quien muestra una herida heroica—. Y no lo lamento y eso es lo gracioso de todo: cada beso de esa mujer, cada noche con ella, cada orgía, ha merecido la pena, incluso si eso me ha conducido a llevar cada una de estas cadenas y morir como sea que tengáis dispuesto. ¿Me miráis extrañado tú y tus hombres? ¿Estoy loco? Puede ser, pero lo que debería preocupar al procónsul de Roma es que si yo, aun derrotado y encadenado sigo hechizado por el embrujo de esa mujer, ¿cómo de embrujado estará ya quien se llama a sí mismo nuevo rey de Numidia, Masinisa de los maessyli, yaciendo en la cama con esa hechicera del placer y la guerra? Y sin Masinisa a vuestro lado, ¿cuánto tiempo resistirán tus legiones en África? Me has destruido, cónsul de Roma, pero yo sólo era una herramienta de tu auténtico enemigo, ¿o debería decir enemiga? Sofonisba ya tiene un nuevo general a sus órdenes y, por la manera en la que se miraron ante mí, había algo más que interés mutuo entre ellos. Masinisa desea, ama, venera a esa mujer desde los tiempos en que estuvieron juntos en Hispania, y esa mujer, procónsul de Roma, sólo planea tu lenta y definitiva destrucción. Haz conmigo lo que quieras, pero reconozco que me haría ilusión vivir unas semanas más para ver cómo lo que tú crees que es tu gran victoria se transforma en la tumba de tus legiones. Estas legiones siguen malditas, romano, malditas...

—¡Por Cástor y Pólux! ¡Lleváoslo de aquí! —gritó Publio levantándose de su asiento—. ¡Lleváoslo! —Y no es que a Publio le impresionasen aquellas palabras, pero temía el efecto que podían tener sobre sus tropas.

Varios legionarios tomaron al rey Sífax por los brazos y lo arrastraron alejándolo del *praetorium* por la *principia* mientras el númida continuaba gritando y riendo como poseído por los *lemures*.

—¡Malditas, malditas hasta el fin de sus días! ¡Malditas...!

Una vez que se perdieron en la distancia las carcajadas y los bramidos del encadenado Sífax, Lelio se adelantó al resto de los oficiales.

—Ha enloquecido. Eso es todo. Hace unos días era rey de un poderoso país y ahora está encadenado y a nuestra merced. Ha perdido la razón.

Publio asintió, pero su silencio indicaba que no desdeñaba las palabras de Sífax.

—Es posible. Es posible, pero por todos los dioses, Lelio, ahora es mediodía y quiero que Masinisa se presente ante mí antes de que caiga el sol. —Y dio media vuelta y se retiró al *praetorium* y no salió en todo lo que quedaba de día.

Lelio partió a la *porta decumana* y solicitó un caballo. Escoltado por una *turma* de los mejores jinetes de la caballería romana, partió al galope en busca de Masinisa.

Masinisa llegó la campamento romano ya entrada la noche, cuando el segundo turno de guardia estaba sustituyendo a los primeros centinelas. El nuevo rey de Numidia, cabalgando junto a Lelio, una *turma* de jinetes romanos y un grupo de guerreros maessyli, se cruzaron de camino al centro del campamento con las patrullas que hacían la ronda para recoger las *tesserae* que cada legionario de los puestos de guardia debía entregar para mostrar así que estaban en su lugar asignado para la noche durante su turno de vigilancia nocturno. Los soldados estaban atentos a dichas patrullas, pues la ausencia en el puesto de guardia al paso de una de las patrullas de recogida de *tesserae* estaba penada con la muerte. Masinisa contemplaba con respeto aquel cambio de guardias nocturnas. Había aprendido las fórmulas en las que se sustentaba la férrea disciplina de aquellas tropas y admiraba la forma en la que funcionaba la tremenda y compleja maquinaria de las legiones romanas. Sin darse casi cuenta, llegaron frente al *praetorium* y Lelio invitó al rey númida a desmontar. Masinisa saltó de su caballo con agilidad y acompañado sólo por Lelio entró en la tienda del *praetorium*. En el interior Masinisa encontró a Publio Cornelio Escipión sentado en una silla de patas de marfil leyendo unos rollos en griego que su padre le regalara hacía mucho tiempo, en el norte de Italia, justo antes de entrar en combate por primera vez. Al sentir la presencia de Masinisa y Lelio, sin levantar la vista del rollo que sostenían sus manos, empezó a leer en voz alta.

—«El rey tiene respecto a sus súbditos el privilegio de hacer beneficios. Como buen dueño está preocupado por su bien lo mismo que el pastor por sus ovejas. En este sentido es semejante a los padres y sólo la magnitud de los beneficios lo levanta sobre ellos. Lo mismo que un padre, es la causa de la existencia de los suyos, cuida de su alimento y educación.» —Masinisa fue a interrumpir pero el procónsul, imperturbable, levantó la mano derecha en alto y el númida se mantuvo en silencio, mientras el general romano continuaba leyendo—. «La tiranía no acepta comunidad alguna entre señor y súbditos: no hay en ella ni derecho ni justicia. El súbdito es para el tirano lo que la herramienta para el artesano... Hablando con propiedad, el tirano no ve a su alrededor seres humanos, sólo bueyes, caballos y, en todo caso, esclavos.»* —Publio terminó de leer y miró directamente a los ojos a Masinisa—. Son palabras de Aristóteles, Masinisa, ¿sabes quién era Aristóteles?

—Un filósofo griego —respondió el númida algo incómodo. No entendía bien a qué venía todo eso y le ofendía que le tomaran por un completo inculto.

—Un filósofo griego, sí —admitió Publio—. Y también el preceptor de Alejandro Magno, el mayor general de todos los tiempos, el más grande rey. La cuestión es, ¿qué es lo que tú quieres ser, rey o tirano, Masinisa? ¿Rey de toda Numidia o tirano para todos tus súbditos, para los maessyli y los masaessyli? Porque si tomas decisiones que afectan a todos tus súbditos, como la de rebelarte contra mí, sin pensar en el posible perjuicio que les acarrearás a todos, eso es que quieres ser un tirano. ¿Tirano o rey? ¿Qué desea ser, Masinisa? Antes de responder piensa que a mí me vale un rey, no un tirano.

Masinisa permaneció en silencio.

Publio dejó a un lado, sobre la mesa, el rollo con el texto de Aristóteles.

—Dejemos de hablar de filosofía y de política, ya que el tema no parece interesarte, aun cuando alguien que aspira a ser rey, o quizá tirano, debería mostrar más aprecio por estos asuntos, pero dejémoslo correr. Te has vuelto a retrasar. ¿Me has conseguido más hombres?

—Me he casado —respondió Masinisa.

—¿Con quién?

—Con Sofonisba, la que era esposa de Sífax; eso me dará más poder sobre el resto de Numidia.

* Extractos procedentes de la *Ética a Nicómaco. Libros I y VI.*

—No sabía que ahora necesitaras de mujeres para hacerte valer ante tus súbditos, pero ése no es el caso. Lo impotante es que Sofonisba es la hija del general cartaginés Giscón, un enemigo mortal de Roma. Un hombre contra el que vengo luchando desde hace seis años. Ése es un matrimonio inaceptable para mí.

—El procónsul de Roma no decide sobre los matrimonios del rey de Numidia —replicó con vehemencia Masinisa.

Publio Cornelio Escipión se levantó de su *sella curulis* y se acercó a Masinisa.

—El procónsul de Roma ha esposado con grilletes y cadenas al anterior rey de Numidia porque decidió enfrentarse a mí, así que cállate y no te atrevas a interrumpirme. Hubo un tiempo, no muy lejano, en el que el anterior rey de Numidia, Sífax, también, como tú ahora, se sintió más poderoso que yo y pensó que podía permitirse el lujo de ser mi enemigo y eso, querido Masinisa, fue su error. Igual que fue un error que se casara con esa mujer y que le hicera más caso a sus besos que a mis advertencias. Masinisa... —Y aquí Publio se alejó un poco dándole la espalda mientras continuaba hablando—. Masinisa, Masinisa, Masinina. Tú aún estás a tiempo, aún lo estás. —Y de nuevo Publio se gira para encarar los ojos de su interlocutor. Observa que Lelio, el único presente en la tienda, tiene la mano en la empuñadura de su espada, preparado por si es necesario; Publio le lanza una mirada rápida y Lelio se contiene, de momento; el procónsul continúa hablando mirando de modo penetrante a los ojos de Masinisa, que permanece inmóvil, apretando los labios, engulléndose la rabia—. Masinisa, hemos luchado juntos y hemos ganado. En el pasado, sin embargo, en Hispania, luchaste con los cartagineses y fuiste derrotado por mí. Pero ya en ese tiempo, incluso entonces, cuando eras aliado de mis enemigos, te di una oportunidad y fui clemente con Masiva, tu sobrino, pero no malinterpretes, como han hecho otros en el pasado, mi clemencia, mi generosidad, con debilidad. Ese error ha sido la tumba de muchos de mis enemigos: de los iberos que se rebeleron contra mí, de las tropas que se amotinaron en Sucro, de los ejércitos de Asdrúbal Barca o de Giscón o del propio Sífax. ¿Dónde quieres estar, Masinisa? ¿Con los que no hacen sino ganar una batalla tras otra, con mis legiones, a mi lado, o con los que terminan muertos cubiertos de su propia sangre en los campos de batalla? No, no me respondas aún y escúchame bien, porque sólo voy a hablar de esto contigo una sola vez. Nunca más te lo voveré a pedir, al menos no con palabras. La próxima vez que te pida lo que te voy a pedir será en un campo de batalla y tu caballería, poderosa como es, no podrá por sí sola contra mis dos legiones. Puedes pensar que no tengo suficientes tropas para enfrentarme a ti y luego a los cartagineses, y es posible, es posible, pero aun así lo haré, porque he aprendido que hay que hacer las cosas una a una. Primero me aseguraré de que tu cabeza penda clavada de una lanza frente a mi *praetorium* y luego, si no tengo ya suficientes tropas después de destruirte y de arrasar tu reino, y, por supuesto, después de matar a la que ahora llamas tu esposa, si entonces ya no tengo bastantes fuerzas, pediré refuerzos a Roma y Roma me los enviará y con las nuevas tropas acabaré con Cartago. Lo único que tu defección puede ofrecer a los cartagineses es tiempo para alargar su agonía, tiempo para buscar nuevas alianzas, nuevos mercenarios como tú, como los iberos, como Sífax. Deja ya de luchar por quienes no te apoyaron para recuperar tu reino frente a Sífax y, por todos los dioses, Masinisa, recupera la razón. Es sólo una mujer lo que te pido. Debes entregarme a esa mujer y nuestra alianza volverá a ser fuerte. ¿Qué te ofrece ella: besos, sexo, promesas? Yo te ofrezco todo el reino de Numidia y la seguridad de una alianza perenne con Roma. Serás el más legendario y poderoso rey que Numidia haya tenido nunca. Todo eso a cambio de una mujer. Tráeme a esa mujer y tráemela ya. Al amanecer quiero verla ante mí para cubrirla de cadenas y llevarla con su antiguo esposo a las calles de Roma para ser exhibida al frente de mis tropas.

Masinisa fue a hablar, pero Publio levantó ambas manos con las palmas hacia el rey númida.

—No quiero palabras, Masinisa. Las palabras no me valen esta noche. Quiero a Sofonisba ante el *praetorium* antes de amanecer o entenderé que tú y yo estamos en guerra. Y será una guerra especial, Masinisa: será algo personal.

Masinisa pensó en gritar, en insultar, en rogar, en implorar, en hablar con serenidad, en permanecer quieto sin hacer nada, en luchar, en atacar al procónsul allí mismo, en correr... pero se lo engulló todo y con la barbilla temblorosa por la emoción contenida dio media vuelta y abandonó el *praetorium*.

Tras la salida del maessyli, Lelio y Publio quedaron solos.

—¿No es eso lo que busca Sofonisba, que tú y Masinisa, que ellos y nosotros nos enfrentemos a muerte?

—Sin duda —respondió Publio sentándose de nuevo. Estaba agotado—. Pero falta por ver qué desea más Masinisa: ¿Numidia o esa mujer? Y yo creo que es Numidia lo que le interesa más, lo que más desea, pero eso debe descubrirlo él mismo, esta noche.

—¿Y si al final, pese a todo, se decanta a favor de Sofonisba? —preguntó Lelio.

—Entonces... entonces se detendrá a medio camino entre nuestro campamento y el suyo; es probable que llame a sus tropas y que nos ataque antes del alba. Haz que redoblen la guardia y que salgan patrullas de exploradores alrededor del campamento.

Norte de África

Masinisa cabalgaba casi al galope. Sus guerreros debían esforzarse para mantener el paso con su rey. Ya habían avanzado varias millas desde que salieran del campamento romano. El rey estaba de un humor terrible y nadie se atrevía a hablar con él. Y no lo entendían, porque acababa de derrotar a Sífax y además se había desposado con una hermosa joven, la anterior reina, y el rey se había mostrado muy feliz tras yacer con ella la noche anterior. Ahora todo eso parecía olvidado por su monarca.

Masinisa mantenía la boca cerrada y hacía chocar unos dientes contra otros mientras que con sus rodillas mantenía el ritmo del vaivén del galope de su caballo. Estaba recordando cómo llegó al cuartel de Sífax, cómo éste, tras la batalla de las grandes llanuras, corría huyendo hasta que sus hombres los atraparon y lo llevaron a rastras a su presencia y cómo él lo despachó entre risas de sus guerreros para que lo llevaran encadenado a la presencia del tribuno Lelio, un buen regalo para los romanos. Recordó cómo, casi temblando por la emoción de volver a reencontrarse con la hermosa Sofonisba, se acercó muy despacio a la tienda de Sífax, en busca de la muchacha. Era la única tienda que permanecía intacta, por expresa orden suya, pues quería a Sofonisba viva, intacta y la quería para él. No había llegado a la puerta cuando la propia Sofonisba salió para recibirle. Estaba, como siempre, deslumbrante, hermosa, y, para su sorpresa, tranquila. Ella sabía que había caído Sífax, pero que quien le había arrebatado a su actual esposo no anhelaba otra cosa más en el mundo que poseerla. Sofonisba se adelantó al deseo carnal y pasional de Masinisa saliendo de la tienda y ante la atónita mirada de todos se postró de rodillas ante Masinisa, que no cabía en sí, henchido como estaba de vanidad y orgullo y lujuria.

—Me dijiste una vez —empezó la joven reina—, cuando me obligaste a arrodillarme ante ti en mi tienda en Hispania, que llegaría el día en el que yo me postraría ante ti por mi propia voluntad. Bien, mi nuevo rey, ese día ha llegado. —Sofonisba habló con serenidad y dulzura, con un toque de vulnerabilidad, de fragilidad en su voz que Masinisa sabía que era mentira, pero que no dejaba por ello de ser embriagador, sugestivo, como el vino que sabemos que nos emborracha pero cuyas sensaciones buscamos de nuevo en nuestro paladar. Ella, la mujer hermosa que tanto le había despreciado en el pasado, por fin, estaba de rodillas ante él y le suplicaba. Le suplicaba. Era la victoria perfecta.

—Te ruego que como nuevo rey de Numidia —continuaba Sofonisba—, te imploro que veles por mí. Como muestra de que nunca te he podido olvidar, llevo en mi brazo el brazalete que me regalaste y lo he llevado siempre conmigo.

Y Sofonisba se quitó la joya dejando visibles a los ojos de todos las marcas blanquecinas que sobre su piel dorada había dejado el oro que durante varios años había impedido que el sol bañara esa parte del cuerpo de aquella preciosa mujer.

Masinisa alargó su brazo y la ayudó a levantarse.

Masinisa ralentizó sus recuerdos al tiempo que refrenaba su caballo. Del acelerado galope pasó a un trote más llevadero para todos, para el resto de los guerreros maessyli que le escoltaban y para los caballos.

La ayudó a levantarse y fueron juntos a la tienda de Sífax, y sobre el mismo lecho donde hacía unas horas Sífax había poseído a Sofonisba, fue él quien se solazó con ella, durante unas largas y preciosas horas que parecieron volar como águilas en el cielo. Sofonisba se entregó a él con tal pasión que erizó todos los pelos de la piel del monarca de los maessyli haciendo que el nuevo rey llegara al máximo placer en varias ocasiones. Después, en las horas inciertas del amanecer, cuando no se sabe si el mundo camina hacia el día o hacia una nueva noche, Sofonisba le habló entre susurros y su voz acaramelada debía de ser lo más semejante a la voz de las sirenas que trastornaron al mismísimo Ulises.

—Sólo te pido que me protejas de los romanos... que tú mismo te protejas de ellos... Sífax no estaba a la altura... pero contigo todo será diferente... tú eres joven y fuerte y valiente, no como el cobarde Sífax... puedo hablar con mi padre y Cartago te reconocerá como nuevo rey de Numidia... sólo tienes que ayudarnos a expulsar a ese romano de África y toda Numidia y yo misma seremos tuyas... eternamente tuyas... mi señor, mi rey, mi amo.

Masinisa dejó de pensar y detuvo a su caballo. Animal y rey quedaron inmóviles en mitad de la noche. El cielo limpio de nubes estaba plagado de estrellas. Los guerreros maessyli callaban para no interrumpir el silencio de su señor. Masinisa desmontó y dejó que uno de sus soldados tomara las riendas de su montura mientras él se alejaba unos pasos en busca de un recogimiento que todos respetaron. Debía tomar una decisión y debía tomarla ahí mismo, en ese momento. No había mucho más tiempo. Estaban a medio camino entre el campamento del general romano y su propio campamento. O bien seguía fiel a Publio Cornelio Escipión y entregaba a Sofonisba para luego enfrentarse a los cartagineses y tras derrotarlos ser rey de toda Numidia, o bien permanecía del lado de Sofonisba, se aliaba con los cartagineses y les ayudaba a derrotar a Publio Cornelio Escipión para luego ser reconocido rey por los propios cartagineses. En esta última ocasión tendría a Numidia y a Sofonisba, todo a la vez. Sólo había un problema: Publio Cornelio Escipión no había sido derrotado nunca. Ni en Hispania ni en África. El general romano sólo había participado en derrotas romanas en Italia, pero entonces no tuvo el mando. Desde que era general *cum imperio*, *imperator* de varias legiones, había vencido a los cartagineses en Cartago Nova, en Baecula, en Ilipa, apoderándose de todas las minas de plata de la región, y había arrasado a los iberos rebeldes de Cástulo e Iliturgis, había reprimido con severidad el motín de Sucro, y había vuelto a derrotar a los rebeldes iberos Indíbil y Mandonio que, grave error, le creyeron muerto; había conquistado Locri en Italia y luego Saleca en África y había derrotado a Hanón primero y luego a Sífax y, una vez más, a Giscón. Masinisa se debatía con furor en su interior. Deseaba a Sofonisba, pero Escipión era un enemigo temible, un contrincante de una magnitud difícil de medir. ¿Tenía fuerzas suficientes para enfrentarse a él? Quizá con una alianza con Cartago. Quizá si el general que comandara a los cartagineses fuese el propio Aníbal...

Campamento general romano junto a Útica

La señal de alarma sorprendió a Publio mientras intentaba dormir dentro del *praetorium*. De inmediato se puso en pie y, con la ayuda de un esclavo, se vistió, se ajustó la coraza y se calzó las sandalias mientras Lelio le informaba de lo sucedido.

—Masinisa está frente al campamento.

—¿Solo? —preguntó el procónsul, aunque sabía la respuesta, pues si hubiera venido solo o con un pequeño grupo de jinetes de escolta no habrían hecho sonar la alarma para poner en pie de guerra a todo el campamento.

—No —respondió Lelio con contundencia—. Viene acompañado de todo su ejército de caballería. Son varios miles. La batalla será cruenta.

El procónsul estaba inquieto y apartó al esclavo con cierto aire de desprecio ante la tardanza del siervo a la hora de atarle bien las grebas de las espinillas. El propio Publio terminó de hacer el nudo de uno de los cordeles que ajustaban las grebas a su piel para protegerla de las espadas enemigas.

—Vamos allá —dijo Publio, que se dirigió a grandes pasos hacia la puerta de la tienda seguido de cerca por Cayo Lelio.

En el campamento todo eran preparativos para la defensa y, por si el procónsul lo estimaba necesario, para hacer una salida con tantas tropas como el general considerara pertinente. Casi corriendo, Publio Cornelio Escipión, junto con Lelio, Marcio y Silano, alcanzó la muralla fortificada junto a la *porta praetoria*. Quería ver con sus propios ojos a ese nuevo Masinisa que ahora se rebelaba contra él. Una nueva traición. Estaba, hasta cierto punto, sorprendido. Se había equivocado al pensar que Masinisa consideraría más valioso respetar su alianza con él, y conservar así toda Numidia, que su pasión por aquella mujer cartaginesa. Quizá Sífax tuviera razón y Sofonisba era capaz de embrujarlos a todos, o, peor aún, quizá Masinisa hubiera reevaluado las fuerzas de los unos y los otros y hubiera concluido que si Aníbal regresaba era mejor que dicho regreso le pillara del lado de los cartagineses.

Desde lo alto de la empalizada la visión era espectacular. Toda la caballería númida de Masinisa se extendía a lo largo de una extensa milla, en una interminable hilera iluminada por centenares de antorchas en medio de aquella noche de cielo raso. Era una imagen fantasmal. Eran menos de lo que parecía, pero eran guerreros valientes y leales a su rey. El combate, como había vaticinado Lelio, sería tremendo y el desgaste de soldados y recursos, importante. Aquella batalla podía suponer el final de aquella irregular campaña en África sin conseguir el objetivo para el que habían desembarcado allí: la retirada de Aníbal de Italia. Y todo por una mujer.

—¿Ordenamos una salida? —preguntó Lelio.

Publio asintió despacio, pero luego se lo pensó mejor y se contradijo.

—No. Es peligroso. Las tropas tardarán en salir y sólo pueden hacerlo poco a poco por la *porta praetoria*, que es demasiado estrecha. Es lo que esperan. Se lanzarán contra las tropas mientras hacen la maniobra de salida, como hicieron contra los jinetes de Hanón en Saleca.

—Podemos defender a los *velites* y *hastati* mientras forman frente al campamento, disparando desde la empalizada y con las catapultas —sugirió Marcio.

—Aun así tendríamos muchas bajas —contrapuso Silano.

Se estableció un denso silencio.

—¿Y las otras puertas? —preguntó Publio.

—Lo hemos pensado —respondió Silano—, pero Masinisa ha mandado patrullas que rodean todo el campamento. Si organizamos una salida por alguna de las otras puertas, lo sabrán enseguida y con la caballería pueden plantarse en cualquier esquina con rapidez.

—Es hábil, Masinisa —dijo Publio incluso con un cierto aire de orgullo; a fin de cuentas el númida les había ayudado a derrotar a los cartagineses varias veces ya en África—. Es hábil.

—¡Mirad! —dijo Marcio señalando hacia el centro de la formación númida.

Un pequeño grupo de jinetes se adelantaba y todo parecía indicar que el nuevo rey de Numidia pudiera marchar al frente de ese reducido contingente. A medida que se acercaban, la imponente y ágil figura de Masinisa se hizo visible en medio de la trémula luz de las antorchas númidas.

—Quiere parlamentar —dijo Lelio.

—Abrid las puertas —apostilló Publio—. Bajaré. Iré acompañado por Lelio y una *turma* de caballería.

Marcio y Silano asintieron aunque con desgana. Les preocupaba que el general pusiera en peligro su vida. Si algo le pasara, nadie sabría qué hacer, allí perdidos, en medio de África, rodeados por mortales enemigos por todas partes. Con el procónsul al mando, todo parecía diferente, organizado, pensado.

Masinisa cabalgaba cargado de odio y rabia y miseria. Estaba furioso hasta niveles desconocidos para él y para sus leales que durante tantos años le habían acompañado en su largo exilio. Nunca nadie había visto a su rey tan rabioso, tan ofuscado, tan iracundo. Nadie sabía bien qué podía pasar aquella noche. Sólo sabían una cosa: era su rey y le seguirían hasta la muerte.

Publio, aconsejado por Lelio, avanzó sólo un centenar de pasos, una vez que cruzaron la *porta praetoria*. No debían alejarse de la protección que suponían los arqueros romanos establecidos en la empalizada del campamento en caso de que aquel encuentro pasase de un parlamento a un combate cuerpo a cuerpo. Aquélla era una noche demasiado extraña y los acontecimientos se sucedían de forma tumultuosa. Por primera vez en mucho tiempo, Publio sentía que no llevaba la iniciativa y estaba algo confuso, preocupado.

Masinisa no detuvo su avance al paso hasta que se situó frente a la *turma* del procónsul. Númidas y romanos que durante varios meses habían estado luchando unidos, se encontraron frente a frente. El campamento romano también había encendido gran cantidad de hogueras y antorchas. Era una noche de llamas que a todos recordaba la noche en la que atacaron, juntos, los campamentos de Sífax y Giscón y, sin embargo, ahora, eran enemigos... Publio se adelantó con su caballo unos pasos. Masinisa le imitó. Rey y procónsul, procónsul y rey a tan sólo dos pasos el uno del otro, montados, erguidos, orgullosos, sobre sus caballos. Dos magníficos guerreros, dos grandes generales, dos imponentes enemigos.

—Me pediste que te entregara a Sofonisba —empezó sin rodeos ni preámbulos falsos Masinisa.

—Y te lo sigo pidiendo —sostuvo Publio Cornelio Escipión con tensa firmeza.

—Me pides a mi mujer, a mi esposa...

—Debiste consultarme antes de celebrar ese matrimonio.

—¡Por mis dioses y por los de Roma! ¡Soy rey! ¿Desde cuándo un rey pide consejo sobre estas cosas?

Publio no se arredró, aunque sentía que Lelio y los caballeros romanos estaban agitados, a sus espaldas.

—Desde que eres rey por mi ayuda, desde que eres rey porque mis legiones están aquí.

—Yo también he combatido y con valentía, y te he ayudado a ti y a tus legiones y ahora, ¿ahoras quieres mandar sobre mí?

—No quiero mandar sobre ti, pero no puedo permitir un enlace que suponga un riesgo a nuestra alianza.

—¿Y estás dispuesto a combatir contra mí por esa mujer?

—Estoy dispuesto. Sí.

Masinisa apretaba los labios y los movía hacia dentro y hacia fuera de su boca, como queriendo seguir con aquel debate, pero le faltaban las palabras en aquel latín que no era su lengua materna. Y él tampoco era orador y no estaba acostumbrado a los tensos debates del Senado romano. Él era un hombre de acción.

—Lo que me has pedido —dijo al fin el númida—, ha supuesto el final de nuestra amistad. —Y se volvió hacia sus guerreros y les hizo una señal. Lelio, raudo, desenvainó su espada y lo mismo hizo el resto de los caballeros de la *turma*. En la empalizada Marcio ordenó que los arqueros tensaran los arcos y que varios manípulos apostados junto a la *porta praetoria* estuvieran preparados para salir, acompañados de otras *turmae*. De entre los guerreros maessyli, emergió un jinete que llevaba un fardo atado con cuerdas colgando por delante de su silla sobre su poderosa montura. Una vez que el jinete númida llegó junto a su rey, Masinisa desmontó de su caballo y, ante la sorpresa de los romanos, tomó en sus brazos el pesado fardo que llevaba el caballo de su guerrero y, cargado con él, se aproximó a los pies del caballo del cónsul.

—Aquí tienes a Sofonisba. Muerta. Muerta para siempre. Haz con ella lo que quieras, romano y nunca más, nunca más —Masinisa hablaba mientras depositaba el cuerpo de la joven envuelta en varias mantas de lana blanca inmaculada sobre la arena de África—, nunca más me llames amigo. Tú y yo, Publio Cornelio Escipión y el rey Masinisa ya no son amigos. Y nunca más volveré a combatir por ti. Jamás. A partir de ahora todo lo que haga será sólo para mí, para el único, legítimo e independiente rey de Numidia.

Y Masinisa montó de un salto sobre su caballo, dio media vuelta y al galope se alejó escoltado por sus soldados y por el viento de la noche y en medio de las sombras de las hogueras y las antorchas, todo su ejército desapareció del horizonte oscuro de la madrugada. Los romanos quedaron con sus armas desenvainadas, sus arcos apuntando al vacío, sus caballos piafando nerviosos porque nerviosos estaban sus jinetes, todos contemplando un espacio vacuo en un horizonte que empezaba a palidecer por los primeros resplandores aún tímidos del alba.

Todo parecía un sueño, una pesadilla extraña, excepto porque a los pies del procónsul de Roma había un bulto del tamaño de una persona pequeña, envuelta en mantas de lana blanca que parecían brillar a la luz del fuego. El procónsul miró a Lelio y el tribuno asintió. Cayo Lelio desmontó de su caballo y se acercó al fardo inerte. Se arrodilló junto a él y empezó a desatar con cuidado las ligaduras que sostenían las mantas. Sólo él, de entre todos los romanos, había visto a Sofonisba, tras la batalla de las «grandes llanuras», junto a Masinisa. Sólo él podía confirmar si aquel cadáver era el de la hija del general cartaginés Asdrúbal Giscón. Las cuerdas cedieron ante los poderosos dedos del veterano tribuno. Lelio estiró de dos cuerdas y las separó de las mantas. Luego tiró de uno de los edredones y, con cuidado, separó la tela hasta dejar visible el rostro de la más bella de las mujeres que con los ojos cerrados, con el cuerpo aún caliente, parecía más dormida que muerta. Lelio se volvió hacía Publio y asintió.

El procónsul de Roma comprendió que Masinisa había decidido cumplir la orden de entregar a Sofonisba, pero a su manera: muerta antes que viva, muerta antes que permitir a los romanos que la humillaran arrastrándola encadenada por las calles de Roma junto a Sífax. Lelio cubrió de nuevo el rostro de la hermosa mujer. De pie, mirando el horizonte, habló al viento.

—No ha habido batalla, pero hemos perdido la caballería de igual modo.

Publio, montado sobre su caballo, contemplaba el amanecer.

—No, Lelio. Hemos perdido la amistad del rey, pero Masinisa necesita, ahora más que nunca, que derrotemos a los cartagineses. Cuando le llamemos acudirá. Lo hará, eso sí, por su propio interés, no por ayudarnos. Por el momento, será mejor dejar que el tiempo restañe las heridas y, si es posible, que se sosiegue el ánimo del nuevo rey de los númidas.

—Pero su amistad nos habría venido bien —insistió Lelio, que veía la alianza con Masinisa demasiado débil.

—La amistad es poderosa cuando no es por interés, o, al menos, eso dice Aristóteles, y entre Masinisa y nosotros sólo ha habido interés. En estas circunstancias, es mejor que nuestra alianza esté forjada sobre su ambición.

Lelio no dijo nada. Un jinete le acercó su caballo. El tribuno montó en él. Otros dos jinetes descabalgaron para poner, con cuidado, sobre otro caballo el cuerpo de la que por un tiempo breve había alcanzado el sueño de ser reina, reina en un mar de hombres, en medio de una guerra larga y compleja que parecía llevarse, poco a poco, a hombres, mujeres y niños, a amigos y enemigos, a generales y cónsules y reyes y reinas; una guerra eterna que se alargaba sobre el mundo como una noche eterna. Una guerra que amenazaba con llevarse por delante a todos sus protagonistas, hasta que en el vacío final, sólo quedara el silencio y el olvido.

A lo largo del día siguiente, los legionarios de la V y la VI pudieron admirar el hermoso cuerpo de la joven reina Sofonisba expuesto en el centro de la *Via principia* frente a la tienda del *praetorium*. En el ánimo de cada soldado que se detenía por un instante ante aquel bello cadáver crecía la admiración por el poder de su general: un rey había entregado muerta a su reina, a la más hermosa de las mujeres que habían visto nunca, porque el general se lo había ordenado. Publio Cornelio Escipión era más que un procónsul o que un *imperator* para aquellos hombres que otrora sucumbieran a la desesperanza del destierro perpetuo. Para ellos, Escipión era el hombre más poderoso y más temible del mundo, era su líder y su única ruta de regreso a Roma. Ante él caían reyes iberos y númidas y todos los generales que Cartago enviaba para combatirle.

Frente a las miradas de asombro de los legionarios, Sofonisba, muerta, permanecía con sus oscuros ojos yertos, cerrados, mientras su espíritu aún caliente pugnaba por no alejarse de la tierra de los vivos, unos vivos que tanto la habían defraudado. Primero tuvo que ver cómo su padre era derrotado una y otra vez por el general romano al que todos llamaban Escipión; luego, tras huir de Iberia a toda prisa, tuvo que ser testigo de cómo su plan de casarse con el terrible rey Sífax de Numidia no conseguía los frutos deseados, pues, una vez más el mismo general Escipión, en un sorprendente y osado ataque nocturno, desarboló a los ejércitos de su esposo y su padre juntos. Los requiebros de sus besos consiguieron que su marido se revolviera una vez contra los enemigos de su patria, pero los romanos, aliados con el astuto y atrevido Masinisa, derrotaron definitivamente a Sífax. Aun así, Sofonisba, como una gata, sacó una vida más de entre sus entrañas y supo atrapar en la red de su hermosura y sus encantos a Masinisa, llamado a ser el nuevo rey de Numidia, a quien si conseguía alejar del general romano, volvería a convertir en ariete de la causa cartaginesa.

Sofonisba vio con preocupación la partida nocturna de su nuevo rey, de su nuevo esposo camino del campamento romano.

—No vayas —rogó ella entre suspiros y caricias y a punto estuvo de detenerlo, pero Masinisa se zafó del enjambre empalagoso de sus brazos tiernos de piel suave y tersa.

—Debo ir —dijo Masinisa—. Quizá pueda conseguir un pacto con Escipión. Quizá podamos conseguir un arreglo entre Cartago y Roma.

Sofonisba negaba repetidamente con la cabeza.

—Eso es lo mismo que dijo Sífax y Sífax está ahora preso de los romanos. Ese Escipión sólo te quiere por tu caballería.

—Es posible —respondió él ya desde la puerta de la tienda, vestido y armado—, pero me ha ayudado a terminar con mis enemigos y me ha entregado Numidia entera.

—Pero te pedirá mi cabeza.

—Hablaré con él. —Y Sofonisba lo vio partir.

Y habló con el romano y el romano pidió su cabeza y Masinisa no pudo ni supo ni tuvo el valor de negársela. Ni siquiera tuvo la valentía de regresar a comunicar en persona el resultado de la entrevista con Escipión. En su lugar, el nuevo rey de los númidas se detuvo a medio camino de regreso y envió a uno de sus guerreros para que transmitiera el funesto mensaje. Cuando Sofonisba vio que no era Masinisa quien entraba en su tienda, sino un subalterno, un oficial desconocido para ella, un guerrero maessyli con más cara de miedo que de respeto, Sofonisba comprendió que el fin de sus días había llegado.

—Mi rey dice... —empezó el maessyli dubitativo—, dice que debe entregarte al general romano. Que no hay otra respuesta posible a las exigencias de Escipión. Que lucharía por ti, pero que no tiene ni suficientes hombres ni ejército para salvarte y que o te entrega ahora o tendrá que hacerlo cuando todo su ejército y su poder haya sido destruido por las «legiones malditas». —Sofonisba escuchaba en pie, junto a una silla a la que se asía para encontrar fuerzas suplementarias en el momento sublime de su derrota final—. El rey Masinisa dice que debe entregarte viva, pero que él tampoco desea ser cómplice del espectáculo de ver a una reina de Numidia cubierta de cadenas exhibida como un animal por las calles de Roma... por eso mi rey... mi rey te envía esta copa... es todo cuanto puede hacer...

Y el guerrero maessyli ofreció una copa llena de vino y veneno mortal a la que ahora era su reina. Sofonisba sonrió con soltura, casi con desenfado.

—Deja la copa en el suelo y márchate, guerrero, vuelve con tu rey. —Y el maessyli, aliviado por poder escapar de aquella tienda de derrota y muerte, obedeció, pero antes de que pudiera salir, la voz de la reina volvió a hablar deteniendo sus pasos—. Pero dile al rey Masinisa, dile que Sofonisba ya sabe que aquel osado maessyli que la cortejaba en los campamentos de su padre en Iberia y que incluso se atrevía a entrar en mi tienda asesinando a los centinelas para poder tocar mi piel, dile que con mi muerte ese rey también ha muerto. Dile, guerrero maessyli, que Masinisa, con mi muerte, deja de ser rey para ser tan sólo un vasallo de ese general de Roma y dile que cuando Aníbal regrese a mi patria y sus elefantes aplasten a las legiones de ese general, dile que entonces ya no habrá reyes númidas en Numidia, sino sólo el poder de Cartago y que todo su pueblo al que maldigo como le maldigo a él arrastrarán durante siglos la maldición de Sofonisba.

El soldado que escuchaba casi de espaldas, junto a la puerta de la tienda, las terribles palabras de la que aún era su reina, asintió y partió de aquella estancia más nervioso de lo que había estado al entrar.

Sofonisba se quedó a solas. La luz de las velas creaba fantasmagóricas sombras temblorosas, asustadas. En el exterior se escuchó a un caballo piafando y varios hombres hablando entre susurros. Todos esperaban ansiosos su decisión, el desenlace final y definitivo. Sofonisba, hija de general cartaginés, esposa y reina de dos reyes de Numidia, caminó despacio hacia la copa que, indiferente a las pasiones de los hombres y las mujeres de su tiempo, permanecía inmóvil en el centro de la tienda.

Sofonisba se agacha, toma la copa entre sus finos dedos y acerca el borde de la misma a sus labios carnosos. El líquido mortífero, oculto en el sabroso sabor del vino, se desliza por la garganta de la joven reina y así, Sofonisba, reina de Numidia, vendida por su padre, abandonada por un primer esposo derrotado en el campo de batalla y traicionada por un segundo esposo henchido de ambición, bebe su muerte.

—Cuántos hombres y qué cobardes todos ellos. Dos legiones enteras han hecho falta para obligarme a beber esta copa. Y se creerán valientes... —dijo entre murmullos de despecho, pero entonces sintió que le costaba inhalar aire y se acurrucó en el lecho, y se abrazó a sí misma, que era lo único que le quedaba, y pensó que se dormía y dejó de sentir los brazos y las piernas y luego se olvidó de respirar.

81

El regreso de Aníbal

**Crotona, Bruttium, sur de Italia,
otoño del 203 a.C.**

Aníbal miraba hacia la bahía de Crotona con los brazos en jarras. No sólo tenía que soportar el dolor de las terribles noticias de la muerte de su segundo hermano, el pequeño de la familia, a causa de las heridas sufridas en la durísima campaña del norte de Italia, quien, de camino a África, tuvo que detenerse en Cerdeña en un desesperado intento por recuperarse que no surtió efecto. Allí, en aquella isla, quedó su joven hermano. Ese dolor le partía el corazón, pues había albergado la esperanza de endulzar el triste deber de aceptar la necesidad de su propio regreso a África sin conseguir derrotar a Roma con el reencuentro con el único de sus hermanos que aún vivía. Y para colmo de males, además ahora se veía obligado a organizar su propio regreso y la vuelta de sus tropas con recursos insuficientes.

Aquello era increíble: no le habían enviado bastantes barcos para transportar todas sus tropas a África. Llevaban un día cargando las *trirremes* y los barcos mercantes que Cartago había enviado para aquella gran misión y eran demasiado pocos.

—Es imposible, mi general —dijo Maharbal, de pie, tras un desesperado Aníbal—. Tendremos que dejar a muchos hombres atrás.

—¡Por Baal, Melqart y Tanit y todos los dioses! —Aníbal se pasaba ambas manos por encima de la cabeza—. Hay que ser inútiles para no poder terminar con esas dos legiones romanas cuando aquí llevamos años combatiendo contra siete y ocho cada año. Pero sea, hemos de regresar por su incapacidad y puedo entender, Maharbal, que no nos enviaran todos los suministros y refuerzos que necesitábamos, puedo entenderlo, puedo comprender que mis enemigos en Cartago, empezando por el inútil de Giscón, me prefiriesen muerto en Italia, aunque eso supusiese la derrota para Cartago, pero esto... esto no lo puedo entender. Ahora nos piden que regresemos porque están temerosos, todos los viejos senadores están asustados de ese general romano, ese Escipión que ya expulsó a Giscón de Hispania y aun así, estando atemorizados como niñas, no me envían los sufientes transportes para que pueda desembarcar de regreso en África con todas las tropas. Es absurdo.

—Quizá quieran que las fuerzas que se reúnan estén equilibradas y que no sean todas leales sólo a ti —respondió Maharbal.

Aníbal se sentó sobre un montón de sacos de trigo que aún debían ser cargados, aunque no se sabía dónde.

—Seguramente lleves razón, Maharbal. Sé que Cartago espera también el regreso de los restos de las tropas que tenía asignadas Magón. —Aquí se detuvo un instante y bajó la mirada; Aníbal ya no tenía a nadie en quien confiar, exceptuando, quizá, Maharbal—. Sí, eso debe de ser. Quieren que el nuevo ejército sea un tercio procedente de las tropas reembarcadas en Cerdeña, las que comandaba Magón y fueron derrotadas en el norte de Italia, otro tercio compuesto por las nuevas levas del maldito Giscón en la propia África y un tercio más, mis veteranos. Si me dejaran embarcar a todos podría tener casi la mitad del nuevo ejército compuesto por leales a mí. Ésa es la única explicación. No quieren que tengan tantos leales a mí en África.

Pero la explicación no solucionaba el problema inmediato: qué embarcar y qué dejar o a quiénes dejar en tierra. Aníbal sintió la mirada inquisitiva de Maharbal y le respondió lo que él ya tenía meditado desde hacía unas horas, desde que resultara del todo evidente la imposibilidad de embarcar a todo el ejército con el que llevababa batallando desde hacía años en Italia.

—Embarcaremos sólo soldados, y víveres... sólo los necesarios para la travesía. En Leptis Minor y Hadrumentum, una vez en África, podremos reabastecernos. Así podremos embarcar a más soldados. Allí tengo buenas relaciones con muchos nobles de esas ciudades.

—¿Y la caballería? —preguntó Maharbal.

—No la embarcaremos. Los caballos ocupan demasiado espacio. He enviado emisarios al rey Tiqueo de Numidia. Es pariente de Sífax y está ansioso por vengar sus derrotas y por liberarle de las cadenas en las que le tendrá cubierto el joven Escipión, eso si no lo ha crucificado ya, que, por cierto, es lo que se merece, por inútil. De hecho el general romano debería crucificar a Sífax, y Cartago hacer lo mismo con Giscón, pero no se atreverán. Dos imbéciles. Le tenían rodeado y ese general romano destroza sus campamentos en una sola noche, en un solo ataque. Unos inútiles. —Las palabras de Aníbal sobre Giscón eran traición, pues Giscón, pese a su incapacidad, era otro general de Cartago, pero Maharbal estaba tan de acuerdo con lo que decía Aníbal que se limitó a sonreír. Aníbal continuó hablando, como si lo hiciera para sí mismo, como si buscara convencerse de que estaba haciendo lo correcto—. Tiqueo nos proporcionará la caballería. Así podremos cargar hasta quince mil hombres o quizás algo más, pero aun así tendremos que dejar en tierra unos diez mil guerreros.

—¿Y qué hacemos con los caballos?

—Los sacrificaremos todos —respondió Aníbal no sin cierta inquietud—. No podemos dejar ese regalo al enemigo. Dos mil caballos muertos y diez mil guerreros abandonados en tierra. Espero que no los echemos luego de menos. Espero que estemos haciendo lo acertado.

—Supongo que los soldados de Magón y las tropas de Giscón los reemplazarán y no los echaremos en falta —dijo Maharbal intentado animar al general.

Aníbal le miró perplejo y negó con la cabeza.

—Me refiero a los caballos. —Y volvió a repetir mirando hacia la bahía—. Me refiero a los caballos.

LIBRO VIII

LA BATALLA DE ZAMA

202 a.C.

Deducunt habiles gladios filo gracilento...
Denique ui magna quadrupes eques atque elepanti proiiciunt sese...
Iamque fere puluis ad caelum uasta videtur...
Hastati spargunt hastas, fit ferreus imbet...

ENNIO,
fragmentos del *Libro VII de los Anales*
sobre las guerras púnicas

[Desenvainan las manejables espadas de delgado filo...
Finalmente los cuadrúpedos caballos y elefantes se precipitan con gran violencia...
Y ya se deja ver una inmensa polvareda que se eleva casi hasta el cielo...
Los *hastati* arrojan aquí y allá las lanzas, originándose una lluvia de hierro...]

82

El final del camino

Roma, enero del 202 a.C.

Quinto Fabio Máximo observaba el cielo con aire taciturno. Estaba sentado en una roca en lo alto de la colina en el centro de su hacienda desde la que se divisaba Roma. Era el lugar donde practicaba las ceremonias de augur para predecir el futuro. En otros tiempos siempre veía algo, por poco que fuera. Casi siempre de modo acertado, en raras ocasiones de forma confusa y, que él recordara, sólo se había equivocado una vez. No supo ver que sus planes para terminar con la alianza entre Cayo Lelio y el joven Escipión terminarían en fracaso. Aunque quedaba por ver el desarrollo final de la campaña de África, pero las cosas parecían marchar bien para el eterno procónsul de los Escipiones. Dos victorias consecutivas contra los ejércitos púnicos y númidas habían situado a Publio Cornelio Escipión en una buena situación para asediar la mismísima Cartago.

Quinto Fabio Máximo carraspeó y escupió a un lado, para evitar que su saliva cayera entre las líneas entrecruzadas que había trazado en el suelo para realizar su lectura del futuro. Estaba cansado. No había visto nada. Nada. Era extraño. Era la primera vez que algo así le ocurría. No es que hubiese observado signos confusos, pájaros extraños, bandadas de vuelos ambiguos, ni altos, ni bajos, no, no era eso, o que no acertara por su vista cansada a distinguir con nitidez el origen del vuelo de las aves, algo que le ocurría con frecuencia últimamente. No, era una sensación extraña y diferente. En media hora no había surcado el cielo ni una sola ave y, más aún, en la media hora más que llevaba sentado en aquella roca ni tan siquiera se había escuchado el canto de los pájaros. ¿A qué tanto silencio cuando Quinto Fabio Máximo preguntaba a los dioses sobre el futuro?

El viejo senador se ayuda del *lituus* sobre el que apoyó ambas manos para alzarse de su improvisado asiento y reemprender el camino de regreso a su *domus*. Miraba ahora hacia el suelo. Se tropezaba con demasiada frecuencia. Por fin, había admitido para sí mismo, en secreto, que su vista era endeble sobre todo en el ángulo derecho inferior. Por algún motivo una sombra se extendía en ese lado de su visión. No lo había comentado a los médicos porque no quería difundir sus debilidades.

Fabio Máximo caminaba despacio en su descenso de regreso a su *domus*. Paseaba entre los cipreses que vigilaban el sendero y sentía que cada vez la distancia de un ciprés al siguiente parecía alargarse. Le costaba respirar. Pensó en detenerse y sentarse al borde del camino, pero no había ningún lugar propicio para ello, ninguna piedra o tronco grande sobre el que hacerlo. Ordenaría que instalaran bancos en todo el camino. Así podría descansar dónde y cuándo se le antojase.

El final del camino no llegaba nunca. Se detuvo junto a uno de los altísimos árboles y se apoyó en su grueso tronco con una mano mientras con la otra descansaba sobre el *lituus*. Inspiró con fuerza varias veces. Le pareció sentirse mejor. Algo más aliviado, reemprendió la marcha por el tortuoso sendero. Nunca pensó que aquélla fuera una senda larga y, sin embargo, así lo parecía aquella lánguida tarde.

Quinto Fabio Máximo alcanzó al fin la puerta de su casa. Estaba abierta, pues toda la villa estaba rodeada por muros que a su vez estaban vigilados por un ejército de esclavos y libertos a sueldo del gran ex cónsul. Por eso podía permitirse dejar las puertas de su casa abiertas. El anciano senador entró en el vestíbulo y de ahí, en unos pasos, entró al gran atrio de su mansión. Pensó que entre los sólidos muros de su vivienda encontraría mayor sosiego y descanso, pero no fue así.

Quinto Fabio Máximo, apodado *Verrucoso* por la cada vez mayor verruga de su labio inferior, el hombre que detuvo a Aníbal en las peores semanas de aquella guerra, conquistador de Tarento, cinco veces cónsul de Roma, una vez dictador, augur permanente y *princeps senatus* vitalicio, se desplomó a los ochenta y un años de edad sobre las teselas de uno de los gigantescos mosaicos de su casa que recreaba con todo lujo de detalles su primer gran *triunfo*, el que celebrara en el año 521 *ab urbe condita*, tal y como rezaba al pie del mosaico. De eso hacía ya más de cuarenta años. La sangre de Máximo se esparcía por entre las ínfimas comisuras que quedaban entre tesela y tesela. Con él caía parte de la historia de Roma, con él se derrumbaba una forma de interpretar el destino de la República, con él se desmoronaba un mundo entero. Quizá por eso, porque el propio Máximo así lo sentía, sacó fuerzas de flaqueza e intentó alzarse, pero, aturdido por el golpe y falto de fuerzas, no pudo más que arrastrarse hasta una de las paredes y quedarse allí medio sentado, descansando su espalda en la pared. Un chorro de sangre caliente le brotaba de la frente. No se llevó la mano a la herida; no por miedo de confirmar la seriedad del corte sino por puro agotamiento. Sus últimas fuerzas se habían desvanecido en los dos metros en los que se había arrastrado sobre las teselas del mosaico de su casa. Un joven esclavo encargado de la cocina apareció en el atrio, alertado, sin duda, por el ruido del golpe de la caída, y se quedó estupefacto al contemplar lo impensable: el todopoderoso Quinto Fabio Máximo yacía semirreclinado, herido, vulnerable. Se acercó despacio a su amo.

Fabio Máximo, con un hilillo de débil voz, hizo audibles sus instrucciones.

—Llama a los médicos... y a Marco. Diles... que vengan... rápido...

El esclavo desapareció a toda velocidad, entre asustado y abrumado por las órdenes. Surgieron entonces dos siluetas de suaves curvas, vestidas de lanas blancas muy finas, con túnicas escandalosamente cortas que dejaban al descubierto unas hermosas pantorrillas y unos bien formados muslos. Las dos esclavas egipcias se aproximaron a su amo herido.

—Traedme agua —empezó Fabio Máximo—, agua... para beber y... para limpiarme las heridas.

Una de las jóvenes se volvió para buscar lo que se le había solicitado pero la otra no. Esta última se acercó despacio al viejo senador y se agachó primero y luego se arrodilló junto a él. Le miraba con detenimiento. Fabio pensó que estaba valorando la gravedad de las heridas y la forma de curarlas mejor, pero la muchacha se dirigió a su compañera con un tono frío que sorprendió al viejo e implacable *princeps senatus..*

—No vayas a por agua, hermana. No se recuperará de estas heridas. Está demasiado débil.

La otra joven se detuvo y se volvió hacia donde yacía el malherido cuerpo de Quinto Fabio Máximo. El rostro de la joven mostraba una clara mezcla de confusión y nervios. ¿Qué decía su hermana? Se estaba rebelando contra el amo. Las matarían por ello. Peor, las torturarían hasta morir.

Fabio Máximo miraba con odio mortal a la joven esclava rebelde que le negaba el auxilio. Aún podía ver sobre la piel de la joven las marcas de los latigazos que emergían de la espalda y se vislumbraban por los hombros desnudos. No hacía ni unas horas que aquellas dos esclavas habían estado bajo sus pies, saboreando la piel afilada de su látigo cuando ahora osaban rebelarse. Las mataría, las mataría despacio, lentamente. Tendrían la más horrible de las muertes posible. La joven, además, osaba mirarle directamente a los ojos, ella, una mísera esclava, a él, senador de Roma, ex cónsul, ex dictador, augur, a él. Se puso rojo de ira debajo del rojo sangre que le cubría la piel de su rostro. Fue a hablar, pero le faltaba el aire y no pudo decir nada.

—Deberíamos matarlo ahora que tenemos oportunidad, por Isis —continuó la esclava rebelde. Su hermana negaba con la cabeza, pero la otra insistía y la veía buscando con los ojos algo—. Una almohada bastaría para ahogarle. —Y se levantó para ir en su busca, mientras un incrédulo Máximo registraba cada palabra incrementando el tamaño de la venganza cruel que estaba diseñando para terminar con aquellas esclavas en cuanto se recuperara. Pero en ese mismo momento llegaron los médicos que residían en la villa. Dos griegos contratados por Fabio para velar por su salud y, tras ellos, llegó Marco Porcio Catón. Aquello le sosegó un poco. Por fin un amigo, alguien que entendía, alguien que sabía. Debía decirle tantas cosas... pero no tenía voz... Máximo vio cómo las esclavas, nerviosas por no haber tenido tiempo de llevar a término sus terribles ideas, se retiraban y cómo la misma que le había negado el auxilio y había instigado a la otra abiertamente para matarle, hablaba con fría calma.

—Ha pedido agua, íbamos ahora a por ella.

Los médicos asintieron. La otra esclava, más asustada, al fin, a una señal de su hermana que acababa de hablar, fue a por el agua. Los médicos se agacharon junto al senador caído, pero éste los apartó con la mano derecha, la que aún parecía responder a sus deseos. La izquierda parecía como inerte. El anciano ex cónsul intuía que ya era tarde para médicos. Los dos griegos se hicieron a un lado. Máximo señaló a Catón y éste se acercó y se arrodilló para escucharle. Fabio Máximo miró a la esclava. Tenía que acordarse de acusarla de traición para que ambas murieran con torturas horribles, pero tenía tan pocas fuerzas... sabía que apenas podría pronunciar unas pocas palabras... había que elegir con suma precisión cada vocablo, cada frase... Empezaría por lo fundamental, por Roma y aquella interminable guerra. Roma debía ser siempre lo primero. Sabía que se moría sin hijos, sin heredero vivo. Todos sus planes se habían desvanecido en lo que se refería a dejar organizada su sucesión. Él había iniciado aquella guerra para situar a Roma en el lugar donde le correspondía en el mundo y para, al mismo tiempo, eliminar a todos sus enemigos internos. En esto Aníbal se había mostrado un muy eficaz aliado, pero el propio Aníbal había roto sus planes, de muchas formas y de la peor de todas: instigando la muerte de su hijo. Sin su hijo, Fabio Máximo estaba solo. Quedaba, no obstante, Marco. Marco Porcio Catón. Su fiel y leal discípulo, siempre desconfiado, pero siempre a su lado. Sólo él podía ser ya el nuevo camino hacia la salvación de Roma. Sólo él. Tenía que saberlo. Tenía que estar seguro de que el propio Marco así lo entendía.

—Marco... debes salvar a Roma... debes... salvar a Roma... de su mayor enemigo... de...

Catón asintió con la cabeza de modo ostensible, para que el anciano viera que le había entendido y habló para concluir aquella frase que tan larga se le hacía al noble senador herido y agotado de puro anciano y medio inconsciente por el golpe de su reciente caída.

—Libraré a Roma de Aníbal —concluyó Catón, y con esas palabras esperó apaciguar los últimos instantes de vida del gran senador, pero Quinto Fabio Máximo se revolvió con furia, sacudiendo la cabeza empapada en sangre de un lado a otro como si le sobreviniera un ataque de epilepsia y, furibundo, con rabia, gritó con todas sus fuerzas.

—¡De Escipión... debes salvar a Roma de... Escipión!

Catón abrió los ojos de par en par y asintió una vez más, en esta ocasión más despacio, aún digiriendo el deseo del moribundo, que le miraba como quien se pregunta: «¿Aun después de tanto tiempo, después de tantos años, no entiendes nada, no entiendes nada?»

—Me ocuparé de Escipión —añadió con tono firme y semblante serio Catón—. Lo prometo, lo juro por Júpiter, Juno y Minerva.

Entonces sí, algo más sosegado, aunque con el ceño fruncido e inquietantes dudas en su alma sobre la capacidad de Catón para cumplir con fidelidad aquella promesa sagrada, Quinto Fabio Máximo relajó los músculos ensangrentados del rostro y dejó que por las heridas abiertas en su frente fluyeran sus últimos segundos de vida. En el instante final, su mirada se cruzó con la de la joven esclava rebelde, pero era ya demasiado tarde para poder añadir más, ni tan siquiera para que su rostro reflejara un acusador desprecio hacia ella. Por el contrario, Fabio Máximo se llevó al Hades la mirada de mayor desprecio, odio y rencor.que nadie jamás le hubiera dedicado antes; y mientras se moría, Quinto Fabio Máximo comprendió en un último segundo de lucidez por qué las divinidades ya no le habían dejado interpretar el vuelo de más aves y así desvelar el futuro: porque para él ya no había futuro sobre la tierra de los vivos. Ahora iba rumbo al reino de los muertos. Quinto Fabio Máximo había llegado al final del camino.

Non enim rumores ponebat ante salutem,
ergo postque magisque uiri nunc gloria claret.

Ennio,
Anales, libro XII,
sobre Quinto Fabio Máximo

[No anteponía los rumores al bien del Estado
y así su gloria brilla más de día en día.]

83

Las maniobras de Catón

Roma, verano del 202 a.C.

Marco Porcio Catón era un hombre con un objetivo definido: cumplir la promesa que hiciera a Fabio Máximo en el último aliento de vida del que fuera cinco veces cónsul de Roma. Catón no era magistrado, ni lo había sido nunca, pero tras la muerte de Quinto, el hijo de Fabio Máximo, todos los seguidores del fallecido *princeps senatus* reconocían en la persona de Catón el que debía ser su nuevo líder. Era un liderazgo que estaba sujeto a las acciones del joven senador, pero la decisión con la que el propio Catón asumió la inconmensurable tarea de suceder al viejo Máximo satisfizo a sus seguidores y sorprendió a los Escipiones y los Emilio-Paulos en el Senado. Con el nuevo año se eligieron nuevos cónsules y se prorrogó el mando de los diferentes procónsules y pretores. Catón no intentó relevar del mando en África a

Publio Cornelio Escipión porque era del todo imposible: el pueblo le aclamaba, pues de África no dejaban de llegar buenas noticias, una tras otra. Sífax había sido apresado y hasta exhibido por las calles de Roma, pues el joven procónsul no había escatimado medios para hacer llegar a su gran trofeo, el ahora esclavizado antiguo rey de Numidia, y pasearlo por las calles de Roma. Decenas de ciudades de África se rendían al joven general romano y hasta la mismísima Útica, que había resistido un asedio interminable, había cedido al hambre y la desesperación y había abierto sus puertas de par en par. Escipión, además, había obligado a los cartagineses a aceptar una tregua en unas condiciones humillantes: Cartago debía entregar todos los prisoneros de guerra y retirar las tropas de Magón del norte de Italia y las de Aníbal del sur; debían reconocer el dominio romano sobre Hispania y sobre todas las islas entre Italia y África y entregar toda la flota, con la excepción de veinte *trirremes* que conservarían para la defensa de sus costas; los púnicos debían aceptar a Masinisa como nuevo rey de Numidia y proporcionar 300.000 modios de cebada y 500.000 modios de trigo para las legiones V y VI, que luego se distribuirían hacia Sicilia y Roma; y no sólo eso, sino que además Cartago debía entregar 5.000 talentos de plata y aceptar la independencia de las tribus libias y de la cirenaica. Y lo sorprendente para Catón, al menos en un principio, es que el Senado cartaginés había aceptado. Luego, los acontecimientos hicieron ver al joven sucesor de Fabio Máximo la estrategia del Senado púnico: al cabo de unos meses, cuando un convoy de doscientos barcos mercantes romanos fue sorprendido por una tempestad, embarrancó en las proximidades de Cartago, y los cartagineses, en lugar de obedecer las instrucciones de Escipión de no entorpecer las tareas de rescate y recuperación de las mercancías de esa flota, hicieron caso omiso y permitieron que Giscón usara todas las *trirremes* cartaginesas para saquear a tantos barcos como pudieron. Escipión entró en cólera, pero ya era tarde. Catón sonreía mientras caminaba por el foro de regreso de la última sesión en la que había liderado una maniobra magistral. Era tarde para Escipión porque los cartagineses ya se habían reabastecido con las provisiones que debían haber aprovisionado a las legiones V y VI y, por otro lado, aún no habían satisfecho el resto de las condiciones de la tregua, pues apenas habían proporcionado trigo, cebada o dinero y muchísimo menos entregado sus barcos. Todo lo contrario. El Senado de Cartago había distribuido su flota en tres grupos: una flotilla que permanecía en Cartago, mientras que otros barcos iban a retirar las tropas del ya muerto Magón de Cerdeña y a las mismísimas tropas de Aníbal. En eso sí iban a cumplir las condiciones dictadas por Escipión, pero no como fieles vasallos sometidos a un general victorioso, sino como una maniobra de reabastecimiento y reagrupamiento de todos sus recursos y tropas para lanzar un nuevo y mortífero ataque contra las legiones V y VI, un ataque que en esta ocasión no lideraría el mediocre Giscón ni ningún reyezuelo númida tan vanidoso como incapaz, sino que el reagrupamiento de los ejércitos de Magón, Aníbal y Giscón sería encabezado por el mismísimo Aníbal Barca. De todo esto y de mucho más se había hablado en el Senado. Pasado el *senaculum*, dejando el *Comitium*, al entrar en el foro, Catón fue junto al carro que le esperaba para llevarlo a la mansión del anciano Máximo, villa que utilizaba de refugio para meditar y consultar también los papeles y documentos de Máximo, una insondable sima de conocimiento y, sobre todo, información. Pero Catón desestimó subir al carro y, rodeado por sus guardias, decidió caminar un poco por el foro, un foro que sabía adoraba a Escipión de la misma forma que le temía a él. No era una sensación que le disgustara. El miedo infundía tanto o más respeto que la admiración.

Con el nuevo año se habían elegido dos nuevos cónsules: M. Servilio Puplex Gémino y Tiberio Claudio Nerón. Catón había entendido bien el mensaje final de Máximo: si Escipión derrotaba a Aníbal ya nada le detendría de ser reelegido una y otra vez cónsul, hasta convertirse en magistrado vitalicio de Roma, un dictador permanente. Eso supondría el final del Estado romano tal y como estaba constituido en la República y eso era algo que debía evitarse a toda costa, pues, indefectiblemente, conduciría al final de Roma. Por ello, Catón, arropado por todos los viejos senadores seguidores de Máximo, acababa de conseguir que se aprobara una moción por la cual se nombraba a Tiberio Claudio Nerón con el mismo rango de mando sobre las tropas de África que el procónsul Escipión, a la vez que se proporcionaba a Tiberio Claudio dos legiones y cincuenta barcos con los que partir hacia África. De esta forma, si se conseguía una victoria definitiva sobre Aníbal y Cartago, la gloria quedaría repartida y Escipión no podría presentarse ante el pueblo como el único gran salvador de Roma. Los Emilio-Paulos y también los Escipiones, encabezados por Emilio Paulo, el hermano de Emilia y por el propio Lucio, el hermano de Escipión, intentaron que la moción no se aprobara, al menos no en esos términos. Aceptaban, como era de esperar, que se enviaran refuerzos, pues, en el fondo, todos temían que la conjunción de los antiguos ejércitos de Magón y Giscón junto con el refuerzo de los veteranos de Aníbal, liderados todos por el propio Aníbal, pudiera conducir a la derrota de las legiones V y VI pero, hasta el último momento lucharon encarnizadamente en una maratoniana sesión del Senado, para evitar que a Tiberio Claudio se le concedira el mismo rango militar en África que a Escipión. Sin embargo, Catón, con un verbo ágil y unos razonamientos agudos, infundió el temor a una derrota descomunal, lo que pesó, en particular, en el ánimo de los senadores más influenciables en los que despertó el miedo de dejar todo el ejército en manos de un general aún demasiado joven, pese a sus victorias. La votación fue muy ajustada, pero la propuesta de Catón prevaleció y en el puerto de Ostia ya se cargaban los navíos de guerra que Tiberio Claudio debía comandar para acudir al encuentro de su colega en el mando en la guerra de África.

Catón se encontró, casi sin darse cuenta, frente al templo de Vesta y pensó que era un buen momento para un sacrificio. Mientras entraba pensó que siempre existía la grata posibilidad de que Aníbal pusiera las cosas en su sitio y masacrara a las legiones V y VI y a los refuerzos que se enviaban ahora. Eso simplificaría mucho las cosas. Y, bueno, Tiberio Claudio, después de todo, era —a Catón le costó unos segundos encontrar el término adecuado—, prescindible.

84

El ejército de Masinisa

Frente a la ciudad de Útica.
Campamento general romano en el norte de África,
verano del 202 a.C.

Pero las tropas de Tiberio Claudio nunca llegaron a su destino: una tempestad arrasó la flota, hundiendo decenas de buques y dispersando el resto, que regresó hacia Italia y Sicilia en busca de refugio.

Publio Cornelio Escipión y las «legiones malditas» quedaron como las únicas fuerzas de Roma en África. Por ello, cuando el regreso de Aníbal fue un hecho, Publio recurrió de nuevo al único aliado, que no amigo, que le quedaba en África.

—Mario —dijo el procónsul—, ve a Numidia y busca a Masinisa y dile que venga con su ejército. Dile que Aníbal ya está aquí. Dile que si nos abandona, Aníbal, después de acabar con nosotros, le perseguirá hasta darle muerte y destruir su reino. Dile, Mario, dile que venga si quiere seguir siendo rey y señor de toda Numidia. Y dile que Tiqueo se ha unido a Aníbal.

Frontera entre Numidia y Mauritania, septiembre del 202 a.C.

Masinisa estaba en lo alto del peñasco más elevado de aquellas montañas. Desde allí podía ver las tropas de Vermina, uno de los hijos de Sífax, huyendo por el estrecho desfiladero. Vermina era uno de los pretendientes al reino de Numidia que habían emergido tras el derrocamiento de Sífax por Masinisa y las legiones de Roma. Había otros muchos, pero los únicos realmente peligrosos por el número de seguidores que podían reunir eran Vermina y Tiqueo, un primo de Sífax. Vermina salía huyendo hacia Mauritania y Masinisa estaba considerando la posibilidad de perseguirle.

—Mi rey —dijo uno de los guerreros maessyli—. Mi rey, ha llegado un mensajero de los romanos.

Masinisa se giró y reconoció enseguida la figura de Mario Juvencio, uno de los tribunos de mayor confianza de Escipión en África, escalando la encrespada ladera en la que se encontraba. El rey de Numidia no hizo ningún ademán de descender ni un paso para escuchar al mensajero romano, de modo que Mario se vio obligado a ascender hasta el final. El peñasco terminaba en una especie de cornisa que sobresalía sobre el desfiladero. Mario no era un hombre propenso al vértigo, pero no se sintió cómodo en aquel lugar. El rey le miró.

—Habla, mensajero —espetó Masinisa con desprecio, sin usar el término tribuno, que era el nombramiento que el propio maessyli sabía que ostentaba aquel oficial de Roma. Mario hizo caso omiso de aquella ofensa y se limitó a entregar su mensaje con fidelidad a cada palabra que había pronunciado el procónsul. Masinisa escuchó y, cuando el tribuno terminó, el rey de Numidia se giró hacia el desfiladero, dando un paso hasta situarse en el mismo borde. Mario pensó que aquello era una temeridad, pero que tampoco era asunto suyo.

Masinisa miraba todo aquel territorio, más allá de las montañas. Todo era suyo, pues todo era Numidia. Y pronto podría intentar extender las fronteras de su reino aún más lejos, pero arriesgarlo todo en una batalla le parecía peligroso. No tenía claro que el procónsul romano fuera a ser capaz de derrotar a Aníbal. Más bien pensaba que ocurriría todo lo contrario. Desde el funesto episodio de Sofonisba, Masinisa había perdido la fe ciega que en un momento llegó a tener por Escipión. Sin embargo, no acudir también era imprudente, especialmente si Tiqueo estaba con los cartagineses. Odiaba tener que luchar de nuevo al lado del hombre romano que había exigido la entrega de Sofonisba, pero le humillaba la obstinada tozudez de Cartago en no querer aceptarle como rey de Numidia.

Masinisa habló a las montañas, pero Mario escuchó el mensaje con claridad.

—Dile a Escipión que acudiré a su encuentro, que nos reuniremos en Zama, en el interior de África. Las costas no son seguras. Acudiré con seis mil infantes y cuatro mil jinetes.

Mario dudó en hablar, pero al fin se lanzó e interpeló al rey.

—Masinisa, ahora que eres rey de Numidia, el procónsul esperaría un ejército mayor por tu parte, un ejército de...

Pero Mario no terminó la frase porque la mirada de Masinisa desde lo alto de la roca fue demoledora.

—Diez mil hombres. —Masinisa escupió las palabras con furia—. Yo también tengo mis problemas en Numidia, como Vermina y como tantos otros que debo eliminar. Y quedan muchos seguidores de Sífax que crean levantamientos en diferentes regiones. No puedo reunir a todas mis tropas y abandonar mi reino. Diez mil hombres tendrán que bastar.

Mario no se atrevió a decir más. Asintió y comenzó a descender hacia el valle. Una vez que su silueta se perdió en la distancia, uno de los oficiales maessyli se acercó a su rey y le habló con tiento.

—Realmente mi señor, no quedan ya casi enemigos y, si el rey quisiera, podríamos doblar o triplicar ese número de soldados con facilidad.

—Lo sé y nos interesa acudir para ver si podemos aprovechar la batalla que tendrá lugar para acabar con Tiqueo —respondió Masinisa algo más sereno desde que el romano partiera—, pero tampoco quiero ayudar tanto a Escipión. Si Publio Cornelio Escipión quiere derrotar a sus enemigos, tendrán que ser sus tropas las que lleven la mayor parte del combate. Si son valientes resistirán y vencerán pero, si no, Aníbal los masacrará y nosotros tendremos un fuerte ejército en la retaguardia para defendernos y poder alcanzar un pacto con Cartago. Y la verdad, no creo que las legiones de Roma resistan. No lo creo. Será interesante estar allí para verlo.

85

Los últimos preparativos

Norte de África, campamento general romano en las proximidades de Zama, 18 de octubre del 202 a.C.

El procónsul caminaba entre sus tropas en silencio, conocedor de que todos sus legionarios observaban sus movimientos con extraordinaria atención. La batalla definitiva iba a tener lugar en pocos días, quizás en pocas horas, y la expectación creciente entre los soldados se concentraba en la figura de su general. Publio Cornelio Escipión, procónsul de Roma con mando de general para las legiones expedicionarias en el norte de África, era consciente de los miles de ojos que analizaban sus movimientos. Y sentía el temor y la duda, el ansia y la expectación, y las decenas de diferentes sentimientos que, intensamente entremezclados, embargaban el ánimo de sus tropas. Por ello, el general caminaba despacio, seguro, firme, invitando a la confianza en sus gestos, al sosiego y a la seguridad de que todo estaba bajo control. Ante ellos, después de casi tres años de campaña en África y después de dieciséis años de guerra o, lo que era más importante para aquellos legionarios, catorce años después de la derrota de Cannae, tenían al fin su oportunidad contra el ejército de Aníbal. La noticia, no por esperada, había dejado de ser recibida con gran sobresalto. Aníbal el invencible, conquistador de ciudades, que había atravesado los Pirineos, el

Ródano, los Alpes y asolado durante años Italia, Aníbal, el destructor de decenas de legiones romanas, el verdugo de cónsules y procónsules, y decenas de senadores y tribunos, Aníbal, el mayor enemigo de Roma, estaba allí. De nuevo. La historia se repetía. La mayoría de los legionarios al mando del procónsul ya se habían enfrentado al general cartaginés, y habían sido derrotados. Y de nuevo Aníbal se cruzaba en su camino. El recuerdo de Locri, con la retirada del general púnico, animaba un poco sus corazones, pero todos sabían que en África los extranjeros eran ellos y que Aníbal no se mostraría tan cauteloso en su patria. Todos sabían que lo de Locri no se repetiría y que Aníbal no se desvanecería entre la bruma de un amanecer extraño. No, Aníbal no se retiraría, no, sino que plantaría cara en una batalla feroz, cruenta, inmisericorde. Sí, Publio percibía el temor en sus hombres. Todo se repetía igual que hace catorce años con dos diferencias: el general al mando de los romanos era otro y ahora se encontraban en África. Por eso los legionarios no quitaban la mirada de su general en jefe. ¿Sería este nuevo general más astuto, más valiente, más inteligente que Aníbal? ¿Será este general el primero con el que consigan la victoria frente a Aníbal?

Estaba a punto de amanecer y, sin embargo, hacía calor pese a ser entrado el mes de octubre. Publio se detuvo en un puesto de guardia y pidió agua a uno de los legionarios. Enseguida se le trajo un vaso y se sirvió agua de un odre de piel de vaca. El general bebió mientras contemplaba desde el puesto de vigía a la entrada del campamento la disposición, a unos diez mil pasos de distancia, de los primeros puestos de avanzadilla que el general cartaginés había dispuesto para vigilar los movimientos de los romanos. Eran pequeños grupos de tropas esparcidos en el horizonte. Nada hacía presagiar un ataque inminente. Aníbal, al igual que él, esperaba el momento oportuno de avanzar con todo el ejército.

Publio volvió sobre sus pasos y se adentró de nuevo por el campamento romano que gobernaba. Las miradas de los legionaros le siguieron mientras su séquito de *lictores* observaba a su alrededor. Así, acompañado por su escolta, el general llegó a la tienda del *praetorium*, en el centro del campamento. Dos legionarios descorrieron las cortinas de acceso a la tienda para facilitar la entrada a su general. En el interior le aguardaba reunido todo su alto mando, cuando un joven legionario entró en la tienda escoltado por dos de los *lictores* que vigilaban en el exterior del *praetorium*.

Los tres soldados apenas dieron un paso en el interior de la estancia y se detuvieron. El silencio se apoderó de todos los presentes: Cayo Lelio, Marcio, Silano, Mario, Terebelio, Digicio, Cayo Valerio, el resto de los tribunos y centuriones de la V y la VI, los seis *praefecti sociorum* de las tropas auxiliares, el rey Masinisa, que a los ojos de todos había respondido, sin ilusión pero con disciplina, a la llamada del procónsul, y los decuriones de la caballería romana, que se miraron entre sí sorprendidos. ¿Cómo se atrevían esos soldados a interrumpir el cónclave del estado mayor cuando el procónsul organizaba el ataque contra Aníbal? Sólo Publio Cornelio Escipión permanecía impasible con su mirada detenida sobre los planos de la región que le habían proporcionado sus informadores de África, sin aparentemente prestar mayor atención a los legionarios. Pasó así medio minuto de silencio intenso que nadie se atrevía a romper, ni los soldados recién llegados ni los tribunos y centuriones que rodeaban, a la espera de su reacción, a su líder. Por fin, sin despegar la mirada de los planos, Publio Cornelio Escipión hizo una pregunta.

—¿Qué ocurre?

Fue una pregunta breve, en la que no había nada sobreañadido, pero en cuyo tono seco se percibía una contenida irritación del general en jefe de las tropas alimentada por el cansancio y, tambien, por la tensión de la última campaña y las recientes confrontaciones con los cartagineses que se negaron a dejar recuperar la flota de abastecimiento encallada en la bahía de Cartago. Un tono que, junto con esas dos palabras, dejaba entrever a los legionarios que más les valía que tuvieran una muy buena excusa para interrumpirle esa mañana; una excusa como que un incendio estaba devastando el campamento o que el general cartaginés había lanzado un ataque por sorpresa aprovechando la endeble luz del alba. Cualquier otra explicación sería insuficiente para mitigar la incipiente ira del general romano.

El legionario más joven avanzó dos pasos hasta quedar a tres metros de distancia de la mesa que rodeaban sus superiores y, dirigiéndose con voz clara pero respetuosa a su general, arguyó el motivo de su en apariencia inorportuna entrada.

—Tenemos unos emisarios de los cartagineses en la puerta del campamento. Dicen que deben entrevistarse con nuestro general. Les hemos dejado pasar desarmados y les hemos dicho que tenían que esperar, a lo que han respondido que traían un mensaje urgente de Aníbal para el procónsul; les hemos insistido en que aun así tenían que esperar; entonces nos han dicho que Aníbal solicitaba una entrevista personal con Publio Cornelio Escipión, general en jefe de las tropas romanas en África y que necesitaban llevar una respuesta a Aníbal esta misma mañana. Hemos dudado, mi general, y hemos pensado que lo mejor era comunicar el mensaje inmediatamente para que se decida si hay que transmitir respuesta rápida o no.

El legionario inspiró aire una vez terminada su explicación y se retiró dos pasos atrás hasta quedar en línea con los otros dos soldados que habían custodiado su entrada en el *praetorium*. El procónsul de Roma, que había escuchado la explicación del legionario sin levantar la mirada del plano que estaba consultando y sobre el que se había permitido hacer un par de marcas en diferentes lugares mientras escuchaba al soldado, levantó por fin la mirada y exhaló un profundo suspiro. Por un momento había temido seriamente que algún desastre realmente grave hubiera acontecido, algo que desbaratara sus planes. Pero no era así. Aníbal deseaba hablar con él. Aníbal, el general invicto del imperio cartaginés, la joya del poder militar del norte de África, el general que había derrotado en sucesivos combates a los romanos y que había eliminado de la faz de la tierra a más de una docena de legiones de Roma, deseaba, por primera vez, entrevistarse con un general romano. Inaudito.

—Legionario, has hecho bien en transmitir este mensaje. Regresa donde están esos emisarios de Aníbal y diles que esperen. En breve les daré una respuesta que llevar a su general.

—Sí, mi general —dijo, y salió de la tienda. Los tribunos que rodeaban a Publio Cornelio Escipión esperaron una señal del procónsul para hablar.

—¿Y bien? —preguntó Publio—. ¿Qué creéis que debemos hacer?

Lelio, como oficial de mayor edad, incluido el propio procónsul, el lugarteniente del general, el único entre los presentes que le conocía desde su primera batalla en suelo italiano, que lo había acompañado en sus campañas en Hispania y con quien más batallas victoriosas y momentos difíciles había compartido, fue el primero en dar su parecer.

—Puede ser una trampa. Puede que no y que Aníbal desee realmente entablar conversaciones y, si así fuera, lo más posible es que desee negociar un posible tratado de paz. Pero puede ser una trampa para que, o bien pensemos que están pensando en la paz más que en la guerra, para que así nos relajemos y luego atacarnos por sorpresa, o bien...

—Pero Lelio no concluyó su frase. Dudó.

—¿O bien? —preguntó Publio.

—O bien es una trampa que persigue el asesinato de nuestro procónsul. Con Aníbal, cualquier cosa es posible.

Los demás oficiales, animados por la intervención de Lelio, aportaron sus opiniones. Marcio, Silano y Mario se inclinaban por la idea de que se trataba de una maniobra de distracción, mientras que Terebelio, Digicio y Valerio estaban persuadidos de que era una conspiración para asesinar al general romano que tanto temían los cartagineses.

—Bien —habló de nuevo Publio tras escucharlos a todos—. Lelio ha resumido con claridad las opciones. A decir verdad, es difícil saber cuál es la correcta. Es difícil... necesitamos saber más. Que den orden de traer a esos emisarios; lo mejor será saber de su boca qué es lo que exactamente entiende Aníbal por una entrevista, las condiciones de ese posible encuentro.

Cayo Valerio salió de la tienda y se le escuchó dar las órdenes oportunas. Publio, entretanto, se sentó en la *sella curulis* junto a la mesa y volvió a observar con detenimiento el plano. Señaló las marcas que había trazado sobre el mapa y preguntó a Lelio directamente:

—¿Cuál de estas dos colinas crees mejor para un ataque con la caballería númida?

El joven legionario que había interrumpido el cónclave del estado mayor en el *praetorium*, tras atravesar las interminables hileras de tiendas del campamento romano, llegó a la *porta praetoria* de la empalizada que protegía al ejército acampado en África. Allí estaban los tres emisarios cartagineses. Eran hombres altos y robustos, de tez oscura. Uno de ellos era, sin duda, el líder; su uniforme de campaña iba cubierto por un manto rojo oscuro, seguramente, un centurión o algún otro importante oficial del ejército de Aníbal. El legionario se dirigió directamente a este hombre.

—Seguidme.

Los cartagineses asintieron en silencio y caminaron siguiendo los pasos del legionario. Unos quince soldados romanos escoltaron a los emisarios púnicos en su recorrido por el campamento. La voz de que Aníbal deseaba entrevistarse con el procónsul ya había corrido por todos los rincones del cuartel. Era un acontecimiento que suscitaba sorpresa y curiosidad, y también un cierto orgullo, ya que nunca antes Aníbal había considerado importante entrevistarse con ningún otro cónsul o procónsul de Roma. Algo estaba cambiando. También había miedo. Muchos de aquellos soldados que ahora veían pasar la comitiva cartaginesa de emisarios de Aníbal habían formado parte de las legiones arrasadas por el cartaginés en Italia. Muchos de esos soldados habían sido ya derrotados por Aníbal y saber que el general cartaginés, al mando de un poderoso ejército, se encontraba a apenas unas millas de distancia, no les resultaba nada tranquilizador. Pero precisamente por eso habían venido. Los soldados de las legiones V y VI estaban allí precisamente por eso, para vengarse, para luchar, para vencer... Y Locri, pensaban, en Locri los cartagineses se esfumaron, se retiraron.

Los tres mensajeros de Aníbal entraron en la tienda del procónsul.

—Cualquier emisario en son de paz es bien recibido en este campamento. Decid esto a vuestro general cuando regreséis —les dijo Publio con estudiada seguridad—. Y ahora decidme, ¿qué es lo que exactamente propone Aníbal, vuestro general?

El oficial cartaginés al mando se adelantó un paso y transmitió el mensaje de Aníbal.

—Aníbal Barca, general en jefe de las tropas de Cartago, desea una entrevista con el procónsul de Roma, Publio Cornelio Escipión, en un lugar conveniente claramente visible para ambos ejércitos desde la distancia. Mi comandante propone que la entrevista tenga lugar mañana al amanecer, pero está dispuesto a considerar otras opciones. También propone que el encuentro sea entre el procónsul y él mismo a solas, con la única presencia de los intérpretes.

Y guardó silencio. Lelio, Masinisa y el resto de los tribunos y oficiales romanos volvieron sus miradas sobre Escipión. Éste no lo dudó e inmediatamente dio respuesta al mensaje.

—Bien, oficial, dile a tu general que Publio Cornelio Escipión, en calidad de procónsul de Roma, acudirá a esta entrevista con Aníbal Barca, general en jefe del ejército cartaginés, mañana al amanecer; para ello propongo que ambos avancemos nuestras tropas a lo largo del día de hoy hasta quedar a unas seis o siete millas de distancia y que justo en el punto central de mayor altura, que sea visible desde ambos lados, nos reunamos. Yo acudiré escoltado por una *turma* de jinetes, treinta hombres a caballo y sugiero que él haga lo mismo. Una vez que estemos a quinientos pasos de distancia el uno del otro, cada uno de nosotros abandonaremos nuestra escolta y sólo acompañados por un intérprete nos encontraremos. ¿Has entendido bien este mensaje, oficial?

—Sí, y así lo transmitiré a Aníbal.

—Bien —y dirigiéndose a los legionarios que custodiaban a los emisarios cartagineses—, que escolten a estos hombres hasta la entrada del campamento y hasta mil pasos de distancia. Que no se les moleste y que se les permita ir en paz sin sufrir daño alguno. Y que se les dé de beber y comer antes de partir, si lo desean.

Tanto los soldados cartagineses como los legionarios se retiraron. Publio quedó de nuevo con sus oficiales.

—Lelio —continuó el procónsul—. Levantamos el campamento y avanzamos hasta esta posición, junto al río —dijo, y señaló en el plano una de las marcas que había realizado—. Acamparemos allí al atardecer. En cualquier caso, que se tomen todas las medidas defensivas necesarias, tanto en el avance como en el nuevo campamento, como si Aníbal pudiera atacarnos en cualquier momento. Y creo que con esto terminamos por esta mañana. Ah... que las tropas coman bien antes de avanzar. Por si acaso... ¿Alguna pregunta?

Se hizo el silencio. No era frecuente plantear dudas al procónsul más victorioso de Roma, pero el cauto Marcio comentó algo.

—Con el debido respeto, mi general, pero ¿es razonable trasladar treinta y cinco mil hombres y un campamento entero para acudir a una entrevista? ¿No sería quizá mejor eludir este tema por completo y concentrarse en la batalla que seguro se cierne sobre nosotros?

Publio Cornelio Escipión se sentó nuevamente, despacio, en su sillón, junto a los mapas. Comenzó a hablar con un tono tranquilo.

—Marcio, sé que me eres leal, lo fuiste con mi padre y con mi tío en Hispania y, desde entonces conmigo, pero estoy cansado de pensar y de meditar. Ha llegado el momento de las decisiones y, Lucio Marcio Septimio, he dado una orden. Cuando digo si hay alguna pregunta me refiero a si hay algo de lo que he ordenado que no se ha entendido bien, no lo digo para que se cuestione esa orden.

Marcio guardó silencio e inspiró aire. Tragó saliva. Miró al suelo. El procónsul estaba más serio que nunca.

—Espero —continuó el procónsul— que eso quede claro para el futuro. —El general hizo una pausa mientras observaba al tribuno y luego uno a uno al resto de los oficiales reunidos en la tienda, deteniéndose en particular sobre la figura del rey Masinisa. Entonces continuó, con el mismo tono tranquilo y pausado—. En cualquier caso, que Aníbal quiera hablar por primera vez con un procónsul de Roma es excepcional y, en circunstancias excepcionales, son aceptables preguntas que en otros momentos no lo serían.

Marcio pareció suspirar lentamente algo aliviado, pero muy en silencio, aún sin levantar la mirada. Se concentró en escuchar al general, que continuó hablando.

—Si el general cartaginés desea hablar conmigo no seré yo quien me niegue, y si para que Aníbal y un procónsul de Roma hablen se han de mover de lugar a treinta y cinco mil hombres y un campamento entero, pues se mueven. Tengo interés personal y, aún más importante, no dudo que es en el interés general de Roma y del pueblo romano, escuchar a Aníbal directamente, sin que su opinión nos llegue filtrada a través de emisarios. No obstante, no vamos a dejar arrastrarnos a una trampa. Como observaréis, en el lugar que he indicado en el plano, nos situaremos muy próximos al río, lo cual nos facilitará el acceso al agua durante el tiempo que estemos acampados allí y durante la duración de la batalla, si ésta tiene al fin lugar. En este avance vamos a mejorar nuestra posición actual si tiene lugar el enfrentamiento. Incluso si Aníbal no quisiera hablar, este movimiento sería indicado, pero aprovecharemos la excusa de la conferencia para que los cartagineses no sospechen que nuestra aproximación al río y a esta posición tiene otros fines que no sean los de parlamentar. En fin, ésa es la explicación. Como he dicho, no suelo extenderme tanto cuando doy una orden pero esta vez quizá sea conveniente. —Se levantó y volvió a dirigirse a todos los presentes—. ¿Hay pues alguna pregunta?

Esta vez el silencio fue completo. Marcio levantó la mirada del suelo pero ya no preguntó nada más. Todos los tribunos y el resto de de los oficiales y el rey Masinisa abandonaron la tienda. Todos a excepción de Cayo Lelio.

—¿Sí? Queda algo, por lo que veo —comentó Escipión.

—Sí —se explicó Lelio—, los dos exploradores que avanzaron para espiar el campamento cartaginés anoche han regresado hace una hora y están esperando para informar. ¿Les hago pasar? He pensado que preferirías recibir su información sin la presencia del resto, por si acaso.

—Sí, sí, Lelio, has pensado bien; que pasen, que pasen. Veamos qué tienen que contarnos.

Publio volvió a reclinarse sobre la *sella curulis*. Lelio sonrió, se dio la vuelta, salió y dio la orden de que trajesen a los exploradores. Volvió a la tienda.

—¿Te dejo a solas con ellos?

—No, no. Siéntate, Lelio. A ver qué nos comentan los exploradores. Necesitaré tu opinión.

Cayo Lelio se sentó en una *sella* junto a su comandante. Los exploradores entraron en la tienda. Ya habían oído el rumor que se había extendido por el campamento romano: Aníbal quería hablar con su general, con Escipión. Los legionarios estaban admirados del interés del general cartaginés y, en cierta forma, el suceso no había hecho sino acrecentar la leyenda del procónsul. Aníbal hasta la fecha se había limitado a entrar en combate —y derrotar sistemáticamente— a las legiones romanas. Ahora quería hablar. En ese contexto los exploradores sabían que toda la información que traían para el procónsul de Roma en África era de extraordinario valor. Se sentían importantes y también especiales por la confianza que el general había depositado en ellos. Ya habían servido en operaciones anteriores similares, pero espiar al propio Aníbal había sido, sin duda, su más importante misión. El primero, un legionario romano de la V seleccionado por Valerio, y el segundo, un itálico que se había distinguido en las campañas de Hispania por su valor y que el procónsul se había traído como voluntario para esta nueva aventura militar. Ambos tenían unos venticinco años, pero por su experiencia pasada, eran de plena confianza. El legionario romano es el que comenzó la explicación de lo que habían visto.

—Mi general, el ejército cartaginés es numeroso; sin duda, mayor que el nuestro. A las tropas cartaginesas venidas de Italia y sus mercenarios iberos, se han unido los libios y cartagineses que ha reclutado Giscón; y a éstos se han añadido los soldados del general Magón junto a más mercenarios ligures, otros venidos de la Galia y hemos visto también honderos baleáricos. Tienen caballería cartaginesa y númida. En total calculo que serán unos cuarenta mil.

Publio y Lelio escuchaban en silencio. El procónsul le pidió con un gesto a su lugarteniente que le pasara un ánfora de vino que tenía al lado de su asiento. Lelio se la pasó y el procónsul se sirvió un vaso sin mirar a los soldados. El legionario se iba sintiendo cada vez más pequeño, menos importante, pese a lo clave de su misión y la sin duda gran relevancia de sus informaciones. Estaba ante el procónsul de Roma y su lugarteniente. El procónsul apenas tendría tres o cuatro años más que el propio legionario, pero en su rostro se adivinaba la huella de innumerables batallas, del sufrimiento de una guerra prolongada en la que había visto perecer a su padre y a su tío; el soldado se daba cuenta de que sólo de él dependía la victoria o la derrota y quizás el futuro de Roma; prosiguió con su relato.

—Bien, nuestro ejército son unos treinta y cinco mil soldados, contando con los aliados...

—Soldado, sé cuántos legionarios y tropas aliadas tengo a mi cargo. Limítate a informar del ejército, o ejércitos, de Cartago —interrumpió el procónsul mirando el fondo de su copa.

—Por supuesto, sí, mi general... la caballería cartaginesa es escasa, inferior en número a la nuestra y, yo diría, que menos experta.

—Bien —comentó Lelio—. No parecen noticias preocupantes. Un poco más de infantería pero les dominamos en la caballería. Al final nos saldrá bien eso de tener de aliado a Masinisa. Es un poco el mundo al revés...

Publio levantó la mano y Lelio calló en seco. Con frecuencia Lelio hablaba de más y ésta habría sido una más de esas ocasiones. En cualquier otro, eso habría tenido alguna repercusión. Pero Publio volvía a ser indulgente con los deslices de su general. Eran infinitos años juntos, desde su primera batalla, en la que Lelio, por órdenes del padre de Publio, se cuidaba de que no le pasara nada al joven hijo del cónsul de las legiones, en la batalla junto al río Tesino. De algún modo todo aquello parecía tan lejano. Y la discusión de Baecula parecía haber quedado definitivamente enterrada tras varios años de campaña en África. Publio volvió a beber un sorbo de su copa. Lo que le preocupaba es que presentía que quedaban más cosas que los exploradores aún no habían contado. Había aprendido que los soldados se sentían intimidados por su presencia y siempre eran cautos cuando presentaban sus informes, especialmente con relación a las malas noticias. Las malas noticias siempre llegaban al final. Siempre. Inexorablemente. Y estaban por llegar. El procónsul dejó su copa en la mesa.

—¿Y bien? ¿Algo más que decir, legionario?

El soldado inspiró profundamente y continuó.

—Sí, mi general. Los cartagineses han traído elefantes consigo. Nuevos elefantes que han unido a los que ya tenían... son muchos, mi general...

Lelio iba a interpelar al legionario y preguntarle cuántos son muchos: ¿veinte, treinta, cuarenta quizá? Pero el soldado anticipó la respuesta.

—Hemos contado hasta ochenta elefantes —dijo, y calló y se quedó mirando al suelo.

Lelio levantó las cejas en señal de sorpresa. Ochenta elefantes. Nunca antes habían juntado tantos elefantes los cartagineses. Nunca antes se había combatido contra tantos elefantes. Al menos no en esa guerra. Esto era grave, muy grave. Aunque tuvieran mayor caballería, los elefantes la contrarrestaban de largo. Si Aníbal lanzaba una carga inicial con ochenta elefantes podría destrozar a la infantería ligera de los *velites*, a la primera línea de los *hastati* y quizás incluso la segunda de los *principes*. Si se salvaban los *triari* como reserva ya sería un éxito. Luego Aníbal lanzaría su infantería sobre las desordenadas líneas romanas. No, el asunto pintaba mal. Tres ejércitos de cartagineses y mercenarios, superior en número a los romanos y ochenta elefantes. No podrían vencer sólo con la caballería, ni aun con toda la ayuda de los cuatro mil jinetes que el rey Masinisa había traído para cumplir con su juramento de fidelidad a Escipión.

El procónsul miró fijamente al legionario y, sin inmutarse ante la información recibida, con una inmensa paciencia, volvió a preguntar.

—¿Algo más que informar?

El legionario, sin levantar la mirada, negó con la cabeza al tiempo que respondía.

—No, mi general; eso es todo.

El procónsul volvió entonces sus ojos sobre el itálico. Éste también miró al suelo. Había algo extraño en el gesto, pero el general no sabía bien qué era exactamente.

—Bien, salid y esperad fuera.

Los soldados se volvieron y se dirigieron hacia la puerta de la tienda, pero cuando estaban a punto de salir, el itálico se paró, dudó y por fin giró sobre sí mismo y se dirigió al procónsul.

—Hay una cosa más, mi general...

Publio miró fijamente al soldado.

—¿Y bien...? Adelante, ¿qué más?

El soldado ibero por fin se aventuró a continuar.

—Yo diría que nos vieron algunos centinelas del campamento cartaginés, pero que nos dejaron ir, como si tuvieran la orden de no molestarnos. Es sólo una sensación; no tengo nada para probar lo que digo y mi compañero no está seguro, por eso no lo hemos comentado antes, pero pese a todo yo quería decirlo.

—¿Cuánto tiempo llevas al servicio de Roma, soldado? ¿Seis años?

—Casi siete, mi general; desde sus campañas en Hispania.

—Sí, así es. Y siempre has servido bien como explorador —concluyó Publio—. Has hecho bien en comentar tus sensaciones. A veces la intuición es tan importante como la información cierta. Podéis marchar. Habéis hecho bien vuestro trabajo. Uno de los *lictores* os conducirá a una tienda. Allí esperaréis nuevas instrucciones.

Una vez solos, Publio y Lelio prosiguieron dialogando y compartiendo vino.

—Estos dos hombres deben permanecer aislados. El resto del ejército no debe conocer nada de los elefantes, o al menos el número exacto, hasta que yo lo decida. ¿Está claro?

—Por supuesto. Me ocuparé de ello.

—Los legionarios esperan encontrar elefantes —continuó explicándose Publio—, pero no esperan ese número. Ochenta elefantes. Eso puede infundir temor en el ejército y eso es lo primero que debemos evitar.

—Aníbal habrá dado orden de que no se moleste a los posibles exploradores que enviáramos. Quiere que se sepa, quiere que nuestras tropas sepan el enorme número de elefantes que ha reunido para la guerra.

—Sí, Lelio; seguramente ése es su objetivo.

—Nos paga con la misma moneda. Nosotros permitimos que sus exploradores de hace unos días entraran en el campamento; eso tuvo gracia; cuando diste órdenes de que los exploradores cartagineses que habían apresado las tropas de la V legión fueran dejados en libertad y que así visitaran el campamento, para que luego se les dejara regresar sin un rasguño.

—Sí; en cierta forma nos paga igual, pero no exactamente. Nuestra estrategia era la de transmitir a los cartagineses nuestra gran confianza y esperar que esa sensación de gran confianza y seguridad en nuestras fuerzas infundiera temor; también quería desinformar, ya que hace unos días aún no habíamos recibido el refuerzo de la caballería de Masinisa y de sus infantes; quería que Aníbal pensara que no disponíamos de esas tropas, pero el combate no se ha producido de forma tan inminente como esperaba; el efecto de esa desinformación puede haberse perdido ya, pues no sabemos si otros espías cartagineses han detectado la llegada de los efectivos del rey númida. Y ahora Aníbal juega a infundir temor con algo mucho más tangible que la sensación de confianza de unos soldados; los elefantes no entienden de sutilezas.

Hay que admitir que en esta partida el general cartaginés nos ha ganado. Además, es muy posible que él también haya aislado a sus exploradores para que no informen de lo ocurrido en su misión. No, Aníbal nos ha ganado en este juego. —Publio, contrario a su costumbre, echó un largo trago de vino y prosiguió—. Ahora nos resta la negociación de mañana. Y más aún, la batalla que seguramente seguirá a la entrevista, pues no creo que podamos alcanzar acuerdo alguno. Es ahí, al final de todas las cosas, donde tenemos que ganar.

—Y ahí al final estarán los ochenta elefantes y sus tres ejércitos, el de Cartago y Libia de Giscón, el de los mercenarios de Magón y el de los veteranos de Italia de Aníbal.

—Y allí estaremos nosotros, Lelio, no lo olvides; allí estaremos nosotros.

—Sin duda. Allí estaremos todos, con las «legiones malditas», las tropas auxiliares, los voluntarios, la caballería de Roma y la que reclutaste en Siracusa poniendo rojo de ira a Catón —y Lelio soltó una pequeña risa—, y las tropas del rey Masinisa. Y todos bajo tu mando. Y siguiendo tus órdenes venceremos a Aníbal. Aunque...

—¿Aunque... qué?

—Aunque hay que reconocer que no nos habrían venido nada mal esos refuerzos que traía el cónsul Tiberio Claudio Nerón. Ya sé, ya sé —dijo rápidamente Lelio viendo la mirada seria de Publio— que a fin de cuentas venían enviados por Catón y que Catón nunca haría nada por ayudarte si no fuera para un objetivo superior que desconozco, pero, qué sé yo; con esos elefantes, yo me habría alegrado si esas tropas estuvieran ahora aquí y no junto con las cincuenta *quinquerremes* que se hundieron en el mar.

—Bueno, Neptuno no quiso que llegaran —dijo Publio, y fue él quien en ese momento sonrió levemente, de forma un poco malévola.

—En fin, quiza fuera el deseo de Neptuno y es curioso, porque siempre te fue propicio.

—Y quizá lo siga siendo, quizá lo siga siendo. Sin esas tropas, si vencemos, el triunfo será nuestro, no de Catón y su jauría de senadores ambiciosos y cobardes. Y, desde luego, ya no estará allí Quinto Fabio Máximo para negárnoslo.

—Eso seguro. Bebamos a la salud del viejo augur, *princeps senatus*, y todo lo demás.

—Bebamos.

Y bebieron, pero aquí Publio ya sólo tomó un sorbo, un poco por moderarse, un poco por superstición. No pensaba que beber celebrando la muerte de un ex cónsul de Roma fuera algo que trajera buena suerte. Incluso si ese ex cónsul era el que había sido su declarado enemigo durante años y años. Enemigo de su padre, de su tío y luego acérrimo látigo y oposición de todos sus proyectos.

—Bueno, pero dejemos de hablar de política —dijo Lelio—. Ya sabes que yo de política prefiero no hablar. En fin, en cualquier caso, como bien decías, allí estaremos y allí lucharemos y bajo tus órdenes venceremos. Como en tantas otras ocasiones.

—Lelio, se agradece tu infinita confianza, pero me pregunto si no será que el vino te anima quizá ya algo en exceso.

—Sí, eso es posible. Pero no dudo en que, nuevamente, nos llevarás a la victoria, como en otras ocasiones. Insisto. No tengo ni idea de cómo lo harás porque a mí no se me ocurre la forma de resolver este problema de elefantes y tres ejércitos combinados, pero bebo tranquilo porque sé que, o bien ya sabes cómo hacerlo, o bien se te ocurrirá algo esta noche. O...

—¿O...? —preguntó Publio entre divertido e intrigado por las elucubraciones de su fiel y veterano tribuno.

—O será una batalla hermosa y una compañía inmejorable para morir —dijo Lelio, y alzó su copa; a lo que el procónsul respondió con una sonrisa y levantando la suya.

—Por la victoria o la muerte. Lo que los dioses nos concedan —exclamó Escipión.

Así Cayo Lelio, el oficial más veterano de las tropas romanas expedicionarias en África, y el joven general en jefe, procónsul de Roma, Publio Cornelio Escipión, al abrigo de aquella tienda de campaña y de la amistad que les unía, forjada en decenas de batallas y que había superado la intriga y la traición, celebraron lo que debía ser la futura victoria o la próxima muerte de ambos frente al mayor enemigo de Roma. Aníbal Barca ya estaba allí. Ya estaba allí con todo su ejército. Y Zama no sería Locri. No lo sería. Y los dos lo sabían.

—Claro que... —continuó Publio después de dejar su copa a un lado, en el suelo—, siempre nos queda la posibilidad de Útica.

—¿Útica? —inquirió Lelio intrigado.

—Sí, si la batalla va mal, siempre pensé que podríamos replegarnos hacia Útica y hacernos fuertes allí hasta que Roma tuviera a bien enviarnos ayuda —aclaró el procónsul.

De pronto, Lelio abrió los ojos de par en par.

—Por eso insistías tanto en el maldito asedio de Útica, para tener un refugio, por eso era. —Lelio dio una palmada con su mano derecha en su muslo—. Y pensar que todos creíamos que te empecinabas en el asedio por demostrar a las legiones V y VI que había que acabar lo que se empieza...

—Bueno —respondió Publio—, en parte era eso, pero lo esencial, lo estratégico, era tener un lugar adecuado donde refugiarse para resistir si Aníbal sale tras nosotros. Aníbal no se detendría en una mera fortificación improvisada como la que llamasteis todos Castra Cornelia, como hicieron Sífax y Giscón.

—Por eso ordenaste que se reconstruyeran las murallas y las puertas de Útica.

—Por eso —confirmó Publio—, para tener un refugio, para usar Útica como Cartago Nova en Hispania, sólo que allí la conquistamos en seis días y aquí hemos tardado dos años, pero es algo bueno para tener en reserva.

—Sin duda, sin duda. —Lelio le miraba como un niño henchido de admiración. Publio percibió demasiada ilusión por parte de su tribuno.

—Pero Lelio, hay que pensar dos cosas: primero, que los hombres no deben saber nada de esta idea, pues deben acudir al campo de batalla como si no hubiera marcha atrás posible y, en segundo lugar, la derrota puede ser tan brutal que no podamos ni llegar a Útica. Eso también es posible.

—Sí —concedió Lelio algo menos agitado—, sí, lamentablemente, ésa es una posibilidad.

Los dos hombres se quedaron juntos, compartiendo el silencio de dos guerreros antes del combate.

Campamento general cartaginés junto a Zama

Aníbal estaba revisando las condiciones de sus tropas cuando los emisarios que había enviado al campamento romano regresaron con una respuesta. El general cartaginés estaba junto a un grupo de cinco elefantes que estaban perfeccionando su adiestramiento. Los mensajeros se aproximaron hasta quedar a unos pasos de su general. Aníbal se volvió para mirarles. Una de las bestias bramó con inusitada fuerza. Los emisarios y la mayoría de los soldados se estremecieron por la potencia de aquel salvaje grito del gigantesco animal. Aníbal, sin embargo, permaneció en pie, erguido, sin moverse un ápice de su posición, esperando las explicaciones de sus emisarios. Aquellos elefantes le recordaban a Sirius, el elefante sobre el que cruzó las grandes zonas pantanosas del norte de Italia. Aquellos bramidos le traían recuerdos de pasadas gestas.

—El general romano acepta —comenzó al fin uno de ellos—. Mañana aproximarán su ejército para parlamentar.

Y continuó detallando el resto de las especificaciones que había dado Publio Cornelio Escipión para que el encuentro tuviera lugar. El general cartaginés escuchó en silencio, atento a cada palabra, buscando descifrar en ellas el carácter de aquel nuevo general romano que se había atrevido a llevar la guerra a África, el mismo que se le escapara en Tesino y en Trebia y en Cannae y que luego derrotara a su hermano Asdrúbal en Hispania. Parecía que al fin los romanos habían dado con un general diferente. La entrevista, si bien pudiera ser que no valiera para conseguir evitar la batalla, sobre todo a la luz del poco margen que el Senado de Cartago le había dado para negociar, resultaría al menos un debate interesante. Uno de los elefantes volvió a rugir con fuerza. Aníbal se alegró, mientras sus propios soldados se estremecían. Ese temor, ese tremendo miedo que inspiraban aquellas bestias podría decidir la batalla final. Debería hacerlo. Y si no, claro, como en tantas otras batallas, lo harían sus veteranos. Tenía varias armas y las pensaba utilizar todas.

Campamento general romano

Aquel mismo día, por la tarde, tanto las tropas romanas como cartaginesas avanzaron sus posiciones según lo acordado. Publio dirigió sus legiones y las tropas de Masinisa hasta llegar junto a Naraggara, situando el campamento próximo al río que por allí transcurría. Aníbal emplazó su campamento a cuatro millas de distancia, en lo alto de una colina, en una excelente posición, pero algo lejano del suministro de agua que proporcionaba el río. Publio supervisó personalmente el asentamiento del nuevo campamento. Caminaba entre sus tropas siempe seguido por los *lictores* de su escolta. Éstos le habían ofrecido un caballo, pero el procónsul, fiel a su costumbre, prefirió desplazarse andando entre sus tropas. Era un pequeño esfuerzo adicional, un poco de cansancio extraordinario al tener que desplazarse de una punta a otra del campamento en varias ocasiones, pero era un agotamiento que lo aproximaba a sus soldados. Los legionarios veían a su general en jefe sudando, dando órdenes, apreciando el trabajo bien hecho en las fortificaciones cuando así era o corrigiendo errores y defectos que debían subsanarse en otros momentos, y se sentían próximos a él. Cada soldado sabía que su general estaba allí, al mando de todos ellos, pero con todos ellos, no por encima, no sobre ellos. Y todos sentían, como el propio Cayo Lelio, que en aquella tierra extraña, con su mayor enemigo apenas a unas millas de distancia al mando de un inmenso ejército, que su mejor aval para salir con vida de todo aquello era seguir al detalle las instrucciones de aquel general que tantas victorias había dado a Roma.

86

La entrevista de los generales

**Junto a Zama, norte de África,
19 de octubre del 202 a.C.,
año 552 desde la fundación de Roma,
una hora antes del amanecer**

Era la madrugada del día señalado en el que Publio Cornelio Escipión y Aníbal Barca iban a entrevistarse. En el campamento romano, todos los legionarios desayunaban con avidez. Presentían el combate y sabían que necesitarían muchas energías para sobrevivir. El procónsul había reunido de nuevo en su tienda a todos los tribunos, centuriones y *praefecti* de la infantería, a los decuriones de la caballería, a Cayo Lelio y al rey Masinisa. Las linternas y las lámparas de aceite chisporroteaban en su incansable esfuerzo por iluminar la estancia. Todos sabían de la solemnidad del momento y esperaban con nerviosismo las instrucciones de su general en jefe.

—Como sabéis —empezó el procónsul—, Aníbal, como líder de las tropas cartaginesas, desea parlamentar y yo, en calidad de procónsul de Roma en África, he aceptado. Para ello hemos avanzado nuestra posición y lo mismo han hecho los cartagineses. Acudiré al punto de la reunión acompañado por una pequeña escolta. Vendrán los *lictores* y una *turma* de caballería romana, y un intérprete. Nos alejaremos de las legiones para acudir al encuentro de Aníbal y, una vez próximos a él, me separaré de la escolta, igual hará el cartaginés, y sólo acompañados por los intérpretes nos reuniremos para parlamentar. Sinceramente, no espero ninguna maniobra hostil. He de ser claro. He llegado a la conclusión de que es muy posible que los deseos de Aníbal de evitar la confrontación sean auténticos, pero sólo aceptaremos una rendición incondicional de Cartago. En fin, en cualquier caso se trata de una maniobra no exenta de peligros. Por ello Cayo Lelio se quedará con vosotros y a él le cedo el mando del ejército en caso de que haya algún enfrentamiento entre las escoltas y en caso de que yo cayera abatido. Quiero que esto quede muy claro ahora.

Publio guardó unos segundos de silencio mientras observaba a Marcio, Silano y el resto de sus oficiales y al rey Masinisa. No encontró en sus rostros ni sorpresa ni disgusto por su decisión en caso de que algo le pasara. Todos respetaban la experiencia de Cayo Lelio. Ya lo hicieron en Hispania cuando el procónsul cayó enfermo. Se trataba de la decisión lógica, pues Lelio era el tribuno de más experiencia y veteranía y, en el fondo, todos respiraban más tranquilos desde que parecía que el general y Lelio habían restablecido la excelente relación previa a su discusión de Baecula. Publio, no obstante, dio tiempo por si alguien quería replicar pues buscaba asegurarse bien de que la orden era bien recibida y aceptada. Un conflicto por el mando de las tropas, con Aníbal como enemigo, sería fatal.

—Sea, entonces —continuó— veo que todos estáis de acuerdo. Me alegra. Estoy seguro de que Lelio llevará, si es necesario, el ejército a la victoria igual que lo haría yo. Ahora sólo resta que dispongáis las tropas en formación de ataque: *velites* al frente, y las líneas de *hastati*, *principes* y *triari* consecutivamente detrás de la infantería ligera de los *velites*. La caballería romana en nuestro flanco izquierdo dirigida por Lelio, y en el flanco derecho la caballería númida bajo el mando directo del rey Masinisa. —Publio miró rápidamente al rey númida que asintió con la cabeza sin entusiasmo pero con claridad—. Ahora cada uno a su labor; que empiece el despliegue de tropas. Lelio se quedará conmigo y le daré las órdenes precisas para la batalla si ésta al final tiene lugar y para que, como he dicho, en caso de que yo cayese él pudiera seguir con las maniobras necesarias.

Marcio, Silano, Mario Terebelio, Digicio, Valerio y el resto de los tribunos, centuriones, *praefecti*, decuriones y Masinisa salieron de la tienda. Lelio nuevamente quedó a solas con Escipión.

—Bien —empezó de nuevo el procónsul, ahora con un tono más bajo, más relajado, pero no carente de vigor—, Lelio, escúchame bien porque te voy a explicar cómo vamos a luchar en esta batalla. Y escucha bien, porque no hay otra forma. He pensado en esos elefantes días, semanas, años, llevo pensando en esa carga desde que era un niño y mi padre me dijo que si alguna vez me veía en campo abierto contra una gran cantidad de elefantes, Lelio, me dijo que lo único sensato era retirarse. Pero nosotros no lo haremos. He soñado con ellos, Lelio, he soñado con esos elefantes toda mi vida. La vez más intensa en Cartago Nova, cuando deliraba por las fiebres. No nos replegaremos, sino que, pese a lo que pensaba mi padre y mi tío y mi viejo tutor Tíndaro, pese a todo lo que dicen los tratados de estrategia militar, Lelio, nosotros no retiraremos nuestras tropas sino que les plantaremos cara a esos elefantes con las legiones V y VI, con las «legiones malditas.» —A medida que hablaba, Publio se emocionaba, especialmente al mencionar a su padre y su tío, pues, por primera vez en su vida, iba a hacer algo que contravenía todas sus enseñanzas, pero era la única forma, la única forma.

Cayo Lelio se acercó a la mesa de mapas donde estaba Publio. Allí, sobre uno de los planos, el procónsul había marcado la disposición de las tropas. Lelio se aproximó aún más y abrió bien los ojos. La forma de distribuir las tropas no era la tradicional. Era algo muy distinto, completamente diferente a lo que se había hecho hasta la fecha. En cierta forma no tenía sentido. De hecho no entendía qué se podía ganar con esa disposición.

—Lo sé, lo sé —comentó Publio nervioso, impaciente ante la faz de incredulidad de Lelio, pues ya había leído el asombro y la duda en los ojos de su veterano tribuno—. Pero no estoy loco, Lelio. No lo estoy. Sólo así podremos hacer frente a los elefantes. Escucha bien. Sólo así.

Y Publio Cornelio Escipión empezó su explicación. Acompañó sus palabras con trazos sobre el mapa mostrando a Lelio las maniobras que debían realizar los *velites* primero y luego el resto de las líneas. Lelio escuchó en silencio, tomando buena nota mentalmente de cada movimiento. Y pronto todo empezó a cobrar perfecto sentido. Sí, era una apuesta arriesgada pero original; si salía bien se podría neutralizar el efecto de la terrible potencia de los elefantes. Quizá funcionara, quizá.

Pasados un par de minutos, Publio concluyó su explicación.

—¿Y bien? ¿Qué opinas?

—¿Que qué opino? Es un disparate, otra locura más de las tuyas, pero ¿qué he de decir? Las otras salieron bien. Como en Cartago Nova o en Locri. Quizás ésta también. En cualquier caso, así se hará, así se combatirá, sea bajo tu mando o, los dioses no lo quieran, bajo el mío. Te juro por Júpiter que si nos faltas, yo dispondré las tropas de esa forma y las haré maniobrar como dices. Aunque nos vayamos todos al infierno.

Publio sonrió y suspiró, ya más relajado. Por un momento temió que el plan fuera demasiado descabellado. Si Lelio estaba dispuesto a ejecutarlo es que, en el fondo, el experimentado tribuno presentía que aquello tenía, al menos, algo de sentido. El procónsul sintió crecer su seguridad. El criterio de su lugarteniente siempre había pesado en sus planes. Y cuando no dispuso de él en la última fase de las campañas de Hispania siempre lo echó mucho en falta. Aunque no lo admitiera.

—Bueno, pues vamos allá —comentó Publio con voz decidida—. Hay un general cartaginés esperando para negociar. La firmeza en la negociación empieza por ser puntuales en el encuentro.

Sin más palabras, los dos abandonaron la tienda para dirigir las maniobras del despliegue de las «legiones malditas». Quizá su último despliegue. Ambos se adentraron en las primeras sombras que proyectaba el alba. Publio se detuvo un instante y admiró el astro solar emergiendo de entre las entrañas de las dunas del desierto. Quizás éste fuera el último amanecer que admirara y decidió dedicarle un muy breve pero intenso instante.

Lelio regresó a su propia tienda para ajustarse la coraza y el casco que, respladecientes, lucían a los pies de Netikerty. El tribuno había retomado el sexo con ella. Lelio había aprendido a disfrutar de las delicias del cuerpo de la joven sin entrar ya en los entresijos de su alma. Lelio, al fin, había aprendido a tratarla como una esclava. Pensó en solazarse con ella una vez más, quizá la última, antes de partir a reunirse con Publio y el resto de los oficiales. Lo que ansiaba sólo requería cinco minutos.

En el valle de Zama,
19 de octubre del 202 a.C.,
al amanecer.
Media hora después de la última
conversación entre Publio y Lelio

Lelio, Marcio, Silano, Mario, Terebelio, Digicio, Valerio y el rey Masinisa, los centuriones y decuriones y todos los legionarios de las legiones V y VI vieron alejarse a Publio Cornelio Escipión, su general en jefe, esta vez sí, a caballo, escoltado sólo por los doce *lictores* de su guardia personal y una treintena de jinetes de una *turma* de caballería romana. Los *lictores* cabalgaban al frente y los jinetes, distribuidos a ambos lados y en la retaguardia. Protegían de esta forma con sus propios cuerpos la vida de su general ante cualquier proyectil que algún mercenario a sueldo de Cartago pudiera lanzar desde la distancia. Junto a todos ellos, al final del grupo, cabalgaba un joven soldado que hablaba la lengua de los cartagineses y que actuaría como intérprete.

Al mismo tiempo, desde el bando cartaginés, Aníbal, acompañado también de una pequeña escolta, se separaba de sus tropas y avanzaba hacia la colina donde se había acordado la entrevista. Aníbal también se aproximó al punto de la reunión protegido por sus hombres, por delante, por los flancos y por detrás. Parecía que ninguno de los dos generales quería permitir el ataque de un asesino o algún loco exaltado del enemigo. En ambos ejércitos había soldados de muy diferentes orígenes y muchos odios acumulados por el dolor de la pérdida de seres queridos durante aquel largo conflicto. Los dos generales eran conscientes de esto y tomaban precauciones. Además, existía la posibilidad de un movimiento traicionero por parte del otro ejército.

Ambas escoltas llegaron junto a la colina. Estaban a unos quinientos pasos de distancia. Aníbal fue el primero en separarse del pequeño grupo de hombres que le acompañaba y comenzar una lenta subida por la ladera del cerro. Publio hizo lo propio y comenzó también a ascender. Cada uno iba seguido tan sólo por su intérprete.

El sol estaba ya fuerte, poderoso, iluminando el nuevo día.

Aníbal y Publio alcanzaron lo alto de la colina casi al mismo tiempo. Estaban apenas a veinte pasos de distancia. Aníbal desmontó del caballo. Publio desmontó. Los intérpretes hicieron lo mismo. Por fin se encontraban cara a cara. Publio miró en silencio y con detenimiento a Aníbal, su oponente, el mayor enemigo contra el que Roma había tenido que enfrentase en sus más de cinco siglos de historia, y le había correspondido a él, a Publio Cornelio Escipión hijo, combatirlo. Y ahora que lo tenía tan próximo no vio nada en aquel hombre que pareciera retorcido o desagradable o villano. Era un hombre aguerrido, sin duda, en el que se observaban múltiples cicatrices en los brazos y piernas desnudos. Destacaba la herida en la parte interior de una pierna, producto de una jabalina lanzada desde las murallas de Sagunto. Llevaba un parche en el ojo izquierdo, para tapar la pérdida de vista de ese ojo al infectársele en los pantanos del norte de Italia. Era un cuerpo marcado por la guerra, por mil batallas en donde quedaba claro que no había eludido el combate personal. Pero el porte, la mirada del ojo sano, los ademanes al desmontar, al volverse a su intérprete y darle las riendas del caballo, no eran sino los de un hombre seguro de sí, firme, decidido, pero no presuntuoso. Aquello le sorprendió al bastante más joven general romano. Escipión, con sus treinta y tres años, había esperado mayor altanería de aquel victorioso oponente que le sacaba más de catorce años de edad. Pero no, Aníbal se movía ante él con aplomo, pero sin desprecio, y avanzó despacio hacia Publio con una agilidad sorprendente en su edad. El procónsul, por su parte, avanzó hacia el general cartaginés unos pasos y se preguntó en ese instante qué sería lo que el invencible cartaginés estaría pensando de este nuevo general romano que se había atrevido a plantarle batalla en África, a unas millas de la mismísima Cartago. Publio era hábil en leer en los gestos o en los ojos qué pensaban sus interlocutores, pero en la mirada de Aníbal encontró un igual, alguien que no sólo no rehuía el escrutinio del general romano, sino que mantenía la mirada firme, sin bajar el rostro. Era éste un combate silencioso que el joven procónsul no esperaba encontrar. Por alguna razón había dedicado mucho tiempo la noche anterior a pensar bien qué es lo que iba a decir al general cartaginés y qué podría responder a sus réplicas, pero no había pensado en cómo actuar si ambos se quedaban mirándose fijamente, como ahora, a apenas cinco pasos de distancia.

Alrededor de ellos estaban los intérpretes, un par de pasos por detrás de sus respectivos generales, y, al pie de la colina, las escoltas de cada uno y a unos mil pasos, en ambas direcciones, cuarenta mil hombres entre las filas cartaginesas y treinta y cinco mil soldados entre los romanos, todos dispuestos para el combate, para la gran batalla final ente Cartago y Roma. Y más alla, el mundo conocido, desde la Galia hasta África, desde Hispania hasta Siria y Mesopotamia, pasando por

Grecia, Tracia, Egipto, Macedonia, Italia y decenas de ciudades, tribus, pueblos y reinos, esperaban intrigados, expectantes, el desenlace de aquel debate entre aquellos dos invictos generales de generales, entre el procónsul de Roma y el general en jefe del imperio cartaginés.

Aníbal mantenía, tenaz, pero tranquilo, la mirada en el general romano. Publio no encontró odio, tal y como los senadores de Roma publicaban a los cuatro vientos cada vez que se reunían y apabullaban al pueblo con el tenebroso odio del cartaginés. Quizás estuviera allí, en aquel hombre frente a él, pero no traslucía ese sentimiento en la mirada; sólo, puede ser, parecía adivinarse, en lo más hondo, un cierto cansancio, un hastío infinito, pero tan mitigado por el autocontrol y la seguridad que era difícil saber si eso era así o si simplemente había sido una visión incorrecta, una mala interpretación de los sentimientos profundos de aquel general de generales.

Publio, al fin, aunque le costó, se dio por vencido y echó la mirada a un lado. Se volvió hacia su intérprete y cuando iba a transmitirle a éste lo que deseaba que tradujera, Aníbal, con una voz grave, honda, y, por qué no reconocerlo, agradable, poderosa, comenzó a hablar en un griego algo tosco en la pronunciación pero claro en contenido y forma. El procónsul contuvo entonces sus palabras y su respiración, como un joven legionario en su tienda, y escuchó algo perplejo, con una mezcla de respeto y curiosidad, pues nunca pensó que Aníbal fuera a dirigirse a él en griego.

—Te saludo, Publio Cornelio Escipión, procónsul de Roma, y te ofrezco un pacto de paz. No tenemos por qué luchar hoy. Cartago está dispuesta a reconocer el dominio de Roma sobre todas las islas entre África e Italia y sobre toda Iberia. A cambio, sólo pedimos la retirada de tus legiones de África. Es un pacto generoso, romano. Acéptalo y marcha en paz.

Y calló. Publio le miraba con intensidad. Aníbal había sido breve, había sido directo y había ido al grano. El joven general romano se pasó la palma de la mano derecha por la barbilla que lucía recién rasurada por su *tonsor*.

—Te saludo, Aníbal Barca, general en jefe de los ejércitos de Cartago. He escuchado tu oferta con interés, pero una paz en esos términos no será posible. La paz para Roma sólo es aceptable si Cartago acepta las cláusulas del tratado de paz que habíamos acordado el año anterior, paz que se quebró al robar Cartago parte de nuestra flota de aprovisionamiento encallada en su bahía. Ya no es suficiente que Car-

tago reconozca nuestro dominio sobre los territorios que ya ha perdido, sino que además debe devolvernos todos los transportes requisados el año anterior en la bahía de Cartago y hacer frente a los pagos en cebada, trigo y talentos de plata pendientes, además de reconocer a Masinisa como rey de Numidia y, muy importante, destruir la flo...
—Publio se detuvo. Aníbal había levantado su mano derecha con la palma extendida hacia el general romano. El procónsul, por prudencia, decidió callar. Aníbal no parecía nervioso, pero estaba claro que no quería seguir oyendo las condiciones tan humillantes que Publio estaba exigiendo.

—Esas condiciones, proncónsul de Roma —comenzó Aníbal—, las conozco bien, pero son condiciones que pactaste con un Cartago diferente. Aquéllas fueron condiciones con un Cartago cuyo general en jefe estaba lejos. Hoy ese general en jefe es el que comanda sus tropas en África y ese general en jefe, procónsul de Roma, te dice que esas condiciones son inaceptables. —Publio fue a hablar, pero Aníbal levantó de nuevo su mano derecha y Publio, una vez más, receló y guardó silencio para seguir escuchando—. Eres joven y noble, general romano, te respeto, por tu valor en el campo de batalla, por tu rango y por la familia a la que perteneces; te vi luchar con osadía en Tesino y en Trebia, incluso en Cannae, pero no confundas mi respeto con temor, no confundas mi franqueza con miedo. Salvaste a tu padre de morir rodeado por mi caballería en Tesino y en el mismo Tesino detuviste el avance de mis tropas y sólo eras un muchacho. Te envidio por ello porque yo no pude salvar a mi padre en Iberia en una situación similar, pero tus dioses te arroparon, y eso es que te aprecian, y tus dioses han seguido protegiéndote todos estos años, en Trebia y luego en Cannae, donde te salvaste por poco, y en cada una de las batallas que libraste en Iberia, pero joven y noble general romano, piensa que puedes tener cansados a tus dioses de tanto protegerte, piensa que la diosa Fortuna que tanto parece resplancer sobre ti puede un día estar dormida y olvidarse de acudir en tu ayuda y piensa, piénsalo muy bien, porque podría ser que ese día, el día en que tus disoses decidan que ya te han protegido demasiadas veces, piensa que ese día podría ser hoy, de aquí a unas horas. Piensa que tus dioses pueden abandonarte cuando formes tus legiones ante mi ejército. No es algo tan extraño, pues son innumerables los generales romanos que han vivido esa experiencia y que ya no están en este mundo para contarla. —Y levantó su mano derecha revestida de varios anillos consulares y otro de plata rematado en una piedra preciosa turquesa que Publio no sabía de qué o quién podía ser; el resto estaba claro que habían sido los anillos consulares de Cayo Flaminio, Emilio Paulo y Claudio Marcelo.

—Uno de esos anillos me pertenece.

Aníbal, por primera vez, se vio sorprendido. Ante la perplejidad del general cartaginés, Publio decidió ser más preciso.

—El anillo que llevas en tu dedo anular, en la mano derecha, era de Emilio Paulo, mi suegro, el padre de mi esposa. Me pertenece. —Y en un acto osado, con el atrevimiento propio de su carácter, Publio Cornelio Escipión estiró la mano como si fuera a cogerlo. Aníbal retiró hacia atrás con lentitud su mano derecha al tiempo que apretaba los dedos formando un puño de hierro, impenetrable, pétreo.

—Me temo, joven general de Roma —respondió Aníbal con la serenidad de los años y la experiencia, con la paciencia del guerrero que todo lo ha visto y oído—, me temo, general de Roma, que eso no va a ser posible. Cada uno de estos anillos los he ganado en buena lid en el campo de batalla. Si los quieres recuperar tendrás que abatirme en el campo de batalla; procónsul, si quieres recuperar el anillo que dices que te pertenece sólo tienes que derrotar a mi ejército.

—Entonces esos anillos serán recuperados para Roma en pocas horas —respondió el procónsul con gallardía, aunque algo vacua, pensó el propio Publio.

Aníbal sonrió.

—¿Tan corto piensas que va a ser el combate? Yo al menos me concedería un día para conseguir detener a mis elefantes, al ejército de Magón, a las tropas de Giscón y, si aún queda alguno de tus legionarios en pie, a mis veteranos de Italia. Al menos, romano, necesitarás un muy largo día para recuperar estos anillos. Puede incluso que se te haga demasiado largo y demasiado doloroso ese día y que se te atragante. —Y Aníbal echó la cabeza para atrás y se echó a reír; los dos intérpretes retrocedieron un par de pasos; ambos estaban nerviosos; no sabían en qué iba a derivar todo aquello; era un debate entre titanes todopoderosos y, aunque estaban siendo testigos de la historia, en aquel momento sólo pensaban en salir vivos de aquella loca entrevista. Aníbal detuvo su carcajada en seco—. Será un día demasiado largo, romano; demasiado incluso para ti —concluyó con un tono frío, distante, cansado. Era como el viejo que avisa al joven de lo inevitable, a sabiendas de que el joven elegirá el camino más peligroso, el camino que conduce sólo a la muerte.

Publio tragó saliva antes de responder.

—Concédeme algo más que el reconocimiento de lo que ya habéis perdido —insistió el procónsul, pero con un tono casi humilde, como el amigo que pide un favor a otro amigo; era casi un ruego—. Admite que Cartago haga frente a alguno de los pagos convenidos y que se devuelvan algunos transportes; debes darme algo con lo que yo pueda persuadir al Senado de Roma y así evitaremos la lucha. Yo no tengo interés en combatir a muerte contra ti y tu ejército más allá de proteger a mi patria. Has abandonado Italia. Ése era mi gran objetivo. Dame algo en lo que basar una defensa de una paz duradera con Cartago y te prometo que haré todo lo posible por persuadir al Senado de Roma para que lo acepte, pero has de ofrecerme algo.

Aníbal sonrío con aire agotado mientras negaba despacio con la cabeza. Al general cartaginés le parecía increíble que aquel brillante general romano aún no supiera interpretar los designios de los oligarcas que gobernaban Roma. Estaba ante un gran militar, pero también ante un ingenuo en política.

—¿Acaso crees que el Senado de Roma desea otra cosa que no sea que te enfrentes a mí?

Publio, que en la vehemencia de su mensaje anterior se había adelantado un paso, retocedió de nuevo a su posición inicial. Las palabras de Aníbal trajeron a su mente con celeridad la imagen del recientemente fallecido Quinto Fabio Máxmo y del ahora omnipresente Marco Porcio Catón. Máximo acababa de morir, pero Catón seguía manipulando el Senado de Roma a su antojo. ¿Hasta dónde era capaz Aníbal de leer el destino de los hombres?

—La política de Roma es algo que es mejor que dejes en mis manos —respondió frío Publio Cornelio Escipión.

—En tus manos la dejo —respondió Aníbal con rapidez y mirando hacia atrás un instante, como valorando la posición de sus tropas. Luego, volvió a encarar la figura del procónsul y decidió dar término a aquella conversación—. Creo que esta entrevista no tiene ya mucho sentido. Tanto tu Senado como el mío sólo consideran que el camino de la guerra es el único posible, como lo han considerado durante los últimos dieciséis años. Para ellos, claro, es más fácil. No tienen que combatir esta mañana. —Carraspeó y escupió al suelo—. Tú y yo sólo somos los brazos ejecutores. Nos veremos en el campo de batalla, joven general romano. Reza por que tus dioses no te hayan olvidado. Por mi parte, yo ya no rezo mucho. Me concentro en la disposición de mis tropas y de mis elefantes, pero tú, joven procónsul, no puedes permitirte un solo día sin su ayuda. Si te fallan tus dioses enterraré tu nombre con tus huesos y lo borraré de la historia.

Y sin esperar respuesta, Aníbal Barca dio media vuelta, se aproximó a su caballo, se encaramó al mismo con gran destreza, pese a sus cuarenta y siete años, y azuzó a su montura que, encrespada por los golpes secos de su jinete en su costado, relinchó, y alzando las patas delanteras, dio media vuelta casi en el aire hasta que, una vez con sus cuatro patas en el suelo, salió disparado como una centella de regreso hacia las posiciones de los ejércitos púnicos. Tras él, el intérprete y los caballeros de su escolta partieron intentando seguir una estela demasiado fulgurante y rápida, pues el galope de Aníbal era veloz como impulsado por las fauces del viento.

87

El último discurso

**Zama,
19 de octubre del 202 a.C.,
media hora después de la entrevista**

No había habido acuerdo entre los dos generales.

Publio había empezado dirigiéndose hacia sus tropas con cierta calma fría, pero, a medida que avanzaba en su discurso, sus músculos se tensaron, las venas del cuello se marcaban con claridad, su rostro se tornó sudoroso y ligeramente enrojecido, henchido de sangre y pasión. Pronto todos y cada uno de los legionarios de la V y la VI no hacían otra cosa sino escuchar a su líder, a su jefe, al único procónsul de Roma que Aníbal había considerado de interés suficiente como para entrevistarse a solas con él. No había habido pacto. Sólo quedaba la batalla y borrar con sangre enemiga la ignominia de Cannae y la vergüenza del destierro de Sicilia, pero el procónsul seguía hablando, seguía hablando...

—¡Parece que tendremos que combatir sin las tropas de Tiberio Claudio! —continuaba Publio Cornelio Escipión desde lo alto de un hermoso caballo blanco con el que se movía despacio, al paso por delante de la perfecta formación de las legiones V y VI—. ¡Tendremos que combatir solos porque los soldados que nos enviaban no sabían ni navegar! —Y el procónsul se detuvo para dejar que los legionarios rieran un poco y rebajaran su tremenda tensión—. ¡Por Cástor y Pólux, no sabían ni navegar y los llamaban refuerzos! —Más risas, carcajadas generales en todas las filas, desde los *velites* de primera línea hasta los veteranos *triari*, desde los legionarios de menor rango hasta los centuriones y tribunos al mando del ejército: Lelio, Silano, Marcio, Mario, Terebelio, Digicio, Valerio. Todos reían; el procónsul esperó que las risas perdieran fuelle y tornó su semblante en una faz seria antes de proseguir—. ¡Mejor solos! ¡Mejor pocos y fuertes y leales y valientes que muchos y, entre los muchos, demasiados flojos y débiles y cobardes! ¡Estas legiones dicen que están malditas! ¡Es posible, pero en ellas no hay sitio para los débiles de espíritu y de físico! ¡Os reís y eso está bien, pero no penséis que ya lo habéis conseguido todo porque habéis logrado algunas victorias! ¡Es cierto que conquistasteis Locri en Italia y que hemos derrotado al rey Sífax y a los generales Hanón y Giscón! ¡Y es cierto que muchas ciudades se han entregado y han abierto sus puertas por el temor a vuestras armas o por vuestra persistencia en el asedio, como en Útica! ¡Por todos los dioses, sé que hablo a hombres valerosos y de gran fortaleza de ánimo! ¡Las únicas legiones de Roma que han conseguido tantas victorias, una tras otra en suelo africano! ¿Pero sabéis una cosa, sabéis qué sois vosotros para Roma? —Y una nueva pausa en la que el procónsul miraba desde su caballo a los hombres ahora silenciosos que le observaban absortos desde sus cascos ajustados bajo el sol resplandeciente de aquel amanecer, quizás el último que vieran muchos, quizás el último que vieran todos—. ¡Para Roma no sois nada! ¡Nada! ¡Os lo repetiré una vez más: para Roma no sois nada más que la misma escoria que expulsó y desterró a Sicilia para olvidarse, para borrar de los anales de la historia de Roma la más vergonzosa de las derrotas ante el enemigo! ¡Para Roma seguís siendo los vencidos de Cannae, los miserables que huyeron en lugar de morir con dignidad protegiendo su patria! ¡Lo sé, lo sé, mi corazón está con vosotros y sé lo que pensáis, sé que pensáis que eso no es justo, ya no, porque creéis haber compensado aquella grave ofensa con vuestro servicio y vuestra sangre en África, con las victorias aquí conseguidas y, aún más, con haber hecho necesario que Cartago reclamara a Aníbal para que, al fin, después de tantos años de terror, abandonara Italia!

¡Creéis que sólo por eso se os debería conceder el perdón y el derecho a regresar a Roma después de estas duras campañas en África! ¡Pero os he de decir una cosa! ¡Eso valdría con cualquier otra ciudad y con cualquier otro pueblo pero eso no basta para el pueblo romano y para el Senado de Roma, eso no es suficiente! ¡No es suficiente para borrar las seis legiones masacradas por Aníbal en Cannae! ¡Y a decir verdad que si juntáramos todos los muertos enemigos que hemos abatido desde que llegamos a África hace ya casi dos años y medio no juntaríamos un número suficiente de enemigos muertos para igualar el número de legionarios que los soldados de Aníbal degollaron en Cannae! ¡A decir verdad, por todos los dioses, que así es! ¡Así que para Roma no sois nada! ¡Nada! ¡Y Roma no os dejará regresar ni os perdonará nunca! ¡Nunca! ¡Nunca! —Publio Cornelio Escipión miró a su ejército; el silencio se había fraguado poco a poco y parecía que los legionarios fueran estatuas de piedra y que ni tan siquiera respiraran—. Y vosotros me diréis entonces y con razón, ¿y para qué luchamos entonces si no es para volver con los nuestros y para recibir el perdón? ¡Un legionario jamás lucha por obtener un perdón, un legionario nunca buscará ser redimido, un legionario sólo puede buscar la victoria o la muerte! ¿Que por qué lucháis? ¡Yo os lo diré, por Júpiter! ¡Lucháis, lucharemos hoy todos por el *triunfo* y por la gloria! ¡Las legiones V y VI no buscan el perdón de Roma sino que Roma se arrodille ante ellos! ¡No lucháis por que os dejen regresar sino que lucháis por recibir un *triunfo* y ser conducidos por mí hasta el mismísimo Capitolio! ¡Lucháis por ser no las «legiones malditas», sino las mejores legiones de la historia de Roma, porque una afrenta tan grave como la de Cannae sólo se puede borrar con una victoria de iguales proporciones, y la batalla de hoy, creedme, será como la de Cannae! ¡Hoy es un nuevo Cannae pero hoy será el Cannae de Cartago! ¡Y a los legionarios que me habéis seguido desde Hispania sólo os recordaré que allí jurasteis seguirme hasta el mismísimo infierno! ¡Sea, entonces: bienvenidos todos al infierno! —Y el procónsul desenvainó su espada y la esgrimió en alto al tiempo que gritaba—: ¡Muerte o victoria! ¡Muerte o victoria! ¡Muerte o victoria! —Y con un último esfuerzo, llorando, salpicando saliva al gritar—. ¡Todos al infierno! ¡Hasta el infierno!

Y los miles de soldados de sus legiones, de las legiones V y VI, desgarraron el aire con un rugido cien mil veces más fuerte que el rugido del más temible de los leones.

—¡Hasta el infierno! ¡Hasta el infierno! ¡Hasta el infierno!

88

La carga de los elefantes

**Zama,
19 de octubre del 202 a.C.,
una hora después de la entrevista de los generales**

Retaguardia romana

Finalizado su discurso, Publio ascendió a la pequeña loma que se elevaba justo detrás de su legiones. Todo estaba dispuesto. El general estaba rodeado por sus *lictores* y un pequeño grupo de legionarios compuesto por veteranos de sus campañas en Hispania, voluntarios para una guerra en África que el joven procónsul presentía ya de temibles consecuencias para todos ellos. Le habían seguido por lealtad y esa lealtad iba a conducirlos a todos al exterminio. Era contradictorio, pero después de haberlo esperado durante tanto tiempo, el combate definitivo, ahora, cuando había llegado y estaba a punto de comenzar, era cuando más dudaba de la victoria. Publio fue examinando toda la formación. En primera línea, algo adelantados estaban los *velites* de ambas legiones, esperando la señal de ataque y atentos a los movimientos del enemigo, pues eran la primera línea. Se los veía nerviosos porque miraban hacia atrás de forma incesante. Tras ellos estaban los *hastati*, al mando de los cuales había puesto a Quinto Terebelio, en la VI, en el flanco derecho desde donde Publio observaba, y a Cayo Valerio que, como *primus pilus* de la V, comandaba los manípulos que le correspondían. Tras los cuadros que formaban los *hastati*, venían los manípulos de los *principes*, que en la VI Publio había puesto bajo las órdenes de Sexto Digicio y en la V, bajo la supervisión de Mario Juvencio. Estos manípulos formaban tras los huecos que los *hastati* de primera línea dejaban en la formación. De esa forma los *principes* tapaban esos espacios de modo que ningún enemigo pudiera llegar al final de la formación romana sin encontrar oposición en algún punto. Y, tras los *hastati*, venían los veteranos *triari*, con Silano al frente de los de la VI y con Lucio Marcio Septimio al mando de los de la V. En este caso, los *triari* formaban sus manípulos justo en línea con los *hastati* de primera línea. El ejército romano dibujaba lo que posteriormente se reconocería como las tres primeras líneas de un tablero de ajedrez, donde los manípulos de legionarios ocupaban los cuadros de piezas negras, dejando los cuadros de las piezas blancas vacíos. Espacios útiles para maniobrar. Las diferentes líneas estaban reforzadas por los voluntarios itálicos y por los infantes númidas.

Luego, en los extremos, la caballería. A su derecha, orgulloso y con su caballo piafando y relinchando, se veía al joven Masinisa. Estaba ansioso por entrar en combate. Como todos. Y en el extremo izquierdo, Cayo Lelio, con aire más controlado, adusto, sin moverse sobre su caballo, como una estatua, mirándole, esperando la señal de ataque. Publio estaba tenso, pero se esforzaba en respirar con regularidad, para que sus propios nervios no transpirasen y se contagiaran de sus dudas los *lictores* y legionarios que le rodeaban. Eran treinta y cinco mil hombres a su mando, más los dos destacamentos de caballería númida y romana. Publio se pasó la palma de la mano derecha por su barbilla recién afeitada. Levantó la mirada y contempló el infierno.

A mil pasos de distancia de sus *velites* de primera línea, se encontraba el enemigo: en primera fila lo más aterrador, no por ser lo más temible, pero sí por ser lo más urgente y espectacular. Ochenta elefantes africanos en una larga línea que se extendía de un extremo a otro de la formación cartaginesa. Ochenta elefantes y no había fortificaciones en las que guarecerse, estaban en campo abierto y no había habido tiempo para levantar defensas adecuadas. Aníbal forzaría el combate esa misma mañana, para no dar tiempo a más. Era una de sus grandes ventajas y no pensaba darles oportunidad de protegerse, de prepararse. Publio recordó una vez más las palabras de su padre cuando le comentó en más de una ocasión que si se veía con una gran cantidad de elefantes en formación de combate, si no disponía de defensas, debía retirarse. Retirarse. Publio suspiró. «No puedo hacerlo, padre, no puedo hacerlo, llegados a este punto, no.» Publio apretó los labios mientras contemplaba los imponentes proboscidios moviéndose hacia delante y atrás. A sus propios guías les costaba mantener a aquellas bestias detenidas. Los paquidermos debían de respirar las ansias de todos los hombres que les rodeaban y querían moverse, atacar, pisotear. Y, por si eso no fuera suficiente, tras los elefantes estaban varias líneas de combate enemigas: primero los veteranos del ejército de Magón, el hermano pequeño de Aníbal, luego los restos del ejército de Giscón y finalmente los veteranos del propio Aníbal, sin duda alguna, el cuerpo de ejército más terrible que existía en aquel momento, la máquina de matar más engrasada y perfecta y el auténtico y más mortal peligro de aquellos cuarenta mil soldados que, junto con sus dos destacamentos de caballería, se oponían a Publio y sus legiones. En cualquier caso, aunque los veteranos de Aníbal fueran lo que el procónsul más temía, eran un asunto a ocuparse con posterioridad. Lo primero eran los elefantes. Los malditos y gigantescos ochenta elefantes africanos.

Publio permanecía inmóvil en su altozano. Lelio, Silano, Marcio, Mario, Digicio, Terebelio, Valerio, todos los tribunos, centuriones y *praefecti* le miraban. Todos esperaban una orden suya, pero el procónsul estaba como inmovilizado, parecía que ni tan siquiera respirase.

La caballería númida enemiga, comandada por el masaessyli Tiqueo, familiar de Sífax, empezó a agitarse y lanzó varios grupos de jinetes contra los númidas de Masinisa. El joven rey miró a Publio. Pero el general permanecía petrificado. Masinisa ordenó por su cuenta que otros tantos jinetes de su caballería recibieran a medio camino al centenar de jinetes enemigos que se aproximaban al galope. Ambos ejércitos observaron cómo los númidas de cada bando se enfrentaban con ferocidad en el centro del campo de batalla. Era una batalla dentro de lo que debía ser una batalla mayor, pero era cruenta y terrible, pues era personal, era entre númidas partidarios de diferentes candidatos a rey. Los golpes de espada resonaban en el aire estancado de aquella llanura y los gritos de los que eran atravesados por jabalinas rasgaban el cielo raso y limpio bajo el que aquellos jinetes se mataban. A una señal de Tiqueo los númidas del ejército púnico se replegaron y Masinisa ordenó lo mismo para sus compatriotas. En el campo quedaron varias decenas de cadáveres, algún herido arrastrándose por el suelo y algunos caballos que, con su jinete abatido, permanecían quietos en medio de los dos ejércitos, en medio de aquel pulso entre Roma y Cartago. De momento sólo habían entrado en combate los subalternos.

Retaguardia cartaginesa

Aníbal lo observaba todo desde un entarimado de madera levantado detrás de sus filas de veteranos. Uno de sus oficiales se aproximó para preguntar.

—¿Seguimos con las escaramuzas de la caballería, mi general?

Eran oficiales leales aquéllos, los que estaban junto a él sobre aquel entramado de madera, pero Aníbal echaba de menos la sensata voz de Maharbal, a quien había tenido que alejar de sí, para que se pusiera al mando de la caballería africana, a su derecha. Estaban escasos de caballería y Aníbal decidió compensar aquella debilidad poniendo a su mejor oficial al mando de la fuerza montada. Por su parte, Tiqueo se las tendría que ver como fuera con el crecido Masinisa. Ése sería un asunto entre númidas, pero le preocupaba. Si la caballería cedía tendría un problema grave. El secreto era hacer que la lucha se desarrollara de forma que la caballería no fuera decisiva. Gran parte de la clave era la carga inicial de los elefantes. Si éstos causaban las suficientes bajas entre la infantería romana, los legionarios desmoralizados, derrotados ya una vez por él mismo en Cannae, empezarían una desordenada retirada y a partir de allí sólo sería cuestión de exterminar con eficacia. Entonces la superior caballería romana sólo valdría para proteger a un ejército en retirada. La carga de los elefantes era crucial. Si eso fallaba estaría el cuerpo a cuerpo y allí también se impondría la destreza de sus veteranos de Italia. Maharbal y Tiqueo sólo tenían que mantener a Lelio y Masinisa ocupados el tiempo suficiente para que fuera el que fuese el desenlace de la lucha entre las caballerías, ya no quedara infantería romana en pie.

—¿Los ataques de la caballería, mi general? —Insistió con cuidado el oficial, algo nervioso—. ¿Seguimos con ellos?

—No —respondió Aníbal—. Los elefantes. Ya.

El oficial púnico asintió varias veces y descendió de aquella improvisada fortificación.

Primera línea de combate romana. Ala izquierda

Cayo Valerio, posicionado en la primera línea de los *hastati* vio cómo los elefantes del enemigo empezaban a moverse pesada pero decididamente hacia ellos. Respiró varias veces con profundidad. Miró a ambos lados. Sus hombres, al igual que él, tenían los ojos fijos en aquella manada de bestias que se acercaba adquiriendo cada vez algo más de velocidad. Cayo Valerio carraspeó profusamente y escupió en el suelo. Tenía la garganta seca.

—Maldita sea nuestra suerte —dijo en voz baja. Giró su cabeza y miró al procónsul de Roma. Nada. Impasible. Bueno. Cayo Valerio no se movió; inclinó su cabeza hacia la izquierda y luego hacia la derecha. Le dolía el cuello. Había dormido en mala posición y tenía tortícolis. Casi le entró risa por preocuparse de una molestia tan nimia. Los elefantes avanzaban ya a la carrera.

—Maldita sea —dijo en voz normal, y volvió a escupir. Miró de nuevo a sus hombres. Estaban todos con los ojos muy abiertos, los escudos clavados en el suelo, los *pila* a su lado. Vio que algunas lanzas temblaban en las nerviosas manos de sus hombres. Estaban aterrados. «Maldita sea», pensó. «No van a aguantar. No van a mantener la formación. Por todos los dioses.» Vio la tercera fila de los manípulos, donde los soldados no sostenían arma alguna, sino que iban cargados de tubas, trompas, cornetas y otros instrumentos musicales de los que usaban los romanos para transmitir las órdenes en las legiones romanas. Qué desperdicio de fila, pero eran órdenes directas del general. Cayo Valerio notó entonces una extraña vibración que le recorría la pierna derecha, luego la izquierda. Se volvió hacia el enemigo. Los elefantes corrían hacia ellos. La tierra bajo sus pies temblaba. Cayo Valerio vio cómo vibraban los escudos de sus soldados y cómo las miradas de sus hombres ya no eran de terror, sino de un pavor desconocido, un horror que nunca había visto reflejado en la faz de ningún soldado antes de aquella mañana.

—Mierda, mierda, mierda —repetía mientras salía de la formación y daba uno, dos tres, cinco, diez, hasta veinte pasos por delante de la formación de *hastati*, superando incluso a los desperdigados *velites* que de modo casi inconsciente se habían ido replegando ante el avance de los elefantes. Cayo Valerio había leído lo peor que un centurión puede encontrar en el rostro de sus hombres: no iban a mantener la formación; el terror era demasiado poderoso. La tierra se agitaba bajo sus sandalias militares. El tribuno miró hacia los elefantes. Estaban a quinientos pasos. Luego miró hacia sus hombres. Quería que le vieran todos. Él no se retiraba. Él iba a estar allí. Solo, si hacía falta. Si querían huir que vieran antes cómo moría un *primus pilus* de las legiones de Roma. Mierda, mierda, mierda. Miró de nuevo hacia el procónsul. Nada. Quieto, como una insignia. Y no había órdenes tampoco por tubas. El único ruido era el de la estampida de elefantes pisoteando la tierra de África en su irrefrenable carrera mortífera.

Publio Cornelio Escipión, desde su pequeña colina, vio cómo Cayo Valerio, sin recibir orden alguna, había abandonado la formación y había avanzado unos veinte pasos.

—¿Qué hace ese imbécil? —preguntó el procónsul, pero a su lado no estaba ni Lelio ni Marcio ni Silano ni ningún otro de sus oficiales de confianza. Uno de los *lictores* que se encontraba más próximo al general, el más veterano entre los hombres de su guardia personal, se atrevió a aventurar una respuesta.

—Creo que teme que los hombres se asusten, mi general... se ha adelantado para que todos le vean... como ejemplo, supongo...

Publio se volvió hacia el *lictor* que acababa de responderle. Asintió. Se trataba del *proximus lictor*, el último en la fila de *lictores* que precedían a un cónsul, y que se situaba justo junto al cónsul. Era siempre un hombre de la máxima confianza.

—Eso debe de ser —dijo el general y, sin dejar de mirar al *proximus lictor*, añadió una pregunta—. Tu nombre es Marco, ¿verdad?

—Sí, mi general —respondió con sorpresa el *lictor*.

—Llevas conmigo desde Hispania, ¿verdad?

—Así es, mi general —confirmó con orgullo aquel soldado.

—Bien, Marco, quédate junto a mí hoy más que nunca. Tus opiniones me vendrán bien en esta batalla.

Publio miró de nuevo hacia la llanura. Los elefantes, en una larguísima hilera que lo cubría todo, corrían contra su ejército. Tras ellos una polvareda de dimensiones descomunales se levantaba ocultando los movimientos que pudieran estar haciendo las tropas cartaginesas, pero no era probable que fueran a hacer nada mientras aquellas bestias corrían casi descontroladas contra sus enemigos. Los elefantes estaban a cuatrocientos pasos de los *velites* y los *hastati*. A trescientos cincuenta, a trescientos...

Primera línea de combate romana. Ala derecha

Quinto Terebelio, al mando de los *hastati* de la VI, observó cómo Cayo Valerio se avanzaba al resto de los hombres en la V. Quinto Terebelio, centurión que conquistara las murallas de Cartago Nova junto con Digicio y Lelio, no podía permitir que un oficial de los derrotados en Cannae le superara en valor... o en locura. Además, miró a su alrededor y detectó ese miedo abrumador que embargaba a los *hastati* que le rodeaban. Estaba claro que había que dar ejemplo... aunque eso significara dar la propia vida.

—¡Por Hércules y todos los dioses! —dijo en voz bien alta, y se avanzó a los *hastati* hasta ubicarse a la misma altura que Cayo Valerio. Luego continuó hablando en voz baja, para sí mismo, para su alma—. Estamos locos, todos locos.

Retaguardia romana

Marco señaló al procónsul el movimiento de Quinto Terebelio.

—Otro loco —dijo Publio, pero no pronunció aquellas palabras con tono de reproche, sino de admiración.

El *lictor* se atrevió a comentar algo más.

—En esa posición tan avanzada, solos, serán los primeros en ser arrollados por los elefantes. Es un suicidio.

El procónsul le corrigió.

—No, soldado, no es un suicidio, es una *devotio*. Una *devotio* por mí, por las legiones, por Roma. —Marco asintió algo avergonzado de su comentario anterior. No obstante, el general concluyó su valoración con un tinte de tristeza en su voz—. Una *devotio* que aunque admiro, lamento con profundidad. Son dos de mis mejores oficiales. No pensé que fuera a ser necesario llegar tan lejos. No pensé nunca que fuera a ser necesario. No lo pensé así, no de esta forma... —El procónsul repetía aquellas palabras como intentando perdornarse a sí mismo lo que estaba a punto de ocurrir. Ya no había tiempo para cambiar las cosas. Sólo se podía proceder con el plan y rogar a los dioses. Hasta ese momento no se había percatado realmente de lo que estaba exigiendo a sus hombres.

Primera línea de combate romana. Ala izquierda

Cayo Valerio tragaba la poca saliva que su boca acertaba a producir. Estaba seco y clavado en el suelo de aquella llanura como una estaca olvidada por el tiempo. Una estaca que temblaba por la potencia de las pezuñas de aquellos paquidermos al chocar contra el suelo sobre el que avanzaban como gigantescas catapultas en movimiento. Estaban a trescientos, doscientos cincuenta, doscientos pasos. Era el fin.

Primera línea de combate romana. Ala derecha

Quinto Terebelio repasaba su vida en el poco tiempo que le quedaba ya antes del gran impacto. Sólo encontró peleas y pendencias desde pequeño en las calles de Roma. Una vida dura y sin rumbo hasta que ingresó en el ejército, donde luchar y pelear era un honor. Allí se había forjado una reputación y esa reputación había adquirido casi el grado de leyenda tras las campañas en Hispania bajo aquel procónsul que los conducía ahora a todos contra aquella estampida de elefantes. Gracias al general había conocido el sabor dulce de verse admirado por centenares de hombres. Era un orgullo especial el que le acompañaría el día de su muerte. De modo que si se tenía que morir en aquella batalla por aquel general, se moría. Quinto Terebelio se ajustó el casco, dejó el escudo en el suelo y levantó el *pilum* con su brazo derecho dispuesto para lanzarlo. ¿De qué protección valía un escudo contra ochenta elefantes? Por Cástor y Pólux. Por Hércules y por todos los dioses, ¿qué importaba ya nada?

Retaguardia romana

Publio Cornelio Escipión, procónsul de Roma, levantó su brazo derecho en alto. Cayo Valerio, Sexto Digicio, Mario Juvencio, Silano, Marcio, el rey Masinisa y Cayo Lelio observaron tensos aquel movimiento. El único que parecía pasarlo por alto era Quinto Terebelio, que avanzaba contra los elefantes con su *pilum* preparado para ser lanzado. Publio le observó sin mostrar expresión alguna en su rostro. Terebelio iba por libre. ¿Era insubordinación o heroísmo? No importaba aquello. Las tubas transmitirían su orden y todos sabían lo que debía hacerse.

El general de las legiones V y VI bajó su brazo derecho de golpe. Una decena de legionarios con tubas que le acompañaban en la colina hicieron sonar sus instrumentos y su sonido se desplegó sobre la llanura hasta alcanzar las primeras líneas de *hastati*, donde, de pronto, decenas, no, centenares de tubas, trompas y cualquier instrumento que pudiera hacer ruido, resonó no con armonía, sino con el estruendo propio del temor absoluto exhalado por los pulmones de miles de legionarios acorralados. El general había ordenado durante los últimos días recoger todos los instrumentos de música de toda la región y construir más tubas y trompas y los había distribuido entre las primeras filas de sus *hastati* para hacerlos sonar justo cuando los elefantes llegaran a pocos pasos de distancia. Pero eso no era todo.

Vanguardia romana. Primera y segunda líneas de combate

—¡Mantened la formación, mantened la formación! —gritaba Cayo Valerio desde su posición avanzada mirando hacia atrás a los *hastati* de la V.

Al mismo tiempo, entre los *principes* de segunda línea, se recibía una orden diferente.

—¡Maniobrad, malditos, maniobrad, por todos los dioses —aullaban Digicio y Mario a sus manípulos de legionarios de segunda línea. De este modo, los *principes* se movieron rápidamente hacia un lado, hasta situarse justo detrás de los *hastati* y justo delante de los *triari*, dejando así enormes pasillos descubiertos, sin soldados por toda la formación del ejército romano. Fue una maniobra muy rápida y desconocida hasta la fecha. Extraña.

Retaguardia cartaginesa

Aníbal apretó los párpados de su ojo sano.

—¿Qué hacen? —preguntó, aunque no esperaba respuesta.

—Parece que abren como pasillos, mi general —respondió un oficial púnico.

—Ya veo que abren pasillos, imbécil —espetó Aníbal—, la cuestión es ¿por qué?, ¿para qué?

Pero nadie supo qué responder.

Aníbal se había preocupado de que los romanos no supieran hasta el último momento dónde exactamente posicionaría a su ejército para combatir. De ese modo evitaba que pudieran levantar fortificaciones o cavar zanjas y fosos trampa con los que defenderse de la embestida de sus elefantes. Ahora abrían pasillos. Pasillos. Aníbal cabeceó lentamente varias veces. Era una idea bastante buena. Bastante buena. Igual que el ensordecedor ruido de todos aquellos instrumentos, pero la cuestión era si sería suficiente. Aníbal dio un paso al frente y se apoyó con sus manos en la barandilla de la pequeña construcción de madera sobre la que se encontraba. Estaba genuinamente intrigado.

Primera línea de combate romana. Ala izquierda

Cayo Valerio, de espaldas al enemigo, mirando a sus legionarios, se desgañitaba sin ceder un solo paso de su posición avanzada.

—¡Mantened la formación! ¡Mantenedla u os mato a todos! ¡Por los dioses que os mato!

A su espalda escuchó el pavoroso rugido de los elefantes. Se dio la vuelta. La muerte... pensaba recibirla de frente. A cien pasos de donde se encontraba un paquidermo bestial corría contra él. Los colmillos eran largos y afilados artificialmente por sus adiestradores. Un guía conducía la bestia justo contra él. En lo alto del enorme animal, una gran cesta poblada por cuatro arqueros empezaba a arrojar flechas contra los romanos.

—¡Aaaaaaaaaaaaah! —gritó con todas sus fuerzas Cayo Valerio, *primus pilus* de la V legión, una legión más maldita que nunca, pero al tiempo que el centurión desgarraba su miedo en aquel aullido, centenares de tubas y trompas resonaron a sus espaldas generando un fragor tan inmenso y ensordecedor como el de los rugidos de las propias bestias. Cayo Valerio comprendió entonces las palabras del general. Bienvenidos al infierno. Cerró los ojos y en un acto reflejo los volvió a abrir. Lo que vio le dejó atónito. Algunas de las enormes bestias, confundidas por el sorprendente e inesperado ruido que emitían las legiones, se habían asustado y abandonaban la formación de ataque intentado dar media vuelta. Al girar o detenerse, algunos elefantes chocaban con otros. Así había al menos dos decenas de bestias creando confusión en la gran línea de ataque cartaginés. Eran los elefantes más jóvenes, los menos adiestrados, los más inexpertos, sorprendidos por el ruido de las trompas y las tubas. Pero los guías que los conducían, a gritos y a golpes de maza, un gran martillo que, junto con un escoplo de hierro, llevaban para poder dar órdenes a golpes sobre la testuz de las bestias, se afanaban en controlar a los elefantes enloquecidos. Unos guías conseguían su objetivo con más destreza que otros. Pero, pese a todo, muchos elefantes seguían con su avance, los más veteranos, los más experimentados, sin atender al ruido de las trompas romanas, avanzando, pisando con potencia con sus pezuñas de piel petrificada. Una de esas bestias más experimentadas era la que tenía frente a sí Cayo Valerio. No le sorprendió. Era su destino. Desenvainó la espada dispuesto a clavarla donde fuera mientras era pisoteado, pero la gran bestia que hasta ese momento había caminado en línea recta contra el centurión desde hacía varios centenares de pasos, de súbito varió su rumbo un ápice, de modo que, sin arrollarle, pasó junto al anonadado centurión, sin herirle. Valerio se giró y observó cómo la bestia, pese a las órdenes de su guía, había decidido modificar el curso de su carrera para poder adentrarse por uno de los pasillos que los romanos habían dejado abiertos en su formación. Un elefante pisará y arrollará y machacará cabezas y cuerpos y extremidades si tiene que hacerlo, si no hay otra forma de seguir avanzando, pero si ante sí se abren pasillos donde no hay hombres armados, entonces su instinto, como el de un caballo, le conducirá hacia esos espacios abiertos. Además los *velites*, según el plan del procónsul, al sonar las trompas, iniciaron un veloz repliegue hacia esos pasillos, de modo que los elefantes sentían que perseguían a sus víctimas que huían despavoridas.

Los elefantes le habían sobrepasado y él seguía vivo. Cayo Valerio se encontró envuelto en un mar de arena y polvo levantado por las bestias, pero seguía vivo. Vivo. Sacudió la cabeza. No se lo podía creer. Era imposible. El fragor de la lucha, los gritos de sus hombres pereciendo al luchar contra los elefantes lo devolvió a la realidad. Recuperó el sentido de la orientación y espada en ristre recorrió lo andado para reunirse con sus hombres y acabar de una vez por todas con esos malditos elefantes o con su vida.

Primera línea de combate romana. Ala derecha

Todos huyen de los elefantes, excepto Quinto Terebelio, que, una vez arrojado su escudo, camina hacia el paquidermo que se le viene encima a toda velocidad. Así mientras los *velites* se escapan por los pasillos abiertos en las filas romanas, y mientras los *hastati* aprietan los dientes y contienen la respiración, inmóviles, anclados a la tierra aguardando su terrible final, Quinto Terebelio corre hacia los elefantes. Selecciona a la carrera uno que le viene de bruces y se concentra en él olvidándose por completo de las consecuencias de su acción.

Quinto Terebelio corre hacia la bestia. El suelo sigue temblando bajo sus sandalias sucias por el polvo y la arena. Detiene al fin su carrera al tiempo que lanza su brazo derecho hacia delante una vez más y tras él toda la fuerza de su hombro y de su cuerpo para arrojar su *pilum* contra el aire. La lanza surca el aire con un silbido agudo, fino, certero. Quinto Terebelio se reincorpora para ver si, con la ayuda de Marte, su *pilum* alcanza su objetivo. El elefante, encorajinado por su guía africano, avanza temible, brutal, contra el centurión romano. El arma de Terebelio vuela firme y como un misil degüella al guía del animal ensartándolo de parte a parte, entrando por la garganta de aquel hombre, partiendo la faringe, la arteria yugular y saliendo por el cogote con un chorro de profusa sangre caliente. El guía queda atravesado sobre el elefante, pues la lanza culmina su mortal viaje clavándose en la cesta donde van los arqueros cartagineses, de modo que aquel adiestrador de elefantes queda como una marioneta inerme sobre la testuz del gigantesco animal. El paquidermo siente que ya no hay quien le dé órdenes y, al igual que otros compañeros suyos, se percata de los pasillos que se abren ante sus ojos y se encamina hacia ellos desechando el pequeño obstáculo que supone Quinto Terebelio. El centurión siente el impacto del aire que el animal arrastra al pasarle rozando, pero sin pisarle.

Se ha salvado y le entra la risa. Desenfunda la espada y se dirige hacia sus hombres siguiendo al elefante en su carrera. Pero Terebelio se ha desprotegido al dejar caer el escudo para así tener toda la fuerza necesaria para alcanzar con su *pilum* al guía del enorme animal.

—¡Apuntad a los guías! ¡Por Hércules! ¡Apuntad a los guías! ¡Apuntad...!

Pero no termina la frase. Uno de los arqueros le ha disparado con el mismo acierto con el que él acaba de ensartar al guía del elefante. Un dardo se acerca a toda velocidad y todo lo que puede hacer Terebelio es echarse al suelo, pero no es lo suficientemente rápido y el dardo le alcanza en el hombro.

—¡Mierda! —dice Quinto mientras se levanta—. ¡Por los dioses!

Le habían dado. Una flecha. Se puso en pie. Bien. Sacudió la cabeza. Los elefantes. Ya habían pasado. Unos se perdían por los pasillos. Terebelio vio cómo decenas, centenares de flechas y lanzas caían sobre los animales, sus guías y sus arqueros como una lluvia sin fin. Otros animales habían retrocedido y se volvían contra los propios cartagineses que respondían de forma similar. Pronto todas las bestias estarían muertas por unos o por otros, pero entretanto se llevarían por delante a decenas, quizá centenares de hombres. Terebelio empezó a caminar. El hombro le ardía pero no le impedía andar y no parecía perder demasiada sangre. Ya se ocuparía de la herida al final de la batalla.

—¡Mantened la formación, legionarios de la VI! ¡Mantened la formación y atravesad a esos malditos elefantes con todo lo que tengáis!

Quinto Terebelio gritaba sus órdenes emergiendo entre la polvareda que los elefantes habían levantado a su paso. Los *hastati* de la VI le recibieron como un espectro que regresa de entre los muertos. Y le obedecían. Le obedecían. Es difícil no obededer a un centurión que te da órdenes en pie, con firmeza, a gritos, cuando éste tiene una flecha clavada en la espalda y sigue luchando como si nada.

Retaguardia romana

Publio contemplaba cómo sus tropas digerían la embestida de elefantes más terrible a la que nunca jamás se habían enfrentado las legiones de Roma. Contrariamente a todo lo esperable, Cayo Valerio y Quinto Terebelio parecían haber sobrevivido a la estampida bestial.

—Terebelio está herido —comentó Marco al procónsul

—Pero no muerto —respondió Publio—. Una flecha no bastará para frenarle —añadió el general con orgullo. Con aquellos oficiales la victoria, la imposible victoria aún era posible.

Los elefantes habían penetrado hasta las hileras de manípulos de *principes* y *triari* en segunda y tercera línea de combate. Y allí, bajo las instrucciones de Digicio, Mario, Marcio y Silano, las bestias estaban siendo acribilladas con dardos y *pila*, aunque los animales tardaban en morir y heridos eran aún más peligrosos. En su dolor los paquidermos se revolvían sin rumbo fijo y embestían a todos los que se encontraban a su paso. Los legionarios caían por decenas, heridos, pisoteados, ensartados por sus colmillos, golpeados por sus trompas, atravesados por los dardos de los arqueros púnicos, aunque éstos cada vez eran más cadáveres inertes sobre las bestias moribundas, víctimas de las armas arrojadizas de los propios legionarios. Al final, algunos animales, medio arrastrándose, cubiertos de sangre suya y de sangre cartaginesa, embadurnadas sus pezuñas hasta las mismísimas descomunales rodillas con sangre romana, alcanzaban el final de la formación romana y se perdían lentamente más allá de los *triari*.

—¿Qué haremos con aquellos animales que huyen? —preguntó Marco.

—Los dejaremos morir en paz o salvarse, quién sabe. Quizá sean los únicos que sobrevivan a esta batalla. Nosotros ahora tenemos otros enemigos de los que ocuparnos.

89

Los ejércitos de Aníbal

**Zama,
19 de octubre del 202 a.C.,
próximos al mediodía**

Retaguardia cartaginesa

—Los romanos han sobrevivido a los elefantes, mi general —comentaba uno de los oficiales púnicos a Aníbal. El general no respondió inmediatamente. Estaba evaluando. Observó cómo aquellos animales que habían vuelto sobre sus pasos ya habían sido abatidos por jinetes de su caballería y por los guerreros de Magón, situados en la primera línea de ataque cartaginesa. Un precalentamiento para lo que les correspondería hacer a continuación. Por su parte, los romanos se las componían como podían para matar al resto de los elefantes. La maniobra de abrir pasillos en la formación de las legiones había dado unos resultados bastante buenos para sus enemigos. Los elefantes eran cazados entre dos fuegos interminables en largos pasillos mortales y, al final, en su mayoría perecían, pero no sin antes haberse llevado consigo cada bestia a varias decenas de romanos, no sin antes presentar una cruenta lucha.

—Sí, los romanos han sobrevivido a la carga de nuestros elefantes —respondió al fin Aníbal—, pero nuestro ejército está prácticamente intacto mientras el suyo ha sido más diezmado y los que han sobrevivido están extenuados. Cazar elefantes no es algo que se haga sin gran esfuerzo. Veremos hasta dónde llegan las energías de los romanos esta mañana. —Y miró hacia arriba—. El sol aún no está en lo alto. Quedan muchas horas de luz. Muchas. Y hemos de conseguir que sean demasiadas horas para los romanos. Demasiadas.

Otro oficial, sin decir nada, señaló hacia los extremos de ambos ejércitos: las caballerías habían entrado en acción. Primero Tiqueo se había lanzado contra los númidas de Masinisa y el joven rey exiliado había respondido con todos sus jinetes. Sólo el tiempo dictaminaría quién de los dos contendientes resultaría vencedor. En el otro extremo, la caballería romana había atacado a las fuerzas de Maharbal y éste, muy astuto, las combatía pero replegándose poco a poco, alejando a la caballería romana de la infantería de sus legiones. Aníbal sonrió felicitando mentalmente la destreza de Maharbal. Faltaba ver si Tiqueo estaría a la altura de las circunstancias. Para satisfacción del todopoderoso general cartaginés, los númidas de su propia caballería también se alejaban de la llanura arrastrando consigo a los ansiosos jinetes de Masinisa. Ansiosos por derrotar a sus compatriotas númidas. Ciegos, pensó Aníbal.

—Bien —dijo el general—. Por Tanit y por Baal. Dejémonos ya de prolegómenos. Que avancen los mercenarios de mi hermano pequeño. Veamos de qué son capaces esos mauritanos, galos y baleáricos juntos.

Retaguardia romana

—Que se reagrupen. Esto no ha hecho nada más que empezar —ordenó el procónsul de Roma. Las tubas y trompas transmitieron sus órdenes. A sus pies, en la llanura, sus oficiales repetían las intrucciones sin parar.

Vanguardia romana

—¡Reagrupaos! ¡Reagrupaos! —aullaba Quinto Terebelio a los legionarios de la VI con la flecha clavada en el hombro. Parecía que la exhibiera como un trofeo. El ardor parecía haber remitido, pero estaba más cansado de lo normal.

—¡Reagrupaos todos! ¡Por Marte, todos en formación! —gritaba Cayo Valerio, sudando, con sangre en manos y piernas; sangre enemiga, de modo que se movía con agilidad entre los *hastati* de la V.

Los romanos rehicieron sus filas, dejando pequeñas islas en medio de su formación, allí donde un gigantesco cadáver de elefante yacía inerme, coronado por los cuerpos sin vida de sus adiestradores y de los arqueros púnicos que hasta hacía unos minutos habían estado transportando. No había tiempo para retirar heridos, de modo que éstos buscaban refugio, los que podían arrastrarse, en esas pequeñas islas, junto a los gigantescos cuerpos de las bestias abatidas. Sus compañeros tendrían que luchar por ellos... y vencer, o luego serían rematados por los cartagineses victoriosos. Así era esa guerra. Atilio, el médico griego de las legiones de Publio, se movía de uno a otro de los grandes cadáveres de los paquidermos buscando a los legionarios heridos para intentar asistirles en lo posible. De momento se encontraba con heridos de flecha o lanza y, lo más horrible, con hombres con pies o piernas o incluso el pecho aplastado por el terrible pisotón de alguna de las bestias junto a cuyos cadáveres operaba sin ningún tipo de anestesia ni analgésico. Atilio ya estaba abrumado y sólo era el principio.

El ejército de Roma se reagrupó en pocos minutos. Por el otro lado de la llanura avanzaba hacia ellos un conglomerado de mercenarios que parecían venir de las más diversas regiones del mundo conocido. Eran los guerreros que Magón, el hermano pequeño de Aníbal, había ido reclutando durante años en un intento desesperado por reemplazar al ejército de Asdrúbal exterminado en el Metauro. Las legiones V y VI veían ahora cómo ligures del norte de Italia, galos del sur de la Galia, honderos baleáricos, fornidos mauritanos y hasta un importante contingente de soldados libios avanzaba hacia ellos. Los otros dos grandes cuerpos del ejército de Aníbal, los soldados cartagineses y africanos de Giscón y el cuerpo de veteranos de Italia, permanecían en la retaguardia cartaginesa sin intervenir de momento. Las trompas y tubas romanas resonaron de nuevo. El procónsul ordenaba enfrentarse a los mercenarios de Magón con todos los efectivos. Así, *hastati*, *principes* y *triari* avanzaron en busca de la primera embestida de la infantería enemiga.

El choque fue frontal, feroz, salvaje.

Retaguardia romana

Publio se percató de que tanto la caballería de Lelio como la de Masinisa se alejaban más y más. Parecía incluso que los númidas de Cartago y los jinetes africanos se batían en retirada y que tanto Masinisa como Lelio salían en persecución de cada uno de los regimientos de caballería que huían. Eso era bueno y eso era malo. Estaba bien que la caballería enemiga no pudiera repetir los movimientos de Cannae, desbordando las alas de la caballería romana para atacar por la retaguardia de las legiones, pero estaba mal que los propios jinetes romanos y númidas aliados se alejaran tanto que tampoco pudieran contribuir al combate que se estaba librando en la llanura. Publio comprendió en aquel instante que sería allí, en medio de aquella llanura, donde debería decidirse todo. Infantería contra infantería, cuerpo a cuerpo. Apretó los dientes y su mano, de modo instintivo, se deslizó hasta la empuñadura de su espada. Se contuvo. El general en jefe no debía entrar en combate. No en una batalla de aquella magnitud. Debía mantenerse en su posición para poder dar las órdenes necesarias. Eran sus hombres los que tenían que luchar, por él, por Roma. Tenía los mejores oficiales. Quinto Terebelio, Cayo Valerio, Sexto Digicio, Mario Juvencio, Lucio Marcio, Silano. Era su turno. Ellos debían combatir. Él había pasado días, semanas, años, diseñando aquella batalla. Él había reunido los recursos necesarios y él había hecho posible que aquella batalla tuviera lugar y, pese a todas las maquinaciones de Máximo y de Catón, que esa batalla tuviera lugar en África. Ahora debían combatir sus hombres. Sus hombres.

Primera línea de combate romana. Ala izquierda

Cayo Valerio aguardó hasta que sus *hastati* de la V se encontraran a un centenar de pasos de los mercenarios enemigos.

—¡Ahora! ¡Lanzad! ¡Lanzad!

Y todos los legionarios a una arrojaron una andanada de *pila*. Por respuesta recibieron una tanda similar de jabalinas de todas las formas y dimensiones acompañada de decenas, centenares de piedras de los honderos baleáricos. Piedras y jabalinas golpeaban los cascos y escudos de los romanos, y, con demasiada frecuencia, se colaban entre los resquicios de las armas defensivas y se clavaban en rostros, muslos, hombros... Los gritos de dolor emergían por todos lados, pero pronto ya no hubo espacio entre romanos y mercenarios de Cartago. Los diez mil guerreros del antiguo ejército de Magón impactaron contra la línea de *hastati*. Los romanos interpusieron sus escudos contra el empuje de los bárbaros venidos de mil regiones distintas, adiestrados por Cartago para, una vez más, derrotarles, como en Cannae, pero los legionarios de la V y la VI y los voluntarios itálicos del procónsul no estaban dispuestos a dejarse barrer con tanta facilidad. Los romanos, no obstante, tenían un enemigo adicional con el que no habían contado: el agotamiento. Mientras aquella línea de combate enemiga llegaba fresca, sin prácticamente haber combatido, ellos, sin embargo, habían tenido que vérselas con la carga de los ochenta elefantes, perdiendo a muchos compañeros y, lo peor en aquel instante de reanudación de la batalla, sintiendo ya muchos de ellos el agarrotamiento fruto del cansancio.

Cayo Valerio pinchó por el lateral de su escudo a un mauritano que tenía enfrente. Apartó el escudo un segundo y clavó su espada en el hombro del enemigo, éste se hizo a un lado y el *primus pilus* de la V aprovechó para empujarle con su escudo y avanzar; entonces otros dos mauritanos vinieron para sustituirle. El centurión planta de nuevo su escudo en el suelo y se refugia tras él. Caen los golpes. Pincha de nuevo por debajo, emerge, clava, empuja, hiere, vuelve a empujar y prosigue con su avance. Con el rabillo del ojo controla sus flancos. Los legionarios le siguen, pero muy a duras penas. Se frena o se quedará solo rodeado de enemigos.

—¡Avanzad, por Júpiter! ¡Avanzad y mantened la formación! —grita sus órdenes en los momentos en los que se refugia tras el escudo. Sus hombres redoblan sus esfuerzos por seguir atacando, pero después de la carga de los elefantes muchos están extenuados y no ha habido tiempo para recuperarse. Valerio ve cómo en lugar de seguirle los *hastati* empiezan a ceder terreno.

—¡Maldita sea! —dice, y cede terreno a la par con sus hombres. Quedarse solo allí es una locura sin sentido. ¿Por qué no le sustituyen los *príncipes*? La segunda fila de manípulos romanos sufrió menos que los *hastati* durante la embestida de los elefantes. El general debería ordenar ya la sustitución de los unos por los otros. Ya. Nuevos golpes caían sobre su escudo.

Primera línea de combate romana. Ala derecha

Quinto Terebelio se protegía de la ferocidad con la que combatían los galos, medio desnudos, pintados de azul, gritando todo el tiempo. Había matado a dos o tres y herido a varios, pero la flecha del hombro había sido golpeada por la espada de uno de sus enemigos y se había movido en su interior desgarrándole algo, no sabía bien qué, pero apenas sí podía sostener el escudo y si lo soltaba era hombre muerto. Los *hastati* de la VI se estaban comportando con honor, pero se les veía que no habían tenido tiempo para recuperarse del ataque de las bestias africanas y ahora la furia de aquellos galos y ligures traídos del norte de Italia les hacía retroceder. Terebelio lo veía cuando miraba hacia abajo. Palmo a palmo perdían terreno y lo seguirían perdiendo si los *principes* no entraban a reemplazarles en primera línea. No era cobardía. Nadie podía acusarle de cobardía. Era necesidad. ¿Por qué el procónsul no ordenaba que les sustituyeran ya?

—¡Aaahh! —Le habían alcanzado por un lateral con una espada. No sostenía bien el escudo por la flecha clavada y eso había permitido que un galo le sorprendiera por atrás. En un ataque de furia producido por una adrenalina suplementaria que su cuerpo generó en aquel instante, Quinto Terebelio empujó con su escudo con bestialidad. Derribó a dos, tres enemigos, bajó la defensa, golpeó, clavó y pinchó con su espada e hirió mortalmente a varios de aquellos galos, luego retrocedió varios pasos para reintegrarse con sus hombres, que parecían retroceder cada vez más rápido. Quinto Terebelio, *primus pilus* al mando de los *hastati* de la VI, sangraba por delante y por detrás de un hombro destrozado. Le costaba respirar. Tenía que dar órdenes pero le faltaba fuelle para gritar. Inhalaba aire a espasmos. Escupió en el suelo y vio que por su boca salía sangre. Y los galos no cejaban en su empuje.

—Mierda de batalla —dijo en voz baja, atragantándose con su sangre, que le supo buena. Tenía sed.

Retaguardia romana

Publio Cornelio Escipión veía cómo los *hastati* retrocedían ante los diez mil mercenarios de la primera línea cartaginesa. Al hacerlo, los manípulos de *principes* y *triari* de las líneas dos y tres de combate romanas cedían terreno de forma similar para evitar quedar todos atrapados en una maraña sin formación ni maniobrabilidad. En eso, Digicio, Mario, Marcio y Silano estaban trabajando bien. Era la línea de *hastati* la que debía oponer más resistencia, pero se veía que no podían. Debía dar orden de reemplazarlos y dar paso a los *principes*, algo más frescos y menos agotados por la carga de los elefantes, pero Publio se resistía a ordenar aquella maniobra. Aníbal sólo estaba empleando su primera línea de combate mientras preservaba las otras dos de refresco, intactas: diez mil guerreros africanos más en la segunda línea y luego sus veinte mil veteranos. Él no podía cometer la insensatez de emplear todas sus tropas para responder a la embestida de la primera línea púnica, pero los *hastati* cedían y cedían. Se pasó la palma de la mano por la barba rasurada e, inconscientemente, apretaba unos dientes contra otros. Sentía las miradas de los *lictores* en su cogote y del pequeño grupo de veteranos legionarios que le acompañaban a modo de guardia personal y de los soldados con las tubas y trompas que debían transmitir las órdenes del procónsul de Roma. Publio se debatía en una tempestad de dudas. Mientras, en primera línea, morían sus hombres. Morían. Y él lo sabía.

Primera línea de combate romana. Ala derecha

Quinto Terebelio veía cómo los legionarios de la VI no podían más. Así no podían seguir o aquello se convertiría en una huida en toda regla. Inspiró aire con todas sus fuerzas y luego soltó un potente alarido.

—¡Mantened la formación! ¡Por Hércules, no se retrocede! ¡No se retrocede! —Y se alzó cubierto de su propia sangre para asomarse por encima del escudo, donde una piedra arrojada por un hondero balear le pasó rozando, pero sin darle. Avanzó hacia dos galos que le encaraban y les atacó con la desesperación de quien se sabe malherido. El súbito cambio de actitud, de retroceder a embestir, sorprendió a los guerreros galos y para cuando quisieron reaccionar se encontraron con la espada de Terebelio seccionándoles la garganta, pero nuevos galos vinieron a reemplanzarles. Quinto Terebelio se batía como un jabato con la espada. Asestaba golpes a derecha e izquierda y se protegía frontalmente con el escudo sostenido en alto por un brazo entumecido que no sentía, pero no veía lo que pasaba tras de sí. Los hombres de la VI habían intentado responder a las demandas de su centurión pero tras una breve reacción inicial, volvían a perder terreno abandonando a su *primus pilus* a su suerte. Quinto Terebelio sintió cómo le hendían un hierro, podía ser una espada o una lanza, justo en el vértice de su espalda y sintió algún hueso crujir. Comprendió entonces que estaba rodeado. Se volvió ciento ochenta grados y con su espada atravesó el corazón del galo que acababa de herirle traicioneramente, hecho que los galos de la línea de ataque cartaginesa aprovecharon para abalanzarse sobre él. Un Quinto Terebelio fresco y sin heridas habría salido de allí a mandobles, empujones y golpes, luchando como una fiera, pero estaba extenuado por el combate y por la sangre que llevaba perdiendo toda la mañana. Quinto Terebelio sólo acertaba a dar golpes defensivos y a mantener pegado su escudo a su cuerpo. Seis galos le rodeaban.

—¡A mí, la VI! ¡A mí, la VI!

Fue el último grito del *primus pilus* que sobrevoló la línea de enemigos que le había rodeado y llegó a oídos de los *hastati* que seguían en retirada. Fuera porque ya no era una orden, sino que eran palabras de un romano agonizando, o porque la llamada de auxilio de su superior les avergonzó, los *hastati* de la VI legión de Roma reaccionaron y embistieron a plomo a sus enemigos. Éstos se vieron sorprendidos por aquella súbita reacción y cedieron unos pasos, los suficientes como para que los legionarios pudieran recuperar el terreno perdido y alcanzar la posición donde Terebelio estaba luchando, pero para cuando los *hastati* llegaron allí, su centurión estaba arrodillado en el suelo. Tenía la flecha clavada en el hombro, heridas en brazos y piernas y una lanza que lo atravesaba de parte a parte entrando por su espalda. A su alrededor había cinco galos muertos y uno malherido que enseguida fue abatido por los legionarios y todo era sangre, sangre y más sangre. El centurión les miró con los ojos muy abiertos.

—Mirad que os cuesta cumplir una orden —les dijo al tiempo que salía más sangre por su boca—. Mantened la posición... mantened la posición... —Y cayó de bruces sobre su propias babas y sangre. Dos hombres dieron la vuelta a su cuerpo con cuidado, mientras una docena de legionarios mantenía la línea de combate alejada del centurión. Quinto Tereblio les miraba sin cerrar los ojos y sin parpadear, con la boca entreabierta por la que no dejaba de manar más sangre. Los dos *hastati* se miraron entre sí y depositaron con cuidado el cadáver del *primus pilus* de la VI en el suelo, sobre aquel creciente charco de sangre.

Retaguardia romana

Marco señaló el ala derecha de la formación romana. El procónsul asintió. Ya lo había observado. La línea de *hastati* de la VI había reaccionado y dejaba de retroceder, lo cual era positivo. Cosa de Terebelio, el Terebelio de siempre, el de Cartago Nova, el de Baecula, el de tantas otras batallas, seguro, pero la V seguía cediendo terreno, de modo que toda la línea de combate romana corría el riesgo de dislocarse, de segmentarse en dos. Eso era inadmisible.

—¡Ahora! —espetó el general con rapidez. Todas sus dudas se despejaron ante el peligro de ver la línea de su éjercito partida en dos. No tenía sentido reservar tropas si la batalla se perdía desde el principio.

Las tubas y las trompas resonaron en la llanura.

Segunda línea de combate romana avanzando hacia la primera

Mario Juvencio Tala, al frente de los *principes* de la V, y Sexto Digicio, al mando de los *principes* de la VI, ordenaron el avance de sus hombres. Entraban en combate. Digicio miraba y remiraba entre los *hastati* que, ensangrentados y aturdidos, se replegaban de la primera línea y no veía lo que buscaba. Tomó entonces a uno de los legionarios que se replegaban por el brazo y lo retuvo un momento.

—¿Y Terebelio? —preguntó Sexto Digicio—. Quinto Terebelio, el *primus pilus* de la VI, ¿dónde está?

El legionario sacudió la cabeza cabizbajo. Digicio le dejó marchar. Su rostro serio palideció. Llevaba combatiendo con Terebelio desde la primera campaña en Hispania. De eso hacía ya siete años. Siete años. Tantas batallas. Quinto Terebelio había caído. No se lo podía creer. Terebelio era para él, para muchos, casi inmortal. ¿Qué batalla era esa en la que se encontraban ahora donde hasta el mejor centurión que nunca había conocido era abatido por el enemigo?

—¡Adelante, por Roma, por el general, por la victoria! —gritó Sexto Digicio a sus hombres. Sus ojos estaban inyectados en una mezcla de furia, rabia y dolor—. ¡Y por Quinto Tereblio, por el mejor centurión de Roma!

La voz había corrido por los manípulos de *principes*. Quinto Terebelio, el que abrió las puertas de Cartago Nova hacía siete años, había muerto. Su sangre clamaba venganza. Su sangre pedía, exigía sangre enemiga, ríos de ella. Mario Juvencio reafirmó la pasión ciega de aquel odio entre las filas de sus legionarios de la VI a medida que éstos se aproximaban a la primera línea.

—¡Por Terebelio, por Quinto Terebelio, por los dioses y por su memoria!

Mario había conocido a Quinto Terebelio incluso antes que Digicio, antes de que el general llegara a Hispania. Mario lo conoció combatiendo con él bajo el mando del padre y del tío del procónsul y con él aprendió que tenerlo a tu lado en el campo de batalla era garantía de seguridad. Ahora había caído. Mario Juvencio Tala había contemplado derrotas funestas en el pasado, como cuando el abandono de los aliados iberos provocó la muerte tanto del padre como del tío del procónsul. La muerte de Terebelio le traía a su memoria los peores recuerdos, sólo que allí, en medio de aquella llanura africana, no había lugar donde huir. Sólo quedaba la muerte o la victoria. Eso había dicho el procónsul y eso era lo que había. Mario Juvencio desenvainó la espada. Tenía ganas de matar. Como todos sus hombres. Sólo querían matar.

Primera línea de combate cartaginesa

Mauritanos, libios, iberos, galos y ligures tomaron un respiro henchido de gloria al ver a los legionarios *hastati* retirándose. Los galos dieron saltos y los mauritanos vociferaban. Los libios, más sobrios, aprovechaban para recuperar el aliento, y los baleáricos, cautos y pragmáticos, recargaban sus hondas. Los ligures secaban sus espadas de sangre para evitar que se les resbalaran. Venían más romanos, pero ya habían hecho retroceder a una de sus líneas. Vieron llegar a los *principes* con el escudo en alto para guarecerse y los *pila* elevados a la altura del pecho. Cada manípulo era como una tortuga repleta de pinchos en su caparazón. Los mercenarios de Cartago arrojaron algunas jabalinas y muchas piedras. La mayoría golpeaba los escudos sin alcanzar los objetivos de carne y hueso que perseguían. Aquellos legionarios parecían algo más experimentados. Seguían avanzando. Los galos fueron los primeros en arrojarse desnudos como estaban, lanzando alaridos mortales contra aquellas formaciones del enemigo. Muchos cayeron ensartados por las lanzas romanas, pero su empuje irracional consiguió abrir las protecciones cerradas de la conjunción de cientos de escudos como melones que se abren al caer al suelo. El resto, mauritanos, ligures y libios, aprovecharon la ocasión para entrar en batalla cuerpo a cuerpo mientras los honderos, ahora sí, con los romanos luchando ya con sus *gladios*, lanzaban andanada tras andanada de piedras mortales a velocidades de vértigo. Estaban todos ellos seguros de repetir el mismo éxito y con la misma facilidad que con la línea romana anterior, pero aquellos legionarios que les habían sustituido combatían con un plus de furia que los distinguía de los anteriores. Tenían algo. Tenían odio en las venas. Pero los mercenarios tenían el mismo odio, insuflado en los galos y ligures por siglos de lucha contra el poder de Roma, y en los iberos, mauritanos y libios por la codicia, pues entre las promesas de grandes recompensas de los cartagineses y ellos sólo se interponían aquellos legionarios. Había que acabar con ellos.

Primera línea de combate romana

Digicio y Mario luchaban con destreza, ferocidad y tesón y sus hombres les imitaban. El choque fue bestial y siniestro, por los gritos de sus enemigos en media docena de lenguas diferentes, por el odio con el que todos se atacaban, por la sangre sobre la que se combatía. En un primer momento, los *principes* de las legiones V y VI de Roma no sólo consiguieron detener el paulatino retroceso en el que la pérdida de fuelle de los *hastati* había sumido al ejército romano, sino que además consiguieron recuperar diez, veinte, treinta, cincuenta, casi cien pasos, pero llegados casi una vez más al centro de la llanura, la contienda pareció igualarse y los mercenarios de Cartago parecían más dispuestos que nunca a combatir hasta la mismísima aniquilación. Los *principes* que, aunque no sufrieron tanto la embestida de los elefantes como los *hastati*, también tuvieron que emplearse a fondo en la exterminación de las gigantescas bestias enemigas, empezaron a acusar el cansancio. La necesidad de un nuevo relevo era creciente.

Retaguardia romana

La muerte de Quinto Terebelio llegó a oídos del general mientras éste contemplaba cómo los *principes* conseguían recuperar algo del terreno perdido. Publio sabía que Terebelio había caído por sus dudas, por haber alargado demasiado el relevo de la primera línea de combate, pero es que las legiones V y VI seguían aún combatiendo tan sólo contra el primer cuarto del ejército de Aníbal. ¿Qué iba a necesitar? ¿Todos sus hombres, sus tres líneas para hacer retroceder a esos mercenarios? ¿Con qué combatiría luego si empleaba todas sus tropas en aquel primer embate, que, claro, no era realmente el primero, pues los elefantes habían desgastado las energías de todas sus líneas con aquella terrible carga inicial. Los elefantes habían hecho mucho más daño del que había pensado en un principio. Mucho más.

—¿Y de la caballería, qué se sabe? —preguntó el procónsul.

—Nada, mi general —respondió Marco con cierta impotencia—. Sólo que se han alejado. Luchan detrás de las colinas, más allá de la posición de la retaguardia cartaginesa.

—Necesito saber qué pasa con la caballería —insistió el procónsul algo exasperado.

—Enviaremos mensajeros, mi general.

Publio asintió y volvió a concentrarse en lo que ocurría en la llanura. Los *principes* se habían estancado y ya no avanzaban más. Necesitaban un nuevo relevo. Podría reutilizar a los *hastati*, pero éstos debían de estar aún extenuados y desmoralizados con la muerte de Terebelio. No. Lo tuvo claro. Tendría que utlizar a todos sus hombres ya. Acabemos primero con estos mercenarios y luego con lo que venga. Aquella batalla había que lucharla paso a paso. Eso sí, ver a los soldados africanos de la segunda línea cartaginesa, tan tranquilos, y, lo peor de todo, a los temidos veteranos de Aníbal, en la tercera y última línea, asistiendo como espectadores de lujo a aquella mortal contienda, irritaba y aterraba al procónsul. Pero no había más que hacer. Aníbal llevaba la iniciativa desde el principio. Un pensamiento cruzó su mente que lo hizo sudar. ¿Sería capaz Aníbal de aniquilarlos sin tan siquiera utilizar sus veteranos?

—Los *triari*. Ya. Por Cástor y Pólux y todos los dioses. Los *triari* —ordenó el general en jefe de las «legiones malditas».

Última línea romana entrando en combate

Tanto Lucio Marcio Septimio como Silano recibieron la orden de pasar al ataque con cierta perplejidad. Quedaban más de dos tercios del ejército púnico sin entrar en combate y emplear todos los recursos parecía algo descabellado, pero las órdenes las daba Publio Cornelio

Escipión y con él habían conquistado Cartago Nova y toda Hispania para Roma y con él habían salido vivos de la carga de los elefantes. No era un procónsul cualquiera el que daba las órdenes allí. Era un general invicto que nunca había sufrido una derrota en campo abierto estando él al mando.

Marcio se ajustó el casco y Silano escupió en el suelo. Los *triari* de ambas legiones se lanzaron al ataque. Pasaron entre los manípulos aún algo descompuestos y repletos de heridos de los *hastati*, que medio sentados, medio de pie, intentaban recuperarse del feroz combate y llegaron hasta las últimas filas de *principes*. Éstos, al verlos, abrían grandes pasillos, por donde dejaban que los legionarios más experimentados y veteranos de las legiones V y VI de Roma avanzaran. Los *principes* los miraban agradecidos al procónsul y en sus ojos podía leerse: «A ver si vosotros podéis con estos mercenarios, por los dioses, a ver si vosotros podéis ya con ellos.»

Los *triari* no eran legionarios normales. Avanzaban protegidos por sus escudos semiovalados de 120 por 75 centímetros que sostenían con el brazo izquierdo al tiempo que con el otro mantenían en alto, punzante y retadora, sus largas lanzas de tres metros. En su formación manipular, eran como pequeñas falanges, similares a las africanas o las macedonias, pero más móviles, dispuestas para maniobrar sobre el terreno con mayor agilidad. Llevaban además varias lanzas cortas para usar como armas arrojadizas en caso necesario y una espada que el procónsul había procurado que en el caso de los *triari* fuera para todos de doble filo y terminadas en punta a modo y semejanza de las temibles espadas iberas. Eran los *triari* en suma los mejor armados, los más duros, los más expertos en el campo de batalla. Por norma general, un general los reservaba para el final, pero el empuje bestial de los mercenarios traídos por Cartago y el agotamiento acumulado en las líneas de *hastati* y *principes* por la carga de los elefantes primero y el combate posterior sin pausa alguna, había hecho que su presencia fuera requerida antes de tiempo. Eso a los *triari* no les concernía. Seguían las órdenes con más disciplina que ningún otro cuerpo y entre sus filas no existían legionarios que cuestionaran las órdenes y menos las órdenes de un procónsul de Roma. Éstos fueron los primeros en recuperar su orgullo de soldado romano al ser rescatados por Publio Cornelio Escipión de su destierro y eran los primeros en querer corresponderle. Las victorias de la campaña africana se debían, en gran medida, a ellos, y lo sabían. Los *triari* eran los mejores, tal es así que eran menos en número que los legionarios de las otras dos categorías. Eran menos pero conseguían mejores resultados. Eso acrecentaba aún más su orgullo, incluso su vanidad, pero una vanidad ganada a pulso entre ríos de sangre enemiga era una vanidad que pocos criticaban. Por eso, porque esas tropas eran las mejores, Publio puso a sus tribunos de mayor rango y experiencia al mando: Marcio, al frente de los *triari* de la V, había combatido junto a su padre y a su tío y fue quien contuvo a los cartagineses en Hispania tras la muerte de ambos; era un veterano oficial respetado y admirado por todos los legionarios, y Silano, a cargo de los *triari* de la VI, más sobrio, casi distante, era gélido en el campo de batalla y de una disciplina tan férrea que nadie osaba hacer bromas ante su presencia.

Mauritanos, baleáricos, ligures, galos y libios vieron cómo habían conseguido poner en fuga a una nueva línea del enemigo. Su moral no podía estar más alta, aunque cierto agotamiento se hacía notar en sus brazos entumecidos de tanto propinar mandobles mortales a diestra y siniestra. Algunos miraron atrás, pero no había señales en la formación de su ejército, con sus hileras de africanos primero y de veteranos de Italia después, inmóviles todos, que hiciera presagiar ningún tipo de reemplazo en la primera línea. Daba igual. No les necesitaban. Pero se habían distraído.

Los *triari* irrumpieron con sus largas lanzas atravesando a decenas de mercenarios antes de que éstos pudieran tan siquiera rozar a uno solo de aquellos nuevos legionarios. Los mercenarios se afanaban por intentar hacer pedazos aquellas largas picas para así poder llegar a aquellos que las empuñaban con tanta fiereza contra ellos. Apenas si les quedaban armas arrojadizas, de modo que sólo podían usar sus espadas para cortar las lanzas y no era tarea fácil, sobre todo cuando desde las líneas enemigas, mientras unos les atacaban con aquellas malditas lanzas, otros les arrojaban jabalinas ligeras que caían sobre ellos hiriendo y matando. Mauritanos, iberos, ligures, galos y libios no resistieron más allá de unos minutos a los *triari*. El curso de la batalla cambiaba por completo. Los veteranos de la V y la VI, reforzados por *triari* del cuerpo de voluntarios que se trajo el procónsul consigo de Italia, recuperaban terreno mientras los mercenarios del maltrecho ejécito de Magón se batían en una retirada cada vez más desordenada, lo cual, además, proporcionaba una ventaja adicional a la capacidad de lucha y destrucción de los *triari*. Y es que, al conseguir hacer retroceder a los mercenarios ya no luchaban en la mitad de la llanura próxima a las posiciones iniciales romanas, que era donde más sangre, cadáveres y fango se acumulaba, sino que ahora los veteranos de las legiones, con su empuje y destreza, habían desplazado la línea de combate justo a la mitad de la parte de la llanura más próxima al ejército de Aníbal. De esa forma, cuando la mayoría de las largas lanzas ya no era útil porque los mercenarios corrían en desbandada, los *triari*, casi a la carrera, se abalanzaban sobre ellos desenvainando sus espadas de los tahalíes que colgaban sobre sus muslos derechos y pinchaban, cortaban y herían con saña a todos cuantos encontraban en su camino.

—¡Masacradlos, por Júpiter, Juno y Minerva, masacradlos a todos! —gritaba Silano, en medio de aquel campo de batalla eterno, el único lugar donde su fría personalidad dejaba entrever un atisbo de pasión.

Marcio hacía lo propio, conminando a los *triari* de la V a ejecutar a la mayor parte posible de mercenarios.

—¡El que matéis ahora ya no se revolverá contra vosotros! ¡Herid y matad! ¡Matad!

Retaguardia cartaginesa

Los oficiales púnicos miraron a su líder. Aníbal sacudió la cabeza negativamente. En aquella batalla ninguna retirada era aceptable.

Primera línea cartaginesa

Los mercenarios corrían en busca de la segunda línea cartaginesa para refugiarse entre los africanos del antiguo ejército de Giscón, pero para su sorpresa, a medida que se acercaban, en lugar de encontrar pasillos por los que situarse tras esa segunda línea para descansar y recuperarse, los soldados africanos levantaron sus escudos y sus lanzas largas y avanzaron contra ellos. Mauritanos, libios, galos, baleáricos y ligures se encontraron no con amigos en esa segunda línea del ejército cartaginés, sino con un nuevo enemigo que se echaba contra ellos para embestirles, como si no existieran, en el avance de la segunda línea cartaginesa contra los *triari* romanos que les perseguían. Algunos mercenarios no daban crédito a lo que ocurría y pensaban que en el último momento, los africanos abrirían su falange para poder pasar a la retaguardia o para poder incorporarse a ella, pero para su mala fortuna sólo encontraron su muerte en las largas picas de aquella temible línea de soldados africanos. Aníbal había ordenado que se avanzara sin aceptar el ingreso de los que se retiraban. Así se inició una lucha entre la primera y la segunda línea del ejército púnico, entre los que huían del contraataque romano y los que marchaban contra él. Los mercenarios, como esperaba Aníbal, perdieron el pulso en poco tiempo y tras caer por docenas ante los que debían ser sus propios aliados, daban media vuelta y buscaban la única salida que les quedaba: volver a enfrentarse contra los romanos. Parece que ésa era la única ruta que Aníbal les permitía. Si querían sobrevivir a aquella batalla debía ser desbaratando las líneas romanas. En un acto de desesperación límite, los mercenarios supervivientes, toda vez que asumieron el implacable mensaje de Aníbal, se revolvieron una vez más contra los *triari*.

Avance de la vanguardia romana

Marcio observó el repliegue fallido y el regreso de los mercenarios. Ordenó entonces detener el avance de la V a la vez que resonaban las tubas de la retaguardia indicando tal instrucción. Silano hizo lo propio con los veteranos de la VI. Estaba claro que venía un nuevo ataque cartaginés y era conveniente recibirlos como correspondía.

—¡Picas al suelo! —gritó Lucio Marcio—. ¡Tomad las lanzas cortas! ¡Apuntad, apuntad y por Hércules esperad mi orden!

Los *triari* abandonaron en el suelo, junto a ellos, las picas largas cogiendo cada uno una lanza corta de las que aún llevaban consigo.

Los mercenarios enemigos, desperdigados y en completo desorden, se acercaban de nuevo tras haber sido repelidos por su segunda línea.

—¡Ahora, lanzad, lanzad, lanzad!

Una lluvia mortal de hierro sembró de muerte la última carga de los mercenarios.

—¡Picas en alto! ¡Por Hércules, firmes con ellas! —Marcio miraba a un lado y a otro. Tenían que repeler no ya a los masacrados mercenarios sino a la segunda línea, la de los africanos, que se les venía encima.

Los pocos mercenarios que quedaban hundieron sus tripas en las picas de los manípulos romanos y los *triari*, rehuyendo tomar la espada aún, aguardaron tensos, sudorosos, ensangrentados, el nuevo choque.

El impacto contra la falange de los africanos de la segunda línea del ejército púnico fue descomunal. Algunos *triari* cayeron de espaldas con la pica en alto llevándose consigo a más de un enemigo ensartado. Las lanzas largas no aguantaban la presión y se partían por centenares, por miles. Era el fin de las picas de los *triari*. Ya no dispondrían de ellas para nuevos embates.

—¡Desenvainad! —aulló Marcio—. ¡A muerte con ellos! ¡A mí la V legión!

Sin picas el combate era cuerpo a cuerpo. Los africanos llegaban frescos, resueltos, pero los *triari* estaban enardecidos, borrachos de victoria tras haber destrozado la primera línea enemiga de mercenarios. El combate empezó igualado, pero los africanos eran nuevas levas hechas con las prisas de la necesidad y no eran especialmente hábiles en el combate cuerpo a cuerpo. Los *triari*, aun cansados por el esfuerzo denodado, los mantenían a raya con cierta seguridad, pero, por su propio agotamiento, eran incapaces de ir más allá y ganar terreno. Una vez más, la tierra de aquella llanura empezó a impregnarse de sangre romana y africana, mezclándose en charcos pegajosos, creando un fango espeso sobre el que resultaba complicado luchar.

Las tubas resonaron una vez más, y los *triari*, con cierto alivio, vieron cómo eran reemplazados en primera línea por las fuerzas combinadas de los *hastati* y *principes* que habían dispuesto de un pequeño descanso que les había permitido recuperar algo el resuello. Los africanos veían cómo los romanos sustituían una línea por otra, turnándose en el combate, mientras que ellos no tenían apoyo de la línea final de su ejército, la conformada por los veteranos de Aníbal quienes, sin haber intervenido aún en la batalla, seguían expectantes, pero relajados y frescos, el desarrollo de aquella sangría salvaje.

Tras los *hastati* y los *principes*, de nuevo los *triari*, con renovado ánimo y furia. Las legiones V y VI hacían maniobrar sus manípulos como una inmensa y bien engrasada máquina de matar; se reemplazaban unos a otros, varias veces, y comenzaron a ganar terreno. A la hora del choque inicial y tras dos reemplazos en las líneas romanas donde unos legionarios sustituían a los otros, los africanos comprendieron que su lucha no tenía más finalidad que la de agotar al enemigo, pues seguía sin llegarles apoyo alguno de los veteranos de su retaguardia. Los africanos iniciaron una retirada a toda velocidad y, como antes intentaron los mercenarios que ahora yacían muertos por el valle, los africanos a su vez pugnaron por ser admitidos en las filas de los veteranos de Aníbal. No se sorprendieron demasiado cuando ante ellos no encontraron pasillos para incorporarse a la retaguardia de su ejército, sino las lanzas y los escudos de aquellos veteranos que con indeferencia a sus penalidades, les cortaban el paso a toda huida. Algunos se atrevieron a intentar penetrar en aquella muralla de lanzas, resquebrajando sus carnes contra las picas y siendo rematados por espadas gélidas, mientras que la mayoría, más sensatos, buscaron refugio huyendo por los extremos de ambos ejércitos, corriendo hacia el desierto, alejándose de aquella batalla. Eran africanos y tenían amigos, casas, haciendas, pueblos donde refugiarse, no como los romanos que combatían en territorio enemigo. Así los africanos supervivientes del antiguo ejército de Giscón, rechazados por las filas romanas y despreciados por los veteranos de Aníbal, se deperdigaron por aquellas tierras para no volver nunca ya a aquella llanura maldita.

Los romanos detuvieron su avance y gritaron de júbilo. No era para menos. Habían masacrado a los diez mil mercenarios y habían puesto en fuga a los diez mil soldados africanos. Sólo quedaban los temidos veteranos de Aníbal: veinte mil hombres más, los más terribles, los más fieros, pero todos, incluso cuando sabían que aún les queda lo más difícil por hacer, necesitaban encontrar regocijo en una pequeña victoria, aun cuando en el fondo de sus corazones sabían que dicha victoria podía quedar en nada, pues lo peor aún estaba por venir. Pero así es el ser humano. Así vivieron aquel momento los legionarios de las legiones V y VI de Roma. Estaban malditos, sí, desterrados, sí, pero al menos en medio de aquella batalla, estaban victoriosos, con orgullo, con sus sandalias hundidas en la sangre de sus enemigos y de sus amigos. Pisando un fango de muerte como nunca antes habían conocido.

Retaguardia romana

—¿Cuántos hombres crees que hemos perdido, Marco? —preguntó el procónsul.

—No lo sé. Varios miles... el valle... la tierra... está todo rojo. Es un mar de cadáveres, mi general.

Publio Cornelio Escipión asintió. Era difícil saberlo. Podían haber caído entre cinco mil y seis mil hombres, eso le dejaría con unos veinticinco mil efectivos, quizá más, para luchar contra otros veinte mil soldados enemigos, pero con una diferencia. Sus soldados estaban exhaustos: habían librado ya tres batallas, contra los elefantes, contra los mercenarios y contra los africanos. Era cierto que estaban con la moral alta porque habían ganado los tres episodios, pero Publio tenía la oscura sensación de que no llevaba para nada la iniciativa en aquel combate. Estaba seguro de limitarse a seguir un plan definido con precisión por Aníbal. Jugaban a su juego, seguían sus normas. Tenía que encontrar la forma de quebrar eso.

—¿Y de la caballería, sabemos algo? —preguntó el procónsul buscando con qué sorprender a su enemigo.

—Los exploradores dicen que siguen combatiendo más allá de las colinas. Que al principio los nuestros parecían llevar las de ganar, pero que ahora la lucha parecía más indecisa.

Publio asintió una vez. Era el plan de Aníbal: lo único en lo que eran superiores, en la caballería, lo había alejado de allí. Si quería derrotarle tendría que hacerlo allí mismo, en la llanura, con una infantería brava, valiente, pero agotada. Publio Cornelio Escipión apretó los labios antes de volver a hablar.

—Que abran las líneas, Marco, que se extienda la formación. —El general se agachó y dibujó con su dedo sobre el polvo del suelo—. Así, que los nuestros desborden su formación por las alas. Hemos de envolverles. Sólo así, si conseguimos atacarles por los flancos, sólo así venceremos. Envía mensajeros a Marcio y Silano. Ellos lo entenderán enseguida. Y que en primera línea empiecen los *príncipes* con Mario y Digicio. Los *hastati* serán pan comido para esos veteranos de Aníbal. Sí, primero las fuerzas de Mario y Digicio. Luego los *hastati*, con Cayo Valerio... Maldita sea, por todos los dioses, qué lástima no tener ahora a Terebelio con nosotros... —el general parecía aturdido, seguía agachado, y dejó de hablar unos instantes, pero al segundo recuperó el aliento—, Valerio detrás, sí, y los *triari* una vez más en reserva. Que los mensajeros insistan a Marcio y Silano en lo de los flancos. Eso es vital. Sin desbordar su falange, no habrá nada que hacer. ¿Entiendes, Marco? ¿Entiendes?

—Sí, mi general, sí.

Publio se levantó de nuevo y empezó a rezar a Marte.

Avance de los veteranos de Aníbal

Los veteranos de Aníbal, una vez que los africanos que habían intentado penetrar en sus filas ya corrían por el campo alejándose del combate, cargaron sus escudos y emprendieron el avance como quien se pone a andar después de haberse sacudido unas molestas moscas que lo importunaban. Eran hombres fríos. La muerte era su ambiente natural, las batallas su vida, la guerra su condición. Entre ellos los había que no habían hecho otra cosa en toda su existencia más que combatir y matar y siempre al servicio de su único general. Con él habían luchado en Hispania y la habían conquistado, con él habían arrollado a cuantas tribus en la Galia intentaron impedirles el paso y con él habían cruzado los Alpes en medio del más crudo de los inviernos. Con él habían asolado Italia durante años y con él habían derrotado una tras otra a decenas de legiones romanas. Ante ellos sólo tenían dos legiones más. Era lo acostumbrado. Era su trabajo. Avanzaban con las lanzas en alto y los escudos protegiéndoles el cuerpo. Cuando entraban en combate era sólo para arrasar. Entre ellos había también otros incorporados en las últimas campañas de Aníbal en el sur de Italia, venidos sobre todo del Bruttium, algo menos diestros, pero a quienes parecía habérseles impregnado la destreza militar de sus scompañeros más experimentados. Todos ellos juntos, veinte mil guerreros, eran el arma más mortífera del mundo conocido y lo sabían. Lo sabían. Ese conocimiento los dotaba de un aplomo que congelaba el alma de sus enemigos. No conocían la derrota. Sabían lo que era retirarse a tiempo, porque su general fue especialmente cauto en las últimas campañas de Italia por la falta de provisiones y suministros, pero no conocían lo que era morder el polvo en el campo de batalla. Sólo sabían que si luchaban y luchaban, al final, sus enemigos siempre morían, caían con los ojos abiertos y sorprendidos ante los filos de sus espadas. Así era siempre. Se ajustaban los cascos, caminaban firmes, una falange final. Sus enemigos, además, estaban agotados. Era cuestión de dedicarle unas horas más a matar a quien ya estaba muerto sin aún saberlo.

Vanguardia romana. Ala derecha

Digicio estaba plantado al frente de los *principes* de la VI. Miró a derecha e izquierda. Los legionarios de sus manípulos estaban dispuestos. Miró al frente. El ejército de veteranos de Aníbal estaba a cincuenta pasos. Era el momento de lanzar armas arrojadizas, pero apenas les quedaba un *pilum*. Digicio observó hacia su izquierda y vio que los de la V tampoco tenían mucho que lanzar. Estaban, como ellos, esperando el choque final. Por el contrario sus enemigos detuvieron un momento su avance a tan sólo cuarenta pasos, tan seguros estaban de no recibir jabalinas, para arrojar las suyas.

—¡Escudos en alto! ¡Escudos en alto, por Júpiter! —gritó Sexto Digicio a sus hombres. Los legionarios aún se encontraban alzando sus armas defensivas cuando varias toneladas de hierro afilado cayeron sobre ellos y los diezmaron.

—¡Por Neptuno! —aulló el veterano marinero Digicio cuando su escudo fue atravesado por una jabalina enemiga. Pero no había tiempo para ni tan siquiera evaluar los daños en la formación. Los veteranos, casi al mismo tiempo que sus lanzas, estaban allí mismo. Digicio intentó protegerse de los golpes con su escudo ensartado, pero la jabalina enemiga le impedía manejarlo con soltura, de modo que, como muchos de sus hombres de primera línea, tuvo que soltar el escudo. Sin el arma defensiva quedaba más accesible para recibir los golpes de los veteranos del ejército púnico. Digicio paró dos, tres, cuatro golpes, antes de poder asestar su primer mandoble mortal que, a su vez, fue detenido por un escudo enemigo y entonces, por debajo del escudo, le pincharon en la pierna. Asestó como reacción un golpe con su espada hacia el suelo en busca del brazo enemigo que le había herido, pero al inclinarse fue atacado por arriba, no por uno, sino por dos enemigos que le hundieron sus armas uno cerca del omoplato y el otro en medio de la espalda seccionando parte de su columna vertebral. Este último fue el golpe más doloroso, aunque en ese instante no alcanzó a comprender la gravedad de lo que le había ocurrido. Digicio se revolvió y acertó a herir a ambos con sendos golpes surgidos más de la adrenalina del momento que de la fuerza auténtica que tenía. Los enemigos cayeron hacia atrás pero fueron sustituidos por otros dos. ¿Y sus hombres? ¿Por qué no le apoyaban? Digicio, con el rabillo del ojo, se percató de que se batía solo. A derecha e izquierda sólo quedaban cadáveres romanos casi en su totalidad. Los *príncipes* estaban siendo barridos. Los nuevos enemigos le embistieron sin contemplaciones. Uno le clavó la espada en la garganta y el otro en el pecho. Digicio nunca comprendió por qué sus brazos no respondían y por qué sus piernas temblaban. Los enemigos volvían a clavarle sus armas sin que él se defendiera. Sus músculos no respondían pero sentía cómo los rasgaban los filos de las espadas cartaginesas. Vio incluso cómo uno de aquellos soldados limpiaba su puntiaguda arma en su uniforme desgarrado. Luego recibió un puntapié y cerró los ojos. Decenas de hombres armados pasaban por encima de él. La posición estaba perdida. Era cosa ahora de los *hastati* y, sobre todo, de los *triari*. Sólo un pensamiento le animó mientras perdía definitivamente el sentido: se iba a reunir con Terebelio en el Hades muy pronto. Aquello le alegró. Cuando encontraron su cadáver vieron que, en medio de aquel charco de sangre, Digicio sonreía.

Vanguardia romana. Ala izquierda

Mario aún estaba ocupado en que se realizara bien la maniobra de abrir los manípulos para poder rodear en los extremos de la formación cartaginesa cuando llegó la lluvia de jabalinas. Al igual que Digicio y los suyos, no les quedaba mucho con lo que responder, de modo que resistieron la andanada lo mejor que supieron y luego entraron al combate directo.

Mario Juvencio Tala combatía con pasión, pero mantenía fijos sus ojos en sus flancos para mantenerse a la altura de sus hombres. Lamentablemente, éstos perdían terreno ante el empuje de los veteranos de Aníbal. Mario no tenía el escudo inutilizado, gracias a los dioses, por ninguna jabalina, y eso le permitía protegerse de los espadazos del enemigo con cierta efectividad, pero la posición se perdía, se perdía...

Retaguardia romana

—Han de entrar ya los *hastati*, mi general —insistía Marco, junto a Publio Cornelio Escipión—. Los *principes* solos no tienen nada que hacer.

—De acuerdo —concedió el procónsul de Roma—. Los *hastati* al frente y enseguida los *triari*. Y que sigan intentando superarles por las alas. Hemos de atacarles por los flancos. En el cuerpo a cuerpo son superiores. Nos masacrarán si no conseguimos esos flancos.

—Sí, mi general.

Segunda línea de combate romana. Ala izquierda

Cayo Valerio estaba ocupado en procurarse cualquier tipo de lanza que pudiera usarse para responder al enemigo. Todos sus hombres andaban entre los muertos del medio de la llanura arrancando jabalinas y *pila* de entre las entrañas de los cadáveres de uno y otro bando, cuando la orden de avanzar y reemplazar a los *principes* resonó en las tubas romanas.

Cayo Valerio se puso el casco que se había quitado para intentar refrescarse. El sol implacable tampoco concedía descanso alguno.

—Vamos allá —dijo el *primus pilus* y, junto con sus legionarios, inició el avance para reemplazar a los *principes*. No hubo que andar mucho, pues los soldados de Digicio y Mario habían perdido tanto terreno que el frente de batalla estaba, una vez más, en medio de la llanura, sobre el mayor lago de fango rojo que Valerio hubiera visto en su larga vida como soldado de Roma.

—¡Ahora! —ordenó el centurión jefe de la V, y sus soldados arrojaron todas las lanzas que habían podido recuperar de entre los muertos. Esta andanada sirvió para cubrir la retirada de los *principes* y para frenar el constante avance de los veteranos. Éstos, no obstante, aún disponían de lanzas suficientes para responder a aquel ataque de igual forma. Y lo hicieron. Los *hastati* sufrieron una nueva lluvia de hierro mortífero y, una vez más, hubo decenas de heridos y muertos.

—¡Vamos allá! —repetía una y otra vez Cayo Valerio—. ¡Vamos allá! —Estaba cansado de matar y matar, pero aquello parecía no haber hecho más que empezar. Ahora entendía lo que el general quiso decir cuando les dio la bienvenida al infierno. El Hades debía de ser un remanso de paz al lado de aquello. Allí estaban al fin: frente a los victoriosos cartagineses de Cannae, frente a los que les hicieron retroceder y huir y caer en la humillación y el destierro y el olvido—. ¡Vamos allá! —repetía una vez más Cayo Valerio, y con su espada en ristre entró en medio de la línea de enemigos, los mejores soldados de Aníbal —¡Vamos alláaaaa! ¡Por los dioses, por Roma, por el general!

Sí, por el general. Todos combatían por el general que les había devuelto el orgullo. No tenían la experiencia de aquellos enemigos, máquinas perfectas de matar, pero luchaban con un extra de motivación: los veteranos de Aníbal lo habían demostrado todo, eran los mejores, los más fuertes, los más temidos, y también los más soberbios, los que más menospreciaban a sus enemigos romanos, pero ellos, los legionarios de la V y la VI no eran nada, sólo eran los perdidos, los humillados, la vergüenza de Roma, las «legiones malditas». Bien, pues eso se había acabado: muerte o victoria, como dijo el procónsul.

—¡Muerte o victoria! —gritó Cayo Valerio.

—¡Muerte o victoria! —respondieron al unísono decenas, centenares de gargantas de los manípulos de Valerio y todos al tiempo irrumpieron en el combate con tal potencia que los veteranos de Aníbal, por primera vez en años, cedieron unos pasos al empuje del enemigo.

Última línea de combate romana. Alas derecha e izquierda

Más atrás, Silano y Marcio hacían avanzar a los *triari* para reforzar y dar apoyo a la carga de los *hastati*, quienes, al haber entrado con tanto vigor y ganar unos metros, estaban permitiendo que varios manípulos de los veteranos de la V y la VI pudieran iniciar la maniobra de superar las líneas enemigas para intentar el ataque por los flancos.

Retaguardia cartaginesa

Aníbal Barca, general supremo de los ejércitos cartagineses en aquella guerra eterna, sabía leer una batalla mejor que ningún otro hombre en el mundo.

—Nos van a desdoblar por los flancos —dijo señalando a sus oficiales varios manípulos de *triari* que intentaban envolverlos—. Hay que evitarlo a toda costa. —Y miró a su alrededor, pero los oficiales no sabían qué decir—. ¡Mi casco! —gritó Aníbal, y un soldado ibero le trajo su casco rematado en un llamativo penacho rojo sangre. Aníbal se ajustó el yelmo protector, lo abrochó mientras no dejaba de mirar hacia ambos flancos de su ejército e hizo lo que llevaba años sin hacer: empezó a andar, bajó de la tarima de madera desde la que había estado dirigiendo la batalla, los oficiales se apartaban sin entender bien qué ocurría, pero le seguían apresurados, hasta que, al ver a su general caminando hacia el centro de la batalla, comprendieron que el mayor general de Cartago, el mejor estratega de todos los tiempos, entraba en combate.

Aníbal alcanzó el centro de la batalla escoltado por su pequeño regimiento de veteranos de Italia que cubrían todos sus movimientos. Fue entonces hacia el ala derecha a paso rápido y, después de hablar con uno de los oficiales que estaban en el corazón del combate y al que ordenó dirigirse al otro extremo de la formación, Aníbal aceleró aún más la marcha, no sin antes proferir órdenes bien precisas.

—¡Oficial, ve al otro extremo de la formación con un regimiento del centro de la batalla y aplasta a esos romanos que nos están desbordando en aquel flanco! ¡Yo me ocuparé del otro flanco!

El oficial aludido partió raudo acompañado de tres centenares de hombres fornidos y ensangrentados por la encarnizada lucha que habían estado librando hasta ser reemplazados por nuevos veteranos.

Aníbal se dirigió al ala derecha de su ejército. Su llegada fue sentida por sus veteranos como un refuerzo extraño: un gran apoyo porque el que les daba ahora las órdenes directamente era el mejor general posible, extraño porque hacía muchos años que Aníbal no descendía a primera línea. En las últimas campañas en Italia, Aníbal se había preservado y rehuyó el combate en primera línea. Nadie tomaba aquella actitud como cobardía, pues todos sabían que de la buena salud del general dependía la victoria en aquellas temibles campañas en territorio itálico. En cualquier caso, ahora, en África, en medio de la batalla de Zama, los gritos del general reavivaron el empuje de sus soldados y éstos, para infortunio de los romanos, con renovadas energías, recuperaron la iniciativa en el combate.

Combate en las alas y en el centro de la formación

Silano y Marcio, en los extremos de la formación romana, intentaban denodadamente que algunos de los manípulos de *triari* desbordaran al ejército cartaginés, pero aquellos guerreros estaban reaccionando con una fortaleza implacable y los mismísimos *triari*, los mejores legionarios de las legiones, volvían a ceder terreno. En el flanco izquierdo, Lucio Marcio se adelantó para ponerse al frente de sus hombres y dar ejemplo. Un hispano que llevaba más de quince años combatiendo para Aníbal emergió de entre la formación enemiga directo hacia el experimentado tribuno, que se defendió con el escudo de dos golpes rápidos del ibero. Pero aquel guerrero no cejaba. Lucio Marcio Septimio dio un paso atrás, dos, tres. Para mantenerse vivo tuvo que hacer lo que hacía el resto de sus hombres: retirarse. Resultaba imposible desbordar al enemigo y atacar por los flancos.

A Silano le ocurría lo mismo en el otro extremo y no sólo por el empuje de los cartagineses, sino porque sus dos mejores oficales, Terebelio y Digicio, habían caído, dejando a toda la VI bajo su mando único y el de los centuriones de segundo rango. En el centro, en una maraña de *hastati* y *principes*, Cayo Valerio y Mario Juvencio se esforzaban por matener la formación, pero, al igual que en las alas, seguían perdiendo terreno y más aún en la medida en la que los *triari* parecían haber concentrado sus energías en atacar por los extremos de la formación del ejército.

—¡Mantened la formación! —Cayo Valerio se desgañitaba—. ¡Prietas las filas, por los dioses!

Pero todo se desbarataba. Los hombres de Aníbal, los que les habían derrotado en Cannae, iban a conseguirlo una vez más.

Retaguardia romana

Publio Cornelio Escipión empezó a considerar con seriedad la posibilidad de ordenar una retirada en dirección a Útica. Podían intentar alcanzar la ciudad y refugiarse tras sus murallas reconstruidas. Eso suponiendo que quedara caballería para protegerles en el repliegue, un asunto sobre el que continuaba sin información alguna. Pasó así un eterno minuto de duda, hasta que el procónsul de Roma, en un repentino ataque de furia y rabia, desdeñó la idea, escupió al suelo y pidió el casco. Un *lictor* se lo pasó a Marco y éste, rápido, se lo dio al general. Publio se ajustó el casco en la cabeza. Las legiones perdían terreno sin remedio aparente y la maniobra envolvente estaba siendo desmontada por la intervención del propio Aníbal, que había descendido hasta el corazón mismo de la batalla. ¿Qué debía hacer él, quedarse de brazos cruzados, como un cobarde?

—Tendremos que hacer lo mismo, ¿no crees, Marco? —dijo el general mientras se aseguraba que la coraza estuviera bien abrochada y se tentaba la empuñadura de la espada envainada en su tahalí—. El procónsul de Roma tendrá que entrar en batalla —continuaba, y desenvainó su espada de doble filo y la hizo girar en el aire 360 grados con un ensayado giro de muñeca que le enseñara su tío Cneo en el pasado. Era la señal que le había enseñado su tío Cneo cuando apenas podía coger un arma, cuando le adiestraba en las praderas del campo de Marte, en aquellas lejanas mañanas de las primaveras de su adolescencia. Publio Cornelio Escipión trazó el giro de muerte con su espada y empezó a descender desde el altozano en busca no ya de la batalla, sino del propio Aníbal. Tras él, los doce *lictores*, que habían dejado sus *fasces* y empuñaban también espadas afiladas, y el pequeño grupo de veteranos legionarios de las campañas de Hispania. Un total de unos cincuenta hombres escoltando al procónsul de Roma. En un minuto, alcanzaron el pie de la llanura y pasaron entre los inmensos cadáveres de los elefantes abatidos, pequeñas montañas con docenas de lanzas clavadas sobre la piel dura y gris de los paquidermos, algunos aún agonizantes, resoplando muerte y sufrimiento. El procónsul siguió caminando y empezó a pisar el fango espeso de la roja sangre esparcida por la arena de la planicie: sangre romana, cartaginesa, ibera, baleárica, mauritana, númida, libia, ligur, gala, sangre de una decena de pueblos arrastrados todos por aquella guerra interminable al corazón de una batalla desgarradora. Publio caminó con complicaciones por aquel barro denso y pegajoso, hundiéndose sus sandalias hasta que la sangre le llegaba a los tobillos y salpicaba sus piernas en su constante avance. Entre los cadáveres el procónsul encontró a un hombre sin ropas militares doblado sobre un grupo de legionarios agonizantes. Publio reconoció enseguida la figura de Atilio, el médico de las legiones, intentando cerrar alguna de las miles de heridas abiertas aquella mañana, ya mediodía. No, miró a lo alto. El sol había empezado a descender y seguían luchando. El procónsul llegó a las primeras filas de retaguardia romana, donde grupos de *hastati* y *principes* habían buscado refugio para recuperar el aliento. La mayoría estaban doblados, de rodillas o sentados, pero, al ver la figura del general acercarse, todos se erguían e intentaban ponerse firmes y sacar pecho. El procónsul no tuvo que avanzar más. Las legiones habían retrocedido tanto que, en medio de la llanura, Publio Cornelio Escipión encontró la línea de combate. Ante el general sus hombres se separaban y se abría un pasillo por el que el procónsul, arropado por los *lictores* y su pequeña guardia, pasaban en busca de lo que sólo el general sabía. Y llegaron frente al enemigo. Docenas, centenares de veteranos de Aníbal luchaban, golpeaban, cortaban, empujaban, rajaban con espadas, lanzas, dagas... El procónsul entró en la lucha como uno más. Empujó con su escudo, se hizo sitio a golpes de espada. Tajó a un ibero y luego a dos itálicos renegados. Consiguió avanzar y recuperar unos pasos de terreno y, apoyado por su pequeña guardia, parte del centro de la formación romana empezó a recuperar terreno.

Combate en las alas

En las alas, Silano y Marcio, espoleados por la intervención del propio procónsul, intentaron revertir el retroceso de sus manípulos. Silano se puso una vez más al frente de los *triari* y lo mismo hizo Marcio, pero ni uno ni otro contaban con el apoyo de una pequeña pero especialmente efectiva guardia personal, como el procónsul, y el apoyo de sus hombres, agotados por las horas de lucha, no fue el mismo. Silano recibió un corte en el bajo vientre y retrocedió herido, sangrando, aturdido. Y fue afortunado, porque Lucio Marcio Septimio, tribuno de la V legión, centurión que defendiera la Hispania romana de los ataques cartagineses tras la caída del tío y el padre del procónsul, vio cómo una espada le cortaba a la altura de la garganta y cómo, igual de rápido que vino aquel filo, el hierro volvía hacia atrás. Ésa fue la peor parte. Al entrar, el filo sólo había hecho un pequeño corte, pero al retirarlo, el guerrero cartaginés se aseguró de hacerlo apretando hacia el cuello de su contrario. Lucio Marcio Septimio fue a gritar pero la voz apenas podía salir y, sin embargo, la sangre brotaba entre sus palabras mudas y entrecortadas. Lucio Marcio Septimio, tras una decena de años al servicio de los Escipiones, cayó de rodillas. Los *triari* intentaron cubrir al tribuno, pero decenas de veteranos de Aníbal, encorajinados por los gritos de su mismísimo general, se abalanzaron sobre el indefenso Marcio y lo acuchillaron con saña mortal. Lucio Marcio Septimio cayó muerto y su sangre se mezcló con la del resto de los muertos de aquel día luminoso y caliente, de luz cegadora que Marcio parecía mirar sin ya parpadear, con la boca torcida y su mano, fuerte aún, empuñando la espada.

—Por Roma... por el general... —dijo entre tragos de su propia sangre, y el sol quemó las retinas de sus ojos; pero eso ya no importaba, porque en su cuerpo ya no latía el corazón.

90

Aníbal y Escipión, cuerpo a cuerpo

**Zama,
19 de octubre del 202 a.C.,
primeras horas de la tarde**

Retaguardia cartaginesa

Los oficiales de Aníbal le hicieron ver que el procónsul, el general de los romanos, estaba luchando en el centro de su formación y que su presencia parecía haber frenado el avance de las tropas. Aníbal, próximo al lugar donde un tribuno romano acababa de ser destrozado por las espadas de sus guerreros, se giró despacio.

—¿El procónsul? ¿Estáis seguros?

—Sí, mi general.

Aníbal Barca enfundó su espada y empezó a caminar en dirección al núcleo mismo de la batalla campal que se libraba desde el amanecer. Varios oficiales y dos docenas de veteranos le seguían de cerca. Por todas partes se combatía cuerpo a cuerpo... hasta la muerte.

El centro de la batalla. Ejército romano

Publio Cornelio Escipión veía con orgullo cómo con su presencia se había recuperado la iniciativa en el choque, pero de nuevo todo parecía haberse estancado. De la caballería ya ni se acordaba. En el centro mismo de aquella vorágine la caballería parecía algo ajeno, lejano. Toda su fuerza y su mente estaban concentradas en conseguir detener el avance del ejército púnico, allí mismo, en la llanura empantanada de sangre. De pronto los soldados de Cartago que tenía ante sí se retiraban. Se retiraban. Publio iba a lanzar un grito para que sus hombres aprovecharan y se lanzaran contra el enemigo aún con más energía, pero tras replegarse una parte de los cartagineses de primera línea, emergió la silueta de un oficial púnico con coraza, espada enfundada y un casco rematado en un penacho rojo inconfundible: Aníbal.

El centro de la batalla. Ejército cartaginés

El general cartaginés inspiró aire con profundidad. Por fin tenía ante sí, en un campo de batalla, a su merced, al que cortó las sogas del puente del río Tesino, al que rescató a aquel cónsul en el norte de Italia, al que salvó dos legiones en Cannae, al que había destruido su poder en Hispania, al que le había arrebatado Locri... ahora, por fin, era suyo, por fin, por fin... sabía que el general romano no era el causante directo de la muerte de sus hermanos, pero, sin duda, las acciones de Escipión habían provocado la cadena de acontecimientos que condujo a su desaparición y la muerte de ambos brilló en sus recuerdos, y con esa imagen en su cerebro, Aníbal Barca se abalanzó sobre su enemigo.

En el centro de la llanura, en el corazón mismo de aquella guerra

Publio no lo dudó y avanzó hacia aquella figura. Aníbal le esperó. Publio Cornelio Escipión caminó hasta quedar a tan sólo tres pasos de distancia. Vio cómo Aníbal se llevaba entonces su mano derecha, cubiertos tres dedos por los anillos consulares de Emilio Paulo, Cayo Flaminio y Claudio Marcelo, hasta la empuñadura de su espada. También seguía allí el cuarto anillo misterioso que lucía el general púnico en su dedo meñique, de oro y plata, rematado con una piedra preciosa azul que, decían, era donde Aníbal guardaba una dosis de veneno para suicidarse antes de ser apresado por los romanos. El filo del arma del general cartaginés chirrió al brotar de la vaina de hierro y bronce. Publio miraba la mano que sostenía aquel arma. Uno de los anillos consulares era de su suegro, caído en Cannae. Debía recuperarlo. Pensó en hablar, en decir algo, a fin de cuentas no hacía ni cinco horas que había estado departiendo con aquel imponente enemigo, como hombres libres, racionales, juiciosos, pero Aníbal no venía ya para conversar. Al joven Publio le tocaba conocer ahora el otro Aníbal, el guerrero feroz, implacable, mortal. Así, Aníbal Barca, como sus propios veteranos, entró en lucha con rapidez, sin preámbulos de ningún tipo. Publio tuvo el tiempo justo de levantar su escudo y detener el tremendo mandoble de Aníbal. No fue aquél un golpe normal. El escudo crujió y el brazo del procónsul sufrió por dentro, como si se rompiera, pero Publio observó que sólo era dolor lo que sentía y que el brazo seguía respondiendo. Vino otro golpe más y Publio retrocedió, como habían hecho sus legionarios ante los veteranos de aquel general de generales enemigo. Alrededor de ambos, de Publio y Aníbal, los legionarios y los veteranos guerreros de Cartago se tomaron un respiro para contemplar la pugna directa entre sus generales. Cayo Valerio y Mario Juvencio, próximos al centro de la batalla, asistían también como testigos privilegiados a aquel episodio del combate.

El procónsul reaccionó y lanzó un golpe que Aníbal detuvo sin tan siquiera moverse de su sitio. El cartaginés avanzó y volvió a atacar con su espada en alto, momento que Publio quiso aprovechar para pinchar por debajo, pero en su camino se cruzó el escudo del general de Cartago, y tras el escudo llegó la espada de Aníbal que el propio Publio desvió con su escudo. Empatados, pero el procónsul de Roma se daba cuenta de que había vuelto a dar un paso atrás y Aníbal uno más hacia delante. No sólo la batalla; toda la guerra parecía detenida. Publio escuchaba el sonido entrecortado de su propia respiración. Necesitaba oxigenarse. La espada de Aníbal voló cerca de su casco, pero se agachó a tiempo. La espada enemiga regresaba y la frenó con la suya. El ruido de las dos espadas al chocar resonó en los tímpanos de los guerreros de ambos bandos. Aníbal empujó con fuerza y Publio cayó de espaldas. El cartaginés avanzó y asestó un golpe hacia abajo en busca del pecho de su oponente, pero Publio rodó por el suelo y Aníbal sólo alcanzó a que el filo de su arma cortara a la altura de una espinilla. Las grebas de hierro y bronce protegieron al general romano, que salió indemne de aquel ataque. Publio Cornelio Escipión se levantó y empuñando su espada con la punta hacia Aníbal mantuvo a raya a su atacante unos segundos más. Pensó en cómo poder acercarse a su oponente. Ni tan siquiera le había rozado con su espada. Aníbal permanecía quieto ante él, respirando con sosiego, esperando un error. Publio giró entonces sobre sí 360 grados para sorprender al cartaginés por un flanco y clavar su espada. Fue rápido, veloz, pero cuando, una vez hecho el giro, buscó a su enemigo para herirle no había nadie. Y sin saber cómo, Aníbal emergió por su espalda y apenas hubo tiempo para levantar el escudo. La espada de Aníbal fue medio desviada, pero no del todo y su punta penetró en el muslo izquierdo del procónsul de Roma desgarrando la piel.

—¡Aaaggh! —gritó Publio, y una vez más se hizo hacia atrás. Aníbal le contemplaba sin decir nada. El general romano apoyó con fuerza su pierna izquierda. Aún tenía dominio sobre la misma. La herida física no debía de ser tan profunda como la herida en su orgullo, pero aun así sentía el calor líquido de su propia sangre lamiendo la piel del muslo, la rodilla y rotando despacio, acariciando su gemelo desnudo. Cojeaba un poco pero podía moverse bien. Un ruido le sorprendió. Un ruido que era como muchos ruidos juntos. Publio comprendió que a su alrededor la batalla se reiniciaba. Vio a Aníbal alzando su brazo derecho en alto, al máximo, con la espada manchada de sangre del procónsul de Roma, manchada con su propia sangre, resbalando por el filo hasta mezclarse con los anillos consulares de las poderosas nobles y patricias víctimas que antes habían caído bajo aquella espada púnica. Publio se reincorporó con ánimo de contraatacar y fue a por Aníbal, pero la figura de éste desapareció tras un regimiento de guerreros enemigos que avanzaban contra él, contra el procónsul que ahora sabían herido por su general, los veteranos de Aníbal como buitres ávidos de comer la carroña despedazada, de nuevo, avanzaban contra las legiones. Publio, retrocediendo ante el avance del enemigo, vio el penacho del general cartaginés y aquella espada que lo había cortado en alto y escuchó unas palabras en griego provenientes de aquella garganta que comandaba el más temido ejército del mundo.

—¡Eres hombre muerto, romano! ¡Todos estáis muertos!

Publio no tuvo tiempo de responder. Movido por su instinto de supervivencia retrocedió unos pasos más para reintegrarse con los manípulos de *hastati* y *principes* al mando de Mario Juvencio, que era el oficial más próximo al lugar donde había acontecido aquel épico duelo.

—¡Hay que mantener esta línea sin ceder más terreno! —espetó el procónsul a Mario, y este asintió, preocupado, mirando la pierna del general.

—Estoy bien. Es sólo un rasguño —dijo Publio de forma tranquilizadora, aunque su cojera era evidente y el dolor también, pero el enemigo ya estaba allí. Ante los ojos del propio procónsul, dos veteranos iberos sorprendieron a Mario Juvencio Tala y le clavaron una lanza por el costado que lo atravesó de parte a parte. El general asestó con su espada un tajo a la lanza, partiéndola en dos, y revolviéndose hirió a un ibero en el rostro y al otro lo aplastó primero con el escudo y luego le clavó la espada, recién sacada de la destrozada boca del otro hispano, y la hundió en el pecho de quien aún sostenía la mitad desgajada de la lanza que había atravesado a Mario. Los *lictores* se hicieron con la posición y protegieron al general mientras éste intentaba asistir al tribuno, que se retorcía en el suelo. Había caído boca abajo y no podía respirar. Estaba ahogándose en el fango de sangre. Publio le dio la vuelta y Mario escupió sangre y arena y pudo respirar durante un segundo hasta que sus pulmones partidos por la punta de la lanza dejaron de funcionar.

—Mi general... —dijo Mario Juvencio Tala—, suerte... mi general...

—Y dejó de retorcerse en el suelo. Publio le cerró los ojos.

—Hay que retroceder, general... hay que retroceder —era Marco, el *proximus lictor*, a su espalda—, son demasiados... los *hastati* y los *principes* no resisten, y tenemos los *triari* en las alas; sin su apoyo no podemos...

Publio dejó el cuerpo del tribuno en el suelo. Estaba herido en el muslo, cojeaba, acababa de ver morir a uno de sus mejores oficiales y otros habían caído ya, Terebelio y parecía que Digicio y quién sabe si alguno más. No sabía nada ni de Marcio ni de Silano ni de Valerio. Publio Cornelio Escipión estaba en estado de choque, perplejo, ausente. Los *lictores* lo tomaron por los brazos y se lo llevaron medio a rastras hacia posiciones más seguras mientras que una desordenada formación de *hastati* y *principes* mantenía una línea que permitía cierto orden en aquel repliegue. De pronto un rayo de sentido común invadió la mente del procónsul.

—¿Dónde está la caballería, Marco?

—No sabemos nada de la caballería y no hay exploradores ya a los que recurrir. Los últimos que enviamos para saber de Lelio o Masinisa no han regresado.

El procónsul parecía hundido. Sin la caballería la batalla estaba perdida. Todo perdido. Publio Cornelio Escipión pensó en su padre y su tío y pensó en cuando éstos cayeron en Hispania. ¿Sintieron la misma impotencia, la misma vergüenza? Todo perdido... sólo quedaba el honor...

Publio Cornelio Escipión, procónsul de Roma *cum imperio* en la expedición de África, general en jefe de las legiones V y VI, las «legiones malditas», enfundó su espada. Con ambas manos se quitó el casco y sacudió la cabeza. No había viento pero la sensación del aire envolviendo toda su cabeza fue gratificante. Respiró hondo. Para reincorporarse al combate no tendría que avanzar; sólo esperar que el repliegue de los manípulos de sus legionarios llegara hasta donde él se encontraba. Volvió a ponerse el casco. Se lo abrochó con firmeza. Desenfundó su espada. Se pasó el dorso de la mano izquierda por la barbilla sudorosa. Tragó saliva. Los *hastati* y *principes* estaban llegando a su altura. El general se quedó firme, plantado en la tierra, como una efigie. Dos *signifers* pasaron a su lado con las insignias de la VI legión. Retrocedían. Los *lictores* le protegieron para que los *hastati* y los *principes* se percataran de su presencia y se replegaran rodeándole. Y tras los legionarios, de nuevo, el enemigo. El general encaró a los guerreros púnicos una vez más, pero ya no había furia, sino contención. Paró golpes y junto a sus *lictores* se puso al frente de la formación de la VI. Preguntó por Silano, y alguien comentó que estaba herido en la retaguardia. Tomó entonces el mando de toda la VI, confiando en que Valerio o Marcio siguieran aún vivos y reorganizaran las filas de la V.

—¡En formación! ¡Reagrupad los manípulos! —aulló con energía y, para su sorpresa, los legionarios respondieron. Las filas manipulares se rehacían mientras se contenía el avance enemigo, pero siempre cediendo, poco a poco, más y más espacio. Eso parecía ya una constante inevitable en aquel combate. En aquella derrota.

—¿Y la V? —preguntó el general

—Retrocede a la par que nosotros —respondió Marco—. Cayo Valerio está al mando.

—Bien —respondió Publio asimilando lo que eso implicaba: Marcio también había caído—. Resistamos entonces. Resistamos con todas nuestras fuerzas.

Y recibiendo golpes, lanzas que caían intermitentemente, levantando los escudos para frenar las espadas enemigas, intentando detenerse en ocasiones, pero siempre retrocediendo, las «legiones malditas» caminaron hacia atrás, desandando todo lo andado aquella mañana, pasando por encima de los cadáveres del enemigo y por encima de los compañeros muertos o agonizantes. Siempre retrocediendo, siempre hacia atrás. Resistiendo. Perdiendo. Siendo derrotados poco a poco, una vez más por los mismos soldados que ya los derrotaron en Cannae, sintiendo una humillación parecida y un temor aún mayor, pues aquella tarde ya no había adónde huir. En Cannae pudieron escapar y buscar refugio en ciudades amigas, pero allí, en el corazón de África, todo eran enemigos. Útica quedaba demasiado lejos. Para llegar a Útica habrían necesitado el apoyo de la caballería. Sin Lelio y Masinisa huir era morir, o algo peor: caer preso y ser torturado durante días. Era mejor permanecer allí, prietas las filas manipulares, y morir en pie, con el resto de los compañeros. Quizá todo habría sido más sencillo si eso fuera lo que hubieran hecho en Cannae. Resistir hasta morir. Se habría evitado tanto sufrimiento... pero pensó en Emilia y en los niños y, de pronto, dio por buenos aquellos años de prórroga, pero como todas las prórrogas, también aquélla llegaba a su fin.

El general dejó de dar órdenes. No había nada ya que decir. Habían resistido a los elefantes, habían derrotado al ejército de Mágon y luego al de Giscón. Aquellos hombres habían ganado ya tres batallas, pero cómo pedirles que ganaran una cuarta batalla más en un mismo día y contra el mayor y más intrépido de sus enemigos. Aníbal había jugado bien sus bazas. Era sólo cuestión de tiempo. Aquellos veteranos itálicos, iberos, galos, africanos que constituían aquel último ejército de Cartago luchaban con disciplina y tesón. Pensaban masacrar a todos los que tenían enfrente, pero no tenían prisa. No habían entrado en combate hasta hacía apenas una hora, mientras que sabían que los romanos llevaban todo el día luchando.

Publio pensó reconocer en aquel instante el momento en el que su vida llegaba a su fin.

Ala izquierda. La V legión

Al frente de la V legión, Cayo Valerio mantenía la formación en línea, cediendo terreno, siempre sus ojos fijos en la VI, donde el procónsul había tomado el mando. Haría lo que hiciera la VI. Un enemigo se acercó demasiado y Valerio retrocedió como asustado, pero cuando el cartaginés empezaba a sonreír, Valerio detuvo su retroceso y le clavó una daga que empuñaba con la mano del brazo con el que sostenía el escudo. Era un ardid fruto de la desesperación, pero que había dado sus resultados en varias ocasiones aquella mañana. Cayo Valerio tenía los músculos entumecidos y tenía hambre y sed y ganas de orinar. Recordó cómo había matado a uno de sus legionarios por hacer sus necesidades sobre las insignias de la legión. De eso hacía tanto tiempo que parecía otra vida. Ahora las insignias eran las mismas que retrocedían a sus espaldas. Recordó el olor de las algarrobas de los desayunos en el destierro siciliano y las recordó con nostalgia. Iban a morir todos. Mario y Lucio Marcio, los tribunos de su legión, habían caído ya, pero, pese a todo, Cayo Valerio estaba agradecido al general que los había conducido allí: aun en medio de la más terrible derrota, el general había devuelto el orgullo a aquellos hombres olvidados y menospreciados. Puede que fueran a caer todos allí aquella tarde, pero antes habían derrotado a los cartagineses en Locri y frente al mar, cerca de Útica, cuando arrasaron los campamentos de Asdrúbal y Sífax por la noche, y en Campi Magni, y habían capturado al rey de Numidia y conquistado ciudades por toda África, habían hecho varias campañas épicas y su muerte iba a ser ante las tropas de Aníbal... mil veces mejor aquel destino que olvidados en Sicilia, sin provisiones ni sumistros, peleando entre ellos, orinando sobre sus propios estandartes.

Ala derecha. La VI legión

Los legionarios de la VI seguían retrocediendo. Publio pasó a las líneas de retaguardia para descansar un poco mientras los manípulos de primera línea continuaban la lucha. Tenía que reponer fuerzas. Si él se sentía así, cuando apenas había comenzado a combatir hacía una hora, ¿cómo estarían de extenuados sus hombres? El sentido de la batalla estaba decidido. Pensó en algún plan de huida, pero no lo había, no sin el auxilio de la caballería. Todo era desierto o territorio enemigo o ambas cosas a la vez y Útica quedaba demasiado lejos ya para unas tropas agotadas. Habían saqueado la región para generar tanta desdicha que al final Cartago reclamara a Aníbal y lo habían conseguido, pero ahora no tenían un solo lugar donde refugiarse de la embestida bestial de las tropas del general cartaginés. Caerían todos. Debería haber buscado combatir junto a Útica. Ése había sido un fallo imperdonable, pero su vanidad y su orgullo le cegaron: en el fondo de su ser pensaba que podría derrotar también a Aníbal. Ahora comprendía lo que quedaba: una muerte gloriosa, unas legiones que compartirían el destino de las legiones de Régulo en el pasado, destrozadas, aniquiladas por Jantipo.

Publio Cornelio Escipión dio media vuelta encarando de nuevo la línea de combate. *Principes* y *hastati* seguían replegándose. Él, de modo instintivo, también daba pequeños pasos hacia atrás. Estaba recuperando el resuello. Pronto volvería a entrar en la primera línea... Chocó con algo duro. Como una pared, como una gigantesca roca en medio de la llanura y perdió el equilibrio, pero sin soltar la espada paró la caída con sus manos. Se dio la vuelta. Había tropezado con uno de los enormes elefantes muertos. Allí, a gatas, en medio de la vorágine de la más bestial de las batallas, Publio se percató de que habían retrocedido tanto que ya estaban donde las legiones se habían enfrentado con los elefantes. Habían perdido toda la llanura. Le faltaba el aire. Estaba agotado, de rodillas, cubierto de sangre y sangrando él mismo. Era la derrota absoluta. Era el final. En un arranque de rabia el procónsul de Roma volvió a levantarse y a ponerse el casco, lo ajustó y, cojeando por la herida en su pierna, se reintegró entre los *hastati* de primera línea.

—¡No se retrocede más! ¡Muerte o victoria! —gritaba con toda la fuerza de su espíritu y con toda la potencia que sus pulmones le ofrecían—. ¡Muerte o victoria! ¡Esto es el infierno! ¡Vamos a la gloria! ¡Por Roma, por los dioses! ¡Por los caídos en Cannae! ¡Por los caídos en esta batalla!

Y el general embistió como un toro bravo a un brucio que llevaba años con los cartagineses. El brucio recibió un enorme empellón con el escudo del general y para cuando quiso reaccionar, la espada del procónsul le había atravesado la garganta de parte a parte. El filo del arma salió y la sangre salpicó un metro alrededor del brucio, que dejó espada y escudo para llevarse las manos a la garganta en un desesperado intento por frenar la hemorragia letal. Para entonces el general ya le había superado y, sin preocuparse de si le seguían o no sus legionarios, al igual que hiciera en Tesino, fue directo a por más enemigos, como en Tesino, como en Tesino pero... ¿dónde estaba Lelio, Lelio?

Tras el cónsul, los *lictores* y su pequeño grupo de veteranos abrieron una brecha en el enemigo y como por simpatía, toda la legión VI reaccionó con furia superando el agotamiento total en el que estaban sumidos.

Ala izquierda. La V legión

En el ala izquierda de la formación romana, Cayo Valerio se percató del avance de la VI.

—¡Maldita sea! ¡Por Hércules! ¡Hay que recuperar terreno! —Pero sus legionarios no parecían estar por la labor—. ¡Nenazas! ¿Vais a dejar que los de la VI nos digan luego que los de la V no sabemos luchar? ¿Vais a pasar por eso? —Y no mentó ni a los dioses, ni a Roma, ni la gloria. No hizo falta. Los *hastati*, *principes* y *triari* de la V vieron cómo los de la VI recuperaban varios pasos de terreno y, como movidos por un resorte desconocido e invisible, clavaron sus talones en el fango rojo de la sangre de la llanura, plantaron sus escudos, pusieron sus espadas en ristre y, a una, empujaron contra el enemigo. La V volvía a avanzar.

—Resisten, mi general —comentó un oficial púnico a Aníbal.

El general cartaginés observaba aquella reacción desde la retaguardia, donde se había vuelto a ubicar para volver a tener una visión de conjunto de la formación de ambos ejércitos. No parecía preocupado por aquel nuevo embate de las legiones. Había visto decenas, centenares de ellos.

—Es el último estertor —dijo—. Los moribundos, antes de morir, tienen a veces un último arranque de rabia. Contenedles y luego... exterminadlos a todos.

El oficial asintió con una sonrisa. Se oyeron entonces los cascos de un caballo. Aníbal se giró. Un jinete de la caballería de Maharbal venía hacia ellos. Aníbal frunció el ceño y borró la sonrisa de su rostro.

91

El regreso de la caballería

**Zama,
19 de octubre del 202 a.C.,
al final de la tarde**

Ejército romano

Publio sintió un orgullo especial al ver cómo sus legiones recuperaban terreno, hasta que de nuevo, en medio del fango pegajoso que como arenas movedizas parecía absorber las piernas de cada soldado hacia las entrañas de aquella tierra extraña, las legiones no pudieron más y, exhaustas, no avanzaron más. En ese momento, los veteranos de Aníbal recuperaron la iniciativa.

El general romano comprendió entonces que la suerte estaba echada, pero se le ocurrió que aún podría hacer algo importante antes de morir. Con sus ojos escudriñó por encima de los cascos enemigos buscando el penacho inconfundible del general cartaginés, pero por mucho que lo buscaba no lo veía por ninguna parte. ¿Estaría ahora dirigiendo el combate frente a la V legión en lugar de frente a la VI? Publio ordenó entonces a Marco y a los centuriones de la VI que mantuvieran la posición el máximo tiempo posible y se encaminó hacia la legión V. Caminando por la retaguardia de su ejército, a paso rápido, escoltado por el resto de los *lictores*, llegó hasta las posiciones de la legión que dirigía Cayo Valerio. Tampoco allí había señales de Aníbal. ¿Dónde estaba el general cartaginés? Sólo quería adentrarse entre los enemigos, abrir una brecha y volver a enfrentarse a él y arrancarle de la mano, siquiera por unos segundos, el anillo de su suegro, y tenerlo él, durante unos instantes, antes de verse rodeado por todos los enemigos del mundo y ser acribillado a cuchilladas hasta la muerte más desgarradora.

Publio apretaba los ojos, pero su búsqueda no cosechaba frutos hasta que en lugar del penacho del general púnico, lo que su vista alcanzó a detectar fue dos grandes polvaredas que se levantaban a ambos flancos, más allá del ejército púnico. Y de entre aquellas inmensas masas de polvo en suspensión empezaron a surgir jinetes, una decena, un centenar, centenares, mil, casi dos mil por cada flanco. Pero aún estaban demasiado lejos como para poder identificarlos.

Sólo la ruta que siguieran sendos regimientos de caballería identificaría si estaban al servicio de Roma o de Cartago: si se trataba de Lelio y Masinisa cabalgarían directos hacia la espalda de la formación cartaginesa, pero si se trataba de las fuerzas de Maharbal y Tiqueo, se abrirían rodeando ambos ejércitos para luego cerrarse de nuevo y atacar a los romanos por la espalda, como hicieron en Cannae. *Lictores*, centuriones y *praefecti* supervivientes, *hastati*, *principes*, *triari*, Cayo Valerio, Marco, Silano, herido en la retaguardia, todos contenían la respiración. Incluso los propios cartagineses miraron hacia atrás. El combate se detuvo. Los jinetes iban cubiertos de sangre. Su lucha, como la de la llanura, había debido de ser también cruenta. La misma sangre imposibilitaba atisbar los uniformes, identificar la forma de los cascos o de las espadas. Hasta los caballos estaban rojos. Todo aquella tarde era rojo espeso.

Publio Cornelio Escipión esbozó una sonrisa de incredulidad. Llevaba desde que tenía diecisiete años cabalgado al lado de Cayo Lelio. Podía reconocer su forma de encorvarse sobre la montura cuando iba al galope desde mil pasos de distancia. Era increíble. Una vez más. Como en Tesino, en Cartago Nova o Locri. Lelio. Una vez más.

—¡Rápido! —gritó el general romano—. ¡Los *triari*, de nuevo, a las alas! ¡Esta vez los rodearemos de verdad! ¡*Hastati* al centro, *principes* en los laterales y *triari* en los extremos! —Cayo Valerio estaba cerca y oyó las órdenes. El procónsul le miró un instante. Valerio asintió.

La V y la VI, a la par que los jinetes de Lelio y Masinisa, se aproximaban por la espalda del ejército enemigo, reiniciaron la maniobra envolvente que Aníbal había abortado anteriormente con el mayor empuje de sus tropas.

Caballería romana en la retaguardia cartaginesa

—¡Matadlos a todos! ¡Por Roma, por los dioses, por el general! —Cayo Lelio blandía su espada en alto mientras galopaba sobre su caballo—. ¡Por Escipión! ¡Por Roma!

La caballería de Lelio embistió a los veteranos de Aníbal por la espalda. Decenas de cabezas de mercenarios hispanos, brucios o galos rodaban por el suelo arrancadas por los rabiosos mandobles de los jinetes romanos. El ejército de Cartago dividía sus fuerzas: unos encaraban su retaguardia para detener la brutal carga de la caballería enemiga, otros intentaban mantener a raya a los *hastati* y *principes* que reemprendían con nuevos ánimos el combate y apenas tenían ya hombres para cubrir los flancos por donde, una vez más, atacaban los *triari*. Necesitaban órdenes.

Por su parte, Masinisa atacaba el otro extremo de la retaguardia cartaginesa. Llegaron más tarde porque se detuvieron a rearmarse de jabalinas con las que ahora herían a la infantería africana que, desesperadamente, buscaba a su general. Sólo quedaban unos pocos oficiales en el centro del ejército asediado, rodeado, atacado por todas partes. Aquellos veteranos habían estado en decenas de batallas y tardaron poco tiempo en comprender que su general les había abandonado. Sólo les restaba luchar, intentar abrir una brecha y escapar, pero tenían un problema, incluso si conseguían abrir un pasillo entre la formación enemiga, la rapidez de la caballería haría que fueran alcanzados por la espalda y todos serían cazados como jabalíes en fuga, acosados por los perros. Se dispusieron al fin a vender caras sus vidas y a llevarse a cuantos más enemigos pudieran por delante.

Retaguardia romana

El procónsul de Roma, consciente de que caminaban, ahora sí, hacia una victoria sin precedentes, se concentró en minimizar las bajas de sus legiones. Ordenó que mientras unos manípulos mantenían rodeados, junto con la caballería, al enemigo, el resto recogiera lanzas, jabalinas y *pila* de entre los muertos para que desde la seguridad de una retaguardia que ya no podía ser atacada al haber sido aniquilada la caballería enemiga, arrojar cuantos más proyectiles mejor. De esa forma, poco a poco, andanada tras andanada, los veteranos abandonados por Aníbal fueron recibiendo lluvias mortales de hierro, mientras que fútilmente pugnaban por defenderse del acoso constante de unos enemigos en cuyas miradas sólo veían el rostro inconfundible del odio. Los mismos que les estaban aniquilando eran los legionarios de los que se mofaron cuando huían de la masacre de Cannae. El círculo del destierro y la venganza se había cerrado.

(...) multa dies in bello conficit unus,
Et rursus multae fortunae forte recumbunt,
Haudquaquam quenquam semper fortuna secuta est.

ENNIO,
Anales, libro VIII

[(...) en tiempos de guerra, un solo día produce muchos cambios,
y por cualquier motivo la suerte varía muchas veces;
no hay nadie a quien la fortuna le haya sido siempre fiel.]

92

El adiós de un soldado

Zama,
19 de octubre del 202 a.C.,
al atardecer

El sol languidecía en el horizonte. Los buitres cenaban entre los despojos mortales de los soldados muertos, en su mayoría pertenecientes al masacrado ejército de Cartago, pues los púnicos habían perdido a más de treinta mil almas. Entre los romanos las bajas ascendían a unos cinco mil entre legionarios y númidas aliados. Los soldados de la V y la VI paseaban entre aquella alfombra de cuerpos inertes y agonizantes hundiendo sus espadas de cuando en cuando para asegurarse de que no quedaban enemigos vivos fingiéndose heridos o muertos entre los millares de cadáveres desparramados por la arena.

Cayo Valerio estaba cubierto de sudor, sangre y polvo entremezclados sobre su piel reseca por el sol. Un legionario le trajo agua en un odre de carnero y el *primus pilus* bebió con avidez. Sus sandalias se hundían en el barro apelmazado de sangre, despojos humanos y tierra. Con la caída del sol empezaba a refrescar. Cayo Valerio devolvió el odre al soldado que se lo había traído.

—Pásalo a otros, legionario —dijo el *primus pilus*—. Todos se han ganado saciar su sed con agua y con vino, si el general al final así lo dispone.

El legionario se alejó tras saludar al veterano oficial. Cayo Valerio oteaba el espectáculo truculento en el que se había convertido aquel anochecer y, sin embargo, era el olor de la victoria total lo que entraba por sus fosas nasales, pese al hedor y al sabor agrio que el viento nocturno dejaba en sus labios, aquello era la victoria suprema. Así que Cayo Valerio cerró los ojos y se hinchó los pulmones de aquel aire oscuro testimonio de la derrota completa de las fuerzas de Aníbal. Sintió entonces un golpe seco en su espalda y un dolor punzante y agudo que lo congestionaba hasta hacerle toser. Cuando se giró vio a aquel maldito ibero que se había levantado de entre los muertos para clavarle una daga. El *primus pilus* tuvo aún energía suficiente para clavarle su espada una, dos veces, atravesándolo de parte a parte. El ibero, ya malherido, cayó desfallecido con una horrible mueca de sufrimiento. Cayo Valerio se tenía en pie con dificultad. Por debajo de su coraza brotaba sangre con profusión.

—¡Maldita sea!

El centurión de la V legión se sentó entre los cadáveres. Un par de legionarios se acercó con rostros que mostraban preocupación. El *primus pilus* desdeñó la ayuda que los soldados le ofrecían para ponerlo en pie. Desde el suelo Cayo Valerio les habló con la energía propia de un oficial al mando.

—¡Llamad al médico! ¡No! —se corrigió enseguida; era horrible pero era lo que había—. Ya es tarde para eso. Maldita sea mi suerte. Llamad al general. Rogadle... que venga, si puede... si le es... posible...

Le costaba respirar. «Maldita sea. Qué forma tan estúpida de caer en una batalla. Por un enemigo herido, vengativo y traicionero. Me hago viejo para esto. Tendría que haber estado más atento.» Se recostó en el suelo. Varios legionarios se arremolinaron a su alrededor. No podían creer lo que veían. Cayo Valerio parecía herido de muerte. El centurión miraba al cielo raso. Sin nubes, con el sol ya desaparecido, miles de estrellas empezaron a poblar la gran cúpula celeste. «Los dioses son grandes», pensó. Qué espectáculo tan magnífico. Recordó cuando sólo era un niño y correteaba por la calles de Roma en busca de algo que robar entre los puestos del *Macellum*. La suya no fue una infancia feliz ni una vida fácil y ahora que todo debería empezar a marchar bien, llegaba ese imbécil y le apuñalaba por la espalda. Quizá no fueran las legiones las que estaban malditas, sino él. Pero en la legión vivió con honor. Habría preferido una muerte más gloriosa, durante la batalla, como Terebelio o Digicio o tantos otros. Cuando abrió los ojos de nuevo vio antorchas a su alrededor y la faz conmovida del procónsul de Roma.

—Te pondrás bien, centurión —decía el general—. Aún deberás prestarme, prestar a Roma, muchos servicios.

Cayo Valerio sonrió. El general hablaba con él. De desterrado a ser atendido por todo un procónsul de Roma. Aquello había valido la pena.

—No, mi general. Mis disculpas, pero yo me quedo aquí... Ha sido una gran batalla, un gran honor... gracias por recuperarnos, por sacarnos del destierro... gracias, mi... mi general... siempre...

Publio Cornelio Escipión abrazó a aquel hombre con fuerza y lo mantuvo fuertemente asido a su cuerpo hasta que sintió que el *primus pilus* de la V aflojaba sus músculos y su cabeza caía de lado, colgando, sin energía. El general depositó el cuerpo de su oficial con cuidado sobre el fango y sin dejar de mirar el cadáver de aquel centurión se dirigió a los legionarios que allí se habían congregado.

—Que laven su cuerpo, que lo limpien, que le pongan un uniforme nuevo y que preparen una gran pira para un gran oficial de Roma. —Publio se levantó entonces y rebuscó entre los que le rodeaban—. ¿Y el resto de los tribunos? Sé que Terebelio y Digicio cayeron, pero ¿y Mario Juvencio y Lucio Marcio y Silano? ¿Dónde está el resto de mis tribunos?

El general sólo encontró silencio como respuesta. Publio Cornelio Escipión se alejó caminando algo encogido, lento. Los *lictores*, siguiendo las sugerencias de Marco, guiaron al procónsul hasta la tienda de un improvisado *praetorium* que se había levantado justo allí donde el general había presenciado la carga de los elefantes y las primeras embestidas de las fuerzas de Cartago. Publio se dejó llevar. Lo sentaron en una butaca, junto a una pequeña mesa donde un *calon* puso una jarra de agua, otra de vino, algo de pan y queso y un caliz vacío. Luego le dejaron a solas. Estaba agotado. Todos pensaron que el general debía descansar.

Publio miraba el vaso vacío. ¿Dónde están mis oficiales? ¿Dónde está la savia de mis legiones? ¿Quién era él sin ellos? Los había conducido a la muerte. A todos y cada uno de ellos.

La tela de la entrada al *praetorium* se abrió y Cayo Lelio apareció encorvándose un poco para evitar el contacto con el tapiz. Se detuvo en el umbral. Dudó un instante pero al final se decidió y entró en la tienda. Publio no decía nada. Era cierto lo que decían los soldados: el general necesitaba descansar. Y lo decían de corazón. Le pareció un buen comienzo para aquella conversación.

—Los hombres dicen que necesitas descanso... y eso parece.

Publio tardó unos segundos en responder. Su mirada permanecía fija en la copa vacía.

—Es irónico, ¿no crees? —empezó el procónsul—. Ellos que han combatido todo el día diciendo que soy yo el que está agotado, el que necesita descanso, cuando apenas si he luchado medio día. Yo ni tan siquiera me enfrenté a los elefantes, ni a las dos primeras cargas de la infantería enemiga, yo que he alargado hasta lo indecible el reemplazo de unos manípulos por otros en el principio del combate, dejando que mis mejores oficiales cayeran por mi ofuscación...

—Una ofuscación que nos ha llevado a la victoria y sólo tú luchaste contra Aníbal cuerpo a cuerpo y has sobrevivido para contarlo...

Pero Publio levantó la mano con un gesto de desdén, interrumpiendo a Lelio.

—Y casi me mata. Valiente excusa... y el caso es que, por todos los dioses, estoy exhausto... Lelio, estoy vencido, derrotado... no puedo más...

Lelio buscó algo donde sentarse y encontró un taburete junto a una de las paredes de tela de la tienda. Lo tomó con su mano derecha, lo situó frente al general y tomó asiento. La conversación iba a ser más larga de lo previsto y él también estaba agotado, pero no de la misma forma que Publio.

—No lo puedo entender... —El general empezó a hablar como un torrente—. Soy el más débil de entre todos los que han luchado hoy, el que menos ha combatido y el que necesita refugiarse en su cómoda tienda y encima los soldados me excusan... soy el que ha conducido a la muerte a los mejores tribunos, porque eran los mejores, los mejores oficiales de Roma, Lelio, los más leales y nadie me lo echa en cara, porque lo sabes, ¿no? Marcio, Terebelio, Digicio, Mario, Silano... todos muertos... todos. Y Valerio, Valerio acaba de morir en mis brazos hace una hora. Y ni un reproche. Los cartagineses reharán sus fuerzas y Aníbal, Aníbal regresará con un nuevo ejército. Estas legiones serán masacradas en África más tarde o más temprano. Estas legiones no estaban malditas. Ha sido mi mando el que las ha maldecido, Lelio.

Cayo Lelio le observaba intentando entender. Su mente, también exhausta, comenzó a encajar algunas piezas, pero empezó por lo más importante. Tenía que conseguir que Publio volviera a ver la realidad tal cual era.

—Aníbal no regresará. Esto no ha sido una victoria sin más. Hemos aniquilado... exterminado su ejército. Han caído treinta o cuarenta mil soldados al servicio de Cartago y Aníbal ha escapado con apenas un puñado de hombres. Cartago no tiene posibilidad de reunir ningún nuevo ejército, al menos, en bastantes meses, y para entonces ya será tarde. Y lo saben, Publio, lo saben. Nuestras bajas son unos siete mil, puede que algo más, pero dispones de veinte mil legionarios aptos para la lucha ya mismo, a tu mando, quizás haya que descontar algunos centenares de heridos, pero muchos de ellos recuperables. Y la caballería, la nuestra y la de Masinisa. Casi otros cinco mil más descontando heridos y muertos. Tienes dos legiones a tu mando que te seguirán adonde tú digas. Ellos, los cartagineses, no tienen nada y peor que eso: ya no tienen a Aníbal en Italia, por lo que ahora Roma te enviará todos los refuerzos que pidas. Después de lo que ha ocurrido hoy, nadie en el Senado, ni Catón, se atreverá a decir una sola palabra contra ti. Publio, Publio, despierta. Estás agotado, eso es evidente, y estás más agitado que nadie y te culpas por las muertes de tus oficiales que fallecieron luchando, cumpliendo con su deber, pero tu agotamiento es porque has hecho más que nadie. Tú has tenido que tomar las decisiones por todos, las vienes tomando desde que empezamos las campañas en Hispania y de eso hace más de siete años. Llevas todo este tiempo decidiendo cómo formar las legiones en cada batalla, sobre ti ha caído la responsabilidad de cada choque. Esta mañana, esta mañana, con los ochenta elefantes ante nosotros... si no es por tu estrategia estaríamos todos muertos —Lelio se levantó y señaló hacia la puerta del *praetorium*—, y eso, Publio, eso lo saben ellos, lo sabe cada uno de esos legionarios de la V y la VI y los oficiales y lo sabe hasta el rey Masinisa, que no sabe si odiarte o admirarte: todos saben que es por ti que están vivos los que están vivos, y los que están muertos han caído en la más épica de las batallas que ha luchado nunca Roma. ¡Publio Cornelio Escipión, despierta de tu pesadilla! ¡Has derrotado a Aníbal! ¡Has exterminado su ejército! Cartago estará de rodillas en unas horas, en cuanto las noticias de lo que aquí ha acontecido lleguen a oídos de su Senado y de su Consejo de Ancianos. Aceptarán todo lo que se les pida y, si no, sufrirán el asedio más terrible y más largo que recuerde la historia, y todo eso es por ti. Por eso tienes derecho a estar cansado y a descansar. ¿Te sientes culpable por la muerte de esos oficiales? Terebelio, Digicio, Mario, Marcio, todos ellos te siguieron por lealtad, como voluntarios se presentaron en tu propia casa cuando propusiste al Senado la campaña de África. Nadie les obligó y todos sabían a lo que se exponían. Ellos querían estar aquí hoy y son ya leyenda, Publio, son leyenda de Roma y lo son por ti, por haberte seguido hasta aquí. Y Cayo Valerio, Cayo Valerio era un centurión orgulloso y honrado injustamente desterrado y le has permitido recuperar tanto su orgullo como su honor de soldado y le has convertido en historia también. Los vecinos de su familia en Roma ya no escupirán a su mujer y a sus niños cuando se crucen con ellos en la calle, sino que se apartarán y les dejarán paso y considerarán un honor que cualquier miembro de la familia de Cayo Valerio les dirija siquiera una mirada. Publio, no has matado a nadie: ha sido esta guerra la que tanto dolor nos ha traído a todos la que los ha matado, pero su sacrificio ha conducido al final de la guerra misma. Cartago no tiene ya con qué luchar, porque tú has destruido a sus aliados, primero en Hispania y luego aquí en África; Sífax está preso, sus númidas masacrados, sus mercenarios riegan con su sangre la llanura y los veteranos de Aníbal están siendo pasados a cuchillo, uno a uno; Cartago, mañana al amanecer, sólo estará contando sus muertos. —Publio le miraba con los ojos abiertos—. Publio, eres procónsul de Roma, general en jefe de las legiones V y VI y eres el único magistrado de Roma que ha derrotado por completo a Aníbal en una batalla campal, el único que ha conquistado África. ¿Sabes cómo te llaman los soldados? —Publio negó con la cabeza—. Te llaman *Africanus*, el conquistador de África. Lo dicen mientras recogen heridos, mientras se acomodan en las tiendas para pasar la noche, mientras se organizan las guardias; pasaba junto a una de las hogueras que han encendido, porque ya da igual que los cartagineses sepan dónde acampamos porque no tienen ejército con el que atacarnos, así que encienden hogueras para preparar una cena caliente, y los oí hablar del general, de Escipión, de *Africanus*. Para esos hombres no eres ya un procónsul de Roma, o su general, ni siquiera creen ya que estés bendecido por los dioses, para esos miles y miles de legionarios eres tú mismo un dios. —Lelio volvió a señalar la puerta y en ese justo instante, desde el exterior, empezó a escucharse una enorme algarabía, un griterío que crecía y crecía sin parar, como una ola gigante en el océano, pero sólo se escuchaba una palabra: *¡Africanus, Africanus, Africanus...!* Lelio miró entonces hacia la puerta, igual que hizo Publio. El general se levantó despacio y pasó por delante de Lelio, que le imitó y le siguió hacia la entrada. Publio descubrió la cortina y salió al exterior. Lelio cruzó el umbral y se situó a su espalda. Todo alrededor del *praetorium* eran hogueras, decenas, centenares de ellas. Y a su alrededor millares de soldados de Roma, y todos gritaban aquella palabra sin cesar: *¡Africanus, Africanus, Africanus!* Los *lictores* se acercaron a Publio y le dieron un larga capa limpia, un *paludamentum* púrpura. Publio dejó que se lo ajustaran. Con la caída del sol refrescaba de forma sorprendente en aquella tierra desértica. Los *lictores* trajeron entonces antorchas y le escoltaron mientras empezaba a andar. Cayo Lelio observaba al general y a su enfervorizado ejército y pensó en qué lejos en el tiempo quedaba ya aquel jovenzuelo de diecisiete años que le confesara tener miedo a entrar en combate la noche previa a la batalla de Tesino. Ahora aquel muchacho se había converti-

dos manípulos de soldados trabajaban en levantar la más grande pila fueneraria que ninguno de aquellos soldados hubiera visto antes. Trajeron leña acumulada para varios días y alzaron una montaña de más de seis metros de altura. Sobre la cumbre de aquella meseta de troncos y ramas secas, Publio ordenó que subieran los cuerpos limpios y entogados de sus oficiales muertos. Ordenó que cada oficial fuera dispuesto en lo alto del monte de leña con sus armas, sus *pila*, sus *gladios*, sus dagas y sus escudos. Incluso hizo que rebuscaran junto a los cadáveres de los elefantes para encontrar la lanza y la espada que Quinto Terebelio y Cayo Valerio habían usado para atacar a las gigantescas bestias que pusieron en peligro a las dos legiones. Y las armas se encontraron y se trajeron y se pusieron junto a los cadáveres. Y sobre los cuerpos de Terebelio y Digicio se pusieron además las *coronas murales* que ganaran al ser los primeros en conquistar las murallas de Cartago Nova, y encima del pecho de Cayo Valerio se dispusieron todos y cada uno de los *torques* y *faleras* que el veterano *primus pilus* había conquistado en el pasado. Publio Cornelio Escipión, procónsul *cum imperio* sobre las legiones de Roma en África, único general de la ciudad del Tíber o de cualquier otra ciudad o país que había sido capaz de destrozar a las tropas cartaginesas en África de forma absoluta, ascendió por un extremo de la montaña de leña donde los legionarios habían dejado una ruta con la pendiente más suave, hasta alcanzar lo alto de la pila funeraria. Luego fue moviéndose con tiento por entre los cuerpos, arrodillándose junto a cada uno, abriendo con cariño, con mimo, la boca de Lucio Marcio primero y, sacando de una pequeña bolsa una moneda de oro puro acuñado en Sagunto, la depositó entre los dientes del difunto. A continuación repitió la operación con Terebelio, con Digicio, con Mario y, para terminar, con Cayo Valerio. Aquellas monedas, unas de las mejores monedas de oro que se habían acuñado nunca, regalo de los saguntinos a Escipión por reconstruir su ciudad, las depositó en la boca de aquellos hombres sagrados para el corazón de Publio. No eran ya monedas, sino el óbolo necesario para que el dios Caronte permitiera a las almas de aquellos hombres cruzar el río Aqueronte en las entrañas de la tierra, para que de esa forma todos y cada uno de aquellos oficiales no quedaran sin culminar el tránsito entra la vida y la muerte, entre el reino de los vivos y el palacio del Hades en el Elíseo del inframundo. Publio Cornelio Escipión descendió despacio por el otro extremo de la montaña de leña y caminó hasta ubicarse frente al gran promontorio de incineración. Un *lictor* se aproximó y le dio una antorcha prendida en llamas que bailaban acariciadas por el viento nocturno. No había habido tiempo para una larga *deductio* por todo el campamento ni lo había para esperar varios días antes de la incineración, porque estaban en medio de la más feroz de las campañas militares y al amanecer tenían que estar preparados para cualquier movimiento que los cartagineses, en su completa desesperación, pudieran acometer. Era cierto que no tenían muchos recursos, pero Publio seguía desconfiando, sin creer que aquella batalla pudiera suponer la derrota final de Aníbal. Por eso había organizado aquella rápida pero fastuosa y espectacular incineración de sus más leales oficiales, pero se sentía, al mismo tiempo, mal consigo mismo por reducir la pompa de su entierro y por ello había ordenado levantar la mayor de las piras funerarias que hubieran visto jamás, y por eso había puesto en la boca de cada oficial muerto la mejor de las monedas de oro posible, pero aún había alguna costumbre que se podía cumplir y que debía cumplirse, por tradición, por respeto, porque sus oficiales muertos se lo habían ganado.

—¡Legionarios de la V y la VI! ¡Vuestros oficiales han muerto para daros la vida a vosotros y ahora correspondería a los familiares de los caídos proceder a la *conclamatio*, pero sus familiares están lejos de aquí, en Roma, y yo os digo que vosotros sois ahora su familia y como familia os conmino a que gritéis al viento de esta noche el nombre de cada uno de los caídos! ¡Gritad conmigo, gritad cada nombre! ¡Lucio Marcio Septimio!

Y miles de gargantas respondieron con toda su fuerza.

—¡Lucio Marcio Septimio! ¡Lucio Marcio Septimio! ¡Lucio Marcio Septimio!

Y sólo el viento les respondió. Marcio permaneció inmóvil, tendido sobre la inmensa pira funeraria. Y la misma *conclamatio* se repitió con los nombres de Quinto Terebelio, Sexto Digicio, Mario Juvencio y el mismísmo Cayo Valerio.

Publio deja de mirar a los legionarios y se vuelve hacia el promontorio de leña. Se pasa el dorso de la mano izquierda por los labios y las mejillas húmedas. Está llorando. Se agacha y acerca la antorcha a las ramas secas de la base impregnadas de pez. Las primeras ramas se encienden con furia y como un torbellino toda la pira funeraria arde por los cuatro costados. El procónsul debe retirarse varios pasos primero y luego retrocede, igual que lo hacen todos, hasta dejar casi treinta pasos de distancia entre él y la gigantesca pira funeraria en llamas. La hoguera es la mayor que nunca nadie de los allí presentes hubiera visto jamás. Algunos recuerdan cuando incendiaron los campamentos de Sífax y Giscón. Aquél fue un incendio mayor, pero compuesto de multitud de hogueras diferentes. Aquélla era la mayor fuente de luz y calor que nunca hubieran presenciado emergiendo de una única llama. Publio Cornelio Escipión vuelve a vociferar con toda su energía, gritando entre lágrimas que no se esfuerza en ocultar.

—¡Golpead vuestros escudos, golpead vuestros escudos con las espadas! ¡Quiero que Caronte se despierte, quiero que Caronte oiga el estruendo de nuestro dolor infinito, quiero que Caronte sienta respeto, incluso miedo de las almas de nuestros tribunos, de nuestros centuriones caídos en la más dura de las batallas! —Y los legionarios obedecieron y alrededor de la monumental hoguera se alzó un estruendo de golpes metálicos como no se había oído jamás, que ascendió por el aire y fue llevado por el viento hasta alcanzar millas de distacia. Y Publio levantó sus brazos en alto y elevó su voz por encima de aquel mar de ruido y se acercó a las llamas hasta que el calor clamoroso de la leña ardiendo le detuvo—. ¡Despierta, Caronte, despierta y lleva a nuestros hermanos hasta su descanso eterno! ¡Despierta, Caronte, y escucha nuestro dolor!

Aníbal se había detenido a varias millas del lugar del combate. Cabalgaba en dirección a Hadrumentum, pero había ordenado una breve parada para que los animales se repusieran y pudieran comer algo y abrevar para resistir la marcha que aún quedaba hasta llegar a la ciudad que había elegido como refugio tras la derrota. Un clamor lejano llegó a sus oídos y a los de sus hombres. Aníbal, al igual que todos, se volvió a mirar. En la lejanía de la noche oscura, se intuía un resplandor brillante justo allí donde habían luchado y por el aire parecía viajar un murmullo cargado de misterio que a los oídos de todos aquellos soldados resultaba ininteligible, para todos excepto para Aníbal.

—Entierran a sus muertos y lo hacen con honor —dijo el general de generales—. Eso les honra. Hemos sido derrotados, al menos, por un general y no por un villano. Es el único consuelo que nos queda... de momento. —Y no dijo más, pero se miró la mano en la que lucía los anillos de todos los cónsules romanos que había abatido en el campo de batalla. Era una colección que nadie más había podido lucir y que nadie más podría exhibir nunca. Aníbal apretó los dientes un momento y luego hizo una señal para que Maharbal se acercara. Los dos hombres hablaron en voz baja. Luego Maharbal desapareció a solas en medio del desierto mientras Aníbal y los caballeros de Cartago supervivientes al desastre de Zama montaban de nuevo sobre sus caballos y reemprendían en dirección a Hadrumentum la marcha más dura y más triste.

El viejo dios Caronte surcaba el pantano que el gran río Aqueronte, el río de la pena, creaba en torno al Hades, allí donde los muertos debían llegar si tenían con qué pagar el viaje. Caronte era quien decidía si la moneda que llevaban para pagar su tránsito era merecedora de navegar sobre las yertas aguas de la ciénaga del infierno o si, por el contrario, condenaba a las almas que no acertaran a satisfacer su codicia a un eterno vagar entre el mundo de los vivos y los muertos. Caronte, el hijo de Érebo y Nix, retornaba cansado y aburrido de su último viaje. Acababa de llevar a varios asesinos innobles al otro lado del pantano. Eran almas de miserables que terminarían en el tártaro infernal. Y malos pagadores de monedas de cobre que Caronte despreciaba. Se rió con asco de ellos cuando los dejó en el Asfódelos donde la bestia cancerbera se haría cargo de que sólo pudieran marchar hacia el tártaro y nunca hacia el Elíseo, preservado para las almas honestas, especialmente cuando el juicio implacable de Minos, Radamanto y Éaco, los tres jueces del inframundo, confirmara la sentencia de aquellas míseras almas. Estaba a medio camino, cuando le pareció escuchar algo. Un inmenso torrente de ruido descendía desde el reino de los vivos, un estruendo como no había escuchado desde la muerte de Eneas. Y le extrañó. Aceleró algo el ritmo de su navegación movido por la curiosidad. Su existencia era demasiado monótona y cualquier alteración era siempre vivida por su parte con cierto interés, siempre y cuando no supusiera un quebranto a las leyes que los dioses habían estipulado para el inframundo, como cuando Hércules entró a la fuerza, vivo, en el reino de los muertos, y regresó también vivo. Aquello le valió a Caronte un año de prisión decretado por las deidades, molestas por su ineficacia. De nada importó que Hércules fuera hijo del mismísimo Júpiter. Ninguna excusa le valió, y el castigo tuvo que ser cumplido. Desde aquello, las novedades le interesaban igual que, no podía evitarlo, recelaba de ellas. Caronte alcanzó al fin la costa del pantano donde se encontraban las almas de los recién difuntos. Allí esperaba un pequeño grupo de hombres, vestidos con togas blancas, pulcros, y repletos de armas y todo tipo de condecoraciones militares. Era allí donde el estruendo que descendía desde el reino de los vivos se transformaba en un extraño y poderoso clamor que despertó aún más la mente inquisitiva del anciano barquero del infierno. Bajó de su barca y, yendo de una a otra de aquellas almas, posó su arrugada mano en la boca de cada uno de los recién difuntos y de cada boca extrajo la más hermosa de las monedas de oro. Caronte se sintió satisfecho y sorprendido por la prevalencia de aquel estruendo que no dejaba de descender desde el lugar de donde provenían aquellos hombres muertos. Sin duda algo grande había ocurrido allá donde los vivos dirimían sus diferencias, algo que agitaba a miles de mortales y que no dejaba indiferente al resto de los dioses, que dejaban que aquel sonoro lamento de golpes extraños llegara a penetrar las mismísimas puertas del Hades.

—Éstos no son mortales comunes —se dijo Caronte, mientras acercaba su barca hasta la mismísima arena de la playa del lago y dejaba que cada uno de aquellos hombres ascendiera a su embarcación. Eran cinco. Cinco senadores de Roma o quizá cinco de sus oficiales en el campo de batalla. Muchos muertos habían llegado de Roma en los últimos años, pero pocos que hubieran levantado aquel clamor entre los vivos y pocos que se condujeran con el orgullo y la serenidad con la que lo hacían aquellos hombres envueltos en sus togas blancas y armados con sus espadas y lanzas. Eran un grupo temible y Caronte no tenía duda que su deber debía ser el de conducirlos con rapidez en un rápido tránsito por el río Aqueronte hasta alcanzar la otra playa donde dejar a aquellas almas que, sin duda, debían seguir camino del Elíseo.

Caronte aún se sorprendió más cuando las en ocasiones embravecidas aguas del pantano se calmaron por completo al cargar aquellas almas en su barca. El anciano barquero que todo lo había visto se mostró algo perplejo y decidió seguir con su cometido en silencio sin atreverse siquiera a preguntar a los difuntos, como hacía en otras ocasiones, nada sobre su origen o sobre la causa de su muerte. Estaba intrigado, pero el porte y la dignidad de aquellos espíritus transeúntes le conminaban a guardar un prudente silencio. Así Caronte, sin saberlo, transportó las almas de Lucio Marcio Septimio, Quinto Terebelio, Sexto Digicio, Mario Juvencio y Cayo Valerio, por el pantano que separa a los vivos de los muertos. Su asombro era creciente, pues estaba acostumbrado a transportar almas tensas, con miradas nerviosas que intentaban escrutar su destino entre los vapores impenetrables de la ciénaga infernal. Sin embargo, aquellos espíritus transmitían una extraña sensación de paz. A medio camino, Caronte ya había forjado su opinión y no dejaba de mirar con admiración y respeto a aquellas cinco almas que navegaban con un orgullo inédito rumbo al infierno, con un porte y una templaza sólo propia de los héroes.

94

El anillo consular

Zama,
20 de octubre del 202 a.C.

Campamento general romano en Zama

Al amanecer, bien temprano, tras un frugal rancho de gachas de trigo en leche de cabra y algo de pan y agua, el general estaba en el *praetorium* junto con Cayo Lelio, un encogido Silano reclinado en una butaca por las heridas de las que intentaba recuperarse, un magnífico aunque siempre distante Masinisa, rey ya de toda Numidia, y los centuriones de segundo rango ante la ausencia de los tribunos y los *primus pilus* de la V y la VI. Publio, sorprendentemente restablecido en sus energías y dotes de mando, estaba dando las instrucciones necesarias para organizar la marcha de las legiones hacia Útica, donde podrían recuperarse de la batalla y esperar más refuerzos y provisiones, al tiempo que se enviarían mensajeros a Cartago para no ya negociar, sino simplemente informar de cuáles eran las condiciones de paz que Roma imponía. En ese momento, Marco, el más veterano de los *lictores*, entró en la tienda.

—¿Y bien? —preguntó el general.

—Ha llegado un mensajero.

—¿De Cartago? —inquirió el general con el ceño fruncido. Era demasiado pronto como para que las noticias hubieran llegado y los senadores de Cartago hubieran tenido tiempo de decidir algo.

—No, de Hadrumentum. Es un mensajero de Aníbal. Parece que es allí donde se va a refugiar el general cartaginés.

—¿De Aníbal? —Publio Cornelio Escipión separó sus manos de los mapas que había estado consultando y se sentó en su *sella curulis*, frente a la mesa—. Que pase.

Un caballero púnico, con uniforme y presencia militar, pero con sus ropas, brazos y piernas cubiertos por sangre seca, igual que su poblada barba y su casco polvoriento, entró mirando a uno y otro lado, pasando entre los centuriones del ejército con el que había estado luchando el día anterior. Los romanos, toda vez que lo capturaron en las proximadades de la llanura, respetaron su vida, porque no dejó de gritar que lo enviaba Aníbal para hablar con el general romano y había algo en su voz que imponía no sólo respeto, sino miedo, en los romanos que le rodearon, por lo que los legionarios se limitaron a desarmarlo y pasearle por entre todos los muertos de sus compatriotas y mercenarios de su Estado, de modo que cuando aquel que se decía mensajero de Aníbal, si se marchaba de allí con vida, sólo pudiera contar a Aníbal y a todos los cartagineses que allí no quedaba un solo soldado de Cartago con vida.

—Habla, oficial de Cartago, te escucho —dijo Publio, sin saber muy bien a qué obedecía aquella visita. El caballero cartaginés no dijo nada, sino que rebuscó bajo sus ropas con cuidado de no levantar las suspicacias de los centuriones y demás oficiales romanos, y sacó un pequeño paño de tela que, muy despacio, acercó hasta la mesa del general y lo depositó sobre los mapas.

—Esto es de Aníbal —dijo el cartaginés en un griego bastante correcto—. Mi general dice que una promesa es una promesa, incluso si ésta es una promesa al mayor de sus enemigos.

Publio se incorporó en su butaca y tomó el paño de tela entre sus manos. Lo abrió con tiento y, al separar los diferentes pliegues de aquel tejido, ante sus ojos emergió un anillo dorado: el anillo consular de oro puro de Emilio Paulo, su suegro, abatido por las tropas cartaginesas en la batalla de Cannae. Publio lo tomó con cuidado con su mano izquierda y lo depositó en la palma de su mano derecha, que cerró con fuerza, como si estrechara la mano de un ser querido que no veía hacía mucho tiempo.

—¿Y los otros anillos? —preguntó el general.

El oficial cartaginés se retiró un poco dando un paso atrás. Temía esa pregunta.

—Aníbal dice que... —empezó pero no se atrevía a seguir.

—Habla, cartaginés. Eres un mensajero y me has traído algo muy preciado para mí. Tu vida será respetada. Dime lo que ha dicho Aníbal. Quiero saberlo, quiero escucharlo.

El oficial tragó saliva. Le gustaría poder quitarse el casco. El sol ya había salido y estaba calentando la tienda con intensidad. Empezó a sudar.

—Aníbal ha dicho que los otros anillos son suyos por ley de guerra y que si Roma los quiere Roma tendrá que arrebatárselos, y eso Roma sólo lo podrá hacer de su cuerpo muerto.

Todos contuvieron la respiración, empezando por el propio oficial púnico, firme en medio del *praetorium*, pero Publio sonrió y todos parecieron relajarse un poco.

—Dile a Aníbal que esos anillos pertenecen a Roma y que Roma los recuperará un día, de su cuerpo muerto o apresado, pero es cierto que sólo dijo que si quería recuperar este anillo debía derrotarle en el campo de batalla y no se refirió a los demás anillos, eso es cierto, como lo es también que Aníbal ha cumplido su promesa, lo cual me ha impresionado. —Y continuó dirigiéndose a Marco—. Ahora que acompañen a este hombre a un lugar tranquilo donde pueda comer y beber sin ser molestado. Es un guerrero como nosotros y a la luz de su apariencia luchó con vigor ayer; luego, que se le proporcione una escolta que lo lleve hasta las cercanías de Hadrumentum o de Cartago, donde él os diga, y allí dejadlo libre.

El oficial cartaginés iba a dar media vuelta, el cónsul romano ya se había vuelto a levantar y volvía a contemplar los mapas, pero antes el caballero púnico se atrevió a añadir algo.

—Gracias, general.

Publio Cornelio Escipión levantó la mirada de la mesa y se irguió por completo. El oficial púnico ya se retiraba escoltado por Marco y el resto de los *lictores* cuando el general hizo una pregunta.

—¿Y cuál es tu nombre, cartaginés?

El aludido volvió a girarse para quedar de nuevo frente al procónsul.

—Maharbal, procónsul de Roma, mi nombre es Maharbal.

Todos estaban sorprendidos, porque era la primera vez que oían a un oficial cartaginés dirigiéndose a un general romano reconociendo su rango. La conversación continuó.

—¿Y cuál es tu rango, oficial? —preguntó Publio con curiosidad—. Debes de ser alguien importante para que Aníbal te confíe un mensaje privado como el que me has traído.

—Soy su jefe de caballería, general.

—Entiendo. —Publio meditó un momento—. Resististeis con vehemencia ayer, pese a estar en clara inferioridad numérica frente a mis jinetes.

—Hice lo que pude. Hice lo que me ordenaron.

—Y tu resitencia casi consigue una nueva victoria para Aníbal.

—Me faltaron hombres, general. De hecho, Aníbal está convencido de que si hubiera tenido más jinetes, él sería quien habría derrotado al procónsul.

—Pero tenía los elefantes y yo no —replicó Publio—. Aníbal ha sido derrotado porque yo he planteado mejor la batalla y mis hombres han luchado con coraje.

Maharbal tenía argumentos para rebatir la afirmación del general romano, pero no quiso continuar aquel debate ni forzar su suerte. El propio procónsul pareció también ceder un poco.

—En todo caso, es indudable que no faltó valor entre los cartagineses —comentó Publio mirándole fijamente. Maharbal sostuvo la mirada. El general apostilló una última frase—. Es una lástima que no seas romano.

Maharbal sonrió y el general le respondió con un ligero cabeceo de asentimiento. Luego el oficial cartaginés se retiró y salió de la tienda. En el exterior, Marco se dirigió a él de nuevo. Maharbal detectó cierto tono de respeto.

—Ven. Te daremos buena comida y bebida. Luego, como ha ordenado el procónsul, te escoltaremos hasta donde digas.

Maharbal asintió y ambos hombres desaparecieron entre una gran cantidad de legionarios que se estaba congregando con ánimo de escupir e insultar al oficial cartaginés, pero cuando se cruzaban con la firme mirada de Marco, el *proximus lictor* del procónsul, todos callaban y nadie decía nada.

En el interior del *praetorium*, Publio continuaba con sus instrucciones a sus oficiales, pero su mano derecha la mantenía cerrada, a su espalda, apretando con fuerza el anillo consular de Emilio Paulo.

Hadrumentum

Aníbal escuchó el relato de Maharbal con interés, en especial cuando su jefe de caballería repitió las palabras de Publio Cornelio Escipión en las que insistía que había vencido por haber planteado mejor la batalla que el propio Aníbal.

—Así que, después de todo, es vanidoso —comentó el general cartaginés con una sonrisa extraña—. Noble, pero vanidoso. Deberá tener cuidado el general romano. La vanidad en Roma crea muchos enemigos... —Y Aníbal se puso serio antes de continuar; le dolía que el procónsul de Roma no hubiera admitido que la falta de caballería en el bando de Cartago había sido crucial—. Y no, no debería vanagloriarse de haberme derrotado, pues eso alimenta en mí algo que creía olvidado.

Maharbal le miró confuso.

—Las ansias de venganza —sentenció Aníbal—. No ahora, no en mucho tiempo, pero la vida es larga y quizás alguna vez, en algún momento, en algún lugar, tenga en mi mano la herramienta con la que causar una derrota a ese Escipión mucho más dura y fatal que la que él me ha infligido a mí. No, no hace bien en vanagloriarse de mi derrota. —Y lo repitió una vez más, como grabándose en la memoria aquellas palabras para recordarlas bien en el futuro—. No, no hace bien. No hace bien. Todos terminamos siendo vulnerables alguna vez. Todos.

95

El final de una guerra

Cartago, noviembre del 202 a.C.

Aníbal llegó a las puertas de Cartago en la muralla del istmo bordeando el lago de Tynes en el sur. Llegaba arropado por sus más fieles oficiales. Maharbal cabalgaba junto a él y, al igual que el resto, iba cabizbajo. Todos tenían aún manchas de sangre en sus uniformes. La estancia en Hadrumentum no había servido ni para recuperar la moral ni para reequiparse con nuevas ropas. Sólo para guarecerse de las crecidas y envalentonadas «legiones malditas». Al abrirse las puertas de la ciudad, Aníbal desmontó.

—Iremos andando. Tengo ganas de dar un paseo —dijo mirando a Maharbal. Éste asintió e imitó a su general y lo mismo hicieron el resto de los oficiales y soldados que le acompañaban.

Eran unos doscientos guerreros, la mayoría cartagineses y africanos, leales a los Barca desde tiempos de su padre Amílcar. Habían combatido con aquel primero y luego con su hijo Aníbal en Hispania, la Galia, Italia y ahora en África, compartiendo las más espectaculares victorias y las más dolorosas derrotas. Siempre con Aníbal, allí donde él decía que se debía acudir, aquellos hombres le seguían, como ahora lo hacían en la más dura de las retiradas, en su propia patria, con los romanos siguiéndoles los talones, tras haber perdido todo un ejército apenas a un par de días de marcha de Cartago. Entraron en la ciudad por la puerta de Thapsus y, a buen paso, cruzaron la urbe desde la muralla del istmo hasta el puerto comercial y luego la impresionate bahía militar semicircular de Cartago. Dejando a sus espaldas el monte Tofet, alcazaron la gran plaza del ágora, a los pies de la colina Byrsa, donde se levantaba el Senado de Cartago.

El edificio donde se reunía el Senado de la ciudad estaba custodiado por un centenar de soldados púnicos. Aníbal los miró y sacudió la cabeza. Eran jovenzuelos inexpertos incapaces ni siquiera de sostener las lanzas rectas. Estaban orgullosos pero también asustados. El general los veía con los ojos nerviosos fijos en las corazas ensangrentadas de sus veteranos. Aníbal empezó a ascender por la escalinata seguido por sus guerreros. Una docena de aquellos jóvenes guardias se interpuso ante el general justo frente a las grandes puertas de bronce que daban acceso a la sala donde permanecía reunido el Senado de la ciudad. Aníbal se detuvo. Escuchó cómo sus hombres desenvainaban las espadas; entonces levantó su brazo derecho y todos sus veteranos volvieron a envainar las armas. Los jóvenes guardias del Senado apretaron los labios. Sudaban. Había un silencio tenso. Aníbal no tenía prisa por hablar. Al fin, uno de los jóvenes centinelas se decidió a dirigirse a él.

—El Senado de Cartago está reunido. Nadie puede entrar.

Los doce guardias mantuvieron su posición frente al gran general púnico. Aníbal respiró un par de veces, con calma, en sosiego. Los malos momentos los había pasado en el desenlace de la batalla. Ahora vivía en una calma fría que en situaciones tensas le hacía moverse despacio, hablar despacio, respirar despacio.

—¿Tú sabes quién soy yo, soldado? —preguntó Aníbal.

El aludido asintió un par de veces antes de responder.

—Aníbal Barca.

—Bien. Pues ahora apártate y preserva tu sangre para derramarla por la patria, pues tu patria pronto te lo pedirá. —Y antes de que el guerrero pudiera reaccionar, lo apartó con su poderoso brazo derecho, haciéndolo a un lado y alcanzando así las puertas de bronce. El resto de sus hombres le imitó y en un par de segundos los jóvenes guardias rodaban por las escaleras. Aníbal y Maharbal empujaron las pesadas puertas del Senado de Cartago y éstas cedieron a su fuerza. Las bisagras chirriaron como si de ratas asustadas se tratara. La luz iluminó una amplia estancia en penumbra y de entre las sombras empezaron a dibujarse las siluetas de decenas de senadores sentados a ambos lados de aquella gran sala. Aníbal miró hacia atrás y sus hombres comprendieron. Sólo el general y Maharbal cruzaron el umbral. Ambos pasearon con lentitud entre los sorprendidos senadores de Cartago hasta detenerse al fondo de la estancia, frente a dos hombres de mayor edad, sentados en dos grandes butacas de piedra. Los sufetes. Uno de ellos, el más anciano, grueso, pesado y lento se alzó indignado.

—¡Por Baal, nadie puede interrumpir una sesión del Senado de Cartago! ¿Cómo te atreves?

—Vengo a informar al Senado de una derrota importante —respondió Aníbal sin enfado, sin alegría, casi sin sentimiento.

—Que has sido derrotado en Zama es algo que ya sabemos. Ahora debemos decidir cómo continuar la lucha, cómo defender la ciudad, así que sal de aquí y espera órdenes —replicó el sufete. Aníbal vio cómo sudaba por las sienes. Hablar debía de ser ya en sí un gran esfuerzo físico para aquel obeso gobernante. El general cartaginés no se movió del lugar que ocupaba en medio del edificio del Senado de Cartago. Maharbal, sin embargo, había iniciado un prudente retroceso que refrenó al escuchar de nuevo la voz de su general, pero no podía evitar sentirse incómodo enfrentándose al Senado de su ciudad.

—¿Seguir la lucha? —preguntó Aníbal en tono normal al sufete, y luego repitió la pregunta elevando la voz y dirigiéndose a todos los senadores—. ¿Seguir la lucha? ¡Por Baal y Tanit y todos los dioses! ¿Cómo, con qué ejército, con qué generales?

El sufete comprendió que Aníbal no sería persuadido a salir con una simple orden. Como hábil político, decidió cambiar de estrategia y ganarse el favor del general, llevarlo a su terreno, al menos en aquella situación. Luego, ya se vería. Ya se vería.

—Tenemos todo el dinero del mundo, oro y plata; en Cartago hay jóvenes dispuestos a luchar y el oro y la plata atraerán a mercenarios a nuestras filas. Tenemos barcos, una poderosa flota. Cartago es fuerte y... y... y tenemos el mejor general. Tenemos a Aníbal.

Aníbal se volvió de nuevo hacia él. Sonrió con despecho.

—¿Tenéis dinero?

—Sí —reafirmó el sufete con seguridad—. Todo el que haga falta.

—Y tenéis jóvenes dispuestos a luchar, como los guardias de las puertas del Senado, ¿es eso lo que me dice el sufete de Cartago?

—Así es.

—Y barcos —repetía Aníbal.

—Sí. La lucha puede seguir.

Aníbal le dio la espalda, puso los brazos en jarras y suspiró. Por un breve instante estuvo a punto de atravesar con su espada a uno de los sufetes de Cartago. Por respeto a la memoria de su padre, siempre fiel a las instituciones y a su lenta y complicada forma de gobierno, se contuvo. Con parsimonia se giró de nuevo hacia el sufete y le habló con decisión pero con una voz vibrante que no podía ocultar su emoción.

—¿Y teniendo dinero, no me enviasteis el suficiente para satisfacer las pagas de mis hombres en Italia, y teniendo barcos no me proporcionasteis bastantes transportes para traer todo mi ejército a África? Unos barcos más, unos barcos más y habría podido embarcar a todos mis veteranos, los mejores guerreros del mundo, los más fieles, los más feroces en el campo de batalla; tuve que licenciar a centenares, a miles allí, abandonarlos a su suerte, para que fueran devorados por las legiones de Roma y su venganza. Unos barcos más, unos pocos barcos más y habría podido embarcar toda mi caballería y, sin embargo, tuve que sacrificar a centenares de caballos porque no tenía suficiente espacio en las bodegas de los transportes que me enviasteis. Y en Zama he perdido porque la caballería de nuestro enemigo era más numerosa. Unos pocos barcos más y habríamos derrotado entre todos al general romano que ahora es dueño y señor de África. —Hizo una pausa; el sufete fue a decir algo, pero Aníbal, mirando al suelo, levantó su mano y el sufete se detuvo sin atreverse a decir nada. Aníbal continuó con su discurso moviéndose por toda la sala, bajo la atenta mirada de todos los senadores de Cartago—. ¿Seguir la lucha? Dices que tenéis jóvenes dispuestos a continuar la lucha. Si son como los guardias de las puertas del Senado Escipión los tomará como desayuno y luego vendrá a por vosotros como postre. Un ejército no se forja de un día para otro. Yo tenía las mejores fuerzas del mundo en Italia, pero ni me disteis los suficientes suministros ni el suficiente dinero para tener satisfechos a mis mercenarios. Tenía que combatir y al mismo tiempo autoabastecerme en gran medida y ahora resulta que aquí hay todo el dinero del mundo; pues escuchadme bien, escuchadme muy bien todos y atended al significado de mis palabras: ya es tarde. ¡Es tarde! ¡Tarde, tarde, tarde! Publio Cornelio Escipión ha forjado su propio ejército con veteranos de sus campañas en Hispania, con veteranos de la guerra de Italia, con los que ha conseguido victorias en Hispania, la propia Italia y ahora aquí en África. Esos jovenzuelos que tenéis apostados como centinelas por las murallas de nuestra ciudad no son enemigo para esas legiones. Los legionarios de Escipión han resistido una carga de ochenta elefantes en estampida, por todos los dioses, ochenta elefantes, ¿entendéis bien lo que os digo? Han masacrado vuestras nuevas levas y sólo han cedido terreno ante mis veteranos, pero claro, si no tengo suficiente caballería para guardar mis flancos, porque mis caballos yacen sacrificados por vuestra avaricia en las costas del sur de Italia, yo solo no me basto para detener a la caballería romana y númida. Y dices que tenéis el mejor general. —Aníbal volvió a sonreír lacónicamente—. Eso son halagos tardíos también. Vuestro Aníbal no tiene ejército y los romanos, además de su ejército, han encontrado en Publio Cornelio Escipión su propio Aníbal. Y me decís que podemos recurrir a más mercenarios. ¿Dónde, pregunto yo? En dos años de campañas, Escipión ha arrasado a todas nuestras tribus y poblaciones aliadas y nuestro gran aliado, el rey Sífax, está expuesto, cubierto de cadenas frente a la tienda del general romano. Son los romanos los que ahora, por medio del maessyli Masinisa dominan y controlan Numidia. Y no sólo eso. Incluso si conseguimos traer alguna ayuda de Hispania o de Grecia o de Asia o de donde sea, Aníbal ya no está en Italia y, sin mí acosándoles allí, ya no tienen motivo para no desplazar a África a todas sus legiones. Y son muchas, más de dos decenas. Y no veo qué fuerza podamos reunir ahora para oponernos a la potencia descontrolada de la venganza de Roma. Sólo nos resta una salida. —Aníbal ignoraba al sufete y sólo se dirigía ya a los senadores—. Sólo os resta negociar una paz lo menos dolorosa y humillante posible para salvar la ciudad. Luego el tiempo deberá ser, una vez más, nuestro aliado. Habéis de negociar una paz que nos dé una posibilidad en el futuro. Ahora ya no se puede luchar. No se puede luchar.

El sufete dio un par de pasos y se puso junto a Aníbal. Estaba especialmente indignado por que Aníbal hubiera decidido ignorarle mientras terminaba su discurso.

—Pues debes luchar y harás lo que el Senado de Cartago te ordene.

Aníbal se volvió hacia él.

—Lo he hecho durante dieciséis años, he perdido a mis dos hermanos en el campo de batalla y no he conseguido la victoria. Quizá la estrategia del Senado no sea la mejor para derrotar a Roma.

—No importa lo que pienses. Eres un general y debes lealtad a este Senado y harás lo que el Senado te ordene.

Aníbal, en pie, bajó la cabeza y negó un par de veces antes de volver a hablar sin mirar a nadie. Era como si, más que contestar, hablara consigo mismo.

—No, gran sufete de Cartago, no. Aníbal está cansado. Estoy cansado. Primero todas las campañas en Hispania para conquistar un imperio que luego Cartago no supo mantener y después dieciséis años luchando contra las legiones y los cónsules de Roma. No. Estoy cansado. No tengo ejército y no hay propósito en continuar la contienda. Aníbal, gran sufete, se va a descansar. —Y les dio la espalda a todos y se encaminó algo abatido, pero con paso decidido, hacia las puertas abiertas donde sus hombres le esperaban ansiosos.

—¡Detente, Aníbal! —le espetó con furia el sufete—. ¡Debes luchar!

Y Aníbal se detuvo. Dio media vuelta y retornó sobre sus pasos. Maharbal vio cómo Aníbal desenvainaba su espada y temió que el general se condenara allí mismo ante todos los senadores de Cartago. Fue a intervenir, pero el veterano general era ágil como una gacela y para cuando el jefe de la caballería púnica quiso moverse, Aníbal ya estaba con la espada en ristre frente al sufete. El gobernante caminaba hacia atrás sin dar crédito a lo que estaba sucediendo. Tropezó al retroceder y cayó al suelo. Los senadores se levantaron de sus asientos. Aníbal se abalanzó sobre el sufete, estiró el brazo izquierdo y ayudó a levantarse al grueso y horrorizado sufete. A continuación lanzó su espada al aire, ésta giró y Aníbal la tomó por la punta acercando él la empuñadura hacia el sufete, que no entendía lo que sucedía.

—Aníbal no piensa luchar —dijo el gran general ofreciendo su espada por el mango—, pero aquí tienes mi arma. Es una buena espada. Quizá te ayude. Ha matado a muchos romanos, incluso cónsules. Quizás encuentres en ella la capacidad para enfrentarte a los romanos, aunque lo dudo. No retrocedas más. Tómala. Tómala. —El sufete cogió la empuñadura y Aníbal soltó el arma. El peso de la espada, inesperado para el nervioso sufete, hizo que ésta cayera al suelo resonando con un golpe metálico por toda la sala—. Vaya, por todos los dioses —continuó Aníbal sonriendo—, quizá la espada pesa demasiado para nuestro gran sufete. Es una auténtica lástima. Combatir es fácil, mentecato, es fácil cuando uno está en su propia casa, engordando con festines y banquetes, pero cuando se trata de blandir una espada, las cosas son algo diferentes; pero no es tan complicado, pequeño y gordo sufete de Cartago: basta con esgrimir la espada de uno con más fuerza que el odio del enemigo, basta con blandir la espada con más agilidad, basta con usar la espada con más rapidez. Eso es todo lo que tienes, lo que tenéis que hacer. Yo, ahora, me retiro a mi casa a descansar. —Y Aníbal se dio media vuelta y no parecía ya que ningún senador fuera a interponerse en su camino, cuando de entre las sombras emergió la figura del general Giscón que, en calidad de senador de Cartago, había acudido a aquella sesión. Aníbal, al verle, se detuvo, sin ocultar su sorpresa.

—¡Y por Baal, aquí está el general Giscón! Te felicito, general, éste es sin duda un buen lugar donde esconderse.

Giscón se situó frente a Aníbal.

—Debes escuchar a los sufetes, al Senado, Aníbal, y obedecer y luchar y...

—Yo no recibo más órdenes estúpidas —le interrumpió Aníbal visiblemente enojado—. Y tampoco voy a escuchar a un mal general que perdió primero Hispania y luego África y que lo único que ha sabido hacer es vender a su hija para conseguir poder, un padre que fue tan inútil que hasta eligió mal a la hora de entregar a su hija. —Y Aníbal se acercó hasta poner su frente junto al agrio y torcido rostro de su interlocutor—. Giscón, debiste casar a tu preciosa hija con Masinisa y no con Sífax. Hasta en eso Escipión supo elegir mejor.

Giscón, humillado, quedó sin palabras y no reaccionó cuando Aníbal reemprendió la marcha hacia las puertas del Senado. No había esperado ese ataque tan mordaz y despectivo. Aunque quizá no fuera ni el mejor general ni el mejor padre, había sentido la muerte de su hija y su aflicción le reconcomía las entrañas. Fue allí mismo, en ese mismo instante, cuando juró vengarse de Aníbal. Los romanos ya no importaban.

Al salir, descendiendo las escaleras del edificio del Senado, Aníbal habló a Maharbal en voz baja.

—Vamos a mi casa. Voy a descansar. Allí pueden pernoctar los oficiales y tú ocúpate de que los veteranos tengan alojamiento adecuado en la ciudad, ¿lo harás?

—Por supuesto, mi general.

—Bien, ah, y procúrame otra espada. En esta ciudad de ladrones no es sensato moverse desarmado.

Maharbal reclamó un arma para el general y varios veteranos ofrecieron la suya. Aníbal tomó un *gladio* de doble filo que le ofrecía un ibero y el hispano se llenó de orgullo. El regimiento de ensangrentados soldados púnicos y mercenarios desapareció por las calles de Cartago en dirección a la residencia de los Barca.

96

El mayor general de Roma

Roma, noviembre del 202 a.C.

El foro de Roma era un hervidero de gentes que corrían de una parte a otra transmitiendo la noticia de la derrota de Aníbal. Los mercaderes descendían por el *Argiletum* y las estrechas calles entre el *Macellum* y las *tabernae novae*. Hasta los sacerdotes habían venido desde los más apartados templos de la ciudad para confirmar que el gran enemigo de Roma había sido derrotado definitivamente. Sólo las vestales del templo de Vesta permanecían en su lugar, preservando la llama sagrada de la diosa. Miles de personas ascendían por el *Vicus Jugarius* desde el mercado de verduras próximo al Tíber y por el *Viscus Tuscus* accedían al foro los que venían desde el mercado del ganado en el *Foro Boario* y también llegaba una muchedumbre por el *Clivus Argentarius* pasando entre la prisión y el *Comitium* para alcanzar así el entonces abarrotado foro de la ciudad. Los senadores confirmaban la noticia a cuantos se atrevían a preguntarles y pronto la felicidad más intensa se esparció por todos los vericuetos de la ciudad latina, capital ahora de un floreciente imperio que extendía sus dominios desde Hispania hasta Italia, desde las fronteras del norte con ligures y galos, hasta la mismísima costa de África, pasando por el dominio sobre las grandes islas del Mediterráneo como Sicilia y Cerdeña y los asentamientos en la costa griega del Adriático. Y todo eso con el mayor enemigo de la ciudad derrotado por el que todos ya aclamaban como el mayor general de Roma: Publio Cornelio Escipión. Un *triunfo*. Sí. Un *triunfo* deslumbrante es lo que merecía aquel procónsul que los había liberado del yugo de Aníbal, después de dieciséis años de guerra, años interminables plagados de esfuerzos, dolor y sufrimientos. Escipión llevó la guerra a África y África reclamó a Aníbal, tal y como había predicho Escipión en el Senado de Roma, y luego en África, con las «legiones malditas», con las legiones V y VI, con las legiones despreciadas por todos, ese mismo general Publio Cornelio Escipión había derrotado al mismísimo Aníbal. Elefantes. ¿Ochenta, cien, mil? Las cifras se exageraban o se invertían. ¿Cuantás bajas? ¿Cincuenta mil cartagineses? ¿Cien mil? Y pocos romanos muertos. Cartago sin ejército, con la flota refugiada en su bahía, con Escipión acechando, preparando el asedio final o negociando una rendición incondicional. No había dudas para nadie: Publio Cornelio Escipión era el mayor general de Roma, el mejor, el más hábil, el más poderoso. No había dudas para nadie, esto es, para prácticamente nadie.

Marco Porcio Catón se retiraba del foro ensimismado, rodeado de una pléyade de ex gladiadores, contratados como guardaespaldas, que se abrían camino entre la multitud a empellones. Iba de regreso a su austera casa, donde refugiarse de aquella locura que se había apoderado de la ciudad, pero de camino decidió que aquello no sería suficiente para escapar de aquel gentío y sus gritos. Un carro le esperaba en el *Argiletum* y con él cruzó por en medio de aquel loco bullicio de Roma y no se detuvo un instante hasta salir de la ciudad y llegar a la antigua villa de su mentor Quinto Fabio Máximo, a quien el Senado había decidido aquella misma mañana concederle una corona *post mortem* en recuerdo por su gran labor y lucha durante los años en que defendió a la ciudad de Aníbal, pero ¿recordaban a Máximo en el foro de Roma? No. Nadie tenía un instante para rememorar al que fue el más grande de todos, al que todos volvieron sus ojos cuando Aníbal estaba a las mismísimas puertas de Roma cabalgando con sus jinetes númidas, paseándose por las murallas, desafiándolos a todos, cuando todos se escondían asustados, como gallinas, incluido el Escipión al que tanto alababan, todos escondidos, excepto Fabio Máximo. ¿Y ahora? Todo era Escipión, Publio Cornelio Escipión. Cuánta razón tenía Máximo en sus últimas palabras. Hasta aquel día en que toda Roma se llenaba la boca con el nombre de aquel joven vanidoso procónsul, Catón no había llegado a comprender el auténtico alcance de las ominosoas palabras de Máximo en el momento de su muerte: Escipión, el mayor enemigo de Roma.

Catón entró en el recinto vallado de la villa de Máximo, en la que le estaba permitido entrar por deseo expreso de su antiguo dueño y allí buscó algo de paz, un poco de silencio en el que encontrar la fórmula para devolver la razón a Roma y evitar que el Estado se perdiera en manos de un pueblo hechizado por un general afortunado y manipulador. Un esclavo recibió a Catón a la entrada de la villa. Sólo quedaban los esclavos, pues había vendido todas las esclavas. Cuantas menos mujeres en el servicio mejor. Además, fue un buen negocio. Especialmente en el caso de la venta de las dos esclavas egipcias por las que sus intermediarios obtuvieron unas sorprendentes ofertas en el mercado de esclavos. Eso no le importaba. El dinero que obtuvo por la venta, sí. Allá cada uno con la forma de gastarse el dinero. Marco Porcio Catón sacudía la cabeza de un lado a otro. Debía buscar esposa, una joven matrona romana, decente y casta con la que desposarse y dar ejemplo a una cada vez más caótica ciudad sumida en el delirio colectivo, pero no era sencillo encontrar una joven discreta en aquellos tiempos de constante cambio y creciente influencia extranjerizante. Escipión, Escipión, Escipión. Como si sólo ése hubiera sido el único general de aquella larga guerra. El esclavo se acercó para retirar la toga a su amo y ofrecerle una bacinilla con agua para lavarse y quitarse el polvo del camino. Mientras su señor se echaba agua por los brazos, el esclavo tuvo el atrevimiento de hacer una pregunta.

—¿Es cierto, mi amo, que Roma está salvada?

Marco Porcio Catón se sacudió el agua con frenesí, como si al mismo tiempo quisiera sacurdirse no ya el polvo sino los gritos y el tumulto de toda la ciudad.

—No —respondió con furia—. Roma está más en peligro que nunca. Sólo que los muy imbéciles no lo saben, pero yo lo solucionaré; lo prometí y lo haré. —Y se alejó, soltando una carcajada hueca y tenebrosa, dejando al esclavo con la bacinilla llena de agua sucia, la boca abierta y su mente confusa.

97

El rescate de un amigo

Roma, noviembre del 202 a.C.

Plauto se llevó un paño húmedo a la boca y la nariz. El aire era infecto, mucho más que en su última visita a la prisión de Roma. Debía de ser por el calor de aquel extraño y húmedo otoño de días bochornosos. Las paredes de la gruta rezumaban agua sucia procedente de la *Cloaca Máxima* de la ciudad, cuyo curso transcurría próximo a las galerías subterráneas de la cárcel y los dioses parecían haber encontrado un retorcido entretenimiento en añadir a los males de los presos el espeluznante olor del más antiguo alcantarillado de la ciudad. Y es que el cieno de Roma se filtraba por diminutas grietas y recovecos hasta alcanzar las paredes excavadas en las entrañas de la ciudad utilizadas como prisión para aquellos ciudadanos a los que la metrópoli condenaba a una muerte segura, toda vez que la prisión antigua, la de tiempos de Anco Mancio, se quedó pequeña para albergar a tantos prisioneros como Roma iba acumulando en sus guerras de expansión. Esa prisión más antigua, construida en el remoto pasado de la República y denominada *Tullianum*, era de condiciones aún más duras, pues en ella sólo se arrojaba a los prisioneros para morir de hambre y sed. En la nueva cárcel, la de los prisioneros de guerra, llamada *Lautumiae*, las condiciones no eran mucho mejores, y el olor a cloaca incluso peor, pero los que allí entraban tenían aún una mínima esperanza de salir con vida, si el destino y la diosa Fortuna se apiadaban de ellos. Era por las grutas de esta segunda cárcel por donde caminaba Plauto con su paño húmedo en la nariz, sudando, preguntándose en qué estado encontraría a su viejo amigo Nevio.

El legionario que acompañaba a Plauto se detuvo frente a una verja de hierro oxidado diferente a la de la vez anterior. El soldado golpeó el hierro con la espada y pequeños trozos de los barrotes cayeron al suelo encharcado. El chasquido metálico reverberó en las bóvedas de los pasadizos. Se escucharon gemidos de decenas de personas que venían del interior. Los presos, con frecuencia, perdían el sentido del tiempo y de la orientación y decían que muchos dejaban de hablar, limitándose a gruñir como animales. En ocasiones se mataban entre ellos por conseguir un poco más de comida, robándosela a otro preso que estuviera más débil o enfermo. Llegaron otros legionarios y se apostaron a ambos lados de la puerta mientras el primero de ellos hacía girar una rueda en la que engarzaba una gruesa cadena. El movimiento de la cadena tiraba de la parte superior de la verja y ésta se iba abriendo, chirriando por el desuso.

—¡Nevio, el poeta, que venga! —gritó el legionario una vez que terminó de abrir la verja—. ¡Tienes amigos poderosos, poeta! ¡Tienes más fortuna de la que mereces!

De entre las sombras del interior de la celda, un hombre encorvado por los años de encarcelamiento, con el pelo sucio y largo, barba espesa de meses y meses sin afeitado, el rostro pálido y el cuerpo esquelético por la malnutrición, se aproximó a la entrada de la celda. Miraba con los ojos nerviosos de un lado a otro, desconfiando.

—Soy yo, Nevio —dijo Plauto adelantándose a los legionarios que rodeaban la puerta en prevención de que el resto de los prisioneros intentara algún movimiento en falso.

Nevio llegó al umbral y miró a su viejo amigo. Había pasado año y medio desde su última visita y casi cuatro desde que lo encerraron.

—Plau... to... —acertó a decir Nevio con un endeble hilillo de voz.

—Vengo a sacarte, viejo amigo —dijo Plauto con la voz vibrante por la emoción contenida—, el general del que te hablé... derrotó a Aníbal y ha pedido tu liberación. Eres libre, Nevio, ven, ven conmigo. —Y le ofreció su brazo para que se apoyara en él al salir de la celda.

Nevio dudaba.

—¿Salir...?

Pero Plauto fue contundente: le tomó por el brazo y estiró de él hasta sacarlo por completo. Nada más salir de la celda, caminaron unos pasos y se alejaron de la entrada. A sus espaldas quedó la tumefacta verja que descendía lanzando sus aullidos estridentes al rozar las cadenas con la piedra húmeda de la prisión. Se oyeron gritos. Plauto se volvió hacia atrás y vio cómo varios presos pugnaban por salir de la celda. Los legionarios les contenían a empellones, mientras la verja descendía lenta y pesadamente. Demasiado despacio. Dos de los presos se hicieron un hueco y salieron de la celda. Plauto y Nevio se hicieron a un lado del pasillo. Llegaban más legionarios como respuesta a los gritos de sus compañeros atacados. Plauto temió que en medio del tumulto los recién llegados se confundieran y los atacaran también a ellos, pero el legionario que había abierto la puerta se les acercó y dio instrucciones a los nuevos soldados que se incorporaban al pasadizo.

—¡Éstos no! ¡Éstos son libres! ¡Los de la puerta! ¡Rápido, por Hércules! ¡Matad a todos los que salgan de la celda! —Y el oficial cogió a Plauto por el brazo y condujo a los dos escritores por las grutas mal iluminadas del *Lautumiae*, maldiciendo mientras se oían terribles gritos y golpes a sus espaldas. El oficial caminaba decidido y empezó a hablar en voz baja, como si su voz le acompañara en las entrañas de aquel reino subterráneo que le tocaba gobernar—. Siempre igual, siempre igual. Cada vez que sale alguien tenemos que matar a varios. —Y escupió en el suelo. Se detuvo a mitad de un nuevo pasadizo y señaló el final a Plauto. El escritor asintió y se encaminó hacia allí, ayudando al debilitado Nevio. El oficial dio media vuelta de regreso hacia el tumulto. Los alaridos y golpes habían cesado. Plauto caminó con Nevio hacia donde se le había indicado. Al final empezaba a distinguirse la claridad del exterior, pequeños rayos de sol que se colaban por la puerta de acceso a la prisión.

—Así que tu general ha derrotado a Aníbal... —comentó Nevio, que a medida que se alejaban de la celda parecía ir recuperando el sentido de las cosas.

—Así es.

—Eso es admirable... admirable... —continuó Nevio—. Es una paradoja del destino.

—¿El qué? —preguntó Plauto.

—Fui encarcelado por criticar a un patricio y es otro patricio el que me libera. —Y empezó a toser echando escupitajos de sangre por la boca.

—La vida es contradictoria, eso lo hemos hablado muchas veces —comentó Plauto deteniendo un momento la marcha para que su amigo se recuperara. El aspecto de aquella sangre salida de la boca de Nevio no presagiaba nada bueno. Reemprendieron la marcha.

—Es cierto, viejo amigo. Ha debido de costarte mucho rogarle por mí a ese noble de Roma. —Y Nevio calló y se detuvo una vez más, en parte para recuperar el aliento, en parte para observar los ojos de su salvador.

—Era la única forma de sacarte de aquí —se justificó Plauto.

—Y te lo agradezco. De veras.

—Pues sigamos caminando y lleguemos al final de este asqueroso pasadizo.

Nevio sonrió.

—Ha sido mi casa cuatro años, creo; deberías mostrar más respeto hacia mi humilde morada. —Y sonrió, aunque la tos volvió a apoderarse de él y tuvo que apoyarse en la pared una vez más.

Plauto se sintió feliz de ver cómo Nevio volvía a ser el Nevio de siempre, pero la preocupucación por su estado físico era creciente. Al final de la oscura ruta, el demoledor impacto de la poderosa luz del sol hizo que Nevio se llevara las manos al rostro incapaz de mirar en medio de aquel resplandor.

—Deberás guiarme por las calles de Roma —dijo Nevio sin quitarse las manos de su cara—. Creo que seré ciego durante unas horas, al menos.

—No te precupes —dijo Plauto.

Al cabo de unos minutos se veía a dos hombres cruzando el enfervorecido foro de Roma donde millares de personas celebraban las noticias de la victoria de Publio Cornelio Escipión. Uno vestía con dignidad y era el que ayudaba a otro que parecía un miserable ciego al que hubiera recogido en las peores calles de Roma. Era una pareja que cualquier otro día habría llamado la atención de los *tirunviros,* lo que habría obligado a Plauto a tener que dar numerosas explicaciones y a mostrar el documento que certificaba la libertad de aquel preso. Pero en aquel momento de júbilo general, la extraña pareja pudo moverse por las tumultuosas calle de Roma sin ser molestada por nadie. Plauto había pensado en comentarle a Nevio que su liberación estaba condicionada a ser desterrado, probablemente a África, quizás a la recién conquistada ciudad de Útica, pues los Metelos habían aceptado liberarle pero bajo la premisa de que fuera alejado lo más posible de Roma, pero Plauto, viendo la debilidad de su viejo amigo, consideró mejor esperar unos días antes de comunicarle las condiciones de su liberación. Tenían una semana para sacarle de Roma. Lo importante ahora era que Nevio se recuperara lo suficiente como para poder emprender aquel largo viaje. La tos parecía haber remitido una vez que salieron del infecto ambiente de la prisión. Había esperanza. Quizás el aire fresco del mar y unos buenos alimentos fueran el camino de una lenta pero progresiva recuperación.

A su alrededor, la gente caminaba como poseída. Mujeres, niños, viejos y hombres de toda condición aclamaban a Publio Cornelio Escipión. Un hombre extraño, pensó Plauto. Un patricio que liberaba a uno de sus mejores amigos pese a que no se reconocía amigo de ellos, pero que decía apreciar sus obras. Un patricio peculiar que cumplía su palabra. Si Roma conseguía gobernantes como aquel hombre quizás algunas cosas pudieran cambiarse aún, pero la vida había hecho de Plauto un ser desconfiado por naturaleza. Aquella ciudad estaba creciendo demasiado y en demasiado poco tiempo y la victoria sobre Cartago parecía haber trastornado a todos. ¿Se contentarían los patricios, los senadores, con dominar África, Hispania, Cerdeña, Sicilia, toda Italia... o querría más? Siempre más.

Los dos escritores se mezclaron entre la multitud, dos pequeños y anónimos seres en medio de la efervescencia de la victoriosa Roma, cuya insignificante existencia habría pasado desapercibida para la posteridad de no ser porque sus palabras escritas sobrevivieron a los siglos que debían sucederles. No pudieron cambiar nada de lo que iba a ocurrir, pese a que lo intentaron, pero pudieron describirlo en sus obras para que otros pudieran entender mejor el pasado de la historia.

98

El rey de Siria

**Bosques de Daphne a las afueras de Antioquía, Siria,
finales de noviembre del 202 a.C.**

Aquella luminosa mañana el rey Antíoco III de Siria paseaba por los bosques de Daphne, cuatro millas al sur de Antioquía, un espacio idílico donde parques, lagos y arroyos se entremezclaban en un paisaje de ensueño. Olía a pino y a agua fresca y clara y el aire era puro y cristalino. Era el lugar donde al rey le gustaba recogerse para reflexionar. Allí mismo fue donde planeó su ataque contra el reino de Egipto para recuperar la Celesiria, y así recuperar las antiguas salidas al mar del viejo imperio, pero aquella guerra fracasó. Egipto se defendió y Antíoco III sólo consiguió recuperar Seleucia de Pieria, el puerto marítimo de Antioquía. Fue algo importante, pero no el objetivo de aquella guerra. En cualquier caso, Antíoco pareció conformarse ante los ojos de los gobernantes ptolemaicos de Egipto y dejó de luchar contra ellos.

Pensó que era mejor que, por el momento, se olvidaran de sus pretensiones. Ya llegaría el día de volverse hacia occidente. Y es que el rey Antíoco III de Siria, señor de todo el antiguo imperio seleúcida, tenía un sueño: recomponer bajo su gobierno el antiguo imperio de Alejandro Magno. Era más que un sueño: era el anhelo vital que le guiaba en todas sus acciones. Después, también en aquel paraje de bosques y lagos fue donde comprendió que lo que debía hacer primero era asegurar el oriente, reconstruir sus fuentes de suministros ancestrales, recuperar todos los territorios desde Siria hasta el río Indo, como hiciera Alejandro, y luego ya volvería hacia occidente y se las vería, de nuevo, con los egipcios. Antíoco planeó entonces su *anábasis*, su gran marcha hacia el oriente, no sin antes masacrar a sus enemigos en el norte de Asia Menor aliándose con el rey Atalo I de Pérgamo, otro contra el que debería enfrentarse, pero que en aquel momento fue un aliado interesante. Con Asia Menor controlada, a medias por él y por Pérgamo, Antíoco partió hacia oriente: desde el 212 hasta el 205 luchó contra Eutidemo, que se hacía llamar rey de la antigua satrapía bactriana, hasta que el propio Eutidemo aceptó rendir vasallaje a Antíoco. Después, el rey sirio, al igual que Alejandro, marchó hasta el Indo, donde consiguió que el emperador indio de la dinastía Maurya le hiciera entrega de una incalculable cantidad de oro y de un no menos estimable numerosísimo contingente de elefantes asiáticos perfectamente adiestrados para la guerra. Una vez acordado con el reino indio un pacto de comercio que beneficiaría al reino sirio-seleúcida del paso de las mercancías de la India con dirección a Egipto, Macedonia, Pérgamo y el occidente del Mediterráneo, Antíoco III organizó su regreso hacia el corazón de su imperio, hacia Babilonia, y decidió hacerlo, una vez más, emulando a Alejandro Magno, por mar, navegando por el Golfo Pérsico. Y después, desde Babilonia, pasando por Seleucia, la impresionante capital oriental de sus reinos, retornó a Antioquía. Había reproducido lo que Alejandro consiguió en oriente, pero para llegar a ser como el gran rey macedonio debía de nuevo reconquistar Egipto, Pérgamo, Macedonia y Grecia. Todo se andaría. Una cosa detrás de la otra.

El rey, escoltado por un nutrido grupo de guerreros sirios, se detuvo ante la entrada del gran templo de Pythian Apolo, levantado en medio de aquel precioso bosque por su antepasado Seleuco I, general que fuera de las míticas tropas del propio Alejandro. Antíoco se adentró en el templo, solo, y se arrodilló ante la hermosa estatua del dios esculpida por el legendario Bryaxis, escultor que antaño trabajara en los monumentos de Atenas. Ante la estatua, atendido por dos sacerdotes y un par de esclavos del templo, el rey Antíoco realizó varios sacrificios y lanzó sus plegarias al dios Apolo. Una vez que hubo cumplido con los ritos ancestrales preservados por su dinastía, salió de nuevo al exterior.

La estancia en el templo parecía haberle ayudado a clarificar su modo de ver las cosas. Lo primero debía ser recuperar las salidas al mar: Celesiria y Fenicia. Ésa era una cuenta pendiente. Luego debería venir la conquista de Grecia, aunque eso conllevara el enfrentamiento con el rey Filipo V de Macedonia, pero así debía ser si quería conseguir su sueño, si quería que todos le recordaran como la reencarnación del propio Alejandro. Antíoco III sonrió con una mueca cínica: paradójicamente había planeado aliarse primero con Filipo para atacar Egipto y recuperar la Celesiria y Fenicia. Hacía semanas que había enviado una embajada a Pella, la capital de Macedonia, para proponer un audaz pacto al rey macedonio y la respuesta debía de estar a punto de llegar; de hecho, mientras caminaba de regreso adonde tenían los caballos, junto a un riachuelo del bosque de Daphne, llegó un mensajero al galope por el camino de Antioquía. Era uno de sus oficiales de confianza, que descabalgó al instante y se postró de rodillas ante su rey.

—Habla, oficial, ¿a qué tanta prisa por verme?

—Ha llegado la respuesta de la embajada al rey de Macedonia, pero, tal y como les instruisteis, los embajadores sólo hablarán ante el rey de Siria y todos los reinos orientales. Esperan en el palacio imperial de la isla.

Antíoco III se volvió hacia el templo de Apolo e inclinó levemente su cabeza. Había que reconocer el trabajo de los dioses y, en especial, cuando éste era tan rápido.

—Vayamos al palacio, por Apolo, y vayamos veloces como el viento.

Y el rey montó sobre su caballo, al que golpeó en los costados con sus talones para obligarle a partir al galope, en dirección al norte, por el mismo camino por el que había venido el mensajero de la capital. Al cabo de unos minutos de galopar, el rey avistó las murallas de Antioquía y redujo la marcha de su caballo a un intenso trote. Antioquía, la capital del imperio seléucida era la segunda ciudad más poblada del mundo conocido, sólo superada por Alejandría, la Alejandría de un Egipto decadente, pensó Antíoco, de modo que eso de ser la segunda ciudad del mundo pronto dejaría de ser así. Antioquía sería pronto el centro de todos los reinos y ciudades, desde Grecia hasta la India, un nuevo renacer de los territorios que Alejandro puso bajo un único gobierno. A medida que se aproximaban a la ciudad, decenas, centenares de soldados apostados en campamentos alrededor de la ciudad, se acercaban al borde del camino real para saludar a su señor. Miles de soldados de todas las regiones del imperio, allí, reunidos, esperando una señal para lanzarse a nuevas conquistas. Desde el regreso de la expedición a oriente, todos aquellos soldados anhelaban nuevos desafíos, nuevas oportunidades donde alcanzar gloria y riquezas y todos sabían que su rey estaba preparando nuevas empresas, nuevas conquistas, hacia Egipto, hacia el Egeo, pero sólo Antíoco III sabía adónde sería el próximo lugar hacia el que marcharía su inmenso ejército. Al pie de las murallas de la ciudad, el propio rey tuvo que detenerse, pues una manada de treinta elefantes cruzaba el camino real conducidos por adiestradores indios que hacían marchar a las bestias gigantes a diario para mantenerlos en forma y dispuestos para el combate. Ése era uno de los diversos regimentos de elefantes que había reunido el rey en sus conquistas de Oriente. Antíoco III no se sintió molesto por tener que esperar: aquellos elefantes, todo aquel tremendo ejército, eran los símbolos nítidos de su enorme poder y gozaba viéndolos marchar ante sí o, en el caso de los miles de soldados, viendo cómo éstos le saludaban y le aclamaban.

Una vez que los elefantes cruzaron el camino, la comitiva real reemprendió la marcha y, una vez más al trote, entraron en la ciudad por la puerta de Daphne cruzando la primera de las murallas defensivas, para al poco tiempo cruzar una segunda muralla por una segunda puerta tras la cual se accedía al corazón de la gran Antioquía: en el interior de aquel complejo de murallas defensivas, macedonios, griegos de diferentes procedencias, muchos de ellos atenienses traídos desde la próxima Antigonia, nativos de la región, muchos judíos y gentes venidas de todas las esquinas de las posesiones del gran Antíoco III caminaban por la gran calle central porticada en ambos lados, quedando a la derecha de aquellos impresionantes soportales la ciudadela levantada en la ladera del monte Silpius y, un poco más hacia el norte, en el mismo lado oriental de la gran avenida, el magnífico teatro griego. Al lado occidental de la avenida, tras los pórticos, se alzaba la vieja muralla que Seleuco I hiciera construir para proteger los antiguos límites de la ciudad, una urbe que había crecido desde los quince mil habitantes de antaño hasta el medio millón de pobladores venidos de todos los rincones del imperio seléucida, una ciudad diseñada por Xenarius imitando los planos de la legendaria Alejandría, urbe a la que cada vez se aproximaba más en esplendor y poder; de hecho, Antioquía era ya conocida como la ciudad dorada, por la enorme cantidad de oro y otras riquezas que fluían por sus calles y avenidas. El rey llegó a una gran plaza, el Nymphaeum, donde giró hacia el noroeste marchando por otra gran avenida que le condujo hasta un puente que cruzaba el río Orontes. Tras el puente estaba la isla: un pequeño islote vadeado por el río Orontes por el sur y por el norte, que el rey Seleuco II Callinicus había empezado a amurallar para anexionar a la ciudad y cuya fortificación había sido terminada por el propio Antíoco III, aprovechando lo inexpugnable de aquel enclave para ubicar en esa misma isla su palacio imperial, al que llegó tras cabalgar por las calles de la isla, donde se levantaban toda clase de edificios para la administración del imperio o para el solaz del rey, como los gigantescos baños reales.

A las puertas de la escalinata del palacio imperial, Antíoco III desmontó de su corcel, y andando, escoltado por sus guardias, entró en el palacio a toda velocidad; ante el rey de Siria las puertas se abrían como por ensalmo ante su presencia, empujadas por esclavos bien adiestrados y temerosos de no estar atentos a las idas y venidas de su amo. Llegó al fin, Antíoco III, a su salón del trono, se sentó en su gran butaca de oro y bronce y, a sus pies, de rodillas, esperaban los embajadores que había enviado a parlamentar con el rey Filipo V de Macedonia. Antíoco III hizo una señal con un dedo y uno de los embajadores, el más mayor, un hombre de casi sesenta años, que doblaba al rey en edad, empezó a hablar con una voz suave, propia del diplomático en el que había convertido toda su persona.

—Gran Rey de Antioquía, Siria y todos los reinos del imperio seléucida, mi señor y dueño...

—No he venido cabalgando al galope desde Daphne para oír mis títulos y tus palabras de adulador profesional. Epífanes, habla y responde tan sólo a esta pregunta: ¿ha aceptado el rey de Macedonia mi propuesta?

Epífanes llevaba toda la vida sirviendo a Antíoco III y antes a sus predecesores. No se sorprendió por ser interrumpido ni se lo tomó a despecho. Respondió a lo que se le preguntaba con precisión.

—El rey Filipo V ha aceptado, mi señor.

—Bien, eso está muy bien, por Apolo y todos los dioses del Olimpo, eso está muy pero que muy bien. Epífanes, tendré al final que recompensarte por tus buenos servicios. —Y el rey bajó de su trono. No tenía ganas de escuchar más por el momento. Ya hablaría más tarde con Epífanes sobre todo lo que se hubiera hablado con el rey de Macedonia. Lo esencial ahora era que Filipo V había aceptado. Egipto iba a ser troceado en pedazos. Las islas del Egeo, de momento, para Filipo, y Celesiria y toda Fenicia para él mismo: su imperio tendría las amplias salidas al mar Mediterráneo que necesitaban para atacar toda Grecia por mar, a la vez que atacaría Asia Menor por tierra. Su ejército tenía ya trabajo. Mucho trabajo por hacer. Una inexorable gran guerra de gloria, riquezas ilimitadas y poder se avecinaba sobre el mundo y nadie podría detenerle. La aquiescencia de Filipo en sus primeros movimientos le permitiría posicionarse dominando las costas de Asia y para cuando Filipo quisiera plantarle cara, su poder sería ya demasiado grande, demasiado inesperado, demasiado irrefrenable. No podrían detenerle, ni Filipo, ni ese niño de seis años, Ptolomeo V, llamado a ser el último rey de la dinastía lágida en Egipto. Y de premio colocaría en una pica la cabeza del tutor de Ptolomeo V, ese astuto Agatocles. Agatocles recurrirá a Roma, le avisaban algunos consejeros, incluso el propio Epífanes, pero otros consejeros menospreciaban a esa desconocida Roma, una ciudad bárbara en el extremo occidental del Mediterráneo que, además, llevaba años y años en una tremenda guerra de desgaste con Cartago. No. Era el momento del gran Antíoco III: Filipo V engañado, Ptolomeo V y su tutor cogidos por sorpresa y las ciudades del occidente enfrascadas en sus propias guerras, agotadas, exhaustas, necesitadas de paz. No le atacarían. No socorrerán a Egipto, porque necesitan reponerse de sus pérdidas, de sus muertos, y para cuando Cartago o esa desconocida Roma quieran reaccionar, si es que alguna vez se atrevían a tanto, sus elefantes, su flota, sus ejércitos, estarán avanzando ya contra ellos. Pronto el mundo entero le rendiría pleitesía. Antíoco III, más grande aún que Alejandro. ¿Qué rey, qué general podía oponérsele?

El rey había regresado paseando hasta las puertas de su gigantesco palacio imperial y se detuvo en lo alto de la escalinata. Desde allí podía observar su hermosa ciudad que se extendía en un diámetro de tres millas entre el río Orontes y el monte Sulpius. Antioquía. El centro de la tierra, sólo que reyes y gobernantes de algunas regiones aún no lo sabían. Habría que hacer entrar en razón a todos con una nueva y definitiva guerra. Eso era: para alcanzar sus objetivos necesitaba un mundo en guerra. Sus tropas necesitaban una guerra, sus consejeros alentaban una guerra, su destino exigía una guerra.

99

Dos almas solitarias

Cartago, noviembre del 202 a.C.

Aníbal entró en la que había sido la habitación de su padre Amílcar. Ahora era suya. Eso es lo que toda una vida de campañas y guerra le había dejado: una gran residencia en el centro de Cartago y, dentro de ella, la austera habitación de su padre: dos ventanas pequeñas por las que entraban los lánguidos rayos del atardecer africano, un lecho limpio en el centro, una mesa con una bacinilla sin agua encima, un taburete y una cortina que daba acceso a un pequeño baño que su padre hiciera construir para relajarse en la intimidad. Eso era todo. Poco. Aníbal se sentó en el borde de la cama. Suficiente. La habitación estaba sorprendentemente pulcra. No había polvo y el lecho tenía dos mantas limpias. Los esclavos de su padre debían de haber mantenido aquellas estancias así durante años. Aníbal lo archivó en su memoria. Tenía servidores leales en aquella casa. Era algo, quizás un principio de algo. Aníbal Barca se levantó, se quitó la coraza y la depositó en el suelo con cuidado. Estiró los brazos. Estaba anquilosado y le dolía el brazo derecho, de combatir, de luchar, de matar. Había estado a punto de derrotar a aquel joven general romano. A punto. Pero a punto no es suficiente en el campo de batalla. Si hubieran enviado aquellos barcos de más... Sacudió la cabeza. El pasado era pasado y no tenía sentido lamentarse. Se hacía mayor. Las energías le abandonaban y no debía perder ni un ápice en pensar lo que habría podido ocurrir, lo que habría podido ser... Su padre le enseñó a ser práctico. Ahora, sin Asdrúbal y Magón, sin sus hermanos, ya nada sería lo mismo. La guerra se los había llevado. Suspiró. Se desató las sandalias. Fue un alivio dejar sus pies desnudos, al aire y mover los dedos mientras se echaba hacia atrás y apoyaba sus manos en el lecho para sostener su cuerpo reclinado.

Pasa así un minuto.

Aníbal Barca, general en jefe de los ejércitos cartagineses, se sienta de nuevo con la espalda recta. Las plantas de sus pies, apoyadas sobre la piedra fría, le dan seguridad al sentir el suelo pétreo. Algo firme, algo sobre lo que sostenerse, nada que ver con las eternas promesas de refuerzos y provisiones que durante años le llegaron de Cartago sin hacerse realidad. Aníbal se lleva despacio la mano derecha al parche que le cubre el ojo izquierdo ciego y se lo quita dejándolo sobre la almohada. Se rasca el ojo muerto con los dedos. Como siempre, no siente nada. Hace algo de frío pero las mantas le arroparán. Se levanta y se desata el cinturón que sostiene la espada. Está dejando el arma sobre la cama cuando se oye un golpe tras la cortina. Aníbal interrumpe su movimiento y desenvaina la espada, dejando sólo la vaina sobre el lecho. Se gira hacia la cortina. Con sus pies descalzos avanza lentamente hacia el baño. No se oyen más ruidos. «¿Tan pronto envían asesinos a por mí?» Se extraña de aquellas ansias por matarle.

Sabía que tenía tantos enemigos en Cartago, en particular Giscón y los suyos, como en un campo de batalla, pero no dejaba de sorprenderle la celeridad en enviar un sicario. Aníbal empuña el arma con fuerza. Matar a un hombre más no era demasiado esfuerzo y así podría ganarse unas horas de sueño. Era peculiar que alguien hubiera podido acceder a aquella estancia. Quizá los esclavos no eran tan leales al fin y al cabo y era fácil comprarlos. El sufete había dejado claro que si algo había en aquella ciudad era dinero.

Aníbal está a unos centímetros de la cortina. Afina su oído. Se escucha una respiración nerviosa al otro lado de la tela. Considera atravesar el tejido con el arma, sin más, pero Aníbal es hombre que gusta de mirar a sus enemigos a la cara antes de matarlos. De un estirón violento arranca la cortina. La tela cae a un lado y las anillas que la sujetaban ruedan por el suelo de piedra desparramándose por las cuatro esquinas de la habitación. Aníbal levanta su espada para clavarla en el pecho de su asesino y encuentra... una mujer.

El general detiene su furia un segundo. Los ojos de la mujer están aterrorizados, pero le miran fijamente, con orgullo. Qué absurdo, piensa Aníbal.

—¿Quién te envía? —pregunta Aníbal en su lengua entre irritado y cansado.

—No me envía nadie. Yo vivo aquí —responde la mujer en la misma lengua, aunque con un acento extranjero.

Aníbal baja la espada y suspira.

—No quiero esclavas esta noche. Márchate y no vuelvas a ocultarte ante mi presencia o la próxima vez te ensartaré como a una alimaña.

Aníbal se dio la vuelta. Había dado el asunto por concluido. No esperaba respuesta alguna, por eso le sorprendió escuchar de nuevo la voz de aquella mujer.

—Yo vivo aquí, pero no soy esclava de nadie. Nunca lo he sido y nunca lo seré.

Aníbal se volvió hacia la mujer y la examinó con más atención. Debía de tener unos treinta años. Era mayor para su gusto, pero no dejaba de tener su atractivo. Sus facciones eran suaves y las arrugas, escasas. Su piel mostraba que no era una adolescente, pero parecía suave y sus ojos, una vez que se habían recuperado del terror inicial, transmitían cierto sosiego que Aníbal encontró, por alguna razón que no acertaba a entender, reconfortante. Una esclava exótica, sin duda, pero no recordaba una mujer de ese tipo entre los esclavos de sus padres. Y esa forma de hablar, esa forma de utilizar palabras africanas, la había oído antes.

—Si no eres una esclava, ¿quién eres? Es difícil justificar tu presencia aquí y quizás al final deba terminar ensartándote con mi espada.

—Nadie en todo Cartago se atrevería a tanto. —La mujer replicaba con una seguridad creciente y se movía por la habitación como si estuviera acostumbrada a estar allí.

—¿Que nadie se atrevería a tanto? Yo sí me atrevería. Hace una hora he estado a punto de matar a uno de los estúpidos sufetes de esta ciudad, así que no veo por qué no iba a atreverme contigo. Pero tienes suerte de que esté cansado. Sal de aquí y ya hablaremos más tarde, ya que vives aquí. —En cierta forma Aníbal se estaba divirtiendo. Hablar con una mujer desafiante y, aunque algo mayor, hermosa, alejaba sus pensamientos de la reciente derrota, del fracaso de toda aquella guerra.

—Yo soy Imilce, la esposa de Aníbal, y no creo que nadie se atreva a matarme sabiendo eso. Ahora soy yo quien pregunta: ¿cómo te atreves a entrar en casa de los Barca, en casa de mi señor y amenazarme?

Aníbal se sentó en la cama para digerir aquella información. ¿Imilce? Imilce. Seguía viva. Giscón, después de todo, cumplió con su misión de protegerla. Una propiedad valiosa, aquella mujer, para garantizarse la lealtad de gran número de iberos, por eso la protegería y la traería a Cartago, pero él la recordaba como una adolescente, una preciosa mujer casi niña. Dulce en la cama, tierna y obediente. Nunca le dio problemas. Tampoco le dio un hijo. Imilce.

—Yo soy Aníbal.

Fue entonces la mujer la que buscó asiento en el taburete, junto a la mesa. Aníbal. Le miró con intensidad. El rostro herido, un ojo sin mirada, la túnica ensangrentada. Aníbal, el general en jefe de todos los ejércitos de Cartago, Aníbal, su esposo. Se había hecho mayor, estaba algo encorvado y sucio y desaliñado. No era el apuesto jefe de los cartagineses en Hispania. Era un hombre cansado que regresaba a casa después de años de ausencia y combate. Imilce lamentó no haberle reconocido.

—Entiendo —dijo Imilce. Meditó unos instantes y luego continuó—. Ordenaré a los esclavos que te traigan agua fresca y paños con los que lavarte y un poco de vino y queso y pan.

—Eso está bien —respondió Aníbal sin dejar de mirarla, y añadió una pregunta—. ¿Los esclavos te obedecen?

—Soy la esposa de su señor.

Aníbal cabeceó un par de veces.

—Eso está bien. Y el agua y el vino, lo que has dicho, está bien. Sólo quiero descansar un poco.

Imilce se levantó y se dirigió a la puerta. Se detuvo y sin volverse a mirar a su esposo habló hacia la pared.

—He procurado que la casa estuviera limpia y en orden. No sabía qué otra cosa se esperaba de mí. Espero haber hecho lo correcto.

—Así es, has hecho lo correcto. —Y Aníbal vio cómo abría la puerta—. ¿Por qué no has regresado a Hispania, con tus padres, con tu familia?

Imilce se volvió hacia el general sin separar su mano derecha del marco de la puerta.

—Mis padres murieron, mi familia también, mi ciudad, al menos tal y como yo la conocí, ya no existe. Fue arrasada por los romanos. Perdonaron la vida de algunos, pero mi padre murió en la guerra y mi familia y todos los que les apoyaban fueron asesinados porque... por ser tu esposa.

—Lo siento.

Imilce no iba a responder pero al fin añadió una frase con sumo cuidado.

—Sé que tú también has perdido a tus hermanos en esta guerra. Lo siento.

Aníbal no se sintió incómodo porque Imilce mencionara a sus hermanos muertos. La miró y asintió aceptando aquellas palabras. A fin de cuentas, sus hermanos estuvieron de acuerdo con aquella guerra, mientras que aquella ibera no había podido elegir. La mujer abrió la puerta, salió y Aníbal Barca, entonces sí, se encontró a solas. Era una soledad que había siempre esperado con temor y que, de forma curiosa, el reencuentro con aquella hispana venida de tan lejos había aligerado un tanto. Ambos eran almas en soledad. Eso les unía.

Aníbal se recostó en la cama. Pasaron unos minutos. Llamaron a la puerta.

—Adelante.

Un esclavo joven, nervioso, entró con una bandeja con un jarro de agua, otro más pequeño de vino, una copa, algo de queso y pan y unos paños. Lo dejó todo en la mesa y salió raudo como el viento. Aníbal miraba el techo de su habitación. Había algunas humedades. Debería ocuparse de arreglar su casa. Aún no sabía si permanecería en ella largo tiempo o si su estancia en Cartago sería, una vez más, breve. Ocuparse de las cuestiones domésticas le ayudaría a olvidarse un poco al menos de la guerra y de la política. ¿Sería posible continuar la lucha contra Roma? No desde Cartago. No desde el Cartago actual. Quizá más adelante. ¿Quizás en otro sitio? ¿Había algún rey lo suficientemente osado como para no temer a Roma? ¿Y lo suficientemente fuerte? ¿Quedaba algún ejército que pudiera retar a las legiones de Roma? Filipo V de Macedonia se aventuró a sellar un pacto con él, pero luego resultó ser un pobre aliado sobre el terreno. No. Ése no parecía el camino a seguir. Debía reconstruir la fortaleza de Cartago o aliarse con otro rey extranjero que realmente hubiera reunido algún vasto ejército, lo bastante poderoso como para infundir temor a los romanos. O ambas cosas a un tiempo. Estaba cansado. Llevaba toda su vida, desde la adolescencia, en guerra, contra los iberos primero, luego contra todos los pueblos que se le opusieron en su viaje a Italia y siempre contra Roma. ¿Algún rey extranjero? Egipto estaba en manos de un niño, Filipo no valía. Pérgamo era aliado de Roma y más al oriente no debían de estar interesados en lo que ocurría en el otro extremo del mundo, ¿o sí? Aníbal pensó en lavarse y comer algo mientras aclaraba sus ideas y tenía esa intención, pero cerró los ojos y se quedó dormido.

100

El respeto de los procónsules

Útica, primeros días de diciembre del 202 a.C.

En el puerto de la conquistada Útica, Publio y Lelio supervisaban las maniobras de atraque de una nueva flota de refuerzos y suministros, mientras que mentalmente repasaban la situación en la que se encontraban. Ante aquella vasta concentración de legiones, Cartago debería ceder pronto ya a todas las peticiones de Roma: devolver los barcos apresados durante la tregua, proporcionar trigo a las tropas romanas en África para los próximos tres meses, entregar toda su flota, excepto diez *trirremes* que conservaría para tareas defensivas únicamente, liberar a todos los prisioneros de guerra y entregar a los desertores romanos para ser ajusticiados según las leyes de Roma; reconocer a Masinisa como legítimo y único rey de toda Numidia, quedando todas las ciudades y territorios de aquel país bajo su gobierno, pagar 10.000 talentos eubocios a plazos a lo largo de los próximos cincuenta años, y presentar ante él mismo cien rehenes cartagineses que actuarían como garantía del cumplimiento de Cartago de todas aquellas cláusulas de paz. Eran unas condiciones durísimas, implacables, que inutilizaban al Senado de Cartago para poder decidir en ningún asunto más allá de sus murallas y que dejaban de hecho sus posesiones en África a merced de la codicia y ambición sin límites del recién instaurado rey de toda Numidia, Masinisa.

—¿Crees que lo aceptarán todo? ¿Tal cual? —preguntó Cayo Lelio, como si leyera los pensamientos del procónsul.

Publio afirmó con la cabeza.

—Lo harán, Lelio, lo aceptarán todo. No tienen ejército y su mejor general, Aníbal, dicen que se ha refugiado en su casa y que se niega a recibir a nadie. Parece que da la espalda al Senado púnico porque considera que los actuales gobernantes de la ciudad no le apoyaron en el pasado.

—¿Y tiene razón?

—Es muy posible, para nuestra fortuna, Lelio, es muy posible que así haya sido. Pero eso ya es el pasado. Yo miro al futuro.

—Un gran *triunfo* en Roma.

—Sí, eso también, pero más allá. —Publio continuaba hablando mientras miraba al mar—. Paz y descanso. Primero, tierras de labor para los veteranos de la V y la VI.

—El Senado te las concederá sin ninguna duda. Los dioses saben que esos hombres se las han ganado.

—En eso confío —confirmó Publio, su mirada siempre fija en el horizonte del mar—. Y luego, paz y descanso, Lelio. Creo que a Roma ya le ha llegado el turno de disfrutar de la paz, de cerrar de una vez las puertas del templo de Jano. Llevamos dieciséis años de guerra ininterrumpida. Eso es insostenible. Con Cartago derrotado, los galos se replegarán al norte y no se atreverán a atacarnos en mucho tiempo y lo mismo Filipo en Macedonia. Roma no tiene ahora ya enemigos de importancia. Podremos descansar todos un poco. ¿No te apetece descansar, Lelio? —preguntó el joven procónsul de Roma y miró hacia su oficial. Encontró a Lelio mirando hacia su izquierda, justo allí donde su esclava Netikerty aguardaba escoltada por dos legionarios. Publio cambió de tema y dirigió sus palabras hacia los pensamientos de su amigo—. ¿Has decidido hacer ya todo lo que te sugerí...? Sobre esa muchacha, me refiero.

—Sí —dijo Lelio con cierto tono vibrante en su voz—. Ya está todo dispuesto.

—Es lo mejor.

—Sí.

—¿Aún te duele su traición, Lelio?

—Sí.

—Pudo ser mucho mayor, Lelio. En conjunto, si lo piensas con frialdad, nos ha prestado servicios muy valiosos.

—Aun así me traicionó. Y no puedo pensar en Netikerty con la cabeza fría. No puedo. Me traicionó.

—Hasta cierto punto... en cualquier caso, éste es un debate sin sentido. Lo mejor es hacer lo que hemos dispuesto.

—Sí —confirmó Lelio, y se separó de Publio tras saludarle con una inclinación de cabeza.

Publio lo vio distanciarse, camino adonde la joven esclava esperaba las palabras de su amo, que debía anunciarle su destino. La mirada del procónsul se cruzó entonces con los hombres que se acercaban hacia él y que, a su vez, se cruzaron con Lelio, ante el que se detuvieron un instante, saludaron y reemprendieron su marcha hacia el procónsul. No eran unos oficiales sin más, sino otros dos procónsules, Lucio Cornelio

Léntulo, de la misma *gens* Cornelia que el propio Publio, muestra del ascendente poder de sus allegados en Roma, y Cneo Octavio, un joven procónsul que ya fuera pretor hacía unos años. Léntulo tenía asignado el mando de la flota que Roma acababa de enviar a África con provisiones y sumisitros para proporcionar a las legiones de Escipión —ya nadie se refería a ellas como las «legiones malditas»— todo lo necesario para la perfecta conclusión de sus, a la vista de todos ya, gloriosas campañas de África. Cneo Octavio, por su parte, tenía el mando de las tropas de refuerzo que debían complementar a las legiones V y VI.

Eran procónsules. Tenían derecho a desplazarse siempre rodeados por sus *lictores* preceptivos cada uno y, sin embargo... Publio los observó avanzando hacia él y su escolta, pero solos, acompañados tan sólo por cuatro legionarios. Levantó la vista y más atrás vio a los *lictores* de aquellos procónsules aguardando en medio de los muelles. Los recién llegados promagistrados se acercaban al procónsul de África dejando a sus *lictores* atrás en señal de reconocimiento y respeto hacia la superioridad incuestionable mostrada por el que todos ya llamaban Publio Cornelio Escipión, *Africanus*. Publio, durante la conversación con Lelio, se había sentado sobre unos sacos de sal acumulados junto a los barcos que debían zarpar hacia Cartago para empezar el asedio final, pero, impresionado por el gesto de sus colegas, se levantó para recibirlos en pie.

—Te saludo, Publio Cornelio Escipión —dijo Léntulo deteniéndose ante él.

—Te saludo, procónsul, que los dioses te guarden por muchos años —añadió Cneo Octavio.

Publio asintió con la cabeza, sin decir nada más durante unos segundos. Luego se sentó de nuevo sobre los sacos.

—Os saludo a los dos. Espero que hayáis tenido buena mar y que Neptuno haya sido amable durante vuestro viaje. Por favor, disculpad mi informalidad al sentarme, pero estoy... estoy un poco cansado y tengo una herida en este muslo —dijo llevándose la mano a la pierna donde la espada de Aníbal había rasgado su piel y sus músculos— que no deja de dolerme miserablemente.

—El procónsul está herido y debe descansar —añadió Léntulo, y Cneo Octavió asintió. Ambos sabían quién era el autor de esa herida. Era un corte del que un procónsul de Roma podía hablar con orgullo. Publio volvió su mirada al mar. Fue Octavio el que se decidió entonces a hablar.

—¿Cómo crees que debemos conducir el ataque a Cartago, Publio Cornelio?

Nuevos procónsules, y, sin embargo, en lugar de vanidad, Publio encontraba en ellos respeto, con las mismas miradas de admiración que sus propios legionarios de la V y la VI le dedicaban, sólo que estos que le hablaban no eran simples soldados, sino procónsules de Roma, hombres a su nivel y ambos de mayor edad, y, no obstante, los dos se desvivían por mostrarse cordiales y hacer patente que reconocían su mando. Ése fue el momento en el que Publio empezó a ser consciente de lo que había conseguido. No es que hubiera derrotado al mayor de los enemigos de Roma, es que estaba dando término a la guerra más cruenta y peligrosa en la que nunca antes había luchado su ciudad, y más aún: lo había hecho con tropas despreciadas por todos, en territorio enemigo, contra cartagineses y todos sus aliados y contra ochenta elefantes. Todo ello magnificaba aún más aquella tremenda hazaña. A los ojos de millares, decenas de miles, centenares de miles de romanos, él era mucho más que un procónsul, y entre esos admiradores no sólo estaba el pueblo, sino senadores y otros magistrados, como aquellos dos procónsules que aguardaban su consejo para saber la forma más apropiada, a su juicio, para conducir el desenlace de aquella campaña.

—Pienso que lo mejor —empezó Publio— será que Léntulo y yo llevemos la flota de Útica a Cartago y que tú, Octavio, avances por tierra con las legiones. Mi herida no me permite marchar al frente de esos hombres. Lelio regresará a Roma con el botín expoliado a los cartagineses en estos años. Eso es lo que yo haría.

—Sea —dijo Léntulo, llevándose el puño al pecho como quien acaba de recibir una orden, y Octavio una vez más asintió sin manifestar duda alguna. Publio se levantó y puso su mano derecha en el hombro de Octavio.

—Te dejo unas buenas legiones. Cuídalas —le dijo.

—Son buenas legiones. A toda Roma le consta el valor de la V y la VI.

—Bien —concluyó Publio—. Eso está bien. Ahora debo marcharme a poner en orden unas cuestiones de intendencia con uno de los *quaestores*. Quizás, Octavio, quieras acompañarme.

—Sería un honor, procónsul —respondió el aludido sin ocultar su interés.

—Por los dioses, pues vamos allá, y dejaremos a Léntulo que supervise la preparación de la flota —apostilló Publio, dirigiéndose a Léntulo, que afirmó con la cabeza un par de veces.

Octavio y Publio se pusieron en marcha. El primero, admirado por la cordialidad de aquel procónsul herido que era ya casi una leyenda y el segundo, cojeando levemente, pensando en que pronto Cartago cedería a todas las condiciones impuestas por Roma, pensando en que eso traería la paz a su vida, la paz a Roma, la paz al mundo entero. Publio pensó en qué hermoso podría ser ya vivir en sosiego con su mujer y sus hijos, con la seguridad de saber que ya nunca el tan temido Aníbal, nunca jamás, podría estar en situación de poner en peligro la vida de su joven hijo, pues la guerra contra Aníbal había terminado antes de que el muchacho tuviera edad de empuñar un arma. Publio había dado forma al sueño de su padre y de su tío, había cumplido la promesa a su madre de terminar aquella guerra y había conseguido regresar a Roma para poder decir a Emilia, su amada esposa, que no debía padecer ya por la seguridad del joven Publio. Eso era lo más importante de todo. Había visto morir a su padre y a su tío, y su esposa también había visto caer a su padre, de quien traía de regreso, al menos, su anillo consular. Un pequeño consuelo en medio de toda aquella tempestad, pero un principio sobre el que edificar una vida feliz.

Lo único que le preocupaba era un nuevo sueño que había tenido la noche anterior, un sueño que había sustituido al de los elefantes. Era como un nuevo presagio. En ese sueño Publio había visto lo peor que un ser humano puede ver en su vida: la muerte de un hijo, de su hijo. Era un misterioso presentimiento que en aquellos momentos resultaba absurdo y sinsentido, en especial tras la completa y absoluta derrota de Aníbal, por eso Publio lo apartó de su mente, decidió no darle mayor importancia y se refugió, una vez más, en sus ansias de descanso y paz. Sólo quería regresar a casa.

101

Un extraño adiós

Útica, primeros días de diciembre del 202 a.C.

Cayo Lelio vio cómo los nuevos procónsules se dirigían para hablar con Publio. Había notado gran respeto tanto en Léntulo como en Octavio al saludarle a él, cuando Lelio ni tan siquiera era o había sido magistrado. Parecía que el mero hecho de ser uno de los tribunos de confianza de Publio Cornelio Escipión le investiera de una aureola que inspirara respeto. Sacudió la cabeza. No debía llenar su mente de sensaciones absurdas y vanas. Tenía otros asuntos de los que ocuparse en aquel momento. Continuó su camino y llegó junto a Netikerty. La muchacha preveía que algo le iba a ser anunciado, pues al amanecer Lelio la conminó a que se preparara para un largo viaje. La joven esclava tomó pequeñas cosas que consideró que le podían ser útiles: un par de estolas romanas, dos túnicas, algunos aderezos para su hermoso cabello largo y lacio y algunos frascos con ungüentos y aceites con lo que humedecía su morena piel ligeramente resecada por el viento y el sol. No tomó nada más. No quería que se la acusara de tomar cosas que no le concernían. En particular, no cogió el *nimbus* que Lelio le regalara en Roma. El mismo hombre que la poseyera y la amara; el mismo hombre que ahora la miraba con aparente indiferencia.

—Yo marcho para Roma, con la flota. No nos veremos más —anunció Cayo Lelio con sequedad.

Netikerty asintió y volcó su mirada hacia el suelo.

Lelio, ante la ausencia de réplica o de preguntas, continuó con sus explicaciones.

—Tú marcharás a Siracusa en un barco escoltado por dos *trirremes*. Allí esperarás unas semanas hasta que llegue de Roma una embajada de senadores. Aprovechando el viaje de esa embajada, en una de las *trirremes* de escolta de los senadores romanos vendrán tus hermanas. —Aquí Netikerty levantó su mirada del suelo—. Tus hermanas fueron compradas por amigos del procónsul y luego manumitidas, liberadas de la esclavitud, como yo he hecho contigo. El procónsul ha utilizado la *manumissio vindicta*, empleando a magistrados de su confianza en el foro para todos los trámites. Creo que se lo pidió a su hermano Lucio, quien siguiendo sus instrucciones compró primero a tus hermanas para poder luego liberarlas. —Netikerty fijó sus ojos en los ojos de Lelio, pero entonces, el tribuno dejó de mirarla y volvió su rostro hacia el mar—. Neptuno parece estar tranquilo. Tendréis una buena navegación. Una vez reunidas las tres, podréis marchar en una de las *trirremes* que escoltan la embajada del Senado con destino a Egipto. El Senado quiere reconocer oficialmente a Ptolomeo V como legítimo monarca de tu tierra. Agatocles es el que realmente gobierna, pero como tutor del pequeño Ptolomeo V. Bueno, dejando de lado la política, lo importante es que esa embajada, con su fuerte flota militar de escolta, es la forma más segura de cruzar el mar para devolverte a tu país a salvo de nuevos ataques de piratas. Una vez allí, los oficiales de mi confianza se asegurarán de que contactéis con vuestra familia. Y eso es todo. —Lelio se detuvo y pensó en volverse a mirarla y si lo hubiera hecho habría visto las lágrimas que temblorosas descendían por las mejillas de la joven egipcia, pero el tribuno se contuvo y terminó de hablar sin girarse hacia ella—. Eso es todo. Me traicionaste, pero no mataste al procónsul cuando podías haberlo hecho. El general es un hombre generoso, por eso ha liberado a tus hermanas y ha organizado todo esto. Yo sólo he designado a un par de hombres leales para que lleven a cabo sus órdenes. No tengo más que decirte.

Y Cayo Lelio le dio la espalda y se marchó sin volver la mirada una sola vez hacia atrás. Sólo los dioses saben cuánto le costó mantener aquella firmeza y aquel semblante rígido de fingida indiferencia. Salió de la ciudad sin saber qué calles había tomado y, como un caballo que ha perdido a su jinete en el campo de batalla, Lelio encontró el camino de regreso a su tienda en medio del gran campamento de las legiones romanas levantado frente a las murallas de Útica. Se sentó en el lecho que durante años compartiera con la joven Netikerty, pero sintió algo que se le clavaba bajo el muslo derecho. Rebuscó con la mano izquierda y extrajo el hermoso *nimbus* de oro y piedras preciosas que regalara antaño a Netikerty. Lelio acarició la preciosa joya como quien acaricia recuerdos dulces agriados por el tiempo y la vida. No lloró porque los guerreros no lloran, pero su corazón latía desbocado, sin control, desgarrado.

Netikerty quedó a solas con aquellos dos soldados leales designados por Lelio que esperaron con paciencia mientras ella lloraba de pie, mirando cómo su hasta aquel momento amo y señor desaparecía entre la multitud de legionarios que cargaban y descargaban fardos, sacos, ánforas y provisiones de todo tipo de los barcos anclados en la bahía de Útica. La insistencia del tribuno por subrayar que todo había sido organizado por el procónsul, agudizaba aún más el dolor de aquel adiós extraño. Lelio había querido dejar claro que su despecho y rencor eran tan grandes hacia ella que si por él fuera nada de todo aquello habría tenido lugar. Lelio había sido quien la había salvado de los ultrajes de la humillante esclavitud al servicio del viejo Fabio Máximo, Lelio había sido el único hombre que la había cuidado y protegido y al mismo tiempo fue el mismo hombre al que tuvo que traicionar tan a fondo como su alma le permitió. Ahora estaba todo ya perdido con él. Estaba feliz por la liberación de sus hermanas y la esperanza de poder reencontrarse pronto con ellas la acompañó mientras la conducían al barco que la transportaría a Siracusa. La nave soltó amarras y zarpó para dar así comienzo a una nueva etapa de su vida, sin ver más al único hombre a quien había amado más allá incluso de lo que amaba a sus propias hermanas. Tanto Lelio como el procónsul pensaban que no utilizó el cuchillo cuando tuvo ocasión en Cartago Nova por ser incapaz de matar con frialdad, por el significado de su nombre, pero no fue por eso, no fue por eso. Al menos, no sólo por eso. Fue por Lelio, por el amor que sentía por Cayo Lelio, por lo que no pudo cortar la garganta del general. No podía matar al mejor amigo del hombre al que amaba. Y así, pese a arriesgar la propia vida de sus hermanas, pese a haberlas sacrificado en aquel momento de duda, pese a ese sacrificio sublime, el corazón de Cayo Lelio estaba perdido para siempre.

La nave surcaba el mar con suavidad y el puerto de Útica se empequeñecía en la distancia hasta que al final sólo se adivinaba una línea gris en el horizonte, África, que se alejaba poco a poco, hasta desvanecerse en la confluencia del azul del mar y el azul del cielo. Netikerty cerró los ojos. Ya no brotaban lágrimas porque su corazón se había quedado seco por el dolor y la angustia. Sentía mareos, pero sabía que no era por el vaivén del barco. Se llevó una de sus pequeñas y suaves manos y la hundió bajo la túnica hasta acariciar la base del vientre. Había hecho bien en callar y no decir nada y llevarse de ese modo consigo, al Egipto de su pasado, su más apreciado y dulce secreto.

APÉNDICES

I

Glosario

ab urbe condita: Desde la fundación de la ciudad. Era la expresión que se usaba a la hora de citar un año, pues los romanos contaban los años desde el día de la fundación de Roma que corresponde tradicionalmente con el 754 a.C. En *Africanus, el hijo del cónsul* y *Las legiones malditas* se usa de referencia el calendario moderno con el nacimiento de Cristo como referencia, pero ocasionalmente se cita la fecha según el calendario romano para que el lector tenga una perspectiva de cómo sentían los romanos el devenir del tiempo y los acontecimientos con relación a su ciudad.

ad tabulam Valeriam: Cuando en el antiguo Senado de Roma un orador se posicionaba junto al gran cuadro que Valerio Mesala ordenó pintar en una de sus paredes para celebrar su victoria sobre Hierón de Siracusa.

agone: «Ahora» en latín. Expresión utilizada por el ordenante de un sacrificio para indicar a los oficiantes que emprendieran los ritos de sacrificio.

Agonium Veiouis: Fiesta celebrada el 21 de mayo del calendario romano en la que se sacrificaba un carnero en honor de la diosa infernal Veiouis.

Amphitruo: «Anfitrión», personaje de una de las obras del teatro clásico latino que, además de dar nombre a una tragicomedia, a partir del siglo XVII pasará a significar la persona que recibe y acoge a visitantes en su casa.

antica: Lo que quedaba ante un augur cuando éste iba a tomar auspicios o leer el vuelo de las aves. Lo que quedaba a sus espaldas se denominaba *portica*.

Altercatio: Algarabía o tumulto de voces, gritos e insultos proferidos por los senadores en momentos de especial tensión durante una sesión en la *Curia*.

Ara de Hierón: Gigantesco altar para sacrificar animales levantado por orden de Hierón, tirano de Siracusa.

Ara Máxima Herculis Invicti: Altar levantado en las proximidades de las cárceles del circo.

Argiletum: Avenida que parte del *Foro Boario* en dirección norte dejando el gran *Macellum* al este.

Arx Asdrubalis: Una de las colinas principales de la antigua Qart Hadasht para los cartagineses, ciudad rebautizada como Cartago Nova por los romanos.

as: Moneda de curso legal a finales del siglo III en el Mediterráneo occidental. El *as grave* se empleaba para pagar a las legiones romanas y equivalía a doce onzas y era de forma redonda según las monedas de la Magna Grecia. Durante la segunda guerra púnica comenzó a acuñarse en oro además de en bronce.

Asfódelos: Primera región del Hades donde las almas vagan a la espera de ser juzgadas.

Asinaria: Primera comedia de Tito Macio Plauto que versa sobre cómo el dinero de la venta de unos asnos es utilizado para costear los amoríos del joven hijo de un viejo marido infiel. Los historiadores sitúan su estreno entre el 212 y el 207 a.C. En esta novela su estreno se ha ubicado en el 212 a.C. Aunque es una obra muy divertida, su repercusión en la literatura posterior ha sido más bien escasa. Destaca la recreación que Lemercier (1777-1840) hizo de la misma en la que incorporaba al propio Plauto como personaje. Algunos han querido ver en la descripción de la *lena* de esta obra la precedente del personaje de la alcahueta de *La Celestina*.

attramentum: Nombre que recibía la tinta de color negro en la época de Plauto.

atriense: El esclavo de mayor rango y confianza en una *domus* romana. Actuaba como capataz supervisando las actividades del resto de los esclavos y gozaba de gran autonomía en su trabajo.

augur: Sacerdote romano encargado de la toma de los auspicios y con capacidad de leer el futuro sobre todo en el vuelo de las aves.

auguraculum: Lugar puro donde el augur se situaba para leer el vuelo de las aves.

augurale: Lugar puro donde el augur se situaba para leer el vuelo de las aves dentro de un campamento militar.

auspex: Augur familiar.

autoritas: Autoridad, poder.

aves inferae: Aves en vuelo raso que presagiaban acontecimientos fatales.

aves praepetes: Aves de vuelo alto que presagiaban buenos acontecimientos.

Baal: Dios supremo en la tradición púnico-fenicia. El dios Baal o Baal Hammón («señor de los altares de incienso») estaba rodeado de un halo maligno de forma que los griegos lo identificaron con Cronos, el dios que devora a sus hijos, y los romanos con Saturno. Aníbal, etimológicamente, es el *favorecido* o el *favorito de Baal* y Asdrúbal, *mi ayuda es Baal.*

bellaria: Postres, normalmente dulces, pero también dátiles, higos secos o pasas. Solían servirse durante la larga *comissatio*.

bucinator: Trompetero de las legiones.

bulla: Amuleto que comúnmente llevaban los niños pequeños en Roma. Tenía la función de alejar a los malos espíritus.

calon: Esclavo de un legionario. Normalmente no intervenían en las acciones de guerra.

cardo: Línea de norte a sur que trazaba una de las avenidas principales de un campamento romano o que un augur trazaba en el aire para dividir el cielo en diferentes secciones a la hora de interpretar el vuelo de las aves.

Caronte: Dios de los infiernos que transportaba las almas de los recién fallecidos navegando por el río Aqueronte. Cobraba en monedas por ese último trayecto y de ahí la costumbre romana de poner una moneda en la boca de los muertos.

carpe diem: Expresión latina que significa «goza del día presente», «disfruta de lo presente», tomada del poema *Odae se Carmina* (1, 11, 8) del poeta Q. Horatius Flaccus.

cassis: Un casco coronado con un penacho adornado de plumas púrpura o negras.

castigatio: Flagelación a la que eran sometidos los legionarios por diversas faltas.

Cástor: Junto con su hermano Pólux, uno de los Dioscuros griegos asimilados por la religión romana. Su templo, el de los Cástores, o de Cástor y Pólux, servía de archivo a la orden de los *equites* o caballeros romanos. El nombre de ambos dioses era usado con frecuencia a modo de interjección en la época de Escipión.

Castra Cornelia: Sobrenombre que recibió el campamento que Publio Cornelio Escipión levantó en una pequeña península de difícil acceso, próxima a Útica, con el fin de protegerse del ataque de los ejércitos cartaginés y númida que le rodearon en su primer año de campaña en África.

cathedra: Silla sin reposabrazos con respaldo ligeramente curvo. Al principio sólo la usaban las mujeres, por considerarla demasiado lujosa, pero pronto su uso se extendió también a los hombres. Era usada luego por jueces para impartir justicia o por los profesores de retórica clásica. De ahí la expresión hablar *ex cathedra.*

circuli: Roscones elaborados con agua, harina y queso muy apreciados por los romanos.

ciudadela de Dionisio: Área fortificada próxima al istmo de la antigua ciudad de Siracusa al norte de la *Isla Ortygia.*

Clivus Victoriae: Avenida que transcurre en paralelo con el *Vicus Tuscus,* desde el *Foro Boario* hasta acceder al foro del centro de Roma por el sur a la altura del templo de Vesta.

Clivus Argentarius: Avenida que parte del foro en dirección oeste dejando a la izquierda la prisión y a la derecha la gran plaza del *Comitium.* A la altura del templo de Juno cruza la puerta Fontus y continúa hacia el oeste.

Cloaca Máxima: La mayor de las galerías del antiguo alcantarillado de la Roma antigua. Entra por el *Argiletum,* cruza el foro de norte a sur, atraviesa la Vía Sacra, transcurre a lo largo del *Vicus Tuscus* hasta desembocar en el Tíber. Era famosa por su mal olor y durante muchos años se habló de enterrarla, pues transcurría a cielo abierto en la época de *Las legiones malditas.*

cognomen: Tercer elemento de un nombre romano que indicaba la familia específica a la que una persona pertenecía. Así, por ejemplo, el protagonista de *El Hijo del Cónsul,* de *nomen* Publio, pertenecía a la *gens* o tribu *Cornelia* y, dentro de las diferentes ramas o familias de esta tribu, pertenecía a la rama de los Escipiones. Se considera que con frecuencia los *cognomen* deben su origen a alguna característica o anécdota de algún familiar destacado.

Columna Maenia: Columna erigida en el 338 a.C. en honor de Maenio, vencedor sobre los latinos en la batalla naval de Antium.

comissatio: Larga sobremesa que solía tener lugar tras un gran banquete romano. Podía durar toda la noche.

comitia centuriata: La centuria era una unidad militar de cien hombres, especialmente durante la época imperial, aunque el número de este regimiento fue oscilando a lo largo de la historia de Roma.

Ahora bien, en su origen era una unidad de voto que hacía referencia a un número determinado asignado a cada clase del pueblo romano y que se empleaba en los *comitia centuriata* o comicios centuriados, donde se elegían diversos cargos representativos del Estado en la época de la República.

comitiales: Días apropiados para celebrar elecciones.

Comitium: Tulio Hostilio cerró un amplio espacio al norte del foro donde poder reunir al pueblo. Al norte de dicho espacio se edificó la *Curia Hostilia* donde debería reunirse el Senado. En general, en el *Comitium* se congregaban los senadores antes de cada sesión.

conclamatio: Tras la muerte de un familiar y con el fin originario de asegurase de que en efecto esa persona había muerto, sus familiares y amigos lo llamaban en voz alta y clara mirándolo a los ojos. Después el cuerpo era paseado y exhibido y, al fin, incinerado y enterrado siempre fuera de la ciudad y muchas veces junto a un camino.

consentio Scipioni: «Acepto lo propuesto por Escipión», fórmula para aceptar una propuesta presentada por Escipión en el Senado.

corona mural: Premio, a modo de condecoración especial, que recibían los legionarios u oficiales que conquistaban las murallas de una ciudad antes que ningún otro soldado. Quinto Terebelio y Sexto Digicio recibieron una *corona mural* cada uno por ser los primeros en escalar las murallas en el ataque a Cartago Nova en Hispania en el 209 a.C.

corvus: Un gigantesco gancho asido a una muy gruesa y poderosa soga que sostenía la *manus ferrea* o pasarela que los romanos usaban para abordar barcos enemigos.

coturno: Sandalia con una gran plataforma utilizada en las representaciones del teatro clásico latino para que la calzaran aquellos actores que representaban a deidades, haciendo que éstos quedasen en el escenario por encima del resto de los personajes.

cuatrirreme: Navío militar de cuatro hileras de remos. Variante de la *trirreme.*

cultarius: Persona encargada de sesgar el cuello de un animal durante el sacrificio. Normalmente se trataba de un esclavo o un sirviente.

cum imperio: Con mando sobre un ejército.

cúneo: Espacio de asientos entre escalinata y escalinata en los grandes teatros giregos y romanos. El de Siracusa estaba dividido en nueve *cúneos.*

Curia: Apócope de *Curia Hostilia.*

Curia Hostilia: Es el palacio del Senado, construido en el *Comitium* por orden de Tulio Hostilio, de donde deriva su nombre. En el 52 a.C. fue destruida por un incendio y reemplazada por una edificación mayor. Aunque el Senado podía reunirse en otros lugares, este edificio era su punto habitual para celebrar sus sesiones. Tras su incendio se edificó la *Curia Julia*, en honor a César, que perduró todo el imperio hasta que un nuevo incendio la arrasó durante el reinado de Carino. Diocleciano la reconstruyó y engrandeció.

cursus honorum: Nombre que recibía la carrera política en Roma. Un ciudadano podía ir ascendiendo en su posición política accediendo a diferentes cargos de género político y militar, desde una edilidad en la ciudad de Roma, hasta los cargos de cuestor, pretor, censor, procónsul, cónsul o, en momentos excepcionales, dictador. Estos cargos eran electos, aunque el grado de transparencia de las elecciones fue evolucionando dependiendo de las turbulencias sociales a las que se vio sometida la República romana.

Dagda: Diosa celta de los infiernos, las aguas y la noche.

decumanus: Línea de este a oeste que trazaba una de las avenidas principales de un campamento romano o que un augur trazaba en el aire para dividir el cielo en diferentes secciones a la hora de interpretar el vuelo de las aves.

deductio: Desfile realizado en diferentes actos de la vida civil romana. Podía llevarse a cabo para honrar a un muerto, siendo entonces de carácter funerario, o bien para festejar a una joven pareja de recién casados, siendo en esta ocasión de carácter festivo.

deductio in forum: «Traslado al foro.» Se trata de la ceremonia durante la que el *pater familias* conducía a su hijo hasta el foro de la ciudad para introducirlo en sociedad. Como acto culminante de la ceremonia se inscribía al adolescente en la tribu que le correspondiera, de modo que quedaba ya como oficialmente apto para el servicio militar.

de ea re quid fieri placeat: Fórmula mediante la cual el presidente del Senado invitaba a los senadores a opinar sobre un asunto con entera libertad.

defritum: Condimento muy usado por los romanos a base de mosto de uva hervido.

devotio: Sacrificio supremo en el que un general, un oficial o un soldado entrega su propia vida en el campo de batalla para salvar el honor del ejército.

domus: Típica vivienda romana de la clase más acomodada, normalmente compuesta de un vestíbulo de entrada a un gran atrio en cuyo centro se encontraba el *impluvium*. Alrededor del atrio se distribuían las estancias principales y al fondo se encontraba el *tablinium*, pequeño despacho o biblioteca de la casa. En el atrio había un pequeño altar para ofrecer sacrificios a los dioses Lares y Penates que velaban por el hogar. Las casas más ostentosas añadían un segundo atrio posterior, generalmente porticado y ajardinado, denominado peristilo.

et cetera: Expresión latina que significa «y otras cosas», «y lo restante», «y lo demás».

Eolo: Dios del viento.

escorpión: Máquina lanzadora de piedras diseñada para ser usada en los grandes asedios.

falárica: En la novela *Africanus, el hijo del cónsul,* se refiere a arma que arrojaba jabalinas a enorme distancia. En ocasiones estas jabalinas podían estar untadas con pez u otros materiales inflamables y prender al ser lanzadas. Fue utilizada por los saguntinos como arma defensiva en su resistencia durante el asedio al que les sometió Aníbal. En *Las legiones malditas* se usa el término para referirse a las lanzas de origen ibero adoptadas por las legiones de Roma.

falera: Condecoración en forma de placa o medalla que se colgaba del pecho.

far: Grano en general, del cual extraían los romanos la harina necesaria para el pan y otros alimentos.

fasti: Días apropiados para actos públicos o celebraciones de toda índole.

fatum: El destino que, para los romanos, era siempre inexorable.

fauete linguis: Expresión latina que significa «contened vuestras lenguas». Se utilizaba para reclamar silencio en el momento clave de un sacrificio justo antes de matar al animal seleccionado. El silencio era preciso para evitar que la bestia se pusiera nerviosa.

februa: Pequeñas tiras de cuero que los *luperci* utilizaban para tocar con ellas a las jóvenes romanas en la creencia que dicho rito promovía la fertilidad.

feliciter: Expresión empleada por los asistentes a una boda para felicitar a los contrayentes.

flamines maiores: Los sacerdotes más importantes de la antigua Roma. Los *flamines* eran sacerdotes consagrados a velar por el culto a una divinidad. Los *flamines maiores* se consagraban a velar por el culto a las tres divinidades superiores, es decir, a Júpiter, Marte y Quirino.

Foro Boario: El mercado del ganado, situado junto al Tíber, al final del *Clivus Victoriae*.

fundamentum cenae: El plato principal de una cena o banquete romano.

gaesum: Arma arrojadiza, completamente de hierro, de origen celta adoptada por los ejércitos de Roma en torno al siglo IV a.C.

garum: Pesada pero jugosa salsa de pescado de origen ibero que los romanos incorporaron a su cocina.

gens: El *nomen* de la familia o tribu de un clan romano.

gladio: Espada de doble filo de origen ibérico que en el período de la segunda guerra púnica fue adoptada por las legiones romanas.

gradus deiectio: Pérdida del rango de oficial.

Graecostasis: El lugar donde los embajadores extranjeros aguardaban antes de ser recibidos por el Senado. En un principio se encontraba en el *Comitium*, pero luego se trasladó al foro.

Hades: El reino de los muertos.

hasta velitaris: Nombre usado para referirse en ocasiones a armas arrojadizas del tipo *gaesum* o *uerutum*.

hastati: La primera línea de las legiones durante la época de la segunda guerra púnica. Si bien su nombre indica que llevaban largas lanzas en otros tiempos, esto ya no era así a finales del siglo III a.C. En su lugar, los *hastati*, al igual que los *príncipes* en la segunda fila, iban armados con dos *pila* o lanzas más con un mango de madera de 1,4 metros de longitud, culminada en una cabeza de hierro de extensión similar al mango. Además, llevaban una espada, un escudo rectangular, denominado *parma*, coraza, espinillera y yelmo, normalmente de bronce.

Hércules: Es el equivalente al Heracles griego, hijo ilegítimo de Zeus concebido en su relación, bajo engaños, con la reina Alcmena. Por asimilación, Hércules era el hijo de Júpiter y Alcmena. Plauto recrea los acontecimientos que rodearon su concepción en su tragicomedia *Amphitruo*. Entre sus múltiples hazañas se encuentra su viaje de ida y vuelta al reino de los muertos, lo que le costó un severo castigo al dios Caronte.

hilarotragedia: Mezcla de comedia y tragedia, promovida por Rincón y otros autores en Sicilia.

Hymenaneus: El dios romano de los enlaces matrimoniales. Su nombre era usado como exclamación de felicitación a los novios que acababan de contraer matrimonio.

ignominia missio: Expulsión del ejército con deshonor.

in extremis: Expresión latina que significa «en el último momento». En algunos contextos puede equivaler a *in articulo mortis*, aunque no en esta novela.

insulae: Edificios de apartamentos. En tiempo imperial alcanzaron los seis o siete pisos de altura. Su edificación, con frecuencia sin control alguno, daba lugar a construcciones de poca calidad que podían o bien derrumbarse o incendiarse con facilidad, con los consiguientes grandes desastres urbanos.

intercalar: Éste era un mes que se añadía al calendario romano para completar el año, pues los meses romanos seguían el ciclo lunar que no daba de sí lo suficiente para abarcar el ciclo completo de 365 días. La duración del mes intercalar podía oscilar y era decidida, generalmente, por los sacerdotes.

imagines maiorum: Retratos de los antepasados de una familia. Las *imagines maiorum* eran paseadas en el desfile o *deductio* que tenía lugar en los ritos funerarios de un familiar.

impedimenta: Conjunto de pertrechos militares que los legionarios transportaban consigo durante una marcha.

imperator: General romano con mando efectivo sobre una, dos o más legiones. Normalmente un cónsul era *imperator* de un ejército consular de dos legiones.

imperium: En sus orígenes era la plasmación de la proyección del poder divino de Júpiter en aquellos que, investidos como cónsules, de hecho ejercían el poder político y militar de la República durante su mandato. El *imperium* conllevaba el mando de un ejército consular compuesto de dos legiones completas más sus tropas auxiliares.

impluvium: Pequeña piscina o estanque que, en el centro del atrio, recogía el agua de la lluvia que después podía ser utilizada con fines domésticos.

ipso facto: Expresión latina que significa «en el mismo momento», «inmediatamente».

Isla Ortygia: Isla que corresponde a la parte más antigua de la ciudad de Siracusa, al norte tiene el puerto pequeño o *Portus Minor* y al sur el gran *Portus Magnus*.

Júpiter Óptimo Máximo: El dios supremo, asimilado al dios griego Zeus. Su *flamen*, el Diales, era el sacerdote más importante del colegio. En su origen Júpiter era latino antes que romano, pero tras su incorporación a Roma protegía la ciudad y garantizaba el *imperium*, por ello el *triunfo* era siempre en su honor.

kalendae: El primer día de cada mes. Se correspondía con la luna nueva.

laganum: Torta de harina y aceite.

Lapis Niger: Espacio pavimentado con losas de mármol negro que supuestamente correspondía con la tumba de Rómulo.

laterna cornea: Linterna portátil con paredes semitransparentes de cuerno de animal.

laterna de uesica: Linterna portátil con paredes semitransparentes de piel de vejiga de animal.

Lares: Los dioses que velan por el hogar familiar.

laudatio: Discurso repleto de alabanzas en honor de un difunto o un héroe.

Lautumiae: Cárcel construida junto a la antigua prisión. El *Lautumiae* se empleaba para encerrar a los prisioneros de guerra y las condiciones, aunque extremas, eran algo mejores que las de la vieja prisión o *Tullianum*. El nombre hace referencia a la vieja cantera en la que se construyó.

legati: Legados, representantes o embajadores, con diferentes niveles de autoridad a lo largo de la dilatada historia de Roma. En *Las legiones malditas* el término hace referencia a los representantes de una embajada del Senado.

legiones malditas: Los supervivientes de Cannae, descontando los oficiales de mayor rango que fueron exonerados en un juicio en el Senado (véase la novela *Africanus, el hijo del cónsul*), fueron desterrados de Italia *sine die*, condenados a la vergüenza del olvido por haber huido frente a Aníbal. Con estas tropas se formaron dos legiones, la V y la VI, que permanecieron apartadas del combate durante años. A las legiones V y VI se unirían a lo largo del tiempo otros legionarios que tras sufrir otra humillante derrota en Herdonea siguieron la misma mala fortuna que sus antecesores de Cannae. De esta forma, las legiones V y VI estaba formadas casi enteramente por legionarios que habían sido derrotados por Aníbal y que Roma apartaba de su vista por desprecio y rabia. Particularmente duro fue Quinto Fabio Máximo con estas tropas a las que negó el perdón cuando el cónsul Marcelo intercedió por ellas tras la conquista de Siracusa (véase la novela *Africanus, el hijo del cónsul*).

legiones urbanae: Las tropas que permanecían en la ciudad de Roma acantonadas como salvaguarda de la ciudad. Actuaban como milicia de seguridad y como tropas militares en caso de asedio o guerra.

lena: Meretriz, dueña o gestora de un prostíbulo.

lenón: Proxeneta o propietario de un prostíbulo.

lemures: Espíritus de los difuntos, generalmente malignos, adorados y temidos por los romanos.

Lemuria: Fiestas en honor de los *lemures*, espíritus de los difuntos. Se celebraban los días 9, 11 y 13 de mayo.

letterae: Pequeñas tablillas de piedra que hacían las veces de entrada para el recinto del teatro.

Liberalia: Festividad en honor del dios Liber, que se aprovechaba para la celebración del rito de paso de la infancia a la adolescencia y durante el que se imponía la *toga viriles* por primera vez a los muchachos romanos. Se celebraba cada 17 de marzo.

lictor: Legionario que servía en el ejército consular romano prestando el servicio especial de escolta del jefe supremo de la legión: el cónsul. Un cónsul tenía derecho a estar escoltado por doce *lictores*, y un dictador, por veinticuatro.

linterna púnica: Las linternas más apreciadas de la antigüedad provenían de Cartago y de ahí el nombre. Eran las que poseían las paredes más finas, pese a ser de cuerno o vejiga de animal y que, en consecuencia, iluminaban más. Posteriormente, las linternas se hicieron de cristal.

lituus: Un bastón lago terminado de forma curva típico de los augures romanos.

Lotus: Árbol centenario que estuvo plantado en el centro de Roma desde los tiempos de Rómulo hasta más allá del reinado de Trajano.

Lug: Dios principal de los celtas. Tal es su importancia, que dio nombre a la ciudad de Lugdunum, la actual Lyon. Aparece bajo distintas apariencias: como el dios-ciervo Cerunnos, como el dios Taranis de la tempestad o como el luminoso Belenos.

Lupercalia: Festividades con el doble objetivo de proteger el territorio y promover la fecundidad. Los *luperci* recorrían las calles con sus *februa* para «azotar» con ellas a las jóvenes romanas en la creencia de que con ese rito se favorecería la fertilidad.

luperci: Personas pertenecientes a una cofradía especial religiosa encargada de una serie de rituales encaminados a promover la fertilidad en la antigua Roma.

Macellum: Uno de los más grandes mercados de la Roma antigua, ubicado al norte del foro. Sufrió un tremendo incendio, igual que todo su barrio, que llegó a extenderse hasta el mismísimo foro en torno al 210 o 209 a.C. Tito Livio menciona este incendio. Nunca se descubrió la cusa del mismo, aunque se atribuyó a criminales. En *Las legiones malditas* el incendio viene recreado en el capítulo «una noche de fuego».

mamertinos: Fuerza mercenaria de origen itálico al servicio de Agatocles, tirano de Siracusa. Tras la muerte del tirano en el 288 a.C., los autodenominados *mamertinos,* hijos del dios de la guerra Marte, se sublevaron en vez de retirarse tomando la ciudad de Mesina y convirtiéndose en una fuente de conflictos durante bastantes años. Los *mamertinos,* conocedores que desde Mesina se controlaba el estrecho del mismo nombre, clave para el tráfico marítimo de la época, negociaron y chantajearon a romanos y cartagineses.

manantial de Aretusa: Manantial natural en la Isla Ortygia de Siracusa que da al mar y que los griegos atribuían a la presencia allí de la ninfa Aretusa.

Manes: Las almas o espíritus de los que han fallecido.

manumissio vidicta: Proceso por el cual se concedía la libertad a un esclavo al solicitarla un ciudadano romano que actuaba como *adsertor libertatis* frente a un magistrado.

manus ferrea: Gran pasarela que los romanos tendían desde sus barcos hacia la cubierta de los navíos enemigos con un poderoso *corvus* o gran polea para abordarlos con sus tropas.

Marte: Dios de la guerra y los sembrados. A él se consagraban las legiones en marzo, cuando se preparaban para una nueva campaña. Normalmente se le sacrificaba un carnero.

Marsias: Estatua arcaica de Sileno en el centro del foro, con un hombre desnudo cubierto por el *pileus* o gorro frigio que simbolizaba la libertad. Por ello, los libertos, recién adquirida su condición de libertad, se sentían obligados a acercarse a la estatua y tocar el gorro frigio.

medius lectus: De los tres *triclinia* que normalmente conformaban la estancia dedicada a la cena, el que ocupaba la posición central y, en consecuencia, el de mayor importancia social.

Mercator: Comedia de Plauto basada en un original griego de Filemón, poeta de Siracusa (361-263 a.C.). La mayoría de los historiadores la consideran la segunda obra de Plauto tras la *Asinaria*, aunque, como es habitual, la datación de la misma oscila, concretamente entre el 212 y el 206 a.C. En esta novela se la ha situado en el 211 a.C. Para muchos críticos es una obra inferior en la producción plautina con una acción lenta y de menor comicidad que otras de sus obras más famosas. Se considera que, en este caso, Plauto se limitó a traducirla sin incorporar sus geniales aportaciones, como haría en otros muchos casos.

meseta de Epipolae: Gran meseta al oeste de la ampliada ciudad de Siracusa tras la anexión de nuevos terrenos con la construcción de la muralla de Dionisio.

Miles Gloriosus: Una de las obras más famosas de Tito Macio Plauto. Su fecha de estreno, como siempre en el caso de las obras de Plauto, es origen de controversia aunque la mayoría de los expertos considera que se estrenó en el 205 a.C., fecha que hemos tomado para introducirla en la novela. La obra muestra el conocimiento exhaustivo que Plauto tenía de la vida militar, probablemente fruto de su propio paso como soldado al servicio de las legiones de Roma (véase la novela *Africanus, el hijo del cónsul*). El marcado carácter crítico del texto del *Miles Gloriosus* ha hecho que muchos críticos la consideren una de las primeras obras antibelicistas de la historia de la literatura. Su propio título, que traducido *El soldado fanfarrón*, da idea del tono general de la obra.

milla: los romanos medían las distancias en millas. Un milla romana equivalía a mil pasos y cada paso a 1,4 o 1,5 metros aproximadamente, de modo que una milla equivalía a entre 1.400 y 1.500 metros actuales, aunque hay controversia sobre el valor exacto de estas unidades de medida romanas. En *Las legiones malditas* las he usado con los valores referidos anteriormente.

mina: Moneda de curso legal a finales del siglo III a.C. en Roma.

Minos, Radamanto y Eaco: Los temidos e implacables jueces del inframundo.

mola salsa: Una salsa especial empleada en diversos rituales religiosos elaborada por las vestales mediante la combinación de harina y sal.

mulsum: Bebida muy común y apreciada entre los romanos elaborada al mezclar el vino con miel.

munerum indictio: Castigo por el cual un legionario se veía obligado a realizar trabajos o actividades indignas de su condición, desde acampar fuera del campamento hasta tener que estar en pie toda la noche frente al *praetorium*. En casos extremos, podía suponer el traslado a destinos complicados o el encargo de misiones de alto riesgo.

muralla servia: Fortificación amurallada levantada por los romanos en los inicios de la República para protegerse de los ataques de las ciudades latinas con las que competía por conseguir la hegemonía en Lacio. Estas murallas protegieron durante siglos la ciudad hasta que decenas de generaciones después, en el Imperio, se levantó la gran muralla Aureliana. Un resto de la muralla servia es aún visible junto a la estación de ferrocarril Termini en Roma.

murez: Almejas rojas exquisitas especialmente valoradas por los romanos.

Neápolis: Nuevo barrio de la antigua Siracusa, añadido al ampliar Dionisio las murallas de la ciudad hacia el oeste.

nequaquam ita siet: Fórmula por la que se votaba en contra de una moción en el antiguo Senado de Roma que significa «que de ningún modo sea así».

nefasti: Días que no eran propicios para actos públicos o celebraciones.

Neptuno: En sus orígenes Dios del agua dulce. Luego, por asimilación con el dios griego Poseidón, será también el dios de las aguas saladas del mar.

Nihil vos teneo: «Nada más tengo (que tratar) con vosotros», fórmula con la que el presidente del Senado de Roma levantaba la sesión.

Nimbus: Joya de especial valor, normalmente formada por una lámina de oro y perlas que un fino hilo o cinta de lino mantenía sujetas a la frente. Es más pequeña que una diadema. Plauto menciona un *nimbus* en una de sus obras. Estas joyas eran apreciadas por hacer más pequeñas las frentes de las mujeres romanas, y es que en la antigua Roma no se consideraba bella una frente amplia y despejada en el caso de una mujer. El nombre de la joya hace referencia a la luz que rodea la cabeza de una diosa.

nobilitas: Selecto grupo de la aristocracia romana republicana compuesto por todos aquellos que en algún momento de su *cursus honorum* habían ostentado el consulado, es decir, la máxima magistratura del Estado.

nodus Herculis o **nodus Herculaneus:** Un nudo con el que se ataba la túnica de la novia en una boda romana y que representaba el carácter indisoluble del matrimonio. Sólo el marido podía deshacer ese nudo en el lecho de bodas.

nonae: El séptimo día en el calendario romano de los meses de marzo, mayo, julio y octubre, y el quinto día del resto de los meses.

nomen: También conocido como *nomen gentile* o *nomen gentilicium*, indica la *gens* o tribu a la que una persona estaba adscrita. El protagonista de esta novela pertenecía a la tribu Cornelia, de ahí que su *nomen* sea Cornelio.

oppugnatio repentina: Ataque sobre la marcha, sin detenerse. En estos casos, las legiones se lanzan sobre el enemigo, sobre su campamento o contra su ciudad sin detenerse, sin frenar su avance. Se intentaba así aprovechar el factor sorpresa, pues era más habitual que cuando dos ejércitos enemigos se encontraban frente a frente pasaran unos días antes del gran combate.

optio carceris: Castigo según el cual un legionario era condenado a una pena de prisión.

paludamentum: Prenda abierta, cerrada con una hebilla, similar al *sagum* de los oficiales pero más largo y de color púrpura. Era como un gran manto que distinguía al general en jefe de un ejército romano.

panis militaris: Pan militar.

Parentalia: Rituales en honor de los difuntos que se celebraban entre el 13 y el 21 de febrero.

pater familias: El cabeza de familia tanto en las celebraciones religiosas como a todos los efectos jurídicos.

patina: Plato.

patres conscripti: Los padres de la patria; forma habitual de referirse a los senadores. Como se detalla en la novela este término deriva del antiguo *patres et conscripti.*

pecuniaria multa: Castigo por el que se privaba a un legionario de una parte o de la totalidad de su *salario.*

Penates: Las deidades que velan por el hogar.

peristilium o peristylium: Fue copiado de los griegos. Se trataba de un amplio patio porticado, abierto y rodeado de habitaciones. Era habitual que los romanos aprovecharan estos espacios para crear suntuosos jardines con flores y plantas exóticas.

Picus Ruminalis o Ruminal: Una moribunda higuera partida por un rayo bajo la que se suponía que la loba amamantó a los gemelos Rómulo y Remo.

pileus: Gorro frigio de la estatua *Marsias* situada en el foro. El gorro simbolizaba la libertad y los libertos deseaban tocarlo tras ser manumitidos.

pilum, pila: Singular y plural del arma propia de los *hastati* y *principes.* Se componía de una larga asta de madera de hasta metro y medio que culminaba en un hierro de similar longitud. En tiempos del historiador Polibio y, probablemente, en la época de esta novela, el hierro estaba incrustado en la madera hasta la mitad de su longitud mediante fuertes remaches. Posteriormente, evolucionaría para terminar sustituyendo uno de los remaches por una clavija que se partía cuando el arma era clavada en el escudo enemigo, dejando que el mango de madera quedara colgando del hierro ensartado en el escudo trabando al enemigo que, con frecuencia, se veía obligado a desprenderse de su ara defensiva. En la época de César el mismo efecto se conseguía de forma distinta mediante una punta de hierro que resultaba imposible de extraer del escudo. El peso del *pilum* oscilaba entre 0,7 y 1,2 kilos y podía ser lanzado por los legionarios a una media de 25 metros de distancia, aunque los más expertos podían arrojar esta lanza incluso a 40 metros. En su caída, podía atravesar hasta tres centímetros de madera o, incluso, una placa de metal.

Pólux: Junto con su hermano Cástor, uno de los Dioscuros griegos asimilados por la religión romana. Su templo, el de los Cástores, o de Cástor y Pólux, servía de archivo a la orden de los *equites* o caballeros romanos. El nombre de ambos dioses era usado con frecuencia a modo de interjección en la época de Escipión.

pontifex maximus: Máxima autoridad sacerdotal de la religión romana. Vivía en la *Regia* y tenía plena autoridad sobre las vestales, elaboraba el calendario (con sus días *fastos* o *nefastos*) y redactaba los anales de Roma.

popa: Sirviente que, durante un sacrificio, recibe la orden de ejecutar al animal, normalmente mediante un golpe mortal en la cabeza de la bestia sacrificada.

porta praetoria: La puerta de un campamento romano que se encuentra en frente del *praetorium* del general en jefe.

porta decumana: La puerta de un campamento romano que se encuentra a espaldas del *praetorium* del general en jefe.

porta principalis sinistra: La puerta de un campamento romano que se encuentra a la izquierda del *praetorium* del general en jefe.

porta principalis dextera: La puerta de un campamento romano que se encuentra a la derecha del *praetorium* del general en jefe.

Portus Magnus: Nombre con el que se conocía el mayor de los dos puertos de Siracusa, una impresionante bahía para albergar una de las mayores flotas del Mediterráneo en la antigüedad.

portica Lo que quedaba a la espalda de un augur cuando éste iba a tomar auspicios o leer el vuelo de las aves. Lo que quedaba ante él se denominaba *antica.*

praefecti sociorum: «Prefectos de los aliados», es decir, los oficiales al mando de las tropas auxiliares que acompañaban a las legiones. Eran nombrados directamente por el cónsul. Los aliados de origen italiano eran los únicos que obtenían el derecho de ser considerados *socii.*

praenomen: Nombre particular de una persona, que luego era completado con su *nomen* o denominación de su tribu y su *cognomen* o nombre de su familia. En el caso del protagonista de *Africanus, el hijo del Cónsul* y de las *Legiones malditas,* el *praenomen* es Publio. A la vista de la gran variedad de nombres que hoy día disponemos para nombrarnos es sorprendente la escasa variedad que el sistema romano proporcionaba: sólo había un pequeño grupo de *praenomen* entre los que elegir. A la escasez de variedad, hay que sumar que cada *gens* o tribu solía recurrir a pequeños grupos de nombres, siendo muy frecuente que miembros de una misma familia compartieran el mismo *praenomen, nomen* y *cognomen,* generando así, en ocasiones, confusiones para historiadores o lectores de obras como esta novela. En *Las legiones malditas* se ha intentado mitigar este problema y su confusión incluyendo un árbol genealógico de la familia de Publio Cornelio Escipión y haciendo referencia a sus protagonistas como Publio padre o Publio hijo, según correspondiera. Y es que, por ejemplo, en el caso de los Escipiones, éstos, normalmente, sólo recurrían a tres *praenomen*: Cneo, Lucio y Publio.

praetorium: Tienda del general en jefe de un ejército romano. Se levantaba en el centro del campamento, entre el *quaestorium* y el foro.

prandium: Comida del mediodía, entre el desayuno y la cena. El *prandium* suele incluir carne fría, pan, verdura fresca o fruta, con frecuencia acompañado de vino. Suele ser frugal, al igual que el desayuno, ya que la cena es normalmente la comida más importante.

prima mensa: Primer plato en un banquete o comida romana.

primus pilus: El primer centurión de una legión, generalmente un veterano que gozaba de gran confianza entre los tribunos y el cónsul o procónsul al mando de las legiones.

princeps senatus: El senador de mayor edad. Por su veteranía gozaba de numerosos privilegios, como el de poder hablar primero en una sesión. Durante los años finales de su vida, esta condición recayó de forma continuada en la persona de Quinto Fabio Máximo.

principes: Legionarios que entraban en combate en segundo lugar, tras los *hastati.* Llevaban armamento similar a los *hastati,* destacando el *pilum* como arma más importante. Aunque etimológicamente su nombre indica que actuaban en primer lugar, esta función fue asignada a los *hastati* en el período de la segunda guerra púnica.

principia: Gran avenida de un campamento romano que une la *porta principalis sinistra* con la *porta principalis dextera* pasando por delante del *praetorium.*

pronuba: Mujer que actuaba como madrina de una boda romana. En el momento clave de la celebración la *pronuba* unía las manos derechas de los novios en lo que se conocía como *dextrarum iunctio.*

Proserpina: Diosa reina del inframundo, casada con Plutón después de que éste la raptara.

proximus lictor: *Lictor* de especial confianza, siempre el más próximo al cónsul.

puls: Agua y harina mezclados, una especia de gachas de trigo. Alimento muy común entre los romanos.

Qart Hadasht: Nombre cartaginés de la ciudad capital de su imperio en Hispania, denominada Cartago Nova por los romanos y conocida hoy día como Cartagena.

quaestor: En las legiones de la época republicana era el encargado de velar por los suministros y provisiones de las tropas, por el control de los gastos y de otras diversas tareas administrativas.

quaestorium: Gran tienda o edificación dentro de un campamento romano de la época republicana donde trabajaba el *quaestor.* Normalmente estaba ubicado junto al *praetorium* en el centro del campamento.

quinquerreme: Navío militar con cinco hileras de remos. Variante de la *trirreme.*

quod bonum felixque sit populo Romano Quiritium referimos ad vos, patres conscripti: Fórmula mediante la que el presidente del Senado solía abrir una sesión: Referimos a vosotros, padres conscriptos, cuál es el bien y la dicha para el pueblo romano de los Quirites.

quo vadis: Expresión latina que significa «¿adónde vas?».

relatio: Lectura o presentación por parte del presidente del Senado de la moción que se ha de votar o del asunto que se ha de debatir en la sesión en curso.

Rostra: En el año 338 a.C., tras el triunfo de Maenius sobre los Antiates, se trajeron seis espolones de las naves apresadas que se usaron para decorar una de las tribunas desde las que los oradores podían dirigirse al pueblo congregado en la gran explanada del *Comitium*. Estos espolones recibieron el sobrenombre de *Rostra*.

Ruminal: Ver *Picus ruminalis.*

sagum: Es una prenda militar abierta que suele ir cosida con una hebilla; suele ser algo más largo que una túnica y su lana, de mayor grosor. El general en jefe llevaba un *sagum* más largo y de color púrpura que recibiría el nombre de *paludamentum.*

Saturnalia: Tremendas fiestas donde el desenfreno estaba a la orden del día. Se celebraban del 17 al 23 de diciembre en honor del dios Saturno, el dios de las semillas enterradas en la tierra.

schedae: Hojas sueltas de papiro utilizadas para escribir. Una vez escritas, se podían pegar para formar un rollo.

scipio: «Bastón» en latín, palabra de la que la familia de los Escipiones deriva su nombre.

secunda mensa: Segundo plato en un banquete romano.

sella: El más sencillo de los asientos romanos. Equivale a un sencillo taburete.

sella curulis: Como la *sella*, carece de respaldo, pero es un asiento de gran lujo, con patas cruzadas y curvas de marfil que se podían plegar para facilitar el trasporte, pues se trataba del asiento que acompañaba al cónsul en sus desplazamientos civiles o militares.

senaculum: Había dos, uno frente al edificio de la *Curia* donde se reunía el Senado y otro junto al templo de Bellona. Ambos eran espacios abiertos aunque es muy posible que estuvieran porticados. Los empleaban los senadores para reunirse y deliberar, en el primer caso, mientras que el que se encontraba junto al templo de Bellona era empleado para recibir a embajadores extranjeros a los que no se les permitía la entrada en la ciudad.

senatum consulere: Moción presentada por un cónsul ante el Senado para la que solicita su aprobación *signifer:* Portaestandarte de las legiones.

sibilinamente: De forma peculiar, extraña y retorcida, derivado de la Sibila de Cumas, la peculiar profeta que ofreció al rey Tarquino de Roma los libros cargados de profecías sobre el futuro de Roma y que luego interpretaban los sacerdotes, con frecuencia, de modo complejo y extraño, a menudo de manera acomodaticia con las necesidades de los gobernantes de Roma. Los tres libros de la Sibila de Cumas o sibilinos se guardaban en el templo de Júpiter Óptimo Máximo en el Capitolio, hasta que en el 83 un incendio los dañó gravemente. Tras su recomposición Augusto los depositó en el templo de Apolo Palatino.

solium: Asiento de madera con respaldo recto, sobrio y austero.

status: Expresión latina que significa «el estado o condición de una cosa». Puede referirse tanto al estado de una persona en una profesión como a su posición en el contexto social.

statu quo: Expresión latina que significa «en el estado o situación actual».

stilus: Pequeño estilete empleado para escribir o bien sobre tablillas de cera grabando las letras o bien sobre papiro utilizando tinta negra o de color.

stipendium: Sueldo que cobraban en las legiones. En tiempos de Escipión, según nos indica el historiador Polibio, un legionario cobraba dos óbolos por día, un centurión cuatro y el caballero un dracma.

sub hasta: Literalmente, «bajo el hasta o insignia de la legión». Bajo dicha hasta se repartía el botín tras una victoria que podía incluir la venta de los prisioneros como esclavos.

tabernae novae: Tiendas en el sector norte del foro, generalmente ocupadas por carnicerías.

tabernae septem: Tiendas al norte del foro, incendiadas en el 210 o 209 a.C. y reconstruidas como *tabernae quinque.*

tabernae veteres: Tiendas en el sur del foro ocupadas por cambistas de moneda.

tablinium: Habitación situada en la pared del atrio en el lado opuesto a la entrada principal de la *domus.* Esta estancia estaba destinada al *pater familias,* haciendo las veces de despacho particular del dueño de la casa.

tabulae nupciales: Tablas o capítulos nupciales que eran firmados por los testigos al final de una boda romana para dar fe del acontecimiento.

Tania: Diosa púnica-fenicia de la fertilidad, origen de toda la vida, cuyo culto era coincidente con el de la diosa madre venerada en tantas culturas del Mediterráneo occidental. Los griegos la asimilaron como Hera y los romanos como Juno.

templo de Apolo: Uno de los grandes templos de Siracusa, con seis columnas en el lado corto y diecisiete en los laterales largos, todas de orden jónico. Levantado en el siglo VI a.C.

templo de Artemisa: Templo dedicado a la diosa Artemisa levantado en el centro de la *Isla Ortygia* en Siracusa.

templo de Atenea: En Siracusa, uno de los mayores templos de la ciudad, construido en el siglo V a.C. y que en la actualidad está reconvertido en catedral de la ciudad, con seis columnas frontales y catorce laterales, todas de orden jónico que aún son visibles y que aún actúan como soportes de la mayor parte de la estructura del edificio. Sus columnas son famosas por su enorme diámetro.

templo de Iupitter Libertas: Templo levantado en el Aventino por Sempronio Graco en el 238 a.C.

tessera: Pequeña tablilla en la que se inscribían signos relacionados con los cuatro turnos de guardia nocturna en un campamento romano. Los centinelas debían hacer entrega de la *tessera* que habían recibido a las patrullas de guardia, que comprobaban los puestos de vigilancia durante la noche. Si un centinela no entregaba su *tessera* por ausentarse de su puesto de guardia para dormir o cualquier otra actividad, era condenado a muerte. También se empleaban *tesserae* con otros usos muy diferentes en la vida civil como, por ejemplo, el equivalente a una de nuestras entradas al teatro. Los ciudadanos acudían al lugar de una representación con su *tessera* en la que se indicaba el lugar donde debía ubicarse cada espectador.

toga praetexta: Toga blanca ribeteada con color rojo que se entregaba al niño durante una ceremonia de tipo festivo durante la que se distribuían todo tipo de pasteles y monedas. Ésta era la primera toga que el niño llevaba y la que sería su vestimenta oficial hasta su entrada en la adolescencia, cuando le será sustituida por la *toga virilis.*

toga virilis: Toga que sustituía a la toga *praetexta* de la infancia. Esta nueva toga le era entregada al joven durante las *Liberalia*, festividad que se aprovechaba para introducir a los nuevos adolescentes en el mundo adulto y que culminaba con la *deductio in forum.*

tonsor: Barbero.

torque: Condecoración militar en forma de collar.

trabea: Vestimenta característica de un augur: una toga nacional con remates en púrpura y escarlata.

triari: El cuerpo de legionarios más expertos en la legión. Entraban en combate en último lugar, reemplazando a la infantería ligera y a los *hastati* y *principes*. Iban armados con un escudo rectangular, espada y, en lugar de lanzas cortas, con una pica alargada con la que embestían al enemigo.

triclinium, triclinia: Singular y plural de los divanes sobre los que los romanos se recostaban para comer, especialmente, durante la cena. Lo frecuente es que hubiera tres, pero podían añadirse más en caso de que esto fuera necesario ante la presencia de invitados.

trirreme: Barco de uso militar del tipo galera. Su nombre romano *trirreme* hace referencia a las tres hileras de remos que, a cada lado del buque, impulsaban la nave. Este tipo de navío se usaba desde el siglo VII a.C. en la guerra naval del mundo antiguo. Hay quienes consideran que los egipcios fueron sus inventores, aunque los historiadores ven en las trieras corintias su antecesor más probable. De forma específica, Tucídides atribuye a Aminocles la invención de la *trirreme*. Los ejércitos de la antigüedad se dotaron de estos navíos como base de sus flotas, aunque a éstos les añadieron barcos de mayor tamaño sumando más hileras de remos, apareciendo así las *cuatrirremes*, de cuatro hileras o las *quinquerremes*, de cinco. Se llegaron a construir naves de seis hileras de remos o de diez, como las que actuaron de buques insignia en la batalla naval de Accio entre Octavio y Marco Antonio. Calígeno nos describe un auténtico monstruo marino de 40 hileras construido bajo el reinado de Ptolomeo IV Filopátor (221-203 a.C.) contemporáneo de la época de *Africanus, el hijo del cónsul*, aunque, caso de ser cierta la existencia de semejante buque, éste sería más un juguete real que un navío práctico para desenvolverse en una batalla naval.

triunfo: Desfile de gran boato y parafernalia que un general victorioso realizaba por las calles de Roma. Para ser merecedor de tal honor, la victoria por la que se solicita este premio ha de haber sido conseguida durante el mandato como cónsul o procónsul de un ejército consular o proconsular.

triunviros: Legionarios que hacían las veces de policía en Roma o ciudades conquistadas. Con frecuencia patrullaban por las noches y velaban por el mantenimiento del orden público.

tubicines: Trompeteros de las legiones que hacían sonar las grandes tubas con las que se daban órdenes para maniobrar las tropas.

Tubilustrium: Día festivo en Roma en el que se celebraba la purificación de las trompetas y tubas de guerra. Esto tenía lugar cada 23 de mayo.

túnica recta: Túnica de lana blanca con la que la novia acudía a la celebración de su enlace matrimonial.

turma, turmae: Singular y plural del término que describe un pequeño destacamento de caballería compuesto por tres decurias de diez jinetes cada una.

ubi tu Gaius, ego Gaia: Expresión empleada durante la celebración de una boda romana. Significa «donde tú Gayo, yo Gaya», locución originada a partir de los nombres prototípicos romanos de Gaius y Gaia que se adoptaban como representativos de cualquier persona.

uerutum: Dardo arrojadizo propio de la antigua falange serviana romana que progresivamente fue reemplazado por otras armas arrojadizas.

uti tu rogas: Fórmula de aceptación a la hora de votar una moción en el antiguo Senado de Roma que significa «como solicitas».

velites: Infantería ligera de apoyo a las fuerzas regulares de la legión. Iban armados con espada y un escudo redondo más pequeño que el resto de los legionarios. Solían entrar en combate en primer lugar. Sustituyeron a un cuerpo anterior de funciones similares denominado *leves.* Esta sustitución tuvo lugar en torno al 211 a.C. En esta novela hemos empleado de forma sistemática el término *velites* para referirnos a las fuerzas de infantería ligera romana.

vestal: Sacerdotisa perteneciente al colegio de las vestales dedicadas al culto de la diosa Vesta. En un principio sólo había cuatro, aunque posteriormente se amplió el número de vestales a seis y, finalmente, a siete. Se las escogía cuando tenían seis y diez años de familias cuyos padres estuvieran vivos. El período de sacerdocio era de treinta años. Al finalizar, las vestales eran libres para contraer matrimonio si así lo deseaban. Sin embargo, durante su sacerdocio debían permanecer castas y velar por el fuego sagrado de la ciudad. Si faltaban a sus votos, eran condenadas sin remisión a ser enterradas vivas. Si, por le contrario, mantenían sus votos, gozaban de gran prestigio social hasta el punto de que podían salvar a cualquier persona que, una vez condenada, fuera llevada para su ejecución. Vivían en una gran mansión próxima al templo de Vesta. También estaban encargadas de elaborar la *mola salsa*, ungüento sagrado utilizado en muchos sacrificios.

Verrucoso: Sobrenombre por el que se conocía a Quinto Fabio Máximo por una gran verruga que tenía en un labio.

Via Appia: Calzada romana que parte desde la puerta Capena de Roma hacia el sur de Italia.

Via Latina: Calzada romana que parte desde la Via Appia hacia el interior en dirección sureste.

victimarius: Durante un sacrificio, era la persona encargada de encender el fuego, sujetar la víctima y preparar todo el instrumental necesario para llevar a término el acto sagrado.

victoria pírrica: Un victoria conseguida por el rey Pirro del Épiro en sus campañas contra los romanos en la península itálica en sus enfrentamientos durante el siglo III. a.C. El rey de origen griego cosechó varias de estas victorias que, no obstante, fueron muy escasas en cuanto a resultados prácticos ya que, al final, los romanos se rehicieron hasta obligarle a retirarse. De aquí se extrajo la expresión que hoy día se emplea para indicar que se ha conseguido una victoria por la mínima, en deportes, o un logro cuyos beneficios serán escasos.

Vicus Jugarius: Avenida que conectaba el *Forum Holitorium* o mercado de las verduras junto a la puerta Carmenta con el foro del centro de Roma, rodeando por el este el monte Capitolino.

Vicus Tuscus: Avenida que transcurre desde el *Foro Boario* hasta el gran foro del centro de la ciudad y que en gran parte transita en paralelo con la *Cloaca Máxima*.

voti damnatus, voti condemnatus, voti reus: Diferentes formas de referirse al hecho de estar uno atado por una promesa que debe cumplir por encima de cualquier cosa. En la novela se refiere a la promesa que Cayo Lelio hiciera al padre de Publio Cornelio Escipión de proteger siempre, con su vida si era necesario, al joven Publio (ver novela *Africanus, el hijo del cónsul*).

Vucanal: El Vucanal era una plaza descubierta donde se levantó un templo en honor a Vulcano cuando Rómulo y Tatio hicieron las paces. Se ubicaba al noroeste del foro y al oeste del *Comitium*, ocupando parte del espacio que César emplearía para levantar su foro.

II

Árbol genealógico de Publio Cornelio Escipión, *Africanus*

En el centro del recuadro queda resaltado el protagonista de esta historia.

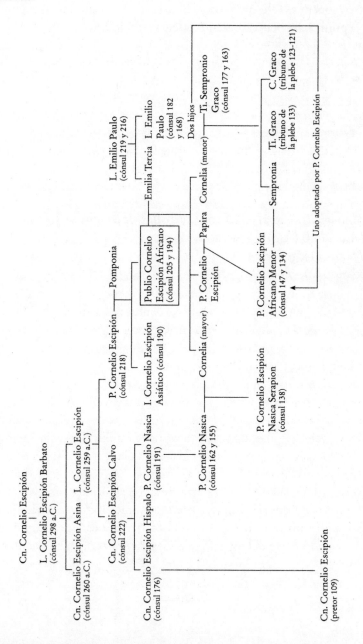

III

El alto mando cartaginés

A continuación se incluye un breve diagrama de los principales miembros masculinos de la familia de Aníbal Barca y un breve listado de otros generales relevantes del ejército cartaginés durante la segunda guerra púnica, mencionados en *Las legiones malditas*.

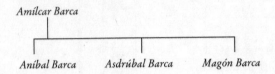

Otros generales:

Maharbal, general en jefe de la caballería cartaginesa
(Asdrúbal) Giscón, general en Hispania
Hanón (1), general en Hispania
Hanón (2), general en África

IV

Listado de cónsules de Roma

Se incluye un listado de los cónsules de la República de Roma (las magistraturas más altas del Estado durante los años en que transcurre la acción desde el nacimiento de Publio Cornelio Escipión, es decir, desde el 235 hasta el 202 a.C., fecha en la que concluye la segunda guerra púnica. El termino *sufecto* entre paréntesis indica que un cónsul es sustituido por otro, ya sea por muerte en el campo de batalla o por que el Senado plantea la necesidad de dicha sustitución.

(235 a.C.) T. Manlio Torcuato y C. Atilio Bulbo
(234 a.C.) L. Postumio Albino y Sp. Carvilio Máximo
(233 a.C.) Q. Fabio Máximo y M. Postumio Matho
(232 a.C.) M. Emilio Lépido y M. Publicio Melleolo
(231 a.C.) M. Pomponio Matho y C. Papirio Maso
(230 a.C.) M. Emilio Barbula y M. Junio Pera
(229 a.C.) Lucio Postumio Albino y Cn. Fulvio Centumalo
(228 a.C.) Sp. Carvilio Máximo y Quinto Fabio Máximo
(227 a.C.) P. Valerio Flaco y M. Atilio Régulo
(226 a.C.) M. Valerio Mesalla y L. Apustio Fullo
(225 a.C.) L. Emilio Papo y C. Atilio Régulo
(224 a.C.) T. Manlio Torcuato y Q. Fulvio Flaco
(223 a.C.) Cayo Flaminio y P. Furio Filo
(222 a.C.) M. Claudio Marcelo y Cneo Cornelio Escipión
(221 a.C.) P. Cornelio Escipión Asina, M. Minucia Rufo, M. Emilio Lépido (sufecto)
(220 a.C.) M. Valerio Laevino, Q. Mucio Scevola, C. Lutacio Cátulo, L. Veturio Filo
(219 a.C.) L. Emilio Paulo, M. Livio Salinator
(218 a.C.) P. Cornelio Escipión, Ti. Sempronio Longo
(217 a.C.) Cn. Servilio Gémino, C. Flaminio, M. Atilio Régulo (sufecto)
(216 a.C.) C. Terencio Varrón, L. Emilio Paulo
(215 a.C.) L. Postumio Albino, Ti. Sempronio Graco, M. Claudio Marcelo (sufecto), Q. Fabio Máximo (sufecto)
(214 a.C.) Q. Fabio Máximo, M. Claudio Marcelo

(213 a.C.) Q. Fabio Máximo, Ti. Sempronio Graco
(212 a.C.) Q. Fulvio Flaco, Ap. Claudio Pulcro
(211 a.C.) Cn. Fulvio Centumalo, P. Sulpicio Galba
(210 a.C.) M. Claudio Marcelo, M. Valerio Laevino
(209 a.C.) Q. Fabio Máximo, Q. Fulvio Flaco
(208 a.C.) M. Claudio Marcelo, T. Quincio Crispino
(207 a.C.) C. Claudio Nerón, M. Livio Salinator
(206 a.C.) L. Veturio Filo, Q. Cecilio Metelo
(205 a.C.) **P. Cornelio Escipión,** P. Licinio Craso
(204 a.C.) M. Cornelio Cetego, P. Sempronio Tuditano
(203 a.C.) Cn. Servilio Cepión, C. Servilio Gémino
(202 a.C.) M. Servilio Puplex Gémino, Ti. Claudio Nerón

Espacio de tiempo en el que transcurre *Las legiones malditas*

V

Mapas

A continuación, se muestran mapas de las principales batallas relatadas en *Las legiones malditas*.

Batalla de Baecula

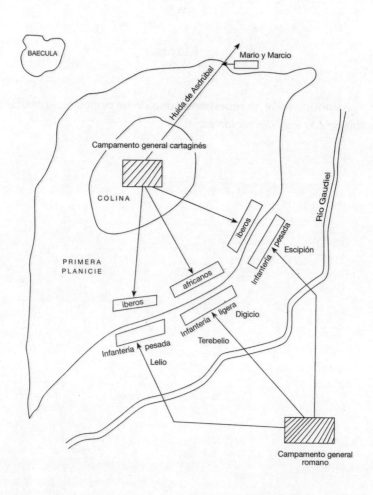

Batalla de Ilipa

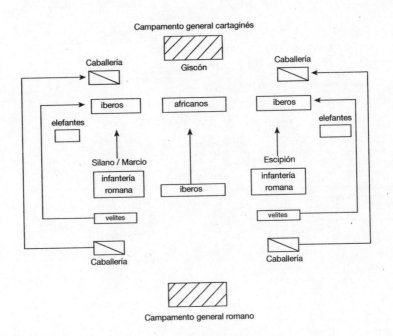

Campañas de África

El mapa muestra el asedio de Útica, la emboscada a la caballería de Hanón, el repliegue hacia Castra Cornelia y el ataque a los campamentos de Sífax y Giscón, durante el 204 y el 203 a.C.

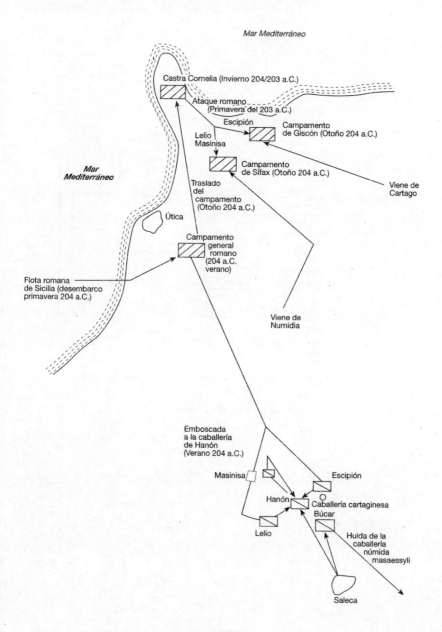

Mar Mediterráneo

Castra Cornelia (Invierno 204/203 a.C.)

Ataque romano
(Primavera del 203 a.C.)

Escipión

Campamento
de Giscón (Otoño 204 a.C.)

Lelio
Masinisa

Mar
Mediterráneo

Campamento
de Sífax (Otoño 204 a.C.)

Viene de
Cartago

Traslado
del
campamento
(Otoño 204 a.C.)

Útica

Campamento
general
romano
(204 a.C.
verano)

Flota romana
de Sicilia (desembarco
primavera 204 a.C.)

Viene de
Numidia

Emboscada
a la caballería
de Hanón
(Verano 204 a.C.)

Masinisa

Escipión

Hanón

Caballería cartaginesa
Búcar

Lelio

Huida de la
caballería
númida
masaessyli

Saleca

Batalla de Zama. Posición inicial de las tropas

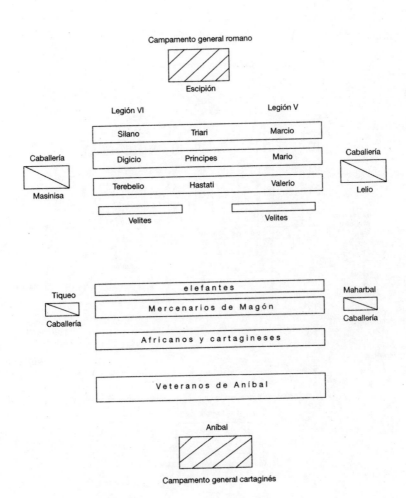

Campamento general romano

Escipión

Legión VI   Legión V

Silano	Triari	Marcio
Digicio	Principes	Mario
Terebelio	Hastati	Valerio

Caballería — Masinisa

Caballería — Lelio

Velites   Velites

elefantes

Mercenarios de Magón

Africanos y cartagineses

Veteranos de Aníbal

Tiqueo — Caballería

Maharbal — Caballería

Aníbal

Campamento general cartaginés

Batalla de Zama. La carga de los elefantes y el enfrentamiento de las caballerías

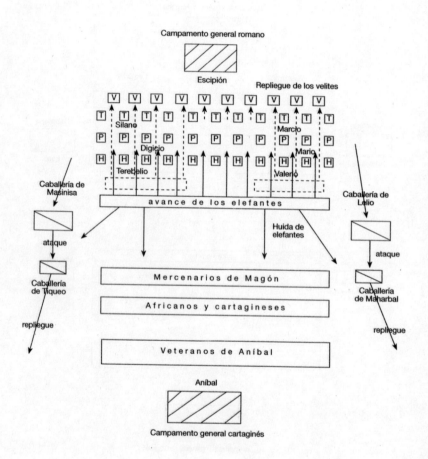

Campamento general romano

Escipión

Repliegue de los velites

V V V V V V V V V V

T T T T T T T T T T T

Silano

P P P P P P P P P P

Marcio

Digicio

H H H H H H H H H H

Mario

Terebelio

Valerio

Caballería de Masinisa

avance de los elefantes

Caballería de Lelio

ataque

Huida de elefantes

ataque

Caballería de Tiqueo

Mercenarios de Magón

Caballería de Maharbal

Africanos y cartagineses

repliegue

repliegue

Veteranos de Aníbal

Aníbal

Campamento general cartaginés

Batalla de Zama. Enfrentamiento de las infanterías romana y cartaginesa

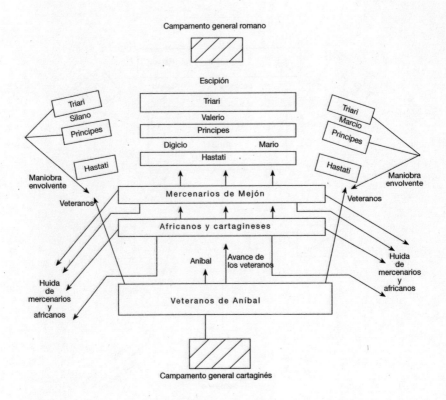

Campamento general romano

Escipión

Triari

Silano

Principes

Triari
Valerio
Principes

Digicio   Mario

Hastati

Triari
Marcio
Principes

Hastati

Hastati

Maniobra envolvente

Veteranos

Mercenarios de Mejón

Veteranos

Maniobra envolvente

Africanos y cartagineses

Huida de mercenarios y africanos

Aníbal   Avance de los veteranos

Huida de mercenarios y africanos

Veteranos de Aníbal

Campamento general cartaginés

Batalla de Zama. Fase final

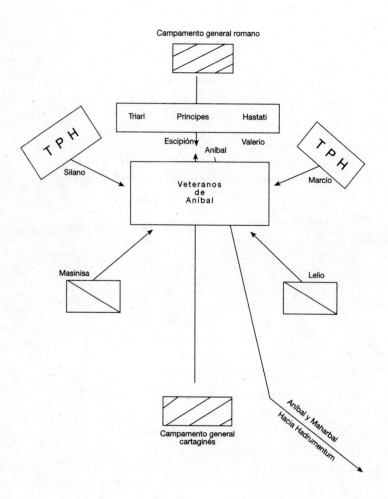

VI

Bibliografía

Sin todos estos historiadores, investigadores, filósofos y escritores esta novela no habría sido posible. Si hay errores en *Las legiones malditas* son responsabilidad única del autor. La documentación procede de estas obras referidas a continuación. En estos libros, los aficionados a la historia de Roma y el mundo antiguo encontrarán muchas horas de conocimiento.

ADKINS, Lesley y ADKINS, Roy, *El Imperio romano: historia, cultura y arte*. Edimat, Madrid, 2005.

ADOMEIT, K., *Aristóteles, sobre la amistad*. Servicio de Publicaciones de la Universidad de Córdoba, Córdoba, 1995.

ALFARO, C., *El tejido en época romana*. Arco Libros, Madrid, 1997.

APIANO, *Historia de Roma I*. Gredos, Madrid, 1980.

ARISTÓTELES, *Ética a Nicómaco*. Libros I y VI. Universitat de València, Valencia, 1993.

—, *Política*. Introducción, traducción y notas de Carlos García Gual y Aurelio Pérez Jiménez. Alianza Editorial, Madrid, 2005.

BARREIRO RUBÍN, Víctor, *La Guerra en el Mundo Antiguo*. Almena, Madrid, 2004.

BOARDMAN, J., GRIFFIN, J. y MURRIA, O., *The Oxford History of The Roman World*. Reading, Oxford University Press, UK, 2001.

BRAVO, G., *Historia de la Roma antigua*. Alianza Editorial, Madrid, 2001.

BUCK, Ch. H., *A chronology of the plays of Plautus*. Baltimore, 1940.

BURREL, G., *Historia Universal Comparada*. Volumen II. Plaza y Janés, Barcelona, 1971.

CABRERO, J., *Escipión el Africano. La forja de un imperio universal*. Aldebarán Ediciones, Madrid, 2000.

CASSON, L., *Las bibliotecas del mundo antiguo*. Edicions Bellaterra, Barcelona, 2001.

CLARKE, J. R., *Sexo en Roma. 100 a.C.-250 d.C.* Océano, Barcelona, 2003.

CODOÑER, C. (ed.), *Historia de la literatura latina*. Cátedra, Madrid, 1997.

CODOÑER, C. y FERNÁNDEZ-CORTE, C., *Roma y su imperio*. Anaya, Madrid, 2004.

CRAWFORD, M., *The Roman Republic*. Harvard University Press, Cambridge, Massachusetts, 1993.

DELLA CORTE, F., *Da Sarsina a Roma. Ricerche plautine*. Florencia, 1962.

DODGE, T. A., *Hannibal: A History of the Art of War among the Carthaginians and Romans down to the Battle of Pydna, 168 B.C., with a Detailed Account of the Second Punic War*. Da Capo Press, U.S.A., 1891 (1995).

ENNIO, Q., *Fragmentos*. Consejo Superior de Investigaciones Científicas, Salamanca, 1984.

ENRIQUE, C. y SEGARRA, M., *La civilización romana. Cuadernos de Estudio, 10, Serie Historia Universal*. Editorial Cincel y Editorial Kapelusz, Madrid, 1979.

ERMINI, F. (coord.), *Gran Historia Universal. Época helenística*. Folio, Toledo, 2000.

ESPLUGA, X. y MIRÓ I VINAIXA, M., *Vida religiosa en la antigua Roma*. Editorial UOC, Barcelona, 2003.

FERNÁNDEZ-GALIANO, M., *Antología Palatina (Epigramas helenísticos)*. Gredos, Madrid, 1978.

FERNÁNDEZ VEGA, P. A., *La casa romana*. Akal, Madrid, 2003.

GARCÍA GUAL, C., *Historia, novela y tragedia*. Alianza Editorial, Madrid, 2006.

GARDNER, J.F., *El pasado legendario. Mitos romanos*. Akal, Madrid, 2000.

GARLAN, Y., *La guerra en la antigüedad*. Aldebarán Ediciones, Madrid, 2003.

GASSET, C. (dir.), *El arte de comer en Roma: Alimentos de hombres, manjares de dioses*. Fundación de Estudios Romanos, Mérida, 2004.

GOLDSWORTHY, A., *Las guerras púnicas*. Ariel, Barcelona, 2002.

—, *Grandes generales del ejército romano*. Ariel, Barcelona, 2003.

GÓMEZ PANTOJA, J., *Historia Antigua (Grecia y Roma)*. Ariel, Barcelona, 2003.

GRACIA ALONSO, F., *Roma, Cartago, Íberos y Celtíberos*. Ariel, Barcelona, 2006.

GRIMAL, P, *La vida en la Roma antigua*. Ediciones Paidós, Barcelona, 1993.

—, *La civilización romana: Vida, costumbres, leyes, artes*. Editorial Paidós, Barcelona, 1999.

GUILLÉN, J., *Urbs Roma. Vida y costumbres de los romanos. I. La vida privada*. Ediciones Sígueme, Salamanca, 1994.

—, *Urbs Roma. Vida y costumbres de los romanos. II. La vida pública*. Ediciones Sígueme, Salamanca, 1994.

—, *Urbs Roma. Vida y costumbres de los romanos. III. Religión y ejército*. Ediciones Sígueme, Salamanca, 1994.

HAEFS, G., *Aníbal. La novela de Cartago*. Haffmans Verlag, Zurcí, 1990.

HAMEY, L. A. y HAMEY, J. A., *Los ingenieros romanos*. Akal, Madrid, 2002.

HERRERO LLORENTE, Víctor-José, *Diccionario de expresiones y frases latinas*. Gredos, Madrid, 1992.

HOFSTÄTTER, H. H. y PIXA, H., *Historia Universal Comparada. Tomo II: Del 696 al 63 antes de Cristo*. Editorial Plaza y Janés, Barcelona, 1971.

JAMES, S., *Roma Antigua*. Pearson Alambra, Madrid, 2004.

JOHNSTON, H. W., *The Private Life of the Romans. http://www.forumromanum.org/life/johnston.html*, 1932.

LARA PEINADO, F., *Así vivían los fenicios*. Grupo Anaya, Madrid, 2001.

LE BOHEC, Yann, *El ejército romano*. Ariel, Barcelona, 2004.

LEWIS, J. E. (ed.), *The Mammoth Book of Eyewitness. Ancient Rome: The history of the rise and fall of the Roman Empire in the words of those who were there*. Carroll and Graf, Nueva York, 2006.

LIDDELL HART, B. H., *Scipio Africanus, Greater Than Napoleon*. Da Capo Press, U.S.A., 1994.

LIVIO, T., *Historia de Roma desde su fundación*. Gredos, Madrid, 1993.

LIVY, T., *The War with Hannibal*. Penguin, Londres, 1972.

LÓPEZ, A. y POCIÑA, A., *La comedia romana*. Akal, Madrid, 2007.

LOZANO VELILLA, Arminda, *El mundo helenístico*. Editorial Síntesis, Madrid, 1993.

MANGAS, J., *Historia de España 3: De Aníbal al emperador Augusto. Hispania durante la República romana*. Ediciones Temas de Hoy, Madrid, 1995.

MANGAS, J., *Historia Universal. Edad Antigua. Roma.* Vicens Vives, Barcelona, 2004.

MANIX, Daniel P., *Breve historia de los gladiadores.* Ediciones Nowtilus, Madrid, 2004.

MELANI, Chiari; FONTANELLA, Francesca y CECCONI, Giovanni Alberto, *Atlas ilustrado de la Antigua Roma: de los orígenes a la caída del imperio.* Susaeta, Madrid, 2005.

MIRA GUARDIOLA, M. A., *Cartago contra Roma. Las guerras púnicas.* Aldebarán Ediciones, Madrid, 2000.

MOMMSEN, T., *Historia de Roma,* volumen IV, desde la reunión de Italia hasta la sumisión de Cartago y de Grecia. Ediciones Turner, Madrid, 1983.

NAVARRO, Frances (ed.), *Historia Universal. Atlas Histórico.* Editorial Salvat-El País, Madrid, 2005.

OLCINA DOMÉNECH, M. y PÉREZ JIMÉNEZ, R., *La ciudad ibero-romana de Lucentum.* MARQ y Diputación de Alicante, Alicante, 2001.

PLAUTO, T. M., *Miles Gloriosus.* Introducción, cronología, traducción y notas de José Ignacio Ciruelo. Bosch, Barcelona, 1991.

—, *El truculento o gruñón.* Ediciones clásicas, Madrid, 1996.

—, *Miles Gloriosus.* Ediciones clásicas, Madrid, 1998.

—, *Comedias I.* Cátedra, Madrid, 1998.

PLUTARCO, *Vidas paralelas: Timoleón-Paulo Emilio, Pelópidas-Marcelo.* Espasa-Calpe, Buenos Aires, 1952.

—, *Vidas paralelas II: Solón-Publícola, Temístocles-Camilo, Pericles-Fabio Máximo.* Gredos, Madrid, 1996.

PAYNE, R., *Ancient Rome.* Horizon, Nueva York, 2005.

POCIÑA, A. y RABAZA, B. (eds.), *Estudios sobre Plauto.* Ediciones clásicas, Madrid, 1998.

POLYBIUS, *The Rise of the Roman Empire.* Penguin, Londres, 1979.

ROLDÁN, J. M., *Historia de Roma I: La República de Roma.* Cátedra, Madrid, 1981.

—, *El ejército de la república romana.* Arco, Madrid, 1996.

SÁNCHEZ GONZÁLEZ, L., *La Segunda Guerra Púnica en Valencia: Problemas de un casus belli.* Institució Alfons El Magnànim - Diputació de València - 2000, Valencia, 2000.

SANMARTÍ-GREGO, E., *Ampurias. Cuadernos de Historia 16, 55.* Mavicam/SGEL, Madrid, 1996.

SANTOS YANGUAS, N., *Textos para la historia antigua de Roma.* Ediciones Cátedra, Madrid, 1980.

SAQUETE, C., *Las vírgenes vestales. Un sacerdocio femenino en la religión pública romana.* Consejo Superior de Investigaciones Científicas, Madrid, 2000.

SCARBE, Chris. *Chronicle of the Roman Emperors.* Thames & Hudson, Londres, 2001.

SEGURA MORENO, M., *Épica y tragedia arcaicas latinas: Livio Andrónico, Cneo Nevio, Marco Pacvvio.* Universidad de Granada, Granada, 1989.

SEGURA MURGUÍA, S., *El teatro en Grecia y Roma.* Zidor Consulting, Bilbao, 2001.

SCHUTTER, K. H. E., *Quipus annis comoediae Plautinae primum actae sint quaeritur.* Groninga, 1952.

VALENTÍ FIOL, Eduardo, *Sintaxis Latina.* Bosch, Barcelona, 1984.

WILKES, J., *El ejército romano.* Ediciones Akal, Madrid, 2000.

Índice

APÉNDICES

Cost Accounting

**The Robert N. Anthony/Willard J. Graham
Series in Accounting**

Cost Accounting

Edward B. Deakin
The University of Texas at Austin

Michael W. Maher
The University of Chicago

1987
Second Edition

Homewood, Illinois   60430

ISBN 0-256-03572-5

Library of Congress Catalog Card No. 86–81798
Printed in the United States of America

5 6 7 8 9 0 K 4 3 2 1 0 9

Preface

Recent Developments in Cost Accounting

Cost accounting is experiencing dramatic changes. Developments in computer systems have reduced manual bookkeeping. Changing production methods in both service and manufacturing industries have made labor-intensive applications of cost accounting obsolete in some cases. There is an increasing emphasis on cost control in hospitals, in industries facing extensive foreign competition, in government, and in many other organizations that traditionally have not focused on cost control. We believe it is important for students to understand fundamental cost accounting concepts, to appreciate how those concepts are applied in practice, and to see how they need to be adapted to accommodate nonmanufacturing applications and changing production technologies.

For example, the chapters on cost systems discuss the use of costs for computing inventory values and cost of goods sold on financial statements, but also apply these ideas to product costing for managerial purposes when there is no inventory. The chapter on job costing includes a section on job costing in service organizations, like CPA firms. The discussion of cost allocation shows possible product cost distortions if costs in automated plants are assigned to products using traditional labor-based application methods.

The use of computer-based models has increased the importance of avoiding "garbage-in, garbage-out" when using cost data in companies. The emphasis in this book is on the accountant's role in providing data and interpreting output from the models. For example, the discussion of linear programming in Chapter 13 shows how accounting data are used in formulating the problem, and it shows the student how to interpret the output. Further, it shows how the results of product choice decisions can be affected by misapplication of full-absorption cost data in a multiple-product model.

Recently, developments in such related disciplines as economics, behavioral sciences, statistics, and operations research have also had a major impact on cost accounting. These disciplines generally regard the data as given and focus on the concepts and methods of their respective disciplines. This approach, in "mirror image," is followed by focusing on the *use* of cost data in decision models and on the *application* of techniques and concepts from other disciplines as they relate to cost accounting. This approach allows more time for discussion of accounting issues and emphasizes the comparative advantage of the accountant in managing organizations.

Using Cost Accounting in the Real World

Students often ask their cost accounting instructor, "How does this apply in the real world?" One objective of this book is to demonstrate the application and importance of cost accounting in a variety of real world settings. We believe that students' motivation to learn concepts and methods is directly related to their belief that the topic has useful applications. However, instructors find that it is particularly challenging to demonstrate the uses of cost accounting because of the lack of available information about the use of cost accounting in organizations. Therefore, we have included several features in this book to demonstrate the use of cost accounting in a variety of settings, including nonmanufacturing settings.

Most chapters have a short insert, titled Real World Application, that describes an actual use of cost accounting in an organization. For example, the job costing chapter (Chapter 5) has a Real World Application that describes how the use of job costing helped an advertising agency improve planning and decision making.

In addition, there are numerous real world examples in the text that help students understand why a particular cost accounting issue is important. For example, to help explain why companies make cost allocations, the reasons why K mart allocated corporate headquarters' costs to stores are presented as well as the reasons why management in another company decided to allocate computer department costs to users.

Several chapters discuss research studies of company practices. For example, the chapter on divisional performance measurement in decentralized organizations (Chapter 22) discusses studies of the type of accounting methods used to measure divisional performance. Several chapters discuss the findings of studies sponsored by the National Association of Accountants. The end-of-chapter materials contain many problems and cases describing methods and issues in actual organizations. For example, a case at the end of Chapter 17 describes how Continental Can Company develops its budget.

These applications help motivate students to learn cost accounting concepts and methods. Our aim in including them is to capture some of the excitement that professionals experience when they have opportunities to apply cost accounting concepts to real problems.

Learning by Doing

Cost accounting is best learned by applying the concepts and methods to realistic problems. The end-of-chapter material in this book is extensive, covers various levels of difficulty, and is organized into five parts.

1. *Self-study problems.* There are two or three self-study problems, with fully worked out solutions, that test students' understanding of the material in the chapter.

2. *Questions.* Questions review the major concepts and issues in the chapter.

3. *Exercises.* Each exercise deals with a single concept in the chapter. They are in sequential order to show how topics build on each other. Exercises give students an opportunity to get feedback on points developed in the chapter, and they are helpful during classroom demonstration. The number of exercises has been doubled to provide ample material for classroom demonstration purposes and for assignment of different exercises about the same topic.

4. *Problems.* Problems are more challenging than exercises, are longer, and integrate more than one concept from the chapter. For example, exercises in the process costing chapter (Chapter 6) ask the student to compute specific parts of a production cost report, such as equivalent units, whereas problems

ask the student to prepare and use the entire report. There is a variety of types of problems. Some problems are comprehensive but straightforward applications of several concepts in the chapter, others are challenging problems that ask students to find missing data or solve for unknowns. (The Instructor's Manual and Solutions Manual categorize problems according to their level of difficulty.) In response to feedback from users of the first edition, the proportion of problems that are at a medium level of difficulty has been increased.

5. *Integrative cases.* The cases integrate material from several parts of the book, are usually longer than problems, and often require some tolerance for multiple solutions and interpretations. These cases are usually based on factual situations in real organizations.

Course assignment sheets were obtained from adopters of the first edition, as well as users of other books, to construct frequency counts of the end-of-chapter material. Based on these data, the number of popular exercises and problems and the number of multiple choice items have been increased.

The variety and quantity of end-of-chapter materials allow the book to be used in various levels of courses. If students are undergraduates with little or no background in managerial accounting, instructors will probably rely more on the exercises than they will in the advanced and graduate classes. The integrative cases, on the other hand, are particularly good for classroom discussion in advanced and graduate classes.

Organization and Use of the Book

Generally cost accounting covers three major topic areas: cost accounting systems (e.g., process costing, job costing), costing or nonroutine decision making (e.g., multiple product decisions, capital investment decisions), and the use of cost data in planning and performance evaluation (e.g., budgeting, variance analysis). The chapters in this book are grouped into these three major topic modules as follows:

Part One of the text, Chapters 3 to 9, contains a comprehensive discussion of such *cost accounting systems* as the flow of costs, job and process costing, cost allocation, and variable product costing.

Part Two of the text, Chapters 10 to 16, addresses the use of *differential costs for decision making.* In this part, the focus is on the role of the accountant as a supplier of cost data for use in making decisions. This part includes cost estimation, cost-volume-profit analysis, differential costing for short- and long-run decisions, and capital investment analysis. This approach shows why differential cost concepts are important, how to identify costs that are differential, and how to use those differential costs in decisions.

Part Three, Chapters 17 to 23, addresses the use of *cost data for performance evaluation* and control. In this section the budget as the operating plan is presented, and the analysis of budget versus actual results, including flexible budgets, variance analysis, and standard costs, is discussed. Performance evaluation in decentralized organizations is also discussed in this part of the text.

Chapters 1 and 2 introduce the book and provide the background needed to proceed to *any* part of the book. Chapters 24 to 26 (Part Four) deal with cost issues that are under conditions of uncertainty.

An advantage of grouping topics into these categories is that it overcomes students' negative reactions to the lack of cohesion if similar topics are covered throughout different parts of the book. It also allows instructors to cover topics in a logical sequence without skipping around the book.

At the same time, it is important that instructors have the flexibility to adapt the text to their particular curriculum, students, and personal preferences. We have built flexibility into this text in two ways. First, some instructors prefer to cover major topic areas in a different sequence than presented in this book. For example, some instructors prefer to cover decision making topics or planning and control topics before covering cost accounting systems. This book is designed so that any major part, or "module," can be covered after Chapter 2, which covers all of the background concepts that are necessary for continuing on to any of the three major topic areas. Adopters have used the book in class with each of the following sequences of the three major parts of the book:

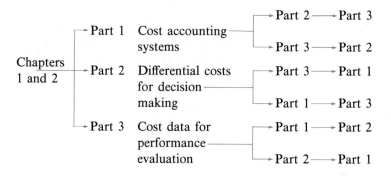

Each chapter is self-contained. Therefore instructors can skip chapters or rearrange the sequence of chapters. Adopters of the first edition who used this book after a first course in managerial accounting were able to skip chapters or change the sequence. We have put special emphasis on making this easier in the present edition. End-of-chapter materials that cover topics from more than one chapter (e.g., integrative cases) are clearly labeled to facilitate flexibility.

Complete Learning Package

It is important that the text and related materials are integrated into a complete, accurate, and clear learning package. The total learning package contains numerous items to help the student and instructor.

1. The *text* uses examples and illustrations to make the concepts understandable. Each chapter has a concise set of learning objectives, a summary of important concepts, key terms, and extensive end-of-chapter materials. Many chapters have appendixes to facilitate flexibility in covering topics in more detail or at a more advanced level. The glossary at the end of the book has definitions for all key terms and concepts and is cross-referenced to the chapters in which the term or concept is discussed in depth.

2. The *Solutions Manual* presents solutions in large, easy-to-read type and is designed to facilitate the creation of quality overhead transparencies for classroom use.

3. The *Instructor's Manual and Test Bank* provide extensive materials for the instructor, including the following:
   a. Sample course outlines.
   b. Assignment charts showing topic coverage and degree of difficulty for exercises and problems.
   c. Chapter-by-chapter discussions of chapter objectives, overview, and topic outlines.
   d. Lecture transparency masters for each chapter with detailed lecture notes.
   e. More than 800 multiple choice and short problem test bank items with detailed solutions.

4. The *Study Guide* is designed to help students learn the material in the text. Each chapter contains the following elements:
   a. Chapter overview and outline to review major points in the chapter. The outline encourages students to "get back into the text" with frequent references to illustrations and examples.
   b. A set of questions that matches key terms and concepts with definitions and tests students' basic knowledge of the concepts discussed in the chapter.
   c. Numerical exercises and problems with fully worked out solutions. These help the student see how to work exercises and problems in the text.

5. *Computer assisted student learning.* For the second edition, software has been developed by Sprenger, Weidkamp, Burns and Mansuetti. This software, called Problem Solver, is a new computer-based package that helps students work selected problems from the text and gives an introduction to spreadsheets. It can be used with Lotus 1–2–3, Appleworks, or on a stand-alone basis.

6. A *check list of key figures* is available free in quantity to adopting instructors.

New in This Edition

- More "real world applications" of cost accounting practices, including many nonmanufacturing examples.

- Expanded material on decision making in Chapter 2, which permits an easy transition to Part 2 for those who prefer to teach the decision making chapters prior to cost accounting systems.

- More adaptations of cost accounting to "high-tech" production methods.

- Substantial increase in the number of exercises and problems.

- More variety in assignment material, ranging from basic exercises, to problems, to integrative cases.

- Problems that conform more closely to text and have been carefully edited to ensure clarity and accuracy.

- End-of-chapter case materials clearly delineated from the problem materials.

- More emphasis on basic concepts in exercises.

- Greater flexibility so chapters can be covered in any order.

- Process costing chapter now uses the standard "five-step" method.

- Adapted to recent changes in the tax law.

- Considerably expanded test bank tied tightly to textual material.

- New software package for use with Lotus 1–2–3, Appleworks, or on a stand-alone basis.

- New Instructor's Manual with extensive lecture notes, lecture transparency masters, course outlines and assignment sheets, and assignment material categorized by topic, degree of difficulty, and estimated time requirements.

Student Background

It is more important that students using this book have a tolerance for quantitative problem solving in an economic environment than have any specific set of prerequisites. The cost accounting concepts included in this book are as intuitive as possible. In this regard, a problem-solving orientation is very helpful for learning cost accounting just as it is for managing organizations.

This book should be used in a cost or managerial accounting course in which students have had a minimum of one course in accounting principles or financial accounting. This prerequisite is especially useful for obtaining an orientation to accounting terminology and the financial reporting system. It is not necessary that students have had a previous course in managerial or cost accounting.

Users of the book should have a knowledge of elementary algebra. Although previous coursework in statistics, operations research, computer sciences, and other similar disciplines is not required, such work can enrich the experience with this book because the emphasis on concepts and applications can help to synthesize and apply materials in these related disciplines.

There is ample material in the text to challenge students who have had previous courses in managerial accounting and in quantitative methods. The material in chapter appendixes and the variety of problems and cases can be used to enrich the course when students have an extensive background in accounting and related fields.

Acknowledgments

We are indebted to many people for their assistance and ideas. Robert N. Anthony was instrumental in developing this book. He provided helpful guidance and support on each of several revisions of drafts. He and Professor James S. Reece graciously permitted us to use several of their cases copyrighted by Osceola Institute. Professor Robert K. Mautz helped get this book started and made a substantial contribution at the early stages of this book.

We are grateful for the comments of numerous reviewers of the first edition, including Professors Wayne Bremser, Eugene Comiskey, Andrew DeMotses, Stanley Gartska, Lawrence Klein, Patrick McKenzie, Curtis Stanley, and John Tracy; and the reviewers of the second edition, including David Brecht, Richard

Church, Frank Daroca, James M. Fremgen, Eugene Laughlin, Patrick McKenzie, Alfred Nanni, Joseph Razek, Avi Rushinek, Carl S. Smith, Harry Wolk, and C. Douglas Poe.

Many of our colleagues have provided stimulating ideas. These include: Professors Rick Antle, Stephen Butler, Richard Church, Robert Colson, Joel Demski, John Fellingham, Jim Fremgen, Charles Huber, Robert Kaplan, Harry Newman, Mark Nigrini, Kasi Ramanathan, James Reece, Rick Young, and Peter Tiessen.

Numerous students have read the manuscript, worked problems, checked solutions, and otherwise helped us to write a teachable, error-free manuscript. We are particularly grateful to John Loy, Jim Jahnke, Jean Lim, Keith McGarvey, Alyssa Salomon, Ibrahim Yilmaz, Malcolm MacDonald, Husein Abdulrazak, David Mest, Rita Stramel, John Erickson, and numerous students who class tested this material at the Universities of Michigan and Texas. We acknowledge the helpful feedback from users of the first edition who showed various ways the text was being used.

We extend a special note of gratitude to Tom Terpstra for his incisive comments and assistance at all stages of this revision, and to Cynthia Foster whose unique blend of subject knowledge and editorial skill was considerable help in improving the readability of the text.

We are grateful for permission to use problems and cases from numerous people and organizations. These include the Certificate in Management Accounting Examinations by the Institute of Management Accounting of the National Association of Accountants; the Uniform CPA Examinations by the American Institute of Certified Public Accountants; the President and Fellows of Harvard College; the Osceola Institute; Professor David Solomons; and l'Institut pour l'Etude des Methodes de Direction de l'Entreprise (IMEDE).

We extend special thanks to our families and colleagues who have supported us in this endeavor.

Ideas from users for text revision and problem materials have been particularly helpful for making this the best possible textbook for teaching cost accounting. We welcome those ideas from the people who face the day-to-day challenge of teaching, and hope to receive more.

Edward B. Deakin
Michael W. Maher

Contents

Cost Accounting

1

Cost Accounting: Its Nature and Usefulness

OBJECTIVES

To gain an overview of the role of cost data for managerial purposes.
To understand the place of the accounting function in the organization.
To be familiar with the national organizations that are active in managerial and cost accounting.

This chapter presents an overview of the field of cost accounting and previews forthcoming chapters. In it, we examine the nature of cost accounting, who uses it, and how and why they use it. We explain how cost accounting relates to other fields, such as economics and financial accounting. Finally, we provide a brief outline of the book.

What Is Cost Accounting?

Cost accounting is the subfield of accounting that *records, measures, and reports information* about costs. A cost is a *sacrifice of resources.* Costs are represented in the accounting system by outlays of cash, promises to pay cash in the future, and the expiration of the value of an asset. These include the cost of inventory, the costs of increasing sales volume, and the costs saved from closing a branch office.

In this book, we identify two primary uses of cost information: *decision making* and *performance evaluation.* As shown in Illustration 1–1, cost accounting systems provide data for decision making and performance evaluation. Notice that the cost accounting system provides data for both managerial accounting and financial accounting. When costs are used inside the organization by managers to evaluate the performance of operations or personnel, or as a basis for decision making, we say costs are used for managerial accounting purposes. When costs are used by outsiders, such as shareholders or creditors, to evaluate the performance of top management and make investment decisions about the organization, we say costs are used for financial accounting purposes. Further, cost accounting systems provide data for cost-based contracts, such as those used by many contractors to the Federal government, and for tax purposes. In short, cost accounting systems provide data for multiple purposes.

This book focuses on cost accounting systems and on managerial uses of cost data for decision making and performance evaluation. That is, we focus on boxes I, II, and III in Illustration 1–1.

To be successful in any kind of activity, managers must know how much things cost. Domino's Pizza almost went bankrupt in its early years because it was producing and delivering small pizzas that cost more than their selling prices. Cost accounting provides information about how much it costs to make a product, run a department, provide a service, and so forth. This gives managers the information needed to make decisions like: Should we sell this product? Should we close that department?

Cost Data for Managerial Purposes

Managers must often choose between two or more alternatives. Their decision is usually based on each action's financial consequences. Choosing among alternative actions is an important management activity in all organizations—large and small; profit making and not-for-profit; manufacturing, merchandising, and service. Their calculations range from simple "back-of-the envelope" figuring to complex computer simulation; but regardless of the complexity, calculating the financial consequences of alternative actions is an important part of managing every organization.

Illustration 1-1   **Relationship of Cost Accounting Systems to Uses of Cost Information**

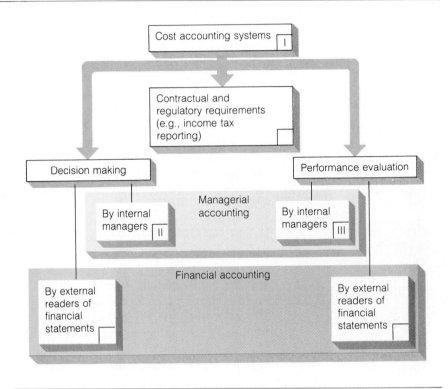

Note: I, II, and III refer to parts of the book in which each topic is discussed.

Costs for Decision Making

One of the most difficult tasks in calculating such financial consequences is to estimate how costs (or revenues, or assets) will *differ* among the alternatives. For example, suppose the management of a department store is considering expanding its operations and store size to include several new product lines. As an alternative, the store could open a new outlet in a different location. The key is to determine which would be most profitable: remain the same size, expand operations in the current location, or open a new outlet. Using cost accounting techniques, the store can estimate differential costs; that is, how costs will differ for each alternative.

For example, suppose Jennifer's Sandwiche Shoppe has been open for lunch only, Monday through Friday, from 11 A.M. to 2 P.M. The owner-manager, Jennifer, is considering expanding her hours by opening Monday through Friday evenings from 5 P.M. to 8 P.M. Jennifer figures her revenues, food costs, labor, and utilities would increase 50 percent, rent will remain the same, and other costs will increase by 25 percent if she opened in the evening. Jennifer's present and estimated future costs, revenues, and profits are shown in Columns 1 and 2 of Illustration 1-2. The differential costs, revenues, and profits are shown in Column 3 of Illustration 1-2. They are the differences between the data in Columns 1 and 2.

The analysis shows an increase in operating profits of $145 if the shop is

Illustration 1–2   **Differential Costs, Revenues, and Profits for One Week**

JENNIFER'S SANDWICHE SHOPPE

	(1) **Status Quo** **Open 11 A.M.–2 P.M.**	(2) **Alternative** **Open 11 A.M.–2 P.M.** **and 5 P.M.–8 P.M.**	(3) **Difference** **(2) – (1)**
Sales revenue	$1,100	$1,650[a]	$550
Costs:			
Food	500	750[a]	250
Labor	200	300[a]	100
Utilities	80	120[a]	40
Rent	250	250	—
Other	60	75[b]	15
Total costs	1,090	1,495	405
Operating profits	$ 10	$ 155	$145

[a] Fifty percent higher than status quo.
[b] Twenty-five percent higher than status quo.

opened in the evening. All other things being equal, Jennifer would therefore probably expand her hours. Note that only *differential* costs and revenues figure in the decision. Rent does not change, so it is not relevant to the decision.

Management Accounting and GAAP.   In contrast to cost data for financial reporting to shareholders, cost data for managerial use (that is, within the organization) need not comply with generally accepted accounting principles (GAAP). Management is quite free to set its own definitions for cost information. Indeed, the accounting data used for external reporting may need to be modified to provide appropriate information for managerial decision making. For example, managerial decisions deal with the future, so estimates of future costs may be more valuable for decision making than the historical and current costs that are reported externally.

Costs for Planning and Performance Evaluation

An organization usually divides responsibility for specific functions among its employees. A maintenance group, for example, is responsible for maintaining a particular area of an office building, a K mart store manager is responsible for most operations of a particular store, while the president of a company is responsible for the entire company. A responsibility center is a specific unit of an organization assigned to a manager who is held accountable for its operations and resources.

Consider the case of Jennifer's Sandwiche Shoppe. When Jennifer first opened her shop, she managed the entire operation herself. As the enterprise became more successful, she added a catering service. She then hired two managers: Sam to manage the shop and Carol to manage the catering service. Jennifer, as general manager, oversaw the entire operation.

Each manager is responsible for the revenues and costs of his or her department. Jennifer's salary, rent, utilities, and other costs are shared by both departments. Jennifer is directly responsible for these shared costs; the department managers are not.

Jennifer's organization has three responsibility centers as follows:

Responsibility Center	Manager Responsible	Responsible for
Entire organization	Jennifer, general manager	All of the organization's operations and resources, revenues, and costs
Sandwiche Shoppe	Sam, manager	Sandwiche Shoppe operations and resources (see Illustration 1–3 for revenues and costs)
Catering	Carol, manager	Catering operations and resources (see Illustration 1–3 for revenues and costs)

Departmental income statements are shown in Illustration 1–3. Note that some costs—utilities, rent, other, and general manager's salary—are not considered departmental costs.

Illustration 1–3   **Responsibility Centers, Departmental Costs and Revenues**

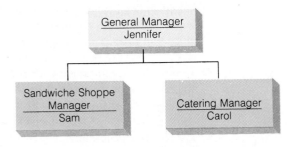

	Sandwiche Shoppe	Catering	Total
Sales revenue	$1,700	$1,100	$2,800
Department costs:			
Food	700	300	1,000
Labor[a]	300	500	800
Total department costs	1,000	800	1,800
Department margin	$ 700	$ 300	1,000
Utilities			150
Rent			250
Other			90
General manager's salary (Jennifer)			400
Total nondepartment costs			890
Operating profit			$ 110

[a] Includes department managers' salaries, but excludes Jennifer's salary.

Budgeting. Managers in all organizations set financial goals for return on investment, cash balances, costs, earnings, and other performance indicators. Each responsibility center usually has a budget, which is a financial plan of the resources needed to carry out the center's tasks and meet financial goals. Estimates, as stated in budgets, help managers to decide if their goals can be achieved and, if not, what modifications will be necessary. At regular intervals of time, resources actually used are compared with the amount budgeted to assess the center's and the manager's performance. By comparing actual results with the budget plans, it is possible to identify the probable causes of variances from planned costs, profits, cash flows, and other financial targets. Managers can then take action to change their activities or revise their goals and plans. This process of planning and performance evaluation for responsibility centers is sometimes called *responsibility accounting.*

Overview

Illustration 1–4 presents a simplified overview of the two major uses of cost accounting for the managerial purposes discussed above plus the use of cost data for external reporting. Each time you are faced with an accounting problem, you should first ascertain the use of the data. Is it to value inventories in financial reports to shareholders? Is it to provide differential costs for a managerial decision? Is it to provide data for performance evaluation? Different needs require different kinds of accounting data.

Historical Perspective

Although even the early Babylonians and Egyptians practiced cost accounting, the roots of modern cost accounting developed between 1880 and 1920.[1] During this period, companies began integrating production cost records with financial accounts, and standard cost systems emerged.

The 1920s and 1930s were especially eventful. Accounting for financial reports became subject to the regulations of the Securities and Exchange Commission (SEC) in 1934 and the Committee on Accounting Procedure of the American Institute of Certified Public Accountants (AICPA) in 1938. In addition, budgets became important tools for planning, cost control, and performance evaluation. Estimating and measuring costs for managerial decisions about alternative actions also became increasingly common. In his 1923 book, *The Economics of Overhead Costs,* J. M. Clark established the principle of different costs for different purposes. In recent years, this principle has been widely recognized and implemented by managerial accountants.

The content of cost accounting textbooks has reflected these changes over the years. In the early 1950s, cost accounting textbooks focused on procedures for measuring, recording, and reporting actual product costs for external purposes. The scope of cost accounting has broadened to include: application of mathematical and statistical techniques to cost analysis; consideration of how accounting affects managerial decision models used in finance, economics, and

---

[1] See David Solomons, "The Historical Development of Costing," in *Studies in Cost Analysis,* ed. David Solomons (Homewood, Ill.: Richard D. Irwin, 1968), pp. 3–49; and James C. Stallman and T. Alan Russell, "Historical Development, Uses, and Challenges of Cost Accounting," in *The Managerial and Cost Accountant's Handbook,* ed. Homer A. Black and James Don Edwards (Homewood, Ill.: Dow Jones-Irwin, 1979), pp. 3–41.

Illustration 1–4   **Overview of the Managerial Process and the Uses of Cost Accounting**

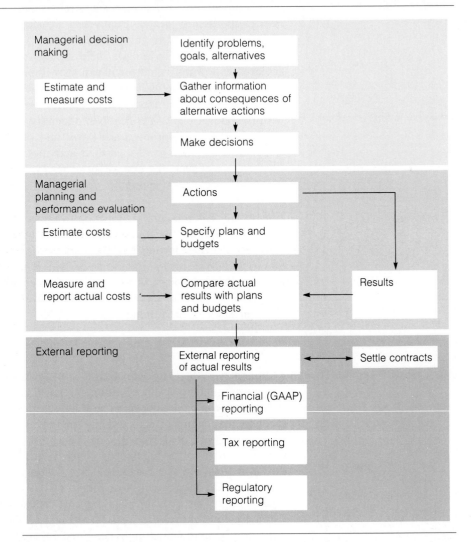

operations management; and examination of the motivational impact of accounting.

This broad view of cost accounting is not clearly distinct from managerial accounting. In most organizations, people who are called cost accountants, managerial accountants, and/or financial analysts have the responsibility of operating the internal accounting system.

While the traditional role of cost accounting to record full product cost data for external reporting and pricing remains important, cost accounting for decision making and performance evaluation has gained importance in recent decades. Consequently, cost accountants must actively work with management to determine what accounting information is needed.

No longer restricted to manufacturing companies, cost accounting is now used in virtually every organization, including banks, fast-food outlets, professional organizations, hospitals, and government agencies. Because manufacturing operations present the most comprehensive, and perhaps the most complex, cost accounting situations, they are the settings of many of our examples and problems. Nonetheless, the concepts that we discuss can be applied to any organization.

Organizational Environment

In most corporations, the controller is the chief accounting officer. In some firms, the controller has the rank of corporate vice president and reports directly to the company president. In others, the controller and the treasurer may both report to a financial vice president who is responsible for both accounting and financial affairs. The cost accounting function is typically the responsibility of the controller.

Illustration 1–5 shows an abbreviated version of the Du Pont Company's organization chart. The board of directors establishes policy. Officers of the company carry out that policy. Either the board chairperson or the president is designated chief executive officer. The *chief executive officer* (CEO) is responsible for supervising all officers of the corporation and thus is the top-ranking

Illustration 1–5   **Partial Organization Chart, E. I. du Pont De Nemours & Company**

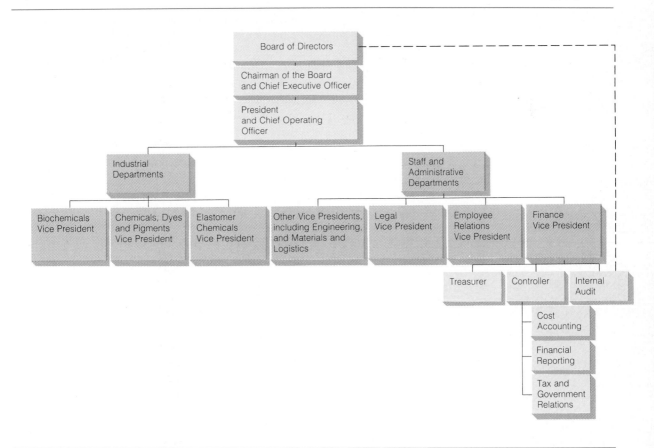

manager. Vice presidents are assigned responsibility over individual divisions. They will usually appoint managers to supervise specified activities within their divisions.

The chain of authority that extends from the chief executive officer through successive levels of management to the workers who perform nonsupervisory tasks is called *line authority.* Line officers are responsible for activities directly related to the main goals of the organization.

Staff officers provide expert advice to line officers. The rise of highly specialized technical skills has led to *staff authority,* a recognition of the importance of technical expertise and judgment. A top staff person's authority may cross line distinctions in the company (for instance, from one division to another), but it is limited to questions related to the staff member's specialized knowledge. Du Pont's legal officer has no line authority in any corporate division. Nonetheless, no division can enter into a major contract that has not been reviewed by the legal staff. In a similar vein, the controller is the staff expert on accounting matters.

The Office of Controller

As the chief accounting officer, the controller is responsible for both external and internal accounting reports. External reports include published financial statements and reports to taxing authorities like the Internal Revenue Service and regulatory bodies like the Securities and Exchange Commission (SEC).

Internally, the controller is responsible for supplying management with accounting data for planning, performance evaluation, and decision making and for overseeing the company's internal control system. In addition, the controller maintains all cost and other accounting records, including inventories, receivables, payables, and fixed asset accounts. Most of these duties require the use of electronic data processing. In some cases, the controller supervises data processing operations, but frequently data processing is an independent department reporting to the financial vice president or another staff vice president.

In many organizations, the *internal audit department* provides a variety of auditing and consulting services, including auditing internal controls, auditing cost data for managerial use, and assisting outside auditors in their examination of external financial reports.

The internal audit manager sometimes reports directly to the controller. However, because the controller's recordkeeping role may conflict with the audit function, the audit manager may report directly to the controller's superior (as at Du Pont) and is often given authority to communicate to the audit committee of the board of directors.

The Office of Treasurer

The corporate treasurer is primarily responsible for managing liquid assets (cash and short-term investments) and handling credit reviews and collection of receivables. The treasurer usually conducts business with banks and other financial sources and oversees public issues of stock and debt. In most cases, the treasurer focuses on financial problems, while the controller concentrates on operating problems.

Professional Environment

The accounting profession includes many kinds of accountants—external auditors, consultants, controllers, internal auditors, tax experts, and so forth. Because accounting positions carry great responsibility, accountants must be highly trained and well informed about new developments in their field. As a result, special organizations and certification programs have been established to serve accountants' needs and the public interest.

Organizations

Numerous organizations have arisen to keep accounting professionals aware of current issues. Most of these organizations have journals that help keep professional accountants up to date. Some of these organizations are listed below.

The *Financial Executive Institute* is an organization of financial executives such as controllers, treasurers, and financial vice presidents. It publishes a monthly periodical, *Financial Executive,* and a number of studies on accounting issues.

The *National Association of Accountants* is open to anyone who works in management accounting. It publishes the journal *Management Accounting* and numerous policy statements and research studies on accounting issues. It also sponsors the Certificate in Management Accounting (CMA) program.

The *Institute of Internal Auditors* is an organization of internal auditors. It publishes a periodical called the *Internal Auditor* and numerous research studies on internal auditing. It also sponsors the Certificate in Internal Auditing program.

The *Association of Government Accountants* is an organization of federal, state, and local government accountants. It publishes the *Government Accountant's Journal.*

Certifications

Anyone who wishes to be licensed as a certified public accountant (CPA) must pass an examination that includes questions on cost accounting as well as other questions on accounting practice, theory, law, and auditing. We have included samples of CPA examination cost accounting questions in this book.

In 1972, a Certificate in Management Accounting (CMA) program was established to recognize educational achievement and professional competence in management accounting. The examination, education, and experience requirements are similar to those for CPA certification, but they are primarily for professionals in management and cost accounting. We have included a large number of problems from CMA examinations in this book.

In Canada, the Society of Industrial Accountants gives the professional examination and certification in cost and managerial accounting.

Cost Accounting Standards Board

The Cost Accounting Standards Board (CASB) was set up by the U.S. Congress in 1970 to establish cost accounting standards for U.S. defense contractors. The CASB's primary purpose was to avert disputes between the U.S. government and defense contractors about the allocation of costs in cost-based government contracts. The CASB was terminated in 1980, but its rules and standards are still used in numerous federal government purchases.[2]

---

[2] For more details about the Cost Accounting Standards Board, see Gary F. Bulmash and Louis I. Rose, "The Cost Accounting Standards Board," in *The Managerial and Cost Accountant's Handbook,* ed. Homer A. Black and James Don Edwards (Homewood, Ill.: Dow Jones-Irwin, 1979), pp. 1231–60.

Real World Application

Note to readers: We have included "real world applications" of cost accounting in this and many later chapters. The purpose of these "applications" is to describe some of the many cost accounting issues that occur in the real world. These brief "applications" are based on articles by practitioners who describe their experiences, or on research into real world problems by academics. We hope you will find these "applications" enjoyable!

The Accountant as a Communicator

Although accounting is often called the "language of business," it is a *foreign* language to most people in business. According to Joseph Barra, a division controller at Lever Brothers Co., the solution may lie with accountants. "I have encountered many very good accountants who were excellent technical people and who really knew their field, but could not communicate with management and get the message across. They could not present basic accounting information in a simplified way."

What financial issues are poorly understood by nonfinancial managers? Mr. Barra lists four areas at Lever Brothers that require extra communication effort.

1. The effects of little or no depreciation expense because assets are old. Purchase of new assets may increase depreciation expense and reduce reported profits for a product line.

2. The effects of inflation, particularly on asset replacement and the cost of capital.

3. The role of overhead costs in profit analysis.

4. The coordination of the entire planning and control process—Mr. Barra must coordinate marketing and purchasing and work with the president of the business unit.

Communication with nonaccountants is particularly important because of the interaction that takes place between accountants and users of information. According to Mr. Barra, marketing people at Lever Brothers look to the accountants for information about distribution costs for established products. If they decide to change a product, the accountants work with people in purchasing to obtain new materials and packaging cost information. If the company is considering a new product, "the analysis and estimation of the cost is controlled by the controller right from the beginning. . . . Ideally, this process results in a combination of the disciplines. The marketing people make the estimates of what they think sales will be and also calculate what happens if the estimates are missed."

What is required for effective communication with nonfinancial people? Mr. Barra lists four basic ground rules:

1. Keep examples simple.

2. Avoid technical jargon.

3. Show an understanding of marketing and production issues.

4. Avoid lessons in bookkeeping

Good communication is self-serving. By making nonfinancial managers aware of the financial implications of their proposals, accountants will find their services in greater demand.

Source: Joseph A. Barra, "Marketing the Financial Facts of Life," *Management Accounting,* March 1983, p. 29.

Costs and Benefits of Accounting

How much accounting information will suffice? Managers often complain that they never have all the facts they need. More data could usually be provided to decision makers, but at a cost. For example, the Great Lakes Steel Company recently installed a standard cost system that cost several million dollars. Management could justify the expenditure for more accounting because it believed that the system would help control costs and increase the efficiency of operations, thereby saving the company much more than it cost.

The question of how much accounting information will suffice can be resolved by evaluating costs and benefits of accounting information. In practice, it is especially difficult to measure the benefits of accounting systems. In deciding to install the standard cost system, the management of Great Lakes Steel Co. could be certain of only some of the costs and very few of the benefits of the system. Future benefits and costs can never be known with certainty. Nonetheless, accounting for managerial uses must, in principle, meet **cost-benefit requirements.**

The analysis of costs and benefits requires considerable cooperation between the users of accounting information and accountants. Users are more familiar with the benefits of the data, and accountants are more familiar with the costs. Such cooperation is shown in Illustration 1–6, where users identify their decision-making needs and demand data from accountants, who develop information systems to supply the data when it is cost-benefit justified. In practice, the process sometimes works in reverse. Accountants sometimes report data that users do not use. But if accountants and users interact, they eventually settle on a cost-benefit-justified supply of accounting data that meets users' needs.

Accounting theoreticians are working on solutions to the difficult problem of determining the optimal cost-benefit-justified accounting data system. We present some of these developments in Chapter 26, "The Economics of Information." Throughout this book, we assume that both users and accountants assess the costs and benefits of information in deciding whether to change an accounting system, whether to prepare a special report, and so forth.

Illustration 1–6   **Interaction between Users and Accountants**

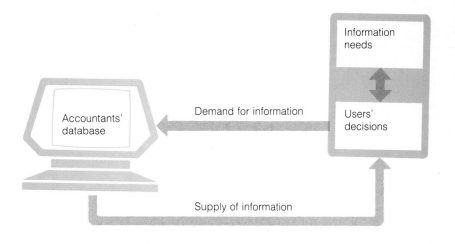

How Does Cost Accounting Relate to Other Fields of Study?

Cost accounting interfaces with many other fields of study. Consequently, you will discover concepts in this book that are discussed in other books also. One of the primary uses of cost accounting—valuing inventory and cost of goods sold for external reporting to shareholders—is part of financial accounting. Cost accounting is closely related to microeconomics. Some think of differential cost analysis, in particular, as a form of applied microeconomics. Cost accounting provides data for use in decision models for finance, operations management, and marketing. Cost accounting also relates to motivation and behavior because it is used in planning and performance evaluation. Finally, tools from statistics, mathematics, and computer sciences are used to perform cost analyses.

As noted earlier, this book focuses on three subjects: (1) cost accounting systems, (2) costs of managerial decision making, and (3) costs for managerial performance evaluations. These subjects correspond with the following chapters:

1. **Cost Accounting Systems.**   Chapters 3 and 4 provide the fundamental concepts, flow of costs, and cost allocation concepts on which the rest of the book is based.

Chapters 5 through 9 describe the design of accounting systems, cost accumulation in different kinds of organizations, allocation of costs to products, and a comparison of inventory valuation for managerial accounting and for financial accounting purposes.

2. **Costs for Managerial Decision Making.**   Chapters 10 through 14 take a managerial perspective. Here we are concerned with the estimated impact of managerial decisions on costs and, conversely, the impact of decisions on estimated costs. The focus is on short-term operating decisions. For example, how will costs (as well as revenues and profits) be affected by an increase in volume? By closing a store? By developing a new product line?

Chapters 15 and 16 cover the use of cost accounting in long-term capital investment decisions. We discuss cash flow estimation and include tax effects of capital investment decisions.

3. **Costs for Managerial Performance Evaluation.**   Chapters 17 through 21 discuss how managers use cost accounting to plan and budget their activities and to evaluate performance.

Chapters 22 and 23 discuss the use of cost accounting in managing decentralized organizations.

4. **Cost Accounting in an Uncertain Environment.**   Chapters 24 through 26 cover some important advanced topics, including decision making under uncertainty, variance investigation models, and economics of information.

5. **Glossary and Supplementary Readings.**   There is a glossary of terms at the end of the text. Each term is cross-referenced to the chapters where it is discussed. Also, a list of supplementary readings is included at the end of the text.

Summary

This chapter provides an overview of cost accounting. Cost accounting is the subfield of accounting that records, measures, and reports information about costs.

This book discusses cost accounting systems and the use of cost accounting in its two primary managerial uses: decision making and performance evaluation. In decision making, cost accounting is used by managers to assess financial consequences of alternative actions. In performance evaluation, accounting is used by managers to assign responsibility for costs and to measure employee performance.

Cost accounting has moved from an emphasis on inventory and cost of goods sold valuation for external financial reporting to an emphasis on cost uses for managerial purposes in recent years. While cost accounting still provides data essential for external financial reporting, it has also recently achieved an important role in management.

Like any other service, product, or system in an organization, cost accounting is subject to economic cost-benefit evaluation. Perfectly accurate and complete accounting information, even if possible to obtain, would almost certainly be too costly to justify. The benefits of cost accounting information are usually derived by the managers who use it. Determination of the costs and benefits of accounting information requires cooperation between the users of information and the accountants who supply it.

Terms and Concepts

The following terms and concepts should be familiar to you after reading this chapter:

Budget	**Costs for Decision Making**
Certificate in Management Accounting (CMA)	**Costs for Performance Evaluation**
Controller	**Differential Costs**
Cost	**Financial Accounting**
Cost Accounting	**Generally Accepted Accounting Principles (GAAP)**
Cost Accounting Standards Board (CASB)	**Managerial Accounting**
Cost-Benefit Requirements	**Responsibility Center**

Questions

1–1. Column 1 lists three decision categories. Column 2 lists three accounting costs and a corresponding letter. Place the letter of the appropriate accounting cost in the blank next to each decision category.

Column 1	Column 2
_____ Analysis of divisional performance.	A. Costs for inventory valuation.
_____ Costing for income tax purposes.	B. Costs for decision making.
_____ Determining how many units to produce in the coming week.	C. Costs for performance evaluation.

1–2. A manager once remarked, "All I need are the differential costs for decision making—don't bother me with information about any other costs. They aren't relevant for decision making." Comment on this remark.

1–3. You are considering sharing your living quarters with another person. What costs would you include in the costs to be split? What costs would differ if another person were to move in with you?

1–4. Would you support a proposal to develop a set of "generally accepted" accounting standards for performance evaluation? Why or why not?

1–5. A telephone company established discounts for off-peak use of telephone services. A discount of 35 percent is offered for calls placed in the evenings during the week, and a discount of 60 percent is offered for late-night and weekend calls. Since the telephone company would probably not be profitable if these discounts were offered all the time, explain what cost considerations may have entered into management's decision to offer the discounts.

1–6. A critic of the expansion of the role of the accountant has stated, "The controller should have enough work filling out tax forms and the paperwork required by the bureaucracy without trying to interfere with management decision making. Leave that role to those more familiar with management decisions." Comment.

1–7. You are considering whether to purchase a new car to replace your present car. Being strictly rational in an economic sense, which of the following costs would you include in making your decision?

   a. Cost of the present car.
   b. Trade-in value of your present car.
   c. Maintenance costs on the present car.
   d. Maintenance costs on the new car.
   e. Fuel consumption on the present car.
   f. Fuel consumption on the new car.
   g. Cost of parking permits, garage rental, and similar "storage costs."
   h. Liability insurance on the present car.
   i. Liability insurance on the new car.
   j. Property and collision insurance on the present car.
   k. Property and collision insurance on the new car.
   l. Changes in the relative frequency of your friends saying: "Let's use your car since it's newer," and the related costs of using the new car.
   m. Annual time depreciation on the present car.
   n. Annual time depreciation on the new car.
   o. Financing costs of the present car.
   p. Financing costs for the new car.

   You should be able to give reasons why each element should or should not be included in your analysis. (Hint: Which costs will be differential, that is, will be different if the new car is purchased?)

1–8. Why would the controller have an interest in the structure of an organization and in knowing the distinction between line and staff functions?

1–9. It is common practice for the internal auditor to report to the same person who is responsible for preparation of the accounting reports and the maintenance of accounting records. Why might such a supervisory relationship be established, and what procedures might be installed to minimize the extent of conflict?

1–10. For a corporation organized according to the organization chart in Illustration 1–5, what potential conflicts might arise between production managers and the controller's staff? How might these potential conflicts be resolved with a minimum of interference from the chief executive officer?

1–11. What certifications are available to a person in an accounting career?

1–12. One of your colleagues commented, "I want to be a CPA. Why should I take cost accounting?" Indeed, why should a potential CPA study cost accounting?

1–13. What are the differences between the duties and responsibilities of the controller and the treasurer?

1–14. Roger Farley has just been named chief executive officer of a high-technology company. Roger started in the budgeting section of the controller's office and has risen rapidly through the ranks of the organization. He has been so impressed with the importance of budgeting that he proposed creating a new vice president for budgeting since, as Roger noted, it was often difficult for a mere "supervisor" to obtain the complete cooperation of other division managers in the budgeting function.

Comment on the proposed new position and suggest other ways that Roger might accomplish his objectives.

1–15. Marlene McHarris was recently appointed chief executive officer of a diversified corporate organization. The company has been organized along functional lines similar to Illustration 1–5. This company has three separate manufacturing divisions, each dealing with different products and markets. Each manufacturing division is headed by an assistant vice president, with a vice president for manufacturing heading up all manufacturing operations. One vice president proposed that the organization would be more efficient if the company set up each manufacturing division as a decentralized unit. As the vice president pointed out, "Each of these manufacturing divisions is sufficiently dissimilar that they would operate better on their own. If each division had its own engineering and accounting staffs, there would be less need to cross division lines each time an engineering study or an accounting report was required. Moreover, the accounting sections could adapt their decision-making and performance evaluation functions to the needs of the specific manufacturing divisions rather than treat them all alike."

As a recent college graduate, you have been asked to prepare some comments on the advantages and disadvantages of the proposal. Your supervisor is the controller, who coordinates accounting activities for all three divisions.

Problems

1–16. Identify Costs for Decision Making

In your first day as a member of the controller's staff, you are asked to report on a contemplated change in the equipment layout in the plant. The new layout is expected to result in a 10 percent reduction in labor costs, but no changes in any other costs. Last year, labor costs were $7 per unit produced. Other costs were $9 per unit produced. The company can sell as many units as it can manufacture. The company's union contract contains a provision for a 6 percent increase in labor costs for the coming year. In addition, analysis of other costs indicates that these costs may be expected to increase by 4 percent in the coming year.

Required:

Identify the differential costs for the decision to rearrange the plant. Specify any costs and other things that you would need to know to make the decision even if the cost is not given in the problem.

1–17. Identify Costs for Decision Making

Management of a corporate division wants to know whether to continue operations in the division. The division has been operating at a "loss" for the past several years as indicated in the accompanying divisional income statement. If the division is eliminated, corporate overhead is not expected to change nor are any other changes expected in the operations or costs of other divisions.

Required: What costs are probably differential for the decision to discontinue this division's operations?

Divisional Income Statement

Sales revenue	$850,000
Costs:	
Advertising	35,000
Cost of goods sold	420,000
Administrative salaries	59,000
Selling costs	82,000
Share of building occupancy costs	181,000
Share of corporate overhead	96,000
Total costs	$873,000
Net loss before income tax benefit	(23,000)
Tax benefit at 40% rate	9,200
Net loss	$ (13,800)

1-18. Cost Concepts for Different Purposes

Lamar Corporation entered into an agreement to sell 20,000 units of a product to a government agency this year at "cost plus 20 percent."

Lamar operates a manufacturing plant that can produce 60,000 units per year. The company normally produces 40,000 units per year. The costs to produce 40,000 units are as follows:

	Total	Per Unit
Materials	$ 480,000	$12
Labor	760,000	19
Supplies and other indirect costs that will vary with production	320,000	8
Indirect costs that will not vary with production	440,000	11
Variable marketing costs	80,000	2
Administrative costs (all fixed)	160,000	4
Totals	$2,240,000	$56

Based on the above data, company management expected to receive cash equal to $67.20 (that is, $56 × 120 percent) per unit for the units sold on this contract. After completing 5,000 units, the company sent a bill (invoice) to the government for $336,000 (that is, 5,000 units at $67.20 per unit).

The president of the company received a call from the contracting agent for the government. The agent stated that the per unit cost should be:

Materials	$12
Labor	19
Supplies, etc.	8
Total	$39

Therefore, the price per unit should be $46.80 (that is, $39 × 120 percent). The agent ignored marketing costs because the contract bypassed the usual selling channels.

Required:

a. What was the conceptual basis for the costs used to prepare the invoice to the government?

b. What was the conceptual basis used by the government agent?

c. What price would you recommend? Why? (Note: You need not limit yourself to the costs selected by the company or by the government agent.)

1-19. Cost Concepts for Different Purposes

Amos Division is a division of a large corporation. It normally sells to outside customers but, on occasion, will sell to another division of the corporation. When it does, corporate policy states that the price will be cost plus 10 percent. Amos received an order from the Field Division, which is also a division of the corporation, for 10,000 units. Amos Division's planned output for the year had been 50,000 units. The costs for producing those 50,000 units are:

	Total	Per Unit
Materials	$ 20,000	$ .40
Direct labor	100,000	2.00
Other costs varying with output	10,000	.20
Fixed costs	90,000	1.80
Total costs	$220,000	$4.40

Based on this data, the Amos Division controller, who was new to the corporation, calculated that the unit price for the Field Division order should be $4.84 ($4.40 × 110 percent). After producing and shipping the 10,000 units, Amos Division sent an invoice for $48,400. Shortly thereafter, Amos received a note from the buyer at Field Division that stated this invoice was not in accordance with company policy. The unit cost should have been:

	Per Unit
Materials	$ .40
Direct labor	2.00
Other costs varying with output	.20
Total	$2.60

The price would be $2.86 ($2.60 × 110 percent) per unit.

Required:

a. What was the conceptual basis for the costs used to prepare the invoice to Field Division?

b. What was the conceptual basis of the company policy as shown by the Field Division's buyer?

c. If the corporation asked you to review this intercompany policy, what policy would you recommend? Why? (Note: You need not limit yourself to the Field Division calculation or current policy.)

1-20. Differential Costs for Decision Making

Coffee & Cream, Inc., operates a small coffee shop in the downtown area. Profits have been declining in the past, and the management is planning to open an ice cream shop in the same premises. The annual ice cream sales are expected to increase revenue by $20,000. The cost of purchasing ice cream from the manufacturer is $10,000. The coffee shop and the ice cream shop will be supervised by the present manager. However, due to expansion, the labor costs and utilities would increase by 50 percent and other costs by 20 percent.

COFFEE & CREAM, INC.
Annual Income Statement

Sales revenue	$35,000
Costs:	
Food	15,000
Labor	8,000
Utilities	2,000
Rent	4,000
Other costs	2,000
Supervisor's salary	6,000
Total costs	37,000
Operating profit (loss)	$ (2,000)

Required:

a. Identify the costs that are differential for the decision to open the ice cream shop.

b. Should the management open the ice cream shop?

2

Cost Concepts and Behavior

To understand the many ways the term *cost* is used in accounting.

To understand basic cost behavior patterns.

In this chapter, we introduce the fundamental concepts and terminology of cost accounting. You will discover that the term cost is ambiguous; it has meaning only in a *specific context*. The adjectives that modify the term *cost* describe that context.

This chapter is outlined as follows. We begin with general concepts of the nature of cost. Then we discuss definitions of costs that are commonly used in describing cost accounting systems. Finally, we discuss additional cost concepts used in decision making and performance evaluation. We summarize the major cost definitions in Illustration 2–11 at the end of this chapter.

The Nature of Cost

A cost is a sacrifice of resources. In going about our daily affairs, we buy many different things—clothing, food, books, perhaps an automobile, a desk lamp, and so on. Each item has a price that measures the sacrifice we must make to acquire it. Whether we pay immediately or agree to pay at some later date, the cost is usually established by that price.

Measuring cost—that is, the sacrifice of resources—is sometimes more difficult than you might imagine. For example, consider the cost of a college education. College brochures often list the costs as amounts paid for tuition, fees, books, and (in some cases) board and room. The cost clearly includes cash sacrifices for tuition, books, and fees, but what about living costs? If these costs would be incurred whether or not a student attends college, one might argue that they are not costs of getting a college education.

Opportunity Cost

Cash is not all that is sacrificed. Students also sacrifice their time. While there is no cash expenditure because of that time consumption, there is an opportunity cost. Opportunity cost is the *return* that could be realized from the *best foregone alternative use* of a resource. For example, many students give up other jobs to earn a college degree. Their foregone income is part of the cost of getting a college degree. This foregone income is the foregone return that could be realized from an alternative use of the scarce resource—time. Similarly, the opportunity cost of funds invested in a government bond is the foregone interest that could be earned on a bank certificate of deposit, assuming both securities were equal in risk and liquidity. And the opportunity cost of using a factory to produce a particular product is the sacrifice of profits that could be made by producing other products or by renting the factory to someone else. In each case, we assume that the foregone alternative use was the *best* comparable use of the resources given up.

Of course, no one can ever know all the possible opportunities available at any moment. Hence, some opportunity costs will undoubtedly not be considered. Accounting systems typically do not record opportunity costs, so they are sometimes incorrectly ignored in decision making.

Outlay Cost

An outlay cost is a past, present, or future *cash outflow*. Outlay costs are usually contrasted with opportunity costs; outlay costs are recorded in the accounting records, while opportunity costs are not.[1]

---

[1] There is evidence that people give greater weight to outlay costs than to opportunity costs. In one study, when subjects were told that the opportunity costs and outlay costs of education were

Consider the costs of occupying a building, for example. (These are often called *occupancy costs.*) Maintenance and utilities would be outlay costs. They would be recorded in the accounting records. Depreciation would also be recorded because it is an assignment of a portion of a *past outlay* of cash (to purchase the building) to a particular time period.

But suppose that there is an opportunity cost because the money to purchase the building could have been invested elsewhere. That opportunity cost is not usually recorded in the accounting records. Thus, the accounting records do not reflect all occupancy costs—only those that are identified by an outlay.

Cost and Expenses

It is important to distinguish *cost* from *expense.* As previously discussed, a cost is a sacrifice of resources. An **expense** is a cost that is charged against revenue in an accounting period; hence, expenses are deducted from revenue in that accounting period. We use the term *expense* only when speaking of external financial reports.

The focus of cost accounting is on *costs,* not expenses. Generally accepted accounting principles (GAAP) and regulations such as the income tax laws specify when costs are to be treated as expenses. In practice, the terms *cost* and *expenses* are sometimes used synonymously. We use the term *cost* in this book unless we are dealing with an income measurement issue under GAAP.

We shall relate much of our analysis and discussion to income statements. This makes it easier to see where the specific object of our analysis fits into an organization's total performance. Unless otherwise stated, we assume these income statements are prepared for *internal* management use, not for external reporting. We will focus on **operating profit,** which for internal reporting purposes is the excess of operating revenues over operating costs of generating those revenues. This figure differs from **net income,** which is operating profit adjusted for interest, income taxes, extraordinary items, and other adjustments required to comply with GAAP and other regulations.

While cost accounting provides cost data for external reporting, it does not deal specifically with the preparation of financial statements. To distinguish the amounts that might be reported internally from those reported externally, we reserve the term *net income* for external reporting.

Period Costs versus Product Costs

Cost accounting requires a classification of costs into product or period categories. **Product costs** are costs that can be more easily attributed to *products,* while all other costs are **period costs.** The annual rent of an office building and the salary of a company executive are period costs. The cost of purchased merchandise for resale and related transportation-in costs are examples of product costs.

To accountants, product costs are those that are inventoriable. They would typically classify costs into product and period costs as shown in Illustration 2–1.

---

equal, the outlay costs had a stronger effect on their decisions. R. Thaler, "Toward a Positive Theory of Consumer Choice," *Journal of Economic Behavior and Organization* 1 (1980), pp. 39–60. For some research in this area, see A. Tversky and D. Kahneman, "Judgment under Uncertainty: Heuristics and Biases," *Science,* 1974, pp. 1124–31; and S. Becker, J. Ronen, and G. Sorter, "Opportunity Costs—An Experimental Approach," *Journal of Accounting Research,* 1974, pp. 317–29.

Illustration 2–1   **Comparison of Product and Period Cost**

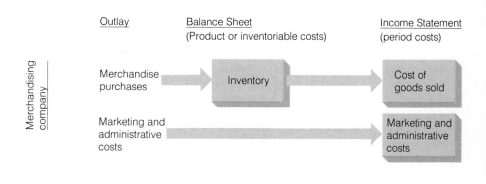

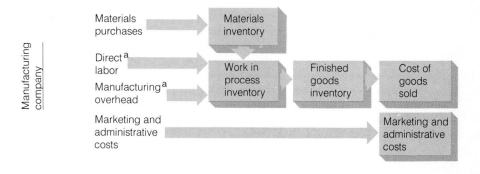

a These costs are part of product costs under *full-absorption costing.* Under *variable costing,* only the variable portions of manufacturing costs are product costs; the fixed manufacturing costs are period costs under variable costing.

Cost of Inventory

We now discuss product costing for measuring the value of inventory. The product costs assigned to inventory are carried in the accounts as assets. When the goods are sold, the cost of goods sold become period costs or expenses.

Cost of a Product Sold in Merchandising

Consider the cost of items offered for sale in a merchandising organization like a supermarket, clothing store, or furniture store. In such companies, no manufacturing activity takes place; the items purchased are sold in the same condition they are received. Merchants do not incur additional costs to alter the form or nature of the products they acquire.

Even in such a basic cost accounting situation, the cost of the merchandise acquired for sale may include a number of individual costs. Besides the cost of the merchandise itself, the buyer may pay to transport the merchandise to the selling outlet, and insure it while it is in route.

For example, Masthead Clothing Stores had a beginning inventory of $125,000 on January 1. They purchased $687,000 during the year and had transportation-in costs of $26,000. During the year, they sold goods costing $662,000, including

Illustration 2–2

MASTHEAD CLOTHING STORES
Income Statement
For the Year Ended December 31

Sales revenue	$1,000,000
Cost of goods sold (see statement below)	662,000
Gross margin	338,000
Marketing and administrative costs	200,000
Operating profit	$ 138,000

Cost of Goods Sold Statement
For the Year Ended December 31

Beginning inventory	$ 125,000	[a]
Cost of goods purchased:		
Merchandise cost	687,000	
Transportation and other costs	26,000	
Total cost of goods purchased	713,000	
Cost of goods available for sale	838,000	
Less cost of goods in ending inventory	176,000	[a]
Cost of goods sold	$ 662,000	

[a] Includes merchandise cost and the related transportation-in.

transportation-in. Sales revenue for the year was $1 million; marketing and administrative costs were $200,000. They had an ending inventory of $176,000 on December 31.

An income statement and a cost of goods sold statement are shown in Illustration 2–2. The term cost of goods sold is self-descriptive. It includes only the costs of the goods that were sold. It does not include the costs of selling the goods, such as the salaries of sales and delivery people. Nor does it include the cost of the facilities in which the sales are made. These are other costs of doing business. They are deducted from sales revenue as a period cost in the period when they are incurred.

Cost of a Manufactured Product

Now consider a manufacturing operation. The cost of a manufactured product includes all the costs of making it. The manufacturer purchases materials (for example, unassembled parts), hires workers to work on the material to convert it to a finished good, then offers the product for sale. For cost accounting purposes, three categories of manufacturing costs receive attention:

1. Direct materials from which the product is made. (From the point of view of a manufacturer, purchased parts are included in direct materials.) Direct materials are also called *raw materials.*

2. Direct labor of workers who transform the materials into a finished product.

3. All other costs of transforming the materials to a finished product, often referred to in total as manufacturing overhead. Some examples of manufacturing overhead are:

   a. *Indirect labor,* the cost of workers who do not work directly on the product yet are required for the factory to operate, such as supervisors, janitors, maintenance workers, inventory storekeepers.

    b. *Indirect materials,* such as lubricants for the machinery, polishing and cleaning materials, repair parts, and light bulbs, which are not a part of the finished product but are necessary to manufacture the product.

    c. *Other manufacturing costs,* such as depreciation of the factory building and equipment, taxes on the factory assets, insurance on the factory building and equipment, heat, light, power, and similar expenses incurred to keep the factory operating.

Although we use the term *manufacturing overhead* in this book, other common synonyms used in practice are factory burden, factory overhead, burden, factory expense, and the unmodified word *overhead.*

Stages of Production

There are three stages in which materials might exist in a manufacturing company at any time. The company may have *direct materials* that have not yet been put into production. There is also likely to be uncompleted work on the production line, which accountants refer to as work in process. And there may be finished goods that have been completely processed and are ready for sale. Because material in each of these stages has incurred costs, a cost accounting system will include three different inventory accounts: Direct Materials Inventory, Work in Process Inventory, and Finished Goods Inventory.

Each inventory account is likely to have a beginning inventory amount, additions (debits) and withdrawals (credits) during the period, and an ending inventory based on the units still on hand.

For example, Electron Manufacturing makes calculators. The activity in each of the company's three inventory accounts for a current year is described below:

Direct Materials Inventory

The company's direct materials inventory on hand January 1 was $400,000; purchases during the year were $1,600,000; ending inventory on December 31 was $360,000; and cost of direct materials put into production during the year was $1,640,000. A schedule of direct materials costs would appear as follows:

Beginning direct materials inventory, January 1	$ 400,000
Add purchases during the year	1,600,000
Direct materials available during the year	2,000,000
Less ending direct materials inventory, December 31	360,000
Cost of direct materials put into production	$1,640,000

Work in Process Inventory

The Work in Process Inventory account had a beginning balance on January 1 of $580,000. Costs incurred during the year were $1,640,000 in direct materials from the schedule of direct materials costs; $3,240,000 in direct labor costs; and $2,850,000 in overhead. The $7,730,000 sum of these last three items is the *cost of manufacturing* incurred during the year.

Adding the beginning work in process inventory to the $7,730,000 gives the total cost of work in process for the year. The $620,000 ending work in process inventory on December 31 is deducted to arrive at the *cost of goods finished* during the year, which is called **cost of goods manufactured** in financial statements. These events are summarized in the following cost of goods manufactured schedule:

Beginning work in process inventory, January 1		$ 580,000
Manufacturing costs during the year:		
Direct materials	$1,640,000	
Direct labor	3,240,000	
Manufacturing overhead	2,850,000	
Total manufacturing costs incurred during the year		7,730,000
Total costs of work in process during the year		8,310,000
Less ending work in process inventory, December 31		620,000
Cost of goods manufactured during the period		$7,690,000

Finished Goods Inventory

The amount of work finished during the period and transferred from the production department to the finished goods storage area is added to the beginning inventory of finished goods as items available for sale. The beginning and ending finished goods inventory balances were $1,145,000 and $2,260,000, respectively. Cost of goods manufactured, or finished, by production and transferred out of work in process inventory was $7,690,000. Cost of goods sold was $6,575,000. A schedule of these costs follows:

Beginning finished goods inventory, January 1	$1,145,000
Cost of goods manufactured (finished) during the year	7,690,000
Cost of goods available for sale during the year	8,835,000
Less ending finished goods inventory, December 31	2,260,000
Cost of goods sold	$6,575,000

Note that the cost of goods finished during the year was carried forward from the Work in Process Inventory account.

Cost of Goods Manufactured and Sold Statement

As part of its internal reporting system, Electron Manufacturing prepares a cost of goods manufactured and sold statement. This statement is shown in Illustration 2–3. It incorporates and summarizes the information from the previous schedules.

Income Statement

In addition to the manufacturing costs noted above, Electron Manufacturing incurred marketing and administrative costs of $1,200,000 and had sales revenue of $10 million. The income statement is shown in Illustration 2–3.

Illustration 2–3

ELECTRON MANUFACTURING
Income Statement
For the Year Ended December 31

Sales revenue	$10,000,000
Cost of goods sold (see statement below)	6,575,000
Gross margin	3,425,000
Marketing and administrative costs	1,200,000
Operating profit	$ 2,225,000

Cost of Goods Manufactured and Sold Statement
For the Year Ended December 31

Beginning work in process inventory, January 1			$ 580,000
Manufacturing costs during the year:			
Direct materials:			
Beginning inventory, January 1	$ 400,000		
Add purchases	1,600,000		
Direct materials available	2,000,000		
Less ending inventory, December 31	360,000		
Direct materials put into process		$1,640,000	
Direct labor		3,240,000	
Manufacturing overhead		2,850,000	
Total manufacturing costs incurred during the year			7,730,000
Total costs of work in process during the year			8,310,000
Less ending work in process inventory, December 31			620,000
Cost of goods manufactured during the year			7,690,000
Beginning finished goods inventory, January 1			1,145,000
Finished goods inventory available for sale			8,835,000
Less ending finished good inventory, December 31			2,260,000
Cost of goods manufactured and sold			$6,575,000

If you compare Illustrations 2–2 and 2–3, you will see that product costing in a manufacturing setting is more complex than product costing in merchandising. As a result, we devote a substantial amount of discussion to cost flows and product costing in a manufacturing setting in later chapters. Many of the product costing concepts used in manufacturing can be applied to merchandising and service organizations, too.

Prime Costs and Conversion Costs

The sum of *direct materials* and *direct labor* is called **prime cost**. We think of manufacturing as the *conversion* of direct materials into a finished product. Thus, the sum of *direct labor* and *manufacturing overhead* is called **conversion cost**.

Illustration 2–4 summarizes the relationship between conversion costs, prime costs, and the three elements of manufactured product cost—direct materials, direct labor, and manufacturing overhead.

Illustration 2–4   **Components of Manufactured Product Cost**

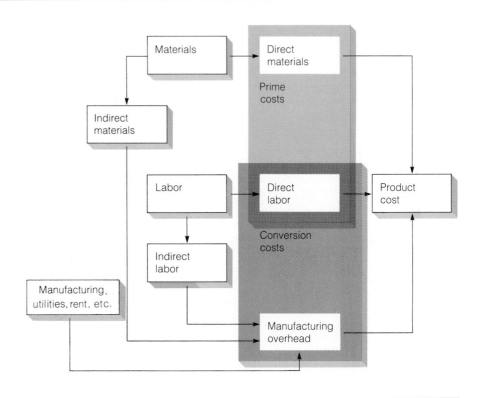

Nonmanufacturing Costs   *Nonmanufacturing costs* are composed of two elements: marketing costs and administrative costs. Marketing costs are the costs required to obtain customer orders and provide customers with finished products. These include advertising, sales commissions, shipping, and marketing departments' building occupancy costs, among others. Administrative costs are the costs required to manage the organization and provide staff support. They include executive and clerical salaries; costs such as legal, finance, data processing, and accounting services; and building occupancy for administrative personnel.

Nonmanufacturing costs are expensed in the period incurred for financial accounting, so they are considered *period* expenses for *financial* accounting purposes.

It is sometimes difficult to distinguish between manufacturing costs and non-manufacturing costs. For example, are the salaries of factory administrators manufacturing or nonmanufacturing costs? What about the rent of factory offices? There are no clear-cut classifications, so companies usually set their own guidelines and follow them consistently.

**Direct versus
Indirect Costs**   Earlier we distinguished between *direct* and *indirect* labor costs. *Direct* labor costs are the costs of the workers who transform direct materials into finished

products, while *indirect* labor costs are the costs of workers who are needed to operate the factory but do not work directly on a product.

Any cost that can be directly related to a cost object is a direct cost of that cost object. Those that cannot are indirect costs. A cost object is any end to which a cost is assigned—for example, a unit of inventory, a department, or a product line.

Accountants use the terms *direct cost* and *indirect cost* much as a nonaccountant might expect. The only difficulty is that a cost may be direct to one cost object and indirect to another. For example, the salary of a supervisor in a manufacturing department is a direct cost of the department but an indirect cost of the individual items produced by the department. So whenever someone refers to a cost as either direct or indirect, you should immediately ask, "Direct or indirect with respect to what cost object? Units produced? A department? A division?" (When we use the terms *direct* and *indirect* to describe *direct labor, direct materials, indirect materials,* and *indirect labor,* the cost object is the unit being produced.)

Indirect costs are sometimes referred to as common costs. When indirect costs result from the sharing of facilities (buildings, equipment) or services (data processing, maintenance staff) by several departments, some method must frequently be devised for assigning a share of those costs to each user. The process of assignment is referred to as cost allocation. The allocation of indirect costs pervades cost accounting. We discuss implications of allocating common costs throughout this book.

Joint Costs

A joint cost occurs when a single process contributes to the production of several different outputs. This can happen in many settings—in particular, lumber, oil refining, and meat processing. Suppose, for example, that a log is processed into three different products—two grades of lumber and chipboard. The log would be considered a joint cost of the lumber and chipboard, and some fraction of its cost would be allocated to each cost object—lumber and chipboard.

Differential Costs

Decision making involves estimating costs of alternative actions. Differential costs are costs that change in response to a particular course of action. In estimating differential costs, the accountant determines which costs will be affected by an action and how much they will change.

Fixed versus Variable Costs

Suppose the contemplated action is a change in the volume of activity. Management might ask questions like:

- How much will our costs decrease if the volume of production is cut by 1,000 automobiles per month?

- How much will our costs increase if we increase meals served by 200 meals per day?

- Between 1979 and 1982, Chrysler Corporation reduced its break-even point (where revenues equal costs) from 2.2 million units to 1.2 million units. What cost reductions occurred to accomplish this?

To answer questions like these, we need to know which costs are **variable costs** that will change with the volume of activity and which costs are **fixed costs** that will not change. Estimating the behavior of costs—which are fixed and which are variable—is very important for managerial purposes.

Consider a fast-food fried chicken operation. Which costs are variable? Which are fixed? Suppose the outlet now serves 300 meals per day, but management thinks they may increase to 400 meals per day. What happens to costs if the mix of meal sizes—buckets, boxes, and so forth—remains the same and no expansion of facilities is needed?

Variable costs include the cost of chicken, potatoes, soft drinks, and other meal components. Some labor would be variable because additional help would be needed to prepare meals and serve customers. Additional supplies would probably be needed, too.

Fixed costs would include most occupancy costs, such as rent on the building and the manager's salary.

Illustration 2–5 represents the fixed costs and variable costs of the fast-food chicken operation graphically. Total fixed costs remain constant over some range of an activity, while total variable costs increase with increases in the activity levels. We have used dotted lines to highlight the fact that these behavior assumptions are only valid within a particular range of activity called the **relevant range.**

Real World Application

Analyzing Fixed and Variable Costs in a Hospital

The analysis of cost behavior is found in all organizations. For example, as hospitals have become increasingly concerned about cost control in recent years, they have been increasing their use of financial models relying on fixed and variable cost analyses. The Leonard Morse Hospital in Massachusetts recently acquired a hospital financial planning model from a Big 8 public accounting firm. One of the first steps in implementing the model was to identify which costs were variable and which were fixed.

For example, in the dietary department, the cost of food was variable. However, the hospital had a contract with an outside company to provide labor services, which was fixed. In other cases,

the fixed costs were found to be constant for small changes in activity but they changed in steps over larger changes in activity. For example, the hospital "may be able to service up to 10 operations per day with one anesthesiologist; however, once volume exceeds 10 operations per day, a second anesthesiologist may be required. For 10 or fewer operations per day, the hospital has one level of fixed cost; above 10 operations per day, it has a higher level of fixed cost."

The information that was collected for this financial planning model was used to provide forecasts and to prepare reports about past financial and operating activities.

Source: Swan A. Larracey, "Hospital Planning for Cost-Effectiveness," *Management Accounting,* July 1982, p. 47.

Illustration 2–5   **Fixed Costs and Variable Costs**

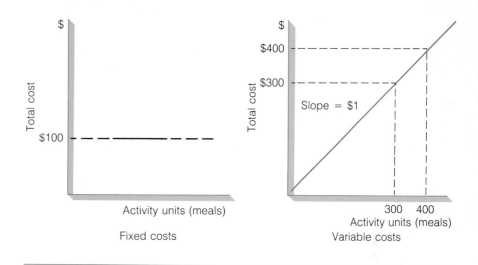

Variable manufacturing costs typically include direct materials, direct labor, and some manufacturing overhead (for example, indirect materials, materials-handling labor, energy costs). Also, such nonmanufacturing costs as distribution costs and sales commissions are variable. Much of manufacturing overhead and many nonmanufacturing costs are usually fixed costs.

In merchandising, variable costs include the cost of the product and some marketing and administrative costs. In merchandising, all of a merchant's product costs are variable; in manufacturing, a portion of the product cost is fixed.

In service organizations (for example, consulting and auto repair), variable costs typically include direct labor, materials used to perform the service, and some overhead costs.

Two aspects of cost behavior complicate the task of classifying costs into fixed and variable categories. First, not all costs are strictly fixed or strictly variable. For example, electric utility costs may be based on a fixed minimum monthly charge plus a variable cost for each kilowatt-hour in excess of the specified minimum usage. Such a mixed cost has both fixed and variable components.

Second, the distinction between fixed and variable costs is only valid within specified volume limits. Capacity limits are usually maximum and minimum outputs that can be produced without altering the physical plant. If the capacity of operations is increased or decreased beyond the specified limits, a new estimate of cost behavior is required. For example, if the manager of the fried chicken outlet considers increasing the volume of meals from 300 per day to 2,000 per day, expanded facilities would be needed. Rent costs, utilities, and many other costs would then increase.

Cost-Volume-Profit
Relationships

Our previous discussion of fixed and variable costs can be summarized by the following cost equation:

$$TC = F + VX$$

where TC refers to total costs, F refers to fixed costs per period, V refers to variable costs per unit, and X refers to the volume of activity for the period. For the fast-food fried chicken operation, the equation would be:

$$TC = \$100 + \$1X.$$

If $X = 300$ meals, then $TC = \$100 + (\$1 \times 300) = \$400$.

If we add the average sales price (P) per meal to the equation, we get:

$$\begin{array}{ccccc} \text{Operating} \\ \text{profit} \end{array} = \begin{array}{c} \text{Total} \\ \text{revenue} \end{array} - \begin{array}{c} \text{Total} \\ \text{variable} \\ \text{costs} \end{array} - \begin{array}{c} \text{Fixed} \\ \text{costs} \end{array}$$

$$\pi \quad = \quad PX \quad - \quad VX \quad - \quad F$$

If $P = \$1.50$ and $X = 300$ meals, then $\pi = (\$1.50 \times 300) - (\$1 \times 300) - 100 = \$450 - 300 - 100 = \$450 - 400 = \$50$. Illustration 2–6 shows graphically the relation between total revenue, total costs, and profits (or losses).

The equation $(\pi = PX - VX - F)$, is commonly known as a **profit equation.** It is widely used in practice and will be used extensively in this book. For example, management may ask questions like: What will happen to profits if costs increase by 20 percent at a volume of 300 meals? Answer: $\pi = \$450 - 300(1.2) - 100(1.2) = \$450 - 360 - 120 = -\$30$; profits would decrease by $80 from $50 to -$30.

Illustration 2–6   **Cost-Volume-Profit Relationships**

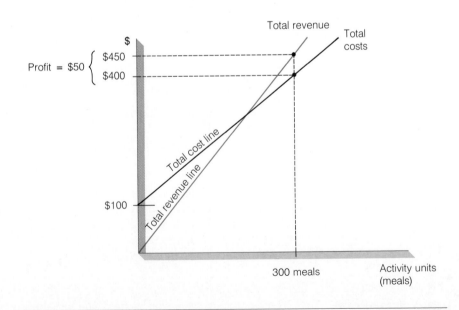

Another useful form of the equation is

$$\pi = (P - V)X - F$$

where the term $(P - V)$ is the unit contribution margin. The contribution margin is the amount each unit *contributes* toward *(a)* covering fixed costs and *(b)* providing a profit. For our example, $(P - V) = \$0.50$. Each meal *contributes* $\$0.50$ toward covering fixed costs and providing a profit.

The Significance of Differential Costs

Variable costs are costs that *change* in response to a change in *volume*. When volume changes within capacity limits, *differential* costs are usually assumed to be the *variable* costs. So-called fixed costs could be differential costs, too, if management considers increases (decreases) in volume such that an increase (decrease) in capacity is necessary. Consider the following situation in which the manager of the fried chicken outlet considers expanding capacity.

Suppose the capacity of the fried chicken outlet is to be expanded to allow an increase in volume from 300 meals to 2,000 meals per day. (For simplicity, assume that an average meal consists of a small bucket of chicken, some potatoes, and one soft drink.) For current operations, the average variable cost per meal is $1 and fixed costs per day are $100. When volume is expanded, the average variable cost per meal will remain at $1, while fixed costs are expected to increase to $800 per day, partly because of the increased cost of rent incurred because of the expanded capacity. The average sales price per meal before and after the increase in volume is estimated at $1.50. The analysis of differential costs and revenues is shown in Illustration 2–7.

Column 3 indicates the differential costs, revenues, and operating profits. Note that differential costs include both variable costs and fixed costs in this example.

If the expansion to the fried chicken outlet required an additional investment in assets, the increase in profits must also justify any costs of the increased investment in assets.

Illustration 2–7   Differential Cost Analysis

	(1) Status quo	(2) Alternative	(3) Difference (2) minus (1)
Number of meals per day	300	2,000	1,700
Sales revenue	$450[a]	$3,000[a]	$2,550
Costs:			
Variable	300[b]	2,000[b]	1,700
Fixed	100	800	700
Total costs	400	2,800	2,400
Operating profit	$ 50	$ 200	$ 150

[a] At $1.50 per meal.
[b] At $1 per meal.

The concept of differential cost is similar to *incremental* cost, except that differential cost refers to both cost decreases (decremental costs) and cost increases (incremental costs). Differential analysis considers all costs, revenues, assets, and nonfinancial variables affected by actions. While managerial accountants are skilled in many aspects of business, they have a comparative advantage over other staff and line personnel in their ability to estimate and analyze differential costs. Thus, we focus on estimating differential costs in this book. Of course, cost analysis is rarely the *sole* basis for decision making. Qualitative factors are also considered before decisions are made. However, the cost analysis is usually quite important.

Sunk Costs

A sunk cost is an expenditure made in the past that *cannot be changed.* Sunk costs in and of themselves are not differential costs even though people sometimes act as if the sunk costs were relevant. For example, a clothing store has 15 pairs of slacks that cost the retailer $20. No slacks have been sold at the regular price of $39.95, and they cannot be returned to the manufacturer. The manager of the store knows that he can sell the slacks at $15 per pair, but he refuses to take a loss on them. The manager states, "I've got $20 apiece in these slacks. How can I afford the loss?" The $20 expenditure per pair of slacks is a sunk cost. It is not affected by the sale of the product. Consequently, the $20 is not relevant to the pricing decision. The store manager should ignore the sunk cost. The "loss" occurred when the market value of the slacks fell below the cost. The manager must act in the best way possible given the present and expected future conditions. If the expected future price is less than $15, the best the manager can do is take the loss now.

Most past expenditures are sunk costs. However, this does not mean that information about past expenditures is irrelevant. The store manager should ignore the cost of the slacks *now owned,* but information about the difficulty of selling the slacks for more than their cost is relevant for future decisions about buying that kind of merchandise. Also, the past cost is relevant for deriving the tax and book gain or loss on the eventual sale of the slacks.

Controllable versus Noncontrollable Costs

Most of the previously discussed cost concepts are used in performance evaluation. An additional important concept in assigning responsibility for costs is that of *controllability,* or who has control over the costs. By classifying costs as controllable or noncontrollable, managers are explicitly stating who has responsibility for them.

A controllable cost is a cost that can be influenced or affected by a *particular manager* in the short run. A noncontrollable cost is a cost that cannot be influenced or affected by a *particular manager.* The manager of one responsibility center is usually not held responsible for the costs of another responsibility center because such costs are noncontrollable by the first manager. For example, the chief of a city police department is given a budgeted allowance for controllable costs, including salaries of departmental personnel and costs of operating automobiles. The chief is responsible for keeping actual costs within the budget limit. The chief of police is not held responsible for the costs of operating other departments (such as fire and sanitation) and administering the city because they are noncontrollable by the chief and the police department.

At increasingly higher organizational levels, more and more costs become controllable, as shown in Illustration 2–8. A cost is considered controllable at a specific level in an organization if the managers at that level can authorize the expenditure. For example, if only top management can authorize an advertising budget, then advertising costs would be controllable by top management. Such costs would be noncontrollable for district sales managers. However, district sales managers would probably control employment terms for the sales personnel in their district. The costs related to the employment of sales personnel in a given district would be considered a controllable cost of the district manager. Of course, top management could also affect the employment terms of individual salespeople so the costs related to the employment of individual sales personnel are also controllable by top management.

Full-Absorption versus Variable Costing Methods

In manufacturing organizations, the inventory values and cost of goods sold in external financial reports to shareholders are required by *generally accepted accounting principles* (GAAP) to include all manufacturing costs—direct materials, direct labor, and manufacturing overhead. Nonmanufacturing costs are *not* part of inventory values and cost of goods sold. This cost accounting system is known as **full-absorption costing.** (That is, units "fully absorb" all manufacturing costs.) Under full-absorption costing, all manufacturing costs, whether they are fixed or variable, are *product costs.*

An alternative method of deriving inventory values and cost of goods sold in manufacturing is known as *variable costing* (sometimes called direct costing).

Illustration 2–8   **Relation of Cost Control to Organization Level**

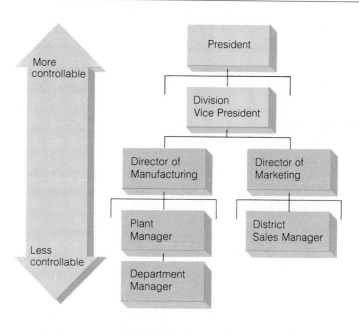

Variable costing does not "fully absorb" all manufacturing costs in units produced; instead, it only assigns units produced with the variable costs of manufacturing a good. The variable costs usually include direct materials, direct labor, and variable manufacturing overhead (for example, power to run machines, supplies). Fixed manufacturing overhead (for example, building occupancy costs) are treated as period costs under the variable costing system and not included in inventory values and cost of goods sold. Under variable costing, only variable manufacturing costs are product costs, while fixed manufacturing costs are *period costs.*

Whereas full-absorption costing is required for external reporting under GAAP and income tax laws, variable costing is often used for managerial decision making and performance evaluation.

Components of Full Cost

By now you realize that there are numerous definitions and concepts of costs. In practice, diagrams of cost relationships often help clarify what is meant. We have found the buildup of unit costs presented in Illustration 2–9 to help clarify such distinctions as **full cost** per unit versus *full-absorption cost* per unit and *variable cost* per unit versus *variable manufacturing cost* per unit.

Illustration 2–10 is a diagram that helps clarify distinctions between *profit margin, gross margin,* and *contribution margin.* Note that for each unit, the margin equals unit selling price minus a particular unit cost:

$$Profit\ margin = Sales\ price - Full\ cost$$

$$Gross\ margin = Sales\ price - Full\text{-}absorption\ cost$$

$$Contribution\ margin = Sales\ price - Variable\ costs$$

Illustration 2–9   **Unit Cost Buildup**

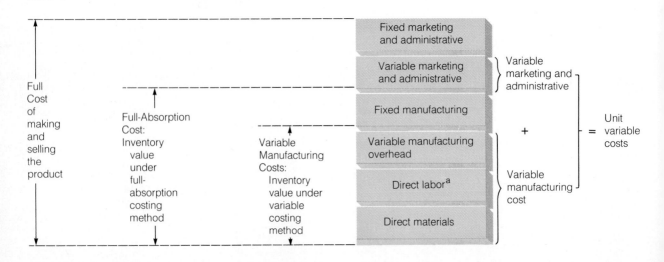

[a] Direct labor and direct materials are assumed to be variable costs for this illustration.

Illustration 2–10   **Unit Cost, Price, and Margin Relationships**

Profit Margin and Gross Margin:

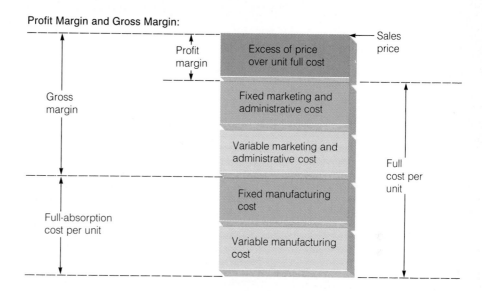

Profit Margin and Contribution Margin:

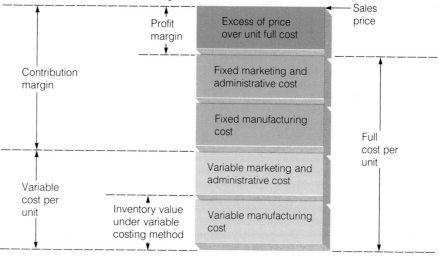

Self-study problem no. 2 at the end of this chapter has a numerical example to further clarify these cost and margin relationships.

Summary

The term *cost* is ambiguous when used alone; it has meaning only in a specific context. The adjectives used to modify the term *cost* describe that context.

Illustration 2–11 summarizes the definitions of the terms used in this chapter. Each cost concept can be applied to specific managerial problems. For example,

Illustration 2–11   **Summary of Definitions**

Concept	Definition
	Nature of Cost
Cost	A *sacrifice* of resources.
Opportunity cost	The return that could be realized from the best foregone alternative use of a resource.
Outlay cost	Past, present, or near-future cash outflow.
Expense	The cost charged against revenue in a particular accounting period. We use the term *expense* only when speaking of external financial reports.
	Cost Concepts for Cost Accounting Systems
Product costs	Costs that can be more easily attributed to products; costs that are part of inventory.
Period costs	Costs that can be more easily attributed to time intervals.
Full-absorption costing method	All manufacturing costs—both fixed and variable—used in valuing inventory and deriving cost of goods sold.
Variable costing method	Only those variable manufacturing costs used in valuing inventory and deriving cost of goods sold.
Direct costs	Costs that can be directly related to a cost object.
Indirect costs	Costs that cannot be directly related to a cost object.
Common costs	Costs that are shared by two or more cost objects.
	Additional Cost Concepts Used in Decision Making
Variable costs	Costs that vary with the volume of activity.
Fixed costs	Costs that do not vary with volume of activity.
Differential costs	Costs that change in response to a particular course of action.
Sunk costs	Costs that result from an expenditure made in the past and cannot be changed by present or future decisions.
	Additional Cost Concepts Used for Performance Evaluation
Controllable costs	Costs that can be influenced or affected by a particular individual.
Noncontrollable costs	Costs that cannot be influenced or affected by a particular individual.

most managerial economic decisions rely on the concepts of differential costs. Product costing and inventory valuation use concepts related to full-absorption costing. Planning and performance evaluation are based on controllable cost concepts.

It is important to consider how use of these terms in cost accounting differs from common usage. For example, in common usage, a variable cost may vary with anything (geography, temperature, and so forth); in cost accounting, variable cost depends solely on volume.

Terms and Concepts

The following terms and concepts should be familiar to you after reading this chapter:

Administrative Costs	**Joint Cost**
Common Costs	**Manufacturing Overhead**
Contribution Margin	**Marketing Costs**
Controllable Cost	**Mixed Cost**
Conversion Cost	**Net Income**
Cost	**Noncontrollable Cost**
Cost Allocation	**Operating Profit**
Cost Object	**Opportunity Cost**
Cost of Goods Manufactured and Sold Statement	**Outlay Cost**
	Period Costs
Differential Costs	**Prime Cost**
Direct Costing Method (see Variable Costing Method of Valuing Inventory)	**Product Costs**
	Profit Equation
Direct Labor	**Relevant Range**
Direct Materials	**Sunk Cost**
Expense	**Variable Costing Method of Valuing Inventory**
Finished Goods	
Fixed Costs	**Variable Costs**
Full Cost	**Work in Process**
Full-Absorption Costing Method of Valuing Inventory	

Self-Study Problem No. 1

The following items appeared in the records of Shoreline Products, Inc., for a current year:

Administrative costs	$ 304,000
Depreciation—manufacturing	103,000
Direct labor	482,000
Finished goods inventory, January 1	160,000
Finished goods inventory, December 31	147,000
Heat, light, and power—plant	39,000
Insurance—manufacturing plant	48,000
Marketing costs	272,000
Miscellaneous manufacturing costs	12,000
Plant maintenance and repairs	40,000
Property taxes—manufacturing	34,000
Direct materials purchases	313,000
Direct materials inventory, January 1	102,000
Direct materials inventory, December 31	81,000
Sales revenue	2,036,000
Supervisory and indirect labor	127,000
Supplies and indirect materials	14,000
Work in process inventory, January 1	135,000
Work in process inventory, December 31	142,000

Required: Prepare an income statement with a supporting cost of goods manufactured and sold statement, using the full-absorption costing method.

Solution to Self-Study Problem No. 1

SHORELINE PRODUCTS, INC.
Income Statement
For the Year Ended December 31

Sales revenue	$2,036,000
Cost of goods sold (see statement below)	1,239,000
Gross margin	797,000
Less:	
Marketing costs	272,000
Administrative costs	304,000
Operating profit	$ 221,000

Cost of Goods Manufactured and Sold Statement
For the Year Ended December 31

Beginning work in process inventory, January 1			$ 135,000
Manufacturing costs during the year:			
Direct materials:			
Beginning inventory, January 1	$102,000		
Add purchases	313,000		
Direct materials available	415,000		
Less ending inventory, December 31	81,000		
Direct materials put into process		$334,000	
Direct labor		482,000	
Manufacturing overhead:			
Supervisory and indirect labor	127,000		
Supplies and indirect materials	14,000		
Heat, light, and power—plant	39,000		
Plant maintenance and repairs	40,000		
Depreciation—manufacturing	103,000		
Property taxes—manufacturing	34,000		
Insurance—manufacturing plant	48,000		
Miscellaneous manufacturing costs	12,000		
Total manufacturing overhead		417,000	
Total manufacturing costs incurred during the year			1,233,000
Total costs of work in process during the year			1,368,000
Less ending work in process inventory, December 31			142,000
Cost of goods manufactured during the year			1,226,000
Beginning finished goods inventory, January 1			160,000
Finished goods inventory available for sale			1,386,000
Less ending finished goods inventory, December 31			147,000
Cost of goods manufactured and sold			$1,239,000

Self-Study Problem No. 2

Your boss is upset. "I keep hearing our people refer to costs without carefully defining terms! Can you help us by presenting a simple example that shows the relationship among these various costs? Here are some basic facts you can use."

Price per unit	$ 100
Fixed costs:	
Marketing and administrative	12,000 per period
Manufacturing overhead	20,000 per period
Variable marketing and administrative	5 per unit
Direct materials	30 per unit
Direct labor	15 per unit
Variable manufacturing overhead	10 per unit
Units produced and sold	1,000 units per period

Required:

Using these data as an example, put amounts beside each label in Illustrations 2–9 and 2–10 in the text.

Solution to Self-Study Problem No. 2

Unit Cost Buildup (from Illustration 2–9)

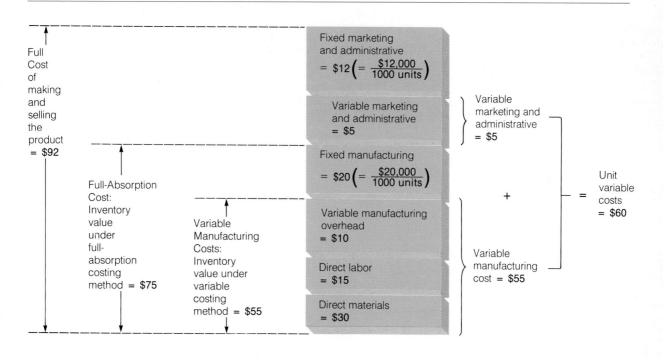

Unit Cost, Price, and Margin Relationships (from Illustration 2–10)

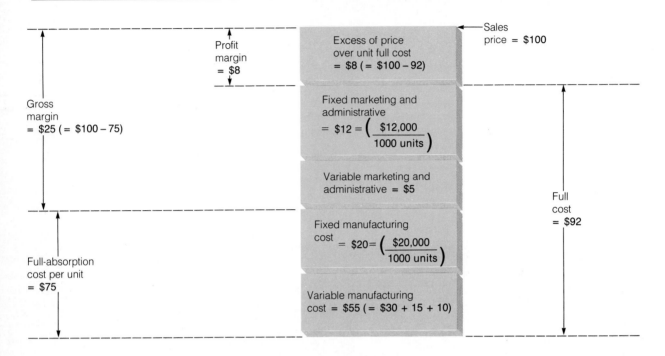

Profit Margin and Contribution Margin:

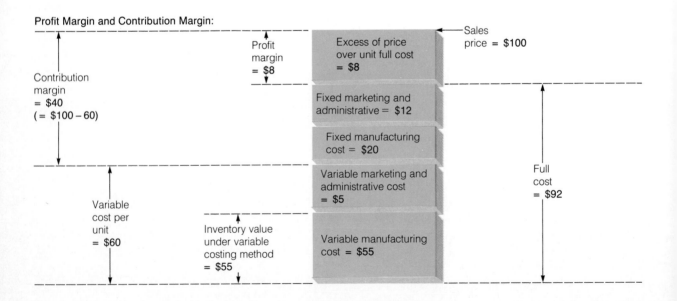

Questions

2–1. Contrast the meanings of the terms *cost* and *expense.*

2–2. Identify the difference between product costs and period costs.

2–3. Is cost of goods manufactured and sold an expense?

2–4. Identify the similarities between the Direct Materials Inventory account of the manufacturer and the Merchandise Inventory account of the merchandiser. Are there any differences between the two accounts? If so, what are they?

2–5. What are the three elements of product cost in a manufacturing operation? Describe each element briefly.

2–6. "Prime costs are always direct costs, and overhead costs are always indirect." Comment on this statement.

2–7. Unit costs represent the average cost of all units produced. If you want to know the cost to produce an extra quantity of product, why not just multiply the unit average cost by the extra quantity you want?

2–8. Compare the accounting for marketing and administrative costs in a manufacturing organization with the way those costs are treated in a merchandising organization.

2–9. Must a manufacturing company use generally accepted accounting principles (GAAP) for its internal reporting? Why or why not?

2–10. Since historical costs are sunk (and, hence, not directly useful for decision-making purposes), why are accounting systems and reports based on historical costs?

Exercises

2–11. Classify Costs by Function and Behavior

For each of the following costs incurred in a manufacturing operation, indicate whether the costs would be fixed or variable (F or V) and whether they would be period costs or product costs (P or R, respectively) under full-absorption costing.

a. Transportation-in costs on materials purchased.

b. Assembly-line workers' wages.

c. Property taxes on work in process inventories.

d. Salaries of top executives in the company.

e. Overtime premium for assembly workers.

f. Sales commissions.

g. Sales personnel office rental.

h. Production supervisory salaries.

i. Controller's office supplies.

j. Executive office heat and air conditioning.

2–12. Classify Costs by Function and Behavior

For each of the following costs incurred in a manufacturing operation, indicate whether the costs would be fixed or variable (F or V) and whether they would be period costs or product costs (P or R, respectively) under full-absorption costing.

a. Executive office security personnel.

b. Supplies used in assembly work.

c. Factory heat and air conditioning.

d. Power to operate factory equipment.

e. Depreciation on furniture for sales staff.

f. Varnish used for finishing product.

g. Marketing personnel health insurance.

h. Packaging materials for finished product.

i. Salary of the quality control manager who checks work on the assembly line.

j. Assembly-line workers' dental insurance.

2–13. Estimate Differential Costs

CanDynamics Corporation manufactured 1,000 units of product last year and identified the following costs associated with the manufacturing activity (variable costs are indicated with V; fixed costs with F):

Direct materials used (V)	$25,200
Direct labor (V)	46,500
Supervisory salaries (F)	11,100
Indirect materials and supplies (V)	8,000
Plant utilities (other than power to run plant equipment) (F)	9,600
Power to run plant equipment (V)	7,100
Depreciation on plant and equipment (straight-line, time basis) (F)	4,800
Property taxes on building (F)	6,500

Unit variable costs and total fixed costs are expected to remain unchanged next year.

Required:

Calculate the unit cost and the total cost if 1,200 units are produced next year.

2–14. Graph Cost Relationships

Refer to the information in exercise 2–13. Based on that information and assuming the unit sales price is $150 per unit, construct graphs of total revenue and total costs illustrating the relationship between fixed and variable costs.

2–15. Prepare Statements for a Merchandising Company

Microsort sells personal computers and software. On January 1 last year, it had a beginning merchandise inventory of $250,000 including transportation-in costs. It purchased $1,300,000 of merchandise, had $120,000 of transportation-in costs, and had marketing and administrative costs of $800,000 during the year. The ending inventory of merchandise on December 31 was $160,000, including transportation-in costs. Revenue was $2,600,000 for the year.

Required:

Prepare an income statement with a supporting cost of goods sold statement.

2–16. Prepare Statements for a Manufacturing Company

The following information appears in a manufacturing company's records for last year:

Administrative costs	$ 44,100
Manufacturing building depreciation	27,000
Indirect materials and supplies	6,300
Sales commissions	15,200
Direct materials inventory, January 1	18,400
Direct labor	34,600
Direct materials inventory, December 31	19,000
Finished goods inventory, January 1	10,900
Finished goods inventory, December 31	9,100
Materials purchases	22,300
Work in process inventory, December 31	13,100
Supervisory and indirect labor	14,400
Property taxes, manufacturing plant	8,400
Plant utilities and power	23,500
Work in process inventory, January 1	15,200
Sales revenue	212,400

Required:

Prepare an income statement with a supporting cost of goods manufactured and sold statement.

2–17. Prepare Income Statement

The following information appears in a manufacturing company's records for last year:

Administrative costs	$ 42,100
Manufacturing building depreciation	25,000
Indirect materials and supplies	4,300
Sales commissions	13,200
Direct materials inventory, January 1	16,400
Direct labor	32,600
Direct materials inventory, December 31	17,000
Finished goods inventory, January 1	8,900
Finished goods inventory, December 31	7,100
Materials purchases	20,300
Work in process inventory, December 31	11,100
Supervisory and indirect labor	12,400
Property taxes, manufacturing plant	6,400
Plant utilities and power	21,500
Work in process inventory, January 1	13,200
Sales revenue	193,400

Required:

Prepare an income statement with a supporting cost of goods manufactured and sold statement.

2–18. Analyze Income Statement and Cost Data

Refer to the data in exercise 2–17.

a. Would the sales commissions be handled differently if the company was a merchandising operation? If so, how?

b. If the above information is related to the manufacturing of 10,000 units of product, what are the unit prime costs? The unit depreciation?

c. Suppose the above information were to be used as a basis for estimating costs to produce 8,000 units. Compute the unit prime costs at 8,000 units. Compute unit depreciation at 8,000 units.

2–19. Cost and Margin Relationships

Several illustrations in the text show basic relationships among costs and margins. Given the following facts, complete the requirements below:

Sales price	$200 per unit
Fixed costs:	
Marketing and administrative	$24,000 per period
Manufacturing overhead	$30,000 per period
Variable costs:	
Marketing and administrative	$6 per unit
Manufacturing overhead	$9 per unit
Direct labor	$30 per unit
Direct materials	$60 per unit
Units produced and sold	1,200 per period

Required:

a. How much are each of the following unit costs (see Illustration 2–9)?
1. Variable manufacturing cost.
2. Variable cost.
3. Full-absorption cost.
4. Full-cost.

   b. How much *per unit* are each of the following margins (see Illustration 2–10)?
      1. Profit margin.
      2. Gross margin.
      3. Contribution margin.

   c. How much *per* unit are (see Illustration 2–4):
      1. Prime costs?
      2. Conversion costs?

2–20. Basic Cost-Volume-Profit Relationships

Given the data in exercise 2–19, graph total revenue and total cost lines (as in Illustration 2–6).

2–21. Product versus Period Costs

Under full-absorption costing, all costs of manufacturing the product are product costs (that is, they are inventoriable). (See Illustration 2–1.)

Required:

Using the data from exercise 2–19, what are the following:

a. Product cost per *unit.*

b. Period costs for the *period.*

2–22. Cost and Margin Relationships

The following cost, price, and volume data apply to Springs & Teen Company for a particular month:

Sales price per unit	$1,000 per unit
Fixed costs:	
Marketing and administrative	$130,000 per period
Manufacturing overhead	$150,000 per period
Variable costs:	
Marketing and administrative	$80 per unit
Manufacturing overhead	$100 per unit
Direct labor	$200 per unit
Direct materials	$250 per unit
Units produced and sold	1,000 per period

Required:

   a. How much are each of the following *unit* costs (see Illustration 2–9)?
      1. Variable manufacturing cost.
      2. Variable cost.
      3. Full-absorption cost.
      4. Full-cost.

   b. How much are each of the following unit margins (see Illustration 2–10)?
      1. Profit margin.
      2. Gross margin.
      3. Contribution margin.

2–23. Basic Cost-Volume-Profit Relationships

Given the data in exercise 2–22, graph total revenue and total cost lines (as in Illustration 2–6).

2–24. Cost and Margin Relationships: Service Organizations

Swifty Cleaners provides janitorial services to various organizations. For a particular month, it had the following costs and revenues:

Hours worked and billed to customers	10,000 hours
Price charged per hour	$30
Variable costs per hour	20
Fixed costs for the month	$50,000 per month

a. What is the full cost *per unit* of providing the service?

b. What are the following *unit* margins?
   1. Profit margin.
   2. Contribution margin.

c. Graph the total revenue and total cost line (as in Illustration 2–6.)

2–25. Compute Manufacturing Costs

The following balances appeared in the accounts of a manufacturing company during a current year:

	January 1	December 31
Direct materials inventory	$16,400	$ 18,300
Work in process inventory	19,100	17,700
Finished goods inventory	7,300	8,500
Direct materials used	–0–	86,600
Cost of goods sold	–0–	301,000

Compute the following:

a. Cost of goods manufactured during the year.

b. Manufacturing costs incurred during the year.

c. Direct materials purchases during the year.

(Hint: Reconstruct a cost of goods manufactured and sold statement and fill in the missing data.)

2–26. Prepare Statements for a Manufacturing Company

The following information appears in a manufacturing company's records for last year:

Sales revenue	$252,300
Work in process, January 1	15,400
Work in process, December 31	12,420
Direct materials inventory, January 1	17,200
Direct materials inventory, December 31	16,100
Finished goods inventory, January 1	7,100
Finished goods inventory, December 31	8,900
Direct materials transportation-in	2,300
Direct materials put into process	25,520
Direct labor	39,700
Supervisory and indirect labor—plant	21,900
Administrative salaries	35,000
Supplies and indirect materials—plant	2,900
Heat, light, and power (77.6 percent for plant)	25,000
Depreciation (80 percent for plant)	30,000
Property taxes (75 percent for plant)	8,400
Cost of goods manufactured during the year	142,700
Other administrative costs	7,700
Marketing costs	31,700

Prepare an income statement with a supporting cost of goods manufactured and sold statement.

Problems

2–27. Find the Unknown Account Balances

Each column below is independent. The data refer to one year for each example. Use the data given to find the unknown account balances.

Account	A	B	C	D	E
Direct materials inventory, January 1	*(a)*	$ 3,500	$ 16,000	$ 4,000	$ 22,500
Direct materials inventory, December 31	$ 3,600	2,900	14,100	6,200	*(i)*
Work in process inventory, January 1	2,700	6,720	82,400	6,280	*(j)*
Work in process inventory, December 31	3,800	3,100	76,730	6,280	42,600
Finished goods inventory, January 1	1,900	*(d)*	17,200	1,400	167,240
Finished goods inventory, December 31	300	4,400	28,400	2,300	Unknown
Purchases of direct materials	16,100	12,000	64,200	*(h)*	124,200
Cost of goods manufactured during this year	*(b)*	27,220	313,770	29,000	759,110
Total manufacturing costs	55,550	23,600	308,100	29,000	763,400
Cost of goods sold	56,050	27,200	302,570	28,100	*(k)*
Gross profit	*(c)*	16,400	641,280	6,700	937,300
Direct labor	26,450	3,800	124,700	11,600	*(l)*
Direct materials used	15,300	*(e)*	66,100	7,500	117,100
Manufacturing overhead	13,800	7,200	*(g)*	9,900	215,300
Sales revenue	103,300	*(f)*	943,850	34,800	1,679,950

2–28. Differential Cost Analysis for Decision Making

Rob Roberts has been working a summer job that pays $1,100 a month. His employer has offered to convert the job into a full-time position at $1,500 per month. Take-home pay is 70 percent of these amounts. In view of this offer, Rob is tempted not to return to school for the coming year. His friend Alice is trying to convince him to return to school. Rob remarks, "I've been talking to other friends and no matter how you figure it, school is extremely expensive. Tuition is about $2,200 per year. Books and supplies are another $300. Room and board will cost $3,700 a year even if I share a room. It costs $2,400 a year to keep up my car and clothing, and other incidentals amount to about $3,000 per year. I figure school will cost me the total of all these costs, which is $11,600 plus my lost salary of $18,000 per year. At $29,600 a year, who can justify higher education?

If you were Alice, how would you respond to Rob's remarks?

2–29. Cost Analysis in a Service Organization

Pat MacDonald, an independent engineer, has been invited to bid on a contract engineering project. Pat is not the only bidder on the project. Pat wants the bid only if it will return an adequate profit for the time and effort involved. The contract calls for 250 hours of Pat's time. The following cost data have been extracted from Pat's records and are not expected to change for the contract period.

	Per Hour
Normal consulting rate	$100
Office costs, secretary, etc.	(38)
Travel, other variable costs	(22)
Normal "profit" per hour	$ 40
Billable hours (typical week)	30

The hourly rate for the office costs, secretary, etc. is based on a fixed cost of $1,140 per week divided by the 30 billable hours per typical week. However, these costs are fixed regardless of the number of hours Pat works per week. Under the contract, the travel and other expenses will be the same as for normal consulting.

Required:

What is the relevant "cost" for Pat's bid under each of the following independent situations? Support your chosen cost basis.

a. Pat will work on the contract during hours that would otherwise not be billable to other clients.

b. Pat will give up work for other clients to meet the time requirements under the contract. No ill will would be generated as a result of accepting the contract.

c. Pat believes that the contract would be the start of a long-term business relationship that could take up most of Pat's time. The initial bid would have to be close to the amount charged on subsequent projects. While Pat has the time now to take the project without giving up clients, eventually Pat would have to give up some other clients.

2–30. Prepare Statements for a Manufacturing Company

The following data appear in a manufacturing company's records on December 31 of last year:

Direct materials inventory, December 31	$ 85,000
Direct materials purchased during the year	360,000
Finished goods inventory, December 31	90,000
Indirect labor	32,000
Direct labor	400,000
Plant heat, light, and power	37,200
Building depreciation (⅞ is for manufacturing)	81,000
Administrative salaries	51,400
Miscellaneous factory cost	31,900
Marketing costs	37,000
Overtime premium on factory labor	12,100
Insurance on factory equipment	19,000
Transportation-out	1,600
Taxes on manufacturing property	13,100
Legal fees on customer complaint	8,200
Direct materials used	382,100
Work in process inventory, December 31	24,600

On January 1, at the beginning of last year, the Finished Goods Inventory account had a balance of $80,000, and the Work in Process Inventory account had a balance of $25,900. Sales revenue during the year was $1,625,000.

Required:

Prepare an income statement and cost of goods manufactured and sold statement.

2–31. Prepare Projected Statements Based on Past Data

Assume that the statements of Shoreline Products, Inc. (Chapter 2, self-study problem no. 1) were based on sales for 4,000 units. In the coming year, the following changes are expected:

1. Sales will increase to 4,800 units with a 5 percent increase in selling price.

2. No additional property or equipment will be required to meet increased demand.

3. Labor wage rates will increase by 10 percent, and materials costs will increase by 15 percent before considering the increased volume.

4. Production will increase 20 percent (from 4,000 to 4,800 units) to meet the added demand.

5. Direct labor, direct materials, supplies, and indirect materials are variable costs. All other costs are fixed; that is, they do not change because of a change in production activity. (However, they may change because of price changes.)

6. Heat, light, power, and maintenance and repairs costs are expected to increase by 50 percent, regardless of volume. All other costs will remain unchanged.

Required:

Prepare a report showing the total costs to be incurred in manufacturing activity during the coming year. (Round numbers to nearest whole dollar.)

2–32. Analyze Effects of Changes in Cost Categories Using Past Data

Refer to the information in problem 2–31. Assume that heat, light, power, repairs, and maintenance are fixed with respect to volume. Indicate:

Required:

a. The unit prime costs for next year.

b. The unit prime costs for last year.

c. Unit fixed costs for next year.

d. Unit fixed costs for last year.

e. Give a brief statement concerning the differences in year-to-year unit costs.

2–33. Estimate Most Profitable Operating Level*

The following production and sales data are for a company division with a capacity of 13,000 units and an unchangeable unit sales price of $4.50. The company is required by contract to keep the division operating and wants to operate at the optimal level given these conditions. The manufacturing vice president suggested: "We should operate at 13,000 units since that gives us the lowest unit cost."

	Production Volume			
	10,000	**11,000**	**12,000**	**13,000**
Variable manufacturing cost	$37,000	$40,800	$44,600	$48,400
Fixed manufacturing cost	9,000	9,000	9,000	9,000
Marketing costs	6,000	6,600	7,200	7,800
Administrative costs	6,000	6,000	6,200	6,400
Total costs	$58,000	$62,400	$67,000	$71,600
Unit cost	$5.80	$5.67	$5.58	$5.51

Required:

What is the optimal level of output if production must take place at one of the levels indicated in this schedule?

Integrative Cases

2–34. Analyze the Costs at Different Demand Levels†

To increase production beyond the current level of 10,000 units, Melville Corporation must lease additional equipment and pay overtime premiums to its employees. At the present level of operations of 10,000 units, fixed costs total $50,000 and variable costs are $3 per unit. If Melville incurs an additional $20,000 in fixed costs, they can produce and sell an additional 10,000 units at a variable cost of $5 each. Management policy forbids expanding capacity unless unit profit remains the same as at present. Thus, average cost must remain constant.

Required:

Prepare a schedule showing average costs with the expansion as well as under present activity levels.

---

* Adapted from W. J. Vatter, "Tailor-Making Cost Data for Specific Uses," *National Association of (Cost) Accountants Bulletin (1954 Conference Proceedings).*

† Adapted from C. Purdy, R. K. Zimmer, and J. H. Grenell, "Costs in Relation to Pricing Products and Services," in *The Managerial and Cost Accountant's Handbook,* eds. Homer A. Black and James Don Edwards (Homewood, Ill.: Dow Jones-Irwin, 1979).

2–35. Analyze the Impact of a Decision on Income Statements

You have been appointed manager of an operating division of HI-TECH, Inc., a manufacturer of products using the latest developments in microprocessor technology. Your division manufactures the chip assembly, ZP-1. On January 1 of this year, you invested $1 million in automated processing equipment for chip assembly. At that time, your expected income statement was as follows:

Sales revenues	$3,200,000
Operating costs:	
Variable (cash expenditures)	400,000
Fixed (cash expenditures)	1,500,000
Equipment depreciation	300,000
Other depreciation	250,000
Total operating costs	2,450,000
Operating profits (before taxes)	$ 750,000

On October 25 of this year, you are approached by a sales representative for the Mammoth Machine Company. Mammoth wants to sell your division a new assembly machine for $1,300,000 which would be installed on December 31. The new equipment would be depreciated over three years on a straight-line basis with $100,000 salvage value. The new equipment would enable you to increase your division annual revenue by 10 percent. Fixed cash expenditures would decrease by 5 percent per year due to the more efficient machine. You will have to write off the cost of the old machine this year because it has no salvage value. Equipment depreciation in the income statement is for the old machine.

Your bonus is determined as a percentage of your division's operating profits before taxes. Equipment losses are included in the bonus and operating profit computation.

Ignore taxes and any effects on operations on the day of installation of the new machine. Assume the data given in your expected income statement is the same for this year and next year if the current equipment is kept.

Required:

a. What is the difference in this year's divisional operating profit if the new machine is purchased and installed on December 31 of this year?

b. What would be the effect on next year's divisional operating profit if the new machine is purchased and installed on December 31 of this year?

c. Would you purchase the new equipment? Why or why not?

2–36. Chris Collins' Use of Costs in Decision Making*

Chris Collins supervised an assembly department in Dexter Electronics Company. Recently, Collins became convinced that a certain component, number S-36, could be produced more efficiently by changing assembly methods. Collins described this proposal to Dexter's industrial engineer, who quickly dismissed Collins' idea—mainly, Collins thought, because the engineer had not thought of the idea first.

Collins felt that producing the S-36 component at a lower cost might provide Collins the opportunity to start a new business. Dexter's purchasing agent assured Collins that Dexter would buy S-36s from Collins if the price were 10 to 15 percent below Dexter's current cost of $1.65 per unit. Working at home, Collins experimented with the new assembly method. This experimentation seemed successful, so Collins prepared estimates for large-scale S-36 production. Collins determined the following:

1. A local toolmaker would make the required assembly work-stations for $800 each. One work-station would be needed for each assembly worker.

---

* Source: Copyright © Osceola Institute, 1979, with the permission of Professors Robert N. Anthony and James S. Reece.

2. Assembly workers were readily available, on either a full-time or part-time basis, at a wage of $3.75 per hour. Another 20 percent of wages would be necessary for fringe benefits. Collins estimated that on average (including rest breaks), a worker could assemble, test, and pack 15 S-36s per hour.

3. Purchased components for the S-36 would cost $.85 per unit. Shipping materials and delivery costs would cost $.05 per unit.

4. Suitable space was available for assembly operations at a rental of $600 per month.

5. Collins would receive a salary of $2,000 per month.

6. An office manager was required and would cost $900 per month in salary.

7. Miscellaneous costs, including maintenance, supplies, and utilities, will average about $325 per month (all fixed costs).

8. Dexter Electronics would purchase between 400,000 and 525,000 units of S-36 a year, with 450,000 being Dexter's purchasing agent's "best-guess." Collins would have to commit to a price of $1.40 per unit for the next 12 months even though the exact volume would not be known.

Collins showed these estimates to a cost analyst in another electronics firm. This analyst said that the estimates appeared reasonable but the analyst advised buying enough work-stations to enable producing the maximum estimated volume (525,000 units per year) on a one-shift basis (assuming 2,000 labor-hours per assembler per year). Collins thought this was good advice.

Required:

a. What are Collins' expected variable costs per unit? Fixed costs per month? What would be the total costs per year of Collins' business if volume was 400,000 units? 450,000 units? (Limit yourself to cash costs; ignore depreciation of work-station equipment. Also, disregard any interest costs Collins might incur on borrowed funds.)

b. What is the average cost per unit of S-36 at each of these three volumes (400,000, 450,000, and 525,000 units)?

c. Re-answer requirements (a) and (b) assuming that (1) Collins wanted to guarantee each assembly worker 2,000 hours of pay per year; (2) enough workers would be hired to assemble 450,000 units a year; (3) these workers could work overtime at a cost (including fringes) of $6.75 per hour; and (4) no additional fixed costs would be incurred if overtime were needed. (Do not use these assumptions for requirement [d].)

d. Re-answer requirements (a) and (b), now including depreciation as a cost. Assume the work-station equipment has a useful life of six years and no salvage value. Straight-line depreciation will be used.

e. Would you encourage Chris Collins to resign from Dexter Electronics and form the proposed enterprise? Assume Chris would need to invest $70,000 for working capital plus whatever is needed for the assembly work-stations. Support your answer.

Part One

Cost Accounting Systems

1. Cost accounting systems

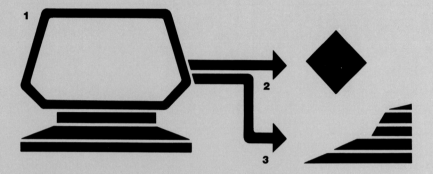

3

Accounting for Cost Flows: Cost Accumulation

OBJECTIVES

To understand the cost accounting system for manufacturing, merchandising, and service organizations.

To see how costs are accumulated in the accounts, and how they are reported in the periodic financial statements.

In this chapter, we provide an overview of cost flows by showing how costs are accumulated in the accounting systems of merchandising, manufacturing, and service organizations. For now, we emphasize a broad perspective and reserve some of the more technical aspects of cost accumulation and allocation for later chapters.

Anyone who uses cost accounting information must understand the system that provides the data. Even people who are not cost accounting experts need to understand how the accounting system works if they are to use the information wisely and help design accounting systems that provide the data they want.

The General Model

The essential purpose of any organization is to transform inputs into outputs. This activity for merchandising, manufacturing, and service organizations is shown in Illustration 3–1. These organizations share many *similarities*. All require labor and capital as inputs, and all transform them into a product for the market.

These organizations also differ from one another in many respects. The *differences* between these organizations are reflected in their accounting systems. A merchandising organization starts with a finished product and markets it. Because inventory is acquired in finished form, its cost is easily ascertained.

The accounting system for a manufacturing organization is more complex because direct materials are first acquired and then converted to finished products. As a result, to assign costs, it is necessary to relate materials, labor, and overhead to specific output. Thus a manufacturer's accounting system focuses on work in process, which is the process of transforming materials into finished goods.

Service organizations are different from manufacturers and merchandisers because they have no inventory of goods (other than supplies). Costs are charged to responsibility centers for performance evaluation. In a public accounting firm, for example, costs are charged to the audit department, the tax department, and so forth. Costs are also charged to jobs. Here is how a breakdown of professional service costs might look:

	Department	
Job	Audit	Tax
Mary Jones, tax return		$ 84
Dunkin Dozens, tax return and audit	$1,347	262
Gonzalez Manufacturing, Inc., audit	8,179	

This assignment of costs to jobs and departments helps managers control costs. It also facilitates performance evaluation. The manager of each department is held responsible for the costs of the department; the manager of each job is held responsible for the cost of that job.

Of the three kinds of operations, manufacturers require the most complex

Illustration 3–1   **Transformation of Inputs to Outputs**

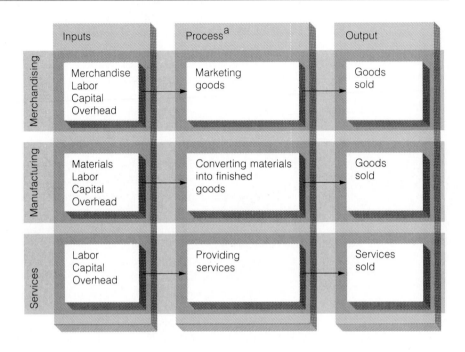

^a The process refers to the major activity of the organization. Manufacturing and service organizations have marketing activities in addition to their major production activities.

and comprehensive cost accounting system. All three need cost information for decision making and performance evaluation. But, in addition, manufacturers need product costing for inventory valuation and to measure cost of goods sold reported on external financial statements. Most also have service and merchandising activities whose costs must also be recorded.

Due to the complexity and comprehensiveness of manufacturing, we devote considerable attention to manufacturing problems in this text. Most of the concepts that we develop in a manufacturing context, however, can also be applied to merchandising and service operations.

Merchandising Organizations

The flow of costs through the accounts in a merchandising operation is shown in Illustration 3–2. The top portion of the illustration deals with the purchase and sale of merchandise inventory. The Merchandise Inventory account shows the costs for which buyers are responsible. The cost of the units sold during the period is transferred to Cost of Goods Sold. The product cost in merchandising is simply the *acquisition cost plus* transportation-in costs (also called *freight-in*). This is not to minimize the difficulty of valuing inventory for financial reporting. Assumptions about inventory flow (for example, first-in, first-out [FIFO] versus last-in, first-out [LIFO]) and valuation decisions (for example, current cost versus historical cost) are needed. We merely point out that, all

Illustration 3-2   **Flow of Costs: Merchandising**

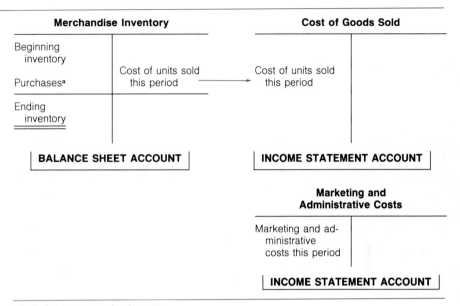

ᵃ Includes transportation-in costs.

other things equal, valuing inventory is less complicated in merchandising than in manufacturing.

The Marketing and Administrative Costs account in the lower portion of Illustration 3–2 shows all the costs required to run the company and sell the merchandise. These costs can be thought of as the *value added* in merchandising. A merchandising company adds value by acquiring products and distributing them to buyers in an efficient manner. Marketing and administrative costs are not added to the value of inventory, however. Some marketing and administrative costs are capitalized when incurred and expensed as depreciation (examples include buildings, display equipment, and other long-term assets). But most marketing and administrative costs are expensed for financial and tax-accounting purposes because they do not generate measurable tangible benefits for future periods.

The following example shows how costs would flow through the accounts in a merchandising operation. The journal and T-account entries present a standard model for accumulating costs in merchandising.

The Denim Shop sells one product: denim slacks. In April, The Denim Shop purchased 2,000 pairs of slacks at $9 each and sold 1,200 for $20 each. Transportation-in costs were $1 per pair. The Denim Shop had 100 pairs on hand on April 1 that had cost $7 per pair plus transportation-in of $1 per pair. No other merchandise was bought or sold during the month. The merchandise was sold on a FIFO basis. Marketing and administrative costs were $5,000. All transactions were on account.

The following entries were made to record these transactions:

(1)	Merchandise Inventory	18,000	
	Accounts Payable		18,000
	To record the purchase of 2,000 pairs of slacks at $9 per pair.		

(2)	Merchandise Inventory	2,000	
	Accounts Payable		2,000
	To record transportation-in of $1 per pair for 2,000 pairs of slacks.		
(3a)	Accounts Receivable	24,000	
	Sales Revenue		24,000
	To record the sales of 1,200 pairs of slacks at $20 per pair.		
(3b)	Cost of Goods Sold	11,800	
	Merchandise Inventory		11,800
	To record the cost of goods sold of 100 pairs of slacks from beginning inventory at $8 per pair (merchandise cost of $7 plus transportation-in of $1) and 1,100 pairs from current month purchases at $10 per pair (merchandise cost of $9 plus transportation-in of $1).		
(4)	Marketing and Administrative Costs	5,000	
	Accounts Payable		5,000
	To record marketing and administrative costs for April.		

The flow of costs is shown in Illustration 3–3 and the income statement in Illustration 3–4. The numbers in parentheses in Illustration 3–3 correspond to the numbers of the journal entries above.

In merchandising, performance evaluation and cost control are based on revenues and costs, which are usually accounted for by product line and department. For example, in a retail department store, costs are accumulated and reported for each major product line and department—sportswear, housewares, furniture, and so forth. Therefore, accounts like those in Illustration 3–3 would be provided for each department in a merchandising company.

Illustration 3–3   **Merchandise Cost Flow**

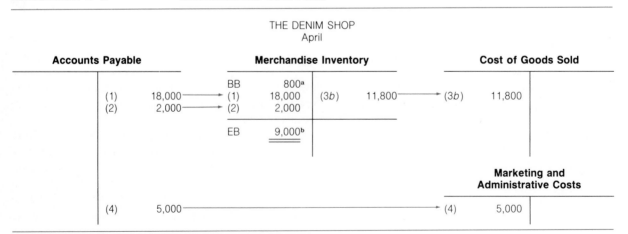

Note: BB = Beginning balance, and EB = Ending balance.
[a] Beginning inventory consists of 100 units at $8 ($7 purchase price plus $1 transportation-in).
[b] Ending inventory consists of 900 units at $10 each.
   The 900 units is equal to the 100 units in beginning inventory plus the 2,000 units purchased and less the 1,200 units sold.
   The $10 price per unit is the $9 purchase price plus $1 transportation-in.

Illustration 3–4

THE DENIM SHOP
Income Statement
For the Month Ended April 30

Sales revenue	$24,000
Cost of goods sold	11,800
Gross margin	12,200
Marketing and administrative costs	5,000
Operating profit	$ 7,200

Cost of Goods Sold Statement
For the Month Ended April 30

Beginning merchandise inventory		$ 800
Cost of goods purchased:		
Merchandise cost	18,000	
Transportation-in	2,000	
Cost of goods available for sale		20,800
Less cost of goods in ending inventory		9,000
Cost of goods sold		$11,800

Manufacturing Organizations

The flow of costs in the transformation of direct materials into finished goods is shown in Illustration 3–5. The focal point is the Work in Process Inventory account. This account both *describes* the transformation of inputs into outputs and *accounts* for the costs incurred in the process. Manufacturing costs are *accumulated* in the left (debit) side of the Work in Process Inventory account. (This is referred to as cost accumulation.) When units are completed, their costs are credited to Work in Process Inventory and debited to Finished Goods Inventory.

When a unit passes through Work in Process Inventory, it is charged with the costs of manufacturing it: direct materials, direct labor, and manufacturing overhead. The total cost of manufacturing the unit is its inventory value under *full-absorption costing*, which is the method we use in this chapter. (Recall from Chapter 2 that an alternative method—*variable costing*—*excludes fixed manufacturing costs* in valuing inventory. We discuss the variable costing method in Chapter 9 and following chapters; for now, we use full-absorption costing.)

When the unit is sold, this cost is expensed against revenue as cost of goods sold for financial and tax-accounting purposes. These costs are also often used as input to product pricing, in contracts that call for cost-plus reimbursement, for long-range planning, in contracts based on prices, and in regulated industries where an organization's revenue is based on costs.

Costing for Performance Evaluation. Most companies have a separate Work in Process Inventory account for each department (for example, the assembly department, the finishing department) and for each product line. Department managers are held responsible for the costs incurred in their departments. The information also can aid department managers in their efforts to control costs.

We often hear about value added or conversion costs in manufacturing. Those

Illustration 3–5
Flow of Costs: Manufacturing

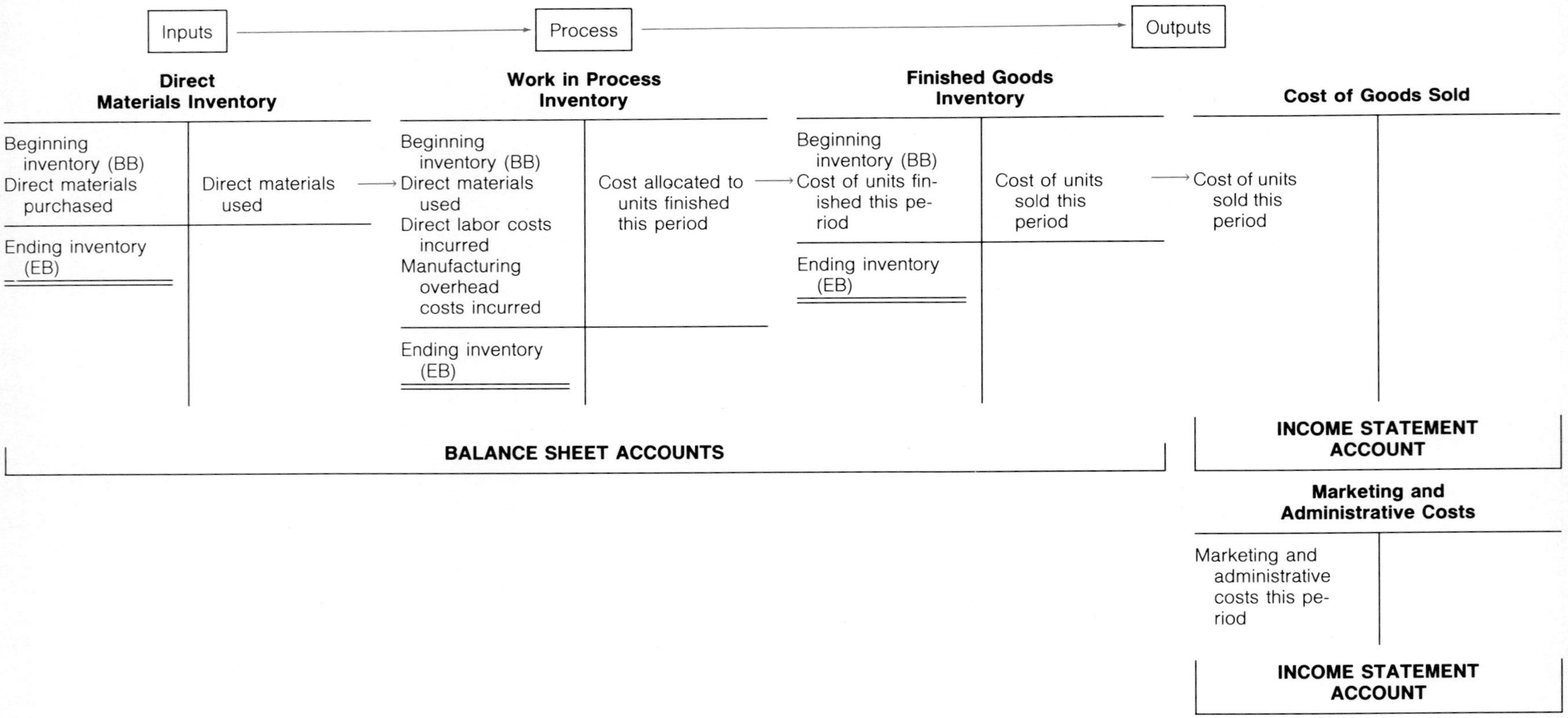

Direct Materials Inventory		Work in Process Inventory		Finished Goods Inventory		Cost of Goods Sold
Beginning inventory (BB) Direct materials purchased	→ Direct materials used	Beginning inventory (BB) Direct materials used Direct labor costs incurred Manufacturing overhead costs incurred	→ Cost allocated to units finished this period	Beginning inventory (BB) → Cost of units finished this period	Cost of units sold this period →	Cost of units sold this period
Ending inventory (EB)		Ending inventory (EB)		Ending inventory (EB)		

Inputs → Process → Outputs

BALANCE SHEET ACCOUNTS

INCOME STATEMENT ACCOUNT

Marketing and Administrative Costs

Marketing and administrative costs this period

INCOME STATEMENT ACCOUNT

are the direct labor and manufacturing overhead costs required *to convert* materials into finished goods. Companies often have little direct control over prices paid for direct materials or prices received for finished goods, particularly if they operate in purely competitive markets. A key factor for the success of such companies is how well they can control their conversion costs—direct labor and manufacturing overhead. Thus, companies monitor those costs closely in Work in Process Inventory.

The Direct Materials Inventory account is also useful for cost accountability. The purchasing department is responsible for obtaining materials at a good price. A comparison of the actual cost of materials purchased (shown on the left/debit side of Direct Materials Inventory) with budgeted costs provides a measure of the purchasing department's performance in purchasing materials at a good price.

In short, accounting for costs in Work in Process Inventory is very important for manufacturing companies. The costs data collected in that process can provide important information for many management purposes, and it is absolutely necessary for financial accounting. In the next section, we illustrate the process of product costing in manufacturing by showing a comprehensive example of costs flows through the accounts.

Accounting for the Flow of Costs in a Manufacturing Company

Nevada Instruments makes one product—a sophisticated calculator. On May 1, there were no beginning inventories of direct materials, work in process, or finished goods. During May, 10,000 units were manufactured and sold. Here is how the costs of manufacturing and selling those units are recorded:

Units produced	10,000
Units sold	10,000
Manufacturing costs:	
Direct materials purchased and used	$120,000
Direct labor	80,000
Manufacturing overhead	240,000
Total manufacturing costs	$440,000
Marketing and administrative costs	$100,000
Sales revenue (10,000 units at $80)	800,000

We assume for this example that all costs and revenues are on account.

To illustrate the flow of costs through departments, assume Nevada Instruments has the following two manufacturing departments:

Department	Responsibility
Work in process—Assembly	To assemble calculators from direct materials
Work in process—Finishing	To inspect and package calculators

Illustration 3-6
Manufacturing Cost Flows

NEVADA INSTRUMENTS
May

Direct Materials Inventory

| (1) | 120,000 | (2) | 120,000 → |

Work in Process Inventory—Assembly

(2)	120,000	(6)	376,000 →
(3)	64,000		
(5)	192,000		

Work in Process Inventory—Finished

(6)	376,000	(7)	440,000 →
(3)	16,000		
(5)	48,000		

Finished Goods Inventory

| (7) | 440,000 | (8b) | 440,000 → |

Cost of Goods Sold

| (8b) | 440,000 | | |

Wages and Accounts Payable

		(1)	120,000
		(3)	80,000
		(4)	240,000
		(9)	100,000

Manufacturing Overhead

| (4) | 240,000 | (5) | 240,000 |

Marketing and Administrative Costs

| (9) | 100,000 | | |

Accounts Receivable

| (8a) | 800,000 | | |

Sales Revenue

| | | (8a) | 800,000 |

BALANCE SHEET ACCOUNTS

INCOME STATEMENT ACCOUNTS

Note: Numbers in parentheses are journal entries in the text. Arrows show the flow of product from direct materials to cost of goods sold.

In addition, service departments such as purchasing, warehousing, and maintenance support manufacturing. The costs of operating these service departments are included in manufacturing overhead.

The manufacturing costs that were charged to the two departments are as follows:

	Assembly	Finishing	Source Documents
Direct materials	$120,000	–0–	Materials requisition request
Direct labor costs	64,000	$16,000	Assignment of time between departments on timecards
Manufacturing overhead	192,000	48,000	Many sources, including invoices and timecards.
Totals	$376,000	$64,000	

The following journal entries describe Nevada Instruments' flow of costs for May. These entries correspond to the T-accounts in Illustration 3–6. Tracing the entries through the T-accounts will help you visualize the flow of resources through the company. Each entry summarizes the transactions for the month. (In practice, weekly or even daily entries would be made.)

(1) Direct Materials Inventory 120,000

      Accounts Payable 120,000

    To record the purchase of direct materials. This entry is made as materials are purchased.

(2) Work in Process Inventory—Assembly 120,000

      Direct Materials Inventory 120,000

    To record the requisition of direct materials for the production of 10,000 calculators. This entry is made when materials are sent to manufacturing.

(3) Work in Process—Assembly 64,000

    Work in Process—Finishing 16,000

      Wages Payable (or Accrued Factory Payroll) 80,000

    To record costs of direct labor work in each manufacturing department. This entry is made when the payroll is computed—usually weekly.

(4) Manufacturing Overhead 240,000

      Accounts Payable 240,000

    To record manufacturing overhead costs. These costs are recorded as costs are incurred.

(5) Work in Process Inventory—Assembly 192,000

    Work in Process Inventory—Finishing 48,000

      Manufacturing Overhead 240,000

    To assign manufacturing overhead to each manufacturing department. This assignment is based on the actual costs incurred during the period. It usually takes place after all costs for the period have been recorded. (It is possible for entry (4) and entry (5) to be combined if the overhead costs are assigned to each manufacturing department when the costs are incurred.)

(6)	Work in Process—Finishing	376,000	
	Work in Process—Assembly		376,000

To record the transfer of assembled units to the finishing department when units are transferred.

(7)	Finished Goods Inventory	440,000	
	Work in Process Inventory—Finishing		440,000

To record the transfer of finished units to the finished goods storage area. ($376,000 costs incurred in assembly and $64,000 added in finishing.)

(8a)	Accounts Receivable	800,000	
	Sales Revenue		800,000

To record the sale of goods.

(8b)	Cost of Goods Sold	440,000	
	Finished Goods Inventory		440,000

To record the cost of 10,000 calculators sold during the month.

(9)	Marketing and Administrative Costs	100,000	
	Accounts Payable		100,000

To record marketing and administrative costs when incurred.

These entries describe the flow of costs from the acquisition of inputs through the sale of calculators. They represent the basic model of accounting for resource flows in manufacturing companies. To complete the operating cycle, we show the closing entry below.

Sales Revenue	800,000	
Cost of Goods Sold		440,000
Marketing and Administrative Costs		100,000
Retained Earnings		260,000

To close income statement accounts to Retained Earnings.

The income statement for May is shown in Illustration 3–7.

Cost Flows with Inventory Balances.   In the previous example, the total manufacturing costs are also the cost of goods sold because there are no beginning

Illustration 3–7

NEVADA INSTRUMENTS
Income Statement
For the Month Ended May 31

Sales revenue	$800,000
Cost of goods sold[a]	440,000
Gross margin	360,000
Marketing and administrative costs	100,000
Operating profit	$260,000

[a] As there were no beginning and ending inventories, the cost of goods sold is simply the sum of direct materials, direct labor, and manufacturing overhead costs for the month.

or ending balances in the inventory accounts. In most situations, however, there are inventory balances. The relationship between manufacturing costs incurred and the cost of goods sold can be found from the following **basic inventory formula** (also called the *basic accounting formula*):

$$\underset{\text{(BB)}}{\underset{\text{balance}}{\text{Beginning}}} + \underset{\text{(TI)}}{\underset{\text{in}}{\text{Transfers-}}} = \underset{\text{(TO)}}{\underset{\text{out}}{\text{Transfers-}}} + \underset{\text{(EB)}}{\underset{\text{balance}}{\text{Ending}}}$$

Rearranging terms slightly, we have:

$$BB + TI - EB = TO,$$

which is the basis for the flow of costs in the Work in Process Inventory and Finished Goods Inventory accounts, as shown below:

Work in Process Inventory Account	Finished Goods Inventory Account	
BB		Beginning **work in process inventory**
+		plus
TI		**Manufacturing costs** incurred during the period
−		minus
EB		Ending **work in process inventory**
=		equals
TO	TI	**Cost of goods manufactured** during the period
	+	plus
	BB	Beginning **finished goods inventory**
	−	minus
	EB	Ending **finished goods inventory**
	=	equals
	TO	**Cost of goods** sold during the period

The following example demonstrates the flow of costs when there are inventory balances.

Assume the following facts apply to Nevada Instruments for July when the company manufactured 10,000 calculators and sold 9,000.

Production:	
Units produced	10,000
Direct materials purchased	$135,000
Direct materials used	125,000
Direct labor used:	
Assembly department	64,000
Finishing department	16,000
Manufacturing overhead:	
Assembly department	192,000
Finishing department	48,000

Inventories:	
Beginning direct materials	$ 10,000
Ending direct materials	20,000
Beginning work in process (all in assembly)	15,000
Ending work in process (all in assembly)	20,000
Beginning finished goods	30,000
Ending finished goods	52,000
Marketing and administrative costs	100,000
Sales:	
Units sold	9,000
Sales revenue ($80 per calculator)	$720,000

As in the previous example, we assume that all transactions were on account.

The flow of costs is shown in Illustration 3–8. (A good self-study technique is to make journal entries and demonstrate the flow of costs through T-accounts based on the above facts; then look at Illustration 3–8 to check your work.) Although some of the July amounts differ from those for May in the previous example, the basic structure of the entries is the same.

Illustration 3–9 presents Nevada Instruments' income statement for July and a cost of goods manufactured and sold statement with beginning and ending inventories.

Real World Application

The Value of Cost Accounting

Sometimes it takes a crisis for managers to realize a company has been badly managed. For Harold Lindsay, president of Lindsay Enterprises, it was the loss of an account that had made up 80 percent of its sales.

"Mr. Lindsay is a clever designer with more than 100 patents for cutting-tool designs. . . . But having precise accounting systems to run the business by the numbers was alien to Harold Lindsay. The company lost thousands of dollars over the years through poor purchasing practices and inadequate cost accounting."*

Without an adequate cost system, the company did not know how much certain products were costing. In manufacturing, some jobs were priced assuming manufacturing costs were $X, but the actual costs turned out to be nearly $2X, double what was assumed.

Before the crisis, the company's controller had little leverage to upgrade the cost systems because the company was profitable and had no customer or supply problems. But faced with the threat of going under, the managers encouraged the controller to set up a new system. The controller set up a system to accumulate costs for three departments: manufacturing, distribution, and forest products. This new system disclosed that manufacturing was losing money.

"But after cutting overhead and raising prices, it has become the most profitable division, earning more than $70,000 before taxes on about $640,000 of sales in the first eight months of the year." If he had had the new cost accounting and purchasing systems all along, Mr. Lindsay says, "I could have been a wealthy man."†

* "This Small Company Is Run Better Because It Nearly Went Under," *The Wall Street Journal,* September 30, 1985, p. 23.
† Ibid.

Illustration 3-8
Flow of Costs When There Are Inventory Balances

NEVADA INSTRUMENTS
July

BALANCE SHEET ACCOUNTS

Direct Materials Inventory

BB	10,000		
(1)	135,000	(2)	125,000 →
EB	20,000		

Work in Process Inventory—Assembly

BB	15,000		
(2)	125,000		
(3)	64,000		
(5)	192,000	(6)	376,000 →
EB	20,000		

Work in Process Inventory—Finishing

BB	–0–		
(6)	376,000		
(3)	16,000		
(5)	48,000	(7)	440,000 →
EB	–0–		

Finished Goods Inventory

BB	30,000		
(7)	440,000	(8b)	418,000 →
EB	52,000		

Manufacturing Overhead

(4)	240,000	(5)	240,000

Wages and Accounts Payable

(1)	135,000
(3)	80,000
(4)	240,000
(9)	100,000

Accounts Receivable

(8a)	720,000

INCOME STATEMENT ACCOUNTS

Cost of Goods Sold

(8b)	418,000

Marketing and Administrative Costs

(9)	100,000

Sales Revenue

	(8a) 720,000

Illustration 3–9

NEVADA INSTRUMENTS
Income Statement
For the Month Ended July 31

Sales revenue	$720,000
Cost of goods sold (see statement below)	418,000
Gross margin	302,000
Marketing and administrative costs	100,000
Operating profit	$202,000

Cost of Goods Manufactured and Sold
For the Month Ended July 31 Statement

Beginning work in process inventory, July 1			$ 15,000
Manufacturing costs during the month:			
Direct materials:			
Beginning inventory, July 1	$ 10,000		
Add purchases	135,000		
Direct materials available	145,000		
Less ending inventory, July 31	20,000		
Direct materials put into process		$125,000	
Direct labor		80,000	
Manufacturing overhead		240,000	
Total manufacturing costs incurred during the month			445,000
Total costs of work in process during the month			460,000
Less ending work in process inventory, July 31			20,000
Costs of goods manufactured during the month			440,000
Beginning finished goods inventory, July 1			30,000
Finished goods inventory available for sale			470,000
Less ending finished goods inventory, July 31			52,000
Cost of goods manufactured and sold			$418,000

If you compare Illustration 3–6 with 3–8 or Illustration 3–7 with 3–9, you will notice that the total manufacturing costs do not equal the cost of goods sold when some goods remain in inventory. Also, the cost of direct materials purchased does not equal the cost of direct materials used because some materials purchased remained in inventory.

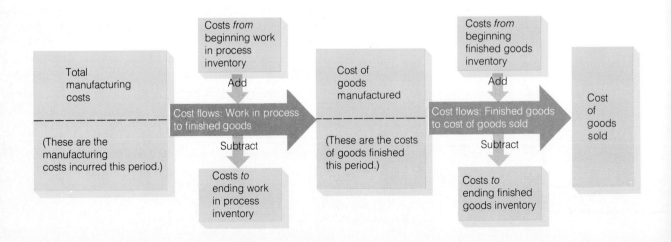

It is easy to confuse *total manufacturing costs* with *cost of goods manufactured.* Think of *cost of goods manufactured* as *cost of goods finished.* This is the cost of goods completed and transferred to the finished goods storage area. These goods could have been *started* either in a previous period or in the current period; the important point is that they are *finished* in the current period. *Total manufacturing costs* are manufacturing costs incurred in the current period, without regard to when the goods are completed.

Managers of manufacturing departments are held accountable for costs incurred in their departments during the period. These are the manufacturing costs debited to Work in Process Inventory during the accounting period. Cost of goods sold reflects current period costs together with an adjustment for changes in inventory levels. If inventories increase, then some current period costs are deferred until that inventory is sold. If inventories decrease, cost of goods sold includes not only current period costs but the past costs related to the units sold from inventory. So for evaluating the performance of manufacturing managers, we do not look at cost of goods sold to assign responsibility for costs; we look at manufacturing costs charged to manufacturing departments.

Overview. We have presented an overview of cost flows in manufacturing organizations in this section. The analysis presented here is the foundation of much of our work in subsequent chapters. In later chapters, for example, we build on the cost flow entries and T-accounts presented here for manufacturing companies. It is important to understand the cost flow analysis presented here before proceeding to subsequent chapters. We recommend that you periodically refer to this overview as you work through subsequent chapters. This review will keep you in touch with the "big picture" when we develop the cost flow analysis in more detail.

Perpetual and Periodic Inventories

Inventories must be kept in every kind of organization. The **perpetual inventory** method requires an ongoing record of transfers-in and transfers-out. For example, in a factory, records are kept of all direct materials requisitioned and transferred to production departments. In a supermarket, specific goods and quantities are recorded for each sale. In a perpetual inventory system, an ongoing record of credits is made to the inventory account.

The **periodic** (or *physical*) **inventory** technique does not require an ongoing record of inventory transfers-out. Instead, the total transfers-out are derived from knowledge of beginning and ending inventories and transfers-in. Hence, any time management needs to know the cost of goods sold, a physical inventory must be taken.

For example, consider the sale of Brand XX tennis racquets at Martha's Sport Shop in March. Beginning inventory was 10 racquets, ending inventory was 15 racquets, and 40 racquets were purchased by the store. The racquets are valued at $10 each.

From the accounting equation,

$$BB + TI = TO + EB$$

we solve for the unknown cost of goods sold, or TO,

$$TO = BB + TI - EB$$

Beginning inventory (10 racquets at $10)	$100
Ending inventory (15 racquets at $10)	150
Purchases (40 racquets at $10)	400

$$TO = \$100 + \$400 - \$150$$
$$TO = \$350$$

A perpetual inventory provides more data than a periodic inventory. For example, with a perpetual system, up-to-date inventory balances and cost of goods sold are always available. But with a periodic system, these data are only available after making a physical inventory count. Perpetual inventory is useful for control purposes, too, because the clerical record of transfers-out can be compared with a physical count to check for theft, spoilage, and other problems. However, the perpetual method requires more expensive data mainte- nance systems. After weighing the costs and benefits of the perpetual method, most organizations use it for larger, more valuable inventories. Periodically— say, every six months—they may take a physical inventory to check for shortages, theft, and clerical accuracy and to satisfy internal or external auditors. They use the periodic method for such things as office supplies and small merchandise.

Service Organizations

Service organizations do not have input materials like manufacturers or merchan- dise inventory like merchandisers. Thus, service businesses, unlike manufacturers and merchandisers, do not need to account for inventories of finished goods.

However, most service organizations maintain a Work in Process Inventory account for internal use. Entered in this account is the cost of services performed for a customer but not yet billed. Labor and overhead are accumulated for each job, or "unit," much as they would be in a manufacturing company.

The flow of costs in service organizations is similar to the flow in manufactur- ing, as shown in Illustration 3–10. Input costs include the labor and overhead that are part of the service provided. Costs are usually collected by departments for performance evaluation purposes. In public accounting, consulting, and simi- lar service organizations, costs are then charged to jobs or clients. As in manufac- turing job shops, costs are collected by job for performance evaluation, to provide information for cost control, and to compare actual costs with past estimated costs for pricing of future jobs.

Illustration 3–10   **Flow of Costs—Service Organization**

Labor		Revenues	
Labor cost of ser- vices performed			Revenue from ser- vices performed

Marketing and Administrative Costs	
Period costs	

For example, consider the cost flows of a public accounting firm, Arthur Ross & Company. For the month of September, Arthur Ross & Company worked 200 hours for Client A and 700 hours for Client B. Ross bills clients at the rate of $80 per hour, while the labor cost for its audit staff is $30 per hour. The total number of hours worked in September was 1,000 (100 hours were not billable to clients), and overhead costs were $10,000. (Examples of unbillable hours are hours spent in professional training and meetings unrelated to particular clients.) Overhead is assigned to clients based proportionally on direct labor-hours; so Client A is assigned $2,000, Client B is assigned $7,000, and $1,000 remains unassigned. In addition, Arthur Ross & Company had $5,000 in marketing and administrative costs. All transactions are on account. Entries to record these transactions would be as follows.

(1)	Direct Labor—Client A		6,000	
	Direct Labor—Client B		21,000	
	Direct Labor—Unbillable		3,000	
	Wages Payable			30,000

To record labor costs for September and to assign direct labor costs to Client A (200 hours @ $30 = $6,000), Client B (700 hours @ $30 = $21,000), and unbilled (100 hours @ $30 = $3,000).

(2)	Unassigned Overhead		10,000	
	Accounts Payable			10,000

To record or accumulate overhead before it is assigned to clients.

(3)	Overhead—Client A		2,000	
	Overhead—Client B		7,000	
	Unassigned Overhead			9,000

To assign overhead costs for September to clients (that is, jobs).

(4)	Marketing and Administrative Costs		5,000	
	Accounts Payable			5,000

To record marketing and administrative costs for September.

(5)	Accounts Receivable		72,000	
	Revenue—Client A			16,000
	Revenue—Client B			56,000

To record billings for services in September to Client A (200 hours @ $80 = $16,000) and to Client B (700 hours @ $80 = $56,000).

Illustration 3–11 demonstrates cost flows through the T-accounts. The September income statement is presented in Illustration 3–12.

Summary

In this chapter, we discussed methods of recording and reporting cost flows in merchandising, manufacturing, and service organizations. The business of every organization is to transform inputs into outputs. Part of the accounting function for both external and internal purposes is to trace the flow of resources and account for them.

In *merchandising,* product costs are the purchase price of the merchandise plus the direct costs of obtaining it (for example, transportation-in costs) and

Illustration 3–11   **Service Cost Flow**

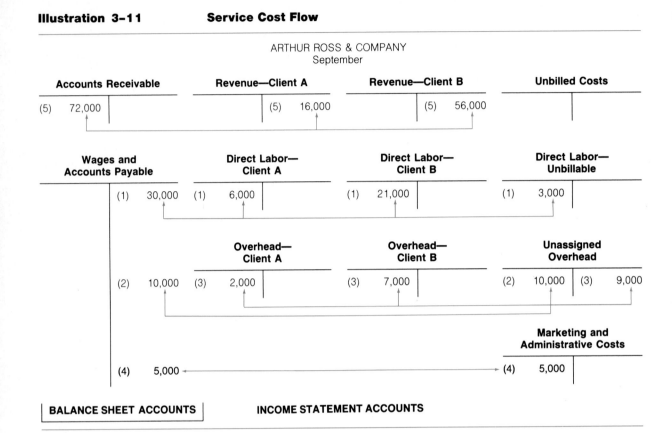

ARTHUR ROSS & COMPANY
September

Accounts Receivable	Revenue—Client A	Revenue—Client B	Unbilled Costs
(5) 72,000	(5) 16,000	(5) 56,000	

Wages and Accounts Payable	Direct Labor—Client A	Direct Labor—Client B	Direct Labor—Unbillable
	(1) 6,000	(1) 21,000	(1) 3,000
(1) 30,000			

	Overhead—Client A	Overhead—Client B	Unassigned Overhead
(2) 10,000	(3) 2,000	(3) 7,000	(2) 10,000 (3) 9,000

Marketing and Administrative Costs

(4) 5,000		(4) 5,000

BALANCE SHEET ACCOUNTS	INCOME STATEMENT ACCOUNTS

making it ready for sale. This amount is used to value inventory for financial accounting and for decision making. For performance evaluation, costs are assigned to merchandising responsibility centers (for example, sporting goods, shoes, housewares).

In *manufacturing,* costs of inputs are accumulated in manufacturing (work in process) departments as production occurs. These departments are the basic responsibility centers in manufacturing, so the costs collected in those departments provide important information for performance evaluation and cost control. The information is also needed for full product costing. Thus, work in process inventory accounts are the focal point of accounting in manufacturing organizations.

There are two methods of accounting for inventories: perpetual and periodic. The perpetual method requires an ongoing record of transfers-out and inventory balances. The periodic method requires only a periodic (often monthly) count and valuation of inventory.

The costing systems of service organizations are similar to those of manufacturing with one important difference—there are usually no inventories of finished products. Like manufacturing, there are labor and overhead inputs. Many costing methods for manufacturing can be applied to service organizations if direct materials are omitted.

Illustration 3–12   /

ARTHUR ROSS & COMPANY
Income Statement
For the Month Ended September 30

Revenue from service for clients		$72,000
Less costs of services to clients:		
Labor	$27,000	
Overhead	9,000	
Total costs of services to clients		36,000
Gross margin		36,000
Less other costs:		
Labor	3,000	
Overhead	1,000	
Marketing and administrative costs	5,000	
Total other costs		9,000
Operating profit		$27,000

Terms and Concepts

The following terms and concepts should be familiar to you after reading this chapter:

Basic Inventory Formula	**Merchandising Organization**
Conversion Costs	**Periodic Inventory**
Cost Accumulation	**Perpetual Inventory**
Manufacturing Organization	**Service Organization**
Merchandise Inventory	**Transportation-in Costs**

Self-Study Problem

On January 1 of a current year, Blazer Building Products has a beginning inventory of direct materials of $80,000. Work in process inventory at the start of the period amounts to $32,000, and finished goods inventory equals $75,000. The balance in cost of goods sold is zero. T-accounts showing these balances appear as follows:

Direct Materials Inventory		Work in Process Inventory	
80,000		32,000	

Finished Goods Inventory		Cost of Goods Sold	
75,000			

During the year, $22,000 of direct materials are purchased and $18,000 are transferred to the production area of the plant.

Direct labor costs of $17,500 are incurred, and $30,000 of overhead is incurred. All of the overhead costs are on account. Goods with a cost of $81,000 are completed and transferred to the finished goods warehouse. Additionally, goods costing $92,000 are sold at a price of $170,000. Marketing and administrative costs of $73,000 are incurred.

Required:

   a.   Prepare journal entries to show these events.

   b.   Prepare T-accounts to show the flow of costs.

   c.   Prepare an income statement and cost of goods manufactured and sold statement.

Solution to Self-Study Problem

   a.   In journal entry form, these events are recorded as follows:

(1) Direct Materials Inventory	22,000	
Accounts Payable		22,000
To record the purchase of materials.		
(2) Work in Process Inventory	18,000	
Direct Materials Inventory		18,000
To record the transfer of materials to the production area.		
(3) Work in Process Inventory	17,500	
Wages Payable (or Accrued Factory Payroll)		17,500
To record the distribution of payroll costs of direct labor.		
(4) Manufacturing Overhead	30,000	
Accounts Payable		30,000
To record manufacturing overhead costs incurred.		
(5) Work in Process Inventory	30,000	
Manufacturing Overhead		30,000
To assign manufacturing overhead to work in process inventory.		
(6) Finished Goods Inventory	81,000	
Work in Process Inventory		81,000
To transfer the costs of goods completed to finished goods inventory.		
(7) Cost of Goods Sold	92,000	
Finished Goods Inventory		92,000
To recognize as a period cost the costs of the goods sold during the period.		
(8) Marketing and Administrative Costs	73,000	
Accounts Payable		73,000
To record marketing and administrative costs incurred during the period.		
(9) Accounts Receivable	170,000	
Sales Revenue		170,000
To record sales on account.		

b. T-accounts to show the flow of costs:

Direct Materials Inventory

BB	80,000		
(1)	22,000	(2)	18,000
EB	84,000		

Work in Process Inventory

BB	32,000		
(2)	18,000		
(3)	17,500		
(5)	30,000	(6)	81,000
EB	16,500		

Finished Goods Inventory

BB	75,000		
(6)	81,000	(7)	92,000
EB	64,000		

Cost of Goods Sold

(7)	92,000		

Wages and Accounts Payable

	(1)	22,000
	(3)	17,500
	(4)	30,000
	(8)	73,000

Manufacturing Overhead

(4)	30,000	(5)	30,000

Marketing and Administrative Costs

(8)	73,000		

Accounts Receivable

(9)	170,000		

Sales Revenue

		(9)	170,000

c. Statements:

BLAZER BUILDING PRODUCTS
Income Statement
For the Year Ended December 31

Sales revenue	$170,000
Cost of goods sold (see statement below)	92,000
Gross margin	78,000
Marketing and administrative costs	73,000
Operating profit	$ 5,000

BLAZER BUILDING PRODUCTS
Cost of Goods Manufactured and Sold Statement
For the Year Ended December 31

Beginning work in process inventory, January 1		$ 32,000
Manufacturing costs during the year:		
Direct materials:		
Beginning inventory, January 1	$ 80,000	
Add purchases	22,000	
Direct materials available	102,000	
Less ending inventory, December 31	84,000[a]	
Direct materials put into process	$18,000	
Direct labor	17,500	
Manufacturing overhead	30,000	
Total manufacturing costs incurred during year		65,500
Total costs of work in process during year		97,500
Less ending work in process inventory, December 31		16,500[b]
Cost of goods manufactured during the year		81,000
Beginning finished goods inventory, January 1		75,000
Finished goods inventory available for sale		156,000
Less ending finished goods inventory, December 31		64,000[c]
Cost of goods manufactured and sold		$ 92,000

[a] $84,000 = $102,000 − $18,000.
[b] $16,500 = $97,500 − $81,000.
[c] $64,000 = $156,000 − $92,000.

Questions

3–1. Differentiate between the processes used in a manufacturing operation and the processes used in a merchandising operation.

3–2. Why are there no inventories in a service organization?

3–3. Describe the three primary inventory accounts used by a manufacturer.

3–4. A merchandiser comments, "I perform services that add to the value of the products that I sell. My marketing staff facilitates economic efficiency by purchasing the right product, informing the consuming public of its availability, and distributing it in an efficient manner. Why shouldn't I be allowed to include my marketing and administrative costs as part of the book value of my inventory?" Reply to this comment.

3–5. What do we mean when we say, "After a unit has passed through Work in Process Inventory it has been charged with the 'full costs' of manufacturing"?

3–6. For what purposes would full-absorption cost data be used?

3–7. Why is the Work in Process Inventory account often considered the heart of the cost accounting system?

3–8. For each of the following accounts, indicate whether a balance in the account would appear on the balance sheet or on the income statement:

Marketing Costs	Manufacturing Overhead
Direct Materials Inventory	Cost of Goods Sold
Accounts Receivable	Accumulated Depreciation
Work in Process Inventory	Sales Revenue
Finished Goods Inventory	

3–9. For each of the following accounts indicate whether the account would be on the books of a service company, merchandiser, or manufacturer. Some accounts may appear on more than one organization type's books. Use "M" for a manufacturer, "R" for a merchandiser, and "S" for a service organization.

Cost of Goods Sold	Merchandise Inventory
Work in Process Inventory	Marketing Costs
Client Receivables	Finished Goods Inventory
Accounts Payable	

3–10. What is the basic inventory formula? Explain each term and how the formula works.

Exercises

3–11. Flow of Costs for Merchandiser—Prepare Journal Entries

High Plains Sales Corporation experienced the following events during the current year:

1. Incurred marketing costs of $197,000.

2. Purchased $971,000 of merchandise.

3. Paid $26,000 for transportation-in costs.

4. Incurred $400,000 of administrative costs.

5. Took a periodic inventory on December 31 and learned that goods with a cost of $297,000 were on hand. This compared with a beginning inventory of $314,000 on January 1.

6. Sales revenue during the year was $1,850,000.

All costs incurred were debited to the appropriate account and credited to Accounts Payable. All sales were on credit.

Required:

Prepare journal entries to reflect these events.

3–12. Flow of Costs for a Merchandiser—Prepare T-accounts

Refer to the data on the High Plains Sales Corporation in exercise 3–11. Prepare T-accounts to show these events.

3–13. Prepare Income Statement for a Merchandiser

Refer to the data on the High Plains Sales Corporation in exercise 3–11. Prepare an income statement based on these data.

3–14. Flow of Manufacturing Costs—Prepare Journal Entries

The following events took place at the Barton Manufacturing Corporation for the current year:

1. Purchased $80,000 in direct materials.

2. Incurred labor costs as follows:
   a. Direct labor, $42,000.
   b. Supervisory labor, $11,500 (part of manufacturing overhead).

3. Purchased manufacturing equipment for $67,200.

4. Other manufacturing overhead was $80,500, excluding supervisory labor.

5. Transferred 70 percent of the materials purchased to work in process.

6. Completed work on 60 percent of the goods in process. Costs are assigned equally across all work in process.

7. Sold 90 percent of the completed goods.

There were no beginning balances in the inventory accounts. All costs incurred were debited to the appropriate account and credited to Accounts Payable.

Required:

Prepare journal entries to reflect these events.

3–15. Flow of Manufacturing Costs—Prepare T-accounts

Refer to the data for the Barton Manufacturing Corporation in exercise 3–14. Prepare T-accounts to show these events.

3–16. Prepare Cost of Goods Sold Statement

Refer to the data in exercise 3–14. Prepare a cost of goods sold statement from the data.

3–17. Flow of Manufacturing Costs—Prepare Journal Entries

The following events took place at the Crater Manufacturing Corporation for the current year:

1. Incurred labor costs as follow:
   a. Direct labor, $72,000.
   b. Supervisory labor, $24,500 (part of manufacturing overhead).

2. Purchased manufacturing equipment for $63,200.

3. Purchased $101,000 in direct materials.

4. Other manufacturing overhead, excluding supervisory labor and depreciation, was $82,400. Depreciation (all for manufacturing assets) was $10,000.

5. Transferred 60 percent of the direct materials purchased to work in process.

6. Completed work on 80 percent of the work in process and transferred the finished goods to finished goods inventory. Costs are assigned equally across all work in process.

7. Sold 70 percent of the finished goods.

8. Marketing and administrative costs were $70,000.

9. Revenues were $240,000.

There were no beginning balances in any of the inventory accounts. All costs incurred were debited to the appropriate account and credited to Accounts Payable except manufacturing depreciation, which was credited to Accumulated Depreciation. All revenues were on account.

Required:

Prepare journal entries to reflect these events.

3–18. Flow of Manufacturing Costs—Prepare T-accounts

Refer to the data for the Crater Manufacturing Corporation in exercise 3–17. Prepare T-accounts to show these events.

3–19. Prepare Cost of Goods Sold and Income Statements

Refer to the data in exercise 3–17. Prepare a cost of goods manufactured and sold statement and an income statement from the data.

3–20. Analyze Inventory Flows—Missing Data

Fill in the missing item for the following inventories:

	(A)	(B)	(C)
Beginning balance	$40,000	?	$35,000
Ending balance	32,000	$16,000	27,000
Transferred in	?	9,000	8,000
Transferred out	61,000	11,000	?

3–21. Analyze Inventory Flows—Missing Data

Fill in the missing item for the following inventories:

	(A)	(B)	(C)
Beginning balance	$29,000	$17,000	$ 4,100
Ending balance	32,000	?	6,200
Transferred in	70,000	26,000	?
Transferred out	?	19,000	12,000

3–22. Cost Flows in a Service Organization

For the month of March, Conehead Consulting Group (CCG) worked 400 hours for Big Manufacturing, 100 hours for Little Manufacturing, and 200 hours for Retailers, Inc. CCG bills clients at the rate of $100 per hour, while labor cost is $40 per hour. A total of 800 hours were worked in March, with 100 hours not billable to clients. Overhead costs of $12,000 were assigned to jobs (that is, clients) on the basis of direct labor-hours. Since 100 hours were not billable, some overhead was not assigned to jobs. CCG had $6,000 marketing and administrative costs. All transactions are on account.

Required:

a. Show the flow of costs through T-accounts.

b. Prepare an income statement for CCG for the month ended March 31.

3–23. Service Organization—Journal Entries

Prepare journal entries for the transactions in exercise 3–22.

3–24. Use T-Accounts to Find Missing Data

The following T-accounts represent data from a company's accounting records. Find the missing items represented by the ?s.

Cost of Goods Sold	
82,000	

Direct Materials Inventory			
BB	?		
Purchases	18,000	Transferred out	21,000
EB	7,500		

Finished Goods Inventory		
BB	46,400	?
	?	
EB	?	

Work in Process Inventory		
BB	6,000	
Materials	?	
Labor	17,000	58,600
Manufacturing overhead	?	
EB	9,700	

3–25. Prepare T-Accounts from Statements

The income statement and the cost of goods manufactured and sold statement for the Live Oak Manufacturing Company are reproduced as follows:

LIVE OAK MANUFACTURING COMPANY
Income Statement
For the Year Ended December 31

Sales revenue	$37,200
Cost of goods sold (see statement below)	25,700
Gross margin	11,500
Marketing costs	3,100
Administrative costs	2,700
Operating profit	$ 5,700

Cost of Goods Manufactured and Sold Statement
For the Year Ended December 31

Beginning work in process inventory, January 1			$ 1,200
Manufacturing costs during the year			
Direct materials:			
Beginning inventory, January 1	$1,300		
Add purchases	6,500		
Direct materials available	7,800		
Less ending inventory, December 31	1,700		
Direct materials put into process		$ 6,100	
Direct labor		12,400	
Manufacturing overhead		8,600	
Total manufacturing costs incurred during year			27,100
Total costs of work in process during the year			28,300
Less ending work in process inventory, December 31			1,800
Cost of goods manufactured during the year			26,500
Beginning finished goods inventory, January 1			5,200
Finished goods inventory available for sale			31,700
Less ending finished goods inventory, December 31			6,000
Cost of goods manufactured and sold			$25,700

Required:

Prepare T-accounts to show the flow of costs for the company. Assume that all dollar exchanges are on account.

3–26. Prepare Journal Entries from Statement Data

Using the statements for Live Oak Manufacturing Company, exercise 3–25, construct journal entries that would summarize the events disclosed in the statements.

Problems and Cases

3–27. Cost Flows in Service Companies*

White and Brite Dry Cleaners has five employees and a president, Hexter Strength. Hexter and one of the five employees manage all the marketing and administrative duties. The remaining four employees work directly on operations. White and Brite has four service departments: dry cleaning, coin washing and drying, special cleaning, and repairs. A timecard is marked, and records are kept to monitor the time each employee spends working in each department. When business is slow there is idle time, which is marked on the timecard. (It is necessary to have some idle time because White and Brite promises 60-minute service, and it is necessary to have direct labor-hours available to accommodate fluctuating peak-demand periods throughout the day and the week.)

Some of November operating data are as follows:

---

* Prepared by K. McGarvey.

	Idle Time	Dry Cleaning	Coin Washing and Drying	Special Cleaning	Repairs
Sales revenue		$2,625	$5,250	$2,000	$625
Direct labor (in hours)	25	320	80	125	90
Direct overhead traceable to departments:					
Cleaning compounds		$ 500	$ 250	$ 400	–0–
Supplies		125	200	175	$140
Electric usage		250	625	100	25
Rent		200	500	90	10

Other data:

1. The four employees working in the operating departments all make $4 per hour.

2. The fifth employee, who helps manage marketing and administrative duties, earns $1,000 per month; and Hexter earns $1,500 per month.

3. Indirect overhead amounted to $512 and is assigned to departments based on direct labor-hours used. Since there are idle hours, some overhead will not be assigned to a department.

4. In addition to salaries paid, marketing costs for such items as advertising and special promotions totaled $400.

5. In addition to salaries, other administrative costs were $150.

6. All revenue transactions are cash, and all others are on account.

Required:

a. Use T-accounts to show the flow of costs.

b. Prepare an income statement for White and Brite for the month of November. No inventories were kept.

3–28. Service Organization— Journal Entries

Prepare journal entries for the November transactions in problem 3–27.

3–29. T-Accounts and Income Statements

Following are data for the Reham Company:

	Balance, March 1	Balance, March 31
Direct materials inventory	?	$ 40,000
Work in process inventory	?	280,000
Finished goods	$100,000	80,000
Other information:		
Direct labor costs		240,000
Manufacturing overhead		112,000
Material purchases		180,000
Direct materials put into process		200,000
Cost of goods sold		360,000
Marketing costs		100,000
Administrative costs		80,000
Sales on account		600,000

Required:

Use T-accounts to show the flow of costs for March for the Reham Company, and then prepare an income statement for the month of March. All transactions are on account.

3–30. Analysis of Accounts

Partially completed T-accounts and additional information for the Leaheim Company for the month of March are presented below:

Direct Materials Inventory		
BB 3/1	1,000	
	4,000	3,200

Work in Process Inventory		
BB 3/1	2,000	
Direct labor	2,400	
Manufacturing overhead	2,200	

Finished Goods Inventory		
BB 3/1	3,000	
	6,000	4,000

Cost of Goods Sold	

During the month, sales were $8,000 and marketing and administrative costs were $1,600.

Required:

a. What was the cost of direct material issued to production during March?

b. What was the cost of goods manufactured during March?

c. What was the balance of the Work in Process Inventory account at the end of March?

d. What was the operating profit for March?

3–31. Find the Missing Items

Several items are missing from the following set of statements for the Delta Chip Co. for a current year.

DELTA CHIP CO.
Income Statement
For the Year Ended December 31

Sales revenue	$246,700
Cost of goods sold	?
Gross margin	?
Marketing and administrative costs	32,400
Operating profit	$102,000

DELTA CHIP CO.
Cost of Goods Manufactured and Sold Statement
For the Year Ended December 31

Beginning work in process inventory, January 1			$ 29,300
Manufacturing costs during the year:			
Direct materials:			
Beginning inventory, January 1	$11,700		
Add purchases	?		
Direct materials available	64,100		
Less ending inventory, December 31	27,900		
Direct materials put into process		?	
Direct labor		?	
Manufacturing overhead		37,200	
Total manufacturing costs incurred during year			?
Total costs of work in process during the year			?
Less ending work in process inventory, December 31			17,400
Cost of goods manufactured during the year			?
Beginning finished goods inventory, January 1			6,700
Finished goods inventory available for sale			124,800
Less ending finished goods inventory, December 31			?
Cost of goods manufactured and sold			?

Required:

Find the missing items.

3–32. Prepare Journal Entries—Manufacturing Organizations

The following information has been gathered from the books of the Moonwalk Manufacturing Company for the current year:

Accounts receivable, January 1	$ 23,700
Administrative costs	42,100
Manufacturing building depreciation	25,000
Indirect materials and supplies	
taken from materials inventory	4,300
Marketing costs	13,200
Materials inventory, January 1	16,400
Direct labor	32,600
Transportation-in on materials	1,600
Materials inventory, December 31	17,000
Finished goods inventory, January 1	8,900
Finished goods inventory, December 31	7,100
Materials purchases	18,700
Equipment purchases	23,200
Work in process inventory, December 31	11,100
Supervisory salaries	12,400
Property taxes, manufacturing plant	6,400
Plant utilities and power	21,500
Work in process inventory, January 1	13,200
Sales revenue	193,400

All costs, except depreciation, are on account.

Required:

Prepare journal entries to record the transactions during the current year. (Depreciation is recorded with a credit to Accumulated Depreciation and a debit to Manufacturing Overhead.)

3–33. Prepare T-Accounts and Income Statements—Manufacturing Organizations

a. Use the data for Moonwalk Manufacturing Company in problem 3–32 and prepare T-accounts to show the flow of costs for this company.

b. Prepare an income statement and a cost of goods manufactured and sold statement.

3–34. T-Account Analysis of Cost Flows

Sonya's Software Company has the following information in its records on December 31 of the current year:

Materials inventory, December 31	$ 85,000
Materials purchased during the year	360,000
Finished goods inventory, December 31	90,000
Indirect labor	32,000
Direct labor	400,000
Indirect materials and supplies (taken from materials inventory)	14,000
Factory heat, light, and power	37,200
Building depreciation (all manufacturing)	81,000
Administrative salaries	51,400
Miscellaneous factory costs	17,900
Marketing costs	37,000
Factory supervision	12,100
Insurance on factory equipment	19,000
Transportation-in on materials	1,600
Taxes on manufacturing property	13,100
Legal fees on customer complaint	8,200
Direct materials used	382,100
Work in process inventory, December 31	24,600

On January 1, the Finished Goods account had a balance of $80,000, and the Work in Process Inventory account had a balance of $25,900. All transactions are on account (except depreciation, which is recorded with a debit to Manufacturing Overhead and a credit to Accumulated Depreciation). Sales equaled $1,625,000.

Required:

a. Prepare T-accounts to show these events and the flow of costs for the company.

b. Give the beginning direct materials inventory balance.

3–35. Prepare Journal Entries

Use the data for Sonya's Software in problem 3–34 to prepare journal entries to summarize the events.

3–36. Analyze Cost Flows and Prepare Statement

The following information applies to the A.B.C. Company for May:

Direct materials inventory, May 1	$18,000
Accounts payable, May 1	10,000
Work in-process inventory, May 1	20,000

1. Accounts payable are for direct materials only. The balance on May 31 was $5,000. Payments of $135,000 were made during May.

2. Finished goods inventory as of May 31 was $22,000.

3. Cost of goods sold during the month was $1,104,000.

4. Manufacturing costs for May totaled $1,081,000.

5. During May, 80,000 hours of direct labor were worked at a rate of $6.50 per hour.

6. Direct materials put into process totaled $136,000.

7. There was no work in process inventory on May 31.

8. Gross margin for May was $428,000, and operating profit was $210,000.

Required:

For the month of May, derive each of the following amounts and prepare an income statement and a statement of cost of goods manufactured and sold:

a. Ending inventory of direct materials on May 31.

b. Total overhead for May.

c. Cost of goods manufactured for May.

d. Finished goods inventory on May 1.

e. Total marketing and administrative costs for May.

3–37. Reconstruct Missing Data

After a dispute concerning wages, Orville Arson tossed an incendiary device into the Sparkle Company's record vault. Within moments, only a few charred fragments were readable from the company's factory ledger, as shown below:

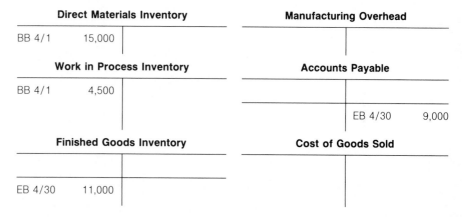

Sifting through ashes and interviewing selected employees has turned up the following additional information:

1. The controller remembers clearly that actual manufacturing overhead costs are recorded at $3 per direct labor-hour.

2. The production superintendent's cost sheets showed only one job in work in process inventory on April 30. Materials of $2,600 had been added to the job, and 300 direct labor-hours expended at $6 per hour.

3. The accounts payable are for direct materials purchases only, according to the accounts payable clerk. He clearly remembers that the balance in the account was $6,000 on April 1. An analysis of canceled checks (kept in the treasurer's office) shows that payments of $42,000 were made to suppliers during the month.

4. A charred piece of the payroll ledger shows that 5,200 direct labor-hours were recorded for the month. The employment department has verified that there are no variations in pay rates among employees (this infuriated Orville, who felt his services were underpaid).

5. Records maintained in the finished goods warehouse indicate that the finished goods inventory totaled $18,000 on April 1.

6. From another charred piece in the vault, you are able to discern that the cost of goods manufactured for April was $89,000.

Required:

Determine the following amounts:

a. Work in process inventory, April 30.

b. Direct materials purchased during April.

c. Manufacturing overhead incurred during April.

d. Cost of goods sold for April.

  e. Direct materials usage during April.

  f. Direct materials inventory, April 30.

3–38. Reconstruct Missing Data

A hysterical Ima Dunce corners you in the hallway 30 minutes before her accounting class. "Help me, help me!" Ima pleads. "I woke up this morning and discovered that Fifo and Lifo (two pet German Shepherds) ate my homework, and these shredded pieces are all that I have left!" Being a kind and generous soul, you willingly declare, "There is no need to fear! I am a real whiz at accounting and will be glad to help you." A relieved Ima Dunce hands you the following torn homework remnants.

Prepare T-accounts to show the flow of costs.

Page 1

Direct labor-hours used	375
Direct labor rate — $5 per hour	
Direct materials purchased	$5,250
Direct materials beginning inventory	$1,400

Page 2

Actual manufacturing overhead	$750
ginning work in process inventory	$1,500
Cost of goods manufactured	$8,000
Ending finished goods inventory	$3,000
Cost of goods old	$9,500

Page 3

job remaining in ending work in process inventory:	
Labor	$ 500
Direct materials	$1,300
Overhead	$ 200
nding work in process inventory	$2,000
Total revenue	$13,500
Gross margin	4,000
Marketing and administrative costs	
Operating profit	$1,000

Required:

  a. Determine each of the following:
   1. Marketing and administrative costs.
   2. Cost of goods sold.
   3. Beginning finished goods inventory.
   4. Direct materials used.
   5. Ending direct materials inventory.

  b. Prepare an income statement.

4

Cost Allocation Concepts

In this chapter, we discuss concepts for assigning costs to jobs, departments, products, and other cost objects. This cost assignment process is called **cost allocation.** Unlike direct costs, allocated costs are indirect and, hence, common to two or more cost objects. If management wants to assign these costs to the individual cost objects, some method must be established to share the common costs. In this chapter, we present general principles for allocating costs, we examine reasons for making cost allocations, and we discuss how cost allocations can potentially mislead users of accounting information.

Why Are Costs Allocated?

A cost allocation is simply a proportional assignment of a cost to cost objects. For example, if two divisions share a facility that costs $15,000, that shared cost is referred to as a **common cost.** If we decide that cost should be shared based on, say, the number of employees in each division, then the number of employees is the **allocation base** and the divisions are the **cost objects.** Carrying this one step further, if 40 percent of the employees are in the first division, then that division is charged with 40 percent of the $15,000 cost, or $6,000. This $6,000 is the cost allocated to the first division. The remaining 60 percent, or $9,000, is allocated to the second division. All of the common costs are allocated to the divisions based on their proportional use of the allocation base. Hence, the full $15,000 has been allocated to the divisions based on the relative number of employees in each division.

There are numerous examples of cost allocation in organizations. Manufacturing overhead is a *common cost* that is usually allocated to each unit produced by a manufacturer. This allocation is required for financial reporting.

Multi-unit organizations often allocate headquarters' costs to individual branches. For example, an executive of K mart, a retail company with over 2,500 stores, told us: "Allocating corporate headquarters' costs to stores makes each store manager aware that these costs exist and must be covered by the individual stores for the company as a whole to be profitable." This allocation was used as an attention-getting device by management.

Depreciation of long-term assets is another form of cost allocation required for financial reporting. The purpose of depreciation is to allocate the original cost of the asset over the time periods that the asset helps generate revenues.

Allocating Costs to a Division

To describe how cost allocation works, consider the following example. Computerworld, Inc., sells microcomputers in two different markets: business and personal. Because the two markets have different requirements, the company has set up two divisions for handling the markets. Each division has its own separate sales staff and a separate area in the company store. However, because most hardware may be used for either business or personal applications, the company has a common showroom where the hardware is displayed. This common showroom reduces the investment that the company must make in computer systems for showroom display.

Computerworld, Inc., has established a system for evaluating the performance of each division. The company uses "divisional operating profits" as a performance measure. A bonus is assigned to each division based on the relative amount of operating profits earned by each division. This bonus is then shared by the division employees. The greater the profits in any division, the greater the bonus for the division. The greater the division bonus, the greater the bonus for each employee in the division.

The following information is available concerning last month's activities by the company:

	Business Division	Personal Division	Total
Sales revenue	$266,000	$121,800	$387,800
Cost of goods sold	159,600	73,080	232,680
Other costs traced directly to divisions	87,900	38,500	126,400
Division "operating profits" before showroom costs	$ 18,500	$ 10,220	$ 28,720
Number of units sold	28	42	70

Showroom costs, which amounted to $9,000 during the month, were common to both divisions. The company's management was trying to decide how to allocate the showroom costs to the two divisions. The manager of the business division said, "The showroom is used to display *units* of hardware. Therefore, the number of units sold should be used as the allocation base."

Following this argument, costs were allocated on the basis of units sold. The Business Division was charged with 28/70 times $9,000, or $3,600, for its share of the common costs. The Personal Division was charged with 42/70 times $9,000, or $5,400. The division operating profits, after the allocation of showroom costs, were:

$$\text{Business Division:} \quad \$14,900 = \$18,500 - \$3,600$$
$$\text{Personal Division:} \quad \$\ 4,820 = \$10,220 - \$5,400$$

Any bonus would be split with 75.6 percent going to the Business Division $\left(.756 = \dfrac{\$14,900}{\$14,900 + \$4,820}\right)$ and 24.4 percent to the Personal Division $\left(.244 = \dfrac{\$4,820}{\$14,900 + \$4,820}\right)$. This example is a typical cost allocation problem. In practice, you will find that managers are very concerned about the choice of cost allocation methods because this choice can affect the costs allocated to their organizational units. In turn, this can affect the evaluation of their job performance.

The Arbitrary Nature of Cost Allocation

By definition, costs that are common to two or more cost *objects* are likely to be allocated to those cost objects on a somewhat arbitrary basis. This arbitrariness has led critics of cost allocation to claim that arbitrary cost allocations may result in misleading financial reports and poor decisions. Despite these asserted problems, a recent study of corporate cost allocation found 84 percent of companies participating in the survey reported allocating common headquarters costs to divisions.[1] The study indicated that the primary managerial reason for cost

[1] See J. M. Fremgen and S. S. Liao, *The Allocation of Corporate Indirect Costs* (New York: National Association of Accountants, 1981).

allocation was to *remind responsibility center managers that common costs exist and had to be recovered by division profits.*

Cost allocation is an important topic in both financial and managerial accounting. Few accounting topics have evoked as much literature and debate.[2] No matter what career you choose, you will encounter the use of allocations. They may be used to compute the performance measures by which you and your division are evaluated. Or they may be used to determine costs in a contract between you or your employer and some other party. The method of allocation and its basis may be significant determinants of the value of the performance measure or the amount of the contract settlement.

The inherent arbitrariness of cost allocation implies that if there is no single method that is "absolutely right," then different people with interests in the outcome of an accounting measurement may prefer one allocation method over another. Returning to the Computerworld example, the initial allocation of income for bonus sharing might be expected to lead to some questions by the Personal Division.

Indeed, upon hearing about the Business Division manager's allocation proposal, the manager of the Personal Division suggested that the allocation was inappropriate. The Personal Division manager stated: "The Business Division people take a lot more time demonstrating each machine they sell. Indeed, I think everyone uses the showroom facilities in roughly the same proportion as the dollar sales, not the number of units sold."

"If the costs are allocated on a sales basis, then the Business Division should be charged with $266,000/$387,800 times the $9,000 common showroom cost, which comes to a charge of $6,173. We should be charged with the remaining $2,827. This is equal to our proportional share of sales, which is $121,800/$387,800 times $9,000."

Using the Personal Division manager's recommended cost allocation, the income for each division is:

Business Division: $18,500 − $6,173 = $12,327
Personal Division: $10,220 − $2,827 = $ 7,393

The Personal Division would receive 37.5 percent of the bonus, which equals $\frac{\$7,393}{\$12,327 + \$7,393}$. The Business Division would then receive the remaining 62.5 percent.

Upon hearing the debate between the two division managers, the company president stated: "Since there is no agreeable way to allocate showroom costs, we shall avoid the problem by *not allocating showroom costs.*" Unfortunately, that did not resolve the debate about sharing the bonus. Omitting the allocation of showroom costs would result in splitting the bonus based on the division operating profit before showroom costs. Then the Business Division would re-

[2] Extensive discussions of cost allocation are presented in A. L. Thomas, *The Allocation Problem in Financial Accounting,* Studies in Accounting Research No. 3 (Sarasota, Fla.: American Accounting Association, 1969); A. L. Thomas, *The Allocation Problem: Part Two,* Studies in Accounting Research No. 9 (Sarasota, Fla.: American Accounting Association, 1974); and S. Moriarity, ed., *Joint Cost Allocations* (Norman: Center for Economic and Management Research, University of Oklahoma, 1981).

ceive $\dfrac{\$18,500}{\$10,220 + \$18,500}$, or 64.4 percent of the bonus. The Personal Division

would have a 35.6 percent share computed as $\dfrac{\$10,220}{\$10,220 + \$18,500}$.

The shares of the bonus under each alternative are summarized as follows:

Allocation Method and Base	Business Division Share	Personal Division Share
Number of units	75.6%	24.4%
Sales revenue	62.5	37.5
No allocation	64.4	35.6

As the Computerworld example demonstrates, the cost allocation method, or lack thereof, can have a significant direct effect on the amounts paid to employees. Even when employee bonuses are not directly tied to operating profits, the profit performance of a division is a very important factor in determining pay and bonus amounts. It should come as no surprise that many managers and employees care about cost allocation methods. In fact, the method of cost allocation is frequently a controversial "hot" topic among managers in many organizations. The next section of the chapter describes the general methods of cost allocation used in many organizations.

Cost Allocation Methods

The cost allocation process is comprised of two stages. The first stage allocates costs to responsibility centers; the second stage allocates responsibility center costs to units. There are three activities in stage 1.

Stage 1: Allocating Costs to Responsibility Centers

1. Identifying the cost objects or recipients of the allocated costs (for example, a department).

2. Accumulating the costs incurred by the organization as discussed in Chapter 3.

3. Selecting an allocation method for relating the costs that were accumulated to the cost objects. This is known as selecting an *allocation base*.

The third activity is the most difficult because common costs cannot be directly associated with a single unit or department. The accountant must therefore find an indirect relationship between costs and cost objects that will serve as a meaningful allocation base. An analysis of past cost behavior may suggest such a relationship.

Selecting Allocation Bases

Consider, for example, the salary of the supervisor of Contractors, Inc., a house construction company. During the month of June, five different jobs were started, and two were completed. There were no jobs in process at the beginning of the month. Each job benefited from the supervisor's planning and management, so his salary was a common cost of all five jobs. The company decided to allocate the supervisor's costs to the jobs for inventory valuation purposes at the end of June. What is the appropriate allocation method? The company considered the following alternatives:

1. Allocate the salary equally to each job.

2. Charge the entire salary to any one job (because as long as the supervisor works on at least one job, he must be paid a month's wages).

3. Allocate the salary in proportion to the cost of direct materials used on each job.

4. Allocate the salary on the basis of the direct labor-hours (or costs) on each job.

5. Require the supervisor to keep time records by job and allocate on the basis of the time spent on the job. (This alternative probably comes closest to allocating the supervisor's wages on a causal basis. However, it is costly to have a supervisor spending time filling out timecards instead of supervising.)

An argument could be made to support each of these allocation bases. Contractors, Inc., decided that alternative 4 was best. It was preferable to alternative 5 because it was an almost costless procedure. It was preferable to alternatives 1, 2, and 3 because most of the supervisor's time was spent supervising direct labor. This is typical of the reasoning that takes place when accountants select allocation bases.

Typical Allocation Bases   Most common costs can be categorized into one of four groups. Certain bases of allocation are commonly associated with each.

1. *Labor-related common costs.* Labor-related common costs are usually allocated on the basis of number of employees, labor-hours, wages paid, or similar labor-related criteria. (See items 1 and 2 in Illustration 4–1).

2. *Machine-related common costs.* Machine-related common costs are usually allocated on the basis of machine-hours, current value of machinery and equipment, number of machines, or similar machine-related criteria. (See items 3 through 6 in Illustration 4–1.)

3. *Space-related common costs.* Space-related common costs are usually allocated on the basis of area occupied, volume occupied, or similar space-related criteria. (See items 7 through 11 in Illustration 4–1.)

4. *Service-related common costs.* Service-related common costs may be allocated on the basis of quantity, value, time, and similar service-related criteria. (See items 12 through 16 in Illustration 4–1.)

These allocation bases are examples only. Common costs should be analyzed case by case to determine the most suitable allocation base.

Illustration 4–1   **Typical Allocation Bases for Common Costs**

	Common Cost	Typical Allocation Base
Labor Related	1. Supervision	Number of employees Payroll dollars or labor-hours
	2. Personnel services	Number of employees
Machine Related	3. Insurance on equipment	Value of equipment
	4. Taxes on equipment	Value of equipment
	5. Equipment depreciation	Machine-hours, equipment value
	6. Equipment maintenance	Number of machines, machine-hours
Space Related	7. Building rental	Space occupied
	8. Building insurance	Space occupied
	9. Heat and air conditioning	Space occupied, volume occupied
	10. Concession rental	Space occupied and desirability of location
	11. Interior building maintenance	Space occupied
Service Related	12. Materials handling	Quantity or value of materials
	13. Laundry	Weight of laundry processed
	14. Billing and accounting	Number of documents
	15. Indirect materials	Value of direct materials
	16. Dietary	Number of meals

Dual Allocation Rates

When two different relationships exist between a common cost and a cost object, two bases may be used to allocate common costs. Such an allocation is called a **dual rate** method. For example, a company may have purchased computer equipment based on projected demand for services. In addition to costs of purchasing or renting the computer, there are costs incurred when the equipment is used. (These are mostly supplies and labor costs for computer operators.) Thus, there are two different relationships between the computer costs and the user departments: (1) capacity available to the user department and (2) current time usage.

Assume that the costs of renting the computer and other capacity costs are fixed costs, while the costs incurred for time usage are variable. Suppose the following rate is used to allocate costs:

$$\begin{array}{c}\text{Rate per unit}\\\text{of time charged}\end{array} = \begin{array}{c}\text{Variable cost}\\\text{per unit of time}\end{array} + \frac{\text{Fixed capacity costs}}{\text{Units of time}}$$

Hence, user departments will be charged for an "average" use of both time and capacity. Further, user departments who use a lot of time but do not need much capacity subsidize user departments who need more capacity but do not use as much time.

An alternative method is to divide the computer costs into two separate components:

1. The fixed or capacity costs that are allocated on the basis of *capacity* demanded.

2. The variable costs that are allocated on the basis of *time* used.

With this alternative, the costs assigned to individual departments reflect as closely as possible the relationship between the cost allocated and the factors that caused the company to incur the cost.

For example, Caucus Consulting rents a computer for $55,000 per month. This fee is based on the capacity of the equipment and has no relationship to actual usage. It costs $250 per hour to operate the computer. Department A requested that it have access to 500 units of capacity, while Department B requested that it have access to 300 units of capacity. During the past month, Department A used 200 hours of computer time while Department B used 400 hours. Assuming these are the only two departments, how should the computer costs be allocated?

The firm first considered allocating costs on the basis of *time usage* alone. The cost allocation on the basis of time usage was:

$$\text{Department A:} \quad \frac{200 \text{ department hours used}}{600 \text{ total hours used}} \times \$205,000^{a} = \$\ 68,333$$

$$\text{Department B:} \quad \frac{400 \text{ department hours used}}{600 \text{ total hours used}} \times \$205,000^{a} = \ \ 136,667$$

Total cost of the computer center $205,000[a]

[a] $205,000 = $55,000 + (200 hours + 400 hours) × $250

When this method was proposed, the manager of Department B argued, "My department is being charged for the monthly fixed rental fee on the basis of computer time used, but that monthly fee might have been lower if Department A had not demanded so much capacity!"

To deal with this argument, the firm next allocated solely on the basis of *capacity demanded.* The resulting allocation was:

$$\text{Department A:} \quad \frac{500 \text{ department units of capacity requested}}{800 \text{ total units of capacity requested}} \times \$205,000 = \$128,125$$

$$\text{Department B:} \quad \frac{300 \text{ department units of capacity requested}}{800 \text{ total units of capacity requested}} \times \$205,000 = \ \ 76,875$$

Total cost of the computer center $205,000

When this method was proposed, the Department B manager was happy, but the Department A manager argued, "My department is being penalized because of our demand for capacity. We believe more costs should be allocated to Department B because they used 400 hours of computer time while we only used 200 hours."

Instead of using either method alone, the firm used a dual rate based on both capacity demanded and time usage. The resulting allocation is shown in Illustration 4–2.

Illustration 4-2   **Dual Rates for Cost Allocation**

Department A: Capacity: $\frac{5}{8} \times \$55,000$ $= \$\ 34,375$

Time: 200 hours $\times$ $250 per hour $=$ ___50,000___

Total Department A $\$\ 84,375$

Department B: Capacity: $\frac{3}{8} \times \$55,000$ $=\ \ 20,625$

Time: 400 $\times$ $250 per hour $=\ \ $ ___100,000___

Total Department B $\$120,625$

Total cost of the computer center $\$205,000$

**Multiple-Factor
Method**

The dual basis method can be extended to include multiple factors. The multiple-factor method is often used when there are many relationships between common costs and cost objects.

Suppose, for example, that a manufacturing company wants to allocate corporate headquarters' costs to each of its two divisions. Some people might assert that these costs are related to the size of the payroll; others might argue that these costs are related to the volume of business. Still others might argue that administrative costs are related to investment in assets. Actually, all three suggested bases may be valid. In such cases, a company may use a **multiple-factor formula** that incorporates all of the factors in the allocation base. In this case, the percentage of the common cost to be allocated to a plant may be the arithmetic average of the following three percentages:

1. Percentage of payroll dollars in each division to the total payroll dollars for both divisions.

2. Percentage of volume in each division to the total volume in both divisions.

3. Percentage of the average gross book value of tangible assets of each division to the total gross book value of tangible assets in both divisions.

Assume the company has $282,000 in corporate headquarters' costs to apportion to the two divisions, and an analysis of the accounting and other records provides the following information:

	Payroll Dollars		Volume of Business		Gross Book Value of Tangible Assets	
Division	Amount	Percent	Amount	Percent	Amount	Percent
1	$1,300	65	$6,750	75	$ 5,600	40
2	700	35	2,250	25	8,400	60
Totals	$2,000	100	$9,000	100	$14,000	100

The allocation to each division would be computed as shown in Illustration 4-3.

Illustration 4–3 **Multiple-Factor Method**

Division	Fraction	Allocated Cost
1	$\dfrac{65\% + 75\% + 40\%}{3} = 60\%$	$60\% \times \$282{,}000 = \$169{,}200$
2	$\dfrac{35\% + 25\% + 60\%}{3} = 40\%$	$40\% \times \$282{,}000 = \underline{\quad 112{,}800}$
	Total allocated costs	$\underline{\underline{\$282{,}000}}$

The multiple-factor formula directs attention to the many relationships between common costs and cost objects. Thus, management may use this method to encourage employees to manage many factors relating common costs to cost objects.

In recent years, most state taxing authorities have used this "three-factor" formula approach to assign the income of a multistate business to the individual state for state income tax purposes. For example, the State of Illinois Income Tax Return has the following section. (We have included penciled amounts to make the form easier to follow.)

Business Income Apportionment Formula

		1 Total Everywhere	2 Inside Illinois	3 Column 2 ÷ Column 1	
1 Property factor	**1**	1,000,000	100,000	.10	
2 Payroll factor	**2**	200,000	30,000	.15	
3 Sales factor	**3**	800,000	160,000	.20	
4 Total—Add lines 1 through 3				**4** .45	
5 Average					**5** .15

The amount in line 5 is multiplied by total business taxable income to compute the amount of taxable income for the state of Illinois.

States that use these factors assume the measures of property or assets, sales, and payrolls reflect the income generated in the states where the company operates.

The cost allocation steps discussed so far can be summarized as shown in Illustration 4–4. For example, assume that a manufacturing plant has received a bill for utilities costs that are common to the plant's three departments. The accountants have decided to allocate the utilities costs to the plant's three departments using one of the bases shown in Illustration 4–1. Next, they allocate responsibility center costs to units produced using one of the bases described below.

So far, we have focused on stage 1 in the allocation process, which is the allocation of costs to responsibility centers. In most organizations, a second stage is the allocation of costs to units produced. In manufacturing companies,

Illustration 4–4   **Two Stages of Cost Allocation**

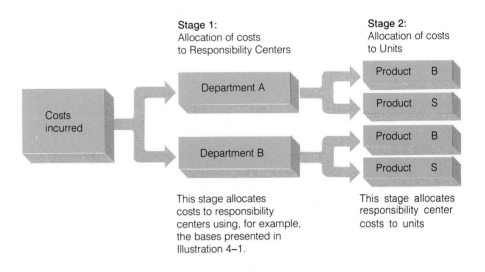

Stage 1:
Allocation of costs
to Responsibility Centers

Stage 2:
Allocation of costs
to Units

This stage allocates costs to responsibility centers using, for example, the bases presented in Illustration 4–1.

This stage allocates responsibility center costs to units

this is a necessary step for manufacturing overhead, because manufacturing overhead must be allocated to units produced for inventory valuation in external financial statements. We now turn our attention to stage 2, the allocation of responsibility center costs to units produced.

Stage 2: Allocating Responsibility Center Costs to Units

Bases for Applying Manufacturing Overhead to Work in Process

Some common bases for allocating manufacturing overhead are direct material costs, direct labor costs, direct labor-hours, machine-hours, and units of output.

Direct materials costs may be an appropriate basis when overhead costs are closely related to the volume of materials handled. In an assembly area where many of the costs correspond to the quantity of materials used, it may be appropriate to assign overhead on the basis of direct materials costs.

Direct labor costs are used as an allocation base when they are related to overhead costs. When skilled workers use costly machinery and unskilled workers perform tasks that do not require similar capital investments, the use of rates based on direct labor costs may be appropriate. Such an allocation base would reflect the relationship between the higher overhead costs associated with skilled labor and the lower overhead costs associated with unskilled labor. Jobs that require more skilled labor would be charged a proportionately greater share of overhead. Direct labor costs and hours are frequently used bases in service organizations.

Direct labor-hours are an appropriate allocation base when overhead costs do not vary among different wage classes of labor or when labor rates are influenced more by seniority or other factors that are unrelated to job skills.

Machine-hours are particularly appropriate when the manufacturing operation is capital intensive and overhead is machine related (for example, the costs of power to run machines, or maintenance costs). In practice, we find the use of machine-hours as an allocation basis is increasing because manufacturing is becoming more automated.

Units of output are used when the manufacturing operation is relatively simple and the output of each department is easy to define.

Applying Overhead Costs to Units

For example, a manufacturing company makes two products: Bigs and Smalls. They made 10 Bigs in a month using 5,000 direct labor-hours and 20,000 Smalls using 15,000 direct labor-hours. Total manufacturing overhead for the month was $50,000. How much manufacturing overhead is allocated to each unit produced in the company if direct labor-hours is the allocation base? The answer is computed as follows:

Step 1: Compute *manufacturing overhead rate* per labor-hour:
$$\text{Rate} = \$50,000 \div (5,000 \text{ hours} + 15,000 \text{ hours})$$
$$= \$2.50 \text{ per hour}$$

Step 2: Multiply *rate times base,* which is direct labor-hours in this case:
$$\text{Bigs: } \$2.50 \times 5,000 \text{ hours} = \$12,500$$
$$\text{Smalls: } \$2.50 \times 15,000 \text{ hours} = \$37,500$$

This gives the overhead allocated to each *product line,* but not to each unit for inventory valuation purposes. That is done in step 3.

Step 3: Divide total manufacturing overhead by units produced:
$$\text{Bigs: } \$12,500 \div 10 \text{ units} = \underline{\$1,250} \text{ per unit of Bigs}$$
$$\text{Smalls: } \$37,500 \div 20,000 \text{ units} = \underline{\$1.875} \text{ per unit of Smalls}$$

This concludes the two-stage process of allocating costs, first to responsibility centers and second to units. Next, we consider a potential misinterpretation that arises when fixed manufacturing overhead is allocated to units.

Unit Fixed Costs Can Be Misleading for Decision Making. When fixed costs are allocated, accounting records often make the cost appear as though it is a variable cost. For example, allocating some of factory rent to each unit of product would result in including the rent as part of the "unit cost," even though the total rent does not change with the manufacture of another unit of product. Cost data that include allocated common costs may, therefore, be misleading if used incorrectly. The following example demonstrates the problem.

Electrodark, Inc., manufactures a line of electric equipment. Product A has a unit production cost of $80, made up of the following per unit costs:

Direct materials (variable cost)	$20
Direct labor (variable cost)	25
Variable manufacturing overhead	5
Total variable costs per unit	50
Fixed manufacturing overhead costs allocated to units:	
$\text{Unit cost} = \dfrac{\text{Fixed manufacturing cost per month}}{\text{Units produced per month}}$	
$= \dfrac{\$600,000}{20,000 \text{ units}}$	= 30
Total unit cost used as the inventory value under full-absorption costing	$80

Electrodark has been asked to accept a special order for 1,000 units of Product A for $75 each. These units can be produced with capacity that is currently not being used. Marketing, administrative costs, and the total fixed manufacturing costs of $600,000 would not be affected by accepting the order. Accepting this special order would not affect the regular market for this product.

Marketing managers believed the special order should be accepted as long as the unit price of $75 exceeded the cost of manufacturing each unit. When the marketing managers learned from accounting reports that the inventory value was $80 per unit, their initial reaction was to reject the special order opportunity because, as one manager stated, "We are not going to be very profitable if it costs us more to make than our selling price!"

Fortunately, some additional investigation revealed the variable manufacturing cost to be only $50 per unit, and marketing management accepted the special order, which had the following impact on the company's operating profit:

Revenue from special order (1,000 units × $75 =)	$75,000
Variable costs of making special order (1,000 units × $50 =)	50,000
Contribution of special order to operating profit	$25,000

The moral of this example is that it is easy to incorrectly interpret unit costs and make incorrect decisions. In the example above, fixed manufacturing overhead costs had been allocated to units, most likely to value inventory for external financial reporting and tax purposes, which made the resulting unit cost of $80 appear to be the cost of producing a unit. Of course, only $50 was a variable cost of producing a unit, while the fixed costs of $600,000 per month would not be affected by the decision to accept the special order.

Other Reasons for Cost Allocations

Allocations in Cost-Plus Contracts

Now we consider two particular reasons for allocating costs. Cost allocations are often used for determining prices in "cost-plus-a-profit" contracts. Let us return to Computerworld, Inc., and change the situation such that Computerworld has only the Business Division with its sales of $266,000, cost of goods sold of $159,600, and other costs of $87,900. Computerworld has entered into a contract to supply 42 computers to a government agency on a cost-plus basis. The government agency will pay Computerworld a profit of $7,310 for the computers and will reimburse Computerworld for the "total cost" of supplying the computers. Does it make any difference if, or indeed how, we allocate the $9,000 in showroom costs to the government contract and other business?

Assume for this problem that the cost of goods sold under the contract is $73,080 and that other costs directly traceable to the contract total $38,500. If we do not allocate the showroom costs, then the revenue from the contract will equal $118,890 (that is, the $73,080 cost of goods sold plus the $38,500 direct costs plus the $7,310 fee). Total company operating profits will be $16,810 as shown below:

	Regular Business	Government Contract	Total
Sales revenue	$266,000	$118,890	$384,890
Cost of goods sold	159,600	73,080	232,680
Direct costs	87,900	38,500	126,400
Showroom costs			9,000
Operating profit			$ 16,810
Number of units sold	28	42	70

However, if we allocate showroom costs to the contract based on, say, number of units sold, then the showroom costs allocated to the contract are $5,400 (= 42/70 × $9,000) plus the original $118,890 noted above, giving contract revenue of $124,290. Now total company operating profit increases to $22,210 as shown below:

	Regular Business	Government Contract	Total
Sales revenue	$266,000	$124,290	$390,290
Cost of goods sold	159,600	73,080	232,680
Direct costs	87,900	38,500	126,400
Allocated showroom costs	3,600[a]	5,400	9,000
Operating profit			$ 22,210

[a] $3,600 = $9,000 − $5,400

Notice how the company's total profit has increased because of the allocation of some of the common showroom costs to the government contract. By transferring the $5,400 to the contract, the company's profit increases by the same amount. This example demonstrates a common point of contention between defense contractors and the government.

If the method of allocation has not been specified in the contract, then the contracting agency may dispute the allocation, just as the manager of the Personal Division questioned the allocation in our earlier example. In this example, and in many similar situations, the allocation of costs has a clear impact on profits. Of course, under perfect competition, there will be other bidders who are willing to write a contract that does not reimburse them for any showroom costs. Hence, *in the long run,* these companies will not earn economic rents from their cost allocation method. However, if the parties to a contract have different ideas about what the "cost" is, there may be a dispute to resolve when it comes time to settle the contract.

The Cost Accounting Standards Board, which existed from 1971 to 1980, was established to develop uniform cost allocation principles for contractors and federal agencies to use in cost-plus contracts to minimize the disputes that were widespread in defense contracting.

Almost every cost-based regulation or contract requires allocation of common costs. These are the most common uses of cost allocation for external purposes. Cost allocations are rarely *required* for internal, managerial purposes, but they can be *useful* in many situations. For example, for a good or service to be independently profitable in the long run, it must cover both direct costs, like direct labor, and indirect costs allocated to it, like corporate headquarters' costs. Otherwise, it will be dropped from a company's portfolio of products, unless keeping it makes other products more profitable (for example, a loss leader). Consequently, indirect costs are often allocated to products to estimate the costs that must be covered in the long run.

Charging the Cost of Service Departments to Users

Virtually every organization has departments whose main job is to serve other departments. These include the laundry in a hospital, the computer center in a university, maintenance in a factory, security in a retail store, and so forth. Because the output of such service departments is not sold to outside customers, their costs must be covered by the revenue-generating departments inside the organization. Thus, the costs of departments that do not generate revenue are often allocated to departments that use their services as an attention-getting device. The allocation makes managers of such user departments aware that it is not enough to cover department costs for the organization as a whole to break even or make a profit. The following example tells why one actual company decided to allocate costs.

The Owens Company did not allocate the costs of its computer department to user departments. In 1982, top management noted that computer department costs had increased 400 percent over 1978 levels. While management acknowledged an increasing need for computer services within the company, they had not expected an increase of this magnitude.

Investigation showed that because departments were not charged for using the computer services, they treated the costs of computer services as if they were free. One of the top managers noted, "People were trying new software without any real need, just to see if it worked. Also, a lot of people were playing computer games during their breaks. User department managers had little or no incentive to worry about such things because they were not charged for use, or misuse, of the computer. We also found that the computer department was becoming a 'gold-plate department' that offered the best possible service to users regardless of cost."

To deal with this problem, Owens Company started allocating computer department costs to user departments based on units of computer time and space and the amount of computer personnel time used. Each user department was given a fixed budget or allowance to spend on computer services. The user department manager's bonus and promotion prospects were negatively affected if the computer costs charged to the user department exceeded the budget.

As a result, departments began to use computer services only when the benefits were believed to exceed the costs. In addition, managers of user departments began to monitor computer department personnel to ensure that they would not be charged for wasted time.

Thus, allocating service department costs served two managerial purposes. First, user department managers had incentives to monitor service departments' costs. For example, when the computer department manager requested additional funds to purchase the latest technology hardware, user department managers challenged the need for this hardware.

Second, it stopped users from assuming that services have no cost. In theory, the user should use a service as long as the marginal benefit of a unit of service exceeds its marginal cost. Thus, the marginal cost of supplying a unit of service should be charged to the user to get the user to make the correct (economic) decision about how much of the service to use. Marginal costs are difficult to measure, however, so allocated costs are often used to estimate marginal costs.

Cost Accumulation and Cost Allocation

This chapter and Chapter 3 have discussed two key activities in cost accounting: cost accumulation and cost allocation. Costs are accumulated in accounts as transactions, such as the sale of goods or the purchase of assets, take place.

Real World Application

Adapting to a Changing Technology

It should come as no surprise that as companies change, their cost accounting methods also change. As business becomes more automated, for example, the proportion of product cost that is direct labor will decrease while the amount of overhead may actually increase. According to John Shewchuk, a manager at General Electric Co., direct labor costs have gone from about 50 percent of the total cost of manufacturing a product to only about 6 to 10 percent in automated companies. Manufacturing overhead now makes up about 40 percent of the total in automated companies. But, according to Shewchuk, "Managers tend to measure and monitor labor costs to three or four decimal points and then add in (manufacturing) overhead with a gross number like 300 percent."*

Managers who attempt to reduce overhead costs by reducing labor costs are often puzzled to find the total costs of manufacturing the product may go up instead of down, because the machines used to replace labor require more overhead than the labor did. If overhead rates are 300 percent of direct labor, managers may think that each la-

bor-dollar saved will save three dollars of overhead. But if overhead is mostly fixed, or if it is not labor related, then there will be little or no overhead cost savings to the company.

A Hewlett-Packard plant that makes printed circuit boards found that after installing a new production process: (1) inventory levels were almost zero, (2) direct labor was 3 to 5 percent of the total cost of manufacturing products, (3) defective units were virtually eliminated, and (4) most manufacturing overhead was fixed.† Direct labor and manufacturing overhead were virtually all expensed through cost of goods sold during the same months as the costs were incurred, because end-of-month work in process and finished goods inventories were virtually zero. Consequently, direct labor and manufacturing overhead were debited directly to cost of goods sold as incurred instead of being debited to Work in Process Inventory accounts. The result: An estimated 100,000 journal entries per month were eliminated, and two staff people were freed to prepare reports for managerial use.

Increasing automation, the use of just-in-time inventories, and reduced direct labor cost are expected to dramatically affect cost accounting practices in the future.

---

* John Shewchuk, "Justifying Flexible Automation," *American Machinest*, October 1984, p. 96.

† Rick Hunt, Linda Garrett, and C. Mike Merz, "Direct Labor Cost Not Always Relevant at H-P," *Management Accounting*, February 1985, pp. 58–62.

A transaction is a cost's *point of entry* into the organization. Once accumulated, or entered, costs are frequently assigned or allocated to responsibility centers and to units produced. You may think of cost accumulation as resulting from transactions with outsiders, while cost allocations are internal assignments of costs.

Summary

Cost allocation is the process of assigning common costs to two or more cost objects. Manufacturing overhead is common to units produced, for example, and is allocated to them to place a value on inventory and cost of goods sold for external financial reporting. Allocations of common costs to cost objects are often made on a somewhat arbitrary basis.

Cost allocation procedures are costly because they consume the time of accountants and decision makers. Thus, costs should not be allocated unless there is cost-benefit justification. A common reason for allocating costs is to satisfy external reporting requirements (for example, to value inventory on external financial reports). Cost allocations are rarely required for managerial purposes; however, under certain conditions they can be useful. Cost-plus contracts and cost-based rate regulations require allocations of common costs.

The first stage of the cost allocation process is to allocate costs to responsibility centers. This involves (1) identifying cost objects, (2) accumulating costs to be allocated, and (3) selecting a basis for relating costs to cost objects. While any basis for allocating costs to cost objects is somewhat arbitrary, some common costs and related bases are:

1. Labor-related common costs—number of employees, labor-hours, wages paid, or other labor-related criteria.

2. Machine-related common costs—machine-hours, current value of machinery, number of machines, or other machine-related criteria.

3. Space-related common costs—area occupied, volume occupied, or other space-related criteria.

4. Service-related common costs—computer usage, service personnel time, or other service-related criteria.

Dual and multiple bases are often used for cost allocation when there is more than one relationship between a common cost and a cost object.

A second stage of the process in many companies is to allocate manufacturing overhead costs to units produced typically using direct labor-hours, direct labor costs, machine-hours, or units of output.

Cost allocation can be misleading, particularly if costs allocated for one purpose are used for another. For example, fixed manufacturing overhead is allocated to units to place a value on inventory for external financial reporting and tax purposes. It is very easy for decision makers to assume incorrectly that those unit values are the variable costs of manufacturing units.

Costs are accumulated as transactions occur. The accumulated costs are then allocated to cost objects inside the organization. Costs accumulate due to transactions with outsiders. Cost allocations are internal assignments of costs.

| **Terms and Concepts** | The following terms and concepts should be familiar to you after reading this chapter. |

	Allocation Base	**Dual Rate**
	Common Cost	**Multiple-Factor Formula**
	Cost Allocation	**Service Departments**
	Cost Objects	**User Departments**

| **Self-Study Problem No. 1** | Dual Division Corporation operates its Uno and Duo divisions as separate cost objects. To determine the costs of each division, the company allocates common costs to the divisions. During the past month, the following common costs were incurred: |

Computer services (80% fixed)	$254,000
Building occupancy	615,000
Personnel	104,000

The following information is available concerning various activity measures and service usages by each of the divisions:

	Uno	Duo
Area occupied	15,000 sq. ft.	40,000 sq. ft.
Payroll	$380,000	$170,000
Computer time	200 hrs.	140 hrs.
Computer storage	25 mbytes	35 mbytes
Equipment value	$175,000	$220,000
Operating profit—before allocations	$439,000	$522,000

Required:

a. Allocate the common costs to the two departments using the most appropriate of the above allocation bases. For computer services use computer time only.

b. Allocate the common costs to the two departments using dual rates for the computer services.

Solution to Self-Study Problem No. 1

a.

Cost	Allocation Base	Allocated to Uno	Allocated to Duo
Computer services	Computer time	$\dfrac{200}{200 + 140} \times \$254,000$	$\dfrac{140}{200 + 140} \times \$254,000$
		$= \$149,412$	$= \$104,588$
Building occupancy	Area occupied	$\dfrac{15,000}{15,000 + 40,000} \times \$615,000$	$\dfrac{40,000}{15,000 + 40,000} \times \$615,000$
		$= \$167,727$	$= \$447,273$
Personnel	Payroll	$\dfrac{\$380,000}{\$380,000 + \$170,000} \times \$104,000$	$\dfrac{\$170,000}{\$380,000 + \$170,000} \times \$104,000$
		$= \$\ 71,855$	$= \$\ 32,145$
Totals		$\underline{\underline{\$388,994}}$	$\underline{\underline{\$584,006}}$

Check: $254,000 + $615,000 + $104,000 = $388,994 + $584,006 = $973,000.

b.

Cost	Allocation Base	Allocated to Uno	Allocated to Duo
Computer variable costs	Computer time	$\dfrac{200}{200 + 140} \times \$254,000 \times 20\%$	$\dfrac{140}{200 + 140} \times \$254,000 \times 20\%$
		$= \$\ 29,882$	$= \$\ 20,918$
Computer fixed costs	Computer storage	$\dfrac{25}{25 + 35} \times \$254,000 \times 80\%$	$\dfrac{35}{25 + 35} \times \$254,000 \times 80\%$
		$= \$\ 84,667$	$= \$118,533$
Building occupancy— per *(a)*		$\$167,727$	$\$447,273$
Personnel—per *(a)*		$\$\ 71,855$	$\$\ 32,145$
Totals		$\underline{\underline{\$354,131}}$	$\underline{\underline{\$618,869}}$

Check: $254,000 + $615,000 + $104,000 = $354,131 + $618,869 = $973,000.

Self-Study Problem No. 2

Merrill's Machine Tools Company has two plants and allocates the headquarters' costs to the plants based on a three-factor formula using plant payroll, plant volume, and gross book value of plant tangible assets. The allocation percentage is an arithmetic average of three percentages:

1. Percentage of payroll dollars in each plant to the total payroll dollars for both plants.

2. Percentage of volume, in dollars, in each plant to the total volume in both plants.

3. Percentage of the average gross book value of tangible assets of each plant to the total book value of tangible assets for both plants.

The company has $480,000 in headquarters' costs to be allocated. The relevant factors for each plant are:

	Payroll	**Volume**	**Assets**
Michigan plant	$120,000	$ 600,000	$ 400,000
Texas plant	180,000	1,000,000	800,000
Total	$300,000	$1,600,000	$1,200,000

Required:

Determine the amount of headquarters' costs to be allocated to each plant using the multiple-factor allocation method.

Solution to Self-Study Problem No. 2:

	Michigan Plant	**Texas Plant**	**Total**
Percentage factors:			
Payroll	$\dfrac{\$120,000}{\$300,000} = 40.0\%$	$\dfrac{\$180,000}{\$300,000} = 60.0\%$	100%
Volume	$\dfrac{\$600,000}{\$1,600,000} = 37.5\%$	$\dfrac{\$1,000,000}{\$1,600,000} = 62.5\%$	100%
Assets	$\dfrac{\$400,000}{\$1,200,000} = 33.3\%$	$\dfrac{\$800,000}{\$1,200,000} = 66.7\%$	100%
Average:			
Michigan	$\dfrac{(40.0\% + 37.5\% + 33.3\%)}{3} = 36.9\%$		
Texas		$\dfrac{(60.0\% + 62.5\% + 66.7\%)}{3} = 63.1\%$	

Allocation of headquarters' costs:
Michigan $480,000 × 36.9% = $177,120
Texas $480,000 × 63.1% = $302,880
                                $480,000

Questions

4–1. If cost allocations are arbitrary and potentially misleading, should we assume that management is foolish for using information based on allocated costs?

4–2. What are some of the costs of cost allocation?

4–3. What are some of the benefits of cost allocation?

4–4. What principle is used to decide whether to allocate costs to cost objects?

4–5. One critic of cost allocation noted: "You can avoid the problem of arbitrary cost allocations by simply not allocating any common costs to other cost objects." What are your thoughts on this suggestion?

4–6. What do we mean when we say that common costs are not affected by the production of an additional unit of output? Isn't there some limit to the validity of this statement?

4–7. What are some management uses of information based on allocated costs?

4–8. List the two major stages in the cost allocation process. What are the three activities in stage 1?

4–9. Is there a reasonable criterion for selecting the basis that is used to allocate costs? Explain your answer.

4–10. List the four broad categories of common costs and the usual basis for allocation of costs in each category. The basis may be expressed as an example or in broad terms.

4–11. A cost such as company headquarters' cost does not fit into any one of the broad categories of common costs. A cost such as this may be a result of a number of different causal factors. Is there a way to allocate such a cost? Describe the approach.

Exercises

4–12. Cost Allocations—Select Appropriate Base

For each of the types of common cost in the first column, select the most appropriate allocation base from the second column:

Common Cost	Allocation Base
Building utilities	Value of inventories
Payroll accounting	Number of units produced
Property taxes on inventories	Number of employees
Equipment repair	Space occupied
Quality control inspection	Number of service calls

4–13. Compute Cost Allocations

A company has two divisions that share the common costs of the company equipment service department. You have the following information about the equipment service department and the two other divisions:

Costs of the equipment service department, $48,500

Division	Service-Hours Used This Period	Value of Equipment
A	460	$121,250
B	316	480,000

Required:

a. What is the service department cost charged to each division if service-hours is used as an allocation basis?

b. What is the service department cost that would be charged to each division using value of equipment as a basis for allocation?

c. Which method allocates more costs to Division A? Which method allocates more costs to Division B?

4–14. Dual Rates for Allocation

Refer to data for the company in exercise 4–13.

Determine the cost allocation if $26,000 of the service department costs are fixed and allocated on the basis of value of equipment and the remaining costs, which are variable, are allocated on the basis of service-hours used this period. (See Illustration 4–2 for example.)

4–15. Evaluation of Alternative Methods

Compare your answers to exercises 4–13 and 4–14.

From the company's point of view, does it matter whether service-hours, equipment value, or the dual rate is used? Does it matter to division managers which method is used?

4–16. Allocating Costs of Service Departments to User Departments

A CPA firm has two departments, audit and tax, and a support staff (for example, word processing personnel) that serves both departments. The following information is given concerning the support staff and the two departments.

	Support Staff Hours Charged to Department	Payroll of Department
Audit	2,000	$200,000
Tax	6,000	150,000

Costs of the support staff, $100,000

Required:

a. What is the support staff cost charged to each department if hours charged is the allocation basis?

b. What is the support staff cost charged to each department if departmental payroll is the allocation basis?

4–17. Dual Rates for Allocating Service Department Costs

Using the data for the CPA firm in exercise 4–16, what is the cost allocation if the fixed support staff department costs of $90,000 are allocated on the basis of department payroll, and the remaining costs (all variable) are allocated on the basis of hours charged to the department?

4–18. Compute Rates for Building Use

Affiliated Retailers operates a department store in Enola, Pennsylvania. The store has 120,000 square feet. Each department in the store is charged with a share of the costs of the building. The following information is available concerning two of the departments in the store:

	Department	
	Fashion Clothing	Furniture
Sales revenues	$700,000	$800,000
Cost of goods sold	370,000	380,000
Sales commissions, salaries, other direct expenses	210,000	240,000
Allocated administrative expenses	60,000	65,000
Operating profit before building occupancy costs	$ 60,000	$115,000
Area occupied	10,000 sq. ft.	40,000 sq. ft.

The total building occupany costs are $600,000 per year.

Required:

a. If area occupied is the basis for allocation of building occupany costs, what is the operating profit or loss for each of these two departments?

b. Would you change your answer to *(a)* if you learned that the fashion clothing department is located near the main entrance to the store and the furniture department is located in an upstairs, back corner of the store? Discuss why you would (or would not) change your answer.

4–19. Cost Allocations Using Multiple Factors

The Cost Accounting Standards Board has concluded that certain indirect costs that cannot be related to a government contract by any other manner are to be charged to the contract based on a three-factor formula. The three factors are property, payrolls, and "all other costs" charged to the contract. These factors are entered into three fractions. The three fractions are summed, and the sum divided by three. The result of this operation is the portion of these costs that are chargeable to the contract.

Stealthy Products, Inc., has a secret government contract. The company also engages in other activities. During the past year, it incurred $650,000 in costs chargeable to the government contract other than costs that must be allocated based on the "three-factor formula." The company incurred a total of $812,500 in this "all other cost" category of costs.

In addition, Stealthy used $2,000,000 of its $3,000,000 in property for the government contract. Payrolls of employees engaged in the government contract amounted to $390,000 out of total payrolls of $468,000.

Stealthy's costs subject to the three-factor formula are $122,000.

Required

How much of the $122,000 is chargeable to the government contract using the three-factor formula? (See Illustration 4–3 for an example.)

4–20. Dual Rates for Cost Allocation

InanOut, Inc., has two primary operating departments: receiving and delivery. Common costs for these two divisions are as follows:

Personnel management	$28,000
Computer services	42,000
Property taxes on equipment	7,500

The above computer services costs are 75 percent fixed by the capacity of the computer equipment. The remaining 25 percent vary with the time usage.

Some additional data about the departments are:

	Receiving	Delivery
Number of employees	120	60
Space occupied	20,000 sq. ft.	15,000 sq. ft.
Value of equipment	$500,000	$300,000
Machine-hours used	12,000	8,000
Computer time used	40 hrs.	50 hrs.
Units produced	17,000	17,500
Computer capacity demanded	200 megabytes	100 megabytes

Required:

Prepare a schedule allocating the common costs to the two departments using dual rates for the computer costs. (See Illustration 4–2 for an example.)

4–21. Allocating Manufacturing Overhead

Nautical Novelties produces two types of bathtub toys: rubber ducks and ships. Both are produced in the same plant on the same assembly line, and the company wants to know how to allocate the manufacturing overhead to the products. The relevant data for the possible allocation bases are as follows:

	Ships	Ducks
Materials used	$20,000	$10,000
Direct labor-hours	10,000	15,000
Direct labor costs	$50,000	$70,000
Machine-hours	3,000	2,000
Output	10,000	15,000

The company has $15,000 in manufacturing overhead.

Required:

For each of the five possible allocation bases, calculate the manufacturing overhead that would be allocated to each unit of output. Does the choice of allocation base have much effect on costs assigned to each product line?

4-22. Allocating Manufacturing Overhead

Wayne's Western Co. produces two styles of cowboy boots: standard and deluxe. The difference between the two is in the amount of handcrafting that is done. The deluxe boot uses more skilled labor because additional cutting and trimming is done by hand, which is not done for the standard boot. The relevant figures for the year just completed are given below.

	Standard	Deluxe
Materials used	$200,000	$ 100,000
Direct labor-hours	100,000	150,000
Direct labor costs	$700,000	$1,800,000
Machine-hours	40,000	10,000
Output, in pairs	80,000	15,000

The company has $75,000 in manufacturing overhead costs that it needs to allocate to the two different types of output.

Required:

For each of the five potential allocation bases, determine the amount of manufacturing overhead that would be allocated to each unit of output.

4-23. Multiple-Factor Allocation

Mozart Musik operates four record stores and allocates headquarters' costs based on the arithmetical average of three factors:

1. Percentage of payroll dollars in each store to the total payroll dollars for all stores.

2. Percentage of sales dollars in each store to the total volume in all stores.

3. Percentage of the average gross book value of tangible assets of each store to the total book value of tangible assets for all stores.

The company has headquarters' costs of $150,000. The relevant factors for the stores are:

	Stores				
	A	**B**	**C**	**D**	**Total**
Payroll	$ 60,000	$ 85,000	$ 70,000	$ 35,000	$ 250,000
Sales	1,000,000	1,200,000	1,100,000	700,000	4,000,000
Assets	140,000	250,000	210,000	200,000	800,000

Required:

Determine the amount of headquarters' costs allocated to each store.

Problems

4–24. Cost Allocation for Rate-Making Purposes

Failsafe Insurance, Inc., asked the regulatory board for an increase in the allowed premiums from its insurance operations. Insurance rates in the jurisdiction in which Failsafe operates are designed to cover the operating costs and claims against the insurance policies written. As a part of Failsafe's operations, its agents collect commissions based on premiums collected. Premiums collected are also used to pay claims and to invest in securities. All sales commissions are charged against premium income. In addition, the administrative operation includes a division that manages the company's investments. All administrative costs are charged against premium revenue in order to determine the income or loss from insurance operations. Failsafe claims that its insurance operations "just broke even" last year and that a rate increase is necessary. The following income statement (in millions) was submitted to support Failsafe's request:

Insurance income:	
Premium revenue	$400
Operating costs:	
Claims	250
Administrative	70
Sales commissions	80
Total operating costs	400
Insurance profit (loss)	–0–
Investment income	30
Profits after investment income	$ 30

Further investigation reveals that approximately 20 percent of the premium revenues are invested for a period averaging one year. This is possible because under accrual accounting, claims are recorded before they are paid. In addition, 10 percent of the administrative costs are incurred by the investment management division. The state insurance commission (which sets insurance rates) believes that Failsafe's insurance activities should earn about 5 percent on its premium revenues.

Required

a. If you were a consumer group, how would you present Failsafe's income statement? (For example, how would you allocate administrative costs and sales commissions between the "insurance income" category and the "investment income" category?)

b. If you were Failsafe management, what arguments would you present in support of the cost allocations included in the above income statement?

4–25. Cost Allocation for Travel Reimbusement

Your company has a travel policy that reimburses employees for the "ordinary and necessary" costs of business travel. Quite often employees will mix a business trip with pleasure either by extending the time at the destination or by traveling from the business destination to a nearby resort or other personal destination. When this happens, an allocation must be made between the business and personal portions of the trip. However, the travel policy is unclear on the allocation method to follow.

Consider the following example:

An employee obtained an excursion ticket for $660 and traveled the following itinerary:

From	To	Mileage	Regular Fare	Purpose
Washington, D.C.	Salt Lake City	1,839	$350	Business
Salt Lake City	Los Angeles	590	150	Personal
Los Angeles	Washington, D.C.	2,288	400	Return

Required:

Compute the business portion of the air fare and state the basis for the indicated allocation that would be appropriate according to each of the following independent scenarios:

a. Based on the maximum reimbusement for the employee.

b. Based on the minimum cost to the company.

c. What do you recommend?

4–26. Cost Allocation for Regulated Utility Pricing

Regulated utilities are generally permitted to charge users with the costs to service the specific class of users. Cost allocations are required to share common costs. For example, for an electric utility, common costs include costs of generating and distribution facilities. Variable costs, such as fuel costs, are normally considered direct.

Common costs are distributed on the basis of the capacity demanded by each class of users. Capacity may be measured in terms of peak use in a day or peak seasonal use. An alternative measure is to use average demand for allocating capacity charges. Average demand is the same as the actual use of electricity and, hence, is the usual basis for charging direct costs to users.

For example, Progressive Electric Company serves a three-county area. The area has two classes of users: (1) residential and (2) manufacturing. During the past year, the following data were generated:

User Class	Daily Peak Use	Seasonal Peak Use	Average Demand
Residential	50 million kwhr.	35 million kwhr.	15 million kwhr.
Manufacturing	25	20	18

The following costs were reported during the same period:

Common costs	$3 million	
Direct costs	2 million	

Required:

a. What are the three sets of rates per kilowatt-hour for each class of users under the three alternative allocation systems?

b. What arguments might be raised supporting or opposing the alternatives by each user group?

4–27. Cost Allocations in Contracting

Idiograms, Inc., entered into a contract to produce certain units on a cost-plus basis. During the contract period, Idiograms had 280 of its 520 employees working on the contract exclusively. Idiograms paid $340,000 in wages to the contract-related employees. During the same time, it paid $480,000 in wages to its noncontract-related employees. Its labor-related overhead costs amounted to $275,000. Idiograms submitted the following invoice to the purchaser:

Materials costs	$ 645,306
Labor costs	340,000
Other overhead	260,000
Labor-related overhead (not included elsewhere)	148,077
Total costs	1,393,383
Agreed profit (20%)	278,677
Contract balance due	$1,672,060

Upon receipt of the invoice, the purchaser questioned the allocation of labor-related overhead, noting that the costs seemed "out of line."

Required:

a.   What basis did Idiograms use for the allocation of labor-related overhead costs?

b.   What would be the effect on the contract balance due if Idiograms used the alternative basis suggested in the problem?

c.   Is it possible to conclude which basis is "more appropriate"?

4–28. Determine State Income Tax Allocations

MoIllCal, Inc., operates in three states: Missouri, Illinois, and California. The following information is available concerning the activities and taxing bases for each of the three states:

	Missouri	Illinois	California
Income tax rate	–0–	5%	7%
Basis for allocating income	—	Illinois sales over total sales	California sales, payroll, and property three-factor formula
Company sales occurring by state	—	$2.4 million	$1.8 million
Company payrolls by state	$2.6 million	.8	.6
Company property by state	1.2	.3	.5

Company headquarters are located in Missouri. Total company profits were $750,000 before state taxes.

Required: What is the income tax liability due to each state?

4–29. Interaction of State Taxes and Contract Costs

ArkFla, Inc., has two operating divisions. Fla Division operates entirely in Florida and engaged exclusively in the manufacture and sale of commercial products. Ark Division operates exclusively in Arkansas and is engaged in the manufacture of military equipment. Prior to receiving a new defense contract, ArkFla, Inc., had the following distribution of property, payrolls, and sales between the two states:

	Arkansas	Florida
Property	$4.9 million	$ 5.6 million
Payrolls	1.2	1.6
Sales	7.4	11.7

Total income was $3 million. ArkFla received a government contract that required the addition of $1.0 million in property in Arkansas. Payroll in Arkansas was increased by $.9 million, and sales increased by $3.1 million. The contract added $300,000 to income.

Florida levies its 6 percent state income tax using the property, payrolls, and sales factors. No other elements in the factors for either state changed.

Required: What effect, if any, did the defense contract have on the Florida tax liability?

4–30. Cost Allocations in Cost-Plus Pricing

Global Airlines is considering offering Business Class service on its transpacific routes. The problem Global faces is that it wants the Business Class service to provide an equivalent return to that which it obtains from its Economy service. The Business Class fare must be set in such a way that it will provide the same margin per seat as the Economy Class fare. Management has some question as to the appropriate way to assure that this objective will be met.

The published Economy Class fare is $800 one way. However, as noted by the revenue accounting manager, discount fares result in an average Economy Class fare of $500 one way.

Business Class service would incur a meal cost estimated at $45 per passenger. This compares with the Economy Class meal service cost of $25 per passenger.

One and a half Economy class seats would fit into the space used for each seat in Business Class. Baggage handling, reservations, and similar incidental costs are estimated at $10 per passenger for the variable portion of those costs for either class. Fixed costs per flight (crew salaries, fuel, landing fees, etc.) are allocated at $275 per passenger for either class.

Required:

What fare for Business Class would meet management's objectives?

4–31. Allocated Costs and Incentive Contracts

Volume Sales Company has a highly competitive organization. Division managers (and division employees) receive a bonus if the division reports "above-average" returns for a year. Profits are determined using allocated common costs. Returns are measured by dividing profits by the book value of assets in each division.

The following profit and performance reports were prepared for the managers of Division X and Division Y (these are two of many divisions in the company):

	(in thousands)	
	Division X	**Division Y**
Sales revenue	$450	$600
Costs:		
Direct costs	200	300
Allocated costs	200	160
Division profit	$ 50	$140
Division assets	$200	$560
Division return (Profit ÷ Assets)	25%	25%

The average return for the company was also 25 percent.

The manager of Division X notes that allocated costs were distributed to each division on the basis of number of employees. She suggests that costs should be allocated on the basis of assets because the allocated costs are headquarters' costs. In her view, the primary role of headquarters is to provide assets for the use of operating divisions. Had the costs been allocated on the basis of division assets, she calculated that Division X would have been allocated with costs of $140 and Division Y with costs of $390.

The manager of Division Y argues that central management is really concerned with maintaining employee relations. The advantage to a large organization such as this one is that employees identify with the company, not just with a division. He further asserts that the greater an employee's pay, the more the employee requires services of corporate headquarters. He therefore suggests that payroll costs be used as the basis for allocation of the common costs. If payroll costs were used, he calculated that Division X would be allocated with $220 of allocated costs and Division Y with $135.

Required:

What would be each division's return using each manager's proposal? What suggestions do you have for the solution to the incentive compensation problem for Volume Sales Company?

4–32. Using Machine-Hours versus Labor-Hours for Allocating Overhead

The Herbert Manufacturing Company manufactures custom-designed restaurant and kitchen furniture. Actual overhead costs incurred during the month are applied to the products on the basis of actual direct labor-hours required to produce the products.

The overhead consists primarily of supervision, employee benefits, maintenance costs, property taxes, and depreciation.

Herbert Manufacturing recently won a contract to manufacture the furniture for a new fast-food chain. To produce this new line, Herbert Manufacturing must purchase more molded plastic parts for the furniture than for its current line. Through innovative industrial engineering, an efficient manufacturing process for this new furniture has been developed that requires only a minimum capital investment. Management is very optimistic about the profit improvement the new product line will bring.

At the end of October, the start-up month for the new line, the controller prepared a separate income statement for the new product line. The profitability for the new line was less than expected.

The president of the corporation is concerned that stockholders will criticize the decision to add this lower-quality product line at a time when profitability appeared to be increasing with the regular product line.

The results as published for the first nine months, for October, and for November are (in thousands):

	New Fast-Food Furniture	Regular Custom Furniture	Total
Nine months year to date:			
Gross sales	—	$8,100	$8,100
Direct material	—	2,025	2,025
Direct labor:			
Forming	—	758	758
Finishing	—	1,314	1,314
Assembly	—	558	558
Overhead	—	1,779	1,779
Cost of sales	—	6,434	6,434
Gross profit	—	$1,666	$1,666
Gross profit percentage	—	20.6%	20.6%
October:			
Gross sales	$400	$ 900	$1,300
Direct material	200	225	425
Direct labor:			
Forming	17	82	99
Finishing	40	142	182
Assembly	33	60	93
Overhead	60	180	240
Cost of sales	350	689	1,039
Gross profit	$ 50	$ 211	$ 261
Gross profit percentage	12.5%	23.4%	20.1%
November:			
Gross sales	$800	$ 800	$1,600
Direct material	400	200	600
Direct labor:			
Forming	31	72	103
Finishing	70	125	195
Assembly	58	53	111
Overhead	98	147	245
Cost of sales	657	597	1,254
Gross profit	$143	$ 203	$ 346
Gross profit percentage	17.9%	25.4%	21.6%

Ms. Jameson, cost accounting manager, stated that the overhead allocation based only on direct labor-hours is no longer appropriate. On the basis of a recently completed study of company overhead, Jameson feels that only the supervision and employee benefits should be allocated on the basis of direct labor-hours. The balance of the overhead should be allocated on a machine-hour basis. In Jameson's judgment, the increase in the profitability of the custom-designed furniture is due to a misallocation of overhead.

Actual direct labor-hours and machine-hours for the past two months are shown below.

	Fast-Food Furniture	Custom Furniture
Machine-hours:		
October:		
Forming	660	10,700
Finishing	660	7,780
Assembly	—	—
	1,320	18,480
November:		
Forming	1,280	9,640
Finishing	1,280	7,400
Assembly	—	—
	2,560	17,040
Direct labor-hours:		
October:		
Forming	1,900	9,300
Finishing	3,350	12,000
Assembly	4,750	8,700
	10,000	30,000
November:		
Forming	3,400	8,250
Finishing	5,800	10,400
Assembly	8,300	7,600
	17,500	26,250

The actual overhead costs for the past two months were:

	October	November
Supervision	$ 13,000	$ 13,000
Employee benefits	95,000	109,500
Maintenance	50,000	48,000
Depreciation	42,000	42,000
Property taxes	8,000	8,000
All other	32,000	24,500
Total	$240,000	$245,000

Required:

a. Reallocate the overhead for October and November using direct labor-hours as the allocation base for supervision and employee benefits. Use machine-hours as the base for the remaining overhead costs.

b. Support or criticize the conclusion that the increase in custom-design profitability is due to a misallocation of overhead. Use the data developed in requirement *(a)* to support your analysis.

(CMA adapted)

4–33. Alternative Allocation Bases for a Merchandising Company

Columbia Company is a regional office supply chain with 26 independent stores. Each store has been responsible for its own credit and collections. The assistant manager in each store is assigned the responsibility for credit activities, including the collection of delinquent accounts, because the stores do not need a full-time employee assigned to credit activities. The company has experienced a sharp rise in uncollectibles during the last two years. Corporate management decided to establish a collections department in the home office to be responsible for the collection function companywide. The home office of Columbia Company will hire the necessary full-time personnel. The size of this department will be based upon the historical credit activity of all of the stores.

The new centralized collections department was discussed at a recent management meeting. A method to assign the costs of the new department to the stores has been difficult because this type of home office service is unique. Alternative methods are being reviewed by top management.

The controller identified the following four measures of services (allocation bases) that could be used:

1. Total dollar sales.

2. Average number of past-due accounts.

3. Number of uncollectible accounts written off.

4. One twenty-sixth of the cost to each of the stores.

The executive vice president stated that he would like the accounting department to prepare a detailed analysis of the four service measures (allocation bases).

Required:

For each of the four measures of services (allocation bases) identified by the controller of Columbia Company:

a. Discuss whether the service measure (allocation base) is appropriate to use in this situation.

b. Identify the behavioral problems, if any, that could arise as a consequence of adopting the service measure (allocation base).

(CMA adapted)

Integrative Cases

4–34. Interpreting Divisional Financial Statements When Costs Have Been Allocated to Divisions

Darmen Corporation is one of the major producers of prefabricated houses in the home building industry. The corporation consists of two divisions: (1) Bell Division, which acquires the raw materials to manufacture the basic house components and assembles them into kits; and (2) Cornish Division, which takes the kits and constructs the homes for final home buyers. The corporation is decentralized, and the management of each division is measured by its division profits.

Bell Division assembles seven separate house kits using materials purchased at the prevailing market prices. The seven kits are sold to Cornish for prices ranging from $45,000 to $98,000. The prices are set by corporate management of Darmen using prices paid by Cornish when it buys comparable units from outside sources. The smaller kits with the lower prices have become a larger portion of the units sold because the final house buyer is faced with prices that are increasing more rapidly than personal income. The kits are manufactured and assembled in a new plant just purchased by Bell this year. The division had been located in a leased plant for the past four years.

All kits are assembled upon receipt of an order from the Cornish Division. When the kit is completely assembled, it is loaded immediately on a Cornish truck. Thus, Bell Division has no finished goods inventory.

Bell Division's accounts and reports are prepared on an actual cost basis.

Bell Division's annual report is presented in Exhibit A. This report forms the basis of the evaluation of the division and its management by the corporation management.

Additional information regarding corporate and division practices is as follows:

1. The corporation office does all the personnel and accounting work for each division.

2. The corporate personnel costs are allocated on the basis of number of employees in the division.

3. The accounting costs are allocated to the division on the basis of total costs excluding corporate charges.

4. The division administration costs are included in factory overhead.

5. The financing charges include a corporate imputed interest charge on division assets and any divisional lease payments.

Exhibit A (4–34)

BELL DIVISION
Performance Report
For the Year Ended December 31 Year 2

	Year 2	Year 1	Increase or (decrease) from Year 1 Amount	Percent Change
Production data (in units)				
Kits started	2,400	1,600	800	50.0
Kits shipped	2,000	2,100	(100)	(4.8)
Kits in process at year-end	700	300	400	133.3
Increase (decrease) in kits in process at year-end	400	(500)	—	—
Financial data (in thousands)				
Sales	$138,000	$162,800	$(24,800)	(15.2)
Production costs of units sold:				
Direct material	32,000	40,000	(8,000)	(20.0)
Labor	41,700	53,000	(11,300)	(21.3)
Factory overhead	29,000	37,000	(8,000)	(21.6)
Cost of units sold	102,700	130,000	(27,300)	(21.0)
Other costs:				
Corporate charges for:				
Personnel services	228	210	18	8.6
Accounting services	550	492	58	11.8
Financing costs	300	525	(225)	(42.9)
Total other costs	1,078	1,227	(149)	(12.1)
Division profits	$ 34,222	$ 31,573	$ 2,649	8.4
Division investment	$ 92,000	$ 73,000	$ 19,000	26.0
Return on investment (Division profits ÷ Division investment)	37%	43%	(6)%	(14.0)

Required:

a. Discuss the value of the annual report presented for the Bell Division in evaluating the division and its management in terms of:

1. The accounting techniques employed in the measurement of division activities.

2. The manner of presentation.

3. The effectiveness with which it discloses differences and similarities between years.

Use the information in the problem to illustrate your discussion

b. Present specific recommendations you would make to the management of Darmen Corporation that would improve its accounting and financial reporting system.

(CMA adapted)

4–35. Cost Allocation and Decision Making

Although the business as a whole was profitable, the sporting goods department of Pierre Wholesalers showed a loss last year. The income statement for the sporting goods department, shown here, reports on operations for last year.

PIERRE WHOLESALERS COMPANY
Sporting Goods Department
Partial Income Statement

Sales revenue	$600,000	
Cost of goods sold	375,000	
Gross margin		$225,000
Costs:		
Direct labor and supervision	73,000	
Commissions of sales staff[a]	70,000	
Rent[b]	36,000	
State taxes[c]	8,000	
Insurance on inventory	14,000	
Administration and general office[d]	34,000	
Total costs		235,000
Loss before allocation of income taxes		$ (10,000)

[a] All sales staff are compensated on a percent of sales commission.

[b] Rent is charged to departments on a square-foot basis. The company rents an entire building, and the sporting goods department occupies 15 percent of the building.

[c] Assessed annually on the basis of average inventory on hand each month.

[d] Allocated on basis of departmental sales as a fraction of total company sales.

Based on these results, management is considering closing the sporting goods department. Members of the management team agree that keeping the sporting goods department is not essential to maintaining good customer relations and supporting the rest of the company's business. Thus, eliminating the sporting goods department is expected to have no effect on the amount of business done by the other departments.

Required:

What action do you recommend to management of Pierre Wholesalers Company and why?

4–36. Eastern Refineries, Ltd. (Cost Allocations in Contract Dispute)*

In 1980, American Oil Corporation and United Petroleum (two large, integrated petroleum companies) entered into an agreement to construct and operate a petroleum fuels refinery in the Far East. A corporation named Eastern Refineries Limited was formed to operate the refinery. At the time the agreement was drawn up, American provided 70 percent of the capital, while United provided 30 percent.

---

* CIPT Co. 1987.

The sponsoring companies received capital stock in Eastern in proportion to the capital provided by them.

The refinery. A refinery processes crude oil through various heat, pressure, and chemical operations to extract as much gasoline from the crude as possible. Other products such as sulphur, kerosene, distillate fuels, and asphalt are produced as by-products. A certain quantity of fuel extracted from the crude is used to provide the heat necessary to operate the refinery as well as to provide heat and power for the refinery administrative and service support functions.

The original Eastern fuels refinery consisted of five principal processing units as diagrammed in Exhibit A. Crude oil was shipped to the refinery and piped to the crude splitter. This unit separates the crude oil into two products: (1) "overheads," which consist of the lighter fractions from the crude and (2) "bottoms," which contain the heavier fractions. Bottoms have relatively little energy content and are, therefore, usually sold as asphalt with very little further processing.

Exhibit A (4–36)   **Flow of Product through the Eastern Fuels Refinery**

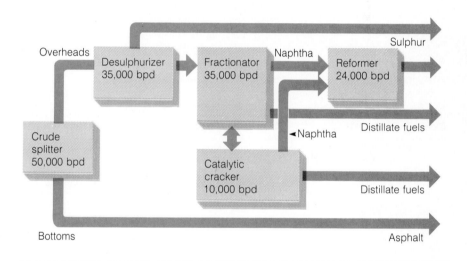

The overheads contain naphtha, a very light fraction; fuel oil, an intermediate product; and sulphur. The sulphur must be removed before the overheads can be processed into finished products. A desulphurization unit extracts the sulphur from the overheads. The remaining overhead flow is then distilled in the fractionator. The products with the lower boiling point (that is, the lighter fractions) vaporize as the temperature in the fractionator equals the boiling point of the respective fraction. The vaporized fractions are then cooled and return to their liquid state.

Naphtha, one of the lighter fractions, is used to make gasoline. With the use of heat and pressure in the reformer unit, naphtha is converted into gasoline. The remaining fractions are then directed to the catalytic cracker. This unit employs chemical and heat processes to convert some of the heavier materials from the fractionator into the more valuable naphthas. The naphthas from the catalytic cracker are then processed through the reformer in the same manner as the naphthas from the fractionator. The remaining output from the catalytic cracker is sold as distillate fuel products (such as kerosene, jet fuel, and heating oil).

Refinery investment costs. The costs to construct the initial refinery totaled $60 million. These initial costs were related to different units and support functions as follows (in thousands):

Unit	Investment Cost
Crude splitter	$10,000
Desulphurizer	6,000
Fractionator	13,000
Catalytic cracker	15,000
Reformer	9,000
Administrative, support, and other	7,000
Total	$60,000

The sponsoring companies entered into a contract for the processing of crude oil through the refinery. Each sponsor was permitted to utilize the refinery capacity to process crude oil in the same ratio as their equity investment. Thus, American was permitted to process 35,000 barrels per day (70 percent of 50,000 bpd capacity). The refinery did not take title to the crude it processed but rather acts as a processing service that receives the crude, processes it, and delivers the end products to each processor. To recover its costs, the refinery charges a processing fee to each of the sponsors. The processing fee consists of a variable charge based on the crude oil actually processed during a period plus a fixed charge based on the sponsor's share of refinery capacity.

Certain operating and cost data related to refinery processing during the years 1985 and 1986 are shown in Exhibit B.

Exhibit B (4–36)   **Summary Operating and Cost Data (in thousands)**

	1985	1986
Crude processed (barrels):		
American	12,700	12,775
United	4,100	4,050
Total	16,800	16,825
Variable costs:		
American	$ 3,061	$ 2,965
United	1,008	954
Total	$ 4,069	$ 3,919
Fixed costs:		
American	$ 6,510	$ 6,447
United	2,790	2,763
Total	$ 9,300	$ 9,210
Products delivered:		
American:		
Gasoline (barrels)	6,126	6,103
Distillate fuels (barrels)	2,780	2,759
Sulphur (tons)	16	16
Asphalt (barrels)	417	408
United:		
Gasoline (barrels)	2,362	2,376
Distillate fuels (barrels)	591	597
Sulphur (tons)	7	8
Asphalt (barrels)	134	136

Expansion proposal. American had been utilizing close to its share of capacity for several years. Indeed, to supply all of its customers in the market area served by this refinery, it was necessary to import finished distillate fuels from other, distant refining facilities. On occasion, to supply its customers, the company was required to purchase distillate fuels on the spot market.

As a result of market conditions, company management proposed that parts of the Eastern refinery be expanded. The expansion would provide additional distillate fuels for American's local needs and, in addition, would provide naphthas that could be transported to another American refinery for further processing. There would be a net reduction in the company's transportation costs from savings in distillate fuels transportation. As a result of this, and by eliminating the need to make spot market purchases, American management estimated it could obtain net after-tax cash savings of $2,500,000 in each of the estimated 20 years' life of the refinery expansion. The return on investment for the project was quite high because the project could utilize the tankage, wharf, and piping systems that were already in place at the refinery site.

According to the agreement between the sponsors of Eastern, any sponsor could request that the refinery company construct an expansion or modification to increase the maximum capacity of the refinery. If one of the sponsors proposed an expansion, it had to advise the other sponsor of the nature of the project and the estimated investment costs of the project together with an estimate of the fixed costs that would arise from the expansion. The other sponsor could elect to join in the project or could decline. If this sponsor declined participation, the expansion could still be conducted, but all of the investment costs would then be charged to the sponsor that proposed the expansion.

The agreement between the sponsors further provided that any such expansion would become a part of the refinery but that the sponsor who financed the expansion would receive the exclusive right to use the expansion. In addition, appropriate adjustments were to be made to the accounting procedures to reflect the existence of the expansion and to make certain that neither party was adversely affected by the expansion. The definition of "appropriate adjustments" was not specified in the agreement.

In 1985, American submitted a proposal to expand the crude splitter, desulphurizer, and fractionator. Summary data concerning the estimated incremental costs, investment required, and capacity expansions for the units are shown in Exhibit C. Information concerning American's estimated cash savings from the project were not disclosed because those data are proprietary.

Exhibit C (4–36)   **Proposal for Expansion (dollars in thousands)**

Units to be expanded:
  Crude splitter
  Desulphurizer
  Fractionator

	Unit		
	Crude Splitter	**Desulphurizer**	**Fractionator**
Incremental capacity	30,000 bpd	10,000 bpd	10,000 bpd
Projected costs of investment	$4,000	$800	$2,200
Projected incremental fixed costs (per year)	$ 300	$100	$ 150

After reviewing the proposal, United notified Eastern that it did not wish to participate. United objected to Eastern's construction of the proposed expansion on the grounds that they would suffer a reduced ability to compete with American should American obtain the proposed additional ability to produce distillate fuels.

American agreed to finance all of the costs of the expansion. The expansion was constructed for the investment costs shown in Exhibit C. The new units were placed in service at the start of 1987.

At the end of 1987, a report of operating and cost data was prepared. This report is reproduced in Exhibit D. The fixed costs included $9,500,000 attributed to the original refinery plus $560,000 considered related to the expansion.

Exhibit D (4–36)   **Summary Operating and Cost Data (in thousands)**

	1987
Crude processed (barrels):	
American	23,750
United	3,840
Total	27,590
Variable costs:	
American	$ 5,556
United	1,150
Total	$ 6,706
Fixed costs:	
American	$ 7,210
United	2,850
Total	$10,060
Products delivered:	
American:	
Gasoline (barrels)	6,128
Distillate (barrels)	6,320
Sulphur (tons)	25
Asphalt (barrels)	830
Naphthas (barrels)	3,975
United:	
Gasoline (barrels)	2,337
Distillate (barrels)	610
Sulphur (tons)	7
Asphalt (barrels)	133

Upon receipt of this statement, United immediately objected to the allocation of fixed costs. In a memorandum to the board of directors of the refinery, United management stated:

> As you know, we objected to the expansion of this refinery because we believed such an expansion was not in the best interest of the refinery and would be harmful to our competitive position in the local market.
>
> Our agreement calls for the allocation of fixed costs on the basis of the maximum capacity of the Eastern refinery. Whereas we previously had 30 percent of that maximum capacity and paid 30 percent of the fixed costs, we now only have 18.75 percent of that capacity. However, you have charged us 28.3 percent of the total fixed costs. Our share of the fixed costs should not exceed 18.75 percent, and we request an immediate adjustment to our account.
>
> We note that under your allocation scheme our fixed costs per barrel amounted to $.74 this year, but the fixed costs allocated to American only amounted to $.30. This disparity clearly demonstrates that your method of allocation is incorrect.
>
> Finally, it is apparent that the wharf and related facilities, which we helped construct, are being utilized to a much greater extent now that American is processing a greater share of the refinery throughput. We believe that American should be

required to reimburse us for the difference between our 30 percent investment in the wharf and our usage, which this year only amounted to 13.9 percent.

We trust this matter can be resolved promptly at the next meeting of the board.

The chairman of the board of Eastern has directed this memorandum to the controller's office with the following comment:

The points raised in this letter will be discussed at next week's meeting of the board. It is imperative that we straighten this out at once. The points appear logical, and I hope that any error in your office can be corrected.

What is the amount by which they appear to have been overcharged? How would their method affect the economic viability of the expansion? What accounting principles did you use in arriving at your method of allocation?

Required: The controller asked you to prepare a draft of a response to the chairman of the board together with any supporting schedules or documents that would be required. Your response should address each of the points raised in the letter from United.

5

Job Costing

To understand the way costs are assigned to goods and services, using job costing as the example.

To understand the use of predetermined overhead rates for applying overhead to goods and services.

■　This is the first of two chapters that present methods of accumulating and applying costs to the products. We extend the overview of cost accumulation in Chapter 3 to discuss specific methods of calculating the cost of a unit produced. To make the analysis concrete, we focus on product costing methods when the units produced are called jobs.

Job Costing versus Process Costing

There is a lot of variety in the nature of production activities just as in the accounting systems designed to record the activities. At the two ends of the spectrum are *job systems* and *process systems.* Each uses a different costing method. Job costing is used when units or batches of units are easily identifiable as separate units. In job costing, costs are traced to individual units or jobs, so each unit or job must be distinguishable from other units or jobs.

Organizations like print shops, custom home builders, and custom machine manufacturers use job systems. So do companies that produce on cost-based contracts, such as defense, highway, and dam construction contractors. Many nonprofit organizations use job costing to account for individual projects, such as rehabilitation or street repair programs. Some service organizations, such as CPA and consulting firms, use job costing to determine the cost of each job performed for each client.

For example, University Press recently published two books. One book was about 100 pages long; the other book was about 700 pages long. The 700-page book required more paper, more press time, and more editing than the 100-page book. An average cost per book (total costs divided by the two books published) would be meaningless; instead, each book is treated as a separate job to which costs of that job are assigned.

Job costing is also used when different product lines are manufactured. A furniture manufacturer may produce a batch of similar chairs, then a batch of tables, then a batch of chests, and so forth. Each batch can be treated as a job for accounting purposes.

Process systems are at the other end of the spectrum from job systems. Process systems generally mass-produce a single, homogeneous product in a continuing process.

Process costing is used when identical units are produced through an *ongoing series of uniform production steps.* Process systems are used in manufacturing chemicals, grinding flour, refining oil, and assembling electronic calculators. Because individual units or batches of units are not readily identifiable, process costing systems differ from job costing systems. We discuss specific methods of accounting for process systems in Chapter 6.

Most organizations use job systems for some work and process systems for others. A house builder might use process costing for standardized homes with a particular floor plan. The same builder might use job costing when building a custom-designed home for single customer. Honeywell, Inc., a high-technology company, uses process costing for most of their furnace thermostats and job costing for their specialized defense and space contracting work.

Accumulating Costs for Jobs

The accounting task in job costing is to measure the costs of producing each job. These costs are used for setting prices, bidding, controlling costs, and evaluating performance. Prospective customers almost always ask for estimates in advance, and they frequently award jobs on a competitive basis. Consequently, suppliers must be able to estimate costs accurately if they are to compete and make a profit.

Sources of Data for Job Costing

In job operations, managers estimate and control costs by keeping separate records of costs for each job. The **source document** is some type of **job cost record,** called a job cost *sheet, card,* or *file.* Job cost files are used when accounting data are collected and stored by computer. Job cost sheets or cards are used when data are collected manually.

An example of a job cost record is shown in Illustration 5–1. This is a printout for Job No. 102 for Custom Manufacturing Company, which was started and finished in January. Note that this record shows detailed calculations for the direct materials, direct labor, and manufacturing overhead charged to the job.

As noted on the job cost record, the actual costs accumulated for the job are compared with estimated costs to evaluate employee performance in controlling costs and to provide information for negotiating for a price increase with the customer. The comparison of actual and estimated job costs also provides feedback on the accuracy of the cost estimation, which can be very important. In most job shops, the accuracy of job cost estimates can be the difference between a profitable organization and one that is bankrupt.

Recording Job Costs in the Accounts

This section discusses methods of (1) obtaining materials, labor, and other items needed for production and (2) accounting for the costs of production in job operations. Most companies with job operations follow these basic steps in accounting for job costs. We show the journal entries to record cost flows using Custom Manufacturing Company as an example.

Custom Manufacturing had one job in process on January 1—Job No. 101. After some minor work on Job No. 101, it was completed and shipped to a customer in January. The costs for the second job of Custom Manufacturing, Job No. 102, were presented on the job cost record in Illustration 5–1. Job No. 102 was started in January and moved to finished goods inventory on January 26. At January 31, it awaited shipment to a customer. The third job, Job No. 103, was started in January and is still in process on January 31.

Beginning Inventories. Materials inventory on hand January 1 was $10,000. Beginning work in process inventory on January 1 was comprised of Job No. 101, which was in process on January 1.

The following costs had been incurred for Job No. 101 prior to January 1:

Direct materials	$14,000
Direct labor	22,000
Manufacturing overhead	25,000
Total	$61,000

Illustration 5–1 **Job Cost Record**

Job number: 102   Customer: D. Bell

Date started: Jan 8   Date finished: Jan 26

Description: Manufacture custom equipment
according to blueprint No. 48-102.

Assembly Department

Direct Materials			Direct labor			Manufacturing overhead	
Date	Requisition number	Cost	Date	Employee number	Cost	Date	Cost
Jan 8	102-A1	$23,000	Jan 8-14	88	$980	Jan 31	$52,000[a]
Jan 13	102-A2	$4,000	Jan 12-18	67	$720		
Jan 24	(return to storeroom)	($3,000)					

(Many more employees were added to this list. In total, $40,000 direct labor cost was incurred).

Total costs

Direct materials	$24,000	
Direct labor	$40,000	
Manufacturing overhead	$52,000[a]	$116,000

Transferred to finished goods inventory on Jan 26

Total job costs:	Actual	Estimate
Direct materials	$24,000	$26,000
Direct labor	40,000	36,000
Manufacturing overhead	52,000[a]	46,800[a]
Total	$116,000	$108,800

Explain discrepancies between actual and estimated costs below:

Blueprint called for special parts that customer did not want.
This reduced direct materials costs from the estimate.
The replacement parts for the equipment required more finishing
than the special parts did, so direct labor was higher than
estimated. (As of January 31, we were negotiating with the
customer for a price increase.)

Note: Data and comments are assumed for purposes of this illustration.

[a] Actual manufacturing overhead was applied to the job after the end of January when actual overhead costs were known. Manufacturing overhead was estimated to be 130 percent of direct labor costs.

Illustration 5–2
Cost Flows through T-Accounts—Materials

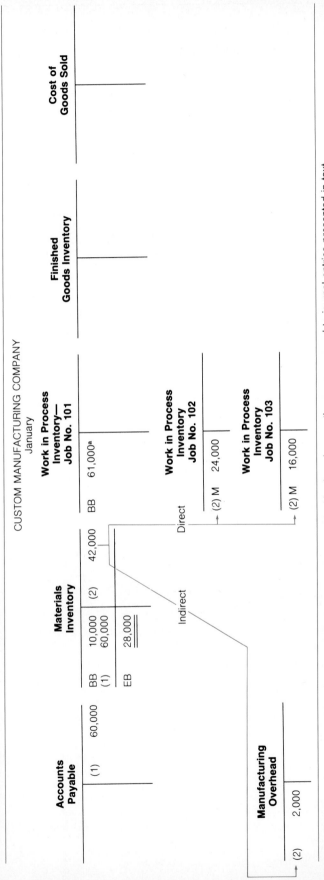

CUSTOM MANUFACTURING COMPANY
January

Note: BB = Beginning balance; EB = Ending balance; and M = Materials. Numbers in parentheses correspond to journal entries presented in text.

^a Beginning inventory is composed of:

Direct material	$14,000
Direct labor	22,000
Manufacturing overhead	25,000
Total	$61,000

Hence, the work in process inventory balance on January 1 was $61,000. There was no beginning finished goods inventory. These beginning balances are shown in Illustration 5–2.

Accounting for Materials.   A company typically purchases, in advance, the materials that it commonly uses and stores them in materials inventory. Assume that in January, Custom Manufacturing purchased $60,000 of direct and indirect materials. This purchase was recorded as follows:

(1)	Materials Inventory	60,000	
	Accounts Payable		60,000

Real World Application

Developing Job Costs in an Advertising Agency

JKL, Inc. (a fictitious name) is a New York-based advertising agency that was very successful in the 1970s. Management was so busy keeping up with day-to-day business demands that they had no time to develop a job costing system. In 1981, the company suffered a major loss, and management tried to determine why.

One of the reasons for the loss was the company's inadequate cost control. "Some (advertising) accounts were highly profitable and others extremely unprofitable, but top management had no idea which were which."* To deal with this problem, JKL set up a cost system that would show forecasts of revenues and costs for each advertising account. (Each advertising account is a job.) The key to the system was the analysis of employee costs, which are the only major variable costs. Rent, lights, and administration costs cannot be changed on a short-term basis. An important advantage of measuring costs for each account is that it alerts management that a particular account may be unprofitable before the fact. "Prior to the development of the forecasting system, a loss situation was discovered *after* the fact, rather than before it."†

The second part of the system was to develop a reporting system that compared these account (or job) forecasts with the actual results. This required some additional effort and time because employees were now required to keep track of their time spent on each job. Management stressed the importance of accurate time reporting, and "there would be no punishment for working too much or too little on any account."

This new system has several benefits. Keeping track of costs for each account provides feedback about the accuracy of the forecasts. It also provides information to account managers to help them manage their jobs efficiently. "For example, an account manager noticed a large amount of supervisory creative time was being spent on her account and decided to investigate further. It turned out that the supervisors were doing the actual creative work (rather than the creative department). She pointed this out to her superiors and a junior creative team was appointed to her account, saving a great deal of money."‡

Since developing the new cost system, management knows better which accounts are profitable, which accounts are not, and why.

* William B. Mills, "Drawing up a Budgeting System for an Ad Agency," *Management Accounting,* December 1983, p. 47.
† Ibid., p. 49.
‡ Ibid., p. 59.

When the supplier sends an invoice or bill for the shipment, the payable is recorded as shown earlier. Payment is recorded with a debit to Accounts Payable and a credit to Cash.

When materials are needed for a job or contract, the job supervisor or other authority requisitions them. The requested materials are removed from materials inventory and taken to the department where the job is being produced. The **materials requisition** form is next sent to the accounting department where it is the basis for the entry transferring materials from materials inventory to the job.

No materials were requisitioned for Job No. 101 in January. Job No. 102 had requisitions for materials totaling $27,000 and a return of $3,000 excess materials to materials inventory (see Illustration 5–1). The entries to record these transfers of direct materials are as follows:

(2a)	Work in Process Inventory—Job No. 102	27,000	
	Materials Inventory		27,000
	Per requisitions 102-A1 and 102-A2 (see Illustration 5–1).		
	Materials Inventory	3,000	
	Work in Process Inventory—Job No. 102		3,000
	Return of materials to materials inventory (see Illustration 5–1).		

Direct materials of $16,000 were requisitioned for Job No. 103, and recorded in entry (2b) below.

Indirect Materials. Materials inventory is also used for indirect materials and supplies that are not assigned to specific jobs but are charged to the Manufacturing Overhead account. For Custom Manufacturing, indirect materials requisitioned amounted to $2,000 in January, and were recorded in entry (2b) below.

(2b)	Work in Process Inventory—Job. No. 103	16,000	
	Manufacturing Overhead	2,000	
	Materials Inventory		18,000
	To record direct materials costs of $16,000 assigned to Job No. 103 and indirect materials costs of $2,000 charged to Manufacturing Overhead.		

Note that Illustration 5–2 presents the ending materials inventory balance, which can be found from the facts given above by solving the basic inventory formula:

$$\begin{array}{ccccc}
\text{Beginning} & + & \text{Transfers-} & = & \text{Transfers-} & + & \text{Ending} \\
\text{balance} & & \text{in} & & \text{out} & & \text{balance}
\end{array}$$

$$BB + TI = TO + EB$$
$$\$10,000 + \$60,000 = \$42,000 + EB$$
$$\$10,000 + \$60,000 - \$42,000 = EB$$
$$EB = \$28,000$$

Accounting for Labor. Production workers are usually paid an hourly rate and account for their time each day on timecards, timesheets, or other records. The time record provides space for them to account for the hours spent on each job during the day. This time record is the basis for the company's payroll.

The total cost to the company includes gross pay plus the employer's share of social security taxes and employment taxes, employer's contribution to pension and insurance plans, and any other benefits that are paid for the employee by the company. In general, these costs range from about 15 percent to about 70 percent of the wage rate, depending on the fringe-benefit plans in effect at a company. It is common for companies to add their fringe-benefit costs to the wage rate to assign costs to jobs. For example, if a particular employee has a wage rate of $15 per hour and the additional costs to the employer for fringe benefits and payroll taxes are 30 percent of wages, then the cost of the employee's time to the company will be $19.50 per hour [= $15 + (.30 × $15)]. When we refer to a labor rate per hour in this book, we are referring to the cost to the company including an allowance for the employer's costs for fringe benefits and payroll taxes.

For example, the payroll department of Custom Manufacturing Company recorded accumulated costs of $110,000 for manufacturing employees. Of the $110,000 total, $80,000 was attributed to direct labor costs, including employee benefits and taxes. The $80,000 is charged to Work in Process Inventory and posted to the specific jobs worked on during the period. Based on timecards, Job No. 101 was charged with $10,000 in January, Job No. 102 with $40,000 as presented in the job cost record in Illustration 5–1, and Job No. 103 was charged with $30,000. The remaining $30,000 is *indirect labor* and charged to Manufacturing Overhead. This indirect labor includes the costs of supervisory, janitorial, maintenance, security, and timekeeping personnel, as well as idle time by direct labor employees and overtime premiums paid to direct laborers. The following entry was made to record labor costs in January.

(3)	Work in Process Inventory—Job No. 101	10,000	
	Work in Process Inventory—Job No. 102	40,000	
	Work in Process Inventory—Job No. 103	30,000	
	Manufacturing Overhead	30,000	
	Wages Payable (or Accrued Factory Payroll)		110,000
	To record direct labor costs of $80,000 assigned to jobs and indirect labor costs of $30,000 charged to Manufacturing Overhead.		

The flow of labor costs through the T-accounts is shown in Illustration 5–3.

Accounting for Manufacturing Overhead. Indirect manufacturing costs, including indirect materials and indirect labor, are usually accumulated in the Manufacturing Overhead account. Each department usually has its own manufacturing overhead summary account so each department manager can be held accountable for departmental overhead costs. This helps top management evaluate how well department managers control costs. (This first stage of cost allocation is to allocate costs from the accounts in which they were initially entered to responsibility centers. In this case, the responsibility centers are departments.)

For example, in January, Custom Manufacturing has indirect materials costs of $2,000 and indirect labor costs of $30,000 charged to the Manufacturing Overhead account as shown in entries (2) and (3). Utilities and other costs credited to accounts payable were $46,000. An amortization of $7,000 representing the portion of prepaid taxes and insurance applicable to the period is included in the actual overhead, as is depreciation of $19,000. These items total $104,000

Illustration 5-3
Cost Flows through T-Accounts—Labor Costs

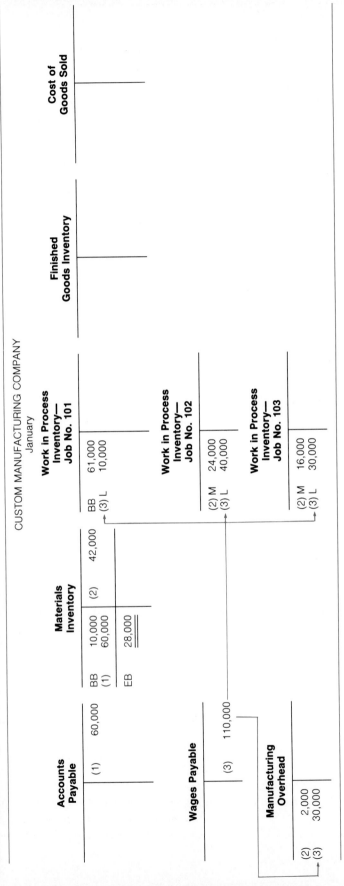

CUSTOM MANUFACTURING COMPANY
January

Work in Process Inventory— Job No. 101

BB	61,000
(3) L	10,000

Work in Process Inventory— Job No. 102

(2) M	24,000
(3) L	40,000

Work in Process Inventory— Job No. 103

(2) M	16,000
(3) L	30,000

Finished Goods Inventory

Cost of Goods Sold

Materials Inventory

BB	10,000	(2)	42,000
(1)	60,000		
EB	28,000		

Accounts Payable

(1)	60,000

Wages Payable

(3)	110,000

Manufacturing Overhead

(2)	2,000
(3)	30,000

Note: M = Materials; L = Labor.

and represent the actual overhead incurred during the period. While these are called **actual costs,** some are *allocated* to the department. For example, depreciation is the cost of an asset allocated over time, and utilities at Custom are allocated between manufacturing and nonmanufacturing.

The journal entries to record manufacturing overhead were:

(4)   Manufacturing Overhead   72,000
      Accounts Payable   46,000
      Prepaid Expenses   7,000
      Accumulated Depreciation   19,000
    To record actual manufacturing overhead costs other than
    indirect labor and indirect materials.

At the end of the month, Custom Manufacturing totals the actual manufacturing overhead costs incurred and applies them to jobs on the basis of direct labor costs incurred on each job. For January, the total manufacturing overhead costs incurred were $104,000, made up of $2,000 indirect materials, $30,000 indirect labor, and $72,000 overhead costs shown in entry (4). Direct labor costs were $80,000, so the overhead application rate was 130 percent of direct labor costs.

$$\frac{\text{Actual manufacturing overhead costs}}{\text{Direct labor costs}} = \frac{\$104,000}{\$80,000} = 130 \text{ percent}$$

The manufacturing overhead applied to each job in January was:

	Direct Labor Cost	Actual Overhead Rate	Manufacturing Overhead Applied
Job No. 101	$10,000	× 130 percent	= $ 13,000
Job No. 102	40,000	× 130	= 52,000
Job No. 103	30,000	× 130	= 39,000
Total	$80,000		$104,000

The entry to record this allocation of overhead to jobs is shown below.

(5)   Work in Process Inventory—Job No. 101   13,000
    Work in Process Inventory—Job No. 102   52,000
    Work in Process Inventory—Job No. 103   39,000
      Manufacturing Overhead   104,000
    To record application of manufacturing overhead to jobs.

The flow of these costs through T-accounts is illustrated in Illustration 5–4.

Recall that in the first stage, overhead was allocated to departments. In this second stage, it is allocated to jobs.

Transfers to Finished Goods Inventory.   When jobs are transferred out of production to the finished goods storage area, an entry is made transferring the costs of the jobs from the various work in process inventory accounts to the Finished Goods Inventory account. For example, Custom Manufacturing

Illustration 5-4
Cost Flows through T-Accounts—Manufacturing Overhead Costs

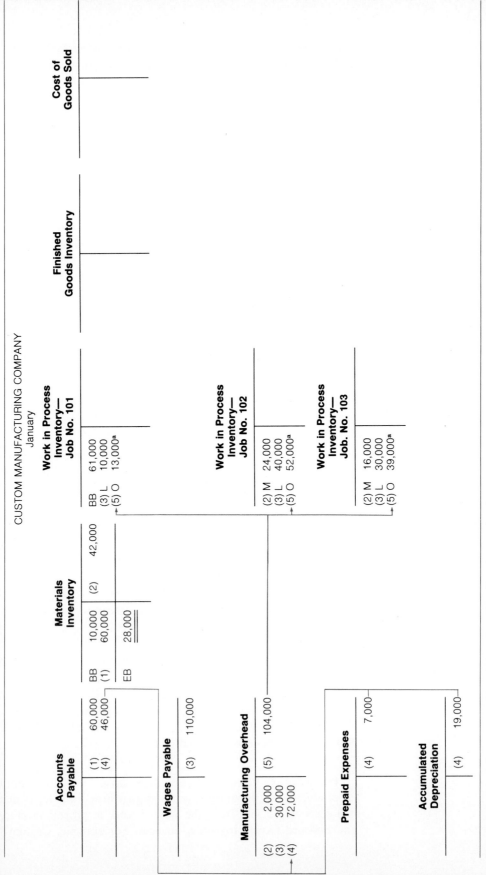

CUSTOM MANUFACTURING COMPANY
January

Note: M = Direct materials; L = Direct labor; O = Manufacturing overhead.

a Overhead application rate = 130 percent of direct labor dollars. 130 percent = $\dfrac{\text{Total overhead}}{\text{Total direct labor}} = \dfrac{\$104,000}{\$80,000}$.

completed Job Nos. 101 and 102 in January and transferred them to the Finished Goods Inventory account. The journal entry is:

(6)	Finished Goods Inventory	200,000	
	Work in Process Inventory—Job No. 101		84,000
	Work in Process Inventory—Job No. 102		116,000
	To transfer completed jobs to the finished goods storage area.		

Note that the amount transferred includes costs incurred in both the current period and in previous periods. For example, the transfer for Job No. 101 includes both $61,000 from beginning work in process inventory and $23,000 of costs incurred in January to complete the job.

Transfer to Cost of Goods Sold. When the goods are sold, they are transferred from the Finished Goods Inventory account to the Cost of Goods Sold account. For example, Custom Manufacturing sold Job No. 101 in January for $120,000 on account. When the job was sold, the journal entry to record the cost of goods sold was:

(7)	Cost of Goods Sold	84,000	
	Finished Goods Inventory		84,000
	Accounts Receivable	120,000	
	Sales Revenue		120,000

The flow of the costs of completed goods is shown in Illustration 5–5. The flow of all manufacturing costs, from the acquisition of materials to the final sale, are summarized in Illustrations 5–5 and 5–6.

Marketing and Administrative Costs

Marketing and administrative costs do not flow through Work in Process Inventory accounts. These costs are recorded in temporary accounts that are closed at the end of the accounting period. For example, Custom Manufacturing's marketing and administrative costs (all on account) were $10,000 in January. The entry to record these costs is:

Marketing and Administrative Costs	10,000	
Accounts Payable		10,000
To record marketing and administrative costs incurred in January.		

Completion of the Operating Cycle

Custom Manufacturing's income statement for January is shown in Illustration 5–7. The income statement and T-account flows can be related by cross-referencing many of the manufacturing costs from Illustrations 5–5 and 5–6. The temporary accounts (that is, income statement accounts) are usually closed only at the end of the year; but for illustrative purposes, we assume that Custom's accounts were closed for January to Retained Earnings. Assuming Job No. 101 was sold for $120,000, the closing entry is:

Sales Revenue	120,000	
Cost of Goods Sold		84,000
Marketing and Administrative Costs		10,000
Retained Earnings		26,000
To close temporary accounts.		

Illustration 5–5
Cost Flows through T-Accounts—Completed Goods

CUSTOM MANUFACTURING COMPANY
January

Accounts Payable

(1)	60,000
(4)	46,000

Materials Inventory

BB	10,000	(2)	42,000
(1)	60,000		
EB	28,000		

Wages Payable

(3)	110,000

Manufacturing Overhead

(2)	2,000	(5)	104,000
(3)	30,000		
(4)	72,000		

Prepaid Expenses

(4)	7,000

Accumulated Depreciation

(4)	19,000

Work in Process Inventory— Job No. 101

BB	61,000	(6)	84,000
(3) L	10,000		
(5) O	13,000		
	–0–		

Work in Process Inventory— Job No. 102

(2) M	24,000	(6)	116,000
(3) L	40,000		
(5) O	52,000		
	–0–		

Work in Process Inventory— Job No. 103

(2) M	16,000
(3) L	30,000
(5) O	39,000
EB	85,000

Finished Goods Inventory

BB	–0–	(7)	84,000 →(7)
(6)	200,000		
EB	116,000		

Cost of Goods Sold

84,000	

Illustration 5-6
Summary of Cost Flows

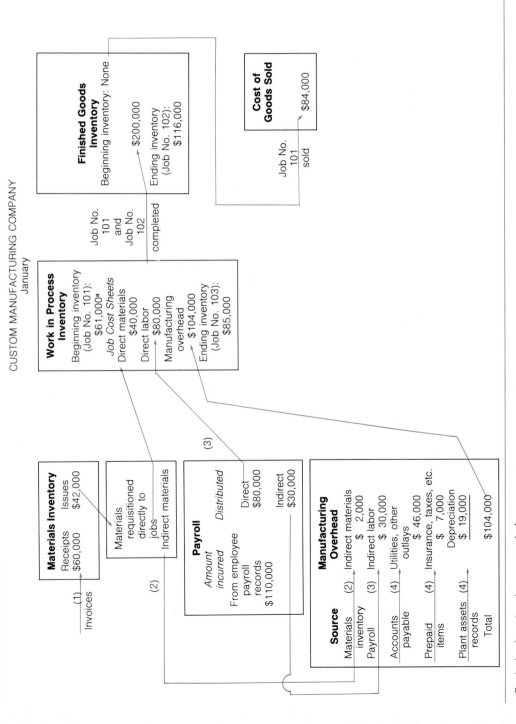

CUSTOM MANUFACTURING COMPANY
January

Materials Inventory

Receipts	Issues
$60,000	$42,000

(1) Invoices

Materials requisitioned directly to jobs

Indirect materials

(2)

Payroll

Amount incurred	*Distributed*
From employee payroll records $110,000	Direct $80,000
	Indirect $30,000

(3)

Manufacturing Overhead

Source		
Materials inventory	(2) Indirect materials	$ 2,000
Payroll	(3) Indirect labor	$ 30,000
Accounts payable	(4) Utilities, other outlays	$ 46,000
Prepaid items	(4) Insurance, taxes, etc.	$ 7,000
Plant assets records	(4) Depreciation	$ 19,000
	Total	$104,000

Work in Process Inventory

Beginning inventory (Job No. 101):
$61,000[a]
Job Cost Sheets
Direct materials $40,000
Direct labor $80,000
Manufacturing overhead $104,000
Ending inventory (Job No. 103): $85,000

Job No. 101 and Job No. 102 completed

Finished Goods Inventory

Beginning inventory: None

$200,000

Ending inventory (Job No. 102): $116,000

Cost of Goods Sold

Job No. 101 sold $84,000

[a] Beginning inventory is composed of:

Direct material	$14,000
Direct labor	22,000
Manufacturing overhead	25,000
Total	$61,000

Illustration 5–7

CUSTOM MANUFACTURING COMPANY
Income Statement
For the Month Ended January 31

Sales revenue	$120,000
Cost of goods sold (see statement below)	84,000
Gross margin	36,000
Less marketing and administrative costs	10,000
Operating profit	$ 26,000

Cost of Goods Manufactured and Sold Statement
For the Month Ended January 31

Beginning work in process inventory, January 1			$ 61,000
Manufacturing costs during the month:			
Direct materials:			
Beginning inventory, January 1	$10,000		
Add purchases	60,000		
Materials available	70,000		
Less ending inventory, January 31	28,000		
Total materials used	42,000		
Indirect materials used	2,000		
Direct materials put into process		$40,000	
Direct labor		80,000	
Manufacturing overhead		104,000	
Total manufacturing costs incurred during the month			224,000[a]
Total costs of work in process during the month			285,000
Less work in process inventory, January 31			85,000
Cost of goods manufactured during the period			200,000[b]
Beginning finished goods inventory, January 1			–0–
Less ending finished goods inventory, January 31			116,000
Cost of goods manufactured and sold			$ 84,000[c]

[a] This amount equals the total debits made to Work in Process Inventory in January (not counting the beginning balance).

[b] This amount equals the total debits to Finished Goods Inventory in January.

[c] This amount equals the total credits to Finished Goods Inventory in January.

Job Costing in Service Organizations

Job operations are also found in service organizations, such as engineering, consulting, and accounting firms. The job costing procedure is basically the same in both service and manufacturing organizations, except that service firms use no direct materials.

Example. Custom Engineering Company is an engineering consulting firm. Custom *Engineering* has the same cost data for January as Custom *Manufacturing,* but Custom Engineering *has no direct materials.* In addition, Custom Engineering has $2,000 in supplies in place of the $2,000 in indirect materials that Custom Manufacturing had. These supplies are purchased on account and shown on the debit side of the Service Overhead account.

Illustration 5–8 illustrates job costing in a service organization. It parallels Illustration 5–5, which shows cost flows for a manufacturing organization, except that direct materials costs have been deleted, there is no "finished goods inventory," and some minor changes have been made in account titles. Also, we

Illustration 5–8
Cost Flows through T-Accounts—Completed Work

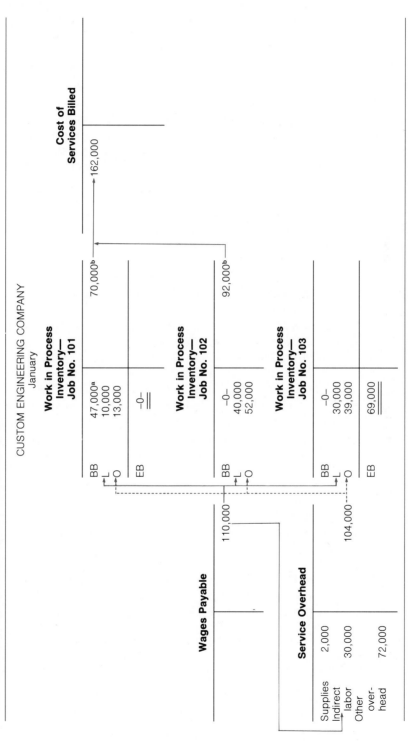

CUSTOM ENGINEERING COMPANY
January

Work in Process Inventory—Job No. 101

BB	47,000[a]		70,000[b]
L	10,000		
O	13,000		
EB	–0–		

Work in Process Inventory—Job No. 102

BB	–0–		92,000[b]
L	40,000		
O	52,000		

Work in Process Inventory—Job No. 103

BB	–0–	
L	30,000	
O	39,000	
EB	69,000	

Cost of Services Billed

162,000	

Wages Payable

	110,000

Service Overhead

Supplies	2,000	104,000
Indirect labor	30,000	
Other overhead	72,000	

[a] Beginning balance represents contract work in process but not billed. It is comprised of $22,000 for direct labor and $25,000 for service overhead incurred in previous periods on Job No. 101.

[b] Job Nos. 101 and 102 were completed and billed in January.

assume that the January 1 cost balance for Job No. 101 was $22,000 in direct labor and $25,000 in service overhead, for a total of $47,000. Job No. 102, which was completed in January, is assumed to have been billed in January.

Cost Flows with Multiple Production Departments

If a company had only one department, a single Manufacturing Overhead account and a single Work in Process Inventory account would suffice. But many manufacturing companies have several departments through which jobs pass in sequence. In each department, the job may accumulate direct material and direct labor costs, as well as manufacturing overhead. Thus, additions will be made to the job cost sheet as the order progresses from department to department.

Under such conditions, it is customary to establish a Work in Process Inventory account and a Manufacturing Overhead account for each department. As the job enters the first department in the process, it will be charged with some amount for direct materials. This will be recorded on the job cost record sheet and will also be charged to the department's Work in Process Inventory account. Time spent by direct laborers on the job in Department 1 and manufacturing overhead will also be charged on the job cost sheet and to Work in Process Inventory—Department 1.

When Department 1 has finished its work on an order, the job is forwarded to Department 2. At that time, an entry is made transferring the costs accumulated to date on the job cost sheet from Work in Process Inventory—Department 1 to Work in Process Inventory—Department 2. Costs transferred from previous manufacturing departments are called *prior department costs.*

Within Department 2, additional charges for materials, labor, and manufacturing overhead may be added. These costs are the responsibility of Department 2's manager. They will be recorded on the job cost sheet and charged to Work in Process Inventory—Department 2. When Department 2 has completed its work on a job, the total charges on the job to that point are transferred from Work in Process Inventory—Department 2 to the next department. If there are no subsequent departments, the total costs are transferred to Finished Goods Inventory. If jobs are sent directly from manufacturing to the customer, there may be no need for a Finished Goods Inventory account and the costs may be transferred directly to Cost of Goods Sold.

Example. Assume the Custom Manufacturing Company described above has two production departments: cutting and assembly. All jobs pass through both departments. Assume January costs were incurred as follows in each department:

| | Department | | |
	Cutting	Assembly	Total
Direct materials:			
Job No. 102	$21,000	$ 3,000	$24,000
Job No. 103	16,000	–0–	16,000

| | **Department** | | |
	Cutting	Assembly	Total
Direct labor:			
Job No. 101	–0–	10,000	10,000
Job No. 102	12,000	28,000	40,000
Job No. 103	30,000	–0–	30,000
Manufacturing overhead:			
Job No. 101	–0–	13,000	13,000
Job No. 102	15,600	36,400	52,000
Job No. 103	39,000	–0–	39,000

On January 1, Job No. 101 was in the assembly department. It was sold by the end of the month. On January 31, Job No. 103 was still in the cutting department.

Illustration 5–9 shows the flow of costs through the accounts when there are two production departments. (Illustration 5–9 is the same as Illustration 5–5, except Illustration 5–9 uses two departments whereas one department was assumed in Illustration 5–5). Entry (6) in Illustration 5–9 shows the transfer of costs from the cutting department to the assembly department.

This example assumes one overhead rate applies to both departments in the company; that is, a **companywide overhead rate,** 130 percent of direct labor costs, is used for both departments. An alternative is to use a separate overhead rate for each department, known as **department overhead rates.**

Use of Predetermined Overhead Rates

In the Custom Manufacturing Company example, actual manufacturing overhead was applied to jobs after the end of the month; therefore, there was no difference between actual and applied overhead.

In reality, manufacturing overhead is often applied to jobs *before* the actual overhead is known. When this is done, a **predetermined overhead rate** is used to apply manufacturing overhead to jobs. This rate is usually established before the year in which it is to be used, and it is used for the entire year. This normalizes the application of manufacturing overhead to jobs; hence, the resulting product costs are called **normal costs.** The following chart shows that the only difference between **normal costing** and **actual costing,** which is the method used in the Custom Manufacturing example, is the rate used to apply overhead to jobs and other products.

| | **Product Costing Method** | |
	Actual	Normal
Direct materials	Actual cost	Actual cost
Direct labor	Actual cost	Actual cost
Manufacturing overhead	**Actual rate** times Actual allocation base	**Predetermined rate** times Actual allocation base

Illustration 5-9
Cost Flows through T-Accounts—Multiple Departments

CUSTOM MANUFACTURING COMPANY

Accounts Payable

(1)	60,000
(4)	46,000

Materials Inventory

BB	10,000	(2)	42,000
(1)	60,000		
EB	28,000		

Wages Payable

(3)	110,000

Manufacturing Overhead—Cutting Department

(5a)	54,600	(5b)	54,600

Work in Process Inventory—Cutting Department— Job No. 102

BB	–0–	(6)	48,600
(2) M	21,000		
(3) L	12,000		
(5b) O	15,600		
EB	–0–		

Work in Process Inventory—Assembly Department— Job No. 101

BB	61,000	(7)	84,000
(3) L	10,000		
(5c) O	13,000		
EB	–0–		

Work in Process Inventory—Assembly Department— Job No. 102

BB	–0–	(7)	116,000
(6) P	48,600		
(2) M	3,000		
(3) L	28,000		
(5c) O	36,400		
EB	–0–		

Finished Goods Inventory

BB	–0–	(8)	84,000
(7)	200,000		
	116,000		

Cost of Goods Sold

(8)	84,000

Manufacturing Overhead

(2)	2,000	(5a)	104,000
(3)	30,000		
(4)	72,000		

Manufacturing Overhead—Assembly Department

| (5a) | 49,400 | (5c) | 49,400 |

Work in Process Inventory—Cutting Department—Job No. 103

BB	–0–		
(2) M	16,000		
(3) L	30,000		
(5b) O	39,000		
EB	85,000		

Prepaid Expenses

| (4) | 7,000 | | |

Accumulated Depreciation

| (4) | 19,000 | | |

Note: P = Costs of work done in prior departments; M = Materials; L = Labor; and O = Manufacturing overhead charged to jobs during January. Numbers in parentheses refer to journal entries to record the following transactions (transactions would not necessarily be in the following order):

(1) Purchase materials.
(2) Charge materials to jobs and to manufacturing overhead.
(3) Charge labor to jobs and to manufacturing overhead.
(4) Record additional overhead.
(5a), (5b), and (5c) Allocate overhead to departments, then to jobs. Overhead is applied to jobs at 130% of each job's direct labor cost.
(6) Transfer cost of work done to Job No. 102 in cutting department to assembly department.
(7) Transfer Job Nos. 101 and 102 to Finished Goods Inventory.
(8) Ship Job No. 101 to customer.

Example. Deluxe Manufacturing Company is exactly like Custom Manufacturing Company in every respect, except Deluxe Manufacturing uses an annual predetermined rate for applying manufacturing overhead to jobs. The predetermined rate is based on estimated direct labor costs. These are based on the estimated volume of activity, sometimes called the *normal volume* of activity.

$$\text{Predetermined rate} = \frac{\text{Estimated manufacturing overhead for the year}}{\text{Estimated direct labor costs for the year}}$$

$$= \frac{\$1,200,000}{\$1,000,000}$$

$$= 120 \text{ percent}$$

Here is how Deluxe Manufacturing used its predetermined rate to charge manufacturing overhead to individual jobs. (Compare these amounts applied to jobs with the actual manufacturing overhead charged to jobs at Custom Manufacturing in Illustration 5–5.)

	Actual Direct Labor Costs	Predetermined Overhead Rate	Manufacturing Overhead Applied
Job number 101	$10,000	×120%	=$12,000
Job number 102	40,000	×120	= 48,000
Job number 103	30,000	×120	= 36,000
Total	$80,000	×120	=$96,000

By using a predetermined rate, Deluxe Manufacturing normalizes the overhead applied to jobs. Over the course of time, manufacturing overhead costs can be quite erratic. Preventive maintenance costs are often higher in months when activity is low. Utility costs in cold climates are higher in winter than in summer, and the opposite is true in warm climates. If Deluxe Manufacturing used actual costing, a job in some months would be assigned more overhead than an identical job in other months.

In addition, a company might not know its actual overhead costs until after the close of a fiscal year. Use of normal costing enables management to prepare financial statements and use product-cost data for managerial purposes based on a good estimate of product costs in the interim.

Illustration 5–10 compares the flow of costs when manufacturing overhead is applied using actual costing and normal costing. Two accounts may be used to separate actual and applied overhead so that all entries in one account refer to *actual* overhead, while all those in the other account refer to **applied overhead.** We title the account that records actual, "Manufacturing Overhead" (as we did for Custom Manufacturing), and call the new account that records applied overhead, "Manufacturing Overhead Applied."

At the end of an accounting period, the actual and applied accounts are

Illustration 5–10   **Comparison of Manufacturing Overhead Cost Flows using Actual and Normal Costing Methods**

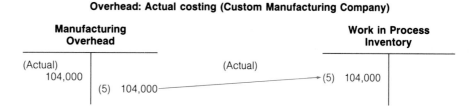

Overhead: Actual costing (Custom Manufacturing Company)

Manufacturing Overhead		Work in Process Inventory	
(Actual) 104,000	(5) 104,000 ⟶ (Actual)	(5) 104,000	

Overhead: Normal costing (Deluxe Manufacturing Company)

Manufacturing Overhead		Manufacturing Overhead Applied		Work in Process Inventory	
(Actual) 104,000	104,000ᵃ	96,000ᵃ	(Applied) 96,000 ⟶	96,000	

Manufacturing Overhead Adjustment

8,000ᵃ

ᵃ Refers to closing entry.

closed. Usually this is not done until the end of the year when the books are closed. For illustrative purposes, however, we assume that Custom Manufacturing and Deluxe Manufacturing close their books for the month of January. The actual account is left with a zero balance under actual costing because all of the actual overhead is debited to Work in Process Inventory and credited to the Manufacturing Overhead account.

Under normal costing, however, the amount debited to the actual account (the actual manufacturing overhead) is unlikely to equal the amount applied. The reasons for this are discussed later in this chapter. The difference between the actual and applied manufacturing overhead is called a *variance* and is debited or credited to a *Manufacturing Overhead Adjustment* account. For example, assume $96,000 was debited to Work in Process Inventory and credited to Manufacturing Overhead Applied, as shown in Illustration 5–10. Now, the entry to close actual against applied overhead for Deluxe Manufacturing is:

Manufacturing Overhead Applied	96,000	
Manufacturing Overhead Adjustment	8,000	
Manufacturing Overhead		104,000

Underapplied overhead *occurs when actual overhead exceeds applied overhead* as for Deluxe Manufacturing. Underapplied overhead is shown as a *debit* to the Manufacturing Overhead Adjustment account. **Overapplied overhead** *occurs when actual overhead is less than applied overhead.* Overapplied overhead is shown as a *credit* to Manufacturing Overhead Adjustment.

Disposition of the Manufacturing Overhead Adjustment

The manufacturing **overhead adjustment** is either (1) **prorated** to Work in Process Inventory, Finished Goods Inventory, and Cost of Goods Sold; or (2) assigned in total to Cost of Goods Sold.

Method 1: Prorate the Overhead Adjustment. If the adjustment is prorated to Work in Process Inventory, Finished Goods Inventory, and Cost of Goods Sold, then the cost of each job is adjusted to approximate actual cost. For Deluxe Manufacturing, the status and cost of each job *before* prorating the overhead adjustment is shown at the top of Illustration 5–11. The adjustment will be prorated so that each account and job bears a share of the $8,000 manufacturing overhead adjustment. This share will be proportional to the overhead applied to the account during the month as shown at the bottom of Illustration 5–11.

The following entry is made to record the adjustment:

Cost of Goods Sold	1,000	
Finished Goods Inventory	4,000	
Work in Process Inventory	3,000	
Manufacturing Overhead Adjustment		8,000

The adjusted balances of the Work in Process Inventory, Finished Goods Inventory, and Cost of Goods Sold accounts are exactly the same as if the actual costing method were used. (Note that Deluxe's adjusted account balances are the same as those for Custom Manufacturing shown in Illustration 5–5.)

Illustration 5–11   **Proration of Manufacturing Overhead Adjustment**

DELUXE MANUFACTURING COMPANY
Costs of Jobs before Prorating the Manufacturing Overhead Adjustment

Job No.	Beginning Inventory	Direct Materials	Direct Labor	Manufacturing Overhead Applied in January[a]	Costs Charged to Jobs: Total	Status of Job at End of Month
101	$61,000	–0–	$10,000	$12,000	$ 83,000	Cost of Goods Sold
102	–0–	$24,000	40,000	48,000	112,000	Finished Goods Inventory
103	–0–	16,000	30,000	36,000	82,000	Work in Process Inventory
	$61,000	$40,000	$80,000	$96,000	$277,000	

Manufacturing Overhead Adjustment

Account	Manufacturing Overhead Applied in January	Percent of Total Overhead Applied in January[b]	Adjustment	Total Costs Assigned to Jobs after Prorating Overhead Adjustment[c]
Cost of Goods Sold	$12,000	12.5	$1,000[c]	$ 84,000[d]
Finished Goods Inventory	48,000	50.0	4,000	116,000
Work in Process Inventory	36,000	37.5	3,000	85,000
	$96,000	100	$8,000	$285,000

[a] Applied at 120 percent of direct labor costs.
[b] 12.5% = $12,000 ÷ $96,000; 50.0% = $48,000 ÷ $96,000; 37.5% = $36,000 ÷ $96,000.
[c] Multiply the adjustment, which is $8,000, times the appropriate percent for each account. For example, $1,000 = 12.5% × $8,000.
[d] Add the adjustment to the account total before the overhead adjustment.

Method 2: Assign the Adjustment to Cost of Goods Sold. Many companies do not prorate the manufacturing overhead adjustment to inventories and Cost of Goods Sold; instead they transfer the entire adjustment to Cost of Goods Sold for both internal and external reporting using the following journal entry:

Cost of Goods Sold	8,000	
Manufacturing Overhead Adjustment		8,000

In a company with many kinds of products and inventories, proration can be complicated. If the amounts to be prorated are immaterial relative to inventory values and net income for external reporting, it may not be necessary to prorate for external reporting. For internal, managerial purposes, the overhead adjustment is usually not prorated because management focuses on the actual manufacturing costs incurred rather than on the amounts applied. Knowledge about the causes of differences between actual costs and the costs that were applied to jobs may, in some circumstances, suggest that management may need to revise overhead rates, impose new cost-control procedures, or take other actions.

Prorating the overhead adjustment to inventories and Cost of Goods Sold does not necessarily make the inventory values more "accurate." Furthermore, any difference between actual and applied overhead will eventually be expensed (or contra-expensed), whether or not a company prorates. Prorating the overhead adjustment merely defers expensing the portion allocated to inventories until those inventories are sold.

For external reporting, therefore, the difference between prorating the adjustment and assigning it in total to Cost of Goods Sold is a matter of timing. For managerial purposes, one must ask how useful it is to revalue work in process and finished goods inventories to actual cost. A large overhead adjustment may affect some cost control, performance evaluation, pricing, and other decisions, but if the adjustments are small, proration is probably not worthwhile.

Interim Reporting. When normal costing is used and the overhead accounts are not closed monthly, there are two ways of reporting the balance in the Manufacturing Overhead Adjustment account on financial statements. It can either be (1) reported on the income statement, for example, as an adjustment to Cost of Goods Sold; or (2) carried on the balance sheet as an adjustment to inventory or as a deferred debit or credit. The first option treats the adjustment as a period cost, the second as a product cost. Management and accountants select the option they prefer and use it continuously for interim reporting consistency. When the accounts are formally closed, the Manufacturing Overhead Adjustment account is prorated (Method 1, above) or closed to Cost of Goods Sold (Method 2, above).

Spending and Production Volume Variances

Actual and applied manufacturing overhead are usually unequal when the normal costing method is used because normal costing uses *predetermined* instead of actual overhead rates. There are two basic reasons why actual and applied rates may not be equal: the numerator reason, which causes the spending variance; and the denominator reason, which causes the production volume variance. These two variances combine to make up the total manufacturing overhead adjustment.

The *production volume variance* is caused by the difference between estimated and actual volumes of activity. The actual volume of activity may turn out to be higher or lower than originally estimated. The *spending variance* is the difference between the actual manufacturing overhead and the amount estimated to be spent at the actual activity level. The following example demonstrates how to derive these variances. It is helpful to separate what happens before the period when the estimates are made from what happens during and after the period.

Before the Period. Assume the predetermined overhead rate for a company was based on the assumption that manufacturing overhead would be $TC = F + VX = 6,000 + (40\% \times$ Direct labor dollars). This means that the company *expected* the following relationships between manufacturing overhead and direct labor costs, for example:

If Direct Labor Costs Are:	Then Manufacturing Overhead Is Expected to Be:		
	Fixed	Variable	Total
(1) $3,000	$6,000	.40 × $3,000 = $1,200	$7,200
(2) 5,000	6,000	.40 × $5,000 = $2,000	8,000
(3) 7,000	6,000	.40 × $7,000 = $2,800	8,800

Now, assume that the company *expects* direct labor costs to be at activity level (2): $5,000. It would compute the predetermined overhead *rate* as follows:

$$\text{Predetermined rate} = \frac{\text{Estimated manufacturing overhead}}{\text{Estimated direct labor costs}}$$

$$= \frac{\$6,000 + (.40 \times \text{Direct labor costs})}{\text{Direct labor costs}}$$

$$= \frac{\$6,000 + (.40 \times \$5,000)}{\$5,000}$$

$$= \frac{\$8,000}{\$5,000}$$

$$= 160 \text{ percent of direct labor costs.}$$

Note that this is the predetermined rate for activity level (2): $5,000. The predetermined rate would be different than 160 percent if some other activity level had been estimated.

During and after the Period. Assume the *actual* direct labor costs are $3,000 [that is, activity (1)] and the *actual* manufacturing overhead costs are $7,900. Now the amount applied equals the predetermined rate (160%) times the actual volume of activity ($3,000 direct labor cost); that is, $4,800 (= 160 percent × $3,000). The actual and applied amounts are shown below:

Manufacturing Overhead		Manufacturing Overhead Applied	
(Actual) 7,900			(Applied) 4,800

Comparing the amount applied to the actual cost shows the amount underapplied = $3,100 (= $7,900 − 4,800). How much of this $3,100 is due to the lower-than-expected activity level? Did the company spend more than it expected for manufacturing overhead at this level of activity?

Compute Spending and Production Volume Variances. To answer these questions, we compute the *spending* and *production volume variances* as follows:

$$\frac{\text{Spending}}{\text{variance}} = \frac{\text{Actual}}{\text{manufacturing}} - \frac{\text{Manufacturing overhead}}{\text{expected to be incurred}}$$
$$\text{overhead} \qquad \text{at the actual activity level.}$$

For this example:

$$\text{Spending variance} = \text{Actual} - \frac{\text{Overhead amount}}{\text{expected at activity level (1)}}$$

$$\$700 = \$7,900 - \$7,200$$

Note that the manufacturing overhead expected to be incurred is based on *the level of activity that actually occurred,* not on the estimated activity level. The company spent less on overhead than the $8,000 originally estimated, but then they *should* have spent less because activity was lower than originally estimated. *The variable overhead is expected to be lower if activity levels are lower,* so the actual overhead is compared with the "revised estimate" for activity level (1), not the original estimate for activity level (2).

The predetermined rate was based on the original estimate, of course, because it was derived before the period—before the actual activity became known.

The *production volume variance* is computed as follows:

$$\frac{\text{Production}}{\text{volume}} = \frac{\text{Manufacturing overhead}}{\text{expected to be incurred}} - \frac{\text{Manufacturing}}{\text{overhead}}$$
$$\text{variance} \qquad \text{at the actual activity level} \qquad \text{applied}$$

$$\frac{\text{Production volume}}{\text{variance}} = \frac{\text{Overhead amount expected}}{\text{at activity level (1)}} - \frac{\text{Amount}}{\text{applied}}$$

$$\$2,400 \quad = \quad \$7,200 \quad - \$4,800$$

The amount of the underapplied overhead attributable to a lower-than-expected activity level is $2,400. The breakdown of the total underapplied manufacturing overhead into *spending* and *production volume* components is shown in Illustration 5–12.

Illustration 5–12 **Components of Over- or Underapplied Overhead: Spending Variance and Production Volume Variance**

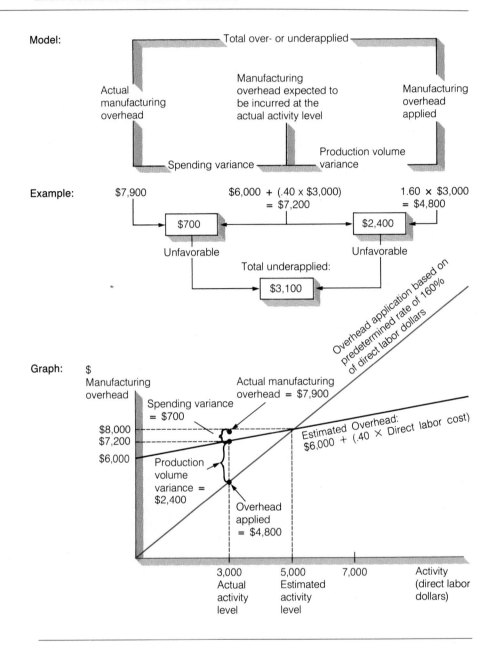

Model:

Total over- or underapplied

Actual manufacturing overhead

Manufacturing overhead expected to be incurred at the actual activity level

Manufacturing overhead applied

Spending variance

Production volume variance

Example: $7,900

$6,000 + (.40 × $3,000)
= $7,200

1.60 × $3,000
= $4,800

$700

$2,400

Unfavorable

Unfavorable

Total underapplied:

$3,100

Graph:

$
Manufacturing overhead

Overhead application based on predetermined rate of 160% of direct labor dollars

Actual manufacturing overhead = $7,900

Spending variance = $700

$8,000
$7,200
$6,000

Estimated Overhead:
$6,000 + (.40 × Direct labor cost)

Production volume variance = $2,400

Overhead applied = $4,800

3,000
Actual activity level

5,000
Estimated activity level

7,000

Activity (direct labor dollars)

Favorable and Unfavorable Variance. The terms favorable and unfavorable are often used in practice to indicate whether these amounts are underapplied or overapplied, where *unfavorable means overhead was underapplied* and *favorable means overhead was overapplied*. The terms *favorable* and *unfavorable* are *not* intended to indicate whether a variance is good or bad.

In later chapters we shall see how these variances between actual and applied overhead may provide information useful for evaluating how well an organization and its people are performing.

Summary

Most methods of producing goods and services can be classified into two general categories: job and process. Each requires a different costing system. Job costing is used when products are easily identifiable as individual units or batches of identical units. In job costing, costs are traced to each unit or job. Construction contractors, print shops, and consulting firms are likely to use job costing methods. Process costing is used by organizations that produce identical units through an ongoing series of uniform production steps. Oil refineries and chemical companies would use process costing methods. In process costing, costs for an accounting period are accumulated by department and spread evenly (or averaged) over all units produced in the period.

Job costing may require more recordkeeping than process costing, which may make it more expensive to use. But many organizations find that benefits of knowing the cost of each job justify the added cost of operating a job costing system. Job costing data can be used in bidding and pricing, controlling costs, and evaluating performance.

Our discussion of cost flows in the chapter is summarized by the flow of cost diagrams in Illustrations 5–5, 5–8, and 5–9.

The source document for job costing is the job cost record (also called a job cost sheet or card). Each job has a separate record on which its costs are accumulated. These records are used to value inventory for external financial reporting, for feedback on the accuracy of job cost estimations, and for evaluating how well costs were controlled on each job.

Manufacturing overhead is often applied to jobs before the actual overhead is known. A predetermined overhead rate is used instead of the actual overhead rate. This is known as normal costing. A comparison of actual costing and normal costing is presented below.

	Costing Method	
	Actual	**Normal**
Direct materials	Actual cost	Actual cost
Direct labor	Actual cost	Actual cost
Manufacturing overhead	Actual rate times	Predetermined rate times
	Actual allocation base	Actual allocation base

When predetermined overhead rates are used, actual overhead rarely equals applied overhead. Overapplied or underapplied overhead may be debited or credited in total to Cost of Goods sold or prorated to goods in inventory and goods sold.

Some service organizations use job costing. Their methods are similar to those used in manufacturing, except service organizations do not have direct materials costs.

Terms and Concepts

The following terms and concepts should be familiar to you after reading this chapter.

Actual Costing Method	**Numerator Reason**
Actual Costs	**Overapplied Overhead**
Applied Overhead	**Overhead Adjustment**
Companywide Overhead Rate	**Predetermined Overhead Rate**
Denominator Reason	**Process Costing**
Department Overhead Rate	**Process Systems**
Favorable Variance	**Production Volume Variance**
Job Costing	**Prorated Overhead Adjustment**
Job Cost Record	**Source Document**
Jobs	**Spending Variance**
Materials Requisition	**Underapplied Overhead**
Normal Costing Method	**Unfavorable Variance**
Normal Costs	

Self-Study Problem No. 1

Information on the Farawell Industrial Equipment Company, a job order company specializing in custom-built industrial equipment, has been somewhat sketchy. Management wishes to determine various unknown balances and has hired you for assistance. The following data are available for last year:

Account Balances	Beginning of Year (January 1)	End of Year (December 31)
Materials inventory	$205,000	$?
Work in process inventory	68,550	?
Finished goods inventory	31,000	65,000[a]
Manufacturing overhead (actual)	–0–	247,000
Accounts payable—production materials	16,000	24,000
Cost of goods sold	–0–	769,650[a]

[a] Before prorating the overhead adjustment.

Accounts payable are for production materials, only. The Work in Process Inventory balances are supported by data in job cost records, which relate to jobs in process at the balance sheet dates. At the beginning of last year, January 1, there were two jobs in process, as follows:

Job Number	Direct Materials	Direct Labor
206	$14,200	$ 8,400
217	6,500	9,000
	$20,700	$17,400

At the end of last year, December 31, there was only one job in process, Job No. 372. However, the only available information on the job was the accumulated direct labor costs of $12,000 and direct materials of $21,900. Overhead is applied to jobs as a predetermined percentage of direct labor costs. The following additional information is available to you about events last year:

Payments made to suppliers last year	$342,000
Indirect materials issued from inventory	14,000
Direct labor costs incurred	140,000
Direct materials costs transferred from Work in Process to Finished Goods Inventory during last year	403,800
Current period applied overhead in the ending Finished Goods Inventory on December 31 of last year	30,000

Required:

Determine the following:

a. T-accounts for the flow of costs detailed in this problem.

b. Materials purchased.

c. Direct materials issued to work in process inventory. (Hint: Consider how much was transferred out of work in process to finished goods.)

d. Materials Inventory ending account balance, December 31.

e. Overhead application rate.

f. Overhead applied to Work in Process Inventory account during the year.

g. Over- or underapplied overhead.

h. Cost of the goods transferred to Finished Goods Inventory account during the year.

i. Work in Process Inventory ending account balance, December 31.

j. Applied overhead in ending Work in Process Inventory account on December 31.

Solution to Self-Study Problem No. 1

a. We recommend setting up T-accounts before solving the problem, then recording the amounts in the accounts as you solve for each of the items below. Completed T-accounts are shown in Exhibit A.

For each of the items below, we use the basic inventory formula:

$$\text{Beginning balance} + \text{Transfers-in} = \text{Transfers-out} + \text{Ending balance}$$
$$\text{BB} \qquad + \qquad \text{TI} \quad = \quad \text{TO} \quad + \qquad \text{EB}$$

Note: Data given in the problem are indicated with an asterisk (*).

b. To find materials purchased, use the Accounts Payable account:

$$\text{BB} + \text{TI (increases in accounts payable are materials purchased)}$$
$$= \text{TO} + \text{EB}$$
$$\text{TI} = \text{TO} + \text{EB} - \text{BB}$$

Materials purchased (TI) = Payments to suppliers (TO) + Accounts payable,
December 31 (EB) − Accounts Payable, January 1 (BB)

$$= \$342{,}000^* + \$24{,}000^* - \$16{,}000^*$$
$$= \$350{,}000$$

Exhibit A   **Self-Study Problem No. 1—T-Accounts**

Materials Inventory

BB 1/1	205,000*		14,000*
(b)	350,000	(c)	405,000
(d) EB 12/31	136,000		

Work in Process Inventory

BB 1/1	68,550*	(h)	803,650
(c)	405,000		
Given	140,000*		
(f)	245,000		
(i) EB 12/31	54,900		

Finished Goods Inventory

BB 1/1	31,000*		769,650*
(h)	803,650		
EB 12/31	65,000*		

Cost of Goods Sold

769,650*	

Accounts Payable

	342,000*	BB 1/1	16,000*
		(b)	350,000
		EB 12/31	24,000*

Manufacturing Overhead

EB 12/31	247,000*	247,000c

Manufacturing Overhead Applied

	245,000c	(f)	245,000

Manufacturing Overhead Adjustment

2,000c	

* Given in the problem.
The symbol for closing entry is c.

c. The Materials Inventory account has two unknowns; so to find direct materials issued, find the Amount of direct materials transferred out of work in process inventory + Amount in ending work in process inventory (issued this period) − Amount in beginning work in process inventory (issued in a previous period).

Direct materials issued = Direct materials costs transferred to finished goods inventory + Direct materials in ending work in process inventory − Direct materials in beginning work in process inventory

$$= \$403,800^* + \$21,900^* - \$20,700^*$$
$$= \underline{\$405,000}$$

d. To find Materials Inventory account balance on December 31, use the following formula:

$$BB + TI = TO + EB$$
$$BB + TI - TO = EB$$

Materials inventory, December 31 (EB) = Materials inventory, January 1 (BB) + Purchases (TI) − Direct materials issued (TO) − Indirect materials issued (TO)

$$= \$205,000^* + \$350,000 \text{ (b) above} - \$405,000 \text{ (c) above} - \$14,000^*$$
$$= \underline{\$136,000}$$

e. Overhead application rate:

Work in process inventory, January 1 = Direct materials + Direct labor + Overhead applied
$$\$68,550^* = \$20,700^* + \$17,400^*$$
$$+ \text{ Overhead applied}$$
Overhead applied $$= \$68,550 - \$20,700 - \$17,400$$
$$= \$30,450$$

Overhead application rate = Overhead applied ÷ Direct labor
$$= \$30,450 \div \$17,400^*$$
$$= \underline{175\%}$$

f. Overhead applied to work in process inventory = Direct labor costs incurred × Overhead application rate

$$= \$140,000^* \times 175\%$$
$$= \underline{\$245,000}$$

g. Over- or underapplied overhead = Overhead applied − Actual manufacturing overhead

$$= \quad \$245,000 - \$247,000^*$$
$$= \underline{-\$2,000} \qquad \underline{\text{(underapplied)}}$$

h. To find the cost of goods transferred to the Finished Goods Inventory account, find TI to finished goods inventory:

$$BB + TI = TO + EB$$
$$TI = TO + EB - BB$$

Cost of goods transferred to finished goods inventory (TI) = Cost of goods sold (TO) + Finished goods, December 31 (EB) − Finished goods, January 1 (BB)

$$= 769,650^* + \$65,000^* - \$31,000^*$$
$$= \underline{803,650}$$

i. To find the ending work in process inventory balance, use the Work in Process Inventory account:

$$BB + TI = TO + EB$$
$$BB + TI - TO = EB$$

Work in process inventory, December 31 (EB) = Work in process inventory, January 1 (BB) + Direct materials (TI) + Direct labor (TI) + Overhead applied (TI) − Cost of goods transferred to finished goods inventory (TO)

$$= \$68,550* + \$405,000 + \$140,000*$$
$$+ \$245,000 - \$803,650$$
$$= \$54,900$$

j. Applied overhead in ending work in process inventory = Direct labor in ending work in process inventory × 175%

$$= \$12,000 \times 175\%$$
$$= \$21,000$$

Self-Study Problem No. 2

Refer to self-study problem no. 1.

a. What is the amount of the over- or underapplied overhead prorated to Work in Process Inventory account, Finished Goods Inventory account, and Cost of Goods Sold account?

b. What is the balance in ending Work in Process Inventory account, December 31 after prorating overhead to inventory accounts and Cost of Goods Sold account?

Solution to Self-Study Problem 2

a. Prorating underapplied overhead:

$$\frac{\text{Total}}{\text{overhead applied}} = \frac{\text{Overhead applied in ending work in process inventory}}{} + \frac{\text{Overhead applied in finished goods inventory}}{} + \frac{\text{Overhead applied to cost of goods sold}}{}$$

$$\$245,000 = \$21,000 + \$30,000 + X$$
$$X = \$245,000 - \$21,000 - \$30,000$$
$$= \$194,000$$

Prorating to:	Proportion of Total (rounded)	Prorated Amount
Ending work in process inventory	$21,000 ÷ $245,000 = 8.6%	$ 172 = .086 × $2,000
Ending finished goods inventory	$30,000 ÷ $245,000 = 12.2%	244 = .122 × $2,000
Cost of goods sold	$194,000 ÷ $245,000 = 79.2%	1,584 = .792 × $2,000
		$2,000

b. Balance in work in process inventory after prorationing = Work in process inventory, December 31 + Underapplied overhead prorated to work in process inventory

$$= \$54,900 + \$172$$
$$= \$55,072$$

Self-Study Problem No. 3

Assume the following facts:

Estimated manufacturing overhead for
Year 1 = $20,000 + ($5 × Direct labor-hours).

Manufacturing overhead is applied on a direct labor-hour basis.
Estimated direct labor hours for Year 1 = 1,000 hours.

Required:

a. Compute the combined (fixed and variable) predetermined overhead rate for each of the following possible levels of activity:
1. 800 direct labor-hours.
2. 1,000 direct labor-hours.
3. 1,200 direct labor-hours.

b. During Year 1, the company works 700 direct labor-hours on Job A-01 and 500 direct labor-hours on Job B-01. The actual manufacturing overhead was $27,000. What is the amount of overhead applied to each job if the predetermined rate was $25 because the company had estimated 1,000 hours would be worked?

c. Refer to the facts in b. What is the:
1. Total under- or overapplied overhead?
2. Spending variance?
3. Production volume variance?

d. Graph the relationship between overhead costs and direct labor-hours like the graph shown in the bottom of Illustration 5–12.

Solution to Self-Study Problem No. 3

a.

Level	Estimated Hours	Expected Total Manufacturing Overhead Costs	Predetermined Rate per Hour
(1)	800	$20,000 + ($5 × 800) = $24,000	$24,000 ÷ 800 = $30
(2)	1,000	$20,000 + ($5 × 1,000) = $25,000	$25,000 ÷ 1,000 = $25
(3)	1,200	$20,000 + ($5 × 1,200) = $26,000	$26,000 ÷ 1,200 = $21.67

b.

Manufacturing Overhead Applied		
Job 1	**Job 2**	**Total**
$25 × 700 hours = $17,500	$25 × 500 hours = $12,500	$30,000

c.

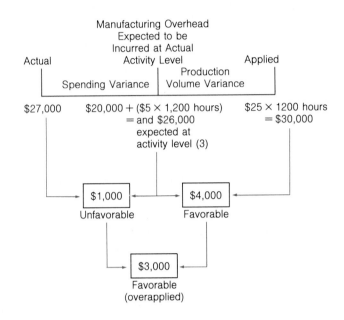

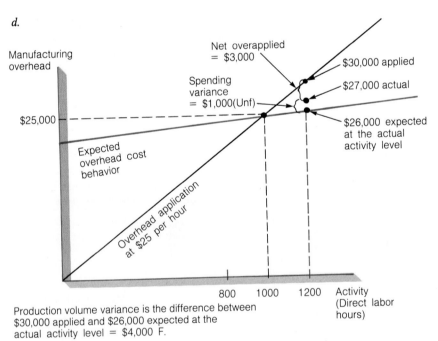

Production volume variance is the difference between
$30,000 applied and $26,000 expected at the
actual activity level = $4,000 F.

Questions

5–1. What are the characteristics of companies that are likely to be using a job order cost system?

5–2. What is the function of the *job cost record?*

5–3. What is the difference between the *Manufacturing Overhead* account and the *Manufacturing Overhead Applied* account?

5–4. On the first day of the job, a member of the management training program remarked: "The whole procedure of applying overhead and then spending a lot of time adjusting the inventory and cost of goods sold accounts back to the actual numbers looks like a complex solution to a simple problem. Why not simply charge the actual overhead to production and be done with it?" How would you reply to this comment?

5–5. The assignment of costs to departments and then to jobs is carried out partly for control purposes. Explain.

5–6. What methods, documents, and approvals are used to control materials inventories?

5–7. Why is control of materials important from a *managerial-planning* perspective?

5–8. Labor fringe benefits and similar costs associated with the direct labor may be considered part of direct labor or part of manufacturing overhead. What are the justifications for each alternative treatment?

5–9. How is job costing in service organizations (for example, consulting firms) different from job costing in manufacturing organizations?

5–10. What are the *normal costs* of a product?

5–11. Why might differences between actual and applied manufacturing overhead not be prorated to inventories?

Exercises

5–12. Apply Overhead

Leomard Company estimates its manufacturing overhead to be $20,000 and its direct labor costs to be $40,000 for Year 1. The actual direct labor costs were $10,000 for Job 1; $15,000 for Job 2; and $20,000 for Job 3 during Year 1. The actual manufacturing overhead was $24,000 during Year 1.

Required:

a. How much overhead was assigned to each job during Year 1?

b. What was the over- or underapplied overhead for Year 1?

5–13. Analyze Cause of the Over- or Underapplied Overhead

Refer to the data for exercise 5–12. Assume all manufacturing overhead costs were fixed costs.

Required:

How much of the under- or overapplied overhead was a spending variance and how much was a production volume variance?

5–14. Apply Overhead and Analyze the Overhead Adjustment

Martinez Company estimates manufacturing overhead to be $80,000 + (.60 × Direct labor costs). Direct labor costs are estimated to be $100,000 for Year 1. The actual manufacturing overhead costs for Year 1 were $150,000. The actual direct labor costs were $120,000.

Required:

a. What is the expected total overhead for each of the following activity levels:
  1. $80,000?
  2. $100,000?
  3. $120,000?

b. How much is the under- or overapplied overhead for Year 1?

c. How much is the spending variance? The production volume variance?

5–15. Apply Overhead and Analyze the Over- or Underapplied Overhead

Assume the following facts:

Estimated manufacturing overhead for
Year 1 = $30,000 + ($10 × Direct labor-hours).

Estimated direct labor-hours for Year 1 = 1,000 hours.

Required:

a. Compute the predetermined overhead rate.

b. What is the expected manufacturing overhead for each of the following levels of activity:

1. 800 direct labor-hours?
2. 1,000 direct labor-hours?
3. 1,200 direct labor-hours?

c. During Year 1, the company works 800 direct labor-hours on Job 21 and 400 direct labor-hours on Job 22. The actual manufacturing overhead was $37,000. What is the amount of overhead applied to each job?

d. What is the:
1. Total under- or overapplied overhead?
2. Spending variance?
3. Production volume variance?

5–16. Graph Overhead Relationship

Based on the information in exercise 5–15, graph the relationships between overhead costs and direct labor-hours as in the graph shown in the bottom of Illustration 5–12.

5–17. Compute Job Costs

On January 1, there were two jobs in process at the Bondview Printing Company. Details of the jobs are:

Job No.	Direct Materials	Direct Labor
A-15	$87	$32
A-38	16	42

Materials inventory at January 1 totaled $460, and $58 in materials were purchased during the month. A requisition for $8 in supplies was filled. On January 1, finished goods inventory consisted of two jobs: Job No. A-07 costing $196 and Job No. A-21 with a cost of $79. Both these jobs were sold during the month.

Also during January, Job Nos. A-15 and A-38 were completed. Completing Job No. A-15 required an additional $34 in direct labor. The completion costs for Job No. A-38 included $54 in direct materials and $100 in direct labor.

Job No. A-40 was started during the period but was not finished. A total of $157 of direct materials were brought from the storeroom during the period, and total direct labor costs during the month amounted to $204. Actual overhead was applied at 150 percent of direct labor costs to all of the jobs in this exercise.

Required:

Determine costs for Job Nos. A-15 and A-38 and balances in the January 31 inventory accounts.

5–18. Prepare Journal Entries for Job Costs

Refer to the information in exercise 5–17. Prepare journal entries representing the transactions discussed in the exercise.

5–19. Prepare Journal Entries for Job Costs

The following transactions occurred at the March Production Company, a job order custom manufacturer:

1. Purchased $40,000 in materials.

2. Issued $2,000 in supplies from the materials inventory.

3. Purchased materials costing $31,600.

4. Paid for the materials purchased in transaction 1.

5. Issued $34,000 in materials to the production department.

6. Incurred direct labor costs of $56,000, which were debited to Work in Process Inventory. Of this amount, $18,000 was withheld from employee paychecks for payroll tax liabilities. The remainder was paid in cash to the employees.

7. Recognized $28,000 in fringe-benefit costs and employer payroll taxes incurred as a result of the wages paid in transaction 6. This $28,000 was debited to Work in Process Inventory. Of this amount, $12,000 represents employer payroll taxes payable, while the remainder represents other liabilities for fringe benefits paid by the employer.

8. Paid $83,200 cash for utilities, power, equipment maintenance, and other miscellaneous items for the manufacturing plant.

9. Applied overhead on the basis of 175 percent of $56,000 direct labor costs.

10. Recognized depreciation on manufacturing property, plant, and equipment of $21,000.

Required:

Prepare journal entries to record the above transactions.

5–20. Show Flows through Accounts

Refer to the data in exercise 5–19. The following balances appeared in the accounts of March Manufacturing Company:

	Beginning	Ending
Materials Inventory	$74,100	
Work in Process Inventory	16,500	
Finished Goods Inventory	83,000	$ 66,400
Cost of Goods Sold		131,700

Required:

Prepare T-accounts to show the flow of costs during the period.

5–21. Prorate Under- or Overapplied Overhead

Refer to the information in exercise 5–19 to answer the following questions:

a. What is the amount of over- or underapplied overhead?

b. Regardless of your computations for exercises 5–19 or 5–20, assume that the current applied overhead in each of the inventory accounts and the Cost of Goods Sold account is as follows:

Work in Process Inventory	10%
Finished Goods Inventory	25%
Cost of Goods Sold	65%

Prepare a schedule to show the proration of the over- or underapplied overhead.

5–22. Analyze Accounting Treatment of Fringe Benefits and Payroll Taxes

Management of Absolute Limit Frame Company has been using a job order cost system. Labor fringe benefits and payroll taxes are charged to overhead and included in the overhead allocation rate. For a current year, total direct labor costs charged to production amounted to $320,000, excluding fringe benefits and payroll taxes. Overhead costs were applied at the rate of 200 percent of direct labor. There was no over- or underapplied overhead (Actual = Applied). Included in the overhead is $128,000 in fringe benefits related to direct labor wages.

Information is also supplied on two jobs:

Job No.	Direct Labor	Direct Materials
379	$21,000	$16,000
396	17,000	26,000

Required:

a. What difference would it make if the direct labor fringe benefits were included in the direct labor charge rather than in applied overhead? Use the two illustrated jobs to demonstrate your conclusion.

b. Would your answer in (a) change if overhead were applied on the basis of 200 percent of direct materials cost, assuming direct materials costs of $320,000? Use the example job data to demonstrate your conclusions.

c. Briefly state the significance of your observations.

5–23. Compute Job Costs for a Service Organization

At the beginning of the month, Renhor Architects had two jobs in process that had the following costs assigned from previous months:

Job No.	Direct Labor	Applied Overhead
X-10	$640	?
Y-12	420	?

During the month, Jobs X-10 and Y-12 were completed but were not billed to customers. The completion costs for X-10 required $700 in direct labor. For Y-12, $2,000 in labor were used.

During the month, a new job, Z-14, was started but not finished. Total direct labor costs for all jobs amounted to $4,120 for the month. Overhead in this company refers to the cost of doing architectural work that is not directly traced to particular jobs. Examples of such costs are copying, printing, and travel costs for meetings with clients. Overhead is applied at a rate of 160 percent of direct labor costs for this and previous periods. Actual overhead for the month was $6,500.

Required:

a. What are the costs of Jobs X-10 and Y-12 at the beginning and the end of the month?

b. What is the cost of Job Z-14 at the end of the month?

c. How much was the under- or overapplied overhead for the month?

5–24. Cost Flows: T-Accounts

Partially completed T-accounts and additional information for the XYZ Company for the month of March are presented below:

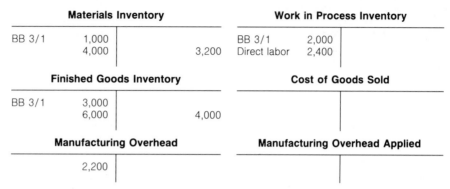

Additional information:

1. Labor wage rate was $12 per hour.

2. Manufacturing overhead is applied at $8 per direct labor-hour.

3. During the month, sales revenue was $8,000, and selling and administrative costs were $1,600.

4. The accounting period is one month long.

Required:

a. What was the amount of direct materials issued to production during March?

b. What was the amount of manufacturing overhead applied to products during March?

c. What was the cost of products completed during March?

d. What was the balance of the Work in Process Inventory account at the end of March?

e. What was the manufacturing overhead underapplied or overapplied during March?

f. What was the operating profit for March?

**5–25. Job Order Costing—
Prepare Financial Statements**

The Helper Corporation manufactures one product and accounts for costs by a job order cost system. You have obtained the following information for the year ended December 31 of last year from the corporation's books and records:

1. Total manufacturing cost added during last year (called "cost to manufacture") was $1,000,000 based on actual direct material, actual direct labor, and applied manufacturing overhead on the basis of actual direct labor-dollars.

2. Cost of goods manufactured was $970,000, also based on actual direct material, actual direct labor, and applied manufacturing overhead.

3. Manufacturing overhead was applied to work in process at 75 percent of direct labor-dollars. Applied manufacturing overhead for the year was 27 percent of the total manufacturing cost added during last year.

4. Beginning work in process inventory, January 1, was 80 percent of ending work in process inventory, December 31.

Required:

Prepare a cost of goods manufactured statement for last year (year ending December 31) for Helper Corporation. Show actual direct material used, actual direct labor, and applied manufacturing overhead.

(CPA adapted)

**5–26. Apply Overhead Using a
Predetermined Rate (Multiple
Choice)**

Bowen Company uses a job order accounting system for its production costs. A predetermined overhead rate based upon direct-labor hours is used to apply overhead to individual jobs. An estimate of overhead costs at different volumes was prepared for the current year as follows:

Direct labor-hours	100,000	120,000	140,000
Variable overhead costs	$325,000	$390,000	$455,000
Fixed overhead costs	216,000	216,000	216,000
Total overhead	$541,000	$606,000	$671,000

The expected volume is 120,000 direct labor-hours for the entire year. The following information is for November. Jobs 50 and 51 were completed during November.

Inventories, November 1	
Raw materials and supplies	$ 10,500
Work in process (Job 50)	54,000
Finished goods	112,500
Purchases of raw materials	
and supplies:	
Raw materials	$135,000
Supplies	15,000
Materials and supplies	
requisitioned for production:	
Job 50	$45,000
Job 51	37,500
Job 52	25,500
Supplies	12,000
	$120,000
Factory direct labor-hours:	
Job 50	3,500 DLH
Job 51	3,000 DLH
Job 52	2,000 DLH
Labor costs:	
Direct labor wages	$ 51,000
Indirect labor wages (4,000 hours)	15,000
Supervisory salaries	6,000
Building occupancy costs	
(heat, light, depreciation, etc.):	
Factory facilities	$ 6,500
Sales and administrative offices	2,500
	$ 9,000
Factory equipment costs:	
Power	$ 4,000
Repairs and maintenance	1,500
Other	2,500
	$ 8,000

Required:

Answer the following multiple-choice questions.

1. The predetermined overhead rate (combined fixed and variable) to be used to apply overhead to individual jobs during the year is:
   a. $3.25 per DLH.
   b. $4.69 per DLH.
   c. $5.05 per DLH.
   d. $5.41 per DLH.
   e. None of these.

Note: Without prejudice to your answer to requirement 1, assume that the predetermined overhead rate is $4.50 per direct labor-hour. Use this amount in answering requirements 2 through 5.

2. The total cost of job 50 when it is finished is:
   a. $81,750.
   b. $135,750.
   c. $142,750.
   d. $146,750.
   e. None of these.

3. The factory overhead costs applied to job 52 during November were:
   a. $9,000.
   b. $47,500.
   c. $46,500.
   d. $8,000.
   e. None of these.

4. The total amount of overhead applied to jobs during November was:
   a. $29,250.
   b. $38,250.
   c. $47,250
   d. $56,250
   e. None of these.

5. Actual factory overhead incurred during November was:
   a. $38,000.
   b. $41,500.
   c. $47,500.
   d. $50,500.
   e. None of these.

6. At the end of the year, Bowen Company had the following account balances:

Overapplied Overhead	$ 1,000
Cost of Goods Sold	980,000
Work in Process Inventory	38,000
Finished Goods Inventory	82,000

What would be the most common treatment of the overapplied overhead?
a. Prorate it between work in process inventory and finished goods inventory.
b. Prorate it between work in process inventory, finished goods inventory, and cost of goods sold.
c. Carry it as a credit on the balance sheet.
d. Carry it as miscellaneous operating revenue on the income statement.
e. Credit it to cost of goods sold.

(CMA adapted)

Problems

5–27. Estimate Hours Worked from Overhead Data

Terne Corporation had projected its fixed overhead costs to be $240,000. Direct labor was estimated to total 30,000 hours during the year, and the direct labor-hours would be used as a basis for the application of overhead. During the year, all overhead costs were exactly as planned ($240,000). There was $8,000 in overapplied overhead, but no spending variance.

Required:

How many direct labor-hours were worked during the period? Show computations.

5–28. Identify the Missing Items in the Following Set of T-Accounts

Materials Inventory

BB 10/1	8,000		
	(a)	4,300	
EB 10/31	9,700	(b)	

Finished Goods Inventory

BB 10/1	14,200		(f)
EB 10/31	(g)		

Work in Process Inventory

BB 10/1	22,300		
	180,500		
	121,000		
	94,000		
EB 10/31	17,700	(e)	

Cost of Goods Sold

402,800

Manufacturing Overhead Applied

(d)

Wages Payable

		BB 10/1	124,300
162,000		(c)	
			36,200
		EB 10/31	119,500

Manufacturing Overhead

121,000
4,300
36,200
31,600
3,200

Accounts Payable—Materials Suppliers

	100,000

Accumulated Depreciation— Manufacturing Property, Plant, and Equipment

BB 10/1	204,100
	(h)
EB 10/31	235,700

Prepaid Insurance

BB 10/1	24,300		(i)
EB 10/31	21,000		

Required:

Compute the missing amounts indicated by the letters (a) through (i).

5–29. Find Missing Data in T- Accounts

The following T-accounts are to be completed with the missing information. Additional data appear after the accounts.

Materials Inventory

EB 9/30	28,200

Work in Process Inventory

BB 9/1	16,300
Direct Materials	43,100

Finished Goods Inventory

EB 9/30	50,500

Cost of Goods Sold

Manufacturing Overhead

(Actual)

Manufacturing Overhead Applied

	132,000

Wages Payable

Sales Revenue

	362,700

1. Materials of $56,800 were purchased during the month, and the balance in the inventory account increased by $5,500.

2. Overhead is applied at the rate of 150 percent of direct labor cost.

3. Sales are billed at 80 percent over the normal cost of the jobs to which the sales relate.

4. The balance in Finished Goods Inventory decreased by $14,300 during the month.

5. Total credits to the Wages Payable account amounted to $101,000. All credits in this account are related to the manufacturing plant.

6. Factory depreciation totaled $24,100.

7. Overhead was underapplied by $12,540. All other charges for overhead incurred required payment in cash. Underapplied overhead is to be prorated.

8. The company has decided to allocate 25 percent of underapplied overhead to Work in Process Inventory, 15 percent to Finished Goods Inventory, and the balance to Cost of Goods Sold. Balances shown in T-accounts are before proration.

Required:

Complete the T-accounts.

5–30. Job Costs Using Plantwide versus Departmental Overhead Rates

M-SP Industries, Inc., had a contract to produce a special-order machine for the River Transport Company. To produce the machine, three processes were required and are labeled A, B, and C for convenience.

Information on the costs incurred in the three departments is as follows:

	Dept. A	Dept. B	Dept. C
Materials used	$6,200	$7,000	–0–
Direct labor cost	3,500	6,000	$8,000
Direct labor-hours	1,000	1,500	2,000
Machine-hours	100	50	500
Overhead allocation now used	$3 per direct labor-hour	150 percent direct labor cost	$14 per machine-hour

Management has become somewhat concerned about the complexities of this allocation method and about the impact of different cost allocations on the computed job costs. The estimated total overhead in each department and the estimated total overhead bases for this year are as follows:

	Dept A	Dept. B	Dept. C
Estimated overhead	$240,000	$330,000	$140,000
Direct labor cost	280,000	220,000	120,000
Direct labor-hours	80,000	55,000	30,000
Machine-hours	10,000	1,500	10,000

One member of management suggested that a plantwide overhead rate be established based on direct labor cost. Another stated: "I understand from reading up on cost accounting that plantwide rates are not very useful. Rather, the rate should be departmentalized."

The manufacturing vice president concluded the discussion by stating: "I'm not quite sure what the best approach would be in this circumstance. Let's ask the controller to give us some information on the alternatives and the effect on costs. Perhaps the River Transport job could be used as an example. I'll ask what that job would cost if a plantwide rate had been used on each basis. We can compare those costs to the ones that were actually charged to the job and discuss this further next week."

Required:

What do you think should be done? Prepare the report for the manufacturing vice president that shows how much the job would cost with the current allocation methods, and how much overhead would be allocated using plantwide rates for each of the three bases.

5–31. Prorate Overhead Differences

Fermi Processing Corporation has a special-order coating process that operates in two departments: surface preparation and application. Jobs enter the surface preparation department where chemical treatments clean the surface and prepare it chemically for the application of coatings. The coating takes place in the application department under carefully controlled conditions. The following cost and activity estimates were prepared for this year:

	Surface Preparation	Application
Overhead costs	$190,000	$350,000
Direct materials	24,000	785,000
Direct labor	58,900	56,000
Machine-hours	16,000	40,000

During the year, work was performed on a number of jobs. Overhead in the surface preparation department was applied on the basis of $11.875 per machine-hour, while overhead in the application department was applied at the rate of 44.59 percent of direct materials costs.

At the end of the year, the following balances appeared in the inventory accounts and Cost of Goods Sold account:

Work in Process Inventory—Surface Preparation:	
Direct materials	$ 3,720
Direct labor	2,945
Overhead applied	2,375
Work in Process Inventory—Application:	
Direct materials	28,000
Direct labor	2,800
Overhead applied	12,485
Finished Goods Inventory:	
Direct materials—Surface preparation	2,800
—Application	61,250
Direct labor—Surface preparation	6,479
—Application	11,760
Overhead applied—Surface preparation	20,900
—Application	27,311
Cost of Goods Sold:	
From last year's production	139,263
Direct materials—Surface preparation	17,480
—Application	695,750
Direct labor—Surface preparation	49,476
—Application	41,440
Overhead applied and adjustment—Surface preparation	150,100
—Application	321,450

The overhead applied and prorated in the Cost of Goods Sold account represents the applied overhead plus a debit or credit for any under- or overapplied overhead for the period. That is, none of the overhead adjustment has been prorated, yet.

Required:

Determine the entry that would be required to prorate the over- or underapplied overhead for surface preparation and application. (Round amounts to the nearest dollar.)

5–32. Analyze Overhead Cost Allocations in Cost-Plus Contracting

Fargo Testing Corporation performs destructive testing to determine certain characteristics of industrial products. A recent test required burning plastics-based wall covering materials in a department called the "Burning Chamber." Another job required applying stress to several chairs in a department called the "Load Testing Area." Job control sheets are prepared to record the results of the tests as well as to maintain a record of costs. Customers are billed for jobs on a cost-plus basis.

Job cost data for these two jobs are as follows:

	Job No. 486 Wall Covering	Job No. 633 Chair Testing
Direct materials	$21	$–0–
Direct labor	16 (1 hour)	64 (4 hours)
Overhead	24	96

Overhead is applied on the basis of companywide estimates of total overhead divided by total estimated direct labor costs for the company. The data used to prepare the current overhead estimates were prepared from the budget plan for this year. Selected data from that plan for the two departments used for the two jobs above are:

Estimated Cost Item	Burning Chamber	Load-Testing Area
Variable overhead	$72,000	$ 8,000
Fixed overhead	64,000	84,000
Direct labor	34,000	118,000

During the current year, the company noted a decrease in the jobs submitted that require use of the load-testing area. Checking with other testing laboratories, management learned that the other companies were offering somewhat lower rates for this service. As a result, management asked the controller's office to determine why the costs in the load-testing section are out of line with the competition and to determine what the company overhead rate will have to be if, as expected, direct labor costs in the load-testing area decrease to $61,000. Except for the impact of the volume change, no other costs are expected to change. The controller asked for your help in the load-testing area to see where costs could be reduced.

Required:

Demonstrate your ingenuity in your reply to the controller. To illustrate your recommendations, show the impact on the recorded costs of Job Nos. 486 and 633.

5–33. Show Flow of Costs to Jobs

Pulsar Light Equipment Company assembles light and sound equipment for installation in various entertainment facilities. An inventory of materials and equipment is on hand at all times so that installation may be started as quickly as possible. Special equipment is ordered as required. On September 1, the Materials and Equipment Inventory account had a balance of $48,000. A Work in Process Inventory account is maintained to record costs of installation work not yet complete. There were two such jobs on September 1, with the following costs:

	Job No. 46 Wheels and Spokes Country Music Hall	Job No. 51 Stars Theater
Materials and equipment	$32,000	$95,000
Technician labor	6,500	9,700
Overhead (applied)	4,800	14,250

Overhead has been applied at 15 percent of the costs of materials and equipment installed.

During September, two new installations were begun. Additional work was carried out on Job Nos. 46 and 51, with the latter job completed and billed to the Stars Theater. Details on the costs incurred on jobs during September are as follows:

	Job No. 46	Job No. 51	Job No. 55	Job No. 56
Materials and equipment	$3,200	$14,200	$17,000	$6,200
Technician labor (on account)	1,800	1,200	3,100	900

In addition to these costs, other events of the period included:

1. $25,000 payment received on Job No. 55 delivered to customer.

2. Purchased materials and equipment for $18,700.

3. Billed Stars Theater $175,000 and received payment for $100,000 of that amount.

4. Payroll for indirect labor personnel totaled $1,300.

5. Issued supplies and incidental installation materials for current jobs. The cost of these items was $310.

6. Recorded overhead and advertising costs for the installation operation as follows (all cash except equipment depreciation):

Property taxes	$1,100
Showroom and storage area rental	1,350
Truck and delivery cost	640
Advertising and promotion campaign	1,200
Electrical inspections	400
Telephone and other miscellaneous	650
Equipment depreciation	900

Required:

a. Journal entries to record the flow of costs for the installation operation during September.

b. Amount of over- or underapplied overhead for the month. This amount is debited or credited to Cost of Goods Sold.

c. Inventory balances for Materials and Equipment Inventory and Work in Process Inventory.

5–34. Reconstruct Missing Data

Disaster struck the only manufacturing plant of the Complete Transaction Equipment Corporation on December 1. All the work in process inventory was destroyed. A few records were salvaged from the wreckage and from the company's headquarters. The insurance company has stated that it will pay the cost of the lost inventory if adequate documentation can be supplied. The insurable value of work in process inventory is made up of direct materials, direct labor, and applied overhead.

The following information about the plant appears on the October financial statements at the company's headquarters:

Materials inventory, October 31	$ 49,000
Work in process inventory, October 31	86,200
Finished goods inventory, October 31	32,000
Cost of goods sold through October 31	348,600
Accounts payable, materials suppliers on October 31	21,600
Manufacturing overhead through October 31	184,900
Payroll payable on October 31	–0–
Withholding and other payroll liabilities on October 31	9,700
Overhead applied through October 31	179,600

A count of the inventories on hand November 30 shows:

Materials inventory	$43,000
Work in process inventory	?
Finished goods inventory	37,500

The accounts payable clerk tells you that there are outstanding bills to suppliers of $50,100 and that cash payments of $37,900 have been made during the month to these suppliers.

The payroll clerk informs you that the payroll costs last month included $82,400 for the manufacturing section and that $14,700 of this was indirect labor.

At the end of November, the following balances were available from the main office:

Manufacturing overhead through November 30	$217,000
Cost of goods sold through November 30	396,600

You recall that each month there is only one requisition for indirect materials. Among the fragments of paper, you located the following pieces:

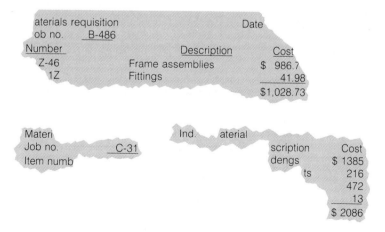

You also learn that the overhead during the month was overapplied by $1,200.

Required:

Determine the cost of the work in process inventory lost in the disaster.

Integrative Cases

5-35. Deriving Overhead Rates

Tastee-Treat Company prepares, packages, and distributes six frozen vegetables in two different sized containers. The different vegetables and different sizes are prepared in large batches. The company uses a normal costing job order costing system. Manufacturing overhead is assigned to batches by a predetermined rate on the basis of machine-hours. The manufacturing overhead costs incurred by the company during two recent years (adjusted for changes using current prices and wage rates) are as follows:

	Year 1	Year 2
Machine-hours worked	2,760,000	2,160,000
Manufacturing overhead costs incurred:		
Indirect labor	$11,040,000	$ 8,640,000
Employee benefits	4,140,000	3,240,000
Supplies	2,760,000	2,160,000
Power	2,208,000	1,728,000
Heat and light	552,000	552,000
Supervision	2,865,000	2,625,000
Depreciation	7,930,000	7,930,000
Property taxes and insurance	3,005,000	3,005,000
Total overhead costs	$34,500,000	$29,880,000

Required:

a. Tastee-Treat Company expects to operate at a 2,300,000 machine-hour level of activity in Year 4. Using the data from the two recent years, calculate fixed and variable overhead rates to assign manufacturing overhead to its products. (Hint: The variable rate can be found by comparing the change in costs to the change in hours.)

b. Explain how the company can use the information it developed for calculating the overhead rate for:
   1. Evaluation of product pricing decisions.
   2. Cost control evaluation.
   3. Development of budgets.

(CMA adapted)

5-36. Incomplete Data—Job Costing

The Quik Copy Publishing Company is a rapidly growing company that has not been profitable despite its increases in sales. You have been called in as a consultant to find ways of improving the situation. You believe the problem results from poor cost control and inaccurate cost estimation on jobs. To gather data for your investigation, you turn to the accounting system, and find it almost nonexistent. However, you piece together the following information for April:

1. Production:
   a. Completed Job No. 101.
   b. Started and completed Job No. 102.
   c. Started Job No. 103.

2. Inventory values:
   a. Work in process inventory:
      March 31: Job No. 101—Direct materials $1,000
      　　　　　　　　　　　　—Labor　　480 hours @ $10 = $4,800
      April 30: Job No. 103—Direct materials $800
      　　　　　　　　　　　　—Labor　　520 hours @ $10 = $5,200

b. Each job in work in process inventory was exactly one-half done in labor-hours; however, *all* of the direct materials necessary to do the entire job were charged to each job as soon as the job was started.

c. There were no direct materials inventories or finished goods inventories at either March 31 or April 30.

3. Actual manufacturing overhead, $10,000.

4. Cost of goods sold (before adjustment for over- or underapplied overhead):

Job No. 101:	Materials	$ 1,000
	Labor	?
	Overhead	?
	Total	$15,400
Job No. 102:	Materials	?
	Labor	?
	Overhead	?
	Total	?

5. Overhead was applied to jobs using a predetermined rate per labor-hour. The same rate had been used since the company began operations. Over- or underapplied overhead is written off each month as a separate expense or contraexpense (not debited or credited to Cost of Goods Sold).

6. All direct materials were purchased for cash and charged directly to Work in Process Inventory when purchased. Direct materials purchased in April amounted to $2,300.

7. Direct labor costs charged to jobs in April were $16,000. All labor costs were the same per hour for April for all laborers.

Required:

Trace the flow of costs through the system, highlighting the following figures:

a. The cost elements (that is, material, labor, and overhead) of cost of goods sold, *before* adjustment for over- or underapplied overhead, for *each job sold*.

b. The value of each cost element (that is, material, labor, and overhead) for each job in work in process inventory at April 30.

c. Over- or underapplied overhead for April.

5–37. Calculating Departmental Costs per Patient-day—Overhead Allocation

The following data are available from the records of the Millvale General Hospital (in thousands):

Administrators' salaries	$ 250
Nursing staff salaries	1,400
Physicians	2,300
Other staff	800
Supplies, linens, similar materials	600
Other overhead	3,250

All costs have been allocated to the three departments in the hospital on the basis of patient-days. A patient-day is defined as one patient staying overnight in a department for one day. The departments and the annual expected patient-days for each are listed below:

	Department		
	Medical/ Surgical	Maternity	Psychiatric
Thousands of patient-days	36	12	14

Management of the hospital wants to exercise better control over the costs for various services as well as to set rates for each type of service based on the hospital's costs of providing that service. To assist in this planning effort, the following information has been gathered on the proportion of staff-hours in the three departments and the usage of supplies by each department:

	Department		
	Medical/ Surgical	Maternity	Psychiatric
Nursing staff	50%	30%	20%
Physicians	70	10	20
Other staff	40	20	40
Supplies, linens, similar materials	50	30	20

The hospital administrator would like to see how the different charged rates could be computed. Charge rates may be expressed in terms of patient-days. Overhead costs that cannot be allocated directly may be allocated on the basis of physician time.

Required:

Prepare a report showing the costs per patient-day *(a)* for the three departments combined and *(b)* for each department. Briefly explain why the cost per patient-day is different in each department.

5–38. E-Z Printing Company (Job Costing for Pricing and Performance Evaluation)*

Deborah Carr, founder and president of E-Z Printing Company, was worried. The company was doing more business than ever before—sales were at an annual rate of about $625,000 a year, but operating profit had decreased slightly during recent months and the ratio of income to sales had dropped sharply. Ms. Carr wondered what had gone wrong and what she could do about it. She called in her chief (and only) accountant, Gene Hockman, and asked him to find out what was happening.

E-Z Printing did a general printing business on a customer order basis. Ms. Carr set the price to be charged for each job equal to 140 percent of the estimated cost of materials, which were paper stock used, plus $25 for each estimated labor hour. Straight-time wage rates had averaged about $8 an hour, and this formula seemed to provide an adequate margin to cover overhead costs and provide a good profit.

Most of E-Z Printing's work was done on the basis of predetermined contract prices. In bidding on these jobs, Ms. Carr applied her standard pricing formula to her own estimates of the amount of labor and paper stock the job would require. She prided herself on her ability to make these estimates, but she sometimes quoted a price that was higher or lower than the formula price, depending on her judgment of the market situation.

---

* Copyright © 1968 by l'Institut pour l'Etude des Methodes de Direction de l'Enterprise (IMEDE), Lausanne, Switzerland, under the title Tipografia Stanca S.p.A. This case was revised and updated in 1987.

E-Z Printing's before-tax profit had fluctuated between 13 and 15 percent of net sales. The interim profit report for the first half of 1987 came as a shock to Ms. Carr. Although volume was slightly greater than in the first half of 1986, profit was down to 8.8 percent of sales, an all-time low. The comparison, with all figures expressed as percentages of net sales, was as follows:

| | January 1–June 30 | |
	1987	1986
Net sales	100.0%	100.0%
Production costs	77.6	72.3
Selling and administrative costs	13.6	13.9
Profit	8.8	13.8

Mr. Hockman knew that the company's problem must be either low prices or excessive costs! Unfortunately, the cost data already available told him little about the cost-price relationship for individual jobs. E-Z's operating costs were classified routinely into 20 categories, such as salaries, pressroom wages, production materials, depreciation, and so forth. Individual job cost sheets were not used, and the cost of goods in process was estimated only once a year, at the end of the fiscal year.

Detailed data were available on only two kinds of items: paper stock issued and labor time. When stock was issued, a requisition form was filled out, showing the kind of stock issued, the quantity, the unit cost, and the production order number. Similar details were reported when unused stock was returned to the stockroom.

As for labor, each employee directly engaged in working on production orders filled in a time sheet each day, on which (s)he recorded the time (s)he started on a given task, the times (s)he finished it or moved on to other work, and (in the case of time spent directly on a specific production order) the order number. His/her department number and pay grade were recorded on the time sheet by the payroll clerk.

Mr. Hockman's first step was to establish some overall cost relationships. Employees, for example, fell into three different pay grades, with the following regular hourly wage rates:

Grade	Rate
1	$12
2	8
3	6

These rates applied to a regular workweek of 40 hours a week. For work in excess of this number of hours, employees were paid an overtime premium of 50 percent of their hourly wage. Overtime premiums were negligible when the work load was light, but in a normal year they averaged about 5 percent of the total amount of hourly wages computed at the regular hourly wage rate. In a normal year, this was approximately 40 cents a direct labor-hour.

In addition to their wages, the employees also received various kinds of benefits, including vacation pay, health insurance, and old-age pensions. The cost of these benefits to E-Z Printing amounted to about 70 percent of direct labor cost, measured at regular straight-time hourly rates. The overtime premiums didn't affect the amount of fringe benefits paid or accrued.

Mr. Hockman estimated that all other shop overhead costs—that is, all copy department, composing room, and pressroom costs other than direct materials, direct labor, overtime premiums, and employee benefits on direct labor payrolls—would average $4 a direct labor-hour in a normal year.

Armed with these estimates of general relationships, Mr. Hockman proceeded to determine the costs of several recent production orders. One of these was Job No. A-

Exhibit A (5–38)   **Partial List of Material Requisitions (for the week of April 3–7)**

Req. No.	Job No.	Amount[a]
4058	A-467	$300
R162	A-469	(20)
4059	A-467	60
4060	A-442	6
R163	A-455	(10)
R164	A-472	(8)
4061	A-467	36
R165	A-465	(12)
4062	A-467	96
4063	A-471	320
4064	A-473	264
4065	A-458	22
R-166	A-467	(32)
4066	A-481	176

[a] Amounts in parentheses are returned materials.

Exhibit B (5–38)   **Partial Summary of Labor Time Sheets (for the week of April 3–7)**

Employee No.	Pay Grade	Dept.	Job No.[a]	Hours
14	2	Copy	A-463	6.6
14	2	Copy	A-467	1.4
15	1	Copy	A-467	3.3
15	1	Copy	—	2.7
15	1	Copy	A-467	8.8
18	3	Press	A-467	4.0
18	3	Press	A-472	4.6
22	1	Composing	A-455	3.8
22	1	Composing	A-467	8.4[b]
22	1	Composing	—	1.5
23	2	Press	A-458	3.4
23	2	Press	A-467	4.7[b]
23	2	Press	—	1.1
23	2	Press	A-459	2.5
24	2	Copy	A-470	7.4
28	1	Press	A-467	7.0
28	1	Press	A-458	1.0
31	3	Press	—	8.0
33	1	Composing	A-471	7.6
33	1	Composing	A-472	4.2
40	2	Press	A-469	3.6
40	2	Press	A-467	4.9
40	2	Press	—	0.2
43	1	Press	A-467	3.5
43	1	Press	A-481	5.8

[a] A dash indicates time spent on general work in the department and not on any one job.

[b] Employee No. 22 worked six hours of overtime during the week, none of them on Job No. A-467, while Employee No. 23 worked eight hours of overtime, including four hours spent on Job No. A-467.

467. This was received for copy editing on Monday, April 3, and delivered to the customer on Friday, April 7. Ms. Carr had quoted a price of $1,800 on this job in advance, on the basis of an estimate of $480 for paper stock costs and 45 direct labor-hours. All actual requisitions and time records relating to Job No. A-467 are included in the lists in Exhibits A and B. (To save space, some of the details shown on the requisitions and time tickets have been omitted from these tables.)

Required:

a. Develop a costing rate or rates for labor costs, to be used to charge a job cost sheet or Factory Overhead account for an hour of labor time. You must decide whether to use a single rate for all pay grades or a separate rate for each. You must also decide whether to include various kinds of fringe-benefit costs in the labor costing rates or to regard these as overhead.

b. Prepare a job order cost sheet for Job No. A-467 and enter the costs that would be assigned to this job, using the costing rates you developed in the answer to *(a)*.

c. Based on your analysis in *(b)*, is Job A-467 as profitable as planned? Why not? What suggestions would you make for Ms. Carr?

d. What could be the advantages of developing costs for each job? Do you think these advantages would be great enough to persuade Ms. Carr to hire an additional clerk for this purpose at an annual cost of about $30,000?

5–39. Huron Automotive Company (Plantwide versus Department Overhead Rates)*

Sandy Bond, a recent business school graduate employed by Huron Automotive Company, was asked by Huron's president to review the company's present cost accounting procedures. In outlining this project to Bond, the president had expressed three concerns about the present system: (1) its adequacy for purposes of cost control, (2) its accuracy in arriving at the true cost of products, and (3) its usefulness in providing data to judge supervisors' performance.

Huron Automotive is a supplier of selected automobile parts to the large automobile companies. Huron competes on a price basis with larger suppliers, which are long established in the market. Huron had competed successfully in the past by focusing on parts that, relative to the auto industry, were of small volume and hence did not permit Huron's competitors to take advantage of economies of scale. For example, Huron produced certain parts usable only in four-wheel-drive vehicles.

Bond began the cost accounting study in Huron's carburetor division, which accounted for about 40 percent of Huron's sales. This division contained five production departments: casting and stamping, grinding, machining, custom work, and assembly. The casting and stamping department produced carburetor cases, butterfly valves, and certain other carburetor parts. The grinding department prepared these parts for further machining and precision ground those parts requiring close tolerances. The machining department performed all necessary machining operations on standard carburetors; whereas, the custom work department performed these operations (and certain others) on custom carburetors, which usually were replacement carburetors for antique cars or other highly specialized applications. The assembly department assembled and tested all carburetors, both standard and custom.

Thus, custom carburetors passed through all five departments, and standard carburetors passed through all departments except custom work. Carburetor spare parts produced for inventory went through only the first three departments. Both standard and custom carburetors were produced to order; there were no inventories of completed carburetors.

Bond's investigation showed that with the exception of materials costs, all carburetor costing was done based on a single, plantwide direct labor-hour rate. This rate included both direct labor and factory overhead costs. Each batch of carburetors was assigned its labor and overhead cost by having workers charge their time to the job number

---

* Copyright © Osceola Institute, 1979, with the permission of Professors Robert N. Anthony and James S. Reece.

Exhibit A (5–39)   **Calculation of Plantwide Labor and Overhead Hourly Rate (month of July)**

	Dollars	Hours
Labor:		
Casting/stamping	$ 17,064	2,528
Grinding	11,984	2,140
Machining	61,400	7,675
Custom work	25,984	3,712
Assembly	92,142	15,357
Total labor	208,574	31,412
Overhead	344,589	
Total labor and overhead	$553,163	

$$\text{Hourly rate} = \frac{\$553,163}{31,412} = \$17.61 \text{ per hour}$$

$$(= \$6.64 \text{ labor} + \$10.97 \text{ overhead})$$

assigned to the batch, and then multiplying the total hours charged to the job number by the hourly rate. Exhibit A shows how the July hourly rate of $17.61 was calculated.

It seemed to Bond that because the average skill level varied from department to department, each department should have its own hourly costing rate. With this approach, time would be charged to each batch *by department;* then the hours charged by a department would be multiplied by that department's costing rate to arrive at a departmental labor and overhead cost for the batch; and finally, these departmental costs would be added (along with materials cost) to obtain the cost of a batch.

Bond decided to see what impact this approach would have on product costs. The division's accountant pointed out to Bond that labor-hours and payroll costs were already traceable to departments. Also, some overhead items, such as departmental supervisors' salaries and equipment depreciation, could be charged directly to the relevant department. However, many other overhead items, including heat, electricity, property taxes and insurance, would need to be allocated to each department if the new approach were implemented. Accordingly, Bond determined a reasonable allocation basis for each of these joint costs (for example, cubic feet of space occupied as the basis of allocating heating costs) and then used these bases to recast July's costs on a departmental basis. Bond then calculated hourly rates for each department, as shown in Exhibit B.

In order to have some concrete numbers to show the president, Bond decided to apply the proposed approach to three carburetor division activities: production of model CS-29 carburetors (Huron's best-selling carburetor), production of spare parts for inventory, and work done by the division for other departments in Huron. Exhibit C summarizes the hourly requirements of these activities by department. Bond then costed these three activities using both the July plantwide rate and the pro forma July departmental rates.

Exhibit B (5–39)   **Proposed Departmental Labor and Overhead Hourly Rates**

Department	Labor Rate per Hour	Overhead per Hour	Total Cost per Hour
Casting/stamping	$6.75	$ 9.83	$16.58
Grinding	5.60	9.42	15.02
Machining	8.00	19.58	27.58
Custom work	7.00	12.71	19.71
Assembly	6.00	6.65	12.65

Exhibit C (5–39)   **Direct Labor-Hour Distribution for Three Carburetor Division Activities**

Department	CS-29 Carburetors (per Batch of 100)	Spare Parts for Inventory (per Typical Month)	Work for Other Departments (per Typical Month)
Casting/stamping	21 hrs.	304 hrs.	674 hrs.
Grinding	12	270	540
Machining	58	1,115	2,158
Custom Work	—	—	—
Assembly	35	—	—
Total	126 hrs.	1,689 hrs.	3,372 hrs.

Upon seeing Bond's numbers, the president noted that there was a large difference in the indicated cost of CS-29 carburetors as calculated under the present and proposed methods. The present method was therefore probably leading to incorrect inferences about the profitability of each product, the president surmised. The impact of the proposed method on spare parts inventory valuation was similarly noted. The president therefore was leaning toward adopting the new method but told Bond that the supervisors should be consulted before any change was made.

Bond's explanation of the proposal to the supervisors prompted strong opposition from some of them. The supervisors of the outside departments for which the carburetor division did work each month felt it would be unfair to increase their costs by increasing charges from the carburetor division. One of them stated:

> The carburetor division handles our department's overflow machining work when we're at capacity. I can't control costs in the carburetor division, but if they increase their charges, I'll never be able to meet my department's cost budget. They're already charging us more than we can do the work for in our own department, if we had enough capacity, and you're proposing to charge us still more!

Also opposed was the production manager of the carburetor division:

> I've got enough to do getting good-quality output to our customers on time, without getting involved in more paperwork! What's more, my department supervisors haven't got time to become bookkeepers, either. We're already charging all of the divisions' production costs to products and work for other departments; why do we need this extra complication?

The company's sales manager also did not favor the proposal, telling Bond:

> We already have trouble being competitive with the big companies in our industry. If we start playing games with our costing system, then we'll have to start changing our prices. You're new here, so perhaps you don't realize that we have to carry some low-profit—or even loss—items in order to sell the more profitable ones. As far as I'm concerned, if a product *line* is showing an adequate profit, I'm not hung up about cost variations among items *within* the line.

When Bond reported this opposition to the president, the president replied:

> You're not telling me anything that I haven't already heard from unsolicited phone calls from several supervisors the last few days. I don't want to cram anything down their throats—but I'm still not satisfied our current system is adequate. Sandy, what do you think we should do?

Required:

a. Using the data in the exhibits, determine the cost of a 100-unit batch CS-29 carburetors, spare parts, and work done for other departments under both the present and proposed methods.

b. Are the cost differences between the two methods significant? What causes these differences?

c. Suppose that Huron purchased a new machine costing $400,000 for the custom work department. Its expected useful life is five years. This machine would reduce machining time and result in higher-quality custom carburetors. As a result, the department's direct labor-hours would be reduced by 30 percent, and this extra labor would be transferred to departments outside the carburetor division. About 10 percent of the custom work department's overhead is variable with respect to direct labor-hours. Using July's data:

  1. Calculate the plantwide hourly rate (present method) if the new machine were acquired. Then calculate indicated costs for the custom work department in July, using both this new plantwide rate and the former $17.61 rate.

  2. Calculate the hourly rate for the custom work department only (proposed method), assuming the machine were acquired and the proposed costing procedure were adopted. Then calculate indicated costs for the custom work department in July, using both this new rate and the former $19.71 rate.

  3. Under the present costing procedures, what is the impact on indicated custom carburetor costs if the new machine is acquired? What is this impact if the proposed costing procedures are used? What inferences do you then draw concerning the usefulness of the present and proposed methods?

d. Assume that producing a batch of 100 model CS-29 carburetors requires 126 hours, distributed by department as shown in Exhibit C, and $875 worth of materials. Huron sells these carburetors for $32 each. Should the price of a CS-29 carburetor be increased? Should the CS-29 be dropped from the product line? (Answer using both the present and the proposed costing methods.)

e. Assume that Huron also offers a model CS-30 carburetor that is identical to a CS-29 in all important aspects, including price, but is preferred for some applications because of certain design features. Because of the CS-30's relatively low sales volume, Huron buys certain major components for the CS-30 rather than making them in-house. The total cost of purchased parts for 100 units of model CS-30 is $1,800; the labor required per 100 units is 12, 7, 17, and 35 hours, respectively, in the casting/stamping, grinding, machining, and assembly departments. If a customer ordered 100 carburetors and said that either model CS-29 or CS-30 would be acceptable, which model should Huron ship? Why? (Answer using only the proposed costing method.)

f. What benefits, if any, do you see to Huron if the proposed costing method is adopted? Consider this question from the standpoint of (1) product pricing, (2) cost control, (3) inventory valuation, (4) charges to outside departments, (5) judging departmental performance, and (6) diagnostic uses of cost data. What do you conclude Huron should do regarding the proposal?

6

Process Costing

To understand the accounting system used to record costs in a continuous production process.

To understand the difference between weighted average and first-in, first-out methods of accounting for costs in a continuous production process.

To be familiar with the treatment of spoiled units or other goods lost in production.

In this chapter, we continue our discussion of product costing methods by focusing on process costing. Process costing is used in companies with *process systems;* that is, when identical units are produced through an *ongoing series of uniform production steps.* We also discuss ways of accounting for spoilage.

Companies that manufacture products in a continuous process, such as petroleum and steel-making and companies that make products in large batches, like automobiles and bicycles, use process costing. They find it necessary to identify costs per unit for inventory valuation, cost-estimation, and performance evaluation purposes. However, when items are produced through continuous processing, it is impossible to separate each unit of output into individual jobs. In job operations, costs are accumulated for two cost objects: *departments* and specific *jobs.* In process costing, costs are accumulated by department and then allocated evenly to units produced. (The term *process costing* is short for *product costing in continuous process sytems.*)

What Process Costing Does

Process costing assigns the manufacturing costs incurred in each department to the units that have been produced in that department. This is done on a period basis, typically by the month. Each unit that passes through a department that month is charged equally for the same amount of work.

This presents problems because the production process usually does not terminate at the end of the month (or other accounting period). Further, a department's operating costs may change from month to month. Thus, in any department, at the end of a period, there may be partly processed units that when finally finished will have incurred part of their production costs in one month and part in another. Illustration 6–1 shows the different classes of units that might be found in the Work in Process Inventory account during a month.

The Equivalent Unit Concept

To allocate costs to physical units worked on in the same department in different periods, the equivalent unit concept is used. Under this system, if two units were started at the beginning of a month and each was 50 percent finished at the end of the month, the cumulative work done on the two partial units would be considered as equivalent to the work done on one whole unit. Thus, for process costing purposes, the two units would be one equivalent unit. The equivalent unit concept is diagrammed in Illustration 6–2. This concept is not limited to manufacturing. For example, university administrators often count the number of students in a department in terms of "full-time equivalents." One student who takes two courses when the full-time course load is five courses would be a "40 percent full-time equivalent" student.

Assigning Costs to Units

Assume that Department A had no beginning or ending inventory in August. Every unit it produced was started and completed during the month. If Department A started and completed 50 units during August, we would say the amount of work it produced was 50 equivalent units.

During August, $5,000 in costs were incurred in Department A. To determine the cost per unit, we divide the cost incurred by the equivalent units produced.

Illustration 6–1   **Work in Process Inventory—Manufacturing Department 1**

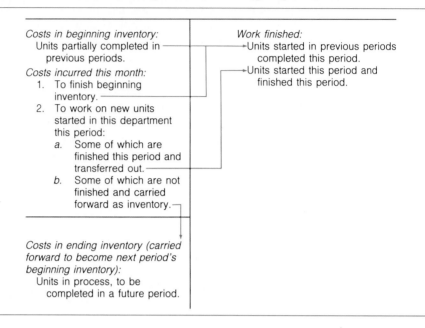

$$\text{Unit cost} = \frac{\text{Cost incurred}}{\text{Equivalent units}}$$

$$= \frac{\$5,000}{50 \text{ units}}$$

$$= \underline{\underline{\$100 \text{ per unit}}}$$

Incomplete Units in Beginning Inventory.   In October, assume that Department A had beginning inventory but no ending inventory. On October 1, Department A had 12 units on hand, which the department manager estimated

Illustration 6–2   **Equivalent Unit Concept**

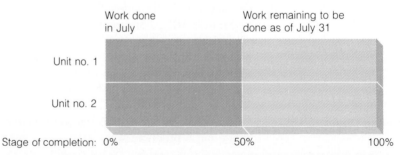

Unit no. 1 and unit no. 2, each 50 percent completed in July, would be equivalent to one whole unit produced in July.

were two-thirds finished. Fifty units were completed during the month. There was no ending inventory on October 31.

The 50 completed units are composed of two groups:

1. Beginning inventory of twelve units that were two-thirds finished at the beginning of October.

2. Thirty-eight units started and finished in October.

The 12 units in the beginning inventory were already two-thirds finished. Therefore they required the equivalent of only four units of work to reach completion (12 units $\times$ ⅓ = 4). Thus, the total equivalent units produced in Department A during October would be as follows:

Work necessary to complete beginning inventory (12 units $\times$ ⅓ =)	4
Work necessary to start and finish 38 units	38
Equivalent whole units of work done	42

If the costs incurred in Department A in October were $3,780, the unit cost would be:

$$\text{Unit cost} = \frac{\text{Cost incurred}}{\text{Equivalent units}}$$

$$= \frac{\$3,780}{42 \text{ units}}$$

$$= \$90 \text{ per unit}$$

Incomplete Units in Beginning and Ending Inventories. In December, assume that Department A had both beginning inventory and ending inventory. On December 1, there were 12 units in beginning inventory that were two-thirds finished. During the month, 50 units were completed including the 12 units in beginning inventory, and another 15 units remained in process, one-third completed, on December 31. The equivalent units would be:

Work necessary to complete beginning inventory (12 units $\times$ ⅓ =)	4
Work necessary to start and finish 38 units	38
Work performed on ending inventory of 15 units (15 units $\times$ ⅓ =)	5
Equivalent whole units of work done	47

If the costs incurred in Department A in December were $5,170, the unit cost of work done this period would be:

$$\text{Unit cost} = \frac{\text{Cost incurred}}{\text{Equivalent units}}$$

$$= \frac{\$5,170}{47 \text{ units}}$$

$$= \$110 \text{ per unit}$$

These calculations assume the first-in, first-out (FIFO) method of assigning costs to units, which will be discussed in detail in the following sections.

Solving for Equivalent Units Using the Basic Inventory Formula

The conceptual basis for equivalent unit computations is the basic inventory formula. Suppose you know the equivalent units in the beginning and ending inventories and the total units completed and transferred out. How much work was done during the period? The basic inventory formula for equivalent unit computations is:

$$\begin{array}{c}\text{Equivalent units} \\ \text{in the beginning} \\ \text{inventory}\end{array} + \begin{array}{c}\text{Equivalent units} \\ \text{of work done} \\ \text{this period}\end{array} = \begin{array}{c}\text{Equivalent units} \\ \text{transferred out}\end{array} + \begin{array}{c}\text{Equivalent units} \\ \text{in ending} \\ \text{inventory}\end{array}$$

In our example, to find the work done this period:

$$\begin{array}{c}\text{Equivalent units} \\ \text{of work done} \\ \text{this period}\end{array} = \begin{array}{c}\text{Equivalent units} \\ \text{transferred out}\end{array} + \begin{array}{c}\text{Equivalent units} \\ \text{in ending} \\ \text{inventory}\end{array} - \begin{array}{c}\text{Equivalent units} \\ \text{in beginning} \\ \text{inventory}\end{array}$$

$$= 50 + (\tfrac{1}{3} \times 15) - (12 \times \tfrac{2}{3})$$
$$= 50 + 5 - 8$$
$$= 47 \text{ equivalent units of work done in December.}$$

Method of Allocating Costs to Goods Transferred Out and to Ending Inventory

There are five steps in accounting for costs in companies with process production systems. These steps are summarized in Illustration 6–3. Complex process costing problems are much easier to solve if you break them down into these five "bite size" steps.

We demonstrate how to apply these steps using an example. Assume Chemicals, Inc., has just one work in process department—blending. The production data and the flow of units for the blending department are presented in Illustration 6–4. Note the question marks in Illustration 6–4. These are the costs we are trying to derive.

Illustration 6–3   **Procedure for Allocating a Department's Costs to Units**

Step 1: Summarize the flow of physical units.
Step 2: Compute the equivalent units produced.
Step 3: Summarize the total costs to be accounted for.
Step 4: Compute costs per equivalent unit.
Step 5: Compute the cost of goods transferred out and the cost of ending inventory.

Illustration 6–4   **Data for Blending Operation**

CHEMICALS, INC.
Blending Operation
April

		Direct Materials		Conversion Costs: Direct Labor and Manufacturing Overhead	
	Units[a]	Costs	Percent of Processing Completed	Costs	Percent of Processing Completed
Beginning work in process inventory, April 1	4,500	$ 1,625	10	$ 3,100	60
Costs incurred in April	—	56,252	—	25,944	—
Transfers-out to finished goods inventory	13,600	?	100	?	100
Ending work in process inventory, April 30	1,900	?	30	?	20

[a] Some of these units are only partially completed.

Diagram of Unit Flows

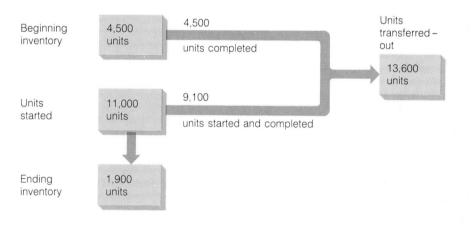

Step 1: Summarize the Flow of Physical Units

The flow of physical units is shown in the top part of Illustration 6–5. Note these are the units being worked on during the period; they are not expressed as equivalent units at this stage. Note that the basic inventory formula requires that **BB + TI = TO + EB**.

Step 2: Compute Equivalent Units Produced

The computation of equivalent units is shown in the bottom part of Illustration 6–5. The purpose of this computation is to derive the denominator in the formula:

$$\text{Unit cost} = \frac{\text{Costs incurred}}{\text{Equivalent units}}.$$

Illustration 6–5   **Computing Equivalent Units**

Step 1: Flow of physical units

	Units Being Worked on	Percent of Processing Completed	
		Materials	**Conversion Costs**
Units in work in process, beginning inventory (BB)	4,500	10%	60%
Started this period (TI)	11,000	Not applicable	
Total units to account for	15,500		
Units transferred out:			
From beginning inventory	4,500	100%	100%
Started and completed this period	9,100	100%	100%
Total units transferred out (TO)	13,600		
Units in work in process, ending inventory (EB)	1,900	30%	20%
Total units accounted for	15,500		

Step 2: Compute equivalent units produced

		Materials	Conversion Costs
a.	To complete beginning inventory:		
	Materials (90%^a × 4,500 units)	4,050 E.U.	
	Conversion costs (40%^b × 4,500 units)		1,800 E.U.
b.	Started and completed during the period	9,100 E.U.	9,100 E.U.
c.	Units still in ending inventory:		
	Materials (30% × 1900 units)	570 E.U.	
	Conversion costs (20% × 1,900 units)		380 E.U.
	Work done in current period	13,720 E.U.	11,280 E.U.

^a 90% = 100% − 10% already done at the beginning of the period.
^b 40% = 100% − 60% already done at the beginning of the period.

This computation depends on our choice of FIFO versus weighted-average. Because we are using FIFO in this case, the numerator of the formula includes only current period costs, so the denominator includes only the equivalent units for the work done in the current period. Consequently, this unit cost computed using FIFO reflects the cost of the current period only. Note that the equivalent unit computation in Illustration 6–5 has the following three parts.

1. Equivalent Units to Complete Beginning Inventory. This is the equivalent work required to take beginning work in process inventory from its stage of completion at the beginning of the period to 100 percent completion. So, the percentage of work to complete the beginning inventory is 100 percent minus the percent already done at the beginning of the period. For materials, the percentage of work to complete is 90 percent (= 100 percent − 10 percent already done at the beginning of the period); for conversion costs, the percentage to complete is 40 percent (= 100 percent − 60 percent). These percentages are multiplied by the 4,500 partially complete units in beginning work in process inventory.

2. Equivalent Units of Work Started and Completed during the Period. Units started and completed during the period are taken from zero to 100 percent completion during the period, so the equivalent units equals the actual number started and completed. The department started and completed 9,100 units, so 9,100 equivalent units were started and completed for both materials and **conversion costs.** (Conversion costs are labor and overhead.)

3. Units Still in Ending Inventory. This is the equivalent work done on the units that were started this period but not completed and transferred out. These units are taken from zero to their stage of completion at the end of the period. For the 1,900 units started but not completed, 30 percent of the materials had been added and 20 percent of the conversion work had been done.

So far, we have computed the denominator in the formula (as shown in Illustration 6–5):

$$\text{Unit cost} = \frac{\text{Current period costs}}{\text{Equivalent units of work done this period}}$$

$$\text{Unit materials cost} = \frac{\text{Materials costs this period}}{13{,}720 \text{ equivalent units}}$$

$$\text{Unit conversion cost} = \frac{\text{Conversion costs this period}}{11{,}280 \text{ equivalent units}}$$

Next, we summarize the costs to be used in the numerator of the formula and compute unit costs.

Step 3: Summarize Costs to Be Accounted for

The top part of Illustration 6–6 summarizes the costs of the beginning inventory and the costs debited to Work in Process for this department for the current

Illustration 6–6　　　　　　　**Computing Unit Costs**

Step 3: Summarize costs to be accounted for

	Total	Materials	Conversion Costs
Work in process, beginning inventory	$ 4,725	$ 1,625	$ 3,100
Current period costs	82,196	56,252	25,944
Total costs to be accounted for	$86,921	$57,877	$29,044

Step 4: Compute unit costs, FIFO method

	Materials	Conversion Costs
Current costs only (see step 3)	$56,252.00	$25,944.00
Equivalent units produced (see step 2)	÷ 13,720.00	÷ 11,280.00
Unit cost	= $ 4.10	= $ 2.30

period. These costs have been assigned to the department materials, labor, and overhead were incurred. Our next task is to calculate the costs of ending inventory and the costs of the units transferred out.

Step 4: Compute Unit Costs, FIFO Method

We now compute the unit cost in the formula, as shown in the bottom part of Illustration 6–6. Using FIFO, that unit cost includes costs and equivalent units only for the current period; it does not include beginning inventory costs and beginning inventory equivalent units.

Step 5: Compute the Cost of Goods Transferred Out and the Cost of Ending Inventory, FIFO Method

This final step completes our task of computing the cost of goods transferred out and the cost of ending inventory. As shown in Illustration 6–7, the costs already in the beginning inventory at the beginning of the period [line (1)] are added to the current period costs incurred to complete the beginning inventory

---

Illustration 6–7   **Assigning Costs to Goods Transferred Out and to Ending Inventory**

Step 5: Compute the cost of goods transferred out and the cost of ending inventory, FIFO method

	Total	Materials	Conversion Costs
Costs assigned to goods transferred out (13,600 units):			
(1) From beginning inventory (see step 3)	$ 4,725	$ 1,625	$ 3,100
Current costs to complete beginning inventory (4,500 units):			
(2) Materials (4,050ª E.U. × $4.10ᵇ)	16,605	16,605	
(3) Conversion costs (1,800ª E.U. × $2.30ᵇ)	4,140		4,140
(4) Total cost of beginning inventory transferred out	25,470	18,230	7,240
Cost of units started and completed this period (9,100 units):			
(5) Materials (9,100ª E.U. × $4.10ᵇ)	37,310	37,310	
(6) Conversion costs (9,100ª E.U. × $2.30ᵇ)	20,930		20,930
(7) Total cost of units started and completed this period	58,240		
(8) Total cost of goods transferred out—line (4) plus line (7)	**83,710**	**55,540**	**28,170**
Costs assigned to ending work in process inventory (1,900 units):			
(9) Materials (570ª E.U. × $4.10ᵇ)	2,337	2,337	
(10) Conversion costs (380ª E.U. × $2.30ᵇ)	874		874
(11) Total costs assigned to ending inventory	**3,211**		
(12) Total costs accounted for—line (8) plus line (11)ᶜ	**$86,921**	**$57,877**	**$29,044**

ª From step 2, Illustration 6–5.

ᵇ From step 4, Illustration 6–6.

ᶜ These totals equal the totals in step 3, Illustration 6–6.

[lines (2) and (3)]. This sum is the total cost of the partially completed 4,500 units in beginning inventory that were completed and transferred out [line (4)]. The remaining 9,100 units transferred out did not come from beginning inventory; they were started this period. Their costs [line (7)] plus line (4) are the total cost of goods transferred out [line (8)]. The costs of ending inventory in line (11) equal the equivalent units in ending inventory times the current period unit cost.

The total costs accounted for in line (12) are the sum of the cost of goods transferred out and the costs assigned to ending inventory. This total also equals the total costs to be accounted for from step 3 (see Illustration 6–6). Note that the basic inventory formula provides the conceptual foundation for this work. The *total costs to be accounted for* equals BB (beginning balance) + TI (transfers-in). The *total costs accounted for* equals TO (transfers-out) plus EB (ending balance). Naturally, BB + TI = TO + EB.

This completes the five steps for assigning costs to goods transferred out and to ending inventory when accounting for costs in a continuous production process. Illustrations 6–8 and 6–9 summarize these steps and present the flow of costs through T-accounts.

Separate Accounts for Each Cost Incurred at Different Stages. In the blending department of Chemicals, Inc., direct materials and conversion costs are applied to the manufacturing process at different stages, so there are separate accounts for each. In general, separate accounts are maintained for each product-cost component that enters the process at a significantly different time.

Production Cost Reports. The computations for equivalent units and a summary of the flow of units are usually included in a production cost report like that shown in Illustration 6–10. Do not be dismayed by the amount of

Illustration 6–8 **Direct Materials Cost Flows, FIFO Method**

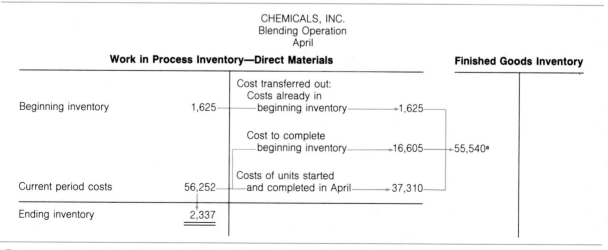

CHEMICALS, INC.
Blending Operation
April

Work in Process Inventory—Direct Materials		Finished Goods Inventory
Beginning inventory 1,625	Cost transferred out: Costs already in beginning inventory →1,625	
	Cost to complete beginning inventory →16,605 →55,540ᵃ	
Current period costs 56,252	Costs of units started and completed in April →37,310	
Ending inventory 2,337		

ᵃ Total costs transferred out of Work in Process Inventory—Direct Materials.

Illustration 6–9 **Conversion Cost Flows, FIFO Method**

CHEMICALS, INC.
Blending Operation
April

Work in Process Inventory—Conversion Costs		Finished Goods Inventory

Beginning inventory — 3,100

Costs transferred out:
Costs already in beginning inventory → 3,100

Current period costs to complete beginning inventory → 4,140

Current period costs — 25,944

Costs of units started and completed in April → 20,930

28,170[a]

Ending inventory — 874

[a] Total cost transferred out of Work in Process Inventory—Conversion Costs.

data in this report. Reading and understanding this report is not difficult if you break it down into parts corresponding to the five steps discussed above.

The top part of the production cost report shows the flow of units through the blending department, and the bottom part of the report accounts for costs. Note there are four major parts of the report: (1) units *to be* accounted for, (2) units accounted for, (3) costs *to be* accounted for, and (4) costs accounted for. We have cross-referenced this report to the five steps required in process

Illustration 6–10

CHEMICALS, INC.
Production Cost Report—FIFO
Blending Dept.—April

Flow of production Units	(Step 1) Physical Units	(Step 2) Compute Equivalent Units	
		Materials	Conversion Costs
Units to account for:			
Beginning work in process inventory	4,500		
Units started this period	11,000		
Total units to account for	15,500		
Units accounted for:			
Units completed and transferred out:			
From beginning inventory	4,500	4,050[a](90%)[b]	1,800(40%)[b]
Started and completed, currently	9,100	9,100	9,100
Units in ending WIP inventory	1,900	570(30%)[c]	380(20%)[c]
Total units accounted for	15,500	13,720	11,280

Illustration 6–10 (concluded)

Costs	Total Costs	Details	
		Materials	**Conversion Costs**
Costs to be accounted for: (Step 3)			
Costs in beginning WIP inventory	$ 4,725	$ 1,625	$ 3,100
Current period costs	82,196	56,252	25,944
Total costs to be accounted for	**$86,921**	**$57,877**	**$29,044**
Cost per equivalent unit: (Step 4)			
Materials ($56,252 ÷ 13,720 E.U.)		$ 4.10	
Conversion costs ($25,944 ÷ 11,280 E.U.)			$ 2.30
Costs accounted for: (Step 5)			
Costs assigned to units transferred out:			
Costs from beginning WIP inventory	$ 4,725	$ 1,625	$ 3,100
Current costs added to complete beginning WIP inventory:			
Materials (4,050 × $4.10)	16,605	16,605	
Conversion costs (1,800 × $2.30)	4,140		4,140
Total costs from beginning inventory	25,470		
Current costs of units started and completed:			
Materials (9,100 × $4.10)	37,310	37,310	
Conversion costs (9,100 × $2.30)	20,930		20,930
Total costs of units started and completed	58,240		
Total costs transferred out	**83,710**		
Costs assigned to ending WIP inventory:			
Materials (570 × $4.10)	2,337	2,337	
Conversion costs (380 × $2.30)	874		874
Total cost of ending WIP inventory	**3,211**		
Total costs accounted for	**$86,921**	**$57,877**	**$29,044**

[a] Equivalent units required to complete beginning inventory. For example, 90% of materials must be added to the beginning inventory to complete it. Therefore, 4,050 (= 90% × 4,500) equivalent units are required to complete beginning inventory.

[b] Percent required to complete beginning inventory.

[c] Stage of completion of ending inventory.

costing. (Note that steps 1 and 2 were presented in Illustration 6–5; steps 3 and 4 were presented in Illustration 6–6; and step 5 was presented in Illustration 6–7.)

Managers often use the data in production cost reports for performance evaluation and other decisions. For example, the cost information in Illustration 6–10 can be compared with budgets to see how actual costs correspond to estimated costs. The data can also be used to assign costs to inventory and cost of goods sold for financial reporting.

Summary of FIFO Process Costing.   FIFO costing separates current period costs from previous period costs carried forward in a department's beginning inventory. Equivalent finished units computed under FIFO represent only the current period's activity. When the department's costs are divided between the costs to be transferred to a subsequent department (or finished goods inventory) and the costs to be included in ending inventory, the costs of the beginning inventory are transferred out first. Current period costs are then assigned to the finished units transferred out and those remaining in the ending inventory.

Weighted-Average Costing

In contrast to FIFO costing, **weighted-average costing** combines beginning inventory costs and current period costs in computing product costs. These combined costs are assigned to goods transferred out and to ending inventory.

Weighted-Average Equivalent Whole Units.   With weighted-average costing, equivalent whole units are simply the equivalent whole units in beginning inventory plus the equivalent units of work done this period. It does not matter how many units resulted from current period work or had been carried in beginning inventory.

We use the data from the blending department at Chemicals, Inc., and assume the weighted-average method had been used. Illustration 6–4 provided the following data about stages of completion of units for each cost category:

		Direct Materials		Conversion Costs	
	Units	**Costs**	**Percent of Processing Completed**	**Costs**	**Percent of Processing Completed**
Work in process:					
Beginning inventory	4,500	$ 1,625	10	$ 3,100	60
Costs incurred in April	—	56,252	—	25,944	—
Transfers-out	13,600	?	100	?	100
Ending inventory	1,900	?	30	?	20

We assume beginning inventory is the same under both FIFO and weighted-average for our illustrative purposes. The following steps describe the computations leading to the assignment of costs to goods transferred out and to ending inventory.

Step 1.   Summarize the Flow of Physical Units. Step 1 is the same for weighted-average as for FIFO. (See the top part of Illustration 6–5.)

Step 2.   Compute Equivalent Units Produced. Using weighted-average, the unit cost is computed as follows:

$$\text{Weighted-average unit cost} = \frac{\text{Costs in beginning inventory} + \text{Current period costs}}{\text{Equivalent units in beginning inventory} + \text{Equivalent units of work done in this period}}$$

We have already computed the equivalent units of work done this period, as shown in the bottom part of Illustration 6–5:

		E.U. to Complete Beginning Inventory		Units Started and Completed		E.U. in Ending Inventory
Materials:	13,720 E.U.	=	4,050	+	9,100	+ 570
Conversion costs:	11,280 E.U.	=	1,800	+	9,100	+ 380

The equivalent units of work already in the beginning inventory can be derived from the data in step 1 shown at the top of Illustration 6–5:

Materials: 10 percent × 4,500 = 450 E.U.

Conversion costs: 60 percent × 4,500 = 2,700 E.U.

So, the weighted-average units can be calculated as follows:

	E.U. in Beginning Inventory		Work Done in Current Period		Total
Materials:	450 E.U.	+	13,720 E.U.	=	14,170 E.U.
Conversion costs:	2,700 E.U.	+	11,280 E.U.	=	13,980 E.U.

A shortcut method can also be used to compute equivalent units for the weighted-average method:

$$\text{Weighted-average equivalent units} = \text{Total units transferred out} + \text{Equivalent units in the ending inventory}$$

This method is shown below. We start with the formula we used above and show how terms can be combined to derive a simpler approach. The numbers below the terms are the equivalent units for materials to show how this shortcut method works.

Long method (used above to compute 14,170 E.U. = 450 + 13,720):

Weighted-average equivalent units (E.U.)	=	E.U. already in beginning inventory	+	E.U. to complete beginning inventory	+	Units started and completed	+	E.U. in ending inventory
14,170	=	450	+	4,050	+	9,100	+	570

Intermediate method:

Weighted-average E.U.	=	Units of beginning inventory transferred out		+	Units started and completed	+	E.U. in ending inventory
14,170	=	4,500		+	9,100	+	570

Shortcut method:

Weighted-average E.U.	=	Total units transferred out	+	E.U. in ending inventory
14,170		13,600		570

The above computations are for materials. For practice, what would be the weighted-average equivalent units for conversion costs using these methods?

Answer:	2,700	+	1,800	+	9,100	+	380
=		4,500		+	9,100	+	380
=				13,600		+	380
=							13,980.

We next continue with the three remaining steps to account for costs using the weighted-average method.

Step 3. Summarize Costs. Step 3 is the same for weighted-average as for FIFO. (See the top part of Illustration 6–6.)

Step 4. Compute Unit Costs, Weighted-Average Method. The denominators for the equivalent unit computations have been computed in step 2. The numerators, which are known from the summary of costs in Illustration 6–6, are as follows:

$$\text{Weighted-average unit cost} = \frac{\text{Costs in beginning inventory} + \text{Current period costs}}{\text{Equivalent units in beginning inventory} + \text{Equivalent units of work done in this period}}$$

$$\text{Weighted-average unit cost for materials} = \frac{\$1,625 + \$56,252}{14,170 \text{ E.U.}}$$

$$= \frac{\$57,877}{14,170}$$

$$= \$4.08447 \text{ per equivalent unit}$$

$$\text{Weighted-average unit cost for conversion costs} = \frac{\$3,100 + \$25,944}{13,980 \text{ E.U.}}$$

$$= \frac{\$29,044}{13,980}$$

$$= \$2.07754 \text{ per equivalent unit}$$

These computations are summarized in Illustration 6–11.

Step 5. Compute the Cost of Goods Transferred Out and the Cost of Ending Inventory, Weighted-Average Method. The computation of cost of goods transferred out and the cost of ending inventory is shown in Illustration 6–11. The cost of goods transferred out equals the equivalent unit cost times the number of units transferred out. The cost of ending inventory equals the equivalent unit cost times the number of units in ending inventory. Note that the total costs accounted for equals the total costs to be accounted for (Illustration 6–6).

Illustrations 6–12 (p. 205) and 6–13 (p. 206) show cost flows and a production cost report under weighted-average costing. The essential differences between weighted-average and FIFO can be seen if you compare these two illustrations with Illustrations 6–8, 6–9, and 6–10, which show the same things under FIFO.

The materials cost component of the 13,600 units transferred out is $55,549 (= 13,600 × $4.08447 unit cost), while the materials cost component of the 570 equivalent units in ending inventory is $2,328 (= 570 × $4.08447). The conversion cost component of the 13,600 units transferred out is $28,255 (= 13,600 × $2.07754), while the conversion cost component of the 380 equivalent units in ending inventory is $789 (380 × $2.07754). These cost flows and calculations are summarized in Illustrations 6–12 and 6–13.

Comparison of Weighted-Average and FIFO Costing. Weighted-average costing does not separate beginning inventory from current period activity.

Illustration 6–11   **Assignment of Costs under Weighted-Average**

Step 1: **Summarize flow of physical units (see step 1 in Illustration 6–5)**

Step 2: **Compute equivalent units produced, weighted-average method**

	Materials	Conversion Costs
Primary method		
Equivalent units in beginning inventory:		
Materials (10% × 4,500 units)	450 E.U.	
Conversion costs (60% × 4,500 units)		2,700 E.U.
Equivalent units of work done this period (see Illustration 6–5 for details)	13,720 E.U.	11,280 E.U.
Total equivalent units for all work done to date (that is, in current and previous periods)	14,170 E.U.	13,980 E.U.
Shortcut method		
Equivalent units of work transferred out	13,600 E.U.	13,600 E.U.
Equivalent units of work still in ending inventory:		
Materials (30% × 1,900 units)	570 E.U.	
Conversion costs (20% × 1,900 units)		380 E.U.
Total equivalent units for work done to date	14,170 E.U.	13,980 E.U.

Step 3: **Summarize the total costs to be accounted for (see step 3 in Illustration 6–6)**

Step 4: **Compute unit costs, weighted-average method**

	Materials	Conversion Costs
Total costs in beginning inventory and for current period work (see Illustration 6–6)	$57,877	$29,044
Equivalent units (see step 2)	÷ 14,170	÷ 13,980
Unit costs	= $4.08447	= $2.07754

Step 5: **Compute the cost of goods transferred out and the cost of ending inventory, weighted-average method**

	Total	Materials	Conversion Costs
Cost of goods transferred out:			
Materials (13,600 units × $4.08447)	$55,549	$55,549	
Conversion costs (13,600 units × $2.07754)	28,255		$28,255
Total cost of goods transferred out	83,804	55,549	28,255
Cost of goods in ending inventory:			
Materials (570 E.U. × $4.08447)	2,328	2,328	
Conversion costs (380 E.U. × $2.07754)	789		789
Total costs assigned to ending inventory	3,117	2,328	789
Total costs accounted for	$86,921	$57,877	$29,044

Unit costs are a weighted average of the two, whereas under FIFO costing units costs are based on current period activity only.

Illustration 6–14 (p. 207) compares the unit costs, costs transferred out, and ending inventory values under the two methods for Chemicals, Inc. Note that in this example costs per unit are lower under weighted-average than under FIFO because the unit costs in beginning inventory are lower than current

Illustration 6-12   **Cost Flows Using Weighted-Average Costing**

CHEMICALS, INC.
Blending Operation
April

Work in Process Inventory—Direct Materials

Beginning inventory	1,625	} 57,877[a]	Costs transferred out:	55,549
Current period costs	56,252			
Ending inventory		2,328		

Work in Process Inventory—Conversion Costs

Beginning inventory	3,100	} 29,044[a]	Costs transferred out:	28,255
Current period costs	25,944			
Ending inventory		789		

[a] Total costs to be accounted for.

period unit costs. Thus, the lower unit costs in beginning inventory decrease the weighted-average unit cost.

While either weighted-average or FIFO cost is acceptable for assigning costs to inventories and cost of goods sold for external reporting, the weighted-average method has been criticized for masking current period costs. Thus, using weighted-average costing, the unit costs reported for April are based not only on April's costs but also on previous periods' costs that were in April's beginning inventory as well. Whether this obscuring of current period costs is important depends on the extent to which managers' decisions require knowledge of period unit costs. If computational and recordkeeping costs are about the same under both FIFO and weighted-average, which we believe is generally the case when accounts are computerized, then FIFO costing has a slight advantage.

Accounting for Prior Department Costs

Our discussion so far has assumed a single department. Usually products pass through a series of departments, however. As the product passes from one department to another, its costs must follow.

In principle, the units transferred out of one department and into another are essentially the same as any other direct material for the receiving department. The costs of those units, which are called prior department costs, or transferred-in costs, are similar to the costs of direct materials put into process at the start of production in that department. Prior department costs are entered as a separate item on the receiving department's production cost report. Equivalent whole units are 100 percent complete in terms of prior department costs, so cost computations for prior department costs is relatively easy.

Assume that on April 1, the blending department of Chemicals, Inc., had 4,500 units in beginning inventory, with prior department costs of $10 per

Illustration 6–13

CHEMICALS, INC.
Production Cost Report—Weighted-Average
Blending Dept.—April

	(Step 1) Physical Units	(Step 2) Equivalent Units	
Flow of production units		Materials	Conversion Costs
Units to account for:			
Beginning work in process inventory	4,500	450 (10%)[a]	2,700 (60%)[a]
Units started this period	11,000	—	—
Total units to account for	15,500		
Units accounted for:			
Units completed and transferred out:			
From beginning inventory	4,500	4,050[b] (90%)[c]	1,800[b] (40%)[c]
Started and completed, currently	9,100	9,100	9,100
Total transferred out	13,600		
Units in ending WIP inventory	1,900	570 (30%)[a]	380 (20%)[a]
Total units accounted for	15,500	14,170	13,980

	Total Costs	Detail	
		Materials	Conversion Costs
Costs			
Costs to be accounted for: (Step 3)			
Costs in beginning WIP inventory	$ 4,725	$ 1,625	$ 3,100
Current period costs	82,196	56,252	25,944
Total costs to be accounted for	$86,921	$57,877	$29,044
Costs per equivalent unit: (Step 4)			
Materials ($57,877 ÷ 14,170)		$4.08447	
Conversion costs ($29,044 ÷ 13,980)			$2.07754
Costs accounted for: (Step 5)			
Costs assigned to units transferred out:			
Materials (13,600 × $4.08447)	55,549	$55,549	
Conversion costs (13,600 × $2.07754)	28,255		$28,255
Total cost of goods transferred out	$83,804		
Costs assigned to ending inventory:			
Materials (570 × $4.08447)	2,328	2,328	
Conversion costs (380 × $2.07754)	789		789
Total costs of ending WIP inventory	$ 3,117		
Total costs accounted for	$86,921	$57,877	$29,044

[a] Stage of completion.

[b] Equivalent units required to complete beginning inventory.

[c] Percent required to complete beginning inventory.

Illustration 6-14   **Comparison of FIFO and Weighted-Average Methods**

CHEMICALS, INC.
Blending Operation
April

		FIFO	Weighted-Average
Direct Materials	Unit cost Costs transferred out Ending inventory	$4.10 $55,540 2,337	$4.08447 $55,549 2,328
Conversion Costs	Unit cost Costs transferred out Ending inventory	$2.30 $28,170 874	$2.07754 $28,255 789
Total Product Costs	Unit cost Costs transferred out Ending inventory	$6.40 $83,710 3,211	$6.16201 $83,804 3,117

Note: Beginning inventory values were assumed to be the same under FIFO and weighted-average.

unit. During the month, 11,000 units were transferred in, with prior department costs of $11 per unit. This information is summarized below:

	Prior Department Cost per Unit	Number of Units	Stage of Completion
Units in beginning inventory	$10	4,500	100%
Units transferred in during April	11	11,000	100
Units transferred in and out during April	?	9,100	100
Units in ending inventory	?	1,900	100

Illustration 6–15 shows the flow of prior department costs through T-accounts using FIFO. Illustration 6–16 shows the production cost report with prior department costs, in addition to the direct materials and conversion costs previously discussed.

Responsibility for Prior Department Costs

An important issue for performance evaluation is: Should a department manager be held accountable for *all* costs charged to the department? The answer is usually no. A department and its people are usually evaluated on the basis of costs *added by* the department relative to the good output from the department. Prior department costs are often excluded in comparing actual department costs with a standard or budget. We discuss this point more extensively in later chapters on performance evaluation, but we raise it here to emphasize that different information is needed for different purposes. Assigning costs to units

Illustration 6–15
Prior Department Cost Flows, FIFO Method

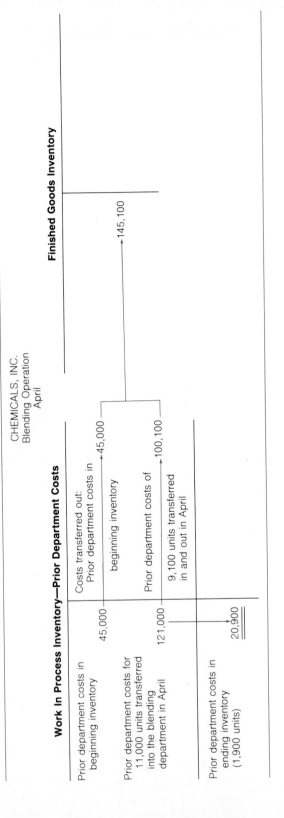

CHEMICALS, INC.
Blending Operation
April

Work In Process Inventory—Prior Department Costs

Prior department costs in beginning inventory 45,000

Prior department costs for 11,000 units transferred into the blending department in April 121,000

Prior department costs in ending inventory (1,900 units) 20,900

Costs transferred out:
Prior department costs in beginning inventory 45,000

Prior department costs of 9,100 units transferred in and out in April 100,100

Finished Goods Inventory

145,100

Illustration 6-16

CHEMICALS, INC.
Production Cost Report—FIFO

Flow of production units	(Step 1) Physical Units	(Step 2) Equivalent Units		
		Prior Depart-ment Costs	Materials	Conversion Costs
Units to account for:				
Begining work in process inventory	4,500			
Units started this period	11,000			
Total units to account for	15,500			
Units accounted for:				
Units completed and transferred out:				
From begining inventory	4,500	–0–	4,050[a] (90%)[c]	1,800[a] (40%)[c]
Started and completed, currently	9,100	9,100	9,100	9,100
Units in ending WIP inventory	1,900	1,900	570 (30%)[b]	380 (20%)[b]
Total units accounted for	15,500	11,000	13,720	11,280

Costs	Total Costs	Prior Depart-ment costs	Materials	Conversion Costs
Costs to be accounted for: (Step 3)				
Costs in beginning WIP inventory	$ 49,725	$ 45,000	$ 1,625	$ 3,100
Current period costs	203,196	121,000	56,252	25,944
Total costs to be accounted for	$252,921	$166,000	$57,877	$29,044
Cost per equivalent unit: (Step 4)				
Prior department costs ($121,000 ÷ 11,000)		$ 11.00		
Materials ($56,252 ÷ 13,720)			$ 4.10	
Conversion costs ($25,944 ÷ 11,280)				$ 2.30
Costs accounted for: (Step 5)				
Costs assigned to units transferred out:				
Costs from beginning WIP inventory	$ 49,725	$ 45,000	$ 1,625	$ 3,100
Current costs added to complete beginning WIP inventory:				
Prior department costs	–0–	–0–		
Materials (4,050 × $4.10)	16,605		16,605	
Conversion costs (1,800 × $2.30)	4,140			4,140
Total costs from beginning inventory	70,470			
Costs of units started and completed:				
Prior department costs (9,100 × $11)	100,100	100,100		
Materials (9,100 × $4.10)	37,310		37,310	
Conversion costs (9,100 × $2.30)	20,930			20,930
Total cost of units started and completed	158,340			
Total costs transferred out	**228,810**			
Costs assigned to ending WIP inventory:				
Prior department costs (1,900 × $11)	20,900	20,900		
Materials (570 × $4.10)	2,337		2,337	
Conversion costs (380 × $2.30)	874			874
Total cost of ending WIP inventory	**24,111**			
Total costs accounted for	$252,921	$166,000	$57,877	$29,044

[a] Equivalent units required to complete beginning inventory.
[b] Stage of completion.
[c] Percent required to complete beginning inventory.

for inventory valuation requires that prior department costs be *included* in department product-cost calculations. However, assigning costs to departments for performance evaluation usually requires that prior department costs be *excluded* from departmental costs.

Changes in the Measuring Unit

In some manufacturing processes, the unit of measure in one department may be different from that in another. For example, in logging operations, logs are measured in volumetric terms as they enter the mill. Veneers are peeled from the logs and measured in area. Dimension lumber is measured in board-feet. To minimize confusion under such circumstances, it is common for each department to use a measuring system that corresponds to the *units used to measure its outputs.*

For example, a veneer operation would use the area of veneer as its basis for measurement. If the veneer department received whole logs from another department, the physical units used for recording those logs would be the area of veneer the department expected to peel from the logs.

Spoilage

Spoilage refers to the loss of goods during production. If the loss is a normal part of the production operation (such as that due to evaporation, chemical reactions, normal waste, or expected defective items), the reported number of units of product put into process may be adjusted to reflect the normal loss. Thus, units of product started is expressed in terms of expected or actual units of **good output.** The computation results in an increased cost per finished unit that has the effect of averaging the normal losses over the good units.

For example, suppose a department with no beginning inventory started 3,000 units. These units cost $24,000 for materials and conversion costs. It produced only 2,500 units of good output and lost 500 units. Thus, it would record 2,500 units produced at a cost of $9.60 per unit ($24,000 ÷ 2,500 good units = $9.60).

A second method is to record the 3,000 units at their cost of $8 per unit ($24,000 ÷ 3,000 units). At the end of the period, the $4,000 cost of the 500 lost units would be assigned to work in process inventory, finished goods inventory, or cost of goods sold, depending on where the good units are. For example, if 1,000 of the good units are in ending finished goods inventory and the remaining 1,500 good units were sold, the entry would be:

Finished Goods Inventory—Lost Unit Costs	$1,600 \left(= \frac{1,000}{2,500} \times \$4,000 \right)$
Cost of Goods Sold—Lost Unit Costs	$2,400 \left(= \frac{1,500}{2,500} \times \$4,000 \right)$
Work in Process Inventory—Lost Unit Costs	4,000

Assuming there were no beginning inventories and these were the only costs incurred, both methods result in the same value of finished goods inventory and cost of goods sold. However, the second method, which explicitly assigns costs to spoiled units, provides managers with data they would not get from the first method; namely, the cost of spoilage. The flow of costs for both methods is diagrammed in Illustration 6–17. A summary of the computations for both methods is shown below.

Two Methods of Assigning Spoilage to Units

First method: Assign spoilage costs to good units

Costs to be accounted for	$24,000
Equivalent units (E.U.)	÷ 2,500
Cost per E.U.	= $9.60
Cost assignment to units transferred out	
($9.60 × 2,500 units)	$24,000

Second method: Compute the cost of spoiled units

Costs to be accounted for	$24,000
Equivalent units:	
Started and completed	2,500
Spoilage	500
Total equivalent units	3,000
Unit cost ($24,000 ÷ 3,000)	$ 8
Cost assignment	
Transferred out (2,500 × $8)	$20,000
Spoiled units (500 × $8)	4,000
Total costs accounted for	$24,000

Spoilage Occurs during the Process

What if spoilage occurs and is detected during the process? Then the amount of spoilage under the second method discussed above would be to compute the spoilage based on the equivalent units of the goods produced. For example, starting with the facts from the previous example, assume the following additional facts:

Materials, all added at the beginning of the process	$ 9,000
Conversion costs, added evenly throughout the process	15,000

Spoilage of 500 units occurs and is detected when the process is 40 percent complete (but after all materials have been added).

The cost of spoiled units would be derived as follows:

1. Compute the cost per unit for materials and conversion costs (this is step 4 in the process costing five-step method):

    Materials: $9,000 ÷ 3,000 equivalent units = $3 per equivalent unit

    Conversion costs: $15,000 ÷ [2,500 + (.4 × 500)]
    = 15,000 ÷ 2,700 equivalent units
    = $5.556 (rounded) per equivalent unit

2. Compute the cost of spoiled units by multiplying the cost per equivalent unit times the number of units spoiled:

    Materials: 500 equivalent units × $3   = $1,500
    Conversion costs: 200 equivalent units × $5.556 = $1,111
    Total cost of units spoiled $2,611

Illustration 6-17
Cost Flows for Normal Lost Units

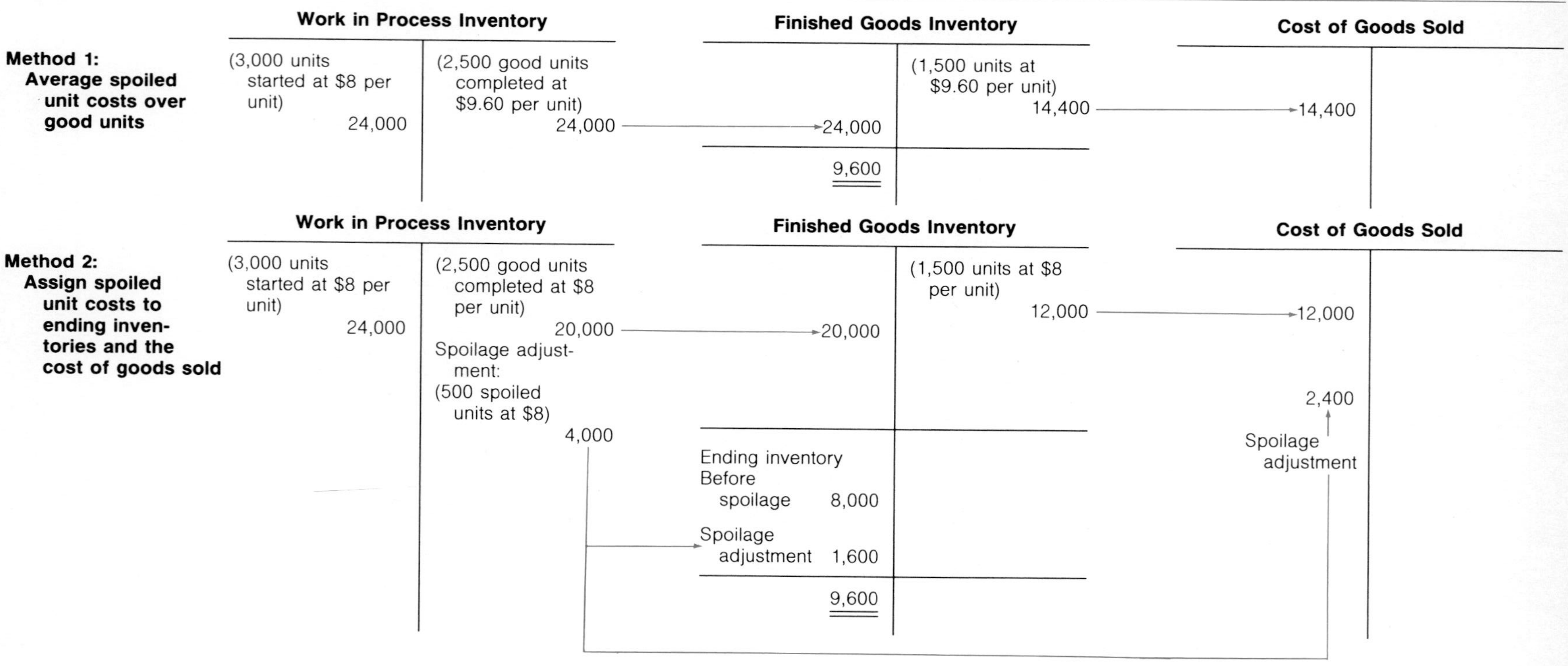

	Work in Process Inventory	Finished Goods Inventory	Cost of Goods Sold

Method 1: Average spoiled unit costs over good units

Work in Process Inventory

(3,000 units started at $8 per unit) 24,000

(2,500 good units completed at $9.60 per unit) 24,000 → 24,000

Finished Goods Inventory

24,000 → 24,000

(1,500 units at $9.60 per unit) 14,400 → 14,400

9,600

Cost of Goods Sold

14,400

Method 2: Assign spoiled unit costs to ending inventories and the cost of goods sold

Work in Process Inventory

(3,000 units started at $8 per unit) 24,000

(2,500 good units completed at $8 per unit) 20,000 → 20,000

Spoilage adjustment: (500 spoiled units at $8) 4,000

Finished Goods Inventory

20,000 → 20,000

(1,500 units at $8 per unit) 12,000 → 12,000

Ending inventory Before spoilage 8,000

Spoilage adjustment 1,600

9,600

Cost of Goods Sold

12,000

2,400 ← Spoilage adjustment

Spoilage adjustment

The equivalent units of goods spoiled for *conversion costs* is only 200 (= 40 percent × 500 units spoiled) because spoilage occurred and was detected at the 40 percent stage. Consequently, the total equivalent units produced, including equivalent units of goods spoiled, equals 2,700, *not* 3,000

Spoilage occurred after *all materials were added,* however, so the equivalent units spoiled for materials costs equals 500 units; the total equivalent units produced, including spoiled goods, equals 3,000.

Abnormal Spoilage

If units are lost for unusual or abnormal reasons, the debit in the journal entry is made to an account such as Abnormal Spoilage Costs, which writes off the costs for the period. Whereas *normal* **lost units** or **normal spoilage** is usually treated as a product cost, abnormal lost units or **abnormal spoilage** is treated as a period cost. For example, if the 500 lost units were lost due to abnormal reasons, the journal entry to record the transfer of costs out of Work in Process Inventory would be:

Finished Goods Inventory	20,000	
Cost of Lost Units	4,000	
Work in Process Inventory		24,000

The Cost of Lost Units account would be a period expense and would appear in the income statement.

With this method, cost of goods sold would be stated at the $8 per unit cost excluding the abnormal lost unit costs. Thus, the cost of goods sold would be $12,000. T-accounts to represent this flow of costs are shown in Illustration 6–18.

A comprehensive problem that includes spoilage is presented at the end of this chapter. Illustration 6–22 shows a production cost report for this problem that includes spoilage. (Also, see self-study problems 1 and 2 for additional examples of spoilage.)

Systems Choice: Job Costing versus Process Costing

In job costing, costs are collected for each unit produced, as discussed in Chapter 5. For example, a print shop collects costs for each order, a defense contractor collects costs for each contract, and a custom home builder collects costs for each house. In process costing, costs are accumulated in a department for an accounting period (for example, a month), then spread evenly, or averaged, over all units produced that month. Process costing assumes each unit produced is relatively uniform. A comparison of cost flows under each method is demonstrated by the following example.

Assume Marmaduke Manufacturing Company makes a customized product. In June, three jobs were started and completed (there were no beginning inventories). The manufacturing cost of each job was:

Job No. 10	$16,000
Job No. 11	12,000
Job No. 12	14,000
Total	$42,000

Illustration 6-18

Work in Process Inventory		Finished Goods Inventory		Cost of Goods Sold
(3,000 units at $8 per unit) 24,000	(2,500 units at $8 per unit) 20,000	20,000	(1,500 units at $8 per unit) 12,000	12,000
(500 units at $8 per unit) 4,000		$\underline{\underline{8,000}}$		

Lost Unit Costs

4,000

Illustration 6–19   **Comparative Flow of Costs: Job and Process Costing**

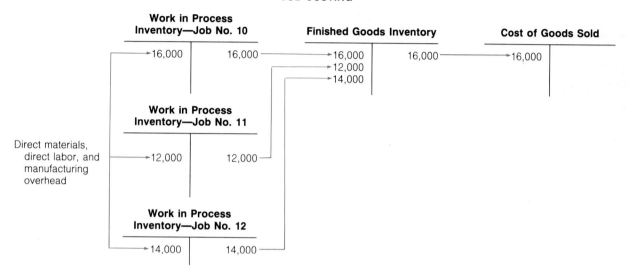

MARMADUKE MANUFACTURING COMPANY
June

JOB COSTING

$$^a\ 14,000 = \frac{1\ \text{job}}{3\ \text{jobs}} \times \$42,000.$$

Job No. 10 was sold; hence, the cost of goods sold in June would be the cost of Job No. 10—$16,000. This flow of costs is shown in the top part of Illustration 6–19.

Suppose Marmaduke Manufacturing Company had used process costing. For convenience, assume each job is defined to be a single unit of product. Total manufacturing costs were $42,000, so each "unit" would be assigned a cost of $14,000. One unit was sold; hence, the cost of goods sold under process costing would be the *average cost* of all three jobs—$14,000. This flow of costs is shown in the bottom part of Illustration 6–19.

Note that with process costing, Marmaduke Manufacturing Company does not maintain a record of the cost of each unit produced. Process costing has less detailed recordkeeping; hence, if a company was choosing between job and process costing, it would generally find that recordkeeping costs are lower under process costing. Of course, process costing does not provide as much information as job costing because records of the cost of each unit produced are not kept using process costing. The choice of process versus job costing systems involves a comparison of the costs and benefits of each system.

A Cost-Benefit Comparison of Job and Process Costing

Consider a house builder. Under job order costing, the costs must be accumulated for each house. If lumber is sent on a truck for delivery to several houses, it is not sufficient to record the total lumber issued—records must be kept of the amount delivered to, and subsequently returned from, each house. If laborers work on several houses, they must keep track of the time spent on *each* house. Process costing, however, simply requires recording the total costs incurred on all jobs. For the home builder, process costing records the average cost of all houses built. A custom home builder would probably use job order costing. A developer might consider each development a job, but use process costing for houses within each development.

Under process costing, the actual cost incurred for a particular unit is not reported. If all units are homogeneous, this loss of information is probably minimal. Is it important for Texas Instruments to know whether the cost of the 10,001st TI Business Analyst II calculator is different from the 10,002nd? Probably not—particularly if the unit cost is calculated primarily to value inventory for external financial reporting. Cost control and performance evaluation will take place by department, not by unit produced, in process systems. For companies making relatively small, homogeneous units, the additional benefits of job costing would not justify the additional recordkeeping costs.

What if recordkeeping costs were equal under job and process sytems for the units in a product line? Then we would say that job systems are better because they provide all of the data that process systems do, plus more. As a general rule, job systems are usually more costly than process systems, however. Thus, managers and accountants must decide whether there are enough additional benefits (for example, from better decisions) from knowing the actual cost of each unit, which is available in a job costing system, to justify additional recordkeeping costs. For companies producing relatively large, heterogeneous items, the additional benefits of job costing usually justify the additional recordkeeping costs.

Comprehensive Example, Including FIFO, Weighted-Average, Prior Department Costs, and Spoilage

This section presents a comprehensive process costing example.[1] Dexter Production Company manufactures a single product through a two-department manufacturing process—machining and finishing. In the production process, materials are added to the product in both departments. Normal spoilage occurs in the finishing department, and the spoiled units are not detected until units are completed and inspected. Dexter allocates production costs to spoiled units. These costs are then charged to Finished Goods Inventory because all units finished during the period are in Finished Goods Inventory. The information given in Illustration 6–20 is taken from the company's records for October's activity.

---

[1] This example was adapted from a CPA examination.

Illustration 6-20   **Comprehensive Example—Facts**

	Machining Department	Finishing Department	
Physical flow of units:			
Beginning inventory	–0–	20,000	
Transferred in	–0–	60,000	
Started in production	80,000	–0–	
Transferred out	60,000	60,000	
Ending inventory	20,000	18,000	
Spoiled units	–0–	2,000	

	Machining Department	Finishing Department	
	Ending Inventory	**Beginning Inventory**	**Ending Inventory**
Percentage completion:			
Direct materials	100%	100%	100%
Direct labor	50	50	70
Overhead	25	50	70
Prior department costs	Not applicable	100	100

	Machining Department	Finishing Department
Beginning inventory costs:		
Direct materials	–0–	$ 28,000
Direct labor	–0–	24,000 ⎫
Overhead	–0–	3,500 ⎬ $27,500
Prior department costs	–0–	118,000
Current costs:		
Direct materials	$240,000	90,000
Direct labor	140,000	161,500 ⎫
Overhead	65,000	32,300 ⎬ $193,800

First-in, First-out Method.   The production cost report for the machining department, using FIFO, is shown in Illustration 6–21.

Preparation of the production cost report for the machining department is relatively straightforward because there is no beginning inventory and no spoilage. For the computation of FIFO equivalent units, there are 60,000 units started and completed and 20,000 units that are in ending inventory. Ending inventory is 100 percent complete for materials (20,000 E.U.), 50 percent complete for direct labor (10,000 E.U.), and 25 percent complete for overhead (5,000 E.U.) The sum of the 60,000 units started and completed plus the equivalent units in ending inventory gives the following equivalent units of work done this period (also shown in the top portion of Illustration 6–21):

Materials	80,000 equivalent units
Direct labor	70,000 equivalent units
Overhead	65,000 equivalent units

Illustration 6–21

DEXTER PRODUCTION COMPANY
Production Cost Report—FIFO
Machining Department

Flow of production units	(Step 1) Physical Units	(Step 2) Equivalent Units		
		Direct Materials	Direct Labor	Overhead
Units to account for:				
Beginning work in process inventory	–0–			
Units started this period	80,000			
Total units to account for	80,000			
Units accounted for:				
Units completed and transferred out:				
From beginning inventory	–0–	–0–	–0–	–0–
Started and completed, currently	60,000	60,000	60,000	60,000
Units in ending WIP inventory	20,000	20,000	10,000	5,000
Total units accounted for	80,000	80,000	70,000	65,000

Costs	Total Costs	Details		
		Direct Materials	Direct Labor	Overhead
Costs to be accounted for: (Step 3)				
Costs in beginning WIP inventory	–0–	–0–	–0–	–0–
Current period costs	$445,000	$240,000	$140,000	$65,000
Total costs to be accounted for	**$445,000**	**$240,000**	**$140,000**	**$65,000**
Cost per equivalent unit: (Step 4)				
Direct materials ($240,000 ÷ 80,000)		$ 3.00		
Direct labor ($140,000 ÷ 70,000)			$ 2.00	
Overhead ($65,000 ÷ 65,000)				$ 1.00
Costs accounted for: (Step 5)				
Costs assigned to units transferred out:				
Costs from beginning WIP inventory	–0–	–0–	–0–	–0–
Costs of units started and completed:				
Direct materials (60,000 × $3)	180,000	180,000		
Direct labor (60,000 × $2)	120,000		120,000	
Overhead (60,000 × $1)	60,000			60,000
Total costs transferred out (60,000 × $6)	360,000			
Costs assigned to ending WIP inventory:				
Direct materials (20,000 × $3)	60,000	60,000		
Direct labor (10,000 × $2)	20,000		20,000	
Overhead (5,000 × $1)	5,000			5,000
Total cost of ending WIP inventory	85,000			
Total costs accounted for	**$445,000**	**$240,000**	**$140,000**	**$65,000**

Steps 3 through 5 are shown in the middle and bottom portions of Illustration 6–21. Note that 60,000 units are transferred to the finishing department with the following costs:

Direct materials	$180,000
Direct labor	120,000
Overhead	60,000
Total	$360,000

These costs transferred out of the machining department become the prior department costs transferred into the finishing department. (Find the $360,000 prior department costs transferred into the finishing department in step 3 of Illustration 6–22.)

Preparation of the production cost report for the finishing department is slightly more complicated. Both beginning inventory and spoilage have to be considered to compute equivalent units. Under FIFO, the equivalent units computation starts with the equivalent units needed to complete beginning inventory. The 20,000 partially completed units in beginning inventory are 100 percent complete for prior department costs, 100 percent complete for materials, and 50 percent complete for conversion costs (direct labor and overhead are combined in the finishing department). Therefore, 10,000 equivalent units for conversion costs are required to complete beginning inventory. (See step 2 in Illustration 6–22.) Based on the facts given in Illustration 6–20, 60,000 units were transferred out of the finishing department. Of these 60,000 units, 20,000 were from beginning inventory and 40,000 units were started and completed. There are 2,000 units that are spoiled, which are 100 percent complete. In ending inventory there are 18,000 units; prior department costs and materials are both 100 percent complete, but the conversion costs are only 70 percent complete. So, there are 18,000 equivalent units for both prior department costs and materials, and 12,600 equivalent units (= .70 × 18,000) for conversion costs. As shown in step 2 of Illustration 6–22, total equivalent units are 60,000 for prior department costs; 60,000 for materials; and 64,600 for conversion costs.

Steps 3 through 5 are shown in the middle and bottom portions of Illustration 6–22. According to Illustration 6–20, 2,000 units were found to be defective at the inspection point. Note that there is $21,000 of spoilage costs for the 2,000 defective units that were detected at the end of the production process in the finishing department. Because they were detected at the *end* of the process, 100 percent of the costs of making those 2,000 units are treated as spoilage costs. The $21,000 assigned to these 2,000 defective units are made up of the following costs:

Prior department costs	$12,000 (2,000 units × $6)
Materials	3,000 (2,000 units × $1.50)
Conversion costs	6,000 (2,000 units × $3.00)
Total	$21,000

Illustration 6-22

DEXTER PRODUCTION COMPANY
Production Cost Report—FIFO
Finishing Department

		(Step 2) Equivalent Units		
Flow of production units	**(Step 1) Physical Units**	**Prior Department Costs**	**Direct Materials**	**Conversion Costs**[a]
Units to account for:				
Beginning work in process inventory	20,000			
Units started this period	60,000			
Total units to account for	80,000			
Units accounted for:				
Units completed and transferred out:				
From beginning inventory	20,000	–0–[b]	–0–[b]	10,000[b] (50%)[c]
Started and completed, currently	40,000	40,000	40,000	40,000
Units spoiled	2,000	2,000	2,000	2,000
Units in ending WIP inventory	18,000	18,000	18,000 (100%)[d]	12,600 (70%)[d]
Total units accounted for	80,000	60,000	60,000	64,600

			Details		
Costs		**Total Costs**	**Prior Department Costs**	**Direct Materials**	**Conversion Costs**[a]
Costs to be accounted for: (Step 3)					
Costs in beginning WIP inventory		$173,500	$118,000	$ 28,000	$ 27,500
Current period costs		643,800	360,000[e]	90,000	193,800
Total costs to be accounted for		$817,300	$478,000	$118,000	$221,300

Costs per equivalent units: (Step 4)
Prior department costs ($360,000 ÷ 60,000) — $6.00
Materials ($90,000 ÷ 60,000) — $1.50
Conversion costs ($193,800 ÷ 64,600) — $3.00

		Total Costs	Prior Department Costs	Direct Materials	Conversion Costs[a]
Costs accounted for: (Step 5)					
Costs assigned to units transferred out:					
Costs from beginning WIP inventory		$173,500	$118,000	$ 28,000	$ 27,500
Current costs added to complete beginning WIP inventory:					
Prior department costs		–0–	–0–		
Materials		–0–		–0–	
Conversion costs[a] (10,000 × $3.00)		30,000			30,000
Total costs from beginning inventory		203,500			
Costs of units started and completed:					
Prior department costs (40,000 × $6)		240,000	240,000		
Materials (40,000 × $1.50)		60,000		60,000	
Conversion costs[a] (40,000 × $3)		120,000			120,000
Total		420,000			
Total costs transferred out		623,500			

Illustration 6–22 Concluded

Costs	Total Costs	Prior Department Costs	Direct Materials	Conversion Costs[a]
		Details		
Costs assigned to spoiled units:				
Prior department costs (2,000 × $6.00)	12,000	12,000		
Materials (2,000 × $1.50)	3,000		3,000	
Conversion costs[a] (2,000 × $3)	6,000			6,000
Total	21,000			
Costs assigned to ending WIP inventory:				
Prior department costs (18,000 × $6)	108,000	108,000		
Materials (18,000 × $1.50)	27,000		27,000	
Conversion costs (12,600 × $3)	37,800			37,800
Total	172,800			
Total costs accounted for	**$817,300**	**$478,000**	**$118,000**	**$221,300**

[a] Direct labor and overhead are combined into conversion costs for this illustration.

[b] Equivalent units required to complete beginning inventory.

[c] Percent required to complete beginning inventory.

[d] Stage of completion.

[e] Costs of units transferred out of the machining department, per Illustration 6–21, and into this department.

Illustration 6–23 shows the flow of costs through work in process T-accounts using FIFO for the machining and finishing departments. This is a good summary of the costs assigned to ending inventory and to goods transferred out. The $21,000 costs of spoiled units is transferred out of the finishing department to Finished Goods Inventory using the following journal entry:

Finished Goods Inventory—Spoilage Costs	21,000	
Work in Process Inventory—Finishing Department (prior department costs)		12,000
Work in Process Inventory—Finishing Department (direct materials)		3,000
Work in Process Inventory—Finishing Department (conversion costs)		6,000

These spoilage costs will be expensed with a debit to Cost of Goods Sold and a credit to Finished Goods Inventory when the good units that were finished this period are sold.

Weighted-Average Method. The production cost report would be the same for the machining department using either FIFO or the weighted-average method. Why? *There are no beginning inventories* in the machining department so the equivalent unit computations and the allocation of costs to units transferred out and to ending inventory are identical whether FIFO or weighted-average is used. (Recall that these methods are different only because the weighted-average method computes unit costs using a weighted-average of beginning inven-

Illustration 6-23
Cost Flows through T-Accounts (FIFO method)

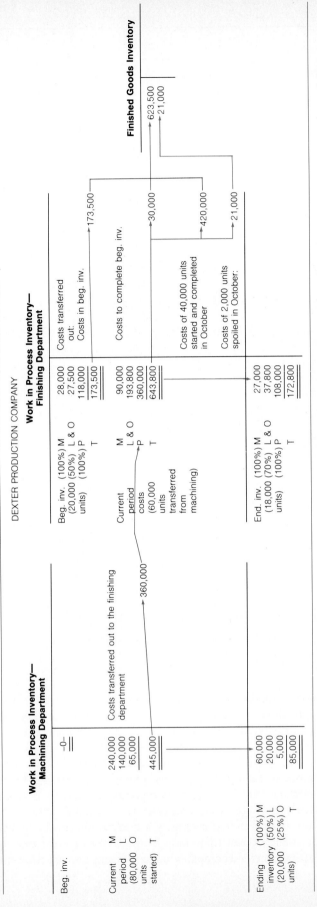

Note: M = Direct materials; L = Direct labor; O = Manufacturing overhead; P = Prior department costs; T = Total costs. Percentages in parentheses are stages of completion.

tory and current period amounts. If there is no beginning inventory, then the "weighted-average" amounts are just the current period amounts.) The production cost report in Illustration 6–21 is apppropriate for both FIFO and weighted-average because there are no beginning inventories in the machining department.

The weighted-average production cost report for the finishing department is shown in Illustration 6–24. The FIFO and weighted-average reports are different in this case because there are beginning inventories (which have different unit costs than the current period unit costs).

Using weighted-average, the equivalent units in beginning inventory are combined with the equivalent units produced during the period. There are 20,000 units in beginning inventory, which are 100 percent complete except for conversion costs, which are 50 percent complete. Therefore, there are 20,000 equivalent units for both prior department costs and materials, and 10,000 equivalent units for conversion costs, which are added to the equivalents derived using FIFO to compute equivalent units using weighted-average, as shown in step 2 of Illustration 6–24.

The costs to be accounted for (step 3 in Illustration 6–24) are *assumed* to be the same for both FIFO and weighted-average. Steps 4 and 5 show the computation of unit costs and the assignment of costs to good units transferred out, to spoiled units, and to ending inventory. If you compare steps 4 and 5 in Illustration 6–24 (using weighted-average) to steps 4 and 5 in Illustration 6–22 (using FIFO), you will find that the total costs accounted for are the same in both cases. The differences are in computing unit costs and assigning total costs to good units transferred out, to spoiled units, and to ending inventory.

Summary

Process costing is used when it is not possible or practical to identify costs with specific lots or batches of product. The two most common methods of process costing are first-in, first-out (FIFO) costing and weighted-average costing. FIFO costing separates current period costs from the beginning inventory costs. The weighted-average method makes no distinction between beginning inventory and current period costs. As a result, weighted-average computations are simpler. However, the FIFO method is potentially more informative because it keeps separate track of current and previous period costs.

Illustration 6–25 summarizes the steps required to allocate costs to units. In comparing the weighted-average and FIFO methods, note the importance of matching costs with units. Weighted-average costing includes beginning inventory (that is, work done in a previous period) in computing both equivalent units and unit costs, while FIFO costing *excludes* beginning inventory in computing equivalent units and unit costs.

Costs are usually applied to products at different times in the production process. Costs applied at the same time are usually grouped together for computational purposes. For example, if direct labor and manufacturing overhead are applied at the same time, they are combined into one category—conversion costs. Companies typically have three distinct categories of costs: direct materials, conversion costs, and prior department costs. The latter are costs transferred in from previous departments (which, conceptually, are a type of direct materials to the receiving department).

Sometimes inputs and outputs are measured differently. When this is the

Illustration 6–24

DEXTER PRODUCTION COMPANY
Production Cost Report—Weighted Average
Finishing Department

Flow of production units	(Step 1) Physical Units	(Step 2) Equivalent Units		
		Prior Department Costs	Materials	Conversion Costs
Units to account for:				
Beginning work in process inventory	20,000	20,000	20,000	10,000 (50%)[a]
Units started this period	60,000			
Total units to account for	80,000			
Units accounted for:				
Units completed and transferred out:				
From beginning inventory	20,000	–0–	–0–	10,000[b] (50%)[c]
Started and completed, currently	40,000	40,000	40,000	40,000
Units spoiled	2,000	2,000	2,000	2,000
Units in ending WIP inventory	18,000	18,000	18,000	12,600 (70%)[a]
Total units accounted for	80,000	80,000	80,000	74,600

Details

Costs	Total Costs	Prior Department Costs	Materials	Conversion Costs
Costs to be accounted for: (Step 3)				
Costs in beginning WIP inventory	$173,500	$118,000	$ 28,000	$ 27,500
Current period costs	643,800	360,000	90,000	193,800
Total costs to be accounted for	$817,300	$478,000	$118,000	$221,300
Cost per equivalent unit: (Step 4)				
Prior department costs ($478,000 ÷ 80,000)		$5.9750		
Materials ($118,000 ÷ 80,000)			$1.4750	
Conversion costs ($221,300 ÷ 74,600)				$2.9665
Costs accounted for: (Step 5)				
Costs assigned to units transferred out:				
Prior department costs (60,000 × $5.975)	$358,500	358,500		
Materials (60,000 × $1.4750)	88,500		88,500	
Conversion costs (60,000 × $2.9665)	177,990			177,990
Total cost of units transferred out	624,990			
Costs assigned to units spoiled:				
Prior department costs (2,000 × $5.975)	11,950	11,950		
Materials (2,000 × $1.4750)	2,950		2,950	
Conversion costs (2,000 × $2.9665)	5,933			5,933
Total costs assigned to spoiled units	20,833			
Costs assigned to ending WIP inventory:				
Prior department costs (18,000 × $5.975)	$107,550	107,550		
Materials (18,000 × $1.4750)	26,550		26,550	
Conversion costs (12,600 × $2.9665)	37,378			37,378
Total cost of ending WIP inventory	171,478			
Total costs accounted for	$817,301[d]	$478,000	$118,000	$221,301[d]

[a] Stage of completion.

[b] Equivalent units required to complete beginning inventory.

[c] Percent required to complete beginning inventory.

[d] Different than total costs to be accounted for because of rounding.

Illustration 6–25

Summary of Steps for Assigning Process Costs to Units

Step 1: Summarize the flow of physical units.

Step 2: Compute the equivalent units produced.
Using FIFO, this means adding the equivalent units of work done to:
a. Complete units in beginning inventory.
b. Start and complete units.
c. Work on units still in ending inventory.
Using FIFO, this gives the equivalent units of work done in the current period.

Using weighted-average, this means adding the equivalent units of work done in the current period to the equivalent units of work already done in the beginning inventory from the previous period.

Step 3: Summarize the total costs to be accounted for.
The total costs to be accounted for are the costs in the beginning work in process inventory and current period costs charged (that is, debited) to Work in Process Inventory.

Step 4: Compute costs per equivalent unit.
Using FIFO:

$$\frac{\text{Unit cost of}}{\text{current work done}} = \frac{\text{Current period costs}}{\text{Equivalent units of current work done}}$$

Using weighted-average:

$$\frac{\text{Weighted-average}}{\text{unit cost}} = \frac{\text{Costs in beginning inventory} + \text{Current period cost}}{\text{Equivalent units in beg. inv.} + \text{Equivalent units of current work done}}$$

Step 5: Compute the cost of goods transferred out and the cost of ending inventory.
This is the step where the costs in step 3 are accounted for, either as the cost of goods transferred out or the cost of goods in ending inventory.

Using FIFO, the cost of goods transferred out equals the sum of the following three items:
a. The costs already in beginning inventory at the beginning of the period.
b. The current period cost to complete beginning inventory, which equals the equivalent units to complete beginning inventory from step 2, part a, times the current period unit cost computed for FIFO in step 4.
c. The costs to start and complete units, calculated by multiplying the number of units from step 2, part b, times the current cost computed for FIFO in step 4.

Using FIFO, the cost of goods in ending inventory equals the equivalent units in ending inventory from step 2, part c, times the unit current cost computed for FIFO in step 4.

Using weighted-average, the cost of goods transferred out equals the total units transferred out times the weighted-average unit cost computed in step 4.

Using weighed-average, the cost of goods in ending inventory equals the equivalent units in ending inventory times the weighted-average unit cost computed in step 4.

case, the input units are typically redefined into the way output units are measured.

When units are spoiled in production, a common practice is to spread all costs, including costs incurred on the spoiled units, over the *good units* produced. An alternative is to remove the spoiled units from work in process (that is, credit Work in Process Inventory) and charge them to inventories and cost of goods sold. If the spoilage or lost units are not a normal part of production, then they are typically written off as a period expense for external financial reporting purposes.

Process costing systems accumulate costs for each production department; however, they do not maintain separate records of costs for each unit produced. Thus, when comparing job costing and process costing systems, companies generally find that job costing provides more data but has greater recordkeeping costs. Managers and accountants must decide whether the additional data available under job costing justifies the higher recordkeeping costs. For companies in which relatively homogeneous units are produced in a continuous process, cost-benefit analysis generally favors process costing.

Terms and Concepts

The following terms and concepts should be familiar to you after reading this chapter.

Abnormal Spoilage	**Prior Department Costs**
Equivalent Unit	**Process Costing**
First-in, First-out (FIFO) Costing	**Production Cost Report**
Good Output	**Spoilage**
Lost Units	**Weighted-Average Costing**
Normal Spoilage	

Self-Study Problem No. 1

FlyingFast, Inc., manufactures racquetball racquets. The process requires two manufacturing departments: frames and strings. Racquets are formed in the frames department using aluminum tubing, handle materials, and frame decorations. The completed frames are sent to the strings department where the racquets are strung and packaged for shipment to sporting goods stores. Six thousand frames were transferred to the strings department this month.

Because the racquets are manufactured in such large numbers, the company uses a process costing accounting system to assign costs to racquets. The following information is available for FlyingFast manufacturing activities in the strings department during the past month:

STRINGS DEPARTMENT

	Units	Prior Department Costs	Direct Materials	Conversion Costs
Physical flow:				
Beginning inventory	1,000	100% complete	60% complete	75% complete
Ending inventory	2,700	100% complete	80% complete	45% complete
Transferred in	6,000			
Costs incurred:				
Beginning inventory		$ 7,100	$ 600	$ 420
Current costs		43,200	2,500	6,475

Required:

Assume no units were lost or spoiled until you get to requirements *(e)* and *(f)*.

a. Prepare a production cost report for the strings department using FIFO.

b. Use a T-account to show the cost flows in the strings department using FIFO.

c. Prepare a production cost report for the strings department using weighted-average.

d. Use a T-account to show cost flows in the strings department using weighted-average.

e. Now, assume that at the end of the stringing process, normal spoilage occurred. This was due to bending of the frames by tension produced at the end of the stringing process. Normal spoilage amounted to 100 units, and consequently the number of good units in ending inventory is 2,600, which are 80 percent complete for materials and 45 percent complete for conversion costs. Prepare a production cost report using FIFO. Compare it with the report prepared for (a) above. What is different? Prepare a journal entry that removes the units from Work in Process Inventory and debits two thirds of their costs to Finished Goods Inventory and one third to Cost of Goods Sold.

f. Now, assume that the spoilage in (e) is abnormal spoilage and debited to Abnormal Spoilage Expense. Prepare the journal entry to remove spoilage from Work in Process Inventory.

Solution to Self-Study Problem No. 1

a. Production Cost Report—FIFO

FLYINGFAST, INC.
Strings Dept.

| Flow of production units | (Step 1) Physical Units | (Step 2) Compute Equivalent Units | | |
		Prior Department Costs	Materials	Conversion Costs
Units to account for:				
Beginning work in process inventory	1,000			
Units started this period	6,000			
Total units to account for	7,000			
Units accounted for:				
Units completed and transferred out:				
From beginning inventory	1,000	–0–[a]	400[a](40%)[b]	250[a](25%)[b]
Started and completed, currently	3,300[d]	3,300	3,300	3,300
Units in ending WIP inventory	2,700	2,700	2,160 (80%)[c]	1,215 (45%)[c]
Total units accounted for	7,000	6,000	5,860	4,765

Costs	Total Costs	Prior Department Costs	Materials	Conversion Costs
Costs to be accounted for: (Step 3)				
Costs in beginning WIP inventory	$ 8,120	$ 7,100	$ 600	$ 420
Current period costs	52,175	43,200	2,500	6,475
Total costs to be accounted for	$60,295	$50,300	$3,100	$ 6,895

Cost per equivalent unit: (Step 4)			
Prior department costs ($43,200 ÷ 6,000)	$7.2000		
Materials ($2,500 ÷ 5,860)		$.4266	
Conversion costs ($6,475 ÷ 4,765)			$1.3589

Solution to Self-Study
Problem No. 1 (cont.)

Costs	Total Costs	Prior Department Costs	Materials	Conversion Costs
				Details
Costs accounted for: (Step 5)				
Costs assigned to units transferred out:				
Costs from beginning WIP inventory	$ 8,120	$ 7,100	$ 600	$ 420
Current costs added to complete beginning WIP inventory:				
Prior department costs	–0–	–0–		
Materials (400 × $.4266)	171		171	
Conversion costs (250 × $1.3589)	340			340
Total costs from beginning inventory	8,631			
Costs of units started and completed:				
Prior department costs (3,300 × $7.20)	23,760	23,760		
Materials (3,300 × $.4266)	1,408		1,408	
Conversion costs (3,300 × $1.3589)	4,484			4,484
Total costs of units started and completed	29,652			
Total costs transferred out	38,283			
Costs assigned to ending WIP inventory:				
Prior department costs (2,700 × $7.20)	19,440	19,440		
Materials (2,160 × $.4266)	921		921	
Conversion costs (1,215 × $1.3589)	1,651			1,651
Total cost of ending WIP inventory	22,012			
Total costs accounted for	$60,295	$50,300	$3,100	$ 6,895

[a] Equivalent units required to complete beginning inventory.

[b] Percent required to complete beginning inventory.

[c] Stage of completion.

[d] Units in beginning inventory + Units started and completed + Units in ending inventory = Total units accounted for. So: 1,000 + X + 2,700 = 7,000. X = 7,000 − 2,700 − 1,000 = 3,300.

b.   Cost flows—FIFO:

Work in Process Inventory— Strings Department		Finished Goods Inventory

Beginning inventory	8,120[a]	To Finished Goods Inventory:	
This period's costs:		From beginning inventory costs	8,120[b]
Prior department costs included in units transferred into this department this period	43,200[a]	From this period's costs	30,163
Materials used this period	2,500[a]		→ 38,283[b]
Conversion costs incurred this period	6,475[a]		
Ending inventory	$22,012[b]		

[a] See step 3 in the production cost report.

[b] See step 5 in the production cost report.

Solution to Self-Study
Problem No. 1 *(cont.)*

c.   Production Cost Report—Weighted Average

Flow of production units	(Step 1) Physical Units	(Step 2) Compute Equivalent Units		
		Prior Department Costs	Materials	Conversion Costs
Units to account for:				
Beginning work in process inventory	1,000	1,000	600 (60%)[a]	750 (75%)[a]
Units started this period	6,000			
Total units to account for	7,000			
Units accounted for:				
Units completed and transferred out:				
From beginning inventory	1,000	–0–	400[b](40%)	250[b](25%)
Started and completed, currently	3,300[c]	3,300	3,300	3,300
Total	4,300			
Units in ending WIP inventory	2,700	2,700	2,160 (80%)[a]	1,215 (45%)[a]
Total units accounted for	7,000	7,000	6,460	5,515

Costs	Total Costs	Details		
		Prior Department Costs	Materials	Conversion Costs
Costs to be accounted for: (Step 3)				
Costs in beginning WIP inventory	$ 8,120	$ 7,100	$ 600	$ 420
Current period costs	52,175	43,200	2,500	6,475
Total costs to be accounted for	$60,295	$50,300	$3,100	$6,895
Cost per equivalent unit: (Step 4)				
Prior department costs ($50,300 ÷ 7,000)		$7.1857		
Materials ($3,100 ÷ 6,460)			$.4799	
Conversion costs ($6,895 ÷ 5,515)				$1.2502
Costs accounted for: (Step 5)				
Costs assigned to units transferred out:				
Prior department costs (4,300 × $7.1857)	$30,899	$30,899		
Materials (4,300 × $.4799)	2,063		$2,063[d]	
Conversion costs (4,300 × $1.2502)	5,376			$5,376
Total costs transferred out	38,338			
Costs assigned to ending WIP inventory:				
Prior department costs (2,700 × $7.1857)	19,401	19,401		
Materials (2,160 × $.4799)	1,037		1,037	
Conversion costs (1,215 × $1.2502)	1,519			1,519
Total cost of ending WIP inventory	21,957			
Total costs accounted for	$60,295	$50,300	$3,100	$6,895

[a] Stage of completion.

[b] Equivalent units required to complete beginning inventory.

[c] See FIFO Production Cost Report, footnote d.

[d] Rounded down.

Solution to Self-Study Problem No. 1 *(cont.)*

d.   Cost flows—weighted-average:

Work in Process Inventory—Strings Department

Beginning inventory	8,120[a]	Costs transferred to	
Prior dept. costs	43,200[a]	Finished Goods	
Materials	2,500[a]	Inventory	38,338[b]
Conversion costs	6,475[a]		
Ending inventory	$21,957[b]		

[a] See step 3 in the production cost report.
[b] See step 5 in the production cost report.

e.   Production Cost Report—FIFO (with spoilage)

		(Step 2) Equivalent Units		
Flow of production units	**(Step 1) Physical Units**	**Prior Department Costs**	**Materials**	**Conversion Costs**
Units to account for:				
Beginning work in process inventory	1,000			
Units started this period	6,000			
Total units to account for	7,000			
Units accounted for:				
Units completed and transferred out:				
From beginning inventory	1,000	–0–[b]	400[b](40%)	250[b](25%)
Started and completed, currently	3,300[c]	3,300	3,300	3,300
Units spoiled	100	100	100	100
Units in ending WIP inventory	2,600	2,600	2,080 (80%)[a]	1,170 (45%)[a]
Total units accounted for	7,000	6,000	5,880	4,820

		Details		
Costs	**Total Costs**	**Prior Department Costs**	**Materials**	**Conversion Costs**
Costs to be accounted for: (Step 3)				
Costs in beginning WIP inventory	$ 8,120	$ 7,100	$ 600	$ 420
Current period costs	52,175	43,200	2,500	6,475
Total costs to be accounted for	$60,295	$50,300	$3,100	$ 6,895
Cost per equivalent unit: (Step 4)				
Prior department costs ($43,200 ÷ 6,000)		$7.2000		
Materials ($2,500 ÷ 5,880)			$.4252	
Conversion costs ($6,475 ÷ 4,820)				$1.3434

Solution to Self-Study
Problem No. 1 *(cont.)*

e.   (concluded)

Costs	Total Costs	Details Prior Department Costs	Materials	Conversion Costs
Costs accounted for: (Step 5)				
Costs assigned to units transferred out:				
Costs from beginning WIP inventory	$ 8,120	$ 7,100	$ 600	$ 420
Current costs added to complete beginning WIP inventory:				
Prior department costs	–0–	–0–		
Materials (400 × $.4252)	170		170	
Conversion costs (250 × $1.3434)	336			336
Total costs from beginning inventory	8,626			
Costs of units started and completed:				
Prior department costs (3,300 × $7.20)	23,760	23,760		
Materials (3,300 × $.4252)	1,403		1,403	
Conversion costs (3,300 × $1.3434)	4,433			4,433
Total cost of units started and completed	29,596			
Total cost of good units transferred out	38,222			
Costs assigned to units spoiled:				
Prior department costs (100 × $7.20)	720	720		
Materials (100 × $.4252)	43		43	
Conversion costs (100 × $1.3434)	134			134
Total costs assigned to units spoiled	897			
Costs assigned to ending WIP inventory:				
Prior department costs (2,600 × $7.20)	18,720	18,720		
Materials (2,080 × $.4252)	884		884	
Conversion costs (1,170 × $1.3434)	1,572			1,572
Total cost of ending WIP inventory	21,176			
Total costs accounted for	$60,295	$50,300	$3,100	$ 6,895

Note: Shaded amounts are different because of spoilage. Compare with the solution to part *(a), without spoilage.*

[a] Stage of completion.

[b] Equivalent units required to complete beginning inventory.

[c] See footnote d of Production Cost Report for requirement *(a).*

Journal entry—FIFO:

Finished Goods Inventory	598	
Cost of Goods Sold	299	
Work in Process Inventory—Strings Department:		
Prior departmental costs		720
Direct materials		43
Conversion costs		134

Total spoilage = $879.

Amount assigned to Finished Goods Inventory per problem requirement is $598 (= ⅔ × $897). The remaining $299 (= ⅓ × $897) is assigned to Cost of Goods Sold.

Solution to Self-Study Problem No. 1 *(cont.)*

f.

Journal entry—FIFO:

Abnormal Spoilage Cost	897	
Work in Process Inventory—Strings Department:		
Prior departmental costs		720
Direct materials costs		43
Conversion costs		134

Self-Study Problem No. 2

Compute Cost of Spoiled Units When Spoilage Occurs during the Process

A company using the weighted-average costing method maintains a Spoilage Expense account for spoiled goods. This account is charged with the cost of units spoiled in process. Each unit spoiled is considered 80 percent complete with respect to conversion costs and 100 percent complete with respect to materials at the time of spoilage.

The accounting records show the following information for the activities in the Work in Process Inventory account:

Beginning inventory:	
Direct materials	$14,800
Conversion costs	21,650
Current period:	
Direct materials	43,100
Conversion costs	79,220
Units transferred out	18,200
Units spoiled	2,300
Ending inventory:	
Physical count	6,400
Percent of completion:	
Direct materials	40%
Conversion costs	25%

Required:

Compute the costs to be assigned to the spoiled units.

Solution to Self-Study Problem No. 2

First, compute the equivalent units:

	Direct Materials	Conversion Costs
Transferred out	18,200	18,200
Spoiled 2,300 units	2,300 (100%)	1,840 (80%)
Ending inventory 6,400 units	2,560 (40%)	1,600 (25%)
Totals	23,060 E.U.	21,640 E.U.

Next, compute the total costs to be accounted for:

Beginning inventory	$14,800	$ 21,650
Current costs	43,100	79,220
Total costs	$57,900	$100,870

Solution to Self-Study Problem No. 2 *(cont.)*

Next, compute costs per equivalent unit:

$$\$57,900 \div 23,060 \text{ E.U.} = \$2.5108 \text{ per E.U.}$$
$$\$100,870 \div 21,640 \text{ E.U.} = \$4.6613 \text{ per E.U.}$$

Then, multiply by the equivalent units spoiled:

Direct materials	$2.5108 × 2,300 E.U.	= $5,775
Conversion costs	4.6613 × 1,840 E.U.	= $8,577

The total spoiled unit cost is $14,352 (= $5,775 + $8,577).

Questions

6–1. A manufacturing company has records of its current activity in work in process inventory and of its ending work in process inventory. However, the record of its beginning inventory has been lost. Express in equation form the data that would be needed to compute the beginning inventory.

6–2. If costs change from one period to another, costs that are transferred out of one department under FIFO costing will include units with two different costs. Why?

6–3. Management of a company that manufactures small appliances is trying to decide whether to install a job order or process costing system. The manufacturing vice president has stated that job order costing gives them the best control because it is possible to assign costs to specific lots of goods. The controller, however, has stated that job order costing would require too much recordkeeping. Is there another costing system that might meet the manufacturing vice president's control objectives? Explain.

6–4. Why are equivalent units computed for process costing? What is the distinction between equivalent units under FIFO and equivalent units under the weighted-average method?

6–5. Farleigh O. Tuvit is a new member of the controller's staff in the same company as you. Farleigh has just completed a report that urges the company to adopt the LIFO method for inventory accounting. The controller is concerned about the recommendation because the cost records are maintained on a FIFO basis. Indeed, the controller has not even heard of using LIFO for process cost accounting. Can you suggest how the controller might resolve the problem?

6–6. It has been said that prior department costs behave similarly to direct materials costs. Under what conditions are the costs similar? What differences arise that require the costs to be treated separately?

6–7. Write a formula to show how the basic inventory formula can help you solve for equivalent units produced in the current period.

6–8. A company wants to use weighted-average costing because it is simple to apply. However, the company also wishes to be able to monitor its costs. Is it possible to monitor cost trends using weighted-average?

6–9. Describe methods for handling lost units in a process that expects certain losses due to shrinkage, evaporation, or other inherent characteristics of the process.

6–10. Select the best answer for each of the following multiple-choice questions.

a. Under which of the following conditions will the first-in, first-out method of process costing produce the same cost of goods manufactured amount as the weighted-average method?

(1) When goods produced are homogeneous.

(2) When there is no beginning inventory.

(3) When there is no ending inventory.

(4) When beginning and ending inventories are each 50 percent complete.

b. An error was made in the computation of the percentage of completion of the current year's ending work in process inventory. The error resulted in assigning a lower percentage of completion to each component of the inventory than actually was the case. Assume there was no beginning inventory. What is the effect of this error upon:

(1) The computation of total equivalent units?

(2) The computation of costs per equivalent unit?

(3) Costs assigned to cost of goods transferred out for the period?

	1	2	3
(a)	Understate	Overstate	Overstate
(b)	Understate	Understate	Overstate
(c)	Overstate	Understate	Understate
(d)	Overstate	Overstate	Understate

c. In computing the cost per equivalent unit, the weighted-average method considers:

(1) Current costs only.

(2) Current costs plus cost of beginning work in process inventory.

(3) Current costs plus cost of ending work in process inventory.

(4) Current costs less cost of beginning work in process inventory.

d. When using the FIFO method of process costing, total equivalent units produced for a given period are equal to the number of units:

(1) Started and completed during the period, plus the number of units in beginning WIP, plus the number of units in ending work in process.

(2) In beginning WIP, plus the number of units started during the period, plus the number of units remaining in ending WIP times the percent of work necessary to complete the items.

(3) In beginning WIP times the percent of work necessary to complete the items, plus the number of units started and completed during the period, plus the number of units started this period and remaining in ending WIP times the percent of work necessary to complete the items.

(4) Transferred out during the period, plus the number of units remaining in ending WIP times the percent of work necessary to complete the items.

(5) None of these.

(CPA adapted)

Exercises

6–11. Compute Equivalent Units—FIFO Method

A company's records show the following information concerning the work in process in a chemical plant:

1. Beginning inventory—12,000 units (materials are 20 percent complete; conversion costs are 30 percent complete).

2. Transferred out—34,000 units.

3. Ending inventory—(materials are 10 percent complete; conversion costs are 15 percent complete).

4. Started this month—42,000 units.

Required:

Compute the equivalent units for materials and conversion costs, using the FIFO method.

6–12. Compute Equivalent Units—Weighted-Average Method

Using the data in exercise 6–11, compute the equivalent units for materials and conversion costs, using the weighted-average method.

6–13. Compute Equivalent Units—FIFO Method

A company's records show the following information concerning the work in process at an assembly plant:

1. Beginning inventory (materials are 15 percent complete; conversion costs are 25 percent complete).

2. Transferred out—30,000 units.

3. Ending inventory—10,000 units (materials are 20 percent complete; conversion costs are 30 percent complete).

4. Started this month—35,000 units.

Required:

Compute the equivalent units for materials and conversion costs, using the FIFO method.

6–14. Compute Equivalent Units—Weighted-Average Method

Using the data in exercise 6–13, compute the equivalent units for materials and conversion costs, using the weighted-average method.

6–15. Compute Costs per Equivalent Unit—FIFO Method

The beginning work in process inventory showed a balance of $48,240. Of this amount, $16,440 is the cost of direct materials, and $31,800 are conversion costs. There were 8,000 units in the beginning inventory that were 30 percent complete with respect to both direct materials and conversion costs.

During the period, 17,000 units were transferred out and 5,000 remained in the ending inventory. The units in the ending inventory were 80 percent complete with respect to direct materials and 40 percent complete with respect to conversion costs.

Costs incurred during the period amounted to $126,852 for direct materials and $219,120 for conversion. The FIFO method is used for inventory accounting purposes.

Required:

Compute the cost per equivalent unit for direct materials and for conversion costs.

6–16. Compute Costs per Equivalent Unit—Weighted-Average Method

Refer to the data in exercise 6–15. Compute the cost per equivalent unit for direct materials and for conversion costs, using the weighted-average method. Are these unit costs under weighted-average higher or lower than the unit costs under FIFO? Why?

6–17. Assign Costs to Goods Transferred out and to Ending Inventory—FIFO Method

Refer to the data in exercise 6–15. Compute the cost of goods transferred out and the cost of ending inventory, using the FIFO method.

6–18. Assign Costs to Goods Transferred out and to Ending Inventory—Weighted-Average Method

Refer to the data in exercise 6–15 and assume the beginning inventory is the same using either FIFO or weighted-average. Compute the cost of goods transferred out and the ending inventory, using the weighted-average method. Is the ending inventory higher or lower using weighted-average compared to using FIFO? Why?

6–19. Compute Costs of Spoiled Goods—FIFO Method

Refer to the data in exercise 6–15. Assume that there are 5,000 units in ending inventory, that there was normal spoilage of 1,700 units, and 15,300 good units were transferred out. Spoilage occurs at the end of the process after all materials and conversion costs have been added. All other information is the same as in exercise 6–15.

Required:

a. Using the FIFO method, how much cost would be assigned to spoiled units, to good units transferred out, and to good units in ending inventory, using the FIFO method? (The company assigns costs to spoiled units; that is, the second method discussed in the text.)

b. If the spoilage had been considered *abnormal spoilage,* would that affect your computations in *(a)* above?

6–20. Compute Costs of Spoiled Goods—Weighted-Average Method

Refer to the data in exercises 6–15 and 6–19. Assume the company uses the weighted-average method. Using the weighted-average method, how much cost would be assigned to spoiled units, to units transferred out, and to ending inventory?

6–21. Compute Costs per Equivalent Unit—Weighted-Average Method

A company uses the weighted-average method to account for its work in process inventories. The accounting records show the following information:

Beginning work in process inventory:	
Direct materials	$ 360
Conversion costs	108
	$ 468
Debits to work in process inventory this period:	
Direct materials	$3,714
Conversion costs	2,258

Quantity information is obtained from the manufacturing records and includes the following:

Beginning inventory	300 units
Percent of completion:	
Direct materials	60%
Conversion costs	30%
Current period units started	2,000 units
Ending inventory	600 units
Percent of completion:	
Direct materials	40%
Conversion costs	20%

Required:

Compute the cost per equivalent unit for direct materials and for conversion costs.

6–22. Compute Costs per Equivalent Unit—FIFO Method

Refer to the data in exercise 6–21. Compute the cost per equivalent unit for direct materials and conversion costs, using the FIFO method. Are the unit costs higher under the FIFO method? Are the unit costs higher using FIFO or are they higher using weighted-average? Why?

6–23. Assign Costs to Goods Transferred out and to Ending Inventory—Weighted-Average Method

Refer to the data in exercise 6–21. Compute the cost of goods transferred out and the ending inventory, using the weighted-average method.

6–24. Assign Costs to Goods Transferred out and Ending Inventory—FIFO Method

Refer to the data in exercise 6–21. Compute the cost of goods transferred out and the ending inventory, using the FIFO method.

6–25. Compute Equivalent Units—Multiple-Choice

Each of the following multiple-choice questions is independent. Select the best answer.

Required:

a. Spaulding Corporation's production cycle starts in the First Department. The following information is available for May:

	Units
Work in Process, April 1 (50 percent complete)	40,000
Started in April	240,000
Work in Process, April 30 (60 percent complete)	25,000

Materials are added at the beginning of the process in the First Department. Using the weighted-average method, what are the equivalent units of production for the month of May?

	Materials	Conversion
(1)	240,000	250,000
(2)	255,000	255,000
(3)	270,000	280,000
(4)	280,000	270,000
(5)	None of the above.	

b. The Second Department is the second stage of Johnson Company's production cycle. On May 1, the beginning work in process (WIP) contained 25,000 units, which were 60 percent complete as to conversion costs. During May, 100,000 units were transferred in from the first stage of the production cycle. On May 31, ending work in process (WIP) contained 20,000 units, which were 80 percent complete as to conversion costs. Materials are added at the end of the process. Using the weighted-average method, the E.U. produced on May 31 were:

	Trans.-in Costs	Materials	Con. Costs
(1)	100,000	125,000	100,000
(2)	125,000	105,000	105,000
(3)	125,000	105,000	121,000
(4)	125,000	125,000	121,000
(5)	None of the above.		

c. Department A is the first stage of ABC Company's production cycle. The following information is available for conversion costs for the month of April:

	Units
Beginning WIP (60 percent complete)	20,000
Started in April	340,000
Completed in April and transferred to Department B	320,000
Ending WIP (40 percent complete)	40,000

Using the FIFO method, the equivalent units for the conversion cost calculation are

(1) 320,000.
(2) 324,000.
(3) 336,000.
(4) 360,000.

d. Materials are added at the start of the process in Oak Company's blending department, the first stage of the production cycle. The following information is available for July:

	Units
Work in process, July 1, (60 percent complete as to conversion costs)	60,000
Started in July	150,000
Transferred to the next department	110,000
Lost in production	30,000
Work in process, July 31 (50 percent complete as to conversion costs)	70,000

Using Oak's cost accounting system, the costs incurred on the lost units are absorbed by the remaining good units. Using the weighted-average method, what are the equivalent units for the materials unit cost calculation?

(1) 120,000.
(2) 145,000.
(3) 180,000.
(4) 210,000.
(5) None of the above.

e. The Beta Company computed the physical flow of units for Department A for the month of April as follows:

Units completed:	
From WIP on April 1	10,000
From April production	30,000
Total	40,000

Materials are added at the beginning of the process. Units of WIP at April 30 were 8,000. The WIP at April 1 was 80 percent complete as to conversion costs, and the WIP at April 30 was 60 percent complete as to conversion costs. What are the E.U. produced for the month of April using the FIFO method?

	Materials	Conversion Costs
(1)	38,000	36,800
(2)	38,000	38,000
(3)	48,000	44,800
(4)	48,000	48,000
(5)	None of the above.	

(CPA adapted)

6–26. Multiple-Choice—FIFO Method

The following questions are based on the Refining Department. Conversion costs for this department were 80 percent complete as to beginning work in process (WIP) and 50 percent complete as to ending WIP. Information about conversion costs for January is as follows:

	Units	Conversion Costs
WIP at January 1 (80 percent complete)	25,000	$ 22,000
Units started and costs incurred during January	135,000	$143,000
Units completed and transferred to next department during January	100,000	—

The company uses FIFO in the Refining Department.

Required:

a. What was the conversion cost of WIP in the Refining Department at Jan. 31?

(1) $33,000.
(2) $38,100.

    (3) $39,000.

    (4) $45,000.

b. What were the conversion costs per E.U. produced last period and this period, respectively?

    (1) $1.10 and $1.30.

    (2) $1.10 and $1.43.

    (3) $1.30 and $1.30.

    (4) $1.30 and $1.43.

c. What is the per unit conversion cost of goods started last period and completed this period?

    (1) $0.88.

    (2) $1.10.

    (3) $1.14.

    (4) $1.30.

d. What is the per unit conversion cost of goods started this period and completed this period?

    (1) $0.88.

    (2) $1.10.

    (3) $1.14.

    (4) $1.30.

(CPA adapted)

Problems

6–27. Prepare Production Cost Report—FIFO Method

The following information appears in the records of the Furlong Production Company:

Work in process inventory—Department No. 2:		
Beginning inventory:		
Prior department costs	$ 4,800	3,000 units (100 percent complete)
Direct materials	1,080	20 percent complete
Conversion costs	600	25 percent complete
Current work:		
Prior department costs	10,850	7,000 units (100 percent complete)
Direct materials	18,585	
Conversion costs	6,764	

The ending inventory has 1,000 units, which are 45 percent complete with respect to direct materials, 65 percent complete with respect to conversion costs, and 100 percent complete for prior department costs.

Required:

Prepare a production cost report, using FIFO. (For an example, see Illustration 6–10.)

6–28. Prepare Production Cost Report—Weighted-Average Method

Refer to the information in problem 6–27.

Required:

a. Prepare a production cost report, using the weighted-average method. (For an example, see Illustration 6–13.)

b. Is the ending inventory higher using FIFO or weighted-average? Why?

6–29. Journal Entries and Cost Flows

Refer to the information in problem 6–27. Assume (1) the goods are transferred out to WIP—Department No. 3, and they were transferred into Department No. 2

from WIP—Department No. 1; (2) materials used this period are credited to Direct Materials Inventory; and (3) conversion costs for the current period are credited to "Various Payables."

Required:

Prepare journal entries and show the flow of costs through T-accounts for all costs flowing through WIP—Department No. 2.

6–30. Prepare Production Cost Report—Weighted-Average Method

Lakeview Corporation is a manufacturer that uses the weighted-average process cost method to account for costs of production. Lakeview manufactures a product that is produced in three separate departments: molding, assembling, and finishing. The following information was obtained for the assembling department for the month of June.

Work in process, June 1—2,000 units made up of the following:

	Amount	Degree of Completion
Prior department costs transferred in from the molding department	$32,000	100%
Costs added by the assembling department:		
Direct materials	$20,000	100%
Direct labor	7,200	60%
Factory overhead applied	5,500	50%
	32,700	
Work in process, June 1	$64,700	

The following activity occurred during the month of June:
10,000 units were transferred in from the molding department at a prior department cost of $160,000. $150,000 of costs were added by the assembling department:

Direct materials	$ 96,000
Direct labor	36,000
Factory overhead applied	18,000
	$150,000

8,000 units were completed and transferred to the finishing department.
At June 30, 4,000 units were still in work in process. The degree of completion of work in process at June 30, was as follows:

Direct materials	90%
Direct labor	70%
Factory overhead applied	35%

Required:

Prepare a production cost report, using the weighted-average method. (For an example, see Illustration 6–13.)

(CPA adapted)

6–31. Prepare Production Cost Report—FIFO Method

Refer to the facts in problem 6–30.

Required:

Prepare a production cost report, using FIFO.

6–32. Prepare a Production Cost Report and Adjust Inventory Balances— Weighted-Average Method

Spirit Processing Corporation's unaudited records show the following ending inventory balances which must be adjusted to actual costs:

	Units	Unaudited Costs
Work in Process Inventory	300,000	$ 660,960
Finished Goods Inventory	200,000	1,009,800

As the auditor, you have learned the following information. Ending work in process inventory is 50 percent complete with respect to conversion costs. Materials are added at the beginning of the manufacturing process, and overhead is applied at the rate of 60 percent of the direct labor costs. There was no finished goods inventory at the start of the period. The following additional information is also available:

		Costs	
	Units	Direct Materials	Direct Labor
Beginning inventory (80 percent complete as to labor)	200,000	$ 200,000	$ 315,000
Units started	1,000,000		
Current costs		1,300,000	1,995,000
Units completed and transferred to Finished Goods Inventory	900,000		

Required:

a. Prepare a production cost report for Spirit Processing Corporation using weighted-average.

b. Show the adjusting journal entry required to reconcile the difference between the unaudited records and actual ending balances of Work in Process Inventory and Finished Goods Inventory. Adjust Cost of Goods Sold for any difference.

c. If the adjustment in (b) above had not been made, would the company's income and inventories been overstated or understated?

(CPA adapted)

6–33. Show Cost Flows through Accounts—FIFO Method

Malcolm Company uses continuous processing of cereals and uses FIFO process costing to account for its manufacturing costs. FIFO is used because costs are quite volatile due to the price volatility of commodities. The cereals are processed through one department. Overhead is applied on the basis of direct labor costs. The application rate has not changed over the period covered by the problem. The Work in Process Inventory account showed the following balances at the start of the current period:

Direct materials	$32,750
Direct labor	65,000
Overhead applied	81,250

These costs were related to 26,000 units that were in the process at the start of the period.

During the period, 30,000 units were transferred to Finished Goods Inventory. Of the units finished this period, 70 percent were sold. After units have been transferred to Finished Goods Inventory, no distinction is made between the costs to complete beginning Work in Process Inventory and the costs of goods started and completed in Work in Process this period.

The equivalent units this period for materials was 25,000 (using FIFO). Of these units, there were 5,000 equivalent units with respect to materials in the ending work in process inventory. Materials costs incurred during the period totaled $75,100.

Conversion costs of $321,750 were incurred this period and there were 31,250 equivalent units for conversion costs (using FIFO). The ending inventory consisted of 11,000 equivalent units of conversion costs.

The actual manufacturing overhead for the period was $165,000.

Required:

Prepare T-accounts to show the flow of costs in the system. Any difference between actual and applied overhead of the period should be debited or credited to Cost of Goods Sold.

6–34. Process Costing with Spoilage

West Corporation makes a product called Aggregate in one department of the California Division.

Direct materials are added at the beginning of the process. Labor and overhead are added continuously throughout the process. Spoilage occurs at the beginning of the process just after materials have been added but before any conversion costs have been incurred. In the California Division, all departmental overhead is charged to the departments, and divisional overhead is allocated to the departments on the basis of direct labor-hours. The divisional overhead rate is $2 per direct labor-hour.

The following information relates to production during November:

1. Work in process inventory, November 1 (4,000 pounds—75 percent complete):

Direct materials	$22,800
Direct labor at $5 per hour	24,650
Departmental overhead	12,000
Divisional overhead	9,860

2. Direct materials:

Inventory, November 1, 2,000 pounds	$10,000
Purchases, November 3, 10,000 pounds	51,000
Purchases, November 18, 10,000 pounds	51,500
Sent to production during November, 16,000 pounds	

3. Direct labor costs at $5 per hour, $103,350.

4. Direct departmental overhead costs, $52,000.

5. Transferred out, 15,000 pounds.

6. Work in process inventory, November 30, 3,000 pounds, 33⅓ percent complete.

The *FIFO method* is used for *materials inventory* valuation, and the *weighted-average method* is used for *work in process inventories*.

Required:

Prepare a production cost report for this department of California Division for November. Include the costs assigned to spoiled units. (The "second method" in the text.)

(CMA adapted)

6–35. Prepare Production Cost Report and Show Cost Flows through Accounts—FIFO Method

Mercantile Recovery Corporation has devised a process for converting garbage into liquid fuel. While the direct materials costs are zero, the operations requires the use of direct labor and overhead. The company uses a process costing system and keeps track of the production and costs of each period. At the start of the current period, there were 1,000 units in the work in process inventory. These units were 40 percent complete and were carried at a cost of $420.

During the month, costs of $18,000 were incurred. There were 9,000 units started during the period, and there were 500 units still in process at the end of the period. The ending units were 20 percent complete.

Required:

a. Prepare a production cost report, using FIFO.

b. Show the flow of costs through T-accounts. Assume current period conversion costs are credited to "Various Payables."

6–36. Multiple Departments and Changes in Output Unit Measurements

(Requires solution of problem 6–35). Mercantile Recovery Corporation (from problem 6–35) has a second department that blends the liquid fuel from the first department with ethanol to generate a liquid fuel with a higher octane content. Due to evaporation during the process, the input quantities will equal 105 percent of the output quantities. The company expresses all input units in terms of the equivalent output that can be obtained after allowing for the evaporation losses. Consequently, all beginning and ending inventory figures are stated in units of expected good output.

At the start of the month, there were 800 units in process that were 50 percent complete with respect to the addition of ethanol and 75 percent complete with respect to conversion costs. The costs of the beginning inventory are itemized as follows:

Prior department costs	$926
Ethanol	76
Conversion costs	150

During the period, the units received from the first department were put into production. Costs of $3,000 were incurred for ethanol, and costs of $5,000 were incurred for conversion. The ending inventory consisted of 900 units that were 20 percent complete with respect to the addition of ethanol and 30 percent complete with respect to conversion costs.

Required:

a. Prepare a production cost report, using FIFO.

b. Show the flow of costs through T-accounts.

6–37. Solving for Unknowns— FIFO Method

For each of the following independent cases, determine the information requested, using FIFO costing.

a. Beginning inventory amounted to 1,000 units. There were 4,500 units started and completed this period. At the end of the period, there were 3,000 units in inventory that were 30 percent complete. Using FIFO costing, the equivalent production for the period was 5,600 units. What was the percentage of completion of the beginning inventory?

b. The ending inventory included $8,700 for conversion costs. During the period, 4,200 equivalent units were required to complete the beginning inventory and 6,000 units were started and completed. The ending inventory represented 1,000 equivalent units of work this period. FIFO costing is used. What was the total conversion cost incurred this period?

c. There were 500 units in the beginning inventory that were 40 percent complete with respect to materials. During the period, 4,000 units were transferred out. Ending inventory consisted of 700 units that were 70 percent complete with respect to materials. How many units were started and completed during the period?

d. At the start of the period, there were 4,000 units in the work in process inventory. There were 3,000 units in the ending inventory and during the period, 9,500 units were transferred out to the next department. Materials and conversion costs are added evenly throughout the production process. FIFO costing is used. How many units were started this period?

6–38. Solving for Unknowns— Weighted-Average Costing

For each of the following independent cases, determine the units or equivalent units requested (assume weighted-average):

a. There were 8,200 units in the beginning inventory that were 40 percent complete with respect to conversion costs. During the period, 7,000 units were started. There were 6,500 units in the ending inventory that were 20 percent complete with respect to conversion costs. How many units were transferred out?

b. The beginning inventory consisted of 2,000 units with a direct materials cost of $14,200. The equivalent work represented by all of the direct materials costs in the Work in Process Inventory account amounted to 9,000 units. There were 3,000 units in ending inventory that were 20 percent complete with respect to materials. The ending inventory had a direct materials cost assigned of $4,500. What was the total materials cost incurred this period?

c. The Work in Process Inventory account had a beginning balance of $1,900 for conversion costs on items in process. During the period, $18,100 in conversion costs were charged to the account. Also during the period, $19,200 in costs were transferred out. There were 400 units in the beginning inventory, and 4,800 units were transferred out during the period. How many equivalent units are in the ending inventory?

d. There were 2,100 units transferred in to the department during the period. The 3,200 units transferred out were charged to the next department at an amount that included $3,360 for direct materials costs. The ending inventory was 25 percent complete with respect to direct materials and had a cost of $630 assigned to it. How many units are in the ending inventory?

Integrative Cases

6–39. FIFO Process Costing, Overhead Allocation

Zeus Company has two production departments (fabricating and finishing). In the fabricating department, polyplast is prepared from miracle mix and bypro. In the finishing department, each unit of polyplast is converted into six tetraplexes and three uniplexes.

Both production departments use process costing systems. All inventories are costed on a FIFO basis. The following data were taken from the fabricating department's records for the current month:

Quantities of polyplast:	
On hand at start of month	3,000
Started during the month	25,000
Transferred to finishing	19,000
Spoiled units (normal)	3,000
Costs of work in process:	
Beginning inventory:	
Direct materials	$ 13,000
Conversion costs	39,000
Current period costs:	
Direct labor	154,000
Direct production overhead	132,000

Spoiled units are discovered at the end of the process.

The direct production overhead above does not include any allocation of the following overhead costs:

Building occupancy	$45,000	
Timekeeping and personnel	27,500	
Other	39,000	

These costs are allocated to production departments using the following bases:

	Building Occupancy: Space Occupied	**Timekeeping and Personnel: Number of Employees**	**Other**
Fabricating	75,000	135	50%
Finishing	37,500	90	50%
Totals	112,500	225	

Additional inventory data for the fabricating department are:

Percentage of completion:		
Beginning of month	66⅔% materials	50% conversion
End of month	100% materials	75% conversion

Materials inventory:

	Miracle Mix		**Bypro**	
	Quantity	**Amount**	**Quantity**	**Amount**
Beginning inventory	62,000	$62,000	265,000	$18,550
Purchases:				
12th of the month	39,500	49,375		
20th of the month	28,500	34,200		
Fabricating usage	83,200		50,000	

Required:

a. Prepare a production cost report for the fabricating department for the month. Include the supporting schedules necessary to explain your computations.

b. Show the flow of costs through T-accounts.

(CPA adapted)

6–40. Comprehensive Job Costing with Equivalent Units

The Custer Manufacturing Corporation, which uses a job order cost system, produces various plastic parts for the aircraft industry. On October 9, Year 1, production was started on Job No. 487 for 100 front bubbles (windshields) for commercial helicopters.

Production of the bubbles begins in the fabricating department where sheets of plastic (purchased as raw material) are melted down and poured into molds. The molds are then placed in a special temperature and humidity room to harden the plastic. The hardened plastic bubbles are then removed from the molds and hand-worked to remove imperfections.

After fabrication, the bubbles are transferred to the testing department where each bubble must meet rigid specifications. Bubbles that fail the tests are scrapped, and there is no salvage value.

Bubbles passing the tests are transferred to the assembly department where they are inserted into metal frames. The frames, purchased from vendors, require no work prior to installing the bubbles.

The assembled unit is then transferred to the shipping department for crating and shipment. Crating material is relatively expensive, and most of the work is done by hand.

The following information concerning Job No. 487 is available as of December 31, Year 1 (the information is correct as stated):

1. Direct materials charged to the job:
   a. One thousand square feet of plastic at $12.75 per square foot was charged to the fabricating department. This amount was to meet all plastic material requirements of the job assuming no spoilage.
   b. Seventy-four metal frames at $408.52 each were charged to the assembly department.
   c. Packing material for 40 units at $75 per unit was charged to the shipping department.

2. Direct labor charges through December 31 were as follows:

	Total	Per Unit
Fabricating department	$1,424	$16
Testing department	444	6
Assembly department	612	12
Shipping department	256	8
	$2,736	

3. There were no differences between actual and applied manufacturing overhead for the year ended December 31, Year 1. Manufacturing overhead is charged to the four production departments by various allocation methods, all of which you approve.

   Manufacturing overhead charged to the fabricating department is allocated to jobs based on heat-room-hours; the other production departments allocate manufacturing overhead to jobs on the basis of direct labor-dollars charged to each job within the department. The following reflects the manufacturing overhead rates for the year ended December 31, Year 1.

	Rate per Unit
Fabricating department	$.45 per hour
Testing department	.68 per direct labor dollar
Assembly department	.38 per direct labor dollar
Shipping department	.25 per direct labor dollar

4. Job No. 487 used 855 heat-room-hours during the year ended December 31.

5. Following is the physical inventory for Job No. 487 as of December 31:
   Fabricating department:
   a. Fifty square feet of plastic sheet.
   b. Eight hardened bubbles, one-fourth complete as to direct labor.
   c. Four complete bubbles.

Testing department:

a. Fifteen bubbles that failed testing when two fifths of testing was complete. No others failed.
b. Seven bubbles complete as to testing.

Assembly department:

a. Thirteen frames with no direct labor.
b. Fifteen bubbles and frames, one-third complete as to direct labor.
c. Three complete bubbles and frames.

Shipping department:

a. Nine complete units, two-thirds complete as to packing material, one-third complete as to direct labor.
b. Ten complete units; 100 percent complete as to packing material; 50 percent complete as to direct labor.
c. One unit complete for shipping was dropped off the loading docks. There is no salvage.
d. Twenty-three units have been shipped prior to December 31.
e. There was no inventory of packing materials in the shipping department at December 31.

6. Following is a schedule of equivalent units in production by department for Job No. 487 as of December 31.

CUSTER MANUFACTURING CORPORATION
Schedule of Equivalent Units in
Production for Job No. 487
December 31

Fabricating Department

	Plastic (sq. ft.)	Bubbles (Units)		
		Materials	**Labor**	**Overhead**
Transferred in from direct materials	1,000	—	—	—
Production to date	(950)	95	89	95
Transferred out to other departments	—	(83)	(83)	(83)
Spoilage	—	—	—	—
Balance at December 31	50	12	6	12

Testing Department (Units)

	Bubbles		
	Transferred In	**Labor**	**Overhead**
Transferred in from other departments	83	—	—
Production to date	—	74	74
Transferred out to other departments	(61)	(61)	(61)
Spoilage	(15)	(6)	(6)
Balance at December 31	7	7	7

Assembly Department (Units)			
Transferred In	**Frames**	**Labor**	**Over-head**
Transferred in from direct materials			
—	74	—	—
Transferred in from other departments			
61	—	—	—
Production to date			
—	—	51	51
Transferred out to other departments			
(43)	(43)	(43)	(43)
Balance at December 31			
18	31	8	8

Shipping Department (Units)			
Transferred In	**Packing Material**	**Labor**	**Over-head**
Transferred in from direct materials			
—	40	—	—
Transferred in from other departments			
43	—	—	—
Production to date			
—	—	32	32
Shipped			
(23)	(23)	(23)	(23)
Spoilage			
(1)	(1)	(1)	(1)
Balance at December 31			
19	16	8	8

Required:

Prepare a schedule for Job No. 487 of ending inventory costs for *(a)* direct materials by department, *(b)* work in process by department, and *(c)* cost of goods shipped. All spoilage costs are charged to cost of goods shipped.

(CPA adapted)

7

Allocating Service Department Costs

OBJECTIVE

To understand the methods of allocating costs of a service that is shared by two or more other departments.

■ Most departments in an organization fall into one of two categories: (1) departments that directly produce and market the organization's output and (2) departments that support or supply services to other departments. The latter are *indirectly* involved in producing and marketing the organization's output, but their primary function is to provide services to other departments. Hence, they are called **service departments.** This chapter discusses methods of allocating service department costs to departments that receive those services.

Nature of Service Departments

Service *departments* differ from service organizations such as hospitals and city governments. Service organizations, merchandising organizations, and manufacturing organizations all have production or marketing departments *and* service departments. The former are directly involved in producing or marketing a service (for example, the intensive care unit in a hospital); the latter are support departments (such as the hospital laundry). Examples of production or marketing and service departments are:

Organization	Service Department	Production or Marketing Department
Manufacturing plant	Maintenance	Assembly
Retail store	Data processing	Sportswear
Hospital	Laundry	Intensive care unit
City government	Motor pool	Patrol units of the police department

The terms **manufacturing** and **production** are not synonymous—*production* is broader than *manufacturing.* In this book, when we refer to *manufacturing* departments, we specifically mean *production* departments in organizations that manufacture goods, such as an assembly department. An example of a production department in a service organization would be the tax department of a public accounting firm.

Service departments are sometimes called **intermediate cost centers,** while production or marketing departments would be the **final cost centers.**

We refer to any department that provides a service to another department as a **service department** and any department that uses the services of a service department as a **user department.** Service departments include centralized computer services, legal and accounting departments, and cost centers such as building occupancy, which include building maintenance and repairs as well as other shared occupancy costs. User departments include (1) *production* or *marketing* departments or (2) other *service* departments as shown in Illustration 7–1.

Rationale for Charging the Cost of Service Departments to Users

Why do companies allocate service department costs to user departments? One reason in manufacturing companies is to allocate the cost of manufacturing service departments to units produced. This is required under generally accepted

Illustration 7–1   **Service and User Departments**

Service department provides service to the final user department.

Service department A provides service to Service department B, which provides service to the final user department.

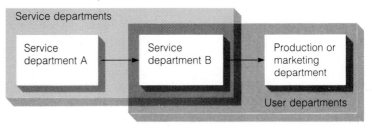

accounting principles (GAAP) for external financial reporting. Another reason is to make the user department managers aware of the cost of services they are using.

For example, suppose a company has one service department that provides services to two user departments that manufacture the company's two products: Product A and Product B. The service department's costs are $10,000 for the

Illustration 7–2   **Allocation of Service Department Costs to Production Departments**

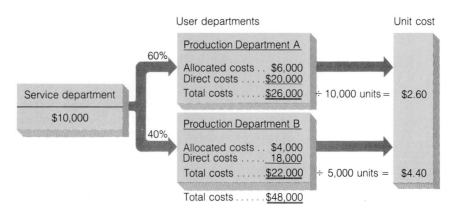

The unit cost for inventory valuation and
the cost of goods sold is:
Product A $2.60
Product B $4.40

month of November. These costs are allocated 60 percent to Production Department A and 40 percent to Production Department B. (Methods of deriving allocation percentages are discussed later in this chapter; for now, assume the percentages are given.) Production Department A has direct costs of $20,000. It manufactured 10,000 units of Product A in November. Production Department B has direct costs of $18,000. It manufactured 5,000 units of Product B in November. As shown in Illustration 7–2, service department costs are first allocated to the production departments using the services. (In previous chapters, we simply called these costs "manufacturing overhead" without regard to which service department was responsible for them.) Then, direct plus allocated costs of those production departments are assigned to units produced.

Methods of Allocating Service Department Costs

In this section, we describe three methods of allocating service department costs: the direct method, the step method, and the simultaneous solution method. To make each method easier to understand, we use a comprehensive example. While our example is of a manufacturing company, keep in mind that the same methods can be used in nonmanufacturing organizations.

Assume Dunhill Products has three service departments: product engineering department (S1), building occupancy department (S2), and factory supervision department (S3). Costs are accumulated in these departments and allocated to two manufacturing departments and one marketing department: Manufacturing Department 1 (P1), Manufacturing Department 2 (P2), and the Marketing Department (P3). All six departments share the same building.

Dunhill Products allocates costs to Manufacturing Departments 1 and 2 for two purposes: (1) to value inventory for external financial reporting and (2) to encourage department managers to monitor each other's costs; that is, *cross-department monitoring*. These are the manufacturing overhead costs for Dunhill Products. Costs are allocated to marketing only to encourage cross-department monitoring because marketing does not produce inventory.

Each service department is an *intermediate cost center* where costs are accumulated as incurred and then distributed to other cost centers. At Dunhill Products, product engineering (S1) costs are distributed on the basis of engineering staff time required by the user department. Building occupancy (S2) costs are distributed on the basis of area occupied by the user department. And factory supervision (S3) costs are distributed on the basis of the user department's payroll dollars.

Allocation Bases

Illustration 7–3 shows the basis of allocating costs for each service department and the proportions of costs allocated to user departments. For example, product engineering costs are allocated on the basis of engineering labor-hours worked for each user department. During the period, product engineering worked 14,000 hours for Manufacturing Department 1 and 56,000 hours for Manufacturing Department 2. Thus, 20 percent of product engineering costs are allocated to Manufacturing Department 1 $\left(20 \text{ percent} = \dfrac{14,000 \text{ hours}}{14,000 + 56,000 \text{ hours}}\right)$ and 80 percent to Manufacturing Department 2. Identical methods are used to derive

Illustration 7–3   **Bases for Service Department Cost Allocations**

DUNHILL PRODUCTS
Product Engineering (S1)

Allocation base: Product engineering labor-hours worked in each user department.

User Department	Product Engineering Labor-Hours Used	Proportion of Total
Manufacturing Department 1 (P1)	14,000	.20
Manufacturing Department 2 (P2)	56,000	.80
Marketing (P3)	–0–	–0–
Totals	70,000	1.00

Building Occupancy (S2)

Allocation base: Area (square footage) in each user department.

User Department	Square Footage	Proportion of Total
Manufacturing Department 1 (P1)	80,000	.32
Manufacturing Department 2 (P2)	60,000	.24
Marketing (P3)	60,000	.24
Product engineering (S1)	20,000	.08
Factory supervision (S3)	30,000	.12
Totals	250,000	1.00

Factory Supervision (S3)

Allocation base: Annual payroll dollars of user departments.

User Department	Payroll Dollars	Proportion of Total
Manufacturing Department 1 (P1)	$360,000	.45
Manufacturing Department 2 (P2)	240,000	.30
Marketing (P3)	–0–	–0–
Product engineering (S1)	120,000	.15
Building occupancy (S2)	80,000	.10
Totals	$800,000	1.00

the percentages for allocating building occupancy and factory supervision costs. (Percentages are shown in Illustration 7–3.)

Methods of allocating costs are discussed next.

The Direct Method

The **direct method** allocates costs directly to the final user of a service, ignoring intermediate users. Illustration 7–4 shows the flow of costs and the allocations to be recognized for the departments when the direct method is used. The direct costs of departments are first accumulated in service departments. These are shown in parentheses on the debit side of the service department accounts. Then, service department costs are allocated to the user departments. If manufacturing overhead is transferred to Work in Process Inventory, that would be the next step in the manufacturing departments. If predetermined rates are

Illustration 7–4   **Flow of Cost Allocations—Direct Method**

DUNHILL PRODUCTS

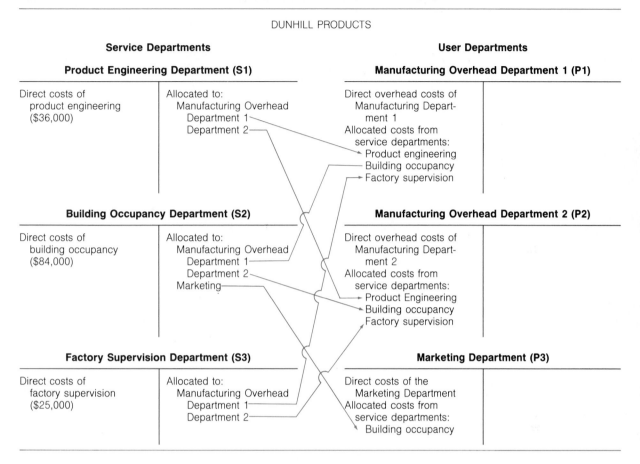

Service Departments	User Departments
Product Engineering Department (S1)	**Manufacturing Overhead Department 1 (P1)**

Direct costs of product engineering ($36,000) — Allocated to: Manufacturing Overhead Department 1, Department 2 — Direct overhead costs of Manufacturing Department 1 — Allocated costs from service departments: Product engineering, Building occupancy, Factory supervision

Building Occupancy Department (S2) — **Manufacturing Overhead Department 2 (P2)**

Direct costs of building occupancy ($84,000) — Allocated to: Manufacturing Overhead Department 1, Department 2, Marketing — Direct overhead costs of Manufacturing Department 2 — Allocated costs from service departments: Product Engineering, Building occupancy, Factory supervision

Factory Supervision Department (S3) — **Marketing Department (P3)**

Direct costs of factory supervision ($25,000) — Allocated to: Manufacturing Overhead Department 1, Department 2 — Direct costs of the Marketing Department — Allocated costs from service departments: Building occupancy

used, then these actual overhead costs are compared with those applied to Work in Process using normal costing, as discussed in Chapter 5.

There are no allocations between service departments. Thus, the building occupancy costs and the factory supervision costs that are attributable to the product engineering department are not allocated to product engineering. Likewise, the factory supervision costs that are related to the building occupancy function and the costs of the building space occupied by the factory supervision activity are not allocated to their respective service departments.

The use of the direct method of cost allocation at Dunhill Products is discussed below and shown in Illustration 7–5. Assume the accounting records show that costs of $36,000, $84,000, and $25,000 are accumulated in each service department S1, S2, and S3, respectively. Costs are allocated directly to Manufacturing Department 1 (P1), Manufacturing Department 2 (P2), and marketing (P3)—hence the name *direct* method.

Allocate Product Engineering Department Costs.   Product engineering department costs of $36,000 are allocated to P1, P2, and P3 based on the product engineering labor-hours used by P1, P2, and P3. According to the facts given in Illustration 7–3, P1 used 20 percent and P2 used 80 percent of the total

Illustration 7–5   **Cost Allocation Computations—Direct Method**

		Proportion Chargeable to:		
Service Department	**This Month's Department Costs**	**Manufacturing Department 1 (P1)**	**Manufacturing Department 2 (P2)**	**Marketing Department (P3)**
Product engineering (S1)	$36,000	.2	.8	–0–
Building occupancy (S2)	84,000	.4	.3	.3
Factory supervision (S3)	25,000	.6	.4	–0–

Direct Method Cost Allocation:

From		To		
Service Department	**Amount**	**Manufacturing Department 1 (P1)**	**Manufacturing Department 2 (P2)**	**Marketing Department (P3)**
Product engineering (S1)	$ 36,000	$ 7,200	$28,800	–0–
Building occupancy (S2)	84,000	33,600	25,200	$25,200
Factory supervision (S3)	25,000	15,000	10,000	–0–
Total allocated	$145,000	$55,800	$64,000	$25,200

Additional computations:

Product engineering: $7,200 = .2 × $36,000 (P1)
                       $28,800 = .8 × $36,000 (P2)
Building occupancy: $33,600 = .4 × $84,000 (P1)
                       $25,200 = .3 × $84,000 (P2) and (P3)
Factory supervision: $15,000 = .6 × $25,000 (P1)
                       $10,000 = .4 × $25,000 (P2)

product engineering labor-hours. The marketing department did not use any product engineering labor-hours. Hence, the allocation of product engineering department costs is simply:

P1	20% × $36,000 =	$ 7,200
P2	80 × 36,000 =	28,800
Total	100%	$36,000

Allocate Building Occupancy Department Costs. Building occupancy department costs are distributed to P1, P2, and P3 in the same ratio as the proportions of the square footage occupied by those departments alone. That is, the square footage proportions for P1, P2, and P3 based on data given in Illustration 7–3 are:

P1	.32
P2	.24
P3	.24
Total	.80

When these are scaled to 100 percent, we have:

P1	40%	= .32/.80
P2	30	= .24/.80
P3	30	= .24/.80
Total	100%	

These proportions are used to allocate building occupancy department costs as shown in Illustration 7–5.

Allocate Factory Supervision Department Costs. Similar calculations are made for factory supervision department costs that are allocated on the basis of labor-dollars. The labor-dollar proportions for P1, P2, and P3 are (see Illustration 7–3):

P1	.45
P2	.30
P3	.00
Total	.75

When these are scaled to 100 percent, we have:

P1	60%	= .45/.75
P2	40	= .30/.75
P3	0	= –0–/.75
Total	100%	

These proportions are used to allocate factory supervision department costs as shown in Illustration 7–5.

Once these proportions are computed, the allocation proceeds with the cost distribution shown in Illustration 7–5. The $36,000 product engineering costs are allocated $7,200 (or 20 percent) to Manufacturing Overhead—Department P1, and $28,800 (or 80 percent) to Manufacturing Overhead—Department P2. The total allocated ($7,200 + $28,800) equals the total costs in the product engineering intermediate cost center ($36,000).

Similar allocations are made for the other two service cost centers. As a result of these allocations, the total service department costs charged to Manufacturing Department 1 are $55,800; to Manufacturing Department 2, $64,000; and to marketing, $25,200.

Limitations of the Direct Method.   The direct method has been criticized because it ignores services provided by one service department to another. If one purpose of cost allocation is to encourage cross-department monitoring, then the direct method falls short because it ignores the costs that service departments themselves incur when they use other service departments. An attempt to remedy this problem has resulted in the *step method* of allocating service department costs.

The Step Method

The **step method** recognizes services provided to other service departments. Allocations usually begin from the service department that has provided the greatest proportion of its total services to other service departments, or that services the greatest *number* of other departments. Once an allocation is made *from* a service department, no further allocations are made back *to* that department. Hence, a service department that provides services to another service department and also receives services from that department will have only one of these two reciprocal relationships recognized. For example, when the step method is used at Dunhill Products, costs are allocated from the factory supervision department to building occupancy department, but not vice versa as discussed below.

An analysis of service usage among service departments of Dunhill Products indicates that factory supervision supplies 25 percent of its services to other service departments, while building occupancy supplies 20 percent of its services to other service departments. (See Illustration 7–3.) Product engineering provides no services to other service departments. Hence, assume the rank ordering for step allocation is:

Order	Service Department
1	Factory supervision (S3)
2	Building occupancy (S2)
3	Product engineering (S1)

Allocating Factory Supervision Department Costs.   Factory supervision costs would be allocated to all service departments that made use of factory supervision's services, whereas building occupancy's costs would be allocated only to the service department that ranks below it in the allocation order. Recall that under the step method, once a service department's costs have been allocated to other departments, no costs can be allocated back to it. The computation of service department costs allocated to other service departments at Dunhill Products is shown in Illustration 7–6.

Factory supervision department costs are charged to user departments based on the total labor dollars recorded for each. The distribution results in 15 percent of the $25,000 in factory supervision department costs being charged to product engineering, 10 percent to building occupancy, 45 percent to Manufacturing Department 1, and the remaining 30 percent to Manufacturing Department 2 (based on Illustration 7–3).

Illustration 7-6 **Cost Allocation Computations—Step Method**

DUNHILL PRODUCTS

Service Department	This Month's Department Costs	Proportion Chargeable to:					
		S3	S2	S1	P1	P2	P3
Factory supervision (S3)	$ 25,000	–0–	.10	.15	.45	.30	–0–
Building occupancy (S2)	84,000	–0–	–0–	.09[a]	.37[a]	.27[a]	.27[a]
Product engineering (S1)	36,000	–0–	–0–	–0–	.20[b]	.80[b]	–0–
	$145,000						

Step Method Allocation:

From:	Cost Allocation to:					
	S3	S2	S1	P1	P2	P3
Direct service department costs	$ 25,000	$ 84,000	$ 36,000			
Factory supervision (S3)[c]	$(25,000)	2,500	3,750	$11,250	$ 7,500	–0–
Building occupancy (S2)[d]		$(86,500)	7,785	32,005	23,355	$23,355
Product engineering (S1)[e]			$(47,535)	9,507	38,028	–0–
Total costs allocated				$52,762	$68,883	$23,355

[a] Allocation of building occupancy to departments on a square footage basis. Total square feet are 220,000, which equals 250,000 total minus 30,000 used by factory supervision, according to Illustration 7–3:
    .09 = 20,000 ÷ 220,000 square feet (rounded)
Similarly,
    .37 = 80,000 ÷ 220,000 square feet (rounded)
and
    .27 = 60,000 ÷ 220,000 square feet (rounded)
[b] Percentages from Illustration 7–3.
[c] Factory supervision (S3):
    $2,500 = .10 × $25,000; $3,750 = .15 × $25,000; etc.
[d] Building occupancy (S2):
    $86,500 = $84,000 + $2,500 (allocated costs from S3)
    $7,785 = .09 × $86,500; $32,005 = .37 × $86,500; etc.
[e] Product engineering (S1):
    $47,535 = $36,000 + $3,750 + $7,785 (allocated costs from S2)
    $9,507 = .20 × $47,535; $38,028 = .80 × $47,535.
  Proof:
    $25,000 + $84,000 + $36,000 = $52,762 + $68,883 + $23,355.

Allocating Building Occupancy Department Costs. In determining the allocation of building occupancy department costs (second in the allocation order), the step method ignores the area occupied by the factory supervision department because costs have already been allocated from that department. As a result, the portion of building occupancy department costs to be allocated to product engineering is determined by taking the 20,000 square feet used by product engineering (as shown in Illustration 7–3) and dividing by the 220,000 square-foot basis (250,000 total square feet less the 30,000 occupied by factory supervision). The result is approximately 9 percent.

The total costs to be allocated from building occupancy is the sum of the direct costs ($84,000) plus the allocated costs ($2,500 from factory supervision). Therefore, the transfer to product engineering is 9 percent of $86,500, which

Illustration 7–7   **Flow of Cost Allocations—Step Method**

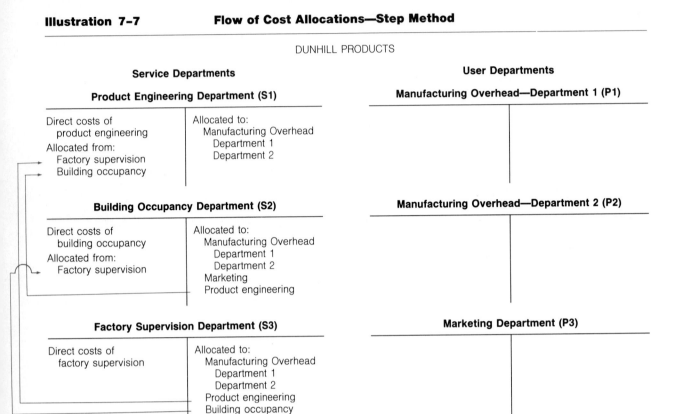

DUNHILL PRODUCTS

Service Departments

Product Engineering Department (S1)

Direct costs of
  product engineering
Allocated from:
  Factory supervision
  Building occupancy

Allocated to:
  Manufacturing Overhead
    Department 1
    Department 2

Building Occupancy Department (S2)

Direct costs of
  building occupancy
Allocated from:
  Factory supervision

Allocated to:
  Manufacturing Overhead
    Department 1
    Department 2
  Marketing
  Product engineering

Factory Supervision Department (S3)

Direct costs of
  factory supervision

Allocated to:
  Manufacturing Overhead
    Department 1
    Department 2
  Product engineering
  Building occupancy

User Departments

Manufacturing Overhead—Department 1 (P1)

Manufacturing Overhead—Department 2 (P2)

Marketing Department (P3)

equals $7,785. Similar computations are made for the other departments as shown in Illustration 7–6.

Allocating Product Engineering Cost. Product engineering was used 20 percent by Manufacturing Department 1 and 80 percent by Manufacturing Department 2, according to Illustration 7–3. These services are not used by any other service department, so they are allocated directly to the user departments (20 percent to P1 and 80 percent to P2).

The flow of costs under the step method is diagrammed in Illustration 7–7. Notice that Illustration 7–7 differs from Illustration 7–4, which showed cost flows using the direct method, because some costs flow from one service department to another. In addition, the costs allocated *from* service departments include not only the direct costs of the service departments but costs allocated *to* the service departments as well.

The step method may result in more reasonable allocations than the direct method because it recognizes that some service departments are users of other service departments. However, it does not recognize reciprocal services—for example, that building occupancy and factory supervision both provide and use each other's services. The simultaneous solution method of service department cost allocation deals with this problem. The step method is *not necessarily* better than the direct method when both the costs and benefits of using cost

Illustration 7–8   **Flow of Cost Allocations—Simultaneous Solution Method**

DUNHILL PRODUCTS

Service Departments	User Departments

Product Engineering Department (S1)   **Manufacturing Overhead—Department 1 (P1)**

Direct costs of
  product engineering
Allocated from:
  Factory supervision
  Building occupancy

Allocated to:
  Manufacturing Overhead
    Department 1
    Department 2

Building Occupancy Department (S2)   **Manufacturing Overhead—Department 2 (P2)**

Direct costs of
  building occupancy
Allocated from:
→ **Factory supervision**

Allocated to:
  Manufacturing Overhead
    Department 1
    Department 2
  Marketing
  Product engineering
  Factory supervision

Factory Supervision Department (S3)   **Marketing Department (P3)**

Direct costs of
  factory supervision
Allocated from:
→ **Building occupancy**

Allocated to:
  Manufacturing Overhead
    Department 1
    Department 2
  Product engineering
  Building occupancy

allocation are taken into account. A company that already uses the direct method may find it uneconomical to switch methods, especially if the only purpose of cost allocation is to value inventory for external financial reporting.

The Simultaneous Solution Method

With the simultaneous solution method, the costs of each production, marketing, and service department are written in equation form:

$$\text{Total costs} = \frac{\text{Direct costs of}}{\text{the service department}} + \frac{\text{Costs to be allocated}}{\text{to the service department}}$$

The system of equations is then solved simultaneously using matrix algebra.[1] By solving all of the equations simultaneously, we provide for all interservice department allocations. This method is sometimes called the *reciprocal services method* because it accounts for cost flows in both directions among service departments that provide services to one another.

The key difference between the step and simultaneous solution methods is shown in Illustration 7–8. Note that the simultaneous solution method accounts

---

[1] The use of matrix algebra in accounting is explained in detail in J. K. Shank, *Matrix Methods in Accounting* (Reading, Mass.: Addison-Wesley Publishing, 1972).

for the reciprocal services between the building occupancy and factory supervision departments. The step method accounted for only one direction of services—from factory supervision to building occupancy, but not vice versa.

Simultaneous Solution Method Using Matrix Algebra When There Are Three or More Service Departments. The mathematical details of the simultaneous solution method when there are three (or more) service departments are presented in the appendix to this chapter. Generally, a computer is used to solve this allocation problem. (Illustration 7–10 presents the costs allocated to the production and marketing departments using each of the three methods for Dunhill Products.)

Simultaneous Solution Method Using Linear Algebra When There Are Only Two Service Departments. When there are only two service departments, linear algebra can be used to solve the allocation problem. To show how this works, we present a different example from the one previously used in this chapter.

Assume a company has two service departments, S1 and S2, and three production departments, P1, P2, and P3, with the folowing direct costs and allocation percentages:

| Department | Direct Costs | Percent of Costs Allocated to: | | | | |
		S1	S2	P1	P2	P3
S1	$ 79,000	—	30%	30%	30%	10%
S2	26,000	10%	—	15	15	60
	$105,000					

The two service departments' costs may be expressed in equation form as:

$$\frac{\text{Total}}{\text{costs}} = \frac{\text{Direct costs of the}}{\text{service department}} + \frac{\text{Costs to be allocated}}{\text{to the service department}}$$

$$S1 = \$79,000 + .1\ S2 \quad \text{Equation (1)}$$
$$S2 = \$26,000 + .3\ S1 \quad \text{Equation (2)}$$

These yield two equations with two unknowns that can be solved by substitution. Substituting Equation (2) into Equation (1) gives:

$$S1 = \$79,000 + .1(\$26,000 + .3\ S1)$$
$$S1 = \$79,000 + \$2,600 + .03\ S1$$

Collecting terms and solving:

$$.97\ S1 = \$81,600$$
$$S1 = \underline{\underline{84,124}}$$

Now substituting this value for S1 back into Equation (2) gives:

$$S2 = \$26,000 + .3(\$84,124)$$
$$S2 = \$26,000 + \$25,237$$
$$S2 = \underline{\underline{\$51,237}}$$

Thus, costs are simultaneously allocated between the two service departments. The values for S1 ($84,124) and S2 ($51,237) are then used as the total costs of the service departments that are to be allocated to the production departments. The allocations are:

		Allocated to:					
		P1		**P2**		**P3**	
From	**Total Cost**	**Dollars**	**Percent**	**Dollars**	**Percent**	**Dollars**	**Percent**
S1	$84,124	$25,237	30	$25,237	30	$ 8,412	10
S2	51,237	7,686	15	7,686	15	30,742	60
Totals		$32,923		$32,923		$39,154	

Computations:

	For P1 and P2	For P3
S1:	$25,237 = .3 × $84,124	$8,412 = .1 × $84,124
S2:	$7,686 = .15 × $51,237	$30,742 = .6 × $51,237

The total cost allocated to the production departments amounts to $105,000 (= $32,923 + $32,923 + $39,154), which equals the costs to be allocated from the service departments ($79,000 + $26,000 = $105,000).

Comparison of Methods

There are two ways to compare these three service department allocation methods. The first is to examine how each allocates costs to departments receiving services. Returning to the Dunhill Products example, as shown in Illustration 7–9, only the simultaneous solution method allocates costs to all departments receiving services from other departments.

The second way to compare these three methods is to examine the costs each ultimately allocates to manufacturing and marketing departments, as shown in Illustration 7–10. (Computation of the simultaneous solution method costs is given in the appendix to this chapter.) Each method allocates the same total cost for Dunhill Products—$145,000. The difference is in the amounts allocated to particular manufacturing and marketing departments.

The major factor affecting these allocations is the distribution of building occupancy costs. Under the direct method, the use of the building by other service departments is ignored. This results in a higher cost allocation to the marketing department (and less cost allocated to manufacturing) because that department makes no use of the other service departments. As the utilization of the building by other service departments is recognized, the allocation to marketing decreases.

Illustration 7–9   **Comparison of Services Provided with Departments Receiving Costs for Each Cost Allocation Method**

DUNHILL PRODUCTS

		Departments Receiving Costs under Each Method		
Service Department	Services Provided to:	Direct Method	Step Method	Simultaneous Solution Method
Product engineering (S1)	P1	P1	P1	P1
	P2	P2	P2	P2
Building occupancy (S2)	S1	None[a]	S1	S1
	S3	None[a]	None[a]	S3
	P1	P1	P1	P1
	P2	P2	P2	P2
	P3	P3	P3	P3
Factory supervision (S3)	S1	None[a]	S1	S1
	S2	None[a]	S2	S2
	P1	P1	P1	P1
	P2	P2	P2	P2

[a] These are user departments receiving services, but costs are not allocated to them under the indicated method.

If these department managers' performance evaluation is based on their ability to keep costs down, then which cost allocation method would they prefer? Answer: According to Illustration 7–10, Marketing would prefer the simultaneous solution method; Manufacturing Department 1 would prefer the step method, and Manufacturing Department 2 would prefer the direct method!

As a general rule, when there are interservice department activities to which costs can be assigned, the allocations to manufacturing and marketing departments will differ under each method. If there are no interservice department activities, then all three methods will give identical results.

Illustration 7–10   **Comparison of Dollar Amounts Allocated under Each Cost Allocation Method**

DUNHILL PRODUCTS

	Allocated Service Costs		
Department	Direct Method	Step Method	Simultaneous Solution[a]
Manufacturing Department 1 (P1)	$ 55,800	$ 52,762	$ 53,661
Manufacturing Department 2 (P2)	64,000	68,883	70,328
Marketing (P3)	25,200	23,355	21,011
Totals	$145,000	$145,000	$145,000

[a] These costs are computed in the appendix to this chapter.

Applying Overhead from Service Departments to Products

Allocating service department costs to products in manufacturing and service organizations is a two-stage process. The first stage is to allocate service department costs to production departments, which has been the focus of our discussion so far in this chapter. The second stage is to allocate production department costs to units and jobs produced. We now describe that stage.

Service department costs are added to overhead costs that can be directly traced to departments, as shown earlier in Illustrations 7–4, 7–7, and 7–8. Overhead is then allocated in the second stage to products using one or more allocation bases, such as direct labor-hours or machine-hours. This brings up a fundamental question about allocation to products: Should a single rate be used for all production activities or should separate rates be determined for each production activity? This is often called the *plantwide versus department overhead rate choice,* where the plantwide rate refers to a single rate for all activities and the department rate refers to multiple rates, one for each production activity. These names may suggest that this is primarily a manufacturing problem, but the issue comes up in all organizations that produce a good or service.

Plantwide versus Department Rates

To demonstrate the choice of plantwide versus department rates, assume the service department costs have been assigned to two production activities represented by Dunhill Products' two manufacturing departments: P1 and P2. In addition to these costs allocated to the departments, assume that certain overhead costs can be directly traced to P1 and P2; that is, they are costs directly traceable to the department but not to the products. These costs are shown in the top of Illustration 7–11. Assume P1 is a capital intensive department that uses a lot of machine time on jobs passing through it but very little direct labor. P2 is just the opposite; it is very labor intensive but uses little machine time.

Assume that just two jobs go through these departments: Job L, which is primarily worked on in P2 because it requires a lot of labor work, and Job M, which is primarily worked on in P1 because it requires a lot of machine work. Illustration 7–11 shows the amount of labor and machine time that each job requires in each department. We would expect both jobs to be allocated the same amount of costs because both use an equal proportion of time in the departments (that is; Job L uses 90% of the labor time in P2; Job M uses 90% of the machine time in P1) and the overhead costs in the two departments are equal.

Using a Plantwide Rate.
Now, suppose a plantwide rate is used. Pick labor-hours as a starting point. Job M uses relatively few labor-hours, so it would be allocated relatively few costs, as shown in Illustration 7–11. On the other hand, Job M looks relatively costlier if machine-hours are used to allocate costs because it requires relatively more machine-hours. It is not clear from this example that either rate is preferred over the other; however, it is clear that the choice of rates has an effect on job costs.

Further, the choice of one particular rate, say, labor-hours, makes it more costly to job managers to have labor-intensive jobs, such as Job L, than to those who have machine-intensive jobs. (If machine-hours were used as the base, then it would be more costly to have machine-intensive jobs like Job M.) Top management should be aware of these incentives because they could

Illustration 7–11   **Department versus Plantwide Overhead Rates**

	P1 (Machine-Intensive Production Department)	P2 (Labor-Intensive Production Department)	Total
Department Overhead Costs:			
Stage 1: Allocate S1 and S2 costs to P1 and P2			
(See Illustration 7–10. Assume the direct method was used.)	$55,800	$64,000	$119,800
Trace other overhead costs directly to the production departments. Assume these direct department overhead costs are:	34,200	26,000	60,200
Total manufacturing overhead	$90,000	$90,000	$180,000
Stage 2: Allocate department overhead costs to jobs			
Assume there are two jobs that use the following machine-hours and labor-hours in the two production departments:			
Job L: Labor-hours	200 hrs.	1,800 hrs.	2,000 hrs.
Machine-hours	200 hrs.	200 hrs.	400 hrs.
Job M: Labor-hours	200 hrs.	200 hrs.	400 hrs.
Machine-hours	1,800 hrs.	200 hrs.	2,000 hrs.

Plantwide rate:

a. Using labor-hours:
1. Rate per hour

$$= \frac{\text{Total overhead for both departments}}{\text{Total labor-hours for both jobs}}$$
$$= \frac{\$180,000}{2,400 \text{ labor-hours}}$$
$$= \$75$$

2. Overhead cost per job:
   Job L: $75 × 2,000 = $150,000

   Job M: $75 × 400   = $30,000

b. Using machine-hours:
1. Rate $= \dfrac{\$180,000}{2,400 \text{ machine-hours}}$
   $= \$75$

2. Overhead cost per job:
   Job L: $75 × 400   = $30,000

   Job M: $75 × 2,000 = $150,000

Department Rate:

1. Rate per department:

	P1	P2	Total
	Rate $= \dfrac{\$90,000}{2,000 \text{ machine-hours}}$ worked in the department $= \$45$ per machine-hour	Rate $= \dfrac{\$90,000}{2,000 \text{ labor-hours}}$ worked in the department $= 45$ per labor-hour	$ 90,000
2. Costs assigned to jobs:			
Job L:	$45 × 200 m.h. = $9,000	$45 × 1,800 l.h. = $81,000	
Job M:	$45 × 1,800 m.h. = $81,000	$45 × 200 l.h. = $9,000	$ 90,000

easily lead to lower managers making choices about jobs primarily because of the allocation basis that is used.

Using Department Rates. The costs allocated to jobs using department rates are shown at the bottom of Illustration 7–11. The amount of costs allocated to Job M is the same as the costs allocated to Job L when department rates are used (in this case).

The use of department rates helps address the incentive and costing problems that occur with a single plant-wide rate. Note that this approach could be carried still further. For example, in P1, some of the $90,000 overhead costs are likely to be labor-related overhead and some machine related. We could divide the $90,000 into labor-related costs and machine-related costs and allocate labor-related overhead in P1 on the basis of labor-hours and machine-related overhead in P1 on the basis of machine-hours.

American business has been criticized for its inability to compete on a cost basis in the international marketplace. (Many people believe the Japanese can build a small automobile for $2,000 less than U.S. manufacturers can, for example.) One reason is because managers in many companies do not know how much it costs to make goods and provide services. One reason for this is because the use of single overhead rates does not reflect the relation between the work that is done and the amount of overhead costs associated with that work.[2]

A single overhead rate is usually adequate for valuing inventories and computing cost of goods sold on external financial statements; however, management may benefit from having a more detailed analysis of overhead costs. This is particularly so if overhead is a large proportion of total product costs, such as in most service organizations and in capital-intensive manufacturing companies. Performing more detailed analyses of overhead costs is a time-consuming activity, however. In how much detail should these overhead cost analyses be done? That depends on the costs and benefits to the company.

Issues in Allocating Service Department Costs

It is usually advisable to allocate costs on a cause-and-effect basis. If this is not practical, the most reasonable basis possible should be found. By establishing a cause-and-effect relationship for the allocation of costs, service department managers can trace costs to their cause. Moreover, managers of user departments have an incentive to limit their use if the costs of the service center are allocated on a cause-and-effect basis. For example, in the early days of data processing, companies often charged a rate per unit of time for computer usage. No charge was made for support services such as programming. This encouraged users to request programming time because it carried no cost. The programmers were kept very busy and frequently engaged in programming activities that offered only marginal benefits. This represented a substantial cost to the computer services department that it was unable to pass on to user departments except through increases in the time-based rates. These rates then became so high

---

[2] For an extensive discussion of these and related issues, see Robert S. Kaplan, "Measuring Manufacturing Performance: A New Challenge for Management Accounting Research," *The Accounting Review* 58, no. 4 (October 1983), pp. 686–705.

that departments found it uneconomical to use the programs they had commissioned.

Thus, when the basis of cost allocations does not reflect cause and effect, cost control becomes difficult because departments tend to make excessive demands for underpriced services. Moreover, evaluation of the computer services department is difficult because its output is measured in terms of computer hours while its costs are a function of both computer hours and programmer hours. Identifying the effect of each factor on total costs is made more difficult by a cost allocation system that ignores programmer hours.

In this case, more detailed cost allocations are needed, but in other cases, more detail does not provide more benefit. When costs cannot be directly related to production activities, production managers have no control over them and need relatively little information about them. Hence, an aggregate allocation both reduces the cost of allocating costs and reduces the time spent by production managers in sifting through excessive and unnecessary detail.

For example, many companies own or lease a building that houses both manufacturing and nonmanufacturing activities. The costs of the building lease or depreciation, property taxes, heat, air conditioning, light, water, repairs, security, maintenance, and similar costs occur as part of the overall building operation and cannot be directly associated with any particular activity within the building. The activities in individual cost centers have so little effect on overall building costs that their managers do not need item-by-item details of the building occupancy costs charged to their departments. A single line item, "Building occupancy costs," is usually sufficient. Better control may be obtained by accumulating the total building costs in a centralized cost center, so the building supervisor can be apprised of the detailed cost item and held responsible for controlling them.

The determination of how detailed a cost allocation should be is like other managerial decisions—it should be made on a cost-benefit basis. Cost allocation is, in itself, a costly procedure. If the benefits from increasing the detail of cost allocation are minimal, then more detailed cost allocations are probably not economically wise.

Allocating Fixed Service Department Costs

Although the allocation of variable service department costs can be useful for charging user departments, the allocation of fixed costs can have unintended effects. For example, the top administrators of Southwest University observed that faculty and staff were using the university's WATS (Wide Area Telephone Service) so much that the lines were seldom free during the day.[3] WATS allowed the university unlimited toll-free service within the United States. The fixed cost of WATS was $10,000 per month; variable cost per call was zero.

The top administrators learned that there was an average usage of 50,000 minutes per month on the WATS line, so they initially allocated the $10,000 monthly charge to callers (that is, departments) at a rate of $.20 per minute (= $10,000 ÷ 50,000 minutes). Now that they were being charged for the use of WATS, department heads discouraged their faculty and staff from using the telephone. Hence, the number of minutes used on WATS dropped to 25,000

---

[3] This example is based on one given by Jerold L. Zimmerman, "The Costs and Benefits of Cost Allocations," *The Accounting Review,* July 1979, pp. 510–11.

per month, which increased the rate to $.40 per minute (= $10,000 ÷ 25,000). This continued until the internal cost allocation per minute exceeded the normal long-distance rates, and the use of WATS dropped almost to zero. Southwest University's total telephone bill increased dramatically.[4] The top administrators subsequently compromised by charging a nominal fee of $.10 per minute. According to the University's chief financial officer, "The $.10 per minute charge made us aware that there was a cost to the WATS service, albeit a fixed cost. The charge was sufficiently low, however, so as not to discourage bona fide use of WATS."

Moral.   The moral of the cost allocation story is as follows: Service department costs allocations are common in all types of organizations. Costs are allocated for a variety of reasons—for example, to satisfy regulatory and external financial reporting requirements; to meet contract requirements (for example, in cost-reimbursement defense contracts); to encourage cross-department monitoring of costs; to make user department personnel aware of costs incurred by service departments and to compute product costs for decision making. Costs allocated for one purpose usually have unexpected side effects. Hence, cost allocations should be made much like doctors prescribe medicine—"with an eye on the side effects."

Summary

Costs are accumulated in a department largely for performance evaluation purposes—that is, to make the department manager (and other personnel) responsible for controlling department costs. When a department provides services and support to other departments rather than producing or marketing the organization's output, its costs are often allocated to the departments it services. Hence, the service department is *directly* responsible for its own costs, and user departments are *indirectly* responsible for service department costs. This makes user department personnel aware of service department costs, and it can give them incentives to help control service department costs.

Service department costs are allocated to production departments to measure the cost of goods or services for decision making.

Finally, manufacturing service department costs are allocated to production departments for external financial reporting and other contractual and regulatory purposes to value inventory and measure cost of goods sold.

In the first stage of cost allocation, service department costs are allocated to user departments as follows:

1.   Departments that provide and use each other's services are identified. At Dunhill Products, for example, Manufacturing Department 1 used the services of all three service departments.

---

[4] The solution to this problem is not necessarily zero. According to Zimmerman (1979), the correct price to charge users is "the cost imposed by forcing others who want to use the WATS line to either wait or place a regular toll call . . . this cost varies between zero (if no one is delayed) to, at most, the cost of a regular toll call if a user cannot use the WATS line" (p. 510). The necessary procedure to implement such a pricing system is very difficult and costly. Zimmerman suggests that fixed allocations could be a simplified way of approximating the results of the more complicated, theoretically correct pricing systems.

2. Allocation bases are established. (Production engineering's costs were allocated to user departments based on the engineering labor-hours worked in each user department.)

3. One of three methods of allocating service department costs is selected:
   a. Direct method,
   b. Step method, or
   c. Simultaneous solution method.

The direct method allocates costs directly to production and marketing departments. Only production and marketing departments are recognized as user departments—other service departments are not.

The step method recognizes some, but not all, service departments as user departments. Costs are allocated in steps, usually beginning with an allocation from the service department that provides the greatest portion of its services to other service departments, and continuing until all costs are allocated to production and marketing departments. Once an allocation is made *from* a service department, no more costs can be allocated *to* it.

The simultaneous solution method simultaneously allocates costs to all departments that receive services. Unlike the step and direct methods, all interservice department allocations are recognized. This method has not been widely used because the mathematics are perceived as difficult and the procedure is very time consuming if done manually. With the widespread use of computers, we expect use of the simultaneous solution method to increase.

In the second stage of cost allocation, costs are allocated from production departments to units or jobs. In this stage, the choice of **plant wide or departmental rates** could have a significant effect on product costs.

Cost allocations are often made for multiple reasons. Sometimes an allocation made for one purpose will have unexpected effects elsewhere. Consequently, it is wise to consider all of the effects of cost allocation.

Terms and Concepts

The following terms and concepts should be familiar to you after reading this chapter.

Departmental Rate	**Production Department**
Direct Method	**Service Department**
Final Cost Center	**Service Organizations**
Intermediate Cost Center	**Simultaneous Solution Method**
Manufacturing	**Step Method**
Plantwide Rate	**User Department**

Self-Study Problem

T. Schurt & Company manufactures and sells T-shirts for advertising and promotional purposes and wholesales T-shirts with various designs for general sale. The company has two manufacturing operations: shirtmaking and printing. When an order for T-shirts is received, the shirtmaking department obtains the materials and colors requested and has the shirts made in the desired mix of sizes. The completed shirts are then sent to the printing department where the custom labels or designs are prepared and embossed on the shirts.

To support the manufacturing activity, the company has a building that houses the two manufacturing departments as well as the sales department. A payroll department has been established to handle the details of recordkeeping for employee wages and salaries as well as for issuing payroll checks. Finally, a design and patterns staff has been hired to develop shirt patterns, label designs, and, on occasion, to draw illustrations for the company's advertising. To aid in cost control, the company accumulates the costs of these support functions in separate service cost centers: (1) building occupancy, (2) payroll accounting, and (3) design and patterns.

During the current period, the direct costs incurred in each of the departments are as follows:

Shirtmaking (P1)	$210,000
Printing (P2)	140,000
Selling (P3)	80,000
Building occupancy (S1)	45,000
Payroll accounting (S2)	20,000
Design and patterns (S3)	10,000

Building occupancy costs are allocated on the basis of the number of square feet of each user department. Payroll accounting costs are allocated on the basis of the number of employees. The design and pattern costs are charged to departments on the basis of the number of designs requested by each department. For the current period, the following table summarizes the usage of services by other service cost centers and other departments:

	S1	S2	S3	P1	P2	P3
Building occupancy (S1) (square feet)	—	8,100	3,900	27,000	36,000	6,000
Payroll accounting (S2) (employees)	3	—	6	30	15	6
Design and patterns (S3) (designs)	—	—	—	15	40	5

Required:

a. Determine the total costs in each of the three "producing" departments, using the direct method for service cost allocations.

b. Compute the cost allocations and total costs in each producing department, using the step method.

Solution to Self-Study Problem

To facilitate solution, express the usage of services in percentage terms:

Service Center	Used by					
	S1	S2	S3	P1	P2	P3
S1	—	.100	.049	.333	.444	.074
S2	.050	—	.100	.500	.250	.100
S3	—	—	—	.250	.667	.083

a. *Direct method:*

    Usage of services by producing departments only:

Service Center	Used by		
	P1	**P2**	**S3**
S1	.391[a]	.522	.087
S2	.588[b]	.294	.118
S3	.250	.667	.083

[a] .391 = .333 ÷ (.333 + .444 + .074); .522 = .444 ÷ (.333 + .444 + .074), etc.
[b] .588 = .500 ÷ (.500 + .250 + .100), etc.

Allocation: From	Amount	To		
		P1	**P2**	**P3**
S1	$45,000	$ 17,595[a]	$ 23,490	$ 3,915
S2	$20,000	11,760[b]	5,880	2,360
S3	$10,000	2,500[c]	6,670	830
Allocated costs		31,855	36,040	7,105
Direct costs		210,000	140,000	80,000
Total costs		$241,855	$176,040	$87,105

[a] $17,595 = $45,000 × .391; $23,490 = $45,000 × .522; $3,915 = $45,000 × .087.
[b] $11,760 = $20,000 × .588; $5,880 = $20,000 × .294; $2,360 = $20,000 × .118.
[c] $2,500 = $10,000 × .25; $6,670 = $10,000 × .667; $830 = $10,000 × .083.

b. *Step method:*

    Order of allocation: S2, S1, S3.

    Usage of services by producing departments and service cost centers excluding reciprocal allocations:

Service Center	Used by:				
	S1	**S3**	**P1**	**P2**	**P3**
S2	.050	.100	.500	.250	.100
S1	—	.054[a]	.370[a]	.494[a]	.082[a]
S3	—	—	.250	.667	.083

[a] .054 = .049 ÷ (.049 + .333 + .444 + .074) = .049 ÷ .900. .370 = .333 ÷ .900;
.494 = .444 ÷ .900 (rounded); .082 = .074 ÷ .90.

Allocation:

From	S2	S1	S3	P1	P2	P3
Direct dept. costs	$20,000	$45,000	$10,000			
S2	(20,000)	1,000ª	2,000ª	$ 10,000	$ 5,000	$ 2,000
S1		(46,000)ᵇ	2,484ᵇ	17,020ᵇ	22,724	3,772
S3			(14,484)ᶜ	3,621ᶜ	9,661	1,202
Total allocated costs				30,641	37,385	6,974
Direct costs of P1, P2 and P3				210,000	140,000	80,000
Total costs				$240,641	$177,385	$86,974

ª $1,000 = $20,000 × .05; $2,000 = $20,000 × .10, etc.

ᵇ $46,000 = $45,000 direct costs + $1,000 allocated from S2. $2,484 = $46,000 × .054; $17,020 = $46,000 × .37; etc.

ᶜ $14,484 = $10,000 direct costs + $4,484 allocated from S1 and S2. $3,621 = $14,484 × .25; etc.

Appendix: The Simultaneous Solution Method Using Matrix Algebra*

The simultaneous solution method requires that cost relationships be written in equation form. The method then solves the equations for the total costs to be allocated to each department. The direct costs of each department are typically included in the solution. Thus, for any department, we can state the equation:

$$\text{Total costs} = \text{Direct costs} + \text{Allocated costs}$$

The total costs are the unknowns that we attempt to derive.

For example, let's assume the direct overhead costs of the departments at Dunhill Products Company are:

Product engineering (S1)	$ 36,000
Building occupancy (S2)	84,000
Factory supervision (S3)	25,000
Manufacturing Department 1 (P1)	500,000
Manufacturing Department 2 (P2)	270,000
Marketing (P3)	185,000

Using the information in Illustration 7–3, the total costs of Manufacturing Department 1 (P1) may be expressed as:

$$\text{Total costs} = \text{Direct costs} + \text{Allocated costs}$$
$$\text{P1} = \$500,000 + 20\% \text{ S1} + 32\% \text{ S2} + 45\% \text{ S3}$$

Similar equations are constructed for each of the other production departments:

$$\text{P2} = \$270,000 + 80\% \text{ S1} + 24\% \text{ S2} + 30\% \text{ S3}$$
$$\text{P3} = \$185,000 + 0 \quad \text{S1} + 24\% \text{ S2} + 0 \quad \text{S3}$$

* For a more detailed discussion of matrix algebra, see J. K. Shank, *Matrix Methods in Accounting* (Reading, Mass.: Addison-Wesley Publishing, 1972).

And for the service departments, the equations are:

$$S1 = \$36,000 + \ 8\% \ S2 + 15\% \ S3$$
$$S2 = \$84,000 \qquad\qquad + 10\% \ S3$$
$$S3 = \$25,000 + 12\% \ S2$$

Now we have a set of equations that express the total costs of each department as a function of direct costs and allocated costs.

Setting the Equations in Matrix Form

To set the equations up in matrix form for solution, the terms are rearranged so that direct costs are on the right-hand side of the equation and all unknowns are on the left side. Each equation is expanded to include all of the departments in the system.

For example, the cost equation of Manufacturing Department 1 (P1) is rearranged as:

$$1 \ P1 + 0 \ P2 + 0 \ P3 = .20 \ S1 + .32 \ S2 + .45 \ S3 + \$500,000$$
$$1 \ P1 + 0 \ P2 + 0 \ P3 - .20 \ S1 - .32 \ S2 - .45 \ S3 = \$500,000$$

This is repeated for all production and service departments. The results are:

$$1 \ P1 + 0 \ P2 + 0 \ P3 - .20 \ S1 - .32 \ S2 - .45 \ S3 = \$500,000$$
$$0 \ P1 + 1 \ P2 + 0 \ P3 - .80 \ S1 - .24 \ S2 - .30 \ S3 = \ \ 270,000$$
$$0 \ P1 + 0 \ P2 + 1 \ P3 - \ \ 0 \ \ S1 - .24 \ S2 - \ 0 \ \ S3 = \ \ 185,000$$
$$0 \ P1 + 0 \ P2 + 0 \ P3 + \ 1 \ \ S1 - .08 \ S2 - .15 \ S3 = \ \ \ \ 36,000$$
$$0 \ P1 + 0 \ P2 + 0 \ P3 - \ \ 0 \ \ S1 + \ 1 \ \ S2 - .10 \ S3 = \ \ \ \ 84,000$$
$$0 \ P1 + 0 \ P2 + 0 \ P3 - \ \ 0 \ \ S1 - .12 \ S2 + \ 1 \ \ S3 = \ \ \ \ 25,000$$

Each equation may be interpreted as follows: The costs in any department before allocation (the right-hand side) equals the costs after allocation (the P terms) less the allocations that are to be charged to the service departments (the S terms with negative coefficients).

Reforming the system of equations in matrix notation saves repetition of all of the symbols for the unknowns and results in the following system of matrixes and vectors:

$$
\begin{bmatrix}
1 & 0 & 0 & -.20 & -.32 & -.45 \\
0 & 1 & 0 & -.80 & -.24 & -.30 \\
0 & 0 & 1 & 0 & -.24 & 0 \\
0 & 0 & 0 & 1 & -.08 & -.15 \\
0 & 0 & 0 & 0 & 1 & -.10 \\
0 & 0 & 0 & 0 & -.12 & 1
\end{bmatrix}
\times
\begin{bmatrix}
P1 \\ P2 \\ P3 \\ S1 \\ S2 \\ S3
\end{bmatrix}
=
\begin{bmatrix}
\$500,000 \\ 270,000 \\ 185,000 \\ 36,000 \\ 84,000 \\ 25,000
\end{bmatrix}
$$

To solve for the vector of unknowns (that is, the Ps and Ss), matrix algebra is used. If the matrix is labeled A, the vector of unknowns X, and the vector of direct costs B, the matrix form of the equation may be summarized as:

$$AX = B$$

To solve for X, we multiply both sides by the inverse of A, which is noted A^{-1}. This gives:

$$X = A^{-1}B$$

Computing the inverse of a matrix is tedious without the use of a computer or hand calculator with matrix capabilities. In this book, the inverse of any required matrixes will be computed and presented as needed.

Taking the inverse of A and placing the results in the order:

$$X = A^{-1}B,$$

we obtain:

$$
\begin{bmatrix} P1 \\ P2 \\ P3 \\ S1 \\ S2 \\ S3 \end{bmatrix}
=
\begin{bmatrix}
1 & 0 & 0 & .20 & .3984 & .5198 \\
0 & 1 & 0 & .80 & .3587 & .4559 \\
0 & 0 & 1 & 0 & .2429 & .0243 \\
0 & 0 & 0 & 1 & .0992 & .1599 \\
0 & 0 & 0 & 0 & 1.0121 & .1012 \\
0 & 0 & 0 & 0 & .1215 & 1.0121
\end{bmatrix}
\times
\begin{bmatrix}
\$500,000 \\ 270,000 \\ 185,000 \\ 36,000 \\ 84,000 \\ 25,000
\end{bmatrix}
$$

Carrying out the indicated multiplication, we obtain the solution for P1:

$$
\begin{aligned}
P1 = {} & (1)(\$500,000) + (0)(\$270,000) + (0)(\$185,000) \\
& + (.20)(\$36,000) \\
& + (.3984)(\$84,000) + (.5198)(\$25,000) \\
= {} & \underline{\underline{\$553,661}}
\end{aligned}
$$

And carrying out similar matrix multiplication operations for the other rows of $A^{-1}B$, we obtain the solution vector:

$$
\begin{bmatrix} P1 \\ P2 \\ P3 \\ S1 \\ S2 \\ S3 \end{bmatrix}
=
\begin{bmatrix}
\$553,661 \\ 340,328 \\ 206,011 \\ 48,330 \\ 87,546 \\ 35,509
\end{bmatrix}
\begin{matrix}
\text{Manufacturing Department 1} \\
\text{Manufacturing Department 2} \\
\text{Marketing} \\
\text{Product engineering} \\
\text{Building occupancy} \\
\text{Factory supervision}
\end{matrix}
$$

The first three elements of this solution vector represent the total direct and allocated costs for P1, P2, and P3, respectively. The last three elements represent not only the total costs for each service department but also the costs that have passed through these departments because of the allocation procedure.

To determine the allocated costs in P1, P2, and P3, the direct costs are subtracted from the total costs in the solution vector. In the example, the allocated costs using the simultaneous solution method are:

Department	Allocated Cost	Total Cost	Direct Cost
Manufacturing Department 1	$ 53,661 =	$553,661 −	$500,000
Manufacturing Department 2	70,328 =	340,328 −	270,000
Marketing	21,011 =	206,011 −	185,000
Total allocated cost	$145,000		

As a result of the allocation, a total of $145,000 has been allocated from the service departments to the operating departments. All of the interrelationships among service departments have been taken into account in this allocation.

Appendix Self-Study Problem

Using the data provided in the T. Schurt & Company example, which is the self-study problem at the end of the chapter, compute the cost allocation and total costs for each producing department using the simultaneous solution method.

Solution to Appendix Self-Study Problem

Simultaneous solution method:

Step 1. Construct the cost equations.

$$P1 = \$210,000 + .333\ S1 + .500\ S2 + .250\ S3$$
$$P2 = \$140,000 + .444\ S1 + .250\ S2 + .667\ S3$$
$$P3 = \$80,000 + .074\ S1 + .100\ S2 + .083\ S3$$
$$S1 = \$45,000 \qquad\qquad + .050\ S2$$
$$S2 = \$20,000 + .100\ S1$$
$$S3 = \$10,000 + .049\ S1 + .100\ S2$$

Step 2. Arrange the cost equations to place the coefficients in one section, and the direct costs on the right-hand side of the equation.

$$1\ P1 + 0\ P2 + 0\ P3 - .333\ S1 - .500\ S2 - .250\ S3 = \$210,000$$
$$0\ P1 + 1\ P2 + 0\ P3 - .444\ S1 - .250\ S2 - .667\ S3 = 140,000$$
$$0\ P1 + 0\ P2 + 1\ P3 - .074\ S1 - .100\ S2 - .083\ S3 = 80,000$$
$$0\ P1 + 0\ P2 + 0\ P3 + 1.000\ S1 - .050\ S2 - .000\ S3 = 45,000$$
$$0\ P1 + 0\ P2 + 0\ P3 - .100\ S1 + 1.000\ S2 - .000\ S3 = 20,000$$
$$0\ P1 + 0\ P2 + 0\ P3 - .049\ S1 - .100\ S2 + 1.000\ S3 = 10,000$$

Step 3. Use the information in step 2 to construct a matrix of coefficients, a vector of unknowns, and a vector of direct costs.

$$\begin{bmatrix} 1 & 0 & 0 & -.333 & -.500 & -.250 \\ 0 & 1 & 0 & -.444 & -.250 & -.667 \\ 0 & 0 & 1 & -.074 & -.100 & -.083 \\ 0 & 0 & 0 & 1 & -.050 & 0 \\ 0 & 0 & 0 & -.100 & 1 & 0 \\ 0 & 0 & 0 & -.049 & -.100 & 1 \end{bmatrix} \times \begin{bmatrix} P1 \\ P2 \\ P3 \\ S1 \\ S2 \\ S3 \end{bmatrix} = \begin{bmatrix} \$210,000 \\ 140,000 \\ 80,000 \\ 45,000 \\ 20,000 \\ 10,000 \end{bmatrix}$$

Step 4. Invert the matrix A using a computer or other electronic assistance and enter the result into the format $X = A^{-1}B$.

$$
\begin{bmatrix} P1 \\ P2 \\ P3 \\ S1 \\ S2 \\ S3 \end{bmatrix} = \begin{bmatrix} 1 & 0 & 0 & .3997 & .5450 & .2500 \\ 0 & 1 & 0 & .5109 & .3422 & .6670 \\ 0 & 0 & 1 & .0894 & .1128 & .0830 \\ 0 & 0 & 0 & 1.0050 & .0503 & 0 \\ 0 & 0 & 0 & .1005 & 1.0050 & 0 \\ 0 & 0 & 0 & .0593 & .1030 & 1 \end{bmatrix} \times \begin{bmatrix} \$210,000 \\ 140,000 \\ 80,000 \\ 45,000 \\ 20,000 \\ 10,000 \end{bmatrix}
$$

Step 5. Multiply the vector of direct costs by the first three rows of the matrix of A^{-1} to obtain the total costs for each of the three producing departments.

$$
\begin{aligned}
P1 &= 1 \times \$210,000 + .3997 \times \$45,000 + .5450 \times \$20,000 \\
&\quad + .2500 \times \$10,000 \\
&= \$210,000 + \$17,987 + \$10,900 + \$2,500 \\
&= \underline{\underline{\$241,387}}
\end{aligned}
$$

$$
\begin{aligned}
P2 &= 1 \times \$140,000 + .5109 \times \$45,000 + .3422 \times \$20,000 \\
&\quad + .6670 \times \$10,000 \\
&= \$140,000 + \$22,990 + \$6,844 + \$6,670 \\
&= \underline{\underline{\$176,504}}
\end{aligned}
$$

$$
\begin{aligned}
P3 &= 1 \times \$80,000 + .0894 \times \$45,000 + .1128 \times \$20,000 \\
&\quad + .0830 \times \$10,000 \\
&= \$80,000 + \$4,023 + \$2,256 + \$830 \\
&= \underline{\underline{\$87,109}}
\end{aligned}
$$

And check to see that this total—$241,387 + $176,504 + $87,109—equals $505,000 equals $210,000 + $140,000 + $80,000 + $45,000 + $20,000 + $10,000.

Questions

7–1. "Direct Materials" are considered direct with respect to both the manufacturing department using the materials and to the product. However, "indirect materials" cannot be associated directly with a specific job or product but may be related directly to the manufacturing department where the indirect materials are used. Explain the concepts "direct" and "indirect" in this setting.

7–2. What are the reasons for establishing service departments as intermediate cost objectives?

7–3. Why would the manager of an operating department not need reports that include the details of the cost items that comprise the operating department's share of the cost of building occupancy?

7–4. What argument(s) could be given in support of the simultaneous solution method as the preferred method for distributing the costs of service departments?

7–5. Under what conditions would the results obtained from using the direct method of allocation be the same as the results from using either other method? Why?

7–6. Consider a company with two producing departments and one service department. The service department distributes its costs to the producing departments on the basis of number of employees in each department. If the costs in the service department are fixed, what effect would the addition of employees in one department have on the costs allocated to the other department? Comment on the reasonableness of the situation.

7–7. Compare and contrast the direct method, the step method, and the simultaneous solution method of allocating costs.

7–8. The manager of an operating department just received a cost report and has made the following comment with respect to the costs allocated from one of the service departments: "This charge to my division does not seem right. The service center installed equipment with more capacity than our division requires. Most of the service department costs are fixed, but we seem to be allocated more costs when other departments use less. We are paying for excess capacity of other departments when other departments cut their usage levels." How might this manager's problem be solved?

7–9. What criterion should be used to determine the order of allocation from service departments when the step method is used? Explain why.

7–10. (Appendix.) The inverse of the matrix A in the cost allocation example can be subdivided into four submatrixes in the following form:

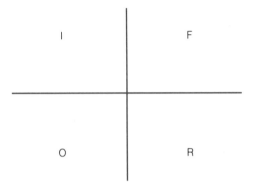

The partitions are established by drawing a line below the last row of coefficients that are related to producing departments (that is, row three in the appendix example) and a vertical line to the right of the last column of coefficients for producing departments (that is, between the third and fourth columns in the appendix example). Examine the elements of each of these submatrixes and consider how the elements are used in the matrix multiplication to determine the allocation of costs. Give an explanation of the functions of each of these submatrixes.

Exercises

7–11. Cost Allocations—Direct Method

Thermal Corporation has two producing departments and two service departments labeled P1, P2, S1, and S2, respectively. Direct costs for each department and the proportion of service costs used by the various departments are as follows:

Cost Center	Direct Costs	Proportion of Services Used by:			
		S1	S2	P1	P2
P1	$90,000				
P2	60,000				
S1	20,000	—	.80	.10	.10
S2	30,000	.20	—	.50	.30

Required:

Compute the allocation of service department costs to operating departments, using the direct method.

7–12. Cost Allocations—Step Method

Refer to the data for the Thermal Corporation (exercise 7–11). Use the step method to allocate the service costs, using:

a. The order of allocation recommended in the text.

b. The allocations made in the reverse of the recommended order.

7–13. Allocating Service Department Costs First to Production Departments, Then to Jobs

Refer to the facts in exercise 7–11. Assume P1 and P2 each work on two jobs: Job 10 and Job 11. Costs are allocated to jobs based on labor-hours in P1 and based on machine-hours in P2. The labor- and machine-hours worked in each department are as follows:

		P1	P2
Job 10:	Labor-hours	80	10
	Machine-hours	10	20
Job 11:	Labor-hours	10	10
	Machine-hours	10	90

Required:

How much of the service department costs allocated to P1 and P2 in the direct method would be allocated to Job 10? How much to Job 11?

7–14. Plantwide versus Departmental Rates

Refer to the facts in exercises 7–11 and 7–13.

Required:

a. Assume the company uses just one basis for applying overhead to jobs going through both P1 and P2: *labor-hours.* How much of the service department costs would be allocated to Job 10 and to Job 11? Why is this different than the amount applied to each job that was computed in exercise 7–13?

b. How would your answer to requirement (a) change if the company had used *only machine-hours* in allocating costs to Job 10 and Job 11?

7–15. (Appendix) Cost Allocations—Simultaneous Solution

Refer to the data for the Thermal Corporation (exercise 7–11).

Use the simultaneous solution method to allocate the service costs. Assume that the matrix A^{-1} is equal to:

$$\begin{bmatrix} 1 & 0 & .5952 & .6190 \\ 0 & 1 & .4048 & .3810 \\ 0 & 0 & 1.1905 & .2381 \\ 0 & 0 & .9524 & 1.1905 \end{bmatrix}$$

7–16. Cost Allocations—Simultaneous Solution Method—Two Service Departments

A company wants to know if eliminating a service department and replacing services with an outside supplier would be feasible. The center under consideration for elimination is labeled S1.

During the past month, the following costs were incurred in the three operating departments and two service departments in the company:

P1	$230,000
P2	615,000
P3	790,000
S1	124,000
S2	109,000

Use of services by other departments is as follows:

Service Cost Center	User Department				
	S1	S2	P1	P2	P3
S1	—	.40	.30	.20	.10
S2	.10	—	.20	.15	.55

Required:

Allocate service department costs to P1, P2 and P3 using the simultaneous solution method.

7–17. Cost Allocations—Direct Method

Meridian Box Company has two service departments (maintenance and general factory administration) and two operating departments (cutting and assembly). Management has decided to allocate maintenance costs on the basis of the area in each department and general factory administration costs on the basis of labor-hours worked by the employees in each of their respective departments.

The following data appear in the company records for the current period:

	General Factory Administration	Maintenance	Cutting	Assembly
Area occupied (square feet)	1,000	—	1,000	3,000
Labor-hours	—	100	100	400
Direct labor costs (operating departments only)			$1,500	$4,000
Service department direct costs	$12,000	$20,000		

Required:

Use the direct method to allocate these service department costs to the operating departments.

7–18. Cost Allocation—Step Method

Refer to the data for the Meridian Box Company in exercise 7–17.

Allocate the service department costs using the step method. What effect does using this method have on the allocation of costs?

7–19. Cost Allocation—Simultaneous Solution Method

Refer to the data for the Meridian Box Company in exercise 7–17.

Allocate the service department costs using the simultaneous solution method. (Matrix algebra is not required because there are only two service departments.)

7–20. Evaluate Cost Allocation Methods

Refer to the solutions to exercises 7–17, 7–18, and 7–19.

Which method do you think is best? How much would it be worth to the company to use the best method over the worst of the three methods? (Numbers not required in this answer.)

Problems

7–21. Step Method with Three Service Departments

Oakland Corporation operates two producing departments—painting and polishing—in its automotive refinishing operations. The company has three service departments for its plant: building occupancy, payroll accounting, and equipment maintenance. The accumulated costs in the three service departments were $180,000, $250,000, and $132,000, respectively. The company decided that building occupancy costs should be distributed on the basis of square footage used by each production and service department. The payroll accounting costs are allocated on the basis of number of employees, while equipment maintenance costs are allocated on the basis of the dollar value of the equipment in each department. The use of each basis by all departments during the current period is as follows:

	Used by:				
Allocation Base	**Building Occupancy**	**Payroll Accounting**	**Equipment Maintenance**	**Painting**	**Polishing**
Building area	5,000	15,000	10,000	180,000	45,000
Employees	9	5	6	35	50
Equipment value (in thousands)	$12	$240	$35	$624	$324

Direct costs of the painting department included $475,000 in direct materials, $650,000 in direct labor, and $225,000 in overhead. In the polishing department, direct costs consisted of $820,000 in direct labor and $145,000 in overhead.

Required:

a   Using the step method, determine the allocated costs and the total costs in each of the two producing departments.

b.   Assume 1,000 units were processed through these two departments. What is the unit cost: For painting? For polishing? Total?

7–22.   Solve for Unknowns

Pronto's Pizza has a commissary that supplies food and other products to its pizza restaurants. It has two service departments, computer services (S1) and administration and maintenance (S2), which support two operating departments, food products (P1) and supplies (P2). As an internal auditor, you are checking the company's procedures for cost allocation. You find the following cost allocation results for June:

Costs allocated to P1:
  $20,000 from S1
  ? from S2
Costs allocated to P2:
  $11,250 from S2
  ? from S1
Total costs for the two service departments:
  $50,000
S2's services are provided as follows:
  20 percent to S1
  50 percent to P1
  30 percent to P2

The direct method of allocating costs is used.

Required:

a.   What are the total service department costs (S1 + S2) allocated to P2?

b.   Complete the following:

From	To	
	P1	**P2**
S1	$20,000	_____
S2	_____	$11,250

c.   What were the proportions of S1's costs allocated to P1 and P2?

**7-23. Cost Allocation:
Comparison of Dual and
Single Rates**

High Skies Airlines operates a centralized computer center for the data processing needs of its reservation, scheduling, maintenance, and accounting divisions. Costs associated with use of the computer are charged to the individual departments on the basis of time usage. Due to recent increased competition in the airline industry, the company has decided it is necessary to more accurately allocate its costs so it can price its services competitively and profitably. During the current period, the use of data processing services and the storage capacity required for each of the divisions were as follows (in thousands):

Division	Time Usage	Storage Capacity
Reservations	2,500	15,000
Scheduling	1,700	6,000
Maintenance	6,300	2,100
Accounting	5,000	1,900

During the period, the costs of the computer center amounted to $3,525,000 for time usage and $2,500,000 for storage-related costs.

Required:

Determine the allocation to each of the divisions using:

a. A single rate based on time used.
b. Dual rates based on time used and capacity used.

You may round all decimals to three places.

**7-24. Allocation for Economic
Decisions and Motivation**

Bonn Company recently reorganized its computer and data processing activities. The small installations located within the accounting departments at its plants and subsidiaries have been replaced with a single data processing department at corporate headquarters responsible for the operations of a newly acquired large-scale computer system. The new department has been in operation for two years and has been regularly producing reliable and timely data for the past 12 months.

Because the department has focused on its activities on converting applications to the new system and producing reports for the plant and subsidiary managements, little attention has been devoted to the costs of the department. Now that the department's activities are operating relatively smoothly, company management has requested that the departmental manager recommend a cost accumulation system to facilitate cost control and the development of suitable rates to charge users for service.

For the past two years, the departmental costs have been recorded in one account. The costs have then been allocated to user departments on the basis of computer time used. The following schedule reports the costs and charging rate for last year.

Data Processing Department
Costs for the Year Ended December 31

1.	Salaries and benefits	$ 622,600
2.	Supplies	40,000
3.	Equipment maintenance contract	15,000
4.	Insurance	25,000
5.	Heat and air conditioning	36,000
6.	Electricity	50,000
7.	Equipment and furniture depreciation	285,400
8.	Building improvements depreciation	10,000
9.	Building occupancy and security	39,300
10.	Corporate administrative charges	52,700
	Total costs	$1,176,000
	Computer hours for user processing*	2,750
	Hourly rate ($1,176,000 ÷ 2,750)	$428

* Use of available computer hours:

Testing and debugging programs	250
Set-up of jobs	500
Processing jobs	2,750
Downtime for maintenance	750
Idle time	742
	4,992

The department manager recommends that costs be accumulated by five activity centers within the department: systems analysis, programming, data preparation, computer operations (processing), and administration. He then suggests that costs of administration activity should be allocated to the other four activity centers before a separate rate for charging users is developed for each of the first four activities.

The manager made the following observations regarding the charges to the several subsidiary accounts within the department after reviewing the details of the accounts:

1. Salaries and benefits—records the salary and benefit costs of all employees in the department.

2. Supplies—records disk costs, paper costs for printers, and a small amount for miscellaneous other costs.

3. Equipment maintenance contracts—records charges for maintenance contracts; all equipment is covered by maintenance contracts.

4. Insurance—records cost of insurance covering the equipment and the furniture.

5. Heat and air conditioning—records a charge from the corporate heating and air conditioning department estimated to be the incremental costs to meet the special needs of the computer department.

6. Electricity—records the charge for electricity based upon a separate meter within the department.

7. Equipment and furniture depreciation—records the depreciation charges for all owned equipment and furniture within the department.

8. Building improvements—records the amortization charges for the building changes required to provide proper environmental control and electrical service for the computer equipment.

9. Building occupancy and security—records the computer department's share of the depreciation, maintenance, heat, and security costs of the building; these costs are allocated to the department on the basis of square feet occupied.

10. Corporate administrative charges—records the computer department's share of the corporate administrative costs. They are allocated to the department on the basis of number of employees in the department.

Required:

a. For each of the 10 cost items, state whether or not it should be distributed to the five activity centers. For each cost item that should be distributed, recommend the basis upon which it should be distributed. Justify your conclusion in each case.

b. Assume the costs of the computer operations (processing) activity will be charged to the user departments on the basis of computer-hours. Using the analysis of computer utilization shown as a footnote to the department cost schedule presented in the problem, determine the total number of hours that should be employed to determine the charging rate for computer operations (processing). Justify your answer.

(CMA adapted)

7–25. Cost Allocation: Step Method with Analysis and Decision Making

O-Hi-O Corporation is reviewing its operations to see what additional energy-saving projects might be carried out. The company's Intermac plant has its own electric generating facilities. The electric generating plant is powered by the production of some natural gas wells that the company owns and that are located on the same property as the plant. A summary of the use of service department service by other service departments as well as by the two producing departments at the plant is summarized as follows:

		Used by Electric Generating			Production Department	
Service Department	**Natural Gas Production**	**Fixed Costs**	**Variable Costs**	**Equipment Maintenance**	**No. 1**	**No. 2**
Natural gas production	—	—	.40	—	.10	.50
Electric generating:						
Fixed costs	.10	—	—	.10	.30	.50
Variable costs	.10	—	—	.05	.55	.30
Equipment maintenance	.20	.10	.05	—	.50	.15

Direct costs (in thousands) in the various departments and the labels used to abbreviate the departments in the calculations are as follows:

Department	Direct Costs	Label
Natural gas production	$ 35	S1
Electric generation:		
Fixed costs	15	S2
Variable costs	40	S3
Equipment maintenance	24	S4
Production department:		
No. 1	300	P1
No. 2	220	P2

The company currently allocates costs of service departments to production departments using the step method. The local power company indicates that the power company would charge $80,000 per year for the electricity now being generated by the company internally. Management rejected switching to the public utility on the grounds that its rates would cost more than the $55,000 (= $15,000 + 40,000) costs of the present company-owned system.

Required:

a. What costs of electric service did management use to prepare the basis for its decision to continue generating power internally?

b. Prepare an analysis for management to indicate the costs of the company's own electric generating operations.

c. Would your answer in (b) change if the company could realize $29,000 per year from the sale of the natural gas now used for electric generating? (Assume no selling costs.)

7–26. Job Costing with Service Department Cost Allocations

WX Service Company operates a job shop with two producing departments: Department A and Department B. Jobs are started in Department A and then move to Department B. When the work is finished in Department B, the jobs are immediately sold. The company also has two service departments, W and X, which perform support services for the producing departments. In addition, Departments W and X perform services for each other.

Overhead in Department A is applied to jobs on the basis of prime costs (that is, total direct materials, and direct labor). Overhead in Department B is applied on the basis of machine-hours. For this period, the estimated overhead and estimated activity levels for applying overhead were as follows:

Department A:	Estimated overhead	$66,000
	Estimated prime costs	44,000
Department B:	Estimated overhead	33,000
	Estimated machine-hours	30,000

During the month, direct materials and direct labor costs were incurred on jobs as follows:

	Job No. 22	Job No. 28	Job No. 36
Department A:			
Prime costs	$26,000	$13,200	$8,200
Department B:			
Direct materials	16,350	7,100	900
Direct labor	16,000	18,000	–0–
Machine-hours	12,000	18,000	–0–

The balances of other departmental costs in the accounts for the service and producing departments (before allocation of service department costs) are as follows:

Department W	$11,300
Department X	14,000
Department A	46,300
Department B	21,500

The use of services by other departments was as follows:

	Used by:			
Services of:	**W**	**X**	**A**	**B**
W	—	20%	30%	50%
X	40%	—	45	15

The company uses the step method for service cost allocation. Jobs No. 22 and No. 28 were completed during the period and were sold. Job No. 36 is in Department B.

Required:

a. What was the current period cost on Job Nos. 22 and 28 that was transferred to Cost of Goods Sold?

b. If actual overhead had been charged to Job No. 28, what amount of current period costs would have been transferred to Cost of Goods Sold for that job?

7-27. Cost Allocation and Decision Making

The Promotion Department of the Doxolby Company is responsible for the design and development of all marketing campaign materials and related literature, pamphlets, and brochures. Management is reviewing the effectiveness of the promotion department to determine if the department's services could be acquired more economically from an outside promotion agency. Management has asked for a summary of the promotion department's costs for the most recent year. The following cost summary was supplied:

Promotion Department Costs for the Year Ended November 30	
Direct department costs	$257,500
Charges from other departments	44,700
Allocated share of general administrative overhead	22,250
Total costs	$324,450

Direct department costs are those that can be traced directly to the activities of the promotion department, such as staff and clerical salaries, including related employee benefits, supplies, etc. Charges from other departments represent the costs of services that are provided by other departments of Doxolby at the request of the promotion department. The company has developed a charging system for such interdepartmental uses of services. For instance, the "in-house" printing department charges the promotion department for the promotional literature printed. All such services provided to the promotion department by other departments of Doxolby are included in the "Charges from Other Departments." General administrative overhead is comprised of such costs as executive salaries and benefits, depreciation, heat, insurance, property taxes, etc. These costs are allocated to all departments in proportion to the number of employees in each department.

Required:

Discuss the usefulness of the cost figures as presented for the promotion department of Doxolby, Inc., as a basis for a comparison with a bid from an outside agency to provide the same type of activities as Doxolby's own promotion department.

(CMA adapted)

7-28. Allocate Service Department Costs—Direct and Step Methods

Parker Manufacturing Company has three service departments (general factory administration, factory maintenance, and factory cafeteria), and two production departments (fabrication and assembly). A summary of costs and other data for each department prior to allocation of service department costs for the year ended June 30 are as follows:

	General Factory Adminis- tration	Factory Mainte- nance	Factory Cafe- teria	Fabrication	Assembly
Direct material costs	–0–	$ 65,000	$ 91,000	$3,130,000	$ 950,000
Direct labor costs	$ 90,000	82,100	87,000	1,950,000	2,050,000
Manufacturing overhead costs	70,000	56,100	62,000	1,650,000	1,850,000
	$160,000	$203,200	$240,000	$6,730,000	$4,850,000
Direct labor-hours	31,000	27,000	42,000	562,500	437,500
Number of employees	12	8	20	280	200
Square footage occupied	1,750	2,000	4,800	88,000	72,000

The costs of the service departments are allocated on the following bases: general factory administration department, direct labor-hours; factory maintenance department, square footage occupied; and factory cafeteria, number of employees.

Required:

Round all final calculations to the nearest dollar.

a. Assume that Parker elects to distribute service department costs directly to production departments using the direct method. The amount of factory maintenance department costs that would be allocated to the fabrication department would be:
  1. $0.
  2. $111,760.
  3. $106,091.
  4. $91,440.
  5. None of the above.

b. Assume the same method of allocation as in (a). The amount of general factory administration department costs that would be allocated to the assembly department would be:
  1. $0.
  2. $63,636.
  3. $70,000.
  4. $90,000.
  5. None of the above.

c. Assuming that Parker elects to distribute service department costs to other departments using the step method (starting with factory cafeteria, then factory maintenance), the amount of factory cafeteria department costs that would be allocated to the factory maintenance department would be:
  1. $0.
  2. $96,000.
  3. $3,840.
  4. $6,124.
  5. None of the above.

d. Assume the same method of allocation as in (c). The amount of factory maintenance department costs that would be allocated to the factory cafeteria would be:
  1. $0.
  2. $5,787.
  3. $5,856.
  4. $148,910.
  5. None of the above.

(CPA adapted)

7–29. Plantwide versus Departmental Overhead Rates

MumsDay Corporation manufactures a complete line of fiberglass attache cases and suitcases. MumsDay has three manufacturing departments—molding, component, and assembly—and two service departments—power and maintenance.

The sides of the cases are manufactured in the molding department. The frames, hinges, locks, etc., are manufactured in the component department. The cases are completed in the assembly department. Varying amounts of materials, time, and effort are required for each of the various cases. The power department and maintenance department provide services to the three manufacturing departments.

MumsDay has always used a plantwide overhead rate. Direct labor-hours are used to assign the overhead to its product. The predetermined rate is calculated by dividing the company's total estimated overhead by the total estimated direct labor-hours to be worked in the three manufacturing departments.

Whit Portlock, Manager of Cost Accounting, has recommended that MumsDay use departmental overhead rates. The planned operating costs and expected levels of activity for the coming year have been developed by Portlock and are presented by department in the following schedules (000 omitted).

	Manufacturing Departments		
	Molding	**Component**	**Assembly**
Departmental activity measures:			
Direct labor-hours	500	2,000	1,500
Machine-hours	875	125	–0–
Departmental costs:			
Raw materials	$12,400	$30,000	$ 1,250
Direct labor	3,500	20,000	12,000
Variable overhead	3,500	10,000	16,500
Fixed overhead	17,500	6,200	6,100
Total departmental costs	$36,900	$66,200	$35,850
Use of service departments			
Maintenance			
Estimated usage in labor-hours for coming year	90	25	10
Power (in kilowatt-hours)			
Estimated usage for coming year	360	320	120
Maximum allotted capacity	500	350	150

	Service Departments	
	Power	**Maintenance**
Departmental activity measures		
Maximum capacity	1,000 kwhr	Adjustable
Estimated usage in coming year	800 kwhr	125 hours
Departmental costs		
Materials and supplies	$ 5,000	$1,500
Variable labor	1,400	2,250
Fixed overhead	12,000	250
Total service department costs	$18,400	$4,000

Required:

a. Calculate the plantwide overhead rate for MumsDay Corporation for the coming year, using the same method as used in the past.

b. Whit Portlock has been asked to develop departmental overhead rates for comparison with the plantwide rate. The following steps are to be followed in developing the departmental rates.

   1. The maintenance department costs should be allocated to the three manufacturing departments, using the direct method.

   2. The power department costs should be allocated to the three manufacturing departments as follows: the fixed costs allocated according to long-term capacity and the variable costs according to planned usage.

   3. Calculate departmental overhead rates for the three manufacturing departments using a machine-hour base for the molding department and a direct labor-hour base for the component and assembly departments.

c. Should MumsDay Corporation use a plantwide rate or departmental rates to assign overhead to its products? Explain your answer.

(CMA adapted)

7–30. Allocate Service Department Costs Using Direct and Simultaneous Solution Methods

(Note: Matrix algebra is not required for this problem. An algebraic equation can be set up for the costs of each of the two service departments and solved by substitution.)

Barrylou Corporation is developing departmental overhead rates based upon direct labor-hours for its two production departments—molding and assembly. The molding department employs 20 people, and the assembly department employs 80 people. Each person in these two departments works 2,000 hours per year. The production-related overhead costs for the molding department are budgeted at $200,000, and the assembly department costs are budgeted at $320,000. Two service departments—repair and power— directly support the two production departments and have budgeted costs of $48,000 and $250,000, respectively. The production departments' overhead rates cannot be determined until the service departments' costs are properly allocated. The following schedule reflects the use of the repair department's and power department's output by the various departments.

	Department			
	Repair	**Power**	**Molding**	**Assembly**
Repair hours	0	1,000	1,000	8,000
Kilowatt-hour	240,000	0	840,000	120,000

Required:

a. Calculate the overhead rates per direct labor-hour for the molding department and the assembly department, using the direct allocation method to charge the production departments for service department costs.

b. Calculate the overhead rates per direct labor-hour for the molding department and the assembly department, using the simultaneous solution method to charge service department costs to each other and to the production departments.

(CMA adapted)

Integrative Cases

7–31. Issues in Cost Allocations: What Price Progress*

In discussing the costs of operations, the analogy was drawn of the restauranteur who adds a rack of peanuts to the counter, intending to pick up a little additional profit in the usual course of business. His accountant-efficiency expert has some unpleasant news for him.

* This piece appeared in a publication by Coopers and Lybrand as a reprint. The author is unknown to us.

Expert: Joe, you said you put in these peanuts because some people ask for them, but do you realize what this rack of peanuts is *costing* you?

Joe: It's not going to cost! It's going to be a profit. Sure, I had to pay $100 for a fancy rack to hold the bags, but the peanuts cost 24 cents a bag and I sell 'em for 40 cents. Suppose I sell 50 bags a week to start. It'll take 12½ weeks to cover the cost of the rack. After that I have a clear profit of 16 cents a bag. The more I sell, the more I make.

Expert: That is an antiquated and completely unrealistic approach, Joe. Fortunately, modern accounting procedures permit a more accurate picture, which reveals the complexities involved.

Joe: Huh?

Expert: To be precise, those peanuts must be integrated into your entire operation and be allocated their appropriate share of business overhead. They must share a proportionate part of your expenditures for rent, heat, light, equipment depreciation, decorating, salaries for your waitresses, cook, . . .

Joe: The *cook?* What's he got to do with the peanuts? He doesn't even know I have them.

Expert: Look, Joe, the cook is in the kitchen, the kitchen prepares the food, the food is what brings people in here, and the people ask to buy peanuts. *That's* why you must charge a portion of the cook's wages, as well as a part of your own salary, to peanut sales. This sheet contains a carefully calculated cost analysis, which indicates the peanut operation should pay exactly $2,278 per year toward these general overhead costs.

Joe: The peanuts? $2,278 a year for overhead? Nuts!

Expert: It's really a little more than that. You also spend money each week to have the windows washed, to have the place swept out in the mornings, to keep soap in the washroom, and to provide free cokes to the police. That raises the total to $3,313 per year.

Joe: [*Thoughtfully*] But the peanut salesman said I'd make money—put 'em on the end of the counter, he said—and get 16 cents a bag profit—

Expert: [*With a sniff*] He's not an accountant. Do you actually know what the portion of the counter occupied by the peanut rack is worth to you?

Joe: Nothing. No stool there—just a dead spot at the end.

Expert: The modern cost picture permits no dead spots. Your counter contains 60 square feet, and your counter business grosses $60,000 a year. Consequently, the square foot of space occupied by the peanut rack is worth $1,000 per year. Since you have taken that area away from general counter use, you must charge the value of the space to the occupant.

Joe: You mean I have to add *$1,000 a year more to the peanuts?*

Expert: Right. That raises their share of the general operating costs to a grand total of $4,313 per year. Now then, if you sell 50 bags of peanuts per week, these allocated costs will amount to $1.65 per bag.

Joe: WHAT?

Expert: Obviously, to that must be added your purchase price of 24 cents per bag, which brings the total to $1.89 cents. So you see, by selling peanuts at 40 cents per bag, you are losing $1.49 cents on every sale.

Joe: Something's crazy!

Expert: Not at all! Here are the *figures.* They *prove* your peanut operation cannot stand on its own feet.

Joe: [*Brightening*] Suppose I sell *lots* of peanuts—1,000 bags a week instead of 50?

Expert: [*Tolerantly*] Joe, you don't understand the problem. If the volume of peanut sales increases, your operating costs will go up—you'll have to handle more bags, with more time, more depreciation, more everything. The basic principle of accounting is firm on that subject: *The bigger the operation, the more general overhead costs that must be allocated.* No, increasing the volume of sales won't help.

Joe: Okay. You're so smart, *you* tell *me* what I have to do!

Expert: [*Condescendingly*] Well—you could first reduce operating expenses.

Joe: How?

Expert: Move to a building with cheaper rent. Cut salaries. Wash the windows bi-weekly. Have the floor swept only on Thursday. Remove the soap from the washrooms. Decrease the square-foot value of your counter. For example, if you can cut your expenses 50 percent, that will reduce the amount allocated to peanuts from $4,313 down to $2,157 per year, reducing the cost to $1.07 per bag.

Joe: [*Slowly*] That's better?

Expert: Much, much better. However, even then you would lose 67 cents per bag if you charge only 40 cents. Therefore, you must also raise your selling price. If you want a net profit of 16 cents per bag, you would have to charge $1.23.

Joe: [*Flabbergasted*] You mean even after I cut operating costs 50 percent, I still have to charge $1.23 for a 40-cent bag of peanuts? Nobody's that nuts about nuts! Who'd buy them?

Expert: That's a secondary consideration. The point is, at $1.23 you'd be selling at a price based on a true and proper evaluation of your then-reduced costs.

Joe: [*Eagerly*] Look! I have a better idea. Why don't I just throw the nuts out—put them in a trash can?

Expert: Can you afford it?

Joe: Sure. All I have is about 50 bags of peanuts—cost about twelve bucks—so I lose $100 on the rack, but I'm out of this nutsy business and no more grief.

Expert: [*Shaking head*] Joe, it isn't quite that simple. You are *in* the peanut business! The minute you throw those peanuts out, you are adding $4,313 of annual overhead to the *rest* of your operation. Joe—be realistic—*can you afford to do that?*

Joe: [*Completely crushed*) It's unbelievable! Last week I was making money. Now I'm in trouble—just because I think peanuts on a counter are going to bring me some extra profit—just because I believe 50 bags of peanuts a week is easy.

Expert: [*With raised eyebrow*] That is the object of modern cost studies, Joe—to dispel those false illusions.

Required:

What should Joe do?

7–32. Huron Automotive Company—Plantwide versus Departmental Overhead Rates

Refer to case 5–39 in Chapter 5, which could also be assigned here. Answer the questions at the end of the case.

7–33. (Appendix) Cost Allocation and Analysis of Applied Overhead

White Paper Packaging Corporation prepares cardboard cartons according to customer orders. The company uses a job cost system because the orders are sufficiently different from one customer to another. The company has two producing departments: printing and folding. Box cardboard is received in the printing department. There it is cut to the appropriate size and imprinted with the customer's specified advertising or other information. Printed cardboard is transported to the folding department where special equipment folds and glues the boxes. When the boxes are completed, they are delivered to the warehouse for shipment to customers. Normally, boxes are considered finished when they are ready for shipment to the customer.

The producing departments are serviced by three service areas: materials handling, payroll accounting, and building occupancy. Materials-handling costs are allocated based on direct materials used by each department. Payroll accounting costs are allocated based on total employees in each department, while dual allocation rates are used for building occupancy costs. The fixed building costs are allocated on the basis of department area, while the variable costs are allocated on the basis of labor costs.

During the current month, the following information is available concerning the direct costs and the use of various allocation bases by each of the departments:

Department	Direct Costs	Building Area	Labor Costs	Number of Employees
Materials handling (S1)	$245,000	.25	.10	.08
Payroll accounting (S4)	90,000	.10	.07	—
Building occupancy:				
Fixed costs (S2)	128,000	—	.05	.07
Variable costs (S3)	49,000	.05	—	.03
Painting (P1):				
Direct materials	975,000			
Direct labor	430,000			
Overhead	650,000	.25	.35	.37
Folding (P2):				
Direct materials	65,000			
Direct labor	480,000	.35	.43	.45
Overhead	615,000			

Overhead is applied to production on the basis of 200 percent of direct labor costs in the departments. In painting, 30 percent of the direct overhead was fixed, while in folding, 80 percent of the direct overhead was fixed. Materials-handling costs are considered variable, and payroll accounting costs are considered fixed for analytic purposes.

Estimated labor costs for the period were $575,000 in painting and $450,000 in folding. While the allocated fixed costs were as anticipated, budgeted fixed costs in the painting department were $195,000, and in folding the costs were budgeted at $396,000.

Required:

Determine the applied overhead in each of the producing departments. The first two rows of the matrix A^{-1} are as follows:

	P1	P2	S1	S2	S3	S4
	1	0	.938	.560	.507	.499
	0	1	.062	.440	.493	.501

7–34. Patient's Hospital (Cost Allocation, Step Method)*

The annual costs of hospital care under the medicare program amount to $20 billion per year. In the medicare legislation, Congress mandated that reimbursement to hospitals be limited to the costs of treating medicare patients. Ideally, neither nonmedicare patients nor hospitals would bear the costs of medicare patients nor would the government bear costs of nonmedicare patients. Given the large sums involved, it is not surprising that cost reimbursement specialists, computer programs, publications, and other products and services have arisen to provide hospital administrators with the assistance needed to obtain an appropriate reimbursement for medicare patient services.

Hospital departments may be divided into two categories: (1) revenue-producing departments and (2) nonrevenue-producing departments. This classification is simple but useful. The traditional accounting concepts associated with "service department cost allocation," while appropriate to this context, lead to a great deal of confusion in terminology since all of the hospital's departments are considered to be rendering services.

---

* © 1982 by CIPT Co.

Costs of revenue-producing departments are charged to medicare and nonmedicare patients on the basis of actual use of the departments. These costs are relatively simple to apportion. Costs of nonrevenue-producing departments are somewhat more difficult to apportion. The approach to finding the appropriate distribution of these costs begins with the establishment of a reasonable basis for allocating nonrevenue-producing department costs to revenue-producing departments. Statistical measures of the relationships between departments must be ascertained. The cost allocation bases listed in Exhibit A were established as acceptable for cost reimbursement purposes. The regulated order of allocation must be used for medicare reimbursement.

Exhibit A (7–34)   **Bases for Allocating Nonrevenue Department Costs to Revenue-Producing Departments**

Nonrevenue Cost Center	Basis for Allocation
Depreciation—buildings	Square feet in each department
Depreciation—movable equipment	Dollar value of equipment in each department
Employee health and welfare	Gross salaries in each department
Administrative and general	Accumulated costs by department
Maintenance and repairs	Square feet in each department
Operation of plant	Square feet in each department
Laundry and linen service	Pounds used in each department
Housekeeping	Hours of service to each department
Dietary	Meals served in each department
Maintenance of personnel	Number of departmental employees housed
Nursing administration	Hours of supervision in each department
Central supply	Costs of requisitions processed
Pharmacy	Costs of drug orders processed
Medical records	Hours worked for each department
Social service	Hours worked for each department
Nursing school	Assigned time by department
Intern/resident service	Assigned time by department

A hospital may then use either a simultaneous solution method to the cost allocation problem or they may use the step method. If the step method is used, the order of departments for allocation is the same order as that by which the departments are listed in Exhibit A. Thus, depreciation of buildings is allocated before depreciation of movable equipment. Cost centers must be established for each of these nonrevenue-producing costs that are relevant to a particular hospital's operations.

In the past year, the hospital reported the following departmental costs:

Nonrevenue-producing:	
Laundry and linen	$ 250,000
Depreciation—buildings	830,000
Employee health and welfare	375,000
Maintenance of personnel	210,000
Central supply	745,000
Revenue-producing:	
Operating room	$1,450,000
Radiology	160,000
Laboratory	125,000
Patient rooms	2,800,000

Percentage usage of services by one department from another department were as follows:

From	Laundry and Linen	Depreciation Buildings	Employee Health and Welfare	Maintenance of Personnel	Central Supply
Laundry and linen	—	.05	.10	—	—
Depreciation—buildings	.10	—	—	.10	—
Employee health and welfare	.15	—	—	.05	.03
Maintenance of personnel	—	—	—	—	.12
Central supply	.10	—	—	.08	—

	Operating Rooms	Radiology	Laboratory	Patient Rooms
Laundry and linen	.30	.10	.05	.40
Depreciation—buildings	.05	.02	.02	.71
Employee health and welfare	.25	.05	.04	.43
Maintenance of personnel	.36	.10	.08	.34
Central supply	.09	.04	.03	.66

The proportional use of revenue-producing department services by medicare and other patients was as follows:

	Medicare	Other
Operating rooms	25%	75%
Radiology	20	80
Laboratory	28	72
Patient rooms	36	64

Required:

What is the amount of the reimbursement claim for medicare services, using the step method of allocation?

7–35. (Appendix) Patient's Hospital—Simultaneous Solution Method (Computer required.)

Refer to the facts in case 7–34. What is the claim for medicare services, using the simultaneous solution method?

8

Allocating Joint Costs

OBJECTIVES

To understand the nature of joint costs and how they are assigned to products.
To be familiar with the drawbacks of joint cost allocations.

A joint cost occurs when a single process contributes to the production of several different outputs. For example, logs may produce lumber, chipboard, and pulp. The cost of the logs is a joint cost of these three **joint products.** The problem in such cases is whether and how to allocate the joint cost of the input (for example, the logs) to the multiple outputs (for example, lumber chipboard and pulp).

For example, Illustration 8–1 diagrams the flow of costs incurred to process logs by the Sacramento-Sierra Company. These costs include direct materials, direct labor, and manufacturing overhead. As the logs are processed, two products emerge: lumber and chipboard. The stage of processing where the two products are separated is called the **split-off point.** Costs incurred in processing prior to the split-off point are called **joint costs.** This chapter shows how those joint costs can be allocated to products.

Joint Cost Allocation Methods

There are two major methods of allocating joint costs: (1) the **net realizable value method** and (2) the **physical quantities method.** A third method, the **replacement method,** is discussed in the appendix to the chapter.

Net Realizable Value Method

Using the *net realizable value method* (also known as the **relative sales value method**), joint costs are allocated based on the net realizable value of each product at the split-off point. The net realizable value is the estimated sales value of each product at the split-off point. If the joint products can be sold at the split-off point, the market value or sales price may be used for this allocation. However, if the products require further processing before they are marketable, then it is necessary to estimate the net realizable value at the split-off point. The *net realizable value* at the split-off point is estimated by taking the sales value after further processing and deducting those added processing costs. Joint costs are then allocated to the products in proportion to their net realizable values at the split-off point.

For example, the Sacramento-Sierra Company produces lumber and chipboard. Direct materials (that is, logs) cost $125,000 and conversion costs are $55,000, for a total of $180,000 in April. Lumber and chipboard have a total sales value of $630,000 at the split-off point. Chipboard has sales value of $270,000, or 42.857 percent of the total, while lumber's value is $360,000, or 57.143 percent of the total. (We assume there is no additional processing required after the split-off point to make lumber and chipboard for purposes of this example.)

The cost allocation would follow the proportional distribution of net realizable values:

To chipboard:
$$\left[\frac{\$270,000}{\$630,000}\right] \times \$180,000 = \$\ 77,143$$

To lumber:
$$\left[\frac{\$360,000}{\$630,000}\right] \times \$180,000 = \underline{\ 102,857}$$
$$\underline{\underline{\$180,000}}$$

Illustration 8–1   **Diagram of Joint Cost Flows**

A condensed statement of margins at split-off point is shown in Illustration 8–2.

Note that the margins as a percentage of sales are 71.43 percent for *both* products. This demonstrates an important concept of the net realizable value method—namely, that revenue dollars from any joint product are assumed to make the same percentage contribution at the split-off point as the revenue dollars from any other joint product. This approach implies a matching of input costs with revenues generated by each output.

Illustration 8–3 shows the flow of these allocated costs through T-accounts. Note that logs are materials held in Direct Materials Inventory until they are allocated to Work in Process Inventory.

Estimating Net Realizable Value When Further Processing Is Required

Not all joint products can be sold at the split-off point. Further processing may be required before the product is marketable. When no sales values exist for the outputs at the split-off point, the *net realizable values* must be estimated by taking the sales value of each product at the first point at which it can be marketed and deducting the processing costs that must be incurred to get there from the split-off point. The resulting estimated net realizable value is used for joint cost allocation in the same way as an actual market value at the split-off point.

Illustration 8–2   **Gross Margin Computations Using Net Realizable Value Method**

SACRAMENTO-SIERRA COMPANY
April

Item	Chipboard	Lumber	Total
Sales value	$270,000	$360,000	$630,000
Less allocated joint costs	77,143	102,857	180,000
Gross margin	$192,857	$257,143	$450,000
Gross margin as a percent of sales	71.43[a]	71.43[a]	71.43[a]

[a] 71.43 = $192,857 ÷ $270,000 = $257,143 ÷ $360,000 = $450,000 ÷ $630,000.

Illustration 8–3   **Flow of Costs Using Net Realizable Value Method**

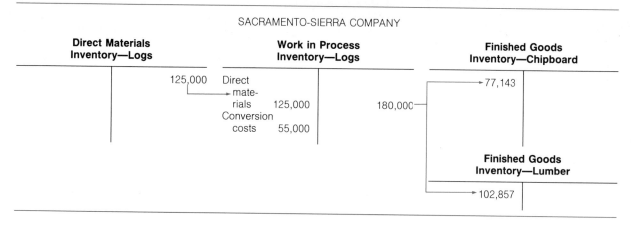

SACRAMENTO-SIERRA COMPANY

Suppose the management of Sacramento-Sierra finds the market for chipboard has changed such that it is more profitable to sell laminated chipboard than to sell plain chipboard. Additional processing to laminate the chipboard costs $20,000 before it can be marketed for $330,000. Lumber can still be marketed at the split-off point for $360,000. Illustration 8–4 diagrams the process.

Illustration 8–5 shows the allocation of the $180,000 joint cost to laminated chipboard and lumber if the laminated chipboard is manufactured.

Illustration 8–4   **Flow of Costs—Further Processing beyond Split-Off Point**

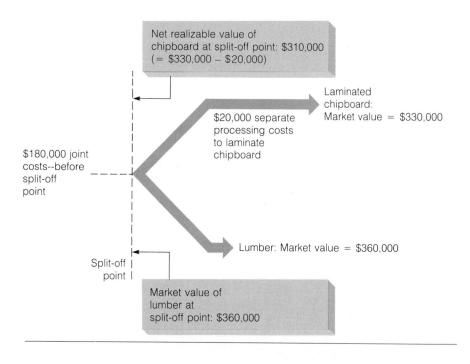

Illustration 8–5   **Net Realizable Value Method Using Estimated Net Realizable Value for Laminated Chipboard**

SACRAMENTO-SIERRA COMPANY

Item	Laminated Chipboard	Lumber	Total
Sales value	$330,000	$360,000	$690,000
Less additional process costs to point of marketability	20,000	–0–	20,000
Estimated net realizable value at split-off point	310,000	360,000	670,000
Allocation of joint costs:			
$\left[\dfrac{\$310,000}{\$670,000}\right] \times \$180,000$	83,284		
$\left[\dfrac{\$360,000}{\$670,000}\right] \times \$180,000$		96,716	180,000
Margin	$226,716	$263,284	$490,000
Margin as a percent of estimated net realizable value at split-off	73.134	73.134	73.134

Physical Quantities Method

The physical quantities method is often used when output product prices are highly volatile, when much processing occurs between the split-off point and the first point of marketability, or when product prices are not available. This latter situation may arise in regulated pricing situations or in cost-based contract situations.

With the physical quantities method, joint costs assigned to products are based on a physical measure. This might be volume, weight, or any other common measure of physical characteristics. Many companies allocate joint costs incurred in producing oil and gas on the basis of energy equivalent (BTU content). They use this method because, while oil and gas are often produced simultaneously from the same well, the products are typically measured in different physical units (gas by thousand cubic feet (mcf.), oil by barrel). Moreover, the price of most gas is regulated so that relative market values are artificial. However, the common measure of quantity and the perceived value of the products is the relative energy content.

For example, assume that relative market values at the split-off point are not available at Sacramento-Sierra Company and that for every $180,000 of joint costs in processing logs we obtain 1,400 units of chipboard and 1,960 units of lumber. The allocation of joint costs using these physical quantity measures is shown in Illustration 8–6.

As long as the physical measures reflect economic values, this method of assigning costs may provide a reasonable basis for joint cost allocation. However, there are many cases where an allocation based on physical quantities would not accurately reflect economic values. For example, gold is often found in copper deposits. The physical quantities of gold may be small, yet their value may be significant. If the joint costs of mining the ore that contains the gold and copper were to be allocated to the output products on the basis of weight, the resulting product costs would not reflect a matching of costs with economic values.

Illustration 8–6 **Physical Quantities Method**

SACRAMENTO-SIERRA COMPANY
April

Item	Chipboard	Lumber	Total
Output quantities	1,400 units	1,960 units	3,360 units
Joint allocation:			
$\left[\dfrac{1,400}{3,360}\right] \times \$180,000$	$75,000		
$\left[\dfrac{1,960}{3,360}\right] \times \$180,000$		$105,000	$180,000

Comments on Joint Cost Allocation Methods

Due to the nature of joint production processes, it is not possible to separate the portion of joint costs attributable to one product or another on any direct-charge basis. As a result, if allocated joint costs are used for decision-making purposes, they should be used only with full recognition of their limitations. As long as the method used for allocation reasonably reflects the relative economic benefits obtained from the jointly produced outputs, the method is usually considered acceptable for financial reporting purposes, for cost-based regulation, and for contracts based on costs (for example, to compute executive bonuses).

Inventory Valuation of Joint Products Using Estimated Sales Values

For internal reporting purposes, some companies prefer to value their inventory of jointly produced outputs based on the estimated sales value at the split-off point of each output rather than on any allocation of joint costs. For example, using this approach, Sacramento-Sierra Company would value its inventory as:

	Inventory Value if No Additional Processing beyond Split-Off Point[a]	Inventory Value if Additional Processing beyond Split-Off Point Required for Chipboard[b]
Chipboard	$270,000	$330,000 − 20,000 = $310,000
Lumber	360,000	360,000

[a] Based on data from Illustration 8–2.
[b] Based on data from Illustration 8–4.

These inventory values would include anticipated but unearned profits. This approach implicitly assumes that profits have been earned by the time the inventory reaches the split-off point. A modification of this is to reduce the net realizable value by an allowance for the normal profit that would be earned on the subsequent processing and sale of the outputs. From our perspective, either approach is acceptable as long as the users understand how inventory values are derived.

Illustration 8–7   **Income Statements for Sell-or-Process-Further Decisions**

Item	Sell	Process Further	Additional Revenue and Costs from Processing Further
Revenues:			
From chipboard	$270,000	$330,000	$60,000
From lumber	360,000	360,000	—
Total revenues	630,000	690,000	60,000
Less costs:			
Joint costs	(180,000)	(180,000)	—
Separate processing of chipboard	–0–	(20,000)	(20,000)
Margin	$450,000	$490,000	$40,000 net gain from processing further

Sell-or-Process-Further Decisions

Many companies have opportunities to sell partly processed products at various stages of production. Management must decide whether it is more profitable to sell the output at an intermediate stage or to process it further. In such a sell-or-process-further decision, the relevant data to be considered are (1) the additional revenue after further processing and (2) the additional costs of processing further.

Suppose Sacramento-Sierra Company can sell chipboard for $270,000 at the split-off point or process it further to make laminated chipboard. The additional processing costs are $20,000, and the revenue from laminated chipboard would be $330,000. Should the company sell chipboard or process it further? As indicated in earlier examples, the revenue from lumber is $360,000, and the joint cost of processing logs is $180,000.

As shown in Illustration 8–7, the profit will be greater by $40,000 if chipboard is processed further. It is important to note that the allocation of the joint costs between chipboard and lumber is irrelevant. The $60,000 additional revenue from processing beyond the split-off point justified the expenditure of $20,000 for additional processing, regardless of the way joint costs are allocated. *The only costs and revenue that are relevant to the decision are those that are affected by it.*

Accounting for By-Products

By-products are outputs from a joint production process that are relatively minor in quantity and/or value when compared to the main products. For example, sawdust and wood chips are by-products of lumber production, and kerosene is a by-product of gasoline production. You may have seen advertisements for carpet and cloth mill ends at low prices. These are often by-products of textile production.

The usual objective of by-product accounting is to reflect the economic relationship between the by-products and the main products with a minimum of recordkeeping for inventory valuation purposes. Two common methods of accounting for by-products are:

Method 1: The net realizable value from sale of the by-product is deducted from the cost of the main product.

Method 2: The net realizable value from sale of the by-product is treated as other income.

Assume that By-Product Company has a production process that yields Output C as the main product and Output D as the by-product. The sales value of C is $200,000, while the sales value of D is $1,100. Processing costs up to the split-off point are $80,000. These costs are like joint costs, but they are not allocated between Output C and Output D—they are *all* allocated to Output C, the main product.

Also assume Output D requires $300 additional costs of processing to make it salable; hence, Output D's net realizable value is $800 ($1,100 − $300). The two methods of accounting for the by-product, Output D, are shown in Illustration 8–8. The flow of costs through T-accounts using Method 1 is shown in Illustration 8–9.

Whereas we have indicated two methods of accounting for by-products, there are many variations of these methods used in practice. By-products are relatively minor products, by definition, hence, alternative methods of accounting for by-products are not likely to have a material effect on the financial statements for either internal or external reporting.

Scrap

Our discussion so far has assumed that the secondary or by-product output has a positive net realizable value—that is, that its sales value exceeds the costs of further processing and marketing. If an output's net realizable value is negative, it is usually considered *scrap,* and it is disposed of at minimum cost. The cost of scrapping an output is usually debited to Manufacturing Overhead.

Illustration 8–8

Accounting for By-Products

BY-PRODUCT COMPANY

	Accounting Method[a]	
	(1)	**(2)**
Sales revenue from Output C	$200,000	$200,000
Other income	–0–	800[b]
Total revenue	200,000	200,800
Cost of sales:		
Total production costs	80,000	80,000
Less by-product:		
Net realizable value	800[b]	–0–
Adjusted cost of sales	79,200	80,000
Gross margin	$120,800	$120,800

[a] Description of accounting methods:
1. The net realizable value of the by-product is deducted from the cost of the main product.
2. The net realizable value from the sale of the by-product is treated as other income.

[b] $800 is the net realizable value of the by-product ($1,100 selling price minus $300 separate costs to process the by-product).

Illustration 8-9
Accounting for By-Products

BY-PRODUCT COMPANY
Flow of costs[a]

Work in Process Inventory

		(5)	79,200
Joint costs of processing (1)	80,000	(4)	800

Finished Goods Inventory

(5)	79,200	(6)	79,200

Cost of Goods Sold

(6)	79,200

Separable By-Product Costs

(2)	300	(4)	300

By-Product Revenue

(4)	1,100	(3)	1,100

[a] Cost flows are shown using method 1 in the text. According to this method, the net realizable value of the by-product is deducted from the product costs of the main product.

Journal entries:

(1) Work in Process Inventory 80,000
    Direct Materials Inventory*
    Direct Labor*   80,000
    Manufacturing Overhead*
* Credit to these accounts assumed for illustrative purposes.

(2) Separable By-product Costs 300
    Direct Labor*
    Manufacturing Overhead*   300
* Credit to these accounts assumed for illustrative purposes.

(3) Accounts Receivable* 1,100
    By-product Revenue   1,100
* Debit to this account assumed for illustrative purposes.

(4) By-product Revenue 1,100
    Separable By-product Costs   300
    Work in Process Inventory   800
    To deduct the net realizable value of the by-product from the cost of the main product

(5) Finished Goods Inventory 79,200
    Work in Process Inventory   79,200

(6) Cost of Goods Sold 79,200
    Finished Goods Inventory   79,200

(7) Accounts Receivable* 200,000
    Sales Revenue (from main product)   200,000
* Debit to this account assumed for illustrative purposes.

Why Allocate Joint Costs?

Joint costs are allocated for many reasons. A major reason in manufacturing companies is that joint costs must be allocated to value inventory and compute the cost of goods for external financial reporting under generally accepted accounting principles (GAAP). But there are many other reasons, too.

Joint cost allocations are useful in valuing inventory for insurance purposes. Should a casualty loss occur, the insurance company and the insured must agree on the value of the lost goods. One factor to be considered in arriving at a settlement is the cost of the material destroyed. If joint products are destroyed, material and processing costs must be divided between the goods destroyed and those not destroyed.

Cost allocations can also be helpful in pricing cost of goods sold for measuring executive performance. Many companies compensate executives and other employees, at least partly, on the basis of departmental or division earnings for the year. When a single raw material is converted into products sold by two or more departments, the cost of that raw material must be allocated to the products concerned.

When companies are subject to rate regulation, the allocation of joint costs can be a significant factor in determining the regulated rates. Crude oil and natural gas are usually produced out of a common well. In recent years, energy price policies and gas utility rates have been based in part on the allocation of the joint costs of crude oil and natural gas.

In each of these cases, opposing interests are involved. For example, neither the insurance company nor the insured wishes to pay more or receive less than is "fair." Executives and employees will object to a cost of goods sold figure that they feel is overstated against them and understated for another department. Buyers and sellers of regulated products or services are both affected by pricing, and neither wishes to give the other an advantage. When the allocation of costs can impinge on the financial fortunes of opposing parties, both sides review the allocation method critically.

Of course, any cost allocation method contains an element of arbitrariness. No allocation method can be beyond dispute. Consequently, methods of allocation must be clearly stated before they are implemented.

Summary

Joint cost allocations arise from the need to allocate common costs to two or more products manufactured from a common input. The usual objective of joint cost allocation is to relate the economic sacrifice (costs) of the inputs to the economic benefits received. Since there is no direct way to do this for joint products, approximations are necessary. The two methods of joint cost allocation distribute joint costs based on net realizable value (or estimated net realizable value) or the physical quantities method. While these methods are acceptable for financial reporting purposes, care must be exercised before attempting to use the data for decision or policy-making purposes because of the inherent arbitrariness in joint cost allocations.

The net realizable value method allocates joint costs to products in proportion to their relative sales values. If additional processing is required beyond the split-off point before the product can be sold, an estimate of the net realizable value can be derived at the split-off point by subtracting the additional processing costs from the sales value that is known.

The physical quantities method allocates joint costs to products in proportion to a physical measure (for example, volume or weight).

Management must often decide whether to sell products at split-off points or process them further. Joint cost allocations are usually irrelevant for these decisions.

By-products are relatively minor outputs from a joint production process. The two methods most commonly used to account for by-products are (1) to reduce the cost of the main product by the net realizable value (sales value minus by-product processing costs) of the by-product, or (2) to treat the net realizable value of the by-product as other income.

Terms and Concepts

The following terms and concepts should be familiar to you after reading this chapter:

By-Products   **Net Realizable Value Method**
Estimated Net Realizable Value   **Physical Quantities Method**
Joint Costs   **Relative Sales Value Method**
Joint Products   **Split-Off Point**

Self-Study Problem

Ferguson Confections Company purchases cocoa beans and processes them into cocoa butter, cocoa powder, and cocoa shells. The standard yield from each 100-pound sack of unprocessed cocoa beans is 20 pounds of butter, 45 pounds of powder, and 35 pounds of shells. The butter must be molded and packed before it can be sold. The further processing costs $.15 per pound, but the resulting processed butter can be sold for $1.25 per pound. The powder can be sold for $.90 per pound at the split-off point. The shells, which are considered a by-product, sell for $.04 per pound. The company estimates net realizable values at the split-off point if no market price is available at that point.

The costs of the cocoa beans is $15 per hundred pounds. It costs $37 in labor and overhead to process each 100 pounds of beans up to the split-off point.

Required:

a. Assuming that the shells are recorded as other income at the time they are sold, compute the allocated joint cost of the butter and powder produced from 100 pounds of cocoa beans, using the net realizable value method.

b. Assuming that the shells are recorded as other income at the time they are sold, compute the allocated joint cost of the butter and powder produced from each 100 pounds of cocoa beans, using the physical quantities (pounds) method.

c. If the net realizable value of the shells is entered as a credit to the primary manufacturing costs at the time the shells are recovered and if the net realizable value method is used for joint cost allocation, what would be the allocation of the joint costs to the main products?

d. Suppose that powder could be processed further at a cost of $.70 per pound and the resulting product sold as instant cocoa for $1.50 per pound. Should the company sell the powder or process it further into instant cocoa?

Solution to Self-Study Problem

a. The joint costs to be allocated amount to $52—the total of the $15 in direct materials costs and the $37 in conversion costs.

Since the butter must be processed further, the sales value at split-off is approximated by deducting the additional processing costs ($.15 per pound) from the sales value at the first point of marketability (which is $1.25 per pound). The resulting sales value for butter is $1.10 per pound (computed at $1.25 less $.15) multiplied by the 20 pounds obtained per 100 pounds of beans. The total sales value for butter, then, is $22 (which is $1.10 per pound times 20 pounds).

The net realizable value of the powder is $40.50, which is the product of the selling price of $.90 per pound times the standard yield of 45 pounds per hundred pounds of input.

The allocation follows:

To cocoa butter:

$$\frac{\$22}{\$22 + \$40.50} \times \$52 = \underline{\underline{\$18.304}}$$

To cocoa powder:

$$\frac{\$40.50}{\$22 + \$40.50} \times \$52 = \underline{\underline{\$33.696}}$$

This results in an allocation of the total cost of $52 (which is $18.304 + $33.696) to the two products

b. Since there is a total of 65 pounds of output of major products (20 pounds of beans and 45 pounds of butter) at the split-off point, the allocation is:
To cocoa butter:

$$\frac{20}{20 + 45} \times \$52 = \underline{\underline{\$16.00}}$$

To cocoa powder:

$$\frac{45}{20 + 45} \times \$52 = \underline{\underline{\$36.00}}$$

resulting in an allocation of the total $52 to the two products.

c. If the net realizable value of the shells is considered a reduction in the costs to be allocated, then the allocation would proceed as in part *(a),* but using $50.60 (which is $52.00 less $1.40) as the cost to be allocated. This results in the following allocation:
To cocoa butter:

$$\frac{\$22}{\$22 + \$40.50} \times \$50.60 = \underline{\underline{\$17.8112}}$$

To cocoa powder:

$$\frac{\$40.50}{\$22 + \$40.50} \times \$50.60 = \underline{\underline{\$32.7888}}$$

As with the other methods, this too results in a full allocation of the $50.60 (that is, $17.8112 + $32.7888 = $50.60).

d. The company should sell the powder without further processing. Each pound processed further provides incremental revenue of $.60 (=$1.50 − $.90), but incremental processing costs are $.70 per pound.

Appendix: The Replacement Method

The replacement method for joint cost allocation is widely used in industries where management can change output proportions. In petroleum refining and chemical processing, for example, the same input can be converted into numerous mixes of output. The replacement method is used when an output proportion is changed from a previously established mix.

For example, assume that Sacramento-Sierra Company had used the physical quantities method to allocate the $180,000 joint cost of log processing as follows:

$$\text{Chipboard, 1,400 units:} \quad \frac{1,400}{1,400 + 1,960} \times \$180,000 = \$75,000$$

$$\text{Lumber, 1,960 units:} \quad \frac{1,960}{1,400 + 1,960} \times \$180,000 = \$105,000$$

One day, management decides to change this output mix to produce more chipboard. They find chipboard can be increased by 100 units if lumber is reduced by 80 units. They find it is also necessary to change the processing method in a way that adds $2,470 to the joint costs of processing logs.

Before the change in output mix, the unit cost of chipboard was $53.57 (= $75,000 ÷ 1,400 units), and the unit cost of lumber was $53.57 (= $105,000 ÷ 1,960). The cost of the 80 units of lumber that would be given up to produce the additional 100 units of chipboard would be $4,286 (= $53.57 × 80 units). This amount would be added to the costs of chipboard together with the additional $2,470 in processing costs. The costs of lumber would be credited with the $4,286. This would result in the cost allocation shown in Exhibit A. Exhibit B diagrams these cost flows in the accounts.

Note that the unit cost of lumber remains $53.57, but the unit cost of chipboard increases from $53.57 to $54.50. Thus, the product that increases in volume is charged with the additional cost. The unit cost is left unchanged, however, for the product whose volume is decreased.

In summary:

1. The replacement method is used *after* joint costs are allocated to output products using another method (for example, the physical quantities method or the relative sales value method).

2. The replacement method is used when management decides to change a previously determined product mix.

   a. For the output that is *decreased,* product costs are reduced (that is, credited to Work in Process Inventory) by the number of units decreased times the unit cost of those units.

Exhibit A   **Replacement Method**

SACRAMENTO-SIERRA COMPANY

Product	(1) Units	(2) Cost	(3) Cost per Unit[a]
Chipboard (initial allocation)	1,400	$ 75,000	$53.57
Replacement cost of lumber used to produce chipboard	100	4,286	
Additional processing costs		2,470	
Totals	1,500	$ 81,756	54.50
Lumber (initial allocation)	1,960	$105,000	53.57
Replacement cost of lumber used to produce chipboard	(80)	(4,286)	53.57
Totals	1,880	$100,714	53.57

[a] Rounded to two decimal places. Column (3) = Column (2) ÷ Column (1).

Exhibit B   **Replacement Method**

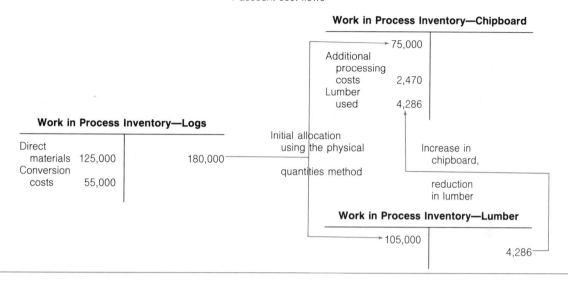

SACRAMENTO-SIERRA COMPANY
T-account cost flows

b. For the output that is *increased*, product costs are increased (debited to Work in Process Inventory) by the sum of the amount of costs removed from the product that was decreased and additional processing costs that are required to change the output mix.

3. The replacement method is used only when a previously established product mix is changed so that one output is increased and another is decreased.

4. The cost of the input is assumed to be the same both before and after the change in product mix.

Questions

8–1. What is the objective of joint cost allocation?

8–2. Why would a number of accountants express a preference for the net realizable value method of joint cost allocation over the physical quantities method?

8–3. What circumstances would lead one to prefer a physical quantities method for joint cost allocation?

8–4. *Difference between joint products and by-products.*
1. Explain the basic difference between the method of accounting for joint products and that for by-products.
2. State the conditions under which an item should be treated as a by-product rather than as a joint product.
3. Explain the two principal methods of assigning joint costs to the joint products, and state the circumstances under which each would be appropriate.

(CPA adapted)

8–5. Why are joint costs irrelevant in the sell-or-process-further decision?

8–6. The chapter indicated that joint costing is used mostly for financial reporting, inventory valuation, and regulatory purposes. Under what conditions might the method of joint cost allocation have on impact on other decisions?

8–7. It has been stated that when using the net realizable value method for joint cost allocation, it is not important that management actually plan to sell the output at the split-off point. Why is that so?

8–8. What is the difference between joint products, by-products, and scrap?

8–9. For external financial reporting purposes, is it possible to avoid the problem of allocating joint costs? If so, how?

8–10. A company presently extracts phosphorus from certain ores that also contain traces of other minerals. Management has been asked to enter a contract to process uranium yellowcake (a semiprocessed ore) as a joint product. None of its present production would need to be given up to produce the yellowcake. Since uranium ores cannot be sold on an open market, what costs should management assign to the yellowcake for deciding whether to accept the contract?

8–11. How does the problem of joint cost allocation compare to the problem of the allocation of the building occupancy costs in a facility that is shared by several operating departments?

Exercises

8–12. Joint Cost Allocation, Net Realizable Value Method

A company processes Chemical DX-1 through a pressure treatment operation. After the process is complete, there are two outputs: L and T. The monthly costs of processing DX-1 are $45,000 for materials and $160,000 for conversion costs. This processing results in outputs that sell for a total of $455,000. The sales revenue from L amounts to $273,000 of the total.

Required:

Compute the costs to be assigned to L and T in a typical month, using the net realizable value method.

8–13. Estimating Net Realizable Value

Brazos Corporation operates an ore processing plant. A typical batch of ore run through the plant will yield three refined products: lead, copper, and manganese. At the split-off point, the intermediate products cannot be sold without further processing. The lead from a typical batch will sell for $20,000 after incurring additional processing costs of $8,000. The copper is sold for $40,000 after additional processing costs of $1,000. The manganese yield sells for $30,000 but requires additional processing costs of $6,000. The costs of processing the raw ore, including the ore costs, amount to $55,000 per batch.

Required:

Use the net realizable value method to allocate the joint processing costs.

8–14. Joint Cost Allocations Using Physical Quantity Measures

Riverside Plant Protein Corporation uses organic materials to produce fertilizers for home gardens. Through its production processes, the company manufactures a high-nitrogen fertilizer (with the trade name Hi-Nite) and a high phosphorus fertilizer (with the trade name Hi-Bloom). A by-product of the process is methane, which is used to generate power for the company's operations. The fertilizers are sold either in bulk to nurseries or in individual packages for home consumers. The company chooses to allocate the costs on the basis of the physical quantities method.

Last month, 500,000 units of input were processed at a total cost of $120,000. The output of the process consisted of 100,000 units of Hi-Nite, 200,000 units of Hi-Bloom, and 300,000 cubic feet of methane. The by-product methane would have cost $1,200 had it been purchased from the local gas utility. This is considered to be its net realizable value, which is deducted from the processing costs of the main products.

Required:

What is the share of the joint costs to be assigned to each of the main products?

8–15. Joint Cost Allocation—Multiple-Choice

a. Net realizable value at split-off is used to:
   (1) Allocate separable costs.
   (2) Determine relevant costs.
   (3) Determine the break-even point in sales dollars.
   (4) Allocate joint costs.

b. Net realizable value at split-off is used to allocate:

	Cost beyond Split-Off	Joint Costs
(1)	Yes	Yes
(2)	Yes	No
(3)	No	Yes
(4)	No	No

c. For purposes of allocating joint costs to joint products, the net realizable value at split-off is equal to:
   (1) Sales price less a normal profit margin at point of sale.
   (2) Final sales price reduced by cost to complete after split-off.
   (3) Total sales value less joint costs at point of split-off.
   (4) Separable product cost plus a normal profit margin.

d. The method of accounting for joint product costs that will produce the same gross margin for all products is the:
   (1) Net realizable value method.
   (2) Physical quantities method.
   (3) Both methods.
   (4) Neither method.

(CPA adapted)

8–16. By-Products—Multiple Choice

The following questions are based on Eloise Corporation, which manufactures a product that gives rise to a by-product called "Zet." The only costs associated with Zet are additional processing costs of $1 for each unit. Eloise accounts for Zet sales first by deducting its separable costs from such sales and then by deducting this net amount from the cost of sales of the major product. (This is method 1 discussed in the text. See Illustration 8–8, for example.) This year, 1,000 units of Zet were produced. They were all sold at $4 each.

Required:

a. Sales revenue and cost of goods sold from the main product were $400,000 and $200,000, respectively, for the year. What was the gross margin after considering the by-product sales and costs (that is, the "gross margin" in Illustration 8–8)?
   (1) $200,000.
   (2) $203,000.
   (3) $196,000.
   (4) $197,000.

b. If Eloise changes its method of accounting for Zet sales by showing the net amount as "Other Income," Eloise's *gross margin* would:
   (1) Be unaffected.
   (2) Increase by $3,000.
   (3) Decrease by $3,000.
   (4) Decrease by $4,000.

c. If Eloise changes its method of accounting as indicated in *(b)* above, what would be the effects of the change on the company's profits?

(1) No effect.
(2) Increase by $3,000.
(3) Decrease by $3,000.
(4) Decrease by $4,000.

(CPA adapted)

8–17. Joint Costing, Solve for Unknowns

O'Connor Company manufactures Product J and Product K from a joint process. For product J, 4,000 units were produced having a sales value at the split-off point of $15,000. If Product J were processed further, the additional costs would be $3,000 and the sales value would be $20,000. For Product K, 2,000 units were produced having a sales value at split-off of $10,000. If Product K were processed further, the additional costs would be $1,000 and the sales value would be $12,000. Using the net realizable value method, the portion of the total joint product costs allocated to Product J was $9,000.

Required:

Compute the total joint product costs.

(CPA adapted)

8–18. Accounting for By-Products

A company engages in a manufacturing process that uses one input product (W) to produce three outputs (H, O, and A). Outputs H and O are considered main products. Output A is a by-product. During a recent month, the following events occurred:

1. Produced and sold 200 units of H and 100 units of O. Produced 25 units of A.

2. Recorded sales revenue of $35,000 from sales of H and O. The cost of sales before accounting for the by-product was $18,000.

3. Incurred $125 to process the 25 units of A to completion. These costs are charged as they are incurred against any by-products' sales. (None of these by-product costs are kept in inventory at the end of the period.)

4. Received $570 in revenue from the sale of 10 units of A.

Required:

Prepare a statement showing, in parallel columns (as in Illustration 8–8), the sales revenue, other income, cost of goods sold, separate costs to process by-products, and gross margin that would be reported for each of the two methods of by-product accounting described in the text.

8–19. Sell or Process Further

Deep Forest Mills, Inc., operates a sawmill facility. The company accounts for the bark chips that result from the primary sawing operation as a by-product. The chips are sold to another company at a price of $5 per hundred cubic feet. Normally, sales revenue from this bark is $450,000 per month. The bark is charged to inventory at $2.20 per hundred cubic feet, although there is no direct cost of processing bark chips.

As an alternative, the company can rent equipment that will size the chips and bag them for sale as horticultural bark. Approximately 20 percent of the bark will be graded "large" and will sell for $15 per hundred cubic feet. About 65 percent will be graded "medium" and will sell for $8 per hundred cubic feet. The remainder will be called mulch and will sell for $1 per hundred cubic feet.

Costs of the grading equipment and the personnel to operate the equipment are $260,000 per month and are fixed regardless of the quantities of bark processed.

Required:

Should the company sell the bark for $5 per hundred cubic feet or process it further (assuming a typical month)?

8–20. Joint Costing—Multiple-Choice

Each of the first three multiple-choice exercises should be considered independent of each other.

a. The Rote Company manufactures Products C and R from a joint process. The total joint costs are $60,000. The sales value at split-off was $75,000 for 8,000 units of Product C and $25,000 for 2,000 units of Product R. Assuming that total joint costs are allocated using the net realizable value at split-off approach, what were the joint costs allocated to Product C?

(1) $15,000.
(2) $30,000.
(3) $45,000.
(4) $48,000.

b. Superior Company manufactures Products A and B from a joint process, which also yields a by-product, X. Superior accounts for the revenues from its by-product sales as other income. Additional information is as follows:

	A	B	X	Total
Units produced	15,000	9,000	6,000	30,000
Joint costs	?	?	?	$264,000
Sales value at split-off	$290,000	$150,000	$10,000	$450,000

Assuming that joint product costs are allocated using the net realizable value at split-off approach, what was the joint cost allocated to Product B?

(1) $79,200.
(2) $88,000.
(3) $90,000.
(4) $99,000.

c. Helen Corp. manufactures Products W, X, Y, and Z from a joint process. Additional information is as follows:

			If Processed Further	
Product	Units Produced	Sales Value at Split-Off	Additional Costs	Sales Values
W	6,000	$ 80,000	$ 7,500	$ 90,000
X	5,000	60,000	6,000	70,000
Y	4,000	40,000	4,000	50,000
Z	3,000	20,000	2,500	30,000
	18,000	$200,000	$20,000	$240,000

Assuming that total joint costs of $160,000, were allocated using the net realizable value method, what joint costs were allocated to each product?

	W	X	Y	Z
(1)	$40,000	$40,000	$40,000	$40,000
(2)	$53,333	$44,444	$35,556	$26,667
(3)	$60,000	$46,667	$33,333	$20,000
(4)	$64,000	$48,000	$32,000	$16,000

Questions *(d)* and *(e)* are based on Vreeland, Inc., which manufactures Products X, Y, and Z from a joint process. Joint product costs were $60,000. Additional information is provided below.

| | | Sales | If Processed Further | |
| | Units | Value at | Sales | Additional |
Product	Produced	Split-Off	Values	Costs
X	6,000	$40,000	$55,000	$9,000
Y	4,000	$35,000	$45,000	$7,000
Z	2,000	$25,000	$30,000	$5,000

d. Assuming that joint product costs are allocated using the physical quantities (units produced) method, what were the total costs of Product X (including $9,000 if processed further)?

(1) $27,000.
(2) $29,000.
(3) $33,000.
(4) $39,000.

e. Assuming that joint product costs are allocated using the net realizable value method, what were the total costs of Product Y (including the $7,000 if processed further)?

(1) $27,000.
(2) $28,000.
(3) $28,350.
(4) $32,200.

(CPA adapted)

8–21. (Appendix) Replacement Method

Valley Cane Company processes sugar cane into various output products. The outputs from the first stage of the process consist of two grades of sugar: refined and turbinado. In a typical month, $218,000 in sugar cane are processed and $325,000 in labor and overhead are incurred. A standard output mix consists of 40 percent refined sugar and 60 percent turbinado. Engineering studies assign 55 percent of the joint processing costs to the refined sugar.

If the processing temperature is increased, the yield of refined sugar can be increased by 20 percent (that is, from 40 percent of the initial output to an amount equal to 48 percent of the initial output). However, processing costs are increased 7.5 percent when this is done, and 15 percent of the original yield of turbinado is lost. The replacement cost is to be estimated on the basis of actual costs, not net realizable values.

Required:

Compute the costs that would be assigned to the additional refined sugar, using the replacement method.

Problems

8–22. Net Realizable Value of Joint Products—Multiple Choice

Miller Manufacturing Company buys zeon for $.80 a gallon. At the end of processing in Department 1, zeon splits off into Products A, B, and C. Product A is sold at the split-off point, with no further processing. Products B and C require further processing before they can be sold; Product B is processed in Department 2, and Product C is processed in Department 3. Following is a summary of costs and other related data for the year ended June 30.

	Department		
	1	2	3
Cost of zeon	$96,000	—	—
Direct labor	14,000	$45,000	$65,000
Manufacturing overhead	10,000	21,000	49,000

	Products		
	A	B	C
Gallons sold	20,000	30,000	45,000
Gallons on hand at June 30	10,000	—	15,000
Sales in dollars	$30,000	$96,000	$141,750

There were no beginning inventories on hand at January 1, and there was no zeon on hand at the end of the year on December 31. All gallons on hand on December 31 were complete as to processing. Miller uses the net realizable value method of allocating joint costs.

Required:

a. For allocating joint costs, the net realizable value of Product A for the year ended December 31 would be:
  (1) $30,000.
  (2) $45,000.
  (3) $21,000.
  (4) $6,000.

b. The joint costs for the year ended December 31 to be allocated are:
  (1) $300,000.
  (2) $95,000.
  (3) $120,000.
  (4) $96,000.

c. The cost of Product B sold for the year ended December 31 is:
  (1) $90,000.
  (2) $66,000.
  (3) $88,857.
  (4) $96,000.

d. The value of the ending inventory for Product A is:
  (1) $24,000.
  (2) $12,000.
  (3) $8,000.
  (4) $13,333.

(CPA adapted)

8-23. Finding Missing Data

A company manufactures Products A, B, and C from a joint process. Additional data are as follows:

	Product			
	A	**B**	**C**	**Total**
Units produced	8,000	4,000	2,000	14,000
Joint costs	$ 72,000	a	b	$120,000
Sales value at split-off	c	d	$30,000	200,000
Additional costs to process further	14,000	$10,000	6,000	30,000
Sales value if processed further	140,000	60,000	40,000	240,000

Required: Determine the values for the lettered spaces.

(CPA adapted)

8–24. Effect of By-Product versus Joint Cost Accounting

Meadowlark Company processes input Q into three outputs: Eta, Phi, and Tau. Eta accounts for 70 percent of the net realizable value at the split-off point, while Phi accounts for 25 percent. The balance is accounted for by Tau. The joint costs total $159,050. If Tau is accounted for as a by-product, its net realizable value at split-off of $9,900 would be credited to the joint manufacturing costs using Method 1 described in the text (see Illustration 8–8).

Required: What are the allocated joint costs for the three outputs:

a. If Tau is accounted for as a joint product?
b. If Tau is accounted for as a by-product?

8–25. Joint Cost Allocation and Product Profitability

Prednose Refining Company receives Chemical Z, which it processes into Chemical A and Chemical B. Chemical Z costs $30,000 per tankcar load. The process is such that Chemical Z is heated for 12 hours, at the end of which time there are 40,000 gallons of Chemical A, with a market value of $10,000, and 20,000 gallons of Chemical B, with a market value of $65,000. The cost of the heat process is $7,200.

Required:

a. If the Chemical Z costs and the heat process costs are to be allocated on the basis of gallons of output, what cost would be assigned to each product?
b. If the Chemical Z costs and the heat process costs are allocated on the basis of the net realizable value, what cost would be assigned to each product?
c. Can you determine which product is more profitable? Explain why or why not.

8–26. Find Missing Data

A clerk at the Hargis Corporation prepared a diagram showing the flow of materials and costs through the company's processing operation. However, certain pieces of data are missing from the diagram. You learn some additional information as follows:

1. Each of the three output products can only be sold at the end of all processing.

2. Joint costs are allocated estimating the net realizable value at split-off.

3. Costs of processing in each branch of the diagram are noted directly above the horizontal line for that branch.

4. Allocated joint costs are shown in parentheses on the diagonal line for the related branch of the process.

5. Sales values at split-off are shown on the diagonal line for the related branch of the process.

6. Letters represent missing data. If the letters are in parentheses, the missing item is a cost. If the letter is not in parentheses, the missing item is a sales value.

7. Total joint costs for the first process are $99. These are allocated to *(b)* and *(c)*.

The diagram appears as follows:

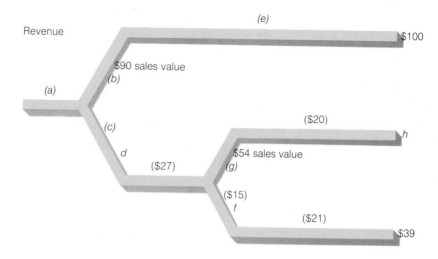

Required:

Provide amounts for each letter. (Hint: Start with *a,* then solve for *f,* then for *d.*)

8–27. Joint Costing in a Process Costing Context

Harrison Corporation produces three products: Alpha, Beta, and Gamma. Alpha and Gamma are main products, while Beta is a by-product of Alpha. Information on the past month's production processes are given as follows:

1. In Department I, 110,000 units of raw material Rho are processed at a total cost of $120,000. After processing Department I, 60 percent of the units are transferred to Department II and 40 percent of the units (now unprocessed Gamma) are transferred to Department III.

2. In Department II, the materials received from Department I are processed at a total additional cost of $38,000. Seventy percent of the units become Alpha and are transferred to Department IV. The remaining 30 percent emerge as Beta and are sold at $2.10 per unit. The additional processing costs to make Beta salable are $8,100.

3. In Department III, Gamma is processed at an additional cost of $165,000. A normal loss of units of Gamma occurs in this department. The loss is equal to 10 percent of the units of good output. The remaining good output is then sold for $12 per unit.

4. In Department IV, Alpha is processed at an additional cost of $23,660. After this processing, the Alpha can be sold for $5 per unit.

Required:

Prepare a schedule showing the allocation of the $120,000 joint cost between Alpha and Gamma, using the net realizable value approach. Revenue from sales of by-products should be credited to the manufacturing costs of the related main product (method 1 in the text).

(CPA adapted)

8–28. Find Maximum Input Price

Rambling Rose Corporation produces two joint products from its manufacturing operation. Product J sells for $37.50 per unit, while Product M sells for $15.80 per unit. In a typical month, 19,000 input units are processed. Four thousand of these units become Product J after an additional $37,500 of processing costs are incurred. The remaining units are processed at a cost of $20,000. After processing these latter units, shrinkage amounting to 20 percent of the good output occurs. The good output is Product M. Product M could be sold before this further processing at a price of $12 per unit.

The joint process has only variable costs; no fixed costs. In a typical month, the conversion costs amount to $114,075. Materials prices are volatile and, if prices are too high, the company will simply stop production.

Required:

What is the maximum price the company should pay for the materials?

8–29. Joint Costing in a Process with Evaporation

Doe Corporation grows, processes, cans, and sells three main pineapple products— sliced pineapple, crushed pineapple, and pineapple juice. The outside skin is cut off in the cutting department and processed as animal feed. The skin is treated as a by-product. Doe's production process is as follows.

Pineapples first are processed in the cutting department. The pineapples are washed, and the outside skin is cut away. Then the pineapples are cored and trimmed for slicing. The three main products (sliced, crushed, juice) and the by-product (animal feed) are separable after processing in the cutting department. Each product is then transferred to a separate department for final processing.

The trimmed pineapples are forwarded to the slicing department where they are sliced and canned. Any juice generated during the slicing operation is packed in the cans with the slices.

The pieces of pineapple trimmed from the fruit are diced and canned in the crushing department. Again, the juice generated during this operation is packed in the can with the crushed pineapple.

The core and surplus pineapple generated from the cutting department are pulverized into a liquid in the juicing department. An evaporation loss equal to 8 percent of the weight of the good output produced in this department occurs as the juices are heated.

The outside skin is chopped into animal feed in the animal feed department.

The Doe Corporation uses the net realizable value method to assign costs of the joint process to its main products.

A total of 270,000 pounds entered the cutting department during May. The schedule presented below shows the costs incurred in each department, the proportion by weight transferred to the four final processing departments, and the selling price of each product.

May Processing Data and Costs

Department	Costs Incurred	Proportion of Product by Weight Transferred into Departments	Selling Price per Pound of Final Product
Cutting	$60,000	—	None
Slicing	4,700	35%	$.60
Crushing	10,580	28	.55
Juicing	3,250	27	.30
Animal feed	700	10	.10
Total	$79,230	100%	

Required:

a. How many net pounds of pineapple juice were produced in May?

(1) 72,900.

(2) 79,200.

(3) 64,525.

(4) 67,500.

b. What is the net realizable value at the split-off point of pineapple slices?

(1) $52,000.

(2) $56,700.

(3) $49,800.

(4) $39,200.

c. What is the total amount of separable costs for the three main products?
  (1) $15,280.
  (2) $18,530.
  (3) $16,750.
  (4) $12,280.

d. What is the total amount of joint costs for the cutting department to be assigned to each of the three main products in accordance with Doe's policy?
  (1) $60,000.
  (2) $57,300.
  (3) $58,000.
  (4) $62,300.

e. How much of the joint costs is allocated to crushed pineapple?
  (1) $13,020.
  (2) $18,320.
  (3) $9,860.
  (4) $17,980.

f. What is the gross margin for the pineapple juice?
  (1) $9,860.
  (2) $7,140.
  (3) $3,250.
  (4) $20,250.

(CMA adapted)

Integrative Cases

8–30. Effect of Cost Allocation on Pricing and Internal versus External Buy Decisions

Indio Agresearch is a large farm cooperative with a number of agriculture-related manufacturing and service divisions. As a cooperative, the company pays no federal income taxes. The company owns a fertilizer plant, which processes and mixes petrochemical compounds into three brands of agricultural fertilizer: Greenup, Maintane, and Winterizer. The three brands differ with respect to selling price and with respect to the proportional content of basic chemicals.

The fertilizer manufacturing division transfers completed product to the cooperative's retail sales division at a price based on the costs of each type of fertilizer plus a markup.

The manufacturing division is completely automated so that the only costs incurred are costs of the petrochemical feedstocks plus overhead that is all considered fixed. The primary feedstock costs $2 per pound. Each 100 pounds of feedstock can produce either of the following mixtures of fertilizer:

| | Output Schedules (in Pounds) | |
	A	B
Greenup	50	60
Maintane	30	10
Winterizer	20	30

Production is limited to the 900,000 kilowatt-hours monthly capacity of the dehydrator. Due to different chemical makeup, each brand of fertilizer requires different dehydrator use. Dehydrator usage in kilowatt-hours per pound of product is:

Product	Kilowatt-Hour Usage per Pound
Greenup	32
Maintane	20
Winterizer	40

Monthly fixed costs are $75,000. Now the company is producing according to output schedule A. Joint production costs including fixed overhead are allocated to each product on the basis of weight.

The fertilizer is packed into 100-pound bags for sale in the cooperative's retail stores. The manufacturing division charges the retail stores the allocated costs plus a 50 percent markup. The sales price for each product charged by the cooperative's retail sales division is as follows:

	Sales Price per Pound
Greenup	$10.50
Maintane	9.00
Winterizer	10.40

Selling expenses are 20 percent of the sales price.

Identical chemical fertilizers may be acquired by the retail division from other manufacturers and wholesalers at the following prices per pound:

Greenup	$7.50
Maintane	6.80
Winterizer	7.70

The manager of the retail division has complained that the price charged for Maintane is excessive and that he would prefer to purchase Maintane from another supplier.

The manager of the manufacturing division argues that the processing mix was determined based on a careful analysis of the costs of each product compared to the prices charged by the retail division. As was noted previously, a certain amount of Maintane must be produced. The manufacturing manager stated, "It is not reasonable to allow the retail division to purchase from the outside because the manufacturing division would then be left with Maintane on hand that would have to be sold to outsiders. After selling and delivery expenses, the manufacturing division would only realize $6.30 per pound, which is less than cost."

Required:

a. Assume joint production costs including fixed overhead are allocated to each product on the basis of weight. What is the allocated cost per pound of each product, given the current production schedule?

b. Assume joint production costs including fixed overhead are allocated to each product on the basis of net realizable value. What is the allocated cost per pound of each product, given the current production schedule?

c. Assume joint production costs including fixed overhead are allocated to each product on the basis of weight. Which of the two production schedules produces the higher operating profit to the firm as a whole? What is the maximum monthly operating profit that can be obtained by the firm?

d. Would your answer to part (c) be different if joint production costs including fixed overhead are allocated to each product on the basis of net realizable value? If so, by how much?

8–31. (Appendix) Joint Costing—Replacement Method

In refining crude oil, three primary classes of products are obtained: (1) gasolines; (2) distillates such as jet fuel, heating oil, and diesel fuel; and (3) residual fuel. Due to marketing considerations, a primary objective of the refining process is to obtain as much gasoline from the oil as possible. While some gasoline can be obtained with relatively little processing, obtaining greater yields of gasoline requires the use of catalytic processes under high pressures and temperatures. In addition to the characteristics of the refining process, a major determinant of the quantity of gasoline obtainable from a barrel of crude oil is the initial gravity of the oil. Certain heavy oils, while plentiful and relatively inexpensive, have yielded fairly low quantities of gasoline.

Great Lands Refining Company developed a new process for obtaining more gasoline from heavy crude oils. Without the new process, the typical yield from heavy crudes is 60 percent gasoline, 22 percent distillates, and 18 percent residual. With the new process, the yield of gasoline rises to 65 percent, distillates decrease to 20 percent, and residual decreases to 15 percent.

To obtain the increased yields, the variable costs of processing a barrel of crude oil increase by $1 from $2. The refinery that would process this crude has a daily capacity of 50,000 barrels. The capacity would be unchanged by the process, but the fixed costs of the refinery would increase from $200,000 per day to $240,000 per day. The cost of a barrel of heavy crude is $24.

Joint processing costs are first allocated using engineering estimates of the "refining effort" to obtain the standard mix of each product. Under the present system, 60 percent of the refining effort is considered applicable to gasoline, 22 percent to distillates, and 18 percent to residual fuels. Any change in the product output would be charged into the accounts using the replacement method.

A standard barrel of oil contains 42 U.S. gallons. The refiner's gasoline price is $1.10 per gallon, while the price of distillates is $1 per gallon, and the price of residual fuels is $.82 per gallon.

All figures can be reported in terms of the cash and income flows from one day's operations. For simplicity, assume there is no loss of mass in refining and the refinery operates at 100 percent capacity.

Required:

Use the replacement method to determine the cost of the increased gasoline production on a per barrel basis.

9

Variable Costing

OBJECTIVES

To know the differences between variable costing and full-absorption costing.

To understand the different uses for the information derived from each of these two
types of cost systems.

Our discussion of inventory valuation methods thus far has been based on the external reporting requirement that inventory in manufacturing companies be valued using *full-absorption costing* (also called *absorption costing*). In this chapter, we introduce an alternative method, *variable costing* (also called *direct costing*). Under full-absorption costing, all manufacturing costs—fixed and variable—are assigned to units produced. Under variable costing, only variable manufacturing costs are assigned to units produced. Fixed manufacturing costs are written off as period expenses.[1]

In this chapter, we compare full-absorption and variable costing. We examine the differences between the two methods that arise in cost flows through T-accounts and income statements. We also discuss the uses for which the two methods are appropriate.

Variable versus Full-Absorption Costing

This section presents a numerical comparison of variable and full-absorption costing. Assume the facts shown for Stonewall Manufacturing for the months of January and February shown in the chart below.

	January	February
Units:		
Beginning inventory	–0–	100
Production	1,000	1,000
Sales	900	1,100
Ending inventory (all units are finished at the end of the period—there is no work in process inventory)	100	–0–
Costs:		
Variable manufacturing costs (per unit produced):		
Direct materials	$ 10	$ 10
Direct labor	5	5
Variable manufacturing overhead	3	3
Fixed manufacturing costs (per month)	8,000	8,000
Variable marketing costs (per unit sold)	2	2
Fixed marketing and administrative costs (per month)	12,000	12,000
Price per unit sold	45	45

Illustration 9–1 presents the flow of manufacturing costs through T-accounts in January for both full-absorption and variable costing. For now, we use actual costing; that is, actual direct materials, direct labor, and manufacturing overhead costs are debited to Work in Process Inventory. (Later in the chapter, we use normal costing, which is like actual costing except that manufacturing overhead is debited to Work in Process Inventory using a predetermined rate.)

Note that while total actual costs incurred are the same under both full-absorption and variable costing, fixed manufacturing costs are debited to Work

---

[1] Recall from Chapter 2 that variable manufacturing costs vary with the volume of production, while fixed costs remain the same despite changes in production volume within a relevant range of activity. We explore the distinction between fixed and variable costs in more depth in Chapters 10 and 11.

Illustration 9-1
Variable and Full-Absorption Costing Comparison: Flow of Manufacturing Costs

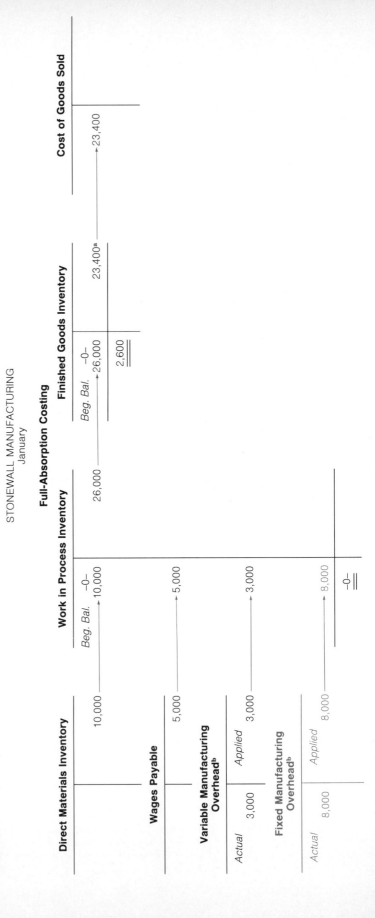

STONEWALL MANUFACTURING
January

Full-Absorption Costing

Variable Costing

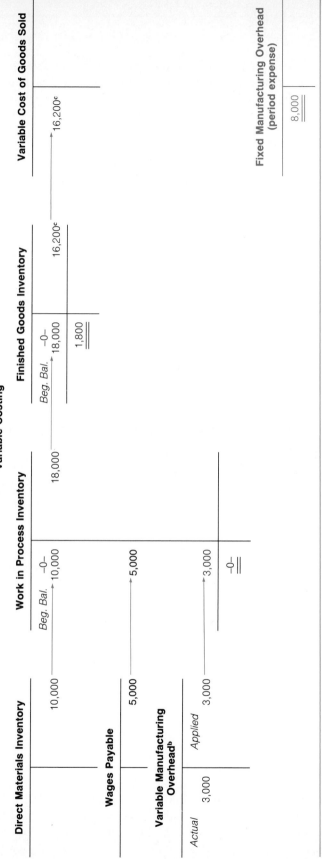

a $23,400 = \left[\dfrac{900}{1,000}\right] \times \$26,000 = 900 \times (\$8 + 18) = 900 \times \$26.$

b We have placed actual and applied overhead in the same account with actual costs as debits and applied costs as credits. This was done for convenience in presentation. An alternative is to place actual overhead in one account and applied overhead in another account. Both methods are used in practice.

c Variable costing cost of goods sold = $18 per unit (= direct materials, direct labor, and variable manufacturing overhead) times 900 units sold = $16,200.

in Process Inventory under full-absorption costing but not under variable costing. As a consequence, the amounts in Work in Process Inventory and Finished Goods Inventory are higher under full-absorption costing.

Under full-absorption costing, the inventory value is:

$$\begin{matrix} \text{Number} \\ \text{of units} \end{matrix} \times \left(\begin{matrix} \text{Variable manufacturing} \\ \text{cost per unit} \end{matrix} + \begin{matrix} \text{Fixed manufacturing} \\ \text{cost per unit} \end{matrix} \right)$$

$$= 100 \text{ units} \times \left(\$18 + \frac{\$8,000 \text{ fixed manufacturing costs}}{1,000 \text{ units}} \right)$$

$$= 100 \times (\$18 + \$8)$$

$$= \underline{\underline{\$2,600}}$$

Under variable costing, the inventory value is:

$$\begin{matrix} \text{Number} \\ \text{of units} \end{matrix} \times \begin{matrix} \text{Variable manufacturing} \\ \text{cost per unit} \end{matrix}$$

$$100 \text{ units} \times \$18$$

$$= \underline{\underline{\$1,800}}$$

Fixed manufacturing costs are treated as **product costs** and therefore assigned to each unit under full-absorption costing. Under variable costing, they are treated as **period costs** and thus are expensed in the period incurred.

Note that *all* manufacturing costs must be either expensed or inventoried for both methods. The fundamental concept is:

Costs incurred − Inventory increase + Inventory decrease = Costs expensed.

Using full-absorption, Finished Goods and Work in Process inventory increases and decreases are more than they are using variable costing, because these inventories include fixed manufacturing costs using full-absorption. For example, note the relation between manufacturing costs incurred and those expensed under the two systems shown in Illustration 9–2.

Note the source of difference between the two methods. *Variable* manufacturing costs are treated as product costs under both methods, and marketing and administrative costs are treated as period expenses under both methods. The source of the difference is the treatment of fixed manufacturing costs. Fixed manufacturing costs are treated as product costs under full-absorption costing and as period expenses under variable costing.

Effect on Profits

As shown in Illustration 9–3, the $800 higher profit in January under full-absorption costing is exactly the same as the difference in the amount of costs inventoried under the two methods. Full-absorption inventories $800 of fixed manufacturing costs that are expensed under variable costing. Hence, under full-absorption, costs expensed are $800 lower and operating profits are $800 higher than under variable costing. Under full-absorption, the expensing of $800 of fixed manufacturing costs is deferred until the period when the units are sold.

Illustration 9–2

Manufacturing Costs Incurred and Expensed When Production Volume Exceeds Sales Volume

STONEWALL MANUFACTURING
January

	Manufacturing Costs Incurred	Minus Increase in Inventory	Equals Manufacturing Costs Expensed
Full-absorption costing:			
Variable manufacturing costs	$18,000	$1,800[b]	$16,200[a]
Fixed manufacturing costs	8,000	800[d]	7,200[c]
Total	$26,000	$2,600	$23,400
Variable costing:			
Variable manufacturing costs	$18,000	$1,800[b]	$16,200[a]
Fixed manufacturing costs	8,000	–0–	8,000
Total	$26,000	$1,800	$24,200

Computations:

[a] $16,200 = 900 units sold × $18 variable cost per unit.

[b] $ 1,800 = 100 units inventoried × $18 per unit.

[c] $ 7,200 = 900 units sold × $\dfrac{\$8,000 \text{ fixed manufacturing cost}}{1,000 \text{ units produced}}$

$\qquad = 900$ units × $8.

[d] $ 800 = 100 units inventoried × $8 per unit.

Illustration 9–3

Variable and Full-Absorption Costing Comparison: Income Statements

STONEWALL MANUFACTURING
January

Full-Absorption Costing

Sales revenue	$40,500[c]
Cost of goods sold	23,400
Gross margin	17,100
Marketing and administrative costs	13,800[a]
Operating profit	$ 3,300

Variable Costing

Sales revenue	$40,500[c]
Less:	
Variable cost of goods sold	16,200
Variable marketing and administrative costs	1,800[b]
Contribution margin	22,500
Less:	
Fixed manufacturing costs	8,000
Fixed marketing and administrative costs	12,000
Operating profit	$ 2,500

[a] Fixed costs + Variable costs = $12,000 + ($2 × 900 units sold) = $13,800.

[b] $2 × 900 units sold = $1,800.

[c] $45 × 900 units sold = $40,500.

Illustration 9-4
Variable and Full-Absorption Costing Comparison: Flow of Manufacturing Costs

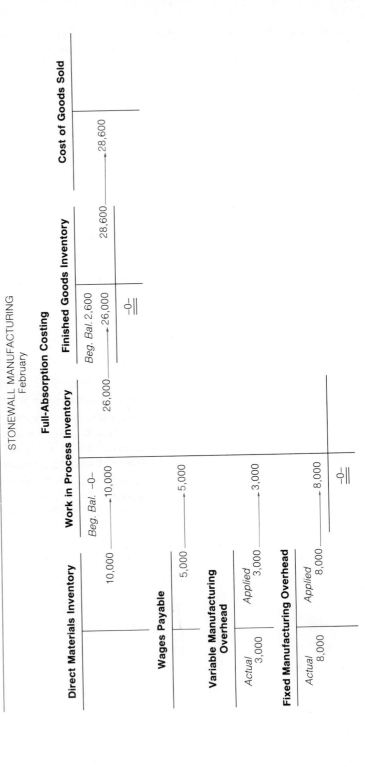

STONEWALL MANUFACTURING
February

Full-Absorption Costing

Variable Costing

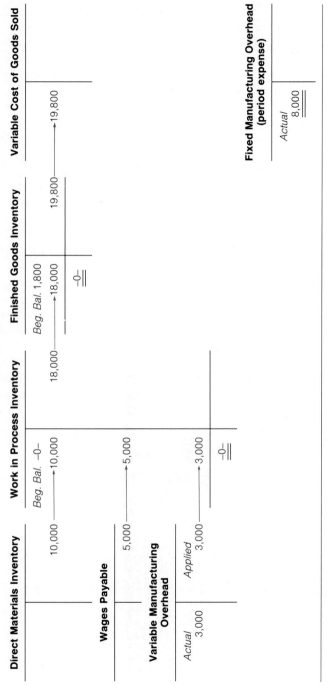

Direct Materials Inventory

10,000

Work in Process Inventory

Beg. Bal. –0–
10,000
5,000
3,000
–0–

Finished Goods Inventory

Beg. Bal. 1,800
18,000
19,800
–0–

Variable Cost of Goods Sold

19,800

Wages Payable

5,000

Variable Manufacturing Overhead

Actual | Applied
3,000 | 3,000

18,000

Fixed Manufacturing Overhead (period expense)

Actual
8,000

As a general rule, under full-absorption costing, *when units produced exceed units sold* in a period, a portion of the period's fixed manufacturing costs are not expensed in that period. Under variable costing, however, all of the period's fixed manufacturing costs are expensed. Thus, when production exceeds sales, fewer fixed manufacturing costs are expensed, and *operating profits are higher* under full-absorption than under variable costing.

On the other hand, if units sold exceed units produced, then more fixed manufacturing costs are expensed under full-absorption costing, so operating profits are lower under full-absorption than under variable costing. We show this case in Illustration 9–4, which presents Stonewall Manufacturing's cost flows for February. The company produced 1,000 units in February and sold 1,100 units, including 100 units from inventory. In this case, full-absorption costing (FAC) expenses more fixed manufacturing costs than does variable costing (VC), because full-absorption now expenses the fixed manufacturing costs that were deferred from January.

A summary of our analysis of manufacturing costs is shown in Illustration 9–5. Note that manufacturing costs expensed equals costs incurred *plus the decrease in inventory.* In Illustration 9–2, note that in January, manufacturing costs expensed equaled costs incurred *minus the increase in inventory.*

Illustration 9–6 compares full-absorption costing (FAC) and variable costing (VC) at Stonewall Manufacturing for January and February. It presents some important results.

First, operating profits for the two-month period is the same under both methods—$10,000. This occurs because the company had no units in inventory at either the beginning or end of the period in question. Operating profits were

Illustration 9–5   **Manufacturing Costs Incurred and Expensed When Sales Volume Exceeds Production Volume**

STONEWALL MANUFACTURING
February

	Manufacturing Costs Incurred	Plus Decrease in Inventory	Equals Manufacturing Costs Expensed
Full-absorption costing:			
Variable manufacturing costs	$18,000	$1,800[b]	$19,800[a]
Fixed manufacturing costs	8,000	800[d]	8,800[c]
Total	$26,000	$2,600	$28,600
Variable costing:			
Variable manufacturing costs	$18,000	$1,800[b]	$19,800[a]
Fixed manufacturing costs	8,000	–0–	8,000
Total	$26,000	$1,800	$27,800

Calculations:

[a] $19,800 = 1,100 units sold × $18 variable cost per unit.

[b] $ 1,800 = 100 units from inventory × $18 variable cost per unit.

[c] $ 8,800 = 1,100 units sold × $\dfrac{\$8,000}{1,000 \text{ units produced}}$

$= 1,100 × \$8.$

[d] $ 800 = 100 units from inventory × $8 fixed cost per unit.

Illustration 9–6

STONEWALL MANUFACTURING
January and February

Full-Absorption Costing

	January	February	Total
Sales revenue	$40,500	$49,500	$90,000
Cost of goods sold	23,400	28,600	52,000
Gross margin	17,100	20,900	38,000
Marketing and administrative costs	13,800[a]	14,200[b]	28,000
Operating profits	$ 3,300	$ 6,700	$10,000
Change in finished goods inventory	+$ 2,600[c]	−$ 2,600	−0−

Variable Costing

	January	February	Total
Sales revenue	$40,500	$49,500	$90,000
Less:			
Variable cost of goods sold	16,200	19,800	36,000
Variable marketing and administrative costs	1,800	2,200	4,000
Contribution margin	22,500	27,500	50,000
Less:			
Fixed manufacturing costs	8,000	8,000	16,000
Fixed marketing and administrative costs	12,000	12,000	24,000
Operating profits	$ 2,500	$ 7,500	$10,000
Change in finished goods inventory	+$ 1,800[c]	−$ 1,800	−0−

Calculations:

  [a] $12,000 + ($2 × 900 units sold) = $13,800.

  [b] $12,000 + ($2 × 1,100 units sold) = $14,200.

  [c] From Illustration 9–2.

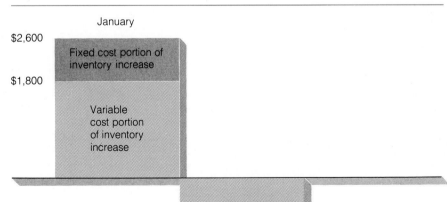

January

$2,600

$1,800

Fixed cost portion of inventory increase

Variable cost portion of inventory increase

Variable cost portion of inventory decrease

$1,800

Fixed cost portion of inventory decrease

$2,600

February

Illustration 9-7
Variable and Full-Absorption Costing Comparison: Flow of Manufacturing Costs Using Predetermined Overhead Rates

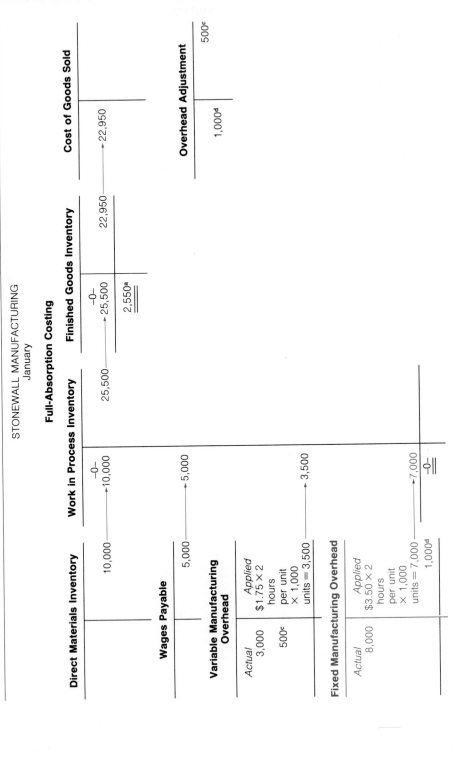

STONEWALL MANUFACTURING
January

Full-Absorption Costing

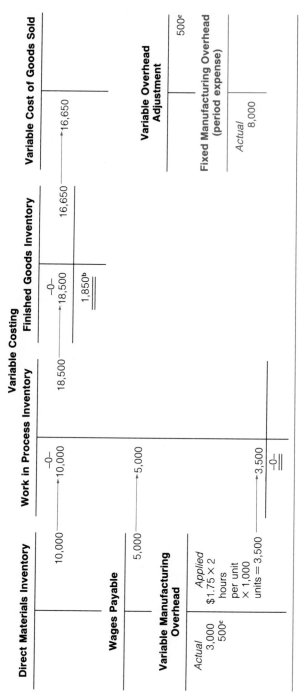

Variable Costing

Direct Materials Inventory

10,000 | 10,000

Work in Process Inventory

-0-
10,000
5,000
3,500 | 18,500
-0-

Finished Goods Inventory

-0-
18,500 | 16,650
1,850ᵇ

Variable Cost of Goods Sold

16,650

Wages Payable

5,000

Variable Manufacturing Overhead

Actual
3,000
500ᶜ

Applied
$1.75 × 2
hours
per unit
× 1,000
units = 3,500

Variable Overhead Adjustment

500ᶜ

Fixed Manufacturing Overhead (period expense)

Actual
8,000

Calculations:

ᵃ $2,550 = 100 units left in inventory × $\dfrac{\$25,500}{1,000 \text{ units produced}}$.

ᵇ $1,850 = 100 units left in inventory × $\dfrac{\$18,500}{1,000 \text{ units produced}}$.

ᶜ This entry closes the Variable Manufacturing Overhead account.

ᵈ This entry closes the Fixed Manufacturing Overhead account.

higher under full-absorption costing in January, however, because units produced exceeded units sold. The reverse was true in February.

Second, the difference in operating profits between the two costing methods (FAC > VC by $800 in January, VC > FAC by $800 in February) equals the differences in the changes in the Finished Goods Inventory account. (FAC inventory increased by $2,600, while VC inventory increased by $1,800 in January; FAC inventory decreased by $2,600, while VC inventory decreased by $1,800 in February.)

Third, the difference in operating profits in each period equals the difference in fixed manufacturing costs expensed under the two systems.

In general, if there are no inventories, operating profits are the same under both methods. If production volume equals sales volume, the profit figures will differ only if the fixed manufacturing costs per unit differ in beginning and ending inventory.

Important Assumptions.   There are three important assumptions to note before leaving this discussion. First, our example assumes that a portion of manufacturing overhead is the only cost that is fixed. In fact, some or all of direct labor might be fixed as well. This occurs when direct labor costs are neither reduced when production volume decreases nor increased when production volume increases. If direct labor is fixed, it is treated as a *product* cost under full-absorption costing and a *period* cost under variable costing, just like fixed manufacturing overhead in our example.

Second, while our example has assumed that Finished Goods are the only inventories, the results hold for Work in Process Inventory, too. That is, fixed manufacturing costs would be part of Work in Process Inventory under full-absorption costing, but they would not be under variable costing.

Third, this entire discussion refers only to manufacturing costs, which are the only costs inventoried. It does *not* refer to marketing and administrative costs, which are not part of inventory.

Predetermined Rates for Manufacturing Overhead

In the previous example, we compared full-absorption costing with variable costing when manufacturing overhead is applied to units produced after actual overhead costs are known. When manufacturing overhead is applied using a *predetermined* rate, the mechanics of comparison become a little more difficult, but the effects of the different costing methods on calculated profits remain the same as previously discussed.

For example, assume Stonewall Manufacturing decided to use *normal costing* with predetermined manufacturing overhead rates of $1.75 per actual direct labor-hour for variable manufacturing overhead and $3.50 per direct labor-hour for fixed manufacturing overhead. In both January and February, each unit required an average of two direct labor-hours to make; hence, you can also think of overhead as applied at the rate of $3.50 per unit produced for *variable* manufacturing overhead and $7 per unit produced for *fixed* manufacturing overhead. These rates were used for both January and February.

Illustration 9–7 shows the flow of manufacturing costs for January under both variable and full-absorption costing. (Recall that 1,000 units were produced, 900 were sold in January.) By comparing Illustration 9–7 with Illustration 9–1, you will see that actual and applied manufacturing overhead are no longer equal; there is $500 overapplied variable overhead and $1,000 underapplied fixed overhead. We assume that the overhead adjustment is written off as a period cost, not prorated to inventories and cost of goods sold.

Illustration 9–8 compares full-absorption and variable costing when predetermined overhead rates are used.

Illustration 9–8

Variable and Full-Absorption Costing Comparison Using Predetermined Overhead Rates: Comparative Income Statements

STONEWALL MANUFACTURING
January and February

Full-Absorption Costing

	January	February	Total
Sales revenue	$40,500	$49,500	$90,000
Less:			
Cost of goods sold	22,950[a]	28,050[c]	51,000
Overhead adjustment	500[b]	500[d]	1,000
Gross margin	17,050	20,950	38,000
Marketing and administrative costs	13,800	14,200	28,000
Operating profits	$ 3,250	$ 6,750	$10,000
Change in finished goods inventory	+$ 2,550	–$ 2,550	–0–

Variable Costing

	January	February	Total
Sales revenue	$40,500	$49,500	$90,000
Less: Variable cost of goods sold	16,650[e]	20,350[f]	37,000
Add: Overapplied variable overhead	500	500[g]	1,000
Less: Variable marketing and administrative costs	1,800	2,200	4,000
Contribution margin	22,550	27,450	50,000
Less:			
Fixed manufacturing costs	8,000	8,000	16,000
Fixed marketing and administrative costs	12,000	12,000	24,000
Operating profits	$ 2,550	$ 7,450	$10,000
Change in finished goods inventory	+$ 1,850	–$ 1,850	–0–

Calculations:

[a] $22,950 = 900 units sold × $25.50 cost per unit.

[b] The $500 underapplied overhead is the net result of $1,000 underapplied fixed manufacturing overhead and $500 overapplied variable manufacturing overhead. (See Illustration 9–7.)

[c] $28,050 = 1,100 units sold × $25.50 cost per unit. It also equals the cost of producing 1,000 units, or $25,500, plus the $2,550 cost of the 100 units sold from beginning Finished Goods Inventory.

[d] The underapplied overhead is the same in February as in January because all production quantities and costs are the same in February as in January.

[e] $16,650 = 900 units sold × $18.50 cost per unit.

[f] $20,350 = 1,100 units sold × $18.50 cost per unit. It also equals the variable cost of producing 1,000 units, or $18,500, plus the $1,850 cost of the 100 units sold from beginning Finished Goods Inventory.

[g] Overapplied variable overhead is the same in February as in January because all production quantities and costs are the same in both months.

The use of **predetermined overhead rates** instead of actual costs usually does not have much effect on the relationship between full-absorption and variable costing. For example, a comparison of Illustration 9–6 (actual costing using actual overhead) with Illustration 9–8 (normal costing using predetermined overhead rates) shows two key similarities:

1. The conceptual difference between full-absorption costing and variable costing is the same whether actual or normal overhead costs are used. Differences in operating profits occur because fixed manufacturing costs are inventoried under full-absorption costing but not under variable costing.

2. When all inventory is sold at the end of a period, total operating profits are the same under all methods. For example, in Illustrations 9–6 and 9–8, operating profits for the entire period—January and February— are $10,000, whether actual or normal overhead rates, and whether full-absorption or variable costing are used.

Debate over Variable versus Full-Absorption Costing

Debates about the desirability of full-absorption costing versus variable costing have gone on for decades.[2] For the most part, differences of opinion stem from the search for a "conceptually superior" method of valuing inventory and measuring income in external financial statements. Our perspective is much different. *We are not as concerned about selecting a "true" measure of inventory value or net income as we are with selecting the cost measure that is most appropriate for decision making,* after taking into account the costs and benefits of alternative costing methods. The most appropriate cost measure will usually be situation specific—it will depend on the nature of the decision, the nature of costs, the tastes of decision makers, and many other factors. The following discussions present advantages of each costing method—variable costing and full-absorption costing—for different uses by decision makers.

Advantages of Variable Costing, Disadvantages of Full-Absorption Costing

Variable Costing Requires Breakdown of Manufacturing Costs into Fixed and Variable Components.   Many managerial decisions require a breakdown of costs into variable and fixed components. The variable costing method is consistent with this breakdown. The full-absorption costing method is not; it treats fixed manufacturing costs as if they were unit (that is, variable) costs. Also, note that more data are presented under variable costing than under full-absorption in Illustration 9–6. Variable costing presents fixed and variable cost breakdowns and contribution margins.

Managers usually prefer to plan and control variable costs on a unit basis and fixed costs on a period basis. For example, managers plan and control the amount of direct materials and direct labor required to make a unit of output or the number of hours required to perform a job. Building rent, property taxes, and other fixed costs are planned and controlled per week, month, or

[2] For example, see C. Horngren and G. Sorter, "Direct Costing for External Reporting," *The Accounting Review,* January 1961; and J. Fremgen, "The Direct Costing Controversy—An Identification of Issues," *The Accounting Review,* January 1964.

year. It seldom makes much managerial sense to refer to rent costs as an amount per *unit* produced. Rather, rent would be referred to as an amount per *month.*

Criticism of "Unit Fixed Cost" under Full-Absorption Costing.

Treating fixed costs as unit costs can be misleading. A unit fixed cost is a function of not only the amount of fixed costs but also the volume of activity.

For example, a plant manager observed that maintenance costs, which were fixed, had decreased from $12 per unit of output in May to $10 per unit in August. She was on her way to congratulate the maintenance department manager for the cost reduction when she stopped in the plant controller's office. There she learned that maintenance costs had *increased* from $12,000 in May to $18,000 in August. Meanwhile volume had increased from 1,000 units in May to 1,800 units in August. This explained the decrease in unit costs from $12 (= $12,000 ÷ 1,000 units) to $10 (= $18,000 ÷ 1,800 units).

The plant manager knew maintenance costs were supposed to be fixed. They should not have increased when volume increased. When she investigated further, she found that the maintenance department manager had hired several temporary employees to cover for a major absenteeism problem that occurred in August.

The moral of this story is that the conversion of fixed manufacturing costs to unit costs, which is done under full-absorption costing, can be misleading. Managers frequently find it necessary to convert the "unitized" fixed manufacturing cost (that is, the $12 and $10 per unit in the previous example) back to the original total for performance evaluation and decision-making purposes.

Variable Costing Removes the Effects of Inventory Changes from Income Measurement.

Another advantage of variable costing is that it removes the effects of inventory changes from income measurement. For example, under full-absorption costing, a company could increase its reported profits by building up inventory or decrease them by reducing inventory.

For example, Full Products, Inc., uses full-absorption costing to value inventory. After seeing the Period 1 financial statements shown in the bottom part of Illustration 9–9, the board of directors fired the president and hired a new one, stating, "Whatever else you do, increase profits in Period 2."

The new president promptly stepped up production from 100,000 units to 200,000 units, as shown in Column 2 of Illustration 9–9. Operating profits increased from $0 in Period 1 to $200,000 in Period 2, and the new president collected a generous bonus.

Was Full Products, Inc, more profitable in Period 2? No; in fact, the company had 100,000 additional units in inventory to carry and sell. The apparent increase in profits is solely due to the deferral of fixed manufacturing cost under full-absorption costing by increasing ending inventory. Variable costing would expense the entire $400,000 of fixed manufacturing costs in Period 2 despite the increase in inventory. Thus, the Period 2 operating profits would have been zero under variable costing—the same as in Period 1.

In short, variable costing tends to fit managerial decision models better than full-absorption costing does. In subsequent chapters in this book, when we discuss uses of accounting information for managerial decision making, planning, and performance evaluation, we assume the company uses variable costing for internal purposes unless otherwise stated.

Illustration 9–9   **Profit Improvement Program**

FULL PRODUCTS, INC.

Facts

	Period 1	Period 2
Sales units	100,000	100,000
Production units	100,000	200,000
Selling price per unit	$ 10	$ 10
Variable manufacturing cost per unit	5	5
Fixed manufacturing costs per period	400,000	400,000
Fixed manufacturing costs per unit produced	4	2
Marketing and administrative costs per period	100,000	100,000

Income Statements
(full-absorption costing method)

	(1) Period 1	(2) Period 2
Sales	$1,000,000	$1,000,000
Cost of goods sold	900,000[a]	700,000[b]
Gross margin	100,000	300,000
Marketing and administrative costs	100,000	100,000
Operating profits	–0–	$ 200,000

[a] $900,000 = 100,000 units sold × ($5 + $4) manufacturing costs per unit.

[b] $700,000 = 100,000 units sold × ($5 + $2) manufacturing costs per unit.

Advantages of Full-Absorption Costing, Disadvantages of Variable Costing

Neither the Financial Accounting Standards Board (FASB) nor the Internal Revenue Service (IRS) has recognized variable costing as *generally acceptable* in valuing inventory for external reports and tax purposes. The Internal Revenue Service defines inventory cost to include: (1) direct materials and supplies entering into or consumed in connection with the product, (2) expenditures for direct labor, and (3) indirect expenses incident to and necessary for the production of the particular item. Indirect expenses necessary for production would include fixed manufacturing costs. Thus, the most obvious advantage of full-absorption costing is that it complies with FASB pronouncements and tax laws.

Proponents of full-absorption costing contend that this method recognizes the importance of fixed manufacturing costs. They hold that all manufacturing costs are costs of the product. Further, they argue, companies that build up inventories in anticipation of further increases in sales are penalized under variable costing—they should be allowed to defer fixed manufacturing costs until the goods are sold, just as they defer variable manufacturing costs.

In practice, companies may prepare *both* variable and full-absorption costing income statements depending on how such information is used. Variable costing reports can be used for internal purposes, while full-absorption reports are prepared for external use. Preparation of many kinds of reports based on alternative accounting methods is possible at rapid speed and low cost with appropriately programmed computer equipment.

Another advantage of full-absorption costing is that it does not require a breakdown of manufacturing costs into fixed and variable components. While some manufacturing costs may fall neatly into fixed or variable categories, others do not. Supervision, indirect labor, and utilities, for example, are seldom either entirely fixed or entirely variable. Hence, variable costing may be more costly to implement than full-absorption costing. Like other accounting system choices, the costs and benefits of each method should dictate the best course of action in specific situations.

Comparative Income Statement Formats

Traditional income statement formats do not lend themselves to variable costing because fixed and variable costs are not separated. The format used with variable costing is known as the **contribution margin format**. The variable costing income statements in this chapter use the variable costing format. For comparative purposes, the two formats are shown in Illustration 9–10. These two statements are based on the January-February totals from Illustration 9–6.

If income statements are used to make decisions involving changes in volume, the contribution format can be very helpful. Managers can often understand relationships between prices, costs, and volume better with the contribution margin format than with the traditional approach. Further, the contribution margin format presents more information—namely, the breakdown of costs into fixed and variable portions.

Note the difference between the *contribution margin* and the *gross margin* in Illustration 9–10. The total contribution margin is $50,000 and represents the differential net revenue available to meet fixed costs and operating profits. The contribution margin ratio represents the fraction of each revenue dollar that is contributed towards fixed costs and profits. For the illustration, this amount would be 55.6 percent, which is $\frac{\$50,000}{\$90,000}$.

On the other hand, the gross margin is the difference between revenues and manufacturing costs, regardless of whether those manufacturing costs are fixed

Illustration 9–10
Income Statement Comparison: Traditional and Contribution Margin Format

STONEWALL MANUFACTURING

Traditional Format	January-February Total	Contribution Margin Format	January-February Total
Sales revenue	$90,000	Sales revenue	$90,000
Cost of goods sold	52,000	Less:	
Gross margin	38,000	Variable cost of goods sold	36,000
Marketing and administrative costs	28,000	Variable marketing and administrative costs	4,000
Operating profit	$10,000	Contribution margin	50,000
		Less:	
		Fixed manufacturing costs	16,000
		Fixed marketing and administrative costs	24,000
		Operating profit	$10,000

or variable. The gross margin represents the amount that remains after the deduction of manufacturing costs. The gross margin ratio does not indicate what would happen if revenues were to increase due to sales volume increases with a corresponding increase in unit production.

The terms *contribution margin* and *gross margin* are often used interchangeably, but they are not the same. The only time they would be mathematically equal is when all cost of goods sold are variable costs and all marketing and administrative costs are fixed. We know of very few examples of this situation.

Summary

This chapter compares full-absorption costing with variable costing. Manufacturing companies use full-absorption costing for external reporting to comply with generally accepted accounting principles (GAAP) and income tax laws; both of which require that product costs include fixed and variable manufacturing costs. Our previous discussion of full product costing in Chapters 3 through 8 assumed work in process and finished goods inventories were valued using full-absorption costing.

With variable costing, only variable manufacturing costs are inventoriable, while fixed manufacturing costs are treated as period costs. Many manufacturing companies use variable costing for internal reporting because it is consistent with the cost-behavior assumptions used in managerial decision making.

In the remaining chapters in this book, we focus on cost analysis for decision

Illustration 9–11   **Summary Comparison of Full-Absorption Costing (FAC) and Variable Costing (VC)**

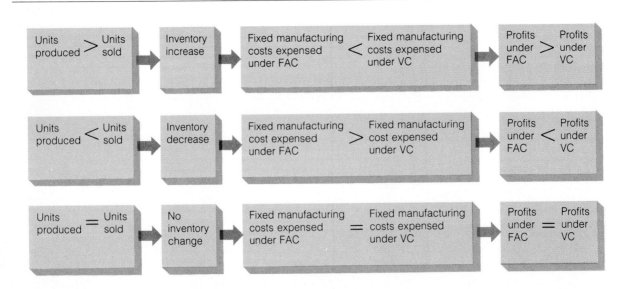

Note: These relationships assume the unit costs of inventory do not change from period to period.

Illustration 9–12   **Treatment of Overhead in Four Costing Methods: Full-Absorption, Variable, Actual, and Normal**

Treatment of Fixed Manufacturing Costs

Treatment of Manufacturing Overhead	Product Cost	Period Cost
Actual overhead assigned to units	Actual, full-absorption	Actual, variable
Predetermined overhead rates	Normal, full-absorption	Normal, variable

making. Hence, we assume variable costing is used for internal managerial purposes, while full-absorption costing is used for external financial reporting.

The key difference between the two methods is the treatment of fixed manufacturing costs—full-absorption costing "unitizes" them and treats them as product costs, while variable costing treats them as period costs. Thus, operating profits will differ under each method if units produced and sold are not the same, as shown in Illustration 9–11.

The use of predetermined manufacturing overhead rates (that is, *normal* costing) may give a different unit cost to inventory than does actual costing. Consequently, operating profits may be different under the two systems. But the *conceptual* differences between full-absorption costing and variable costing are the same regardless of the form of overhead rate—namely, fixed manufacturing costs are inventoried under full-absorption costing but not under variable costing. Illustration 9–12 reviews the conceptual differences among the four methods. Self-study problem no. 1 at the end of the chapter presents a numerical application of these differences.

Terms and Concepts

The following terms and concepts should be familiar to you after reading this chapter.

Actual Costing	**Period Costs**
Contribution Margin Format	**Predetermined Overhead Rates**
Full-Absorption Costing	**Product Costs**
Normal Costing	**Variable Costing (or Direct Costing)**

**Self-Study
Problem No. 1**

**Unit Costs under Various
Costing Methods: Actual,
Normal, Variable, and
Full-Absorption**

Dunn Enterprises produced 84,000 units last year and sold 76,000 units. Costs incurred
that year were:

Direct materials	$462,000
Direct labor	315,000
Variable manufacturing overhead	105,000
Fixed manufacturing overhead	399,000
Variable marketing and administrative costs	50,400
Fixed marketing and administrative costs	200,600

If normal costing is used, Dunn Enterprises applies variable manufacturing overhead
at $.40 per direct labor-dollar and fixed manufacturing overhead at $1.20 per direct
labor-dollar. There were no beginning inventories.

Required:

Calculate the amount added to the finished goods inventory, using:

a. Actual/variable costing.
b. Actual/full-absorption costing.
c. Normal/variable costing.
d. Normal/full-absorption costing.

**Solution to Self-Study
Problem No. 1**

	Actual	Normal
Unit costs:		
Full-absorption costing:		
Direct materials	$ 5.50[a]	$ 5.50[a]
Direct labor	3.75[a]	3.75[a]
Variable manufacturing overhead	1.25[a]	1.50 (= .40 × $3.75)
Fixed manufacturing overhead	4.75[a]	4.50 (= 1.20 × $3.75)
Total	$15.25	$15.25
Variable costing:		
Direct materials	$ 5.50	$ 5.50
Direct labor	3.75	3.75
Variable manufacturing overhead	1.25	1.50
Total	$10.50	$10.75

Ending inventory:
a. $10.50 × 8,000 = $84,000
b. $15.25 × 8,000 = $122,000
c. $10.75 × 8,000 = $86,000
d. $15.25 × 8,000 = $122,000

[a] Actual cost given above divided by 84,000 units produced.

**Self-Study
Problem No. 2**

**Cash Flows through
T-Accounts and Income
Statement Preparation**

Barton Chemicals produces a line of extra-strength paint remover. The company produced
8,000 barrels and sold 7,500 barrels at a price of $60 per barrel. The costs incurred
were as follows:

Direct materials	$ 24,000
Direct labor	80,000
Variable manufacturing overhead	19,200
Variable marketing and administrative costs	24,800
Fixed manufacturing overhead	120,000
Fixed marketing and administrative costs	110,000

There were no beginning inventories. Actual costing is used.

Required:

a. Using T-accounts, trace the manufacturing cost flows under variable costing.

b. Using T-accounts, trace the manufacturing cost flows under full-absorption costing.

c. Prepare an income statement for this period, using the variable costing approach.

d. Prepare an income statement for this period, using the full-absorption costing approach.

Solution to Self-Study Problem No. 2

a.

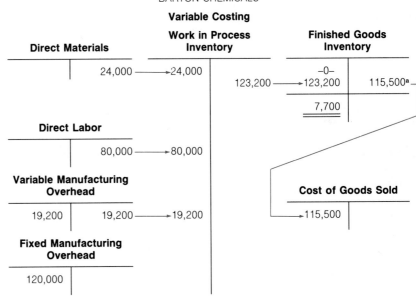

b.

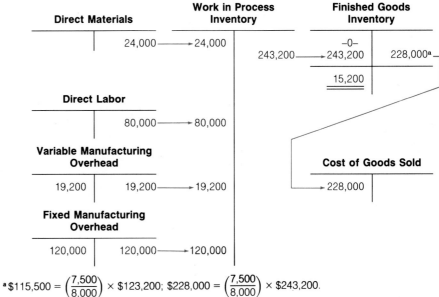

[a] $115,500 = \left(\dfrac{7,500}{8,000}\right) \times \$123,200;$ $\$228,000 = \left(\dfrac{7,500}{8,000}\right) \times \$243,200.$

c.

Sales revenue	$450,000
Less:	
Variable cost of goods sold	115,500
Variable marketing and administrative costs	24,800
Contribution margin	309,700
Less:	
Fixed manufacturing overhead	120,000
Fixed marketing and administrative costs	110,000
Operating profit	$ 79,700

d.

Sales revenue	$450,000
Cost of goods sold	228,000
Gross margin	222,000
Less:	
Variable marketing and administrative costs	24,800
Fixed marketing and administrative costs	110,000
Operating profit	$ 87,200

Appendix: Algebraic Comparison of Variable and Full-Absorption Costing[3]

This section presents an algebraic comparison of full-absorption and variable costing. The basic concepts are the same as those presented earlier in this chapter; but instead of comparing full-absorption and variable costing using income statements and T-accounts, we demonstrate the difference between methods using algebra.

Basic Models

The algebraic definition of operating profit under full-absorption (actual) and variable costing (actual) follows the notation shown below. The numbers for each equation are based on our previous example—Stonewall Manufacturing—for January.

Notation.

X^s = Actual volume sold—superscript *s* designates *sales* volume (900 units for Stonewall Manufacturing in January).

X^p = Actual volume produced—superscript *p* designates *production* volume (1,000 units for Stonewall Manufacturing in January).

P = Actual unit selling prices ($45)

$VMfg$ = Actual *unit* variable *manufacturing* costs ($18 = $10 direct materials + $5 direct labor + $3 variable manufacturing overhead).

$FMfg$ = Actual *total* fixed *manufacturing* costs per *month* ($8,000).

VMk = Actual *unit* variable *marketing* costs ($2).

$FMkAd$ = Actual *total* fixed *marketing* and *administrative* costs per month ($12,000).

π_{fa} = Operating profit under full-absorption costing.

π_v = Operating profit under variable costing.

Recall that there is no beginning inventory in this example.

---

[3] This section was inspired by D. DeCoster and K. Ramanathan, "An Algebraic Aid in Teaching Differences between Direct Costing and Full-Absorption Costing Models," *The Accounting Review* 48, no. 4, pp. 800–801.

Variable Costing Profit Equation.

$$\pi_v = PX^s - VMfgX^s - VMkX^s$$

$$- FMfg - FMkAd$$

$$= (\$45 \times 900 \text{ units}) - (\$18 \times 900 \text{ units}) - (\$2 \times 900 \text{ units})$$

$$- \$8,000 - \$12,000$$

$$= \$2,500$$

which is the same as the variable costing operating profit shown in Illustration 9–6.

Full-Absorption Costing Profit Equation.

$$\pi_{fa} = PX^s - \left(VMfg + \frac{FMfg}{X^p} \right) X^s$$

$$- VMkX^s - FMkAd$$

$$= (\$45 \times 900 \text{ units}) - \left[\left(\$18 + \frac{\$8,000}{1,000 \text{ units}} \right) \times 900 \text{ units} \right]$$

$$- (\$2 \times 900 \text{ units}) - \$12,000$$

$$= \$3,300$$

which is the same as the full-absorption costing operating profit shown in Illustration 9–6.

Source of the Difference in Operating Profits.   Note that the only difference between the two equations above is the treatment of fixed manufacturing overhead. Under variable costing, $FMfg$ is deducted to arrive at operating profit, while under full-absorption costing, $\left(\frac{FMfg}{X^p} \right) X^s$ is deducted. Hence, the difference in profits between the two methods is:

$$FMfg - \left(\frac{FMfg}{X^p} \right) X^s = \$8,000 - \left(\frac{\$8,000}{1,000 \text{ units}} \times 900 \text{ units} \right)$$

$$= \$8,000 - (\$8 \times 900 \text{ units}) = \$800$$

That is, variable costing deducts $800 more in deriving operating profits, hence its operating profits are $800 lower in January. It is important to note that if $X^p = X^s$, the fixed manufacturing costs deducted would be the same under both methods.

A similar analysis can be made in February. For variable costing:

$$\pi_v = PX^s - VMfgX^s - VMkX^s - FMfg - FMkAd$$

$$= (\$45 \times 1,100 \text{ units}) - (\$18 \times 1,100 \text{ units}) - (\$2 \times 1,100 \text{ units})$$

$$- \$8,000 - \$12,000$$

$$= \underline{\underline{\$7,500}}$$

which is also shown in Illustration 9–6.

For full-absorption costing:

π_{fa} = Sales revenue − Cost of goods sold for units produced in January − Cost of goods sold for units produced in February − Marketing and administrative costs

$$= (\$45)(1,100 \text{ units}) - \underbrace{\left(\$18 + \frac{\$8,000}{1,000}\right) 100 \text{ units}}_{\substack{\text{Cost of goods sold for} \\ \text{units produced in} \\ \text{January}}}$$

$$- \underbrace{\left(\$18 + \frac{\$8,000}{1,000}\right) 1,000 \text{ units}}_{\substack{\text{Cost of goods sold} \\ \text{for units produced} \\ \text{in February}}} - (\$2 \times 1,100 \text{ units})$$

$$- \$12,000$$

$$= \underline{\underline{\$6,700}}$$

which is also shown in Illustration 9–6.

Questions

9–1. Describe the key difference between full-absorption costing and variable costing.

9–2. How are marketing and administrative costs treated under variable costing? Under full-absorption costing?

9–3. Under what circumstances do you find operating profits under variable costing equal to full-absorption costing profits? When are variable costing profits smaller? When are they greater?

9–4. What are the advantages of variable costing? What are some of the criticisms advanced against it?

9–5. How can a company using full-absorption costing manipulate profits without changing sales volume?

9–6. Describe comparative inventory changes under both variable costing and full-absorption costing when—
    a. Sales volume exceeds production volume.
    b. Production volume exceeds sales volume.

9–7. Multiple-Choice
    a. The basic assumption made in a variable costing system with respect to fixed manufacturing costs is that fixed manufacturing costs are:
    (1) A sunk cost.
    (2) A product cost.
    (3) A part of inventory.
    (4) A period cost.

    b. Which costs are included in inventory under variable costing?
    (1) Only prime costs.
    (2) Only variable manufacturing costs.

(3) All variable costs.

(4) All variable and fixed manufacturing costs.

c. Inventory under the variable costing method includes:

(1) Direct materials cost, direct labor cost, but no factory overhead cost.

(2) Direct materials cost, direct labor cost, and variable factory overhead cost.

(3) Prime cost but not conversion cost.

(4) Prime cost and all conversion cost.

d. Which of the following must be known about a production process in order to institute a variable costing system?

(1) The variable and fixed components of all costs related to production.

(2) The controllable and noncontrollable components of all costs related to production.

(3) Standard production rates and times for all elements of production.

(4) Contribution margin and break-even point for all goods in production.

(CPA adapted)

Exercises

9–8. Variable Costing

Milton, Inc., produces a single product, which sells for $14.40. Milton produced 80,000 units and sold 72,000 units last year. There were no beginning or ending work in process inventories last year.

Manufacturing costs and marketing and administrative costs for last year were as follows:

	Variable	Fixed
Direct materials	$280,000	—
Direct labor	200,000	—
Manufacturing overhead	80,000	$180,000
Marketing and administrative costs	69,120	120,000

Required:

a. Compute the unit product cost, using variable costing.

b. What would Milton's operating profit be using the variable costing method?

9–9. Comparison of Cost Flows under Full-Absorption and Variable Costing

Wyandotte Product incurred the following costs for its line of swimming pool pumps:

	Variable	Fixed
Direct materials	$500,000	—
Labor	475,000	$100,000
Supplies	80,000	—
Depreciation	—	70,000
Repairs and maintenance	40,000	120,000
Other manufacturing	30,000	40,000
Marketing and administrative costs	40,000	110,000

100,000 units were produced, and 80,000 units were sold.

Required:

a. Using T-accounts, trace the manufacturing cost flows under the variable costing approach.

b. Using T-accounts, trace the manufacturing cost flows under the full-absorption costing approach.

9–10. Comparison of Full-Absorption and Variable Costing on Income Statements

Refer to exercise 9–9. Assume the selling price of pumps is $20 each.

Required:

a. Present the income statement based on variable costing.
b. Present the income statement based on full-absorption costing.
c. Explain the difference in the operating profits.

9–11. Cost Flows—Normal Costing

Okanagan Products manufactures Ogo Pogos, a line of stuffed toys. Variable manufacturing overhead is applied at the rate of $1.20 per labor-hour, and fixed manufacturing overhead at a rate of $1.80 per labor-hour. Actual costs were as follows:

Direct materials	$ 50,000
Direct labor (at $4.20 per hour)	126,000
Actual variable overhead	40,000
Variable marketing and administrative costs	45,000
Actual fixed overhead	52,000
Fixed marketing and administrative costs	28,000

During the period, 25,000 units were produced, and 23,800 units were sold at a selling price of $20 each.

Required:

a. Use T-accounts to trace the cost flows under the variable costing approach.
b. Use T-accounts to trace the cost flows under the full-absorption costing approach.

9–12. Income Statements—Normal Costing

Refer to exercise 9–11 and assume that Okanagan Products debits or credits over- or underapplied overhead to Cost of Goods Sold:

a. Prepare an income statement for the period, using the variable costing approach.
b. Prepare an income statement for the period, using the full-absorption costing approach.

9–13. Income Statements: Analyze Profit Performance

Eaton's Enterprises released the following figures from its records for Year 1 and Year 2:

	Year 1	Year 2
Sales units	240,000	240,000
Production units	240,000	400,000
Selling price per unit	$20	$20
Variable manufacturing cost per unit	$12	$12
Annual fixed manufacturing cost	$1,200,000	$1,200,000
Variable marketing and administrative costs per unit	$1.25	$1.25
Fixed marketing and administrative costs	$420,000	$420,000

Required:

a. Prepare income statements for both years, using full-absorption costing.
b. Prepare income statements for both years, using variable costing.
c. Comment on the different operating profit figures.

9–14. Comparison of Full-Absorption and Variable Costing—Income Statement Formats

Consider the following facts:

	Year 1	Year 2
Sales volume	50,000 units	150,000 units
Production volume	100,000 units	100,000 units
Selling price	$8 per unit	$8 per unit
Variable manufacturing costs	$5 per unit	$5 per unit
Fixed manufacturing costs	$100,000	$100,000
Nonmanufacturing costs (all fixed)	$ 50,000	$ 50,000

Required:

Prepare comparative income statements, using the contribution margin format for the variable costing, and the traditional format using full-absorption costing. Show the total results for Years 1 and 2 combined in addition to the results for each year individually.

9–15. Comparison of Variable and Full-Absorption Costing— Multiple-Choice

The following questions are based on JV Company, which produces a single product selling for $7 per unit. 100,000 units were produced, and 80,000 units were sold during the year.

	Fixed Costs	Variable Costs
Direct materials	–0–	$1.50 per unit produced
Direct labor	–0–	1.00 per unit produced
Factory overhead	$150,000	.50 per unit produced
Marketing and administrative	80,000	.50 per unit sold

JV had no inventory at the beginning of the year.

Required:

a. In presenting inventory on the balance sheet at December 31, the unit cost under full-absorption costing is:
  (1) $2.50.
  (2) $3.00.
  (3) $3.50.
  (4) $4.50.

b. In presenting inventory on a variable costing balance sheet, the unit cost would be:
  (1) $2.50.
  (2) $3.00.
  (3) $3.50.
  (4) $4.50.

c. What is the operating profit using variable costing?
  (1) $50,000.
  (2) $80,000.
  (3) $90,000.
  (4) $120,000.

d. What is the operating profit using full-absorption costing?
  (1) $50,000.
  (2) $80,000.
  (3) $90,000.
  (4) $120,000.

e. What is the ending inventory under full-absorption costing?

(1) $60,000.
(2) $90,000.
(3) $120,000.
(4) $150,000.

f. What is the ending inventory under variable costing?
(1) $60,000.
(2) $90,000.
(3) $120,000.
(4) $150,000.

(CPA adapted)

9–16. (Appendix) Comparison of Full-Absorption and Variable Costing, Using the Algebraic Method—Part I

Assume the following data about actual prices, costs, and volume for Derivation Company for the first quarter:

Selling price	$5 per unit
Variable manufacturing costs	$3 per unit
Fixed manufacturing costs	$100,000 for the quarter
Marketing and administrative costs (fixed and variable combined)	$30,000 for the quarter
Sales volume	100,000 units for the quarter
Production volume	120,000 units for the quarter

There were no beginning inventories.

Required:

a. Using the algebraic method, derive the difference in operating profits between variable costing and full-absorption costing.
b. What is the inventory value at the end of the first quarter under (1) full-absorption costing and (2) variable costing?

9–17. (Appendix) Comparison of Full-Absorption and Variable Costing, Using the Algebraic Method—Part II

Refer to the information given in exercise 9–16. Assume it is now the second quarter of the same year. Volumes in the second quarter are as follows:

Sales volume	100,000 units
Production volume	100,000 units

Costs and prices remain the same in the second quarter as in the first quarter.

Required:

Using the algebraic method, show the difference, if any, in operating profit between variable costing and full-absorption costing. (You may assume either LIFO or FIFO inventory flows.)

9–18. (Appendix) Comparison of Full-Absorption and Variable Costing, Using the Algebraic Method—Part III

Refer to the information given in exercise 9–16. Assume it is now the third quarter of the same year, and the volumes in the third quarter are as follows:

Sales volume	100,000 units
Production volume	80,000 units

Variable costs and selling price per unit remain the same in the third quarter as in the first quarter, as do quarterly fixed costs.

Required:

Using the algebraic method, show the difference in operating profits between variable costing and full-absorption costing. (You may assume either a FIFO or LIFO inventory flow.)

Problems

9–19. Find Income Statement Amounts

Vagabond Products uses the following unit costs for one of the products it manufactures:

Direct materials	$78.00
Direct labor	49.40
Manufacturing overhead:	
Variable	15.60
Fixed (based on 5,000 units per year)	13.00
Marketing and administrative costs:	
Variable	10.40
Fixed (based on 5,000 units per year)	7.28

This year, there were 1,000 units in beginning Finished Goods Inventory; 5,500 units were produced; and 6,500 units sold at $200 per unit. There was no beginning or ending Work in Process Inventory. Actual costs were as estimated. Under- or overapplied overhead is debited or credited to Cost of Goods Sold.

Required:

a. Prepare an income statement for the year, using variable costing.

b. Would reported operating profits be more, less, or the same if full-absorption costing was used? Support your conclusions with an income statement using full-absorption costing.

9–20. Comprehensive Full-Absorption and Variable Costing Comparison

Kensington Company manufactures a single product with the following costs:

Selling price	$ 5.00 per unit
Variable manufacturing costs (direct materials and direct labor)	3.00 per unit
Fixed manufacturing costs, based on a normal production volume of	
100,000 units per month (all manufacturing overhead is fixed)	1.00 per unit
Marketing and administrative costs (all fixed)	50,000 per month

Beginning inventory is valued at $4 per unit under full-absorption costing and at $3 per unit under variable costing. Assume LIFO inventory flow.

Required:

The president of Kensington wants an analysis on the effect of variations in sales and production units. To help you he has included a chart for you to complete (all numbers in thousands). Complete the chart and comment on the results.

		Sales = Production			Sales exceeds Production			Production exceeds Sales		
Units	Sales	100	80	110	115	90	125	90	75	100
	Production	100	80	110	100	80	110	100	80	110
Full-Absorption Costing	Sales revenue									
	Cost of goods sold (full-absorption)									
	Over (under) applied overhead									
	Marketing and administrative									
	Operating profit									

Variable Costing	Cost of goods sold (variable)									
	Fixed manufacturing costs									
	Fixed marketing and administrative									
	Operating profit									

9-21. Conversion of Variable to Full-Absorption Costing

The S. T. Shire Company uses variable costing for internal management purposes and full-absorption costing for external reporting purposes. Thus, at the end of each year, financial information must be converted from variable costing to full-absorption costing for external reports.

At the end of last year, management anticipated that sales would rise 20 percent this year. Therefore, production was increased from 20,000 units to 24,000 units. However, economic conditions kept sales volume at 20,000 units for both years.

The following data pertain to the two years.

	Last Year	This Year
Selling price per unit	$30	$30
Sales (units)	20,000	20,000
Beginning inventory (units)	2,000	2,000
Production (units)	20,000	24,000
Ending inventory (units)	2,000	6,000
Underabsorbed variable overhead	5,000	4,000

Variable cost per unit for both years was comprised of:

Labor	$ 7.50
Materials	4.50
Variable overhead	3.00
	$15.00

Budgeted and actual fixed costs for both years were:

Production	$ 90,000
Selling and administrative	100,000
	$190,000

The overhead rate under full-absorption costing is based on estimated volume of 30,000 units per year. Under- or overapplied overhead is taken to cost of goods sold.

Required:

Using these data:

a. Present the income statement based on variable costing for this year.
b. Present the income statement based on full-absorption costing for this year.
c. Explain the difference, if any, in the operating profit figures.
d. The company finds it worthwhile to develop its internal financial data on a variable cost basis. What advantages and disadvantages are attributed to variable costing for internal purposes?
e. There are many who believe that variable costing is appropriate for external reporting, and there are many who oppose its use for external reporting. What arguments for and against the use of variable costing are advanced for its use in external reporting?

(CMA adapted)

9–22. Variable Costing Operating Profit and Reconciliation with Full-Absorption

The Sierra Corporation employs a full-absorption costing system for its external reporting as well as for internal management purposes. The latest annual income statement appears as follows:

Sales revenue		$415,000
Cost of goods sold:		
Beginning finished goods inventory	$ 22,000	
Cost of goods manufactured	315,000	
Ending finished goods inventory	(86,000)	
Cost of goods sold		251,000
Gross margin		164,000
Marketing costs		83,000
Administrative costs		49,800
Operating profit before taxes		$ 31,200

Management is somewhat concerned that although they are showing adequate income, there has been a shortage of cash to meet operating costs. The following information has been provided to assist management with its evaluation of the situation:

Statement of Cost of Goods Manufactured		
Direct materials:		
Beginning inventory	$ 16,000	
Purchases	62,000	
Ending inventory	(22,000)	$ 56,000
Direct labor		125,100
Manufacturing overhead:		
Variable		39,400
Fixed (including depreciation of $30,000)		94,500
Cost of goods manufactured		$315,000

There are no work in process inventories. Management reports it is pleased that this year manufacturing costs are 70 percent variable compared to last year, when these costs were only 45 percent variable. While 80 percent of the marketing costs are variable, only 40 percent of the administrative costs are considered variable.

Required:

a. Prepare a variable costing income statement for the year.

b. Reconcile the difference between the full-absorption costing operating profit given in the problem to the variable costing operating profit in part *(a)*.

9–23. Full-Absorption versus Variable Costing

You have been given the following information concerning the All Fixed Company.

1. Sales: 10,000 units per year at a price of $46 per unit.

2. Production: 15,000 units in 1987; 5,000 units in 1988.

3. There was no beginning inventory in 1987.

4. Annual production costs are all fixed and equal $225,000 per year.

5. Ending finished goods inventory in 1987 was one third of that year's current production.

6. Annual marketing and administrative costs are $140,000 per year.

Required:

a. Prepare full-absorption costing income statements for each year 1987, 1988, and for the two years taken together.

b. Prepare variable costing income statements for each year 1987, 1988, and for the two years taken together.

c. Prepare a reconciliation of full-absorption operating profit to variable costing operating profit for 1987 and 1988.

9–24. Effect of Changes in Production and Costing Method on Operating Profit ("I Enjoy Challenges")

(This is a classic problem based on an actual company's experience.) The X. B. Company uses an actual cost system to apply all production costs to units produced. While the plant has a maximum production capacity of 40,000,000 units, only 10,000,000 units were produced and sold during Year 1. There were no beginning or ending inventories.

The X. B. Company income statement for Year 1 is as follows:

X. B. COMPANY
Income Statement
For the Year Ending December 31, Year 1

Sales (10,000,000 units at $3)		$30,000,000
Cost of goods sold:		
Variable (10,000,000 at $1)	$10,000,000	
Fixed	24,000,000	34,000,000
Gross margin		(4,000,000)
Marketing and administrative costs		5,000,000
Operating profit (loss)		$ (9,000,000)

The board of directors is concerned about this loss. A consultant approached the board with the following offer: "I agree to become president for no fixed salary. But I insist on a year-end bonus of 10 percent of operating profit (before considering the bonus)." The board of directors agreed to these terms, and the consultant was hired.

The new president promptly stepped up production to an annual rate of 30,000,000 units. Sales for Year 2 remained at 10,000,000 units.

The resulting X. B. Company income statement for Year 2 follows.

X. B. COMPANY
Income Statement
For the Year Ending December 31, Year 2

Sales (10,000,000 units at $3)		$30,000,000
Cost of goods sold:		
Cost of goods manufactured:		
Variable (30,000,000 at $1)	$30,000,000	
Fixed	24,000,000	
Total cost of goods manufactured	54,000,000	
Less ending inventory:		
Variable (20,000,000 at $1)	20,000,000	
Fixed$\left(\dfrac{20}{30} \times 24,000,000\right)$	16,000,000	
Total inventory	36,000,000	
Cost of goods sold		18,000,000
Gross margin		12,000,000
Marketing and administrative costs		5,000,000
Operating profit before bonus		7,000,000
Bonus		700,000
Operating profit after bonus		$ 6,300,000

The day after the statement was verified, the president took his check for $700,000 and resigned to take a job with another corporation. He remarked, "I enjoy challenges. Now that X. B. Company is in the black, I'd prefer tackling another challenging situation." (His contract with his new employer is similar to the one he had with X. B. Company.)

Required:

a. What is your evaluation of the Year 2 performance?

b. Using variable costing, what would operating profit be for Year 1? For Year 2? What are the inventory values? (Assume all marketing and administrative costs are fixed.) Compare those results with the full-absorption statements shown above.

9–25. "I Enjoy Challenges"—Normal Costing

Refer to the facts for problem 9–24. What would Year 2 operating profit (loss) be if X. B. Company used full-absorption normal costing with a fixed manufacturing overhead rate of $2.40 $\left(\dfrac{\$24{,}000{,}000 \text{ fixed manufacturing costs}}{10{,}000{,}000 \text{ estimated unit sales}}\right)$? Prepare an income statement and a T-account diagram of cost flows.

9–26. Comparative Income Statements, Normal Costing

A client requested your help to analyze the operations of one of her divisions, the Wheeler Division. "I don't understand this! I received this income statement yesterday from the Wheeler Division managers (see Exhibit A), but one of our internal auditors came across this other one (see Exhibit B). The second statement shows a lower net income! I think something strange is going on here. It looks like the division managers are sending me this first statement (in Exhibit A), which makes them look good, while they're hiding the second statement (in Exhibit B), which shows what's really going on. I want you to look into this for me."

Exhibit A (9–26)

Wheeler Division
Income Statement
August

Sales revenue	$1,200,000
Cost of goods sold	800,000
Overapplied overhead	50,000
Gross margin	450,000
Selling and administrative costs	200,000
Operating profit	$ 250,000

Notes:
(1) Fixed manufacturing costs applied at predetermined rate of $2 per unit.
(2) No under- or overapplied overhead is prorated to inventories.
(3) Ending inventory is $640,000.

Exhibit B (9–26)

Wheeler Division
Income Statement
August

Sales revenue	$1,200,000
Cost of goods sold	600,000
Fixed manufacturing costs	300,000
Gross margin	300,000
Selling and administrative costs	200,000
Operating profit	$ 100,000

Required:

a. How many units were sold in August?
b. What was the *expected* and *actual* production (units) in August?
c. What was the *beginning* and *ending* inventory (units) in August?
d. (1) What were the actual fixed costs incurred in August?
   (2) What were the total amount of fixed costs expensed on the income statement under full-absorption costing?

9–27. Comparison of Full-Absorption and Variable Normal Costing in a Process Operation

After a dispute with the company president, the controller of the Lance Company resigned. At that time, his office was converting the internal reporting system from full-absorption to variable costing. You have been called in to prepare financial reports for last year. A considerable amount of data are missing, but you piece together the following information.

1. The company manufactures valves, which pass through one department. All materials are added at the beginning of production, and processing is applied evenly throughout the department. There is no spoilage. FIFO costing is used.

2. From the marketing department, you learn that 90,000 units were sold at a price of $20 each during last year.

3. From various sources, you determine that variable manufacturing overhead was $330,000 and fixed manufacturing overhead was $210,000 for last year. Nonmanufacturing costs (all fixed) were $580,000.

4. In one of the former controller's desk drawers, you discover the draft of a report with the following information:

a. "The present accounting system uses the normal costing approach for both internal and external reporting. We write off over- or underapplied overhead as part of Cost of Goods Sold rather than allocate it to inventories."

b. "Equivalent unit costs during the year and in beginning inventories were: $4 per unit for materials cost and $2 per unit for direct labor. Variable overhead is applied at $3 per unit and fixed overhead at $2 per unit."

c. "110,000 units were transferred from work in process inventory to finished goods inventory. 120,000 units of materials were purchased and 115,000 units requisitioned to work in process inventory."

d. Inventory summary (in units):

	Beginning Inventories, January 1	Ending Inventories, December 31
Work in process inventory	10,000 (40% complete)	15,000 (20% complete)
Finished goods inventory	No records	30,000
Direct materials	No records	10,000

Required:

a. Show the flow of whole units, including units started in work in process inventory, transferred to finished goods, and sold. Be sure to include both beginning and ending inventories.

b. Show the flow of manufacturing costs during the year, including beginning and ending inventories, using full-absorption normal costing.

c. Prepare income statements using:
   (1) Full-absorption normal costing.
   (2) Variable normal costing.

9–28. Comparison of Full-Absorption to Variable Costing with Product Mix

Classic Brew Corporation operates a processing plant in West Covina, California, that manufactures two types of a popular soft drink: Classy and Contempo. Classy sells for $26 per quart, while Contempo sells for $14 per quart. A dispute broke out among management concerning the sales effort that should be devoted to each product. Some managers felt that greater emphasis should be placed on Classy because it offers a greater profit per quart. Other managers voted to increase sales of Contempo because it required less labor to manufacture, and labor was in short supply. You have been hired to advise on the appropriate selling emphasis.

The following information is extracted from the accounting records:

	Classy	Contempo
Unit costs:		
Direct materials	$2	$1
Direct labor	4	2
Variable manufacturing overhead	3	3
Fixed manufacturing overhead	1	4
Variable marketing and administrative costs	7	2
Fixed marketing and administrative costs	4	3
Inventories and production data:		
Beginning inventory	1,000 qts.	2,000 qts.
Ending inventory	3,000 qts.	1,000 qts.
Sales this past month	7,000 qts.	12,000 qts.
Normal production	8,000 qts.	10,000 qts.
Minimum production	5,000 qts.	5,000 qts.

Minimum production requirements are established by equipment specifications and cannot be changed. There have been no cost changes in the past few years. FIFO inventory flows are assumed.

a. Prepare a variable costing income statement for last month.

b. Prepare a full-absorption costing income statement for last month.

c. For Contempo only, prepare a reconciliation between the operating profits in *(a)* and *(b)*.

9–29. Comprehensive Problem on Process Costing, Variable Costing, and Full-Absorption Costing

(This problem requires knowing how to compute equivalent units.) Whitaker Corporation manufactures Jink, which is sold for $20 per unit. Harsh (a direct material) is added before processing starts, and labor and overhead are added evenly during the manufacturing process. Actual costs per unit of Jink this year are:

Harsh, 2 pounds	$3.00
Labor	6.00
Variable manufacturing overhead	1.00
Fixed manufacturing overhead	1.10

These costs have remained the same for several periods. Inventory data for this year follows:

	Units	
	Beginning: **January 1**	**Ending:** **December 31**
Harsh (pounds)	50,000	40,000
Work in process inventory	10,000 (½ processed)	15,000 (⅓ processed)
Finished goods inventory	17,000	12,000

During the year, 220,000 pounds of Harsh were purchased, and 230,000 pounds were transferred to work in process inventory. Also, 110,000 units of Jink were transferred to finished goods inventory. Actual fixed manufacturing overhead during the year was $121,000. FIFO is used for inventory flows. Marketing and administrative costs were $145,000 for the year.

a. Determine the number of equivalent units produced for both materials (Harsh) and conversion costs.

b. Determine the work in process and finished goods inventories (in dollars) under (1) full-absorption costing and (2) variable costing on January 1 and December 31.

c. Prepare comparative income statements for the year, using full-absorption and variable costing.

d. Prepare a reconciliation of full-absorption to variable costing that compares the fixed manufacturing costs deducted from revenue (that is, expensed) under each method.

(CPA adapted)

9–30. Incomplete Records

On December 31 of last year, a fire destroyed the bulk of the accounting records of Malox Company, a small, one-product manufacturing firm. In addition, the chief accountant mysteriously disappeared. You have the task of reconstructing the records for last year. The general manager has said that the accountant had been experimenting with both full-absorption costing and variable costing on an actual costing basis.

The records are a mess, but you have gathered the following data for last year.

1. Sales	$450,000
2. Actual fixed manufacturing costs incurred	66,000
3. Actual variable manufacturing costs per unit for last year and for units in beginning Finished Goods Inventory on January 1 of last year	3
4. Operating profit, full-absorption costing basis	60,000
5. Notes receivable from chief accountant	14,000
6. Contribution margin	180,000
7. Direct material purchases	175,000
8. Actual marketing and administrative costs (all fixed)	21,000
9. Gross margin	81,000

The company had no beginning or ending work in process inventories. You also learn that full-absorption costs per unit in last year's beginning Finished Goods Inventory is the same as the full-absorption cost per unit for units produced during last year.

Required:

a. Prepare a comparative income statement on a full-absorption and variable costing basis.

b. At a meeting with the Board of Directors, the following questions were raised.
   (1) "How many units did we sell last year?"
   (2) "How many units did we produce last year?
   (3) "What were the unit production costs last year under both full-absorption and variable costing?"
   How would you respond?

c. Reconcile the operating profit under variable costing with that under full costing, showing the exact source of the difference.

9–31. Comparative Income Statements

Management of the 2,000 Company uses the following unit costs for the one product it manufactures:

	Projected Cost per Unit
Direct material (all variable)	$30.00
Direct labor (all variable)	19.00
Manufacturing overhead:	
Variable cost	6.00
Fixed cost (based on 10,000 units per month)	5.00
Nonmanufacturing:	
Variable cost	4.00
Fixed cost (based on 10,000 units per month)	2.80

The projected selling price is $80 per unit. The fixed costs remain fixed within the range of 4,000 to 16,000 units of production.

Management has also projected the following data for the month of June:

	Units
Beginning inventory	2,000
Production	9,000
Available	11,000
Sales	7,500
Ending inventory	3,500

Required:

Prepare a projected income statement for June for management purposes under *each* of the following product-costing methods. Be sure to show supporting schedules that calculate the inventoriable production costs per unit for each product-costing method. Ignore income taxes.

a. Full-absorption costing. Under- or overapplied fixed overhead should be debited or credited to cost of goods sold.

b. Variable costing.

(CPA adapted)

9–32. Evaluate Full-Absorption and Variable Costing

The vice president for sales of Huber Corporation received the following income statement for November. The statement has been prepared using variable costing, which the firm has just adopted for internal reporting purposes.

HUBER CORPORATION
Income Statement
For the Month of November
(in thousands)

Sales revenue	$2,400
Less variable cost of goods sold	1,200
Manufacturing margin	1,200
Less fixed manufacturing costs at budget	600
Gross margin	600
Less fixed nonmanufacturing costs	400
Operating profits before taxes	$ 200

The controller attached the following notes to the statements.

1. The unit sales price for November averaged $24.

2. The unit manufacturing costs for the month were:

Variable cost	$12
Fixed cost	4
Total cost	$16

The unit rate for fixed manufacturing costs is a predetermined rate based upon a normal monthly production of 150,000 units.

3. Production for November was 45,000 units in excess of sales.

4. The inventory at November 30 consisted of 80,000 units.

Required:

a. The vice president for sales is not comfortable with the variable cost basis and wonders what the operating profit would have been under the full-absorption cost basis.

(1) Present the November income statement on a full-absorption cost basis.

(2) Reconcile and explain the difference between the variable costing and the full-absorption costing operating profit figures.

b. Explain the features associated with variable cost profit measurement that should be attractive to the vice president for sales.

(CMA adapted)

Integrative Case

9–33. Comprehensive Case on Choosing Full-Absorption or Variable (Normal) Costing— Landau Company*

In early August, Terry Silver, the new marketing vice president of Landau Company, was studying the July income statement. Silver found the statement puzzling: July's sales increased significantly over June's, yet income was lower in July than in June. Silver was certain that margins on Landau's products had not narrowed in July and therefore felt that there must be some mistake in the July statement.

When Silver asked the company's chief accountant, Meredith Wilcox, for an explanation, Wilcox stated that production in July was well below standard volume because of employee vacations. This had caused overhead to be underapplied, and a large unfavorable volume variance had been generated, which more than offset the added gross margin from the sales increase. It was company policy to charge all over or underapplied overhead variances to the monthly income statement, and these production volume variances would all wash out by year's end, Wilcox had said.

Silver, who admittedly knew little about accounting, found this explanation to be "Incomprehensible. With all the people in your department, I don't understand why you can't produce an income statement that reflects the economics of our business. In the company that I left to come here, if sales went up, profits went up. I don't see why that shouldn't be the case here, too."

As Wilcox left Silver's office, a presentation at a recent National Association of Accountants meeting came to mind. At that meeting, the controller of Winjum Manufacturing Company had described that firm's variable costing system, which charged fixed overhead to income as a period expense and treated only variable production costs as inventoriable product costs. Winjum's controller had stressed that, other things being equal, variable costing caused income to move with sales only rather than being affected by both sales and production volume, as was the case with full absorption costing systems.

Wilcox decided to recast the June and July income statements and balance sheets using variable costing. (Both the original and the revised income statements and related impact on inventories are shown in Exhibit A.) Wilcox then showed these statements to Terry Silver, who responded, "Now that's more like it! I *knew* July was a better month for us than June, and your new 'variable costing' statements reflect that. Tell your boss [Landau's controller] that at the next meeting of the executive committee I'm going to suggest we change to this new method."

At the next executive committee meeting, Silver proposed adoption of variable costing for Landau's monthly internal income statements. The controller also supported this change, saying that it would eliminate the time-consuming efforts of allocating fixed overhead to individual products. These allocations had only led to arguments between operating managers and the accounting staff. The controller added that since variable costing segregated the costs of materials, direct labor, and variable overhead from fixed overhead costs, management's cost control efforts would be enhanced.

Silver also felt that the margin figures provided by the new approach would be more useful than the present ones for comparing the profitability of individual products. To illustrate the point, Silver had worked out an example. With full-absorption costing, two products in Landau's line, numbers 129 and 243, would appear as follows:

Product	Production Cost	Selling Price	Unit Margin	Margin Percent
129	$2.54	$4.34	$1.80	41.5
243	3.05	5.89	2.84	48.2

---

* © Osceola Institute, 1979.

Exhibit A (9–33)   **Effects of Variable Costing**

LANDAU COMPANY
Income Statements
June and July

	June		July	
	Full-Absorption Costing (original statement)	Variable Costing (revised statement)	Full-Absorption Costing (original statement)	Variable Costing (revised statement)
Sales revenue	$865,428	$865,428	$931,710	$931,710
Cost of goods sold (normal)	484,640	337,517	521,758	363,367
Production cost variances[a]				
Overhead volume	1,730	—	(63,779)	—
Overhead spending	(239)	(239)	(10)	(10)
Gross margin	382,279	527,672	346,163	568,333
Fixed production overhead	—	192,883	—	192,883
Marketing and administrative	301,250	301,250	310,351	310,351
Income before taxes	81,029	33,539	35,812	65,099
Provision for income taxes	38,894	16,099	17,190	31,248
Net income	$ 42,135	$ 17,440	$ 18,622	$ 33,851

Impact on Inventory

	As of June 30		As of July 31	
	Full-Absorption Costing	Variable Costing	Full-Absorption Costing	Variable Costing
Inventories	$1,680,291	$1,170,203	$1,583,817	$1,103,016

[a] Parentheses denote unfavorable (debit) variances.

Thus, Product 243 would appear to be the more desirable one to sell. But, on the proposed basis, the numbers were as follows:

Product	Production Cost	Selling Price	Unit Margin	Margin Percent
129	$1.38	$4.34	$2.96	68.2
243	2.37	5.89	3.52	59.8

According to Silver, these numbers made it clear that Product 129 was the more profitable of the two.

At this point, the treasurer spoke up. "If we use this new approach, the next thing we know, you marketing types will be selling at your usual markup over *variable* costs. How are we going to pay the fixed costs *then*? Besides, in my 38 years of experience, it's the lack of control over fixed costs that can bankrupt a company. I'm opposed to any proposal that causes us to take a myopic view of costs."

The president also had some concerns about the proposal. "In the first place, if I add together the June and July profit under each of these methods, I get almost $61,000 with the full-absorption method, but only $51,000 under the variable costing method. While I'd be happy to lower our reported profits from the standpoints of relations with our employee union and income taxes, I don't think it's a good idea as far as our owners and bankers are concerned. And I share Sam's [the treasurer's] concern about controlling fixed costs. I think we should defer a decision on this matter until we fully understand all of the implications."

Required:

a. Critique the various pros and cons of the variable costing proposal that were presented in the meeting. What arguments would you add?

b. Do you think Landau should adopt variable costing for its monthly income statements?

Part Two

Differential Costs for Decision Making

1. Cost accounting systems

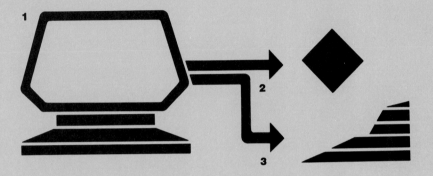

2. Differential costs for decision making

10

Cost Estimation

OBJECTIVES

To understand methods of estimating costs.
To see how costs are divided into fixed and variable components.

Accounting systems are designed primarily to record and report costs that have been incurred in the past. However, it is important that management also be able to estimate future cost behavior. For example, in deciding among alternative actions, management needs to know the costs that are likely to be incurred for each alternative. Data from the accounting records are often used to help make those estimates about the future.

Among the most frequently asked questions that require cost estimates are:

- What will happen to total costs if we increase activity by 10 percent over the present level?

- How will costs change if specific labor- or energy-saving devices are installed?

- What bid should we enter on this contract?

- What profit can we expect if we sell the projected number of units this period?

This chapter discusses methods of estimating costs to answer questions like these.

Methods of Cost Estimation

The basic idea in cost estimation is to estimate the relation between costs and the variables affecting costs. In this chapter, we focus on the relation between costs and one important variable that affects costs—activity levels. You are already familiar with the term *variable costs,* and you know that variable costs are those that vary with activity levels. The formula that we estimate is the familiar cost equation:

$$TC = F + VX,$$

where TC refers to total costs, F refers to fixed costs that do not vary with activity levels, V refers to variable costs per unit, and X refers to the volume of activity. In practice, we usually have data about the amount of total costs that are incurred at each of various activity levels, but we do not have a break-down of costs into fixed and variable components. Yet, knowing which costs are fixed and how costs change as the volume of activity changes is important for most financial decisions made in companies.

This chapter discusses four methods of estimating the relation between cost behavior and activity levels that are commonly used in practice:

1.   Account analysis.

2.   Engineering estimates.

3.   Scattergraph and high-low estimates.

4.   Statistical methods (usually employing regression analysis).

Results are likely to differ from method to method. Consequently, more than one approach is often applied so that results can be compared. Because line managers bear ultimate responsibility for all cost estimates, they frequently apply their own best judgment as a final step in the estimation process, modifying the estimates submitted by the controller's staff. These methods, therefore, should be seen as ways of helping management to arrive at the best estimates possible. Their weaknesses as well as their strengths require attention.

We discuss each of the four estimation methods in this chapter. The discussion of regression methods centers on practical applications rather than on the underlying statistical theory. A brief overview of the theory and some important considerations for its application are discussed in the appendix to this chapter.

Account Analysis

The account analysis approach calls for a review of each cost account used to record the costs that are of interest. Each cost is identified as either fixed or variable, depending on the relationship between the cost and some activity.

The relationship between the activity and the cost is extremely important. For example, in estimating the production costs for a specified number of units within the range of present manufacturing capacity, direct materials and direct labor costs would be considered variable, while building occupancy costs would be considered fixed.

Illustration 10–1 shows a typical schedule of estimated manufacturing overhead costs prepared for a particular production level by Estimators, Inc. The production process is assumed to produce 40 units per direct labor-hour. Management has initially considered a production level of 4,600 units. To attain this production level, 115 direct labor-hours (4,600 units ÷ 40 units per hour) are required. The variable manufacturing overhead may be expressed as a cost per direct labor-hour or as a cost per unit, depending upon management's preference.

Following this approach, each major class of manufacturing overhead costs is itemized. Each cost is then divided into its estimated variable and fixed components. Management considers building occupancy costs, for example, to be entirely fixed and classifies the costs of quality inspections as entirely variable. The other costs are mixed—they have some fixed and some variable elements. The fixed and variable components of each cost item may be determined on the basis of the experience and judgment of accounting or other personnel. Also, other cost-estimation methods discussed later in this chapter might be used to divide costs into fixed and variable components.

Illustration 10–1   **Cost Estimation Using Account Analysis, Estimators, Inc.**

Account	Total	Costs at 4,600 Units of Output (115 direct labor-hours) Variable Cost	Fixed Cost
Indirect labor	$ 321	$ 103	$ 218
Indirect materials	422	307	115
Building occupancy	615		615
Property taxes and insurance	51	40	11
Power	589	535	54
Equipment repairs and maintenance	218	119	99
Data processing	113	88	25
Quality inspections	187	187	
Personnel services	115	47	68
Totals	$2,631	$1,426	$1,205

The total costs for the coming period are the sum of the estimated total variable and total fixed costs. For Estimators, Inc., assume that accounting personnel have relied on judgments of a number of people in the company and estimated fixed costs to be $1,205 and the total variable costs to be $1,426, as shown in Illustration 10–1.

Since the variable costs are directly related to the quantity of expected production, the variable manufacturing overhead per unit may be stated as $.31 (= $1,426 ÷ 4,600 units). The general cost equation may be expressed as:

$$TC = F + VX$$

Manufacturing overhead costs = $1,205 per period + $.31 per unit times the number of units of output.

For 4,600 units:

Manufacturing overhead costs = $1,205 + ($.31 × 4,600)
= $1,205 + $1,426
= $2,631

Now, if management wanted to estimate the costs at a production level of 4,800 units, it would substitute that figure for the 4,600 units in the previous equation. This results in:

Manufacturing overhead costs = $1,205 + ($.31 × 4,800)
= $1,205 + $1,488
= $2,693

This is simpler than re-estimating all of the manufacturing overhead cost elements listed in Illustration 10–1 for the different activity levels that management might wish to consider. Moreover, management's attention is drawn to the variable cost amount as the cost that changes with each increment in unit volume.

The variable costs could also be expressed in terms of costs per direct labor-hour. Since 115 direct labor-hours are required to produce 4,600 units (at the 40 units per hour assumed in the illustration), the variable cost per direct labor-hour (DLH) would be:

$$\$1,426 \div 115 \text{ hours} = \$12.40 \text{ per DLH}$$

Account analysis is a useful way of estimating costs. It makes use of the experience and judgment of managers and accountants who are familiar with company operations and the way costs react to changes in activity levels. Account analysis relies heavily on personal judgment. This may be an advantage or disadvantage depending on the bias of the person making the estimate. Decisions based on cost estimates often have major economic consequences for the people making the estimates. Thus, these individuals may not be entirely objective. More objective methods are often used in conjunction with account analysis so that the advantages of multiple methods are obtained.

Engineering Estimates

Engineering estimates of costs are usually made by measuring the work involved in a task. A detailed step-by-step analysis of each phase of each manufacturing process, together with the kinds of work performed and the costs involved, is prepared. (This is sometimes part of a *time-and-motion* study.) The time it should take to perform each step is then estimated. These times are often available from widely published manuals and trade association documents.

The times required for each step in the process are summed to obtain an estimate of the total time involved, including an allowance for unproductive time. This serves as a basis for estimating direct labor costs. Engineering estimates of the materials required for each unit of production are usually obtainable from drawings and specifications sheets.

Other costs are estimated in a similar manner. For example, the size and cost of a building needed to house the manufacturing operation can be estimated based on area construction costs and space requirements. An estimate of the needed number of supervisors and support personnel can be based on an estimate of direct labor time.

One advantage to the engineering approach is that it can detail each step required to perform an operation. This permits comparison with other settings where similar operations are performed. It enables a company to review its manufacturing productivity and identify specific strengths and weaknesses. Another advantage is that it does not require data from prior activities in the organization. Hence, it can be used to estimate costs for totally new activities.

A company that uses engineering estimates can often identify where "slack" exists in its operations. For example, if an engineering estimate indicates that 80,000 square feet of floor area are required for an assembly process but the company has been using 125,000 square feet, the company may find it beneficial to rearrange the plant to make floor space available for other uses.

A difficulty with the engineering approach is that it can be quite expensive to use because each activity is using engineering norms. Another consideration is that engineering estimates are often based on optimal conditions. Therefore, when evaluating performance, bidding on a contract, planning for expected costs, or estimating costs for any other purpose, it is wise to consider that the actual work conditions will be less than optimal.

Scattergraph and High-Low Estimates

One way to overcome some of the shortcomings of account analysis and engineering estimates is to observe past cost behavior in relation to a specified activity measure. If a company's operations have followed a discernible pattern in the past and are expected to continue that pattern in the future, it may be possible to use the relationship between past costs and activity to estimate future costs. Of course, if the relationship changes, it may be necessary to adjust the estimated costs accordingly.

Analysts must be careful when predicting future costs from past data. In many cases, the cost-activity relationship changes. Technological innovation, increased use of robots, more mechanized processes, and the like may make the past cost-activity relationships inappropriate for predictive purposes.

In other cases, the costs themselves change so dramatically that old cost data are almost worthless predictors of future costs. Manufacturers using copper and silver in recent years have found that past cost data are not very helpful for predicting future costs. While adjustments to the data may be made, the resulting cost estimates tend to lose their objectivity as the number of adjustments increases.

Relevant Range of Activity

When attempting to extrapolate from past observations, one must consider the relevance of past activity levels to anticipated future activity levels. Extrapolations beyond the upper and lower bounds of past observations are highly subjective. If, for example, the highest activity level observed in the past was 4,100 units per month and we wished to predict cost to manufacture 4,600 units per month, an estimate based on past data may be highly inaccurate, because the past data do not reflect experience with output over 4,100 units.

The limits within which a cost projection may be valid is the relevant range for that estimate. The relevant range would include only those activity levels for which the assumed cost relationships used in the estimate are considered to hold. Thus, when past data are used, the relevant range for the projection is usually between the upper and lower limits of the past activity levels for which data are available.

Although the use of past data for future cost estimation has limitations, there are many cases in which it works quite well. In many estimates, past data, even if outside the relevant range, are adequate representations of the cost relationships that are likely to hold in the future. Moreover, reliance on past data is relatively inexpensive. It may be the only readily available, cost-effective basis for estimating costs.

Past data do show the relationships that held in prior periods and, at the least, may be a meaningful starting point for estimating future costs as long as their limitations are recognized. In the remainder of this chapter, we discuss specific methods of using past data to estimate future costs.

Preparing a Scattergraph

Plotting past costs against past activity levels is often a useful way of visually depicting cost-activity relationships. Such a plot, called a scattergraph, will also indicate any significant change in the relationship between costs and activity at different activity levels.

To prepare such a plot, we first obtain the relevant data. For example, if estimates of manufacturing overhead costs are to be based on direct labor-hours, we must obtain information about past manufacturing overhead costs and related past direct labor-hours.

Number of Observations. The number of observations to include depends on the availability of the data, the variability within the data, and the relative costs and benefits of obtaining reliable data. A rule of thumb is to use three years of monthly data if the physical processes have not changed significantly within that time. If the company's operations have recently changed significantly, however, data that predate the change may not be useful. If cost and activity levels are highly stable, then a relatively short period (12 months or so) may be adequate.

Data for the past 15 months were collected for Estimators, Inc., to estimate variable and fixed manufacturing overhead. These data are presented and plotted

Illustration 10–2   **Data and Scattergraph for Cost Estimation, Estimators, Inc.**

Time Period	Overhead Costs	Direct Labor-Hours (DLH)
1	$2,107	62
2	2,040	62
3	2,916	120
4	2,322	71
5	1,896	50
6	2,471	95
7	3,105	142
8	2,316	86
9	2,555	112
10	2,780	136
11	2,061	85
12	2,910	103
13	2,835	96
14	2,715	101
15	1,986	53

on the scattergraph in Illustration 10–2. Once all the data points were plotted, a line was drawn to fit the points as closely as possible. The line was extended to the vertical axis on the scattergraph.

The slope of the line represents the estimated variable costs, and the intercept with the vertical axis represents an estimate of fixed costs. The slope is referred to as the variable cost because it represents the change in costs that occurs as a result of changes in activity. The intercept is referred to as the fixed cost because it represents the costs that would be incurred at a zero activity level given existing capacity *if the relationship plotted is valid from the data points back to the origin.* Note there are no observations of cost behavior around the zero activity level in this example, so the data do not indicate the costs that would occur when the activity level was zero. Rather, they provide an estimating equation useful within the relevant range. The slope and intercept may be measured using a ruler. However, preparing an estimate on this basis is subject to a good deal of error, especially if the points are scattered widely.

Determination of the best fit is often a matter of "eyeball judgment." Consequently, scattergraphs are usually not used as the sole basis for cost estimates. Rather, they are used to illustrate the relationships between costs and activity levels and to point out any past data items that might be significantly out of line.

High-Low Cost Estimation

If the cost relationships can be described by a straight line, any two points on a scattergraph may be used to prepare a cost-estimating equation. Typically, the *highest and the lowest activity points* are chosen—hence the name high-low cost estimation.

The slope of the total cost line, which estimates the increase of variable costs associated with an increase of one unit of production, may be estimated by the equation:

$$\text{Variable cost (per unit)} = \frac{\text{Cost at highest activity} - \text{Cost at lowest activity}}{\text{Highest activity} - \text{Lowest activity}}$$

The intercept is estimated by taking the total cost at either activity level and subtracting the estimated variable cost for that activity level.

$$\text{Fixed cost} = \begin{matrix}\text{Total cost at} \\ \text{highest activity}\end{matrix} - \left[\begin{matrix}\text{Variable cost} \\ \text{per unit}\end{matrix} \times \begin{matrix}\text{Highest activity} \\ \text{stated in units}\end{matrix} \right]$$

or

$$\text{Fixed cost} = \begin{matrix}\text{Total cost at} \\ \text{lowest activity}\end{matrix} - \left[\begin{matrix}\text{Variable cost} \\ \text{per unit}\end{matrix} \times \begin{matrix}\text{Lowest activity} \\ \text{stated in units}\end{matrix} \right]$$

Based on the data for Estimators, Inc., in Illustration 10–2, the highest activity level is 142 direct labor-hours. At this activity level, total manufacturing overhead costs are $3,105. The lowest activity level is 50 hours, with manufacturing overhead costs of $1,896. Substituting these data in the equation for variable cost yields:

$$\text{Variable cost per DLH} = \frac{\$3,105 - \$1,896}{142 \text{ DLH} - 50 \text{ DLH}}$$

$$= \frac{\$1,209}{92 \text{ DLH}}$$

$$= \underline{\underline{\$13.141 \text{ per DLH}}}$$

To obtain the fixed cost estimate, either the highest or lowest activity level and costs may be used.

$$\text{Fixed cost highest activity} = \$3,105 - (\$13.141 \times 142 \text{ DLH})$$
$$= \$3,105 - \$1,866$$
$$= \underline{\underline{\$1,239}}$$

or

$$\text{Fixed cost lowest activity} = \$1,896 - (\$13.141 \times 50 \text{ DLH})$$
$$= \$1,896 - \$657$$
$$= \underline{\underline{\$1,239}}$$

An estimate for the costs at any given activity level can be computed using the equation:

$$TC \quad = \quad F \quad + \qquad VX$$
$$\text{Total cost} = \$1,239 + (\$13.141 \times \text{specified DLH})$$

For the 115 hours required to produce 4,600 units, the total cost is:

$$\text{Total cost} = \$1,239 + (\$13.141 \times 115 \text{ DLH})$$
$$= \$1,239 + \$1,511$$
$$= \underline{\underline{\$2,750}}$$

Illustration 10–3 shows the construction of the high-low cost line and the cost estimate at 115 DLH for the data in this example. Note that the high-low method uses only two data points, while the scattergraph (Illustration 10–3) used many. Thus, the high-low method uses less information about cost behavior than the scattergraph does.

While the high-low method is easy to apply, care must be taken to assure that the two points used to prepare the estimates are representative of cost and activity relationships over the range of activity for which the prediction is made. The highest and lowest points could, however, represent unusual circumstances. When this happens, one should choose the highest and lowest points within the normal range of activity.

Illustration 10–3   **Diagram of High-Low Cost Estimates, Estimators, Inc.**

Both the scattergraph and high-low approaches can be used to derive cost estimates and graphically illustrate cost-activity relationships based on past experience. Whenever costs and activity levels can be plotted in two-dimensional space, the scattergraph is a useful visual display. We recommend using it in conjunction with other cost-estimation methods.

The high-low method should be used only as a rough guide. Since many handheld calculators have the ability to compute simple regression equations, we expect to see less and less use of the high-low method.

Statistical Cost Estimation (Regression)

Regression techniques are designed to generate a line that best fits a set of data points. Because the regression procedure uses all data points, the resulting estimates have a broader base than estimates based only on high-low points.

In addition, regression techniques generate a number of additional statistics that under certain assumptions enable a manager to determine how well the estimated regression equation describes the relationship between costs and activities. The regression process also permits inclusion of more than one predictor. This latter feature may be useful when more than one activity affects costs. For example, variable manufacturing overhead may be a function of both direct labor-hours and the quantities of direct materials processed.

A comprehensive discussion of regression is not possible within the scope of this text. Many moderately priced hand calculators have regression capabilities, and most computers used in business and academia are equipped with regression programs. Therefore, we leave descriptions of these programs, and the assumptions on which regression analysis is based, to statistics and computer courses. Instead, we deal with regression techniques from the standpoint of accountants and managers as users of regression estimates already made for them.

A limited description of the use of regression programs for cost estimation follows. The appendix to this chapter discusses some of the more technical considerations that may interest users of such programs.

Obtaining Regression Estimates

The most important step in obtaining regression estimates for cost estimation is to establish the existence of a logical relationship between activities that affect costs and the cost to be estimated. These activities are referred to as predictors, X terms, independent variables, or the right-hand side (RHS) of a regression equation. The cost to be estimated may be called the dependent variable, the Y term, or the left-hand side (LHS) of the regression equation.

Although regression programs will accept any data for the Y and X terms, entering numbers that have no logical relationship may result in misleading estimates. Generally, the accountant has the important responsibility of making sure that the activities are logically related to costs.

Assume, for example, that a logical relationship exists between direct labor-hours and manufacturing overhead costs for Estimators, Inc. Assume that a logical relationship also exists between direct materials costs and overhead costs. This latter assumption would be reasonable if the manufacturing process employed a substantial amount of materials and overhead costs included materials handling and storage. The data on manufacturing overhead costs, direct labor-

Illustration 10–4   **Data for Regression Estimation, Estimators, Inc.**

Overhead Costs	Direct Labor-Hours	Direct Materials Costs
$2,107	62	$1,964
2,040	62	1,851
2,916	120	3,615
2,322	71	2,902
1,896	50	1,136
2,471	95	2,315
3,105	142	5,013
2,316	86	2,751
2,555	112	2,816
2,780	136	3,461
2,061	85	1,702
2,910	103	3,819
2,835	96	3,940
2,715	101	3,613
1,986	53	1,741

hours, and direct materials costs for this process are presented in Illustration 10–4.

Estimators, Inc., first estimates costs using simple regression—or only one independent variable—to predict manufacturing overhead costs. They choose direct labor-hours, so past data on direct labor-hours would be entered as the X, or independent, variable. Past data on manufacturing overhead costs would be entered as the Y, or dependent, variable. The computer output giving the estimated relationship between direct labor-hours and manufacturing overhead for this situation is as follows:

$$\text{Total manufacturing overhead} = \$1,334 + \$12.373 \text{ per DLH}$$

For cost-estimation purposes, when reading the output of a regression program, the **intercept** term, $1,334, is an estimate of fixed costs. Of course, it should be used with caution because the intercept is outside of the relevant range of observations. The coefficient of the X term (in this example, $12.373 per direct labor-hour) is an estimate of the variable cost per direct labor-hour. This is the **slope of the cost line.** The coefficients are often labeled b on the program output. Thus, the cost-estimation equation based on the regression results above would be:

$$\text{Total costs} = \text{Intercept} + b \text{ times DLH}$$

Substituting 115 DLH into the equation yields:

$$
\begin{aligned}
\text{Total costs} &= \$1,334 + (\$12.373 \times 115 \text{ DLH}) \\
&= \$1,334 + \$1,423 \\
&= \underline{\underline{\$2,757}}
\end{aligned}
$$

This estimate of cost behavior is shown graphically in Illustration 10–5.

Illustration 10–5   **Scattergraph with Regression-Estimated Cost Line, Estimators, Inc.**

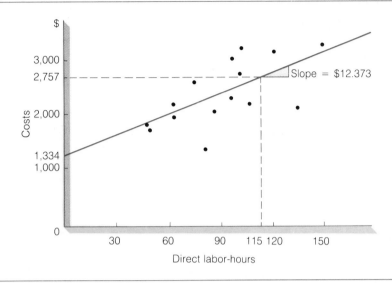

Correlation Coefficients. In addition to the cost-estimating equation, the regression program provides other useful statistics. The **correlation coefficient** *(R)* is a measure of the proximity of the data points to the regression line. The closer *R* is to 1.0, the closer the data points are to the regression line. Conversely, the closer *R* is to zero, the poorer the fit of the regression line.

The **adjusted R-square** is the correlation coefficient squared and adjusted for the number of independent variables used to make the estimate. This adjustment to *R*-square recognizes that as the number of independent variables increases, *R*-square (unadjusted) increases. For example, if there are as many independent variables as there are observations, *R*-square (unadjusted) would be 1.0. The adjusted *R*-square is interpreted as the proportion of the variation in *Y* explained by the right-hand side of the regression equation; that is, by the *X* predictors.

For Estimators, Inc., the correlation coefficients, *R*-square and adjusted *R*-square, are:

Correlation coefficient *(R)*	.896
R-square	.802
Adjusted *R*-square	.787

Since the adjusted *R*-square is .787, it can be said that 78.7 percent of the changes in overhead costs can be explained by changes in direct labor-hours. For data drawn from accounting records, an adjusted *R*-square of .787 would be considered an exceptionally good fit.

The most commonly used regression technique is called *ordinary least squares regression.* With this technique, the regression line is computed so that the sum of the squares of the vertical distances from each point on the scattergraph to the regression line is minimized. Thus, as a practical consideration, it is important to beware of including data points that vary significantly from the usual. Because the regression program seeks to minimize squared differences,

Real World Application

Estimating Cost Behavior in a Hospital

In an article titled "Management Accounting in Hospitals: A Case Study," Professor Robert Kaplan described some work that a research team made up of faculty and students was doing to help a hospital improve its cost accounting system.* They initially found costs were being reported without regard to the volume of activity in the department. For example, it was impossible to determine whether high nursing costs had been incurred because of inefficiency or because the number of patients was large. The researchers attempted to estimate a cost model, $TC = F + VX$, where X refers to a measure of activity such as number of patient-days or number of procedures performed in the radiology department.

After running the analysis, Kaplan and his students discovered that the "costs" of materials (for example, medical supplies) reported in the records were actually cash expenditures recorded as "costs" when the materials were acquired. A large purchase of materials in one month could show up in the records as a large cost in that month, followed by almost no cost in the following month because materials were not acquired. The hospital administrators had no aversion to putting the cost system on an accrual basis, but such a step would require considerable time and effort.

The researchers then turned to the analysis of personnel costs, which made up a substantial portion of the hospital's total operating costs. One problem in analyzing labor costs over time is that costs increase with increases in wage rates. The researchers dealt with this problem by using hours-worked as the dependent variable and various measures of activity as the independent variables. Using this approach, the researchers were able to identify relationships between activity levels and hours-worked. For example, one estimate was that RN-hours varied with patient-days such that each additional patient-day required about two extra RN-hours. If the cost of RN time is expected to be, say, $20 per hour, including fringe benefits, then the unit variable cost for RN costs would be $40 per patient-day.

The researchers found that "what seemed like a simple task at first turned out to be much more difficult to do correctly. One constantly had to question the process generating the data being used. . . . However, we have gained a lot of insight into the current operating procedures of the hospital."† The researchers also found that the statistical analysis was useful in suggesting questions and subsequent recommendations to hospital administrators.

* Robert S. Kaplan, "Management Accounting in Hospitals: A Case Study," *Accounting for Social Goals* (New York: Harper & Row, 1974), pp. 131–48.
† Ibid., p. 147.

the inclusion of these extreme outliers may significantly affect the results. Consequently, organizations often exclude data for periods of such unusual occurrences as strikes, extreme weather conditions, and shutdowns for equipment retooling. A scattergraph often reveals such outliers so they can then be easily identified and omitted.

Regression with Multiple Predictors

While the prediction of overhead costs in the previous example, with its adjusted R-square of .787, was considered good, management may wish to see if a better estimate might be obtained using additional predictor variables. In such a case, they examine the nature of the operation to determine which additional predictors might be useful in deriving a cost-estimation equation.

Assume Estimators, Inc., has determined that direct materials costs may also affect manufacturing overhead. The results of using both direct labor-hours, (X_1) and direct materials costs (X_2) as *predictors* of overhead (Y) were obtained using a computer program. The computer output from the program using direct labor-hours and direct materials costs yields the prediction equation:

$$\text{Manufacturing overhead costs} = \text{Intercept} + b_1 X_1 + b_2 X_2$$
$$= \$1,334 + \$4.359 X_1 + .258 X_2$$

where X_1 refers to direct labor-hours and X_2 refers to direct materials costs. (The intercepts in the simple and multiple regressions round to the same whole number by coincidence.) The statistics supplied with the output are:

Correlation coefficient (multiple R)	.976
Multiple R-squared	.952
Adjusted multiple R-squared	.944

The correlation coefficient (now expressed as *multiple R* because it is related to more than one predictor variable) for this regression is .976, and the adjusted multiple R-squared is .944. Both of these are an improvement over the results obtained when the regression equation included only direct labor-hours.

Improved results may be expected for two reasons. First, some overhead costs may be related to direct materials costs but not to direct labor-hours (for example, storeroom maintenance). Second, price changes could affect both overhead and direct materials costs but not direct labor-hours.

To prepare a cost estimate using this multiple regression equation requires not only the estimated direct labor-hours for the coming period but the direct materials costs as well. The additional data requirements for multiple regression models may limit their usefulness in many applications. Of course, in planning for the next period's production activity, companies will usually have already estimated direct materials costs and direct labor-hours, and in such a situation the added costs of obtaining data may be quite low.

For example, Estimators, Inc., estimates its direct materials cost to be $.80 per output unit based on engineering estimates of materials needed and accounting estimates of direct materials costs. Production is estimated at 4,600 units, so direct materials costs of $3,680 (4,600 units × $.80 per unit) are expected in the coming period.

Substituting the 115 direct labor-hours and the $3,680 direct materials costs in the regression equation results in the following overhead estimate:

$$\text{Overhead} = \$1,334 + (\$4.359 \times 115) + (.258 \times \$ 3,680)$$
$$= \$1,334 + \$501 + \$949$$
$$= \underline{\underline{\$2,784}}$$

This estimate has the advantage of being based on two factors (direct labor and direct materials) that appear to be jointly affecting overhead costs. The correlation coefficient is higher for this equation than for the single predictor equation. An increase in R, alone, should not be the sole criterion for selecting a regression model; however, it is important that the independent variables have a logical relation to the dependent variable.

Using the _b_s as Variable Cost Estimates

When using a simple linear regression, the intercept is often considered analogous to fixed costs and the slope to variable cost. Indeed, in many companies, regression estimates are used for estimating the fixed and variable components of manufacturing overhead for overhead application and analysis. Care should be exercised when doing this, however. For example, it is possible to have negative intercepts in empirical cost data, but it is highly unlikely that a company would have negative fixed costs.

If more than one predictor variable is used, as in Estimators, Inc.'s multiple regression above, the interpretation of the _b_s as variable costs is somewhat more hazardous. The assignment of coefficient values under regression is unstable if the predictor variables are correlated with one another. For the multiple regression of Estimators, Inc., the following correlation matrix was part of the computer output. It shows that the direct labor-hours and direct material dollars are highly correlated with one another (that is, a correlation of .832).

Variable		_b_
Direct labor-hours		4.359
Direct materials cost		.258
CORRELATION MATRIX:		
	DLH	DMC
DLH	1.00	.832
DMC	.832	1.00

This means that there is overlapping explanatory power among the two predictors. This problem is referred to as **multicollinearity.** It does not affect the _Y_ estimate, but rather it affects the interpretation of the contribution that each of the _X_s (that is, direct material dollars and direct labor-hours) is making to the prediction of _Y_.

Regression Must Be Used with Caution. A regression estimate is still only an estimate. Computerized statistical techniques sometimes have an aura of truth about them that is undeserved. In fact, a regression estimate may be little better than an eyeball estimate based on a scattergraph. Regression has advantages, however. It is objective; it provides a number of statistics not available from other methods; and it may be the only feasible method when more than one predictor is used.

Regression is so accessible that it can be used indiscriminately with unfortunate results. We recommend that users of regression (1) fully understand the methodology and its limitations; (2) specify the model, that is, the hypothesized relationship between costs and cost predictors; (3) know the characteristics of the data being used; and (4) examine a plot of the data.

Comparison of Cost Estimates

Each cost-estimation method may yield a different estimate of the costs that are likely to result from a particular management decision. This underscores the advantages of using two or more methods to arrive at a final estimate. The different estimates of manufacturing overhead that resulted from the use of four different estimation methods for Estimators, Inc., are summarized in Illustration 10–6.

Illustration 10–6   **Summary of Cost Estimates, Estimators, Inc.**

Method	Total Estimated Costs	Fixed Estimated Costs	Estimated Variable Cost
Account analysis	$2,631	$1,205	$12.40 per DLH
High-low	2,750	1,239	$13.141 per DLH
Simple regression (DLH)	2,757	1,334	$12.373 per DLH
Multiple regression (DLH + DMCª)	2,784	1,334	$4.359 per DLH + $.258 per DMC

ª DMC = Direct material costs.

The figures are relatively close, but there are differences. While it is impossible to state which one is best, management may find that having all four alternatives gives the best indication of the likely range within which actual costs will fall. Moreover, by observing the range of cost estimates, management may be better able to determine whether more data need to be gathered. If decisions are the same for all four cost estimates, then management may conclude that further information gathering is not warranted.

Learning Curves

The relationship between costs and independent variables is not always linear. A systematic nonlinear relationship has been found when employees gain experience performing a particular task. As their experience increases, their productivity improves and costs per unit decrease. Experience, or learning, obviously affects direct labor costs, but it also affects costs that are related to direct labor, like supervision and many others. In some cases, materials costs may be affected due to reductions in spoilage and waste.

The learning phenomenon often occurs when new production methods are introduced, when new products (either goods or services) are made, and when new employees are hired. For example, the effect of learning on the cost of aircraft manufacturing is well known. Manufacturers of products for the defense industry often develop and produce goods with cost-based contracts. These contracts may recognize the effect of learning by establishing a lower cost for the second item of an order than for the first, a lower cost for the fourth than for the second, and so forth.

For example, National Electronics, Inc., makes an electronic navigational guidance system that is used for spacecraft, aircraft, and submarines. The direct labor to make the system is subject to an 80 percent *cumulative* learning curve. This means that the unit *average* time required for two units is 80 percent of the time required for one unit; the unit *average* time for four units is 80 percent of the *average* time required per unit for two units; and so forth.

The first unit of a production batch, or run, of guidance systems is estimated to require 1,250 direct labor-hours. If the 80 percent cumulative learning curve is used, then the *average* for two units is estimated to be 1,000 hours (.80 × 1,250 hours), a total of 2,000 hours for both units. Thus, the second unit takes 750 hours to produce (750 = 2,000 − 1,250). Four units would take an average of 800 hours each (.80 × 1,000 hours), or a total of 3,200 hours. This means that a total of 1,200 hours (3,200 − 2,000) must be expended to produce the third and fourth units.

Mathematically, the learning curve effect can be expressed as:[1]

$$Y = aX^b$$

where

Y = *Average* number of labor-hours required for X units.
a = Number of labor-hours required for the first unit.
X = Cumulative number of units produced.
b = Index of learning equal to the log of the learning rate divided by the log of 2; for the example with an 80 percent cumulative learning rate, $b = -.322$.

Thus, the number of labor-hours from the National Electronics example could be derived as follows:

	Number of Labor-Hours			
X	Average (Y)	Total	Marginal	Computations
1	1,250	1,250	1,250	
2	1,000	2,000[a]	750[b]	$Y = 1{,}250 \times (2^{-.322}) = 1{,}000$
3	878	2,634[a]	634[b]	$Y = 1{,}250 \times (3^{-.322}) = 878$
4	800	3,200	566	$Y = 1{,}250 \times (4^{-.322}) = 800$
⋮	⋮	⋮	⋮	⋮
8	640	5,120		$Y = 1{,}250 \times (8^{-.322}) = 640$

[a] 2,000 = 2 units × 1,000 hours
   2,634 = 3 units ×   878 hours
   etc.
[b]   750 = 2,000 hours − 1,250 hours
   634 = 2,634 hours − 2,000 hours
   etc.

Illustration 10–7 presents the total and average labor-hours required for National Electronics, Inc. The curvilinear nature of the relationship between activity volume and labor-hours shows that the learning effects are large initially but become increasingly smaller as employees learn more about how to make the product.

The function

$$Y = aX^b$$

---

[1] For more detail on accounting applications of learning curves, see F. P. Kollaritsch and R. B. Jordan, "The Learning Curve: Concepts and Applications," in *The Managerial and Cost Accountant's Handbook,* eds. H. A. Black and J. D. Edwards (Homewood, Ill.: Dow Jones-Irwin, 1979), pp. 971–1017; and W. J. Morse, "Reporting Production Costs that Follow the Learning Curve Phenomenon," *The Accounting Review,* October 1972, pp. 761–73.

Illustration 10–7   **Labor-Hours and Volume Graphs, National Electronics, Inc.**

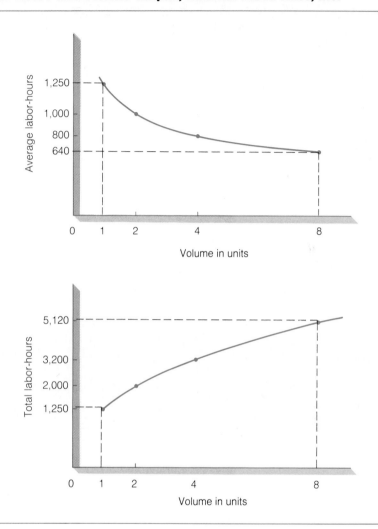

is curvilinear, as shown in Illustration 10–7. The function is linear when expressed in logs because

$$\log Y = \log a + b \log X,$$

so the function is linear when plotted on log-log paper as shown in Illustration 10–8. A good approximation of the average labor-hours required for X units can be obtained from a plot on log-log paper.

Assume that National Electronics, Inc., estimates the variable cost of producing each unit as follows:

Direct materials cost	$40,000 per unit
Direct labor	$20 per hour
Variable manufacturing overhead	$1,000 per unit plus 60 percent of direct labor costs

Illustration 10–8   **Labor-Hours and Volume—Log-Log Relationship**

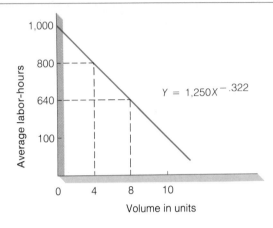

So, the variable manufacturing cost per unit is estimated to be:

Unit No.	Direct Materials	Direct Labor	Variable Manufacturing Overhead	Total Variable Manufacturing Cost of the Unit
1	$40,000	$20 × 1,250 hours = $25,000	$1,000 + (.6 × $25,000) = $16,000	$81,000
2	40,000	$20 × 750 hours = $15,000	$1,000 + (.6 × $15,000) = $10,000	65,000
3	40,000	$20 × 634 hours = $12,680	$1,000 + (.6 × $12,680) = $8,608	61,288
4	40,000	$20 × 566 hours = $11,320	$1,000 + (.6 × $11,320) = $7,792	59,112

Applications of Learning Curves to Accounting

The learning phenomenon applies to time, thus it could affect any costs that are a function of time. Hourly labor costs per unit would be affected, while straight piecework pay per unit would not. Any overhead costs that are affected by labor time would also be affected. For example, if indirect labor is a variable cost, reductions in worker time could result in a reduction in indirect labor.

Whenever costs are estimated, the potential impact of learning should be considered. The learning phenomenon can affect costs used in inventory valuation, costs used in decision making, and costs used in performance evaluation.

Inventory Valuation.   Failing to recognize learning effects can have some unexpected consequences, as shown in this example. Suppose production of a new product starts in January and continues through the year. The direct materials cost is $10 per unit throughout the year. Because of learning, the labor-

Illustration 10–9   **Effect of Learning On Inventory Valuation**

		Unit Inventory Value		
			December	
	January	**Is**		**Should Be**
Direct materials	$10	$10		$10
Direct labor	16 (= 1 hour × $16)	4 (= .25 hour × $16)		4
Manufacturing overhead applied	8 (= 1 hour × $8)	2 (= .25 hour × $8)		8
	$34	$16		$22

hours (cost) per unit drops from 1 hour, at $16 per hour, in January to .25 hour in December. Manufacturing overhead, which is all fixed, is $8,000. The accountants estimate that 1,000 units will be produced in January, requiring 1,000 direct labor-hours, so they apply this overhead to units at the rate of $8 per hour for inventory valuation. This same rate is (mistakenly) used throughout the year. In December of the same year, 1,000 units were produced, requiring only 250 direct labor-hours. Fixed manufacturing overhead was $8,000. As shown in Illustration 10–9, the overhead was applied at $8 per hour, which turned out to be only $2 per unit. The amount of overhead applied per unit should have been $8 per unit, like it was in January.

Decision Making. AAA Company is considering producing a new product. Fixed costs would be unaffected by the product. The variable cost of making and selling the first unit of the product is $40 per unit, while the selling price is $38. At first glance, the product appears unprofitable because it doesn't even cover variable costs. However, because of learning, the variable cost will drop from $40 to $20 by the end of the first year of production, making it much more profitable.

Performance Evaluation. First National Bank has developed labor time and cost standards for some of its clerical activities. These activities were subject to the learning curve phenomenon. The bank management observed that time spent on these activities systematically exceeded the standard. Upon investigating the problem, management found high personnel turnover, which meant the activities were carried out by inexperienced people. After changes were made in personnel policy, personnel turnover was reduced and the jobs were staffed with more experienced people. Hence, the time spent on clerical activities no longer exceeded standards.

Summary   Accurate cost estimation helps management to make informed decisions concerning the incurrence of future costs and how future costs may vary if conditions change. This chapter discusses four methods of cost estimation: (1) account analysis, (2) engineering estimates, (3) scattergraph and high-low estimates, and (4) statistical methods (usually employing regression analysis). Different methods of estimation are likely to produce different estimates of costs. Consequently, it is often desirable to use more than one approach and to permit management to apply its own best estimate to those arrived at by the controller's staff.

Account analysis calls for the identification of costs and judgment determination of whether a cost is fixed or variable in relation to the activity concerning which a decision is being made. Knowledge of the decision context and of the way an organization's costs relate to cost objects is very important. Once the fixed and variable portions are estimated, the total cost can be estimated by adding the fixed portion to the product of the variable portion per activity level and the activity level. The advantages of the method are its relative ease of application and its use of managerial experience and judgment. The disadvantage is that heavy reliance on judgmental decisions may cause estimates to be biased toward the decision makers' personal biases or perceptions. Classification of cost behavior can be incorporated into the chart of accounts coding scheme to help facilitate future preparation of cost estimates.

Engineering estimates involve careful measurement of the actual cost-causing process. An engineer breaks the process into parts and compares what he observes to standards, specifications, and established scientific relationships. Based on these comparisons, the engineer is able to forecast what costs may be in the future given certain conditions. One form of the engineering approach to cost estimation is the time-and-motion study. The advantage of the engineering approach is that it can detail each step required to perform an operation. This provides a useful means of reviewing a company's total manufacturing process. Disadvantages are that the engineering approach is often quite expensive and that engineering estimates are often based on particular past conditions that may not occur in the future.

Scattergraphs and high-low estimates use past cost behaviors and their relation to some activity measure to estimate future costs given a specific activity level. This approach (and any other approach that uses past data) is limited to future estimates that are made within the relevant range of past activity levels. A scattergraph is a plotting of past costs along the vertical axis and of some activity measure along the horizontal axis. If the points fall into a roughly linear pattern, a line can be estimated to fit these points.

One method of determining the line is the high-low method. The high-low method takes the cost difference between the highest and lowest activity levels and divides it by the difference in activity levels. This gives the slope of the line connecting the cost point at the highest activity level with the cost point at the lowest activity level. The slope represents the estimated variable cost per unit. Estimated fixed cost is determined by taking the total cost at either the highest or lowest activity level and subtracting from it the variable cost at that level. This approach is useful as an easy-to-apply method to derive cost estimates and to illustrate graphically cost behavior at different activity levels. It has the advantage of overcoming the subjectivity of the account analysis approach and the complexity of the engineering approach while still being simple to apply. Disadvantages include a tendency to project costs beyond the relevant range and the possibility of the highest and lowest points being unrepresentative of typical operating conditions.

The primary statistical method is called ordinary least squares regression. Like the scattergraph approach, past data are used, but unlike the high-low approach to estimating costs, all of the data points are used to estimate future variable and fixed costs at expected activity levels. In addition to cost estimates, regression is able to provide a number of additional statistics that aid in the estimate.

The focus of the regression portion of the chapter is on obtaining a basic understanding of the approach and the initial cost estimation from regression output provided by computers or calculators. Data are plotted on a scattergraph, and a mathematically determined line of best fit (minimal variation) is formed. Care must be used to find any unrepresentative outliers and to restrict cost estimates to the relevant range. It is also important to understand how independent variables (predictors) are used and how their relationship to the dependent variable (the cost to be estimated) helps to arrive at a regression equation. The correlation coefficient (R) and the adjusted R-square help to indicate the amount of the cost variation that is explained by the predictors. Simple regression uses only one predictor, while multiple regression uses more than one predictor to help explain a particular cost.

A common nonlinear relationship between costs and activity is the systematic relation between labor time and experience. This learning curve phenomenon implies that unit costs go down as more and more units are made (up to a point) because labor time per unit decreases. The potential impact of the phenomenon should be considered whenever costs are estimated.

Terms and Concepts

The following terms and concepts should be familiar to you after reading this chapter.

Account Analysis	Intercept and Slope of Cost Line
Adjusted *R*-square	Learning Curves
Correlation Coefficient	Learning Phenomenon
Dependent Variable	Multicollinearity
Engineering Estimates	Predictors
Estimate	Regression
Fixed Cost	Relevant Range
High-Low Cost Estimation	Scattergraph
Independent Variable	Variable Cost

Note: The self-study problem for this chapter follows the appendix.

Appendix: Technical Notes on Regression

This appendix discusses some of the practical implementation and technical problems that often arise when regression analysis is used.

Practical Implementation Problems

Computers and hand-held calculators have greatly simplified regression analysis and made it available to more people. Consequently, this method has been increasingly used and potentially misused. In particular, people may be tempted

Illustration 10-10   **Effect of Fitting a Linear Model to Nonlinear Data**

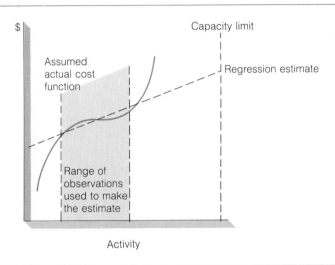

to enter many variables into a regression model without careful thought to their validity. The results can be disastrous.

Some of the more common problems with using regression estimates include: (1) attempting to fit a linear equation to nonlinear data, (2) failing to exclude outliers, and (3) including predictors with apparent but spurious relationships.

Effect of Nonlinear Relationships.   The effect of attempting to fit a linear model to nonlinear data is likely to be seen when a company is operating close to capacity limits. Close to maximum capacity, costs accelerate more rapidly than activity due to shift differentials and overtime premiums paid to employees, increased maintenance and repair costs for equipment, and similar factors. The linear cost estimate understates the slope of the cost line in the ranges close to capacity. This situation is shown in Illustration 10–10.

One way to overcome the problem would be to define a relevant range of activity up to, say 80 percent capacity, and use the range for one set of cost-estimating regression equations. Another equation could be derived for the 81 percent to 100 percent capacity levels.

Another approach is to use nonlinear regression techniques to estimate the curve directly. However, nonlinear regression does not provide a constant variable cost estimate—the estimate is different at each level.

Effect of Outliers.   Because regression seeks to minimize the sum of the squared deviations from the regression line, observations that lie a significant distance away from the line may have an overwhelming effect on the regression estimates. Illustration 10–11 shows a case in which most of the data points lie close to a straight line, but due to the effect of one significant outlier, the computed regression line is a significant distance from most of the points.

This kind of problem can easily arise in accounting settings. Suppose a year's

Illustration 10–11   **Effect of Failure to Exclude Outliers**

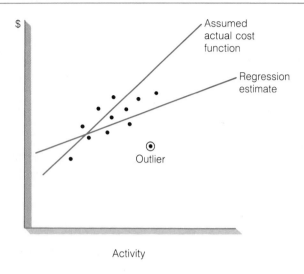

worth of supplies was purchased and expensed entirely in one month, or a large adjustment was made for underaccruing payroll taxes. The accounting records in such cases are clearly abnormal with respect to the activity measure. An inspection of a plot of the data can sometimes reveal this problem.

When an extreme outlier appears in a data set, scrutiny of the output from the regression equation will rarely identify it. Instead, a plot of the regression line on the data points is usually needed. If multiple predictors are used, an outlier will be even more difficult to find. The best way to avoid this problem is to examine the data in advance and eliminate highly unusual observations *before* running the regression.

Spurious Relationships. It is sometimes tempting to feed the computer a lot of data and let the regression program "find" relationships among variables. This can lead to spurious relationships. For example, there may appear to be a relationship between Variable 1 and Variable 2, when, in fact, Variable 3, which was left out of the equation, explains the situation. Early medical studies that found an apparent relationship between smoking and heart disease were criticized because the relationship may have been spurious. Numerous other variables that may have been correlated with both smoking and heart disease, like the patient's diet and emotional characteristics, were left out.

It is important to have a good model for constructing regression equations. A cause-and-effect relation should exist between the predictor variable and the dependent variable. If such a relation does not exist, it is still possible to obtain a good fit and a regression estimate that, on the surface, appears significant. However, there is no assurance that the relation will continue into the future.

For example, there may be a good *statistical* relation between indirect labor costs and energy costs. One might create a regression equation using such a relation and find that the regression explains much of the change in indirect labor costs. However, there is no *logical* relation between the two costs. Both indirect labor and energy costs are driven by inflationary factors, but there is no cause-and-effect relationship between them.

Confidence Intervals for Cost Estimates

When making predictions about future costs, it is almost impossible to develop an estimate that will be exactly equal to the costs that are finally incurred. While it is not possible to eliminate all estimation error, it is possible to place bounds on an estimate so that a decision maker can know the range of likely costs. These bounds are usually expressed in the form of a *prediction interval,* sometimes called a *confidence interval.*

A prediction interval represents a range within which the actual cost is expected to fall a specified percentage of the time. Thus, a 95 percent prediction interval would represent a range within which the actual costs are expected to fall 95 percent of the time. The boundaries of a prediction interval are based on the assumption that the residuals from a regression are normally distributed. If this assumption holds, then the boundaries are equal to the predicted Y value plus or minus the standard error of the estimate of Y times the t-statistic for the specified prediction level. This may be expressed mathematically as:

$$Y \pm t \times SE_Y.$$

The t-statistic would be obtained from a table of Student's $t,$ which can be found in statistics textbooks or in most applications from a computer output. The wider the desired prediction interval, the larger the value of $t,$ all other things equal.

The standard error of estimate (SE_Y) for a simple regression is:

$$SE_Y = SE \sqrt{1 + \frac{1}{n} + \frac{(X' - \overline{X})^2}{\Sigma(X_i - \overline{X})^2}}$$

where

SE = Standard error of the regression.
n = Number of observations.
X' = Value of X for which the estimate is desired.
$\overline{X}$ = Mean of the X values in the data set.
X_i = Value of each X in the data set.

The more distant the specified X value is from the mean, the wider the prediction interval.

For example, assume management of Estimators, Inc., had estimated the overhead costs for 115 direct labor-hours as follows:

$$\begin{aligned}
Y &= \$1,334 + \$12.373 \text{ per DLH} \\
&= \$1,334 + \$12.373 \times 115 \text{ DLH} \\
&= \$2,757
\end{aligned}$$

The computer output for the regression indicated a standard error for the regression of $182. The standard error of estimate for a Y based on 115 direct labor-hours is $192, computed as follows:

$$SE_Y = \$182 \times \sqrt{1 + \frac{1}{15} + \frac{(115 - 91.6)^2}{11,455.6}}$$
$$= \$182 \times \sqrt{1 + .06667 + .04780}$$
$$= \$182 \times 1.05568$$
$$= \underline{\underline{\$192}}$$

The computer would provide the information necessary to construct the prediction interval and, in many cases, would compute the interval itself. In this example, we obtain the following output from the computer (or from a statistics book for the t-statistic):

Standard error of the regression	$182
Standard error of estimate (115 hours)	$192
t-statistic for 95% confidence interval, $n = 15$; $n - 2 = 13$	2.160

The prediction interval is computed as:

$$\$2,757 \pm (\$192 \times 2.160) = \$2,757 \pm \$415$$

The upper limit of the prediction interval is:

$$\$3,172 = \$2,757 + \$415$$

and the lower limit is:

$$\$2,342 = \$2,757 - \$415,$$

which means that we are 95 percent confident that the overhead will be between $2,342 and $3,172 when an activity level of 115 direct labor-hours is attained.

Assumptions about the Residuals

The differences between the *estimated* Y values (found on the regression line) and the actual Ys are called *residuals*. If a residual is random, its expected value is zero for any observation. There are three important assumptions about the residuals: (1) the residuals are independent of each other; (2) the variance of the residuals is constant over the range of independent variables; and (3) the residuals are normally distributed. Violation of these assumptions makes certain inferences about confidence intervals and the significance levels of b-estimates questionable.

If the residuals are not normally distributed, the residual for any observation may be statistically related to the residual for another observation. The expected value for the residual is not zero. One such condition in which residuals are related to each other because observations are related to each other over time is known as *serial correlation* or *autocorrelation*. When the residuals are related to each other, the correlation coefficients and the presence of autocorrelation may be tested by using the Durbin-Watson statistic, which is usually provided on the output when regression is run on a computer. Another approach is to obtain a plot of the residuals over time from the regression program. If there is a pattern in the plotted residuals, then an autocorrelation problem exists.

Heteroscedasticity.   The variance in cost data may not be constant over all levels of costs. This condition is known as *heteroscedasticity*.

To determine if heteroscedasticity is present, a plot of the residuals over different values of Y is needed. If the scatter of residuals is not constant over these Y values, the assumption of constant variance may be rejected. The problem may be cured by transforming the variables (Xs and Ys) to their logarithms or square roots, or by constructing a regression with a new set of variables. Alternatively, one might adjust the confidence intervals at different activity levels.

We mention these assumptions because they are often violated in cost data. Consequently, we should be careful about the inferences that we draw from regressions. You should consult statistics books for more information about how to deal with violations of these assumptions.

Prediction Intervals for the *b*s

In many cases, it may be desirable to determine if the bs are significantly different from zero. The t-statistic is used to test for the significance of bs.

To test whether the computed b is statistically different from zero, a t-statistic is computed. This t is simply the value of b divided by its standard error (SE_b). For the data used in the simple regression for Estimators, Inc., the t-statistic for the coefficient is:

$$t = \frac{b}{SE_b}$$
$$= \frac{12.373}{1.703}$$
$$= 7.265,$$

where the SE_b of 1.703 is given by the computer output. As a rule of thumb, a t of 2.0 or better may usually be considered significant. We reject the hypothesis that the regression results are due to chance and that the true value of b is zero.

To construct a 95 percent confidence interval around b, we would take the computed b and add or subtract the appropriate t value for the 95 percent confidence interval times the standard error of b. The confidence interval is:

$$b \pm t \times SE_b$$

The computer output for this example gives $SE_b = 1.703$.

The value of t for a 95 percent confidence interval may be obtained from a table of t values in a statistics book.

$$t_{SE_b} = 2.160$$

Hence, the confidence intervals are:

$$b \pm 2.160 \times 1.703$$
$$= b \pm 3.678$$

With b equal to \$12.373, the upper limit would be:

$$\$16.051 \text{ (that is, } \$12.373 + \$3.678),$$

while the lower confidence limit would be:

$$\$8.695 \text{ (that is, } \$12.373 - \$3.678).$$

We would be 95 percent confident that the variable cost coefficient is between \$8.695 and \$16.051. These limits are quite wide. To narrow the limits, it is necessary to construct a better-fitting regression.

Self-Study Problem: Propylon Textiles*

Propylon, the wonder fabric of the 1980s, was the brain child of Henry Carr, scion of an old banking family. Pursuing this special interest in polymers as a chemistry graduate student, Carr had created a synthetic compound whose polymer threads were far superior to any of the synthetics in the textile industry. The fabric was crease resistant, wrinkle free, and it simulated the appearance and feel of natural fiber fabrics. Propylon took the world by storm when production began three years ago. In addition to its versatility, propylon is extremely strong and durable, heat resistant, and "breathes" like natural fibers.

By the second year, Propylon Textiles had reached its current production level with 10 product lines. Now, after the third year of production, Natalie Martin, the controller, decided that the company had enough data to merit a detailed analysis of its overhead cost behavior.

The following monthly overhead costs were recorded for the previous two years:

---

* © Michael W. Maher, 1982. Prepared by Jean M. Lim under the supervision of Michael W. Maher.

Cost Data for Propylon Textiles (in thousands)

Month, First Year

	J	F	M	A	M	J	J	A	S	O	N	D
Indirect materials	$ 22	$20	$ 23	$ 24	$ 22	$21	$20	$19	$19	$18	$18	$20
Indirect labor	40	30	40	40	40	30	20	10	10	10	10	20
Lease	12	12	12	12	12	12	12	12	12	12	12	12
Utilities	9	9	8	8	8	7	8	7	8	8	9	9
Power	5	4	5	6	6	5	3	3	3	2	2	4
Insurance	1	1	1	1	1	1	1	1	1	1	1	1
Maintenance	20	6	6	6	6	6	20	6	6	6	6	6
Depreciation	2	2	2	2	2	2	2	2	2	2	2	2
Research and development	7	8	10	9	8	10	6	6	7	4	5	8
Total overhead	$118	$92	$107	$108	$105	$94	$92	$66	$68	$63	$65	$82
Direct labor-hours	36.0	34.2	37.4	37.8	36.4	35.0	33.2	30.8	30.9	29.4	30.0	33.4
Direct labor costs ($)	216.0	205.2	224.4	226.8	218.4	210.0	199.2	184.8	185.4	176.4	180.0	200.4
Machine-hours	45.0	42.6	45.0	47.0	45.2	43.6	41.2	40.0	39.4	37.2	36.5	42.0
Units produced	8.9	8.6	9.2	9.5	8.9	8.6	8.0	7.8	7.6	7.4	7.2	8.1

Month, Second Year

	J	F	M	A	M	J	J	A	S	O	N	D	Two-Year Totals
Indirect materials	$21	$21	$ 23	$ 24	$24	$21	$ 22	$20	$19	$19	$21	$22	$ 503
Indirect labor	20	30	40	50	30	30	30	20	10	10	30	30	630
Lease	12	12	12	12	12	12	12	12	12	12	12	12	288
Utilities	10	10	9	9	8	8	8	8	9	9	10	10	206
Power	5	5	6	7	6	4	5	4	2	2	5	5	104
Insurance	1	1	1	1	1	1	1	1	1	1	1	1	24
Maintenance	20	6	6	6	6	6	20	6	6	6	6	6	200
Depreciation	4	4	4	4	4	4	4	4	4	4	4	4	72
Research and development	6	8	1	9	8	8	7	7	4	5	8	9	171
Total overhead	$99	$97	$102	$122	$99	$94	$109	$82	$70	$68	$97	$99	$2,198
Direct labor-hours	33.2	34.2	36.9	39.6	35.2	34.0	35.2	32.4	30.2	30.4	34.2	35.8	815.8 hours
Direct labor costs ($)	207.5	213.7	230.6	247.5	220.0	212.5	220.0	202.5	188.7	190.0	213.7	223.7	$4,997.4
Machine-hours	43.4	43.2	46.4	50.0	44.2	42.6	43.2	41.2	38.2	37.6	43.8	44.2	1,022.7 hours
Units produced	8.4	8.6	9.1	9.8	8.9	8.4	8.7	8.1	7.7	7.5	8.6	8.9	202.5 units

You are a financial analyst at Propylon Textiles and have been asked by the controller to prepare a report on the firm's overhead cost behavior.

Exhibit A presents some computer output to help you with the analysis.

Exhibit A   **(SSP 1)**

SUBPROBLEM NO. 1:

Dependent Variable = Overhead

Independent variables: DL-hrs., DL cost, M-hrs., units produced

R-square = .8935 R-square adjusted = .8710

Standard error of the regression[a] = 6.2190

Variable Name	No.	Estimated Coefficient	Standard Error[a]	T-Ratio[a] 19 DF
DL-hrs.	1	3.1337	2.7705	1.1311
DL cost	2	.30600	.32961	.92839
M-hrs.	3	.79964	2.0756	.38526
Units produced	4	−.09679	12.539	.00772
Intercept		−111.91	17.246	−6.4892

24 observations

Correlation matrix of coefficients:

Variable

1	.94063			
2	.93340	.96964		
3	.92895	.97321	.96158	
4	.93276	.98177	.97041	.97951
	1 DL-hrs.	2 DL cost	3 M-hrs.	4 units produced

SUBPROBLEM NO. 2:

Dependent variable = Overhead

Independent variable: DL-hrs.

R-square = .8848 R-square adjusted = .8796

Standard error of the regression[a] = 6.0101

Variable Name	No.	Estimated Coefficient	Standard Error[a]	T-Ratio[a] 22 DF
DL-hrs.	1	5.9676	.45910	12.999
Intercept		−111.27	15.654	−7.1079

24 observations

SUBPROBLEM NO. 3:

Dependent variable = Overhead

Independent variable: DL cost

R-square = .8712 R-square adjusted = .8654

Standard error of the regression[a] = 6.3538

Variable Name	No.	Estimated Coefficient	Standard Error[a]	T-Ratio[a] 22 DF
DL cost	2	.91426	.07493	12.201
Intercept		−98.789	15.657	−6.3096

24 observations

SUBPROBLEM NO. 4:

Dependent variable = Overhead

Independent variable: M-hrs.

R-square = .8630 R-square adjusted = .8567

Standard error of the regression[a] = 6.5551

Variable Name	No.	Estimated Coefficient	Standard Error[a]	T-Ratio[a] 22 DF
M-hrs.	3	4.9015	.41645	11.770
Intercept		−117.28	17.796	−6.5902

24 observations

Exhibit A (concluded)	**(SSP 1)**

SUBPROBLEM NO. 5:
Dependent variable = Overhead
Independent variable: Units produced
R-square = .8700 R-square adjusted = .8641
Standard error of the regression[a] = 6.3834

Variable Name	No.	Estimated Coefficient	Standard Error[a]	T-Ratio[a] 22 DF
Units produced	4	23.799	1.9610	12.136
Intercept		−109.22	16.597	−6.5805
24 observations				

[a] Discussed in the chapter appendix.

Required:

a. Using the account analysis method, calculate the monthly average for fixed costs and the variable cost rate per—
   (1) Direct labor-hour.
   (2) Machine-hour.
   (3) Unit of output.

To help you, the controller has classified the various accounts as follows:

Account	**Cost Behavior**
Indirect Materials	Variable
Indirect Labor	Variable
Lease	Fixed
Utilities	Fixed
Power	Variable
Insurance	Fixed
Maintenance	Fixed
Depreciation	Fixed
Research and Development	Fixed

b. Plot direct labor costs against total overhead. Are there any outliers? If so, determine possible causes.

c. Using the high-low method, identify the fixed and variable components for the following activity bases:
   (1) Direct labor-hours.
   (2) Direct labor costs.
   (3) Machine-hours.
   (4) Units of output.

Explain the apparent negative fixed costs.

d. (Appendix) Subproblem 1 in the computer output (Exhibit A) is a multiple linear regression with overhead as the dependent variable and direct labor-hours, direct labor costs, machine-hours, and units of output as independent variables. Explain the paradox between the high adjusted R^2 value and low t-statistics (labeled T-Ratio in the output).

e. Subproblems 2, 3, 4, and 5 in the computer output (Exhibit A) are simple linear regressions with overhead as the dependent variable and independent variables of direct labor-hours, direct labor costs, machine-hours, and units of output, respectively. Select the most appropriate activity base for overhead cost and explain your choice.

f. Plot indirect labor costs against direct labor-hours. What kind of cost behavior pattern do you observe?

g. Using the activity base selected in *(e)*, sketch the overhead cost function. What does this overhead cost function tell you about the relationship between current production levels and capacity?

h. Verify the computer output in Exhibit A for subproblems 1, 2, 3, 4, and 5 by entering the data in a computer or calculator.

Suggested Solution to Self-Study Problem

a.

Indirect materials	$ 503,000
Indirect labor	630,000
Power	104,000
Total variable costs	$1,237,000
Lease	$ 288,000
Utilities	206,000
Insurance	24,000
Maintenance	200,000
Depreciation	72,000
Research and development	171,000
Total fixed costs	$ 961,000

$$\text{Monthly fixed costs} = \frac{\$961,000}{24} = \$40,042$$

$$\text{Variable cost per DLH} = \frac{\$1,237,000}{815,800} = \$1.516$$

$$\text{Variable cost per machine-hour} = \frac{\$1,237,000}{1,022,700} = \$1.210$$

$$\text{Variable cost per unit produced} = \frac{\$1,237,000}{202,500} = \$6.109$$

b.

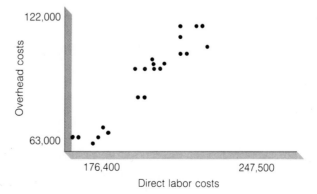

The first observation ($216,000; $118,000) appears to be an outlier. The most probable cause for the higher overhead cost is the relatively higher amount spent on maintenance that month. (Only 23 points are shown because 2 points are the same—namely, February and November of the second year.)

c. (1) Direct labor-hours:

$$V = \frac{\$122{,}000 - \$63{,}000}{39{,}600 - 29{,}400} = \$5.784$$

$$F = \$63{,}000 - \$5.784(29{,}400) = -\$107{,}050$$

(2) Direct labor costs:

$$V = \frac{\$122{,}000 - \$63{,}000}{247{,}500 - 176{,}400} = \$.830$$

$$F = \$63{,}000 - \$.830(176{,}400) = -\$83{,}412$$

(3) Machine-hours:

$$V = \frac{\$122{,}000 - \$65{,}000}{50{,}000 - 36{,}500} = \$4.222$$

$$F = \$65{,}000 - \$4.222(36{,}500) = -\$89{,}105$$

(4) Units of output:

$$V = \frac{\$122{,}000 - \$65{,}000}{9{,}800 - 7{,}200} = \$21.923$$

$$F = \$65{,}000 - \$21.923(7{,}200) = -\$92{,}846$$

The fixed costs appear to be negative because the estimate is made outside the relevant range. The implicit assumption of the above calculations is that unit variable costs are unchanged for all levels of production.

d. (Appendix) The independent variables are correlated to one another, giving rise to the problem of multicollinearity. This causes large standard errors resulting in low t-statistics. Nevertheless, most of the variance in the dependent variable is explained by the fitted line, and hence the high adjusted R-square.

e. Based on the highest adjusted R-square and t-statistic, direct labor-hours would be the most appropriate activity base. Machine-hours may not be appropriate if processes for the various product lines are radically different. Since there are 10 product lines, unit of output would not be a good activity base. In any event, statistical analysis alone is not sufficient for picking the activity base.

f.

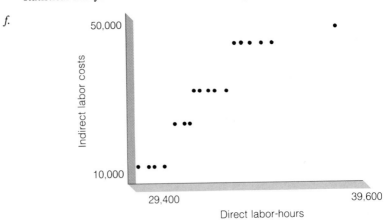

The costs are semifixed or step costs. Note that this is inconsistent with the controller's classification of these costs as "variable costs." (Not all 24 data points are presented because some points are the same in different months; February of the first year is the same as February of the second year, for example.)

g.

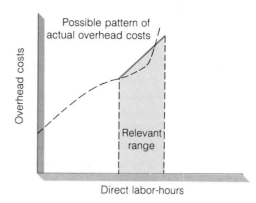

The steepness of the overhead function within the relevant range seems to imply that the firm is currently operating at capacity and is facing increasing marginal costs. In the long run, the company should seriously consider capacity expansion.

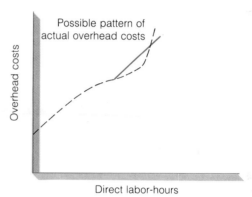

h. See output in Exhibit A.

Questions

10–1. Which method of cost estimation is not usually based on company records?

10–2. The following costs are labeled fixed or variable according to a typical designation in accounting. Identify the circumstances under which any of these costs would behave in a manner opposite to that listed:
   a. Direct labor—variable.
   b. Equipment depreciation—fixed.
   c. Utilities (with a minimum charge)—variable.
   d. Supervisory salaries—fixed.
   e. Indirect materials purchased in given sizes that become spoiled within a few days—variable.

10–3. What is the connection between the relevant range and the range of observations included in a data set for cost-estimation purposes?

10–4. Why would a long-time executive prefer account analysis to statistical cost-estimation methods?

10–5. If one simply wishes to prepare a cost estimate using regression analysis and enters data into a program to compute regression estimates, what problems might be encountered?

10–6. When preparing cost estimates for account analysis purposes, should the costs be extracted from the historical accounting records?

10–7. How can one compensate for the effects of price instability when preparing cost estimates using high-low or regression techniques?

10–8. Under what conditions would engineering-based cost estimates be preferred to other estimation techniques?

10–9. When using cost-estimation methods based on past data, what are the trade-offs between gathering more data and gathering less?

10–10. The scatter diagram and the regression methods seem to go hand in hand. Why?

10–11. (Appendix) What considerations need to be included when constructing a confidence interval for a specific cost estimate (Y)?

10–12. What problems might arise when multiple independent variables are used?

10–13. (Appendix) A decision maker is interested in obtaining a cost estimate based on a regression equation. There are no problems with changes in prices, costs, technology, or relationships between activity and cost. Only one variable is to be used. What caveats might be in order if a regression is prepared for this purpose?

10–14. When using past data to predict a cost that has fixed and variable components, it is possible to have an equation with a negative intercept. Does this mean that at a zero production level the company will make money on its fixed costs? Explain.

Exercises

10–15. Account Analysis Cost Estimation

The accounting records of a company report the following manufacturing costs for the past year:

Direct materials	$210,000
Direct labor	241,500
Manufacturing overhead	372,800

Production was 70,000 units. Fixed manufacturing overhead was $240,000.

For the coming year, the direct materials costs are expected to increase by 20 percent, excluding any effects of volume changes. Direct labor rates are scheduled to increase by 10 percent. Fixed manufacturing overhead is expected to increase 7.5 percent, and variable manufacturing overhead per unit is expected to remain the same.

Required:

a. Prepare a cost estimate for an activity level of 80,000 units of product this year.

b. Determine the costs per unit for last year and for this year.

c. What actions might be taken to assure profits are not reduced because costs are increasing?

10–16. Account Analysis Cost Estimation

The accounting records of a company indicate the following manufacturing costs were incurred in the past year:

Direct materials	$575,000
Direct labor	479,000
Manufacturing overhead	726,000

These costs were incurred to produce 50,000 units of product. Fixed manufacturing overhead amounts to $475,000.

For the coming year, the direct materials costs are expected to increase by 10 percent per unit. Direct labor costs are due to increase by 15 percent per unit. Variable manufacturing costs are expected to remain constant per unit, while fixed manufacturing overhead is expected to increase by 5 percent.

Required:

a. Next year's production is estimated to be 65,000 units. Prepare a cost estimate for this activity level.

b. Determine the costs per unit for last year and this year.

10–17. High-Low Cost Estimates

During the past five years, operations at a company have remained relatively stable. Over this time, the following data are available from the accounting records:

Item	Highest Amount	Lowest Amount
Marketing costs	$ 213,600	$ 129,300
Dollar sales	4,103,200	2,130,400

Required:

a. Use the high-low method to estimate the fixed and variable portion of the company's marketing costs.

b. Estimate the marketing costs for a sales volume of $3,750,000.

c. If you were told that sales are going to increase by 10 percent, how much would you expect marketing costs to increase?

10–18. Linear Cost Estimates

The National Airlines Company provides you with the following cost data for maintenance work on its fleet of airplanes:

Hours Operated Per Month	Maintenance Cost ($ millions)
5,000	$1.2
7,000	1.4
9,000	1.6

Required:

a. Estimate the fixed cost per month and the variable cost per hour.

b. What would be National's estimated costs if they fly 8,000 hours this month? 10,000 hours?

10–19. Estimating Cost Behavior

The Flint Plant of REM Company manufactures motorcycles. Plant management wants to estimate overhead costs to plan its operations. A recent trade publication revealed that overhead costs tend to vary with direct labor-hours and/or direct materials costs. To check this, they collected the following data for the past 12 months:

Month No.	Direct Labor-Hours	Direct Materials Cost	Overhead Costs
1	175	$4,750	$4,500
2	170	4,600	4,225
3	160	4,200	3,780
4	190	5,900	5,250
5	175	4,600	4,800
6	200	5,250	5,100
7	160	4,350	4,450
8	150	4,350	4,200
9	210	6,000	5,475
10	180	4,950	4,760
11	170	4,450	4,325
12	145	3,800	3,975

Required:

a. Use the high-low method to estimate the fixed and variable portions of overhead costs based on direct labor-hours.

b. If the plant is planning to operate at a level of 200 direct labor-hours next period, what would be the estimated overhead costs? (Assume no inflation.)

10–20. Preparing a Scattergraph

Prepare a scattergraph based on the data in exercise 10–19.

10–21. Interpreting Regression Data: Simple and Multiple Regression

Regression results from the data of **REM Company** (exercise 10–19) are as follows:

Equation:	
Overhead = $348.17 + ($24.298 × Direct labor-hours)	
Statistical data:	
Correlation coefficient	.904
R-squared	.818

Regression results from applying multiple regression to both direct labor-hours and direct materials cost are as follows:

Equation:	
Overhead = $694.24 + $9.1840 × DLH + .47833 × Direct materials cost	
Statistical data:	
Correlation coefficient	.935
R-squared	.874

Required:

a. Prepare an estimate of overhead if the company expects to use 200 DLH for the next period. (Use the simple regression.)

b. Use the multiple regression results to prepare an estimate of overhead costs for the coming period. Assume that management predicts the direct materials cost to be $5,150 for the coming period.

c. Comment on which method is appropriate under the circumstances.

10–22. Using Regression Results—Multiple-Choice

Alpha Company is making plans for the introduction of a new product that it will sell for $6 a unit. The following estimates have been made for manufacturing costs on 100,000 units to be produced the first year:

Direct materials	$50,000
Direct labor	$40,000 (the labor rate is $4 an hour × 10,000 hours)

Manufacturing overhead costs have not yet been estimated for the new product, but monthly data on total production and overhead costs for the past 24 months have been analyzed using simple linear regression. The following results were derived from the simple regression and will provide the basis for overhead cost estimates for the new product.

Simple Regression Analysis Results

Dependent variable—Factory overhead costs
Independent variable—Direct labor-hours

Computed values:	
Intercept	$40,000
Coefficient of independent variable	$ 2.10
Coefficient of correlation	.953
R^2	.908

Required:

a. What percentage of the variation in overhead costs is explained by the independent variable?

(1) 90.8 percent.
(2) 42 percent.
(3) 48.8 percent.
(4) 95.3 percent.
(5) Some other amount.

b. The total overhead cost for an estimated activity level of 20,000 direct labor-hours would be:

(1) $42,000.
(2) $82,000.
(3) $122,000.
(4) $222,000.
(5) Some other amount.

c. What is the expected contribution margin per *unit* to be earned during the first year on 100,000 units of the new product? (Assume all marketing and administrative costs are fixed.)

(1) $4.49.
(2) $4.89.
(3) $0.30.
(4) $5.10.
(5) Some other amount.

d. How much is the variable manufacturing cost per *unit,* using the variable overhead estimated by the regression (and assuming direct materials and direct labor are variable costs)?

(1) $.90.
(2) $1.11.
(3) $1.50.
(4) $3.
(5) Some other amount.

e. What is the manufacturing cost equation implied by these results, where x refers to *units* produced?

(1) TC = $40,000 + 1.11x$.
(2) TC = $40,000 + 3.00x$.
(3) TC = $130,000 + 2.10x$.
(4) Some other equation.

(CMA adapted)

10–23. Using Cost Estimates in Decisions

A company manager wants to estimate the costs to make certain packaging materials rather than purchase packaging material from an outside supplier. A special machine will be required. The machine will be housed in some unused space in the company's existing production area. The machine can be rented for $200 per 40-hour week.

In addition, a machine operator will be paid $7.50 per hour for the hours required to make the packaging. The machine can produce 100 units per hour.

The manager has prepared the following estimates of the costs per hundred units of packaging material manufactured in the company plant. These estimates are:

Direct materials	$14.20
Direct labor	7.50
Labor fringe benefits	2.00
Machine rental	5.00
Power to run machine	1.10
Other variable overhead	.35
Factory space costs	3.80
Total cost to make	$33.95

Comparing this amount to the purchase cost of $32 per hundred units, the manager concludes that the company should buy the units rather than make them.

Required:

Would your recommendation be the same as the manager's? Why or why not?

10–24. Interpreting Regression Data

The advertising manager of a company wants to know if the company's advertising program is successful. The manager used a pocket calculator to estimate the relation between advertising expenditures (the independent variable) and sales dollars. Monthly data for the past two years were entered into the calculator. The regression results indicated the following equation:

$$\text{Sales dollars} = \$845,000 - \$520 \times \text{Advertising}$$
$$\text{Correlation coefficient} = -.902$$

These results might imply that the advertising was reducing sales. The manager was about to conclude that statistical methods were so much nonsense when you walked in the room.

Required:

Help the manager. What might cause the negative relationship between advertising expenditures and sales?

10–25. Interpreting Regression Results

While preparing cost estimates of factory overhead, the controller suggested the use of regression analysis as one method of estimation. It was decided that the factory overhead could best be estimated using direct labor costs. Data were gathered for the past two years and entered into a regression program. The following output was obtained:

Equation:	
Intercept	$21,405
Slope	1.150
Statistical data:	
Correlation coefficient	.872
R-square	.760
Adjusted R-square	.731

The company is planning to operate at a level of $24,000 of direct labor costs per month for the coming year.

Required:

a. Use the regression output to write the overhead cost equation.

b. Based on the cost equation, compute the estimated overhead cost per month for the coming year.

10–26. Learning Curves

General Affairs manufactures high-technology instruments for spacecraft. The company recorded the following costs subject to a 75 percent cumulative learning effect.

Cumulative No. of Units Produced, X	Average Manufacturing Costs per Unit
1	$1,333
2	1,000
4	?
8	?
16	?

Required:

Complete the chart by filling in the cost amounts for volumes of 4, 8, and 16 units.

10–27. Learning Curves

European Electronics estimates the variable cost of producing each unit of a product as follows:

Materials	$2,000 per unit
Direct labor	$30 per hour
Variable overhead	$500 per unit plus 80 percent of direct labor costs

The first unit requires 100 hours to make. Labor time is subject to an 80 percent cumulative learning curve, therefore, $Y = aX^{-.322}$.

Required:

Compute the costs of making two units, three units, and four units.

10–28. Interpreting Regression Data (Appendix)

The following output was obtained from a regression program used to estimate personnel department costs as a function of the number of employees in a company:

Equation:	
Personnel costs = $5,310 + $408 × Employees	
Statistical data:	
Correlation coefficient	.923
(R-squared)	.852
Adjusted R-square	.834
Standard error of slope	34.250
t-statistic for slope	11.912

Monthly data for the past two years were used to construct these estimates. Cost relationships are expected to be the same for the coming period.

Required:

a. Compute the estimated personnel costs for 28 employees.

b. Construct a 95 percent confidence interval for this cost prediction. The standard error of estimate is $582.30. (Use $t = 2.074$.)

c. Construct a 95 percent confidence interval for the slope coefficient. (Use $t = 2.074$.)

Problems

10–29. Regression Results— Process Costing

(Knowledge of equivalent units is required for this problem.) Management of Waverly Processing, Inc., wants to obtain better cost estimates to evaluate the company's operations more satisfactorily. As a new management trainee, you recall some of the cost-estimation techniques discussed in cost accounting and suggest that these techniques may be useful in this situation.

The following data are given to you for analysis purposes:

Month	Equivalent Production	Total Overhead
1	1,425	$12,185
2	950	9,875
3	1,130	10,450
4	1,690	15,280
5	1,006	9,915
6	834	9,150
7	982	10,133
8	1,259	11,981
9	1,385	12,045
10	1,420	13,180
11	1,125	11,910
12	980	10,431

Last month, the beginning work in process inventory contained 1,000 units that were 65 percent complete with respect to conversion costs. The manufacturing department transferred out 1,500 units last month. There were 1,200 units in ending inventory, and these units were 30 percent complete with respect to conversion costs.

Using the above information, you go to the regression program in your computer and obtain the following output:

Equation:	
Intercept	$3,709
Slope	6.487
Statistical data:	
Correlation coefficient (R)	.956
Adjusted R-square	.904

Required:

a. Use the high-low method to estimate the overhead cost function.

b. Use the regression method to estimate the overhead cost function.

c. Compute the equivalent units of production with respect to conversion costs for last month.

d. Use the regression results to estimate the overhead costs for last month.

10–30. Overhead Cost Estimation Using High-Low, Scattergraph, and Regression

The Franklin Plant of the Ramon Company manufactures electrical components. Plant management has experienced difficulties fluctuating monthly overhead costs. Management wants to be able to estimate overhead costs accurately to plan its operations and its financial needs. A trade association publication reports that for companies manufacturing electrical components, overhead tends to vary with machine-hours.

A member of the controller's staff proposed that the behavior pattern of these overhead costs be determined to improve cost estimation.

Another staff member suggested that a good starting place for determining cost behavior patterns would be to analyze historical data.

Following this suggestion, monthly data were gathered on machine-hours and overhead costs for the past two years. There were no major changes in operations over this period of time. The raw data are as follows:

Month No.	Machine-Hours	Overhead Costs
1	20,000	$84,000
2	25,000	99,000
3	22,000	89,500
4	23,000	90,000
5	20,000	81,500
6	19,000	75,500
7	14,000	70,500
8	10,000	64,500
9	12,000	69,000
10	17,000	75,000
11	16,000	71,500
12	19,000	78,000
13	21,000	86,000
14	24,000	93,000
15	23,000	93,000
16	22,000	87,000
17	20,000	80,000
18	18,000	76,500
19	12,000	67,500
20	13,000	71,000
21	15,000	73,500
22	17,000	72,500
23	15,000	71,000
24	18,000	75,000

These data were entered into a computer regression program. The following output was obtained:

Coefficient of correlation	.9544
R-square	.9109
Coefficients of the equation:	
Intercept	39,859
Independent variable (slope)	2.1549

Required:

a. Use the high-low method to estimate the Franklin Plant overhead costs.

b. Prepare a scattergraph showing the overhead costs plotted against machine-hours.

c. Use the results of the regression analysis to prepare the cost-estimation equation and to prepare a cost estimate for 22,500 machine-hours.

(CMA adapted)

10–31. Cost Estimates Using Account Analysis, Simple and Multiple Regression

Mountain View Outdoor Products Corporation has prepared a schedule of estimated overhead costs for the coming year. This schedule was prepared on the assumption that production would equal 80,000 units. Costs have been classified as fixed or variable according to the judgment of the controller.

The following overhead items and the classification as fixed or variable form the basis for the overhead cost schedule:

Item	Total Cost
Indirect materials	$ 37,500 (all variable)
Indirect labor	194,200 ($171,000 fixed)
Building occupancy	236,420 (all fixed)
Power	27,210 (all variable)
Equipment depreciation	181,000 (all fixed)
Equipment maintenance	24,330 ($8,500 fixed)
Personal property taxes	14,100 ($6,350 fixed)
Data processing	11,220 ($9,470 fixed)
Technical support	16,940 (all fixed)
Total estimated overhead	$742,920

In the past, the overhead costs have been related to production levels. However, price instability has led management to suggest that explicit consideration be given to including an appropriate price index in the cost equation. While management realizes that to estimate future costs using a regression model that includes both production and a price index as independent variables requires predicting a future value not only for production but for the price index as well, at least some recognition would be given to the dramatic price changes that have been experienced in the past few years. For cost-estimation purposes, it is assumed that the next value of the index will be the same as the last period value of the index.

Following management instructions, data were gathered on past costs, production levels, and an appropriate price index. These data are:

Overhead Costs	Production (units)	Price Index
$718,480	62,800	89
735,110	72,800	90
768,310	93,400	93
717,670	56,900	95
715,960	58,800	98
726,880	69,000	100
753,420	87,000	101
777,640	98,000	103
720,410	59,200	103
718,100	62,600	106
736,800	73,100	108
714,220	60,400	113

There have been no significant changes in operations over the period covered by these data nor are there any significant changes expected in the coming period.

When the data above were entered into a regression program using only the production level as the independent variable, the following results were obtained:

Equation:
  Overhead = $626,547 + $1.504 × Production (units)
Statistical data:
Correlation coefficient	.988
R-squared	.976
Adjusted R-square	.974

When both predictors were entered in the regression program, the following results were obtained:

MULTIPLE REGRESSION RESULTS:

Equation:
 Overhead = $632,640 + ($1.501 × Production) − ($59.067 × Index)

Statistical data:
 Correlation coefficient (multiple R)   .988
 R-square   .976
 Adjusted R-square   .972

Correlation matrix:

	Production	Index
Production	1.00	−.087
Index	−.087	1.00

Required:

a. Prepare a cost-estimation equation, using the account analysis approach.

b. Use the high-low method to prepare a cost estimate for the activity expected in the coming period.

c. Prepare a cost estimate using simple linear regression.

d. Use the multiple regression results to prepare an estimate of overhead costs for the coming period.

e. Comment on which method you think is more appropriate under the circumstances.

10–32. Simple Regression—Effect of Data Problems

Your company is preparing an estimate of its production costs for the coming period. The controller estimates that direct materials costs are $7.35 per unit and that direct labor costs are $15.40 per hour. Overhead is applied on the basis of direct labor costs. However, estimating total overhead is difficult.

The controller's office estimated overhead costs at $300 for fixed costs and $12 per unit for variable costs. Your nemesis on the staff, Farleigh O. Tuvvit, suggested that the company use the regression approach. Farleigh has already done the analysis on a home computer and reports that the "correct" cost equation is:

Overhead = $883 + $10.70 per unit

Farleigh further reports that the correlation coefficient for the regression is .82 and says, "With 82 percent of the variation in overhead explained by the equation, it certainly should be adopted as the best basis for estimating costs."

When asked for the data used to generate the regression, Farleigh produces the following list:

Month	Overhead	Unit Production
1	$4,762	381
2	5,063	406
3	6,420	522
4	4,701	375
5	6,783	426
6	6,021	491
7	5,321	417
8	6,133	502
9	6,481	515
10	5,004	399
11	5,136	421
12	6,160	510
13	6,104	486

The company controller is somewhat surprised that the cost estimates would be so different. You have, therefore, been given the task of checking out Farleigh's equation.

Required:

Analyze Farleigh's results and state your reasons for supporting or rejecting Farleigh's cost equation.

10–33. Multiple Regression Interpretation (Appendix)

Malibu Products Corporation molds fiberglass into automobile bodies that are replicas of antique cars. A major component of the company's overhead is the costs of handling materials used in the molding process. It was suggested at a recent meeting of the controller and the production vice president that past data be reviewed to see if a relationship could be found between the materials-handling costs and some predictor variable. The production vice president suggested that the quantity of materials be used. The controller suggested that the dollar value of the materials be used since the dollar value would explicitly include the effects of price fluctuations. It was also noted in the discussion that some of the materials-handling costs seem to vary with the number of shipments received in a month.

Data were gathered on materials-handling costs, weight of materials received, dollar value of receipts, and number of shipments. The data were gathered for the past 18 months. Eighteen months ago, the semiautomated materials-handling equipment in use today was installed. Prior to that time, a manual system was in use.

The data appear as follows:

Materials-Handling Costs	Weight of Materials	Dollar Value of Materials	No. of Shipments
$606,000	2,425	$3,031,000	6
491,000	1,790	2,238,000	14
621,000	2,613	3,266,000	21
602,000	2,419	3,084,000	32
561,000	2,110	2,701,000	7
684,000	2,732	3,688,000	9
630,000	2,504	3,305,000	12
681,000	2,915	3,717,000	6
599,000	2,004	2,725,000	15
518,000	1,610	2,222,000	13
539,000	1,824	2,517,000	10
581,000	1,996	2,730,000	8
611,000	2,103	2,934,000	11
713,000	2,741	3,826,000	7
737,000	2,602	3,851,000	14
622,000	2,191	3,111,000	9
681,000	2,508	3,674,000	12
599,000	1,941	2,788,000	7

Based on these data, the following regressions are obtained:

REGRESSION 1: Materials-handling costs and weight of materials

Equation:
  Materials-handling costs = $271,610 + $150.80 × Weight

Statistical data:

Correlation coefficient	.863
R-square	.745
Standard error of slope	22.054
t-statistic for slope coefficient	6.838

REGRESSION 2: Materials-handling costs and value of materials

Equation:
  Materials-handling costs = $236,790 + .123 × Value

Statistical data:

Correlation coefficient	.975
R-square	.950
Standard error of slope	.007
t-statistic for slope coefficient	17.438

REGRESSION 3: Materials-handling costs and shipments

Equation:
  Materials-handling costs = $628,680 − $1,127.8 × Shipments

Statistical data:

Correlation coefficient	.109
R-square	.012
Standard error of slope	2,578.4
t-statistic for slope coefficient	−.437

After reviewing the above regressions, it was decided that a multiple regression including the dollar value of materials and the weight of materials might be more useful. The results of that regression were:

REGRESSION 4

Equation:
  Materials-handling cost = $251,760 + (.176 × Value) − ($78.50 × Weight)

Statistical data:

Correlation coefficient	.987	
R-square	.973	
Standard error of coefficients:		
Value	0.154	t-statistic 11.412
Weight	21.385	t-statistic −3.671

Correlation matrix

	Weight	Value
Weight	1.00	.94
Value	.94	1.00

Required:

a. Prepare the cost estimate for handling 2,600 units of weight at a cost of $4,005,000, using each relevant regression.

b. Which regression would you recommend, if any? Why?

10–34. Regression Analysis—Multiple-Choice (Appendix)

Armer Company is accumulating data to prepare its annual profit plan for the coming year. The behavior pattern of the maintenance costs must be determined. The accounting staff has suggested that regression be employed to derive an equation in the form of $y = a + bx$ for maintenance costs. Data regarding maintenance-hours and costs for last year and the results of the regression analysis are as follows:

	Hours of Activity	Maintenance Costs
January	480	$ 4,200
February	320	3,000
March	400	3,600
April	300	2,820
May	500	4,350
June	310	2,960
July	320	3,030
August	520	4,470
September	490	4,260
October	470	4,050
November	350	3,300
December	340	3,160
Sum	4,800	43,200
Average	400	3,600

Average cost per hour (43,200 ÷ 4,800) = $9

Intercept	684.65
b coefficient	7.2884
Standard error of the intercept	49.515
Standard error of the b coefficient	.12126
Standard error of the regression	34.469
R-square	.99724
t-value intercept	13.827
t-value b	60.105

Required:

a. In the standard regression equation of $y = a + bx$, the letter b is best described as the:

   (1) Independent variable.
   (2) Dependent variable.
   (3) Constant coefficient.
   (4) Variable cost coefficient.
   (5) Coefficient of determination.

b. The letter y in the standard regression equation is best described as the:

   (1) Independent variable.
   (2) Dependent variable.
   (3) Constant coefficient.
   (4) Variable coefficient.
   (5) Coefficient of determination

c. The letter x in the standard regression equation is best described as the:

   (1) Independent variable.
   (2) Dependent variable.
   (3) Constant coefficient.
   (4) Variable coefficient.
   (5) Coefficient of determination.

d. If the Armer Company uses the high-low method of analysis, the equation for the relationship between hours of activity and maintenance cost would be:

   (1) $y = 400 + 9.0x$.
   (2) $y = 570 + 7.5x$.
   (3) $y = 3,600 + 400x$.
   (4) $y = 570 + 9.0x$.
   (5) Some other equation.

e. Based upon the data derived from the regression analysis, 420 maintenance-hours in a month would mean the maintenance costs would be budgeted at:

(1) $3,780.
(2) $3,461.
(3) $3,797.
(4) $3,746.
(5) Some other amount.

f. The coefficient of correlation for the regression equation for the maintenance activities is:

(1) 34.469 ÷ 49.515.
(2) .99724.
(3) $\sqrt{.99724}$.
(4) $(.99724)^2$.
(5) Some other amount.

g. The percent of the total variance that can be explained by the regression equation is:

(1) 99.724%.
(2) 69.613%.
(3) 80.982%.
(4) 99.862%.
(5) Some other amount.

h. (Appendix) What is the range of values for the marginal maintenance cost such that Armer can be 95 percent confident that the true value of the marginal maintenance cost will be within this range? (Use $t = 2.23$.)

(1) $7.02–$7.56.
(2) $7.17–$7.41.
(3) $7.07–$7.51.
(4) $6.29–$8.29.
(5) Some other range.

(CMA adapted)

10–35. Learning Curves

Kelly Company plans to manufacture a product called Electrocal, which requires a substantial amount of direct labor on each unit. Based on the company's experience with other products that required similar amounts of direct labor, management believes that there is a learning factor in the production process used to manufacture Electrocal.

Each unit of Electrocal requires 50 square feet of direct material at a cost of $30 per square foot, for a total material cost of $1,500. The standard direct labor rate is $25 per direct labor-hour. Variable manufacturing overhead is assigned to products at a rate of $40 per direct labor-hour. The company adds a markup of 30 percent on variable manufacturing cost in determining an initial bid price for all products.

Data on the production of the first two lots (16 units) of Electrocal is as follows:

1. The first lot of eight units required a total of 3,200 direct labor-hours.

2. The second lot of eight units required a total of 2,240 direct labor-hours.

Based on prior production experience, Kelly anticipates that there will be no significant improvement in production time after the first 32 units. Therefore, a standard for direct labor-hours will be established based on the average hours per unit for units 17–32.

Required:

a. What is the basic premise of the learning curve?

b. Based upon the data presented for the first 16 units, what learning rate appears to be applicable to the direct labor required to produce Electrocal? Support your answer with appropriate calculations.

c. Calculate the standard for direct labor-hours that Kelly Company should establish for each unit of Electrocal.

d. After the first 32 units have been manufactured, Kelly Company was asked to submit a bid on an additional 96 units. What price should Kelly bid on this order of 96 units? Explain your answer.

e. Knowledge of the learning curve phenomenon can be a valuable management tool. Explain how management can apply the learning curve in the planning and controlling of business operations.

(CMA adapted)

10–36. Learning Curves

Xyon Company has purchased 80,000 pumps annually from Kobec, Inc. The price has increased each year and it reached $68 per unit last year. Because the purchase price has increased significantly, Xyon management has asked that an estimate be made of the cost to manufacture pumps in its own facilities. Xyon's products consist of stamping and castings. The company has little experience with products requiring assembly.

The engineering, manufacturing, and accounting departments have prepared a report for management that included the estimate shown below for an assembly run of 10,000 units. Additional production employees would be hired to manufacture the subassembly. However, no additional equipment, space, or supervision would be needed.

The report states that total costs for 10,000 units are estimated at $957,000 or $95.70 a unit. The current purchase price is $68 a unit, so the report recommends a continued purchase of the product.

Components (outside purchases)	$120,000
Assembly labor[a]	300,000
Factory overhead[b]	450,000
General and administrative overhead[c]	87,000
Total costs	$957,000
Fixed overhead	50% of direct labor-dollars
Variable overhead	100% of direct labor-dollars
Factory overhead rate	150% of direct labor-dollars

[a] Assembly labor consists of hourly production workers.

[b] Factory overhead is applied to products on a direct labor-dollar basis. Variable overhead costs vary closely with direct labor-dollars.

[c] General and administrative overhead is applied at 10 percent of the total cost of material (or components), assembly labor, and factory overhead.

Required:

a. Was the analysis prepared by the engineering, manufacturing, and accounting departments of Xyon Company and the recommendation to continue purchasing the pumps, which followed from the analysis, correct? Explain your answer and include any supportive calculations you consider necessary.

b. Assume Xyon Company could experience labor cost improvements on the pump assembly consistent with an 80 percent learning curve. An assembly run of 10,000 units represents the initial lot or batch for measurement purposes. Should Xyon produce the 80,000 pumps in this situation? Explain your answer

(CMA adapted)

10–37. Regression Analysis and Loss Prediction (Appendix)

Johnstar Company makes an expensive chemical product. The costs average about $1,000 per unit of weight, and the material sells for $2,500 per unit of weight. Materials storage is extremely hazardous; therefore, a batch is made each day to fill customers' needs for the day. Failure to deliver the required quantity results in a shutdown for the customers, with a corresponding cost penalty assessed against Johnstar. However, excess chemical on hand at the end of the day must be disposed of in costly, secure facilities.

The chemical increases in weight during processing, but the exact increase varies depending on temperature and pressure conditions as well as on the impurities present in the input materials. It is important for the company to know the final weight from any batch as soon as possible so that a new batch can be started should the expected final weight be smaller than required for customer needs.

A consultant was hired to advise the company on how to estimate the final weight of the product. The consultant recommended that the product be weighed after three hours and that the weight after three hours be used to predict the weight at the end of processing. Based on 20 processed batches, the following observations were made:

Batch No.	Weight at Three Hours	Final Weight	Batch No.	Weight at Three Hours	Final Weight
1	55 units	90 units	11	60 units	80 units
2	45	75	12	35	60
3	40	80	13	35	80
4	60	80	14	55	60
5	40	45	15	35	75
6	60	80	16	50	90
7	50	80	17	30	60
8	55	95	18	60	105
9	50	100	19	50	60
10	35	75	20	20	30

Data obtained from the regression analysis included the following:

R-square	.4126	
Coefficient of correlation	.6424	
Coefficients of the regression:		
Constant	28.6	
Slope	1.008	
Standard error of slope coefficient	.2834	
t-statistic for slope	3.5559	
Standard error of estimate	14.20	(for 70–72 units)

a. Use the results of the regression to calculate the estimate of the final weight of today's batch, which at the end of three hours weighs 42 units.

b. (Knowledge of statistics required) Customer orders for today total 68 units. The smallest batch that can be started must weight at least 20 units at the end of three hours. What factors should be considered in deciding whether to start a new batch?

(CMA adapted)

Integrative Cases

10–38. Cost Estimation—
Account Analysis and
Regression Methods*
—Bayview Manufacturing
Company

(Computer required) Bayview Manufacturing Company is preparing cost estimates for the coming year. The controller's staff prepared a preliminary income statement for the coming year based on an analysis of the various cost accounts and on a study of orders received. The projected income statement appeared as follows:

---

* Adapted from a problem in "Report of the Committee on the Measurement Methods Content of the Accounting Curriculum," *Supplement to Volume XLVI of The Accounting Review.*

Sales revenue		$3,000,000
Cost of sales:		
Direct materials	$1,182,000	
Direct labor	310,000	
Factory overhead	775,000	
Total cost of sales		2,267,000
Gross profit		733,000
Marketing costs		450,000
Projected operating profit		$ 283,000

Bayview produces three products: A, B, and C. A profit per unit for each product has been prepared by management and appears as follows:

	A	B	C
Sale price	$20.00	$10.00	$30.00
Less:			
Direct materials	7.00	3.75	16.60
Direct labor	2.00	1.00	3.50
Factory overhead	5.00	2.50	8.75
Marketing	3.00	1.50	4.50
Net unit profit	$ 3.00	$ 1.25	$ (3.35)

On the basis of this information, the company planning committee decided that as few C should be produced as possible. Moreover, the committee recommended that the company emphasize the production of A, and perhaps start a promotional campaign to increase sales of A.

Before a final recommendation on the plan, the management planning committee asked the controller's office to make certain that these profit numbers were correct.

A review of the controller's recommendations indicated that the controller estimated that 20 percent of the overhead was variable and that 50 percent of the marketing costs were also variable.

Some additional data have been gathered from the accounting records.

First, the units are produced in two departments (molding and finishing). The following production rates indicate the times required to produce each unit in each department:

	A	B	C
Molding	2 per hour	4 per hour	3 per hour
Finishing	4 per hour	8 per hour	4/3 per hour

Direct labor cost and overhead incurred in each department and for the company as a whole over the past 10 years is as follows:

Direct Labor Cost (in thousands)			Overhead Cost (in thousands)		
Molding	**Finishing**	**Total**	**Molding**	**Finishing**	**Total**
$140	$170	$310	$341	$434	$775
135	150	285	340	421	761
140	160	300	342	428	770
130	150	280	339	422	761
130	155	285	338	425	763
125	140	265	337	414	751
120	150	270	335	420	755
115	140	255	334	413	747
120	140	260	336	414	750
115	135	250	335	410	745

Production cost relationships have not changed over this period.

Information on marketing costs for the past 10 years and on the sales of Products A, B, and C for the same period was obtained also. These data are:

Sales (in thousands)				Marketing Costs (in thousands)
Product A	**Product B**	**Product C**	**Total**	
$2,000	$400	$600	$3,000	$450
1,940	430	610	2,980	445
1,950	380	630	2,960	445
1,860	460	620	2,940	438
1,820	390	640	2,850	433
1,860	440	580	2,880	437
1,880	420	570	2,870	438
1,850	380	580	2,810	434
1,810	390	580	2,780	430
1,770	290	610	2,670	425

Required:

a. Comment on the use of the per unit profit measures for planning purposes.

b. Use regression estimates to determine if the estimates of fixed and variable overhead are reasonable.

c. Would you recommend the use of plantwide or departmental overhead rates? Why?

d. Prepare regression estimates of the fixed and variable components of marketing costs.

10–39. Regression Cost Estimation: Cost of Prediction Error

The manager of the chemical processing division of Diamond Products Corporation, a small petrochemical company, is preparing a fixed price bid to process up to 800 units per month of certain feedstocks for a large farm cooperative. All of Diamond's customers have processing agreements that specify the allowed production and processing fee Diamond can charge. Diamond receives the feedstocks, processes them, and then delivers the finished products to the contracting company.

Diamond incurs conversion costs in the process. Diamond's plant has a maximum capacity of 9,000 units per month. In a typical month, usage is less than the full capacity and is expected to run at 7,300 units per month over the period of the contract with the cooperative. The manager knows that the cooperative can obtain similar processing elsewhere for a fee of $3.51 per unit. Any bid of $3.50 per unit or less will be accepted by the cooperative. A schedule of past production and processing costs is:

Month	Conversion Costs	Production (units per month)
1	$23,840	7,300
2	25,714	7,615
3	21,375	6,410
4	24,163	7,130
5	27,332	8,120
6	21,163	6,110
7	23,143	7,040
8	27,582	8,340
9	23,913	7,280
10	23,708	7,045
11	25,315	7,610
12	26,862	8,030
13	27,439	8,150
14	23,840	7,115
15	24,988	7,580
16	23,100	6,960
17	24,189	7,320
18	24,631	7,540
19	25,917	7,880
20	23,711	7,210
21	22,324	6,510
22	23,684	7,130
23	28,790	8,410
24	25,446	7,830

The manager turns to the computer terminal and enters these data to obtain regression estimates of fixed and variable costs. The following results appear on the screen:

Equation:
  $Y = \$868.433 + \$3.216X$

Statistical data:

Correlation coefficient	.980
R-square	.960
Adjusted R-square	.958
t-statistic for slope coefficient	22.847

After looking at the results, the manager prepares a bid of $3.50 for the processing. The manager's bid is forwarded to the controller's office for review and approval.

The controller notes the bid and the cost estimates. The controller expresses concern with the regression results because fixed costs are lower than expected. The controller pulls out the cost report for the division and notes the following items, which are believed to be fixed costs:

Building occupancy	$1,200
Utilities	450
Equipment depreciation	1,100

In addition, the controller notes that there are a number of "mixed" costs in the chemical processing operation. Since the controller's estimate of fixed costs substantially exceeds the fixed cost estimate in the manager's regression equation, the controller asks the manager to explain the difference in the estimates.

The manager states that because the fixed costs will not change as a result of the contract, they can be excluded from consideration.

Required:

a. Without the use of a computer, prepare an estimate of the fixed and variable costs that can be used to confirm or reject the manager's regression results.

b. (Computer required) Prepare your own regression estimate of fixed and variable costs.

c. Assuming the manager submits a bid of $3.50 per unit for the 800 units per month, how much better or worse off would the company be each month compared to not submitting a bid? (That is, what is the cost of prediction error?)

11

Cost-Volume-Profit Analysis

OBJECTIVES

To understand the relation among the cost, volume, and revenue elements of the profit equation.

To see how that relationship may be used to assist management in its planning and decision-making activities.

In this chapter, we discuss the use of **cost-volume-profit (CVP) analysis** for managerial decision making. Managers must understand the interrelationship of cost, volume, and profit for planning and decision making. They rely on their cost accounting department to supply the information and analyses that aid them to anticipate and make sound decisions involving any of these three items.

During a gasoline shortage that hit the American automobile industry particularly hard, executives of one automobile company announced a price increase to reduce losses. Many observers were surprised that the company would raise prices when car sales were slumping and argued that the decision would further reduce the company's sales. The observers were correct in forecasting a decrease in the quantity of cars demanded at the higher price. But the auto executives had carried the analysis several steps farther and determined that increased prices would have a positive impact on the company's operating profits.

In making their decision, the executives needed to understand relationships between selling prices, sales volume, and costs. They also needed to understand which costs would vary with changes in volume and which costs would stay the same. Without this kind of analysis, they could not accurately determine the effect of price, volume, or cost changes on the company's operating profits.

Although their decision to raise prices in the face of decreasing demand struck some people as odd, these managers believed that the increase in price, coupled with an expected decrease in volume, would have little impact on total revenue. However, the total variable costs would be reduced with lower volume, so operating profits would be higher.

The Profit Equation

A simple relation exists between total revenues *(TR)*, total costs *(TC)*, and operating profit (π).

$$\text{Operating profit} = \text{Total revenues} - \text{Total costs}$$
$$\pi = TR - TC$$

Both total revenues and total costs are likely to be affected by changes in the quantity of output.[1] A statement of the **profit equation** that takes quantity of output into account adds useful information for examining the effects of revenue, costs, and volume on operating profits. Total revenue *(TR)* equals average selling price per unit *(P)* times the units of output *(X):*

$$TR = PX$$

Total costs *(TC)* may be divided into a fixed component that does not vary with changes in output levels and a variable component that does vary. The fixed component is made up of total fixed costs *(F)* per period, while the variable component is the product of the average variable cost per unit *(V)* times the quantity of output *(X).* Therefore, the cost function is:

$$TC = VX + F$$

---

[1] Unless otherwise stated, we adopt the simplifying assumption that production volume equals sales volume so that changes in inventories may be ignored.

Substituting the expanded expressions in the profit equation yields a more useful form, as follows:

$$\pi = TR - TC$$
$$\pi = PX - (VX + F)$$

Collecting terms, we have

$$\pi = (P - V)X - F$$

The **contribution margin**, $(P - V)$, shown in this version of the profit equation is the amount each unit sold *contributes* toward (1) covering fixed costs and (2) providing operating profits.

Note that V is the sum of unit *manufacturing costs* and unit *marketing and administrative* costs; F is the sum of total fixed *manufacturing costs*, fixed *marketing costs*, and fixed *administrative costs* for the period; and X refers to the number of units produced and sold during the period.

This model assumes *all* fixed costs are costs of the *period*; fixed manufacturing costs are not allocated to products and "unitized." Thus, the CVP model is consistent with variable costing but inconsistent with full-absorption costing.

For example, Sport Autos is an automobile dealership that carries one line of sports cars. During the month of February, Sport Autos purchased 20 sports cars and sold them at an average price of $15,000 each. Here is how the average variable cost of each car was determined:

Cost of each automobile to Sport Autos	$12,300
Dealer preparation costs	100
Sales commission	600
Average variable cost per car	$13,000

The fixed costs of operating the dealership for a typical month are $30,000.

Using the profit equation, the results for February are:

$$\pi = (P - V)X - F$$
$$= (\$15,000 - \$13,000)20 \text{ cars} - \$30,000$$
$$= \$10,000$$

Although the $10,000 operating profit was derived algebraically, it could also be determined from an analysis of the flow of costs and the company's income statement for the month, as shown in Illustration 11–1.

Cost-Volume-Profit (CVP) Relationships

The following example demonstrates how the profit equation can be used to find CVP relationships. Assume the manager of Sport Autos foresees a downturn in sales volume in March but hopes for improvement in April. In fact, the

Illustration 11–1   **Flow of Costs, Sports Autos**

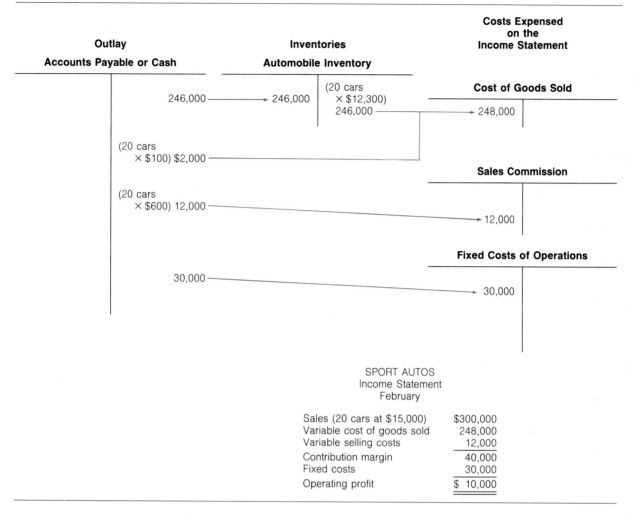

	SPORT AUTOS	
	Income Statement	
	February	
Sales (20 cars at $15,000)	$300,000	
Variable cost of goods sold	248,000	
Variable selling costs	12,000	
Contribution margin	40,000	
Fixed costs	30,000	
Operating profit	$ 10,000	

manager has forecasted an operating profit of $0 for March, which is the break-even point where total revenue equals total costs. He forecasts $50,000 in operating profits for April. What volumes of sales will provide the expected operating profits? We start with the following profit equation:

$$\pi = TR - TC$$

$$= (P - V)X - F$$

$$= (\$15,000 - \$13,000)X - \$30,000$$

Setting operating profit equal to zero for March and to $50,000 for April, we find the required volumes:

For March

$$\pi = (P - V)X - F$$

If $\pi = \$0$

$$\$0 = (\$15{,}000 - \$13{,}000)X - \$30{,}000$$

$$\$30{,}000 = \$2{,}000X$$

$$\frac{\$30{,}000}{\$2{,}000} = X$$

$$X = \underline{\underline{15 \text{ cars}}}$$

For April:

$$\$50{,}000 = (\$15{,}000 - \$13{,}000)X - \$30{,}000$$

$$\$50{,}000 + \$30{,}000 = \$2{,}000X$$

$$\frac{\$80{,}000}{\$2{,}000} = X$$

$$X = \underline{\underline{40 \text{ cars}}}$$

Thus, Sport Autos must sell 15 cars in March to break even and 40 cars in April to make the targeted operating profit of $50,000.

Equation for Finding Target Volumes.   In general, the equation for finding target volumes is:

$$\text{Target volume} = \frac{\text{Fixed costs} + \text{Target profit}}{\text{Contribution margin per unit}}$$

$$X = \frac{F + \pi}{P - V}$$

For April, in the above example:

$$X = \frac{F + \pi}{P - V}$$

$$= \frac{\$30{,}000 + \$50{,}000}{\$15{,}000 - \$13{,}000}$$

$$= \frac{\$80{,}000}{2{,}000}$$

$$= \underline{\underline{40 \text{ cars}}}$$

Break-Even Point.   The **break-even point** is a special case of the above equation where π is set equal to zero:

$$X = \frac{F}{P - V}$$

For March, in the above example:

$$X = \frac{F}{P - V}$$

$$= \frac{\$30,000}{\$15,000 - \$13,000}$$

$$= \underline{15 \text{ cars}}$$

Illustration 11–2 presents these relationships in graphic form. Illustration 11–2 contains a number of elements that are explained below:

The *vertical axis* presents dollars (for example, revenue-dollars, cost-dollars).

The *horizontal axis* presents the volume of activity for a time period (for example, number of cars sold per month).

The *total revenue (TR)* line relates total revenue to volume (for example, if Sport Autos sells 40 cars in a month, its total revenue would be $600,000, according to the graph). The slope of *TR* is the price per unit, *P* (for example, $15,000 per car for Sport Autos.)

The *total cost (TC)* line shows the total cost for each volume (for example, the total cost for a volume of 40 cars is $550,000 = [40 × $13,000] + $30,000). The intercept of the total cost line is the fixed cost for the period, *F* (for example, $30,000 for the month), and the slope is the variable cost per unit, *V* (for example, $13,000 per car).

The *break-even point* is the volume at which *TR* = *TC* (that is, the *TR* and *TC* lines intersect). Volumes lower than break-even result in an operating loss because *TR* < *TC;* volumes higher than break-even result in an operating profit because *TR* > *TC*. For Sport Autos, the break-even volume is 15 cars.

The amount of operating profit or loss can be read from the graph by measuring the vertical distance between *TR* and *TC*. For example, the vertical distance between *TR* and *TC* when *X* = 40 indicates π = $50,000.

Illustration 11–2   **CVP Graph, Sport Autos**

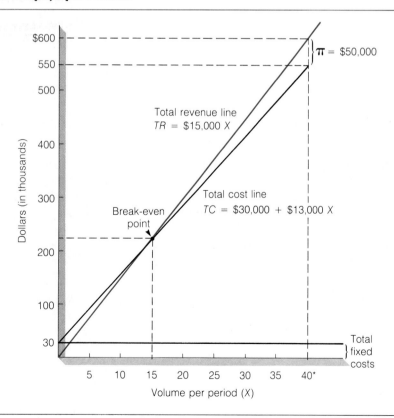

^{a} Note that the vertical distance between *TR* and *TC* at x = 40 is the target π for April: $50,000.

Illustration 11–3   **Comparison of CVP and Profit-Volume Graphs, Sport Autos**

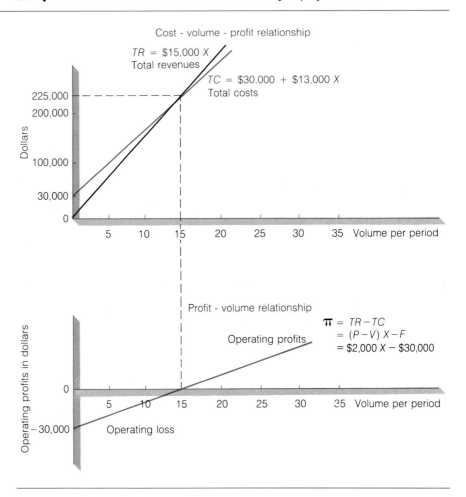

Cost - volume - profit relationship

$TR = \$15,000\,X$
Total revenues

$TC = \$30,000 + \$13,000\,X$
Total costs

Profit - volume relationship

$\pi = TR - TC$
$= (P - V)\,X - F$
$= \$2,000\,X - \$30,000$

Operating profits

Operating loss

Profit-Volume Model

For convenience, the cost and revenue lines are often collapsed into a single profit line. This summary version of CVP analysis is called **profit-volume analysis.**

A graphic comparison of profit-volume and CVP relationships is shown in Illustration 11–3. Note that the slope of the profit-volume line equals the average unit contribution; the intercept equals the loss at zero volume, which equals fixed costs; and the vertical axis measures operating profit or loss.

Solving for Unknowns

A major application of the CVP model is solving for unknowns. For example, suppose that after examining the figures just presented, Sport Autos' manager pointed out, "We cannot obtain 40 cars from the manufacturer to sell in April. If we can only get 30 cars to sell, can we still make $50,000 in April?" An answer can be obtained by holding outputs at 30 units, operating profits at $50,000, and solving for each of the other terms in the following profit equation:

$$\$50,000 = (P - V)\,30 \text{ cars} - F$$

1. Solve for Contribution Margin. Find the average contribution margin per unit required to cover Sport Autos' $30,000 fixed costs and provide operating profits of $50,000:

$$\$50{,}000 = (P - V)\,30 - \$30{,}000$$

$$\$80{,}000 = (P - V)\,30$$

$$(P - V) = \frac{\$80{,}000}{30}$$

$$= \underline{\underline{\$2{,}667}}$$

Thus, the average contribution margin per car must be $2,667 if Sport Autos is to make $50,000. The increase in the contribution margin from $2,000 to $2,667 must come from a price increase, a decrease in variable costs per unit, or a combination of the two.

2. Solve for Fixed Cost. Holding the contribution margin per unit constant at $2,000, find the decrease in fixed costs that provides operating profits of $50,000 if 30 cars are sold:

$$\$50{,}000 = (\$15{,}000 - \$13{,}000)30 \text{ cars} - F$$

$$\$50{,}000 = \$60{,}000 - F$$

$$F = \underline{\underline{\$10{,}000}}$$

For Sport Autos to sell 30 cars while holding the unit contribution margin at $2,000 and to make operating profits of $50,000, a reduction in fixed costs from $30,000 to $10,000 would be required.

Managers can thus use CVP analysis to determine how to achieve profit goals by changing particular variables in the CVP equation. (This is a particularly useful application of computerized spreadsheet analysis.)

CVP analysis provides a valuable tool for determining the impact of prices, costs, and volume on operating profits. An important part of management's job is to manage each factor that affects operating profits to improve profitability.

Margin of Safety

Another calculation made from CVP analysis is the margin of safety. The **margin of safety** is the excess of projected (or actual) sales over the break-even sales level. The margin of safety formula is:

$$\text{Sales volume} - \text{Break-even sales volume} = \text{Margin of safety}$$

If Sport Autos sells 20 cars and its break-even volume is 15 cars, then its margin of safety is:

$$\text{Sales} - \text{Break-even} = 20 - 15$$

$$= \underline{\underline{5 \text{ cars}}}$$

Sales volume could drop by five cars per month before a loss is incurred, all other things held constant.

The Economist's Profit-Maximization Model

The classical economist's profit-maximization model provides the foundation for CVP analysis. It assumes that management's goal is profit maximization, where profits are the difference between total revenues and total costs. Management's job is to determine and take the most profitable actions possible.

In general, accountants accept the classical economist's model, but they make two simplifying assumptions:

1. In economics, *total revenue and total cost curves* are usually assumed to be nonlinear. The linearity simplifications are usually considered valid within some appropriate range of volume, termed the *relevant range.*

2. The opportunity cost of invested equity capital is usually excluded in the accountant's cost measures, while it is included in the economist's model. Thus, in economic terms, the accountant's measurement of total costs is understated.

Real World Application

Breaking Even at Chrysler

For some companies, break-even is more than a point on the profit-volume graph: it's a goal to achieve. This was certainly the case at Chrysler Corporation in the early 1980s. For several years, Chrysler operated at a loss. Company executives received considerable criticism for receiving a U.S. government loan guarantee for a "failing" company. Finally, in 1982, the headlines read, " 'We're in Black,' Iacocca Chortles."*

The turnaround came primarily because cost-cutting measures reduced the break-even from 2.2 million units in 1979 to 1.2 million units in 1982. The company received concessions from the United Auto Workers that reduced annual increases in labor costs. The company also reduced variable costs by increasing efficiency in production, and reduced fixed costs, in part by laying off many white-collar workers.

---

* *Detroit Free Press,* June 6, 1982.

Despite these differences, decisions based on the accountant's model will probably not differ from decisions made using the economist's model as long as the alternatives being considered require the same invested equity capital. The break-even volume derived in the accountant's model, however, does not usually provide earnings to cover the opportunity cost of invested equity capital. However, the accountant's model could be formulated to include a cost of capital.

A comparison of accountants' and economists' assumptions about the behavior of costs and revenue is shown in Illustration 11–4. The solid lines represent accountants' assumptions about cost and revenue behavior, while the dashed

Illustration 11–4   **Comparison of Economists' and Accountants' Assumed Cost and Revenue Behavior**

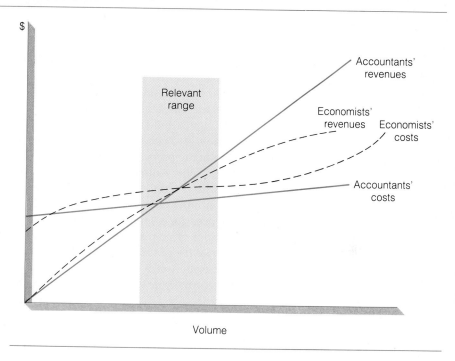

lines designate economists' assumptions. Note the difference in assumptions about linearity as well as the systematically higher economists' costs because accounting costs do not include the opportunity cost of capital.

Simplifying Assumptions about Cost and Revenue Behavior

Strictly speaking, neither model is "correct," because both economists and accountants have made simplifying assumptions about cost and revenue behavior. The actual curves would be disjointed and would take into account inconsistencies such as sales discounts for certain customers, costs that are neither strictly fixed nor strictly variable, and so forth. However, a cost-benefit analysis of more "accurate" data about cost and revenue behavior may yield little additional benefit to decision makers. Indeed, it may not be feasible to obtain nonlinear cost data.

In short, while linear CVP models are simple, it may not be worthwhile to obtain more descriptive data about cost and revenue functions. This is particularly so if the analysis is used within the relevant range of volume.

Modifications of the Basic Model

CVP: Cash Flow Analysis

Sometimes decision makers may be more interested in the impact of the volume of activity on cash or working capital than on accrual profits. They often want to know if it is possible to operate at a loss and still generate positive cash flows. This type of analysis may be particularly relevant in adverse economic times or when a company is phasing out part of its operations. So long as there are sufficient cash flows, it may be optimal to continue the operation, even though there is an accounting loss.

Both revenues and costs include noncash items. But the most significant noncash item tends to be depreciation, which is usually included in fixed costs. This classification is common because depreciation generally represents the allocation of the acquisition cost of plant and equipment (capacity) over time based on an estimate of their useful lives.

To see how noncash items can affect CVP analysis, suppose that the fixed costs of Sport Autos include depreciation of equipment and other assets of $4,000 per month and that this is the only noncash revenue or expense.

Illustration 11–5 compares cash flow and accrual profit-volume relationships. By substituting appropriate numbers into the profit equation, you can demonstrate that if Sport Autos operates at an accrual profit break-even volume each month, it will generate monthly net cash flows of $4,000. This is a short-run phenomenon only, of course. When the time comes to replace the depreciable assets, the need for a large cash outflow must be faced.

Depreciation also may be included in *variable costs* if it is based on the *units of production* of some asset and thus related to volume. A common example is the depreciation of a machine based on its usage. Also, the costs of oil or gas wells are usually depreciated over the number of units of oil or gas produced

Illustration 11–5   **Comparison of Short-Run Cash and Accrual Profit-Volume Relationships for Sport Autos**

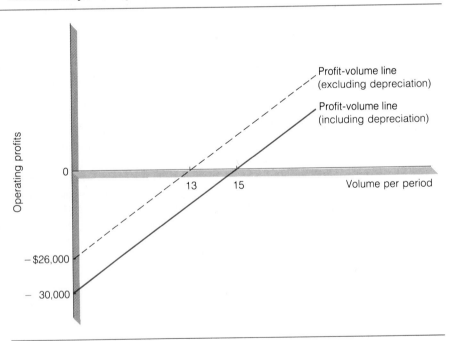

Note: The "cash break-even point" is found as follows:

$$X = \frac{\text{Fixed cash costs}}{\text{Cash contribution margin per unit}}$$

$$= \frac{\$30,000 - \$4,000 \text{ depreciation}}{\$15,000 - \$13,000} = \frac{\$26,000}{\$2,000} = 13 \text{ cars}$$

since the economic life of a wasting asset is dependent on the number of units of the resource rather than the age of the well.

Income Taxes

Assuming that operating profits before taxes and taxable income are the same, income taxes may be incorporated into the basic model as follows:

$$\text{After-tax operating profit} = (\text{Before-tax operating profit})(1 - \text{Tax rate})$$

If we let π_a designate after-tax operating profits, π_b designate before-tax operating profits, and t designate the tax rate, we have:

$$\pi_a = \pi_b(1 - t)$$

Substituting our earlier definition of operating profit, we obtain

$$\pi_a = [(P - V)X - F](1 - t)$$

Suppose that the manager of Sport Autos is interested in determining what volume is required to provide $50,000 in operating profit *after taxes* in April. $P = \$15,000$; $V = \$13,000$; $F = \$30,000$; and $t = .4$ (that is, an average tax rate for April of 40 percent). To find the required X that provides π_a of $50,000:

$$\pi_a = [(P - V)X - F](1 - t)$$
$$\$50,000 = [(\$15,000 - \$13,000)X - \$30,000](1 - .4)$$
$$\$50,000 = (\$2,000X - \$30,000)(.6)$$
$$\$50,000 = \$1,200X - \$18,000$$
$$\$68,000 = \$1,200X$$
$$\frac{\$68,000}{\$1,200} = X = 56\tfrac{2}{3} \text{ units}$$

Finding the Break-Even Volume in Dollars

Companies often measure volume in dollars rather than units. This is common when the CVP analysis deals with more than one product. If a company makes two products, it may be more meaningful to measure activity in dollars instead of units. As a practical matter, when CVP analysis is done for a single product, units are typically used to measure volume. When more than one product is involved, dollars are usually used.

When dollars are used, volume is no longer defined as X in the CVP model. Rather, volume is PX, where P is the unit price. Thus, instead of:

$$\pi = (P - V)X - F = PX - VX - F$$

we have

$$\pi = PX - \left(\frac{V}{P}\right)PX - F = \left(1 - \frac{V}{P}\right)PX - F$$

where V/P is the variable cost percentage of sales dollars, or **variable cost ratio.** Thus, the equation could be read:

$$\text{Operating profit} = \text{Sales revenue} - \left(\begin{matrix} \text{Variable cost} \\ \text{ratio} \end{matrix} \times \begin{matrix} \text{Sales} \\ \text{revenue} \end{matrix} \right) - \text{Fixed costs}$$

To find the break-even sales volume, set $\pi = 0$ and solve for PX as follows:

$$\pi = \left(1 - \frac{V}{P} \right) PX - F$$

$$0 = \left(1 - \frac{V}{P} \right) PX - F$$

$$\left(1 - \frac{V}{P} \right) PX = F$$

$$PX = \frac{F}{1 - \dfrac{V}{P}}$$

Or, simply multiply both sides of the original break-even formula by P as follows:

Original formula for units:

$$X = \frac{F}{P - V}$$

Modified formula for dollars:

$$PX = \left(\frac{F}{P - V} \right) P$$

Since dividing the denominator by P is the same as multiplying the entire term by P, we obtain:

$$PX = \frac{F}{\dfrac{(P - V)}{P}}$$

The term $\dfrac{P - V}{P}$ is known as the **contribution margin ratio.**

The break-even sales amount for Sport Autos, first using the profit equation, is:

$$\pi = \left(1 - \frac{V}{P} \right) PX - F$$

$$0 = \left(1 - \frac{\$13,000}{\$15,000} \right) PX - \$30,000$$

$$= (1 - .8667)PX - \$30,000$$

$$= .1333PX - \$30,000$$

$$.1333PX = \$30,000$$

$$PX = \frac{\$30,000}{.1333} = \$225,000 \text{ (rounded)}$$

We can check this result by recalling that the break-even volume in units was 15 cars per month. If sold at a price of $15,000 each, the break-even volume measured in sales dollars is $225,000 (= 15 cars × $15,000).

The same result can be derived directly from the break-even formula:

$$PX = \frac{F}{1 - \dfrac{V}{P}}$$

$$= \frac{\$30,000}{1 - \dfrac{\$13,000}{\$15,000}} = \frac{\$30,000}{1 - .8667} = \$225,000$$

Finding Target Sales Dollars.   To consider a different example, suppose we want to find the break-even sales dollars for a management education course at a university. The tuition that 80 percent of the students pay is $1,000 each; 20 percent of the students receive a discount and pay $800 each. The variable cost is $240 per student, and the fixed cost of the course is $10,000. What is the break-even point in tuition dollars?

$$PX = \frac{F}{1 - \dfrac{V}{P}}$$

$$= \frac{\$10,000}{1 - \left[\dfrac{240}{(.8 \times \$1,000) + (.2 \times \$800)} \right]}$$

$$= \frac{\$10,000}{1 - \left(\dfrac{\$240}{\$960} \right)}$$

$$= \frac{\$10,000}{.75}$$

$$= \$13,333$$

The course breaks even if tuition receipts amount to $13,333. Note that the variable cost ratio in this case is a *weighted average* based on the assumed **product mix** of 80/20 (20 percent of the students receive a discount). If the product mix were to change, the variable cost ratio would change and the break-even sales dollars would change.

Finding Target Profit. Next, assume that the university has a target operating profit of $10,000 plus 10 percent of sales dollars for the management education course. From the original formula,

$$\pi = \left(1 - \frac{V}{P} \right)PX - F,$$

we incorporate these profit goals as follows:

$$\$10,000 + .10PX = \left(1 - \frac{V}{P} \right)PX - F$$

Combining terms and solving for *PX* gives:

$$\$10,000 + .10PX = (1 - .25)PX - \$10,000$$
$$.10PX = .75PX - \$20,000$$
$$.10PX - .75PX = -\$20,000$$
$$.65PX = \$20,000$$
$$PX = \frac{\$20,000}{.65}$$
$$= \$30,769$$

Results:

Revenues	$30,769
Less variable costs (.25 × $30,769)	7,692
Fixed costs	10,000
Operating profits	$13,077

To check, $13,077 = $10,000 + (.10 × $30,769).

CVP Analysis with Semifixed Costs

It is common for "fixed costs" to behave in a step fashion as follows:

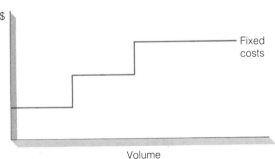

Suppose the managers of a manufacturing company are considering extending a factory's hours of operations to the evening hours. Assume the price, volumes, and costs would be as follows:

	Monthly Production and Sales	Total Fixed Costs	Variable Cost	Price
Regular shift	0–10,000 units	$200,000	$15 per unit	$40 per unit
Evening shift	10,001–18,000 units	300,000	$15 per unit	$40 per unit

The CVP lines would be as follows:

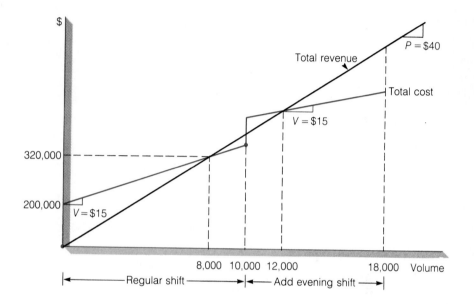

As indicated on the graph, if the company operates only one shift, its capacity is limited to 10,000 units. Adding the second shift increases the capacity to 18,000 units. Profits will increase if enough additional units can be sold.

The company would have two break-even points—one within each level of activity:

$$X = \frac{F}{P - V}$$

$$\text{Break-even } X \text{ (regular shift)} = \frac{\$200,000}{\$40 - \$15} = \underline{\underline{8,000 \text{ units}}}$$

$$\text{Break-even } X \text{ (evening shift)} = \frac{\$300,000}{\$40 - \$15} = \underline{\underline{12,000 \text{ units}}}$$

Should the company open the second shift, assuming all other things are the same except for the increase in each period's fixed costs and the increase in volume noted above? From the calculations shown below, and assuming the company can sell everything it makes, it is more profitable to operate with two shifts than with one.

	Regular Shift Only	Add Evening Shift
Volume in units	10,000	18,000
Sales revenue	$400,000 (=$40 × 10,000)	$720,000 (=$40 × 18,000)
Variable costs	150,000 (=$15 × 10,000)	270,000 (=$15 × 18,000)
Total contribution	250,000	450,000
Fixed costs	200,000	300,000
Operating profit	$ 50,000	$150,000

Multiproduct CVP Analysis

We assumed that Sport Autos buys and sells only one line of sports cars. Many companies, of course, produce and/or sell many products from the same asset base.

Dual Autos sells two car models: Regular and Deluxe. The prices and costs of the two are:

	Regular	Deluxe
Average sales price	$12,000	$ 20,000
Less average variable costs:		
Automobile cost to dealer	(9,600)	(14,600)
Supplies used to prepare car for sale	(200)	(400)
Sales commission	(1,200)	(2,000)
Average contribution margin per car	$ 1,000	$ 3,000

Average monthly fixed costs are $36,000.

The profit equation presented earlier must now be expanded to consider the contribution of each product:

$$\pi = [(P_r - V_r)X_r] + [(P_d - V_d)X_d] - F,$$

where subscript r designates the Regular model and subscript d designates the Deluxe model. Thus, the company's profit equation is:

$$\pi = (\$1,000X_r) + (\$3,000X_d) - \$36,000$$

The manager of Dual Autos has been listening to a debate between two of the sales personnel about the break-even point for the company. According to one, they have to sell 36 cars a month to break even. But the other claims that 12 cars a month would be sufficient. Who is right? The claim that 36 cars must be sold to break even is correct if *only* the *Regular* model is sold, while the claim that 12 cars need to be sold to break even is correct if *only* the *Deluxe* model is sold. In fact, there are many break-even points. This is evident from Dual Auto's profit equation, which has two unknown variables. All possible break-even points for Dual Autos are listed in Illustration 11–6 (assuming, of course, that only *whole* autos can be sold).

Illustration 11–7 is a graphic presentation of the possible break-even volumes

Illustration 11–6   **Combinations of Break-Even Volumes for Dual Autos**

Regular Model		Deluxe Model		Total Contri-bution for Both Models
Quantity	Total Contribution	Quantity	Total Contribution	
36	$36,000	0	$ –0–	$36,000
33	33,000	1	3,000	36,000
30	30,000	2	6,000	36,000
27	27,000	3	9,000	36,000
24	24,000	4	12,000	36,000
21	21,000	5	15,000	36,000
18	18,000	6	18,000	36,000
15	15,000	7	21,000	36,000
12	12,000	8	24,000	36,000
9	9,000	9	27,000	36,000
6	6,000	10	30,000	36,000
3	3,000	11	33,000	36,000
0	–0–	12	36,000	36,000

Illustration 11–7   **Illustration of Possible Break-Even Volumes for Dual Autos**

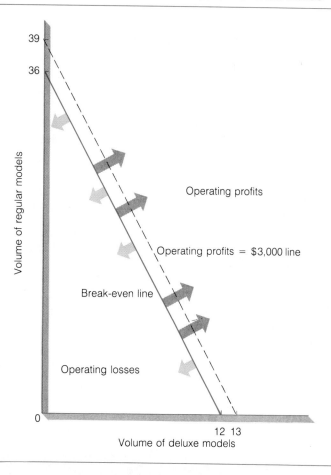

for Dual Autos. The break-even line in Illustration 11–7 is one of a family of lines known as isoprofit lines. Profits are the same at any point on an isoprofit line. (Think of "iso" as "equal.") So operating profits are the same for any combination of product volumes at any point on that line. The dashed line parallel to the break-even line shows the isoprofit line for the various combinations of volumes that would provide $3,000 in operating profit.

Note in Illustration 11–7 that any combination of products to the right of the break-even line provides profits, while any combination to the left results in losses.

In general, the multiproduct CVP equation for n different products is:

$$\pi = (P_1 - V_1)X_1 + (P_2 - V_2)X_2 + \cdots + (P_n - V_n)X_n - F$$

CVP analysis of multiple products is *much* more complex than is analysis of a single product. As indicated in the Dual Autos example, even for a two-product company, the number of possible solutions is large because there are many combinations of product volumes that will yield a given profit. You can imagine the complications when hundreds of products are involved.

Simplifying Multiproduct CVP

Assuming a Product Mix. To simplify matters, managers often assume a particular product mix.

For example, suppose the manager of Dual Autos would be willing to assume that the Regular and Deluxe models would be sold in a six-to-four ratio; that is, out of every 10 cars sold, 6 would be Regular models and 4 would be Deluxe models. Then, this problem can be solved by using a weighted-average contribution margin per unit. When a company assumes a constant product mix, the contribution margin is the **weighted-average contribution margin** of all of its products.

For Dual Autos, the weighted-average contribution margin per unit could be computed by multiplying each product's proportion by its contribution margin:

$$(.6 \times \$1,000) + (.4 \times \$3,000)$$
$$= \$1,800$$

The multiple-product break-even for Dual Autos can be determined from the break-even formula:

$$\pi = (\$1,800X) - \$36,000$$

$$\text{If } \pi = \$0$$

$$\$0 = (\$1,800X) - \$36,000$$

$$\$1,800X = \$36,000$$

$$X = \frac{\$36,000}{\$1,800}$$

$$= 20 \text{ cars,}$$

where X refers to the break-even quantity. The product mix assumption means Dual Autos must sell 12 (= .6 × 20) Regular models and 8 (= .4 × 20) Deluxe models to break even.

Multiproduct Break-Even in Dollars. As noted earlier, companies with multiple products often use sales dollars to measure volume. If Dual Autos had used sales dollars *and* assumed cars would be sold in a six-to-four ratio, then the break-even volume would be computed from the following break-even formula:

$$PX = \frac{F}{\dfrac{(P - V)}{P}}$$

To compute the weighted-average contribution margin, $\dfrac{P - V}{P}$, we first find the weighted-average P.

$$\text{Weighted-average } P = (.6 \times \$12,000) + (.4 \times \$20,000)$$
$$= \$15,200.$$

Next we would compute the weighted-average contribution margin, $P - V$. This was computed above to be $1,800. So the break-even sales is:

$$PX = \frac{\$36,000}{\dfrac{\$1,800}{\$15,200}} = \frac{\$36,000}{.118421} = \underline{\underline{\$304,000}}$$

Proof:

$$\$304,000 = (.6 \times 20 \text{ cars} \times \$12,000) + (.4 \times 20 \text{ cars} \times \$20,000)$$
$$= (12 \text{ Regular models} \times \$12,000) + (8 \text{ Deluxe models} \times \$20,000).$$

Sensitivity Analysis

Sensitivity analysis is any process that measures the impact of a change in a single variable or a combination of variables on profits or on some other decision variable. Because the results of multiproduct CVP analysis can be affected significantly by assumptions about product mix, sensitivity analysis should be used to enhance the results. Such analysis would consist of a series of calculations covering all possible changes in product mix within a range of reasonable probability.

If the assumption of Dual Autos' six-to-four ratio is changed to three (Regulars) to one (Deluxe), the break-even quantity increases:

$$\text{Weighted-average contribution margin} = .75(\$1,000) + .25(\$3,000)$$
$$= \underline{\underline{\$1,500}}$$

At break-even:

$$\$0 = (\$1,500X) - \$36,000$$

$$\$1,500X = \$36,000$$

$$X = \frac{\$36,000}{\$1,500}$$

$$= 24 \text{ cars}$$

So the break even increased from 20 to 24 cars. Of these 24 cars, three fourths (or 18) will be Regular models and 6 will be Deluxe models. To *check*, we can compute the profit as:

$$(18 \times \$1,000) + (6 \times \$3,000) - \$36,000 = \$0$$

which is the break-even point by definition.

Why did the break-even point increase? The new mix assumes a smaller proportion of high contribution margin Deluxe models in the solution; that is, a "poorer mix." In general, a poorer mix increases the break even and a "richer mix" decreases the break-even quantity, all other things equal. If 70 percent of all sales are expected to be Deluxe models, the break-even quantity decreases, as shown below:

$$\text{Weighted-average contribution margin} = .3(\$1,000) + .7(\$3,000) = \$2,400$$

Now, using the $2,400 margin in our formula,

$$\$0 = \$2,400X - \$36,000$$

$$\$2,400X = \$36,000$$

$$X = \frac{\$36,000}{\$2,400}$$

$$= 15 \text{ cars}$$

Of these 15 cars, 4.5 are Regular models and 10.5 are Deluxe. To *check*, we can compute the profit as:

$$(4.5 \times \$1,000) + (10.5 \times \$3,000) - \$36,000 = \$0$$

which, again, is the break-even point.

The impact of these three assumptions about product mix is demonstrated by the three profit-volume lines in Illustration 11–8. The slope of each profit-volume line is the weighted-average contribution margin of the two products.

Although we have used *break-even* quantities to demonstrate sensitivity to product mix assumptions, the impact of these assumptions can be seen at other quantities as well. For example, Illustration 11–9 shows the operating profit for each product mix when sales volume equals 40 automobiles.

Illustration 11–8   **Impact of Different Assumptions about Product Mix, Dual Autos**

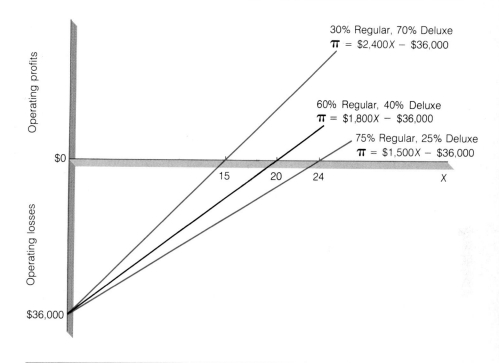

Illustration 11–9   **Impact of Product Mix on Operating Profits, Dual Autos**

		Quantity		
Mix	Total Cars	Regular	Deluxe	Operating Profits
30% Regular, 70% Deluxe	40	12	28	$60,000[a]
60% Regular, 40% Deluxe	40	24	16	36,000[b]
75% Regular, 25% Deluxe	40	30	10	24,000[c]

[a] $60,000 = (12 \times \$1,000) + (28 \times \$3,000) - \$36,000$
$= \$12,000 + \$84,000 - \$36,000$

[b] $36,000 = (24 \times \$1,000) + (16 \times \$3,000) - \$36,000$
$= \$24,000 + \$48,000 - \$36,000$

[c] $24,000 = (30 \times \$1,000) + (10 \times \$3,000) - \$36,000$
$= \$30,000 + \$30,000 - \$36,000$

Common Fixed Costs in CVP Analysis   Suppose that Dual Autos' total fixed costs of $36,000 can be attributed to the two products as follows:

Direct fixed costs:	
Regular model	$ 9,000
Deluxe model	9,000
Common fixed costs	18,000
Total fixed costs	$36,000

What is the break-even quantity for each product and for the company as a whole?

We compute the break-even volume for the Regular model:

$$X_r = \frac{F}{P - V} = \frac{\$9,000}{\$1,000} = \underline{\underline{9 \text{ cars}}}$$

and break-even volume for the Deluxe model:

$$X_d = \frac{F}{P - V} = \frac{\$9,000}{\$3,000} = \underline{\underline{3 \text{ cars}}}$$

If each product line just breaks even, the operating profit or loss for the company as a whole is:

$$
\begin{aligned}
&= (\$1,000X_r) + (\$3,000X_d) - \$36,000 \\
&= (\$1,000 \times 9) + (\$3,000 \times 3) - \$36,000 \\
&= \$18,000 - \$36,000 \\
&= -\underline{\underline{\$18,000}}
\end{aligned}
$$

Although the sale of nine Regular models and three Deluxe models would make each product appear to break even, the company would lose $18,000.

This demonstrates a common problem in applying CVP analysis. The volume required for a specific product to break even will not cover unassigned common costs.

One way of dealing with the problem is to allocate the common costs to the products. This permits a CVP analysis for each product. Of course, the results depend on the allocation method. In such cases, it is wise to perform sensitivity analysis with various allocation methods to discover any that might affect management decisions.

For example, Illustration 11–10 presents CVP analyses for Dual Autos, first assuming that the $18,000 in common fixed costs are allocated evenly to the two products, and then assuming that two thirds of the common fixed costs are allocated to the Deluxe model and one third to the Regular model. As you can see, changing the allocation of fixed costs changes the product mix required to break even or to achieve a target level of operating profits for the company as a whole.

The break-even volumes shown in Illustration 11–10 are only two of many possible combinations. Allocating common fixed costs to products does not dispense with the product mix problem. Nonetheless, it makes product-line CVP analysis possible, and it ensures that common fixed costs are not ignored. Because the allocation of common fixed costs is often arbitrary, we recommend performing sensitivity analysis on the allocation method before using the information for decision making.

Illustration 11–10   **Impact of Common Fixed Cost Allocation Method on Break-Even Volume, Dual Autos**

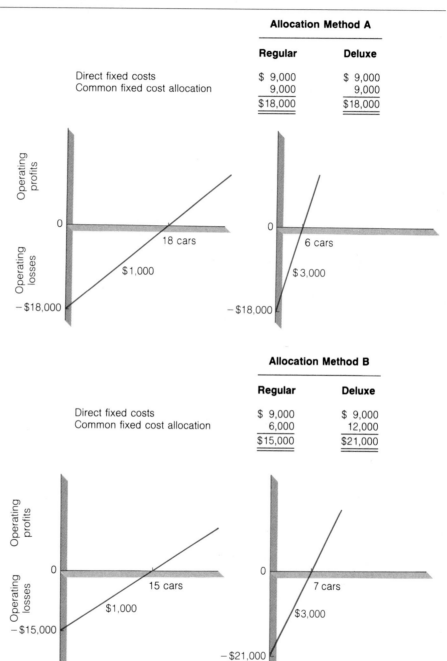

	Allocation Method A	
	Regular	**Deluxe**
Direct fixed costs	$ 9,000	$ 9,000
Common fixed cost allocation	9,000	9,000
	$18,000	$18,000

	Allocation Method B	
	Regular	**Deluxe**
Direct fixed costs	$ 9,000	$ 9,000
Common fixed cost allocation	6,000	12,000
	$15,000	$21,000

CVP Analysis When There Are Inventory Values

Suppose the management of Bloomington Products (BP) wants to use CVP analysis to analyze the impact of several sales volumes on operating profits. They provide the following expectations for next year:

	Selling price per unit	$30

Cost Classification	Variable Cost (per unit)	Fixed Cost (per year)
Manufacturing costs (the following amounts are assumed to apply both to beginning inventory and to units produced):		
Direct materials	$ 4	—
Direct labor	9	—
Manufacturing overhead	4	$306,000
Total manufacturing costs	17	306,000
Marketing and administrative costs	5	174,000
Total variable costs per unit	$22	
Total fixed costs per year		$480,000

Production volume	100,000 units
Sales volume	90,000 units
Beginning finished goods inventory	20,000 units

No work in process inventory is expected at either the beginning or end of the year.

- What operating profit will the company make if sales and production volume are as projected?

- What is BP's break-even point?

To answer the first question, find π assuming all fixed manufacturing costs are treated as period costs, which is consistent with the *variable costing* method of valuing inventory:

$$\pi = (\$30 - 22)(90{,}000 \text{ units}) - \$480{,}000$$
$$= \$240{,}000$$

To answer the second question:

$$X = \frac{\$480{,}000}{\$8}$$
$$= 60{,}000 \text{ units sold}$$

Note that *the analysis is based on sales volume, not production volume.* Also note that the costs in the profit equation include both manufacturing and non-manufacturing costs.

According to the profit equation, the total expected costs for the year are:

$$F + VX = \$480{,}000 + (\$22 \times 90{,}000 \text{ units})$$
$$= \$2{,}460{,}000$$

Are these all of the costs that are expected to be *incurred* during the year? No, these are only the year's fixed costs plus the variable costs associated with the units sold. There would be additional variable manufacturing costs incurred because of the excess of units produced over units sold. Costs incurred would amount to:

Fixed Costs	Variable Manufacturing Costs	Variable Marketing and Administrative Costs
$ 480,000	+ ($17)(100,000 units)	+ ($5)(90,000 units)
= 480,000	+ $1,700,000 + $450,000	
= 2,630,000		

The excess of costs incurred over costs in the profit equation, which is:

$$\$170{,}000 = \$2{,}630{,}000 - \$2{,}460{,}000$$

is the increase in inventory value under the variable costing method, which is:

$$\$170{,}000 = \$17 \text{ per unit times } 10{,}000 \text{ units increase in inventory.}$$

In short, when units produced and sold are not the same, costs shown in the profit equation will not equal costs incurred. The variable costs shown in the profit equation are the sum of the *variable manufacturing cost of goods sold* and the variable marketing and administrative costs of the period. The fixed costs in the profit equation are the total fixed costs expected to be incurred during the period.

Use of CVP for Planning and Performance Evaluation

Once an estimate of CVP behavior has been derived, it can be used as a basis for planning and performance evaluation. Organizations often prepare plans that show expected revenue, costs, and operating profits at various volumes of activity. These are known as *flexible budgets.*

For example, recall that at Sport Autos V equals $13,000 and F equals $30,000. Based on these facts, the cost-volume line in Illustration 11–11 was developed. This flexible budget line, which shows the expected monthly costs at various levels of output, could be used as a flexible cost budget for Sport Autos.

Suppose that in November, 20 cars were sold, and the costs of these cars, including cost of goods sold, dealer preparation costs, sales commissions, and the fixed costs of running the dealership totaled $310,000. What were the expected costs for the month? By how much did actual costs vary from expected costs? From the cost-volume line in Illustration 11–11, we find expected costs of $290,000 (= $30,000 + [$13,000 × 20 cars] = $30,000 + $260,000). Actual costs exceeded expected costs by $20,000 (= $310,000 + $290,000).

Suppose that Sport Autos' costs for the month of December were $530,000. Do these high costs reflect poor cost control or an unfavorable profit picture? Neither is necessarily the correct interpretation. The answer cannot be deter-

Illustration 11–11   **Flexible Cost Budget Based on the Cost-Volume Line, Sport Autos**

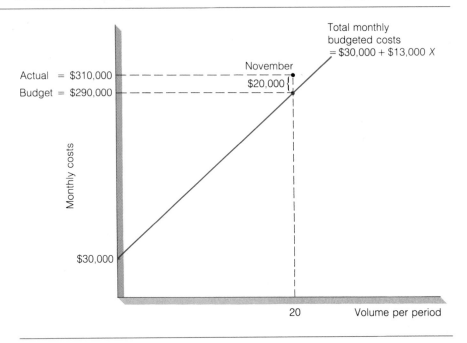

mined until we know December's volume. That is why a *flexible budget* is important. By definition, variable costs vary with volume; hence, if volume changes, total variable costs *should* change. In fact, if the volume in December was 40 cars, then $530,000 actual costs were lower than would be expected at that volume. This occurs because at 40 cars, we would expect to incur costs of $550,000 (= $30,000 fixed costs + [$13,000 × 40 cars] = $30,000 + $520,000). Actual costs were less than expected costs by $20,000.

The flexible budget is a very useful tool for evaluating how well employees and departments have performed compared to plans. We go into much more detail about the uses of flexible budgets in planning and performance evaluation in Chapters 18 through 21.

Limitations and Assumptions

Like any other tool, CVP analysis has limitations that make it more applicable to some decisions than to others. Some of these limitations and the impact they can have on the results of CVP analysis follow. As with any management information, the system is judged in terms of a cost-benefit test. Overcoming some of the listed limitations may not be cost justified.

Assumed and Actual Cost Behavior

A linear CVP analysis assumes that:

1. Revenues change proportionately with volume.

2. Total variable costs change proportionately with volume.

3. Fixed costs do not change at all with volume.

One useful feature of CVP analysis is its simplicity in showing the impact of sales prices, costs, and volume on operating profits (or cash flows). But the cost of this simplicity is often a lack of realism. Some costs cannot be easily classified. Costs seldom behave in a neat linear fashion. CVP analysis is based on the assumption that within a specific range of activity, the linear expression approximates reality closely enough that the results will not be badly distorted.

Assumed linear relationships are more likely to be valid for short time periods (one year or less) and small changes in volume than for long periods and large changes in volume. Most fixed costs are only fixed in the short run. Over time, management may make decisions that change fixed costs. For example, during a recent downturn in the economy, a steel company announced the closing of two of the four blast furnaces in one of its plants. Many costs that were fixed while all four blast furnaces were operating (for example, supervisory salaries, product inspection costs, some maintenance and utilities costs) were temporarily eliminated.

Also, many nonvolume factors that would affect prices and costs (for example, limited capacity, technological changes, and input factor prices) are more likely to be constant over short time periods.

Assuming a Constant Product Mix

As we saw earlier in the chapter with multiple products, a change in product mix can affect operating profits. Holding the product mix constant allows the analyst to focus on the impact of prices, costs, and volume on operating profits.

Recording Costs as Expenses

If the costs used in CVP analysis are not the same ones expensed in the financial statements, the resultant operating profit will not be the same. Discrepancies are usually caused by timing differences in the recognition of expenses.

The most common source of difference is the treatment of fixed manufacturing costs when production volume is not equal to sales volume. As discussed in Chapter 9, generally accepted accounting principles (GAAP) and income tax regulations require use of *full-absorption costing.* For financial statements, fixed manufacturing costs must be treated as product costs and expensed when the goods are sold. However, CVP analysis is like variable costing—*all* fixed costs, including fixed manufacturing costs, are treated as if they will be expensed during the period. Thus, while fixed manufacturing costs are treated as product costs for external financial reporting, they are treated as period costs for CVP analysis.

Summary

CVP analysis examines the impact of prices, costs, and volume on operating profits, as summarized in the profit equation:

$$\pi = (P - V)X - F$$

where

π = Operating profits.
P = Average unit selling price.

$V = $ Average unit variable costs.

$X = $ Quantity of output.

$F = $ Total fixed costs.

CVP analysis is both a management tool for determining the impact of selling prices, costs, and volume on profits and a conceptual tool, or way of thinking, about managing a company. It helps management focus on the objective of obtaining the best possible combination of prices, volume, variable costs, and fixed costs.

An advantage of the CVP model is its simplicity. However, the price of such simplicity is a set of limiting assumptions that result in some loss of realism. When multiple products are analyzed, a constant product mix must be assumed or common costs must be allocated. Whenever assumptions are made, it is advisable to perform sensitivity analysis to determine whether (and how) the assumption affects decisions.

Terms and Concepts

The following terms and concepts should be familiar to you after reading this chapter.

Break-Even Point

Contribution Margin

Contribution Margin Ratio

Cost-Volume-Profit (CVP) Analysis

Flexible Budget Line

Isoprofit Lines

Margin of Safety

Product Mix

Profit Equation

Profit-Volume Analysis

Sensitivity Analysis

Variable Cost Ratio

Weighted-Average Contribution Margin

Self-Study Problem No. 1: Leonard Company

Given the following information for Leonard Company for April:

Sales	$180,000
Fixed manufacturing costs	22,000
Fixed marketing and administrative costs	14,000
Total fixed costs	36,000
Total variable costs	120,000
Unit price	$9
Unit variable manufacturing cost	5
Unit variable marketing cost	1

Required:

Compute the following:

a. Operating profit when sales are $180,000 (as above).

b. Break-even quantity.

c. Quantity that would produce an operating profit of $30,000.

d. Quantity that would produce an operating profit of 20 percent of sales dollars.

e. Break-even sales quantity if unit variable costs are reduced by 10 percent per product unit, assuming no changes in total fixed costs.

f. Sales dollars required to generate an operating profit of $20,000.

g. Number of units sold in April.

Solution to Self-Study Problem No. 1

a.
$$\pi = PX - VX - F$$
$$= \$180{,}000 - \$120{,}000 - \$36{,}000$$
$$= \underline{\underline{\$24{,}000}}$$

b.
$$\text{Break-even } X = \frac{F}{P - V}$$
$$= \frac{\$36{,}000}{\$9 - \$6}$$
$$= \underline{\underline{12{,}000 \text{ units}}}$$

c.
$$X = \frac{F + \text{Target } \pi}{P - V}$$
$$= \frac{\$36{,}000 + \$30{,}000}{\$9 - \$6}$$
$$= \underline{\underline{22{,}000 \text{ units}}}$$

d.
$$\text{Target } \pi = .2PX$$
$$\pi = PX - VX - F$$
$$.2PX = PX - VX - F$$
$$.8PX - VX = F$$
$$(.8P - V)X = F$$
$$X = \frac{F}{(.8P - V)}$$
$$= \frac{\$36{,}000}{[(.8)(\$9) - \$6]}$$
$$= \frac{\$36{,}000}{\$1.20}$$
$$= \underline{\underline{30{,}000 \text{ units}}}$$

e.
$$X = \frac{F}{P - V}$$
$$= \frac{\$36{,}000}{[\$9 - (.9)(\$6)]}$$
$$= \frac{\$36{,}000}{\$3.60}$$
$$= \underline{\underline{10{,}000 \text{ units}}}$$

f.
$$PX = \frac{F + \text{Target } \pi}{1 - \dfrac{V}{P}} = \frac{F + \text{Target } \pi}{\dfrac{P - V}{P}}$$
$$= \frac{\$36{,}000 + 20{,}000}{1 - \dfrac{\$6}{\$9}} = \frac{\$36{,}000 + 20{,}000}{\dfrac{\$9 - \$6}{\$9}}$$

$$= \frac{\$56,000}{\dfrac{\$3}{\$9}}$$

$$= \$168,000$$

g. Units sold in April:

$$X = \frac{\$180,000}{\$9}$$

$$= 20,000 \text{ units}$$

Self-Study Problem No. 2: Multiproduct Company

Multiproduct Company produces these products with the following characteristics:

	Product I	Product II	Product III
Price per unit	$5	$6	$7
Variable cost per unit	3	2	4
Expected sales (units)	100,000	150,000	250,000

Total fixed costs for the company are $1,240,000.

Required:

Assuming the product mix would be the same at the break-even point, compute the break-even point in:

a. Units (total and by product line).

b. Sales dollars (total and by product line).

Solution to Self-Study Problem No. 2

a. Compute weighted-average contribution margin:

Product Mix	I 100,000 units	II 150,000	III 250,000	Total 500,000
	20%	30%	50%	100%

Weighted-average contribution margin $(P^* - V^*)$

$$.20(\$2) + .30(\$4) + .50(\$3) = \underline{\$3.10}$$

Or,

$$\frac{(100,000 \text{ units})(\$2) + (150,000)(\$4) + (250,000)(\$3)}{500,000} = \$3.10$$

$$X = \frac{\$1,240,000}{\$3.10} = \underline{400,000 \text{ units}}$$

b. To compute break-even sales dollars, find weighted-average price and variable costs:

$$P^* = (.20)(\$5) + (.30)(\$6) + (.50)(\$7)$$

$$= \$6.30$$

$$V^* = (.20)(\$3) + (.30)(\$2) + (.50)(\$4)$$

$$= \$3.20$$

$$\text{Break-even } PX = \frac{\$1,240,000}{1 - \dfrac{\$3.20}{\$6.30}} = \frac{\$1,240,000}{\dfrac{\$3.10}{\$6.30}}$$

$$= \frac{\$1,240,000}{.492 \text{ (rounded)}}$$

$$= \$2,520,000 \text{ (rounded to nearest \$1,000)}$$

(Check: 400,000 units × \$6.30 = \$2,520,000).

Product-line amounts:

	Total (100%)	Product I (20%)	II (30%)	III (50%)
Units	400,000	80,000	120,000	200,000
Units price	\$6.30	\$5	\$6	\$7
Sales dollars	\$2,520,000	\$400,000	\$720,000	\$1,400,000

Questions

11–1. Define the profit equation.

11–2. What are the components of total costs in the profit equation?

11–3. What is the meaning of the term *contribution margin?*

11–4. How does the total *contribution margin* differ from the *gross margin* that is often shown on companies' financial statements?

11–5. Compare cost-volume-profit (CVP) analysis with profit-volume analysis. How do they differ?

11–6. Is a company really breaking even if it produces and sells at the "break-even" point? What costs might not be covered?

11–7. What is usually the difference between CVP analysis on a cash basis and that on an accounting accrual basis? For a company having depreciable assets, would you expect the accrual break-even point to be higher, lower, or the same as the cash break-even point?

11–8. How is the profit equation expanded when multiproduct CVP analysis is used?

11–9. Is it possible to have many break-even points, and many alternative ways to achieve a target operating profit, when a company has multiple products?

11–10. Why is a constant product mix often assumed in multiproduct CVP analysis?

11–11. Define the contribution margin when a constant product mix is assumed in multiproduct CVP analyses.

11–12. When would the sum of the break-even quantities for each of a company's products not be the break-even point for the company as a whole?

11–13. What is the difference between economic "profits" and accounting "net income" or "operating profit"?

11–14. How can CVP analysis be used for planning and performance evaluation?

11–15. Name three common assumptions of linear CVP analysis.

11–16. Why might there be a difference between the operating profit calculated by CVP analysis and the net income reported in financial statements for external reporting?

11–17. Fixed costs are often defined as "fixed over the short run." Does this mean they are not fixed over the long run? Why or why not?

11–18. Why does the accountant use a linear representation of cost and revenue behavior in CVP analysis? How can this use be justified?

11–19. The following graph implies that profits increase continually as volume increases:

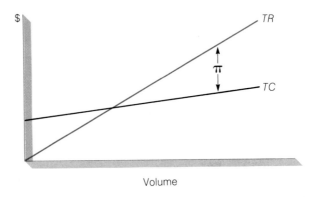

What are some of the factors that might prevent the increasing profits that are indicated when linear CVP analysis is employed?

11–20. Why would fixed costs tend not to be relevant for a typical CVP analysis? Under what circumstances might the fixed costs be relevant in CVP analyses?

11–21. CVP analysis is an oversimplification of the real-world environment. For this reason, it has little to offer a decision maker. Comment.

Exercises

11–22. A CVP Graph

Identify each of the following on the graph that follows.

   a.   The total cost line.

   b.   The total revenue line.

   c.   The total variable costs area.

   d.   Variable cost per unit.

   e.   The fixed costs area.

   f.   The break-even point.

   g.   The profit area (or volume).

   h.   The loss area (or volume).

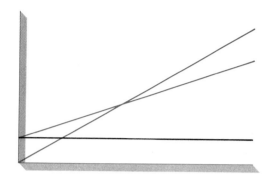

11-23. Profit-Volume Graph

Identify the places on the profit-volume graph indicated by the letters below:

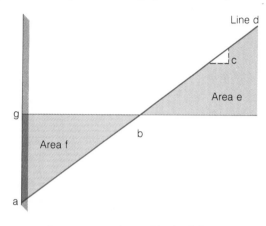

11-24. CVP Analysis

The AJ Company produces one product with the following costs and revenues for the year:

Total revenues	$5,000,000
Total fixed costs	1,000,000
Total variable costs	3,000,000
Total quantity produced and sold	1,000,000 units

Required:

a. What is the selling price per unit?

b. What is the variable cost per unit?

c. What is the contribution margin per unit?

d. What is the break-even point?

e. What quantity of units is required for AJ Company to make an operating profit of $2,000,000 for the year?

11-25. CVP Analysis with Semifixed (Step) Costs

Shift Manufacturing Company manufactures and sells one product. The sales price of $10 remains constant per unit regardless of volume, as does the variable cost of $6 per unit. The company can choose to operate at one of the following three levels of monthly operations:

	Volume Range (production and sales)	Total Fixed Costs
Level 1	0–16,000	$40,000
Level 2	16,001–28,000	72,000
Level 3	28,001–38,000	94,000

Required:

a. Calculate the break-even point(s).

b. If the company can sell everything it makes, should it operate at level 1, level 2, or level 3? Support your answer.

11–26. CVP—Sensitivity Analysis

Alto, Inc., is considering introduction of a new product with the following price and cost characteristics:

Sales price	$ 100 each
Variable cost	60 each
Fixed costs	200,000 per year

Required:

a. What quantity is required for Alto, Inc., to break even?

b. What quantity is required for Alto, Inc., to make an operating profit of $100,000 for the year?

c. Assume the projected quantity for the year is 8,000 units for each of the following situations:

(1) What will the operating profit be for 8,000 units?

(2) What would be the impact on operating profit if the sales price decreases by 10 percent? Increases by 20 percent?

(3) What would be the impact on operating profit if variable costs per unit decrease by 10 percent? Increase by 20 percent?

(4) Suppose fixed costs for the year are 10 percent lower than projected, while variable costs per unit are 10 percent higher than projected. What impact would these cost changes have on operating profit for the year? (Would profit go up? Down? By how much?)

11–27. Multiple-Choice

Choose the *best* answer for each of the following questions:

a. If a firm has a negative contribution margin, to reach break even:

(1) Sales volume must be increased.

(2) Sales volume must be decreased.

(3) Fixed cost must be decreased.

(4) Fixed cost must be increased.

(5) None of the above.

b. If total contribution margin is decreased by a given amount, operating profit would:

(1) Decrease by the same amount.

(2) Decrease by more than the given amount.

(3) Increase by the same amount.

(4) Remain unchanged.

(5) None of the above.

c. The break-even point would be increased by:

(1) A decrease in fixed costs.

(2) An increase in contribution margin ratio.

(3) An increase in variable costs.

(4) A decrease in variable costs.

(5) None of the above.

d. Given the following formulas, which one represents the break-even sales level in units?

P = Selling price per unit; F = Total fixed costs; V = Variable cost per unit.

(1) $\dfrac{F}{P - V}$.

(2) $\dfrac{P}{F \div V}$.

(3) $\dfrac{F}{V \div P}$.

(4) $\dfrac{V}{P - F}$.

(5) $\dfrac{P}{F - V}$.

e. Which of the following assumptions is *not* made in break-even analysis?

(1) Volume is the only factor affecting cost.

(2) No change between beginning and ending inventory

(3) The sales mix is maintained as volume changes.

(4) All of the above are assumptions sometimes required in break-even analysis.

f. A company increased the selling price for its products from $1 to $1.10 a unit when total fixed cost increased from $400,000 to $480,000 and variable cost per unit remained the same. How would these changes affect the break-even point?

(1) The break-even point in units would be increased.

(2) The break-even point in units would be decreased.

(3) The break-even point in units would remain unchanged.

(4) The effect cannot be determined from the given information.

(CPA adapted)

Problems

11-28. CVP—Missing Data

Freedom, Inc., management has performed cost studies and projected the following annual costs based on 40,000 units of production and sales:

	Total Annual Costs	Percent of Total Annual Costs that Is Variable
Direct material	$400,000	100%
Direct labor	360,000	75
Manufacturing overhead	300,000	40
Selling, general, and administrative	200,000	25

Required:

a. Compute Freedom's unit selling price that will yield a projected 10 percent profit if sales are 40,000 units.

b. Assume that management selects a selling price of $30 per unit. Compute Freedom's dollar sales that will yield a projected 10 percent profit on sales, assuming the above variable-fixed costs relationships are valid.

(CPA adapted)

11-29. Profit Analysis with Multiple Products

Company BE produces two products, B and E, with the following characteristics:

	Product B	Product E
Selling price per unit	$5	$6
Variable cost per unit	3	2
Expected sales (units)	100,000	150,000

The total fixed costs for the company are $700,000.

Required:

a. What is the anticipated level of profits for the expected sales volumes?

b. Assuming the product mix would be the same at the break-even point, compute the break-even point in terms of each product.

c. If the product sales mix were to change to 4B:1E, what would the new break-even volume equal in terms of each product?

11-30. Profit Computations at Different Activity Levels

ElectroSol Systems, Inc., has been organized to manufacture and sell solar energy systems for installation in the Southwest. The marketing consultants for the company estimate that at a selling price of $3,000 per unit, the company should be able to sell 10,000 units per year. However, the company's financial advisor is of the opinion that a more likely sales level would be 7,000 units per year at the same sales price.

The company's controller estimates annual fixed costs will equal $12,000,000 and that the variable cost on each unit will be $1,600.

Required:

a. Determine the profit or loss at the 7,000-unit and 10,000-unit activity levels.

b. What is the break-even point?

c. What course of action would management be likely to take after receiving the results of this analysis?

11-31. Multiple Products Using Sales-Dollars to Measure Volume

For this year, assume AZ Company has two products with the following characteristics:

	Product A	Product B
Contribution margin	$ 2	$ 3
Selling price	10	12
Sales revenue	30,000	12,000

The total fixed costs for the company are $8,000.

Required:

Assuming the product sales mix at the break-even point would be the same as the mix implied by the above data, compute the break-even point in dollars.

11-32. Multiple Products Using Sales-Dollars to Measure Volume

Refer to the data in problem 11-31. If the product sales mix were to change to 1A:3B, what would the new break-even in sales-dollars be?

11-33. Multiple Choice: Income Taxes

Maxwell Company manufactures and sells a single product. Price and cost data regarding Maxwell's product and operations are as follows:

Selling price per unit	$25.00
Variable costs per unit:	
Raw materials	$11.00
Direct labor	5.00
Manufacturing overhead	2.50
Selling expenses	1.30
Total variable costs per unit	$19.80
Annual fixed costs:	
Manufacturing overhead	$192,000
Selling and administrative	276,000
Total fixed costs	$468,000
Forecasted annual sales volume (120,000 units)	$3,000,000
Income tax rate	40%

Required:

a. Maxwell's break-even point in units is:
    (1) 76,667.
    (2) 90,000.
    (3) 130,000.
    (4) 72,000.
    (5) Some other amount.

b. How many units would Maxwell Company have to sell in order to earn $156,000 after taxes?
    (1) 120,000 units.
    (2) 165,000 units.
    (3) 140,000 units.
    (4) 148,889 units.
    (5) Some other amount.

c. Maxwell Company estimates that its direct labor costs will increase 8 percent next year. How many units will Maxwell have to sell next year to reach break-even?
    (1) 97,500 units.
    (2) 101,740 units.
    (3) 83,572 units.
    (4) 86,250 units.
    (5) Some other amount.

d. If Maxwell Company's direct labor costs do increase 8 percent, what selling price per unit of product must it charge to maintain the same contribution margin ratio?
    (1) $25.51.
    (2) $27.00.
    (3) $25.40.
    (4) $26.64.
    (5) Some other amount.

11–34. CVP Analysis of Alternatives

Martell Corporation is a manufacturer of small home appliances. The company has idle facilities that would allow it to manufacture 50,000 hair dryers in the building currently used for small appliances. There is no alternative economic use of the idle facilities. However, Martell would have to spend $200,000 per year in equipment and administrative costs to get into the alternative line of business.

Should the company wish to produce additional hair dryers, it would be necessary to lease additional space and to purchase more equipment. The fixed costs that would be incurred per year to produce up to 160,000 hair dryers in excess of the 50,000 that can be produced in existing facilities would amount to $260,000 per year, for a total of $460,000 fixed costs to provide a capacity for 210,000 hair dryers.

The company has been offered a contract to purchase 150,000 hair dryers per year by a large discount chain. The chain is willing to pay $5 per unit but must be assured of delivery of 150,000 units. Variable costs are estimated at $2 per unit.

The company estimates that it can sell up to 90,000 units through wholesalers at a price of $8 per unit. If the company sells through the wholesalers, it will not be required to produce any specific minimum quantity. However, the company expects to incur selling costs of $.25 more per unit for dryers sold to wholesalers.

Required:

Prepare a report showing the expected profit per year under these alternatives:

a. Sell to wholesalers using existing idle facilities only.

b. Sell to the chain store and to wholesalers (the new facilities must be acquired in this case).

11–35. CVP Analysis and Price Changes

Denton Manufacturing Company is concerned about the possible effects of inflation on its operations. Presently, the company sells 200,000 units at a unit price of $15. The variable costs of production are $8, and fixed costs amount to $1,120,000. The present profit level is $280,000. Production engineers have advised management that unit labor costs are expected to rise by 10 percent in the coming year and unit materials costs are expected to rise by 15 percent. Of the variable costs, 25 percent are from labor and 50 percent are materials. All other variable costs are expected to increase by 5 percent. Sales prices cannot increase more than 8 percent. It is also expected that fixed costs will rise by 2 percent as a result of increased taxes and other miscellaneous fixed charges.

The company wishes to maintain the same level of profits in real-dollar terms. It is expected that to accomplish this objective, profits will have to increase by 6 percent during the year.

Required:

a. Compute the volume of sales and the dollar sales level necessary to maintain the present profit level in normal terms, assuming the maximum price increase is implemented.

b. Compute the volume of sales and the dollar sales level necessary to attain the same profit level in real-dollar terms, assuming the maximum price increase is implemented.

c. If the volume of sales were to remain at 200,000 units, what price increase would be required to attain the same profit level in real-dollar terms?

11–36. Sensitivity Analysis

Petersen Publishing Corporation is currently selling a line of executive education courses at a price of $90 per course. The company maintains office and publishing facilities at an annual fixed cost of $800,000 for office and administration and $720,000 for publishing operations. The variable costs of each course unit include $15 for promotion, $6 for administration, and $12 for the published materials. At the present time, the company distributes 25,000 course units per year. Management is dissatisfied with the profitability of current operations and wishes to investigate the profit effects of several alternatives. The following questions have been raised by members of management in an attempt to evaluate the alternatives (each alternative should be considered independently).

Required:

a. What is the break-even level in terms of unit sales?

b. The company can hire an educational representative to sell the course material independently of current sales activity. Current sales would remain the same, but the representative should be able to sell an additional 10,000 units at the $90 price. Promotion costs would amount to $20 per unit, and the representative would receive a commission of 25 percent of the sales price of each course unit. All other costs would remain unchanged. What is the profit effect of hiring the representative?

c. A publishing company has offered to produce the course materials at a price of $40 per course unit regardless of the number of course units. If this alternative is chosen, the fixed and variable costs of the current publishing operation would be eliminated. What is the profit effect of this alternative if sales remain at 25,000 units? If sales increase to 40,000 units?

11–37. CVP Relationships with Changes in Cost Structure

Stockton Picket Fence Company manufactures prefabricated fence sections that sell at $6 per unit. The present facilities use an older model of semiautomated equipment. Variable costs are $4.50 per unit, and fixed costs total $300,000 per year.

An alternate semiautomated fence machine can be rented. This alternate machine would increase fixed costs to $550,000 per year, but variable costs would be reduced to $3.25 per unit.

Another fence machine supplier offers a fully automatic machine that would result in annual fixed costs of $800,000. However, the fully automatic machine would reduce the variable costs to $2 per unit.

There are no other costs or cash flows affected by the choice among these three alternatives.

Management is concerned about the break-even point for operations using each of these machines. Moreover, the sales volume for fence sections is quite erratic. Management is interested in the profit or losses that would occur with each type of equipment if the sales volume were 175,000 units and if the sales volume were 250,000 units.

Required:

Prepare a schedule showing the break-even point and the profit or loss obtainable for each equipment alternative at sales volumes of 175,000 and 250,000 units.

11–38. CVP Analysis for Fare Pricing: Trans Western Airlines*

Trans Western Airlines is preparing to submit a proposal to its board of directors for air service between Phoenix, Arizona, and Las Vegas, Nevada. The route would be designed primarily to serve the recreation and tourist travelers who frequently travel between the two cities. By offering low-cost tourist fares, the airline hopes to persuade persons who now travel by other modes of transportation to switch and fly Trans Western on this route.

In addition, the airline expects to attract business travelers during the hours of 7 A.M. to 6 P.M. on Mondays through Fridays. The fare price schedule or tariff would be designed to charge a higher fare during business travel hours so that tourist demand would be reduced during those hours. The company believes that a business fare of $40 one way during business hours and a fare of $30 for all other hours would result in 50 percent business travel and 50 percent tourist travel each week.

To operate the route, the airline would need two 120-passenger jet aircraft. The aircraft would be leased at an annual cost of $2,800,000 each. Other fixed costs attributable to the Phoenix–Las Vegas route would amount to $900,000 per year. These fixed costs would not change regardless of the number of flights.

Operation of each aircraft requires a flight crew whose salaries are based primarily on the hours of flying time. The cost of the flight crew is approximately $300 per hour of flying time.

Aircraft maintenance and fuel costs are also a function of flying time. These costs are estimated at $110 per hour of flying time. Flying time between Phoenix and Las Vegas is estimated at 45 minutes each way.

The costs associated with processing each passenger amount to $7. This includes ticket processing and variable costs of baggage handling. Food and beverage service is expected to break even through the charges levied for alcoholic beverages.

Required:

a. If five business flights and three tourist flights are offered each way each weekday, and 10 tourist flights are offered each way every Saturday and Sunday, what number of passengers must be carried on each flight to break even?

b. The board of directors requires an estimate of the load factor (or percentage of available seats occupied on a route) required to break even on a given route. What is the break-even load factor for this proposed route?

c. If Trans Western Airlines decides to operate the Phoenix–Las Vegas route, its aircraft on that route will be idle between midnight and 6 A.M. The airline is considering offering a daily "Red Die" special that would leave Phoenix at midnight and would return by 6 A.M. The marketing division estimates that if the fare were no more than $15, at least 60 new passengers could be attracted to each one-way Red Die flight. Operating costs would be at the same rate for this flight, but additional advertising costs of $1,200 per week would be required for promotion of the service. Manage-

---

ment wishes to know the minimum fare that would be required to break even on the Red Die special, assuming the marketing division's passenger estimates are correct.

11–39. CVP Analysis and Profit Targets

Martin Margolis Corporation is contemplating introducing a new line of cosmetic kits for skin care. The kits would sell for $12 each. The variable costs associated with each kit amount to $3. If the kits are to be introduced nationwide, the company will have to obtain acceptable profits on a test market basis. The fixed costs associated with producing the kits for the test market amount to $260,000 per year.

Required:

a. Compute the break-even point in units for test market sales.

b. If the desired profit level is $80,000 before tax, compute the sales level in units required to attain that profit level.

c. Assuming the tax rate is 45 percent and the desired profit level is $80,000 after tax, compute the required unit sales level.

11–40. CVP Analysis with Semifixed Costs: Discovery Day Care Center*

Beverly Miller, director and owner of the Discovery Day Care Center, has a master's degree in elementary education. In the seven years she has been running the Discovery Center, her salary has ranged from nothing to $10,000 per year. "The second year," she says, "I made 62 cents an hour."

Her salary is what's left over after all other expenses are met.

Could she run a more profitable center? She thinks perhaps she could if she increased the student-teacher ratio, which is currently five students to one teacher. (Government standards for a center like this set a maximum of 10 students per teacher.) However, she refuses to increase the ratio to more than six to one. "If you increase the ratio to more than 6:1, the children don't get enough attention. In addition, the demands on the teacher are far too great." She does not hire part-time teachers.

Beverly rents the space for her center in the basement of a church for $450 per month, including utilities. She estimates that supplies, snacks, and other nonpersonnel costs are $40 per student per month. She charges $190 per month per student. Teachers are paid $600 per month, including fringe benefits. There are no other operating costs. At present, there are 30 students and 6 teachers, in addition to Ms. Miller, who is not considered a teacher for this analysis.

Required:

a. What is the present operating profit per month of the Discovery Day Care Center before Ms. Miller's salary?

b. What is (are) the break-even point(s) assuming a student-teacher ratio of 6:1?

c. What would be the break-even point(s) if the student-teacher ratio was allowed to increase to 10:1?

d. Ms. Miller has an opportunity to increase the student body by six students. She must take all six or none. Should she accept the six students if she wants to maintain a maximum student-teacher ratio of 6:1?

e. [Continuation of part (d).] Suppose Ms. Miller accepts the six children. Now she has the opportunity to accept one more. What would happen to profit if she did, assuming she has to hire one more teacher?

11–41. Profit Targets: R. A. Ro & Company

R. A. Ro & Company, maker of quality handmade pipes, has experienced a steady growth in sales for the past five years. However, increased competition has led Mr.

---

* © Michael W. Maher, 1984.

Ro, the president, to believe that an aggressive advertising campaign will be necessary next year to maintain the company's present growth.

To prepare for next year's advertising campaign, the company's accountant has prepared and presented Mr. Ro with the following data for this year (Year 1):

Cost Schedule

Variable costs:	
Direct labor	$ 8.00 per pipe
Direct materials	3.25 per pipe
Variable overhead	2.50 per pipe
Total variable costs	$13.75 per pipe
Fixed costs:	
Manufacturing	$ 25,000
Selling	40,000
Administrative	70,000
Total fixed costs	$135,000
Selling price, per pipe	$25.00
Expected sales, this year (Year 1) (20,000 units)	$500,000
Tax rate: 40%	

Mr. Ro has set the sales target for next year (Year 2) at a level of $550,000 (or 22,000 pipes).

Required:

a. What is the projected after-tax operating profit for this year (Year 1)?

b. What is the break-even point in units for Year 1?

c. Mr. Ro believes an additional selling expense of $11,250 for advertising in Year 2, with all other costs remaining constant, will be necessary to attain the sales target. What will be the after-tax net income for Year 2 if the additional $11,250 is spent?

d. What will be the break-even point in dollar sales for Year 2 if the additional $11,250 is spent for advertising?

e. If the additional $11,250 is spent for advertising in Year 2, what is the required sales level in dollars to equal Year 1 after-tax operating profit?

f. At a sales level of 22,000 units, what is the maximum amount that can be spent on advertising in Year 2 if an after-tax operating profit of $60,000 is desired?

(CMA adapted)

Integrative Cases

11–42. Converting Full-Absorption Costing Income Statements to CVP Analysis

Pralina Products Company is a regional firm that has three major product lines—cereals, breakfast bars, and dog food. The income statement for the year ended April 30, Year 4, is shown below; the statement was prepared by product line using full-absorption costing. Explanatory data related to the items presented in the income statement follow.

PRALINA PRODUCTS COMPANY
Income Statement
For the Year Ended April 30, Year 4
(in thousands)

	Cereals	Breakfast Bars	Dog Food	Total
Sales in pounds	2,000	500	500	3,000
Revenue from sales	$1,000	$400	$200	$1,600
Cost of sales:				
Direct materials	330	160	100	590
Direct labor	90	40	20	150
Factory overhead	108	48	24	180
Total cost of sales	528	248	144	920
Gross margin	472	152	56	680
Operating costs:				
Selling costs:				
Advertising	50	30	20	100
Commissions	50	40	20	110
Salaries and related benefits	30	20	10	60
Total selling expenses	130	90	50	270
General and administrative costs:				
Licenses	50	20	15	85
Salaries and related benefits	60	25	15	100
Total general and administrative costs	110	45	30	185
Total operating costs	240	135	80	455
Operating profit before taxes	$ 232	$ 17	$ (24)	$ 225

Other data:

1. *Costs of sales.* The company's inventories of direct materials and finished products do not vary significantly from year to year. The inventories at April 30, Year 4, were essentially identical to those at April 30, Year 3.

 Factory overhead was applied to products at 120 percent of direct labor-dollars. The factory overhead costs for the Year 4 fiscal year were as follows:

Variable indirect labor and supplies	$ 15,000
Variable employee benefits on factory labor	30,000
Supervisory salaries and related benefits	35,000
Plant occupancy costs	100,000
	$180,000

 There was no overapplied or underapplied overhead at year-end.

2. *Advertising.* The company has been unable to determine any direct casual relationship between the level of sales volume and the level of advertising expenditures. However, because management believes advertising is necessary, an annual advertising program is implemented for each product line. Each product line is advertised independent of the others.

3. *Commissions.* Sales commissions are paid to the sales force at the rates of 5 percent on the cereals and 10 percent on the breakfast bars and dog food.

4. *Licenses.* Various licenses are required for each product line. These are renewed annually for each product line.

5. *Salaries and related benefits.* Sales, and general and administrative personnel devote time and effort to all product lines. Their salaries and wages are allocated on the basis of management's estimates of time spent on each product line.

Required:

a. The controller of Pralina Products Company has recommended that the company do a CVP analysis of its operations. As a first step, the controller has requested that you prepare a revised income statement for Pralina Products Company that employs a product contribution margin format that will be useful in CVP analysis. The statement should show the profit contribution for each product line and the operating profit before taxes for the company as a whole.

b. The controller of Pralina Products Company is going to prepare a report, which he will present to the other members of top management, explaining CVP analysis. Identify and explain the following points that the controller should include in the report.
   (1) The advantages that CVP analysis can provide to a company.
   (2) The difficulties Pralina Products Company could experience in the calculations involved in CVP analysis.
   (3) The dangers that Pralina Products Company should be aware of in using the information dervied from the CVP analysis.

(CMA adapted)

11–43. CVP Analysis with Semifixed Costs and Changing Unit Variable Costs

Torous Company manufactures and sells one product. The sales price, $50 per unit, remains constant regardless of volume. Last year's sales were 12,000 units, and operating profits were −$20,000 (i.e., a loss). "Fixed" costs depended on production levels, as shown below. Variable costs per unit are 20 percent *higher* in level 2 (night shift) than in level 1 (day shift) because of additional labor costs due primarily to higher wages required to employ workers for the night shift.

	Annual Production Range (in units)	Annual Total Fixed Costs
Level 1 (day shift)	0–15,000	$200,000
Level 2 (night shift)	15,001–25,000	264,000

Last year's cost structure and selling price are not expected to change this year. Maximum plant capacity is 25,000 units. The company sells everything it produces.

Required:

a. Compute the contribution margin per unit for last year for each of the two production levels.

b. Compute the break-even points for last year for each of the two production levels.

c. Compute the volume in units that will maximize operating profits. Defend your choice.

11–44. Bill French*

Bill French picked up the phone and called his boss, Wes Davidson, controller of Duo-Products Corporation. "Say, Wes, I'm all set for the meeting this afternoon. I've put together a set of break-even statements that should really make people sit up and take notice—and I think they'll be able to understand them, too." After a brief conversa-

* Copyright © 1959 by the President and Fellows of Harvard College. This case was prepared by R. C. Hill, under the direction of Neil E. Harlan, as a basis for class discussion rather than to illustrate either effective or ineffective handling of an administrative situation. Reprinted by permission of the Harvard Business School.

tion about other matters, the call was concluded, and French turned to his charts for one last check-out before the meeting.

French had been hired six months earlier as a staff accountant. He was directly responsible to Davidson and, up to the time of this case, had been doing routine types of analysis work. French was an alumnus of a graduate business school and was considered by his associates to be quite capable and unusually conscientious. It was this latter characteristic that had apparently caused him to "rub some of the working guys the wrong way," as one of his co-workers put it. French was well aware of his capabilities and took advantage of every opportunity that arose to try to educate those around him. Wes Davidson's invitation for French to attend an informal manager's meeting had come as some surprise to others in the accounting group. However, when French requested permission to make a presentation of some break-even data, Davidson acquiesced. The Duo-Products Corporation had not been making use of this type of analysis in its planning or review procedures.

Basically, what French had done was to determine the level at which the company must operate in order to break even. As he phrased it:

> The company must be able at least to sell a sufficient volume of goods so that it will cover all the variable costs of producing and selling the goods; further, it will not make a profit unless it covers the fixed, or nonvariable, costs as well. The level of operation at which total costs (that is, variable plus nonvariable) are just covered is the break-even volume. This should be the lower limit in all our planning.

The accounting records had provided the following information that French used in constructing his chart:

> Plant capacity—2 million units.
> Past year's level of operations—1.5 million units.
> Average unit selling price—$1.20.
> Total fixed costs—$520,000.
> Average variable unit cost—$.75.

From this information, French observed that each unit contributed $.45 to fixed costs after covering the variable costs. Given total fixed costs of $520,000, he calculated that 1,155,556 units must be sold in order to break even. He verified this conclusion by calculating the dollar sales volume that was required to break even. Since the variable costs per unit were 62.5 percent of the selling price, French reasoned that 37.5 percent of every sales-dollar was left available to cover fixed costs. Thus, fixed costs of $520,000 require sales of $1,386,667 in order to break even.

When he constructed a break-even chart to present the information graphically, his conclusions were further verified. The chart also made it clear that the firm was operating at a fair margin over the break-even requirements, and that the pretax profits accruing (at the rate of 37.5 percent of every sales-dollar over break-even) increased rapidly as volume increased (see Exhibit A).

Shortly after lunch, French and Davidson left for the meeting. Several representatives of the manufacturing departments were present, as well as the general sales manager, two assistant sales managers, the purchasing officer, and two people from the product engineering office. Davidson introduced French to the few people he had not already met, and then the meeting got under way. French's presentation was the last item on Davidson's agenda, and in due time the controller introduced French, explaining his interest in cost control and analysis.

French had prepared enough copies of his chart and supporting calculations for everyone at the meeting. He described carefully what he had done and explained how the chart pointed to a profitable year, dependent on meeting the volume of sales activity that had been maintained in the past. It soon became apparent that some of the participants had known in advance what French planned to discuss; they had come prepared to

Exhibit A (11–44)   **Break-Even Chart—Total Business**

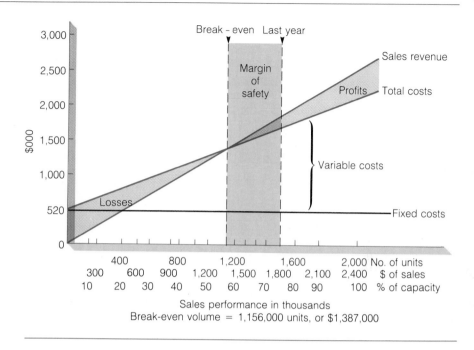

Break-even volume = 1,156,000 units, or $1,387,000

challenge him and soon had taken control of the meeting. The following exchange ensued (see Exhibit B for a checklist of participants with their titles):

Exhibit B (11–44)   **List of Participants in the Meeting**

Bill French	Staff accountant
Wes Davidson	Controller
John Cooper	Production control
Fred Williams	Manufacturing
Ray Bradshaw	Assistant sales manager
Arnie Winetki	General sales manager
Anne Fraser	Administrative assistant to president

Cooper [production control]: You know, Bill, I'm really concerned that you haven't allowed for our planned changes in volume next year. It seems to me that you should have allowed for the sales department's guess that we'll boost sales by 20 percent, unit-wise. We'll be pushing 90 percent of what we call capacity then. It sure seems that this would make quite a difference in your figuring.

French: That might be true, but as you can see, all you have to do is read the cost and profit relationship right off the chart for the new volume. Let's see—at a million-eight units we'd. . . .

Williams [manufacturing]: Wait a minute, now!!! If you're going to talk in terms of 90 percent of capacity, and it looks like that's what it will be, you had better note that we'll be shelling out some more for the plant. We've already got okays on investment money that will boost your fixed costs by $10,000 a month, easy. And that may not be all. We may call it 90 percent of plant capacity but there are a lot of places where we're just full up and we can't pull things up any tighter.

Cooper: See, Bill? Fred is right, but I'm not finished on this bit about volume changes. According to the information that I've got here—and it came from your office—I'm not sure that your break-even chart can really be used even if there were to be no changes next year. Looks to me like you've got average figures that don't allow for the fact that we're dealing with three basic products. Your report here (see Exhibit C) on costs, according to product lines, for last year makes it pretty clear that the "average" is way out of line. How would the break-even point look if we took this on an individual product basis?

French: Well, I'm not sure. Seems to me that there is only one break-even point for the firm. Whether we take it product by product or in total, we've got to hit that point. I'll be glad to check for you if you want, but. . . .

Bradshaw [assistant sales manager]: Guess I may as well get in on this one, Bill. If you're going to do anything with individual products, you ought to know that we're looking for a big swing in our product mix. Might even start before we get into the new season. The "A" line is really losing out and I imagine that we'll be lucky to hold two thirds of the volume there next year. Wouldn't you buy that Arnie? [Agreement from the general sales manager.] That's not too bad, though, because we expect that we should pick up the 200,000 that we lose, and about a quarter million units more, over in "C" production. We don't see anything that shows much of a change in "B." That's been solid for years and shouldn't change much now.

Winetki [general sales manager]: Bradshaw's called it about as we figure it, but there's something else here too. We've talked about our pricing on "C" enough, and now I'm really going to push our side of it. Ray's estimate of maybe half a million—450,000 I guess it was—up on "C" for next year is on the basis of doubling the price with no change in cost. We've been priced so low on this item that it's been a crime—we've got to raise, but good, for two reasons. First, for our reputation; the price is out of line classwise and is completely inconsistent with our quality reputation. Second, if we don't raise the price, we'll be swamped and we can't handle it. You heard what Williams said about capacity. The way the whole "C" field is exploding, we'll have to answer to another half-million units in unsatisfied orders if we don't jack the price up. We can't afford to expand that much for this product.

At this point, Anne Fraser (administrative assistant to the president) walked up toward the front of the room from where she had been standing near the rear door. The discussion broke for a minute, and she took advantage of the lull to interject a few comments.

Exhibit C (11–44) **Product Class Cost Analysis (normal year)**

	Aggregate	"A"	"B"	"C"
Sales at full capacity (units)	2,000,000			
Actual sales volume (units)	1,500,000	600,000	400,000	500,000
Unit sales price	$ 1.20	$ 1.67	$ 1.50	$ .40
Total sales revenue	1,800,000	1,000,000	600,000	200,000
Variable cost per unit	.75	1.25	0.625	.25
Total variable cost	1,125,000	750,000	250,000	125,000
Fixed costs	520,000	170,000	275,000	75,000
Profit	155,000	80,000	75,000	–0–
Ratios:				
Variable cost to sales	.63	.75	.42	.63
Marginal income to sales	.37	.25	.58	.37
Utilization of capacity*	75.0%	30.0%	20.0%	25.0%

* Note: Each product requires the same amount of production capacity per unit.

Fraser: This has certainly been enlightening. You clearly have a valuable familiarity with our operations. As long as you're going to try to get all the things together that you ought to pin down for next year, let's see what I can add to help you:

Number One: Let's remember that everything that shows in the profit area here on Bill's chart is divided just about evenly between the government and us. Now, for last year we can read a profit of about $150,000. Well, that's right. But we were left with half of that, and then paid our dividends of $50,000 to the stockholders. Since we've got an anniversary year coming up, we'd like to put out a special dividend of about 50 percent extra. We ought to retain $25,000 in the business, too. This means that we'd like to hit $100,000 profit *after* taxes.

Number Two: From where I sit, it looks as if we're going to have negotiations with the union again, and this time it's liable to cost us. All the indications are—and this isn't public—that we may have to meet demands that will boost our production costs—what do you call them here, Bill—variable costs—by 10 percent across the board. This may kill the bonus-dividend plans, but we've got to hold the line on past profits. This means that we can give that much to the union only if we can make it in added revenues. I guess you'd say that that raises your break-even point, Bill—and for that one I'd consider the company's profit to be a fixed cost.

Number Three: Maybe this is the time to think about switching our product emphasis. Arnie may know better than I which of the products is more profitable. You check me out on this, Arnie—and it might be a good idea for you and Bill to get together on this one, too. These figures that I have (Exhibit C) make it look like the percentage contribution on line "A" is the lowest of the bunch. If we're losing volume there as rapidly as you sales folks say, and if we're as hard pressed for space as Fred has indicated, maybe we'd be better off grabbing some of that big demand for "C" by shifting some of the facilities over there from "A."

Davidson: Thanks, Anne. I sort of figured that we'd wind up here as soon as Bill brought out his charts. This is an approach that we've barely touched upon, but, as you can see, you've all got ideas that have got to be made to fit here somewhere. Let me suggest this: Bill, you rework your chart and try to bring into it some of the points that were made here today. I'll see if I can summarize what everyone seems to be looking for.

First of all, I have the idea that your presentation is based on a rather important series of assumptions. Most of the questions that were raised were really about those assumptions; it might help us all if you try to set the assumptions down in black and white so that we can see just how they influence the analysis.

Then, I think that John would like to see the unit sales increase taken up, and he'd also like to see whether there's any difference if you base the calculations of an analysis of individual product lines. Also, as Ray suggested, since the product mix is bound to change, why not see how things look if the shift materializes as he has forecast? Arnie would like to see the influence of a price increase in the "C" line; Fred looks toward an increase in fixed manufacturing costs of $10,000 a month, and Anne has suggested that we should consider taxes, dividends, expected union demands, and the question of product emphasis.

I think that ties it all together. Let's hold off on our next meeting, fellows, until Bill has time to work this all into shape.

With that, the participants broke off into small groups and the meeting disbanded. French and Davidson headed back to their offices and French, in a tone of concern, asked Davidson, "Why didn't you warn me about the hornet's nest I was walking into?"

"Bill, you didn't ask!"

Required: *a.*   What are the assumptions implicit in Bill French's determination of his company's break-even point?

b. On the basis of French's revised information, what does next year look like:
   (1) What is the break-even point?
   (2) What level of operations must be achieved to meet both dividends and expected union requirements?

c. Can the break-even analysis help the company decide whether to alter the existing product emphasis?

d. Calculate *each* of the three products' break-even points, using the data in Exhibit C. Why is the sum of these three volumes not equal to the 1,155,556 units aggregate break-even volume?

e. Evaluate Bill French's approach in developing and presenting his analysis.

12

Differential Cost Analysis

To identify costs and revenues that change as a result of a decision.

To understand how to estimate the financial consequences of alternative actions.

In this chapter, we discuss the use of cost analysis in making such short-run operating decisions as pricing, whether to make or buy products, and whether to drop or add a product line. Each decision requires the comparison of one or more proposed alternatives with the status quo. The task is to determine how costs, in particular, and profits, in general, will be affected if one alternative is chosen over another. This process is called differential analysis. Although decision makers are usually interested in *all* differences between alternatives, including financial and nonfinancial ones, we focus our attention on financial decisions that involve costs and revenues.

Differential analysis is the process of estimating the consequences of alternative actions that decision makers can take. Differential analysis is used for both short-run decisions like the ones we discuss in this chapter and the next, and for the long-run decisions like those discussed in Chapters 15 and 16. Generally, the term short run is applied to decision horizons over which capacity will be unchanged—one year is usually used for convenience.

There is an important distinction between short-run and long-run decisions. Short-run decisions affect cash flow for such a short period of time that the time value of money is immaterial and hence ignored. Thus, the *amount* of cash flows is important for short-run analysis, but their *timing* is assumed to be unimportant. If an action affects cash flows over a longer period of time (usually more than one year), the time value of money is taken into account, as discussed in Chapters 15 and 16.

Differential Costs versus Variable Costs

Differential costs are costs that change in response to alternative courses of action. Both variable costs and fixed costs may be differential costs. Variable costs are differential costs when a decision involves possible changes in volume. For example, a decision to close a plant would usually reduce variable costs and some fixed costs. All of the affected costs would be termed *differential costs.* On the other hand, if a machine replacement does not affect either the volume of output or the variable cost per unit, variable costs would not be differential costs.

As the illustrations in this chapter are presented, you will find that differential analysis requires an examination of the facts for each option that is relevant to the decision to determine which costs will be affected. Differential and variable costs have independent meanings and applications and should not be considered interchangeable.

Are Historical Costs Relevant for Decision Making?[1]

You have probably seen retailers advertise their products for sale at prices below invoice cost. And you may have wondered how they could stay in business if they sold their products below cost. Of course, they could not stay in business

---

[1] Many of the concepts presented in this chapter were developed by J. M. Clark in his classic work, *Studies in the Economics of Overhead Costs* (Chicago: University of Chicago Press, 1923). Clark developed the notion that costs that are relevant for one purpose are not necessarily relevant for another. If the term *sacrifice* is used to summarize the various meanings of cost, then it becomes clear that the sacrifices (costs) for one set of actions are not necessarily the same as those for another set of actions.

if they consistently sold below cost. Retailers recognize, however, that the original cost of their merchandise is a sunk cost—a cost that has already been incurred and is *not differential* when it comes to holding versus selling merchandise.

For example, suppose that a clothing shop has 15 pairs of slacks that each cost the retailer $20. No slacks have been sold at the established price of $39.95, and the retailer believes they can only be sold if the price is reduced. In repricing, the retailer should disregard the original $20 per pair cost. A number of marketing and inventory control issues might be considered, but the historical cost is irrelevant.

Of course, if the slacks are sold for less than $20 per pair, the retailer's financial statement would show a loss. If the slacks were sold for $18 per pair, for example, the statement would be as follows:

Sale of slacks (15 pairs at $18)	$270
Cost of goods sold (15 pairs at $20)	300
Loss on sale	$ (30)

Decision makers are sometimes tempted to hold merchandise rather than sell it below cost in order to avoid showing a loss on their financial statements. In doing so, they may make a bad decision. If the merchandise is not sold immediately at a loss, it may be sold at a greater loss later, or it may have to be written off entirely if it cannot be sold at all. Under the circumstances, unless there is a possibility of a higher price later, the decision to sell now is the best.

The historical cost of an item is not always irrelevant, however. A decision to purchase an item for resale requires information about both its cost and its probable selling price. Nonetheless, once the merchandise *has been purchased,* the cash outlay (or promise to pay) has already occurred. The cost is *sunk,* and although it is relevant to income determination, it is irrelevant to subsequent marketing decisions.

Framework for Decision Making

Which costs are relevant depends on the decision under consideration. A framework for decision making, based on a company that receives a special order, is diagrammed in Illustration 12–1. First, each alternative is set forth as a branch of a decision tree. Second, the value of each alternative is determined. Third, the alternative with the highest value is chosen.

For example, Quick-Print uses a modern copy machine to make copies for walk-in customers. The machine is usually idle about two hours each day. On October 15, B. Onst, who is running for political office, asks Quick-Print to produce 10,000 copies of letters, speeches, memoranda, and other campaign materials to be ready on October 22. The candidate wants to pay only 8 cents per copy, even though the regular price is 10 cents per copy.

Illustration 12–1   **Framework for Decision Making**

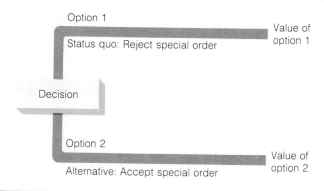

In deciding whether to accept the order, the owner of Quick-Print estimates the following operating data for the week in question:

Sales (100,000 copies at 10¢)	$10,000
Variable costs, including paper, maintenance, and usage payment to machine owner (100,000 copies at 6¢)	6,000
Total contribution margin	4,000
Fixed costs (operators, plus allocated costs of the print shop)	2,500
Operating profit	$ 1,500

To make the decision, the owner identifies the alternatives, determines the value of each alternative to the company, and selects the alternative with the highest value to the company.

The values of the alternatives are shown in Illustration 12–2. The best economic decision is to accept the order because the company will gain $200 from

Illustration 12–2   **Analysis of Special Order, Quick-Print**

a. **Comparison of Totals**

	Status Quo: Reject Special Order	Alternative: Accept Special Order	Difference
Sales revenue	$10,000	$10,800	$800
Variable costs	(6,000)	(6,600)	(600)
Total contribution	4,000	4,200	200
Fixed costs	(2,500)	(2,500)	–0–
Operating profit	$ 1,500	$ 1,700	$200

b. **Alternative Presentation: Differential Analysis**

Differential sales, 10,000 at 8¢	$800
Less differential costs, 10,000 at 6¢	600
Differential operating profit (before taxes)	$200

it. Fixed costs are not affected by the decision because they are not differential in this situation. Therefore, they are not relevant to the decision.

The Full-Cost Fallacy

The terms full cost or *full product cost* are used to describe a product's cost that includes both (1) the variable costs of producing and selling the product and (2) a share of the organization's fixed costs. Sometimes decision makers use these full costs, mistakenly thinking they are variable costs.

For example, D. Facto, a Quick-Print employee, claims that accepting B. Onst's special order would be a mistake. "Since our variable costs are $6,000 and our fixed costs are $2,500, our total costs for the week without the special order are $8,500 for 100,000 copies. That works out to 8½ cents per copy, which is more than 8 cents per copy offered by Onst. We'd be losing ½ cent per copy!"

By considering fixed costs in the analysis, D. Facto is including irrelevant information. The fixed costs will be incurred whether the special order is accepted or rejected, so they should not bear on the decision. This is known as the full-cost fallacy because it is incorrect to assume that *all* costs are relevant to every decision. This is a common mistake in short-run decisions, in part because full product costs are emphasized and readily available in accounting records. However, even though all costs must be covered in the long run or the company will fail, in the short run, it would be profitable to accept the order. While full product costs serve a wide variety of important purposes, they are not relevant to the kind of short-run operating decision described in the example above.

Differential Fixed Costs

In many short-run operating decisions, fixed costs remain unchanged because they are the costs of providing production capacity and capacity does not change in the short run. When short-run operating decisions do not involve a change in capacity, fixed costs remain unchanged and are therefore not differential.

In long-run decisions, however, fixed costs may be differential costs. For example, the addition of a new plant and new machines often involves differential fixed costs. Therefore, like variable costs, fixed costs must be carefully examined to determine if they are differential.

Cost Analysis for Pricing

The price-volume trade-off is derived from the market demand for a product. By definition, variable costs change with volume. If a change in price results in a change in volume, variable costs change too. Therefore:

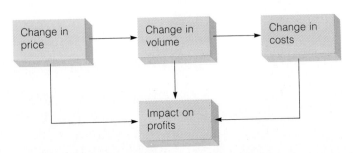

Thus, price-volume changes automatically involve changes in variable costs. The critical consideration for management is whether the joint effect of cost, price, and volume results in an increase or decrease in operating profits.

Cost-Plus Pricing.   Some products are so unique that costs plus a specified allowance for profits provide the only available basis for pricing. Such products are sold under cost-plus contracts. In construction jobs, defense contracts, most custom orders, and many services, the cost of the product plays a significant role in determining its price.

An estimate of specific job costs is also an important guide for bidding on a job. If a bid price is too low compared to costs, the contract may be obtained, but the job will be performed at a loss. If a bid is considerably higher than costs, the contract will probably be lost.

Short-Run and Long-Run Differential Costs for Pricing

Sometimes the only way to sell a product is to cut its price. In such a case, the *minimum price is the differential cost that must be incurred to produce and/or sell the product.*

For example, Advent Manufacturing has a supply of products *on hand* that cost $4 each to manufacture. Selling them would require an additional $2 variable cost per unit. What is the *minimum* price Advent can charge? A quick answer might be $6 (manufacturing costs of $4 plus selling costs of $2). Actually, Advent can drop the price to $2, which is the differential cost to sell the products, and be no worse off than if it held the products unsold. Of course, the $2 is a *minimum* price; Advent's managers would prefer a higher price.

We observe theaters charging lower prices for matinee performances or airlines charging lower prices for certain kinds of passengers. These are examples of price discrimination to sell a product. Price discrimination exists when a product or service is sold at two or more prices that do not reflect proportional differences in marginal costs. If a seat would otherwise go unsold, airlines and theaters should be willing to sell it at a lower price, as long as the price exceeds the variable cost of filling the seat and does not decrease normal sales.

When used in pricing decisions, the differential costs required to sell and/or produce a product provide a floor. In the short-run, differential costs may be very low, as when selling one more seat on an already scheduled airline flight or allowing one more student into an already scheduled course in college.

In the long-run, however, differential costs are much higher. Returning to the airline example, long-run differential costs include the costs of buying and maintaining the aircraft, salaries for the crew, landing fees, and so forth. In the long run, these costs must be covered. To simplify this kind of analysis, the *full product costs* of making and/or selling a product are often used to estimate long-run differential costs. Hence, a common saying in business is: "I can drop my prices to just cover variable costs in the short run, but in the long run my prices have to cover full product costs."

Use of Costs to Determine Legality of Pricing Practices

The Clayton and Sherman Anti-Trust Acts, the Robinson-Patman Act, and many state and local laws forbid certain pricing practices unless they are cost justified.[2] For example, predatory pricing to prevent or eliminate competition

[2] See F. M. Sherer, *Industrial Market Structure and Economic Performance* (Boston: Houghton-Mifflin, 1980); and H. F. Taggart, *Cost Justification* (Ann Arbor: Michigan Business School, Division of Research, 1959).

is illegal. A price that is below differential cost may be considered predatory.[3] Certain kinds of price discrimination among customers are also illegal, unless the discrimination is justified by actual differences in the costs of serving the different customers. While this is only a brief overview of the highly complex legal issues involved, it serves as a reminder of the necessity to maintain cost records to justify pricing practices.

Cost Analysis for Make-or-Buy Decisions

A **make-or-buy decision** is any decision in which a company decides whether to meet its needs internally or acquire goods or services from external sources. A restaurant that uses its own ingredients in preparing meals "makes," while one that serves meals from frozen entrees "buys." A steel company that mines its own iron ore and coal and processes the ore into pig iron "makes," while one that purchases pig iron for further processing "buys."

The make-or-buy decision is often part of a company's long-run strategy. Some companies choose to integrate vertically to control the activities that lead up to the final product. Other companies prefer to rely on outsiders for some inputs and specialize in only certain steps of the total manufacturing process.

Whether to rely on outsiders for a substantial quantity of materials depends on both differential cost comparisons and other factors that are not easily quantified, such as suppliers' dependability and quality control. Although make-or-buy decisions sometimes appear to be simple one-time choices, they are frequently part of a more strategic analysis in which top management makes a policy decision to move the company toward more or less vertical integration.

For example, the Better Homes Construction Company currently does its own site preparation and foundation work on the houses it builds. This work costs Better Homes $15,000 per house for labor, materials, and variable overhead. Should Better Homes consider buying site preparation and foundation work from an outside supplier? If satisfactory quality work could be subcontracted at anything below $15,000, Better Homes could save some of the money it now spends. The decision to buy would then provide a differential cost saving.

Make-or-Buy Decisions Involving Differential Fixed Costs

Net Minder Manufacturing produces tennis rackets. At the present time, it makes a cover for each racket at the following cost:

	Per Unit	10,000 Units
Costs that can be directly assigned to the product:		
Direct materials	$2.00	$20,000
Direct labor	1.00	10,000
Variable manufacturing overhead	.75	7,500
Fixed manufacturing overhead		2,500
Common costs allocated to this product line		15,000
		$55,000

[3] See P. Areeda and D. F. Turner, "Predatory Pricing and Related Practices under Section 2 of the Sherman Act," *Harvard Law Review* (February 1975), pp. 697–733.

This year's expected production is 10,000 units, so the full product cost is $5.50 ($55,000 ÷ 10,000 units).

Net Minder has received an offer from an outside supplier to supply any desired volume of covers at a price of $4.10 each. Here is the differential cost analysis that the accounting department prepared for management:

1. Differential costs are materials, labor, and variable overhead. These costs would definitely be saved if the covers are bought.

2. The direct fixed manufacturing overhead is the cost of leasing the machine for producing the covers. Although the machine cost is fixed for levels of production ranging from one unit to 20,000 units, it can be eliminated if we stop producing covers. Thus, although the machine cost is a fixed cost of producing covers, it is *differential* cost if we eliminate the product.

3. No other costs would be affected.

The accounting department also prepared cost analyses at volume levels of 5,000 and 10,000 units per year, as shown in Illustration 12–3. At the volume of 10,000 units, it is less costly for Net Minder to make the racket covers. But if the volume of racket covers needed drops to 5,000, Net Minder would save money by buying the racket covers.

This decision is sensitive to volume. To see why, consider only the costs that are affected by the make-or-buy decision: direct materials, direct labor,

Illustration 12–3   **Make-or-Buy Analysis, Net Minder Manufacturing**

	Status Quo: Make Product	Alternative: Buy Product	Difference
a. **10,000 Units**			
Direct costs:			
Direct materials	$20,000	$41,000[a]	$21,000 higher
Labor	10,000	–0–	10,000 lower
Variable overhead	7,500	–0–	7,500 lower
Fixed overhead	2,500	–0–	2,500 lower
Common costs	15,000[d]	15,000[d]	–0–
Total costs	$55,000	$56,000	$ 1,000 higher

Differential cost *increase* by $1,000, so *reject* alternative to *buy*.

	Status Quo: Make Product	Alternative: Buy Product	Difference
b. **5,000 Units**			
Direct costs:			
Direct materials	$10,000[b]	$20,500[c]	$10,500 higher
Labor	5,000[b]	–0–	5,000 lower
Variable overhead	3,750[b]	–0–	3,750 lower
Fixed overhead	2,500	–0–	2,500 lower
Common costs	15,000[d]	15,000[d]	–0–
Total costs	$36,250	$35,500	$ 750 lower

Differential cost *decrease* by $750, so *accept* alternative to buy.

[a] 10,000 units purchased at $4.10 = $41,000.

[b] Total variable costs reduced by half because volume was reduced by half.

[c] 5,000 units purchased at $4.10 = $20,500.

[d] These common costs remain unchanged for these volumes. Since they do not change, they could be omitted from the analysis.

variable overhead, and fixed overhead. By setting the costs of making equal to the costs of buying, we find there is a unique volume at which Net Minder is indifferent (in terms of costs) between making and buying as shown below:

	Make		Buy
	Direct Fixed Manufacturing Overhead	**Variable Manufacturing Costs**	**Costs to Purchase Covers**
	$2,500 $\quad+$	$3.75X $\quad=$	$4.10X

where X = the quantity of racket covers.
Solving for X:

$$\$2,500 + \$3.75X = \$4.10X$$

$$\$2,500 = \$.35X$$

$$\frac{\$2,500}{\$.35} = X$$

$$X = \underline{\underline{7,143}}$$

The result is shown graphically in Illustration 12–4. At a volume greater than 7,143, the preferred alternative is to make; at a volume less than 7,143, the preferred alternative is to buy.

Note the importance of separating fixed and variable costs for this analysis. Although determining which costs are differential usually requires a special analysis, the work can be made simpler if costs have been routinely separated into fixed and variable components in the accounting system. The previous analysis would not have been possible for Net Minder if overhead costs had not been separated into fixed and variable components.

Opportunity Cost

Suppose Net Minder's volume is projected to be 10,000 covers. If volume is expected to be greater than 7,143 covers, the preceding analysis indicates that Net Minder should continue to produce the covers. However, that analysis has not considered the opportunity cost of the facilities being used to make racket covers. Opportunity costs are the foregone returns from not employing a resource in its best alternative use. Theoretically, determining opportunity cost requires consideration of every possible use of the resource in question. If Net Minder has no alternative beneficial use for its facilities, the opportunity cost is zero, in which case the previous analysis would stand.

But suppose that the facilities where covers are made could be used to assemble a cheaper version of the racket Net Minder presently produces. This cheaper version would provide a differential contribution of $4,000. If making rackets is the best alternative use of the facility, the opportunity cost of using the facility to make covers is $4,000. In that case, Net Minder would be better

Illustration 12–4   **Graphical Illustration of Make-or-Buy Analysis**

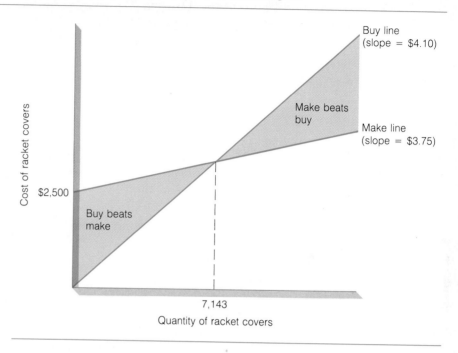

off to buy the covers and use the facilities to make rackets, as shown by the two alternative ways to analyze the problem in Illustration 12–5.

Almost without exception, determining opportunity cost is very difficult and involves considerable subjectivity. Opportunity costs are not routinely collected with other accounting cost data because they are not the result of completed transactions. They are possibilities only and must be estimated for each individual decision.

Some opportunity costs may be monetary, like the possible wages from the best job foregone; others may be nonmonetary, like the status that accompanies certain occupations. Furthermore, if a benefit is foregone—and therefore never concretely existed—it is difficult to attach a realistic value to it.

Because they are so nebulous, opportunity costs are often omitted from decision-making analysis. It is easy to neglect them because they are not paid for and recorded in the accounts. Consequently, it is an accountant's responsibility to assist decision makers by reminding them that such costs exist. In general, opportunity costs occur whenever a scarce resource has multiple uses. Plants, equipment, money, time, and managerial talent all usually have opportunity costs. When a resource is not scarce or when a scarce resource can only be used in one way, opportunity costs are zero. Whether such costs should be measured precisely or only approximately depends on the costs and benefits of the resulting information.

Adding and Dropping Product Lines

Campus Bookstore hired a new general manager, a recent business school graduate, to improve its profit performance. As could be expected, the new manager

Illustration 12-5   **Make-or-Buy Analysis with Opportunity Cost of Facilities, Net Minder Manufacturing**

	Status Quo: Make Product	Alternative: Buy Product	Difference
a. Method 1:			
Total costs of covers from Illustration 12-3	$55,000	$56,000	$1,000 higher[a]
Opportunity cost of using facilities to make covers	4,000	–0–	4,000 lower[a]
Total costs, including opportunity cost	$59,000	$56,000	$3,000 lower[a]

Differential cost *decrease* of $3,000, so *accept* alternative to *buy*.

	Status Quo: Make Product	Alternative: Buy Product, Use Facility to Make Rackets	Difference
b. Method 2:			
Total costs of covers from Illustration 12-3	$55,000	$56,000	$1,000 higher[a]
Less margin from use of facilities for making rackets	–0–	–4,000	4,000 lower[a]
Net cost	$55,000	$52,000	$3,000 lower[a]

Although the presentation is different, the result is still a $3,000 cost *decrease* if the alternative is accepted.

[a] These indicate whether the alternative is higher of lower than the status quo.

asked to see the store's financial statements for the past year. The statements were prepared by product line for each of the store's three product categories: books, supplies, and general merchandise.

The statement that the manager received is presented in Illustration 12–6. It shows that the general merchandise department lost money during the third

Illustration 12-6

CAMPUS BOOKSTORE
Third-Quarter Product Line Financial Statement
(in thousands)

	Total	Books	Supplies	General Merchandise
Sales revenue	$400	$200	$80	$120
Cost of goods sold (all variable)	300	160	45	95
Gross margin	100	40	35	25
Less fixed costs:				
Rent	18	6	6	6
Salaries	40	16	10	14
Marketing and administrative	36	12	12	12
Operating profit (loss)	$ 6	$ 6	$ 7	$ (7)

quarter of last year. "We could have increased operating profits from $6,000 to $13,000 for the quarter if we had dropped general merchandise," claimed the manager of the supplies department. "That department sold $120,000 worth of merchandise but cost us $127,000 to operate."

Although the economics of dropping the general merchandise line appeared favorable, the new manager asked an accountant to investigate which costs would be differential (that is, avoidable in this case) if that product line were dropped. According to the accountant:

1. *All* variable costs of goods sold for that line could be avoided.

2. *All* salaries presently charged to general merchandise, $14,000, could be avoided.

3. *None* of the rent could be avoided.

4. Marketing and administrative costs of $6,000 could be saved.

The accountant prepared the differential cost and revenue analysis shown in Illustration 12–7 and observed the following:

1. Assuming the sales of the other product lines would be unaffected, sales would decrease by $120,000 from dropping the general merchandise line.

2. Variable cost of goods sold of $95,000 would be saved by dropping the product line.

3. Fixed costs of $20,000 ($14,000 in salaries and $6,000 in marketing and administrative expenses) would be saved.

4. In total, the lost revenue of $120,000 exceeds the total differential cost saving by $5,000. Thus, Campus Bookstore's net income for the third quarter would have been $5,000 *lower* if general merchandise had been dropped.

The discrepancy between the supplies manager's claim that operating profits would have *increased* by $7,000 and the accountant's finding that operating

Illustration 12–7

CAMPUS BOOKSTORE
Differential Analysis
(in thousands)

		Status Quo: Keep General Merchandise	Alternative: Drop General Merchandise	Differential: Increase (or Decrease) in Operating Profits
1.	Sales revenue	$400	$280	$120 decrease
2.	Cost of goods sold (all variable)	300	205	95 decrease
	Contribution margin	100	75	25 decrease
3.	Less fixed costs:			
	Rent	18	18	–0–
	Salaries	40	26	14 decrease
	Marketing and administrative	36	30	6 decrease
4.	Operating profits	$ 6	$ 1	$ 5 decrease

profits would have *decreased* by $5,000 stems from their basic assumptions. The supplies manager assumed that the entire $32,000 in fixed costs allocated to general merchandise were differential and would be saved if the product line were dropped. The accountant's closer examination revealed that only $20,000 of the fixed costs would be saved—thus, the $12,000 discrepancy.

This example demonstrates the fallacy of assuming that all costs presented on financial statements are differential. The financial statement presented in Illustration 12–6 was designed to calculate department profits, not to identify the differential costs for this decision. Thus, using operating profit calculated after all cost allocations, including some that were not differential to this decision, incorrectly indicated the product line should be dropped. General-purpose finan-

Real World Application

The Decision Process: Changing Product Lines

Managers are continually modifying product lines, dropping some, adding others. Management accounting data are used not only to make the decision but to communicate it through the budget and to evaluate how good the decision was by comparing budgets to actuals and reporting variances.

One example was illustrated by a small wholesale distributor of floor converings.* The company's product line consisted of linoleum tile; indoor carpeting; outdoor carpeting, also promoted as kitchen carpeting; woods and other luxury coverings; and installation supplies. The firm was encountering problems with its outdoor carpeting line, so they used the following five-step differential analysis procedure to decide whether to drop the product line:

1. Define Problem. Outdoor carpeting consisted of only 10 percent of sales, but it had the highest sample costs, lowest turnover, and lowest contribution margin of all segments. Sample costs were high because outdoor carpeting had 15 sample books with several patterns, colors, and styles.

2. Identify Alternatives. Management identified the following three alternatives: (1) eliminate the outdoor carpeting department, (2) status quo (no change in the department), and (3) reduction of the capital investment and number of products in the outdoor carpeting line. Differential costs consisted of the costs of having money tied up in inventory and costs of having sample books. Deletion or reduction of the department would release resources (including warehouse space and capital) for expansion of the linoleum tile line. Most overhead costs were not differential; they were common costs that would be reallocated elsewhere if this product line was deleted.

"Management held a meeting of the six company salesmen—each of whom was responsible for his own territory—the sales manager, the company president, and the controller to discuss these alternatives. The prospect of deleting the outdoor carpeting department was fiercely opposed by the three salesmen who depended heavily on outdoor carpeting for their income, but it was welcomed by the three other salesmen because it was a small part of their business.

---

* This example is based on the article by Bart P. Hartman, "The Management Accountant's Role in Deleting a Product Line," *Management Accountant,* August 1983, pp. 63–66.

cial statements do not routinely provide differential cost information. Differential cost estimates depend on unique information that usually requires separate analysis. The bookstore statement, which was prepared on a contribution margin basis, clearly reveals the revenues and variable costs that are differential to this decision. But a separate analysis was required to determine which fixed costs are differential.

The Opportunity Cost of a Product Line.   Keeping the general merchandise department may have an opportunity cost that we have not yet considered. Assume that the shelf space currently occupied by general merchandise could be used to increase the sale of books. The opportunity cost of retaining general merchandise is then measured by the probable foregone differential profits from

"Another consideration involved in dropping the outdoor carpeting line was the investment in samples and inventory that existed. Five new sample books recently had been added. Their costs of sampling and their inventory had not been recovered. Also, there were 10 other books, with substantial inventory attributed to each, that should be considered. Management was very reluctant to ignore the recent investment in these books but, ultimately, it became convinced that these costs were sunk costs and, therefore, irrelevant except for the tax savings realized on the loss. It was painful to see sample books, which involved time and money to develop, become almost worthless; but in choosing alternatives only differential costs were considered. Because past sample costs are not a future cost differing among alternatives, they were not considered. The outdoor carpeting in inventory also would be considered obsolete if this alternative were chosen. Therefore, this cost also would be irrelevant, and the major concern was how to salvage the most out of the obsolete inventory."*

3. Choose Course of Action.   After analyzing differential costs and revenues, management

chose alternative (3). They decided to keep the artificial turf part of the outdoor carpet line and to drop the other products that had been part of the outdoor carpet line. This allowed the firm to maintain its presence in outdoor carpet but to increase the contribution of the more profitable indoor floor covering product lines.

4. Communicate and Implement.   This decision was communicated and implemented by management through budgets that had new financial objectives and profit plans based on the reduction of outdoor carpeting and increased sales in the remaining line. For example, a 10 percent increase in linoleum sales was projected.

5. Evaluate the Plan (Feedback and Control).   This was achieved through budget and variance analysis (discussed in Chapters 17 through 20 in this book). Performance fell short of management's objectives; however, the firm's profits did increase over the prior year. Management is confident that future growth prospects have been improved.

* Ibid., p. 65.

the increased book sales. The accountant estimated the following figures to describe the substitution of increased book sales for general merchandise:

Drop general merchandise (from Illustration 12–7):	
Lost revenue	$120,000
Cost savings	115,000
Differential lost profit	$ 5,000
Add additional book sales:	
Additional book sales	$155,000
Less additional cost of books sold (all variable)	120,000
Contribution margin	35,000
Less additional fixed costs:	
Salaries	14,000
Marketing and administrative	4,000
Profit gained from additional book sales	$ 17,000

The analysis presented in Illustration 12–7 indicated that Campus Bookstore would lose $5,000 by eliminating general merchandise. However, given this additional information, an opportunity loss of $17,000 is incurred if the bookstore retains general merchandise and forgoes the opportunity to increase book sales. Based on these facts, Campus Bookstore is $12,000 (= $17,000 gained from additional book sales − $5,000 lost from dropping general merchandise) better off to drop the general merchandise department and increase book sales. Illustration 12–8 presents a summary analysis for all three options: status quo, eliminate general merchandise, and eliminate general merchandise and increase book sales.

Illustration 12–8

CAMPUS BOOKSTORE
Comparison of Three Alternatives
(in thousands)

	Status Quo: Keep General Merchandise[a]	Alternative 1: Drop General Merchandise[a]	Alternative 2: Drop General Merchandise, Increase Book Sales
Sales revenue	$400	$280	$435 ($280 + 155[b])
Cost of goods sold (all variable)	300	205	325 ($205 + 120[b])
Contribution margin	100	75	110
Less fixed costs:			
Rent	18	18	18
Salaries	40	26	40 ($26 + 14[b])
Marketing and administrative	36	30	34 ($30 + 4[b])
Operating profit	$ 6	$ 1	$ 18
		Worst	Best

[a] These columns are taken directly from Illustration 12–7.

[b] These amounts are the increase in revenue and costs taken from the discussion in the text.

Summary

This chapter discusses *differential analysis*. Differential analysis determines *what* would differ and by *how much* if alternative actions are taken. Differential analysis is performed by comparing alternatives to the *status quo*, using the following model:

Status Quo	Alternative	Difference
Revenue	Revenue	Change in revenue
less	less	less
Variable costs	Variable costs	Change in variable costs
equals	equals	equals
Total contribution	Total contribution	Change in total contribution
less	less	less
Fixed costs	Fixed costs	Change in fixed costs
equals	equals	equals
Status quo's profit	Alternative's profit	Change in profits

This chapter has focused on identifying and measuring differential costs, which are the costs that are different under different alternatives. Costs that are different under alternative actions are also known as relevant costs. Costs that do *not* differ are not relevant for determining the financial consequences of alternatives.

Terms and Concepts

The following terms and concepts should be familiar to you after reading this chapter:

Differential Analysis	**Price Discrimination**
Differential Costs	**Relevant Costs**
Fixed Costs	**Short Run**
Full Cost	**Special Order**
Full-Cost Fallacy	**Sunk Cost**
Make-or-Buy Decision	**Variable Costs**
Opportunity Costs	

Self-Study Problem No. 1

The following is a true story. An executive joins a tennis club and pays a $300 yearly membership fee. After two weeks of playing, the executive develops a "tennis elbow," but continues to play (in pain), saying, "I don't want to waste the $300!" Comment.

Solution to Self-Study Problem No. 1

The $300 is a sunk cost and should be irrelevant to the executive. The executive should consider only the advantages and disadvantages of playing henceforth, including the pain, but the $300 should be ignored. (The executive later quit playing until his tennis elbow healed.)

Self-Study Problem No. 2

Visa Enterprises, Inc., has an annual plant capacity to produce 2,500 units. Its predicted operations for the year are:

Sales revenue (2,000 units at $40 each)	$80,000
Manufacturing costs:	
Variable	$24 per unit
Fixed	$17,000
Selling and administrative costs:	
Variable (commissions on sales)	$2.50 per unit
Fixed	$2,500

Should the company accept a special order for 400 units at a selling price of $32 each, which is subject to half the usual sales commission rate per unit? Assume no effect on regular sales at regular prices. What is the effect of the decision on the company's operating profit?

Solution to Self-Study Problem No. 2

The special order should be accepted, as shown by the following two alternative analyses:

	Status Quo	Alternative	Difference
Sales revenues	$ 80,000	$ 92,800	$ 12,800
Variable costs	(53,000)	(63,100)	(10,100)
Contribution	27,000	29,700	2,700
Fixed costs	(19,500)	(19,500)	–0–
Operating profit	$ 7,500	$ 10,200	$ 2,700

Special-order sales (400 × $32)		$12,800
Less variable costs:		
Manufacturing (400 × $24)	$9,600	
Sales commission (400 × $1.25)	500	10,100
Addition to company profit		$ 2,700

Self-Study Problem No. 3

Electronics, Inc., produces an electronic part used in guidance and navigation systems. Major customers are aircraft manufacturers.

The cost of an electronic part at the company's normal volume of 4,000 units per month is shown in Exhibit A.

Exhibit A (SSP 12–3)

Unit manufacturing costs:		
Variable materials	$200	
Variable labor	150	
Variable overhead	50	
Fixed overhead	120	
Total unit manufacturing costs		$520
Unit nonmanufacturing costs:		
Variable	150	
Fixed	140	
Total unit nonmanufacturing costs		290
Total unit costs		$810

The following questions refer only to the data given above. Unless otherwise stated, assume there is no connection between the situations described in the questions; each is to be treated independently. Unless otherwise stated, a regular selling price of $940 per unit should be assumed. Ignore income taxes and other costs that are not mentioned in Exhibit A or in a question itself.

a. *Price-volume analysis.* Market research estimates that volume would decrease to 3,500 units if the price were increased from $940 to $1,050 per unit. Assuming the cost behavior patterns implied by the data in Exhibit A are correct, would you recommend that this action be taken? What would be the impact on monthly sales, costs, and profits?

b. *Special order with opportunity costs.* On March 1, a contract offer is made to Electronics, Inc., by the federal government to supply 1,000 units to the Air Force for delivery by March 31. Because of an unusually large number of rush orders from their regular customers, Electronics, Inc., plans to produce and sell 5,000 units during March, which will use all available capacity. If the government order is accepted, 1,000 units normally sold to their regular customers would be lost to a competitor for this month only. The contract given by the government would reimburse the government's share of March variable manufacturing costs, plus pay a fixed fee of $140,000. There would be no variable nonmanufacturing costs incurred on the government's units. What impact would accepting the government contract have on March profits?

c. *Special order without opportunity costs.* How would your answer to *(b)* change if Electronics, Inc., had planned to produce and sell only 3,000 units in March; hence, they would not have lost sales to a competitor?

d. *Make or buy.* A proposal is received from an outside contractor who will make and ship 1,000 units per month directly to Electronics, Inc.'s customers as orders are received from Electronics, Inc.'s sales force. Electronics, Inc.'s fixed nonmanufacturing costs would be unaffected, but its variable nonmanufacturing costs would be cut by 20 percent for those 1,000 units produced by the contractor. Electronics, Inc.'s plant would operate at three fourths of its normal level, and total fixed manufacturing costs per month would be cut by 10 percent. Should the proposal be accepted for a payment to the contractor of $400 per unit? At what per-unit cost to the contractor would Electronics, Inc., be indifferent between making the product and buying from a contractor?

Solution to Self-Study Problem No. 3

a. Raising this price would increase profits by $190,000.

	Status Quo	Alternative	Difference
Price	$ 940	$ 1,050	—
Volume	4,000	3,500	—
Sales revenue	$3,760,000	$3,675,000	$ 85,000 lower
Variable costs	2,200,000	1,925,000	275,000 lower
Contribution	1,560,000	1,750,000	190,000 higher
Fixed costs	1,040,000	1,040,000	–0–
Profit	$ 520,000	$ 710,000	$190,000 higher

b. Accepting the special order would reduce profits by $250,000.

		Alternative			
	Status Quo	**Regular**	**Government**	**Total**	**Difference**
Volume	5,000 regular	4,000	1,000	5,000	
Sales revenue	$4,700,000	$3,760,000	$540,000	$4,300,000	$400,000 lower
Variable costs	2,750,000	2,200,000	400,000	2,600,000	150,000 lower
Contribution	1,950,000	1,560,000	140,000	1,700,000	250,000 lower
Fixed costs	1,040,000			1,040,000	–0–
Profit	$ 910,000			$ 660,000	$250,000 lower

c. Accepting the order would increase profits by $140,000—the amount of the fee.

d. Using the outside contractor at a cost of $400 per unit would increase profits by $78,000 (= $478,000 increase in profit shown below − $400,000 paid to contractor).

	Status Quo	**Alternative**	**Difference**
Sales revenue	$3,760,000	$3,760,000	$ –0–
Variable cost ignoring payment to contractor	2,200,000	1,770,000[a]	430,000 lower
Contribution	1,560,000	1,990,000	430,000 higher
Fixed costs	1,040,000	992,000[b]	48,000 lower
Profit	$ 520,000	$ 998,000	$478,000 higher

[a] $1,770,000 = (1,000 units × $120) + (3,000 units × $550).

[b] $992,000 = $560,000 nonmanufacturing costs
    + (.90 × $480,000) manufacturing costs
    = $560,000 + 432,000.

Electronics, Inc., would be indifferent between making and buying if the contractor charged $478 per unit, calculated as follows:

Set status quo profit equal to the alternative's profit

$$\$520,000 = \$998,000 - \text{Payment to contractor}$$

$$\text{Payment to contractor} = \$998,000 - \$520,000$$

$$= \$478,000 \text{ for 1,000 units, or } \$478 \text{ per unit}$$

Self-Study Problem No. 4: Differential Analysis, Justa Corporation

Justa Corporation produces and sells three products. The three products, A, B, and C, are sold in a local market and in a regional market. At the end of the first quarter of the current year, the following income statement has been prepared:

	Total	Local	Regional
Sales revenue	$1,300,000	$1,000,000	$300,000
Cost of goods sold	1,010,000	775,000	235,000
Gross margin	290,000	225,000	65,000
Marketing costs	105,000	60,000	45,000
Administrative costs	52,000	40,000	12,000
Total marketing and administrative	157,000	100,000	57,000
Operating profits	$ 133,000	$ 125,000	$ 8,000

Management has expressed special concern with the regional market because of the extremely poor return on sales. This market was entered a year ago because of excess capacity. It was originally believed that the return on sales would improve with time; but, after a year, no noticeable improvement can be seen from the results as reported in the above quarterly statement.

In attempting to decide whether to eliminate the regional market, the following information has been gathered:

	Products		
	A	**B**	**C**
Sales revenue	$500,000	$400,000	$400,000
Variable manufacturing costs as a percentage of sales revenue	60%	70%	60%
Variable marketing costs as a percentage of sales revenue	3	2	2

	Sales by Markets	
Product	**Local**	**Regional**
A	$400,000	$100,000
B	300,000	100,000
C	300,000	100,000

All administrative costs and fixed manufacturing costs are common to the three products and the two markets and are fixed for the period. Remaining marketing costs are fixed for the period and separable by market. All fixed costs are based upon a prorated yearly amount.

Required:

a. Assuming there are no alternative uses for the Justa Corporation's present capacity, would you recommend dropping the regional market? Why or why not?

b. Prepare the quarterly income statement showing contribution margins by products.

c. It is believed that a new product can be ready for sale next year if the Justa Corporation decides to go ahead with continued research. The new product can be produced by simply converting equipment presently used in producing Product C. This conversion will increase fixed costs by $10,000 per quarter. What must be the minimum contribution margin per quarter for the new product to make the changeover financially feasible?

(CMA adapted)

Solution to Self-Study Problem No. 4

a. The regional market should not be dropped as this market not only covers all the variable costs and separable fixed costs but also gives net market contribution of $65,000 toward the common fixed costs.

$$\text{Sales} = \$300,000$$

$$\text{Variable manufacturing costs} = (.6 \times \$100,000) + (.7 \times \$100,000)$$
$$+ (.6 \times \$100,000)$$

$$= \$190,000$$

$$\text{Marketing costs} = \$45,000$$

$$\text{Net market contribution} = \underline{\underline{\$65,000}} \, (= \$300,000$$
$$- \$190,000 - \$45,000)$$

b. Quarterly income statement (in thousands):

	Product A	Product B	Product C	Total
Sales revenue	$500	$400	$400	$1,300
Less variable costs:				
Manufacturing	300	280	240	820
Marketing	15	8	8	31
Total variable cost	315	288	248	851
Contribution margin	185	112	152	449
Less fixed costs:				
Manufacturing				190
Marketing				74
Administrative				52
Total fixed costs				316
Operating profit				$ 133

c. The new product must contribute at least $162,000 (=$152,000 + $10,000) per quarter so as not to leave the company worse off when Product C is replaced.

Questions

12–1. One of your acquaintances notes: "This whole subject of differential costing is easy—variable costs are the only costs that are relevant." How would you respond?

12–2. When, if ever, are fixed costs differential?

12–3. What is the difference between a sunk cost and a differential cost?

12–4. Are sunk costs ever differential costs?

12–5. A manager in your organization just received a special order at a price that is "below cost." The manager points to the document and says: "These are the kinds of orders that will get you in trouble. Every sale must bear its share of the full costs of running the business. If we sell below our full cost, we'll be out of business in no time." Respond to this remark.

12–6. What factors should a company consider when deciding whether to close a division that shows an operating loss?

12–7. Why are opportunity costs often excluded from differential cost analyses?

12–8. Should opportunity costs be excluded from differential cost analyses? Why or why not?

12–9. If you are considering driving to a weekend resort for a quick break from school, what are the differential costs of operating your car for that drive?

12–10. If you are considering buying a second car, what are the differential costs of that decision? Are the differential costs in this question the same as in question 12–9? Why or why not?

12–11. Multiple-choice. Choose the best answer.
   a. In a make-or-buy decision:
      (1) Only direct materials costs are relevant.
      (2) Fixed costs that can be avoided in the future are relevant to the decision.
      (3) Fixed costs that will not change regardless of the decision are relevant.
      (4) Only conversion costs are relevant.
   b. In deciding whether to manufacture a part or buy it from an outside vendor, a cost that is irrelevant to the short-run decision is:
      (1) Direct labor.
      (2) Variable overhead.
      (3) Fixed overhead that will be avoided if the part is bought from an outside vendor.
      (4) Fixed overhead that will continue even if the part is bought from an outside vendor.
   c. Production of a special order will increase operating profit when the additional revenue from the special order is greater than:
      (1) The conversion costs incurred in producing the order.
      (2) The direct material costs in producing the order.
      (3) The fixed costs incurred in producing the order.
      (4) The indirect costs of producing the order.
      (5) The differential cost of producing the order.
   d. In considering a special-order situation that will enable a company to make use of presently idle capacity, which of the following costs would probably not be differential?
      (1) Materials.
      (2) Depreciation of buildings.
      (3) Direct labor.
      (4) Variable overhead.

(CPA adapted)

Exercises

12–12. Costs of Special Order

Boyer Company manufactures basketballs. Data from the forecasted income statement for the year before any special orders are as follows:

	Amount	Per Unit
Sales revenue	$4,000,000	$10.00
Manufacturing costs	3,200,000	8.00
Gross profit	800,000	2.00
Marketing costs	300,000	.75
Operating profit	$ 500,000	$ 1.25

Fixed costs included in the above forecasted income statement are $1,200,000 in manufacturing costs and $100,000 in marketing costs.

A special order offering to buy 50,000 basketballs for $7.50 each was made to Boyer. There will be no differential marketing costs if the special order is accepted.

Required:

What impact would acceptance of the special order have on operating profit?

(CPA adapted)

12–13. Costs in Make-or-Buy Decisions

Cardinal Company needs 20,000 units of a certain part to use in its production cycle. Cardinal estimates the costs to make the part as follows:

Direct materials	$ 4
Direct labor	16
Variable overhead	8
Fixed overhead applied	10
	$38

The cost to buy the part from the Oriole Company is $36. Sixty percent of the fixed overhead applied to this product will continue regardless of what decision is made.

Required:

What are the differential costs of the make-or-buy decision?

(CPA adapted)

12–14. Costs of Distress Sale

Lantern Corporation has 1,000 obsolete lanterns, which are carried in inventory at a manufacturing cost of $20,000. If the lanterns are remachined for $5,000, they could be sold for $9,000. If the lanterns are scrapped, they could be sold for $1,000.

Required:

What is the optimal alternative? What costs are relevant?

(CPA adapted)

12–15. Costs for Making versus Buying

Reno Company manufactures Part No. 498 for use in its production cycle. The cost per unit for 20,000 units of Part No. 498 are as follows:

Direct materials	$ 6
Direct labor	30
Variable overhead	12
Fixed overhead applied	16
	$64

Tray Company offered to sell 20,000 units of Part No. 498 to Reno for $60 per unit. Reno will buy the part from Tray if there is a savings of $25,000 for Reno. If Reno accepts Tray's offer, fixed overhead of $9 per unit would be totally eliminated.

Required:

Prepare a schedule to show the differential unit costs of the better alternative.

(CPA adapted)

12–16. Special-Order Costs

The following data relate to a year's budgeted activity for Patsy Corporation, a single-product company:

	Units
Beginning inventory	30,000
Production	120,000
Available	150,000
Sales	110,000
Ending inventory	40,000

	Per Unit
Selling price	$5.00
Variable manufacturing costs	1.00
Variable marketing costs	2.00
Fixed manufacturing costs (based on 100,000 units)	.25
Fixed marketing costs (based on 100,000 units)	.65

Total fixed costs remain unchanged within a range of 25,000 units to total capacity of 160,000 units.

A special order is received to purchase 10,000 units to be used in an unrelated market. The sale would require production of 10,000 extra units.

Required:

What price per unit should be charged on the special order to increase operating profit by $9,000?

(CPA adapted)

12–17. Make or Buy with Alternate Use for Facilities

Golden, Inc., has been manufacturing 5,000 units per month of Part 10541, which is used in the manufacture of one of its products. At this level of production, the cost per unit of manufacturing Part 10541 is as follows:

Direct materials	$ 2
Direct labor	8
Variable overhead	4
Fixed overhead applied	6
Total	$20

Brown Company has offered to sell Golden 5,000 units of Part 10541 for $17 a unit. Golden has determined that it could use the facilities presently used to manufacture Part 10541 to manufacture Product RAC and generate an additional contribution margin per month of $8,000. Golden has also determined that one third of the fixed overhead applied will be saved even if Part 10541 is purchased from Brown, and Product RAC is made.

Required:

Prepare a schedule to show the effect of Purchasing Part 10541 from Brown at $17 a unit. Assume Golden would take the opportunity to make Product RAC.

(CPA adapted)

12–18. Make or Buy with Alternative Use of Facilities

Sailsport purchases sails and produces sailboats. It currently produces 1,000 sailboats a year, operating at 70 percent of capacity. Currently, Sailsport purchases sails for $280 each, but the company is considering making sails instead. Sailsport can manufacture sails for $100 per sail for materials, $80 per sail for direct labor, and $120 per sail for overhead. If the company made sails, it would operate at 100 percent of capacity.

Sam Sport, the president of Sailsport, has come to you for advice. "It would cost me $300 to make the sails," he said, "but only $280 to buy. Should I continue buying them?" He added, "Materials and labor are variable costs, but variable overhead would be only $40 per sail." (Sam uses one sail per boat.)

Required:

a. Prepare an analysis to show Sam what he should do.

b. If Sam suddenly finds an opportunity to rent out the unused capacity of his factory for $80,000 per year, would your answer to requirement (a) change? Why or why not?

12–19. Pricing to Meet the Competition

P. B. Floyd, Inc., has operated a violin case manufacturing business since 1920. The regular price of violin cases is $40 each. Floyd's controller has prepared cost data on these cases based on a normal selling volume of 20,000 cases per year:

Direct materials	$ 7.50
Direct labor	8.00
Overhead	6.00 (75% fixed)
Marketing and administrative	4.00 (all fixed)
Total cost	$25.50

This week, the Ness Corporation moved into Floyd's market area. Ness instituted a media campaign designed to lure Floyd's customers away. Indeed, Ness offered violin cases at one half of Floyd's selling price.

Floyd estimates that if he meets the Ness Corporation price, his volume will increase to 25,000 cases because people who previously were buying elsewhere would be induced to buy locally. However, if he does not meet Ness' price, Floyd's volume will fall to 4,000 cases per year.

Required:

Prepare a schedule to support the optimal decision for Floyd and to show the differential costs of the decision.

Problems

12–20. Analyze Rental

Heavy Products, Inc., rents heavy equipment to construction firms that need extra equipment for short periods of time. Two types of equipment are rented: large earthmoving equipment and large cranes. Earthmoving equipment is generally rented by the month. Cranes are usually rented by the week.

The rental fees that Heavy Products charges for equipment are $1,000 per week. Cost data prepared by the accounting department are as follows:

	Weekly Cost per Piece of Equipment
Estimated equipment cost:	
Supplies, gasoline, and other miscellaneous costs	$100
Department overhead (includes equipment depreciation and insurance, personal property taxes)	400
Company overhead (includes building depreciation and insurance, real estate taxes, utilities, maintenance department costs, administration, marketing, interest)	220

Experience indicates that cranes are rented 60 percent of the available time, which is assumed to be 50 weeks per year.

Heavy Products received an order from Dolores Construction Company to lease a new heavy crane for $30,000 for one year. Dolores would provide all supplies, but Heavy would be responsible for any necessary repairs, which would be $1,000 per year greater than if the crane were rented on the usual weekly basis.

Required:

Should Heavy Products lease the crane to Dolores? Show differential cost data to support your conslusion.

(CMA adapted)

12–21. Special-Order Costs

Brike Company, which manufactures robes, has enough idle capacity available to accept a special order of 10,000 robes at $8 a robe. A predicted income statement for the year without this special order is as follows:

	Per Unit	Total
Sales revenue	$12.50	$1,250,000
Manufacturing costs:		
Variable	6.25	625,000
Fixed	1.75	175,000
Total manufacturing costs	8.00	800,000
Gross profit	4.50	450,000
Marketing costs		
Variable	1.80	180,000
Fixed	1.45	145,000
Total marketing costs	3.25	325,000
Operating profit	$ 1.25	$ 125,000

If the order is accepted, variable selling costs on the special order would be reduced by 25 percent because all of the robes would be packed and shipped in one lot. However, if the offer is accepted, management estimates that it will lose the sale of 2,000 robes at regular prices.

Required:

What is the net gain or loss from the special order?

(CPA adapted)

12–22. New Product Introduction—CVP Considerations

Servo Gimmicks, Ltd. produces and sells new and unusual household products. The company recently received a proposal to manufacture a left-handed bottle opener. The product engineering department estimates variable manufacturing costs for each unit of:

Materials	$ .25
Labor	.50
Overhead	.30
Total	$1.05

Variable selling costs include $.55 for packaging and shipping. In addition, Servo allocates $.10 of common fixed costs to each unit sold. If Servo decides to sell the product, they will launch a media campagn on late-night television. The media campaign will cost $450,000. Of course, Servo has a number of products, and if they don't produce the left-handed bottle opener, they will manufacture some other item. Servo estimates that any product they sell must contribute at least $500,000 to after-tax profits.

The marketing department estimates that the optimal selling price for the product is $3.99.

Required:

If Servo's tax rate is 45 percent, how many left-handed bottle openers must be sold to meet the profit target? Show computations in good form.

12–23. Differential Costs of Alternatives

William Company owns and operates a nationwide chain of movie theaters. Management is considering installing machines that will make popcorn on the premises.

The machines can be rented in several different sizes. The annual rental costs and the operating costs vary with the size of the machines. The machine capacities and costs are shown below.

	Popper Model		
	Economy	Regular	Super
Annual capacity	50,000 boxes	120,000 boxes	300,000 boxes
Costs			
Annual machine rental	$8,000	$11,000	$20,000
Cost of each box	.08	.08	.08
Popcorn cost per box	.13	.13	.13
Other variable costs per box	.22	.14	.05

Required:

a. Calculate the volume level in boxes at which the Economy Popper and Regular Popper would earn the same profit (loss).

b. Complete the following schedule, which states which popper model to use at various volumes.

Annual Volume	Best Popper Model to Use
0 to ?	Economy
? to ?	Regular
? and above	Super

(CMA adapted)

12–24. Sell or Process Further

The management of Bay Company is considering a proposal to install a third production department within its existing factory building. With the company's present production setup, 200,000 pounds per year of direct materials are passed through Department I to produce Materials A and B in equal proportions. Material A is then passed through Department II to yield 100,000 pounds of Product C. 100,000 pounds of Material B is presently being sold "as is" at a price of $20.25 per pound.

The costs for the Bay Company are as follows:

	Department I (Materials A and B)[a]	Department II (Product C)[a]	(Material B)[a]
Prior department costs	$ —	$33.25	$33.25
Direct materials	20.00	—	—
Direct labor	7.00	12.00	—
Variable overhead	3.00	5.00	—
Fixed overhead:			
Direct (Total = $675,000)	2.25	2.25	—
Allocated ($\frac{2}{3}$, $\frac{1}{3}$)	1.00	1.00	—
	$33.25	$53.50	$33.25

[a] Cost per pound.

The fixed costs were developed by using the production volume of 200,000 pounds of direct materials as the volume. Common fixed overhead costs of $300,000 are allocated to the two producing departments on the basis of the space used by the departments.

The proposed Department III would process Material B into Product D. One pound of Material B yields one pound of Product D. Any quantity of Product D can be sold for $30 per pound. Costs under this proposal are as follows:

	Department I (Materials A and B)	Department II (Product C)	Department III (Product D)
Prior department costs	—	$33.00	$33.00
Direct materials	$20.00	—	—
Direct labor	7.00	12.00	5.50
Variable overhead	3.00	5.00	2.00
Fixed overhead:			
Direct (Total = $850,000)	2.25	2.25	1.75
Allocated (½, ¼, ¼)	.75	.75	.75
	$33.00	$53.00	$43.00

Required:

If sales and production levels are expected to remain constant in the foreseeable future, these cost estimates are expected to be true, and there are no foreseeable alternative uses for the available factory space, should Bay Company produce Product D? Show calculations to support your answer.

(CMA adapted)

12–25. Pricing-Based on Costs—Multiple-Choice

E. Berg and Sons build custom-made pleasure boats, which range in price from $10,000 to $250,000. For the past 30 years, Mr. Berg, Sr. has determined the selling price of each boat by estimating the costs of material, labor, a prorated portion of overhead, and adding 20 percent to these estimated costs.

For example, a recent price quotation for Boat A was determined as follows:

Direct materials	$ 5,000
Direct labor	8,000
Overhead	2,000
	$15,000
Plus 20 percent	3,000
Selling price	$18,000

The overhead figure was determined by estimating total overhead costs for the year and allocating them at 25 percent of direct labor costs.

If a customer rejected the price and business was slack, Mr. Berg, Sr. would often be willing to reduce his markup to as little as 5 percent over estimated costs. Thus, average markup for the year is estimated at 15 percent.

Mr. Ed Berg, Jr. has just completed a course on pricing and believes the firm could use some of the techniques discussed in the course. The course emphasized the contribution margin approach to pricing, and Mr. Berg, Jr. feels such an approach would be helpful in determining the selling prices of their custom-made boats.

Total manufacturing overhead for the year has been estimated at $150,000, of which $90,000 is fixed and the remainder varies in direct proportion to direct labor.

Required:

a. What is the proportion of variable overhead to total overhead used by E. Berg and Sons?
  (1) 60 percent.
  (2) 40 percent.
  (3) 25 percent.
  (4) 30 percent.

b. What is the variable overhead rate as a percent of direct labor-dollars?
  (1) 25 percent.
  (2) 30 percent.

    (3)   10 percent.

    (4)   15 percent.

c.   If E. Berg and Sons accept a customer's offer of $15,000 for Boat A, how much profit (loss) will occur?

    (1)   ($8,000).

    (2) $1,200.

    (3) $800.

    (4)   ($1,500).

d.   What is the minimum price that E. Berg and Sons should accept for Boat A if they use full costing, that is, allocate fixed costs to each project?

    (1) $18,000.

    (2) $15,750.

    (3) $15,000.

    (4) $13,800.

(CMA adapted)

12–26. Differential Costs and CVP Analysis

You have been asked to assist the management of Arcadia Corporation in arriving at certain decisions. Arcadia has its home office in Ohio and leases factory buildings in Texas, Montana, and Maine, all of which produce the same product. The management of Arcadia provided you with a projection of operations for next year, as follows:

	Total	Texas	Montana	Maine
Sales revenue	$4,400,000	$2,200,000	$1,400,000	$800,000
Fixed costs:				
Factory	1,100,000	560,000	280,000	260,000
Administration	350,000	210,000	110,000	30,000
Variable costs	1,450,000	665,000	425,000	360,000
Allocated home office costs	500,000	225,000	175,000	100,000
Total	3,400,000	1,660,000	990,000	750,000
Operating profit	$1,000,000	$ 540,000	$ 410,000	$ 50,000

The sales price per unit is $25.

Due to the marginal results of operations of the factory in Maine, Arcadia has decided to cease operations and sell that factory's machinery and equipment by the end of this year. Arcadia expects that the proceeds from the sale of these assets would be greater than their book value and would cover all termination costs.

Arcadia, however, would like to continue serving its customers in that area if it is economically feasible and is considering one of the following three alternatives:

1.   Expand the operations of the Montana factory by using space presently idle. This move would result in the following changes in that factory's operations:

	Increase over Factory's Current Operations
Sales revenue	50%
Fixed costs:	
Factory	20
Administration	10

Under this proposal, variable costs would be $8 per unit sold.

2. Enter into a long-term contract with a competitor who will serve that area's customers. This competitor would pay Arcadia a royalty of $4 per unit based on an estimate of 30,000 units being sold.

3. Close the Maine factory and not expand the operations of the Montana factory.

Total home office costs of $500,000 will remain the same under each situation.

Required:

To assist the management of Arcadia Corporation, prepare a schedule computing Arcadia's estimated operating profit from each of the following options:

a. Expansion of the Montana factory.

b. Negotiation of long-term contract on a royalty basis.

c. Shutdown of Maine operations with no expansion at other locations.

(CPA adapted)

12–27. Product-Line Elimination

U-Use-It, Inc., operates four rental departments: industrial equipment, small equipment, servingware, and trailers. The small-equipment department rents items such as

Exhibit A (12–27)

U-USE-IT, INC.
Income Statement

	Company[a]	Rental Departments				Maintenance Department[a]
		Industrial Equipment	Small Equipment	Servingware	Trailers	
Sales revenue						
Rental sales	$ 4,000,000	$2,400,000	$240,000	$360,000	$1,000,000	
Costs:						
Direct labor (V)	434,400[b]	250,000	18,000	16,400	150,000	$ 30,000
Employee benefits (V)	65,160[b]	37,500	2,700	2,460	22,500	4,500
Supplies, gasoline, etc. (V)	216,760[b]	150,000	5,000	6,760	55,000	1,200
Other miscellaneous costs (V)	24,590[b]	12,075	2,590	3,375	6,550	3,790
Equipment depreciation	790,000[b]	500,000	50,000	40,000	200,000	2,800
Equipment insurance	79,840[b]	56,000	2,560	1,280	20,000	160
Property taxes	212,250[b]	175,000	4,000	2,000	31,250	250
Building depreciation	57,000[b]	24,000	9,000	9,000	15,000	3,000
Building insurance	19,000[b]	8,000	3,000	3,000	5,000	1,000
Real estate taxes	47,500[b]	20,000	7,500	7,500	12,500	2,500
Utilities	28,500[b]	12,000	4,500	4,500	7,500	1,500
Repair parts	—	—	—	—	—	15,000
Maintenance[a]	65,700	16,425	32,850	5,475	10,950	$(65,700)
Administration	175,000	17,500	105,000	35,000	17,500	
Marketing	125,000	75,000	7,500	11,250	31,250	
Interest	400,000	240,000	24,000	36,000	100,000	
Total costs	2,740,700	1,593,500	278,200	184,000	685,000	
Operating profit	$ 1,259,300	$ 806,500	$ (38,200)	$176,000	$ 315,000	
No. of rental invoices	15,000	1,500	9,000	3,000	1,500	
Square feet occupied	100,000	40,000	15,000	15,000	25,000	5,000
Cost of equipment	$10,000,000	$7,000,000	$320,000	$160,000	$2,500,000	$ 20,000
Assessed value of equipment	$ 5,000,000	$3,500,000	$160,000	$ 80,000	$1,250,000	$ 10,000
Service calls	1,500	375	750	125	250	

[a] Maintenance department dollar costs are allocated to rental departments on the maintenance cost line.

[b] These amounts do not include maintenance department costs.

small tools, yard and garden equipment, kitchen equipment, etc. The items are rented by the hour or by the day. Because of the type of equipment rented, there are a large number of rentals with small dollar values for each rental. The department employs three workers to issue and receive the equipment.

Management is considering eliminating the small-equipment department because it is showing a loss. (See income statement in Exhibit A.) If this department is eliminated, the costs of elimination would equal the liquidation value of any assets sold. The space occupied by the department would be reassigned to other departments. The costs marked V in the income statement are variable; all others are fixed.

Approximately 10 percent of the repair parts used by the maintenance department can be traced to the small-equipment department. In addition, 48 percent of the labor costs in the maintenance department vary with the number of service calls. Employee benefits vary with direct labor in all departments. Equipment insurance and personal property taxes are direct department costs that would be saved if the department is closed.

Required:

Should U-Use-It eliminate the small-equipment department? Show supporting computations.

(CMA adapted)

12–28. Discontinuing Product Lines

The Scio Division of Georgetown, Inc., manufactures and sells four related product lines. Each product is produced at one or more of the three manufacturing plants of the division. The product-line profitability statement for this year shows a loss for the baseball equipment line. A similar loss is projected for next year.

The baseball equipment is manufactured in the Evanston plant. Some football equipment and all miscellaneous sports items also are processed through this plant. A few of the miscellaneous items are manufactured, and the remainder are purchased for resale. The item purchased for resale is recorded as materials in the records. A separate production line is used for each product line.

EVANSTON PLANT
Product-Line Profitability
(in thousands)

	Football Equipment	Baseball Equipment	Hockey Equipment	Miscellaneous Sports Items	Total
Sales revenue	$2,200	$1,000	$1,500	$500	$5,200
Cost of goods sold:					
Materials	400	175	300	90	965
Labor and variable overhead	800	400	600	60	1,860
Fixed overhead	350	275	100	50	775
Total	1,550	850	1,000	200	3,600
Gross profit	650	150	500	300	1,600
Marketing costs:					
Variable	440	200	300	100	1,040
Fixed	100	50	100	50	300
Corporate administration costs	48	24	36	12	120
Total	588	274	436	162	1,460
Operating profit	$ 62	$ (124)	$ 64	$138	$ 140

The cost schedule presents the costs incurred at the Evanston plant. Inventories at the end of the year were substantially identical to those at the beginning of the year.

Management of Georgetown, Inc., requested a profitability study of the baseball equipment line to determine if the line should be discontinued. The marketing department of the Scio Division and the accounting department at the plant have developed the following additional data to be used in the study:

1. If the baseball equipment line is discontinued, the company will lose approximately 10 percent of its sales in each of the other lines.

2. Equipment now used in the manufacture of baseball equipment cannot be used elsewhere in the company. It has a book value of $105,000 and a remaining useful life of five years. If sold today, it would have no salvage value.

3. The plant space now occupied by the baseball equipment line could be closed off from the rest of the plant and rented for $175,000 per year.

4. If the line is discontinued, the supervisor of the baseball equipment line will be released. In keeping with company policy, he would receive a one-time severance payment of $5,000.

EVANSTON PLANT
Cost Schedule
(in thousands)

	Football Equipment	Baseball Equipment	Miscellaneous Sports Items	Total
Materials	$100	$175	$ 90	$ 365
Labor	100	200	30	330
Variable overhead:				
Supplies	85	60	12	157
Power	50	110	7	167
Other	15	30	11	56
Subtotal	150	200	30	380
Fixed overhead:				
Supervision[a]	25	30	21	76
Depreciation[b]	40	115	14	169
Plant rentals[c]	35	105	10	150
Other[d]	20	25	5	50
Subtotal	120	275	50	445
Total costs	$470	$850	$200	$1,520

[a] The supervision costs represent salary and benefit costs of the supervisors in charge of each product line.

[b] Depreciation cost for machinery and equipment is charged to the product line on which the machinery is used.

[c] The plant is leased. The lease rentals are charged to the product lines on the basis of square feet occupied.

[d] Other fixed overhead costs are the cost of plant administration and are allocated arbitrarily by management decision.

Required:

Should Georgetown, Inc., discontinue the baseball equipment line? Support your answer with appropriate calculations and qualitative arguments.

(CMA adapted)

12–29. Analyze Alternative Products

Ocean Company manufactures and sells three different products: Ex, Why, and Zee. Projected income statements by product line for the year are presented below:

	Ex	Why	Zee	Total
Unit sales	10,000	500,000	125,000	635,000
Sales revenue	$925,000	$1,000,000	$575,000	$2,500,000
Variable cost of units sold	285,000	350,000	150,000	785,000
Fixed cost of units sold	304,200	289,000	166,800	760,000
Gross margin	335,800	361,000	258,200	955,000
Variable nonmanufacturing costs	270,000	200,000	80,000	550,000
Fixed nonmanufacturing costs	125,800	136,000	78,200	340,000
Operating profit	$ (60,000)	$ 25,000	$100,000	$ 65,000

Production costs are similar for all three products. Fixed nonmanufacturing costs are allocated to products in proportion to revenues. The fixed cost of units sold is allocated to products by various allocation bases, such as square feet for factory rent and machine-hours for repairs, etc.

Ocean management is concerned about the loss on product Ex and is considering two alternative courses of corrective action.

Alternative A. Ocean would purchase some new machinery for the production of Product Ex. This new machinery would involve an immediate cash outlay of $650,000. Management expects that the new machinery would reduce variable production costs so that total variable costs (cost of units sold and nonmanufacturing costs) for Product Ex would be 52 percent of Product Ex revenues. The new machinery would increase total fixed costs allocated to Product Ex to $480,000 per year. No additional fixed costs would be allocated to Products Why or Zee.

Alternative B. Ocean would discontinue the manufacture of Product Ex. Selling prices of Products Why and Zee would remain constant. Management expects that Product Zee production and revenues would increase by 50 percent. The machinery devoted to Product Ex could be sold at scrap value that equals its removal costs. Removal of this machinery would reduce fixed costs allocated to Product Ex by $30,000 per year. The remaining fixed costs allocated to Product Ex include $155,000 of rent expense per year. The space previously used for Product Ex can be rented to an outside organization for $157,500 per year.

Required:

Prepare a schedule analyzing the effect of Alternative A and Alternative B on projected total operating profit.

(CPA adapted)

12–30. Costs of a Special Order

Framar, Inc., manufactures automation machinery according to customer specifications. The company is relatively new and has grown each year. Framar has operated at 75 percent of practical capacity during the current year. The operating results for the most recent fiscal year are presented below.

FRAMAR INC.
Income Statement
(in thousands)

Sales revenue		$25,000
Less sales commissions		2,500
Net sales		22,500
Expenses:		
Direct material		6,000
Direct labor		7,500
Manufacturing overhead—variable:		
Supplies	$ 625	
Indirect labor	1,500	
Power	125	2,250
Manufacturing overhead—fixed:		
Supervision	500	
Depreciation	1,000	1,500
Corporate administration		750
Total costs		18,000
Net income before taxes		4,500
Income taxes (40%)		1,800
Net income		$ 2,700

Most of the management personnel had worked for firms in this type of business before joining Framar, but none of the top management had been responsible for overall corporate operations or for final decisions on prices. Nevertheless, the company has been successful.

Top management of Framar wants to have a more organized and formal pricing system to prepare quotes for potential customers. Therefore, it has developed the pricing formula presented below. The formula is based upon the company's operating results achieved during the current year. The relationships used in the formula are expected to continue during the coming year. The company expects to operate at 75 percent of practical capacity during the current and coming years.

APA, Inc., asked Framar to submit a bid on some custom-designed machinery. Framar used the new formula to develop a price and submitted a bid of $165,000 to APA, Inc. The calculations to arrive at the bid price are given next to the pricing formula shown below.

Pricing Formula

Details of Formula	APA Bid Calculations
Estimated direct materials cost	$ 29,200
Estimated direct labor cost	56,000
Estimated manufacturing overhead calculated at 50% of direct labor	28,000
Estimated corporate overhead calculated at 10% of direct labor	5,600
Estimated total costs excluding sales commissions	$118,800
Add 25% for profits and taxes	29,700
Suggested price (with profits) before sales commissions	$148,500
Suggested total price equal suggested price divided by .9 to adjust for 10% sales commission	$165,000

Required:

    a. Calculate the impact that the order from APA, Inc., would have on Framar, Inc.'s net income after taxes if Framar's bid of $165,000 were accepted by APA.

    b. Assume APA, Inc., rejects Framar's price but has stated it is willing to pay $127,000 for the machinery. Should Framar, Inc., manufacture the machinery for the counter offer of $127,000? Explain your answer.

    c. Calculate the lowest price Framar, Inc., can quote on this machinery without reducing its net income after taxes if it should manufacture the machinery.

    d. Explain how the profit performance in the coming year would be affected if Framar, Inc., accepted all of its work at prices similar to the $127,000 counter offer of APA, Inc., described in requirement *(b)*.

(CMA adapted)

12–31. Analyze Special Order

    Nubo Manufacturing, Inc., is presently operating at 50 percent of practical capacity and producing about 50,000 units annually of a patented electronic component. Nubo recently received an offer from a company in Yokohama, Japan, to purchase 30,000 components at $6 per unit, FOB Nubo's plant. Nubo has not previously sold components in Japan. Budgeted production costs for 50,000 and 80,000 units of output follow:

Units	50,000	80,000
Costs:		
Direct materials	$ 75,000	$120,000
Direct labor	75,000	120,000
Factory overhead	200,000	260,000
Total costs	$350,000	$500,000
Cost per unit	$7.00	$6.25

    The sales manager thinks the order should be accepted, even if it results in a loss of $1 per unit, because he feels the sales may build up future markets. The production manager does not wish to have the order accepted, primarily because the order would show a loss of $.25 per unit when computed on the new average unit cost. The treasurer has made a quick computation indicating that accepting the order will actually increase gross margin.

Required:

    a. Explain what apparently caused the drop in cost from $7 per unit to $6.25 per unit when budgeted production increased from 50,000 to 80,000 units. Show supporting computations.

    b. Explain why the conclusions of the production manager and the treasurer differ.

(CPA adapted)

12–32. Analyze Alternative Actions

    Auer Company had received an order for a piece of special machinery from Jay Company. Just as Auer Company completed the machine, Jay Company declared bankruptcy, defaulted on the order, and forfeited the 10 percent deposit paid on the selling price of $72,500.

    Auer's manufacturing manager identified the costs already incurred in the production of the special machinery for Jay as follows:

Direct materials used		$16,600
Direct labor incurred		21,400
Overhead applied:		
Manufacturing:		
Variable	$10,700	
Fixed	5,350	16,050
Nonmanufacturing		5,405
Total cost		$59,455

Another company, Kaytell Corporation, would be interested in buying the special machinery if it is reworked to Kaytell's specifications. Auer offered to sell the reworked special machinery to Kaytell as a special order for a net price of $68,400. Kaytell has agreed to pay the net price when it takes delivery in two months. The additional identifiable costs to rework the machinery to the specifications of Kaytell are as follows:

Direct materials	$ 6,200
Direct labor	4,200
	$10,400

A second alternative available to Auer is to convert the special machinery to the standard model. The standard model lists for $62,500. The additional identifiable costs to convert the special machinery to the standard model are:

Direct materials	$2,850
Direct labor	3,300
	$6,150

A third alternative for the Auer Company is to sell, as a special order, the machine as is (that is, without modification) for a net price of $52,000. However, the potential buyer of the unmodified machine does not want it for 60 days. The buyer offers a $7,000 down payment, with final payment upon delivery.

The following additional information is available regarding Auer's operations:

1. Sales commission rate on sales of standard models is 2 percent, while sales commission rate on special orders is 3 percent. All sales commissions are calculated on net sales price (that is, list price less cash discount, if any).

2. Normal credit terms for sales of standard models are 2/10, net/30. Customers take the discounts except in rare instances. Credit terms for special orders are negotiated with the customer.

3. The application rates for manufacturing overhead and the nonmanufacturing costs are as follows:

Manufacturing:	
Variable	50% of direct labor cost
Fixed	25% of direct labor cost
Nonmanufacturing:	
Fixed	10% of the total of direct material, direct labor, and manufacturing overhead costs

4. Normal time required for rework is one month.

5. Auer normally sells a sufficient number of standard models for the company to operate at a volume in excess of the break-even point.

Auer does not consider the time value of money in analyses of special orders and projects when the time period is less than one year because the effect is not significant.

Required:

a. Determine the dollar contribution that each of the three alternatives will add to the Auer Company's before-tax profits.

b. If Kaytell makes Auer a counter offer, what is the lowest price Auer Company should accept for the reworked machinery from Kaytell? Explain your answer.

(CMA adapted)

12–33. Differential Costs of Alternative Marketing Strategies

Calco Corporation has been a major producer and distributor of plastic products for industrial use. The product engineering department has recently presented a proposal to produce a new product designed for the consumer market. The product was very well suited for the company's manufacturing process. No modification of machinery or molds would be required nor would operations in the assembly department have to be changed in any way. In addition, there was an adequate amount of manufacturing capacity available.

Management is considering two alternatives for marketing the product. The first is to add this responsibility to Calco's current marketing department. The other alternative is to acquire a small, new company named Jasco, Inc. Jasco was started by some former employees of a firm that specialized in marketing plastic products for the consumer market when they lost their jobs as a result of a merger. The only requirements of the Jasco people are that Calco hire the Jasco employees and take over a lease for office space.

The product would be manufactured by Calco, and the manufacturing costs would be the same for either marketing alternative. The product engineering department has prepared the following estimates of the unit manufacturing costs for the new product:

Direct materials	$14.00
Direct labor	3.50
Manufacturing overhead	10.00
Total	$27.50

Twenty-five percent of the total overhead rate is for variable costs like supplies, employee benefits, power, etc.; and 75 percent for fixed costs like supervision, depreciation, insurance, taxes, etc.

Calco's marketing department has developed a proposal for the distribution of the new consumer product. The marketing department's forecast of the annual financial results for its proposal to market the new product is as follows:

Sales revenue (100,000 units at $45)	$4,500,000
Costs:	
Cost of units sold (100,000 units at $27.50)	2,750,000
Marketing costs:	
Additional people hired	600,000
Sales commission (5% of sales)	225,000
Advertising program	400,000
Promotion program	200,000
Share of current marketing department's	
management costs	100,000
Total costs	4,275,000
Operating profit	$ 225,000

The Jasco people also prepared a forecast of the annual financial results. The forecast presented below was based on the assumption that Jasco would become part of Calco and be responsible for marketing the new product in the consumer market.

Sales revenue (120,000 units at $50)	$6,000,000
Costs:	
Cost of units sold (120,000 units at $27.50)	3,300,000
Marketing costs:	
Personnel—sales	660,000
Personnel—sales management	200,000
Commissions (10%)	600,000
Advertising program	800,000
Promotion program	200,000
Office rental (the annual rental of a long-term lease already signed by Jasco)	50,000
Total costs	5,810,000
Operating profit	$ 190,000

Calco's management believes profits will be $35,000 higher ($225,000 − $190,000) if the marketing is done by Calco's marketing department, but they have turned to you for help.

Required:

Prepare a schedule of differential costs and revenues to assist management in deciding whether to enter the consumer market.

(CMA adapted)

12–34. Analyze Auto Rental versus Reimbursement Policy

G & H Real Estate Agency requires all of its agents to travel throughout the entire area to list and sell property. The company has a reimbursement policy of $.25 per mile for all business-connected travel. The agents are responsible for all costs associated with the operation of their own automobiles. Last year, the average mileage claimed by an agent was 50,000 miles. G&H offices are open 300 days a year.

Jack Golden, the president, senses that some of the agents may have been claiming excess miles during the year. Golden is convinced that the annual mileage use would drop to 42,000 miles per year if the agents were not using their own cars. Therefore, he is considering providing automobiles to the agents.

Golden asked both International Car Rental and local automobile dealer, Aron Motor, to present proposals. The proposals are described below.

International Car Rental's Proposal

International presented a lease arrangement with the following requirements:
1. G & H would rent 20 automobiles for an entire year at $66 per week per automobile and $.14 per mile.
2. When one of the 20 automobiles is in for service, International would provide a replacement at $7 per day and $.20 per mile. International would absorb all repair and maintenance costs. Normally, an automobile would be out of service only one day at a time, and each automobile can be expected to be out of service 12 days per year.
3. Cost of insurance is included in the weekly rental rate.
4. G & H would be required to purchase the gasoline for the automobiles at an average cost of $1.50 per gallon. International estimates that G & H should expect to get 21 miles per gallon.

Aron Motor's Proposal

Aron offered a purchase-buy-back arrangement with the following requirements:

1. G & H would buy 20 automobiles at $9,000 each. Aron would buy the automobiles back after one year at $4,000 each.
2. G & H would have to bring each automobile in once every two months for preventive maintenance and service. The cost to G & H for each visit would be $50. Aron would provide a loaner automobile at no additional cost. Aron would accept responsibility for any additional repair and maintenance charges.

Aron Motor's Proposal

3. G & H would have to purchase insurance at an annual cost of $200 for each automobile.
4. G & H would purchase one new set of tires each year at $125 per set.
5. G & H would be responsible for the purchase of gasoline at an average cost of $1.50 per gallon. The automobiles will average 28 miles per gallon.

Golden has asked your help in comparing the alternative.

Required:

Calculate an annual before-tax cost to G & H for:

a. The current reimbursement practice.

b. The proposal of International Car Rental.

c. The proposal of Aron Motor.

Based on these data, which alternative would you recommend that Golden accept?

(CMA adapted)

12–35. Special Order

George Jackson operates a small machine shop. He manufactures one standard product, which is available from many other similar businesses, and he also manufactures products to customer order. His accountant prepared the annual income statement shown below:

	Custom Sales	Standard Sales	Total
Sales revenue	$50,000	$25,000	$75,000
Materials	10,000	8,000	18,000
Labor	20,000	9,000	29,000
Depreciation	6,300	3,600	9,900
Power	700	400	1,100
Rent	6,000	1,000	7,000
Heat and light	600	100	700
Other	400	900	1,300
Total costs	44,000	23,000	67,000
Operating profit	$ 6,000	$ 2,000	$ 8,000

The depreciation charges are for machines (based on time) used in the respective product lines. The power charge is apportioned on the estimate of power consumed. The rent is for the building space, which has been leased for 10 years at $7,000 per year. The rent and heat and light are apportioned to the product lines based on amount of floor space occupied. All other costs are current expenses identified with the product line causing them.

A valued custom parts customer has asked Mr. Jackson if he would manufacture 5,000 special units for him. Mr. Jackson is working at capacity and would have to give up some other business in order to take this business. He can't renege on custom orders already agreed to, but he could reduce the output of his standard product by about one half for one year while producing the specially requested custom part. The customer is willing to pay $7 for each part. The material cost will be about $2 per unit, and the labor will be $3.60 per unit. Mr. Jackson will have to spend $2,000 for a special device, which will be discarded when the job is done.

Required:

a. Calculate and present the following costs related to the 5,000-unit custom order:
   (1) The differential cost of the order.
   (2) The full cost of the order.

b. Should Mr. Jackson take the order? Explain your answer.

(CMA adapted)

Integrative Cases

12–36. Hospital Supply, Inc.* **(Comprehensive Differential Costing Case)**

Hospital Supply, Inc., produced hydraulic hoists that were used by hospitals to move bedridden patients. The costs of manufacturing and marketing hydraulic hoists at the company's normal volume of 3,000 units per month are shown in Exhibit A.

Required:

The following questions refer only to the data given above. Unless otherwise stated, assume there is no connection between the situations described in the questions; each is to be treated independently. Unless otherwise stated, a regular selling price of $740 per unit should be assumed. Ignore income taxes and other costs that are not mentioned in Exhibit A or in a question itself.

Exhibit A (12–36)   **Costs per Unit for Hydraulic Hoists**

Unit manufacturing costs:		
Variable materials	$100	
Variable labor	150	
Variable overhead	50	
Fixed overhead	120	
Total unit manufacturing costs		$420
Unit marketing costs:		
Variable	50	
Fixed	140	
Total unit marketing costs		190
Total unit costs		$610

a. What is the break-even volume in units? In sales-dollars?

b. Market research estimates that volume could be increased to 3,500 units, which is well within hoist production capacity limitations, if the price were cut from $740 to $650 per unit. Assuming the cost behavior patterns implied by the data in Exhibit A are correct, would you recommend that this action be taken? What would be the impact on monthly sales, costs, and income?

c. On March 1, a contract offer is made to Hospital Supply by the federal government to supply 500 units to Veterans Administration hospitals for delivery by March 31. Because of an unusually large number of rush orders from their regular customers, Hospital Supply plans to produce 4,000 units during March, which will use all available capacity. If the government order is accepted, 500 units normally sold to regular customers would be lost to a competitor. The contract given by the government would reimburse the government's share of March manufacturing costs, plus pay a fixed fee (profit) of $50,000. (There would be no variable marketing costs incurred on the government's units.) What impact would accepting the government contract have on March income?

d. Hospital Supply has an opportunity to enter a foreign market in which price competition is keen. An attraction of the foreign market is that demand there is greatest when demand in the domestic market is quite low; thus idle production facilities could be used without affecting domestic business.

An order for 1,000 units is being sought at a below-normal price in order to enter this market. Shipping costs for this order will amount to $75 per unit, while total costs of obtaining the contract (marketing costs) will be $4,000. No other variable marketing costs would be required on this order. Domestic business would be unaffected by this order. What is the minimum unit price Hospital Supply should consider for this order of 1,000 units?

---

* © Michael W. Maher, 1986.

e. An inventory of 230 units of an obsolete model of the hoist remains in the stockroom. These must be sold through regular channels (thus incurring variable marketing costs) at reduced prices, or the inventory will soon be valueless. What is the minimum price that would be acceptable in selling these units?

f. A proposal is received from an outside contractor who will make and ship 1,000 hydraulic hoist units per month directly to Hospital Supply's customers as orders are received from Hospital Supply's sales force. Hospital Supply's fixed marketing costs would be unaffected, but its variable marketing costs would be cut by 20 percent for these 1,000 units produced by the contractor. Hospital Supply's plant would operate at two thirds of its normal level, and total fixed manufacturing costs would be cut by 30 percent. What in-house unit cost should be used to compare with the quotation received from the supplier? Should the proposal be accepted for a price (that is, payment to the contractor) of $425 per unit?

g. Assume the same facts as above in requirement (f) except that the idle facilities would be used to produce 800 modified hydraulic hoists per month for use in hospital operating rooms. These modified hoists could be sold for $900 each, while the costs of production would be $550 per unit variable manufacturing expense. Variable marketing costs would be $100 per unit. Fixed marketing and manufacturing costs would be unchanged whether the original 3,000 regular hoists were manufactured or the mix of 2,000 regular hoists plus 800 modified hoists were produced. What is the maximum purchase price per unit that Hospital Supply should be willing to pay the outside contractor? Should the proposal be accepted for a price of $425 per unit to the contractor?

12–37. Sheridan Carpet Company (Differential Analysis and Pricing)*

Sheridan Carpet Company produced high-grade carpeting materials for use in automobiles and recreational vans. Sheridan's products were sold to finishers, who cut and bound the material so as to fit perfectly in the passenger compartment or cargo area (for example, automobile trunk) of a specific model automobile or van. Some of these finishers were captive operations of major automobile assembly divisions, particularly those that assembled the "top of the line" cars that included high-grade carpeting; other finishers concentrated on the replacement and van-customizing markets.

Late in 1978, the marketing manager and the chief accountant of Sheridan met to decide on the list price for carpet number 104. It was industry practice to announce prices just prior to the January–June and July–December "seasons." Over the years, companies in the industry adhered to their announced prices through a six-month season unless significant unexpected changes in costs occurred. Sales of carpet 104 were not affected by seasonal factors during the two six-month seasons.

Sheridan was the largest company in its segment of the automobile carpet industry; its 1977 sales had been almost $30 million. Sheridan's salespersons were on a salary basis, and each one sold the entire product line. Most of Sheridan's competitors were smaller than Sheridan; accordingly, they usually awaited Sheridan's price announcement before setting their own selling prices.

Carpet 104 had an especially dense nap; as a result, making it required a special machine, and it was produced in a department whose equipment could not be used to produce Sheridan's other carpets. Effective January 1, 1978, Sheridan had raised its price on this carpet from $2.70 to $3.60 per square yard. This had been done in order to bring 104's margin up to that of the other carpets in the line. Although Sheridan was financially sound, it expected a large funds need in the next few years for equipment replacement and plant expansion. The 1978 price increase was one of several decisions made in order to provide funds for these plans.

Sheridan's competitors, however, had held their 1978 prices at $2.70 on carpets com-

---

* © Osceola Institute, 1979.

Exhibit A (12–37)　　　　**Carpet 104: Prices and Production, 1976–1978**

Selling season*	Production Volume (square yards)		Price (per square yard)	
	Industry Total	Sheridan Carpet	Most Competitors	Sheridan Carpet
1976–1	549,000	192,000	$3.60	$3.60
1976–2	517,500	181,000	3.60	3.60
1977–1	387,000	135,500	2.70	2.70
1977–2	427,500	149,500	2.70	2.70
1978–1	450,000	135,000	2.70	3.60
1978–2	562,500	112,500	2.70	3.60

* 197x–1 means the first 6 months of 197x; 197x–2 means the second six months of 197x.

petitive with 104. As shown in Exhibit A, which includes estimates of industry volume on these carpets, Sheridan's price increase had apparently resulted in a loss of market share. The marketing manager, Mel Walters, estimated that the industry would sell about 630,000 square yards of these carpets in the first half of 1979. Walters was sure Sheridan could sell 150,000 yards if it dropped the price of 104 back to $2.70. But if Sheridan held its price at $3.60, Walters feared a further erosion in Sheridan's share. However, because some customers felt that 104 was superior to competitive products, Walters felt that Sheridan could sell at least 65,000 yards at the $3.60 price.

During their discussion, Walters and the chief accountant, Terry Rosen, identified two other aspects of the pricing decision. Rosen wondered whether competitors would announce a further price decrease if Sheridan dropped back to $2.70. Walters felt it was unlikely that competitors would price below $2.70, because none of them was more efficient than Sheridan, and there were rumors that several of them were in poor financial condition. Rosen's other concern was whether a decision relating to carpet 104 would have any impact on the sales of Sheridan's other carpets. Walters was convinced that

Exhibit B (12–37)　　　　**Estimated Cost of Carpet 104 at Various Production Volumes (first six months of 1979)**

	Volume (square yards)					
	65,000	87,500	110,000	150,000	185,000	220,000
Direct materials	$ .360	$ .360	$ .360	$ .360	$ .360	$ .360
Materials spoilage	.036	.035	.034	.034	.035	.036
Direct labor	.710	.685	.678	.666	.675	.690
Departmental overhead:						
Direct[a]	.098	.094	.091	.090	.090	.090
Indirect[b]	.831	.617	.491	.360	.292	.245
General overhead[c]	.213	.206	.203	.200	.203	.207
Factory cost	2.248	1.997	1.857	1.710	1.655	1.628
Selling and administrative[d]	1.461	1.298	1.207	1.112	1.076	1.058
Total cost	$3.709	$3.295	$3.064	$2.822	$2.731	$2.686

[a] Materials handlers, supplies, repairs, power, fringe benefits.

[b] Supervision, equipment depreciation, heat and light.

[c] Thirty percent of direct labor.

[d] Sixty-five percent of factory cost.

since 104 was a specialized item, there was no interdependence between its sales and those of other carpets in the line.

Exhibit B contains cost estimates that Rosen had prepared for various volumes of 104. These estimates represented Rosen's best guesses as to costs during the first six months of 1979, based on past cost experience and anticipated inflation.

Required:

a. What was the relationship (if any) between the 104 pricing decision and the company's future need for capital funds?

b. Assuming no intermediate prices are to be considered, should Sheridan price 104 at $2.70 or $3.60?

c. If Sheridan's competitors hold their prices at $2.70, how many square yards of 104 would Sheridan need to sell at a price of $3.60 in order to earn the same profit as selling 150,000 square yards at a price of $2.70?

d. What additional information would you wish to have before making this pricing decision? (Despite the absence of this information, still answer requirement (b)!)

e. With hindsight, was the decision to raise the price in 1978 a good one?

13

Multiple-Product Decisions

OBJECTIVES

To understand the role of accounting data in making decisions when a company produces more than one output.

To understand how to apply linear programming techniques to the product mix problem. To understand the sensitivity of linear programming results to cost data.

This chapter continues the discussion of differential cost analysis by explaining how differential costing is used to choose among multiple products.

Product-Choice Decisions

Choosing which products to manufacture and sell is a common managerial decision. Most companies are capable of producing a great variety of goods and services but are limited by capacity. Campus Bookstore, in Chapter 12, had to decide whether to use its limited space to sell general merchandise or to increase book sales. Due to a shortage of personnel, a small CPA firm may have to choose between performing work for client A or for client B. Students have to choose how to allocate their study time among their courses. An automobile manufacturer with limited production facilities must decide whether to produce compacts, full-size sedans, or some other model.

We usually think of product choices as short-run decisions because we have adopted the definition that in the short run, capacity is fixed, while in the long run, capacity can be changed. Thus, the automobile manufacturer may be able to produce both sedans and compacts in the *long run* by increasing capacity, and the CPA firm may be able to serve both client A and client B in the *long run* by hiring more professional staff. Nonetheless, in the short run, capacity limitations require choices.

For example, Glover Manufacturing makes two kinds of baseballs—hardballs and softballs. For now, assume that the company can sell all the baseballs it produces. Glover's cost and revenue information is presented in Illustration 13–1.

The profit-volume relationship for Glover's products is shown in Illustration 13–2. For instance, Glover Manufacturing can sell 250,000 hardballs or 250,000 softballs or any combination of hardballs and softballs totaling 250,000 to break even. The contribution margin of each product is the same, so the profit-volume relationship is the same regardless of the mix of products produced and sold.

Product Contribution Margin with a Single Constrained Resource

Recall that Glover Manufacturing can sell all of the baseballs it can produce. But should it produce hardballs or softballs? Without knowing either Glover's maximum production capacity or the amount of that capacity that is used by producing one product or the other, we might say that it doesn't matter because

Illustration 13–1 **Revenue and Cost Information, Glover Manufacturing**

	Hardballs	Softballs
Sales revenue per unit	$10.00	$9.00
Less variable costs per unit:		
Materials	4.00	2.50
Labor	1.50	2.00
Variable overhead	.50	.50
Contribution margin per unit	$ 4.00	$4.00

Fixed manufacturing costs: $800,000 per month.
Marketing and administrative costs (all fixed): $200,000 per month.

Illustration 13–2   **Profit-Volume Relationship Assuming Hardballs and Softballs Use
Equal Scarce Resources, Glover Manufacturing**

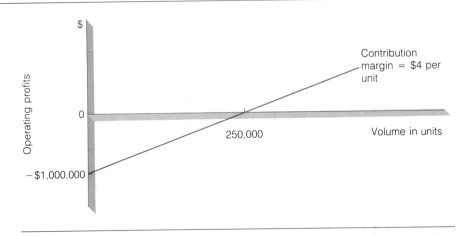

both products are equally profitable. But because capacity is limited, that answer
would be incorrect if Glover uses up its capacity at a different rate for each
product.

Suppose that Glover's capacity is limited to 7,200 machine-hours per month.
(This limitation is known as a constraint.) Further, assume that machines may
be used to produce either 30 hardballs per machine-hour or 50 softballs per
machine-hour.

With a single constrained resource, the important measure of profitability
is the **contribution margin per unit of scarce resource** used, *not* contribution
margin per unit of product. In this case, softballs are more profitable than
hardballs because softballs contribute $200 per machine-hour ($4 per softball
$\times$ 50 softballs per hour), while hardballs contribute only $120 per machine-
hour ($4 per hardball $\times$ 30 hardballs per machine-hour). The hours required
to produce one ball times the contribution per hour equals the contribution
per ball.

Hardballs: $\frac{1}{30}$ hours times $120 per hour equals $4 per hardball.

Softballs: $\frac{1}{50}$ hours times $200 per hour equals $4 per softball.

For the month, Glover could produce 360,000 softballs (50 per hour $\times$ 7,200
hours) or 216,000 hardballs (30 per hour $\times$ 7,200 hours). If only softballs are
produced, Glover's operating profit would be $440,000 (360,000 softballs times
a contribution margin of $4 each minus fixed costs of $1,000,000). If only hardballs are produced, Glover's net *loss* would be $136,000 (216,000 hardballs
times a contribution margin of $4 each minus $1,000,000). By concentrating
on the product that yields the greater contribution per unit of scarce resource,
Glover can maximize its profit.

Mathematical Representation of the Problem

The relationship between the usage of machine-hours to produce hardballs and softballs may be expressed as:

$$\left(\frac{1}{30}\right)H + \left(\frac{1}{50}\right)S \le 7{,}200 \text{ machine-hours}$$

(To be precise, there are two more constraints that prevent negative production of either product. These are $H \ge 0$ and $S \ge 0$, but these are ignored in our discussion because negative production is not possible.)

The first term in the production expression reflects the fact that a hardball uses 1/30 hour of machine time. The second term indicates that each softball uses 1/50 hour of machine time. The third term or right-hand side constrains production time to 7,200 hours or less. Although it is possible to use fewer than 7,200 hours, that would indicate idle capacity. Hence, Glover is better off to use as many hours as possible. This point may also be shown mathematically, but we leave that to the operations researchers.

In short, the relationship between the product contribution margins and the constraints for Glover would be written as follows:

Objective function:

$$\text{Maximize } \$4H + \$4S$$

Constraints:

$$\text{Subject to: } \left(\frac{1}{30}\right)H + \left(\frac{1}{50}\right)S \le 7{,}200 \text{ hours}$$

The objective function states that the objective is to select the product mix that maximizes total contribution, given the unit contribution of hardballs is $4 and of softballs is $4. The constraint states that each hardball uses 1/30 or a machine-hour, each softball uses 1/50 of an hour and, in total, no more than 7,200 hours are available.

Graphic Solution

Illustration 13–3 shows that relationship between production of each product and the amount of the scarce resources available. Glover Manufacturing can produce at any point along the line labeled "machine capacity," or at any interior point in the **feasible production region.** The feasible production region is the area in the graph bounded by the constraints on operating activities. In this case, production is bounded by zero on the low side and by 7,200 machine-hours on the high side.

Because Glover can sell all it produces at a positive contribution margin for each product, it would prefer to produce as much as possible, which is at some point on the machine capacity line. Analysis of each **corner point** (that is, each corner of the feasible region) shows that it is optimal for Glover to produce and sell 360,000 softballs and no hardballs at corner point 3.

Why Will the Optimal Solution Always Be at a Corner Point? If point 3 is better than point 2, then it must also be better than any place on

Illustration 13–3   **Single Constraint, Glover Manufacturing**

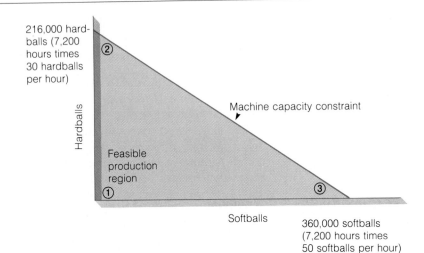

216,000 hardballs (7,200 hours times 30 hardballs per hour)

Hardballs

Machine capacity constraint

Feasible production region

Softballs

360,000 softballs (7,200 hours times 50 softballs per hour)

Corner Point	Produce and Sell		Total Contribution Margin	Fixed Costs	Operating Profits (loss)
	Hardballs	**Softballs**			
1	–0–	–0–	–0–	$1,000,000	$(1,000,000)
2	216,000	–0–	216,000 × $4 = $864,000	1,000,000	(136,000)
3	–0–	360,000	360,000 × $4 = $1,440,000	1,000,000	440,000

the *straight line* between points 2 and 3. Of course, if two corner points have the same total contribution, any point on a straight line between those two corners would have the same total contribution as either corner point. However, by knowing that there can be no solution better than the solution at the optimal corner enables us to limit our search for the maximum profit combination to the corner points in the feasible region. The following example shows what happens if we move from corner point 3.

Glover's total contribution, and therefore total operating profit, is reduced if it moves toward corner point 2 from corner point 3. For example, the total contribution with production of 360,000 softballs is $1,440,000. Moving from corner point 3 towards corner point 2 by producing one hardball requires giving up 5/3 softballs, calculated as follows:

1. Start with the following constraint:

$$\left(\frac{1}{30}\right)H + \left(\frac{1}{50}\right)S \leq 7,200 \text{ machine-hours}$$

2. The choice requires no change in total machine-hours, 7,200 machine hours are still used. There is only a substitution of hardballs for softballs, so set $(1/30)H + (1/50)S = 0$.

3. Now, find the number of softballs given up for each hardball produced (the symbol Δ refers to "change"):

$$\left(\frac{1}{50}\right) \Delta S = -\left(\frac{1}{30}\right) \Delta H$$

$$\Delta S = -\frac{\left(\frac{1}{30}\right)}{\left(\frac{1}{50}\right)} \Delta H = -\frac{.03333}{.02000} \Delta H$$

$$\Delta S = -\left(\frac{5}{3}\right) \Delta H$$

4. If you substitute 1 for ΔH, then $\Delta S = -5/3$. Thus, every hardball produced requires giving up 5/3 softballs

5. The net effect on total contribution is:

Contribution gained (one hardball × $4)	$4.00
Contribution lost (5/3 softballs × $4)	6.67
Net contribution lost per hardball produced	$2.67

This loss occurs as we move from corner point 3 toward corner point 2. Moving from corner point 3 toward corner point 1 is obviously inferior to producing at corner point 3 because we give up production of some softballs as we move toward corner point 1.

What Is Really Sold?

In working with production constraints, it is often useful to think in terms of selling the service of the productive resources rather than selling units of product. For example, we can think of Glover as selling machine-hours, with each machine-hour contributing $200 if used to make softballs, $120 if used to make hardballs, and $0 if not used at all.

Contribution Margin versus Gross Margins

Notice that Glover Manufacturing's costs were divided into fixed and variable portions. By definition, the variable costs are differential with volume changes. In some companies, variable costs are not separated from fixed costs. This can lead to serious product mix errors if fixed costs allocated to each unit of product are included when comparing the profitability of products. This error would result from treating fixed costs as differential costs.

For example, suppose that before any attempt was made to determine the optimal product mix for Glover Manufacturing, the accounting department had prepared the report in Illustration 13–4. As you can see, fixed and variable overhead costs are not separated. By applying overhead at 200 percent of labor, overhead *appears to vary with labor,* whereas we know that a substantial amount of the overhead is fixed. Based on this presentation, hardballs *appear* to be more profitable per unit of scarce resource than softballs, but in fact the opposite is true.

Accounting information is sometimes sent to personnel in operations and engineering who are unaware of the important but subtle distinction between *gross margin* and *contribution margin* that we have emphasized in this book. For example, suppose that the gross margin per unit from Illustration 13–4 is

Illustration 13–4   **Full Costs of the Product, Glover Manufacturing**

	Hardballs	Softballs
Sales revenue per unit	$10.00	$9.00
Less full manufacturing costs per unit:		
Materials	4.00	2.50
Labor	1.50	2.00
Overhead (applied at a rate of 200% of labor)[a]	3.00	4.00
Gross margin per unit	$ 1.50	$ .50

Marketing and administrative costs (all fixed): $200,000 per month.

[a] Any under- or overapplied overhead is written off as an expense of the period.

used instead of the contribution margin per unit from Illustration 13–1. Illustration 13–3 shows that there are two extreme production possibilities: 216,000 hardballs or 360,000 softballs. Using the gross margins from Illustration 13–4, production of 216,000 hardballs at $1.50 (Total gross margin = $324,000) *appears* economically superior to production of 360,000 softballs at $.50 (Total gross margin = $180,000).

Of course, we know that is wrong. As shown in Illustration 13–5, producing 216,000 hardballs and no softballs would result in a net loss of $136,000, while the correct product mix of 360,000 softballs and no hardballs provides operating profit of $440,000.

Thus, a common mistake in product mix decisions stems from the failure to recognize which costs are differential. Fixed costs for different product mixes often do not differ in the short run. For purposes of valuing inventory for external reporting, however, fixed manufacturing overhead is assigned to units produced, thereby making fixed costs appear variable to the unsophisticated user of cost information. As in the other differential cost problems we have seen, it is important to determine which costs are *really differential* for decision making.

Illustration 13–5   **Comparison of Product Mix Analyses, Glover Manufacturing**

	Gross Margin Method Wrong Decision: Produce All Hardballs	Contribution Margin Method Right Decision: Produce All Softballs
Sales revenue:		
Hardballs (216,000 × $10)	$2,160,000	
Softballs (360,000 × $9)		$3,240,000
Less variable manufacturing costs:		
Hardballs (216,000 × $6)	1,296,000	
Softballs (360,000 × $5)		1,800,000
Total contribution margin	864,000	1,440,000
Less fixed costs:		
Manufacturing	800,000	800,000
Marketing and administrative	200,000	200,000
Operating profit (loss)	$ (136,000)	$ 440,000

This is another example of a common problem in accounting. Costs that were assigned to units for one purpose (inventory valuation, in this case) could be inappropriately used for another purpose (product mix decisions, in this case).

Opportunity Cost of Resources

Opportunity cost is the loss from not taking the best foregone opportunity for the use of a resource. Machine capacity, or any other constraint, may have an opportunity cost.

For example, what is the opportunity cost to Glover Manufacturing of not having one more hour of machine capacity? First, assume that the increase in machine time would change neither fixed manufacturing nor fixed selling costs. With one more hour of machine time, Glover could produce 50 more softballs, as shown below:

Before: $(1/30)\ H + (1/50)\ S \leq 7,200$ machine-hours. If only softballs are produced:

$$\left(\frac{1}{50}\right) S = 7,200$$

$$S = \frac{7,200}{\left(\dfrac{1}{50}\right)}$$

$$= \underline{\underline{360,000 \text{ softballs}}}$$

With one additional machine-hour and producing only softballs:

$$\left(\frac{1}{50}\right) S = 7,201$$

$$S = \frac{7,201}{\left(\dfrac{1}{50}\right)}$$

$$= \underline{\underline{360,050 \text{ softballs}}}$$

With a unit contribution margin of \$4, production of 50 more softballs would add \$200 to profits. Thus, the opportunity cost of one hour of machine time is \$200. This opportunity cost is also known as a shadow price.

With this information, Glover's management can decide whether it is worthwhile to add machine time. If additional machine time can be leased for any amount less than \$200 per hour, for example, doing so would increase operating profits.

Multiple Constraints

With one constraint, it is easy to see that Glover could maximize contribution by producing only softballs. But the situation becomes more complex when there are multiple constraints. Suppose that the sale of softballs is temporarily restricted so that only 200,000 can be sold during the next production period. Further, suppose that Glover cannot hold baseballs in inventory so everything produced must be sold in the same period. Now the constraints are:

$$(1) \quad \left(\frac{1}{30}\right) H + \left(\frac{1}{50}\right) S \leq 7{,}200 \text{ machine-hours}$$

$$(2) \qquad\qquad\qquad S \leq 200{,}000$$

These relationships are shown graphically in Illustration 13–6. Now, to determine the optimal product mix, we find the monthly operating profit at each of the four corner points labeled. (Note how to find the solution for corner point 3 by simultaneously solving for the machine and sales constraints. The calculations are shown at the bottom of Illustration 13–6.)

This optimal solution is to produce as many softballs as can be sold, 200,000, and use the remaining capacity to produce 96,000 hardballs.

As more constraints and products are added, solving for product mixes becomes more complex. Although it is possible to solve these problems by hand, they are typically solved by computer, as discussed in the following section.

Linear Programming

The product choice problem is often much more complex than the two-product, two-constraint problems just presented for Glover Manufacturing. Companies often have many constraints and many choices. The method we used to find the optimal product mix for Glover Manufacturing is called linear programming—graphic method. The graphic method is a useful way to see how linear programming works, but it is impractical for complex problems with many choices and constraints.

A mathematical technique, known as the linear programming—simplex method, has been developed for solving complex product mix problems. This technique solves for corner solutions much as we did earlier in this chapter using graphs. Many computer software packages include the simplex method, or a variation of it for solving product mix problems.

For the rest of this chapter, we assume product mix decisions are solved on the computer. Our focus will be on setting up the problems so they can be entered into the computer and on interpreting the output, not on the mathematical procedures used to derive solutions.[1]

Comprehensive Linear Programming Example

This section presents an example that we solved using the computer. We discuss how to set up the problem to enter it into the computer and how to interpret the results.

Assume that Hixon Company manufactures and sells three wood products— cabinets, labeled A; bookshelves, labeled B; and storage chests, labeled C. Each

---

[1] More details on the mathematics of linear programming are available from books on operations research and quantitative methods. For example, see H. Bierman, C. Bonini, and W. Hausman, *Quantitative Analysis for Business Decisions,* 7th ed. (Homewood, Ill.: Richard D. Irwin, 1986).

Illustration 13-6   **Product Choice with Multiple Constraints, Glover Manufacturing**

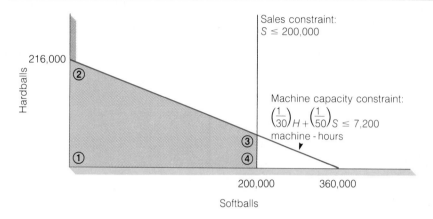

Corner Point	Produce and Sell		Total Contribution Margin	Fixed Costs	Operating Profit (loss)
	Hardballs	**Softballs**			
1	–0–	–0–	–0–	$1,000,000	$(1,000,000)
2	216,000	–0–	216,000 × $4 = $864,000	1,000,000	(136,000)
3[a]	96,000	200,000	(96,000 × $4) + (200,000 × $4) = $1,184,000	1,000,000	184,000
4	–0–	200,000	200,000 × $4 = $800,000	1,000,000	(200,000)

[a] The volume at this corner point can be found by simultaneously solving for the machine and sales constraints.

$$\left(\frac{1}{30}\right)H + \left(\frac{1}{50}\right)S = 7{,}200 \text{ machine-hours}$$

$$S = \underline{\underline{200{,}000}}$$

$$\text{so } \left(\frac{1}{30}\right)H + \left(\frac{1}{50}\right)(200{,}000) = 7{,}200$$

$$\left(\frac{1}{30}\right)H + 4{,}000 = 7{,}200$$

$$\left(\frac{1}{30}\right)H = 3{,}200$$

$$H = \underline{\underline{96{,}000}}$$

product must be processed through two departments—cutting, and assembly and finishing—before it is sold.

Illustration 13–7 presents data about product selling prices, costs, and the rate at which each product uses scarce resources. In addition to the information provided in Illustration 13–7, we learn that only 2,000 board-feet of direct material can be obtained per week. The cutting department has 180 hours of labor available each week, and the assembly and finishing department has 240 hours of labor available each week. No overtime is allowed.

Hixon Company's contract commitments require it to make at least 100

Illustration 13–7   **Hixon Company Facts**

	Product A per Unit	Product B per Unit	Product C per Unit
Selling price	$14.00	$18.00	$24.00
Direct labor cost	6.00	7.20	10.80
Direct material cost	.80	1.40	2.00
Variable overhead	1.52	2.00	2.96
Contribution margins	5.68	7.40	8.24
Fixed manufacturing overhead	5.00	5.00	5.00
Gross margins	$ .68	$ 2.40	$ 3.24
Material requirements in board-feet per unit of output	4	7	10
Labor requirements in hours per unit of output:			
Cutting department	.30	.30	.40
Assembly and finishing department	.20	.30	.50

units of Product A per week. Also, due to keen competiton, no more than 100 units of Product B can be sold each week.

Fixed manufacturing overhead costs are estimated to be $1,500 per week. They are arbitrarily allocated to each unit at the rate of $5 per unit. Fixed manufacturing costs are unaffected by the product mix. Nonmanufacturing costs of $1,000 per week are fixed and unaffected by the product mix decision.

Problem Formulation

Hixon Company's product mix decision problem can be solved using the linear programming technique. The constrained optimization problem is formulated as follows:

(a) Maximize total contribution margin:

$$\text{(b) } \$5.68A + \$7.40B + \$8.24C \qquad \text{Objective function}$$

Subject to the following constraints:

(c)
$$
\begin{cases}
4A+ \ \ 7B + \ 10C \le 2{,}000 \text{ board-feet} & \text{Direct material} \\
.30A + .30B + .40C \le \ \ 180 \text{ labor-hours} & \text{Cutting} \\
.20A + .30B + .50C \le \ \ 240 \text{ labor-hours} & \text{Assembly and finishing} \\
A \qquad\qquad\qquad \ge \ \ 100 \text{ units sold} & \text{Product A's sales} \\
B \qquad\quad \le \ \ 100 \text{ units sold} & \text{Product B's sales}
\end{cases}
$$

Using a linear programming computer package, we can obtain a solution for the above model. Illustration 13–8 shows how this problem was entered into the computer using a particular software package. The circled letters are there to help you trace the steps in the computer input back to the formulation above.

The initial table in Illustration 13–8 is from the printout of the linear programming problem formulation. Illustration 13–9 shows the output. Most software packages present the output like that in Illustration 13–9.

Illustration 13–8   **Linear Programming Input,[a] Hixon Company**

ⓑ ENTER THE NUMBER OF VARIABLES
  3
ⓒ ENTER THE NUMBER OF CONSTRAINTS
  5
ⓐ ENTER A 1 FOR MAXIMIZATION OR A 2 FOR MINIMIZATION
  1

ⓑ ENTER VARIABLE NAMES, ONE PER LINE
  Prod A
  Prod B
  Prod C

ⓒ ENTER CONSTRAINT NAMES, ONE PER LINE
  Material
  Cutting
  Assembly
  A sales
  B sales

ⓒ ENTER CONSTRAINT TYPES (<, >, or =), ONE FOR EACH CONSTRAINT
  DO NOT SEPARATE WITH COMMAS
  <<<><
  ENTER 3 OBJECTIVE FUNCTION COEFFICIENTS, SEPARATED BY COMMAS 5.68, 7.4, 8.24
ⓒ ENTER 5 CONSTRAINTS, 1 PER LINE (SEPARATE VALUES WITH COMMAS
  AND ENTER THE RIGHT HAND SIDE VALUE AS THE LAST VALUE ON EACH LINE)
  4, 7, 10, 2000
  .3, .3, .4, 180
  .2, .3, .5, 240
  1, 0, 0, 100
  0, 1, 0, 100

INITIAL TABLE

		SOLUTION	Product A	Product B	Product C
OBJ COEFF ⓐ MAXIMIZE			ⓑ$5.68	$7.40	$ 8.24
CONSTRAINT		SOLUTION VALUES			
	Material	2,000.	4.00	7.00	10.00
	Cutting	180.	.30	.30	.40
ⓒ	Assembly	240.	.20	.30	.50
	A sales	100.	1.00	—	—
	B sales	100.	—	1.00	—

[a] Based on a program developed by Professor Robert Haessler, University of Michigan.
Note: Circled letters cross-reference to the problem formulation in the text.

Solution   The Summary of Problem in Illustration 13–9 lists the linear programming
(LP) solution to the optimization problem. The total contribution margin is
maximized if Hixon Company produces 500 units of Product A and no units
of Product B and Product C. The maximum total contribution obtainable under
the present resource constraints is $2,840. Hence the operating profit realized
from this production mix is $340 (= $2,840 − $1,500 fixed manufacturing costs
− $1,000 fixed nonmanufacturing costs).

Opportunity Costs   Of the five constraints, only the direct material constraint has an opportunity
cost attached to it. This opportunity cost figure shows us how total contribution
margin changes as a result of a per unit change in the constraint. Thus, if we

Illustration 13–9   **Linear Programming Output, Hixon Company**

SUMMARY OF PROBLEM:

SOLUTION VARIABLES	SOLUTION VALUES	NONSOLUTION VARIABLES	OPPORTUNITY COSTS	SOLUTION VALUE DECREASE
Prod A	500.	—		—
—	—	Prod B		$2.54
—	—	Prod C		5.96
—	—	Material	$1.42	
Cutting	30.	—	—	
Assembly	140.	—	—	
B sales	100.	—	—	
A sales	400.	—	—	

OPTIMAL VALUE OF SOLUTION IS $2,840

RANGES OF RIGHT-HAND-SIDE VALUES OF CONSTRAINTS

CONSTRAINT	LOWER LIMIT	UPPER LIMIT	INITIAL CONSTRAINT VALUE
Material	400.	2,400.	2,000
Cutting	150.	INF.*	180.
Assembly	100.	INF.	240.
A sales	NEG INF.	500.	100.
B sales	–0–	INF.	100.

RANGES OF OBJECTIVE FUNCTION COEFFICIENTS

OBJECTIVE COEFFICIENT	LOWER BOUND	UPPER BOUND	INITIAL VALUE
Prod A	4.2286	PLUS INF.	5.6800
Prod B	NEG. INF.	9.9400	7.4000
Prod C	NEG. INF.	14.2000	8.2400

* INFINITY.

increase the direct material constraint from 2,000 board-feet to 2,001 board-feet, Hixon's contribution margin will increase by $1.42.

Effects of Forcing Nonsolution Products into the Solution

The optimal solution *excludes* Products B and C. What happens if we *force* one unit of either B or C into the solution? That is, we require there to be one unit produced that would not be produced with the optimal solution. You would predict that the value of the optimal solution (the $2,840 in Illustration 13–9) would go down. By how much?

The column in Illustration 13–9 that is titled *Solution Value Decrease* answers the following question: How much will the value of the solution (that is, Hixon's contribution margin) go down if Hixon produces one unit of a product that is not produced in the optimal solution? Product B and Product C have solution decrease values of $2.54 and $5.96, respectively, as shown in Illustration 13–9. If we force Hixon to produce one unit of Product B, for example, total contribution margin to the firm will be reduced by $2.54. This is because some production of the more profitable Product A will have to be given up to produce Product B. Similarly, the production of an additional unit of Product C would lower the contribution margin by $5.96.

Sometimes the problem is to make *cost-minimizing choices*. In those cases, the *solution value decrease* is replaced by the *solution value increase*, which indicates how much costs of the optimal solution will go up if a nonsolution variable is forced into the solution. (See self-study problem no. 3 at the end of this chapter for an example of a cost-minimization problem.)

Nonbinding Constraints

The other four constraints each have a solution value. This means that these constraints are not binding. The amounts shown under the heading Solution Values in Illustration 13–9 are the amounts of the scarce resources, or constraints, still available. For example, 30 labor-hours are still available in the cutting department; only 150 hours of the available 180 labor-hours were used. This unused scarce resource is sometimes known as *slack.* In the assembly and finishing department, 140 labor-hours are still available. For *B sales,* an additional 100 units could be produced and sold before the market constraint becomes binding. (Recall that no more than 100 units of B could be sold per week. The optimal solution is to sell no units of B.) Finally, for Product A, the solution value shows that optimal production of A exceeds the specified minimum by 400 units; that is, there is a "surplus" over the specified minimum.

Whereas binding constraints have an opportunity cost (for example, $1.42 per unit for direct materials), no opportunity cost is shown in the solution for the constraints that are not binding. For example, there is no opportunity cost for labor-hours in the cutting department because there is no value for having one additional hour, nor a loss for having one less hour.

Sensitivity Analyses

All the parameters specified in this linear programming (LP) model are subject to some degree of estimation error. Decision makers need to know how much error can be tolerated before making a difference in the decision. Under the heading Ranges of Right-Hand-Side Values of Contraints in Illustration 13–9 we are given the upper and lower bound values of all the constraints in the linear programming model. For example, the direct material constraint has a lower bound value of 400 board-feet and an upper bound value of 2,400 board-feet. This means that beyond these parameters the direct materials constraint will not be a binding constraint, all other things held constant.

If there is less than 400 board-feet of direct materials available, the company could not satisfy its constraint to make at least 100 units of A, because each unit of A requires 4 board-feet. If more than 2,400 board-feet of direct materials were available, some constraint that is not now binding would become binding.

Labor-hours in the cutting department is not now binding. The constraint ranges tell us that if only 150 labor-hours were available, instead of the 180 hours now available, labor-hours would then be a binding constraint.

In short, outside of the ranges given, some other constraint(s) will be binding, resulting in a new product choice. The range of these right-hand-side values of constraints can be visualized as how far inward or outward a linear constraint can shift in a parallel fashion and still be a binding constraint.

Similarly, the *Ranges of Objective Function Coefficients* in Illustration 13–9 show how much the contribution margins of each of the products can increase or decrease before the optimal product mix changes. Hence, within the upper and lower bound values of these objective function coefficients, Hixon Company will choose to produce 500 units of Product A and none of the other two products.

**Misspecifying the
Objective Function**

Suppose Hixon Company incorrectly specified its objective function using gross margins in the objective function instead of contribution margins. Based on the gross margins given in Illustration 13–7, this would result in the following formulation of the problem:

Maximize total gross margin:

$$\$.68A + \$2.40B + \$3.24C$$

Subject to the following constraints:

Material	$4A + 7B + 10C \leq 2{,}000$ board-feet	
Cutting	$.30A + .30B + .40C \leq 180$ hours	
Finishing and assembly	$.20A + .30B + .50C \leq 240$ hours	
A sales	$A \geq 100$ units	
B sales	$B \leq 100$ units	

The constraints are the same as those previously formulated.

The computer solution to this LP problem is given in Illustration 13–10. It is interesting to note that as a result of misspecifying the values of the objective function, Hixon Company will make a suboptimal production decision of manufacturing 100 units of Product A, 100 units of Product B, and 90 units of Product C. Now, we compare this solution with the prior optimal solution in which contribution margins were used in the objective function.

	Gross Margin Method: Wrong Decision		Contribution Margin Method: Right Decision	
	Number of Units	Unit Contribution Margin	Number of Units	Unit Contribution Margin
Total contribution:				
Product A	100 ×	$5.68 = $ 568.00	500 ×	$5.68 = $2,840
Product B	100 ×	7.40 = 740.00		–0–
Product C	90 ×	8.24 = 741.60		–0–
Total		$2,049.60		$2,840
Less fixed costs:				
Manufacturing		1,500.00		1,500
Nonmanufacturing		1,000.00		1,000
Operating profit (loss)		$ (450.40)		$ 340

The optimal value of the solution reported in the output of Illustration 13–10, $599.60, is an incorrect number because the analysis incorrectly treats fixed manufacturing costs as variable costs. If you compare this solution in

Illustration 13–10

Linear Programming Output Incorrectly Using Gross Margins instead of Contribution Margins, Hixon Company

INITIAL TABLE

OBJ COEFF	MAXIMIZE		Product A $ .68	Product B $2.40	Product C $ 3.24
CONSTRAINT		SOLUTION VALUES			
Material		2,000.	4.00	7.00	10.00
Cutting		180.	.30	.30	.40
Assembly		240.	.20	.30	.50
A sales		100.	1.00	—	—
B sales		100.	—	1.00	—

SUMMARY OF PROBLEM

SOLUTION VARIABLES	SOLUTION VALUES	NONSOLUTION VARIABLES	OPPORTUNITY COSTS	SOLUTION VALUE DECREASE
Prod A	100.	—		—
Prod B	100.	—		—
Prod C	90.	—		—
—	—	Material	$.324	
Cutting	84.	—	—	
Assembly	145.	—	—	
—	—	B sales	.132	
—	—	A sales	.616	

OPTIMAL VALUE OF SOLUTION IS $599.60[a]

[a] This is not the correct contribution because of the data errors noted in the text.

Illustration 13–10 with the correct solution in Illustration 13–9, you will find numerous errors in Illustration 13–10. This demonstrates the importance of using contribution margins, not gross margins, in linear programming problems.

Removing a Binding Constraint

Suppose Hixon Company has access to an unlimited supply of direct material. The optimal production mix for Hixon can be found using the LP formulation in Illustration 13–11. Without a materials constraint, the solution to the production decision problem is to produce 100 units of Product A, 100 units of Product B, and 300 units of Product C. Product A, which uses the least amount of material, is not as attractive as it was before because the supply of material is no longer a binding constraint.

This new optimum production point has a total contribution margin of $3,780. This is $940 (= $3,780 − 2,840) greater than the optimum obtained in Illustration 13–9 where availability of direct material was a binding constraint. The constraints that are now binding are the availability of labor in the cutting department, the size of the market for Product B, and the minimum required sales for Product A.

Note that the opportunity costs associated with the binding constraints on this new optimum are different from those presented in Illustration 13–9. The

Illustration 13–11   **Removal of a Binding Constraint, Problem Formulation, Hixon Company**

| OBJECTIVE FUNCTION: | MAXIMIZE | $5.68A | + | $7.40B | + | $8.24C |

CONSTRAINT

Cutting	.30A	.30B	.40C ≤ 180
Assembly and finishing	.20A	.30B	.50C ≤ 240
A sales	A		≥ 100
B sales		B	100

SUMMARY OF PROBLEM

SOLUTION VARIABLES	SOLUTION VALUES	NONSOLUTION VARIABLES	OPPORTUNITY COSTS	SOLUTION VALUE DECREASE
Prod A	100.	—		—
Prod B	100.	—		—
Prod C	300.	—		—
—	—	Cutting	$20.60	
Assembly	40.	—		
—	—	B sales	1.22	
—	—	A sales	.50	

OPTIMAL VALUE OF SOLUTION IS $3,780

cutting department, which had an excess of 30 labor-hours before, now has an opportunity cost of $20.60 per unit of the scarce resource, labor-hours.

Introducing an Additional Constraint

Now, suppose that Hixon's contract commitments also require it to produce a minimum of 100 units of Product C each week. Assume also that Hixon is once again facing a limited availability of direct material. The effect of an additional constraint on Hixon's optimal production decision can be seen in Illustration 13–12.

The Summary of Problem shows that Hixon's optimal product decision is to produce 250 units of Product A and 100 units of Product C. The total contribution margin is now only $2,244.

One of the benefits of linear programming is to examine the effects of introducing additional constraints. Is the optimal solution affected? Does the solution value change when additional constraints are added? Managers frequently do not know the answers to these questions without using linear programming. For example, managers frequently ask "what if" questions like: What if at least 40 percent of the materials in our hot dogs is beef (or chicken or turkey)? What if class enrollments are limited to 50 students per class? Linear programming can often be used to help answer questions like these, making it a useful short run planning tool.

Summary

This chapter presents the use of differential costing and linear programming models in making product choice decisions. The problem arises when there are limited amounts of resources that are being fully used and must be assigned to multiple products. The problem is to choose the optimal product mix within the constraints of limited resources.

Illustration 13–12

Introducing an Additional Constraint, Problem Formulation, Hixon Company

| OBJECTIVE FUNCTION: | MAXIMIZE | $5.68A + $7.40B + $8.24C |

CONSTRAINT

Constraint			
Material	4.0 +	7.0 +	10.0 ≤ 2,000.
Cutting	.30 +	.30 +	.40 ≤ 180.
Assembly	.20	.30	.50 ≤ 240.
A sales	A		≥ 100.
B sales		B	≤ 100.
C sales			C ≥ 100.

SUMMARY OF PROBLEM

SOLUTION VARIABLES	SOLUTION VALUES	NONSOLUTION VARIABLES	OPPORTUNITY COSTS	SOLUTION VALUE DECREASE
Prod A	250.	—		—
—	—	Prod B		$2.54
Prod C	100.	—		
—	—	Material	1.42	
Cutting	65.	—	—	
Assembly	140.	—	—	
B sales	100.	—	—	
A sales	150.	—	—	
—	—	C sales	5.96	

OPTIMAL VALUE OF SOLUTION IS $2,244

RANGES OF RIGHT-HAND-SIDE VALUES OF CONSTRAINTS

CONSTRAINT	LOWER LIMIT	UPPER LIMIT	INITIAL CONSTRAINT VALUE
Material	1,400.	2,866.6667	2,000.
Cutting	115.	INF.	180.
Assembly	100.	INF.	240.
A sales	NEG. INF.	250.	100.
B sales	–0–	INF.	100.
C sales	–0–	160.	100.

RANGES OF OBJECTIVE FUNCTION COEFFICIENTS

OBJECTIVE COEFFICIENT	LOWER BOUND	UPPER BOUND	INITIAL VALUE
Prod A	4.2286	PLUS INF.	$5.68
Prod B	NEG. INF.	9.94	7.40
Prod C	NEG. INF.	14.20	8.24

The objective of product choice decisions is to maximize the contribution margin per unit of scarce resource used. For example, if the scarce resource is the limited number of hours a machine can operate per month, and the machine can make either of two products, the objective is to maximize the contribution per hour (or other unit of time) that each of the two products makes, then produce the product with the higher contribution margin per hour of machine time used.

Short-run product choice decisions assume fixed costs do not change regardless of product mix. It is important that product margins being optimized assume only variable costs change. Hence, product choice decisions use contribution margins, not gross margins.

Computerized linear programming models are widely used to derive the optimal product mix. Data are input to these models using objective functions that specify the contribution margin of each product, and constraints that indicate the amount of scarce resource each product uses. Provided the right data have been entered, the linear programming model then computes the contribution margin per unit of scarce resource for all products and all constraints (that is, scarce resources). The output indicates the mix of products and the quantity of each product to produce and sell that maximizes total contribution.

Terms and Concepts

Constraints	**Linear Programming—Simplex**
Contribution Margin per Unit of	**Method**
Scarce Resource	**Objective Function**
Corner Point	**Opportunity Cost**
Feasible Production Region	**Product-Choice Decisions**
Linear Programming—Graphic	**Shadow Price**
Method	

Self-Study Problem No. 1

Pacperson, Inc., manufactures two series of computer hardware: Twopack and Threepack. Data concerning selling prices and costs for each unit are as follows:

	Twopack	Threepack
Selling price	$1,000	$1,700
Materials	350	370
Direct labor	210	230
Overhead (80% fixed)	150	200
Gross margin	290	900
Marketing costs (variable)	80	240
Administrative costs (fixed)	60	80
Profit	$ 150	$ 580

Management has decided that at least 500 units of Twopack must be manufactured and sold each month. Likewise, at least 150 Threepack models must be manufactured and sold each month.

The company's production facilities are limited by machine capacity in the Assembly Control Section. Each Twopack model requires one-fourth hour in the Assembly Control Section. Each Threepack model, however, requires three-fourths hour in the assembly area. There is a total of 250 available hours per month in the Assembly Control Section. There are no other relevant constraints on production.

Required:

a. What is the appropriate objective function for these two products if management's objective is to maximize profits?

b. What equations would represent the constraints on the profitability from these two products?

c. Given the information in the problem, which product would management prefer to produce to maximize profits?

d. Graph the profit-maximization problem and identify the feasible production region and corner points.

e. What is the optimal production schedule and the optimal contribution margin at that schedule?

f. What is the maximum price management would be willing to pay for one more hour of Assembly Control Section capacity?

Solution to Self-Study Problem No. 1

a. Determine the contributions for each product:

	Twopack	Threepack
Selling price	$1,000	$1,700
Variable costs:		
Materials	350	370
Direct labor	210	230
Variable overhead (20%)	30	40
Variable marketing	80	240
Total variable costs	670	880
Contribution margin	$ 330	$ 820

Maximize profit = $330 (Twopack) + $820 (Threepack)

b. Constraints:

$$\text{Twopack} \geq 500$$
$$\text{Threepack} \geq 150$$
$$\tfrac{1}{4} \,(\text{Twopack}) + \tfrac{3}{4}\,(\text{Threepack}) \leq 250$$

c. Contribution per assembly control hour:

$$\text{Twopack } \$330/.25 = \$1,320$$
$$\text{Threepack } \$820/.75 = \$1,093$$

The Twopack is preferred because it gives a greater contribution per hour.

d.

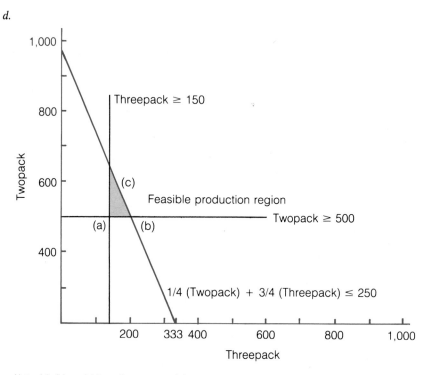

Note: (a), (b), and (c) are the *corner points*.

e.

Points	Produce and Sell		Total Contribution Margin
	Twopacks	**Threepacks**	
a	500	150	$330(500) + $820(150) = $288,000
b	500	167[a]	$330(500) + $820(167) = $301,940
c	550[b]	150	$330(550) + $820(150) = $304,500

[a] ¼(500) + ¾ Threepack = 250, from assembly control constraint

$$\text{Threepack} = \frac{250 - ¼(500)}{¾}$$

$$= \underline{\underline{167}}$$

[b] ¼ Twopack + ¾(150) = 250, from assembly control constraint

$$\text{Twopack} = \frac{250 - ¾(150)}{¼}$$

$$= \underline{\underline{550}}$$

f. $1,320 plus the cost of assembly control time included in the objective function.

Self-Study Problem No. 2: Yakima, Inc.*

Yakima, Inc., a rapidly expanding company, manufactures three lines of skis—Economy, Standard, and Deluxe. Currently faced with labor and machine capacity constraints, the company wants to select the optimal product mix in order to maximize operating profits. The following linear programming model of the problem was formulated and run on the computer:

Maximize: Total contribution margin $= 30X_1 + 23X_2 + 29X_3$

Subject to:
$$\text{Labor-hours} = 12X_1 + 10X_2 + 6X_3 \le 40{,}000$$
$$\text{Machine-hours} = 8X_1 + 4X_2 + 10X_3 \le 10{,}000$$

where

$X_1 =$ Deluxe model.
$X_2 =$ Economy model.
$X_3 =$ Standard model.

Exhibit A (SSP 13–2)   **Solution, Yakima, Inc.**

			Deluxe	Economy	Standard
OBJ COEFF	MAXIMIZE		$30.	$23.	$29.
CONSTRAINT		SOLUTION VALUE			
Labor-hour		40,000.	12.	10.	6.
Machine-hour		10,000.	8.	4.	10.

SUMMARY OF PROBLEM

SOLUTION VARIABLES	SOLUTION VALUES	NONSOLUTION VARIABLES	OPPORTUNITY COSTS	SOLUTION VALUE DECREASE
—	—	Deluxe		$16.00
Economy	2,500.	—		—
—	—	Standard		28.50
Labor-hour	15,000.	—	—	
—	—	Machine-hour	5.75	

OPTIMAL VALUE OF SOLUTION IS $57,500

RANGES OF RIGHT-HAND-SIDE VALUES OF CONSTRAINTS

CONSTRAINT	LOWER LIMIT	UPPER LIMIT	INITIAL CONSTRAINT VALUE
Labor-hour	25,000.	INF.	40,000.
Machine-hour	–0–	16,000.	10,000.

RANGES OF OBJECTIVE FUNCTION COEFFICIENTS

OBJECTIVE COEFFICIENT	LOWER BOUND	UPPER BOUND	INITIAL VALUE
Deluxe	NEG. INF.	46.00	30.
Economy	15.	PLUS INF.	23.
Standard	NEG. INF.	57.50	29.

---

* Prepared by Jean M. Lim under the supervision of Michael W. Maher.

Required:

Using the computer output in Exhibit A, answer the questions below. Assume that all things are held constant in each case.

a. What is the optimal production level of the Economy model? The Standard model? The Deluxe model?

b. What would happen to the optimal value if the available capacity of the labor constraint was decreased to 30,000 hours? If the machine-hours constraint was increased to 15,000 hours?

c. How much of the labor-hours resource is unused? How much of the machine-hours resource is unused?

d. The Standard model shows a solution value decrease of $28.50. Explain the meaning of this value.

e. Show how the optimal value of $57,500 was computed. Show how the opportunity cost of $5.75 for the machine-hours constraint was computed.

f. Suppose an error in the data exists and $23 is not the correct contribution margin of the Economy model. What is the optimal production level of the Economy model if the correct unit contribution margin is $18? If it is $12? (Indicate if "unknown," given the available information.)

Solution to Self-Study Problem No. 2

a. Optimal production level for:
   (1) Economy model = 2,500 units.
   (2) Standard model = zero units.
   (3) Deluxe model = zero units.

b. *Labor constraint:* Total contribution remains the same since only 25,000 labor-hours are currently used.
   Machine constraint: Total contribution increases by:
   $$\$28,750 = \$5.75\,(15,000 - 10,000)$$

c. 15,000 labor-hours unused. Zero machine-hours unused.

d. If a decision to produce one unit of the Standard model is made, total contribution margin will decrease by $28.50. Producing a unit of the Standard model means that 2½ units of the Economy model is foregone (see the relation between the Economy and Standard models for the machine constraint, which is binding).

e. $57,500 = $23 × 2,500 units of the Economy model. Each additional machine-hour allows production of .25 (= ¼) units of the Economy model. Since the Economy model has a unit contribution margin of $23, the value of one more unit of the scarce machine-hour resource is $5.75.

f. If the contribution margin equals $18, then 2,500 units of the Economy model will be produced, since the objective function coefficient is still within the relevant range (which is from $15 to plus infinity). If the contribution margin equals $12, the optimal production level of the Economy model will be unknown, since the value of the objective function coefficient lies outside the relevant range.

Self-Study Problem No. 3*

This is a cost-minimization problem.

Feeding livestock in the most economical manner possible is an important and continuous problem. In the livestock business, the animals have to receive certain nutrients, which are available in varying quantities in the commodities used.

---

* Adapted from a problem by P. Marshall.

Suppose the minimum nutrient requirement per day for each animal is two pounds of protein, eight pounds of carbohydrates, and six pounds of roughage. Further suppose that there are four commodities available to feed: oats, corn, alfalfa, and linseed oil meal. The current prices and nutrient content for each commodity are:

	Price per Pound	Amount of Protein per Pound	Amount of Roughage per Pound	Amount of Carbohydrate per Pound
Oats	$.015	–0–	.2	.1
Corn	.02	.2	.1	.3
Alfalfa	.01	.1	.4	.2
Linseed oil meal	.05	.5	.1	–0–

Required:

Your objective is to feed the animals at the lowest cost. However, your choice is subject to the constraints of providing at least the minimum amount of nutrients.

Solution to Self-Study Problem No. 3

The problem is formulated as follows:

	Choices					Amount of Resources
	Oats	Linseed Oil Meal	Corn	Alfalfa		
Protein	–0–	.5	.2	.1	≥	2.0 pounds
Roughage	.2	.1	.1	.4	≥	6.0 pounds
Carbohydrate	.1	–0–	.3	.2	≥	8.0 pounds
	$.015	$.05	$.02	$.01		Minimize cost of commodities

In this problem it has been possible to specify: the choices (the amount of each commodity to feed), the constraints (the minimum pounds of each nutrient required), and the objective (minimize the cost of feeding). It has also been possible to state the rates as constant over the entire range of choices; for example, every pound of oats has the same amount of protein and costs the same as every other pound of oats.

The computer solution to this minimization problem is given in Exhibit A. As can be seen from the Summary of Problem, the optimal solution will be to feed the livestock

Exhibit A (SSP 13–3)   **Computer Input**

```
ENTER THE NUMBER OF VARIABLES
4
ENTER THE NUMBER OF CONSTRAINTS
3
ENTER A 1 FOR MAXIMIZATION OR A 2 FOR MINIMIZATION
2

ENTER VARIABLE NAMES, ONE PER LINE
Oats
Linseed
Corn
Alfalfa
```

Exhibit A (SSP 13–3 *concluded*)

```
ENTER CONSTRAINT NAMES, ONE PER LINE
Protein
Roughage
Carbohydrate

ENTER CONSTRAINT TYPES (<, >, OR =), ONE FOR EACH CONSTRAINT
DO NOT SEPARATE WITH COMMAS
>>>
ENTER 4 OBJECTIVE FUNCTION COEFFICIENTS, SEPARATED BY COMMAS
.015,.05,.02,.01
ENTER 3 CONSTRAINTS, 1 PER LINE (SEPARATE VALUES WITH COMMAS
AND ENTER THE RIGHT-HAND-SIDE VALUE AS THE LAST VALUE ON EACH LINE)
0,0.5,0.2,0.1,2
0.2,0.1,0.1,0.4,6
0.1,0,0.3,0.2,8
```

INITIAL TABLE

			Oats	Linseed	Corn	Alfalfa
OBJ COEFF	MINIMIZE	—	.015	.05	.02	.01
CONSTRAINT		SOLUTION VALUE				
Protein		2.	—	.50	.20	.10
Roughage		6.	.20	.10	,10	.40
Carbohydrate		8.	.10	—	.30	.20

SUMMARY OF PROBLEM

SOLUTION VARIABLES	SOLUTION VALUES	NONSOLUTION VARIABLES	OPPORTUNITY COSTS	SOLUTION VALUE INCREASE
—	—	Oats		$.010
—	—	Linseed		.050
—	—	Corn		.005
Alfalfa	40	—		—
CONSTRAINTS				
Protein	2.	—	—	
Roughage	10.	—	—	
—	—	Carbohydrate	.05	

OPTIMAL VALUE OF SOLUTION IS $.40

RANGES OF RIGHT-HAND-SIDE VALUES OF CONSTRAINTS

CONSTRAINT	LOWER LIMIT	UPPER LIMIT	INITIAL CONSTRAINT VALUE
Protein	NEG. INF.	4.	2.
Roughage	NEG. INF.	16.	6.
Carbohydrate	4.	INF.	8.

RANGES OF OBJECTIVE FUNCTION COEFFICIENTS

OBJECTIVE COEFFICIENT	LOWER BOUND	UPPER BOUND	INITIAL VALUE
Oats	.005	PLUS INF.	.015
Linseed	–0–	PLUS INF.	.050
Corn	.015	PLUS INF.	.020
Alfalfa	–0–	.013	.010

only alfalfa. In this case, the optimal amount is 40 pounds of alfalfa a day. All the other possible alternatives—oats, linseed oil meal, or corn—have opportunity costs attached to their use. Linseed oil meal, by far the most expensive choice, will cost the farmer $.05 for every additional pound used.

In the case of food requirement constraints, we find that only the carbohydrate constraint is binding. Forty pounds of alfalfa will provide the minimum eight pounds of carbohydrates needed per day. The $.05 opportunity cost attached to the carbohydrate constraint means that every additional pound of carbohydrate needed will cost the farmer an additional $.05. The daily feed contains 2 pounds more protein and 10 pounds more roughage than the minimum required.

Questions

13–1. If we want to maximize profit, why do we use unit contribution margins in our analysis instead of unit gross margins?

13–2. Management notes that the contribution from one product is greater than the contribution from a second product. Hence, they conclude that the company should concentrate on production of the first product. Under what, if any, conditions, will this approach result in maximum profits?

13–3. A company has learned that a particular input product required for its production is in limited supply. What approach should management take to maximize profits in the presence of this constraint?

13–4. What is the feasible production region?

13–5. Why are corner points on the feasible production region important for profitability analysis?

13–6. What do we mean by the opportunity cost of a constraint?

13–7. Under what circumstances would fixed costs be relevant when management is making decisions in a multiproduct setting?

13–8. Describe how to compute the maximum price that a company would be willing to pay to obtain additional capacity for a scarce resource.

13–9. At what point does the opportunity cost of a constraint change?

13–10. What is the role of the accountant in the management decision process that uses linear programming models (or other mathematical programming techniques)?

Exercises

13–11. Formulate Objective Function

Thunderbird Productions, Inc., manufactures three products labeled A, B, and C. Data concerning the three products are as follows:

	A	B	C
Selling price	$40	$35	$50
Manufacturing costs:			
Materials	7	6	7
Direct labor	7	7	11
Overhead:			
Variable	3	3	6
Fixed	2	2	4
Total manufacturing	19	18	28
Gross profit	$21	$17	$22

Variable marketing costs equal 15 percent of the sales price of each product. Variable administrative costs are estimated at $1 per unit of product. Fixed administrative costs are allocated to each unit produced as follows: Product A, $3; Product B, $4; and Product C, $5.

Required:

What is the equation representing the objective function for the product-mix decision?

13–12. Analyze Contributions under Constrained Conditions

Management of TutTut Jewelry Corporation has been reviewing its profitability and attempting to improve performance through better planning. The company manufactures three products in its jewelry line: necklaces, bracelets, and rings. Selected data on these items are:

	Necklaces	Bracelets	Rings
Selling price	$80	$60	$40
Contribution margin	35	25	20
Machining time required	.5 hour	.25 hour	.30 hour

The machining time is limited to 120 hours per month. Demand for each product far exceeds the company's ability to meet the demand. There are no other relevant production constraints.

At the present time, management produces equal quantities of each product. The production vice president has urged the company to concentrate on necklace production because that has the greatest margin. No bracelets or rings would be produced if this recommendation were followed.

Required:

a. If fixed costs are $5,000 per month, what profit will be obtained by following the production vice president's recommendation?

b. What is the maximum profit obtainable, and what product or product combination must be sold to obtain that maximum?

13–13. Opportunity Costs of Additional Capacity

Beldive Ltd. has formulated the following profit function:

$$\text{Profit} = \$12R + \$19S - \$20,000$$

where R and S are products and the $20,000 is the fixed costs for the company.

Production is limited by capacity in the Quality Control Section. The constraint for that section is formulated as:

$$2R + 3S \leq 2,500.$$

At present, each quality control unit as represented by the 2,500-unit constraint has a cost of $4. A subcontractor has offered to perform quality control services at a cost of $7 per quality control unit.

Required:

Should the company utilize the services of the subcontractor? Show supporting calculations.

13–14. Formulate Multiproduct Choice Problem

Milligan Company manufactures two models—small and large. Each model is processed as follows:

	Machining	Polishing
Small (S)	2 hours	1 hour
Large (L)	4 hours	3 hours

The time available for processing the two models is 100 hours per week in machining and 90 hours per week in polishing. The contribution margin is $5 for the small model and $7 for the large model.

Required:

Formulate the equations necessary to solve this product mix problem.

(CPA adapted)

13-15. Solve Multiple Product Mix Problem

The Random Company manufactures two products, Zeta and Beta. Each product must pass through two processing operations. All materials are introduced at the start of Process No. 1. There are no work in process inventories. Random may produce either one product exclusively or various combinations of both products subject to the following constraints:

	Process No. 1	Process No. 2	Contribution Margin per Unit
Hours required to produce one unit of:			
Zeta	1 hour	1 hour	$4.00
Beta	2 hours	3 hours	5.25
Total capacity in hours per day	1,000 hours	1,275 hours	

A shortage of technical labor has limited Beta production to 400 units per day. There are *no* constraints on the production of Zeta other than the hour constraints in the above schedule. Assume that all relationships between capacity and production are linear.

Required:

a. Given the objective to maximize total contribution margin, what is the production constraint for Process No. 1?
   (1) Zeta + Beta ≤ 1,000
   (2) Zeta + 2Beta ≤ 1,000
   (3) Zeta + Beta ≥ 1,000
   (4) Zeta + 2Beta ≥ 1,000

b. Given the objective to maximize total contribution margin, what is the labor constraint for production of Beta?
   (1) Beta ≤ 400
   (2) Beta ≥ 400
   (3) Beta ≤ 425
   (4) Beta ≥ 425

c. What is the objective function of the data presented?
   (1) Zeta + 2Beta = $9.25
   (2) $4.00 Zeta + 3($5.25) Beta = Total contribution margin
   (3) $4.00 Zeta + $5.25 Beta = Total contribution margin
   (4) 2($4.00) Zeta + 3($5.25) Beta = Total contribution margin

(CPA adapted)

13-16. Product Mix—Graphic Analysis

Jabba, Inc., manufactures two products, X and Y. Each product must be processed in each of two departments: assembling and finishing. The hours needed to produce one unit of product per department and the maximum possible hours per department follow:

Department	Production Hours per Unit		Maximum Capacity in Hours
	X	Y	
Assembling	2	2	550
Finishing	2	3	600
Other restrictions follow:			
X $\geq$ 50			
Y $\geq$ 50			

The estimated gross margin on each product is $7 for *X* and $5 for *Y*. These gross margins include estimated fixed costs of $3 per unit. The total fixed costs are estimated at $320.

Required:

What is the optimal mix of output, and what is the profit that would be obtained if the optimal mix were produced and sold?

13–17. Product Mix—Graphic Analysis

The Hale Company manufactures Product A and Product B, each of which requires two processes, polishing and grinding. The contribution margin is $3 for Product A and $4 for Product B. The graph shows the maximum number of units of each product that may be processed in the two departments.

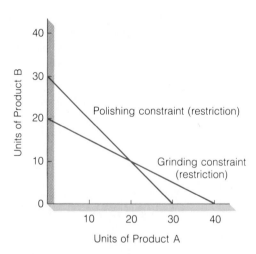

Required:

Considering the constraints on processing, which combination of Product A and Product B maximizes the total contribution?

(CPA adapted)

13–18. Analyze Constraints

Use the data in exercise 13–17 to answer each of the independent questions that follow.

Required:

a. How much contribution is given up if a minimum production of 25 units of A is required?

b. How much contribution is given up if a minimum production of 15 units of B is required?

c. What would be the increased contribution margin from relaxing the polishing constraint to allow production of 40 units of A, or 40 units of B, or some combination along a straight line that would connect those two production points?

d. What would be the increased contribution from relaxing the grinding constraint so that the company could produce 50 units of A or 25 units of B or some combination along a straight line that would connect those two production points?

13–19. Using Gross Margin in the Objective Function

Tower Company produces two types of gloves, G1 and G2. The cost and production data concerning these two products are as follows:

	G1	**G2**
Selling price	$12.00	$14.00
Manufacturing costs:		
Materials	4.00	1.50
Labor	3.00	6.00
Fixed Overhead	2.50	5.00
Gross margin per unit	$ 2.50	$ 1.50
Required production time/unit	2 hours	2 hours

Total production time available is 2,500 hours per month. Since production time is limited and gross margin per unit for G1 is higher than for G2, Tower Company management decided to produce and sell G1 exclusively.

Required:

Did Tower Company management make the correct decision?

Problems

13–20. Product Mix—Graphic Analysis

The graph shows the constraints of a chair manufacturing company. Each kitchen chair contributes $8 per chair; each office chair contributes $5 per chair.

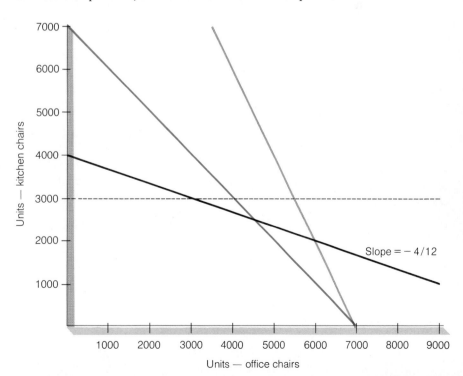

Required:

What mix of chairs maximizes profits?

13–21. Analyze Constraints

Use the information for the Random Company in exercise 13–15 and assume that the present Process 1 cost for each unit of Zeta is $2.35.

Required:

What is the maximum price that Random would be willing to pay for an additional hour of Process 1 time?

13–22. Analyze Limits on Constraints

Use the information for the Random Company in exercise 13–15 and problem 13–21.

Required:

Assume Random could obtain additional Process 1 hours at the price indicated by your solution to problem 13–21. How many additional units of Zeta would Random be willing to produce with the Process 1 hours that it would obtain?

13–23. Interpreting Computer Output—One Constraint

SOLUTION VARIABLES	SOLUTION VALUES	NONSOLUTION VARIABLES	OPPORTUNITY COSTS	SOLUTION VALUE DECREASE
X	600.00	—		
—	—	Y		1.67
—	—	Z		−0.00
MACHINING TIME			166.67	

OPTIMAL VALUE OF SOLUTION IS $30,000

RIGHT-HAND-SIDE RANGES OF VALUES OF CONSTRAINTS

	LOWER LIMIT	UPPER LIMIT	INITIAL VALUE
CONSTRAINT MACHINING TIME	–0–	INF.	180.00

RANGES OF OBJECTIVE FUNCTION COEFFICIENTS

OBJECTIVE COEFFICIENTS	INITIAL VALUE	LOWER BOUND	UPPER BOUND
X	50.00	50.00	INF.
Y	40.00	NEG. INF.	41.67
Z	25.00	NEG. INF.	25.00

Required:

Interpret the computer output for this problem by answering the following questions:

a. Formulate the objective function and constraint for this problem.

b. What is the optimal production level of Product X?

c. What is the total contribution at optimal production level? How was it computed?

d. How much would Yellow Company be willing to pay for an additional hour of machining capacity?

e. Product Y shows a solution value decrease of $1.67. Explain the meaning of this value.

f. Suppose that an error was made in figuring out the contribution margin for Product Y. The contribution margin for Product Y is supposed to be $41 instead of $40. What is the optimal production level for Y?

13–24. Interpreting Computer Output—Multiple Constraints

Computer output for problem 13–24 is as follows:

```
MAX       41.5 P1 + 35.5 P2
SUBJECT TO
    MACHINING           2 P1 + 1.5 P2 ≤ 2000
    ASSEMBLY            3 P1 + 3 P2 ≤ 3000
    DEMAND FOR P2       P2 ≥ 500
```

SOLUTION VARIABLES	SOLUTION VALUE	OPPORTUNITY COSTS	SOLUTION VALUE DECREASE
P1	500.00		—
P2	500.00		—
MACHINING	250.00	–0–	
ASSEMBLY	–0–	13.83	
DEMAND FOR P2	–0–	–6.00	

OPTIMAL VALUE OF SOLUTION 38,500.

RANGES OF RIGHT-HAND-SIDE VALUE OF CONSTRAINTS

CONSTRAINT	LOWER LIMIT	UPPER LIMIT	INITIAL CONSTRAINT VALUE
Machining	1,750.00	INF.	2,000.
Assembly	1,500.00	3,375.00	3,000.
Demand for P2	–0–	1,000.00	500.

RANGES OF OBJECTIVE FUNCTION COEFFICIENTS

OBJECTIVE COEFFICIENT	LOWER BOUND	UPPER BOUND	INITIAL VALUE
P1	35.50	INF.	41.50
P2	NEG. INF.	41.50	35.50

Required:

Answer the following questions using the computer output.

a. What is the optimal production level for P1? For P2?

b. What is the total contribution margin obtained at the optimal production level, and how was it computed?

c. How much of the machine-hours resource is unused? How much of the assembly-hours resource is unused?

d. How much would the company be willing to pay for an additional hour of machining time? For an additional hour of assembly time?

13–25. Product Mix Choice

Leastan Company manufactures a line of carpeting that includes a commercial carpet and a residential carpet. Two grades of fiber—heavy-duty and regular—are used in manufacturing both types of carpeting. The mix of the two grades of fiber differs in each type of carpeting, with the commercial grade using a greater amount of heavy-duty fiber.

Leastan will introduce a new line of carpeting in two months to replace the current line. The present fiber in stock will not be used in the new line. Management wants to exhaust the present stock of regular and heavy-duty fiber during the last month of production.

Data regarding the current line of commercial and residential carpeting are as follows:

	Commercial	**Residential**
Selling price per roll	$1,000	$800
Production specifications per roll of carpet:		
Heavy-duty fiber	80 pounds	40 pounds
Regular fiber	20 pounds	40 pounds
Direct labor-hours	15 hours	15 hours
Standard cost per roll of carpet:		
Heavy-duty fiber ($3 per lb.)	$240	$120
Regular fiber ($2 per lb.)	40	80
Direct labor ($10 per DLH)	150	150
Variable manufacturing overhead (60% of direct labor cost)	90	90
Fixed manufacturing overhead (120% of direct labor cost)	180	180
Total standard cost per roll	$700	$620

Leastan has 42,000 pounds of heavy-duty fiber and 24,000 pounds of regular fiber in stock. All fiber not used in the manufacture of the present types of carpeting during the last month of production can be sold as scrap at $.25 a pound.

There are a maximum of 10,500 direct labor-hours available during the month. The labor force can work on either type of carpeting.

Sufficient demand exists for the present line of carpeting so that all quantities produced can be sold.

Required:

a. Calculate the number of rolls of commercial carpet and residential carpet Leastan Company must manufacture during the last month of production to exhaust completely the heavy-duty and regular fiber still in stock.

b. Can Leastan Company manufacture these quantities of commercial and residential carpeting during the last month of production? Explain your answer.

(CMA adapted)

13–26. Product Mix Choice

Excelsion Corporation manufactures and sells two kinds of containers—paperboard and plastic. The company produced and sold 100,000 paperboard containers and 75,000 plastic containers during the month of April. A total of 4,000 and 6,000 direct labor-hours were used in producing the paperboard and plastic containers, respectively.

The company has not been able to maintain an inventory of either product, due to the high demand; this situation is expected to continue in the future. Workers can be shifted from the production of paperboard to plastic containers and vice versa, but additional labor is not available in the community. In addition, there will be a shortage of plastic material used in the manufacture of the plastic container in the coming months due to a labor strike at the facilities of a key supplier. Management has estimated there will be only enough direct material to produce 60,000 plastic containers during June.

The income statement for Excelsion Corporation for the month of April is shown below. The costs presented in the statement are representative of prior periods and are expected to continue at the same rates or levels in the future.

EXCELSION CORPORATION
Income Statement
For the Month Ended April 30

	Paperboard Containers	Plastic Containers
Sales revenue	$220,800	$222,900
Less:		
Returns and allowances	6,360	7,200
Discounts	2,440	3,450
	8,800	10,650
Net sales	212,000	212,250
Cost of sales:		
Direct material cost	123,000	120,750
Direct labor	26,000	28,500
Indirect labor (variable with direct labor-hours)	4,000	4,500
Depreciation—machinery	14,000	12,250
Depreciation—building	10,000	10,000
Cost of sales	177,000	176,000
Gross profit	35,000	36,250
Nonmanufacturing expenses:		
Variable	8,000	7,500
Fixed	1,000	1,000
Commissions—variable	11,000	15,750
Total operating expenses	20,000	24,250
Income before tax	15,000	12,000
Income taxes (40%)	6,000	4,800
Net income	$ 9,000	$ 7,200

Required:

What is the optimal product mix, given the constraints in the problem?

(CMA adapted)

**13–27. Multiple Products—
Continue Operations**

Stac Industries is a multiproduct company with several manufacturing plants. The Clinton Plant manufactures and distributes two household cleaning and polishing compounds—regular and heavy-duty—under the Cleen-Brite label. The forecasted operating results for the first six months of Year 1, when 100,000 cases of each compound are expected to be manufactured and sold, are presented in the following statement.

CLINTON PLANT
Cleen-Brite Compounds
Forecasted Results of Operations
For the Six-Month Period Ending June 30, Year 1
(in thousands)

	Regular	Heavy-Duty	Total
Sales revenue	$2,000	$3,000	$5,000
Cost of sales	1,600	1,900	3,500
Gross profit	400	1,100	1,500
Nonmanufacturing costs:			
Variable	400	700	1,100
Fixed[a]	240	360	600
Total nonmanufacturing costs	640	1,060	1,700
Income (loss) before taxes	$ (240)	$ 40	$ (200)

[a] The fixed nonmanufacturing costs are allocated between the two products on the basis of dollar sales volume on the internal reports.

The regular compound sold for $20 a case and the heavy-duty sold for $30 a case during the first six months of Year 1. The manufacturing costs by case of product are presented in the following schedule. Each product is manufactured on a separate production line. Annual normal manufacturing capacity is 200,000 cases of each product. However, the plant is capable of producing 250,000 cases of regular compound and 350,000 cases of heavy-duty compound annually.

	Cost per Case	
	Regular	Heavy-Duty
Direct materials	$ 7.00	$ 8.00
Direct labor	4.00	4.00
Variable manufacturing overhead	1.00	2.00
Fixed manufacturing overhead[a]	4.00	5.00
Total manufacturing cost	$16.00	$19.00
Variable nonmanufacturing costs	$ 4.00	$ 7.00

[a] Depreciation charges are 50 percent of the fixed manufacturing overhead of each line.

The schedule below reflects the consensus of top management regarding the price-volume alternatives for the Cleen-Brite products for the last six months of Year 1. These are essentially the same alternatives management had during the first six months of Year 1.

Regular Compound		Heavy-Duty Compound	
Alternative Prices (per case)	Sales Volume (in cases)	Alternative Prices (per case)	Sales Volume (in cases)
$18	120,000	$25	175,000
20	100,000	27	140,000
21	90,000	30	100,000
22	80,000	32	55,000
23	50,000	35	35,000

Top management believes the loss for the first six months reflects a tight profit margin caused by intense competition. Management also believes that many companies will be forced out of this market by Year 2, and profits should improve after that.

Required:

a. What unit selling price should Stac Industries select for each of the Cleen-Brite compounds (regular and heavy-duty) for the remaining six months of Year 1? Support your selection with appropriate calculations.

b. Without prejudice to your answer to requirement (a), assume the optimum price-volume alternatives for the last six months were a selling price of $23 and volume level of 50,000 cases for the regular compound and a selling price of $35 and volume of 35,000 cases for the heavy-duty compound.

   (1) Should Stac Industries consider temporarily closing down its operations until Year 2 in order to minimize its losses? Support your answer with appropriate calculations. (Stac could save none of its fixed costs by temporarily closing.)

(2) Identify and discuss the qualitative factors that should be considered in deciding whether the Clinton Plant should be closed down during the last six months of Year 1.

(CMA adapted)

13–28. Multiple-choice

A company markets two products, Alpha and Gamma. The contribution margins per gallon are $5 for Alpha and $4 for Gamma. Both products consist of two ingredients, D and K. Alpha contains 80 percent D and 20 percent K, while the proportions of the same ingredients in Gamma are 40 percent and 60 percent, respectively. The current inventory is 16,000 gallons of D and 6,000 gallons of K. The only company producing D and K is on strike and will neither deliver nor produce them in the foreseeable future. The company wishes to know the numbers of gallons of Alpha and Gamma that it should produce with its present stock of raw materials in order to maximize its total profit. Let X_1 refer to Alpha and X_2 refer to Gamma.

Required:

a. The objective function for this problem could be expressed as:
(1) Max $0X_1 + 0X_2$
(2) Min $5X_1 + 4X_2$
(3) Max $5X_1 + 4X_2$
(4) Max $X_1 + X_2$
(5) Max $4X_1 + 5X_2$

b. The constraint imposed by the quantity of D on hand could be expressed as:
(1) $X_1 + X_2 \geq 16{,}000$
(2) $X_1 + X_2 \leq 16{,}000$
(3) $.4X_1 + .6X_2 \leq 16{,}000$
(4) $.8X_1 + .4X_2 \geq 16{,}000$
(5) $.8X_1 + .4X_2 \leq 16{,}000$

c. The constraint imposed by the quantity of K on hand could be expressed as:
(1) $X_1 + X_2 \geq 6{,}000$
(2) $X_1 + X_2 \leq 6{,}000$
(3) $.8X_1 + .2X_2 \leq 6{,}000$
(4) $.8X_1 + .2X_2 \geq 6{,}000$
(5) $.2X_1 + .6X_2 \leq 6{,}000$

d. To maximize total profit, the company should produce and market:
(1) 106,000 gallons of Alpha only
(2) 90,000 gallons of Alpha and 16,000 gallons of Gamma
(3) 16,000 gallons of Alpha and 90,000 gallons of Gamma
(4) 18,000 gallons of Alpha and 4,000 gallons of Gamma
(5) 4,000 gallons of Alpha and 18,000 gallons of Gamma

e. Assuming that the marginal contributions per gallon are $7 for Alpha and $9 for Gamma, the company should produce and market:
(1) 106,000 gallons of Alpha only
(2) 90,000 gallons of Alpha and 16,000 gallons of Gamma
(3) 16,000 gallons of Alpha and 90,000 gallons of Gamma
(4) 18,000 gallons of Alpha and 4,000 gallons of Gamma
(5) 4,000 gallons of Alpha and 18,000 gallons of Gamma

(CPA adapted)

13–29. Formulate Objective Function and Constraints

The Witchell Corporation manufactures and sells three grades, A, B, and C, of a single wood product. Each grade must be processed through three phases—cutting, fitting, and finishing—before they are sold.

The following unit information is provided:

	A	B	C
Selling price	$10.00	$15.00	$20.00
Direct labor	5.00	6.00	9.00
Direct material	.70	.70	1.00
Variable overhead	1.00	1.20	1.80
Fixed overhead	.60	.72	1.08
Materials requirements in board-feet	7	7	10
Labor requirements in hours:			
Cutting	$3/6$	$3/6$	$4/6$
Fitting	$1/6$	$1/6$	$2/6$
Finishing	$1/6$	$2/6$	$3/6$

Only 5,000 board-feet per week can be obtained.

The cutting department has 180 hours of labor available each week. The fitting and finishing departments each have 120 hours of labor available each week. No overtime is allowed.

Contract commitments require the company to make 100 units of A per week. In addition, company policy is to produce at least 50 units of B and 50 units of C each week. Product C is constrained to a maximum of 130 units per week.

Required: Formulate the objective function and constraints.

13–30. Analyze Costs in a Multiproduct Setting

Bright Tubes, Inc., manufactures projection devices for large television screens. The devices come in two models, 48X and 60X, designed for screens with diagonal measurements of 48 and 60 inches, respectively. Data on sales prices and costs for each model are:

	48X	60X
Selling price	$140	$220
Variable costs:		
Materials	45	60
Other	40	45
Allocated fixed costs	20	50
Profit per unit	$ 35	$ 65

Allocated fixed costs are based on total monthly fixed costs of $140,000.

The only production limitation is on the availability of titanium oxide extruders (abbreviated TOEs), which are required for each projection tube. The 48X model requires 1 TOE, while the 60X model requires 2 TOEs. There are 4,000 TOEs available per month. Management has decided that it must sell at least 1,000 of each model per month to maintain a full product line.

Last month the company used a linear programming package with the profit function:

$$\text{Maximize profit} = \$35X + \$65Y$$

where X represented the 48-inch model and Y represented the 60-inch model. Product outputs, unit revenues and unit variable costs, and total fixed costs were exactly as planned.

Nonetheless, profit performance for last month was disappointing. You have been called in to help management analyze the cause for the poor performance last month and to help improve performance in the future.

Required: a. What profit was earned last month?

b. What product mix would you recommend this month, and what profit would be expected with your recommended product mix? Show supporting calculations.

13–31. Analyze Alternative Actions with Multiple Products

Rienz Corporation manufactures two models: Average and Deluxe. The following data are derived from company accounting records for the two products for the past month:

	Average	Deluxe
Sales volume	1,000 units	800 units
Sales revenue	$135,000	$160,000
Manufacturing costs:		
Variable	25,000	40,000
Fixed	45,000	50,000
Marketing costs (all variable)	27,000	32,000
Administrative costs (all fixed)	20,000	25,000
Total costs	117,000	147,000
Division profit	$ 18,000	$ 13,000

Production is constrained by the availability of certain materials. Each Average model takes 10 kg of these materials, while each Deluxe model uses 15 kg. There are 22,000 kg of materials available each month. Marketing constraints limit the number of Average models to 1,800 per month. Deluxe models are similarly limited to 1,200 per month.

The fixed manufacturing costs for each product would be eliminated if the product was no longer manufactured. However, administrative costs will not change with the elimination of either product.

Required: What is the optimal product mix, and what is the profit that would be earned at that product mix? Show computations.

13–32. Analyze Alternative Products with Differential Fixed Costs

Siberian Ski Company recently expanded its manufacturing capacity, which will allow it to produce up to 15,000 pairs of cross-country skis of the Mountaineering model or the Touring model. The sales department assures management that it can sell between 9,000 and 13,000 of either product this year. Because the models are very similar, Siberian Ski will produce only one of the two models. The following information was compiled by the accounting department:

	Model	
	Mountaineering	**Touring**
Selling price per unit	$88.00	$80.00
Variable costs per unit	52.80	52.80

Fixed costs will total $369,600 if the Mountaineering model is produced but will be only $316,800 if the Touring model is produced.

Required: a. If Siberian could be assured of selling 12,000 of either model, which model would it sell? How much operating profit would be earned with sales of that product?

b. At what sales level, in units, would Siberian be indifferent regardless of the model it chooses to produce?

c. If Siberian faces a limitation on labor so that a maximum of 6,000 Mountaineering models or a maximum of 12,000 Touring models or some combination of models that would fall along that constraint can be produced, what is the optimal production schedule?

(CMA adapted)

13–33. Formulate and Solve Linear Program

The Elon Company manufactures two industrial products—X-10, which sells for $90 a unit, and Y-12, which sells for $85 a unit. Each product is processed through both of the company's manufacturing departments. The limited availability of labor, material, and equipment capacity has restricted the ability of the firm to meet the demand for its products. The production department believes that linear programming can be used to routinize the production schedule for the two products.

The following data are available to the production department:

	Amount Required per Unit	
	X-10	Y-12
Direct material: Weekly supply is limited to 1,800 pounds at $12 per pound	4 pounds	2 pounds
Direct labor:		
Department 1—weekly supply limited to 10 people at 40 hours each at an hourly cost of $6	⅔ hour	1 hour
Department 2—weekly supply limited to 15 people at 40 hours each at an hourly rate of $8	1¼ hours	1 hour
Machine time:		
Department 1—weekly capacity limited to 250 hours	½ hour	½ hour
Department 2—weekly capacity limited to 300 hours	0 hours	1 hour

The overhead costs for Elon are accumulated on a plantwide basis. The overhead is assigned to products on the basis of the number of direct labor-hours required to manufacture the product. This base is appropriate for overhead assignment because most of the variable overhead costs vary as a function of labor time. The estimated overhead cost per direct labor-hour is:

Variable overhead cost	$ 6
Fixed overhead cost	6
Total overhead cost per direct labor-hour	$12

The production department formulated the following equations for the linear programming statement of the problem.

$$A = \text{Number of units of X-10 to be produced}$$
$$B = \text{Number of units of Y-12 to be produced}$$

Objective function to minimize costs:

$$\text{Minimize } 85A + 62B$$

Constraints:
   Material:

$$4A + 2B \leq 1{,}800 \text{ pounds}$$

Department 1 labor:

$$\tfrac{2}{3}A + 1B \leq 400 \text{ hours}$$

Department 2 labor:

$$1\tfrac{1}{4}A + 1B \leq 600 \text{ hours}$$

Nonnegativity:

$$A \geq O, B \geq O$$

Required:

a. The formulation of the linear programming equations as prepared by Elon Company's production department is incorrect. Explain what errors have been made in the formulation prepared by the production department.

b. Formulate and label the proper equations for the linear programming statement of Elon Company's production problem.

c. (Computer required.) Solve the linear program and determine the increase in the price of direct materials that would be required to change the product mix from that obtained in the optimal solution.

(CMA adapted)

13–34. Multiple Product Choice

Girth, Inc., makes two kinds of men's suede leather belts. Belt A is a high-quality belt, while Belt B is of somewhat lower quality. The company earns a contribution margin of $7 for each unit of Belt A that is sold and $2 for each unit sold of Belt B. Each unit (belt) of type A requires twice as much manufacturing time as is required for a unit of type B. Further, if only Belt B is made, Girth has the capacity to manufacture 1,000 units per day. Suede leather is purchased by Girth under a long-term contract that makes available to Girth enough leather to make 800 belts per day (A and B combined). Each belt uses the same amount of suede leather. Belt A requires a fancy buckle, of which only 400 per day are available. Belt B requires a different (plain) buckle, of which 700 per day are available. The demand for the suede leather belts (A or B) is such that Girth can sell all that it produces.

Required:

a. Construct a graph to determine how many units of Belt A and Belt B should be produced to maximize daily profits.

b. Assume the same facts as above except that the sole supplier of buckles for Belt A informs Girth, Inc., that it will be unable to supply more than 100 fancy buckles per day. How many units of each of the two belts should be produced each day to maximize profits?

c. Assume the same facts as in requirement (b) except that Texas Buckles, Inc., could supply Girth, Inc., with the additional fancy buckles it needs. The price would be $3.50 more than Girth, Inc., is paying for such buckles. How many, if any, fancy buckles should Girth, Inc., buy from Texas Buckles, Inc.? Explain how you determined your answer.

(CMA adapted)

Integrative Cases

13–35. Solve Linear Programming Problem

(Computer required.) Golden Company management wants to maximize profits on its three products. Ooh, Ahh, and Wow. The following information is available from the company accounting records:

	Ooh	Ahh	Wow
Sales price	$9	$8	$12
Manufacturing costs:			
Direct materials	2	1	3
Direct labor	3	2	2
Overhead	2	3	3
Selling and administrative costs	1	1	1
Profit per unit	$1	$1	$ 3

Analysis of selling and administrative costs indicates that 50 percent of those costs vary with sales. The remaining amount is fixed at $90,000.

Manufacturing overhead costs are based on machine-hours. A regression equation was computed based on the past 30 months of cost data. The equation was:

$$OVH = \$285,000 + \$.35 \text{ MHR}$$

where

OVH = Overhead.
MHR = Machine-hours.

The regression equation had an overall R-square of .85. Each Ooh requires .8 machine-hours. Each Ahh and Wow requires 1.2 machine-hours.

Each product requires usage of limited facilities. These time requirements in hours for each unit are:

	Ooh	Ahh	Wow
Preparation	.2	.1	.4
Molding	.1	.3	.5
Finishing	.3	.2	.1

There are 125,000 hours available in preparation; 85,000 hours in molding; and 70,000 hours in finishing.

Required:

a. Formulate the above as a linear programming problem.

b. Solve the problem and compute the profit at the optimal product mix.

13–36. Product Choices, Differential Costs of Inputs, Overhead Applications

Jenco, Inc., manufactures a combination fertilizer/weed-killer under the name Fertikil. This is the only product Jenco produces at the present time. Fertikil is sold through normal marketing channels to retail nurseries and garden stores.

Taylor Nursery plans to sell a similar fertilizer/weed-killer compound through its regional nursery chain under its own private label. Taylor has asked Jenco to submit a bid for a 25,000-pound order of the private brand compound. While the chemical composition of the Taylor compound differs from Fertikil, the manufacturing process is very similar.

The Taylor compound would be produced in 1,000-pound lots. Each lot would require 60 direct labor-hours and the following chemicals:

Chemicals	Quantity in Pounds
CW-3	400
JX-6	300
MZ-8	200
BE-7	100

The first three chemicals (CW-3, JX-6, MZ-8) are all used in the production of Fertikil. BE-7 was used in a compound that Jenco has discontinued. This chemical was not sold or discarded because it does not deteriorate and there have been adequate storage facilities. Jenco could sell BE-7 at the prevailing market price less $.10 per pound selling/handling expenses.

Jenco also has on hand a chemical called CN-5, which was manufactured for use in another product that is no longer produced. CN-5, which cannot be used in Fertikil, can be substituted for CW-3 on a one-for-one basis without affecting the quality of the Taylor compound. The quantity of CN-5 in inventory has a salvage value of $500.

Inventory and cost data for the chemicals are as follows:

Direct Materials	Pounds in Inventory	Actual Price per Pound When Purchased	Current Market Price per Pound
CW-3	22,000	$ .80	$ .90
JX-6	5,000	.55	.60
MZ-8	8,000	1.40	1.60
BE-7	4,000	.60	.65
CN-5	5,500	.75	(salvage)

The current direct labor rate is $7 per hour. The manufacturing overhead rate is established at the beginning of the year and is applied consistently throughout the year using direct labor-hours as the base. The predetermined overhead rate for the current year, based on a two-shift capacity of 400,000 total direct labor-hours (DLH) with no overtime, is as follows:

Variable manufacturing overhead	$2.25 per DLH
Fixed manufacturing overhead	3.75 per DLH
Combined rate	$6.00 per DLH

Jenco's production manager reports that the present equipment and facilities are adequate to manufacture the Taylor compound. However, Jenco is within 800 hours of its two-shift capacity this month before it must schedule overtime. If need be, the Taylor compound could be produced on regular time by shifting a portion of Fertikil production to overtime. Jenco's rate for overtime hours is one and one half the regular pay rate, or $10.50 per hour. There is no allowance for any overtime premium in the manufacturing overhead rate.

Jenco's standard markup policy for new products is 25 percent of full manufacturing cost.

Required:

a. Assume Jenco, Inc., has decided to submit a bid for a 25,000-pound order of Taylor's new compound. The order must be delivered by the end of the current month. Taylor has indicated that this is a one-time order that will not be repeated. Calculate the lowest price Jenco should bid for the order and not reduce its operating profit.

b. Without prejudice to your answer to requirement *(a),* assume that Taylor Nursery plans to place regular orders for 25,000-pound lots of the new compound during the coming year. Jenco expects the demand for Fertikil to remain strong again in the coming year. Therefore, the recurring orders from Taylor will put Jenco over its two-shift capacity. However, production can be scheduled so that 60 percent of each Taylor order can be completed during regular hours or Fertikil production could be shifted temporarily to overtime so that the Taylor orders could be produced on regular time. Jenco's production manager has estimated that the prices of all chemicals will stabilize at the current market rates for the coming year and that all other manufacturing costs are expected to be maintained at the same rates or amounts.

    Calculate the price Jenco, Inc., should quote Taylor Nursery for each 25,000-pound lot of the new compound, assuming that there will be recurring orders during the coming year.

(CMA adapted)

13–37. Selecting Appropriate Data for Product Mix Decisions

    The Fiske Corporation manufactures and sells two products, A and B. The demand for both products exceeds current production capacity. The corporation has been unable to maintain an inventory of either product or of Product B's primary direct material, which presently is in short supply. Labor also is in short supply, but the existing force can be used for production of either of the two products. Data are available on the number of units of each product sold (net of returns) and on the number of direct labor-hours expended on each product. Machinery life is directly related to the number of units of each of the products manufactured.

    The company utilizes a standard costing system and has determined that the standard unit cost of these products is as shown below:

	Product A	Product B
Direct materials	$1.000	$1.953
Direct labor	.375	.781
Factory overhead	.975	1.344
	$2.350	$4.078

    Overhead shown on the standard cost sheets is obtained from the flexible budget shown below. This budget is based on an assumption that 8,000 units of Product A and 6,400 units of Product B are being produced.

    Outside consultants have been engaged to determine an optimal product mix, and they currently are developing a linear programming model to determine how many units of each product to manufacture in order to maximize profit.

FISKE CORPORATION
Overhead Budget

	Fixed	Variable[a]	Total	Allocation to Product A	Allocation to Product B	Basis for Allocation to Product
Factory overhead:						
Indirect labor	$ 500		$ 500	$ 200	$ 300	Direct labor-hours
Depreciation:						
Machinery	5,000		5,000	2,000	3,000	Direct labor-hours
Building	7,200		7,200	4,000	3,200	Estimated number of units sold
Insurance—property and plant	800		800	300	500	Per unit sales price
Payroll taxes	95	$ 1,505	1,600	600	1,000	Per unit sales price
Utilities	500		500	200	300	Direct labor-hours
Supplies	800		800	500	300	Traced to product
Total factory overhead	14,895	1,505	16,400	7,800	8,600	
Administrative:						
Product A	429	2,500	2,929	2,929		
Product B	571	4,000	4,571		4,571	
Total administrative	1,000	6,500	7,500	2,929	4,571	
Marketing:						
Commissions		8,820	8,820	2,970	5,850	
Advertising	1,000		1,000	1,000		
Bad debts	500		500	300	200	
Total marketing	1,500	8,820	10,320	4,270	6,050	
Total overhead	$17,395	$16,825	$34,220	$14,999	$19,221	

[a] Based upon a projected production and sales volume of 8,000 units of product A and 6,400 units of Product B.

The following pro forma statement (in thousands) has been prepared for the month of April:

	Product A	Product B
Sales:		
A—8,000 units	$30.5	
B—6,400 units		$40.8
Gross sales	30.5	40.8
Less:		
Returns and allowances	.3	1.0
Discounts	.5	.8
Net sales	29.7	39.0
Cost of sales:		
Direct materials	8.0	12.5
Direct labor	3.0	5.0
Factory overhead	7.8	8.6
Total cost of sales	18.8	26.1
Gross margin	10.9	12.9
Operating expense:		
Administrative	2.9	4.6
Marketing	4.3	6.1
Total operating expense	7.2	10.7
Income from operations	3.7	2.2
Other:		
Interest revenue	.8	.5
Interest expense	(1.0)	(.8)
Total other	(.2)	(.3)
Operating profit before taxes	3.5	1.9

Required:

For each of the numbered items below select the lettered answer that best indicates in what way the preceding financial data should be used in the determination of the optimal product mix. Assume that variable revenues and expenses are completely variable.

Answer choices

a. This aggregate dollar amount for the month divided by the aggregate number of units sold during the month should be used.

b. This aggregate dollar amount should be used.

c. This cost or revenue item should not be used.

d. This cost or revenue item should be included, but amounts inappropriate for financial accounting purposes should be used.

e. The information given is insufficient to determine whether or not the item should be used.

Items to be answered

1. Sales.

2. Sales returns and allowances.

3. Sales discounts.

4. Direct materials.

5. Direct labor.

6. Indirect labor (fixed).

7. Depreciation—building.

8. Variable payroll taxes.

9. Utilities.

10. Supplies.

11. General and administrative expenses—variable.

12. General and administrative expenses—fixed.

13. Commissions on sales.

14. Advertising.

15. Bad debts expense.

(CPA adapted)

13–38. Bayview Manufacturing Company (Linear Programming and Cost Estimation)*

(Computer required.) In November 1984, the Bayview Manufacturing Company was in the process of preparing its budget for 1985. As the first step, it prepared a pro forma income statement for 1984 based on the first 10 months' operations and revised plans for the last two months. This income statement, in condensed form, was as follows:

Sales revenue		$3,000,000
Materials	$1,182,000	
Labor	310,000	
Factory overhead	775,000	
Selling and administrative	450,000	2,717,000
Net income before taxes		$ 283,000

* Based on "Report of the Committee on the Measurement Methods Content of the Accounting Curriculum," *Supplement to Volume XLVI of The Accounting Review* (1971), pp. 229–36. The original version of this problem was developed by Professor Carl Nelson.

This case is a continuation of case 10–38 from Chapter 10.

These results were better than expected and operations were close to capacity, but Bayview's management was not convinced that demand would remain at present levels and hence had not planned any increase in plant capacity. Its equipment was specialized and made to its order; over a year's lead time was necessary on all plant additions.

Bayview produces three products; sales have been broken down by product, as follows:

100,000 of Product A at $20	$2,000,000
40,000 of Product B at $10	400,000
20,000 of Product C at $30	600,000
	$3,000,000

Management has ordered a profit analysis for each product and has available the following information:

	A	B	C
Material	$ 7.00	$ 3.75	$16.60
Labor	2.00	1.00	3.50
Factory overhead	5.00	2.50	8.75
Selling and administrative costs	3.00	1.50	4.50
Total costs	17.00	8.75	33.35
Selling price	20.00	10.00	30.00
Profit	$ 3.00	$ 1.25	$ (3.35)

Factory overhead has been applied on the basis of direct labor costs at a rate of 250 percent; and management asserts that approximately 20 percent of the overhead is variable and does vary with labor costs. Selling and administrative costs have been allocated on the basis of sales at the rate of 15 percent; approximately one half of this is variable and does vary with sales in dollars. All of the labor expense is considered to be variable.

As the first step in the planning process, the sales department has been asked to make estimates of what it could sell; these estimates have been reviewed by the firm's consulting economist and by top management. They are as follows:

A	130,000 units
B	50,000 units
C	50,000 units

Production of these quantities was immediately recognized as being impossible. Estimated cost data for the three products, each of which requires activity of both departments, were based on the following production rates:

	Product		
Department 1 (molding)	2 per hour	4 per hour	3 per hour
Department 2 (finishing)	4 per hour	8 per hour	4/3 per hour

Practical capacity in Department 1 is 67,000 hours and in Department 2, 63,000 hours; and the industrial engineering department has concluded that this cannot be increased without the purchase of additional equipment. Thus, while last year Department 1 operated at 99 percent of its capacity and Department 2 at 71 percent of capacity, anticipated sales would require operating both Department 1 and 2 at more than 100 percent capacity.

These solutions to the limited production problem have been rejected: (1) subcontracting the production out to other firms is considered to be unprofitable because of problems of maintaining quality, (2) operating a second shift is impossible because of a shortage of labor, and (3) operating overtime would create problems because a large number of employees are "moonlighting" and would therefore refuse to work more than the normal 40-hour week. Price increases have been rejected; although they would result in higher profits this year, the long-run competitive position of the firm would be weakened, resulting in lower profits in the future.

The treasurer then suggested that Product C has been carried at a loss too long and that now was the time to eliminate it from the product line. If all facilities are used to produce A and B, profits would increase.

The sales manager objected to this solution because of the need to carry a full line. In addition, he maintains that there is a group of loyal customers whose needs must be met. He provided a list of these customers and their estimated purchases (in units), which total as follows:

A	80,000
B	32,000
C	12,000

These contentions appeared to be reasonable and served to narrow the bounds of the problem, so the president concurred.

The treasurer reluctantly acquiesced but maintained that the remaining capacity should be used to produce A and B. Because A produced 2.4 times as much profit as B, he suggested that the production of A (in excess of the 80,000 minimum set by the sales manager) be 2.4 times that of B (in excess of the 32,000 minimum set by the sales manager).

The production manager made some quick calculations and said the budgeted production and sales would be about:

A	104,828
B	42,344
C	12,000

The treasurer then made a calculation of profits as follows:

A	104,828 at $3.00	$314,484
B	42,344 at $1.25	52,930
C	12,000 at ($3.35)	(40,200)
		$327,214

As this would represent an increase of almost 15 percent over the current year, there was a general feeling of self-satisfaction. Before final approval was given, however, the president said that he would like to have his new assistant check over the figures. Somewhat piqued, the treasurer agreed, and at that point the group adjourned.

The next day the above information was submitted to you as your first assignment in your new job as the president's assistant.

Required: Prepare an analysis showing the president what he should do.

Exhibits A and B contain information that you are able to obtain from the accounting system, which may help you to estimate an overhead cost breakdown into fixed and variable components different from that given in the case. (This breakdown was required for case 10–38 in Chapter 10.)

Exhibit A (13–38)

| | Direct Labor Cost (in thousands) | | | Overhead Cost (in thousands) | | |
| | Department | | | Department | | |
Year	1	2	Total	1	2	Total
1984	$140	$170	$310	$341	$434	$775
1983	135	150	285	340	421	761
1982	140	160	300	342	428	770
1981	130	150	280	339	422	761
1980	130	155	285	338	425	763
1979	125	140	265	337	414	751
1978	120	150	270	335	420	755
1977	115	140	255	334	413	747
1976	120	140	260	336	414	750
1975	115	135	250	335	410	745

Exhibit B (13–38)

| | Sales (in thousands) | | | | Marketing and Administrative Costs (in thousands) |
Year	Product A	Product B	Product C	Total	
1984	$2,000	$400	$600	$3,000	$450
1983	1,940	430	610	2,980	445
1982	1,950	380	630	2,960	445
1981	1,860	460	620	2,940	438
1980	1,820	390	640	2,850	433
1979	1,860	440	580	2,880	437
1978	1,880	420	570	2,870	438
1977	1,850	380	580	2,810	434
1976	1,810	390	580	2,780	430
1975	1,770	290	610	2,670	425

14

Inventory Management Costs

OBJECTIVES

To understand the use of cost data in inventory management decisions.

To understand models used for economic order quantity and safety-stock policy decisions.

In this chapter, we discuss how cost data are used in inventory management. Inventory *management* costs should be distinguished from the cost of *producing* inventory. The cost of manufacturing products is made up of the materials, labor, and manufacturing overhead required to make the product. The inventory management costs discussed in this chapter are costs of keeping products in inventory.

Inventory management techniques are applicable in all types of organizations that have inventories, even those in which the only inventory is an inventory of office supplies. Merchandise organizations are particularly concerned about inventory management. Too much inventory results in unnecessary storage costs, insurance, costs of having the company's money tied up in inventory, and other costs of carrying inventory. Too little inventory results in lost sales if customers buy the product elsewhere.

Most companies use complex computer models to manage their inventories. But these models are all based on the fundamental models we introduce here. We present the classical economic order quantity (EOQ) model and the costs it should include. We examine the problem of stockouts and how to use cost data to determine the optimal safety-stock policy. Finally, we discuss recent innovations, such as *just-in-time* inventory methods and *flexible manufacturing,* which are having an exciting impact on inventory management.

Inventory Management

Inventory management activities can range from ensuring that there is an adequate selection of different sizes of clothing available in a retail store to stocking necessary replacement parts for commercial aircraft. The underlying principles are similar in both situations. The primary objective is to minimize the total costs of maintaining inventory.

Inventory-related costs include the costs of carrying inventory and the costs of replenishing goods that have been sold. As the number of units in inventory increases, the total annual carrying costs increase but the replenishment costs decrease. As we shall see, inventory management involves finding the minimum annual total of these two kinds of cost.

Inventory control models have been in use for some time. Operations research

Real World Application

Inventory control methods have been around for a long time. Incentives to use them have increased in recent years, however, because companies have recently begun to recognize how costly it is to carry excess inventory. For example, Firestone Tire & Rubber Company overhauled its entire inventory control system when it found excess inventory of $300 million.* With inventory carrying costs ranging from 20 to 40 percent of the cost of inventory in most companies, this excess inventory could have been costing Firestone as much as $120 million per year.

* "Business Aims for Stricter Controls as Slump Exposes Inventory Bulge," *The Wall Street Journal,* August 15, 1980, p. 15.

techniques and the advancement of computer systems have permitted the development of highly sophisticated inventory models. These models can monitor demand, forecast usage, calculate the most economic quantity to order, indicate when to order, and determine the optimal levels of inventory to keep on hand.[1]

You may have learned about these techniques in your other courses. In cost accounting, we discuss issues in getting the cost data necessary to use these techniques. Engineers and operations research specialists depend upon accountants for information about the costs that are relevant for use in these models.

Inventory Management Costs

The goal in controlling inventory costs is to minimize total costs while maintaining the quantities of inventories needed for smooth operation. As already noted, some costs increase with the quantities of inventory on hand, while other costs decrease.

Carrying costs increase with the quantity of inventory on hand. There are two classes of carrying cost: (1) *out-of-pocket costs* and (2) *cost of capital*. Out-of-pocket costs include such items as insurance on the value of the inventory, inventory taxes, annual inspections, obsolescence, and the like. The *cost of capital* is the opportunity cost of having funds in inventory rather than in other earning assets.

Ordering costs decrease with the quantity of inventory on hand. For example, given a constant usage rate, the greater the inventory on hand, the less frequently one must order; thus, the lower the ordering costs. An optimal inventory policy minimizes the sum of these two types of costs.

Inventory costs can be represented graphically as shown in Illustration 14–1.

The Economic Order Quantity (EOQ) Model

For analytical purposes, we divide inventory into two categories: (1) working inventory, which represents the units that are used in the normal course of operations and (2) safety stock, which is the units that are kept on hand to protect against running out of inventory due to late deliveries, a speedup in production rates, and other similar factors.

Working Inventory Management.
The cost-management problems for working inventory are to determine the optimal quantity to order and to decide when to place an order. These two decisions should be based on the carrying cost of the inventory and the costs to place an order. The inventory manager wants to know the point at which the total of these costs is minimized. We will next see how these costs are represented in the basic inventory models.

Carrying Costs and Ordering Costs

Carrying costs are usually expressed in terms of the average number of units in the inventory. That is, in a given year, one would expect to incur carrying costs of:

---

[1] These models and their mathematical derivation are presented in operations research texts such as Thomas E. Vollman, William Berry, D. Clay Whybark, *Manufacturing, Planning and Control* (Homewood, Ill.: Richard D. Irwin, 1984).

$$\frac{Q}{2} \times S$$

where S is the cost to carry one unit in the inventory for one year and is comprised of out-of-pocket costs as well as cost of capital. The average inventory is presumed to be the average of the Q units that arrive at the start of the inventory cycle and the zero units that are left at the end. That is, $(Q + 0)/2 = Q/2$.

Ordering costs are expressed as the product of the number of orders placed in a year times the cost to place one order. This function is:

$$\frac{A}{Q} \times P$$

where A is the annual usage of the inventory item and P is the cost of placing one order. The term A/Q is the number of orders placed per year. This cost function decreases as Q increases.

The total inventory carrying and ordering cost is:

$$TC = \frac{QS}{2} + \frac{AP}{Q}.$$

This may be shown graphically as in Illustration 14–1.

Note from the graph that the minimum total cost occurs at the point where the two cost functions are equal. This coincidence occurs in the most basic EOQ problem but may not be generalized to more complex problems. For

Illustration 14–1   **Economic Lot Size Cost Behavior**

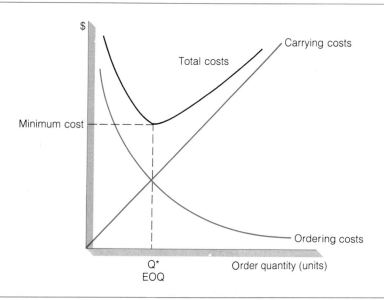

this problem, the optimal Q (labeled Q^*) is referred to as the **economic order quantity** or **EOQ**. It may be found by the equation:

$$Q^* = \sqrt{\frac{2AP}{S}}$$

If Q^* units are ordered each time and inventory usage and costs continue as planned, the inventory carrying and ordering costs will be at a minimum. Note how carrying costs increase with the quantity of inventory on hand, while ordering costs decrease with the quantity on hand. Inventory management seeks to minimize total costs and to identify the point Q^*, which is often referred to as the *economic order quantity* or *EOQ*. The total cost to maintain a given inventory level decreases in the range of zero to Q^* and then increases from Q^* to the maximum possible inventory level. To find Q^*, it is necessary both to construct the mathematical relationships for the cost functions and identify the elements of cost that should be included in each function. The first task is handled by operations research specialists; the second is the responsibility of cost accountants.

For example, Tri-Ply Company uses 25,000 units of Material Z per year in the manufacture of a specialty line of plywood laminates. The out-of-pocket costs for carrying Material Z are $2.50 per unit. Each unit costs $80, and the company's cost of capital is 25 percent. The cost to place an order for Material Z is $648. What is the optimal order size?

In this example, A = 25,000 units; P = $648; and S = $2.50 + ($80 $\times$ 25%) = $22.50. The optimal order size is:

$$Q^* = \sqrt{\frac{2 \times 25{,}000 \times \$648}{\$22.50}}$$

$$= \sqrt{1{,}440{,}000}$$

$$= \underline{\underline{1{,}200 \text{ units}}}$$

Now, if Tri-Ply management follows the policy and orders 1,200 units each time, the annual costs of the inventory policy will be:

Carrying costs:

$$\frac{QS}{2} = \frac{1{,}200 \times \$22.50}{2} = \underline{\underline{\$13{,}500}}$$

Ordering costs:

$$\frac{AP}{Q} = \frac{25{,}000 \times \$648}{1{,}200} = \underline{\underline{\$13{,}500}}$$

so that costs amount to $27,000 (that is, the $13,500 carrying costs plus $13,500 ordering costs). This is the minimum cost. Notice that total carrying costs equal total ordering costs, which is consistent with Illustration 14–1.

Applications

The EOQ model can also be used to compute the optimal (least-cost) length of a production run. The costs to set up a production run are analogous to the ordering costs in the basic EOQ model. Carrying costs are the same as for the basic model.

For example, if the differential cost of setting up a production line to produce a specific type of item is $2,500, the demand for the item is 720,000 per year and the cost to carry each item in inventory is $1, then the economic production run size is:

$$Q^* = \sqrt{\frac{2 \times 720,000 \times \$2,500}{\$1}}$$

which equals 60,000 units.

While the EOQ model discussed here sets forth the principles for inventory-management models, actual applications are usually much more complex. Quite often the annual demand (or usage) variable changes from one order period to the next. In addition, rarely does a company order only one product from a given supplier. When multiple products are procured from one supplier, it may be possible to obtain ordering cost savings through ordering several items at one time. Inventory-management models are so complex that they are almost always computerized. A computer model can simultaneously consider the various products ordered from a vendor and estimate the optimal time to place an order for one or more of them.

Although more complex models will be encountered, the basic model contains the elements that a cost accountant must consider in developing an optimal inventory policy. In practice, management will employ more sophisticated computer software models to calculate and maintain an optimal inventory policy.

Extensions of the Basic EOQ Model

The classical EOQ model may be extended to include other costs and considerations. The following examples show how inventory-management costs may be incorporated in some more complex settings.

Order Size Restrictions

Many companies will only accept orders for round lots such as even dozens, hundreds, tons, and the like. These restrictions are often related to assembly-line or packaging requirements. When there are restrictions on order size, computation of Q^* using the basic EOQ model will not necessarily provide an acceptable order quantity. If Q^* is not equal to one of the allowed order quantities, it is necessary to determine the total annual cost of ordering the two allowed quantities on either side of Q^*. In such cases, the optimal order size will be either Q^*, if allowed, or the allowed quantity closest to Q^* whether greater than or less. Drawing lines on a cost graph to show order size restrictions as shown in Illustration 14–2 demonstrates why the optimal alternative is limited to the choices mentioned.

For example, suppose that the supplier of Material Z only accepts orders in round lots of 500 units. An order for 1,200 units would not be acceptable, but Tri-Ply could order 500, 1,000, or 1,500 units. The two order sizes, 1,000

Illustration 14–2   **EOQ with Order Size Restrictions**

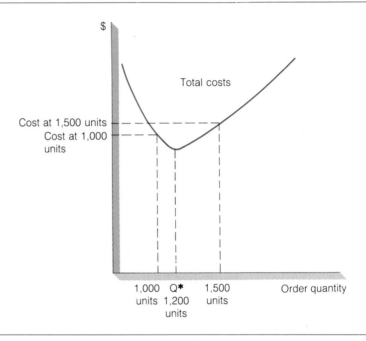

units and 1,500 units, comprise the set from which the optimal order size is obtained. To determine which order size is optimal, the total annual costs for each alternative are examined.

If 1,000 units are ordered, then the annual inventory costs are $27,450. This is the sum of the carrying costs computed as:

$$\frac{QS}{2} = \frac{1,000 \times \$22.50}{2} = \$11,250$$

and the ordering costs:

$$\frac{AP}{Q} = \frac{25,000 \times \$648}{1,000} = \underline{\$16,200}$$

$$\text{Total} \qquad\qquad \underline{\underline{\$27,450}}$$

If 1,500 units are ordered at a time, then the annual costs are $27,675, which is the sum of the carrying costs:

$$\frac{QS}{2} = \frac{1,500 \times \$22.50}{2} = \$16,875$$

and the ordering costs:

$$\frac{AP}{Q} = \frac{25,000 \times \$648}{1,500} = \underline{\$10,800}$$

$$\text{Total} \qquad\qquad \underline{\underline{\$27,675}}$$

Therefore, the optimal policy, given the restrictions on order size, is to order 1,000 units each time.

Note that the difference in total costs between the two order sizes is relatively small ($225). In general, as long as the order quantity is relatively close to Q^*, the classical EOQ model is relatively insensitive to small changes in order quantities. If the actual order quantity is significantly different, however, the cost changes can be substantial. For example, at an order size of 500 units, the total costs increase to $38,025. Carrying costs of $22.50 per unit times 250 units = $5,625, and ordering costs for 50 orders (25,000/500) at $648 = $32,400. This computation highlights how the total costs change at different activity levels. Typically, they change very little for values close to Q^*. But as order size decreases, the total inventory-management costs increase rather rapidly. However, we highlight the point that the optimal inventory quantity will be at one of the two feasible order quantities adjacent to the initial Q^*.

Storage Constraints

If there are constraints on the maximum number of units that may be stored and the computed value of Q^* is greater than the constraint, then the appropriate order size is the value of the constraint. This may be confirmed by inspecting the cost function graph in Illustration 14–1 and drawing a constraint line anywhere between zero and Q^*. The minimum total cost is at the constraint. This may be seen from Illustration 14–3, which shows the constraint imposed on the inventory cost function.

When there are storage constraints, management may ask whether it is economically justifiable to obtain additional warehouse space to store the excess units. Suppose that Tri-Ply has a capacity constraint of 750 units. It could obtain additional warehouse space for $6,000 per year that would enable it to store the additional 450 units indicated by the economic lot size model. Should the company obtain the additional space?

Illustration 14–3   **EOQ with Storage Limitations**

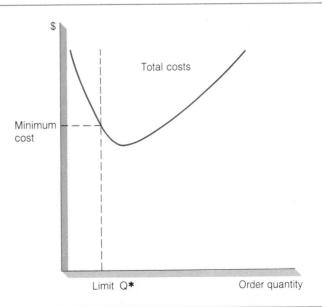

To decide, they must look at the differential cost of the alternatives. If 750 units were ordered at a time (since this is the best that can be done with the constraint), the costs are:

Carrying costs:

$$\frac{QS}{2} = \frac{750 \times \$22.50}{2} = \underline{\$8,437.50}$$

Ordering costs:

$$\frac{AP}{Q} = \frac{25,000 \times \$648}{750} = \underline{\$21,600}$$

$$\text{Total} \qquad \underline{\underline{\$30,037.50}}$$

From the initial example, we know that the optimal inventory costs without the constraint are \$27,000. The expected savings from the additional warehouse space are \$3,037.50 (the difference between \$30.037.50 and \$27,000). Since the rental cost exceeds the expected savings, it is better to forego the rental and order in lots of 750 units.

This may also be formulated in the same manner as other differential cost problems. A comparison of the costs under the alternatives "Maintain present storage" and "Rent space" appears as:

Cost Item	Maintain Present Storage	Rent Space	Differential Costs
Carrying costs (excluding space rental)	$ 8,437.50	$13,500.00	$5,062.50 higher
Ordering costs	21,600.00	13,500.00	8,100.00 lower
Space rental	–0–	6,000.00	6,000.00 higher
Total costs	$30,037.50	$33,000.00	$2,962.50 higher

This analysis yields the same results, namely that the differential costs of renting exceed the savings.

Quantity Discounts

Suppliers often offer quantity discounts on purchases of materials, or shipping charges may be lower for bulk shipments. In such situations, the savings from ordering in large lots may more than offset the incremental carrying costs. As a general rule, when quantity price breaks are available, the minimum EOQ will be the amount determined by the computation of Q^* without regard to price break considerations. It may, however, be less costly to order a large quantity to obtain the price break.

Assume the supplier of Material Z offers the following price breaks:

Number Ordered	Discount
0–999	None
1,000–1,999	$1.00 per unit
2,000–4,999	1.50
5,000–9,999	1.75
10,000 and over	1.80

The optimal order quantity for Tri-Ply would either be 1,200 units—the optimal quantity ignoring the price breaks—or 2,000, 5,000, or 10,000 units. No other quantity is more economic than one of those four.

Tri-Ply management can analyze which of the four quantities is least costly if the price breaks are considered as *opportunity costs.* Foregoing the maximum available discount results in an opportunity cost equal to the difference between that maximum and the discount that Tri-Ply could obtain with its selected order policy. For example, if Tri-Ply orders in lots of 1,200 units, they obtain a discount of $1 per unit but forego the opportunity to obtain a $1.80 discount. If they order 1,200 units at a time, there is a foregone discount cost of $.80 on each unit ordered. Over the year, discounts of $20,000 would be lost. That is based on the 25,000 units ordered per year times the $.80 in lost discounts per unit.

In addition, the dollar cost of capital per unit of inventory is reduced if they obtain a discount. The greater the discount, the greater the reduction. The reduction in cost equals the percent cost of capital times the dollar amount of discount. For example, if Tri-Ply orders 1,200 units, its discount is $1.00 per unit. If its cost of capital is 25 percent, then the reduction in cost of capital per unit is $.25 (25 percent $\times$ $1.00).

One way to analyze the EOQ when price breaks are available is to consider the total carrying cost, ordering cost, and foregone discount for the initial Q^* and the minimum quantities required to earn each additional price break. Such an analysis for Tri-Ply's purchases of Material Z is presented in Illustration 14–4.

The optimal order quantity, then, is the one with the lowest total cost, in this case, 2,000 units. Note the behavior of the carrying costs and ordering costs with changes in quantities and compare them to the patterns in Illustration 14–2. (Also note the portion of change in carrying costs resulting from the change in order quantity versus the change resulting from the reduction in cost of capital caused by the discounted price.)

Inventory Management under Uncertain Conditions

So far we have considered only working inventory in our cost analyses. If usage rates and the time between order placement and order arrival (**lead time**) are known for certain, inventory management is simplified. Usage rates may vary due to unforeseen circumstances, and lead times may vary due to events beyond management's control. If an inventory item is used faster than anticipated or if lead time is longer than expected, a **stockout** may occur. Two kinds of stockouts are diagrammed in Illustration 14–5. In case A, an order was placed at time *T,* but the rate of use increased. As a result, the inventory on hand was used

Illustration 14–4   **Optimal Order Quantity with Price Breaks**

Order Size	Carrying Costs	Ordering Costs	Foregone Discount	Total Costs
1,200	$ 13,500[a]	$13,500[b]	$20,000[c]	$ 47,000
2,000	$ 22,375[d]	$ 8,100[e]	$ 7,500[f]	$ 37,975 (optimal)
5,000	$ 55,781[g]	$ 3,240[h]	$ 1,250[i]	$ 60,271
10,000	$111,500[j]	$ 1,620[k]	–0–	$113,120

Computations:

[a] $13,500 = \dfrac{1,200 \times (\$2.50 + 25\% \times \$80.00)}{2}$

assuming the $80 price is net of the discount at this level. (Recall that $2.50 = out-of-pocket carrying costs and 25% is the cost of capital expressed as a percent.)

[b] $13,500 = \dfrac{25,000}{1,200} \times \$648$. (Recall that the annual quantity ordered equals 25,000 and the cost to place an order is $648.)

[c] $20,000 = 25,000 \times (\$1.80 - \$1.00)$, where $1.80 is the maximum price break available.

[d] $22,375 = \dfrac{2,000 \times (\$2.50 + 25\% \times \$79.50)}{2}$

where $79.50 is $80 less the incremental $.50 discount.

[e] $8,100 = \dfrac{25,000}{2,000} \times \$648$.

[f] $7,500 = 25,000 \times (\$1.80 - \$1.50)$.

[g] $55,781 (rounded) $= \dfrac{5,000 \times (\$2.50 + 25\% \times \$79.25)}{2}$

where $79.25 = $80.00 less the $.75 incremental discount.

[h] $3,240 = \dfrac{25,000}{5,000} \times \$648$.

[i] $1,250 = 25,000 \times (\$1.80 - \$1.75)$.

[j] $111,500 = \dfrac{10,000 \times (\$2.50 + 25\% \times \$79.20)}{2}$

where $79.20 is $80 less the $.80 incremental discount.

[k] $1,620 = \dfrac{25,000}{10,000} \times \$648$.

up before the new shipment arrived. In Case B, the usage rate remained constant, but the new shipment did not arrive on time.

Stockouts Can Be Costly. Depending on the nature of the product, a stockout may require a special trip to pick up extra materials, the shutting down of operations until new materials can be obtained, or lost sales and customer ill will. Such added costs can be minimized by obtaining an optimal amount of *safety stock.* Had the company in the previous example maintained sufficient safety stock, then no stockout would have occurred. The situations from Illustration 14–5 are reproduced in Illustration 14–6 with the addition of safety stock. Now, in Case A, the increased usage is satisfied from the safety stock, and the new order replenishes both the safety stock and the working inventory. In Case B, the safety stock is used while awaiting the delayed arrival of the inventory order. Safety stock is replenished with subsequent orders.

Illustration 14-5 **Inventory Flows under Uncertainty**

Case A: Change in Usage Rate

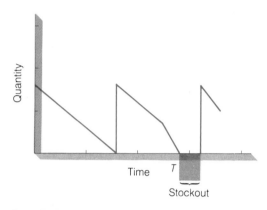

Case B: Change in Time of Arrival for New Shipment

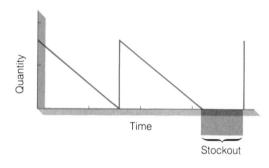

Real World Application

Forecasting Sales for Inventory Control Models

According to production and inventory control managers, the shakiest part of using inventory control models is the forecast of sales. Bob Olsen, a former inventory control manager, stated, "In periods of really rapid change, we might alter the forecast every week. . . . At almost any company, the materials manager is very much the man in the middle. Underestimating the market can be just as bad as overestimating it. Your customers can turn to other sources of supply or even start making the product themselves."*

---

* "Bob Olsen's Wonderful World of Inventories," *The Wall Street Journal*, January 29, 1985.

Illustration 14–6   **Inventory Flows with Safety Stock**

Case A: Change in Usage Rate

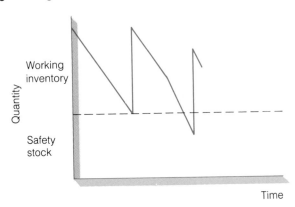

Case B: Change in Time of Arrival

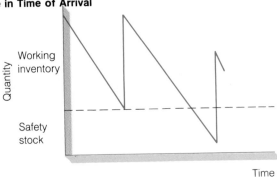

Cost Considerations for Safety Stock

Two costs must be considered in establishing an optimal safety-stock policy: (1) the *cost to carry safety stock* and (2) the *cost of a stockout*.

The cost of carrying safety stock is the same as the cost of carrying working inventory. The full quantity of safety stock is the same as the average inventory of safety stock. Because the safety stock on hand at the start of the period should equal the safety stock on hand at the end of the period, the average of these two numbers is the full quantity of safety stock. Although safety stock may decrease from time to time as events require its use, these decreases are usually ignored.

Stockout costs require separate consideration. In the first place, the cost of one stockout is usually expressed in terms of the costs of alternative sources of supply, loss of customers or goodwill, and shutting down of operations over the stockout period. These opportunity costs are estimated from many data sources. Second, the number of stockouts is an expected value. The **expected annual stockout cost** is the product of the cost of one stockout times the number of orders placed per year times the probability of a stockout on any one order.

Returning to the original example for Tri-Ply Company's inventory of Material Z, let us consider that the company has a choice of alternative safety-stock levels, each of which will yield a different probability of a stockout. The staff has determined that there is a .5 probability of a stockout if no safety stock is maintained. A safety stock of 100 units would reduce the stockout probability to .3. If the safety stock is maintained at 250 units of Material Z, then there is a .05 probability of a stockout. Finally, a .01 probability of a stockout would be expected if the safety-stock level were 500 units. If the costs of one stockout are estimated at $3,200, the best choice of these four safety stocks is 250 units, as shown by the analysis in Illustration 14–7.

Even with the optimal safety-stock level, there is a .05 probability of a stockout. Given that the company orders about 21 times a year (25,000 ÷ 1,200 ≈ 20.8), Tri-Ply can expect one stockout a year for Material Z (21 × .05 ≈ 1). But, it is more economical to incur this stockout cost than to maintain the additional safety stock. In reality, it is virtually impossible to eliminate stockouts. The problem in inventory management is to find the least-cost policy with respect to safety-stock levels and stockouts.

Similar cost analyses can be prepared if, for example, there are different stockout costs depending on the size of the stockout. The shortage of a few items that can be obtained by alternative transportation may result in incurring only the cost of the incremental transport charges, but one that involves several hundred large items may not be so easily, or inexpensively, resolved.

Stockout Costs as Ordering Costs. Expected annual stockout costs vary directly with the number of orders placed in a year, so stockout costs are an ordering cost. The problem in including these costs in the EOQ and safety-stock models is that the two models are interdependent. The cost per order used in the EOQ model depends on the optimal stockout probability. Discussion of some of the more complex problems in inventory management such as the joint solution to this problem is beyond the scope of this text. Our intention is to familiarize you with the nature of the problem and its implications for cost accounting.

Illustration 14–7   **Cost Analysis of Safety-Stock Policies**

Safety Stock	Carrying Costs	Expected Stock Costs	Total Costs
0	0 × $22.50	$\frac{25,000}{1,200} \times .5 \times \$3,200$	
	= $0	= $33,333	$33,333
100	100 × $22.50	$\frac{25,000}{1,200} \times .3 \times \$3,200$	
	= $2,250	= $20,000	22,250
250	250 × $22.50	$\frac{25,000}{1,200} \times .05 \times \$3,200$	
	= $5,625	= $3,333	8,958 (optimal)
500	500 × $22.50	$\frac{25,000}{1,200} \times .01 \times \$3,200$	
	= $11,250	= $667	11,917

Reorder Point

Goods should be reordered when the quantity of inventory on hand has fallen to the sum of the usage over the lead time plus the safety stock. If an order is placed when the inventory has reached that level, the new shipment is expected to arrive when the total number of units on hand is equal to the safety stock—that is, the working inventory has fallen to zero.

For example, a safety stock of 250 has been chosen for Material Z. The lead time is six working days, and the annual usage is 25,000 units. Assuming 220 working days per year, the **reorder point** for Material Z is 932 units. This is computed as:

$$\left[\frac{25,000}{220 \text{ days}} \times 6\right] + 250 = 682 + 250 = 932$$

When inventory falls to 932 units, an order should be placed for the optimal number of units (Q^* in the unconstrained problem or other cost-effective Q values in the presence of constraints). During the six days between order placement and order arrival, units are used at the rate of 113.64 per day (25,000 ÷ 220 is approximately 113.64). After six days, if all goes as planned, there will be approximately 250 units in inventory (the 932 units at reorder time less the 6 × 113.64 used during the lead time) when the new shipment of Q units arrives. This is diagrammed in Illustration 14–8. The reorder point is noted R. If an order is placed at that point in time, then 682 units will be used between the reorder time and the time when the new order arrives.

Illustration 14–8   **Reorder Point**

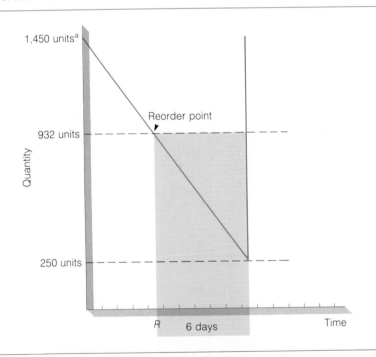

ᵃ 1,450 units = Q^* + Safety stock = 1,200 units + 250 units.

Relevant Inventory Costs

Selecting the costs that are relevant to the EOQ is an application of *differential costing*. When preparing cost data for inventory models, we look at each cost and ask whether it will change with the number of:

1. Units in inventory.

2. Units purchased.

3. Orders placed in a year.

For example, let's consider the costs obtained from Tri-Ply Company's records on a different inventory item. These costs are related to a specific inventory item:

Purchase price	$ 6.50 per unit
Transportation-in per unit	.50
Telephone call for order	11.00
Cost to unload a shipment	25.00 + $.15 per unit
Inventory taxes	.60 per unit per year
Costs to arrange for shipment of the material to the company	125.00
Salary of receiving dock supervisor (per month)	1,800.00
Insurance on inventory	.10 per unit per year
Warehouse rental	$12,000.00 per month
Average spoilage costs	1.30 per unit per year
Cost of capital	20% per year
Orders handled per month	600

Which of these items should be included in the EOQ computation? Using the three costs categories mentioned earlier, let's classify each item.

1. Costs that vary with the average number of units in inventory:

Inventory taxes	$ .60
Insurance on inventory	.10
Average spoilage costs	1.30
Total	$2.00

2. Costs that vary with the number of units purchased:

Purchase price	$6.50
Transportation-in	.50
Costs to unload	.15
Total	$7.15

Total annual carrying costs per unit is the sum of the carrying costs from category 1, above, plus the cost of capital rate times the investment coat in category 2:

$$\$.60 + \$.10 + \$1.30 + (20\% \times \$7.15) = \$2.00 + (20\% \times \$7.15)$$

$$= \$3.43$$

3. Costs to place an order:

Costs of placing the order	$ 11.00
Unloading the shipment	25.00
Arranging for the shipment	125.00

These three items total $161, which is the total ordering cost.

The other costs (warehouse rental and supervisor's salary) usually do not vary with the number of units in inventory, the number of units purchased, or the number of orders during the inventory planning horizon. Those costs are, therefore, irrelevant for this decision (although they may be important for long-range decision making).

Recent Innovations

Recent innovations in inventory management and manufacturing methods have the potential to revolutionize both inventory management and the way accounting is done in manufacturing companies. One of these is the just-in-time inventory philosophy. The objective of just-in-time inventory is to obtain materials just in time for production and to provide finished goods just in time for sale and other inventory items just when needed. This reduces, or potentially eliminates, inventory carrying costs. It also has been found to have other, more subtle, benefits. For example, just-in-time inventory requires that a process or people making defective units be corrected immediately because there is no inventory where defective units can be sent to await reworking or scrapping. Manufacturing managers find that eliminating inventories can prevent production problems from being hidden.

It is beyond our scope to consider the advantages and disadvantages of just-in-time inventory; however, it has important consequences for accountants in companies where it is used. For example, when a Hewlett-Packard division introduced just-in-time inventory, the accountants found their traditional methods of cost accounting were no longer applicable.[2] By reducing the level of work in process and finished goods inventories, the accountants no longer needed to keep detailed records for inventory valuation. If just-in-time is actually achieved, there would be no inventories, and all manufacturing costs could be treated as period costs.

It is unlikely that many manufacturing companies can cut inventories literally to zero, but lowering inventories to immaterial levels for financial reporting purposes could reduce the amount of accounting time required to make journal entries to transfer costs between inventory accounts. (The Hewlett-Packard plant mentioned above saved an estimated 100,000 journal entries per month by simplifying the accounting for work in process inventories.)

Simplifying inventory accounting does not eliminate the need for product costing. Managers want to know how much products cost for decision making, planning, and performance evaluation. By simplifying inventory accounting, however, the accountants at the Hewlett-Packard plant could turn their attention to providing better information for managers in a form managers could understand and use. The accountants found their new role in helping managers plan and control production to be exciting and challenging. Now they are part of the management team that plans and controls production activities.

Reducing Setup Time

Companies that make several types of a product in a single operation are experimenting with ways of reducing *both inventory levels and the cost of setups.*

---

[2] Based on an article by R. Hunt, L. Garrett, and C. M. Merz, "Direct Labor Cost Not Always Relevant at H-P," *Management Accounting*, February 1985, pp. 58–62.

Consider an automobile manufacturer that makes fenders for several models of cars using one manufacturing operation. When it's time to make left-side fenders instead of right-side fenders, or when it's time to stop making fenders for Car Model A and start making them for Car Model B, the production line is stopped while workers change the machines to make the new fenders. It traditionally took from 4 to 16 hours to make this changeover and start producing new fenders without defects.

Companies are finding ways to reduce the length of these changeovers. This reduces the costs of setups because workers are not spending as much time making these changeovers and the company has less idle production time. Some companies are experimenting with flexible manufacturing techniques that allow them to make very quick changeovers using automated equipment and sophisticated computer software. These methods enable the companies to make products just in time for use because of the flexibility in changing from making one product to another. These methods may enable companies *both to maintain low inventories and to have low setup costs.*

These methods provide an opportunity for exciting advances in the way products are made and for reducing inventory-management costs. These methods are still at an experimental stage in many companies, however, so their advantages and disadvantages remain to be learned. It is important for accountants to be involved in the development of these production methods because it affects an important cost: that of managing inventory. Also, it affects accountants' jobs, as experienced by the accountants at the Hewlett-Packard plant noted above. Future cost accountants may spend relatively little time determining inventory costs and more time helping managers plan and control production activities.

Summary

Adopting an inventory-management policy can be a source of significant cost savings to many organizations. The models are designed to determine the most economic order quantity (EOQ) under both constrained and unconstrained situations, the optimal level of safety stock, and the reorder point. Computer software packages have been developed to monitor inventories. These models rely on a significant amount of data from the accountant in order to find the minimum cost of alternative inventory-management decisions. The costs that are relevant for these inventory-management decisions are those costs that will change with the decision. Thus, for example, in an EOQ decision, the accountant estimates the costs that will change with the number of units ordered. These include ordering costs and carrying costs. In a decision concerning safety-stock levels, the differential costs include the costs to carry the safety stock and the stockout costs. The accountant performs a significant role in these decisions.

Terms and Concepts

The following terms and concepts should be familiar to you after reading this chapter.

Carrying Costs

Economic Order Quantity (EOQ)

Economic Production Run

Expected Annual Stockout Cost

Foregone Discount Cost

Just-in-Time Inventory

Lead Time

Ordering Costs

Quantity Discounts

Reorder Point

Safety Stock

Stockout

Working Inventory

Self-Study Problem

Margolis Manufacturing Company is a customer of your bank. The president of the company was in your office earlier in the day to apply for an additional line of credit. Trying to help your client, you note that there is a substantial sum of money tied up in inventory. When you pointed this out to the company president, the response was:

"We can't afford to run out of stock. Therefore, our policy is to order as infrequently as possible and to keep as much safety stock on hand as can be stored in our warehouse. We order 5,000 units at a time just to make sure we don't run out."

As part of your analysis of the company's loan requirements, you call up the controller of the company for some further information. From the conversation, it appears that the company has a substantial quantity of one particular part in its warehouse. The controller relates the following information on this part:

Invoice cost	$ 120.00
Shipping charges	2.50 per unit + $175 per shipment
Inventory insurance	1.00 per unit per year
Annual costs to audit and inspect inventory	2.60 per unit + $5,000 per year
Warehouse utilities	980.00 per month
Warehouse rental	1,500.00 per month
Unloading costs for units received (paid to shipper)	.80 per unit
Receiving supervisor salary	1,760.00 per month
Processing invoices and other purchase documents	16.00 per order
Allowable order quantity 250 or multiples thereof.	

The company policy is to keep a safety stock of 3,000 units. Annual demand for the part is 45,000 units. The lead time for an order is 10 working days, and there are 250 working days per year for the plant. The controller indicated that if there is a stockout, it would be necessary to obtain the parts by special air courier at an additional cost of $8,100 per stockout. The probabilities of a stockout with various safety-stock levels are given as follows:

Safety Stock	Probability of Stockout
500	.25
1,000	.08
1,500	.02
2,000	.01

You estimate that the company's cost of capital is approximately 30 percent. You also know that the state has an inventory tax equal to 1 percent of the cost of items in inventory, which the state defines as the sum of the invoice price, shipping cost per unit, and the unloading costs. You assume for analysis purposes that a stockout probability of .02 would be reasonable for order cost determination in an optimal inventory policy.

Required:

a. What is the annual cost of the company's present inventory policy?

b. How many units should the company order at a time?

c. What is the optimal safety-stock level?

d. What is the annual cost of the optimal inventory policy identified in *(b)* and *(c)*?

e. What is the reorder point?

Solution to Self-Study Problem

a. Annual costs:

a. Investment costs:

Invoice price	$120.00
Shipping cost	2.50
Unloading	.80
Total investment costs	$123.30

b. Carrying costs:

Cost of capital	$ 36.99 ($123.30 × 30%)
Insurance	1.00
Inventory tax	1.23 (1% × $123.30)
Audit and inspection	2.60
Total carrying costs	$ 41.82

Carrying costs per year:

Working inventory	5,000 units × ½ × $41.82	=	$104,550
Safety stock	3,000 units × $41.82	=	125,460
Total carrying costs			$230,010

Order costs:

Shipping	$175
Record processing	16
Total	$191

Annual order costs:

$$\frac{45,000}{5,000 \text{ per order}} \times \$191 = \$1,719$$

Total annual costs of the present inventory policy:
$231,729, which is $230,010 + $1,719

b. Economic order quantity (EOQ):
First, determine Q^* ignoring the order size restrictions:
Carrying costs *(S)*, $41.82 (per requirement [a]).
Order costs *(P)*, $353.00 ($191 + .02 × $8,100).

$$Q^* = \sqrt{\frac{2 \times 45,000 \times \$353}{\$41.82}}$$

$$= \sqrt{759,684.36}$$

$$= 872 \text{ units}$$

Next, determine the annual costs at the next higher and lower allowable order quantity:

Quantity	Carrying Costs	Order Costs	Total Costs
750	$\frac{750}{2} \times \$41.82$ $= \$15,682.50$	$\frac{45,000}{750} \times \$353.00$ $= \$21,180.00$	$\$36,862.50$
1,000	$\frac{1,000}{2} \times \$41.82$ $= \$20,910.00$	$\frac{45,000}{1,000} \times \$353.00$ $= \$15,885.00$	$\$36,795.00$

so that the optimal order quantity given the restrictions on order size is 1,000 units.

c. Optimal safety-stock level:

Prepare a schedule showing the expected annual costs of each alternative safety-stock quantity:

Safety Stock Quantity	Carrying Costs	Expected Stockout Costs	Total Costs
500	$500 \times \$41.82$ $= \$20,910$	$\frac{45,000}{1,000} \times \$8,100 \times .25$ $= \$91,125$	$\$112,035$
1,000	$1,000 \times \$41.82$ $= \$41,820$	$\frac{45,000}{1,000} \times \$8,100 \times .08$ $= \$29,160$	$\$ 70,980$
1,500	$1,500 \times \$41.82$ $= \$62,730$	$\frac{45,000}{1,000} \times \$8,100 \times .02$ $= \$7,290$	$\$ 70,020$ (Optimal)
2,000	$2,000 \times \$41.82$ $= \$83,640$	$\frac{45,000}{1,000} \times \$8,100 \times .01$ $= \$3,645$	$\$ 87,285$

Therefore, the most economic safety-stock level would be 1,500 units with a total expected stockout and carrying cost of $70,020.

d. The total annual cost of the optimal inventory policy is computed as follows:

Costs of working inventory (per requirement [b])	$36,795
Carrying costs of safety stock	62,730
	$99,525

This is a substantial savings over the present costs of $231,729 in requirement (a) to this problem.

e. The reorder point is:

$$\text{Usage over lead time} + \text{Safety stock} = \left(\frac{45,000}{250} \times 10\right) + 1,500$$
$$= 1,800 + 1,500$$
$$= 3,300 \text{ units}$$

Questions

14–1. Since the operations research specialists develop and maintain inventory models, why does the accountant become concerned with inventory policy decisions?

14–2. Why is the cost of capital included as a carrying cost of inventory?

14–3. In determining economic order quantities, the carrying cost per unit is divided by two. Why?

14–4. A staff accountant for Percolators, Inc., noted that the annual carrying cost for a specific inventory item is estimated at $28,500, while the annual order cost is estimated at $14,150. Does this information tell you anything about the relationship of the actual order quantity to the optimal order quantity? Explain.

14–5. In terms of the specifics of the costs associated with inventory policy, how does the concept of differential costs apply to the problem of inventory policy?

14–6. For each of the following costs, indicate whether the cost would be an out-of-pocket carrying cost *(C)*, or a cost of placing an order *(P)*. If the item does not qualify for either of these categories, note it as none of the above *(N)*. Assume that wages vary with the level of work while salaries are fixed for a monthly or longer time period.
   a. Hourly fee for inventory audit.
   b. Salary of purchasing supervisor.
   c. Costs to audit purchase orders and invoices, on a per-order basis.
   d. Taxes on inventory.
   e. Stockout costs.
   f. Storage costs charged per unit in inventory.
   g. Fire insurance on inventory.
   h. Fire insurance on warehouse.
   i. Obsolescence costs on inventory.
   j. Shipping costs per shipment.

14–7. When constraints appear in an inventory problem, why is the optimal decision either Q^* *or* one of the alternatives adjacent to Q^*?

14–8. Supply labels for the lettered items in the following diagram of the quantities of an inventory item on hand over a recent time period:

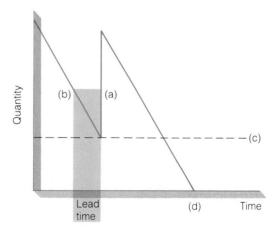

14–9. A company estimates that the lead time for a particular material is five days, but that the demand over lead time is uncertain. The distribution of demand over lead time is best approximated by the normal distribution (that is, a symmetric, bell-shaped curve). If there is a great number of possible values for the demand over lead time and if no safety stock is maintained, how frequently would a stockout be expected?

14-10. "Our company orders 5,000 units at a time just to make sure we don't experience a stockout." Comment on this statement.

14-11. Phenerome Corporation is a diversified company that has acquired a number of subsidiaries through mergers. The company is instituting an inventory control system that would incorporate economic inventory policy considerations. One of the company officers has noted that some subsidiaries use last-in-, first-out (LIFO) for financial reporting and others use first-in, first-out (FIFO). The officer asks you: "These different inventory methods make it very difficult for us to prepare the corporate financials and our tax return. How will they affect operation of an inventory system since the inventory costs will be different for the same item in a different subsidiary?"

Exercises

14-12. EOQ Computation

One of the inventory items at a company has a purchase price of $38. The annual demand for the item is 32,500 units. It costs $215.50 to place an order for the material, and out-of-pocket storage costs amount to $4.80 per unit. The company cost of capital is 30 percent.

Required:

Determine the EOQ.

14-13. Analyzing Inventory Policy Costs

A review of the inventories of a company indicates the following cost data for a given item:

Invoice price	$102.25 per unit
Processing invoices and other documents	21.45 per order + $1,475.80 per month
Permit fees for shipping	201.65 per truckload
Excise tax	4% of invoice price
Inventory tax	2% of the invoice price
Insurance on shipments	$ 1.50 per unit
Insurance on inventory	2.80 per unit
Warehouse rental	985.00 per month
Stockout costs	122.00 per order
Cost of capital	25%
Unloading—per order	$ 80.20 per order

Required:

Show the differential costs that would be included in an EOQ model.

14-14. Evaluating Inventory Policy Costs

A company uses 1,500 units of Zeron per year. Each unit has an invoice cost of $222, including shipping costs. Because of the volatile nature of Zeron, it costs $860 for liability insurance on each shipment. The costs of carrying the inventory amount to $65 per item per year exclusive of a 20 percent cost of capital. Other order costs amount to $18 per order.

At present, the company orders 250 units at a time.

Required:

a. What is the annual cost of the company's current order policy?

b. What is the annual cost of the optimal economic order policy?

14–15. Economic Order Quantities with Constraints

Percona Corporation uses a direct material, Zelda, in its production processes. The company uses 24,000 units of Zelda a year. The carrying costs of Zelda amount to $28.50 per unit, while order costs are $186.20 per order. The manufacturer of Zelda will only accept orders in lots of even hundreds.

Required:

What is the optimal order quantity and the annual inventory costs, given the restriction on order sizes?

14–16. Find Missing Data for EOQ

Goliard Company manufactures Errantos, a consumer product, in optimal production runs of 3,500 units 20 times per year. It is estimated that the setup costs (including nonproductive labor) amount to $717.50 for each batch. The company's cost of capital is 20 percent, and the out-of-pocket cost to store an Erranto for one year is $1.60.

Required:

Solve for the unknown inventory cost of an Erranto.

14–17. Evaluate Safety-Stock Policy

Forest Products Corporation manufactures Maquis as one of its agricultural items. The manufacturing process requires several inputs including a nitrogen fixer, NFX. The company uses 39,000 units of NFX per year and orders in economic lot sizes of 2,600 units. The cost to carry a unit of NFX is $24.40. If there is a stockout, a carload of NFX must be purchased at retail from a local supplier. The retail price is $1,650 greater than the price from the regular supplier.

Looking at the past order records, it appears that certain safety-stock levels would result in stockouts according to the following schedule:

Safety-Stock Quantity	Probability of Stockout
0	.50
150	.20
175	.05
250	.01

Required:

What level of safety stock would result in the least cost to the company?

14–18. Impact of Quantity Discounts on Order Quantity

Prescience Company uses 1,560 tankloads a year of a specific input material. The tankloads are delivered by rail to a siding on the company property. The supplier is offering a special discount for buyers of large quantities. The schedule is as follows:

Quantity Ordered (tankloads)	Discount
1–19	–0–
20–79	2%
80–149	5
150 and over	6

Ordering costs amount to $400, and carrying costs are computed at 30 percent of the cost of the average inventory. Each tankload costs $1,500.

Required:

Compute the optimal order quantity. (Ignore the reduction in carrying costs arising from the discount.)

14–19. Impact of Constraints on Optimal Order Quantity with Price Breaks

Considering the situation in exercise 14–18, suppose that the maximum storage capacity for the company is 100 tankloads.

Required: What would the optimal order quantity be? Demonstrate why.

14–20. EOQ Analysis—
Multiple-Choice

a. The following information relates to the Henry Company:

Units required per year	30,000
Cost of placing an order	$400
Unit carrying cost per year	$600

Assuming that the units will be required evenly throughout the year, what is the EOQ?
(1) 200
(2) 300
(3) 400
(4) 500

b. Pierce Incorporated has to manufacture 10,000 blades for its electric lawn mower division. The blades will be used evenly throughout the year. The setup cost every time a production run is made is $80, and the cost to carry a blade in inventory for the year is $.40. Pierce's objective is to produce the blades at the lowest cost possible. Assuming that each production run will be for the same number of blades, how many production runs should Pierce make?
(1) 3
(2) 4
(3) 5
(4) 6

c. The Aron Company requires 40,000 units of Product Q for the year. The units will be required evenly throughout the year. It costs $60 to place an order. It costs $10 to carry a unit in inventory for the year. What is the EOQ?
(1) 400
(2) 490
(3) 600
(4) 693

(CPA adapted)

14–21. Safety-Stock—
Multiple-Choice

a. Hancock Company wishes to determine the amount of safety stock that they should maintain for Product No. 135 that will result in the lowest cost. Each stockout will cost $75, and the carrying cost of each unit of safety stock will be $1. Product No. 135 will be ordered five times a year. Which of the following will produce the lowest cost?
(1) A safety stock of 10 units that is associated with a 40 percent probability of running out of stock during an order period.
(2) A safety stock of 20 units that is associated with a 20 percent probability of running out of stock during an order period.
(3) A safety stock of 40 units that is associated with a 10 percent probability of running out of stock during an order period.
(4) A safety stock of 80 units that is associated with a 5 percent probability of running out of stock during an order period.

b. Polly Company wishes to determine the amount of safety stock that it should maintain for product D that will result in the lowest costs.
The following information is available:

Stockout cost	$80 per occurrence
Carrying cost of safety stock	$2 per unit
Number of purchase orders	5 per year

The options available to Polly are as follows:

Units of Safety Stock	Probability of Running out of Safety Stock
10	50%
20	40
30	30
40	20
50	10
55	5

The number of units of safety stock that will result in the lowest cost is:

(1) 20
(2) 40
(3) 50
(4) 55

(CPA adapted)

Problems

14–22. Determine Optimal Safety-Stock Levels

Wildridge Products, Inc., has expressed concern over the erratic delivery times for a critical product, Westovers. The company orders 3,000 at a time and has maintained a safety stock of 200 Westovers but has been experiencing frequent stockouts and production delays. The plant operates 270 days per year. The company estimates that the lead time for Westovers is five days, over which time 500 units will be used in production. The cost of storing a unit is $22 per year including capital costs. A stockout is estimated to cost $4,200 for each day that the company must wait for a shipment. Any time a stockout occurs, the company must wait until its sole supplier delivers these units.

Over the past several years, the lead times have been as follows:

Lead Time (days)	Probability of Lead Time
9	.05
8	.15
6	.20
5	.40
4	.20

Other lead times have not occurred and may be ignored.

Required:

Determine the most economic safety-stock level.

14–23. Inventory Policy Cost Evaluation

Astatic, Inc., is a wholesaler of Protoxid for industrial clients. Demand for Protoxid is stable at 350,000 units per year. Astatic orders the product from its supplier four times a year. An order is placed when the total Protoxid on hand amounts to 25,000 units. This represents a nine-day working supply plus safety stock. The company works 300 days per year. Recently, management of Astatic has expressed concern over the costs of carrying inventory and is seeking to evaluate the present inventory order and safety-stock policies.

As a part of the study, the following costs were identified with respect to Protoxid:

Invoice price	$ 32.92
Weight per unit	1.5 kg
Shipping charges	$ 1.05 per unit + $640 per truck + $.40 per kg.
Tax on each unit	1.80
Special packaging	3.65 ($1 is refunded on return of the shipping container).
Insurance on shipment	1.76 per unit—casualty insurance 415.00 per shipment—liability bond
Processing order documents	183.00
Unloading operations	.82 per unit + $1,800 per week
Inspect and count for annual inventory	2.63 per unit
Rental of unloading equipment (1-day minimum rental—200,000-unit daily capacity)	222.00 per day
Estimated obsolescence costs	1.35 per unit
Inventory record maintenance	.92 per unit + $2,200 per week
Inventory tax	3% of invoice price
Inventory insurance	15% of invoice price + $4,100 per month

The company estimates its cost of capital is 22 percent. In addition, a study was conducted on the costs of a stockout. The average stockout costs $5,400 due to the need to request special shipments from alternate suppliers. With various safety-stock levels, the probabilities of a stockout decrease as follows:

Safety Stock	Probability of Stockout
0	.5
7,000	.1
14,000	.02
21,000	.01

For determining order quantity, a stockout probability per order of .02 may be assumed. Order sizes are restricted to round lots of 5,000. The company has the capacity to store 90,000 units.

Required:

a. What are the differential costs for inventory policy making?

b. What are the annual costs under the present order and safety-stock system?

c. What are the annual costs under the optimal order and safety-stock system?

d. What is the reorder point under the optimal order and safety-stock system?

14–24. Sensitivity of EOQ Computations to Changes in Cost Estimates

Retem & Company is instituting an economic order policy for its inventory. The following data are presented for one item in the inventory:

Annual usage	140,000 units
Storage costs	$7 per unit (out of pocket)
Cost of capital	30% of $62 purchase price per unit
Order costs	$490

Required:

a. What is the EOQ, given these data?

b. What is the annual cost of following the order policy in requirement (a) if the cost of capital were 20 percent?

c. What is the EOQ and total annual costs if the cost of capital were 20 percent?

14–25. Inventory Cycle Analysis—Multiple-Choice

Thoran Electronics Company began producing pacemakers last year. At that time, the company forecasted the need for 10,000 integrated circuits annually. During the first year, the company placed orders when the inventory dropped to 600 units so that it would have enough to produce pacemakers continuously during a three-week lead time. Unfortunately, the company ran out of this component on several occasions, causing costly production delays. Careful study of last year's experience resulted in the following expectations for the coming year:

Weekly Usage	Related Probability of Usage	Lead Time	Related Probability of Lead Time
280 units	.2	3 weeks	.1
180 units	.8	2 weeks	.9
	1.0		1.0

The study also suggested that usage during a given week was statistically independent of usage during any other week, and usage was also statistically independent of lead time.

Required:

a. The expected average usage during a regular production week is:

(1) 180 units.
(2) 200 units.
(3) 280 units.
(4) 460 units.
(5) Some usage other than those given above.

b. The expected usage during lead time is:

(1) 840 units.
(2) 400 units.
(3) 360 units.
(4) 420 units.
(5) Some usage other than those given above.

(CMA adapted)

14–26. Alternative Order Policy Costs

The Committee for Human Improvement (CHI) is planning a fund-raising benefit. As part of the publicity and as a means of raising money, the committee plans to sell T-shirts with the CHI logo and a design commemorating the benefit event. However, since the committee has never held one of these benefits previously, there is no experience about the quantity of T-shirts to order.

You've been asked to volunteer your knowledge of cost accounting and provide the committee with some information on the cost of alternatives. The committee expects it can sell 500 shirts at a minimum, but will probably sell five times that amount. However, these numbers are very "soft." Since the committee is operating with limited funds, there is a desire to avoid undue risk in this T-shirt adventure.

After contacting several T-shirt manufacturers, you conclude that the best price structure is as follows:

Design logo and shirt	$75.00
Setup each production run	50.00
Cost per shirt:	
Order of 1– 99	5.00
100– 499	3.00
500– 749	2.50
750– 999	2.25
1,000–1,999	2.00
2,000–2,999	1.90
3,000 and over	1.80

The shirts are expected to sell for $5 each. There are no costs to store the shirts since one of the committee members has volunteered storage space. However, unsold shirts are valueless.

Required:

Prepare an analysis of the costs of alternative T-shirt order policies for the committee. Since the sales volume is unknown, your report will have to focus on possible volumes. Use those suggested by the committee. Indicate to the committee the costs of each alternative and the differential or opportunity cost of selecting a less risky order size.

14-27. Estimate Costs for Optimal Order Policy

Mariposa Recreational Products Company produces roller skates for street use. The company has been so involved responding to the increased demand (now at 200,000 units per year) for its product that an adequate cost control system has not been installed. Recently, however, management has been directing its attention to this problem. A question has arisen concerning the EOQ for the sets of unassembled skate parts that are the company's direct materials.

The set of parts comes from one supplier and costs $16 per set. There is a charge of $1 per set for shipping from the manufacturer. When the parts arrive, they must be checked to make certain that each set is complete and that defective units are identified and returned to the manufacturer. The checking requires one-fourth hour per unit, and the labor rate for this activity is $6 per hour including variable fringe benefits. The same class of labor is required to check the inventory once a year as a part of the company's inventory management system. The checking requires an average of one-eighth hour per unit in inventory.

There is an inventory tax of $.62 per set of parts in inventory on February 28 each year. Insurance on the inventory amounts to $1.50 per unit. When placing an order, the company incurs out-of-pocket costs of $40 for bookkeeping and arranging transportation for the parts.

When the shipment arrives, a supervisor must review the documentation and determine the number of units in the shipment. This activity requires an incremental $35.00 of supervisory-related costs. A dockworker is also present to assist in unloading the shipment. This dockworker spends about $1\frac{2}{3}$ hours in this activity and is paid at the $6 labor rate. The parts manufacturer will only accept orders in lots of even hundreds.

The company estimates its cost of capital is 16 percent.

Required:

Determine the EOQ for sets of skate parts.

14-28. Sensitivity of Economic Order Size Models

After presenting the analysis for the Mariposa Recreational Products Corporation (problem 14-27), you learn that the cost of supervision of unloading operations is not differential but is part of the supervisor's salary and a fixed cost.

Required:

Demonstrate the effect that this discovery would have on the optimal order policy.

14-29. Determine Optimal Safety-Stock Levels

The Starr Company manufactures several products. One of its main products requires an electric motor. The management of Starr Company uses the EOQ model to determine the optimum number of motors to order. Management now wants to determine how much safety stock to keep on hand.

The company uses 30,000 motors annually at the rate of 100 per working day. The motors regularly cost $60 each. The lead time for an order is five days. The cost to carry a motor in stock is $10. The cost to place an order is $1,500. If a stockout occurs, management must purchase motors at retail from an alternate supplier. The alternate supplier charges $80 per motor.

Starr Company has analyzed the usage during the past reorder periods by examining inventory records. The records indicate the following usage patterns during past reorder periods:

Usage during Lead Time	Number of Times Quantity Was Used
440	6
460	12
480	16
500	130
520	20
540	10
560	6
	200

Required:

Determine the least-cost safety-stock level and the total differential costs at that level, ignoring the cost of capital. (The optimal order size must also be derived.)

(CMA adapted)

14-30. Determine Optimal Order Quantity with Price Breaks and Constraints

Weldone Supply offers discounts for quantity orders according to the following schedule:

Quantity	Discount
1– 999	None
1,000– 1,999	$1.00
2,000– 4,999	1.50
5,000– 9,999	2.00
10,000–19,999	4.00
20,000 and over	6.50

To decide whether to take advantage of the price-break system, you review your records and find that the order cost for this product is $400 and the carrying costs are $4. Usage amounts to 20,000 units per year. Your company has space to store up to 15,000 units. The cost of capital effect of the discount may be ignored.

Required:

Prepare a schedule showing the optimal order quantity.

Integrative Case

14-31. Overhead Application and Inventory Management Costs

Pointer Furniture Company manufactures and sells office furniture. To compete effectively in different markets, it produces several brands of office furniture. The manufacturing operation is organized by the item produced rather than by the furniture line. Thus, the desks for all brands are manufactured on the same production line. The desks are manufactured in batches. For example, 10 high-quality desks might be manufactured during the first two weeks in October and 50 units of a lower-quality desk during the last two weeks. Because each model has its own unique manufacturing requirement, the change from one model to another requires the factory's equipment to be adjusted.

Management of Pointer wants to determine the most economical production run for each of the items in its product lines. One of the costs that must be estimated is the setup cost incurred when there is a change to a different furniture model. The accounting department has been asked to determine the setup cost for the desk (Model JE 40) in its junior executive line as an example.

The equipment maintenance department is responsible for all of the changeover adjustments on production lines in addition to the preventive and regular maintenance of all the production equipment. The equipment maintenance staff has a 40-hour workweek; the size of the staff is changed only if there is a change in the workload that is expected to persist for an extended period of time. The equipment maintenance department had 10 employees last year, and they each averaged 2,000 hours for the year. They are paid $9 an hour, and employee benefits average 20 percent of wage costs. The other departmental costs, which include such items as supervision, depreciation, insurance, etc., total $50,000 per year.

Two workers from the equipment maintenance department are required to make the change on the desk line for Model JE 40. They spend an estimated five hours in setting up the equipment. The desk production line on which Model JE 40 is manufactured is operated by five workers. During the changeover, these workers assist the maintenance workers when needed and operate the line during the one-hour test run. However, they are idle for approximately 40 percent of the time required for the changeover.

The production workers are paid a basic wage rate of $7.50 an hour. Two overhead bases are used to apply the overhead costs of this production line because some of the costs vary in proportion to direct labor-hours while others vary with machine-hours. The overhead rates applicable for the current year are as follows:

	Based on Direct Labor-Hours	Based on Machine-Hours
Variable	$2.75	$ 5.00
Fixed	2.25	15.00
	$5.00	$20.00

These department overhead rates are based on an expected activity of 10,000 direct labor-hours and 1,500 machine-hours for the current year. This department is not scheduled to opeate at full capacity because production capability currently exceeds sales potential at this time.

The estimated cost of the direct materials used in the test run totals $200. Salvage material from the test run should total $50. Pointer's cost of capital is 20 percent.

Required:

a. Prepare an estimate of Pointer Furniture Company's setup cost for desk Model JE 40 for use in the economic production run model. For each cost item identified in the problem, justify the amount and the reason for including the cost item in your estimate. Explain the reason for excluding any cost item from your estimate.

b. Identify the cost items that would be included in an estimate of Pointer Furniture Company's cost of carrying the desks in inventory.

(CMA adapted)

15

Capital Investment Cash Flows

OBJECTIVES

To understand methods of estimating cash flows for capital investment decision making.

The most important decisions a company makes concern the acquisition of long-term assets. Because investment in long-term assets usually involves substantial sums of money and leaves funds at risk for long periods of time, the investment decision is important and risky. For this reason, companies pay a great deal of attention to capital investment decisions. With few exceptions, large investments in capital assets are made only with the approval of top management and/or the company directors. Extensive preliminary analyses are made of the assets to be acquired, the way they will complement the existing business, and how they will be acquired and financed.

While the final decision about asset acquisition is the responsibility of management, the capital investment models have been developed in accounting, engineering, and, more recently, in finance. Accountants have the very important role of estimating the amount and timing of the cash flows used in capital investment decision models.

In this chapter, we discuss the process of estimating future cash flows from capital investment projects. In Chapter 16, we discuss alternative models used to evaluate the cash flows.

Analyzing Cash Flows

Capital investment models are based on the future cash flows expected from a particular asset investment decision. The amount and timing of the cash flows from an investment project determines the economic value of capital investment projects, regardless of the method of income reporting used in financial statements. The timing of those flows is important because cash received earlier in time has greater value than cash received later. As soon as cash is received, it can be invested in an alternative profit-making opportunity. Thus, there is an opportunity cost for the cash committed to any particular investment project. Because capital investment decision horizons extend over many years, the **time value of money** is often a significant factor.

To recognize the time value of money, the future cash flows associated with a project are adjusted to their **present value** using a predetermined discount rate. Summing the discounted values of the future cash flows and subtracting the initial investment yields the **net present value** of a project. This net present value represents the economic value of the project to the company at a given point in time. The decision models used for capital investments attempt to optimize the economic value of a firm by optimizing the net present value of future cash flows.

For example, suppose an investor must choose between two very similar projects. Each project requires an immediate cash outlay of $10,000. Project 1 will return $14,000 at the end of two years, while Project 2 will return $14,000 at the end of three years. Clearly, the investor would prefer Project 1 over Project 2 because Project 1 will return the $14,000 one year earlier, and that amount would be available for reinvestment. Consequently, Project 1 has a higher net present value than Project 2.

Of course, the net present value alone does not indicate whether either project is worth the investment in the first place. That decision rests on a number of other factors. Will either project fit within the present organization? Does management have the expertise to operate the new business? What are the social and legal implications of the project? Is the project risk acceptable? While all of these questions are important, to simplify our examples, we assume that the projects we are comparing are of similar risk and are suitable investments. This allows us to focus on the analysis of cash flows from projects and how that analysis affects net present values.

Returning to the question of whether to invest in Project 1 or Project 2, we must determine if the net present value of the project is positive. If the net present value is positive, the project will earn a return greater than its discount rate. This rate is often referred to as the **hurdle rate**. If the project can earn its **discount rate**, it has passed the hurdle of the net present value criterion for investment decisions. Projects that do not meet the hurdle rate are rejected because the funds that would be invested in them can earn a higher rate in some other investment.

Distinguishing between Revenues, Costs, and Cash Flows

Sometimes there is a *timing difference* between revenue recognition and cash inflow, on the one hand, and the incurrence of a cost and the related cash outflow, on the other hand. When this occurs, it is important to distinguish cash flows from revenues and costs, and to note that capital investment analysis uses *cash flows, not revenues and costs.* For example, sometimes revenue from a sale is recognized on one date but not collected until a year later. In such cases, the cash is not available for other investment or consumption purposes until collected.

Net Present Value

The *net present value* of a project can be computed by using the equation:

$$\text{NPV} = \sum_{n=0}^{N} C_n \times (1+d)^{-n}$$

where

C_n = The cash to be received or disbursed at the end of time period n.
d = The appropriate *discount rate* for the future cash flows.
n = The time period when the cash flow occurs.
N = The life of the investment, in years.

Use of the equation with a calculator is probably the most efficient approach to computing net present values for most classroom and practical applications. Tables of present value factors are in Appendix B to this chapter and may also be used to find present values. We use the equation in all chapter illustrations, computations, and discussions and round all printed factors to three decimals. Therefore, if we want to discount $20,000 for two years at 10 percent, we find the value of $(1.10)^{-2}$ by a power function in the calculator. In the calculator, the result of this computation is .826446281. Multiplying this amount by $20,000 yields the present value of $16,529. In this chapter, we would show our computations as:

$$\$20,000 \times (1+.10)^{-2} = \$20,000 \times .826$$
$$= \underline{\underline{\$16,529}}$$

We abbreviate the factor because it is simply an intermediate result. If you use the abbreviated factor or the factors from the present value tables, your answer will differ due to rounding. This should not cause alarm.

Applying Present Value Analysis

Now, let's look at how present value analysis is used for capital investment decisions. As an example, consider the two projects mentioned earlier in the chapter. If the appropriate discount rate is 15 percent, then the net present value of each project may be computed as follows:

Project 1:
Cash inflow:	$14,000 \times (1 + .15)^{-2}$
	$= \$14,000 \times .756 = \$10,586$
Cash outflow	$= -10,000$
Net present value	$\$ \quad 586$

Project 2:
Cash inflow:	$14,000 \times (1 + .15)^{-3}$
	$= \$14,000 \times .658 = \$ 9,205$
Cash outflow	$= -10,000$
Net present value	$\$ \quad (795)$

The starting time for capital investment projects is assumed to be time 0. Therefore, any cash outlays required at the start of the project are not discounted. We will simply enter them at their full amount.

At a discount rate of 15 percent, Project 1 is acceptable and Project 2 is not. Project 1 will earn more than the required 15 percent return, while Project 2 will earn less.

You should check for yourself to see that at a 20 percent discount rate, the present values of both projects are negative. Therefore, if our required rate

Illustration 15–1   **Example of Net Present Value Calculations**

Time	Net Cash Inflow or (Outflow)	Pv Factor $(1+d)^{-n}$ $d = 20$ percent	Net Present Value[a]
0	$(80,000)	1.000	$(80,000)
1	(9,000)	.833	(7,500)
2	31,200	.694	21,667
3	14,800	.579	8,565
4	(42,100)	.482	(20,303)
5	76,800	.402	30,864
6	79,600	.335	26,658
7	74,500	.279	20,792
8	61,100	.233	14,210
9	43,600	.194	8,450
10	(39,700)	.162	(6,412)
Net present value			$ 16,991

[a] Cash flow times factor may not equal net present value because factor is rounded to three places.

were 20 percent, neither project would meet the investment criterion. Alternatively, at 10 percent both projects have positive net present values and both would be acceptable.

Of course, the cash flows in most business investment opportunities are considerably more complex than our simplified examples, but the method for computing net present values remains the same.

Consider, for example, the cash flow pattern in Illustration 15–1. The cash flows can be either positive or negative in any year. This cash flow pattern is characteristic of a project that will begin with a pilot operation. If the pilot operation proves successful, full-scale facilities will be installed in Year 4. Operations will continue until Year 10, at which time costs will be incurred to dismantle the operation. Once the cash flows are determined, computation of the net present value is a mechanical operation. The critical problem for the accountant, however, is to estimate the expected future cash flows.

Categories of Project Cash Flows

This section of the chapter outlines a method for estimating cash flows for investment projects. This is an important part of the accountant's job in making investment decisions. We start by setting up four major categories of cash flows for a project:

1. Investment outflows.

2. Periodic operating flows.

3. Depreciation tax shield.

4. Disinvestment flows.

Each category of cash flows requires a separate treatment.

Investment Outflows

There are three types of investment outflows:

1. Acquisition cost.

2. Investment tax credit.

3. Working capital commitments.

Acquisition Cost.   Acquisition costs include the cost of purchasing and installing assets. The primary outflow for most capital investments is the **acquisition cost** of the asset. Acquisition costs may be incurred in Year 0 and in later years. In some cases, acquisition costs are incurred over periods of 10 to 20 years. All acquisition costs are listed as cash outflows in the years in which they are incurred. In other cases (particularly with leased assets), determining the acquisition cost may require additional analysis. (These problems are discussed in Chapter 16.)

Investment Tax Credit.   The **investment tax credit** allows a credit against its federal income tax liability based on the cost of an acquired asset. This credit effectively reduces the cost of making investments by giving companies a credit against their corporate income taxes equal to (say) 10 percent of the cost of assets. The investment tax credit has been in effect at various times since its introduction in the early 1960s. It is almost certain that the investment tax credit will be in effect some time during your career, so we include a discussion about how to handle it in capital investment decisions. Our examples in the text, and the exercises and problems will tell you if the investment tax credit is to be considered.

Working Capital Commitments. In addition to the cash for purchase of long-term assets, many projects require additional funds for working capital needs (for example, to build up inventories). These cash flows often occur before the project is in operation.

Illustration 15–2   **Scheduling Investment Outflows, Marmaduke Company**

Year	Cash (Outflow) or Inflow	Remarks
0	$(500,000)	Initial investment
	50,000	Investment tax credit
	$(450,000)	Year 0 outflows
1	$(650,000)	Additional investment
	65,000	Investment tax credit on the additional investment
	(45,000)	Inventories
	(25,000)	Additional working capital requirement
	$(655,000)	Year 1 outflows

For example, Marmaduke Company is considering a project that will require the outlay of $500,000 in Year 0. A further outlay of $650,000 will be required in Year 1. These outlays will qualify for the investment tax credit. The project will begin operation at the end of Year 1, at which time the company will be required to spend $45,000 on inventories for project operations. Also, the company estimated that an additional $25,000 will be required to meet other working capital needs (for example, average idle cash balances in bank accounts to handle cash transactions). The investment cash outflows and their timing are shown in Illustration 15–2.

The acquisition costs are shown at the time they are incurred. The related investment tax credits are scheduled at the same time. The outlays for working capital items are shown at the time those outflows occur.

Periodic Operating Flows   The primary reason for acquiring long-term assets is usually to generate positive *periodic operating cash flows.* These positive flows may result from such *revenue-generating* activities as new products, or they may stem from *cost-saving* programs. In either case, actual cash inflows and outflows from operating the asset are usually determinable in a straightforward manner. The most important concept is to identify and measure the *cash flows that will differ because of the investment. If the revenues and costs are differential cash items, then they are relevant for the capital investment decision.*

A typical schedule of operating revenues and costs for a project is presented in Illustration 15–3 and explained below. The schedule in Illustration 15–3 has two columns of amounts. The left column shows all of the costs, including depreciation for financial accounting purposes and cost that will be allocated to the project if the investment is made. We show two separate columns to emphasize that *all costs allocated to a project are not necessarily differential cash flows.*

The operating revenues and costs that represent differential cash flows are included in the differential cash flow column. Costs that do not involve cash (depreciation, depletion, and amortization) are excluded from the differential cash flow column. (For example, see line (6) in Illustration 15–3.)

If there are cash costs in other departments that change as a result of the project, then those other department costs should be included in the differential cash flow schedule. For this reason, $11,000 of allocated service department costs are included in the differential cash flow column. For example, assume that $31,500 of service department (for example, repairs and maintenance) costs would be allocated to this project if the investment is made; however, only $11,000 of that amount would actually increase *because* of the project. (That is, only $11,000 are differential costs.) The remaining $20,500 (= $31,500 − $11,000) would merely be reallocated from other parts of the company. In this case, only the $11,000 would be shown as a *differential cash cost.* (See

Illustration 15–3   **Schedule of Project Revenues and Costs (Year 1), Marmaduke Company**

	Item	Amount[a]	Differential Cash Flow	Remarks
(1)	Project revenues	$420,000	$420,000	All cash
(2)	Direct materials and direct labor	(135,000)	(135,000)	All cash
	Manufacturing overhead:			
(3)	Indirect labor	(18,000)	(18,000)	All cash
(4)	Supplies	(6,500)	(6,500)	All cash
(5)	Allocated service department costs	(31,500)	(11,000)	$20,500 is an allocation of costs that will not change with this decision
(6)	Depreciation	(48,000)	–0–	Depreciation is not a cash flow
(7)	Other overhead	(29,200)	(29,200)	All cash
(8)	Selling commissions	(39,100)	(39,100)	All cash
	Administration:			
(9)	Direct	(22,000)	(22,000)	All cash
(10)	Indirect	(16,700)	–0–	Allocation of fixed costs
	Subtotals	$ 74,000	159,200	
(11)	Income tax on differential cash flows		(63,680)	Based on analysis of tax regulations
	Net operating cash flow for Year 1		$ 95,520	

[a] Based on fully allocated costs and financial accounting depreciation.

line (5) in Illustration 15–3.) Just because costs are allocated to a project does not mean they are necessarily differential costs.

For another example of allocated costs that are not differential, note that indirect administrative costs of $16,700 have been allocated to the project but are not differential (line [10]). *Total indirect administrative costs* for the company are not affected in this example; they would just be allocated differently if the investment is made.

Financing costs such as interest costs on loans, principal repayments, and payments under financing leases are typically excluded under the assumption that the financing decision is separate from the asset-acquisition decision. Under this assumption, the decision to acquire the asset is made first. If the asset-acquisition decision is favorable, then a decision will be made to select the best financing.

Tax Effects of Periodic Cash Flows. The income tax effects of the periodic cash flows from the project are also computed. (For this example, we assume the marginal tax rate to be applied to these cash flows is 40 percent.) Note that the tax effects are related to the project cash flows and not to the project profit computation. To analyze the net present value of the project, we want the *differential effect on our tax liability.* The income tax effect of depreciation is different than the depreciation used for financial or internal reporting purposes. Therefore, any reductions in tax payments arising from depreciation of these assets are treated separately.

The steps carried out to compute the net operating cash flows for the project are repeated for each year in the project life. In some cases, the computations are simplified if the project is expected to yield identical cash flows for more than one year. In most practical contexts, however, the cash flows will differ from year to year, thus requiring a schedule that incorporates each year's cash flow projections.

Depreciation Tax Shield   To measure the income of an organization or one of its subunits, depreciation is used to allocate the cost of long-term assets over their useful lives. These depreciation charges are not cash costs and, thus, do not directly affect the net present values of capital investments. However, tax regulations permit depreciation write-offs that reduce the required tax payment. The reduction in the tax payment is referred to as a **tax shield.** *The depreciation deduction computed for this tax shield is not necessarily the same amount as the depreciation computed for financial reporting purposes.* The predominant depreciation method for financial reporting has been the *straight-line method.* With this method, the cost of the asset, less any salvage value, is allocated equally to each year of the expected life of the asset. For income tax purposes, faster depreciation write-offs are allowed.

The tax allowance for depreciation is one of the primary incentives used by tax policy makers to promote investment in long-term assets. The faster an asset's cost can be written off for tax purposes, the sooner the tax reductions are realized and, hence, the greater the net present value of the tax shield. In recent years, tax depreciation has been accelerated to allow write-offs over very short time periods regardless of an asset's expected life. To maximize present value, it is usually best to claim depreciation as rapidly as possible.

Let's assume that an asset having a depreciation tax basis of $1,000,000 is depreciated over five years. The annual depreciation tax shield and the present value of that tax shield are computed in Illustration 15–4, using a 40 percent tax rate and a 20 percent discount rate. (All amounts given in this problem are for illustrative purposes only. They do not necessarily reflect the amount of depreciation allowed by the tax regulations.) No salvage value has been assumed. Present value factors are presented in Appendix B to this chapter.

The amount of the depreciation deduction allowed each year on the tax return, according to the company's tax advisors, is shown in Column (2). The depreciation deduction times the tax rate, which is assumed to be 40 percent (including local, state, and federal income taxes) gives the tax shield shown in Column (3). This tax shield is the tax savings from deducting the depreciation tax shield. *This tax shield is the cash flow effect of the depreciation deduction.* Column (4) gives the present value factors for cash flows that occur one year from now, two years from now, etc. Finally, Column (5) shows the present value of each tax shield, and the present value of the total tax savings is computed to be $249,177.

Illustration 15–4   **Present Value of Depreciation Tax Shield**

Tax rate: 40%			Depreciation basis: $1,000,000	
(1)	(2) Depreciation Deducted on the	(3) Tax Shield (40% × Depreciation	(4) PV	(5) Present
Year	Tax Return	Deduction)	Factor	Value[a]
1	$ 200,000	$ 80,000	.833	$ 66,667
2	320,000	128,000	.694	88,889
3	160,000	64,000	.579	37,037
4	160,000	64,000	.482	30,864
5	160,000	64,000	.402	25,720
Totals	$1,000,000	$400,000		$249,177

[a] Present values are computed using unrounded PV factors.

To review some basic relationships, a portion of the $1,000,000 is deducted each year on the tax return as shown in Column (2) of Illustration 15–4. The tax shield in Column (3) is the tax rate times the depreciation deduction. The present value of the tax shield is the present value factor times the tax shield. The present value of each year's depreciation tax shield can be computed in equation form as follows:

$$\text{PV of each year's depreciation tax shield} = \text{Depreciation deducted on the tax return} \times \text{Tax rate} \times \text{Present value factor}$$

For example, the present value deducted for Year 1 can be computed as follows:

$$\begin{aligned}
\begin{matrix} \text{PV of} \\ \text{Year 1} \\ \text{depreciation} \\ \text{tax shield} \end{matrix} &= \$200,000 \times .40 \times .833 \text{ (rounded)} \\[2ex]
&= \quad \$80,000 \quad \times .833 \\
&\qquad \text{Column (3) amount} \\[2ex]
&= \qquad \$66,667 \\
&\qquad \text{Column (5) amount}
\end{aligned}$$

Disinvestment Flows   The end of a project's life will usually result in some or all of the following cash flows:

1. Return of some working capital invested in the project (now a cash inflow).

2. Cash inflow or outflow from salvage of the long-term assets.

3. Tax consequences for any differences between salvage proceeds and the tax basis of the property.

4. Other cash flows, such as severance payments.

The cash flows at the end of the life of the project are referred to as disinvestment flows.

Return of Working Capital.   When a project ends, there are usually some leftover inventory, cash, and other working capital items that were used to support operations. These working capital items are then freed for use elsewhere. Therefore, at the end of a project's life, the return of these working capital items is shown as a cash inflow.

It is important not to double-count these items. Suppose that cash has been collected from a customer, already recorded as a cash inflow to the company, but left in the project's bank account until the end of the project's life. It should not be counted again as a cash inflow at the end of the project.

The return of working capital is recorded as an inflow whenever it is freed for use in other organizational activities. If that does not occur until the end of the project's life, the cash inflow is included as part of disinvestment flows.

Salvage of Long-Term Assets.   Ending a project will usually require disposal of its assets. These are usually sold in secondhand markets. In some cases, more money is spent in disassembling the assets and disposing them than is gained from their sale. Any net outflows from disposal of a project's assets become tax deductions in the year of disposal. The *net salvage value* (sometimes negative) of an asset is listed as a cash inflow or outflow at the time it is expected to be realized (or incurred), regardless of the book value or tax basis of the asset.

In many cases, an asset will be traded in on a new asset rather than sold for cash. Should the trade-in value be used? One should include as a disinvestment flow the present value of the optimal decision at disposal. In practice, however, the estimated cash value from asset disposal is included in the capital budgeting analysis. Disposal usually occurs many years in the future, and the amount of the cash flows from disposal are usually small relative to total project cash flows, so the net present value computation is seldom very sensitive to changes in salvage terms. A project that will be acceptable only if the salvage terms are satisfactory may be a very questionable prospect to begin with.

Tax Consequences of Disposal. Any difference between the tax basis of project's assets (generally, the undepreciated balance) and the amount realized from project disposal results in a tax gain or loss. Therefore, a company's tax liability will be affected in the year of disposal. Tax laws on asset dispositions are complex, so tax advice should be sought well in advance of the proposed disposal date. In this chapter, we assume that any gains or losses on disposal are treated as ordinary income or losses.

Suppose that an asset is carried in the accounting records at a net book value of $70,000 and is salvaged for $30,000 cash. The tax basis of the asset is $10,000, and the tax rate is 40 percent. What are the cash flows from disposal of this asset?

First, the company receives the $30,000 as a cash inflow. They report a taxable gain of $20,000, which is the difference between the $30,000 proceeds and the $10,000 tax basis. This $20,000 gain is taxed at 40 percent, which results in a cash outflow of $8,000. The cash inflow on disposal is $22,000, the net of the $30,000 inflow and the $8,000 cash outflow.

Other Disinvestment Flows. The cessation of project operations may result in a number of costs that are not directly related to the sale of assets. It may be necessary to make severance payments to employees. Sometimes payments are required to restore the project area to its original condition. Some projects may incur regulatory costs when they are closed down. A cost analyst must inquire about the consequences of disposal to determine the costs that should be included in the disinvestment flows for a project.

Preparing the Net Present Value Analysis

Once the cash flow data have been gathered, they are assembled into a schedule that shows the cash flows for each year of the projects's life. These flows may be classified into the four categories we just discussed:

1. Investment outflows.

2. Periodic operating flows.

3. Depreciation tax shield.

4. Disinvestment flows.

A summary schedule that shows the totals of the annual cash flows and the net present value of the project is prepared. This summary may be supported by as much detail as management deems necessary for making the investment decision.

For example, we have the following estimated data for an investment proposal for Mega-Projects Company:

Cash paid for long-term assets	
(40% paid in Year 0, balance in Year 1)	$250,000
Working capital requirements (Year 0)	50,000
Discount rate	25%
Marginal tax rate assigned to the project	45%
Project life	5 years
Annual amounts:	
Annual cash inflow from revenues	$198,500
Annual operating costs:	
Equipment depreciation	$ 34,000
Building space usage costs	17,681
Direct materials and direct labor	62,342
Taxes and insurance on equipment	
and inventory	18,200
Other variable overhead	6,076
Administrative costs:	
Direct	3,700
Other—allocated	12,155
Total estimated annual costs	$154,154

The building space-usage costs are an allocation of building costs that will not change if the project is undertaken. The allocated administrative costs are fixed management costs charged to projects for performance measurement purposes. The equipment is expected to have a salvage value of $105,000 at the end of Year 5. A schedule of the cash flows in each year of the project's life is given in Illustration 15–5.

Assume investment tax credits of $10,000 and $15,000 are allowed in Years 0 and 1 respectively. Depreciation is deducted for tax purposes as follows: Year 1, $50,000; Year 2, $80,000; and $40,000 per year in each of Years 3–5.

Project costs include the equipment outlays in Year 0 and Year 1, with the related investment tax credit also being claimed in those years. The working capital requirements are shown as outflows in Year 0.

Annual cash flows are computed using the schedule of revenues and costs and adjusting for the costs that are not differential (building costs and allocated administrative costs) or that are not cash costs (depreciation). The net cash inflow of $108,182 is then reduced by the tax liability that is expected to arise from this inflow at the 45 percent marginal tax rate. The after-tax cash inflow of $59,500 is shown for each year of the project's life.

In the last year of the project, the disinvestment flows are given. These include the return of working capital and the proceeds from disposal of the asset. In addition, the tax consequences from selling the equipment for more than the zero tax basis are considered, and the related $47,250 tax liability is included in the cash flow computations.

The net present value of the project is computed as the sum of the present values of each year's cash flow. The positive net present value of $10,847 indicates that the project is expected to earn better than the 25 percent used to discount the cash flows.

The schedule indicates the net cash flows in each year, thus assisting management in preparing its cash budgets for the life of the project. The net present value of each year's cash flow is presented for computational purposes and may not be required for management.

Illustration 15–5   **Cash Flow Schedule with Present Value Computations**

	Year					
	0	**1**	**2**	**3**	**4**	**5**
Investment outflows:						
Equipment cost	$(100,000)	$(150,000)				
Investment tax credit	10,000	15,000				
Working capital	(50,000)					
Net operating inflows[a]		59,500	$59,500	$59,500	$59,500	$ 59,500
Tax shield from depreciation[b]		22,500	36,000	18,000	18,000	18,000
Disinvestment:						
Return of working capital						50,000
Proceeds of disposal						105,000
Tax on gain[c]						(47,250)
Total cash flows	(140,000)	(53,000)	95,500	77,500	77,500	185,250
PV factor at 25%[d]		.800	.640	.512	.410	.328
Present values	$(140,000)	$ (42,400)	$61,120	$39,680	$31,744	$ 60,703
Net present value of project: $10,847						

Computations:

[a] Net operating cash flow (after tax):

Revenues		$198,500
Differential cash outflows:		
Direct materials and direct labor	$(62,342)	
Taxes and insurance on equipment and inventory	(18,200)	
Other variable overhead	(6,076)	
Direct administrative costs	(3,700)	(90,318)
Revenues net of differential cash costs		108,182 (before taxes)
Income taxes on differential net cash flows		(48,682) (at 45%)
Differential cash flows (after taxes)		$ 59,500

[b] Depreciation computations:

Year	Depreciation	Tax Shield (at 45 percent)
1	$ 50,000	$ 22,500
2	80,000	36,000
3	40,000	18,000
4	40,000	18,000
5	40,000	18,000
Totals	$250,000	$112,500

[c] Gain is equal to salvage since the asset is fully depreciated for tax purposes. The tax is 45 percent of the gain, or 45% × $105,000 = $47,250.

[d] PV factor shown is rounded to three places. Present values are derived from unrounded PV computations. Present value factors are shown in Appendix B to this chapter.

Inflation Considerations in Capital Budgeting

When prices and costs are expected to change significantly over a project's life, it is important to consider the effects of those changes on project cash flows. In many cases, the cash flows will not change uniformly over the life of the project. Therefore, a careful analysis of each cost item may be necessary. Cash flows that will be received in the future will have a different real value than dollars received today due to changes in the purchasing power of those dollars. The actual dollars to be received are called nominal dollars.

The schedule of project cash flows can be adjusted to consider the nominal cash flows. The resulting nominal net cash flows are then discounted at a rate that recognizes inflation. This is the nominal discount rate. These adjustments compensate the company for the effects of inflation as well as for a return on capital.

Adjusting the Discount Rate

It is commonly accepted that the interest rate that the market demands includes elements of a return on capital as well as an adjustment for the effects of inflation. The discounting equation can be expanded to include the inflation element as a specific component:

$$[(1 + r)(1 + i)]^{-n}$$

where

$r = $ The real return on capital required from now to period n.
$i = $ The expected inflation rate between now and period n.
$n = $ The number of the period in the future when the cash is to be received.

The *real return* is the return on capital after adjustment for the effects of inflation. This equation may be used with a constant value for i, or the value of i may be changed from one period to the next. In general, though, a constant inflation rate is assumed.

The terms within the brackets may be multiplied before the exponentiation operation. Subtracting 1 from the result of this multiplication gives the nominal discount rate for the project:

$$\text{Nominal rate} = (1 + r)(1 + i) - 1$$

In practice, the nominal discount rate implicitly considers the need to compensate for inflation. The schedule of cash flows is discounted using the nominal discount rate just as the value r was used earlier.

For example, a company has concluded that its projects should earn a real return of 12 percent and that the expected inflation rate over the project's life will be 10 percent per year. To find the nominal discount rate for present value, the following calculation is performed:

$$(1 + r)(1 + i) - 1 = (1.12)(1.10) - 1$$
$$= .232, \text{ or } 23.2\%$$

Management will probably discount the future cash flows using a 23.2 percent rate in the discounting equation:

$$(1 + d)^{-n} = (1.232)^{-n}$$

Adjusting Future Cash Flows

The effects of inflation may be considered in the same four categories as the cash flows for capital investment projects.

Investment Outflows.   Cash requirements for the initial investment may need to be adjusted if costs are not specified in a fixed-price contract and if costs are likely to change over the construction period. This is particularly common with projects that require several years to construct. The investment tax credit is also adjusted if any qualifying costs of the investment increase.

Working capital requirements often increase with the increased volume of nominal dollars. That is, more dollars are required to support the same level of activity. The investment in inventory generally will not change. The initial costs were incurred to procure a given quanity of inventory. Inventory may cost more to replace, but the replacement costs are included in period cash outflows.

For initial investment outlays, then, the inflation adjustment simply requires revising any outlays that are expected to change as a result of increasing costs and adjusting the investment tax credit. Any increases in working capital levels (other than inventory) are scheduled when they are required.

Real World Application

Investing in Improved Technology

Investments in improved technology frequently do not show a positive net present value when investment analysis is performed. Technological innovations usually have a high investment outlay and a long time period before cash flows are returned from the project. It is not unusual for an investment in automated equipment to take two or three years (or more) before it is fully operational. In companies with high discount rates, cash flows received, or cash savings, several years in the future have low present values. Furthermore, technological improvements frequently provide benefits that are not easily quantified, so they are often omitted from the analysis.

We observed the capital-budgeting process at work for technological improvements in one of the largest U.S. manufacturing companies. This company was considering investing in new equipment that would make the manufacturing operation more flexible. With this equipment, the company could change quickly from making one part to another and reduce setup costs, inventory levels,

production downtime, and introduce other potential savings. In addition to these cost savings, the engineers and production managers who supported this project saw it as a way of learning more about flexible manufacturing, which *could* provide major benefits to the company in the future. These benefits were not quantifiable, however, so no *explicit* weight was given to them in the discounted cash flow analysis.

Using a high discount rate (after-tax rate greater than 25 percent), the company initially rejected the project. The president of the company was subsequently convinced that the project had additional benefits beyond those explicitly considered in the discounted cash flow analysis. These additional benefits, which included learning about improved production methods that could have a major impact on the way the company does business, were believed to justify the project. The project was then accepted, and the investment was made.

For example, consider the cash flows for Mega-Projects Company in Illustration 15–5. Those flows ignored the effects of inflation. Now, let's consider the impact of inflation on these flows. Suppose the equipment costs that were originally $100,000 in Year 0 and $150,000 in Year 1 are not expected to increase with inflation. The $50,000 in working capital requirements must increase with the rate of inflation. How will an inflation rate of 10 percent per year affect the investment cash outflows?

1. Equipment cost: The Year 0 cost of $100,000 is unaffected. The Year 1 cost of $150,000 is not changed in this example, but could increase with inflation in other cases.

2. Investment tax credit: The allowance is not affected because the equipment cost has not changed.

3. The initial cash outflow for working capital remains $50,000. In Year 1, however, working capital must be increased to $55,000 to keep up with the increased flow of nominal dollars (that is, $50,000 × 1.10). Therefore, in Year 1 there will be a $5,000 cash outflow representing the additional commitment to working capital required by inflation.

In Year 2, an additional $5,500 will need to be added to working capital (that is, $55,000 × 10% = $5,500). In Year 3, working capital will need to be increased by $6,050; and in Year 4, the increase will be $6,655. There is no increase at the end of Year 5 because that is the end of the project's life and the working capital for noninventory items is returned at that time.

Periodic Operating Flows. The operating cash flows for each year are adjusted by multiplying the original amounts by $(1 + i)^n$. This restates the original cash inflow to the nominal dollars to be received in Year n. In this case, the adjusted amounts are $59,500 (1.10) = $65,450 for Year 1; $59,500 $(1.10)^2 = $71,995 for Year 2, and so forth. (We assume that Year 1 operating

Real World Application

The Use of Inflation Adjustments in Capital Budgeting

Do managers adjust their present value calculations to consider inflation? A survey of top financial officers in 193 of the largest U.S. companies (all were Fortune 500 Companies) indicates that many do. "Ninety-seven firms (50 percent of the 193 respondents) said that they specifically adjust estimated cash flows for anticipated inflation."*

The firms that make these inflation adjustments tend to have large capital budgets and use sophisticated techniques in evaluating investments. Firms in the petroleum industry were found to be the most likely to adjust cash flows for inflation, apparently because of the large size and long lives of their investments, and because price variations are large in this industry.

* J. A. Hendricks, "Capital-Budgeting Practices Including Inflation Adjustments: A Survey," *Managerial Planning*, January/February 1983, p. 26.

flows increase by 10 percent over Year 0.) These net nominal cash flows are entered into the appropriate columns of the cash flow schedule in Illustration 15–6 in place of the original unadjusted cash flows.

Tax Shield. Depreciation is based on the original cost of an asset. Hence, the tax shield from depreciation is only changed if the original investment costs change. Under inflation, the real value of the tax shield from depreciation declines relative to the other cash flows from the project. Note that the discount rate recognizes inflation, but the tax shield does not increase with inflation. Consequently, the higher the inflation rate, the lower the net present value of the depreciation tax shield.

Disinvestment Flows. Under conditions of inflation, disinvestment flows become more complex. The return of working capital will include all nominal cash and accounts receivable committed to the project. Therefore, the periodic cash outflows for working capital are summed and the total listed as a recovery at the end of the project's life.

The working capital returned in Year 5 includes the $50,000 initial outlay plus the outlays in Years 2 through 4 for a total return of $73,205 (which is $50,000 + $5,000 + $5,500 + $6,050 + $6,655).

The proceeds from disposal of the long-term assets and their tax impact are also included in the disinvestment computation. Any difference between the proceeds on disposal as adjusted for inflation and the tax basis of the property is taxed.

For Mega-Projects Company, we assume that the market for used equipment similar to that used in the project is increasing at the rate of 7 percent per year. As a result, the proceeds from disposal are estimated as:

$$\$105,000 \times (1.07)^5 = \underline{\underline{\$147,268}}$$

Since the asset has been fully depreciated for tax purposes, this entire amount is a gain, taxable at ordinary rates. The tax liability from the gain is:

$$45\% \times \$147,268 = \underline{\underline{\$66,271}}$$

This amount is shown as an outflow in Year 5.

Summarizing the Cash Flows. The adjusted cash flows for Mega-Project Company under inflation are summarized in the cash flow schedule in Illustration 15–6 as they were in Illustration 15–5 with no inflation considered. That is, all cash flows are scheduled and summed for each year of the project's life. In this case, however, yearly cash flows represent the amounts expected to be realized under certain inflation conditions.

The cash flows for the project are discounted using the 23.2 percent rate computed earlier, and the present values are shown for each year of the project's life. The net present value of the project is then computed. For this project, the net present value is $71,403.

Capital investment analyses sometimes incorrectly ignore the effect of inflation on cash flows but increase their discount rate to reflect the changes in market

Illustration 15-6   **Cash Flow Schedule Adjusted for Inflation with Present Value Computations**

	Year					
	0	**1**	**2**	**3**	**4**	**5**
Investment outflows:						
Equipment cost	$(100,000)	$(150,000)				
Investment tax credit	10,000	15,000				
Working capital	(50,000)	(5,000)	$ (5,500)	$ (6,050)	$ (6,655)	
Net operating inflows[a]		65,450	71,995	79,195	87,114	$ 95,825
Tax shield from depreciation		22,500	36,000	18,000	18,000	18,000
Disinvestment:						
Return of working capital[b]						73,205
Proceeds on disposal						147,268
Tax on gain						(66,271)
Total cash flows	(140,000)	(52,050)	102,495	91,145	98,459	268,027
PV factor		.812	.659	.535	.434	.352
Present values[c]	$(140,000)	$ (42,248)	$ 67,528	$48,742	$42,738	$ 94,433
Net present value of project:	$ 71,193					
Nominal rate = (1.12)(1.10) − 1 = .232 = 23.2%						

[a] Operating cash flows = $59,500 (1.10)^n, n = 1, . . . , 5.
[b] $73,205 = Sum of cash released from working capital requirements = $50,000 + $5,000 + $5,500 + $6,050 + $6,655.
[c] Cash flow times PV factor does not equal present values because these PV factors are rounded.

rates of interest. These interest rates include inflationary expectations. On some projects, discounting the unadjusted cash flows with an inflation-adjusted interest rate can yield the opposite answer from what is optimal.

Taking explicit account of inflation in the cash flow analysis and the discount rate directly recognizes the effects of inflation on each project. In addition to the direct effect of inflation on cash flows from revenues and operating costs, the tax shield is worth less under inflation because it is based on the uninflated original cost of the asset.[1] Additional working capital requirements are needed to support the increased transaction flow in nominal dollars. Finally, in many real applications, the inflation rates for a specific project differ from general rates.

Post-Audit of Capital Investment Projects

Because capital investment projects are so important, companies commonly compare the cash flows that are actually realized from a project with the estimated flows in the original capital investment proposal. In that way, they hope to learn if the estimation process can be improved.

Some projects may improve reported accounting profits in the short run but result in suboptimal net present values. When this occurs, it is necessary to identify the reasons for choosing a project that improves accounting profits

[1] The failure to index the depreciation tax shield to inflation has been criticized as creating disincentives to invest. For a summary of the issues, see M. Maher and T. Nantell, "The Tax Effects of Inflation: Depreciation, Debt, and Miller's Equilibrium Tax Rates," *Journal of Accounting Research,* Spring 1983.

rather than net present value. There may be rational explanations for such decisions, but management should critically evaluate those reasons.

A capital investment control program must consider more than initial project estimates. It must also determine if the capital investment decision-making process is operating well.

Summary

Capital investment planning involves a number of managerial and financial considerations. The accountant's role is to determine the amount and timing of relevant cash flows from the project. These cash flows are discounted back to the present to determine if the proposed project meets the established hurdle rate.

The net present value of a project is computed using the following equation:

$$\text{NPV} = \sum_{n=0}^{N} C_n \times (1 + d)^{-n}$$

where

C_n = Cash flows at the end of time period n.
d = Discount rate.
n = Time period when the cash flow occurs.
N = Total number of time periods in the project's life.

The accountant's primary task is to estimate cash flows used in the net present value equation. These cash flows and their effects are:

1. Investment outflows:
    a. Acquisition cost ($-$).
    b. Investment tax credit ($+$).
    c. Working capital commitments($-$).

2. Periodic operating flows, including:
    a. Period cash inflows ($+$) and outflows ($-$) before taxes.
    b. Income tax effect on inflows ($-$) and outflows ($+$).

3. Depreciation tax shield ($+$).

4. Disinvestment flows:
    a. Salvage value of long-term assets (usually $+$ unless there are disposal costs).
    b. Cash freed from working capital commitments ($+$).
    c. Tax consequences of gain or loss on disposal ($-$ or $+$, respectively).
    d. Severance or relocation payments to employees, restoration costs, and similar costs (usually $-$).

Income taxes are an extremely important consideration, particularly due to regulations designed to encourage investment. The accountant may be the only analyst on the management team who understands the income tax effects. Improper treatment of tax effects may lead to suboptimal decisions.

Under conditions of inflation, the discount rate is usually adjusted to compensate for changes in price levels. The changes in cash flows that stem from inflation may also be included explicitly in the cash flow analysis.

Terms and Concepts

The following terms and concepts should be familiar to you after reading this chapter.

Acquisition Cost	**Nominal Discount Rate**
Discount Rate	**Nominal Dollars**
Disinvestment Flows	**Present Value**
Hurdle Rate	**Tax Shield**
Investment Tax Credit	**Time Value of Money**
Net Present Value	**Working Capital**

Self-Study Problem

Melwood Corporation is considering the purchase of a small computer to automate its accounting and word processing systems. Management has been considering several alternative systems including a model labeled the P-25. The supplier of the P-25 has submitted a quote to the company of $7,500 for the equipment plus $8,400 for software. Assume the equipment can be depreciated for tax over three years as follows: Year 1, $2,500; Year 2, $2,500; Year 3, $2,500; and the equipment qualifies for a 6 percent investment tax credit. The software may be written off immediately for tax purposes. The company expects to use the new machine for four years and to use straight-line depreciation for financial reporting purposes. The market for used computer systems is such that Melwood would realize $1,000 for the equipment at the end of the four years. The software would have no salvage value at that time.

Melwood management believes that introduction of the computer system will enable the company to dispose of its existing accounting equipment. The existing equipment is fully depreciated for tax purposes and can be sold for an estimated $100.

Although the new system will not enable Melwood to reduce its work force, management believes that it will realize improvements in operations and benefits from the computer system that will be worth $8,000 per year before taxes.

Melwood uses a 15 percent discount rate for this investment and has a marginal income tax rate of 45 percent after considering both state and federal taxes.

Required:

a. Prepare the schedule showing the relevant cash flows for the project.

b. Indicate whether the equipment meets Melwood's hurdle rate.

Solution to Self-Study Problem

a.

MELWOOD CORPORATION

		Year			
	0	**1**	**2**	**3**	**4**
Investment:					
Equipment	$ (7,500)				
Tax credit at 6%	450				
Software ($8,400 × 55%)	(4,620)				
Old equipment ($100 × 55%)	55				
Annual operating flows:					
($8,000 × 55%)		$4,400	$4,400	$4,400	$4,400
Tax shield[a]		1,125	1,125	1,125	
Disinvestment ($1,000 × 55%)					550
Cash flows	(11,615)	5,525	5,525	5,525	4,950
Discount factors at 15%		.870	.756	.658	.572
Present values	$(11,615)	$4,804	$4,178	$3,633	$2,830
Net present value	$ 3,830				

Additional computations:

[a] Tax shield:

Year	**Depreciation**	**Tax Shield**
1	$2,500	$1,125
2	2,500	1,125
3	2,500	1,125
	$7,500	$3,375

b.   With a positive net present cash flow of $3,830, the equipment meets the hurdle rate. The cost savings justify purchase of the equipment

Appendix A: Computing Net Present Values for Annuities

When periodic cash flows are expected to be equal over a period of time, a short-cut method may be used to compute the net present value of those cash flows. A series of level periodic payments is referred to as an *annuity.* The *present value of an annuity* may be obtained using the equation:

$$\text{Present value} = C_n \times \frac{1 - (1 + d)^{-n}}{d}$$

where

$d = $ Discount rate.

$n = $ Number of periods over which the periodic payment (C) will be received.

For example, the present value of a series of six payments of $40,000 each at a discount rate of 25 percent is:

$$\text{PV} = \$40,000 \times \frac{1 - (1 + .25)^{-6}}{.25}$$
$$= \$40,000 \times 2.951424$$
$$= \$118,057$$

This amount may also be computed the long way by taking the present value of each year's cash flow as follows:

Year	Cash Flow	PV Factor	Present Value
1	$40,000	.800	$ 32,000
2	40,000	.640	25,600
3	40,000	.512	20,480
4	40,000	.410	16,384
5	40,000	.328	13,107
6	40,000	.262	10,486
		2.952	$118,057

The sum of the present value factors for the six periods is the same with rounding as the computed factor for the six-year annuity. The present values computed under either method are the same. As with other present value calculations, the use of a calculator will be more efficient and will give more accurate answers than will use of the tables. A set of tables is given in Appendix B to this chapter.

Appendix B: Present Value Tables

The present values of $1 shown in Illustration 15–7 gives the present value of an amount received n periods in the future. It is computed using the equation $(1 + d)^{-n}$ as discussed in the chapter.

Illustration 15–7 — **Present Value of $1**

Year	8%	10%	12%	14%	15%	16%	18%	20%	22%	24%
1	.926	.909	.893	.877	.870	.862	.847	.833	.820	.806
2	.857	.826	.797	.769	.756	.743	.718	.694	.672	.650
3	.794	.751	.712	.675	.658	.641	.609	.579	.551	.524
4	.735	.683	.636	.592	.572	.552	.516	.482	.451	.423
5	.681	.621	.567	.519	.497	.476	.437	.402	.370	.341
6	.630	.564	.507	.456	.432	.410	.370	.335	.303	.275
7	.583	.513	.452	.400	.376	.354	.314	.279	.249	.222
8	.540	.467	.404	.351	.327	.305	.266	.233	.204	.179
9	.500	.424	.361	.308	.284	.263	.225	.194	.167	.144
10	.463	.386	.322	.270	.247	.227	.191	.162	.137	.116
11	.429	.350	.287	.237	.215	.195	.162	.135	.112	.094
12	.397	.319	.257	.208	.187	.168	.137	.112	.092	.076
13	.368	.290	.229	.182	.163	.145	.116	.093	.075	.061
14	.340	.263	.205	.160	.141	.125	.099	.078	.062	.049
15	.315	.239	.183	.140	.123	.108	.084	.065	.051	.040

Year	25%	26%	28%	30%	32%	34%	35%	36%	38%	40%
1	.800	.794	.781	.769	.758	.746	.741	.735	.725	.714
2	.640	.630	.610	.592	.574	.557	.549	.541	.525	.510
3	.512	.500	.477	.455	.435	.416	.406	.398	.381	.364
4	.410	.397	.373	.350	.329	.310	.301	.292	.276	.260
5	.328	.315	.291	.269	.250	.231	.223	.215	.200	.186
6	.262	.250	.227	.207	.189	.173	.165	.158	.145	.133
7	.210	.198	.178	.159	.143	.129	.122	.116	.105	.095
8	.168	.157	.139	.123	.108	.096	.091	.085	.076	.068
9	.134	.125	.108	.094	.082	.072	.067	.063	.055	.048
10	.107	.099	.085	.073	.062	.054	.050	.046	.040	.035
11	.086	.079	.066	.056	.047	.040	.037	.034	.029	.025
12	.069	.062	.052	.043	.036	.030	.027	.025	.021	.018
13	.055	.050	.040	.033	.027	.022	.020	.018	.015	.013
14	.044	.039	.032	.025	.021	.017	.015	.014	.011	.009
15	.035	.031	.025	.020	.016	.012	.011	.010	.008	.007

For example, to find the present value of $20,000 received 11 years from now at a discount of 16 percent, look over the 11-year row to the 16 percent column and find the relevant factor, .195. Multiply the $20,000 by this factor to obtain the present value of $3,900.

If you perform this same computation with a calculator, you will obtain the somewhat more precise answer of $3,908. The difference is due to rounding.

The present value of an annuity is the value of a series of equal periodic payments discounted at a stated rate. Illustration 15–8 gives a set of factors for present values of an annuity.

For example, to find the present value of a series of nine annual payments of $5,000 each at a discount rate of 18 percent, look across the nine-year row to the 18 percent column and find the factor, 4.303. Multiply the $5,000 by 4.303 to obtain the present value of those future payments, $21,515.

Illustration 15–9 provides the net present values for the text problems that are based on the recognition of inflation in the cash flow analysis.

Illustration 15–8   **Present Value of an Annuity**

Year	8%	10%	12%	14%	15%	16%	18%	20%	22%	24%
1	.926	.909	.893	.877	.870	.862	.847	.833	.820	.806
2	1.783	1.736	1.690	1.647	1.626	1.605	1.566	1.528	1.492	1.457
3	2.577	2.487	2.402	2.322	2.283	2.246	2.174	2.106	2.042	1.981
4	3.312	3.170	3.037	2.914	2.855	2.798	2.690	2.589	2.494	2.404
5	3.993	3.791	3.605	3.433	3.352	3.274	3.127	2.991	2.864	2.745
6	4.623	4.355	4.111	3.889	3.784	3.685	3.498	3.326	3.167	3.020
7	5.206	4.868	4.564	4.288	4.160	4.039	3.812	3.605	3.416	3.242
8	5.747	5.335	4.968	4.639	4.487	4.344	4.078	3.837	3.619	3.421
9	6.247	5.759	5.328	4.946	4.772	4.607	4.303	4.031	3.786	3.566
10	6.710	6.145	5.650	5.216	5.019	4.833	4.494	4.192	3.923	3.682
11	7.139	6.495	5.938	5.453	5.234	5.029	4.656	4.327	4.035	3.776
12	7.536	6.814	6.194	5.660	5.421	5.197	4.793	4.439	4.127	3.851
13	7.904	7.103	6.424	5.842	5.583	5.342	4.910	4.533	4.203	3.912
14	8.244	7.367	6.628	6.002	5.724	5.468	5.008	4.611	4.265	3.962
15	8.559	7.606	6.811	6.142	5.847	5.575	5.092	4.675	4.315	4.001

Year	25%	26%	28%	30%	32%	34%	35%	36%	38%	40%
1	.800	.794	.781	.769	.758	.746	.741	.735	.725	.714
2	1.440	1.424	1.392	1.361	1.331	1.303	1.289	1.276	1.250	1.224
3	1.952	1.923	1.868	1.816	1.766	1.719	1.696	1.673	1.630	1.589
4	2.362	2.320	2.241	2.166	2.096	2.029	1.997	1.966	1.906	1.849
5	2.689	2.635	2.532	2.436	2.345	2.260	2.220	2.181	2.106	2.035
6	2.951	2.885	2.759	2.643	2.534	2.433	2.385	2.339	2.251	2.168
7	3.161	3.083	2.937	2.802	2.677	2.562	2.508	2.455	2.355	2.263
8	3.329	3.241	3.076	2.925	2.786	2.658	2.598	2.540	2.432	2.331
9	3.463	3.366	3.184	3.019	2.868	2.730	2.665	2.603	2.487	2.379
10	3.571	3.465	3.269	3.092	2.930	2.784	2.715	2.649	2.527	2.414
11	3.656	3.543	3.335	3.147	2.978	2.824	2.752	2.683	2.555	2.438
12	3.725	3.606	3.387	3.190	3.013	2.853	2.779	2.708	2.576	2.456
13	3.780	3.656	3.427	3.223	3.040	2.876	2.799	2.727	2.592	2.469
14	3.824	3.695	3.459	3.249	3.061	2.892	2.814	2.740	2.603	2.478
15	3.859	3.726	3.483	3.268	3.076	2.905	2.825	2.750	2.611	2.484

Illustration 15–9   **Present Value Tables for Inflation Problems**

Year	18.80%	20.96%	23.20%	26.50%	28.80%	31.76%	39.08%
1	.842	.827	.812	.791	.776	.759	.719
2	.709	.683	.659	.625	.603	.576	.517
3	.596	.565	.535	.494	.468	.437	.372
4	.502	.467	.434	.391	.363	.332	.267
5	.423	.386	.352	.309	.282	.252	.192
6	.356	.319	.286	.244	.219	.191	.138
7	.299	.264	.232	.193	.170	.145	.099
8	.252	.218	.188	.153	.132	.110	.071
9	.212	.180	.153	.121	.103	.084	.051
10	.179	.149	.124	.095	.080	.063	.037
11	.150	.123	.101	.075	.062	.048	.027
12	.127	.102	.082	.060	.048	.037	.019
13	.107	.084	.066	.047	.037	.028	.014
14	.090	.070	.054	.037	.029	.021	.010
15	.075	.058	.044	.029	.022	.016	.008

Questions

15–1. What are the two most important factors (from an accounting standpoint) in the capital investment decision?

15–2. What is meant by the time value of money?

15–3. Given two projects with equal cash flows but different timings, how can we determine which (if either) project should be selected for investment (assuming no constraints on investment funds)?

15–4. What are the four types of cash flows related to a capital investment, and why do we consider them separately?

15–5. For computing the depreciation tax shield, you conclude that either a five- or seven-year life for the asset is appropriate, but there is no way to determine which life will occur. Which life would you use for the computation? Why?

15–6. Fatigue Corporation has a division operating at a $200,000 cash loss per year. The company cannot dispose of the division due to certain contractual arrangements it has made that require continued operation of the division. However, Fatigue has just received a proposal to invest in some new equipment for the division. If the equipment is purchased, the division will operate at a $40,000 cash loss per year. Is there any reason to consider acquisition of the equipment? Why or why not?

15–7. How do tax policies provide an incentive for capital investment?

15–8. Is depreciation included in the computation of net present values? Explain.

15–9. "Every project should bear its fair share of all of the costs of the company. To do otherwise would make present operations subsidize new projects." Comment.

15–10. Regardless of depreciation methods used, the total tax deduction for depreciation is the same. Why then would one be concerned about the depreciation method for capital investment analysis?

15–11. What is the relationship between the desired real return to capital, the inflation rate, and the rate used to discount project cash flows under conditions of inflation?

15–12. Why might inflation be a disincentive to investment? Your response should be in terms of the impact of inflation on cash flows (that is, on the tax aspects of the question).

15–13. Describe the two ways of handling the liquidation of inventories at the end of a project's life.

15–14. Why would the investment in working capital increase over a project's life under conditions of inflation while the investment in inventories would not?

Exercises

15–15. Compute Net Present Values

A company is considering investment in a project that is expected to return the following cash flows:

Year	Net Cash Flow
1	$35,000
2	32,000
3	40,000
4	40,000
5	50,000

This schedule includes all cash flows from the project. The project will require an immediate cash outlay of $130,000. (Ignore taxes.)

Required:

a. What is the net present value of the project if the appropriate discount rate is 20 percent?

b. What is the net present value of the project if the appropriate discount rate is 12 percent?

15–16. Impact of Inflation on Net Present Value

Refer to the data in exercise 15–15, and adjust as indicated below.

a. What is the net present value of the project if the inflation rate is 10 percent and the *no-inflation* discount rate is 12 percent?

b. Compare your answer in *(a)* to the result you got in part *(b)* of exercise 15–15. Explain why these two answers are the same (or different).

15–17. Compute Present Value of Tax Shield

A company plans to acquire an asset at a cost of $200,000 that will be depreciated for tax purposes as follows: Year 1, $40,000; Year 2, $70,000; and $30,000 per year in each of Years 3–5. A 22 percent discount rate is appropriate for this asset, and the company's tax rate is 40 percent.

Required:

Compute the present value of the tax shield.

15–18. Compute Present Value of Tax Shield and Investment Tax Credit

Refer to the data in exercise 15–17. Compute the present value of the tax shield from depreciation and the investment tax credit assuming the asset qualifies for straight-line depreciation ($40,000 per year) and a 10 percent investment tax credit.

15–19. Present Value of Depreciation Tax Shield under Inflation

Refer to the data in exercise 15–17. Using the tax depreciation deductions in exercise 15–17, what is the present value of the tax shield if the inflation rate is 8 percent? 14 percent? The no-inflation discount rate is 22 percent.

15–20. Compute Present Value of Cash Flows with Inflation Considerations

A company has concluded that its cost of capital is 8 percent in real terms. The company is considering an investment in a project having annual cash flows (before taxes and inflation) of $36,000 per year for five years. At disinvestment, the costs of disposal will equal any liquidation value of the project. No additional working capital is required for the project. The project costs $120,000 and will be depreciated for tax purposes over five years as follows: Year 1, $20,000; Year 2, $40,000; and $20,000 per year in each of Years 3–5. The company's marginal tax rate is 40 percent.

Required:

a. Assuming no inflation, what is the net present value of this project?

b. If inflation is expected to continue at a 10 percent rate, what is the present value of the project?

15–21. Present Value Analysis—Multiple-Choice

A company bought Machine 1 on March 5, Year 1, for $5,000 cash. The estimated salvage was $200, and the estimated life was 11 years. On March 5, Year 2, the company learned that it could purchase a different machine for $8,000 cash. The new machine would save the company an estimated $250 per year compared to Machine 1. The new machine would have no estimated salvage value and an estimated life of 10 years. The company could get $3,000 for Machine 1 on March 5, Year 2.

Required:

Ignoring income taxes, which of the following calculations would best assist the company in deciding whether to purchase the new machine?

a. (Present value of $250 savings per year) + $3,000 − $8,000.

b. (Present value of $250 savings per year) − $8,000.

c. (Present value of $250 savings per year) + $3,000 − $8,000 − $5,000.

d. (Present value of $250 savings per year) + $3,000 − $8,000 − $4,750.

(CPA adapted)

15–22. Determine Net Present Value

The Complete Cure Hospital is considering buying laboratory equipment so they will not have to use outsiders' laboratories for certain types of laboratory work. All of the cash flows affected by the decision are listed below. (The hospital is a nonprofit organization that does not pay taxes.)

Acquisition cost	$2,000,000
Annual cash savings because outside laboratories are not used	800,000
Additional cash outflow for people, supplies, to operate the equipment	100,000
Salvage value after seven years, which is the estimated life of this project	200,000
Discount rate 10%	

Required:

What is the net present value of this decision? Should the hospital buy the equipment?

15–23. Impact of Inflation on Net Present Value

Refer to the data in exercise 15–22. What would be the net present value if inflation is expected to be 8 percent per year?

15–24. Determine Present Value of Investment Outflows Staggered over Time

A city government is considering investing in street reconstruction that will require outlays as follows:

Year	Item	Amount
0	Engineering studies	$ 50,000
1	Project initiation	175,000
2	Project construction	850,000

Required:

Compute the net present value of these cash outlays if the appropriate discount rate is 10 percent.

15–25. Determine Net Present Value

Refer to the data in exercise 15–24. If the investment is made, the city will save street maintenance costs of $200,000 per year in each of Years 3 through 10. There are no other cash flows related to the project.

Required:

Should this project be accepted if the discount rate is 10 percent?

Problems

15–26. Compute Net Present Value, with Investment Tax Credit

Essen Manufacturing Company is evaluating a proposal to purchase a new drill press as a replacement for a less efficient machine presently in use. The cost of the equipment, including delivery and installation, is $200,000. If the equipment is purchased, Essen will incur costs of $5,000 to remove the present equipment and revamp its service facilities. The full purchase price qualifies for the investment tax credit of 10 percent, but the removal costs do not. Depreciation for tax purposes will be allowed as follows: Year 1, $40,000; Year 2, $70,000; and $30,000 per year in each of Years 3–5. The present equipment has a book and tax value of $100,000 and a remaining useful life of 10 years. It is being depreciated for book and tax purposes using the straight-line method over its actual life. However, the present equipment could be sold for only $40,000.

Management has provided you with the following comparative manufacturing cost data:

	Present Equipment	New Equipment
Annual capacity	400,000 units	500,000 units
Annual costs:		
Labor	$30,000	$25,000
Depreciation	10,000	17,500
Other (all cash)	48,000	20,000
Total annual costs	$88,000	$62,500

Both pieces of equipment are expected to have no salvage value at the end of 10 years. No changes in working capital are required with the purchase of the new equipment. The sales force does not expect any changes in volume of sales over the next 10 years. The company's cost of capital is 15 percent, and its marginal tax rate is 45 percent.

Required:

Prepare a schedule showing the net present value of the project

(CPA adapted)

15–27. Impact of Inflation on Net Present Values

Management of Essen Manufacturing Company (problem 15–26) has received your report on the estimated net present value of the new equipment. However, management is disturbed about their economist's report, which indicates an expected inflation rate of 12 percent over the next 10 years.

Required:

Prepare a report indicating how this expectation would affect your computed net present values. Show supporting computations in good form.

15–28. Assess Net Present Value of Training Costs

MacDonald & Company operates a diversified company with several operating divisions. Division M has consistently shown losses. Management is considering a proposal to obtain training for Division M employees that is designed to reduce labor and other operating costs.

The latest division income statement appears as follows (all dollar amounts in this problem have 000 omitted):

Revenues		$ 4,500
Costs:		
Direct materials	$1,250	
Direct labor	1,400	
Factory overhead:		
Indirect materials	200	
Indirect labor	350	
Utilities, taxes, etc.	600	
Depreciation	890	
Misc.	120	
Division selling costs	450	
Division administrative costs	380	
Total costs		5,640
Division contribution		$(1,140)

The costs are expected to continue in the future unless the training is obtained.

With the training, direct labor is expected to be reduced by 55 percent, and other costs are expected to be reduced by $275 per year. These cost savings will continue for 10 years. The training will cost $5,000 and can be deducted for tax purposes in the year it is obtained. Working capital can be reduced by $110 if the new training is purchased.

Required:

If the company's cost of capital is 12 percent and its marginal tax rate is 40 percent, determine whether the new training should be purchased. Show supporting computations.

15–29. Compute Present Values

You are considering the purchase of a truck. If you purchase a truck with a standard gasoline engine, you expect an average of 22 miles per gallon. If you purchase a diesel engine, you expect an average of 30 miles per gallon. You expect to drive 20,000 miles per year and keep the truck for four years. Gasoline costs $1.30 per gallon, and diesel fuel costs $1.25 per gallon. The diesel engine will cost $500 more than the standard gasoline engine. However, when you trade the truck in at the end of four years, it will be worth $150 more if it is equipped with a diesel engine. You estimate that maintenance costs would be $400 per year for both engines. Your before-tax cost of capital is 14 percent. (Ignore taxes.)

Required:

Which model would you purchase, the truck with the diesel or gasoline engine? Why? (Show supporting computations.)

15–30. Sensitivity Analysis

Refer to the data in problem 15–29.

Required:

Would your answer change for the following situations?

a. The number of miles driven will be 10,000 miles per year. (All other data are the same.)

b. The number of miles driven will be 30,000 miles per year. (All other data are the same.)

15–31. Make-or-Buy Decision

Company Z has contracted to supply a governmental agency with 50,000 units of a product each year for the next five years. A certain component of this product can either be manufactured by Company Z or purchased from X Corporation, which will enter into a subcontract for 50,000 units of the component each year for five years at a price of $1.50 per unit. These alternative methods of procurement are regarded as equally desirable, except for costs.

If Company Z decides to manufacture the component, it expects the following to occur: (No tax rate is needed to solve this problem because all cash flows are subject to the same tax rate.)

1. A special-purpose machine costing $30,000 per year for five years will be rented. No other equipment or working capital will be required. (These payments are deducted in the year paid, for tax purposes.)

2. The manufacturing operation will require 1,000 feet of productive floor space. This space is available in a building owned by Company Z and will not be needed for any other purpose in the foreseeable future. The costs of maintaining this building (including repairs, utilities, taxes, and depreciation) amount to $2 per square foot of productive floor space per year.

3. Variable manufacturing costs—materials, direct labor, and so forth—are estimated to be 50 cents a unit.

4. Fixed factory costs other than those mentioned in 1 and 2—such as supervision and so forth—are estimated at $20,000 a year.

5. Company Z uses an after-tax discount rate of 20 percent.

Required:

Should Company Z make the component or buy it from Company X?

15–32. Compute Net Present Value with Investment Tax Credit

Mariposa Recreational Products Corporation produces skateboards for street use. As a result of recent promotion of the sport, the company is considering expanding its facilities to increase production and sales by 35,000 units per year. The expansion will require an immediate outlay of $740,000 for the specialized equipment required for skateboard assembly. The company estimates the useful life of the project will be seven years. The company uses straight-line depreciation for book purposes but will depreciate for tax purposes as follows: Year 1, $140,000; Year 2, $240,000; and Years 3–5, $120,000 per year. Once the equipment is installed, it has no salvage value. The equipment will qualify for an investment tax credit of $74,000.

The project requires an estimated cash and accounts receivable balance of approximately $80,000, which will be liquidated at the end of the project life. The project will also require $37,000 in working inventory and safety stock. These inventories will be liquidated at the end of last year of the project life.

The assembled skateboards sell for $29 wholesale each. The cost of materials for unassembled skateboards is $17 per kit, including shipping. In addition to the $17 cost of the unassembled parts, there is a cost of $6.50 per kit for assembly labor, power, and other variable overhead. All variable overhead is included in the $6.50 charge, and all such variable overhead requires current cash outlays.

The fixed overhead of the factory and equipment amounts to $162,857 including the book depreciation on the new equipment. Except for the equipment depreciation, all of these fixed overhead items require current cash outlays. All fixed overhead is included in this amount.

A 12 percent rate is applicable for investment evaluation purposes. The tax rate applicable to the project income is 40 percent.

Required:

Prepare a schedule showing the net present value for the project with supporting details.

15–33. Compute Present Values

Hagerstown Glass Company is considering the purchase of some more efficient equipment for the manufacture of its quality line of glass tableware. Existing equipment with an original cost of $100,000 will be scrapped, and a salvage value of $8,000 is expected. The book value of the existing equipment is $10,000. It is fully depreciated for tax purposes. The new equipment will cost $425,000. In addition, installation costs will amount to $40,000. The asset and installation costs will be deducted for tax purposes as follows: Year 1, $125,000; Year 2, $130,000; Years 3–5, $70,000 per year.

The equipment will have a life of five years. At the end of its life, it will have no salvage value. The following data compare operations using the new equipment with present operations:

	New Equipment	Old Equipment
Annual capacity (units)	11,000	10,000
Price per unit	$ 55	$ 55
Variable costs per unit	20	35
Annual fixed costs	150,000	40,000
Depreciation (included in the annual fixed costs amount)	93,000	6,000

Demand is such that up to 15,000 units could be sold per year.

Required:

Determine the net present value of the project if the after-tax cost of capital is 20 percent and the marginal tax rate is 40 percent.

15–34. Compute Present Values—Comprehensive Problem

Wyle Company is considering a proposal to acquire new manufacturing equipment. The new equipment has the same capacity as the current equipment but will provide operating efficiencies in direct and indirect labor, direct material usage, indirect supplies, and power. Consequently, the savings in operating costs are estimated at $150,000 annually. Only 60 percent of the estimated annual savings can be obtained in the first year.

The new equipment will cost $300,000. Wyle will incur a one-time cost of $30,000 to transfer the production activities from the old equipment to the new equipment. These costs will be deductible for tax purposes in Year 1.

The current equipment has been fully depreciated for book and tax purposes. Wyle Company could receive $5,000 net of removal costs if it elected to buy the new equipment and dispose of its current equipment at this time.

Wyle currently leases its manufacturing plant. The annual lease payments are $60,000. The lease, which will have five years remaining when the equipment installation would begin, is not renewable. Wyle Company would be required to remove any equipment in the plant at the end of the lease. The cost of equipment removal is expected to equal the salvage value of either the old or new equipment at the time of removal.

The asset must be depreciated for tax purposes as follows: Year 1, $60,000; Year 2, $120,000; Years 3–5, $40,000 per year. Any gain or loss on disposal is taxed at ordinary income tax rates.

The company is subject to a 40 percent income tax rate and requires an after-tax return of at least 12 percent on any investment.

Required:

a. Calculate the differential after-tax cash flows for Wyle Company's proposal to acquire the new manufacturing equipment.

b. Calculate the net present value of Wyle Company's proposal to acquire the new manufacturing equipment.

(CMA adapted)

15–35. Review and Analyze a Capital Investment Proposal

Wisconsin Products Company manufactures several different products. One of the firm's principal products sells for $20 per unit. The sales manager of Wisconsin Products has stated repeatedly that he could sell more units of this product if they were available. To substantiate his claim the sales manager conducted a market research study last year at a cost of $64,000. The study indicated that Wisconsin Products could sell 18,000 units of this product annually for the next five years.

The equipment currently in use has the capacity to produce 11,000 units annually. The variable production costs are $9 per unit. The equipment has a value for tax purposes of $60,000 and a remaining useful life of five years. The salvage value of the equipment is zero and will remain so over the next five years.

A maximum of 20,000 units could be produced annually on new machinery, which can be rented for $83,000 per year for five years. (These payments are deductible for tax purposes in the year incurred.) It has an estimated useful life of five years with no salvage value at the end of five years. Wisconsin Product's production manager estimated that the new equipment would provide increased production efficiencies that would reduce the variable production costs to $7 per unit.

The firm is subject to a 40 percent tax rate, and its after-tax cost of capital is 20 percent.

The sales manager felt so strongly about the need for additional capacity that he prepared an analysis, presented below. He was disappointed because it did not justify acquiring the equipment.

Required Investment

Disposal of existing equipment:		
Loss of disposal	$60,000	
Less tax benefit (40%)	24,000	36,000
Cost of market research study		64,000
Total investment		$100,000

Annual Returns

Contribution margin from product:		
Using the new equipment [18,000 × ($20 − 7)]		$234,000
Using the existing equipment [11,000 × ($20 − 9)]		121,000
Increase in contribution margin		113,000
Less rent		83,000
Increase in before-tax income		30,000
Income tax (40%)		12,000
Increase in income		18,000
Less 20% cost of capital on the additional investment required (.20 × $100,000)		20,000
Net annual return of proposed investment in new equipment		$ (2,000)

Required:

The controller of Wisconsin Products Company plans to prepare a discounted cash flow analysis for this investment proposal. The controller has asked you to prepare corrected calculations of:

a. The required investment in new equipment.

b. The recurring annual cash flows.

Explain the treatment of each item of your corrected calculations that is treated differently from the original analysis prepared by the sales manager.

(CMA adapted)

15–36. Capital Investment Analysis under Inflation

Management of Excello Retail Corporation is considering the purchase of energy-saving equipment costing $250,000.

The equipment has an expected useful life of seven years, at which time it will have no salvage value. The equipment will be depreciated for tax purposes over five years as follows: Year 1, $50,000; Year 2, $80,000; Years 3–5, $40,000 per year.

Present energy costs for the activities related to this equipment are $120,000 per year before taxes. The equipment will save 60 percent of these costs.

Working capital will be reduced by an estimated 5 percent of the initial year's after-tax cash energy cost savings. The working capital reduction will be greater with inflation in future years until Year 7, when it is assumed that the company will have to restore the entire working capital savings.

The expected inflation rate is 10 percent per year. The company's marginal tax rate is 40 percent, and its nominal cost of capital is 25 percent, after considering expected inflation of 10 percent per year. (See Illustrations 15–7 and 15–8 for present values using the 25 percent discount rate.)

Required:

Compute the net present value of the project.

15–37. Capital Investment Analysis under Inflation with Investment Tax Credit

Each division of Catix Company has the authority to make capital expenditures up to $200,000 without approval of the corporate headquarters. The corporate controller has determined that the cost of capital for Catix Corporation is 12 percent. This rate does not include an allowance for inflation, which is expected to occur at an average rate of 8 percent each year. Catix pays income taxes at the rate of 40 percent.

The Electronics Division of Catix is considering the purchase of automated machinery for manufacture of its printed circuit boards. The divisional controller estimates that if the machine is purchased, two positions will be eliminated, yielding a cost savings for wages and employee benefits. However, the machine would require additional supplies and more power. The cost savings and additional costs in Year 0 prices are as follows:

Wages and employee benefits of the two positions eliminated ($25,000 each)	$50,000
Cost of additional supplies	3,000
Cost of additional power	10,000

The new machine would be purchased and installed at the end of Year 0 at a net cost of $80,000. If purchased, the machine would be depreciated for tax purposes as follows: Year 1, $16,000; Year 2, $28,000; Years 3–5, $12,000 each year. It would qualify for an investment tax credit of $8,000. The machine will become technologically obsolete in eight years and will have no salvage value at that time.

The Electronics Division compensates for inflation in capital expenditure analyses by adjusting the expected cash flows by an estimated price level index. The adjusted after-tax cash flows are then discounted using the appropriate discount rate.

All operating revenues and expenditures occur at the end of the year. No changes are expected in working capital.

Required:

Prepare a schedule showing the expected future cash flows in nominal dollars. Also show the net present value of the project.

(CMA adapted)

Integrative Cases

15–38. Equipment Purchase Decision

Transcontinental Oil Company has some oil properties that are now at the point where further production is not worthwhile without better equipment. Even with the better equipment, the properties would only be economically productive for six more years.

If Transcontinental Oil Company decides to buy the equipment, it will enter into a contract at Date 0 to purchase the equipment. The supplier of the equipment has made an initial offer of a contract that calls for a payment of $2,500,000. The company's management believes it can reduce this price by negotiating with the supplier. For tax purposes, 40 percent of the cost of the equipment could be deducted at the end of Year 1. This is true whether the amount paid is $2,500,000 or some other amount. The remaining 60 percent would be depreciated on a straight-line basis over five years (Years 2–6).

The equipment purchase contract also has a provision that calls for the manufacturer of the equipment to do additional work at the end of Year 2. The contract specifies a payment of $1,000,000 to be made at that time for this service. All of this Year 2 payment would be deductible for tax purposes at the end of Year 2.

Production expectations, prices of crude oil per barrel, and variable costs of production are as follows:

Year	Expected Production (barrels)	Per Barrel	
		Price	Variable Costs
1	40,000	$30	$7
2	70,000	30	7
3	60,000	30	7
4	50,000	30	7
5	40,000	30	7
6	30,000	30	7

Both the prices per barrel of crude oil and variable costs are based on Date 0 prices. It is expected that the value of the properties at the end of Year 6 will be zero.

The tax rate for the company is 45 percent.

Required:

a. Ignoring the effects of inflation and assuming a desired after-tax rate of return of 10 percent, should Transcontinental buy the equipment for $2,500,000?

b. What is the amount that Transcontinental would be willing to pay for the equipment to make the NPV of the project equal to zero?

15–39. Equipment Purchase with Inflation

Refer to the data in case 15–38. Suppose the after-tax rate of return of 10 percent is to be in *real* terms and the expected inflation rate is 8 percent per year. What would be the net present value of the equipment purchase? What is the amount Transcontinental would pay to make the NPV equal to zero?

15–40. Make-or-Buy—Liquid Chemical Co.*

The Liquid Chemical Company manufactured and sold a range of high-grade products. Many of these products required careful packing, and the company had always made a feature of the special properties of the containers used. They had a special patented lining made from a material known as GHL, and the firm operated a department especially to maintain its containers in good condition and to make new ones to replace those that were past repair.

Mr. Walsh, the general manager, had for some time suspected that the firm might save money, and get equally good service, by buying its containers from an outside source. After careful inquiries, he approached a firm specializing in container production, Packages, Inc., and asked for a quotation from it. At the same time, he asked Mr. Dyer, his chief accountant, to let him have an up-to-date statement of the cost of operating the container department.

Within a few days, the quotation from Packages, Inc., came in. The firm was prepared to supply all the new containers required—at that time, running at the rate of 3,000 a year—for $1,250,000 a year, the contract to run for a guaranteed term of five years and thereafter to be renewable from year to year. If the required number of containers increased, the contract price would be increased proportionally. Additionally, and irrespective of whether the above contract was concluded or not, Packages, Inc., undertook to carry out purely maintenance work on containers, short of replacement, for a sum of $375,000 a year, on the same contract terms.

Mr. Walsh compared these figures with the cost figures prepared by Mr. Dyer, which covered a year's operations of the container department of the Liquid Chemical Company and were as follows:

---

* Adapted from a case by Professor David Solomons, Wharton School, University of Pennsylvania.

16

Capital Investment Models

This chapter expands our discussion of capital budgeting to cover the following topics:

1. The effects of capital budget constraints, which show ways of ranking projects that all have positive net present values but cannot all be accepted.

2. How the effect of the project on company risk and accounting earnings plays a role in making investment decisions.

3. Comparison of leasing and borrow-to-buy financing alternatives (Appendix).

4. The use of alternatives to net present value that companies use in making investment decisions.

We now examine alternative ways that management uses to select the projects it will undertake. Let's consider a set of five investment projects with net cash flows as indicated in Illustration 16–1.

Illustration 16–1   **Cash Flow Schedules for Alternative Projects (in thousands)**

	Project				
Year	A	B	C	D	E
0	$(425)	$(135)	$ (80)	$(170)	$ (90)
1	25	0	0	60	10
2	50	90	0	60	20
3	75	80	0	60	40
4	100	70	0	60	40
5	150	50	0	60	40
6	300	20	200	60	30
7	380	10	100	60	20
Totals	$ 655	$ 185	$220	$ 250	$110
Net present value (at 15%)	$ 88	$ 63	$ 44	$ 80	$ 23

Additional computations:
$88 = -\$425 + (\$25 \times 1.15^{-1}) + (\$50 \times 1.15^{-2}) + (\$75 \times 1.15^{-3}) + (\$100 \times 1.15^{-4}) + (\$150 \times 1.15^{-5}) + (\$300 \times 1.15^{-6}) + (\$380 \times 1.15^{-7})$
$63 = -\$135 + (\$90 \times 1.15^{-2}) + (\$80 \times 1.15^{-3}) + (\$70 \times 1.15^{-4}) + (\$50 \times 1.15^{-5}) + (\$20 \times 1.15^{-6}) + (\$10 \times 1.15^{-7})$
etc.

Using a 15 percent discount rate, each project has a positive net present value. Therefore, if funds were available, and if investment in one project did not exclude the possibility of investing in another project, all five projects would be chosen. However, there are often constraints on management's choice of projects.

For example, suppose management wanted to invest no more than $450,000 in these projects because of a shortage of managerial people to manage more than $450,000 of these investments. Which projects, if any, would it select? Or, suppose that if Project B is selected, then Project C cannot be selected. Which project should then be chosen?

When the amount to be invested in capital investment projects is limited, management usually considers the summed net present values of all selected investments rather than the net present value of each investment alone. Although all of these projects have positive net present values, they must be ranked to decide which is most desirable if there are constraints on the amount that can be invested.

Net Present Value Index Method

The **net present value index** is often used for ranking purposes. This approach relates the net present value of a project to the dollars invested in it. The index is computed by dividing the net present value of a project by the initial investment. In equation form, we have:

$$\text{Net present value index} = \frac{\text{Project net present value}}{\text{Investment in project}}$$

So, for Project A in Illustration 16–1, the net present value index is:

$$\frac{\$88}{\$425} = \underline{\underline{.21}}$$

The net present value indexes for the other projects are:

Project B   .47 = $63 ÷ $135

Project C   .55 = $44 ÷ $80

Project D   .47 = $80 ÷ $170

Project E   .26 = $23 ÷ $90

For investment choice purposes, projects are ranked by the amount of their net present value index. The greater the index amount, the more desirable the investment.

If it is possible to fund each project in part rather than acquire the entire project, such as through partnership or joint venture arrangements, then by taking the projects in rank order, the maximum net present value could be obtained. Partial investments are common in real estate and natural resource projects. They are less common in manufacturing or other projects. Hence, the possibility of a partial investment may depend on the nature of the project.

In the example, the $450,000 is apportioned first to Project C, which costs $80,000 and has the greatest net present value index. Next selected are Project D, costing $170,000, and Project B, costing $135,000.

After making these three investments, $65,000 (that is, $450,000 − $80,000 − $135,000 − $170,000) is left for other projects. If we can fund a partial investment, we will invest the remaining $65,000 in Project E and obtain a 72.22 percent (that is, $65,000/$90,000) share in that project.

With this investment strategy, the net present value of the $450,000 investment is $203,611, which is the sum of the present values on Projects B through D plus 72.22 percent of the present value of Project E. No alternative strategy yields a higher net present value.

As a counter example, suppose we were to invest $425,000 in Project A and use the remaining $25,000 to acquire a 31.25 percent (that is, $25,000/ $80,000) investment in Project C. The net present value from this combination is:

	Percent Acquired	Net Present Value
Project A	100	$ 88,000
Project C	31.25	13,750 (that is, 31.25% × $44,000)
Total net present value		$101,750

This alternative offers a lower net present value than the one obtained using the present value index ranking method.

Indivisible Investments

Of course, it may not be possible to acquire a partial interest in Project E. If the projects cannot be subdivided, their appropriate ranking becomes more complex. It may not be possible to invest the full $450,000. Any funds not invested in these projects would be expected to earn the cost of capital rate and, hence, have no net present value. The optimal solution to the project rank ordering could no longer be based entirely on the net present value index. Rather, we would have to consider the total present value of all selected projects, however chosen.[1]

For the data in Illustration 16–1, the optimal ranking is to select Projects B, C, and D, which cost a total of $385,000 (total of $135,000 + $80,000 + $170,000). These three projects provide a combined net present value of $187,000 (which is the sum of $63,000 + $44,000 + $80,000). The uninvested funds of $65,000 (the net of $450,000 − $385,000) will earn a net present value of zero because they are presumed to earn the cost of capital and no more. No other combination of projects costing an aggregate of $450,000 or less will provide a greater net present value for the company when partial investment in projects is not possible. In this example, the ranking is identical to the net present value index ranking, but this will not always be the case.

Mutually Exclusive Projects

In many cases, projects are **mutually exclusive.** That is, selecting one project precludes selecting another project. When this occurs, the project with the highest net present value is usually chosen. This selection technique is based on the assumption that unlimited capital is available. When investment funds are limited, net present value cannot be the sole basis of choice because selection of one project reduces the capital available for investment in other projects. The opportunity cost of the mutually exclusive project is, in part, the return that could be earned on the excluded project, rather than the cost of capital for the company as a whole.

---

[1] The use of integer programming for this problem has been suggested in Richard H. Pettway, "Integer Programming in Capital Budgeting: A Note on Computations Experience," *Journal of Financial and Quantitative Analysis,* September 1973, pp. 665–72.

For example, if Projects B and C from Illustration 16–1 are mutually exclusive and if investment funds are not limited, then the company prefers Project B. Investing in Project B results in a net present value of $63,000, whereas Project C yields a net present value of only $44,000. The critical assumption here is that the company has no better alternatives for the differential funds required for Project B. A comparison of differential investment and differential net present values shows the following:

	Project C	Project B	Differential
Initial cost	$80,000	$135,000	$55,000
Net present value	$44,000	$ 63,000	$19,000

The differential investment in Project B yields a differential net present value of $19,000. Now, if the differential $55,000 could be invested in another project (for example, a new Project F) with a net present value greater than $19,000, the company would be better off selecting both Project C and the new Project F.

For example, if Project F costs $55,000 and has a net present value of $22,000, by investing in Projects C and F the company obtains a net present value of $66,000 (which is the $44,000 from Project C plus $22,000 from Project F). This net present value is greater than the $63,000 from Project B. The increased present value is obtained with the same $135,000 investment.

Thus, when a company has limited capital and is unable to fund partial projects, the optimal set of projects is determined by considering the total net present value of all projects selected rather than the individual project net present values.

Other Evaluation Considerations

Management considers factors other than net present values when making capital investment decisions. These factors may override the results of a pure present value analysis. We mention differences in the *riskiness* of projects, how well the project fits with other company projects, and the impact of projects on accounting income because these factors are frequently encountered by accountants.

Differences in Project Risk

There is often a correlation between the amount of risk a project entails and the return that can be earned from that project. If management uses net present values without adjustment for risk, high-risk projects with high expected returns may be the most commonly accepted. This outcome may be contrary to management intentions. Indeed, if management continues to accept riskier projects, overall company risk may increase. Its cost of capital will then increase to compensate lenders and investors for the greater risks. This will result in an increased hurdle rate.

To avoid this problem, management may require a higher rate of return from riskier projects. This risk premium is determined by analyzing the characteristics of a specific project and relating them to the company's other assets.[2] Management must be aware of the trade-offs between risk and return and select projects that meet predetermined objectives for overall company risk.

Portfolio Considerations

Investing in capital assets requires consideration of how they will fit with a company's existing *portfolio of assets*. New assets may be used to diversify away some risk for a company just as diversification of a securities portfolio may be used to reduce risk for an investor. For example, a company may acquire companies in other industries to avoid the business-cycle, technological, and political risks associated with its own industry. That is one reason why conglomerate mergers have become quite popular.

The ways in which a specific investment can enhance a company's overall asset structure is another aspect of the capital investment decision. For example, in recent years companies that are significant energy users have acquired energy companies to assure themselves of a reliable energy supply. Brokerage firms have been merged with other kinds of financial institutions, such as credit card companies and retail stores, to diversify the services they can offer to their customers. These considerations extend beyond the accountant's domain, but they are significant for evaluating whether capital investment projects meet management's objectives.

Effects on Income

Accounting measures of income are often used to evaluate organization performance and to measure compliance with contracts. For example, restrictive covenants in a loan agreement may require that a company maintain certain levels of working capital and retained earnings. Management will rarely select projects that have such an adverse effect on the working capital or other accounting numbers that the company no longer complies with contractual arrangements.

Management may also prefer to see growth in the income reported in the financial statements. In such cases, they will prefer projects that provide long-term growth over projects that show declining or level income trends.

For example, in Illustration 16–1, Project C has no net cash inflows for the first five years of its life. When depreciation is deducted from this zero cash flow to obtain net income for financial reporting, Project C shows net losses for its first five years. Management may decide to exclude Project C from consideration on this basis alone. To extend the example, a schedule of accounting income from each project is shown in Illustration 16–2. These accounting income data would be developed from sources other than those discussed in this chapter. As expected, Project C shows losses for the first five years.

Management may decide to select Project C in spite of the accounting losses because it yields a positive net present value, as shown in Illustration 16–1. But management would be unlikely to place all of its capital investment funds in ventures like Project C unless the company had other sources of income, was particularly adventurous, or if management had incentives to maximize

---

[2] See, for example, J. C. VanHorne, *Fundamentals of Financial Management* (Englewood Cliffs, N.J.: Prentice-Hall, 1980).

Illustration 16–2   **Accounting Income from Projects A through E**

| | | Project | | | |
Year	A	B	C	D	E
1	(65)	(10)	(10)	20	0
2	5	80	(10)	30	10
3	45	70	(10)	40	10
4	70	40	(10)	50	20
5	150	20	(10)	50	30
6	330	10	220	40	30
7	120	(25)	50	20	10
Totals	$655	$185	$220	$250	$110

long-run payoffs instead of short-run accounting income. If the company had loan agreements or other contracts that required it to maintain certain net income levels, the early accounting losses from Project C could cause the company to default on its loan agreements and thus preclude it from staying in business long enough to earn the later rewards from Project C.

Externally required accounting income considerations for project investments may be considered a constraint by management on the company's investment program. In some cases, managers require that projects have both a positive net present value and increase earnings by a specified amount.

Alternate Capital Investment Models

Due to the complexity of the capital investment decision, one model of analysis is sometimes considered insufficient for evaluating investment proposals.[3] The most common models for assessing capital investment projects are:

1. Net present value.

2. Internal rate of return.

3. Payback.

4. Accounting rate of return.

We will discuss each of these alternative models in turn. Each model has its own advantages and may be encountered in certain decision settings. In a complex capital investment decision, it is likely that several alternative measures will be employed by management.

Net Present Value

As noted in the previous chapter, a project's net present value is computed by discounting its future cash flows to their equivalent value today. A discount rate must be selected for this computation. Finance texts recommend the use of a **weighted-average cost of capital**. With rapid changes in the value of money,

---

[3] Surveys of the use of capital investment models include V. B. Bavishi, "Capital Budgeting Practices at Multinationals," *Management Accounting,* August 1981, pp. 32–35; and J. Fremgen, "Capital Budgeting Practices: A Survey," *Management Accounting,* May 1973, pp. 19–25.

some adjustment to book values is needed for determining the appropriate rate. Quite often companies adjust the rate to reflect inflationary effects. As noted in Chapter 15, the cash flows should also be adjusted for the effects of price-level changes. Some companies vary the rate to account for the differences in risk characteristics of different projects. Other companies use a rate that is determined as management's judgment of what a capital investment should earn. Whatever method is used for determining the discount rate, the end result is directed toward the objective of making the net present value an estimate of the economic value of the asset to the company.

Since the details of net present value calculations have been presented in Chapter 15, we will not repeat them here. Other alternative methods that we will discuss in more detail include internal rate of return, payback, and accounting rate of return.

Internal Rate of Return

The internal rate of return or IRR is the rate of interest that a project is expected to earn over its life. If the internal rate of return (also known as the *time-adjusted rate of return*) were used as the cost of capital for discounting project cash flows, the net present value of the project would be exactly equal to zero. Thus, the IRR is that rate that makes the present value of project cash outflows equal to the present value of project cash inflows. This contrasts with the net present value method, which employs a predetermined discount rate.

For example, consider Project A from Illustration 16–1. We know that the IRR from that project is in excess of 15 percent because the net present value is greater than zero. The IRR is the discount rate that equates the present value of Project A's cash inflows and outflows.

To compute the IRR, it is usually necessary to use a calculator, a computer program, or an iterative trial-and-error technique. For Project A, we know the rate is greater than 15 percent. Is it 20 percent? To find out, we discount the Project A cash flows using a 20 percent discount rate. As shown in Illustration 16–3, this results in a net present value of $(11,020). Since this value is negative, the internal rate of return must be less than 20 percent. We then interpolate between the two interest rates based on the spread between the net present values as follows:

$$\frac{\$(11,020)}{\$11,020 + \$88,180} \times (20\% - 15\%) = \underline{\underline{(.56\%)}}$$

This suggests that the internal rate of return is approximately .56 percent less than 20 percent. A rate of 19.4 percent results in a net present value of $(540), which indicates that rate is still too high. A rate of 19.3 percent yields a net present value of $1,240, which indicates that rate is too low. Therefore, we conclude that the internal rate of return is between 19.4 percent and 19.3 percent. While a calculator program could be used to produce a rate that is correct to several decimal places, whole percentages are usually sufficient, and interpolations for fractions of a percent are usually unnecessary.

Internal Rate of Return with Constant Cash Flows. When the cash flows from a project are constant, it is possible to use the tables for present

Illustration 16–3

Trial-and-Error Approximation of Internal Rate of Return
Basic Data: Project A—Illustration 16–1 (in thousands)

		Discount Rate			
Year	Cash Flow	Step 1: 15 Percent	Step 2: 20 Percent	Step 3: 19.4 Percent	Step 4: 19.3 Percent
0	$(425.00)	$(425.00)	$(425.00)	$(425.00)	$(425.00)
1	25.00	21.74ᵃ	20.83ᵇ	20.94ᶜ	20.96ᵈ
2	50.00	37.81	34.72	35.07	35.13
3	75.00	49.31	43.40	44.06	44.17
4	100.00	57.18	48.23	49.20	49.37
5	150.00	74.58	60.28	61.81	62.07
6	300.00	129.70	100.47	103.54	104.06
7	380.00	142.86	106.05	109.84	110.48
Net present values		$ 88.18	$ (11.02)	$ (.54)	$ 1.24

Additional computations:
^{a} $21.74 = \$25 \times 1.15^{-1}$; $37.81 = \$50 \times 1.15^{-2}$; etc.
^{b} $20.83 = \$25 \times 1.20^{-1}$; $34.72 = \$50 \times 1.20^{-2}$; etc.
^{c} $20.94 = \$25 \times 1.194^{-1}$; $35.07 = \$50 \times 1.194^{-2}$; etc.
^{d} $20.96 = \$25 \times 1.193^{-1}$; $35.13 = \$50 \times 1.193^{-2}$; etc.

value of an annuity (Appendix B to Chapter 15) to find the approximate rate of return. Dividing the required investment by the annual net cash flow gives the factor for a project with a life equal to that of the project and an interest rate equal to the internal rate of return. All we need do is look across the row for number of periods until we come to the factor closest to our computed factor. The interest rate for the column of the table related to that factor is the approximate internal rate of return.

For Project D in Illustration 16–1, the factor is:

$$\frac{\$170,000}{\$60,000} = 2.83,$$

which, for a seven-year project, is closest to the factor 2.802 in the column headed by an interest rate of 30 percent. Therefore, we estimate the IRR on this project to be 30 percent.

Some Questions with IRR. While the internal rate of return is widely used for project evaluations, it is sometimes considered inferior to net present value. Its primary disadvantage is its built-in assumption that net cash inflows are reinvested at the project's internal rate of return. By contrast, the net present value method assumes that the net cash inflows are invested at the cost of capital rate. If funds will be reinvested at the cost of capital, the IRR method will make a project whose rate of return is greater than the cost of capital appear more attractive than a similar project using the net present value approach.

In some cases, the differences between the assumptions in the IRR method and the present value method result in differences in the rankings of projects using each method. The present value index ranking may differ from the IRR ranking. The choice that management makes in such a situation will depend on management's objectives and evaluation of the assumptions underlying the two methods.

Multiple Rates of Return. An interesting problem arises in computing internal rate of return for cash flows that change sign more than once in the project life. This change in sign may occur if significant additional investment is required later in the life of the investment or if a significant cost is incurred when the project is abandoned. Such projects will have more than one internal rate of return. This problem is referred to as multiple rates of return.

Payback

It is generally assumed that the longer a company's funds are tied up in an investment, the greater the risk to the company. In addition, there is a relationship between the speed of payback and the rate of return on a typical investment. For these reasons, companies often consider the length of time it takes to obtain a return of the investment in the project as a measure for project evaluation. The payback period is the number of years that will elapse before the original investment is repaid. As with most other capital investment models, cash flow data are used for this computation. With level annual cash flows, the payback formula is:

$$\frac{\text{Payback}}{\text{period}} = \frac{\text{Investment}}{\text{Annual cash flow}}$$

With different annual cash flows, the analysis is more complex. For example, using the data for Project B from Illustration 16–1, the payback period is:

Year	Net Cash Flow	Cash Flow Balance
0	$(135,000)	$(135,000)
1	–0–	(135,000)
2	90,000	(45,000)
3	80,000	35,000

A running balance of the net cash flow for the investment is maintained until the balance turns positive. For this project, the balance turns positive during the third year. The fraction of that third year that was required before the investment achieved payback is usually estimated by dividing the absolute value of the last negative balance in the balance column by the total cash flow in the payback year:

$$\frac{\text{Balance, end of Year 2}}{\text{Net cash flow, Year 3}}$$

or

$$\frac{\$45,000}{\$80,000} = .5625$$

Project payback would then be stated as 2.5625 years, or approximately 2 years and 7 months. The fraction-of-a-year computation is based on the assumption that the cash flows are received evenly throughout the payback year.

Shortcut Payback Computation. If a project has level cash flows throughout its life, the payback computation is simplified. The payback period may be computed in this case by dividing the project cost by the annual cash flow. For Project D from Illustration 16–1, the payback period is:

$$\frac{\$170,000}{\$60,000} = 2.83 \text{ years}$$

Payback Reciprocal. When a project life is at least twice the payback period and the annual cash flows are approximately equal, the **payback reciprocal** may be used to estimate of the rate of return for the project.

Thus, for Project D from Illustration 16–1, the payback reciprocal is:

$$\frac{1}{2.83} = .35, \text{ or } 35\%$$

Programmed functions in calculators and computers are generally used to compute the rate of return directly. Therefore, use of the payback reciprocal approach is simply a rough, first-cut approximation.

Discounted Payback. A method that recognizes the time value of money in a payback context is the **discounted payback method.** This method is used to compute the payback in terms of discounted cash flows received in the future. That is, the periodic cash flows are discounted using an appropriate cost of capital rate. The payback period is computed using the discounted cash flow values rather than the actual cash flows. If the discounted payback method was used for Project D from Illustration 16–1 and a 15 percent cost of capital rate was employed, the discounted payback period would be as shown in Illustration 16–4, which is a discounted payback period of four years.

Illustration 16–4   **Discounted Payback Method, Project D (dollars in thousands)**

Year	Cash Flow	Discount Factor[a]	Discounted Cash Flow	Balance
0	$(170)	—	$(170)	$(170)
1	60	.870	52	(118)
2	60	.756	45	(73)
3	60	.658	39	(34)
4	60	.572	34	–0–

[a] Discount factors rounded to three places.

Illustration 16–5
Comparison of Net Present Value and Payback Periods

	Project 1	Project 2
Investment cost	$100,000	$100,000
Annual cash flows:		
Year 1	$100,000	$ 50,000
Year 2	–0–	50,000
Year 3	–0–	50,000
Years 4 and after	–0–	–0–
Payback	1 year[a]	2 years[b]
Net present value at 15%	$(13,043)[c]	$ 14,161[d]

Additional computations:

[a] One year = $100,000 investment/$100,000 annual cash flow.

[b] Two years = $100,000 investment/$50,000 annual cash flow.

[c] $-13,043 = $-100,000 + $100,000 \times 1.15^{-1}$.

[d] $14,161 = $-100,000 + $50,000 \times 1.15^{-1} + $50,000 \times 1.15^{-2} + $50,000 \times 1.15^{-3}$.

Evaluation of Payback Methods. Payback approaches are generally easy to compute and, to the extent that risk and payback are correlated, give some measure of a company's risk exposure from a project. However, the payback period tells nothing about profitability. Thus, a project that returns the entire investment in Year 1 but results in no further cash flows appears better using the payback criterion than does a project that returns 50 percent of the investment cost per year for three years. With an investment of $100,000 and a cost of capital of 15 percent, a comparison of the net present value and payback period for these two projects is shown in Illustration 16–5. Clearly, Project 2 is the better choice when cash flows are considered. The payback method gives a misleading signal about the relative desirability of the two projects.

Thus, when using payback it is important to consider what will happen after the payback period is over. Managers often use payback as a screening device because it is easy (and therefore inexpensive) to use. The choice of the investment analysis model should be based on their costs and benefits compared to the alternative models. If decisions are sensitive to the decision model, then more care and expense is warranted than when decisions are the same regardless of the model used.[4]

Accounting Rate of Return

The **accounting rate of return** measures a project's rate of return in terms of accounting income however defined by management rather than in terms of cash flows. It relates the average accounting income from a project to the investment in the project and is computed using the following equation:

$$\text{Accounting rate of return} = \frac{\text{Average accounting income}}{\text{Investment}}$$

---

[4] For a comparison of the impact of different capital budgeting models on decisions, see G. Sundem, "Evaluating Simplified Capital Budgeting Models Using a Time-State Preference Metric," *The Accounting Reveiw,* April 1974, pp. 306–20.

The accounting income for this computation is approximately equal to the sum of the average incremental cash flow from the project less the average book depreciation. Investment may be based either on the *initial investment* or on the *average investment*. Average investment is usually assumed to equal one half of the sum of initial investment and salvage value. Incremental cash flows are usually approximated using revenues minus costs other than depreciation.

For example, consider Project D in Illustration 16–1. The project has an annual cash flow of $60,000 and an initial cost of $170,000. Assume that $154,000 of the investment cost is depreciable using a straight-line rate over the seven-year project life. This basis was determined by management's internal accounting procedures. Book depreciation is $22,000 per year (computed as $154,000/7 years). Average investment in the project is $85,000, which is one half of the original investment cost of $170,000.

The accounting rate of return *(R)* is:

$$R = \frac{C - D}{\frac{1}{2} \times I}$$

or

$$\frac{\$60,000 - \$22,000}{\$85,000} = 44.7\%$$

where

C = Average annual cash flow from the investment.
D = Accounting depreciation.
I = Initial investment.

Real World Application

Capital Budgeting Methods

In the 1950s, the payback method was the most popular method for capital investment analysis, according to surveys of practice. Since then, discounted cash flow techniques (net present value and internal rate of return) have been used by more and more companies.

Most companies appear to use more than one method of capital investment analyses. A recent survey of practice indicated that "Over 86 percent of the respondents use IRR or NPV or both, but only 16 pecent use one or both without also using [payback] or [accounting rate or return]."*

Payback and accounting rate of return are apparently used as supplements to discounted cash flow methods in most companies because of their familiarity and ease of use.

---

* L. D. Schall, G. L. Sundem, and W. R. Geijsbeck, Jr., "Survey and Analysis of Capital Budgeting Methods," *The Journal of Finance,* 33, no. 1, p. 282.

The accounting rate of return may also be computed using the initial investment rather than the average investment. This estimate of the accounting rate of return is:

$$R = \frac{C - D}{I}$$

or

$$\frac{\$60,000 - \$22,000}{\$170,000} = \underline{\underline{22.4\%}}.$$

Since the accounting rate of return averages the cash flows to be received from a project and averages the depreciation, and since the accounting rate of return ignores the time value of money, the method is rarely suitable for investment decision-making purposes. Sometimes management will constrain the investment decision to include only those projects that exceed a particular accounting rate of return in order to maintain particular financial accounting ratios. However, this method is considered inferior to a net present value evaluation if the objective is to maximize the long-run wealth of the organization.

Comments on Alternative Methods

Capital investment decisions are among the most important decisions made by managers because they are long-run commitments. Consequently, managers typically use as much information as possible in making decisions. Although the net present value method discussed in Chapter 15 is the most theoretically defensible model, managers often use the alternative models discussed in this chapter as ways of getting a different picture of the project. If the information has already been collected to do a net present value analysis, then the additional cost to the company of using these additional models is typically low.

A summary of the four main models discussed in Chapters 15 and 16 is presented in Illustration 16–6.

Summary

When capital investment opportunities with positive net present values exceed capital budget constraints, the net present value index may be used to rank the projects. This index is calculated as follows:

$$\text{Net present value index} = \frac{\text{Project net present value}}{\text{Investment in the project}}.$$

When partial investments are not possible, a ranking by net present value index may not indicate the optimal set of projects because there may be leftover, unvested funds that have a positive net present value. Consequently, various combinations of projects must be evaluated to find the set of projects with the highest net present value.

Projects with high returns are not necessarily better than those with lower returns. If a high-return project entails greater risk, management will often

Illustration 16–6   **Summary of Alternative Capital Investment Models**

Net present value:	Find the net present value of a project using the following formula: $$NPV = \sum_{n=0}^{N} C_n \times (1 + d)^{-n}$$ See Chapter 15 for details.
Internal rate of return:	Find the project rate of return that makes the project net present value equal to zero. This rate is compared to a "hurdle rate." If it exceeds the hurdle rate, then the project is acceptable.
Payback:	Find the number of years it will take for the project to "pay back" the investment. The shorter the payback period the better, according to this decision criterion. This method ignores the time value of money and gives no explicit weight to cash flows after the payback period.
Accounting rate of return:	The accounting rate of return for a project is computed as follows: $$\frac{\text{Average accounting income}}{\text{Investment}}$$ This method ignores the time value of money.

use a higher discount rate. In addition, when investing in capital assets, management must consider how the new investment will fit with the company's portfolio of assets and its overall strategy. Sometimes projects with lower returns are accepted because they are more compatible with the company's long-range plans.

When financing arrangements are tied directly to an investment decision, the net present value of each package arrangement is usually calculated. For example, leasing is often a form of financing an asset, much like borrowing. Thus, it is appropriate to compare the cash flows under leasing with those under a borrow-to-buy arrangement as discussed in the Appendix.

Management may use more than one evaluation method for assessing capital investment projects. Internal rate of return expresses a project's return as an interest rate rather than as a net present value. Payback indicates how long a project will take to earn back its initial investment. Discounted payback indicates how long it will take to earn back the initial investment after discounting the cash flows. Accounting rate of return shows a project's effect on accounting income. Each of these alternatives to net present value is frequently criticized as a primary means of investment analysis. But, given the importance of capital investment decisions to most organizations, use of more than one method may provide additional useful insights.

Terms and Concepts   The following terms and concepts should be familiar to you after reading this chapter.

Accounting Rate of Return   Lease versus Borrow-to-Buy
Discounted Payback Method   (Appendix)
Internal Rate of Return (IRR)   Multiple Rates of Return

Mutually Exclusive

Net Present Value Index

Payback

Payback Period

Payback Reciprocal

Risk Premium

Weighted-Average Cost of Capital

Self-Study Problem

Using the data from the Melwood Corporation (Chapter 15, self-study problem), compute the following alternative evaluation measures:

a. Present value index.

b. Internal rate of return.

c. Payback.

d. Payback reciprocal.

e. Discounted payback, using the 15 percent cost of capital rate.

f. Accounting rate of return on initial investment, assuming straight-line book depreciation of equipment and software costs. Ignore the old equipment and investment tax credit in the computations.

Solution to Self-Study Problem

a. Present value index:

$$\frac{\text{Net present value}}{\text{Initial investment}} = \frac{\$3,830}{\$11,615} = \underline{\underline{33\%}}$$

b. Internal rate of return:

Because the net present value is positive at the 15 percent discount rate, we know the IRR must be greater than 15 percent. Trying several rates, we obtain:

		Rates	
Year	Cash Flow	30 Percent	31 Percent
0	$(11,615)	$(11,615)	$(11,615)
1	5,525	4,250	4,218
2	5,525	3,269	3,220
3	5,525	2,515	2,458
4	4,950	1,733	1,681
		$ 152	$ (38)

So, the IRR is a little more than 30 percent.

c. Payback:

Year	Cash Flow
0	$(11,615)
1	5,525
2	5,525
3	5,525

$$\text{Pay back} = \frac{\$11,615}{\$5,525} = \underline{\underline{2.10 \text{ years}}}$$

d. Payback reciprocal:

$$1 \div 2.10 = \underline{\underline{47.6\%}}$$

The life of the asset is less than twice the payback period; hence, the payback reciprocal may not be an accurate estimate of the internal rate of return. Compare this estimate with the estimate in requirement *(b)* of this problem.

e. Discounted payback:

Year	Cash Flow	Balance
0	$(11,615)	$(11,615)
1	4,804	(6,811)
2	4,178	(2,633)
3	3,633	—

$$2 \text{ years} + \frac{\$2,633}{\$3,633} = \underline{\underline{2.72 \text{ years}}}$$

f. Accounting rate of return:

$$\frac{\{\$8,000 - [(\$7,500 + 8,400 - 1,000) \div 4 \text{ years}]\} \times (1 - .45)}{\$7,500 + 8,400}$$

$$= \frac{(\$8,000 - 3,725) \times .55}{15,900}$$

$$= \frac{\$2,351}{\$15,900}$$

$$= 14.8\%$$

Note: Software costs were written off immediately for tax purposes, but they were capitalized and included as part of the investment base for book purposes.

Appendix: Lease versus Borrow-to-Buy

Once a project has been evaluated and found to have met all of the criteria for investment, a decision must be made about how to finance it. There are numerous variations in project financing that are designed to meet the specific needs of both borrower and lender. As has been well established in the finance literature, investment and financing decisions are normally separated. Some special financing opportunities may be linked to a specific capital investment, however. One such example is leasing instead of borrowing and buying. This appendix provides a general guideline for evaluating leases versus borrowing-to-buy, a common financing alternative.

It is important to recognize that the type of leases we are discussing here are forms of debt financing. The literature in finance considers these leases to be perfect substitutes for debt. Consequently, decisions about leasing assets should not be made by simply computing the net present value of lease payments and the other cash flows associated with the investment. Instead, the analysis has two steps:

Step 1. First, determine whether the investment should be made if the asset was purchased. This analysis would be done like the other investment analyses discussed in Chapters 15 and 16. If the decision is made to reject the investment, then there is no reason to go on to step 2. (There is no reason to analyze financing alternatives if the investment is not going to be made.)

Step 2. Second, determine the best financing alternative. If the company has an opportunity to lease the asset, then an alternative is to borrow the money to buy the asset. This comparison is made by finding the lowest-cost financing alternative. The following example demonstrates how this comparison can be made.

Uni-Queue Company has decided to acquire an asset. They can either lease the asset for $15,000 per year during its five-year life or pay $70,000 for the asset and take out a loan for that amount. The loan is repayable at the rate of $14,000 per year on principal plus interest at 20 percent on each year's beginning loan balance. Both the lease and the loan are linked to the asset acquisition.

Under the proposed lease agreement, Uni-Queue is simply a lessee. They would not obtain the benefits of the investment tax credit (if it is in effect) or tax depreciation. At the end of the five years, the asset is returned to the lessor.

On the other hand, if Uni-Queue Company purchases the asset, they obtain the benefit of the investment tax credit (if it is in effect). For tax purposes, the equipment is depreciated using accelerated methods allowed by tax regulations. At the end of five years, management estimates that they could sell the asset for $15,000. All income taxes are at the company's ordinary tax rate of 40 percent. We assume the risk to the company is the same whether the asset is acquired through lease or buy-borrow. Should management lease or borrow-to-buy?

To analyze this problem, we prepare a schedule of the differential cash flows for each financing alternative. We assume the periodic operating cash inflows generated by the project are the same whether the asset is leased or acquired through buying and borrowing. Hence, we ignore the operating cash inflows under both alternatives. The lease requires an annual outlay of $15,000, which is deductible for tax purposes, thus resulting in an after-tax cash outflow of $9,000 (computed as the $15,000 times 60 percent).

The present value of this outflow is computed by taking the present value of the $9,000 per year for five years, using the *after-tax interest rate that the firm would pay on an equivalent loan,* which would (in this case) be 12 percent [= 20 percent before-tax times $(1 - .40)$]. (Note that this is *not* the discount rate used for investment decisions.)

The present value of the lease payments may be found by using the shortcut equation for a series of equal payments:

$$C \times \frac{1 - (1 + d)^{-n}}{d},$$

or by using the present value of an annuity table in Appendix B at the end of Chapter 15. The computation is:

$$\$(9,000) \times \frac{1 - (1.12)^{-5}}{.12} = \$(9,000) \times 3.605 = \underline{\underline{\$(32,443)}}.$$

This present value of leasing cash outlays is compared to the present value from borrowing to buy the asset.

The present value from buying the asset and borrowing the purchase amount requires consideration of four types of differential cash flows:

1.   Investment flows.

2.   Periodic cash flows (only those related to financing in this case).

3.   Tax shield.

4.   Disinvestment flows.

These are the same four categories that would be used to analyze cash flows when deciding whether to acquire the asset in the first place. The analysis for the data in this example is provided in Illustration 16–7. The investment flows include the $70,000 outlay for the asset less the $70,000 in proceeds from the bank loan for a net of zero. For illustrative purposes, we assume the firm would receive a $7,000 investment tax credit which appears as a net cash inflow in Year 0 since that amount will be claimed as a credit against estimated taxes paid in that year. Depreciation for tax purposes is assumed to be as follows: Year 1, $15,000; Year 2, $25,000; Years 3–5, $10,000 per year.

The periodic cash flows represent the repayment of principal at $14,000 per year, based on $70,000 repaid equally over the five years. Interest is computed on the loan balance. Since interest is deductible for tax purposes, the amount shown for interest is equal to 60 percent (which is one minus the 40 percent tax rate) of the gross interest payment.

For Year 1, then, the net interest payment is:

$$\$70,000 \times 20\% \times 60\% = \underline{\underline{\$8,400}}\,.$$

For Year 2:

$$\$(70,000 - \$14,000) \times 20\% \times 60\% = \underline{\underline{\$6,720}}.$$

And so forth for Years 3 through 5. These calculations are detailed in Illustration 16–7.

The disinvestment flows include the $15,000 salvage value. The asset will be fully depreciated at the time of salvage, so there is a taxable gain on the full amount of the disposal proceeds. The tax on the gain is equal to the tax rate times the salvage value. This comes to $6,000, which is $15,000 times 40 percent.

The cash flows in each year are summed, and the net present value is computed by discounting the flows back to the present using the 12 percent after-tax borrowing rate. The result is a present value for borrowing of $36,906. This amount indicates that the present value cost of borrowing is greater than the $32,443 present value cost from leasing, so the preferred alternative is to lease. Of course, the net present value of the entire project must be greater than or equal to zero or no investment will take place. In this situation, we first assumed that the project has a positive net present value and then analyzed the financing alternatives. This two-step process is the one we understand managers usually follow when financing and investment decisions are independent.

Illustration 16–7   **Cash Flow Analysis for Borrowing-to-Buy Schedule of After-Tax Cash Flows**

	Year					
	0	**1**	**2**	**3**	**4**	**5**
Investment flows:						
Asset purchase	$(70,000)					
Loan	70,000					
Investment tax credit (ITC)	7,000					
Depreciation tax shield[a]		$ 6,000	$ 10,000	$ 4,000	$ 4,000	$ 4,000
Periodic flows:						
Loan repayment		(14,000)	(14,000)	(14,000)	(14,000)	(14,000)
Interest after tax[b]		(8,400)	(6,720)	(5,040)	(3,360)	(1,680)
Disinvestment flows:						
Salvage value						15,000
Tax on gain or loss on disposal[c]						(6,000)
Total cash flows	7,000	$(16,400)	$(10,720)	$(15,040)	$(13,360)	$(2,680)
Present value factor (12%)		.893	.797	.712	.636	.567
Present values[d]	$ 7,000	$(14,643)	$(8,546)	$(10,705)	$(8,491)	$(1,521)
Net present value	$(36,906)					

Additional computations:

[a] Depreciation schedule:

Year	Depreciation	Tax Effect (40 percent)
1	$15,000	$ 6,000
2	25,000	10,000
3	10,000	4,000
4	10,000	4,000
5	10,000	4,000
Totals	$70,000	$28,000

[b] Interest calculation:

Year	Loan Balance	Interest at 20 Percent	After Tax (1 −.40)
1	$70,000	$14,000	$8,400
2	56,000	11,200	6,720
3	42,000	8,400	5,040
4	28,000	5,600	3,360
5	14,000	2,800	1,680

[c] Salvage value		$15,000
Tax rate for this gain		40%
Tax on gain		$ 6,000

[d] Cash flow times present value factor does not equal present value because the present value factors shown here have been rounded to three places, while the present value is computed using the formula $(1 + d)^{-n}$, $n = 1, \ldots, 5$.

Leasing and financing arrangements arise because of differences in the financial, risk, and tax situations of companies and investors. Leases and loan agreements therefore differ. This example should be viewed as a general guide to the approach that can be taken to evaluate alternatives in terms of the impact on cash flows and, hence, on present values.

Questions

16–1. If there are no budget constraints, why would we invest in all projects with a positive net present value?

16–2. In the presence of budget constraints, what method is suggested for evaluating capital investment projects? Why?

16–3. When there are both budget constraints and investment indivisibilities, what method should be used for capital investment analysis? Why?

16–4. What is the appropriate method for choosing from among mutually exclusive projects? Why is the method appropriate?

16–5. There is a danger in relying entirely on net present value evaluations for projects. What is the danger?

16–6. Management must consider a number of factors in making a capital investment decision. What are some of the factors in addition to net present value?

16–7. Management often has a choice of financing alternatives for certain projects. How should the financing decision be handled?

16–8. What is the benefit of the use of payback for evaluating capital investment projects?

16–9. How can the payback method be improved to account for the effect of the time value of money?

16–10. Why would management use capital investment evaluation methods that are often criticized as inferior to net present value?

Exercises

16–11. Choosing from Alternative Investment Possibilities

A company with limited investment funds and a cost of capital of 20 percent must choose from among three competing capital investment projects with the following cash flow patterns (in thousands):

	Project		
Year	A	B	C
0	$(200)	$(350)	$(400)
1	50	80	70
2	90	190	150
3	100	250	270
4	100	120	200

The company has $600,000 available for investment.

Required:

How can the company optimally invest its $600,000 among the three projects, assuming no other constraints on investment?

16–12. Effect of Investment Constraints on Project Selection

Use the same data as in exercise 16–11 and assume that the projects are indivisible (that is, you must buy 100 percent of any project or else none of that project). Determine the optimal investment policy for the company.

16–13. Effect of Mutually Exclusive Projects

Use the same data as in exercise 16–11 and assume that Projects A and B are mutually exclusive and that the projects are indivisible.

Required:

Determine the optimal investment policy for the company.

16–14. Compute Alternative Project Evaluation Measures

A company is considering whether to invest in a project that costs $350,000 and will return $90,000 after tax for each of the next seven years. After that the asset will have no value.

Required

Compute the following items for this project:

a. Payback.

b. Payback reciprocal.

c. Internal rate of return (using the tables).

d. Internal rate of return if the life is 12 years rather than 7.

16–15. Compute Alternative Investment Evaluation Measures

Branding Irons, Inc., is a manufacturer of western hats. The company has an opportunity to expand production by purchasing a new automatic hat bander. The bander costs $200,000 and is fully depreciable for tax purposes using the straight-line method over a four-year life. The machine will have no salvage value. No additional working capital is required, and the machine will not qualify for the investment tax credit. The bander will result in cost savings of $80,000 per year. The company has a tax rate of 45 percent.

Required:

Compute the following investment evaluation measures for the bander:

a. Payback period.

b. Internal rate of return.

c. Accounting rate of return on the initial investment.

16–16. Present Value of Lease versus Buy (Appendix)

The owner of Ruggles Company, a sole proprietorship, decided she should acquire some new labor-saving equipment. If the equipment is acquired, it may either be leased or a special nonrecourse loan obtained for the total amount of the equipment purchase.

The lease calls for payments of $13,000 per year for eight years, whereas the loan calls for eight annual principal payments of $10,000 each plus 20 percent interest on the balance outstanding at the start of each year. Under the lease, the lessor obtains all tax benefits from equipment ownership.

The equipment, which cost $80,000, is depreciable for tax purposes as follows: Year 1, $16,000; Year 2, $28,000; Years 3–5, $12,000 per year. Moreover, the equipment qualifies for an investment tax credit of $8,000. The equipment will have no value at the end of the project life (eight years).

Ruggles has a tax rate of 40 percent and uses an after-tax borrowing rate of 12 percent to discount all cash flows.

Required:

Determine whether Ruggles should lease or borrow and buy the asset. Show supporting data. (Assume Ruggles has already decided to make the investment, but has not yet decided whether to lease or borrow.)

16–17. Effect of Tax Rates on the Lease-versus-Buy Decision (Appendix)

If the marginal tax rate for Ruggles (exercise 16–16) was 60 percent and the after-tax borrowing rate was 8 percent, would your decision in exercise 16–16 remain the same? Show supporting data.

16–18. Alternative Performance Measures, no Discounting

Hazman Company plans to replace an old piece of equipment that has no book value for tax purposes and no salvage value. The replacement equipment will provide annual cash savings of $7,000 before income taxes. The equipment costs $18,000 and will have no salvage value at the end of its five-year life. Hazman uses straight-line depreciation for both book and tax purposes. The company incurs a 40 percent marginal tax rate, and its after-tax cost of capital is 14 percent. Ignore the investment tax credit.

Required:

Compute the following performance measures for Hazman's proposed investment:

a. Payback period.

b. Payback reciprocal.

c. Accounting rate of return on average investment.

(CMA adapted)

16–19. Alternate Performance Measures with Discounting

Using the data for Hazman Company in exercise 16–18, compute the following investment performance measures.

a. Net present value.

b. Present value index.

c. Internal rate of return.

d. Discounted payback.

16–20. Alternative Capital Investment Measures

ABC Company is considering a capital investment proposal with an initial cost of $54,000. The asset is depreciated over a five-year period on the straight-line basis for both book and tax purposes. No salvage value is expected at the end of the asset life, and no investment tax credit is allowed. The before-tax cash inflow for the project is $20,000 per year. The income tax rate is 40 percent, and the company's after-tax cost of capital is 15 percent.

Required:

Compute the following:

a. Accounting rate of return on average investment.

b. Payback reciprocal.

c. Internal rate of return.

Problems

16–21. Alternative Performance Methods

Required:

Choose the best answer for each of the following separate cases. All analyses are before-tax.

Multiple-Choice:

a. Polar Company is planning to purchase a new machine for $30,000. The payback period is expected to be five years. The new machine is expected to produce cash flow from operations of $7,000 a year in each of the next three years and $5,500 in the fourth year. Book depreciation of $5,000 a year will be charged to income for each of the five years of the payback period. What is the amount of cash flow from operations that the new machine is expected to produce in the last (fifth) year of the payback period?

(1) $1,000

(2) $3,500

(3) $5,000

(4) $8,500

b. The Fudge Company is planning to purchase a new machine, which it will depreciate on a straight-line basis over a 10-year period with no salvage value and a full year's depreciation taken in the year of acquisition. The new machine is expected to produce cash flow from operations of $66,000 a year in each of the next 10 years. The accounting (book value) rate of return on the initial investment is expected to be 12 percent. How much will the new machine cost?

    (1) $300,000

    (2) $550,000

    (3) $660,000

    (4) $792,000

c. Heap Company invested in a two-year project with an internal rate of return of 10 percent. The present value of $1 for one period at 10 percent is .909 and for two periods at 10 percent is .826. The project is expected to produce cash flow from operations of $40,000 in the first year and $50,000 in the second year. How much will the project cost?

    (1) $74,340

    (2) $77,660

    (3) $81,810

    (4) $90,000

(CPA adapted)

16–22. Assess Impact of Tax Policy

Assume that a provision of the Federal Tax Code permits a taxpayer to write off the first $5,000 in outlays for new capital equipment. However, if the taxpayer chooses to take the immediate write-off, the taxpayer loses a 10% investment tax credit and the depreciation tax shield on that amount.

Assume your company acquired $5,000 in new capital equipment and now must decide whether to take the immediate write-off or to claim the investment tax credit and depreciate the asset over a five-year life as follows: Year 1, $1,000; Year 2, $1,600; Years 3–5, $800 per year. Your company has an after-tax cost of capital of 20 percent and a marginal tax rate of 40 percent.

Required:

Prepare an analysis to show the following items for each alternative:

a. Internal rate of return.

b. Net present value.

c. Payback period.

d. Optimal decision for the company.

16–23. Assess Asset Write-Off versus Capitalization

HighPotential Corporation made a $5,000 investment in equipment that qualifies for a three-year straight-line tax depreciation write-off and a 6 percent investment tax credit. The financial manager of HighPotential indicated that there is a tax policy that allows the company to write off this $5,000 against current period income rather than take the tax credit and depreciation. Your recommendation will be followed by the company. The company has a marginal tax rate of 40 percent and an after-tax cost of capital of 20 percent.

Required:

a. Compute the internal rate of return for the write-off.

b. Make your recommendation and offer supporting comments.

16–24. Assess Capital Investment Project with Alternative Measures

Baxter Company manufactures toys and other short-lived products. The research and development department came up with a product that would be a good promotional gift for office equipment dealers. Efforts by Baxter's sales personnel resulted in commitments for this product for the next three years. It is expected that the product's value will be exhausted by that time.

To produce the quantity demanded, Baxter will need to buy additional machinery and rent additional space. About 25,000 square feet will be needed; 12,500 square feet of presently unused space is available now. Baxter's present lease with 10 years to run costs $3 a foot, including the 12,500 feet of unused space. There is another 12,500 square feet adjoining the Baxter facility, which Baxter can rent for three years at $4 per square foot per year if it decides to make this product.

The equipment will be purchased for about $900,000. It will require $30,000 in modifications, $60,000 for installation, and $90,000 for testing; all of these activities will be done by a firm of engineers hired by Baxter. All of the expenditures will be paid for on January 1 of the first year of production of the item.

The equipment will have a salvage value of about $180,000 at the end of the third year.

The following estimates of differential revenues and differential costs for this product for the three years have been developed:

	Year 1	Year 2	Year 3
Sales	$1,000,000	$1,600,000	$800,000
Material, labor, and variable overhead	400,000	750,000	350,000
Allocated fixed general overhead[a]	40,000	75,000	35,000
Rent	87,500	87,500	87,500
Depreciation	450,000	300,000	150,000
	977,500	1,212,500	622,500
Income before tax	22,500	387,500	177,500
Income tax (40%)	9,000	155,000	71,000
	$ 13,500	$ 232,500	$106,500

[a] Total fixed overhead will not be affected by this product. Each product is allocated some general overhead, however.

Required:

a. Prepare a schedule to show the differential, after-tax, cash flows for this project. Assume equipment must be depreciated on a three-year straight-line for tax purposes.

b. If the company requires a two-year payback period for its investment, would it undertake this project?

c. Calculate the after-tax accounting rate of return for the project.

d. If the company sets a required discount rate of 20 percent after taxes, will this project be accepted?

(CMA adapted)

Integrative Case

16–25. Sell or Process Further; Cash Flow Evaluation; Internal Rate of Return

Algonquin River Products Corporation extracts ores from an open-pit mine. Each year, 400,000 tons of ore are extracted. If the products from the extraction process are sold immediately after removal of dirt, rocks, and other impurities, a price of $65 per ton of ore can be obtained. The company estimates that extraction costs are 75 percent of the net realizable value of the ore.

Rather than sell all of the ore at the $65 price, 20 percent of it could be processed further.

To perform the additional processing, the company would install equipment costing $1,300,000. This equipment would qualify for tax depreciation as follows: Year 1, $300,000; Year 2, $400,000; Years 3–5, $200,000 per year. At the end of the six-year project life, the equipment could be salvaged and the company would obtain $50,000 salvage proceeds.

Further processing would cost $6 per ton in addition to the first processing costs. The processsed ore would yield two products in equal proportion: A and B. Product A would sell for $44 per one-half ton, while Product B would sell for $34 per one-half ton.

Average inventory required would increase by 5,000 tons of ore. In addition, a cash balance of $45,000 would be needed to operate the additional process.

The company plans to obtain a loan for the project at an interest cost of 16 percent. The loan would be for the entire cost of the project, including inventories and working capital. The company estimates its cost of capital at 20 percent and its marginal tax rate at 40 percent.

Required:

a. Prepare a schedule of the cash flows from the investment and indicate the net present value of the project.

b. What is the internal rate of return from the project?

Part Three

Cost Data for Performance Evaluation

1. Cost Accounting Systems

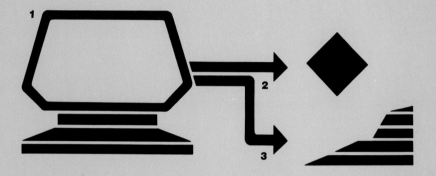

2. Differential costs
for Decision Making

3. Cost Data for
Performance Evaluation

17

The Master Budget

OBJECTIVES

To see how the master budget is developed and how it fits into the overall plan for achieving organization goals.

To understand methods of acquiring budget data.

To compare the budgeting process in different types of organizations.

■ The use of budgeting in organizations was well stated by a controller who explained: "At our company, we view our master budget as a blueprint for operations, much like an architect's blueprint for the construction of a building. Like the architect's blueprint, our master budget helps us plan and coordinate activities, determine the means for achieving our goals, and establish some norms against which we can measure our performance. We consider our budget to be a comprehensive plan through which all levels of management formally indicate what they expect the future to hold. It expresses, in dollars, our plans for achieving company goals."

This chapter shows how a master budget is developed and how it fits into the overall plan for achieving organizational goals.

The Overall Plan

A master budget is part of an overall organizational plan made up of three components:

1. Organizational goals.

2. The strategic long-range profit plan.

3. The master budget (tactical short-range profit plan).[1]

Organizational Goals

Organizational goals are the set of broad objectives established by management that company employees work to achieve. For example, the following quote is taken from internal documents of a manufacturing company in the paper industry: "Our long-range goal is to increase earnings steadily while maintaining our current share of market sales and maintain profitability within the top one third of our industry. We plan to achieve this goal while providing our customers with high-quality products and meeting our social responsibilities to our employees and the communities in which they live."

Such broad goals provide a philosophical statement that the company is expected to follow in its operations. Many companies include statements of their goals in published codes of conduct and annual reports to stockholders.

Strategic Long-Range Profit Plan

While a statement of goals is necessary to guide an organization, it is important to detail the specific steps that will be taken to achieve them.[2] These steps are expressed in a long-range strategic plan. Because the long-range plans look into the intermediate and distant future, they are usually stated in rather broad terms. Strategic plans discuss the major capital investments required to maintain present facilities, increase capacity, diversify products and/or processes, and develop particular markets. For example, the previously mentioned paper company's strategies, as stated in their policy manual, included:

1. *Cost control.* Optimize contribution from existing product lines by holding product cost increases to less than the general rate of inflation. This will

---

[1] For a more detailed description of these phases, see Glenn A. Welsch, *Budgeting: Profit Planning and Control* (Englewood Cliffs, N.J.: Prentice-Hall, 1976).

[2] A classic discussion of organization goal setting is provided by James G. March and Herbert A. Simon in *Organizations* (New York: John Wiley & Sons, 1958).

involve acquiring new machinery proposed in the capital budget as well as replacing our five least efficient plants over the next five years.

2. *Market share.* Maintain our market share by providing a level of service and quality comparable to our top competitors. This requires improving our quality control so that customer complaints and returned merchandise are reduced from a current level of 4 percent to 1 percent within two years.

Each strategy statement was supported by projected activity levels (sales volumes, aggregate costs, and cash flow projections) for each of the next five years. At this stage, the plans were not laid out in too much detail, but they were well thought out. Hence, the plans provided a general framework for guiding management's operating decisions.

The Master Budget (Tactical Short-Range Profit Plan)

Long-range plans are achieved in year-by-year steps. The guidance is more specific for the coming year than it is for more distant years. The plan for the coming year is called the master budget. The master budget is also known as the *static budget,* the *budget plan,* or the *planning budget.* The income statement portion of the master budget is often called the profit plan. The master budget indicates the sales levels, production and cost levels, income, and cash flows that are anticipated for the coming year. In addition, these budget data are used to construct a budgeted statement of financial position (balance sheet).

Budgeting is a dynamic process that ties together goals, plans, decision making, and employee performance evaluation. The master budget and its relationship to other plans, accounting reports, and management decision-making processes is diagrammed in Illustration 17–1. On the left side are the organization goals, strategies, and objectives that set the long-term plan for the company. The master budget is derived from the long-range plan in consideration of conditions that are expected during the coming period. Such plans are subject to change as the events of the year unfold. Recently, the long-range plan for a U.S. automobile manufacturer called for development of several new product lines, but unfavorable short-run economic conditions required their postponement.

The Human Element in Budgeting. The conditions anticipated for the coming year are based in part on individual managers' near-term projections. The individual's relationship to the budget is diagrammed on the right side of Illustration 17–1. Managers' beliefs about the coming period are affected by a number of factors, including their personal goals and values. Although budgets are often viewed in purely quantitative, technical terms, the importance of this human factor cannot be overemphasized.

Budget preparation rests on human estimates of an unknown future. People's forecasts are likely to be greatly influenced by their experiences with various segments of the company. For example, district sales managers are in an excellent position to project customer orders over the next several months, while market researchers are usually better able to identify long-run market trends and make macro forecasts of sales. One challenge of budgeting is to identify who in the organization is best able to provide the best information about particular topics.

Illustration 17–1   **Organizational and Individual Interaction in Developing the Master Budget**

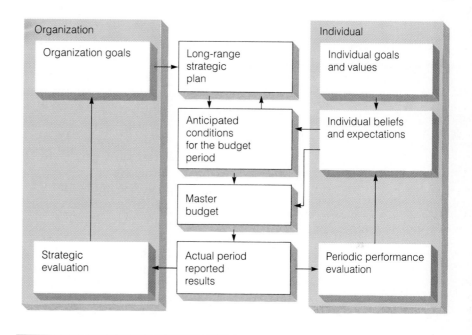

Participative Budgeting   The use of input from lower- and middle-management employees is often called participative or *grass roots* budgeting. The use of lower and middle managers in budgeting has an obvious cost—it is time consuming. But it also has some benefits. It enhances employee motivation and acceptance of goals, it provides information that enables employees to associate rewards and penalties with performance,[3] and it yields information that may not be otherwise obtainable.

A number of studies have shown that employees often provide inaccurate data when asked to give budget estimates. They may request more money than they need because they expect their request to be cut. And, employees who believe the budget will be used as a norm for evaluating their performance may provide an estimate that will not be too hard to achieve.

Thus, managers usually view the technical steps required to construct a comprehensive tactical budget plan in the context of the effect that people have on the budget and the effect that the budget will have on people. Ideally, the

---

[3] See S. W. Becker and D. O. Green, "Budgeting and Employee Behavior," *The Journal of Business,* October 1962. A more comprehensive discussion of the behavioral effects of individuals and budget plans is presented by Don T. DeCoster in "An Intuitive Framework for Empirical Research in Participative Budgeting," in *Accounting Research Convocation,* ed. Gary John Previts (University, Ala.: University of Alabama Press, 1976). General discussions of behavioral aspects of budgeting are available in Anthony Hopwood, *Accounting and Human Behavior* (Englewood Cliffs, N.J.: Prentice-Hall, 1974); R. J. Swieringa and R. H. Moncur, *Some Effects of Participative Budgeting on Managerial Behavior* (New York: National Association of Accountants, 1975); and G. Hofstede, *The Game of Budget Control* (New York: Van Nostrand Reinhold, 1967).

budget will motivate people and facilitate their activities so that organizational goals can be achieved.

Developing the Master Budget

While each organization is unique in the way it puts together its budget, all budgeting processes share some common elements. After organization goals, strategies, and long-range plans have been developed, work begins on the master budget. This is a detailed budget for the coming fiscal year, with some less-detailed figures for subsequent years. While budgeting is an ongoing process in most companies, the bulk of the work is usually done in the six months immediately preceding the beginning of the coming fiscal year. Final budget approvals by the chief executive and board of directors are made a month to six weeks before the beginning of the fiscal year.

To envision the master budgeting process, picture the financial statements most commonly prepared by companies: the income statement, the balance sheet, and the funds flow statement. Then imagine preparing these statements *before* the fiscal period. One modification to the set of traditional financial statements, however, is that many companies prepare a *cash flow budget* rather than a funds flow budget due to the importance of this information for cash management. Either can be prepared, but we'll restrict our discussion to the cash flow budget. We begin at the top of the budgeted income statement with a forecast of revenues for the budget period.

Sales Forecasts

Forecasting sales is perhaps the most difficult aspect of budgeting because it involves considerable subjectivity. To reduce subjectivity and simultaneously gather as much information as possible, management often uses a number of different methods to obtain forecasts from a number of different sources.

Sales Staff. Salespeople are in the unique position of being close to the customers, and they may possess the best information in the company about customers' immediate and near-term needs. As previously indicated, however, they may be tempted to bias their sales forecasts if such forecasts are used as the norm for performance evaluation.

For example, Peter Jones is a district sales manager for the Hypo Manufacturing Company. For the coming budget year, he expects his district's sales to be $1,000,000, although they could drop as low as $800,000 or run as high as $1,200,000. His bonus at the end of next year will be 1 percent of the excess of actual sales over the sales budget. So, if the budget is $1,000,000 and actual sales are also $1,000,000, he will receive no bonus.

However, if Peter provides a sales forecast that is too low, he will not be able to justify retaining his current number of employees. Further, if his sales forecasts are consistently much below the actual sales results or below what management thinks his district should be doing, he will lose credibility. Thus, Peter decides on a conservative but reasonable sales forecast of $900,000, which, he believes, will give him a high probability of getting a bonus and a low risk of losing his other objectives.

Of course, if Peter's performance were compared against a different set of norms, he would have different incentives. If, for instance, his bonus was a fixed percent of sales, he would have incentives to maximize sales. Then he would be motivated to make an optimistic sales forecast to justify obtaining a larger sales staff. Also, the high sales forecast would be used to estimate the amount of production capacity needed, thus ensuring that adequate inventory would be available to satisfy any and all customer needs. Of course, the managers and staff who receive forecasts usually recognize the subjectivity of the situation. As Peter's superior put it, "We've received sales forecasts from him for several years, and they're always a bit conservative. We don't ask him to revise his estimates. We simply take his conservatism into account when we put together the overall sales forecast."

Market Research.   To provide a check on forecasts from local sales personnel, management often turns to market researchers. This group probably does not have the same incentives that sales personnel have to bias the budget. Furthermore, researchers have a different perspective on the market. While they may know little about customers' immediate needs, they can predict long-term trends in attitudes and the effects of social and economic changes on the company's sales, potential markets, and products.

The Delphi Technique.   The Delphi technique is another method that is employed to enhance forecasting and reduce bias in estimates. With this method, members of the forecasting group prepare individual forecasts and submit them anonymously. Each group member obtains a copy of all forecasts but is unaware of their sources. The group then discusses the results. In this way, differences between individual forecasts can be addressed and reconciled without involving the personality or position of individual forecasters. After the differences are discussed, each group member prepares a new forecast and distributes it anonymously to the others. These forecasts are then discussed in the same manner as before. The process is repeated until the forecasts converge on a single best estimate of the coming year's sales level.

Trend Analysis.   Trend analysis, which can range from a simple visual extrapolation of points on a graph to a highly sophisticated computerized time series analysis, may also be helpful in preparing sales forecasts.

Time series techniques use only past observations of the data series to be forecasted. No other data are included. This methodology is justified on the grounds that since all factors that affect the data series are reflected in the actual past observations, the past data are the best reflection of available information. This approach is also relatively economical because only a list of past sales figures is needed. No other data have to be gathered.

Forecasting techniques based on trend analysis often require long series of past data to derive a suitable solution. For example, the class of forecasting techniques called Box-Jenkins models requires approximately 50 past observations to be used successfully.[4] Generally, when these models are used in accounting applications, monthly data are required so that an adequate number of observations can be obtained.

---

[4] See G. E. P. Box and G. M. Jenkins, *Time Series Analysis, Forecasting and Control* (San Francisco: Holden Day, 1970); and D. Z. Williams, W. B. DeMoville, and L. D. Franklin, "Costs and Forecasting," in *The Managerial and Cost Accountant's Handbook,* ed. H. A. Black and J. D. Edwards (Homewood, Ill.: Dow Jones-Irwin, 1979).

Econometric Models.   Another forecasting approach is to enter past sales data into a regression model to obtain a statistical estimate of the projected sales, much like we used regression models to estimate costs in Chapter 10. These models often use observations from past data series, but the sales forecast is usually associated with relevant independent variables. For example, the predicted sales for the coming period may be related to such predictor variables as economic indicators, consumer-confidence indexes, back-order volume, and other internal and external factors that the company deems relevant. Advocates of these econometric models contend that many relevant predictors can be included and that by manipulating the assumed values of the predictors, it is possible to examine a variety of hypothetical conditions and relate them to the sales forecast. This is particularly useful for performing sensitivity analysis, which we discuss later in this chapter.

Sophisticated analytical models for forecasting are now widely available. Most companies' computers have software packages that allow economical use of these models. Nonetheless, it is important to remember that no model removes the uncertainty surrounding sales forecasts. Management has often found that the intuition of local sales personnel is a better predictor than sophisticated analysis and models. As in any management decision, cost-benefit tests should be used to determine which methods are most appropriate.

Comprehensive Illustration.   To make our discussion of the budgeting process more concrete, we'll develop the budget for the Hypo Manufacturing Company. We use a manufacturing example because it is the most comprehensive. The methods we discuss are also applicable to nonmanufacturing organizations.

Assume that Hypo's management went through the steps discussed above and arrived at the following sales budget for the next budget year:

	Units	Price per Unit	Total Sales Revenues
Estimated sales	6,400	$800	$5,120,000

The Production Budget

Production must not only meet current sales demand but must ensure that inventory levels are sufficient for activity levels expected during the budget period and into the following period. It is necessary, therefore, to determine the required inventory level for the beginning and end of the budget period. Once this is done, the production budget becomes an arithmetic exercise. The production level may be computed from the basic accounting equation (also known as the basic inventory formula):

$$\text{Beginning balance} + \text{Transfers-in} = \text{Transfers-out} + \text{Ending balance}$$
$$\text{BB} \quad + \quad \text{TI} \quad = \quad \text{TO} \quad + \quad \text{EB}$$

Adapting that equation to inventories, production, and sales, we have:

$$\frac{\text{Units in}}{\text{beginning inventory}} + \frac{\text{Required}}{\text{production units}} =$$

$$\frac{\text{Budgeted sales units}}{\text{for the period}} + \frac{\text{Units in}}{\text{ending inventory}}$$

Rearranging terms to solve for *required production:*

$$\frac{\text{Required}}{\text{production units}} = \frac{\text{Budgeted sales units}}{\text{for the period}} +$$

$$\frac{\text{Units in}}{\text{ending inventory}} - \frac{\text{Units in}}{\text{beginning inventory}}$$

This equation states that production is equal to the sales demand plus or minus an inventory adjustment. Production and inventory are assumed to be stated in equivalent finished units.

From the sales budget above, Hypo Manufacturing has projected sales of 6,400 units. Management estimates that there will be 900 units in the beginning inventory of finished goods. Based on management's analysis, the required ending inventory is estimated to be 1,000 units. We assume for simplicity that there is no beginning or ending work in process inventory. With this information, the budgeted level of production is computed as follows:

$$
\begin{aligned}
\frac{\text{Required}}{\text{production}} &= \underset{\text{(sales)}}{6,400 \text{ units}} + \underset{\text{(ending inventory)}}{1,000 \text{ units}} - \underset{\text{(beginning inventory)}}{900 \text{ units}} \\
&= \underline{\underline{6,500 \text{ units}}}
\end{aligned}
$$

The production budget is then reviewed with management of the production facilities to ascertain whether the budgeted levels of production can be reached with the capacity available. If not, management may revise the sales forecast or consider ways of increasing capacity. If it appears that production capacity will exceed requirements, management may want to consider other opportunities for the use of the capacity.

One benefit of the budgeting process is that it facilitates the coordination of activities. It is far better to learn about discrepancies between the sales forecast and production capacity in advance so that remedial action can be taken. Lost sales opportunities due to inadequate production capacity or unnecessary idle capacity can thus be avoided.

Budgeted Cost of Goods Manufactured and Sold

Once the sales and production budgets have been developed and the efforts of the sales and production groups are coordinated, the budgeted cost of goods manufactured and sold can be prepared. The primary job is to estimate costs of direct materials, direct labor, and manufacturing overhead at budgeted levels of production.

Direct Materials. Direct materials purchases needed for the budget period are derived from the basic accounting equation:

$$\begin{array}{ccc} \text{Units in beginning} \\ \text{materials inventory} \end{array} + \begin{array}{c} \text{Required} \\ \text{material} \\ \text{purchases} \end{array} = \begin{array}{c} \text{Materials to} \\ \text{be used in} \\ \text{production} \end{array} + \begin{array}{c} \text{Ending} \\ \text{materials} \\ \text{inventory} \end{array}$$

The beginning and ending levels of materials inventory for the budget period are estimated, often with the help of an inventory control model, while the materials to be used in production are based on production requirements. Once these are known, the required material purchases can be found by rearranging the terms in the above equation to:

$$\begin{array}{c} \text{Required} \\ \text{material} \\ \text{purchases} \end{array} = \begin{array}{c} \text{Materials to} \\ \text{be used in} \\ \text{production} \end{array} + \begin{array}{c} \text{Estimated} \\ \text{ending} \\ \text{materials} \\ \text{inventory} \end{array} - \begin{array}{c} \text{Estimated} \\ \text{beginning} \\ \text{materials} \\ \text{inventory} \end{array}$$

Production at Hypo Manufacturing for the coming period will require two kinds of materials: Material R and Material S. For each unit of output, three units of R and five units of S are required. The beginning materials inventory is estimated to consist of 2,200 units of R and 4,000 units of S. The estimated ending inventory has been determined to equal 1,300 units of R and 4,600 units of S. The estimated cost for each unit of R is $10, and the estimated cost of each unit of S is $30. These costs are expected to remain constant during the coming budget period. Required production for the production budget is 6,500 units.

Computation of the required materials purchases in units of each material would be as follows:

$$\begin{array}{c} \text{Required} \\ \text{material} \\ \text{purchases} \end{array} = \begin{array}{c} \text{Materials to} \\ \text{be used in} \\ \text{production} \end{array} + \begin{array}{c} \text{Estimated} \\ \text{ending} \\ \text{materials} \\ \text{inventory} \end{array} - \begin{array}{c} \text{Estimated} \\ \text{beginning} \\ \text{materials} \\ \text{inventory} \end{array}$$

$$R = (6,500 \times 3) + 1,300 - 2,200$$
$$= \underline{\underline{18,600 \text{ units}}}$$

$$S = (6,500 \times 5) + 4,600 - 4,000$$
$$= \underline{\underline{33,100 \text{ units}}}$$

In dollar terms, this would amount to estimated purchases of $186,000 for R (18,600 input units × $10) and $993,000 for S (33,100 input units × $30).

These data are then assembled into a budgeted statement of cost of goods manufactured and sold. This statement is shown in Illustration 17–2.

Direct Labor. Estimates of direct labor costs are often obtained from engineering and production management. For Hypo Manufacturing, the direct labor costs are estimated as $146 per output unit produced. Thus, for the budget year, the budgeted direct labor cost of production is 6,500 units × $146 = $949,000, which is also shown in Illustration 17–2.

Overhead. Unlike direct materials and direct labor, which can often be determined from an engineer's specifications for a product, overhead is composed

Illustration 17–2

HYPO MANUFACTURING COMPANY
Budgeted Statement of Cost of Goods Manufactured and Sold
For the Budget Year Ended December 31

Beginning inventory work in process			–0–
Manufacturing costs:			
Direct materials:			
Beginning inventory (2,200 R @ $10 + 4,000 S @ $30)	$ 142,000		
Purchases (18,600 R @ $10 + 33,100 S @ $30)	1,179,000		
Materials available for manufacturing	1,321,000		
Less: Ending inventory (1,300 R @ $10 + 4,600 S @ $30)	(151,000)		
Total direct materials costs		$1,170,000	
Direct labor		949,000	
Manufacturing overhead[a]		1,131,000	
Total manufacturing costs			$3,250,000
Deduct: Ending work in process inventory			–0–
Cost of goods manufactured			3,250,000
Add: Beginning finished goods inventory (900 units)[b]			450,000
Deduct: Ending finished goods inventory (1,000 units)[b]			(500,000)
Cost of goods sold			$3,200,000

[a] This figure is supported by the schedule of budgeted manufacturing overhead that is detailed in Illustration 17–3.

[b] Finished goods are valued at $500 per unit $\left(= \dfrac{\$3{,}250{,}000}{6{,}500 \text{ units produced}}\right)$ assuming FIFO. Hence, beginning finished goods inventory is estimated to be $450,000 (= 900 units × $500), and ending finished goods inventory is estimated to be $500,000 (= 1,000 units × $500).

of many different kinds of costs with varying cost behaviors. Some overhead costs vary in direct proportion to production (variable overhead); some costs vary with production, but in a step fashion (e.g., supervisory labor); and other costs are fixed and will remain the same unless capacity or long-range policies are changed. Other costs do not necessarily vary with production, but they may be changed at management's discretion (some maintenance costs may be in this category).

Budgeting overhead requires an estimate based on production levels, management discretion, long-range capacity and other corporate policies, and external factors such as increases in property taxes. Due to the complexity and diversity of overhead costs, cost-estimation such as those described in Chapter 10 are frequently used. To simplify the budgeting process, costs are usually divided into fixed and variable components, with discretionary and semifixed costs treated as fixed costs within the relevant range.

The schedule of budgeted manufacturing overhead for Hypo Manufacturing is presented in Illustration 17–3. For convenience, after consultation with department management, the budget staff has divided all overhead into fixed and variable costs. Hypo Manufacturing can now determine the budgeted total manufacturing costs by adding the three components—materials, labor, and overhead. This total is $3,250,000, as shown in Illustration 17–2.

Completing the Budgeted Costs of Goods Manufactured and Sold.
We need only to include the estimated beginning and ending work in process and finished goods inventories to determine the required number of units pro-

Illustration 17-3

HYPO MANUFACTURING COMPANY
Schedule of Budgeted Manufacturing Overhead
For the Budget Year Ended December 31

Variable overhead needed to produce 6,500 units:		
Indirect materials and supplies	$ 38,000	
Materials handling	59,000	
Other indirect labor	33,000	$ 130,000
Fixed manufacturing overhead:		
Supervisor labor	175,000	
Maintenance and repairs	85,000	
Plant administration	173,000	
Utilities	87,000	
Depreciation	280,000	
Insurance	43,000	
Property taxes	117,000	
Other	41,000	1,001,000
Total manufacturing overhead		$1,131,000

duced—6,500. As previously indicated, there are no work in process inventories.[5] Finished goods inventories are as follows, assuming the cost per unit is estimated to be $500 in both beginning and ending inventory:

	Units	Dollars
Beginning finished goods inventory	900	$450,000
Ending finished goods inventory	1,000	500,000

Adding the estimated beginning finished goods inventory to the estimated cost of goods manufactured, then deducting the ending finished goods inventory, yields a cost of goods manufactured and sold of $3,200,000, as shown in Illustration 17–2.

This completes the second major step in the budgeting process: determining budgeted production requirements and the cost of goods manufactured and sold. Obviously, this part of the budgeting effort can be extremely complex in manufacturing companies. It can be very difficult to coordinate production schedules among numerous plants, some using other plants' products as their direct materials. It is also difficult to coordinate production schedules with sales forecasts. New estimates of material availability, labor shortages, strikes, availability of energy, and production capacity often require reworking the entire budget.

Revising the Initial Budget.   At this point in the budget cycle a first-draft budget has been prepared. There is usually a good deal of coordinating

---

[5] If the company has beginning and ending work in process inventories, units are usually expressed as equivalent finished units, as discussed in Chapter 6 on process costing, and treated the way we have treated finished goods inventories. In most companies, estimates of work in process inventories are omitted from the budget because they leave a minimal impact on the budget.

and revising before the budget is considered final. For example, projected production figures may call for revised estimates of direct materials purchases and direct labor costs. Bottlenecks may be discovered in production that will hamper the company's ability to deliver a particular product and thus affect the sales forecast. The revision process may be repeated several times until a coordinated, feasible master budget evolves. No part of the budget is really formally adopted until the master budget is finally approved by the board of directors.

Marketing and Administrative Budget

Determining the appropriate budget for marketing and administrative costs is very difficult because managers have a lot of discretion about how much money is spent and the timing of expenditures. For example, a company hired a new marketing executive who was famous for cost-cutting skills. The executive ordered an immediate 50 percent cut in the company's advertising budget, a freeze on hiring, and a 50 percent cut in the travel budget. The result—costs fell, and there was little immediate impact on sales. A year later, looking for new challenges, the executive moved on to another company. Soon afterward, the executive's former employers noticed that sales were down because the company had lost market share to some aggressive competitors. Were the marketing executive's cost-cutting actions really in the best interest of the company? To this day, nobody can give a documented answer to that question because it is difficult to prove a causal link between the cost-cutting and the subsequent decrease in sales.

In another case, a company's president was the only one who used the corporate jet—and he used it only rarely. So the internal audit staff recommended selling it. The company president rejected the idea, saying, "One of the reasons I put up with the pressures and responsibilities of this job is because I enjoy some of its perquisites, including the corporate jet." Some costs that appear unnecessary, especially perquisites, are really part of the total compensation package and may, therefore, be necessary costs.

The budgeting objective here is to estimate the amount of marketing and administrative costs required to operate the company at its projected level of sales and production and to achieve long-term company goals. For example, the budgeted sales figures may be based on a new product promotion campaign. If production and sales are projected to increase, it is likely that an increase in support services—data processing, accounting, personnel, and so forth—will be needed to operate the company at the higher projected levels.

An easy way to deal with the problem is to start with a previous period's actual or budgeted amounts and make adjustments for inflation, changes in operations, and similar changes between periods. This method has been criticized and may be viewed as very simplistic, but it does have one advantage—it is relatively easy and inexpensive. As always, the benefits of improved budgeting methods must justify their increased costs.

At Hypo Manufacturing, each level of management submits a budget request for marketing and administrative costs to the next higher level, which reviews it and, usually after some adjustments, approves it. The budget is passed up through the ranks until it reaches top management. As shown in Illustration 17–4, the schedule of marketing and administrative costs is divided into variable and fixed components. In this case, variable marketing costs are those that vary with *sales* (not production). Fixed marketing costs are usually those that can be changed at management's discretion—for example, advertising.

Illustration 17–4

HYPO MANUFACTURING COMPANY
Schedule of Budgeted Marketing and Administrative Costs
For the Budget Year Ended December 31

Variable marketing costs:		
Sales commissions	$260,000	
Other marketing	104,000	
Total variable marketing costs		$ 364,000
Fixed marketing costs:		
Sales salaries	100,000	
Advertising	193,000	
Other	78,000	
Total fixed marketing costs		371,000
Total marketing costs		735,000
Administrative costs (all fixed):		
Administrative salaries	254,000	
Legal and accounting staff	141,000	
Data processing services	103,000	
Outside professional services	39,000	
Depreciation—building, furniture, and equipment	94,000	
Other, including interest	26,000	
Taxes—other than income	160,000	
Total administrative costs		817,000
Total budgeted marketing and administrative costs		$1,552,000

Budgeted Income Statement

According to the controller at Hypo Manufacturing, "At this point, we're able to put together the entire budgeted income statement for the period (Illustration 17–5), so we can determine our projected operating profits. By making whatever adjustments are required to satisfy generally accepted accounting principles (GAAP) for external reporting, we can project net income after income taxes and earnings per share. If we don't like the results, we go back to the budgeted income statement and, starting at the top, go through each step to see if we can increase sales revenues or cut costs. We usually find some plant overhead, marketing, or administrative costs that can be cut or postponed without doing too much damage to the company's operations."

Illustration 17–5

HYPO MANUFACTURING COMPANY
Budgeted Income Statement
For the Budget Year Ended December 31

Budgeted revenues:		
Sales (6,400 units at $800)		$5,120,000
Costs:		
Cost of goods manufactured and sold (Illustration 17–2)	$3,200,000	
Marketing and administrative costs (Illustration 17–4)	1,552,000	
Total budgeted costs		4,752,000
Operating profit		368,000
Federal and other income taxes[a]		128,000
Operating profit after taxes		$ 240,000

[a] Computed by the company's tax staff.

Hypo's board of directors approved the sales, production, and marketing and administrative budgets and budgeted income statement as submitted. Note that the budgeted income statement also includes estimated federal and other income taxes, which were obtained from the tax staff. We will not detail the tax-estimation process because it is a highly technical area separate from cost accounting.

Cash Budget

Although the budgeted income statement is an important tool for planning operations, a company also requires cash to operate. Cash budgeting is important to assure company solvency, maximize interest earned on cash balances, and determine whether the company is generating enough cash for present and future operations.

Preparing a **cash budget** requires that all revenues, costs, and other transactions be examined in terms of their effects on cash. The budgeted cash receipts are computed from the collections from accounts receivable, cash sales, sale of assets, borrowing, issuing stock, and other cash-generating activities. Disbursements are computed by counting the cash required to pay for materials purchases, manufacturing and other operations, federal income taxes, and stockholder dividends. In addition, the cash disbursements necessary to repay debt and acquire new assets must also be incorporated in the cash budget.

Hypo Manufacturing's cash budget is shown in Illustration 17–6. The source of each item is indicated.

Illustration 17–6

HYPO MANUFACTURING COMPANY
Cash Budget
For the Budget Year Ended December 31

Cash balance beginning of period[a]		$ 150,000
Receipts:		
Collections on accounts[a]	$5,185,000	
Sales of assets[a]	25,000	
Total receipts		$5,210,000
Less disbursements:		
Payments for accounts payable[a]	1,164,000	
Direct labor (Illustration 17–2)	949,000	
Manufacturing overhead requiring cash less noncash depreciation charges (Illustration 17–3)	851,000	
Marketing and administrative costs less noncash charges (Illustration 17–4)	1,458,000	
Payments for federal income taxes (per discussion with the tax staff)	252,000	
Dividends[a]	140,000	
Reduction in long-term debt[a]	83,000	
Acquisition of new assets[b]	320,000	
Total disbursements		$5,217,000
Budgeted ending cash balance (ties to Illustration 17–7)[c]		$ 143,000

[a] Estimated by the treasurer's office.
[b] Estimated by the treasurer's office, per the capital budget.
[c] Solved from the basic accounting equation:

$$BB + TI = TO + EB$$
$$\$150,000 + \$5,210,000 = \$5,217,000 + EB$$
$$EB = \$143,000$$

Key Relationships: The Sales Cycle

Assembling the master budget demonstrates some key relations among sales, accounts receivable, and cash flows in the sales cycle. Advantages of understanding these relationships include the ability to solve for amounts that are unknown and to audit the master budget to ensure that the basic accounting equation has been correctly applied.

At Hypo Manufacturing, for example, the relationships among budgeted sales, accounts receivable, and cash receipts were as follows:

Sales		Accounts Receivable		Cash (Illustration 17-6)	
		BB 220,000		BB 150,000	
	Illustrations 17-5 and 17-6		Illustrations 17-6 and 17-7		
5,120,000	→ 5,120,000	5,185,000	→ 5,185,000		
				25,000	5,217,000
		EB 155,000		EB 143,000	

Sales are assumed to be on account. Note that the cash account and the cash budget in Illustration 17-6 are identical.

If an amount in the sales cycle is unknown, the basic accounting equation can be used to find the unknown amount. For example, suppose all of the amounts in the above diagram are known except ending cash balance and sales. Using the basic accounting equation,

$$BB + TI = TO + EB,$$

find sales from the Accounts Receivable account:

$$\$220,000 + TI \text{ (sales)} = \$5,185,000 + \$155,000$$
$$TI = \$5,185,000 + \$155,000 - \$220,000$$
$$= \$5,120,000.$$

Find ending cash balance from the Cash account:

$$\$150,000 + (\$5,185,000 + \$25,000) = \$5,217,000 + EB$$
$$\$150,000 + \$5,185,000 + \$25,000 - \$5,217,000 = EB$$
$$EB = \$143,000.$$

Budgeted Balance Sheets

Budgeted balance sheets, or statements of financial position, combine an estimate of financial position at the beginning of the budget period with the estimated results of operations for the period (from the income statements) and estimated changes in assets and liabilities. The latter results from management's decisions about optimal levels of capital investment in long-term assets (the capital budget), investment in working capital, and financing decisions. Decision making in these areas is, for the most part, the treasurer's function. We shall assume these decisions have been made and incorporate their results in the budgeted balance sheets. Illustration 17-7 presents Hypo Manufacturing's budgeted balance sheets at the beginning and end of the budget year.

Illustration 17–7

HYPO MANUFACTURING COMPANY
Budgeted Balance Sheets
For the Budget Year Ended December 31
(in thousands)

	Balance (January 1)	Budget Year Additions	Budget Year Subtractions	Balance (December 31)
Assets				
Current assets:				
Cash	$ 150[a]	$ 5,210[a]	$ 5,217[a]	$ 143[a]
Accounts receivable	220*	5,120[b]	5,185[a]	155*
Inventories	592[c]	3,259[d]	3,200[e]	651[f]
Other current assets	23*	100*	100*	23*
Total current assets	985	13,689	13,702	972
Long-term assets:				
Property, plant, and equipment	2,475*	320[a]	300*	2,495*
Less: Accumulated depreciation	(850)*	(374)[g]	(275)*	(949)*
Total assets	$2,610	$13,635	$13,727	$2,518
Equities				
Current liabilities:				
Accounts payable	$ 140*	$ 1,179[h]	$ 1,164[a]	$ 155*
Taxes payable	156*	128[b]	252[a]	32*
Current portion of long-term debt	83*	0*	83[a]	0*
Total current liabilities	379	1,307	1,499	187
Long-term liabilities	576*	0*	0*	576*
Total liabilities	955	1,307	1,499	763
Shareholders' equity:				
Common stock	350*	0*	0*	350*
Retained earnings	1,305*	240[i]	140[a]	1,405*
Total shareholders' equity	1,655	240	140	1,755
Total equities	$2,610	$ 1,547	$ 1,639	$2,518

* Estimated by personnel in the company's treasury department.

[a] From cash budget (Illustration 17–6).

[b] From budgeted income statement (Illustration 17–5). Assumes all sales are on account.

[c] From budgeted statement of cost of goods manufactured and sold (Illustration 17–2), sum of beginning direct materials, work in process, and finished goods inventories ($142 + 0 + 450 = $592).

[d] From budgeted statement of cost of goods manufactured and sold (Illustration 17–2), sum of material purchases, direct labor, and manufacturing overhead ($1,179 + 949 + 1,131 = $3,259).

[e] From budgeted statement of cost of goods manufactured and sold (Illustration 17–2).

[f] From budgeted statement of cost of goods manufactured and sold (Illustration 17–2), sum of ending direct materials, work in process, and finished goods inventories ($151 + 0 + 500 = $651).

[g] Depreciation of $280 from schedule of budgeted manufacturing overhead (Illustration 17–3) plus depreciation of $94 from the schedule of budgeted marketing and administrative costs (Illustration 17–4) equals $374 increase in accumulated depreciation.

[h] From budgeted statement of cost of goods manufactured and sold (Illustration 17–2). Accounts payable increases are assumed to be for materials purchases only.

[i] From budgeted income statement (Illustration 17–5), operating profits after taxes.

Illustration 17–8   **Assembling the Master Budget: Manufacturing Organization**

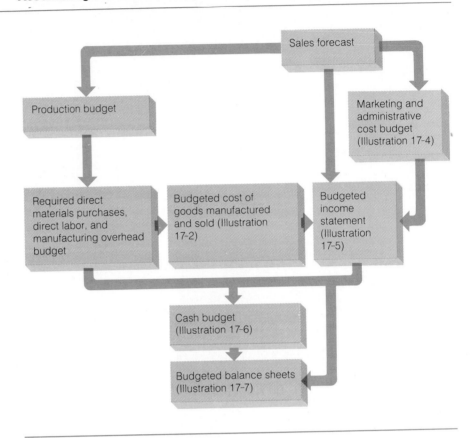

Master Budget Development in Review

We have completed the development of a comprehensive budget for Hypo Manufacturing. A model of the budgeting process is presented in Illustration 17–8. Although we have simplified the presentation, you can still see that assembling a master budget is a complex process that requires careful coordination of many different organization segments.

More Detailed Cash Flow Analysis

Cash flows are often analyzed in more detail than shown in the Hypo Manufacturing example. For example, assume the Near-Cash Wholesale Co. has the following information available about its monthly collection experience for sales on credit:

Cash collected from current month's sales	24%
Cash collected from last month's sales	70%
Cash discounts taken (percent of gross sales)	4%
Written off as a bad debt	2%
	100%

This means that if July's sales on credit are $1,000,000, then $240,000 are expected to be collected in July; $700,000 are expected to be collected in August; $40,000 are expected not to be collected because the customers paid early enough to get a discount; and $20,000 are expected not to be collected because these accounts will be written off as bad debts.

If sales on credit are expected to be $900,000 in June, $1,000,000 in July, and $1,200,000 in August, what are the expected cash collections in July and August?

Answers:

July: $870,000 [=(.24 × $1,000,000) + (.70 × $900,000)]
August: $988,000 [=(.24 × $1,200,000) + (.70 × $1,000,000)]

Budgeting in Merchandising Operations

While a manufacturing operation provides a good comprehensive example, budgeting is extensively used in other environments as well, as discussed in this and the following sections.

As in manufacturing, the sales budget in merchandising drives the operating budget. The major difference is that a merchandiser has no production budget. Instead, there is a merchandise purchases budget, which is much like the direct materials purchases budget in manufacturing. For example, at Stores, Inc., the purchases budget for a line of women's suits was determined as follows:

	Units	Dollars
Estimated sales	100	$20,000
Add estimated ending inventory	10	2,000
Deduct estimated beginning inventory	(15)	(3,000)
Required purchases	95	$19,000

As you can see, this budget requires extensive coordination between the managers responsible for sales and those in charge of buying. Because of the critical importance of timing and seasonality in merchandising, special attention is usually given to short-term budgets (for example, spring, summer, Christmas season budgets). The budget helps make formal an ongoing process of coordinating buying and selling. This coordination is critical to the success of merchandising enterprises.

Budgeting in Service Enterprises

A key difference in the master budget of a service enterprise is the absence of product or material inventories. Consequently, there is no need for a production budget, as in manufacturing, or a merchandise purchases budget, as in merchandising. Instead, service businesses need to carefully coordinate sales (that is, services rendered) with the necessary labor. Managers must ensure that personnel with the right skills are available at the right times.

The budget at David & Sons Company, a regional accounting firm, is developed around the three major services offered: audit, tax, and consulting. Projections of revenue are based on estimates of the number and kinds of clients the firm would service in the budget year and the amount of services requested. The forecasts stem primarily from services provided in previous years with adjustments for new clients, new services to existing clients, loss of clients, and changes in the rates charged for services.

Once the quantity of services (expressed in labor-hours) is forecast, the firm develops its budget for personnel. Staffing to meet client needs is a very important part of the budgeting process. As a partner of the firm put it, "If we overestimate the amount of services we'll provide, we may lose money because we have overstaffed. Our labor costs will be too high compared to our revenues. If we underestimate, we may lose business because we can't provide the services our clients need."

Budgeting in Nonprofit Organizations

The master budget has added importance in nonprofit organizations because it is usually a document used as a basis for authorizing the expenditure of funds. In many governmental units, *the approved budget is a legal authorization for expenditure,* and the penalties for exceeding the authorized expenditures in the budget could be severe. This partially explains why a balanced budget takes on added importance in nonprofit organizations.[6]

Budgeting under Uncertainty

Any projection of the future is uncertain. Recognizing this, managers often perform sensitivity analysis on their projections. This analysis is based on hypothetical questions, such as: What if labor costs are 10 percent higher (or lower) than projected? What if new health and safety regulations are passed that increase our costs of operations? What if our major supplier of direct materials goes bankrupt? By asking and answering such questions during the planning phase, management can discover the riskiness of various phases of its operations and can develop contingency plans.

As part of the budget plan at Hypo Manufacturing, for example, local managers were asked to provide three forecasts: their best estimate, an optimistic estimate (defined as "a 10 percent or less chance that conditions would be better than the optimistic estimate"), and a pessimistic estimate (defined as the situation where there is "a 10 percent or less chance that conditions would be worse"). The optimistic and pessimistic forecasts were not nearly so detailed as the best estimates, but they did highlight some potential problems and risks. From this analysis, top management learned that a major supplier of a distant plant was on the verge of bankruptcy. As a result, management developed relationships with other suppliers, increased the stockpiles of direct materials in the plant, and worked with the supplier to improve its financial position.

---

[6] For a further discussion of budgeting in government and other nonprofit organizations, see K. V. Ramanathan, *Management Control in Nonprofit Organizations* (New York: John Wiley & Sons, 1982); R. N. Anthony and D. W. Young, *Management Control in Nonprofit Organizations* (Homewood, Ill.: R. D. Irwin, 1984); and E. S. Lynn and R. J. Freeman, *Fund Accounting* (Englewood Cliffs, N.J.: Prentice-Hall, 1983).

Top management at Hypo Manufacturing also learned that if all costs were as expected and the pessimistic forecast of sales came true, the company would suffer an operating loss. The primary reason for this would be a worsening of general economic conditions that would decrease demand for the company's products. This was important information to consider in making financial analyses. Further, management put an "early warning" system in place in which it carefully monitored such key economic variables as unemployment, consumer spending, gross national product, and the like. If these indicators signaled a downturn in the economy, management's contingency plan was to reduce production gradually so excess inventories would not build up and to reduce discretionary spending on overhead, marketing, and administrative costs.

Real World Application

Participative Budgeting in a Hospital

Participative budgeting is used in a variety of organizations. For example, the University Community Hospital in Tampa, Florida, found that participative budgeting helped provide accurate forecasts and a strong sense of commitment to the organization.* Most of the work in the hospital is done by small work teams, so the best source of information for the budget is from those work teams. The budget process is carried out in the following steps:

1. The board of directors and the top administrators prepare general guidelines for the operation of the hospital.

2. The budget process is formally started with a "statement of conditions," which identifies conditions expected to affect the hospital's operations. Then they project monthly admissions, emergency room visits, average number of patients in the hospital, and similar statistical data.

3. Each department manager is given this information to convert into budgeted costs or revenues in a revenue-generating department. For example, the emergency room director will use the estimated emergency room visits to estimate staffing needs, additional equipment required, supplies, and other items needed to operate the emergency room at the projected activity level.

4. These departmental budgets go up through various reviews until they are finally approved by the top administrators of the hospital and the board of directors.

The division of duties that occurs is interesting. The top administrative people provide general information about trends in demand for the hospital's services, but they do not tell department managers how much money they can spend. Instead, department managers convert the general information into specific cost projections because they have a comparative advantage over top administrators in doing so. Of course, the top administrators must still approve those departmental budgets.

* Based on M. A. Feldbush, "Participative Budgeting in a Hospital Setting," *Management Accounting,* September 1981, pp. 43–46.

Illustration 17–9   **Sensitivity Analysis and Contingency Planning**

Sensitivity analysis "What if?"	Contingency planning "If, then."
	Status quo
Optimistic (Economic conditions	Increase discretionary costs
and sales better than expected.)	Increase production
Expected sales	Status quo
	Status quo
Pessimistic (Economic conditions	Reduce discretionary costs
and sales worse than expected.)	Curtail production

Illustration 17–9 provides an overview of sensitivity analysis and contingency planning. For each hypothesis in the sensitivity analysis, there is a choice of steps that can be taken. The procedure can be as simple as a diagram and a few notes on a piece of paper or as complex as a mathematical model incorporated into computerized formal planning models.[7] Of course, decisions about these models' degree of sophistication should be subject to cost-benefit analysis.

The incorporation of uncertainty into budget estimates can be quite useful. A major benefit of formal planning models is to explore many alternatives and options in the planning process. While it is beyond the scope of this book to go into details of formal corporate planning models, we think you can see how the budget plan can be integrated with formal planning models that set forth mathematical relationships among the operating and financial activities of an organization. The use of computer-based simulation models facilitates the asking of numerous "what if" questions, which become too difficult to deal with by hand as their number grows.

Summary

This chapter has discussed and illustrated the budget process. The budget is part of the overall plan for achieving an organization's objectives. The master budget is a one-year (usually) plan that encompasses budgeted sales and production, budgeted income statement, balance sheet, and cash flow statement, as well as supporting schedules.

The key to the budget is a good sales forecast because so many other parts of the budget depend on the sales forecast. The sales forecast is usually derived from multiple sources of data, including data provided by sales personnel, market researchers, and from statistical analyses. Illustration 17–8 shows how the rest of the master budget relates to the sales forecast.

---

[7] Chapter 24 discusses the use of mathematical models to deal with uncertainty.

Merchandising budgets are similar to manufacturing, except they have no production budget. Service organizations are similar, except they have no inventories. The budget is not only a planning tool, but also a legal authorization for expenditure in governmental units.

Budgeting under uncertainty involves making many forecasts, each representing a different possible set of circumstances. Sensitivity analysis ("what if") and contingency planning ("if, then") are used to derive a set of plans for each possible set of circumstances.

Terms and Concepts

The following terms and concepts should be familiar to you after reading this chapter.

Budgeted Balance Sheets	**Participative Budgeting**
Budgeting under Uncertainty	**Production Budget**
Cash Budget	**Profit Plan**
Delphi Technique	**Sales Forecasts**
Econometric Models	**Sensitivity Analysis**
Master Budget	**Strategic Long-Range Profit Plan**
Organizational Goals	**Trend Analysis**

Self-Study Problem

Refer to the problem for Hypo Manufacturing Company in the chapter example. Assume the sales forecast was increased to 7,000 units with no change in price. The new target ending inventories are:

Finished goods	1,200 units
Material R	1,500
Material S	4,900

Payments for income taxes and income tax expense are proportional to operating profit before tax. Accounts receivable will increase by another $40,000 at this new sales level. Accounts payable will increase by an additional $2,000 at the new production level.

Required:

Prepare a budgeted income statement, cost of goods manufactured and sold statement, administrative and selling cost budget, and cash budget for the coming year with this new data.

Solution to Self-Study Problem

Exhibit A (SSP)

HYPO MANUFACTURING COMPANY
Budgeted Statement of Cost of Goods Manufactured and Sold
For the Budget Year Ended December 31
(compare to Illustration 17–2)

Beginning work in process inventory			–0–
Manufacturing costs:			
Direct materials:			
Beginning inventory (Illustration 17–2)	$ 142,000		
Purchases[a] (21,200 R @ $10 + 37,400 S @ $30)	1,334,000		
Materials available for manufacturing	1,476,000		
Less: Ending inventory (1,500 R @ $10 + 4,900 S @ $30)	(162,000)		
Total direct materials costs		$1,314,000	
Direct labor $\left(\$949,000 \times \dfrac{7,300}{6,500}\right)$		1,065,800	
Manufacturing overhead (Exhibit B)		1,147,000	
Total manufacturing costs			$3,526,800
Deduct: Ending work in process inventory			–0–
Cost of goods manufactured			3,526,800
Add: Beginning finished goods inventory			450,000
Deduct: Ending finished goods inventory[a]			(579,748)
Cost of goods sold			$3,397,052

[a] Additional computations:

Required production:

$$\begin{aligned} \text{BB} + \text{Production} &= \text{Sales} + \text{EB} \\ 900 + \text{P} &= 7,000 + 1,200 \\ \text{P} &= 7,300 \end{aligned}$$

Material requirements:

R:
$$\begin{aligned} \text{BB} + \text{Purchases} &= \text{Production} + \text{EB} \\ 2,200 + \text{P} &= (7,300 \times 3) + 1,500 \\ \text{P} &= 21,200 \end{aligned}$$

S:
$$\begin{aligned} \text{BB} + \text{Purchases} &= \text{Production} + \text{EB} \\ 4,000 + \text{P} &= (7,300 \times 5) + 4,900 \\ \text{P} &= 37,400 \end{aligned}$$

Ending finished goods inventory (assuming FIFO):

$$\frac{\text{Ending units}}{\text{Units produced}} \times \text{Cost of goods manufactured} = \frac{1,200}{7,300} \times \$3,526,800$$

$$= \$579,748$$

Exhibit B (SSP)

HYPO MANUFACTURING COMPANY
Schedule of Budgeted Manufacturing Overhead
For the Budget Year Ended December 31
(compare to Illustration 17–3)

Variable (based on production of 7,300 units)[a]		
Indirect materials and supplies	$ 42,677	
Materials handling	66,261.5	
Other indirect labor	37,061.5	$ 146,000
Fixed (same as for production of 6,500 units):		
Supervisor labor	175,000	
Maintenance and repairs	85,000	
Plant administration	173,000	
Utilities	87,000	
Depreciation	280,000	
Insurance	43,000	
Property taxes	117,000	
Other	41,000	1,001,000
Total manufacturing overhead		$1,147,000

[a] Additional computations:

$$\text{Indirect materials:} \quad \$38,000 \times \frac{7,300}{6,500} = \$42,677$$

$$\text{Materials handling:} \quad \$59,000 \times \frac{7,300}{6,500} = \$66,261.5$$

$$\text{Other indirect labor:} \quad \$33,000 \times \frac{7,300}{6,500} = \$37,061.5$$

Exhibit C (SSP)

HYPO MANUFACTURING COMPANY
Schedule of Budgeted Marketing and Administrative Costs
For the Budget Year Ended December 31
(compare to Illustration 17–4)

Variable marketing costs:[a]			
Sales commissions		$284,375	
Other marketing		113,750	
Total variable marketing costs			$ 398,125
Fixed marketing costs:			
Sales salaries		100,000	
Advertising		193,000	
Other		78,000	
Total fixed marketing costs			371,000
Total marketing costs			769,125
Administrative costs (all fixed):			
Administrative salaries		254,000	
Legal and accounting staff		141,000	
Data processing services		103,000	
Outside professional services		39,000	
Depreciation—building, furniture, and equipment		94,000	
Insurance		26,000	
Taxes—other than income		160,000	
Total administrative costs			817,000
Total budgeted marketing and administrative costs			$1,586,125

[a] Additional computations:

$$\text{Sales commissions: } \$284,375 = \$260,000 \times \frac{7,000 \text{ units}}{6,400 \text{ units}}$$

$$\text{Other marketing: } \$113,750 = \$104,000 \times \frac{7,000 \text{ units}}{6,400 \text{ units}}$$

Exhibit D (SSP)

HYPO MANUFACTURING COMPANY
Budgeted Income Statement
For the Budget Year Ended December 31
(compare to Illustration 17–5)

Budgeted revenues:		
Sales (7,000 units at $800)		$5,600,000
Budgeted expenses:		
Cost of goods manufactured and sold (Exhibit A)	$3,397,052	
Marketing and administrative costs (Exhibit C)	1,586,125	
Total budgeted costs		4,983,177
Budgeted operating profits		616,823
Federal and other income taxes[a]		$ 214,547
Budgeted operating profits after taxes		$ 402,276

[a] Assumed proportional to operating profit:

$$\$128,000 \times \frac{\$616,823}{\$368,000} = \$214,547$$

Exhibit E (SSP)

HYPO MANUFACTURING COMPANY
Cash Budget
For the Budget Year Ended December 31
(compare with Illustration 17–6)

Cash balance beginning of period		$ 150,000
Receipts:		
Collections on accounts[a]	$5,625,000	
Sales of assets (per management)	25,000	
Total receipts		5,650,000
Less disbursements:		
Payments for accounts payable[b]	1,317,000	
Direct labor (Exhibit A)	1,065,800	
Manufacturing overhead requiring cash less noncash depreciation charges (Exhibit B)	867,000	
Marketing and administrative costs less noncash charges (Exhibit C)	1,492,125	
Required payments for federal income taxes[c] (per discussion with the staff)	422,390	
Dividends and other distributions to shareholders (per management)	140,000	
Reduction in long-term debt	83,000	
Acquisition of new assets	320,000	
Total disbursements		5,707,315
Budgeted ending cash balance		$ 92,685

Additional computations:

[a] Collections on account per Illustration 17–6	$5,185,000
Additional sales ($5,600,000 − $5,120,000) (from Exhibit D and Illustration 17–5)	480,000
Less increase in receivables	(40,000)
	$5,625,000
[b] Payments on account per Illustration 17–6	$1,164,000
Additional materials purchases—per Exhibit A and Illustration 17–2 ($1,334,000 − $1,179,000)	155,000
Less increase in payables	(2,000)
	$1,317,000

[c] Payments on federal taxes are assumed to increase proportionately with the increase in budgeted operating profits from the text example to this one.

$$\left[\frac{\text{Budgeting operating profits in Exhibit D}}{\text{Budgeted operating profits in Illustration 17–5}}\right] \times \left[\begin{array}{l}\text{Budgeted tax} \\ \text{payments in} \\ \text{Illustration 17–6}\end{array}\right] = \frac{\$616,823}{368,000} \times \$252,000 = \$422,390$$

Questions

17–1. Explain the difference between strategic plans and the budget plan.

17–2. Why would more detail be included in a budget for the coming period than appears in a longer-range forecast?

17–3. The chief executive officer of Rigid Plastics Corporation remarked to a colleague, "I don't understand why other companies waste so much time in the budgeting process. I set our company goals, and everyone strives to meet them. What's wrong with that approach?" Comment on the executive's remarks.

17–4. What is the danger in relying entirely on middle-management estimates of sales, costs, and other data used in budget planning?

17–5. Multigoal Corporation has established a bonus plan for its employees. An employee receives a bonus if the employee's subunit meets the cost levels specified in the annual budget plan. If the subunit's costs exceed the budget, no bonus is earned by employees of that subunit. What problems might arise with this bonus plan?

17–6. Why is it important to estimate inventory levels when estimating the production level required for a given sales forecast?

17–7. How can budgeting aid in the coordination of corporate activities?

17–8. Surveying the accounts payable records, a clerk in the controller's office noted that expenses appeared to rise significantly within a month of the close of the budget period. The organization did not have a seasonal product or service to explain this behavior. Do you have a suggested explanation?

17–9. Budgets in not-for-profit organizations have an additional purpose beyond that in for-profit organizations. What is that purpose?

17–10. Which of the following budgets is most important from management's perspective: the budgeted balance sheet or the budgeted income statement? Why?

Exercise

17–11. Estimate Sales Revenues

Welcome Wedge Company manufactures a line of tools. Last year, the company sold 500,000 Type A wedges at a price of $2 per unit. The company estimates that this volume represents a 20 percent share of the current Type A wedge market. The market is expected to increase by 5 percent. Marketing specialists have determined that as a result of a new advertising campaign and packaging, the company will increase its share of this larger market to 24 percent. Due to changes in prices, the new price for the Type A wedge will be $2.15 per unit. This new price is expected to be in line with the competition and have no effect on the volume estimates.

Required:

Estimate the sales revenues for the coming year.

17–12. Estimate Production Levels

XiPhi, Inc., has just made its sales forecast for the coming period. The marketing department estimates that the company will sell 480,000 units during the coming year. In the past, management has found that inventories of finished goods should be maintained at approximately three months' sales. The inventory at the start of the budget period is 27,000 units. Sales take place evenly throughout the year.

Required:

Estimate the production level required for the coming year to meet these objectives.

17–13. Estimate Cash Disbursements

Terry Company is preparing its cash budget for the month of April. The following information is available concerning its inventories:

Inventories at beginning of April	$ 90,000
Estimated purchases for April	440,000
Estimated cost of goods sold for April	450,000
Estimated payments in April for purchases in March	75,000
Estimated payments in April for purchases prior to March	20,000
Estimated payments in April for purchases in April	75%

Required:

What are the estimated cash disbursements for inventories in April?

17–14. Estimate Cash Collections

Fresh Company is preparing its cash budget for the month of May. The following information is available concerning its accounts receivable:

Estimated credit sales for May	$200,000
Actual credit sales for April	150,000
Estimated collections in May for credit sales in May	20%
Estimated collections in May for credit sales in April	70%
Estimated collections in May for credit sales prior to April	$ 12,000
Estimated write-offs in May for uncollectible credit sales	8,000
Estimated provision for bad debts in May for credit sales in May	7,000

Required:

What are the estimated cash receipts from accounts receivable collections in May?

a. $142,000

b. $149,000

c. $150,000

d. $157,000

(CPA adapted)

17–15. Estimate Production and Materials Requirements

Vivid Colors Corporation manufactures a special line of graphic tubing items. For each of the next two coming years, the company estimates it will sell 150,000 units of this item. The beginning finished goods inventory contains 40,000 units. The target for each year's ending inventory is 20,000 units.

Each unit requires five feet of plastic tubing. The tubing inventory currently includes 100,000 feet of the required tubing. Materials on hand are targeted to equal three months' production. Any shortage in materials will be made up by the immediate purchase of materials. Sales take place evenly throughout the year.

Required:

Compute the production target and the materials requirements for the coming year.

17–16. Cash Budgeting, Estimating Collections on Account

Varsity Company is preparing a cash budget for the month of May. The following information on accounts receivable collections is available from Varsity's past collection experience:

Percent of current month's sales collected this month	12%
Percent of prior month's sales collected this month	75
Percent of sales two months prior to current month collected this month	6
Percent of sales three months prior to current month collected this month	4
The remaining 3 percent are not collected and are written off as bad debts.	

Credit sales to date are as follows:

May—estimated	$100,000
April	90,000
March	80,000
February	95,000

Required:

What are the estimated accounts receivable collections for May?

a. $85,100

b. $87,100

c. $88,100

d. $90,100

(CPA adapted)

Problems

17–17. Prepare a Production Budget

Eastern Forest Products Corporation manufactures floral containers. The controller is preparing a budget for the coming year and asked for your assistance. The following costs and other data apply to container production:

Direct materials per container:
   1 pound Z-A styrene at $.40 per pound
   2 pounds Vasa finish at $.80 per pound

Direct labor per container: ¼ hour at
   $8.60 per hour

Overhead per container:

Indirect labor	$.12
Indirect materials	.03
Power	.07
Equipment costs	.36
Building occupancy	.19
Total overhead per unit	$.77

You learn that equipment costs and building occupancy are fixed costs; these unit costs are based on a normal production of 20,000 units per year. Other overhead costs are variable. Plant capacity is sufficient to produce 25,000 units per year.

Labor costs are not expected to change during the year. However, the supplier of the Vasa finish has informed the company that a 10 percent price increase will be imposed at the start of the coming budget period. No other costs are expected to change.

During the coming budget period, the company expects to sell 18,000 units. Finished goods inventory is targeted to increase from 4,000 units to 7,000 units to get ready for an expected sales increase the year after next. Production will take place evenly throughout the year. Inventory levels for Vasa finish and Z-A styrene are expected to remain unchanged throughout the year. There is no work in process inventory.

Required:

Prepare a production budget for the coming year.

17–18. Estimate Administrative and Selling Budget

Your division has just received its selling expense report for the past month. The report is reproduced below.

Item	Amount
Sales commissions	$135,000
Sales staff salaries	32,000
Telephone and mailing	16,200
Building rent	20,000
Heat, light, and water	4,100
Packaging and delivery	27,400
Depreciation	12,500
Marketing consultants	19,700

You have been asked to develop budgeted cost estimates for the coming year. Since this month is typical, you decide to prepare an estimated budget for a "typical month" in the coming year.

You uncover the following additional data:

1. Sales volume is expected to increase by 5 percent.

2. Sales prices are expected to increase by 10 percent.

3. Commissions are based on a percentage of selling prices.

4. Sales staff salaries are scheduled to increase 4 percent next year.

5. Building rent is based on a five-year lease that expires in three years.

6. Telephone and mailing expenses are scheduled to increase by 8 percent even with no change in sales volume. However, these costs are variable with the number of units sold, as are packaging and delivery costs.

7. Heat, light, and water are scheduled to increase by 12 percent regardless of sales volume.

8. Depreciation includes furniture and fixtures used by the sales staff. The company has just acquired an additional $19,000 in furniture that will be received at the start of next year and will be depreciated over a 10-year life using the straight-line method.

9. Marketing consultant expenses were for a special advertising campaign. The company runs these campaigns from time to time. During the coming year, the costs are expected to average $35,000 per month.

Required:

Prepare a budget for selling expenses for a typical month in the coming year.

17–19. Estimate Cash Disbursements

Serven Corporation, a merchandising company, has estimated its activity for next June. Selected data from these estimates are as follows:

Sales	$700,000
Cost of goods sold	490,000
Increase in trade accounts receivable during month	20,000
Change in accounts payable during month	–0–
Increase in inventory during month	10,000

Variable selling and administrative costs include a charge for uncollectible accounts of 1 percent of sales and are paid in the month of sale. Total selling and administrative is $71,000 per month plus 15 percent of sales. Depreciation expense of $40,000 per month is included in fixed selling and administrative. All of the rest of selling and administrative costs are paid in cash.

Required:

On the basis of the above data, what are the estimated cash disbursements from operations for June?

(CPA adapted)

17–20. Budgeted Purchases and Cash Flows—Multiple-Choice

D. Tomlinson Retail seeks your assistance to develop cash and other budget information for May, June, and July. At April 30, the company had cash of $5,500; accounts receivable of $437,000; inventories of $309,400; and accounts payable of $133,055. The budget is to be based on the following assumptions:

Sales
Each month's sales are billed on the last day of the month.
Customers are allowed a 3 percent discount if payment is made within 10 days after the billing date. Receivables are recorded in the accounts at their gross amounts (*not* net of discounts).
60 percent of the billings are collected within the discount period; 25 percent are collected by the end of the month; 9 percent are collected by the end of the second month; and 6 percent turn out to be uncollectible.

Purchases
54 percent of all purchases of material and selling, general, and administrative expenses are paid in the month purchased and the remainder in the following month.
The number of units in each month's ending inventory is equal to 130 percent of the next month's units of sales.
The cost of each unit of inventory is $20.
Selling, general, and administrative expenses, of which $2,000 is depreciation, are equal to 15 percent of the current month's sales.

Actual and projected sales are as shown on the next page:

	Dollars	Units
March	$354,000	11,800
April	363,000	12,100
May	357,000	11,900
June	342,000	11,400
July	360,000	12,000
August	366,000	12,200

Required:

Choose the best answer or indicate "none of the above."

a. Budgeted purchases in dollars for May are:
   (1) $244,800
   (2) $225,000
   (3) $238,000
   (4) $357,000

b. Budgeted purchases in dollars for June are:
   (1) $243,600
   (2) $228,000
   (3) $292,000
   (4) $242,000

c. Budgeted cash disbursements during the month of June are:
   (1) $292,900
   (2) $287,379
   (3) $294,900
   (4) $285,379

d. Budgeted cash collections during the month of May are:
   (1) $333,876
   (2) $355,116
   (3) $340,410
   (4) $355,656

e. The budgeted number of units of inventory to be purchased during July is:
   (1) 15,860
   (2) 12,260
   (3) 12,000
   (4) 15,600

(CPA adapted)

17–21. Prepare Cash Budget for Service Organization

The Triple-F Health Club (Family, Fitness, and Fun) is a nonprofit health club. The club's board of directors is developing plans to acquire more equipment and expand club facilities. The board plans to purchase about $25,000 of new equipment each year and wants to begin a fund to purchase an adjoining property in four or five years when the expansion will need the space. The adjoining property has a market value of about $300,000.

The club manager is concerned that the board has unrealistic goals in light of its recent financial performance. She sought the help of a club member with an accounting background to assist her in preparing a report to the board supporting her concerns.

This club member reviewed the club's records, including the cash basis income statements presented below. The review and discussions with the manager disclosed the additional information that follows the statement.

TRIPLE-F HEALTH CLUB
Statement of Income (Cash Basis)
For the Year Ended October 31
(in thousands)

	1987	**1986**
Cash revenues:		
Annual membership fees	$355.0	$300.0
Lesson and class fees	234.0	180.0
Miscellaneous	2.0	1.5
Total cash received	591.0	481.5
Cash costs:		
Manager's salary and benefits	$ 36.0	$ 36.0
Regular employees' wages and benefits	190.0	190.0
Lesson and class employee wages		
and benefits	195.0	150.0
Towels and supplies	16.0	15.5
Utilities (heat and light)	22.0	15.0
Mortgage interest	35.1	37.8
Miscellaneous	2.0	1.5
Total cash costs	496.1	445.8
Cash income	$ 94.9	$ 35.7

Additional information:

1. Other financial information as of October 31, 1987:
   a. Cash in checking account, $7,000.
   b. Petty cash, $300.
   c. Outstanding mortgage balance, $360,000.
   d. Accounts payable for supplies and utilities that are unpaid as of October 31, 1987, and due in November 1987, $2,500.

2. The club purchased $25,000 worth of exercise equipment during the current fiscal year. Cash of $10,000 was paid on delivery, and the balance was due on October 1 but has not yet been paid as of October 31, 1987.

3. The club began operations in 1981 in rental quarters. In October 1983, it purchased its current property (land and building) for $600,000, paying $120,000 down and agreeing to pay $30,000 plus 9 percent interest annually on the unpaid loan balance each November 1, starting November 1, 1984.

4. Membership rose 3 percent during 1987. This is approximately the same annual rate of increase the club has experienced since it opened and is expected to continue in the future.

5. Membership fees were increased by 15 percent in 1987. The board has tentative plans to increase the fees by 10 percent in 1988.

6. Lesson and class fees have not been increased for three years. The board policy is to encourage classes and lessons by keeping the fees low. The members have taken advantage of this policy and the number of classes and lessons have grown significantly each year. The club expects the percentage growth experienced in 1987 to be repeated in 1988.

7. Miscellaneous revenues are expected to grow in 1988 (over 1987) at the same percentage as experienced in 1987 (over 1986).

8. Lesson and class employees' wages and benefits will increase to $291,525. The wages and benefits of regular employees and the manager will increase 15 percent. Towels and supplies, utilities, and miscellaneous expenses are expected to increase 25 percent.

Required:

a. Construct a cash budget for 1988 for the Triple-F Health Club.

b. Identify any operating problem(s) that this budget discloses for the Triple-F health Club. Explain your answer.

c. Is the manager's concern that the board's goals are unrealistic justified? Explain your answer.

(CMA adapted)

17-22. Prepare Budgeted Profit Plans for Alternative Market Shares

Barr Food Manufacturing Company is a medium-sized, publicly held corporation producing a variety of consumer food and specialty products. Current-year data were prepared as shown below for the salad dressing product line, using five months of actual expenses and a seven-month projection. These data were prepared for a preliminary budget meeting for next year between the Specialty Products Division president, marketing vice president, production vice president, and the controller. The current-year projection was accepted as being accurate, but it was agreed that the operating profit of $2,450,000 was not high enough.

BARR FOOD MANUFACTURING COMPANY
Projected Income Statement
For Current Year Ended December 31
(5 months actual; 7 months projected)
(in thousands)

Volume in gallons	5,000
Gross sales	$30,000
Transportation, allowances, discounts	3,000
Net sales	27,000
Less manufacturing costs:	
Variable	13,500
Fixed	2,100
Depreciation	700
Total manufacturing costs	16,300
Gross profit	10,700
Less costs:	
Marketing	4,000
Brokerage	1,650
Administrative	2,100
Research and development	500
Total costs	8,250
Operating profit	$ 2,450

The division president wants a minimum 15 percent increase in gross sales-dollars and a before-tax profit for next year of at least 10 percent of gross sales. He also stated that he would be responsible for a $200,000 reduction in administrative costs to help achieve the profit goal.

Both the vice president–marketing and the vice president–production believe the president's objectives will be difficult to achieve. However, they offered the following suggestions to reach the objectives:

1. *Sales volume.* The current share of the salad dressing market is 15 percent, and the total salad dressing market is expected to grow 5 percent next year. Barr's current market share can be maintained by a marketing expenditure of $4,200,000. The two vice presidents estimate that the market share could be increased by additional expenditures for advertising and sales promotion. For an additional expenditure of $525,000, the market share can be raised by 1 percentage point until the market

share reaches 17 percent. To get further market penetration, an additional $875,000 must be spent for each percentage point until the market share reaches 20 percent. Any advertising and promotion expenditures beyond this level are not likely to increase the market share to more than 20 percent.

2. *Selling price.* The selling price will remain at $6 per gallon. The selling price is closely related to ingredients' costs, which are not expected to change from last year.

3. *Variable manufacturing costs.* Variable manufacturing costs are projected at 50 percent of net sales (gross sales less transportation, allowances, and discounts).

4. *Fixed manufacturing costs.* An increase of $100,000 is projected for next year.

5. *Depreciation.* A projected increase in equipment will increase depreciation by $25,000 in the next year.

6. *Transportation, allowances, and discounts.* The current rate of 10 percent of gross sales-dollars is expected to remain unchanged.

7. *Brokerage.* A rate of 5 percent of gross sales-dollars is projected.

8. *Administrative costs.* A $200,000 decrease in administrative costs from the current year is projected for next year; this is consistent with the president's commitment.

9. *Research and development costs.* A 5 percent increase from the current year will be necessary to meet divisional research targets.

Required: The controller must put together a preliminary budget from the facts given. Can the president's objectives be achieved? If so, present the budget that best achieves them. If not, present the budget that most nearly meets the president's objectives.

(CMA adapted)

17–23. Prepare Cash Budget for Nonprofit Organization   United Business Education, Inc. (UBE), is a nonprofit organization that sponsors a wide variety of management seminars throughout the United States. In addition, it researches improved methods of educating and motivating business executives. The seminar activity is largely supported by fees, and the research program from member dues.

UBE operates on a calendar-year basis and is in the process of finalizing the budget for next year. The following information has been taken from approved plans that are still tentative at this time:

Seminar program:

Revenue. The scheduled number of programs should produce $12,000,000 of revenue for the year. Each program is budgeted to produce the same amount of revenue. The revenue is collected during the month the program is offered. The programs are scheduled so that 12 percent of the revenue is collected in each of the first five months of the year. The remaining programs, accounting for the remaining 40 percent of the revenue, are distributed evenly through the months of September, October, and November. No programs are offered in the other four months of the year.

Direct seminar costs are made up of three segments:

1. Instructors' fees, which are 70 percent of the seminar revenue, are paid in cash in the month following the seminar. The instructors are considered independent contractors and are not eligible for UBE employee benefits.

2. Facilities fees total $5,600,000 for the year. They are the same for each program and are paid in the month the program is given.

3. Annual promotional costs of $1,000,000 are spent equally in all months except June and July, when there is no promotional effort.

The research program requires total grant expense of $3,000,000 for next year, which is expected to be paid out at the rate of $500,000 per month during the first six months of the year (that is, January through June).

Salaries and other UBE costs:

Office lease.   Annual amount of $240,000 paid monthly at the beginning of each month.

General administrative costs (telephone, supplies, postage, etc.). $1,500,000 annually or $125,000 a month.

Depreciation expense. $240,000 a year.

General UBE promotion.   Annual cost of $600,000, paid monthly.

Salaries and benefits:

Number of Employees	Annual Salary per Employee	Total Annual Salaries
1	$50,000	$ 50,000
3	40,000	120,000
4	30,000	120,000
15	25,000	375,000
5	15,000	75,000
22	10,000	220,000
50		$960,000

Employee benefits amount to $240,000 or 25 percent of annual salaries. Except for the pension contribution, the benefits are paid as salaries are paid. The annual pension payment of $24,000, based on 2.5 percent of salaries (included in the total benefits and 25 percent rate), is due by April 15 of next year.

Other information:

Membership income.   UBE has 100,000 members, each of whom pays an annual fee of $100. The fee for the calendar year is invoiced in late June. The collection schedule is as follows.

July	60%
August	30
September	5
October	5
	100%

Capital expenditures.   The capital expenditures program calls for $510,000 in cash payments to be spread evenly over the first five months of next year (that is, January through May).

Cash and temporary investments on January 1 of next year are expected to be $750,000.

Required:

a.   Prepare a budget of the annual cash receipts and disbursements for UBE, Inc., for next year.

b.   Prepare a cash budget for UBE, Inc., for January of next year.

c.   Using the information you developed in requirements *(a)* and *(b)*, identify two important operating problems of UBE, Inc.

(CMA adapted)

17–24. Budgeting Process: Behavioral Issues

Springfield Corporation operates on a calendar-year basis. It begins the annual budgeting process in late August when the president establishes targets for the total dollar sales and net income before taxes for the next year.

The sales target is given to the marketing department where the marketing manager formulates a sales budget by product line in both units and dollars. From this budget, sales quotas by product line in units and dollars are established for each of the corporation's sales districts.

The marketing manager also estimates the cost of the marketing activities required to support the target sales volume and prepares a tentative marketing expense budget.

The executive vice president uses the sales and profit targets, the sales budget by product line, and the tentative marketing expense budget to estimate the dollar amounts that can be devoted to manufacturing and corporate office expense. The executive vice president prepares the budget for corporate expenses and then forwards to the production department the product-line sales budget in units and the total dollar amount available for manufacturing.

The production manager meets with the factory managers to develop a manufacturing plan that will produce the required units when needed within the cost constraints set by the executive vice president. The budgeting process usually comes to a halt at this point because the production department does not consider the financial resources allocated to be adequate.

When this standstill occurs, the vice president of finance, the executive vice president, the marketing manager, and the production manager meet to work out the final budgets for each of the areas. This normally results in a modest increase in the total amount available for manufacturing costs, while the marketing expense and corporate office expense budgets are usually cut. Sales and net income figures proposed by the president are almost never changed. Although the participants are seldom pleased with the compromise, these budgets are final. Each executive then develops a new detailed budget for the operations in his or her area within the limits set at this meeting.

None of the areas has achieved its budget targets in recent years. Sales often run below the target. When budgeted sales are not achieved, each area is expected to cut costs so that the president's profit target can still be met. However, the profit target is seldom met because costs are not cut enough. In fact, costs often run above the original budget in all functional areas. The president is disturbed that Springfield has not been able to meet the sales and profit targets. He hired a consultant with considerable experience with companies in Springfield's industry. The consultant reviewed the budgets for the past four years. He concluded that the product-line sales budgets were reasonable, and that the cost and expense budgets were adequate for the budgeted sales and production levels.

Required:

a. Why does Springfield Corporation's budgeting process contribute to the failure to achieve the president's sales and profit targets?

b. Suggest how Springfield Corporation's budgeting process could be revised to correct the problems.

c. Should the functional areas be expected to cut their costs when sales volume falls below budget? Why or why not?

(CMA adapted)

17–25. Analyze Budget Planning Process: Behavioral Issues

RV Industries manufactures and sells recreation vehicles. The company has eight divisions strategically located near major markets. Each division has a sales force and two to four manufacturing plants. These divisions operate as autonomous profit centers responsible for purchasing, operations, and sales.

The corporate controller describes the divisional performance measurement system as follows: "We allow the divisions to control the entire operation from the purchase of direct materials to the sale of the product. We, at corporate headquarters, only get involved in strategic decisions, such as developing new product lines. Each division is responsible for meeting its market needs by providing the right products at a low cost on a timely basis. Frankly, the divisions need to focus on cost control, delivery, and services to customers to become more profitable. However, being as close as they are to their markets, they are best qualified to do this.

"We give the divisions considerable autonomy, but we watch their monthly income statements very closely. Each month's actual performance is compared with the budget in considerable detail. If the actual sales or contribution margin is more than 4 or 5 percent below budget, we demand an immediate report from the division people. I might add that we don't have much trouble getting their attention. All of the management people at the plant and division level can add appreciably to their annual salaries with bonuses if actual net income is considerably greater than budget."

The budgeting process begins in August when division sales managers consult with their sales personnel to estimate sales for the next calendar year. These estimates are sent to plant managers, who use the sales forecasts to prepare production estimates. At the plants, production statistics, including direct material quantities, labor-hours, production schedules, and output quantities, are developed by operating personnel. Using the statistics prepared by the operating personnel, the plant accounting staff determines costs and estimates the plant's budgeted variable cost of goods sold and other plant expenses for each month of the coming calendar year.

In October, each division's accounting staff combines plant budgets with sales estimates and adds additional division expenses. "After the divisional management is satisfied with the budget," said Collins, "I visit each division to review their budget and make sure it is in line with corporate strategy and projections. I really emphasize sales forecasts because of the volatility in the demand for our product. For many years, we lost sales to our competitors because we projected production and sales too low and couldn't meet market demand. More recently, we were caught with large excess inventory when the bottom dropped out of the market for recreational vehicles.

"I generally visit all eight divisions during the first two weeks in November. After that the division budgets are combined and reconciled by my staff, and they are ready for approval by the board of directors in early December. The board seldom questions the budget.

"One complaint we've had from plant and division management is that they are penalized for circumstances beyond their control. For example, they failed to predict the recent sales decline. As a result, they didn't make their budget targets and, of course, they received no bonuses. However, I point out that they are well rewarded when they exceed their budget. Furthermore, they provide most of the information for the budget, so it's their own fault if the budget is too optimistic. Indeed, they should have been the first to see the coming sales decline."

Required:

a. Identify and explain the biases the corporate management of RV Industries should expect in the communication of budget estimates by its division and plant personnel.

b. What sources of information can the top management of RV Industries use to monitor the budget estimates prepared by its divisions and plants?

c. What services could top management of RV Industries offer the divisions to help them in their budget development, without appearing to interfere with the division budget decisions?

d. The top management of RV Industries is attempting to decide whether it should get more involved in the budget process. Identify and explain what management needs to consider in reaching its decision.

(CMA adapted)

17–26. Estimate Cash Receipts Using Statistical Forecasting Model

Early in March, the Jackson City administrator presented a budget to the city council. This is four months prior to the start of the new fiscal year, which begins July 1. Most of the important amounts are estimated because the final budget data (1) will not be available until much closer to the end of the year or (2) are based upon estimates of events that occur in the next year.

City revenues are a good example of the data requirement problem. The city obtains its cash revenues from four sources: property taxes, city income tax, parking fees and fines, and other revenues. Property taxes are based on the assessed valuation of all the property in the city. The final assessment values for the fiscal year are not available until late May. Income tax receipts depend upon the income earned next year by the residents of the city. The parking fees and fines depend, to a large extent, on the size of the population.

The city administrator added an estimate of monthly cash receipts and disbursements for next year to the budget material he presented to the council. Cash receipts were estimated using a cash forecasting model developed in the controller's department. The model was the result of statistical analysis of prior years' results and is presented below:

$$C_i = mr_iA_t + \frac{(1+l)T_{t-1}}{12} + \frac{(1+G)P_{t-1}}{12} + \frac{(1+G)R_{t-1}}{12}$$

where

C_i = Cash collected for the ith month (July = 1).
m = Property tax rate per \$1,000 of assessed valuation.
r_i = Percent of property tax collected in the ith month (July = 1).
A_t = Assessed valuation of property in year t (t = Budget year) in thousands of dollars.
l = Inflation rate (decimal).
T = Income taxes withheld from taxpayers.
G = Population growth (decimal).
P = Parking fees and fines collections.
R = Other revenues collections.

The assessed valuation in thousands of dollars, A_t, was estimated from the regression equation:

$$A_t = 50,000 + 1.05A_{t-1} + 3S$$

where

S = Thousands of square feet of new construction since the last assessment.

The numerical data shown below was available at the end of February when the budget for this fiscal year was constructed. The data for last fiscal year represents either actual figures or data projected for the entire year based on the first eight months of last fiscal year. The data for this fiscal year represent either rates or amounts that were actually experienced or estimates of what was expected to be experienced.

Fiscal Year		
Last	Population (actual)	100,000 people
This	Population growth rate (estimated)	8%
Last	Assessed valuation (actual)	\$600,000,000
Last	Square feet of new construction (projected)	30,000,000 sq. ft.
This	Property tax rate per \$1,000 of assessed valuation (actual)	\$25
Last	Income taxes withheld (projected)	\$4,000,000
Last	Collections of parking fees and fines (projected)	1,000,000
Last	Other revenues collections (projected)	500,000
This	Inflation rate (estimated)	11% per year

The collection pattern for property taxes that has been experienced the past three years is shown below. City officials expected this pattern to persist in this fiscal year.

July	20%	January	1%
August	60	February	1
September	10	March	1
October	5	April	—
November	1	May	—
December	1	June	—

Required:

Estimate the cash receipts for the month of August that the Jackson City administrator included in the budget material presented to the city council in March. Use the cash forecasting model developed by the controller's department and the data available in February.

(CMA adapted)

17–27. Comprehensive Budget Plan

C. L. Corporation appeared to be experiencing a good year. Sales in the first quarter were one-third ahead of last year, and the sales department predicted that this rate would continue throughout the entire year. Ruth Keenan, assistant controller, was asked to prepare a new forecast for the year and to analyze the differences from last year's results. The forecast was to be based on actual results obtained in the first quarter plus the expected costs of programs to be carried out in the remainder of the year. She worked with various department heads (production, sales, etc.) to get the necessary information. The results of these efforts are presented below.

C. L. CORPORATION
Expected Account Balances for December 31, This Year
(in thousands)

Cash	$ 1,200	
Accounts receivable	80,000	
Inventory (January 1, next year)	48,000	
Plant and equipment	130,000	
Accumulated depreciation		$ 41,000
Accounts payable		45,000
Notes payable (due within one year)		50,000
Accrued payables		23,250
Common stock		70,000
Retained earnings		108,200
Sales		600,000
Other income		9,000
Manufacturing costs:		
Materials	213,000	
Direct labor	218,000	
Variable overhead	130,000	
Depreciation	5,000	
Other fixed overhead	7,750	
Marketing:		
Commissions	20,000	
Salaries	16,000	
Promotion and advertising	45,000	
Administrative:		
Salaries	16,000	
Travel	2,500	
Office costs	9,000	
Income taxes	—	
Dividends	5,000	
	$946,450	$946,450

Adjustments for the change in inventory and for income taxes have not been made. The scheduled production for this year is 450 million units, and planned sales volume is 400 million units. Sales and production volume was 300 million units last year. A full-absorption cost, FIFO inventory system is used. The company is subject to a 40 percent income tax rate. The actual income statement for last year is presented below:

C. L. CORPORATION
Statement of Income and Retained Earnings
for the Year Ended December 31, Last Year
(in thousands)

Revenue:			
Sales		$450,000	
Other income		15,000	$465,000
Expenses:			
Cost of goods manufactured and sold:			
Materials	$132,000		
Direct labor	135,000		
Variable overhead	81,000		
Fixed overhead	12,000		
	360,000		
Beginning inventory	48,000		
	408,000		
Ending inventory	48,000	360,000	
Selling:			
Salaries	13,500		
Commissions	15,000		
Promotion and advertising	31,500	60,000	
General and administrative:			
Salaries	14,000		
Travel	2,000		
Office costs	8,000	24,000	
Income taxes		8,400	452,400
Operating profit			12,600
Beginning retained earnings			100,600
Subtotal			113,200
Less: Dividends			5,000
Ending retained earnings			$108,200

Required:

Prepare a budgeted income statement and balance sheet.

(CMA adapted)

Integrative Case

17–28. Continental Can Company of Canada, Ltd. (Comprehensive Budgeting Case)*

The Continental Can Company of Canada, a manufacturing company with plants located throughout Canada, had developed by 1963 a sophisticated budgetary control system. Mr. David R. Arnold, the company's corporate controller for 15 years, viewed this system as the primary tool by which head office coordinated the efforts of various segments of the company. One such segment, the Metal Division, had successfully used the control system and provides a convenient organization in which to view the budgetary process.

---

* This case is a revision of Empire Glass Company, from which the disguise has been removed. The original case was prepared in 1964 by David F. Hawkins, Assistant Professor of Business Administration, and was revised in 1982 by Cynthia A. Vahlkamp, Research Associate in Business. Administration. This case was prepared as the basis for class discussion rather than to illustrate either effective or ineffective handling of an administrative situation.

Copyright © 1982 by the President and Fellows of Harvard College.

Background on Products, Technology, and Markets. Continental Can Company of Canada operated a number of Canadian plants. The principal products of its Metal Division's St. Laurent plant were Open Top food cans, bottle caps and crowns, steel pails, and general line containers. Of these, Open Top cans constituted the largest group. These were manufactured for the major packers of vegetable products—peas, beans, corn, and tomatoes—and for the soup manufacturers. Beer and soft drink cans were a growing commodity, and large quantities of general line containers of many different configurations were produced to hold solvents, paints, lighter fluids, waxes, antifreeze, and so on. Several styles of steel pails of up to five-gallon capacity were also produced to hold many specialized products.

Most of the thousands of different products, varying in size, shape, color, and decoration, were produced to order. Typical lead times between the customer's order and shipment from the plant were two to three weeks in 1963, having been reduced from five and one half to six weeks in the early 1950s, according to St. Laurent plant executives.

Quality inspection of the can manufacturing operation was critical, as the can maker usually supplied the closing equipment and assisted in or recommended the process to be used in the final packing procedure. In producing Open Top food cans, for example, the can body was formed, soldered, and flanged at speeds exceeding 400 cans per minute. After the bottom or end unit was assembled to the body, each can was air tested to reject poor double seams, or poor soldering, or plate inclusions that could cause pin holes. Both side seams and double seams underwent periodic destruction testing to ensure that assembly specifications were met. Although a number of measuring devices were used in the process, much of the inspection was still visual, involving human inspection and monitoring. The quality of the can also affected the filling and processing procedure: it had to withstand internal pressures from expansion of the product as it was heated, and then it had to sustain a vacuum without collapsing when it was cooled. Costly claims could result if the container failed in the field and the product had to be withdrawn from store shelves.

Almost all of the containers required protective coatings inside and out, and the majority were decorated. The coating and decorating equipment was sophisticated and required sizable investment. This part of the operation was unionized, and the lithographers or press men were among the highest paid of the various craftsmen in the plant.

Most of the key equipment was designed and developed by the parent organization over many years. The St. Laurent plant spent substantial sums each year to modernize and renovate its equipment. Modernization and the implementation of new techniques to increase speed, reduce material costs, and improve quality were necessary as volume increased. Over the years, many of the small-run, handmade boxes and pails were discontinued and the equipment scrapped. Other lines were automated and personnel retrained to handle the higher mechanical skills and changeovers required. In spite of these changes, however, according to a general foreman, a production worker of the 1940s could return in 1963 and not feel entirely out of place. Many of the less skilled machine operators were required to handle several tasks on the higher-speed equipment. In general, most of the jobs in the plant were relatively unskilled, highly repetitive, and gave the worker little control over method or pace. The die makers who made and repaired the dies, the machine repairmen, and those who made equipment set-up changes between different products were considered to possess the highest level of skill.

All production workers below the rank of assistant foreman were unionized; however, there had never been a strike at the plant. Wages were high compared to other similar industries in the Montreal area. The union was not part of the Master Agreement that governed all other plants in Canada and most of the plants in the United States, but management made every effort to apply equality to this plant. Output standards were established for all jobs, but no bonus was paid for exceeding standards.

The metal can industry was relatively stable, with little product differentiation. The two or three largest companies in the industry competed on the basis of product quality and customer service rather than price. Nonmetal containers presented perhaps the largest competitive threat.

The Metal Division's various plants to some extent shipped products throughout Canada, although transportation costs limited each plant's market primarily to eastern Canada. While some large customers bought in huge quantities (between 300–500 million cans), many customers were relatively small and purchased a more specialized product.

Organization. Continental Can Company of Canada, a diversified company, was organized into several major product divisions of which the Metal Division was one. (See Exhibit 1.) Each division was headed by a division vice president, who reported directly to the corporate executive vice president, who coordinated the various divisions. The division vice president was supported by customer service and product research staff. Reporting in a line capacity to the division vice president were the general manager of manufacturing and the general manager of marketing. (See Exhibit 2.)

The executive vice president was supported by five staff groups providing a policy review function: the controller, the treasurer, the chief accountant, the market research department, and the labor relations department. The controller's department comprised Mr. David R. Arnold and the assistant controller, Mr. Edward J. Lynn. All corporate and division management were located on Toronto, Canada.

Budgetary Control System. The budgetary control system reflected the managerial philosophy and organizational structure at Continental Can Company of Canada. Operating on a decentralized basis, with divisions performing all functions inherent in any independent company (with the exception of not being responsible for sources of funds and cross-divisional labor relations), the company required a control system to provide an integrative function. Mr. Arnold commented, "Certainly, in our case, the budget is much more than a narrow statistical accounting device."

The Sales Budget. Preparing the sales budget initiated the budget preparation procedure. As early as May 15 prior to the beginning of the budget year, top management asked the various product division vice presidents to submit preliminary reports. These reports were intended to be interpretive statements reflecting the operating executives' practical feelings about their divisions' capital requirements and outlooks for sales and income for the coming budget year. Division vice presidents were also expected to indicate trends in sales and income, particularly those manifested over the previous two years.

Exhibit 1 (17–28)   **Continental Can Company of Canada, Ltd.**
Top Management Group

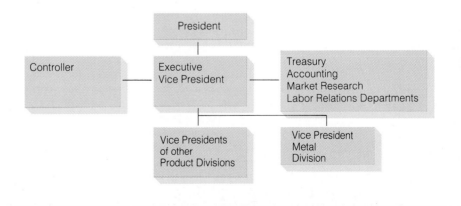

Exhibit 2 (17–28)   **Continental Can Company of Canada, Ltd.**
Metals Division Top Management and Staff

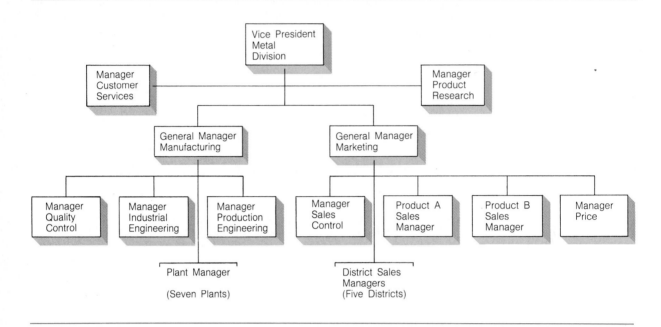

Senior management at this stage was not interested in too much detail, and the estimates tended to be based on forecasts prepared in last year's budget and data in the five-year plan for capital requirements.

Next, the market research staff developed a formal statement detailing the marketing climate for the forthcoming budget year and providing a general assessment for the subsequent two years. These general factors then became the basis for a sales forecast for the company and for each division.

In preparing its report, the market research group projected such factors as: the general economic condition; growth of the various markets; weather conditions related to the end uses of the company's products; competitive effort; and labor disturbances. The underlying assumptions relating to such parameters as price and weather conditions were explicitly stated in the report. In forecasting sales data, consideration was also given to new product introduction, gains or losses in particular accounts, forward buying, new manufacturing plants, and any changes in the definition or accounting of certain items. The market research group also assessed the probable impact of industry growth trends, inventory carry-overs, and developments in alternative packaging. Relevant factors were reviewed with respect to all product lines, regardless of size and importance.

Once the market research group had completed its analysis, the sales forecasts were forwarded to the appropriate divisions for review, criticism, and adjustments. Corporate staff groups assisted in the forecasting of sales data by assuring uniformity among divisions with regard to basic assumptions on business conditions, pricing, and the treatment of possible emergencies. Also, attention was paid to assure that the company's overall sales forecast was reasonable and obtainable.

At this point, product division top management requested the district sales managers to prepare independent sales forecasts. Guidance for the sales managers was offered by corporate and division staffs, although the sales manager was solely responsible for projecting the forecast.

The district sales managers' forecasts were submitted to divisional top management, consolidated, and reviewed by the division's general manager of marketing. At this time, the general manager of marketing could suggest that district sales managers revise their budgets. Mr. Arnold described a typical situation in which a revision would be suggested:

> Consolidating the district sales managers' sales estimates may, for example, indicate that an increase of 20 to 25 percent might be expected. Obviously this is unreasonable. What has happened is that each district sales manager has been told by the customers that they expect an increase in sales. Summing all of these anticipated individual sales increases produced the unreasonably high expected growth in market. What has not been taken into account are reductions in sales of company A as a result of increases in sales of company B.
>
> Individually, the district sales managers know little of what's happening outside their territory. However, from the headquarters point of view, we can ascertain the size of the whole market and the customer's probable relative market share. That's where the market research group's studies come in handy.

Even when revisions were suggested, the district sales manager's was not changed unless the district manager agreed. Once the budget was approved, only top-management approval could relieve a manager of responsibility to comply with the budget. Also, arbitrary changes could not be made in an approved budget without the concurrence of all those responsible for the budget.

This process of review and revision was repeated at the division and headquarters levels until agreement on a sound budget was reached. Then, each level of management took responsibility for its particular portion of the budget. These sales budgets then became fixed objectives.

In reviewing the sales forecasts, Arnold suggested that the divisions had other objectives in addition to formulating a realistic sales budget. Arnold said:

> I would say they have four general objectives in mind: First, a review of the division's competitive position, including plans for improving the position. Second, an evaluation of its efforts to gain either a larger share of the market or offset competitors' activities. Third, a consideration of the need to expand facilities to improve the division's products or introduce new products. Finally, a review and development of plans to improve product quality, delivery methods, and service.

Manufacturing Budgets.   Once the vice presidents, executive vice presidents, and company president approved the sales budgets, the process of preparing the manufacturing budgets began. Plants had profit responsibility, and a budget was prepared for each.

Initially, a sales budget for each plant was prepared from the division sales budget according to the proportion of finished goods shipped from that plant. The annual plant budget was then further broken down on a monthly basis by price, volume, and end-use.

Given a sales volume goal, the plant manager determined the cost of producing that volume. This was accomplished by the plant manager determining the fixed overhead and variable costs—at standard—that would accrue to meet the demands of the sales budget. Then plants were able to budget their contribution margin, fixed expenses, and income before taxes.* Mr. Arnold explained the philosophy underlying this process:

> In some companies I know of, the head office gives each plant manager sales and income figures that the plant has to meet. We don't operate that way. We

---

* Contribution margin was defined as the difference between gross sales, less discounts, and variable manufacturing costs (such as direct labor, direct material, and variable manufacturing overheads). Income was the difference between contribution margin and fixed costs.

Exhibit 3 (17–28) **Continental Can Company of Canada, Ltd.**
Typical Plant Organization—Metals Division

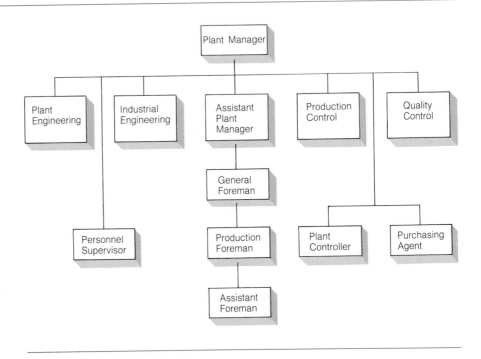

believe that type of directive misses the benefit of all the field experience of those at the district sales and plant levels. If we gave a profit figure to our plant managers to meet, how could we say it was their responsibility to meet it?

What we say to the plant manager is this: Assuming that you have to produce this much sales volume, how much do you expect to spend for your programs allied to obtaining these current and future sales?

Requiring the plant managers to make their own plans is one of the most valuable aspects of the budget system.

The plant manager divided responsibility for the overall plant budget among the various departments. (See Exhibit 3.) Given the sales forecasts, the departments contributed data regarding physical requirements (such as tons of raw materials), which were then priced at standard cost. These standard costs were developed by the Plant Industrial Engineering Department by determining budget performance standards for each of the plant's operations, cost centers, and departments. The industrial engineer prepared this part of the budget in conjunction with department line supervisors.

Other calculations performed in this phase of the budget included budgeted cost reductions, budgeted unfavorable variances from standard, and budgeted programmed fixed costs in the manufacturing area such as service labor.

Once the plant budget was complete, a group from head office visited the plants. Approximately a half day was spent at each plant, with all plants being visited over a three-week period. In the case of the Metal Division, Mr. Arnold, Mr. Lynn, and representatives of the Metal Division manufacturing staffs visited each of the division's plants. At the plants, this group met with the plant manager and any supervisors which the plant manager invited, and discussed the budget. Also, the property replacement and maintenance budget was discussed in detail with the plant engineer. Mr. Arnold commented on the purpose of these visits:

> Let me stress this point: We do not go on these trips to pass judgment on the plant's proposed budget. Rather, we go with two purposes in mind.
>
> First, we wish to acquaint ourselves with the thinking behind the figures that each plant manager will send in to Toronto. This is helpful because when we come to review these budgets with the top management (that is, the management above our level), we will have to answer questions about the budgets and we will know the answers.
>
> Second, the review is a way of giving guidance to the plant managers as to whether or not they are in line with what the company needs to make in the way of profits.

During the plant visits, the group from head office explained to the plant managers that, while their budget looked good initially, after all the plants' budgets had been consolidated changes would have to be made if projected profit was insufficient.*

In the beginning of September, once the plant tours were completed, plant budgets were submitted to Toronto to be consolidated by the accounting department. Product divisional vice presidents then reviewed their respective division budgets for reasonableness in terms of perceived corporate top-management expectations. If unsatisfied, the division vice president requested the various plants in the division to trim their budget figures.

Once the division vice presidents and the executive vice president were satisfied with the plant budget, the budget was submitted to the company president. The president could accept the division budgets or specify areas to be reexamined by the divisions.

Comparison of Actual and Standard Performance. Actual performance was routinely compared with standard performance on the basis of exception: that is, head office required plant managers to explain only those figures in excess of budgeted amounts. In analyzing gross sales, head office looked closely at price and changes in sales mix. Particularly close attention was paid to net sales, gross margin, and the plant's ability to meet standard manufacturing cost. Mr. Arnold explained the thinking underlying management by exception:

> We believe this (system) has a good effect on morale. The plant managers don't have to explain everything they do. They only have to explain where they go off base.

The cost and revenue information was summarized on a standard form, the Profit Planning and Control Report #1, and was backed up by a number of supporting documents (PPCR#2-PPRC#11). See Exhibits 4 and 5. The plant PPCR#1 and the month-end trial balance showing both actual and budget figures were received in Toronto, Canada at the close of the eighth business day after month-end. These reports were then consolidated by the accounting department to show operating results by division and by company. The consolidated reports were distributed the next day.

---

* The budget plant profit was the difference between the fixed sales-dollar budget and the budgeted variable costs at standard and the fixed overhead budget. The plant managers were responsible to meet the budgeted profit figure even if actual dollar sales dropped below the budgeted level.

Exhibit 4 (17–28)   **Continental Can Company of Canada, Ltd.**
Profit Planning and Control Report No. 1

MONTH						YEAR TO DATE		
Income Gain (+) or Loss (−) From							Income Gain (+) or Loss (−) From	
Prev. Year	Budget	Actual	Ref.			Actual	Budget	Prev. Year
			1	Gross Sales to Customers				
			2	Discounts & Allowances				
			3	Net Sales to Customers				
%	%		4	% Gain (+)/Loss (−)			%	%
				DOLLAR VOLUME GAIN (+)/ LOSS (−) DUE TO:				
			5	Sales Price				
			6	Sales Volume				
			6(a)	Trade Mix				
			7	Std. Variable Cost of Sales				
			8	Contribution Margin				
				CONTRIB. MARGIN GAIN (+)/ LOSS (−) DUE TO:				
			9	Profit Volume Ratio (P/V)*				
			10	Dollar Volume				
%	%	%	11	Profit Volume Ratio (P/V)*		%	%	%
			12	Budgeted Fixed Mfg. Cost				
			13	Fixed Manufacturing Cost-Transfers				
			14	Plant Income (standard)				
%	%	%	15	% of Net Sales		%	%	%
%	%	%	16	% Mfg. Efficiency		%	%	%
			17	Manufacturing Variances				
			18	Methods Improvements				
			19	Other Revisions of Standards				
			20	Material Price Changes				
			21	Division Special Projects				
			22	Company Special Projects				
			23	New Plant Expense				
			24	Other Plant Expenses				
			25	Income on Seconds				
			26					
			27					
			28	Plant Income (actual)				
%	%		29	% Gain (+)/Loss (−)			%	%
%	%	%	30	% of Net Sales		%	%	%
			36A					
				CAPITAL EMPLOYED				
			37	Total Capital Employed				
%	%	%	38	% Return		%	%	%
			39	Turnover Rate				

————————   ————————   ———————— 19 ————
    Plant   Division   Month

Exhibit 4 *(continued)*

Notes on PPCR#1

Reference 3: "Net Sales to Customers"
This figure is the difference between gross sales to customers (reference 1) and any discounts or allowances (reference 2).

Reference 4: "Percent Gain/(Loss)"
This figure is the increase or decrease in net sales-dollars expressed as a percentage of the budget and the previous year's actual figures.

References 5 and 6:
These figures decompose the dollar volume gain or loss into its component parts. Reference 5 shows changes due to sales price, reference 6 shows changes due to sales volume, and reference 6 *(a)* shows changes due to trade mix.

Reference 7: "Variable Cost of Sales"
This figure includes such items as direct materials, operating labor, and that part of indirect labor that varies in monthly dollar amounts directly with changes in unit production volume. These costs are constant per unit of production. The amount listed in the budget column is the standard cost of the actual production.

Reference 8: "Contribution Margin":
Contribution margin is the difference between the total net dollar sales and the total variable manufacturing costs of products sold.

References 9 and 10:
These references identify further the causes of the change in profit margin.

Reference 9: "Profit Margin Gain/(Loss) Due to Profit Volume Ratio"
That portion of the profit margin gain or loss resulting from changes in the relationship between the net selling price and the standard variable manufacturing costs of the products sold to customers. This relationship, expressed as a percentage, is known as the "P/V Ratio" (see reference 11).

Reference 10: "Profit Margin Gain/(Loss) Due to Dollar Volume" That portion of the profit margin or loss resulting from the changes in dollar volume of net sales to customers, exclusive of changes in P/V. It is the algebraic difference between the profit margin and reference 9.

Reference 11: "Profit Volume Ratio"
Close check is kept on the P/V ratio. It expresses profit over variable costs.

Reference 12: "Total Fixed Manufacturing Cost"
Reference 12 totals the costs that remain unchanged irrespective of fluctuations in volume. Included in this category are depreciation, rent, general insurance, general taxes, and most supervision costs. Fixed costs are calculated on an annual basis, and each monthly figure is shown as one twelfth of the annual total.

Reference 13: "Fixed Manufacturing Cost-Transfers"
Reference 13 does not apply to the Metal Division since the division has very few intra- or interdivision transfers.

Reference 14: "Plant Income (Standard)"
Because reference 13 does not apply to the Metal Division, reference 14 is the difference between margin dollars (reference 8) and total fixed manufacturing costs (reference 12).

Reference 16: "Percent Performance"
Entered in the "actual" column of this item is the difference between the standard and actual manufacturing cost expressed as a percentage of standard.

Entered in the "Gain/(Loss)" columns for this same item is the difference in percentage points between current performance and budget, and between the current performance and previous year.

Reference 17: "Manufacturing Efficiency"
In the "Actual" column is entered the difference between standard and actual manufacturing dollar costs.

In the "Gain/(Loss)" column is entered the increase or decrease in income resulting from changes in manufacturing efficiency dollar savings or excesses.

References 18 through 25
In addition to cost savings or excesses resulting from efficiency, special conditions may arise to cause other departures from standard cost. These additional differences are classified according to cause, and the more significant ones are shown individually on separate lines in this portion of PPCR#1.

Exhibit 4 *(concluded)*

Reference 28: "Plant Income (Actual)"

This item is the income remaining after adjusting reference 14 for all the departures from standard manufacturing listed in references 18 through 25, inclusive.

Reference 37: "Total Employed Capital"

This is the value of employed capital at month-end and the average for the year to date. At the plant level, employed capital consists of inventories (mostly work in process and finished goods) valued at their standard direct costs plus the replacement value of fixed assets. At the division level, accounts receivable are included in employed capital.

Replacement value of fixed assets is calculated according to formulas which give the current cost of equipment capable of performing the same job as the installed equipment. Replacement cost is used for two reasons: (1) Within a single division, it places all plants on an equal footing from the standpoint of measuring return, since it eliminates distortions arising from the use of widely disparate acquisition costs for similar equipment; (2) It eliminates distortions arising from the use of unrecovered costs, which, even though based on comparable replacement values, are heavily influenced by cumulative depreciation charges that vary widely depending upon the length of time a given facility has been in use.

Reference 38: "Percent Return"

This item is "Plant Income (Actual)" dollars expressed as a percentage of "Employed Capital."

Reference 39: "Turnover Rate"

This item is the net sales-dollars divided by employed capital and expressed as a multiple of employed capital.

Note: The P/V Ratio, Actual Plant Income, and Percent Return on Capital Employed are considered the three most important items on PPCR # 1.

Budgets are prepared on forms similar to the PPCR series with one major difference: The budget forms include columns for recording the current year's budget figures, and previous years' actual figures. Additionally, variances are shown between the proposed budget figures and the current year's estimated actuals and the previous years' actual figures.

Head office received performance information in advance of PPCR#1. A monthly variance analysis sheet was prepared by head office at the end of the sixth business day after the month-end from information wired to head office from each plant. Within a half hour after receipt of all plant reports, variance analysis sheets for the divisions and plants were compiled. On the morning of the seventh business day after month-end, these reports were forwarded to appropriate top management. Mr. Arnold commented:

> The variance analysis sheet highlights the variances in what we consider to be critical areas. Receiving this report as soon as we do helps us at head office to take timely action. Let me emphasize, however, we do not accept the excuse that the plant manager had to go to the end of the month to know what happened during the month. He has to be on top of these particular items daily.

In addition to the end-of-month reports, plant managers prepared at the beginning of each month current estimates for the upcoming month and quarter. These estimates were presented on forms similar to the variance analysis sheets. These beginning-of-month estimates had two primary purposes: first, head office was alerted to possible adverse trends in operations and, secondly, plant managers were encouraged to run their plants with an eye toward the future. Mr. Arnold explained the value of these reports:

> If we see a sore spot coming up, or if the plant manager draws our attention to a potential trouble area, we may ask for daily reports concerning this item to be sent to the particular division top management involved. In addition, division top management may send a division staff specialist—say, a quality control expert—

Exhibit 5 (17–28)   **Continental Can Company of Canada, Ltd.**
Brief Description of PPCR#2 through PPCR#11

Individual Plant Reports

Report	Description
PPCR#2	*Manufacturing expense:* Plant materials, labor, and variable overhead consumed. Detail of actual figures compared with budget and previous years' figures for year-to-date and current month.
PPCR#3	*Plant expense:* Plant fixed expenses incurred. Details of actual figures compared with budget and previous years' figures for year-to-date and current month.
PPCR#4	*Analysis of sales and income:* Plant operating gains and losses due to changes in sales revenue, profit margins, and other sources of income. Details of actual figures compared with budget and previous years' figures for year-to-date and current month.
PPCR#5	*Plant control statement:* Analysis of plant raw material gains and losses, spoilage costs, and cost-reduction programs. Actual figures compared with budget figures for current month and year-to-date.

Division Summary Reports

PPCR#6	*Comparison of sales by principal and product groups:* Plant sales-dollars, profit margin, and P/V ratios broken down by end-product use (soft drinks, beer, etc.). Compares actual figures with budgeted figures for year-to-date and current month.
PPCR#7	*Comparative plant performance, sales, and income:* Gross sales and income figures by plants. Actual figures compared with budget figures for year-to-date and current month.
PPCR#8	*Comparative plant performance, total plant expenses:* Profit margin, total fixed costs, manufacturing efficiency, other plant expenses, and P/V ratios by plants. Actual figures compared with budgeted and previous years' figures for current month and year-to-date.
PPCR#9	*Manufacturing efficiency:* Analysis of gains and losses by plant in areas of materials, spoilage, supplies, and labor. Current month and year-to-date actuals reported in total dollars and as a percentage of budget.

Division Summary Reports

PPCR#10	*Inventory:* Comparison of actual and budget inventory figures by major inventory accounts and plants.
PPCR#11	*Status of capital expenditures:* Analysis of the status of capital expenditures by plants, months, and relative to budget.

to the plant concerned. The division staff members can make recommendations, but it is up to the plant manager to accept or reject these recommendations. Of course, it is well known throughout the company that we expect the plant managers to accept gracefully the help of the head office and division staffs.

Sales–Manufacturing Relations. Mr. Arnold felt that preparing the budget improved the understanding of operations and reduced the risk of potential chaos arising from sudden, unexpected sales declines at year-end. If actual sales volume fell below budgeted sales volume early in the year, and if plant managers convinced head office that the change was permanent, head office would revise the plant budgets to reflect the new circumstances. If, however, the change was unexpected and at year-end, there would be insufficient time to change the budget plans. In this case, plant managers would be asked to review their budgets with their staffs to identify possible areas to reduce expenses. Specifically, Mr. Arnold suggested that plant managers could be asked to consider what they might eliminate this year or delay until next year. He commented:

> I believe it was Confucius who said: "We make plans so we have plans to discard." Nevertheless, I believe it is wise to make plans, even if you have to discard them. Having plans makes it a lot easier to figure out what to do when sales fall off from the budgeted level. The understanding of operations that comes from preparing the budget takes a lot of the potential chaos and confusion that might arise if we were under pressure to meet a stated profit goal and sales decline quickly and unexpectedly at year-end, just as they did this year.
>
> Under these circumstances, we don't try to ram anything down the plant managers' throats. We ask them to tell us where they can reasonably expect to cut costs below the budgeted level.

In some cases, a plant manager's costs were adversely affected when the sales group insisted on a production schedule change to accommodate an unexpected rush order. In this case, Mr. Arnold said,

> The customer's wants are primary. Our company is a case where sales wags the rest of the dog. Whenever a problem arises at a plant between sales and production, the local people are supposed to solve the problem themselves. Suppose a customer's purchasing agent insists he wants an immediate delivery and this delivery will disrupt the production department's plans. The production group can recommend alternative ways to take care of the problem, but the sales manager is responsible to get the product to the customer. The sales staff is supposed to judge whether the customer really needs the product. If the sales manager says the customer needs the product, that ends the matter.
>
> If the change in the sales program involves a major expense at the plant which is out of line with the budget, then the matter is passed up to division for decision.
>
> As I said earlier, the sales department has the sole responsibility for the production price, sales mix, and delivery schedules. They do not have direct responsibility for plant operations or profit. That's the plant management's responsibility. However, it is understood that the sales group will cooperate with the plant people wherever possible. We believe the whole budgetary control system works best if we can get cooperation. But, within the framework of cooperation, the sales and production groups have very clear responsibilities.

Motivation. Several devices were used to motivate plant managers to meet their profit goals. In addition to a monetary incentive program, wide publicity was given to a plant's manufacturing efficiency.* Each month a bar chart was put together showing, by division and plant, the ranking of the manufacturing units by manufacturing efficiency. Mr. Arnold commented,

> The efficiency bar chart and efficiency measure itself are perhaps a little unfair in some respects in comparing plants. Different kinds of products are produced at different plants, requiring different set-ups, etc., that impact the plant's position. However, the efficiency rating is generally a good indicator of the quality of the plant manager and the supervisory staff.

---

* Manufacturing efficiency $= \dfrac{\text{Total actual variable manufacturing costs}}{\text{Total standard variable manufacturing costs}}$.

Additionally, some plants ran competitions within the plants, which rewarded department heads or foremen based on their relative standing with respect to certain items.

While profit was the goal, at the plant level quality (defined both by physical quality and such items as meeting delivery schedules) was emphasized. The message transmitted to plant employees was that:

> If the company is to be profitable, it must produce high-quality items at reasonable cost. This ensures the plant's ability to maximize profits for the company under prevailing circumstances.

Said Mr. Arnold, "The plant managers, their staffs, and employees have great pride in their plant."

The Future.   Mr. Arnold projected the future of the budgetary control system:

> An essential part of the budgetary control system is planning. We have developed a philosophy that we must begin our plans where the work is done—in the line organization and out in the field. Perhaps, in the future, we can avoid or cut back some of the budget preparation steps and start putting our sales budget together later on in the year than May 15. However, I doubt if we will change the basic philosophy.
>
> Frankly, I doubt if the line operators would want any major change in the system—they are very jealous of the management prerogatives the system gives them.
>
> It is very important that we manage the budget. We have to be continually on guard against it managing us. Sometimes, the plants lose sight of this fact. They have to be made conscious daily of the necessity of having the sales volume to make a profit. And, when sales fall off and their plant programs are reduced, they do not always appear to see the justification for budget cuts. Although, I do suspect that they see more of the justification for these cuts than they will admit. It is this human side of the budget to which we will have to pay more attention in the future.

Required:

a. Describe each step of Continental Can's budget process from its start on May 15 until its final approval. Relate each step to the organization charts in Exhibits 1 and 2.

b. Evaluate Continental Can's budgeting process. Have they related the budget to organizational goals? Do district sales managers, plant managers, and other participants have incentives to provide biased information?

18

Using the Budget for Performance Evaluation and Control

OBJECTIVES

To understand how to compare budgeted income statements to the actual results for the period.

To understand the concept of flexible budgeting.

To introduce variances.

In Chapter 17, we described the development of the master budget as a first step in the budgetary planning and control cycle. This chapter carries the process a step further to examine the use of the budget as a tool for performance evaluation and control. The master budget can be thought of as a blueprint for achieving the company's goals. The control process assures that the blueprint is followed or, if changes are required, that the best alternative is chosen.

The master budget includes operating budgets (for example, the budgeted income statement, the production budget, the budgeted cost of goods sold) and financial budgets (for example, the cash budget, the budgeted balance sheet). When management uses the master budget for control purposes, it focuses on the key items that must be controlled to ensure company success. Most such items are in the operating budgets, although some also appear in the financial budgets. In this chapter, we focus on the income statement because it is the most important financial statement used by managers to control operations.

When reported income statements are compared to budgeted income statements, there are nearly always differences or variances between the budgeted and reported amounts. Managers spend considerable time and effort understanding causes of these variances, interpreting them, and taking corrective action. Later chapters discuss these variances in detail; this chapter presents the "big-picture" comparison of budgeted to reported profits. Understanding this "big-picture" helps understand where the details discussed in later chapters fit.

Flexible Budgeting

A master budget presents a comprehensive view of anticipated operations. Such a budget is typically a static budget; that is, it is developed in detail for one level of anticipated activity. A flexible budget, by contrast, indicates budgeted revenues, costs, and profits for virtually all feasible levels of activities. Since variable costs and revenues change with changes in activity levels, these amounts are budgeted to be different at each activity level in the flexible budget.

For example, studies of past cost behavior in the machining department of the Greater Manufacturing Company indicate that the department expects to incur fixed costs of $500,000 per year and variable costs of $20 per unit produced. This cost function is graphed in Illustration 18–1. This is the same type of cost line that is used for cost-volume-profit (CVP) analysis as discussed in Chapter 11. The expected activity level for the period is budgeted at 100,000 units. From the flexible budget line in Illustration 18–1, we find the budgeted costs at a planned activity of 100,000 units to be $2,500,000 [$500,000 + ($20 × 100,000 units)].

Suppose that actual costs are only $2,350,000. At first glance, one might assume that a good job of cost control was done because costs were $150,000 lower than the budget plan. But, in fact, only 80,000 units were actually produced instead of the 100,000 units originally planned. According to the flexible budget concept, the master budget must be adjusted for this change in activity. The adjusted budgeted costs for control and performance evaluation purposes would be $2,100,000 [$500,000 + ($20 × 80,000 units)]. Now it is clear that while costs are lower than planned, they are $250,000 higher than they should be, after *taking into account the level of activity in the department.*

The estimated cost-volume line in Illustration 18–1 is known as the flexible budget line because it shows the budgeted costs allowed for each level of activity.

Illustration 18–1   **Comparison of Master and Flexible Budgets, Machining Department, Greater Manufacturing Company**

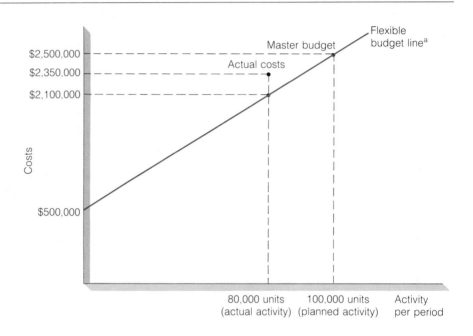

[a] This is the cost line from cost-volume-profit analysis.

For example, if activity would increase to 120,000 units, budgeted costs would be $2,900,000 [$500,000 + ($20 × 120,000 units)]. If activity drops to 50,000 units, budgeted costs would drop to $1,500,000 [$500,000 + ($20 × 50,000 units)]. Whatever level of activity occurred during the period is entered into the flexible budget equation:

$$TC = F + VX$$

where

TC = Total budgeted costs for the period.
  F = Fixed costs for the period.
  V = Variable costs per unit.
  X = Activity expressed as quantity of units.

For the machining department at Greater Manufacturing:

$$TC = \$50,000 + \$20X$$

You can compare the master budget with the flexible budget by thinking of the master budget as an ex ante (before-the-fact) prediction of X (activity), while the flexible budget is based on ex post facto (after-the-fact) knowledge of the actual X.

Comparing Budgets and Results

A comparison of the master budget with the flexible budget and with actual results forms the basis for analyzing differences between plans and actual performance. The following example is used in this and subsequent chapters to illustrate the comparison of plans with actual performance.

The Boxx Company, a small manufacturing firm, makes wooden crates. Its master budget income statement is presented in Illustration 18–2. The format is consistent with variable costing, not full-absorption costing. We use this variable costing format for analyzing differences between actual and planned results because it separates fixed and variable costs. This separation is important for managerial estimates of cost behavior and profits.

The flexible budget, presented in Illustration 18–3, is based on *actual* activity. In May, 10,000 crates were actually produced and sold. The difference between operating profits in the master budget and operating profits in the flexible budget is called an *activity variance.* It is due to the 2,000-unit difference between actual sales and planned sales. The $18,000 variance results from the 2,000-unit difference times the $9 *budgeted* contribution margin per unit ($20 *budgeted* price − $11 *budgeted* variable costs). This difference can also be seen on the flexible budget profit-volume line in Illustration 18–4.

Favorable versus Unfavorable Variances

Note the use of F for favorable and U for unfavorable beside each of the variances in Illustration 18–3. These terms describe the impact of the variance on the budgeted operating profits. A *favorable variance increases* operating profits, hold-

Illustration 18–2   **Master Budget, Boxx Company**

	Master Budgets (based on 8,000 units)
Sales revenue (8,000 units at $20)	$160,000
Less:	
Variable manufacturing costs	80,000[a]
Variable marketing and administrative costs	8,000[b]
Contribution margin	72,000
Less:	
Fixed manufacturing costs	20,000
Fixed marketing and administrative costs	40,000
Operating profit	$ 12,000
The following estimates are used by Boxx Company to prepare the master budget:	
Sales price	$ 20 per crate
Sales volume	8,000 crates
Production volume	8,000 crates
Variable manufacturing costs	$ 10 per crate
Variable marketing and administrative costs	1 per crate
Fixed manufacturing costs	20,000
Fixed marketing and administrative costs	40,000

[a] 8,000 budgeted units at $10 unit.

[b] 8,000 budgeted units at $1 per unit.

Illustration 18-3   **Flexible and Master Budget, Boxx Company (May)**

	Flexible Budget (based on actual activity of 10,000 units)	Activity Variance (based on variance in sales volume)	Master Budget (based on 8,000 units sold)
Sales revenue	$200,000	$40,000 F	$160,000
Less:			
Variable manufacturing costs[a] (at $10 per unit)	100,000	20,000 U	80,000
Variable marketing and administrative costs (at $1 per unit)	10,000	2,000 U	8,000
Contribution margin	90,000	18,000 F	72,000
Less:			
Fixed manufacturing costs	20,000	—	20,000
Fixed marketing and administrative costs	40,000	—	40,000
Operating profits	$ 30,000	$18,000 F	$ 12,000

[a] This can be thought of as "variable cost of goods sold."
U = "Unfavorable" variance.
F = "Favorable" variance.

ing all other things constant. An *unfavorable variance decreases* operating profits, holding all other things constant. These terms are not intended to be used in a normative sense; thus, a favorable variance is *not necessarily good,* and an unfavorable variance is *not necessarily bad.*

An excellent case in point is the sales activity or volume variance in Illustration 18–3. Holding everything else constant, the 2,000-unit increase in sales creates a favorable variance of $40,000 ($20 per unit budgeted price × 2,000 units) in sales. Is this really good? Perhaps not. Economic conditions may have been better than planned, which increased the volume demanded by the market. Hence, perhaps, the 2,000-unit increase in sales volume should have been even greater taking everything into account.

Note that the variable cost variances are both labeled unfavorable. But this doesn't mean that they are bad for the company. Variable costs are expected to increase when volume is greater than planned.

Sales Volume (Activity) Variance

The information in Illustration 18–3 has a number of uses. First, it isolates the increase in operating profits caused by the increase in activity from the master budget. Further, the resulting flexible budget shows budgeted sales, costs, and operating profits *after* taking into account the activity increase but *before* considering differences in *unit* selling prices, variable costs, and fixed costs from the master budget.

In general, we refer to this change from the master budget plan as an **activity variance.** When the change from the master budget to the flexible budget is due to changes in sales volume, the activity variance is also known as the **sales volume variance.**

Illustration 18-4   **Flexible Budget Line, Boxx Company**

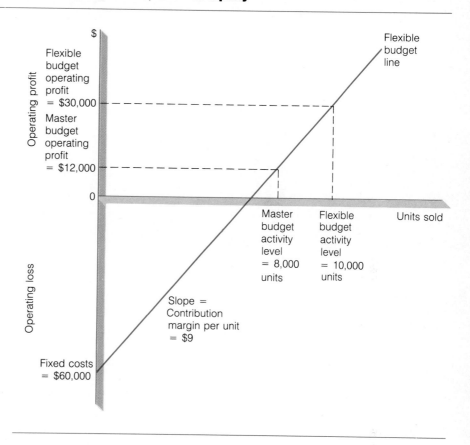

Note the makeup of the $18,000 sales volume variance in Illustration 18-3. First, the difference between the master budget sales of $160,000 and the flexible budget sales of $200,000 (which is the estimated $20 unit sales price times the 10,000 units actually sold) is $40,000. This is based on the 2,000-unit increase in sales volume times the estimated $20 unit sales price. We use the *estimated* unit sales price instead of the *actual* price because we want to isolate the impact of the activity increase from changes in the sales price. We want to focus on the effects of volume alone. Thus, the sales amount in the flexible budget is *not the actual revenue* (actual price times actual volume) but the *estimated unit sales price times the actual number of units sold.* This permits us to isolate the effects of the difference between actual and expected sales volume. Second, variable costs are expected to increase by $22,000, giving a favorable contribution margin of $18,000 (= $40,000 − 22,000), which is the favorable sales volume variance.

Comparing Actual to the Flexible Budget

Assume the actual results for May are as shown in the following table (p. 716):

Illustration 18–5
Comparison of Actual Income Statement to the Budget, Boxx Company (May)

	(1) Actual (based on actual activity of 10,000 units sold)	(2) Manufacturing Variances	(3) Marketing and Administrative Variances	(4) Sales Price Variances	(5) Flexible Budget (based on actual activity of 10,000 units sold)	(6) Activity (sales volume) Variance	(7) Master Budget (based on a prediction of 8,000 units sold)
Sales revenue	$210,000	—	—	$10,000 F	$200,000	$40,000 F	$160,000
Less:							
Variable manufacturing costs	105,440	$5,440 U	—	—	100,000	20,000 U	80,000
Variable marketing and administrative costs	11,000	—	$1,000 U	—	10,000	2,000 U	8,000
Contribution margin	93,560	5,440 U	1,000 U	10,000 F	90,000	18,000 F	72,000
Less:							
Fixed manufacturing costs	21,000	1,000 U	—	—	20,000	—	20,000
Fixed marketing and administrative costs	44,000	—	4,000 U	—	40,000	—	40,000
Operating profits	$ 28,560	$6,440 U	$5,000 U	$10,000 F	$ 30,000	$18,000 F	$ 12,000

→Total variance from
flexible budget = $1,440 U

→Total variance from
master budget = $16,560 F

	Actual
Sales price	$ 21 per crate
Sales volume	10,000 crates
Variable manufacturing costs	$105,440
Variable marketing and administrative costs	11,000
Fixed manufacturing costs	21,000 for May
Fixed marketing and administrative costs	44,000 for May

Now the actual results can be compared with both the flexible budget and the master budget, as shown in Illustration 18–5. Column 1 is the reported income statement based on the facts presented above. Column 2 summarizes manufacturing variances (which are discussed in more detail in Chapter 19), and Column 3 shows marketing and administrative variances (which are discussed in more detail in Chapter 21). Costs have been divided into fixed and variable portions here and would be presented in more detail to the managers of centers having responsibility for them. Cost variances result from deviations in costs and efficiencies in operating the company. They are important for measuring productivity and helping to control costs.

Sales Price Variance. The sales price variance, Column 4, is derived from the *difference between the actual and budgeted selling price times the actual number of units sold* ($10,000 = [$21 − $20] × 10,000 units). Columns 5, 6, and 7 are carried forward from Illustration 18–3.

Variable Manufacturing Cost Variances. Be careful to distinguish the variable cost variances in Columns 2 and 3, which are input variances, from the variable cost variances in Column 6, which are part of the sales volume variance. Management *expects* the latter costs to be higher, in this case, because the sales volume is higher than planned.

Looking at Column 5, we see that variable manufacturing costs *should have been* $100,000 for a production and sales volume of 10,000 units, not $80,000 as expressed in the master budget in Column 7. We see from Column 1 that the actual variable manufacturing costs were $105,440, some $25,440 higher than the master budget, but only $5,440 higher than the flexible budget. Which number should be used to evaluate manufacturing cost control—the $25,440 variance from the master budget or the $5,440 variance from the flexible budget?

The number that should be used to evaluate manufacturing performance is the $5,440 variance from the flexible budget. This points out a benefit of flexible budgeting. A superficial comparison of the master budget plan with the actual results would have indicated the variance to be $25,440. But, in fact, manufacturing is responsible for only $5,440, which is caused by deviation from production norms. We discuss the source of this $5,440 in more detail in Chapter 19.

Fixed Manufacturing Cost Variance. The fixed manufacturing cost variance is simply the difference between actual and budgeted costs. Fixed costs are treated as period costs; they are not expected to be affected by activity levels within a relevant range. Hence, the flexible budget fixed costs equal the master budget fixed costs.

Marketing and Administrative Costs. Marketing and administrative costs are treated like manufacturing costs. Variable costs are expected to change as activity changes; hence, variable costs were expected to increase by $2,000 between the flexible and master budget, as shown in Illustration 18–5, because volume increased by 2,000 units. Comparing actual with the flexible budget reveals $1,000U variance for marketing and administrative costs. Fixed marketing and administrative costs do not change as volume changes; hence, the flexible and master budget amounts are the same.

Units Produced versus Units Sold

In the previous example, production volume and sales volume were equal. But the analysis becomes more complicated when the units sold are not equal to the units produced.

Suppose that 12,000 units were produced in May but only 10,000 units were sold. Also, assume there was no beginning inventory. This has no effect on the sales volume variance because the master budget and flexible budget are based on *sales* volume. Thus, Columns 5, 6, and 7 of Illustration 18–5 remain unchanged. In addition, the sales price variance is based on units sold, so Column 4 remains the same. Generally, marketing and administrative costs are not affected by *producing* 12,000 instead of 10,000 units, so we assume they do not change. This allows us to focus on Columns 1 and 2, which would change.

Assume that actual variable manufacturing costs are $10.544 *per unit* and fixed manufacturing costs are $21,000 *for the period.* This leaves the fixed manufacturing cost variance of $1,000 U unchanged. However, the variable manufacturing cost variance changes. In the month units are produced, the following variable manufacturing cost variances are computed:

Units produced × [Actual variable cost − Estimated variable cost] = Variance

Previous example for *10,000 units produced* (Illustration 18–5):

$$10,000 \times (\$10.544 - \$10.00) = \$5,440 \text{ U}$$

Present example for *12,000 units produced:*

$$12,000 \times (\$10.544 - \$10.00) = \$6,528 \text{ U}$$

The variable manufacturing cost variance for units *produced* in May is $6,528. This amount may be treated as a period cost and expensed in May, or it may be prorated to units sold and to units still in inventory. If prorated, $\frac{2}{12} \times$ $6,528 would be charged to inventory in this case because 2,000 of the 12,000 units produced in May are still in inventory at the end of May. In most companies, the $6,528 variance due to May's production is written off as a period expense in May and shown as a variance, as illustrated in Illustration 18–6.

Note that the actual variable manufacturing costs of $106,528 in Illustration 18–6 are really a hybrid—$100,000 in flexible budget costs (based on 10,000 units produced last period and sold this period times $10 estimated cost per

Illustration 18-6
Comparison of Actual Income Statement to the Budget When Units Produced Do Not Equal Units Sold, Boxx Company (May)

	(1) Actual (based on 10,000 units)[a]	(2) Manufacturing Variances	(3) Marketing and Administrative Variances	(4) Sales Price Variances	(5) Flexible Budget (based on 10,000 units)	(6) Activity (sales volume) Variance	(7) Master Budget (based on 8,000 units)
Sales revenue	$210,000	—	—	$10,000 F	$200,000	$40,000 F	$160,000
Less:							
Variable manufacturing costs	106,528	$6,528 U			100,000	20,000 U	80,000
Variable marketing and administrative costs	11,000	—	$1,000 U	—	10,000	2,000 U	8,000
Contribution margin	92,472	6,528 U	1,000 U	10,000 F	90,000	18,000 F	72,000
Less:							
Fixed manufacturing costs	21,000	1,000 U	—	—	20,000	—	20,000
Fixed marketing and administrative costs	44,000	—	4,000 U	—	40,000	—	40,000
Operating profits	$ 27,472	$7,528 U	$5,000 U	$10,000 F	$ 30,000	$18,000 F	$ 12,000

Total variance from flexible budget = $2,528 U

Total variance from master budget = $15,472 F

[a] Based on 10,000 units sold and 12,000 units produced.

unit) plus the $6,528 variable manufacturing cost variance from the 12,000 units produced this period.

Reconciling Costs Incurred with Costs Expensed

The reconciliation between manufacturing costs incurred to produce goods and those expensed on the income statement can be made easier by using the following simple relationship:

$$\begin{array}{c} \text{Costs} \\ \text{incurred} \end{array} + \begin{array}{c} \text{Costs} \\ \text{from} \\ \text{inventory} \\ \text{decrease} \end{array} - \begin{array}{c} \text{Costs to} \\ \text{inventory} \\ \text{increase} \end{array} = \begin{array}{c} \text{Costs} \\ \text{expensed} \\ \text{on the} \\ \text{income} \\ \text{statement} \end{array}$$

For example, assume a company uses first-in, first-out inventory flows and has the following costs:

Production costs	$1,000,000
Beginning inventory	200,000
Ending inventory	300,000

The reconciliation of production cost flows and costs expensed on the income statement would be:

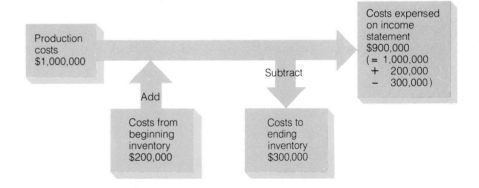

Returning to our example for Boxx Company, the amount of costs that are expensed if 12,000 units are produced and 10,000 are sold is:

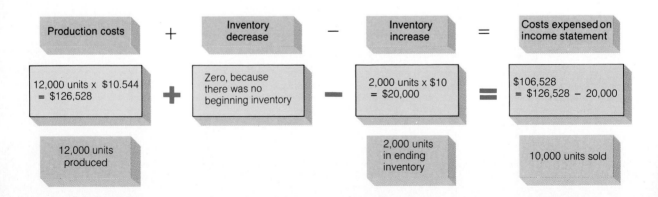

Reconciling Full-Absorption and Variable Costing

Assume that Boxx Company produced 12,000 units and sold 10,000 units in May. There was no beginning inventory on May 1, so the ending inventory on May 31 was 2,000 units. Using variable costing, the entire *fixed manufacturing cost* of $21,000 would be expensed, as shown in Illustrations 18–3 through 18–6. Such would not be the case, however, when full-absorption costing is used, and production and sales volume are not the same.

Using full-absorption costing, a portion of the fixed manufacturing costs would be allocated to the 2,000 units in ending inventory:

$$\frac{2{,}000 \text{ units}}{12{,}000 \text{ units}} \times \$21{,}000 = \underline{\underline{\$3{,}500}}$$

Or, $\dfrac{\$21{,}000}{12{,}000 \text{ units}} = \$1.75$ fixed manufacturing cost per unit. 2,000 units are in ending inventory from current period production, so $3,500 (= 2,000 units × $1.75) fixed manufacturing costs are allocated to ending inventory.

Thus, only $17,500 (= $21,000 − $3,500) of the actual fixed manufacturing costs are expensed in May using full-absorption costing. In this case, full-absorption operating profit would be $30,972 in May, or $3,500 higher than variable costing operating profit.[1] This $3,500 difference in profits is due to the accounting system and not to managerial efficiencies. Care should be taken to identify the cause of such profit differences so those due to accounting method are not misinterpreted as being caused by operating activities.

The budget planning and control methods presented in this book are based on the variable costing approach to product costing, unless otherwise stated. Illustration 18–7 shows how the reported income statement under full-absorption would be reconciled with that using variable costing. The comparison of budget to actual results presented in Illustration 18–6 would still be used; however, additional columns (1a and 1b) would be added to reconcile actual results using variable costing to those using full-absorption costing.

Service and Merchandising Activities

The comparison of the master budget, the flexible budget, and actual results also can be used in service and merchandising organizations. The basic framework in Illustration 18–5 would be retained. Output would usually be defined as sales units in merchandising, but other measures are used in service organizations. For example:

Organization	Units of Activity
Public accounting, legal, and consulting firms	Professional staff hours
Laundry	Weight or pieces of clothing
Hospital	Patient-days

---

[1] Of course, as discussed in Chapter 9, if units sold exceed units produced, we expect the reverse to be true; that is, full-absorption operating profit would be lower than variable costing operating profit.

Illustration 18-7

Reconciling Actual Income Using Full-Absorption Costing and Variable Costing (Columns (2)-(7) are the same as in Illustration 18-6)

	(1a) Actual Using Full-Absorption	(1b) (Inventory adjustment) Fixed Manufacturing Costs Going into Inventory Using Full-Absorption	(1c) Actual Using Variable Costing
Sales revenue	$210,000		$210,000
Less:			
Variable manufacturing costs	106,528		106,528
Variable marketing and administrative costs	11,000		11,000
Contribution margin	92,472		92,472
Less:			
Fixed manufacturing costs	17,500	3,500ᵃ	21,000
Fixed marketing and administrative costs	44,000		44,000
Operating profits	$ 30,972	3,500	27,472

ᵃ 2,000 units put into inventory times $1.75 $\left(=\dfrac{\$21,000}{12,000 \text{ units}}\right)$ fixed manufacturing cost per unit.

Merchandising and service organizations focus on marketing and administrative costs to measure efficiency and to control costs. The key items to control are labor costs, particularly in service organizations, and occupancy costs per sales-dollar, particularly in merchandising organizations.

Behavioral Issues in Budgeting

"You should hold employees responsible for those things they can control" is sometimes claimed to be an important behavioral factor in designing accounting systems. This appeals to a sense of fairness that "the manager of the assembly department should not be charged with inefficiencies caused by the cutting department." Perhaps of more significance in an economic sense is the idea that holding employees responsible for the things they can control focuses managers' attention on the things they can influence and reduces their risk. A well-established concept from the study of financial markets is that higher risk requires higher returns. In a similar fashion, risk-averse workers will demand a higher wage to assume greater risk, all other things equal. Flexible budgets can reduce risk to a worker, as demonstrated by the following example.

Assume that the manager of the repairs department has a budget of $100,000 for December. It turns out that machine time is low in December, and repairs can be easily scheduled without overtime. As a result, the manager spends only $90,000 of the budget. However, suppose production increases during the month of January, and department personnel are working overtime to make the necessary repairs. Expenditures for the repairs department are $110,000 in January.

The manager of the repairs department believes performance is evaluated according to the budget and that his bonus, raises, promotions, and job could depend on meeting the budget. A risk-averse manager will prefer a system that adjusts the budget down to $90,000 in December, and up to $110,000 in January to reflect the changing levels of production, even though the average results for the two months are the same.

The idea that "employees should be held accountable for what they control" does not mean factors outside of their control should be ignored in evaluating performance. For example, information about an employee's peers may be useful in evaluating how well the employee is performing. This is analogous to "grading on the curve," where knowing how well a student did relative to the rest of the class is usually more informative about student exam performance than just knowing the student's own exam score. Few employers will ignore information about factors outside an employee's control that nevertheless affect the employee's performance.[2]

Responsibility Centers

Budgets for performance evaluation and cost control are typically organized around **responsibility centers.** Responsibility centers are organizational units for which someone has responsibility. For example, a business school within a university is often a responsibility center. The dean of the business school has a budgeted level of resources to work with and is responsible to university officials for the way those resources are used to achieve the university's goals. Other examples are:

Responsibility Center	Person in Charge	Responsible for:
Company	Chief executive officer	All assets, equities, revenues, and costs of the company
Division	Division vice president	Divisional assets, equities, revenues, and costs
Plant	Plant manager	Plant production and costs
Department store	Store manager	Store's revenues and costs
Secretarial pool	Secretarial pool supervisor	Costs and secretarial production

For example, the budget breakdown for Electronics, Inc., is shown in Illustration 18–8. Each of the three vice presidents—administrative, production, and

---

[2] Extensive literature has been developed in recent years that deals with issues of risk sharing and incentives in organizations. While the work so far has been done in highly simplified analytical settings, and the results are difficult to generalize to organizations, some fundamental principles for incentive and control systems have been developed. For a review, see S. Baiman, "Agency Research in Managerial Accounting: A Survey," *Journal of Accounting Literature,* 1982.

Illustration 18-8   **Budget Assigned to Responsibility Centers, Electronics, Inc.**

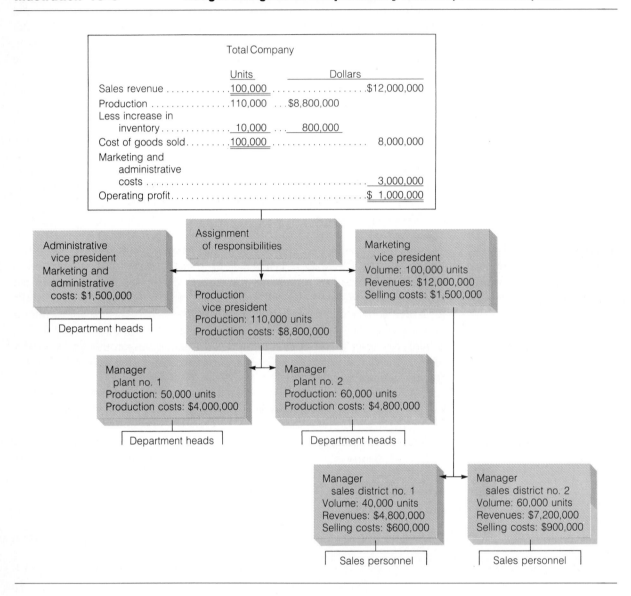

marketing—is responsible for part of it. Based on accounting allocations, the marketing and administrative costs were divided equally between the marketing vice president and the administrative vice president. The administrative budget is subdivided into departments (data processing, accounting, personnel). The production budget is further divided among plant managers, who assign the budget to department heads (assembly, processing, quality control, warehousing). The marketing vice president assigned the marketing budget to the district sales managers.

Note that the production and marketing budgets both involve activity in units—units produced or units sold—while the administrative budget does not. This is one of the major difficulties in controlling marketing and administrative costs. It is difficult to relate these costs directly to changes in a company's sales and production. If the number of units sold increases 20 percent, should marketing and administrative cost increase by the same amount? This is not an easy question to answer. Many companies, governmental units, and not-for-profit organizations have responded to this problem by trying to measure marketing and administrative activity. (We discuss some of these methods in Chapter 21.)

Behavioral Issues in Setting Budget Levels

Many people in organizations are evaluated based on budgets, so they have an interest in how difficult or easy the budgets are to attain. These people often also have some input into setting budgets. In fact, operating personnel are likely to be the best sources of information about appropriate budgets in the company. But since the budgets will be used to judge their performance, they have incentives to make the budgets easily attainable.

As a manager of an assembly department put it, "The supervisor asked me how much time it will take to assemble Product 102x, and I told him two labor-hours per unit based on ideal conditions. Then he used that against me when it actually took two and one-half hours per unit. Now, when I am asked by a supervisor, I add about 30 percent to the time I think it will take. That gives us some slack and a chance to show a favorable variance."

Whether or not operating personnel actually bias the data they provide for establishing budgets, top management and the accounting staff recognize that operating personnel have *incentives* to do so. Thus, other sources of information, such as industry standards and estimates from similar departments in the company, are often used for comparison. Operational auditors (people who audit the efficiency and/or effectiveness of operations) and outside consultants are often called in to check the reasonableness of standards. Information from one source provides a check on information from another source.

How "Tight" Should Budget Levels Be?

Research indicates that budgets that are very difficult to achieve or those that are easily achievable may not lead to the best employee performance.[3] The motivational problems of employees are similar to those of students. For example, if it is virtually impossible to improve your grade by studying hard for a test, you may not be as motivated to study as hard as you would if you believed there was a good chance that studying would improve your grade. On the other hand, if you believe that you will get a good grade with minimal studying, you may not be inclined to study beyond that minimal level.

In general, the budget levels that seem to motivate best are moderately tight yet are perceived by employees as reasonable and attainable. This generalization may vary from situation to situation, of course.

[3] See Andrew C. Stedry, *Budget Control and Cost Behavior* (Englewood Cliffs, N.J.: Prentice-Hall, 1960); and Gary L. Holstrum, "The Effect of Budget Adaptiveness and Tightness on Managerial Decision Behavior," *Journal of Accounting Research* (Autumn 1971), pp. 268–77.

Zero-Base Budgeting

Many organizations have attempted to manage discretionary costs through a budgeting method called **zero-base budgeting.**[4] Numerous companies (including Texas Instruments, Xerox, and Control Data) and governmental units (including some agencies of the federal government) have implemented zero-base budgeting at one time or another. One reason the approach has attracted considerable popularity in public sector organizations is that it is seen as a means of managing expenditures in a setting where the benefits of the expenditures cannot be traced to the costs as easily as they can in manufacturing.

The novel part of zero-base budgeting is the requirement that the budgeting process start at zero, with all expenditures completely justified. This contrasts with the usual approach, in which a certain level of expenditures is allowed as a starting point, and the budgeting process focuses on requests for incremental expenditures. However, a strict zero-base approach has been found to be generally impracticable because of the massive amount of time required for implementation. Thus, many organizations that use zero-base budgeting in fact allow a floor that does not have to be justified in as much detail. In many organizations, this has been set at around 80 percent of the current level of expenditures. This floor is the lowest amount of money that would enable a responsibility center to continue its operations at a minimal level. Proposed increments of activity above this level are evaluated one by one in terms of costs and benefits.

Summary

This chapter discussed and illustrated the use of the budgeted income statement for performance evaluation and control. The master budget income statement was compared with actual results. Differences, or variances, between actual results and the master budget were analyzed to determine why budgeted results did not occur.

The master budget is typically static; that is, it is developed in detail for one level of activity. A flexible budget recognizes that variable costs and revenues are expected to differ from the budget if the actual activity (for example, actual sales volume) differs from what was budgeted. A flexible budget can be thought of as the costs and revenues that would have been budgeted if the activity level had been correctly estimated in the master budget. The general relationship between actual, the flexible budget, and the master budget is shown below:

Actual	Flexible Budget	Master Budget
Actual costs and revenues based on actual activity	Costs and revenues that would have been budgeted if actual activity had been budgeted	Budgeted costs and revenues based on budgeted activity

---

[4] For more detailed information about zero-base budgeting, see P. Phyrr, *Zero-Base Budgeting* (New York: John Wiley & Sons, 1972); and J. Patillo, *Zero-Base Budgeting* (New York: National Association of Accountants, 1977). Also see R. Anthony and R. Herzlinger, *Management Control in Nonprofit Organizations* (Homewood, Ill.: Richard D. Irwin, 1980).

Differences or variances between actual results and the flexible budget are differences between actual results and the budget that would have been prepared if activity had been accurately estimated. These variances include the sales price variance, manufacturing cost variances, and nonmanufacturing cost variances. Differences between the flexible and master budget results are due to the impact on revenues and costs of the difference between actual and budgeted volume.

When units produced and sold are not the same, a decision has to be made whether to prorate variances to units sold and those in inventory, or to write off the variance as a period cost.

Terms and Concepts

The following terms and concepts should be familiar to you after reading this chapter.

Activity Variance	**Sales Volume Variance**
Financial Budgets	**Static Budget**
Flexible Budget	**Variances**
Operating Budgets	**Zero-Base Budgeting**
Responsibility Centers	

Self-Study Problem: Containers, Inc.*

In August, Containers, Inc., produced and sold 50,000 plastic minicomputer cases at a sales price of $10 each. (Budgeted sales were 45,000 units at $10.15.)

Budget:	
Standard variable costs per unit (that is, per case)	$4.00
Fixed manufacturing overhead cost:	
Monthly budget	$ 80,000
Marketing and administrative:	
Variable	$1.00 per case
Fixed	$100,000
Actual	
Actual manufacturing costs:	
Variable costs per unit	$4.88
Fixed overhead	$ 83,000
Actual marketing and administrative:	
Variable (50,000 @ $1.04 =)	52,000
Fixed	96,000

Required:

Using variable costing, prepare a report comparing actual results with the flexible and master budgets for August. Include variances.

Solution to Self-Study Problem

The solution is shown on the next page.

---

* This self-study problem continues through Chapters 19 and 20.

Comparison of Actual Income Statement to the Budget, Containers, Inc. (August)

	Actual (based on 50,000 units)	Manufacturing Variances	Marketing and Administrative Variances	Sales Price Variances	Flexible Budget (based on 50,000 units)	Activity (sales volume) Variance	Master Budget (based on 45,000 units)
Sales revenue	$500,000	—	—	$7,500 U	$507,500	$50,750 F	$456,750
Less:							
Variable manufacturing costs	244,000	$44,000 U	—	—	200,000	20,000 U	180,000
Variable marketing and administrative costs	52,000	—	$2,000ᵃ U	—	50,000	5,000 U	45,000
Contribution margins	204,000	44,000 U	2,000 U	7,500 U	257,500	25,750 F	231,750
Less:							
Fixed manufacturing costs	83,000	3,000 U	—	—	80,000	—	80,000
Fixed marketing and administrative costs	96,000	—	4,000 F	—	100,000	—	100,000
Operating profits	$ 25,000	$47,000 U	$2,000 F	$7,500 U	$ 77,500	$25,750 F	$ 51,750

Total variance from flexible budget = $52,500 U

Total variance from master budget = $26,750 U

ᵃ $2,000 = $.04 × 50,000 = ($1.04 − 1.00) 50,000 units.

Questions

18–1. What is a responsibility center?

18–2. Could some responsibility centers differ in the types of budget items they are accountable for? That is, might some responsibility centers be responsible only for costs, some only for revenues, and some for both? Give examples.

18–3. Does a line worker avoid responsibility because he or she is not included formally in the responsibility reporting system? How can management keep control of the line worker's activities in the absence of formal budget control?

18–4. Budgets for governmental units are usually prepared one year in advance of the budget period. Expenditures are limited to the budgeted amount. At the end of the period, performance is evaluated by comparing budget authorizations with actual receipts and outlays. What management control problems are likely to arise from such a system?

18–5. "I don't understand why you accountants want to prepare a budget for a period that is already over. We know the actual results by then—all that flexible budget does is increase the controller's staff and add to our overhead." Comment on this remark.

18–6. Why is a variable costing format more useful for performance evaluation purposes than an absorption costing format?

18–7. "All costs 'flex' with activity." True or false? Why or why not?

18–8. How will the performance measurement system differ when a company is using the LIFO inventory system from when a company is using the FIFO system?

18–9. What is zero-base budgeting, and how does it differ from other budgeting practices?

Exercises

18–10. Multiple-Choice Questions

a. The basic difference between a master budget and a flexible budget is that:
   (1) A flexible budget considers only variable costs, but a master budget considers all costs.
   (2) A flexible budget allows management latitude in meeting goals, whereas a master budget is based on a fixed standard.
   (3) A master budget is for an entire production facility, but a flexible budget is applicable to single departments only.
   (4) A master budget is based on a predicted level of activity, and a flexible budget is based on the actual level of activity.

b. When using a flexible production budget, what will occur to fixed costs (on a per-unit basis) as production increases within the relevant range?
   (1) Fixed costs are not considered in flexible budgeting.
   (2) Fixed costs per unit will decrease.
   (3) Fixed costs per unit will increase.
   (4) Fixed costs per unit will remain unchanged.

c. A flexible budget is:
   (1) Appropriate for control of factory overhead but not for control of direct materials and direct labor.
   (2) Appropriate for control of direct materials and direct labor but not for control of factory overhead.
   (3) Not appropriate when costs and expenses are affected by fluctuations in volume limits.
   (4) Appropriate for any level of activity.

(CPA adapted)

18–11. Compute Revenue Variances

High Vol Sales Corporation prepared a budget for the current year that called for sales of $28,500,000. At the end of the year, management noted that actual sales were $30,000,000. However, although planned volume was 1,000,000 units, actual volume was 1,400,000 units. Production management has been complaining about the increased workload. Sales management has remarked, "Our volume is up, our sales revenue is up. . . . Let's be proud of the work our sales department is doing."

Required:

What do you think might be causing the increased revenue? (Show both the sales price and activity variances.)

18–12. Analyze Contribution Margin Variances

PerkUp, Ltd., prepared a budget last period that called for sales of 7,000 units at a price of $12 each. The costs per unit were estimated to be $5 variable and $3 fixed. During the period, actual production and actual sales were 7,100 units. The selling price was $12.15 per unit. Variable costs were $5.90 per unit. Actual fixed costs were $21,000.

Required:

Prepare a performance report like the one in Illustration 18–5 to show the difference between the reported income statement and the master budget.

18–13. Analyze Contribution Margin Variances

JDS, Inc., prepared a master budget last period that called for sales of 9,000 units at a price of $15.00 each. The costs per unit were estimated to be $6.00 variable and $5.00 fixed. During the period, actual production equaled actual sales of 8,600 units. The selling price was $15.50 per unit. Variable costs were $6.20 per unit. Actual fixed costs were $45,000.

Required:

Prepare a performance report like the one in Illustration 18–5 to show the difference between the actual income statement and the master budget.

18–14. Analyze Changes in Contribution Margin

Garfield Company, which sells a single product, provided the following data for years 1 and 2:

	Year 1	Year 2
Sales volume	180,000 units	150,000 units
Sales revenue	$720,000	$750,000
Variable costs	575,000	525,000
Contribution margin	$145,000	$225,000

Required:

What impact did the changes in sales volume and changes in sales price have on the contribution margin?

18–15. Comparison of Master Budget, Flexible Budget, and Actual Costs

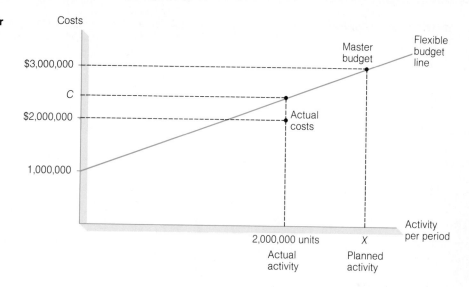

Required:

Given the data shown in the graph and assuming x (planned activity) equals 2,500,000 units, what are the following:

a. The budgeted fixed cost per period?

b. The budgeted variable cost per unit?

c. The value of c (that is, the flexible budget for an activity level of 2,000,000 units)?

d. If the actual activity had been 4,000,000 units, what would be the flexible budget cost amount?

18–16. Prepare Flexible Budget Data

The following information is provided concerning the operations of Masters Company for the current period:

	Actual	Master Budget
Sales volume	90 units	100 units
Sales revenue	$9,200	$10,000
Manufacturing cost of goods sold:		
Direct labor	1,420	1,500
Direct materials	1,200	1,400
Variable overhead	820	1,000
Fixed overhead	485	500
Cost of goods sold	3,925	4,400
Gross profit	5,275	5,600
Other costs:		
Marketing costs:		
Variable	530	600
Fixed	1,040	1,000
Administrative costs:		
Variable	500	500
Fixed	995	1,000
Total other costs	3,065	3,100
Operating profits	$2,210	$ 2,500

There are no inventories.

Required:

Prepare a flexible budget for Masters Company.

18–17.   Analyze Flexible Budget Data

Use the information for Masters Company (exercise 18–16). Prepare a performance report like the one in Illustration 18–5 that will enable management to isolate the variances between master budget and actual results.

18–18.   Fill in Amounts on Flexible Budget Graph

The graph shows a flexible budget line with some missing data. Fill in the missing amounts for *(a)* and *(b)*.

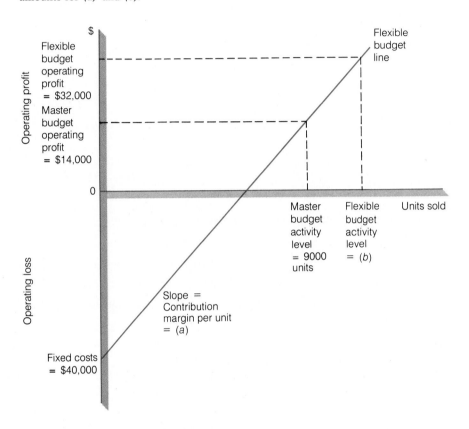

18–19.   Fill in the Amounts on a Flexible Budget Graph

The graph on the next page shows a flexible budget line with some missing data. Label *(a)* and *(b)* in the graph and give the number of units sold for each.

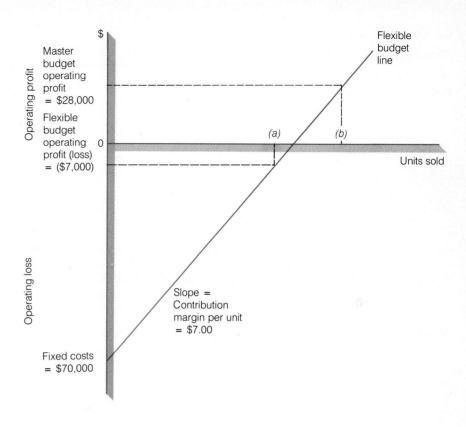

18–20. Comparison of Actual to Budget in a Service Organization

Outslay & Wheeler (OW) is a CPA firm that gets a large portion of its revenue from tax services. Last year, OW's billable tax hours were up 20 percent from expected; but, as shown by the following data, profits from the tax department were lower than anticipated.

	Reported Income Statement	Master Budget
Billable hours*	60,000 hours	50,000 hours
Revenue	$3,300,000	$3,000,000
Professional salaries (all variable)	1,850,000	1,500,000
Other variable costs (e.g., supplies, certain computer services)	470,000	400,000
Fixed costs	580,000	600,000
Tax department profit	$ 400,000	$ 500,000

* These are hours billed to clients. They are less than the hours worked because there is nonbillable time (e.g., slack periods, time in training sessions) and because some time worked for clients is not charged to them.

Required:

Prepare a comparison of the reported income statement results to the master and flexible budgets. Adapt the approach shown in Illustration 18–5 to this service organization.

Problems

18–21. Compute Master Budget Given Actual Results

Oleander Enterprises lost the only copy of the master budget for this period. Management wants to evaluate this period's performance but needs the master budget to do so. Actual results for the period were:

Sales volume	120,000 units
Sales revenue	$672,000
Variable costs:	
Manufacturing	147,200
Marketing and administrative	61,400
Contribution margin	463,400
Fixed costs:	
Manufacturing	205,000
Marketing and administrative	113,200
Operating profit	$145,200

The company planned to produce and sell 108,000 units at a price of $5 each. At that volume, the contribution margin would have been $380,000. Variable marketing and administrative costs are budgeted at 10 percent of sales revenue. Manufacturing fixed costs are estimated at $2 per unit at the normal production level. Management notes: "We budget an operating profit of $1 per unit."

Required:

a. Construct the master budget for the period.

b. Prepare a report comparing actual sales to the flexible budget and the master budget.

18–22. Find Missing Data

	Reported Income Statement 750 Units	Manufacturing Variances	Marketing and Administrative Variances	Sales Price Variance	Flexible Budget (a)	Activity Variance	Master Budget 800 Units
Sales revenue	$1,890			(b)	$2,025	(c)	(d)
Current manufacturing costs:							
Variable	(e)	$60 F			(f)	$38 F	(g)
Variable marketing and administrative	(h)		(i)		(j)	(k)	$216
Contribution margin	$1,180	(l)	(m)	(n)	(o)	(p)	(q)

Required:

Find the values of the missing items (a) through (q). Assume that actual sales volume equals actual production volume.

18–23. Find Missing Data

Refer to the schedule on the following page.

Required:

Find the values of the missing items (a) through (x). Assume that actual sales volume equals actual production volume.

	Reported Income Statement Based on Actual Sales Volume	Manufacturing Variance	Marketing and Administrative Variance	Sales Price Variances	Flexible Budget Based on Actual Sales Volume	Activity (sales volume) Variance	Master Budget Based on Budgeted Sales Volume
Units	(a)					2,000 F	10,000
Sales revenue	(g)			$18,000 F	(h)	(i)	$150,000
Less:							
Variable manufacturing costs	(n)	(o)			$96,000	(j)	$ 80,000
Variable marketing and administrative costs	$21,600		(p)		24,000		(c)
Contribution margin	(q)	$9,000 U	(s)	(x)	$60,000	4,000 U	$ 50,000
Less:							
Fixed manufacturing costs	(r)	$2,000 F			(m)		(d)
Fixed marketing and administrative costs	$18,000		(v)		15,000		(e)
Operating profits	(t)	(u)	(w)	18,000 F	$20,000	(l)	(f)

18–24. Flexible Budget—Multiple-Choice

The University of Burns operates a motor pool with 21 vehicles. The motor pool furnishes gasoline, oil, and other supplies for the cars and hires one mechanic who does routine maintenance and minor repairs. Major repairs are done at a nearby commercial garage. A supervisor manages the operations.

Each year, the supervisor prepares a master budget for the motor pool. Depreciation on the automobiles is recorded in the budget to determine the costs per mile.

The schedule below presents the master budget for the year and for the month of March.

The annual budget was based on the following assumptions:

1. 20 automobiles in the pool. (The 21st automobile was purchased in February of the budget year.)

2. 30,000 miles per year per automobile.

3. 15 miles per gallon per automobile.

4. $0.90 per gallon of gas.

5. $0.006 per mile for oil, minor repairs, parts, and supplies.

6. $135 per automobile per year in outside repairs.

The supervisor is unhappy with the monthly report. He claims it unfairly presents his performance for March. His previous employer used flexible budgeting to compare actual costs to budgeted amounts.

UNIVERSITY MOTOR POOL
Budget Report for March

	Annual Master Budget	One-Month Master Budget	March Actual	Over or (Under)
Gasoline	$ 36,000	$ 3,000	$ 3,800	$800
Oil, minor repairs, parts, and supplies	3,600	300	380	80
Outside repairs	2,700	225	50	(175)
Insurance	6,000	500	525	25
Salaries and benefits	30,000	2,500	2,500	—
Depreciation	26,400	2,200	2,310	110
	$104,700	$ 8,725	$ 9,565	$840
Total miles	600,000	50,000	63,000	
Cost per mile	$0.1745	$0.1745	$0.1518	
Number of automobiles	20	20	21	

Required:

a. What is the gasoline monthly flexible budget and the resulting over or under budget? (Use miles as the activity base.)

	Flexible Budget	**Over (Under) Budget**
(1)	$3,000	$800
(2)	$3,520	$280
(3)	$3,800	–0–
(4)	$3,780	$ 20

b. What is the oil, minor repairs, parts, and supplies monthly flexible budget and over or under budget? (Use miles as the activity base.)

	Flexible Budget	**Over (Under) Budget**
(1)	$400	$(20)
(2)	$300	$80
(3)	$378	$2
(4)	$300	–0–

c. What is the salaries and benefits monthly flexible budget and the resulting over or under budget?

	Flexible Budget	**Over (Under) Budget**
(1)	$2,625	$ 125
(2)	2,500	$(125)
(3)	2,625	–0–
(4)	2,500	–0–

d. What is the *major* reason for the cost per mile to decrease from $0.1745 budgeted to $0.1518 actual?

(1) Decreased *unit* fixed costs.
(2) Decreased *unit* variable costs.
(3) Increased *unit* fixed cost and decreased *unit* variable cost.
(4) Both variable and fixed *unit* costs decreased.

(CMA adapted)

18–25. Compare Actual to Budget with Inventories

Partita Corporation prepared the following master budget for last December:

Sales revenue (9,000 units at $12)		$108,000
Variable cost of goods manufactured and sold:		
Beginning finished goods inventory	$ 10,000	
Current manufacturing costs	36,000	
Ending finished goods inventory	(16,000)	
Variable cost of goods manufactured and sold		30,000
Contribution margin		78,000
Fixed manufacturing costs		8,100
Marketing and administrative costs:		
Variable		24,300
Fixed		31,000
Operating profit		$ 14,600

Actual results for the month were:

Sales revenues (8,700 units at $11.90)		$103,530
Variable cost of goods manufactured and sold:		
Beginning finished goods inventory	$10,000	
Current manufacturing costs	37,300	
Ending finished goods inventory	(16,000)	
Variable cost of goods manufactured and sold		31,300
Contribution margin		72,230
Fixed manufacturing costs		8,300
Marketing and administrative costs:		
Variable		24,100
Fixed		31,600
Operating profit		$ 8,230

Assume FIFO inventory flows.

Required:

Prepare a comparison of the master budget, flexible budget, and actual operating profits. All manufacturing cost variances are included in the current manufacturing costs listed in the actual income statement.

18–26. Compare Actual to Budget with Inventories

Wellston, Inc., prepared a comparison of its October master budget and actual results. The differences between the budget and actual were used as measures for evaluating performance. The "performance statement" that was prepared follows (in thousands):

	Actual	Master Budget	Performance Variance
Sales volume (units)	11,600	12,000	400 U
Sales revenue	$493	$498	$5 U
Cost of goods sold:			
Current manufacturing costs:			
Variable	302	306	4 F
Fixed	82	81	1 U
Deduct increase in finished goods inventory:			
Variable	(62)	(61)	1 F
Fixed	(16)	(16)	
Cost of goods sold (net)	306	310	4 F
Gross profit	187	188	$1 U
Marketing and administrative costs:			
Variable	60	58	2 U
Fixed	90	92	2 F
Total marketing and administrative costs	150	150	
Operating profit	$ 37	$ 38	$1 U

After reviewing these reports, the production manager noted: "We've certainly done our part to help out the company. If we could only get some more cooperation from the sales force, the bottom line would show some real improvement instead of this below-target outcome."

Required:

Prepare a comparison of actual results, master budget, and flexible budget that would be more helpful to Wellston management for evaluating October performance. Assume that the volume added to ending inventory was exactly as planned. Assume that the entire manufacturing variance was expensed for the month.

18–27. Compare Actual to Budget with Inventories

Peter Principals (a joint venture) provided the following information about last year's results:

	Actual	Master Budget
Beginning inventory:		
Fixed costs	$ 12,000	$ 12,000
Variable costs	6,000	6,000
Current manufacturing costs:		
Variable	280,000	300,000
Fixed	600,000	540,000
Ending inventory:		
Variable	?	?
Fixed	?	?

There were 3,000 units in the beginning inventory. The master budget called for the production of 70,000 units; however, 65,000 were actually produced. Budgeted and actual ending inventory contained 13,000 units. The company uses FIFO.

Required:

a. Determine the budgeted and actual cost of goods sold (full-absorption costing).

b. Compute the manufacturing cost and activity variances (variable costing).

18–28. Analyze Performance for a Restaurant

Persons Deli is planning to expand operations and, hence, is concerned that its performance reporting system may need improvement. The budgeted income statement for its Akron Persons Deli, which contains a delicatessen and restaurant operation, is (in thousands):

	Delicatessen	Restaurant	Total
Gross sales	$1,000	$2,500	$3,500
Purchases	600	1,000	1,600
Hourly wages	50	875	925
Franchise fee	30	75	105
Advertising	100	200	300
Utilities	70	125	195
Depreciation	50	75	125
Lease cost	30	50	80
Salaries	30	50	80
Total costs	960	2,450	3,410
Operating profit	$ 40	$ 50	$ 90

The performance report that the company uses for management evaluation is as follows:

PERSONS RESTAURANT-DELI
Akron, Ohio
Net Income for the Year
(in thousands)

	Actual Results			Budget	Over (Under) Budget
	Delicatessen	Restaurant	Total	Budget	
Gross sales	$1,200	$2,000	$3,200	$3,500	$(300)[a]
Purchases[b]	780	800	1,580	1,600	(20)
Hourly wages[b]	60	700	760	925	(165)
Franchise fee[b]	36	60	96	105	(9)
Advertising	100	200	300	300	—
Utilities[b]	76	100	176	195	(19)
Depreciation	50	75	125	125	—
Lease cost	30	50	80	80	—
Salaries	30	50	80	80	—
Total costs	1,162	2,035	3,197	3,410	(213)
Operating profit	$ 38	$ (35)	$ 3	$ 90	$ (87)

[a] There is no sales price variance.

[b] Variable costs. All other costs are fixed.

Required:

Prepare a schedule to indicate the flexible budget and relevant variances for the delicatessen department. (Hint: Use gross sales as your measure of volume.)

(CMA adapted)

Integrative Cases

18–29. Adapt Budget Control Concepts to Research Organization

The Argo Company has a well-organized research program. Each project is broken down into phases. Completion times and the cost of each phase are estimated. Project descriptions and related estimates are the basis for the development of the annual research department budget.

The schedule below presents the costs for the approved research activities for last year. Actual costs incurred by projects or overhead category are compared to estimates for each approved activity, and the variances are noted on this same schedule.

The director of research prepared a narrative statement of research performance for the year to accompany the schedule. The director's statement follows the schedule.

ARGO COMPANY
Comparison of Actual with Budgeted Research Costs
(in thousands)

	Approved Activity for the Year	Actual Costs for the Year	(Over) Under Budget
Total research costs:			
Projects in progress:			
4–1	$ 23.2	$ 46.8	$(23.6)
5–3	464.0	514.8	(50.8)
New projects:			
8–1	348.0	351.0	(3.0)
8–2	232.0	257.4	(25.4)
8–3	92.8	—	92.8
Total research costs, including the indirect costs listed below	$1,160.0	$1,170.0	$(10.0)
Indirect research costs (allocated to projects in proportion to their direct costs):			
Administration	50.0	52.0	(2.0)
Laboratory facilities	110.0	118.0	(8.0)
Total	$ 160.0	$ 170.0	$(10.0)

"The year has been most successful. The two projects, 4–1 and 8–1, scheduled for completion in this year were finished. Project 8–2 is progressing satisfactorily and should be completed next year as scheduled. The fourth phase of Project 5–3, with estimated direct research costs of $100,000, and the first phase of Project 8–3, both included in the approved activity for the year, could not be started because the principal researcher left our employment. They were resubmitted for approval in next year's activity plan."

Required:

From the information given, prepare an alternative schedule that will provide Argo Company management with better information to evaluate research cost performance for the year.

(CMA adapted)

18–30. Analyze Activity Variances—FIFO Process Costing

Fellite, Inc., manufactures foam padding for medical uses. The padding is produced in a continuous process. The company uses the FIFO process costing system for internal recordkeeping purposes. Since materials and conversion costs are added evenly throughout the process, it is not necessary to maintain separate account of materials and conversion costs for equivalent unit computations.

The master budget and actual results for the current period are reproduced as follows:

	Actual	Master Budget
Physical count of units:		
Beginning work in process inventory	1,000 (80% complete)	1,000 (50% complete)
Transferred to next department	2,500 units	3,200 units
Ending inventory	800 (⅝ complete)	600 (⅔ complete)
Current period costs:		
Direct materials	$30,000	$32,500
Direct labor	24,600	27,000
Manufacturing overhead:		
Variable	16,200	14,500
Fixed	24,100	26,000

Required:

a. Compute the equivalent units of production this period. (Note: Equivalent unit computations are discussed in Chapter 6.)

b. Prepare a report showing the source of differences between master budget and actual results.

19

Cost Variances

OBJECTIVES

To understand how variances between planned and actual results can be analyzed by identifying the cause of the variance.

To be familiar with the management implications of variance analysis.

■ In management accounting, any deviation from a predetermined benchmark is a **variance.** In Chapter 17, we developed the master budget and, in Chapter 18, the flexible budget. We saw how the difference between the flexible budget and the master budget creates an **activity variance,** and how differences between actual results and the flexible budget create a number of other variances. In this chapter, we examine in detail how a specific group of variances—cost variances—are developed, interpreted, and used.

Although we shall use a manufacturing company example in this chapter because it is the most comprehensive application we can find, the variances that we describe are also used in nonmanufacturing organizations. Service organizations in particular can use the labor and overhead variances to assess efficiency and control costs. Labor standards and variances are used in many financial institutions such as banks to assess transaction and check-processing efficiency. Labor standards are also used in fast-food restaurants to assess efficiency in preparing and serving food.

Standard Costs

A *standard* is a benchmark or norm. There are, for example, standards for admittance to school, standards for passing a course, standards for product safety. In accounting, the term *standard* is used in a similar fashion. A **standard cost** is the anticipated cost of producing and/or selling a unit of output; it is a predetermined cost assigned to goods produced.

Some Clarifications

Standards versus Budgets. A standard cost is a *predetermined unit cost,* while a budget is a *financial plan.* Standard costs are often used to make up the financial plan. While in practice these terms are sometimes used interchangeably, standards usually refer to *per-unit amounts,* while budgets usually refer to total amounts.

Standard Cost versus Standard Cost Systems. Another potential source of confusion is the distinction between standard costs and standard cost systems. A **standard cost system** is an accounting system in which inventory is valued using standard costs (instead of actual costs, for example). We have postponed discussion of standard cost systems until Chapter 20, in part to emphasize that standard costs and variances can be computed even if a formal standard cost accounting system is not used for product costing purposes.

In many companies, standards, like budgets, are developed and maintained "off the books." That is, they are not part of the formal accounting system. So, when we discuss standard costs in this chapter, we are referring to standards developed to facilitate control of personnel and operations. Whether they are entered into the records to value inventory is another issue.

Sources of Standard Costs

The following description of the way standard costs are set is based on an interview with a controller in a manufacturing company. It is representative of the standard-setting process in most companies.

Variable Manufacturing Costs

Materials. A standard cost for every direct material used is computed by (1) examining current purchase prices and adjusting them for expected changes and (2) estimating the quantity of each direct material required to make each final product. The purchasing department helps us estimate how material prices will change. Our operations managers and industrial engineers help determine the quantities of materials needed to make our product.

Labor. Industrial engineers and operating managers estimate the number of direct labor-hours (or fractions of hours) required for each step of production by timing employees while they perform their duties. These hours are costed by accountants based on expected wage rates and fringe benefits during the period.

Variable Overhead. Several years ago we began using regression analysis to estimate variable overhead rates. We ran actual variable overhead as the dependent variable and actual labor-hours as the independent variable for each production department. Each year we adjust the unit variable overhead rate based on feedback from production managers and accountants about changes in cost.

Budgeted Fixed Overhead. Production department managers and our accountants estimate the amount of fixed overhead that will be incurred in each production department, including service department costs (for example, maintenance) that have been allocated to the production department.

Review. All of these estimates are reviewed on a sample basis for reasonableness by our accounting staff and by our internal auditors. They are adjusted once a year to reflect changes.

Approvals. All standards are approved once a year by top management.

Despite the use of statistical techniques and industrial engineering methods for cost estimation, setting cost standards is more an art than a science.

Setting Standards: An Illustration

We will now illustrate how standard variable manufacturing cost variances are developed for the Boxx Company example that was introduced in Chapter 18. The standard variable manufacturing cost, which we called the *estimated cost* in Chapter 18, was $10 per crate.

Direct Materials

Here is how the Boxx Company determines the standard price of the lumber it uses to make crates. The standard price reflects the price of the product delivered to Boxx Company, net of purchase discounts.

Direct Materials: Standard Price (per board-foot)

Purchase price of lumber	$ .23
Shipping costs	.04
Less purchase discounts	(.02)
Standard price per board-foot	$ .25

Note: A board-foot is a quantity measure equal to the volume in a piece of lumber 12 by 12 inches and 1 inch thick.

Direct materials are purchased by the board-foot, so the purchase price standard is expressed per *foot,* not per *crate.*

Direct material quantity standards are based on the quantity of direct material that should be used to make one unit under normal operating conditions. Each crate requires 9 board-feet of lumber. One additional board-foot of lumber is the allowance for waste in cutting the lumber to the proper size and constructing the crate.

Direct Materials: Standard Quantity (board-feet)

Requirements per crate	9
Allowance for waste	1
Standard quantity per crate	10

The standard direct material cost per *crate* is then computed:

$.25 per board-foot $\times$ 10 board-feet per crate = $2.50 per crate.

Direct Labor

Direct labor standards are based on a standard labor rate for the work performed and the standard labor-hours required. The standard labor rate includes not only wages earned but also fringe benefits, such as medical insurance and pension plan contributions, and taxes paid by the employer (for example, unemployment taxes and the employer's share of an employee's social security taxes).

Direct Labor: Standard Rate (price per hour)

Wage rate	$ 8.00
Employer's payroll taxes and fringe benefits	2.00
Standard rate	$10.00

Most companies develop one standard rate for each category of labor. We assume Boxx Company has only one category of labor.

Standard direct labor time is based on an estimate of the time required to perform each operation. For example, at Boxx Company, the amount of time required to make each crate—to cut the lumber to size, to assemble the crate, and to finish and inspect it—is estimated by timing each step and adding some time for personal needs and breaks. Sometimes a crate is assembled but later rejected when inspected, so an allowance is made for time spent on crates that will later be rejected. These estimates for each crate are as follows:

Direct Labor: Standard Time (hours)

Cutting department:	
Cutting	.08
Personal time	.01
Allowance for rejects	.01
Total cutting department	.10
Assembly department:	
Assembly	.24
Personal time	.04
Allowance for rejects	.02
Total assembly department	.30
Finishing and inspection department:	
Finishing and inspection	.08
Personal time	.01
Allowance for rejects	.01
Total finishing and inspection department	.10
Standard time per good crate completed	.50

For each good crate that is completed, the standard labor cost is:

$10 per hour $\times$ .50 hours per crate = $5 per crate.

Variable Manufacturing Overhead

The first step in setting variable overhead standards is to find an activity measure that relates the cost to the product, that is, to determine x in the formula:

$$Y = a + bx$$

where

$Y =$ Estimated total overhead (the dependent variable).
$a =$ Estimated fixed overhead.
$b =$ Estimated variable overhead rate per unit.
$x =$ Independent variable(s) (an activity measure).

For example, Boxx Company could develop a variable overhead rate per crate, which would be using crates as an activity measure, and apply that rate to each crate produced.

Selecting Activity Measures for Applying Overhead

Output Measures versus Input Measures of Activity. Output measures of activity (for example, number of crates produced at Boxx Company or number of automobiles produced in an automobile factory) sometimes work well as a basis for applying overhead—especially when a single product is completely produced in a single work operation. However, it becomes difficult to measure departmental activity in terms of output when the department works on multiple products and only a portion of the product is completed in each department. Hence, most companies find input measures, like direct labor-hours or machine-hours, more practical.

If an input measure is used, its selection should be based on the following criteria:

1. *Causal relationship between the activity measure and variable overhead costs.* An increase in the activity measure should result in an increase in variable overhead costs. If an operation is labor intensive, labor-hours would probably be causally related to variable overhead. On the other hand, for a capital-intensive operation, machine-hours could be the cause of variable overhead. As a product moves through several departments in a manufacturing operation, different activity bases may be used, as shown in the following diagram (the arrows refer to the movement of the product through various departments until it is finished):

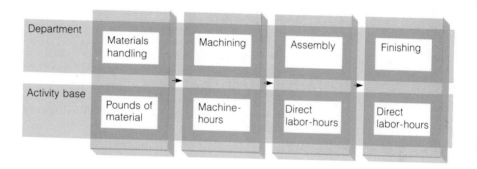

There is usually more than one cause of variable overhead, but to simplify matters, one independent variable is usually selected for a particular manufacturing department.

2. *Physical units versus dollars.* Physical units are often used for the activity base instead of dollars. If labor-dollars are used, a contract settlement or other wage change could affect labor costs, but that does not necessarily mean that variable overhead costs would change.

3. *Cost-benefit constraints.* A model that specifies the relationship between variable overhead costs and their causes in so much detail that measures are precise could be quite costly. The benefits of such a complete model rarely justify its costs. Thus, a simplified model is usually preferred. For example, a simple regression model with one independent variable is often used in place of a multiple regression model, even though multiple regression may explain more variation in variable overhead. When examining variances between actual and standard costs, managers recognize that some variance is due purely to the infeasibility of setting perfect standards.

Boxx Company bases its variable overhead standards on standard direct labor-hours. A rate of $5 per direct labor-hour is used for each department. Estimates are made of variable manufacturing overhead, output, and standard labor-hours for each level of output for each department, as shown below:

	Department					
	Cutting		**Assembly**		**Finishing and Inspection**	
Production Output per Month	**Variable Manufacturing Overhead Costs**	**Standard Direct Labor-Hours**	**Variable Manufacturing Overhead Costs**	**Standard Direct Labor-Hours**	**Variable Manufacturing Overhead Costs**	**Standard Direct Labor-Hours**
7,000 crates	$3,520	700	$10,480	2,100	$3,530	700
8,000 crates	4,050	800	12,080	2,400	4,100	800
9,000 crates	4,530	900	13,570	2,700	4,600	900
etc.						

These estimates and relationships are based on knowledge about prior period activities and costs, an estimate of how costs will change in the future, and a regression analysis in which overhead cost was the dependent variable and labor-hours the independent variable. After analyzing these estimates, the accountants decided to use $5 per standard labor-hour as the variable manufacturing overhead rate for each department because variable overhead averaged about $5 per standard direct labor-hour. (For example, in Cutting, $\frac{\$3,520}{700} = \$5.03$ per hour.)

In practice, different departments may have different rates. The standard direct labor quantity per crate is one-half hour; thus, the standard variable overhead rate per crate would be $2.50.

The variable manufacturing cost standards are summarized in a standard

Illustration 19–1   **Summary of Standard Costs, Boxx Company**

	(1) Standard Input Quantity	(2) Standard Input Price or Rate	(1) × (2) Standard Cost per Crate
Direct materials (all charged to cutting department)	10 feet	$ .25 per foot	$ 2.50
Direct labor:			
Cutting department	.10 hours	$10 per hour	$1.00
Assembly department	.30	10	3.00
Finishing and inspection department	.10	10	1.00
Total direct labor	.50	10	5.00
Variable manufacturing overhead:			
Cutting department	.10	5	.50
Assembly department	.30	5	1.50
Finishing and inspection department	.10	5	.50
Total variable manufacturing overhead	.50	5	2.50
Total standard variable cost per crate			$10.00

cost computer record or file. Illustration 19–1 presents the contents of such a file for Boxx Company.

Analysis of Cost Variances

General Model

The conceptual cost variance analysis model compares actual input quantities and prices with standard input quantities and prices. *Both these actual and standard input quantities are for the actual output attained.* As shown in Illustration 19–2, a *price variance* and an *efficiency variance* can be computed for each variable manufacturing input. The actual costs incurred (Column 1) for the time period are compared with the standard allowed per unit times the number of good units of output produced (Column 3). This comparison provides the **total variance** for the cost or input.

In some companies, only the total variance is computed. In other companies, a more detailed breakdown into price and efficiency variances is made.

Managers who are responsible for price variances may not be responsible for efficiency variances and vice versa. For example, purchasing department managers are usually held responsible for direct materials price variances while manufacturing department managers are usually held responsible for using the direct materials efficiently.

This breakdown of the total variance into price and efficiency components

Illustration 19–2

General Model for Analysis of Variable Manufacturing Cost Variances

(1) Actual	(2) Actual Inputs at Standard Price	(3) Flexible Production Budget
Actual input price (AP) times *actual* quantity (AQ) of input	*Standard* input price (SP) times *actual* quantity (AQ) of input	*Standard* input price (SP) times *standard* quantity (SQ) of input allowed for actual output
(AP × AQ)	**(SP × AQ)**	**(SP × SQ)**

Price variance[a]
(1) minus (2):
(AP × AQ) − (SP × AQ)
= (AP − SP) × AQ

Efficiency variance[a]
(2) minus (3):
(SP × AQ) − (SP × SQ)
= SP × (AQ − SQ)

Total variance
(1) minus (3):
(AP × AQ) − (SP × SQ)

[a] The terms *price* and *efficiency* variances are general categories. While terminology varies from company to company, the following specific variance titles are frequently used:

Input	Price Variance Category	Efficiency Variance Category
Direct materials	Price (or purchase price) variance	Usage or quantity variance
Direct labor	Rate variance	Efficiency variance
Variable overhead	Spending variance	Efficiency variance

We shall avoid unnecessary complications by simply referring to these variances as either a "price" or "efficiency" variance.

is facilitated by the middle term, Column 2, in Illustration 19–2. In going from Column 1 to Column 2, we go from *actual prices* (AP) times *actual quantity* (AQ) of input to *standard price* (SP) times *actual quantity* (AQ) of input. Thus, the **price variance** is calculated as:

$$\text{Price variance} = (AP \times AQ) - (SP \times AQ)$$
$$= (AP - SP)AQ$$

The **efficiency variance** is derived by comparing Column 2, standard price times actual quantity of input, with Column 3, standard price times standard quantity of input. Thus, the efficiency variance is calculated as:

$$\text{Efficiency variance} = (SP \times AQ) - (SP \times SQ)$$
$$= SP(AQ - SQ)$$

This general model may seem rather abstract at this point, but as we work examples, it will become more concrete and intuitive to you.

As we proceed through the variance analysis for each manufacturing cost input—direct materials, direct labor, variable manufacturing overhead, and fixed manufacturing costs—you will notice some minor modifications from the general model presented in Illustration 19–2. It is important to recognize that these are *modifications of one general approach* rather than a number of independent approaches to variance analysis. In variance analysis, a few basic methods can be applied with minor modifications to numerous business and nonbusiness situations.

Direct Materials

Information about Boxx Company's use of direct materials for the month of May is presented below:

Standard costs: 10 board-feet per crate @ $.25 per board-foot = $2.50 per crate
Crates produced in May: 10,000
Actual materials used: 110,000 board-feet @ $.264 per board-foot = $29,040

Based on these data, the direct materials price and efficiency variances were calculated as shown in Illustration 19–3. Note that with a standard of 10 board-feet per crate and 10,000 crates actually produced in May, Boxx Company expects to use 100,000 board-feet to produce the 10,000 crates. Since each board-foot has a standard cost of $.25, the standard materials cost allowed to make 10,000 crates is:

$$\text{Standard cost allowed to produce} = SP \times SQ$$
$$10,000 \text{ crates} \qquad = \$.25 \times (10 \text{ board-feet} \times 10,000 \text{ crates})$$
$$= \$25,000$$

Note that Column 3 of Illustration 19–3 is called the flexible production budget. The flexible budget concept can be applied to production as well as to sales. The flexible budget in Chapter 18 was based on actual *sales* volume

Illustration 19–3   **Direct Materials Variances, Boxx Company (May)**

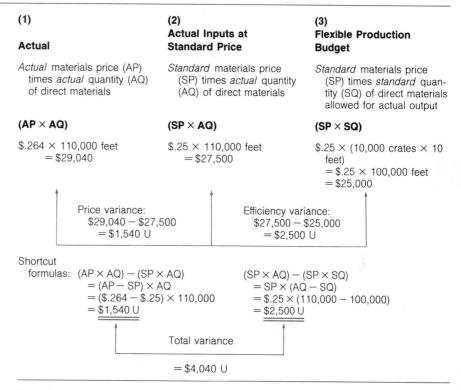

(1)

Actual

Actual materials price (AP)
times *actual* quantity (AQ)
of direct materials

(AP × AQ)

$.264 × 110,000 feet
  = $29,040

(2)
Actual Inputs at
Standard Price

Standard materials price
  (SP) times *actual* quantity
  (AQ) of direct materials

(SP × AQ)

$.25 × 110,000 feet
  = $27,500

(3)
Flexible Production
Budget

Standard materials price
  (SP) times *standard* quantity (SQ) of direct materials
  allowed for actual output

(SP × SQ)

$.25 × (10,000 crates × 10
  feet)
  = $.25 × 100,000 feet
  = $25,000

Price variance:
$29,040 − $27,500
  = $1,540 U

Efficiency variance:
$27,500 − $25,000
  = $2,500 U

Shortcut
formulas: (AP × AQ) − (SP × AQ)
  = (AP − SP) × AQ
  = ($.264 − $.25) × 110,000
  = $1,540 U

(SP × AQ) − (SP × SQ)
  = SP × (AQ − SQ)
  = $.25 × (110,000 − 100,000)
  = $2,500 U

Total variance

= $4,040 U

Note: To reconcile the difference between actual results and the flexible production budget,
we can rearrange the analysis as follows:

Flexible production budget	$25,000
Add: Unfavorable efficiency variance	2,500
Unfavorable price variance	1,540
Actual direct materials cost	$29,040

These relationships are shown graphically as:

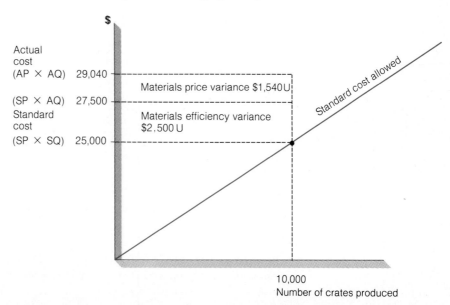

(that is, crates *sold*). The flexible budget in Illustration 19–3 is based on actual production volume (that is, crates *produced*).

Responsibility for Direct Materials Variances. The direct materials price variance shows that in May the prices paid for direct materials exceeded the standards allowed, thus creating an unfavorable variance of $1,540. Responsibility for this variance is usually assigned to the purchasing department. Reports to management would include an explanation of the variance—for example, failure to take purchase discounts, transportation costs higher than expected, different grade of direct material purchased, or changes in the market price of direct materials.

The explanation for the variance at Boxx Company was that home construction in the economy had increased significantly, thus driving the price of lumber higher than expected. Further, prices were expected to continue climbing during the year. Based on this information, management decided to build up their inventory of lumber now to avoid even higher prices in the future. They also began market research to determine if they should increase sales prices for their crates.

Direct materials efficiency variances are typically the responsibility of production departments. In setting standards, an allowance is usually made for defects in direct materials, inexperienced workers, poor supervision, and the like. If actual materials usage is less than these standards, there is a favorable variance. If usage is in excess of standards, there is an unfavorable variance.

At Boxx Company, the unfavorable direct materials efficiency variance was attributed to the recent hiring of some inexperienced laborers who, in an effort to keep up with the production schedule, improperly measured and cut lumber to the wrong lengths. The cutting department manager claimed this was a one-time occurrence and foresaw no similar problems in the future.

Direct Labor

To illustrate the computations of direct labor variances, assume for Boxx Company:

Standard costs: .50 hours per crate @ $10 per hour = $5 per crate
Crates produced in May: 10,000
Actual direct labor costs: Actual hours worked were 5,200, while the total actual labor cost was $49,920. Hence, the average cost per hour was $9.60 (= $49,920 ÷ 5,200 hours).

The computation of the direct labor price and efficiency variances is shown in Illustration 19–4.

Direct Labor Price Variance. The direct labor price variance is caused by the difference between actual and standard labor costs per hour. Boxx Company's direct labor costs were less than the standard allowed, creating a favorable labor price variance of $2,080. The explanation given for Boxx Company's favorable labor price variance is that many inexperienced workers were hired in May.

Illustration 19–4   **Direct Labor Variances, Boxx Company (May)**

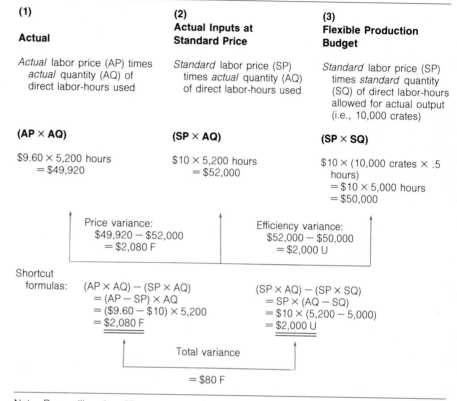

(1)	(2)	(3)
Actual	**Actual Inputs at Standard Price**	**Flexible Production Budget**
Actual labor price (AP) times *actual* quantity (AQ) of direct labor-hours used	*Standard* labor price (SP) times *actual* quantity (AQ) of direct labor-hours used	*Standard* labor price (SP) times *standard* quantity (SQ) of direct labor-hours allowed for actual output (i.e., 10,000 crates)
(AP × AQ)	**(SP × AQ)**	**(SP × SQ)**
$9.60 × 5,200 hours = $49,920	$10 × 5,200 hours = $52,000	$10 × (10,000 crates × .5 hours) = $10 × 5,000 hours = $50,000

Price variance:
$49,920 − $52,000
= $2,080 F

Efficiency variance:
$52,000 − $50,000
= $2,000 U

Shortcut formulas:

(AP × AQ) − (SP × AQ)
= (AP − SP) × AQ
= ($9.60 − $10) × 5,200
= $2,080 F

(SP × AQ) − (SP × SQ)
= SP × (AQ − SQ)
= $10 × (5,200 − 5,000)
= $2,000 U

Total variance

= $80 F

Note: Reconciling the difference between actual results and the flexible production budget, we obtain:

Flexible production budget	$50,000
Add unfavorable efficiency variance	2,000
Less favorable price variance	(2,080)
Actual direct labor cost	$49,920

These inexperienced workers were paid a wage less than standard, thus reducing the *average* wage rate for all workers to $9.60.

In many companies, wage rates are set by union contract. If the wage rates used in setting standards are the same as those in the union contract, labor price variances will be nonexistent.

Labor Efficiency Variance. The labor efficiency variance is a measure of labor productivity. It is one of the most closely watched variances because it is usually controllable by production managers. A financial vice president of a manufacturing company told us: "Direct materials are 57 percent of our product cost, while direct labor is only 22 percent. We only give direct materials price variances a passing glance. But we carry out the labor efficiency variance to the penny; and we break it down by product line, by department, and sometimes by specific operation. Why? Because there's not much we can do about materials price changes, but there's a lot we can do to keep our labor efficiency in line."

Unfavorable labor efficiency variances have many causes. The workers themselves may be the cause. Poorly motivated or poorly trained workers will be less productive, whereas highly motivated and well-trained workers are more likely to generate favorable efficiency variances. Sometimes poor materials or faulty equipment can cause productivity problems. And poor supervision and scheduling can lead to unnecessary idle time.

Production department managers are usually responsible for direct labor efficiency variances. Scheduling problems may stem from other production departments that have delayed production. The personnel department may be responsible if the variance occurs because they provided the wrong kind of worker. The $2,000 unfavorable direct labor efficiency variance at Boxx Company was attributed to the inexperienced workers previously mentioned. Note that one event, such as hiring inexperienced workers, can affect more than one variance.

Variable Manufacturing Overhead

To illustrate the computation of variable manufacturing overhead variances, assume for Boxx Company:

Standard costs: .50 direct labor-hours per crate @ $5 per hour
  (variable manufacturing overhead rate) = $2.50 per crate
Crates produced in May: 10,000
Variable overhead costs in May: $26,480

The computation of the variable manufacturing overhead price and efficiency variances is shown in Illustration 19–5.

Variable Manufacturing Overhead Price Variances. The variable overhead standard rate was derived from a two-stage estimation: (1) an estimate of costs at various levels of activity and (2) an estimate of the relationship between those estimated costs and the basis, which is direct labor-hours at Boxx Company. The price variance could have occurred because (1) actual costs—for example, machine power, materials handling, supplies, some indirect labor—were different from those expected. Also, (2) the price variance could occur because the relationship between variable manufacturing overhead costs and direct labor-hours is not perfect.

The variable overhead price variance actually contains some efficiency items as well as price items. For example, suppose utilities costs are higher than expected. One reason could be that utility rates are higher than expected; but an additional reason could be that kilowatt-hours (kwhr.) per labor-hour are higher than expected (for example, if workers do not turn off power switches when machines are not being used). Both would be part of the price variance because jointly they cause utility costs to be higher than expected. In some companies, these components of the variable overhead price variance are separated. This is commonly done for energy costs in heavy manufacturing companies, for example.

At Boxx Company, the unfavorable price variance for May was attributed to waste in using supplies and recent increases in rates charged for power to run the saws in the cutting department.

Illustration 19–5   **Variable Overhead Variances, Boxx Company (May)**

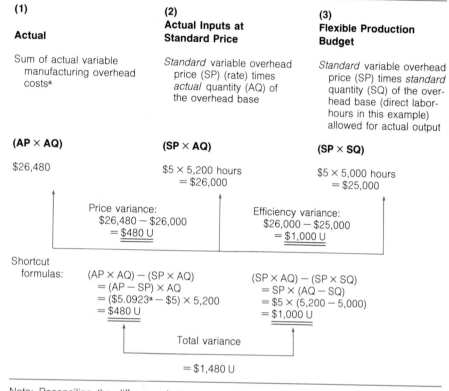

(1)	(2)	(3)
Actual	**Actual Inputs at Standard Price**	**Flexible Production Budget**
Sum of actual variable manufacturing overhead costs[a]	*Standard* variable overhead price (SP) (rate) times *actual* quantity (AQ) of the overhead base	*Standard* variable overhead price (SP) times *standard* quantity (SQ) of the overhead base (direct labor-hours in this example) allowed for actual output
(AP × AQ)	**(SP × AQ)**	**(SP × SQ)**
$26,480	$5 × 5,200 hours = $26,000	$5 × 5,000 hours = $25,000

Price variance:
$26,480 − $26,000
= $480 U

Efficiency variance:
$26,000 − $25,000
= $1,000 U

Shortcut formulas:

$(AP × AQ) − (SP × AQ)$
$= (AP − SP) × AQ$
$= (\$5.0923^a − \$5) × 5,200$
$= \$480$ U

$(SP × AQ) − (SP × SQ)$
$= SP × (AQ − SQ)$
$= \$5 × (5,200 − 5,000)$
$= \$1,000$ U

Total variance

= $1,480 U

Note: Reconciling the difference between actual results and the flexible production budget, we obtain:

Flexible production budget	$25,000
Add:	
Unfavorable efficiency variance	1,000
Unfavorable price variance	480
Actual variable overhead cost	$26,480

[a] Total actual variable overhead costs can also be thought of as actual price (AP) times actual quantity (AQ). Divide the total actual variable overhead costs by the actual quantity of the variable overhead base:

$$AP = \$26,480 \div AQ$$
$$= \$26,480 \div 5,200 \text{ direct labor-hours}$$
$$= \$5.0923$$

Variable Overhead Efficiency Variance. The variable overhead efficiency variance must be interpreted carefully. It is related to efficiency in using the base on which variable overhead is applied.

For example, at Boxx Company, variable overhead is applied on the basis of direct labor-hours. Thus, if there is an unfavorable direct labor efficiency variance because actual direct labor-hours were greater than the standard allowed, there will be a corresponding unfavorable variable overhead efficiency variance. Boxx Company used 200 direct labor-hours more than the standard allowed, resulting in the direct labor and variable overhead efficiency variances shown on the top of the next page:

Direct labor efficiency: $10 × 200 hours = $2,000 U (Illustration 19–4)
Variable overhead efficiency: $5 × 200 hours = $1,000 U (Illustration 19–5)
Total direct labor and variable overhead efficiency variances: $15 × 200 hours = $3,000 U

Variable overhead is assumed to vary directly with direct labor-hours, which is the base on
    which variable overhead is applied.

Thus, inefficiency in using the base (for example, direct labor-hours, machine-hours, units of output) is assumed to cause an increase in variable overhead. This emphasizes the importance of selecting the proper base for applying variable overhead. Managers who are responsible for controlling the base will probably be held responsible for the variable overhead efficiency variance as well. Whoever is responsible for the $2,000 unfavorable direct labor efficiency variance at Boxx Company will probably be held responsible for the unfavorable variable overhead efficiency variance, too.

Summary of Variable Manufacturing Cost Variances

The variable manufacturing cost variances are summarized in Illustration 19–6. Note that the total variable manufacturing cost variance is the same as that derived in Chapter 18. The analysis of cost variances in this chapter is just a more detailed analysis of the variable manufacturing cost variance that was derived in Chapter 18. (See Illustration 18–5).

A summary of this kind is useful for reporting variances to high-level manag-

Illustration 19–6   **Variable Manufacturing Cost Variance Summary, Boxx Company (May)**

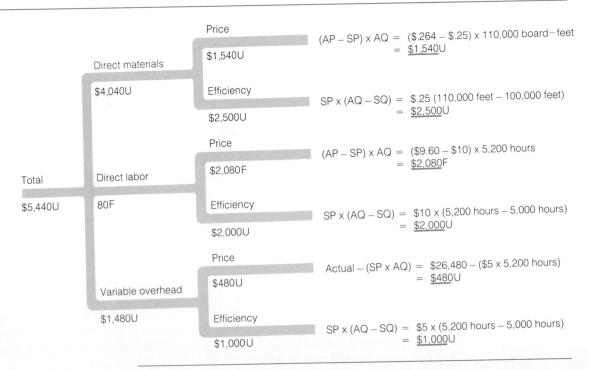

ers. It provides both an overview of variances and their sources. When used for reporting, the computations shown at the right of Illustration 19–6 are usually replaced with a brief explanation of the cause of the variance.

Management may want more detailed information about some of the variances. This can be provided by extending each variance branch in Illustration 19–6 to show variances by product line, by department, or by other breakdowns.

Fixed Manufacturing Costs—Price (Spending) Variance	In variance analysis, fixed manufacturing costs are treated differently from variable manufacturing costs. For illustrative purposes, we assume these fixed manufacturing costs are all overhead. Other manufacturing costs also may be fixed; if so, they can be treated the same way that we treat fixed manufacturing overhead. It is usually assumed that fixed costs are unchanged when volume changes, so the amount budgeted for fixed overhead is the same in both the master and flexible budgets. This is consistent with the variable costing method of product costing.

There are no input-output relationships for fixed overhead. Thus, there is no efficiency variance. The difference between the flexible budget and the actual fixed overhead is entirely due to changes in the costs that make up fixed overhead (for example, insurance premiums on the factory are higher than expected). Hence, the variance falls under the category of a **price variance.** (It is also called a **spending** or a **budget variance.**)

The fixed manufacturing overhead in both the flexible and master budgets in Chapter 18 was $20,000. Assume the actual cost is $21,000. The variance analysis is shown in Illustration 19–7. Note that there is no calculation of the efficiency with which inputs are used.

Comparison of Actual to Flexible Production Budget to Master Production Budget	A comparison of actual results with the flexible and master budget was presented in Chapter 18 for *sales volume.* A similar comparison can be made for *production volume,* as shown in Illustration 19–8. This difference between the master production budget and the **flexible production budget** is the production activity variance.

Now that the actual production costs, flexible budget amounts, and variances

Illustration 19–7   **Fixed Overhead Variances, Boxx Company (May)**

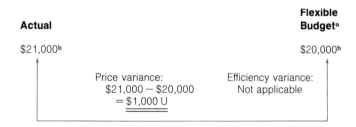

a For fixed costs, there is no difference between the flexible and master (or static) budget in Chapter 18.

b These amounts tie to Illustration 18–5, which presents an overview of the use of budgets for performance evaluation at Boxx Company.

Illustration 19–8   **Comparison of Actual, Flexible Budget, and Master Budget for Production Activity, Boxx Company**

	(1) Actual (based on production of 10,000 crates)	(2) Price Variance	(3) Efficiency Variance	(4) Flexible Budget (based on actual production of 10,000 crates)	(5) Production Activity Variance	(6) Master Budget (based on estimated production of 8,000 crates)
Variable manufacturing costs:						
Direct materials	$ 29,040	$1,540 U	$2,500 U	$ 25,000	$ 5,000 U	$ 20,000
Direct labor	49,920	2,080 F	2,000 U	50,000	10,000 U	40,000
Variable overhead	26,480	480 U	1,000 U	25,000	5,000 U	20,000
Subtotal	105,440[a]	60 F	5,500 U	100,000[a]	20,000 U	80,000
		Total = 5,440 U[a]				
Fixed manufacturing overhead	21,000[a]	1,000 U[a]	Not applicable	20,000[a]	–0–	20,000
Totals	$126,440	$ 940 U	$5,500 U	$120,000	$20,000 U	$100,000

Detailed Computations of Price and Efficiency Variances

Actual	Actual Inputs at Standard Prices	Flexible Production Budget
Actual input price (AP) times actual quantity (AQ) of input	**Standard input price (SP) times actual quantity (AQ) of input**	**Standard input price (SP) times standard quantity (SQ) of input allowed for actual output**
(AP × AQ)	(SP × AQ)	(SP × SQ)
	Price Variance	Efficiency Variance

Direct materials:
$.264 × 110,000 feet = $29,040   → $1,540 U   ← $.25 × 110,000 feet = $27,500   → $2,500 U   ← $.25 × 100,000 feet = $25,000

Direct labor:
$9.60 × 5,200 hours = $49,920   → $2,080 F   ← $10 × 5,200 hours = $52,000   → $2,000 U   ← $10 × 5,000 hours = $50,000

Variable overhead:
$26,480   → $480 U   ← $5 × 5,200 hours = $26,000   → $1,000 U   ← $5 × 5,000 hours = $25,000

Total variable manufacturing variances:
$105,440[a]   → $60 F   ← $105,500   → $5,500 U   ← $100,000[a]
Total = $5,440 U[a]

Fixed overhead:
$21,000   → $1,000 U[a]   ← $20,000[a]   Not applicable

[a] Numbers tie to Illustration 18–5, Chapter 18.

have been presented (see Columns 1, 2, 3, and 4 of Illustration 19–8), we can make the final comparison of budget to actual results. The master budget, which is shown in Column 6, is based on a projected or budgeted production of 8,000 crates, based on the information given in Chapter 18. The flexible production budget (Column 4) tells us the standard variable costs allowed when the *actual production output* is 10,000 crates (Total = $100,000) and the budgeted fixed overhead (= $20,000). The actual costs (Column (1)) tell us the actual amounts spent for each cost.

Comparing Illustration 19–8 with Illustration 18–5 (in Chapter 18) will help you to relate these detailed price and efficiency variances with the "big-picture" overview presented in Chapter 18. All we have done here is to break down the variable cost variances from Chapter 18 into more detail. Note that the $5,440 unfavorable variable cost variance from Column (2) of Illustration 18–5 has been explained in more detail because of our analysis in this chapter.

This completes the basic variance analysis process. We next consider two extensions.

Materials Variances When Quantity Purchased Does Not Equal Quantity Used

So far we have assumed that the amount of materials used equals the amount of materials purchased. Now we show how to calculate variances when the quantities purchased and used are not the same.

Recall the following facts from the Boxx Company example:

Standard costs: 10 board-feet per crate @ $.25 per board-foot = $2.50 per crate
Crates produced in May: 10,000
Actual materials used: 110,000 board-feet @ $.264 = $29,040

Now, let's assume that 250,000 board-feet were purchased in May at $.264 per board-foot, 110,000 board-feet were used, and there was no inventory on May 1.

The variance calculations are shown in Illustration 19–9. Note that the **purchase price variance** is different from the earlier example in the chapter because *it is based on the materials purchased.* The efficiency variance is the same as in the previous example because it is based on materials used, which has not changed.

Fixed Manufacturing Costs—Production Volume Variance

So far, we have assumed that fixed manufacturing costs are treated as period costs, which is consistent with variable costing. If fixed manufacturing costs are unitized and treated as product costs, then another variance is computed. *This occurs when companies use full-absorption, standard costing.*

Developing the Standard Unit Cost for Fixed Manufacturing Costs

Like other standard costs, the fixed manufacturing standard cost is determined before the start of the production period. Unlike standard variable manufacturing costs, fixed costs are period costs by nature. To convert them to product costs

Illustration 19–9 **Direct Materials Variances When Quantities Purchased and Used Are Not Equal, Boxx Company (May)**

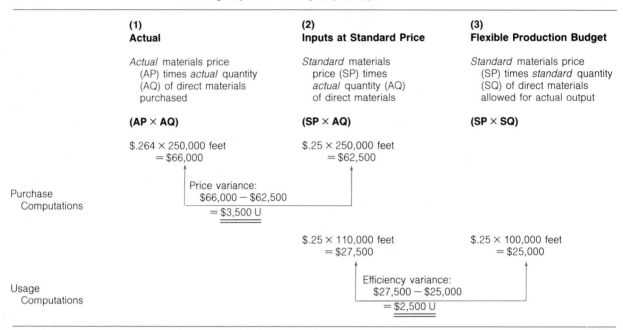

requires an estimation of both the period cost and the production volume for the period. The formula is:

$$\frac{\text{Standard (or predetermined)}}{\text{fixed manufacturing overhead cost}} = \frac{\text{Budgeted fixed manufacturing cost}}{\text{Budgeted activity level}}$$

Assume that the estimated annual fixed manufacturing overhead at Boxx Company was $240,000 and the estimated annual production volume was estimated to be 96,000 crates (or 48,000 direct labor-hours). Thus, Boxx Company would determine its standard fixed manufacturing cost per crate as follows:

$$\frac{\text{Standard cost}}{\text{per crate}} = \frac{\$240,000 \text{ (budgeted fixed manufacturing cost)}}{96,000 \text{ crates (budgeted activity level for the year)}}$$

$$= \$2.50 \text{ per crate}$$

Or, the rate could be computed per direct labor-hour, as follows:

$$\frac{\text{Standard rate per}}{\text{direct labor-hour}} = \frac{\$240,000}{48,000 \text{ hours}} = \$5 \text{ per direct labor-hour.}$$

Each crate is expected to require one-half direct labor-hour $\left(= \frac{48,000 \text{ hours}}{96,000 \text{ crates}}\right)$, so the standard cost per crate would still be $2.50 (= $5 per hour × one-half hour per crate).

If 10,000 units were actually produced during the month, then $25,000 of fixed overhead costs would have been applied to units produced.

The production volume variance is the difference between the $25,000 applied fixed overhead and the $20,000 budgeted fixed overhead. Hence, in this situation there would be $5,000 favorable production volume variance. The variance is favorable because more overhead was applied than was budgeted—production was greater than the average monthly estimate. This variance is a result of the full-absorption costing system; it does not occur in variable costing.

This $25,000 applied equals $2.50 per crate times 10,000 units *actually produced.* If the $5.00 rate per direct labor-hour had been used, then the amount applied to the 10,000 units produced would still be $25,000, computed as follows: $5.00 per hour times one-half standard direct labor-hour per crate times 10,000 crates actually produced ($5 $\times$ ½ $\times$ 10,000 = $25,000).

If the number of units actually produced differs from the number of units used to estimate the fixed cost per unit, a variance will arise. This variance is commonly referred to as a **production volume variance.** (It is also called a *capacity variance,* an *idle capacity variance,* or a *denominator variance.*)

In our example, there is a production volume variance because the 10,000 crates actually produced during the month is not equal to the 8,000 $\left(= \dfrac{96,000}{12 \text{ months}} \right)$ estimated for the month.

Consequently, production is charged with $25,000 (10,000 crates $\times$ $2.50 per crate) instead of $20,000 (8,000 crates $\times$ $2.50 per crate). The $5,000 difference is the **production volume variance** because it is caused by a deviation in production volume level (number of crates produced) from that estimated to arrive at the standard cost.

If Boxx Company had estimated 10,000 crates per month instead of 8,000 crates, then the standard cost would have been $2 per crate $\left(= \dfrac{\$20,000}{10,000 \text{ crates}} \right)$. Thus, $20,000 (= $2 $\times$ 10,000 crates) would have been applied to units produced, and there would have been no production volume variance.

The production volume variance applies only to fixed costs and emerges because we are allocating a fixed period cost to units on a predetermined basis. It is unique to full-absorption costing. The benefits of calculating the variance for control purposes are questionable. While it signals a difference between expected and actual production levels, so does a production report of actual versus expected production quantities.

Compare with the Fixed Manufacturing Cost Price Variance. The fixed manufacturing cost price variance is the difference between actual and budgeted fixed manufacturing costs. Unlike the production volume variance, the price variance is commonly used for control purposes because it is a measure of differences between actual and budgeted period costs.

The two graphs in Illustration 19–10 should help you to see the relationship between *actual, budget,* and *applied* fixed manufacturing costs; and to summarize the computation of the fixed manufacturing cost *price* (spending) and *production volume* variances.

Summary of Overhead Variances

Illustration 19–11 summarizes the four-way analysis of variable and fixed overhead variances, based on facts given in the chapter.

Illustration 19–10   **Fixed Overhead Variances**

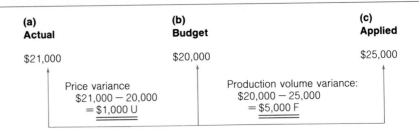

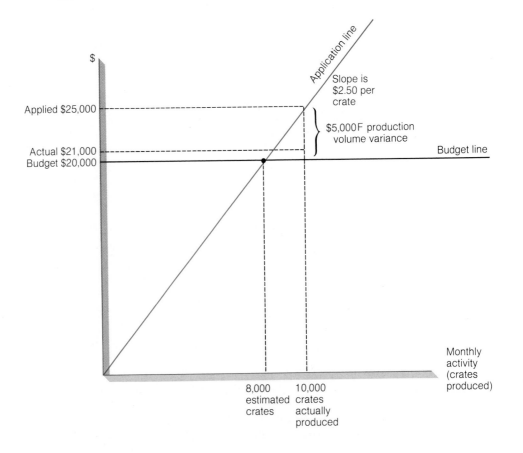

Key Points. There are several key points to keep in mind regarding overhead variances.

1. The variable overhead efficiency variance measures the efficiency in using the base (for example, direct labor-hours).

2. The production volume variance only occurs when fixed manufacturing cost is unitized (for example, when using full-absorption costing). Further, the budgeted fixed overhead is not the amount applied to units produced.

Illustration 19–11   **Summary of Overhead Variances: Four-Way Analysis**

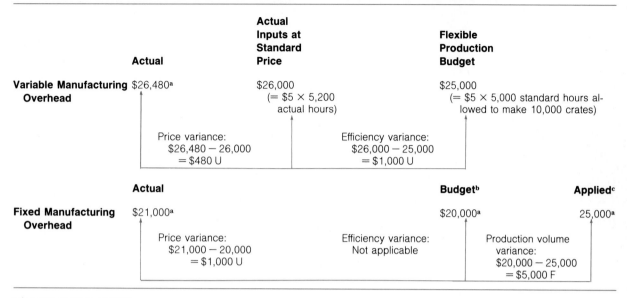

	Actual	**Actual Inputs at Standard Price**	**Flexible Production Budget**
Variable Manufacturing Overhead	$26,480[a]	$26,000 (= $5 × 5,200 actual hours)	$25,000 (= $5 × 5,000 standard hours allowed to make 10,000 crates)

Price variance: $26,480 − 26,000 = $480 U

Efficiency variance: $26,000 − 25,000 = $1,000 U

	Actual	**Budget[b]**	**Applied[c]**
Fixed Manufacturing Overhead	$21,000[a]	$20,000[a]	25,000[a]

Price variance: $21,000 − 20,000 = $1,000 U

Efficiency variance: Not applicable

Production volume variance: $20,000 − 25,000 = $5,000 F

[a] Amount given in chapter.

[b] This amount appears in both the master budget and the flexible budget.

[c] This is the amount of fixed manufacturing overhead applied to units produced under full-absorption costing.

3.   There is no efficiency variance for fixed manufacturing costs. (The production volume variance should not be confused with an efficiency variance.)

Variance Analysis in Nonmanufacturing Settings

The analysis of price and efficiency variances in nonmanufacturing settings for nonmanufacturing costs is increasing. We find banks, fast-food outlets, hospitals, consulting firms, retail stores, and many others applying the variance analysis techniques discussed in this chapter to their labor and overhead costs.

Efficiency Measures

In some cases, an efficiency variance can be used to analyze variable nonmanufacturing costs. This efficiency computation requires a reliable measure of output activity. Ideally, this requires some quantitative input that can be linked to output.

For example, the personnel in the accounts receivable department of a retail merchandiser are expected to contact 10 delinquent customers per hour. The standard labor cost is $12 per hour including benefits. During July, 7,000 hours were worked, 65,000 contacts were made, and the average wage rate was $13 per hour. For 65,000 contacts, the standard labor-hours allowed was 6,500 (= 65,000 contacts ÷ 10 contacts per hour). Unfavorable price and efficiency variances were computed as shown on the top of the next page:

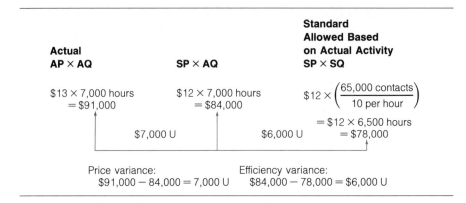

Actual AP × AQ	SP × AQ	Standard Allowed Based on Actual Activity SP × SQ
$13 × 7,000 hours = $91,000	$12 × 7,000 hours = $84,000	$12 × ($\frac{65,000 \text{ contacts}}{10 \text{ per hour}}$) = $12 × 6,500 hours = $78,000

$7,000 U $6,000 U

Price variance: Efficiency variance:
$91,000 − 84,000 = 7,000 U $84,000 − 78,000 = $6,000 U

These calculations are similar to the ones used for labor variances in manufacturing.

Computing these efficiency variances requires some assumed relationship between input and output activity. Some examples are:

Department	Input	Output
Mailing	Labor-hours worked	Number of pieces mailed
Personnel	Labor-hours worked	Number of personnel changes processed
Food service	Hours worked	Number of meals served
Consulting	Billable hours worked	Customer revenues
Nursing	Labor-hours worked	Patients (of a particular care level) served
Check processing	Computer hours worked	Checks processed

In general, jobs with routine tasks lend themselves to efficiency measures, while jobs with nonroutine tasks—like most administrative positions—do not.

Attempts to measure efficiency sometimes leads to employee resentment. In other cases, the measurement results in both better performance and better morale. Often, employee participation in the measurement process helps improve morale, while a top-down imposed measurement system provokes employee resentment.

How Many Variances to Calculate?

We noted at the beginning of this chapter that every organization has its own approach to variance analysis, although virtually all are based on the fundamental model presented here. Because of the unique circumstances in each organization, we cannot generalize very much about which variances should be calculated. Managers and accountants in each organization should perform their own cost-benefit analysis to ascertain which calculations are justified.

In deciding how many variances to calculate, it is important to note the *impact* and *controllability* of each variance. When considering *impact,* we ask:

"Does this variance matter? Is it so small that the best efforts to improve efficiency or control costs would have very little impact even if the efforts were successful?" If so, it's probably not worth the trouble to calculate and analyze. Hence, detailed variance calculations for small overhead items may not be worthwhile.

When considering the **controllability of a variance,** we ask: "Can we do something about it?" No matter how great the impact of the variance, if nothing can be done about the variance, then it is hard to justify spending resources to compute and analyze it. For example, materials purchase price variances are often high-impact items. They are hard to control, however, because materials prices fluctuate due to market conditions that are outside the control of managers.

In general, high-impact, highly controllable variances should get the most attention, while low-impact, uncontrollable variances should get the least attention, as shown below:

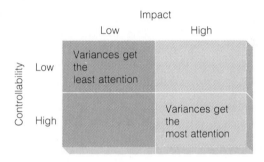

Labor and materials efficiency variances are often highly controllable. With sufficient attention to scheduling, quality of employees, motivation, and incentives, these variances can often be dealt with effectively. An example of a high-impact, but hard-to-control, item for many companies has been the cost of energy. Many organizations, from airlines to taxicab companies to steel mills, have been able to do little about rising energy costs in the short run. Over time, of course, actions could be taken to reduce energy usage through acquisition of energy-efficient equipment. In general, the longer the time interval, the greater the ability to control an item.

Management by Exception and Variance Investigation

After variances have been computed and the initial analysis made, managers and accountants must decide which variances should be **investigated.** Because a manager's time is a scarce resource, some priorities must be set. This can be done through cost-benefit analysis. Only the variances for which the benefits of correction exceed the costs of follow-up should be pursued. In general, this is consistent with the **management by exception** philosophy, which says, in effect, "Don't worry about what is going according to plan, worry about the exceptions."

But this is easier said than done. It may be almost impossible to predict either costs or benefits of investigating variances. So, while the principle is straightforward, it is difficult to apply. In this section, we identify some characteristics that are important for determining which variances to investigate. In Chapter 25, we discuss statistical models for investigating variances.

Some problems are easily corrected as soon as they are discovered. When a machine is improperly set or a worker needs minor instruction, the investigation cost is low and benefits are very likely to exceed costs. This is often a usage or efficiency variance and is reported frequently—often daily—so immediate corrective action can be taken.

Some variances are not controllable in the short run. Labor price variances due to changes in union contracts and overhead spending variances due to unplanned utility and property tax-rate changes may require little or no follow-up in the short run. Such variances sometimes prompt long-run action, such as moving a plant to a locale with lower wage rates and lower utility and property tax rates. In such cases, the short-run benefits of variance investigation are low, but the long-run benefits may be higher.

Data and Timing Problems. Many variances occur because of errors in recording, bookkeeping adjustments, or timing problems. A variance-reporting system (and the accounting department) can lose credibility if it contains bookkeeping errors and adjustments. For this reason, the accounting staff must carefully check variance reports before sending them to operating managers.

Updating Standards

Standards are estimates. As such, they may not reflect the conditions that actually occur. This is especially likely to occur when standards are not updated and revised to reflect current conditions. If prices and operating methods are frequently changed, standards may be constantly out of date.

In many companies, standards are revised once a year. Thus, variances will occur because conditions change during the year but standards don't. When conditions change, but are known to be temporary, some companies develop a planned variance. For example, an unexpected series of snowstorms curtailed activities much below normal in a steel plant in the Midwest. This affected the workers' productivity and created large unfavorable labor efficiency variances. In response, the accounting staff developed planned variances for a number of costs based on expected differences between actual costs and standard costs due to the snowstorms. For example, the January labor report for a particular department was as follows:

Item	Total Efficiency Variance	Planned Efficiency Variance	Unplanned Efficiency Variance
Direct labor—Department xx	$11,242 U	$9,100 U	$2,142 U

The department manager was not held responsible for the entire $11,242 U variance, but only the $2,142 U unplanned efficiency variance.

Summary

This chapter discusses the computation and analysis of manufacturing cost variances. A variance is the difference between a predetermined standard and an actual result.

The model used for calculating variable manufacturing cost variances is based on the following diagram, which divides the total variance between actual and standard into price and efficiency components.

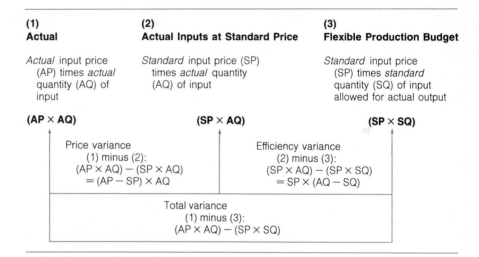

(1) **Actual**	(2) **Actual Inputs at Standard Price**	(3) **Flexible Production Budget**
Actual input price (AP) times *actual* quantity (AQ) of input	*Standard* input price (SP) times *actual* quantity (AQ) of input	*Standard* input price (SP) times *standard* quantity (SQ) of input allowed for actual output
(AP × AQ)	**(SP × AQ)**	**(SP × SQ)**

Price variance
(1) minus (2):
(AP × AQ) − (SP × AQ)
= (AP − SP) × AQ

Efficiency variance
(2) minus (3):
(SP × AQ) − (SP × SQ)
= SP × (AQ − SQ)

Total variance
(1) minus (3):
(AP × AQ) − (SP × SQ)

Fixed manufacturing costs have no efficiency variance. The price variance is simply the difference between actual fixed costs and the fixed costs in the flexible budget. If fixed costs are unitized and assigned to units produced, then a production volume variance can also arise. The production volume variance is the difference between the budgeted fixed costs and the amount applied to production.

A key managerial question is: How many variances should be calculated and investigated? The answer depends on the impact and controllability of variances. In general, the greater the impact of a variance on profits and the more controllable it is, the easier it is to justify analysis of the variance.

Terms and Concepts

The following terms and concepts should be familiar to you after reading this chapter.

Activity Variance	**Management by Exception**
Budget Variance	**Planned Variance**
Controllability of Variance	**Price Variance**
Efficiency Variance	**Production Volume Variance**
Flexible Production Budget	**Purchase Price Variance**
Four-way Analysis	**Spending Variance**

Standard Cost   **Variance**
Standard Cost System   **Variance Investigation**
Total Variance

**Self-Study Problem
No. 1**

Last month, the following events took place at Containers, Inc.:

1. Produced and sold 50,000 plastic minicomputer cases at a sale price of $10 each. (Budgeted sales were 45,000 units at $10.15.)

2. Standard variable costs per unit (that is, per case):

Direct materials: 2 pounds at $1	$2.00
Direct labor: .10 hours at $15	1.50
Variable manufacturing overhead: .10 hours at $5	.50
	$4.00 per case

3. Fixed manufacturing overhead cost:

Monthly budget	$ 80,000

4. Actual production costs:

Direct materials purchased: 200,000 pounds at $1.20	$240,000
Direct materials used: 110,000 pounds at $1.20	132,000
Direct labor: 6,000 hours at $14	84,000
Variable overhead	28,000
Fixed overhead	83,000

Required:

a. Compute the direct materials, labor, and variable manufacturing price and efficiency variances.

b. Compute the fixed manufacturing overhead price variance. Compute the fixed manufacturing overhead production volume variance, assuming the *estimated* monthly production was 40,000 cases (or 4,000 standard labor-hours).

Solution to Self-Study Problem No. 1

a. Production variances:

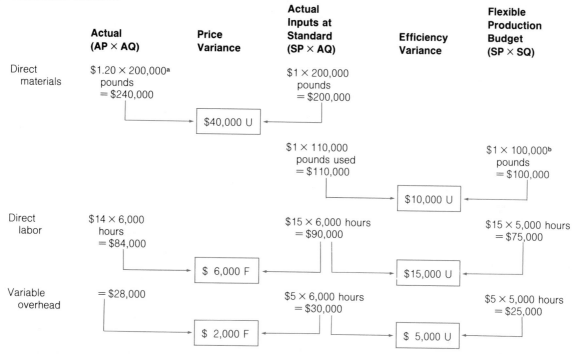

b. Fixed overhead variances:

^a Direct material pounds purchased.

^b Standard direct materials pounds used in production per unit times units produced (2 pounds × 50,000 units).

^c Fixed overhead rate = $\dfrac{\$80,000}{40,000 \text{ cases}}$ = $2 per case, or $\dfrac{\$80,000}{4,000 \text{ hours}}$ = $20 per standard labor hour.

Self-Study Problem No. 2

The total variance between standard and actual is usually broken down by department for performance evaluation. This self-study problem breaks down variances for the Boxx Company example in the chapter.

Departmental Materials Variances. All of the direct materials are charged to the cutting department of Boxx Company. Thus, all of the direct material efficiency variance of $2,500 U is assigned to the cutting department.

Departmental Labor Variances. To determine the departmental labor variances, we must know how much of the actual labor cost is charged to each department. This information is available from the payroll department as long as workers allocate their time to the departments they work in. At Boxx Company, the payroll department supplied the following information for May:

Department	Actual Hours Worked	Actual Labor Cost	Average Cost[a] per Hour
Cutting	1,200	$ 9,600	$ 8.00
Assembly	3,000	30,300	10.10
Finishing and inspection	1,000	10,020	10.02
		$49,920	

[a] Includes fringe benefits and taxes.

Departmental Fixed Overhead Price Variances. Actual fixed overhead charged to each department may also be available from the accounting department. However, many of these costs are common to more than one department. For example, lease costs on a plant that contains several departments will have to be allocated to each department. Thus, many of the "actual" fixed overhead costs assigned to each department will often be allocated. For this reason, some companies do not include fixed overhead in departmental performance evaluation reports.

Boxx Company does break down fixed overhead by department, however. The actual and budgeted costs and departmental price variances are as follows:

	Actual	Price Variance	Flexible and Master Budget Amount
Cutting department	$ 5,900	$ 100 F	$ 6,000
Assembly department	8,900	900 U	8,000
Finishing and inspection department	6,200	200 U	6,000
All departments	$21,000	$1,000 U	$20,000

Departmental Variable Overhead Variances. The actual variable overhead charged to each department is usually available from the accounting records. It usually includes both direct department costs and indirect costs that have been allocated to the department. This includes the costs of service departments. For Boxx Company, the actual costs for May were:

Cutting department	$ 5,800
Assembly department	14,980
Finishing and inspection department	5,700
Total	$26,480

Required: Compute departmental direct labor and variable manufacturing overhead variances. Prepare a report that assigns manufacturing variances to each department.

Solution to Self-Study Problem No. 2

The departmental labor variances are:

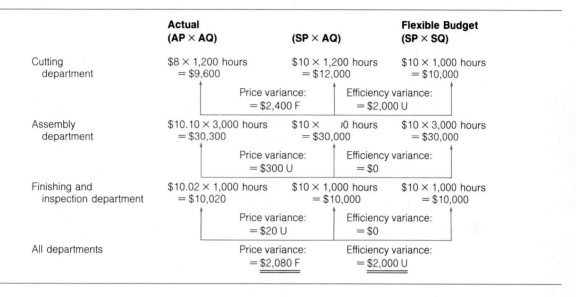

	Actual (AP × AQ)	**(SP × AQ)**	**Flexible Budget (SP × SQ)**
Cutting department	$8 × 1,200 hours = $9,600	$10 × 1,200 hours = $12,000	$10 × 1,000 hours = $10,000
		Price variance: = $2,400 F	Efficiency variance: = $2,000 U
Assembly department	$10.10 × 3,000 hours = $30,300	$10 × 3,000 hours = $30,000	$10 × 3,000 hours = $30,000
		Price variance: = $300 U	Efficiency variance: = $0
Finishing and inspection department	$10.02 × 1,000 hours = $10,020	$10 × 1,000 hours = $10,000	$10 × 1,000 hours = $10,000
		Price variance: = $20 U	Efficiency variance: = $0
All departments		Price variance: = $2,080 F	Efficiency variance: = $2,000 U

The departmental variable overhead variances are:

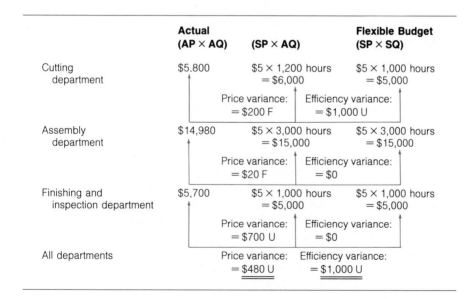

	Actual (AP × AQ)	**(SP × AQ)**	**Flexible Budget (SP × SQ)**
Cutting department	$5,800	$5 × 1,200 hours = $6,000	$5 × 1,000 hours = $5,000
		Price variance: = $200 F	Efficiency variance: = $1,000 U
Assembly department	$14,980	$5 × 3,000 hours = $15,000	$5 × 3,000 hours = $15,000
		Price variance: = $20 F	Efficiency variance: = $0
Finishing and inspection department	$5,700	$5 × 1,000 hours = $5,000	$5 × 1,000 hours = $5,000
		Price variance: = $700 U	Efficiency variance: = $0
All departments		Price variance: = $480 U	Efficiency variance: = $1,000 U

Departmental Variance Report

Variance	Department				
	Purchasing	Cutting	Assembly	Finishing and Inspection	Total
Materials:					
Price	$1,540 U				$1,540 U
Efficiency		$2,500 U			2,500 U
Labor:					
Price		2,400 F	$ 300 U	$ 20 U	2,080 F
Efficiency		2,000 U	–0–	–0–	2,000 U
Variable overhead:					
Price		200 F	20 F	700 U	480 U
Efficiency		1,000 U	–0–	–0–	1,000 U
Fixed overhead price		100 F	900 U	200 U	1,000 U
Totals	$1,540 U	$2,800 U	$1,180 U	$920 U	$6,440 U

Appendix A: Two-Way and Three-Way Analysis of Overhead Variances

The method of computing overhead variances described in this chapter is known as the four-way analysis of overhead variances because the following four variances are computed:

	Price	Efficiency	Production Volume
Variable	$ 480 U	$1,000 U	Not applicable
Fixed	1,000 U	Not applicable	$5,000 F

Companies also prepare alternative two-way or three-way analyses of manufacturing overhead variances.

Two-Way Analysis. The two-way analysis of overhead variances has just two variances: a *production volume variance,* computed like the production volume variance in the four-way analysis above, and a *spending,* or *budget, variance,* which is the difference between the actual and budgeted overhead. (Think of the spending variance as including all three of the overhead variances computed in the four-way analysis besides the production volume variance.) If Boxx Company does not break down its variances into fixed and variable components, then the actual overhead costs would be $47,480 ($26,480 variable plus $21,000 fixed, as shown in Illustration 19–11), and the budgeted overhead would total $45,000 ($25,000 variable plus $20,000 fixed, as shown in Illustration 19–11). The following diagram shows how to compute the two overhead variances.

Actual	Budget	Applied
$47,480	$45,000	$50,000
= $26,480 variable	= $25,000 variable	= $25,000 variable
+ 21,000 fixed	+ 20,000 fixed	+ 25,000 fixed

Spending variance:
$47,480 − 45,000
= $2,480 U

Production volume variance:
$45,000 − 50,000
= $5,000 F

The amount of variable overhead applied to units produced ($25,000) is the standard allowed for the flexible production budget, so "applied equals budget" for variable overhead. This is not true for fixed overhead if there is a production volume variance.

Three-Way Analysis. The three-way analysis is like the four-way analysis except the two fixed and variable price variances are combined into one overhead price variance. Consequently, the three variances computed in the three-way analysis are (1) the overhead price variance, (2) the variable overhead efficiency variance, and (3) the fixed overhead production volume variance. These are computed for Boxx Company as follows:

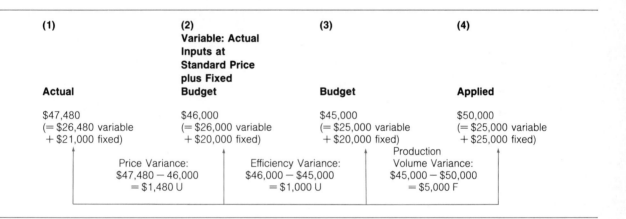

(1)	(2) Variable: Actual Inputs at Standard Price plus Fixed Budget	(3)	(4)
Actual	Budget	Budget	Applied
$47,480	$46,000	$45,000	$50,000
(= $26,480 variable	(= $26,000 variable	(= $25,000 variable	(= $25,000 variable
+ $21,000 fixed)	+ $20,000 fixed)	+ $20,000 fixed)	+ $25,000 fixed)

Price Variance:
$47,480 − 46,000
= $1,480 U

Efficiency Variance:
$46,000 − $45,000
= $1,000 U

Production Volume Variance:
$45,000 − $50,000
= $5,000 F

The new term in column (2) is made up of:

Variable:	$26,000	actual inputs at standard price (see Illustration 19–11)
Fixed:	20,000	budgeted fixed overhead
Total	$46,000	

The budget (column 3) and applied (column 4) overhead for the three-way analysis are the same as for the two-way analysis.

In deciding whether to use two-way analysis or three-way analysis, managers should weigh the costs of computing and interpreting the variable overhead efficiency variance against the benefits of obtaining the data from that variance.

Illustration 19–12 summarizes the two-way, three-way, and four-way analyses of overhead variances. We start with the four-way analysis at the top and show how the numbers in the two-way and three-way analyses fit into the four-way analysis. Note that there could also be a "one-way analysis," which is the total

Illustration 19–12   Alternative Ways of Computing Overhead Variances

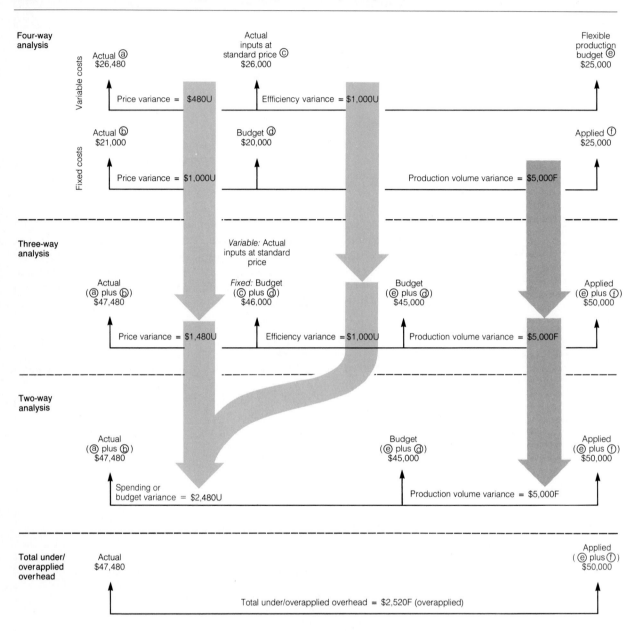

under/overapplied overhead; that is, the $2,520 F difference between actual overhead ($47,480 in this example) and the amount applied to production ($50,000 in this example).

Appendix B: Alternative Division of Total Variance into Price and Efficiency Parts

In this chapter, we calculated each price variance based on actual quantity. That is:

But suppose that the order was reversed so that the quantity variance was calculated first and based on actual prices:

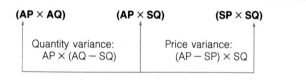

Note that the two end points are the same, but the middle point is different.

The effect on variance calculations can be seen from the following if the direct materials data from Boxx Company are used:

Standard costs: 10 board-feet @ $.25 per board-foot = $2.50 per crate
Crates produced in May: 10,000
Actual materials used: 110,000 board-feet @ $.264 per board-foot = $29,040

For this example, assume the quantity of board-feet purchased equals the quantity used.

The calculation in the chapter was as follows:

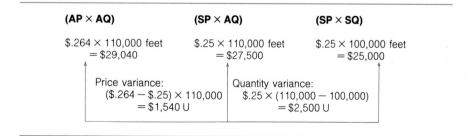

The alternative calculation is as follows:

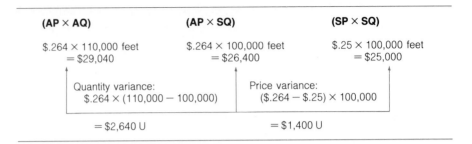

(AP × AQ)	(AP × SQ)	(SP × SQ)
$.264 × 110,000 feet = $29,040	$.264 × 100,000 feet = $26,400	$.25 × 100,000 feet = $25,000

Quantity variance:
$.264 × (110,000 − 100,000)

Price variance:
($.264 − $.25) × 100,000

= $2,640 U

= $1,400 U

Note that the *total* variance is the same in both cases—$4,040 U. However, the partition into price and efficiency variances is different. There are really three variances: a pure price variance ($1,400 in this case), a pure efficiency variance ($2,500), and a joint variance ($140 in this case). The joint variance is part of the price variance in the first calculation and part of the efficiency variance in the second. The graph in Illustration 19–13 shows these relationships.

Illustration 19–13   **Graphic Analysis of Variance, Direct Materials, Boxx Company**

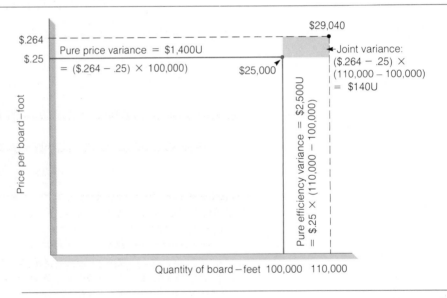

Note: The area inside the solid line represents the total standard costs allowed to make 10,000 crates. The area inside the dashed line represents the total actual costs incurred.

Questions

19–1. Why should management want to divide manufacturing cost variances into price and efficiency variances?

19–2. What is the difference between a standard and a budget?

19–3. What is the difference between a flexible budget and inputs priced at standard?

19–4. The manager of the production division has just received a responsibility report that shows a substantial unfavorable variance for overtime premium. The manager objects to the inclusion of this variance because the overtime was due to the acceptance of a large rush order by the sales department. To whom should this variance be charged?

19–5. Many companies set wage rates through negotiations with unions. Under these circumstances, how would a labor price variance arise that would be the responsibility of a line manager?

19–6. One of the principles espoused by management is the idea that one should manage by exception. How can responsibility reporting systems and/or analysis of variances assist in that process?

19–7. What are the three primary sources of variances for variable costs?

19–8. Why are the variances for fixed costs different from the variances computed for variable costs?

19–9. Would the production volume variance represent a difference in the cash outflows for the company when compared to budgeted cash outflows?

19–10. Why might management decision making be enhanced if materials price variances are recognized at the time of purchase rather than at the time of use?

Exercises

19–11. Direct Labor Variances

The standard direct labor cost per unit for a company was $16 (= $8 per hour times two hours per unit). The actual direct labor costs during the period amounted to $35,000. 4,400 labor hours were worked during the period, and 2,100 units were produced.

Required:

Compute the direct labor price and efficiency variances for the period.

19–12. Overhead Variances

The following information is extracted from a responsibility report for a line manager:

	Actual	Master Budget	Variance
Variable overhead	$31,850	$32,000	$ 150 F
Fixed overhead	48,420	49,600	1,180 F
Totals	$80,270	$81,600	$1,330 F

Additional information provided includes the master budget activity level of 16,000 units; actual output of 16,500 units; and actual variable overhead was 96 percent of the standard for the inputs used.

Required:

Compute the overhead price and efficiency variances.

19–13. Materials Variances

A company reported the following information concerning its direct materials:

Direct materials purchased (actual)	$413,265
Standard cost of materials purchased	407,391
Actual cost of materials used	78,264
Standard cost of materials used	74,193
Actual production	28,000 units
Standard direct materials cost per unit	$2.70

Required:

Compute the direct materials cost variances.

19–14. Reconcile Flexible Budget to Actual

A responsibility report for a manufacturing division in a company contained the information shown on top of the next page:

	Actual Costs	Flexible Budget
Direct labor	$217,650	$230,258
Factory overhead:		
Variable	193,400	201,475
Fixed	86,550	92,103

Actual production exceeded plans by 10 percent. The direct labor rate is $8 per hour, and 27,500 hours were used during the period. Variable and fixed overhead are charged on the basis of direct labor.

Required:

Reconcile the differences between the flexible budget and actual costs for direct labor and the overheads.

19–15. Compute Labor and Overhead Variances

The data below reflect the current month's activity of Monterey Corporation:

Actual total direct labor	$43,400
Actual hours worked	14,000
Standard labor-hours allowed for actual output	
(flexible budget)	15,000
Direct labor price variance	1,400 U
Actual variable overhead	22,100
Budgeted fixed costs	9,000
Standard variable overhead rate per standard	
direct labor-hour	$1.50
Actual fixed overhead	9,100

Required:

Compute the labor and variable overhead price and efficiency variances and the fixed overhead price variance.

19–16. Materials Variances

Information on Modern Company's direct materials costs is as follows:

Actual quantities of direct materials used	20,000
Actual costs of direct materials used	$40,000
Standard price per unit of direct materials	$2.10
Flexible budget for direct materials	$41,000

Required:

What were Modern Company's direct material price and efficiency variances?

19–17. Fixed Overhead Variances

Information on San Antonio Company's fixed overhead costs is as follows:

Overhead applied	$80,000
Actual overhead	86,000
Budgeted overhead	84,000

Required:

a. What is the amount of the over- or underapplied overhead, assuming full-absorption costing was used?

b. What are the fixed overhead price and production volume variances?

19–18. Graphing Fixed Overhead Variances

Refer to the data in exercise 19–17. Prepare graphs like those shown in Illustration 19–10.

19–19. Solve for Direct Labor-Hours

Santa Barbara Company reports the following direct labor information for Product CER for the month of October:

Standard rate	$6.00 per hour
Actual rate paid	$6.10 per hour
Standard hours allowed	
for actual production	1,500 hours
Labor efficiency variance	$600 U

Required:

Based on these data, what were the actual hours worked?

19–20. Overhead Variances

Hyperspace, Inc., shows the following overhead information for the current period:

Actual overhead incurred	$12,600, of which $3,500 is fixed and $9,100 is variable
Budgeted fixed overhead	3,300
Standard variable overhead rate per direct labor-hour	$3
Standard hours allowed for actual production	3,500
Actual labor-hours used	3,200

Required:

What are the variable overhead price and efficiency variances and the fixed overhead price variance?

19–21. Production Volume Variance

Refer to the information given in exercise 19–20. What is the fixed overhead production volume variance, assuming 3,000 standard hours estimated for the budgeted production?

19–22. Graph Fixed Overhead Using Input Measures of Activity

Refer to the data in exercises 19–20 and 19–21. Prepare graphs of actual, budget, and applied fixed manufacturing costs like the graphs in Illustration 19–10.

19–23. Two-Way and Three-Way Analysis of Overhead Variances (Appendix A)

Using the data in exercises 19–20 and 19–21, compute the following (assume full-absorption costing is used to apply overhead to units produced).

Required:

a. Total over/underapplied overhead, assuming full-absorption costing is used.

b. Two-way analysis of overhead variances.

c. Three-way analysis of overhead variances.

19–24. Direct Materials

Information about Colorado Company's direct materials cost is as follows:

Standard price per materials pound	$3.60
Actual quantity used	1,600 pounds
Standard quantity allowed for production	1,450 pounds
Materials price variance	$240 F

Required:

What was the actual purchase price per pound, rounded to the nearest cent?

Problems

19–25. Manufacturing Variances

Hylab Company prepares its budgets on the basis of standard costs. A responsibility report is prepared monthly showing the differences between master budget and actual. Variances are analyzed and reported separately. Materials price variances are computed at the time of purchase.

The following information relates to the current period:

Standard costs (per unit of output):	
Direct materials, 1 kilogram @ $1 per kilogram	$ 1
Direct labor, 2 hours @ $4 per hour	8
Factory overhead:	
Variable (25% of direct labor cost)	2
Fixed (master budget 3,600 hours)	1 (based on direct labor-hours)
Total standard cost per unit	$12

Actual costs for the month:

Materials purchased	3,000 kilograms at $.90 per kilogram
Output	1,900 units using 2,100 kilograms of materials
Actual labor costs	3,200 hours at $5 per hour
Actual overhead:	
Variable	$4,500
Fixed	1,800

Required:

    a. Compute the price and efficiency variances for the period.

    b. Compute the activity variance between the master budget and the flexible budget due to the difference in production volume.

19–26. Alternative Variance Calculations (Appendix B)

Refer to the labor and variable overhead data given in problem 19–25. Compute the labor and overhead variances using the method set forth in Appendix B to Chapter 19.

19–27. Direct Labor and Variable Overhead Variance Relationships

A company applies variable overhead on the basis of 150 percent of its direct labor costs. This period, actual variable overhead was $10,150. There was a $900 favorable efficiency variance for variable overhead. There was a $725 unfavorable price variance for direct labor. During the period, 1,420 direct labor-hours were worked at a standard rate of $5 per hour.

Required:

Compute the price and efficiency variances and flexible production budget amounts for the direct labor and variable overhead.

19–28. Overhead Cost and Variance Relationships

A company reported a $50 unfavorable price variance for variable overhead and a $500 unfavorable price variance for fixed overhead. The flexible budget had $32,100 variable overhead based on 10,700 direct labor-hours, only 10,600 hours were worked. Total actual overhead was $54,350. Estimated hours for computing the fixed overhead application rate were 11,000 hours.

Required:

    a. Compute the variable overhead efficiency variance.

    b. Compute the amount of fixed overhead applied to production.

    c. Compute the fixed overhead production volume variance.

19–29. Compute Price, Efficiency, and Production Activity Variances

Milner Manufacturing Company uses a job order costing system. It manufactures one product, with a standard cost detailed as follows:

Direct materials, 20 meters at $.90 per meter	$18
Direct labor, 4 hours at $6 per hour	24
Factory overhead applied at five sixths of direct labor (the ratio of variable costs to fixed costs is 3 to 1)	20
Variable selling and administrative	12
Fixed selling and administrative	7
Total unit costs	$81

Standards have been computed based on a master budget activity level of 2,400 direct labor-hours per month.

Actual activity for the past month was as follows:

Materials purchased	18,000 meters at $.92 per meter
Materials used	9,500 meters
Direct labor	2,100 hours at $6.10 per hour
Total factory overhead	$11,100
Production	500 units

Required:

Prepare a table like Illustration 19–8 showing the actual costs, master production budget, and all price, efficiency, and production activity variances that can be computed from these data. (Some variances may be impossible to compute.)

(CPA adapted)

19–30. Find Actual and Budget Amounts from Variances

Columbus Company manufactures a new electronic game with the trademark "Dandy." The current standard costs per game are as follows:

Direct materials, 6 kilograms at $1 per kilogram	$ 6 per game
Direct labor, 1 hour at $4 per hour	4 per game
Overhead	3 per game
Total costs	$13 per game

The following data appeared in the Columbus Company records at the end of the past month:

Actual production	4,000 units
Actual sales	2,500
Purchases (26,000 kilograms)	$27,300
Materials price variance	1,300 U
Materials efficiency variance	1,000 U
Direct labor price variance	760 U
Direct labor efficiency variance	800 F
Underapplied overhead (total)	500 U

The materials price variance is computed at the time of purchase.

Required:

a. Prepare a schedule showing the flexible production budget, price and efficiency variances, and actual costs for direct materials and direct labor.

b. Assume that all manufacturing overhead is fixed, and the $500 underapplied is the only overhead variance that can be computed. What are the actual and applied overhead amounts?

(CPA adapted)

19–31. Variance Computations with Missing Data

The following information is provided to assist you in evaluating the performance of the manufacturing operations of the Ashwood Company:

Units produced (actual)	21,000
Master production budget:	
Direct materials	$165,000
Direct labor	140,000
Overhead	199,000
Standard costs per unit:	
Direct materials	$1.65 × 5 pounds per unit of output
Direct labor	$14 per hour × ½ hour per unit
Variable overhead	$11.90 per direct labor hour
Actual costs:	
Direct materials purchased and used	$188,700 (102,000 pounds)
Direct labor	140,000 (10,700 hours)
Overhead	204,000 (61% is variable)

Variable overhead is applied on the basis of direct labor-hours.

Required:

Prepare a table to show all variable manufacturing cost price and efficiency variances and fixed manufacturing cost price and production volume variances.

19–32. Comprehensive Variance Problem

Indianapolis Company manufactures two products, Florimene and Glyoxide, used in the plastics industry. The company prepares its master budget on the basis of standard costs. The following data are for the month of August.

	Florimene	**Glyoxide**
Standards:		
Direct materials	3 kilograms at $1 per kilogram	4 kilograms at $1.10 per kilogram
Direct labor	5 hours at $4 per hour	6 hours at $5 per hour
Variable overhead (per direct labor-hour)	$3.20	$3.50
Fixed overhead (per month)	$20,700	$26,520
Expected activity (direct labor-hours)	5,750	7,800

	Florimene	Glyoxide
Actual data:		
Direct material	3,100 kilograms at $.90 per kilogram	4,700 kilograms at $1.15 per kilogram
Direct labor	4,900 hours at $3.80 per hour	7,400 hours at $5.10 per hour
Variable overhead	$16,170	$25,234
Fixed overhead	20,930	26,400
Units produced (actual)	1,000 units	1,200 units

Required:

Prepare a schedule like that in Illustration 19–8 showing actual costs, the flexible and master production budgets, together with all price, efficiency, and activity variances possible for each product.

(CPA adapted)

19–33. Two-Way, Three-Way, and Four-Way Overhead Variances (Appendix A)

Refer to the data in problem 19–32. Assume the fixed overhead costs are applied to units produced using the following standard rate per labor-hour:

$$\text{Florimene: } \$3.60 \text{ per hour} = \frac{\$20,700}{5,750 \text{ expected labor-hours}}$$

$$\text{Glyoxide: } \$3.40 \text{ per hour} = \frac{\$26,520}{7,800 \text{ expected labor-hours}}$$

Required:

Prepare two-way, three-way, and four-way analyses of overhead variances for each product.

19–34. Process Costing Variances; Equivalent Units

Melody Corporation produces a single product known as jupiter. Melody uses the FIFO process costing method.

To analyze production performance, actual results are compared to the flexible budget, and any variances are computed. The standard costs that form the basis for the budget are as follows:

Direct materials	1 kilogram at $10 per kilogram
Direct labor	2 hours at $4 per hour
Variable overhead	2 hours at $1.25 per hour

Data for the month are presented below:

1. Beginning inventory consisted of 2,500 units that were 100 percent complete with respect to direct materials and 40 percent complete with respect to conversion costs.

2. 10,000 units were started during the month.

3. Ending inventory consisted of 2,000 units that were 100 percent complete with respect to direct materials and 40 percent complete with respect to conversion costs.

4. Costs applicable to the current period production are as follows:

	Actual Costs	Flexible Budget
Direct materials (11,000 kilograms)	$121,000	$100,000
Direct labor (25,000 hours)	105,575	82,400
Variable overhead	31,930	25,750

Required:

Compute variances. Materials are added at the beginning of the process; conversion costs are added evenly throughout.

19–35. Performance Evaluation in Service Industries

Rock City Insurance Company estimates that its overhead costs for policy administration should cost $72 for each new policy obtained and $2 per year for each $1,000 face amount of insurance outstanding. The company set a budget of selling 5,000 new policies during the coming period. In addition, the company estimated that the total face amount of insurance outstanding for the period would equal $10,800,000.

During the period, actual costs related to new policies amounted to $358,400. A total of 4,800 new policies were sold.

The cost of maintaining existing policies was $23,200. Had these costs been incurred at the same prices as were in effect when the budget was prepared, the costs would have been $22,900; however, some costs changed. Also, there was $12,100,000 in policies outstanding during the period.

Required:

Prepare a schedule to show the differences between master budget and actual costs for this operation.

19–36. Analyze Marketing Cost Variances

High Pressure Sales, Inc., uses telephone solicitation to sell products. The company has set standards that call for $450 of sales per hour of telephone time. Telephone solicitors receive a commission of 10 percent per dollar of sales. Other variable costs including costs of sales in the operation are budgeted at 45 percent of sales revenue. Fixed costs are budgeted at $411,500 per month. The number of sales-hours per month are determined based on the number of days in a month less an allowance for idle time, scheduling, and other inefficiencies. This month, the company expected 180 hours of telephone calling time for each of 40 callers.

During the month, $2,700,000 of revenues were earned. Actual calling hours amounted to 7,050. Marketing and administrative cost data for the period are provided below:

	Actual	Master Budget
Cost of sales	$810,000	$972,000
Telephone time charges	32,200	32,400
Delivery services	161,100	194,400
Uncollectible accounts	121,500	145,800
Other variable costs	112,700	113,400
Fixed costs	409,000	411,500

Required:

Using sales-dollars as a basis for analysis, compute the marketing cost variances for the period.

19–37. Efficiency Measures for Nonmanufacturing Costs

Refer to the data for High Pressure Sales, Inc., in problem 19–36. Measure the efficiency of marketing operations for the month. (Hint: Consider sales volume as an output measure and calling hours as an input.)

19–38. Comprehensive Review of Variances with Missing Data

Merriweather Manufacturing Company is engaged in a chemical blending operation to produce certain industrial solvents. One solvent, Interno, is manufactured as a blend of three products: Alpha-28, Beta-32, and Gamma-07 (A, B, and G, for short). This solvent is very active and must be shipped in special containers. In addition to the materials, the blending process requires three direct labor-hours per liter of solvent. Factory overhead is applied at the rate of 150 percent of direct labor costs.

You have been working for the Merriweather Manufacturing Company as a new management trainee in the controller's office. Today you had an opportunity to talk to the controller and advise him on the merits of your background and your education. The controller handed you some information on last month's production of industrial solvents and asked you to analyze the variances for the product Interno. Confident in your abilities, you carried the computer printout with you as you left the office. Unfortunately, on the way home a gust of wind blew some of your papers away. You were able to retrieve some of the information, but a good deal of it was torn or shredded.

At home, you have pieced together the following fragments from the computer print-outs:

```
d costs per un                              Expect

.500   1 Alpha     28 @  5.00/1             12,000 direct la
.200   1 Beta      32 @10.00/               $80,000 fixed over
.400   1 Gamma     07 @                      $71,500 variable ove
                                             $4,000  container costs
       tal               $ 8.30/lit
```

```
ual costs                                   Varia

2,200 1  Alpha    28 @    5.0                $927 Fav. Eff
  800 1  Beta     32 @ $11.20/1
1,000 1  Gamma    07 @ $ 9.10/1
4,010 containers       @ $   .95
Total materials      $ 32,979.50
       direct labor      97,200.
       variable ovh      61,700.
       fixed overhead    80,960.
```

You also recall a discussion concerning the new direct labor rate of $9 per hour and how that rate had caused the production planning department to recommend a re-evaluation of the product line since certain products may not be profitable at this rate.

Required:

Defend your reputation with the controller and compute as many variances as possible. (Hint: Separating the chemical inputs from the containers will make the solution more manageable.) If any variances cannot be computed, state why.

Integrative Cases

19–39. Process Costing Variances

Alminex Mining Company uses a process costing system to account for the costs associated with ore benefication processes. Benefication is the process by which the valuable components are extracted or converted from raw ores. For one of these processes, standards call for a yield of 5 percent nickel from a given quantity of ore. For cost accounting purposes, equivalent units are expressed in terms of tons of nickel obtained from a particular quantity of ore.

Because yields vary from one batch of ore to another, it is necessary to monitor materials variances carefully. A FIFO costing system is required.

The following inventories were on hand at the start of the month:

	Raw Ore Quantities	Standard Cost
Unprocessed ore	2,100 raw ore tons	$23,100
Ore in process (i.e., work in process inventory): 100% complete for materials. (This ore had a nickel yield of 30T, which is exactly the 5% standard yield.)	600 raw ore tons	6,600
		19,200

During the month, 14,000 tons of unprocessed ore were put into production. In this and subsequent months, the yield rate for this 14,000 tons of ore was 5.1 percent.

680 tons of nickel were sent out of the processing plant during the month. The ore on hand was 25 percent processed with respect to conversion costs at the end of the month, and 60 percent at the beginning of the month.

The unprocessed ore entered into production this month had an average actual cost of $11.20 per ton. During the month, there was a $10,814 favorable price variance for conversion costs. Actual conversion costs totaled $1,062,986.

Required: Determine the following:

a. Equivalent units of production for the month in terms of tons of nickel for materials and conversion costs.

b. A cost of production report showing the value of units transferred out and the value of ending inventory.

c. Price and efficiency variances for variable production costs.

19–40. Racketeer, Inc.*
(Comprehensive Overview of Budgets and Variances)

"I just don't understand these financial statements at all!" exclaimed Mr. Elmo Knapp. Mr. Knapp explained that he had turned over management of Racketeer, Inc., a division of American Recreation Equipment, Inc., to his son, Otto, the previous month. Racketeer, Inc., manufactures tennis rackets.

Exhibit A (19–40)   Profit Graph, Racketeer, Inc.

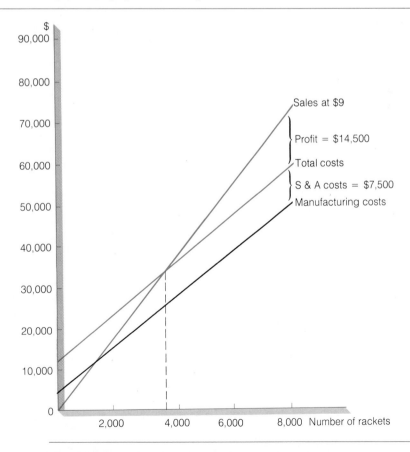

* © Michael W. Maher, 1986.

"I was really proud of Otto," he beamed. "He was showing us all the tricks he learned in business school and, if I say so myself, I think he was doing a rather good job for us. For example, he put together this budget for Racketeer, which makes it very easy to see how much profit we'll make at any sales volume (Exhibit A). As best as I can figure it, in March we expected to have a volume of 8,000 units and a profit of $14,500 on our rackets. But we did much better than that! We sold 10,000 rackets, so we should have made almost $21,000 on them."

"Another one of Otto's innovations is this standard cost system," said Mr. Knapp proudly. "He sat down with our production people and came up with a standard production cost per unit (see Exhibit B). He tells me this will tell us how well our production people are performing. Also, he claims it will cut down on our clerical work."

Exhibit B (19–40) **Standard Costs,[a] Racketeer, Inc.**

	Per Racket
Raw material:	
Frame	$3.15
Stringing materials: 20 feet at 3¢ per foot	.60
Direct labor:	
Skilled: ⅛ hour at $9.60 per hour	1.20
Unskilled: ⅛ hour at $5.60 per hour	.70
Plant overhead:	
Indirect labor	.10
Power	.03
Supervision	.12[b]
Depreciation	.20[b]
Other	.15[b]
Total standard cost per frame	$6.25

[a] Standard costs are calculated for an estimated production volume of 8,000 units each month.
[b] Fixed costs.

Exhibit C (19–40)

RACKETEER, INC.
Income Statement for March
Actual

Sales:	
10,000 rackets at $9	$90,000
Standard cost of goods sold:	
10,000 rackets at $6.25	62,500
Gross profit after standard costs	27,500
Variances:	
Material variance	(490)
Labor variance	(392)
Overhead variance	(660)
Gross profit	25,958
Selling and administrative expense	7,200
Operating profit	$18,758

Mr. Knapp continued, "But one thing puzzles me. My calculations show that we should have earned profit of nearly $21,000 in March. However, our accountants came up with less than $19,000 in the monthly income statement (Exhibit C). This bothers me a great deal. Now, I'm sure our accountants are doing their job properly. But still, it appears to me that they're about $2,200 short."

"As you can probably guess," Mr. Knapp concluded, "we are one big happy family around here. I just wish I knew what those accountants are up to . . . coming in with a low net income like that."

Required:

Prepare a report for Mr. Elmo Knapp and Mr. Otto Knapp that reconciles the profit graph with the actual results for March (see Exhibit D). Show the source of each variance from the original plan (8,000 rackets) in as much detail as you can, and evaluate Racketeer's performance in March. Recommend improvements in Racketeer's profit planning and control methods.

Exhibit D (19–40)   **Actual Production Data for March, Racketeer, Inc.**

Direct materials purchased and used:		
Stringing materials	175,000 feet at 2.5¢ per foot	
Frames	7,100 at $3.15 per frame	
Labor:		
Skilled ($9.80 per hour)	900 hours	
Unskilled ($5.80 per hour)	840 hours	
Overhead:		
Indirect labor	$ 800	
Power	250	
Depreciation	1,600	
Supervision	960	
Other	1,250	
Production	7,000 rackets	

20

Standard Cost Systems

OBJECTIVE

To understand how standard costs are incorporated into the accounting system.

■

Virtually all companies use standards as a basis for evaluating performance. In some companies, standard costs replace actual costs in the accounting recordkeeping system. When this is done, products are costed at standard cost per unit of output instead of at actual cost. In this chapter, we discuss the characteristics of standard cost systems and demonstrate their flow of costs. The product costing emphasis of this chapter relates product costing concepts from Chapters 5 through 8 of this book to standard cost and variance concepts from Chapters 18 and 19.

Difference between Standard Costs and Standard Cost Systems

There is a subtle but important distinction between the use of standard costs as the basis for variance analysis and performance evaluation, as discussed in Chapter 19, and the incorporation of those standards into the formal accounting system. While standard costs are an important part of the overall system that provides information for managerial decision making, they do not have to be formally entered into the accounting bookkeeping system to be used for performance evaluation. In short, we distinguish between *standard costs* and *standard cost systems;* the term standard cost system is used to describe a situation in which standard costs are part of the formal accounting recordkeeping system.

Advantages of a Standard Cost System

The use of standard costs instead of historical costs in the accounting records means that standard costs can be used for product costing as well as for performance evaluation. The use of standards instead of actual costs can greatly reduce the complexity of product costing for inventory valuation.

Under standard costing, the value of inventory is the number of units times the standard cost per unit. Cost flow assumptions such as FIFO and LIFO are unnecessary for all units that have the same standard costs. This reduces the clerical work needed to value inventories because records of the actual cost per unit are not kept. Every time a unit is produced, its standard cost is entered in the accounting records. At the end of the period, differences between the standard costs charged to production for all units and the actual costs of production are computed and analyzed.

For example, a sailboat manufacturer makes five models of small fiberglass sailboats. When the company used an actual product costing system, recordkeeping was very detailed. According to the controller, "We kept track of the amount of direct materials and direct labor that went into each sailboat. Every worker had to keep track of the amount of time spent on *each sailboat.* We added a predetermined rate for variable and fixed overhead to give us the cost of each unit. We make about 50,000 sailboats each year, so you can imagine how much time was required by both operating people and accounting staff.

"We were already using standard manufacturing costs for budgeting and performance evaluation, so it was relatively easy to convert from an actual system to a standard system for product costing. Now we keep track of costs by department, by kind of input (direct material, direct labor, variable overhead, fixed overhead), and by product line. Operating people only allocate their time to departments and product lines. And we've saved a lot of time in keeping and checking records. We lost some data because we no longer know how much *each* sailboat costs. But we found that level of detail wasn't useful for management purposes and wasn't needed to value inventory."

The costs and benefits of using a standard rather than an **actual costing** system varies from company to company. The benefits of standard costing systems tend to increase with the amount of difficulty a company has in costing individual units of product. Thus, standard costing systems are often found in companies that use mass-production methods, particularly in conjunction with process costing. While standard costing systems may also be used in companies that make relatively large, heterogeneous units, they are relatively rare in that setting.

Standard costs are found in a variety of organizations, from banks to fast-food restaurants to manufacturing companies. Standard cost *systems* are most commonly used for manufacturing costs in manufacturing companies because they are used to value inventory.

While standard costing systems are especially useful as a method of product costing for inventory valuation, they can help improve standard costs for performance evaluation, too. When standards are part of the accounting system, they are likely to be given more attention by accountants and auditors who are concerned with their validity for product costing. A possible benefit of formalizing standard costs as part of a standard cost system is the ongoing monitoring and updating of standards to keep them current.

Standard Cost Flows

When a standard costing system is used, costs are transferred through the production process at standard. This means the entry debiting Work in Process Inventory at standard cost could be made before actual costs are known. In process costing, units transferred between departments are valued at standard cost, while in job costing, standard costs are used to charge the job for its components. Actual costs are accumulated in accounts like accounts payable and factory payroll. Actual costs are compared with the total **standard costs allowed for the output produced.** The difference between the actual costs assigned to a department and the standard cost of the work done is the variance for the department.

Use of standards in the accounting system can facilitate the recording and transfer of costs from one department to another. Standard costs can be transferred with the physical flow of product—there is no need to wait until the actual cost data about the particular units become known.

For example, automobile repair shops charge customers for services at a predetermined (standard) hourly rate. In addition, these shops often use standard times for each task included on a repair order. If a shop is using this standard cost system and you take your car in for a tune-up, you will be billed the standard hours for that task times the standard hourly rate. This happens regardless of the actual time it takes to perform the tune-up and the actual cost of the labor used.

In the following sections, we discuss the flow of costs in a standard cost system, compare the actual and standard costs of work, and demonstrate how the variances are isolated in the accounting system. The variances are based on the calculations introduced in Chapter 19. Standard cost systems vary somewhat from company to company, so in reality, the method presented here may be modified a bit to meet a company's particular needs.

The example in this chapter continues the Boxx Company example started in Chapter 18 and carried through Chapter 19. Illustration 20–1 summarizes the facts for Boxx Company. (We use the example from Chapter 19 in which direct materials purchases do not equal usage.)

Direct Materials

Direct materials are purchased at their actual cost, but in a standard cost system they are often carried in direct materials inventory at the standard price per unit.[1] We assume that 250,000 feet are purchased and that 110,000 feet are used. The purchasing entry is:

Direct Materials Inventory	62,500	
Materials Price Variance	3,500	
Accounts Payable		66,000

   To record the purchase of 250,000 board-feet at the actual cost of 26.4 cents per foot and to record the transfer to Direct Materials Inventory at the standard cost per foot of 25 cents. To record the materials purchase price variance ($3,500 = (26.4¢ − 25¢) × 250,000 board-feet).

We refer to the cost of direct materials inventory as a standard cost because 25 cents per foot is the standard allowed per unit of input, but a word of caution is in order. This is the standard cost per unit of *input* (board-feet), *not* the standard cost per unit of *output* (crates).

When materials are placed in production, Work in Process Inventory is debited for the standard quantity of input used at the standard cost per unit. The cutting department is allowed a standard of 100,000 board-feet of lumber to make 10,000 crates at 25 cents per foot, but they actually used 110,000 board-feet. The entry charging production for the standard cost of direct materials is:

Work in Process Inventory	25,000	
Materials Efficiency Variance	2,500	
Direct Materials Inventory		27,500

   To record the requisition of 110,000 actual board-feet at the standard cost per foot of 25 cents, and the charge to Work in Process Inventory at $2.50 per crate times 10,000 crates (or 25 cents per foot times 100,000 board-feet allowed for 10,000 crates).

The materials price variance is usually the responsibility of the purchasing department, whereas the efficiency variance is usually the responsibility of the production departments.

Direct Labor

Direct labor is credited to Accrued Payroll Accounts for the actual cost (including accruals for fringe benefits and payroll taxes) and charged to Work in Process Inventory at standard. The following entry is based on the facts about the

---

[1] An alternative treatment is to carry materials at actual cost and then to charge materials into production at a standard price per unit.

Illustration 20–1
Cost Data, Boxx Company

Actual production output in May: 10,000 crates

Variable manufacturing cost data:

	Actuals	Variances Price	Variances Efficiency	Standards
Direct materials	250,000 board-feet purchased @ $.264 per board-foot = $66,000; 110,000 board-feet used @ $.264 per board-foot = $29,040	250,000 feet × ($.264 − .25) = $3,500 U	(110,000 − 100,000 feet) × $.25 = $2,500 U	100,000 board-feet allowed @ $.25 per board-foot = $25,000
Direct labor	5,200 hours @ $9.60 = $49,920	5,200 hours × ($10.00 − 9.60) = $2,080 F	(5,200 − 5,000 hours) × $10.00 = $2,000 U	5,000 hours @ $10 per hour = $50,000
Variable manufacturing overhead (applied at $5 per standard direct labor-hour)	$26,480	$26,480 − ($5.00 × 5,200 hours) = $480 U	(5,200 − 5,000 hours) × $5.00 = $1,000 U	5,000 hours @ $5 = $25,000

Fixed manufacturing cost data:

Actual	Price Variance	Budget	Production Volume Variance	Applied
$21,000	$21,000 − 20,000 = $1,000 U	$20,000	$20,000 − 25,000 = $5,000 F	$2.50 × 10,000 crates = $5.00 × 5,000 standard hours = $25,000

standard costs allowed for Boxx Company as described in Chapter 19 and in Illustration 20–1:

Work in Process Inventory	50,000	
Labor Efficiency Variance	2,000	
Labor Price Variance		2,080
Accrued Payroll Accounts		49,920

To charge the production departments for the standard cost of direct labor at $10 per hour times 5,000 hours (10,000 crates times .50 hours allowed). To record the actual cost. To record the labor efficiency variance and the labor price variance.

Variable Manufacturing Overhead

This completes our presentation of standard cost journal entries for materials and labor. These journal entries are summarized in Illustration 20–2. Standard overhead costs are charged to production based on standard direct labor-hours per unit of output produced at Boxx Company. Overhead costs are often charged to production before the actual costs are known. This is demonstrated by the following sequence of entries:

1. Standard overhead costs are charged to production during the period. The credit entry is to an overhead applied account.

2. Actual costs are recorded in various accounts and transferred to an overhead summary account. This accounting procedure is completed after the end of the period.

3. Variances are computed as the difference between the standard costs charged to production (overhead applied) and the actual costs.

Illustration 20–2
Standard Cost Flows—Materials and Labor (Boxx Company)

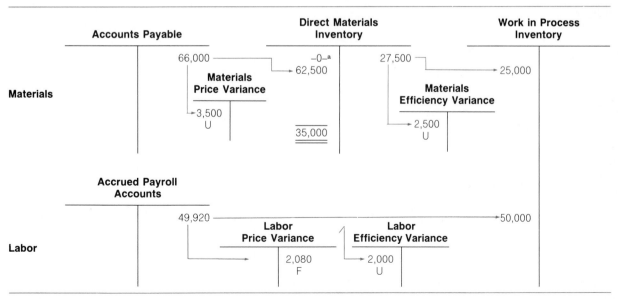

ᵃ Assume no beginning materials inventory balance.

This procedure is similar to that used to charge overhead to production using predetermined rates in normal costing.

Based on the data from Chapter 19 and Illustration 20–1, variable overhead is charged to production as follows:

Work in Process Inventory	25,000	
Variable Overhead Applied		25,000

Note that overhead is applied to work in process inventory on the basis of standard labor-hours *allowed.* As we shall see shortly, over- or underapplied overhead will represent a combination of the variable overhead price and efficiency variances.

Actual variable overhead costs are recorded in various accounts and transferred to each department's variable manufacturing overhead account as follows:

Variable Overhead (Actual)	26,480	
Supplies Inventory		
Accrued Payroll—Indirect Labor		
Accounts Payable—Power		26,480
Maintenance Department		
Etc. (other accounts and service departments)		

Variable overhead variances were computed in Chapter 19: Price, $480 U, and Efficiency, $1,000 U. These variable overhead variances are recorded by closing the applied and actual accounts as follows:

Variable Overhead Applied	25,000	
Variable Overhead Efficiency Variance	1,000	
Variable Overhead Price Variance	480	
Variable Overhead (Actual)		26,480

These entries are shown in T-accounts in Illustration 20–3.

Fixed Manufacturing Overhead

At Boxx Company, fixed manufacturing costs are charged to units at $2.50 per crate ($5 per *standard* direct labor-hour) using full-absorption costing. Boxx Company produced 10,000 crates in May, for which 5,000 standard direct labor-hours are allowed at the rate of .5 hour per crate. Hence, the total fixed manufacturing overhead costs applied to production (that is, debited to Work in Process Inventory) amounted to $25,000 (= $2.50 × 10,000 crates or $5 × 5,000 hours), as shown in the following entry.

Work in Process Inventory	25,000	
Fixed Overhead Applied		25,000
(Fixed overhead applied equals variable overhead applied by coincidence in this example.)		

Actual fixed overhead costs are recorded in various accounts and transferred to each department's fixed overhead account as follows:

Fixed Overhead (Actual)	21,000	
Accumulated Depreciation—Building		
Accrued Payroll—Indirect Labor		
Accounts Payable—Heat		21,000
Plant Administration		
Etc. (other accounts and allocations from service departments)		

Illustration 20-3
Standard Cost Flows—Overhead (Boxx Company)

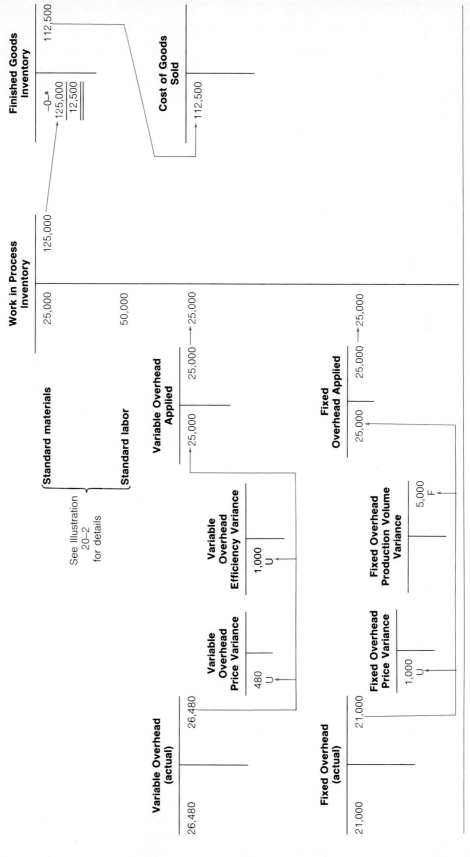

[a] Beginning finished goods inventory is assumed to be zero.

Recall that the price variance ($1,000 U) is the difference between actual ($21,000) and budgeted ($20,000) fixed manufacturing costs. The production volume variance ($5,000 F) is the difference between budgeted ($20,000) and applied ($25,000) fixed manufacturing costs. Fixed overhead variances are recorded by closing the applied overhead and actual overhead accounts as follows:

Fixed Overhead Applied	25,000	
Fixed Overhead Price Variance	1,000	
Fixed Overhead Production Volume Variance		5,000
Fixed Overhead (Actual)		21,000

These entries are summarized in Illustration 20–3.

Contrast with Variable Costing

Using variable costing, the entire *actual* fixed manufacturing overhead of $21,000 would be expensed in the period. Using full-absorption costing, fixed manufacturing overhead is applied to Work in Process Inventory, as shown in Illustration 20–3.

Transfer to Finished Goods Inventory and to Cost of Goods Sold

When all production work has been completed, units are transferred to Finished Goods Inventory and to Cost of Goods Sold at standard cost.

Finished Goods Inventory. This month 10,000 crates were finished and transferred to Finished Goods Inventory. After the crates have been finished and inspected, they are transferred to a finished goods storage area and recorded by the following entry (full-absorption, standard costing):

Finished Goods Inventory	125,000	
Work in Process Inventory		125,000
To record the transfer of 10,000 completed crates.		

Cost of Goods Sold. During May, Boxx Company sold 9,000 of the crates it produced. This was recorded by the following entry:

Accounts Receivable	189,000	
Sales Revenue		189,000
Cost of Goods Sold	112,500	
Finished Goods Inventory		112,500
To record the sale of 9,000 crates at a price of $21 and a standard cost of $12.50 per crate.		

A conceptual model of cost flows through T-accounts using a full-absorption standard costing system is shown in Illustration 20–4 (page 798). This model should be helpful for working homework problems and for future reference.

Prorating Standard Cost Variances

Although inventory may be valued at standard cost for internal reporting purposes, sometimes the standard costs must be adjusted to actual costs for contract settlements, taxes, and financial reporting purposes. This will usually require **prorating the variances** to each account that has been debited or credited with the standard cost that is now being adjusted to actual. When proration is complete, the balances in the inventory accounts closely approximate actual costs, and the variance accounts have no balances.

To illustrate the proration of variances, we use the Boxx Company example with the following changes: (1) we assume that at the end of the year only 80 percent of the standard costs incurred in production this period have been transferred to Finished Goods Inventory, leaving the other 20 percent in ending Work in Process Inventory; (2) of the costs transferred to finished goods, 90 percent have been transferred to cost of goods sold; (3) there are no beginning inventories of direct materials, work in process, or finished goods. The variances for this example have been recorded in Illustration 20–5 (page 800) but have not yet been prorated.

Materials Variances

Materials Price Variance. First, the materials price variance is prorated. *This variance is prorated to all accounts that contain standard materials costs purchased in the current period:* Direct Materials Inventory, Materials Efficiency Variance, Work in Process Inventory, Finished Goods Inventory, and Cost of Goods Sold. Standard direct materials costs are 20 percent (= $25,000 direct materials debit to Work in Process ÷ $125,000 total debit to Work in Process) of the total standard cost per crate. The amounts for direct materials at standard prices in each of these accounts are:

Ending Direct Materials Inventory (see Illustration 20–2)	Materials Efficiency Variance (see Illustration 20–2)	Ending Work in Process Inventory (see footnotes to Illustration 20–5)	Ending Finished Goods Inventory (see footnotes to Illustration 20–5)	Cost of Goods Sold (20% of the $90,000 cost of goods sold is direct materials cost)	Total Materials Purchased This Period, at Standard Prices (see debit to Materials Inventory in Illustration 20–2)
$35,000	+ $2,500	+ $5,000	+ $2,000	+ $18,000	= $62,500

These balances add up to the total materials costs purchased at standard prices. The materials price variance of $3,500 U is prorated to each account in proportion to the account balance's percentage of the total materials costs at standard prices.

For each account, we have:

Account	(1) Materials at Standard Price in the Account	(2) Amount as a Percent of Total Materials Costs at Standard Price	Variance to Be Prorated: (Column 2 × $3,500)
Materials Inventory	$35,000	56.0%	$1,960
Efficiency Variance	2,500	4.0	140
Work in Process Inventory	5,000	8.0	280
Finished Goods Inventory	2,000	3.2	112
Cost of Goods Sold	18,000	28.8	1,008
Total	$62,500	100.0%	$3,500

Illustration 20–4
Overview of Standard Cost Flows: Full-Absorption Costing

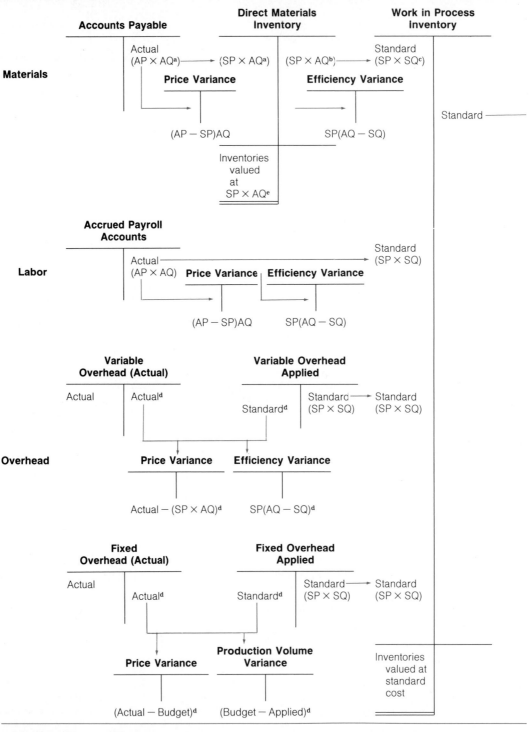

^a Actual quantity of direct materials *purchased.*
^b Actual quantity of direct materials *used.*
^c Standard quantity of direct materials *used.*
^d Closing entry.
^e Actual quantity of direct materials in inventory.
AP = Actual input cost per input unit.
SP = Standard input unit price per input unit.

	Finished Goods Inventory		**Cost of Goods Sold**

———————————————→ Standard Standard ——→ Standard

Inventories
valued at
standard
cost

Illustration 20–5   **Standard Cost Flows before Prorating Variances—Full-Absorption Costing (Boxx Company Modified Example)**

	Work in Process Inventory				Finished Goods Inventory		Cost of Goods Sold	
Standard costs:	–0–				–0–	90,000		
Materials	25,000	M	20,000ᵃ	→	100,000		90,000	
Labor	50,000	L	40,000ᵃ					
Variable Overhead	25,000	V.O.H.	20,000ᵃ					
Fixed Overhead	25,000	F.O.H.	20,000ᵃ		10,000ᶜ			
Ending Inventory	25,000ᵇ							

ᵃ Each transfer to Finished Goods Inventory is 80 percent of the standard cost debited to Work in Process Inventory.

ᵇ M	$ 5,000	ᶜ M	$ 2,000
L	10,000	L	4,000
V.O.H.	5,000	V.O.H.	2,000
F.O.H.	5,000	F.O.H.	2,000
	$25,000		$10,000

The journal entry to prorate the variance is:

Direct Materials Inventory	1,960	
Materials Efficiency Variance	140	
Work in Process Inventory	280	
Finished Goods Inventory	112	
Cost of Goods Sold	1,008	
Materials Price Variance		3,500

The variance account is closed when the journal entry is made in the T-accounts, as shown in Illustration 20–6.

Materials Efficiency Variance.   For the materials efficiency variance, the variance to be prorated is now $2,640—that is, the original $2,500 plus the $140 that has been prorated from the Materials Price Variance account. The materials efficiency variance is prorated to the materials in ending Work in Process Inventory and Finished Goods Inventory and the materials in Cost of Goods Sold. These amounts are as follows, after adjusting for the materials price variance:

Work in Process Inventory	Finished Goods Inventory	Cost of Goods Sold	Total
($5,000 + $280)	+ ($2,000 + $112)	+ ($18,000 + $1,008)	= $26,400

Illustration 20-6
Standard Cost Flows—Prorated Materials Price Variance

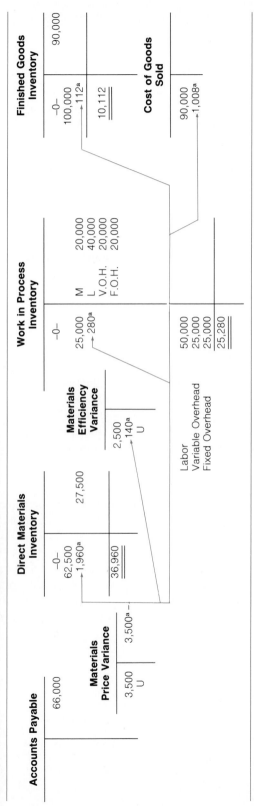

[a] Proration of materials price variance.

The variance is prorated as follows:

Account	(1) Cost in the Account	(2) As a Percent of Total	Variance to Be Prorated (Column 2 × $2,640)
Work in Process Inventory	$ 5,280	20.0	$ 528
Finished Goods Inventory	2,112	8.0	211
Cost of Goods Sold	19,008	72.0	1,901
Total	$26,400	100.0	$2,640

The journal entry to prorate the variance is:

Work in Process Inventory	528	
Finished Goods Inventory	211	
Cost of Goods Sold	1,901	
Materials Efficiency Variance		2,640

See Illustration 20–7 for T-accounts.

Instead of using the materials costs in each account after prorating the price variance, we could obtain the same prorating of the materials efficiency variance if we used percentages (column (2) above) based on the original materials balances before prorating the materials price variance ($5,000 in Work in Process Inventory; $2,000 in Finished Goods Inventory; and $18,000 in Cost of Goods Sold). This shortcut is often used in practice.

Labor and Overhead Variances

Labor and overhead variances are prorated among the current costs of labor and overhead, respectively, in ending Work in Process Inventory and Finished Goods Inventory, and Cost of Goods Sold. For Boxx Company, overhead is applied on the basis of direct labor; hence, the overhead costs in the inventory accounts will be proportional to the current period labor costs in those accounts. As a result, all of the labor and overhead variances can be combined and prorated proportionally to the labor cost balances in the inventories.

For the Boxx Company, the remaining variances are:

Labor price variance	$2,080 F
Labor efficiency variance	2,000 U
Variable overhead price variance	480 U
Variable overhead efficiency variance	1,000 U
Fixed overhead price variance	1,000 U
Fixed overhead production volume variance	5,000 F
Net total	$2,600 F

The labor cost balance in ending Work in Process Inventory is $10,000, and the balance in ending Finished Goods Inventory is $4,000. (See footnotes to Illustration 20–5.) The remaining $36,000 of the $50,000 standard labor costs that were debited to Work in Process this period are in Cost of Goods Sold. Hence, the variances are prorated as follows:

Account	(1) Labor Cost in the Account	(2) As a Percent of Total	Variance to Be Prorated (Column 2 × $2,600)
Work in Process Inventory	$10,000	20.0	$ 520
Finished Goods Inventory	4,000	8.0	208
Cost of Goods Sold	36,000	72.0	1,872
	$50,000	100.0	$2,600

The journal entry to close these variance accounts and to prorate the variance to inventories and cost of goods sold is (adjustments are credits to accounts because the net labor and overhead variance is favorable):

(See balances in variance accounts.)	Labor Price Variance	2,080	
	Production Volume Variance	5,000	
	Labor Efficiency Variance		2,000
	Variable Overhead Price Variance		480
	Variable Overhead Efficiency Variance		1,000
	Fixed Overhead Price Variance		1,000
(See computations above.)	Work in Process Inventory		520
	Finished Goods Inventory		208
	Cost of Goods Sold		1,872

Posting these entries to our T-accounts yields the results in Illustration 20–7. The inventory accounts and Cost of Goods Sold account now reflect an approximation of the actual cost of each inventory item. The variance accounts are closed.

Alternative Treatment for Variances

If the variances are relatively small, it may make little difference whether they are prorated or expensed as a period cost or as a write-off to Cost of Goods Sold. Under the alternative treatment, all variances are closed, and the net variance is debited or credited to Cost of Goods Sold or to a Summary of Variances Expense. For managerial purposes, we assume this is the method used and variances are not prorated, unless otherwise stated.

Illustration 20–7
Standard Cost Flows—Prorated Variances (Boxx Company Modified Example)

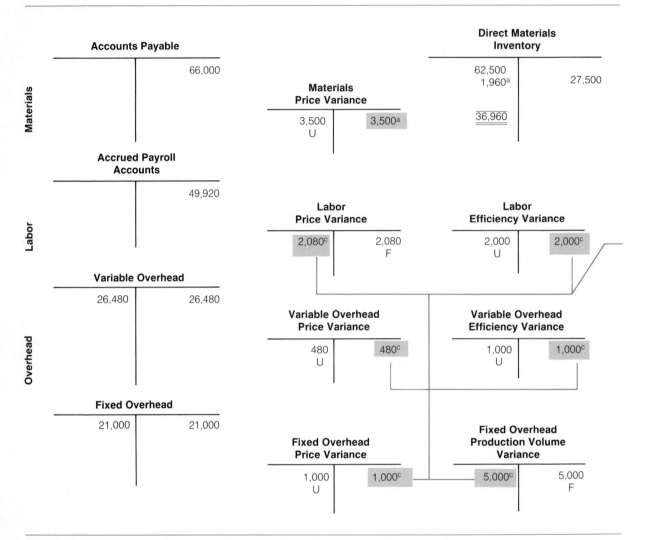

a Proration of materials price variance.

b Proration of materials efficiency variance.

c Proration of labor and overhead variances.

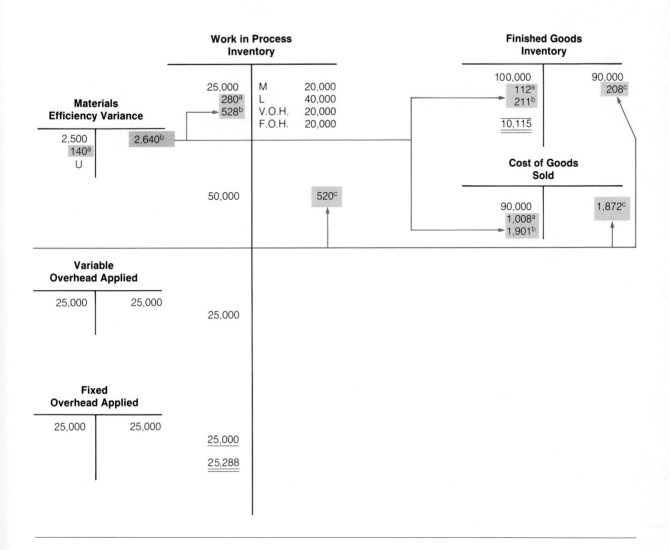

Comparison of Product (Inventory) Values under Alternative Costing Methods

We have now completed the discussion of six alternative methods of valuing products (and inventory) in this book. These six methods and the major chapters in which they were primarily discussed are as follows:

	Actual costing	Normal costing	Standard costing
Variable costing	Chapter 9	Chapter 9	Chapter 19, 20
Full-absorption costing	Chapter 3	Chapter 5	Chapter 19, 20

The difference between variable and full absorption costing is that full-absorption includes a share of fixed manufacturing costs in the unit cost, while variable costing does not. The difference between actual and **normal costing** is in the treatment of overhead. Normal costing uses predetermined overhead rates times an actual base, while actual costing uses actual costs. Under standard costing, all manufacturing costs assigned to a unit are predetermined.

These differences are presented in Illustration 20–8. Illustration 20–9 presents a numerical comparison and contrast of these differences using data from the Boxx Company illustration.

Illustration 20–8

Comparison of Product (Inventory) Values under Alternative Costing Methods

	Actual Costing	Normal Costing	Standard Costing
Variable costing:			
Direct materials	Actual	Actual	Standard
Direct labor	Actual	Actual	Standard
Variable manufacturing overhead	Actual	Predetermined rate × Actual inputs or output	Standard rate × Standard inputs allowed for actual output
Fixed manufacturing overhead[a]	—	—	—
Full-absorption costing:			
Direct materials	Actual	Actual	Standard
Direct labor	Actual	Actual	Standard
Variable manufacturing overhead	Actual	Predetermined rate × Actual inputs or output	Standard rate × Standard inputs allowed for actual output
Fixed manufacturing overhead	Actual	Predetermined rate × Actual inputs or output	Standard rate × Standard inputs allowed for actual output

[a] Treated as a period cost in variable costing; not part of inventory.

Illustration 20–9 **Comparison of Product (Inventory) Values under Various Costing Systems, Boxx Company (May)**

Facts:

1. Actual production costs:

Direct materials: 110,000 board-feet at $.264	$ 29,040
Direct labor: 5,200 hours at $9.60	49,920
Variable manufacturing overhead	26,480
Fixed manufacturing overhead	21,000
Total costs	$126,440

2. Predetermined overhead rates:
   Variable overhead: $5 per direct labor-hour
   Fixed overhead rate per direct labor-hour

$$= \frac{\text{Estimated annual fixed manufacturing costs}}{\text{Estimated standard direct labor-hours worked based on estimated number of crates produced}}$$

$$= \frac{\$240,000}{48,000 \text{ hours}^a} = \$5 \text{ per direct labor-hour}$$

3. Standard variable manufacturing costs:

Direct materials: 10 board-feet per crate at $.25	$ 2.50 per crate
Direct labor: .5 hour per crate at $10	5.00
Variable manufacturing overhead: .5 hour at $5	2.50
Total standard variable manufacturing costs	$10.00

4. Standard fixed manufacturing cost:
   .5 hour per crate times $5 per hour = $2.50 per crate

Comparison of costing methods:

	Actual Costing		Normal Costing		Standard Costing	
	Total[b]	Unit[c]	Total[b]	Unit[c]	Total[b]	Unit[c]
Variable costing:						
Direct materials	$ 29,040	$ 2.904	$ 29,040	$ 2.904	$ 25,000	$ 2.50
Direct labor	49,920	4.992	49,920	4.992	50,000	5.00
Variable manufacturing overhead	26,480	2.648	26,000[d]	2.600	25,000	2.50
Total	$105,440	$10.544	$104,960	$10.496	$100,000	$10.00
Full-absorption costing:						
Direct materials	$ 29,040	$ 2.904	$ 29,040	$ 2.904	$ 25,000	$ 2.50
Direct labor	49,920	4.992	49,920	4.992	50,000	5.00
Variable manufacturing overhead	26,480	2.648	26,000[d]	2.600	25,000	2.50
Fixed manufacturing overhead	21,000	2.100	26,000[d]	2.600	25,000	2.50
Total	$126,440	$12.644	$130,960	$13.096	$125,000	$12.50

[a] Assumes annual production of 96,000 crates:
96,000 crates × .5 standard direct labor-hours allowed per crate = 48,000 standard direct labor-hours.
[b] Amount that would be charged to work in process in the month under each alternative costing method.
[c] Total divided by 10,000 crates produced in May.
[d] $5 per direct labor-hour times 5,200 direct labor-hours actually used.

Summary

This chapter describes cost flows using standard cost systems. We distinguish between the use of standard costs and the use of standard cost *systems* as follows: Standard costs are any estimated or predetermined costs used for any purpose, while a standard cost system uses the standard costs to place a value on inventory and the cost of goods sold. In standard cost systems, the standard costs are part of the accounting system; they replace actual costs in recording transactions between work in process production departments and in recording transactions between Work in Process Inventory and Finished Goods Inventory.

A major advantage of a standard system is that it reduces recordkeeping. Records of actual cost per unit are not kept. Instead, unit costs are standard costs. Many companies that manufacture with processes (for example, chemicals and petroleum) use standard cost systems because there is little benefit and great cost to record actual cost of each unit produced.

An overview of the standard cost system model is presented in Illustration 20–4. The basic idea is that costs are accumulated at actual cost in Accounts Payable, Accrued Payroll, and similar accounts. Costs are debited to Work in Process Inventory at standard cost. Standard costs are used to reflect the transfer of units between work in process departments, and from Work in Process Inventory to Finished Goods Inventory, and from Finished Goods Inventory to Cost of Goods Sold.

Manufacturing cost variances for a period are sometimes prorated among inventories and Cost of Goods Sold. This has the effect of restating Cost of Goods Sold and ending inventories to actual cost.

A summary of the variance proration process is shown in Illustration 20–10.

We have presented the following six different methods of placing cost value on products in this text:

	Actual costing	Normal costing	Standard costing
Variable costing	X	X	X
Full-absorption costing	X	X	X

Terms and Concepts

The following terms and concepts should be familiar to you after reading this chapter.

Actual Costing
Normal Costing
Prorating Variances
Standard Costing
Standard Cost System

Self-Study Problem

(This is a continuation of the Containers, Inc., self-study problem from Chapter 19.)

1. Containers, Inc. produced 50,000 and sold 40,000 plastic minicomputer cases at a sales price of $10 each. (Budgeted sales were 45,000 units at $10.15.)

Illustration 20–10   **Summary of Variance Proration**

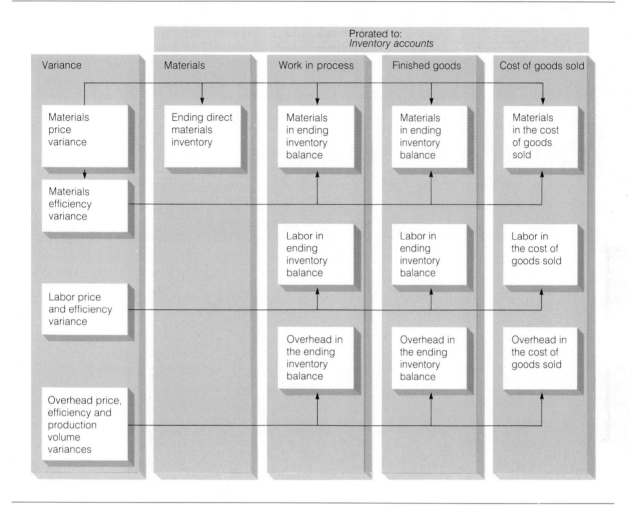

2. Standard variable costs per unit (that is, case):

Direct materials: 2 pounds at $1	$2.00
Direct labor: .10 hour at $15	1.50
Variable manufacturing overhead: .10 hour at $5	.50
	$4.00 per case

3. Fixed manufacturing overhead:

Monthly budget	$80,000
Estimated monthly production	40,000 cases or
	4,000 hours
Fixed overhead application rate	?

4. Actual production costs:

Direct materials purchased: 200,000 pounds at $1.20	$240,000
Direct materials used: 110,000 pounds at $1.20	132,000
Direct labor: 6,000 hours at $14	84,000
Variable overhead	28,000
Fixed overhead	83,000

Required:

Use a full-absorption, standard costing system to—

a. Record the transactions using journal entries.

b. Trace the transactions through T-accounts.

c. Prorate the variances.

All inventory accounts have no beginning balances. Assume there is only one Work in Process Inventory account with no ending balance.

Solution to Self-Study Problem

a.   (1)   Direct Materials Inventory   200,000
                 Materials Price Variance   40,000
                     Accounts Payable   240,000

To record the purchase of 200,000 pounds of materials at an actual cost of $1.20 per pound and to record the transfer to Direct Materials Inventory at the standard cost of $1 per pound.

(2)   Work in Process Inventory   100,000
       Materials Efficiency Variance   10,000
           Direct Materials Inventory   110,000

To record the requisition of 110,000 pounds of materials at the standard cost of $1 per pound and to charge Work in Process Inventory with the standard usage of 100,000 pounds of materials at the standard price.

(3)   Work in Process Inventory   75,000
       Labor Efficiency Variance   15,000
          Labor Price Variance   6,000
          Accrued Payroll   84,000

To charge Work in Process Inventory for the standard cost of direct labor at $15 per hour times 5,000 standard hours allowed and to record the actual cost of $14 per hour times the 6,000 hours actually worked.

(4)   Work in Process Inventory   25,000
          Variable Overhead Applied   25,000

To apply overhead to production at $5 per standard direct labor-hour times the 5,000 hours allowed.

(5)   Variable Overhead (Actual)   28,000
          Miscellaneous accounts (Cash, Accounts Payable, etc.)   28,000

To record actual variable overhead.

(6)   Variable Overhead Applied   25,000
       Variable Overhead Efficiency Variance   5,000
          Variable Overhead Price Variance   2,000
          Variable Overhead (Actual)   28,000

To record variable overhead variances and to close the Variable Overhead Applied and Variable Overhead (Actual) accounts.

(7)   Work in Process Inventory   100,000
          Fixed Overhead Applied   100,000

To record fixed overhead at a standard cost of $20 per direct labor-hour times 5,000 standard hours

$$\left(\frac{\$80,000}{4,000 \text{ hours}} = \$20 \text{ per hour} \right).$$

(8) Fixed Overhead (Actual)	83,000	
Miscellaneous accounts (Cash, Accounts Payable, etc.)		83,000
To record actual fixed overhead.		
(9) Fixed Overhead Applied	100,000	
Fixed Overhead Price Variance	3,000	
Fixed Overhead Production Volume Variance		20,000
Fixed Overhead (Actual)		83,000
To record fixed overhead variances and to close the Fixed Overhead accounts.		
(10) Finished Goods Inventory	300,000	
Work in Process Inventory		300,000
To record the transfer of 50,000 units of finished goods at the standard cost of $6 per unit.		
(11) Cost of Goods Sold	240,000	
Finished Goods Inventory		240,000
To record the sale of 40,000 units at a standard cost of $6 per unit.		

b. Cost flows through T-accounts:

c. Prorate variances:

Materials price variance:

Account	(1) Cost in Account	(2) Percent of Total Cost	Variance to Be Prorated (Column 2 × $40,000)
Direct Materials Inventory	$ 90,000	45	$18,000
Materials Efficiency Variance	10,000	5	2,000
Work in Process Inventory	–0–	—	—
Finished Goods Inventory	20,000	10	4,000
Cost of Goods Sold	80,000	40	16,000
	$200,000	100	$40,000

Materials efficiency variance:

Account	(1) Cost in Account	(2) Percent of Total Cost	Variance to Be Prorated (Column 2 × $12,000ᵃ)
Work in Process Inventory	–0–	—	–0–
Finished Goods Inventory	$ 24,000	20	$ 2,400
Cost of Goods Sold	96,000	80	9,600
	$120,000	100	$12,000

Labor and overhead variances:

Labor price variance	$ 6,000 F
Labor efficiency variance	15,000 U
Variable overhead price variance	2,000 F
Variable overhead efficiency variance	5,000 U
Fixed overhead price variance	3,000 U
Fixed overhead production volume variance	20,000 F
Net total	$ 5,000 F

Account	(1) Cost in Account	(2) Percent of Total Cost	Variance to Be Prorated (Column 2 × $5,000)
Work in Process Inventory	—	—	—
Finished Goods Inventory	$ 15,000	20	$ 1,000
Cost of Goods Sold	60,000	80	4,000
	$ 75,000	100	$ 5,000

ᵃ $12,000 equals $10,000 variance before proration plus $2,000 materials price variance prorated to materials efficiency variance.

Questions

20–1. What are the advantages of a standard cost system?

20–2. How do you distinguish between a standard cost and a standard cost system?

20–3. One manager was heard to remark, "We don't believe in using artificial numbers in our accounting system. Standard costing systems just make the readers fool themselves. We use normal costing instead—that gives us the true costs." Is the manager right? Comment.

20–4. Standard costing eliminates the need to compute equivalent units since all costs are transferred out at a standard amount. Do you agree? Why or why not?

20–5. What is the difference in the way labor and material costs are accounted for versus the way overhead costs are accounted for in a standard costing system?

20–6. How are variable overhead costs treated differently in a standard costing system from their treatment in a normal costing system?

20–7. How should variances be disposed of at the end of the year?

20–8. Why is it difficult to relate fixed costs to outputs from a production process?

20–9. "Just like price and efficiency variances, the production volume variance indicates whether a company has spent more or less than called for in the budget." Comment on this quote.

Exercises

20–10. Standard Materials Costs

Elgin Company purchased 20,000 units of Material A at a price of $1.30 per pound. The standard price of Material A is $1.40 per pound. During the month, 14,000 units of Material A were used, which was 2,000 pounds more than the standard allowed.

Required:

Prepare journal entries to record these transactions.

20–11. T-Accounts for Standard Materials Costs

Refer to the data in exercise 20–10.

Required:

Prepare T-accounts to show the flow of costs for these transactions.

20–12. Standard Labor Costs

Manor Lands, Inc., has a standard labor cost of $55 per unit of output. During the past month, 3,000 output units were manufactured. The total labor-hours allowed for this output were 22,000 hours. The actual labor costs were $161,280. Actual labor-hours were 22,600.

Required:

Prepare journal entries to record these transactions.

20–13. T-Accounts for Standard Labor Costs

Refer to the data in exercise 20–12.

Required:

Prepare T-accounts to show the flow of costs through accounts.

20–14. Standard Overhead Costs

Standard Company has developed standard overhead costs based on a capacity of 180,000 direct labor-hours as follows:

Standard costs per unit:
Variable portion: 2 hours at $3	$ 6	
Fixed portion: 2 hours at $5	10	
	$16	

During April, 85,000 units were scheduled for production; however, only 80,000 units were actually produced. The following data relate to April:

1. Actual direct labor cost incurred was $644,000 for 165,000 actual hours of work.

2. Actual overhead incurred totaled $1,378,000—$518,000 variable and $860,000 fixed.

3. All inventories are carried at standard cost.

Required:

Prepare journal entries to record these transactions and set up overhead variances.

20–15. T-Accounts for Standard Overhead Costs

Refer to the data in exercise 20–14. Show the flow of costs through T-accounts.

20–16. Standard Overhead Costs

Philadelphia Company uses a standard cost accounting system. The following overhead costs and production data are available for August:

Standard fixed overhead rate per direct labor-hour	$ 1.00
Standard variable overhead rate per direct labor-hour	$ 4.00
Budgeted monthly direct labor-hours	40,000
Actual direct labor-hours worked	39,500
Standard direct labor-hours allowed for actual production	39,000
Overall overhead variance—favorable	$ 2,000
Actual variable overhead	$159,500

Required:

Prepare journal entries for these transactions as they would appear in a standard cost system.

(CPA adapted)

20–17. Standard Overhead Costs—T-Accounts

Use the data in exercise 20–16 to show the flow of these overhead costs in T-accounts.

20–18. Standard Overhead Costs

The following balances appeared in the accounts of the Rapid Cities Corporation.

Actual manufacturing overhead		$485,000
Fixed portion:	$210,000	
Variable portion:	275,000	
Overhead applied:		465,836
Fixed portion:	$215,900	
Variable portion:	249,936	

Fixed overhead was applied at the rate of $4.25 per direct labor-hour, and 48,000 hours were budgeted for the period. The company uses a standard costing system. The output attained during the period required 47,500 actual direct labor-hours.

Required:

Prepare journal entries for these transactions, including overhead variances.

20–19. T-Accounts for Standard Overhead Costs

Use the data in exercise 20–18 to show the flow of costs through T-accounts.

20–20. Prorate Materials Variances

Armadillo Corporation acquired 50,000 units of direct materials for $70,000 last year. The standard price paid for the materials was $1.30 per unit. During last year, 40,000 units of materials were used in a production process. The standard allowed was 42,000 units for the amount of output that was actually produced. Eighty percent of the units that used these materials was completed and transferred to Finished Goods Inventory. Seventy percent of these units that had been transferred to Finished Goods Inventory were sold this period.

Required:

a. Prepare journal entries and show the flow of costs through T-accounts, using a standard cost system.
b. Prorate the materials price and efficiency variances.

Problems

20–21. Standard Costs and Prorating Variances—Multiple-Choice

A Company uses a standard cost system in accounting for the cost of production of its only product, Product A. The standards for the production of one unit of Product A are as follows:

Direct materials: 10 feet of item 1 at $.75 per foot and 3 feet of item 2 at $1.00 per foot.
Direct labor: 4 hours at $15.00 per hour.
Manufacturing overhead: applied at 150 percent of standard direct labor costs.

There were no inventories on hand on July 1. Following is a summary of costs and related data for the production of Product A during the month ended July 31.

100,000 feet of item 1 were purchased at $.78 per foot.
30,000 feet of item 2 were purchased at $.90 per foot.
8,000 units of Product A were produced, which required 78,000 feet of item 1; 26,000 feet of item 2; and 31,000 hours of direct labor at $16.00 per hour.
6,000 units of Product A were sold.

On July 31, there are 22,000 feet of item 1; 4,000 feet of item 2; and 2,000 completed units of Product A on hand. All direct materials purchases and transfers are debited at standard.

Required:

Choose the best answers (or indicate "none of the above"):

a. For the month ended July 31, the total debits to the direct materials inventory account for the purchase of item 1 would be:
(1) $75,000
(2) $78,000
(3) $58,500
(4) $60,000

b. For the month ended July 31, the total debits to the work in process account for direct labor would be:
(1) $496,000
(2) $465,000
(3) $480,000
(4) $512,000

c. Before prorating variances, the balance in the material efficiency variance account for item 2 was:
(1) $1,000 credit
(2) $2,600 debit
(3) $600 debit
(4) $2,000 debit

d. If all variances were prorated to inventories and cost of goods sold, the amount of material efficiency variance for item 2 to be prorated to raw materials inventory would be:
(1) $0
(2) $333 credit
(3) $333 debit
(4) $500 debit

e. If all variances were prorated to inventories and cost of goods sold, the amount of material price variance for item 1 to be prorated to raw materials inventory would be:
(1) $0
(2) $647 debit
(3) $600 debit
(4) $660 debit

(CPA adapted)

20–22. Standard Costs: Journal Entries and T-accounts

Armando Corporation manufactures a product with the following standard costs:

Direct materials: 20 yards at $1.35 per yard	$27
Direct labor: 4 hours at $9 per hour	36
Factory overhead—applied at five sixths of direct labor.	
Ratio of variable costs to fixed costs: 2 to 1	30
Total standard cost per unit of output	$93

Standards are based on normal monthly production involving 2,400 direct labor-hours (600 units of output).

The following information pertains to the month of July:

Direct materials purchased: 18,000 yards at $1.38 per yard	$24,840
Direct materials used: 9,500 yards	
Direct labor: 2,100 hours at $9.15 per hour	19,215
Actual factory overhead	16,650

500 units of the product were actually produced in July and transferred to Finished Goods Inventory.

Required:

a. Prepare journal entries to record the above transactions for a standard cost system.

b. Show the flow of these costs using T-accounts.

(CPA adapted)

20–23. Compute Variances and Use T-Accounts to Show Standard Cost Flows

Juneau Company manufactures a line of clothing. At the beginning of the period, there were 1,000 units in stock at a variable cost of $400 per unit. The full-absorption cost of these units is $450 each.

Plans for the period call for the following standards and activity:

Units produced and sold	2,000
Standard cost per unit:	
Direct materials	$175
Direct labor	200
Overhead	100 (60% variable)
Total	$475

During the period, 2,200 units were produced and 1,800 were sold. The following costs were incurred:

Direct materials	$360,000
Direct labor	412,000
Overhead:	
Variable	135,000
Fixed	81,000

Direct materials price variances are recorded at the time of purchase. No materials were purchased this period. Actual direct labor costs were 5 percent less per hour of labor than the standard allowed. Overhead costs are applied to production as a percent of standard direct labor costs. A standard costing system is used.

Required:

a. Compute variable manufacturing cost price and efficiency variances. Compute fixed manufacturing cost, price, and production volume variances.

b. Use T-accounts to show the flow of costs through the system, assuming FIFO.

20–24. Prorate Variances

Refer to the data for Juneau Company in problem 20–23.

Required:

Prorate variances for the Juneau Company. Show the proration with journal entries and T-accounts.

20–25. Comprehensive Standard Cost Problem (Extension of Problem 19–31)

The following information is provided to assist you in evaluating the performance of the manufacturing operations at the Ashwood Company:

Units of output produced	21,000
Standard costs per unit:	
Direct materials: $1.65 × 5 pounds per unit of output	
Direct labor: $14.00 per labor-hour × .5 hour per unit	
Variable overhead: $11.90 per labor-hour × .5 hour per unit	

	Col 1	Col 2	Col 3	Col 4	Col 5	Col 6	Col 7	Col 8	Col 9	Col 10	Col 11
Fixed charges:											
65 Insurance—buildings and equipment	21.58	21.58	21.58	21.58	21.58	21.58	21.58	21.58	21.58	21.58	21.58
66 Insurance—L and C	64.00	80.00	97.00	105.00	113.00	121.00	129.00	137.00	145.00	153.00	161.00
68 Power	11.00	14.00	16.00	18.00	19.00	21.00	22.00	23.00	24.00	26.00	27.00
69 Water	17.25	17.25	17.25	17.25	17.25	17.25	17.25	17.25	17.25	17.25	17.25
70 Taxes—city and town	28.68	28.68	28.68	28.68	28.68	28.68	28.68	28.68	28.68	28.68	28.68
71 Taxes—social security	212.00	265.00	318.00	345.00	371.00	398.00	424.00	450.00	477.00	504.00	530.00
72 Depreciation	81.25	81.25	81.25	81.25	81.25	81.25	81.25	81.25	81.25	81.25	81.25
73 Provision for vacations	725.40	725.40	725.40	725.40	725.40	725.40	725.40	725.40	725.40	725.40	725.40
78 Group insurance	112.70	112.70	112.70	112.70	112.70	112.70	112.70	112.70	112.70	112.70	112.70
80 Pensions	420.36	420.36	420.36	420.36	420.36	420.36	420.36	420.36	420.36	420.36	420.36
Total fixed charges	1,694.22	1,766.22	1,838.22	1,875.22	1,910.22	1,947.22	1,982.22	2,017.22	2,053.22	2,090.22	2,125.22
Total dept. expense	4,044.22	4,484.22	4,989.22	5,229.22	5,469.22	5,689.22	5,923.22	6,147.22	6,362.22	6,589.22	6,801.22
Charges from other departments	8,235.38	8,440.11	8,630.42	8,751.83	8,826.90	8,945.27	9,040.03	9,140.56	9,240.12	9,333.33	9,435.37
Total overhead expense	12,279.60	12,924.33	13,619.64	13,981.05	14,296.12	14,634.49	14,963.25	15,287.78	15,602.34	15,922.55	16,236.59
Direct labor-dollars	3,750.00	4,687.00	5,625.00	6,094.00	6,562.00	7,031.00	7,500.00	7,969.00	8,437.00	8,906.00	9,375.00
Overhead rate	327%	276%	242%	229%	218%	208%	200%	192%	185%	179%	173%

Exhibit D (20–32)

Standard Cost				
Date January 1			Plate No. 2000	
Description	**Material**	**Labor**	**Overhead**	**Total**
Receive woodwork	1.17	.004	.008	1.182
Insp. and hand sand		.012	.024	1.218
Bottom coat	.542	.038	.076	1.874
Trim T. B. and O.F. seats		.011	.022	1.907
Sand edges T.B.C.F. out		.003	.008	1.918
Sand edges T.B.C.F. in		.003	.008	1.929
Inspect		.012	.024	1.965
Top coat	.543	.079	.158	2.745
Shave		.010	.020	2.775
Sand edges—upright belt		.005	.014	2.794
Sand seats and legs		.039	.107	2.940
Inspect and file		.015	.030	2.985
Dope		.004	.008	2.997
Buff seats and legs		.108	.208	3.313
Inspect		.012	.024	3.349
Buff repairs		.044	.085	3.478
Trademark		.007	.014	3.499
Drilling		.004	.008	3.511
Total seat	2.255	.410	.846	3.511
Total legs	1.983	.399	.826	3.208
Total stool and legs	4.238	.809	1.672	6.719
Assemble		.032	.064	6.815
Cleanup polish		.033	.066	6.914
Seal end of carton		.006	.012	6.932
Inspect and wrap		.034	.068	7.034
Seat, label, and pack		.010	.020	7.064
Bar bumpers	.043			7.107
Tack bumpers	.019			7.126
Screws 1¼—8	.047			7.173
Hinge	1.04			8.213
Carton and filler 2—No. 1	.125			8.338
Total cost	5.512	0.924	1.902	8.338

showed the beginning inventory at standard cost plus actual direct materials, actual labor, and actual absorbed overhead added during the period in each department. From this total cost figure, there were subtracted the actual deliveries to finished goods as indicated on the completed assembly orders, plus defects and less products transferred from Finished Goods Inventory back to Work in Process Inventory for reworking, all costed at standard cost. The resulting book value of work in process was compared with the figure obtained by valuing, at standard, the results of the physical inventory ($80,959.69). Any difference indicated by this comparison constituted the variance of actual cost from standard and was closed to Cost of Goods Sold. The physical inventory balance at standard constituted the debit to Work in Process Inventory at the beginning of the next month. If this Work in Process Inventory variance was large, its causes were investigated and action was taken accordingly.

A descriptive summary of the inventory accounts is given in Exhibit F.

2. Control of Overhead Expenses.

Budgeted Overhead Expenses.   The company used the departmental overhead schedules to set targets for the supervisors who were responsible for incurring expenses.

Exhibit E (20–32)

Work in Process

Period Ending   August   Order No. GENERAL

Detail		Amount		
Balance from Last Period			158 597	19
DIRECT MATERIALS			76 338	21
DIRECT LABOR				
1 Varnish				
2 Spray	2 990	25		
3 Coating	5 915	60		
4 Filing	998	83		
5 Sanding	1 637	53		
6 Buffing & Polishing	6 175	78		
8 Assembling and Packing	4 788	60		
Total Direct Labor			22 506	59
OVERHEAD				
1 Varnish				
2 Spray	6 180	50		
3 Coating	11 831	20		
4 Filing	1 937	73		
5 Sanding	4 489	05		
6 Buffing & Polishing	11 888	76		
8 Assembling and Packing	9 577	20		
10 Shipping				
Total Overhead			45 904	44
TOTAL COST			303 346	43
Less Deliveries			222 386	74
BALANCE IN PROCESS at Std. Cost			80 959	69

DELIVERIES AT Std. Cost

Date		Amount		Date		Amount		Date		Amount		
8/31	Del.	220 876	63									
	Var.	1 259	07									
	Defect.	251	04									
	Net	222 386	74									

A knowledge of the actual amount of direct labor for each productive department made it a simple matter to determine which column of figures to use as the benchmark for evaluating the spending performance of each supervisor. For example, the coating department (Exhibit C) might be expected to operate, on the *average,* at 80 percent of capacity; but in any one month the actual operations might vary considerably from this average. Thus, if direct labor dropped to $7,031, the supervisor would be expected to spend

Exhibit F (20–32)
Summary of Entries to Inventory Accounts (August)

Direct Materials
(Several accounts according to nature of material)

$151,204 Balance	$76,318.21 Requisitions, priced at LIFO cost (debit to Work in Process Inventory).
$343,640.19 Purchases at invoice cost (credit to Accounts Payable).	$138.32 Adjustment to physical inventory (Dr. or Cr.).
$1,101.67 Materials salvaged from returned goods (credit to Cost of Goods Sold).	

A physical inventory of all direct materials was taken each month and the difference between inventory and book balance written off to Cost of Goods Sold.

Work in Process Inventory

$158,597.19 Balance	$220,894.24 Deliveries to finished goods at standard costs (debit to Finished Goods Inventory).
$76,318.21 Direct materials from requisitions priced at LIFO cost (credit to Direct Materials).	$251.04 Defective work, from defective work order (debit to Overhead).
$22,506.59 Direct labor from payroll summary (credit to Accrued Wages).	$1,259.07 Adjustment to physical inventory (Dr. or Cr.).
$20.00 Materials purchased not usually carried in inventory (credit to Accounts Payable).	
$17.61 Transfers from finished goods for reworking or alteration, at standard cost (credit to Finished Goods Inventory).	
$45,904.44 Applied overhead from overhead summary sheet (credit to Overhead).	

A physical inventory was taken of all work in process every month. This was priced and totaled according to standard costs at last operation performed; the difference between the inventory and balance in the Work in Process Inventory account, representing the cost variance, was written off to Cost of Goods Sold.

Finished Goods Inventory

$429,682.73 Balance	$400,954.09 Shipment at standard costs (debit to Cost of Goods Sold).
$220,894.24 Deliveries to finished goods at standard costs (credit to Work in Process Inventory).	$17.61 Transfers to work in process for reworking or alteration, at standard cost (debit to Work in Process Inventory).

only $580 for glue and cement rather than the $620 allowable at the average operating level. For nonproductive departments, the column selected was the one that listed the expenses expected for the percentage of capacity nearest the average operating level of all productive departments.

Comparison of Actual and Budget.   The departmental comparisons of the actual overhead expenses, by accounts, with the appropriate budgeted allowance for that volume, are illustrated in the departmental budget sheet, Exhibit G. The August budgeted expense figures for the coating department are based upon an output level of 65 percent of capacity. This figure was arrived at by comparing the actual direct labor expense for the month, amounting to $5,915.60, to the closest corresponding direct labor expense, $6,094, which is under the 65 percent column shown on Exhibit C. (Exhibit G is a standard form, and only those lines that are pertinent to the operations of the coating department are filled in on the example shown.)

Exhibit G also showed two items over which the supervisor had no control. Other Overhead expenses were the total amount of fixed charges allocated to the department on the basis of the percentage distributions described earlier. Defective Work was the total amount of defective work budgeted ($600) and actual ($251.04) for the *entire plant,* and it bore no relation to the work done in the coating department. The amount allocated to each department for defective work was not shown on Exhibit G because the basis of allocation was considered too arbitrary. The amounts for both Other Overhead expenses and for Defective Work were shown in the Analysis of Overhead Expenses principally as a matter of information for the supervisor. They were not considered as being controllable by the supervisor.

Each month the accounting department prepared Exhibit H, summarizing the actual, budgeted, and applied overhead costs for each operating department. The amount shown as Actual Expense was obtained by adding the Charges from Other Departments to the other overhead items shown in Exhibit G (excluding defective work). The Budgeted Expense was the total overhead for each department as shown on the overhead development sheets (Exhibit C) at the applicable level of operations (65 percent for the coating department in August).

The amount of applied overhead was computed by applying the *annual* overhead rate to the direct labor in each productive department, as explained in the preceding section.

In the opinion of management, the entries in the column headed Loss or Gain on Budget could be considered a measure of the effectiveness of departmental supervision, whereas the amount Over- or Underapplied was influenced both by efficiency and by the volume of production.

The departmental overhead budget constituted the point of real control over expenditures. At the end of each month, the president met with the cost accountant and the supervisors to discuss spending. At these meetings the supervisors were encouraged to discuss their performance as indicated by the budget report. When the system was first installed, the cost accountant did most of the talking, but with increasing familiarity with the costs for which they were responsible, each supervisor gradually became "cost conscious," and after a short time each supervisor knew approximately what the monthly performance would be, even before seeing the budget comparison report.

The supervisor in charge of the coating department was particularly interested in controlling the overhead costs under his jursidiction. Every month, the supervisor discussed the analysis of overhead expenses with the factory manager and the cost accountant to evaluate the department's performance. During the first week of September, the supervisor received the analysis of overhead expenses for August (Exhibit G) and checked all the items carefully to learn if there were any costs out of line with expectations for that month. The supervisor copied the August figures onto a sheet (Exhibit I) on which the figures for recent months were previously summarized (except for July, which included

Exhibit G (20–32)

C. F. CHURCH MFG. CO.

HOLYOKE

Analysis of Overhead Expenses

DEPARTMENT #3 Coating   Month August

		Budget	Actual Expense	Over or Under Actual
	INDIRECT LABOR			
01	Supervision	775 00	756 00	19 00
04	Truck Drivers & Helpers			
06	Shipping			
08	General Labor	405 00	171 22	233 78
09	Repair and Rework			
10	Idle and Lost Time		1 77	(1 77)
11	Guaranteed Rate Cost	244 00	28 14	215 86
16	Overtime Bonus	75 00	32 98	42 02
19	Repairs & Maint.	150 00	38 26	111 74
17	Vacations		46 00	(46 00)
21	Paid Holidays			
	Total	1649 00	1074 37	574 63
	INDIRECT SUPPLIES			
31	Repairs & Maint.	20 00	360 18	(340 18)
33	Repairs & Maint. Trucks			
35	Acetone & Isotone	1055 00	739 48	315 52
36	Buffing Compounds & Buffs			
37	Sandpaper & Sandbelts	7 00	9 60	(2 60)
39	Labels, Tape, etc., Glue & Cement	500 00	734 71	(234 71)
40	Shipping Cartons			
41	Consumable Supplies	81 00	55 54	25 46
42	Loose & Hand Tools	33 00	13 55	19 45
46	Miscellaneous	9 00	7 51	1 49
	Total	1705 00	1920 57	(215 57)
	OTHER OVERHEAD expenses:			
	Insurance, power, taxes, social security, depreciation, group insurance & pension	1875 22	1472 46	402 76
	DEFECTIVE WORK (memo)	600 00	251 04	348 96
	DIRECT LABOR	6094 00	5915 60	178 40

a vacation shutdown). After understanding the cost data, the supervisor arranged for a meeting with the factory manager and the cost accountant to review the situation with them.

Required:

a. What are the major purposes of the standards developed by the company?

b. How does the company develop standard overhead rates? How often do you think they should be changed?

Exhibit H (20–32)
Overhead Summary and Statistics

Plant—Holyoke   Period Ending—August 31

Dept. No.	Description	Direct Labor	Actual Expense	Budgeted Expense	(Loss) or Gain on Budget	Applied Expense	Over- or (Under-) absorbed
1							
2	Spray	2,990.25	6,464.64	7,103.64	639.00	6,180.50	(284.14)
3	Coating	5,915.60	12,829.53	13,981.05	1,151.52	11,831.20	(998.33)
4	Filing	998.83	2,590.83	2,190.20	(400 63)	1,937.73	(653.10)
4–1							
4–C							
4–5							
5	Sanding	1,637.53	3,907.74	5,243.47	1,335.73	4,489.05	581.31
6	Buffing	6,175.78	11,275.76	10,750.25	(525.51)	11,888.76	613.00
7							
8	Assemble and pack	4,788.60	8,846.48	8,998.58	152.10	9,577.20	730.72
9							
10							
11							
12							
14							
15							
	Total plant	22,506.59	45,914.98	48,267.19	2,352.21	45,904.44	(10.54)

c. What steps are involved in the development of the standard cost sheet (Exhibit D)? How accurate do you judge the figures to be?

d. Try to explain fully the basis of each entry in Exhibit F. In particular, what are the possible causes of the $138.32 credit to Direct Materials, and the $1,259.07 credit to Work in Process Inventory labeled "adjustment to physical inventory"?

e. Explain so as to distinguish them clearly from one another, the figures $12,829.53, $13,981.05, and $11,831.20 shown for the coating department on Exhibit H.

f. What evaluation would you make of the performance of the coating department supervisor in controlling overhead costs? Which items in Exhibits G, H, and I would you be likely to question.

g. How many dollars of the coating department variances reported in Exhibit H are attributable to "Charges from Other Departments"? Of what significance are these variances to (a) the coating department and (b) the service departments that created these charges? Should they be included in the overhead summary and statistics report?

Exhibit I (20-32)
Summary of Performance in the Coating Department

	April		May		June		August	
	Actual	(Over) or Under	Actual	(Over) or Under	Actual	(Over) or Under	Actual	(Over) or Under
Indirect labor:								
01 Supervision	811	(36)	782	(7)	756	19	756	19
08 General labor	654	(119)	558	(23)	418	22	171	234
10 Idle and lost time	—	—	—	—	—	—	2	(2)
11 Guaranteed rate cost	313	6	154	165	50	213	28	216
16 Overtime bonus	63	32	45	50	37	43	33	42
19 Repairs and maintenance—machinery and equipment	89	76	30	135	35	125	38	112
17 Vacations	—	—	—	—	—	—	46	(46)
Total	1,930	(41)	1,569	320	1,296	422	1,074	575
Indirect supplies:								
31 Repairs and maintenance—machinery and equipment	5	20	85	(60)	176	(156)	360	(340)
33 Repairs and maintenance—trucks	—	—	—	—	—	—	—	—
35 Acetone and isotone	1,300	85	1,134	251	1,031	109	739	316
36 Buffing compounds and buffs	—	—	—	—	—	—	—	—
37 Sandpaper and sandbelts	10	(1)	14	(5)	5	3	10	(3)
39 Labels, tape, etc., glue and cement	575	85	462	199	182	358	735	(235)
40 Shipping cartons	—	—	—	—	—	—	—	—
41 Consumable supplies	66	40	116	(10)	48	40	56	25
42 Loose and hand tools	37	6	14	29	10	25	14	19
46 Miscellaneous	27	(14)	9	3	9	1	8	1
Total	2,020	221	1,834	407	1,461	380	1,922	(217)
Other overhead expenses: Insurance, power, taxes, social security, depreciation, group insurance, and pension	1,456	561	2,014	3	1,836	74	1,472	403
Defective work (memo)	391	209	656	(56)	594	6	251	349
Direct labor	7,812	157	8,024	(55)	6,599	(36)	5,916	198

21

Mix, Yield, and Revenue Variances

OBJECTIVES

To understand the use of variances to evaluate marketing performance.
To understand mix and yield variances.

In this chapter, we discuss variances for revenues and nonmanufacturing costs and how they are used to measure performance. The basic principles are the same as those presented in Chapters 18 through 20.

A *variance* is the difference between a predetermined norm and the actual results for a period. To illustrate the development of revenue and nonmanufacturing cost variances, we continue the Boxx Company example. The basic facts about the Boxx Company example are reviewed in Illustration 21–1.

Reporting on Marketing Performance

Like manufacturing managers, marketing managers are usually evaluated on the basis of planned results versus actual outcomes. Marketing performance analysis looks at how well the company has done in terms of revenues and marketing costs compared to the plans that are reflected in the master budget.

Illustration 21–1

Boxx Company

	Actual	Master Budget
Sales price	$21 per crate	$20 per crate
Sales volume	10,000 crates	8,000 crates
Variable manufacturing costs	$10.544 per crate	$10 per crate
Variable marketing and administrative costs	1.10 per crate	1 per crate
Fixed manufacturing costs	21,000	20,000
Fixed marketing and administrative costs	44,000	40,000

Using Sales Price and Activity Variances to Evaluate Marketing Performance

The sales price and sales activity[1] variances are often used to evaluate marketing performance. Sales price and activity variances would be computed for the Boxx Company example as follows:

$$\text{Price variance} = (\text{Actual sales price} - \text{Budgeted sales price}) \times \text{Actual sales volume.}$$

For Boxx Company:

$$\left(\begin{array}{c} \text{Actual} \\ \text{price} \end{array} - \begin{array}{c} \text{Budgeted} \\ \text{price} \end{array} \right) \times \begin{array}{c} \text{Actual} \\ \text{sales} \\ \text{volume} \end{array}$$

$$(\$21 \quad - \quad \$20 \quad) \times 10,000 \text{ units}$$

$$= \underline{\underline{\$10,000 \text{ F}}}$$

$$\text{Sales activity variance} = \text{Budgeted contribution margin} \times (\text{Actual sales volume} - \text{Master budget sales volume})$$

---

[1] This is also called a *sales volume variance*.

For Boxx Company:

$$\begin{array}{c} \text{Budgeted} \\ \text{Contribution} \\ \text{Margin} \end{array} \times \left(\begin{array}{ccc} & & \text{Master} \\ \text{Actual} & & \text{Budget} \\ \text{Sales} & - & \text{Sales} \\ \text{Volume} & & \text{Volume} \end{array} \right)$$

$$(\$20 - \$11) \times (10{,}000 - 8{,}000)$$

$$= \$9 \qquad \times \qquad 2{,}000 \text{ crates}$$

$$= \underline{\underline{\$18{,}000 \text{ F}}}$$

The budgeted contribution margin equals the budgeted unit sales price ($20) minus the sum of the budgeted (or standard) variable manufacturing cost ($10) and the budgeted marketing and administrative cost ($1). Consequently, the *budgeted contribution margin per unit* is:

$$\$20 - (\$10 + \$1)$$

$$= \$20 - \$11$$

$$= \underline{\underline{\$\ 9}}.$$

Illustration 21–2 presents a general model for computing these variances and applies it to the Boxx Company example. Note that the method is similar to that used to compute cost variances in Chapter 19.

Contribution Margin versus Gross Margin. When the contribution margin is used to compute the sales activity variance, the variance is called a **contribution margin variance.** An alternative is to compute the sales activity variance using a budgeted gross margin instead of a budgeted contribution margin. This method of computing the sales activity variance is known as the **gross margin variance.** The basic approach is the same as for contribution margin variances except that the calculation is based on a budgeted unit gross margin instead of a budgeted unit contribution margin.

Calculation of this contribution margin variance requires knowledge of which costs are fixed and which are variable. If this information is not available, the gross margin variance is sometimes calculated in place of the contribution margin variance.

(Note that computation of the sales price variance is independent of the choice between the gross margin and contribution margin methods of computing sales activity variances.)

Incentive Effects of Commissions Based on Revenue versus Contribution Margins. Sales personnel are often given commissions or bonuses based on sales revenue. Suppose a salesperson has an opportunity to sell *one* of the following two products to a customer, *but not both:*

	Revenue	Standard Variable Cost	Contribution Margin
Product A:	$100,000	$90,000	$10,000
Product B:	$ 50,000	30,000	20,000

Illustration 21–2   **Contribution Margin Variances, Boxx Company**

"Actual"	Flexible Sales Budget	Master Sales Budget
[*Actual* sales price **(AP)** minus standard variable cost **(SV)**] times *actual* quantity **(AQ)**	[*Standard* sale price **(SP)** minus standard variable cost **(SV)**] times *actual* quantity **(AQ)**	[*Standard* sales price **(SP)** minus standard variable cost **(SV)**] times *standard* quantity **(SQ)** of units sold
(AP − SV) × AQ	**(SP − SV) × AQ**	**(SP − SV) × SQ**
($21 − $11) × 10,000 crates = $100,000	($20 − $11) × 10,000 crates = $90,000	($20 − $11) × 8,000 crates = $72,000

Price variance: $100,000 − $90,000	Activity variance: $90,000 − $72,000
= $10,000 F	= $18,000 F

Total variance = $28,000 F

Shortcut
formulas: [(AP − SV) × AQ] − [(SP − SV) × AQ]   [(SP − SV) × AQ] − [(SP − SV) × SQ]
= [(AP − SV) − (SP − SV)] × AQ   = (SP − SV) × (AQ − SQ)
= (AP − SP) × AQ = ($21 − $20) × 10,000   = ($20 − $11) × (10,000 − 8,000)
= $10,000 F   = $18,000 F

If the salesperson's commission is 2 percent of sales, he or she would clearly prefer to sell Product A, even though Product B provides a greater contribution to profits.

An alternative incentive plan would give the salesperson a commission based on contribution margin. If the salesperson's commission were 10 percent of contribution margin, *both* the salesperson and the company would benefit from the sale of Product B.

In general, it is best to tie employee incentives as closely to organizational goals as possible. If the organizational goal is to maximize current sales, a commission based on revenue makes sense. If the goal is current profit maximization, a commission based on contribution margins may be more appropriate.

Summary.   If you recall from previous chapters, the "bottom line" objective in variance analysis is to compare the reported income statement amounts with the master budget. To keep in touch with the "big picture," we present the comparison of master budget to reported income statement that was first presented in Chapter 18. The sales price and activity variances, which are relevant for our discussion in this chapter, are shown in columns 4 and 6 of Illustration 21–3.

Illustration 21–3 shows that actual revenue exceeds budgeted revenue by $50,000 ($10,000 favorable price variance plus $40,000 difference between the flexible budget revenue and the master budget revenue). It would be incorrect to say that favorable sales results have increased profits by $50,000, however, because the favorable increase in sales volume is partly offset by the variable costs of the additional 2,000 crates produced and sold. The relevant additional

Illustration 21-3   **Comparison of Actual to Master Budget**

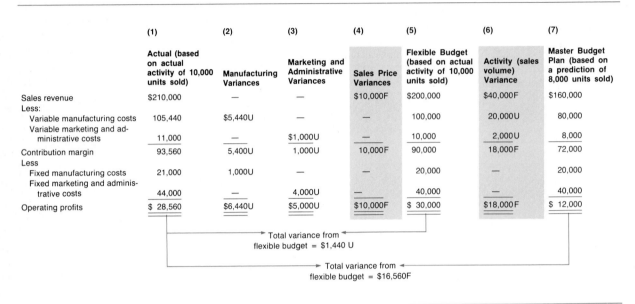

	(1) Actual (based on actual activity of 10,000 units sold)	(2) Manufacturing Variances	(3) Marketing and Administrative Variances	(4) Sales Price Variances	(5) Flexible Budget (based on actual activity of 10,000 units sold)	(6) Activity (sales volume) Variance	(7) Master Budget Plan (based on a prediction of 8,000 units sold)
Sales revenue	$210,000	—	—	$10,000F	$200,000	$40,000F	$160,000
Less:							
Variable manufacturing costs	105,440	$5,440U	—	—	100,000	20,000U	80,000
Variable marketing and administrative costs	11,000	—	$1,000U	—	10,000	2,000U	8,000
Contribution margin	93,560	5,400U	1,000U	10,000F	90,000	18,000F	72,000
Less							
Fixed manufacturing costs	21,000	1,000U	—	—	20,000	—	20,000
Fixed marketing and administrative costs	44,000	—	4,000U	—	40,000	—	40,000
Operating profits	$ 28,560	$6,440U	$5,000U	$10,000F	$ 30,000	$18,000F	$ 12,000

Total variance from flexible budget = $1,440 U

Total variance from flexible budget = $16,560F

cost is, of course, the extra variable costs incurred at this higher activity level. We next discuss further analysis of these sales variances.

Market Share Variance and Industry Volume Variance

Managers frequently wonder *whether the sales activity variance is due to general market conditions or to a change in the company's market share.* The cause may be significant because of promotional strategies and/or pricing policies. At Boxx Company, for example, the marketing vice president wondered about the cause of the favorable activity variance of 2,000 units: "Our estimated share of the market was 20 percent. We projected industry sales of 40,000 crates, of which we would sell 8,000. We actually sold 10,000 crates. Was that because our share of the market went up from 20 percent to 25 percent (25% × 40,000 crates = 10,000 crates)? Or did we just hold our own at 20 percent, while the market increased to 50,000 crates (20% × 50,000 crates = 10,000 crates)?"

There are numerous sources of data available about industry volume (for example, trade journals, government census data). When these data are available, the activity variance could be divided into an industry volume variance and a market share variance. The industry volume variance tells how much of the sales activity variance is due to changes in industry volume. The market share variance tells how much of the activity variance is due to changes in market share. The market share variance is usually more controllable by the marketing department and is a measure of their performance.

The marketing vice president at Boxx Company learned that the favorable sales activity resulted from an improvement in both industry volume and market share. Industry volume went up from 40,000 units to 41,667, while market share went up from 20 percent to 24 percent. Hence the 2,000-unit favorable activity variance can be broken down into an industry effect and a market share effect, as shown in Illustration 21–4. Of the 2,000-unit increase in company volume, 333 crates, which is 20 percent of 1,667 units, is due to the increase in industry volume (holding market share constant), while 1,667 crates, which is 4 percent of 41,667 units, is due to an increased share of the market. Multiplying each figure by the *standard contribution margin* gives the impact of these variances on operating profits (amounts are rounded):

$$\text{Industry volume: } (\$20 - \$11) \times 333 \text{ crates} = \$\ 3{,}000\ \text{F}$$

$$\text{Market share: } (\$20 - \$11) \times 1{,}667 \text{ crates} = \$15{,}000\ \text{F}$$

$$\text{Total activity: } (\$20 - \$11) \times 2{,}000 \text{ crates} = \$18{,}000\ \text{F}$$

Calculation of these variances is also shown in Illustration 21–5.

Use of the industry volume and market share variances enables management to separate that portion of the activity variance that coincides with changes in the overall industry from that which is specific to the company. Favorable market share variances indicate that the company is achieving better-than-industry-average volume changes. This can be very important information to a company sensitive about its market share.

Sales Mix Variances

When a company sells multiple products, a sales mix variance sometimes provides useful information. This is particularly so if the products are substitutes for each other. For example, an automobile dealer sells two kinds of cars: Super and Standard. For October, the estimated sales for the company were 1,000 cars: 500 Super models and 500 Standard models. The Super models were expected to have a contribution margin of $2,000 per car, while the Standard models were expected to have a contribution margin of $1,000 per car. Thus, the budgeted total contribution for October was:

Super: 500 at $2,000	$1,000,000
Standard: 500 at $1,000	500,000
Total contribution	$1,500,000

Illustration 21–4

Industry volume

(41,667 − 40,000) x 20% = 333 crates

Difference between budgeted and

actual sales volume 2,000 crates

Market share

(24% − 20%) x 41,667 = 1,667 crates

Illustration 21–5   **Breakdown of Sales Activity Variance into Industry Volume and Market Share Variances, Boxx Company**

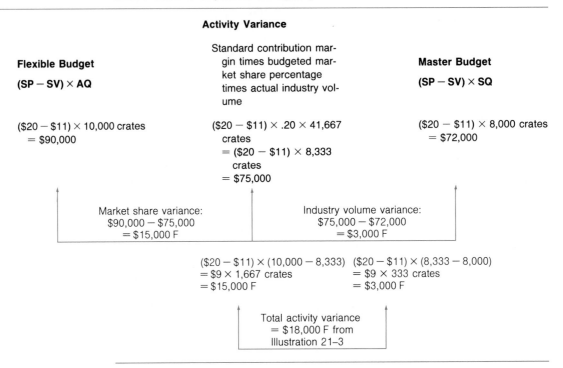

When the results for October were tabulated, the company had sold 1,000 cars, and each model had provided the predicted contribution margin per unit. But the total contribution was a disappointing $1,200,000 because instead of the predicted 50–50 mix of cars sold, the mix was 20–80 (20 percent Super, 80 percent Standard), with the following results:

Super: 200 at $2,000	$ 400,000
Standard: 800 at $1,000	800,000
Total contribution	$1,200,000

The $300,000 decrease from the budgeted contribution margin is called the *sales mix variance*. In this case, it occurred because 300 fewer Super models were sold (for a loss of 300 × $2,000 = $600,000), while 300 more Standard models were sold (for a gain of 300 × $1,000 = $300,000). The net effect is a loss of $1,000 in contribution margin for each Standard model that was sold instead of a Super model. (This emphasizes the importance of the substitutability assumption. If a store sells, among other things, jewelry and garden tractors, the mix variance would probably not be as useful as when comparing two products that are close substitutes.)

Computation of Sales Mix Variances

Assume Electron Company makes and sells two electronic games: Spacetrack and Earth Evaders. The estimated and actual results for the first quarter of the year were as follows:

	Spacetrack	Earth Evaders	Total
Standard sales price per unit	$20	$10	—
Actual sales price per unit	$21	$ 9	—
Standard variable cost per unit	$10	$ 5	—
Estimated sales volume	120,000	80,000	200,000
Estimated sales activity percentage	60%	40%	100%
Actual sales volume	140,000	140,000	280,000
Actual sales activity percentage	50%	50%	100%

A two-way analysis of contribution margin variance is shown in Illustration 21–6. This is the analysis that would be presented if the sales mix variance was ignored.

There are many ways to calculate sales mix variances. Each starts with the same total variance but then breaks it down in a different manner. Our computation of the sales mix variances allows us to break down the sales activity variance into two components: sales mix and sales quantity. The *sales mix variance measures the impact of substitution* (it appears that Earth Evaders has been substituted for Spacetrack), while the sales quantity variance *measures the variance in sales quantity, holding the sales mix constant.*

Calculations for this example are presented in Illustration 21–7. The sales price variance is unaffected by our analysis, while the activity variance is broken down into the mix and quantity variances.

Source of the Sales Mix Variance.   While we have calculated each product mix variance to show exact sources, the *total* mix variance ($140,000 U) is most frequently used. In this example, the unfavorable mix variance is caused

Illustration 21–6   **Sales Price and Activity Variances, Electron Company (First Quarter)**

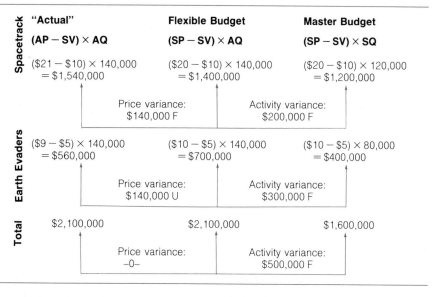

Illustration 21–7 **Sales Mix and Quantity Variances, Electron Company (First Quarter)**

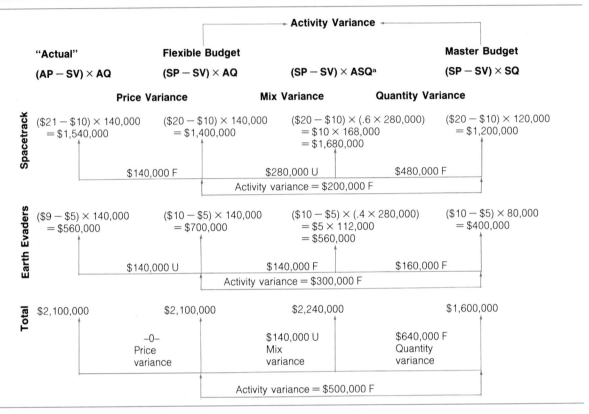

^{a} ASQ = Quantity of units that would have been sold at the standard mix.

by the substitution of the lower-contribution Earth Evaders for the higher-contribution Spacetrack. To be precise, the substitutions are:

Decrease in Spacetrack:	28,000 @ $10 = $280,000 U
Increase in Earth Evaders:	28,000 @ $5 = 140,000 F
Net effect in units:	–0–
Net effect in dollars:	$140,000 U

The quantity variance results from the sale of 80,000 more units than expected. More precisely:

Spacetrack:	(168,000 − 120,000) × $10 =	$480,000 F
Earth Evaders:	(112,000 − 80,000) × $5 =	160,000 F
Total quantity variance:	80,000 units	$640,000 F

By separating the activity variance into its mix and quantity components, we have isolated the pure mix effect by holding constant the quantity effects, and we have isolated the pure quantity effect by holding constant the mix effect.

Production Mix and Yield Variances

Our analysis of mix and quantity variances for sales can also be applied to production. Often a mix of inputs is used in production. Chemicals, steel, fabrics, plastics, and many other products require a mix of direct materials, some of which can be substituted for each other without greatly affecting product quality.

The same holds for labor. Consider a consulting firm that has bid a job for 1,000 hours—300 hours of partner time at a cost of $60 per hour and 700 hours of staff time at a cost of $20 per hour. Due to scheduling problems, the partner spends 500 hours and the staff member spends 500 hours. If the actual costs are $60 and $20 for partner and staff time, respectively, then there is no labor price variance. But even though the 1,000 hours time required was exactly what was bid, the job cost is $8,000 over budget, as shown below:

$$\text{Actual cost} = (500 \text{ hours} \times \$60) + (500 \text{ hours} \times \$20)$$
$$= \$30,000 + \$10,000$$
$$= \underline{\$40,000}$$
$$\text{Budgeted cost} = (300 \text{ hours} \times \$60) + (700 \text{ hours} \times \$20)$$
$$= \$18,000 + \$14,000$$
$$= \underline{\$32,000}$$

The $8,000 over budget results from the substitution of 200 hours of partner time at $60 for 200 hours of staff time at $20. The **production mix variance** is the difference in labor costs per hour ($60 − $20 = $40) times the number of hours substituted (200): $40 × 200 hours = $8,000.

Two factors are important when considering mix variances. First, there is an assumed *substitutability of inputs,* just as there was an assumed substitutability of sales products to make the sales mix variance meaningful. While partner time may have been substitutable for staff time, the reverse may not have been true. Second, the input costs must be different for a mix variance to exist. If the hourly costs of both partners and staff were the same, the substitution of hours would have no effect on the total cost of the job.

With this general concept in mind, we proceed with another example, using direct materials, which is a common application of mix variances in a production setting.

The Clean Chemical company makes a product—XZ—that is made up of two direct materials. The standard costs and quantities are:

Direct Material	Standard Price per Pound	Standard Number of Pounds per Unit of Finished Product
X	$4	5
Z	8	5
		10

The standard cost per unit of finished product is:

X: 5 pounds @ $4 = $20
Z: 5 pounds @ $8 =   40
Total $60

During June, Clean Chemical had the following results:

Units produced	1,000 units of finished product
Materials purchased and used:	
Material X	4,400 pounds at $5
Material Z	5,800 pounds at $8
	10,200 pounds

Our computation of the mix variance breaks down the direct materials efficiency variance into two components: mix and yield. The mix variance for costs is conceptually the same as the mix variance for sales; and the yield variance is conceptually the same as the sales quantity variance. The mix variance measures the impact of substitution (Material Z appears to have been substituted for Material X), while the production yield variance measures the input-output relationship holding the standard mix of inputs constant. Standards called for 10,000 pounds of materials to produce 1,000 units of output; however, 10,200 pounds of input were actually used. The overuse of 200 pounds is a physical measure of the yield variance.

To derive mix and yield variances, we use the term *ASQ. ASQ is the actual amount of input used at the standard mix.*

Calculations for the three variances (price, mix, yield) for Clean Chemical are shown in Illustration 21–8. Note that the sum of the mix and yield variances equals the materials efficiency variance, which was discussed in Chapter 19. In examining these calculations, recall that the standard proportions (mix) of

Illustration 21–8   Mix and Yield Variances, Clean Chemical

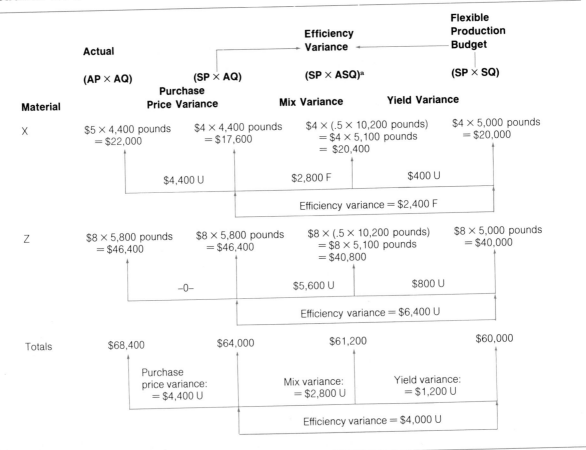

^a ASQ = Actual amount of input used at the standard mix.

direct materials are X = 50 percent and Z = 50 percent, while 10,200 pounds were used in total. Thus, ASQ for each material is:

$$
\begin{array}{lll}
X & .5 \times 10{,}200 \text{ pounds} = & 5{,}100 \text{ pounds} \\
Z & .5 \times 10{,}200 \text{ pounds} = & \underline{5{,}100} \\
& & \underline{\underline{10{,}200}}
\end{array}
$$

We have calculated the mix variance for each direct material to demonstrate its exact source. However, it is the *total* mix variance ($2,800 U) that is frequently used. In this example, the unfavorable mix is caused by a substitution of the more expensive direct material Z for the less expensive direct Material X. To be precise, the substitutions are:

Decrease in X:	700 pounds @ $4 = $2,800 decrease	
Increase in Z:	700 pounds @ $8 = $5,600 increase	
Net effect in pounds:	–0–	
Net effect in dollars:	$2,800 increase	

As previously indicated, the yield variance results from the overuse of 200 pounds. More precisely:

Material X:	100 pounds @ $4 =	$ 400 U
Material Z:	100 pounds @ $8 =	$ 800 U
Totals	200 pounds	$1,200 U

By separating the efficiency variance into its mix and yield components, we have isolated the pure mix effect by holding constant the yield effect, and we have isolated the pure yield effect by holding constant the mix effect.

Summary

Revenue variances explain the impact of differences between budgeted and actual sales activity and price. Sales activity variances may be further analyzed as to the effects of changes in market share or industrywide volume factors. If several products are sold, the sales activity variance may be subdivided into quantity and sales mix variances.

Mix and yield variances can also be prepared for production costs where multiple inputs are used. In these cases, the efficiency variance is divided into mix and yield variances.

Terms and Concepts

The following terms and concepts should be familiar to you after reading this chapter:

Activity Variance	**Production Mix Variance**
Contribution Margin Variance	**Production Yield Variance**
Gross Margin Variance	**Revenue Variance**
Industry Volume Variance	**Sales Mix Variance**
Market Share Variance	**Sales Quantity Variance**

Self-Study Problem No. 1

Insta-Pour Concrete, Inc., produces precast beams for highway and other bridge construction. The company's master budget called for sales of 20,000 beams, which would have been 16 percent of the market in their market area. The contribution margin on each beam is $215. During the year, 21,000 beams were sold. The company's market share had increased to 22 percent of the total market.

Market Share and Industry Volume Variances

Required:

Compute the sales activity variances, and break down the sales activity variance into industry volume and market share variances.

Solution to Self-Study Problem No. 1

Standard Contribution Margin Times Budgeted Market Share

Flexible Budget	Industry Volume	Master Budget
	$215 \times (.6 \times 95,455^a)$	
$\$215 \times 21,000$	or $\$4,300,000 \times \left(\dfrac{95,455}{125,000}\right)^b$	$\$215 \times 20,000$
$= \$4,515,000$	$= \$3,283,652$	$= \$4,300,000$

$1,231,348 F
Market share variance

$1,016,348 U
Industry volume variance

Total sales activity
activity variance
$= \$4,515,000 - \$4,300,000$
$= \$215,000 F$

[a] $\dfrac{21,000}{.22} = 95,455$ estimated size of market during the period.

[b] $\dfrac{20,000}{.16} = 125,000$ estimated size of market at master budget preparation time.

Self-Study Problem No. 2

Sales Mix and Quantity Variances

Assume that the master budget has sales of 1,200 units of Product A and 800 units of Product B. Actual sales volumes were 1,320 of Product A and 780 of Product B. The expected contribution per unit of Product A was $1 (= $4 price − $3 standard variable cost), and the expected contribution of Product B was $3.50.

Product A actually sold for 10 percent more than the expected price of $4 per unit. Product B sold for $6.688 per unit, while the expected price was $6.50.

Compute the sales activity variances and further break them down into sales mix and quantity components.

Solution to Self-Study Problem No. 2

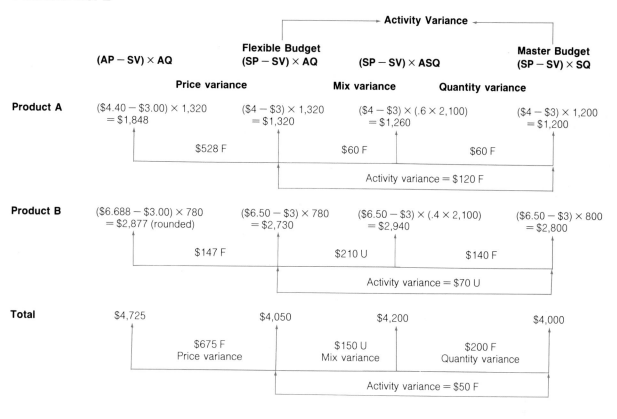

	(AP − SV) × AQ	**Flexible Budget (SP − SV) × AQ**	**(SP − SV) × ASQ**	**Master Budget (SP − SV) × SQ**
	Price variance		Mix variance	Quantity variance
Product A	($4.40 − $3.00) × 1,320 = $1,848	($4 − $3) × 1,320 = $1,320	($4 − $3) × (.6 × 2,100) = $1,260	($4 − $3) × 1,200 = $1,200
	$528 F	$60 F		$60 F
		Activity variance = $120 F		
Product B	($6.688 − $3.00) × 780 = $2,877 (rounded)	($6.50 − $3) × 780 = $2,730	($6.50 − $3) × (.4 × 2,100) = $2,940	($6.50 − $3) × 800 = $2,800
	$147 F	$210 U		$140 F
		Activity variance = $70 U		
Total	$4,725	$4,050	$4,200	$4,000
	$675 F Price variance	$150 U Mix variance		$200 F Quantity variance
		Activity variance = $50 F		

Self-Study Problem No. 3

Mix and Yield Variances

Alexis Company makes a product, AL, from two materials: ST and EE. The standard prices and quantities are as follows:

	ST	**EE**
Price per pound	$2	$3
Pounds per unit of AL	10 pounds	5 pounds

In May, 7,000 units of AL were produced by Alexis Company, with the following actual prices and quantities of materials used:

	ST	**EE**
Price per pound	$1.90	$2.80
Pounds used	72,000	38,000

Required:

a. Compute materials price and efficiency variances.

b. Compute materials mix and yield variances.

Solution to Self-Study Problem No. 3

a. Price and efficiency variance:

	Actual	**Inputs at Standard Prices**	**Flexible Production Budget**
	(AP × AQ)	**(SP × AQ)**	**(SP × SQ)**
ST	($1.90 × 72,000)	($2 × 72,000)	($2 × 70,000[a])
EE	+ ($2.80 × 38,000)	+ ($3 × 38,000)	+ ($3 × 35,000[b])
Total	= $243,200	= $258,000	= $245,000

Price variance: $14,800 F   Efficiency variance: $13,000 U

b. Mix and yield variance:

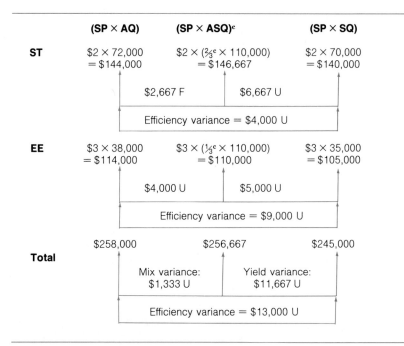

	(SP × AQ)	**(SP × ASQ)[c]**	**(SP × SQ)**
ST	$2 × 72,000 = $144,000	$2 × (⅔[c] × 110,000) = $146,667	$2 × 70,000 = $140,000
	$2,667 F	$6,667 U	
		Efficiency variance = $4,000 U	
EE	$3 × 38,000 = $114,000	$3 × (⅓[c] × 110,000) = $110,000	$3 × 35,000 = $105,000
	$4,000 U	$5,000 U	
		Efficiency variance = $9,000 U	
Total	$258,000	$256,667	$245,000

Mix variance: $1,333 U   Yield variance: $11,667 U

Efficiency variance = $13,000 U

[a] 70,000 pounds = 7,000 units × 10 pounds per unit.

[b] 35,000 pounds = 7,000 units × 5 pounds per unit.

[c] Mix percentage ratio of ST pounds to total and EE pounds to total. For ST, $\frac{10}{10+5} = \frac{2}{3}$. For EE, $\frac{5}{10+5} = \frac{1}{3}$.

ASQ = Actual amount of the input used at the standard mix.

Questions

21–1. We normally deduct standard costs from the actual revenues when analyzing revenue variances. Why not use actual costs and actual revenues?

21–2. Why is there no efficiency variance for revenues?

21–3. The marketing manager of a company noted: "We had a favorable revenue activity variance of $425,000, yet company profits only went up by $114,000. Some part of the organization has dropped the ball—let's find out where the problem is and straighten it out." Comment on this remark.

21–4. A production manager was debating with company management because production had been charged with a large unfavorable production volume variance. The production manager explained: "After all, if marketing had lined up sales for these units we would not have been forced to cut production. Marketing should be charged with the production volume variance, not production." Do you agree with the production manager? Why or why not?

21–5. What information does the computation of an industry volume variance provide?

21–6. If the activity variance is zero, could there be any reason to compute a mix variance?

21–7. How could a CPA firm use the mix variance to analyze its revenues?

21–8. How could a CPA firm use the mix variances to analyze salary costs of regarding audit services?

21–9. A company has three products that must be purchased in a single package. Is there any benefit to computing a sales mix variance under these circumstances?

21–10. Give examples of companies that probably use materials mix and yield variances.

Exercises

21–11. Compute Sales Price and Activity Variances

On-the-Road Picnic Supplies manufactures and sells picnic coolers. The business is very competitive. The master budget for last year called for sales of 200,000 units at $9 each. However, as the summer season approached, management realized that they could not sell 200,000 units at the $9 price. Rather, they would have to offer price concessions. Budgeted variable cost is $3.65 per unit. Actual results showed sales of 185,000 units at an average price of $8.35 each.

Required:

Compute sales price and activity variances for On-the-Road Picnic Supplies.

21–12. Analyze Revenue Alternatives

On-the-Road Picnic Supplies is trying to decide what to do in the coming year, given the events that transpired last year (see exercise 21–11). Management conducted a marketing survey, which indicated that the company had two sales alternatives:

1. Sell 200,000 units at $8 each.

2. Sell 165,000 units at $9.50 each.

The company has actual and standard variable costs of $3.65 per unit.

Required:

Compare the two alternatives and show the effect of activity and price differences between the two alternatives. Treat Alternative 2 as "master budget" and the other as "actual."

21–13. Compute Sales Price and Activity Variances

Season-All, Inc., manufactures bulk artificial seasonings for use in processed foods. A seasoning was budgeted to sell in 20-liter drums at a price of $48 per drum. The company expected to sell 150,000 drums. Budgeted variable manufacturing costs and variable marketing costs total $10.05 per drum.

During the year, 120,000 drums were sold at a price of $47.50.

Required:

Compute sales price and activity variances.

21–14. Industry Volume and Market Share Variances

Refer to the data in exercise 21–13. Assume that the budgeted sales volume was based on an expected 10 percent of a total market volume of 1,500,000 drums, but the actual results were based on a 12 percent share of a total market of 1,000,000 drums.

Required: Compute market share and industry volume variances.

21–15. Industry Volume and Market Share Variances

Bozeman Merchandising Company budgeted sales of 20,000 units of Product B, assuming the company would have 20 percent of 100,000 units sold in a particular market. The actual results were 18,000 units, based on a 15 percent share of a total market of 120,000 units. The budgeted contribution margin is $2 per unit.

Required: Compute the sales activity variance and break it down into market share and industry volume.

21–16. Industry Volume and Market Share Variances— Missing Data

The following graph is like the one presented in Illustration 21–4 in the chapter. Actual sales volume for the firm exceeds its estimated sales volume.

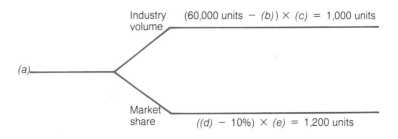

Industry volume $(60,000 \text{ units} - (b)) \times (c) = 1,000$ units

(a)

Market share $((d) - 10\%) \times (e) = 1,200$ units

Required: Find the missing amounts:

a. Budgeted minus actual sales volume.

b. Estimated industry volume.

c. Estimated market share percent.

d. Actual market share percent.

e. Actual industry volume.

21–17. Sales Price and Activity Variances

Gershwin, Rodgers, Bach & Hammerstein operate an accounting firm with partners and staff members. Each billable hour of partner time has a budgeted price of $200 and contribution of $100. Each billable hour of staff time has a budgeted price of $60 and contribution of $30. This month, the partnership budget called for 8,250 billable partner-hours and 34,650 staff-hours. Actual results were as follows:

| Partner revenue: $1,855,000 | 9,000 hours |
| Staff revenue: $1,979,200 | 34,000 hours |

Required: Compute the sales price and activity variances for these data.

21–18. Sales Mix and Quantity Variances

Refer to the data in exercise 21–17.

Required: Compute the sales mix and quantity variances.

21–19. Sales Activity Variances

Personna, Inc., sells two models of personal hair care kits. The Basic model has a contribution of $5.35 per unit, while the Ultra model contributes $14.60 per unit. The master budget called for sales of 400,000 Basics and 180,000 Ultras during the current year. Actual results showed sales of 300,000 Basics, with a contribution of $5.40 per unit, and 200,000 Ultras, with a contribution of $14.75 per unit.

Required:

a. Compute the activity variance for these data.

b. Break down the activity variance into mix and quantity parts.

21–20. Materials Mix and Yield Variances

Starship Steel Company had the following direct materials data for its product:

Standard costs for one unit of output:
Material A, 10 units of input at $100
Material B, 20 units of input at $150

During August, the company had the following results:

Units of output produced	2,000 units
Materials purchased and used:	
Material A	22,000 units at $90
Material B	39,000 units at $152

Required:

b. Compute materials price and efficiency variances.

b. Compute materials mix and yield variances.

21–21. Labor Mix and Yield Variances

Quicki-Burgers has two categories of direct labor: unskilled, which costs $8 per hour, and skilled, which costs $12 per hour. Management has established standards per "equivalent meal," which has been defined as a typical meal consisting of a sandwich, a drink, and a side order. Standards have been set as follows:

Skilled labor: 4 minutes per equivalent meal
Unskilled labor: 10 minutes per equivalent meal

During May, Quicki-Burger sold 30,000 equivalent meals and incurred the following labor costs:

Skilled labor: 1,600 hours	$19,000
Unskilled labor: 4,200 hours	37,000

Required:

a. Compute labor price and efficiency variances.

b. Compute labor mix and yield variances.

Problems

21–22. Sales Price, Industry Volume, and Mix Variances

Oversea Airlines plans its budget and subsequently evaluates sales performance based on "passenger-miles." A passenger-mile is one paying passenger flying one mile. For this month, the company had estimated its revenues would amount to 20 cents per passenger-mile and that 40 million passenger-miles would be flown.

As a result of improvement in the economy, 43 million passenger-miles were flown this month. The price per passenger-mile averaged 20.3 cents. Subsequent analysis by management indicated that the industry had flown 7 percent more passenger-miles this month than had been expected.

Required:

Compute the price, industry volume, and market share effects on company revenues for the month. Use revenues instead of contribution margin as the relevant dollar amount for variance computations.

21–23. Revenue Analysis Using Industry Data and Multiple Product Lines

Arsco Company makes three grades of indoor-outdoor carpets. The sales volume for the annual budget is determined by estimating the total market volume for indoor-outdoor carpet, and then applying the company's prior year market share, adjusted for planned changes due to company programs for the coming year. The volume is apportioned between the three grades based upon the prior year's product mix, again adjusted for planned changes due to company programs for the coming year.

Given below are the company budget and the results of operations for March.

Budget

	Grade 1	Grade 2	Grade 3	Total
Sales—units (000 omitted)	1,000 rolls	1,000 rolls	2,000 rolls	4,000 rolls
Sales—dollars (in thousands)	$1,000	$2,000	$3,000	$6,000
Variable costs	700	1,600	2,300	4,600
Contribution margin	300	400	700	1,400
Manufacturing fixed cost	200	200	300	700
Product margin	$ 100	$ 200	$ 400	700
Marketing and administrative costs (all fixed)				250
Operating profit				$ 450

Actual

	Grade 1	Grade 2	Grade 3	Total
Sales—units (000 omitted)	800 rolls	1,000 rolls	2,100 rolls	3,900 rolls
Sales—dollars (in thousands)	$810	$2,000	$3,000	$5,810
Variable cost	560	1,610	2,320	4,490
Contribution margin	250	390	680	1,320
Manufacturing fixed cost	210	220	315	745
Product margin	$ 40	$ 170	$ 365	$ 575
Marketing and administrative costs (all fixed)				275
Operating profit				$ 300

Industry volume was estimated at 40,000 rolls for budgeting purposes. Actual industry volume for March was 38,000 rolls.

Required:

a. Prepare an analysis to show the effects of the sales price and sales activity variances.

b. Break down the sales activity variance into the parts caused by industry volume and market share.

(CMA adapted)

21–24. Sales Mix and Quantity Variances

Refer to the data for the Arsco Company (problem 21–23). Break down the total activity variance into sales mix and quantity parts.

21–25. Contribution Margin Variances

The Markley Division of Rosette Industries manufactures and sells patio chairs. The chairs are manufactured in two versions—a metal model and a plastic model of a lower quality. The company uses its own marketing force to sell the chairs to retail stores and to catalog outlets. Generally, customers purchase both the metal and plastic versions.

The chairs are manufactured on two different assembly lines located in adjoining buildings. The division management and marketing department occupy the third building on the property. The division management includes a division controller responsible for the divisional financial activities and the preparation of reports explaining the differences between actual and budgeted performance. The controller structures these reports such that the marketing activities are distinguished from cost factors so that each can be analyzed separately.

The operating results and the related master budget for the first three months of the fiscal year are on the next page. The budget for the current year assumes Markley Division will maintain its present market share of the estimated total patio chair market (plastic and metal combined). A status report was sent to corporate management toward the end of the second month, indicating that divisional operating profit for the first quarter would probably be about 45 percent below budget; this estimate was just about on target. The division's operating income was below budget even though industry volume for patio chairs increased by 10 percent more than was expected when the budget was developed.

	Actual	Budget	Favorable (Unfavorable) Relative to the Budget
Sales in units:			
Plastic model	60,000	50,000	10,000
Metal model	20,000	25,000	(5,000)
Sales revenue:			
Plastic model	$630,000	$500,000	$130,000
Metal model	300,000	375,000	(75,000)
Total sales	930,000	875,000	55,000
Less variable costs:			
Manufacturing (at standard):			
Plastic model	480,000	400,000	(80,000)
Metal model	200,000	250,000	50,000
Marketing:			
Commissions	46,500	43,750	(2,750)
Bad debt allowance	9,300	8,750	(550)
Total variable costs (except variable manufacturing variances)	735,800	702,500	(33,300)
Contribution margin (except variable manufacturing variances)	194,200	172,500	21,700
Less other costs:			
Variable manufacturing costs variances from standards	49,600	—	(49,600)
Fixed manufacturing costs	49,200	48,000	(1,200)
Fixed marketing administrative costs	38,500	36,000	(2,500)
Corporation offices allocation	18,500	17,500	(1,000)
Total other costs	155,800	101,500	(54,300)
Divisional operating profit	$ 38,400	$ 71,000	$ (32,600)

During the quarter, the company produced 55,000 plastic chairs and 22,500 metal chairs. The costs incurred by each manufacturing unit are presented below.

	Quantity	Price	Plastic Model	Metal Model
Direct materials (stated in equivalent finished chairs):				
Purchases:				
Plastic	60,000	$5.65	$339,000	
Metal	30,000	$6.00		$180,000
Usage:				
Plastic	56,000	$5.00	280,000	
Metal	23,000	$6.00		138,000
Direct labor:				
9,300 hours at $6 per hour			55,800	
5,600 hours at $8 per hour				44,800
Manufacturing overhead:				
Variable:				
Supplies			43,000	18,000
Power			50,000	15,000
Employee benefits			19,000	12,000
Fixed:				
Supervision			14,000	11,000
Depreciation			12,000	9,000
Property taxes and other items			1,900	1,300

Standard variable manufacturing costs per unit and budgeted monthly fixed manufacturing costs for the current year are presented below.

	Plastic Model	Metal Model
Direct material	$ 5.00	$ 6.00
Direct labor:		
⅙ hour at $6 per direct labor-hour	1.00	
¼ hour at $8 per direct labor-hour		2.00
Variable overhead:		
⅙ hour at $12 per direct labor-hour	2.00	
¼ hour at $8 per direct labor-hour		2.00
Standard variable manufacturing cost per unit	$ 8.00	$10.00
Budgeted fixed costs per month:		
Supervision	$4,500	$3,500
Depreciation	4,000	3,000
Property taxes and other items	600	400
Total budgeted fixed costs for month	$9,100	$6,900

Variable marketing costs are budgeted to be 6 percent of sales-dollars.

Required:

Compute Markley Division's marketing price, mix, and quantity variances.

(CMA adapted)

21–26. Analyze Industry Effects on Contribution Margins

Refer to the data for the Markley Division (problem 21–25). Analyze the extent to which the activity variance can be explained in terms of industry and market share effects.

21–27. Sales Price, Mix, and Quantity Variances

The following information has been prepared by a member of the controller's staff of Duo, Inc.:

DUO, INC.
Income Statement
For the Year Ended December 31,
(in thousands)

	Product AR-10		Product ZR-7		Total	
	Budget	**Actual**	**Budget**	**Actual**	**Budget**	**Actual**
Unit sales	2,000	2,800	6,000	5,600	8,000	8,400
Sales	$6,000	$7,560	$12,000	$11,760	$18,000	$19,320
Variable costs	2,400	2,800	6,000	5,880	8,400	8,680
Fixed costs	1,800	1,900	2,400	2,400	4,200	4,300
Total costs	4,200	4,700	8,400	8,280	12,600	12,980
Operating profit	$1,800	$2,860	$ 3,600	$ 3,480	$ 5,400	$ 6,340

Required:

Analyze the above data to show the impact of price, quantity, and sales mix variances on operating profit.

(CMA adapted)

21–28. Materials Mix and Yield Variances

LAR Chemical Company manufactures a wide variety of chemical compounds and liquids for industrial uses. The standard mix for producing a single batch of 500 gallons of one liquid is as follows:

Liquid Chemical	Quantity (in Gallons)	Cost (per Gallon)	Total Cost
Maxan	100	$2.00	$200
Salex	300	.75	225
Cralyn	225	1.00	225
	625		$650

There is a 20 percent loss in liquid volume during processing due to evaporation. The finished liquid is put into 10-gallon bottles for sale. Thus, the standard material cost for a 10-gallon bottle is $13.

The actual quantities of direct materials and the cost of the materials placed in production during November were as follows (materials are purchased and used at the same time):

Liquid Chemical	Quantity (in Gallons)	Total Cost
Maxan	8,480	$17,384
Salex	25,200	17,640
Cralyn	18,540	16,686
	52,220	$51,710

A total of 4,000 bottles (40,000 gallons) were produced during November.

Required:

Calculate the total direct material variance for the liquid product for the month of November and then further analyze the total variance into:

a. Materials price and efficiency variances.

b. Materials mix and yield variances.

21–29. Labor Mix and Yield Variances

Landeau Manufacturing Company has a process cost accounting system. An analysis that compares the actual results with both a monthly plan and a flexible budget is prepared monthly. The standard direct labor rates used in the flexible budget are established each year at the time the annual plan is formulated and held constant for the entire year.

The standard direct labor rates in effect for the current fiscal year and the standard hours allowed for the output for the month of April are shown in the schedule below:

	Standard Direct Labor Rate per Hour	Standard Direct Labor-Hours Allowed for Output
Labor class III	$8	500
Labor class II	7	500
Labor class I	5	500

The wage rates for each labor class increased under the terms of a new union contract. The standard wage rates were not revised to reflect the new contract.

The actual direct labor-hours worked and the actual direct labor rates per hour experienced for the month of April were as follows:

	Actual Direct Labor Rate per Hour	Actual Direct Labor-Hours
Labor class III	$8.50	550
Labor class II	7.50	650
Labor class I	5.40	375

Required:

Calculate the dollar amount of the total direct labor variance for the month of April for Landeau Manufacturing Company and break down the total variance into the following components:

a. Direct labor price and efficiency variances.

b. Direct labor mix and yield variances.

(CMA adapted)

Integrative Cases

21–30. Comprehensive Review of Variances, Mix Variances, Analysis of Differences between Budget and Actual

Sip-Fizz Bottling Company prepared a sales and production budget for the 48-ounce bottle, 12-ounce can, and 10-ounce bottle units that the company produces and sells. Unit variable costs per case of soda are calculated as follows:

	Per-Case Costs		
Ingredient	48 Ounce	12 Ounce	10 Ounce
Syrup	$1.45	$1.00	$ .80
CO_2 gas	.02	.01	.01
Crown	.04	—	.04
Bottle	1.40		.30
Can		1.64	
Label	.07		
Total manufacturing cost	$2.98	$2.65	$1.15
Sales commission	.08	.14	.09
Advertising allowance	.08	.08	.08
Unit variable cost	$3.14	$2.87	$1.32

The advertising allowance is based on the number of cases sold. The selling price for the 48-ounce case is $5.40; for the 12-ounce case, $4.35; and for the 10-ounce case, $2.80. Sales for the month of November were forecasted at 70,000 cases of the 48-ounce bottles; 60,000 cases of 12-ounce cans; and 110,000 cases of 10-ounce bottles. Fixed costs were estimated at $175,000.

During November, actual sales amounted to 80,000 cases of 48-ounce bottles; 50,000 cases of 12-ounce cans; and 120,000 cases of 10-ounce bottles. Actual and budgeted selling prices were equal. Syrup costs were 10 percent greater than expected, but all other costs were at the same per-unit amount as indicated above. Total fixed costs, which are all other costs not explicitly identified above, amounted to $182,000.

The company uses variable costing for internal reporting purposes. There were no beginning and ending inventories.

Required:

a. Determine the budgeted and actual operating profits.

b. Explain the difference between the budgeted and actual net operating profits in as much detail as possible.

21–31. Dallas Consulting Group (Relate Activity Changes to Industry Effects)*

"I just don't understand why you're worried about analyzing our profit variance," said Dave Lundberg to his partner, Adam Dixon. Both Lundberg and Dixon were partners in the Dallas Consulting Group (DCG). "Look, we made $40,000 more profit than we expected (see Exhibit A). That's great as far as I am concerned," continued Lundberg. Adam Dixon agreed to come up with data that would help sort out the causes of DCG's $40,000 profit variance.

Exhibit A (21–31)   **Budget and Actual Results**

	Budget	Actual	Variance
Sales revenues	$630,000	$670,000	$40,000
Expenses:			
Salaries	460,000	460,000	—
Income	$170,000	$210,000	$40,000

DCG was a professional services partnership of three established consultants who specialize in cost reduction through the use of time-motion studies and through the streamlining of production operations by optimizing physical layout, labor, and so on. In both of these areas, DCG consultants spend a great deal of time studying customers' operations.

The three partners each received fixed salaries that represented the largest portion of operating expenses. Each partner had an independent office and accounted for office costs separately. DCG itself had only a post office box. All other DCG employees were also paid fixed salaries. No other significant operating costs were incurred by the partnership.

Revenues consisted solely of professional fees charged to customers for the two different types of services. Charges were based on the number of hours actually worked on a job. Thus, an increase in the actual number of hours worked on a job caused a corresponding increase in revenue. Since all salaries are fixed, however, DCG's total operating expenses do not change.

Following the conversation with Lundberg, Dixon gathered the data summarized in Exhibit B. He took the data with him to Lundberg's office and said, "I think I can identify several reasons for our increased profits. First of all, we raised the price for time-motion studies to $35 per hour. Also, if you remember, we originally estimated that the 10 consulting firms in the Dallas area would probably average about 15,000 hours of work each this year, so the total industry volume in Dallas would be 150,000 hours. However, a check with all of the local consulting firms indicates that the actual total consulting market must have been around 112,000 hours."

* Adapted from Robert Anthony, Glenn Welsch, and James S. Reece, *Fundamentals of Management Accounting,* 4th ed. (Homewood, Ill.: Richard D. Irwin, 1985).

Exhibit B (21-31)   **Detail of Revenue Calculations**

Service[a]	Hours	Rate	Amount
Service:			
A	6,000	$30	$180,000
B	9,000	50	450,000
	15,000		$630,000
Actual:			
A	2,000	35	70,000
B	12,000	50	600,000
	14,000		$670,000

[a] Service A = Time-motion studies. Service B = Consulting for production operations.

"This is indeed interesting, Adam," replied Lundberg. "These new data lead me to believe that there are several causes for our increased profits, some of which may have been negative. . . . Do you think you could quantify the effects of these factors in terms of dollars?"

Required: Use your knowledge of profit variance analysis to quantify this year's performance of DCG and explain the significance of each variance to Mr. Lundberg.

22

Decentralization and Performance Evaluation

OBJECTIVES

To understand the reasons why organization structures vary from company to company.

To understand the role that accounting information plays in monitoring performance in complex organizations.

As organizations become large and complex, the manager's task grows increasingly difficult. A common rule of thumb is that one supervisor can usually manage about 10 subordinates. Consequently, managerial duties are delegated in all but very small organizations.

Accounting can play an important role in evaluating the performance of those who have been delegated organizational responsibility. The use of accounting for performance evaluation is often called **responsibility accounting.** Budgeting and variance analysis, as discussed in Chapters 17 through 21, are part of the responsibility accounting process. In this and the next chapter, we discuss the costs and benefits of decentralization, the structure of organizational units, and the accounting measures used to evaluate the performance of organizational units and their managers.

Conceptual Framework

When authority is decentralized, a superior, whom we call a *principal,* delegates duties to a subordinate, whom we call an *agent.* We find **principal-agent relationships** in many settings, including:

Principals	Agents
Stockholders	Top management
Corporate (top) managers	Divisional managers
Taxi company owner	Taxicab drivers
Retail store manager	Department managers

Many aspects of both financial and managerial accounting have been developed to help monitor agency relations. Accounting information enables principals to evaluate agents' performance and make decisions about their future employment prospects. In addition, accounting information is used in employment contracts. Employee commissions and bonuses are often based on accounting performance measures.

Thus, accounting information has a motivating effect. Agents who know that accounting information is used in their evaluation have incentives to make themselves "look good" on that basis. Sometimes agents take actions to make themselves look good that are not in the best interests of their company.

For example, a farm implement manufacturing company paid its sales managers commissions based on their sales to dealers. During an adverse economic period, the sales managers pressured dealers to make purchases with the provision that the company would take back any equipment not sold in six months. Sales rapidly rose, and production management increased output to meet the increased demand. The salespeople were paid substantial bonuses for improved performance. In the meantime, the equipment sat in the dealers' showrooms. At the end of the six-month period, the dealers returned substantial quantities of equipment to the manufacturer. The accounting performance measure—sales to dealers—did not represent the more significant performance measure of sales to final purchasers. Hence, the commissions were paid even though the equipment was never sold to a final buyer.

The key issue facing every principal is how to develop a cost-justified performance evaluation system that captures the relevant performance measure. If information was costless, principals would always prefer more information to less.[1] But information is not costless; there are costs to produce the information, and managers incur costs to process the information so they can use it. Indeed, too much information can overwhelm a manager—leading to what is commonly referred to as **information overload**. So, principals must balance the cost of obtaining more information about an agent against the benefits of being better able to make decisions about the agent for future employment prospects, and motivating the agent to take desired actions.

Goal Congruence

When all members of an organization have incentives to perform in the common interest, total **goal congruence** exists. This occurs when the group acts as a team in pursuit of a mutually agreed-upon objective. Individual goal congruence occurs when an individual's personal goals are congruent with organizational goals.

While total congruence is uncommon, there are cases in which a strong team spirit suppresses individual desires to act differently. Examples include some military units and some athletic teams. Many companies attempt to achieve this esprit de corps. According to students of the Japanese management style, Japanese managers have created a strong team orientation among workers that has resulted in considerable goal congruence.

In most American business settings, however, personal goals and organizational goals differ. Employees and employers have different opinions of how much risk employees should take, how hard employees should work, and so forth. Performance evaluation and incentive systems are designed to encourage employees to *behave* as if their goals were congruent with organizational goals. This results in **behavioral congruence**; that is, an individual *behaves* in the best interests of the organization, regardless of his or her own goals.

Such behavioral congruence is also common in education. Examinations, homework, and the entire grading process are parts of a performance evaluation and incentive system that encourages students to behave in a certain manner. Sometimes the system appears to encourage the wrong kind of behavior, however. For example, if the goal of education is to encourage students to learn, they might be better off taking very difficult courses. But if students' grades suffer when they take difficult courses, they may have an incentive to take easier courses. As a result, some students take difficult courses and learn more, while others take easier courses in an attempt to maximize their grade-point averages.

Problems of this kind occur in all organizations, whenever it is not in the employees' best interest to take actions that are in the organization's best interest. Consider the case of a plant manager who believes that a promotion and bonus will result from high plant operating profits. Short-run profits will be lowered if the production line is closed for much-needed maintenance, but the company may be better off in the long run. The manager must decide between doing what makes the manager look good in the short run and doing what is in the best interest of the company.

---

[1] See Steven Shavell, "Risk Sharing and Incentives in the Principal and Agent Relationships," *The Bell Journal of Economics* 10, Spring 1979, pp. 55–73.

Although such conflicts cannot be totally removed, if they are recognized, they can be minimized. To deal with the problem described above, some companies budget maintenance separately. Others encourage employees to take a long-run interest in the company through stock-option and pension plans that are tied to long-run performance. Still others retain employees in a position long enough that any short-term counterproductive actions will catch up with them.

Organizational Structure

Some organizations are very **centralized:** decisions are handed down from the top, and subordinates carry them out. The military is a good example of centralized authority. At the other extreme are highly **decentralized** companies in which decisions are made at divisional and departmental levels. In many conglomerates, operating decisions are made in the field, while corporate headquarters is, in effect, a holding company.

The majority of companies fall between these extremes. At General Motors, for example, operating units are decentralized, while the research and development and finance functions are centralized.

Many companies begin with a centralized structure but become more and more decentralized as they grow. Consider the following example of a fast-food franchise that started with one hamburger stand.[2]

> We had a counter and 10 stools when we started. When winter came, we had to take out two stools to put in a heating furnace and almost went broke from the loss of revenue! But, during the following year, I obtained the statewide franchise for a nationally known barbeque chain, and I expanded my menu.
>
> At first, I did a little of everything—cooking, serving, bookkeeping, and advertising. I hired one full-time employee. There was little need for any formal management-control system—I made all important decisions, and they were carried out. Soon we had eight stores. (Each outlet or location is called a "store.") I was still trying to manage everything personally. Decisions were delayed. A particular store would receive food shipments, but no one was authorized to accept delivery. If a store ran out of supplies or change, its employees had to wait until I arrived to authorize whatever needed to be done. With only one store, I was able to spend a reasonable amount of time on what I call high-level decision making—planning for expansion, arranging financing, developing new marketing strategies, and so forth. But with eight stores, all of my time was consumed with day-to-day operating decisions.
>
> Finally, I realized that the company had grown too big for me to manage alone. So, I decentralized, setting up each store just like it was an independent operation. Now each store manager takes care of day-to-day operating decisions. Not only has this freed my time for more high-level decision making but it also provides a better opportunity for the store managers to learn about management, and it gives me a chance to evaluate their performance for promotion to higher management positions, which I intend to create soon.

Advantages of Decentralization

The larger and more complex an organization is, the greater the advantages of decentralization are. Some advantages of decentralization include:

1. *Faster response.* As described by the owner-manager of the fast-food chain, local managers can react to a changing environment more quickly than

---

[2] This example is based on an actual company for which one of the authors was a consultant.

can isolated top management. With centralized decision making, delays occur while information is transmitted to decision makers, and further delays occur while instructions are communicated to local managers.

2. *Wiser use of management's time.* The owner-manager of the fast-food chain complained that there was too little time for high-level decision making. Top management usually has a comparative advantage over middle management in this area. If their time is consumed by day-to-day operating decisions, they will be forced to ignore important strategic decisions. Furthermore, local managers may be able to make better operating decisions because of their technical expertise and knowledge about local conditions.

3. *Reduction of problems to manageable size.* There are limits to the complexity of problems that humans can solve.[3] Even with the aid of computers, some problems are too complex to be solved by a central management. By dividing large problems into smaller, more manageable parts, decentralization reduces the complexity of problems.

4. *Training, evaluation, and motivation of local managers.* By decentralizing, managers receive on-the-job training in decision making. Top management can observe the outcome of local managers' decisions and evaluate their potential for advancement. By practicing with small decisions, managers learn how to make big decisions. Finally, ambitious managers are likely to be frustrated if they only implement the decisions of others and never have the satisfaction of making their own decisions and carrying them out. This satisfaction can be an important motivational reward for managers.

Disadvantages of Decentralization

While there are many advantages of decentralization, there are also disadvantages. The major disadvantage is that local managers may make decisions that are not congruent with the preferences of top management and constituents of the organization (such as stockholders). Thus, decentralized companies incur the costs of monitoring and controlling the activities of local managers. They incur the costs that result when local managers make decisions and take actions that are not in the best interests of the organization and are missed by the monitoring system.

A company must weigh the costs and benefits and decide on an economically optimal level of decentralization. One can assume that for organizations that are highly centralized, the disadvantages of decentralization outweigh the advantages, while the reverse is true for companies that are decentralized.

Organization of Decentralized Units

There are five basic kinds of decentralized units: cost centers, discretionary cost centers, revenue centers, profit centers, and investment centers. (A *center* is just a responsibility unit in an organization, such as a department in a store or a division of a company.)

---

[3] This is often called "bounded rationality." An excellent discussion is provided by Herbert A. Simon, "Rational Decision Making in Business Organizations," *The American Economic Review,* September 1979.

Cost Centers

In cost centers, managers are responsible for the cost of an activity for which there is a well-defined relationship between inputs and outputs. (They are also called standard cost centers.) They are often found in manufacturing operations where inputs, such as direct materials and direct labor, can be specified for each output. The production departments of manufacturing plants are examples of cost centers. But the concept has been applied in nonmanufacturing settings too. In banks, for example, standards can be established for check processing, so check-processing departments might be cost centers. In hospitals, food services departments, laundries, and laboratories are often set up as cost centers.

Managers of cost centers are held responsible for the amount of inputs used to produce an output. Often the amount of output required will be determined by someone other than the cost center manager, such as the marketplace, top management, or the marketing department. A plant manager is often given a production schedule to meet as efficiently as possible. If the plant is operated as a cost center, manufacturing cost variances like those discussed in Chapter 19 are typically used to help measure performance. (Illustration 22–1 shows how the cost center typically appears on the organization chart.)

Illustration 22–1   **Organization Structure and Responsibility Centers**

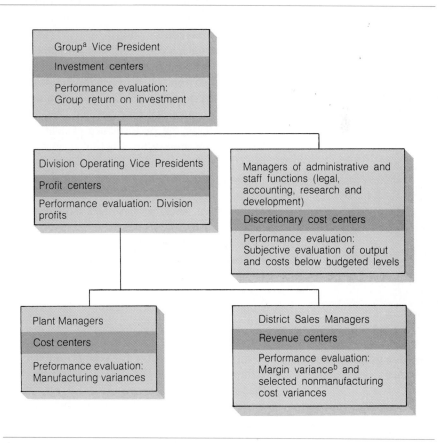

a "Group" refers to a group of divisions.
b Margin variances are based on the contribution margin (price minus variable cost) of the products sold.

Discretionary Cost Centers

The cost centers described above require a well-specified relationship between inputs and outputs for performance evaluation. When managers are held responsible for costs, but the input-output relationship is not well specified, a **discretionary cost center** is established. Legal, accounting, research and development, advertising, and many other administrative and marketing departments are usually discretionary cost centers (for example, see Illustration 22–1). Discretionary cost centers are also common in government and other nonprofit organizations, where budgets are used as a ceiling on expenditures. Managers are usually evaluated on bases other than costs. However, there are usually penalties for exceeding the budget ceiling.

Revenue Centers

Managers of **revenue centers** are typically responsible for marketing a product. Consequently, the manager is held responsible for revenue or contribution margin variances (see Chapters 18 and 21 for definitions of these variances). An example of a revenue center is the sportswear department of a large department store in which the manager is held responsible for merchandise sales.

Profit Centers

Managers of **profit centers** are held accountable for profits. They manage both revenues and costs (as shown in Illustration 22–1). Managers of profit centers have more autonomy than do managers of cost or revenue centers; thus, they sometimes have more status.

For example, a diversified company may organize its chemical manufacturing division as a cost center. However, if the company has its chemical operation organized so that chemical manufacturing and chemical marketing are both units within the Chemical Division, then the Chemical Division may be operated as a profit center. All revenues and costs of Chemical Division activities would be included in the performance evaluation basis. A profit center is evaluated based on a comparison of actual profits with planned profits. Profit variances are analyzed to support the evaluation decision.

Investment Centers

Managers of **investment centers** have responsibility for profits and investment in assets. These managers have relatively large amounts of money with which to make capital budgeting decisions. For instance, in one company, the manager of a cost center cannot acquire assets that cost more than $5,000 without approval from a superior, but an investment center manager can make acquisitions costing up to $500,000 without higher approval. Investment centers are evaluated using some measure of profits related to the invested assets in the center.

The Use of Responsibility Centers

A survey of the Fortune 1,000 largest industrial companies provided some interesting results about the use of **responsibility centers**.[4] Of the 620 companies that responded to the survey, 95.8 percent had profit centers or investment centers, and 74 percent had two or more investment centers. Investment centers were found in the majority of firms in all industries and for all sizes of companies

---

[4] See James Reece and William Cool, "Measuring Investment Center Performance," *Harvard Business Review,* May–June 1978, pp. 28 ff.

with one exception: 56 percent of the companies in the smallest size category (sales less than $100 million) had no investment centers.

As depicted in Illustration 22–1, the form a responsibility center takes is closely related to its position in the organizational structure. For the company shown, plant managers run cost centers and district sales managers operate revenue centers. Moving up the organization chart, we find that division managers who are in charge of both plant managers and district sales managers have responsibility for profits.

Of course, every company is organized uniquely (in some highly decentralized companies, manufacturing plants are profit centers, for example). However, it is generally true that a broader scope of authority and responsibility, hence profit or investment centers, are found at higher levels in an organization.

Performance Measurement

We discussed performance measures for cost centers and revenue centers in Chapters 17 through 21. Here we examine performance measurement in discretionary cost centers, profit centers, and investment centers.

Performance Measurement in Discretionary Cost Centers

Discretionary costs, which may include research and development, accounting systems, and similar costs, are difficult to manage because their appropriate levels are difficult to determine. For the same reason, it is difficult to evaluate the performance of a discretionary cost center manager. Companies have tried numerous methods of determining appropriate relationships between discretionary costs and activity levels and comparison with other firms. But relating costs to activity levels remains primarily a matter of management judgment or discretion. Consequently, managers of discretionary cost centers are typically given a budget and instructed not to exceed it without higher-level authorization. In most governmental units, it is against the law to exceed the budget without obtaining authorization from a legislative body (Congress, the state legislature, the city council).

Such a situation can invite suboptimal behavior. Managers have incentives to spend all of their budgets, even if some savings could be achieved, to support their requests for the same or higher budgets in the following year. Furthermore, there is often no well-specified relationship between the quality of services and costs. (Would the quality of research and development go down 10 percent with a 10 percent cut in funds? Would crime increase 10 percent if police department funds were cut 10 percent?)

Ideally, we want to measure performance in a well-specified way, as we do when comparing actual inputs to standard inputs in a cost center. But it is very difficult and costly to measure the performance of the manager and workers in a discretionary cost center. Thus, it is also hard to provide incentives for employees to perform at the levels that best achieve organizational goals.

Consequently, the budgets of discretionary cost centers are often based on negotiation and agreement between the cost center manager and top management. The budget then becomes a constraint on cost center operations. Cost center management is expected to perform as well as possible within the budget constraint. Top management often finds it pays to carefully pick discretionary cost center managers who are loyal to the organization and committed to helping achieve its objectives. These managers can be given considerable freedom with a high probability that they will not intentionally suboptimize.

Cost Cutting. Discretionary cost centers are prime targets for short-run cost cutting. It is easy to observe an immediate 10 percent cost savings, while the consequences may not be observed until the distant future, if ever. Therefore, when top management decides to cut costs, discretionary cost centers are often the first to be affected. On the other hand, when times are good, discretionary cost centers may receive a surplus of funds because of overoptimism about future prospects. As a result, managers of discretionary cost centers may try to build in some slack so that when funds are cut they can continue to provide at least minimal services. The manager of an accounting department put it this way: "When times are good, we spend a lot on employee training and recruiting, and we stock up on supplies and equipment. In tough times we can cut out the frills and use up the excess supplies and equipment. This carries us through without drastically hurting our level of services." Whether this is the best way to manage remains an open question.[5]

Performance Measurement in Profit Centers

Decentralized organizations depend heavily on profit measures to evaluate the performance of decentralized units and their managers. Due to the difficulties of measuring profits, many companies have tried to use multiple measures of performance. In the early 1950s, General Electric proposed an extensive and innovative performance measurement system that evaluated market position, productivity, product leadership, personnel development, employee attitudes, public responsibility, and balance between short-range and long-range goals in addition to profitability. But even when a company uses a broad range of performance measures, accounting results continue to play an important role in performance evaluation. A commonly heard adage is that "hard" measures of performance tend to drive out "soft" measures. Nevertheless, no accounting measure can fully measure the performance of an organizational unit or its manager.

In profit centers, we encounter the usual problems related to measuring profits for the company as a whole plus an important additional one: How are the company's revenues and costs allocated to each profit center? A profit center that is totally separate from all other parts of the company operates like an autonomous company. The profits of that kind of center can be uniquely identified with it.

But a completely independent profit center is a highly unusual case. Most profit centers have costs (and perhaps revenues) in common with other units. The profit center may share facilities with other units or use headquarters' staff services, for example. If so, the company faces a cost allocation problem (see Chapters 4 and 7).

A related problem involves the transfer of goods between a profit center and other parts of the organization. Such goods must be priced so that the profit center manager has incentives to trade with other units when it is in the best interests of the organization. Chapter 23 discusses this transfer pricing problem in more detail.

---

[5] See Michael Schiff and Arie Lewin, "The Impact of People on Budgets," *The Accounting Review,* April 1970, pp. 259–69; and James March and Herbert Simon, *Organizations* (New York: John Wiley & Sons, 1958), chaps. 5 and 6.

There are no easy ways to determine how to measure performance in a profit center. Much is left to managerial judgment. Whatever the process chosen, its objective should be straightforward: measure employees' performance in ways that motivate them to work in the best interest of their employers and compare that performance to standards or budget plans.

Performance Measurement in Investment Centers

Managers of investment centers are responsible for profits and investment in assets. They are evaluated on their ability to generate a sufficiently high **return on investment (ROI)** to justify the investment in the division.

This return on investment (ROI) is computed as follows:

$$\text{ROI} = \frac{\text{Operating profits}}{\text{Investment center assets}}$$

It is often divided into *profit margin* and *asset turnover* parts, as follows:

$$\text{ROI} = \text{Profit margin} \times \text{Asset turnover}$$

$$= \frac{\text{Operating profit}}{\text{Sales}} \times \frac{\text{Sales}}{\text{Investment center assets}}$$

$$= \frac{\text{Operating profit}}{\text{Investment center assets}}$$

The **profit margin** is a measure of the investment center's ability to control its costs for a given level of revenues. The lower the costs required to generate a dollar of revenue, the higher the profit margin.

The **asset turnover** ratio is a measure of the investment center's ability to generate sales for each dollar of assets invested in the center.

Relating profits to capital investment is an intuitively appealing concept. Capital is a scarce resource. If one unit of a company shows a low return, the capital may be better employed in another unit where the return is higher, or invested elsewhere, or paid to stockholders.

Relating profits to investment also provides a scale for measuring performance. For example, Investment A generated $200,000 in operating profits, while Investment B generated $2,000,000. But Investment A required a capital investment of $500,000, while Investment B required an investment of $20,000,000. As you can see from the following calculation, **return on investment** (ROI) provides a different picture from operating profits.

	Investment	
	A	**B**
1. Operating profits	$200,000	$ 2,000,000
2. Investment	500,000	20,000,000
3. Return on investment (1) ÷ (2)	40%	10%

Although ROI is a commonly used performance measure, it has its limitations. The many difficulties of measuring profits affect the numerator, while problems in measuring the investment base affect the denominator. Consequently, it is difficult to make precise comparisons among investment centers.

Measuring Investment Center Assets and Profits

Each company is likely to measure an investment center's operating profits and assets in somewhat different ways. For example, Reece and Cool found that 40 percent of the companies that had investment centers defined "investment center profits" consistently with the way net income is calculated for shareholder reporting. However, many companies did not assess income taxes, allocate corporate administrative costs, or allocate interest on corporate debt to investment centers.

Companies also differ in the assets that they assign to an investment center. Reece and Cool asked which assets were included in the calculation of an investment center's asset base and found the following assets were included by the indicated percentage of companies[6]:

Asset	Percentage Including
Cash	63
Receivables	94
Inventories	95
Land and buildings used solely by the investment center	94
Allocated share of corporate headquarter's assets	16

Most companies define an asset base that is easily understandable and approximates the assets that the investment center manager is accountable for. Including assets in the base encourages managers to manage those assets.

Choice of Measure: ROI versus Residual Income

ROI evaluation is widely used in companies. However, the method has some drawbacks. Some contend that if managers are encouraged to maximize ROI, they may turn down investment opportunities that are above the minimum acceptable rate for the corporation but below the rate their center is currently earning. For example, suppose that a corporation has a cost of capital of 15 percent. A division has an opportunity to make an additional investment that will return $400,000 per year for a $2,000,000 investment. The ROI for this project is 20 percent (which is $400,000 ÷ $2,000,000), so the project qualified at the corporate level in meeting ROI targets. Assuming the project meets all other corporate requirements, it should be accepted. However, the manager of the division in which the investment would take place may reject the investment if the division's ROI is greater than 20 percent. For example, suppose that the center currently earns:

---

[6] J. S. Reece and W. R. Cool, "Measuring Investment Center Performance," *Harvard Business Review,* May–June 1978.

$$\text{ROI} = \frac{\$1,000,000}{\$4,000,000} = 25 \text{ percent}$$

With the new investment, ROI would be:

$$\text{ROI} = \frac{\$1,000,000 + \$400,000}{\$4,000,000 + \$2,000,000} = 23.3 \text{ percent}$$

Because a comparison of the old and new returns would imply that performance had worsened, the center's manager might hesitate to make such an investment, even though the investment would have a positive benefit for the company as a whole.

An alternative is to measure **residual income (RI).** Residual income is defined as:

$$\frac{\text{Investment center}}{\text{operating profits}} - [\text{Capital charge} \times \text{Investment center assets}],$$

where the capital charge is the minimum acceptable rate of return.

Using the numbers from the previous example, we can see the impact of the investment in additional plant capacity on residual income. Before the investment:

$$
\begin{aligned}
\text{RI} &= \$1,000,000 - (.15 \times \$4,000,000) \\
&= \$1,000,000 - \$600,000 \\
&= \underline{\underline{\$400,000}}
\end{aligned}
$$

The residual income from the additional investment in plant capacity is:

$$
\begin{aligned}
\text{RI} &= \$400,000 - (.15 \times \$2,000,000) \\
&= \$400,000 - \$300,000 \\
&= \underline{\underline{\$100,000}}
\end{aligned}
$$

Hence, after the additional investment, the residual income of the division will increase to:

$$
\begin{aligned}
\text{RI} &= (\$1,000,000 + \$400,000) - [.15 \times (\$4,000,000 + \$2,000,000)] \\
&= \$1,400,000 - (.15 \times \$6,000,000) \\
&= \$1,400,000 - \$900,000 \\
&= \underline{\underline{\$500,000}}
\end{aligned}
$$

The additional investment in plant capacity *increases* residual income, appropriately improving the measure of performance.

Most managers recognize the weakness of ROI and take it into account when ROI is lowered by a new investment. This may partially explain why residual income does not dominate ROI as a performance measure. Moreover, residual income is not the net income reported to shareholders. Thus, it may be a less familiar concept for managers than operating profits or divisional net income. In addition, ROI is expressed as a percentage that can be compared with related percentages—like the cost of capital, the prime interest rate, and the Treasury bill rate. Most companies studied by Reece and Cool use ROI.[7] Only 2 percent used residual income alone, while 28 percent used both ROI and residual income.

For the remainder of this section, we use ROI for illustrative purposes, but the issues we discuss apply equally to ROI and residual income.

Measuring the Investment Base

Three issues are frequently raised in measuring investment bases: (1) Should *gross* book value be used? (2) Should investment in assets be valued at historical cost or current value? and (3) Should investment be measured at the beginning or the end of the year? While no method is inherently right or wrong, some may have advantages over others. Further, it is important to understand how the measure of the investment base will affect ROI.

Gross Book versus Net Book Value. Suppose that a company uses straight-line depreciation for a physical asset with a 10-year life and no salvage value.

The cost of the asset does not change; it is the same in Year 3 as in Year 1. Illustration 22–2 compares ROI under net book value and gross book value for the first three years. For simplicity, all operating profits before depreciation in the computation are assumed to take place at the end of the year, and ROI is based on year-end value of the investment.

Note that the ROI increases each year under the net book value method even though no operating changes take place. This occurs because the numerator remains constant, while the denominator decreases each year as depreciation accumulates.

Critics contend that if these ROI numbers are used naively, investment center managers have incentives to postpone replacing assets longer than economically wise because their ROI will go down on replacement. In addition, the net book value method makes a center with old assets look better than a comparable center with new assets. As one manager told us: "The secret is to get into a center just after assets have been bought and run it until it's time to replace them. ROI is at a peak then because there is very little investment base. Then transfer to another center that has new assets. Of course, the poor fellow that follows you has to replace assets and watch ROI plummet." While such a strategy may work, we suspect the opportunities for such game playing are relatively few. Moreover, if top management is observant, a manager playing such a strategy should be detected after relatively few moves.

Historical Cost versus Current Cost. The previous example assumed no inflation. Working with the same facts, assume that the current replacement cost of the asset increases 20 percent per year, as do operating cash flows. Illustration 22–3 compares ROI under historical cost and current cost.

Note that ROI increases each year under the historical cost methods even though no operating changes take place. This occurs because the numerator is measured in current dollars to reflect current cash transactions, while the denominator and depreciation charges are based on historical cost. The current cost—gross book value method—reduces the effect by adjusting both the depreci-

---

[7] Ibid.

Illustration 22–2

The Impact of Net Book versus Gross Book Value Methods on ROI (in thousands)

Facts: Operating profits before depreciation (all in cash flows at end of year):
Year 1, $100; Year 2, $100; and Year 3, $100.
Asset cost at *beginning* of Year 1, $500. The only asset is depreciable, with a 10-year life and no salvage value. Straight-line depreciation is used. The straight-line rate is 10% per year. The denominator in the ROI calculations is based on *end*-of-year asset values.

Year	Net Book Value	Gross Book Value
1	$\text{ROI} = \dfrac{\$100^a - (.1 \times \$500)^b}{\$500^c - (.1 \times \$500)^d}$	$\text{ROI} = \dfrac{\$50^e}{\$500}$
	$= \dfrac{\$50}{\$450} = \underline{\underline{11.1\%}}$	$= \underline{\underline{10\%}}$
2	$\text{ROI} = \dfrac{\$100 - (.1 \times \$500)}{\$450 - (.1 \times \$500)}$	$\text{ROI} = \dfrac{\$50}{\$500}$
	$= \dfrac{\$50}{\$400} = \underline{\underline{12.5\%}}$	$= \underline{\underline{10\%}}$
3	$\text{ROI} = \dfrac{\$100 - (.1 \times \$500)}{\$400 - (.1 \times \$500)}$	$\text{ROI} = \dfrac{\$50}{\$500}$
	$= \dfrac{\$50}{\$350} = \underline{\underline{14.3\%}}$	$= \underline{\underline{10\%}}$

[a] The first term in the numerator is the annual cash operating profits.

[b] The second term in the numerator is depreciation for the year.

[c] The first term in the denominator is the beginning-of-year value of the assets used in the investment base.

[d] The second term in the denominator reduces the beginning-of-year value of the asset by the amount of current year's depreciation.

[e] $50 = $100 − ($500 × .1). Companies sometimes use only cash flows in the numerator.

ation in the numerator and the investment base in the denominator to reflect price changes. Measuring current costs can be a difficult and expensive task, however, so there is a trade-off in the choice of performance measures.

We derived a level ROI in the current cost, gross book value method because the asset and all other prices increased at the same rate. If inflation affecting cash flows in the numerator increases faster than the current cost of the asset in the denominator, then ROI will increase over the years until asset replacement, under the current cost method. Of course, ROI will decrease over the years until asset replacement if the denominator increases faster than the numerator.

Although current cost may seem to be a superior measure of ROI, recall that there is no single right or wrong measure. In fact, Reece and Cool reported that 85 percent of the companies with investment centers used historical cost net book value.[8] In many cases, more than one-half of the assets in the denominator are current assets which are not subject to these distortions. In general, how a performance measure is used is more important than how it is calculated.

---

[8] Ibid.

Facts: Operating profits before depreciation (all in cash flows at end of year):
Year 1, $100; Year 2, $120; and Year 3, $144.
Annual rate of price changes is 20 percent.
Asset cost at *beginning* of Year 1 is $500. The only asset is depreciable with 10-year life and no salvage value. Straight-line depreciation is used; the straight-line rate is 10 percent per year. The denominator in the ROI computation is based on *end*-of-year asset value.

	Historical Cost Net Book Value (1)	**Current Cost Net Book Value (2)**
Year		

1

$$\text{ROI} = \frac{\$100^a - (.1 \times \$500)^b}{\$500^c - (.1^f \times \$500)^d}$$

$$= \frac{\$50}{\$450} = \underline{\underline{11.1\%}}$$

$$\text{ROI} = \frac{\$100 - (.1 \times \boxed{1.2^e} \times \$500)}{(\boxed{1.2^e} \times \$500) - (.1 \times \boxed{1.2^e} \times \boxed{\$500})}$$

$$= \frac{\$100 - \$60}{\$600 - \$60} = \frac{\$40}{\$540} = \underline{\underline{7.4\%}}$$

2

$$\text{ROI} = \frac{\$120 - (.1 \times \$500)}{\$500 - (.2^f \times \$500)}$$

$$= \frac{\$70}{\$400} = \underline{\underline{17.5\%}}$$

$$\text{ROI} = \frac{\$120 - (.1 \times \boxed{1.2} \times \boxed{\$600})}{(\boxed{1.2} \times \boxed{\$600}) - (.2^f \times \boxed{1.2} \times \boxed{\$600})}$$

$$= \frac{\$120 - \$72}{\$720 - \$144} = \frac{\$48}{\$576} = \underline{\underline{8.3\%}}$$

3

$$\text{ROI} = \frac{\$144 - (.1 \times \$500)}{\$500 - (.3^f \times \$500)}$$

$$= \frac{\$94}{\$350} = \underline{\underline{26.9\%}}$$

$$\text{ROI} = \frac{\$144 - (.1 \times \boxed{1.2} \times \boxed{\$720})}{(\boxed{1.2} \times \boxed{\$720}) - (.3^f \times 1.2 \times \boxed{\$720})}$$

$$= \frac{\$144 - \$86.4}{\$864 - \$259.2} = \frac{\$57.6}{\$604.8} = \underline{\underline{9.5\%}}$$

	Historical Cost Gross Book Value (3)	**Current Cost Gross Book Value (4)**

1

$$\text{ROI} = \frac{\$100 - 50}{\$500}$$

$$= \frac{\$50}{\$500} = \underline{\underline{10\%}}$$

$$\text{ROI} = \frac{\$100 - \$60}{(\boxed{1.2} \times \$500)}$$

$$= \frac{\$40}{\$600} = \underline{\underline{6.7\%}}$$

2

$$\text{ROI} = \frac{\$120 - 50}{\$500}$$

$$= \frac{\$70}{\$500} = \underline{\underline{14\%}}$$

$$\text{ROI} = \frac{\$120 - \$72}{(\boxed{1.2} \times \boxed{\$600})}$$

$$= \frac{\$48}{\$720} = \underline{\underline{6.7\%}}$$

3

$$\text{ROI} = \frac{\$144 - 50}{\$500}$$

$$= \frac{\$94}{\$500} = \underline{\underline{18.8\%}}$$

$$\text{ROI} = \frac{\$144 - \$86.4}{(\boxed{1.2} \times \boxed{\$720})}$$

$$= \frac{\$57.6}{\$864} = \underline{\underline{6.7\%}}$$

Note: Boxed amounts in the current cost computations are the cause of differences between current cost and historical cost methods.

[a] The first term in the numerator is the annual operating profits before depreciation.

[b] The second term in the numerator is depreciation for the year.

[c] The first term in the denominator is the beginning of the first year value of the assets used in the investment base.

[d] The second term in the denominator reduces the beginning-of-year value of the asset by the amount of accumulated depreciation.

[e] This term (1.2) adjusts the beginning-of-year asset value to the end-of-year value (current value).

[f] This term reduces the net book value of the asset. The replacement cost is reduced by 10 percent for depreciation at the end of Year 1, by 20 percent at the end of Year 2, and by 30 percent at the end of Year 3.

All of the measures we have presented can offer useful information. As long as the measurement method is understood, it can enhance performance evaluation.

Beginning, Ending, or Average Balance. An additional problem arises in measuring the investment base for performance evaluation. Should the base be the beginning, ending, or average balance? Using the beginning balance may encourage asset acquisitions early in the year to increase income for the entire year. Asset dispositions would be encouraged at the end of the year to reduce the investment base for next year. If end-of-year balances are used, similar incentives exist to manipulate purchases and dispositions. Average investments would tend to minimize this problem, although it may be more difficult to compute. In choosing an investment base, management must balance the costs of the additional computations required for average investment against the potential negative consequences of using the beginning or ending balances.

Comparing the Performance of Investment Centers

A company is often tempted to compare the performance of its investment centers and even to encourage competition among them. The problems inherent in ROI measurement complicate such comparisons. In addition, investment centers may be in very different businesses. It is very difficult to compare the performance of a manufacturing center with the performance of a center that provides consulting service and has a relatively small investment base. Differences in the riskiness of investment centers should also be taken into account. We recommend comparing the performance of investment centers only if they are very similar.

When there are diverse investment centers, management will frequently establish target ROIs for the individual investment centers. The investment center will be evaluated by comparing the actual ROI with the target ROI. Such a comparison procedure is similar to the budget versus actual comparisons that are made for cost centers, revenue centers, and profit centers. It sometimes makes more sense to compare the ROI of an investment center with a company in the same industry than to compare it with other investment centers in its company.

Evaluating Managers versus Evaluating Centers

The evaluation of a manager is not necessarily identical to the evaluation of the cost, profit, or investment center. As a general rule, managers are evaluated based on a comparison of actual results to targets. A manager who is asked to take over a marginal operation and turn it around may be given a minimal ROI target, consistent with the past performance of the division. If the manager meets or exceeds that target, the manager would be rewarded. However, it may be that even with the best management, a division cannot be turned around. Thus, it is entirely possible that the center would be disbanded even though the manager had received a highly positive evaluation. In addition, top management would like to reward the manager that performs well in an adverse situation but, conversely, should be willing to bail out of a bad operation if better use can be made of company resources.

An interesting problem arises in implementing this concept in an ongoing division. How does one evaluate the performance of a manager who takes over an existing division where the assets, operating structure, and markets are established prior to the manager's arrival at the helm? The new manager cannot control the fact that certain assets are on hand, nor can the new manager control the markets in which the division operates at the time the manager takes over. However, in time, the new manager can change all of these factors.

As a general rule, evaluating the manager on the basis of performance targets, as suggested earlier in this chapter, overcomes this problem. The new manager establishes a plan for operating the division and works with top management to set targets for the future. Those targets are compared to actual results as the plan is enacted, and the manager is evaluated based on those results. In short, the longer the manager is at the division, the more responsibility the manager takes for its success.

Summary

Performance evaluation is usually based on a responsibility accounting system. The key factor in establishing a performance evaluation system is to encourage all segments of an organization to act to attain common organization goals. The evaluation system must be cost effective. There is a great diversity in organization structures, ranging from highly centralized to highly decentralized organizations. We presume the degree of centralization is established to optimize the balance between the costs of decentralization and the benefits.

Organization subunits may be organized as cost centers, discretionary cost centers, revenue centers, profit centers, or investment centers. The basis for evaluation of each type of center is designed to capture the activities that are under the control of the center manager. Cost centers, revenue centers, and profit centers are usually evaluated based on a comparison of actual performance with budgeted goals. Investment centers are evaluated on the basis of the efficiency with which the assets employed in the center are used to generate profits. The usual form of measurement for investment centers is return on investment (ROI).

Managers are typically evaluated by comparing established performance targets with actual results. Centers are evaluated using an opportunity cost approach. Hence, a manager can excel in the management of a mediocre center, and, conversely, a manager could receive a poor evaluation in a highly profitable center. In general, top managers match the performance measurement system with the factors that are under the control of the center or of the manager of the center. This promotes evaluation based on the factors that the manager or center can use to impact results.

Terms and Concepts

The following terms and concepts should be familiar to you after reading this chapter.

Asset Turnover	**Discretionary Cost Center**
Behavioral Congruence	**Discretionary Costs**
Centralized	**Goal Congruence**
Cost Centers	**Information Overload**
Current Cost	**Investment Center**
Decentralized	**Principal-Agent Relationship**

Profit Center
Profit Margin
Residual Income (RI)
Responsibility Accounting

Responsibility Center
Return on Investment (ROI)
Revenue Center

Self-Study Problem No. 1

The Mars Division of Hyperspace Company has assets of $1.4 billion, operating profits of $.35 billion, and a cost of capital of 30 percent.

Required:

Compute ROI and residual income.

Solution to Self-Study Problem No. 1

$$ROI = \frac{\$.35 \text{ billion}}{1.4 \text{ billion}} = 25\%$$

$$RI = \$.35 \text{ billion} - (.30 \times \$1.4 \text{ billion})$$
$$= \$.35 \text{ billion} - .42 \text{ billion}$$
$$= -\$.07 \text{ billion (that is, a residual}$$
$$\text{"loss" of \$70 million)}$$

Self-Study Problem No. 2

Current Value versus Historical Cost

The E Division of E. T. Enterprises acquired depreciable assets costing $2,000,000. The cash flows from these assets for three years were as follows:

Year	Cash Flow
1	$500,000
2	600,000
3	710,000

The current cost of these assets was expected to increase 25 percent per year. Depreciation of these assets for internal, managerial purposes was 10 percent per year; the assets have no salvage value. The denominator in the ROI calculation is based on *end*-of-year asset values.

Required:

Compute the ROI for each year under each of the following methods:

a. Historical cost, net book value.

b. Historical cost, gross book value.

c. Current cost, net book value.

d. Current cost, gross book value.

Solution to Self-Study Problem No. 2

(a) and *(b)* historical cost:

Year	Net Book Value	Gross Book Value
1	$ROI = \dfrac{\$500,000 - (.10 \times \$2,000,000)^a}{\$2,000,000 - (.10 \times \$2,000,000)}$	$ROI = \dfrac{\$300,000}{\$2,000,000}$
	$= \dfrac{\$300,000}{\$1,800,000} = 16.7\%$	$= 15\%$
2	$ROI = \dfrac{\$600,000 - (.10 \times \$2,000,000)}{\$1,800,000 - (.10 \times \$2,000,000)}$	$ROI = \dfrac{\$400,000}{\$2,000,000}$
	$= \dfrac{\$400,000}{\$1,600,000} = 25\%$	$= 20\%$
3	$ROI = \dfrac{\$710,000 - (.10 \times \$2,000,000)}{\$1,600,000 - (.10 \times \$2,000,000)}$	$ROI = \dfrac{\$510,000}{\$2,000,000}$
	$= \dfrac{\$510,000}{\$1,400,000} = 36.4\%$	$= 25.5\%$

(c) and *(d)* current cost:

Year	Net Book Value	Gross Book Value
1	$ROI = \dfrac{\$500,000 - (.10 \times 1.25^b \times \$2,000,000)}{(1.25 \times \$2,000,000) - (.10^c \times 1.25 \times \$2,000,000)}$	$\dfrac{\$250,000}{\$2,500,000}$
	$= \dfrac{\$500,000 - 250,000}{\$2,500,000 - 250,000} = 11.1\%$	$= 10\%$
2	$ROI = \dfrac{\$600,000 - (.10 \times 1.25 \times \$2,500,000)}{(1.25 \times \$2,500,000) - (.20^c \times 1.25 \times \$2,500,000)}$	$\dfrac{\$287,500}{\$3,125,000}$
	$= \dfrac{\$600,000 - 312,500}{\$3,125,000 - 625,000} = 11.5\%$	$= 9.2\%$
3	$ROI = \dfrac{\$710,000 - (.10 \times 1.25 \times \$3,125,000)}{(1.25 \times \$3,125,000) - (.30^c \times 1.25 \times \$3,125,000)}$	$\dfrac{\$319,375}{\$3,906,250}$
	$= \dfrac{\$710,000 - 390,625}{\$3,906,250 - 1,171,875}$	$= 8.2\%$
	$= \dfrac{\$319,375}{\$2,734,375} = 11.7\%$	

[a] The first term in the numerator is annual cash flow; the second term in the numerator is annual depreciation; the first term in the denominator is the beginning-of-year net book value of the asset; the second term in the denominator reduces the beginning-of-year value by the amount of the current year's depreciation.

[b] This term increases asset value to replacement cost.

[c] This reduces the net book value of the asset by 10 percent after one year, by 20 percent after two years, and by 30 percent after three years.

Questions

22–1. Accounting is supposed to be a neutral, relevant, and objective measure of performance. Why would problems arise when applying accounting measures to performance evaluation contexts?

22–2. A company prepares the master budget by taking each division manager's estimate of revenues and costs for the coming period and entering the data into the budget without adjustment. At the end of the year, division managers are given a bonus if their division "profit" is greater than the budget. Do you see any problems with this system?

22–3. Is top management ever an agent in a principal-agency relationship as discussed in the chapter?

22–4. Is top management ever a principal in a principal-agency relationship as discussed in the chapter?

22–5. Sales managers in a company were paid on an incentive system based on the number of units sold to ultimate buyers (that is, the units were not likely to be returned except if defective). How might that incentive system lead to dysfunctional consequences?

22–6. XYZ Division of Multitudenous Enterprises, Inc., produces and sells blank video disks. The division is evaluated based on income targets. The company uses the same measure of income for division performance evaluation as for external reporting. What problems, if any, can you envision in this performance evaluation system?

22–7. You overhear the comment, "This whole problem of measuring performance for segment managers using accounting numbers is so much hogwash. We pay our managers a good salary and expect them to do the best possible job. At least with our system there is no incentive to play with the accounting data." Does the comment make sense?

22–8. What are the advantages of using an ROI-type measure rather than the absolute value of division profits as a performance evaluation technique?

22–9. Under what conditions would the use of ROI measures inhibit goal-congruent decision making by a division manager?

22–10. The chapter suggested there might be some problems in the use of residual income. Can you suggest what some of those problems might be?

22–11. Using historical costs of assets in the ROI denominator is a mismatch of current revenues and costs in the numerator with the denominator. This problem may be corrected by using current costs in the denominator. No changes need be made to the numerator. How do you feel about this suggestion?

22–12. Central management of Holdum, Inc., evaluated divisional performance using residual income measures. The division managers were ranked according to the residual income in each division. A bonus was paid to all division managers with residual income in the upper half of the ranking. The bonus amount was in proportion to the residual income amount. No bonus was paid to managers in the lower half of the ranking. What biases might arise in this system?

22–13. Parsed Phrases Corporation entered into a loan agreement that contained the provision that Parsed Phrases would be required to make additional interest payments if its net income fell below a certain dollar amount. Immediately after the agreement was signed, the FASB instituted a new accounting requirement that caused Parsed's income to fall below the requirements. Absent the accounting change, Parsed would have met the income requirement.

(a) Should the pre-change or post-change income number be used to determine if Parsed should pay the additional interest charge? Why or why not?

(b) Would your answer in *(a)* change if Parsed has entered into a management contract that provided that the new manager would be paid a bonus based on achieving certain income levels. However, after taking office, the accounting rules changed so that the manager could never achieve those agreed upon income levels?

22–14. Management of Division A is evaluated based on residual income measures. The division can either lease or buy a certain asset. Would the performance evaluation technique have any impact on the lease-or-buy decision? Why or why not?

22–15. What impact does the use of gross book value or net book value in the investment base have on the computation of ROI?

Exercises

22–16. Compute Residual Income and ROI

Des Moines Division of The Iowa Corporation has assets of $1,400,000. During the past year, the division had profits of $250,000. Iowa Corporation has a cost of capital of 14 percent.

Required:

a. Compute the division ROI.

b. Compute the division residual income.

22–17. Impact of New Project on Performance Measures

A division manager is considering the acquisition of a new asset that will add to profit. The division is expected to earn $750,000 on other assets of $2,700,000. The company's cost of capital is 20 percent. The new investment has a cost of $450,000 and will have a yearly cash flow of $167,000. The asset will be depreciated using the straight-line method over a six-year life and is expected to have no salvage value. The new asset meets the company's discounted cash flow investment criteria. Division performance is measured using an investment base of the original cost of division assets.

Required:

a. What is the division ROI before acquisition of the new asset?

b. What is the division ROI after acquisition of the new asset?

22–18. Impact of Leasing on Performance Measures

The division manager in exercise 22–17 has the option of leasing the asset on a year-to-year lease. The lease payment would be $145,000 per year, and all depreciation and other tax benefits would accrue to the lessor.

Required:

What is the division ROI if the asset if leased?

22–19. Residual Income Measures and New Project Consideration

Consider the investment project detailed in exercises 22–17 and 22–18.

Required:

a. What is the division's residual income before considering the project?

b. What is the division's residual income if the asset is purchased?

c. What is the division's residual income if the asset is leased?

22–20. Compare Historical Cost, Net Book Value to Gross Book Value

Raiders Division of Shark Company just started operations. It purchased depreciable assets costing $1,000,000 and having an expected life of four years, after which the assets can be salvaged for $200,000. In addition, the division has $1,000,000 in assets that are not depreciable. After four years, the division will have $1,000,000 available from these nondepreciable assets. In short, the division has invested $2,000,000 in assets that will last four years, after which it will salvage $1,200,000. Annual cash operating profits are $400,000. In computing ROI, this division uses *end*-of-year asset values in the denominator. Depreciation is computed on a straight-line basis, recognizing the salvage values noted above.

Required:

a. Compute ROI, using net book value.

b. Compute ROI, using gross book value.

22–21. Compute ROI Using Beginning-Of-Year Asset Values

Assume the same data as in exercise 22–20, except the division uses *beginning*-of-year asset values in the denominator for computing ROI.

Required:

a. Compute ROI, using net book value.

b. Compute ROI, using gross book value.

c. If you worked exercise 22–20, compare these results with those from 22–20. How different is the ROI computed using end-of-year asset values, as in 22–20, from the ROI using beginning-of-year values, as in this exercise?

22–22. Compare Current Cost to Historical Cost

Assume the same data as in exercise 22–20, except all cash flows increase 10 percent at the end of the year. This has the following effect on the assets' replacement cost and annual cash flows:

End of Year	Replacement Cost	Annual Cash Flow
1	$2,000,000 × 1.1 = $2,200,000	$400,000 × 1.1 = $440,000
2	$2,200,000 × 1.1 = $2,420,000	$440,000 × 1.1 = $484,000
⋮	Etc.	Etc.

Required:

a. Compute ROI, using historical cost gross book value.

b. Compute ROI, using historical cost net book value.

c. Compute ROI, using current cost gross book value.

d. Compute ROI, using current cost net book value.

22–23. ROI versus Residual Income

A division is considering acquisition of a new asset. The asset will cost $160,000 and have a cash flow of $70,000 per year for each of the five years of its life. Depreciation is computed on a straight-line basis, with no salvage value.

Required:

a. What is the ROI for each year of the asset's life if the division uses beginning-of-year asset balances, net book value for the computation?

b. What is the residual income each year if the cost of capital is 25 percent?

22–24. Effects of Current Cost on Performance Measurements

A division acquired an asset with a cost of $200,000 and a life of four years. The cash flows from the asset considering the effects of inflation were scheduled as:

Year	Cash Flow
1	$60,000
2	70,000
3	79,000
4	80,000

The current cost of the asset is expected to increase at a rate of 10 percent per year, compounded each year. Performance measures are based on gross values.

Required:

a. What is the ROI for each year of the asset's life, using a historical cost approach?

b. What is the ROI for each year of the asset's life if both the investment base and depreciation are based on the current cost of the asset at the start of each year?

22–25. Compare Alternative Measures of Division Performance

The following data are available for two divisions in your company:

	East Division	West Division
Division operating profit	$ 75,000	$ 500,000
Division investment	200,000	2,000,000

The cost of capital for the company is 20 percent.

Required:

a. Which division had the better performance? Why?

b. Would your evaluation change if the company's cost of capital was 25 percent?

Problems

22–26. Equipment Replacement and Performance Measures

You have been appointed manager of an operating division of HI-TECH, Inc., a manufacturer of products using the latest microprocessor technology. Your division has $800,000 in assets and manufactures a special chip assembly. On January 2 of the current year, you invested $1 million in automated equipment for chip assembly. At that time, your expected income statement was:

Sales revenues	$3,200,000
Operating costs:	
Variable	400,000
Fixed (all cash)	1,500,000
Depreciation:	
New equipment	300,000
Other	250,000
Division operating profit	$ 750,000

On October 25, you were approached by a sales representative from Mammoth Machine Company. Mammoth offers a new assembly machine at a cost of $1,300,000 that offers significant improvements over the equipment you bought on January 2. The new equipment would expand department output by 10 percent while reducing cash fixed costs by 5 percent. The new equipment would be depreciated for accounting purposes over a three-year life. Depreciation would be net of the $100,000 salvage value of the new machine. The new equipment meets your company's 20 percent cost of capital criterion. If you purchase the new machine, it must be installed prior to the end of the year. For practical purposes, though, you can ignore depreciation on the new machine because it will not go into operation until the start of next year.

The old machine must be disposed of to make room for the new machine. The old machine has no salvage value.

Your company has a performance evaluation and bonus plan based on ROI. The return includes any losses on disposals of equipment. Investment is computed based on the end-of-year balance of assets, net book value.

Required:

a. What is your division's ROI if the new machine is not acquired?

b. What is your division's ROI this year if the new machine is acquired?

c. If the new machine is required and operates according to specifications, what ROI would be expected for next year?

22–27. Evaluate Trade-Offs in Return Measurement

As a division manager of HI-TECH, Inc. (problem 22–26), you are still assessing the problem of whether to acquire the Mammoth Machine Company's machine. You learn that the new machine could be acquired next year. However, if you wait until next year, the new machine will cost 15 percent more than this year's price. The salvage value would still be $100,000. No other costs or revenue estimates would be affected. You could have delivery any time after January 1 at the new price. Depreciation on the new and old machines would be apportioned on a month-by-month basis for the time each machine is in use. Fractions of months may be ignored.

Required:

a. When would you want to purchase the new machine if you wait until next year?

b. What are the costs that must be considered in making this decision?

22–28. Analyze Performance Report for Decentralized Organization

Bio-grade Products manufactures animal feeds and feed supplements. The need for a widely based manufacturing and distribution system has led to a highly decentralized management structure. Each divisional manager is responsible for production and distribution of corporate products in one of eight geographical areas of the country.

Residual income is used to evaluate divisional managers. The residual income for each division equals each division's contribution to corporate profits before taxes less a 20 percent investment charge on a division's investment base. The investment base for each division is the sum of its year-end balances of accounts receivable, inventories, and net plant fixed assets (cost less accumulated depreciation). Corporate policies dictate that divisions minimize their investments in receivables and inventories. Investments in plant fixed assets are a joint division/corporate decision based on proposals made by divisional plant managers, available corporate funds, and general corporate policy.

Alex Williams, divisional manager for the Southeastern Sector, prepared the Year 2 and preliminary Year 3 budgets for his division late in Year 1. Final approval of the Year 3 budget took place in late Year 2, after adjustments for trends and other information developed during Year 2. Preliminary work on the Year 4 budget also took place at that time. In early October of Year 3, Williams asked the divisional controller to prepare a report that presents performance for the first nine months of Year 3. The report is reproduced in Exhibit A on the next page.

Required:

a. Evaluate the performance of Alex Williams for the nine months ending September Year 3. Support your evaluation with pertinent facts from the problem.

b. Identify the features of Bio-grade Products' divisional performance measurement reporting and evaluating system that need to be revised if it is to effectively reflect the responsibilities of the divisional managers.

(CMA adapted)

22–29. ROI and Management Behavior

Notewon Corporation is a highly diversified company that grants its divisional executives a significant amount of authority in operating the divisions. Each division is responsible for its own sales, pricing, production, costs of operations, and the management of accounts receivable, inventories, accounts payable, and use of existing facilities. Cash is managed by corporate headquarters; all cash in excess of normal operating needs of the divisions is transferred periodically to corporate headquarters for redistribution or investment.

The divisional executives are responsible for presenting requests to corporate management for investment projects. The proposals are analyzed and documented at corporate headquarters. The final decision to commit funds to acquire equipment, to expand existing facilities, or for other investment purposes rests with corporate management. This procedure for investment projects is necessitated by Notewon's capital allocation policy.

The corporation evaluates division executive performance by the ROI measure. The asset base is composed of fixed assets employed plus working capital exclusive of cash.

The ROI performance of a division executive is the most important appraisal factor for salary changes. In addition, each executive's annual performance bonus is based on the ROI results, with increases in ROI having a significant impact on the amount of the bonus.

Notewon Corporation adopted the ROI performance measure and related compensation procedures about 10 years ago. The corporation did so to increase the awareness

Exhibit A (22–28)

Bio-grade Products—Southeastern Sector
(in thousands)

	Year 3			Year 2	
	Annual Budget	**Nine-Month Budget**[a]	**Nine-Month Actual**	**Annual Budget**	**Actual Results**
Sales	$2,800	$2,100	$2,200	$2,500	$2,430
Divisional costs and expenses:					
Direct materials and labor	$1,064	$ 798	$ 995	$ 900	$ 890
Supplies	44	33	35	35	43
Maintenance and repairs	200	150	60	175	160
Plant depreciation	120	90	90	110	110
Administration	120	90	90	90	100
Total divisional costs and expenses	1,548	1,161	1,270	1,310	1,303
Divisional margin	1,252	939	930	1,190	1,127
Allocated corporate fixed costs	360	270	240	340	320
Divisional profits	892	669	690	850	807
Cost of capital of divisional investment (20%)	420	321[b]	300[b]	370	365
Divisional residual income	$ 472	$ 348	$ 390	$ 480	$ 442
	Budgeted Balance 12/31/Year 3	**Budgeted Balance 9/30/Year 3**	**Actual Balance 9/30/Year 3**	**Budgeted Balance 12/31/Year 2**	**Actual Balance 12/31/Year 2**
Divisional investment:					
Accounts receivable	$ 280	$ 290	$ 250	$ 250	$ 250
Inventories	500	500	650	450	475
Plant fixed assets (net)	1,320	1,350	1,100	1,150	1,100
Total	$2,100	$2,140	$2,000	$1,850	$1,825
Cost of capital (20%)	$ 420	$ 321[b]	$ 300[b]	$ 370	$ 365

[a] Bio-grade's sales occur uniformly throughout the year.
[b] Imputed interest is calculated at only 15 percent to reflect that only nine months or three fourths of the fiscal year has passed.

of divisional management of the importance of the profit/asset relationship and to provide additional incentive to the divisional executives to seek profitable investment opportunities.

The corporation seems to have benefited from the program. The ROI for the corporation as a whole increased during the first years of the program. Although the ROI continued to grow in each division, corporate ROI has declined in recent years. The corporation has accumulated a sizable amount of cash and short-term marketable securities in the past three years.

Corporate management is concerned about the increase in the short-term marketable securities. A recent article in a financial publication suggested that the use of ROI was overemphasized by some companies, with results similar to those experienced by Notewon.

Required:

a. Describe the specific actions division managers might have taken to cause the ROI to grow in each division but decline for the corporation. Illustrate your explanation with appropriate examples.

b. Explain, using the concepts of goal congruence and motivation of divisional executives, how Notewon Corporation's overemphasis on the use of the ROI measure might result in the recent decline in the corporation's return on investment and the increase in cash and short-term marketable securities.

c. What changes could be made in Notewon Corporation's compensation policy to avoid this problem? Explain your answer.

(CMA adapted)

22–30. Impact of Decisions to Capitalize or Expense on Performance Measurement

Oil and gas companies inevitably incur costs on exploration ventures that are unsuccessful. These ventures are called "dry holes." There is a continuing debate over whether those costs should be written off as period expense or whether they should be capitalized as part of the "full" cost of finding profitable oil and gas ventures. PMX Drilling Company has been writing these costs off to expense as incurred. However, this year a new management team was hired to improve the "profit picture" of PMX's oil and gas exploration division. The new management team was hired with the provision that they would receive a bonus equal to 10 percent of any profits in excess of base-year profits of the division. However, no bonus would be paid if profits were less than 20 percent of end-of-year investment. The following information was included in the performance report for the division:

	This Year	Base Year	Increase over Base Year
Sales revenues	$4,100,000	$4,000,000	
Costs incurred:			
Dry holes	–0–	800,000	
Depreciation and other amortization	780,000	750,000	
Other costs	1,600,000	1,550,000	
Division profit	$1,720,000	$ 900,000	$820,000
End-of-year investment	$8,100,000	$6,900,000	

During the year, the new team spent $1 million on exploratory activities, but $900,000 was spent on ventures that were unsuccessful. The new management team has included the $900,000 in the current end-of-year investment base because, they state, "You can't find the good ones without hitting a few bad ones."

Required:

a. What is the ROI for the base year and the current year?

b. What is the amount of the bonus that the new management team is likely to claim?

c. If you were on the board of directors of PMX, how would you respond to the new management's claim for the bonus?

22–31. Evaluate Performance Evaluation System: Behavioral Issues

ATCO Company purchased Dexter Company three years ago. Prior to the acquisition, Dexter manufactured and sold electronic products to many different customers. Since becoming a division of ATCO, Dexter now manufactures only electronic components for products made by ATCO's Macon Division.

ATCO's corporate management gives the Dexter Division management a considerable amount of authority in running the division's operations. However, corporate management retains authority for decisions regarding capital investments, price setting of all products, and the quantity of each product to be produced by the Dexter Division.

ATCO has a formal performance evaluation program for the management of all of its divisions. The performance evaluation program relies heavily on each division's return on investment. The income statement of Dexter Division provides the basis for the evaluation of Dexter's divisional management. (See income statement on next page.)

ATCO COMPANY
Dexter Division
Income Statement
For the Year Ended October 31
(in thousands)

Sales revenue		$4,000
Costs and expenses:		
Product costs:		
Direct materials	$ 500	
Direct labor	1,100	
Factory overhead	1,300	
Total	2,900	
Less: Increase in inventory	350	2,550
Engineering and research		120
Shipping and receiving		240
Division administration:		
Manager's office	210	
Cost accounting	40	
Personnel	82	332
Corporate costs:		
Computer	48	
General services	230	278
Total costs and expenses		3,520
Divisional operating profit		$ 480
Net plant investment		$1,600
Return on investment		30%

The financial statements for the divisions are prepared by the corporate accounting staff. The corporate general services costs are allocated on the basis of sales-dollars, and the computer department's actual costs are apportioned among the divisions on the basis of use. The net division investment includes division fixed assets at net book value (cost less depreciation), division inventory, and corporate working capital apportioned to the divisions on the basis of sales-dollars.

Required:

a. Discuss the financial reporting and performance evaluation program of ATCO Company as it relates to the responsibilities of the Dexter Division.

b. Based on your response to requirement (a), recommend appropriate revisions of the financial information and reports used to evaluate the performance of Dexter's divisional management. If revisions are not necessary, explain why revisions are not needed.

(CMA adapted)

22–32. Divisional Performance Measurement: Behavioral Issues

Division managers of SIU Incorporated have been expressing growing dissatisfaction with SIU's methods used to measure divisional performance. Divisional operations are evaluated every quarter by comparison with the master budget prepared during the prior year. Division managers claim that many factors are completely out of their control but are included in this comparison. This results in an unfair and misleading performance evaluation.

The managers have been particularly critical of the process used to establish standards and budgets. The annual budget, stated by quarters, is prepared six months prior to the beginning of the operating year. Pressure by top management to reflect increased earnings has often caused divisional managers to overstate revenues and/or understate expenses. In addition, once the budget is established, divisions must "live with the budget." Frequently, external factors such as the state of the economy, changes in consumer preferences, and actions of competitors have not been adequately recognized in the budget parameters that top management supplied to the divisions. The credibility of the performance review is curtailed when the budget cannot be adjusted to incorporate these changes.

Top management, recognizing these problems, agreed to establish a committee to review the situation and to make recommendations for a new performance evaluation system. The committee consists of each division manager, the corporate controller, and the executive vice president. At the first meeting, one division manager outlined an Achievement of Objectives System (AOS). In this performance evaluation system, divisional managers are evaluated according to three criteria:

1. Doing better than last year. Various measures are compared to the same measures of the prior year.

2. Planning realistically. Actual performance for the current year is compared to realistic plans and/or goals.

3. Managing current assets. Various measures are used to evaluate the divisional management's achievements and reactions to changing business and economic conditions.

One division manager believed this system would overcome many of the inconsistencies of the current system because divisions could be evaluated from three different viewpoints. In addition, managers would have the opportunity to show how they would react and account for changes in uncontrollable external factors.

Another manager, also in favor of the proposed AOS, cautioned that the success of a new performance evaluation system would be limited unless it had the complete support of top management. This support should be communicated to all divisions.

Required:

a. Explain whether the proposed AOS would be an improvement over the measure of divisional performance now used by SIU Incorporated.

b. Develop specific performance measures for each of the three criteria in the proposed AOS that could be used to evaluate divisional managers.

c. Discuss the motivational and behavioral aspects of the proposed performance system. Also, recommend specific programs that could be instituted to promote morale and give incentives to divisional management.

(CMA adapted)

22–33. Change to More Centralized Organization Structure: Behavioral Issues

Greengrass Company is a manufacturer and wholesaler of a broad line of lawn fertilizer and yard maintenance products. Greengrass Company has annual sales of approximately $100 million and has been a wholly owned subsidiary of a large conglomerate, KSU Corporation, for the past five years. Prior to that, it was an independent corporation.

Greengrass Company maintained a pattern of increasing profits for many years. During the past three years, however, profits have decreased significantly. Management has attributed this to reduced demand caused by adverse weather in the company's primary marketing area coupled with intense competitive activity.

The president, A. B. Cardwell, called a staff meeting to discuss plans for next year's marketing season. At the close of the meeting, he announced that the KSU board had named William Thoma to become president of Greengrass Company in May of next year. Cardwell explained that KSU's management was concerned with the subsidiary's slumping profits and had decided to assume a greater degree of control over Greengrass operations. Thoma's appointment was the first step in this direction. In addition, a new system of financial reporting to KSU management is to be installed.

Mr. Thoma's reputation was well known by the entire staff. He had been executive vice president of two other KSU-owned companies during the previous three years. In both cases, the companies had records of declining profits prior to his appointment. A significant management reorganization occurred in each of those companies within 12 months after his appointment. In each case, some members of senior management were given early retirement or released, depending upon their ages. Their replacements usually came from other KSU companies with which Thoma had been associated. While earnings increased following each reorganization, the entire "personality" of the companies was changed.

Required:

   a.   Discuss the ways the change to a more centralized organization and decision structure can be expected to influence the behavior of Greengrass managers.

   b.   Discuss the impact of William Thoma's selection as the new president on the behavior of Greengrass managers.

(CMA adapted)

22–34. Presenting Cost Information to Production Managers

Denny Daniels is production manager of the Alumalloy Division of WRT, Inc. Alumalloy has limited contact with outside customers; most of its customers are other divisions of WRT. All sales and purchases with outside customers are handled by other corporate divisions. Therefore, Alumalloy is treated as a cost center for reporting and evaluation purposes rather than as a profit or investment center.

Daniels perceives the accounting department as a historical number-generating process that provides little useful information for conducting his job. Consequently, the entire accounting process is perceived as a negative motivational device that does not reflect how hard or how effectively he works. Daniels tried to discuss these perceptions and concerns with John Scott, the controller for the Alumalloy Division. Daniels told Scott, "I think the cost report is misleading. I know I've had better production over a number of operating periods, but the cost report always says I have excessive costs. Look, I'm not an accountant, I'm a production manager. I know how to get a good-quality product out. I've even cut the direct materials used without sacrificing product quality. But the cost report doesn't show any of this. Basically, it's always negative, no matter what I do. There's no way you can win with accounting or the people at corporate who use those reports."

The controller responded that the accounting system and cost reports are just part of the corporate game and almost impossible for an individual to change. "Although these reports are the basis for evaluating the performance of your division and the means top management uses to determine whether you have done the job they want, you shouldn't worry too much. You haven't been fired yet! Besides, these cost reports have been used by WRT for the last 25 years."

Daniels perceived from talking to another division production manager that most of what Scott said was true. He also knew from the trade grapevine that the turnover of production managers was considered high at WRT, even though relatively few were fired. Most managers seemed to end up quitting, usually in disgust, because of beliefs that they were not being evaluated fairly. Typical comments of production managers who have left WRT are:

1.   "Corporate headquarters doesn't really listen to us. All they consider are those misleading cost reports. They don't want them changed and they don't want any supplemental information."

2.   "The accountants may be quick with numbers, but they don't know anything about production. As it was, I either had to ignore the cost reports entirely or pretend they are important even though they didn't tell how good a job I had done. No matter what they say about not firing people, negative reports mean negative evaluations. I'm better off working for another company."

A recent copy of the cost report prepared by corporate headquarters for the Alumalloy Division is shown on the next page. Daniels does not like this report because he believes it fails to reflect the division's operations properly, thereby resulting in an unfair evaluation of performance.

Alumalloy Division
Cost Report
For the Month of April
(in thousands)

	Master Budget	Actual Cost	Excess Cost
Aluminum	$ 400	$ 437	$37
Labor	560	540	(20)
Overhead	100	134	34
Total	$1,060	$1,111	$51

Required:

Identify and explain three changes that could be made in the cost information presented to the production managers that would make the information more meaningful.

Integrative Cases

Refer to case 17–28 in Chapter 17.

22–35. Continental Can Company of Canada, Ltd.

Required:

Evaluate the strength and weaknesses of Continental Can's performance evaluation methods and organization structure. Should the plants continue to be profit/investment centers, or should they be cost centers? Why?

22–36. Evaluate Investment Choice and Its Impact on Performance Measures, with Joint Costs

Amberina, Inc., operates several different semiautonomous divisions. A problem arose with respect to two divisions that process and sell plastics products. The Plastics Blending Division obtains feedstocks that it blends and, as a result of a joint process, splits into Phyrene and Extrene. The Plastics Blending Division processes the Phyrene further and sells the resulting product to the outside. The Extrene is sold to the Tools Division, where it is molded into tool handles and sold.

In a typical year, $240,000 of costs are incurred in the blending of the feedstock. The Phyrene is processed further at a cost of $80,000 and is then sold to the outside at a price of $325,000. The Extrene is sold to the Tools Division at "cost plus 20 percent," where cost is determined on the basis of net realizable value at the split-off point. The Tools Division incurs an additional cost of $60,000 to mold the plastic and sells the resulting tool handles for $175,000.

The company's cost of capital is 15 percent. The Plastics Blending Division has assets of $240,000, while the Tools Division has assets of $120,000.

The Tools Division learned that it could purchase the company that it is selling the handles to and, thus, obtain the ability to manufacture complete tools. The additional processing costs would amount to $61,000 per year, and revenues would amount to $360,000. In addition, depreciation expenses would be incurred based on the amount spent to purchase the tool manufacturing company. The manufacturing company is asking $265,000 for its assets. These assets would be depreciated on a straight-line basis for internal reporting purposes.

The assets are expected to last five years and have no salvage value. Tax depreciation would be as follows: Year 1, $35,000; Year 2, $80,000; Years 3–5, $50,000 per year. In addition, $50,000 in working capital would be required to operate the tool manufacturing plant. Income taxes are 40 percent of net income before-tax.

Required:

The head of the Tools Division wants your assessment of the feasibility of the investment in terms of *(a)* net present value of the project, and *(b)* the impact of the project on the Tools Division return on investment. You may assume that if the tool manufacturing plant is acquired, there is no alternative market for the tool handles.

22–37. Capital Investment Analysis and Decentralized Performance Measurement*

The following exchange occurred just after a capital investment proposal was rejected at Diversified Electronics.

Ralph Browning (Product Development): I just don't understand why you have rejected my proposal. This new investment is going to be a sure money maker for the Residential Products division. No matter how we price this new product, we can expect to make $230,000 on it before tax.

Sue Gold (Finance): I am sorry that you are upset with our decision, but this product proposal just does not meet our short-term ROI target of 15 percent after tax.

Ralph Browning: I'm not so sure about the ROI target, but it goes a long way toward meeting our earnings-per-share growth target, by contributing more than 5 cents per share to corporate earnings after tax.

Phil Carlson (Executive Vice President): Ralph, you are right, of course, about the importance of earnings per share. However, we view our three divisions as investment centers. Proposals like yours must meet our ROI targets. It is not enough that you show an earnings-per-share increase.

Sue Gold: We feel that a company like Diversified Electronics should have a return on investment of 12 percent after tax, especially given the interest rates we have had to pay recently. This is why we have targeted 12 percent as the appropriate minimum ROI for each division to earn next year.

Phil Carlson: If it were not for the high interest rates and poor current economic outlook, Ralph, we would not be taking such a conservative position in evaluating new projects. This past year has been particularly rough for our industry. Our two major competitors had ROIs of 10.8 and 12.3 percent. Though our ROI of 10.9 percent after tax was reasonable (see Exhibit C), performance varied from division to division. Professional Services did very well with 15 percent ROI, while the Residential Products division managed just 11 percent. The performance of the Aerospace Products division was especially dismal, with an ROI of only 7 percent. We expect divisions in the future to carry their share of the load.

Chris McGregor (Aerospace Products): My division would be showing much higher ROI if we had a lot of old equipment like the Residential Products or relied heavily on human labor like Professional Services.

Phil Carlson: I don't really see the point you are trying to make, Chris.

Diversified Electronics was a growing company in the electronics industry. (See Exhibits A, B, and C for financial data.) Diversified Electronics has three divisions—Residential Products, Aerospace Products, and Professional Services—each of which accounts for about one third of Diversified Electronics' sales. Residential Products, the oldest division, produces furnace thermostats and similar products. The Aerospace Products division is a large "job shop" that builds electronic devices to customer specifications. A typical job or batch takes several months to complete. About one half of Aerospace Products' sales are to the U.S. Defense Department. The newest of the three divisions, Professional Services, provides consulting engineering services. This division has shown tremendous growth since its acquisition by Diversified Electronics four years ago.

Each division operates independently of the others and is treated essentially as a separate entity. Many of the operating decisions are made at the division level. Corporate management coordinates the activities of the various divisions, which includes review of all investment proposals over $400,000.

---

* J. M. Lim, M. W. Maher, and J. S. Reece, copyright © 1986.

Exhibit A (22–37)

DIVERSIFIED ELECTRONICS
Income Statement
for 1985 and 1986
(000s, except earnings-per-share figures)

| | Year Ended December 31 | |
	1985	1986
Sales	$141,462	$148,220
Cost of goods sold	108,118	113,115
Gross margin	$ 33,344	$ 35,105
Selling and general	13,014	13,692
Profit before taxes and interest	$ 20,330	$ 21,413
Interest expense	1,190	1,952
Profit before taxes	$ 19,140	$ 19,461
Income tax expense	7,886	7,454
Net income	$ 11,254	$ 12,007
Earnings per share (2,000,000 shares outstanding in 1985 and 1986)	$5.63	$6.00

Exhibit B (22–37)

DIVERSIFIED ELECTRONICS
Balance Sheets
for 1985 and 1986
(000s)

| | December 31 | |
	1985	1986
Assets:		
Cash and temporary investments	$ 1,404	$ 1,469
Accounts receivable	13,688	15,607
Inventories	42,162	45,467
Total current assets	$ 57,254	$ 62,543
Plant and Equipment:		
Original cost	107,326	115,736
Accumulated depreciation	42,691	45,979
Net	$ 64,635	$ 69,757
Investments and other assets	3,143	3,119
Total assets	$125,032	$135,419
Liabilities and Owner's Equity:		
Accounts payable	$ 10,720	$ 12,286
Taxes payable	1,210	1,045
Current portion of long-term debt	—	1,634
Total current liabilities	$ 11,930	$ 14,965
Deferred income taxes	559	985
Long-term debt	12,622	15,448
Total liabilities	$ 25,111	$ 31,398
Common stock	47,368	47,368
Retained earnings	52,553	56,653
Total owner's equity	$ 99,921	$104,021
Total liabilities and owner's equity	$125,032	$135,419

Exhibit C (22–37)

DIVERSIFIED ELECTRONICS
Ratio Analysis
for 1985 and 1986

1985   **1986**

$$\text{Average tax rate} = \frac{\$7,886}{\$19,140}$$

$$= .412$$

$$\text{Average tax rate} = \frac{\$7,454}{\$19,461}$$

$$= .383$$

$$\text{ROI} = \frac{\$20,330\,(1 - 0.412)}{\$12,622 + \$99,921}$$

$$= \frac{\$11,954}{\$112,543}$$

$$= 10.6 \text{ percent}$$

$$\text{ROI} = \frac{\$21,413\,(1 - 0.383)}{\$1,634 + \$15,448 + \$104,021}$$

$$= \frac{\$13,212}{\$121,103}$$

$$= 10.9 \text{ percent}$$

Diversified Electronic's measure of return on investment is defined to be the division's operating profit before taxes and interest times one minus the income tax rate divided by investment. The investment is defined as interest-bearing debt plus owners' equity. (Calculations of ROI for the company are shown in Exhibit C.) Each division's expenses include an allocated portion of corporate administrative expenses.

Each of Diversified Electronics' divisions is located in a separate facility, so it is easy to attribute most assets, including receivables, to specific divisions. The corporate office assets, including the centrally controlled cash account, are allocated to the divisions on the basis of divisional revenues.

The details of Ralph Browning's rejected product proposal are shown in Exhibit D.

Exhibit D (22–37)   **Financial Data for New Product Proposal—Diversified Electronics**

1. Projected asset investment:[a]
   Cash $200,000
   Plant and equipment[b] $800,000
       Total $1,000,000

2. Cost data, before taxes (first year):
   Variable cost per unit $3.00
   Differential fixed costs[c] $170,000

3. Price/market estimate (first year):
   Unit price $7.00
   Sales   100,000 Units

4. Taxes: The company assumes a 40 percent tax rate for investment analyses. Assume that depreciation of plant and equipment for tax purposes will be taken as follows: Year 1, $100,000; Year 2, $300,000; Years 3–5, $200,000 per year. Taxes are paid for taxable income in Year 1 at the end of Year 1, taxes for Year 2 at the end of Year 2, etc.

5. Inflation is assumed to be 10 percent per year and applies to revenues and all costs except depreciation. A 10 percent increase in cash investment is needed at the end of each year.

[a] Assumes sales of 100,000 units.

[b] Annual capacity of 120,000 units.

[c] Includes straight-line depreciation on new plant and equipment. Plant and equipment are expected to last eight years and to have no net salvage value at the end of eight years.

Required: *a.* Why did corporate headquarters reject Ralph Browning's product proposal? Was their decision the right one? Would they have rejected the proposal if they had used the discounted cash flow (DCF) method? The company uses a 15 percent cost of capital (i.e., hurdle rate) in evaluating projects such as these.

b. Evaluate the manner in which Diversified Electronics has implemented the investment center concept. What pitfalls did they apparently not anticipate? What, if anything, should be done with regard to the investment center approach and the use of ROI as a measure of performance?

c. What conflicting incentives for managers can occur between the use of a yearly ROI performance measure and DCF for capital budgeting?

23

Transfer Pricing

OBJECTIVES

To understand the use and computation of transfer prices in decentralized
organizations.
To understand the behavioral issues and incentive effects of alternative transfer pricing
methods.

When goods or services are transferred from one unit of an organization to another, the transaction is recorded in the accounting records. The value assigned to the transaction is called the *transfer price*. Considerable discretion can be used in putting a value on the transaction because this exchange takes place inside the organization. Transfer prices are widely used for decision making, product costing, and performance evaluation; hence, it is important to consider alternative transfer pricing methods and their advantages and disadvantages.

Transfer Pricing in Decentralized Organizations

Responsibility for decision making rests at lower levels of the organization in decentralized organizations. Relatively autonomous responsibility centers buy from, and sell to, each other. At General Motors, for example, it is common for one division to buy direct materials from a number of suppliers, including other divisions of General Motors. In effect, responsibility centers buy and sell from each other. The transfer price *is the price (or cost) assigned to the goods or services transferred.* It becomes a cost to the buyer and revenue to the seller division. If the divisions are evaluated based on some measure of profitability that includes these transfer-price-based costs and revenues, then setting the transfer price can have an impact on the reported performance measures and, hence, on the performance evaluation of each division. For example, the higher the transfer price, the more profitable the selling division (from higher revenues) and the less profitable the buying division, all other things equal.

Recording a Transfer

Division A of Shockless Power Company makes a motor that is purchased by Division B, which manufactures refrigerators. When the motors are sold or transferred, their cost becomes a part of the cost of goods sold for Division A. If they are sold to an outside buyer, the cash or receivable exchanged for the motors becomes revenue to Division A. Likewise, if Division A transfers motors to Division B, some recognition of the transfer will be made on the books of Division A. If the motors are transferred at cost, then Division A would obtain no profit from the transfer. In a decentralized organization, the internal transfer is often priced at the market value of the goods transferred.

For example, let's assume that Division A can sell the motors or transfer them to Division B at a price of $50 per motor. The inventory cost of the motors is $40 each. This cost includes a variable manufacturing cost of $30 and allocated fixed manufacturing costs of $10 per motor. The transfer of 2,000 motors from Division A to Division B would be recorded on Division A's books as:

Receivable from Division B	100,000	
Sales Revenue		100,000
Cost of Goods Sold	80,000	
Finished Goods Inventory		80,000

With this entry, Division A would have a recorded gross margin of $20,000 from the transfer of motors to Division B.

On Division B's books, the receipt of the 2,000 motors from Division A would be recorded as:

Direct Materials Inventory 100,000
    Payable to Division A 100,000

For evaluating the performance of each individual division, these costs and revenues would be used as the basis for profit measurement. However, for external financial reporting purposes, any interdivisional profits are eliminated to avoid double counting in the financial statements.

Recording the transfer of goods and services is a straightforward accounting procedure. The more difficult problem is determining the appropriate transfer price, as discussed next.

Setting Transfer Prices

The value placed on transferred goods and services is used *to make it possible to transfer goods and services between divisions while allowing them to retain their autonomy.* [1] The transfer price can be a device *to motivate managers to act in the best interest of the company.*

Aligning Division Managers' Incentives with Those of the Company

As might be expected, a conflict can arise between the company's interests and an individual manager's interests when transfer-price-based performance measures are used. The following example demonstrates such a conflict.

The production division of Ace Electronics Company was operating below capacity. The assembly division of the same company received a contract to assemble 10,000 units of a final product, XX–1. Each unit of XX–1 required one part, A-16, which was made by the production division. Both divisions are decentralized, autonomous investment centers and are evaluated based on operating profits and return on investment.

The vice president of the assembly division called the vice president of the production division and made a proposal:

Assembly VP: Look Joe, I know you're running below capacity out there in your department. I'd like to buy 10,000 units of A-16 at $30 per unit. That will enable you to keep up your production lines.

Production VP: Are you kidding, Meg? I happen to know that it would cost you a lot more if you had to buy A-16s from an outside supplier. We refuse to accept less than $40 per unit, which gives us our usual markup and covers our costs.

Assembly VP: Joe, we both know that your variable costs per unit are only $22. I realize I'd be getting a good deal at $30, but so would you. You should treat this as a special order. Anything over your differential costs on the order is pure profit. Look Joe, if you can't do better than $40, I'll have to go elsewhere. I have to keep my costs down, too, you know.

Production VP: The $40 per unit is firm. Take it or leave it!

The assembly division subsequently sought bids on the part and was able to obtain its requirements from an outside supplier for $40 per unit. The production division continued to operate below capacity. The actions of the two divisions cost the company $180,000. This amount is the difference between the price

---

[1] The transfer pricing issue usually occurs at the division level, so we frequently refer to "divisions" or "division managers" instead of the longer "responsibility centers" or "responsibility center managers."

paid for the part from the outside supplier ($40) and the differential costs of producing in the assembly division ($22) times the 10,000 units in the order.

Although currently we cannot explain why the production VP would refuse such an order, we can surmise that competition between the two divisions for a share of bonus payments or other performance-based rewards may lead the production VP to expect a reduction in relative performance measures. This would occur if the assembly VP was to receive a windfall due to the bargain price paid for the transferred part. Research in this topic area is under way; perhaps when it is complete, we will have a better understanding of the reasons for such behavior.

How can a decentralized organization avoid this type of cost? Although there is no easy solution to this type of problem, there are three general approaches to the problem:

1. Direct intervention.

2. Centrally established transfer price policies.

3. Negotiated transfer prices.

Each of these approaches has advantages and disadvantages. Each may be appropriate under different circumstances. We discuss these alternatives in the next part of this section.

Direct Intervention

Ace Electronics' top management could have directly intervened in this pricing dispute and ordered the production division to produce the A-16s and transfer them to the assembly division at a management-specified transfer price. If this were an extraordinarily large order, or if internal product transfers were rare, direct intervention may be the best available solution to the problem. It would induce division managers to make the decision that maximizes company profits but at the same time allows managers to maintain their autonomy. The risk in direct intervention is that top management will become swamped with pricing disputes, and individual division managers will lose the flexibility and other advantages of autonomous decision making. Thus, direct intervention promotes short-run profits by minimizing the type of uneconomic behavior demonstrated in the Ace Electronics case, but the benefits from decentralization are reduced.

So long as the transfer pricing problems are infrequent, the benefits of direct intervention may outweigh the costs. However, if transfer transactions are common, direct intervention can be costly by requiring substantial top-management involvement in decisions that should be made at the divisional level. To avoid this problem, a company may establish a transfer pricing policy that encourages decentralized managers to make an economically optimal decision for the company without significantly reducing their autonomy.

Centrally Established Transfer Price Policies

A transfer pricing policy should allow divisional autonomy yet encourage managers to pursue corporate goals consistent with their own personal goals. Additionally, the use of transfer prices to determine the selling division's revenue and the buying division's cost should be compatible with the company's performance evaluation system. The two bases for transfer price policies are: (1) market prices and (2) cost. Although variations exist in both alternative bases, the two may be considered to encompass the most widely discussed approaches to establishing transfer pricing policies. We discuss these approaches and their advantages and disadvantages in the following sections.

Market Prices

Externally based market prices are generally considered the best basis for transfer pricing as when there is a competitive market for the product, there is little differentiation in the product, and market prices are readily available. Indeed, a number of economic analyses indicate the superiority of market prices in certain theoretical settings.[2] An advantage of market prices is that both the supplying and purchasing divisions can buy and sell as many units as they want at the market price. Managers of both supplying and purchasing divisions are indifferent between trading with each other or with outsiders. From the company's perspective, this is fine as long as the supplying unit is operating at capacity.

However, situations are rare in which such markets exist. Usually there are differences between products produced internally compared to those that can be purchased from outsiders, such as costs, quality, or product characteristics. The very existence of two divisions that trade with one another in one company tends to indicate that there may be advantages to not dealing with outside markets. For example, by trading within one company, it may be easier to assure quality control and reliability of delivery. Furthermore, costs of negotiating transactions can be reduced or eliminated when dealing internally. When such advantages exist, it is in the company's interest to create incentives for internal transfer. Top management may establish policies that direct two responsibility centers to trade internally unless they can show good reason why external trades are more advantageous. A variation on this approach may be an established policy that provides the buying division a discount for items purchased internally.

Establishing a Market Price Policy. To encourage transfers that are in the interest of the company, management may set a transfer pricing policy based on the use of market prices for the intermediate product, such as part A-16. As a general rule, a market-price-based transfer pricing policy contains the following guidelines:

1. The transfer price is usually set at a discount from the cost to acquire the item on the open market.

2. The selling division may elect to transfer or to continue to sell to the outside.

The first part of the policy induces the buying division to acquire from within the company. The discount is usually set so that the selling and buying divisions can share in the savings from avoiding the outside market transactions. With such a discount, the selling division and buying division would both be induced to transfer in normal circumstances.

---

[2] A classic paper is by J. Hirshleifer, "On the Economics of Transfer Pricing," *Journal of Business,* July 1956. Also see J. Ronen and G. McKinney, "Transfer Pricing for Divisional Autonomy," *Journal of Accounting Research,* Spring 1970; and R. Swieringa and J. Waterhouse, "Organizational Views of Transfer Pricing," *Accounting, Organizations and Society,* May 1982.

For example, the typical solution to the Ace Electronics problem would have the production division sell to a wholesale market at the $40 price. The assembly division would probably be required to pay the wholesale price plus the wholesaler's markup. Let's say that the purchase price is $45. If management has established a transfer pricing policy that provides a 5 percent discount from the outside acquisition market price, then the transfer price would be $42.75, or 95 percent of $45. The assembly division would prefer to buy at that price due to the savings, and the production division would sell at that price because it exceeds the $40 they could obtain on the outside market. Under this policy, both divisions benefit from avoiding the wholesaler's markup in the outside market.

Imperfect Markets

Transfer pricing becomes more complex when selling and buying divisions cannot sell and buy all they want in perfectly competitive markets. In some cases, there may be no outside market at all. The transfer pricing problem can become quite complex when there are imperfect markets, and companies often find that not all transactions between divisions occur as top management would prefer. In extreme cases, the transfer pricing problem is so complex that the company is reorganized so that buying and selling divisions report to one manager who oversees the transfers. In effect, a manager is substituted for a transfer pricing policy.

General Rule: Differential Outlay Cost plus Opportunity Cost

There is a general rule for making transfers to maximize a company's profits in either perfect or imperfect markets. This rule is: Transfer at the differential outlay cost to the selling division plus the opportunity cost to the company of making the internal transfers.

This approach can be illustrated using the Ace Electronics example. Recall that the seller (the production division) could sell in outside markets for $40 and had a variable cost of $22, which we shall assume is its differential cost. (If the internal transfer requires *differential fixed costs,* then these would also be part of the differential costs.) Now consider two cases. (1) The seller (production division) operates below capacity, in which case there is probably no opportunity cost of the internal transfer because no outside sale is foregone. (2) The seller operates at capacity and would have to give up one unit of outside sales for every unit transferred internally. In case (2), the opportunity cost of transferring the product to a division inside the company is the foregone contribution of selling the unit in an outside market. Consequently, the optimal transfer price for Ace Electronics would be $22 for the below-capacity case or $40 for the at-capacity case, as shown in Illustration 23–1.

If the seller is operating at capacity, then the seller is indifferent between selling in the outside market for $40 or transferring internally at $40. Note that this is the same solution as the market price rule for competitive markets, (ignoring the wholesaler's markup) because sellers can sell everything they produce at the market price. Consequently, the "transfer at differential outlay cost plus opportunity cost" rule is consistent with the "transfer at market price in competitive markets" rule.

If the seller is operating below capacity, then the seller is indifferent between providing the product and receiving a transfer price equal to the seller's differen-

Illustration 23–1 **Application of General Transfer Pricing Rule—Ace Electronics**

	Differential Outlay Cost	+	Opportunity cost of Transferring Internally	= Transfer Price
If the seller (that is, product division) has idle capacity:	$22	+	–0– (probably)	= $22
If the seller has no idle capacity:	$22	+	$18 (= $40 selling price – $22 variable cost)	= $40

tial outlay cost or not providing the product at all. For example, if the production division received a price of $22 for the product, then it would be indifferent between selling it or not. In both the below-capacity and at-capacity cases, the selling division is no worse off if the internal transfer is made; however, the selling division does not earn a contribution on the transaction in the below-capacity case, and it earns only the same contribution for the internal transfer as it would for a sale to the outside market in the at-capacity case. The general rule stated above is optimal for the company but does not benefit the selling division for an internal transfer. (For practical purposes, we assume that the selling division will transfer internally if it is indifferent between an internal transfer and an external sale.)

Why is the "transfer at differential outlay cost plus opportunity cost" rule optimal for the company? Assume all divisions at Ace Electronics were operating below capacity; the assembly division has an opportunity to take part A-16 (for which the variable cost to the production division is $22), assemble it with other parts, and sell the final product. Assume that the variable costs of making and selling this product are $122, including the $22 variable cost of the production division and $100 for all other variable costs. (See Illustration 23–2.)

This $122 is the appropriate variable cost to the company of producing and selling this product. It is the cost that should be used to consider a special order for, say, a price of $130, and it is the variable cost that should be considered in other managerial decisions and flexible budgets. Suppose the selling division had received $40. Then, the total apparent variable cost to the company would have been incorrectly stated to be $140 (= $40 to the production division plus $100 for all other variable costs). Note that the special order, which was acceptable at a price of $130 if the total variable cost was $122, would now be incorrectly rejected.

What if the production division had been operating at capacity (assume that all other divisions were operating below capacity)? In this case, the total variable cost of producing and selling the product *should be* $140, including the $18 (= $40 – $22) lost contribution to the production division if part A-16 is transferred internally. At this cost of $140, the assembly division would reject the special order providing a price of $130. This is the correct decision because the company would prefer to receive a contribution of $18 on the sale of part A-16 by the production division in an intermediate market than to receive an $8 (= $130 special-order price –$122 variable outlay cost) contribution from the special order sold by the assembly division.

To summarize, if the production division was operating below capacity, then both sales shown in Illustration 23–2 could be made. Setting the transfer price equal to the production division's variable outlay cost assures that the special order will be accepted. If the production division operates at capacity, then *only one alternative or the other* can be taken. Consequently, there is an opportunity cost of $18 of making the internal transfer. As long as the special-order price remains below $140, the company is better off taking the $18 contribution from the sale of A-16 in the intermediate market. If the special-order price increased above $140, then the contribution from the special order would exceed the contribution from the sale of A-16 in the intermediate market, and the company would prefer the special-order sale to the sale of A-16 in the intermediate market.

Alternative Cost Measures

Full-Absorption Cost-Based Transfers. Although the rule "transfer at differential outlay cost to the selling division plus the opportunity cost to the company of making the internal transfer" assumes the company has a measure of differential or variable cost, this is not always the case. Consequently, full-absorption costs are sometimes used in manufacturing firms.

If measures of market prices are not available, then it is impossible to compute the opportunity cost contribution margin required by the general rule. Consequently, companies will frequently use full-absorption costs, which are higher than variable costs but probably less than the market price.

The use of full-absorption costs will not necessarily lead to the profit-maximizing solution for the company; however, it has some advantages. First, these costs are available in the company's records. Second, they provide the selling division with a contribution equal to the excess of full-absorption costs over variable costs, which gives the selling division an incentive to transfer internally. Third, the full-absorption cost may sometimes be a better measure of the differential costs of transferring internally than the variable costs. For example, the transferred product may require engineering and design work that is buried in fixed overhead. In these cases, the full-absorption cost may be a reasonable measure of the differential costs, including the unknown engineering and design costs.

Illustration 23–2   **Compare Contributions from Alternative Sales—Ace Electronics**

	Production Division Sale of A-16 in the Intermediate Market	Assembly Division Special-Order Sale of Final Product
Variable outlay costs	$22	$100 + 22 production division variable outlay cost = $122
Outside market price	$40	$130
Contribution margin	$18	$8

Cost-Plus Transfers.   We also find companies using cost-plus transfer pricing based on either variable costs or full-absorption costs. These methods generally apply a normal markup to costs as a surrogate for market prices when intermediate market prices are not available.

Standard Costs or Actual Costs.   If actual costs are used as a basis for the transfer, any variances or inefficiencies in the selling division are passed along to the buying division. The problems of isolating the variances that have been transferred to subsequent buyer divisions becomes extremely complex. To promote responsibility in the selling division and to isolate variances within divisions, standard costs are usually used as a basis for transfer pricing in cost-based systems.

For example, suppose Ace Electronics transferred based on variable costs for part A-16. The standard variable cost of producing the part is $22, but the actual cost of producing the part turns out to be $29 because of inefficiencies in the production division. Should this inefficiency be passed on to the buying division? The answer is usually "no" to give the production division incentives to be efficient. In these cases, companies will use standard costs for the transfer price. If standards are out of date or otherwise do not reflect reasonable estimates of costs, then the actual cost may be a better measure to use in the transfer price.

Other Motivational Aspects of Transfer Pricing Policies

When the transfer pricing rule does not give the supplier a profit on the transaction, motivational problems can arise. For example, if transfers are made at differential cost, the supplier makes no contribution toward profits on the transferred goods. Under these circumstances, the transfer price policy does not motivate the supplier to transfer internally because there is seldom, if ever, a profit from internal transfers. This situation can be remedied in several ways.

A supplier whose transfers are almost all internal is usually organized as a cost center. The center manager is normally held responsible for costs, not for revenues. Hence, the transfer price does not affect the manager's performance measures. In companies where such a supplier is a profit center, the artificial nature of the transfer price should be taken into consideration when evaluating the results of that center's operations.

A supplying center that does business with both internal and external customers could be set up as a profit center for external business when the manager has price-setting power and as a cost center for internal transfers when the manager does not have price-setting power. Performance on external business could be measured as if the center were a profit center, while performance on internal business could be measured as if the center were a cost center.

Dual Transfer Prices.   A dual transfer pricing system could be installed to provide the selling division with a profit but charge the buying department with costs only. That is, the buyer could be charged the cost of the unit, however cost might be determined, and the selling division could be credited with cost plus some profit allowance. The difference could be accounted for by a special centralized account. This system would preserve cost data for subsequent buyer departments, and it would encourage internal transfers by providing a profit on such transfers for the selling divisions.

We have assumed that supplier center managers are rewarded on the basis of some profit measurement. However, other bases of reward are possible to encourage internal transfers. For example, many companies recognize internal transfers and incorporate them explicitly in their reward systems. Other companies base part of a supplying manager's bonus on the purchasing center's profits. There are ways of creating incentives for managers to transfer internally in organizational settings where profit-based transfer prices would be disadvantageous. Management can choose from the cost-based pricing rules when such a policy would be cost beneficial.

Negotiated Prices

An alternative to a centrally administered transfer pricing policy is to permit managers to negotiate the price for internally transferred goods and services. Under this system, the managers involved act much the same as the managers of independent companies. Negotiation strategies may be similar to those employed when trading with outside markets. The major advantage to negotiated transfer prices is that they preserve the autonomy of the division managers. However, the two primary disadvantages are that a great deal of management effort may be consumed in the negotiating process, and the final price and its implications for performance measurement may depend more on the manager's ability to negotiage than on other factors.

For example, in the Ace Electronics case, the manager of the production division is at a distinct disadvantage in the negotiating process. There is idle capacity in the production division; hence, the manager is faced with a choice of zero profits or whatever he might be able to get from the assembly manager. The assembly manager has the upper hand here. The assembly manager could offer anything over $22, and it would improve the absolute value of the production manager's profit measure. If the assembly manager offered $23 per unit, the production manager's profits would increase by $1 per unit. However, the assembly manager would show an extra profit of $17 per unit over what she could make if she bought the units at $40 from an outside supplier. Depending on the compensation system, the production manager could realize a reduction in compensation because his relative profitability would fall if he makes the transfer.

Current Practices

In a survey of corporate practices, Vancil reported that nearly half of the 239 companies that reported their transfer pricing policies used a cost-based transfer pricing system. Thirty-one percent used a market-price-based system, and 22 percent used a negotiated system. The results of this survey are summarized in Illustration 23–3. Generally, we find that when negotiated prices are used, the prices negotiated are between the market price at the upper limit and some measure of cost at the lower limit.[3]

Is there an optimal transfer pricing policy that dominates all others? The answer is no. An established policy will, most likely, be imperfect in the sense that it will not always work to induce the economically optimal outcome. How-

---

[3] See Ralph L. Benke and James Don Edwards, *Transfer Pricing: Techniques and Uses* (New York: National Association of Accountants, 1980).

Illustration 23–3   **Transfer Pricing Practices**

Method Used	Percent	Number
Cost-based:		
Variable-cost-based	4.6	11
Full-cost-based	25.5	61
Cost-plus	16.7	40
Total cost-based	46.8	112
Market-based	31.0	74
Negotiated transfer prices	22.2	53
Total companies reporting		
their transfer pricing policy	100	239

Source: Richard F. Vancil, *Decentralization, Managerial Ambiguity by Design* (Homewood, Ill.: Dow Jones-Irwin, 1979), p. 180.

ever, as with other management decisions, the cost of any system must be weighed against the benefits of the system. Improving a transfer pricing policy beyond some point (say, to obtain better measures of variable costs and market prices) will result in the costs of the system exceeding the benefits. As a result, management tends to settle for a system that seems to work reasonably well rather than devise a "textbook" perfect system.

Summary

When companies transfer goods or services between divisions, a price is assigned to that transaction. This transfer price becomes a part of the recorded revenues and costs in the divisions involved in the transfer. As a result, the dollar value assigned to the transfer can have significant implications in measuring divisional performance. Transfer pricing systems may be based on direct intervention, market values, costs, or through negotiation among the division managers. The appropriate method depends on the markets in which the company operates and management's goals. Top management usually tries to choose the appropriate method to promote corporate goals without destroying the autonomy of division managers.

Terms and Concepts

The following terms and concepts should be familiar to you after reading this chapter.

Cost-Plus Transfer Pricing	Negotiated Transfer Price
Dual Transfer Pricing	Transfer Price
Market-Price-Based Transfer Pricing	Transfer Pricing Rule

Self-Study Problem No. 1

The Peter Foote shoe company has two divisions: production and marketing. Production manufactures Peter Foote shoes, which it sells to both the marketing division and to other retailers (the latter under a different brand name). Marketing operates several small shoe stores in shopping centers. Marketing sells both Peter Foote and other brands.

Some relevant facts for production are as follows:

Production is operating far below its capacity.

Sales price to outsiders	$ 28.50ᵃ per pair
Variable cost to produce	19.00ᵃ per pair
Fixed costs	$100,000 per month

ᵃ To keep the analysis from becoming unnecessarily complex, we assume Peter Foote makes one product line and each pair of shoes has the same variable cost and price as each other pair.

The following data pertain to the sale of Peter Foote shoes by marketing:

Marketing is operating far below its capacity.

Sales price	$40 per pair
Variable marketing costs	5% of sales price

Marketing has decided to reduce the sales price of Peter Foote shoes. The company's variable manufacturing and marketing costs are differential to this decision, while *fixed* manufacturing and marketing costs are not.

Required:

a. What is the *minimum* price that can be charged by the marketing department for the shoes and still cover the company's differential manufacturing and marketing costs?

b. What is the appropriate transfer price for this decision?

c. What if the transfer price was set at $28.50? What effect would this have on the minimum price set by the marketing manager?

Solution to Self-Study Problem No. 1

a. From the company's perspective, the minimum price would be the variable cost of producing and marketing the goods. They would solve for this minimum price, P_C (the subscript C means this is the minimum price that is in the *company's* best interest), as follows:

$$P_C = \$19 + .05P_C$$
$$P_C - .05P_C = \$19$$
$$.95P_C = \$19$$
$$P_C = \underline{\underline{\$20}}$$

The *minimum* price the company should accept is $20. If the company was centralized, we would expect that this information would be conveyed to the manager of marketing, who would be instructed not to set a price below $20.

b. The transfer price that correctly informs the marketing manager about the differential costs of manufacturing is $19.

c. If the production manager set the price at $28.50, the marketing manager would solve for the minimum price (which we call P_M for *marketing's* solution):

$$P_M = \$28.50 + .05P_M$$
$$P_M - .05P_M = \$28.50$$
$$.95P_M = \$28.50$$
$$P_M = \underline{\underline{\$30}}$$

So, the marketing manager sets the price in excess of $30 per pair. In fact, prices of $28, $25, or anything greater than $20 would have generated a positive contribution margin from the production and sale of shoes.

Self-Study Problem No. 2

How would your answer to self-study problem no. 1 change if the production division had been operating at full capacity?

Solution to Self-Study Problem No. 2

If the production division had been operating at capacity, there would have been an implicit opportunity cost of internal transfers. Production would have foregone a sale in the wholesale market to make the internal transfer. The implicit opportunity cost to the company is the lost contribution margin ($28.50 − $19 = $9.50) from not selling in the wholesale market.

Thus, if production had sufficient sales in the wholesale market such that it would have had to forego those sales to transfer internally, the transfer price should have been:

$$\text{Differential cost of production} + \begin{array}{c}\text{Implicit opportunity cost}\\ \text{to company if goods are}\\ \text{transferred internally}\end{array} = \$19 + \$9.50$$

$$= \$28.50.$$

Marketing would have appropriately treated the $28.50 as part of *its* differential cost of buying and selling the shoes. When production was operating below full capacity (hence, the implicit opportunity cost of transferring to marketing was zero), the minimum price for the shoes was derived as follows:

$$P_M = \$19 + .05P_M$$
$$.95P_M = \$19$$
$$P_M = \$20.$$

However, if production is operating at full capacity, the minimum price is:

$$P_M = \$28.50 + .05P_M$$
$$.95P_M = \$28.50$$
$$P_M = \$30.$$

Questions

23–1. What are some of the bases for establishing a transfer price?

23–2. Why do transfer prices exist even in highly centralized organizations?

23–3. What are some goals of a transfer pricing system in a decentralized organization?

23–4. Why are market-based transfer prices considered optimal under many circumstances?

23–5. What are the limitations to market-based transfer prices?

23–6. What are the advantages of a centrally administered transfer price (that is, direct intervention)? What are the disadvantages of such a transfer price?

23–7. Why do companies often use prices other than market prices for interdivisional transfers?

23–8. Division A has no external markets. It produces monofilament that is used by Division B. Division B cannot purchase this particular type of monofilament from any other source. What transfer pricing system would you recommend for the interdivisional sale of monofilament? Why?

23–9. What is the basis for choosing between actual and standard costs for cost-based transfer pricing?

23–10. Some have suggested that managers should negotiate transfer prices. What are the disadvantages of a negotiated transfer price system?

23–11. Describe the economic basis for transfer pricing systems.

Exercises

23-12. Evaluate Transfer Pricing System

A company permits its decentralized units to "lease" space to one another. Division X has leased some idle warehouse space to Division Y at a price of $1 per square foot per month. Recently, Division X obtained a new five-year contract, which will increase its production sufficiently so that the warehouse space would be more valuable to them. Division X has notified Division Y that the new rental price will be $3.50 per square foot per month. Division Y can lease space at $2 per square foot in another warehouse from an outside company, but prefers to stay in the shared facilities. Division Y's management states that it would prefer not to move. If Division X cannot use the space now being leased to Division Y, then Division X will have to rent other space for $3 per square foot per month.

Required:

Recommend a transfer price and explain your reasons for choosing that price.

23-13. Journal Entries for Transfer Pricing

Terra Firma Construction Company has two operating divisions. A precast concrete division manufactures building parts out of concrete. These parts are shipped to building sites and assembled on the site. The company also has a site construction division that constructs buildings from the precast concrete parts. The precast concrete division transferred units that cost $800,000 to a construction site operated by the site construction division. The units were transferred at a price of $950,000.

Required:

What journal entries would be required to record the transfer of the parts on the books of each division?

23-14. Evaluate Transfer Pricing Policy

Washington Enterprises is a real estate company with a leasing division that rents and manages properties for others and a maintenance division that performs services such as carpentry, painting, plumbing, and electrical work. The maintenance division has an estimated variable cost of $18 per labor-hour. The maintenance division works both for Washington Enterprises and for other companies. It could spend 100 percent of its time working for outsiders. The maintenance division charges $35 per hour for labor performed for outsiders. This rate is the same as the rates charged by other maintenance companies. The leasing division complained that it could hire its own maintenance staff at an estimated variable cost of $20 per hour.

Required:

a. What is the minimum transfer price that the maintenance division should obtain for its services, assuming it is operating at capacity?

b. What is the maximum price that the leasing division should pay?

c. Would your answers in (a) or (b) change if the maintenance division had idle capacity? If so, which answer would change, and what would the new amount be?

23-15. Transfer Pricing Analysis

Mar Company has two decentralized divisions, X and Y. Division X has always purchased certain units from Division Y at $75 per unit. Because Division Y plans to raise the price to $100 per unit, Division X desires to purchase these units from outside suppliers for $75 per unit. Division Y's costs follow:

Y's variable costs per unit	$ 70
Y's annual fixed costs	$15,000
Y's annual production of these units for X	1,000 units

Required:

If Division X buys from an outside supplier, the facilities Division Y uses to manufacture these units would remain idle. What would be the result if Mar enforces a transfer price of $100 per unit between Divisions X and Y?

(CPA adapted)

23-16. Transfer Pricing with Imperfect Markets

Selling division offers its product to outside markets at a price of $200. Selling incurs variable costs of $70 per unit and fixed costs of $50,000 per month based on monthly production of 1,000 units.

Buying division can acquire the product from an alternate supplier at a cost of $210 per unit. Buying division can also acquire the product from Selling division for $200, but it must pay $15 per unit in transportation costs in addition to the transfer price charged by selling division.

Required:

a. What are the costs and benefits of the alternatives available to Selling and Buying divisions with respect to the transfer of the Selling division's product? Assume that Selling can market all that it can produce.

b. How would your answer change if Selling had idle capacity sufficient to cover all of buying's needs?

Problems

23-17. Transfer Pricing with Imperfect Markets—ROI Evaluation, Normal Costing

Division S of S&T Enterprises has an investment base of $600,000. Division S produces and sells 90,000 units of a product at a market price of $10 per unit. Its variable costs total $3 per unit. The division also charges each unit with a share of fixed costs based on capacity production of 100,000 units per year. The fixed cost "burden" is computed at $5 per unit. Any production volume variance is written off to expense at the end of the period.

Division T wants to purchase 20,000 units from Division S. However, Division T is only willing to pay $6.20 per unit. The reason Division T can only pay the lower amount is that Division T has an opportunity to accept a special order at a reduced price. The order is only economically justifiable if Division T can acquire the Division S output at a reduced price.

Required:

a. What is the ROI for Division S without the transfer to Division T?

b. What is Division S's ROI if it transfers 20,000 units to Division T at $6.20 each?

c. What is the minimum transfer price for the 20,000-unit order that Division S would accept if Division S were willing to maintain the same ROI with the transfer as they would accept by selling their 90,000 units to the outside market?

23-18. Transfer Pricing— Performance Evaluation Issues

The Ajax Division of Gunnco, operating at capacity, has been asked by the Defco Division of Gunnco Corporation to supply it with electrical fitting No. 1726. Ajax sells this part to its regular customers for $7.50 each. Defco, which is operating at 50 percent capacity, is willing to pay $5 each for the fitting. Defco will put the fitting into a brake unit that it is manufacturing on a cost-plus basis for a commercial airplane manufacturer.

Ajax has a variable cost of producing fitting No. 1726 of $4.25. The cost of the brake unit as built by Defco is as follows:

Purchased parts—outside vendors	$22.50
Ajax fitting—1726	5.00
Other variable costs	14.00
Fixed overhead and administration	8.00
	$49.50

Defco believes the price concession is necessary to get the job.

The company uses ROI and dollar profits in the measurement of division and division manager performance.

Required:

a. If you were the division controller of Ajax, would you recommend that Ajax supply fitting 1726 to Defco? (Ignore any income tax issues.) Why or why not?

b. Would it be to the short-run economic advantage of the Gunnco Corporation for the Ajax Division to supply the Defco Division with fitting 1726 at $5 each? (Ignore any income tax issues.) Explain your answer.

c. Discuss the organizational and manager behavior difficulties, if any, inherent in this situation. As the Gunnco controller, what would you advise the Gunnco Corporation president to do in this situation?

(CMA adapted)

23–19. Evaluate Profit Impact of Alternative Transfer Decisions

A. R. Oma, Inc., manufactures a line of men's colognes. The manufacturing process is basically a series of mixing operations with the addition of certain aromatic and coloring ingredients; the finished product is packaged in a company-produced glass bottle and packed in cases containing six bottles.

A. R. Oma feels that the sale of its product is heavily influenced by the appearance and appeal of the bottle and has, therefore, devoted considerable managerial effort to the bottle production process. This has resulted in the development of certain unique bottle production processes.

The two divisions (that is, cologne production and bottle manufacture) have evolved over the years in an almost independent manner; in fact, a rivalry has developed between management personnel as to "which division is the more important" to A. R. Oma. This attitude is intensified because the bottle manufacturing plant was purchased intact 10 years ago, and no real interchange of management personnel or ideas (except at the top corporate level) has taken place.

Since the acquisition, all bottle production has been absorbed by the cologne manufacturing plant. Each division is considered a separate profit center and evaluated as such. As the new corporate controller, you are responsible for the definition of a proper transfer price to use for the bottles produced for the cologne division.

At your request, the bottle division general manager has asked certain other bottle manufacturers to quote a price for the quantity and sizes demanded by the cologne division. These competitive prices are:

Volume	Total Price	Price per Case
2,000,000 eq. cases[a]	$ 4,000,000	$2.00
4,000,000	7,000,000	1.75
6,000,000	10,000,000	1.67

[a] An "equivalent case" represents six bottles each.

A cost analysis of the internal bottle plant indicates that they can produce bottles at these costs:

Volume	Total Price	Cost per Case
2,000,000 eq. cases	$3,200,000	$1.60
4,000,000	5,200,000	1.30
6,000,000	7,200,000	1.20

These costs represent fixed costs of $1,200,000 and variable costs of $1 per equivalent case. These data have caused considerable corporate discussion as to the proper price to use in the transfer of bottles to the cologne division. This interest is heightened because a significant portion of a division manager's income is an incentive bonus based on profit center results.

The cologne production division has the following costs in addition to the bottle costs:

Volume	Total Cost	Cost per Case
2,000,000 cases	$16,400,000	$8.20
4,000,000	32,400,000	8.10
6,000,000	48,400,000	8.07

The marketing department furnished the following price-demand relationship for the finished product:

Sales Volume	Total Sales Revenue	Sales Price per Case
2,000,000 cases	$25,000,000	$12.50
4,000,000	45,600,000	11.40
6,000,000	63,900,000	10.65

Required:

a. The A. R. Oma Company has used market price transfer prices in the past. Using the current market prices and costs, and assuming a volume of 6,000,000 cases, calculate the income for:
   (1) The bottle division.
   (2) The cologne division.
   (3) The corporation.

b. Is this production and sales level the most profitable volume for:
   (1) The bottle division?
   (2) The cologne division?
   (3) The corporation?

Explain your answers.

(CMA adapted)

23–20. Transfer Prices and Tax Regulations

ExIm, Inc., has two operating divisions in a semiautonomous organization structure. Division Ex is located in the United States. It produces a part labeled XZ-1, which is an input to Division Im, which is located in the south of France. Division Ex has idle capacity that it uses to produce XZ-1. The market price of XZ-1 domestically is $60. The variable costs are $25 per unit. The company's U.S. tax rate is 40 percent of income.

After paying the transfer price for each XZ-1 received from Division Ex, Division Im also pays a shipping fee of $15 per unit. Part XZ-1 becomes a part of Division Im's output product. The output product costs an additional $10 to produce and sells for an equivalent $115. Division Im could purchase Part XZ-1 from a Paris supplier at a cost of $50 per unit. The company's French tax rate is 70 percent of income. Assume French tax laws permit transferring at either variable cost or market price. Assume the U.S. division's income is taxed at 40 percent.

Required:

What transfer price is economically optimal for ExIm, Inc.? Show computations.

23–21. Regulated Product Prices*

The state of Alaska receives a royalty equal to 12.5 percent of the value of the oil produced from state lands. The royalty is payable when the oil is produced. Because most Alaskan oil is located on the remote North Slope, where there is no market for the oil, the transfer price for the oil is typically determined at the refinery gate in California.

---

* © E. B. Deakin, 1981.

Transportation charges are deducted from the "California landed price" to arrive at an estimated price at the production point (that is, the North Slope). In January 1981, price controls were lifted for all crude oil produced after January 22, 1981. When the price controls were lifted, there was approximately 45 million barrels of oil in the Trans-Alaskan pipeline system that had been produced but had not yet been delivered to the refinery gate. The controlled price of Alaskan oil at the refinery gate was $16 per barrel. The uncontrolled price was $34 per barrel. Transportation charges were $7 per barrel both before and after the lifting of price controls.

Required:

What is the appropriate transfer price (and, hence, value for royalty determination purposes) of the 45 million barrels in the pipeline at the decontrol date? Why?

23–22. Evaluate Transfer Price System

MBR, Inc., consists of three divisions that formerly were three independent manufacturing companies: Boston Corporation, Raleigh Company, and Memphis Company. The name of the corporation was subsequently changed to MBR, Inc., and each company became a separate division retaining the name of its former company.

The three divisions operate as if they were still independent companies. Each division has its own sales force and production facilities. Each division management is responsible for sales, cost of operations, acquisition and financing of divisional assets, and working capital management. The corporate management of MBR evaluates the performance of the divisions and division managements on the basis of ROI.

Memphis Division has just been awarded a contract for a product that uses a component manufactured by the Raleigh Division as well as by outside suppliers. Memphis used a cost figure of $3.80 for the component manufactured by Raleigh in preparing its bid for the new product. This cost figure was supplied by Raleigh in response to Memphis's request for the average variable cost of the component and represents the standard variable manufacturing cost and variable selling and distribution expense.

Raleigh has an active sales force that is continually soliciting new prospects. Raleigh's regular selling price for the component Memphis needs for the new product is $6.50. Sales of this component are expected to increase. However, Raleigh management has indicated that it could supply Memphis with the required quantities of the component at the regular selling price less variable selling and distribution expenses. Memphis management has responded by offering to pay standard variable manufacturing cost plus 20 percent.

The two divisions have been unable to agree on a transfer price. Corporate management has never established a transfer price policy because interdivisional transactions have never occurred. As a compromise, the corporate vice president of finance has suggested a price equal to the standard full manufacturing cost (that is, no selling and distribution expenses) plus a 15 percent markup. This price has been rejected by the two division managers because each considered it grossly unfair.

The unit cost structure for the Raleigh component and the three suggested prices are shown below.

Regular selling price	$6.50
Standard variable manufacturing cost	$3.20
Standard fixed manufacturing cost	1.20
Variable selling and distribution expenses	.60
	$5.00
Regular selling price less variable selling and distribution expenses ($6.50 − .60)	$5.90
Variable manufacturing plus 20% ($3.20 × 1.20)	$3.84
Standard full manufacturing cost plus 15% ($4.40 × 1.15)	$5.06

Required:

a. Discuss the effect each of the three proposed prices might have on the Raleigh Division management's attitude toward intracompany business.

    b. Is the negotiation of a price between the Memphis and Raleigh divisions a satisfactory method to solve the transfer price problem? Explain your answer.

    c. Should the corporate management of MBR, Inc., become involved in this transfer price controversy? Explain your answer.

(CMA adapted)

23–23. Analyze Transfer Pricing Data

    MultiProduct Enterprises, Inc., is a decentralized organization that evaluates division management based on measures of division contribution margin. Divisions A and B operate in similar product markets. Division A produces a solid state electronic assembly that may be sold to the outside market at a price of $16 per unit. The outside market can absorb up to 140,000 units per year. These units require two direct labor-hours each.

    If A modifies the units with an additional one-half hour of labor time, the units can be sold to Division B at a price of $18 per unit. Division B will accept up to 120,000 of these units per year.

    If Division B does not obtain 120,000 units from A, then B will purchase the needed units for $18.50 from the outside. Division B incurs $8 of additional labor and other out-of-pocket costs to convert the assemblies into a home digital electronic radio, calculator, telephone monitor, and clock unit. The unit can be sold to the outside market at a price of $45 each.

    Division A estimates its total costs are $925,000 for fixed costs and $6 per direct labor-hour. Capacity in Division A is limited to 400,000 direct labor-hours per year.

    Determine the following:

Required:

    a. Total contribution margin to A if it sells 140,000 units to the outside.

    b. Total contribution margin to A if it sells 120,000 units to B.

    c. The costs to be considered in determining the optimal company policy for sales by Division A.

    d. The annual contributions and costs for Divisions A and B under the optimal policy.

Integrative Cases

23–24. Analyze Transfer Pricing Policy

PortCo Products is a divisionalized furniture manufacturer. The divisions are autonomous segments, with each division being responsible for its own sales, costs of operations, working capital management, and equipment acquisition. Each division serves a different market in the furniture industry. Because the markets and products of the divisions are so different, there have never been any transfers between divisions.

The Commercial Division manufactures equipment and furniture that is purchased by the restaurant industry. The division plans to introduce a new line of counter and chair units. John Kline, the division manager, has discussed the manufacturing of the new seat with Russ Fiegel of the Office Division. They both believe a similar seat currently made by the Office Division for use on its deluxe office stool could be modified for use on the new counter chair. Consequently, Kline has asked Russ Fiegel for a price for 100-unit lots of the Office Division seats. The following conversation took place about the price to be charged for the cushioned seats.

Fiegel: John, we can make the modifications to our cushioned seat easily. The direct materials used in your seat are slightly different and should cost about 10 percent more than those we use. Labor time should be the same because the seat fabrication operation basically is the same. I would price the seat at our regular rate—standard full-absorption cost plus 30 percent markup.

Kline: That's higher than I expected, Russ. I was thinking that a good price would be your variable manufacturing costs. After all, your fixed costs will not be affected by this job.

Fiegel: John, I'm at capacity. By making seats for you, I'll have to cut my own production of deluxe office stools. Of course, I can increase my production of economy office stools. The labor time freed by not having to fabricate the frame or assemble the deluxe stool can be shifted to the frame fabrication and assembly of the economy office stool. Fortunately, I can switch my labor force between these two models of stools without any loss of efficiency. As you know, overtime is not a feasible alternative in our community. I'd like to sell it to you at variable cost, but I have excess demand for both products. I don't mind changing my product mix to the economy model if I get a good return on the seats I make for you. Here are my standard costs for the two stools and a schedule of my manufacturing overhead. [See Exhibit A for standard costs, and see Exhibit B for the overhead budget.]

Kline: I guess I see your point, Russ, but I don't want to price myself out of the market. Maybe we should talk to corporate to see if they can give us any guidance.

Exhibit A (23–24)   **Office Division, Standard Costs and Prices**

	Deluxe Office Stool		Economy Office Stool
Direct materials:			
Framing	$ 8.15		$ 9.76
Cushioned seat:			
Padding	2.40		—
Vinyl	4.00		—
Molded seat (purchased)	—		6.00
Direct labor:			
Frame fabrication (.5 × $7.50/DLH)	3.75	(.5 × $7.50/DLH)	3.75
Cushion fabrication (.5 × $7.50/DLH)	3.75		—
Assembly[a] (.5 × $7.50/DLH)	3.75	(.3 × $7.50/DLH)	2.25
Manufacturing:			
Overhead (1.5DLH × $12.80/DLH)	19.20	(.8DLH × $12.80/DLH)	10.24
Total standard cost	$45.00		$32.00
Selling price (30% markup)	$58.50		$41.60

[a] Attaching seats to frames and attaching rubber feet.

Exhibit B (23–24)   **Office Division, Manufacturing Overhead Budget**

Overhead Item	Nature	Amount
Supplies	Variable—at current market prices	$ 420,000
Indirect labor	Variable	375,000
Supervision	Nonvariable	250,000
Power	Use varies with activity; rates are fixed	180,000
Heat and light	Nonvariable—light is fixed regardless of production, while heat/air conditioning varies with fuel charges	140,000
Property taxes and insurance taxes	Nonvariable—any change in amounts/ rates is independent of production	200,000
Depreciation	Fixed-dollar total	1,700,000
Employee benefits	20% of supervision, direct and indirect labor	575,000
	Total overhead	$3,840,000
	Capacity in direct labor-hours	300,000
	Overhead rate/direct labor-hour	$12.80

Required:

a. John Kline and Russ Fiegel did ask PortCo corporate management for guidance on an appropriate transfer price. Corporate management suggested they consider using a transfer price based on variable manufacturing cost plus opportunity cost. Calculate a transfer price for the cushioned seat, using variable manufacturing cost plus opportunity cost.

b. Which alternative transfer price system—full cost, variable manufacturing cost, or variable manufacturing cost plus opportunity cost—would be better as the underlying concept for an intracompany transfer price policy? Explain your answer.

(CMA adapted)

23–25. Differential Costing and Transfer Pricing Decisions

National Industries is a diversified corporation with separate and distinct operating divisions. Each division's performance is evaluated on the basis of total dollar profits and return on division investment.

The WindAir Division manufactures and sells air-conditioner units. Next year's budgeted income statement, based on a sales volume of 15,000 units, appears below.

WindAir Division
Budgeted Income Statement
Next Year

	Per Unit	Total (in thousands)
Sales revenue	$400	$6,000
Manufacturing costs:		
Compressor	70	1,050
Other direct materials	37	555
Direct labor	30	450
Variable overhead	45	675
Fixed overhead	32	480
Total manufacturing costs	214	3,210
Gross margin	186	2,790
Operating costs:		
Variable marketing	18	270
Fixed marketing	19	285
Fixed administrative	38	570
Total operating costs	75	1,125
Operating profit before taxes	$111	$1,665

WindAir's division manager believes sales can be increased if the unit selling price of the air conditioners is reduced. A market research study conducted by an independent firm indicates that a 5 percent reduction in the selling price ($20) would increase sales volume 16 percent, or 2,400 units. WindAir has sufficient production capacity to manage this increased volume with no increase in fixed costs.

WindAir presently uses a compressor in its units that it purchases from an outside supplier at a cost of $70 per compressor. The division manager of WindAir has approached the manager of the Compressor Division regarding the sale of a compressor unit to WindAir. The Compressor Division currently manufactures and sells a unit exclusively to outside firms that is similar to the unit used by WindAir. The specifications of the WindAir compressor are slightly different, which would reduce the Compressor Division's direct material cost by $1.50 per unit. In addition, the Compressor Division would not incur any variable selling costs in the units sold to WindAir. The manager of WindAir wants all of the compressors it uses to come from one supplier and has offered to pay $50 for each compressor unit purchased from the compressor division.

The Compressor Division has the capacity to produce 75,000 units. The coming year's budgeted income statement for the Compressor Division is shown below and is based on a sales volume of 64,000 units without considering WindAir's proposal.

Compressor Division
Budgeted Income Statement
For Next Year

	Per Unit	Total (in thousands)
Sales revenue	$100	$6,400
Manufacturing costs:		
Direct materials	12	768
Direct labor	8	512
Variable overhead	10	640
Fixed overhead	11	704
Total manufacturing costs	41	2,624
Gross margin	59	3,776
Operating costs:		
Variable marketing	6	384
Fixed marketing	4	256
Fixed administrative	7	448
Total operating costs	17	1,088
Operating profit before taxes	$ 42	$2,688

Required:

a. Should WindAir Division institute the 5 percent price reduction on its air-conditioner units even if it cannot acquire the compressors internally for $50 each? Support your conclusion with appropriate calculations.

b. Regardless of your answer to requirement (a), assume WindAir needs 17,400 units. Should the Compressor Division be willing to supply the compressor units for $50 each? Support your conclusions with appropriate calculations.

c. Regardless of your answer to requirement (a), assume WindAir needs 17,400 units. Would it be in the best interest of National Industries for the Compressor Division to supply the compressor units at $50 each to the WindAir Division? Support your conclusions with appropriate calculations.

(CMA adapted)

23–26. Decentralization and Transfer Pricing: Calvin's Auto

Calvin's Auto was divided into three departments: new-car sales, used-car sales, and the service department. Department managers were told to run their departments as if they were independent businesses. In order to give the department managers an incentive, most of their remuneration was to be calculated as a straight percentage of their department's operating profit.

A customer wanted to trade in his old car as part of the purchase price of a new one with a list price of $16,000. Before closing the sale, the new-car manager had to decide the amount he would offer the customer for the trade-in value of the old car. He knew that if no trade-in were involved, he would deduct about 10 percent from the list price of this model new car to be competitive with other dealers in the area. He also wanted to make sure that he did not lose the sale by offering too low a trade-in allowance.

To establish the trade-in value of the car, the used-car manager accompanied the new-car manager and the customer out to the parking lot to examine the car. In the course of his appraisal, the used-car manager estimated that the car would require reconditioning work costing about $1,000, after which the car would retail for about $3,500.

The used-car manager estimated that he could get about $2,100 for the car "as is" (that is, without any work being done to it) at a weekly auction at which dealers regularly buy and sell used cars.

The new-car department manager had the right to take any trade-in at any price he thought appropriate, but then it was his responsibility to dispose of the car. He had the alternative of either trying to persuade the used-car manager to take over the car and accepting the used-car manager's appraisal price, or he himself could sell the car at the auction.

The new-car manager decided he would allow $4,000 for the used car, provided the customer agreed to pay the list price of $16,000 for the new car. After some discussion, the $4,000 allowance and $16,000 list price were agreed upon.

The company's accountant set about recording the sale in the accounting records of the business. She saw the new car had been purchased from the manufacturer for $13,000; she was uncertain about the value she should place on the trade-in car. The new car's list price was $16,000 and it had cost $13,000, so she reasoned the gross margin on the new-car sale was $3,000. Yet the new-car manager had allowed $4,000 for the old car, which needed $1,000 in repairs, after which it could be sold retail for $3,500. Uncertain about the value she should place on the used car for inventory valuation purposes, the accountant decided that she would temporarily put down a value of $4,000, and await instructions from her superiors.

When the manager of the used-car department found out what the accountant had done, he went to the new-car department manager's office and stated forcefully that he would not accept $4,000 as the value of the used car. He stated:

> I never would have allowed the customer $4,000 for that car. My department has to make a profit too, you know. My own income is dependent on the profit I show on the sale of used cars, and I will not stand for having my income hurt because you are too generous.

The service manager arrived with Calvin Cline, the company president, and stated:

> There is something bothering me about this accounting system we've been using. I can't charge as much on an internal job as I would for the same job performed for an outside customer. If I did work costing $1,000 for an outside customer, I would be able to charge about $1,600 for the job. I figure that I should be able to make the same charge for repairing a trade-in as I would get for an outside repair job.

Required:

a. Suppose the new-car deal is consummated, with the repaired used car being retailed for $3,500 and the variable cost of the repairs being $1,000. Assume that all sales personnel are on salary (no commissions), and that department and company costs not explicitly mentioned in the case are fixed and not affected by this transaction. What is the dealership contribution on the total transaction (that is, new and repaired used cars sold)?

b. Assume each department (new, used, service) is treated as a profit center, as described in the case.

   (1) At what value should this trade-in (unrepaired) be transferred from the new-car department to the used-car department? Why?

   (2) How much should the service department be able to charge the used-car department for the repairs on this trade-in car if the service department operates below capacity? Why?

   (3) How much should the service department be able to charge if it operates at capacity? Why?

c. Given your responses to *b,* what will be each of the three departments' contributions on this transaction, assuming:

(1) the service department is operating below capacity, and

(2) the service department is operating at capacity?

d. If the service department was operating at capacity, would the dealership be better off to repair and retail the used car or sell it "as is"?

e. Do you feel the three profit center approach is appropriate for the auto dealership? If so, explain why, including an explanation of how this is better than other specific alternatives. If not, propose a better alternative and explain why it is better than the three profit center approach and any other alternatives you have considered.

23–27. Birch Paper Company (Evaluate Transfer Pricing Policy and Use of Responsibility Centers)*

"If I were to price these boxes any lower than $480 a thousand," said James Brunner, manager of Birch Paper Company's Thompson Division, "I'd be countermanding my order for last month for our sales force to stop shaving their bids and to bid full-cost quotations. If I turn around now and accept this for something less than $480, I'll be tearing down my own orders. The division can't very well show a profit by putting in bids that don't even cover a fair share of overhead costs, let alone give us a profit."

Birch Paper Company was a medium-sized, partly integrated paper company, producing white and kraft papers and paperboard. A portion of its paperboard output was converted into corrugated boxes by the Thompson Division, which also printed the outside surface of the boxes. Including Thompson, the company had four producing divisions and a timberland division, which supplied part of the company's pulp requirements.

For several years, each division had been judged independently on the basis of its profit and ROI. Top management had been working to gain effective results from a policy of decentralizing responsibility and authority for all decisions except those relating to overall company policy. The company's top officials felt that in the past few years the concept of decentralization had been successfully applied and that the company's profits and competitive position had definitely improved.

Early in the year, the Northern Division designed a special display box for one of its papers in conjunction with the Thompson Division, which was equipped to make the box. Thompson's package design and development staff spent several months perfecting the design, production methods, and materials that were to be used; because of the unusual color and shape, these were far from standard. According to an agreement between the two divisions, the Thompson Division was reimbursed by the Northern Division for the out-of-pocket cost of its design and development work.

When the specifications were all prepared, the Northern Division asked for bids on the box from the Thompson Division and from two outside companies, West Paper Company and Erie Papers, Inc. Each division manager normally was free to buy from whichever supplier he wished, and even on sales within the company, divisions were expected to meet the going market price if they wanted the business.

At this time, the profit margins of converters such as the Thompson Division were being squeezed. Thompson, as did many other similar converters, bought its board, liner, or paper; and its function was to print, cut, and shape it into boxes. Though it bought most of its materials from other Birch divisions, most of Thompson's sales were to outside customers. If Thompson got the order from Northern, it probably would buy its linerboard and corrugating medium from the Southern Division of Birch. The

* Copyright © 1957 by the President and Fellows of Harvard College. This case was prepared by William Rotch under the direction of Neil E. Harlan as a basis for class discussion rather than to illustrate either effective or ineffective handling of an administrative situation. Reprinted by permission of the Harvard Business School.

walls of a corrugated box consist of outside and inside sheets of linerboard sandwiching the corrugating medium.

About 70 percent of Thompson's variable cost of $400 a thousand for the order represented the cost of linerboard and corrugating medium. Though Southern Division had been running below capacity and had excess inventory, it quoted the market price, which had not noticeably weakened as a result of the oversupply. Its variable costs on liner and corrugating medium were about 60 percent of selling price.

The Northern Division received bids on the boxes of $480 a thousand from the Thompson Division, $430 a thousand from West Paper, and $432 a thousand from Erie Papers. Erie offered to buy from Birch the outside linerboard with the special printing already on it, but would supply its own inside liner and corrugating medium. The outside liner would be supplied by the Southern Division at a price equivalent to $90 a thousand boxes, and would be printed for $30 a thousand by the Thompson Division. Of the $30, about $25 would be variable costs.

Since this situation appeared to be a little unusual, William Kenton, manager of the Northern Division, discussed the wide discrepancy of bids with Birch's commercial vice president. He told the commercial vice president, "We sell in a very competitive market, where higher costs cannot be passed on. How can we be expected to show a decent profit and return on investment if we have to buy our supplies at more than 10 percent over the going market?"

Knowing that Brunner had on occasion in the past few months been unable to operate the Thompson Division at capacity, the commercial vice president thought it odd that Brunner would add the full 20 percent overhead and profit charge to his variable costs. When he asked Brunner about this over the telephone, his answer was the statement that appears at the beginning of the case. Brunner went on to say that having done the developmental work on the box, and having received no profit on that, he felt entitled to a normal markup on the production of the box itself.

The vice president explored further the costs of the various divisions. He remembered a comment the controller had made to the effect that costs that for one division were variable could be largely fixed for the company as a whole. He knew that in the absence of specific orders from top management, Kenton would accept the lowest bid, namely, that of West Paper for $430. However, it would be possible for top management to order the acceptance of another bid if the situation warranted such action. And though the volume represented by the transactions in question was less than 5 percent of the volume of any of the divisions involved, other transactions could conceivably raise similar problems later.

Required:

Does the system motivate Mr. Brunner in such a way that actions he takes in the best interests of the Thompson Division are also in the best interests of the Birch Paper Company? If your answer is no, give some specific instances related as closely as possible to the type of situation described in the case. Would the managers of other divisions be correctly motivated? What should the vice president do?

Part Four

The Impact of Uncertainty on Cost Analysis

24

Decision Making under Uncertainty

OBJECTIVES

To understand the impact of uncertainty on decisions, particularly cost-volume-profit
(CVP) decisions.

To be familiar with alternative ways of dealing with uncertainty.

In earlier chapters, the use of accounting data for decision making was based on the implicit assumption of certainty. The real world, however, is characterized by uncertainty. Decisions must be made and actions taken without definite knowledge of the results. For example, suppose that HyperMedical Engineering Company has developed a new device for modifying viral cells. Demand for the product exceeds the company's present manufacturing capacity. Hyper-Medical Engineering's management could build a new plant, in which case the capital budgeting techniques discussed in Chapters 15 and 16 would be employed.

But building a plant takes several years; moreover, competitors in the biomedical engineering field may develop a similar product and, hence, cut into HyperMedical's market. So, to meet the immediate demand, management is considering obtaining a new plant under a short-term lease. The fixed lease payments for a new plant will result in a step increase in costs similar to that diagrammed in Illustration 24–1. Point *A* on the volume axis represents the current level of activity, which is also the full capacity of the old plant. Management expects that volume will increase to the level represented by point *B*. If this happens, then the profits at *B* will be large enough to warrant leasing the new plant. However, the costs of operating the new plant result in a step increase in the fixed costs. If management is certain that the number of units represented by point *B* on the volume axis will be sold with the new plant, then the lease would be justified. Unfortunately, demand is rarely known with certainty.

Illustration 24–1   **Effect of Leased Plant on CVP Relationships**

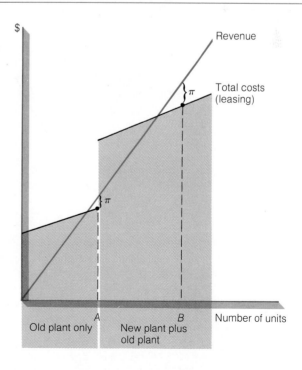

Note: *A* is also the capacity of the old plant.

Suppose management expected profit from a demand increase to point *B* and went ahead with the lease. Management would be unpleasantly surprised if actual demand was less than expected.

Knowledge of the extent of uncertainty and the impact of that uncertainty on decision outcomes is important information for decision making in an uncertain world. In this chapter, we introduce the concepts used to deal with uncertainty and illustrate how those concepts are applied to CVP analysis.

Dealing with Uncertainty

We suggest that six steps be followed when dealing with decisions under uncertainty. These are:

1. Establish a set of mathematically quantified objectives.

2. Determine the set of actions that can be taken.

3. Estimate the various outcomes that are likely to occur after the decision.

4. Assign probabilities to those outcomes.

5. Compute the payoffs that are likely under each paired set of actions and outcomes.

6. Choose the action that is best in achieving objectives.

Use of this approach does not assure profitable operations, but it does provide a rational basis for decision making. In the long run, following this method can be expected to result in decisions that achieve established objectives.

Establishing Objectives

Company management usually establishes objectives. In addition to maximizing profit, management may seek to avoid excessive risk, attain certain market shares, or introduce new products. Once the qualitative objectives are determined, they must be expressed in mathematical terms. This mathematical statement of management goals is called an *objective function.* An example of an objective function is the expression:

Maximize profit (π), where

$$\pi = (P - V)X - F$$

This is the profit equation from Chapter 11. The term X represents the quantity sold per period, P is the price per unit, V represents the variable cost per unit, and F is the fixed costs per period.

If management wanted, they could extend this analysis to include more complex statements of objectives. For example, management may have different preferences for **risk.** A utility function that reflects management's attitude toward risk might be used instead of a profit equation. Management may face constraints in devising the profit plan. These constraints may also be incorporated in an uncertainty mode. We shall assume the profit equation above reflects management's objectives. More complex objective functions are discussed in the management science, [obscured] [accou]nting literature.[1]

The role o[obscured] environment can be demonstrated using a linear [obscured] [C]V[P] equation. Extensions to these more complex [obscured] [opera]tions research or statistics. No matter how co[obscured] [account]ant's task is to provide the cost data relevant [obscured]

We ca[obscured] [pr]oblem faced by the management of HyperMed[obscured] [app]roach the problem in the suggested order and [obscured] [o]utcome of the analysis.

Determining the Action Set

Once objectives [obscured] [mana]gement must consider the alternative actions that ma[obscured] [I]n our example, there may be several ways to meet the in[obscured] [n]oted, management might construct a new plant. Or it [obscured] a certain amount of production. It might also purchase a[obscured] [firm]s in the same business. Each action entails different amounts o[obscured]

Management will consid[obscured] [alterna]tive as a possible way to meet its established objectives. Other a[obscured] [shou]ld also be considered. For example, management could ignore the inc[obscured] [de]mand and continue to produce at the same level as before. To simpl[obscured] [d]iscussion, we will assume that the only possibilities are to lease a new pl[ant or] subcontract for the added demand.

Estimating Outcomes

The outcome that will occur after the de[ci]sion has been made is unknown and usually beyond the control of management. The external influences that affect the outcome are called *exogenous factors*. For example, in the HyperMedical example, management may expect that future demand for the product will continue to increase. But the level of future demand is affected by such factors as the state of the economy, competition, and technological change. When management makes its expansion decision, it cannot know the exact level of future demand because it cannot perfectly predict these exogenous factors.

Nevertheless, management can estimate the possibilities of specific **outcomes.** While HyperMedical's management may expect future demand to increase by 5,000 units next year, they may estimate that demand could increase by as much as 40,000 units. The 5,000-unit increase is considered much more likely than the 40,000 increase, but both are possibilities.

A set of mutually exclusive and collectively exhaustive outcomes is constructed to represent the possible future outcomes. As a practical matter, a small representative set of possibilities is usually chosen or else we assume the outcomes will follow a continuous distribution, which may be analyzed through direct computation or some sampling method. In our example, the set of demand

---

[1] For references in the accounting literature, see A. Charnes, W. Cooper, and Y. Ijiri, "Break-Even Budgeting and Programming to Goals," *Journal of Accounting Research,* Spring 1963; J. Hilliard and R. Leitch, "Cost-Volume-Profit Analysis under Uncertainty: A Log-Normal Approach," *The Accounting Review,* January 1975; J. Demski and G. Feltham, *Cost Determination: A Conceptual Approach* (Ames: Iowa State University Press, 1976); and J. Demski, *Information Analysis* (Reading, Mass.: Addison-Wesley Publishing, 1980).

increases is 1,000, 2,000, 5,000, 10,000, and 40,000 units. In reality, demand increase *might* be 1,386 units or 61,903 units or any other number; but, to avoid excessive computations, the limited set is usually sufficient.

Assigning Probabilities to Outcomes

Now that we have the set of five estimated future demand levels, the next task is to think about each outcome, estimate how likely it is to occur, and evaluate the payoffs. In the decision literature, the term *payoff* is used to indicate the value of each outcome.

The probability of each demand level's occurrence is estimated statistically or by other means. Marketing studies may be conducted to evaluate future demand levels and the related probabilities that those levels will, in fact, occur. Past trends may be extrapolated using time series analyses when there is a sufficient reason to believe the trends will continue in the future. Management may use its own judgment based on knowledge of contract negotiations with potential buyers or other factors. Assessing these probabilities is always a subjective process even though mathematical models may yield results that are precise to the last unit of production. Because the future is uncertain, probability statements about the future are also uncertain. Nonetheless, management uses such probability assessments when their benefits exceed the cost of obtaining them.

HyperMedical management may realize that a 5,000-unit increase is more likely than a 40,000-unit increase, but more precision is needed to evaluate riskiness. Based on quantified data about future demand levels, management assesses the future increases in demand and, based on experience and judgment, estimates the following set of probabilities:[2]

Increased Future Demand (units)	Probability
1,000	.10
2,000	.20
5,000	.50
10,000	.15
40,000	.05
Total	1.00

The set of probabilities may contain as few or as many demand levels as needed to obtain the desired degree of precision. The desired precision in the results will depend on the reliability of the data and the trade-off between the costs and benefits of gathering additional information. The probabilities must always sum to one, as they do here. It is assumed that the probabilities are independent of the decision. That is, whether HyperMedical leases a new plant or subcontracts, the set of probabilities for future demand levels will be the same.

[2] See R. Libby, *Accounting and Human Information Processing* (Englewood Cliffs, N.J.: Prentice-Hall, 1981), for a discussion of behavioral probability estimation and revision.

ment's objectives. More complex objective functions are discussed in the management science, statistics, and accounting literature.[1]

The role of cost data in an uncertain environment can be demonstrated using a linear profit function such as the CVP equation. Extensions to these more complex settings may be studied in operations research or statistics. No matter how complex the situation, the accountant's task is to provide the cost data relevant to the decision.

We can apply this approach to the problem faced by the management of HyperMedical Engineering. We will approach the problem in the suggested order and then discuss the results of the outcome of the analysis.

Determining the Action Set

Once objectives have been established, management must consider the alternative actions that may be taken to attain them. In our example, there may be several ways to meet the increased demand. As we noted, management might construct a new plant. Or it might subcontract for a certain amount of production. It might also purchase another company that is in the same business. Each action entails different amounts of profit and risk.

Management will consider each alternative as a possible way to meet its established objectives. Other alternatives would also be considered. For example, management could ignore the increased demand and continue to produce at the same level as before. To simplify the discussion, we will assume that the only possibilities are to lease a new plant or to subcontract for the added demand.

Estimating Outcomes

The outcome that will occur after the decision has been made is unknown and usually beyond the control of management. The external influences that affect the outcome are called *exogenous factors*. For example, in the HyperMedical example, management may expect that future demand for the product will continue to increase. But the level of future demand is affected by such factors as the state of the economy, competition, and technological change. When management makes its expansion decision, it cannot know the exact level of future demand because it cannot perfectly predict these exogenous factors.

Nevertheless, management can estimate the possibilities of specific **outcomes.** While HyperMedical's management may expect future demand to increase by 5,000 units next year, they may estimate that demand could increase by as much as 40,000 units. The 5,000-unit increase is considered much more likely than the 40,000 increase, but both are possibilities.

A set of mutually exclusive and collectively exhaustive outcomes is constructed to represent the possible future outcomes. As a practical matter, a small representative set of possibilities is usually chosen or else we assume the outcomes will follow a continuous distribution, which may be analyzed through direct computation or some sampling method. In our example, the set of demand

---

[1] For references in the accounting literature, see A. Charnes, W. Cooper, and Y. Ijiri, "Break-Even Budgeting and Programming to Goals," *Journal of Accounting Research,* Spring 1963; J. Hilliard and R. Leitch, "Cost-Volume-Profit Analysis under Uncertainty: A Log-Normal Approach," *The Accounting Review,* January 1975; J. Demski and G. Feltham, *Cost Determination: A Conceptual Approach* (Ames: Iowa State University Press, 1976); and J. Demski, *Information Analysis* (Reading, Mass.: Addison-Wesley Publishing, 1980).

increases is 1,000, 2,000, 5,000, 10,000, and 40,000 units. In real̶
increase *might* be 1,386 units or 61,903 units or any other number̶
avoid excessive computations, the limited set is usually sufficient.

Assigning Probabilities to Outcomes

Now that we have the set of five estimated future demand levels, the next task is to think about each outcome, estimate how likely it is to occur, and evaluate the payoffs. In the decision literature, the term *payoff* is used to indicate the value of each outcome.

The probability of each demand level's occurrence is estimated statistically or by other means. Marketing studies may be conducted to evaluate future demand levels and the related probabilities that those levels will, in fact, occur. Past trends may be extrapolated using time series analyses when there is a sufficient reason to believe the trends will continue in the future. Management may use its own judgment based on knowledge of contract negotiations with potential buyers or other factors. Assessing these probabilities is always a subjective process even though mathematical models may yield results that are precise to the last unit of production. Because the future is uncertain, probability statements about the future are also uncertain. Nonetheless, management uses such probability assessments when their benefits exceed the cost of obtaining them.

HyperMedical management may realize that a 5,000-unit increase is more likely than a 40,000-unit increase, but more precision is needed to evaluate riskiness. Based on quantified data about future demand levels, management assesses the future increases in demand and, based on experience and judgment, estimates the following set of probabilities:[2]

Increased Future Demand (units)	Probability
1,000	.10
2,000	.20
5,000	.50
10,000	.15
40,000	.05
Total	1.00

The set of probabilities may contain as few or as many demand levels as needed to obtain the desired degree of precision. The desired precision in the results will depend on the reliability of the data and the trade-off between the costs and benefits of gathering additional information. The probabilities must always sum to one, as they do here. It is assumed that the probabilities are independent of the decision. That is, whether HyperMedical leases a new plant or subcontracts, the set of probabilities for future demand levels will be the same.

---

[2] See R. Libby, *Accounting and Human Information Processing* (Englewood Cliffs, N.J.: Prentice-Hall, 1981), for a discussion of behavioral probability estimation and revision.

Computing Payoffs

The accountant must often compute the payoffs for each alternative and for each outcome. To do this, the costs that are likely for each level of activity and for each alternative action choice must be considered. This is a direct application of the concepts of differential costing introduced earlier in this book. For example, assume that HyperMedical's management could subcontract any number of units at any time and obtain the profit function:

$$\pi = (\$8 - \$7)X_s$$

where

π = Operating profit from subcontracting.
X_s = Quantity subcontracted.

This equation indicates a $1 net profit per unit.

Or, management could lease a new plant capable of producing 10,000 units with a profit function of:

$$\pi' = (\$8 - \$2)X_p - \$20,000$$

where

π' = Operating profit from leasing.
X_p = Quantity produced and sold.
$20,000 is the fixed cost.

Management would only want to lease one plant and knows the base demand level.

The payoffs for each outcome under each alternative action are computed and tabled as:

| | Payoffs | |
Future Demand	Subcontract	Lease Plant
1,000	$ 1,000	$-14,000[a]
2,000	2,000	-8,000
5,000	5,000	10,000
10,000	10,000	40,000
40,000	40,000	70,000[b]

Additional computations:
[a] $-14,000 = 1,000($8 - $2) - $20,000; $-8,000 = 2,000($8 - $2) - $20,000; etc.
[b] See following paragraph for computations at the 40,000 unit level.

At the 40,000-unit level, both manufacturing and subcontracting would be required since the plant can only produce 10,000 units. Manufacturing 10,000 at a profit of $40,000 plus subcontracting 30,000 (that is, 40,000 − 10,000) at a profit of $30,000 is necessary to obtain the $70,000 total.

To make its decision, HyperMedical's management computes the expected payoffs under each considered alternative action. The expected payoff for each action is the sum of the payoffs for each outcome times the probability associated with that outcome. For subcontracting, the expected payoff is:

Outcome	Probability	Payoff at this Level	Expected Payoff
1,000	.10	× $ 1,000	= $ 100
2,000	.20	× 2,000	= 400
5,000	.50	× 5,000	= 2,500
10,000	.15	× 10,000	= 1,500
40,000	.05	× 40,000	= 2,000
Expected payoff for subcontracting			$6,500

For the alternative to lease a new plant, the expected payoff is computed using the same method:

Outcome	Probability	Payoff at this Level	Expected Payoff
1,000	.10	× $−14,000	= $−1,400
2,000	.20	× −8,000	= −1,600
5,000	.50	× 10,000	= 5,000
10,000	.15	× 40,000	= 6,000
40,000	.05	× 70,000	= 3,500
Expected payoff for leasing			$11,500

Making the Decision

The expected payoff levels are compared, and the alternative with the higher expected payoff is selected under the decision criterion established in step 1. Since the expected payoff from leasing a new plant ($11,500) is greater than the expected payoff from subcontracting ($6,500), the data suggest that management should lease the new plant. This is only a suggestion. The decision is the responsibility of management, and management may elect to use other decision criteria. In the following section, we discuss some other decision criteria that managers use.

Loss-Minimization Criteria

Although leasing the new plant yields the highest expected payoff, HyperMedical runs the risk of a loss if this alternative is chosen and if demand is only 1,000 or 2,000 units. Adding the probabilities of these two demand levels suggests that there is a .3 probability of a loss. If management finds this loss exposure too great, they may seek a less risky alternative. Given the information in the example, there is no risk of accounting loss from subcontracting. However, if demand reaches 5,000 or more units, there is an opportunity loss from subcontracting—a greater payoff could have been earned if the plant had been leased.

Management may establish **risk minimization** as its objective in step 1. Risk minimization may be defined in terms of the probability of loss. Management may state its objectives in terms of loss minimization. For example, management may seek to minimize the maximum loss to which it would be exposed. This is called the **minimax** criterion. Or, management may set some loss amount and a related expected value as a limit on risk. For example, the criterion could be: "Don't invest if there is more than a 30 percent probability of a loss."

The appropriate decision would be to subcontract to minimize the risk of an accounting loss. By subcontracting, the risk of loss is reduced to zero, but with leasing there is a .3 probability of loss. Therefore, to minimize the probability of loss, management would probably prefer subcontracting.

Why would management give up the incremental expected payoff just to eliminate the possibility of a loss? Recent research suggests that management may be constrained by contracts (such as loan agreements) that call for severe penalties if particular profit levels are not maintained. Under such circumstances, the losses that would be incurred if demand did not permit profitable operation of the leased plant would trigger other costs. Indeed, loan terms may be renegotiated in favor of the lender, interest rates increased, or loans may be called. For these reasons, management may prefer risk minimization to payoff optimization for a specific proposal.

On the other hand, some managers would prefer the added risk because of the potential for greater profits should demand levels go higher than anticipated. Although we generally assume managers are risk averse, we realize that they differ in their risk preferences. Hence, a general rule for treating risky projects may not be applicable in a given circumstance.

Profit Variability and Risk

Another approach to comparing the risk of alternative projects is to measure the dispersion in returns from the alternatives. The **standard deviation** of the returns may be computed and used as a project risk measure.

The standard deviation for the payoff series is defined as:

$$s = \sqrt{\sum_{j=1}^{n} (I_j - \bar{I})^2 P_j}$$

where

n = Number of observations.
s = Standard deviation of the payoff series for each alternative.
I_j = Computed payoff or income at each demand level.
P_j = Probability of attaining that demand level.
$\bar{I}$ = Expected payoff level.

Illustration 24–2 shows the relationship of the standard deviation measure to the variability of outcomes. The distributions shown represent the probability distributions for the profits from each of two projects. Since Project A has a smaller standard deviation, it is considered less risky, all other things held constant.

Illustration 24–2   **Payoff Variability and Standard Deviation**

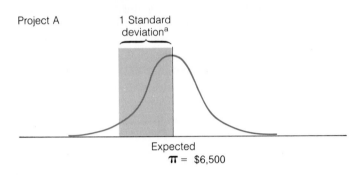

Project A   1 Standard deviation[a]

Expected
$\pi = \$6,500$

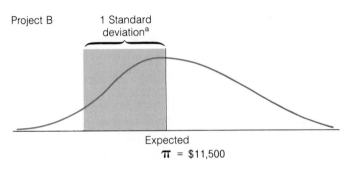

Project B   1 Standard deviation[a]

Expected
$\pi = \$11,500$

[a] Brackets indicate the relative standard deviations.

For HyperMedical, the standard deviation for subcontracting is:

$$s = \sqrt{[(\$1,000 - \$6,500)^2(.10)] + [(\$2,000 - \$6,500)^2(.20)] + [(\$5,000 - \$6,500)^2(.50)]}$$
$$+ \sqrt{[(\$10,000 - \$6,500)^2(.15)] + [(\$40,000 - \$6,500)^2(.05)]}$$
$$= \sqrt{\$3,025,000 + \$4,050,000 + \$1,125,000 + \$1,837,500 + \$56,112,500}$$
$$= \sqrt{\$66,150,000}$$
$$= \underline{\underline{\$8,133}}$$

If HyperMedical leases the plant, the standard deviation of the payoff is:

$$s = \sqrt{[(\$-14,000 - \$11,500)^2(.10)] + [(\$-8,000 - \$11,500)^2(.20)] + [(\$10,000 - \$11,500)^2(.50)]}$$
$$+ \sqrt{[(\$40,000 - \$11,500)^2(.15)] + [(\$70,000 - \$11,500)^2(.05)]}$$
$$= \sqrt{\$65,025,000 + \$76,050,000 + \$1,125,000 + \$121,837,500 + \$171,112,500}$$
$$= \sqrt{\$435,150,000}$$
$$= \underline{\underline{\$20,860}}$$

Using this criterion, subcontracting results in a smaller standard deviation than leasing. Hence, subcontracting would be considered less risky if the standard deviation was used as the risk measure.

The standard deviation has some limitations as a risk measure. One disadvantage is that payoffs that exceed the expected value are treated the same as payoffs that are less than the expected value. Few would object to payoffs that exceed the mean. Yet, in our example, the greatest contribution to the standard deviation comes from the payoffs in excess of the mean. This would indicate that the risk is unbalanced. Leasing is riskier, but the risk is likely to result in greater payoffs.

A second difficulty with the use of a single-project risk calculation such as standard deviation is that it ignores other company projects that may have offsetting effects. Portfolio theory has been developed in finance to consider the impact of a single project on a company's overall risk.

Finally, the standard deviation ignores the differences in the expected payoffs from projects. To compensate for this, the **coefficient of variation (c.v.)** may be computed. The c.v. is the *standard deviation of the project divided by the expected value of the project.* For the subcontracting alternative, the c.v. is:

$$\frac{s}{\bar{I}} = \frac{\$8,133}{\$6,500} = \underline{\underline{1.25}}$$

and for leasing the plant, the c.v. is:

$$\frac{s}{\bar{I}} = \frac{\$20,860}{\$11,500} = \underline{\underline{1.81}}$$

Scaling the standard deviation in this manner relates its value to the magnitude of the expected return. A lower c.v. may imply a lower level of relative risk. For the example, the c.v. is less for subcontracting. This suggests that subcontracting is less risky than leasing even when scaled for the difference in payoffs.

Risk Evaluation—An Indifference Approach

Another way to evaluate two alternatives is to consider the point at which the advantage switches from one alternative to the other. For example, at small increases in demand, it would pay to subcontract; but at some point, the advantage switches from subcontracting to leasing. The switch occurs at the point where the two payoff equations are equal. Illustration 24–3 indicates the conceptual basis for this assertion.

The diagram indicates that as long as the new demand is greater than 4,000 units, leasing will result in a greater profit than subcontracting. Management may consider the spread between expected demand (5,000 units) and the break-even quantity as a range of protection for its decision. Demand would have to be 1,000 units less than expected before management would have wished it had made the other decision. This indifference point is computed by finding the point where the two payoff functions are equal:

$$\pi = \pi^*$$
$$X(\$8 - \$7) = X(\$8 - \$2) - \$20,000$$
$$\$1X = \$6X - \$20,000$$
$$\$5X = \$20,000$$
$$X = \underline{\underline{4,000}} \text{ units}$$

Management can use this indifference approach to decide which alternative to use. If they are confident that the actual demand will exceed 4,000 by a substantial margin and by a significant probability, they will decide to lease the plant. But if the actual future demand is likely to be close to or less than

Illustration 24–3   **Comparison of Subcontracting Profit with Profit from Leased Plant**

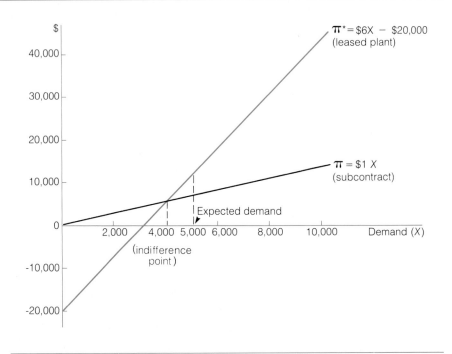

4,000 and management is risk averse, then they will probably subcontract. If management is risk seeking, they may choose to lease because of the greater potential reward. Later, as the actual demand becomes better known, the decision may be reviewed and changed if it is possible to do so.

CVP under Uncertainties in Prices and Costs

Accountants also consider the impact of uncertainty on CVP analysis. Up to this point, we have assumed that the only uncertainty in CVP analysis was the expected value of X, the quantity of units produced and sold. But in reality, any of the inputs to the profit equation are uncertain. Indeed, the probability of obtaining profit numbers that are equal to plans is very small. When all the variables in the CVP equation are uncertain, the same approach that was used for uncertainties in X is extended to the other variables.

Since the number of computations rapidly increases as the number of uncertain variables increases, computer assistance is usually required. A technique known as Monte Carlo analysis is used to sample from the distributions of each variable and to compute the profit for each sampled combination of selling price, variable cost, unit volume, and fixed costs, labeled P, V, X, and F, respectively. The resulting expected profit and standard deviation can be used in exactly the same manner as when only X was uncertain.

To use Monte Carlo analysis, we must specify the distributions for each variable in the profit function. If we focus on the profit from leasing a new plant, we need to specify distributions for P, V, and F. The distribution for X that was obtained earlier will be used.

Let us assume the following distributions for the variables:

	Value	Probability
For *P*:		
	$7	.3
	8	.4
	9	.3
For *V*:		
	$1.50	.3
	1.75	.2
	2.00	.1
	2.50	.1
	3.00	.3
For *F*:		
	$18,000	.4
	20,000	.2
	22,000	.4

These data are entered into a computer program that uses random numbers to sample from the distributions and compute an expected profit as well as the standard deviation for that profit. In addition, the program may be designed to plot the different outcomes and their frequencies.

The results of using such a program for 1,000 iterations indicated an expected profit of $21,020 and a standard deviation of $52,794. These data would be used for decision making in the same way that the mean and standard deviation were used when only the quantity varied.

The plotted outcomes from this program are shown in Illustration 24–4. Note the concentration of outcomes at profit levels of $−15,000 to $15,000. Overall, it appears that the probable outcome would be a modest profit in the range of zero to $45,000. The very high profits occur infrequently. Further analysis of these higher profits and their likelihood might be conducted if management were risk seeking.

The advantage of using computer simulation is that the distribution of payoffs may be observed even with very complex interrelationships. Indeed, the Monte Carlo method could be extended to include prices, costs, and quantities for multiple products as well as interrelationships between the products. For example, if the price of one output increases more than 20 percent, consumers may switch to another alternative output. A computer simulation could be designed to include the switch when the specific round of the simulation indicated a 20 percent increase in price for the first output.

Summary

In the uncertainty that characterizes the real world, decision makers must consider the possibility that the outcome they expect from a decision may not be the outcome that actually occurs. Because of the potential difference between actual results and expectations, there is a risk in decision making. Managers assess the extent of risk for decision alternatives. A six-step process is suggested for risk assessment. The role of the accountant is oriented primarily to evaluating

Illustration 24–4   **Monte Carlo Simulation Results for CVP Analysis (in thousands of dollars)**

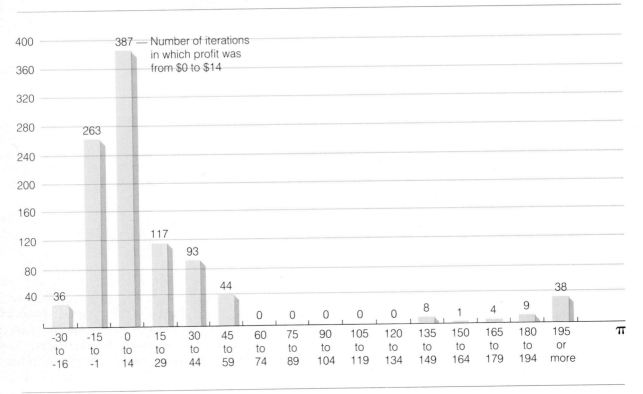

the differential costs and revenues from the set of likely outcomes. The expected value of each alternative decision and a measure of the risk of loss or variability for each alternative can be used to help make decisions that conform to management's risk preferences. Monte Carlo simulations may be used to analyze more complex profit relationships.

Terms and Concepts

The following terms and concepts should be familiar to you after reading this chapter.

Coefficient of Variation (C.V.)	Probabilities
Expected Value	Risk
Minimax	Risk Minimization
Monte Carlo	Simulation
Outcomes	Standard Deviation
Payoffs	

Self-Study Problem

Thunder Manufacturing Company produces a volatile chemical, Vapo, that must be sold in the month produced or else discarded. Thunder can manufacture Vapo itself at a variable cost of $40 per unit, or they can purchase it from an outside supplier at a cost of $70 per unit. Thunder can sell Vapo at $80 per unit. Production levels must be set at the start of the period and cannot be changed during the period. The production process is such that at least 9,000 units must be produced during the period. Thunder management must decide whether to produce Vapo or whether to purchase it from the outside supplier.

The possible sales of Vapo and their probabilities are:

Demand (units)	Probability
4,000	.4
7,000	.5
11,000	.1

Required:

Determine the following:

a. Expected demand.

b. Expected profit from purchasing Vapo from an outside supplier and selling it.

c. Expected profit from manufacturing and selling.

d. Standard deviation of profits from purchasing and selling.

e. Standard deviation of profits manufacturing and selling.

f. Coefficient of variation for each alternative.

Solution to Self-Study Problem

a. Expected demand is 6,200 units, computed as:

Demand (units)	Probability	Expected Demand (units)
4,000	.4	1,600
7,000	.5	3,500
11,000	.1	1,100
Expected demand		6,200

b. The expected profit from purchasing and selling would be equal to the unit contribution times the expected quantity or

$$(\$80 - \$70) \times 6,200 \text{ units} = \underline{\$62,000}.$$

c. Even though the production cost is stated as a variable cost, since a minimum of 9,000 units must be produced, the cost is really fixed up to that point because of minimum production constraints. Units produced in excess of the 9,000 minimum would carry the variable cost of $40 each. The expected profit from manufacturing is:

Demand (units)	Probability	Manufacturing Cost	Profit	Expected Profit
4,000	.4	$360,000	$ (40,000)	$ (16,000)
7,000	.5	360,000	200,000	100,000
11,000	.1	440,000	440,000	44,000
Expected profit				$128,000

d. The standard deviation from purchasing and selling is:

$(I - \bar{I})$	$(I - \bar{I})^2 p$ (million)
$(4,000 - 6,200)$ $(\$10)$	$\$193.6$
$(7,000 - 6,200)$ $(\$10)$	32.0
$(11,000 - 6,200)$ $(\$10)$	230.4
	$\$456.0$

$$\$21,354 = \sqrt{\$456.0 \text{ million}}$$

e. The standard deviation from manufacturing and selling is:

$(I - \bar{I})$	$(I - \bar{I})^2 p$ million
$\$(-40,000 - \$128,000)$	$\$11,289.6$
$(200,000 - \$128,000)$	$2,592.0$
$(440,000 - \$128,000)$	$9,734.4$
Total	$\$23,616.0$

$$\$153,675 = \sqrt{\$23,616.0 \text{ million}}$$

f. The coefficient of variation for purchasing and selling is:

$$.344 = \frac{\$21,354}{\$62,000}$$

The coefficient of variation for manufacturing and selling is:

$$1.201 = \frac{\$153,675}{\$128,000}$$

Questions

24–1. What are the steps in decision making under uncertainty?

24–2. What is the role of the accountant in decision making under uncertainty?

24–3. The comment, "Since we can't know the future, there's not much point in doing all this elaborate analysis," is frequently heard. Respond to this comment.

24–4. Why do we limit the possible outcomes to discrete numbers such as 3,000 units or $500,000 in revenues when the actual numbers might be 3,129 units, $486,313 in revenue, or some similar odd number?

24–5. Why would management give up a lucrative payoff in exchange for a project with a smaller payoff, but with little or no risk of loss?

24–6. What is the coefficient of variation, and why is it important?

24–7. Discuss the use of the standard deviation as a risk measure.

24–8. How can CVP analysis be used to assess project risk?

24–9. What are the problems in applying simulation analysis to the assessment of risk?

Exercises

24-10. Compute Expected Values

Welcome Homes, Inc., is considering the alternatives of renovating a building and renting it or purchasing a new building and renting it. The new rental market in the area is fairly stable. An investor can purchase a $10 million building. Assuming a three-year holding period, the project will have a net present value of $2 million, after subtracting the $10 million cost.

Renovation property is riskier because the costs of the renovation are less certain than new construction. A typical renovation project may require the same $10 million cost. However, after completion of the renovation, the project may have a different present value than the new construction. Indeed, Welcome Homes' management has prepared the following schedule of net present values after subtracting the $10 million cost for the renovation project:

Net Present Value (million)	Probability
$-2	.2
1	.2
4	.3
6	.2
9	.1

To simplify the analysis, assume there are no other possible outcomes from the renovation project.

Required:

What is the expected net present value of the renovation project?

24-11. Estimate Risk Measures

Refer to the data for Welcome Homes, Inc. (exercise 24–10).
Estimate:

a. The standard deviation of net present values for the renovation alternative.

b. The probability of a negative net present value from the renovation.

24-12. Indifference Analysis under Uncertainty

Fanzole Corporation has a patent on a new medical device selling for $14 per unit. However, demand for the device is uncertain. The company can build its own manufacturing facilities and incur variable costs of $4 and fixed costs of $1,200,000 per year.

On the other hand, the company could hire a subcontractor who would meet the demand for a variable cost of $12 per unit and no fixed costs.

Required:

Ignoring risk, at what demand level would management be indifferent between the alternatives?

24-13. Compute Expected Values

After further market analysis, Fanzole Corporation (exercise 24–12) obtained the following assessment of the demand levels and their probabilities.

Demand in Thousands of Units	Probability
50	.08
100	.25
150	.30
200	.27
250	.10

The cost and revenue data are the same as in exercise 24–12. Assume there are no other possible demand outcomes.

Required:

What is the expected sales volume?

24–14. Estimate Standard Deviation of Alternatives

Refer to the data for Fanzole Corporation (exercises 24–12 and 24–13). Estimate the standard deviation for manufacturing and for subcontracting.

24–15. Assess Impact of Uncertainty

TimeDelay, Inc., has an opportunity to sell an asset for $15 million today. Alternatively, TimeDelay can use the asset in production for one month. If it is used, the expected profits and their probabilities are:

Profit	Probability
$ 8,000,000	.1
12,000,000	.2
15,000,000	.3
20,000,000	.4

The asset would be sold at the end of the month, and the present value of the sale is included in the profit computations.

Required:

Determine the following:

a. Expected value of the production alternative.

b. Standard deviation of the production alternative.

c. Coefficient of variation for the production alternative.

24–16. Compute Expected Values

Paul Jones is considering two investment alternatives. He can buy Treasury bills, which have a guaranteed 10 percent return, or he can invest his money in a company stock with the following schedule of returns and probabilities:

Return on Stock	Probability
−4%	.05
2	.05
5	.10
10	.30
12	.15
15	.15
20	.10
25	.05
30	.05

Required:

What is the expected return on the company stock that he is considering buying? Does it have a higher expected return than the 10 percent expected on Treasury bills?

24–17. Estimate Risk Measures

Refer to the data for Paul Jones (exercise 24–16). Estimate:

a. The standard deviation of the return on stock.

b. The probability of loss from buying the stock.

24–18. Compute Expected Values

Sound Company is considering a make-or-buy alternative. An outside supplier has agreed to sell the materials at a price of $40 per unit. If they produced the unit themselves, the costs of the materials would be as follows:

Cost per Unit	Probability
$30	.20
35	.25
40	.25
45	.20
50	.10

Required:

What is the expected cost per unit if they produce the unit themselves?

24–19. Compute Standard Deviation

Refer to the data for Sound Company (exercise 24–18). Estimate the standard deviation of the production alternative.

24–20. Indifference Analysis under Uncertainty

Granduke Company has a patent on a new device that sells at a price of $75 per unit. They can build their own manufacturing facilities and incur variable costs of $30 per unit and fixed costs of $1,800,000 per year. On the other hand, they could hire a subcontractor who would meet the demand at a cost of $60 per unit without any fixed costs. The problem is that demand for the device is uncertain.

Required:

Ignoring risk, at what demand level would management be indifferent between the alternatives?

24–21. Compute Expected Values

After further market analysis, Granduke Company (exercise 24–20) has obtained the following assessment of the demand levels and their probabilities:

Demand in Thousands of Units	Probability
40	.07
50	.20
60	.35
70	.18
80	.12
90	.08

The cost and revenue data are the same as in the previous exercise.

Required:

What is the expected value of Granduke Company's new device if they manufacture the product?

24–22. Estimate Standard Deviation of Alternatives

Refer to the data for Granduke Company (exercises 24–20 and 24–21). Estimate the standard deviation for manufacturing and for subcontracting.

24–23. Indifference Analysis under Uncertainty

Diamond Company is trying to decide whether or not to produce the new product they have recently been developing. Another alternative is to hire a subcontractor who would meet the demand at a cost of $65 per unit without any fixed costs. If they produce at their own plant, the variable cost per unit is $40 and fixed costs are $1,000,000 per year. However, the demand for the product is uncertain. The product is going to be sold at a price of $80 per unit.

Required:

Ignoring risk, at what demand level would management be indifferent between the alternatives?

24–24. Compute Expected Values

After further market analysis, Diamond Company (exercise 24–23) has obtained the following assessment of the demand levels and their probabilities:

Demand in Thousands of Units	Probability
25	.15
35	.30
45	.45
55	.10

The cost and revenue data are the same as before. Assume there are no other possible demand outcomes.

Required:

What is the expected value of profits for Diamond Company's new product?

24–25. Estimate Standard Deviation of Alternatives

Refer to the data for Diamond Company (exercises 24–23 and 24–25). Estimate the standard deviation for manufacturing and for subcontracting.

24–26. Assess the Impact of Uncertainty

Karen Jones has an opportunity to sell her house for $90,000 today, or she can rent her house for one year and then sell it. If it is rented, the present value of the rental profits plus the present value of the sale after one year and their probabilities are:

Present Value	Probability
$ 75,000	.15
85,000	.30
95,000	.45
105,000	.10

Required:

Determine the following:

a. Expected value of the renting-and-selling-a-year-later alternative.

b. Standard deviation of the renting alternative.

c. Coefficient of variation for the renting alternative.

24–27. Assess the Impact of Uncertainty

Unusual Company has an opportunity to sell a group of machines for $25 million today. Alternatively, Unusual Company can use the machines in production for one more year. If used, the present value of the profits plus the present value of the sale one year from now and their probabilities are:

Present Value in Millions of Dollars	Probability
$15	.10
20	.15
25	.45
30	.20
35	.10

Required:

Determine the following:

a. Expected value of the production alternative.

b. Standard deviation of the production alternative.

c. Coefficient of variation for the production alternative.

Problems

24–28. Expected Value of Sales

Jackson, Inc., manufactures and distributes a line of toys. The company neglected to keep its doll house line current. As a result, sales have decreased to approximately 10,000 units per year from a previous high of 50,000 units. The doll house was recently redesigned and is considered by company officials to be comparable to its competitors' models. Joan Blocke, the sales manager, is not sure how many units can be sold next year, but she is willing to place probabilities on her estimates. Blocke's estimates of the number of units that can be sold during the next year and the related probabilities are as follows:

Estimated Sales in Units	Probability
20,000	.10
30,000	.40
40,000	.30
50,000	.20

The units will sell for $20 each.

The entire year's sales must be manufactured in one production run. If demand is greater than the number of units manufactured, sales will be lost. If demand is below supply, the extra units cannot be carried over to the next season and must be discarded. Production and distribution cost estimates are listed below.

	Units Manufactured			
	20,000	**30,000**	**40,000**	**50,000**
Variable costs	$180,000	$270,000	$360,000	$450,000
Fixed (step) costs	140,000	140,000	160,000	160,000
Total costs	$320,000	$410,000	$520,000	$610,000

The company must decide on the optimal size of the production run.

Required:

Prepare a payoff table for the different sizes of production runs required to meet the four sales estimates prepared by Joan Blocke. If Jackson, Inc., relied solely on the expected monetary value approach to make decisions, what size of production run would be selected?

(CMA adapted)

24–29. Analyze Cost Alternatives under Uncertainty

The administrator for a large midwestern city continually seeks ways to reduce costs without cutting services. The administrator has asked all department heads to review their operations to determine if cost-saving procedures can be implemented.

The Gotham City Department of Streets is responsible for replacement of the 50,000 bulb units in the traffic lights. The department keeps detailed records regarding the failure rate of the bulb units. The pattern of bulb failures is as follows:

Failure Occurs within Quarter of a Year of Replacement	Probability
First	.1
Second	.3
Third	.6

No bulbs last beyond the end of the third quarter.

The Department of Streets has been replacing the bulb units as they fail. The estimated cost to replace the bulb units using this procedure is $6.40 per unit.

The manager of the Department of Streets is considering replacing all of the bulb units at once (for example, at the beginning of every quarter) plus replacing bulbs as they fail. The manager estimates that the cost to replace all bulb units at once would be $2.40 per bulb unit. The cost to replace each unit as it failed would still be $6.40 per unit.

Required:

a. Assume all bulbs have just been replaced on January 1, Year 1. Calculate the bulb and replacement cost to the Department of Streets for Year 1 if the present policy of replacing the bulb units as they fail is continued.

b. Assume all bulbs have just been replaced on January 1, Year 1. Calculate the estimated bulb and replacement cost for Year 1 if all bulb units are replaced when they fail, plus all bulb units are replaced on a regular basis at the beginning of:
    (1) Every quarter (January 1, April 1, July 1, etc.).
    (2) Every second quarter (every January 1 and July 1).

Show your calculations for both alternatives.

c. Why would there be such a large difference between the two estimated replacement costs per unit (replace as failure occurs, $6.40; replace all at once, $2.40)? Explain your answer.

(CMA adapted)

24–30. Discuss Simulation Analysis

Fred Adamson manages a large door-to-door selling organization. The pattern of weekly sales is seasonal but predictable. The typical annual pattern is shown below.

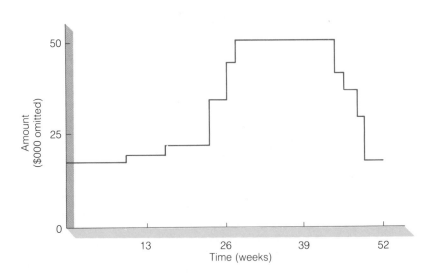

Adamson often experiences either a cash shortage or has idle cash balances. The cash outflows are not a problem because Adamson has a set payment schedule. The sales force is paid its 10 percent commission weekly, and Adamson's suppliers are paid five weeks after each sale.

The problem arises from Adamson's inability to accurately predict the cash collections from sales. All sales are made on account. Payment is due in four weeks. Six percent of the payments due are never received.

Adamson maintains collection experience records that have allowed him to specify a frequency distribution for the collection lag. This frequency distribution is presented in the following schedule:

Collection Lag (number of weeks from sale until actual collection)	Percentage of Accounts
1	2
2	4
3	8
4	16
5	18
6	12
7	8
8	6
9	4
10	8
11	6
12	2
Uncollectible	6
	100

Adamson has discussed his cash management problem with a business consultant, who suggested that Adamson consider using simulation analysis to estimate cash flows and balances.

Required:

a. Explain why simulation would be an appropriate analysis technique for Fred Adamson to use in an attempt to solve his cash management problem.

b. Explain the basic structure of a simulation model that would address Fred Adamson's cash management problem.

(CMA adapted)

24–31. CVP Analysis under Uncertainty

Wing Manufacturing Corporation produces a chemical compound, Product X, which deteriorates and must be discarded if it is not sold by the end of the month during which it is produced. The total variable cost of the manufactured compound, Product X, is $50 per unit, and its selling price is $80 per unit. Wing can purchase the same compound from a competing company at $80 per unit plus $10 transportation per unit. Management estimates that failure to fill orders would result in the loss of 80 percent of customers placing orders for the compound. Wing has manufactured and sold Product X for the past 20 months. Demand for the product has been irregular, with no consistent sales trend. During this period, monthly sales have been as follows:

Units Sold per Month	Probabilities
8,000	.25
9,000	.60
10,000	.15

To produce Product X, Wing uses a primary ingredient, K-1, which it purchases for $24 per unit of compound. There is a 70 percent chance that the supplier of K-1 may be unable to deliver the ingredient for an indefinite period. A substitute ingredient, K-2, is available at $36 per unit of compound, but a firm purchase contract for either material must be made now for production next month. If an order was placed for K-1 but it was unavailable, then management would have to purchase Product X from a competitor and sell it at a loss. (Otherwise, it would permanently lose important customers.) Assume that 9,000 units are to be manufactured and all sales orders are to be filled.

Required:

a. Compute the monthly contribution margin from sales of 8,000, 9,000, and 10,000 units if the substitute ingredient, K-2, is ordered. What is the expected contribution if K-2 is ordered?

b. Prepare a schedule computing the expected monthly contribution margin if the primary ingredient, K-1, is ordered, given the chance of nondelivery. For this requirement, assume that the expected average monthly contribution margin from manufacturing is $130,000 using K-1 and the expected average monthly loss from purchasing Product X from the competitor is $45,000.

(CPA adapted)

24–32. CVP Analysis under Uncertainty

Commercial Products Corporation requested your assistance to estimate the potential loss on a purchase contract that will be in effect at the end of the year. The corporation produces a chemical compound (c) that deteriorates and must be discarded if it is not sold by the end of the month during which it is produced.

The total variable cost of the manufactured compound is $25 per unit, and it is sold for $40 per unit. The compound can be purchased from a competitor, Company Z, at $40 per unit plus $5 transportation per unit. It is estimated that failure to fill orders would result in the complete loss of 8 out of 10 customers placing orders for the compound.

The cost of the primary ingredient (p) used to manufacture the compound is $12 per unit of compound c. It is estimated that there is a 60 percent chance that the primary ingredient supplier's plant may be shut down. A substitute ingredient (s) is available at $18 per unit of compound, but the corporation must contract immediately to purchase the substitute, or it will be unavailable when needed. A firm purchase contract for either the primary (p) or the substitute (s) ingredient must now be made with one of the suppliers for production next month. If an order was placed for the primary ingredient and the supplier shut down, management would purchase the manufactured compound c from its competitor, Company Z.

The corporation has sold the compound for the past 30 months. Demand has been irregular, and there is no discernible sales trend. During this period, sales orders per month has been:

> 4,000 units per month in 6 of the 30 months.
> 5,000 units per month in 15 of the 30 months.
> 6,000 units per month in 9 of the 30 months.

Required:

a. Prepare schedules of the following:
(1) Probability of sales of 4,000, 5,000, or 6,000 units in any month.
(2) Contribution to profit for the following combinations of sales and production levels in the same month:

	Production		
Sales Orders	**4,000**	**5,000**	**6,000**
4,000			
5,000			
6,000			

Assume there is no inventory and all sales orders must be filled in the month of the order. This means that if production is less than sales orders, only the amount produced is sold (for example, if sales orders are for 6,000 and production is 4,000, only 4,000 units are sold).

b. Should management order primary ingredient p or substitute ingredient s during the possible shutdown period? For this requirement, assume that 5,000 units will be produced, regardless of sales.

(CPA adapted)

24–33. Cost-Volume-Profit Analysis*

JR Company is considering introducing either of two new products. Each product requires an increase in annual fixed expenses of $800,000. The products have the same selling price ($20) and the same variable cost per unit ($16).

Management, after studying past experience with similar products, has prepared the following subjective probability distribution:

Outcomes (units demanded)	Probability— Product A	Probability— Product B
50,000	0.0	0.1
100,000	0.1	0.1
200,000	0.2	0.1
300,000	0.4	0.2
400,000	0.2	0.4
500,000	0.1	0.1
	1.0	1.0

Required:

a. What is the break-even point for each product?

b. Which product should be chosen? Why? Show computations.

c. Revise the data to assume management was absolutely certain that 300,000 units of Product B would be sold. Which product should be chosen? Why? What benefits are available to management from the provision of the complete probability distribution instead of just a lone expected value?

24–34. Simulation When There Are Sales Constraints (Computer Required)

Excelsior Corporation has five products, A, B, C, D, and E. Relevant data for these products are as follows:

		Expected Value of:		
Product	Price	Variable Cost	Maximum Sales	Expected Sales
A	$15	$ 6	20,000	15,000
B	14	7	50,000	17,000
C	18	8	19,000	18,500
D	25	17	10,000	10,000
E	6	2	30,000	26,000

The standard deviation of each item in the list, except the sales limit, is equal to 25 percent of the expected value of the item. Aggregate sales of all products cannot exceed $1,500,000.

---

* This problem is adapted from Robert K. Jaedicke and Alexander A. Robichek, "Cost-Volume-Profit Analysis under Conditions of Uncertainty," *Accounting Review* 36, no. 4, pp. 917–26.

Required:

    a. What is the expected profit from all products?

    b. Use a simulation package on a computer to simulate the probabilistic behavior of each of the variables, assuming that they are normally distributed. Run the simulation for 100 iterations. What is the expected sales volume and profit for all products?

    c. Expand the program to incorporate the maximum sales constraints. Using the same simulation data from requirement *(b),* show the expected sales volume and profits.

    d. Comment on the differences in results for each of the three items listed above.

25

The Variance Investigation Decision

OBJECTIVES

To be familiar with decisions about whether and when to investigate a variance.

To understand the concepts of statistical quality control as they relate to accounting variances.

Variances represent differences between planned results and actual performance. A variance may be caused by a change in output activity, a change in the efficiency with which inputs are used, or a change in the unit cost of an input. Variance analysis is important for performance evaluation and control, as we discussed in Chapters 18 to 21. A substantial number of variances are usually included in any set of internal management reports, and managers don't have the time to investigate all of them. So, some method must be found to investigate only those variances that are expected to produce a benefit in excess of investigation costs.

In this chapter, we discuss how to determine which variances should be investigated. We also examine the costs associated with variance investigation decisions and how they may be minimized. These costs include the costs of conducting an investigation plus the costs of correcting the process if it needs correction. On the other hand, suppose we do not investigate a variance. Then, if the process is out of control, we incur the costs of letting it continue out of control.

The Investigation Setting

Imagine that you are managing the employee benefits section of the Great Plains Corporation and are responsible for its operations. The employee benefits section is a cost center in the company's organization. Your compensation and your future with the company will be evaluated on the basis of the cost center's performance. The monthly report on your cost center has just arrived. It appears as follows:

GREAT PLAINS CORPORATION
Employee Benefits Section
Responsibility Report
(in thousands)

Cost Item	Budget	Actual	Variance
Staff salaries	$155	$156	$ 1 U
Operator wages	137	151	14 U
Other wages	41	39	2 F
Communications	12	9	3 F
Utilities	39	48	9 U
Supplies	16	11	5 F
Maintenance and repairs	24	8	16 F
All other	80	85	5 U
Totals	$504	$507	$ 3 U

How do you decide which variances to investigate? This decision is similar to other management decisions with the objective of minimizing the net present value of expected costs. To make the decision, consider the costs associated with your decision alternatives. These alternatives may be restricted to:

1. Investigate the variance.

2. Do not investigate.

Intermediate decisions may also be made. For example, you may wait until you receive next month's report before investigating. Or, you might decide to conduct a very brief pilot study before deciding to carry on a full-fledged investigation. To minimize the complexity of our discussion, we will limit our consideration to the first two alternatives. Adding other choices makes the mathematics more complex, but the underlying approach is the same.

Essentially, you must consider the trade-offs between the costs of investigating and the costs of allowing the process to continue without investigation. You must determine the differential costs and a method for assessing the trade-offs.

Investigation Decision Costs

While the actual costs of the investigation decision depend on the specifics of the operation, some typical investigation costs include:

1. Opportunity costs of the time you spend tracking down the cause of a variance.

2. Opportunity costs of the time your staff spends in the investigation.

3. Costs to test equipment that may be out of adjustment.

4. Costs to shut down an operation while testing equipment.

5. Costs to restart or rearrange activities to increase efficiency.

6. Consulting fees of outside experts hired to examine operations.

For example, the costs to investigate the unfavorable variance in utilities costs may require an inspection tour of the operating area to check that lights and equipment are shut off when not in use. A more elaborate investigation might involve hiring a consulting firm to study utilities usage and suggest a conservation program.

If you don't investigate a variance, other costs may be incurred. Some possibilities include:

1. Costs of continued inefficient operations, including inefficient use of labor, materials, and energy.

2. Costs of improperly adjusted equipment, including failure to meet product specifications, damaged or defective goods, and hazardous operating conditions.

The utilities costs that might be incurred if no investigation was made would include any energy costs from equipment that was left on when not in use, costs of heat loss through leakage in walls or insulation, and loss of lighting power through inefficient fixtures, dirty light covers, and the like.

The purpose of investigating a variance is to save future costs. But costs can only be saved if your investigation uncovers a factor that can be adjusted. This does not always occur. Sometimes, a variance is just a **random event** or is beyond control. If the variance is a random event, investigating it will yield no benefits to offset your investigation costs. For example, there would be no benefit in discovering that a variance stemmed from an error in reading the utility meter that is offset in subsequent periods. If a variance is due to an increase in utility rates, then there is probably little management can do except adjust future budgets. Additional, but less direct, actions might include taking steps to reduce future energy use.

Conceptual Basis for Investigation Decisions

In earlier chapters, we suggested that the typical cost function could be expressed as:

$$Y = a + bX$$

where

Y = Total cost.
a = Fixed cost.
b = Variable cost.
X = Activity in units of input or output.

In an uncertain world, we must add a term to this equation to represent the variability likely to arise in any cost setting. The new equation is:

$$Y = a + bX + e$$

and the new term, e, is the difference between what costs should be if they followed our equation and what actual costs are. This term is called the **error term.** It implies differences in costs due to random error. The key question that should be asked when a variance is observed is whether the variance is simply a value of e or whether the variance represents changes in a, b, or X. Managers prefer not to spend resources investigating variances that are just random events.

In deciding whether a variance investigation is likely to yield net benefits, a manager focuses on two important issues:

1. The importance or materiality of the variance.

2. The ability to control the causes of the variance.

Variances that are quite small are typically not investigated. Small cost variances usually do not indicate large benefits from investigating and correcting the cause of the variance. Sometimes variances are large but little can be done to correct the cause of the variance. A materials price variance will often be caused by market factors outside of managerial control, for example.

Generally, managers will use subjective judgment in deciding whether to investigate a variance. However, the statistical process formalizes the subjective process.

Statistical Decision Models

The statistical decision model for the variance investigation decision may be diagrammed as:

	Alternatives	
State	**Investigate**	**Do Not Investigate**
In control	I	0
Out of control	$C + I$	L

The two columns of the matrix represent the alternative management actions (Investigate, Do not investigate), and the two rows represent the unknown state of the process (In control, Out of control). Each cell represents a pairing of a decision alternative and a state of the process. The symbols in the cells represent the costs of each pairing.

For example, if we investigate the utilities cost variance, we incur an investigation cost *(I)* if the process is in control. Hence, the first cell in the matrix shows that *I* is the cost from the paired event "Investigate, In control." If the process is out of control and we investigate, our cost is the cost to correct *(C)* and the investigation cost *(I)*. Thus, the cost in the first column of the second row of the matrix is $C + I$.

If we don't investigate and the process is in control, we incur zero costs. The zero is entered in the first row of the second column.

Finally, if we do not investigate and the process is out of control, we incur the cost (or loss) of letting the process stay out of control. This loss is labeled *L* and entered in the appropriate cell. Generally, variance investigation decisions are made on a periodic basis and are reviewed as each new report is issued. Therefore, if the process is out of control, subsequent variance reports will tend to signal this. The value of *L*, therefore, must be stated in terms of the costs that will be incurred until management intervenes and corrects the process. Some out-of-control processes may remain out of control only until the next report. Others can remain out of control for months or years. Computing *L*, then, involves considering these future management actions.

Since we don't know the state of the process when we make the investigation decision, the costs of each alternative are conditional on the probability that the alternative reflects the actual situation. The cost of each alternative, then, is an expected value. The manager chooses the alternative whose cost has the lower expected value.

Suppose that the costs to investigate the variance in utilities expense is $500. The cost to correct an out-of-control process is $1,000, and the cost of allowing the utilities to remain out of control for another period is $4,000. (Assume this is a short-term problem. If this was a long-term problem, the procedure would be the same but the amounts would be present values of future costs.) We enter each cost in the appropriate place in the decision matrix and derive a cost for each paired alternative/state outcome. This yields the following matrix:

	Alternative	
State	**Investigate**	**Do Not Investigate**
In control	$ 500	$ 0
Out of control	1,500	4,000

If the probability of being out of control is .3, which is the less costly alternative? To answer the question, we must compute the expected value of each alternative. If we investigate, the probability is .3 that we will obtain the benefits of correcting the out-of-control process and .7 (which is $1 - .3$) that we will find nothing wrong. The expected cost of the investigation alternative is, therefore:

$$.7 \times \$500 + .3 \times \$1,500 = \$350 + \$450$$
$$= \underline{\underline{\$800.}}$$

The expected value of the alternative "Do not investigate" is computed similarly. Since the cost of the pair "Do not investigate, In control" is zero, that term will equal zero and is ignored. The expected cost of not investigating is the product of the probability of being out of control times the cost of being out of control. For this example,

$$.3 \times \$4,000 = \underline{\underline{\$1,200.}}$$

Since the expected cost of an investigation is less than the expected cost of not investigating, the model suggests that the variance should be investigated.

Management Policy and Statistical Theory

The cost and probability data are usually not readily available for the types of variance investigations encountered in typical monthly reporting settings. However, the statistical approach may be applied in principle; relating the statistical decision theory approach to the manager's decision, therefore, requires some additional steps.

If we assume that the greater the variance, the greater the probability that it is caused by an out-of-control process, an investigation policy can be established that relates the variance amount to a probability of being out of control. At some probability, management is indifferent to whether an investigation is conducted or not. If the actual probability of being out of control (as indicated by the dollar amount of the variance) is greater than implied by our **critical probability** (p^*), it pays to investigate. Otherwise, the expected value of not investigating is greater. This critical probability is, in essence, a break-even point between two cost functions.

The expected costs of an out-of-control process (L) increase as the probability of being out of control increases. We can express the cost function for the out-of-control situation as Lp, where p is the probability of being out of control.

Likewise, the expected cost to correct an out-of-control process increases with the probability that the process is out of control. That is, if we investigate, as the value of p increases, so does the chance that we will discover and correct the out-of-control process. Hence, the cost of investigating is equal to I plus Cp.

If we diagram the relationship between the expected costs of investigating and not investigating, the point where the two cost functions are equal represents the critical value of p^*. This diagram is shown in Illustration 25–1.

To find p^*, we set the expected cost of investigating equal to the expected cost of not investigating and solve for the unknown p^*. We then must relate the variance data in the responsibility report to the probability of being out of control. If, as indicated by the variance report, that probability is greater than p^*, we initiate an investigation. Otherwise we do not.

Illustration 25-1   **Cost Functions for Variance Investigation**

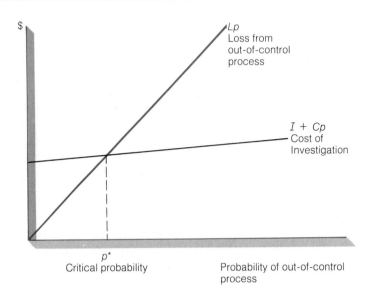

The cost function for the decision to investigate may be obtained from the information used to compute the expected cost when the probability of being out of control was .3. If we replace the given probabilities with p^*, the cost of investigating is expressed:

$$(1 - p^*)I + p^*(I + C) = I - Ip^* + Ip^* + Cp^*$$
$$= \underline{\underline{I + Cp^*}}$$

The cost of not investigating is:

$$\underline{\underline{Lp^*}}$$

Setting the cost functions equal to each other and solving for p^* gives:

$$I + Cp^* = Lp^*$$
$$I = Lp^* - Cp^*$$
$$I = (L - C)p^*$$
$$\underline{\underline{p^* = \frac{I}{(L - C)}}}$$

Using this formula for the data given for our utility cost investigation problem, we obtain a critical probability of:

$$p^* = \frac{\$500}{\$4,000 - \$1,000}$$

$$= \underline{.16\tfrac{2}{3}}$$

Therefore, as long as the probability of being out of control is greater than .16⅔, the expected investigation costs will be less than the expected costs of allowing the process to continue without investigation.

To check, should we investigate if the probability of being out of control is .15? By knowing the critical probability, we can immediately answer no. The following computations support this:

The expected cost of the investigation is:

$$(1 - .15) \times \$500 + .15 \times (\$1,000 + \$500) = \$425 + \$225$$
$$= \underline{\$650}.$$

The expected cost of not investigating is:

$$.15 \times \$4,000 = \underline{\$600}.$$

Hence, the model indicates that with an out-of-control probability of .15, the better alternative is not to investigate.

Relating Statistical Probabilities to Variances

Knowing p^*, however, is only one basis for setting a variance investigation policy. Managers usually make a variance investigation decision based on the absolute monetary value of the variance itself. The additional steps to compute p^* are not carried out every time a manager receives a responsibility report. As a result, it is necessary to relate the magnitude of a variance to the probability that a process is out of control. Once this is accomplished, a policy may be set that states that a variance should be investigated if it exceeds the dollar value that is related to p^*.

Relating the dollar value of a variance to the probability that a process is out of control is not an easy task. Some authors suggest that the probability of being out of control is equal to the complement of the probability of being in control. That is, if the probability of being in control is .75, the probability of being out of control is .25 (which is $1 - .75$). This approach is computationally simple but incorrect in most circumstances. This is because when we observe a variance, we don't know the source of the variance. The cost function under uncertainty stated above was:

$$Y = a + bX + e$$

Observation of a variance may have come from a cost process represented by this equation. However, it may also have come from some other cost process represented by (say):

$$Y = a + b'X + e,$$

which is an out-of-control process. The idea that the **in-control probability** may be computed as the complement of the **out-of-control probability** is conditioned on the assumption that e would be zero in the out-of-control equation above.

To illustrate, consider the diagram of the random process that generates variances for in-control and out-of-control processes presented in Illustration 25–2.

If the process is in control, variances are generated due to the random nature of the process. That is, spending or usage may differ from plans purely as a result of random factors. Such variances might follow a normal distribution, as in the top panel of Illustration 25–2. In such a case, the variance has an **expected value (or mean)** of $0. Nonetheless, some variances may be reported even though the process is in control.

The second panel of Illustration 25–2 shows the distribution of variances expected from an out-of-control process. If the process is out of control, we assume that there is a shift in costs to a higher level. The out-of-control process is also subject to random variation, as shown by the probability distribution.

Given a variance, we cannot know if the process is in or out of control. But we assess the probability that the process is out of control by referring to the two probability distributions. For example, case 1 in Illustration 25–2 shows a $23,000 favorable variance. Looking at the distribution of an out-of-control process, it appears that there is a very small probability that a process with that variance would be out of control.

By contrast, case 2 shows a variance of $135,000 U. The probability that this variance came from an in-control process is small, as shown by the location of that variance in the probability distribution in the first panel of Illustration 25–2. The probability that the $135,000 unfavorable variance came from an out-of-control process is higher, as shown in the second panel. The probability

Illustration 25–2   **Relationship between In-Control and Out-Of-Control Processes**

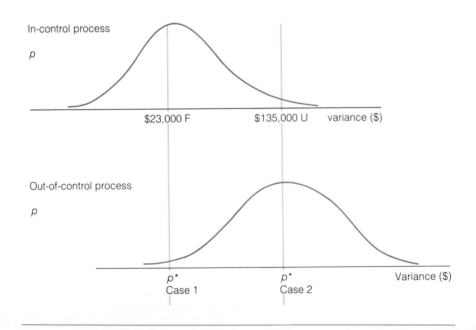

of being out of control is measured by looking at the relative probabilities of observing the variance from each of the two processes.

The probability of being out of control is not equal to the complement of the probability of being in control. However, the lower the probability that the process is in control, the greater the probability that the process is out of control. Therefore, if we find $p*$ on the out-of-control distribution, we can extend $p*$ to the distribution for the in-control process, just as was done in Illustration 25–2.

The mathematical process for computing exact values for $p*$ in terms of an in-control process (rather than the out-of-control process) requires knowledge of the probability distribution for the out-of-control process and the use of Bayesian statistics. Since we are only presenting a conceptual basis for the role of $p*$ in the establishment of a variance investigation policy, we will not discuss the mathematical details.

Statistical Quality Control Charts

In situations where there is a large number of units produced by some process, production engineering developed a method for sampling some of the units produced and comparing the samples to product specifications. If the sample fell within certain tolerances, the production process was considered in control and no further investigation was conducted. However, if the sample was beyond some tolerance limit, an investigation was conducted to see if the process was out of control. The procedure is referred to as statistical quality control.

A familiar example of this method is testing the weight of cereal in a box of cereal. To make certain that the machines that fill the boxes are operating properly, several filled cereal boxes are pulled from the production line and weighed. If the weight of the cereal in the box is within certain limits, it is assumed that the machines filling the boxes are operating properly.

It has been suggested that accounting data may be analyzed using statistical quality control methods to help management approach the variance investigation decision. With this method, the process that generates a cost variance is considered to have a mean of zero. If we know the standard deviation of the process that generates variances, we can set tolerance limits for variances. Those that fall within the tolerance limits are assumed to come from an in-control process, otherwise the variance is investigated.

Although we have assumed a zero mean for the variance, it is possible to adapt the method to a broader set of values for the variance. However, estimating the standard deviation of an accounting cost is usually more of a problem. Sometimes the standard deviation can be obtained as a part of a regression-based cost estimate (Chapter 10). In other cases, simulation techniques may be used to analyze the behavior of a process and the accounting data that would be generated from that process.

We usually assume that the in-control process is normally distributed, although other assumptions are possible. Assuming a zero mean, in the statistical quality control method, the variance is divided by the standard deviation for the variance. The result is a z-value. If the z-value is greater than 1.96, the probability that the variance came from an in-control process is less than .025. If the z-value is 2.56 or more, the probability that it came from an in-control process is no greater than .005.

For example, the variance in utilities costs for the employee benefits section of Great Plains was $9,000. If the standard deviation for that variance is $4,500, then the z-value is 2. That z-value is close enough to 1.96 for us to state that the probability of its coming from an in-control process is about .025.

When there are frequent observations of variances, it may be helpful to diagram the variances by their relationship to the in-control process. This may be done using statistical quality control charts. An example is reproduced in Illustration 25–3.

The chart is constructed by drawing a horizontal time line for the mean of the process. The vertical scale gives the values for the observations. For cereal weights, the scale would be grams. For accounting variances, the scale would be monetary amounts. The vertical scale could also be converted to z-values since any observed number when divided by its standard deviation gives a z-value. The specific scaling would be specified by the managers using the charts.

An **upper and lower control limit** is drawn on the chart at the observation values that are considered critical by management. An observation that falls within the control limits is considered acceptable; one that falls without is not. If the observation falls outside the control limits, the process is investigated. In the United States, the control limits are usually set at three standard deviations. Statisticians use the greek letter **sigma** (σ) for denoting the standard deviation of a population. Hence, control charts are frequently referred to as three-sigma or two-sigma control charts, depending on how many standard deviations are used to set the control limits.

Using the observations in Illustration 25–3, we note that observations 6 and 10 fall outside the control limits. These observations would be investigated.

Control Charts and Variance Investigation

The statistical quality control chart is based on engineering observations of repetitive processes. As a conceptual model, it is useful because if we can relate p^* to the in-control process; and, if we set the upper and lower control limits in terms of p^*, it is possible to construct control charts that illustrate observations that may need investigation. They provide a visual effect not possible from a numerical report. If we use the control chart to plot variances in a specific

Illustration 25–3   **Statistical Quality Control Chart**

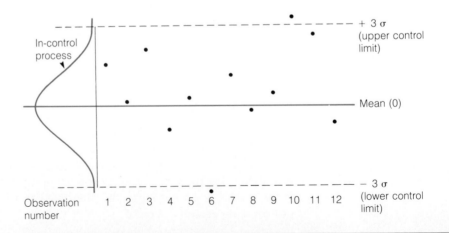

account over time, it may be possible to detect trends or other patterns in variances that would signal the need to investigate even if the control limits were not exceeded. For example, if a cost was relatively stable for several months and then began to show successively greater unfavorable variances, as in Illustration 25–4, a manager might decide to investigate the variance even though it falls within the control limits.

Management Investigation Policies

So far, we have assumed that a variance should be investigated only if the expected benefits from investigation outweigh the costs. This approach focuses on finding a critical probability of being out of control and relating the variance report data to that critical probability. As a practical matter, management usually sets an investigation policy based on some threshold dollar or percentage limitation for variances. For example, a policy may be established that says:

> Investigate all variances that exceed $7,000 or are greater than 20 percent of the flexible budget amount for the specific cost item.

Such a policy is easy to implement, does not require extensive statistical analysis every period, and can be cost effective if its limits actually do approximate the amounts that would be obtained by a formal analysis of out-of-control probabilities.

If this policy was in effect for the employee benefits section of Great Plains, the following costs would be investigated based on the responsibility report earlier in the chapter:

Cost	Reason to Investigate
Operator wages	Exceeds $7,000
Communications	Exceeds 20%
Utilities	Exceeds both limits
Supplies	Exceeds 20%
Maintenance and repairs	Exceeds both limits

Illustration 25–4

Highlighting Trends in Variances with a Statistical Quality Control Chart

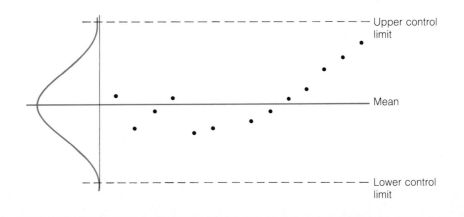

Assuming that the limits have been established to approximate the investigations that would be conducted using the p*-based minimum-cost approach, your investigations would be cost effective.

Summary

The decision to investigate variances is an important management decision because the investigation requires the use of scarce management resources, while letting a process continue out of control may result in waste. All variances should rarely be investigated. Many are caused by random processes. Conceptually, a variance may be a signal that a process is out of control. If the signal indicates that the probability of being out of control exceeds the critical point where it is more cost effective to investigate than not to investigate, management should conduct an investigation. It may be possible to compute this critical probability using statistical methods. An alternative approach is to use statistical quality control charts to monitor variances over time. However, managers usually establish an investigation rule based on the absolute amount of the variance or on the amount as a percentage of flexible budget. Such ad hoc rules are usually relatively easy to implement and, so long as they approximate the results that would occur with a more rigorous statistical analysis, they are probably cost effective.

Terms and Concepts

The following terms and concepts should be familiar to you after reading this chapter.

Critical Probability (p*)	**Out-Of-Control Probability**
Error Term	**Random Event**
Expected Value	**Sigma (σ)**
In-Control Probability	**Standard Deviation**
Lower Control Limit	**Statistical Quality Control**
Mean	**Upper Control Limit**

Self-Study Problem

Wild and Crazy Lens Corporation has been experiencing problems in controlling costs. A recent responsibility report for one of the company's divisions indicated the following (in thousands):

Item	Budget	Actual	Variance
Direct materials	$ 45	$ 39	$6 F
Direct labor	40	48	8 U
Overhead:			
Utilities	10	9	1 F
Property taxes	6	5	1 F
Supervision	8	6	2 F
Equipment repairs	7	10	3 U
Totals	$116	$117	$1 U

The division manager stated that there was no problem since the overall variance was less than 1 percent of total costs, and that was close enough.

As a member of the controller's staff, you learn that the cost to investigate each variance is $1,250. If the process is out of control, it costs an estimated $1,000 to correct. However, if the process is out of control and stays out of control, the variance in next month's report is expected to be the same as this month's variance. If the variance appears next month, the process will be investigated and controlled. Hence, the only loss of delay is one month's variance.

Required:

a. What is the critical probability for investigating the direct labor variance?

b. Given the stated costs from the problem, which other variances would you investigate and correct if they are out of control?

c. Can you suggest some possible causes for the variances that appear in this report?

Solution to Self-Study Problem

a. If L is equal to the $8,000 variance, then the cost functions may be set up as:

$$Lp = I + Cp$$

$$\$8,000p = \$1,250 + \$1,000p$$

$$\$7,000p = \$1,250$$

$$p = \underline{\underline{.179}},$$

which is the critical probability.

b. The only other costs that would be investigated are those with unfavorable variances greater than $2,250 (= $1,250 cost to investigate + $1,000 cost to correct). The only cost meeting this criterion is equipment repairs.

c. It appears that there is a significant drop in materials costs, which suggests the possibility that substandard materials may have been purchased. If so, this may explain why labor costs have such a high variance and why equipment repair costs are substantially greater than budget. This section of the problem is designed to illustrate how management judgment enters the variance investigation decision process. A review of the report and the given cost structure suggests that only unfavorable variances be investigated. However, it is likely that in this situation the unfavorable variances have a common cause. Management's experience would override any statistical analysis of the data.

Questions

25–1. Why doesn't management just investigate all unfavorable variances and forget about complex investigation rules?

25–2. What is the basic decision that management must make when considering whether to investigate a variance?

25–3. The cost function $(Y = a + bX + e)$ has been used in the chapter to describe the problem facing management when deciding whether to investigate a variance. How does this function illustrate the problem?

25–4. The larger a variance, the more likely management is to investigate it. What is the rationale for this?

25–5. Should favorable variances be investigated? Why or why not?

25–6. What is the role of the out-of-control probability in the variance investigation decision?

25–7. Under what conditions would statistical quality control charts be useful in a responsibility-reporting setting?

25–8. Management usually sets a variance investigation policy such as "Investigate all variances greater than $10,000 or 20 percent of the budgeted amount for the item." Why would management use such a rule when statistical rules give a more precise answer?

25–9. Why do we study statistical rules for variance investigation if they are not widely used by managers?

25–10. Alpha Corporation has implemented the use of statistical quality control charts in analyzing variances. The company has set upper and lower control limits equal to two standard deviations. Assuming that there are no out-of-control situations anywhere in the company, what is the probable proportion of variances that will be outside the control limits?

Exercises

25–11. Estimate Critical Probabilities

The cost of an investigation is $4,000. If the process is out of control, it will cost $9,000 to correct. However, if the process stays out of control, the company expects it will cost $15,000 until the process is corrected.

Required:

What is the critical out-of-control probability?

25–12. Estimate Critical Probabilities

At Life Company, the cost of an investigation is $10,000. If the process is out of control, it will cost $15,000 to correct. However, if the process stays out of control, the company will lose $35,000 until it is corrected.

Required:

What is the critical out-of-control probability?

25–13. Estimate Critical Probabilities

At the Phoenix Corporation, the cost of an investigation is $5,000. If the process is out of control, it will cost $12,000 to correct. However, if the process stays out of control, the company will lose $20,000 until the process is corrected.

Required:

What is the critical out-of-control probability?

25–14. Compute Costs of Variance Investigation

Greensward, Inc., observed an unfavorable variance of $25,000 in its direct materials usage. They estimate this variance indicates there is a .70 probability that the manufacturing process is out of control. To investigate this variance, an $8,000 cost of shutting down operations will be incurred. If the process is out of control, repairs will cost $15,000. In addition, the production line will stay closed during the repair process, which will cost an additional $26,000.

If the process is out of control and is left out of control, the company will use $45,000 in excess materials between now and the time when the next variance report comes out. At that time, the variance would indicate a 1.0 probability that the process was out of control.

Required:

a. What are the expected costs of:
  (1) Investigation?
  (2) Not investigating?

b. Should the variance be investigated?

25–15. Compute Costs of Variance Investigation

A production manager of Sante Fe, Inc., realizes that there is an unfavorable direct labor efficiency variance of $30,000. He estimates that this variance indicates that there is a .60 probability that the manufacturing process is out of control. The cost to investigate this variance will be $7,500. If the process is found to be out of control, it will cost $40,000 to correct. If the process is not investigated and is out of control, the company expects that $55,000 in excess labor will be used until the next variance report, which would indicate a 1.0 probability that the process was out of control.

Required:

What are the expected costs of:

a. Investigating the variance?

b. Not investigating?

25–16. Investigating a Process

A production manager of Robots, Inc., is trying to determine if a production process is in control. The cost of investigation is $6,000, and if the process is out of control, it will cost the company $14,000 to correct the error. By correcting the error, the present value of the cost savings until the next scheduled investigation will be $40,000. The probability of the process being in control is .80, and the probability of the process being out of control is .20.

Required:

a. Should the process be investigated? Why or why not?

b. At what level of probability of the process being out of control would the manager be indifferent about whether to investigate?

25–17. Investigating a Process

A production manager is considering whether or not to investigate a manufacturing process. The cost of investigation is $5,000, and, if the process is out of control, the cost of correcting it will be $15,000. If they correct it, the present value of cost savings until the next scheduled inspection will be $50,000. The probability of the process being in control is .75, and the probability of the process being out of control is .25.

Required:

a. Should the process be investigated? Why or why not?

b. At what level of probability of the process being out of control would the manager be indifferent about whether to investigate?

25–18. Investigating a Process

Manhatten Company's production manager is considering whether or not to investigate a production process. The cost of investigation is $7,000. If the process is found to be out of control, the cost of correcting it is $20,000. If the process is out of control and they correct it, they will have cost savings of $45,000 until the next scheduled investigation. The probability of the process being in control is .65, and the probability of the process being out of control is .35.

Required:

a. Should the process be investigated? Why or why not?

b. At what level of probability of the process being out of control would the manager be indifferent about whether to investigate?

25–19. Investigating a Process

An unfavorable variance of $20,000 was reported for a manufacturing process. If no investigation is conducted and the process is out of control, the present value of avoidable excess production costs is $10,000. The cost of conducting an investigation is $2,000. If the process was actually out of control, the cost of correction would be an additional $1,000. There is a .20 probability that the $20,000 variance indicates the process is out of control.

Required:

a. Should the process be investigated?

b. At what probability that the process is out of control does the expected cost of investigating equal the expected cost of not investigating?

Problems

25–20. Analyze Costs and Variances

Clark Company has a contract with a labor union that guarantees a minimum wage of $500 per month to each direct labor employee having at least 12 years of service. One hundred employees currently qualify for coverage. All direct labor employees are paid $5 per hour.

The direct labor budget for this year was based on an annual usage of 400,000 hours of direct labor at $5, or a total of $2,000,000. Of this amount, $50,000 (100 employees × $500) per month (or $600,000 for the year) was regarded as fixed. Thus, the budget for any given month was determined by the formula $50,000 + $3.50 (direct labor-hours worked).

Data on performance for the first three months of this year follow:

	January	February	March
Direct labor-hours worked	22,000	32,000	42,000
Direct labor costs budgeted	$127,000	$162,000	$197,000
Direct labor costs incurred	110,000	160,000	210,000
Variance	17,000 F	2,000 F	13,000 U

The factory manager was perplexed by the results, which showed favorable variances when production was low and unfavorable variances when production was high, because he believed his control over labor costs was consistently good.

Required:

a. Why did the variances arise? Explain and illustrate, using amounts and diagrams as necessary.

b. Does this direct labor budget provide a basis for controlling direct labor cost? Explain, indicating changes that might be made to improve control over direct labor cost and to facilitate performance evaluation of direct labor employees.

(CPA adapted)

25–21. Costs of Investigation

Texas Oil Company currently sells three grades of gasoline: regular, unleaded, and "unleaded plus," which is a mixture of unleaded and an octane enhancer. "Unleaded plus" is advertised as being "at least 10 percent higher octane than unleaded." Although any mixture containing 10 percent or more premium gas could be sold as "unleaded plus," it is less costly to increase the octane by exactly 10 percent. The amount of octane enhancer in the mixture is determined by a valve in the blending machine. If the valve is properly adjusted, the machine provides a mixture that yields the 10 percent higher octane. If the valve is out of adjustment, the machine provides a mixture that yields 20 percent higher octane.

Once the machine is started, it must continue until 100,000 gallons of "unleaded plus" have been mixed.

Cost data available:
Cost per gallon—unleaded	70¢
—regular	65¢
Cost of checking the valve	$1,000
Cost of adjusting the valve	$ 500

The octane enhancer costs 5 cents per gallon to make "unleaded plus" at 10 percent higher octane than unleaded. If the 20 percent higher octane is produced, the octane enhancer costs 12¼ cents per gallon.

The probabilities of the valve's condition are estimated to be:

Event	Probability
In adjustment	.7
Out of adjustment	.3

Required:

a. Should Texas investigate the valve?

b. At what probability would Texas be indifferent about whether to investigate?

(CMA adapted)

25–22. Issues in Variance Investigation—Multiple-Choice

The folding department supervisor must decide each week whether the department will operate normally the following week. Corrective action is ordered only if the folding department will operate inefficiently. The supervisor receives a weekly folding department efficiency variance report from the accounting department. A week in which the folding department operates inefficiently is usually preceded by a large efficiency variance. The graph below gives the probability that the folding department will operate normally in the following week as a function of the magnitude of the current week's variance reported to the supervisor:

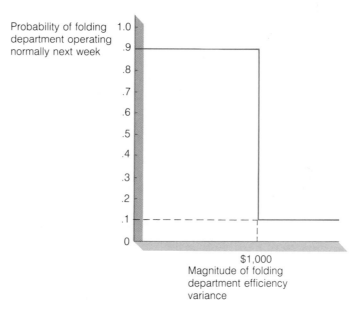

Required:

a. An efficiency variance of $1,500 this week means the probability of operating normally the following week is:

   (1) 0 percent.
   (2) 10 percent.
   (3) 90 percent.
   (4) 100 percent.

b. What are the possible relationships between the current efficiency variance and next week's operations?

   (1) Large variance followed by normal operation, large variance followed by inefficient operation, small variance followed by normal operation, and small variance followed by inefficient operation.
   (2) Large variance followed by normal operation, small variance followed by inefficient operation, and small variance followed by normal operation.

(3)   Large variance followed by inefficient operation, small variance followed by normal operation, and small variance followed by inefficient operation.

(4)   Large variance followed by 90 percent of normal operation, small variance followed by 10 percent of normal operation, large variance followed by inefficient operation, and small variance followed by inefficient operation.

c.   If the supervisor can determine for certain whether the folding department will operate normally next week, and the cost of corrective action is less than the extra cost of operating the folding department inefficiently, then the best decision rule for the supervisor to follow is:

(1)   If normal operations are predicted, do not take corrective action; if inefficient operations are predicted, take corrective action.

(2)   Regardless of the current variance, do not take corrective action.

(3)   If normal operations are predicted, take corrective action; if inefficient operations are predicted, do not take corrective action.

(4)   Regardless of the current variance, take corrective action.

d.   The following cost information is relevant to the folding department supervisor in deciding whether corrective action is warranted:

$\quad$ $500 =$ Cost of corrective action that will assure normal operation of folding department for the following week.

$3,000 =$ Excess cost of operating folding department inefficiently for one week.

The supervisor receives a report that the folding department efficiency variance is $600. The expected cost of not taking corrective action is:

(1) $0.

(2) $300.

(3) $2,700.

(4) $3,000.

(CPA adapted)

25–23.   Control Charts

Jean Auel was recently appointed controller for a medium-sized manufacturing firm. Her first assignment is to investigate whether material usage within the plant is under control. She recalls studying statistical quality control techniques in a management education course and decided to apply it to her investigation. She took the following two samples:

Sample Number	Cost of Each Item			
1	$945	$876	$852	$941
2	822	943	949	782

Required:

The control limits specified are $880 ± $60.

a.   Prepare a control chart using the designated control limits.

b.   Comment on the results.

25–24.   Control Charts

An engineer for Jordan Valley Tool Company specified that the diameter of a particular part should have tolerance limits of .352 and .356. An assistant to the controller asked production personnel to sample these parts. A random sample of 20 parts had the following diameters:

Exhibit A (25–24)

Number	Diameter
1	.351
2	.350
3	.353
4	.352
5	.359
6	.360
7	.362
8	.351
9	.353
10	.358
11	.355
12	.350
13	.353
14	.354
15	.353
16	.354
17	.355
18	.355
19	.356
20	.354

The mean and standard deviation of the diameter for this type of part has been established as .354 and .003, respectively. Jordan Valley Tool management established a policy that variances outside of the two-sigma limit should be investigated. By contrast, engineering and production personnel believe a process is in control as long as variances are within three standard deviations from the mean.

Required:

a. Construct a control chart and plot the sample on it.

b. Are the present engineering tolerance limits currently attainable? If not, what alternatives are open to the company?

26

The Economics
of Information

OBJECTIVES

To formalize the notion of benefits of information.

To understand the economic theory about why managers acquire information and why they limit the amount of information they acquire.

To understand the economic consequences of using the wrong information in a decision.

■   Managers are employed to make and implement decisions. The outcome from such decisions is rarely known with certainty in advance. Hence, the decision may result in a profit or a loss. Information is used to assist the manager in making economic decisions. Cost accounting information is part of the manager's available information set. While managers can obtain a great deal of information to assist them in making a decision, at some point the information gathering must end and the decision must be made. Determining this point is a decision that results in incurring costs to, hopefully, obtain benefits. Hence, the decision to acquire information is an economic decision.

As providers of information, cost accountants are required to understand the economics of the decision to acquire information. We assume in this chapter that routine information, such as that required for external reporting, will be gathered without an explicit economic analysis. Hence, in this chapter we will focus on the economics of information used for special purposes such as for decision making.

Some examples of risky management decisions that require cost information include:

1. Choosing the price to set for a new product where the price must cover costs and provide an adequate profit.

2. Deciding whether an adequate profit could be earned by entering a new market.

3. Evaluating whether a new employee benefit would be cost effective.

4. Deciding to explore for natural resources.

5. Determining whether to finance the company through bank loans, public debt, or equity.

For each of these decisions, the net benefit to the company is affected by events beyond the control of the decision maker. Information is used to help management make more informed decisions.

Cost Data and Information Economics

As discussed in earlier chapters, cost accounting differs from financial accounting in several ways. One major difference is that because the information is provided only to insiders, the user need not be limited by the rules for external reporting. Hence, the inside user can specify exactly the information to be provided for any given decision. The only limitation that the user faces is that information, like any good, is costly. At some point, the cost of additional information will exceed the benefit that can be expected from it. The conceptual basis for determining how much information to request is found in the field of information economics.

Consider the decision-making problem of a manager of WowZow Audio Corporation who is about to introduce a miniature cassette player into the market. This cassette player will fit entirely in the ear, thus eliminating the need for earphones and a cumbersome playing device. The product will be called an EarHear. The EarHear requires an investment of $7 million in plant and equipment. Assume, for simplicity, that there are only two possible outcomes from this decision:

1. The product is well accepted, costs and revenues are equal to expected levels, and the future cash flows will be worth a net present value of $20 million.

2. The product is a failure, and the total investment will be lost.

If you were the manager, would you invest the $7 million with this information? This problem is similar to other decision-making problems under uncertainty. Similarities with the approach in Chapter 24 appear here also, except in this chapter we focus on the acquisition of information rather than on the production decision.

Just knowing the possible outcomes is insufficient information on which to base this decision. The manager will seek information until the expected cost of that information exceeds its benefits.

Deciding whether the cost-benefit criterion has been met is usually a matter of personal judgment. The process of this judgment has been studied and is called **information economics.** Information economics is a highly analytical field of study. Briefly, information is deemed to meet the cost-benefit test if the expected value of a decision (net of the costs of the information) increases as a result of obtaining additional information. That is, the expected value of the decision must increase by more than the cost of the information obtained. The value assigned to different outcomes from a decision is called a **payoff.** Payoffs may be positive or negative.

The Expected Value Criterion

Just knowing all of the possible payoffs from a decision may not be very useful for decision making. Some way must be found to aggregate the different outcomes. The usual approach is to obtain the expected value of each decision alternative. The expected value is the sum of each possible outcome times the probability of its occurrence.

Let's return to our example. The manager faces a possible gain (or payoff) of $20 million from the investment. Against this he runs the risk of losing the $7 million investment. Before investing in such a risky project, he would at least want to assess the relative probabilities of making $20 million versus losing $7 million. If the probability of making the $20 million is equal to .60, we can compute the **expected value of the project:**

Payoff (million)	Probability	Expected Value (million)
$20	.60	$12
(7)	.40	(2.8)
Project expected value		$ 9.2

The expected value is the sum of the product of each possible outcome times the probability of that outcome. It represents the expectation from the project, not the actual outcome. Indeed, in this example, the actual outcomes are limited to either a $20 million positive payment or a $7 million loss.

Since the expected value of the project is positive, we will assume that the project is acceptable to the manager from the standpoint of maximizing company values. However, the project is risky. If the manager accepts this project, there is a significant (.40) probability that the company will suffer a $7 million loss. Can the manager do anything about that loss?

The Opportunity Loss Concept

By making a decision to accept the project, there is a .4 chance that a loss will be incurred. The $2.8 million expected loss from the unfavorable outcome is referred to as an expected **opportunity loss**. The loss may never actually be realized, but there is a .4 chance that it will occur.

Now, let's assume that the manager could acquire information that would make a perfect prediction of this project's success. Such information would be called *perfect information*. This information would provide the manager with perfect knowledge about the future. If the manager had such perfect knowledge, the project would be accepted only when the positive outcome was assured. This would occur with a .6 probability. Otherwise, the manager would avoid the project and, at least, avoid the loss. Hence, with perfect knowledge, the outcome with the highest payoff for each known state would be selected. The expected value of the project would be the sum of the expected values for each outcome and its related best action:

Outcome (million)	Best Action	Probability	Expected Value (million)
$20	Invest	.60	$12
–0–	Avoid	.40	0
Expected value of project with perfect information			$12

Expected Value of Information

With perfect knowledge about the future, the manager would be able to identify the 60 percent of the time when the new product would be successful. Under those circumstances, the manager would invest in the new product. The remaining 40 percent of the time, when the new product would fail, the manager would know not to invest. Hence, the manager could avoid the $7 million loss that was likely to occur 40 percent of the time.

Expected Value of Perfect Information

The **expected value of perfect information** is the amount that could be saved with perfect knowledge about the future. That amount is also the difference between the $12 million expected value of the project with perfect information and the $9.2 million expected value of the project without perfect information. If the manager could obtain perfect information, the information would be worth up to $2.8 million. (Note that this value of perfect information equals the avoided opportunity loss of $2.8 million.) If the information cost is less than this, the manager's expected value would increase if the information were obtained.

Suppose a market research company can conduct a study of the product and its acceptance in a test market. The company will manufacture a sufficient quantity of the product for test-marketing purposes. As a result of this test, the manager will have perfect information about the outcome if the product is introduced to the general market. The total cost of the market research project is $1 million. This $1 million is an **information cost.** Should the manager pay for the market research and order the limited production run?

If the product will be successful, the market study will indicate this with absolute certainty. Therefore, with probability .6, WowZow Audio will obtain the $20 million payoff less the $1 million spent on the market study.

On the other hand, with probability .4, the market study will indicate that the product will not be successful. When this occurs, WowZow Audio will lose the $1 million cost of the market study, but no more.

The expected value of this decision with costly perfect information is:

Payoff (million)	Probability	Expected Value (million)
$19	.6	$11.4
(1)	.4	(.4)
Project expected value		$11

This is, of course, exactly $1 million less than the expected value of the project with costless perfect information.

Perfect versus Imperfect Information

So far we have discussed the value of information that provides a perfect prediction. But since information about the future will probably be imperfect, why then do we consider the value of perfect information?

First, the value of **perfect information** provides an upper limit on the costs that should be incurred to obtain information for decision making. Second, the framework used to estimate the value of perfect information can also be used to estimate the value of imperfect information.

Imperfect information does not allow certain prediction of the outcome that will occur, but it allows us to revise our probabilities about the outcomes of a decision. The value of imperfect information is the increase in the expected value of the decision that arises from the ability to revise the probabilities. The **value of imperfect information** can be estimated using the technique called *Bayesian statistics.*

Now, let's extend the example in the problem. We now assume that the marketing study and trial production run will provide imperfect information. The report can have two possible outcomes: a good report indicating that the product will be successful or a bad report showing that the product will fail. Since the study is an imperfect information source, a good report can occur even if the product will fail. Likewise, a bad report can occur even though the product would succeed. Nonetheless, use of the report may enable us to revise our initial probabilities and make a better decision. The initial probabilities are often referred to as prior probabilities or priors.

Revising Prior Probabilities with Information

In deciding to conduct the market research, the relevant criterion is whether the expected value of the project will increase sufficiently to cover the cost of the study. To test this, WowZow management must know how reliable the report will be. That is, if they receive a good marketing report, what is the probability that the product will actually be successful?

The following discussion describes the process, which is summarized in Illustration 26–1. To conduct this analysis, some statistical notation is helpful. Using the symbol S to indicate a successful product and the symbol F to indicate a failure, we note that the prior probabilities are:

$$p(S) = .6$$
$$p(F) = .4$$

as discussed before and as entered in step 1 in Illustration 26–1.

The second step is to find out the probabilities of obtaining a good report *(G)* or a bad report *(B)* given that the product will be successful. These are called conditional probabilities because they depend on the actual, unknown outcome. This information must be obtained from other sources, perhaps from the market research company or from management's judgment about similar past projects. For the example, we assume these probabilities are:

$$p(G|S) = .85$$
$$p(B|S) = .15$$

This means that the probability of a good report *given* a successful product is .85, and so forth. From similar sources, we must also obtain the probabilities of each report given that the product will fail. We assume these are:

$$p(G|F) = .20$$
$$p(B|F) = .80$$

This information is used to compute the probabilities of getting a good or bad report before the report is ordered. If the probabilities of each report type are known, the expected value of the project with the imperfect information can be computed. This information may be used to help decide whether to order the report. The difference in the value with the imperfect information and the value of the project without any information provides the maximum price we would be willing to pay for the imperfect information, assuming we follow the expected value criterion.

To obtain the probabilities of getting each kind of report, we add the probabilities of obtaining that report under each possible outcome. The probability of getting both a certain kind of report and a certain outcome is called a joint probability. (See step 2 in Illustration 26–1.) In the example, the probability of getting a good report is equal to the sum of the joint probability of a good

Illustration 26–1   **Table of Probabilities**

Step 1: Set up the table and enter the prior probabilities of success *(S)* and failure *(F)* as the row totals.

	Report Good (G)	Report Bad (B)	Totals
Product Succeeds (S)			.60
Product Fails (F)			.40
Totals			1.00

Probabilities must sum to 1.0

Step 2: Compute the joint probabilities in each cell by multiplying the conditional probabilities [for example, $p(G|S)$] times the prior probabilities of success or failure (for example, $p(S) = .60$). Recall that $p(G|S) = .85$; $p(B|S) = .15$; $p(G|F) = .20$; and $p(B|F) = .80$.

	Report Good (G)	Report Bad (B)	Totals
Product Succeeds (S)	$.85 \times .60$ $= .51$	$.15 \times .60$ $= .09$	.60
Product Fails (F)	$.20 \times .40$ $= .08$	$.80 \times .40$ $= .32$	.40
Totals			1.00

Step 3: Compute the column totals, which are the probabilities of receiving a good report or a bad report.

	Report Good (G)	Report Bad (B)	Totals
Product Succeeds (S)	.51	.09	.60
Product Fails (F)	.08	.32	.40
Totals	.59	.41	1.00

report when the outcome is success plus the probability of a good report when the outcome is failure. Thus, we multiply the probability of success times the probability of getting a good report when the outcome will be success (.6 $\times$ .85 = .51). Then we multiply the probability of failure times the probability of getting a good report when the outcome will be failure (.4 $\times$ .2 = .08). Then we add the results of these two multiplications:

$$p(G) = [p(S) \times p(G|S)] + [p(F) \times p(G|F)]$$

which, for the example data, yields:

$$p(G) = (.6 \times .85) + (.4 \times .2)$$
$$= \qquad .51 + .08$$
$$= \qquad \underline{\underline{.59}}$$

We therefore have a .59 probability of getting a good report before contracting for the market study, as shown in step 3 of Illustration 26–1.

The probability of getting a bad report is equal to $1 - .59$, or .41. This may be verified by computing the probabilities of a bad report conditioned on both possible outcomes just as was done for the good report. The calculations are:

$$p(B) = [p(S) \times p(B|S)] + [p(F) \times p(B|F)]$$
$$= (.6 \times .15) + (.4 \times .8)$$
$$= .09 + .32$$
$$= \underline{\underline{.41}}$$

These calculations are also shown in steps 2 and 3 in Illustration 26–1.

Now, before we incur the cost of acquiring the report, we know the probability that we will obtain a good report or a bad report. This information is important because if the report is to have any impact on our decision, the different type of report must result in a change in our decision. That is, in this limited situation, if the report is good, then the investment meets the expected value criterion. If the report is bad, then the investment would not meet the criterion and, presumably, would be avoided. If we will take one action or the other regardless of the type of report, then the report has no value. Why spend resources on information that has no potential to change a decision?

Regardless of which report we receive, the project can still succeed or fail. Hence, after receiving the report we must make a decision whether to embark on the project. At this point, it is helpful to diagram the possible outcomes. A decision tree is useful for this purpose, as shown in Illustration 26–2.

The first decision is whether to conduct the test. These are the two main branches of the decision tree. If we decide to conduct the test and, hence, acquire the report, we must make the investment decision after receipt of the report. The decision will be based on the expected payoff from each outcome. To make the decision, we must know the probabilities of success or failure after receiving each kind of report. These probabilities are called *posterior probabilities*. In this example, we ignore the possibility of investing in the project if

Illustration 26-2   **Decision Tree for Information Evaluation**

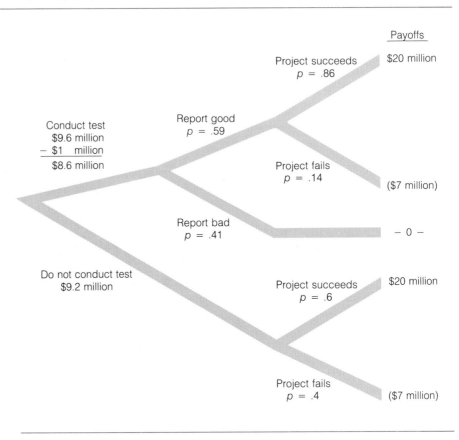

the report is bad because the report outcome must affect our decision. We could extend the analysis to evaluate the expected payoff given a bad report. But, since a receipt of a bad report would preclude us from investing in the project, we enter a zero payoff for that outcome.

Prior to receiving the report, we were given the probability of project success as .6 and the probability of failure as .4. The expected value of the project without the report is the second main branch in Illustration 26-2. Now we want to see if the expected value of the project is greater with the information in the report.

Revising Probabilities Using Bayes' Theorem

The objective of this analysis is to find out how the report will revise the initial probabilities (.6 for success and .4 for failure). This process of revising probabilities requires knowledge of the probabilities of success and failure given each type of report. These probabilities are known as **posterior probabilities.** They may be found using **Bayes' Theorem.** If the report is good *(G),* the probability of success *(S)* is estimated as:

$$p(S|G) = \frac{p(G|S) \times p(S)}{p(G)}$$

$$= \frac{.85 \times .6}{.59} = .86 \text{ (rounded)}.$$

The posterior probability of failure *(F)* given a good report *(G)* is the complement of this amount, or .14, and is computed as follows:

$$p(F|G) = \frac{p(G|F) \times p(F)}{p(G)}$$

$$= \frac{.20 \times .40}{.59} = \underline{\underline{.14}} \text{ (rounded).}$$

The posterior probabilities when a bad report is received are computed in the same manner. For success, the probability is:

$$p(S|B) = \frac{p(B|S) \times p(S)}{p(B)}$$

$$= \frac{.15 \times .6}{.41} = \underline{\underline{.22}} \text{ (rounded).}$$

The probability of failure *(F)* given the bad report *(B)* is then .78, which is the complement of the probability of success.

These posterior probabilities have been entered on the decision tree in Illustration 26–2 and are used to compute the expected value of the project with imperfect information.

Computing the Value of Imperfect Information

The expected value of the decision to introduce the new product with imperfect information is obtained by computing the expected value of the project given each report. This is referred to as the conditional value of the decision given a certain report. That is, if we get a good report, we compute an expected value for the project conditioned on the good report. Multiplying that conditional value by the probability of obtaining that report gives us the expected value of the project after taking into account that a good report will only be received some fraction of the time. The expected value for the project is the sum of the expected values of each report outcome.

For the example, we have the following analysis to determine the expected value with a good report:

Outcome (million)	Posterior Probability	Expected Value (million)
$20	.86	$17.2
(7)	.14	(1)
Conditional value with good report		$16.2
Probability of good report		× .59
Expected value of product given the probability of a good report		$ 9.6

If the report is good, WowZow Audio would invest in the EarHear because the expected $16.2 million payoff is positive. Before we order the test market study, we have a .59 probability that the report will be favorable. Therefore, before ordering the study, we expect that the value of the joint outcome of a good report and the decision to go ahead with the product introduction will be $9.6 million.

Next, we find the expected value of going ahead with the product introduction in the face of a bad report:

Outcome (million)	Posterior Probability	Expected Value (million)
$20	.22	$ 4.4
(7)	.78	(5.5)
Expected value of product after a bad report		$(1.1)

Since the expected value of product introduction would be negative after receiving a bad report, management of WowZow Audio would not introduce the product if a bad report was received. This is as we anticipated. Hence, the expected payoff would be zero.

The value of the decision to introduce the project with imperfect information is, then, the sum of the values of the decision for each report outcome. That is, $9.6 million plus zero, or $9.6 million.

The value with imperfect information is compared to the value with no information. The increase represents the maximum that we would be willing to pay for the imperfect information. In this case, the difference is $.4 million (the $9.6 million − $9.2 million).

If the cost of the market study and trial production run was $1 million, the decision would be not to commission the study. Its cost exceeds the $.4 million benefit that can be expected from it.

Other Considerations in Information Evaluation

Formal analysis of information needs provides a cost-minimizing approach to the obtaining of information. However, it has frequently been said that management lacks sufficient prior information to compute the expected value of imperfect information. Hence, formal analysis is not possible. In other cases, a decision can be made without formal analysis. Before analyzing information value, a manager will ask the following questions:

1. Will the information make a difference?

2. How costly would the error be if action was taken without the information?

The first question asks if the information will possibly change the decision. The second asks about the cost of prediction error. Unless the information can be expected to make a difference and unless the value of the difference exceeds the cost of the information, the information should not be obtained.

Changing a Decision with Information

In the example, the imperfect market study and test production run had value because the decision involved a choice. If a bad report was received, management would avoid introducing the new product and, hence, avoid the related loss. But if the receipt of a bad report would not deter introduction of the new product, the test study would have no value in this context. That is, regardless of the outcome of the study, the decision would not change. In such a case, there would be no economic reason to conduct the study. We invest in the project, period. No formal analysis of information value is needed.

Why would management proceed with a project when the outcome of a test study is negative? Several possibilities exist. In some cases, management may be required to proceed with the project due to legal requirements, contract obligations, or other imperatives. In this situation, the set of outcomes has been misspecified—any outcome that is based on avoiding the project is not possible. In other cases, the information may be so unreliable that a bad report would not dissuade management from proceeding with the project.

Let's modify the chapter example to demonstrate what happens if a bad report does not affect our decision. Suppose that after receipt of a bad report the conditional probabilities are:

$$p(S|B) = .35$$

$$p(F|B) = .65$$

This will change other probabilities, but we only focus on the expected value of the decision to invest in the project given the bad report. The value is now:

Payoff (million)	Probability	Expected Value (million)
$20	.35	$7
(7)	.65	(4.55)
Project expected value		$2.45

Although the expected value of the project is now substantially less than we had initially expected, it is still positive. Since our decision rule is to accept projects with a positive expected value, the decision does not change in the face of a bad report. Since conducting the study would result in an information cost with no resulting benefit, we would not conduct the study.

Cost of Prediction Error

There is always the question of how much of a difference information makes in the decision-making process. We have seen that information enables a manager to avoid certain losses. This may be expanded into the concept of the **cost of prediction error.** The cost of prediction error is the difference between the actual cost incurred based on the incorrect information and the cost that would be incurred with the correct information.

To illustrate the cost of prediction error, let's consider an inventory management example. One problem in inventory management is to minimize the total annual inventory policy cost, which is the annual cost of ordering and carrying inventory. The total inventory policy cost may be represented by the equation:

$$TC = \frac{QS}{2} + \frac{AP}{Q}$$

where

Q = Quantity ordered at one time.
S = Cost to store one unit in inventory for a year.
A = Annual usage of the item.
P = Cost to place an order.

The basic economic order quantity (EOQ) model (described in Chapter 14) may be used to find the order quantity needed to minimize inventory policy cost. The minimum total cost is obtained when:

$$Q = \sqrt{\frac{2AP}{S}}$$

Suppose that we used values of:

$$A = 50,000$$

$$P = \$20$$

$$S = \$.50$$

and obtained an optimal Q of:

$$2,000 = \sqrt{\frac{2 \times 50,000 \times \$20}{\$.50}}$$

Total costs for the year would be estimated as:

$$TC = \frac{2,000 \times \$.50}{2} + \frac{50,000 \times \$20}{2,000}$$

$$= \underline{\underline{\$1,000}}$$

After adopting the policy of ordering 2,000 units at a time and using that policy for a year, it becomes evident that there was an error in estimating the storage costs per unit *(S)*. Instead of $.50, the actual storage costs were $1.50. What was the cost of prediction error?

First, we find the optimal cost that would have been incurred had we used the correct storage cost. The new EOQ given the new storage cost information is:

$$1,155 = \sqrt{\frac{2 \times 50,000 \times \$20}{\$1.50}}$$

If we had the good fortune to realize that this was the optimal order quantity instead of the 2,000 that we used during the year, our inventory policy costs would have been:

$$TC^* = \frac{1,155 \times \$1.50}{2} + \frac{50,000 \times \$20}{1,155}$$

$$= \underline{\underline{\$1,732}}$$

However, based on our incorrect data, we followed an order policy of 2,000 units per year. As a result, we incurred inventory policy costs of:

$$TC = \frac{2,000 \times \$1.50}{2} + \frac{50,000 \times \$20}{2,000}$$

$$= \underline{\underline{\$2,000}}$$

The difference between the costs incurred under the actual policy and the costs under the optimal (hindsight) policy is $268. This is the opportunity cost of having incorrect information at the start of the period and is sometimes referred to as the *cost of prediction error*. The amount reflects the most we could gain from the correct information, given that $1.50 was the actual storage cost per unit. Note that the expected $1,000 inventory policy cost is not relevant. It formed the basis for the initial budget and will probably be used in traditional variance analysis. However, because the input data were incorrect, the budgeted results could not be attained.

In general, the cost of prediction error ($2,000 − $1,732) could be used to evaluate the prediction procedure. Any difference between $2,000 and actual costs would be the basis for evaluating operating managers since their activities were based on the EOQ policy of 2,000 units per order. However, whether this method is followed in practice is another question.

Management Uses of Information Economics

It is unlikely that management would routinely go through the formal analytical process described here to decide whether to gather information. Presumably this is because some of the probabilities are difficult to estimate (and further because managers may not be trained in the use of probability revision techniques). Furthermore, certain loan or employment contracts may require that studies be conducted or other data be gathered to assure that managers meet their stewardship obligations. However, it is probably true that, in general, informal consideration is given to the economic usefulness of information for any given decision setting. Otherwise, cost information would be demanded in unlimited quantities. When very large investments are incurred and when there is sufficient information to permit specification of the probabilities, formal analysis may be carried out. Indeed, petroleum exploration companies make wide use of the techniques described here. In their operations, they gather information about the probabilities of various amounts of recoverable oil or gas deposits in a given location. The costs to drill and install production facilities are so high that the benefits of gathering information exceed the costs. Moreover, there have been so many deposits explored that a sufficient data base exists to estimate probabilities.

It is generally believed that managers acquire information only when it is economically efficient to do so. In an information economics sense, managers will acquire information when the expected value of a decision with information, net of any information costs, exceeds the expected value of that decision without information. The Bayesian revision formulation provides a formal analysis that is reasonably descriptive of the manager's information evaluation process, although the exact terms of the manager's revision process may differ from the Bayesian specifications.

The cost accountant, consultant, or other supplier of information understands that the commodity supplied (information) will only be purchased if required or if the user perceives it is economical. Understanding the process by which information has value should enable the buyer of information to relate its price to its value. The mathematics of information economics become very complex when the number of choices increases and when the decision includes other factors characteristic of a real-world setting. However, the concepts are based in the information economics model presented here. Presumably, managerial accountants are hired because someone decides that managerial accounting information is economic in the sense discussed in this chapter.

Summary

Information is a product that may have value just as any other commodity. Management must make decisions concerning whether to gather information for decision making and other purposes. Information economics is the field of study that established the concepts used to formalize management's decisions about gathering information. The analytic approach suggests that the difference in expected value of a decision that results from the acquisition of information should be determined. If the information costs less than the difference in expected value, then it is economical to acquire the information. On a hindsight basis, it is sometimes possible to compare the profit that could have been attained with correct information and to compare that with the information actually used to set policy. The difference is referred to as the cost of prediction error. Although information economics models are complex and are infrequently used explicitly, the concepts behind the models serve as general guidelines to management decisions about the acquisition of information. After all, accountants are information producers and command a pecuniary reward for their services. If information had no value, what would become of accountants?

Terms and Concepts

The following terms and concepts should be familiar to you after reading this chapter.

Bayes' Theorem	**Opportunity Loss**
Conditional Probabilities	**Payoff**
Cost of Prediction Error	**Perfect Information**
Expected Value of the Project	**Posterior Probabilities**
Imperfect Information	**Prior Probabilities (Priors)**
Information Cost	**Value of Imperfect Information**
Information Economics	**Value of Perfect Information**
Joint Probability	

Self-Study Problem: Soong's Soybean Products*

After several years of supplying tofu to several supermarket chains, the Soong family decided that it was time to diversify their operations in the light of increasing competition from other tofu manufacturers.

At a recent family conference, several members came up with new product ideas as possible alternatives to tofu. A dehydrated soybean protein was considered too low margin. Soybean jello, despite popularity within oriental communities, was rejected on the grounds that it was highly perishable and appealed only to a very small market segment.

Laura Soong, a recent biochemistry graduate, then suggested that they exploit the growing diet and health food market by introducing a soybean ice cream. "I've perfected it in the lab," she said. "It is low in cholesterol and has only one quarter the calories of regular ice cream. But, more important, it tastes almost like the real thing!" She then provided her estimates of costs for the project.

Based on Laura's figures, David Soong, the family accountant, estimates that if sales are high, the total contribution margin from the product will be $300,000. If sales are low, the total contribution margin earned by the Soongs will be $50,000. Fixed costs for the project will be $150,000. David is uncertain as to what the probability distribution of sales would be. Hence, he attaches on a prior probability of .5 for high sales and .5 for low sales.

The Soong family can conduct a survey of various health food outlets to determine the true demand for the new product. The reliability of the survey is such that it will signal high sales 70 percent of the time when actual sales will be high, and signal low sales 90 percent of the time when actual sales will be low. The costs of such a survey are $20,000.

Required:

Assuming that the Soong family bases its decisions on expected value:

a. What action will they take without the survey?

b. Should the Soong family take the survey? What should their decision be?

c. How much will they be willing to pay for perfect information?

Solution to Self-Study Problem

a.

b. Let:

H = Actual high-sales state.
L = Actual low-sales state.
Y_H = Survey signal for high-sales state.
Y_L = Survey signal for low-sales state.
Pr = Probability.

$$Pr(Y_H|H) = .7$$
$$\therefore Pr(Y_L|H) = .3$$
$$Pr(Y_L|L) = .9$$
$$Pr(Y_H|L) = .1$$

---

* © Jean M. Lim and Michael W. Maher, 1984.

$$Pr(Y_H) = Pr(Y_H|L)Pr(L) + Pr(Y_H|H)Pr(H)$$
$$= .1(.5) + .7(.5)$$
$$= .4$$
$$Pr(Y_L) = Pr(Y_L|L)Pr(L) + Pr(Y_L|H)Pr(H)$$
$$= .9(.5) + .3(.5)$$
$$= .6$$
$$Pr(H|Y_H) = \frac{Pr(Y_H|H)Pr(H)}{Pr(Y_H)}$$
$$= \frac{.7(.5)}{.4}$$
$$= .875$$
$$\therefore Pr(L|Y_H) = .125$$
$$Pr(H|Y_L) = \frac{Pr(Y_L|H)Pr(H)}{Pr(Y_L)}$$
$$= \frac{.3(.5)}{.6}$$
$$= .25$$
$$\therefore Pr(L|Y_L) = .75$$

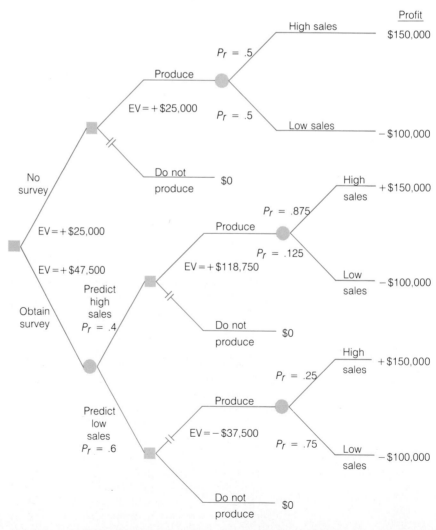

The Soong family should take the survey. The expected value of the project, less the cost of the survey, is:

$$\$47,500 - \$20,000 = \underline{\underline{\$27,500}}$$

Without the survey, the expected value of the project is:

$$\underline{\underline{\$25,000}}$$

c. Working through the Bayesian analysis in part *(b)*, assuming perfect information, we get:

$$Pr(Y_H) = .5$$
$$Pr(Y_L) = .5$$
$$Pr(H \mid Y_H) = 1.0$$
$$Pr(L \mid Y_L) = 1.0$$

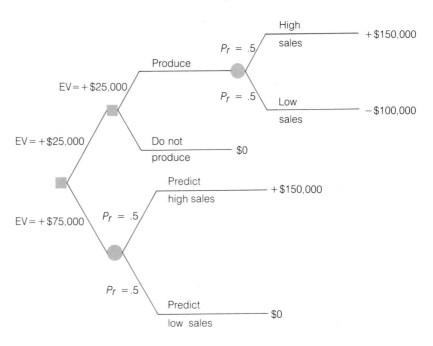

Expected value of perfect information $= \$75,000 - \$25,000$
$= \underline{\underline{\$50,000}}$

Questions

26–1. A manager was overheard saying, "I want all the information before I make a decision. Get me all the information!" Comment on this quote.

26–2. Does information reduce the risk in a manager's decision?

26–3. Since no one can supply perfect information, why do we even consider the perfect information case?

26–4. "Imperfect information is worthless since it cannot predict the future with certainty." Comment on this quote.

26–5. Management has invested $8 million in a project. The payoffs from the project will either be zero or a present value of $20 million. Either event is equally likely. The original investment cost will be deducted in computing the profit from the project. Now management learns that it can obtain perfect information about the outcome from the project. What is the maximum value of that information for this investment project?

26–6. What are the limitations on the use of the information economics approach by management?

26–7. Management knows that if it purchases a report there is a good chance the results of the report will affect management's decision. Should management purchase the report or should they consider something in addition?

26–8. What is the difference between the value of information and the cost of prediction error?

26–9. When does a cost of prediction error arise?

Exercises

26–10. Computing Expected Values and Finding Probabilities

ARC Radio Company is trying to decide whether to introduce a new wrist "radiowatch" designed for shortwave reception of exact time as broadcast by the National Bureau of Standards. The "radiowatch" would be priced at $60, which is twice the variable cost per unit to manufacture and sell it. The incremental fixed costs required to introduce this new product would be $240,000 per year. Estimates of the demand for the product are shown in the following probability distribution:

Annual Demand (units)	Probability
6,000	.2
8,000	.2
10,000	.2
12,000	.2
14,000	.1
16,000	.1

Required:

a. What is the expected value of the demand for the product?

b. What is the probability that the demand for the product will be below the break-even point?

(CMA adapted)

26–11. Compute Expected Values

The university is considering offering a new continuing education course. The variable cost would be $200 per student, and the fixed cost of the course is $10,000. The tuition for students living outside of a particular region is $1,000 each, while those living inside the region pay only $500. The distribution of out-of-region and in-region students is as follows:

Number of Students		
Out-of-Region	In-Region	Probability
8	22	.02
7	23	.05
6	24	.08
5	25	.15
4	26	.20
3	27	.30
2	28	.20

Required:

What is the expected mix of students enrolled? Is the course expected to break even?

26–12. Value of Perfect Information

Suppose an oil driller is faced with the following options:

State of Nature	Probability	Payoff	
		Drill	**Don't Drill**
No oil	.7	−$100,000	–0–
Oil	.3	+ 150,000	–0–

The driller can obtain information from seismic tests that perfectly predict whether or not oil will be found if drilling commences.

Required:

a. What action would the driller take without any information?

b. What action would the driller take with the perfect information?

c. What is the value of the perfect information?

26–13. Value of Imperfect Information—Applying Bayes' Theorem

Refer to exercise 26–12. Suppose the driller could not obtain perfect information but could obtain imperfect information from seismic tests that were accurate 80 percent of the time. (That is, $P(\text{good report}|\text{oil}) = .8$; $P(\text{bad report}|\text{oil}) = .20$, etc.)

Required:

What is the value of the imperfect information? Should it be obtained?

26–14. Value of Perfect Information

Suppose Buffalo Company is faced with the following situation for a new product:

State of Nature	Probability	Payoff
Success	.6	+$350,000
Failure	.4	−$200,000

Assume Buffalo Company can obtain perfect information from a marketing research firm whether or not the product will be successful.

Required:

a. What action would Buffalo Company take without any information?

b. What action would they take with the perfect information?

c. What is the value of the perfect information?

26–15. Value of Imperfect Information—Applying Bayes' Theorem

Refer to exercise 26–14. Suppose that Buffalo Company could not obtain perfect information but could obtain imperfect information from the marketing research firm that was accurate 80 percent of the time (that is $P(\text{good report}|\text{success}) = .8$; $P(\text{good report}|\text{failure}) = .2$, etc.).

Required:

What is the value of the imperfect information? Should it be obtained?

26–16. Value of Perfect Information

A treasure hunter, who searches for treasure in sunken ships, is faced with the following options on a particular treasure hunt:

State of Nature	Probability	Payoff
No treasure	.95	−$ 100,000
Treasure	.05	+$1,600,000

Assume the treasure hunter can obtain information from an old seaman who knows exactly where the ship was sunk.

Required:

a. What is the expected value of the action with no information?

b. What is the expected value of the action with the perfect information?

c. What is the value of the perfect information?

26–17. Value of Imperfect Information—Applying Bayes' Theorem

Refer to exercise 26–16. Suppose that the treasure hunter could not obtain perfect information but could obtain imperfect information from the old seaman whose information is 60 percent accurate. (That is, P(good report|treasure) $= .60$; P(good report| no treasure) $= .40$; etc.)

Required:

What is the value of the imperfect information? Should it be obtained?

26–18. Cost of Prediction Error

Lawrence Company estimates the following costs, prices, and volume for its single product:

Selling price	$	200 per unit
Variable cost		150 per unit
Fixed costs	$1,000,000	per period
Sales volume	40,000	units

The company then produced 40,000 units. Prices and costs were as expected, except sales were only 35,000 units. Due to the nature of the product, 5,000 units were scrapped for a net-of-salvage-cost revenue of $10,000.

Required:

Compute the cost of prediction error.

26–19. Cost of Prediction Error

South Bend Company estimates the following costs, prices, and volume for its single product:

	Per unit
Selling price	$ 450
Manufacturing costs:	
Material	75
Direct labor	135
Variable overhead	25
Fixed overhead	50 ·
(allocated on basis of direct labor-hours)	
Sales volume	25,000 units

Based on this forecast, they produced 25,000 units. Prices and costs were as forecast but the demand for the product turned out to be 30,000 units, which they could have produced without additional fixed costs. Assume that the excess demand was lost and cannot be met in subsequent periods.

Required:

Compute the cost of prediction error.

26–20. Value of Perfect Information

A manager is trying to decide whether to accept a special order. If the order is accepted, the increased revenue to the company will be $1,000,000. The costs of making the products for the special order are either $800,000 or $1,200,000, depending on how much time is needed for its manufacture. Hence, acceptance of the order would result in a net gain of $200,000 *or* a net loss of $200,000, while rejection will produce neither gain nor loss.

The manager regards the two production cost events as having the following probabilities: (1) there is a .6 probability that production costs will be low, hence, a $200,000 profit would be made on the order; (2) there is a .4 probability that production costs will be high, hence, a $200,000 *loss* would be incurred if the order is accepted.

Before deciding whether to accept or reject the order, the manager can analyze a set of special orders already in production, thereby gaining information. The cost of setting up the records and analyzing the data is $50,000.

Required:

a. If the manager wants to maximize expected value, what is the best decision for the manager before considering the information?

b. Assuming the information is perfect, what is the value of that information to the manager? Should the information be obtained?

26–21. Value of Imperfect Information—Revising Probabilities Not Required

Refer to exercise 26–20. Suppose the information that the manager can obtain is not perfect. Past experience for similar information indicates that when the information predicts low production costs, production costs turn out to be low 80 percent of the time and high 20 percent of the time. When the information predicts high production costs, production costs turn out to be high 80 percent of the time and low 20 percent of the time. This relationship between high and low costs and the related information are summarized as follows:

$$P \text{ (low costs | information predicts low costs)} = .80$$
$$P \text{ (high costs | information predicts low costs)} = .20$$
$$P \text{ (low costs | information predicts high costs)} = .20$$
$$P \text{ (high costs | information predicts high costs)} = .80$$

Required:

Note that probabilities do not have to be revised using Bayes' Theorem.

a. What action would the manager take if the imperfect information was obtained?

b. What is the value of the imperfect information?

26–22. Improving the Accuracy of Information

Refer to Exercise 26–21. Suppose the accuracy of the imperfect information could be improved. For an additional cost of $10,000, the accuracy of the information could be improved from 80 percent to 90 percent.

Required:

Is it worthwhile to obtain the more accurate information?

26–23. Revising Probabilities Using Bayes' Theorem

Refer to exercise 26–20. Suppose the manager receives information in the following form: P(Information|signal event), which requires using Bayes' Theorem to revise probabilities. The manager believes that the information would correctly identify high costs 70 percent of the time and correctly identify low costs 30 percent of the time. The cost of this information is $40,000.

Required:

Should this information be obtained? What is its value?

Problems

26–24. Value of Perfect Information

Vendo Company operates the concession stands at the university football stadium. Records of past sales indicate that there are basically four kinds of football weather, that sales of hot dogs depend on the weather, and that the percentage of football games played in each kind of weather is as follows:

Weather	Percentage of Game Days	Hot Dogs Sold
Snow	10%	10,000
Rain	20	20,000
Clear/warm	40	30,000
Clear/cold	30	40,000

Hot dogs cost Vendo Company $.60 each and are sold for $1.00. Hot dogs unsold at the end of each game are worthless. Ignore income taxes.

Required:

a. Prepare a table with four rows and four columns showing the contribution margin from each of the four purchasing strategies of buying 10,000, 20,000, 30,000, or 40,000 hot dogs and the four weather conditions (snow, rain, clear/warm, and clear/cold).

b. Assuming that the chances of snow, rain, clear/warm, and clear/cold are 10 percent, 20 percent, 40 percent, and 30 percent, respectively, compute the expected contribution margin from each of the following purchasing strategies:
(1) Buy 10,000 hot dogs.
(2) Buy 20,000 hot dogs.
(3) Buy 30,000 hot dogs.
(4) Buy 40,000 hot dogs.

c. What is the optimal purchasing strategy in the absence of a weather forecast, and what is the expected contribution margin from following this strategy? (This answer will be the largest of the four expected payoffs computed in [b].)

d. If Vendo had a perfect weather forecast for each game, it would buy 10,000 hot dogs when snow is predicted; 20,000 when rain is predicted; 30,000 when clear/warm is predicted; and 40,000 when clear/cold is predicted. What is the expected average contribution margin per football game, assuming the availability of a perfect weather forecast and that the four kinds of weather will occur in the frequencies 10, 20, 40, and 30 percent?

e. What is the expected dollar value to Vendo Company of a perfect weather forecast per football game? That is, what is the expected dollar value of the information from a perfect weather forecast?

(CMA adapted)

26–25. Value of Perfect Information

Jessica Company is searching for more formal ways to analyze its decisions. The expected value decision model was among those considered. To test the effectiveness of the expected value model, a one-year trial in a small department was authorized.

This department buys and resells a perishable product. A large purchase at the beginning of each month provides a lower cost than more frequent purchases and also assures that Jessica Company can buy all of the item it wants. Unfortunately, if too much is purchased, the product unsold at the end of the month is worthless and must be discarded.

If an inadequate quantity is purchased, additional quantities cannot be purchased. Hence, Jessica would lose potential sales if an inadequate quantity is ordered. The standard purchase arrangement is $50,000 plus $.50 for each unit purchased for orders of 100,000 units or more. Jessica is paid $1.25 per unit by its customers.

The needs of Jessica's customers limit the possible sales volumes to only four quantities per month—100,000, 120,000, 140,000, or 180,000 units. However, the total quantity needed for a given month cannot be determined prior to the date Jessica must make its purchases. The sales managers are willing to place a probability estimate on each of the four possible sales volumes each month. They noted that the probabilities for the four sales volumes change from month to month because of the seasonal nature of the business. Their probability estimates for December sales units are 10 percent for 100,000, 30 percent for 120,000, 40 percent for 140,000, and 20 percent for 180,000.

The following schedule shows the quantity purchased each month based on the expected value decision model. The actual units sold and product discarded or sales lost are shown also.

	Quantity (in units)			Sales Units Lost
	Purchased	Sold	Discarded	
January	100,000	100,000	—	20,000
February	120,000	100,000	20,000	—
March	180,000	140,000	40,000	—
April	100,000	100,000	—	80,000
May	100,000	100,000	—	—
June	140,000	140,000	—	—
July	140,000	100,000	40,000	—
August	140,000	120,000	20,000	—
September	120,000	100,000	20,000	—
October	120,000	120,000	—	20,000
November	180,000	140,000	40,000	—

Required:

a. What quantity should be ordered for December if the expected value decision model is used?

b. Suppose Jessica could ascertain its customers' needs prior to placing its purchase order rather than relying on the expected value decision model. How much would it pay to obtain this information for December?

c. The model did not result in purchases equal to potential sales except during two months. Is the model unsuitable in this case, or is this a characteristic of the model? Explain your answer.

(CMA adapted)

26–26. The Cost of Prediction Error for Economic Order Quantity

Syracuse Company used the following formulas to determine the optimal order quantity and the total inventory policy cost:

$$Q = \sqrt{\frac{2AP}{S}}$$

$$TC = \frac{QS}{2} + \frac{AP}{Q}$$

where

$Q =$ Quantity ordered at one time.
$S =$ Cost to store one unit in inventory for a year.
$A =$ Annual usage of the time.
$P =$ Cost to place an order.

Their predictions were:

$$A = 125,000$$
$$P = \$150$$
$$S = \$3.75$$

and Q was:

$$Q = \sqrt{\frac{2 \times 125{,}000 \times \$150}{\$3.75}}$$

$$= 3{,}162 \text{ units.}$$

After adopting the policy of ordering 3,162 units per order and using the policy for a year, they found out that actual storage cost was $3.00 per unit instead of $3.75.

Required:

What is the cost of prediction error?

26–27. Solving for the Value of Information

Albany Company is making decisions about the introduction of a new product. Consumer reports show that the probability of success of the new product is 0.75, while the probability of failure is 0.25. Since these surveys were made for a general product category, Albany consulted a consumer research firm to conduct tests about their particular product. The research firm said they will detect the success 75 percent of the time when the product will actually succeed (probability that tests says "success" given success equals .75) and signal "failure" 90 percent of the time when there will actually be failure. Albany would make a profit of $3,000,000 if the product succeeded. They would lose $2,000,000 if it failed.

Required:

What is the highest price Albany Company would be willing to pay the firm to conduct the survey?

Glossary

The number in parentheses after each definition is the chapter(s) in which the term or concept is most extensively discussed.

Abnormal Spoilage   Spoilage due to reasons other than the usual course of operations of a process. This may include goods spoiled as a result of error or as a result of casualty losses. (6)

Absorption Costing   See *full-absorption costing.*

Account Analysis   The method of cost estimation that calls for a review of each account making up the total cost being analyzed. Each account is classified as fixed or variable based on the judgment of the classifier. (10)

Accounting Rate of Return   A measure of project returns using accounting concepts of income. (16)

Acquisition Cost   Costs to purchase an investment or inventory item and to get it in place and in condition for use. (15)

Action Set   The alternatives available to managers in a given decision setting. (24)

Activity Variance   Variance due to changes in volume of sales or production. (18, 19, 21)

Actual Costing   A system of accounting whereby overhead is assigned to products based on actual overhead incurred. (5, 9, 20)

Actual Costs   Amounts determined on the basis of actual (historical) costs incurred. (5)

Adjusted R-Square   The correlation coefficient in regression squared and adjusted for the number of independent variables used to make the estimate. (10)

Administrative Costs   Costs required to manage the organization and provide staff support for organization activities. (2)

Allocation Base   A measure that can be directly related to two or more cost objects and is considered to approximate the proportion of a common cost shared by two or more cost objects. For example, direct labor-hours may be related to each unit produced. If direct labor-hours are used to assign manufacturing overhead costs to products, then the direct labor-hours are called the allocation base. (4)

Applied Overhead   Overhead assigned to a job or other cost object using an estimated overhead rate. (5)

Autocorrelation   See *serial correlation.*

Basic Accounting Formula   (Also known as the basic inventory formula.) Beginning balance plus transfers-in equals transfers-out plus ending balance. (3)

Behavioral Congruence   When individuals behave in the best interest of the organization regardless of their own goals. (22)

Break-Even Point   The volume level where profits equal zero. (11)

Budget   A financial plan of the resources needed to carry out tasks and meet financial goals. (1)

Budget Plan   Term for master budget. (17)

Budget Variance   A price variance for overhead. (19)

Budgeted Balance Sheets   Statements of financial position that combine estimates of financial position at the beginning and end of the budget period with the estimated results of operations for the period and estimated changes in assets and liabilities. (17)

Budgeting Under Uncertainty   Making many forecasts, each representing a different possible set of circumstances. (17)

By-Products   Outputs of joint production processes that are relatively minor in quantity and/or value. (8)

Carrying Costs   Those costs that increase with the number of units in inventory. (14)

Cash Budget   A period-by-period statement of cash on hand at the start of a budget period; expected cash receipts classified by source; expected cash disbursements classified by function, responsibility, and form; and the resulting cash balance at the end of the budget period. (17)

Centralized   Refers to those organizations where decisions are made by a relatively small number of individuals at the high ranks of the organization. (22)

Certificate in Management Accounting   A program established to recognize educational achievement and professional competence in management accounting. (1)

CMA   Acronym for Certificate in Management Accounting. (1)

Coefficient of Variation   The standard deviation of a project divided by the expected value of the project. (24)

Common Costs   A synonym for indirect costs. Also, costs of shared facilities, products, or services. (2, 4)

Conditional Probabilities   Those likelihoods that depend on a specific result. (26)

Constraints   Activities, resources, or policies that limit or bound the attainment of an objective. (13)

Contribution Margin   The difference between revenues and variable costs. (2, 11)

Contribution Margin Format   The outline of a financial statement that shows the contribution margin as an intermediate step in the computation of operating profits or income. (9, 11)

Contribution Margin per Unit of Scarce Resource   Contribution margin per unit of a particular input with limited availability. (13)

Contribution Margin Ratio   Contribution margin as a ratio of sales revenue. (11)

Contribution Margin Variance   Variance based on contribution margins. (21)

Controllability Concept   The idea that managers should be held responsible for costs or profits over which they have decision-making authority. (22)

Controllability of Variance   One rationale used in deciding whether a variance should be calculated, analyzed, and investigated. (19)

Controllable Cost   A cost that can be affected by a manager in the short run. (2)

Controller   The chief accounting officer in most corporations. (1)

Conversion Costs   The sum of direct labor and manufacturing overhead. (2, 3, 6)

Corner Point   A corner of the feasible production region in linear programming. (13)

Correlation Coefficient   A measure of the linear relationship between two or more variables, such as cost and some activity measure. (10)

Cost   A sacrifice of resources. (1, 2)

Cost Accounting   The subfield of accounting that records, measures, and reports information about costs. (1)

Cost Accounting Standards Board   The federal governmental body set up to establish methods of accounting for costs by government defense contractors. (1)

Cost Accumulation   The process of adding costs to a cost object, such as a job, department, or inventory account. (3, 5, 6)

Cost Allocation   The process of assigning indirect costs to cost objects. (2, 4, 7, 8)

Cost-Based Transfer Pricing   Transfer pricing policy based on full costing or variable costing, and actual cost or standard cost. (23)

Cost-Benefit Requirements   The criterion that an alternative will be chosen if and only if the benefits from it exceed the costs. This criterion has been cited as a basis for evaluating cost data-gathering and reporting systems. (1, 26)

Cost Object   Any end to which a cost is assigned. Examples include a product, a department, or a product line. (2, 4)

Cost of Goods Finished   Cost of goods manufactured. (2, 3)

Cost of Goods Manufactured   The cost of goods completed and transferred to the finished goods storage area. (2, 3)

Cost of Goods Manufactured and Sold Statement   Statement that incorporates and summarizes the information from the direct materials costs schedule, the cost of goods manufactured schedule, and the cost of goods sold schedule. (2, 3, 5)

Cost of Goods Sold   The cost assigned to products sold during the period. (2, 3, 5, 6)

Cost of Prediction Error   The difference between the actual cost incurred based on incorrect information and the cost that would have been incurred with correct information. (26)

Costs for Decision Making   Costs that are included in financial analysis by managers. See *differential costs*. (1)

Costs for Performance Evaluation   Costs that are used in planning and performance evaluation analysis by managers. (1)

Cost-Volume-Profit (CVP) Analysis   Study of the interrelationships between cost and volume and how they impact on profit. (11)

Critical Probability   The probability of different outcomes that equalizes the value of the outcomes. (25)

Cross-Department Monitoring   A reason for allocating costs, where it is hoped that managers of user departments have incentives to monitor the service department's costs. (7)

Current Costs   Cost to replace or rebuild an existing asset. (22)

CVP   Cost-volume-profit. (2, 11)

CVP under Uncertainty   Consideration of the extent of uncertainty and the impact of that uncertainty on decision inputs and outcomes in cost-volume-profit decision analysis. (24)

Decentralized   Refers to those organizations where decisions are spread out among divisional and departmental management rather than kept exclusively by higher management. (22)

Decremental Costs   Costs that decrease with a particular course of action.

Delphi Technique   Forecasting method where individual forecasts of group members are submitted anonymously and evaluated by the group as a whole. (17)

Denominator Reason   Differences between actual overhead costs and applied overhead caused by differences between actual activity and the activity used in the denominator of the formula used to compute the predetermined overhead rate. (5)

Dependent Variable   In a cost-estimation context, the costs to be estimated from an equation. Also called the Y-term or the left-hand side (LHS) in regression. (10)

Differential Analysis   Process of estimating the consequences of alternative actions that decision makers can take. (12)

Differential Costs   Costs that change in response to a particular course of action. (1, 2, 12)

Direct Costing   A synonym for variable costing. (9)

Direct Labor   The cost of workers who transform materials into a finished product at some stage of the production process. (2)

Direct Materials   Those materials that can be feasibly identified with the product. (2)

Direct Method   A method of cost allocation that charges costs of service departments to user departments and ignores any services used by other service departments. (7)

Discount Rate   An interest rate used to compute net present values. (15)

Discounted Payback Method   A method of assessing investment projects that recognizes the time value of money in a payback context. (16)

Discretionary Cost Center   An organization unit where managers are held responsible for costs, but the relationship between costs and outputs is not well established. (22)

Discretionary Costs   Costs that are difficult to relate to outputs. Examples include research and development, information systems, and some advertising. (22)

Disinvestment Flows   Cash flows that take place at the termination of a capital project. (15)

Dual Rate Method   A method of cost allocation that separates a common cost into fixed and variable components and then allocates each component using a different allocation base. (4)

Dual Transfer Pricing   Transfer pricing system where the buying department is charged with costs only, and the selling department is credited with cost plus some profit allowance. (23)

Econometric Models   Statistical method of forecasting using regression models. (10)

Economic Order Quantity (EOQ)   The number of units to order at one time to minimize total expected annual costs of an inventory system. (14)

Economic Production Run   The number of units per batch in a production line that will minimize the expected annual costs of setting up production runs and storing the units produced. (14)

Efficiency Variance   A difference between budgeted and actual results arising from differences between the inputs that were expected per unit of output and the inputs that were actually used. (19, 20, 21)

Engineering Estimates   Cost estimates based on measurement and pricing of the work involved in a task. (10)

EOQ   Abbreviation for economic order quantity. (14)

Equivalent Units   The amount of work actually performed on products with varying degrees of completion, translated to that work required to complete an equal number of whole units. (6)

Error Term   The unexplained difference between predicted and actual outcomes. Sometimes called random error.

Estimate   A considered judgment about future events that takes into account past experience and probable changes in circumstances and conditions. (10)

Expected Annual Stockout Cost   The product of the cost of one stockout times the number of orders placed per year times the probability of a stockout in a year. A measure of the costs likely from running out of inventory at various times during the year. (14)

Expected Opportunity Loss   A loss that may occur if certain unfavorable outcomes result after a decision has been implemented. (24)

Expected Value   The weighted-average of all of the outcomes of a decision process. (24)

Expense   A cost that is charged against revenue in an accounting period. (2)

Factory Burden   A synonym for manufacturing overhead. (2)

Factory Overhead   A synonym for manufacturing overhead. (2)

Favorable Variances   Variances that, taken alone, result in an addition to net income. (18)

Feasible Production Region   The area in a graph of production opportunities bounded by the limits on production. (13)

Final Cost Center   A cost center, such as a production or marketing department, from which costs are not allocated to another cost center. (7)

Financial Accounting   The preparation of financial statements and data for outsiders, primarily stockholders and creditors. (1)

Financial Budget   Refers to the budget of financial resources; for example, the cash budget and the budgeted balance sheet. (18)

Finished Goods   Product that has been completed and is in inventory awaiting sale. (2)

First-In, First-Out (FIFO) Costing   The first-in, first-out inventory method whereby the first goods received are the first charged out when sold or transferred. (6)

Fixed Costs   Costs that are unchanged as volume changes within the relevant range of activity. (2, 10, 11)

Flexible Budget   A budget that indicates revenues, costs, and profits for different levels of activity. (18)

Flexible Budget Line   The expected monthly costs at different levels of output. (11, 18)

Flexible Production Budget   Standard input price times standard quantity of input allowed for actual output. (19)

Foregone Discount   The opportunity cost of ordering in a smaller lot size than that which receives the maximum quantity discount. (14)

Freight-In   An alternative term for transportation-in.

Full-Absorption Costing   A system of accounting for costs in which both fixed and variable manufacturing costs are considered product costs. (2, 9)

Full Cost   The sum of the fixed and variable costs of manufacturing and selling a unit of product. (3, 12)

Full-Cost Fallacy   The assumption that fixed costs will vary with production. (12)

GAAP   Acronym for generally accepted accounting principles.

Generally Accepted Accounting Principles   The rules, standards, and conventions that guide the preparation of financial accounting statements.

Goal Congruence   When all members of a group operate in concert toward a common set of objectives. (22)

Good Output   Units that are expected to be completed and suitable for further processing or for sale at the end of a production process. (6)

Gross Margin   The difference between sales revenues and manufacturing costs as an intermediate step in the computation of operating profits or net income. (3)

Gross Margin Variance   Variances based on gross margins. (21)

Heteroscedasticity   In regression analysis, the condition in which the errors are correlated with the magnitude of values of the independent variables. (10)

High-Low Cost Estimation   A method of estimating costs based on two cost observations, usually costs at the highest activity level and costs at the lowest activity level. (10)

Hurdle Rate   The discount rate required by a company before it will invest in a project. (15)

Impact of a Variance   One rationale used in deciding whether a variance is important enough to compute, analyze, and investigate. (19)

Imperfect Information   Information that is not 100 percent accurate but may be used to revise the probabilities of certain decision outcomes. (26)

In-Control Probability   The likelihood that a process is operating within specifications. (25)

Incremental Costs   Costs that increase in response to a particular course of action. These are a subset of differential costs.

Independent Variables   The X-terms, or predictors, on the right-hand side of a regression equation. See *predictors*. (10)

Industry Volume Variance   The portion of the sales activity variance that is due to changes in industry volume. (21)

Information Cost   Cost of obtaining information. (26)

Information Economics   A formal system for evaluating whether the cost-benefit test has been met for information. (26)

Information Overload   A characteristic of too much data. The intended user is overwhelmed by the quantity of data supplied. (22)

Intercept   The point where a line crosses the vertical axis. In regression, this line is the regression line and the intercept is the constant term on the right-hand side of the equation. In cost estimation, the intercept is sometimes used as the fixed cost estimate. (10)

Intermediate Cost Center   A cost center whose costs are charged to other departments in the organization. Intermediate cost centers are frequently service departments. (7)

Internal Rate of Return (IRR)   The interest rate that equates the inflows and outflows from an investment project. (16)

Investment Centers   Organization subunits responsible for profits and for investment in assets. (22)

Investment Tax Credit   A reduction in federal income taxes arising from the purchase of long-term assets. Usually treated as a reduction in investment cost for analytical purposes. (15)

IRR   Abbreviation for internal rate of return. (16)

Isoprofit Lines   Family of constant profit lines where operating profits are the same for any combination of product volumes on each of those lines. (11)

Job Costing   An accounting system that traces costs to individual units of output or to specific contracts, batches of goods, or jobs. (5)

Job Cost Record   The source document for entering costs under job costing. This is sometimes referred to as a job cost sheet, job cost file, or job card. (5)

Jobs   Units or batches of units that are easily distinguishable from other units or batches. (5)

Joint Cost   A cost of a manufacturing process in which two or more outputs come from the process. (2, 8)

Joint Probability   The probability of two or more events occurring. (26)

Joint Products   Outputs from a common input and common production process. (8)

Lead Time   The time between order placement and order arrival. (14)

Learning Curve   The mathematical or graphic representation of the learning phenomenon. (10)

Learning Phenomenon   A systematic relationship between the amount of experience in performing a task and the time required to carry out the task. (10)

Lease versus Borrow-to-Buy   Choice of financing the investment in an asset through either a lease or a purchase using borrowed funds. (16)

Line   Officers and other corporate employees directly responsible for activities related to the main goals of the organization.

Linear Programming—Graphic Method   Graphic solution of a linear programming problem by selecting the best corner solution. (13)

Linear Programming—Simplex Method   Solution of a linear programming problem using a mathematical technique. Used for solving complex product mix problems. (13)

Lost Units   Goods that evaporate or otherwise disappear during a production process. (6)

Lower Control Limit   The minimum value of some observation that still indicates that the process is in control. (25)

Make-or-Buy Decision   A decision whether to acquire needed goods internally or to purchase them from outside sources. (12)

Management by Exception   An approach to management requiring that reports emphasize the deviation from an accepted basing point, such as a standard, a budget, an industry average, or a prior-period experience. (18, 19)

Managerial Accounting   The preparation of cost and related data for managers to use in performance evaluation or decision making. (1)

Manufacturing   Term used to describe production departments in organizations that manufacture goods, such as an assembly department. (7)

Manufacturing Department   Production departments in organizations that produce goods.

Manufacturing Organization   An organization characterized by the conversion of raw inputs into some other output products. (3)

Manufacturing Overhead   All production costs except direct materials and direct labor. (2)

Manufacturing Overhead Adjustment   The difference between applied and actual overhead.

Marginal Costs   The economist's analog to differential costs and/or variable costs.

Margin of Safety   The excess of projected or actual sales over the break-even sales level. (11)

Market-Based Transfer Pricing   Transfer pricing policy where the transfer price is set at the market price, or at a small discount from the market price. (23)

Marketing Costs   Costs to obtain customer orders and provide customers with the finished product. (2)

Market Share Variance   The portion of the sales activity variance arising from a change in the company's proportion of sales in the markets in which the company operates. (21)

Master Budget   The financial plan for the coming year or other planning period. (17)

Materials Requisition   A form used to obtain materials from a storeroom. It is the source document for recording the transfer of materials to production. (5)

Matrix Allocation   The simultaneous solution method of service department cost allocation.

Mean   The average of a series of data, sometimes referred to as the expected value. (24, 25)

Merchandise Inventory   In a merchandising organization, the cost of goods acquired but not yet sold. (3)

Merchandising Organization   An organization characterized by marketing goods or services rather than converting raw inputs into output. (3)

Minimax   The criterion to minimize the maximum loss from a decision. (24)

Mixed Cost   A cost that has both fixed and variable components.

Mix Variance   A variance that arises from a change in the relative proportion of outputs (a sales mix variance) or inputs (a materials or labor mix variance). (21)

Monte Carlo   A method of sampling from an assumed distribution function to obtain simulated observations of costs or other variables. (24)

Multicollinearity   Correlation between two or more independent variables in a multiple regression equation.

Multiple-Factor-Formula   An allocation formula used as an allocation base when a cost is considered not reasonably assignable on just one base. (4)

Multiple Rates of Return   Problem arising when computing the internal rate of return for cash flows that change signs more than once in the project's life. It is possible, then, for such a project to have more than one internal rate of return. (16)

Mutually Exclusive   Term used in capital investment decisions to describe a situation where selection of one project precludes the selection of another. (16)

Negotiated Transfer Price   System whereby the transfer prices are arrived at through negotiation between managers of buying and selling departments. (23)

Net Income   Operating profit adjusted for interest, income taxes, extraordinary and other items required to comply with GAAP and other regulations. (2)

Net Present Value   Difference between the discounted future cash flows from a project and the value of the discounted cash outflows to acquire the project. (15)

Net Present Value Index   Ratio of the net present value of a project to the funds invested in the project. (16)

Net Realizable Value Method   See *relative sales value method* (8).

Nominal Discount Rate   A rate of interest that includes compensation for inflation. (15)

Nominal Dollars   Actual numerical count of money exchanged without adjusting for inflation. (15)

Noncontrollable Cost   A cost that cannot be changed or influenced by a given manager. (2)

Nonmanufacturing Costs   Administrative and marketing costs.

Normal Costing   A system of accounting whereby direct materials and direct labor are charged to cost objects at actual, and manufacturing overhead is applied. (5, 9, 20)

Normal Costs   Product cost amounts where actual direct materials and direct labor costs are assigned to products, but where manufacturing overhead is applied using a predetermined rate. (5)

Normal Spoilage   Spoiled goods that are a result of the regular operation of the production process. (6)

Numerator Reason   A difference between actual and applied overhead caused by differences between estimated overhead costs and actual overhead costs for the period. (5)

Objective Function   Mathematical statement of an objective to be maximized or minimized in a linear programming model. (13)

Operating Budgets   Refers to the budgeted income statement, the production budget, the budgeted cost of goods sold, and supporting budgets. (18)

Operating Profit   The excess of operating revenues over the operating costs to generate those revenues. (2)

Opportunity Cost   The lost return that could have been realized from the best foregone alternative use of a resource. (2, 12, 13)

Opportunity Cost Approach   Method of managerial performance evaluation based on a comparison of actual results to targets.

Opportunity Loss   Loss from an unfavorable outcome. (26)

Ordering Costs   Costs that increase with the number of orders placed for inventory. (14)

Ordinary Least Squares Regression   A regression method that minimizes the sum of the squared distances of each observation from the regression line.

Organizational Goals   Set of broad objectives established by management that company employees work to achieve. (17)

Outcomes   Possible results of a given action. (24, 26)

Outlay Cost   A past, present, or future cash outflow. (2)

Outliers   Observations of costs at different activity levels (or similar phenomena) that are significantly different from other observations in the data series. (10)

Out-of-Control Probability   The probability that a process is not operating according to specifications. (25)

Overapplied Overhead   The excess of applied overhead over actual overhead incurred during a period. (5)

Overhead   Usually refers to manufacturing overhead but is an ambiguous term when unmodified. (2)

Overhead Adjustment   A debit or credit entry to change overapplied or underapplied overhead in total to cost of goods sold or to be prorated to goods in inventory and goods sold. (5)

Participative Budgeting   A system for assembling the master budget using employees at all levels in the organization. (17)

Payback   One method of assessing capital investment projects using the rationale that there is a positive relationship between the speed of payback and the rate of return. (16)

Payback Period   The time required to recoup an investment from the cash flows from the project. (16)

Payback Reciprocal   One divided by the payback period in years. (16)

Payoff   The value of an outcome from a decision. (24, 26)

Perfect Information Information that predicts with complete accuracy the outcome that will occur from a decision. (26)

Period Costs Costs that can be more easily attributed to time intervals. (2, 9)

Periodic Inventory A method of inventory accounting whereby inventory balances are determined on specific dates (such as quarterly) by physical count rather than on a continuous basis. (3)

Perpetual Inventory A method of accounting whereby inventory records are maintained on a continuously updated basis. (3)

Physical Quantities Method Joint cost allocation based on measurement of the volume, weight, or other physical measure of the joint products at the split-off point. (8)

Planned Variance Variances that are expected to arise if certain conditions affect operations. (19)

Planning Budget Another term for master budget. (17, 18)

Posterior Probabilities The probabilities obtained as a result of revising prior probabilities with additional conditional probability data. (26)

Predetermined Overhead Rate An amount obtained by dividing total estimated overhead for the coming period by the total overhead allocation base for the coming period. It is used for applying overhead to cost objects in normal or standard costing systems. (5, 9)

Predictors The variables on the right-hand side of a regression equation (the X-terms) used to predict costs or a similar dependent variable. They are activities that affect costs and costs to be estimated. (10)

Present Value The amounts of future cash flows discounted to their equivalent worth today. (15)

Price Discrimination Sale of products or services at different prices when the different prices do not reflect differences in marginal costs. (12)

Price Variance A difference between actual costs and budgeted costs arising from changes in the cost of inputs to a production process or other activity. (19)

Prime Cost The sum of direct materials and direct labor. (2)

Principal-Agent Relationships The relationship between a superior, referred to as the principal, and a subordinate, called the agent. (22)

Prior Department Costs Manufacturing costs incurred in some other department and charged to a subsequent department in the manufacturing process. These costs are related to goods transferred in from a department that is upstream in the manufacturing process. (6)

Prior Probabilities (Priors) Initial probability estimates. (26)

Probabilities Likelihoods that given outcomes will, in fact, occur. (24, 26)

Process Costing An accounting system that is used when identical units are produced through an ongoing series of uniform production steps. Costs are allocated by department and then allocated to units produced. (6)

Product-Choice Decisions The product-choice problem arises when there are limited amounts of resources that are being fully used and must be allocated to multiple products. The decision is to choose the optimal product mix. (13)

Product Costs   Those costs that can be attributed to products; costs that are part of inventory. For a manufacturer, they include direct materials, direct labor, and manufacturing overhead. The manufacturing overhead attributed to products differs under the variable costing and the full-absorption costing systems. (2, 9)

Production Budget   Production plan of resources needed to meet current sales demand and ensure adequate inventory levels. (17)

Production Departments   Departments in service, merchandising, or manufacturing organizations that generate goods or services that are ultimately sold to outsiders. (7)

Production Volume Variance   A variance that arises because the quantity of outputs differs from the quantity used to assign fixed costs to units of output. (20)

Product Mix   A combination of outputs to be produced within the resource constraints of an entity. (11)

Profit Center   An organization subunit responsible for profits; usually responsible for revenues, costs, production, and sales volumes. (22)

Profit Equation   Operating profits equal total contribution margin less fixed costs. (11)

Profit Plan   The income statement section of the master budget. (17)

Profit-Volume Analysis   A summary version of CVP analysis where the cost and revenue lines are collapsed into a single profit line. See *cost-volume-profit analysis.* (11)

Prorated Overhead Adjustment   Assigning portions of overapplied or underapplied manufacturing overhead to goods in inventory and goods sold. (5)

Prorating Variances   Assigning portions of variances to the inventory and cost of goods sold accounts to which the variances are related. (20)

Purchase Price Variance   The price variance based on the quantity of materials purchased. (19)

Quantity Discounts   Price reductions offered for bulk purchases. (14)

Random Event   An occurrence that is beyond the control of the decision maker or manager. (25)

Raw Materials   An alternative term for direct materials. (2)

Real Discount Rate   The discount rate that compensates only for the use of money, not for inflation (also known as the *inflation adjusted rate*).

Real Dollars   Monetary measures that are adjusted for the effects of inflation so they have the same purchasing power over time.

Real Return   Return on capital after adjustment for the effects of inflation. (15)

Reciprocal Allocation   An alternative term for the simultaneous solution method of service department cost allocation. (7)

Regression   Statistical procedure to determine the relationship between variables. (10)

Relative Sales Value Method   Joint cost allocation based on the proportional values of the joint products at the split-off point. The values may be based on actual market values of the joint product, or estimated from market values of a product generated with further processing of the joint product. (Also called *net realizable method.*) (8)

Relevant Costs   Costs that are different under alternative actions. (12)

Relevant Range   The activity levels within which a given fixed cost will be unchanged even though volume changes. (2)

Reorder Point   The quantity of inventory on hand that triggers the need to order another lot of materials. (14)

Replacement Method   Joint cost allocation based on the change in costs arising from a change in the mix of outputs. (8)

Residual Income   The excess of actual profit over the profit targeted for an organization subunit. (22)

Responsibility Accounting   A system of reporting tailored to an organizational structure so that costs and revenues are reported at the level having the related responsibility within the organization. (22)

Responsibility Center   A specific unit of an organization assigned to a manager who is held accountable for its operations and resources. (1, 18, 22)

Return on Investment (ROI)   The ratio of profits to investment in the assets that generate those profits. (22)

Revenue Center   An organization subunit responsible for revenues and, typically, for marketing costs. (22)

Revenue Variances   Variances in prices and activity that affect sales or other revenues. (21)

Risk   A decision setting in which the decision maker can calculate the probability that a given outcome will be associated with a particular course of action. (24)

Risk Minimization   A managerial objective to reduce the probability of loss. (24)

Risk Premium   Additional interest or other compensation required for risks in investments. (16)

Safety Stock   Inventory carried to protect against delays in delivery, increased demand, or other similar factors. (14)

Sales Forecasts   Estimation of future sales. (17)

Sales Mix Variance   See *mix variance*. (21)

Sales Price Variance   Variance arising from changes in the price of goods sold.

Sales Quantity Variance   In multiproduct companies, a variance arising from the change in volume of sales, independent of any change in mix. (21)

Sales Volume Variance   Variance arising from changes in the quantity of sales. (18)

Scattergraph   A plot of costs against past activity levels sometimes used as a rough guide for cost estimation. (10)

Sensitivity Analysis   The study of the effect of changes in assumptions on the results of a decision model. (11, 17)

Serial Correlation   In regression, the condition of a systematic relationship between the residuals in the equation. Sometimes referred to as autocorrelation. (10)

Service Departments   An organizational subunit whose main job is to provide services to other subunits in the organization. (4, 7)

Service Organizations   Organizations whose output product is a result of the performance of some activity rather than some physical product. (3)

Shadow Price   Opportunity cost of an additional unit in a constrained multiple product setting. (13)

Short Run   Period of time over which capacity will be unchanged. (11, 12)

Sigma   The number of standard deviations that a given observation is from the mean. (25)

Simplex Method   A systematic method of evaluating corner points in linear programming. (13)

Simulation   A method of studying problems whereby a model of a system or operational process is subjected to a series of assumptions and variations in an effort to find one or more acceptable solutions. (24)

Simultaneous Solution Method   The method of service department cost allocation that recognizes all services provided by any service department, including services provided to other service departments. (7)

Slope of Cost Line   The angle of a line to the horizontal axis. In cost estimation, the slope is usually considered the variable cost estimate. (10)

Source Document   A basic record in accounting that initiates the entry of an activity in the accounting system. (5)

Special Order   An order that will not affect other sales and is usually a short-run occurrence. (12)

Spending Variance   Price variance. (19)

Split-off Point   Stage of processing where two or more products are separated. (8)

Spoilage   Goods that are damaged, do not meet specifications, or are otherwise not suitable for further processing or sale as good output. (6)

Staff   A corporate group or employee with specialized technical skills, such as accounting or legal staff.

Standard Cost   The anticipated cost of producing and/or selling a unit of output. (19)

Standard Cost Centers   An organization subunit where managers are held responsible for costs and where the relationship between costs and output is well defined. (22)

Standard Costing   A system of accounting whereby all manufacturing costs are charged to cost objects at standard cost. (19, 20, 21)

Standard Cost System   An accounting system in which products are costed using standard costs instead of actual costs. (20)

Standard Deviation   A measure of risk. It is computed as the square root of the sum of the squared differences between actual observations and the mean of the data series divided by one less than the number of observations. (24, 25)

Static Budget   Another term for *master budget.* (17)

Statistical Quality Control   A method for evaluating a repetitive process to determine if the process is out of control. (25)

Step Method   The method of service department cost allocation that recognizes some interservice department services. (7)

Stockout   Running out of inventory. (14)

Strategic Long-Range Profit Plan   Statement detailing specific steps to be taken in achieving a company's organization goals. (17)

Sunk Cost   An expenditure made in the past that cannot be changed by present or future decisions. (2, 12)

Tax Credit Recapture   Recapture of investment tax credit taken on an asset if the asset is taken out of service before the time required to earn the investment tax credit. (15)

Tax Shield   A deduction from taxable income based on the cost of an asset. It is sometimes referred to as tax depreciation. (15, 16)

Time Value of Money   The concept that cash received earlier is worth more than cash received later. (15)

Total Manufacturing Costs   Total costs charged to Work in Process in a given period.

Total Variance   The difference between total actual costs for the time period and the standard allowed per unit times the number of good units produced. (19)

Transfer Price   The price at which goods or services are traded between organization subunits. (23)

Transferred-In Costs   An alternative term for prior department costs.

Transportation-In Costs   The costs incurred by the buyer of goods to ship the goods from the place of sale to the place where the buyer can use the goods. (3)

Treasurer   The corporate officer responsible for cash management and financing corporate activities.

Trend Analysis   Method of forecasting based on time series analysis. (17)

Underapplied Overhead   The excess of actual overhead over applied overhead in a period. (5)

Unfavorable Variances   Variances that, taken alone, reduce operating profit or net income.

Upper Control Limit   The maximum value that may be observed and still assume that a process is in control. (25)

Usage Variance   An alternative term for efficiency variance, usually related to materials used. (19)

User Departments   Organization subunits that use the services of service departments. (4, 7)

Value of Information   Value placed on information one could possibly obtain in a decision-making context. (1, 26)

Variable Costing   A system of accounting for costs that only assigns products with the variable cost of manufacturing. (2, 9)

Variable Cost Ratio   Variable costs as a percentage of sales-dollars. (11)

Variable Costs   Costs that change with a change in volume of activity. (2, 10, 11, 12)

Variance Investigation   The next step taken if managers judge that the benefits of correction exceed the costs of follow-up. (19, 25)

Variances   Differences between planned results and actual outcomes. (18, 19, 20, 21)

Weighted-Average Contribution Margin   The contribution margin of all a company's products when a constant product mix is assumed. (11)

Weighted-Average Costing   The inventory method that combines costs and equivalent units of a period with the costs and equivalent units in beginning inventory for product-costing purposes. (6)

Working Capital   Cash, accounts receivable, and other short-term assets required to maintain an activity. (15)

Working Inventory   Units kept on hand in the normal course of operations. (14)

Work in Process   Uncompleted work on the production line. (2, 3)

X-Terms   The terms on the right-hand side of a regression equation, sometimes called the predictors or the independent variables. (10)

Y-Term   The dependent variable in a regression equation. In a cost context, it is the costs being estimated from the X-terms. (10)

Zero-Base Budgeting   A system of establishing financial plans beginning with an assumption of no activity and justifying each program or activity level. (18)

Supplementary Readings

These supplementary readings are additional academic and professional books and articles that extend the discussion in this book. These readings are listed alphabetically for each major part of this book. Following the lists of readings for each part, a general category lists readings covering more than one part of this book.

Introduction (Chapters 1 and 2)

Anthony, R. N. "Cost Concepts for Control." *Accounting Review,* April 1957.

_____. "Some Fruitful Directions for Research in Management Accounting." In *Accounting Research 1960–1970: A Critical Evaluation,* ed. N. Dopuch and L. Revsine. Champaign: Center for International Education and Research in Accounting, University of Illinois, 1973.

_____. "A Case for Historical Costs." *Harvard Business Review,* November–December 1976, pp. 69–79.

Becker, S.; J. Ronen; and G. Sorter. "Opportunity Costs—An Experimental Approach." *Journal of Accounting Research,* 1974, pp. 317–29.

Bernheim, R. C. "The Right Way to Design a Cost Accounting System." *Management Accounting,* September 1983, pp. 63–65.

Black, H., and J. Edwards, eds. *The Managerial and Cost Accountant's Handbook.* Homewood, Ill.: Dow Jones-Irwin, 1979.

Edwards, J. B., and J. A. Heard. "Is Cost Accounting the No. One Enemy of Productivity?" *Management Accounting,* June 1984, pp. 44–49.

Eiler, R. G.; W. K. Goletz; and Daniel P. Keegan. "Is Your Cost Accounting up to Date?" *Harvard Business Review,* July–August 1982, pp. 133–39.

Horngren, C. T. "Management Accounting: Where Are We?" In *Information for Decision Making,* ed. Alfred Rappaport. Englewood Cliffs, N.J.: Prentice-Hall, 1982.

Sutton, T. G. "Management Accounting Needs a Data Base." *Management Accounting,* March 1982, pp. 38–40.

Wolf, W. G. "Developing a Cost System for Decision Making." *Management Accounting,* December 1982, pp. 19–23.

Part 1: Cost Accounting Systems (Chapters 3–9)

Baker, K. R., and R. E. Taylor. "A Linear Programming Framework for Cost Allocation and External Acquisition When Reciprocal Services Exist." *Accounting Review,* October 1979, pp. 784–90.

Blanchard, G. A., and C. W. Chow. "Allocating Indirect Costs for Improved Management Performance." *Management Accounting,* March 1983, pp. 38–41.

Boros, J. L., and Richard E. Thompson. "Distribution Cost Accounting at PPC Industries." *Management Accounting,* January 1983, pp. 54–66.

Bowers, B. B. "Product Costing in the MRP Environment." *Management Accounting,* December 1982, pp. 24–27.

Capettini, R., and G. Salamon. "Internal versus External Acquisition of Services When Reciprocal Services Exist." *Accounting Review,* July 1977.

Churchill, N. "Linear Algebra and Cost Allocations: Some Examples." *Accounting Review,* October 1964, pp. 894–904.

Cohen, S. I., and M. Loeb. "Public Goods, Common Inputs, and the Efficiency of Full-Cost Allocations." *Accounting Review,* April 1982, pp. 336–47.

DeCoster, D., and K. Ramanathan. "An Algebraic Aid in Teaching Differences in Direct Costing and Full-Absorption Costing Models. *Accounting Review,* October 1973, pp. 800–801.

Fess, P., and W. Ferrara. "The Period Cost Concept for Income Measurement—Can It Be Defended?" *Accounting Review,* October 1961.

Fremgen, J. "The Direct Costing Controversy—An Identification of Issues." *Accounting Review,* January 1964.

Fremgen, J., and S. S. Liao. *The Allocation of Corporate Indirect Costs.* New York: National Association of Accountants, 1981.

Green, D. "A Moral to the Direct Costing Controversy?" *Journal of Business,* July 1960.

Hamlen, S. S.; W. A. Hamlen; and J. T. Tschirhart. "The Use of Core Theory in Evaluating Joint Cost Allocation Schemes." *Accounting Review,* July 1977, pp. 616–27.

Horngren, C., and G. Sorter. "Direct Costing for External Reporting." *Accounting Review,* January 1964.

Ijiri, Y. et al. "The Effect of Inventory Costing Methods on Full and Direct Costing." *Journal of Accounting Research,* Spring 1965.

Itami, H., and R. Kaplan. "An Activity Analysis Approach to Unit Costing with Multiple Interactive Products." *Management Science,* August 1980.

Jensen, D. "The Role of Cost in Pricing Joint Products. A Case of Production in Fixed Proportions." *Accounting Review,* July 1974, pp. 465–76.

————. "A Class of Mutually Satisfactory Allocations." *Accounting Review,* October 1977, pp. 842–56.

Kaplan R., and G. L. Thompson. "Overhead Allocation via Mathematical Programming Models." *Accounting Review,* April 1971.

————. "Variable and Self-Service Costs in Reciprocal Allocation Models." *Accounting Review,* October 1973.

Mackey, J. T. "Allocating Opportunity Costs." *Management Accounting,* March 1983, pp. 33–37.

Manes, R. P.; S. H. Park; and R. Jensen. "Relevant Costs of Intermediate Goods and Services." *Accounting Review,* July 1982, pp. 594–606.

Mecimore, C. D., and M. F. Cormick. "Banks Should Use Management Accounting Models." *Management Accounting,* February 1982, pp. 13–18.

Moriarity, S., ed. "Joint Cost Allocation." *Proceedings of the University of Oklahoma Conference on Cost Allocations.* Norman, Okla.: Center for Economic and Management Research, 1981.

Reinstein, A. "Improving Cost Allocations for Auto Dealers." *Management Accounting,* June 1982, pp. 52–57.

Sorter, G., and C. T. Horngren. "Asset Recognition and Economic Attributes—A Relevant Costing Approach." *Accounting Review,* July 1962.

Taggart, H. "Cost Justification under the Robinson-Patman Act." *Journal of Accountancy,* June 1956.

Thomas, A. "The Allocation Problem in Financial Accounting." *Studies in Accounting Research No. 3.* Sarasota, Fla.: American Accounting Association, 1969.

————. "The Allocation Problem: Part Two." *Studies in Accounting Research No. 9.* Sarasota, Fla.: American Accounting Association, 1974.

————. *A Behavioral Analysis of Joint-Cost Allocation and Transfer Pricing.* Champaign, Ill.: Stipes Publishing, 1980.

Verrecchia, R. E. "An Analysis of Two Cost Allocation Cases." *Accounting Review,* July 1982, pp. 579–93.

Weil, R. "Allocating Joint Costs." *American Economic Review,* December 1968.

Williams, T. H., and C. H. Griffin. "Matrix Theory and Cost Allocation." *Accounting Review,* July 1964, pp. 671–78.

Zimmerman, J. L. "The Costs and Benefits of Cost Allocations." *Accounting Review,* July 1979, pp. 504–21.

Part 2: Differential Costs for Decision Making (Chapters 10–16)

Abernathy, W. J., and K. Wayne. "Limits of the Learning Curve." *Harvard Business Review,* September–October 1974, pp. 109–19.

Areeda, P., and D. Turner. "Predatory Pricing and Related Practices under Section 2 of the Sherman Act." *Harvard Law Review,* February 1975, pp. 697–733.

Becker, S. W.; J. Ronen; and G. H. Sorter. "Opportunity Costs—An Experimental Approach." *Journal of Accounting Research,* Autumn 1974, pp. 317–29.

Benston, G. J. "Multiple Regression Analysis of Cost Behavior." *Accounting Review,* October 1966, pp. 657–72.

Bierman, H., Jr., and S. Smidt. *The Capital Budgeting Decision.* New York: Macmillan, 1980.

Bierman, H., Jr.; C. Bonini; and W. Hausman. *Quantitative Analysis for Business Decisions.* 5th ed. Homewood, Ill.: Richard D. Irwin, 1977.

Blocher, E., and C. Stickney. "Duration and Risk Assessments in Capital Budgeting." *Accounting Review,* January 1979, pp. 180–88.

Bruns, W. J. "Accounting Information and Decision Making: Some Behavioral Hypotheses." *Accounting Review,* July 1968, pp. 469–480.

Buffa, E., and J. Miller. *Production-Inventory Systems: Planning and Control.* Homewood, Ill.: Richard D. Irwin, 1979.

Bump, E. A. "Effects of Learning on Cost Projections." *Management Accounting,* May 1974.

Charnes, A., W. W. Cooper; and Y. Ijiri. "Break-Even Budgeting and Programming to Goals." *Journal of Accounting Research,* Spring 1963.

Clark, J. M. *Studies in the Economics of Overhead Costs.* Chicago: University of Chicago Press, 1923.

Cohen, M., and R. Halperin. "Optimal Inventory Order Policy for a Firm Using the LIFO Inventory Costing Method." *Journal of Accounting Research,* Autumn 1980.

Comiskey, E. E. "Cost Control by Regression Analysis." *Accounting Review,* April 1966, pp. 235–38.

Davidson, S., and R. L. Weil, eds. *Handbook of Cost Accounting.* New York: McGraw-Hill, 1978, chap. 2.

Dillon, R. D., and J. F. Nash. "The True Relevance of Relevant Costs." *Accounting Review,* January 1978.

Dopuch, N. "Mathematical Programming and Accounting Approaches to Incremental Cost Analysis." *Accounting Review,* October 1963, pp. 745–53.

Dyckman, T. R. "The Effects of Alternative Accounting Techniques on Certain Management Decisions." *Journal of Accounting Research,* Spring 1964, pp. 91–107.

Ferrara, W. L. "Probabilistic Approaches to Return on Investment and Residual Income." *Accounting Review,* July 1977, pp. 597–604.

Friedman, L. A., and B. R. Neuman. "The Effects of Opportunity Costs on Project Investment Decisions: A Replication and Extension." *Journal of Accounting Research,* Autumn 1980, pp. 407–19.

Jensen, R. E. "A Multiple Regression Model for Cost Control: Assumptions and Limitations." *Accounting Review,* April 1967, pp. 265–73.

Kaplan, R. S. "Management Accounting in Hospitals: A Case Study." In *Accounting for Social Goals: Budgeting and Analysis of Non-Market Projects,* ed. J. L. Livingstone and S. Gunn. New York: Harper & Row, 1974.

Kelejian, H. H., and W. E. Oates. *Introduction to Econometrics.* New York: Harper & Row, 1981, especially chaps. 2–4.

Larcker, D. F. "The Perceived Importance of Selected Information Characteristics for Strategic Capital Budgeting Decisions." *Accounting Review,* July 1981, pp. 519–38.

Le Brone, H. "The Learning Curve: A Case Study." *Management Accounting,* February 1978.

Maher, M., and T. Nantell. "The Tax Effects of Inflation: Depreciation, Debt, and Miller's Equilibrium Tax Rates. *Journal of Accounting Research,* Spring 1983.

Miller, M., and C. Upton. "Leasing, Buying, and the Cost of Capital Services." *Journal of Finance,* June 1976.

Morse, W. J. "Reporting Production Costs that Follow the Learning Curve Phenomenon." *Accounting Review,* October 1972, pp. 761–73.

Pogue, G. "The Learning Curve and Unit Costs." *Management Accounting,* April 1983 (published in Great Britain).

Sommerfeld, R. *Income Taxes and Management Decisions.* Homewood, Ill.: Richard D. Irwin, 1985.

Sundem, G. L. "Evaluating Simplified Capital Budgeting Models Using a Time-State Preference Metric." *Accounting Review,* April 1974, pp. 306–20.

Taggart, H. *Cost Justification.* Ann Arbor: Michigan Business School, Division of Research, 1959.

Van Horne, J. C. *Financial Management and Policy.* 5th ed. Englewood Cliffs, N.J.: Prentice-Hall, 1980.

———. *Fundamentals of Financial Management.* Englewood Cliffs, N.J.: Prentice-Hall, 1980.

Weingartner, H. *Mathematical Programming and the Analysis of Capital Budgeting Problems.* Englewood Cliffs, N.J.: Prentice-Hall, 1962.

Wonnacott, R. J., and T. H. Wonnacott. *Econometrics.* New York: John Wiley & Sons, 1979.

Part 3: Cost Data for Performance Evaluation (Chapters 17–23)

Abdel-Khalik, A. R., and E. Lusk. "Transfer Pricing—A Synthesis." *Accounting Review,* January 1974.

Ansari, S. L. "Behavioral Factors in Variance Control: Report on a Laboratory Experiment." *Journal of Accounting Research,* Autumn 1976, pp. 189–211.

Anthony, R., and J. Dearden. *Management Control Systems.* 5th ed. Homewood, Ill.: Richard D. Irwin, 1984.

Anthony, R., and R. Herzlinger. *Management Control in Nonprofit Organizations.* Rev. ed. Homewood, Ill.: Richard D. Irwin, 1980.

Anthony, R., and G. Welsch. *Fundamentals of Management Accounting.* 3rd ed. Homewood, Ill.: Richard D. Irwin, 1980.

Argyris, C. *The Impact of Budgets on People.* New York: The Financial Executives Research Foundation, 1952.

Arrow, K. *Limits of Organization.* New York: W. W. Norton, 1974.

Atkinson, A. A. "Standard Setting in an Agency." *Management Science,* September 1978.

_____. "Information Incentives in a Standard-Setting Model of Control." *Journal of Accounting Research,* Spring 1979, pp. 1–22.

Baiman, S., and J. S. Demski. "Variance Analysis Procedures as Motivation Devices." *Management Science,* August 1980, pp. 840–48.

_____. "Economically Optimal Performance Evaluation and Control Systems." *Journal of Accounting Research,* Supplement 1980, pp. 184–220.

Ball, D. M. "How Dutch Pantry Accounts for Standard Costs." *Management Accounting,* December 1982, pp. 32–35.

Barnes, J. L. "How to Tell if Standard Costs Are Really Standard." *Management Accounting,* June 1983, pp. 50–54.

Benke, R., and J. Edwards. *Transfer Pricing: Techniques and Uses.* New York: National Association of Accountants, 1980.

Benston, G. "The Role of the Firm's Accounting System for Motivation." *Accounting Review,* April 1963.

Birnberg, J. G.; I. H. Freeze; and M. D. Shields. "The Role of Attribution Theory in Control Systems." *Accounting, Organizations and Society,* December 1977, pp. 189–200.

Blocher, E. "Performance Effects of Different Audit Staff Assignment Strategies." *Accounting Review,* July 1979.

Brown, C. "Human Information Processing for Decision to Investigate Cost Variances." *Journal of Accounting Research,* Spring 1981, pp. 62–85.

Brownell, P. "Participation in Budgeting, Locus of Control, and Organizational Effectiveness." *Accounting Review,* October 1981, pp 844–60.

_____. "Participation in the Budgeting Process—When It Works and When It Doesn't." *Journal of Accounting Literature,* Spring 1982.

Bruns, W. J., and J. Waterhouse. "Budgetary Control and Organization Structure." *Journal of Accounting Research,* Autumn 1975, pp. 177–203.

Burns, T. J., ed. *The Behavioral Aspects of Accounting Data for Performance Evaluation.* Columbus: College of Administrative Science, Ohio State University, 1970.

Calvasina, R. V., and E. J. Calvasina. "Standard Costing Games that Managers Play." *Management Accounting,* March 1984, pp. 49–51, 77.

Cammann, C. "Effects of the Use of Control Systems." *Accounting, Organizations and Society,* November 1976, pp. 301–14.

Collins, F. "The Interaction of Budget Characteristics and Personality Variables with Budgetary Response Attitudes." *Accounting Review,* April 1978, pp. 324–35.

————. "Managerial Accounting Systems and Organizational Control: A Role Perspective." *Accounting, Organizations and Society,* June 1982.

Cress, W. A Study of the Relationship between Budget-Related Planning and Control Policies and Procedures and Firm Performance and Selected Firm Characteristics. Ann Arbor, Mich.: University Microfilms International, 1980.

Demski, J. S. "Optimal Performance Measurement." *Journal of Accounting Research,* Autumn 1972, pp. 243–58.

————. "Uncertainty and Evaluation Based on Controllable Performance." *Journal of Accounting Research,* Autumn 1976, pp. 230–45.

Demski, J. S., and G. A. Feltham. "Economic Incentives in Budgetary Control Systems." *Accounting Review,* April 1978, pp. 336–59.

Devine, C. "Observations on Internal Controls." In *Essays in Honor of William A. Paton,* ed. S. Zeff et al. Ann Arbor: University of Michigan, 1979.

Dittman, D., and P. Prakash. "Cost Variance Investigation: Markovian Control versus Optimal Control." *Accounting Review,* April 1979, pp. 358–73.

Dopuch, N., and D. F. Drake. "Accounting Implications of a Mathematical Programming Approach to the Transfer Price Problem." *Journal of Accounting Research,* Spring 1964.

Foran, M. F., and D. T. DeCoster. "An Experimental Study of the Effects of Participation, Authoritarianism, and Feedback on Cognitive Dissonance in a Standard-Setting Situation." *Accounting Review,* October 1974, pp. 751–63.

Frank, W., and R. Manes. "A Standard Cost Application of Matrix Algebra." *Accounting Review,* July 1967, pp. 516–25.

Godfrey, J. T. "Short-Run Planning in a Decentralized Firm." *Accounting Review,* April 1971, pp. 282–97.

Gonedes, N. "Accounting for Managerial Control." *Journal of Accounting Research,* Spring 1970.

Gonik, J. "Tie Salesmen's Bonuses to Their Forecasts." *Harvard Business Review,* May–June 1978.

Groves, T., and M. Loeb. "Incentives in Divisionalized Firms." *Management Science,* March 1979, pp. 221–30.

Hirshleifer, J. "On the Economics of Transfer Pricing." *Journal of Business,* July 1956.

————. "Economics of the Divisionalized Firm." *Journal of Business,* April 1957.

Holstrum, G. L. "The Effect of Budget Adaptiveness and Tightness on Managerial Decision Behavior." *Journal of Accounting Research,* Autumn 1971, pp. 268–77.

Hopwood, A. G. "An Empirical Study of the Role of Accounting Data in Performance Evaluation. *Journal of Accounting Research,* Supplement 1972.

Ijiri, Y.; J. C. Kinard; and F. B. Putney. "An Integrated Evaluation System for Budget Forecasting and Operating Performance with a Classified Budgeting Bibliography." *Journal of Accounting Research,* Spring 1968.

————. "Recovery Rate and Cash Flow Accounting." *Financial Executive,* March 1980, pp. 54–60.

Jacobs, F. H. "An Evaluation of the Effectiveness of Some Cost Variance Investigation Models." *Journal of Accounting Research,* Spring 1978, pp. 190–203.

Jennergren, L. Peter. "On the Design of Incentives in Business Firms—A Survey of Some Research." *Management Science,* February 1980.

Jiambalvo, J. "Performance Evaluation and Directed Job Effort: Model Development and Analysis in a CPA Firm Setting." *Journal of Accounting Research,* Autumn 1979, pp. 436–55.

————. "Measures of Accuracy and Congruence in the Performance Evaluation of CPA Personnel: Replication and Extensions." *Journal of Accounting Research,* Spring 1982, pp. 152–61.

Kanodia, C. "Risk Sharing and Transfer Price Systems under Uncertainty." *Journal of Accounting Research,* Spring 1979.

Kenis, I. "Effects of Budgetary Goal Characteristics on Managerial Attitudes and Performance." *Accounting Review,* October 1979, pp. 707–21.

Khandwalla, P. N. "The Effect of Different Types of Competition on the Use of Management Controls." *Journal of Accounting Research,* Autumn 1972, pp. 275–85.

Lawler, E., and J. Rhode. *Information and Control in Organizations.* Santa Monica, Calif.: Goodyear Publishing, 1976.

Lev, B. "An Information Theory Analysis of Budget Variances." *Accounting Review,* October 1969.

Liao, W. M. "Streamlining Small-Business Performance Reporting." *Management Accounting,* April 1983, pp. 25–27.

Lin, W. T. "Multiple Objective Budgeting Models: A Simulation." *Accounting Review,* January 1978, pp. 61–76.

Livingstone, J. "Organization Goals and Budget Process." *Abacus,* June 1975.

Loeb, M., and W. Magot. "Soviet Success Indicators and the Evaluation of Divisional Management." *Journal of Accounting Research,* Spring 1978.

Loomis, C. J. "How GE Manages Inflation." *Fortune,* May 4, 1981.

Lorange, P. *Corporate Planning: An Executive Viewpoint.* Englewood Cliffs, N.J.: Prentice-Hall, 1980.

Magee, R. "The Usefulness of Commonality Information in Cost Control Decisions." *Accounting Review,* October 1977.

Magee, R., and J. W. Dickhaut. "Effects of Compensation Plans on Heuristics in Cost Variance Investigations." *Journal of Accounting Research,* Autumn 1978, pp. 294–314.

————. "Equilibria in Budget Participation." *Journal of Accounting Research,* Autumn 1980, pp. 551–73.

Maher, M. W.; K. V. Ramanathan; and R. B. Peterson. "Preference Congruence, Information Accuracy, and Employee Performance: A Field Study." *Journal of Accounting Research,* Autumn 1979, pp. 476–503.

Maher, M. "Regulation and Controls: Firms' Response to the Foreign Corrupt Practices Act." *Accounting Review,* October 1981.

March, J., and H. Simon. *Organizations.* New York: John Wiley & Sons, 1958.

Merchant, K. A. "The Design of the Corporate Budgeting System: Influences on Managerial Behavior and Performance." *Accounting Review,* October 1981, pp. 813–29.

Merville, L. J., and J. W. Petty. "Transfer Pricing for the Multinational Firm." *Accounting Review,* October 1978.

Milani, K. "The Relationship of Participation in Budget-Setting to Industrial Supervisor Performance and Attitudes: A Field Study." *Accounting Review,* April 1975, pp. 274–84.

Mock, T. J. "The Value of Budget Information." *Accounting Review,* July 1973, pp. 520–34.

Neumann, B. R. "An Empirical Investigation of the Relationship between an AID Hospital Classification Model and Accounting Measures of Performance." *Journal of Accounting Research,* Spring 1979, pp. 123–39.

Newman, B. R., and D. Landagora. "Measuring Divisional Performance for an Oil Company." *Management Accounting,* March 1982, pp. 41–45.

Onsi, M. "A Transfer Pricing System Based on Opportunity Cost." *Accounting Review,* July 1970, pp. 535–43.

————. "Factor Analysis of Behavioral Variables Affecting Budgeting Slack." *Accounting Review,* July 1973, pp. 535–50.

Otley, D. T. "Budget Use and Managerial Performance." *Journal of Accounting Research,* Spring 1978, pp. 122–49.

Owens, R. W. "Cash Flow Variance Analysis." *Accounting Review,* January 1980, pp. 111–16.

Reece, J. S., and W. R. Cool. "Measuring Investment Center Performance." *Harvard Business Review,* May–June 1978.

Rockness, H. O. "Expectancy Theory in a Budgeting Setting: An Experimental Examination." *Accounting Review,* October 1977, pp. 893–903.

Ronen, J. "Nonaggregation versus Disaggregation of Variances." *Accounting Review,* January 1974.

Ronen, J., and J. L. Livingstone. "An Expectancy Theory Approach to the Motivational Impacts of Budgets." *Accounting Review,* October 1975, pp. 671–85.

Ronen, J., and G. McKinney. "Transfer Pricing for Divisional Autonomy." *Journal of Accounting Research,* Spring 1970, pp. 99–112.

Sale, J. T., and R. W. Scapens. "The Control of Capital Investment in Divisionalized Companies." *Management Accounting,* October 1982, pp. 24–29.

San Miguel, J. "The Behavioral Sciences and Concepts and Standards for Management Planning and Control." *Accounting, Organizations and Society,* November 1977, pp. 177–86.

Schiff, M., and A. Y. Lewin. "The Impact of People on Budgets." *Accounting Review,* April 1970, pp. 259–68.

Searfoss, D. G. "Some Behavioral Aspects of Budgeting for Control: An Empirical Study." *Accounting, Organizations and Society,* November 1976, pp. 375–85.

Seiler, R. E., and R. W. Bartlett. "Personality Variables as Predictors of Budget System Characteristics." *Accounting, Organizations and Society,* December 1975.

Shank, J., and N. Churchill. "Variance Analysis: A Management-Oriented Approach. *Accounting Review,* October 1977.

Shavell, S. "Risk Sharing and Incentives in the Principal and Agent Relationship." *Bell Journal of Economics,* Spring 1979.

Simon, H. "Rational Decision Making in Business Organizations." *The American Economic Review,* September 1979.

Solomons, D. *Divisional Performance Measurement and Control.* Homewood, Ill.: Richard D. Irwin, 1968.

Sorensen, J. E., and H. D. Grove. "Cost-Outcome and Cost-Effectiveness Analysis: Emerging Nonprofit Performance Evaluation Techniques. *Accounting Review,* July 1977, pp. 658–75.

Stedry, C. *Budget Control and Cost Behavior.* Englewood Cliffs, N.J.: Prentice-Hall, 1960.

Suver, J. D., and Helmer, F. T. "Developing Budgeting Models for Greater Hospital Efficiency." *Management Accounting,* July 1979.

Swieringa, R. J., and R. H. Moncur. "The Relationship between Managers' Budget-Oriented Behavior and Selected Attitude, Position, Size, and Performance Measures." *Journal of Accounting Research,* Supplement 1972, pp. 194–209.

—————. *Some Effects of Participative Budgeting on Managerial Behavior.* New York: NAA, 1975.

Swieringa, R. J., and J. H. Waterhouse. "Organizational Views of Transfer Pricing." *Accounting, Organizations and Society,* June 1982.

Thomas, A. L. "Transfer Prices of the Multinational Firm: When Will They Be Arbitrary?" *Abacus,* June 1971, pp. 40–53.

—————. *A Behavioral Analysis of Joint-Cost Allocation and Transfer Pricing.* Champaign, Ill.: Stipes Publishing, 1980.

Vancil, R. F. *Decentralization: Managerial Ambiguity by Design.* Homewood, Ill.: Dow Jones-Irwin, 1979.

Watson, D., and J. Baumler. "Transfer Pricing: A Behavioral Context." *Accounting Review,* April 1975.

Welsch, G. A. *Budgeting: Profit Planning and Control.* Englewood Cliffs, N.J.: Prentice-Hall, 1978.

Williams, J. J. "Zero-Base Budgeting: Prospects for Developing a Semi-Confusing Budgeting Information System." *Accounting, Organizations and Society,* August 1981, pp. 153–64.

Wolk, H. I., and A. D. Hillman. "Materials Mix and Yield Variances." *Accounting Review,* July 1972, pp. 549–55.

Part 4: The Impact of Uncertainty on Cost Analysis (Chapters 24–26)

Adar, Z.; A. Barnea; and B. Lev. "A Comprehensive Cost-Volume-Profit Analysis under Uncertainty." *Accounting Review,* January 1977.

Baiman, S., and J. Demski. "Variance Analysis Procedures as Motivational Devices." *Management Science,* August 1980, pp. 840–48.

Becker, S., and D. Green. "Budgeting and Employee Behavior. *Journal of Business,* October 1962.

Bierman, H.; L. E. Fouraker; and R. K. Jaedicke. "A Use of Probability and Statistics in Performance Evaluation." *Accounting Review,* July 1961, pp. 409–17.

Box, G., and G. Jenkins. *Time Series Analysis, Forecasting and Control.* San Francisco: Holden Day, 1970.

Charnes, A.; W. Cooper; and Y. Ijiri. Break-Even Budgeting and Programming to Goals." *Journal of Accounting Research,* Spring 1983.

Constantinides, G.; Y. Ijiri; and R. A. Leitch. "Stochastic Cost-Volume-Profit Analysis and a Linear Demand Function." *Decision Sciences,* June 1981.

Cushing, B. "Some Observations on Demski's Ex Post Accounting System." *Accounting Review,* October 1968, pp. 668–71.

DeCoster, D. "An Intuitive Framework for Empirical Research in Participative Budgeting." In *Accounting Research Convocation,* ed. G. Previts. University of Alabama Press, 1976.

Demski, J. "An Accounting System Structured on a Linear Programming Model." *Accounting Review,* October 1967, pp. 701–12.

————. "Analyzing the Effectiveness of the Traditional Cost Variance Model." *Management Accounting,* October 1967, pp. 9–19.

————. "Some Observations on Demski's Ex Post Accounting System: A Reply." *Accounting Review,* October 1968, pp. 672–74.

————. "Decision-Performance Control." *Accounting Review,* October 1969, pp. 669–79.

————. *Information Analysis.* 2nd ed. Reading, Mass.: Addison-Wesley Publishing, 1980.

Demski, J., and G. Feltham. *Cost Determination: A Conceptual Approach.* Ames: Iowa State University Press, 1976.

Dittman, D. A., and P. Prakash. "Cost Variance Investigation—Markovian Control of Markov Processes. *Journal of Accounting Research,* Spring 1978, pp. 14–25.

————. "Cost Variance Investigation: Markovian Control versus Optimal Control." *Accounting Review,* April 1979, pp. 358–73.

Dopuch, N.; J. Birnberg; and J. Demski. "An Extension of Standard Cost Variance Analysis." *Accounting Review,* July 1967, pp. 526–36.

Feltham, G. A. *Information Evaluation. Studies in Accounting Research No. 5.* Sarasota, Fla.: American Accounting Association, 1972.

————. "Cost Aggregation: An Information Economic Analysis." *Journal of Accounting Research,* Spring 1977, pp. 42–70.

Ferrara, W. L.; J. C. Hayya; and D. A. Nachman. "Normalcy of Profit in the Jaedicke-Robichek Model." *Accounting Review,* April 1972.

Hilliard, J. E., and R. A. Leitch. "Cost-Volume-Profit Analysis under Uncertainty: A Log Normal Approach. *Accounting Review,* January 1975, pp. 69–80.

————. "A Reply." *Accounting Review,* January 1976, pp. 168–71.

Ijiri, Y., and H. Itami. "Quadratic Cost-Volume Relationship and Timing of Demand Information." *Accounting Review,* October 1973, pp. 724–37.

Jacobs, F. "When and How to Use Statistical Cost Variance Investigation Techniques." *Cost and Management,* January–February 1983, pp. 26–32.

Jaedicke, R. K., and A. A. Robichek. "Cost-Volume-Profit Analysis under Conditions of Uncertainty." *Accounting Review,* October 1964, pp. 917–26.

Johnson, G. L., and S. S. Simik. "Multiproduct C-V-P Analysis under Uncertainty." *Journal of Accounting Research,* Autumn 1971, pp. 278–86.

Kaplan, R. S. "Optimal Investigation Strategies with Imperfect Information." *Journal of Accounting Research,* Spring 1969, pp. 32–43.

————. "The Significance and Investigation of Cost Variances: Survey and Extensions." *Journal of Accounting Research,* Autumn 1975, pp. 311–37.

Lau, A. H., and H. Lau. "CVP Analysis under Uncertainty—A Log Normal Approach: A Comment." *Accounting Review,* January 1976, pp. 163–67.

Liao, M. "Model Sampling: A Stochastic Cost-Volume-Profit Analysis." *Accounting Review,* October 1975, pp. 780–90.

Libby, R. *Accounting and Human Information Processing,* Englewood Cliffs, N.J.: Prentice-Hall, 1981.

Lobo, G. J., and M. W. Maher. *Information Economics and Accounting Research.* Ann Arbor: Division of Research, Graduate School of Business Administration, University of Michigan, 1980.

Shih, W. "A General Decision Model for Cost-Volume-Profit Analysis under Uncertainty." *Accounting Review,* October 1979, pp. 687–706.

Sundem, G. L. "A Game Theory Model of the Information Evaluator and the Decision Maker." *Journal of Accounting Research,* Spring 1979, pp. 243–61.

General

These references cover more than one topic in cost accounting.

Albergo, H. "Building Better Controls in the Commercial Lending Function." *Management Accounting,* February 1980.

Arrow, K. J. *The Limits of Organization.* New York: W. W. Norton, 1974.

Ashton, R. H. "Deviation-Amplifying Feedback and Unintended Consequences of Management Accounting Systems." *Accounting, Organizations and Society,* November 1976, pp. 289–300.

Babson, S. M., Jr. "Profiling Your Productivity." *Management Accounting,* December 1981.

Baiman, S. "The Evaluation and Choice of Internal Information Systems within a Multiperson World." *Journal of Accounting Research,* Spring 1975, pp. 1–15.

————. "Agency Research in Managerial Accounting: A Survey." *Journal of Accounting Literature,* Spring 1982.

Bancroft, A., and R. Wilson. "Management Accounting for Marketing." *Management Accounting,* December 1979 (published in Great Britain).

Barrett, T. M. "Modular Data Base Accounting System for Marketing." *Management Accounting,* October 1980 (published in Great Britain).

Caplan, E. H., and J. Champoux. *Cases in Management Accounting: Context and Behavior.* New York: National Association of Accountants, 1978.

Chow, C. W., and W. S. Waller. "Management Accounting and Organizational Control." *Management Accounting,* April 1982.

Cyert, R. M., and J. March. *Behavioral Theory of the Firm.* Englewood Cliffs, N.J.: Prentice-Hall, 1963.

Davidson, S., and R. L. Weil, eds. *Handbook of Cost Accounting,* New York: McGraw-Hill, 1978.

Demski, J. S. *Information Analysis.* Reading, Mass.: Addison-Wesley Publishing, 1980.

Demski, J. S., and G. A. Feltham. *Cost Determination: A Conceptual Approach.* Ames: Iowa State University Press, 1976.

Demski, J. S., and D. Kreps. "Models in Managerial Accounting." *Journal of Accounting Research,* Supplement 1982.

Dermer, J., and J. P. Siegel. "The Role of Behavioral Measures in Accounting for Human Resources." *Accounting Review,* January 1974, pp. 88–97.

Dopuch, N.; J. Birnberg; and J. Demski. *Cost Accounting.* 3rd ed. New York: Harcourt Brace Jovanovich, 1982.

Drucker, P. "Controls, Control, and Management." In *An Introductory View of Management.* New York: Harper & Row, 1979, chap. 31.

Flamholtz, E. G. "The Impact of Human Resource Valuation on Management Decisions: A Laboratory Experiment." *Accounting, Organizations and Society,* August 1976, pp. 153–65.

Gillespie, J. F. "An Application of Learning Curves to Standard Costing." *Management Accounting,* September 1981.

Ginzberg, M. J. "An Organizational Contingencies View of Accounting and Information Systems Implementation." *Accounting, Organizations and Society,* December 1980, pp. 369–83.

Godfrey, J. T., and T. R. Prince. "The Accounting Model from an Information Systems Perspective." *Accounting Review,* January 1971, pp. 75–89.

Gow, E. "Direct Labour Effectiveness." *Management Accounting,* November 1979 (published in Great Britain).

Harrell, A. M., and H. D. Klick. "Comparing the Impact of Monetary and Nonmonetary Human Asset Measures on Executive Decision Making." *Accounting, Organizations and Society,* December 1980, pp. 393–400.

Harris, M., and A. Raviv. "Some Results on Incentive Contracts with Applications to Education and Employment, Health Insurance, and Law Enforcement." *American Economic Review,* March 1978, pp. 20–30.

Haseman, W. D., and A. B. Whinston. "Design of a Multidimensional Accounting System." *Accounting Review,* January 1976, pp. 65–79.

Henrici, S. B. "How Deadly Is the Productivity Disease?" *Harvard Business Review,* November–December 1981.

Hilton, R. W. "The Determinants of Cost Information Value: An Illustrative Analysis." *Journal of Accounting Research,* Autumn 1979, pp. 411–35.

Hilton, R. W.; R. J. Swieringa; and R. E. Hoskin. "Perception of Accuracy as a Determinant of Information Value." *Journal of Accounting Research,* Spring 1981, pp. 86–108.

Hopwood, A. *Accounting and Human Behavior.* Englewood Cliffs, N.J.: Prentice-Hall, 1976.

Horngren, C. T. *Cost Accounting: A Managerial Emphasis.* 5th ed. Englewood Cliffs, N.J.: Prentice-Hall, 1982.

Ijiri, Y. *Management Goals and Accounting for Control.* Skokie, Ill.: Rand McNally, 1965.

Itami, H. *Adaptive Behavior: Management Control and Information Analysis.* Sarasota, Fla.: American Accounting Association, 1977.

Ivison, S. "Productivity Measurement and the Accountant." *Management Accounting,* October 1982 (published in Great Britain).

Jaggi, B., and H. Lau. "Toward a Model for Human Resource Valuation." *Accounting Review,* April 1974, pp. 321–29.

Jensen, M. C., and W. H. Meckling. "Theory of the Firm, Managerial Behavior, Agency Costs, and Ownership Structure." *Journal of Financial Economics,* October 1976, pp. 305–60.

Kaplan, R. S. "Application of Quantitative Models in Managerial Accounting: A State-Of-The-Art Survey." In *Management Accounting—State of the Art* (Robert Beyer Lecture Series). Madison: University of Wisconsin, 1977. Reprinted in *Accounting Journal,* Winter 1977–78.

_____. *Advanced Management Accounting.* Englewood Cliffs, N.J.: Prentice-Hall, 1982.

MacIntyre, D. K. "Marketing Costs: A New Look." *Management Accounting,* March 1983.

Malkiel, B. G. "Productivity—The Problem behind the Headlines." *Harvard Business Review,* May–June 1979.

Mammone, J. L. "A Practical Approach to Productivity Measurement." *Management Accounting,* July 1980.

McConnell, C. R. "Why Is U.S. Productivity Slowing Down?" *Harvard Business Review,* March–April 1979.

McNiven, M. A. "Plan for More Productive Advertising." *Harvard Business Review,* March–April 1980.

Mecimore, C. D., and M. G. Cornick. "Banks Should Use Management Accounting Models." *Management Accounting,* February 1982.

Morse, W. *Cost Accounting.* 2nd ed. Reading, Mass.: Addison-Wesley Publishing, 1981.

Mullins, L. "Behavioural Implications of Management Accounting." *Management Accounting,* January 1981 (published in Great Britain).

O'Neill, J. A. "One Path through the Productivity Measurement Jungle." *Management Accounting,* January 1979 (published in Great Britain).

_____. "Pitfalls in the Ratio Analysis of Productivity Change." *Management Accounting,* May 1980 (published in Great Britain).

Ouchi, W. "A Conceptual Framework for the Design of Organizational Control Mechanisms." *Management Science,* September 1979, pp. 833–48.

Palmer, J. *The Use of Accounting Information in Labor Negotiations.* New York: NAA, 1977.

Pfeffer, J. *Organizational Design.* Arlington Heights, Ill.: AHM Publishing, 1978.

Possett, R. W. "Measuring Productive Costs in the Service Sector." *Management Accounting,* October 1980.

Prakash, P., and A. Rappaport. "Information Interdependencies: System Structure Induced by Accounting Information." *Accounting Review,* October 1975, pp. 723–34.

Ramanathan, K. *Management Control in Nonprofit Organizations.* New York: John Wiley & Sons, 1982.

Rayburn, L. G. "Marketing Costs—Accountants to the Rescue." *Management Accounting,* January 1981.

————. *Principles of Cost Accounting.* Rev. ed. Homewood, Ill.: Richard D. Irwin, 1983.

Rosenzweig, K. "An Exploratory Field Study of the Relationships between the Controller's Department and Overall Organizational Characteristics." *Accounting, Organizations and Society,* December 1981, pp. 339–54.

Ross, T. L., and R. J. Bullock. "Integrating Productivity of Measurement into a Standard Cost System." *Financial Executive,* October 1980.

Sheridan, T. J. "The Framework of Management Accounting in Banks." *Management Accounting,* March 1983 (published in Great Britain).

Shillinglaw, G. *Managerial Cost Accounting.* 5th ed. Homewood, Ill.: Richard D. Irwin, 1982.

Solomons, D., ed. *Studies in Cost Analysis.* 2nd ed. Homewood, Ill.: Richard D. Irwin, 1968.

Spence, A. M. "The Economics of Internal Organization: An Introduction." *Bell Journal of Economics,* Spring 1976, pp. 163–72.

Spicer, B., and V. Ballew. "Management Accounting Systems and the Economics of Internal Organization." *Accounting, Organizations and Society,* March 1983.

Steele, B., and G. Kalorkoti. "Measuring the Cost Effectiveness of Office Automation." *Management Accounting,* April 1983 (published in Great Britain).

Tiessen, P., and J. H. Waterhouse. "Toward a Descriptive Theory of Management Accounting." *Accounting, Organizations and Society,* 1983.

Tipgos, M. A., and R. P. Crum. "Applying Management Accounting Concepts to the Health Care Industry." *Management Accounting,* July 1982.

Tomassini, L. A. "Behavioral Research on Human Resource Accounting: A Contingency Framework." *Accounting, Organizations and Society,* August 1976, pp. 239–52.

————. "Assessing the Impact of Human Resource Accounting: An Experimental Study of Managerial Decision Preferences." *Accounting Review,* October 1977, pp. 904–14.

Williamson, O. *Markets and Hierarchies: Analysis and Antitrust Implications.* New York: Free Press, 1975.

Index

This book has been set VideoComp in 10 and 9 point Times Roman, leaded 2 points. Part numbers are 20 point and chapter numbers are 30 point Spectra Light. Part and chapter titles are 24 point Spectra Extra Bold. The size of the type page is 39 by 53 picas.